COLLECTION

DES

AUTEURS LATINS

AVEC LA TRADUCTION EN FRANÇAIS

PUBLIÉE SOUS LA DIRECTION

DE M. NISARD

DE L'ACADÉMIE FRANÇAISE
INSPECTEUR GÉNÉRAL DE L'ENSEIGNEMENT SUPÉRIEUR

TACITE

ŒUVRES COMPLÈTES

PARIS. — TYPOGRAPHIE DE FIRMIN DIDOT FRÈRES, FILS ET Cie, RUE JACOB, 56.

ŒUVRES
COMPLÈTES
DE TACITE
AVEC LA TRADUCTION EN FRANÇAIS

PUBLIÉES SOUS LA DIRECTION

DE M. NISARD
DE L'ACADÉMIE FRANÇAISE
INSPECTEUR GÉNÉRAL DE L'ENSEIGNEMENT SUPÉRIEUR

PARIS
CHEZ FIRMIN DIDOT FRÈRES, FILS ET Cⁱᵉ, LIBRAIRES
IMPRIMEURS DE L'INSTITUT DE FRANCE
RUE JACOB, 56

M DCCC LXIX

AVERTISSEMENT DES ÉDITEURS.

M. DAUNOU, qui a bien voulu nous permettre de faire précéder ce volume de son excellent article biographique sur Tacite, apprécie en ces termes la traduction de Dureau de la Malle. « Le mérite de ce travail, dit-il, est assez attesté par l'accueil qu'il a reçu, par le succès toujours croissant qu'il obtient chaque fois que la publication s'en renouvelle; et quoique ce qui en a été dit à l'article Dureau (Biographie universelle, XII, 357-359) semble nous dispenser de plus longs détails, nous rendrons du moins hommage à l'élégance et à la fidélité de cette traduction. » Il eût suffi de l'autorité de M. Daunou, bien plus imposante à nos yeux que le succès même, pour nous décider à réimprimer cette traduction (*), si d'ailleurs l'opinion du célèbre critique n'était point partagée par tous les juges compétents.

Toutefois, il nous a paru que cette réimpression ne devait pas être littérale. Plusieurs années se sont écoulées depuis la publication de ce travail. De nouvelles études, de nouvelles traductions y ont fait découvrir quelques défectuosités qu'il était nécessaire d'en faire disparaître pour le mettre au niveau de la science. C'est ce qu'on a tâché de faire ici. Des corrections nombreuses ont modifié, soit le sens, soit le style du traducteur, dans des passages inégalement importants.

Tout le monde reconnaît dans Dureau de la Malle un talent naturel d'écrivain, de la force, du coloris, une liberté de tour, et un bonheur d'expression, qui font croire qu'on lit un ouvrage original. Mais peut-être a-t-il trop sacrifié à cette élégance dont M. Daunou le loue si justement. C'était l'une des superstitions de l'époque où parut ce travail, que notre langue n'est pas assez harmonieuse, et que l'euphonie doit être l'un des premiers soins de l'écrivain. Certains traducteurs poussèrent cette superstition jusqu'à forcer le sens, ou détourner les mots de leur acception, pour éviter soit une dissonance, soit une répétition. Nous ne voulons pas dire que les répétitions, et surtout les dissonances, ne soient pas des défauts, qui, trop répétés, accuseraient la négligence et l'inhabileté de

---

(*) Sauf les *Mœurs des Germains* et la *Vie d'Agricola* qui ont été traduites, les *Mœurs des Germains* par M. Nisard, et la *Vie d'Agricola* par M. A. François.

l'écrivain. Mais, outre qu'il n'est pas impossible dans une traduction fidèle, d'être correct et euphonique, nous pensons que s'il fallait choisir entre la nécessité d'altérer le sens, ou de violer la propriété des mots, et celle de choquer l'oreille de quelque puriste par une légère dissonance, il n'y aurait pas à hésiter. Qu'on regarde si les écrivains du dix-septième siècle, si Bossuet, entre autres, se font faute de ces négligences, qui prouvent seulement plus de souci de la raison que de la prosodie, et s'ils ont de ces scrupules d'oreille que d'autres font passer avant le besoin de concevoir nettement la pensée et de l'exprimer avec fermeté et précision.

Dans la traduction que nous réimprimons, on a essayé, d'une main respectueuse, de faire disparaître tout ce qui a paru imposé à M. Dureau de la Malle par cette préoccupation excessive de son époque. On n'a rien négligé pour que l'élégance de cet ouvrage ne souffrît pas des changements qu'on y a faits, mais qu'elle y résultât toujours de la justesse et de la propriété des termes, plutôt que de leur symétrie extérieure et de leur combinaison euphonique.

Hâtons-nous de dire que nous nous sommes aidés d'un travail qui, soit pour la profondeur et la justesse de l'interprétation, soit pour l'exactitude savante et forte de la traduction, soit pour l'importance des notes, dont un grand nombre ont presque l'étendue de mémoires académiques, et, ce qui vaut mieux, ont la solidité et l'intérêt des meilleurs en ce genre, soit enfin pour la correction du texte, a placé M. Burnouf père au premier rang parmi nos traducteurs et nos philologues. Il s'agit de la traduction de Tacite, dont il nous eût été si précieux d'enrichir notre collection, si, outre des difficultés de propriété, le développement donné aux notes n'eût dépassé de beaucoup les proportions et sorti du caractère élémentaire de cette collection. Ni M. Dureau de la Malle, ni ce que son beau travail a pu gagner à une révision presque toujours dirigée par l'autorité de M. Burnouf, ne peuvent dispenser de la lecture et de l'étude de ses six volumes quiconque veut connaître à fond, outre l'œuvre même de Tacite, toutes les questions administratives, législatives, militaires, qui y sont plutôt indiquées que traitées.

Quoi qu'il en soit, nous ne craignons pas d'offrir cette traduction, non comme un travail nouveau, mais comme un travail depuis longtemps jugé bon, et rendu meilleur peut-être par une sévère révision. A cet égard, nous ne croyons pas avec M. Burnouf, qu'une traduction revue soit une traduction gâtée. Quelque qualité d'invention et de création qu'on suppose à un traducteur, il n'est pas libre comme l'auteur d'un ouvrage original. Il ne dispose ni de la matière, ni du plan, ni de la pensée, ni de la forme, qui appartiennent à l'ouvrage traduit. Sa gloire est de trouver dans sa propre langue les tours qui répondent aux tours de l'original, les mots qui reproduisent à ses mots, les analogies si nombreuses entre les deux langues, s'il s'agit d'une traduction du latin en français. Le mérite de celui qui revoit une traduction est de retrouver celles qui ont échappé à l'auteur, ou au moins de s'en approcher de plus près. Loin donc de détruire l'unité, il la rétablit. Vaudrait-il donc mieux laisser à un traducteur l'originalité d'une phrase mal faite ou d'un à peu près qui trahit l'impuissance, que de mettre à la place une phrase correcte et l'image même en français du sens ou du mot latin qu'il n'a pu rendre? Vaudrait-il mieux respecter les contre-sens d'un traducteur, que l'original lui-même, que la langue de la traduction, que le public qui lit l'ouvrage? Malgré l'autorité de M. Burnouf, qui du reste a plus droit que personne d'appliquer à une traduction des principes qui ne peuvent régler que des ouvrages originaux, nous n'avons pas cru gâter l'œuvre de son habile devancier. Nous nous sommes même, en divers endroits, servis de la traduction de M. Burnouf pour combattre sa théorie, et nous aimons à lui faire honneur de l'unité même qui marque les morceaux où il pourra reconnaître de ses tours. Plus souvent, cherchant de notre côté à corriger M. Dureau de la Malle, et nous étant rencontrés avec M. Burnouf, nous en avons conclu que des tours trouvés ainsi en commun étaient précisément ces analogies nécessaires que le travail doit suggérer à tous ceux qui ont quelque expérience des deux langues.

Une comparaison des passages primitifs et des passages revisés ferait apprécier la nécessité et la convenance de nos changements. Nous n'avons pas la prétention d'avoir toujours mis la main sur les analogies même ; mais nous ne craignons pas que nos substitutions n'en paraissent pas toujours plus près que les passages remplacés. Et si la véritable unité d'une traduction consiste à ne choquer le lecteur par rien d'étrange ni d'impropre, soit dans le sens, soit dans le tour et dans l'expression, peut-être reconnaîtra-t-on cette unité dans la réimpression que nous offrons au public.

Nos notes, réduites au strict nécessaire, ne sont pour nous, le plus souvent, que des occasions de renvoyer à celles de M. Burnouf, lesquelles sont un ouvrage original, égal en étendue au texte et à la traduction. Soit qu'il s'agisse de discuter la diversité des interprétations et d'établir un texte, soit qu'il faille exprimer une allusion historique, rapprocher et comparer les documents relatifs à un fait important, apprécier la différence des témoignages sur le même fait; soit enfin que des questions de religion, d'administration intérieure, civile et militaire, rendent les explications nécessaires ou seulement piquent la curiosité, les notes de M. Burnouf pourvoient à toutes les questions, et répondent au savoir de tous les degrés. C'est un complément indispensable pour quiconque veut chercher dans Tacite des notions spéciales. Notre collection ne s'adressant qu'à ceux qui n'y cherchent que la moralité des événements, le génie de l'historien, et les beautés de l'art, nous regrettons moins de n'avoir pu l'enrichir de ce beau travail.

VIE DE TACITE.

Tacite (Caïus Cornelius Tacitus), célèbre historien latin, a vécu au premier siècle de l'ère vulgaire et au commencement du second. Quelques-uns des manuscrits de ses ouvrages lui donnent le prénom de *Publius*, au lieu de *Caïus*, qui paraît être le véritable. Il est invariablement appelé *Cornelius*, et néanmoins on ne le croit point issu de la famille patricienne que ce nom désigne et que le sien rendrait encore plus illustre. Parmi les Cornelius si nombreux dans l'ancienne Rome, on démêle des plébéiens et même des affranchis : il est difficile et peu important de savoir desquels descendait celui qui a immortalisé le nom de Tacite. Probablement il était fils de Cornelius Verus Tacitus, chevalier romain, procurateur ou intendant de la Gaule Belgique et contemporain de Pline l'ancien. On connaît cet intendant par une inscription trouvée à Juliers, et par quelques lignes de Pline [1], où il est dit qu'il eut un fils qui, après avoir grandi de trois coudées en trois ans, périt d'une contraction de nerfs avant l'âge de puberté. Certains auteurs ont prétendu que cet enfant monstrueux était, non le frère, mais le fils de l'historien Tacite. Il suffit, pour écarter cette hypothèse, d'observer que Pline l'ancien écrivait ce récit avant l'an 79, ou même avant 77, à une époque où Tacite ne pouvait avoir fait un long séjour en Belgique, et avoir élevé un fils jusqu'à l'âge de plus de trois ans, ou même jusqu'à l'adolescence [2]. En effet Tacite, outre qu'il ne portait pas le nom de *Vérus*, avait à peine vingt-deux ou vingt-trois ans en 77, étant né en 54 ou 55, au commencement du règne de Néron, cinq ou six ans au plus avant son ami Pline le jeune, qui était dans sa dix-huitième année en 79, au moment de l'éruption du Vésuve [3].

Tacite se dit Romain; mais c'était un titre qu'on pouvait prendre sans être né dans les murs de Rome; et s'il fallait en croire les habitants de Terni, surtout leur historien Angeloni, ce serait à leur ville qu'appartiendrait l'honneur d'avoir produit ce grand écrivain : ils lui ont, au quinzième siècle, élevé des statues, afin de soutenir cette tradition, qui n'est d'ailleurs confirmée par aucun témoignage. On ne sait rien non plus de l'enfance et de l'éducation de Tacite. Il a pu être disciple de Quintilien : qu'il l'ait été réellement, comme le disent des auteurs modernes, c'est ce qui n'est exprimé ni indiqué nulle part dans les anciens livres. On serait plus fondé à présumer qu'il a, dans sa jeunesse, suivi au barreau les plaidoiries d'Aper et de Julius Secundus, orateurs alors très-renommés. Sa correspondance avec Pline le jeune prouve qu'il avait de bonne heure cultivé la poésie; et le style de ses ouvrages en prose annonce assez avec quel soin et quel succès il s'était livré à l'étude des grands modèles de l'art d'écrire, particulièrement de Thucydide.

Entre les sectes philosophiques, il paraît avoir préféré la stoïcienne : on le trouve presque partout imbu des maximes, pénétré des sentiments qui la caractérisent. Ce fut sous le règne de Vespasien, vers l'an 73 ou 74, qu'il entra, nous ne dirons pas dans le monde, parce que nous craignons que cette expression moderne ne convienne pas assez aux mœurs antiques, mais dans la carrière qui s'ouvrait à l'émulation et aux talents de la jeunesse romaine. On a droit de conjecturer qu'il commença par porter les armes, non-seulement à cause de l'exactitude et de l'habileté qu'on remarque dans ses écrits lorsqu'il s'agit d'usages et de détails militaires, mais surtout parce que ce service était encore l'apprentissage ordinaire de ceux qui se destinaient à des fonctions civiles. On sait d'une manière plus directe qu'il embrassa la profession d'avocat peu d'années avant Pline le jeune, qui s'honore d'avoir marché sur ses traces [1].

Depuis Auguste, il fallait, pour devenir questeur, avoir été *vigintivir* : on nommait ainsi vingt officiers de police qui surveillaient les monnaies, les prisons, l'exécution des jugements. Il est fort vraisemblable que Tacite a passé par le vigintivirat avant d'arriver à la questure, que lui conféra l'empereur Vespasien, qui mourut en 79. Il suffisait alors d'avoir vingt-quatre ans accomplis pour être questeur, ce qui suppose que Tacite l'était en 78; mais on n'a, sur ce point, aucun autre détail. Il avait le titre de chevalier, et la questure lui ouvrait l'en-

---

[1] Hist. Nat. VII, 17.
[2] On lit ici dans Pline : *Ipsi non pridem vidimus*, ou *Ipsi nos pridem vidimus* : Nous avons vu nous-même depuis peu, ou Nous avons vu il y a longtemps. Selon cette seconde leçon, il s'agirait d'un fait trop ancien pour qu'il pût jamais être appliqué à un fils de l'historien Tacite; mais en supposant même que Pline parle d'une aventure récente, ce qui va être dit de la naissance et du mariage de Tacite prouverait encore qu'il ne pouvait être le père de cet enfant.
[3] *Agebam duodevicesimum annum*, dit Pline le jeune, lib. VI, ep. 20. C'est par erreur que Juste-Lipse et quelques autres ont transcrit *duo et vicesimum*.

[1] Ætate, dignitate, propemodum æquales.... Equidem adolescentulus quum jam tu fama gloriaque floreres, te sequi, tibi longo, sed proximus intervallo et esse et haberi concupiscebam. (Plin. lib. VII, ep. 20.)

trée du sénat. Vers la même époque, et peut-être dès 77, il épousa la fille d'Agricola, alliance qui donne lieu de croire qu'il tenait déjà un rang honorable parmi les jeunes Romains. Il a célébré les vertus de sa belle-mère Domitia; et les biographes lui prêtent l'intention d'étendre cet éloge sur sa propre épouse, qu'il n'a cependant louée nulle part. En considérant les circonstances de sa vie, que nous venons de retracer, on ne voit pas comment jusqu'alors il aurait eu le temps d'administrer une province belgique : ceux qui lui attribuent une telle fonction le confondent apparemment avec son père. Il nous apprend lui-même qu'il dut à Vespasien le commencement de ses honneurs publics, accrus depuis par Titus, et encore plus par Domitien [1]. Il n'obtint pourtant pas sous Titus la préture qu'il avait espérée sous Vespasien même; et il ne paraît point qu'avant l'avénement de Domitien il eût exercé d'autres charges que celles de questeur, d'édile, et peut-être de tribun. Mais aux jeux séculaires de 88, il se trouvait au nombre des quindécimvirs dépositaires des livres sibyllins : c'est lui qui nous instruit de ce détail de sa propre vie, et il ajoute que ce n'est pas pour s'en vanter qu'il le rappelle [2]. En même temps, il était préteur [3]; et nous manquons de renseignements sur la manière dont il s'est acquitté de cette fonction importante.

Il sortit de Rome avec son épouse en 89 : était-ce disgrâce ou retraite volontaire, ou bien allait-il remplir quelque fonction, quelque mission dans une province? Ceux qui ont agité ces questions n'ont pu les résoudre d'une manière précise. Seulement Bayle a montré que, selon toute apparence, Tacite n'avait point été banni. C'est surtout bien mal à propos que certains auteurs prolongent pendant dix ans cet exil prétendu; car on trouve Tacite rentré dans Rome avant la mort de Domitien, qui ne vécut que huit ans après les jeux séculaires. Toutefois, en 93, lorsque Agricola périt dans la capitale de l'empire, l'absence de son gendre durait encore. « Quel surcroît « de douleur, s'écrie Tacite, pour moi et pour sa « fille, de n'avoir pu soutenir sa défaillance, jouir « de ses embrassements et de ses derniers regards! « Nous l'avons perdu quatre ans d'avance par l'effet « de notre éloignement. » L'historien n'ose point affirmer que Domitien ait fait empoisonner Agricola, quoique tel fût le bruit public, et que les proscriptions ordonnées peu après par le farouche empereur aient rendu ce premier crime beaucoup trop croyable. « Bientôt, dit Tacite, nos mains (sénatoriales) « conduisirent Helvidius en prison; la cruelle sé« paration de Mauricus et de Rusticus fut notre « ouvrage; et il fallut nous couvrir du sang de Sé« nécion. » En prenant ces paroles à la lettre, on a voulu en conclure que Tacite, au sein du sénat, avait cédé au torrent, et s'était prêté au bon plaisir de Domitien. Mais le style figuré, pour ne pas dire passionné, des derniers chapitres de la vie d'Agricola permet bien, ce semble, de n'appliquer les expressions collectives qu'on vient de lire qu'à l'assemblée des sénateurs, et de supposer qu'ils n'avaient pas tous, sans exception, coopéré à ces iniquités sanguinaires. C'est pour mieux exprimer l'horreur qu'il en ressent que l'historien se place, en quelque sorte, au nombre des complices, bien sûr que les couleurs odieuses dont il a peint la tyrannie montreront assez qu'elle n'a jamais pu le compter parmi ses instruments.

On se délivra de Domitien en 96, et dès l'année suivante Tacite parvint au consulat : son nom ne figure point dans les fastes, parce qu'il n'était pas consul ordinaire, mais subrogé par Nerva, nouvel empereur, à Virginius Rufus, qui venait de mourir, et dont il prononça l'éloge funèbre. « Ainsi, dit Pline « le jeune, la fortune, toujours fidèle à Virginius, « lui gardait, après sa mort, le plus éloquent des pa« négyristes. » C'est le seul acte qu'on connaisse de ce consulat, qui n'était au surplus qu'un vain titre, et qui laissait à Tacite assez de loisir pour qu'il se livrât à des travaux littéraires. Il composa, en 97, la Vie de son beau-père; en 98, le Tableau des Mœurs des Germains.

Avait-il visité ces peuples, parcouru leur pays, observé immédiatement leurs habitudes? Cela n'est rapporté ni indiqué nulle part; mais on serait fort tenté de le croire, à ne considérer que l'exactitude de cette description, le nombre et la précision des détails qu'elle renferme : elle semble trop originale pour avoir été rédigée d'après des Mémoires étrangers; et d'ailleurs comme on ne sait point où Tacite a passé les quatre années de 89 à 93, rien n'empêche de supposer qu'il ait fait, durant cette absence, quelque séjour en Germanie. Quoi qu'il en soit de cette conjecture, il n'eut pas plutôt achevé ce livre qu'il conçut l'idée et se traça le plan de ses grands ouvrages historiques. Il n'avait cependant point renoncé au barreau : nous le retrouvons, en 99, chargé, avec son ami Pline le jeune, de soutenir l'accusation intentée par les Africains contre le proconsul Marius Priscus. Cette affaire eut de l'éclat : elle nous est connue par le récit qu'en fait Pline dans une de ses lettres (lib. II, ep. 11) : « Le sénat, « dit-il, nous ordonna, à moi et à Cornelius Taci« tus, de prendre la cause des Africains contre le « proconsul qui, dénoncé par eux, se retranchait « à demander des juges ordinaires, sans proposer « aucune défense. Notre premier soin fut de mon« trer que l'énormité des crimes dont il s'agissait « ne permettait pas de civiliser l'affaire ; car Priscus

---

[1] Dignitatem nostram à Vespasiano inchoatam, a Tito auctam, a Domitiano longius provectam. (Histor. lib. I, cap. I.)
[2] Quod non jactantia refero. (Annal. lib. XI, cap. 11.)
[3] Ac tunc prætor. (Ibidem.)

« était prévenu d'avoir reçu de l'argent pour con-
« damner à mort des innocents. » Son avocat,
Fronto Catius, voulait qu'on se restreignît à examiner s'il y avait eu péculat. Mais le sénat, en donnant
des juges chargés de prononcer sur ce chef d'accusation, décida aussi que ceux à qui l'on disait que
Priscus avait vendu le sang de plusieurs victimes
innocentes, seraient assignés et entendus. Il ne
comparut qu'un seul de ses complices, Flavius
Martianus; un autre venait de mourir fort à propos. Une assemblée se tint, présidée par l'empereur
Trajan, qui était alors consul; c'était au commencement de janvier, époque où Rome voyait le plus
de sénateurs réunis. Là et en présence de l'accusé
Priscus, sénateur lui-même, et de Marcianus, duquel il avait reçu sept cent mille sesterces pour flé-
trir et faire étrangler en prison un chevalier romain, Pline parla le premier durant plus de cinq
heures, et l'on entendit ensuite Marcellin, défenseur de Martianus. Le lendemain, Salvius Liberalis
plaida pour le proconsul; et Tacite répondit avec
l'énergie et la gravité majestueuse qui caractéri-
saient son éloquence [1]. Le plaidoyer de Fronton
pour Priscus dura jusqu'à la nuit, et ne se termina
que dans une troisième séance, où les accusés furent condamnés à des peines assez douces pour des
attentats énormes : mais on déclara que Pline et
Tacite avaient rempli dignement leur ministère et
l'attente du sénat.

On voit, par d'autres lettres de Pline, que Tacite
composait aussi des pièces de vers, et que les hommes les plus instruits de ce temps recherchaient sa
société. Celui avec lequel il entretenait le commerce
le plus intime, était Pline lui-même, qui lui a écrit
onze Épîtres [2], ou du moins dix; car il en est une
qui semble être plutôt une réponse de Tacite. Ces
lettres nous apprennent qu'ils se communiquaient
réciproquement leurs ouvrages, qu'ils mettaient
en commun tout ce qu'ils avaient de lumières, de
talents et de gloire. C'est à la prière de l'historien
que Pline le jeune fait une relation détaillée de la
mort de son oncle et des autres circonstances de
l'éruption du Vésuve.

Il sait que l'éloquence de son ami peut, mieux
qu'aucune autre, immortaliser ces tristes souvenirs, et il espère qu'elle sera employée à jeter
quelque éclat sur la conduite que Pline vient de tenir
lui-même dans l'affaire de Babius Massa; non pourtant qu'il demande qu'on altère ou qu'on amplifie
la vérité; il est persuadé qu'un récit fidèle suffit
aux actions honorables, et il n'attend de Tacite

[1] Respondit Corn. Tacitus eloquentissimè, et quod eximium
orationi ejus inest, σεμνῶς.
[2] Lib. I, ep. 6 et 20; lib. IV, ep. 13; lib. VI, ep. 9, 16 et 20;
lib. VII, ep. 20 et 33; lib VIII, ep. 7; lib. IX, ep. 10; et 14.
Mais l'avant-dernière de ces épîtres pourrait être de Tacite à
Pline.

ni exagérations ni réticences officieuses : Cicéron
n'avait pas porté si loin la délicatesse, en priant
Lucceius d'écrire l'histoire de son consulat.

Dans une lettre adressée à Maxime, Pline raconte
un fait dont il a été, depuis peu de jours, informé
par Corneille Tacite. Celui-ci assistait aux jeux du
Cirque, à côté d'un chevalier romain qui, à la suite
d'un entretien savant et varié, lui demanda s'il
était d'Italie ou d'une autre province : « Vous me
« connaissez, répondit l'historien, et j'en ai l'obliga-
« tion aux belles-lettres; » à quoi le chevalier répliqua :
« Êtes-vous Tacite ou Pline? « Je ne puis exprimer,
« ajoute ce dernier, avec quels délices nous avons
« vu nos deux noms ainsi rapprochés et confondus
« en quelque sorte avec celui de la littérature elle-
« même. »

L'un des deux illustres amis mourut vers l'an
103 : il paraît que Tacite lui servécut longtemps;
on suppose qu'il est mort octogénaire, ce qui éten-
drait sa carrière jusque vers l'an 134 ou 135; mais
nous n'avons, sur ce point, aucun renseignement
positif. Il n'est rien dit de ses enfants; et néanmoins
on a lieu de croire qu'il laissait une postérité, puisqu'au troisième siècle, l'empereur Tacite se glorifiait de descendre de ce grand historien, et qu'au
cinquième, un préfet des Gaules, nommé Polemius,
le comptait parmi ses aïeux. C'est ce que nous ap-
prenons de Sidoine Apollinaire, qui dit que ce préfet, né au sein d'une famille gauloise très-illustre,
était poëte, orateur, philosophe platonicien, et vivait sous le règne de Julius Népos, prédécesseur
immédiat d'Augustule.

On ne rapporte aucun fait de la vie de Tacite après
la fin du premier siècle de l'ère vulgaire; il a probablement consacré les années suivantes à la composition et à la révision de ses ouvrages. Nous ne
possédons qu'une partie de ses écrits; car, sans
parler encore de la perte qu'on a faite de plusieurs
livres de ses Annales et de ses Histoires, il ne subsiste
rien de son Panégyrique de Virginius, ni de son Discours contre le proconsul Priscus, ni de ses autres
plaidoyers, ni de ses poésies, ni d'un livre de facé-
ties, dont Fulgence Planciadès le déclare auteur.
Au troisième livre de ses Annales (chap. 24), il annonce qu'après avoir achevé les travaux qu'il a entrepris, il écrira, s'il en a le temps, l'Histoire du règne
d'Auguste. Ce livre nous manque aussi, soit qu'il
n'ait jamais été composé, soit qu'il ait disparu
comme tant d'autres. Au nombre de ceux qui nous
restent de cet illustre écrivain, on comprend quelquefois le Dialogue sur les Orateurs ou sur les Causes de la corruption de l'éloquence; excellent opuscule que des savants ont attribué, soit à Quintilien,
soit à Suétone; mais Tacite, outre que son nom se
lit sur plusieurs anciens manuscrits de ce livre, serait encore assez désigné par le caractère des idées
et même du style. On y a remarqué des tours et

des expressions qui se retrouvent dans ses autres ouvrages. Le grammairien Pomponius Sabinus a cité, comme énoncée par cet écrivain, une observation critique sur les faux ornements des productions de Mécène, *calamistros Mæcenatis;* et c'est en propres termes ce qui se lit au vingt-sixième chapitre du Dialogue. L'auteur dit qu'il était dans sa première jeunesse lorsqu'il entendit cette conversation [1]; et il en fixe la date à peu près à l'an 75 de notre ère, lorsqu'en effet Tacite n'avait qu'environ vingt ans, ou moins même, si l'on adoptait l'opinion, un peu hasardée, de Juste-Lipse et de Dodwell, qui ne le font naître qu'en 59 ou 60. Toutes ces circonstances suffiraient pour le désigner; mais il est particulièrement reconnaissable au soin que prend l'auteur de ce dialogue, de rattacher partout à l'histoire politique et à la science des mœurs sociales la théorie de l'art oratoire. Cette littérature, forte et profonde, est celle qui convient à l'historien des empereurs. Si les formes et les mouvements du discours n'y sont pas toujours les mêmes que dans ses livres purement historiques, il ne faut pas s'en étonner : un écrivain tel que lui sait prendre plus d'un ton, donner à un entretien d'autres couleurs qu'à un simple récit, et parler le langage des orateurs quand il les met en scène.

Nous devons dire cependant que tous les modernes ne s'accordent pas à lui attribuer cette production : Beatus Rhenanus a le premier élevé des doutes sur ce point; Juste-Lipse, Gaspar Barth et Vossius ont laissé la question indécise, Henri Estienne, Boxhorn, Freinshemius, Grævius, Pichon, etc., ont pensé qu'elle devait se résoudre en faveur de Quintilien; Morabin, la Blèterie, Tiraboschi, ne veulent pas qu'on la décide pour Tacite : mais c'est pour lui que se déclarent ou qu'inclinent P. Pithou, Colomiez, Dodwell, Schürzfleisch, Sigrais, Brotier, Schulz, Oberlin, Dureau de la Malle, M. Burnouf; et cette opinion nous paraît de beaucoup la plus vraisemblable. Du reste, le mérite du Dialogue sur les Orateurs est généralement reconnu; et il suffit de prendre une idée sommaire du sujet pour en sentir l'importance.

Doit-on préférer l'éloquence à la poésie? les anciens orateurs valaient-ils mieux que ceux du temps de Vespasien? et si l'éloquence a dégénéré, quelles en sont les causes? Ces questions débattues, la décadence du genre oratoire demeure avérée, et imputable à la mauvaise éducation, à l'impéritie des maîtres, à la nonchalance de la jeunesse. Chacun des interlocuteurs soutient constamment son caractère : le poëte Maternus y parle de son art avec enthousiasme; l'avocat Aper a de la rudesse, son éloquence de barreau est véhémente, mais son style a souvent de l'élévation; Messala est un patricien qui se possède davantage, il se contient dans les bornes d'une discussion grave.

Des portraits fidèles, des parallèles ingénieux, des contrastes habilement ménagés, des tours variés et toujours justes, donnent un grand intérêt à cet opuscule. Il est compris dans la première édition des œuvres de Tacite; mais il manque dans un grand nombre des suivantes. On l'a joint quelquefois aux Institutions oratoires de Quintilien; et il a été imprimé à part, in-8°, à Upsal, en 1706; à Gœttingue, en 1719; à Leipzig, en 1788. Fauchet, L. Giry, Maucroix, Morabin, Bourdon de Sigrais, Dureau de la Malle, Chénier, M. Dallier et M. Burnouf l'ont traduit en français. Entre ces versions, celles de Dureau de la Malle, de Chénier et de M. Burnouf nous semblent les plus fidèles, les plus élégantes et, à tous égards, les plus dignes du texte.

Nous avons indiqué déjà un autre écrit qu'on n'a pas coutume d'insérer dans le recueil des ouvrages de Tacite, et qui se place dans celui des Lettres de Pline : c'est une très-courte épître, que la Blèterie regarde, non sans quelque fondement, comme une réponse à celle où Pline avait conseillé à son ami d'associer l'exercice de la chasse à ses travaux littéraires. « J'aurais bien envie, répond Tacite (du moins « nous le supposons ainsi), de suivre vos leçons; « mais les sangliers sont si rares ici, qu'il n'y a « pas moyen de réunir Minerve et Diane, que vous « me dites de servir à la fois. Il faut donc me rendre « hommage qu'à Minerve, encore avec ménage- « ment, comme il convient dans une campagne et « pendant l'été. Sur la route même, j'ai esquissé « quelques bagatelles qui ne sont bonnes qu'à effa- « cer aussitôt; pur babillage, pareil aux conversa- « tions que l'on tient dans une voiture. J'y ai ajouté « quelque chose depuis mon arrivée, ne me sentant « pas disposé à un autre travail. Ainsi je laisse en « repos les poëmes qui, selon vous, ne s'achèvent « nulle part plus heureusement qu'au milieu des « forêts. J'ai retouché une ou deux petites harangues, « quoique ce genre d'occupation soit peu aimable, « peu attrayant, et qu'il ressemble plus aux plaisirs « qu'aux plaisirs de la vie champêtre [1]. » On ne conteste pas l'authenticité des autres écrits qui subsistent sous le nom de Tacite. Telle est d'abord la Vie d'Agricola, que Thomas admire comme le chef-d'œuvre et le modèle des éloges historiques. Ce

---

[1] Un de ses traducteurs nous dit, en le prenant lui-même à témoin, *qu'il était fort jeune lorsqu'il composait ce dialogue.* Cela nous paraît inexact; car Tacite ne parle que du temps où il prétend l'avoir entendu, et il déclare qu'il a besoin que sa mémoire lui en retrace tous les détails. *Juvenis admodum audivi... Memoria ac recordatione opus est, ut... iisdem nunc numeris, iisdem rationibus persequar.*

[1] Dans l'édition elzévirienne de 1669, cette lettre est précédée de l'inscription : *Cornelio Tacito suo C. Plinius S.,* tandis qu'ailleurs on lit toujours *C. Plinius Tacito suo.* Il est fort probable que les plus anciens manuscrits portaient. *Corn. Tac. C. Plin. S. S.,* et que les copistes auraient du lire *Cornelius Tacitus Caio Plinio suo, salutem.*

livre contient de vives peintures et d'éloquents discours : il offre l'expression, toujours noble et vraie, des sentiments les plus fiers et des affections les plus tendres. L'auteur se montre tour à tour énergique et pathétique, avec une convenance parfaite. La diction est partout savante; mais l'art profond qu'elle recèle dans la structure des phrases, dans le choix et l'arrangement des mots ou même des syllabes, ne se manifeste que par les grands et rapides effets qu'il produit. Quel que soit pourtant l'éclat de cet ouvrage si justement célèbre, nous doutons qu'il porte, autant que ceux qui l'ont suivi, l'empreinte du goût sévère et du génie pénétrant de Tacite. Ce n'est pas non plus celui qui a fixé le premier les regards et l'attention des hommes de lettres du quinzième siècle. Il manque dans les premières éditions de cet historien; il ne paraît que dans celles de Milan vers 1496, et de Venise en 1497. Depuis, il en a été fait plusieurs réimpressions et traductions, même particulières. Pour ne rien dire d'une première version française, publiée à Paris, en 1656, in-12, ni de celles qui embrassent, avec la Vie d'Agricola, d'autres livres de son genre, nous n'indiquerons ici que deux traducteurs, français, Desrenaudes, en 1797, et M. Mollevault, en 1822. Ces deux versions, imprimées à Paris, in-18, sont accompagnées du texte, et l'on a joint de plus à celle de M. Mollevault une carte dressée par M. Walckenaer, et représentant l'état de l'Angleterre au temps où Agricola la subjuguait et la gouvernait. En effet, l'ouvrage latin, outre le mérite éminent qu'il a comme production littéraire, a aussi l'avantage d'éclairer l'histoire ancienne des Iles Britanniques : mais Tacite a jeté bien plus de lumière encore sur la géographie et les mœurs primitives de la Germanie. « Ce livre si court, sur un vaste sujet, « est d'un homme qui abrége tout, parce qu'il voit « tout, » dit Montesquieu. C'est une admirable introduction à l'histoire d'Allemagne, ou plus généralement de l'Europe moyenne et occidentale. On y retrouve les premiers germes des coutumes et des lois de plusieurs siècles ; et dans ce tableau des habitudes privées, des opinions communes et du régime civil, il y a des traits si caractéristiques et si profonds, que d'âge en âge, et de nos jours même, ils demeurent reconnaissables, quoique modifiés ou affaiblis par le temps.

Quiconque veut rechercher les origines des institutions modernes, militaires, féodales, a besoin de recourir, avant tout, à cet antique exposé des Mœurs des Germains; et s'il nous fallait dire quel est le plus instructif des livres de Tacite, nous serions tentés de nommer celui-là. Il y règne une méthode si lumineuse et si naturelle, que les transitions, quoique bien fréquentes, ne s'y laissent jamais apercevoir. De tant de détails rapidement parcourus, aucun n'est inutile, ni obscur, ni déplacé : la précision du style, toujours élégante, devient énergique ou pittoresque, toutes les fois qu'il le faut. L'antiquité ne nous a pas laissé un plus parfait modèle de description; et pour sentir tout le prix de cet opuscule, il suffirait de le comparer aux morceaux du même genre qui se rencontrent dans les livres de Diodore de Sicile. On a cependant accusé Tacite de n'avoir peint et loué des peuples barbares, que pour faire la satire des Romains : Voltaire a fort accrédité cette prévention; il a comparé l'historien « à ces pédagogues qui, « pour donner de l'émulation à leurs disciples, pro- « diguent, en leur présence, des louanges à des en- « fants étrangers, quelque grossiers qu'ils puissent « être. »

Cette relation a, sans doute, des intentions morales ; mais, à nos yeux, son caractère le plus sensible est une exactitude scrupuleuse : elle ne ressemble assurément point à un panégyrique ; et la satire, s'il y en a, demeure indirecte et sage. De tous les écrits de Tacite, nous croyons que c'est celui qui a été le plus souvent publié : il est joint aux autres dans la plupart des éditions, à partir de la première, et il a été assez fréquemment imprimé sans eux, soit à part, soit avec Diodore de Sicile, soit en différentes collections relatives aux peuples germains.

Entre les éditions particulières, nous indiquerons seulement celles de Nuremberg, vers 1473, in-fol.; de Rome, vers 1474, in-4°; de Leipzig, in-4°, en 1509; de Bâle, 1519, même format; d'Augsbourg, 1580, in-8°; de Strasbourg, in-8°, 1594; de Wittemberg, in-8°, 1664; d'Erlang, 1618, in-4°; de Francfort, in-8°, 1725. M. Renouard en a donné, en 1795, une édition in-18, qui renferme de plus la vie d'Agricola. Ces deux livres ont été traduits en anglais par J. Aikin, l'un en 1774, in-8°; l'autre, in-4°, en 1778. Nous n'entrerons pas dans le détail des versions allemandes; et à l'égard des traducteurs français, nous nous bornerons en ce moment à tenir compte de ceux qui n'ont travaillé que sur cette description de la Germanie. Le roi d'Espagne Philippe V s'était exercé à la rendre dans notre langue, pendant son éducation à la cour de son aïeul Louis XIV. Nous ignorons quel est l'auteur d'une version imprimée à Lyon, in-8°, en 1706; celle qui a été publiée in-12, à Paris, en 1776, est de M. Boucher, procureur au parlement. M. C. L. F. Panckoucke en a mis au jour une nouvelle en 1824, avec une introduction, un commentaire et le texte latin, grand in-8°, accompagné d'un atlas. M. Graberg a joint un lexique à une version italienne des Mœurs des Germains et de la Vie d'Agricola; Gènes, 1814, in-8°.

Les deux ouvrages de Tacite qui ont le plus d'étendue sont ses Annales et ses Histoires : on a quelquefois prétendu qu'ils ne formaient originairement qu'un seul et même corps. Allacci attribue cette opinion à Quarengus, qui la fondait apparemment sur un texte de saint Jérôme, où il est dit que l'Histoire des Empereurs, depuis l'avénement de Tibère jusqu'à la mort de Domitien, était comprise en vingt livres; mais Tertullien, en citant le livre V, parle précisément de celui que nous appelons le cinquième des Histoires; ce qui prouve, ou qu'on mettait peu d'exactitude dans les citations, ou que la distinction et la numération des livres de Tacite n'était pas bien connue. Depuis qu'on n'hésite plus à séparer les deux ouvrages, la plupart des savants sont persuadés que les Histoires ont été composées avant les Annales. Vossius, Bayle, Rollin, la Blétérie, Tiraboschi, Brotier, en jugent ainsi d'après un passage du livre onzième des Annales, où l'auteur renvoie à ce qu'il a raconté dans l'histoire du règne de Domitien, *Narratas libris quibus res imperatoris Domitiani composui.* Quelques-uns aiment mieux croire que l'historien a suivi dans son travail l'ordre des événements; qu'en conséquence, il a commencé par le règne de Tibère, sujet des premiers livres des Annales; et quoique cette conjecture ne soit pas la plus vraisemblable, il a convenu aux éditeurs et aux lecteurs de s'y conformer dans la publication et l'étude de tous ces livres. On croit que l'historien ne les a entrepris qu'après la mort de Nerva, qu'il qualifie *Divus*, et sous le règne de Trajan, au nom duquel il n'ajoute point un pareil titre : *Principatum Divi Nervæ, et imperium Trajani.* Aulu-Gelle a écrit un chapitre sur la signification des mots *Histoire* et *Annales* : il n'en explique pas la différence d'une manière très-constante et très-précise. Seulement il semble assez que les Annales devaient procéder toujours par années, et que l'Histoire n'était point assujettie à une chronologie si rigoureuse. Mais en comparant les deux ouvrages de Tacite, on voit qu'à cet égard il s'est donné à peu près la même liberté dans l'un et dans l'autre, et qu'il s'y est permis d'achever de grands récits en se portant un peu au delà des dates auxquelles il allait être obligé de revenir. Chez lui, la distinction consisterait plutôt en ce que les faits se pressent davantage dans les Annales, et que les narrations prennent plus d'étendue dans les Histoires, ainsi qu'on va le voir par l'exposé de la matière et de l'état de ces deux grandes compositions.

Les quatre premiers livres des Annales, que l'on possède entiers; le cinquième, qui est mutilé; et le sixième, dont il ne s'est rien perdu, contiennent le règne de Tibère depuis l'an 14 jusqu'en 37. Les quatre livres suivants, dans lesquels était compris le règne de Caligula, nous manquent, ainsi que le commencement du onzième; en sorte qu'en ouvrant ce qui reste de celui-ci, on est transporté à l'année 47, cinquième de Claude : la lacune est d'environ dix ans.

On n'en remarque plus de très-sensible ou de très-importante, jusqu'au chapitre 35 du livre XVI. Mais ce chapitre ne nous conduit qu'à l'an 66; et la perte de la fin de ce dernier livre des Annales nous prive du tableau des deux dernières années de Néron. Les seize livres embrassaient donc cinquante-deux ans : dans les vingt livres d'Histoires, s'ils nous avaient été tous conservés, Tacite continuerait ses récits depuis la mort de Néron, en 68, jusqu'à celle de Domitien, en 96, espace de vingt-huit années seulement. Il ne reste que les quatre premiers livres et le commencement du cinquième. Ils correspondent aux règnes éphémères de Galba, Othon, Vitellius, et à celui de Vespasien jusqu'à la guerre de Civilis, en 70. Les livres suivants achevaient l'Histoire de Vespasien, et y ajoutaient celle de Titus et de Domitien. Quant aux règnes de Nerva et de Trajan, l'historien semblait les avoir réservés pour servir de matière à un troisième ouvrage.

Il destinait à sa vieillesse ce doux et consolant travail; mais on a lieu de croire qu'il n'a pas eu le temps de s'y livrer : il n'en est fait aucune mention dans le cours des siècles qui ont suivi le sien. Toujours venons-nous de voir que de trente-six livres historiques qu'il avait composés, il n'en subsiste plus dix-sept. Plus d'une fois on s'est empressé d'annoncer la découverte de quelque partie des dix-neuf autres; en 1606, des Napolitains conçurent ou inspirèrent cet espoir : leurs promesses ont été vaines, comme la plupart de celles du même genre, et nous devons nous résigner à regretter toujours ces trésors, dévorés par le temps ou détruits par l'ignorance, à moins que des palimpsestes ne nous en restituent quelques débris. Mais les livres qui nous restent de Tacite, s'ils ne suffisent point à notre instruction, suffiront du moins pour perpétuer sa gloire.

Les Lettres de Pline ne nous laissent aucun doute sur la célébrité dont cet historien a joui de son vivant. Quelques-uns pensent que c'était lui que Quintilien désignait par ces paroles du livre X (chap. 1) des Institutions oratoires : « Pour l'honneur de notre « âge, un écrivain vit encore, qui sera nommé un « jour, que chacun reconnaît assez aujourd'hui (*qui* « *olim nominabitur, nunc intelligitur.* Il a plus « d'admirateurs que d'imitateurs : sa liberté lui a « nui; on a mutilé ses ouvrages; mais ce qui en « demeure porte l'empreinte ineffaçable de son « génie et de la hardiesse généreuse de ses senti- « ments. » Il n'est pas certain, ni même probable, que cet éloge doive s'appliquer à Tacite; et nous devons d'ailleurs avouer que depuis sa mort, cet historien a été fort diversement jugé.

D'un coté, Vopisque et Tertullien l'accusent de mensonge; de l'autre, Spartien, Orose, Sidoine-Apollinaire louent sa bonne foi aussi bien que son talent. L'empereur qui, au troisième siècle, portait son nom, ordonna de placer ses livres dans toutes les bibliothèques, et d'en tirer un très-grand nombre de copies : ce deuxième ordre n'aura sans doute eu qu'une exécution fort imparfaite dans l'étroit espace d'un règne de six mois ; autrement on ne concevrait pas comment auraient pu disparaître tant de parties de ces ouvrages. Quoiqu'ils aient continué d'être cités par quelques écrivains, comme saint Jérôme, Sulpice-Sévère, Cassiodore, Jornandès, Freculphe, Jean de Salisbury, on peut dire qu'en général ils ont été fort peu étudiés pendant le moyen âge. Mais depuis le renouvellement des lettres, ils sont devenus l'objet d'une sorte de controverse qui peut-être dure encore.

Si Côme de Médicis et le pape Paul III ont cherché dans Tacite les leçons de la plus profonde politique; si Bodin, Muret, Juste-Lipse, ont révéré en lui l'un des grands maîtres de l'art d'écrire; si Montaigne l'*a couru d'un fil;* et si enfin la plupart des savants du seizième siècle ont contribué à expliquer, répandre ou recommander ses écrits, il faut dire aussi qu'Alciat et Ferret critiquaient sa latinité, que Casaubon le reléguait parmi les auteurs du deuxième ordre, et que Budé l'accusait d'imposture, de perversité, ou, en propres termes, de scélératesse. Dans l'âge suivant, il a trouvé encore des censeurs rigides, tels que du Perron, Strada, Rapin, Saint-Évremont; mais il recevait les hommages de la reine Christine, de Balzac, de Guy-Patin, de la Mothe le Vayer, de Tillemont, et de Racine, qui l'appelait *le plus grand peintre de l'antiquité.* Au dix-huitième siècle, tandis que Rollin, Voltaire, Mably, lui adressent beaucoup de reproches, et Linguet, presque autant d'injures qu'à un contemporain, il retrouve tant d'admirateurs que nous n'en pouvons nommer qu'un fort petit nombre : en Angleterre, Gordon et Gibbon; en France, la Bléterie, Brotier, d'Alembert, « le premier des historiens; » « il n'a fait que des chefs-d'œu-« vre, » ajoute la Harpe[1] : « c'est lui, » selon Thomas (Ess. sur les Éloges, chap. 25), « qui est « descendu le plus avant dans les profondeurs de la « politique, et qui a donné le caractère le plus impo-« sant à l'histoire. »

Quels sont maintenant les défauts si graves que lui imputent ses censeurs modernes? D'abord sa latinité leur paraît suspecte; et cette critique étrange s'est reproduite, même depuis qu'elle a été réfutée par Muret, dont l'autorité est d'un si grand poids en pareille matière. Il nous semble qu'après tout c'est une langue assez riche et assez pure que celle qui exprime les plus fortes pensées et les plus vifs sentiments, qui colore les détails, qui peint les carac-

[1] Voyez un excellent exposé des motifs de ce jugement, dans le Lycée de la Harpe. (Part. 1, liv. III, chap. 1, sect. 1.)

tères, qui anime les récits, qui rend sensibles les nuances les plus délicates. Nous ne saurions nous plaindre non plus de la précision et de la rapidité du style, quand l'expression demeure partout juste et complète, nerveuse sans effort, claire par son énergie même, et moins figurée que pittoresque. S'il y reste quelques traces d'affectation, comme le soupçonnait Montaigne, nous devons avouer qu'elles ne nous sont pas sensibles.

Tacite craignait à tel point d'altérer l'histoire en la chargeant d'ornements étrangers, qu'il n'y insérait d'autres harangues que celles qui avaient été réellement prononcées. Il ne les transcrivait pas littéralement : il élaguait les détails superflus et supprimait les digressions prolixes, resserrait et enchaînait les idées afin de leur donner plus de force et de clarté; mais il en conservait le fonds et ne l'inventait pas. C'est, à notre avis, ce qu'on doit reconnaître en comparant le discours que tient l'empereur Claude au chap. 24 du livre XI des Annales, avec le texte qui se lit sur deux tables de bronze retrouvées à Lyon et regardées comme antiques. De part et d'autre, l'empereur s'élève contre le préjugé qui proscrit les innovations; il rappelle les changements politiques qui se sont opérés successivement dans l'État romain; il soutient qu'il est avantageux d'acquérir en Italie, hors de l'Italie, des citoyens distingués, des sénateurs illustres; et il fait particulièrement l'éloge des Gaulois, dont la fidélité ne s'est pas démentie depuis qu'on a traité avec eux. La différence ne consiste qu'en ce que l'historien a retranché quelques détails locaux et personnels, et une dissertation plus inutile sur l'origine du roi Servius, et sur les noms du mont Cælius. Mais il est, dit-on, des faits bien plus importants que Tacite a mal connus ou infidèlement retracés.

En effet, les fausses idées qu'il donne des juifs et des chrétiens sont, à notre avis, sans excuse : puisqu'il écrivait l'histoire, il devait s'éclairer assez pour ne point partager des préjugés populaires si odieusement injustes. Nous regrettons aussi qu'en rapportant de prétendus miracles de Vespasien, il se laisse soupçonner d'y ajouter foi.

Doit-on dire aussi que son humeur indépendante et satirique l'entraîne au delà des bornes de la vérité, quand il s'agit des mœurs et des actions des maîtres du monde? Nous ne le pensons point. Il n'est pas sans doute impartial entre la tyrannie et la liberté, entre le vice et la vertu; mais Tibère, Claude et Néron ne pouvaient être calomniés : quelque affreuses que soient les couleurs dont il les peint, ils ne s'offrent pas sous des jours plus favorables dans les récits de Suétone, ni dans les autres monuments historiques de ce siècle, ni dans les traditions perpétuées durant les âges suivants; aucune des flétrissures qu'il leur imprime n'est effacée ou affaiblie par des témoignages de quelque valeur; et jusqu'ici l'on n'a su opposer aux siens que de pures dénégations ou des considérations vagues sur l'invraisemblance des excès monstrueux qu'il signale; comme si la perversité humaine, exaltée par l'usage du pouvoir absolu, enhardie par l'impunité, encouragée par l'adulation, devait reconnaître des limites!

A vrai dire, les premiers à qui ces morceaux de Tacite ont déplu étaient des personnages qui s'y croyaient dénoncés d'avance. Thomas a dit que Louis XI, Henri VIII, Philippe II, n'auraient jamais dû voir Tacite dans une bibliothèque sans une espèce d'effroi; et lorsque cette observation eût été confirmée, il y a vingt ans, par les aveux d'un usurpateur et de ses flatteurs, un poëte (Chénier) s'empressa de la reproduire :

Tacite en traits de flamme accuse nos Séjans;
Et son nom prononcé fait pâlir les tyrans,

Toutefois, sauf les pertes que nous avons indiquées, ces redoutables livres ont traversé les âges, et retrouvé, depuis quatre siècles, plus de lecteurs que jamais. Il s'en conserve deux anciens manuscrits à Florence. L'un serait de l'an 395, si l'on s'en rapportait à la note qui le termine; mais les Bénédictins (Nouveau traité de diplomatique, III, 278-280) y ont reconnu une écriture lombarde du dixième ou du onzième siècle; et cette remarque paraît fort juste, quoiqu'elle ait été modifiée par Ernesti et par quelques autres, qui, en avouant que ce n'est qu'une copie faite sur l'exemplaire de 395, la font remonter au neuvième siècle, au septième et même au sixième. Le second manuscrit de Florence vient de Corbie ou Corwey en Westphalie, où il a été trouvé par un receveur nommé Archimbold. Léon X paya cette découverte d'une gratification de cinq cents écus ; et les premiers livres des Annales ont été fournis par ce manuscrit dont l'âge n'est pas non plus très-bien déterminé. On en cite quatre de la bibliothèque du Vatican : l'un de la fin du quatorzième siècle, les autres, plus modernes. Beatus Rhenanus en possédait un qui avait été conservé auparavant à Bude, et dont il exagérait fort l'autorité.

Ceux de Paris ne jouissent pas d'un très-grand renom : l'un pourtant, celui qui existait à l'Institution de l'Oratoire, et que Dotteville a décrit, se recommande par sa beauté. Il est d'ailleurs défectueux, incorrect, et semble assez peu antérieur aux éditions. La première de celles-ci parut à Venise, chez Vendelin de Spire, vers 1469; et le quinzième siècle en fournit cinq autres, publiées, soit dans cette même ville, soit à Rome et à Milan. Toutes sont in-folio, et elles comprennent, sous la dénomination d'*Histoire Auguste*, plusieurs livres, tant des Histoires que des Annales.

Il en est de même des éditions de Venise, 1512; de Rome 1514 : mais celle de 1515 dans cette dernière ville a été revue par Béroalde le jeune. Elle est remarquable, en ce que les premiers livres des Annales récemment découverts y étaient pour la première fois imprimés. Les précédentes éditions commençaient par ces mots *Nam Valerium*, du onzième livre. Après 1515, on distingue celles de Rome, 1515; de Milan, 1517; de Bâle, chez Froben, 1519; toutes trois in-folio encore : puis celles des Juntes à Florence, en 1527, in-8°; et des Aldes, à Venise, en 1534, in-4°, avec des notes de Beatus Rhenanus et d'Alciat. Le travail de Rhenanus se retrouve dans plusieurs éditions de Bâle, particulièrement dans celle de 1543, in-fol. Il en existe une sous la même date, publiée à Lyon, in-8°, chez les Gryphes, avec les remarques de Ferret.

Les corrections et les notes de Juste-Lipse ont enrichi les éditions d'Anvers, 1574, in-8°; 1600, in-4°. Vers le même temps, Pichena et Gruter travaillaient aussi sur Tacite. Les résultats de leurs recherches ont été joints au texte de cet historien, en 1600, à Florence ; en 1607, à Francfort, in-8°, et à Anvers, in-fol.; en 1608, à Paris, dans ce même format. Les trois principales éditions elzéviriennes sont celles de 1634, à Leyde, 2 tomes in-12; de 1640, dans la même ville, et pareillement en 2 vol.; de 1672-73, à Amsterdam, 2 vol. in-8°. Dans la première, on a suivi celle de Juste-Lipse; la seconde a été revue et annotée par Grotius, et l'on y a joint un troisième tome imprimé à Amsterdam, en 1649, et contenant le commentaire de Henri Savile; dans la troisième, Fréd. Gronovius a réuni ses propres notes à celles de divers commentateurs, y compris Bernegger, qui avait publié les siennes, avec le texte de Tacite, à Strasbourg, en 1638 et 1664, in-8°. Le Tacite *ad usum Delphini*, donné par Pichon, à Paris, 1682-87, 4 vol. in-4°, n'a de valeur que parce que les exemplaires n'en sont pas très-communs. On estime davantage l'édition de Leyde, 1687, 2 vol. in-8°, préparée par Théod. Ryckius, et enrichie de ses remarques. Elle a été reproduite à Dublin, en 1730, en 3 tomes in-8°. Neuf ans auparavant, Jacq. Gronovius avait fait paraître à Utrecht, en 2 volumes in-4°, un Tacite *cum notis variorum*, qui diffère assez peu de celui de 1672, et que les Foulis ont réimprimé à Glasgow, en 4 vol. in-12, en 1753. Ernesti venait de publier, en 1752, à Leipzig, 2 vol. in-8°, qui ont reparu en 1772, et dans lesquels sont comprises les notes de Juste-Lipse, de J. Fréd. Gronovius, de Nicolas Heinsius, avec celles d'Ernesti lui-même. En 1760, Brindley réimprimait à Londres, en 4 vol. in-18, le Tacite de Ryckius, en même temps que Barbou donnait à Paris, en 3 vol. in-12, une édition de ce classique, revue par Lallemand.

Celle de Brotier, en 4 tomes in-4°, est de 1772 : elle a été renouvelée en 1776, avec des additions, 7 vol. in-12. Brotier n'a pas seulement commenté

VIE DE TACITE.

Tacite, il a osé remplir les trop grandes lacunes qui interrompent et décomplètent les récits de cet historien, et il a aussi ajouté un supplément au Dialogue des Orateurs.

Parmi les éditions publiées depuis 1786, nous indiquerons celle de Londres, 1790, disposée par H. Homer; des Deux-Ponts, 1792, 4 vol. in-8°; de Parme, chez Bodoni, 1795, 3 vol. in-4°, qui ne contiennent que les Annales; d'Édimbourg, 1798, 4 vol. in-4° (c'est une copie du Tacite de Brotier); de Leipzig, 1801, 2 vol. in-8°, édition d'Ernesti, revue et augmentée par Oberlin; de Londres, chez Valpy, 5 vol. in-8°, où se trouvent les notes et les dissertations de Brotier, avec des extraits de plusieurs autres commentaires et quelques remarques de Porson. Enfin, de 1819 à 1821, M. Lemaire a publié, à Paris, pour entrer dans sa collection des classiques latins, 6 vol. in-8°, intitulés : *Corn. Tacitus, qualem omni parte illustratum, postremo publicavit, J. Jac. Oberlin, cui selecta additamenta subjunxit Jos. Naudet*: on y a reproduit le texte et les notes d'Ernesti, plutôt que de Brotier, dont le travail a essuyé, en 1801, une critique amère, et en général assez juste, dans les observations de M. Ferlet sur Tacite, 2 vol. in-8°.

Nous avons, dans cette liste des plus importantes éditions de l'historien des Césars, nommé ses principaux commentateurs : il convient d'y joindre Muret, qui n'a point été employé par les imprimeurs à revoir le texte, mais qui l'a publiquement expliqué, et à qui l'on doit un Commentaire sur les Annales, de courtes Notes sur les autres livres, outre trois Harangues sur le caractère de ces chefs-d'œuvre.

On rencontre aussi des observations critiques et historiques à la suite de quelques-unes des traductions qui vont être indiquées. Ayant déjà fait mention des versions particulières de la vie d'Agricola, du Tableau des Mœurs des Germains, et du Dialogue sur l'Éloquence, nous n'avons à nous occuper ici que de celles des Annales, des Histoires ou de la totalité des ouvrages de Tacite. Ils ont été traduits en langue polonaise, en 1775, 3 vol. in-8°; et Baden a donné une version danoise des Annales, qui passe pour excellente : elle a paru à Copenhague en 1773 et 78, in-8°, 2 vol. Les Flamands en ont deux anciennes, l'une de Groznewagen, l'autre de J. Léonard Fénacol : Delft, 1616, in-4°; Amsterdam, 1645, in-8°; mais ils ne lisent plus que celle de P. Corn. Hofd, publiée en 1684, in-fol., et réimprimée dans le même format, avec les œuvres du traducteur, en 1704. Micyllus a mis au jour un Tacite allemand, en 1533 : c'est un volume in-fol., imprimé à Mayence, et décrit par Freytag (Analect., II, 923, 931) : cette version et celle de Grotnitz, Francfort, 1657, in-8°, ont été remplacées par celle de J. Sam. Muller. Hambourg, 1705, 3 vol. in-8°; de Patzke, Magdebourg et Halle, 1765-77, 6 tomes in-8°; de Ch. Fréd. Bahrdt, 1780 et 81 in-8°, 2 vol.; et par de plus nouvelles.

Richard Grenewey a traduit en anglais les Annales; et Henri Savile, les Histoires : on a réuni l'un et l'autre travail dans l'édition in-folio de Londres, 1612. La version de Thomas Gordon, publiée en 1728, 1731, 2 vol. in-fol., a été souvent réimprimée : 1737, 4 vol. in-8°; 1753, 5 vol. in-12; 1757, 4 vol. in-8°; 1770, 5 vol. in-12 : elle est accompagnée de discours historiques, critiques et politiques, qui ont eu assez de succès, et qui ont été traduits en français, Amsterdam, 1742, 2 vol. in-12; Paris, 1794, 3 vol. in-8°; mais en elle-même elle n'est pas d'un très-grand mérite, non plus que celle d'Arthur Murphy, dédiée à Burke, en 1793, 4 vol. in-4°, et réimprimée en 8 tomes in-8°, en 1805. Murphy a joint aussi à son travail des réflexions politiques, qui ont paru suggérées par les circonstances où il écrivait, plutôt que par les récits de l'historien latin. Les traducteurs espagnols de Tacite sont : Alamos de Barientos (Madrid, 1614; in-fol.); Emmanuel Sueyro (Anvers, 1619, in-8°); Léandre de Saint-Martin (Douai, 1629, in-4°).

On ne connaît pas bien l'auteur de la version italienne, imprimée à Venise, en 1544; George Dati donna la sienne en 1563, in-4°, et elle eut plusieurs éditions jusqu'à celle de Francfort, en 1612. Le premier essai de la traduction célèbre de Davanzati parut à Florence, in-4°, en 1596 : elle a été publiée ensuite par les Juntes, en 1600, in-4°; chez Nesti, aussi à Florence, en 1637, in-fol.; à Venise, en 1677, in-4°; à Padoue, chez Comino, en 1755, 2 tomes in-4°; à Paris, chez Quillau, en 1760, 2 vol. in-12; à Bassano, en 1790 et en 1803, 3 vol. in-4°, y compris des additions; à Milan, 1799, 9 vol. in-12 avec le texte; à Paris, 1804, 3 volumes in-12, revus par M. Biagoli. Quoique Davanzati lutte de fort près avec Tacite, il y a bien, de temps en temps, quelques idées qu'il ne parvient pas à exprimer; mais cette traduction n'en est pas moins, comme l'a dit Ginguené, un chef-d'œuvre de pureté de style, de force, de précision et d'élégance. On ne saurait faire le même éloge de celle d'Adriano Politi, imprimée à Rome, en 1603, in-8°; à Venise, en 1604, in-12, et quelques autres fois jusqu'en 1644 : les éditions de 1618, de 1620 et de 1628, in-4°, comprennent une version des aphorismes politiques qu'Alamos Barientos avait joints à son Tacite espagnol.

Peut-être n'est-il pas de langue moderne qui puisse aussi bien que la française représenter les pensées de l'ingénieux et éloquent historien des premiers empereurs, imiter sa précision, atteindre son élégance, aspirer à son énergie. Cependant Marmontel et la Harpe l'ont déclaré intraduisible dans notre langue, ce qui montre au moins qu'ils n'avaient pas une très-haute idée des tentatives faites avant 1790. Il semble en effet presque inutile de rappeler les plus anciennes, c'est-à-dire, du seizième et même du dix-septième siècle. Après Ange Capelle, qui s'engagea le premier chez nous dans cette carrière, Étienne de la Planche publia les *cinq livres d'Annales tournés en françois*, Paris, 1548, 1555 et 1581, in-4°.

Le président Claude Fauchet donna en 1582, in-fol., une version complète qui ne satisfit point Pasquier, quoiqu'elle vînt d'un *personnage d'honneur*, et qu'elle ait eu plusieurs éditions. La traduction mise au jour en 1619 et 1628, par Jehan Baudoin, l'un des premiers membres de l'Académie française, n'a pas eu un long succès; et l'on ne se souvient pas davantage de celle de Raoul Lemaître, imprimée en 1636, in-fol.; ni de celle d'Achille de Harlay de Chanvalon, qui parut dans le même format, en 1644. Perrot d'Ablancourt en composa une qui fixa l'attention publique durant un demi-siècle : la première édition, en 3 vol. in-12, fut achevée en 1651, et suivie d'environ dix autres : on la trouvait belle et infidèle, comme toutes les productions du même traducteur : aujourd'hui l'on n'adopterait guère que la seconde partie de ce jugement. Amelot de la Houssaye la critiqua vivement dans un volume in-12, imprimé en 1686, sous le titre de *Morale de Tacite* : un neveu de Perrot prit sa défense, et défia le censeur d'en faire une aussi bonne. Amelot accepta le défi, et traduisit les six premiers livres des Annales, en y ajoutant des notes historiques et politiques. Cet ouvrage, qui ne formait en 1690 qu'un volume in-4°, en remplit dix in-12 dans l'édition d'Amsterdam, en 1731, parce qu'on y a fait entrer la suite des Annales, déplorablement traduite par François Bruys, ou par un anonyme que les lettres initiales C de G ne font pas connaître.

Le professeur Guérin offrit au public, en 1742, 3 vol. in-12, dignes au plus de servir aux études de ses élèves : c'était une interprétation scolastique et inanimée des Annales, des Histoires et de la Vie d'Agricola. Jean-Jacques Rousseau s'essaya, en 1754, sur le premier livre des Histoires seulement : il aspirait à traduire le style de Tacite; mais il avoue qu'un si rude jouteur l'eût bientôt lassé. Peut-être néanmoins a-t-il lui-même un peu trop déprécié ce travail, et l'en a-t-on beaucoup trop cru sur sa parole. S'il n'a que rarement vaincu les difficultés, il les a toujours senties; et pour la première fois Tacite aurait pu se reconnaître de temps en temps dans notre langue.

Une fidélité plus constante et plus sévère distingue la traduction que d'Alembert a donnée de morceaux choisis dans les divers ouvrages de l'historien latin : elle est d'un goût très-pur; et si les couleurs n'en paraissent pas assez vives, on doit convenir au moins qu'il était fort difficile de mieux faire. C'est ce qu'a prouvé la Bléterie, lorsque, après dix ans de veilles, il a mis en lumière sa pénible et rampante version des Annales (Paris, 1768, 3 vol. in-12). Elle n'est guère connue aujourd'hui que par ces deux vers de Voltaire :

Des dogmes de Quesnel un triste prosélyte,
En bourgeois du Marais a fait parler Tacite.

Dotteville a traduit d'abord les Histoires (1772, deux tomes in-12), puis les six derniers livres des Annales (1774, 2 vol. in-12), ensuite les six premiers (2 vol. in-12, 1779). A l'égard de la Vie d'Agricola et des Mœurs des Germains, que la Bléterie avait tolérablement traduites en 1755, Dotteville s'est borné à retoucher ce travail dans ses éditions de 1792 (7 vol. in-12), et de 1799 (7 vol. in-8°), qui contiennent ainsi tout Tacite en latin et en français, excepté pourtant le Dialogue des Orateurs; mais avec de très-bonnes notes et des suppléments historiques pour remplir les lacunes des textes. Cette traduction est fort estimée : cependant Dureau de la Malle en avait composé une nouvelle qui parut en 1790, (3 vol. in-8°); et qui se reproduisit en 1808, un an après la mort du traducteur, corrigée par lui, et revue par monsieur son fils : cette seconde édition est en 5 volumes in-8°; elle comprend le texte latin, une introduction, des remarques historiques et littéraires, un Tableau chronologique des événements rapportés par Tacite, etc.; un Tableau généalogique de la famille des Césars, une Table des matières et une Carte de l'empire romain. Une troisième édition, publiée en 1817, est augmentée des suppléments de Brotier, qui portent le nombre des volumes à six : la quatrième édition a paru en 1826, par les soins de M. Noël. Le mérite de ce travail est assez attesté par l'accueil qu'il a reçu, par le succès toujours croissant qu'il obtient chaque fois que la publication s'en renouvelle; d'unanimes et justes hommages ont été rendus à l'élégance et à la fidélité de cette traduction. En profitant, comme il l'avoue, de tout ce qu'il y avait d'heureux dans les précédentes, surtout dans celle de Dotteville, Dureau de la Malle en a fait une meilleure, et qui, très-précieuse par elle-même, se recommande encore par la correction parfaite du texte qui l'accompagne, et par tous les autres accessoires. La dernière édition est accompagnée des suppléments de Brotier, traduits par M. Noël.

Il nous reste à indiquer un essai de traduction des Annales par M. Senac de Meilhan, Paris, 1789, in-8°; une version complète de Tacite, par M. Gallon de la Bastide, Paris, 1812 (3 vol. in-12); les extraits des Annales, des Histoires et de la Vie d'Agricola, traduits par M. Letellier en 1825 (2 vol. in-8°); et surtout la savante traduction de M. Burnouf, 6 volumes in-8°, imprimés en 1828-1833.

Les notes de la plupart des traducteurs et des commentateurs de Tacite sont historiques ou philologiques, plutôt que politiques et morales ; mais d'autres écrivains se sont spécialement appliqués à recueillir les leçons que les livres de cet historien peuvent offrir aux princes, aux hommes d'État, aux citoyens. C'est le sujet de quelques livres de Scipione Ammirato, de Filippo Cauriana, de Vergilio Malvezzi, de Trajano Boccalini, etc. en langue italienne ; de Ch. P. Forstner, de J. H. Boecler, en latin ; d'Amelot de la Houssaye, en français ; de Thomas Gordon, en anglais. Nous en omettons un grand nombre d'autres, et nous n'ajouterons à cette liste que le nom de Veguelin, qui a inséré dans les Mémoires de l'académie de Berlin des dissertations sur ce qu'il appelait l'*Art psychologique*, l'*Art caractéristique, moral et politique de Tacite :* c'est l'un des premiers essais d'une école qui croit approfondir ce qu'elle obscurcit, et qui replongerait les principes et les détails même des sciences morales dans les plus épaisses ténèbres, si leur lumière pouvait s'éteindre au cœur de l'homme, et si les écrivains classiques, anciens et modernes, Tacite peut-être plus qu'aucun autre, n'avaient su les revêtir d'un immortel éclat. Ernesti et d'autres philologues ont fort déprécié tout ce qu'on a publié d'observations morales sur l'histoire des Césars ; de son côté, Gordon et d'autres écrivains politiques ont parlé avec peu de respect des commentaires grammaticaux : la vérité est que le premier service à rendre à l'instruction classique est de bien établir les textes, de les vérifier et de les interpréter avec une exactitude rigoureuse ; que nous devons à ces travaux difficiles beaucoup de reconnaissance et d'estime ; mais que pourtant ce ne serait pas faire un usage raisonnable des livres historiques que de n'y point étudier la science des mœurs et des sociétés, puisqu'après tout ils n'ont d'utilité réelle qu'en perfectionnant les théories, qu'en les rendant sensibles, qu'en servant à les étendre, et au besoin à les rectifier par l'expérience. C'est visiblement la destination que Tacite a donnée à ses écrits ; et tous ceux qui les ont ou loués ou censurés sont d'accord sur ce point.

Nous venons de recueillir plusieurs de ces jugements ; il en existe un tel nombre d'autres, au milieu des livres de littérature et d'histoire, que nous n'entreprenons point ici de les indiquer : l'un des plus remarquables se trouve dans les Mémoires de M. Ancillon. Les Vies de Tacite, soit abrégées, comme celle qu'a rédigée Juste-Lipse ; soit verbeuses, comme celle que la Bléterie a mise à la tête de ses traductions ; soit précises et savantes, comme celle que l'on doit à Brotier, sont trop nombreuses pour qu'on nous en demande le catalogue. Nous désignerons néanmoins les notes qui concernent notre historien dans le second volume de l'Histoire des Empereurs par Tillemont, et l'article que Bayle lui a consacré. Mais son caractère, son génie, et à vrai dire, tout ce qu'il y a de mémorable dans sa vie, il faut le chercher dans ses ouvrages : c'est là qu'il continue de vivre pour les délices des hommes sages, pour l'effroi des pervers et pour l'instruction de la plus lointaine postérité.

TABLEAU GÉNÉALOGIQUE

DE

LA FAMILLE DES CÉSARS,

D'après Brotier, pour l'intelligence des Annales et des Histoires de Tacite.

I. Caïus Julius César, de l'illustre famille des Jules, père du dictateur. Il eut pour frère, *Lucius Julius Cæsar*. Tous deux, ayant obtenu les honneurs de la préture, moururent d'une mort prématurée, Lucius à Rome, Caïus à Pise, l'an 670. Julie, leur sœur eut pour époux Caïus Marius, sept fois consul, aussi fameux par ses cruautés que par ses victoires. Les Césars et toute la famille des Jules prétendaient descendre d'Ascagne, d'Énée et de la déesse Vénus. Voyez *Sueton., in Jul.*, I et VI; *Plin.*, VII, 63; *Plutarch., in Mario*, pag. 408.

II. Aurélia, sœur de Caïus Julius César, femme de mœurs honnêtes. *Plutarch., in Cæsare*, pag. 711; *Tacit., de orator.*, 28.

III. Caïus Julius César, dictateur perpétuel et premier empereur, né le 4 des ides (12) de juillet 654, sous le consulat de Lucius Valérius Flaccus, et le sixième de Caïus Marius. Vainqueur de Pompée aux champs de Pharsale, il commanda à Rome, la maîtresse du monde connu, l'an 706. Quatre ans après, il fut tué par M. Brutus, C. Cassius et d'autres conjurés, aux ides de mars (15) 710. Jules César fut le plus grand des Romains et serait le plus digne d'éloges, s'il n'avait détruit la liberté de son pays, seul crime qu'il ait commis, et qu'il expia cruellement. Voyez *Macrob., Saturnal.*, 1, 12; *Vell. Patercul.*, II, 41; et *Plin.*, VII, 25.

Sur les médailles, il est appelé *Cæsar, imp. cos. aug. pont. max. dict. perp.*; c'est-à-dire, *Cæsar, imperator, consul, augur, pontifex maximus, dictator perpetuo*. Après sa mort on le nomma *Divus Julius*.

IV. Cossutia, première femme de César, d'une famille de chevaliers romains. Elle fut répudiée. Voyez *Sueton., in Jul. Cæs.*, I.

V. Cornélia, fille de Cinna, quatre fois consul, seconde femme de César que les menaces de Sylla ne purent déterminer son époux à répudier. Elle mourut pendant sa questure, et il prononça son éloge à la tribune aux harangues. Voyez *Suet., in Jul.*, V et VI; *Plutarch., in Jul.*, pag. 107.

VI. Julie, fille de César et de Cornélia, mariée d'abord à Servilius Cépion, répudiée, puis devenue l'épouse de Cn. Pompée le Grand, en 695; morte en 700: son petit-fils, Octave, prononça son éloge. César, son père, institua, en son honneur, des chasses et des combats de gladiateurs. Voyez *Suet., in Jul.*, XXI; *in Aug.*, VIII; *Dion.*, XXXVII, pag. 63; XXXIX, pag. 120; XLIII, pag. 225.

VII. Cnéus Pompéius, dit *le Grand*, fils de Pompée Strabon et de Lucilia, naquit la veille des calendes d'octobre (30 septembre) 648. Il fut l'époux de Julie, désignée dans l'article précédent. A dix-huit ans il entreprit la guerre civile. Il eût été le plus grand des Romains, si César n'eût pas existé. Il sut assurer à sa patrie l'empire des mers. Il soumit l'Afrique, triompha des Arméniens, des Syriens, des Paphlagoniens, des Ciliciens, des Cappadociens, des Scythes, des Juifs, des Ibériens, des Crétois. Il eût été le meilleur et le plus fortuné des hommes, s'il eût su supporter un égal. Il fut vaincu et périt l'an 706, et César donna des larmes à sa mort. Voyez *Plin.*, VII, 26; XXXVII, 2; *Tacit., Ann.*, XIII, 6; *Velleius Paterc.*, II, 29; *Plutarch., in Pompeio*, pag. 619.

VIII. N., fils de Pompée et de Julie, petit-fils de César, mort peu de temps après lui, en 701. Voyez *Vell. Patercul.*, II, 47.

IX. N., fille de Pompée et de Julie. Sa mère mourut en la mettant au monde; elle-même ne vécut que peu de jours. Voyez *Plutarch., in Jul.*, pag. 647; *Dion.*, XXXIX, pag. 120.

X. Pompéia, fille de Quintus Pompéius, petite-fille de Lucius Sylla, troisième femme de César, qui la répudia comme soupçonnée d'adultère avec Publius Clodius. Voyez *Sueton., in Jul.*, VI; *Plutarch., in Jul.*, pag. 711; *in Cicerone*, pag. 874 et 875.

XI. Calpurnia, fille de Lucius Calpurnius Pison, mariée à César en 695. Après la mort de ce dernier, elle se réfugia auprès de Marc-Antoine, emportant avec elle quatre mille talents. Voyez *Sueton., in Jul.*, LXXXI; *Plutarch., in Jul.*, pag. 714; *in Antonio*, page 922.

XII. Julie, fille de Caïus Julius César, prétorien, et d'Aurélie sœur de César le dictateur; et femme de Marcus Atius Balbus. Voyez *Sueton., in Aug.*, IV.

XIII. Marcus Atius Balbus, originaire d'Aricino mari de la précédente, aïeul d'Auguste. Voyez *Sueton., in Aug.*, IV.

XIV. Atia, fille de M. Atius Balbus et de Julie, femme de Caïus Octavius, mère d'Auguste. Voyez *Sueton., in Aug.*, IV; *Tacit., de Orat.*, 28.

XV. Caïus Octavius, mari de la précédente, père d'Auguste, né à Vélétri, d'une famille de chevaliers romains, ancienne et riche. Après sa préture, la Macédoine lui échut en partage. Il vainquit les Thraces dans une grande bataille, et mourut subitement en revenant de la Macédoine, et avant d'avoir obtenu le consulat. Voyez *Sueton., in Aug.*, III, IV, V.

XVI. Octavie, fille d'Octavius et d'Atia, sœur d'Auguste. Destinée d'abord à Faustus Sylla, puis à Claudius Marcellus, enfin à Marc Antoine. Femme recommandable par ses vertus et son amour pour les lettres. Elle mourut en 743. Auguste prononça son éloge, et les Corinthiens lui dédièrent un temple. Voyez *Sueton., in Jul.*, XXVII; *Dion.*, LIV, pag. 546; *Pausanias, in Corinth.*, II, 3, *Plin.*, III, 2, sect. 3.

XVII. Caïus Claudius Marcellus, mari de la précédente, fut consul en 704. Quoique parent de César, il fut un de ses plus cruels ennemis. Voyez *Sueton., en Jul.*, XXVII; *Dion.*, XL, pag. 148.

XVIII. MARCUS MARCELLUS, fils d'Octavie et de Caïus Claudius Marcellus, jeune homme d'une grande espérance et cher à Auguste. Il fut enlevé à la fleur de l'âge, en 731, et immortalisé par Virgile. Voyez *Tacit.*, *Ann.*, II, 41; III, 64; *Dion.*, LIII, pag 517; *Virgil.*, *Æneid.*, VI, 883.

XIX. POMPÉIA, fille de Sextus Pompéius, mariée à Marcus Marcellus en 715. Voyez *Dion.*, XLVIII, pag. 380.

JULIE, fille d'Auguste et de Scribonie, autre femme de Marcus Marcellus en 729. Voyez *Dion.*, LIII, pag. 515.

XX. MARCELLA *major*, fille de Claude Marcellus et d'Octavie, première femme, à ce que nous croyons, d'Apuléius; mariée ensuite à Valérius Messala. Voyez *Sueton.*, in *Aug.*, LIII; *Dion.*, LIV, pag. 541.

XXI. APULÉIUS, mari de la précédente, peut-être fils de Sextus Apuléius, qui fut consul en 723. Voyez *Dion.*, LIV, pag. 543.

XXII. APULÉA VARILIA, petite-fille d'Octavie, sœur d'Auguste, fille d'Apuléius et de Marcella *major*; condamnée pour adultère en 770, et exilée. Voyez *Tacit.*, *Ann.*, II, 50.

XXIII. MARCUS VALÉRIUS MESSALA BARBATUS, autre mari de Marcella *major*, consul en 742. Voyez *Sueton.* in *Aug.*, LXIII; in *Claud.*, XXVI; *Dion.*, LIV, pag. 541.

XXIV. MARCUS VALÉRIUS MESSALA BARBATUS, fils du précédent et de Marcella *major*, père de Messaline. Voyez *Sueton.*, in *Claud.*, XXVI.

XXV. DOMITIA LÉPIDA, fille de Lucius Domitius Ahénobarbus et d'Antonia *minor*, femme de Messala Barbatus, mère de Messaline; femme impudique; insane, cruelle, digne émule d'Agrippine, condamnée à mort en 807. Voyez *Tacit.*, *Ann.*, XI, 37; XII, 64; *Sueton.*, in *Claud.*, XXVI; in *Ner.*, VII.

XXVI. VALÉRIA MESSALINA, fille de la précédente et de Messala Barbatus, femme de l'empereur Claude, célèbre par ses débauches. Elle osa du vivant de son mari, épouser publiquement Silius. Ce crime la conduisit à la mort en 801. Voyez *Sueton.*, in *Claud.*, XXVI; *Tacit.*, *Ann.*, XI, 26.

XXVII. MARCELLA *minor*, fils de Marcellus et d'Octavie, mariée d'abord à Marcus Vipsanius Agrippa, ensuite à M. Julius Antonius. Voyez *Sueton.*, in *Aug.*, LXIII; *Plutarch.*, in *Anton.*, pag. 955.

XXVIII. N. N. Enfants de la précédente et de M. Vipsanius Agrippa. Voyez *Sueton.*, in *Aug.*, LXIII.

XXIX. MARCUS JULIUS ANTONIUS, fils de Marc-Antoine le triumvir et de Fulvie, époux de Marcella *minor*, après qu'Agrippa l'eut répudiée. Il fut consul en 744, et puni de mort pour adultère avec Julie fille d'Auguste. Horace l'a célébré. Voyez *Tacit.*, *Ann.*, III, 18; IV, 44; *Dion.*, LIV, p. 546; LV, p. 555; *Horat.*, Od. 2, l. IV.

XXX. LUCIUS ANTONIUS, fils de Jules Antoine et de Marcella *minor*. Exilé à Marseille, dès sa tendre jeunesse, pour le crime de son père: mort en 778. Voyez *Tacit.*, *Ann.*, IV, 44.

XXXI. MARC ANTOINE, triumvir, fils de Marc Antoine l'orateur. Il épousa, en 714, Octavie, sœur d'Auguste, et la répudia, en 722, pour se livrer à son amour pour Cléopâtre, reine d'Égypte. Il perdit la bataille d'Actium, en ; 24; suivit Cléopâtre en Égypte, et s'y donna la mort. Voyez *Vell. Patercul.*, II, 60, 87; *Dion.*, L, pag. 420; *Plin.*, VII, 45; *Plutarch.*, in *Anton*.

Sur les médailles, il est ainsi désigné: *M. Anton. M. F. M. N. aug. imp. cos. desig. iter. et tert.* III *vir, R. P. C.*, c'est-à-dire, *Marcus Antonius, Marci filius, Marci nepos, augur, imperator, consul designatus iterum et tertium, triumvir reipublicæ constituendæ*.

XXXII. ANTONIA *major*, fille du précédent et d'Octavie, sœur d'Auguste, femme de Lucius Domitius Ahénobarbus, appelée *Minor* par Tacite. Voyez *Dion.*, XLVIII, pag. 390;

Tacit., *Ann.*, IV, 44; *Sueton.*, in *Ner.*, V; *Plutarch.*, in *Anton.*, pag. 955.

XXXIII. LUCIUS DOMITIUS AHÉNOBARBUS, fils de Cnéus Domitius, un des meurtriers de César; mari d'Antonia *major*. Il pénétra plus avant qu'aucun autre en Germanie, et obtint les ornements triomphaux. Il mourut en 778. Voyez *Sueton.*, in *Ner.*, IV; *Tacit.*, *Ann.*, IV, 44.

XXXIV. CNÉUS DOMITIUS AHÉNOBARBUS, fils du précédent et d'Antonia *major*. Il épousa, en 781, Agrippine, fille de Germanicus, et fut consul en 785. Voyez *Sueton.*, in *Ner.*, V; *Tacit.*, *Ann.*, IV, 75; *Dion.*, LVIII, pag. 833; LXI, pag. 690.

XXXV. LUCIUS DOMITIUS NÉRO CLAUDIUS, sixième empereur, né le 18 des calendes de janvier (15 décembre) 790, de Cnéus Domitius Ahénobarbus et d'Agrippine. Adopté par Claude, il parvint à l'empire en 807, signala son règne par ses crimes, et périt en 821. En lui finit la race des Césars. Voyez *Plutarch.*, in *Ant.*, pag. 955; *Sueton.*, in *Ner.*, VI; *Tacit.*, *Ann.*, XII, 25; *Plin.*, XXII, 22, sect. 46; *Dion.*, LXIII, pag. 727.

Sur les médailles, avant son principat, il est ainsi désigné: *Nero. Claud. Cæs. Drusus. Germ. princ juvent. cos. desig. sacer. coop. in. omn. coll. supra num. ex sc.*, c'est-à-dire, *Nero Claudius Cæsar Drusus Germanicus, princeps juventutis, consul designatus, sacerdos cooptatus in omnia collegia supra numerum ex senatusconsulto*.

Comme empereur, il est appelé: *Nero Claud. divi. Claud. F. Cæsar. Aug. Germ. pont. max. imp. tr. p. p. p.*, c'est-à-dire, *Nero Claudius, divi Claudii filius, Cæsar, Augustus, Germanicus, pontifex maximus, imperator, tribunitia potestate, pater patriæ*.

XXXVI. OCTAVIE, fille de l'empereur Claude et de Messaline, sœur de Britannicus, née en 795, mariée d'abord à Lucius Silanus, puis à Néron en 806, femme de mœurs irréprochables et digne d'un autre siècle. Néron la répudia, la rappela, puis l'exila dans l'île Pandatarie, où il la fit périr en 815. Voyez *Tacit.*, *Ann.*, XII, 3, 25; XIV, 60, 64; *Dion.*, LXII, pag. 706.

Sur les médailles, elle est appelée *Octavia Augusta*.

XXXVII. POPPÉA SABINA, fille de T. Ollius et de Poppéa Sabina; mariée d'abord à Rufius Crispinus, ensuite à Marcus Salvius Othon, depuis empereur, enfin à Néron en 815. Néron, après l'avoir chérie, la tua d'un coup de pied en 818, puis prononça son éloge. Son corps ne fut point brûlé, suivant la coutume des Romains, mais embaumé, puis déposé dans le tombeau des Jules. Trois ans après sa mort, Néron lui consacra un temple sous le nom de Vénus Sabine. Voyez *Tacit.*, *Ann.*, XIII, 45; XVI, 6; *Sueton.*, in *Ner.*, XXXV; *Dion.*, LXIII, pag. 726.

Sur les médailles, elle est appelée *Poppæa Augusta* et *diva Poppæa*.

XXXVIII. CLAUDIA AUGUSTA, fille de Poppée et de Néron, née à Antium en 816, reçut, en naissant, le titre d'Augusta; mourut à quatre mois. Voyez *Tacit.*, *Ann.*, XV, 23; *Sueton.*, in *Ner.*, XXXV.

Sur ses médailles, on lit: *diva Claudia Ner. F.* (*Neronis filia*.)

XXXIX. STATILIA MESSALINA, bis-arrière-petite-fille de T. Statilius Taurus, troisième femme de Néron, qui, pour l'épouser, fit périr, en 818, le consul Atticus Vestinus, son époux. Voyez *Suet.*, in *Ner.*, XXXV; *Tacit.*, *Ann.*, XV, 68.

XL. DOMITIA, fille d'Antonia *major*, et de L. Domitius Ahénobarbus, tante de Néron, femme de Passiénus Crispus, et que Néron fit empoisonner en 812. Voyez *Quinctilian.*, in *Instit. orat.*, VI, 1; *Tacit.*, *Ann.*, XIII, 19, 21; *Dion.*, LXI, pag. 697.

XLI. CAÏUS APPIUS JUNIUS SILANUS, préfet des Espagnes; marié par Claude à Domitia Lépida; mis à mort, par ordre de ce prince, en 795. Voyez *Dion.*, LX, pag. 674.

DE LA FAMILLE DES CÉSARS.

XLII. Antonia minor, fille de Marc Antoine le triumvir, et d'Octavie, sœur d'Auguste; femme de Néron Drusus, mère de Germanicus; femme d'un rare mérite. Voyez *Plin.*, vii, 19; *Suet.*, *in Caio*, i; *Tacit.*, *Ann.*, iii, 3; xi, 3; *Plutarch.*, *in Ant.*, pag. 955; *Valer. Max.*, iv, 3, n°. 3.

Dite, sur les médailles, *Antonia Augusta*.

XLIII. Caius Octavius César Auguste, fils d'Atia et de Caius Octavius, né le 9 des calendes d'octobre (23 septembre) 691. Il fut le fondateur de l'empire romain. Il entreprit la guerre civile à dix-neuf ans, et la conduisit de telle sorte que, trois ans après, il n'existait plus un seul des meurtriers de César, son père adoptif. Il triompha de Pompée, de Lépide, de Marc Antoine, et parvint à la suprême puissance. Ami de la paix, protecteur des lettres, il gouverna Rome pendant cinquante-six ans, et obtint le titre de *Père de la patrie*. Il mourut le 14 des calendes de septembre (19 août) 767, âgé de soixante-seize ans. Voyez *Sueton.*, *in Aug.*, v; *Tacit.*, *Ann.*, i, xiii, 6; *Florus*, iv, 12; *Aurel. Vict.*, *de Cæsaribus*, cap. 1; *Plin.*, vii, 45; *Senec.*, *Consol. ad Polyb.*, xxxiv.

Sur les médailles, avant son principat, il est ainsi désigné : *C. Cæsar, divi F. imp. iii vir. RPC. cos libertatis p. R. vindex.*, c'est-à-dire, *Caius Cæsar, divi filius, imperator, triumvir reipublicæ constituendæ, consul, libertatis populi romani vindex.*

Comme empereur : *Cæsar. Aug. Augustus. divi F. imp. cos. pont. max. tr. pot. pater patriæ.* (*Cæsar Augustus, Augustus, divi filius, imperator, consul, pontifex maximus, tribunitia potestate, pater patriæ.*)

Après sa mort, *divus Augustus.*

XLIV. Clodia, fille de Publius Clodius et de Fulvie, belle-fille du triumvir Marc Antoine, qu'Auguste épousa pour cimenter la paix, quoique à peine nubile, et qu'il renvoya encore vierge à ses parents. Voyez *Sueton.*, *in Aug.*, lxii.

XLV. Scribonia, sœur de Lucius Scribonius Libon, autre femme d'Auguste, mariée précédemment à deux consuls. Auguste la répudia en 715. Voyez *Sueton.*, *in Aug.*, lxiii; lxix: *Dion.*, xlviii, pages 366, 377; *Propert.*, *Eleg.*, ii, lib. iv.

XLVI. Julie, fille d'Auguste et de Scribonia, née en 715; mariée à Marcellus, puis à Agrippa, ensuite à Tibère. Femme célèbre par ses débauches, qu'Auguste exila dans l'île Pandatarie, en 732. Elle périt de misère en 767. Voyez *Plin.*, vii, 45; *Dion.*, lv, pag. 555; *Tacit.*, *Ann.*, i, 53; *Vell. Paterc.*, ii, 100.

Sur les médailles, elle est appelée *Julie Aphrodite*.

XLVII. Marcus Vipsanius Agrippa, d'une naissance obscure, mais compagnon des victoires d'Auguste, qui le fit consul, l'associa à la puissance tribunitienne, et le prit pour gendre après la mort de Marcellus, en 733. Il mourut en 742, âgé de cinquante-huit ans. Voyez *Tacit.*, *Ann.*, i, 3; *Plin.*, iii, 2; vii, 8; xxxv, 4, sect. 9; *Dion.*, liv, pag. 515, 541; *Vell. Pater.*, ii, 96.

Sur les médailles, il est ainsi désigné : *M. Agrippa. L. F. cos. des. cos. ter. præf. oræ. marit. et class.*, c'est-à-dire, *Marcus Agrippa, Lucii filius, consul designatus, consul tertium, præfectus oræ maritimæ et classis.*

XLVIII. Caius César, fils d'Agrippa et de Julie, né en 734 : adopté par Auguste, prince de la jeunesse et consul, meurt, jeune, en Lycie, le 9 des calendes de mars (21 février) 757. Voyez *Tacit.*, *Ann.*, i, 3; *Dion.*, liv, pag. 526; *Noris cenotaphia pisana*, dissert. ii, 17, pag. 347.

Sur ses médailles, on lit : *C. Cæsar. Augusti. F. augur. pont. cos. des. cos.*

XLIX. Lucius César, fils d'Agrippa et de Julie, frère du précédent, né en 737; prince de la jeunesse, consul; adopté, par Auguste, dans la famille des Césars. Il mourut à Marseille, au mois d'août 755. Voyez *Tacit.*, *Ann.*, i, 3; *Noris cenotaphia pisana*, dissert., ii, 15, pag. 265.

Sur les médailles, il est ainsi désigné : *L. Aug. F. princ. juvent.*; et les deux frères réunis *C. et L. Cæsares, Aug F. cos. d. princ. juvent.*

L. Marcus Agrippa César Postumus, fils posthume d'Agrippa et de Julie, frère des deux précédents, né en 742. Auguste l'adopta le 5 des calendes de juillet (27 juin) 757, puis le relégua, dans l'île de Planasie, pour ses mœurs grossières. Tibère le fit tuer en 767. Voyez *Dion.*, liv, pag. 542; *Vell. Paterc.*, ii, 104; *Tacit.*, *Ann.*, i, 3, 6; *Plin.*, vii, 45.

LI. Agrippine, fille de Julie et d'Agrippa, femme de Germanicus; femme recommandable par la pureté de ses mœurs, mais d'un orgueil inflexible. Elle périt misérablement, dans l'île de Pandataria, le 15 des calendes de novembre (18 octobre) 786. Voyez *Tacit.*, *Ann.*, iv, 12; vi, 25; xiv, 63.

Sur ses médailles, elle est appelée : *Agrippina, Marci filia, mater Caii Cæsaris Augusti Germanici.*

LII. Julie, fille de Julie et d'Agrippa, femme de Lucius Æmilius Paulus, exilée, pour adultère, dans l'île de Trimète, en 761; morte en 781. Voyez *Tacit.*, *Ann.*, iv, 71.

LIII. Lucius Æmilius Paulus, mari de la précédente, fils de Paul Emile Lépide, censeur, et de Cornelie, né en 732. Voyez *Sueton.*, *in Aug.*, lxiv; *Dion.*, liv, pag. 521.

LIV. Marcus Æmilius Lépidus, fils du précédent et de Julie, mari de Drusilla, corrupteur de ses sœurs, et compagnon des débauches de Caligula; condamné pour crime de lèse-majesté en 792. Voyez *Dion.*, lix, pag. 648, 657; *Sueton.*, *in Caio*, xxiv, xxxvi; *Tacit.*, *Ann.*, xiv, 2.

LV. Æmilia Lépida, fille de Lucius Æmilius et de Julie, arrière-petite-fille d'Auguste, mariée à Claude dans sa jeunesse, puis à Junius Silanus. Voyez *Sueton.*, *in Claud.*, xxvi; *Plin.*, vii, 13.

LVI. Julius Silanus, mari de la précédente. Voyez *Tacit.*, *Ann.'*, ii, 59.

LVII. Marcus Julius Silanus, fils du précédent et d'Æmilia Lépida, homme simple, que Caligula nommait *pecus aurea*. Il fut proconsul en Asie, et empoisonné, par ordre de Néron, en 807. Voyez *Tacit.*, *Ann.*, xiii, 1.

LVIII. N., sa femme, mère de Lucius Silanus Torquatus. Son nom est inconnu.

LIX. Lucius Silanus Torquatus, fils du précédent, arrière-petit-fils d'Auguste; mis à mort, par ordre de Néron, en juin 818. Voyez *Tacit.*, *Ann.*, xvi, 7, 8, 9.

LX. Lucius Julius Silanus, fils de Julius Silanus (LVI) et d'Æmilia Lépida, arrière-petit-fils d'Auguste, destiné à Octavie, fille de Claude, puis mis à mort, par ordre de ce prince, en 802. Voyez *Dion.*, lx, pag. 668; *Tacit.*, *Ann.*, xii, 3, 8.

LXI. Junius Silanus Torquatus, fils de Junius Silanus et d'Æmilia Lépida, arrière-petit-fils d'Auguste, mis à mort, par ordre de Néron, en juin 817. Voyez *Tacit.*, *Ann.*, xv, 35; xvi, 8 et 12; *Dion.*, lxii, pag. 714.

LXII. Junia Calvina, fille de Junius Silanus et d'Æmilia Lépida, arrière-petite-fille d'Auguste. Exilée par Néron en 812, elle vécut jusqu'au temps de Vespasien. Voyez *Tacit.*, *Ann.*, xii, 4, 8; xiv, 12; *Sueton.*, *in Vespas.*, xxiii.

LXIII. Vitellius, fils du censeur Lucius Vitellius et de Sextilie; mari de Junia Calvina, consul en 801. Voyez *Tacit.*, *Ann.*, xii, 4; *Sueton.*, *in Vitellio*, iii et xviii.

LXIV. Lépida, fille de Junius Silanus et d'Æmilia Lépida, femme de Caius Cassius, préfet de Syrie, exilée en 818. Voyez *Tacit.*, *Ann.*, xvi, 8 et 9.

LXV. Caius Cassius, préfet de Syrie, mari de la précédente, célèbre jurisconsulte, exilé en Sardaigne en 818. Voyez *Tacit.*, *Ann.*, xii, 2; xvi, 8, 9.

LXVI. Livie, dite aussi Livia Drusilla, et, après la mort d'Auguste, nommée Julia Augusta, fille de Livius Drusus Claudianus; mariée d'abord à Tibère Claude Néron, ensuite à Auguste en 716; morte en 782, âgée de quatre-vingt-six ans. Voyez *Vell. Paterc.*, II, 75; *Suet., in Tiber.*, III et IV; *Dion.*, XLVIII, p. 628; *Tacit., Ann.*, V, 1.

Sur les médailles, on lui donne les titres de *genitrix orbis, mater patriæ, diva Julia*.

LXVII. Tibère Claude Néron, mari de Livie, père de l'empereur Tibère, préteur et pontife, mort en 719. Voyez *Vell. Paterc.*, II, 75; *Sueton., in Tib.*, IV, VI; *Dion.*, XLVIII, p. 366.

LXVIII. Tibère Néron, troisième empereur, fils de Tibère Claude Néron et de Livie, né le 16 des calendes de décembre (16 novembre) 712; adopté par Auguste en 757; empereur en 767; mort le 17 des calendes d'avril (16 mars) 790. Le portrait qu'a tracé de lui Tacite ne laisse rien à désirer. Voyez *Vell. Paterc.*, II, 75; *Tacit., Ann.*, I, 3; VI, 51; *Plin.*, XLVIII, 2; *Suidas*.

Sur ses médailles, on lit : *Tiberius Cæsar Augustus, divi Augusti filius, imperator, consul, augur, pontifex maximus, tribunitia potestate*.

LXIX. Vipsania Agrippina, fille de Marcus Vipsanius Agrippa et de Pomponia, petite-fille de Cécilius Atticus, auquel Cicéron a adressé des lettres, première femme de Tibère, répudiée en 742; mariée ensuite avec Asinius Gallus; morte en 779. Voyez *Tacit., Ann.*, III, 19.

LXX. Drusus César, fils de Tibère et d'Agrippine, né en 739, trois fois consul. Il périt, par les intrigues de Séjan, en 776. Voyez *Dion.*, LIV, p. 543; *Tacit., Ann.*, I, 65; III, 56; IV, 3, 8; *Plin.*, XIV, 22.

LXXI. Livie, dite aussi Livilla, fille de Néron Claude Drusus et d'Antonia *minor*, sœur de Germanicus et de Claude, mariée d'abord à Caïus César, puis à Drusus César. Voyez *Sueton., in Claud.*, I; *in Tiber.*, LXII; *Tacit., Ann.*, IV, 3, 40; VI, 2; *Dion.*, LVIII, p. 628.

LXXII. Tibère, fils de Drusus César et d'Agrippine, petit-fils de l'empereur Tibère, né, avec un frère jumeau, en 772. Caligula le fit périr en 790. Voyez *Tacit., Ann.*, II, 84; *Dion.*, LIX, p. 640, 645.

LXXIII. N., frère jumeau du précédent, mort à quatre ans, en 776. Voyez *Tacit., Ann.*, II, 84; IV, 15.

LXXIV. Julie, fille de Drusus César et de Livie; mariée d'abord à Néron César, puis à Rubellius Blandus, périt par les intrigues de Messaline, en 796. Voyez *Tacit., Ann.*, III, 29; VI, 27; XIV, 19 et 22; *Dion.*, LX, pag. 677.

LXXV. Rubellius Blandus, fils d'un chevalier romain, mari de Julie en 786. Voyez *Tacit., Ann.*, VI, 27; *Dion.*, LVIII, pag. 634.

LXXVI. Rubellius Plautus, fils du précédent et de Julie, arrière-petit-fils de Tibère, mis à mort par ordre de Néron en 815. Voyez *Tacit., Ann.*, XIII, 19; XIV, 22, 58.

LXXVII. Antistia Pollutia, fille de Lucius Antistius Vétus, petite-fille de Sextia, femme de Rubellius Plautus, périt en 818. Voyez *Tacit., Ann.*, XIV, 58; XVI, 10, 11.

LXXVIII. N., fils de Tibère et de Julie, né à Aquilée, mort, enfant, vers 748. Voyez *Sueton., in Tiber.*, VII; *Dion.*, LV, p. 554.

LXXIX. Néron Claudius Drusus, fils de Tibère Claude Néron et de Livie, frère de l'empereur Tibère, né en 716, surnommé *Germanicus*, pour ses victoires en Germanie; mort en 745. Voyez *Sueton., in Claud.*, I; *in Tib.*, IV; *Dion.*, LV, p. 548; *Valer. Maxim.*, IV, 3.

LXXX. N. N., deux fils de Néron Claude Drusus et d'Antonia *minor*, morts avant 745. Voyez *Sueton., in Claud.*, 1.

LXXXI. Germanicus César, fils de Néron C. Drusus et d'Antonia *minor*, adoré des Romains et le meilleur des fils. Tibère l'adopta, par ordre d'Auguste, en 757. Il périt, par les intrigues de Plancine, en 772. Voyez *Tacit., Ann.*, I, 3; II, 72, 73; *Dion.*, LV, p. 557.

Sur les médailles de Mitylène, il est qualifié de *divus Germanicus*.

LXXXII. Néron César, fils de Germanicus et d'Agrippine, périt en 784. Voyez *Tacit., Ann.*, IV, 59, 60; V, 3, 4; *Sueton., in Tib.*, LIV; *Dion.*, LVIII, p. 626.

LXXXIII. Drusus César, fils de Germanicus et d'Agrippine, frère du précédent, et l'un des auteurs de sa mort, périt de faim en 786. Voyez *Tacit., Ann.*, IV, 60; VI, 23, 24; *Dion.*, LVIII, p. 623.

Sur les médailles, les deux frères ont le titre de *duumvirs*.

LXXXIV. Émilia Lépida, fille de Marcus Lépidus et femme de Drusus César, se tue en 789. Voyez *Tacit., Ann.*, IV, 20; VI, 27, 40.

LXXXV. Caïus César, fils de Germanicus et d'Agrippine, mort jeune. Voyez *Sueton., in Caio*, VII et VIII.

LXXXVI. Caïus César, surnommé Caligula, quatrième empereur, fils de Germanicus et d'Agrippine, et frère du précédent, né à Antium, la veille des calendes de septembre (31 août) 765, sous le consulat de Germanicus et de Capiton; tué le 9 des calendes de février (24 janvier) 794. Voyez *Senec., Consol. ad Helviam*, IX; *Sueton., in Caio*, VIII, XXXVII, LVIII; *Plin.*, VII et XXXVII; *Tacit., Ann.*, VI, 20.

LXXXVII. Claudia, nommée par Suétone, Junia Claudilla, fille de Marcus Silanus, femme de Caligula en 786; morte en couches. Voyez *Tacit., Ann*, VI, 20; *Sueton., in Caio*, XII.

LXXXVIII. Livia Orestilla, appelée par Dion Cornélia Orestina, autre femme de Caligula, qui l'enleva à Caius Calpurnius Pison, et la répudia peu de jours après. Voyez *Sueton., in Caio*, XXV; *Dion.*, LIX, pag. 646.

LXXXIX. Lollia Paulina, petite-fille de Marcus Lollius, troisième femme de Caligula, qui l'enleva à Caius Memmius Régulus, et la répudia. Voyez *Plin.*, IX, 25; *Sueton., in Caio*, XXV; *Dion.*, LIX, pag. 648.

XC. Milonia Césonia, fille de Vestilie, quatrième femme de Caligula, qui l'épousa dans son huitième mois de grossesse. Elle périt, avec lui, en 794. Voyez *Sueton., in Caio*, XXV et LIX; *Dion.*, LIX pag. 658, 663; *Plin.*, VII, 5.

XCI. Julia Drusilla, fille de Caligula et de Milonie, périt avec ses parents. Voyez *Sueton., in Caio*, XXV et LIX; *Dion.*, LIX, p. 663.

XCII. N. N. Deux fils de Germanicus et d'Agrippine, morts en bas âge. Voyez *Sueton., in Caio*, VII et VIII.

XCIII. Agrippine, fille de Germanicus et d'Agrippine, née en 769; mariée d'abord à Cnéus Domitius en 781, puis à Passiénus Crispus, enfin à Claude en 801. Elle fut la mère de l'odieux Néron, qui la fit périr en 812. Voyez *Tacit., Ann.*, II, 54; IV, 53; V, 75; XII, 74; XIV, 8; *Sueton., in Caio*, VII; *Dion.*, LIX, pag. 686.

XCIV. Passiénus Crispus, orateur, deux fois consul, mari de Domitia, puis d'Agrippine. Voyez *Plin.*, XVI, 44; *Tacit., Ann.*, VI, 20; *Senec., Quæst. nat.*, IV.

XCV. Drusilla, fille de Germanicus et d'Agrippine, née en 770; mariée d'abord à Lucius Cassius Longinus, ensuite à Marc Lépide; morte en 791. Caligula, son frère et son corrupteur, la mit au rang des déesses, et l'appela *Panthée*. Voyez *Tacit., Ann.*, VI, 15; *Sueton., in Caio*, VII et XXIV; *Dion.*, LIX, pag. 648, 657.

XCVI. Lucius Cassius Longinus, mari de la précédente, consul en 783. Voyez *Sueton., in Caio*, XXIV; *Tacit., Ann.*, VI, 15; *Dion.*, LVIII.

XCVII. Julie, nommée Livilla par Suétone, fille de Germanicus et d'Agrippine, née en 771; exilée, pour ses débauches, dans les îles du Pont, en 692, par Caïus; mise à mort, par ordre de Messaline, en 796. Voyez *Tacit.*,

Ann., II, 54; *Sueton., in Caio*, VIII et XXIV; *in Claud.*, XIX; *Dion.*, LIX, pag. 657; LX, 670, 677.

XCVIII. QUINCTILIUS VARUS, fils de Claudia Pulchra, mari de Julie ; condamné à mort en 788. Voyez *Senec., Controv.*, I, 3 ; *Tacit., Ann.*, IV, 52, 66.

XCIX. MARCUS VINICIUS, autre mari de Julie en 786, deux fois consul, empoisonné par ordre d'Agrippine, en 799. Ce fut à lui que Velléius Paterculus dédia son histoire. Voyez *Tacit., Ann.*, VI, 15; *Dion.*, LX, page 683.

C. TIBÈRE CLAUDE DRUSUS GERMANICUS, cinquième empereur, fils de Néron Claude Drusus et d'Antonia *minor*, frère de Germanicus, né à Lyon, aux calendes d'août (1er août) 744, parvint à l'empire en 794 ; mort empoisonné par Agrippine, le 3 des ides d'octobre (13 octobre) 807. Voyez *Sueton., in Claud.*, II, X, XLI, XLII; *Tacit., Ann.*, XII; 69, *Senec., Apocolocynt.*; *Plin.*, XXXVI, 15.

CI. PLAUTIA URGULANILLA, fille d'Aulus Plautius et femme de Claude, puis répudiée. Voyez *Sueton., in Claud.*, XXVI; *Dion.*, LX, page 685.

CII. DRUSUS, fils de Claude et de Plautia Urgulanilla, mort jeune à Pompéia. Voyez *Sueton., in Claud.*, XXVII; *Tacit., Ann.*, III, 29.

CIII. CLAUDIA, fille d'Urgulanilla et d'un affranchi. Voyez *Sueton., in Claud..* XXVII.

CIV. ÉLIA PÉTINA, fille de Quinctius Élibus Tubéro, consul en 742 ; femme de Claude et bientôt répudiée. Voyez *Sueton., in Claud.*, XXVI; *Tacit., Ann.*, XII, 1 et 2.

CV. ANTONIA, fille de Claude et d'Élia Pétina, mariée d'abord à Cnéus Pompéius, puis à Cornélius Sylla. Néron la fit périr. Voyez *Sueton., in Claud.*, XXVII; *in Ner.*, XXXV; *Tacit., Ann.*, VII, 68.

CVI. CNÉUS POMPÉIUS MAGNUS, mari de la précédente en 794 ; mis à mort par ordre de Claude. Voyez *Dion.*, LX, page 668 ; *Sueton., in Claud.*, XXVII et XXIX; *Zonaras*, pag. 563.

CVII. FAUSTUS CORNÉLIUS SYLLA, autre mari d'Antonie, tué à Marseille, par ordre de Néron, en 815. Voyez *Sueton., in Claud.*, XXVII; *Tacit., Ann.*, XIII,'23; XIV, 57.

CVIII. BRITANNICUS, fils de Claude et de Messaline, né la veille des ides de février (12 février) 794, empoisonné, par ordre de Néron, en 808, à quatorze ans. Voyez *Sueton., in Claud.*, XXVII; *Tacit., Ann.*, XII, 25 ; XIII, 15 et 16.

Des cent huit individus composant la famille des Césars, trente-neuf, c'est-à-dire plus du tiers, périrent d'une mort violente. Ce trait suffit pour caractériser les temps horribles dont Tacite a décrit l'histoire d'une manière si énergique.

SOMMAIRES DES ANNALES.

LIVRE PREMIER.

I. Tableau de Rome, depuis sa fondation jusqu'à la mort d'Auguste. — V. Tibère prend les rênes du gouvernement, mais avec des délais qui dissimulent ses désirs. Rome se précipite vers la servitude. — XVI. Révolte des trois légions de Pannonie. Drusus, fils de Tibère, l'apaise avec peine. — XXXI. Mêmes mouvements dans l'armée de Germanie; ils ne sont calmés que par le massacre des coupables. — L. Germanicus marche contre l'ennemi, ravage le territoire des Marses, des Tubantes, des Bructères et des Usipètes, ou taille en pièces leurs armées. — LIII. Julie, fille d'Auguste, finit ses jours à Rhéges. — LIV. Établissement de colléges et de jeux en l'honneur d'Auguste. — LV. Germanicus passe une seconde fois le Rhin : il marche contre les Cattes, et porte le fer et le feu sur leur territoire. Il délivre Ségeste assiégé par Arminius. Son armée victorieuse le proclame *Imperator*. — LIX. Expédition contre les Chérusques. On recueille les restes de Varus et de ses soldats; on leur rend les derniers devoirs. — LXIII. Dangers que courent les Romains à leur retour, sous la conduite de Cecina. Une sortie heureuse repousse les ennemis et les met en fuite. — LXXII. Loi de lèse-majesté remise en vigueur et rigoureusement exécutée. — LXXVI. Débordement du Tibre. — LXXVIII. Licence théâtrale portée à l'excès, et décrets du sénat pour la réprimer. — LXXIX. On propose de détourner les eaux qui se jettent dans le Tibre. Plaintes et députations des cités d'Italie à ce sujet.

Espace de deux ans.

A. DE R.	DE J. C.	
DCCLXVII.	14 coss.	Sextus Pompéius. Sextus Appuleius.
DCCLXVIII.	15 coss.	Drusus, César. C. Norbanus Flaccus.

LIVRE II.

I. Mouvements en Orient. — III. Vonone, roi des Parthes, détrôné par Artabane, se réfugie en Arménie, où il est élevé sur le trône, d'où les menaces d'Artabane le font bientôt descendre. — V. Tibère sous prétexte d'apaiser les troubles de l'Orient, éloigne Germanicus des légions de Germanie. Le prince obéit, mais lentement. Il entre en Germanie et remporte une victoire signalée sur les Chérusques et sur Arminius. Après une navigation périlleuse, il répare cet échec par le succès de son expédition contre les Marses. — XXVI. Libon Drusus est accusé de complots contre l'État. Requête de M. Hortalus durement rejetée. — XXXIX. Troubles qu'excite Clémens sous le nom de Postume Agrippa. Le fourbe est arrêté par l'adresse de Sallustius Crispus, et conduit à Rome. — XLI. Germanicus triomphe des Cattes, des Chérusques et des autres nations jusqu'à l'Elbe. — XLII. Archélaüs, roi de Cappadoce, est attiré à Rome par des lettres perfides. Mauvais traitements qu'il y reçoit, suivis de sa mort. Son royaume est réduit en province romaine. — XLIII. L'Orient est mis sous les ordres de Germanicus, et la Syrie, sous ceux de Pison, mais , à. c. qu'on croit, avec des instructions secrètes contre ce prince. — XLIV. Envoi de Drusus contre les Germains, dont les dissensions permettent aux Romains de respirer. — XLV. Les Chérusques, commandés par Arminius, gagnent une bataille sanglante contre Maroboduus, monarque dont la puissance paraissait affermie par un long règne. — XLVII. Un tremblement de terre renverse douze villes d'Asie; munificence de Tibère.—L. La loi concernant le crime de lèse-majesté prend vigueur de jour en jour. — LII. Tacfarinas lève en Afrique l'étendard de la révolte; mais il est aussitôt réprimé par A. Furius Camillus. — LIII. Germanicus, consul pour la seconde fois, arrive en Arménie, détrône Vonon, et donne Zénon pour roi aux Arméniens qui le désirent, ensuite il part pour l'Égypte. — LXII. Drusus sème la division parmi les Germains. Maroboduus, chassé de son royaume par Catualda, se réfugie en Italie, et passe à Ravenne les dix-huit dernières années de sa vie. Catualda éprouve bientôt le même sort, et il est envoyé à Fréjus. — LXIV. Rhescuporis, roi de Thrace, est fait prisonnier par Pomponius Flaccus, et conduit à Rome. — LXVIII. Meurtre de Vonon. — LXIX. A son retour d'Égypte, Germanicus trouve que Pison a annulé tout ce qu'il a ordonné, ou a donné des ordres contraires ; principe de leur mésintelligence. Peu de temps après il tombe malade et meurt à Antioche ; sa mort cause un deuil universel. — LXXIV. Pison, soupçonné de l'avoir empoisonné, est repoussé lorsqu'il veut reprendre le gouvernement de la Syrie. — LXXXIII. Honneurs décernés à Germanicus après sa mort. — LXXXV. Lois contre l'incontinence des femmes. — LXXXVI. Choix d'une Vestale. — LXXXVII. Arminius est tué en trahison par les Germains.

Espace de quatre années.

A. DE R.	DE J. C.	
DCCLXIX.	16 coss.	T. Statilius Sisenna Taurus. L. Scribonius Libon.
DCCLXX.	17 coss.	C. Cécilius Rufus. L. Pomponius Flaccus Grécinus.
DCCLXXI.	18 coss.	Tibère César, Auguste pour la 3ᵉ fois. Germanicus, César pour la 2ᵉ f.
DCCLXXII.	19 coss.	M. Julius Silanus. L. Norbanus Flaccus.

LIVRE III.

I. Agrippine, portant les cendres de Germanicus, arrive à Brindes, puis à Rome. Ces restes sont déposés dans le tombeau d'Auguste. Célébration de ses funérailles. — VII. Drusus part de nouveau pour l'Illyrie. — VIII. A son retour à Rome, Cn. Pison est accusé d'empoisonnement et de crime de lèse-majesté. Après avoir plaidé sa cause, voyant que tout se déclare contre lui, il se donne la mort. — XX. Tacfarinas recommence la guerre en Afrique; mais son soulèvement est réprimé par le proconsul L. Apronius. — XXII. Lépida Émilia est accusée d'adultère et d'empoisonnement, et condamnée. — XXV. La loi Papia-Poppéa, exécutée jusque-là avec la dernière rigueur, reçoit de Tibère quelques adoucissements, et ses châtiments sont relâchés. Commencements et révolutions des lois. — XXX. Mort de L. Volusius et de Sallustius Crispus, personnages d'une haute considération. — XXXI. Retraite de Tibère en Campanie. — XXXII. Troisième invasion de Tacfarinas en

Afrique, dont la défense est confiée à Junius Blésus. — XXXVII. Condamnation de quelques chevaliers romains prévenus du crime de lèse-majesté. — XXXVIII. Dissensions des Thraces. — XL. Révolte des cités des Gaules sous la conduite de Julius Sacrovir et de Julius Florus. Son peu de succès. Battues par les légions de Germanie, elles retombent sous le joug. — XLIX. C. Lutorius, chevalier romain, condamné comme coupable de lèse-majesté, est exécuté en prison. — LII. Répression du luxe commencée et abandonnée. — LVI. Drusus reçoit la puissance tribunitienne. — LVIII. Tirage au sort des provinces interdit au prêtre de Jupiter. — LX. Lustration des asiles des Grecs. — LXVI. C. Silanus condamné comme concussionnaire et coupable de lèse-majesté. — LXXIII. Junius Blésus met en fuite Tacfarinas et fait son frère prisonnier. — LXXVI. Mort et funérailles de Junia, dame du premier rang.

Espace de trois ans.

A. DE R.	DE J. C.	
DCCLXXIII.	20 cons.	M. Valérius Messala. C. Aurelius Cotta.
DCCLXXIV.	21 cons.	Tibère, Auguste pour la 4ᵉ fois. Drusus, César pour la 2ᵉ fois.
DCCLXXV.	22 cons.	D. Hatérius Agrippa. C. Sulpicius Galba.

LIVRE IV.

I. Origine et mœurs d'Ælius Séjan. — II. Il aspire au pouvoir suprême en cherchant à gagner les soldats et le sénat. — III. Situation des armées et de l'État à cette époque. — VIII. Il s'achemine à son but en empoisonnant Drusus, de concert avec Livie, épouse de ce prince. Consternation du sénat; Tibère relève son courage, et lui recommande les enfants de Germanicus, comme héritiers de l'empire. — XII. Endurci par ce premier crime, Séjan se dispose à les perdre avec Agrippine leur mère. — XIII. Députations et doléances de quelques provinces. Les histrions sont chassés d'Italie. — XV. Temple décerné par les cités d'Asie à Tibère, à Livie et au sénat. — XVI. Loi nouvelle au sujet du prêtre de Jupiter. — XVII. Tibère trouve mauvais que les pontifes aient recommandé aux dieux les enfants de Germanicus. — XVIII. Artifices de Séjan pour perdre les amis les plus dévoués de Germanicus. Autres condamnations. — XXIII. Dolabella termine la guerre d'Afrique par la mort de Tacfarinas. — XXVII. Guerre d'esclaves en Italie étouffée dès sa naissance. — XXVIII. Vibius Sérénus est accusé par son fils. Condamnation de P. Suilius et d'autres accusés. — XXXVI. Cyzique perd sa liberté. — XXXVII. Temple décerné par l'Espagne à Tibère qui dédaigne cet honneur. — XXXIX. Séjan, aveuglé par l'excès de sa fortune, demande la main de Livie. — XLI. Déchu de cette espérance, il engage Tibère à vivre loin de Rome. XLIII. Députations des Grecs au sujet du droit d'asile. — XLIV. Mort de Cn. Lentulus et de L. Domitius. XLV. L. Pison est tué en Espagne. — XLVI. Poppéus Sabinus, vainqueur des Thraces, reçoit les ornements du triomphe. — LII. Claudia Pulchra est accusée et condamnée pour cause d'adultère — LIII. Agrippine demande un mari, sans pouvoir l'obtenir. — LV. Onze villes d'Asie se disputent l'honneur d'élever un temple à Tibère. Smyrne obtient la préférence. — LVII. Retraite de Tibère en Campanie. Sur le point d'être écrasé par la chute d'une voûte, il est sauvé de ce danger par Séjan qui le couvre de son corps; trait de dévouement qui augmente son crédit et son audace contre la famille de Germanicus. — LX. Néron est le premier but de ses efforts. — LXII. A Fidène, la chute d'un amphithéâtre écrase ou meurtrit cinquante mille hommes. — LXIV Incendie du Mont Célius à Rome. — LXVII. Tibère s'enferme dans l'Ile de Caprées. Séjan tend ouvertement des pièges à Néron et à sa mère Agrippine. — LXVIII. Titius Sabinus, dont tout le crime est d'avoir été l'ami de Germanicus, périt aux calendes de janvier. — LXXI. Mort de Julie, petite-fille d'Auguste. — LXXII. Soulèvement des Frisons; on a peine à le réprimer. Agrippine, fille de Germanicus, épouse Domitius.

Espace de six ans.

A. DE R.	DE J. C.	
DCCLXXVI.	23 cons.	C. Asinius Pollion. C. Antistius Vetus.
DCCLXXVII.	24 cons.	Sergius Cornélius Céthegus. L. Visellius Varron.
DCCLXXVIII.	25 cons.	M. Asinius Agrippa. Cossus Cornelius Lentulus.
DCCLXXIX.	26 cons.	Cn. Cornélius Lentulus Gétulicus. C. Calvisius Sabinus.
DCCLXXX.	27 cons.	M. Licinius Crassus. L. Calpurnius Pison.
DCCLXXXI.	28 cons.	App. Junius Silanus. P. Silius Nerva.

LIVRE V.

I. Mort de Livie. II. Elle augmente la tyrannie de Tibère; elle enhardit l'ambition de Séjan. Calomnies dirigées contre Agrippine et Néron. . . . . .

VI. Le fils et l'oncle partagent son sort. A la vue de son fils jeté aux gémonies, Apicata révèle le complot de Séjan et de Livie. — VII. Livie est condamnée à mourir de faim. — VIII. Le sénat poursuit tous les partisans de Séjan. — IX. Apparition d'un faux Drusus dans les Cyclades. — X. Mésintelligence des consuls.

Espace de trois ans.

A. DE R.	DE J. C.	
DCCLXXXII.	29 cons.	L. Rubellius Géminus C. Fufius Géminus.
DCCLXXXIII.	30 cons.	M. Vinicius. L. Cassius Longinus.
DCCLXXXIV.	31 cons.	Tibère, Auguste pour la 5ᵉ fois. L. Ælius Séjan.

LIVRE VI.

I. Débauches secrètes et honteuses de Tibère. — II. Accusations multipliées. — VIII. Défense libre et courageuse de M. Térentius. — X. Mort et funérailles de L. Pison, préfet de la ville. — XI. Origine et progrès de cette magistrature. — XII. Délibération sur l'admission d'un livre sibyllin. — XIII. Sédition causée à Rome par la cherté des vivres. — XIV. Plusieurs chevaliers romains sont condamnés comme conspirateurs. — XV. Les deux filles de Germanicus sont données en mariage à L. Cassius, et à M. Vinicius. — XVII. Usuriers mis en cause: répression de l'usure; la libéralité de César rétablit le crédit de plusieurs citoyens. — XVIII. Nouvelles accusations de crime de lèse-majesté. — XIX. Un seul ordre du prince fait mettre à mort tous ceux qui étaient prévenus de complicité avec Séjan. — XX. C. César épouse Claudia. Ses mœurs. Tibère, instruit par Thrasyllus dans la science des Chaldéens, annonce l'empire à Galba. — XXIII. Fin tragique de Drusus, fils de Germanicus. Mort déplorable d'Agrippine. — XXVI. Le jurisconsulte Nerva se fait mourir de faim. Mort de quelques autres Romains illustres. XXVIII. Apparition du phénix en Égypte. — XXIX. Mort de différents accusés. — XXXI. Ambassade des Parthes, qui viennent demander un roi. Tibère leur en envoie un, puis un autre.

L. Vitellius nommé gouverneur de l'Orient. — XXXIII. Combats entre les Arméniens et les Parthes. Artaban, détrôné, se réfugie en Scythie. Tiridate est mis à sa place, aidé des armes de Vitellius. — XXXVIII. Nouveau déchaînement des délateurs, dont plusieurs Romains sont victimes. Le titre de roi ne met pas Tigrane à l'abri du même sort. Mort volontaire d'Emilia Lépida. — XLI. Revolte des Clites contre leur roi réprimée. Tiridate, roi des Parthes, est chassé par une suite des querelles des grands, et Artaban est rappelé. — XLV. Terrible incendie de Rome. — XLVI. Incertitude de Tibère sur le choix de son successeur. — L. Sa maladie, sa mort, son caractère.

Espace d'environ six ans.

A. DE R.	DE J. C.	
DCCLXXXV.	32 cons.	Cn. Domitius Ahénobarbus. M. Furius Camille Scribonien.
DCCLXXXVI.	33 cons.	Serg. Sulpicius Galba. L. Cornelius Sulla.
DCCLXXXVII.	34 cons.	Paullus Fabius Persicus. L. Vitellius.
DCCLXXXVIII.	35 cons.	C. Cestius Gallus. M Servilius Nonianus.
DCCLXXXIX.	36 cons.	Sex. Papinius Allénius. Q. Plautius.
DCCXC.	37 cons.	Cn. Acerronius Proculus. C. Ponetius Nigrinus.

CONTINUATION DU LIVRE XI.

I. Valérius Asiaticus et Poppée périssent par les artifices, l'un de Vitellius, l'autre de Messaline. — IV. Un songe cause la mort de quelques chevaliers romains. — V. On demande que la loi Cincia qui réprimait les prévarications des avocats soit remise en vigueur. Taxe mise à leurs honoraires. — VIII. Discussions des Parthes : meurtre de Bardane ; Gotarzès monte sur le trône. — XI. Jeux séculaires. — XII. Amours scandaleuses de Messaline et de Silanus. — XIII. Claude ignorant les désordres de son épouse, se livre aux fonctions de la censure : il ajoute trois lettres à l'alphabet. — XV. Sénatus-consulte relatif à l'art des aruspices. — XVI. Les Chérusques viennent à Rome demander un roi. — XVIII. Corbulon réprime les mouvements des Chauques. La mort de Gannascus lui inspire de plus grands desseins ; mais Claude, alarmé de ses talents militaires, lui défend de continuer la guerre contre les Germains. — XXI. Obscure naissance et élévation de Curtius Rufus. — XXII. Cn. Novius est surpris armé d'un poignard destiné à frapper Claude. Origine et vicissitude de la questure. — XXIII. On propose de compléter le sénat. Les Gaulois, admis depuis longtemps au nombre des citoyens romains, obtiennent, grâce au prince, qui plaide lui-même leur cause, le droit de parvenir aux honneurs dans la capitale. — XXV. Clôture du lustre. — XXVI. Messaline épouse publiquement Silius. Alarmes de Claude. Cependant, à l'instigation de ses affranchis, il punit sa femme et les ministres de ses debauches. — XXXVIII. Les insignes de la questure sont décernés à Narcisse.

Espace d'environ deux ans.

A. DE R.	DE J. C.	
DCCC.	47 cons.	Tib. Claudius, César pour la 4e fois. L. Vitellius, pour la 3e fois.
DCCCI.	48 cons.	Aulus Vitellius. L. Vipsanius Poblicola.

LIVRE XII.

I. Claude délibère sur le choix d'une épouse, et balance entre Lollia Paulina, Julie Agrippine, et Ælia Pétina. — III. Agrippine l'emporte sur ses rivales, grâce au zèle de Pallas et aux séductions de cette femme. Un décret du sénat légitime l'union des oncles paternels et de leurs nièces. — VIII. Mort volontaire de Silanus : Calvina, sa sœur, est bannie de l'Italie. Rappel de Sénèque. — IX. Octavie, fille de Claude, est fiancée à Néron. — X. Les Parthes demandent que Rome leur envoie Méherdate pour roi. Ce prince livre bataille à Gotarze qui est vainqueur. Mort de Gotarze ; Vononès lui succède, et bientôt après Vologèse. — XV. Mithridate tente de recouvrer le royaume du Pont ; il est vaincu et conduit à Rome. — XXII. Le ressentiment d'Agrippine vient à bout de perdre Lollia et Calpurnia. — XXIII. L'augure du Salut est remis en vigueur. L'enceinte de Rome est agrandie : anciennes limites de cette ville. — XXV. Adoption de Néron. — XXVII. Colonie conduite dans la ville des Ubiens, pour honorer le nom d'Agrippine. Brigandages des Cattes ; leur defaite. — XXIX. Vannius, roi des Suèves, est détrôné. — XXXI. Exploits de P. Ostorius en Bretagne. Victoire qu'il remporte sur Caractacus. Mort d'Ostorius auquel succède A. Didius. — XLI. Néron prend la robe virile avant l'âge. Il supplante Britannicus par les artifices d'Agrippine. — XLIII. Prodiges à Rome, et cherté de vivres. — XLIV. Guerre entre les Arméniens et les Ibériens, qui met aux prises les Romains et les Parthes. — LII. Exil de Furius Scribonianus. Expulsion des astrologues hors de l'Italie — LIII. Peine portée par un sénatus-consulte contre les femmes qui épouseraient des esclaves. Récompenses décernées à Pallas que Claude avait déclaré auteur de ce projet de loi. — LIV. Troubles de la Judée apaisés par la condamnation de Cumanus. — LV. Antiochus calme les mouvements des Clites. — LVI. Claude, après avoir donné sur le lac Fucin le spectacle d'un combat naval, en fait écouler les eaux. — LVIII. Néron plaide la cause des habitants d'Ilium et de Bologne. Secours donnés à la colonie de Bologne, désolée par un incendie. Indépendance rendue aux Rhodiens. Tribut remis aux habitants d'Apamée pour cinq ans. — LIX. Agrippine perd Statilius Taurus. — LX. Autorité des intendants du fisc affermie dans les provinces. — LXI. Immunité accordée aux habitants de l'île de Cos. — LXII. Exemption d'impôts accordée aux Byzantins pour cinq ans. — LXIV. Prodiges multipliés. Lépida, forcée de se donner la mort. — LXVI. Claude tombe malade. Agrippine brusque l'occasion et l'empoisonne dans des champignons. — LXIX. Pendant qu'Agrippine amuse Britannicus par de feintes caresses, Néron est proclamé empereur. Honneurs divins décernés à Claude.

Espace de six ans.

A. DE R.	DE J. C.	
DCCCII.	49 cons.	C. Pompéius Longinus Gallus. Q. Veranius.
DCCCIII.	50 cons.	C. Antistius Vétus. M. Suilius Nervilianus.
DCCCIV.	51 cons.	Tib. Claudius, César pour la 5e f. Ser. Cornelius Orpitus.
DCCCV.	52 cons.	P. Cornélius Sylla Faustus. L. Salvius Othon Titianus.
DCCCVI.	53 cons.	Décimus Julius Silanus. Quintus Haterius Antoninus.
DCCCVII.	54 cons.	M. Asinius Marcellus. Manius Acilius Aviola.

LIVRE XIII.

I. Mort de Silanus, empoisonné par Agrippine. Narcisse est forcé à se donner la mort. — II. Éloge de Sénèque. Funérailles de censeur décernées à Claude. Néron prononce son éloge funèbre. — IV. Heureux commencements de Néron. Règlements laissés à l'autorité du sénat. — VI.

Irruption des Parthes en Arménie. Corbulon est chargé de les repousser. — XII. Amour de Néron pour l'affranchie Acté; fureur d'Agrippine, dont la puissance commence à décroître. — XIV. Pallas est éloigné du ministère. — XV. Bientôt après un poison violent hâte la fin de Britannicus. Précipitation et mesquinerie de ses funérailles, dont les apprêts étaient faits d'avance. — XVIII. Agrippine, exaspérée contre Néron, est soupçonnée de méditer une révolution; accusée à ce titre, elle obtient la punition de ses dénonciateurs, et des récompenses pour ses amis. — XXII. Exil de Silana. Pétus dénonce Pallas et Burrus : l'exil est infligé à l'accusateur. — XXIV. Lustration de Rome. — XXV. Luxe et courses nocturnes de Néron. Les histrions sont chassés d'Italie. — XXVI. Perfidie des affranchis; on propose dans le sénat de permettre à leurs patrons de révoquer l'affranchissement de ceux qui en abuseraient. On ne déroge pourtant point aux droits de cette classe. — XXVIII. Restriction mise au pouvoir des tribuns et des édiles. Variations dans l'administration du trésor public. — XXX. Condamnation de Vipsanius Lénas. Mort de L. Volusius. — XXXI. Ordonnance qui défend aux magistrats, commandants dans les provinces, de donner des jeux publics. — XXXII. Sénatus-consulte qui pourvoit à la sûreté des maîtres. Pomponia Græcina est soumise au jugement de son mari, qui l'absout après avoir reconnu son innocence. — XXXIII. P. Céler, Cossutianus Capito, Eprius Marcellus, sont poursuivis comme concussionnaires. — XXXIV. Libéralité de Néron. La guerre, pour la possession de l'Arménie, reculée jusque-là, éclate de nouveau. Corbulon commence à rétablir la discipline militaire par sa sévérité, rend la vigueur à son armée, entre en Arménie, prend et brûle la ville d'Artaxate. — XLII. Condamnation de P. Suilius à Rome. — XLIV. Octavius Sagitta, éperdu d'amour pour Pontia, lui plonge un poignard dans le sein. Dévouement d'un affranchi. — XLV. Amours de Néron et de Sabina Poppée. — XLVII. Cornelius Sulla est relégué à Marseille. — XLVIII. Sédition à Pouzzoles. — XLIX. Pétus Thraséa s'oppose à un sénatus-consulte sur un objet de peu d'importance, uniquement pour ménager l'honneur du sénat. — L. Vexations des traitants. Droits d'entrée maintenus malgré le zèle irréfléchi de Néron. Les tarifs de chaque impôt, tenus secrets jusque-là, sont rendus publics par des affiches. — LIII. Mouvements des Frisons en Germanie; ils s'établissent sur les bords du Rhin. On les somme de les évacuer; ceux qui résistent sont pris ou tués. Les Ansibariens s'emparent du même territoire et éprouvent le même sort. — LVII. Guerre entre les Hermondures et les Cattes, funeste aux derniers. — LVIII. Le figuier ruminal reverdit.

Espace de quatre ans.

A. DE R.	DE J. C.	
DCCCVIII.	55 cons.	Néron Claudius, César. L. Antistius Vetus.
DCCCIX.	56 cons.	Q. Volusius Saturninus. P. Cornelius Scipion.
DCCCX.	57 cons.	Néron Claudius, César p. la 2ᵉ f. L. Calpurnius Pison.
DCCCXI.	58 cons.	Néron Claudius, César p. la 3ᵉ f. Valerius Messala.

LIVRE XIV.

I. Néron, de jour en jour plus épris de Poppée, tue sa mère Agrippine. — XI. Il écrit au sénat pour pallier son crime. — XII. Des prières publiques sont décernées. Thraséa, las de tant de bassesse, quitte le sénat. — XIII. Néron s'abandonne à tous les excès. — XVII. Massacre horrible entre les habitants de Nucérie et ceux de Pompéia. — XVIII. Affaires de Cyrène. Morts de personnages illustres. — XX. Jeux quinquennaux institués à Rome — XXII. Rubellius Plautus est obligé de quitter Rome — XXIII. Exploits de Corbulon en Arménie; il prend Tigranocerte, et met Tigrane sur le trône. — XXVII. Laodicée, renversée par un tremblement de terre, se rétablit par ses propres moyens. Formation vicieuse des colonies, cause de leur dépeuplement. — XXVIII. Néron met ordre aux brigues pour l'élection des préteurs. — XXIX. Revers éprouvés en Bretagne par suite de l'attaque que fait Suetonius Paullinus contre l'île de Mona. On est sur le point de perdre toute la province. La fermeté de Suétonius et une seule victoire la rendent aux Romains. — XL. Crimes peu communs : le préfet de Rome est assassiné par son propre esclave, dont tous le compagnons d'esclavage sont livrés au supplice. — XLVI. Condamnation de Tarquitius Priscus. Nouveau cadastre des Gaules. — XLVII. Mort de Memmius Régulus. Dédicace d'un gymnase. — XLVIII. Loi de lèse-majesté remise en vigueur. — LI. Le joug de la tyrannie s'appesantit; fin de Burrus. — LII. Sa mort porte coup au crédit de Sénèque, qui, pour prévenir les imputations de ses envieux, demande à Néron sa retraite. Reponse artificieuse du prince. — LVII. Ascendant que prend Tigellinus. — LVIII. Il fait mettre à mort Plautus et Sylla. — LX. Néron chasse Octavie; il épouse Poppée. Sédition du peuple, à cette occasion; cette émeute hâte la mort d'Octavie; cette princesse est tuée dans l'île de Pandataire.

Espace d'environ quatre ans.

A. DE R.	DE J. C.	
DCCCXII.	59 cons.	C. Vipstanus Apronianus. L. Fonteius Capiton.
DCCCXIII.	60 cons.	Néron, César pour la 4ᵉ fois. Cossus Cornelius Lentulus.
DCCCXIV.	61 cons.	Césonius Pétus. Petronius Turpilianus.
DCCCXV.	62 cons.	P. Marius Celsus. L. Asinius Gallus.

LIVRE XV.

I. Vologèse, roi des Parthes, envahit l'Arménie; Corbulon repousse l'invasion avec autant de prudence que de courage. — VI. Césennius Pétus, chargé plus spécialement de la défense de l'Arménie. Son impéritie et sa témérité compromettent le salut de l'armée. Secours tardif que lui donne Corbulon. — XVIII. Trophées décernés par le sénat avant que la guerre des Parthes soit terminée. — XIX. Sénatus-consulte contre les adoptions fictives. — XXIII. Naissance d'une fille de Néron et de Poppée; elle cause une joie vive, mais de peu de durée; l'enfant meurt au bout de quatre mois; on lui décerne les honneurs divins. — XXIV. Ambassade des Parthes qui annonce leur prétention de garder l'Arménie. On les congédie avec un refus, et la conduite de la guerre est confiée à Corbulon. Ce général envahit de nouveau l'Arménie, et la terreur qu'il inspire aux Parthes les force de demander une entrevue. Ils consentent à mettre bas les armes, et Tiridate, à déposer son diadème au pied de la statue de Néron, pour ne le reprendre que sous son bon plaisir. — XXXII. Nations des Alpes maritimes admises aux privilèges du Latium. XXXIII. A Naples, Néron chante en public; à Rome, son luxe et ses dissolutions portent partout la corruption. — XXXV. Torquatus Silanus est forcé de se donner la mort. XXXVIII. Incendie de Rome, effet du hasard ou l'ouvrage de Néron. Il s'établit sur les ruines de sa patrie et se bâtit un palais que son luxe fait nommer le *palais d'or*. — XLIV. Les chrétiens sont livrés aux plus cruelles tortures, supposés auteurs de l'incendie; à leurs supplices se joint la dérision. — XLVII.

Prodiges. — XLVIII. Conjuration contre Néron, à la tête de laquelle est Pison. Découverte du complot. Mort de plusieurs personnages illustres, du nombre desquels sont Sénèque et Lucain. — LXXIV. Offrandes et actions de grâces décernées aux dieux. Le mois d'avril reçoit le surnom de Néron.

Espace d'un peu plus de trois ans.

A. DE R. DE J. C.

DCCCXVI.	63 cons.	C. Memmius Régulus. L. Verginius Rufus.
DCCCXVII.	64 cons.	C. Lecanius Bassus. M. Licinius Crassus.
DCCCXVIII.	65 cons.	A. Licinius Nerva Silianus. M. Vestinus Atticus.

LIVRE XVI.

I. Néron est le jouet de la fortune et des illusions de Césellius Bassus, qui prétend avoir trouvé des trésors en Afrique. — III. Profusions multipliées sur ce frivole espoir. — IV. Combat du chant aux fêtes quinquennales, fatiguant pour les auditeurs; dangers qu'y court Vespasien. — VI. Mort de Poppée. Son corps est embaumé; on lui fait des funérailles publiques. — VII. Exil de Cassius et de Silanus. Il est réservé au prince de statuer sur le sort de Lépida. — X. Mort de L. Vétus, de Sextia et de Pollutia. — XII. Changement des noms des mois. — XIII. Tempêtes et épidémies. — XIV. Antéius et Ostorius forcés de se donner la mort. — XVII. Annéus Mélas, Cérialis Anicius, Rufius Crispinus, C. Pétronius périssent coup sur coup. — XX. Exil de Silia. — XXI. Néron, acharné contre la vertu elle même, provoque de violentes dénonciations contre Thraséas et Soranus. Servilie, fille de Soranus, y est impliquée. Leur constance intrépide : ils ont le choix de leur mort. Récompenses prodiguées à leurs accusateurs Éprius, Cossutianus et Sabinus.

Espace de temps.

A. DE R. DE J. C.

| DCCCXIX. | 66 cons. | C. Suétonius Paullinus. C. Lucius Telesinus. |

SOMMAIRES DES HISTOIRES.

LIVRE PREMIER.

I. Préface et sommaire des Histoires. — IV. État de Rome; dispositions des armées. — VI. Défauts de Galba et vices de sa cour. — VIII. Tableau de l'Espagne, de la Gaule, des deux Germanies, de l'Orient, de l'Égypte et des autres provinces. — XII. Révolte des légions de la Germanie supérieure. Galba songe à se donner un collègue. — XIII. Dissentiment de T. Vinius et de Corn. Lacon à ce sujet; espérances d'Othon. — XIV. Adoption de Pison. — XV. Discours de Galba. — XVII. Modération de Pison. — XVIII. Rigueur intempestive de Galba. — XIX. Envoi de députés aux révoltés. — XX. Prodigalités de Néron ôtées à ceux qui les avaient reçues. — XXI. Othon médite une révolution; son habileté à corrompre le soldat. — XXIV. Nonchalance de Lacon, préfet des gardes prétoriennes. — XXV. Deux simples soldats, Proculus et Véturius, entreprennent de faire passer l'empire d'une tête à une autre, et y réussissent. — XXVII. Othon, proclamé empereur, est porté dans le camp. — XXIX. Galba, occupé de sacrifices, fatigue les dieux d'un empire qui ne lui appartient plus. Pison exhorte à rester fidèle la cohorte qui montait la garde devant le palais. — XXXI. Elle prend ses drapeaux : défection des autres troupes. — XXXII. Adulation et inconstance du peuple. Hésitation de Galba, incertain s'il doit attendre le péril ou l'affronter. — XXXIV. Faux bruit de la mort d'Othon qu'on dit tué dans le camp. — XXXV. Démonstrations outrées de zèle de la part du peuple, des chevaliers et du sénat à cette occasion. — XXXVI. Othon, maître du camp, échauffe par un discours l'ardeur des soldats. — XXXVIII. Il leur distribue des armes. — XXXIX. Pison, épouvanté des clameurs séditieuses, sort avec Galba et le suit jusqu'au Forum. Agitation du peuple, dont le zèle se refroidit. Fuite de ceux qui l'accompagnent. — XL. Les soldats d'Othon dispersent le peuple, foulent aux pieds le sénat et se précipitent dans le Forum. — XLI. Galba est tué près du lac de Curtius. — XLII. Meurtre de Vinius. — XLIII. Bel exemple de fidélité de Sempronius Densus. Pison est massacré. — XLV. On voit tout à coup un autre sénat, un autre peuple. Tous courent se prosterner devant Othon. — XLVI. Le caprice des soldats dispose de tout. Différents meurtres. — XLVII. On permet de rendre les devoirs à Pison, à Vinius et à Galba. Leur caractère. — L. Vices d'Othon et de Vitellius qui les rendent odieux. Réputation équivoque de Vespasien. — LI. Principes et cause de la révolte de Vitellius. Les armées de Germanie le proclament empereur. Il marche vers l'Italie, et ne signale sa route que par les excès du luxe et de la mollesse et par des festins ruineux. Ses deux principaux lieutenants sont Aliénus Cécina et Fabius Valens. — LXIII. Les Gaulois, soit par crainte, soit par zèle, prêtent serment à Vitellius. — LXVII. Massacre des Helvétiens. — LXXI. Actes d'Othon, quelquefois conformes, le plus souvent contraires à la dignité d'un empereur. — LXXII. Mort de Tigellin. — LXXIII. Crispinilla, intendante des plaisirs de Néron, échappe au péril. — LXXIV. Correspondance d'Othon et de Vitellius pour amener un accord; mais le partage des armées et des provinces entre ces deux rivaux rend la guerre inévitable. — LXXVII. Othon emploie les largesses et les voluptés pour s'attacher les esprits. — LXXIX. Au milieu des troubles de la guerre civile, les Rhoxolans, nation sarmate, envahissent la Mésie : d'abord vainqueurs, ils sont vaincus ensuite. — LXXX. Sédition à Rome; Othon l'apaise, mais avec peine. — LXXXIII. Son discours à cette occasion. — LXXXVI. Prodiges qui annoncent les désastres prochains. — LXXXVII. Plans de campagne; généraux d'Othon. — LXXXVIII. Corn. Dolabella écarté et confiné dans la colonie d'Aquino. — LXXXIX. Othon quitte Rome, après avoir confié à Salvius Titianus, son frère, le gouvernement de la ville et les soins de l'administration.

Espace de peu de mois.

A. DE R. DE J. C.

| DCCCXXII. | 69 cons. | Ser. Sulpicius Galba, Aug. p. la 2ᵉ fois. T. Vinius Rufinus. |

LIVRE II.

I. Titus, envoyé vers Galba, apprend en route la nouvelle de sa mort, et retourne sur ses pas. — II. Il va visiter le temple de Vénus, à Paphos. — IV. L'avenir lui est dévoilé, et il rejoint, avec les plus hautes espérances, son père, qui venait de terminer la guerre contre les juifs. — V. Caractère et mœurs de Vespasien et de Mucien son rival. Ils se réconcilient et se concertent. De là de nouveaux principes de guerres civiles qu'allaient amener la force et l'orgueil des légions d'Orient. — VIII. Alarme causée par un faux Néron, et dissipée par Asprénas. — X. A Rome, les moindres affaires se décident par des secousses violentes. Vibius Crispus accuse le délateur Annius Faustus des crimes dont il était lui-même coupable. — XI. La guerre a pour Othon d'heureux commencements. — XII. Indiscipline de ses soldats. Intemelium, ville des Alpes, devient la victime de leurs fureurs. Dévouement sublime d'une mère. — XIV. La flotte d'Othon menace la Gaule narbonnaise. Combats où les soldats de Vitellius sont battus. — XVI. Pacarius, en voulant entraîner la Corse dans le parti de Vitellius, est tué par ces insulaires. — XVII. Entrée de l'armée de Vitellius en Italie. — XVIII. Fougue téméraire des soldats d'Othon. — XIX. Spurina fortifie Plaisance. Cécina vient l'y assiéger, mais sans succès; il lève le siège et marche sur Crémone. — XXIII. Avantage remporté près de cette ville par l'armée d'Othon. — XXIV. Embuscade de Cécina que Suétonius Paullinus tourne contre lui-même. Le roi Épiphane est blessé en combattant pour Othon. — XXVI. Le peu d'activité de Suétonius empêche la défaite entière de Cécina. — XXVII. Arrivée de Valens en Italie. Révolte des Bataves qui font partie de son armée, apaisée par la prudence d'Alphénus Varus. Jonction de Valens et de Cécina; ils travaillent de concert pour la cause de Vitellius, et prodiguent les injures à Othon. — XXXI. Parallèle de Vitellius et d'Othon. Othon tient conseil sur le plan de campagne à suivre. Les uns sont d'avis de gagner du temps, les autres, de tout brusquer, et ce dernier avis l'emporte sur celui des meilleures têtes. — XXXIII. Othon prend un parti encore plus funeste, celui de se retirer à Brixelles avec un fort détachement. — XXXIV. Les Vitelliens feignent de vouloir passer le Pô. — XXXV. Légère rencontre désavantageuse pour les soldats d'Othon. — XXXVII. Projets de paix agités entre les deux armées, soit crainte de la guerre, soit dégoût des deux princes, mais qui ne sont que de vains bruits. — XXXIX. Titianus et Proculus viennent prendre une position désavantageuse à quatre milles de Bédriac, et délibèrent sur la bataille. — XL. Othon, impatient de tout délai qui retarde ses espérances, ordonne de tenter le sort des armes. — XLI. Bataille de Bédriac. — XLIV. Déroute des soldats d'Othon, et leur fureur contre leurs chefs. — XLV. Les Vitelliens entrent dans le camp ennemi : vainqueurs et vaincus, fondant en larmes, détestent les guerres civiles. — XLVI. A la nouvelle de cette défaite, Othon a pris sa résolution; sa réponse aux consolations de ses soldats et de ses amis. Il réprime une sédition, ensuite se donne la mort. Des soldats se tuent auprès de son bûcher. — L. Age d'Othon, son origine, sa réputation. — LI. Le deuil et la douleur des soldats renouvellent la sédition. — LII. Danger que court une grande partie du sénat qui avait suivi Othon. — LV. Rome reste calme au milieu de cette grande révolution. Les jeux sont célébrés : à la nouvelle de la mort d'Othon, tous les applaudissements sont pour Vitellius. — LVI. L'armée victorieuse pèse sur l'Italie. — LVII. Vitellius apprend avec sa victoire que les deux Mauritanies l'ont reconnu. — LX. Il fait périr les plus braves centurions du parti d'Othon, et pardonne aux généraux. LXI. Supplice de Maricus qui ose se présenter à la fortune. LXII. Intempérance et lois de Vitellius. — LXIII. Meurtre de Dolabella. Férocité de Triaria : modération de Galéria et de Sextia. — LXV. Absolution de Cluvius. — LXVI. Ton menaçant des légions vaincues : querelles de la quatorzième et des Bataves. — LXVII. Congé honorable donné aux prétoriens. Les légions sont dispersées. — LXVIII. Tumulte à Ticinum apaisé par un autre tumulte : danger de Verginius. — LXIX. Renvoi des cohortes bataves en Germanie; réforme des légionnaires et des auxiliaires; luxe et corruption du reste de l'armée. — LXX. Arrivée de Vitellius à Crémone ; il parcourt d'un œil avide le champ de bataille de Bédriac, et voit sans horreur tant de milliers de citoyens sans sépulture. — LXXI. Il prend Néron pour modèle dans son luxe indécent. — LXXII. Un faux Scribonianus paye son imposture du supplice des esclaves. — LXXIII. Insolence et dissolutions de Vitellius, à la nouvelle que l'Orient lui a prêté serment. — LXXIV. Vespasien, de son côté, se prépare à prendre les armes. — LXXVI. Mucien fixe ses irrésolutions et ranime son courage. — LXXVII. Les réponses des devins ajoutent à sa confiance. Autel du Mont Carmel qu'on y révère comme un dieu. — LXXIX. Vespasien est proclamé empereur en Égypte et bientôt en Syrie. — LXXXI. Les rois Sohême, Antiochus, Agrippa et la reine Bérénice se déclarent en sa faveur. — LXXXII. Mesures prises pour entrer en campagne. Vespasien occupe l'Égypte ; Titus est chargé de réduire la Judée ; Mucianus prend les devants et ramasse de grandes sommes d'argent, qu'il appelle le nerf de la guerre civile. — LXXXV. L'adhésion des légions de Mésie et de Pannonie entraîne celle des troupes de Dalmatie. Antonius Primus et Cornélius Fuscus attisent le feu de la guerre. — LXXXVII. Vitellius, de jour en jour plus apathique et plus corrompu, approche de Rome avec une armée embarrassée de butin et perdue de licence. — LXXXVIII. Après des massacres de soldats et d'habitants, il entre dans la capitale comme dans une ville prise d'assaut. — XC. Il se donne à lui-même les plus magnifiques éloges. — XCI. Sa profonde ignorance des moindres usages civils et religieux ; quelques actes de popularité. —. XCII. Cécina et Valens se partagent les soins du gouvernement. — XCIII. Oisiveté des soldats à Rome, leurs débauches, leurs maladies ; mortalité parmi eux. On forme seize cohortes prétoriennes et quatre urbaines. — XCIV. Insolence de la soldatesque ; réduction du nombre des soldats. Dénûment et prodigalité de Vitellius. Opulence de l'affranchi Asiaticus. État déplorable de Rome. — XCV. Magnificence avec laquelle on célèbre le jour de naissance de Vitellius, qui solennise les obsèques de Néron. — XCVI. Vains efforts qu'il fait pour étouffer les bruits de la défection de Vespasien. XCVII. Il fait venir des renforts et dissimule le besoin de ses affaires. — XCIX. A la nouvelle de l'invasion de l'ennemi, Cecina a ordre de prendre les devants. — C. Ce général concerte sa trahison avec Lucilius Bassus, commandant des deux flottes de Ravenne et de Misène.

Espace de peu de mois, depuis le meurtre de Galba Auguste, consul pour la deuxième fois, et de T. Vinius son collègue.

A. DE R.   DE J. C.

DCCCXXII. 69 cons. subr.   { M. Salvius Othon, Auguste.
                             L. Salvius Othon Titianus.

                cons. subr. { L. Verginius Rufus, pour la 2ᵉ f.
                             Pompée Vopiscus.

                cons. subr. { Celius Sabinus.
                             T. Flavius Sabinus.

                cons. subr. { T. Arrius Antoninus.
                             P. Marius Celsus.

LIVRE III.

I. Délibération des chefs du parti de Vespasien; Antonius Primus, le plus ardent promoteur de cette guerre, se déclare pour la célérité. — IV. Après lui, le procurateur Cornélius Fuscus a le plus d'autorité. — V. Sidon et Italicus, rois suèves, sont attirés dans le même parti. — VI. Dans cette invasion de l'Italie, Antonius est accompagné d'Arrius Varus. Ils s'emparent de plusieurs villes et choisissent Vérone pour le théâtre de la guerre. Opposition vaine ou tardive de Vespasien et de Mucien. — IX. Manifestes des Vitelliens et des Flaviens. — X. Séditions dans le camp des Flaviens apaisées par Antonius. — XII. Trahison de Cécina et de Lucilius Bassus; ils sont chargés de fers par leurs propres soldats. — XIV. Arrivée d'Antonius à Bédriac. Il profite de la discorde des Vitelliens pour les attaquer. Combat douteux d'abord, mais que l'habileté d'Antonius fait tourner à l'avantage de son parti. — XIX. Ses soldats veulent marcher sur Crémone. — XX. Antonius contient leur ardeur inconsidérée. — XXI. Les Vitelliens se rassemblent à Crémone, dans l'intention de livrer bataille. De leur côté, les Flaviens se disposent à combattre. — XXII. Combat acharné. La bravoure et l'habileté d'Antonius décident la victoire. Un fils tue son père. — XXVI. Siége et prise de Crémone, qui est livrée aux flammes. Cécina, délivré de ses fers, est envoyé à Vespasien. — XXXV. Dispersion des légions vaincues. — XXXVI. Pendant ce temps, Vitellius s'engourdit dans le sein de la mollesse. — XXXVII. Cependant il convoque le sénat. Proscription de Cécina. Rosius Régulus abdique le consulat le jour même où il en a pris possession. — XXXVIII. Mort de Junius Blésus, préparée par les artifices de L. Vitellius. Éloge de Blésus. — XL. Valens, par ses débauches et ses délais, ruine le parti de Vitellius. Il tente, sans succès, de faire une descente dans les Gaules. — XLII. Les Flaviens occupent l'Italie. Valens, jeté par la tempête sur les îles Stéchades, près de Marseille, est fait prisonnier. — XLIV. L'Espagne, la Gaule, la Bretagne, tout suit la fortune du vainqueur. — XLV. Cependant Vénusius excite des troubles en Bretagne, où l'on combat avec divers succès. — XLVI. Troubles en Germanie; mouvements des Daces. Mucien arrive à propos et rétablit la tranquillité. — XLVII. Révolte de l'affranchi Anicet dans le royaume du Pont; elle est promptement réprimée. — XLVIII. Vespasien marche sur Alexandrie, pour réduire Rome par la famine. — XLIX. Antonius, énorgueilli par la victoire de Crémone, laisse une partie de ses troupes à Vérone, et fait marcher l'autre contre les Vitelliens. — LI. Un soldat à l'insolence de demander une récompense pour le meurtre de son frère. — LII. Mucien cherche à rendre odieuse à Vespasien la précipitation des victoires d'Antonius. — LIII. Celui-ci s'en plaint dans une lettre hautaine à Vespasien. De là des haines violentes entre Antonius et Mucien. — LIV. Sotte dissimulation de Vitellius, qui s'efforce de cacher le coup porté à ses affaires par la défaite de Crémone. Héroïsme d'un centurion. — LV. Vitellius, réveillé comme d'un profond sommeil, fait occuper l'Apennin, distribue des honneurs, et se rend enfin lui-même au camp. — LVI. Prodiges; Vitellius est le plus sinistre de tous. Sans connaissance de la guerre, sans prévoyance, il retourne à Rome. — LVII. Zèle de Pouzzole pour Vespasien. Capoue reste fidèle à Vitellius. Claudius Julianus trahit Vitellius et s'empare de Terracine. — LVIII. L. Vitellius est chargé de défendre la Campanie contre l'invasion qui la menace. On forme dans Rome une armée du petit peuple et des esclaves. Mais insensiblement les sénateurs et les chevaliers s'éloignent de Vitellius. — LIX. Les Flaviens passent l'Apennin. Ils y rencontrent Pétilius Cérialis, qui s'était échappé à travers les postes avancés de Vitellius, et le prennent pour un de leurs chefs. — LX. Ils brûlent de combattre; mais les représentations d'Antonius contiennent leur ardeur. — LXI. Les Vitelliens ne combattent plus que de perfidie. L. Priscus et Alphénus quittent le camp. — LXII. La mort de Valens achève d'ôter toute pudeur à la trahison, et les soldats de Vitellius passent du côté de Vespasien. — LXIII. On propose à Vitellius d'abdiquer l'empire : il n'en paraît pas éloigné. — XLIV. Flavius Sabinus, frère de Vespasien, est invité à prendre les armes. Affaibli par la vieillesse, il traite avec Vitellius. — LXVI. On engage Vitellius à prendre un parti courageux. — LXVII. Trop lâche pour reprendre cœur, il convoque une assemblée où il abdique. Mais, sur les réclamations de tous les assistants, il est forcé de retourner au palais. — LXIX. Sabinus prend les rênes du gouvernement; les premiers du sénat, la plupart des chevaliers, les cohortes de la ville et celles du guet, se portent en foule auprès de lui : ce qui est vu de mauvais œil par les troupes de Germanie. Léger combat avantageux aux Vitelliens; cependant Sabinus se jette dans le Capitole. — LXXI. Siége et incendie du Capitole. — LXXII. Indignation de l'auteur contre cet attentat. Révolutions du Capitole jusqu'à Vitellius. — LXXIII. Sabinus et le consul Atticus sont faits prisonniers. — LXXIV. Domitien est caché par l'adresse d'un esclave. Sabinus, conduit à Vitellius, est massacré malgré l'Empereur, et son corps traîné aux gémonies. — LXXV. Son éloge. Atticus avoue avoir mis le feu au Capitole, et cet aveu, ou ce mensonge, lui sauve la vie. — LXXVI. Siége et prise de Terracine, Julianus est égorgé. — LXXVIII. Les Flaviens, dont les lenteurs étaient la faute d'Antonius ou de Mucien, réveillés par le bruit du siége du Capitole, précipitent leur marche sur Rome. — LXXIX. Combat de cavalerie près de la ville, où ils ont du désavantage. — LXXX. Députés et vestales envoyés sans succès par Vitellius pour traiter de la paix ou d'une trêve. — LXXXI. Les Flaviens, divisés en trois corps, s'approchent de Rome. Combats multipliés devant la ville, le plus souvent avantageux aux Flaviens. Les Vitelliens se rallient dans Rome. — LXXXIII. Les combats recommencent avec une nouvelle fureur. Tableau hideux de Rome plongée dans la débauche. Le peuple applaudit aux combattants comme à un spectacle. — LXXXIV. Attaque du camp des prétoriens. — LXXXV. Rome prise, Vitellius est arraché d'un ignoble réduit, percé de coups, et poussé vers les gémonies. — LXXXVI. Vie et mœurs de Vitellius. Domitien est proclamé César.

Espace de peu de mois.

A. DE R. DE J. C.

DCCCXXI. 69 cons. subr. { C. Fabius Valens.
A. Aliénus Cécina.

cons. subr. | Rosius Régulus.

cons. subr. { Cn Cécilius Simplex.
C. Quinctius Atticus.

LIVRE IV.

I. Cruautés que les vainqueurs exercent à Rome. — II. L. Vitellius se rend, et n'en est pas moins mis à mort. — III. Pacification de la Campanie. Le sénat prodigue les titres d'honneur à Vespasien. — IV. Honneurs décernés à Mucien, à Antonius et aux autres généraux. Proposition de rétablir le Capitole. Helvidius Priscus parle en ami de la liberté. — V. Vie et caractère de ce sénateur. — VI. Violent débat entre lui et Éprius Marcellus. — IX. Diverses opinions au sujet des dépenses publiques. — X. Invective de Musonius Rufus contre P. Céler. — XI. Mucien arrive à Rome; il attire tout à lui. Meurtre de Calpurnius Galérianus. L'affranchi Asiaticus subit le supplice des esclaves. — XII. Commencements de la guerre de Germanie, excitée par Claudius Civilis. — XIV. Les Bataves et les Canninéfates sont les premiers à courir aux armes. — XV. De concert avec les Frisons, ils s'emparent des quartiers d'hiver de deux cohortes. — XVI. Ruse à laquelle Civilis doit la victoire sur les Romains. — XVII. La réputation qu'elle donne à ses armes engage la Germanie à lui offrir des secours. Il cherche à faire entrer les Gaules dans son parti. — XVIII. Nonchalance d'Hordéonius Flaccus. Les Romains vaincus se réfugient dans le camp nommé Vétéra. — XIX. Des cohortes de Bataves et de Canninéfates en marche vers Rome, gagnées par Civilis, se joignent à lui, et s'ouvrent un passage à Bonn à travers l'armée romaine. — XXI. Civilis, pour voiler ses projets hostiles, fait cependant reconnaître Vespasien par ses troupes. — XXII. Il assiège le camp Vétéra. — XXIV. Hordéonius Flaccus est forcé, par la révolte de ses soldats, à remettre le commandement entre les mains de Vocula. Les renforts de la Gaule arrivent de tous côtés. — XXVI. Hérennius Gallus, associé dans le commandement à Vocula, après un échec, est accablé de coups par ses soldats. Nouvelle sédition. — XXVIII. Les Germains mettent les Gaules au pillage. — XXIX. Divers combats entre les Germains et les Romains. — XXXI. Les auxiliaires de la Gaule, à la nouvelle du combat de Crémone, quittent le parti de Vitellius. Hordéonius Flaccus leur fait prêter serment à Vespasien. — XXXII. Montanus est envoyé à Civilis pour l'engager à mettre bas les armes; mais, d'un caractère entreprenant, se laisse gagner par lui. — XXXIII. Civilis envoie une partie de ses troupes contre Vocula. Combats avantageux, d'abord aux Germains, puis aux Romains. — XXXV. Vocula ne profite point de sa victoire. — XXXVI. Civilis prend Gelduba. Émeute des Romains. Hordéonius Flaccus est tué. Vocula est sur le point d'éprouver le même sort. — XXXVII. Siège de Mayence. Fidélité, puis défection des Trévirois. — XXXVIII. Alarmes à Rome causées par le prétendu soulèvement de l'Afrique. — XXXIX. Domitien est investi de la préture. Mucien mine insensiblement la puissance d'Antonius. — XL. Galba est rétabli dans tous ses honneurs. Condamnation de P. Céler et d'autres délateurs. — XLII. Aquilius Régulus est défendu par son frère Messala; mais l'éloquence de Curtius Montanus l'emporte. — XLIII. A cet exemple, Helvidius attaque Éprius Marcellus. — XLIV. Pour prévenir les suites de cette enquête, on propose d'effacer le souvenir des temps antérieurs. On ne sévit que contre un petit nombre des moins puissants. — XLV. Punition des Siennois pour avoir frappé un sénateur. Antonius Flamma est condamné comme concussionnaire. — XLVI. Sédition des prétoriens apaisée par Mucien. — XLVII. Abrogation des consulats donnés par Vitellius. Funérailles de censeur faites à Flavius Sabinus. — XLVIII. Meurtre de L. Pison, proconsul d'Afrique. — L. Différends d'Œa et de Leptis Défaite des Garamantes. — LI. Secours offerts par les Parthes; Vespasien les refuse. — LII. Mécontentement de Vespasien contre Domitien. Titus adoucit son père. — LIII. L. Vestinus est chargé de la reconstruction du Capitole. — LIV. La nouvelle de la mort de Vitellius, arrivée en Germanie, produit deux guerres pour une. Civilis ne dissimule plus ses intentions hostiles. Ceux de Trèves et de Langres, à l'instigation de Classicus, de Tutor et de Julius Sabinus, se révoltent contre les Romains. Le reste des Gaules est ébranlé. La fidélité des légions elle-même devient douteuse. — LIX. Meurtre de Vocula. Serment prêté à l'empire des Gaules. — LX. Les légions renfermées dans le camp de Vocula prêtent le même serment. — LXI. Civilis, vainqueur, fait couper sa chevelure qu'il avait fait vœu de laisser croître. Le succès accroît le crédit de Véléda. — LXII. Marche morne et silencieuse des légions prisonnières. Courage d'un escadron des Picentins. — LXIII. Cologne, odieuse aux peuplades Transrhénanes, court le plus grand danger. — LXVI. Résistance de Claudius Labéon; il est vaincu par Civilis : les Béthasiens et les Tungres passent dans son parti. — LXVII. Cependant les Langrois sont battus par les Séquanais. Julius Sabinus vaincu se réduit à se cacher. — LXVIII. Mucien, inquiet de tous ces mouvements, se prépare à la guerre avec Domitien. Quatre légions sont envoyées en avant : d'autres sont appelées de différents côtés. — LXIX. Les Gaulois délibèrent, et la plupart, intimidés par les jalousies des provinces, restent fidèles aux Romains. — LXX. Imprévoyance et mésintelligence de Civilis, de Classicus et des autres chefs. — LXXI. Pétilius Cérialis arrive à Mayence. Il remporte une victoire signalée sur Valentinus, un des généraux ennemis. — LXXII. Les légions vaincues rentrent dans le camp. — LXXIII. Cérialis harangue ceux de Trèves et de Langres, et rétablit le calme. — LXXV. Combat acharné, où les Germains, d'abord vainqueurs, sont vaincus par l'intrépidité de Cérialis. — LXXIX. Cologne quitte le parti des Germains. — LXXX. Mucien fait mettre à mort le fils de Vitellius. Antonius Primus se rend auprès de Vespasien, et ne reçoit pas de lui l'accueil dont il se flattait. — LXXXI. Cures miraculeuses opérées dans Alexandrie par Vespasien. — LXXXII. Il va visiter le temple de Sérapis. — LXXXIII. Origine de ce dieu. — LXXXV. Valentinus, vaincu, mais dont la fierté ne se dément pas, est mis à mort. — LXXXVI. Domitien fait sonder Cérialis, pour savoir s'il lui remettrait l'armée et le commandement. Trompé dans son attente, il feint de n'aimer que le loisir et les lettres.

Ces événements se passent en partie durant la guerre civile entre Vitellius et Vespasien, en partie.

A. DE R.   DE J. C.

DCCCXXIII.   70 cons.   { Flavius Vespasien, Aug. p. la 2e fois.
Titus Vespasien, César.

LIVRE V.

I. Titus est chargé par son père de soumettre la Judée. État de ses forces. Il campe à peu de distance de Jérusalem. — II. Commencements de la nation juive. — III. Son culte et ses institutions. — VI. Description de la contrée; limites de son territoire. Baume, Liban, Jourdain, lac bitumineux, champs brûlés, fruits qui se dissipent en cendres, fleuve Bélus. — VIII. Jérusalem, capitale du pays. Immenses richesses de son temple. Fortune des Juifs sous les Assyriens, les Mèdes, les Persans, les Macédoniens, et sous le gouvernement des chefs de la même nation. — IX. Leurs différentes situations sous les Romains. — X. Commencements de la guerre des Juifs sous le procurateur Gessius Florus. Défaites successives de Cestius Gallus, gouverneur de Syrie. Victoires de Vespasien. Il soumet tout le pays, à l'exception de Jérusalem. — XI. Titus introduit dans leur ville les Juifs, rangés en bataille au pied de leurs remparts. Il commence le siège. Fortifications de Jérusalem. — XII. Chefs des Juifs. — XIII. Prodiges qui précèdent le siège. — XIV. Civilis lève une nouvelle armée en Germanie et recommence la guerre. — XV. Divers combats avantageux, d'abord à Civilis, puis à Cérialis. XIX. Civilis se cantonne dans l'île des Bataves. — XX. Il attaque les quatre divisions romaines. — XXI. Cérialis vient à leurs secours, et fait changer le sort du combat. — XXII. Mais son imprudence est sur le point de le perdre. — XXIII. Civilis fait montre d'une armée navale; Cérialis vient à sa rencontre. Nouveau danger que lui fait courir le débordement du Rhin. — XXIV. Situation critique des légions. Dispositions pacifiques de Cérialis et de Civilis. — XXVI. Soumission des Bataves; pacification de la Germanie.

Espace de temps.

A. DE R.   DE J. C.

DCCCXXIII.   70 cons.   { Flavius Vespasien, Aug. p. la 2e fois.
Titus Vespasien, César.

SOMMAIRE DES MOEURS DES GERMAINS.

I. Situation géographique de la Germanie. — II. Peuples qui l'habitent. Origine de leur nom. — III. Chants guerriers, cris de guerre et autres antiquités. — IV. Conformation et tempéraments des Germains. — V. Nature du sol. — VI. Armes offensives. — VII. Rois, généraux et prêtres. VIII. Intrépidité des femmes ; respect qu'on leur porte. — IX. Dieux des Germains, Mercure, Hercule, Mars, Isis. Ils ne leur élèvent point de statues. — X. Auspices, divinations, présages tirés des chevaux et des captifs. — XI. Délibérations et assemblées publiques. — XII. Peines en usage ; manière de rendre la justice. — XIII. Bouclier et framée donnés aux jeunes guerriers. Compagnons des chefs ; leur émulation, leur renommée. — XIV. Humeur guerrière des Germains. — XV. Pendant la paix, ils n'aiment que la chasse et l'inaction. Présents faits aux chefs. — XVI. Forme de leurs bourgades et de leurs habitations. Souterrains où ils se retirent l'hiver et où sont déposés leurs grains. — XVII. Habillements des deux sexes. — XVIII. Sainteté des mariages. Dot donnée par le mari. — XIX. Punition de l'adultère laissée au choix du mari. — XX. Éducation des enfants. Lois des successions — XXI. Haines et amitiés héréditaires dans les familles. Rachat des homicides. Hospitalité. — XXII. Manière de vivre ; ivresse, querelles qui en sont l'effet. Délibérations au milieu des festins. — XXIII. Breuvages, aliments. — XXIV. Amusements de la jeunesse ; fureur pour les jeux de hasard. — XXV. Esclaves, affranchis. — XXVI. Culture et partage des terres ; nombre des saisons. — XXVII. Funérailles. Les renseignements donnés jusqu'ici sont communs à toute la Germanie. — XXVIII. Institutions particulières à chaque peuplade. Ancienne puissance des Gaulois et leur passage en Germanie. Helvétiens, Boiens, Gaulois d'origine. Celle des Avariques, des Osies est incertaine. Trévires, Nerviens, originaires de Germanie, ainsi que les Vangions, les Triboques, les Némètes et les Ubiens. — XXIX. Bataves, descendants des Cattes. Mattiaques. Contrée Décumate. — XXX. Discipline militaire des Cattes, supérieure à celle des autres Germains. — XXXII. Usipiens, Tenctères, excellents cavaliers. — XXXIII. Établissements des Bructères occupés par les Chamaves et les Angrivariens. — XXXIV. Dulgibiens, Chasuares, Frisons grands et petits. — XXXV. Humeur pacifique des Chauques. — XXXVI. Chérusques et Fosiens, battus par les Cattes. — XXXVII. Cimbres, nation peu nombreuse, mais couverte de gloire. — XXXVIII. Mœurs des Suèves. — XXXIX. Religion des Semnonais. — XL. Lombards, Reudignes, Avions, Angles, Varins, Eudoses, Suardones et Nuithones. Hertha, ou la Terre, divinité commune de toutes ces peuplades. — XLI. Hermundures. — XLII. Nariques, Marcomans, Quades. — XLIII. Marsignes, Gothins, Oses, Buriens, Lygiens, nom commun à plusieurs peuples, Ariens, Helvécons, Manimes, Élysiens, Naharvales. Dieux nommés Alcis, Gothons. — XLIV. Suiones, divisés en plusieurs bourgades. — XLV. Mer Dormante. Estions ; recueillent le succin. Sitons ; ont une femme pour maître. — XLVI. Peurins, Venèdes, Finnois ; leur état sauvage et leur misère. Conformation monstrueuse des Hellusiens et des Oxions.

On place la composition de cet ouvrage de Tacite :

A. DE R. DE J. C.

DCCCLI.   98 cons. { M. Coccéius Nerva, Aug. pour la 4ᵉ fois. M. Ulpius Trajan, César pour la 2ᵉ fois.

SOMMAIRE DE LA VIE D'AGRICOLA.

Usage d'écrire la vie des hommes illustres. II. Dangers que courent les auteurs de ces ouvrages. — III. Le bonheur de Rome, sous le règne de Nerva, encourage Tacite. — IV. Naissance de Cn. Julius Agricola ; son enfance, son éducation. — V. Ses premières armes en Bretagne. — VI. Son mariage, sa questure, son tribunat, sa préture, son édilité et ses soins pour la restauration des temples. — VII. Dans la guerre d'Othon, il perd sa mère et une partie de son patrimoine. Ayant embrassé la cause de Vespasien, il commande en Bretagne la vingtième légion. — VIII. Son attention à soigner la réputation d'autrui augmente la sienne. — IX. Il est mis au nombre des patriciens ; on lui confie le gouvernement de l'Aquitaine. Devenu consul, il donne sa fille à Tacite. Il est nommé commandant en Bretagne et admis dans le collège des pontifes. — X. Description de la Bretagne. — XI. Origine, conformation, culte, langage, mœurs des habitants. — XII. Manière de faire la guerre ; gouvernement, assemblées, métaux, perles de l'Océan. — XIII. Caractère de cette nation depuis la conquête. Expéditions des Césars en Bretagne. — XIV. Aulus Plautius, Ostorius Scapula, Didius Gallus, Véranius, Suétonius Paullinus, commandants consulaires. — XV. Révolte de la Bretagne. — XVI. Boadicée, femme du sang royal, se met à la tête des Bretons. Ce mouvement est apaisé par Paullinus, qui a pour successeurs Trébellius Maximus et Vectius Bolanus, tous deux bons guerriers. — XVII. D'habiles généraux, Pétilius Cérialis et Julius Frontinus, rétablissent les affaires. — XVIII. Agricola est chargé du commandement en Bretagne. Vainqueur des Ordoviques, il soumet l'île de Mone. — XIX. Ses talents et sa politique, dans le gouvernement de cette province, écartent les causes de la guerre. — XX. Sa clémence, autant que la terreur de ses armes, assurent la paix. — XXI. Les beaux-arts et les plaisirs amollissent insensiblement le courage des Bretons. — XXII. Nouvelles peuplades découvertes, dévastation de leurs pays. — XXIII. Forts élevés pour assurer les conquêtes. — XXIV. Projet de s'emparer de l'Hibernie. — XXV. Reconnaissance des places situées au delà du golfe de Bodotrie. Mouvements des Calédoniens. — XXVI. Ils attaquent la neuvième légion et sont repoussés avec perte. — XXVII. Ils reprennent courage; ligue générale des cantons. — XXVIII. Aventure d'une cohorte d'Usipiens qui, avec trois galères, font le tour de l'île. — XXIX. Dispositions hostiles de Galgacus; il s'empare du mont Grampius. — XXX. Sa harangue véhémente à son armée — XXXIII. Agricola, de son côté, harangue les Romains. — XXXV. Bataille opiniâtre et sanglante. — XXXVIII. La victoire se déclare pour les Romains. Agricola ordonne à la flotte de faire le tour de la Bretagne. — XXXIX. Domitien reçoit la nouvelle de la victoire, la joie sur le front, l'inquiétude dans le cœur. — XL. Cependant il fait decerner au vainqueur une statue et les ornements du triomphe. Il dissimule sa haine jusqu'à ce qu'Agricola quitte son gouvernement. Conduite modeste de ce grand homme, à son retour de la Bretagne. — XLI. Dangers qu'il court par la haine du prince et par les trames des courtisans. — XLII. Il s'excuse de tirer au sort le proconsulat de l'Asie. — XLIII. Il meurt; le bruit court que Domitien l'a fait empoisonner. — XLIV. Son âge, son extérieur, ses dignités, sa fortune. — XLV. Bonheur de sa mort prématurée; elle le derobe au spectacle des atrocités de Domitien. Piété filiale de Tacite à l'égard d'Agricola. — XLVI. Consolations et leçons puisées dans l'exemple de ses vertus.

Tacite a écrit la vie d'Agricola :

L'AN DE R. DE J. C.

DCCCL.   97 cons.   { M. Cocceius Nerva, Aug. pour la 3ᵉ fois.
                      L. Verginius Rufus, pour la 3ᵉ f.

SOMMAIRE
DU DIALOGUE SUR LES ORATEURS.

I. Préface, et ce qui a donné lieu à la composition de ce Dialogue. — II. Interlocuteurs, Curiatius Maternus, M. Aper, Julius Secundus. — III. Secundus veut détourner Maternus de ses travaux poétiques. — IV. Défense de Maternus. — V. Aper insiste et soutient que pour l'utilité, le plaisir, la considération, la renommée, l'éloquence l'emporte sur la poésie. — VIII. Il le prouve par les exemples et la fortune de Marcellus Éprius et de Crispus Vibius. — IX. Au contraire, la gloire de la poésie est aussi vaine qu'infructueuse. — X. Il exhorte donc Maternus à quitter les lectures publiques et l'art dramatique pour le barreau et les plaidoyers. — XI. Maternus défend les poetes. — XII. Pureté, innocence de leurs travaux, leurs inspirations divines. Eclat de leur renommée. — XIII. Bonheur de leur vie modérée et recueillie; douceur d'habiter avec soi-même. Vie inquiète et agitée des orateurs. — XIV. Arrivée de Vipstanius Messala au milieu de ces débats. Celui-ci, admirateur des anciens, contempteur des modernes, s'efforce de ramener Aper à la méthode des nouveaux rhéteurs à la manière des orateurs de l'antiquité. — XV. Dissertation sur les anciens et les modernes. — XVI. Messala, Secundus et Maternus se liguent pour la gloire des anciens. Aper les censure et défend la cause de ses contemporains. — XVII. Selon lui, on ne sait point ce qu'on doit entendre par le nom d'anciens. — XVIII. Différents genres d'éloquence; c'est le défaut de la malignité humaine de louer ce qui est ancien et de dédaigner ce qui est moderne. — XIX. C'est par choix et par systeme, et non par ignorance de l'art, que Cassius Sévérus, auquel se termine la ligne de démarcation de l'antiquité, a suivi une route nouvelle. — XX. Défauts nombreux de l'ancienne éloquence. Formes riantes, éclat de la nouvelle. — XXI. Calvus, Célius, Jules César, Brutus, leurs vers et ceux de Cicéron, Asinius et Corvinus, appréciés. — XXII. Beautés et défauts de Cicéron. — XXIII. Le grand art de l'éloquence consiste à emprunter aux anciens ce qu'ils ont d'estimable et à y mêler les heureux perfectionnements des modernes. — XXIV. Maternus engage Messala, non pas à louer les anciens, que défend assez leur renommée, mais à découvrir pourquoi on s'est si fort écarté du genre de leur éloquence. — XXV. Messala revient sur ce qu'il faut entendre par le mot d'anciens et sur m manière de juger Calvus, Asinius, César, Célius, Brutus et Cicéron. — XXVI. Éloge de C. Gracchus et de L. Crassus. Censure de Mécène, de Gallion et de Cassius Sévérus. — XXVII. Maternus interrompt la divagation de Messala, et le rappelle à son sujet. — XXVIII. En conséquence, Messala assigne pour causes de la décadence de l'éloquence et des autres arts, la paresse des jeunes gens, la négligence des parents, l'ignorance des maitres, l'oubli des mœurs antiques. — XXXIII. Messala s'arrête après être entré dans ces détails Maternus l'engage à continuer et à montrer comment les anciens nourrissaient et developpaient les talents. — XXXIV. Tableau de l'éducation ancienne. Vices de l'éducation moderne..........

XXXVI. Lorsque la république florissait, l'éloquence a emprunté de nouvelles forces des troubles et de la licence même. — XXXVII. Alors personne ne s'est élevé à un grand pouvoir sans le secours de l'éloquence. — XXXVIII. Pompée lui a porté un coup mortel, lorsqu'il lui a imposé des restrictions et l'a tenue, pour ainsi dire, en laisse. — XXXIX. Les manteaux eux-mêmes qui surchargent les orateurs, lui ont ôté son nerf et sa noble assurance, tandis qu'elle a besoin de pompe et d'applaudissements. — XL. Les vertus et la modération elles-mêmes l'ont fait tomber dans la langueur, parce qu'elles est naturellement indépendante, téméraire, hautaine. — XLI. Les révolutions de l'éloquence ont donc suivi celles des temps; chaque époque a son mérite et ses avantages. — XLII. Conclusion du Dialogue.

Époque de ce Dialogue :

A. DE R. DE J. C.

DCCCXXXI.   78 cons.   { Flavius Vespasien, Aug. pour la 6ᵉ fois.
                         Titus Vespasien, César p. la 4ᵉ f

ANNALES.

LIVRE PREMIER.

I. Rome fut d'abord gouvernée par des rois. Brutus y établit la liberté et le consulat. Les tribuns militaires ne gardèrent pas longtemps l'autorité : Rome n'eut ses dictateurs qu'au besoin, ses décemvirs que pour deux ans. La domination de Cinna, la tyrannie de Sylla furent courtes. Le pouvoir passa bientôt de Crassus et de Pompée à César, de Lépide et d'Antoine à Auguste, qui, profitant de la lassitude des discordes civiles, se fit accepter pour maître, sous le nom de Prince. Les revers et les succès de l'ancien peuple romain ont été transmis à la mémoire par de grands écrivains : le siècle d'Auguste n'a pas manqué non plus d'historiens célèbres, jusqu'à l'époque où la nécessité de flatter les dégoûta d'écrire. Mais, pour les règnes de Tibère, de Caïus, de Claude et de Néron, la crainte pendant leur vie, après leur mort des haines récentes ont altéré les faits. C'est pourquoi je me propose de tracer rapidement les derniers moments d'Auguste : ensuite j'écrirai l'histoire de Tibère et des trois autres, sans animosité comme sans flatterie ; les motifs en sont loin de moi.

II. Lorsque la défaite de Cassius et de Brutus eut anéanti le parti de la république, que Sextus eut succombé en Sicile, que l'abaissement de Lépide, que la mort d'Antoine n'eurent plus laissé, même au parti de César, d'autre chef qu'Auguste, celui-ci, renonçant au titre de triumvir, parut se contenter de la dignité de consul, en y joignant pourtant celle de tribun, pour le maintien des droits du peuple. Bientôt après, ayant gagné les soldats par ses largesses, le peuple par des distributions de blé, tous les ordres de l'État par les douceurs de la paix, on le vit s'enhardir, et attirer insensiblement à lui seul tous les pouvoirs, ceux du sénat, des magistrats, des lois ; rien ne lui résista. Les plus fiers républicains avaient péri dans les combats ou par la proscription ; le reste des nobles, voyant les richesses et les honneurs payer leur empressement pour la servitude, et trouvant leurs avantages dans la révolution, préféraient leur sûreté à des périls, ce qu'ils voyaient établi à ce qui était oublié. Ces changements même ne déplaisaient point aux provinces, le gouvernement du sénat et du peuple faisant toujours craindre les divisions des grands et la cupidité des magistrats, qui n'était contenue que par des lois faibles, impuissantes contre la violence, la brigue et l'argent.

III. Cependant Auguste, pour affermir sa domination, donna à son neveu Marcellus, malgré sa grande jeunesse, un sacerdoce et l'édilité curule ; et malgré l'obscure naissance d'Agrippa, il honora ce brave guerrier, compagnon de sa victoire, de deux consulats successifs : après la mort de Mar-

LIBER PRIMUS.

I. Urbem Romam a principio reges habuere. Libertatem et consulatum L. Brutus instituit. Dictaturæ ad tempus sumebantur : neque decemviralis potestas ultra biennium, neque tribunorum militum consulare jus diu valuit. Non Cinnæ, non Sullæ longa dominatio : et Pompeii Crassique potentia cito in Cæsarem ; Lepidi atque Antonii arma in Augustum cessere, qui cuncta, discordiis civilibus fessa, nomine Principis, sub imperium accepit. Sed veteris populi romani prospera vel adversa claris scriptoribus memorata sunt ; temporibusque Augusti dicendis non defuere decora ingenia, donec gliscente adulatione deterrerentur. Tiberii, Caiique, et Claudii, ac Neronis res, florentibus ipsis, ob metum falsæ ; postquam occiderant, recentibus odiis compositæ sunt. Inde consilium mihi pauca de Augusto, et extrema tradere ; mox Tiberii principatum, et cetera, sine ira et studio, quorum causas procul habeo.

II. Postquam, Bruto et Cassio cæsis, nulla jam publica arma ; Pompeius apud Siciliam oppressus ; exutoque Lepido, interfecto Antonio, ne Julianis quidem partibus nisi Cæsar, dux reliquus, posito triumviri nomine, consulem se ferens, et, ad tuendam plebem, tribunitio jure contentum ; ubi militem donis, populum annona, cunctos dulcedine otii pellexit, insurgere paullatim, munia senatus, magistratuum, legum in se trahere, nullo adversante ; cum ferocissimi per acies aut proscriptione cecidissent ; ceteri nobilium, quanto quis servitio promptior, opibus et honoribus extollerentur ; ac, novis ex rebus aucti, tuta et præsentia, quam vetera et periculosa mallent. Neque provinciæ illum rerum statum abnuebant, suspecto senatus populique imperio, ob certamina potentium et avaritiam magistratuum ; invalido legum auxilio, quæ vi, ambitu, postremo pecunia turbabantur.

III. Ceterum Augustus subsidia dominationi Claudium Marcellum, sororis filium, admodum adolescentem, pontificatu et curuli ædilitate ; M. Agrippam, ignobilem loco, bonum militia, et victoriæ socium, geminatis consulatibus extulit ; mox, defuncto Marcello, generum sumpsit : Ti-

cellus, il le choisit pour gendre. Il décora du titre d'*imperator* ses beaux-fils Tibère et Drusus, quoiqu'il eût encore alors tous les appuis de sa famille; car il avait adopté les deux premiers fils d'Agrippa, Caïus et Lucius, et ces nouveaux Césars, encore enfants, avaient été nommés princes de la jeunesse, et désignés consuls, distinctions que, malgré ses refus apparents, il avait ardemment désirées pour eux. Lorsqu'il eut perdu Agrippa, que Lucius, en se rendant à l'armée d'Espagne, Caïus, en revenant de l'Arménie, malade d'une blessure, lui eurent été enlevés à la fleur de l'âge, soit naturellement, soit par le crime de leur marâtre Livie, et qu'enfin la mort de Drusus ne lui eut plus laissé de beau-fils que Tibère; tout reflua vers ce dernier. Il est nommé fils d'Auguste, associé à l'empire et à la puissance tribunitienne, présenté en pompe à toutes les armées : sa mère ne se bornait plus, comme autrefois, à d'obscures intrigues; ses sollicitations étaient publiques. Elle avait tellement captivé la vieillesse d'Auguste, qu'elle lui fit reléguer ignominieusement dans l'île de Planasie Postumus, le dernier des enfants d'Agrippa, jeune homme, il est vrai, d'une ignorance grossière, et stupidement enorgueilli de sa force prodigieuse, à qui toutefois on n'avait point de crimes à reprocher. Mais elle échoua contre Germanicus, fils de Drusus, qu'Auguste mit à la tête de huit légions sur le Rhin; et, quoique Tibère eût un fils déjà sorti de l'adolescence, Auguste lui ordonna d'adopter Germanicus, voulant multiplier les soutiens de sa puissance. On n'avait plus de guerre alors, excepté contre les Germains, pour venger notre opprobre et la perte de l'armée de Varus, plutôt que par envie de s'agrandir, ou pour l'importance de la conquête. Au dedans, tout était tranquille : les magistratures conservaient les mêmes noms; la jeunesse romaine était née depuis la bataille d'Actium, la plupart des vieillards au milieu des guerres civiles : combien peu en restait-il qui eussent vu la république?

IV. Aussi, depuis le bouleversement de la constitution, il n'existait plus de traces des anciennes mœurs, des anciennes vertus : renonçant à l'égalité, tous attendaient les ordres du prince, tranquilles pour le moment, tant que la vigueur et la santé d'Auguste surent maintenir son autorité, sa famille et la paix. Mais, sur le déclin de sa vie lorsque les infirmités aggravèrent le poids de sa vieillesse, et que sa fin prochaine allait changer tous les intérêts, on vit se réveiller, dans quelques-uns, des regrets infructueux sur la perte de la liberté; dans d'autres, le désir; dans un plus grand nombre, la crainte de la guerre; dans presque tous, des inquiétudes sur les maîtres dont ils étaient menacés. D'un côté, l'on craignait dans Agrippa sa férocité naturelle, irritée par l'ignominie, sa jeunesse, son inexpérience, inhabile à porter le fardeau d'un si vaste empire; d'un autre, on observait dans Tibère, avec la maturité des années et l'expérience des armes, l'orgueil héréditaire, invétéré des Claudes, et plusieurs indices d'une cruauté qui perçait à travers le voile dont il l'enveloppait. On l'avait vu, dès sa première enfance, élevé dans une famille insatiable de domination : jeune, on avait entassé sur sa tête les consulats et les triomphes : tout le temps même de sa retraite de Rhodes, quoiqu'elle couvrit un véritable exil, avait été marqué par de la colère, par de la dissimulation, par des débauches secrètes. Ne faudrait-il pas encore essuyer,

---

lerium Neronem et Claudium Drusum, privignos, imperatoriis nominibus auxit, integra etiam tum domo sua. Nam genitos Agrippa, Caium ac Lucium, in familiam Cæsarum induxerat; necdum posita puerili prætexta, principes juventutis appellari, destinari consules, specie recusantis, flagrantissime cupiverat. Ut Agrippa vita concessit, L. Cæsarem euntem ad hispanienses exercitus, Caium remeantem Armenia, et vulnere invalidum, mors fato propera, vel novercæ Liviæ dolus abstulit; Drusoque pridem extincto, Nero solus e privignis erat : illuc cuncta vergere : filius, collega imperii, consors tribunitiæ potestatis adsumitur, omnesque per exercitus ostentatur : non obscuris, ut antea, matris artibus, sed palam hortatu. Nam senem Augustum devinxerat adeo, uti nepotem unicum, Agrippam Postumum, in insulam Planasiam projiceret, rudem sane bonarum artium, et robore corporis stolide ferocem, nullius tamen flagitii compertum. At, hercule, Germanicum Druso ortum, octo apud Rhenum legionibus imposuit, adscirique per adoptionem a Tiberio jussit, quamquam esset in domo Tiberii filius juvenis; sed quo pluribus munimentis insisteret. Bellum ea tempestate nullum, nisi adversus Germanos, supererat; abolendæ magis infamiæ ob amissum cum Quinctilio Varo exercitum, quam cupidine proferendi imperii, aut dignum ob præmium. Domi res tranquillæ : eadem magistratuum vocabula. Juniores post Actiacam victoriam, etiam senes plerique inter bella civium nati; quotusquisque reliquus qui rempublicam vidisset?

IV. Igitur, verso civitatis statu, nihil usquam prisci et integri moris : omnes, exuta æqualitate, jussa principis adspectare; nulla in præsens formidine, dum Augustus, ætate validus, seque, et domum, et pacem sustentavit. Postquam provecta jam senectus, ægro et corpore fatigabatur, aderatque finis, et spes novæ : pauci bona libertatis incassum dissererer; plures bellum pavescere; alii cupere; pars multo maxima imminentes dominos variis rumoribus differebant : « Trucem Agrippam, et ignominia accensum, non ætate, neque rerum experientia tantæ moli parem; Tiberium Neronem maturum annis, spectatum bello, sed vetere atque insita Claudiæ familiæ superbia; multaque indicia sævitiæ, quanquam premantur, erumpere. Hunc et prima ab infantia eductum in domo regnatrice : congestos juveni consulatus, triumphos : ne iis quidem annis, quibus Rhodi specie secessus exsulem egerit, aliquid quam iram, et simulationem et secretas libidines meditatum. Accedere matrem muliebri impotentia : serviendum feminæ, duo-

dans la mère, l'humeur impérieuse de son sexe; se voir asservi à une femme, puis à deux jeunes gens qui opprimeraient l'État, en attendant qu'ils le démembrassent un jour?

V. Tandis qu'on se livrait à ces réflexions, la maladie d'Auguste s'aggrava, et quelques-uns l'attribuaient à un crime de sa femme. Le bruit avait couru, depuis quelques mois, qu'Auguste, ayant mis dans sa confidence quelques amis, s'était rendu, avec Fabius seulement à Planasie, pour y voir son petit-fils, et qu'il y avait eu, de part et d'autres, beaucoup de larmes et des marques de tendresse qui faisaient croire que le jeune Agrippa reverrait le palais de son aïeul. On ajouta que Fabius instruisit de ce fait sa femme Marcie, qui le répéta à Livie; que Tibère en fut informé; et que, peu de temps après, aux funérailles de Fabius, dont la mort fut soupçonnée n'être point naturelle, on entendit Marcie qui s'accusait, en pleurant, d'avoir été la cause de la perte de son époux. Quoi qu'il en soit, Tibère entrait à peine dans l'Illyrie, lorsque des lettres pressantes de sa mère le rappelèrent à Nole. On ne sait s'il y trouva Auguste encore en vie, ou déjà mort; car Livie avait distribué autour du palais des gardes qui en fermaient avec soin toutes les avenues. De temps en temps on rassurait le peuple sur la santé de son prince; et lorsqu'enfin on eut pris toutes les mesures que les circonstances exigeaient, le même instant apporta la nouvelle qu'Auguste était mort, et que Tibère succédait à son pouvoir.

VI. Le premier acte du nouveau *principat* fut le meurtre de Postumus. Quoique surpris, sans armes, et attaqué par un centurion intrépide, Postumus disputa longtemps sa vie. Tibère ne parla nullement de cette mort au sénat. Il feignait qu'elle était le résultat des ordres de son père, et qu'il était enjoint au tribun préposé à la garde du jeune homme, de lui donner la mort, sans balancer, aussitôt que l'empereur aurait rendu le dernier soupir. Il est vrai qu'Auguste éclata souvent en reproches violents contre Postumus, dont même il fit confirmer l'exil par un sénatus-consulte; mais ce prince respecta toujours le sang de ses proches; et il n'est point à croire que, pour la sûreté du fils de sa femme, il eût ordonné la mort de son petit-fils. Il est plus probable que Tibère et Livie, l'un par crainte, l'autre par haine de marâtre, précipitèrent la mort d'un rival odieux et suspect. Lorsque le centurion vint, suivant les formes militaires, annoncer à l'empereur qu'on avait exécuté ses ordres, celui-ci se défendit d'en avoir donné, et déclara qu'il faudrait rendre compte au sénat de cet événement. A cette nouvelle, Salluste, qui était du complot, car lui-même avait écrit le billet au tribun, craignant d'être impliqué dans une affaire où il serait également dangereux pour lui de dissimuler ou d'avouer la vérité, courut chez Livie, et lui fit sentir l'importance de ne point divulguer les mystères du palais, les délibérations intimes, les exécutions militaires; qu'en évoquant tout au sénat, Tibère énerverait la puissance impériale; que c'était le privilège du commandement qu'on ne rendît compte qu'à un seul.

VII. Cependant, à Rome, consuls, sénateurs, chevaliers, se précipitent dans la servitude : plus ils étaient d'un rang illustre, plus ils montraient d'empressement et de fausseté : se composant le visage pour ne laisser voir ni trop de contentement à la mort d'un prince, ni trop de tristesse à

---

busque insuper adolescentibus, qui rempublicam interim prement, quandoque distrahunt. »

V. Hæc atque talia agitantibus, gravescere valetudo Augusti; et quidam scelus uxoris suspectabant. Quippe rumor incesserat, paucos ante menses, Augustum, electis consciis, et comite uno Fabio Maximo, Planasiam vectum, ad visendum Agrippam : multas illic utrimque lacrymas, et signa caritatis; spemque ex eo fore ut juvenis penatibus avi redderetur. Quod Maximum uxori Marciæ aperuisse, illam Liviæ; gnarum id Cæsari : neque multo post, extincto Maximo (dubium an quæsita morte), auditos in funere ejus Marciæ gemitus, semet incusantis quod causa exitii marito fuisset. Utcunque se ea res habuit, vixdum ingressus Illyricum Tiberius, properis matris literis accitur. Neque satis compertum est, spirantem adhuc Augustum apud urbem Nolam, an exanimem repererit. Acribus namque custodiis domum et vias sepserat Livia : lætique interdum nuncii vulgabantur; donec, provisis quæ tempus monebat, simul excessisse Augustum et rerum potiri Neronem fama eadem tulit.

VI. Primum facinus novi principatus fuit Postumi Agrippæ cædes : quem, ignarum inermemque, quamvis firmatus animo, centurio ægre confecit. Nihil de ea re Tiberius apud senatum disseruit. Patris jussa simulabat, quibus præscripsisset tribuno custodiæ apposito, ne cunctaretur Agrippam morte afficere, quandoque isse supremum diem explevisset. Multa sine dubio sævaque Augustus, de moribus adolescentis questus, ut exsilium ejus senatusconsulto sanciretur, perfecerat : ceterum in nullius unquam suorum necem duravit; neque mortem nepoti, pro securitate privigni, illatam, credibile erat. Propius vero, Tiberium ac Liviam, illum metu, hanc novercalibus odiis, suspecti et invisi juvenis cædem festinavisse. Nuncianti centurioni, ut mos militiæ, factum esse quod imperasset, neque imperasse sese, et rationem facti reddendam apud senatum, respondit. Quod postquam Sallustius Crispus, particeps secretorum (is ad tribunum miserat codicillos), comperit; metuens ne reus subderetur, juxta periculoso ficta seu vera promeret, monuit Liviam « ne arcana domus, ne consilia amicorum, ministeria militum vulgarentur : neve Tiberius vim principatus resolveret, cuncta ad senatum vocando. Eam conditionem esse imperandi, ut non aliter ratio constet, quam si uni reddatur. »

VII. At Romæ ruere in servitium consules, patres, equites : quanto quis illustrior, tanto magis falsi ac festinantes; vultuque composito, ne læti excessu principis,

l'avénement d'un règne, ils mêlaient ensemble les larmes, la joie, les regrets, l'adulation. Les consuls Sextus Pompéius et Sextus Apuléius prononcèrent les premiers le serment d'obéissance absolue à Tibère. Strabon, préfet du prétoire, et Turranius, préfet de l'annone le répétèrent après eux; puis le sénat, les soldats et le peuple. Ce furent les consuls qui commencèrent, car Tibère mettait les consuls en tête de tous les actes, comme dans l'ancienne république, et comme s'il eût encore douté d'être empereur. Dans l'édit même par lequel il convoquait le sénat, il ne s'autorisait que de la puissance tribunitienne, qu'il tenait d'Auguste. L'édit était court, et singulièrement réservé. Il y demandait conseil sur les honneurs dus à Auguste; il ne se séparerait point du corps de son père : c'était, des fonctions publiques la seule qu'il s'attribuât. Mais, aussitôt après la mort d'Auguste, il avait donné l'ordre, comme empereur, aux cohortes prétoriennes; il avait pris des gardes, et tout l'appareil de la dignité impériale; les soldats l'accompagnaient au forum, l'accompagnaient au sénat; il avait écrit aux armées comme étant déjà souverain; il n'hésitait que dans ses discours au sénat. Son principal motif fut la crainte que Germanicus, qui avait dans sa main tant de légions, qui commandait une armée immense d'auxiliaires, qui était adoré du peuple, n'aimât mieux garder le pouvoir que l'attendre. D'ailleurs, il voulait donner à la réputation; paraître avoir été élevé à l'empire par les suffrages de la république, plutôt que s'y être glissé par les intrigues d'une femme et l'adoption d'un vieillard. La suite fit voir qu'il s'était encore ménagé cette irrésolution pour démêler les dispositions des grands; épiant les discours, les visages, il marquait au fond de son cœur ses ennemis.

VIII. Tibère exigea que la première assemblée du sénat fût entièrement consacrée aux derniers devoirs envers son père. Son testament fut apporté par les vestales. Auguste y nommait Tibère et Livie ses héritiers; après eux, ses petits-fils et arrière-petits-fils, et, à leur defaut, les grands de Rome, la plupart haïs de lui, mais, par vaine gloire, et pour se faire un mérite auprès de la postérité. Le testament assignait de plus à Livie l'adoption dans la maison des Jules, et le titre d'Augusta. Les legs n'excédaient point ceux qu'auraient pu faire de simples citoyens, si l'on excepte quarante millions de sesterces qu'il laissait à la nation, trois millions cinq cent mille au peuple, mille à chaque prétorien, et trois cents à chaque légionnaire. Ensuite on délibéra sur les honneurs funèbres, dont voici les plus remarquables : Asinius Gallus proposa de faire passer le convoi par la porte Triomphale; Lucius Arruntius, de porter devant le corps d'Auguste les titres des lois qu'il avait promulguées, les noms des nations qu'il avait vaincues; à quoi Valérius ajouta de renouveler tous les ans, à l'empereur, le serment d'obéissance absolue; et, comme Tibère lui demanda s'il l'avait chargé d'ouvrir cet avis, Valérius répondit que non; mais que, dans tout ce qui concernerait le bien de l'Etat, il ne prendrait conseil que de lui seul, au risque même de déplaire. C'était la seule tournure de flatterie qui fût encore neuve. Les sénateurs s'écrièrent tous d'une voix qu'ils porteraient le corps au bûcher sur leurs épaules. Tibère y souscrivit avec une docilité insultante; et, dans un édit, il recommanda au peuple de ne point troubler par

---

neu tristiores primordio, lacrymas, gaudium, questus, adulationem miscebant. Sex. Pompeius et Sex. Apuleius, consules, primi in verba Tiberii Cæsaris juravere : apudque eos Seius Strabo, et C. Turranius, ille prætoriarum cohortium præfectus, hic annonæ : mox senatus, milesque et populus. Nam Tiberius cuncta per consules incipiebat, tanquam vetere republica, et ambiguus imperandi. Ne edictum quidem, quo patres in curiam vocabat, nisi tribunitiæ potestatis præscriptione posuit, sub Augusto acceptæ. Verba edicti fuere pauca, et sensu permodesto : « De honoribus parentis consulturum ; neque abscedere a corpore, idque unum ex publicis muneribus usurpare ». Sed, defuncto Augusto, signum prætoriis cohortibus, ut imperator, dederat; excubiæ, arma, cetera aulæ; miles in forum, miles in curiam comitabatur : literas ad exercitus, tanquam adepto principatu, misit; nusquam cunctabundus, nisi cum in senatu loqueretur. Causa præcipua ex formidine, ne Germanicus, in cujus manu tot legiones, immensa sociorum auxilia, mirus apud populum favor, habere imperium quam exspectare mallet. Dabat et famæ, ut vocatus electusque potius a republica videretur, quam per uxorium ambitum et senili adoptione irrepsisse. Postea cognitum est ad introspiciendas etiam procerum voluntates inductam dubitationem; nam verba, vultus, in crimen detorquens recondebat.

VIII. Nihil primo senatus die agi passus, nisi de supremis Augusti, cujus testamentum, illatum per virgines Vestæ, Tiberium et Liviam heredes habuit. Livia in familiam Juliam, nomenque Augustæ assumebatur : in spem secundam, nepotes pronepotesque; tertio gradu primores civitatis scripserat, plerosque invisos sibi, sed jactantia gloriaque ad posteros. Legata non ultra civilem modum, nisi quod populo et plebi quadringenties tricies quinquies, prætoriarum cohortium militibus singula nummum millia, legionariis aut cohortibus civium Romanorum trecenos nummos viritim dedit. Tum consultatum de honoribus, ex quis maxime insignes visi : ut porta Triumphali duceretur funus, Gallus Asinius; ut legum latarum tituli, victarum ab eo gentium vocabula anteferrentur, L. Arruntius censuere. Addebat Messalla Valerius renovandum per annos sacramentum in nomen Tiberii; interrogatusque a Tiberio, num, se mandante, eam sententiam promsisset? sponte dixisse, respondit; neque in iis quæ ad rempublicam pertinerent consilio nisi suo usurum, vel cum periculo offensionis. Ea sola species adulandi supererat. Conclamant patres corpus ad rogum humeris senatorum ferendum.

un excès de zèle, les funérailles d'Auguste, comme autrefois celles de César, et de ne point exiger que le corps fût brûlé au Forum plutôt qu'au Champ de Mars, lieu fixé pour sa sépulture. Le jour des obsèques, les soldats parurent en bataille, comme pour soutenir le convoi. Aussi, tout ceux qui avaient entendu rappeler à leurs pères ce jour où, d'une servitude encore toute récente, on avait passé brusquement à une liberté si malheureusement recouvrée; où les uns regardaient le meurtre de César comme une action héroïque, les autres comme un forfait exécrable; et qui, alors, comparaient à ce meurtre du dictateur la mort paisible d'un vieux prince, après une longue puissance, après avoir assuré, contre la république, la fortune de ses héritiers, rirent beaucoup de cet appareil menaçant, cru si nécessaire pour la tranquillité de sa sépulture.

IX. Ces réflexions en amènent d'autres sur Auguste même; la multitude remarqua beaucoup de circonstances frivoles : sa mort à pareil jour de son élévation à l'empire, dans la même chambre que son père Octave. On vantait le nombre de ses consulats, égal à ceux de Corvus et de Marius réunis; sa puissance tribunitienne prorogée trente-sept ans; le titre d'*imperator* obtenu vingt et une fois, et les autres honneurs créés, ou multipliés pour lui. Mais, dans l'esprit des hommes sensés, sa vie trouvait des panégyristes et des censeurs. Les uns disaient que la piété filiale et le malheur d'un État où les lois étaient alors sans pouvoir, l'avaient seuls entraîné dans des guerres civiles, qu'on ne peut entreprendre, ni soutenir par des vois légitimes. Ils rejetaient, sur le désir de punir les meurtriers de son père, ses complaisances pour Lépide et pour Antoine; et ses entreprises contre eux sur le mépris qu'excitèrent l'imbécillité de l'un, les débauches de l'autre, et sur la nécessité d'un seul maître pour la paix de tous. D'ailleurs, ils le louaient d'avoir préféré, au titre de roi et de dictateur, celui de prince; d'avoir donné pour barrières à l'empire l'Océan ou des fleuves éloignés; réuni vers un même but, contenu dans le devoir les flottes, les légions, les provinces. Ils vantaient sa justice pour les citoyens, sa douceur pour les alliés, sa magnificence même dans les embellissements de la capitale; ils pardonnaient quelques actes de violence qui avaient assuré le repos général.

X. D'un autre côté, l'on soutenait que sa tendresse pour son père et les désordres de la république n'étaient que le prétexte dont il avait coloré son ambition. Du reste, on l'avait vu, jeune et sans emploi, lever une armée, séduire les vétérans par des largesses, corrompre les légions du consul, et enfin surprendre, par un zèle simulé pour le parti de Pompée, un décret du sénat, les faisceaux et la dignité de préteur. Depuis, à la mort des consuls Hirtius et Pansa (soit qu'ils eussent péri tous deux par le fer de l'ennemi, ou celui-ci par le poison versé sur sa plaie, et l'autre de la main de ses propres soldats excités par Octave), il s'était emparé de leur armée, il avait extorqué le consulat en dépit du sénat, et tourné, contre la république, les armes qu'elle lui avait remises pour combattre Antoine; la proscription, le partage des terres, étaient condamnés même par les brigands qu'ils enrichirent. On convenait qu'il devait peut-être à la mémoire de son père la mort de Cassius et des Brutus,

Remisit Cæsar arroganti moderatione, populumque edicto monuit, ne, ut quondam nimiis studiis funus divi Julii turbassent, ita Augustum in foro potius quam in campo Martis, sede destinata, cremari vellent. Die funeris, milites velut præsidio stetere; multum irridentibus qui ipsi viderant, quique a parentibus acceperant diem illum crudi adhuc servitii, et libertatis improspere repetitæ, quum occisus dictator Cæsar, aliis pessimum, aliis pulcherrimum facinus videretur. Nunc senem principem, longa potentia, provisis etiam heredum in rempublicam opibus, auxilio scilicet militari tuendum, ut sepultura ejus quieta foret.

IX. Multus hinc ipso de Augusto sermo, plerisque vana mirantibus : « quod idem dies accepti quondam imperii princeps et vitæ supremus; quod Nolæ in domo et cubiculo, in quo pater ejus Octavius, vitam finivisset. » Numerus etiam consulatuum celebrabatur, « quo Valerium Corvum et C. Marium simul æquaverat, continuata per septem et triginta annos tribunitia potestas, nomen imperatoris semel atque vicies partum, aliaque honorum multiplicata, aut nova. » At, apud prudentes, vita ejus varie extollebatur, arguebaturve. Ili, « pietate erga parentem, et necessitudine reipublicæ, in qua nullus tum legibus locus, ad arma civilia actum, quæ neque parari possent, neque haberi per bonas artes : multa Antonio, dum interfectores patris ulcisceretur, multa Lepido concessisse; postquam hic socordia senuerit, ille per libidines pessum datus sit, non aliud discordantis patriæ remedium fuisse quam ut ab uno regeretur. Non regno tamen, neque dictatura, sed principis nomine constitutam rempublicam : mari oceano, aut amnibus longinquis septum imperium : legiones, provincias, classes, cuncta inter se connexa : jus apud cives, modestiam apud socios : urbem ipsam magnifico ornatu : pauca admodum vi tractata, quo ceteris quies esset. »

X. Dicebatur contra : « pietatem erga parentem, et tempora reipublicæ, obtentui sumpta; ceterum, cupidine dominandi, concitos per largitiones veteranos, paratum ab adolescente privato exercitum, corruptas consulis legiones, simulatam Pompeianarum gratiam partium : mox ubi, decreto patrum, fasces et jus prætoris invaserit, cæsis Hirtio et Pansa (sive hostis illos, seu Pansam venenum vulneri affusum, sui milites Hirtium, et machinator doli Cæsar abstulerant), utriusque copias occupavisse; extortum invito senatu consulatum, armaque, quæ in Antonium acceperit, contra rempublicam versa : proscriptionem civium, divisiones agrorum, ne ipsis quidem qui fecere laudatas. Sane Cassii et Brutorum exitus paternis inimicitiis datos (quanquam fas sit privata odia

quoiqu'il eût bien pu, sans crime, sacrifier à l'intérêt public ses ressentiments particuliers. Mais, comment le justifier d'avoir abusé Sextus par des apparences de paix, Lépide sous le voile de l'amitié, et, depuis, Antoine, qu'il éblouit par les traités de Brinde de Tarente, par l'hymen d'Octavie et auquel il fit payer de sa vie une alliance insidieuse? La paix, sans doute, vint ensuite; mais quelle paix! Au dehors, les défaites de Lollius et de Varus; au dedans, le meurtre des Varrons, des Egnaces, des Jules. On ne l'épargnait pas même dans sa vie privée. Il avait enlevé à Néron sa femme, et s'était joué des pontifes, en les consultant sur la légitimité de son mariage avec une femme enceinte d'un autre. On lui imputait le faste de Tedius et de Pollion, les déportements de Livie, mère fatale à la république, marâtre plus fatale aux Césars : Il n'avait laissé aux dieux aucune prérogative, exigeant, comme eux, des temples et des statues, des flamines, des prêtres et un culte. Enfin, Tibère même, on prétendait qu'il ne l'avait choisi pour successeur, ni par tendresse pour lui, ni par intérêt pour l'État, mais par la connaissance secrète qu'il avait de son arrogance, de sa cruauté, et dans la vue de rehausser sa gloire par le plus effrayant contraste. En effet, Auguste, quelques années auparavant, demandant une seconde fois au sénat la puissance tribunitienne pour Tibère, avait dans un discours destiné à le louer, jeté sur son extérieur, sur sa figure et sur ses mœurs, quelques traits qui, sous un air d'apologie, cachaient une satire.

XI. Les solennités de la sépulture achevées, on décerne à Auguste un temple et les honneurs divins. Ensuite on supplie Tibère de le remplacer. Mais lui se répandait en discours vagues, sur la grandeur de l'empire, sur son incapacité « Le génie d'Auguste, disait-il, pouvait seul em- « brasser cette immensité de détails; appelé par « lui à partager les soins du gouvernement, il sa- « vait, par expérience, combien la charge en- « tière avait de poids et de danger; dans une ville « qui avait pour soutiens tant d'hommes distingués, « il ne fallait pas abandonner tout à un seul; en « répartissant les travaux sur plusieurs têtes, la « république serait mieux servie ». Il y avait, dans ce discours, plus d'ostentation que de bonne foi. D'ailleurs Tibère, qui, lors même qu'il ne dissimulait pas, laissait toujours dans sa phrase, soit par caractère, soit par habitude, je ne sais quoi d'obscur et d'incertain, maintenant qu'il redoublait d'efforts pour cacher profondément ses pensées, enveloppait encore plus son discours de nuages et d'ambiguïtés. Aussi les sénateurs, qui n'avaient d'autre crainte que de paraître le pénétrer, s'épuisaient en vœux, en lamentations, en larmes, embrassaient les statues des dieux, l'image d'Auguste, les genoux même de Tibère. Alors il fit apporter un registre, dont il ordonna la lecture : c'était un état des richesses de l'empire, des citoyens et des alliés sous les armes, des flottes, des provinces, des royaumes, des tributs et autres parties du revenu public, des dépenses nécessaires et des gratifications. Auguste avait écrit tout de sa propre main; il y avait ajouté le conseil de ne plus étendre les bornes de l'empire : on ignore si c'était prudence ou jalousie.

XII. Cependant, le sénat s'abaissant aux plus viles supplications, il échappe à Tibère de dire qu'il ne pouvait suffire seul à toute la républi-

---

publicis utilitatibus remittere); sed Pompeium imagine pacis, sed Lepidum specie amicitiæ deceptos; post, Antonium, tarentino brundisinoque fœdere, et nuptiis sororis illectum, subdolæ affinitatis pœnas morte exsolvisse. Pacem sine dubio posthæc, verum cruentam; Lollianas Varianasque clades; interfectos Romæ Varrones, Egnatios, » Iulos. Nec domesticis abstinebatur. » Abducta Neroni uxor; et consulti per ludibrium pontifices an, concepto, necdum edito partu, rite nuberet : qui Tedii et Vedii Pollionis luxus : postremo Livia, gravis in rempublicam mater, gravior domui Cæsarum noverca. Nihil deorum honoribus relictum, quum se, templis et effigie numinum, per flamines et sacerdotes, coli vellet. Ne Tiberius quidem caritate aut reipublicæ cura successorem adscitum : sed, quoniam arrogantiam sævitiamque ejus introspexerit, comparatione deterrimi sibi gloriam quæsivisse. » Etenim Augustus, paucis ante annis, quum Tiberio tribunitiam potestatem a patribus rursum postularet, quanquam honora oratione, quædam de habitu vultuque et institutis ejus jecerat, quæ velut excusando exprobraret.

XI. Ceterum, sepultura more perfecta, templum et cœlestes religiones decernuntur. Versæ inde ad Tiberium preces : et ille varie disserebat de magnitudine imperii, sua modestia. « Solam divi Augusti mentem tantæ molis « capacem : se, in partem curarum ab illo vocatum, ex- « periendo didicisse quam arduum, quam subjectum for- « tunæ regendi cuncta onus : proinde, in civitate tot illu « stribus viris subnixa, non ad unum omnia deferrent; « plures facilius munia reipublicæ, sociatis laboribus, exse- « cuturos. » Plus in oratione tali dignitatis quam fidei erat : Tiberioque, etiam in rebus quas non occulleret, seu natura, sive assuetudine, suspensa semper et obscura verba; tunc vero, nitenti ut sensus suos penitus abderet, in incertum et ambiguum magis implicabantur. At patres, quibus unus metus si intelligere viderentur, in questus, lacrymas, vota effundi; ad deos, ad effigiem Augusti, ad genua ipsius manus tendere, quum proferri libellum recitarique jussit. Opes publicæ continebantur; quantum civium sociorumque in armis; quot classes, regna, provinciæ; tributa, aut vectigalia, et necessitates ac largitiones : quæ cuncta sua manu perscripserat Augustus : addiderat que consilium coercendi intra terminos imperii, incertum metu, an per invidiam.

XII. Inter quæ, senatu ad infimas obtestationes procumbente, dixit forte Tiberius « se, ut non toti reipublicæ parem, ita, quæcumque pars sibi mandaretur, ejus tutelam

que ; que, cependant, si l'on en détachait quelque portion, il consentirait à s'en charger. » Dis- « nous donc, César, lui demande aussitôt Asinius « Gallus, quelle partie tu veux qu'on te confie ? » Surpris par cette interrogation imprévue, Tibère reste un moment interdit; puis, se remettant, il répond que la bienséance ne lui permettait nullement de choisir ou de rejeter en partie, lorsque, principalement, il aimerait mieux qu'on le dispensât de tout. Gallus, qui lit sur le visage du prince son mécontentement, réplique que, s'il vient de hasarder cette question, ce n'est point pour qu'on sépare ce qui ne peut l'être, mais pour le convaincre, par son propre aveu, que l'État, ne formant qu'un corps, doit être gouverné par une seule tête. Il s'étend ensuite sur l'éloge d'Auguste ; il rappelle aussi à Tibère ses victoires, et les détails glorieux de sa longue administration. Mais il ne peut adoucir le ressentiment de ce prince, qui le haïssait depuis longtemps, parce qu'en épousant Vipsanie, fille de Marcus Agrippa, et d'abord femme de Tibère, Gallus avait annoncé des projets au-dessus d'un simple citoyen, et que, de plus, il conservait l'âpreté de Pollion son père.

XIII. Lucius Arruntius parla ensuite, à peu près dans le même sens que Gallus ; il déplut également. Ce n'est pas que Tibère eût contre lui d'anciens ressentiments ; mais Arruntius était riche, actif, joignait à de grands talents une grande réputation, et tout cela le rendait suspect. En effet, Auguste, dans ses derniers entretiens, recherchant ceux des Romains qui auraient à la fois le talent et le désir de régner, et ceux qui auraient l'un sans l'autre, dit qu'il voyait dans Lépide de la capacité sans ambition, dans Gallus de l'ambition sans capacité ; mais qu'Arruntius n'était pas indigne du trône, et qu'il oserait y aspirer, si l'occasion se présentait. On s'accorde sur les deux premiers : d'autres nomment Cneus Pison au lieu d'Arruntius ; et, à l'exception de Lépide, tous, par la suite, furent enveloppés dans différentes accusations que suscita Tibère. Quintus Hatérius et Mamercus Scaurus blessèrent encore cet esprit ombrageux ; le premier, pour avoir dit : « Jusques à quand, César, laisseras-tu la république sans chef ? » et l'autre, qu'on devait espérer que les prières du sénat ne seraient pas inutiles auprès de celui qui n'avait point usé des droits de la puissance tribunitienne pour s'opposer à la délibération des consuls. Tibère éclata sur-le-champ contre Hatérius, mais, quant à Scaurus, comme il lui gardait une haine plus implacable, il se renferma dans le silence. Enfin, las des instances de chacun, des clameurs de tous, il céda peu à peu, cessant de refuser et de se faire prier, sans avouer encore qu'il acceptât. Il est constant qu'Hatérius, entrant au palais pour solliciter sa grâce, et se jetant aux genoux de Tibère qu'il trouva debout, pensa être massacré par les soldats, parce que le prince fit une chute due au hasard ou au mouvement brusque d'Hatérius. Encore le péril qu'avait couru un homme si distingué ne désarma point Tibère : il fallut, pour sauver Hatérius, les prières les plus pressantes d'Augusta.

XIV. Les sénateurs n'épargnèrent pas non plus l'adulation à Livie. Les uns voulaient qu'on la désignât par le nom de *mère de César*, d'autres, par celui de *mère de la patrie* ; la plupart, qu'on

---

suscepturum. » Tum Asinius Gallus, « Interrogo, inquit, Cæsar, quam partem reipublicæ mandari tibi velis? » Perculsus improvisa interrogatione, paulum reticuit : dein, collecto animo, respondit : « Nequaquam decorum pudori suo legere aliquid, aut evitare ex eo cui in universum excusari mallet. » Rursum Gallus (etenim vultu offensionem conjectaverat) : « Non idcirco interrogatum, ait, ut divideret quæ separari nequirent; sed ut, sua confessione, argueretur unum esse reipublicæ corpus, atque unius animo regendum. » Addidit laudem de Augusto, Tiberiumque ipsum victoriarum suarum, quæque in toga per tot annos egregie fecisset, admonuit. Nec ideo iram ejus lenivit, pridem invisus, tanquam, ducta in matrimonium Vipsania, M. Agrippæ filia, quæ quondam Tiberii uxor fuerat, plus quam civilia agitaret, Pollionisque Asinii patris ferociam retineret.

XIII. Post quæ L. Arruntius, haud multum discrepans a Galli oratione, perinde offendit, quanquam Tiberio nulla vetus in Arruntium ira : sed divitem, promptum, artibus egregiis, et pari fama publice, suspectabat. Quippe Augustus, supremis sermonibus quum tractaret, quinam adipisci principem locum suffecturi abnuerent, aut impares vellent, vel iidem possent cuperentque; » M. Lepidum dixerat capacem sed aspernantem; Gallum Asinium avidum et minorem : L. Arruntium non indignum, et, si casus daretur, ausurum. » De prioribus consentitur; pro Arruntio quidam Cn. Pisonem tradidere : omnesque, præter Lepidum, variis mox criminibus, struente Tiberio, circumventi sunt. Etiam Q. Haterius et Mamercus Scaurus suspicacem animum perstrinxere : Haterius, quum dixisset, « Quousque patieris, Cæsar, non adesse caput reipublicæ? » Scaurus, quia dixerat, « spem esse ex eo non irritas fore senatus preces, quod relationi consulum jure tribunitiæ potestatis non intercessisset. » In Haterium statim invectus est ; Scaurum, cui implacabilius irascebatur, silentio tramisit : fessusque clamore omnium, expostulatione singulorum, flexit paullatim, non ut fateretur suscipi a se imperium, sed ut negare et rogari desineret. Constat Haterium, quum deprecandi causa palatium introisset, ambulantisque Tiberii genua advolveretur, prope a militibus interfectum, quia Tiberius, casu, an manibus ejus impeditus, procideret : neque tamen periculo talis viri mitigatus est, donec Haterius Augustam oraret, ejusque curatissimis precibus protegeretur.

XIV. Multa patrum et in Augustam adulatio. Alii Parentem, alii Matrem patriæ appellandam ; plerique, ut nomini

ajoutât au nom de Tibère celui de *fils de Julie*. Mais lui, répétant qu'on ne devait point prodiguer au sexe des honneurs sur lesquels il se montrerait lui-même très-réservé, ne cédant, au fond qu'à l'inquiète jalousie, qui lui montrait son abaissement dans l'élévation d'une femme, s'opposa à l'érection d'un autel de *l'adoption* et à d'autres distinctions pareilles, il ne souffrit pas même qu'on donnât un licteur à sa mère. Cependant il demanda le proconsulat pour Germanicus ; une députation fut nommée pour lui porter le décret, et pour le complimenter en même temps sur la mort d'Auguste. Drusus étant présent, et désigné consul, Tibère ne fit pas pour lui les mêmes demandes. Ce prince nomma douze candidats pour la préture (c'était le nombre fixé par Auguste); et, loin de se rendre au vœu du sénat, qui le pressait d'ajouter à ce nombre, il s'imposa, sous la foi du serment, l'obligation de ne jamais l'excéder

XV. Alors, pour la première fois, les comices passèrent du Champ de Mars au sénat; car, jusqu'à ce jour, quoique le prince décidât des élections importantes, il y en avait d'autres néanmoins où l'on consultait le vœu des tribus. Le peuple, dépouillé de son droit, ne marqua son mécontentement que par de vains murmures ; et le sénat, dispensé d'acheter ou de mendier bassement les voix, se réjouit de cette innovation, Tibère se bornant d'ailleurs à ne jamais recommander que quatre candidats, qui devaient être élus sans opposition, sans avoir besoin de sollicitations. Dans le même temps, les tribuns du peuple demandèrent à faire eux-mêmes la dépense des jeux qu'on venait d'ajouter aux fastes, et qui, du nom d'Auguste, prirent celui d'*Augustales*. Mais on assigna, pour cet objet, un fonds sur le trésor, afin qu'ils pussent paraître dans le cirque avec la robe des triomphateurs ; on leur défendit néanmoins de s'y faire porter sur un char. Bientôt après, la célébration de ces jeux annuels fut attribuée au préteur chargé du jugement des contestations entre les citoyens et les étrangers.

XVI. Tel était à Rome l'état des choses, lorsque les légions de Pannonie se portèrent à la révolte, sans autre motif que la facilité d'exciter des troubles sous un nouveau prince, et l'espoir de s'enrichir dans une guerre civile. Trois légions étaient réunies dans le même camp. Leur commandant, Junius Blæsus, ayant appris la mort d'Auguste et l'avénement de Tibère, avait, à cause ou du deuil ou des réjouissances, interrompu les exercices ordinaires. Ce fut là la source du mal. Le désœuvrement produisit la licence et la discorde. Le soldat prête l'oreille aux discours des séditieux, soupire après la mollesse et le repos, se dégoûte de la discipline et du travail. Il y avait dans le camp un certain Percennius, autrefois directeur des spectacles, depuis simple soldat, discoureur effronté, que toutes ses rivalités d'histrions avaient formé à la faction et à l'intrigue. Celui-ci, remarquant dans ces hommes simples de l'inquiétude sur le sort des soldats après la mort d'Auguste, les anime insensiblement dans des conférences secrètes ; il choisissait la nuit ou le soir, et, lorsque les plus sages s'étaient retirés, il attroupait tous les pervers. Enfin sûr de leur audace, et d'avoir en eux de nouveaux artisans de sédition, il prend le ton d'un général qui harangue ; il demandait publiquement :

XVII. « Pourquoi souffraient-ils qu'un petit « nombre de centurions, moins encore de tribuns, « les menassent comme des esclaves ? Quand ose-

---

Cæsaris adscriberetur Juliæ filius, censebat. Ille, » moderandos feminarum honores, dictitans, eademque se temperantia usurum in iis quæ sibi tribuerentur : » ceterum, anxius invidia, et muliebre fastigium in deminutionem sui accipiens, ne lictorem quidem ei decerni passus est; aramque adoptionis, et alia hujuscemodi prohibuit. At Germanico Cæsari proconsulare imperium petivit, missique legati qui deferrent, simul mœstitiam ejus ob excessum Augusti solarentur. Quominus idem pro Druso postularetur, ea causa quod designatus consul Drusus, præsensque erat. Candidatos præturæ duodecim nominavit, numerum ab Augusto traditum : et, hortante senatu ut augeret, jurejurando obstrinxit se non excessurum.

XV. Tum primum e campo comitia ad patres translata sunt. Nam, ad eam diem, etsi potissima arbitrio principis, quædam tamen studiis tribuum fiebant : neque populus ademptum jus questus est, nisi inani rumore : et senatus, largitionibus ac precibus sordidis exsolutus, libens tenuit, moderante Tiberio, ne plures quam quatuor candidatos commendaret, sine repulsa et ambitu designandos. Inter quæ, tribuni plebei petivere ut proprio sumptu ederent ludos, qui, de nomine Augusti, fastis additi, Augustales vocarentur : sed decreta pecunia ex ærario, utque per circum triumphali veste uterentur : curru vehi haud permissum. Mox celebratio annuum ad prætorem translata, cui inter cives et peregrinos jurisdictio venisset.

XVI. Hic rerum urbanarum status erat, quum Pannonicas legiones seditio incessit ; nullis novis causis, nisi quod mutatus princeps licentiam turbarum, et, ex civili bello, spem præmiorum ostendebat. Castris æstivis tres simul legiones habebantur, præsidente Junio Blæso : qui, fine Augusti et initiis Tiberii auditis, ob justitium aut gaudium, intermiserat solita munia. Eo principio lascivire miles, discordare, pessimi cujusque sermonibus præbere aures; denique luxum et otium cupere, disciplinam et laborem aspernari. Erat in castris Percennius quidam, dux olim theatralium operarum, dein gregarius miles, procax lingua, et miscere cœtus histrionali studio doctus. Is, imperitos animos, et quænam post Augustum militia conditio ambigentes, impellere paullatim nocturnis colloquiis, aut, flexo in vesperam die, et dilapsis melioribus, deterrimum quemque congregare. Postremo, promptis jam et aliis seditioni ministris, velut concionabundus interrogabat :

XVII. « Cur paucis centurionibus, paucioribus tribunis, « in modum servorum obedirent ; quando ausuros expo-

« raient-ils demander du soulagement, s'ils ne
« pressaient par leurs prières ou par leurs armes
« un prince nouveau, chancelant encore sur son
« trône? C'était déjà une assez grande lâcheté
« d'avoir souffert si longtemps qu'on exigeât, de
« vieillards, mutilés presque tous par des bles-
« sures, trente ou quarante ans de service. Leur
« congé même n'était pas un terme à leur misère :
« enchaînés à l'étendard, ils enduraient, sous un
« autre nom, les mêmes travaux ; encore, s'il
« leur arrivait de survivre à tant de périls, on les
« traînait dans des régions éloignées, où on leur
« assignait, pour terres, des marais impratica-
« bles ou des roches incultes. Le service, par lui-
« même était dur, infructueux : on évaluait dix as
« par jour, l'âme et le corps d'un citoyen ; sur
« quoi, il fallait payer ses habits, ses armes, ses
« tentes, la pitié des centurions, et les exemptions
« de service ; mais rien, certes, ne les exemptait
« des châtiments et des blessures, des rigueurs de
« l'hiver, des fatigues de l'été. Ils avaient, pour
« attente éternelle, une guerre sanglante, ou une
« paix infructueuse. L'unique remède était de
« fixer eux-mêmes les conditions : un denier par
« jour ; après seize ans la retraite ; plus d'éten-
« dard pour les vétérans ; et, dans le camp même,
« leur récompense payée en argent. Les cohortes
« prétoriennes, qui recevaient chaque jour deux
« deniers, qui, après seize ans, revoyaient leurs pé-
« nates, couraient-elles plus de hasards ? Il n'avait
« garde de leur envier leur service efféminé ; mais
« lui, cependant, campé au milieu des nations
« barbares, voyait de sa tente l'ennemi. »

XVIII. Ce discours excite les applaudissements de la multitude ; chacun raconte ses griefs, l'un montre les marques des coups de verge, l'autre ses cheveux blancs, ceux-ci leurs vêtements en lambeaux et leurs corps à moitié nus. Enfin, dans l'excès de leur emportement, ils agitent de réunir les trois légions en une seule. Dégoûtés de ce projet par l'impossibilité de concilier tous les soldats, qui réclamaient cet honneur chacun pour sa légion, ils prennent un autre parti : ils placent dans le même lieu les trois aigles et les enseignes des cohortes ; ils entassent des gazons ; ils forment une éminence, pour y placer un tribunal qui puisse s'apercevoir de plus loin. Tandis qu'ils se hâtent, Blæsus arrive ; il les reprimande, et, saisissant les travailleurs, il leur crie ; « Versez plutôt mon sang ; ce sera un moindre « crime de tuer votre lieutenant que de trahir vo- « tre empereur. Ou ma vie conservera la fidélité « de mes légions, ou ma mort accélérera leur re- « pentir. »

XIX. Cependant l'ouvrage n'en avançait pas moins, déjà même on l'avait élevé jusqu'à la hauteur de la poitrine : toutefois ils l'abandonnent, vaincus enfin par l'opiniâtreté de leur lieutenant. Alors Blæsus, avec de l'insinuation et de l'adresse, leur représente que ce n'était point par la révolte que des soldats devaient expliquer leurs désirs à leur César ; que leurs ancêtres, sous les anciens généraux, ni eux-mêmes, sous Auguste, n'avaient jamais formé de pareilles demandes, et qu'il était peu convenable de surcharger de nouveaux soins les embarras d'un nouveau règne. Cependant, s'ils persistaient à exiger en pleine paix ce que, au milieu même des guerres civiles, les vainqueurs n'avaient pas demandé, pourquoi, au mépris de la subordination et de la

---

« scere remedia, nisi novum et nutantem adhuc principem
« precibus, vel armis adirent. Satis per tot annos ignavia
« peccatum, quod tricena aut quadragena stipendia senes,
« et plerique truncato ex vulneribus corpore, tollerent :
« ne dimissis quidem finem esse militiæ, sed, apud vexil-
« lum retentos, alio vocabulo, eosdem labores perferre :
« ac, si quis tot casus vita superaverit, trahi adhuc diver-
« sas in terras, ubi, per vocabulum agrorum, uliginea palu-
« dum vel inculta montium accipiant. Enimvero militiam
« ipsam gravem, infructuosam ; denis in diem assibus ani-
« mam et corpus æstimari ; hinc vestem, arma, tentoria ;
« hinc sævitiam centurionum, et vacationes munerum re-
« dimi. At, hercule! verbera, et vulnera, duram hiemem,
« exercitas æstates, bellum atrox, aut sterilem pacem,
« sempiterna : nec aliud levamentum quam si certis sub
« legibus militia iniretur ; ut singulos denarios mererent ;
« sextusdecimus stipendii annus finem afferret ; ne ultra
« sub vexillis tenerentur, sed iisdem in castris præmium
« pecunia solveretur. An prætorias cohortes, quæ binos
« denarios accipiant, quæ post sexdecim annos penatibus
« suis reddantur, plus periculorum suscipere? Non obtre-
« ctari se urbanas excubias : sibi tamen, apud horridas
« gentes, e contuberniis hostem adspici. »

XVIII. Adstrepebat vulgus diversis incitamentis : hi verberum notas, illi canitiem, plurimi detrita tegmina et nudum corpus exprobrantes. Postremo eo furoris venere, ut tres legiones miscere in unam agitaverint : depulsi emulatione, quia suæ quisque legioni eum honorem quærebant, alio vertunt, aique una tres aquilas et signa cohortium locant : simul congerunt cespites, exstruunt tribunal, quo magis conspicua sedes foret. Properantibus Blæsus advenit, increpabatque, ac retinebat singulos, clamitans : « Mea « potius cæde imbuite manus : leviore flagitio legatum in- « terfecitis, quam ab imperatore desciscitis. Aut incolumis « fidem legionem retinebo : aut jugulatus pœnitentiam ac- « celerabo. »

XIX. Aggerebatur nihilominus cespes, jamque pectori usque accreverat, quum tandem pervicacia victi incœptum omisere. Blæsus, multa dicendi arte, « non per seditionem et turbas desideria militum ad Cæsarem ferenda, ait : neque veteres ab imperatoribus priscis, neque ipsos a divo Augusto tam nova petivisse : et parum, in tempore, incipientis principis curas onerari. Si tamen tenderent in pace tentare quæ ne civilium quidem bellorum victores expostulaverint ; cur, contra morem obsequii, contra fas disciplinæ, vim meditarentur? decernerent legatos, seque coram mandata darent. » Acclamavere « ut filius Blæsi, tribunus, legatione ea fungeretur, peteretque militibus mis-

discipline, employer la violence? Ils n'avaient qu'à choisir des députés, et, en sa présence, expliquer leurs intentions. Aussitôt ils nomment, par acclamation, le fils de Blæsus, déja tribun, et le chargent de demander, pour les soldats, le congé au bout de seize ans, remettant à s'expliquer sur le reste lorsqu'ils auraient obtenu ce premier point. Le départ du député rétablit la paix pour un moment, mais il accrut l'insolence du soldat, qui, voyant le fils de son lieutenant devenu l'orateur de la cause publique, sentit que les menaces avaient arraché ce que la soumission n'eût jamais obtenu.

XX. Avant l'émeute, on avait envoyé quelques compagnies à Nauport pour réparer des chemins, des ponts et d'autres ouvrages semblables. Elles n'eurent pas plutôt appris les troubles qui s'étaient élevés, qu'elles décampèrent précipitamment. Les bourgs voisins, Nauport même, qui était une sorte de ville municipale, furent pillés. Les centurions veulent les retenir ; ils les accablent de huées et d'outrages ; ils en viennent jusqu'à les charger de coups. Ce fut surtout contre le préfet Rufus Aufidiénus qu'éclata leur ressentiment. Ils l'arrachent de son chariot, le chargent de leurs bagages, et le font marcher à pied à la tête de la troupe, lui demandant, avec une ironie amère, s'il supportait avec plaisir des charges si pesantes et de si longues marches. Ce Rufus, longtemps simple soldat, puis centurion, enfin préfet de camp voulait ramener le service à son ancienne austérité. Il avait vieilli dans la peine et le travail, et l'exigeait avec plus de rigueur, l'ayant enduré lui-même.

XXI. L'arrivée de ces mutins rallume la sédition : ils se répandent dans les campagnes environnantes, qu'ils dévastent. Blæsus, pour intimi-

der les autres, fait arrêter quelques-uns de ceux qu'il voit le plus chargés de butin, et ordonne de les battre de verges et de les mener en prison. Jusqu'alors, les centurions et tous les bons soldats obéissaient encore au lieutenant. Ils saisissent les coupables et les entraînent. Ceux-ci résistent, s'attachent aux genoux de tous ceux qu'ils rencontrent, appellent chaque soldat par son nom, invoquent leur centurie, leur cohorte, leur légion, crient à chacun qu'il est menacé du même sort, accumulent les imprécations contre le lieutenant, attestent le ciel et les dieux, n'omettent rien pour exciter la crainte, la pitié, la colère, l'indignation. On accourt de tous côtés, on enfonce la prison, on délivre tous les déserteurs, tous les malfaiteurs condamnés à mort, qui aussitôt se joignent aux autres.

XXII. Alors le désordre augmente ; la sédition gagne de nouveaux chefs. Un d'eux, nommé Vibuléius, simple légionnaire, se fait élever sur les épaules de quelques soldats devant le tribunal de Blæsus, et, en présence de cette multitude ameutée, qui observait avec attention ce mouvement : « Soldats, s'écria-t-il, vous avez rendu la
« lumière et la vie à ces innocentes victimes ; mais
« qui rendra le jour à mon frère ? qui rendra mon
« frère à ma tendresse ? L'infortune, député vers
« vous par les légions de Germanie, pour nos
« intérêts communs, fut assassiné, la nuit der-
« nière, par les gladiateurs que Blæsus tient ar-
« més près de lui pour la destruction des soldats.
« Réponds, Blæsus, où as-tu jeté le corps de mon
« frère ? L'ennemi même n'envie point la sépulture
« aux morts. Laisse-moi exhaler ma douleur par
« mes baisers, par mes larmes ; puis, égorge-moi,
« j'y consens ; pourvu que ces braves amis, tou-
« chés du sort de deux malheureux, dont tout

sionem ab sexdecim annis : cetera mandaturos, ubi prima provenissent. » Profecto juvene, modicum otium : sed superbire miles, quod filius legati, orator publicæ causæ, satis ostenderet, necessitate expressa, quæ per modestiam non obtinuissent.

XX. Interea manipuli, ante cœptam seditionem Nauportum missi, ob itinera et pontes, et alios usus, postquam turbatum in castris accepere, vexilla convellunt : direptisque proximis vicis, ipsoque Nauporto, quod municipii instar erat, retinentes centuriones irrisu et contumeliis, postremo verberibus insectantur : præcipua in Aufidienum Rufum, præfectum castrorum, ira ; quem dereptum vehiculo, sarcinis gravant, aguntque primo in agmine, per ludibrium rogitantes an tam immensa onera, tam longa itinera libenter ferret ? Quippe Rufus, diu manipularis, dein centurio, mox castris præfectus, antiquam duramque militiam revocabat, vetus operis ac laboris, et eo immitior, quia toleraverat.

XXI. Horum adventu redintegratur seditio, et vagi circumjecta populabantur. Blæsus paucos, maxime præda onustos, ad terrorem ceterorum, affici verberibus, claudi

carcere jubet ; nam etiam tum legato a centurionibus et optimo quoque manipularium parebatur. Illi, obniti trahentibus, prensare circumstantium genua, ciere modo nomina singulorum, modo centuriam quisque cujus manipularis erat, cohortem, legionem, eadem omnibus imminere clamitantes : simul probra in legatum cumulant, cœlum ac deos obtestantur, nihil reliqui faciunt quominus invidiam, misericordiam, metum, et iras permoverent. Accurritur ab universis, et, carcere effracto, solvunt vincula ; desertoresque ac rerum capitalium damnatos sibi jam miscent.

XXII. Flagrantior inde vis ; plures seditioni duces : et Vibulenus quidam, gregarius miles, ante tribunal Blæsi adlevatus circumstantium humeris, apud turbatos, et quid pararet intentos : « Vos quidem, inquit, his innocentibus
« et miserrimis lucem et spiritum reddidistis : sed quis
« fratri meo vitam, quis fratrem mihi reddit ? quem, mis-
« sum ad vos a germanico exercitu, de communibus com-
« modis, nocte proxima jugulavit per gladiatores suos,
« quos in exitium militum habet atque armat. Responde,
« Blæse, ubi cadaver abjeceris ? ne hostes quidem se-
« pulturam invident. Quum osculis, quum lacrymis dolo-

« le crime est d'avoir cherché le bien des légions, « ne refusent point à notre cendre les derniers « honneurs. »

XXIII. Ce discours véhément, Vibulénus l'animait encore par ses larmes, se frappant le visage et la poitrine; puis, écartant ceux qui le portaient, il se précipite, il se roule aux pieds de chaque soldat; il excite des mouvements si violents de crainte pour eux-mêmes, d'indignation contre Blæsus, qu'ils partent tous en fureur : les uns vont enchaîner les gladiateurs et les esclaves du lieutenant; les autres se répandent en foule pour chercher le corps; et, si l'on n'eût su promptement que le corps ne se trouvait pas, que les esclaves appliqués à la question niaient l'assassinat, et que Vibulénus n'avait jamais eu de frère, c'en était fait peut-être du lieutenant. Cependant ils chassent les tribuns et le préfet de camp; ils pillent leurs bagages; ils massacrent le centurion Lucillius, qu'ils nommaient, par dérision, le centurion *une autre*, parce que, toutes les fois qu'il rompait une verge de sarment sur le dos d'un soldat, il en demandait *une autre* à haute voix, et encore *une autre*. Le reste des centurions fut réduit à se cacher. Ils ne retinrent que Julius Clémens, qui, par la vivacité de son esprit, leur parut propre à porter la parole pour eux. Enfin la dissension éclate entre les légions elles-mêmes, la huitième demandant, la quinzième refusant la mort d'un centurion nommé Sirpicus; et le sang allait couler, si la neuvième n'eût interposé ses prières, et, en cas de refus, ses menaces.

XXIV. A ces nouvelles, Tibère, quoique impénétrable, et accoutumé à couvrir du plus profond secret les plus fâcheux événements, se determina à faire partir son fils Drusus, avec les principaux sénateurs et deux cohortes prétoriennes. Les instructions n'avaient rien de précis : les circonstances devaient régler leur conduite. Les cohortes furent renforcées de surnuméraires choisis. On y ajouta une grande partie de la cavalerie prétorienne, et l'élite des Germains, qui, alors, composaient la garde de l'empereur. Séjan, préfet du prétoire, accompagnait Drusus. Il avait été nommé collègue de son père Strabon et jouissait déjà d'un grand crédit auprès de Tibère, qui, dans ce moment, lui confia son fils, et ses pouvoirs pour récompenser ou pour punir. A l'approche de Drusus du camp, les soldats, par un reste d'égards, allèrent à sa rencontre; mais sans faire éclater des transports, suivant l'usage; sans étaler leurs décorations; avec un extérieur négligé, hideux, et d'un air qui, en affectant la tristesse, approchait de la révolte.

XXV. Sitôt qu'il fut entré dans les retranchements, ils s'assurent des portes et placent des détachements dans différents quartiers du camp, le reste en foule se range autour du tribunal. Drusus était debout, faisant signe de la main qu'on l'écoutât. Toutes les fois qu'ils considéraient leur nombre, ils éclataient en menaces effrayantes : puis, quand ils reportaient les yeux sur César, ils s'intimidaient; tour à tour se succédaient un murmure sourd, des cris horribles, un calme soudain ; et, suivant les divers mouvements de leurs âmes, ils tremblaient ou faisaient trembler. Enfin, dans un intervalle de tranquillité, Drusus lit la lettre de son père. Tibère marquait

---

« rem meum implevero, me quoque trucidari jube; dum « interfectos nullum ob scelus, sed quia utilitati legionum « consulebamus, lui sepeliant. »

XXIII. Incendebat hæc fletu, et pectus atque os manibus verberans : mox, disjectis quorum per humeros sustinebatur, præceps, et singulorum pedibus advolutus, tantum consternationis invidiæque concivit, ut pars militum, gladiatores qui e servitio Blæsi erant, pars ceteram ejusdem familiam vincirent, alii ad quærendum corpus effunderentur. Ac ni propere, neque corpus ullum reperiri, et servos, adhibitis cruciatibus, abnuere cædem, neque illi fuisse unquam fratrem, pernotuisset, haud multum ab exitio legati aberant. Tribunos tamen ac præfectum castrorum extrusere. Sarcinæ fugientium direptæ, et centurio Lucillius interficitur, cui, militaribus facetiis, vocabulum *cedo alteram* indiderant; quia, fracta vite in tergo militis, *alteram* clara voce, ac rursus aliam poscebat: ceteros latebræ texere, uno retento Clemente Julio, qui perferendis militum mandatis habebatur idoneus, ob promptum ingenium. Quin ipsæ inter se legiones octava et quintadecima ferrum parabant, dum centurionem cognomento Sirpicum, illa morti deposcit, quintadecumani tuentur; ni miles nonanus preces, et adversum aspernantes, minas interjecisset.

XXIV. Hæc audita, quanquam abstrusum, et tristissima quæque maxime occultantem, Tiberium perpulerunt ut Drusum filium, cum primoribus civitatis, duabusque prætoriis cohortibus mitteret, nullis satis certis mandatis : ex re consulturum. Et cohortes delecto milite supra solitum firmatæ. Additur magna pars prætoriani equitis, et robora Germanorum, qui tum custodes imperatori aderant; simul prætorii præfectus, Ælius Sejanus, collega Straboni patri suo datus, magna apud Tiberium auctoritate, rector juveni, et ceteris periculorum præmiorumque ostentator. Druso propinquanti, quasi per officium obviæ fuere legiones, non lætæ, ut assolet, neque insignibus fulgentes; sed illuvie deformi, et vultu, quanquam mœstitiam imitarentur, contumaciæ propiores.

XXV. Postquam vallum introiit, portas stationibus firmant, globos armatorum certis castrorum locis opperiri jubent; ceteri tribunal ingenti agmine circumveniunt. Stabat Drusus, silentium manu poscens. Illi, quoties oculos ad multitudinem retulerant, vocibus truculentis strepere; rursum, viso Cæsare, trepidare : murmur incertum; atrox clamor, et repente quies : diversis animorum motibus, pavebant, terrebantque. Tandem, interrupto tumultu, literas patris recitat, in quis perscriptum erat, « præcipuam ipsi fortissimarum legionum curam, quibuscum plurima bella toleravisset: ubi primum a luctu requiesset animus, acturum apud patres de postulatis eorum :

aux soldats qu'il n'avait rien de plus cher que ses braves légions qui l'avaient si bien servi dans ses guerres ; que , dans les premiers moments de repos que lui laisserait sa douleur, il communiquerait au sénat-leurs demandes; qu'en attendant , il envoyait son fils , dont ils obtiendraient sur-le-champ ce qui pouvait s'accorder sans délai ; qu'il fallait réserver le reste à la decision du sénat, sans la participation duquel il ne convenait point de décerner des peines ou des grâces.

XXVI. Les soldats répondirent qu'ils avaient chargé le centurion Clémens d'expliquer leurs intentions. Celui-ci prend la parole : il demande le congé au bout de seize ans , des récompenses à la fin du service , un denier de paye par jour, et la promesse de ne plus retenir les vetérans sous le drapeau. Sur cela , Drusus les renvoyant à la décision du sénat et de son père , on l'interrompt par un cri : « Pourquoi venir, s'il n'augmente point leur solde, s'il ne soulage point leurs maux, « enfin s'il n'a aucun pouvoir pour faire du bien ? « Mais, certes , ils ont tous le pouvoir de les battre « et de les égorger. Jadis Tibère se couvrait toujours « du nom d'Auguste pour éluder le vœu des légions : « maintenant Drusus renouvelle les mêmes artifi- « ces. Ne leur enverra-t-on jamais que des enfants « en tutelle? C'est une chose étrange que les intérêts « des troupes soient le seul objet que l'empereur « réfère à l'autorité du sénat. Qu'on le consulte « donc ce même sénat , toutes les fois qu'on les « mène au combat ou au supplice. Reconnaissait-on « une autorité supérieure pour les récompenser, « et point pour les peines ? »

XXVII. Enfin ils quittent le tribunal, menaçant du geste tous les prétoriens , et tous les amis de Drusus qu'ils rencontrent; ne cherchant qu'un prétexte pour commencer la querelle et le combat.

Ils en voulaient surtout à Lentulus. Ils se persuadaient que ce sénateur, le plus respectable par son âge et par sa reputation militaire, inspirait à Drusus la fermeté, et que ces attentats d'une soldatesque effrénée lui déplaisaient plus qu'à tout autre. Aussi, peu de temps après , comme il prenait congé de César, et qu'averti du péril, il cherchait à regagner le camp d'hiver, ils l'entourent, ils lui demandent ou il va; si c'est à l'empreur, si c'est au sénat, pour y combattre encore ies demandes des légions. En même temps ils fondent sur lui à coups de pierres ; déjà son sang coulait, et sa perte était infaillible, lorsque la troupe qui accompagnait Drusus accourut pour le dégager.

XXVIII. La nuit menaçait des plus grands crimes , lorsque le hasard calma les esprits. Au milieu d'un ciel serein, on vit tout à coup la lune pâlir. Le soldat, ignorant la cause de ce phénomène, y cherche un rapport avec sa situation présente, croit voir dans l'éclipse de cet astre un emblème de ses malheurs, et se flatte du succès de son entreprise, si la déesse recouvre sa lumière et son éclat. Dans cette idée, ils font retentir l'air du bruit de l'airain, du son des clairons et des trompettes; suivant qu'elle est plus brillante ou plus obscure, on les voit s'affliger ou se réjouir; enfin, quand les nuages qui s'amassèrent l'eurent dérobée à leur vue, et qu'ils la crurent ensevelie dans les ténèbres, comme l'esprit une fois frappé mène naturellement à la superstition, ils se persuadent que le ciel leur annonce d'éternelles infortunes, et son indignation contre leurs forfaits : ils déplorent leur révolte. Drusus, voyant combien le hasard pouvait servir la politique , résolut de profiter de ces dispositions ; il envoie des émissaires dans les tentes; il mande le centurion

---

misisse interim filium, ut sine cunctatione concederet quæ statim tribui possent : cetera senatui servanda, quem neque gratiæ neque severitatis expertem haberi par esset. »

XXVI. Responsum est a concione, mandata Clementi centurioni quæ perferret. Is orditur « de missione a sexdecim annis ; de præmiis finitæ militiæ ; ut denarius diurnum stipendium foret; ne veterani sub vexillo haberentur. » Ad ea Drusus, quum arbitrium senatus et patris obtenderet, clamore turbatur : « Cur venisset, neque augendis mili- « tum stipendiis, neque allevandis laboribus, denique « nulla benefaciendi licentia? at, hercule ! verbera et « necem cunctis permitti. Tiberium olim nomine Augusti « desideria legionum frustrari solitum; easdem artes Dru- « sum retuliose : numquamne ad se nisi filios familiarum « venturos? Novum id plane quod imperator sola militis « commoda ad senatum rejiciat : eumdem ergo senatum « consulendum, quoties supplicia aut prælia indicantur. « An præmia sub dominis, pœnas sine arbitro esse ? »

XXVII. Postremo deserunt tribunal, ut quis prætorianorum militum amicorumve Cæsaris occurreret, manus intentantes, causam discordiæ et initium armorum : maxime infensi Cn. Lentulo, quod is, ante alios ætate et gloria belli, firmare Drusum credebatur, et illa militiæ flagitia primus adspernari. Nec multo post, digredientem cum Cæsare, ac proviso periculi hiberna castra repetentem, circumsistunt, rogitantes « quo pergeret ? ad imperatorem, an ad patres? ut illic quoque commodis legionum adversaretur.» Simul ingruunt, saxa jaciunt : jamque lapidis ictu cruentus, et exitii certus, accursu multitudinis quæ cum Druso advenerat protectus est.

XXVIII. Noctem minacem , et in scelus erupturam fors lenivit : nam luna claro repente cœlo visa languescere. Id miles, rationis ignarus, omen præsentium accepit, ac, suis laboribus defectionem sideris assimilans, prosperéque cessura quæ pergeret, si fulgor et claritudo deæ redderetur. Igitur, æris sono, tubarum cornuumque concentu strepere, prout splendidior obscuriorve, lætari, aut mœrere : et, postquam ortæ nubes offecere visui, creditumque conditam tenebris ; ut sunt mobiles ad superstitionem perculsæ semel mentes, sibi æternum laborem portendi, sua facinora aversari deos, lamentantur. Utendum inclinatione ea Cæsar, et quæ casus obtulerat in sapientiam vertenda ratus, circumiri tentoria jubet. Accitur centurio Clemens, et si alii bonis artibus grati in vulgus : ii vigi-

Clémens, et tous ceux qui, par des moyens honnêtes, s'étaient rendus agréables à la multitude. Ceux-ci se mêlent parmi les sentinelles, dans le corps de garde, au milieu des détachements, présentent des espérances, inspirent de la crainte : « Jusqu'à quand assiegerons-nous le fils de notre « empereur? Quel est le but de nos combats? « Prêterons-nous serment à Percennius et à Vibu-« lenus? Vibulénus et Percennius donneront-ils « la paye aux soldats, des terres aux vétérans? « Enfin, au lieu des Nérons et des Drusus, règne-« ront-ils sur le peuple romain? Pourquoi ne pas « être plutôt les premiers repentants, ayant été « les derniers coupables? On obtient toujours tard « ce qu'on demande en commun : meritez sans « délai des grâces particulières, et, sans délai, « vous les obtiendrez. » Ces discours ébranlent les esprits, y jettent de la défiance; les jeunes soldats se détachent des vieux, une légion d'une autre. Peu à peu la subordination renaît : ils abandonnent les postes; les enseignes, qui au commencement de la sédition, avaient été réunies dans le même lieu, sont reportées à leur place.

XXIX. Drusus, au point du jour, ayant convoqué les soldats, avec une dignité naturelle qui supplée en lui à l'éloquence, se plaint du passé, se loue du présent; leur déclare que les menaces et la terreur ne peuvent le fléchir; mais que, les voyant respectueux et suppliants, il écrirait à son pere d'oublier leurs fautes et de condescendre à leurs vœux. Sur leur prière, on députa une seconde fois vers l'empereur le fils de Blæsus, avec Apronius, chevalier romain de la suite de Drusus et Catonius, centurion d'une première compagnie. Les avis étaient partagés : les uns voulaient qu'on attendit les députés, et que, dans l'intervalle, on achevât de ramener le soldat par la douceur; d'autres opinaient pour des remèdes plus violents, disant « que la multitude est tou-« jours extrême; qu'elle menace si elle ne trem-« ble; qu'une fois intimidée, on la brave impuné-« ment; qu'aux terreurs religieuses il fallait ajou-« ter la crainte de l'autorité, et se défaire des chefs « de la révolte. » Les partis rigoureux flattaient le penchant de Drusus. Il mande Percennius et Vibulénus, et les fait tuer. Plusieurs rapportent qu'on les enterra secrètement dans la tente du général; d'autres, que leurs corps furent exposés hors des retranchements, à la vue des soldats.

XXX. On rechercha ensuite les principaux artisans des troubles. Une partie errait hors du camp; elle fut massacrée par les centurions ou par les prétoriens. Les soldats eux-mêmes, pour preuve de leur fidélité, en livrèrent quelques-uns. Cette année, l'hiver fut prématuré; des pluies continuelles, impétueuses, empêchaient les soldats de sortir de leurs tentes, de se rassembler; à peine pouvaient-ils défendre leurs enseignes contre la violence des ouragans et des torrents : tout cela redoublait leurs alarmes. Encore frappés de la crainte du courroux céleste, ils se disaient que, nécessairement, des impies faisaient pâlir les astres, attiraient sur eux les tempêtes; que l'unique remède à leurs maux était d'abandonner un camp sinistre, souillé par tant de forfaits, et, après les avoir expiés, de regagner chacun leurs quartiers d'hiver. La huitième légion partit d'abord, puis la quinzième. La neuvième insistait pour qu'on attendît la réponse de Tibère; mais, privée d'appui par le départ des autres, elle suivit de bonne grâce l'impulsion générale, et Dru-

---

liis, stationibus, custodiis portarum se inserunt; spem offerunt, metum intendunt. « Quousque filium imperato-« ris obsidebimus? quis certaminum finis? Percennione et « Vibuleno sacramentum dicturi sumus? Percennius et « Vibulenus stipendia militibus, agros emeritis largientur? « denique, pro Neronibus et Drusis, imperium populi « romani capessent? quin potius, ut novissimi in culpam, « ita primi ad penitantiam sumus? Tarda sunt quæ in « commune expostulantur : privatam gratiam statim me-« reare, statim recipias. » Commotis per hæc mentibus, et inter se suspectis : tironem a veterano, legionem a legione dissociant. Tum redire paullatim amor obsequii : omittunt portas; signa, unum in locum principio seditionis congregata, suas in sedes referunt.

XXIX. Drusus, orto die, et vocata concione, quamquam rudis dicendi, nobilitate ingenita, incusat priora, probat præsentia : negat « se terrore et minis vinci : flexos ad modestiam si videat, si supplices audiat, scripturum patri, ut placatus legionum preces exciperet; » orantibus, rursum idem Blæsus et L. Apronius, eques romanus, e cohorte Drusi, Justusque Catonius, primi ordinis centurio, ad Tiberium mittuntur. Certatum inde sententiis, quum alii « opperiendas legatos, atque interim comitate pur-mulcendum militem » censerent; alii « fortioribus remediis a,tendum : nihil in vulgo modicum : terrere, ni paveant : ubi pertimuerint, impune contemni : dum superstitio urgeat, adjiciendos ex duce metus, sublatis seditionis auctoribus. » Promptum ad asperiora ingenium Druso erat : vocatos Vibulenum et Percennium interfici jubet. Tradunt plerique intra tabernaculum ducis obrutos, alii corpora extra vallum abjecta ostentui.

XXX. Tum, ut quisque præcipuus turbator, conquisiti : et pars extra castra palantes a centurionibus, aut prætoriarum cohortium militibus cæsi : quosdam ipsi manipuli, documentum fidei, tradidere. Auxerat militum curas præmatura hiems, imbribus continuis, adeoque sævis, ut non egredi tentoria, congregari inter se, vix tutari signa possent, quæ turbine atque unda raptabantur. Durabat et formido cælestis iræ, « nec frustra adversus impios hebescere sidera, ruere tempestates : non aliud malorum levamentum, quam si linquerent castra infausta temerata-que, et soluti piaculo suis quisque hibernis redderentur; » primum octava, dein quintadecima legio rediere. Nonanus opperiendas Tiberii epistolas clamitaverat : mox, desolatus aliorum discessione, imminentem necessitatem sponte prævenit : et Drusus, non exspectato legatorum re-

sus, sans attendre le retour des députés, voyant la tranquillité rétablie, reprit le chemin de Rome.

XXXI. Presque au même temps, et pour les mêmes causes, se soulevaient les légions de Germanie, avec une violence proportionnée à leur nombre. Elles se flattaient que Germanicus, trop fier pour souffrir un maître, se donnerait aux légions, dont la force entraînerait tout l'empire. Il y avait deux armées, celle du haut et celle du bas Rhin : Silius commandait la première, Cæcina la seconde; tous deux subordonnés à Germanicus, qu'occupait alors la répartition du tribut des Gaules. L'armée de Silius, encore irrésolue, attendait l'événement; mais, dans l'autre, le soldat poussa l'emportement jusqu'à la rage. La vingt et unième et la cinquième légions éclatèrent d'abord, et entraînèrent la première et la vingtième. Toutes quatre étaient campées sur les frontières des Ubiens désœuvrées ou trop faiblement occupées. Sitôt qu'on eut appris la mort d'Auguste, cette foule d'affranchis dont on avait formé les dernières recrues, et qui, accoutumée à la licence d'une grande ville, ne pouvait supporter le travail, se mit à remplir de vaines prétentions l'esprit grossier et crédule du soldat. « Le temps était venu, pour les vétérans, « de hâter leur congé; pour les jeunes militaires, « d'augmenter leur solde; pour tous, d'obtenir « un terme à leur misère et de punir la cruauté « des centurions. » Ce n'était pas un seul homme qui, comme Percennius dans les légions de Pannonie, remuait sourdement quelques soldats timides, dans une armée faible, en en redoutant de plus fortes : ici, la sédition avait mille bouches, mille voix, qui répétaient que les légions germaniques faisaient seules le destin de l'empire;

XXXII. Et le lieutenant ne s'opposait à rien, car leur nombre et leur rage lui ôtaient sa fermeté. Tout à coup ces furieux se jettent, l'épée à la main, sur les centurions, de tout temps l'objet de la haine du soldat et ses premières victimes : ils les renversent, se réunissent soixante soldats contre chaque centurion, parce qu'il y avait soixante centurions dans chaque légion; ils les meurtrissent de coups, les mettent en pièces, et les jettent, morts en partie, devant les retranchements ou dans le Rhin. Septimius s'était réfugié dans le tribunal, et s'y roulait aux pieds de Cæcina : les soldats l'y poursuivirent avec tant d'acharnement, que le lieutenant fut obligé de le livrer à leur rage. Cassius Chéréa, si célèbre depuis dans la postérité par le meurtre de Caïus, mais jeune alors, se fit jour avec le fer au milieu des glaives de ces forcenés. Des ce moment, ils ne reconnaissent plus ni tribun, ni préfet de camp; ils assignent eux-mêmes tous les postes, placent les sentinelles, et se partagent tous les soins que leur sûreté demande. Il y avait surtout, pour quiconque connaît l'esprit du soldat, un indice que l'orage serait violent et durable; c'est qu'on n'entendait point des cris séparés, quelques voix prédominantes : tous éclataient, tous se taisaient à la fois, avec un accord si parfait, si constant qu'on l'eût cru commandé.

XXXIII. Cependant Germanicus, occupé, comme nous l'avons dit, à recueillir le tribut des Gaules, reçoit la nouvelle de la mort d'Auguste. Il avait épousé la petite-fille de ce prince, Agrippine, dont il avait plusieurs enfants. Il était fils de Drusus, neveu de Tibère et petit-fils d'Au-

---

gressu, quia præsentia satis consœderant, in urbem redit.

XXXI. Iisdem ferme diebus, iisdem causis, germanicæ legiones turbatæ, quanto plures, tanto violentius : et magna spe fore ut Germanicus Cæsar imperium alterius pati nequiret, daretque se legionibus, vi sua cuncta tracturis. Duo apud ripam Rheni exercitus erant : cui nomen superiori, sub C. Silio legato; inferiorem A. Cæcina curabat. Regimen summæ rei penes Germanicum, agendo Galliarum censui tum intentum. Sed, quibus Silius moderabatur, mente ambigua fortunam seditionis alienæ speculabantur; inferioris exercitus miles in rabiem prolapsus est, orto ab una etvicesimanis quintanisque initio, et tractis prima quoque ac vicesima legionibus : nam, iisdem æstivis, in finibus Ubiorum habebantur, per otium, aut levia munia. Igitur, audito fine Augusti, vernacula multitudo, nuper acto in urbe delectu, lasciviæ sueta, laborum intolerans, implere ceterorum rudes animos. « Venisse tempus quo veterani maturam missionem, juvenes largiora stipendia, cuncti modum miseriarum exposcerent, sævitiamque centurionum ulciscerentur. » Non unus hæc, ut pannonicas inter legiones, Percennius, nec apud trepidas militum aures alios validiores exercitus respicientium; sed multa seditionis ora vocesque : « sua in manu sitam rem romanam, suis victoriis augeri rempublicam, in suum cognomentum adscisci imperatores. »

XXXII. Nec legatus obviam ibat, quippe plurium vecordia constantiam exemerat. Repente lymphati, districtis gladiis, in centuriones invadunt; ea vetustissima militaribus odiis materies, et sæviendi principium : prostratos verberibus mulctant, sexageni singulos, ut numerum centurionum adæquarent. Tum convulsos laniatosque, et partim exanimos, ante vallum, aut in amnem Rhenum projiciunt. Septimius, quum perfugisset ad tribunal, pedibusque Cæcinæ advolveretur, eo usque flagitatus est, donec ad exitium dederetur. Cassius Chærea, mox cæde C. Cæsaris memoriam apud posteros adeptus, tum adolescens et animi ferox, inter obstantes et armatos ferro viam patefecit. Non tribunus ultra, non castrorum præfectus jus obtinuit : vigiliæ, stationes, et si qua alia præsens usus indixerat, ipsi partiebantur. Id militares animos altius conjectantibus præcipuum indicium magni atque implacabilis motus, quod neque disjecti, nec paucorum instinctu, sed pariter ardescerent, pariter silerent; tanta æqualitate et constantia, ut regi crederes.

XXXIII. Interea Germanico per Gallias, ut diximus, census accipienti, excessisse Augustum affertur. Neptem

gusta ; mais les titres d'oncle et d'aïeule ne le rassuraient pas contre leur haine secrète, d'autant plus ardente qu'elle était injuste. Les Romains adoraient la mémoire de Drusus, persuadés qu'il eût rétabli la liberté, s'il fût parvenu à l'empire; et de là leur amour pour le fils, qui donnait les mêmes espérances. En effet, Germanicus avait l'esprit populaire, une touchante affabilité aux gens obscurs, aux suppliants, bien différente de l'accueil et des discours de Tibère. A ces griefs se joignaient encore quelques ressentiments de femmes, de la marâtre Livie contre Agrippine ; celle-ci elle-même n'était point exempte d'emportements : mais sa sagesse et son amour pour son mari donnaient à son caractère indomptable une heureuse direction.

XXXIV. Cependant, plus Germanicus pouvait prétendre au rang suprême, plus il s'efforçait d'y affermir Tibère. Il lui fait d'abord prêter serment par les Séquanes et les Belges. Puis, apprenant le révolte des légions, il part en diligence. Il rencontre, à quelque distance du camp, les soldats, dont les regards baissés contre terre semblaient annoncer le repentir. Dès qu'il est entré dans l'enceinte, différents murmures commencent à s'élever ; quelques-uns lui pressent la main comme pour la baiser, et, mettant ses doigts dans leur bouche, lui font toucher leurs gencives dépouillées de leurs dents; d'autres lui montrent leurs corps courbés par la vieillesse. Il arrive à son tribunal. Là, voyant les soldats pêle-mêle, il leur ordonne de se former par compagnies, qu'ils entendront mieux sa réponse; de prendre les drapeaux, qu'au moins il distinguera les cohortes. On obéit, non sans peine. Alors, commençant par un éloge d'Auguste, il passe aux victoires et aux triomphes de Tibère; il exalte surtout les belles campagnes de son oncle dans cette même Germanie, avec ces mêmes légions; il leur peint l'Italie empressée, les Gaules fidèles, partout la concorde ou la soumission.

XXXV. Ces paroles sont entendues en silence, ou, tout au plus, avec un faible murmure. Mais lorsque, venant à la sédition, il leur demande ce que sont devenus l'obéissance militaire, l'honneur de l'ancienne discipline, ce qu'ils ont fait de leurs tribuns, de leurs centurions ; alors ils se dépouillent tous ; ils lui montrent les cicatrices de leurs blessures et de leurs châtiments : puis, avec des clameurs confuses, ils se plaignent de la modicité de la solde , de la cherté des exemptions, de la dureté des travaux, les spécifiant tous par leur nom : fossés, retranchements , fourrage, amas de bois, transports de matériaux ; enfin tous les travaux qu'on ordonne pour la sûreté ou contre l'oisiveté des camps. Les vétérans surtout, ceux qui comptaient trente ans de service ou au delà , criaient, avec le plus d'emportement, qu'on soulageât leurs maux ; que la mort ne fût point le terme de travaux aussi pénibles ; ils demandaient, du moins pour leurs derniers jours, le repos et la subsistance. Plusieurs encore réclamèrent les sommes léguées par Auguste ; d'autres, redoublant les acclamations pour Germanicus, lui promirent leur zèle, s'il voulait l'empire. A ce mot, comme s'il se fût cru souillé d'un crime, Germanicus s'élance de son tribunal. Les soldats l'arrêtent, lui présentent leurs armes, le menacent s'il n'y remonte ; mais lui, criant qu'il mourra plutôt que de trahir sa foi, tire son épée,

---

ejus Agrippinam in matrimonio, pluresque ex ea liberos habebat. Ipse Druso, fratre Tiberii, genitus ; Augustæ nepos : sed anxius occultis in se patrui aviæque odiis, quorum causæ acriores quia iniquæ. Quippe Drusi magna apud populum romanum memoria; credebaturque, si rerum potitus foret, libertatem redditurus : unde in Germanicum favor, et spes eadem. Nam juveni civile ingenium, mira comitas, et diversa a Tiberii sermone, vultu, arrogantibus et obscuris. Accedebant muliebres offensiones, novercalibus Liviæ in Agrippinam stimulis : atque ipsa Agrippina paullo commotior, nisi quod castitate, et mariti amore, quamvis indomitum animum in bonum vertebat.

XXXIV. Sed Germanicus, quanto summæ spei propior, tanto impensius pro Tiberio niti. Sequanos proximos, et Belgarum civitates in verba ejus adigit. Dehinc, audito legionum tumultu, raptim profectus, obvias extra castra habuit, dejectis in terram oculis, velut pœnitentia. Postquam vallum iniit, dissoni questus audiri cœpere : et quidam, prensa manu ejus per speciem osculandi, inseruerunt digitos, ut vacua dentibus ora contingeret : alii curvata senio membra ostendebant. Assistentem concionem, quia permixta videbatur, « discedere in manipulos jubet, sic melius audituros responsum : vexilla præferri, ut id saltem discernerent cohortes ; » tarde obtemperavere.

Tunc, a veneratione Augusti orsus, flexit ad victorias triumphosque Tiberii, præcipuis laudibus celebrans quæ apud Germanias, illis cum legionibus, pulcherrima fecisset. Italiæ inde consensum, Galliarum fidem extollit ; nil usquam turbidum aut discors.

XXXV. Silentio hæc, vel murmure modico audita sunt : ut seditionem attigit, illi modestia militaris? ubi veteris disciplinæ decus? quonam tribunos? quo centuriones exegissent? rogitans ; nudant universi corpora, cicatrices ex vulneribus, verberum notas exprobrant; mox, indiscretis vocibus, pretia vacationum, angustias stipendii, duritiam operum, ac propriis nominibus incusant ; vallum, fossas, pabuli, materiæ, lignorum aggestus, et si qua alia ex necessitate, aut adversus otium castrorum quæruntur. Atrocissimus veteranorum clamor oriebatur, qui tricena aut supra stipendia numerantes, « mederetur fessis, neu mortem in iisdem laboribus, sed finem tam exercitæ militiæ, neque inopem requiem, » orabant. Fuere etiam qui legatam a divo Augusto pecuniam reposcerent, faustis in Germanicum ominibus ; et, si vellet imperium, promptos ostentavere. Tum vero, quasi scelere contaminaretur, præceps tribunali desiluit : opposuerunt abeunti arma, minitantes ni regrederetur. At ille, moriturum potius quam fidem exueret clamitans, ferrum a latere deripuit, elatumque deferebat in pectus, ni proximi prensam

et se l'allait enfoncer dans la poitrine, si ceux qui l'entouraient n'eussent saisi sa main avec force. Mais, à l'autre bout du camp, un groupe de séditieux lui crie : *Frappe.* Quelques-uns même, ce qu'on croirait à peine, s'approchent de lui pour le lui répéter ; et un soldat, nommé Calusidius, lui présente son épée, ajoutant qu'elle était mieux affilée. Cette atrocité les révolta, tout furieux qu'ils étaient ; il se fit un mouvement dont les amis de Germanicus profitèrent pour l'entraîner dans sa tente.

XXXVI. Là on tint conseil ; le mal était pressant. Les séditieux préparaient une députation pour attirer dans leur parti l'armée du haut Rhin : ils projetaient de saccager la ville des Ubiens ; de là, ces flots de brigands devaient se déborder dans les Gaules. Pour surcroît d'alarmes, l'ennemi, instruit de nos discordes, menaçait d'une invasion, si l'on abandonnait la rive. D'un autre côté, en armant les auxiliaires et les alliés contre les légions rebelles, on allumait la guerre civile. La rigueur était dangereuse, la condescendance honteuse : qu'on accordât, ou qu'on refusât tout, l'empire était compromis. Enfin, après avoir balancé toutes les raisons, on prit le parti de supposer une lettre de Tibère, laquelle accordait aux soldats le congé absolu après vingt ans, la vétérance après seize, en restant sous le drapeau, exempts de tout autre service que de repousser l'ennemi ; on acquittait, en le doublant, le legs d'Auguste qu'ils avaient réclamé.

XXXVII. Le soldat s'aperçut de l'artifice, et demanda à être satisfait sur-le-champ. Les tribuns se hâtèrent d'expédier les congés. Pour les gratifications, on les remettait au quartier d'hiver. Mais la vingt et unième et la cinquième légions voulurent être payées sur l'heure, et il fallut que Germanicus épuisât la bourse de ses amis et la sienne pour les solder. Cæcina ramena dans la ville des Ubiens la vingtième et la première légions, troupe infâme, qui portait, au milieu des enseignes et des aigles romaines, le butin qu'elle venait d'arracher à son général. Germanicus se rendit à l'armée du haut Rhin, pour recevoir son serment. La seconde, la treizième et la seizième légions le prêtèrent sans balancer. La quatorzième hésita quelque temps. On leur accorda, sans qu'ils le demandassent, et la gratification et des congés.

XXXVIII. Il y eut un commencement de sédition chez les Chauques, où les vexillaires des légions rebelles étaient en garnison. Le préfet de camp, Mennius, la réprima, pour le moment, par le supplice de deux soldats. La nécessité d'un exemple, plus que le pouvoir de sa place, l'y autorisait. L'orage ensuite grossissant, il s'enfuit et se cacha ; mais, se voyant découvert, il cherche son salut dans l'audace. « Ce n'était pas lui qu'ils attaquaient, c'était Germanicus leur gé-« néral, c'était Tibère leur empereur. Intimidant ceux qui lui résistent, il saisit l'étendard, il tourne vers le fleuve, et, menaçant de traiter comme déserteur quiconque abandonnerait la troupe, il les ramène à leurs quartiers d'hiver, la révolte dans le cœur, mais n'ayant rien osé entreprendre.

XXXIX. Cependant les députés du sénat trouvèrent Germanicus déjà revenu à l'autel des Ubiens. Deux légions, la première et la vingtième, y étaient en quartiers d'hiver, avec les soldats à qui on venait d'accorder la vétérance.

---

dextram vi attinuissent : extrema et conglobata inter se pars concionis, ac, vix credibile dictu, quidam singuli propius incedentes, feriret hortabantur ; et miles, nomine Calusidius, strictum obtulit gladium, addito, acutiorem esse. Sævum id, malique moris etiam furentibus visum ; ac spatium fuit quo Cæsar ab amicis in tabernaculum raperetur.

XXXVI. Consultatum ibi de remedio ; etenim nunciabatur « parari legatos qui superiorem exercitum ad causam eamdem traherent : destinatum excidio Ubiorum oppidum imbutasque præda manus, in direptionem Galliarum erupturas. » Augebat metum gnarus romanæ seditionis, et, si omitteretur ripa, invasurus hostis : ac si auxilia et socii adversum abscedentes legiones armarentur, civile bellum suscipi ; periculosa severitas, flagitiosa largitio ; seu nihil militi, seu omnia concederentur, in ancipiti respublica. Igitur, volutatis inter se rationibus, placitum ut epistolæ nomine principis scriberentur : « missionem dari vicena stipendia meritis, exauctorari qui senadena fecissent, ac retineri sub vexillo, ceterorum immunes, nisi propulsandi hostis ; legata quæ petiverant exsolvi, duplicarique. »

XXXVII. Sensit miles in tempus conficta, statimque flagitavit : missio per tribunos maturatur ; largitio differebatur in hiberna cujusque. Non abscessere quintani unaet vicesimanique donec, iisdem in æstivis, contracta ex viatico amicorum ipsiusque Cæsaris pecunia persolveretur. Primam ac vicesimam legiones Cæcina legatus in civitatem Ubiorum reduxit, turpi agmine, quum fisci de imperatore rapti inter signa interque aquilas veherentur. Germanicus, superiorem ad exercitum profectus, secundam et tertiamdecimam et sextamdecimam legiones, nihil cunctatas, sacramento adigit. Quartadecumani paullum dubitaverant : pecunia et missio, quamvis non flagitantibus, oblata est.

XXXVIII. At in Chausis cœptavere seditionem præsidium agitantes vexillarii discordium legionum, et præsenti duorum militum supplicio paullum repressi sunt. Jusserat id Mennius, castrorum præfectus, bono magis exemplo, quam concesso jure ; deinde, intumescente motu, profugus repertusque, postquam intutæ latebræ, præsidium ab audacia mutuatur : « Non præfectum ab iis, sed Germanicum ducem, sed Tiberium imperatorem, violari : » simul exterritis qui obstiterant raptum vexillum ad ripam vertit, et, si quis agmine decessisset pro desertore fore clamitans, reduxit in hiberna turbidos, et nihil ausos.

XXXIX. Interea, legati ab senatu regressum jam apud aram Ubiorum Germanicum adeunt. Duæ ibi legiones, prima atque vicesima, veteranique nuper missi, sub

L'inquiétude naturelle à la mauvaise conscience leur persuade que le sénat n'envoie ces députés que pour révoquer les grâces qu'ils avaient extorquées par la sedition ; et, comme c'est la coutume du peuple de fixer sur quelqu'un ses soupçons, même mal fondés, ils accusent Munatius Plancus, homme consulaire, chef de la députation, d'être l'auteur du sénatus-consulte. Vers le milieu de la nuit, ils demandent à grands cris le drapeau qu'on gardait dans la maison de Germanicus; ils s'attroupent à sa porte, l'enfoncent, arrachent Germanicus de son lit, et le forcent, sous peine de la vie, de leur livrer ce drapeau. Ils se répandent ensuite dans les rues ; ils rencontrent les députés qui, au premier bruit du tumulte, étaient accourus vers Germanicus; ils les insultent; ils veulent les massacrer. Plancus surtout, à qui sa dignité n'avait pas permis de fuir, court le plus grand danger ; il n'a de refuge que le camp de la première légion. Il s'y jette sur l'aigle et sur les enseignes, qu'il tient embrassées ; cherchant un vain appui dans la religion; et sans l'aquilifère Calpurnius, qui empêcha les dernières violences, on eût vu, ce qui est rare même entre ennemis, dans un camp romain, un ambassadeur du peuple romain souiller de son sang les autels des dieux. Lorsque enfin le jour eut mis le général et le soldat sous les yeux l'un de l'autre, et toutes les actions en vue, Germanicus entre dans le camp; il se fait amener Plancus, et le reçoit à son tribunal. Là, déplorant le retour de cette rage fatale, dont il accuse la colère des dieux bien plus que les soldats, il leur apprend l'objet de la députation ; il retrace, avec une éloquence touchante, les priviléges des ambassadeurs, l'injustice et l'indignité du traitement que vient d'essuyer Plancus, l'opprobre dont la légion s'est couverte; et, profitant du calme ou plutôt de la stupeur générale, il renvoie les députés avec une escorte de cavalerie auxiliaire.

XL. Pendant cette rumeur, tout le monde blâmait Germanicus de ne point se retirer à l'armée du haut Rhin, où il trouverait de l'obéissance et du secours contre les rebelles. Les largesses, les congés, sa molle condescendance, n'avaient que trop enhardi leur audace. Que, s'il méprisait le soin de sa vie, pourquoi laisser sa femme enceinte, son fils en bas âge, à la merci d'une troupe de furieux, qui violaient tous les droits les plus saints? Qu'il les rendît du moins à son aïeul, à l'État. Germanicus balança longtemps. Agrippine résistait, protestant qu'aucun péril n'était capable d'étonner une petite-fille d'Auguste. Enfin, après bien des larmes, après mille embrassements donnés à sa femme et à son fils, Germanicus la décide à partir. Quel spectacle digne de pitié de voir l'épouse d'un général se sauver du camp de son époux, emportant son enfant dans ses bras; autour d'elle une troupe de femmes désolées, fuyant, comme elle, leurs maris, et ceux qui restaient non moins affligés que les autres!

XLI. Cette fuite, non du camp de César, mais comme d'une ville vaincue; ces gémissements, ces lamentations, frappent les oreilles et les regards des soldats. Ils sortent de leurs tentes, demandent ce que signifient ces cris ; s'il est arrivé quelque malheur. Ils avancent. Ils voient une troupe de femmes distinguées ; pas un centurion, pas un soldat pour les defendre ; la femme de leur général sans suite, sans l'appareil de son rang. Ils questionnent. On leur dit qu'elle se réfugie à Treves, chez des étrangers. Dans ce moment, la honte, la pitié, le souvenir de son père Agrippa, de son aïeul Auguste, de son beau-père

vexillo hiemabant. Pavidos et conscientia vecordes intrat metus, venisse patrum jussu, qui irrita facerent quæ per seditionem expresserant : utque mos vulgo quamvis falsis reum subdere, Munatium Plancum, consulatu functum, principem legationis, auctorem senatus consulti incusant. Et nocte concubia vexillum in domo Germanici situm flagitare occipiunt, concursuque ad januam facto, moliuntur fores; extractum cubili Cæsarem, tradere vexillum, intento mortis metu, subigunt : mox vagi per vias, obvios habuere legatos, audita consternatione, ad Germanicum tendentes. Ingerunt contumelias, cædem parant, Planco maxime, quem dignitas fuga impediverat; neque aliud periclitanti subsidium quam castra primæ legionis. Illic, signa et aquilam amplexus, religione sese tutabatur : ac, ni aquilifer Calpurnius vim extremam arcuisset, rarum, etiam inter hostes, legatus populi romani, romanis in castris, sanguine suo altaria deum commaculavisset. Luce demum, postquam dux, et miles, et facta noscebantur, ingressus castra Germanicus, perduci ad se Plancum imperat, recipitque in tribunal. Tum, fatalem increpans rabiem, neque militum sed deum ira resurgere, cur venerint legati aperit : jus legationis, atque ipsius Planci gravem et immeritum casum, simul quantum dedecoris adierit legio, facunde miseratur : attonitaque magis quam quieta concione, legatos præsidio auxiliarium equitum dimittit.

XL. Eo in metu, arguere Germanicum omnes, « quod non ad superiorem exercitum pergeret, ubi obsequia, et contra rebelles auxilium. Satis superque, missione et pecunia, et mollibus consultis peccatum : vel, si vilis ipsi salus, cur filium parvulum, cur gravidam conjugem, inter furentes et omnis humani juris violatores, haberet? illos saltem avo et reipublicæ redderet. » Diu cunctatus, aspernantem uxorem, quum se divo Augusto ortam, neque degenerem ad pericula testaretur, postremo, uterum ejus et communem filium multo cum fletu complexus, ut abiret perpulit. Incedebat muliebre et miserabile agmen, profuga ducis uxor parvulum sinu filium gerens; lamentantes circum amicorum conjuges, quæ simul trahebantur; nec minus tristes qui manebant.

XLI. Non florentis Cæsaris, neque suis in castris, sed velut in urbe victa facies, gemitusque, ac planctus, etiam militum aures oraque advertere. Progrediuntur contuber-

Drusus, ses qualités personnelles, sa pudeur, son heureuse fécondité, tout les émeut ; jusqu'à cet enfant, né dans leur camp, nourri dans leurs tentes, qu'eux-mêmes avaient nommé Caligula, parce qu'on lui faisait porter souvent, par esprit de popularité, le *caligue*, qui est la chaussure du soldat. Mais rien ne les rappelle plus puissamment que la jalousie qu'ils conçoivent contre les Trévires. Ils courent après Agrippine ; ils l'arrêtent ; ils la supplient de revenir, de rester parmi eux. Une partie demeure auprès d'elle ; les autres retournent auprès de Germanicus, l'entourent : mais lui, plein encore de sa douleur et de sa colère :

XLII. « Oui, dit-il, je dérobe à votre fureur « ma femme et mon fils. Ce n'est pas qu'ils me « soient plus chers que la république et mon père : « mais mon père aura pour se défendre sa ma« jesté ; l'empire romain, d'autres légions. Sans « doute, j'immolerais pour votre gloire et ma « femme et mon fils ; mais je les soustrais à votre « fureur, afin que mon sang seul expie tous les cri« mes dont le ciel nous menace, afin que vous « n'ajoutiez pas à vos forfaits le meurtre de « l'arrière-petit-fils d'Auguste, et l'assassinat « de la bru de Tibère. En effet, que n'avez« vous point osé dans ces derniers jours ? Que « n'avez-vous point violé ? Quel nom donner à « cette foule qui m'entoure ? Vous appellerai-je « des soldats, vous qui assiégez dans sa tente « le fils de votre empereur ? Des citoyens, vous « qui vous jouez de l'autorité du sénat ? Des en« nemis même respecteraient les priviléges des « ambassadeurs, les droits des nations ; et vous, « vous les avez violés. Jules-César, d'un seul mot, « apaisa la sédition de son armée, en appelant « Quirites les rebelles qui lui refusaient le serment. « Auguste, d'un seul de ses regards, intimida les « vainqueurs d'Actium. Et moi, le descendant « sinon l'égal de ces demi-dieux, me verrait-on « sans étonnement, sans indignation, exposé aux « mépris du soldat d'Espagne et de Syrie ; et vous, « première légion, qui devez vos enseignes à Ti« bère, et vous, vingtième légion, qui l'avez suivi « dans tant de combats, qu'il a enrichie par tant « de victoires, est-ce là l'insigne reconnaissance « dont vous payez votre général, Tandis que les « autres provinces ne donnent à mon père que des « sujets de joie, je vais donc lui apprendre qu'ici « seulement ses soldats, nouveaux, vétérans, mé« connaissent tous son empire ; que ni les congés, « ni les gratifications, n'assouvissent leur cupi« dité ; qu'on ne sait ici que tuer les centurions, « chasser les tribuns, assiéger les ambassadeurs ; « que les camps, que les fleuves regorgent de « sang, et que moi, son fils, je traîne une vie « précaire au milieu de ses soldats, devenus mes « ennemis !

XLIII. « Ah ! trop aveugles amis ! pourquoi « donc, le premier jour de nos malheurs, m'ar« rachiez-vous ce fer que je voulais enfoncer dans « mon sein ? Il me servait, bien plus « que vous celui qui m'offrait son épée. J'aurais « péri, sans avoir été le témoin de l'opprobre et des « crimes de mon armée. Vous eussiez nommé un « nouveau chef qui, laissant, je le veux bien, ma « mort impunie, eût vengé du moins celle de Varus « et de ses légions. Car les dieux ne permettront « pas, sans doute, que les Belges, malgré leurs « offres, acquièrent l'honneur éclatant d'avoir re« levé la gloire du nom romain, d'avoir dompté « les peuples de Germanie. Esprit du grand Au-

---

nlis : « Quis ille flebilis sonus ? quod tam triste ? feminas illustres, non centurionem ad tutelam, non militem ; nihil imperatoriæ uxoris, aut comitatus soliti ; pergere ad Treveros, et externæ fidei. » Pudor inde et miseratio ; et patris Agrippæ, Augusti avi memoria ; socer Drusus ; ipsa, insigni fecunditate, præclara pudicitia ; jam infans in castris genitus, in contubernio legionum eductus, quem militari vocabulo Caligulam appellabant, quia plerumque, ad concilianda vulgi studia, eo tegmine pedum induebatur. Sed nihil æque flexit quam invidia in Treveros. Orant, obsistunt, rediret, maneret ; pars Agrippinæ occursantes, plurimi ad Germanicum regressi. Isque, ut erat recens dolore et ira, apud circumfusos ita cœpit :

XLII. « Non mihi uxor aut filius patre et republica ca« riores sunt : sed illum quidem sua majestas, imperium « romanum ceteri exercitus defendent. Conjugem, et « liberos meos, quos, pro gloria vestra, libens, ad exitium « offerrem, nunc procul a furentibus summoveo, ut quid« quid istuc sceleris imminet meo tantum sanguine pietur ; « neve occisus Augusti pronepos, interfecta Tiberii nurus, « nocentiores vos faciat. Quid enim per hos dies inausum, « intemeratumve vobis ? Quod nomen huic cœtui dabo ? « militesne appellem ? qui filium imperatoris vestri vallo « et armis circumsedistis. An cives ? quibus tam projecta « senatus auctoritas. Hostium quoque jus, et sacra lega« tionis, et fas gentium rupistis. Divus Julius seditionem « exercitus verbo uno compescuit, Quirites vocando qui « sacramentum ejus detrectabant. Divus Augustus vultu « et adspectu Actiacas legiones exterruit : nos, ut nondum « eosdem, ita ex illis ortos, si Hispaniæ Syriæve miles ads« pernaretur, tamen mirum et indignum erat : primane et « vicesima legiones, illa signis a Tiberio acceptis, tu tot « præliorum socia, tot præmiis aucta, egregiam duci vestro « gratiam refertis ? Hunc ego nuncium patri, læta omnia « aliis e provinciis audienti, feram ? ipsius tirones, ipsius « veteranos, non missione, non pecunia satiatos : hic tan« tum interfici centuriones, ejici tribunos, includi legatos : « infecta sanguine castra, flumina, meque precariam ani« mam inter infensos trahere ?

XLIII. « Cur enim, primo concionis die, ferrum illud, « quod pectori meo infigere parabam, detraxistis, o im« providi amici ? melius et amantius ille qui gladium offe« rebat : cecidissem certe, nondum tot flagitiorum exercitui « me conscius : legissetis ducem, qui meam quidem mor« tem impunitam sineret, Vari tamen et trium legionum « ulcisceretur. Neque enim dii sinant ut Belgarum, quan-

« guste, qui m'écoutez du séjour des immortels ;
« ombre de mon père Drusus, ombre toujours
« présente à nos yeux, venez avec ces soldats qui
« furent les vôtres, sur qui l'honneur et la vertu
« reprennent leurs premiers droits ; venez effacer
« la honte des Romains, et tourner contre l'ennemi
« les fureurs qui les armaient contre eux-mêmes.
« Et vous, dont les visages m'annoncent le chan-
« gement de vos cœurs, si vous voulez rendre
« au sénat ses députés, à votre empereur ses sol-
« dats, à moi ma femme et mon fils, fuyez la
« contagion, séparez-vous des séditieux : ce sera
« le garant de votre repentir, ce sera le gage de
« votre fidélité. »

XLIV. Ce discours les fait tomber à ses pieds ; ils conviennent de la vérité de ses reproches ; ils le conjurent de punir les coupables, de pardonner aux faibles, de les mener à l'ennemi, de rappeler sa femme et le nourrisson des légions, de ne point livrer aux Gaulois des otages si précieux. Germanicus allégua, contre le retour d'Agrippine, l'hiver et sa grossesse trop avancée, promit son fils, remettant le reste entre leurs mains. La révolution fut entière. Ils courent arrêter les plus séditieux, et les conduisent liés devant Cétronius, lieutenant de la première légion, qui les fit juger et punir de cette manière. Les légions, l'épée nue, entouraient le tribunal ; chaque prisonnier y montait successivement ; un tribun le montrait aux soldats ; s'ils le déclaraient coupable, on le précipitait en bas, où il était massacré. Les légionnaires répandaient ce sang avec joie, croyant y laver leur crime, et Germanicus ne s'y opposait point, satisfait qu'on ne pût lui imputer une rigueur dont tout l'odieux retombait sur le soldat lui-même. Les vétérans suivirent l'exemple. Peu de temps après, on les fit partir pour la Rhétie sous prétexte de défendre la province menacée par les Suèves ; mais, dans le fond, pour les arracher à des lieux horribles, et par l'atrocité du crime et par celle du supplice. On fit ensuite l'examen des centurions. Chacun d'eux, cité par le général, déclarait son nom, sa compagnie, son pays, ses années de service, les belles actions qu'il avait faites, les prix militaires qu'il avait reçus. Si les tribuns et la légion attestaient son mérite et sa probité, on lui conservait sa compagnie ; on le cassait, si le cri public l'accusait d'avarice ou de cruauté.

XLV. L'ordre ainsi rétabli dans cette partie, il restait à dompter la cinquième et la vingt et unième légions, en quartier d'hiver à soixante milles de là, dans un lieu nommé *Vetera*. Ce n'était pas le moins difficile. Par elles avait commencé la révolte ; par elles s'étaient commis les plus grands excès : et, dans ce moment même, loin d'être intimidées par le supplice, ou touchées par le repentir des autres légions, elles persistaient dans leurs fureurs. Germanicus équippe une flotte sur le Rhin, et y fait embarquer des troupes et des munitions de guerre, résolu, s'ils méconnaissaient l'autorité, d'employer la force.

XLVI. Cependant Rome, qui ignorait encore l'issue des troubles de l'Illyrie, apprenant le soulèvement des légions de Germanie, s'abandonnait aux alarmes, murmurait de ce que Tibère, avec ses fausses irrésolutions, ne s'occupait qu'à jouer un sénat et un peuple sans force et sans armes ; tandis qu'il laissait éclater les dissensions des soldats, que ne pouvait réprimer l'autorité

« quam offerentium, decus istud et claritudo sit, subve-
« nisse romano nomini, compressisse Germaniæ populos !
« Tua, dive Auguste, cœlo recepta mens, tua, pater Druse,
« imago, tui memoria, iisdem istis cum militibus, quos
« jam pudor et gloria intrat, eluant hanc maculam, irasque
« civiles in exitium hostibus vertant ! Vos quoque, quorum
« alia nunc ora, alia pectora contueor, si legatos senatui,
« obsequium imperatori, si mihi conjugem et filium redditis,
« discedite a contactu, ac dividite turbidos : id stabile ad
« pœnitentiam, id fidei vinculum erit. »

XLIV. Supplices ad hæc, et vera exprobrari fatentes, orabant « puniret noxios, ignosceret lapsis, et duceret in hostem ; revocaretur conjux, rediret legionum alumnus, neve obses Gallis traderetur. » Reditum Agrippinæ excusavit ob imminentem partum, et hiemem : venturum filium : cetera ipsi exsequerentur. Discurrunt mutati, et seditiosissimum quemque vinctos trahunt ad legatum legionis primæ, C. Cetronium, qui judicium et pœnas de singulis in hunc modum exercuit. Stabant pro concione legiones, destrictis gladiis : reus in suggestu per tribunum ostendebatur : si nocentem acclamaverant, præceps datus trucidabatur : et gaudebat cædibus miles, tanquam semet absolveret : nec Cæsar arcebat, quando, nullo ipsius jussu, penes eosdem sævitia facti et invidia erat. Secuti exemplum veterani. Haud multo post in Rhætiam mittuntur, specie defendendæ provinciæ ob imminentes Suevos ; ceterum ut avellerentur castris, trucibus adhuc, non minus asperitate remedii, quam sceleris memoria. Centurionatum inde egit : citatus ab imperatore, nomen, ordinem, patriam, numerum stipendiorum, quæ strenue in præliis fecisset, et cui erant dona militaria, edebat. Si tribuni, si legio, industriam innocentiamque approbaverant, retinebat ordinem ; ubi avaritiam, aut crudelitatem consensu objectavissent, solvebatur militia.

XLV. Sic compositis præsentibus, haud minor moles supererat, ob ferociam quintæ et unaetvicesimæ legionum, sexagesimum apud lapidem (loco Vetera nomen est) hibernantium : nam primi seditionem cœptaverant, atrocissimum quodque facinus horum manibus patratum ; nec pœna commilitonum exterriti, nec pœnitentia conversi, iras retinebant. Igitur Cæsar arma, classem, socios demittere Rheno parat, si imperium detrectetur, bello certaturus.

XLVI. At Romæ nondum cognito qui fuisset exitus in Illyrico, et legionum germanicarum motu audito, trepida civitas incusare Tiberium « quod, dum patres et plebem, invalida et inermia, cunctatione ficta ludificetur, dissideat interim miles, neque duorum adolescentium nondum adulta auctoritate comprimi queat : ire ipsum, et opponere ma-

naissante de deux jeunes gens. Que n'allait-il lui-même opposer la majesté impériale à des rebelles, qui ne soutiendraient pas l'ascendant de sa longue expérience, et les regards de l'arbitre suprême des châtiments et des grâces? Quelle honte qu'Auguste, affaibli par les années, eût fait tant de voyages en Germanie; et que Tibère, dans la vigueur de l'âge, se tînt renfermé au sénat, pour y censurer quelques expressions de quelques sénateurs! On avait assez pourvu à l'esclavage de Rome : il fallait remédier à l'indocilité du soldat, et lui apprendre à supporter la paix.

XLVII. Tibère, malgré ces rumeurs, persista dans la ferme résolution de ne point s'éloigner du centre des affaires, et de ne point mettre au hasard l'État et lui. En effet, mille considérations diverses le tenaient en suspens. L'armée de Germanie était plus forte, celle de l'Illyrie plus proche : l'une entraînait les Gaules, l'autre menaçait l'Italie : laquelle préférer? et comment leur orgueil supporterait-il l'affront d'une préférence? Par ses enfants, au contraire, il les dirigeait toutes à la fois, sans compromettre la majesté suprême, pour qui l'éloignement augmente le respect. D'ailleurs, on pardonnerait à l'âge de Germanicus et de Drusus de n'oser tout décider sans leur père. Que, si on leur résistait, lui-même pourrait encore apaiser les rebelles ou les réduire : mais quelle ressource resterait-il, s'ils avaient méprisé leur empereur? Cependant on travailla à ses équipages, comme s'il eût dû partir incessamment; il fit armer des vaisseaux, nomma les personnes qui devaient l'accompagner; puis, prétextant la saison, les affaires, il trompa d'abord jusqu'aux politiques, ensuite la multitude, et très-longtemps les provinces.

XLVIII. Germanicus avait déjà rassemblé son armée : tout était prêt pour le châtiment des rebelles. Toutefois, préférant qu'ils s'en chargent eux-mêmes, à l'exemple des autres légions, il veut différer encore. Il écrit à Cécina qu'il arrive avec des forces imposantes; que s'ils ne préviennent sa justice par le supplice des coupables, il n'épargnera personne. Cécina rassemble secrètement les aquilifères, les porte-enseignes, tous ceux qui formaient la portion la plus saine des légions; il leur lit la lettre, et les exhorte à prévenir le déshonneur du corps, et leur propre perte. « Dans « la paix, dit-il, on peut discuter les faits, peser « les services; la guerre, une fois commencée, « l'innocent et le coupable périront également. » Ceux-ci, ayant sondé prudemment les esprits, et voyant la plus grande partie des légions rangée à son devoir, fixent un jour, avec le commandant, pour fondre, l'épée à la main, sur les pervers, toujours prêts à souffler la sédition. Le jour arrivé, au signal convenu, ils se jettent dans les tentes, surprennent leurs victimes, les égorgent sans peine; tous, excepté ceux qui étaient dans le secret, ignorent l'objet du massacre, et quel en sera le terme.

XLIX. De toutes les guerres civiles, aucune n'offrit un spectacle pareil. Ce n'était point ici une bataille entre deux armées opposées. Dans les mêmes tentes, des amis qui, la veille, qui, la nuit même, s'étaient vus réunis à la même table et dans le même lit, se séparent pour s'égorger. Les traits volent; on entend les cris; on voit le sang et les blessures. La cause, on l'ignore; le hasard conduit le reste; et il y eut des innocents qui périrent, parce qu'à la fin les coupables, comprenant que c'était eux qu'on voulait punir, pri-

jestatem imperatoriam debuisse cessuris, ubi principem longa experientia, eumdemque severitatis et munificentiæ summum, vidissent. An Augustum, fessa ætate, toties in Germanias commeare potuisse; Tiberium, vigentem annis, sedere in senatu, verba patrum cavillantem? Satis prospectum urbanæ servituti; militaribus animis adhibenda fomenta, ut ferre pacem velint. »

XLVII. Immotum adversus sermones fixumque Tiberio fuit non omittere caput rerum, neque se, remque publicam in casum dare. Multa quippe ac diversa angebant : « validior per Germaniam exercitus; propior apud Pannoniam : ille Galliarum opibus subnixus, hic Italiæ imminens. Quos igitur anteferret? ac ne postpositi contumelia incenderentur. At per filios pariter adiri, majestate salva, cui major e longinquo reverentia; simul adolescentibus excusatum quædam ad patrem rejicere : resistentesque Germanico, aut Druso, posse a se mitigari vel infringi; quod aliud subsidium, si imperatorem sprevissent? » Ceterum, ut jam jamque iturus, legit comites, conquisivit impedimenta, adornavit naves, mox hiemem aut negotia varie causatus, primo prudentes, dein vulgum, diutissime provincias fefellit.

XLVIII. At Germanicus, quanquam contracto exercitu, et parata in defectores ultione, dandum adhuc spatium ratus, si, recenti exemplo, sibi ipsi consulerent, præmittit literas ad Cæcinam, venire se valida manu, ac, ni supplicium in malos præsumant, usurum promiscua cæde. Eas Cæcina aquiliferis signiferisque, et quod maxime castrorum sincerum erat, occulte recitat; utque cunctos infamiæ, seipsos morti eximant hortatur : « nam, in pace, causas et merita spectari; ubi bellum ingruat, innocen- « tes ac noxios juxta cadere. » Illi, tentatis quos idoneos rebantur, postquam majorem legionum partem in officio vident, de sententia legati statuunt tempus, quo fœdissimum quemque et seditioni promptum ferro invadant. Tunc, signo inter se dato, irrumpunt contubernia, trucidant ignaros; nullo, nisi consciis, noscente quod cædis initium, quis finis.

XLIX. Diversa, omnium quæ unquam accidere, civilium armorum facies : non prælio, non adversis e castris, sed iisdem e cubilibus, quos simul vescentes dies, simul quietos nox habuerat, discedunt in partes : ingerunt tela; clamor, vulnera, sanguis palam : causa in occulto; cetera fors regit; et quidam bonorum cæsi, postquam, intellecto

rent les armes. Ni le lieutenant, ni les tribuns, n'interposèrent leur autorité. On permit, sans restriction, à la multitude de se venger et de ne s'arrêter qu'assouvie de vengeances. Germanicus arriva peu de temps après. En revoyant son camp, ses yeux se remplissent de larmes; il s'écrie : Que ce n'est point un remède au mal, mais un véritable massacre; et ordonne de brûler les morts. La férocité des soldats change alors d'objet; ils veulent tous marcher à l'ennemi pour expier leur fureur, pour apaiser les mânes de leurs camarades en couvrant leur sein sacrilége de blessures honorables. Germanicus profite de cette ardeur; il jette un pont sur le Rhin, et passe le fleuve avec douze mille légionnaires, vingt-six cohortes alliées, et huit divisions de cavalerie : ce dernier corps, dans cette sédition, s'était conservé irréprochable.

L. Non loin de nous, les Germains avaient passé dans les rejouissances tout le temps que le deuil d'Auguste, et, depuis, nos discordes, nous retinrent dans l'inaction. Mais Germanicus, accélérant sa marche, fait ouvrir la forêt Cæsia et le rempart commencé par Tibère; il campe sur le rempart même, ayant le front et les derrières de son armée défendus par un retranchement, et ses flancs par des arbres qu'on venait d'abattre. De là, il s'avance à travers des bois épais, et il délibère si, de deux routes, il prendra la plus courte et la plus fréquentée, ou l'autre, plus difficile, non frayée, que, par ce motif, l'ennemi négligeait. On choisit le chemin le plus long. Mais on redoubla de célérité; car les espions avaient rapporté que la nuit suivante était pour les Germains une nuit de fête, qu'ils célébraient par des festins solennels. Cécina prend les devants avec les troupes légères, pour aplanir tous les obstacles dans la forêt : les legions suivent à peu de distance. La clarté des astres, pendant la nuit, favorisa la marche. On arriva aux bourgades des Marses; on s'empara de tous les postes. Les barbares étaient encore étendus dans leurs lits ou autour des tables; nulles précautions, nulles gardes avancées; une sécurite profonde, un abandon général, point de soldats, pas même des hommes, l'ivresse énervant et affaissant tout leur courage.

LI. Les légions ne respiraient que vengeance. Germanicus, pour ravager un plus grand terrain, les partage en quatre corps. Elles mirent à feu et à sang un espace de cinquante milles. On n'épargna ni le sexe, ni l'âge, ni le sacré, ni le profane. Un temple fameux dans ces contrées, le temple de Tanfana, fut détruit. Les Romains n'eurent pas un blessé; ils n'avaient eu qu'à égorger des hommes à moitié endormis, sans armes, ou dispersés. Cet échec réveilla les Bructères, les Tubantes, les Usipètes; ils occupèrent les bois par où l'armée devait repasser. Germanicus, instruit de leurs desseins, dispose tout pour la marche et pour le combat. Une partie de la cavalerie et les cohortes auxiliaires formaient l'avant-garde; ensuite venait la première légion. Il mit les bagages au centre, à l'aile gauche la vingt et unième légion, la cinquième à la droite; la vingtième, avec le reste des alliés, protégeait l'arrière-garde. Les ennemis restèrent immobiles jusqu'à ce que l'armée fût engagée dans le bois; ils se contentèrent de harceler légèrement la tête et les ailes, et ils tombèrent avec toutes leurs forces sur l'arrière-garde, où leurs bataillons serrés mirent en désordre nos troupes légères. Mais Germanicus, accourant vers

in quos sæviretur, pessimi quoque arma rapuerant : neque legatus aut tribunus moderator adfuit; permissa vulgo licentia, atque ultio et satietas. Mox ingressus castra Germanicus, non medicinam illud, plurimis cum lacrymis, sed cladem appellans, cremari corpora jubet. Truces etiam tum animos cupido involat eundi in hostem, piaculum furoris; nec aliter posse placari commilitonum manes quam si pectoribus impiis honesta vulnera accepissent. Sequitur ardorem militum Cæsar, junctoque ponte, tramittit duodecim millia e legionum, sex et viginti socias cohortes, octo equitum alas quarum ea seditione intemerata modestia fuit.

L. Læti, neque procul, Germani agitabant, dum, justitio ob amissum Augustum, post discordiis, attinemur. At Romanus, agmine propero, silvam Cæsiam, limitemque a Tiberio cœptum scindit; castra in limite locat; frontem ac tergum vallo, latera concædibus munit. Inde saltus obscuros permeat, consultatque, ex duobus itineribus, breve et solitum sequatur; an impeditius et intentatum, eoque hostibus incautum. Delecta longiore via, cetera accelerantur : etenim attulerant exploratores festam eam Germanis noctem, ac solemnibus epulis ludicram. Cæcina cum expeditus cohortibus præire, et obstantia silvarum amoliri jubetur : legiones modico intervallo sequuntur. Juvit nox sideribus illustris; ventumque ad vicos Marsorum, et circumdatæ stationes, stratis etiam tum per cubilia, propterque mensas, nullo metu, non antepositis vigiliis, adeo cuncta incuria disjecta erant, neque belli timor; ac ne pax quidem, nisi languida et soluta, inter temulentos.

LI. Cæsar avidas legiones, quo latior populatio foret, quatuor in cuneos dispertit. Quinquaginta millium spatium ferro flammisque pervastat : non sexus, non ætas miserationem attulit; profana simul et sacra, et celeberrimum illis gentibus templum quod Tanfanæ vocabant, solo æquantur; sine vulnere milites, qui semisomnos, inermos aut palantes ceciderant. Excivit ea cædes Bructeros, Tubantes, Usipetes; saltusque per quos exercitui regressus, insedere : quod quarum ducum; incessitque itineri et prælio. Pars equitum et auxiliariæ cohortes ducebant; mox prima legio; et, mediis impedimentis, sinistrum latus unaetvicesimani, dextrum quintani clausere : vicesima legio terga firmavit, post ceteri sociorum. Sed hostes, donec agmen per saltus porrigeretur, immoti; dein latera et frontem modice assultantes, tota vi novissimos incurrere : turbabanturque densis Germanorum catervis leves cohortes, quum Cæsar, advectus ad vicesimanos, voce magna, « hoc

la vingtieme légion, lui crie de se hâter; que c'était le moment d'expier la sédition, de racheter ses fautes par la gloire. Ce discours enflamme leur courage ; ils fondent sur les Germains, ils les enfoncent du premier choc, et les poussent vers la plaine, où ils en font un grand carnage. Pendant ce temps, la tête de l'armée, déjà sortie du bois, commençait à se retrancher. Depuis ce moment, la marche fut tranquille; et le soldat, rassuré par ce qu'il était, oubliant ce qu'il avait été, reprend ses quartiers d'hiver.

LII. Ces nouvelles donnèrent à Tibère de la joie et de l'inquiétude. Il voyait avec plaisir la sédition apaisée, mais, avec peine, les gratifications et l'avancement des congés, qui donnaient à Germanicus la faveur des soldats. La gloire militaire de son neveu le troublait aussi. Cependant il rendit compte au sénat des services du jeune César, et il fit de sa vertu beaucoup d'éloges, mais en termes trop magnifiques pour qu'ils parussent l'expression d'un sentiment vrai. Il loua Drusus, le pacificateur de l'Illyrie, en moins de mots, mais mieux, d'une manière plus franche, et il étendit aux légions de Pannonie les concessions de Germanicus.

LIII. Cette même année mourut Julie, fille d'Auguste. Son père l'avait enfermée jadis pour ses débauches, d'abord dans l'île Pandataire et ensuite à Rhéges, sur les bords du détroit de Sicile. Dans le temps que Lucius et Caïus étaient les seuls Césars, on lui fit épouser Tibère, qu'elle méprisait comme un subalterne, et ce fut même la vraie raison qui le décida, pour lors, à se retirer à Rhodes. Depuis, Tibère parvint à l'empire, et Julie fut bannie, déshonorée ; la mort de son fils Postumus Agrippa lui enlevait ses dernières espérances; enfin Tibère la fit périr lentement de misère et de faim, se flattant qu'à la suite d'un si long exil, sa mort ne serait point remarquée. Les mêmes motifs armèrent sa cruauté contre Sempronius Gracchus. Ce Romain, d'un grand nom, d'un esprit délié, ne faisant de son éloquence qu'un usage pervers, avait souillé le premier mariage de cette même Julie avec Marcus Agrippa. Depuis, leur adultère opiniâtre déshonora encore le lit de Tibère. L'amant ne cessait d'enflammer, contre l'époux, l'orgueil et la haine de Julie; il passa même pour l'auteur des lettres emportées qu'elle écrivit à Auguste contre Tibère; ce qui fit reléguer Sempronius dans l'île de Cercine sur les côtes d'Afrique. Là, depuis quatorze ans, il souffrait les rigueurs de l'exil. Il vit, d'une pointe de l'île, arriver les soldats qu'on envoyait pour le tuer ; il pressentit son malheur, demanda un moment pour écrire ses dernières volontés à sa femme Alliaria, puis il offrit sa tête aux meurtriers, assez digne, par la fermeté de sa mort, du nom de Sempronius, qu'avait démenti toute sa vie. Quelques-uns rapportent que les soldats ne vinrent point de Rome; que ce fut Asprénas, proconsul d'Afrique, qui les envoya par l'ordre de Tibère, lequel s'était flatté en vain de détourner les soupçons sur le proconsul.

LIV. Cette même année il se forma un nouvel établissement religieux, le collége des prêtres d'Auguste. On le créa pareil à celui des prêtres tatiens, institués par Tatius pour conserver les mystères des Sabins. On tira au sort, parmi les grands de Rome, vingt et un pontifes; on leur adjoignit Tibère, Drusus, Claude et Germanicus. Les Augustales, et c'est la première époque des factions du cirque, furent troublées par les riva-

---

illud tempus obliterandæ seditionis » clamitabat : « pergerent, properarent culpam in decus vertere. » Exarsere animis, unoque impetu perruptum hostem redigunt in aperta, cæduntque : simul primi agminis copiæ evasere silvas, castraque communivere. Quietum inde iter; fidensque recentibus, ac priorum oblitus miles, in hibernis locatur.

LII. Nunciata ea Tiberium lætitia curaque affecere : gaudebat oppressam seditionem ; sed quod largiendis pecuniis, et, missione festinata, favorem militum quæsivisset, bellica quoque Germanici gloria angebatur. Retulit tamen ad senatum de rebus gestis, multaque de virtute ejus memoravit, magis in speciem verbis adornata quam ut penitus sentire crederetur. Paucioribus Drusum et finem Illyrici motus laudavit; sed intentior, et fida oratione : cunctaque quæ Germanicus indulserat servavit etiam apud Pannonicos exercitus.

LIII. Eodem anno Julia supremum diem obiit, ob impudicitiam olim a patre Auguste Pandateria insula, mox oppido Rheginorum, qui Siculum fretum accolunt, clausa. Fuerat in matrimonio Tiberii, florentibus Caio et Lucio Cæsaribus, spreveratque ut imparem ; nec alia tam intima Tiberio causa cur Rhodum absceleret. Imperium adeptus, extorrem, infamem et, post interfectum Postumum Agrippam, omnis spei egenam, inopia ac tabe longa peremit, obscuram fore necem longinquitate exsilii ratus. Par causa sævitiæ in Sempronium Gracchum, qui, familia nobili, solers ingenio, et prave facundus, eamdem Juliam in matrimonio M. Agrippæ temeraverat : nec is libidini finis; traditam Tiberio pervicax adulter contumacia et odiis in maritum accendebat ; literæque quas Julia patri Augusto cum insectatione Tiberii scripsit, a Graccho compositæ credebantur. Igitur, amotus Cercinam, Africi maris insulam, quatuordecim annis exsilium toleravit. Tunc milites, ad cædem missi, invenere in prominenti littoris nihil lætum opperientem : quorum adventu breve tempus petivit ut suprema mandata uxori Alliariæ per literas daret; cervicemque percussoribus obtulit, constantia mortis haud indignus Sempronio nomine, vita degeneraverat. Quidam, non Roma eos milites, sed ab L. Asprenate proconsule Africæ missos tradidere, auctore Tiberio, qui famam cædis posse in Asprenatem verti frustra speraverat.

LIV. Idem annus novas cærimonias accepit, addito sodalium Augustalium sacerdotio, ut quondam T. Tatius, retinendis Sabinorum sacris, sodales Tatios instituerat. Sorte ducti e primoribus civitatis unus et viginti. Tiberius Drususque, et Claudius, et Germanicus adjiciuntur.

lites des histrions. Auguste avait permis ce genre de spectacle, par complaisance pour Mécène, épris d'un amour ardent pour Bathylle. D'ailleurs il ne haïssait pas lui-même ces sortes d'amusements, et sa politique populaire les mêlait souvent aux plaisirs des citoyens. Ce n'était point celle de Tibère ; mais il n'osait pas encore effaroucher par des rigueurs un peuple accoutumé longtemps à plus de condescendance.

LV. Sous le consulat de Drusus César et de Caïus Norbanus on décerna le triomphe à Germanicus, quoique la guerre ne fût pas terminée. Ce dernier, non content des préparatifs formidables qu'il faisait pour l'été, voulut occuper le printemps, et, dès les premiers jours de cette saison, il fit une incursion subite chez les Cattes : il fondait de grandes espérances sur les querelles de Segeste et d'Arminius, qui partageaient la Germanie. Ces deux hommes avaient signalé, l'un sa fidélité pour nous, l'autre sa perfidie. Arminius avait soulevé les Germains. Ségeste, au contraire, nous avertit souvent de la révolte qu'on tramait, et notamment au dernier festin qui précéda les hostilités. Il conseilla même à Varus de le faire arrêter, lui, Arminius et les principaux nobles. La nation n'eût rien entrepris, ayant perdu ses chefs ; et Varus eût ensuite a loisir discerné les amis et les traîtres ; mais sa destinée et l'ascendant d'Arminius poussèrent Varus à sa perte. Ségeste, entraîné à la guerre par l'impulsion générale, n'en resta pas moins l'ennemi d'Arminius. Des haines personnelles l'aigrissaient encore contre cet homme, qui lui avait enlevé sa fille, promise à un autre. Gendre et beau-père, ils ne s'en détestaient que plus ; et, ce qui resserre l'union quand on s'aime, dans leur inimitié, enflammait leurs ressentiments.

LVI. Cependant Germanicus donne à Cécina quatre légions, cinq mille auxiliaires, et les milices germaines qu'on avait levées à la hâte en deçà du Rhin. Il prend pour lui même nombre de légions, et le double d'alliés. Il relève un ancien fort que son père avait bâti sur le mont Taunus, et, avec ses troupes les plus lestes, il fond sur les Cattes. Il avait laissé Apronius pour travailler aux digues et aux chemins. Le printemps étant sec, et les rivières basses, ce qui est rare en ce climat, rien n'avait arrêté sa marche ; mais il craignait, au retour, les pluies et les débordements. Les Cattes ne s'attendaient nullement à cette irruption. Tous ceux que leur sexe ou leur âge laissait sans défense furent pris aussitôt, ou massacrés. Les jeunes guerriers avaient passé l'Éder, à la nage ; et d'abord ils voulurent empêcher les Romains d'y jeter un pont. Repoussés par nos machines et par nos flèches, ils entament sans fruit une négociation ; quelques-uns se rendent à Germanicus ; le reste, abandonnant les bourgades, se dispersa dans les bois. Germanicus, après avoir brûlé Mattium, capitale de ce canton, et ravagé le plat pays, tourna vers le Rhin : l'ennemi intimidé n'osa point inquiéter notre retraite ; ce qu'il faisait toutes les fois que sa fuite était un artifice, et non pas, comme alors, l'effet de la peur. Les Chérusques avaient voulu secourir les Cattes ; mais Cécina, en menaçant plusieurs lieux à la fois, les alarma pour eux-mêmes. Les Marses osèrent l'attaquer : une victoire les contint.

LVII. Peu de jours après il arriva des députés envoyés par Ségeste, pour implorer notre secours contre la violence de ses propres concitoyens, qui le tenaient assiégé. Arminius avait pris l'ascendant, parce qu'il conseillait la guerre ; car, chez les barbares, plus on a d'audace et de réso

---

Ludos Augustales tunc primum cœpta turbavit discordia, ex certamine histrionum. Indulserat ei ludicro Augustus, dum Mæcenati obtemperat, effuso in amorem Bathylli : neque ipse abhorrebat talibus studiis, et civile rebatur misceri voluptatibus vulgi. Alia Tiberio morum via ; sed populum, per tot annos molliter habitum, nondum audebat ad duriora vertere.

LV. Druso Cæsare, C. Norbano consulibus, decernitur Germanico triumphus, manente bello : quod quanquam in æstatem summa ope parabat, initio veris, et repentino in Cattos excursu præcepit ; nam spes incesserat dissidere hostem in Arminium ac Segestem, insignem utrumque perfidia in nos, aut fide. Arminius turbator Germaniæ ; Segestes parari rebellionem, sæpe alias, et supremo convivio post quod in arma itum, aperuit : suasitque Varo « ut se, et Arminium, et ceteros proceres vinciret ; nihil ausuram plebem principibus amotis ; atque ipsi tempus fore quo crimina et innoxios discerneret. » Sed Varus fato et vi Arminii cecidit. Segestes, quamquam consensu gentis in bellum tractus, discors manebat, auctis privatim odiis, quod Arminius filiam ejus, alii pactam, rapuerat ; gener invisus, inimici soceri ; quæque apud concordes vincula caritatis, incitamenta irarum apud infensos erant.

LVI. Igitur Germanicus quatuor legiones, quinque auxiliarium millia, et tumultuarias catervas Germanorum, cis Rhenum colentium, Cæcinæ tradit : totidem legiones, duplicem sociorum numerum ipse ducit ; positoque castello super vestigia paterni præsidii, in monte Tauno, expeditum exercitum in Cattos rapit ; L. Apronio ad munitiones viarum et fluminum relicto : nam (rarum illi cœlo) siccitate et amnibus modicis inoffensum iter properaverat ; imbresque et fluminum auctus regredienti metuebantur. Sed Cattis adeo improvisus advenit ut quod imbecillum ætate ac sexu, statim captum aut trucidatum sit. Juventus flumen Adranam nando tramiserat, Romanosque pontem cœptantes arcebant : dein, tormentis sagittisque pulsi, tentatis frustra conditionibus pacis, quum quidam ad Germanicum perfugissent, reliqui, omissis pagis vicisque, in silvas disperguntur. Cæsar, incenso Mattio (id gentis caput), aperta populatus, vertit ad Rhenum : non auso hoste terga abeuntium lacessere, quod illi moris, quoties astu magis quam per formidinem cessit. Fuerat animus Cheruscis juvare Cattos, sed exterruit Cæcina huc illuc ferens arma : et Marsos congredi ausos prospero prælio cohibuit.

LVII. Neque multo post legati a Segeste venerunt, au

lution, plus on oôtient de confiance ; et ceux qui bouleversent tout sont préférés. Ségeste avait adjoint aux députés Ségimond, un de ses fils. Ce jeune homme ne venait qu'en tremblant ; car, nommé pontife de l'autel des Ubiens, il avait, au moment de la révolte des Germains, rompu ses bandelettes sacrées, pour aller se joindre aux rebelles. Toutefois, enhardi par l'espoir de la clémence des Romains, il ne refusa point le message de son père. On l'accueillit favorablement, et on l'envoya, avec une escorte, de l'autre côté du Rhin. Germanicus sentit l'importance de revenir sur ses pas. On combattit les assiégeants, on délivra Ségeste, avec une troupe nombreuse de ses parents et de ses vassaux. Il s'y trouvait des femmes de la plus haute naissance, entre autres, l'épouse d'Arminius. Quoique fille de Ségeste, elle avait l'esprit de son époux bien plus que celui de son père ; elle marchait sans verser une larme, sans se permettre une prière, les mains jointes et les yeux fixés sur le sein où elle portait un fils d'Arminius. Presque tous ceux qui se livraient maintenant à nous, avaient eu en partage quelques dépouilles de l'armée de Varus. Au milieu d'eux on distinguait Ségeste à sa taille gigantesque, à l'air d'assurance que lui donnait le souvenir de sa généreuse amitié. Il parla en ces termes :

LVIII. « Ce n'est point d'aujourd'hui que j'ai « manifesté mon attachement et ma fidélité pour « votre nation. Depuis qu'Auguste m'eut fait ci- « toyen romain, je n'ai connu d'amis et d'enne- « mis que ceux de Rome. Et ce n'est point par haine « contre ma patrie, car les traîtres sont odieux « à ceux même qu'ils servent ; mais les intérêts « de Rome et ceux de la Germanie m'ont paru « inséparables, et la paix préférable à la guerre. « Aussi le ravisseur de ma fille, l'infracteur de « vos traités, Arminius, fut-il dénoncé par moi- « même à ce Varus qui commandait alors votre « armée. Rebuté des lenteurs de votre chef, et « n'espérant rien de la faiblesse des lois, je le « pressai de nous enchaîner tous, Arminius, ses « complices et moi-même. J'en atteste cette nuit « fatale ; et plût aux dieux qu'elle eût été la der- « nière de ma vie ! Ce qui s'est passé depuis, je « le déplore plus que je ne le justifie. Toutefois, « j'ai donné des fers à Arminius, et sa faction m'en « a donné à son tour ; et, dès le moment où vous « m'en offrez les moyens, je préfère l'ancien état « de choses au nouveau, la tranquillité au trou- « ble ; non dans la vue d'aucune récompense, « mais afin de me laver du soupçon de perfidie, « et en même temps pour ménager une média- « tion aux Germains, s'ils veulent prévenir leur « perte par le repentir. Je demande grâce pour la « jeunesse et l'erreur de mon fils. J'avoue que la « nécessité seule amène ici ma fille : c'est à vous « de juger si vous devez voir en elle la femme « d'Arminius plutôt que la fille de Segeste. » Germanicus, avec bonté, promit toute sûreté à ses enfants, à ses proches, et, à lui-même, un établissement dans une de nos anciennes provinces. Il ramena son armée, et, par l'ordre de Tibère, reçut le titre d'*imperator*. La femme d'Arminius mit au monde un fils, qui fut élevé à Ravenne. Je dirai, dans son temps, comment la fortune se joua de la destinée de cet enfant.

LIX. Bientôt la nouvelle de la soumission de Ségeste et de l'accueil fait à ce chef se répand chez

xilium orantes adversus vim popularium, a quis circumsedebatur ; validiore apud eos Arminio, quando bellum suadebat. Nam barbaris, quanto quis audacia promptus, tanto magis fidus, rebusque motis, potior habetur. Addiderat Segestes legatis filium, nomine Segimundum : sed juvenis conscientia cunctabatur, quippe, anno quo Germaniæ descivere, sacerdos apud Aram Ubiorum creatus, ruperat vittas, profugus ad rebelles. Adductus tamen in spem clementiæ romanæ, pertulit patris mandata ; benigneque exceptus, cum præsidio Gallicam in ripam missus est. Germanico pretium fuit convertere agmen : pugnatumque in obsidentes, et ereptus Segestes magna cum propinquorum et clientium manu. Inerant feminæ nobiles, inter quas uxor Arminii, eademque filia Segestis, mariti, magis quam parentis animo, neque victa in lacrymas, neque voce supplex, compressis intra sinum manibus, gravidum uterum intuens, Ferebantur et spolia Varianæ cladis, plerisque eorum qui tum in deditionem veniebant, prædæ data. Simul Segestes ipse, ingens visu, et memoria bonæ societatis impavidus. Verba ejus in hunc modum fuere :

LVIII. « Non hic mihi primus erga populum romanum « fidei et constantiæ dies : ex quo a divo Augusto civitate « donatus sum, amicos inimicosque ex vestris utilitatibus « delegi, neque odio patriæ (quippe proditores, etiam iis « quos anteponunt, invisi sunt), verum quia Romanis « Germanisque idem conducere, et pacem quam bellum « probabam. Ergo raptorem filiæ meæ, violatorem fœderis « vestri, Arminium, apud Varum, qui tum exercitui præ- « sidebat, reum feci : dilatus segnitia ducis, quia parum « præsidii in legibus erat, ut me, et Arminium, et con- « scios vinciret, flagitavi : testis illa nox, mihi utinam po- « tius novissima ! Quæ secuta sunt delleri magis quam « defendi possunt. Ceterum, et injeci catenas Arminio, et « a factione ejus injectas perpessus sum. Atque, ubi pri- « mum tui copia, vetera novis, et quieta turbidis antehà- « beo : neque ob præmium, sed ut me perfidia exsolvam ; « simul genti Germanorum idoneus conciliator, si pœniten- « tiam quam perniciem maluerit. Pro juventa et errore filii « veniam precor : filiam necessitate huc adductam fateor, « tuum erit consultare utrum prævaleat quod ex Arminio « conceptit, an quod ex me genita est. » Cæsar, clementi responso, liberis propinquisque ejus incolumitatem, ipsi sedem vetere in provincia pollicetur. Exercitum reduxit, nomenque Imperatoris, auctore Tiberio, accepit. Arminii uxor virilis sexus stirpem edidit : educatus Ravennæ puer, quo mox ludibrio conflictatus sit in tempore memorabo.

LIX. Fama dediti benigneque excepti Segestis vulgata, ut quibusque bellum invitis aut cupientibus erat, spe vel dolore accipitur. Arminium, super insitam violentiam rapta

les barbares. Suivant qu'ils étaient prévenus pour ou contre la guerre, elle excite l'espoir ou l'indignation. Arminius surtout, naturellement violent, furieux de l'enlèvement de sa femme et de l'esclavage anticipé de son fils, se livre aux plus terribles emportements. Il vole chez les Chérusques ; il demande de tous côtés des secours contre Ségeste, des secours contre Germanicus, et n'épargne pas les invectives. « Le bon père! dit-il, le grand général! la puis- « sante armée! dont les exploits se bornent à l'en- « lèvement d'une femme! Pour moi, j'ai fait « mordre la poussière à trois legions, à trois gé- « néraux. Mes armes n'étaient point la trahison, « mes ennemis des femmes enceintes : je ne fai- « sais la guerre qu'à des guerriers, et ouverte- « ment. On voit encore dans nos forêts les ensei- « gnes romaines que j'ai vouées aux dieux de la « patrie. Que Ségeste se contente d'habiter une « terre esclave, de rendre à son fils un vil sacer- « doce! Jamais les enfants de la guerre ne par- « donneront à ce lâche d'avoir fait voir, entre « l'Elbe et le Rhin, les verges, les haches et la « toge. D'autres nations ne doivent qu'au bonheur « d'être inconnues aux Romains l'exemption des « supplices, celle des tributs : les Germains doi- « vent à leur courage de s'en être affranchis ; et, « puisqu'ils ont su résister à cet Auguste, devenu « dieu, à ce Tibère, élu maître du monde, que « peuvent-ils craindre d'un enfant inexpérimenté, « conduisant une armée de séditieux? Si une « patrie, si une famille, si l'antique indépendance « valent mieux que des maîtres, et de colonies in- « connues à leurs pères, peuvent-ils ne pas sui- « vre Arminius, qui les mène à la gloire et à la « liberté, plutôt que Ségeste, qui leur ouvre la « route de l'opprobre et de l'esclavage. »

LX. Il souleva par ses discours, non-seulement les Chérusques, mais toutes les nations voisines, et il entraîna dans la ligue son oncle Inguiomer, général depuis longtemps en grande reputation chez les Romains : ce qui redoubla les craintes de Germanicus. Celui-ci, pour empêcher du moins que tout le poids de la guerre tombât d'un seul côté, et afin de diviser l'ennemi, détache Cécina avec quarante cohortes d'infanterie romaine, et l'envoie, par le pays des Bructeres, du côté de l'Ems. Pedon, préfet du camp, conduisit la cavalerie par les frontieres de la Frise : pour lui, il s'embarque avec quatre légions sur les lacs. L'infanterie, la cavalerie, la flotte, tout se réunit sur les bords de l'Ems, lieu désigné pour le rendezvous général. Les Chauques offrirent des troupes qui furent acceptées. Les Bructères devastaient leur propre territoire ; Germanicus fit marcher contre eux Stertinius, qui les mit en fuite avec des troupes légères. Parmi les dépouilles, on retrouva l'aigle de la dix-neuvième légion qu'on avait perdue avec Varus. On pénétra jusqu'aux extrémités de leur pays, et tout l'espace entre l'Ems et la Lippe fut ravagé. Non loin de là se trouvaient les bois de Teutberg où l'on disait que Varus et ses légions étaient restés sans sépulture.

LXI. Germanicus se sentit pressé du désir de rendre les derniers devoirs au chef et aux soldats. La même compassion gagne toute son armée, qui s'attendrit sur ses amis, ses proches, sur les hasards de la guerre et le sort de l'humanité. Cécina fut envoyé devant, pour sonder les profondeurs de la forêt, pour établir des ponts et des chaussées sur les terrains marécageux et mouvants ; puis l'on s'enfonça dans ces bois sinistres, qui offraient un coup d'œil et des souvenirs affreux. Le premier camp de Varus, à sa vaste enceinte, aux dimensions de la place d'armes, annonçait le travail des trois legions. On comprenait, à ses

uxor, subjectus servitio uxoris uterus vecordem agebant : volitabatque per Cheruscos, arma in Segestem, arma in Cæsarem poscens, neque probris temperabat : « Egregium « patrem! magnum imperatorem! fortem exercitum! quo- « rum tot manus unam mulierculam avexerint! Sibi tres « legiones, totidem legatos procubuisse. Non enim se pro- « ditione, neque adversus feminas gravidas, sed palam, « adversus armatos bellum tractare. Cerni adhuc Germa « norum in lucis signa romana quæ diis patriis suspen- « derit. Coleret Segestes victam ripam ; redderet filio « sacerdotium : homines germanos nunquam satis excu- « saturos, quod, inter Albium et Rhenum, virgas, et se- « cures et togam viderint. Aliis gentibus, ignorantia imperii « romani, inexperta esse supplicia, nescia tributa : quæ « quando exuerint, irritusque discesserit ille inter numina « dicatus Augustus, ille delectus Tiberius, ne imperitum « adolescentulum, ne seditiosum exercitum pavescerent. « Si patriam, parentes, antiqua mallent quam dominos et « colonias novas, Arminium potius gloriæ ac libertatis, « quam Segestem flagitiosæ servitutis ducem sequerentur. »

LX. Concitis per hæc non modo Cherusci, sed conterminæ gentes ; tractusque in partes Inguiomerus, Arminii patruus, veteri apud Romanos auctoritate : unde major Cæsari metus. Et, ne bellum mole una ingrueret, Cæcinam cum quadraginta cohortibus Romanis, distrahendo hosti, per Bructeros ad flumen Amisiam mittit. Equitem Pedo, præfectus finibus Frisiorum ducit : ipse impositas navibus quatuor legiones per lacus vexit; simulque pedes, eques, classis, apud prædictum amnem convenere. Chauci, quum auxilia pollicerentur, in commilitium adsciti sunt. Bructeros, sua urentes, expedita cum manu L. Stertinius, missu Germanici, fudit. Interque cædem et prædam reperit undevicesimæ legionis aquilam, cum Varo amissam. Ductum inde agmen ad ultimos Bructerorum : quantumque Amisiam et Luppiam amnes inter, vastatum : haud procul Teutoburgiensi saltu, in quo reliquiæ Vari legionumque insepultæ dicebantur.

LXI. Igitur cupido Cæsarem invadit solvendi suprema militibus, ducique ; permoto ad miserationem omni, qui aderat, exercitui, ob propinquos, amicos, denique ob casus bellorum, et sortem hominum. Præmisso Cæcina ut occulta saltuum scrutaretur, pontesque et aggeres humido

faibles retranchements, à son rempart delabré, que le second avait été le théâtre de la défaite. Au milieu du champ de bataille étaient des ossements blanchis, épars ou entassés, suivant qu'on avait ou fui ou combattu ; des monceaux d'armes brisées, des membres de chevaux, des têtes d'hommes attachées aux troncs des arbres. Dans les bois voisins, on voyait les autels barbares sur lesquels on avait égorgé les tribuns et les centurions des premières compagnies. Quelques témoins de cette fatale journée, échappés du carnage ou des fers, montraient les lieux où périrent les lieutenants ; ceux où l'on prit les aigles ; celui où Varus reçut sa première blessure ; celui où ce chef infortuné s'acheva de ses propres mains ; le tribunal d'où Arminius harangua ; ce qu'il y eut de gibets ; ce qu'il y eut de fosses pour les prisonniers ; tous les outrages dont son orgueil accabla les enseignes et les aigles romaines.

LXII. Ainsi donc, six ans après le massacre de trois légions, une autre armée romaine venait donner la sépulture à leurs ossements délaissés. Incertain s'il confiait à la terre la dépouille d'un étranger ou d'un proche, chacun s'intéressait à ces tristes restes, comme à ceux d'un parent ou d'un frère, et, sentant redoubler sa rage contre l'ennemi, les ensevelissait avec une douleur mêlée d'indignation. Germanicus posa le premier gazon du tombeau, honorant les morts par ce devoir pieux, et s'associant à l'affliction des vivants. Tout cela fut blâmé par Tibère, soit qu'il ne pût rien approuver dans Germanicus, soit que le spectacle de tant de milliers d'hommes massacrés et sans sépulture lui parût propre à refroidir l'ardeur du soldat pour la guerre et à lui inspirer la crainte de l'ennemi, soit qu'il crût la dignité de général, la sainteté de l'augurat et des antiques ministères de la religion incompatibles avec les fonctions funéraires.

LXIII. Cependant Germanicus poursuivait Arminius, qui s'enfonçait dans des lieux impraticables. Dès qu'il put le joindre, il fit marcher la cavalerie pour le chasser d'une plaine qu'il occupait. Arminius avait averti les siens de se replier et de se rapprocher de la forêt. Là, il les fait tourner brusquement, et donne le signal de l'attaque à ceux qu'il avait cachés dans les bois. La vue d'une nouvelle armée trouble la cavalerie, qui se renverse sur les cohortes envoyées pour la soutenir, et les entraîne dans sa fuite. Le désordre devenait général ; ils allaient être poussés dans un marais connu des vainqueurs, dangereux pour des étrangers, lorsque Germanicus fit avancer les légions en ordre de bataille. Ce mouvement intimide l'ennemi, rassure nos troupes, et l'on se sépare avec un avantage égal. Germanicus ramena bientôt ses légions vers l'Ems, et les y rembarqua sur les vaisseaux qui les avaient apportées. Une partie de la cavalerie eut ordre de gagner le Rhin, en côtoyant l'Océan. Cécina conduisit son corps séparément ; et, quoique la route qu'il prit lui fût connue, on lui recommanda de faire la plus grande diligence pour repasser les *Ponts-Longs*. On nommait ainsi une chaussée étroite entre de vastes marais, anciennement construite par Domitius. Des deux côtés était une fange épaisse, visqueuse, ou mouvante par les sources qui l'entrecoupaient : tout autour s'élevaient des bois en pente douce. Arminius, avec des troupes plus

paludum et fallacibus campis imponeret, incedunt mœstos locos, visuque ac memoria deformes. Prima Vari castra, lato ambitu, et dimensis principiis, trium legionum manus ostentabant : dein, semiruto vallo, humili fossa, accisæ jam reliquiæ consedisse intelligebantur. Medio campi albentia ossa, ut fugerant, ut restiterant, disjecta, vel aggerata : adjacebant fragmina telorum, equorumque artus, simul truncis arborum antefixa ora. Lucis propinquis, barbaræ aræ apud quas tribunos, ac primorum ordinum centuriones mactaverant. Et cladis ejus superstites, pugnam aut vincula elapsi, referebant « hic cecidisse legatos ; illic raptas aquilas ; primum ubi vulnus Varo adactum ; ubi, infelici dextra, et suo ictu, mortem invenerit ; quo tribunali concionatus Arminius ; quot patibula captivis ; quæ scrobes ; utque signis et aquilis per superbiam illuserit. »

LXII. Igitur romanus, qui aderat, exercitus, sextum post cladis annum, trium legionum ossa, nullo noscente, alienas reliquias an suorum, humo tegeret ; omnes, ut conjunctos, ut consanguineos, aucta in hostem ira, mœsti simul et infensi condebant. Primum exstruendo tumulo cespitem Cæsar posuit, gratissimo munere in defunctos, et præsentibus doloris socius. Quod Tiberio haud probatum, seu cuncta Germanici in deterius trahenti, sive exercitum imagine cæsorum insepultorumque tardatum ad prælia, et formidolosiorem hostium credebat : neque imperatori, augurali et vetustissimis cærimoniis præditum, attrectare feralia debuisse.

LXIII. Sed Germanicus, cedentem in avia Arminium secutus, ubi primum copia fuit, evehi equites, campumque quem hostis insederat eripi jubet. Arminius colligi suos, et propinquare silvis monitos, vertit repente ; mox signum prorumpendi dedit iis quos per saltus occultaverat. Tunc, nova acie turbatus eques, missæque subsidiariæ cohortes, et fugientium agmine impulsæ, auxerant consternationem ; trudebanturque in paludem, gnaram vincentibus, iniquam nesciis, ni Cæsar productas legiones instruxisset : inde hostibus terror, fiducia militi ; et manibus æquis abscessum. Mox, reducto ad Amisiam exercitu, legiones classe, ut advexerat, reportat : pars equitum littore Oceani petere Rhenum jussa : Cæcina, qui suum militem ducebat, monitus, quanquam notis itineribus regrederetur, Pontes Longos quam maturrime superare. Augustus is trames, vastas inter paludes, et quondam a L. Domitio aggeratus : cetera limosa, tenacia gravi cœno, aut rivis incerta erant : circum silvæ paullatim acclives ; quas tum Arminius implevit, compendiis viarum, et cito agmine, onustum sarcinis armisque militem quum

lestes, avait, par des chemins plus courts, prévenu nos soldats chargés d'armes et de bagage, et s'était posté dans ces bois. Cécina, doutant de pouvoir rétablir les ponts que le temps avait rompus et repousser en même temps l'ennemi, jugea convenable de camper dans cet endroit : il disposa une partie de ses troupes pour l'ouvrage, et l'autre pour le combat.

LXIV. Les barbares s'efforcent de rompre les corps avancés, afin de percer jusqu'aux travailleurs ; ils nous harcellent, nous inquiètent sur les flancs, nous attaquent de front. Le cri des travailleurs se mêle au cri des combattants. Tous les désavantages étaient pour les Romains, embarrassés dans cette fange profonde, où l'on enfonçait en s'arrêtant, où l'on glissait en marchant : leurs lourdes cuirasses les gênaient ; ils ne pouvaient ajuster leurs traits au milieu de l'eau ; tandis que tout favorisait les Chérusques, et l'habitude de combattre dans les marais, et leur haute stature, et leurs longues lances qui atteignaient de loin. Nos légions commençaient à plier. Enfin la nuit les dégagea d'un combat inégal. Les Germains, délassés par le succès, loin de prendre du repos, travaillèrent à détourner toutes les eaux qui arrosaient cette chaîne de montagnes, les versèrent dans le vallon qui en fut submergé, et, noyant tous les travaux du jour, les doublèrent pour le lendemain. C'était la quarantième campagne que faisait Cécina, soit comme chef, soit comme subalterne. Il connaissait les succès et les disgrâces de la guerre ; aussi rien ne l'étonnait. Dans ce moment, combinant sa position, il ne trouva d'autre expédient que d'occuper une petite plaine, qui s'étendait entre les montagnes et les marais, et où l'on pouvait ranger quelques troupes en bataille ; de là il contiendrait l'ennemi dans les bois, jusqu'à ce qu'il eût fait passer les blessés avec les gros bagages. Il fait un choix des légions ; il place la cinquième à la droite, la dix-neuvième à la gauche ; il réserve la première pour conduire la marche, la vingtième pour protéger la retraite.

LXV. La nuit, de part et d'autre, fut sans repos ; mais quelle différence dans les deux camps ! chez les barbares, des festins, des chants d'allégresse, ou des cris menaçants, que l'écho des bois renvoyait au fond des vallées ; chez les Romains, quelques feux languissants, des mots entrecoupés, un accablement général dans les soldats, étendus le long des palissades, errants le long des tentes, veillant plutôt par insomnie que volontairement. Leur chef fut tourmenté par un songe affreux : il crut voir et entendre Quintilius Varus tout souillé de sang, qui se levait du fond de ces marais, qui l'appelait, qui étendait ses mains pour l'entraîner : il est vrai qu'il refusa de le suivre, et le repoussa. Au point du jour, les légions qu'on avait envoyées sur les ailes, soit frayeur, soit mutinerie, quittèrent leur place, et se postèrent à la hâte dans un champ au delà du marais. Cependant, libre de fondre sur nous, Arminius ne voulut point encore attaquer ; mais, dès qu'il vit nos bagages embarrassés dans la vase et dans les fossés, tout autour les soldats en désordre, les rangs mal gardés ; alors, profitant de la confusion inséparable de ces moments où chacun, ne songeant qu'à soi, n'écoute plus le commandement, il fait sonner la charge, en craint : « Voilà un second Varus ; « la même destinée nous livre ces légions ; » en même temps, suivi de ses braves, il enfonce nos bataillons : il s'attachait surtout à blesser les chevaux. Le sang échappé de leurs plaies, humectant cette fange déjà glissante, les fait chanceler ; ils renversent leurs cavaliers, écrasent ceux qui sont tombés, dispersent ceux qui les entourent.

antevenisset. Cæcinæ dubitanti quonam modo ruptos vetustate pontes reponeret, simulque propulsaret hostem, castra metari in loco placuit ; ut opus, et alii prælium inciperent.

LXIV. Barbari perfringere stationes, seque inferre munitoribus nisi, lacessunt, circumgrediuntur, occursant : miscetur operantium bellantiumque clamor : et cuncta pariter Romanis adversa ; locus uligine profunda, idem ad gradum instabilis, procedentibus lubricus ; corpora gravia loricis ; neque librare pila inter undas poterant. Contra Cheruscis sueta apud paludes prælia ; procera membra ; hastæ ingentes ad vulnera facienda, quamvis procul : nox demum inclinantes tum legiones adversæ pugnæ exemit. Germani, ob prospera indefessi, ne tum quidem sumpta quiete, quantum aquarum circumsurgentibus jugis oritur vertere in subjecta : mersaque humo, et obruto quod effectum operis, duplicatus militi labor. Quadragesimum id stipendium Cæcina, parendi aut imperitandi, habebat : secundarum ambiguarumque rerum sciens, eoque interritus. Igitur, futura volvens, non aliud reperit quam ut hostem silvis coerceret, donec saucii, quantumque gravioris agminis, anteirent : nam medio montium et paludum porrigebatur planities, quæ tenuem aciem pateretur. Deliguntur legiones, quinta dextro lateri, unaetvicesima in lævum, primani ducendum ad agmen, vicesimanus adversum secuturos.

LXV. Nox per diversa inquies : quum barbari, festis epulis, læto cantu, aut truci sonore, subjecta vallium ac resultantes saltus complerent ; apud Romanos, invalidi ignes, interruptæ voces, atque ipsi passim adjacerent vallo, oberrarent tentoriis, insomnes magis quam pervigiles. Ducemque terruit dira quies : nam Quinctilium Varum, sanguine oblitum, et paludibus emersum, cernere et audire visus est, velut vocantem ; non tamen obsecutus, et manum intendentis repulisse. Cœpta luce, missæ in latera legiones, metu an contumacia, locum deseruere ; capto propere campo, humentia ultra. Neque tamen Arminius, quanquam libero incursu, statim prorupit : sed, ut hæsere cœno fossique impedimenta, turbati circum milites, incertus signorum ordo, utque, tali in tempore, sibi quisque properus, et lentæ adversum imperiis aures, irrumpere Germanos jubet, clamitans, « En

Le plus grand désordre était autour des aigles, qu'on ne pouvait, ni porter à travers une grêle de traits, ni assujettir dans une terre limoneuse. Cécina, s'efforçant de soutenir le choc, eut son cheval tué sous lui. Il tomba, et allait être enveloppé, sans les efforts de sa première légion. L'avidité des ennemis, plus occupés du butin que du carnage nous sauva; et, sur le soir, les légions parvinrent à gagner un terrain découvert et solide. Mais leurs maux n'étaient point à leur terme. Il fallut construire un rempart, creuser un retranchement. On avait perdu la plupart des outils nécessaires pour jeter la terre, ou pour couper le gazon. On n'avait point de tentes pour les soldats, de secours pour les blessés. En se partageant quelques vivres souillés de boue et de sang, ils se lamentaient sur cette nuit sinistre, et sur ce que tant de milliers d'hommes n'avaient plus qu'un jour à vivre.

LXVI. Dans ce moment, un cheval échappé, effrayé par leurs cris, renversa quelques hommes sur son passage. On crut que les Germains avaient pénétré dans le camp : à l'instant ce fut une consternation générale. Tous les soldats se précipitent vers les portes; la plupart courent à la décumane qui, étant la plus éloignée de l'ennemi, paraissait la plus sûre. Cécina, instruit que c'était une fausse alarme, ne pouvait retenir les soldats, ni par autorité, ni par prières, ni par force. Enfin, il se jette tout étendu sur le seuil de la porte, fermant le passage avec son corps. Émus de pitié, les soldats eurent honte de fouler aux pieds leur général : en même temps les tribuns et les centurions leur apprirent ce qui causait leur frayeur.

LXVII. Alors Cécina rassemble les soldats dans la place d'armes; et, leur ayant recommandé le silence, il leur représente la situation de l'armée; qu'ils n'ont de ressource que dans leur courage, mais qu'il faut le tempérer par la prudence; qu'il faut rester dans les retranchements jusqu'à ce que l'ennemi s'avance dans l'espérance de les forcer; qu'alors ils sortiront brusquement de tous côtés; que cette sortie les mène au Rhin; qu'ils trouveront, s'ils fuient, plus de forêts, des marais plus profonds, des ennemis cruels; que, vainqueurs, l'honneur et les distinctions les attendent. Il leur rappelle ce qu'ils ont de cher dans leurs foyers, de glorieux dans le camp; il se tait sur les revers. Il fait amener les chevaux des tribuns et des centurions, en commençant par les siens, et, sans rien consulter que le mérite, il les donne aux plus braves. Ceux-ci devaient charger d'abord, ensuite l'infanterie.

LXVIII. L'espérance, l'avidité du pillage et la diversité des opinions de leurs chefs ne tenaient pas les Germains moins éveillés. Arminius conseillait de laisser décamper les Romains, pour les envelopper de nouveau lorsqu'ils seraient engagés dans des lieux humides et difficiles. Inguiomer voulait, au contraire, qu'on attaquât les retranchements; il promettait un prompt succès, plus de prisonniers, un meilleur butin. Cet avis, plus hardi, plut aux barbares. Dès le matin, ils abattent les fossés, ils jettent des claies, ils cherchent à saisir le haut des palissades. Nos soldats se montrent sur le rempart, clair-semés, et comme transis de frayeur. Dès que Cécina voit les Germains embarrassés dans les retranchements, il donne le si-

---

Varus, et eodem iterum fato victæ legiones! » Simul hæc, et cum delectis scindit agmen, equisque maxime vulnera ingerit : illi, sanguine suo et lubrico paludum lapsantes, excussis rectoribus, disjicere obvios, proterere jacentes : plurimus circa aquilas labor, quæ neque adversum ferri ingruentia tela, neque figi limosa humo poterant. Cæcina, dum sustentat aciem, suffosso equo delapsus, circumveniebatur, ni prima legio sese opposuisset : juvit hostium aviditas, omissa cæde, prædam sectantium; enisæque legiones, vesperascente die, in aperta et solida. Neque is miserarum finis : struendum vallum, petendus agger, amissa magna ex parte per quæ egeritur humus, aut exciditur cespes : non tentoria manipulis, non fomenta sauciis : infectos cœno aut cruore cibos dividentes, funestas tenebras, et tot hominum millibus unum jam reliquum diem lamentabantur.

LXVI. Forte equus, abruptis vinculis, vagus, et clamore territus, quosdam occurrentium obturbavit. Tanta inde consternatio irrupisse Germanos credentium, ut cuncti ruerent ad portas, quarum decumana maxime petebatur, aversa hosti, et fugientibus tutior. Cæcina, comperto vanam esse formidinem, cum tamen neque auctoritate, neque precibus, ne manu quidem obsistere aut retinere militem quiret, projectus in limine portæ, miseratione demum, quia per corpus legati eundum erat, clausit viam : simul tribuni et centuriones falsum pavorem docuerunt.

LXVII. Tunc, contractos in principia, jussosque dicta cum silentio accipere, temporis ac necessitatis monet : « Unam in armis salutem, sed ea consilio temperanda; manendumque intra vallum, donec expugnandi hostes spe propius succederent : mox undique erumpendum; illa eruptione ad Rhenum perveniri : quod, si fugerent, plures silvas, profundas magis paludes, sævitiam hostium superesse; at victoribus decus, gloriam : » quæ domi cara, quæ in castris honesta, memorat : reticuit de adversis. Equos dehinc, orsus a suis, legatorum tribunorumque, nulla ambitione, fortissimo cuique bellatori tradit, ut hi, mox pedes, in hostem invaderent.

LXVIII. Haud minus inquies Germanus, spe, cupidine, et diversis ducum sententiis agebat : Arminio « sinerent egredi, egressosque rursum per humida et impedita circumvenirent, » suadente : atrociora Inguiomero, et læta barbaris, ut vallum armis ambirent : « promptam expugnationem, plures captivos, incorruptam prædam fore. » Igitur, orta die, proruunt fossas, injiciunt crates, summa vallipensant, raro super milite et quasi ob metum defixo. Postquam hæsere munimentis, datur cohortibus signum, cornuaque ac tubæ concinuere : exin, clamore et impetu, tergis Germanorum circumfunduntur, exprobrantes « non

gnal à ses troupes; tous les clairons, toutes les trompettes sonnent à la fois; les Romains sortent brusquement, enveloppent les barbares de leurs cris et de leurs armes; ils leur reprochent leur lâcheté : « ils n'avaient plus ici leurs bois et leurs « marais ; sur un terrain égal les dieux seraient « neutres. » L'ennemi comptait sur une destruction facile; il nous croyait en petit nombre et mal armés. Le bruit des trompettes et l'éclat des armes venant à le saisir tout à coup, la surprise ajoute à l'effroi de son imagination : il se laisse tuer, aussi découcerté dans le malheur qu'auparavant présomptueux dans le succès. Arminius et Inguiomer quittent le combat, l'un sain et sauf, l'autre grièvement blessé. La multitude est massacrée, tant que le jour favorise la colère du soldat. La nuit enfin ramena les légions, avec plus de blessures et la même disette de vivres, mais nos soldats trouvèrent tout, force, santé, abondance, dans la victoire.

LXIX. Cependant, le bruit s'était répandu que les Germains avaient enveloppé l'armée, et que leurs troupes victorieuses menaçaient les Gaules. Dans la frayeur que causait cette nouvelle, quelques-uns même voulaient rompre le pont qu'on avait construit sur le Rhin. Agrippine s'opposa à cette lâcheté. Cette femme magnanime fit alors les fonctions de général, et elle distribua des habits, des secours et des médicaments à tous les soldats pauvres ou blessés. L'historien des guerres de Germanie, Pline, rapporte qu'elle se tint à la tête du pont, complimentant à leur passage et remerciant les légions. Cette action s'imprima profondément dans l'âme de Tibère. De tels soins, selon lui, cachaient des vues secrètes, et ce n'était pas contre l'étranger qu'on cherchait à prévenir le soldat. Il ne restait plus rien à faire aux empereurs dès qu'une femme passait en revue les centuries, se mêlait au milieu des enseignes, essayait les largesses ; comme si c'était montrer peu d'ambition que de promener partout, en habit de soldat, le fils d'un général, de donner à un César le nom de Caligula. Agrippine, déjà, l'emportait, à l'armée, sur les lieutenants, sur les généraux. Une femme avait étouffé une sédition qui avait résisté au nom du prince. Séjan ne manqua pas d'exciter et d'aggraver ces soupçons. Connaissant le cœur de Tibère, il y jetait de bonne heure des haines qui s'y renfermaient longtemps, et en ressortaient plus terribles.

LXX. Cependant Germanicus, pour alléger ses vaisseaux, sans cesse menacés d'échouer au reflux, sur une mer remplie de bas-fonds, détache deux de ses légions, la seconde et la quatorzième, et charge Vitellius de les conduire par terre. La marche, d'abord, fut heureuse; on trouva un terrain sec ou que le flux mouillait faiblement. Bientôt un vent de nord, se joignant aux grandes marées de l'équinoxe, refoula les vagues sur nos bataillons : les eaux couvraient la terre. Déjà l'on ne distinguait plus la mer, le rivage, les campagnes, les fonds solides ou mouvants, les gués ou les précipices. Culbutés par les flots, submergés dans les abimes, les Romains étaient encore embarrassés par le heurtement continuel des chevaux, des bagages, des corps morts flottants de tous côtés. Les compagnies se confondent ; les soldats sont dans l'eau, tantôt jusqu'à la poitrine, tantôt jusqu'au visage; quelquefois la terre leur manque, ils disparaissent. Ni la voix du chef, ni leurs exhortations mutuelles ne pouvaient rien contre l'impétuosité des vagues ; le brave n'avait nul avantage sur le lâche, le prudent sur le témé-

---

hic suvas, nec paludes, sed æquis locis æquos deos. » Hosti, facile excidium et paucos ac semermos cogitanti, sonus tubarum, fulgor armorum, quanto inopina, tanto majora offunduntur; cadebantque, ut rebus secundis avidi, ita adversis incauti. Arminius integer, Inguiomerus post grave vulnus, pugnam deseruere ; vulgus trucidatum est, donec ira et dies permansit. Nocte demum reversæ legiones, quamvis plus vulnerum, eadem ciborum egestas fatigaret, vim, sanitatem, copias, cuncta in victoria habuere.

LXIX. Pervaserat interim circumventi exercitus fama, et, infesto Germanorum agmine, Gallias peti; ac, ni Agrippina imposito Rheno pontem solvi prohibuisset, erant qui id flagitium formidine auderent: sed femina, ingens animi, munia ducis per eos dies induit ; militibusque, ut quis inops, aut saucius, vestem et fomenta dilargita est. Tradit C. Plinius, Germanicorum bellorum scriptor, stetisse apud principium pontis, laudes et grates reversis legionibus habentem. Id Tiberii animum altius penetravit : « Non enim simplices eas curas, nec adversus externos militem quæri : nihil relictum imperatoribus, ubi femina manipulos intervisat, signa adeat, largitionem tentet, tanquam parum ambitiose filium ducis gregali habitu circumferat, Cæsaremque Caligulam appellari velit. Potiorem jam apud exercitus Agrippinam quam legatos, quam duces : compressam a muliere seditionem cui nomen principis obsistere non quiverit. » Accendebat hæc onerabatque Sejanus, peritia morum Tiberii odia in longum jaciens, quæ reconderet, auctaque promeret.

LXX. At Germanicus legionum, quas navibus vexerat, secundam et quartamdecimam itinere terrestri P. Vitellio ducendas tradit, quo levior classis vadoso mari innaret, vel reciproco sideret. Vitellius primum iter sicca humo, aut modice allabente æstu, quietum habuit : mox, impulsu aquilonis, simul sidere æquinoctii, quo maxime tumescit Oceanus, rapi agique agmen, et opplebantur terræ : eadem freto littori, campis facies; neque discerni poterant incerta ab solidis, brevia a profundis : sternuntur fluctibus, hauriuntur gurgitibus, jumenta, sarcinæ, corpora exanima interfluunt, occursant : permiscentur inter se manipuli, modo pectore, modo ore tenus exstantes, aliquando, subtracto solo, disjecti aut obruti. Non vox et mutui hortatus juvabant, adversante unda ; nihil

raire; la réflexion ne servait pas mieux que le hasard : tous étaient également emportés par la violence du débordement. Enfin Vitellius parvient à gagner une hauteur : il y retire son armée. Ils passèrent la nuit sans feu, sans provisions, la plupart nus ou meurtris de coups, non moins à plaindre que ceux que l'ennemi tient assiégés de toutes parts; un trépas honorable s'offre à ceux-ci, eux n'attendaient qu'une mort sans gloire. Heureusement la terre reparut avec le jour. Ils gagnèrent les bords de l'Hunsiny où Germanicus les reprit sur sa flotte. Le bruit courut qu'ils avaient péri, et l'on ne fut détrompé sur leur sort qu'en les revoyant avec Germanicus.

LXXI. Déjà Stertinius, détaché pour recevoir à discrétion Ségimer, frère de Ségeste, l'avait amené, lui et son fils, dans la cité des Ubiens. On pardonna facilement au père, plus difficilement au fils, qu'on disait avoir insulté le cadavre de Varus. Les Gaules, les Espagnes, l'Italie, s'empressèrent à réparer les pertes de l'armée; chacun offrit ce qu'il avait, des chevaux, des armes, ou de l'or. Germanicus loua leur zèle, et n'accepta que des armes et des chevaux pour la guerre : il secourut les soldats de sa bourse; et, par des soins plus touchants encore, cherchant à leur faire oublier leurs disgrâces, il visitait les blessés, vantait leurs actions, examinait leurs plaies. Enfin, encourageant les uns par l'espérance, les autres par la gloire, parlant, s'intéressant à tous, il les attachait à la guerre et à sa personne.

LXXII. On décerna, cette année, les ornements du triomphe à Cécina, à Silius, à Apro-nius, pour la part qu'ils avaient eue aux succès de Germanicus. Tibère refusa le titre de père de la patrie, malgré les instances réitérées du peuple; et quoique le sénat l'eût décrété, il ne voulut point souffrir qu'on jurât sur ses actes, répétant sans cesse que rien n'était stable ici-bas, et qu'avec plus de pouvoir il serait moins affermi. Toutefois on était loin de lui croire l'esprit républicain; car il venait de renouveler la loi sur les crimes de lèse-majesté. Anciennement il existait bien une loi de ce nom; mais elle embrassait des objets tout différents : les trahisons à l'armée, les séditions dans Rome, enfin les grandes malversations qui attaquaient la majesté du peuple romain. Elle punissait les actions, jamais les paroles. Auguste, outré de la licence de Cassius Sévérus qui, dans des écrits insolents, avait diffamé ce que Rome renfermait de plus grand dans les deux sexes, appliqua le premier cette loi au libelle. Depuis, Tibère, consulté par le préteur Pompeius Macer, si l'on recevrait les accusations de lèse-majesté, répondit que les lois étaient faites pour être observées. Ce qui l'aigrit aussi, ce furent des vers anonymes qui coururent alors sur sa cruauté, son orgueil, et ses querelles avec sa mère.

LXXIII. Il ne sera point inutile de rapporter comment on essaya, d'abord, ces sortes d'accusations sur deux minces chevaliers romains, Rubrius et Falanius. On connaîtra, par là, la marche de Tibère; avec quel art il introduisit les premiers germes de ce mal exécrable, qui, arrêté un moment, s'est ranimé, depuis, avec plus de fureur, pour tout dévorer. L'accusateur repro-

strenuus ab ignavo, sapiens ab imprudenti, consilia a casu differre; cuncta pari violentia involvebantur. Tandem Vitellius, in editiora enisus, eodem agmen subduxit. Pernoctavere sine utensilibus, sine igne, magna pars nudo aut mulcato corpore; haud minus miserabiles quam quos hostis circumsidet, quippe illis etiam honestæ mortis usus; his inglorium exitium. Lux reddidit terram, penetratumque ad amnem Unsingin, quo Cæsar classe contenderat : impositæ deinde legiones, vagante fama submersas, nec fides salutis antequam Cæsarem exercitumque reducem videre.

LXXI. Jam Stertinius, ad accipiendum in deditionem Segimerum, fratrem Segestis, præmissus, ipsum et filium ejus in civitatem Ubiorum perduxerat : data utrique venia; facile Segimero, cunctantius filio, quia Quinctilii Vari corpus illusisse dicebatur. Ceterum, ad supplenda exercitus damna certavere Galliæ, Hispaniæ, Italia; quod cuique promptum, arma, equos, aurum, offerentes. Quorum laudato studio Germanicus, armis modo et equis ad bellum sumptis, propria pecunia militem juvit, utque cladis memoriam etiam comitate leniret, circumire saucios, facta singulorum extollere : vulnera intuens; alium spe, alium gloria, cunctos alloquio et cura, sibique et prælio firmabat.

LXXII. Decreta eo anno triumphalia insignia A. Cæcinæ, L. Apronio, C. Silio, ob res cum Germanico gestas. Nomen patris patriæ Tiberius, a populo sæpius ingestum, repudiavit : neque in acta sua jurari, quanquam censente senatu, permisit : « cuncta mortalium incerta, quantoque plus adeptus foret, tanto se magis in lubrico » dictitans. Non tamen ideo faciebat fidem civilis animi; nam legem majestatis reduxerat; cui nomen apud veteres idem, sed alia in judicium veniebant : si quis proditione exercitum, aut plebem seditionibus, denique, male gesta republica, majestatem populi romani minuisset : facta arguebantur, dicta impune erant. Primus Augustus cognitionem famosi libellis, specie legis ejus, tractavit, commotus Cassii Severi libidine, qua viros feminasque illustres procacibus scriptis diffamaverat. Mox Tiberius, consultante Pompeio Macro, prætore, an judicia majestatis redderentur, exercendas leges esse respondit. Hunc quoque asperavere carmina, incertis auctoribus vulgata, in sævitiam superbiamque ejus, et discordem cum matre animum.

LXXIII. Haud pigebit referre, in Falanio, et Rubrio, modicis equitibus Romanis, prætentata crimina; ut, quibus initiis, quanta Tiberii arte, gravissimum exitium irrepserit, dein repressum sit, postremo arserit, cunctaque corripuerit, noscatur. Falanio objiciebat accusator quod, inter cultores Augusti qui per omnes domos in modum collegiorum habebantur, Cassium quemdam, mimum

chait à Falanius d'avoir admis un pantomime, de mœurs infâmes, nommé Cassius, dans une de ces confréries qui, alors, étaient établies dans toutes les maisons en l'honneur d'Auguste; et, ensuite, d'avoir vendu, avec ses jardins, une statue d'Auguste. Pour Rubrius, on lui faisait un crime d'avoir profané le nom d'Auguste par un faux serment. Dès que Tibère fut instruit de ces accusations, il écrivit aux consuls qu'on n'avait point placé son père au rang des dieux pour que cet honneur causât la perte des citoyens; que l'histrion Cassius, et d'autres de sa profession, avaient assisté souvent aux jeux que Livie célébrait en mémoire d'Auguste; que la statue de cet empereur, ainsi que celles des autres dieux, pouvait, sans que la religion fût blessée, être comprise dans la vente d'une maison ou d'un jardin; qu'à l'égard du parjure, il était aussi criminel que si l'on eût trompé Jupiter; mais que c'était aux dieux à venger leurs injures.

LXXIV. Peu de temps après, Granius Marcellus, gouverneur de Bithynie, fut recherché pour ce même crime de lèse-majesté, par son questeur, Crispinus Cépio, qui eut Hispon pour adjoint. Ce Crispinus créa une profession que, depuis, le malheur des temps et l'impudence de ce siècle n'ont rendue que trop commune. Né pauvre, obscur, ennemi du repos, il s'éleva à force d'intrigues et de souplesse; servant la cruauté du prince, d'abord par des mémoires secrets, bientôt par des délations publiques, inquiétant les plus illustres citoyens, bravant l'exécration de tous pour gagner la faveur d'un seul; il laissa après lui une foule d'imitateurs, qui, d'indigents, devenus riches; de méprisés, redoutables, et longtemps bourreaux, finirent par être victimes. Crispinus accusait Marcellus d'avoir tenu, sur Tibère, des propos injurieux : accusation vague, impossible à combattre. Comme c'étaient effectivement les traits les plus infâmes de la vie de Tibère que l'accusateur recueillait pour les mettre dans la bouche de l'accusé, la vérité des faits rendait les discours vraisemblables. Hispon ajoutait que Marcellus avait une statue plus élevée que celle des Césars, et qu'à une autre il avait ôté la tête d'Auguste, pour y substituer celle de Tibère. Alors, Tibère rompt le silence; il éclate et s'écrie que, dans cette affaire, il opinera aussi lui-même à haute voix, et avec la formule du serment, afin que les autres soient contraints d'en faire autant. La liberté mourante jetait encore quelques lueurs. « Tu opineras donc, César, lui « dit Pison, et à quel rang? Si c'est avant nous, « tu nous dictes nos opinions; si c'est après, je « crains que mon avis ne diffère du tien. » Confondu par ce raisonnement, Tibère se punit de ses emportements indiscrets par la clémence, et souffre que l'accusé soit absous du crime de lèse-majesté. Quant à celui de concussion, il est renvoyé aux juges compétents.

LXXV. Non content d'épier les jugements du sénat, Tibère assistait à ceux du préteur, mais dans un coin de son tribunal, pour ne point le déplacer de sa chaire curule. La présence du prince arrêta souvent la brigue et les sollicitations des grands; mais, en soutenant la justice, il détruisait la liberté. Un sénateur, Pius Aurélius, s'était plaint que la construction d'un grand chemin et celle d'un aqueduc avaient fait écrouler sa maison; il demandait au sénat une indemnité que les préteurs de l'épargne lui refusaient. Tibère vint à son secours, et lui fit payer le prix de sa maison. Il aimait les libéralités qui avaient un motif honorable; vertu qu'il conserva long-

---

corpore infamem, adscivisset; quodque, venditis hortis, statuam Augusti simul mancipasset : Rubrio crimini dabatur violatum perjurio nomen Augusti. Quæ ubi Tiberio notuere, scripsit consulibus : « Non ideo decretum patri suo cœlum ut in perniciem civium is honor verteretur : Cassium histrionem solium, inter alios ejusdem artis, interesse ludis quos mater sua in memoriam Augusti sacrasset : nec contra religiones fieri quod effigies ejus, ut alia numinum simulacra, venditionibus hortorum et domuum accedant : jusjurandum perinde æstimandam quam si Jovem fefellisset : deorum injurias diis curæ. »

LXXIV. Nec multo post, Granium Marcellum prætorem Bithyniæ, quæstor ipsius Cæpio Crispinus majestatis postulavit, subscribente Romano Hispone : qui formam vitæ iniit quam, postea, celebrem miseriæ temporum et audaciæ hominum fecerunt : nam egens, ignotus, inquies, dum occultis libellis sævitiæ principis adrepit, mox clarissimo cuique periculum facessit, potentiam apud unum, odium apud omnes adeptus, dedit exemplum quod secuti, ex pauperibus divites, ex contemptis metuendi, perniciem aliis ac postremum sibi invenere. Sed Marcellum insimulabat sinistros de Tiberio sermones habuisse; inevitabile crimen, quum ex moribus principis fœdissima quæque deligeret accusator, objectaretque reo : nam, quia vera erant, etiam dicta credebantur. Addidit Hispo, « statuam Marcelli altius quam Cæsarum sitam : et, alia in statua, amputato capite Augusti, effigiem Tiberii inditam. » Ad quod exarsit adeo ut, rupta taciturnitate, proclamaret « se quoque in ea causa laturum sententiam, palam et juratum, » quo ceteris eadem necessitas fieret. Manebant etiam tum vestigia morientis libertatis. Igitur Cn. Piso, « Quo, inquit, loco « censebis, Cæsar? si primus, habebo quod sequar; si « post omnes, vereor ne imprudens dissentiam. » Permotus his, quantoque incautius efferbuerat pœnitentia patiens, tulit absolvi reum criminibus majestatis : de pecuniis repetundis ad reciperatores itum est.

LXXV. Nec patrum cognitionibus satiatus, judiciis assidebat in cornu tribunalis, ne prætorem curuli depelleret; multaque, eo coram, adversus ambitum et potentium preces constituta; sed, dum veritati consulitur, libertas corrumpebatur. Inter quæ, Pius Aurelius senator, questus, mole publicæ viæ, ductuque aquarum labefactas ædes suas, auxilium patrum invocabat. Resistentibus ærarii prætoribus, subvenit Cæsar, pretiumque ædium Aurelio tribuit, erogandæ per honesta pecuniæ cupiens; quam virtutem diu retinuit, quum ceteras exueret. Propertio Celeri, præ-

temps, après s'être dépouillé des autres. Propertius Céler, ancien préteur, demandait à se retirer du sénat à cause de sa pauvreté; Tibère, instruit qu'il était né sans fortune, lui donna un million de sesterces. D'autres sollicitèrent la même grâce; il les somma de motiver leur pauvreté au sénat, par une affectation de sévérité qui rendait fâcheuse même sa bienfaisance. Aussi, la plupart préférèrent l'indigence et le secret au bienfait et à un aveu.

LXXVI. Cette même année le Tibre, grossi par des pluies continuelles, inonda les quartiers les plus bas de Rome : quand les eaux furent retirées, il y eut de grandes pertes en hommes et en édifices. A cette occasion, Gallus proposa de consulter les livres sibyllins. Tibère ne le permit point, également mystérieux sur la religion et sur le gouvernement ; mais il chargea Capiton et Arruntius de chercher un remède contre les débordements du fleuve. L'Achaïe et la Macédoine se plaignant d'être opprimées, on prit le parti, pour les soulager, de les rendre, pour le moment, provinces impériales, de proconsulaires qu'elles étaient. Drusus donna, au nom de Germanicus et au sien, des combats de gladiateurs auxquels il présida. Sa joie, à la vue du sang, fut remarquée, et, quoique ce fût un sang vil, le peuple s'en alarma : on dit même que son père lui en fit des reproches. Tibère n'assista point à ces jeux; quelques-uns l'attribuèrent à son dégoût pour les assemblées nombreuses; d'autres à la tristesse de son humeur et à la crainte du parallèle, parce qu'Auguste montrait, dans ces fêtes, beaucoup d'aménité. Je ne saurais croire qu'il eût voulu fournir à Drusus cette occasion de marquer sa cruauté, et d'indisposer le peuple; cependant cela fut dit aussi.

LXXVII. Les troubles du théâtre, qui avaient commencé dès l'année précédente, éclatèrent alors d'une manière plus grave. Outre des hommes du peuple, un centurion, plusieurs soldats furent tués, et un tribun prétorien blessé, en voulant réprimer les dissensions de la multitude et les invectives contre les magistrats. Cette sédition mérita l'attention du sénat, qui opinait de donner aux préteurs le droit de faire battre de verges les histrions. Hatérius Agrippa, tribun du peuple, s'y opposa; Gallus combattit vivement Hatérius, et Tibère gardait le silence, laissant au sénat ce fantôme de liberté. Cependant l'opposition prévalut, parce qu'une ancienne décision d'Auguste mettait les histrions à l'abri des verges, et que les paroles d'Auguste étaient, pour Tibère, des lois qu'il ne pouvait enfreindre. On fit néanmoins plusieurs règlements pour borner les appointements des pantomimes, et pour prévenir la licence de leurs partisans; entre autres, on défendit aux sénateurs d'entrer dans la maison des histrions, aux chevaliers romains de les entourer quand ils paraîtraient dans les rues, aux histrions eux-mêmes de jouer ailleurs qu'au théâtre, et l'on autorisa le préteur à punir, par l'exil, la turbulence des spectateurs.

LXXVIII. Les Espagnols obtinrent la permission d'élever un temple à Auguste dans la colonie de Tarracone ; bientôt cet exemple fut suivi par toutes les provinces. Le peuple demandait la suppression du centième qu'on levait, depuis les guerres civiles, sur toutes les ventes. Tibère déclara, par un édit, que la caisse militaire n'avait pas d'autre fonds que cet impôt, lequel même serait insuffisant, si l'on donnait la vétérance avant vingt ans de service. Ainsi les règlements inconsidérés qu'on avait arrachés dans la dernière sé-

torio, veniam ordinis ob paupertatem petenti, decies sestertium largitus est, satis comperto paternas ei augustias esse : tentantes eadem alios, probare causam senatui jussit, cupidine severitatis, in his etiam quæ rite faceret, acerbus : unde ceteri silentium et paupertatem confessioni et beneficio præposuere.

LXXVI. Eodem anno, continuis imbribus auctus Tiberis plana urbis stagnaverat : relabentem secuta est ædificiorum et hominum strages. Igitur censuit Asinius Gallus ut libri sibyllini adirentur : renuit Tiberius, perinde divina humanaque obtegens. Sed remedium coercendi fluminis Ateio Capitoni, et L. Arruntio mandatum. Achaiam ac Macedoniam, onera deprecantes, levari in præsens proconsulari imperio, tradique Cæsari placuit. Edendis gladiatoribus, quos Germanici fratris ac suo nomine obtulerat, Drusus præsedit, quanquam vili sanguine nimis gaudens : quod in vulgus formidolosum, et pater arguisse dicebatur. Cur abstinuerit spectaculo ipse, variæ trahebant : alii tædio cœtus, quidam tristitia ingenii, et metu comparationis, quia Augustus comiter interfuisset. Non crediderim ei ostentandam sævitiam, movendasque populi offensiones, concessam filio materiem : quanquam id quoque dictum est.

LXXVII. At theatri licentia, proximo priore anno cœpta, gravius tum erupit, occisis non modo e plebe, sed militibus et centurione, vulnerato tribuno prætoriæ cohortis, dum probra in magistratus et dissensionem vulgi prohibent. Actum de ea seditione apud patres, dicebanturque sententiæ ut prætoribus jus virgarum in histriones esset. Intercessit Haterius Agrippa, tribunus plebei, increpitusque est Asinii Galli oratione, silente Tiberio, qui ea simulacra libertatis senatui præbebat. Valuit tamen intercessio, quia divus Augustus immunes verberum histriones quondam responderat, neque fas Tiberio infringere dicta ejus. De modo lucaris, et adversus lasciviam fautorum multa decernuntur; ex quis maxime insignia : Ne domos pantomimorum senator introiret; ne egredientes in publicum, equites romani cingerent; aut alibi quam in theatro spectarentur : et spectantium immodestiam exsilio multandi potestas prætoribus fieret.

LXXVIII. Templum ut in colonia Tarraconensi strueretur Augusto, petentibus Hispanis permissum; datumque in omnes provincias exemplum. Centesimam rerum venalium, post bella civilia institutam, deprecante populo, edixit Tiberius militare ærarium eo subsidio niti, simul impa-

dition, et qui fixaient à seize ans le congé, furent abolis pour l'avenir.

LXXIX. Le sénat examina ensuite, sur le rapport d'Arruntius et d'Atéius, si, pour diminuer les inondations du Tibre, on détournerait les lacs et les rivières qui le grossissent. On entendit les députés des municipes et des colonies. Les Florentins demandaient qu'on ne détournât pas le cours du Clain pour le rejeter dans l'Arno, ce qui ruinerait leur pays; les Interamnates objectaient également que le projet de couper le Nar en petits ruisseaux changerait en marais stagnants les plus fertiles plaines de l'Italie; les Réatins ne représentaient pas avec moins de force le danger d'ôter au lac Vélin sa communication avec le Nar; qu'on submergerait les terres voisines; que la nature, en fixant aux fleuves leurs lits, l'origine et le terme de leurs cours, avait ménagé sagement les intérêts des mortels; qu'il fallait aussi respecter la religion des alliés, qui avaient consacré des fêtes, des bois et des autels aux fleuves de leurs pays; qu'enfin le Tibre lui-même ne voulait point se priver du tribut des rivières voisines, et couler avec moins de gloire. Soit égard pour les représentations des villes, soit difficulté de l'entreprise, soit superstition, on suivit l'avis de Pison, qui avait conseillé de ne rien changer.

LXXX. Tibère continua Poppéus Sabinus dans son gouvernement de Mésie, auquel il ajouta l'Achaïe et la Macédoine. Il entrait dans la politique de ce prince de laisser jusqu'à la mort, dans leurs emplois, la plupart des généraux et des gouverneurs. On varie sur ses motifs. Les uns pensent qu'il perpétua ses premiers choix par paresse, pour s'en épargner de nouveaux; d'autres, par envie, pour ne point multiplier les heureux; plusieurs l'attribuent à la finesse de son esprit, qui causait les perplexités de son jugement; car il ne recherchait point les vertus éclatantes, et il haïssait le vice; il redoutait les bons pour sa tranquillité, et les méchants pour la gloire de l'État. Ces irrésolutions de son esprit allèrent enfin si loin, qu'il nomma quelquefois des gouverneurs de provinces auxquels il ne permettait pas de sortir de Rome.

LXXXI. Il tint alors, pour la première fois, les comices consulaires. Je n'oserais rien affirmer sur la forme qu'on y observa, et dans ce moment, et dans la suite de son principat, tant je trouve de variations dans les historiens et jusque dans les harangues qui nous sont restées de Tibère. Tantôt, sans proférer le nom des candidats, il les désignait par leur naissance, par des traits de leur vie, par le nombre de leurs campagnes, de façon à les faire reconnaître; quelquefois, supprimant toute indication, il exhortait les candidats à ne point troubler l'élection par des brigues, et leur promettait de solliciter pour eux; le plus souvent il déclara qu'il ne s'était présenté à lui de candidats que ceux dont il avait remis les noms aux consuls; mais que d'autres pouvaient se présenter encore, s'ils comptaient sur leur crédit ou sur leurs services : spécieuses paroles qui restaient sans effet, ou qui couvraient un piége; car, plus les Romains se laissaient séduire par cette ombre de liberté, plus il leur réservait de haine et d'esclavage.

---

rem oneri rempublicam, nisi vicesimo militiæ anno veterani dimitterentur. Ita proximæ seditionis male consulta, quibus sexdecim stipendiorum finem expresserant, abolita in posterum.

LXXIX. Actum deinde in senatu, ab Arruntio et Ateio, an, ob moderandas Tiberis exundationes, verterentur flumina et lacus per quos augescit. Auditæque municipiorum et coloniarum legationes : orantibus Florentinis « ne Clanis, solito alveo demotus, in amnem Arnum transferretur, idque ipsis perniciem afferret. » Congruentia his Interamnates disseruere; pessum ituros « fecundissimos Italiæ campos, si amnis Nar (id enim parabatur) in rivos diductus, superstagnavisset. » Nec Reatini silebant, Velinum lacum, qua in Narem effunditur, obstrui recusantes, « quippe in adjacentia erupturum; optime rebus mortalium consuluisse naturam, quæ sua ora fluminibus, suos cursus, utque originem ita fines dederit; spectandas etiam religiones sociorum qui sacra, et lucos et aras patriis amnibus dicaverint : quin ipsum Tiberim nolle, prorsus accolis fluviis orbatum, minore gloria fluere. » Seu preces coloniarum, seu difficultas operum, sive superstitio, valuit ut in sententiam Pisonis concederetur, qui nil mutandum censuerat.

LXXX. Prorogatur Poppæo Sabino provincia Mœsia, additis Achaia et Macedonia. Id quoque morum Tiberii fuit continuare imperia, ac plerosque ad finem vitæ in iisdem exercitibus aut jurisdictionibus habere. Causæ variæ traduntur : alii, tædio novæ curæ, semel placita pro æternis servavisse; quidam invidia, ne plures fruerentur; sunt qui existiment, ut callidum ejus ingenium, ita anxium judicium. Neque enim eminentes virtutes sectabatur, et rursum vitia oderat : ex optimis periculum sibi, a pessimis dedecus publicum metuebat : qua hæsitatione postremo eo provectus est ut mandaverit quibusdam provinciæ, quos egredi Urbe non erat passurus.

LXXXI. De comitiis consularibus, quæ tum primum illo principe, ac deinceps fuere, vix quidquam firmare ausim, adeo diversa, non modo apud auctores, sed in ipsius orationibus reperiuntur. Modo, subtractis candidatorum nominibus, originem cujusque, et vitam, et stipendia descripsit, ut qui forent intelligeretur : aliquando, ea quoque significatione subtracta, candidatos hortatus ue ambitu comitia turbarent, suam ad id curam pollicitus est : plerumque eos tantum apud se professos disseruit quorum nomina consulibus edidisset; posse et alios profiteri, si gratiæ aut meritis confiderent : speciosa verbis, re inania, aut subdola : quantoque majore libertatis imagine tegebantur, tanto eruptura ad infensius servitium.

LIVRE SECOND.

I. Sous le consulat de Statilius et de Libon, les royaumes de l'Orient et nos provinces d'Asie furent en fermentation : le premier mouvement vint des Parthes qui, après avoir demandé à Rome un roi, et l'avoir reconnu, le méprisèrent comme étranger, quoique du sang des Arsacides. Ce roi était Vonon, donné en otage à Auguste par Phraate ; car Phraate, bien qu'il eût mis en fuite nos soldats et nos généraux, avait prodigué à Auguste tous les égards qui semblent un aveu de l'infériorité ; et, pour resserrer leur union, lui avait envoyé une partie de ses enfants ; moins, il est vrai, par crainte de nos armes, que par défiance de ses sujets.

II. Après la mort de Phraate et des rois ses successeurs, les grands du royaume, pour mettre fin aux massacres qui dévastaient leur pays, firent redemander, par des ambassadeurs, Vonon, l'aîné des enfants de Phraate. Cette démarche flatta l'orgueil d'Auguste, et il renvoya Vonon comblé de présents. Les barbares l'accueillirent avec transports, comme ils font presque toujours un nouveau maître ; mais bientôt, se croyant dégradés, ils rougissent d'avoir été prendre, dans un autre monde, un roi infecté des mœurs de leurs ennemis. « Rome, disaient-ils, disposait déjà du « trône des Arsacides comme d'une de ses provin- « ces. Où serait la gloire d'avoir immolé Crassus, « d'avoir fait fuir Antoine, vieilli dans les fers ; « un esclave de César commandait aux Parthes ! » Vonon, de son côté, contribuait à enflammer leur indignation par l'éloignement qu'il marquait pour les usages de son pays, chassant peu, n'ai-mant point les chevaux, ne se promenant dans les villes qu'en litière, et dédaignant les repas publics. Son cortége de Grecs, et le soin avec lequel il apposait son cachet sur les choses les plus viles, excitaient encore leur risée. Son abord facile, son affabilité prévenante, vertus inconnues aux Parthes, leur semblaient des vices nouveaux ; et le bien comme le mal, étranger à leurs mœurs, excitait leur haine.

III. Ils mettent donc à leur tête Artaban, prince Arsacide, élevé chez les Dahas. Celui-ci, battu d'abord, revient avec de nouvelles forces, et détrône Vonon, qui se sauve en Arménie. Ce pays était alors sans maître, toujours flottant entre les Parthes et les Romains, depuis le crime d'Antoine qui, après avoir attiré près de lui, par des offres d'amitié, Artavasde, roi d'Arménie, l'avait chargé de fers, et enfin mis à mort. La fin tragique du père nous fit un ennemi irréconciliable de son fils Artaxias, qui, secouru par les Arsacides, sut défendre et sa personne et ses États ; mais ce prince ayant péri par la trahison de ses proches, Auguste donna l'Arménie à Tigrane, que Tibère mit en possession du trône. Tigrane ne jouit pas longtemps de sa puissance, non plus que ses enfants, quoique le frere et la sœur eussent réuni leurs États par un de ces mariages si communs chez les Barbares. Enfin Auguste leur substitua un autre Artavasde, dépossédé bientôt, non sans perte pour les Romains.

IV. Alors Caïus, choisi pour pacifier l'Arménie, lui donna pour souverain Ariobarzane, que son courage et sa beauté firent agréer, quoique Mède d'origine. Ce prince ayant péri par un accident inopiné, les Arméniens rejeterent ses enfants : ils essayerent du gouvernement d'une

LIBER SECUNDUS.

I. Sisenna Statilio Tauro, L. Libone coss., mota Orientis regna, provinciæque romanæ, initio apud Parthos orto, qui petitum Roma acceptumque regem, quamvis gentis Arsacidarum, ut externum aspernabantur. Is fuit Vonones, obses Augusto datus a Phraate. Nam Phraates, quamquam depulisset exercitus ducesque romanos, cuncta venerantium officia ad Augustum verterat, partemque prolis firmandæ amicitiæ miserat ; haud perinde nostri metu, quam fidei popularium diffisus.

II. Post finem Phraatis et sequentium regum, ob internas cædes, venere in Urbem legati a primoribus Parthis, qui Vononem, vetustissimum liberorum ejus, accirent. Magnificum id sibi credidit Cæsar, auxitque opibus. Et accepere barbari lætantes, ut ferme ad nova imperia. Mox subit pudor, degeneravisse Parthos, petitum alio ex orbe regem, hostium artibus infectum. « Jam inter provincias « Romanas solium Arsacidarum haberi, darique. Ubi illam « gloriam trucidantium Crassum, exturbantium Antonium, « si mancipium Cæsaris, tot per annos servitutem perpes- « sum, Parthis imperitet ? » Accendebat dedignantes et ipse, diversus a majorum institutis, raro venatu. segni equorum cura ; quoties per urbes incederet, lecticæ gestamine ; fastuque erga patrias epulas. Irridebantur et græci comites, ac vilissima utensilium annulo clausa : sed prompti aditus, obvia comitas, ignotæ Parthis virtutes, nova vitia ; et, quia ipsorum moribus aliena, perinde odium pravis et honestis.

III. Igitur Artabanus, Arsacidarum e sanguine, apud Dahas adultus, excitur, primoque congressu fusus reparat vires, regnoque potitur. Victo Vononi perfugium Armenia fuit, vacua tunc, interque Parthorum et romanas opes infida, ob scelus Antonii qui Artavasden, regem Armeniorum, specie amicitiæ illectum, dein catenis oneratum, postremo interfecerat. Ejus filius Artaxias, memoria patris nobis infensus, Arsacidarum vi seque regnum tutatus est : occiso Artaxia per dolum propinquorum, datus a Cæsare Armeniis Tigranes, deductusque in regnum a Tiberio Nerone. Nec Tigrani diuturnum imperium fuit, neque liberis ejus, quanquam sociatis more externo in matrimonium regnumque. Dein, jussu Augusti, impositus Artavasdes, et non sine clade nostra dejectus.

IV. Tum C. Cæsar componendæ Armeniæ deligitur. Is Ariobarzanem, origine Medum, ob insignem corporis formam, et præclarum animum, volentibus Armeniis præfecit. Ariobarzane morte fortuita absumpto, stirpem ejus

femme, nommée Erato, qui fut bientôt chassée; livrés ensuite à leurs irrésolutions, et à une indépendance qui était plutôt de l'anarchie que de la liberté, ils prirent enfin pour roi le fugitif Vonon. Mais, comme Artaban ne cessait de menacer l'Arménie, incapable de résister par elle-même, et que les Romains ne pouvaient la défendre sans renouveler la guerre avec les Parthes, Créticus Silanus, gouverneur de Syrie, attira Vonon dans sa province, et le retint prisonnier, en lui conservant d'ailleurs les honneurs et le titre de roi. Je dirai par la suite comment Vonon, ennuyé de ce traitement dérisoire, essaya de s'en délivrer.

V. Tibère apprit sans peine les troubles de l'Orient, qui lui fournissaient un prétexte pour séparer Germanicus des légions accoutumées à son commandement, et le livrer, dans de nouvelles provinces, aux doubles attaques de la perfidie et du sort. Cependant, plus le jeune César sentait croître pour lui l'affection des soldats et l'inimitié de son oncle, plus il s'efforçait d'accélérer sa victoire. En méditant sur le plan de la guerre future, et sur les événements heureux ou malheureux qui avaient signalé ses trois campagnes, il vit que les Germains, inférieurs en plaine et en bataille rangée, étaient protégés par leurs bois, leurs marais, un été court, des hivers prématurés; que ses soldats ne souffraient pas tant du fer de l'ennemi que de la longueur des marches et de la perte de leurs armes; que les Gaules se lassaient de fournir des chevaux; que cette longue file de bagages, difficile à couvrir, prêtait aux embuscades, au lieu que, par mer, il trouverait une route facile pour les siens, inconnue à l'ennemi; il ouvrirait la campagne plus tôt; il embarquerait ses convois avec ses légions; et, en remontant par les fleuves, sa cavalerie arriverait toute fraîche au cœur de la Germanie.

VI. Il prend donc ce parti. Tandis que Publius Vitellius et Caïus Antius vont recevoir le tribut des Gaules, Cécina, Silius et Antéius veillent à la construction de la flotte. Mille vaisseaux parurent suffisants; on les construit en diligence, les uns courts, étroits de poupe et de proue, et larges de ventre, pour mieux résister aux vagues, les autres, plats de carène, pour qu'ils pussent échouer sans risque; la plupart à double gouvernail, pour faciliter en changeant la manœuvre, la descente des deux côtés; un grand nombre couverts et pontés, pour le transport des machines, des munitions et des chevaux, également vites à la voile et à la rame, offraient par l'allégresse du soldat un spectacle à la fois superbe et terrible. On assigna, pour rendez-vous, l'île des Bataves, qui offrait des facilités pour l'abord des vaisseaux, pour l'embarquement des troupes, et pour transporter la guerre où l'on voudrait. Car le Rhin, jusque-là retenu dans un seul canal, à peine entre-coupé de quelques îles, semble, à l'entrée du pays des Bataves, se partager en deux fleuves. Celui qui borde la Germanie conserve et le nom et l'impétuosité du Rhin, jusqu'à ce qu'il tombe dans l'Océan. Plus large et plus tranquille, l'autre, qui arrose les frontières des Gaules, a reçu des habitants le nom de Vahal; il le change bientôt pour celui de Meuse, sous lequel il se décharge dans ce même Océan par une vaste embouchure.

VII. Germanicus, en attendant sa flotte, en-

haud toleravere; tentatoque feminæ imperio, cui nomen Erato, eaque brevi pulsa, incerti, solutique, et magis sine domino, quam in libertate, profugum Vononem in regnum accipiunt. Sed, ubi minitari Artabanus, et parum subsidii in Armeniis, vel, si nostra vi defenderetur, bellum adversus Parthos sumendum erat; rector Syriæ Creticus Silanus excitum custodia circumdat, manente luxu et regio nomine. Quod ludibrium ut effugere agitaverit Vonones, in loco reddemus.

V. Ceterum Tiberio haud ingratum accidit turbari res Orientis, ut, ea specie, Germanicum suetis legionibus abstraheret, novisque provinciis impositum dolo simul et casibus objectaret. At ille, quanto acriora in eum studia militum, et aversa patrui voluntas, celerandæ victoriæ intentior, tractare præliorum vias, et quæ sibi tertium jam annum belliganti sæva vel prospera evenissent : « Fundi Germanos acie et justis locis, juvari silvis, paludibus, brevi æstate, et præmatura hieme; suum militem, haud perinde vulneribus quam spatiis itinerum, damno armorum, affici; fessas Gallias ministrandis equis; longum impedimentorum agmen, opportunum ad insidias, defensantibus iniquum : at, si mare intretur, promptam ipsis possessionem, et hostibus ignotam; simul bellum maturius incipi, legionesque et commeatus pariter vehi; integrum equitem, equosque, per ora et alveos fluminum, media in Germania fore. »

VI. Igitur huc intendit : missis ad census Galliarum P. Vitellio et C. Antio, Silius, et Antoius, et Cæcina fabricandæ classi præponuntur. Mille naves sufficere visæ, properatæque : aliæ breves, angusta puppi proraque, et lato utero, quo facilius fluctus tolerarent : quædam planæ carinis, ut sine noxa siderent : plures appositis utrinque gubernaculis, converso ut repente remigio, hinc vel illinc appellerent : multæ pontibus stratæ, super quas tormenta veherentur, simul aptæ ferendis equis aut commeatui, velis habiles, citæ remis, augebantur alacritate militum in speciem ac terrorem. Insula Batavorum, in quam convenirent, prædicta ob faciles appulsus, accipiendisque copiis, et transmittendum ad bellum opportuna. Nam Rhenus, uno alveo continuus, aut modicas insulas circumveniens, apud principium agri batavi velut in duos amnes dividitur; servatque nomen et violentiam cursus, qua Germaniam prævehitur, donec Oceano misceatur : ad gallicam ripam latior et placidior affluens, verso cognomento Vahalem accolæ dicunt : mox id quoque vocabulum mutat Mosa flumine, ejusque immenso ore eumdem in Oceanum effunditur.

VII. Sed Cæsar, dum adiguntur naves, Silium legatum, cum expedita manu, irruptionem in Cattos facere jubet :

voya Silius avec un camp volant ravager les pays des Cattes. Lui-même, sur la nouvelle que les ennemis assiégeaient un fort construit sur la Lippe, y mena six légions. Les pluies qui survinrent empêchèrent Silius de rien entreprendre ; il enleva seulement quelque butin, avec la femme et la fille d'Arpus, chef des Cattes. Les assiégeants, de leur côté, ne fournirent pas à Germanicus l'occasion de combattre : ils s'étaient dispersés au premier bruit de son approche, après avoir cependant détruit le tombeau récemment élevé aux légions de Varus, et un ancien autel consacré à Drusus. L'autel fut relevé ; Germanicus, à la tête des légions, défila alentour en l'honneur de son père : pour le tombeau, il ne crut point devoir le reconstruire ; il fortifia tout le pays entre le fort Alison et le Rhin, par de nouvelles chaussées et par de nouveaux remparts.

VIII. La flotte arrivée, Germanicus fait prendre les devants aux bâtiments de transport : ensuite, ayant distribué les légions et les alliés sur les vaisseaux, il entre dans le canal qui porte le nom de Drusus, après avoir imploré la protection de son père pour un fils qui osait tenter la même entreprise, en s'appuyant sur son exemple, en s'aidant de ses plans et de ses travaux. Du canal il gagne l'Océan par les lacs, et arrive heureusement à l'embouchure de l'Ems. On laissa la flotte à Ems, sur la gauche du fleuve, et l'on fit une faute de n'avoir pas remonté plus haut ; on eût pu alors débarquer sur la rive droite l'armée qui devait marcher de ce côté, au lieu qu'on perdit plusieurs jours à construire des ponts. La cavalerie et les légions passèrent sans obstacle les premiers bras de la rivière, avant que la marée montât. Il n'en fut pas de même de l'arrière-garde où étaient les auxiliaires, et entre autres les Bataves. Ceux-ci se piquant de braver les flots et de montrer leur habileté à nager, le désordre se mit dans leurs rangs : quelques-uns même périrent. Comme Germanicus traçait son camp, on vint lui apprendre que les Angrivariens, en armes derrière lui, le trahissaient. Il y envoya sur-le-champ Stertinius avec de la cavalerie et des troupes légères, et bientôt le fer et la flamme nous vengèrent de cette perfidie.

IX. Le Véser coulait entre les Romains et les Chérusques. Arminius se présenta sur les bords du fleuve avec les principaux chefs, et s'informa si Germanicus était dans l'armée. Sur la réponse affirmative, il demanda qu'on lui permit de conférer avec son frère. Ce frère, surnommé Flavius, servait dans nos troupes, et s'y distinguait par sa fidélité : il avait perdu un œil quelques années auparavant, sous le commandement de Tibère, à la suite d'une blessure. L'entrevue accordée, Flavius s'avance. Arminius le salue ; et, renvoyant sa suite, il prie qu'on fasse retirer aussi les archers qui bordaient la rive de notre côté. Sitôt qu'on les eut éloignés, Arminius demande à son frère d'où lui vient la cicatrice qui le défigurait. Flavius cite le lieu et le combat. — Et quelle en a été la récompense ? — Une augmentation de paye, un collier, une couronne, et autres dons militaires. Arminius se met à rire de ce vil salaire de l'esclavage.

X. Après ce début, ils entrent en matière : Flavius l'entretient de la grandeur romaine, des forces de César, des peines terribles réservées aux vaincus, de la clémence qui attendait Arminius lui-même, s'il daignait se soumettre, du traitement généreux qu'avaient reçu sa femme et son fils. Arminius lui parle des droits de la patrie, de la liberté de leurs aïeux, des dieux de la Ger-

---

ipse, audito castellum Luppiæ flumini appositum obsideri, sex legiones eo duxit. Neque Silio, ob subitos imbres, aliud actum quam ut modicam prædam, et Arpi principis Cattorum conjugem filiamque raperet; neque Cæsari copiam pugnæ obsessores fecere, ad famam adventus ejus dilapsi. Tumulum tamen nuper Varianis legionibus structum, et veterem aram Druso sitam disjecerant. Restituit aram, honorique patris princeps ipse cum legionibus decucurrit; tumulum iterare haud visum : et cuncta, inter castellum Alisonem ac Rhenum, novis limitibus, aggeribusque permunita.

VIII. Jamque classis advenerat, quum, præmisso commeatu, et distributis in legiones ac socios navibus, fossam, cui Drusianæ nomen, ingressus, precatusque Drusum patrem « ut se, eadem ausum, libens placatusque exemplo ac memoria consiliorum atque operum juvaret, » lacus inde et Oceanum, usque ad Amisiam flumen, secunda navigatione pervehitur. Classis Amisiæ relicta, lævo amne, erratumque in eo quod non subvexit : transposuit militem, dextras in terras iturum. Ita plures dies efficiendis pontibus absumpti. Et eques quidem ac legiones prima æstuaria, nondum accrescente unda, intrepidi transiere : postremum auxiliorum agmen, Batavique in parte ea, dum insultant aquis, artemque nandi ostentant, turbati, et quidam hausti sunt. Metanti castra Cæsari Angrivariorum defectio a tergo nunciatur; missus illico Stertinius, cum equite et armatura levi, igne et cædibus perfidiam ultus est.

IX. Flumen Visurgis Romanos Cheruscosque interfluebat. Ejus in ripa, cum ceteris primoribus, Arminius adstitit; quæsitoque an Cæsar venisset, postquam adesse responsum est, ut liceret cum fratre colloqui oravit. Erat is in exercitu, cognomento Flavius, insignis fide, et amisso per vulnus oculo paucis ante annis, duce Tiberio. Tum permissum, progressusque salutatur ab Arminio, qui, amotis stipatoribus, ut sagittarii nostra pro ripa dispositi abscederent, postulat; et, postquam digressi, unde ea deformitas oris interrogat fratrem. Illo, locum, et prælium referente, quodnam præmium recepisset exquirit; Flavius aucta stipendia, torquem, et coronam, aliaque militaria dona memorat, irridente Arminio vilia servitii pretia.

X. Exin diversi ordiuntur : hic, « magnitudinem romanam, opes Cæsaris, et victis graves pœnas ; in deditionem venienti paratam clementiam ; neque conjugem et filium ejus hostiliter haberi. » Ille, « fas patriæ, libertatem avitam,

manie, de leur mère, qui s'unissait à lui pour le conjurer de ne point trahir ses proches, ses alliés, sa nation, de ne point préférer le renom d'un déserteur et d'un traître, à l'honneur de la commander. Insensiblement ils en vinrent aux injures, et la rivière qui les séparait ne les eût point empêchés de se combattre. Flavius, transporté de colère, demandait son cheval et ses armes; il fallut que Stertinius accourût pour le retenir. Arminius, sur l'autre bord, ne paraissait pas moins furieux, et on l'entendit nous défier au combat; car il entremêlait son langage de beaucoup de mots latins qu'il avait appris lorsqu'il commandait dans notre armée les troupes de sa nation.

XI. Le lendemain, les Germains parurent en bataille au delà du Véser. Germanicus ne crut point de la prudence d'un général d'exposer ses légions sans avoir des ponts et des postes établis sur le fleuve; il fit aussi chercher des gués pour la cavalerie. Stertinius, et Émilius, un des primipilaires qui la commandaient, passèrent à quelque distance l'un de l'autre, afin de diviser les forces de l'ennemi. Ce fut à l'endroit le plus rapide que Cariovalde franchit la rivière à la tête de ses Bataves. Les Chérusques, par une fuite simulée, l'attirèrent dans une petite plaine entourée de bois. Là, se levant de tous côtés, ils l'enveloppent, ils renversent tout ce qui résiste, ils poursuivent tout ce qui recule. En vain les Bataves se resserrent en pelotons; une partie des ennemis, les joignant de près, d'autres, les attaquant de loin, les mettent en désordre. Cariovalde soutint longtemps la violence du choc; enfin, excitant les siens à s'ouvrir, avec leur colonne, les bataillons ennemis, il s'élance lui-même au fort de la mêlée, y perd son cheval, meurt percé de coups, et autour de lui une grande partie de sa noblesse; les autres durent leur salut, ou à leur courage, ou aux troupes de Stertinius et d'Émilius, qui accourèrent les dégager.

XII. Germanicus, ayant passé le Véser, apprit par un transfuge, qu'Arminius avait choisi un champ de bataille, que d'autres peuples encore l'étaient venus joindre dans une forêt consacrée a Hercule, et qu'on tenterait la nuit d'attaquer son camp. Les feux qu'on apercevait confirmaient le témoignage du transfuge, et nos coureurs, qui s'avancèrent plus près de l'ennemi, rapportèrent qu'on entendait un grand bruit de chevaux et les cris confus d'une multitude immense. Se voyant donc à la veille d'une affaire décisive, et résolu d'éprouver les dispositions des soldats, Germanicus songeait aux moyens de rendre l'épreuve sûre. Il se défiait des nouvelles, plus flatteuses qu'exactes, débitées par les tribuns et les centurions, de l'esprit servile des affranchis, de l'adulation de ses amis, même des assemblées générales de l'armée, où le petit nombre dicte à la multitude ce qu'elle répète. Enfin, pour bien connaître l'esprit de ses soldats, il voulut les voir libres, sans surveillants, lorsque, dans leurs repas militaires, ils expriment librement leurs craintes et leurs espérances.

XIII. La nuit venue, il s'échappe de l'augural. Prenant des routes détournées, inconnues des sentinelles, enveloppé de la dépouille d'un animal sauvage, suivi d'un seul homme, il traverse les rues du camp; il s'arrête à chaque tente; il jouit du plaisir d'entendre sa renommée. L'un exaltait sa haute naissance, l'autre les grâces de sa personne, la plupart sa patience, son affabilité, son humeur toujours égale dans les affaires comme dans les plaisirs. Tous se promettaient de lui témoi-

---

penetrales Germaniæ deos, matrem, precum sociam, ne propinquorum, et affinium, denique gentis suæ desertor et proditor, quam imperator esse mallet. Paullatim inde, ad jurgia prolapsi, quominus pugnam consererent, ne flumine quidem interjecto cohibebantur, ni Stertinius accurrens, plenum iræ, armaque et equum poscentem Flavium attinuisset. Cernebatur contra minitabundus Arminius, prœliumque denuncians : nam pleraque latino sermone interjaciebat, ut qui, romanis in castris doctor popularium, meruisset.

XI. Postero die, Germanorum acies trans Visurgim stetit. Cæsar, nisi pontibus præsidiisque impositis, dare in discrimen legiones haud imperatorium ratus, equitem vado tramittit. Præfuere Stertinius, et a numero primipilarium Æmilius, distantibus locis invecti, ut hostem diducerent. Qua celerrimus amnis, Cariovalda dux Batavorum erupit : eum Cherusci, fugam simulantes, in planitiem saltibus circumjectam traxere; dein coorti, et undique effusi, trudunt adversos, instant cedentibus, collectosque in orbem, pars congressi, quidam eminus proturbant. Cariovalda, diu sustentata hostium sævitia, hortatus suos ut ingruentes catervas globo frangerent, atque ipse in densissimos irrumpens, congestis telis et suffosso equo, labitur, ac multi nobilium circa : ceteros vis sua, aut equites cum Stertinio Æmilioque subvenientes, periculo exemere.

XII. Cæsar, transgressus Visurgim, indicio perfugæ cognoscit delectum ab Arminio locum pugnæ : convenisse et alias nationes in silvam Herculi sacram, ausurosque nocturnam castrorum oppugnationem. Habita indici fides et cernebantur ignes ; suggestisque propius speculatores audiri fremitum equorum, immensique et inconditi agminis murmur attulere. Igitur, propinquo summæ rei discrimine, explorandos militum animos ratus, quonam id modo incorruptum foret secum agitabat : « tribunos et centuriones læta sæpius quam comperta nunciare ; libertorum servilia ingenia ; amicis inesse adulationem : si concio vocetur, illic quoque, quæ pauci incipiant, reliquos adstrepere : penitus noscendas mentes quum, secreti et incustoditi, inter militares cibos, spem aut metum proferrent. »

XIII. Nocte cœpta, egressus augurali, per occulta et vigilibus ignara, comite uno, contectus humeros ferina pelle, adit castrorum vias, assistit tabernaculis, fruiturque fama sui : quum hic nobilitatem ducis, decorem alius,

gner leur reconnaissance sur le champ de bataille, en immolant les parjures et les infracteurs de la paix à sa vengeance et à sa gloire. Dans ce moment, un des ennemis, qui savait notre langue, pousse son cheval jusqu'aux retranchements, et promet, à haute voix, au nom d'Arminius, pour quiconque déserterait, une femme, des terres, et cent sesterces par jour pendant toute la guerre. Cette insulte enflamme le soldat de colère : Que « le jour vienne, qu'on donne la bataille, et ils « prendront les terres des Germains, et ils em-« mèneront leurs femmes. Ils acceptent l'augure : « oui, les femmes et l'argent de l'ennemi leur sont « destinés. » Environ à la troisième veille, les barbares vinrent pour insulter le camp ; mais, trouvant les palissades bordées de soldats et tous les postes bien gardés, ils se retirèrent sans avoir lancé un seul trait.

XIV. Cette nuit, Germanicus eut un songe qui le transporta de joie. Il se figura qu'il sacrifiait, et que, le sang des victimes ayant rejailli sur sa robe, il en avait reçu une plus belle des mains de son aïeule Augusta. Encouragé par ce présage, avec lequel s'accordaient les auspices, il convoque les soldats ; il leur représente tout ce que sa prudence leur a ménagé pour le succès de la bataille : « Les plaines n'étaient pas le seul terrain « convenable au soldat romain ; les bois leur of-« fraient autant d'avantages, s'ils voulaient s'en « servir : les barbares, avec leurs énormes « boucliers et leurs longues lances, ne pouvaient, « au milieu des troncs d'arbres et des rejetons qui « couvraient la terre, agir aussi librement que « les Romains avec leur pilum, leur épée, et « des armures serrées contre leur corps. Ils n'a-« vaient qu'à multiplier leurs coups en pointant « au visage. Les Germains n'avaient ni casque ni « cuirasse ; leurs boucliers même n'étaient ni « revêtus de cuir, ni garnis de fer ; ce n'etait « qu'un tissu d'osier, de minces planches dégui-« sées par quelques couleurs : la première ligne « au plus, avait une sorte de lances, et le reste, « de petits dards, ou des pieux durcis au feu. « Tous ces corps, effrayants à la vue, n'avaient « qu'une vigueur momentanée, qui s'évanouissait « a la première blessure : alors, sans crainte du « déshonneur, sans égard pour leurs chefs, on « les voyait plier, fuir, aussi timides dans la dis-« grâce, qu'étrangers, dans le succès, au droit « divin, au droit humain. Si l'ennui de la mer et « des longues marches faisait désirer aux Romains « la fin de leurs travaux, ils la trouveraient dans « ce combat. L'Elbe était déjà plus près que le « Rhin, et, au delà, plus de guerre, si toutefois, « lorsqu'il marchait dans ces mêmes régions, sur « les traces de son père et de son oncle, ils voulaient « l'y rendre vainqueur comme eux. » Le soldat répondit au discours de son général par la plus vive allégresse, et l'on donna le signal du combat.

XV. De leur côté, Arminius et les autres chefs des barbares n'omettaient rien pour animer chacun sa troupe : « Cette armée romaine n'était que « les fuyards de celle de Varus, qui, pour s'é-« pargner une guerre, avaient recouru à la sé-« dition ; qui, couverts en partie de blessures hon-« teuses, en partie brisés par les flots et par les « tempêtes, venaient de nouveau, sans le moin-« dre espoir de succès, se livrer à un ennemi im-« placable, à des dieux irrités. Ils avaient pris « une flotte et la route détournée de l'Océan, pour « éviter, à leur arrivée, la rencontre, et, à leur

---

plurimi patientiam, comitatem ; per seria, per jocos eumdem animum, laudibus ferrent ; reddendamque gratiam in acie faterentur ; simul perfidos et ruptores pacis ultioni et gloriæ mactandos. Inter dum, unus hostium, latinæ linguæ sciens, acto ad vallum equo, voce magna, conjuges, et agros, et stipendii in dies, donec bellaretur, sestertios centenos, si quis transfugisset, Arminii nomine pollicetur. Incendit ea contumelia legionum iras : « Veniret dies, « daretur pugna ; sumpturum militem Germanorum agros, « tracturum conjuges : accipere omen, et matrimonia ac « pecunias hostium prædæ destinare. » Tertia ferme vigilia, assultatum est castris, sine conjectu teli, postquam crebras pro munimentis cohortes, et nihil remissum sensere.

XIV. Nox eadem lætam Germanico quietem tulit, viditque se operatum, et, sanguine sacro respersa prætexta, pulchriorem aliam manibus aviæ Augustæ accepisse. Auctus omine, addicentibus auspiciis, vocat concionem, et quæ sapientia prævisa aptaque imminenti pugnæ disserit. « Non campos modo militi romano ad prælium bonos, sed, « si ratio adsit, silvas et saltus. Nec enim immensa bar-« barorum scuta, enormes hastas, inter truncos arborum, « et enata humo virgulta, perinde haberi quam pila, et « gladios, et hærentia corpori tegmina. Densarent ictus, « ora mucronibus quærerent : non loricam Germano, non « galeam ; ne scuta quidem ferro, nervove firmata ; sed « viminum textus, sed tenues fucatas colore tabulas. Pri-« mam utcumque aciem hastatam ; ceteris, præusta aut « brevia tela. Jam corpus, ut visu torvum, et ad brevem « impetum validum, sic nulla vulnerum patientia : sine « pudore flagitii, sine cura ducum, abire, fugere ; pavidos « adversis, inter secunda, non divini, non humani juris « memores. Si, tædio viarum ac maris, finem cupiant, « hac acie parari : propiorem jam Albim quam Rhenum ; « neque bellum ultra, modo se, patris patruique vestigia « prementem iisdem in terris, victorem sisterent. » Orationem ducis secutus militum ardor : signumque pugnæ datum.

XV. Nec Arminius, aut ceteri Germanorum proceres omittebant suos quisque testari : « Hos esse Romanos Va-« riani exercitus fugacissimos, qui, ne bellum tolerarent, « seditionem induerint : quorum pars onusta vulneribus « tergum, pars fluctibus et procellis fractos artus, infensis « rursum hostibus, adversis diis, objiciant, nulla boni « spe. Classem quippe et avia Oceani quæsita, ne quis « venientibus occurreret, ne pulsos premeret : sed, ubi « miscuerint manus, inane victis ventorum remorumve

« retour, la poursuite des Germains ; mais , une
« fois sur le champ de bataille, des voiles et des
« rames seraient pour des vaincus un faible secours.
« Les Germains auraient-ils oublié l'orgueil, l'ava-
« rice, la cruauté romaines ? Que leur restait-il
« donc, sinon de maintenir leur liberté, ou de
« prévenir l'esclavage par la mort ? »

XVI. Ainsi enflammés , brûlant de combattre,
ils descendent dans la plaine d'Idistavise. Cette
plaine s'étend entre le Véser et des collines, dans
une largeur inégale, suivant qu'elle est plus ou
moins resserrée par les sinuosités de la rivière, et
par les saillies des montagnes. Derrière eux s'é-
levaient de hautes futaies, dont les arbres portant
leurs branches vers la cime, laissaient le sol entièrement libre entre leurs troncs. La ligne de
bataille des barbares occupait la plaine et l'entrée
de la forêt : les Chérusques se postèrent séparément sur les hauteurs , dans le dessein de tomber
sur les Romains au fort du combat. Notre armée
marcha dans cet ordre : les auxiliaires Gaulois
et Germains à la tête, suivis des archers à pied ;
puis quatre légions ; ensuite Germanicus, avec
deux cohortes prétoriennes et l'élite de la cavalerie ; après lui quatre autres légions ; enfin les
troupes légères, avec les archers à cheval et le
reste des cohortes alliées. Le soldat était disposé
de manière qu'au premier signal son ordre de
marche devint son ordre de bataille.

XVII. Germanicus, ayant aperçu l'infanterie
des Chérusques qui, par excès d'intrépidité, s'é-
tait jetée en avant, donne ordre à sa meilleure cavalerie de les prendre en flanc, et à Stertinius de
les tourner, d'attaquer les derrières avec le reste
des escadrons : il promet de les seconder à propos.
Cependant un magnifique augure, huit aigles,
qu'on vit prendre leur vol et entrer dans la forêt,
frappèrent les regards du général. Il crie à ses
soldats de marcher, de suivre ces oiseaux de
Rome, ces dieux tutélaires des légions ; aussitôt
l'infanterie se porte en avant, tandis que la cavalerie arrive sur les flancs et sur le dos des ennemis ; ceux-ci sont mis en déroute, et, par un
hasard surprenant, leurs deux ailes se croisent
dans leur fuite, celle qui occupait le bois courant
vers la plaine, et celle de la plaine se précipitant
vers le bois. Les Chérusques, postés entre ces
deux corps sur des hauteurs , en furent chassés.
Au milieu d'eux on distinguait Arminius, qui, de
la voix , de son épée, de son sang cherchait à
soutenir la bataille. Il s'était jeté sur nos archers,
et les aurait rompus , s'ils n'eussent été soutenus
par les Rhètes, les Vindéliciens et les Gaulois.
Malgré sa défaite , il se fit jour encore avec son
cheval et son épée, s'étant couvert le visage de
son sang, pour n'être point reconnu. On prétend
qu'il le fut cependant par les Chauques, auxiliaires dans notre armée, qui le laissèrent passer. Une
valeur ou une ruse pareille sauva Inguiomer. On
fit du reste un massacre horrible, surtout au
passage de Véser, où les traits que nous lancions,
la violence du courant, la précipitation des
fuyards et l'éboulement du rivage en firent périr
un grand nombre. Quelques-uns, par une fuite
honteuse, avaient grimpé au haut des arbres , où
ils cherchaient à se cacher derrière les branches.
Nos archers se firent un amusement de les y percer à coups de flèches : d'autres furent écrasés
par les arbres mêmes qu'on abattit. Cette victoire
fut complète, sans être sanglante pour nous.

XVIII. Le carnage dura depuis la cinquième
heure du jour jusqu'à la nuit. Un espace de dix
milles fut jonché d'armes et de cadavres. On trouva
parmi des dépouilles les chaînes qu'ils avaient

« subsidium. Meminissent modo avaritiæ, crudelitatis,
« superbiæ : aliud sibi reliquum quam tenere libertatem,
« aut mori ante servitium ? »

XVI. Sic accensos, et prælium poscentes, in campum,
cui Idistaviso nomen , deducunt. Is, medius inter Visurgim et colles, ut ripæ fluminis cedunt, aut prominentia
montium resistunt, inæqualiter sinuatur. Pone tergum in-
surgebat silva, editis in altum ramis, et pura humo inter
arborum truncos. Campum et prima silvarum barbara
acies tenuit ; soli Cherusci juga insedere, ut præliantibus
Romanis desuper incurrerent. Noster exercitus sic incessit : auxiliares Galli, Germanique in fronte ; post quos pedites sagittarii ; dein quatuor legiones, et , cum duabus
prætoriis cohortibus, ac delecto equite, Cæsar ; exin totidem aliæ legiones, et levis armatura cum equite sagitta-
rio, ceteræque sociorum cohortes. Intentus paratusque
miles, ut ordo agminis in aciem adsisteret.

XVII. Visis Cheruscorum catervis quæ per ferociam
proruperant, validissimos equitum incurrere latus, Ster-
tinium cum ceteris turmis circumgredi, tergaque invadere
jubet, ipse in tempore adfuturus. Interea, pulcherrimum
augurium, octo aquilæ, petere silvas et intrare visæ, imperatorem advertere. Exclamat « irent, sequerentur romanas aves, propria legionum numina. » Simul pedestris
acies infertur, et præmissus eques postremos ac latera
impulit, mirumque dictu, duo hostium agmina, diversa
fuga, qui silvam tenuerant, in aperta, qui campis adstiterant, in silvam ruebant. Medii inter hos Cherusci collibus
detrudebantur ; inter quos insignis Arminius, manu, voce,
vulnere sustentabat pugnam : incubueratque sagittariis,
illa rupturus, ni Rhætorum Vendelicorumque et Gallicæ
cohortes signa objecissent. Nisu tamen corporis, et impetu equi pervasit, oblitus faciem suo cruore, ne nosceretur. Quidam agnitum a Chaucis, inter auxilia romana agentibus, emissumque tradiderunt. Virtus seu fraus
eadem Inguiomero effugium dedit : ceteri passim trucidati,
et plerosque, tranare Visurgim conantes, injecta tela,
aut vis fluminis, postremo moles ruentium, et inciden-
tes ripæ, operuere : quidam, turpi fuga in summa arborum
nisi, ramisque se occultantes, admotis sagittariis per
ludibrium figebantur ; alios prorutæ arbores afflixere.
Magna ea victoria, neque cruenta nobis fuit.

XVIII. Quinta ab hora diei ad noctem cæsi , hostes decem
millia passuum cadaveribus atque armis opplevere ; re-

apportées pour nous, tant ils se croyaient sûrs de vaincre. L'armée proclama Tibère *imperator* sur le champ de bataille, et on éleva un monument avec un trophée d'armes, où l'on grava le nom des nations vaincues.

XIX. La vue de ce monument les outra de douleur et de rage, plus que n'avaient fait leurs blessures, le massacre de leurs proches, la ruine de leur pays. Eux qui, peu d'instants auparavant pensaient à quitter leur patrie, à se retirer au delà de l'Elbe, ne parlent maintenant que de combats : ils courent aux armes; jeunes, vieux, chefs, peuple, tous s'ébranlent; ils inquiètent la marche des Romains par mille incursions subites; enfin ils choisissent un champ de bataille fermé par le fleuve et par des bois. Au milieu s'étendait une plaine étroite et marécageuse; un marais profond entourait encore la forêt de tous côtés, hors un seul où les Angrivariens avaient élevé une large chaussée, pour se faire une barrière contre les Chérusques. C'est là que se plaça l'infanterie ; la cavalerie se cacha dans les bois voisins, pour fondre sur les derrières de notre armée, sitôt qu'elle serait entrée dans la forêt.

XX. Aucune de ces dispositions ne fut ignorée de Germanicus : leurs desseins, leurs positions, leurs résolutions publiques ou secrètes, il savait tout et tournait leurs ruses contre eux-mêmes. Il laisse à son lieutenant Tubéron la cavalerie et la plaine; pour l'infanterie, il la range en bataille, de manière qu'une partie puisse entrer de plain-pied dans la forêt, et l'autre assaillir le retranchement. Germanicus se réserve cette attaque, qui était difficile : il abandonne les autres à ses lieutenants. Ceux qui combattaient sur le terrain plat pénétrèrent facilement; mais, à la chaussée, nos soldats étaient, comme au pied d'un mur, en butte à tous les traits, qui, d'en haut, tombant avec plus de force, les accablaient. Germanicus sentit que, de près, l'affaire n'était point égale; il fit retirer un peu ses légions, et avancer les frondeurs avec les machines, pour écarter l'ennemi à coups de traits : les machines firent pleuvoir des javelines énormes : et, plus leur position mettait les barbares en vue, plus ils furent criblés de blessures. Le rempart forcé, Germanicus se jette le premier dans la forêt, à la tête des cohortes pretoriennes. Là, on se battit corps à corps. Les barbares avaient le marais, les Romains le fleuve ou les montagnes qui les enfermaient par derrière; les deux armées, commandées par le terrain, n'avaient de ressource que la valeur, d'espérance que la victoire.

XXI. Les Germains ne nous le cédaient point en bravoure; mais la nature du combat et des armes leur donnait du désavantage. Le lieu était trop resserré pour cette immense multitude : ils ne pouvaient ni allonger librement leurs grandes lances, et les ramener à eux, ni s'élancer par bonds, et déployer l'agilité de leurs membres. Ils étaient réduits à combattre de pied ferme; tandis que le soldat romain, avec son bouclier serré contre sa poitrine, et son épée dont la main embrassait la garde, perçait sans peine leurs corps gigantesques, leurs visages découverts, et se faisait jour par le massacre des ennemis. Enfin la continuité du péril rebuta Arminius, qu'affaiblissait aussi peut-être sa dernière blessure. Inguiomer, plus opiniâtre, volait dans tous les rangs, et la fortune lui manqua plutôt que la valeur. Germanicus avait ôté son casque, pour être mieux reconnu; il criait de s'acharner au carnage,

pertis, inter spolia eorum, catenis quas in Romanos, ut non dubio eventu, portaverant. Miles, in loco prælii, Tiberium imperatorem salutavit, struxitque aggerem, et, in modum tropæorum, arma, subscriptis victarum gentium nominibus, imposuit.

XIX. Haud perinde Germanos vulnera, luctus, excidia, quam ea species dolore et ira affecit : qui modo sedibus sedibus, trans Albim concedere parabant, pugnam volunt, arma rapiunt : plebes, primores, juventus, senes, agmen romanum repente incursant, turbant : postremo deligunt locum flumine et silvis clausum, arta intus planitie et humida, quoque profunda palus ambiat, nisi quod latus unum Angrivarii lato aggere extulerant, quo a Cheruscis dirimerentur : hic pedes adstitit : equitem propinquis lucis texere, ut ingressis silvam legionibus a tergo foret.

XX. Nihil ex iis Cæsari incognitum : consilia, locos, prompta, occulta noverat, astusque hostium in perniciem ipsis vertebat. Seio Tuberoni legato tradit equitem, campumque; peditum aciem ita instruxit, ut pars æquo in silvam aditu incederet, pars objectum aggerem eniteretur : quod arduum sibi, cetera legatis permisit. Quibus plana evenerant, facile irrupere; quia impugnandus agger, ut si murum succederet, gravibus superne ictibus conflictabantur. Sensit dux imparem cominus pugnam, remotisque paullum legionibus, funditores libratoresque excutere tela et proturbare hostem jubet; missæ e tormentis hastæ, quantoque conspicui magis propugnatores, tanto pluribus vulneribus dejecti. Primus Cæsar cum prætoriis cohortibus, capto vallo, dedit impetum in silvas : collato illic gradu certatum : hostem a tergo palus, Romanos flumen aut montes claudebant : utrisque necessitas in loco, spes in virtute, salus ex victoria.

XXI. Nec minor Germanis animus; sed genere pugnæ et armorum superabantur; quum ingens multitudo, artis locis, prælongas hastas non protenderet, non colligeret, neque subitibus et velocitate corporum uteretur, coacta stabile ad prælium : contra miles, cui scutum pectori appressum, et insidens capulo manus, latos barbarorum artus, nuda ora foderet, viamque strage hostium aperiret; impromptu jam Arminio, ob continua pericula, sive illum recens acceptum vulnus tardaverat. Quin et Inguiomerum, tota volitantem acie, fortuna magis quam virtus deserebat; et Germanicus, quo magis agnosceretur, detraxerat tegimen capiti, orabatque « insisterent cædibus, nil opus captivis, solam internecionem gentis fi-

de ne point faire de prisonniers, qu'on n'aurait la paix que par la destruction entière de la nation. Le soir il retira du combat une légion pour travailler au camp : toutes les autres se baignèrent jusqu'à la nuit dans le sang des ennemis. La cavalerie combattit sans avantage marqué.

XXII. Germanicus, dans une assemblée générale de l'armée, célébra la bravoure de ses soldats; puis il fit dresser un trophée avec cette inscription magnifique : « L'armée de Tibère « César, victorieuse des nations entre l'Elbe et « le Rhin, a consacré ce monument à Mars, à « Jupiter et à Auguste. » De lui, il n'ajouta rien, soit crainte de l'envie, soit persuasion que c'était assez de la conscience d'avoir bien fait. Il chargea Stertinius de la guerre contre les Angrivariens; mais ceux-ci se hâtèrent de se soumettre; et, par leurs supplications, en se résignant à tout, ils se firent tout pardonner.

XXIII. Cependant, l'été s'avançant, Germanicus renvoya une partie des légions par terre dans leurs quartiers d'hiver : le plus grand nombre s'embarqua avec lui sur la flotte, et regagna par l'Ems l'Océan. D'abord la mer fut tranquille : on n'y entendait que le bruit des rames, on n'y voyait que l'agitation des voiles qui faisaient mouvoir ces mille vaisseaux. Tout à coup d'épais nuages, s'amoncelant, se fondent en grêle ; puis les vents, soufflant à la fois de tous les côtés, tourmentent les flots en tout sens : on ne voit plus autour de soi, on ne peut gouverner. Le soldat effrayé, sans expérience de la mer, troublant les matelots, ou les aidant à contre-temps, empêchait la manœuvre. Bientôt le vent du midi domina seul sur tout le ciel et sur toute la mer. Ce vent, à qui un amas de nuages immenses, l'élévation des terres de la Germanie, la profondeur de ses rivières, la rigueur et le voisinage du nord, donnaient encore plus de violence, emporta et dispersa les vaisseaux en pleine mer, ou les poussa sur des îles environnées de rochers escarpés, ou de bas-fonds dangereux. On les avait un peu évitées, quoique avec peine, à l'aide de la marée; mais lorsqu'elle eut changé, et que sa direction fut celle du vent, il n'y eut plus d'ancres capables de retenir les vaisseaux, plus de bras suffisants pour épuiser l'eau qui entrait de toutes parts. On jette à la mer les chevaux, les bêtes de somme, les bagages, les armes même, pour soulager les bâtiments qui s'entr'ouvraient par les côtés, et s'affaissaient sous le poids des vagues.

XXIV. Autant l'Océan l'emporte en violence sur une autre mer, le climat de la Germanie en rigueur sur un autre climat, autant cette tempête l'emporta sur les autres, par tout ce qu'elle eut d'extraordinaire et d'horrible. On n'avait autour de soi que des rivages ennemis, ou une mer si vaste et si profonde, qu'on ne supposait point de terres au delà. Une partie des vaisseaux fut engloutie; plusieurs furent jetés sur des îles éloignées. Là, sur des bords inhabités, nos soldats périrent par la faim, excepté ceux qui vécurent de la chair des chevaux que la tempête avait poussés sur le rivage. La seule trirème de Germanicus aborda chez les Chauques. On le vit, pendant tout ce temps, errer le jour et la nuit sur les rochers et sur les promontoires, s'accusant d'être la cause d'un si grand désastre. A peine ses amis purent-ils l'empêcher de se précipiter dans la mer. Enfin, au retour de la marée, le vent favorisa nos vaisseaux ; ils revinrent délabrés les uns presque sans rames , d'autres avec des vêtements pour voiles , quelques-uns traînés par d'autres moins endommagés. On les répare promptement pour aller vi-

nem bello fore. » Jamque sero diei subduxit ex acie legionem faciendis castris; ceteræ ad noctem cruore hostium satiatæ sunt; equites ambigue certavere.

XXII. Laudatis pro concione victoribus, Cæsar congeriem armorum struxit, superbo cum titulo : « Debellatis « inter Rhenum Albimque nationibus, exercitum Tiberii « Cæsaris ea monumenta Marti et Jovi et Augusto sacra-« visse. » De se nihil addidit, metu invidiæ, an ratus conscientiam facti satis esse. Mox bellum in Angrivarios Stertinio mandat, ni deditionem properavissent : atque illi supplices, nihil abnuendo, veniam omnium accepere.

XXIII. Sed, æstate jam adulta, legionum aliæ itinere terrestri in hibernacula remissæ ; plures Cæsar, classi impositas, per flumen Amisiam Oceano invexit. Ac primo placidum æquor mille navium remis strepere , aut velis impelli ; mox , atro nubium globo, effusa grando, simul variis undique procellis incerti fluctus prospectum adimere, regimen impedire : milesque pavidus, et casuum maris ignarus, dum turbat nautas, vel intempestive juvat, officia prudentium corrumpebat. Omne dehinc cœlum et mare omne in austrum cessit; qui, tumidis Germaniæ terris, profundis amnibus, immenso nubium tractu validus, et rigore vicini septentrionis horridior, rapuit disjecitque naves in aperta Oceani, aut insulas saxis abruptis, vel per occulta vada infestas. Quibus paullum ægreque vitatis, postquam mutabat æstus, eodemque quo ventus ferebat, non adhærere anchoris, non exhaurire irrumpentes undas poterant : equi, jumenta, sarcinæ, etiam arma præcipitantur, quo levarentur alvei, manantes per latera, et fluctu superurgente.

XXIV. Quanto violentior cetero mari Oceanus, et truculentia cœli præstat Germania, tantum illa clades novitate et magnitudine excessit, hostilibus circum littoribus, aut ita vasto et profundo ut credatur novissimum, ac sine terris mare. Pars navium haustæ sunt; plures apud insulas longius ejectæ : milesque, nullo illic hominum cultu, fame absumptus, nisi quos corpora equorum eodem elisa toleraverant. Sola Germanici triremis Chaucorum terram appulit, quem , per omnes illos dies noctesque, apud scopulos et prominentes oras, quum se tanti exitii reum clamitaret, vix cohibuere amici quominus eodem mari oppeteret. Tandem, relabente æstu, et secundante vento, claudæ naves raro remigio, aut intentis vestibus, et quædam a validioribus tractæ , revertere : quas raptim refectas

siter toutes les îles. Par ce moyen, on recueillit un grand nombre de soldats. Les Angrivariens, nouvellement soumis, en rachetèrent, de l'intérieur du pays, plusieurs qu'ils nous rendirent. Quelques-uns furent emportés jusqu'en Bretagne, d'où les petits souverains du pays nous les renvoyèrent. A son retour de ces pays lointains, chacun faisait des récits merveilleux de tourbillons violents, d'oiseaux inconnus, de monstres marins de formes bizarres, moitié homme, moitié animal, qu'il avait vus, ou que, dans sa frayeur, il avait cru voir.

XXV. Ce désastre, en réveillant l'espérance des Germains, ne fit que ranimer les efforts de Germanicus. Il envoie Silius contre les Cattes avec trente mille hommes de pied, trois mille chevaux, et marche lui-même avec de plus grandes forces contre les Marses. Leur chef Malovende venait de se soumettre. Il nous apprit que l'aigle d'une des légions de Varus, enfouie dans un bois voisin, n'était gardée que par un faible détachement. On fit partir aussitôt un corps de troupes. Une partie devait attirer l'ennemi en avant, tandis que l'autre irait par derrière enlever l'aigle : tout réussit. Animé par ce succès, Germanicus pénètre dans l'intérieur du pays, qu'il dévaste et qu'il ruine. L'ennemi n'osait plus en venir aux mains : tout ce qui résistait était dispersé sur-le-champ. Jamais, suivant le rapport de leurs prisonniers, il n'y avait eu parmi eux une telle consternation. Ils disaient hautement que les Romains étaient invincibles et supérieurs aux coups de la fortune, puisque, après la perte de leur flotte et de leurs armes, lorsque tous les rivages de la Germanie étaient jonchés de leurs hommes et de leurs chevaux, leur courage était toujours le même, leurs attaques tout aussi vives, et leur nombre en quelque sorte multiplié.

XXVI. Après cette expédition, Germanicus mit ses troupes en quartier d'hiver : la joie de ce succès leur avait fait oublier les malheurs de leur navigation. Il y mit le comble par ses libéralités, et il tint compte à chacun de tout ce qu'ils déclarèrent avoir perdu. Déjà le découragement des ennemis était sensible; ils songeaient même à demander la paix; et l'on ne doutait point qu'une autre campagne ne terminât la guerre. Mais Tibère écrivait lettres sur lettres à Germanicus pour le faire revenir, alléguant le triomphe qui l'attendait, l'incertitude du sort après de grands et glorieux combats, lui citant les malheurs de sa navigation, qui, sans nuire à la gloire du chef, n'en étaient pas moins cruels pour son armée. Il ajoutait que lui-même, envoyé neuf fois en Germanie par Auguste, avait plus terminé de choses par la politique que par la force; que c'était ainsi qu'il avait soumis les Sicambres et réduit les Suèves et le roi Maroboduus à demander la paix; que, maintenant que la vengeance des Romains était satisfaite, on pouvait abandonner à leurs dissensions les Chérusques et les autres nations rebelles. Germanicus demandait un an pour consommer son entreprise. Tibère, toujours plus pressant, attaque sa vanité par l'offre d'un second consulat, dont les fonctions exigeraient sa présence. Il insinuait en même temps que, si la guerre devait être continuée, il fallait laisser à son frère Drusus des travaux et l'unique occasion d'acquérir des lauriers et le titre d'*imperator*, puisqu'on n'avait alors d'ennemis que les Germains. Germanicus n'insista plus, quoiqu'il comprît toute la fausseté de ces prétextes, et la ma-

---

misit ut scrutarentur insulas; collecti ea cura plerique. Multos Angrivarii, nuper in fidem accepti, redemptos ab interioribus reddidere; quidam in Britanniam rapti, et remissi a regulis. Ut quis ex longinquo revenerat, miracula narrabant, vim turbinum, et inauditas volucres, monstra maris, ambiguas hominum et belluarum formas, visa, sive ex metu credita.

XXV. Sed fama classis amissa, ut Germanos ad spem belli, ita Cæsarem ad coercendum erexit. C. Silio, cum triginta peditum, tribus equitum millibus, ire in Cattos imperat : ipse majoribus copiis Marsos irrumpit : quorum dux Malovendus, nuper in deditionem acceptus, propinquo luco defossam Varianæ legionis aquilam modico præsidio servari indicat. Missa extemplo manus quæ hostem a fronte eliceret; alii qui, terga circumgressi, recluderent humum : et utrisque adfuit fortuna. Eo promptior Cæsar pergit introrsus, populatur, exscindit non ausum congredi hostem; aut, sicubi restiterat, statim pulsum; nec unquam magis, ut ex captivis cognitum est, paventem. Quippe « invictos et nullis casibus superabiles Romanos » prædicabant, « qui, perdita classe, amissis armis, post constrata equorum virorumque corporibus littora, eadem virtute pari ferocia, et veluti aucti numero irrupissent. »

XXVI. Reductus inde in hiberna miles, lætus animi, quod adversa maris expeditione prospera pensavisset : addidit munificentiam Cæsar, quantum quis damni professus erat, exsolvendo. Nec dubium habebatur labare hostes, petendæque pacis consilia sumere, et, si proxima æstas adjiceretur, posse bellum patrari. Sed crebris epistolis Tiberius monebat, « rediret ad decretum triumphum; satis jam eventuum, satis casuum; prospera illi et magna prœlia. eorum quoque meminisset quæ venti et fluctus, nulla ducis culpa, gravia tamen et sæva damna intulissent. Se, novies a divo Augusto in Germaniam missum, plura consilio quam vi perfecisse; sic Sugambros in deditionem acceptos; sic Suevos, regemque Maroboduum pace obstrictum : posse et Cheruscos, ceterasque rebellium gentes, quando romanæ ultioni consultum esset, internis discordiis relinqui. » Precante Germanico annum efficiendis cœptis, acrius modestiam ejus aggreditur, alterum consulatum offerendo cujus munia præsens obiret : simul annectebat, « si foret adhuc bellandum, relinqueret materiem Drusi

lignité de l'envie qui voulait lui ravir une gloire acquise déjà par ses succès.

XXVII. Environ dans le même temps, Libon Drusus, de la maison des Scribonius, fut accusé d'une conspiration contre l'empereur. Je vais rapporter plus en détail l'origine, la suite et le dénoûment de cette affaire, parce qu'elle fut la première époque de ces manœuvres sourdes qui, depuis, ont miné l'État si longtemps. Le sénateur Firmius, intime ami de Libon, avait abusé de la faiblesse de ce jeune homme inconsidéré, facile à embrasser des chimères; il lui avait inspire de la confiance pour les promesses des astrologues, les cérémonies des magiciens, et même pour les interprètes de songes : il lui parlait sans cesse de son bisaïeul Pompée, de sa tante Scribonie, qui avait été la femme d'Auguste, des Césars dont il était le parent, enfin de toutes les grandeurs de sa maison. Partageant et ses plaisirs et ses liaisons, il le poussait aux plus fortes dépenses, à s'endetter même, afin de l'envelopper par les dépositions d'un plus grand nombre de témoins.

XXVIII. Dès qu'il en eut un nombre suffisant, ainsi que des esclaves pour déposer sur les mêmes faits, il sollicita une entrevue avec Tibère : il l'avait instruit déjà de l'accusation et du nom de l'accusé, par le moyen de Flaccus Vescularius, chevalier romain, qui avait un accès plus libre auprès du prince. Tibère, quoique éloigné de rejeter la délation, refuse l'entrevue, inutile, selon lui, puisqu'on pouvait communiquer par l'entremise de ce même Flaccus. Et cependant il élève Libon à la preture, il l'admet dans sa familiarité. Il avait tellement concentré sa colère, qu'on n'apercevait, ni dans ses discours, ni sur son visage, la moindre altération. Il eût pu arrêter les propos et les actions du jeune homme; il préférait les épier. Enfin un certain Junius, sollicité d'évoquer les ombres par des enchantements, porta sa déposition chez Fulcinius Trio, accusateur célèbre de ce temps, et avide de cette infâme célébrité. Celui-ci s'empare aussitôt de l'affaire, va trouver les consuls, demande au sénat une instruction. On convoque les pères, en leur annonçant qu'ils auront à délibérer sur une affaire alarmante et grave.

XXIX. Cependant Libon, ayant pris des habits de deuil, se transporte de maison en maison avec les premières femmes de Rome; il sollicite ses proches, il les supplie de le défendre dans son malheur : tous refusent par le même motif, la crainte, qu'ils déguisent sous différents prétextes. Le jour de l'assemblée, soit que l'inquiétude et le chagrin l'eussent rendu malade, soit qu'il feignît de l'être, comme on l'a dit aussi, Libon se fait conduire en litière jusqu'à la porte du sénat : il se traîne dans la salle, appuyé sur son frère; il tend des mains suppliantes à Tibère, il implore sa pitié. Tibère l'écoute d'un air calme, puis il lit les charges et les dépositions, d'un ton mesuré, qui n'adoucissait, qui n'aggravait rien.

XXX. A Fulcinius et Firmius s'étaient joints deux autres accusateurs, Fontéius Agrippa et Vibius; et tous quatre se disputaient à qui porterait la parole contre l'accusé. Comme aucun d'eux ne voulait le céder aux autres, Vibius, observant d'ailleurs que Libon n'avait point d'avocat, déclara qu'il se bornerait à exposer succinctement

---

fratris gloriæ, qui nullo tum alio hoste non nisi apud Germanias, assequi nomen imperatorium, et deportare lauream posset. » Haud cunctatus est ultra Germanicus, quanquam fingi ea, seque per invidiam parto jam decori abstrahi intelligeret.

XXVII. Sub idem tempus, e familia Scriboniorum Libo Drusus defertur moliri res novas. Ejus negotii initium, ordinem, finem, curatius disseram; quia tum primum reperta sunt quæ per tot annos rempublicam exedere. Firmius Catus, senator, ex intima Libonis amicitia, juvenem improvidum et facilem inanibus, ad Chaldæorum promissa, magorum sacra, somniorum etiam interpretes impulit : dum proavum Pompeium, amitam Scroboniam, quæ quondam Augusti conjux fuerat, consobrinos Cæsares, plenam imaginibus domum ostentat; hortaturque ad luxum et æs alienum, socius libidinum et necessitatum, quo pluribus indiciis illigaret.

XXVIII. Ut satis testium, et qui servi eadem noscerent reperit, aditum ad principem postulat, demonstrato crimine et reo per Flaccum Vescularium, equitem romanum, cui propior cum Tiberio usus erat. Cæsar, indicium haud adspernatus, congressus abnuit; « posse enim, eodem Flacco internuncio, sermones commeare. » Atque interim Libonem ornat prætura, convictibus adhibet, non vultu alienatus, non verbis commotior (adeo iram condiderat) cunctaque ejus dicta factaque, quum prohibere posset, scire malebat : donec Junius quidam, tentatus ut infernas umbras carminibus eliceret, ad Fulcinium Trionem indicium detulit. Celebre inter accusatores Trionis ingenium erat, avidumque famæ malæ. Statim corripit reum, adit consules, senatus cognitionem poscit : et vocantur patres, addito consultandum super re magna et atroci.

XXIX. Libo interim, veste mutata, cum primoribus feminis circumire domos, orare affines, vocem adversum pericula poscere; abnuentibus cunctis, quum diversa prætenderent, eadem formidine. Die senatus, metu et ægritudine fessus, sive, ut tradidere quidam, simulato morbo, lectica delatus ad fores curiæ, innixusque fratri, et manus ac supplices voces ad Tiberium tendens, immoto ejus vultu excipitur : mox libellos et auctores recitat Cæsar, ita moderans, ne lenire neve asperare crimina videretur.

XXX. Accesserant, præter Trionem et Catum accusatores, Fonteius Agrippa, et C. Vibius, certabantque cui jus perorandi in reum daretur : donec Vibius, quia nec ipsi inter se concederent, et Libo sine patrono introisset, singillatim se crimina objecturum professus, protulit libellos, vecordes adeo ut consultaverit Libo « an habiturus foret opes quis viam Appiam, Brundisium usque, pecunia operiret. » Inerant et alia hujuscemodi, stolida, vana; si mollius acciperes, miseranda. Uni tamen libello, manu

les différents chefs d'accusation. Il en produisit de tellement insensés, que Libon avait, disait-il, demandé s'il aurait un jour assez d'argent pour en couvrir la voie Appienne, depuis Rome jusqu'à Brindes. Il y en avait encore d'autres de cette puérilité, de cette extravagance qui, à vrai dire, n'étaient dignes que de pitié. On citait pourtant des tablettes sur lesquelles on avait écrit les noms de César et des sénateurs, avec des notes, les unes sanglantes, les autres mystérieuses, toutes de la main de Libon, à ce que prétendait l'accusateur. L'accusé le niant, on proposa d'appliquer à la question ses esclaves, qui connaissaient son écriture. Mais comme un ancien sénatus-consulte défendait cette sorte de procédure, Tibère, fécond en ressources, et habile à inventer des formes nouvelles, fit vendre les esclaves à un homme du fisc, afin qu'on pût les entendre contre Libon, sans qu'en effet la loi fût violée. L'accusé demanda un jour de plus pour se défendre. De retour chez lui, il chargea Quirinius, son parent, d'adresser au prince ses dernières supplications. Le prince lui fit répondre de supplier le sénat.

XXXI. Cependant la maison de Libon était investie de soldats; ils faisaient même un grand bruit dans le vestibule, afin qu'on pût les entendre, afin qu'on pût les voir. Libon, qui souffrait cruellement des excès d'un grand repas par lequel il avait voulu s'étourdir à ses derniers moments, appelle ses esclaves pour le percer; il leur présente son épée; il veut la remettre en leurs mains. Ceux-ci, troublés, renversent, en se débattant, la lumière posée sur la table. Libon prend cette obscurité pour le signal de sa mort : il se porte deux coups dans les entrailles. Aux gémissements qu'il pousse en tombant, ses affranchis accourent, et les soldats, l'ayant vu expirer, se retirent. On n'en poursuivit pas moins l'accusation dans le sénat, et Tibère jura que, tout coupable qu'était Libon, il aurait demandé sa grâce, s'il ne se fût donné la mort si précipitamment.

XXXII. Ses biens furent partagés entre ses accusateurs; et l'on n'attendit pas les comices pour récompenser, par la préture, ceux d'entre eux qui étaient sénateurs. Cotta et Lentulus opinèrent, l'un pour que l'image de Libon ne parût jamais aux funérailles de ses descendants; l'autre, pour qu'aucun Scribonius ne prît le surnom de Drusus. On ordonna plusieurs jours de prières, d'après la proposition de Pomponius, à quoi Publius, Mutilus, Apronius et Gallus ajoutèrent celle de présenter une offrande à Jupiter, à Mars, à la Concorde, et de fêter à l'avenir les ides de septembre, jour auquel Libon s'était tué. J'ai rapporté les avis de tous ces sénateurs, afin qu'on sache que la flatterie est un mal ancien parmi nous. On rendit aussi un sénatus-consulte pour chasser d'Italie les astrologues et les magiciens. Un d'entre eux, L. Pituanius, fut précipité de la roche Tarpéienne; un autre, P. Marcius, fut mené, par ordre des consuls, à son de trompe, en dehors de la porte Esquiline, où l'on renouvela, pour lui, un ancien supplice des premiers temps de la république.

XXXIII. Dans l'assemblée suivante, Hatérius, consulaire, et Fronton, ex-préteur, s'élevèrent fortement contre le luxe de la capitale. On défendit, par un décret, de servir sur les tables des vases d'or, et aux hommes, de dégrader leur sexe en portant de la soie. Fronton alla plus loin ; il demanda un règlement pour l'argenterie, les ameublements et les esclaves; car il était encore tresordinaire aux sénateurs de s'écarter de l'objet précis de la délibération, et de proposer ce qu'ils croyaient utile au bien public. Gallus combattit Fronton; il représenta « que l'accroissement de « l'empire avait amené celui des richesses parti- « culières; que cette progression était naturelle; « qu'on l'avait vue dans les temps les plus reculés;

Libonis, nominibus Cæsarum aut senatorum additas atroces vel occultas notas, accusator arguebat. Negante reo, agnoscentes servos per tormenta interrogari placuit. Et, quia, vetere senatusconsulto, quæstio in caput domini prohibebatur, callidus et novi juris repertor Tiberius mancipari singulos actori publico jubet; scilicet ut in Libonem ex servis, salvo senatusconsulto, quæreretur. Ob quæ posterum diem reus petivit : domumque digressus, extremas preces P. Quirino propinquo suo ad principem mandavit : responsum est ut senatum rogaret.

XXXI. Cingebatur interim milite domus, strepebant etiam in vestibulo, ut audiri, ut adspici possent : quum Libo, ipsis quas in novissimam voluptatem adhibuerat epulis excruciatus, vocare percussorem, prensare servorum dextras, inserere gladium: atque illis, dum trepidant, dum refugiunt, evertentibus appositum mensa lumen, feralibus jam sibi tenebris, duos ictus in viscera direxit. Ad gemitum collabentis accurrere liberti, et, cæde visa, miles abstitit. Accusatio tamen apud patres asseveratione eadem peracta ; juravitque Tiberius petiturum se vitam quamvis nocenti, nisi voluntariam mortem properavisset.

XXXII. Bona inter accusatores dividuntur, et præturæ, extra ordinem, datæ his qui senatorii ordinis erant. Tunc Cotta Messallinus, ne imago Libonis exsequias posterorum comitaretur, censuit; Cn. Lentulus, ne quis Scribonius cognomentum Drusi assumeret : supplicationes dies Pomponii Flacci sententia constituti : ut dona Jovi, Marti, Concordiæ, utque iduum septembrium dies, quo se Libo interfecerat, dies festus haberetur, L. Publius, et Gallus Asinius, et Papius Mutilus, et L. Apronius decrevere : quorum auctoritates adulationesque retuli, ut sciretur vetus id in republica malum. Facta et de mathematicis magisque Italia pellendis senatusconsulta; quorum e numero L. Pituanius saxo dejectus est : in P. Marcium, consules, extra portam Esquilinam quum classicum canere jussissent, more prisco advertere.

XXXIII. Proximo senatus die, multa in luxum civitatis dicta a Q. Haterio consulari, Octavio Frontone præturæ

« que la fortune des Scipions n'avait point été
« aussi bornée que celle des Fabricius; que tout
« était en rapport avec l'État, qui, pauvre, avait des
« citoyens pauvres, et dont enfin la magnificence
« influait sur ses membres; qu'en fait de luxe,
« rien n'était absolu; que la fortune du proprié-
« taire décidait seule de l'excès ou de la modicité
« des dépenses; que la loi consacrait des distinc-
« tions dans le patrimoine des chevaliers et des
« sénateurs, quoiqu'ils ne fussent pas d'une autre
« nature que les autres hommes, afin de leur pro-
« curer, avec les prééminences du lieu, du rang,
« des honneurs, ce qui peut contribuer au délas-
« sement de l'esprit et à la santé du corps; qu'il
« y aurait peu de justice à refuser à ceux que
« l'éclat de leur nom exposait à plus de périls et
« d'inquiétudes, l'unique adoucissement de ces
« inquiétudes et de ces périls. » Son adresse à déguiser nos vices sous des noms honnêtes, et sa
conformité avec ceux qui l'écoutaient, eurent
bientôt fait prévaloir l'avis de Gallus. Tibère avait
ajouté que ce n'était pas le moment d'exercer une
pareille censure, et que, s'il apercevait du relâ-
chement dans les mœurs, il serait le premier à
proposer une réforme.

XXXIV. Pison saisit ce moment pour se plaindre des brigues du forum, de la corruption des
juges, de la cruauté des orateurs, toujours armés
d'une accusation : il déclara qu'il allait quitter
Rome, et ensevelir le reste de sa vie dans quelque terre lointaine, ignorée. Tout en disant ces
mots, il sortait du sénat. Cette résolution toucha
vivement Tibère. Non content de chercher à l'a-
doucir par des paroles consolantes, il invoqua les
prières et l'autorité de ses parents pour qu'ils em-
pêchassent son départ. Ce même Pison montra
bientôt une indignation non moins courageuse,
lorsqu'il cita en justice Urgulanie, que l'amitié
d'Augusta avait mise au-dessus des lois. Urgulanie, au lieu d'obéir, se rendit au palais impérial,
sans égards pour Pison, qui, de son côté, ne l'en
poursuivait pas moins, quoique Augusta se plaignit qu'on l'outrageât dans sa favorite. Tibère,
convaincu que les lois ne lui permettaient pas de
faire plus en faveur de sa mère, lui promit seulement de se rendre au tribunal du préteur,
et de plaider pour Urgulanie. Il sortit à pied
de son palais. Ses soldats avaient ordre de ne
le suivre que de loin. Il s'avançait, avec un visage composé, attirant sur lui les regards du
peuple accouru sur son passage, et cherchant,
par différents entretiens, à allonger le temps et
le chemin : enfin, il apprit que Pison, malgré
les représentations de ses proches, n'ayant pas
voulu se désister, Augusta avait fait apporter
l'argent qu'on demandait. Ainsi se termina cette
affaire, d'où Pison ne sortit point sans gloire, et
qui rehaussa Tibère dans l'opinion publique.
Au reste, le pouvoir d'Urgulanie était si criant,
qu'elle dédaigna de venir au sénat témoigner
dans une affaire qu'on y avait portée : il fallut
qu'on envoyât un préteur l'interroger chez elle,
bien que les vestales même, appelées en témoignage, eussent été, de tout temps, obligées
de se rendre au forum.

XXXV. Il y eut cette année, à cause de l'absence du prince, un délai dans les affaires. Je
n'en parlerais pas, s'il n'était à propos de faire

functo : decretumque ne vasa auro solida ministrandis ci-
bis fierent, ne vestis serica viros fœdaret. Excessit Fronto,
ac postulavit modum argento, supellectili, familiæ : erat
quippe adhuc frequens senatoribus, si quid e republica
crederent, loco sententiæ promere. Contra Gallus Asinius
disseruit : « Auctu imperii adolevisse etiam privatas opes;
« idque non novum, sed e vetustissimis moribus : aliam
« apud Fabricios, aliam apud Scipiones pecuniam; et
« cuncta ad rempublicam referri : qua tenui, angustas ci-
« vium domos; postquam eo magnificentiæ venerit, gli-
« scere singulos : neque in familia et argento, quæque ad
« usum parentur, nimium aliquid, aut modicum, nisi ex
« fortuna possidentis : distinctos senatus et equitum cen-
« sus, non quia diversi natura, sed ut locis, ordinibus,
« dignationibus antistent, et aliis quæ ad requiem animi
« aut salubritatem corporum parentur : nisi forte clarissimo
« cuique plures curas, majora pericula subeunda, delini-
« mentis curarum et periculorum carendum esse. » Facilem assensum Gallo, sub nominibus honestis confessio
vitiorum, et similitudo audientium dedit. Adjecerat et Tiberius « non id tempus censuræ; nec, si quid in moribus
labaret, defuturum corrigendi auctorem. »

XXXIV. Inter quæ L. Piso ambitum fori, corrupta judicia, sævitiam, oratorum accusationes minitantium, increpans, abire se et cedere urbe, victurum in aliquo abdito et longinquo rure testabatur : simul curiam relinquebat.
Commotus est Tiberius, et, quanquam mitibus verbis
Pisonem permulsisset, propinquos quoque ejus impulit, ut
abeuntem auctoritate vel precibus tenerent. Haud minus
liberi doloris documentum idem Piso mox dedit, vocata
in jus Urgulania, quam supra leges amicitia Augustæ extulerat : Nec aut Urgulania obtemperavit, in domum
Cæsaris, spreto Pisone, vecta ; aut ille abstitit, quanquam
Augusta se violari et immunui quereretur. Tiberius, hactenus indulgere matri civile ratus, ut se iturum ad prætoris tribunal, adfuturum Urgulaniæ diceret, processit
palatio, procul sequi jussis militibus : spectabatur, occur-
sante populo, compositus ore, et sermonibus variis tempus atque iter ducens; donec, propinquis Pisonem frustra
coercentibus, deferri Augusta pecuniam quæ petebatur
juberet. Isque finis rei, ex qua neque Piso inglorius, et
Cæsar majore fama fuit. Ceterum Urgulaniæ potentia adeo
nimia civitati erat, ut, testis in causa quadam quæ apud
senatum tractabatur, venire dedignaretur : missus est
prætor qui domi interrogaret, quum virgines vestales in
foro et judicio audiri, quoties testimonium dicerent, vetus mos fuerit.

XXXV. Res eo anno prolatas haud referrem, ni pretium
foret Cn. Pisonis et Asinii Galli super eo negotio diversas
sententias noscere. Piso, « quanquam abfuturum se dixerat
Cæsar, ob id magis agendum censebat, et, absente principe, senatum et equites posse sua munia sustinere, de-

connaître à ce sujet les différents avis de Cnéus Pison et d'Asinius Gallus. Pison soutenait que, Tibère leur ayant annoncé son départ, c'était une raison de plus de rester en activité; qu'il serait honorable pour la constitution que le sénat et les chevaliers pussent remplir leurs fonctions en l'absence du prince. Gallus, à qui Pison avait enlevé la reputation de franchise, prétendait, au contraire, qu'il fallait les regards du prince pour donner aux actes du sénat tout l'éclat qu'exigeait la dignité du peuple romain, et que des affaires qui rassemblaient dans Rome l'Italie et les provinces, méritaient la présence de l'empereur. Les deux avis furent débattus avec beaucoup de chaleur. Tibère écoutait et ne disait rien. Cependant les affaires furent remises.

XXXVI. Il y eut aussi quelques débats entre ce même Gallus et Tibère. Gallus proposa qu'on élût les magistrats cinq ans d'avance; que tous les lieutenants de légions qui n'auraient point encore obtenu la preture y fussent désignés de droit, et que l'empereur nommât douze candidats pour chacun des cinq ans. Il était visible que ce plan cachait des vues profondes, et qu'il ébranlait un des ressorts du pouvoir impérial. Tibère fit semblant de n'y voir qu'un accroissement de sa puissance: il dit : « que tant de no-
« minations, que de si longs délais répugnaient
« à la modération de son caractère; qu'à peine,
« dans les élections annuelles, on évitait de faire
« des mécontents, quoiqu'une espérance prochaine
« pût alors consoler d'un refus : quels seraient les
« murmures si l'on était rejeté à un avenir si re-
« culé? Et d'ailleurs, comment prévoir de si loin
« les révolutions qui surviendraient dans les ca-
« ractères, dans les familles, dans les for-
« tunes? On connaissait la vanité des magistrats
« designes un an d'avance; que serait-ce si leur

« orgueil avait cinq ans pour s'exalter? Enfin, c'é-
« tait en quintupler le nombre, c'était renverser
« les lois, qui avaient fixé, pour les candidats, le
« temps des épreuves et l'âge pour solliciter ou
« pour posséder les honneurs. »

XXXVII. Par ce discours, désintéressé en apparence, Tibère sut retenir le pouvoir dans ses mains. Il augmenta le revenu de quelques sénateurs : on en fut plus étonné qu'il eût accueilli avec tant de dureté les prières d'Hortalus, jeune homme d'une grande naissance, dont l'indigence était bien avérée. Hortalus était petit-fils de l'orateur Hortensius : Auguste lui avait donné un million de sesterces pour l'engager à se marier, et à perpétuer un nom illustre qui allait s'éteindre. Ses quatre enfants se tenaient debout à la porte d'une salle du palais où le sénat était alors assemblé. Quand le tour d'Hortalus fut venu, au lieu d'opiner, on le vit porter ses regards, tantôt sur la statue d'Hortensius, placée parmi celles des orateurs, tantôt sur celle d'Auguste ; puis il parla ainsi : « Pères conscrits, ces enfants, dont vous
« voyez le nombre et l'âge tendre, je n'avais point
« désiré les avoir, mais j'y fus engagé par Au-
« guste. Mes ancêtres avaient aussi mérité d'a-
« voir des descendants. Quant à moi qui, né
« sans fortune, n'avais pu , par le malheur des
« circonstances, acquérir ni la faveur du peuple,
« ni l'éloquence, ce patrimoine héréditaire dans
« ma famille, il me suffisait que ma pauvreté ne
« fût ni une honte pour moi, ni une charge pour
« mes amis. Les ordres de l'empereur décidèrent
« mon mariage : en voici le fruit. Voici les reje-
« tons de tant de consuls, de tant de dictateurs.
« Et croyez que ce n'est point l'orgueil, mais le
« besoin de votre pitié, qui me dicte ces paroles.
« César, j'ignore les honneurs que mes fils obtien-
« dront un jour de tes bontés : en attendant, dé-

---

corum reipublicæ fore. » Gallus, quia speciem libertatis Piso præceperat, « nihil satis illustre, aut ex dignitate populi romani nisi coram et sub oculis Cæsaris : eoque conventum Italiæ, et affluentes provincias, præsentiæ ejus servanda » dicebat. Audiente hæc Tiberio, ac silente, magnis utrinque contentionibus acta; sed res dilatæ.

XXXVI. Et certamen Gallo adversus Cæsarem exortum est : nam censuit « in quinquennium magistratuum comitia habenda : utque legionum legati, qui, ante præturam, ea militia fungebantur, jam tum prætores destinarentur : princeps duodecim candidatos in annos singulos nominaret. » Haud dubium erat eam sententiam altius penetrare, et arcana imperii tentari. Tiberius tamen, quasi augeretur potestas ejus, disseruit : « Grave moderationi suæ tot eli-
« gere, tot differre : vix per singulos annos offensiones
« vitari, quamvis repulsam propinqua spes soletur : quan-
« tum odii fore ab his qui ultra quinquennium projician-
« tur! unde prospici posse quæ cuique, tam longo tem-
« poris spatio, mens, domus, fortuna? superbire homines
« etiam annua designatione : quid si honorem per quin-
« quennium agitent? quin quinplicari prorsus magistratus,

« subverti leges, quæ sua spatia exercendæ candidatorum
« industriæ, quærendisque aut potiundis honoribus, sta-
« tuerint. »

XXXVII. Favorabili in speciem oratione vim imperii tenuit. Censusque quorumdam senatorum juvit : quo magis mirum fuit quod preces M. Hortali, nobilis juvenis, in paupertate manifesta, superbius accepisset. Nepos erat oratoris Hortensii, illectus a divo Augusto liberalitate decies sestertii ducere uxorem, suscipere liberos, ne clarissima familia exstingueretur. Igitur, quatuor filiis ante limen curiæ adstantibus, loco sententiæ, quum in palatio senatus haberetur, modo Hortensii inter oratores sitam imaginem, modo Augusti intuens, ad hunc modum cœpit : « Patres conscripti, hos, quorum numerum et pueritiam
« videtis, non sponte sustuli, sed quia princeps monebat :
« simul majores mei meruerant ut posteros haberent :
« nam ego, qui non pecuniam, non studia populi, neque
« eloquentiam, gentile domus nostræ bonum, varietate
« temporum accipere vel parare potuissem, satis habebam
« si tenues res meæ nec mihi pudori, nec cuiquam oneri
« forent. Jussus ab imperatore uxorem duxi. En stirps et

« fonds de la misère les arrière-petits-fils d'Hor-
« tensius et les nourrissons d'Auguste. »

XXXVIII. La bonne volonté du sénat fut, pour Tibère, une raison puissante de combattre la demande d'Hortalus avec plus de chaleur. Voici à peu près les termes dont il se servit : « Si le sénat « devenait le rendez-vous de tous les citoyens « pauvres qui viendraient y demander des grâces « pour leurs enfants, l'État s'épuiserait avant que « d'assouvir la cupidité des solliciteurs. Certes, « si nos ancêtres ont permis de s'écarter quelque- « fois de l'objet de la délibération, et, au lieu « d'opiner, de proposer des vues utiles au bien « public, ce n'a point été pour qu'on discutât les « intérêts particuliers de sa famille et de sa for- « tune. Ces prières importunes et imprévues ne « tendent qu'à rendre odieux le sénat et le prince, « soit qu'ils accordent, soit qu'ils refusent. Que « dis-je, des prières? c'est une exaction, que de « vouloir ainsi contraindre la commisération, « du sénat, d'exercer pareille violence sur moi, « de nous distraire des affaires qui nous rassem- « blent, pour venir nous entretenir de l'âge et « du nombre de ses enfants; c'est enfoncer, pour « ainsi dire, les portes de l'épargne. Sénateurs, « si nos profusions dissipent les revenus publics, « il y faudra suppléer par des crimes. Auguste t'a « fait des dons, Hortalus, mais de son propre « mouvement, mais sans nous obliger à t'en faire « toujours. Ce serait éteindre l'industrie, encou- « rager la paresse, si l'on ne laissait plus rien à « espérer ou à craindre de soi-même : tous at- « tendraient les secours d'autrui dans une lâche « sécurité, inutiles à eux-mêmes, onéreux à l'É- « tat. » Ce discours, approuvé par cette sorte d'hommes habitués à tout approuver dans les princes, fut reçu généralement avec froideur et un secret murmure. Tibère s'en aperçut ; aussi, après un moment de silence, il dit qu'il avait répondu à Hortalus, mais que, si le sénat l'agréait, il donnerait deux cent mille sesterces à chacun des enfants mâles de ce citoyen. Le sénat le remercia : Hortalus ne dit rien, soit qu'il fut intimidé, soit qu'au sein de la misère, il conservât encore la noble fierté de ses ancêtres. Depuis, cette famille d'Hortensius tomba dans une pauvreté déplorable et Tibère ne fit rien pour elle.

XXXIX. Cette même année l'audace d'un seul homme, si l'on ne l'avait réprimée de bonne heure, eût replongé la république dans les discordes civiles. Un esclave de Postumus Agrippa, nommé Clémens, apprenant la mort d'Auguste, imagina de se rendre dans l'île de Planasie, d'y enlever Agrippa de force ou de ruse, et de le conduire aux armées de Germanie. Ce projet n'était point d'un esclave. Il échoua par la lenteur du vaisseau qui portait Clemens, et, dans l'intervalle, on se défit d'Agrippa. Clémens, loin de se rebuter, forme un nouveau dessein plus grand et plus hardi. Il enlève les cendres de son maître, aborde à Cosa, promontoire d'Étrurie, s'y cache dans des lieux déserts, laisse croître sa barbe et ses cheveux : il avait l'âge et à peu près la figure d'Agrippa. Il s'associe quelques complices capables de le seconder : ceux-ci répètent qu'Agrippa est vivant. D'abord c'est un secret, comme tout ce qui est défendu ; bientôt c'est un bruit qui s'accrédite chez les esprits crédules et grossiers, gagne chez les hommes turbulents, que flatte l'idée d'une révolution. Enfin il va lui-même dans les

---

« progenies tot consulum, tot dictatorum! Nec ad invidiam « ista, sed conciliandae misericordiae refero : adsequentur, « florente te, Caesar, quos dederis honores : interim, Q. « Hortensii pronepotes, divi Augusti alumnos, ab inopia « defende. »

XXXVIII. Inclinatio senatus incitamentum Tiberio fuit quo promptius adversaretur, his ferme verbis usus : « Si, « quantum pauperum est, venire huc, et liberis suis pe- « tere pecuniam coeperint, singuli nunquam exsatiabuntur, « respublica deficiet : nec sane ideo a majoribus concessum « est egredi aliquando relationem, et quod in commune « conducat loco sententiae proferre, ut privata negotia, res « familiares nostras hic augeamus, cum invidia senatus et « principum, sive indulserint largitionem, sive abnuerint : « non enim preces sunt istuc, sed efflagitatio intempestiva « quidem et improvisa, quum aliis de rebus convenerint pa- « tres, consurgere, et numero atque aetate liberum suo- « rum urgere modestiam senatus, eamdem vim in me « transmittere, ac velut perfringere aerarium. Quod si am- « bitione exhauserimus, per scelera supplendum erit. De- « dit tibi, Hortale, divus Augustus pecuniam, sed non « compellatus, nec ea lege ut semper daretur ; languescet « alioqui industria, intendetur socordia, si nullus ex se « metus aut spes ; et securi omnes aliena subsidia exspe- « ctabunt, sibi ignavi, nobis graves. » Haec atque talia,

quanquam cum assensu audita ab his quibus omnia principum honesta atque inhonesta laudare mos est, plures per silentium aut occultum murmur excepere : sensitque Tiberius ; et, quum paullum reticuisset, « Hortalo se respon- disse, ait ; ceterum, si patribus videretur, daturum liberis ejus ducena sestertia singulis qui sexus virilis essent. » Egere alii grates, siluit Hortalus, pavore, an avitae nobilitatis, etiam inter angustias fortunae, retinens. Neque miseratus est posthac Tiberius, quamvis domus Hortensii pudendam ad inopiam delaberetur.

XXXIX. Eodem anno, mancipii unius audacia, ni mature subventum foret, discordiis armisque civilibus rempublicam perculisset. Postumi Agrippae servus, nomine Clemens, comperto fine Augusti, pergere in insulam Planasiam, et fraude aut vi raptum Agrippam ferre ad exercitus germanicos, non servili animo concepit. Ausa ejus impedivit tarditas oneraria navis ; atque, interim patrata caede, ad majora et magis praecipitia conversus, furatur cineres, vectusque Cosam, Etruriae promontorium, ignotis locis sese abdit, donec crinem barbamque promitteret : nam aetate et forma haud dissimili in dominum erat. Tum, per idoneos et secreti ejus socios, crebrescit vivere Agrippam, occultis primum sermonibus, ut vetita solent, mox vago rumore apud imperitissimi cujusque promptas aures, aut rursum apud turbidos, eoque nova cu-

villes, n'y paraissant que le soir, jamais en public, jamais longtemps aux mêmes lieux, prevenant toujours ou fuyant le bruit de son arrivée, sûr que, si le temps et l'examen font prévaloir le vrai, le faux s'accrédite par l'incertitude et la précipitation.

XL. Cependant on publiait dans l'Italie que les dieux avaient sauvé Agrippa. La capitale le croyait. Une multitude immense parlait d'un débarquement à Ostie, et déjà même, à Rome, on l'annonçait tout bas dans les cercles. L'inquiétude gagna Tibère. Incertain s'il enverrait des troupes contre son esclave, ou s'il laisserait ce vain fantôme se dissiper de lui-même, sachant qu'il ne faut rien mépriser ni tout craindre, combattu par la honte et par la peur, enfin il s'en remet à Salluste. Celui-ci choisit deux de ses clients, d'autres disent des soldats; il les charge d'aller trouver l'imposteur comme s'étant dévoués à lui, de lui offrir leur bourse, leur fidélité, leur courage. Ils suivent l'instruction. Une nuit que le fourbe n'était point sur ses gardes, ayant demandé main forte, ils le lièrent et le traînèrent au palais, un bâillon dans la bouche. Tibère lui demanda comment il était devenu Agrippa? On prétend qu'il lui répondit : comme toi César. On ne put le contraindre à déclarer ses complices. Tibère, n'osant point hasarder en public le supplice de cet homme, le fit mourir dans l'intérieur du palais. On emporta le corps secrètement; et, quoiqu'il se débitât que plusieurs personnes de la maison du prince, que des chevaliers et des sénateurs avaient aidé l'imposteur de leur argent ou de leurs conseils, on ne fit aucune recherche.

XLI. Sur la fin de l'année on éleva un arc de triomphe près du temple de Saturne, en mémoire de ce que Germanicus, sous les auspices de Tibère, avait recouvré les aigles perdues sous Varus. On dédia, près du Tibre, dans les jardins que le dictateur César avait légués au peuple, un temple à la déesse Fors Fortuna, et, dans la cité de Boville, une chapelle pour les Jules, avec une statue pour Auguste. Sous le consulat de Caius Cécilius et de Lucius Pomponius, le sept des calendes de juin, Germanicus César triompha des Chérusques, des Cattes, des Angrivariens et des autres nations qui habitent entre le Rhin et l'Elbe. La guerre était regardée comme terminée, parce qu'on l'avait empêché de la finir. Les dépouilles, les captifs, les représentations des fleuves, des montagnes, des combats, ornèrent la pompe. Mais ce qui, surtout, fixait les regards du spectateur, c'était la personne même de Germanicus, sa beauté majestueuse, et son char, couvert de ses cinq enfants. Toutefois on ne pouvait se défendre d'un secret sentiment de crainte, en songeant que la faveur du peuple avait été fatale à son père Drusus, que son oncle Marcellus s'était vu enlever dans la fleur de sa jeunesse aux adorations de l'empire, qu'une influence sinistre semblait attachée aux affections du peuple romain.

XLII. Tibère, au nom de Germanicus, fit distribuer au peuple trois cents sesterces par tête, et désigna ce héros pour son collègue au consulat. On n'en fut pas plus persuadé de la sincérité de sa tendresse; et bientôt, en effet, sous des prétextes honorables, qui se présentèrent ou qu'il fit naître, il résolut de l'écarter. Archélaüs, depuis cinquante ans, régnait sur la Cappadoce. Il était haï de Tibère, à qui, tout le temps que ce prince

pientes. Atque ipse adire municipia obscuro diei, neque propalam adspici, neque diutius iisdem locis; sed, quia veritas visu et mora, falsa festinatione et incertis valescunt, relinquebat famam, aut præveniebat.

XL. Vulgabatur interim per Italiam servatum munere deum Agrippam : credebatur Romæ; jamque Ostiam invectum multitudo ingens, jam in urbe clandestini coetus celebrabant; quum Tiberium anceps cura distraheret, vine militum servum suum coerceret, an inanem credulitatem tempore ipso vanescere sineret; modo nihil spernendum, modo non omnia metuenda, ambiguus pudoris ac metus, reputabat. Postremo dat negotium Sallustio Crispo : ille e clientibus duos (quidam milites fuisse tradunt) deligit, atque hortatur simulata conscientia adeant, offerant pecuniam, fidem, atque pericula polliceantur. Exsequuntur ut jussum erat : diem, speculati noctem incustoditam, accepta idonea manu, vinctum, clauso ore, in palatium trahere. Percunctanti Tiberio « quomodo Agrippa factus esset, » respondisse fertur, « quomodo tu Cæsar. » Ut ederet socios, subigi non potuit : nec Tiberius pœnam ejus palam ausus, in secreta palatii parte interfici jussit, corpusque clam auferri : et, quanquam multi e domo principis, equitesque ac senatores, sustentasse opibus, juvisse consiliis dicerentur, haud quæsitum.

XLI. Fine anni arcus, propter ædem Saturni, ob recepta signa cum Varo amissa, ductu Germanici, auspiciis Tiberii; et ædes Fortis Fortunæ Tiberim juxta, in hortis quos Cæsar dictator populo romano legaverat, sacrarium genti Juliæ, effigiesque divo Augusto apud Bovillas dicantur. C. Cæcilio, L. Pomponio Coss., Germanicus Cæsar, ante diem septimum kalendas junias, triumphavit de Cheruscis Cattisque et Angrivariis, quæque aliæ nationes usque ad Albim colunt : vecta spolia, captivi, simulacra montium, fluminum, præliorum: bellumque, quia conficere prohibitus erat, pro confecto accipiebatur. Augebat intuentium visus eximia ipsius species, currusque quinque liberis onustus : sed suberat occulta formido reputantibus haud prosperum in Druso patre ejus favorem vulgi : avunculum ejusdem Marcellum flagrantibus plebis studiis intra juventam ereptum : breves et infaustos populi romani amores.

XLII. Ceterum Tiberius, nomine Germanici, trecenos plebi sestertios viritim dedit, seque collegam consulatui ejus destinavit. Nec ideo sinceræ caritatis fidem assecutus, amoliri juvenem specie honoris statuit, struxitque causas, aut forte oblatas arripuit. Rex Archelaus quinquagesimum annum Cappadocia potiebatur, invisus Tiberio quod eum, Rhodi agentem, nullo officio coluisset. Nec id Archelaus per superbiam omiserat, sed ab intimis Augusti monitus; quia, florente C. Cæsare, missoque ad res Orientis, intuta Tiberii amicitia credebatur. Ut, versa Cæsarum sobole,

séjourna à Rhodes, il n'avait rendu aucuns devoirs; ce n'était point par orgueil, ce fut par le conseil des amis d'Auguste; car, dans le temps que Caïus était tout-puissant, et qu'il fut chargé des affaires de l'Orient, il y avait quelque péril à marquer de l'attachement pour Tibère. Lorsque l'extinction de la race des Césars eut porté celui-ci à l'empire, il fit écrire, par sa mère, une lettre dans laquelle, sans dissimuler les ressentiments de son fils, elle assurait de sa clémence Archelaüs, s'il venait la solliciter en personne. Ce monarque, ne soupçonnant point le piége, ou craignant quelque violence s'il montrait des soupçons, s'empressa de se rendre à Rome. Il fut reçu avec dureté par le prince, et bientôt accusé dans le sénat. Cette accusation chimérique était peu redoutable; mais le chagrin, l'épuisement de la vieillesse, et l'ennui d'un état subalterne, insupportable aux rois, que l'égalité seule révolte, eurent bientôt terminé sa vie, que peut-être il abrégea lui-même. Son royaume fut réduit en province romaine; Tibère déclara qu'avec ce nouveau revenu l'on pouvait diminuer l'impôt du centième; et il le réduisit à la moitié. Dans le même temps, la Commagène et la Cilicie, sans rois depuis la mort d'Antiochus et celle de Philopator, étaient pleines de troubles; les uns demandaient les Romains pour maîtres, les autres préféraient des rois; d'un autre côté, la Syrie et la Judée, accablées sous le poids des subsides, sollicitaient un soulagement.

XLIII. Toutes ces affaires donc, et celles de l'Arménie dont j'ai parlé plus haut, furent exposées au sénat par Tibère : il ajouta qu'il n'y avait que Germanicus qui pût, par sa sagesse, calmer les mouvements de l'Orient; que, pour lui, il était sur le déclin de son âge, et que Drusus n'avait pas encore assez de maturité. Alors, un décret du sénat déféra à Germanicus le gouvernement de toutes les provinces au delà de la mer, avec une autorité supérieure à celle de tous les autres chefs, soit de la nomination du prince, soit de celle du sénat. Mais Tibère avait pris soin de retirer de la Syrie Créticus Silanus, dont la fille devait épouser Néron, l'aîné des enfants de Germanicus, alliance qui avait uni les deux pères étroitement : il avait mis à sa place Cnéus Pison, homme d'un caractère violent, incapable d'égards, ayant hérité de la fierté de son père Pison, lequel, dans la guerre civile, servit avec la plus grande animosité contre César, lorsque le parti de Pompée se releva en Afrique; s'attacha depuis à Brutus et à Cassius; et enfin, ayant obtenu la permission de revenir à Rome, s'abstint de demander des honneurs, jusqu'au moment où Auguste le sollicita d'accepter le consulat qu'il lui offrait. Cet orgueil, que Pison tenait de son père, se fortifiait encore par la naissance et les richesses de sa femme Plancine. A peine il le cédait au prince même, dont il regardait les enfants comme fort au-dessous de lui; et il ne doutait pas qu'on ne l'eût envoyé en Syrie exprès pour traverser les espérances de Germanicus. Quelques-uns même ont cru que Tibère lui avait donné des ordres secrets. Ce qu'il y a de certain, c'est qu'Augusta recommanda expressément à Plancine de fatiguer Agrippine de mortifications et de rivalités : car la cour était divisée en deux partis, suivant leur inclination secrète, soit pour Germanicus, soit pour Drusus. Tibère soutenait Drusus, comme son propre sang; et Germanicus, haï de son oncle, en était plus cher aux Romains, éblouis d'ailleurs par l'éclat de sa race maternelle, qui lui donnait pour aïeul Marc-Antoine, et Auguste pour oncle; tandis que, dans la même ligne, Drusus trouvait pour bisaïeul un simple chevalier romain, Pom-

imperium adeptus est, elicit Archelaum matris literis, quæ, non dissimulatis filii offensionibus, clementiam offerebat, si ad precandum veniret. Ille, ignarus doli, vel, si intelligere crederetur, vim metuens, in Urbem properat: exceptusque immiti a principe, et mox accusatus in senatu, non ob crimina quæ fingebantur, sed angore, simul fessus senio, et quia regibus æqua, nedum infima, insolita sunt, finem vitæ, sponte an fato, implevit. Regnum in provinciam redactum est, fructibusque ejus levari posse centesimæ vectigal professus Cæsar, ducentesimam in posterum statuit. Per idem tempus Antiocho Commagenorum, Philopatore Cilicium regibus defunctis, turbabantur nationes, plerisque Romanum, aliis regium imperium cupientibus; et provinciæ Syria atque Judæa, fessæ oneribus, deminutionem tributi orabant.

XLIII. Igitur hæc, et de Armenia quæ supra memoravi, apud patres disseruit : « Nec posse motum Orientem nisi Germanici sapientia componi; nam suam ætatem vergere, Drusi nondum satis adolevisse. » Tunc, decreto patrum, permissæ Germanico provinciæ quæ mari dividuntur, majusque imperium quoquo adisset quam his qui sorte aut missu principis obtinerent. Sed Tiberius demoverat Syria Creticum Silanum, per affinitatem connexum Germanico, quia Silani filia Neroni, vetustissimo liberorum ejus, pacta erat : præfeceratque Cn. Pisonem, ingenio violentum et obsequii ignarum, insita ferocia a patre Pisone, qui, civili bello, resurgentes in Africa partes acerrimo ministerio adversus Cæsarem juvit; mox Brutum et Cassium secutus, concesso reditu, petitione honorum abstinuit, donec ultro ambiretur delatum ab Augusto consulatum accipere. Sed, præter paternos spiritus, uxoris quoque Plancinæ nobilitate et opibus accendebatur : vix Tiberio concedere; liberos ejus ut multum infra despectare : nec dubium habebat se delectum, qui Syriæ imponeretur, ad spes Germanici coercendas. Credidere quidam data et a Tiberio occulta mandata; et Plancinam haud dubie Augusta monuit muliebri æmulatione Agrippinam insectandi. Divisa namque et discors aula erat, tacitis in Drusum aut Germanicum studiis. Tiberius ut proprium et sui sanguinis Drusum fovebat : Germanico alienatio patrui amorem apud ceteros auxerat; et quia claritudine materni generis anteibat, avum M. Antonium, avunculum Augustum ferens : contra

ponius Atticus, dont l'image semblait déparer celles des Claudes. D'ailleurs Agrippine, femme de Germanicus, par sa fécondité et par sa réputation, éclipsait Livie, femme de Drusus. Mais les deux frères, toujours unis au milieu des débats de leurs proches, conservaient une concorde inaltérable.

XLIV. Peu de temps après, on envoya Drusus dans l'Illyrie, afin qu'il apprît l'art de la guerre, et qu'il pût se concilier l'affection des soldats. D'ailleurs Tibère redoutait pour un jeune homme les plaisirs de la ville, et pensait qu'il serait mieux dans les camps; lui-même, il se croyait plus en sûreté, ses deux fils étant à la tête des légions. On prétexta de secourir les Suèves contre les Chérusques : car, depuis la retraite des Romains, les barbares, libres de craintes étrangères, avaient, suivant l'usage de ces peuples, et par une émulation de gloire, tourné leurs armes contre eux-mêmes. Les forces des deux nations, la valeur des deux chefs étaient égales ; mais le nom de roi rendait Maroboduus odieux à son peuple ; tandis qu'Arminius, combattant pour la liberté, avait la faveur publique.

XLV. Aussi, non-seulement les Chérusques et leurs alliés, tous vieux soldats d'Arminius, entrèrent dans sa querelle, mais, jusque dans les États de Maroboduus, les Semnones et les Lombards, nations suèves, se déclarèrent pour lui ; et ce renfort lui eût assuré la supériorité, si le vieux Inguiomer, honteux de servir sous les ordres d'un jeune homme, son neveu, n'eût passé avec ses vassaux du côté de Maroduus. Les deux armées s'avancèrent en bataille avec une égale confiance. Ce n'était plus, comme autrefois, des incursions irrégulières, des bandes marchant sans ordre et désunies. Dans leur longue guerre avec les Romains, ils avaient appris à ne point quitter leurs drapeaux, à se ménager des corps de réserve, à écouter la voix de leurs chefs. Arminius parcourait à cheval tous les rangs. A mesure qu'il passait auprès de ses soldats, il parlait à chacun de la liberté qu'ils avaient reconquise, des légions qu'ils avaient massacrées; il leur faisait remarquer les dépouilles, les armes enlevées aux Romains, dont plusieurs d'entre eux étaient encore couverts : au contraire, il parlait de Maroboduus comme d'un lâche qui n'avait su fuir, qui n'avait point osé combattre, qui s'était tenu caché dans sa forêt Hercynienne, et qui avait mendié la paix par des députations et des présents. Il le peignait comme un traître à la patrie, comme un satellite de César, qui méritait toute leur haine, et dont il fallait se délivrer, comme ils avaient fait de Varus. Ils n'avaient seulement qu'à se rappeler tous ces combats, dont le succès, couronné en dernier lieu par l'expulsion des Romains, montrait assez à qui était resté l'honneur de la guerre.

XLVI. De son côté, Maroboduus ne s'épargnait pas plus les éloges, ni les injures à son ennemi. Tenant Inguiomer par la main, il le montrait comme celui en qui seul résidait toute la gloire des Chérusques : il attribuait tous leurs succès à ses seuls conseils; Arminius n'était qu'un insensé, sans expérience, qui usurpait une gloire étrangère, parce qu'il avait surpris trois légions incomplètes et un général imprudent, par une trahison qui avait attiré sur la Germanie de sanglants désastres, et sur lui-même une ignominie toujours subsistante par l'esclavage de sa femme et de son fils. Pour lui, ayant en tête douze légions et un

---

Druso proavus eques romanus, Pomponius Atticus, dedecere Claudiorum imagines videbatur : et conjux Germanici Agrippina fecunditate ac fama Liviam uxorem Drusi praecellebat : sed fratres egregie concordes, et proximorum certaminibus inconcussi.

XLIV. Nec multo post Drusus in Illyricum missus est, ut suesceret militiae, studiaque exercitus pararet; simul juvenem, urbano luxu lasciviretem, melius in castris haberi Tiberius, seque tutiorem rebatur, utroque filio legiones obtinente. Fœdus Suevi praetendebant, auxilium adversus Cheruscos orantes. Nam, discessu Romanorum, ac vacui externo metu, gentis assuetudine, et tum aemulatione gloriae, arma in se verterant. Vis nationum, virtus ducum in aequo : sed Marobodum regis nomen invisum apud populares, Arminium pro libertate bellantem favor habebat.

XLV. Igitur, non modo Cherusci sociique eorum, vetus Arminii miles, sumpsere bellum, sed, e regno etiam Marobodui, Suevae gentes, Semnones ac Langobardi defecere ad eum : quibus additis praepollebat, ni Inguiomerus, cum manu clientium, ad Maroboduum perfugisset; non aliam ob causam quam quia fratris filio, juveni, patruus senex parere dedignabatur. Diriguntur acies pari utrimque spe, nec, ut olim apud Germanos, vagis incursibus, aut disjectas per catervas : quippe, longa adversum nos militia, insueverant sequi signa, subsidiis firmari, dicta imperatorum accipere. At tunc Arminius, equo collustrans cuncta, ut quosque advectus erat, « reciperatam libertatem, trucidatas legiones, spolia adhuc et tela Romanis derepta in manibus multorum » ostentabat : contra, « fugacem Maroboduum » appellans, « praeliorum expertem, Hercyniae latebris defensum, ac mox per dona et legationes petivisse fœdus; proditorem patriae, satellitem Caesaris, haud minus infensis animis exturbandum quam Varum Quinctilium interfecerint. Meminissent modo tot praeliorum, quorum eventu, et ad postremum ejectis Romanis, satis probatum penes utros summa belli fuerit. »

XLVI. Neque Maroboduus jactantia sui, aut probris in hostem abstinebat : sed, Inguiomerum tenens, « Illo in corpore decus omne Cheruscorum, illius consiliis gesta quae prospere ceciderint » testabatur : « vecordem Arminium, et rerum nescium alienam gloriam in se trahere, quoniam tres vacuas legiones et ducem fraudis ignarum perfidia deceperit, magna cum clade Germaniae, et ignominia sua, quum conjux, quum filius ejus servitium adhuc tolerent. At se, duodecim legionibus petitum duce Tiberio, illi-

général comme Tibère, il avait su conserver intacte la gloire des Germains; il avait traité ensuite d'égal à égal; et il ne pouvait se repentir de ce qu'ils étaient encore maîtres, ou de commencer, avec toutes leurs forces, la guerre contre les Romains, ou de conserver une paix qui ne leur avait point coûté de sang. Outre la voix de leurs chefs, des motifs particuliers aiguillonnaient encore les deux armées: les Chérusques voulaient maintenir une ancienne gloire, les Lombards une liberté récente, et les autres agrandir leur domination. Jamais de plus grandes forces ne se heurtèrent, et jamais bataille ne fut plus indécise, les deux ailes droites ayant été battues. On s'attendait à un nouveau combat; mais Maroboduus se replia sur les hauteurs; ce qui était un aveu tacite de sa défaite. Insensiblement les désertions affaiblirent son armée; il finit par se retirer chez les Marcomans, d'où il envoya des députés à Tibère pour demander du secours. On lui répondit qu'il n'avait point droit d'invoquer contre les Cherusques les armes romaines, qu'il n'avait point aidées contre ces mêmes ennemis. Cependant on envoya Drusus, comme nous l'avons dit, pour rétablir la paix.

XLVII. Cette même année, douze villes considérables de l'Asie furent détruites, au milieu de la nuit, par un tremblement de terre, fléau d'autant plus terrible qu'il était plus imprévu; on n'eut pas la ressource ordinaire en pareil cas de se réfugier dans la campagne, où les terres, s'entr'ouvrant de toutes parts, n'offraient que des abîmes. On rapporte que de hautes montagnes s'affaissèrent, qu'il s'en éleva d'autres dans des plaines, et que des flammes sortirent du milieu des ruines. Sardes, la plus maltraitée de ces villes, reçut aussi le plus de soulagement. Tibère lui promit dix millions de sesterces, et l'exempta pour cinq ans de tous les tributs qu'elle payait, soit au trésor du peuple, soit à celui du prince. Après Sardes, Magnésie de Sipyle éprouva le plus de dommage et de pitié. Temnos, Philadelphie, Eges, Apollonide, Mostène, Hyrcanie la Macédonienne, Hiérocésarée, Tmole, Myrine, Cymé, furent aussi déchargées de tout impôt pour le même temps, et l'on décida d'envoyer un sénateur sur les lieux pour voir le mal et le réparer. On choisit un ancien préteur, Marcus Alétus, plutôt qu'un proconsul, de peur que, l'Asie étant gouvernée par un consulaire, l'égalité du rang n'excitât des rivalités nuisibles à la province.

XLVIII. L'éclat de ces libéralités publiques fut rehaussé par des largesses particulières. Émilia Musa, morte sans testament, laissait de grands biens que le fisc réclamait. Tibère les fit adjuger à Émilius Lépidus, auquel il paraissait que cette affranchie avait appartenu. Patuleïus, riche chevalier romain, avait légué au prince une partie de sa succession. Le prince l'abandonna tout entière à Servilius, qu'il savait nommé seul héritier dans un testament antérieur et non suspect. Il dit, en gratifiant ces deux sénateurs, que leur naissance avait besoin de fortune. En général, il n'accepta de legs que ceux de l'amitié. Tous ceux que lui offraient des inconnus, dans la vue de frustrer leurs proches, il les rejetait. Mais, en soulageant la pauvreté honnête et vertueuse, il était sans pitié pour celle qui venait de la débauche et de la prodigalité, comme l'éprouvèrent Varron, Marius, Appien, Sylla, Vitellius, qu'il fit sortir du sénat, ou laissa se retirer volontairement.

---

batam Germanorum gloriam servasse; mox conditionibus æquis discessum; neque pœnitere quod ipsorum in manu sit integrum adversus Romanos bellum, an pacem incruentam malint. » His vocibus instinctos exercitus propriæ quoque causæ stimulabant; quum a Cheruscis Langobardisque pro 'antiquo decore aut recenti libertate, et contra, augendæ dominationi certaretur. Non alias majore mole concursum, neque ambiguo magis eventu, fusis utrinque dextris cornibus. Sperabaturque rursum pugna, ni Maroboduus castra in colles subduxisset. Id signum perculsi fuit; et, transfugiis paullatim nudatus, in Marcomanos concessit, misitque legatos ad Tiberium oraturos auxilia. Responsum est « non jure eum adversus Cheruscos arma romana invocare, qui pugnantes in eumdem hostem Romanos nulla ope juvisset. » Missus tamen Drusus, ut retulimus, pacis firmator.

XLVII. Eodem anno, duodecim celebres Asiæ urbes collapsæ nocturno motu terræ, quo improvisior graviorque pestis fuit; neque solitum in tali casu effugium subveniebat in aperta prorumpendi, quia diductis terris hauriebantur. Sedisse immensos montes, visa in arduo quæ plana fuerint, effulsisse inter ruinam ignes memorant. Asperrima in Sardianos lues plurimum in eosdem misericordiæ traxit: nam centies sestertium pollicitus Cæsar, et quantum ærario aut fisco pendebant, in quinquennium remisit. Magnetes a Sipylo proximi damno ac remedio habiti. Temnios, Philadelphenos, Ægeatas, Apollonidenses, quique Mosteni aut Macedones Hyrcani vocantur, et Hierocæsaream, Myrinam, Cymen, Tmolum levari idem in tempus tributis, mittique ex senatu placuit qui præsentia spectaret, refoveretque. Delectus est M. Aletus e prætoriis, ne, consulari obtinente Asiam, æmulatio inter pares et ex eo impedimentum oriretur.

XLVIII. Magnificam in publicum largitionem auxit Cæsar haud minus grata liberalitate, quod bona Æmiliæ Musæ, locupletis intestatæ, petita in fiscum, Æmilio Lepido, cujus e domo videbatur; et Patulei, divitis equitis romani, hereditatem (quanquam ipse heres in parte legeretur) tradidit M. Servilio, quem prioribus neque suspectis tabulis scriptum compererat; nobilitatem utriusque pecunia juvandam præfatus. Neque hereditatem cujusquam adiit, nisi cum amicitia meruisset: ignotos et aliis infensos, eoque principem nuncupantes, procul arcebat. Ceterum, ut honestam innocentium paupertatem levavit, ita prodigos et ob flagitia egentes, Vibidium Varronem, Marium Nepotem, Appium Appianum, Cornelium Sullam, Q. Vitellium movit senatu, aut sponte cedere passus est.

XLIX. Iisdem temporibus deum ædes, vetustate aut igni

XLIX. Dans le même temps il fit la dédicace de plusieurs temples, que les ans ou le feu avaient détruits, et qu'Auguste avait commencé à rebâtir : celui de Bacchus, Cérès et Proserpine, près du grand Cirque, consacré à ces trois divinités par le dictateur Postumius; celui de Flore, élevé dans le même lieu par les édiles Lucius et Marcus Publicius, et celui de Janus, construit dans le marché aux herbes par Duillius, le premier des Romains qui eut des succès sur mer, et qui, par sa victoire sur les Carthaginois, mérita les honneurs d'un triomphe naval. Germanicus consacra un temple à l'Espérance : Atilius Régulus l'avait voué dans la même guerre.

L. Cependant on donnait, chaque jour, plus d'extension au crime de lèse-majesté. Une petite-nièce d'Auguste, Varilie, fut impliquée dans une accusation de ce genre, parce qu'elle s'était permis des plaisanteries injurieuses sur Auguste, sur Tibère, sur Livie, et parce qu'étant liée à un César par le sang, elle s'était rendue coupable d'adultère. Quant à ce crime, on jugea qu'il avait été suffisamment prévu par la loi Julia : pour celui de lèse-majesté, Tibère demanda qu'on distinguât les discours irréligieux qui attaquaient Auguste, et ceux qui ne blessaient que lui; il voulut qu'en punissant les premiers, on oubliât les autres. Le consul l'interrogeant sur ceux qui offensaient sa mère: il ne répondit rien; mais, dans l'assemblée suivante, il recommanda aussi, de la part de Livie, qu'on n'inquiétât personne pour des discours tenus contre elle, quels qu'ils fussent. Il déchargea Varilie du crime de lèse-majesté, et sollicita l'adoucissement de la peine d'adultère, persuadant aux parents de la coupable de la reléguer, suivant l'usage des premiers temps, à deux cents milles de Rome. Pour Manlius, son complice, on lui interdit toute l'Italie et toute l'Afrique.

LI. La nomination d'un préteur, à la place de Vipsanius, qui venait de mourir, excita quelques contestations. Germanicus et Drusus (car ils étaient encore à Rome) soutenaient Hatérius Agrippa, parent de Germanicus, contre un parti plus nombreux et une loi expresse qui ordonnait de préférer, parmi les candidats, ceux qui auraient le plus d'enfants. Tibère voyait avec joie le sénat partagé entre ses fils et la loi. La loi succomba, comme de raison, mais non sur-le-champ, ni à une faible majorité : sort ordinaire des lois, dans le temps même de leur règne.

LII. Cette même année la guerre commença en Afrique. Les ennemis avaient pour chef un Numide, nommé Tacfarinas, qui avait servi autrefois comme auxiliaire dans les troupes romaines, et avait ensuite déserté. Cet aventurier rassemble d'abord quelques troupes de brigands et de vagabonds, qu'il mène au pillage; il parvient ensuite à les ranger sous le drapeau, par compagnies, à en faire des soldats; enfin, de chef de bandits, il devient général des Musulans. C'était un peuple nombreux, errant dans le pays encore dénué de villes qui borde les déserts de l'Afrique. Les Musulans prirent les armes, et entraînèrent à la guerre la portion des Maures qui touche à leur pays; ceux-ci avaient pour chef Mazippa. Les deux généraux se partagent l'armée: Tacfarinas garde l'élite des soldats, tous ceux qui étaient armés à la romaine, et les retient dans le camp pour les accoutumer à la discipline et au commandement. Mazippa, avec les troupes légères, porte dans les environs le fer, la flamme et l'effroi. Déjà les Cinithiens, nation assez considérable, étaient venus grossir leurs forces, lorsqu'enfin

---

abolitas, cœptasque ab Augusto, dedicavit ; Libero Liberæque et Cereri, juxta Circum maximum, quas A. Postumius dictator voverat; eodemque in loco ædem Floræ, ab Lucio et Marco Publiciis ædilibus constitutam; et Jano templum quod apud forum olitorium C. Duillius struxerat, qui primus rem romanam prospere mari gessit, triumphumque navalem de Pœnis meruit. Spei ædes a Germanico sacratur; hanc Atilius voverat eodem bello.

L. Adolescebat interea lex majestatis; et Apuleiam Variliam, sororis Augusti neptem, quia probrosis sermonibus divum Augustum, ac Tiberium, et matrem ejus illudisset, Cæsarique connexa adulterio teneretur, majestatis delator arcessebat. De adulterio satis caveri lege Julia visum : majestatis crimen distingui Cæsar postulavit ; damnarique si qua de Augusto irreligiose dixisset, in se jacta nolle ad cognitionem vocari. Interrogatus a consule quid de his censeret quæ de matre ejus locuta secus arguerentur, reticuit; dein, proximo senatus die, illius quoque nomine oravit ne cui verba in eam quoquo modo habita crimini forent. Liberavitque Apuleiam lege majestatis; adulterii graviorem pœnam deprecatus, ut, exemplo majorum, propinquis suis ultra ducentesimum lapidem removeretur, suasit. Adultero Manlio Italia atque Africa interdictum est.

LI. De prætore, in locum Vipsanii Galli, quem mors abstulerat, subrogando certamen incessit. Germanicus atque Drusus (nam etiam tum Romæ erant), Haterium Agrippam propinquum Germanici fovebant : contra plerique nitebantur ut numerus liberorum in candidatis præpolleret, quod lex jubebat. Lætabatur Tiberius quum inter filios ejus et leges senatus disceptaret : victa est sine dubio lex ; sed neque statim, et paucis suffragiis : quo modo, etiam quum valerent, leges vincebantur.

LII. Eodem anno cœptum in Africa bellum, duce hostium Tacfarinate. Is, natione Numida, in castris romanis auxiliaria stipendia meritus, mox desertor, vagos primum et latrociniis suetos ad prædam et raptus congregare; dein, more militiæ, per vexilla et turmas componere; postremo, non inconditæ turbæ, sed Musulanorum dux haberi. Valida ea gens, et solitudinibus Africæ propinqua, nullo etiam tum urbium cultu, cepit arma, Mauroseque accolas in bellum traxit. Dux et his Mazippa : divisusque exercitus; ut Tacfarinas lectos viros, et romanum in modum armatos

Camille, proconsul d'Afrique, rassemble sa légion et ce qu'il avait d'auxiliaires sous le drapeau, en fait un seul corps et marche à l'ennemi. C'était une poignée de monde, en comparaison de cette multitude de Maures et de Numides. Mais ce qu'il appréhendait le plus, était que la crainte ne leur fît éluder le combat. Il fallait, pour les vaincre, leur donner l'espérance de la victoire. Camille place sa légion au centre; les troupes légères et deux divisions de cavalerie forment les ailes. Tacfarinas ne refusa point le combat, et les Numides furent battus. Ainsi, après nombre d'années, la gloire des armes rentra dans la maison des Camilles; car, depuis le fameux restaurateur de Rome, et depuis son fils, cette famille n'avait plus donné de généraux; encore celui dont nous parlons ne passait-il point pour habile guerrier. Par là même Tibère l'exalta plus volontiers dans le sénat: on lui décerna les ornements du triomphe, honneur qui fut sans danger pour lui, par le peu d'éclat de sa vie.

LIII. L'année suivante eut pour consuls Tibère et Germanicus: Tibère l'était pour la troisième fois, Germanicus pour la seconde. Mais quand celui-ci prit possession de sa dignité, il se trouvait à Nicopolis, ville de l'Achaïe, où il s'était rendu par la côte d'Illyrie, après avoir vu son frère Drusus, alors en Dalmatie. Des tempêtes violentes qu'il essuya dans le golfe Adriatique, et ensuite sur la mer Ionienne, le forcèrent de rester quelques jours à Nicopolis, pour y réparer sa flotte. Il profita de ce temps pour visiter le golfe que la victoire d'Actium a rendu si célèbre, les trophées consacrés par Auguste et le camp d'Antoine. Ces lieux, où il retrouvait partout les traces de ses pères (car il était, comme je l'ai dit, petit-fils d'Antoine et arrière-neveu d'Auguste), lui offraient un grand spectacle d'infortune et de prospérité. De là il se rendit à Athènes, et, par égard pour une ville ancienne et alliée, il ne parut qu'avec un seul licteur. Les Grecs le reçurent avec les plus grands honneurs, mêlant à ces distinctions les récits de leur propre gloire, afin de donner à leur flatterie plus de dignité.

LIV. Gagnant ensuite l'Eubée, il passe par Lesbos, où Agrippine accouche de Julie, le dernier de ses enfants. Il longe ensuite les extrémités de la côte d'Asie, visite dans la Thrace Périnthe et Byzance, et pénètre par la Propontide jusqu'à l'embouchure de l'Euxin, curieux de connaître des lieux que l'antiquité des temps et la renommée ont rendus célèbres. En même temps il remédiait aux maux des provinces, apaisait leurs dissensions, réprimait l'injustice des magistrats. A son retour, il voulait voir les mystères des Samothraces, mais les vents de nord l'écartèrent de cette route. Après avoir considéré Ilion, et ces ruines si vénérables par l'idée qu'elles rappellent des vicissitudes du sort et de l'origine de Rome, il côtoie de nouveau l'Asie et va débarquer à Colophon, pour y consulter l'oracle d'Apollon de Claros. Ce n'est point une femme qui y préside, comme à Delphes; c'est un prêtre qu'on prend dans certaines familles, et presque toujours à Milet. Il ne fait que demander le nombre et le nom des personnes, se retire dans une caverne, y boit de l'eau d'une fontaine mystérieuse, et ensuite, quoiqu'il ne soit communément ni lettré, ni poëte, il donne ses réponses en vers sur ce que chacun a désiré intérieurement de savoir. On prétendait

---

castris attineret, disciplina et imperiis suesceret; Mazippa, levi cum copia, incendia, et cædes, et terrorem circumferret. Compulerantque Cinithios, haud spernandam nationem, in eadem; quum Furius Camillus, proconsul Africæ, legionem, et quod sub signis sociorum, in unum conductos ad hostem duxit: modicam manum, si multitudinem Numidarum atque Maurorum spectares; sed nihil æque cavebatur quam ne bellum metu eluderent: spe victoriæ inducti sunt ut vincerentur. Igitur legio medio, leves cohortes duæque alæ in cornibus locantur; Nec Tacfarinas pugnam detrectavit: fusi Numidæ, multosque post annos Furio nomini partum decus militiæ. Nam, post illum reciperatorem Urbis, filiumque ejus Camillum, penes alias familias imperatoria laus fuerat: atque hic, quem memoramus, bellorum expers habebatur. Eo pronior Tiberius res gestas apud senatum celebravit, et decrevere patres triumphalia insignia; quod Camillo ob modestiam vitæ impune fuit.

LIII. Sequens annus Tiberium tertio, Germanicum iterum consules habuit. Sed cum honorem Germanicus iniit apud urbem Achaiæ Nicopolin, quo venerat per Illyricam oram, viso fratre Druso in Dalmatia agente, hadriatici, ac mox ionii maris adversam navigationem perpessus. Igitur paucos dies insumpsit reficiendæ classi; simul sinus Actiaca victoria inclytos, et sacratas ab Augusto manubias, castraque Antonii, cum recordatione majorum suorum, adiit. Namque ei, ut memoravi, avunculus Augustus, avus Antonius erant, magnaque illic imago tristium lætorumque. Hinc ventum Athenas, fœderique sociæ et vetustæ urbis datum ut uno lictore uteretur. Excepere Græci quæsitissimis honoribus, vetera suorum facta dictaque præferentes, quo plus dignationis adulatio haberet.

LIV. Petita inde Eubœa, tramisit Lesbum, ubi Agrippina novissimo partu Juliam edidit. Tum extrema Asiæ, Perinthumque ac Byzantium, Thracias urbes, mox Propontidis angustias, et os Ponticum intrat, cupidine veteres locos, et fama celebratos noscendi. Pariterque provincias internis certaminibus aut magistratuum injuriis fessas refovebat: atque illum, in regressu sacra Samothracum visere nitentem, obvii aquilones depulere. Igitur adito Ilio, quæque ibi varietate fortunæ et nostri origine veneranda, relegit Asiam, appellitque Colophona, ut Clarii Apollinis oraculo uteretur. Non femina illic, ut apud Delphios; sed, certis e familiis, et fermæ Mileto, accitus sacerdos numerum modo consultantium et nomina audit; tum, in specum degressus, hausta fontis arcani aqua, ignarus plerumque literarum et carminum, edit responsa versibus compositis, super rebus quas quis mente conceperit: et fe-

qu'en termes obscurs, suivant l'usage des oracles, celui-ci avait annoncé à Germanicus une fin prématurée.

LV. Cependant Pison commence, dans la ville d'Athènes, à exécuter son projet d'insulter Germanicus. L'air menaçant dont il fit son entrée avait consterné les Athéniens; il les réprimande encore dans un discours plein de violence, où il reprochait indirectement a Germanicus d'avoir avili le nom romain, en traitant avec des ménagements excessifs ce vil ramas de toutes les nations, qu'il fallait se garder de confondre avec l'ancien peuple athénien, détruit depuis longtemps par des désastres multipliés. Il faisait un crime à ceux-ci de s'être alliés avec Mithridate contre Sylla, avec Antoine contre Auguste; il allait rechercher, dans des temps reculés, les revers qu'ils avaient éprouvés contre la Macédoine, les injustices qu'ils avaient commises envers leurs concitoyens, animé aussi par des ressentiments particuliers contre la ville qui lui avait refusé la grâce d'un certain Théophile, condamné pour un faux par l'aréopage. D'Athènes, coupant au travers des Cyclades par les chemins les plus courts, Pison accélère sa navigation, et atteint Germanicus à Rhodes. Celui-ci n'ignorait pas à quelles persécutions il allait être en butte. Cependant, telle était sa générosité que, voyant une tempête qui emportait Pison contre les rochers, il envoya ses meilleurs vaisseaux pour sauver un ennemi dont la mort aurait pu n'être imputée qu'au hasard. Ce procédé n'adoucit point Pison. A peine s'arrête-t-il un jour, il quitte et devance Germanicus, et n'est pas plutôt arrivé en Syrie, qu'il s'applique à gagner l'armée. Largesses, condescendances, il emploie tout; caressant les moindres soldats, licenciant les vieux centurions, les tribuns sévères, leur substituant ses créatures ou les hommes les plus pervers, favorisant la paresse dans le camp, la licence dans les villes, les courses et le brigandage dans les campagnes, poussant enfin la corruption si loin, que la multitude ne le nomme plus que le père des légions. De son côté, Plancine bravait les bienséances de son sexe. Elle assistait aux exercices de la cavalerie, aux évolutions des cohortes; elle invectivait contre Agrippine, contre Germanicus; et comme il se glissait un bruit sourd que cette conduite était autorisée par l'empereur, des soldats même honnêtes, mettaient, dans leur insubordination, de l'obéissance et du zèle.

LVI. Germanicus était instruit de tout; mais l'Arménie lui parut demander ses premiers soins. Ce pays, d'un côté, borde une grande étendue de nos provinces, et, de l'autre, s'enfonce et se prolonge jusqu'à la Médie. Placé entre de grands États, sa situation équivoque a de tout temps influé sur le caractère de ses habitants, presque toujours agités par leur haine contre les Romains, et par leur jalousie contre les Parthes. Depuis la destitution de Vonon, ils n'avaient point de roi; mais le vœu public désignait le fils de Polémon, roi de Pont, Zénon, qui, dès son enfance, ayant adopté les usages, la parure des Arméniens, leurs chasses, leurs festins et tous les goûts des barbares, s'était également concilié les grands et le peuple. Germanicus satisfit leur désir; il couronna lui-même, de sa main, le fils de Polémon, dans la ville d'Artaxate, aux acclamations des grands et d'un peuple immense, qui, en se

---

rebatur Germanico, per ambages, ut mos oraculis, maturum exitium cecinisse.

LV. At Cn. Piso, quo properantius destinata inciperet, civitatem Atheniensium, turbido incessu exterritam, oratione sæva increpat, obliqua Germanicum perstringens « quod, contra decus romani nominis, non Athenienses, tot cladibus exstinctos, sed colluviem illam nationum comitate nimia coluisset: hos enim esse Mithridatis adversus Sullam, Antonii adversus divum Augustum socios. » Etiam vetera objectabat quæ in Macedones improspere, violenter in suos fecissent; offensus urbi propria quoque ira, quia Theophilum quemdam, Areo judicio falsi damnatum, precibus suis non concederent. Exin, navigatione celeri, per Cycladas, et compendia maris, assequitur Germanicum apud insulam Rhodum, haud nescius quibus insectationibus petitos foret : sed tanta mansuetudine agebat ut, quum orta tempestas raperet in abrupta, posseique interitus inimici ad casum referri, miseril triremes quarum subsidio discrimini eximeretur. Neque tamen mitigatus Piso, et, vix diei moram perpessus, linquit Germanicum, prævenitque : et, postquam Syriam ac legiones attigit, largitione, ambitu, infimos manipularium juvando, quum vetera centurionum, severos tribunos demoveret, eorum clientibus suis, vel deterrimo cuique attribueret; desidiam in castris, licentiam in urbibus, vagum ac lascivientem per agros militem sineret, eo usque corruptionis provectus est ut, sermone vulgi, parens legionum haberetur. Nec Plancina se intra decora feminis tenebat; sed exercitio equitum, decursibus cohortium interesse : in Agrippinam, in Germanicum contumelias jacere : quibusdam etiam bonorum militum ad mala obsequia promptis, quod haud invito imperatore ea fieri occultus rumor incedebat.

LVI. Nota hæc Germanico; sed præverti ad Armenios instantior cura fuit. Ambigua gens ea antiquitus, hominum ingeniis, et situ terrarum, quo, nostris provinciis late prætenta, penitus ad Medos porrigitur; maximisque imperiis interjecti, et sæpius discordes sunt, adversus Romanos odio, et in Parthum invidia. Regem illa tempestate non habebant, amoto Vonone; sed favor nationis inclinabat in Zenonem, Polemonis regis Pontici filium, quod is, prima ab infantia, instituta et cultum Armeniorum æmulatus, venatu, epulis, et quæ alia barbari celebrant proceres plebemque juxta devinxerat. Igitur Germanicus, in urbe Artaxata, approbantibus nobilibus, circumfusa multitudine, insigne regium capiti ejus imposuit : ceteri, venerantes regem, Artaxiam consalutavere, quod illi vocabulum indiderant ex nomine urbis. At Cappadoces, in formam provinciæ redacti, Q. Veranium legatum accepere; et quædam ex regiis tributis deminuta, quo mitius romanum

prosternant devant son nouveau roi, le nomma Artaxias, du nom de la ville. La Cappadoce était devenue province romaine : on lui donna pour commandant Véranius, et l'on diminua quelque chose des tributs qu'elle payait à ses rois, afin de la prévenir en faveur de ses nouveaux maîtres. La Commagène reçut aussi la même forme : Servæus fut son premier préteur.

LVII. Mais la satisfaction de ces heureuses négociations était bien troublée par les chagrins que donnait à Germanicus l'orgueil de Pison, qui, ayant reçu l'ordre de mener lui-même, ou de faire conduire par son fils une partie des légions dans l'Arménie, n'avait voulu faire ni l'un ni l'autre. Les deux généraux se rencontrèrent pourtant à Cyrre au camp de la dixième légion : tous deux composant leur visage, Pison affectait de ne point craindre, Germanicus de ne point menacer. Celui-ci, comme je l'ai dit, était bon; mais ses amis, aigrissant avec adresse ses ressentiments, exagéraient les torts réels, en supposaient d'imaginaires, inculpaient, de mille manières différentes, Pison, Plancine et leurs enfants. Enfin, il y eut une explication en présence de quelques amis. Germanicus commença : Pison répondit. On vit dans l'un tout l'effort de la colère qui dissimule, et dans l'autre, de l'arrogance qui s'excuse : ils se quittèrent avec une haine concentrée. Depuis, Pison parut rarement au tribunal de Germanicus, et quand il y siégea, ce fut avec humeur et un air d'improbation qui paraissait visiblement. Il laissa même une fois éclater son dépit : c'était à un festin donné par le roi des Nabathéens. On avait servi à tous les convives des couronnes d'or; celles de Germanicus et d'Agrippine étaient d'un grand poids; celle de Pison et des autres assez légères. Pison dit que ce repas était offert au fils du prince des Romains et non du roi des Parthes, en même temps il jeta sa couronne et fit une sortie contre l'indécence de ce luxe. Ces outrages tout cruels qu'ils étaient, Germanicus les dévorait en silence.

LVIII. Dans l'intervalle, il arriva des ambassadeurs d'Artaban, roi des Parthes. Ce monarque les avait chargés de rappeler l'alliance et l'amitié qui unissaient les deux empires, et de déclarer qu'il désirait renouveler le traité en personne; que, par égard pour Germanicus, il s'avancerait jusqu'à la rive de l'Euphrate; qu'en attendant, il demandait qu'on ne laissât plus en Syrie Vonon, qui abusait de la proximité pour exciter à la révolte les grands du royaume. Germanicus répondit avec dignité sur l'alliance des Romains et des Parthes, avec grâce et modestie sur la visite du roi et sur l'honneur qu'il faisait à sa personne. Il relégua Vonon à Pompéiopolis, ville maritime de la Cilicie. Satisfaisant ainsi Artaban, il mortifiait Pison, à qui Vonon s'était rendu agréable par les soins et les présents qu'il prodiguait à Plancine.

LIX. Sous le consulat de Marcus Silanus et de Lucius Norbanus, Germanicus fit un voyage en Égypte pour en connaître les antiquités, mais en prétextant les besoins de la province. Il fit baisser le prix des grains en ouvrant les greniers publics, et se rendit cher à la multitude, marchant sans gardes, avec la chaussure et l'habit grecs, à l'exemple de Scipion l'Africain, qui, au milieu même des hostilités de la guerre punique, avait montré en Sicile la même popularité. Tibère se borna à de légères critiques sur la parure et sur l'habillement de Germanicus; mais il lui reprocha très-durement d'être entré sans son ordre à Alexandrie, au mépris du règlement d'Auguste; car ce fut un des secrets de la politique de ce prince de séquestrer l'Égypte. Il défendit aux

---

imperium speraretur. Commagenis Q. Servæus præponitur, tum primum ad jus prætoris translatis.

LVII. Cunctaque socialia prospere composita non ideo lætum Germanicum habebant, ob superbiam Pisonis qui, jussus partem legionum ipse aut per filium in Armeniam ducere, utrumque neglexerat. Cyrri demum, apud hiberna decumæ legionis, convenere, firmato vultu, Piso adversus metum, Germanicus ne minari crederetur. Et erat, ut retuli, clementior; sed amici, accendendis offensionibus callidi, intendere vera, aggerere falsa, ipsumque et Plancinam et filios variis modis criminari. Postremo, paucis familiarium adhibitis, sermo cœptus a Cæsare, qualem ira et dissimulatio gignit responsum a Pisone precibus contumacibus; discesseruntque opertis odiis. Postque rarus in tribunali Cæsaris Piso; et, siquando assideret, atrox, ac dissentire manifestus. Vox quoque ejus audita est in convivio, quum, apud regem Nabatæorum, coronæ aureæ magno pondere Cæsari et Agrippinæ, leves Pisoni et ceteris offerrentur : « principis romani, non Parthi regis filio eas epulas dari : » abjectique simul coronam, et multa in luxum addidit, quæ Germanico, quanquam acerba, tolerabantur tamen.

LVIII. Inter quæ ab rege Parthorum Artabano legati venere. Miserat amicitiam ac fœdus memoraturos, et « cupere renovari dextras; daturumque honori Germanici ut ripam Euphratis accederet : petere interim ne Vonones in Syria haberetur, neu proceres gentium propinquis nuntiis ad discordias traheret. » Ad ea Germanicus, de societate Romanorum Parthorumque magnifice, de adventu regis et cultu sui cum decore ac modestia respondit. Vonones Pompeiopolim, Ciliciæ maritimam urbem, amotus est : datum id non modo precibus Artabani, sed contumeliæ Pisonis, cui gratissimus erat, ob plurima officia et dona, quibus Plancinam devinxerat.

LIX. M. Silano, L. Norbano coss., Germanicus Ægyptum proficiscitur, cognoscendæ antiquitatis; sed cura provinciæ prætendebatur. Levavitque, apertis horreis, pretia frugum : multaque in vulgus grata usurpavit; sine milite incedere, pedibus intectis, et pari cum Græcis amictu, P. Scipionis æmulatione, quem eadem factitavisse

sénateurs ou aux chevaliers de marque d'y mettre le pied sans une permission, dans la crainte qu'on n'affamât l'Italie, en s'emparant de cette province, au moyen de quelques places qui sont la clef de la terre et de la mer, et que peu de troupes défendraient contre de grandes armées.

LX. Cependant Germanicus, qui ne savait point encore qu'on lui faisait un crime de ce voyage, s'était embarqué sur le Nil à Canope. Cette ville fut bâtie par les Spartiates, dans le lieu de la sépulture d'un de leurs pilotes, nommé Canopus, au temps où Ménélas, voulant regagner la Grèce, fut jeté dans une autre mer sur la côte de Libye. Près du canal de Canope est une embouchure du fleuve, consacrée à l'Hercule que les Égyptiens prétendent né dans leur pays, antérieur à tous les autres, et dont le nom, disent-ils, fut donné, depuis, à tous ceux qui l'égalèrent en valeur. Germanicus visita ces lieux et ensuite les magnifiques ruines de l'ancienne Thèbes. On voyait, sur des monuments encore subsistants, des caractères égyptiens qui attestaient sa première opulence. Il pria un des plus anciens prêtres de les lui expliquer. Les inscriptions portaient que cette ville avait autrefois contenu sept cent mille habitants en âge de porter les armes; qu'avec cette armée, le roi Rhamsès avait conquis la Libye, l'Éthiopie, la Médie, la Perse, la Bactriane, la Scythie, et que tout le pays habité par les Syriens, les Arméniens et les Cappadociens, depuis la mer de Bithynie jusqu'à celle de Lycie, avait appartenu à son empire. On lisait aussi dans ces inscriptions le détail des tributs imposés à ces nations, des sommes d'or et d'argent, des présents pour les temples en ivoire et en parfums, de la quantité d'armes, de chevaux, de froment et autres denrées que chaque peuple payait; ce qui formait un revenu non moins considérable que l'est aujourd'hui celui des Parthes ou de l'empire romain.

LXI. Germanicus continua d'observer les autres merveilles, entre autres la statue de pierre de Memnon qui, lorsqu'elle est frappée des rayons du soleil, rend le son d'une voix humaine; ces pyramides, semblables à des montagnes élevées au milieu de sables mouvants et presque inaccessibles, monuments du faste et de l'émulation des rois égyptiens; ces lacs creusés pour recevoir les débordements du Nil; et, plus loin, ce détroit où le fleuve resserré creuse un abîme dont nul homme n'a pu sonder la profondeur. De là il se rendit à Éléphantine et à Syène, alors barrières de l'empire romain, qui s'étend maintenant jusqu'à la mer Rouge.

LXII. Pendant que Germanicus employait l'été à visiter plusieurs provinces, Drusus ne se fit pas peu d'honneur par son habileté à semer la division parmi les Germains, et à profiter de l'affaiblissement de Maroboduus pour leur faire consommer sa ruine. Il y avait parmi les Gothons un jeune homme d'une haute naissance, nommé Catualde, jadis obligé de fuir par l'ascendant de Maroboduus, maintenant, enhardi par ses malheurs, cherchant à se venger. Il entre, avec un corps de troupes considérable, sur les terres des Marcomans; et, soutenu des principaux chefs qu'il avait gagnés, il force la ville royale et le château qui la défendait. Cette place était

---

apud Siciliam, quamvis flagrante adhuc Pœnorum bello, accepimus. Tiberius, cultu habituque ejus lenibus verbis perstricto, acerrime increpuit quod, contra instituta Augusti, non sponte principis, Alexandriam introisset : nam Augustus, inter alia dominationis arcana, vetitis, nisi permissu, ingredi senatoribus, aut equitibus romanis illustribus, seposuit Ægyptum : ne fame urgeret Italiam quisquis eam provinciam, claustraque terræ ac maris, quamvis levi præsidio adversum ingentes exercitus, insedisset.

LX. Sed Germanicus, nondum comperto profectionem eam incusari, Nilo subvehebatur, orsus oppido a Canopo. Condidere id Spartani ob sepultum illic rectorem navis Canopum, qua tempestate Menelaus, Græciam repetens, diversum ad mare terramque Libyam dejectus. Inde proximum amnis os dicatum Herculi, quem indigenæ ortum apud se et antiquissimum perhibent, eosque qui postea pari virtute fuerint in cognomentum ejus adscitos. Mox visit veterum Thebarum magna vestigia : et manebant structis molibus literæ ægyptiæ, priorem opulentiam complexæ : jussusque e senioribus sacerdotum patrium sermonem interpretari, referebat « habitasse quondam septingenta millia ætate militari : atque eo cum exercitu regem Rhamsem Libya, Æthiopia, Medisque et Persis, et Bactriano, ac Scytha potitum; quasque terras Syri Armeniique et contigui Cappadoces colunt, inde Bithynum, hinc Lycium ad mare, imperio tenuisse. » Legebantur et indicta gentibus tributa, pondus argenti et auri, numerus armorum equorumque, et dona templis, ebur atque odores, quasque copias frumenti et omnium utensilium quæque natio penderet; haud minus magnifica quam nunc vi Parthorum, aut potentia romana jubentur.

LXI. Ceterum Germanicus aliis quoque miraculis intendit animum, quorum præcipua fuere Memnonis saxea effigies, ubi radiis solis icta est, vocalem sonum reddens ; disjectasque inter et vix pervias arenas instar montium eductæ pyramides, certamine et opibus regum : lacusque, effossa humo, superfluentis Nili receptacula : atque alibi angustiæ, et profunda altitudo, nullis inquirentium spatiis penetrabilis. Exin ventum Elephantinen ac Syenen, claustra olim romani imperii, quod nunc Rubrum ad mare patescit.

LXII. Dum ea æstas Germanico plures per provincias transigitur, haud leve decus Drusus quæsivit, illiciens Germanos ad discordias; utque, fracto jam Maroboduo, in exitium insisteretur. Erat inter Gothones nobilis juvenis nomine Catualda, profugus olim vi Marobodui, et tunc, dubiis rebus ejus, ultionem ausus. Is, valida manu, fines Marcomanorum ingreditur, corruptisque primoribus ad societatem, irrumpit regiam, castellumque juxta situm. Veteres illic Suevorum prædæ, et nostris e provinciis lixæ ac negotiatores reperti; quos jus commercii, dein cupido

depuis longtemps le dépôt du butin des Suèves. On y trouva des vivandiers et des marchands de nos provinces, qu'attira le commerce, que retint l'espoir du gain, et qu'enfin l'oubli de la patrie avait fixés, loin de leurs foyers, dans ces terres ennemies.

LXIII. Maroboduus, abandonné de toutes parts, n'eut de ressource que dans la pitié de Tibère. Ayant passé le Danube, à l'endroit où ce fleuve borde la Norique, il écrivit à ce prince, non comme un fugitif ou un suppliant, mais comme un roi célèbre qui se souvenait de sa première fortune, qui était appelé par une foule de nations, et qui leur préférait l'amitié des Romains. Tibère répondit que, tant qu'il voudrait demeurer dans l'Italie, il y trouverait une retraite honorable et sûre, avec la liberté d'en sortir lorsque ses affaires le demanderaient. Cependant il dit dans le sénat que Philippe n'avait point été aussi redoutable pour Athènes, ni Pyrrhus ou Antiochus pour Rome, que l'eût été Maroboduus. Sa harangue existe, dans laquelle, après avoir exalté la puissance de ce monarque et la valeur des nations qui lui étaient soumises, il fait voir combien eût été dangereux un pareil voisin, et combien étaient sages les mesures qui avaient préparé sa chute. On tint Maroboduus à Ravenne sous les regards des Suèves, afin que la vue de ce roi, tout prêt à rentrer dans ses États, servît à contenir leur insolence. Mais il ne quitta point l'Italie pendant les dix-huit années qu'il vécut encore, et il perdit, dans sa vieillesse, beaucoup de sa réputation, par trop d'attachement pour la vie. Catualde eut le même sort, et comme lui, eut recours à Tebère. Une armée d'Hermundures, commandée par Vibius, n'ayant pas tardé à le chasser à son tour, il fut accueilli et envoyé à Fréjus, colonie de la Gaule Narbonnaise. Mais, comme les barbares qui accompagnaient ces deux rois, auraient pu, par leur mélange, mettre en fermentation des provinces paisibles, on les établit au delà du Danube, entre le Mare et la Cuse, et on leur donna pour roi Vannius, de la nation des Quades.

LXIV. La nouvelle du couronnement d'Artaxias étant venue dans le même moment, le sénat décerna l'ovation à Germanicus et à Drusus. On érigea, sur les ailes du temple de Mars vengeur, des arcs de triomphe, où l'on plaça leurs statues. Tibère s'applaudissait d'avoir assuré la paix par sa politique, plus que s'il eût terminé la guerre par des victoires. Aussi n'employa-t-il pas d'autres armes contre Rhescuporis, roi de Thrace. Rhémétalcès avait possédé seul tout ce royaume : après sa mort, Auguste le partagea entre Rhescuporis et Cotys, l'un frère, l'autre fils de Rhémétalcès. Cotys eut les plaines, les villes et ce qui touchait la Grèce ; tout ce qui est inculte, sauvage et voisin des barbares, échut à Rhescuporis. Les deux princes étaient comme leurs Etats : Cotys avait de la douceur et de l'aménité dans l'esprit ; l'autre était féroce, plein d'avidité, ne pouvant souffrir de partage. Ils vécurent néanmoins, d'abord, avec les apparences de la concorde ; mais Rhescuporis ne tarda point à franchir ses limites, à usurper les possessions de son neveu, employant la force contre la résistance. Tant que vécut Auguste, qui avait fait le partage entre ces deux rois, et dont il craignait la vengeance s'il détruisait son ouvrage, il gardait du moins encore quelques ménagements. Mais, à la mort de ce prince, il ne se contraignit plus ; il envoya des troupes de brigands saccager des forteresses et provoquer la guerre.

augendi pecuniam, postremum oblivio patriæ, suis quemque ab sedibus hostilem in agrum transtulit.

LXIII. Maroboduo undique deserto non aliud subsidium quam misericordia Cæsaris fuit. Transgressus Danubium qua Noricam provinciam præfluit, scripsit Tiberio, non ut profugus aut supplex, sed ex memoria prioris fortunæ : « nam, multis nationibus clarissimum quondam regem ad se vocantibus, romanam amicitiam prætulisse. » Responsum a Cæsare « tutam ei honoratamque sedem in Italia fore, si maneret ; sin rebus ejus aliud conduceret, abiturum fide qua venisset. » Ceterum apud senatum disseruit « non Philippum Atheniensibus, non Pyrrhum aut Antiochum populo romano perinde metuendos fuisse. » Exstat oratio qua magnitudinem viri, violentiam subjectarum ei gentium, et quam propinquus Italiæ hostis, suaque in destruendo eo consilia extulit. Et Maroboduus quidem Ravennæ habitus, si quando insolescerent Suevi, quasi rediturus in regnum ostentabatur : sed non excessit Italia per duodeviginti annos : consenuitque, multum imminuta claritate ob nimiam vivendi cupidinem. Idem Catualdæ casus, neque aliud perfugium : pulsus haud multo post Hermundurorum opibus, et Vibillio duce, receptusque, Forum Julium, Narbonensis Galliæ coloniam, mittitur. Barbari utrumque comitati, ne quietas provincias immixti turbarent, Danubium ultra, inter flumina Marum et Cusum locantur, dato rege Vannio, gentis Quadorum.

LXIV. Simul nunciato regem Artaxiam Armeniis a Germanico datum, decrevere patres ut Germanicus atque Drusus ovantes urbem introirent. Structi et arcus circum latera templi Martis Ultoris, cum effigie Cæsarum : lætiore Tiberio quia pacem sapientia firmaverat, quam si bellum per acies confecisset. Igitur Rhescuporin quoque, Thraciæ regem, astu aggreditur. Omnem eam nationem Rhœmetalces tenuerat : quo defuncto, Augustus partem Thracum Rhescuporidi fratri ejus, partem filio Cotyi permisit. In ea divisione arva et urbes, et vicina Græcis Cotyi ; quod incultum, ferox, adnexum hostibus, Rhescuporidi cessit : ipsorumque regum ingenia, illi mite et amœnum, huic atrox, avidum, et societatis impatiens erat. Sed primo subdola concordia egere : mox Rhescuporis egredi fines, vertere in se Cotyi data, et resistenti vim facere Cunctanter sub Augusto, quem, auctorem utriusque regni, si spernerelur, vindicem metuebat : enimvero, audita mutatione principis, immittere latronum globos, exscindere castella, causas bello.

LXV. La chose à laquelle Tibère apportait le plus de surveillance, c'était à maintenir la tranquillité. Il charge un centurion d'aller signifier aux deux rois de ne point décider leur querelle par les armes, et sur-le-champ Cotys licencie ses troupes. Rhescuporis, feignant aussi de la soumission, demande une entrevue avec son neveu; une seule conférence pouvait, disait-il, lever toutes les difficultés. On n'eut pas de peine à convenir du lieu, du temps, et ensuite des conditions, les deux rois accordant tout, l'un par facilité, l'autre par artifice. Rhescuporis, pour donner au traité, comme il le disait, plus de solennité, prépare un festin. La débauche fut prolongée bien avant dans la nuit. Cotys, aveuglément livré aux plaisirs de la table, vit le piège trop tard. En vain il réclama les priviléges du trône, ceux de l'hospitalité, les dieux de leur famille ; il fut chargé de fers. Rhescuporis, maître de toute la Thrace, écrivit à Tibère qu'il n'avait fait que prévenir les embûches qu'on lui tendait. En même temps, sous prétexte d'une guerre contre les Bastarnes et les Scythes, il se renforça de nouvelles troupes d'infanterie et de cavalerie.

LXVI. On lui répondit avec ménagement que, s'il n'avait point de torts, il pouvait se fier sur son innocence; qu'au surplus, ni le prince, ni le sénat ne prononceraient qu'après un mûr examen; qu'il n'avait qu'à livrer Cotys, et venir rejeter sur son neveu le poids de l'accusation. Latinius, propréteur de Mésie, fit partir cette lettre pour la Thrace avec les soldats chargés d'emmener Cotys. Rhescuporis, combattu par la colère et par la crainte, trouva moins de risques à consommer son crime, qu'à le laisser imparfait. Il fit tuer Cotys, et publia ensuite que c'était lui-même qui s'était donné la mort. Ce nouveau forfait ne fut point capable de faire abandonner à Tibère son plan de dissimulation. Latinius, que Rhescuporis regardait comme son plus cruel ennemi, venait de mourir. César mit à sa place Pomponius, homme éprouvé par de longs services, et que ses liaisons, étroites avec le roi rendaient plus propre à le tromper. Cette raison surtout influa sur le choix de Tibère.

LXVII. Le nouveau préteur, ayant passé dans la Thrace, eut à combattre, dans Rhescuporis, la défiance que ses crimes lui inspiraient. Cependant, à force de promesses, il le détermine à venir dans les présides romains. Là, sous prétexte de lui faire honneur, on lui donne une forte garde. Les tribuns, les centurions lui conseillent, lui persuadent d'aller plus loin. À mesure qu'il s'éloigne, on lui dissimule moins sa captivité; enfin, cédant à la nécessité, il se laisse traîner à Rome. Là, il fut accusé dans le sénat par la veuve de Cotys, et condamné à vivre loin de ses États. La Thrace fut partagée entre Rhémétalcès, fils de Rhescuporis, qu'on savait avoir combattu les projets de son père, et les enfants de Cotys. Mais, ceux-ci étant trop jeunes, Trébelliénus, ancien préteur, eut la régence de leurs États, comme autrefois Lépide avait eu celle de l'Égypte pendant la minorité des enfants de Ptolémée. Rhescuporis fut conduit à Alexandrie. Il y forma, ou on lui supposa le projet de s'enfuir, et l'on s'en défit.

LXVIII. Dans le même temps, Vonon, qu'on avait confiné en Cilicie, comme je l'ai dit, ayant gagné ses gardes, entreprit de se sauver par l'Arménie dans le pays des Albaniens et des

LXV. Nihil æque Tiberium anxium habebat quam ne composita turbarentur. Deligit centurionem qui nuntiaret regibus ne armis disceptarent ; statimque a Cotye dimissa sunt, quæ paraverat, auxilia. Rhescuporis, ficta modestia, postulat « eumdem in locum coiretur ; posse de controversiis colloquio transigi. » Nec diu dubitatum de tempore, loco, dein conditionibus ; quum alter facilitate, alter fraude, cuncta inter se concederent, acciperentque. Rhescuporis sanciendo, ut dictitabat, fœderi convivium adjicit ; tractaque in multam noctem lætitia per epulas ac vinolentiam, incautum Cotyn, et, postquam dolum intellexerat, sacra regni, ejusdem familiæ deos, et hospitales mensas obtestantem, catenis onerat. Thraciaque omni potitus, scripsit ad Tiberium structas sibi insidias, præventum insidiatorem : simul, bellum adversus Bastarnas Scythasque prætendens, novis peditum et equitum copiis sese firmabat.

LXVI. Molliter rescriptum, « si fraus abesset, posse eum innocentiæ fidere : ceterum neque se, neque senatum, nisi cognita causa, jus et injuriam discreturos : proinde tradito Cotye veniret, transferretque invidiam criminis. » Eas literas Latinius Pandus, propraetor Moesiæ, cum militibus quis Cotys traderetur, in Thraciam misit. Rhescuporis inter metum et iram cunctatus, maluit patrati quam incepti facinoris reus esse : occidi Cotyn jubet, mortemque sponte sumptam ementitur. Nec tamen Cæsar placitas semel artes mutavit ; sed, defuncto Pando, quem sibi infensum Rhescuporis arguebat, Pomponium Flaccum, veterem stipendiis, et arta cum rege amicitia, eoque accommodatiorem ad fallendum, ob id maxime Moesiæ præfecit.

LXVII. Flaccus, in Thraciam transgressus, per ingentia promissa, quamvis ambiguum et scelera sua reputantem, perpulit ut præsidia romana intraret. Circumdata hinc regi, specie honoris, valida manus ; tribunique et centuriones, monendo, suadendo, et, quanto longius abscedebatur, apertiore custodia, postremo gnarum necessitatis in urbem traxere. Accusatus in senatu ab uxore Cotyis, damnatur ut procul regno teneretur. Thracia in Rhœmetalcem filium, quem paternis consiliis adversatum constabat, inque liberos Cotyis dividitur : iisque, nondum adultis, Trebellienus Rufus, prætura functus, datur, qui regnum interim tractaret, exemplo quo majores Marcum Lepidum, Ptolemæi liberis tutorem, in Ægyptum misorant. Rhescuporis, Alexandriam devectus, atque illic fugam tentans, an ficto crimine, interficitur.

LXVIII. Per idem tempus Vonones, quem amotum in Ciliciam memoravi, corruptis custodibus, effugere ad Armenios, inde in Albanos Heniochosque, et consanguineum sibi regem Scytharum conatus est. Specie venandi, omis-

Hénioques, et de là chez le roi des Scythes, son parent. Il prétexta une partie de chasse, et, s'éloignant du rivage de la mer, il s'enfonça dans des bois, d'où il gagna les bords du Pyrame à toute bride. Les habitants, avertis de sa fuite, avaient rompu tous les ponts, et le fleuve n'était point guéable. Vonon fut arrêté sur la rive par Vibius, préfet de cavalerie, qui le mit aux fers. Aussitôt Remmius, un évocat, préposé ci-devant à la garde du roi, lui passa son épée au travers du corps, comme dans un mouvement de colère. On n'en fut que mieux persuadé qu'il avait favorisé l'évasion, et que c'était pour n'être point décelé qu'il avait donné la mort à Vonon.

LXIX. Cependant Germanicus, à son retour d'Égypte, trouva tous les règlements qu'il avait faits pour les villes et les légions abolis ou entièrement changés. Pour lors il éclata vivement contre Pison, qui s'en vengea par des mortifications non moins cruelles. Enfin Pison résolut de quitter la Syrie. Retenu à Antioche par la maladie de Germanicus, lorsqu'il vit celui-ci rétabli, et qu'on acquittait les vœux pour sa convalescence, il fit interrompre l'appareil des sacrifices, enlever les victimes du pied des autels, et repousser par ses licteurs la populace, qui était en habits de fête. Puis il se retira à Séleucie, attendant l'effet d'une crise où Germanicus venait de retomber. L'idée que Pison l'avait empoisonné redoublait la violence du mal. En effet on avait trouvé sur la terre, autour des murs du palais, des lambeaux de cadavres humains arrachés des sépulcres, des cendres sanglantes et à demi brûlées, le nom de Germanicus gravé sur des tablettes de plomb, des talismans, des caractères magiques et autres enchantements, par lesquels on croit que les âmes sont dévouées aux divinités infernales. Enfin on voyait sans cesse des émissaires de Pison, qu'on accusait de venir épier les progrès du mal.

LXX. Tout cela ne donnait pas moins de colère que d'alarmes à Germanicus : « Si l'on en venait à assiéger sa porte ; s'il lui fallait se voir expirer sous les yeux de ses ennemis, que deviendrait sa malheureuse femme ? que deviendraient ses enfants au berceau ? On trouvait le poison trop lent ; on voulait hâter sa mort ; on était impatient de jouir seul de la province et des légions. Mais Germanicus n'était point encore assez abandonné pour que le fruit de leur crime restât à ses assassins. » Il écrit à Pison pour rompre, sans retour, avec lui. On croit généralement que la lettre contenait aussi l'ordre de sortir de la province. Pison ne balança plus ; il mit à la voile, ralentissant toutefois sa navigation, pour être plus à portée de la Syrie, en cas que la mort de Germanicus lui en ouvrît l'entrée.

LXXI. Germanicus eut encore un rayon d'espérance ; bientôt un affaissement total l'avertit de sa fin prochaine ; il rassemble ses amis, et leur adresse ce discours : « Si ma mort était naturelle, « j'aurais à me plaindre même des dieux, dont « la rigueur m'enlèverait si jeune à mes parents, « à mes enfants, à ma patrie. Mais, vous le sa- « vez, c'est le crime de Plancine et de Pison qui « tranche mes jours ; recevez donc, et gardez au « fond de vos cœurs mes dernières prières. Racon- « tez à mon père et à mon frère toutes les amer- « tumes qui ont empoisonné mes jours, tous les « piéges qui ont environné mes pas, toutes les « horreurs de la mort qui terminent les malheurs « de ma vie. Ni ceux que mes espérances, ni

---

sis maritimis locis, avia saltuum petiit ; mox, pernicitate equi, ad amnem Pyramum contendit, cujus pontes accolæ ruperant, audita regis fuga ; neque vado penetrari poterat. Igitur in ripa fluminis, a Vibio Frontone, præfecto equitum, vincitur : mox Remmius, evocatus, priori custodiæ regis appositus, quasi per iram gladio eum transigit : unde major fides, conscientia sceleris, et metu indicii, mortem Vononi illatam.

LXIX. At Germanicus, Ægypto remeans, cuncta quæ apud legiones aut urbes jusserat, abolita, vel in contrarium versa cognoscit. Hinc graves in Pisonem contumeliæ, nec minus acerba quæ ab illo in Cæsarem tentabantur. Dein Piso abire Syria statuit ; mox, adversa Germanici valetudine detentus, ubi recreatum accepit, votaque pro incolumitate solvebantur, admotas hostias, sacrificalem apparatum, festam Antiochiensium plebem, per lictores proturbat. Tum Seleuciam digreditur, opperiens ægritudinem quæ rursum Germanico accideret. Sævam vim morbi augebat persuasio veneni a Pisone accepti ; et reperiebantur solo ac parietibus erutæ humanorum corporum reliquiæ, carmina, et devotiones, et nomen Germanici plumbeis tabulis insculptum, semiusti cineres ac tabo obliti, aliaque maleficia, quis creditur animas numinibus infernis sacrari : simul missi a Pisone incusabantur, ut valetudinis adversa rimantes.

LXX. Ea Germanico haud minus ira quam pro metum accepta : « Si limen obsideretur, si effundendus spiritus sub oculis inimicorum foret, quid deinde miserrimæ conjugi, quid infantibus liberis eventurum ? Lenta videri venenia : festinare et urgere, ut provinciam, ut legiones solus haberet. Sed non usque eo defectum Germanicum, neque præmia cædis apud interfectorem mansura. » Componit epistolas quis amicitiam ei renunciabat : addunt plerique jussum provincia decedere. Nec Piso moratus ultra, naves solvit ; moderabaturque cursui, quo propius regrederetur, si mors Germanici Syriam aperuisset.

LXXI. Cæsar, paulisper ad spem erectus, dein fesso corpore, ubi finis aderat, assistentes amicos in hunc modum alloquitur : « Si fato concederem, justus mihi dolor « etiam adversus deos esset, quod me parentibus, liberis, « patriæ, intra juventam, præmaturo exitu raperent : « nunc, scelere Pisonis et Plancinæ interceptus, ultimas « preces pectoribus vestris relinquo. Referatis patri ac « fratri quibus acerbitatibus dilaceratus, quibus insidiis « circumventus, miserrimam vitam pessima morte finie- « rim. Si quos spes meæ, si quos propinquus sanguis,

« ceux que les liens du sang intéressent à mon
« sort, ni ceux même que l'envie eût armés con-
« tre Germanicus vivant, ne pourront refuser
« des larmes à la mort d'un homme qui, après avoir
« acquis quelque gloire, après avoir survécu à
« tant de batailles, expire victime de la perfidie
« d'une femme. Vous aurez occasion de réclamer
« la justice du sénat, d'invoquer les lois. Ce ne
« sont point des larmes stériles sur des cendres
« inanimées, c'est le souvenir, c'est l'exécution
« de leurs volontés que les morts attendent de
« la fidélité de leurs amis. Ceux même à qui Ger-
« manicus était inconnu le pleureront : vous le
« vengerez, vous, si vous l'aimez plus que sa for-
« tune. Montrez au peuple romain la petite-fille
« d'Auguste; montrez-lui la veuve, faites-lui
« compter les six orphelins de Germanicus. La pi-
« tié, cette fois, parlera pour les accusateurs;
« et si la calomnie suppose des ordres criminels,
« croyez que les Romains seront ou incrédules,
« ou implacables. » Ses amis lui jurèrent, en serrant sa main mourante, qu'ils perdraient la vie
avant que d'oublier le soin de le venger.

LXXII. Alors il se tourne vers sa femme.
Il la conjure, au nom de leurs enfants, par le
souvenir de son époux, d'avoir moins de fierté,
d'abaisser son orgueil sous les rigueurs de la fortune, et de se défendre, à son retour à Rome,
de cette affectation de pouvoir qui blesse les plus
puissants. Voilà ce qu'il dit tout haut. Il eut ensuite un entretien secret, où l'on croit qu'il lui
fit entrevoir ses soupçons sur Tibère. Il expira
peu de temps après. Sa mort répandit dans la
province et chez les peuples voisins un deuil universel. Les nations étrangères, les rois barbares
pleurèrent ce grand homme, si affable pour les
alliés, si doux pour ses ennemis, dont la figure et
les discours imprimaient une égale vénération,
et qui, bannissant de la grandeur suprême l'arrogance qui la fait haïr, n'en avait conservé
que la dignité qui la rend imposante.

LXXIII. Nulle image de ses aïeux n'orna ses funérailles. Sa gloire et le souvenir de ses vertus
en firent toute la pompe. Plusieurs, frappés d
quelques rapports entre la figure, l'âge des deux
héros, le genre et le théâtre de leur mort, comparaient ses destinées à celles du grand Alexandre. On remarquait qu'avec les avantages de
la beauté, d'une naissance illustre, tous deux
avaient, vers leur trentième année, succombé
sous des embûches domestiques, parmi des nations étrangères; mais le Romain avait été doux
envers ses amis, modéré dans les plaisirs, asservi
aux lois d'un seul et chaste hymen, et non moins
intrépide quoique sans témérité, quoique mille
obstacles l'eussent empêché de subjuguer la Germanie accablée par tant de défaites. Que si, avec
le titre et les droits d'un souverain, il eût été le
seul arbitre de ses destinées, il eût égalé bientôt dans la gloire des armes le Macédonien, qu'il
surpassait par sa modération, sa clémence et ses
autres vertus. Avant de brûler son corps, on
l'exposa nu dans le forum d'Antioche, lieu destiné à sa sépulture. On ne sait point positivement
s'il parut quelque trace de poison; car la pitié
pour Germanicus et les préventions pour ou contre Pison donnèrent lieu à des interprétations
différentes.

LXXIV. Les lieutenants et ce qui se trouvait
de sénateurs en Syrie s'assemblèrent pour la nomination d'un commandant. Les autres concurrents se retirèrent après de légères tentatives;

« etiam quos invidia erga viventem, movebat illacryma-
« bunt, quondam florentem, et tot bellorum superstitem
« muliebri fraude cecidisse. Erit vobis locus querendi apud
« senatum, invocandi leges. Non hoc præcipuum amicorum
« munus est prosequi defunctum ignavo questu, sed quæ
« voluerit meminisse, quæ mandaverit exsequi. Flebunt
« Germanicum etiam ignoti : vindicabitis vos, si me potius
« quam fortunam meam fovebatis. Ostendite populo ro-
« mano divi Augusti neptem, eamdemque conjugem meam;
« numerate sex liberos. Misericordia cum accusantibus
« erit ; fingentibusque scelesta mandata, aut non credent
« homines, aut non ignoscent. » Juravere amici, dextram
morientis contingentes, spiritum ante quam ultionem
amissuros.

LXXII. Tum, ad uxorem versus, « per memoriam sui,
per communes liberos oravit, exueret ferociam, sævienti
fortunæ submitteret animum ; neu, regressa in urbem,
æmulatione potentiæ validiores irritaret. » Hæc palam, et
alia secreto, per quæ ostendere credebatur metum ex Tiberio. Neque multo post exstinguitur, ingenti luctu provinciæ et circumjacentium populorum. Indoluere exteræ
nationes regesque ; tanta illi comitas in socios, mansue-
tudo in hostes ; visuque et auditu juxta venerabilis, quum
magnitudinem et gravitatem summæ fortunæ retineret
invidiam et arrogantiam effugerat.

LXXIII. Funus, sine imaginibus et pompa, per laudes,
ac memoriam virtutum ejus celebre fuit. Et erant qui formam, ætatem, genus mortis, ob propinquitatem etiam
locorum in quibus interiit, Magni Alexandri fatis adæquarent. « Nam utrumque corpore decoro, genere insigni, haud
multum triginta annos egressum, suorum insidiis, externas
inter gentes occidisse : sed hunc nitem erga amicos, modicum voluptatum, uno matrimonio, certis liberis egisse :
neque minus præliatorem, etiamsi temeritas abfuerit,
præpeditusque sit perculsas tot victoriis Germanias servitio premere. Quod si solus arbiter rerum, si jure et nomine regio fuisset, tanto promptius assecuturum gloriam
militiæ, quantum clementia, temperantia, ceteris bonis
artibus præstitisset. » Corpus, antequam cremaretur, nu-
datum in foro Antiochensium, qui locus sepulturæ desti-
nabatur, prætuleritne veneficii signa, parum constitit;
nam, ut quis misericordia in Germanicum, et præsumpta
suspicione, aut favore in Pisonem pronior, diversi interpretabantur.

LXXIV. Consultatum inde inter legatos, quique alii senatorum aderant, quisnam Syriæ præficeretur; et, ceteris

mais Vibius et Sentius balancèrent longtemps les suffrages ; enfin l'ancienneté de Sentius et l'ardeur de ses sollicitations l'emportèrent. Son premier soin fut de faire arrêter une femme, nommée Martine, décriée dans la province par ses empoisonnements, et fort aimée de Plancine. Elle fut envoyée à Rome, à la réquisition de Vitellius, de Véranius et des autres accusateurs, qui préparaient déjà leurs moyens, comme si leur accusation eût été admise.

LXXV. Agrippine, accablée de douleur et de maladie, mais ne pouvant supporter l'idée de retarder d'un instant sa vengeance, s'embarque avec les cendres de Germanicus et avec ses enfants : spectacle bien digne de pitié que celui d'une femme de cette naissance, qui, naguères dans l'union la plus fortunée, environnée de respects et d'adorations, se voyait réduite à ces lugubres restes qu'elle portait dans son sein, incertaine de sa vengeance, alarmée pour elle-même, en butte à la fortune dans chacun des fruits de sa malheureuse fécondité. Pison reçut dans l'île de Cos la nouvelle de la mort de Germanicus. Il laisse éclater ses transports, immole des victimes, visite les temples, il ne peut contenir sa joie ; et Plancine, plus indécente encore, quitte ce jour-là même le deuil d'une sœur qu'elle venait de perdre, et prend des habits de fête.

LXXVI. Les centurions, qui arrivaient en foule, assuraient Pison du zèle ardent des légions, et le pressaient de reprendre un gouvernement qu'on n'avait pas eu le droit de lui ôter, et qui était vacant. Il mit en délibération ce qu'il devait faire. Son fils, Marcus Pison, opinait pour son prompt retour à Rome. Ses torts, jusqu'ici, n'étaient point irréparables ; des soupçons chimériques, de vains bruits ne devaient point l'alarmer. Ses démêlés avec Germanicus, faits pour lui susciter peut-être des ennemis, n'étaient point un délit punissable ; et, en perdant son gouvernement, il avait satisfait à l'envie. Que s'il retournait en Syrie, malgré l'opposition de Sentius, il allumait une guerre civile ; et il ne devait pas se flatter longtemps de l'affection des centurions et des soldats, sur qui prévaudraient la mémoire récente de leur général, et ce vieux respect pour les Césars, profondément enraciné dans leurs cœurs.

LXXVII. Domitius Céler, un des intimes amis de Pison, soutint, au contraire, qu'il fallait profiter de l'événement ; que Pison, et non Sentius, avait été préposé au gouvernement de la Syrie ; que c'était à lui qu'on avait donné les faisceaux et l'autorité de préteur ; à lui qu'on avait confié les légions. Si l'ennemi venait attaquer la province, qui donc la défendrait mieux que celui qui avait reçu tout le pouvoir d'un commandant et toutes les instructions pour cette défense ? D'ailleurs il fallait donner aux rumeurs le temps de se dissiper : souvent l'innocence avait succombé sous des haines récentes ; au lieu que, si Pison gardait l'armée, s'il augmentait ses forces, le hasard seul amènerait des circonstances heureuses, mais impossibles à prévoir. « Nous hâterons-nous donc d'arriver avec les cendres de Germanicus, afin que, sans qu'on daigne écouter tes défenses, une multitude imbécile, sur la foi des lamentations d'Agrippine, t'immole à son premier ressentiment ? Livie t'approuve, Tibere te favorise, mais en secret ; et nuls ne mettront plus d'affectation à pleurer Germanicus, que ceux qui se réjouissent le plus de sa mort. »

---

modice nisis, inter Vibium Marsum et Cn. Sentium diu quæsitum : dein Marsus seniori et acrius tendenti Sentio concessit. Isque infamem veneficiis ea in provincia, et Plancinæ percaram, nomine Martinam, in urbem misit, postulantibus Vitellio ac Veranio, ceterisque qui crimina et accusationem, tanquam adversus receptos jam reos, instruebant.

LXXV. At Agrippina, quanquam defessa luctu, et corpore ægro, omnium tamen quæ ultionem morarentur intolerans, adscendit classem cum cineribus Germanici et liberis ; miserantibus cunctis, « quod femina, nobilitate princeps, pulcherrimo modo matrimonio inter venerantes gratantesque adspici solita, tunc ferales reliquias sinu ferret, incerta ultionis, anxia sui, et infelici fecunditate fortunæ toties obnoxia. » Pisonem interim apud Coum insulam nuncius assequitur excessisse Germanicum. Quo intemperanter accepto, cædit victimas, adit templa : neque ipse gaudium moderans, et magis insolescente Plancina, quæ luctum amissæ sororis tum primum læto cultu mutavit.

LXXVI. Affluebant centuriones, monebantque « prompta illi legionum studia ; repeteret provinciam non jure ablatam, et vacuam. » Igitur quid agendum consultanti, M. Piso, filius, properandum in urbem censebat : « Nihil adhuc inexpiabile admissum, neque suspiciones imbecillas, aut inania famæ pertimescenda : discordiam erga Germanicum odio fortasse dignam, non pœna ; et, ademptione provinciæ, satisfactum inimicis. Quod si regrederetur, obsistente Sentio, civile bellum incipi ; nec duraturos in partibus centuriones militesque, apud quos recens imperatoris sui memoria, et penitus infixus in Cæsares amor prævaleret. »

LXXVII. Contra Domitius Celer, ex intima ejus amicitia, disseruit : « Utendum eventu. Pisonem, non Sentium, Syriæ præpositum ; huic fasces et jus prætorii, huic legiones datas : si quid hostile ingruat, quem justius arma oppositurum qui legati auctoritatem, et propria mandata acceperit ? Relinquendum etiam rumoribus tempus quo senescant : plerumque innocentes recenti invidiæ impares. At, si teneat exercitum, augeat vires, multa, quæ provideri non possint, fortuito in melius casura. An festinamus cum Germanici cineribus appellere, ut te, inaudito et indefensum, planctus Agrippinæ, ac vulgus imperitum primo rumore rapiant ? Est tibi Augustæ conscientia, est Cæsaris favor, sed in occulto : et periisse Germanicum nulli jactantius mœrent, quam qui maxime lætantur. »

LXXVIII. Pison, porté de lui-même aux partis violents, se laisse entraîner sans peine à cet avis. Il écrit à Tibère pour se plaindre du faste et de l'arrogance de Germanicus, et pour le prévenir que, n'ayant été chassé que parce qu'il était un obstacle à des desseins ambitieux, il avait repris le commandement de l'armée, par le même esprit de fidélité qui l'avait porté à vouloir s'y maintenir. En même temps il fait partir Domitius sur une trirème pour la Syrie, avec l'ordre d'éviter les côtes, de s'élever en pleine mer et de couper au travers des îles. Il forme en compagnie les déserteurs qui se présentent en foule, arme les vivandiers, et, à son arrivée sur le continent, intercepte un corps de nouvelles recrues qui se rendaient en Syrie. Il écrit aux petits souverains de la Cilicie de lui envoyer leurs auxiliaires. Le jeune Pison ne laissait pas de s'employer aux préparatifs de cette guerre, quoiqu'il n'eût point été d'avis de l'entreprendre.

LXXIX. A la hauteur des côtes de Lycie et de Pamphylie, les vaisseaux de Pison rencontrèrent ceux qui ramenaient Agrippine. Les deux partis, n'écoutant d'abord que leur animosité, se préparèrent au combat; puis, se craignant l'un l'autre, ils se bornèrent aux injures. Vibius signifia à Pison de se trouver à Rome pour l'instruction de son procès. Pison répondit d'un ton moqueur qu'il s'y présenterait, dès que le magistrat, chargé d'informer contre les sortiléges, aurait ajourné l'accusateur et l'accusé. Cependant Domitius avait débarqué à Laodicée, ville de Syrie; il voulait se rendre au quartier d'hiver de la sixième légion, dont il croyait les esprits plus disposés à un soulèvement; mais il fut prévenu par le lieutenant Pacuvius. C'est ce que Pison apprit de Sentius, qui, dans une lettre, lui conseillait de ne plus chercher à troubler le camp par ses émissaires, ni la province par ses armes. Ce dernier rassembla tous ceux qui étaient attachés à la mémoire de Germanicus, ou ennemis de Pison, leur représentant que c'était à la majesté du prince, à la république même que l'on s'attaquait; il se vit bientôt à la tête d'un parti nombreux, déterminé à combattre.

LXXX. Pison, trompé dans ses espérances, ne négligea aucune de ses ressources. Il s'empare d'un château très-fort de la Cilicie, nommé Célendéris. Il avait mêlé les déserteurs, les recrues qu'il venait d'intercepter, ses esclaves et ceux de Plancine parmi les auxiliaires que les petits souverains de la Cilicie lui avaient envoyés, et il en avait formé une légion, du moins pour le nombre. Il leur représentait qu'il était le lieutenant de César, qu'il tenait du prince son gouvernement, que lui disputaient, non les légions, puisqu'elles-mêmes l'avaient redemandé, mais Sentius, qui cherchait à masquer ses haines personnelles sous des accusations calomnieuses. Ils n'avaient seulement qu'à se montrer en bataille, et il n'y aurait pas de combat : les légions mettraient bas les armes en voyant celui qu'elles avaient autrefois nommé leur père, dont les droits étaient incontestables et les forces imposantes. Il range alors sa troupe sur le sommet d'une colline escarpée, qui bordait les fortifications du château; car le reste était baigné par la mer. De leur côté, les vétérans s'avancent sur plusieurs lignes, soutenues par des corps de réserve. Ici, de braves soldats; là, un poste excellent, mais nul courage, nulle confiance, pas même d'armes que des intruments rustiques saisis à la hâte. Aussi l'affaire ne fut in-

---

LXXVIII. Haud magna mole Piso, promptus ferocibus, in sententiam trahitur : missusque ad Tiberium epistolis, incusat Germanicum luxus et superbiæ; « seque, pulsum ut locus rebus novis patefieret, curam exercitus, eadem fide qua tenuerit, repetivisse. » Simul Domitium, impositum triremi, vitare littorum oram, præterque insulas, lato mari, pergere in Syriam jubet. Concurrentes desertores per manipulos componit, armat lixas, trajectisque in continentem navibus, vexillum tironum in Syriam euntium intercipit. Regulis Cilicum ut se auxiliis juvarent scribit; haud ignavo ad ministeria belli juvene Pisone, quanquam suscipiendum bellum abnuisset.

LXXIX. Igitur, oram Lyciæ ac Pamphyliæ prælegentes, obviis navibus quæ Agrippinam vehebant, utrinque infensi, arma primo expediere; dein, mutua formidine, non ultra jurgium processum est : Marsusque Vibius nunciavit Pisoni Romam ad dicendam causam veniret. Ille, eludens, respondit « adfuturum, ubi prætor, qui de veneficiis quæreret, reo atque accusatoribus diem prædixisset. » Interim Domitius, Laodiceam, urbem Syriæ, appulsus, quum hiberna sextæ legionis peteret, quod eam maxime novis consiliis idoneam rebatur, a Pacuvio legato prævenitur. Id Sentius Pisoni per literas aperit, monetque ne castra corruptoribus, ne provinciam bello tentet : quosque Germanici memores, aut inimicos ejus adversos cognoverat, contrahit, magnitudinem imperatoris, identidem ingerens, et rempublicam armis peti : ducitque validam manum, et prælia paratam.

LXXX. Nec Piso, quanquam cœpta secus cadebant, omisit tutissima e præsentibus, sed castellum Ciliciæ munitum admodum, cui nomen Celenderis, occupat. Nam, admixtis desertoribus, et tirone nuper intercepto, suisque et Plancinæ servitiis, auxilia Cilicum quæ reguli miserant, in numerum legionis composuerat. « Cæsarisque se legatum » testabatur; « provincia, quam is dedisset, arceri, non a legionibus (earum quippe accitu venire), sed a Sentio, privatum odium falsis criminibus tegente. Consisterent in acie, non pugnaturis militibus, ubi Pisonem, ab ipsis parentem quondam appellatum, si jure ageretur, potiorem, si armis, non invalidum, vidissent. » Tum pro munimentis castelli manipulos explicat, colle arduo et derupto : nam cingente mari cinguntur. Contra veterani ordinibus ac subsidiis instructi : hinc militum, inde locorum asperitas; sed non animus, non spes, ne tela quidem, nisi agrestia, ad subitum usum properata. Ut venere in manus, non ultra dubitatum quam dum romanæ cohortes

décise que le temps qu'il fallut aux Romains pour gravir la hauteur. Les Ciliciens prennent la fuite et s'enferment dans le château.

LXXXI. Pison tenta vainement de surprendre la flotte, qui était mouillée à peu de distance. Rentré dans la place, il monta sur le rempart ; et de là, tantôt par les démonstrations de la douleur la plus violente, tantôt en appelant chaque soldat par son nom, en les invitant par des récompenses, il cherchait à exciter une sédition. Il avait déjà tellement ému les esprits, que le porte-enseigne de la sixième légion passa avec son drapeau dans la place. Mais Sentius donne ordre que tous les clairons, que toutes les trompettes sonnent, qu'on marche au rempart, que les échelles soient dressées, que les plus braves y montent, que les autres, avec les machines, lancent des traits, des pierres et des torches. Enfin l'orgueil de Pison est contraint de fléchir. Il se soumet à rendre les armes, demandant, pour toute grâce, à rester dans le fort jusqu'à ce que l'empereur ait décidé à qui serait confié le gouvernement de la Syrie. La condition est rejetée : on ne lui accorde que des vaisseaux et un sauf-conduit pour son retour en Italie.

LXXXII. Cependant, lorsque la maladie de Germanicus fut connue à Rome, et avec les exagérations sinistres qu'apporte la renommée aux événements lointains, il s'éleva un cri de douleur et d'indignation : « Le voilà donc le but de cet exil « aux extrémités de la terre, de cet indigne choix « de Pison au gouvernement de la Syrie, de ces « conférences secrètes de Plancine et d'Augusta. » On se rappelait les sages réflexions des vieillards sur Drusus, sur l'antipathie des souverains pour des fils plus populaires qu'eux, et l'on ne doutait pas que Germanicus n'eût été, comme son père, victime de ses projets pour le rétablissement de la liberté du peuple romain. Au milieu de ces murmures on apprend sa mort ; la fermentation redouble. Aussitôt, sans attendre ni édit des magistrats, ni sénatus-consulte, on abandonne les tribunaux , on ferme les maisons ; partout règne le silence, partout on répand des pleurs ; et rien n'est là pour l'ostentation : quoique leur douleur ne négligeât point les signes extérieurs qui l'annoncent, elle était surtout au fond des cœurs. Par hasard quelques marchands, partis de Syrie dans le temps où Germanicus vivait encore, annoncèrent sa convalescence. La nouvelle est aussitôt crue, aussitôt divulguée ; on n'a fait que l'entendre, on la porte aux premiers qu'on rencontre, ceux-ci à d'autres ; la joie l'exagère de bouche en bouche, on court par toute la ville, on enfonce les portes des temples ; la nuit favorise la crédulité, qui affirme plus hardiment dans les ténèbres. Tibère ne combat point l'erreur, certain que le temps la dissiperait de lui-même ; le peuple consterné crut perdre une seconde fois Germanicus, et le pleura plus amèrement encore.

LXXXIII. Chacun, suivant son amour pour ce grand homme, ou suivant la fécondité de son imagination, inventa des honneurs. On arrêta que son nom serait chanté dans les hymnes des Saliens ; qu'il y aurait toujours aux spectacles sa chaire curule, à la place réservée pour les prêtres d'Auguste, et qu'au-dessus de cette chaire on placerait des couronnes de chêne ; qu'à l'ouverture des jeux du cirque, on promènerait sa statue en ivoire ; que les flamines et les augures qui lui succéderaient ne seraient jamais pris que dans la maison de Jules. On lui érigea un tribunal à Épidaphne où il avait fini ses jours ; un tombeau à Antioche, où son corps avait été brûlé ; et de nouveaux arcs

---

in æquum eniterentur : vertunt terga Cilices, seque castello claudunt.

LXXXI. Interim Piso classem, haud procul opperientem, appugnare frustra tentavit : regressusque, in pro muris, modo semet afflictando, modo singulos nomine ciens, præmiis vocans, seditionem cœptabat ; adeoque commoverat, ut signifer legionis sextæ signum ad eum transtulerit. Tum Sentius occanere cornua tubasque, et peti aggerem, erigi scalas jussit ; ac promptissimum quemque succedere, alios tormentis hastas, saxa et faces ingerere. Tandem, victa pertinacia, Piso oravit uti, traditis armis, maneret in castello, dum Cæsar, cui Syriam permitteret, consulitur. Non receptæ conditiones : nec aliud quam naves, et tutum in urbem iter concessum est.

LXXXII. At Romæ, postquam Germanici valetudo percrebuit, cunctaque, ut ex longinquo, aucta in deterius afferebantur, dolor, ira. Et erumpebant questus : « Ideo nimirum in extremas terras relegatum ; ideo Pisoni permissam provinciam ; hoc egisse secretos Augustæ cum Plancina sermones. » Vera prorsus de Druso seniores locutos ; displicere regnantibus civilia filiorum ingenia : neque ob aliud interceptos quam quia populum romanum æquo jure complecti, reddita libertate, agitaverint. Hos vulgi sermones audita mors adeo incendit ut, ante edictum magistratuum, ante senatusconsultum, sumpto justitio, desererentur fora, clauderentur domus ; passim silentia et gemitus ; nihil compositum in ostentationem, et, quanquam neque insignibus lugentium abstinerent, altius animis mœrebant. Forte negotiatores, vivente adhuc Germanico, Syria egressi, lætiora de valetudine ejus attulere : statim credita, statim vulgata sunt : ut quisque obvius, quamvis leviter audita, in alios, atque illi in plures, cumulata gaudio, transferunt. Cursant per urbem, moliuntur templorum fores. Juvit credulitatem nox, et promptior inter tenebras affirmatio. Nec obstitit falsis Tiberius, donec tempore ac spatio vanescerent. Et populus, quasi rursum ereptum, acrius doluit.

LXXXIII. Honores, ut quis amore in Germanicum aut ingenio validus, reperti, decretique : ut nomen ejus saliari carmine caneretur ; sedes curules sacerdotum Augustalium locis, superque eas quereceæ coronæ statuerentur : Ludos circenses eburna effigies præiret : neve quis flamen aut augur, in locum Germanici, nisi gentis Juliæ, crearetur. Arcus additi Romæ, et apud ripam Rheni, et in monte Syriæ

de triomphe à Rome, sur les bords du Rhin et sur le mont Amanus en Syrie, avec une inscription portant, outre le détail de ses exploits, qu'il était mort pour la république. Il serait difficile de compter toutes les statues qu'on lui érigea, tous les lieux où on leur rendit un culte. On voulait encore, en plaçant le portrait de Germanicus parmi ceux des orateurs célèbres, le distinguer par la grandeur et par la richesse. Tibère insista pour qu'il fût en tout semblable aux autres; il dit que l'éloquence ne se réglait pas sur le rang, et qu'il suffisait à la gloire de Germanicus d'avoir une place parmi les grands écrivains. L'ordre des chevaliers appela du nom de Germanicus un escadron qui se nommait Junien, et l'on voulut que sa statue fût portée à la tête de la cavalcade solennelle qui se fait aux ides de juillet. La plupart de ces distinctions subsistent encore. Quelques-unes furent négligées presque aussitôt, ou abolies avec le temps.

LXXXIV. On pleurait encore Germanicus, lorsque sa sœur Livie, mariée à Drusus, accoucha de deux fils jumeaux. Cette fécondité peu commune, et qui est un sujet de satisfaction dans les familles mêmes ordinaires, donna au prince une telle joie qu'il ne put s'empêcher de se glorifier dans le sénat d'une préférence que les dieux n'avaient encore, selon lui, accordée à aucun Romain de son rang. Car Tibère tournait tout à sa gloire, les choses même les plus fortuites. Mais, dans ce moment, ce fut un chagrin de plus pour le peuple, qui vit, dans l'accroissement de cette famille, un nouveau sujet d'oppression pour celle de Germanicus.

LXXXV. Le sénat fit cette année des règlements sévères pour réprimer les dissolutions des femmes. On interdit le métier de courtisane à celles qui auraient un aïeul, un père, ou un mari chevalier romain; car Vistilia, d'une famille prétorienne, pour avoir toute licence, avait été chez les édiles se faire inscrire sur le rôle des prostituées, d'après un ancien usage de nos pères, qui pensaient qu'une femme serait assez punie par la seule déclaration de son impudicité. On voulut aussi rechercher Labéon, mari de Vistilia, sur ce qu'il n'avait point sollicité les rigueurs de la loi contre une femme si manifestement coupable. Comme il allégua que les soixante jours de délai n'étaient point encore expirés, on se contenta de punir la femme : elle fut confinée sur le rocher de Sériphe pour y être cachée à tous les yeux. On s'occupa aussi de purger l'Italie des superstitions égyptiennes et judaïques. Quatre mille hommes de race d'affranchis, imbus de ces pratiques étrangères et en âge de servir, furent envoyés, par un décret du sénat, en Sardaigne, pour y être employés contre les brigands de l'île, et, si l'insalubrité de l'air venait à les faire périr, on était consolé d'avance. On fixa aux autres un terme pour quitter l'Italie ou leurs rites profanes.

LXXXVI. Tibère proposa ensuite de remplacer Occie, qui avait présidé pendant cinquante-sept ans les vestales avec une pureté irréprochable; et il remercia Fontéius et Pollion du zèle qu'ils marquaient pour l'État en offrant à l'envi leurs filles. On préféra celle de Pollion, uniquement parce qu'il avait persévéré dans son premier mariage, au lieu que le divorce de Fontéius parut une tache pour sa famille. Mais le prince la consola par une dot d'un million de sesterces pour sa fille.

LXXXVII. Le peuple se plaignit de la cherté

Amano, cum inscriptione rerum gestarum, ac mortem ob rempublicam obiisse; sepulchrum Antiochiæ, ubi crematus; tribunal Epidaphnæ, quo in loco vitam finierat. Statuarum, locorumve in quis colerentur, haud facile quis numerum inierit. Quum censeretur clypeus, auro et magnitudine insignis, inter auctores eloquentiæ; asseveravit Tiberius « solitum paremque ceteris dicaturum: neque enim eloquentiam fortuna discerni, et satis illustre si veteres inter scriptores haberetur. » Equester ordo cuneum Germanici appellavit qui Juniorum dicebatur; instituitque uti turmæ idibus juliis imaginem ejus sequerentur: pleraque manent, quædam statim omissa sunt, aut vetustas obliteravit.

LXXXIV. Ceterum, recenti adhuc mœstitia, soror Germanici Livia, nupta Druso duos virilis sexus simul enixa est : quod, rarum lætumque etiam modicis penatibus, tanto gaudio principem affecit ut non temperaverit quin jactaret apud patres « nulli ante Romanorum, ejusdem fastigii viro, geminam stirpem editam. » Nam cuncta, etiam fortuita, ad gloriam vertebat. Sed populo, tali in tempore, id quoque dolorem tulit; tanquam auctus liberis Drusus domum Germanici magis urgeret.

LXXXV. Eodem anno, gravibus senatus decretis libido feminarum coercita, cautumque ne quæstum corpore faceret cui avus, aut pater, aut maritus eques romanus fuisset. Nam Vistilia, prætoria familia genita, licentiam stupri apud ædiles vulgaverat; more inter veteres recepto, qui satis pœnarum adversum impudicas in ipsa professione flagitii credebant. Exactum et a Titidio Labeone, Vistiliæ marito, cur in uxore delicti manifesta ultionem legis omisisset; atque illo prætendente sexaginta dies, ad consultandum datos, necdum præteriisse, satis visum de Vistilia statuere : eaque in insulam Seriphon abdita est. Actum et de sacris ægyptiis judaïcisque pellendis : factumque patrum consultum ut quatuor millia libertini generis, ea superstitione infecta, quis idonea ætas, in insulam Sardiniam veherentur coercendis illic latrociniis; et, si ob gravitatem cœli interissent, vile damnum : ceteri cederent Italia, nisi certam ante diem profanos ritus exuissent.

LXXXVI. Post quæ retulit Cæsar capiendam virginem in locum Occiæ, quæ, septem et quinquaginta per annos, summa sanctimonia, vestalibus sacris præsederat; egitque grates Fonteio Agrippæ et Domitio Pollioni « quod, offerendo filias, de officio in rempublicam certarent. » Prælata est Pollionis filia, non ob aliud quam quod mater ejus in eodem conjugio manebat; nam Agrippa discidio domum imminuerat. Et Cæsar, quamvis posthabitam, ies sestertii dote solatus est.

des grains. Tibère en fit baisser le prix pour l'acheteur, et tint compte au marchand de deux sesterces de plus par boisseau. La reconnaissance de la nation lui déféra de nouveau le titre de père de la patrie : il le refusa, et fit de sévères réprimandes à ceux qui, en parlant de ses occupations, les avaient appelées divines, et qui lui avaient donné le titre de seigneur et maître; tant on était à la gêne et toujours près d'un écueil avec un prince qui craignait la liberté, qui haïssait l'adulation.

LXXXVIII. Je trouve, dans les mémoires de quelques sénateurs et historiens de ce temps, qu'on lut dans le sénat des lettres d'Adgandestrius, chef des Cattes, qui promettait la mort d'Arminius si l'on voulait lui fournir du poison. Tibère lui fit répondre que ce n'était point dans l'ombre du mystère et par la perfidie que les Romains se vengeaient de leurs ennemis, mais publiquement et par les armes : réponse digne de ces anciens Romains qui refusèrent et décelèrent l'empoisonnement de Pyrrhus. Au reste, Arminius, après la retraite des Romains et l'expulsion de Maroboduus, ambitionna de régner. Ses concitoyens, jaloux de leur liberté, prirent les armes. Il les combattit avec des succès divers, et périt enfin par la trahison de ses proches. Il avait été, sans contredit, le libérateur de la Germanie, et avec d'autant plus de gloire qu'il ne trouva point, comme d'autres rois et d'autres généraux, le peuple romain dans les commencements, mais dans tout l'éclat de sa puissance. Battu quelquefois, il ne fut point vaincu. Il vécut trente-sept ans, et garda douze ans la suprême puissance; il est encore chanté par les barbares, inconnu aux Grecs, qui n'admirent que leur histoire, et peu célèbre chez les Romains, qui ne vantent que ce qui est ancien et négligent ce qui est moderne.

LIVRE TROISIÈME.

I. L'hiver n'interrompit pas un instant la navigation d'Agrippine : elle arrive à Corfou, île située vis-à-vis les côtes de la Calabre; elle y passe quelques jours pour calmer ses esprits emportés par la douleur, impatients de souffrir. Cependant, au premier bruit de son arrivée, tous ses amis, tous ceux qui avaient servi sous son époux, jusqu'à des indifférents même, habitants des villes voisines, les uns, croyant flatter le prince, d'autres, entraînés par l'exemple, étaient accourus à Brindes, le premier port et le plus sûr où elle pût aborder. Du plus loin qu'on aperçoit la flotte en pleine mer, on se porte en foule, non-seulement sur le port et sur le rivage, mais jusque sur les murs et sur les toits, partout enfin d'où la vue pouvait le plus s'étendre. Cette multitude désolée se demandait, les uns aux autres, comment ils recevraient Agrippine à son débarquement, si leur affection se manifesterait par le silence ou par quelque acclamation. Pendant que durait cette incertitude, la flotte entra insensiblement dans le port, avec un appareil triste et lugubre, bien différent de l'allégresse ordinaire aux navigateurs qui arrivent. A peine eut-on vu sortir du vaisseau Agrippine avec ses deux enfants, l'urne sépulcrale dans les mains, les regards fixés contre terre, ce ne fut qu'un seul et même cri de douleur; et vous n'eussiez distingué ni hommes, ni femmes, ni étrangers, ni

---

* LXXXVII. Sævitiam annonæ incusante plebe, statuit frumento pretium quod emptor penderet, binosque nummos se additurum negotiatoribus in singulos modios. Neque tamen, ob ea, Parentis patriæ, delatum et antea, vocabulum assumpsit; acerbeque increpuit eos qui divinas occupationes, ipsumque dominum diverant : unde angusta et lubrica oratio sub principe qui libertatem metuebat, adulationem oderat.

LXXXVIII. Reperio, apud scriptores senatoresque eorumdem temporum, Adgandestrii principis Cattorum lectas in senatu literas, quibus mortem Arminii promittebat, si patrandæ neci venenum mitteretur : responsumque esse « non fraude, neque occultis, sed palam et armatum populum romanum hostes suos ulcisci : » qua gloria æquabat se Tiberius priscis imperatoribus, qui venenum in Pyrrhum regem vetuerant prodiderantque. Ceterum Arminius, abscedentibus Romanis, et pulso Maroboduo, regnum affectans, libertatem popularium adversam habuit. petitusque armis, quum varia fortuna certaret, dolo propinquorum cecidit : liberator haud dubie Germaniæ, et qui, non primordia populi romani, sicut alii reges ducesque, sed florentissimum imperium lacessierit; præliis ambiguus, bello non victus ; septem et triginta annos vitæ, duodecim potentiæ explevit : caniturque adhuc barbaras apud gentes ; Græcorum annalibus ignotus, qui sua tantum mirantur; Romanis haud perinde celebris, dum vetera extollimus, recentium incuriosi.

LIBER TERTIUS.

I. Nihil intermissa navigatione hiberni maris, Agrippina Corcyram insulam advehitur, littora Calabriæ contra sitam. Illic paucos dies componendo animo insumit, violenta luctu, et nescia tolerandi. Interim, adventu ejus audito, intimus quisque amicorum, et plerique militares, ut quique sub Germanico stipendia fecerant, multique etiam ignoti vicinis e municipiis, pars officium in principem rati, plures illos secuti, ruere ad oppidum Brundisium, quod naviganti celerrimum fidissimumque appulsu erat. Atque, ubi primum ex alto visa classis, complentur non modo portus et proxima maris, sed mœnia ac tecta, quaque longissime prospectari poterat, mœrentium turba et rogitantium inter se, silentione an voce aliqua egredientem exciperent. Neque satis constabat quid pro tempore foret, quum classis paulatim successit, nec alacri, ut assolet, remigio, sed cunctis et tristitiam compositis. Postquam duobus cum liberis, feralem urnam tenens, egressa navi, defixit oculos, idem omnium gemitus; neque discerneres proximos,

parents. Seulement le cortège d'Agrippine, épuisé par une longue affliction, montrait une désolation moins vive que les autres, dont la douleur était récente.

II. Tibère avait envoyé deux cohortes prétoriennes, vec l'ordre aux magistrats de la Pouille, de la Calabre et de la Campanie, de rendre à la mémoire de son fils les derniers devoirs. Les tribuns et les centurions portaient les cendres sur leurs épaules; en avant, marchaient les enseignes nues, les faisceaux renversés. Dans toutes les villes où l'on passait, le peuple en deuil, les chevaliers en trabées brûlaient solennellement, selon la richesse du lieu, des étoffes, des parfums et d'autres offrandes funéraires. Les habitants même des villes éloignées de la route venaient au-devant du convoi, sacrifiaient des victimes, élevaient des autels aux dieux mânes, exprimaient leur désolation par des cris et des larmes unanimes. Drusus s'avança jusqu'à Terracine avec Claude, frère de Germanicus, et ceux des enfants de ce dernier qui étaient restés à Rome. Les nouveaux consuls de cette année, Valérius et Aurélius, les sénateurs, une grande partie du peuple, occupaient les chemins par troupes éparses, et pleuraient chacun séparément : l'adulation n'y avait aucune part; car tous étaient convaincus que Tibère dissimulait mal la joie que lui causait la mort de Germanicus.

III. Tibère et Livie s'abstinrent de paraître en public, soit qu'ils crussent avilir leur majesté en donnant leurs larmes en spectacle, soit qu'ils craignissent que tant de regards attachés sur leur visage n'en démêlassent la fausseté. Pour Antonie, mère de Germanicus, je ne trouve, ni dans les histoires, ni dans les journaux de ce temps, qu'elle ait paru dans aucune cérémonie publique, quoique, indépendamment d'Agrippine, de Drusus et de Claude, tous les autres parents soient expressément nommés. Il est possible qu'elle fût malade, ou qu'accablée de sa douleur, elle n'eût pas eu la force de contempler le spectacle de sa misère. Cependant je croirais plutôt que Tibère et Livie, s'étant renfermés dans leur palais, l'y retinrent aussi, afin que leur douleur parût la même, et que l'exemple de la mère justifiât l'oncle et l'aïeule.

IV. Le jour où l'on porta dans le tombeau d'Auguste les restes de Germanicus fut marqué, tantôt par un morne silence, tantôt par un bruit tumultueux de gémissements. Les citoyens remplissaient les rues; le Champ de Mars étincelait de flambeaux; les soldats sous les armes, les magistrats sans leurs insignes, le peuple assemblé par tribus, tous s'écriaient que la république était perdue, qu'il ne restait plus d'espérance. Ils le disaient publiquement, avec emportement, paraissant oublier quels étaient leurs maîtres. Mais rien n'ulcéra plus Tibère que l'enthousiasme qu'ils firent éclater pour Agrippine : ils l'appelaient l'honneur de la patrie, le vrai sang d'Auguste, l'unique modèle des vertus antiques; et tous ensemble, les yeux tournés vers le ciel et les dieux, les suppliaient de conserver sa famille et de la faire survivre à ses ennemis.

V. Pour des funérailles publiques, quelques-uns eussent désiré plus de pompe : on ne manqua pas de rappeler tout ce qu'Auguste avait déployé de magnificence et d'honneurs funèbres pour celles de Drusus, père de Germanicus. Il s'était avancé, au cœur de l'hiver, jusqu'à Ticinum, d'où il n'avait cessé d'accompagner le

---

alienos, virorum, feminarumve planctus; nisi quod comitatum Agrippinæ, longo mœrore fessum, obvii et recentes in dolore anteibant.

II. Miserat duas prætorias cohortes Cæsar, addito ut magistratus Calabriæ, Apuliæ, et Campani, suprema erga memoriam filii sui munera fungerentur. Igitur tribunorum centurionumque humeris cineres portabantur : præcedebant incompta signa, versi fasces : atque, ubi colonias transgrederentur, atrata plebes, trabeati equites, pro opibus loci, vestem, odores, aliaque funerum solemnia cremabant : etiam quorum diversa oppida, tamen obvii, et victimas atque aras diis manibus statuentes, lacrymis et conclamationibus dolorem testabantur. Drusus Tarracinam progressus est, cum Claudio, fratre, liberisque Germanici qui in urbe fuerant. Consules M. Valerius et C. Aurelius (jam enim magistratum occœperant), et senatus, ac magna pars populi viam complevere, disjecti, et, ut cuique libitum, flentes : aberat quippe adulatio, gnaris omnibus lætam Tiberio Germanici mortem male dissimulari.

III. Tiberius atque Augusta publico abstinuere; inferius majestate sua rati si palam lamentarentur, an ne, omnium oculis vultum eorum scrutantibus, falsi intelligerentur. Matrem Antoniam, non apud auctores rerum, non diurna actorum scriptura, reperio ullo insigni officio functam; quum, super Agrippinam, et Drusum, et Claudium, ceteri quoque consanguinei nominatim perscripti sint : seu valetudine præpediebatur, seu victus luctu animus magnitudinem mali perferre visu non toleravit. Facilius crediderim Tiberio et Augusta, qui domo non excedebant, cohibitam, ut par mœror, et, matris exemplo, avia quoque et patruus attineri viderentur.

IV. Dies, quo reliquiæ tumulo Augusti inferebantur, modo per silentium vastus, modo ploratibus inquies : plena urbis itinera, collucentes per campum Martis faces : illic miles cum armis, sine insignibus magistratus, populus per tribus, « concidisse rempublicam, nihil spei reliquum » clamitabant ; promptius apertiusque quam ut meminisse imperitantium crederes. Nihil tamen Tiberium magis penetravit quam studia hominum accensa in Agrippinam, quum « decus patriæ, solum Augusti sanguinem, unicum antiquitatis specimen » appellarent, versique ad cœlum ac deos, « integram illi sobolem, ac superstitem iniquorum » precarentur.

V. Fuere qui publici funeris pompam requirerent, compararentque quæ in Drusum, patrem Germanici, honora et magnifica Augustus fecisset. « Ipsum quippe, asperrimo hiemis, Ticinum usque progressum, neque abscedentem a corpore, simul urbem intravisse : circumfusas lecto Claudiorum Juliorumque imagines; defletum in foro, lau-

corps jusqu'au milieu de Rome; on avait rangé autour du lit funéraire les images des Claudes et des Jules; on avait pleuré sur son bûcher dans le forum, prononcé son éloge dans la tribune : tous les honneurs inventés par nos pères et par leurs descendants avaient été prodigués. Germanicus, au contraire, n'avait pas même joui des distinctions ordinaires accordées aux moindres maisons nobles de Rome. Il est vrai que l'éloignement des lieux avait contraint de brûler son corps sans pompe dans une terre étrangère; mais, plus le sort avait d'abord refusé d'honneurs à sa cendre, plus il eût été juste de l'en dédommager : son frère n'avait pas été la chercher à plus d'une journée, son oncle pas même aux portes de Rome. Pourquoi supprimer ce qui avait été établi de tout temps, l'image du mort au-devant du lit funéraire, les vers consacrés à la mémoire de ses vertus, les éloges funèbres, les larmes, enfin tout ce qui prouve ou représente la douleur?

VI. Ces murmures parvinrent à Tibère. Pour les apaiser, il représenta au peuple, dans un édit, que beaucoup d'autres grands hommes étaient morts pour l'État sans que leur perte eût causé des regrets aussi vifs; qu'au reste cette douleur honorait les Romains, et lui-même, pourvu qu'elle eût des bornes; que ces faiblesses, pardonnables à de petits états et dans les conditions médiocres, ne convenaient point aux chefs d'un grand empire et à un peuple-roi; que leur douleur récente avait autorisé ce deuil et ces consolations qu'on cherche dans l'affliction même; mais qu'ils devaient maintenant rappeler leur fermeté, à l'exemple de Jules et d'Auguste, qui, après avoir perdu, l'un sa fille unique, et l'autre ses petits-fils, avaient dévoré leur chagrin; qu'il n'était pas besoin d'exemples plus anciens, que le peuple romain avait toujours supporté avec courage la perte de ses généraux, de ses armées, l'extinction totale de ses premières maisons; que les chefs de l'empire mouraient, que l'empire était immortel; qu'ils n'avaient donc qu'à retourner à leurs travaux, et même aux plaisirs qu'allaient ramener les jeux de la grande déesse.

VII. Alors les tribunaux se rouvrirent, chacun reprit ses fonctions, et Drusus repartit pour l'armée d'Illyrie, laissant tous les esprits attentifs à la vengeance qu'on tirerait de Pison. Déjà on murmurait beaucoup de voir un accusé parcourir en liberté tous les beaux lieux de la Grèce et de l'Asie; on trouvait de l'insolence et de l'artifice dans tous ces retardements, qui tendaient à anéantir les preuves du crime. Car il s'était débité que Martine, cette empoisonneuse célèbre, envoyée, comme je l'ai dit, par Sentius, était morte subitement à Brindes, et qu'on avait trouvé du poison caché dans un nœud de ses cheveux, sans qu'il parût sur son corps le moindre indice qu'elle eût avalé de ce poison.

VIII. Cependant Pison, après avoir d'abord envoyé son fils à Rome, avec des instructions pour apaiser le prince, se rend auprès de Drusus, qu'il supposait moins intraitable sur une mort qui, en lui ôtant un frère, le délivrait d'un concurrent. Tibère, affectant de regarder l'affaire comme indécise, accueillit avec bonté le fils de Pison, et lui accorda les gratifications d'usage pour les jeunes patriciens. Drusus répondit au père qu'il serait son plus mortel ennemi, si les imputations étaient fondées; mais qu'il souhaitait qu'on l'eût calomnié, et que la mort de Germanicus ne devînt funeste à personne. Il lui tint ce

datum pro rostris : cuncta a majoribus reperta, aut quæ posteri invenerint, cumulata. At Germanico ne solitos quidem, et cuicunque nobili debitos honores contigisse. Sane corpus, ob longinquitatem itinerum, externis terris quoquo modo crematum, sed, tanto plura decora mox tribui par fuisse, quanto prima fors negavisset. Non fratrem, nisi unius diei via, non patruum saltem porta tenus obvium. Ubi illa veterum instituta? præpositam toro effigiem, meditata ad memoriam virtutis carmina, et laudationes et lacrymas, vel doloris imitamenta? »

VI. Gnarum id Tiberio fuit; utque premeret vulgi sermones, monuit edicto : « Multos illustrium Romanorum ob rempublicam obiisse, neminem tam flagranti desiderio celebratum; idque et sibi et cunctis egregium, si modus adjiceretur : non enim eadem decora principibus viris et imperatori populo, quæ modicis domibus, aut civitatibus: convenisse recenti dolori luctum, et ex mœrore solatia; sed referendum jam animum ad firmitudinem, ut quondam divus Julius, amissa unica filia, ut divus Augustus, ereptis nepotibus, abstruserint tristitiam. Nil opus vetustioribus exemplis, quoties populus romanus clades exercituum, interitum ducum, funditus amissas nobiles familias constanter tulerit. Principes mortales, rempublicam æternam esse : proin repeterent solemnia; et, » quia ludorum Megalesium spectaculum suberat, « etiam voluptates resumerent. »

VII. Tum exuto justitio, reditum ad munia, et Drusus Illyricos ad exercitus profectus est, erectis omnium animis petendæ e Pisone ultionis, et crebro questu, « quod, vagus interim per amœna Asiæ atque Achaiæ, arroganti et subdola mora scelerum probationes subverteret. » Nam vulgatum erat missam, ut dixi, a Cn. Sentio famosam veneficiis Martinam subita morte Brundisii exstinctam, venenumque nodo crinium ejus occultatum, nec ulla in corpore signa sumpti exitii reperta.

VIII. At Piso, præmisso in urbem filio, datisque mandatis per quæ principem molliret, ad Drusum pergit : quem haud fratrisinteri tu trucem, quam, remoto æmulo, æquiorem sibi sperabat. Tiberius, quo integrum judicium ostentaret, exceptum comiter juvenem, sueta erga filios familiarum nobiles liberalitate auget. Drusus Pisoni, « si vera forent quæ jacerentur, præcipuum in dolore suum locum » respondit; « sed malle falsa et inania, nec cuiquam mortem Germanici exitiosam esse. » Hæc palam, et vitato

discours publiquement, évitant de le voir en secret ; et l'on ne douta point que Tibère n'eût dicté les réponses de son fils, qui, ayant d'ailleurs l'indiscrétion et la légéreté de la jeunesse, montra dans cette occasion toute la circonspection d'un vieillard.

IX. Pison, ayant traversé la mer Dalmatique et laissé ses vaisseaux à Ancône, gagne ensuite, par le Picentin la voie Flaminienne, où il joint une légion qui, de la Pannonie, se rendait à Rome pour passer en Afrique. On parla beaucoup dans la ville de ce que, sur la route, et dans la marche, il s'était montré souvent aux soldats avec affectation. Pour échapper aux soupçons, ou par l'incertitude naturelle à la peur, il quitta la route à Narni, descendit le Nar puis le Tibre; mais il aigrit encore les esprits en débarquant auprès du tombeau des Césars, accompagné d'une troupe nombreuse de clients, Plancine, entourée d'un grand cortége de femmes, traversant, en plein jour, la foule qui bordait la rive, et marchant fièrement avec un air de triomphe. Tout enfin servit d'aliment à la haine, jusqu'à leur maison, dominant le forum, parée comme pour un jour de fête, où ils donnèrent un grand repas, que la publicité du lieu rendit plus brillant encore.

X. Dès le lendemain, Fulcinius Trio se porta devant les consuls pour accusateur de Pison ; mais Vitellius, Véranius, et les autres amis de Germanicus, réclamèrent cet honneur, non pas comme accusateurs simplement, mais comme témoins des faits qu'ils allaient indiquer, comme exécuteurs des volontés de Germanicus, titres étrangers à Trio. Celui-ci s'étant désisté quant au delit actuel, obtint seulement la recherche des faits antérieurs ; et tous demandèrent pour juge, Tibère. Pison ne le récusait pas non plus, redoutant l'animosité du peuple et du sénat, et les préventions de la haine, plus puissantes sur la multitude, tandis qu'un seul homme distingue mieux la vérité de la calomnie. Il connaissait d'ailleurs le caractère du prince, aguerri contre les rumeurs populaires, et ne doutait pas qu'un fils ne fût engagé dans les secrets de sa mère. De son côté, Tibère sentait combien cette instruction était délicate, et n'ignorait pas les soupçons qui l'impliquaient lui-même. Il se contenta donc d'écouter, en présence de quelques amis, les charges des accusateurs et les défenses de l'accusé, puis il renvoya l'affaire en son entier devant le sénat.

XI. Dans cet intervalle, Drusus était revenu de l'Illyrie. Le sénat lui avait décerné l'ovation pour ses exploits de l'année précédente et ses négociations au sujet de Maroboduus; mais il remit à un autre temps de recevoir cet honneur, et rentra dans Rome sans éclat. Cependant Pison cherche des défenseurs. Arruntius, Vinicius, Gallus, Marcellus, Pompée, le refusèrent sous différents prétextes. Enfin Lépide, Livinéius Régulus et Lucius Piso, se chargèrent de sa cause. Alors redoubla l'attention des Romains, curieux de voir jusqu'où irait la fidélité des amis de Germanicus, la confiance de l'accusé, la dissimulation ou l'indiscret ressentiment de Tibère. Jamais le peuple ne se permit, sur son prince, plus de murmures secrets, ou un silence plus soupçonneux.

XII. Tibère ouvrit l'assemblée du sénat par un discours plein de ménagements étudiés. Il représenta que Pison avait été le lieutenant et

---

omni secreto ; neque dubitabantur præscripta ei a Tiberio, quum, incallidus alioqui et facilis juventa, senilibus tum artibus uteretur.

IX. Piso, dalmatico mari tramisso, relictisque apud Anconam navibus, per Picenum, ac mox Flaminiam viam, assequitur legionem, quæ, e Pannonia in urbem, dein præsidio Africæ ducebatur : eaque res agitata rumoribus ut, in agmine atque itinere, crebro se militibus ostentavisset. Ab Narnia, vitandæ suspicionis, an quia pavidis consilia in incerto sunt, Nare, ac mox Tiberi devectus, auxit vulgi iras, quia navem tumulo Cæsarum appulerat, dieque et ripa frequenti, magno clientium agmine ipse, feminarum comitatu Plancina, et vultu alacres incessere. Fuit, inter irritamenta invidiæ, domus foro imminens, festo ornatu, conviviumque, et epulæ, et, celebritate loci, nihil occultum.

X. Postera die, Fulcinius Trio Pisonem apud consules postulavit ; contra, Vitellius, ac Veranius, ceterique Germanicum comitati, tendebant « nullas esse partes Trioni, neque se accusatores, sed rerum indices et testes, mandata Germanici perlaturos. » Ille, dimissa ejus causæ delatione, ut priorem vitam accusaret obtinuit, petitumque est a principe cognitionem exciperet. Quod ne reus quidem abnuebat, studia populi et patrum metuens; contra, « Tiberium spernendis rumoribus validum, et conscientiæ matris innexum esse : veraque, aut in deterius credita, judice ab uno facilius discerni ; odium et invidiam apud multos valere. » Haud fallebat Tiberium moles cognitionis, quaque ipse fama distraheretur. Igitur, paucis familiarium adhibitis, minas accusantium, et hinc preces audit, integramque causam ad senatum remittit.

XI. Atque interim Drusus, rediens Illyrico, quanquam patres censuissent, ob receptum Maroboduum, et res priore æstate gestas, ut ovans iniret, prolato honore, urbem intravit. Post quæ reo T. Arruntium, T. Vinicium, Asinium Gallum, Æserninum Marcellum, Sextum Pompeium patronos petenti, iisque diversa excusantibus, M. Lepidus, et L. Piso, et Livineius Regulus adfuere, arrecta omni civitate quanta fides amicis Germanici, quæ fiducia reo; satin' cohiberet ac premeret sensus suos Tiberius, an promeret : iis haud alias intentior populus, plus sibi in principem occultæ vocis, aut suspicacis silentii permisit.

XII. Die senatus, Cæsar orationem habuit meditato temperamento : « Patris sui legatum atque amicum Piso« nem fuisse, adjutoremque Germanico datum a se, au« ctore senatu, rebus apud Orientem administrandis : illic « contumacia et certaminibus asperasset juvenem, exituque « ejus lætatus esset, an scelere exstinxisset, integris ani-

l'ami de son père; que lui-même l'avait choisi, de l'aveu du sénat, pour aider Germanicus dans l'administration de l'Orient. Là, disait-on, il avait aigri le jeune César par des rivalités et des hauteurs; il s'était réjoui de sa mort, ou même il l'avait hâtée par le crime. « Sénateurs, ajouta-
« t-il, il importe de bien distinguer ces imputa-
« tions. Si Pison a franchi les bornes de l'obéis-
« sance et du respect qu'un lieutenant doit à son
« général, s'il a triomphé de la mort de mon fils
« et de mon affliction, je le haïrai, je lui défendrai
« ma présence; mais les ressentiments de Tibère
« seront étrangers au prince. Que s'il s'est permis
« contre mon fils un attentat dont les lois venge-
« raient le dernier des hommes, c'est à vous à
« consoler, par une juste sévérité, les enfants et
« le père de Germanicus. Examinez, en même
« temps, s'il est vrai que Pison ait semé le trouble
« et la division dans l'armée; brigué, par des
« voies illicites, la faveur des soldats; employé
« la force pour rentrer en Syrie; ou si ces bruits
« sont faux et grossis par ses accusateurs, dont
« le zèle excessif mérite aussi de justes reproches.
« En effet, pourquoi dépouiller le corps de Ger-
« manicus? Pourquoi le livrer nu aux regards du
« peuple, et répandre chez l'étranger même le
« bruit d'un empoisonnement encore douteux, et
« dont on cherche ici la preuve? Je pleure, il est
« vrai, mon fils, et le pleurerai toujours; mais,
« s'il a eu des torts, je n'empêche point que Pi-
« son les publie; je ne puis blâmer un accusé de
« produire tous ses moyens de justification, et je
« vous demande que votre condescendance pour
« ma douleur ne vous fasse point prendre des allé-
« gations pour des preuves. Si le sang, si l'amitié
« donnent à Pison des défenseurs, que ses dan-
« gers excitent leur zèle et leur éloquence. Je
« recommande à ses accusateurs les mêmes efforts
« et le même courage. Le seul privilège que je
« réclame pour Germanicus, c'est d'être jugé
« dans le sénat plutôt qu'au forum, par vous,
« pères conscrits, plutôt que par les juges ordi-
« naires. Du reste, ne le distinguez point des
« autres citoyens. Ne voyez point les larmes de
« Drusus; n'écoutez point mon affliction, et sur-
« tout oubliez les bruits injurieux que répand sur
« nous la calomnie. »

XIII. Le sénat accorda deux jours pour exposer les chefs d'accusation, six jours d'intervalle pour préparer les défenses, et trois autres pour les entendre. Fulcinius parla le premier : il rappela d'anciens griefs, les concussions, les brigues de Pison dans l'Espagne; imputations frivoles, qui, prouvées ou détruites, ne pouvaient ni perdre l'accusé s'il triomphait des autres, ni le sauver s'il y succombait. Après lui, parlèrent Servæus, Véranius et Vitellius, tous trois avec le même zèle; Vitellius seul avec une grande éloquence. Ils reprochèrent à Pison d'avoir, en haine de Germanicus, et par un esprit de révolte, soutenu les violences des troupes contre les alliés; d'avoir acheté le nom de père des légions par ses lâches complaisances pour des pervers, tandis qu'il sévissait contre les bons, surtout contre les compagnons de Germanicus; ils signalèrent ensuite les enchantements et le poison employés contre ses jours, les sacrifices, les réjouissances barbares de Plancine et de Pison, et les hostilités du coupable contre la république, réduite à le vaincre pour le juger.

XIV. Pison se défendit mal sur le reste; car il ne pouvait nier ni ses cabales à l'armée, ni les

---

« mis dijudicandum. Nam, si legatus officii terminos, ob-
« sequium erga imperatorem exuit, ejusdemque morte et
« luctu meo lætatus est, odero, seponamque a domo mea,
« et privatas inimicitias, non principis ulciscar. Sin faci-
« nus, in cujuscunque mortalium nece vindicandum, de-
« tegitur, vos vero, et liberos Germanici, et nos parentes
« justis solatiis afficite. Simulque illud reputate turbide
« et seditiose tractaverit exercitus Piso, quæsita sint per
« ambitionem studia militum, armis repetita provincia;
« an falsa hæc in majus vulgaverint accusatores, quorum
« ego nimiis studiis jure succenseo. Nam quo pertinuit
« nudare corpus, et contrectandum vulgi oculis permittere,
« differrique etiam per externos tanquam veneno inter-
« ceptus esset, si incerta adhuc ista et scrutanda sunt?
« Defleo equidem filium meum, semperque deflebo; sed
« neque reum prohibeo quominus cuncta proferat quibus
« innocentia ejus sublevari, aut, si qua fuit iniquitas
« Germanici, coargui possit : vosque oro ne, quia dolori
« meo causa connexa est, objecta crimina pro approbatis
« accipiatis. Si quos propinquus sanguis, aut fides sua
« patronos dedit, quantum quisque eloquentia et cura va-
« let, juvate periclitantem : ad eumdem laborem, eamdem
« constantiam accusatores hortor. Id solum Germanico

« super leges præstiterimus quod, in curia potius quam
« in foro, apud senatum quam apud judices, de morte
« ejus anquiritur : cetera pari modestia tractentur : nemo
« Drusi lacrymas, nemo mœstitiam meam spectet, nec
« si qua in nos adversa finguntur. »

XIII. Exin biduum criminibus objiciendis statuitur, utque, sex dierum spatio interjecto, reus per triduum defenderetur. Tum Fulcinius vetera et inania orditur; ambitiose avareque habitam Hispaniam : quod neque convictum noxæ reo, si recentia purgaret, neque defensum absolutioni erat, si teneretur majoribus flagitiis. Post quem Servæus, et Veranius, et Vitellius, consimili studio, sed multa eloquentia Vitellius, objecere : « odio Germanici, et rerum novarum studio, Pisonem vulgus militum, per licentiam et sociorum injurias, eo usque corrupisse ut parens legionum a deterrimis appellaretur : contra, in optimum quemque, maxime in comites et amicos Germanici, sævisse : postremo ipsum devotionibus et veneno peremisse; sacra hinc et immolationes nefandas ipsius atque Plancinæ : petitam armis rempublicam, utque reus agi posset, acie victum. »

XIV. Defensio in ceteris trepidavit; nam neque ambitionem militarem, neque provinciam pessimo cuique ob-

dévastations de la province par les brigands qu'il autorisait, ni même ses emportements contre son général. L'accusation d'empoisonnement fut la seule dont il parut s'être lavé, d'autant plus que les allégations même étaient faibles. On supposait qu'à un festin chez Germanicus, Pison, placé au-dessus de lui, avait de sa propre main empoisonné les mets. Or, il paraissait absurde que Pison, entouré de serviteurs qui n'étaient point à à lui, à la vue de tant de spectateurs, sous les yeux mêmes de Germanicus, eût hasardé ce coup. D'ailleurs il consentait, il demandait même qu'on appliquât à la question et ses esclaves et ceux de Germanicus. Cependant les juges n'en étaient pas moins implacables : Tibère, à cause de la guerre portée en Syrie; le sénat, toujours préoccupé de l'idée que la mort de Germanicus n'était point naturelle. On murmurait même tout bas de ce que Tibère ne s'obstinait pas moins que Pison à nier l'empoisonnement. Cependant on entendait le peuple crier, aux portes du sénat, qu'il saurait bien faire justice de Pison si les juges l'épargnaient. Déjà ils avaient traîné aux Gémonies ses statues; ils les eussent mises en pièces, si le prince n'eût donné des ordres pour les faire garder et remettre à leur place. Quand Pison remonta en litière, un tribun prétorien fut chargé de le reconduire : les uns disaient que c'était pour le mettre hors d'insulte; d'autres, pour présider à sa mort.

XV. Plancine, également odieuse, avait plus de crédit : aussi l'on ne pouvait calculer tout ce que le prince se permettrait pour elle. Tant que Pison eut de l'espoir, elle parut décidée à partager son sort, quel qu'il fût, même à mourir avec lui. Lorsque, par les sollicitations secrètes d'Augusta, elle eut obtenu sa propre grâce, elle se détacha insensiblement de son époux; ses défenses furent séparées : Pison comprit tout ce que cet éloignement avait de sinistre. Il balançait à faire une nouvelle tentative; cependant, encouragé par ses enfants, il s'arma de constance, et osa reparaître dans le sénat. On y reprit l'accusation; il essuya les invectives des sénateurs, tous déchaînés contre lui; mais ce qui l'effraya le plus ce fut de voir Tibère tranquille, sans pitié, sans colère, endurcissant obstinément son cœur contre les moindres affections qui pouvaient le trahir. De retour dans sa maison, sous prétexte de travailler à ses défenses pour le lendemain, il écrit quelques lignes, qu'il remet cachetées à un affranchi; il se baigne, soupe comme à l'ordinaire, veille fort tard. Sa femme s'étant retirée de son appartement, il en fit fermer la porte. Le matin, on le trouva égorgé, son épée par terre à côté de lui.

XVI. Je me souviens d'avoir entendu dire à des vieillards qu'on avait souvent vu, dans les mains de Pison, des papiers qu'il ne publia point; mais qui, au dire de ses amis, contenaient les lettres de Tibère, et ses instructions contre Germanicus; que le dessein de Pison était de les montrer au sénat et d'inculper le prince, si Séjan ne l'eût point amusé par de vaines promesses; que Pison ne mourut pas de sa main, qu'on le fit assassiner. Je ne garantirai ni l'un ni l'autre; mais je n'ai pas dû cacher un fait rapporté par des contemporains qui vivaient encore dans ma jeunesse. Tibère, s'étant composé un extérieur de tristesse, se plaignit au sénat d'une mort qui tendait à rendre le prince odieux; puis il questionna soigneusement l'affranchi sur ce que Pi-

---

noxiam, ne contumelias quidem adversum imperatorem inficiari poterat : solum veneni crimen visus est diluisse, quod ne accusatores quidem satis firmabant, « in convivio Germanici, quum super eum Piso discumberet, infectos manibus ejus cibos » arguentes; quippe absurdum videbatur, inter aliena servitia, et tot adstantium in visu, ipso Germanico coram, id ausum : offerebatque familiam reus, et ministros in tormenta flagitabat. Sed judices, per diversa, implacabiles erant; Cæsar, ob bellum provinciæ illatum; senatus, nunquam satis credito sine fraude Germanicum interiisse : [scripsissent expostulantes quod haud minus Tiberius quam Piso abnuere.] Simul populi ante curiam voces audiebantur, « non temperaturos manibus, si patrum sententiam evasisset. » Effigiesque Pisonis traxerant in Gemonias, ac divellebant, ni jussu principis protectæ repositæque forent. Igitur inditus lecticæ, et a tribuno prætoriæ cohortis deductus est; vario rumore, custos salutis, an mortis exactor sequeretur.

XV. Eadem Plancinæ invidia, major gratia : eoque ambiguum habebatur quantum Cæsari in eam liceret : atque ipsa, donec mediæ Pisoni spes, « sociam se cujuscunque fortunæ, et, si ita ferret, comitem exitii » promittebat. Ut, secretis Augustæ precibus, veniam obtinuit, paullatim segregari a marito, dividere defensionem cœpit : quod reus postquam sibi exitiabile intelligit, an adhuc experiretur dubitans, hortantibus filiis, durat mentem, senatumque rursum ingreditur : redintegratamque accusationem, infensas patrum voces, adversa et sæva cuncta perpessus, nullo magis exterritus est quam quod Tiberium, sine miseratione, sine ira, obstinatum clausumque vidit ne quo affectu perrumperetur. Relatus domum, tanquam defensionem in posterum meditaretur, pauca conscribit, obsignatque, et liberto tradit. Tum solita curando corpori exsequitur ; dein, multam post noctem, egressa cubiculo uxore, operiri fores jussit; et, cœpta luce, perfosso jugulo, jacente humi gladio, repertus est.

XVI. Audire me memini ex senioribus visum sæpius inter manus Pisonis libellum, quem ipse non vulgaverit; sed amicos ejus dictitavisse « litteras Tiberii et mandata in Germanicum continere; ac destinatum promere apud patres, principemque arguere, ni elusus a Sejano, per vana promissa foret : nec illum sponte exstinctum, verum immisso percussore. » Quorum neutrum asseveraverim; neque tamen occulere debui narratum ab iis qui nostram ad juventam duraverunt. Cæsar, flexo in mœstitiam ore, suam invidiam tali morte quæsitam apud senatum, accer-

son avait fait la veille et la nuit de sa mort. Mais comme, dans ses réponses, cet homme laissait échapper quelque indiscrétion, Tibère se hâta de lire la lettre même de Pison, conçue à peu près en ces termes : « Je meurs victime de la conspi« ration de mes ennemis, des fausses accusations « dirigées contre moi. N'espérant plus que l'in« nocence et la vérité triomphent de la calomnie, « j'atteste, ô César! les dieux immortels, que j'ai « toujours conservé ma fidélité pour toi, mon « attachement pour ta mère. Je vous recommande « à tous deux mes enfants, Cnéus qui, n'ayant « point quitté Rome pendant mon gouvernement, « n'a pu partager mes torts, quels qu'ils soient, « et Marcus, qui m'avait dissuadé de rentrer « en Syrie. Eh! plût aux dieux que j'eusse cédé « aux conseils d'un jeune homme et d'un fils, « plutôt que lui à l'autorité d'un père et d'un « vieillard! Je t'en conjure plus instamment de « ne pas le punir de mes fautes. Si quarante-cinq « ans de respects, si l'estime de ton père Auguste « sont des droits pour un ancien collègue, ton « ami, ne refuse point cette grâce que demande « un infortuné : ce sera la dernière. » Il ne dit rien de Plancine.

XVII. Tibère ensuite justifia le jeune Pison sur la guerre civile, alléguant la nécessité pour un fils d'obéir à son père, la grandeur de leur maison, les malheurs du père même, qui, plus ou moins coupable, méritait la pitié. Il parla pour Plancine avec un air de confusion et d'avilissement, rappelant les prières de sa mère. Aussi c'était surtout contre celle-ci que l'indignation des honnêtes gens s'exhalait en secret : « L'aïeule « de Germanicus se permettre de voir la meur« trière de son petit-fils, de lui parler, de l'arra« cher au sénat! Ce que la loi accorde à tous les « citoyens, refusé au seul Germanicus! Vitellius « et Véranius, vengeurs d'un César! L'empereur « et sa mère, défenseurs de Plancine! Elle n'a« vait donc qu'à tourner aussi contre Agrippine « et contre ses enfants cet art exécrable dont elle « avait fait un si heureux essai, et assouvir leur « oncle et leur digne aïeule du sang de cette mal« heureuse famille. » On employa, pour la forme, deux jours à une sorte d'instruction. Tibère pressait les accusateurs de Pison de défendre leur mère. Les accusateurs et les témoins pérorèrent à l'envi, sans qu'il se présentât personne pour leur répondre : ce qui inspira plus de compassion que d'animosité. Enfin on recueillit les avis, et d'abord celui du consul Aurélius; car, lorsque c'était l'empereur qui proposait la délibération, les consuls avaient aussi le droit de donner leurs voix. Aurélius opina qu'il fallait rayer des fastes le nom de Pison, confisquer une partie de ses biens, en donner une autre à son fils Cnéus en l'obligeant de changer ce prénom, laisser à Marcus dix millions de sesterces, le dépouiller de sa dignité et l'exiler pour dix ans. Il accordait la grâce de Plancine aux prières d'Augusta.

XVIII. Tibère adoucit en plusieurs points la sentence du consul. Il ne voulut point qu'on rayât des fastes le nom de Pison, puisqu'on y conservait ceux de Marc et de Jules-Antoine, dont l'un avait fait la guerre à sa patrie, et l'autre avait souillé la famille d'Auguste. Il laissa au jeune Marcus, avec sa dignité, les biens de son père. La cupidité, comme je l'ai remarque souvent, n'était pas le défaut de ce prince, et la

---

sit libertum, crebrisque interrogationibus exquirit qualem Piso diem supremum, noctemque exegisset. Atque illo pleraque sapienter, quædam inconsultius respondente, recital codicillos a Pisone in hunc ferme modum compositos : « Conspiratione inimicorum, et invidia falsi crimi« nis oppressus, quatenus veritati et innocentiæ meæ « nusquam locus est, deos immortales testor vixisse me, « Cæsar, cum fide adversum te, neque alia in matrem « tuam pietate : vosque oro liberis meis consulatis; ex « quibus Cn. Piso qualicunque fortunæ meæ non est ad« junctus, quum omne hoc tempus in urbe egerit : M. Piso « repetere Syriam dehortatus est. Atque utinam ego potius « filio juveni quam ille patri seni cessisset! Eo impensius « precor ne meæ pravitatis pœnas innoxius luat. Per quin« que et quadraginta annorum obsequium, per collegium « consulatus, quondam divo Augusto parenti tuo probatus, « et tibi amicus, nec quidquam post hæc rogaturus, salu« tem infelicis filii rogo. » De Plancina nihil addidit.

XVII. Post quæ Tiberius adolescentem crimine civilis belli purgavit : « patris quippe jussa, nec potuisse filium « detrectare; » simul « nobilitatem domus, etiam ipsius, « quoquo modo meriti, gravem casum » miseratus. Pro Plancina cum pudore et flagitio disseruit, matris preces obtendens; in quam optimi cujusque secreti questus magis ardescebant : « Id ergo fas aviæ interfectricem nepotis ad« spicere, alloqui, eripere senatui? Quod pro omnibus ci« vibus leges obtineant, uni Germanico non contigisse! « Vitellii et Veranii voce defletum Cæsarem; ab imperatore « et Augusta defensam Plancinam! Proinde venena et artes « tam feliciter expertas verteret in Agrippinam, in liberos « ejus, egregiamque aviam ac patruum sanguine miserri« mæ domus exsatiaret. » Biduum super hæc imagine cognitionis absumptum; urgente Tiberio liberos Pisonis, matrem uti tuerentur. Et, quum accusatores ac testes certatim perorarent, respondente nullo, miseratio, quam invidia, augebatur. Primus sententiam rogatus Aurelius Cotta, consul (nam, referente Cæsare, magistratus eo etiam mu nere fungebantur), « nomen Pisonis radendum fastis » censuit; « partem bonorum publicandam : pars ut Cn. Pisoni filio concederetur, isque prænomen mutaret: M. Piso exuta dignitate, et accepto quinquagies sestertio, decem annos relegaretur; concessa Plancinæ incolumitate, ob preces Augustæ. »

XVIII. Multa ex ea sententia mitigata sunt a principe : « ne nomen Pisonis fastis eximeretur, quando M. Antonii, qui bellum patriæ fecisset Iuli Antonii, qui domum Au gusti violasset, manerent. » Et M. Pisonem ignominiæ exemit, concessitque ei paterna bona; satis firmus, ut

honte d'avoir épargné Plancine le radoucissait dans ce moment. Valérius proposait d'élever une statue d'or dans le temple de Mars vengeur, et Cécina un autel à la Vengeance : Tibère s'y opposa, disant qu'il fallait des monuments pour les victoires étrangères, et, pour les maux domestiques, la douleur et le silence. Le même Valérius avait ajouté que Tibère, Augusta, Antonie, Agrippine et Drusus, recevraient les remercîments de la nation pour avoir vengé Germanicus. Il n'avait point fait mention de Claude : Lucius Asprénas demanda à Valérius, en plein sénat, si l'omission était volontaire : alors, le nom de Claude fut inscrit. Pour moi, plus je rappelle dans ma mémoire les événements anciens et modernes, et plus il me semble voir, dans toutes les affaires, je ne sais quel pouvoir qui se joue des choses humaines. En effet, il n'était personne que la renommée, les vœux, les respects publics ne portassent à l'empire plutôt que celui qui devait y parvenir un jour, et qu'alors la fortune tenait dans l'obscurité.

XIX. Quelques jours après, Tibère proposa au sénat de nommer pontifes Vitellius, Véranius et Servæus. En promettant à Fulcinius son suffrage pour l'élever aux honneurs, il l'avertit de modérer cette éloquence violente qui le perdrait. Ainsi se terminèrent les poursuites de la mort de Germanicus, dont la cause a, dans son siècle, et même dans les suivants, fait naître tant d'opinions différentes : tant les faits les plus importants sont encore incertains! D'un côté, la crédulité des contemporains adopte les bruits les plus vagues; de l'autre, leur défiance rejette les faits les mieux prouvés; et les nuages s'épaississent encore pour la postérité. Drusus, étant sorti de Rome pour reprendre les auspices, rentra aussitôt avec les honneurs de l'ovation. Au bout de quelques jours il perdit sa mère Vipsanie, le seul des enfants d'Agrippa dont la mort n'ait pas été violente; car, pour les autres, l'un périt certainement par le fer, le reste, à ce que l'on a cru, par la faim ou par le poison.

XX. Tacfarinas, battu précédemment par Camille, comme je l'ai dit, recommença cette année la guerre en Afrique. D'abord c'étaient de simples excursions, dont la promptitude assurait le succès; il saccagea ensuite des bourgades, emmena de gros butins; enfin il assiégea, près du fleuve Pagis, une cohorte romaine. Décrius commandait dans le fort, guerrier plein de bravoure et d'expérience, qui regardait ce siège comme un affront. Il exhorte sa troupe à presenter le combat en rase campagne, et la range en bataille devant le camp. Au premier choc la cohorte plia. Décrius, furieux, se jette au milieu des traits et des fuyards; il arrête les porte-enseignes : « des « soldats romains, leur dit-il, tourner le dos à des « déserteurs et à des brigands indisciplinés! » En même temps, criblé de coups, avec un œil crevé, il revient à l'ennemi, et continue de se battre jusqu'à ce que, abandonné des siens, il tombe mort.

XXI. Lorsque Apronius apprit cet échec (c'était lui qui avait remplacé Camille), il fut bien moins alarmé des succès de l'ennemi, que honteux de l'opprobre des siens. Il renouvelle un ancien acte de rigueur, alors presque oublié : il fait décimer l'infâme cohorte. Tous ceux sur qui

---

sæpe memoravi, adversum pecuniam, et tum pudore absolutæ Plancinæ placabile. Atque idem, quum Valerius Messallinus signum aureum in æde Martis Ultoris, Cæcina Severus aram Ultioni statuendam censuissent, prohibuit, « ob externas ea victorias sacrari » dictitans; « domestica mala tristitia operienda. » Addiderat Messallinus, « Tiberio et Augustæ et Antoniæ et Agrippinæ Drusoque, ob vindictam Germanici, grates agendas, » omiseratque Claudii mentionem : et Messallinum quidem L. Asprenas, senatu coram, percunctatus est, an prudens prætérisset; ac tum demum nomen Claudii adscriptum est. Mihi, quanto plura recentium seu veterum revolvo, tanto magis ludibria rerum mortalium cunctis in negotiis obversantur. Quippe fama, spe, veneratione potius omnes destinabantur imperio, quam quem futurum principem fortuna in occulto tenebat.

XIX. Paucis post diebus Cæsar auctor senatui fuit, Vitellio atque Veranio et Servæo sacerdotia tribuendi. Fulcinio suffragium ad honores pollicitus, monuit, « ne facundiam violentia præcipitaret. » Is finis fuit ulciscenda Germanici morte, non modo apud illos homines qui tum agebant, etiam secutis temporibus, vario rumore jactata : adeo maxima quæque ambigua sunt, dum alii quoquo modo audita pro compertis habent, alii vera in contrarium vertunt; et gliscit utrumque posteritate. At Drusus, urbe egressus repetendis auspiciis, mox ovans introiit : paucosque post dies Vipsania mater ejus excessit, una omnium Agrippæ liberorum miti obitu; nam ceteros manifestum ferro, vel creditum est veneno aut fame exstinctos.

XX. Eodem anno Tacfarinas, quem priore æstate pulsum a Camillo memoravi, bellum in Africa renovat, vagis primum populationibus, et ob pernicitatem inultis : dein vicos exscindere; trahere graves prædas; postremo haud procul Pagida flumine cohortem romanam circumsedit. Præerat castello Decrius, impiger manu, exercitus militia, et illam obsidionem flagitii ratus. Is cohortatus milites ut copiam pugnæ in aperto facerent, aciem pro castris instruit; primoque impetu pulsa cohorte, promptus inter tela occursat fugientibus, increpat signiferos, « quod inconditis aut desertoribus miles romanus terga daret : » simul excepta vulnera, et, quanquam transfosso oculo, adversum os in hostem intendit; neque prœlium omisit, donec desertus suis caderet.

XXI. Quæ postquam L. Apronio (nam Camillo successerat) comperta, magis dedecore suorum quam gloria hostis anxius, raro ea tempestate et e vetere memoria facinore, decumum quemque ignominiosæ cohortis, sorte ductos, fusti necat. Tantumque severitate profectum, ut vexillum

le sort tombe expirent sous les verges. Cette sévérité produisit un si bon effet, que cinq cents vétérans, seulement, défirent ces mêmes troupes de Tacfarinas, devant le fort de Thala qu'elles avaient attaqué. Dans ce combat, Rufus Helvius, simple soldat, mérita les distinctions accordées à ceux qui ont sauvé un citoyen. Apronius lui donna la pique et le collier; Tibère y ajouta la couronne civique, que le proconsul, quoiqu'il en eût le droit, n'avait pas voulu donner lui-même; omission dont le prince se plaignit plus qu'il ne s'en offensa. Cependant Tacfarinas, voyant ses Numides découragés et rebutés des sièges, disperse son armée par pelotons; ils se retiraient quand ils étaient pressés, puis revenaient sur leurs pas. Tant qu'il suivit ce plan, il se joua des Romains, qui se consumaient en de vaines poursuites. Mais, lorsqu'il se fut approché des bords de la mer, l'embarras d'un gros butin l'assujettit à des campements fixes. Alors le jeune Apronius, détaché par son père, avec de la cavalerie et des cohortes auxiliaires, auxquelles on avait joint les légionnaires les plus agiles, attaqua avec succès les Numides, et les repoussa au fond de leurs déserts.

XXII. Cependant Lépida, qui joignait à l'illustration des Émiles l'honneur d'avoir Sylla et Pompée pour bisaïeuls, est citée en justice à Rome par Publius Quirinus, citoyen riche et sans enfants, qui l'accusait d'avoir supposé un fruit de leur hymen; il y joignait les crimes d'adultère, d'empoisonnement, et celui d'avoir consulté les astrologues sur la destinée des Césars. Son frère, Manius Lépidus, prit sa défense. Quoique décriée et coupable, cet acharnement de son époux, après un long divorce, lui avait rendu la pitié publique. Il ne fut pas facile, dans le cours de cette affaire, de démêler les sentiments du prince; tant il prit de formes différentes, et entrêmela les apparences du ressentiment et de la clémence! D'abord il pria le sénat de n'avoir point égard au crime de lèse-majesté; puis il engagea sous main un consulaire, Marcus Servilius, et d'autres témoins, à réveiller ce qu'il avait paru vouloir assoupir. D'un autre côté, il transféra les esclaves de Lépida de la garde des soldats à celle des consuls, et ne voulut point permettre la question pour ce qui intéressait la famille impériale. Il exigea aussi que Drusus, quoique désigné consul, n'opinât point le premier; ce qui parut à plusieurs un trait de popularité, comme s'il eût craint que l'opinion de son fils ne fît la loi aux autres : quelques-uns y voyaient une intention de rigueur, prétendant que Drusus n'eût point cédé son rang, à moins que ce n'eût été pour absoudre.

XXIII. Lépida, profitant des jeux qui interrompirent l'instruction du procès, se rendit au théâtre de Pompée, avec un cortège de femmes distinguées. Là, évoquant avec des cris lamentables les mânes de ses ancêtres et ceux du grand Pompée, dont ce monument même était l'ouvrage, dont les statues frappaient les yeux de toutes parts, elle excita un tel attendrissement que tous les Romains, fondant en larmes, se répandirent en imprécations contre Quirinus, outrés qu'une femme, destinée jadis à être l'épouse d'un César et la bru d'Auguste, fût ainsi sacrifiée à un homme obscur, vieux et sans enfants. Cependant les dépositions des esclaves mis à la question ne laissèrent aucun doute sur les dérèglements de Lépida : on adopta l'avis de Rubellius Blandus, qui lui interdisait l'eau et le feu. Cet avis fut suivi par Drusus, quoique d'autres en eussent ouvert de plus doux. Par égard pour Scaurus,

---

veteranorum, non amplius quingenti numero, easdem Tacfarinatis copias, praesidium, cui Thala nomen, aggressas, fuderint. Quo praelio Rufus Helvius, gregarius miles, servati civis decus retulit; donatusque est ab Apronio torquibus et hasta : Caesar addidit civicam coronam, quod non eam quoque Apronius, jure proconsulis, tribuisset, questus magis quam offensus. Sed Tacfarinas, perculsis Numidis et obsidia adspernantibus, spargit bellum, ubi instaretur cedens, ac rursum in terga remeans. Et, dum ea ratio barbaro fuit, irritum fessumque Romanum impune ludificabatur : postquam deflexit ad maritimos locos, illigatus praeda, stativis castris adhaerebat. Missu patris Apronius Caesianus, cum equite et cohortibus auxiliariis, quis velocissimos legionum addiderat, prosperam adversum Numidas pugnam facit, pellitque in deserta.

XXII. At Romae Lepida, cui, super Aemiliorum decus, L. Sulla ac Cn. Pompeius proavi erant, defertur simulavisse partum ex P. Quirino, divite atque orbo. Adjiciebantur adulteria, venena, quaesitumque per Chaldaeos in domum Caesaris; defendente ream Manio Lepido, fratre. Quirinus, post dictum repudium adhuc infensus, quamvis infami ac nocenti, miserationem addiderat. Haud facile quis dispexerit illa in cognitione mentem principis; adeo vertit ac miscuit irae et clementiae signa : deprecatus primo senatum, ne majestatis crimina tractarentur; mox M. Servilium, e consularibus, aliosque testes illexit ad proferenda quae velut reticere voluerat. Idemque servos Lepidae, quum militari custodia haberentur, transtulit ad consules; neque per tormenta interrogari passus est de his quae ad domum suam pertinerent. Exemit etiam Drusum, consulem designatum, dicendae primo loco sententiae : quod alii civile rebantur, « ne ceteris assentiendi necessitas fieret; » quidam ad saevitiam trahebant : « neque enim cessurum, nisi damnandi officio. »

XXIII. Lepida, ludorum diebus, qui cognitionem intervenerant, theatrum cum claris feminis ingressa, lamentatione flebili majores suos ciens, ipsumque Pompeium, cujus ea monumenta et adstantes imagines visebantur, tantum misericordiae permovit, ut, effusi in lacrymas, saeva et detestanda Quirino clamitarent, « cujus senectae atque orbitati, et obscurissimae domui, destinata quondam uxor L. Caesari, ac divo Augusto nurus, dederetur. » Dein tormentis servorum patefacta sunt flagitia, itumque in sententiam Rubellii Blandi, a quo aqua atque

qui avait une fille de Lépida, la confiscation n'eut pas lieu. Après le jugement, Tibère déclara enfin savoir, par les esclaves même de Quirinus, les tentatives de Lépida pour empoisonner leur maître.

XXIV. Au milieu des disgrâces de deux familles illustres (car, presque en même temps, les Calpurnius avaient perdu Pison, et les Emiles, Lépida), on vit avec plaisir Décimus Silanus rendu à la maison des Junius. Je vais reprendre en peu de mots son histoire. La fortune, qui avait servi puissamment Auguste contre la république, sembla l'abandonner dans sa famille, où les déréglements de sa fille et de sa petite-fille empoisonnèrent sa vieillesse. Il les chassa de Rome, et punit leurs amants par la mort ou par l'exil, inexorable pour un genre de faiblesse si commun entre les deux sexes, le qualifiant d'attentat énorme contre la religion, contre la majesté, et cela plus rigoureux que nos ancêtres, et que ses propres lois. Mais je détaillerai un jour ces faits avec les autres événements de ce siècle, si, cet ouvrage achevé, ma vie suffit à d'autres travaux. Pour Silanus, quoique ses intrigues avec la petite-fille d'Auguste ne lui eussent attiré d'autre châtiment que la perte de l'amitié de César, il comprit qu'on désirait son exil, et ce ne fut que sous Tibère qu'il osa solliciter le prince et le sénat pour son rappel. Il l'obtint par le crédit de Marcus Silanus, à qui un nom illustre et sa rare éloquence donnaient un grand éclat. Mais comme Marcus remerciait Tibère, celui-ci répondit, en présence de tous les sénateurs, qu'il partageait la joie que lui donnait le retour d'un frère après une longue absence; que Décimus avait été libre de revenir, puisque ni le sénat, ni les lois ne l'avaient banni; que cependant les ressentiments de son père subsistaient toujours pour lui; que le retour de Décimus ne changerait rien aux intentions qu'Auguste avait manifestées. Décimus resta donc à Rome, mais sans parvenir aux honneurs.

XXV. On parla ensuite d'adoucir la loi Papia-Poppæa, supplément à la loi Julia, qu'Auguste avait imaginé dans sa vieillesse, pour augmenter les peines contre le célibat et les revenus du fisc. Cette loi ne fit pas contracter plus de mariages ni élever plus d'enfants : on gagnait trop à n'en pas avoir. Du reste, elle servit à grossir le nombre des victimes, dans un temps où les délateurs, par leurs interprétations arbitraires, bouleversaient toutes les fortunes, et où l'on souffrait autant de la loi qu'autrefois du crime. Ceci m'engage à rechercher l'origine de notre jurisprudence, et les causes qui ont amené cette multitude infinie de lois différentes.

XXVI. Les premiers hommes, exempts de passions honteuses, ne connaissant ni le vice ni le crime, n'étaient contenus ni par les châtiments, ni par l'autorité; ils n'avaient pas besoin de l'aiguillon des récompenses, puisqu'ils recherchaient la vertu d'eux-mêmes; ni du frein de la crainte, puisque leurs désirs étaient toujours légitimes. Mais, lorsque l'esprit d'égalité vint à se perdre, qu'au lieu de la modération et de l'honneur, l'ambition et la force prévalurent, le pouvoir arbitraire s'établit, et il s'est maintenu constamment chez beaucoup de nations. Quelques-unes, dès les commencements, ou après s'être dégoûtées des monarques, préférèrent les lois. Des hommes grossiers n'en eurent d'abord

---

igni arcebatur. Huic Drusus assensit, quanquam alii mitius censuissent. Mox Scauro, qui filiam ex ea genuerat, datum ne bona publicarentur. Tum demum aperuit Tiberius, compertum sibi etiam ex P. Quirini servis, veneno eum a Lepida petitum.

XXIV. Illustrium domuum adversa (etenim haud multum distanti tempore Calpurnii Pisonem, Æmilii Lepidam amiserant) solatio affecit D. Silanus, Juniæ familiæ redditus : casum ejus paucis repetam. Ut valida divo Augusto in rempublicam fortuna, ita domi improspera fuit, ob impudicitiam filiæ ac neptis, quas urbe depulit, adulterosque earum morte aut fuga punivit. Nam culpam, inter viros ac feminas vulgatam, gravi nomine læsarum religionum ac violatæ majestatis appellando, clementiam majorum suasque ipse leges egrediebatur Sed aliorum exitus, simul cetera illius ætatis memorabo, si, effoctis in quæ tetendi, plures ad curas vitam produxero. D. Silanus, in nepti Augusti adulter, quanquam non ultra foret sævitum quam ut amicitia Cæsaris prohiberetur, exsilium sibi demonstrari intellexit; nec, nisi Tiberio imperitante, deprecari senatum ac principem ausus est, M. Silani fratris potentia, qui per insignem nobilitatem et eloquentiam præcellebat. Sed Tiberius grates agenti Silano, patribus coram, respondit, « se quoque lætari quod frater ejus e peregrinatione « longinqua revertisset; idque jure licitum, quia non se« natusconsulto, non lege pulsus foret : sibi tamen ad« versus eum integras parentis sui offensiones; neque « reditu Silani dissoluta quæ Augustus voluisset. » Fuit posthac in urbe, neque honores adeptus est.

XXV. Relatum deinde de moderanda Papia Poppæa, quam senior Augustus, post Julias rogationes, incitandis cælibum pœnis et augendo ærario, sanxerat : nec ideo conjugia et educationes liberum frequentabantur, prævalida orbitate. Ceterum multitudo periclitantium gliscebat, quum omnis domus delatorum interpretationibus subverteretur; utque antehac flagitiis, ita tunc legibus laborabatur. Ea res admonet ut de principiis juris, et quibus modis ad hanc multitudinem infinitam ac varietatem legum perventum sit, altius disseram.

XXVI. Vetustissimis mortalium, nulla adhuc mala libidine, sine probro, scelere, eoque sine pœna aut coercitionibus, agebant. Neque præmiis opus erat, quum honesta suopte ingenio peterentur; et, ubi nihil contra morem cuperent, nihil per metum vetabantur. At, postquam exui æqualitas, et, pro modestia ac pudore, ambitio et vis incedebat, provenere dominationes multosque apud populos æternum mansere. Quidam statim, aut postquam regum pertæsum, leges maluerunt. Hæ primo, rudibus

que de simples, parmi lesquelles l'histoire a célébré surtout celles de Minos en Crète, de Lycurgue à Sparte ; celles qu'Athènes reçut de Solon étaient déjà plus compliquées, et en plus grand nombre. Parmi nous, Romulus n'eut de lois que sa volonté ; Numa n'institua que des cérémonies et des devoirs religieux pour contenir le peuple ; Ancus et Tullus firent quelques règlements ; mais c'est à Servius, surtout, que nous devons la plupart de nos lois, auxquelles il assujétit les rois eux-mêmes.

XXVII. Après l'expulsion de Tarquin, le peuple créa, contre la faction des nobles, plusieurs lois pour assurer sa liberté et resserrer les liens de la concorde. Les décemvirs, ayant été recueillir de toutes parts les meilleures institutions, composèrent la loi des Douze Tables, dernier contrat fondé sur la justice. Depuis, si l'on excepte quelques lois contre des coupables à l'occasion d'un délit, la plupart ont dû leur origine à la violence, aux dissensions des différents ordres, au désir d'usurper des honneurs illicites, de chasser des hommes illustres, ou à d'autres motifs également criminels. De là tous les troubles que les Gracques et Saturninus excitèrent dans le peuple ; de là les largesses non moins ambitieuses que fit Drusus au nom du sénat ; de là ces mouvements de nos alliés, corrompus par des promesses, insultés par des refus. La guerre d'Italie, et la guerre civile qui lui succéda, n'en virent pas moins éclore une foule de lois nouvelles qui se combattaient, jusqu'à ce que Sylla, dictateur, les abolissant ou les changeant, et en ajoutant beaucoup d'autres, rétablit pour un moment le calme, que troublèrent aussitôt les lois séditieuses de Lépide, et, peu de temps après, le pouvoir qu'on rendit aux tribuns d'agiter le peuple au gré de leur ambition. Dès lors on ne fit pas seulement des lois pour tous, on en fit souvent contre un seul ; et plus la république était corrompue, plus les lois se multipliaient.

XXVIII. Pompée, revêtu d'un troisième consulat, fut chargé de la réformation des mœurs ; plus dangereux par ses remèdes même, que n'étaient les maux, le premier infracteur de ses propres lois, et à qui les armes arrachèrent un pouvoir fondé sur les armes. Ensuite, vingt ans entiers de discordes, le mépris des lois et des usages, l'impunité assurée aux plus grands crimes, et le plus souvent la mort à la vertu. Enfin, pendant son sixième consulat, César-Auguste, affermi dans son pouvoir, abolit les actes du triumvirat, et fit des lois pour établir la paix sous un prince. Depuis ce moment elles furent plus actives ; on les entoura de gardiens surveillants. La loi Papia-Poppæa qui substituait le peuple romain, comme père commun, à tous les legs qu'on faisait aux citoyens qui n'avaient point le privilége des pères, intéressait, par des récompenses, les délateurs, à l'exécution de la loi ; mais ils allèrent plus loin qu'elle : ils enveloppaient, dans leurs recherches, Rome, l'Italie, tout l'empire. Déjà ils avaient renversé une foule de fortunes et les alarmaient toutes, lorsque Tibère, pour remédier au désordre, fit nommer par le sort quinze sénateurs, dont cinq ex-préteurs et cinq consulaires. Ceux-ci, ayant éclairci plusieurs difficultés de la loi, apportèrent un soulagement momentané.

XXIX. Dans le même temps, Tibère recommanda aux sénateurs Néron, l'aîné des enfants de Germanicus, déjà sorti de l'adolescence. Il demanda pour ce jeune homme la dispense du vigintivirat et la permission de solliciter la ques-

---

hominum animis, simplices erant ; maximeque fama celebravit Cretensium, quas Minos, Spartanorum, quas Lycurgus ; ac mox Atheniensibus quæsitiores jam et plures Solon præscripsit. Nobis Romulus ut libitum imperitaverat ; dein Numa religionibus et divino jure populum devinxit ; repertaque quædam a Tullo et Anco ; sed præcipuus Servius Tullius sanctor legum fuit, quis etiam reges obtemperarent.

XXVII. Pulso Tarquinio, adversum patrum factiones multa populus paravit tuendæ libertatis et firmandæ concordiæ ; creatique decemviri, et, accitis quæ usquam egregia, compositæ Duodecim Tabulæ, finis æqui juris : nam secutæ leges, etsi aliquando in maleficos ex delicto, sæpius tamen dissensione ordinum, et apiscendi illicitos honores, aut pellendi claros viros, aliaque ob prava, per vim latæ sunt. Hinc Gracchi et Saturnini, turbatores plebis ; nec minor largitor nomine senatus Drusus ; corrupti spe, aut illusi per intercessionem socii. Ac ne bello quidem italico, mox civili, omissum quin multa et diversa sciscerentur ; donec L. Sulla dictator, abolitis vel conversis prioribus, quum plura addidisset, otium ejus rei haud in longum paravit ; statim turbidis Lepidi rogationibus, neque multo post tribunis reddita licentia, quoquo vellent, populum agitandi. Jamque non modo in commune, sed in singulos homines latæ quæstiones ; et corruptissima republica plurimæ leges.

XXVIII. Tum Cn. Pompeius, tertium consul, corrigendis moribus delectus, et gravior remediis quam delicta erant, suarumque legum auctor idem ac subversor, quæ armis tuebatur armis amisit. Exin continua per viginti annos discordia ; non mos, non jus ; deterrima quæque impune, ac multa honesta exitio fuere. Sexto demum consulatu Cæsar Augustus, potentiæ securus, quæ triumviratu jusserat abolevit, deditque jura quis pace et principe uteremur. Acriora ex eo vincla, inditi custodes, et lege Papia Poppæa præmiis inducti, ut, si a privilegiis parentum cessaretur, velut parens omnium populus vacantia teneret. Sed altius penetrabant, urbemque et Italiam, et quod usquam civium, corripuerant : multorumque excisi status, et terror omnibus intentabatur ; ni Tiberius statuendo remedio, quinque consularium, quinque e prætoriis, totidem e cetero senatu, sorte duxisset, apud quos exsoluti plerique legis nexus modicum in præsens levamentum fuere.

XXIX. Per idem tempus Neronem, e liberis Germanici, jam ingressum juventam, commendavit patribus ; utque

ture cinq ans avant l'âge prescrit par les lois. Le sérieux de cette demande ne laissa pas d'exciter en secret quelques plaisanteries. Il alléguait que la même grâce avait été accordée à son frère et à lui, sur la demande d'Auguste; mais je ne doute point que, dès lors, on n'eût senti l'affectation de pareilles prières; et cependant la grandeur des Césars était encore au berceau. On avait moins perdu de vue les usages anciens; et des beaux-fils ne formaient pas avec un beau-père des liaisons aussi étroites qu'un petit-fils avec son aïeul. A la questure on joignit le pontificat, et, le jour que Néron fit sa première entrée au forum, on distribua le congiarium au peuple, joyeux de voir déjà à cet âge un fils de Germanicus. La satisfaction s'accrut encore par le mariage de Néron avec Julie, fille de Drusus; mais, si cette alliance obtint l'approbation générale, on vit avec le plus grand mécontentement Séjan destiné pour beau-père au fils de Claude. On trouva que Tibère avait souillé la noblesse de sa maison, et beaucoup trop élevé un favori dont l'ambition n'était déjà que trop suspecte.

XXX. Sur la fin de l'année moururent deux personnages distingués, Volusius et Salluste. La famille de Volusius, quoique ancienne, ne s'était élevée qu'à la préture. Il y porta le consulat; il exerça même les fonctions de censeur pour l'élection des chevaliers, et, le premier, il amassa ces grands biens qui donnèrent à sa maison un crédit immense. Pour Salluste, il sortait d'une famille équestre. Ce fut le fameux historien, son grand oncle, qui en l'adoptant, lui donna son nom. Il eût pu facilement parvenir aux honneurs; mais il les dédaigna comme Mécène; et, comme lui, sans être sénateur, il surpassait en pouvoir beaucoup de consulaires et de triomphateurs. Il avait un soin de sa parure bien opposé à l'esprit de nos pères, et des recherches de luxe et de voluptés qui lui donnaient un air efféminé : sous cet air toutefois il cachait une vigueur d'esprit capable des plus grandes affaires, et d'autant plus d'activité qu'il affectait plus d'indolence et de mollesse. Aussi, le second de Mécène, il fut, après lui, le principal confident des secrets du palais. Ce fut lui qui ménagea l'assassinat de Postumus Agrippa; mais, dans sa vieillesse, il conserva plutôt l'apparence que la réalité du crédit; ce qui était arrivé aussi à Mécène, soit par cette fatalité attachée au pouvoir, qui rarement dure toujours; soit par je ne sais quel dégoût qui vient saisir ou les princes qui ont tout donné, ou les favoris qui ont tout obtenu.

XXXI. Le consulat suivant, qui était le quatrième de Tibère et le second de Drusus, fut remarquable par l'association du père et du fils. Deux ans auparavant, Germanicus avait eu aussi pour collègue Tibère, mais qui n'était son père, ni par la nature, ni par le cœur. Dès le commencement de l'année, le prince, sous prétexte de rétablir sa santé, se retira dans la Campanie, voulant amener insensiblement sa longue et continuelle absence, ou peut-être laisser à son fils l'honneur de gérer seul le consulat. En effet, une affaire qui, peu importante, produisit de grandes contestations, fournit à Drusus l'occasion d'acquérir la faveur publique. Un jeune patricien, du nom de Sylla, dans un spectacle de gladiateurs, avait refusé de céder sa place à Corbulon, ancien préteur; celui-ci s'en plaignit au sénat. Il avait pour lui son âge, les usages antiques, les vœux des vieillards. De leur côté,

munere capessendi vigintiviratus solveretur, et, quinquennio maturius quam per leges, quæsturam peteret, non sine irrisu audientium postulavit. Prætendebat sibi atque fratri decreta eadem, petente Augusto. Sed neque tum fuisse dubitaverim, qui ejusmodi preces occulti illuderent : ac tamen initia fastigii Cæsaribus erant; magisque in oculis vetus mos, et privignis cum vitrico levior necessitudo quam avo adversum nepotem. Additur pontificatus, et quo primum die forum ingressus est, congiarium plebi, admodum lætæ quod Germanici stirpem jam puberem adspiciebat. Auctum dehinc gaudium nuptiis Neronis et Juliæ, Drusi filiæ. Utque hæc secundo rumore, ita adversis animis acceptum, quod filio Claudii socer Sejanus destinaretur. Polluisse nobilitatem familiæ videbatur, suspectumque jam nimiæ spei Sejanum ultra extulisse.

XXX. Fine anni concessere vita insignes viri L. Volusius et Sallustius Crispus. Volusio vetus familia, neque tamen præturam egressa : ipse consulatum intulit, censoria etiam potestate legendis equitum decuriis functus, opumque, quis domus illa immensum viguit, primus accumulator. Crispum, equestri ortum loco C. Sallustius, rerum romanarum florentissimus auctor, sororis nepotem in nomen adscivit. Atque ille, quanquam prompto ad capessendos honores aditu, Mæcenatem æmulatus, sine dignitate senatoria, multos triumphalium consulariumque potentia antiit, diversus a veterum instituto per cultum et munditias copiaque et affluentia luxu propior : suberat tamen vigor animi ingentibus negotiis par, eo acrior quo somnum et inertiam magis ostentabat. Igitur, incolumi Mæcenate, proximus, mox præcipuus cui secreta imperatorum inniterentur, et interficiendi Postumi Agrippæ conscius, ætate provecta, speciem magis in amicitia principis quam vim tenuit. Idque et Mæcenati accideret : fato potentiæ raro sempiternæ; an satias capit aut illos, quum omnia tribuerunt, aut hos, quum jam nihil reliquum est quod cupiant.

XXXI. Sequitur Tiberii quartus, Drusi secundus consulatus, patris atque filii collegio insignis. Nam, biennio ante, Germanici cum Tiberio idem honor, neque patruo lætus, neque natura tam connexus fuerat. Ejus anni principio Tiberius, quasi firmandæ valetudini, in Campaniam concessit, longam et continuam absentiam paullatim meditans, sive ut, amoto patre, Drusus munia consulatus solus impleret. Ac forte parva res, magnum ad certamen progressa, præbuit juveni materiem apiscendi favoris. Domitius Corbulo, prætura functus, de L. Sulla, nobili juvene, questus est apud senatum, quod sibi inter spectacula gladiatorum loco non decessisset. Pro Corbulone ætas, patrius mos, studia seniorum erant : contra Mamer-

Scaurus, Arruntius, et les autres parents de Sylla le défendaient avec chaleur. De part et d'autre les contestations furent vives : on citait d'anciens decrets qui avaient rigoureusement puni dans les jeunes gens ce manque de respect. Enfin Drusus parla à son tour; il concilia les esprits avec adresse, et Corbulon se contenta d'une satisfaction que lui fit Scaurus, l'orateur le plus fécond de ce siècle, qui était à la fois l'oncle et le beau-père de Sylla. Ce même Corbulon s'était plaint de la dégradation de la plupart des chemins de l'Italie, restés imparfaits ou devenus impraticables par l'infidélité des entrepreneurs, par la négligence des magistrats; il s'offrit lui-même pour surveiller cette administration, ce qui fut encore moins utile au public, que funeste à beaucoup de particuliers, qu'il dépouilla de leurs biens et de leur honneur par des flétrissures et des confiscations.

XXXII. Peu de temps après, on reçut des lettres de Tibère; le prince, en apprenant aux senateurs une nouvelle incursion de Tacfarinas en Afrique, leur faisait sentir la nécessité de choisir, pour proconsul, un homme qui eût la connaissance de la guerre, et la force d'en supporter les fatigues. Pompée, saisissant cette occasion d'exercer sa haine contre Lépide, le peignit comme un lâche, qui déshonorait ses ancêtres par sa pauvreté, et que, pour cette raison, il fallait même exclure du gouvernement de l'Asie. Ces inculpations déplurent au sénat; on trouvait Lépide plus doux que faible, et beaucoup plus honoré que flétri par une pauvreté qu'il tenait de ses pères, et qu'il avait soutenue sans bassesse. On l'envoya donc en Asie; et, quant à l'Afrique, on décida que le prince y pourvoirait lui-même.

XXXIII. Ce fut à ce sujet que Sévérus Cécina proposa de défendre à tous les magistrats de mener leurs femmes dans leurs gouvernements ; il avait commencé par rappeler qu'il s'était prescrit lui-même ce qu'il imposait aux autres ; « Qu'ayant « une épouse chérie, mère de six enfants, il l'a-« vait toujours retenue dans l'Italie, quoiqu'il « eût servi quarante ans entiers dans différentes « provinces; que ce n'était point sans raison que « leurs ancêtres s'étaient abstenus de traîner leurs « femmes chez les alliés et au milieu des nations « étrangères ; que les femmes, avec tout leur « cortége, embarrassaient dans la paix par leur « luxe, dans la guerre par leurs frayeurs, et « semblaient transformer les légions romaines en « une horde de barbares. Non-seulement ce sexe « était faible, inhabile aux travaux, il devenait « encore, dans l'occasion, cruel, ambitieux, « avide du pouvoir ; on les voyait marcher au « milieu des soldats, disposer des centurions. « Une femme dernièrement avait commandé « l'exercice des légions et les évolutions des co-« hortes. N'avaient-ils pas vu eux-mêmes, dans « toutes les accusations de péculat, les plus fortes « charges tomber sur les femmes? Autour des « femmes se rassemblaient aussitôt tous les per-« vers d'une province ; elles évoquaient, deci-« daient les affaires ; elles avaient, comme leur « mari, une cour, un tribunal d'où seulement éma-« naient des ordres plus absolus et plus tyranni-« ques ; enchaînées jadis par la loi Oppia et par « les autres lois romaines, elles se vengeaient d'une « longue contrainte en régissant les familles, les « tribunaux, et maintenant même les armées. »

XXXIV. Ce discours eut peu d'approbateurs, et même excita des murmures. On le jugeait

---

cus Scaurus et L. Arruntius aliique Sullæ propinqui nitebantur. Certabantque orationibus, et memorabantur exempla majorum, qui juventutis irreverentiam gravibus decretis notavissent : donec Drusus apta temperandis animis disseruit; et satisfactum Corbuloni per Mamercum, qui patruus simul ac vitricus Sullæ, et oratorum ea ætate uberrimus erat. Idem Corbulo, plurima per Italiam itinera, fraude mancipum et incuria magistratuum, interrupta et impervia clamitando, exsecutionem ejus negotii libens suscepit : quod haud perinde publice usui habitum, quam exitiosum multis, quorum in pecuniam atque famam damnationibus et hasta sæviebat.

XXXII. Neque multo post, missis ad senatum literis, Tiberius motam rursum Africam incursu Tacfarinatis docuit, « judicioque patrum deligendum pro consule, gna-« rum militiæ, corpore validum, et bello suffecturum ». Quod initium Sex. Pompeius agitandi adversus M. Lepidum odii nactus, « ut socordem, inopem, et majoribus « suis dedecorum, eoque etiam Asiæ sorte depellendum », incusavit; adverso senatu, qui Lepidum mitem magis quam ignavum, paternas ei angustias, et nobilitatem sine probro actam, honori quam ignominiæ habendam ducebat. Igitur missus in Asiam. Et de Africa decretum, ut Cæsar legeret cui mandanda foret.

XXXIII. Inter quæ Severus Cæcina censuit, ne quem magistratum, cui provincia obvenisset, uxor comitaretur : multum ante repetito, « Concordem sibi conjugem et sex « partus enixam ; seque, quæ in publicum statueret, domi « servavisse, cohibita intra Italiam, quanquam ipse plures « per provincias quadraginta stipendia explevisset. Haud « enim frustra placitum olim ne feminæ in socios aut gen-« tes externas traherentur : inesse mulierum comitatui « quæ pacem luxu, bellum formidine morentur, et roma-« num agmen ad similitudinem barbari incessus conver-« tant. Non imbecillum tantum et imparem laboribus se-« xum, sed, si licentia adsit, sævum, ambitiosum, pote-« statis avidum, incedere inter milites, habere ad manum « centuriones : præsedisse nuper feminam exercitio cohor-« tium, decursu legionum. Cogitarent ipsi, quoties repe-« tundarum aliqui arguerentur, plura uxoribus objectari : « his statim adhærescere deterrimum quemque provincia-« lium ; ab his negotia suscipi, transigi, duorum egressus « coli, duo esse prætoria, pervicacibus magis et impoten-« tibus mulierum jussis; quæ Oppiis quondam aliisque le-« gibus constrictæ, nunc, vinclis exsolutis, domos, fora, « jam et exercitus regerent. »

XXXIV. Paucorum hæc assensu audita ; plures obturbabant, « neque relatum de negotio, neque Cæcinam dignum

étranger à la délibération, et l'orateur lui-même indigne de proposer une réforme de cette importance. Valérius Messalinus, en qui l'on retrouvait quelque ombre de l'éloquence de son père Messala, répondit : « Qu'on avait apporté beaucoup de sages adoucissements à la rudesse des anciennes mœurs; qu'en effet, on ne voyait plus, comme autrefois, la guerre aux portes de Rome, et les provinces ennemies de la capitale. Que les dépenses particulières des femmes, peu sensibles dans leurs maisons, pouvaient encore moins gêner les alliés, et que toutes les autres, se confondant avec celles des maris, n'augmentaient point les charges de la paix; que la guerre, sans doute, devait occuper les hommes tout entiers; mais au retour de leurs travaux, pourquoi leur envier la plus honnête des consolations? Que si l'ambition et l'avarice avaient séduit quelques femmes, la plupart des hommes n'étaient point exempts de passions, et que les provinces n'en recevaient pas moins des magistrats; que si la corruption des femmes amenait quelquefois celle des maris, tous les célibataires n'étaient point irréprochables; que la sévérité des lois Oppiennes convenait à une république naissante; mais que des temps plus heureux souffraient des lois plus douces; qu'en vain on déguisait sous d'autres noms la lâcheté des époux, toujours coupables des excès de leurs femmes; mais que, pour un ou deux maris pusillanimes, il serait injuste d'enlever aux autres cette communauté si douce de peines et de plaisirs; que d'ailleurs l'éloignement de ses gardiens livrerait ce sexe naturellement faible, et à ses passions, et à celles d'autrui; qu'à peine la présence de l'époux maintenait la pureté des mariages : que serait-ce si une absence, si un divorce de plusieurs années en relâchait les nœuds? Qu'en songeant aux abus des provinces, il ne fallait pas oublier les déréglements de la capitale. » Drusus ajouta quelques mots sur son mariage, sur la nécessité pour les princes de se transporter souvent aux extrémités de l'empire. Combien de fois Auguste n'avait-il pas mené Livie dans ses voyages en Orient et en Occident? Pour lui, il avait été dans l'Illyrie, et, au besoin, il irait dans d'autres contrées; mais non sans murmurer quelquefois, si l'on voulait l'arracher à une épouse que tant de fruits de leur hymen rendaient si chère à sa tendresse. Ainsi le projet de Cécina fut rejeté.

XXXV. Dans la séance suivante, on lut la réponse de Tibère, qui, après de légères plaintes sur ce que le sénat rejetait tous les soins du gouvernement sur le prince, nommait Lépide et Blésus pour qu'entre eux on choisît le proconsul d'Afrique. Les deux concurrents parlèrent dans cette occasion; Lépide s'excusa plus fortement; il alléguait une santé faible, des enfants en bas âge, une fille à marier; il laissait entendre aussi, sans le dire, que Blésus, étant l'oncle de Séjan, ne manquerait pas d'être préféré. La réponse de Blésus fut aussi une sorte de refus, mais bien moins positif, et les flatteurs s'accordèrent à ne pas le prendre au mot.

XXXVI. On s'éleva ensuite contre un abus qui régnait alors, et dont les citoyens gémissaient en silence. Les plus vils scélérats, armés d'une image de l'empereur, pouvaient outrager impunément et compromettre les gens de bien. Les

tantæ rei censorem ». Mox Valerius Messallinus, cui parens Messalla, ineratque imago paternæ facundiæ, respondit, « Multa duritiæ veterum melius et lætius mutata : neque enim, ut olim, obsideri urbem bellis, aut provincias hostiles esse; et pauca feminarum necessitatibus concedi, quæ ne conjugum quidem penates, adeo socios non onerent; cetera promiscua cum marito, nec ullum in eo pacis impedimentum. Bella plane accinctis obeunda; sed revertentibus post laborem quod honestius quam uxorium levamentum? At quasdam in ambitiones aut avaritiam prolapsas. Quid? ipsorum magistratuum nonne plerosque variis libidinibus obnoxios? non tamen ideo neminem in provinciam mitti. Corruptos sæpe pravitatibus uxorum maritos : num ergo omnes cœlibes integros? Placuisse quondam Oppias leges, sic temporibus reipublicæ postulantibus : remissum aliquid postea et mitigatum, quia expedierit. Frustra nostram ignaviam alia ad vocabula transferri; nam viri in eo culpam, si femina modum excedat. Porro, ob unius aut alterius imbecillum animum, male eripi maritis consortia rerum secundarum adversarumque. Simul sexum natura invalidum deseri, et exponi suo luxu cupidinibus alienis. Vix præsenti custodia manere illæsa conjugia; quid fore, si per plures annos in modum discidii obliteren-
tur? Sic obviam irent iis quæ alibi peccarentur, ut flagitiorum urbis meminissent. » Addidit pauca Drusus de matrimonio suo : « Nam principibus adeunda sæpius longinqua imperii. Quoties divum Augustum in Occidentem atque Orientem meavisse, comite Livia? Se quoque in Illyricum profectum, et, si ita conducat, alias ad gentes iturum, haud semper æquo animo, si ab uxore carissima et tot communium liberorum parente divelleretur. » Sic Cæcinæ sententia elusa.

XXXV. Et proximi senatus die, Tiberius, per literas castigatis oblique patribus, quod cuncta curarum ad principem rejicerent, M. Lepidum et Junium Blæsum nominavit, ex quis proconsul Africæ legeretur. Tum audita amborum verba, intentius excusante se Lepido, quum valetudinem corporis, ætatem liberum, nubilem filiam obtenderet; intelligereturque etiam, quod silebat, avunculum esse Sejani Blæsum, atque eo prævalidum. Respondit Blæsus specie recusantis, sed neque eadem asseveratione; et consensu adulantium haud jutus est.

XXXVI. Exin promptum quod multorum intimis questibus tegebatur. Incedebat enim deterrimo cuique licentia impune proba et invidiam in bonos excitandi, arrepta imagine Cæsaris; libertique etiam ac servi, patrono vel domino quum voces quum manus intentarent, ultro me-

affranchis et les esclaves même, qui élevaient la voix ou la main contre leur maître ou leur patron, faisaient, avec cette égide, respecter leur insolence. Un sénateur, nommé Caïus Cestius, parla le premier : il dit « que les princes sans doute étaient « l'image des dieux ; mais que les dieux mêmes « n'écoutaient que les supplications justes ; que « les coupables, qui se réfugiaient au Capitole et « dans les autres temples de Rome, ne faisaient « point de leur asile le théâtre de leurs crimes ; « que les lois étaient renversées, anéanties, puisque « Annia Rufilla, faussaire infâme, qu'il avait « poursuivie en justice, venait, au milieu du « forum et aux portes du sénat, l'accabler d'ou- « trages et de menaces, sans qu'il osât la faire « punir, à cause d'une image du prince qu'on lui « opposait. » On raconta mille faits pareils, et de plus révoltants encore ; et tous conjurèrent Drusus de donner l'exemple de la sévérité. Enfin Rufilla comparut, fut convaincue, et traînée en prison.

XXXVII. Il y eut aussi deux chevaliers romains, Considius Æquus et Célius Cursor, qui, ayant forgé une accusation de lèse-majesté pour perdre le préteur Magius Cécilianus, furent punis par un décret du sénat qu'autorisa le prince. On fit honneur à Drusus de ces deux actes de justice. Les Romains, qui le voyaient se mêler à leurs assemblées et à leurs entretiens, lui savaient gré d'adoucir la politique sombre de son père, et ils pardonnaient quelques dissipations à son âge. On préférait le voir passer avec ardeur les jours et les nuits dans les spectacles et dans les festins, que dans la solitude austère et triste qui nourrissait les chagrins vigilants et les farouches inquiétudes de Tibère.

XXXVIII. En effet, ni Tibère, ni les accusateurs ne se lassaient. Ancharius avait mis en justice Césius Cordus, proconsul de Crète, pour crime de concussion, et il y avait joint l'accusation de lèse-majesté, qui alors était le complément de toutes les autres. De son côté, Tibère, après avoir réprimandé les juges qui venaient d'absoudre Antistius Vétus, un des premiers de la Macédoine, accusé d'adultère, le ramena devant de nouveaux juges comme criminel de lèse-majesté, comme un rebelle complice des projets de Rhescuporis, lorsque ce barbare, après le meurtre de son neveu Cotys, avait tramé contre nous un projet de guerre. On interdit l'eau et le feu à Antistius, et l'on décida de le confiner dans une île qui ne serait à portée ni de la Macédoine, ni de la Thrace ; car la Thrace était remplie de troubles, depuis qu'on avait partagé le royaume entre Rhémétalces et les enfants de Cotys, lesquels, à cause de leur bas âge, avaient pour tuteur Trébelliénus. Les barbares ne pouvaient s'accoutumer à voir des Romains parmi eux, et ils ne s'en prenaient pas moins à Rhémétalcès qu'à Trébelliénus des outrages qu'ils essuyaient et qui restaient impunis. Les Célètes, les Odruses et d'autres nations puissantes, prirent les armes sous différents chefs, tout aussi obscurs les uns que les autres ; ce qui empêcha une réunion qui eût produit une guerre sanglante. Les uns travaillent à soulever leur propre canton ; d'autres vont, au delà du mont Hémus, exciter à la révolte les nations éloignées ; le plus grand nombre, et ce qu'il y avait de mieux discipliné, vient assiéger le roi dans Philippopolis, ville bâtie par le Macédonien Philippe.

XXXIX. Lorsque Publius Velléius, comman-

---

tuebantur. Igitur C. Cestius, senator, disseruit, « Principes « quidem instar deorum esse ; sed neque a diis nisi justas « supplicum preces audiri, neque quemquam in Capito- « lium aliave urbis templa perfugere, ut eo subsidio ad « flagitia utatur. Abolitas leges ni funditus versas, ubi in « foro, in limine curiæ, ab Annia Rufilla, quam fraudis « sub judice damnavisset, probra sibi et minæ intendan- « tur, neque ipse audeat jus experiri, ob effigiem imperato- « ris oppositam. » Haud dissimilia alii, et quidam atrociora circumstrepebant ; precabanturque Drusum, daret ultionis exemplum : donec accitam convictamque attineri publica custodia jussit.

XXXVII. Et Considius Æquus et Cœlius Cursor, equites romani, quod fictis majestatis criminibus Magium Cæcilianum, prætorem, petivissent, auctore principe ac decreto senatus puniti. Utrumque in laudem Drusi trahebatur : « Ab eo, in urbe, inter cœtus et sermones hominum obversante, secreta patris mitigari. » Neque luxus in juvene adeo displicebat ; « Huc potius intenderet, diem editionibus, noctem conviviis traheret, quam, solus et nullis voluptatibus avocatus, mœstam vigilantiam et malas curas exerceret. »

XXXVIII. Non enim Tiberius, non accusatores fatisce- bant. Et Ancharius Priscus Cæsium Cordum, proconsulem Cretæ, postulaverat repetundis ; addito majestatis crimine, quod tum omnium accusationum complementum erat. Cæsar Antistium Veterem, e primoribus Macedoniæ, absolutum adulterii, increpitis judicibus, ad dicendam majestatis causam retraxit, ut turbidum, et Rhescuporidis consiliis permixtum, qua tempestate, Cotye fratre interfecto, bellum adversus nos volverat. Igitur aqua et igni interdictum reo, appositumque ut teneretur insula neque Macedoniæ neque Thraciæ opportuna. Nam Thracia, diviso imperio in Rhœmetalcen et liberos Cotyis, quis ob infantiam tutor erat Trebellienus Rufus, insolentia nostri discors agebat, neque minus Rhœmetalcen quam Trebellienum incusans popularium injurias inultas sinere. Cœletæ Odrusæque et alii, validæ nationes, arma cepere, ducibus diversis et paribus inter se per ignobilitatem : quæ causa fuit, ne in bellum atrox coalescerent. Pars turbant præsentia ; alii montem Hæmum transgrediuntur, ut remotos populos concirent ; plurimi ac maxime compositi regem urbemque Philippopolim, a Macedone Philippo sitam circumsidunt.

XXXIX. Quæ ubi cognita P. Velleio (is proximum exercitum præsidebat), alarios equites ac leves cohortium mittit

dant de l'armée la plus voisine, fut informé de ces mouvements, il détacha la cavalerie des alliés, avec des troupes légères, contre les pelotons épars qui couraient la campagne pour piller, ou pour rassembler quelque renfort. Puis il marcha en personne au secours de la place, avec l'élite de l'infanterie légionnaire. Tout réussit à la fois. Les coureurs furent taillés en pièces; et les assiégeants, désunis entre eux, troublés par une sortie que le roi fit à propos, furent écrasés par la légion. Il serait même peu convenable de donner le nom de combat à ce massacre de vagabonds mal armés, qui ne coûta pas un homme aux Romains.

XL. Cette même année, le poids de leurs dettes jeta les Gaulois dans un commencement de révolte. Les plus ardents instigateurs furent Sacrovir chez les Eduens, Florus au pays de Trèves, tous deux distingués par leur naissance et par les belles actions de leurs ancêtres, à qui elles avaient valu le titre de citoyen romain, dans le temps que cette récompense se donnait rarement, et toujours à la vertu. Ces deux hommes, après de secrètes conférences, après s'être associé les plus entreprenants, tous ceux à qui la misère ou la crainte des supplices ne laissaient de ressources que le crime, conviennent entre eux de faire soulever, Florus les Belges, Sacrovir les Gaulois de son voisinage. Se mêlant donc dans toutes les assemblées générales et particulières, ils se répandaient en discours séditieux sur la prolongation des impôts, sur l'énormité des usures, sur l'orgueil et la cruauté des commandants. « Le soldat romain, disaient-ils, était en proie aux dissensions depuis qu'il avait appris la mort de Germanicus; jamais l'occasion ne fut plus favorable pour recouvrer leur liberté; ne voyaient-ils pas eux-mêmes combien les Gaules étaient florissantes, l'Italie dénuée de ressources, le peuple de Rome efféminé, et que les étrangers faisaient seuls la force de ses armées? »

XLI. Il n'y eut presque pas de canton où ils n'eussent porté les semences de cette révolte : les Andécaves et les Turoniens éclatèrent les premiers. Le lieutenant Acilius, avec la cohorte qui était en garnison à Lyon, fit rentrer les Andécaves dans le devoir. Ce même Acilius défit aussi les Turoniens avec un corps de légionnaires que Varron, lieutenant de l'armée du bas Rhin, lui avait envoyé, et avec les secours fournis par les chefs même de la Gaule, qui, en attendant une occasion plus favorable, voulurent masquer leur défection. Il n'y eut pas jusqu'à Sacrovir qui ne signalât son zèle. On le vit combattre pour nous la tête découverte; ce qu'il faisait, disait-il, par ostentation de bravoure; mais les prisonniers lui reprochaient de ne s'être fait ainsi reconnaître des siens que pour n'être point en butte à leurs traits. Sur ce sujet on consulta Tibère, qui négligea l'avis, et, par son irrésolution, fomenta la guerre.

XLII. Pendant ce temps, Florus poursuivait ses projets. On avait levé à Trèves un corps de cavalerie, qu'on disciplinait suivant la méthode romaine. Il mit en œuvre la séduction, pour l'engager à massacrer les négociants romains et à commencer la guerre. Quelques-uns se laissèrent corrompre; la plupart restèrent fidèles. Il n'en fut pas ainsi de ses vassaux et d'une foule de malheureux perdus de dettes, qui prirent les armes. Florus se disposait à gagner avec eux la forêt des Ardennes; mais les légions des deux armées de Varron et de Silius, arrivant par des chemins opposés, lui fermèrent le passage. On avait aussi envoyé en avant, avec un corps d'élite, Julius Indus, concitoyen de Florus, son ennemi personnel, et, par là même, plus ardent à

in eos qui prædabundi, aut assumendis auxiliis, vagabantur : ipse robur peditum ad exsolvendum obsidium ducit. Simulque cuncta prospere acta; cæsis populatoribus, et dissensione orta apud obsidentes, regisque opportuna eruptione, et adventu legionis. Neque aciem aut prælium dici decuerit, in quo semermes ac palantes trucidati sunt, sine nostro sanguine.

XL. Eodem anno Galliarum civitates, ob magnitudinem æris alieni, rebellionem cœptavere : cujus exstimulator acerrimus, inter Treveros Julius Florus, apud Æduos Julius Sacrovir. Nobilitas ambobus, et majorum bona facta, eoque romana civitas olim data, quum id rarum nec nisi virtuti pretium esset. Ii secretis colloquiis, ferocissimo quoque assumpto, aut quibus, ob egestatem ac metum ex flagitiis, maxima peccandi necessitudo, componunt, Florus Belgas, Sacrovir propiores Gallos concire. Igitur per conciliabula et cœtus seditiosa disserebant, de continuatione tributorum, gravitate fœnoris, sævitia ac superbia præsidentium; et « discordare militem audito Germanici exitio : egregium resumendæ libertati tempus, si, ipsi florentes, quam inops Italia, quam imbellis urbana plebes, nihil validum in exercitibus, nisi quod externum, cogitarent. »

XLI. Haud ferme ulla civitas intacta seminibus ejus motus fuit : sed erupere primi Andecavi ac Turonii. Quorum Andecavos Acilius Aviola, legatus, excita cohorte quæ Lugduni præsidium agitabat, coercuit : Turonii legionario milite, quem Visellius Varro, inferioris Germaniæ legatus, miserat, oppressi, eodem Aviola duce, et quibusdam Galliarum primoribus; qui tulere auxilium, quo dissimularent defectionem magisque in tempore efferrent. Spectatus et Sacrovir, intecto capite, pugnam pro Romanis ciens, ostentandæ, ut ferebat, virtutis; sed captivi, ne incesseretur telis, agnoscendum se præbuisse arguebant. Consultus super eo Tiberius adspernatus est indicium, aluitque dubitatione bellum.

XLII. Interim Florus insistere destinatis, pellicere alam equitum, quæ, conscripta Treveris, militia disciplinaque nostra habebatur, ut, cæsis negotiatoribus romanis, bellum inciperet : paucique equitum corrupti; plures in officio mansere. Aliud vulgus obæratorum aut clientium arma cepit; petebantque saltus quibus nomen Arduenna, quum

nous servir. Celui-ci eut bientôt dissipé cette multitude, qui n'était encore qu'un attroupement. Florus, en se tenant caché, trompa quelque temps les recherches du vainqueur. Enfin, voyant toutes les issues occupées par les soldats, il se tua de sa propre main. Ainsi finit la révolte de Trèves.

XLIII. Celle des Éduens fut plus sérieuse, et par la puissance de ce peuple, et par l'éloignement de nos forces. Sacrovir, avec les auxiliaires de sa nation, s'était emparé d'Autun. Cette capitale des Gaules, en le rendant maître de toute la jeune noblesse qu'y rassemble la réputation de ses écoles, lui répondait des familles. On avait fabriqué des armes secrètement : il les fit distribuer aux habitants. On rassembla quarante mille hommes, dont le cinquième était armé comme nos légionnaires; le reste avait des épieux, des couteaux et d'autres instruments de chasseur. Il y joignit les *cruppellaires*. C'est ainsi qu'on nomme des esclaves destinés au métier de gladiateur, qu'on revêt, suivant l'usage du pays, d'une armure complète de fer, qui les rend impénétrables aux coups, mais incapables d'en porter eux-mêmes. Ces forces s'augmentaient par l'ardeur d'une foule de Gaulois des villes voisines, qui, sans être autorisés publiquement par leur cité, venaient séparément offrir leurs services, et par la mésintelligence de nos généraux, qui se disputaient le commandement. Enfin Varron, infirme et vieux, le céda à Silius, qui était dans la vigueur de l'âge.

XLIV. Cependant, à Rome, ce n'était pas seulement, disait-on, Trèves et Autun qui se révoltaient, c'étaient les soixante-quatre cités de la Gaule; elles se liguaient avec les Germains;

elles allaient entraîner les Espagnes; on enchérissait encore sur les exagérations ordinaires de la renommée. Les bons citoyens gémissaient par intérêt pour la patrie; mais une foule de mécontents, dans l'espoir d'un changement, se réjouissaient de leurs dangers même, et tous s'indignaient qu'au milieu de ces grands mouvements, de viles délations occupassent tous les soins de Tibère. Irait-il aussi dénoncer Sacrovir au sénat pour crime de lèse-majesté? Il s'était enfin trouvé des hommes de cœur qui opposaient leurs armes à ces lettres sanguinaires; la guerre même valait mieux qu'une paix si malheureuse. Tibère, bravant ces rumeurs, affecta encore plus de sécurité; il ne changea ni de lieu ni de visage; il continua ses fonctions ordinaires, soit fermeté d'âme, soit qu'il sût le péril moindre qu'on l'avait publié.

XLV. Silius, ayant fait prendre les devants à un corps d'auxiliaires, marche avec deux légions et dévaste le territoire des Séquanes, les plus proches voisins, les alliés des Éduens, et qui avaient aussi pris les armes. De là il gagne Autun à grandes journées; les porte-enseignes, les moindres soldats signalaient à l'envi leur impatience; ils s'indignaient des retardements de la nuit, des haltes accoutumées; ils demandaient la présence de l'ennemi, ne voulant, pour vaincre, que voir et être vus. A douze milles d'Autun, on découvrit dans une plaine l'armée de Sacrovir. Il avait placé les cohortes sur les ailes, au front ses hommes couverts de fer, et le reste derrière. Lui-même, sur un cheval superbe, entouré des principaux chefs, parcourait tous les rangs; il rappelait à chacun les anciens exploits des Gaulois, et tout le mal qu'ils avaient fait aux Romains;

---

legiones utroque ab exercitu, quas Visellius et C. Silius adversis itineribus objecerant, arcuerunt. Præmissusque cum delecta manu Julius Indus, e civitate eadem, discors Floro, et ob id navandæ operæ avidior, inconditam multitudinem adhuc disjecit. Florus, incertis latebris victores frustratus, postremo, visis militibus qui effugia insederant, sua manu cecidit. Isque Treverici tumultus finis.

XLIII. Apud Æduos major moles exorta, quanto civitas opulentior, et comprimendi procul præsidium. Augustodunum, caput gentis, armatis cohortibus Sacrovir occupaverat, et nobilissimam Galliarum sobolem, liberalibus studiis ibi operatam, ut eo pignore parentes propinquosque eorum adjungeret; simul arma occulte fabricata juventuti dispertit. Quadraginta millia fuere, quinta sui parte legionariis armis; ceteri cum venabulis et cultris, quæque alia venantibus tela sunt. Adduntur e servitiis gladiaturæ destinati, quibus, more gentico, continuum ferri tegimen (cruppellarios vocant), inferendis ictibus inhabiles, accipiendis impenetrabiles. Augebantur hæ copiæ vicinarum civitatum, ut nondum aperta consensione, ita viritim promptis studiis, et certamine ducum romanorum, quos inter ambigebatur, utroque bellum sibi poscente. Mox Varro, invalidus senecta, vigenti Silio concessit.

XLIV. At Romæ non Treveros modo et Æduos, sed

quatuor et sexaginta Galliarum civitates descivisse, assumptos in societatem Germanos, dubias Hispanias, cuncta (ut mos famæ) in majus credita. Optimus quisque reipublicæ cura mœrebat : multi, odio præsentium et cupidine mutationis, suis quoque periculis lætabantur; increpabantque Tiberium, « quod, in tanto rerum motu, libellis accusatorum insumeret operam. An Julium Sacrovirum majestatis crimine reum in senatu fore? Exstitisse tandem viros qui cruentas epistolas armis cohiberent : miseram pacem vel bello bene mutari. » Tanto impensius in securitatem compositus, neque loco neque vultu mutato, sed ut solitum per illos dies egit : altitudine animi; an comperrat modica esse et vulgatis leviora.

XLV. Interim Silius, cum legionibus duabus incedens, præmissa auxiliari manu, vastat Sequanorum pagos, qui, finium extremi, et Æduis contermini sociique, in armis erant. Mox Augustodunum petit propero agmine, certantibus inter se signiferis, fremente etiam gregario milite, « ne suetam requiem, ne spatia noctium opperiretur; viderent modo adversos et adspicerentur : id satis ad victoriam ». Duodecimum apud lapidem, Sacrovir copiæque patentibus locis apparuere. In fronte statuerat ferratos, in cornibus cohortes, a tergo semermos. Ipse inter primores equo insigni adire, memorare veteres Gallorum

combien la liberté serait glorieuse après la victoire, et la servitude plus accablante après une nouvelle défaite.

XLVI. Son discours ne fut ni long, ni d'un grand effet; car les légions s'avançaient en bataille, et ce ramas d'habitants sans discipline, sans la moindre connaissance de la guerre, déjà ne voyait plus, n'entendait plus rien. De son côté, Silius, quoique des espérances si bien fondées rendissent toute exhortation superflue, ne cessait de crier qu'il serait honteux pour les vainqueurs de la Germanie de regarder des Gaulois comme un ennemi; qu'une cohorte avait suffi contre les Turoniens rebelles, une seule division de cavalerie contre les Trévires, quelques hommes de cette même armée contre les Séquanes; que les riches et voluptueux Éduens étaient encore moins redoutables. « Romains, vous avez vaincu « dit-il; songez à poursuivre. » Un grand cri s'élève à ce discours. La cavalerie enveloppe les flancs, l'infanterie attaque le front de l'ennemi. Les ailes ne firent aucune résistance; on fut un peu arrêté par les cruppellaires, dont l'armure résistait au javelot et à l'épée; mais les soldats, saisissant des cognées et des haches, enfoncent ces murailles de fer, fendent le corps avec l'armure; d'autres, avec des leviers et des fourches, culbutent ces masses lourdes et immobiles, qui, une fois renversées, restaient comme mortes, sans pouvoir faire le moindre effort pour se relever. Sacrovir, avec ses plus fidèles amis, se sauva d'abord à Autun, et de là, craignant d'être livré, dans une maison de campagne voisine. Il s'y poignarda lui-même; les autres s'entre-tuèrent; le feu, qu'ils avaient mis aux bâtiments, servit à tous de bûcher.

XLVII. Pour lors, enfin, Tibere fit part au sénat de ces événements, annonçant la révolte avec la soumission; n'ajoutant, n'ôtant rien à la vérité, rendant justice à la bravoure, à la fidélité de ses lieutenants, comme aussi à la sagesse de ses propres mesures. En même temps, il expliqua pourquoi ni lui ni Drusus n'étaient point partis; il allégua la dignité de l'empire, qui ne permettait point à ses chefs de quitter, pour quelques troubles dans une ou deux villes, la capitale d'où l'on surveillait tout l'État. Il ajouta que, maintenant qu'on ne pouvait plus attribuer son départ à la crainte, il irait voir le désordre et le réparer. Les sénateurs décernèrent des vœux pour son retour, des prières et autres honneurs. Dolabella, voulant seul renchérir sur les autres, fit la proposition absurde que Tibère rentrât de la Campanie dans Rome avec l'ovation. Mais celui-ci écrivit qu'ayant subjugué dans sa jeunesse tant de nations belliqueuses, obtenu ou méprisé tant de triomphes, il croyait n'être point assez dénué de gloire pour ambitionner, à son âge, cette vaine récompense d'un voyage aux portes de Rome.

XLVIII. A peu près dans le même temps, il demanda au sénat, pour Sulpicius Quirinus, qui venait de mourir, des funérailles publiques. Quirinus n'appartenait nullement à l'ancienne famille patricienne des Sulpicius; il était originaire de la ville municipale de Lanuvium. Des talents militaires, quelques commissions où il montra du zèle, lui valurent le consulat sous Auguste. Depuis, ayant emporté les forteresses des Homonades

---

glorias, quæque Romanis adversa intulissent; quam decora victoribus libertas; quanto intolerantior servitus iterum victis.

XLVI. Non diu hæc, nec apud lætos : etenim propinquabat legionum acies; inconditique ac militiæ nescii oppidani neque oculis neque auribus satis competebant. Contra Silius, etsi præsumpta spes hortandi causas exemerat, clamitabat tamen, « Pudendum ipsis, quod Germaniarum victores adversum Gallos, tanquam in hostem, ducerentur. Una nuper cohors rebellem Turonium, una ala Treverum, paucæ hujus ipsius exercitus turmæ profligavere Sequanos : quanto pecunia dites et voluptatibus opulentos, tanto magis imbelles. Æduos evincite et fugientibus consulite. » Ingens ad ea clamor : et circumfudit eques, frontemque pedites invasere; nec cunctatum apud latera. Paullum moræ attulere ferrati, restantibus laminis adversum pila et gladios : sed miles, correptis securibus et dolabris, ut si murum perrumperet, cædere tegmina et corpora : quidam trudibus aut furcis inertem molem prosternere; jacentesque, nullo ad resurgendum nisu, quasi exanimes linquebantur. Sacrovir primo Augustodunum, dein, metu deditionis, in villam propinquam cum fidissimis pergit. Illic sua manu, reliqui mutuis ictibus occidere : incensa super villa omnes cremavit.

XLVII. Tum demum Tiberius ortum patratumque bellum senatui scripsit : neque dempsit aut addidit vero; sed « fide ac virtute legatos, se consiliis superfuisse ». Simul causas, cur non ipse, non Drusus profecti ad id bellum forent, adjunxit, magnitudinem imperii extollens; neque decorum principibus, si una alterave civitas turbet, omissa urbe, unde in omnia regimen : nunc, quia non metu ducatur, iturum ut præsentia spectaret componeretque. » Decrevere patres vota pro reditu ejus, supplicationesque et alia decora. Solus Dolabella Cornelius, dum anteire ceteros parat, absurdam in adulationem progressus, censuit ut ovans e Campania urbem introiret. Igitur secutæ Cæsaris literæ, quibus « se non tam vacuum gloria » prædicabat, « ut, post ferocissimas gentes perdomitas, tot receptos in juventa aut spretos triumphos, jam senior peregrinationis suburbanæ inane præmium peteret. »

XLVIII. Sub idem tempus, ut mors Sulpicii Quirini publicis exsequiis frequentaretur, petivit a senatu. Nihil ad veterem et patriciam Sulpiciorum familiam Quirinus pertinuit, ortus apud municipium Lanuvium : sed impiger

en Cilicie, il obtint les honneurs du triomphe. Lorsque Caïus alla gouverner l'Arménie, Quirinus fut son conseil, et n'en cultiva pas moins Tibère, alors confiné à Rhodes. Le prince apprit au sénat ces particularités, louant les bons offices du défunt, et l'opposant à Marcus Lollius, qu'il accusait des injustices et de l'inimitié de Caïus. Mais le public était loin de regretter autant Quirinus, tant à cause de son acharnement contre Lépida, dont j'ai parlé, que du pouvoir révoltant que lui donnait son avare vieillesse.

XLIX. Sur la fin de l'année, Lutorius Priscus, chevalier romain, se vit la proie d'un délateur. Il avait composé, sur la mort de Germanicus, un poëme qui eut de la célébrité, et lui valut une gratification du prince. Drusus étant tombé malade, Lutorius fit de nouveaux vers, dans l'espoir que, si Drusus mourait, ils seraient encore mieux récompensés. La vanité les lui avait fait lire dans la maison de Petrone, devant Vitellie, belle-mère de ce Romain, et d'autres femmes de distinction. Voilà de quoi on lui fit un crime. Les autres témoins, effrayés de la délation, avouèrent tout; Vitellie, seule, protesta n'avoir rien entendu. Mais les témoins à charge l'emportèrent, et Hatérius Agrippa, consul désigné, opina pour le dernier supplice.

L. Lépide ouvrit un avis contraire; il parla ainsi : « Pères conscrits, si, n'envisageant que
« la conduite de Lutorius, vous réfléchissez de
« quelles paroles, de quelles idées répréhensibles
« il a souillé son imagination et les oreilles des
« Romains, sans doute vous regarderez la prison,
« le gibet, les tortures même des esclaves, comme
« un supplice insuffisant. Mais les châtiments ont
« des bornes, quand les forfaits n'en ont point,
« et la modération du prince, celle de vos aïeux
« et la vôtre vous prescrivent d'adoucir les peines.
« Au fond, il y a loin de l'indiscrétion au crime,
« des paroles aux actions. Il est des tempéraments qui, sans laisser impunie la faute de Lutorius, peuvent ne vous faire repentir ni de
« votre sévérité, ni de votre indulgence. J'ai entendu souvent l'empereur gémir sur ceux qui,
« par une mort volontaire, prévenaient sa clémence. Laissons cet espoir à Lutorius, dont la
« vie ne peut être un danger, ni la mort une leçon pour l'État. Son ambition, aussi puérile
« qu'insensée, ne sera point contagieuse. Eh! que
« craindre d'un homme qui, recherchant l'admiration, non de ses semblables, mais de femmelettes, a été lui-même son premier dénonciateur ? Mon avis est toutefois qu'on l'éloigne de
« Rome, que l'on confisque ses biens, qu'on lui
« interdise le feu et l'eau, comme s'il était réellement criminel de lèse-majesté. »

LI. Rubellius, consulaire, fut seul de l'avis de Lépide. Les autres suivirent celui d'Hatérius; en conséquence on conduisit Lutorius en prison, ou il fut mis à mort sur-le-champ. Tibère s'en plaignit au sénat, dans les termes ambigus qui lui étaient familiers, exaltant l'attachement des sénateurs, leur zèle à venger le prince des plus légères offenses, et déplorant la précipitation d'un supplice infligé pour des paroles; louant Lépide, et ne blâmant point Hatérius. C'est pourquoi l'on fit un règlement portant que les décrets du sénat ne seraient, à l'avenir, enregistrés qu'après dix

---

militiæ, et acribus ministeriis, consulatum sub divo Augusto, mox, expugnatis per Ciliciam Homonadensium castellis, insignia triumphi adeptus; datasque rector C. Cæsari, Armeniam obtinenti, Tiberium quoque, Rhodi agentem, coluerat. Quod tunc patefecit in senatu, laudatis in se officiis, et incusato M. Lollio, quem auctorem C. Cæsari pravitatis et discordiarum arguebat. Sed ceteris haud læta memoria Quirini erat, ob intenta, ut memoravi, Lepidæ pericula, sordidamque et præpotentem senectam.

XLIX. Fine anni, C. Lutorium Priscum, equitem romanum, post celebre carmen quo Germanici suprema defleverat, pecunia donatum a Cæsare, corripuit delator, objectans ægro Druso composuisse, quod, si exstinctus foret, majore præmio vulgaretur. Id C. Lutorius in domo P. Petronii, socru ejus Vitellia coram multisque illustribus feminis, per vaniloquentiam legerat. Ut delator exstitit, ceteris ad dicendum testimonium exterriti, sola Vitellia, nihil se audivisse, asseveravit. Sed arguentibus ad perniciem plus fidei fuit; sententiæque Haterii Agrippæ, consulis designati, indictum reo ultimum supplicium.

L. Contra M. Lepidus in hunc modum exorsus est :
« Si, patres conscripti, unum id spectamus, quam nefaria
« voce C. Lutorius Priscus mentem suam et aures hominum
« polluerit, neque carcer, neque laqueus, ne serviles quidem cruciatus in eum suffecerint. Sin flagitia et facinora
« sine modo sunt, suppliciis ac remediis principis moderatio majorumque et vestra exempla temperant. Et vana a
« scelestis, dicta a maleficiis differunt; est locus sententiæ per quam neque huic delictum impune sit, et nos
« clementiæ simul ac severitatis non pœniteat. Sæpe audivi
« principem nostrum conquerentem, si quis, sumpta morte,
« misericordiam ejus prævenisset. Vita Lutorii in integro
« est; qui neque servatus in periculum reipublicæ, neque
« interfectus in exemplum ibit. Studia illi, ut plena vecordiæ, ita inania et fluxa sunt; nec quidquam grave ac
« serium ex eo metuas, qui suorum ipse flagitiorum proditor, non virorum animis, sed muliercularum adrepit.
« Cedat tamen urbe, et, bonis amissis, aqua et igni arceatur. Quod perinde censeo ac si lege majestatis teneretur. »

LI. Solus Lepido Rubellius Blandus e consularibus assensit : ceteri sententiam Agrippæ secuti; ductusque in carcerem Priscus, ac statim exanimatus. Id Tiberius solitis sibi ambagibus apud senatum incusavit, quum extolleret pietatem quamvis modicas principis injurias acriter ulcis-

jours, et qu'on différerait jusqu'à ce temps le supplice des accusés. Mais ni Tibère ne laissait au sénat la liberté du repentir, ni le temps n'adoucissait les rigueurs du prince.

LII. Vint ensuite le consulat de Caïus Sulpicius et de Décimus Hatérius. Rome, tranquille au dehors, eut à redouter au dedans la sévérité du prince contre les débordements du luxe, énormes en tout genre. Pour les autres objets de dépense, quoique plus ruineux, on les cachait en déguisant une partie du prix. Mais, pour celles de la table, les conversations journalières les dénonçaient au prince, et l'on tremblait que son austère économie ne voulût ramener durement les Romains à leur antique frugalité. Tous les édiles, Bibulus à leur tête, avaient représenté dans le sénat qu'on méprisait la loi somptuaire, qu'on excédait de jour en jour les sommes fixées pour les repas, que le mal demandait un remède violent; et le sénat avait renvoyé la décision au prince. Tibère examina longtemps en lui-même s'il était possible de réprimer des excès aussi répandus, si la réforme n'en serait pas plus nuisible à l'État, combien il serait honteux d'entreprendre sans réussir, ou de ne réussir qu'en flétrissant les premiers hommes de la république; enfin il écrivit au sénat une lettre à peu près conçue en ces termes :

LIII. « Toute autre délibération, pères conscrits, demanderait peut-être ma présence et mes avis ; mais, dans celle-ci, où vos regards, où la confusion et la frayeur des coupables me révéleraient à moi-même la honte de leur luxe, où le juge serait le témoin, mon éloignement est un bien. Que si les courageux édiles m'avaient auparavant consulté, je ne sais si je ne leur eusse pas plutôt conseillé de fermer les yeux sur des vices si puissants et si accrédités, que de s'exposer, par leur poursuite, à manifester l'impuissance des lois contre ces dérèglements. Au reste, ces dignes magistrats ont rempli leur devoir avec un zèle que je voudrais trouver dans tous les autres; mais leur devoir n'est pas le mien. Le prince n'est ni un édile, ni un préteur, ni un consul : élevé plus haut, on exige plus de lui ; et, tandis que chacun s'attribue la gloire des succès, il répond seul des fautes de tous. Aussi, ne pouvant me taire avec honneur, j'avoue qu'il m'est difficile de répondre. En effet, que défendre? que réformer? Seraient-ce ces immenses maisons des champs et ce peuple d'esclaves? Ces masses d'or et d'argent, ces merveilles de la peinture et de l'airain? Ces vêtements efféminés qui confondent les deux sexes, ou ces dépenses particulières des femmes, qui, pour des pierreries, transportent chez l'étranger, chez l'ennemi même, les trésors de l'empire?

« LIV. Je n'ignore point que, dans les cercles et dans les festins, mille voix s'élèvent contre ces abus, et l'on en demandent la réformation. Mais, si l'on fait une loi, si l'on établit des peines, ces mêmes voix crieront qu'on bouleverse l'État, qu'on prépare la ruine des grands, que tous les citoyens sont menacés. Cependant, si les maladies mêmes du corps, quand elles sont

---

centium, deprecaretur tam præcipites verborum poenas, laudaret Lepidum, neque Agrippam argueret. Igitur factum senatus consultum, ne decreta patrum ante diem decimum ad ærarium deferrentur, idque vitæ spatium damnatis prorogaretur. Sed non senatui libertas ad poenitendum erat, neque Tiberius interjectu temporis mitigabatur.

LII. C. Sulpicius, D. Haterius consules sequuntur : inturbidus externis rebus annus ; domi suspecta severitate adversum luxum, qui immensum proruperat ad cuncta quis pecunia prodigitur. Sed alia sumptuum, quamvis graviora, dissimulatis plerumque pretiis occultabantur; ventris et ganeæ paratus, assiduis sermonibus vulgati, fecerant curam ne princeps antiquæ parcimoniæ durius adverteret. Nam, incipiente C. Bibulo, ceteri quoque ædiles disseruerant, sperni sumptuariam legem, vetitaque utensilium pretia augeri in dies ; nec mediocribus remediis sisti posse. Et consulti patres integrum id negotium ad principem distulerant Sed Tiberius, sæpe apud se pensitato, an coerceri tam profusæ cupidines possent, num coercitio plus damni in rempublicam ferret, quam indecorum attrectare quod non obtineret, vel retentum ignominiam et infamiam virorum illustrium posceret, postremo literas ad senatum composuit, quarum sententia in hunc modum fuit :

LIII. « Ceteris forsitan in rebus, patres conscripti, magis expediat me coram interrogari, et dicere quid e republica censeam : in hac relatione, subtrahi oculos meos melius fuit, ne, denotantibus vobis ora ac metum singulorum qui pudendi luxus arguerentur, ipse etiam viderem eos ac velut deprenderem. Quod si mecum ante viri strenui, ædiles, consilium habuissent, nescio an suasurus fuerim omittere potius prævalida et adulta vitia quam hoc assequi, ut palam fieret quibus flagitiis impares essemus. Sed illi quidem officio functi sunt, ut ceteros quoque magistratus sua munia implere velim; mihi autem neque honestum silere, neque proloqui expeditum, quia non ædilis, aut prætoris, aut consulis partes sustineo : majus aliquid et excelsius a principe postulatur; et, quum recte factorum sibi quisque gratiam trahant, unius invidia, ab omnibus peccatur. Quid enim primum prohibere et priscum ad morem recidere aggrediar? villarumne infinita spatia, familiarum numerum et nationes? argenti et auri pondus? æris tabularumque miracula? promiscuas viris et feminis vestes, atque illa feminarum propria, quis, lapidum causa, pecuniæ nostræ ad externas aut hostiles gentes transferuntur?

LIV. « Nec ignoro in conviviis et circulis incusari ista et modum posci ; sed, si quis legem sanciat, poenas indicat, iidem illi civitatem verti, splendidissimo cuique exitium parari, neminem criminis expertem, clamitabunt. Atqui ne corporis quidem morbos veteres et diu auctos, nisi per dura et aspera, coerceas : corruptus simul et corruptor, æger et flagrans animus, haud levioribus remediis restinguendus est, quam libidinibus ardescit. Tot a majoribus repertæ leges, tot quas divus Augustus

« opiniâtres et invétérées, exigent un traitement
« sévère et rigoureux, croit-on que, dans celles
« du cœur, à la fois corrompu et corrupteur, dé-
« bile et ardent, on puisse dompter le mal sans
« des remèdes aussi violents que ces accès ? Qu'ont
« produit tant de lois établies par nos ancêtres,
« tant de lois portées sous Auguste? Les unes,
« abolies par le temps, les autres, ce qui est plus
« honteux, décréditées par le mépris, n'ont fait
« qu'enhardir le luxe. Car, si l'on se livre à des
« excès non encore défendus, on peut craindre la
« défense; mais si, après la défense, on la trans-
« gresse impunément, il n'y a plus ni crainte, ni
« honte. D'où vient donc que l'économie régnait
« autrefois parmi nous? C'est que chacun bornait
« ses désirs; c'est que nous étions citoyens d'une
« seule cité; l'Italie même, quand nous l'eûmes
« conquise, n'offrait pas à nos passions les mêmes
« aliments. Depuis, nos victoires extérieures nous
« ont appris à dévorer le bien des étrangers, et
« nos guerres civiles, à consumer le nôtre. Qu'est-
« ce que l'abus dont vous avertissent les édiles au-
« près des vices énormes qui affligent l'État? On
« se plaint des profusions de la table, mais on ne
« vous dit point que, sans l'étranger, l'Italie ne
« subsisterait point; que, tous les jours, la vie du
« peuple romain est à la merci des flots et des tem-
« pêtes. Si l'abondance des provinces cessait de
« subvenir à l'insuffisance de nos champs, aux
« besoins de leurs maîtres, de leurs esclaves, se-
« raient-ce nos maisons et nos bois qui nous fe-
« raient vivre? Ce sont là, pères conscrits, les
« soins qui méritent d'occuper le prince : de leur
« omission dépend la ruine de l'empire. Pour le
« reste, il en faut laisser le remède à nous-mêmes.
« Que la pudeur agisse sur nous, la nécessité sur
« les pauvres, la satiété sur les riches; ou, si
« quelques-uns des magistrats nous promettent
« assez de vigilance et de sévérité pour prévenir
« le désordre, je les loue, et je confesse qu'ils
« me déchargent d'une partie de mes travaux ;
« mais, s'ils se bornent à dénoncer les vices, et
« qu'ensuite, contents de cette gloire, ils me lais-
« sent le poids des inimitiés que suscitera leur
« zèle, je vous déclare, pères conscrits, que
« je ne suis pas plus qu'eux jaloux de la haine.
« J'ai bravé, pour le bien de l'État, des ressenti-
« ments profonds, et le plus souvent injustes;
« mais, quand ils ne sont point nécessaires, quand
« ils ne sont utiles, ni à moi, ni à vous, il est
« trop juste qu'on me les épargne. »

LV. Le sénat, d'après cette lettre de Tibère, dispensa les édiles de pareils soins. Le luxe de la table se soutint avec fureur pendant cent ans, depuis la bataille d'Actium jusqu'à la guerre qui mit Galba en possession de l'empire; depuis, il tomba peu à peu. Je veux rechercher les causes de ce changement. Autrefois les familles patriciennes ou illustrées, qui étaient riches, disputaient de magnificence; car il était alors permis d'avoir pour protégés ou pour protecteurs des plébéiens, des alliés, des rois, et chacun, pour illustrer son nom, s'entourait de clients, suivant ses richesses, son rang et la splendeur de sa maison. Depuis qu'on eut versé tant de sang, et qu'une grande réputation fut un crime, on devint plus réservé. D'ailleurs, tous ces hommes nouveaux, qui, des villes municipales, des colonies et même des provinces, passèrent souvent dans le sénat, y portèrent l'économie de leur vie privée; et, quoique la plupart d'entre eux, ou heureux, ou habiles, ne parvinssent point à la vieillesse sans opulence, ils conservèrent leur premier esprit. Mais le principal auteur de la ré-

« tulit, illæ oblivione, hæ (quod flagitiosius est) contemptu
« abolitæ, securiorem luxum fecere. Nam, si velis quod
« nondum vetitum est, timeas ne vetere; at, si prohibita
« impune transcenderis, neque metus ultra neque pudor
« est. Cur ergo olim parcimonia pollebat? quia sibi quisque
« moderabatur; quia unius urbis cives eramus : ne irrita-
« menta quidem eadem intra Italiam dominantibus. Exter-
« nis victoriis aliena, civilibus etiam nostra consumere
« didicimus. Quantulum istud est, de quo ædiles admo-
« nent! quam, si cetera respicias, in levi habendum! At
« hercule nemo refert quod Italia externæ opis indiget,
« quod vita populi romani per incerta maris et tempestatum
« quotidie volvitur, ac, nisi provinciarum copiæ et domi-
« ni et servitiis et agris subvenerint, nostra nos scilicet
« nemora nostræque villæ tuebuntur! Hanc, patres con-
« scripti, curam sustinet princeps : hæc omissa funditus
« rempublicam trahet. Reliquis intra animum medendum
« est : nos pudor, pauperes necessitas, divites satias in
« melius mutet. Aut, si quis ex magistratibus tantam in-
« dustriam ac severitatem pollicetur, ut ire obviam queat;
« hunc et laudo, et exonerari laborum meorum partem
« fateor. Sin accusare vitia volunt, dein, quum gloriam

« ejus rei adepti sunt, simultates faciunt, ac mihi relin-
« quunt; credite, patres conscripti, me quoque non esse
« offensionum avidum : quas quum graves, et plerumque
« iniquas, pro republica suscipiam, inanes et irritas, ne-
« que mihi aut vobis usui futuras, jure deprecor. »

LV. Auditis Cæsaris literis, remissa ædilibus talis cura ; luxusque mensæ, a fine Actiaci belli ad ea arma quis Ser. Galba rerum adeptus est, per annos centum profusis sumptibus exerciti, paullatim exolevere. Causas ejus mutationis quærere libet. Dites olim familiæ nobilium, aut claritudine insignes, studio magnificentiæ prolabebantur. Nam etiam tum plebem, socios, regna colere, et coli licitum : ut quisque opibus, domo, paratu speciosus, per nomen et clientelas illustrior habebatur. Postquam cædibus sævitum, et magnitudo famæ exitio erat, ceteri ad sapientiora convertere. Simul novi homines e municipiis et coloniis, atque etiam provinciis, in senatum crebro assumpti, domesticam parcimoniam intulerunt; et, quanquam fortuna vel industria plerique pecuniosam ad senectam pervenirent, mansit tamen prior animus. Sed præcipuus adstricti moris auctor Vespasianus fuit, antiquo ipse cultu victuque. Obsequium inde in principem, et æmulandi amor,

forme fut Vespasien, qui, à sa table et dans ses vêtements, rappelait la simplicité antique. Le désir de plaire et de ressembler au prince fit plus que les lois, les châtiments et la crainte. Peut-être aussi que toutes les choses humaines sont assujetties à des révolutions périodiques, et que les mœurs changent comme les temps. Tout n'a pas été mieux autrefois, et notre siècle a produit aussi des vertus et des talents dignes que la postérité les imite.

LVI. Tibère, s'étant fait une réputation de bonté, pour avoir arrêté cette irruption prochaine des délateurs, écrivit au sénat une lettre, par laquelle il demandait pour Drusus la puissance tribunitienne. C'est le nom qu'Auguste imagina pour la suprême domination, pour éviter de prendre celui de roi ou de dictateur, et se réserver toutefois un titre supérieur aux autres dignités. Il avait ensuite associé à ce pouvoir Marcus Agrippa; et, ce dernier étant mort, il y éleva Tibère, pour ne point laisser d'incertitude sur son successeur. Il se flattait, par là, de contenir l'ambition des prétendants. D'ailleurs il se fiait sur la soumission de son collègue et sur sa propre grandeur. Maintenant, à l'exemple d'Auguste, Tibère associait Drusus au rang suprême, ayant, pendant la vie de Germanicus, laissé son choix indécis entre les deux frères. Sa lettre commençait par des supplications aux dieux pour que ses desseins tournassent à la prospérité de la république. Ensuite il entrait dans quelques détails sur son fils; il rappelait, sans exagération, que Drusus avait une femme, trois enfants, et l'âge où lui-même fut appelé à cet honneur par Auguste; qu'on ne pouvait accuser ce choix de précipitation; qu'éprouvé pendant huit ans, décore d'un triomphe et de deux consulats, ayant réprimé des séditions, terminé des guerres, Drusus avait l'expérience du travail qu'il allait partager.

LVII. Les sénateurs, qui s'étaient attendus à la demande du prince, avaient eu le temps d'étudier leurs flatteries. Toutefois ils n'imaginèrent rien que des statues pour les princes, des autels pour les dieux, des temples, des arcs de triomphe, et autres honneurs usés. Seulement Marcus Silanus voulut dégrader le consulat pour honorer les princes. Il proposa que l'époque de la construction des monuments publics ou particuliers fût, à l'avenir, indiquée, non par la désignation des consuls, mais par celle des possesseurs de la puissance tribunitienne. Hatérius aussi voulut que les décrets de ce jour fussent gravés en lettres d'or dans l'intérieur du sénat; flatterie non moins ridicule que vile, dans un vieillard qui n'avait à en recueillir que de l'infamie.

LVIII. Cependant on avait continué Blésus dans le gouvernement de l'Afrique, et il ne restait à donner que celui de l'Asie. Servius Maluginensis, prêtre de Jupiter, y prétendit. C'était à tort, répétait-il sans cesse, que l'on soutenait que les prêtres de Jupiter ne pouvaient sortir de l'Italie; leurs droits n'étaient pas différents de ceux des prêtres de Mars et de Quirinus; ces derniers pouvant posséder des gouvernements, pourquoi les autres en seraient-ils exclus? Aucun plébiscite, aucun rituel n'ordonnaient cette exclusion. Souvent les pontifes avaient remplacé les prêtres de Jupiter, lorsque des maladies ou des fonctions publiques enlevaient ceux-ci à leurs autels. Après le meurtre de Cornélius Mérula, sa place était restée vacante pendant soixante-douze ans, sans que la religion en eût souffert. Si une

---

validior quam pœna ex legibus et metus. Nisi forte rebus cunctis inest quidam velut orbis, ut, quemadmodum temporum vices, ita morum vertantur : nec omnia apud priores meliora, sed nostra quoque ætas multa laudis et artium, imitanda posteris, tulit. Verum hæc nobis majores certamina ex honesto maneant.

LVI. Tiberius, fama moderationis parta, quod ingruentes accusatores represserat, mittit literas ad senatum, quis potestatem tribunitiam Druso petebat. Id summi fastigii vocabulum Augustus reperit, ne regis aut dictatoris nomen assumeret, ac tamen appellatione aliqua cetera imperia præmineret. M. deinde Agrippam socium ejus potestatis, quo defuncto, Tiberium Neronem delegit, ne successor in incerto foret. Sic cohiberi pravas aliorum spes rebatur : simul modestiæ Neronis et suæ magnitudini fidebat. Quo tunc exemplo, Tiberius Drusum summæ rei admovet; quum, incolumi Germanico, integrum inter duos judicium tenuisset. Sed principio literarum veneratus deos, ut consilia sua reipublicæ prosperarent, modica de moribus adolescentis, neque in falsum aucta retulit : « esse illi conjugem ac liberos, eamque ætatem qua ipse quondam a divo Augusto ad capessendum hoc munus vocatus sit. Neque nunc propere, sed per octo annos capto experimento, compressis seditionibus, compositis bellis, triumphalem et bis consulem, noti laboris participem sumi. »

LVII. Præceperant animis orationem patres; quo quæsitior adulatio fuit. Nec tamen repertum nisi ut effigies principum, aras deum, templa et arcus, aliaque solita censerent : nisi quod M. Silanus ex contumelia consulatus honorem principibus petivit; dixitque pro sententia, ut publicis privatisve monumentis, ad memoriam temporum, non consulum nomina præscriberentur, sed eorum qui tribunitiam potestatem gererent. At Q. Haterius, quum ejus diei senatusconsulta aureis literis figenda in curia censuisset, deridiculo fuit senex, fœdissimæ adulationis tantum infamia usurus.

LVIII. Inter quæ, provincia Africa Junio Blæso prorogata, Servius Maluginensis, flamen Dialis, ut Asiam sorte haberet postulavit, « Frustra vulgatum » dictitans, « non licere Dialibus egredi Italia; neque aliud jus suum » quam Martialium Quirinaliumque flaminum : porro, si » hi duxissent provincias, cur Dialibus id vetitum? nulla » de eo populi scita, non in libris cærimoniarum. reperiri. » Sæpe pontifices Dialia sacra fecisse, si flamen valetudine » aut munere publico impediretur : duobus et septuaginta

aussi longue suppression n'avait point nui aux sacrifices, l'absence d'une année de proconsulat serait encore moins nuisible. C'étaient les ressentiments particuliers des souverains pontifes qui, jadis, leur avaient interdit les gouvernements; maintenant, grâce aux dieux, leur chef était celui de l'État; et sa place l'élevait au-dessus des rivalités, des haines, et de toutes les affections des hommes privés.

LIX. L'augure Lentulus et d'autres s'opposèrent aux prétentions de Servius; les avis se partageaient, on résolut d'attendre la décision du grand pontife lui-même. Tibère, différant cet examen, modéra les honneurs qu'on avait décernés à Drusus, en lui conférant la puissance tribunitienne; il blâma nommément l'innovation de Silanus, et les lettres d'or qui choquaient les usages anciens. Drusus écrivit aussi; sa lettre, quoique modeste en apparence, parut le comble de l'orgueil. Voilà donc, disait-on, l'avilissement où l'on était tombé! Un jeune homme, après avoir reçu un tel honneur, ne daignait pas même venir remercier les dieux de Rome, entrer dans le sénat, donner du moins à son pays les prémices de sa nouvelle dignité! Était-ce la guerre ou des voyages lointains qui le retenaient, lui, qui choisissait ce moment pour parcourir les lacs et les rivages de la Campanie? C'était donc ainsi qu'on élevait le souverain du monde! Le mépris des hommes était la première leçon que lui donnait son père! On pardonnait encore à un vieil empereur de fuir l'aspect des citoyens, d'alléguer les fatigues de l'âge, ses travaux passés; mais Drusus! qui l'arrêtait, que son arrogance?

LX. Cependant Tibère, continuant d'affermir les ressorts de son autorité, laissait au sénat une ombre de son ancien pouvoir, en lui renvoyant les requêtes des provinces. De jour en jour la licence et l'impunité des asiles se multipliaient dans les villes de la Grèce. Les temples se remplissaient d'esclaves pervers; les débiteurs s'y dérobaient à leurs créanciers; les grands coupables à la justice; et nulle autorité ne pouvait arrêter les mouvements du peuple, qui croyait défendre ses dieux en protégeant des scélérats. Les villes eurent ordre d'envoyer leurs titres d'asile et des députés. Quelques-unes renoncèrent d'elles-mêmes à des usurpations manifestes; mais plusieurs se fondaient sur des traditions anciennes, ou sur des services rendus au peuple romain. Ce fut un jour bien glorieux que celui où les bienfaits de nos aïeux, les traités des alliés, les décrets des rois qui avaient précédé la puissance romaine, et jusqu'au culte rendu aux dieux, furent soumis à l'examen du sénat, libre, comme autrefois, de confirmer ou d'abolir.

LXI. Les Éphésiens parurent les premiers. Ils représentèrent que Diane et Apollon n'étaient point nés à Délos, comme on le croyait communément; que c'était chez eux, sur les bords du Cenchrius, dans le bois d'Ortygie, que Latone avait mis au monde ces deux divinités; qu'on voyait encore l'olivier contre lequel la déesse s'était appuyée dans son travail, et que le bois avait été consacré par l'ordre des dieux; qu'Apollon lui-même, après le meurtre des Cyclopes, y avait trouvé un asile contre la colère de Jupiter; que, depuis, Bacchus, vainqueur des Amazones,

« annis post Cornelii Merulæ cædem, neminem suffectum,
« neque tamen cessavisse religiones. Quod si per tot annos
« possit non creari, nullo sacrorum damno, quanto faci-
« lius abfuturum ad unius anni proconsulare imperium !
« Privatis olim simultatibus effectum ut a pontificibus
« maximis ire in provincias prohiberentur; nunc, deum
« munere, summum pontificum etiam summum hominum
« esse, non æmulationi, non odio aut privatis affectioni-
« bus obnoxium. »

LIX. Adversus quæ quum augur Lentulus aliique varie dissererent, eo decursum est ut pontificia maximi sententiam opperirentur. Tiberius, dilata notione de jure flaminis, decretas ob tribunitiam Drusi potestatem cærimonias temperavit; nominatim arguens insolentiam sententiæ, aureasque literas contra patrium morem. Recitatæ et Drusi epistolæ, quanquam ad modestiam flexæ, pro superbissimis accipiuntur : « Huc decidisse cuncta, ut ne juvenis
« quidem, tanto honore accepto, adiret urbis deos, ingre-
« deretur senatum, auspicia saltem gentile apud solum
« inciperet! Bellum scilicet; aut diverso terrarum distineri,
« littora, et lacus Campaniæ quum maxime peragrantem.
« Sic imbui rectorem generis humani; id primum e pater-
« nis consiliis discere. Sane gravaretur adspectum civium
« senex imperator, fessamque ætatem et actos labores præ-
« tenderet : Druso quod, nisi ex arrogantia, impedimen-
« tum? »

LX. Sed Tiberius vim principatus sibi firmans, imaginem antiquitatis senatui præbebat, postulata provinciarum ad disquisitionem patrum mittendo. Crebrescebat enim græcas per urbes licentia atque impunitas asyla statuendi : complebantur templa pessimis servitiorum ; eodem subsidio obærati adversum creditores, suspectique capitalium criminum receptabantur. Nec ullum satis validum imperium erat coercendis seditionibus populi, flagitia hominum, ut cærimonias deum, protegentis. Igitur placitum ut mitterent civitates jura atque legatos. Et quædam quod falso usurpaverant sponte omisere : multæ vetustis superstitionibus aut meritis in populum romanum fidebant. Magnaque ejus diei species fuit, quo senatus majorum beneficia, sociorum pacta, regum etiam qui ante vim romanam valuerant decreta, ipsorumque numinum religiones introspexit, libero, ut quondam, quid firmaret mutaretve.

LXI. Primi omnium Ephesii adiere, memorantes, « Non,
« ut vulgus crederet, Dianam atque Apollinem Delo geni-
« tos : esse apud se Cenchrium amnem, lucum Ortygiam,
« ubi Latonam, partu gravidam, et oleæ que tum etiam
« maneat adnisam, edidisse ea numina ; deorumque mo-
« nitu sacratum nemus. Atque ipsum illic Apollinem, post
« interfectos Cyclopas, Jovis iram vitavisse. Mox Liberum
« patrem, bello victorem, supplicibus Amazonum quæ
« aram insederant ignovisse. Auctam hinc, concessu Her-
« culis, quum Lydia potiretur, cærimoniam templo : neque

avait épargné toutes celles qui s'étaient réfugiées au pied de l'autel ; qu'Hercule, maître de la Lydie, avait donné au temple de nouveaux priviléges, respectés par les Perses, maintenus par les Macédoniens et par nous.

LXII. Les Magnésiens vinrent après. Ils s'appuyaient sur des constitutions de Scipion et de Sylla, qui, vainqueurs, l'un d'Antiochus, l'autre de Mithridate, pour honorer le courage et la fidélité des Magnésiens, avaient déclaré leur temple de Diane Leucophryenne, un asile inviolable. Aphrodisée et Stratonice rapportèrent un ancien décret du dictateur César, qui attestait les services rendus à son parti ; et un plus récent d'Auguste, où l'on exaltait leur attachement inébranlable pour le peuple romain, dans une irruption des Parthes. Aphrodisée soutenait les droits de Vénus ; Stratonice, ceux de Jupiter et d'Hécate. Hiérocésarée remontait plus haut. Elle exposa que son temple de Diane Persique avait été fondé par Cyrus ; elle cita Perpenna, Isauricus, et plusieurs autres généraux, qui, non contents de reconnaître la sainteté de son asile, l'avaient étendu à deux mille pas. Chypre défendait trois de ses temples, ceux de Vénus à Paphos et à Amathonte, et celui de Jupiter à Salamine. Le premier, qui était le plus ancien, avait été fondé par Aërias, le second par son fils Amathus, et le troisième par Teucer, dans le temps qu'il fuyait la colère de son père Télamon.

LXIII. On entendit aussi les députés de plusieurs autres villes. Enfin les pères, fatigués de tant de discussions et des vifs débats qu'elles occasionnaient, chargèrent les consuls d'examiner les titres, de démêler toutes les fraudes, et de renvoyer de nouveau l'affaire au sénat sans la juger. Les consuls rapportèrent que, outre les asiles dont je viens de parler, celui d'Esculape à Pergame ne pouvait se contester ; mais que d'autres ne s'appuyaient que sur de vieilles et obscures traditions ; qu'en effet, les Smyrnéens et les Téniens n'alléguaient qu'un oracle d'Apollon, qui avait autorisé les uns à bâtir un temple à Vénus Stratonicide, et les autres à consacrer une statue et une chapelle à Neptune. Sardes et Milet, qui toutes deux adoraient Diane et Apollon, produisaient des titres plus récents ; les premiers, une donation d'Alexandre, après sa victoire ; et les autres, des concessions du roi Darius ; qu'enfin les Crétois demandaient le droit d'asile pour une statue d'Auguste. On rendit plusieurs sénatus-consultes qui, en honorant ces pieux établissements, ne laissèrent pas de les restreindre, et l'on ordonna qu'on suspendrait, dans les temples mêmes, les tables d'airain de ces nouveaux règlements, pour en consacrer la mémoire, et prévenir les usurpations dont la religion fournissait le prétexte.

LXIV. Vers ce temps-là, Livie étant tombée dangereusement malade, Tibère ne put se dispenser de hâter son retour à Rome ; l'union subsistait encore entre la mère et le fils, ou du moins leur haine n'avait point éclaté. Car, peu auparavant, Livie, faisant la dédicace d'une statue d'Auguste, près du théâtre de Marcellus, avait fait inscrire son nom avant celui du prince ; ce que Tibère avait regardé comme une insulte à la majesté impériale, et ce qui laissa, suivant l'opinion commune, au fond de son cœur, un vif ressentiment qu'il dissimulait. Quoi qu'il en soit, le sénat décerna dans le même temps des prières solennelles, et de grands jeux où devaient prési-

« Persarum ditione deminutum jus. Post Macedonas, dein
« nos servavisse. »

LXII. Proximo Magnetes L. Scipionis et L. Sullæ constitutis nitebantur : quorum ille Antiocho, hic Mithridate pulsis, fidem atque virtutem Magnetum decoravere, ut Dianæ Leucophrynæ perfugium inviolabile foret. Aphrodisienses posthac et Stratonicenses dictatoris Cæsaris, ob vetusta in partes merita, et recens divi Augusti decretum attulere : laudati quod Parthorum irruptionem, nihil mutata in populum romanum constantia, pertulissent. Sed Aphrodisiensium civitas Veneris, Stratonicensium Jovis et Triviæ religionem tuebantur. Altius Hierocæsarienses exposuere, Persicam apud se Dianam, delubrum rege Cyro dicatum. Et memorabantur Perpennæ, Isaurici, multaque alia imperatorum nomina, qui non modo templo, sed duobus millibus passuum sanctitatem tribuerant. Exin Cyprii tribus delubris, quorum vetustissimum Paphiæ Veneri auctor Aerias, post illius ejus Amathus Veneri Amathusiæ, et Jovi Salaminio Teucer, Telamonis patris ira profugus, posuissent.

LXIII. Auditæ aliarum quoque civitatum legationes. Quorum copia fessi patres, et quia studiis certabatur, consulibus permisere, ut, perspecto jure, et si qua iniquitas involveretur, rem integram rursum ad senatum referrent. Consules, super eas civitates quas memoravi, « apud Pergamum Æsculapii compertum asylum retulerunt : ceteros obscuris ob vetustatem initiis niti. Nam Smyrnæos oraculum Apollinis, cujus imperio Stratonicidi Veneri templum dicaverint, Tenios ejusdem carmen referre, quo sacrare Neptuni effigiem ædemque jussi sint. Propiora Sardianos : Alexandri victoris id donum ; neque minus Milesios Dario rege niti : sed cultus numinum utrisque, Dianam aut Apollinem venerandi. Petere et Cretenses simulacro divi Augusti. » Factaque senatusconsulta, quis, multo cum honore, modus tamen præscribebatur ; jussique ipsis in templis figere æra, sacrandam ad memoriam, neu specie religionis in ambitionem delaberentur.

LXIV. Sub idem tempus, Juliæ Augustæ valetudo atrox necessitudinem principi fecit festinati in urbem reditus ; sincera adhuc inter matrem filiumque concordia, sive occultis odiis. Neque enim multo ante, quum, haud procul theatro Marcelli, effigiem divo Augusto Julia dicaret, Tiberii nomen suo postscripserat ; idque ille credebatur, ut inferius majestate principis, gravi et dissimulata offensione abdidisse. Sed tum supplicia diis, ludique magni ab senatu decernuntur, quos pontifices et augures et quindecimviri,

der les pontifes, les augures, les quindécemvirs, les septemvirs et les prêtres d'Auguste. Apronius avait proposé que les féciaux présidassent aussi à ces jeux. Le prince fut d'un avis contraire; il distingua les droits des différents sacerdoces et prouva, par de nombreux exemples, que jamais les féciaux n'avaient joui d'un pareil honneur, auquel on admettait les prêtres d'Auguste, parce qu'ils étaient les ministres spécialement dévoués au culte de sa famille, pour laquelle s'acquittaient les vœux.

LXV. Mon dessein n'est pas de rapporter tous les avis des sénateurs; je me borne à ceux qui offrent un caractère remarquable d'honneur ou d'opprobre, persuadé que le principal objet de l'histoire est de préserver les vertus de l'oubli, et de contenir, par la crainte de l'infamie et de la postérité, les discours et les actions vicieuses. Au reste, ce siècle fut tellement infecté d'une basse adulation, que, non-seulement les premiers de Rome, qui avaient besoin de ménagement pour se faire pardonner leur célébrité, mais encore tous les consulaires, la plupart des anciens préteurs, et même beaucoup de simples sénateurs, se levaient à l'envi pour émettre de lâches et honteuses opinions. On rapporte que Tibère, toutes les fois qu'il sortait du sénat, s'écriait en grec : Combien ces hommes-là sont faits pour la servitude! Tant leur abjecte et servile prostitution inspirait de mépris à l'ennemi même de la liberté publique.

LXVI. Insensiblement ils passaient de la bassesse à la cruauté. Caïus Silanus, proconsul d'Asie, était poursuivi par sa province pour des concussions. Scaurus, consulaire, Othon, préteur, Brutidius, édile, se disputent cette victime, et tous trois ils l'accusent d'avoir manqué de respect à la divinité d'Auguste et à la majesté de Tibère. Scaurus s'autorisait des anciens exemples de Scipion l'Africain, de Caton le censeur, d'un Mamercus Scaurus, qui avaient accusé, l'un Cotta, l'autre Galba, celui-ci Rutilius, comme si c'étaient là les crimes que poursuivissent les Scipions, les Catons, et ce fameux Scaurus que son arrière-petit-fils, l'opprobre de ses aïeux, déshonorerait par ses infâmes manœuvres. Othon avait été d'abord maître d'école. Devenu sénateur par le crédit de Séjan, il cherchait, à force d'impudence et d'audace, à sortir de l'obscurité. Brutidius, homme plein de mérite, et certain, en suivant la droite route, d'arriver au faîte des honneurs, avait une impatience qui l'aiguillonnait sans cesse; il voulait surpasser ses égaux, ses supérieurs, jusqu'à ses propres espérances; et c'est ce qui souvent a perdu des hommes, même vertueux, qui, dédaignant un avancement sûr et tardif, le hâtent et le précipitent, au risque de se précipiter eux-mêmes.

LXVII. Gellius Publicola et Marcus Paconius augmentèrent le nombre des accusateurs; l'un était questeur de Silanus, l'autre son lieutenant. Il ne paraissait pas douteux que Silanus n'eût à se reprocher des concussions et de la dureté; mais il y avait une accumulation de circonstances, qui eût mis en danger l'innocence même. Indépendamment de tant de sénateurs qui le poursuivaient, les hommes les plus éloquents de toute l'Asie avaient été choisis pour l'accuser; il était seul à leur répondre, n'ayant aucun talent oratoire, et, d'ailleurs, frappé lui-même de cette

---

septemviris simul et sodalibus Augustalibus, ederent. Censuerat L. Apronius ut feciales quoque iis ludis præsiderent. Contradixit Cæsar, distincto sacerdotium jure, et repetitis exemplis : « neque enim unquam fecialibus hoc majestatis fuisse : ideo Augustales adjectos, quia pro prium ejus domus sacerdotium esset, pro qua vota persolverentur. »

LXV. Exsequi sententias haud institui, nisi insignes per honestum aut notabili dedecore : quod præcipuum munus annalium reor, ne virtutes sileantur, utque pravis dictis factisque ex posteritate et infamia metus sit. Ceterum tempora illa adeo infecta et adulatione sordida fuere, ut non modo primores civitatis, quibus claritudo sua obsequiis protegenda erat, sed omnes consulares, magna pars eorum qui prætura functi, multique etiam pedarii senatores, certatim exsurgerent fœdaque et nimia censerent. Memoriæ proditur Tiberium, quoties curia egrederetur, græcis verbis in hunc modum eloqui solitum : « O homines ad servitutem paratos! » Scilicet, etiam illum qui libertatem publicam nollet tam projectæ servientium patientiæ tædebat.

LXVI. Paullatim dehinc ab indecoris ad infesta transgrediebantur. C. Silanum, proconsulem Asiæ, repetundarum a sociis postulatum, Mamercus Scaurus e consularibus, Junius Otho prætor, Brutidius Niger ædilis, simul corripiunt, objectantque violatum Augusti numen, spretam Tiberii majestatem. Mamercus antiqua exempla jaciens, L. Cottam a Scipione Africano, Ser. Galbam a Catone censorio, P. Rutilium a M. Scauro accusatos. Videlicet Scipio et Cato talia ulciscebantur, aut ille Scaurus quem, proavum suum, opprobrium majorum Mamercus infami opera dehonestabat. Junio Othoni literarium ludum exercere vetus ars fuit : mox Sejani potentia senator, obscura initia impudentibus ausis propellebat. Brutidium, artibus honestis copiosum, et, si rectum iter pergeret, ad clarissima quæque iturum, festinatio exstimulabat, dum æquales, dein superiores, postremo suasmet ipse spes anteire parat : quod multos, etiam bonos, pessum dedit, qui, spretis quæ tarda cum securitate, præmatura vel cum exitio properant.

LXVII. Auxere numerum accusatorum Gellius Publicola, et M. Paconius : ille quæstor Silani, hic legatus. Nec dubium habebatur sævitiæ captarumque pecuniarum teneri reum : sed multa aggerebantur etiam insontibus periculosa, quum, super tot senatores adversos, facundissimis totius Asiæ, eoque ad accusandum delectis responderet solus et orandi nescius, proprio in metu, qui exercitam quoque eloquentiam debilitat; non temperante Tiberio quin premeret voce, vultu, eo quod ipse creberrime interrogabat : neque refellere aut eludere dabatur ; ac sæpe

crainte qui troublerait l'éloquence la plus exercée. Tibère ne cessait encore de l'intimider par son air, par le ton de sa voix, par une foule d'interrogations pressantes, qu'on ne pouvait ni éluder, ni combattre; souvent même il était contraint d'avouer, de peur que le prince n'eût interrogé en vain. En outre, un agent du fisc avait acheté les esclaves de Silanus, afin de pouvoir les appliquer à la question; et, pour qu'aucun de ses amis ne pût venir à son secours, on ajoutait l'accusation de lèse-majesté, qui glaçait tous les cœurs et fermait toutes les bouches. Aussi, après avoir demandé un délai de quelques jours, Silanus renonça à se défendre. Il risqua seulement une lettre pour le prince, où il entremêlait les plaintes et les prières.

LXVIII. Tibère, croyant, à l'appui d'un exemple, faire excuser le traitement qu'il préparait à Silanus, fit lire un mémoire d'Auguste et un ancien décret du sénat contre Volésus Messala, qui avait été aussi proconsul d'Asie. Il demanda ensuite l'avis de Lucius Pison. Celui-ci, après un long préambule sur la clémence du prince, conclut à ce que l'on interdît l'eau et le feu à Silanus, et qu'il fût relégué dans l'île de Gyare. Ce fut l'avis des autres. Seulement Lentulus proposa, par respect pour la mère de Silanus, de soustraire à la confiscation ses biens maternels, et de les conserver à son fils. Tibère y consentit. Dolabella, poussant plus loin la flatterie, après s'être élevé contre les déréglements de Silanus, ajouta qu'il faudrait exclure des gouvernements quiconque aurait des mœurs et une réputation infâmes, et en laisser le jugement au prince; que, si les lois punissaient les délits, combien ne serait-il pas plus heureux pour les alliés, et plus doux pour eux-mêmes, qu'on leur ôtât les moyens d'en commettre?

LXIX. Tibère répondit qu'il n'avait point ignoré ce que l'on publiait de Silanus, mais que des bruits ne devaient point fonder un jugement; que beaucoup de gouverneurs avaient démenti l'espérance ou la crainte qu'on en avait conçue; que les grandes places donnaient aux uns du ressort, l'ôtaient aux autres; qu'il n'était ni possible que le prince embrassât tout par ses propres connaissances, ni convenable qu'il se laissât entraîner par l'impulsion d'autrui; que les lois ne devaient punir que le passé, l'avenir étant dans l'incertitude; qu'ainsi les premiers Romains avaient ordonné que les peines ne vinssent qu'à la suite des délits; qu'il fallait se garder de renverser des institutions sages et universellement approuvées; que les princes avaient assez de charge et même de puissance; que la justice se décrédite quand le pouvoir s'y mêle, et qu'il ne faut point user de l'autorité, quand on peut employer les lois. Plus cette popularité était rare dans Tibère, plus elle excita de satisfaction. Ce prince, qui savait se modérer quand il n'était point animé par des ressentiments personnels, ajouta que l'île de Gyare était un séjour affreux et inhabité; qu'on devait à la maison de Junius, à un homme de leur ordre, de l'envoyer plutôt à Cythère; que la sœur de Silanus, Torquata, vestale digne des premiers temps, demandait cette grâce. On s'en tint à ce dernier avis.

LXX. On donna ensuite audience aux Cyrénéens; Césius Cordus, accusé de concussions par Ancharius Priscus, fut condamné. Un chevalier romain, Lucius Ennius, avait été dénoncé comme criminel de lèse-majesté, pour avoir converti à différents usages une statue d'argent de Tibère. Celui-ci défendit d'admettre l'accusation; sur quoi Capiton se récria hautement, comme avec un air de liberté, qu'on ne devait point en-

---

etiam confitendum erat, ne frustra quæsivisset. Servos quoque Silani, ut tormenta interrogarentur, actor publicus mancipio acceperat; et, ne quis necessariorum juvaret periclitantem, majestatis crimina subdebantur. vinclum et necessitas silendi. Igitur, petito paucorum dierum interjectu, defensionem sui deseruit, ausis ad Cæsarem codicillis, quibus invidiam et preces miscuerat.

LXVIII. Tiberius, quæ in Silanum parabat, quo excusatius sub exemplo acciperentur, libellos divi Augusti de Voleso Messalla, ejusdem Asiæ proconsule, factumque in eum senatusconsultum recitari jubet. Tum L. Pisonem sententiam rogat. Ille, multum de clementia principis præfatus, aqua atque igni Silano interdicendum censuit, insumque in insulam Gyarum relegandum. Eadem ceteri, nisi quod Cn. Lentulus separanda Silani materna bona, quippe alia parente geniti, reddendaque filio dixit, annuente Tiberio. At Cornelius Dolabella, dum adulationem longius sequitur, increpitis C. Silani moribus, addidit, « ne quis vita probrosus et opertus infamia provinciam « sortiretur, idque princeps dijudicaret. Nam a legibus de-« licta puniri; quanto fore mitius in ipsos, melius in so-« cios, providet i ne peccaretur? »

LXIX. Adversum quæ disseruit Cæsar : « Non quidem « sibi ignara quæ de Silano vulgabantur, sed non ex ru-« more statuendum : multos in provinciis, contra quam « spes aut metus de illis fuerit, egisse : excitari quosdam « ad meliora magnitudine rerum, hebescere alios : neque « posse principem sua scientia cuncta complecti ; neque « expedire ut ambitione aliena trahatur. Ideo leges in facta « constitui, quia futura in incerto sint. Sic a majoribus in-« stitutum, ut, si antessent delicta, pœnæ sequerentur : « ne verterent sapienter reperta et semper placita ; satis « onerum principibus, satis etiam potentiæ. Minui jura, « quoties gliscat potestas ; nec utendum imperio, ubi le-« gibus agi possit. » Quanto rarior apud Tiberium popularitas, tanto lætioribus animis accepta. Atque ille, prudens moderandi, si propria ira non impelleretur, addidit, « in-« sulam Gyarum immitem et sine cultu hominum esse : « darent Juniæ familiæ, et viro quondam ordinis ejusdem, « ut Cytheram potius concederet ; id sororem quoque Si-« lani Torquatam, priscæ sanctimoniæ virginem, expe-« tere. » In hanc sententiam facta discessio.

LXX. Post auditi Cyrenenses, et, accusante Anchario Prisco, Cæsius Cordus repetundarum damnatur. L. En-

lever au sénat le droit de juger, ni laisser un tel crime impuni ; qu'indifférent, s'il le voulait, pour ses propres injures, le prince ne devait point sacrifier ainsi les ressentiments de l'État. Tibère, interprétant le sens plutôt que la lettre de ces reproches, persista dans son opposition ; mais la voix publique n'en signala que mieux la bassesse de Capiton, qui, par une action honteuse, avait déshonoré ses vertus domestiques, ses talents d'homme d'État et ses connaissances profondes dans droit le civil et religieux.

LXXI. On eut quelques scrupules sur le temple où l'on placerait l'offrande que les chevaliers romains avaient vouée à la Fortune Équestre pour la santé de Livie; car, encore qu'il y eût à Rome plusieurs temples de la Fortune, aucun n'était sous ce nom. Comme on trouva que celui d'Antium avait cette dénomination', et qu'en tout ce qui concernait le culte, les temples et les statues des dieux, toutes les villes d'Italie étaient dans le ressort de Rome et soumises à sa juridiction, on porta le don à Antium. Ces discussions religieuses firent reprendre l'affaire de Servius, Mulaginensis dont Tibère avait différé l'examen. Il rapporta un décret des pontifes qui défendait aux flamines de Jupiter de s'absenter de Rome, pour cause de maladie, plus de deux jours de suite, et plus de deux fois chaque année, et jamais les jours du sacrifice public, ni sans la permission du grand pontife. Ce règlement, publié sous Auguste, montrait assez que l'administration des provinces, qui exigeait un an d'absence, était interdite aux prêtres de Jupiter, et de plus, on cita l'exemple du grand prêtre Métellus, qui avait retenu à Rome le flamine Postumius. Ainsi l'Asie fut donnée au consulaire le plus ancien après Servius.

LXXII. Dans cette même session, Lépide demanda au sénat la permission de réparer et d'embellir à ses frais la basilique de Paul-Émile, monument de sa maison. Ces libéralités publiques étaient encore en usage ; et Auguste n'avait point empêché Taurus, Philippe et Balbus de consacrer les dépouilles de l'ennemi, ou le superflu d'une immense richesse, à la décoration de Rome et à l'illustration de leur postérité. Lépide, à leur exemple, quoique n'ayant qu'une fortune médiocre, voulut maintenir la gloire de sa famille. Mais, le théâtre de Pompée ayant été consumé par un incendie, comme personne de cette maison n'aurait pu soutenir les dépenses de la reconstruction, Tibère promit de s'en charger, en laissant toutefois à cet édifice le nom de Pompée. Il ajouta que, si les ravages du feu s'étaient bornés à ce seul monument, on le devait aux soins et à la vigilance de Séjan, qu'il combla d'éloges. Le sénat décerna à Séjan une statue, pour être placée dans le théâtre de Pompée. Quelque temps après, Tibère, accordant les ornements du triomphe à Blésus, proconsul d'Afrique, déclara que c'était en considération de Séjan, dont Blésus était l'oncle.

LXXIII. Cependant les exploits de Blésus méritaient cet honneur. Tacfarinas, quoique souvent

---

nium, equitem romanum, majestatis postulatum, « quod effigiem principis promiscuum ad usum argenti vertisset, » recipi Cæsar inter reos vetuit ; palam adspernante Ateio Capitone, quasi per libertatem. « Non enim debere eripi patribus vim statuendi, neque tantum maleficium impune habendum. Sane lentus in suo dolore esset ; reipublicæ injurias ne largiretur. » Intellexit hæc Tiberius, ut erant magis quam ut dicebantur, perstititque intercedere. Capito insignioque infamia fuit, quod, humani divinique juris sciens, egregium publicum et bonæ domi artes dehonestavisset.

LXXI. Incessit dein religio, quonam in templo locandum foret donum quod pro valetudine Augustæ equites romani voverant Equestri Fortunæ. Nam, etsi delubra ejus dæ multa in urbe, nullum tamen tali cognomento erat. Repertum est ædem apud Antium quæ sic nuncuparetur, cunctasque cærimonias italicis in oppidis, templaque et numinum effigies, juris atque imperii romani esse : ita donum apud Antium statuitur. Et , quando de religionibus tractabatur, dilatum nuper responsum adversus Servium Maluginensem, flaminem Dialem, prompsit Cæsar ; recitavitque decretum pontificum : « quoties valetudo adversa flaminem Dialem incessisset, ut , pontificis maximi arbitrio, plus quam binoctium abesset ; dum ne diebus publici sacrificii, neu sæpius quam bis eumdem in annum. » Quæ, principe Augusto constituta , satis ostendebant, annuam absentiam et provinciarum administrationem Dialibus non concedi : memorabaturque L. Metelli, pontificis maximi, exemplum, qui Aulum Postumium flaminem attinuisset. Ita sors Asiæ in eum qui consularium Maluginensi proximus erat collata.

LXXII. Iisdem diebus Lepidus ab senatu petivit ut basilicam Pauli, Æmilia monimenta, propria pecunia firmaret ornaretque. Erat etiam tum in more publica munificentia : nec Augustus arcuerat Taurum, Philippum, Balbum, hostiles exuvias aut exundantes opes, ornatum ad urbis et posterum gloriam conferre. Quo tum exemplo Lepidus, quanquam pecuniæ modicus, avitum decus recoluit. At Pompeii theatrum, igne fortuito haustum, Cæsar exstructurum pollicitus est, « eo quod nemo e familia restaurando sufficeret ; manente tamen nomine Pompeii. » Simul laudibus Sejanum extulit, « tanquam labore vigilantiaque ejus tanta vis unum intra damnum stetisset. » Et censuere patres effigiem Sejano, quæ apud theatrum Pompeii locaretur : neque multo post Cæsar, quum Junium Blæsum, proconsulem Africæ, triumphi insignibus attolleret, dare id se dixit honori Sejani, cujus ille avunculus erat.

LXXIII. Ac tamen res Blæsi dignæ decore tali fuere. Nam Tacfarinas, quanquam sæpius depulsus, reparatis per intima Africæ auxiliis, huc arrogantiæ venerat ut legatos ad Tiberium mitteret, sedemque ultro sibi atque exercitui suo postularet, aut bellum inexplicabile minitaretur. Non alias magis sua populique romani contumelia indoluisse Cæsarem ferunt, quam quod desertor et prædo hostium more agreret. « Ne Spartaco quidem, post tot con-

battu, avait trouvé toujours au fond de l'Afrique des ressources pour se relever. Il en était venu à un tel excès d'insolence, qu'il osa députer vers Tibère, et lui faire signifier qu'il eût à lui céder de bonne grâce un établissement pour lui et pour son armée; sans quoi, il le désolerait par une guerre interminable. Jamais outrage, dit-on, ne fut plus sensible à ce prince. Il rougit, pour lui-même et pour le peuple romain, qu'un déserteur, qu'un brigand osât traiter sur le pied d'une puissance. Spartacus lui-même, vainqueur de tant d'armées consulaires, saccageant impunément l'Italie, n'avait pu obtenir de composition, quoique la république fût alors pressée à la fois et par Sertorius et par Mithridate, et maintenant le peuple romain, dans tout l'éclat de sa gloire, se dépouillerait de ses possessions pour acheter la paix du brigand Tacfarinas? Tibère donna ordre à Blésus d'offrir leur grâce à tous les rebelles qui mettraient bas les armes, et de s'emparer du chef, à quelque prix que ce fût.

LXXIV. L'amnistie lui enleva un grand nombre de soldats; et, pour déjouer ses artifices, on le combattit suivant sa propre méthode. Ses troupes, incapables de résister à notre armée, mais excellentes pour piller, avaient été dispersées en différents pelotons qui voltigeaient, évitaient le combat et se mettaient en embuscade; de même Blésus forma trois corps, qui prirent trois routes différentes. D'un côté, Scipion, un des lieutenants, défendait la frontière des Leptins, et coupait la retraite chez les Garamantes; d'un autre, le fils de Blésus protégeait le pays de Cirta; le général était au milieu avec un corps d'élite. Il avait disposé dans tous les lieux avantageux des forts qui tenaient l'ennemi en échec et le resserraient de si près que, de quelque côté qu'il se tournât, il trouvait toujours quelque détachement de Romains en face, sur ses flancs, souvent même sur ses derrières. Par ce moyen, on lui tua ou prit beaucoup de monde. Alors Blésus partage de nouveau chaque corps en plusieurs bandes; il met à leur tête des centurions d'une valeur éprouvée; et, la campagne finie, il n'eut garde, comme on l'avait fait jusqu'alors, de retirer ses troupes, et de les faire hiverner dans des quartiers éloignés; au contraire, il les tint, pour ainsi dire, aux portes de l'ennemi, dans des forts qu'il fit construire, et, avec des détachements de troupes lestes, qui connaissaient parfaitement le désert, il chassa Tacfarinas de poste en poste. Ce ne fut qu'après avoir fait son frère prisonnier qu'il s'en revint, trop tôt encore pour le bien de la province, où il laissa le germe d'une nouvelle guerre. Mais Tibère, la regardant comme terminée, accorda à Blésus l'honneur d'être proclamé *imperator* par les légions; titre que les soldats, au milieu des transports et des acclamations de la victoire, donnaient anciennement aux généraux qui avaient bien mérité de la patrie. Plusieurs s'en trouvaient revêtus à la fois, et ce titre n'emportait aucune prééminence. Auguste l'avait accordé à quelques-uns; Blésus le reçut alors, et fut le dernier.

LXXV. La mort enleva cette année deux personnages considérables, Asinius Saloninus, et ce Capiton dont j'ai parlé. Asinius tirait un grand éclat d'Agrippa et de Pollion dont il était le petit-fils, de Drusus qu'il avait pour frère, et de Tibère, dont il devait épouser la petite-fille. Capiton parvint au premier rang dans Rome par ses vastes connaissances en législation; du reste, il avait pour aïeul un centurion de Sylla, et pour père un préteur. Auguste l'avait élevé rapidement au consulat, afin que, par l'éclat de cette dignité, il éclip-

sularium exercituum clades inultam Italiam urenti, quanquam Sertorii atque Mithridatis ingentibus bellis labaret respublica, datum ut pacto in fidem acciperetur : nedum, pulcherrimo populi romani fastigio, latro Tacfarinas pace et concessione agrorum redimeretur ». Dat negotium Blæso, ceteros quidem ad spem proliceret arma sine noxa ponendi; ipsius autem ducis quoquo modo potiretur.

LXXIV. Et recepti ea venia plerique : mox adversum artes Tacfarinatis haud dissimili modo belligeratum. Nam, quia ille robore exercitus impar, furandi melior, plures per globos incursaret eluderetque, et insidias simul tentaret, tres incessus, totidem agmina parantur. Ex quis Cornelius Scipio legatus præfuit, qua prædatio in Leptinos, et suffugia Garamantum; alio latere, ne Cirtensium pagi impune traherentur, propriam manum Blæsus filius duxit; medio, cum delectis, castella et munitiones idoneis locis imponens, dux ipse arta et infensa hostibus cuncta fecerat; quia, quoquo inclinarent, pars aliqua militis romani in ore, in latere, et sæpe a tergo erat : multique eo modo cæsi aut circumventi. Tunc tripartitum exercitum plures in manus dispergit, præponitque centuriones virtutis expertæ. Nec, ut mos fuerat, acta æstate retrahit copias, aut in hibernaculis veteris provinciæ componit : sed, ut in limine belli dispositis castellis, per expeditos et solitudinum gnaros, mutantem mapalia Tacfarinatem proturbat; donec, fratre ejus capto, regressus est, properantius tamen quam ex utilitate sociorum, relictis per quos resurgeret bellum. Sed Tiberius, pro confecto interpretatus, id quoque Blæso tribuit, ut imperator a legionibus salutaretur; prisco erga duces honore, qui, bene gesta republica, gaudio et impetu victoris exercitus conclamabantur : erantque plures simul imperatores, nec super ceterorum æqualitatem. Concessit quibusdam et Augustus id vocabulum; ac tunc Tiberius Blæso postremum.

LXXV. Obiere eo anno viri illustres, Asinius Saloninus, M. Agrippa et Pollione Asinio avis, fratre Druso insignis, Cæsarique progener destinatus, et Capito Ateius, de quo memoravi, principem in civitate locum studiis civilibus assecutus; sed avo centurione Sullano, patre prætorio. Consulatum ei acceleraverat Augustus, ut Labeonem Antistium, iisdem artibus præcellentem, dignatione ejus magistratus anteiret. Namque illa ætas duo pacis decora simul tulit : sed Labeo incorrupta libertate, et ob id fama

sât Labéon, son rival de gloire; car le même siècle vit fleurir ces deux ornements de la paix. Labéon, républicain incorruptible, a laissé plus de réputation; Capiton, plus courtisan, obtint plus de faveur. L'un, borné à la préture, tira de l'injustice un nouveau lustre; le consulat valut à l'autre la haine et l'envie.

LXXVI. Ce fut aussi dans ce temps, soixante-quatre ans après la bataille de Philippes, que mourut Junie, nièce de Caton, sœur de Brutus, veuve de Cassius. Son testament fit beaucoup de bruit, parce qu'étant fort riche, et qu'ayant distingué presque tous les grands par des legs, elle oublia Tibère. Le prince n'en parut pas blessé. Il laissa prononcer dans la tribune l'éloge de Junie, et ne contesta point à ses funérailles toutes les autres distinctions usitées. On y porta les images de vingt familles illustres, des Manlius, des Quinctius, et autres Romains aussi distingués. Brutus et Cassius les effaçaient tous en éclat, par cela même qu'on n'y vit point leurs effigies.

LIVRE QUATRIÈME.

I. Jusqu'au consulat de Caïus Asinius et de Caïus Antistius l'administration de Tibère avait été marquée par neuf années de tranquillité pour la république, de bonheur pour sa famille; car il comptait au nombre de ses prospérités la mort de Germanicus. Tout à coup ce bonheur se troubla : il commit ou autorisa des cruautés. Ce changement fut l'ouvrage de Séjan, préfet du prétoire. J'ai dit quelque chose de son crédit ; maintenant je vais parler de son origine, de son caractère, et des crimes par lesquels il voulut se frayer le chemin au pouvoir suprême. Séjan naquit à Vulsinies, de Strabon, chevalier romain. Dans sa jeunesse il s'attacha à Caïus César, petit-fils d'Auguste, et on le soupçonna de s'être prostitué pour de l'argent au riche et prodigue Apicius. Depuis il sut, par différents artifices, captiver Tibère, au point de rendre indiscret et imprévoyant, pour lui seul, ce prince qui fut impénétrable à tous les autres. Au reste, ce fut moins l'effet de l'habileté de Séjan, puisqu'il succomba lui-même sous des ruses semblables, que du courroux des dieux contre les Romains, à qui l'élévation et la chute de ce favori furent également funestes. Il avait un corps infatigable, un esprit audacieux, habile à se voiler et à calomnier les autres, flatteur et insolent à la fois, cachant, sous les dehors d'une modération étudiée, la plus forte passion de dominer, et, pour la satisfaire, employant quelquefois les prodigalités et le luxe, plus souvent l'industrie et la vigilance, non moins nuisibles quand elles servent de masque à l'ambition.

II. Avant lui, la préfecture ne donnait qu'un pouvoir médiocre; il l'étendit en réunissant dans un seul camp les cohortes auparavant dispersées par la ville. Son intention était qu'elles pussent recevoir ses ordres à la fois, et que la vue habituelle de leur force et de leur nombre, en leur inspirant à elles-mêmes plus de confiance, imprimât aux autres plus de terreur ; du reste, il prétextait les désordres qu'entraînait leur dispersion, les secours plus efficaces qu'on tirerait de leur réunion dans les besoins pressants, et le maintien plus facile de la discipline dans des retranchements isolés, loin des plaisirs de la ville. Sitôt que

---

celebratior; Capitonis obsequium dominantibus magis probabatur. Illi, quod præturam intra stetit, commendatio ex injuria; huic, quod consulatum adeptus est, odium ex invidia oriebatur.

LXXVI. Et Junia, sexagesimo quarto post Philippensem aciem anno, supremum diem explevit, Catone avunculo genita, C. Cassii uxor, M. Bruti soror. Testamentum ejus multo apud vulgum rumore fuit ; quia , in magnis opibus, quum ferme cunctos proceres cum honore nominavisset, Cæsarem omisit. Quod civiliter acceptum; neque prohibuit quominus laudatio pro rostris ceterisque solemnibus funus cohonestaretur. Viginti clarissimarum familiarum imagines antelatæ sunt, Manlii, Quinctii, aliaque ejusdem nobilitatis nomina ; sed præfulgebant Cassius atque Brutus, eo ipso quod effigies eorum non visebantur.

LIBER QUARTUS.

I. C. Asinio, C. Antistio consulibus, nonus Tiberio annus erat compositæ reipublicæ, florentis domus (nam Germanici mortem inter prospera ducebat), quum repente turbare fortuna cœpit : sævire ipse, aut sævientibus vires præbere. Initium et causa penes Ælium Sejanum, cohortibus prætoriis præfectum, cujus de potentia supra memoravi : nunc originem, mores, et quo facinore dominationem raptum ierit, expediam. Genitus Vulsiniis, patre Sejo Strabone, equite romano, et prima juventa C. Cæsarem divi Augusti nepotem sectatus, non sine rumore Apicio diviti et prodigo stuprum veno dedisse, mox Tiberium variis artibus devinxit adeo, ut obscurum adversum alios sibi uni incautum intectumque efficeret : non tam sollertia (quippe iisdem artibus victus est) quam deum ira in rem romanam, cujus pari exitio viguit cecidique. Corpus illi laborum tolerans, animus audax : sui obtegens, in alios criminator ; juxta adulatio et superbia; palam compositus pudor, intus summa apiscendi libido, ejusque causa modo largitio et luxus, sæpius industria ac vigilantia, haud minus noxiæ quoties parando regno finguntur.

II. Vim præfecturæ modicam antea intendit, dispersas per urbem cohortes una in castra conducendo; ut simul imperia acciperent, numeroque et robore et visu inter se fiducia ipsis, in ceteros metus, crederetur. Prætendebat lascivire militem diductum; si quid subitum ingruat, majore auxilio pariter subveniri; et severius acturos, si vallum statuatur procul urbis illecebris. Ut perfecta sunt castra, irrepere paullatim militares animos, adeundo, appellando; simul centuriones ac tribunos ipse deligere : neque senatorio ambitu abstinebat, clientes suos honoribus aut provinciis ornandi, facili Tiberio atque ita prono, ut socium laborum non modo in sermonibus, sed apud

le camp fut achevé, il s'insinua peu à peu dans l'esprit des soldats; il les visitait, les appelait par leurs noms, choisissait lui-même les centurions et les tribuns, n'oubliant pas non plus de s'attacher les sénateurs, donnant les dignités, les provinces à ses clients. Tibère ne lui refusait rien, tellement emporté par son penchant, que non-seulement dans sa conversation, mais encore au sénat, devant le peuple, il l'appelait hautement le compagnon de ses travaux; il souffrait que les images de son favori fussent révérées au théâtre, au forum, et à la tête des légions.

III. Cependant tous ces Césars qui remplissaient la maison impériale, un fils jeune, des petits-fils adolescents, retardaient l'exécution des projets de Séjan; car il eût été dangereux de frapper tant de têtes à la fois, et la politique demandait un intervalle dans les crimes. Il préféra donc les voies lentes, qui étaient plus secrètes, et résolut de commencer par Drusus, contre qui l'animait un outrage tout récent. Drusus, naturellement emporté, et ne pouvant souffrir de rival, avait, dans une querelle survenue par hasard, levé la main sur Séjan, qui, en voulant se défendre, reçut un soufflet. Celui-ci, cherchant tous les moyens de se venger, et surtout les plus prompts, jeta les yeux sur Livie, femme de Drusus. Elle était sœur de Germanicus. D'une figure peu agréable dans le premier âge, elle était devenue la plus belle personne de son siècle. Séjan, par les apparences d'une passion violente, l'entraîna dans l'adultère, et, l'ayant une fois engagée dans ce premier crime, certain que le sacrifice de l'honneur rend une femme moins difficile sur les autres, il l'amena à vouloir l'épouser, usurper l'empire et assassiner son mari. Ainsi la nièce d'Auguste, la belle-fille de Tibère, ayant des enfants de Drusus, n'eut point honte de dégrader ses ancêtres, ses descendants et elle-même, en se prostituant à un Étrurien, en sacrifiant des avantages présents et légitimes pour des espérances coupables et incertaines. Séjan mit du complot Eudémus, ami et médecin de Livie, lequel, sous prétexte de son art, la voyait souvent en secret. Il avait, de sa femme Apicata, trois enfants : il la répudia, pour ôter tout ombrage à sa maîtresse. Toutefois, la grandeur du crime les effrayait; on différa, quelquefois même on abandonna le projet.

IV. Ce fut au commencement de cette année que Drusus, un des enfants de Germanicus, prit la robe virile. Tous les décrets du sénat pour son frère Néron furent alors renouvelés. Tibère y ajouta un discours où il louait beaucoup son fils de la bienveillance paternelle qu'il montrait à ceux de son frère. En effet, Drusus, quoique la rivalité du pouvoir s'allie difficilement avec la concorde, paraissait rendre justice à ses jeunes neveux, ou du moins n'avoir point pour eux d'éloignement. Tibère reprit ensuite, avec aussi peu de sincérité que de coutume, son ancien projet de visiter les provinces. Il prétextait la multitude des vétérans, qui l'obligeait de recruter les armées, dans un moment où l'on ne trouvait presque plus d'enrôlements volontaires que parmi des indigents et des vagabonds, qui n'avaient ni la même valeur, ni la même retenue. A ce sujet il donna le recensement succinct des légions et des provinces qui leur étaient assignées. Je vais suivre son exemple, et faire connaître ce que Rome avait alors de forces militaires, de rois alliés, et combien l'empire s'est accru depuis.

V. D'abord l'Italie avait sur les deux mers,

patres et populum, celebraret, colique per theatra et fora effigies ejus, interque principia legionum, sineret.

III. Ceterum plena Cæsarum domus, juvenis filius, nepotes adulti, moram cupitis afferebant : et, quia vi tot simul corripere intutum, dolus intervalla scelerum poscebat, placuit tamen occultior via, et a Druso incipere, in quem recenti ira ferebatur. Nam Drusus impatiens æmuli et animo commotior, orto forte jurgio, intenderat Sejano manus, et contra tendentis os verberaverat. Igitur cuncta tentanti promptissimum visum ad uxorem ejus Liviam convertere; quæ soror Germanici, formæ initio ætatis indecoræ, mox pulchritudine præcellebat. Hanc, ut amore incensus, adulterio pellexit; et, postquam primi flagitii potitus est, (neque femina amissa pudicitia alia abnuerit) ad conjugii spem, consortium regni, et necem mariti impulit. Atque illa cui avunculus Augustus, socer Tiberius, ex Druso liberi, seque ac majores et posteros municipali adultero fœdabat; ut, pro honestis et præsentibus, flagitiosa et incerta exspectaret. Sumitur in conscientiam Eudemus, amicus ac medicus Liviæ, specie artis frequens secretis. Pellit domo Sejanus uxorem Apicatam, ex qua tres liberos genuerat, ne pellici suspectaretur. Sed magnitudo facinoris metum, prolationes, diversa interdum consilia afferebat.

IV. Interim anni principio Drusus, ex Germanici liberis, togam virilem sumpsit; quæque fratri ejus Neroni decreverat senatus, repetita. Addidit orationem Cæsar multa cum laude filii sui, quod patria benevolentia in fratris liberos foret. Nam Drusus (quanquam arduum sit eodem loci potentiam et concordiam esse) æquus adolescentibus, aut certe non adversus, habebatur. Exin vetus et sæpe simulatum proficiscendi in provincias consilium refertur : multitudinem veteranorum prætexebat imperator, et delectibus supplendos exercitus; nam voluntarium militem deesse; ac, si suppeditet, non eadem virtute ac modestia agere, quia plerumque inopes ac vagi sponte militiam sumant : percensuitque cursim numerum legionum, et quas provincias tutarentur. Quod mihi quoque exsequenti, dum reor, quae tum romana copia in armis, qui socii reges, quanto sit angustus imperitatum.

V. Italiam utroque mari duæ classes, Misenum apud et Ravennam, proximumque Galliæ littus rostratæ naves præsidebant, quas Actiaca victoria captas Augustus in oppidum Forojuliense miserat, valido cum remige. Sed præ-

deux flottes, l'une à Misène, l'autre à Ravenne; sans compter les galères prises par Auguste à la bataille d'Actium, qu'il avait envoyées, bien équipées de rameurs, à Fréjus, pour protéger la côte des Gaules la plus voisine de l'Italie. Mais sa principale force était huit légions sur le Rhin, destinées à contenir également les Germains et les Gaulois. Les Espagnes, récemment soumises, étaient gardées par trois légions; la Mauritanie par le roi Juba, qui l'avait reçue en don du peuple romain. Dans le reste de l'Afrique il y avait deux légions, autant en Égypte, et quatre seulement dans ce vaste pays qui s'étend depuis la Syrie jusqu'à l'Euphrate, et qui comprend l'Albanie, l'Ibérie, et d'autres royaumes que la grandeur romaine protège contre les empires voisins. Rhémétalcès et les enfants de Cotys étaient chargés de la Thrace. Deux légions, dans la Pannonie, deux dans la Mésie, défendaient la rive du Danube; deux autres, placées dans la Dalmatie, étaient, par la position de cette province, à portée de secourir les premières, et de protéger même l'Italie, dans une attaque imprévue; quoique Rome eût ses troupes particulières, les trois cohortes de la ville et les neuf cohortes du prétoire, toutes levées presque entièrement dans l'Étrurie, l'Ombrie, le vieux Latium, et dans les plus anciennes colonies romaines. On avait en outre distribué convenablement, dans les provinces, les flottes, la cavalerie et l'infanterie auxiliaires, qui composaient des forces presque égales; mais on ne peut rien dire de certain, ni sur leur destination qui variait sans cesse, ni sur leur nombre tantôt plus ou moins grand.

VI. Il convient aussi d'examiner quel était l'état des autres parties du gouvernement, lorsque, cette année, Tibère fit de si funestes changements dans son administration. D'abord les affaires publiques et les plus importantes des particuliers se traitaient dans le sénat; les premiers sénateurs motivaient librement leur avis, et quand l'adulation s'y mêlait, il la réprimait lui-même. Dans la distribution des honneurs, il consultait la naissance, les services militaires, les talents civils; et en général il eût été difficile de faire de meilleurs choix. Le consulat, la préture conservaient leur éclat extérieur, et les moindres magistrats l'exercice de leurs fonctions. Quant aux lois, si l'on en excepte celle de lèse-majesté, on en faisait bon usage. Les approvisionnements des grains, la perception des impôts et des autres revenus publics étaient confiés à des compagnies de chevaliers romains. Pour ses affaires particulières, il choisissait les hommes les plus considérés, quelques-uns sans les connaître, d'après la renommée; et son opiniâtreté dans ses choix était telle, que, presque toujours, il laissait vieillir le même homme dans les mêmes emplois. Le peuple, à la vérité, souffrait de la cherté des grains; mais ce ne fut point la faute du prince, qui n'épargna ni soins ni dépenses pour y remédier, autant qu'il le put, aux contrariétés des saisons et de la mer. Il ne permettait pas que les provinces fussent chargées de nouveaux subsides, ni que les anciens fussent aggravés par l'avarice et la cruauté des magistrats; les punitions corporelles, les confiscations n'avaient point lieu.

VII. Les domaines du prince en Italie étaient peu étendus, ses affranchis peu nombreux, ses esclaves sans insolence, et s'il lui survenait des discussions avec des particuliers, les tribunaux

---

cipuum robur Rhenum juxta, commune in Germanos Gallosque subsidium, octo legiones erant. Hispaniæ, recens perdomitæ, tribus habebantur. Mauros Juba rex acceperat, donum populi romani. Cetera Africæ per duas legiones; parique numero Ægyptus : dehinc, initio ab Syria usque ad flumen Euphraten, quantum ingenti terrarum sinu ambitur, quatuor legionibus coercita : accolis Ibero Albanoque et aliis regibus, qui magnitudine nostra proteguntur adversum externa imperia. Et Thraciam Rhœmetalces ac liberi Cotyis, ripamque Danubii legionum duæ in Pannonia, duæ in Mœsia attinebant : totidem apud Dalmatiam locatis, quæ, positu regionis, a tergo illis, ac, si repentinum auxilium Italia posceret, haud procul acciverant : quanquam insideret urbem proprius miles, tres urbanæ, novem prætoriæ cohortes, Etruria ferme Umbriaque delectæ, aut vetere Latio et coloniis antiquitus romanis. At apud idonea provinciarum sociæ triremes alæque et auxilia cohortium : neque multo secus in iis virium; sed persequi incertum fuerit, quum, ex usu temporis, huc illuc mearent, gliscerent numero, et aliquando minuerentur.

VI. Congruens crediderim recensere ceteras quoque reipublicæ partes, quibus modis ad eam diem habitæ sint; quando Tiberio mutati in deterius principatus initium ille annus attulit. Jam primum publica negotia, et privatorum maxima, apud patres tractabantur : dabaturque primoribus disserere; et in adulationem lapsos cohibebat ipse : mandabatque honores, nobilitatem majorum, claritudinem militiæ, illustres domi artes spectando; ut satis constaret non alios potiores fuisse. Sua consulibus, sua prætoribus species : minorum quoque magistratuum exercita potestas; legesque, si majestatis quæstio eximeretur, bono in usu. At frumenta, et pecuniæ vectigales, cetera publicorum fructuum, societatibus equitum romanorum agitabantur. Res suas Cæsar spectatissimo cuique, quibusdam ignotis ex fama mandabat; semelque assumpti tenebantur, prorsus sine modo, quum plerique iisdem negotiis insenescerent. Plebes acri quidem annona fatigabatur; sed nulla in eo culpa ex principe : quin infecunditati terrarum aut asperis maris obviam iit, quantum impendio diligentiaque poterat. Et ne provinciæ novis oneribus turbarentur, utque vetera sine avaritia aut crudelitate magistratuum tolerarent, providebat : corporum verbera, ademptiones bonorum aberant.

VII. Rari per Italiam Cæsaris agri, modesta servitia, intra paucos libertos domus ac, si quando cum privato

et les lois décidaient. Il est vrai que ses formes n'étaient point aimables; il était farouche, et, le plus souvent, il inspirait de la crainte; mais enfin il sut se contenir jusqu'à la mort de Drusus, où tout changea de face. Jusque-là le bien se faisait encore, car Séjan, dont le pouvoir ne faisait que de naître, avait voulu d'abord s'accréditer par une administration sage; il craignait dans Drusus un vengeur; déjà même celui-ci ne dissimulait point sa haine; il se plaignait que, « du vivant d'un fils, un autre fût appelé publiquement le coopérateur, et presque le collègue du souverain. Il n'y avait que les premiers degrés de pénibles pour l'ambition; une fois franchis, elle trouvait du zèle et des serviteurs pour la seconder. N'avait-on pas pris soin de construire un camp au favori, de réunir sous sa main les soldats? On voyait sa statue parmi les monuments du grand Pompée; les petits-fils de Drusus ne feraient qu'une même famille avec les petits-fils de Séjan; après cela, il faudrait supplier sa modestie de se borner. » Et ce ne fut ni une fois, ni devant un petit nombre de témoins que ces discours éclatèrent; d'ailleurs ses secrets même étaient révélés par sa femme, qui le trahissait.

VIII. Séjan, voyant donc qu'il n'y avait plus à différer, choisit un poison dont l'action lente et insensible imitât les progrès d'une maladie naturelle. Ce poison fut donné à Drusus par l'eunuque Lygdus, comme on le découvrit huit ans après. Tibère, pendant toute la maladie de son fils, et même dans l'intervalle de sa mort à sa sépulture, soit sécurité, soit affectation de courage, continua d'aller au sénat. Les consuls, pour marquer leur affliction, étaient descendus sur des sièges inférieurs; Tibère les fit souvenir de leurs prérogatives et de leurs places; et tandis que les sénateurs fondaient en larmes, il étouffa ses gémissements et les consola par un discours non interrompu. Il convint que, dans ces premiers moments de douleur qui rendent à la plupart des affligés la vue de leurs proches, et même la lumière insupportable, on pouvait lui reprocher d'avoir recherché les regards du sénat; mais que, sans accuser ceux-là de faiblesse, il avait cherché, parmi les soutiens de la république, des consolations plus courageuses. Puis, ayant déploré sa mère au bord de la tombe, ses petits-fils encore au berceau, et lui-même sur le déclin de l'âge, il demanda qu'on fît venir les enfants de Germanicus, unique adoucissement de ses pertes. Les consuls, étant sortis, rassurent par leurs discours ces enfants, et les amènent devant le prince. Tibère, les prenant par la main : « Sé- « nateurs, dit-il, voilà des orphelins qu'après la « mort de leur père je confiai à leur oncle, en le « conjurant, quoiqu'il eût des enfants lui-même, « de chérir, d'élever ceux-ci comme les siens, et « de les former pour lui et pour la postérité. Dru- « sus mort, c'est à vous que j'adresse mes priè- « res; c'est vous, qu'en présence des dieux et de « la patrie, j'implore pour ces rejetons d'une tige « illustre, pour ces arrière-petit-fils d'Auguste. « Sénateurs, soyez leur soutien, leur guide, rem- « plissez ma place auprès d'eux. Et vous, Néron, « Drusus, regardez-les comme vos pères, et n'ou- « bliez jamais combien, par votre naissance, vos « vertus ou vos vices importent à la république. »

IX. Ce discours fit couler beaucoup de larmes, et fut suivi d'acclamations et de vœux pour sa prospérité. S'il en fût resté là, Tibère laissait tous les cœurs remplis d'attendrissement et de respect. Il en revint encore à ses vaines et ridicules pro-

disceptaret, forum et jus. Quæ cuncta, non quidem comi via, sed horridus ac plerumque formidatus, retinebat tamen, donec morte Drusi verterentur : nam, dum superfuit, mansere, quia Sejanus, incipiente adhuc potentia, bonis consiliis notescere volebat; et ultor metuebatur, non occultus odii et crebro querens, « incolumi filio, adjutorem imperii alium vocari : et quantum ultra progressurum, quum collega dicatur? Primas dominandi spes in arduo; ubi sis ingressus, adesse studia et ministros : exstructa jam, sponte præfecti, castra; datos in manum milites; cerni effigiem ejus in monumentis Cn. Pompeii; communes illi cum familia Drusorum fore nepotes : precandam post hæc modestiam, ut contentus esset. » Neque raro, neque apud paucos talia jaciebat; et secreta quoque ejus, corrupta uxore, prodebantur.

VIII. Igitur Sejanus, maturandum ratus, deligit venenum, quo paullatim irrepente, fortuitus morbus assimilaretur : id Druso datum per Lygdum spadonem, ut octo post annos cognitum est. Ceterum Tiberius per omnes valetudinis ejus dies, nullo metu, an ut firmitudinem animi ostentaret, etiam defuncto necdum sepulto, curiam ingressus est; consulesque, sede vulgari per speciem mœstitiæ sedentes, honoris locique admonuit; et effusum in lacrymas senatum, victo gemitu, simul oratione continua erexit. « Non quidem sibi ignarum, posse argui quod tam recenti dolore subierit oculos senatus: vix propinquorum alloquia tolerari, vix diem adspici a plerisque lugentium : neque illos imbecillitatis damnandos; se tamen fortiora solatia e complexu reipublicæ petivisse. » Miseratusque Augustæ extremam senectam, rudem adhuc nepotum, et vergentem ætatem suam, ut Germanici liberi, unica præsentium malorum levamenta, inducerentur, petivit. Egressi consules firmatos alloquio adolescentulos deductosque ante Cæsarem statuunt. Quibus apprehensis : « Patres conscri- » pti, hos, inquit, orbatos parente tradidi patruo ipsorum, » precatusque sum, quanquam esset illi propria soboles, » ne secus quam suum sanguinem foveret ac tolleret, si- » bique et posteris conformaret : erepto Druso, preces ad » vos converto , diisque et patria coram obtestor, Augusti » pronepotes, clarissimis majoribus genitos suscipite, re- » gite : vestram meamque vicem explete. Hi vobis, Nero » et Druse, parentum loco : ita nati estis, ut bona malaque » vestra ad rempublicam pertineant. »

IX. Magno ea fletu, et mox precationibus faustis, au-

positions, si souvent rebattues, de remettre l'empire, d'en charger les consuls ou tout autre, et il décrédita ce qu'il y avait de louable et de sincère dans ses sentiments. On décerna à la mémoire de Drusus les mêmes honneurs qu'à celle de Germanicus, et beaucoup d'autres encore, suivant l'usage de la flatterie, qui se plaît à renchérir sur elle-même. La pompe des images distingua surtout ces funérailles, où les portraits d'Énée, tige des Jules, ceux des rois d'Albe, de Romulus, fondateur de Rome, puis ceux des nobles Sabins, d'Attus Clausus, et des autres Claudes, parurent dans un imposant appareil.

X. Dans le récit de la mort de Drusus, je me suis borné aux faits rapportés par les écrivains les plus nombreux et les plus dignes de foi. Cependant je ne puis taire un bruit tellement répandu, alors, que l'impression en subsiste encore. On disait que Séjan, qui, par la prostitution, s'était assuré de Livie pour l'empoisonnement, avait employé le même moyen pour captiver l'eunuque Lygdus, chéri de son maître pour sa jeunesse et sa beauté, et l'un de ses esclaves de confiance. On disait encore que, le jour et le lieu de l'empoisonnement étant convenus entre les complices, Séjan eut l'audace de détourner les soupçons en accusant Drusus d'avoir voulu lui-même empoisonner son père; qu'il avait fait avertir secrètement le prince de se défier du premier breuvage qu'on lui présenterait à un souper chez son fils; que, d'après ce faux avis, Tibère, au commencement du repas, ayant reçu la coupe, l'avait fait passer à Drusus qui, ne se doutant de rien, l'avala d'un seul trait, et que cela même fortifia les soupçons; comme si la honte et la crainte l'eussent forcé à se donner la mort qu'il préparait à son père.

XI. Voilà ce qu'on a publié généralement; mais ce fait, outre qu'il n'est appuyé sur aucun témoignage certain, se réfute de lui-même. En effet, conçoit-on qu'un homme d'un sens médiocre, et encore moins Tibère, qui avait une si grande expérience, eût présenté la mort à son fils sans l'entendre, et de sa propre main, et sans se ménager la ressource du repentir? N'eût-il pas plutôt appliqué à la question l'esclave qui présentait le poison, remonté à la source du crime, enfin employé, pour un fils unique, et jusqu'alors exempt de pareilles imputations, les précautions et les lenteurs qui lui étaient si naturelles, et dont il usait même pour des étrangers? Mais, comme on croyait Séjan capable des plus grands forfaits, et que l'excessive faiblesse du prince pour le favori excitait contre l'un et l'autre la haine publique, on adoptait les fables les plus monstrueuses, la renommée supposant toujours des atrocités à la mort des souverains. D'ailleurs les dépositions d'Apicata, femme de Séjan, celles d'Eudémus et de Lygdus pendant les tortures, ont dévoilé la marche du crime; et, parmi les écrivains les plus acharnés contre Tibère, aucun ne lui a imputé ce trait, quoiqu'ils aient recueilli soigneusement et exagéré tous les autres. Pour moi, j'ai voulu rapporter ce conte populaire et le réfuter, afin de confondre, par un exemple frappant, ces calomnies historiques, et d'engager tous ceux qui liront mon ouvrage, à ne point préférer d'absurdes traditions, reçues avidement par la multitude, à des faits vrais, et qu'on n'a point dénaturés pour les rendre merveilleux.

XII. Au reste, l'air et l'accent de tristesse du peuple et du sénat pendant que Tibère prononçait l'éloge de son fils à la tribune, n'étaient que

---

dita; ac, si modum orationi posuisset, misericordia sui gloriaque animos audientium impleverat : ad vana et totiens irrisa revolutus, de reddenda republica, utque consules, seu quis alius, regimen susciperent, vero quoque et honesto fidem dempsit. Memoriæ Drusi eadem quæ in Germanicum decernuntur, plerisque additis, ut ferme amat posterior adulatio. Funus imaginum pompa maxime illustre fuit, quum origo Juliæ gentis Æneas, omnesque Albanorum reges, et conditor urbis Romulus, post sabina nobilitas, Attus Clausus ceteræque Claudiorum effigies, longo ordine spectarentur.

X. In tradenda morte Drusi, quæ plurimis maximeque fidis auctoribus memorata sunt, retuli : sed non omiserim eorumdem temporum rumorem, validum adeo, ut nondum exolescat : corrupta ad scelus Livia, Sejanum Lygdi quoque spadonis animum stupro vinxisse : quod is Lygdus ætate atque forma carus domino, interque primores ministros erat : deinde, inter conscios ubi locus veneficii tempusque composita sint, eo audaciæ provectum, ut verteret, et, occulto indicio Drusum veneni in patrem arguens, moneret Tiberium vitandam potionem quæ prima ei apud filium epulanti offerretur : ea fraude tum senem, postquam convivium inierat, exceptum poculum Druso tradidisse; atque, illo ignaro et juveniliter hauriente, auctam suspi-

cionem, tanquam metu et pudore sibimet irrogaret mortem quam patri struxerat.

XI. Hæc vulgo jactata, super id quod nullo auctore certo firmantur, prompte refutaveris. Quis enim mediocri prudentia, nedum Tiberius, tantis rebus exercitus, inaudito filio exitium offerret, idque sua manu, et nullo ad pœnitendum regressu? Quin potius ministrum veneni excruciaret, auctorem exquireret, insita denique etiam in extraneos cunctatione et mora, adversum unicum et nullius ante flagitii compertum, uteretur? Sed, quia Sejanus facinorum omnium repertor habebatur, ex nimia caritate in eum Cæsaris, et ceterorum in utrumque odio, quamvis fabulosa et immania credebantur, atrociore semper fama erga dominantium exitus. Ordo alioqui sceleris per Apicatam Sejani proditus, tormentisque Eudemi ac Lygdi patefactus est : neque quisquam scriptor tam infensus exstitit, ut Tiberio objectaret, quum omnia alia conquirerent intenderentque. Mihi tradendi arguendique rumoris causa fuit, ut, claro sub exemplo, falsas auditiones depellerem, peteremque ab iis quorum in manus cura nostra venerit, ne divulgata atque incredibilia, avide accepta, veris neque in miraculum corruptis, antehabeant.

XII. Ceterum, laudante filium pro rostris Tiberio, senatus populusque habitum ac voces dolentum, simulationa

sur les visages, et les cœurs se réjouissaient de l'élévation des enfants de Germanicus. Ce commencement de faveur, et l'indiscrétion d'Agrippine, qui sut mal cacher ses espérances, accélérèrent leur perte. Séjan, qui vit que la mort de Drusus, loin d'être vengée, n'excitait pas même les regrets publics, plein d'audace pour le crime, et encouragé par un premier succès, roula dans son esprit les moyens de perdre les enfants de Germanicus, que regardait indubitablement la succession à l'empire. Le poison ne pouvait réussir contre trois; la fidélité de leurs gardiens, la vertu de leur mère étaient incorruptibles. Il se mit donc à décrier sans cesse le caractère inflexible d'Agrippine, et à presser Augusta par ses vieilles inimitiés, et Livie par l'ascendant de leur nouveau crime, afin que toutes deux accusassent devant Tibère l'ambition de cette femme, qui, fière de sa fécondité et des suffrages de la multitude, n'aspirait qu'à l'empire. Des fourbes adroits secondaient ses intrigues; il avait, entre autres, choisi Postumus, amant de Mutilie, devenu, par cette liaison, confident d'Augusta, et très-propre aux desseins de Séjan ; parce que Mutilie, toute-puissante sur l'esprit de l'aïeule, alarmant la vieille impératrice, naturellement jalouse du pouvoir, la rendait irréconciliable ennemie de sa bru. En même temps, ceux qui approchaient Agrippine, gagnés par Séjan, exaspéraient, par des suggestions perfides, son âme altière.

XIII. Cependant Tibère, se livrant sans interruption aux soins du gouvernement, et regardant les affaires comme des consolations, examinait les causes des citoyens, les prières des alliés. Un tremblement de terre avait ruiné les villes de Cibyre en Asie, d'Égium en Achaïe ; sur sa demande, le sénat les déchargea de tout tribut pendant trois ans. Vibius Sérénus, proconsul de l'Espagne ultérieure, condamné, en vertu de la loi sur la Violence publique, pour l'excessive dureté de son gouvernement, fut relégué dans l'île d'Amorgos. On renvoya absous Carsidius Sacerdos et Caïus Gracchus, accusés tous deux d'avoir fourni des blés à Tacfarinas. Gracchus, étant encore au berceau, avait suivi son père Sempronius en exil dans l'île de Cercine. Là, élevé parmi les bannis grossiers et sans éducation, il subsistait à peine d'un vil négoce qu'il faisait en Afrique et en Sicile ; il ne put cependant échapper aux dangers des grandes fortunes, et si Lamia et Apronius, qui avaient gouverné l'Afrique, ne l'eussent protégé, l'influence de son père et de son nom l'eût perdu, malgré son innocence.

XIV. Cette année on reçut encore des députations de la Grèce : Samos réclamait pour le temple de Junon, et Cos, pour celui d'Esculape, la confirmation d'un ancien droit d'asile. Samos se fondait sur un décret des amphictyons, qui formaient le conseil suprême des Grecs dans le temps que ce peuple couvrait de ses colonies les côtes de l'Asie. Cos avait un titre aussi ancien, et, de plus, le mérite d'un bienfait. Son temple d'Esculape avait servi de refuge aux citoyens romains, lorsqu'on les égorgait par l'ordre de Mithridate, dans tout le continent et sur toutes les îles de l'Asie. D'un autre côté, les préteurs renouvelaient inutilement leurs plaintes contre la licence des histrions. Enfin, Tibère les dénonça au sénat. Il représenta que leurs séditions en public, leurs débauches en particulier, que surtout la licence et l'obscénité de ces farces, imaginées au-

---

magis quam libens, induebat, domumque Germanici revirescere occulti lætabantur. Quod principium favoris, et mater Agrippina spem male tegens, perniciem acceliverere. Nam Sejanus, ubi videt mortem Drusi, inultam interfectoribus, sine mœrore publico esse, ferox scelerum, et, quia prima provenerant, volutare secum quonam modo Germanici liberos perverteret, quorum non dubia successio : neque spargi venenum in tres poterat, egregia custodum fide, et pudicitia Agrippinæ impenetrabili. Igitur contumaciam ejus insectari, vetus Augustæ odium, recentem Liviæ conscientiam exagitare, ut superbam fecunditate, subnixam popularibus studiis, inhiare dominationi apud Cæsarem arguerent. Adque hæc callidis criminatoribus inter quos delegerat Julium Postumum, per adulterium Mutiliæ Priscæ inter intimos aviæ, et consiliis suis peridoneum, quia Prisca in animo Augustæ valida) anxium, suapte natura potentiæ anxiam, insociabilem nurui efficiebat. Agrippinæ quoque proximi illiciebantur, pravis sermonibus tumidos spiritus perstimulare.

XIII. At Tiberius, nihil intermissa rerum cura, negotia pro solatiis accipiens, jus civium, preces sociorum tractabat. Factaque, auctore eo, senatusconsulta, ut civitati Cibyraticæ apud Asiam, Ægiensi apud Achaiam, motu terræ labefactis, subveniretur remissione tributi in triennium. Et Vibius Serenus, proconsul ulterioris Hispaniæ, de vi publica damnatus ob atrocitatem morum, in insulam Amorgum deportatur. Carsidius Sacerdos, reus tanquam frumento hostem Tacfarinatem juvisset, absolvitur ; ejusdemque criminis C. Gracchus. Hunc comitem exsilii admodum infantem pater Sempronius in insulam Cercinam tulerat. Illic adultus inter extorres et liberalium artium nescios, mox per Africam ac Siciliam mutando sordidas merces sustentabatur : nec tamen effugit magnæ fortunæ pericula. Ac ni Ælius Lamia et L. Apronius, qui Africam obtinuerant, insontem protexissent, claritudine infausti generis et paternis adversis foret abstractus.

XIV. Is quoque annus legationes Græcarum civitatum habuit, Samiis Junonis, Cois Æsculapii delubro, vetustum asyli jus ut firmaretur petentibus. Samii decreto Amphictyonum nitebantur, quis præcipuum fuit rerum omnium judicium, qua tempestate Græci, conditis per Asiam urbibus, ora maris potiebantur. Neque dispar apud Coos antiquitas, et accedebat meritum ex loco. Nam cives romanos templo Æsculapii induxerant, quum, jussu regis Mithridatis, apud cunctas Asiæ insulas et urbes trucidarentur. Variis dehinc et sæpius irritis prætorum questibus,

trefois par les Osques, et qui ne donnaient au peuple qu'un très-médiocre amusement, méritaient l'animadversion des pères. Les histrions furent chassés d'Italie.

XV. Cette même année fut pour Tibère l'époque d'un autre deuil. Il perdit l'un des jumeaux de Drusus, et, ce qui ne l'affligea pas moins, son ami Lucilius, le seul des sénateurs qui l'eût accompagné dans sa retraite de Rhodes, et qui, en tout temps, partagea sa bonne et sa mauvaise fortune. Aussi, quoique homme nouveau, le sénat lui décerna sur les fonds publics des funérailles, comme aux censeurs, et une statue dans le forum d'Auguste; car c'était encore le sénat qui traitait toutes les affaires. Tibère alla jusqu'à soumettre au jugement de ce corps le procès d'un de ses intendants, Capiton, procurateur de l'Asie, accusé par la province. Il déclara hautement qu'il n'avait donné à Capiton de pouvoir que sur ses biens et sur ses esclaves, et que, s'il avait usurpé l'autorité de préteur, et disposé des soldats, c'était au mépris de ses ordres; qu'ainsi on eût à rendre justice aux alliés. En conséquence, l'affaire instruite, l'accusé fut condamné. Ce châtiment, joint à celui de Silanus l'année précédente, excita la reconnaissance des villes de l'Asie; elles décernèrent un temple pour Tibère, pour sa mère et pour le sénat. On leur permit de le bâtir, et Néron, au nom de la province, remercia le sénat et son aïeul. Son discours produisit de tendres émotions. Les Romains, tout remplis de la mémoire de Germanicus, croyaient le voir, croyaient l'entendre dans son fils, et lui-même charmait par sa jeunesse, sa modestie, par la noblesse imposante de sa figure, qualités que ses périls et les haines trop connues de Séjan rendaient plus intéressantes.

XVI. A peu près dans ce temps, la nécessité d'élire un flamine de Jupiter à la place de Maluginensis, qui était mort, engagea Tibère à proposer une loi nouvelle. De tout temps on ne pouvait choisir un flamine que parmi trois patriciens, nés de pères mariés par confarréation; or on avait alors peine à trouver ce nombre, parce que l'usage de ces sortes d'unions s'était perdu dans presque toutes les familles. Tibère en allégua plusieurs raisons, dont la plus forte était le refroidissement des deux sexes pour la religion, puis les difficultés même de la cérémonie que l'on cherchait à éviter, et l'inconvénient de voir échapper à l'autorité paternelle les enfants qui devenaient flamines, et les filles qui épousaient un de ces pontifes. Tibère fut d'avis qu'on y remédiât par un décret du sénat, ou par une loi, à l'exemple d'Auguste, qui, sur quelques points, avait adouci l'austérité trop rigide des vieux temps. On examina les rites religieux. Enfin on résolut de ne rien changer aux règlements des prêtres mêmes; mais, pour les prêtresses, on porta une loi, par laquelle, asservies à leurs maris uniquement dans ce qui concernait le culte, elles rentraient, pour tout le reste, dans le droit commun des femmes. Le fils de Maluginensis fut substitué à son père. En même temps, afin d'augmenter la dignité du sacerdoce et d'exciter l'émulation pour le service des autels, on décerna deux millions de sesterces à Cornélie, qui allait occuper le rang de Scantia, et l'on régla que, désormais, la place d'Augusta au théâtre serait sur le banc des vestales.

postremo Cæsar de immodestia histrionum retulit : multa ab iis in publicum seditiose, fœda per domos tentari; Oscum quondam ludicrum, levissimæ apud vulgum oblectationis, eo flagitiorum et virium venisse, ut auctoritate patrum coercendum sit. Pulsi tum histriones Italia.

XV. Idem annus alio quoque luctu Cæsarem afficit, alterum ex geminis Drusi liberis exstinguendo; neque minus morte amici. Is fuit Lucilius Longus, omnium illi tristium lætorumque socius, unusque e senatoribus Rhodii secessus comes. Ita, quanquam novo homini, censorium funus, effigiem apud forum Augusti, publica pecunia, patres decrevere; apud quos etiam tum cuncta tractabantur : adeo ut procurator Asiæ, Lucilius Capito, accusante provincia, causam dixerit, magna cum asseveratione principis, « non se jus, nisi in servitia et pecunias familiares, dedisse : quod si vim prætoris usurpasset, manibusque militum usus foret, spreta in eo mandata sua; audirent socios ». Ita reus, cognito negotio, damnatur. Ob quam ultionem, et quia priore anno in C. Silanum vindicatum erat, decrevere Asiæ urbes templum Tiberio matrique ejus ac senatui. Et permissum statuere : egitque Nero grates, ea causa, patribus atque avo, lætas inter audientium affectiones, qui, recenti memoria Germanici, illum adspici, illum audiri rebantur : aderantque juveni modestia, ac forma principe viro digna, notis in eum Sejani odiis, ob periculum gratiora.

XVI. Sub idem tempus de flamine Diali, in locum Servii Maluginensis defuncti, legendo, simul roganda nova lege, disseruit Cæsar. Nam patricios, confarreatis parentibus genitos, tres simul nominari, ex quis unus legeretur, vetusto more; neque adesse, ut olim, eam copiam, omissa confarreandi assuetudine aut inter paucos retenta : pluresque ejus rei causas afferebat; potissimam, penes incuriam virorum feminarumque. Accedere ipsius cærimoniæ difficultates, quæ consulto vitarentur, et quando exiret e jure patrio qui id flaminio apisceretur, quæque in manum flaminis conveniret. Ita medendum senatus decreto, aut lege; sicut Augustus quædam, ex horrida illa antiquitate, ad præsentem usum flexisset. Igitur tractatis religionibus, placitum instituto flaminum nihil demutari. Sed lata lex, qua flaminica Dialis, sacrorum causa, in potestate viri, cetera promiscuo feminarum jure ageret : et filius Maluginensis patri suffectus. Utque gliscerot dignatio sacerdotum atque ipsis promptior animus foret ad capessendas cærimonias, decretum Corneliæ virgini, quæ in locum Scantiæ capiebatur, sestertium vicies; et quoties Augusta theatrum introisset, ut sedes inter vestalium consideret.

XVII. Sous le consulat de Céthégus et de Varron, comme on offrait des vœux pour la conservation de l'empereur, les pontifes, et, à leur exemple, les autres prêtres recommandèrent aux mêmes dieux Néron et Drusus, moins par intérêt pour ces jeunes gens, que pour flatter le prince même ; mais, sous un gouvernement ombrageux, il y a le même danger à ne pas flatter et à flatter avec excès. Tibère, qui n'avait jamais aimé la famille de Germanicus, voyant que des enfants obtenaient les mêmes honneurs que sa vieillesse, en conçut un dépit violent. Il fait venir les pontifes; il leur demande si c'était aux prières ou aux menaces d'Agrippine qu'ils avaient cédé. Ceux-ci, se défendant du motif, n'en furent pas moins repris, toutefois légèrement, parce qu'ils étaient tous, ou les parents du prince, ou les premiers de Rome ; mais, dans le sénat, il recommanda expressément qu'à l'avenir on se gardât d'exalter, par des honneurs précoces, les esprits mobiles d'une jeunesse présomptueuse. C'était surtout Séjan qui l'animait. Il lui parlait sans cesse d'une scission, d'une guerre civile dans Rome, d'un parti qui se disait hautement le parti d'Agrippine, et qui se fortifierait si l'on n'y mettait opposition. Enfin il conseillait, comme l'unique remède aux progrès du mal, d'abattre une ou deux têtes des plus séditieuses.

XVIII. Ces motifs décidèrent la ruine de Caïus Silius et de Titius Sabinus. Leur amitié pour Germanicus les perdit tous deux ; Silius avait, de plus, contre lui l'honneur d'avoir commandé sept ans une grande armée, ses décorations triomphales acquises en Germanie, sa victoire sur Sacrovir, et cette grande masse de gloire qui allait rendre sa chute plus effrayante. Plusieurs croyaient que la jactance et l'indiscrétion de Silius avaient aigri les ressentiments de Tibère. En effet, Silius publiait partout qu'il avait su contenir son armée, tandis que les autres se portaient à la révolte ; et que, si ses légions eussent suivi l'exemple de la sédition, jamais Tibère n'eût conservé l'empire. Celui-ci s'imaginait y voir le renversement de sa fortune, et ne se sentait pas à la hauteur d'un si grand service. Car on aime les bienfaits tant qu'on croit pouvoir les acquitter ; dès qu'ils excèdent la reconnaissance, elle se change en haine.

XIX. Silius avait pour femme Sosia Galla, odieuse à Tibère, parce qu'elle était aimée d'Agrippine. On résolut leur perte, remettant à un autre temps celle de Sabinus ; et l'on mit en avant le consul Varron, qui, prétextant l'inimitié de son père, consentit, sans pudeur, à servir la haine de Séjan. En vain l'accusé sollicitait un court délai, pour attendre l'expiration du consulat de son ennemi. Tibère s'y opposa, disant que la loi autorisait les magistrats à citer en justice des particuliers, et qu'il ne fallait pas donner atteinte aux droits d'un consul qui, par ses veilles, s'efforçait d'empêcher que la république reçût aucun dommage. C'était le talent de Tibère de déguiser ses criminelles innovations sous d'anciennes formalités. Il assemble donc le sénat avec beaucoup de protestations, comme s'il eût été question de la loi dans l'affaire de Silius, comme si Varron eût été un consul, et l'état de choses une république. L'accusé n'entreprit pas de se défendre, et, dans le peu de mots qu'il hasarda, il ne cacha point de quels

XVII. Cornelio Cethego, Visellio Varrone consulibus, pontifices, eorumque exemplo ceteri sacerdotes, quum pro incolumitate principis vota susciperent, Neronem quoque et Drusum iisdem diis commendavere : non tam caritate juvenum, quam adulatione; quæ, moribus corruptis, perinde anceps, si nulla et nimia est. Nam Tiberius haud unquam domui Germanici mitis, tum vero æquari adolescentes senectæ suæ impatienter indoluit : accitosque pontifices percunctatus est num id precibus Agrippinæ aut minis tribuissent. Et illi quidem, quanquam abnuerent, modice perstricti (etenim pars magna e propinquis ipsius, aut primores civitatis erant) : ceterum, in senatu, oratione monuit in posterum ne quis mobiles adolescentium animos præmaturis honoribus ad superbiam extollerent. Instabat quippe Sejanus, incusabatque diductam civitatem, ut civili bello : esse qui se partium Agrippinæ vocent, ac, ni resistatur, fore plures ; neque aliud gliscentis discordiæ remedium, quam si unus alterve maxime prompti subverterentur.

XVIII. Qua causa C. Silium et Titium Sabinum aggreditur. Amicitia Germanici perniciosa utrique ; Silio et, quod ingentis exercitus septem per annos moderator, partisque apud Germaniam triumphalibus, Sacroviriani belli victor, quanto majore mole procideret, plus formidinis in alios dispergebatur. Credebant plerique auctam offensionem ipsius intemperantia, immodice jactantis suum militem in obsequio duravisse, quum alii ad seditiones prolaberentur ; neque mansurum Tiberio imperium, si iis quoque legionibus cupido novandi fuisset. Destrui per hæc fortunam suam Cæsar, imparemque tanto merito rebatur. Nam beneficia eo usque læta sunt, dum videntur exsolvi posse ; ubi multum antevenere, pro gratia odium redditur.

XIX. Erat uxor Silio Sosia Galla, caritate Agrippinæ invisa principi. Hos corripi, dilato ad tempus Sabino, placitum ; immissusque Varro consul, qui, paternas inimicitias obtendens, odiis Sejani per dedecus suum gratificabatur. Precante reo brevem moram, dum accusator consulatu abiret, adversatus est Cæsar : « solitum quippe magistratibus diem privatis dicere ; nec infringendum consulis jus, cujus vigiliis niteretur, ne quod respublica detrimentum caperet. » Proprium id Tiberio fuit, scelera nuper reperta priscis verbis obtegere. Igitur multa asseveratione, quasi aut legibus cum Silio ageretur, aut Varro consul, aut illud respublica esset, coguntur patres, silente reo, vel, si defensionem cœptaret, non occultante cujus ira premeretur. Conscientia belli Sacrovir diu dissimulatus, victoria per avaritiam fœdata, et uxor Sosia arguebantur : nec dubie repetundarum criminibus hærebant ; sed cuncta quæstione

ressentiments il se croyait la victime. On lui reprochait d'avoir laissé longtemps ignorer les desseins de Sacrovir, qu'il connaissait, d'avoir souillé sa victoire par des rapines, et enfin tous les déportements de sa femme. Certainement ils n'étaient point exempts de concussion ; mais tout fut traité comme crime de lèse-majesté. Silius prévint une condamnation inévitable par une mort volontaire.

XX. On n'en sévit pas moins contre ses biens, mais non pour rendre aux villes tributaires l'argent qu'aucune ne redemandait; on démembra de sa fortune toutes les libéralités d'Auguste, et l'on supputa rigoureusement ce que le fisc pouvait réclamer. Ce fut là le premier trait de cupidité qui parut dans Tibère. Pour Sosia, elle fut exilée d'après l'avis de Gallus, qui voulait ne donner aux enfants que la moitié des biens, et confisquer l'autre; mais Lépide proposa d'accorder aux accusateurs le quart exigé par la loi, et de rendre le reste aux enfants. Je trouve que, pour un pareil siecle, ce Lépide avait de la sagesse et de la fermeté. Souvent il fit adoucir les arrêts barbares que dictait l'adulation, et toutefois il ne manquait pas de prudence, puisqu'il sut, sans se compromettre, conserver sa faveur auprès de Tibère. C'est ce qui me ferait croire que la haine ou l'affection des princes dépendent, comme les autres événements, des caprices du sort. Peut-être qu'aussi la sagesse humaine y peut quelque chose, et qu'en évitant également l'inflexibilité farouche et les complaisances avilissantes, on pourrait fournir une carrière exempte d'ambition et de périls. Messalinus Cotta, d'une naissance non moins illustre, mais d'un caractère bien différent, proposa un sénatusconsulte portant que tout magistrat, quoiqu'il ne fût ni coupable, ni instruit des malversations de sa femme dans sa province, en serait puni comme des siennes propres.

XXI. On instruisit ensuite l'affaire de Lucius Pison, Romain d'une haute naissance et d'une âme fière. C'était lui qui, comme je l'ai dit, avait souvent répété, dans le sénat, que les intrigues des délateurs le chasseraient de Rome, et qui, bravant le pouvoir d'Augusta, avait osé citer en justice Urgulanie, et l'assigner jusque dans le palais de César. Tibère ne fut point choqué, pour le moment, de cette hardiesse; mais, dans ce cœur haineux, qui se repliait sur ses ressentiments, lors même que la premiere impression d'une offense avait été faible, les souvenirs la fortifiaient. Granius accusait Pison d'avoir tenu en secret des discours contre la majesté du prince; il ajouta que Pison avait du poison chez lui, et qu'il entrait au sénat toujours armé d'une épée. Ces deux derniers traits furent jugés trop atroces pour être crus; mais, sur les autres faits, que l'on accumulait, on admit l'information. La mort de Pison, qui survint à propos, arrêta la procedure. On rapporta aussi celle de Cassius Severus, alors exilé. Cet homme, d'une extraction basse, d'un esprit malfaisant, mais habile orateur, s'étant attiré une foule d'ennemis, avait mérité que le sénat, usant de la formalité du serment, le reléguât dans l'île de Crète. Là, continuant de se livrer à son naturel pervers, il souleva les haines anciennes et récentes; on finit par le dépouiller de ses biens, on lui interdit l'eau et le feu, et on le condamna à vieillir sur le rocher de Sériphe.

XXII. Vers le même temps, le préteur Silvanus avait, pour des motifs inconnus, jeté sa femme Apronia du haut de sa maison. Son beau-père Apronius l'ayant traîné devant César, Silvanus, avec l'égarement d'un criminel, répondit que sa femme s'était tuée pendant qu'il dormait,

---

majestatis exercita. Et Silius imminentem damnationem voluntario fine prævertit.

XX. Sævitum tamen in bona, non ut stipendiariis pecuniæ redderentur, quorum nemo repetebat ; sed liberalitas Augusti avulsa, computatis singillatim quæ fisco petebantur. Ea prima Tiberio erga pecuniam alienam diligentia fuit. Sosia in exsilium pellitur Asinii Galli sententia, qui partem bonorum publicandam, pars ut liberis relinqueretur, censuerat : contra M. Lepidus quartam accusatoribus, secundum necessitudinem legis, cetera liberis concessit. Hunc ego Lepidum, temporibus illis, gravem et sapientem virum fuisse comperio. Nam pleraque ab sævis adulationibus aliorum in melius flexit : neque tamen temperamenti egebat, quum æquabili auctoritate et gratia apud Tiberium viguerit. Unde dubitare cogor, fato et sorte nascendi, ut cetera, ita principum inclinatio in hos, offensio in illos; an sit aliquid in nostris consiliis, liceatque, inter abruptam contumaciam et deforme obsequium, pergere iter ambitione ac periculis vacuum. At Messallinus Cotta, haud minus claris majoribus, sed animo diversus, censuit cavendum senatusconsulto, ut quanquam insontes magistratus, et culpæ alienæ nescii, provincialibus uxorum criminibus, perinde quam suis, plecterentur.

XXI. Actum dehinc de Calpurnio Pisone, nobili ac feroci viro. Is namque, ut retuli, cessurum se urbe, ob factiones accusatorum, in senatu clamitaverat ; et, spreta potentia Augustæ, trahere in jus Urgulaniam domoque principis excire ausus erat. Quæ in præsens Tiberius civiliter habuit; sed in animo revolvente iras, etiam si impetus offensionis languerat, memoria valebat. Pisonem Q. Granius secreti sermonis incusavit, adversum majestatem habiti ; adjeceitque in domo ejus venenum esse, eumque gladio accinctum introire curiam; quod ut atrocius vero, tramissum, ceterorum, quæ multa cumulabantur, receptus est reus, neque peractus, ob mortem opportunam. Relatum et de Cassio Severo exsule, qui sordidæ originis maleficæ vitæ, sed orandi validus, per immodicas inimicitias, ut judicio jurati senatus Cretam amoveretur, effecerat : atque illic eadem actitando recentia veteraque odia advertit, bonisque exutus, interdicto igni atque aqua, saxo Seripho consenuit.

XXII. Per idem tempus Plautius Silvanus prætor, incer-

et à son insu. Tibère, sans différer, se transporte dans la maison, visite l'appartement, reconnaît des indices d'une violence marquée. Il fait son rapport au sénat, qui donne des juges au coupable; mais Urgulanie, son aïeule, lui envoya un poignard, et l'on pensa que c'était par le conseil du prince, à cause de l'amitié d'Augusta pour Urgulanie. Silvanus, n'ayant pas eu le courage de se percer lui-même, se fit ouvrir les veines. On accusa Numantine, sa première femme, d'avoir, par des enchantements et des poisons, troublé la raison de son mari : elle fut déclarée innocente.

XXIII. La même année, enfin, délivra le peuple romain de cette longue guerre contre le Numide Tacfarinas. Jusqu'alors tous nos généraux, dès qu'ils jugeaient leurs exploits suffisants pour mériter les ornements du triomphe, négligeaient la guerre. Il y avait déjà dans Rome trois statues triomphales, et Tacfarinas désolait toujours l'Afrique. Il s'était fortifié du secours des Maures, qui, voyant leur jeune roi Ptolémée, fils de Juba, abandonner à des affranchis le soin de son royaume, avaient pris les armes plutôt que d'obéir à des esclaves. Le roi des Garamantes était le recéleur de son butin et son associé pour le pillage, sans marcher toutefois en corps d'armée; il avait seulement envoyé des troupes légères, dont la renommée grossissait le nombre dans l'éloignement. D'ailleurs, tous les indigents, tous les séditieux de la province couraient en foule se joindre à Tacfarinas d'autant plus que Tibère, après l'expédition de Blésus, comme si l'Afrique n'eût déjà plus eu d'ennemis, avait rappelé la neuvième légion; et Publius Dolabella, proconsul alors, n'avait point osé la retenir, craignant plus la sévérité du prince que les hasards de la guerre.

XXIV. Tacfarinas avait répandu de tous côtés le bruit que l'empire était déchiré par d'autres guerres, que c'était la raison pour laquelle une partie de nos troupes avait évacué l'Afrique, et que ce qu'il en restait succomberait aisément sous l'effort et l'union de tous les Numides, qui préféreraient la liberté à l'esclavage. Fier de l'accroissement de ses forces, il vient camper devant Thubusque, et l'assiège. Dolabella rassemble aussitôt ce qu'il a de soldats. Au premier bruit de sa marche, la seule terreur du nom romain fait lever le siége, les Numides ne pouvant jamais soutenir le choc de l'infanterie romaine. Dolabella fortifia les postes avantageux ; quelques chefs des Musulans commençaient à remuer, il leur fait trancher la tête. Et, comme une expérience de plusieurs campagnes avait appris qu'un seul corps d'armée trop pesant échouait contre des ennemis vagabonds, sitôt qu'il a reçu les auxiliaires de Ptolémée, il forme quatre divisions, qu'il donne à des lieutenants et à des tribuns. Les plus braves des Maures conduisaient des troupes légères : lui-même dirigeait tous les mouvements.

XXV. Peu de temps après on lui donne avis que les Numides avaient dressé leurs tentes près d'un château à demi ruiné, et jadis brûlé par eux-mêmes, dans un lieu nommé Auzéa, se fiant à la bonté du poste, qu'enfermaient de tous côtés de vastes forêts. Sur-le-champ, avec son infanterie légère et sa cavalerie, il fait une mar-

---

tis causis, Aproniam conjugem in præceps jecit; tractusque ad Cæsarem ab L. Apronio socero, turbata mente respondit, tanquam ipse somno gravis atque eo ignarus, et uxor sponte mortem sumpsisset. Non cunctanter Tiberius pergit in domum, visit cubiculum ; in quo reluctantis et impulsæ vestigia cernebantur. Refert ad senatum, datisque judicibus, Urgulania, Silvani avia, pugionem nepoti misit. Quod perinde creditum, quasi principis monitu, ob amicitiam Augustæ cum Urgulania. Reus, frustra tentato ferro, venas præbuit exsolvendas. Mox Numantina, prior uxor ejus, accusata injecisse carminibus et veneficiis vecordiam marito, insons judicatur.

XXIII. Is demum annus populum romanum longo adversum numidam Tacfarinatem bello absolvit. Nam priores duces, ubi impetrando triumphalium insigni sufficere res suas crediderant, hostem omittebant ; jamque tres laureatæ in urbe statuæ, et adhuc raptabat Africam Tacfarinas, auctus Maurorum auxiliis, qui, Ptolemæo Jubæ filio juventa incurioso, libertos regios et servilia imperia bello mulaverant. Erat illi prædarum receptor ac socius populandi rex Garamantum, non ut cum exercitu incederet, sed missis levibus copiis, quæ ex longinquo in majus audiebantur : ipsaque e provincia, ut quis fortunæ inops, moribus turbidus, promptius ruebant, quia Cæsar, post res a Blæso gestas, quasi nullis jam in Africa hostibus, reportari nonam legionem jusserat; nec proconsul ejus anni, P. Dolabella, retinere ausus erat, jussa principis magis quam incerta belli metuens.

XXIV. Igitur Tacfarinas, disperso rumore rem romanam aliis quoque ab nationibus lacerari, eoque paullatim Africa decedere, ac posse reliquos circumveniri, si cuncti, quibus libertas servitio potior, incubuissent, auget vires, positisque castris Thubuscum oppidum circumsidet. At Dolabella, contracto quod erat militum, terrore nominis romani, et quia Numidæ peditum aciem ferre nequeunt, primo sui incessu solvit obsidium, locorumque opportuna permunivit : simul principes Musulanorum, defectionem cœptantes, securi percutit. Dein, quia pluribus adversum Tacfarinatem expeditionibus cognitum, non gravi nec uno incursu consectandum hostem vagum, excito cum popularibus rege Ptolemæo, quatuor agmina parat, quæ legatis aut tribunis data : et prædatorias manus delecti Maurorum duxere; ipse consultor aderat omnibus.

XXV. Nec multo post affertur Numidas apud castellum semirutum, ab ipsis quondam incensum, cui nomen Auzea, positis mapalibus consedisse, fisos loco, quia vastis circum saltibus claudebatur. Tum expeditæ cohortes alæque, quam in partem ducerentur ignaræ, cito agmine rapiuntur. Simulque cœptus dies, et concentu tubarum ac truci clamore aderant semisomnos in barbaros, præpeditis Numidarum equis, aut diversos pastus pererrantibus. Ab Romanis confertæ pedes, dispositæ turmæ, cuncta prælio

che forcée : tous ignorent où il les mène. Au point du jour, les Romains, avec des cris terribles, au son des trompettes, l'infanterie serrée, les escadrons déployés, tout disposé pour le combat, fondent sur les barbares à moitié endormis, dont les chevaux étaient attachés, ou erraient dans les pâturages; ils n'avaient aucune connaissance de ce qui se passait, point d'armes, point d'ordre, point de plan : ils se laissèrent chasser, enlever, égorger comme des troupeaux. Le soldat romain, irrité par le souvenir de ses travaux, jouissant enfin d'une bataille désirée si longtemps et si longtemps éludée, s'enivrait de vengeance, se baignait dans le sang. On fit dire dans les rangs de s'attacher à Tacfarinas, qu'après tant de combats ils devaient connaître tous; qu'on n'aurait la paix que par la mort du chef. Mais lui, voyant ses gardes dispersés, son fils prisonnier, et les Romains qui perçaient de toutes parts, se jette au milieu des traits, et, vendant chèrement sa vie, il se sauve de la captivité par la mort : avec lui finit la guerre.

XXVI. Dolabella demanda les ornements du triomphe. Tibère les refusa, par égard pour Séjan, dans la crainte que le lustre de son oncle Blésus n'en fût terni. Mais Blésus n'en eut pas plus de gloire, et le refus d'un honneur mérité augmenta celle de Dolabella, qui, avec moins de troupes, avait fait des prisonniers de marque, tué le chef des ennemis et terminé la guerre. Il revint suivi d'une députation des Garamantes, spectacle assez nouveau pour Rome. La nation, découragée par la défaite de Tacfarinas, et n'ignorant point ses torts, l'avait envoyée pour faire réparation au peuple romain. On récompensa les services de Ptolémée dans cette guerre. Un député du sénateurs, renouvelant un antique usage, lui porta les présents du sénat, le bâton d'ivoire, la toge brodée, avec le titre de roi, d'ami et d'allié.

XXVII. Ce même été, une révolte d'esclaves pensa éclater en Italie; le hasard l'étouffa. L'auteur de ce soulèvement, Turius Curtisius, ancien soldat d'une cohorte prétorienne, avait d'abord tenu des assemblées secrètes à Brindes et dans les villes voisines. Bientôt il afficha publiquement des placards, où il invitait à la liberté tous ces esclaves sauvages que le séjour des bois éloignés rendait plus entreprenants. Heureusement trois birèmes, destinées à protéger la navigation de cette mer, arrivèrent, comme par une faveur des dieux, dans cet endroit, où se trouva aussi le questeur Curtius Lupus, qui commandait sur toute la côte de Calès, département réservé de tout temps aux questeurs. Celui-ci, avec le secours des soldats de la flotte, dissipa sans peine la conjuration qui ne faisait que d'éclore, et Tibère envoya promptement, avec un corps de troupes, le tribun Staïus, qui prit et mena à Rome le chef et les principaux séditieux. L'alarme était déjà dans la ville à cause de cette multitude d'esclaves, dont l'accroissement devenait prodigieux, tandis que le nombre des personnes libres diminuait de jour en jour.

XXVIII. Ce même consulat offrit un exemple horrible de l'atrocité de ces temps malheureux; un père coupable, un fils accusateur. Ils se nommaient Vibius. On vit, dans le sénat, le père, arraché à son exil, sale, couvert de lambeaux, restant chargé de fers pendant le discours de son fils, dont l'allégresse et la brillante parure semblaient insulter à la misère du vieillard. Le fils reprochait à son père d'avoir conspiré contre les jours du prince, et d'avoir fomenté, par des émissaires, la révolte des Gaules. Il était à la fois le dénonciateur et le témoin. Il impliquait Cécilius Cornutus, ancien préteur, comme ayant

---

provisa : hostibus contra, omnium nesciis, non arma, non ordo, non consilium; sed, pecorum modo, trahi, occidi, capi. Infensus miles memoria laborum, et adversum eludentes optatæ toties pugnæ, ne quisque ultione et sanguine explebant. Differtur per manipulos « Tacfarinatem omnes, notum tot præliis, consectentur : non, nisi duce interfecto, requiem belli fore ». At ille, dejectis circum stipatoribus, vinctoque jam filio, et effusis undique Romanis, ruendo in tela, captivitatem haud inulta morte effugit. Isque finis armis impositus.

XXVI. Dolabellæ petenti triumphalia Tiberius, Sejano tribuens, ne Blæsi avunculi ejus laus absolesceret. Sed neque Blæsus ideo illustrior, et huic negatus bonor gloriam intendit. Quippe minore exercitu, insignes captivos, cædem ducis, bellique confecti famam deportarat. Sequebantur et Garamantum legati, raro in urbe visi, quos Tacfarinate cæso perculsa gens, nec culpæ nescia, ad satisfaciendum populo romano, miserat. Cognitis dehinc Ptolemæi per id bellum studiis, repetitus ex vetusto mos, missusque e senatoribus, qui scipionem eburnum, togam pictam, antiqua patrum munera, daret, regemque et socium atque amicum appellaret.

XXVII. Eadem æstate mota per Italiam servilis belli semina fors oppressit. Auctor tumultus T. Curtisius, quondam prætoriæ cohortis miles, primo cœtibus clandestinis, apud Brundisium et circumjecta oppida; mox positis propalam libellis, ad libertatem vocabat agrestia per longinquos saltus et feroeia servitia : quum, velut munere deum, tres biremes appulere ad usus commeantium illo mari. Et erat iisdem regionibus Curtius Lupus quæstor, cui provincia vetere ex more Cales evenerat. Is, disposita classiariorum copia, cœptantem quum maxime conjurationem disjecit. Missusque a Cæsare propere Staius tribunus, cum valida manu, ducem ipsum et proximos audaciæ in urbem traxit, jam trepidam ob multitudinem familiarum, quæ gliscebat immensum, minore in dies plebe ingenua.

XXVIII. Iisdem consulibus, miseriarum ac sævitiæ exemplum atrox, reus pater, accusator filius, nomen utrique Vibius Serenus, in senatum inducti sunt : ab exsilio retractus, illuvieque ac squalore obsitus, et tum catena

fourni l'argent. Cécilius, ennuyé de cet état de perplexités, persuadé d'ailleurs que l'accusation et la mort étaient une même chose, se hâta d'abréger ses jours. Sa fin n'abattit point le courage de l'accusé; se tournant vers son fils, et secouant ses chaînes, il invoquait les dieux vengeurs, et les conjurait de lui rendre son exil, où, du moins, sa vue ne serait point souillée par de telles horreurs; il attendait de leur justice le châtiment d'un fils barbare; il protestait que Cécilius avait pris faussement l'alarme, et qu'il mourait innocent; qu'on en verrait la preuve, si l'on produisait les autres complices; car, apparemment, lui, Vibius, n'aurait point, avec un seul homme, tramé le meurtre du prince et le bouleversement de l'empire.

XXIX. Alors l'accusateur nomma Lentulus et Tubéron : c'étaient les premiers de Rome, les amis intimes de César, qui montra une confusion extrême. Lentulus était accablé de vieillesse, Tubéron d'infirmités, et tous deux on leur reprochait d'avoir voulu soulever l'ennemi et troubler la république. Ils furent déchargés sur-le-champ. On mit à la question les esclaves du père : la question fut défavorable à l'accusateur; tourmenté de son crime, effrayé du cri public qui le menaçait du cachot, de la roche Tarpéienne, et même du supplice des parricides, il s'enfuit à Ravenne. Tibère lui força de revenir et de poursuivre l'accusation, ne cachant point son ancienne inimitié contre le vieux banni. Celui-ci, après la condamnation de Libon, étant le seul dont le zèle fût resté sans récompense, s'en était plaint dans une lettre qu'il écrivit au prince, avec trop de hauteur pour ne point choquer des oreilles superbes et faciles à blesser. Tibère rappela ces griefs au bout de huit ans; il remplissait l'intervalle par des délits semblables, disait-il, quoique, malgré la torture, l'obstination des esclaves en supprimât les preuves.

XXX. Lorsqu'on alla aux voix, Tibère, paraissant vouloir calmer le ressentiment des sénateurs, s'opposa à ce que Vibius fût puni de mort. Gallus voulait qu'on l'enfermât dans les îles de Donuse ou de Gyare. Tibère rejeta encore cet avis, disant que ces deux îles manquaient d'eau, et, qu'avec la vie, il fallait en satisfaire les premières nécessités; Vibius fut renvoyé dans l'île d'Amorgos. Comme Cécilius s'était tué lui-même, on proposa d'abolir les récompenses des délateurs, dans le cas où un homme, accusé de lèse-majesté, s'ôterait la vie avant le jugement. Cet avis allait passer sans Tibère, qui, contre son ordinaire, s'expliqua ouvertement en faveur des accusateurs; il se plaignit avec dureté qu'on perdait la république, qu'on anéantissait les lois : autant vaudrait les détruire que de leur ôter leurs gardiens. Ainsi les délateurs, engeance créée pour la ruine publique, et que les peines même n'ont jamais pu extirper, excités par les récompenses, pullulèrent de toutes parts.

XXXI. Au milieu de scènes si affligeantes et si souvent répétées, on ressentit un moment de joie. Caïus Cominius, chevalier romain, convaincu d'avoir fait des vers satiriques contre le prince, obtint sa grâce à la prière de son frère, qui était sénateur. Voilà ce qui rendait plus inconcevable la conduite de Tibère, qui n'ignorait pas le prix de

---

vinctus pater, orante filio. Paratus adolescens multis mundiis, alacri vultu, structas principi insidias, missos in Galliam concitores belli, index idem et testis dicebat; adnectebatque Cæcilium Cornutum prætorium ministravisse pecuniam : qui, tædio curarum, et quia periculum pro exitio habebatur, mortem in se festinavit. At contra reus, nihil infracto animo, obversus in filium, quatere vincula, vocare ultores deos, ut sibi quidem redderent exsilium, ubi procul tali more ageret; filium autem quandoque supplicia sequerentur. Asseverabatque innocentem Cornutum, et falsa exterritum; idque facile intellectu, si proderentur alii : non enim se cædem principis et res novas uno socio cogitasse.

XXIX. Tum accusator Cneium Lentulum et Sejum Tuberonem nominat; magno pudore Cæsaris, quum primores civitatis intimi ipsius amici, Lentulus senectutis extremæ, Tubero defecto corpore, tumultus hostilis et turbandæ reipublicæ accesserentur. Sed hi quidem statim exempti. In patrem ex servis quæsitum : et quæstio adversa accusatori fuit; qui scelere vecors, simul vulgi rumore territus, robur et saxum, parricidarum pœnas minitantium, cessit urbe : ac, retractus Ravenna, exsequi accusationem adigitur; non occultante Tiberio vetus odium adversus exsulem Serenum. Nam, post damnatum Libonem, missis ad Cæsarem literis exprobraverat suum tantum studium sine fructu fuisse; addideratque quædam contumacius quam tutum apud aures superbas et offensioni proniores : ea Cæsar octo post annos retulit, medium tempus varie arguens, etiam si tormenta, pervicacia servorum, contra evenissent.

XXX. Dictis dein sententiis, ut Serenus more majorum puniretur, quo molliret invidiam, intercessit. Gallus Asinius Gyaro aut Donusa claudendum quum censeret, id quoque adspernatus est, egenam aquæ utramque insulam referens, dandosque vitæ usus, cui vita concederetur : ita Serenus Amorgum reportatur. Et, quia Cornutus sua manu ceciderat, actum de præmiis accusatorum abolendis, si quis, majestatis postulatus, ante perfectum judicium se ipse vita privavisset : ibaturque in eam sententiam, ni durius contraque morem suum, palam pro accusatoribus, Cæsar irritas leges, rempublicam in præcipiti, conquestus esset : subverterent potius jura, quam custodes eorum amoverent. Sic delatores, genus hominum publico exitio repertum, et pœnis quidem nunquam satis coercitum, per præmia eliciebantur.

XXXI. His tam assiduis tamque mœstis modica lætitia interjicitur, quod C. Cominium, equitem romanum, probrosi in se carminis convictum, Cæsar precibus fratris, qui senator erat, concessit. Quo magis mirum habebatur, gnarum meliorum, et quæ fama clementiam sequeretur, tristiora malle. Neque enim socordia peccabat; nec occultum est quando ex veritate, quando adumbrata lætitia, facta imperatorum celebrentur quin ipse, compositus alias et

la bonté, la gloire attachée à la clémence, et qui préférait de se faire haïr. Il ne manquait pas non plus de discernement. Il est d'ailleurs peu difficile de juger quand les louanges qu'on donne aux actions des princes sont dictées par la vérité ou par une joie simulée; et lui-même avait pu éprouver que son élocution, ordinairement laborieuse et contrainte, devenait plus douce et plus facile quand il intercédait pour des malheureux. Au même temps, Publius Suillius, ancien questeur de Germanicus, convaincu d'avoir pris de l'argent dans un procès dont il était juge, allait être seulement éloigné de l'Italie : Tibère voulut qu'on le reléguât dans une île, appuyant son avis avec tant de force, qu'il affirma, par un serment solennel, que c'était le bien de la république. Ce trait, qui choqua dans le moment, tourna depuis à sa gloire, lorsque, dans l'âge suivant, on vit le même Suillius, tout-puissant, passer de l'exil à la cour de Claude, trafiquer de sa faveur, et ne marquer sa longue prospérité que par des injustices. Le sénateur Firmius était condamné à la même peine, pour avoir intenté contre sa sœur une accusation calomnieuse de lèse-majesté. C'était lui qui, comme je l'ai dit, avait attiré Libon dans le piége, et qui, ensuite, l'avait perdu par sa dénonciation. Tibère, n'ayant point oublié ce service, mais prétextant d'autres motifs, demanda grâce pour l'exil; d'ailleurs il ne s'opposa point à ce que Firmius fût chassé du sénat.

XXXII. Je ne me dissimule point que la plupart de ces faits, et d'autres que je rapporterai, paraîtront peu importants peut-être, et peu dignes de mémoire; mais on ne doit point comparer ces Annales avec les ouvrages qui contiennent les anciens exploits du peuple romain. Là, des guerres mémorables, des siéges importants, des rois chassés ou prisonniers ; et, au dedans, les querelles des consuls et des tribuns, les lois agraires et sur les blés, les combats du peuple et des grands, offraient un libre et vaste champ au génie de l'historien. Pour moi, je suis resserré dans un sujet ingrat et stérile, qui n'offre, pour tout incident, qu'une paix constante ou faiblement altérée, que les malheurs des citoyens sous un prince peu jaloux d'étendre l'empire. Cependant il ne sera point inutile d'arrêter ses regards sur ces faits, peu importants au premier aspect, mais d'où l'on peut tirer souvent de grandes leçons.

XXXIII. En effet, chez toutes les nations, c'est, ou le peuple, ou les grands, ou un seul qui gouverne; car une forme de gouvernement qui se composerait à la fois des trois autres, n'est qu'une fiction plus louable que possible, et qui, même réalisée, ne pourrait subsister longtemps. Or, comme, sous le gouvernement populaire, il fallait connaître le caractère du peuple et les moyens de le conduire avec prudence; comme, sous l'administration patricienne, les politiques et les sages étudiaient avec soin l'esprit du sénat et des grands; de même, aujourd'hui, que la chose publique n'est autre que le gouvernement d'un seul, il est bon de rechercher et de rapporter les faits que je rapporte. Peu d'hommes, par leurs seules lumières, distingueront ce qui honore et ce qui dégrade, ce qui nuit et ce qui est utile. C'est l'expérience d'autrui qui instruit la multitude. Au reste, si ces objets ne sont pas sans utilité, j'avoue qu'ils offrent très-peu d'agréments. La peinture des mœurs nationales, les vicissitudes des combats, les fameux revers des généraux, soutiennent et raniment l'attention des lecteurs. Mais moi, dans cette énumération fastidieuse d'ordres tyranniques, de délations continuelles, d'amitiés

---

velut eluctantium verborum, solutius promptiusque eloquebatur, quoties subveniret At P. Suilium, quæstorem quondam Germanici, quum Italia arceretur, convictus pecuniam ob rem judicandam cepisse, amovendum in insulam censuit; tanta contentione animi, ut et jurando obstringeret e republica id esse. Quod, aspere acceptum ad præsens, mox in laudem vertit, regresso Suilio : quem vidit sequens ætas præpotentem, venalem, et Claudii principis amicitia diu prospere, nunquam bene, usum. Eadem pœna in Catum Firmium senatorem statuitur, tanquam falsis majestatis criminibus sororem petivisset. Catus, ut retuli, Libonem illexerat insidiis, deinde indicio percurlerat : ejus operæ memor Tiberius, sed alia prætendens, exsilium deprecatus est : quominus senatu pelleretur, non obstitit.

XXXII. Pleraque eorum quæ retuli quæque referam parva forsitan et levia memoratu videri non nescius sum; sed nemo Annales nostros cum scriptura eorum contenderit, qui veteres populi romani res composuere. Ingentia illi bella, expugnationes urbium, fusos captosque reges, aut, si quando ad interna præverterent, discordias consulum adversum tribunos, agrarias frumentarias, que leges, plebis et optimatium certamina, libero egressu memorabant. Nobis in arto et inglorius labor. Immota quippe aut modice lacessita pax, mœstæ urbis res, et princeps proferendi imperii incuriosus erat. Non tamen sine usu fuerit introspicere illa, primo adspectu levia, ex quis magnarum sæpe rerum motus oriuntur.

XXXIII. Nam cunctas nationes et urbes populus, aut primores, aut singuli regunt : delecta ex his et consociata reipublicæ forma laudari facilius quam evenire; vel, si evenit, haud diuturna esse potest. Igitur ut olim, plebe valida, vel quum patres pollerent, noscenda vulgi natura, et quibus modis temperanter haberetur, senatusque et optimatium ingenia qui maxime perdidicerant, callidi temporum et sapientes credebantur; sic, converso statu, neque alia re romana quam si unus imperitet, hæc conquiri tradique in rem fuerit : quia pauci prudentia honesta ab deterioribus, utilia ab noxiis, discernunt; plures aliorum eventis docentur. Ceterum, ut profutura, ita minimum oblectationis afferunt : nam situs gentium, varietates præliorum, clari ducum exitus, retinent ac redintegrant legentium animos : nos sæva jussa, continuas accusationes, fallaces amicitias, perniciem innocentium, et easdem exitu

perfides, de condamnations injustes, d'événements qui tous ont une fin pareille, il me faut lutter sans cesse contre les dégoûts de l'uniformité. D'ailleurs les anciens écrivains font peu de mécontents, et personne ne s'inquiète que vous exaltiez les armées romaines ou les armées carthaginoises. Mais la postérité de la plupart de ceux qui subirent, sous Tibère, le supplice ou l'infamie, est encore existante; et, fût-elle déjà éteinte, vous en trouverez d'autres qui, par la conformité de leurs mœurs, regardent la censure des crimes d'autrui comme une satire personnelle. Il n'y a pas jusqu'à la gloire et à la vertu qui ne choquent, parce qu'à cette proximité, elles semblent accuser la honte des contemporains; mais je reprends ma narration.

XXXIV. Sous le consulat de Cossus et d'Agrippa, Crémutius Cordus fut poursuivi pour avoir, dans ses Annales, loué Brutus et appelé Cassius le dernier des Romains. C'était la première fois qu'on entendait parler d'un pareil genre de délits. Les accusateurs étaient Satrius Secondus et Pinarius Natta, créatures de Séjan. Cette circonstance, jointe à l'indignation qui se peignit sur le visage du prince pendant le discours de l'accusé, présageait sa perte; mais lui, déjà résolu d'abandonner la vie, parla dans ces termes : « Pères conscrits, on n'accuse que mes « paroles, tant mes actions sont innocentes! mais « ces paroles n'attaquent ni le prince, ni sa mère, « les seuls qu'embrasse la loi de lèse-majesté. On « me reproche d'avoir loué Cassius et Brutus, « dont les actions, décrites par plusieurs historiens, « ne l'ont jamais été sans éloge. Tite-Live, le « plus éloquent et le plus véridique de tous les « historiens, a donné tant de louanges au grand

« Pompée, qu'Auguste l'appelait le Pompéien; « leur amitié n'en fut point altérée. Afranius, Sci« pion, ce Cassius, ce Brutus, qu'on traite au« jourd'hui de brigands et de parricides, n'ont « jamais reçu de lui ces noms odieux, et souvent « il les qualifie de grands hommes. Les écrits de « Pollion consacrent encore la mémoire de ces « mêmes Romains; Messala Corvinus appelait « hautement Cassius *son général*, et tous deux « furent comblés de richesses et d'honneurs. Ci« céron, dans un de ses ouvrages, éleva Caton « jusqu'aux cieux. Que fit le dictateur César ? Il « réfuta le livre; il rendit le public juge entre « Cicéron et lui. Les lettres d'Antoine, les ha« rangues de Brutus, ne sont que des satires « d'Auguste, assurément injustes, mais sanglan« tes; et, dans les vers de Bibaculus et de Catulle, « on trouve des invectives contre les Césars. Ce« pendant les Césars eux-mêmes, et Jules et Au« guste, ont enduré, ont dédaigné ces outrages, « et je ne sais s'il faut louer en cela leur modéra« tion plus que leur sagesse; car le mépris fait « tomber la satire, le ressentiment l'accrédite.

XXXV. « Je ne parle point des Grecs, dont « la liberté, dont la licence même furent impu« nies; ou, si quelqu'un s'en offensait, il se « vengeait d'un mot par un mot. Mais, certes, « on n'a jamais contesté le droit de parler libre« ment de ceux que la mort a soustraits à la « faveur ou à la haine. Croit-on que je veuille, « par mes écrits, exciter le peuple à la guerre « civile, ramener Cassius et Brutus en armes « dans les champs de Philippes? ou pense-t-on « que, quoique morts depuis plus de soixante « ans, leur mémoire ne soit point en partie con« servée dans l'histoire, comme leurs traits le sont

---

causas conjungimus, obvia rerum similitudine, et satietate. Tum, quod antiquis scriptoribus rarus obtrectator; neque refert cujusquam punicas romanasve acies lætius extuleris : at multorum qui, Tiberio regente, pœnam vel infamiam subiere, posteri manent; utque familiæ ipsæ jam extinctæ sint, reperies qui, ob similitudinem morum, aliena malefacta sibi objectari putent : etiam gloria ac virtus infensos habet, ut nimis ex propinquo diversa arguens. Sed ad incepta redeo.

XXXIV. Cornelio Cosso, Asinio Agrippa consulibus, Cremutius Cordus postulatur, novo ac tunc primum audito crimine, quod, editis Annalibus laudatoque M. Bruto, C. Cassium Romanorum ultimum dixisset. Accusabant Satrius Secundus et Pinarius Natta, Sejani clientes : id perniciabile reo, et Cæsar truci vultu defensionem accipiens; quam Cremutius, relinquendæ vitæ certus, in hunc modum exorsus est : « Verba mea, patres conscripti, arguun« tur ; adeo factorum innocens sum. Sed neque hæc in « principem aut principis parentem, quos lex majestatis « amplectitur. Brutum et Cassium laudavisse dicor; quo« rum res gestas quum plurimi composuerint, nemo sine « honore memoravit. Titus Livius, eloquentiæ ac fidei præ« clarus in primis, Cn. Pompeium tantis laudibus tulit, ut « Pompeianum eum Augustus appellaret : neque id amicitiæ

eorum offecit. Scipionem, Afranium, hunc ipsum Cas« sium, hunc Brutum, nusquam latrones et parricidas, « quæ nunc vocabula imponuntur, sæpe ut insignes viros « nominat. Asinii Pollionis scripta egregiam eorumdem « memoriam tradunt; Messalla Corvinus imperatorem « suum Cassium prædicabat : et uterque opibusque atque « honoribus perviguere. Marci Ciceronis libro, quo Cato« nem cœlo æquavit, quid aliud dictator Cæsar quam « rescripta oratione, velut apud judices, respondit? Anto« nii epistolæ, Bruti conciones, falsa quidem in Augustum « probra, sed multa cum acerbitate habent ; carmina Bi« baculi et Catulli, referta contumeliis Cæsarum, legun« tur : sed ipse divus Julius, ipse divus Augustus, et « tulere ista, et reliquere ; haud facile dixerim, moderatione « magis an sapientia : namque spreta exolescunt; si ira« scare, agnita videntur.

XXXV. « Non attingo Græcos, quorum non modo « libertas, etiam libido impunita : aut, si quis advertit, « dictis dicta ultus est. Sed maxime solutum et sine obtre« ctatore fuit, prodere de iis quos mors odio aut gratiæ « exemisset. Num cum armatis Cassio et Bruto, ac Philip« penses campos obtinentibus, belli civilis causa, populum « per conciones incendo? an illi quidem septuagesimum « ante annum peremti, quomodo imaginibus suis noscun

« dans leurs images, que le vainqueur même n'a
« pas détruites? La postérité assigne à chacun sa
« portion de gloire; et, si l'on me condamne, il
« ne manquera point de citoyens qui se souvien-
« dront de Cassius et Brutus, et même de moi. »
Il sortit ensuite du sénat, et se laissa mourir de
faim. Les pères condamnèrent son ouvrage à être
brûlé par les édiles; mais l'ouvrage est resté. On
le cacha, et depuis il reparut. Qu'on rie donc
maintenant de l'aveuglement de ceux qui pensent
que leur pouvoir éphémère étouffera la voix
même des siècles à venir. Au contraire, le mérite opprimé en acquiert plus de prix; et les rois,
et tous ceux qui ont employé de pareilles persécutions, n'ont fait que préparer la gloire des auteurs
et leur propre honte.

XXXVI. Les délations se succédèrent toute
l'année avec une telle fureur, que, le jour même
des féries latines, Drusus, préfet de Rome,
étant monté sur son tribunal pour s'essayer aux
fonctions de sa charge, Salvianus vint aussitôt
lui dénoncer Marius. Cette démarche, blâmée
hautement par Tibère, fit condamner Salvianus
à l'exil. Les habitants de Cyzique, accusés de
négligence dans le culte d'Auguste, et, en outre
de violence contre des citoyens romains, perdirent la liberté qui avait été le prix de leurs efforts
dans la guerre de Mithridate, lorsqu'assiégés
eux-mêmes, ils repoussèrent ce monarque par
leur constance, autant que par les secours de
Lucullus. Fontéius Capito, ancien proconsul d'A-
sie, fut déchargé d'une accusation reconnue calomnieuse, que lui intentait Vibius Sérénus. Et
cependant il n'en arriva rien de fâcheux au délateur; la haine publique faisait sa sûreté; car, plus
ces hommes montraient d'acharnement, plus leur
personne semblait devenir sacrée; obscurs et pusillanimes, on les punissait.

XXXVII. Vers le même temps, l'Espagne ultérieure envoya des députés au sénat, pour demander la permission d'élever, à l'exemple de l'A-
sie, un temple à l'empereur et à sa mère. Tibère,
d'ailleurs ferme dans son mépris pour les honneurs, saisit cette occasion pour répondre à ceux
qui l'accusaient d'avoir cédé à la vanité. Il adressa
ce discours au sénat : « Pères conscrits, je sais
« que plusieurs m'ont reproché de la faiblesse,
« lorsque dernièrement, les villes d'Asie ayant
« formé la même demande, je ne l'ai point com-
« battue. Je viens donc vous déclarer, et les rai-
« sons de mon silence antérieur, et mes résolu-
« tions pour l'avenir. Comme Auguste n'avait
« point empêché Pergame de bâtir un temple
« pour lui et la ville de Rome, moi, pour qui ses
« actions et ses discours sont des lois sacrées, j'ai
« cru devoir suivre un exemple autorisé, d'autant
« plus qu'on associait le sénat au culte qui m'était
« rendu. Mais, s'il est excusable d'avoir accepté
« une fois, il y aurait aussi de l'affectation et de l'or-
« gueil à se faire ériger en divinité dans toutes les
« provinces : d'ailleurs les honneurs d'Auguste
« s'aviliront, si l'adulation les prodigue sans
« discernement.

XXXVIII. « Oui, pères conscrits, je sais que je
« suis mortel, que je suis soumis aux devoirs des
« hommes, et que c'est assez pour moi, si je puis
« remplir dignement les fonctions de votre chef.
« Tels sont mes sentiments; j'en prends à témoin,
« vous et la postérité. Elle ne fera que trop pour
« ma mémoire, si elle me juge digne de mes an-

« tur, quas ne victor quidem abolevit, sic partem memo-
« riæ apud scriptores retinent? Suum cuique decus poste-
« ritas rependit; nec deerunt, si damnatio ingruit, qui non
« modo Cassii et Bruti, sed etiam mei, meminerint. »
Egressus dein senatu, vitam abstinentia finivit : libros
per ædiles cremandos censuere patres; sed manserunt,
occultati et editi. Quo magis socordiam eorum irridere
libet, qui præsenti potentia credunt exstingui posse etiam
sequentis ævi memoriam. Nam contra, punitis ingeniis,
gliscit auctoritas; neque aliud externi reges, aut qui eadem
sævitia usi sunt, nisi dedecus sibi, atque illis gloriam,
peperere.

XXXVI. Ceterum postulandis reis tam continuus annus fuit, ut, feriarum latinarum diebus, præfectum urbis
Drusum, auspicandi gratia tribunal ingressum, adierit
Calpurnius Salvianus in Sext. Marium : quod a Cæsare
palam increpitum causa exsilii Salviano fuit. Objecta publice Cyzicenis incuria cærimoniarum divi Augusti, additis violentiæ criminibus adversum cives romanos : et amis-
sere libertatem, quam bello Mithridatis meruerant cir-
cumsessi, nec minus sua constantia, quam præsidio
Luculli, pulso rege. At Fonteius Capito, vir proconsul
Asiam curaverat, absolvitur, comperto ficta in eum crimina
per Vibium Serenum. Neque tamen id Sereno noxæ fuit,
quem odium publicum tutiorem faciebat : nam ut quis distri-
ctior accusator, velut sacrosanctus erat; leves, ignobiles,
pœnis afficiebantur.

XXXVII. Per idem tempus Hispania ulterior, missis
ad senatum legatis, oravit ut exemplo Asiæ delubrum
Tiberio matrique ejus exstrueret : qua occasione Cæsar,
validus alioqui spernendis honoribus, et respondendum
ratus iis quorum rumore arguebatur in ambitionem flexisse,
hujuscemodi orationem cœpit : « Scio, patres conscripti,
« constantiam meam a plerisque desiderata, quod Asiæ
« civitatibus, nuper idem istud petentibus, non sim ad-
« versatus : ergo et prioris silentii defensionem, et quid
« in futurum statuerim, simul aperiam. Quum divus Au-
« gustus sibi atque urbi Romæ templum apud Pergamum
« sisti non prohibuisset; qui omnia facta dictaque ejus vice
« legis observem, placitum jam exemplum promptius
« secutus sum, quia cultui meo veneratio senatus adjun-
« gebatur. Ceterum ut semel recepisse veniam habuerit,
« ita per omnes provincias effigie numinum sacrari, ambi-
« tiosum, superbum : et vanescet Augusti honor, si pro-
« miscuis adulationibus vulgatur.

XXXVIII. « Ego me, patres conscripti, mortalem esse,
« et hominum officia fungi, satisque habere si locum prin-
« cipem impleam, et vos testor, et meminisse posteros

« cêtres, prévoyant pour vos intérêts, ferme dans
« les dangers, ne craignant point de braver la
« haine pour l'utilité publique. Voilà les temples,
« voilà les statues, voilà les autels que j'ambi-
« tionne dans vos cœurs; ceux de pierre, si l'es-
« time de la postérité se change en haine, ne sont
« plus regardés que comme de vils sépulcres.
« Puissent donc les alliés, les citoyens et les dieux,
« m'accorder, jusqu'à la fin de mes jours, une
« âme paisible, éclairée sur les principes des lois
« humaines et divines, les autres, quelques louan-
« ges après ma mort, et un doux ressouvenir de
« mes actions et de mon nom! » Depuis, dans ses
épanchements même les plus intimes, il marqua
toujours un grand mépris pour un tel culte. On
le lui imputait, les uns à modestie, plusieurs à
défiance de lui-même, d'autres à faiblesse d'esprit, prétendant que les grands hommes aspirent
à ce qu'il y a de plus grand; que ce fut ainsi
qu'Hercule et Bacchus, chez les Grecs Romulus,
parmi nous, s'élevèrent au rang des dieux; qu'Auguste était plus louable d'avoir conçu le même
espoir; que, les princes possédant tous les autres
biens, il ne leur reste a conquérir, à poursuivre
sans relâche que l'estime de la postérité; qu'enfin
le mépris de la gloire est le mépris des vertus.

XXXIX. Cependant Séjan, enivré de sa haute
fortune, et d'ailleurs excité par l'ardente passion
de Livie, qui le pressait d'accomplir son mariage,
présente une requête à César. C'était alors l'usage
de ne solliciter le prince, même présent, que par
écrit. Séjan disait « qu'autorisé par les bontés d'Auguste et par les preuves récentes et multipliées
de l'affection de Tibère, il ne formait pas de vœux
et d'espérances qu'il ne crût devoir porter à l'o-
reille des princes avant de les adresser aux dieux;
qu'il n'avait jamais désiré l'éclat des dignités,
préférant de servir et de garder le prince comme
un de ses soldats; que, toutefois, il avait obtenu
le plus grand des honneurs, celui d'une alliance
avec César; que c'était le fondement de son espérance; et, comme il avait entendu dire qu'Auguste,
pour l'hymen de sa fille, jeta les yeux un moment
sur de simples chevaliers romains, il espérait que
Tibère, si l'on cherchait un époux à Livie, n'oublierait point un ami qui, dans cette alliance,
n'envisageait que la gloire; que, d'ailleurs, il ne
renonçait point à ses fonctions accoutumées;
qu'il voulait seulement ménager à ses enfants
un appui contre les injustes ressentiments d'Agrippine; car, pour lui-même, l'unique objet de ses
désirs était de ne point survivre à un prince qu'il
avait tant de raison de chérir. »

XL. Tibère, dans sa réponse, commença par
louer l'attachement de Séjan; il rappela légèrement ses bienfaits envers son favori; et, après
avoir demandé du temps, comme pour se décider, il ajouta que, dans les conditions inférieures, on envisageait uniquement ses convenances
particulières; que le sort des princes était bien
différent, qu'ils devaient surtout consulter l'o-
pinion; que laissant de côté les raisons ordinaires,
il ne lui dirait pas que c'était à Livie elle-même
à décider s'il lui convenait de remplacer Drusus,
ou de prolonger son veuvage dans le palais des
Césars; qu'elle avait une mère, une aïeule, plus
intéressées dans les démarches de leur fille;
qu'il voulait y mettre plus de franchise. Et, pour

« volo : qui satis superque memoriæ meæ tribuent, ut
« majoribus meis dignum, rerum vestrarum providum,
« constantem in periculis, offensionum pro utilitate publica
« non pavidum, credant. Hæc mihi in animis vestris tem-
« pla, hæ pulcherrimæ effigies et mansuræ : nam quæ
« saxo struuntur, si judicium posterorum in odium vertit,
« pro sepulchris spernuntur. Proinde socios, cives, et
« deos ipsos precor : hos ut mihi, ad finem usque vitæ,
« quietam et intelligentem humani divinique juris mentem
« duint; illos ut, quandoque concessero, cum laude et
« bonis recordationibus facta atque famam nominis mei
« prosequantur. » Perstititque posthac, secretis etiam
sermonibus, adspernari talem sui cultum : quod alii modestiam, multi, quia diffideret, quidam, ut degeneris
animi, interpretabantur. « Optimos quippe mortalium al-
tissima cupere. Sic Herculem et Liberum apud Græcos,
Quirinum apud nos, deum numero additos. Melius Augustum, qui speraverit. Cetera principibus statim adesse :
unum insatiabiliter parandum, prosperam sui memoriam;
nam contemptu famæ contemni virtutes. »

XXXIX. At Sejanus, nimia fortuna socors et muliebri
insuper cupidine incensus, promissum matrimonium flagitante Livia, componit ad Cæsarem codicillos : moris
quippe tum erat, quanquam præsentem, scripto adire;
ejus talis forma fuit : « Benevolentia patris Augusti, et
« mox plurimis Tiberii judiciis ita insuevisse, ut spes vo-

« taque sua non prius ad deos quam ad principum aures
« conferret. Neque fulgorem honorum unquam precatum;
« excubias ac labores, ut unum e militibus, pro inco-
« lumitate imperatoris malle. Attamen quod pulcherrimum
« adeptum, ut conjunctione Cæsaris dignus crederetur;
« hinc initium spei. Et quoniam audiverit Augustum, in
« collocanda filia, nonnihil etiam de equitibus romanis
« consultavisse; ita, si maritus Liviæ quæreretur, haberet
« in animo amicum, sola necessitudinis gloria usurum :
« non enim exuere imposita munia; satis æstimare, firmari
« domum adversum iniquas Agrippinæ offensiones; idque
« liberorum causa : nam sibi multum superque vitæ fore ,
« quod tali cum principe explevisset ».

XL. Ad ea Tiberius, laudata pietate Sejani, suisque
in eum beneficiis modice percursis, quum tempus tanquam
ad integram consultationem petivisset, adjunxit : « Ceteris
« mortalibus in eo stare consilia, quid sibi conducere pu-
« tent : principum diversam esse sortem; quibus præcipua
« rerum ad famam dirigenda. Ideo se non illuc decurrere,
« quod promptum rescriptu : posse ipsam Liviam statuere,
« nubendum post Drusum, an in penatibus iisdem tole-
« randum, haberet; esse illi matrem et aviam, propiora
« consilia : simplicius acturum : de inimicitiis primum
« Agrippinæ; quas longe acrius arsuras, si matrimonium
« Liviæ, velut in partes, domum Cæsarum distraxisset
« sic quoque erumpere æmulationem feminarum, eaque

parler d'abord des ressentiments d'Agrippine, n'auraient-ils pas bien plus de violence, si le mariage de Livie allait former un nouveau parti dans la maison impériale? Sa famille n'était déjà que trop bouleversée par les rivalités de ses brus et par les dissensions de ses petits-fils; que serait-ce si une telle alliance y portait de nouveaux troubles? « Tu te trompes, Séjan, si tu penses « demeurer dans ta condition présente, et que « Livie, veuve de Caïus César, et ensuite de « Drusus, consente à vieillir dans les bras d'un « simple chevalier. Quand je le souffrirais, y fe- « rais-tu consentir ceux qui ont vu son père, son « frère et tous nos aïeux revêtus des plus émi- « nentes dignités? Ta fortune, je veux le croire, « borne tes désirs; mais tous les magistrats, tous « les grands qui assiègent ta porte malgré toi, « et te consultent sur toutes les affaires, trou- « vent depuis longtemps ton pouvoir exhorbitant « pour celui d'un chevalier. Ils publient haute- « ment que les amis de mon père n'ont pas joui « de cette faveur, et l'envie qu'ils te portent fait « rejaillir leurs reproches sur moi-même. Auguste, « dit-on, eut l'idée de donner sa fille en mariage « à un chevalier romain. Faut-il donc s'étonner « si, au milieu des chagrins de toute espèce qui « le dévoraient, ce prince, prévoyant le pouvoir « énorme que son alliance donnerait à son gen- « dre, parla quelquefois de Caïus Proculeius, et « d'autres citoyens connus pour leurs mœurs « paisibles, et entièrement étrangers aux affaires « publiques? Mais enfin l'irrésolution d'Auguste « aura-t-elle plus de poids que sa décision, qui « fut pour Agrippa d'abord, et ensuite pour moi? « Voila ce que mon amitié n'a pas dû te cacher. « Au reste, je ne m'opposerai ni à tes projets,

« ni à ceux de Livie. Je ne veux point te dire « encore tout ce que je médite pour toi, ni par « quels nouveaux nœuds je prétends t'attacher et « t'égaler à moi-même. Sache seulement qu'il n'est « rien de grand dont tes talents et ton zèle ne te « rendent digne; et, quand il en sera temps, « j'en instruirai le sénat ou le peuple. »

XLI. Séjan ne parla plus de son mariage. Les soupçons secrets, les rumeurs populaires, les menaces de l'envie l'inquiétaient bien plus. Il écrivit de nouveau à Tibère pour les combattre; et, voyant qu'il ne pouvait ni renvoyer cette cour assidue sans affaiblir son pouvoir, ni la retenir sans donner un plus libre champ aux imputations de ses ennemis, il résolut d'inspirer à Tibère le dessein de vivre loin de Rome, dans quelque retraite agréable. Par là il prévenait beaucoup d'incidents, et se rendait maître des abords du prince. La plus grande partie des lettres, passant par la main des prétoriens dont il disposait, seraient à sa disposition. Tibère, sur le déclin de l'âge, amolli dans l'ombre de la retraite, abandonnerait plus facilement le soin de son empire; le ministre se débarrasserait de cette foule d'adorateurs qui excitait l'envie; et, en sacrifiant le faste de son pouvoir, il en augmenterait la force. Il se mit donc insensiblement à déclamer contre les embarras de la ville, les importunités du peuple, l'affluence des courtisans, vantant les douceurs du repos et de la solitude, où, à l'abri de l'ennui et des haines, on peut se livrer tout entier aux grandes affaires.

XLII. Tibère était ébranlé déjà. Le procès de Votiénus Montanus acheva de le dégoûter des assemblées du sénat, où souvent il entendait des vérités dures. Cet homme, célèbre par son esprit,

« discordia nepotes suos convelli; quid, si intendatur « certamen tali conjugio? Falleris enim, Sejane, si te « mansurum in eodem ordine putas, et Liviam, quæ C. « Cæsari, mox Druso nupta fuerit, ea mente acturam ut « cum equite romano senescat. Ego ut sinam, credisne « passuros qui fratrem ejus, qui patrem majoresque no- « stros, in summis imperiis videre? Vis tu quidem istum « intra locum sistere; sed illi magistratus et primores, « qui, te invito, perrumpunt omnibusque de rebus consu- « lunt, excessisse jam pridem equestre fastigium, longeque « antisse patris mei amicitias, non occulti ferunt, perque « invidiam tui me quoque incusant. At enim Augustus « filiam suam equiti romano tradere meditatus est. Mirum « hercule, si, quum in omnes curas distraheretur, immen- « sumque attolli provideret quem conjunctione tali super « alios extulisset, C. Proculeium et quosdam in sermonibus « habuit, insigni tranquillitate vitæ, nullis reipublicæ ne- « gotiis permixtos. Sed si dubitatione Augusti movemur, « quanto validius est, quod M. Agrippæ, mox mihi, collo- « cavit? Atque ego hæc, pro amicitia, non occultavi: ce- « terum neque tuis, neque Liviæ destinatis, adversabor. « Ipse quid intra animum volutaverim, quibus adhuc « necessitudinibus immiscere te mihi parem, omittam ad « præsens referre: id tantum aperiam, nihil esse tam

« excelsum, quod non virtutes istæ tuusque in me animus « mereantur; datoque tempore, vel in senatu, vel in con- « cione non reticebo ».

XLI. Rursum Sejanus, non jam de matrimonio, sed altius metuens, tacita suspicionum, vulgi rumorem, ingruentem invidiam deprecatur. Ac ne, assiduos in domum cœtus arcendo, infringeret potentiam, aut receptando, facultatem criminantibus præberet; huc flexit ut Tiberium ad vitam procul Roma, amœnis locis, degendam impelleret. Multa quippe providebat: sua in manu aditus; literarumque magna ex parte se arbitrum fore, quum per milites commearent; mox Cæsarem, vergente jam senecta, secretoque loci mollitum, munia imperii facilius tramissurum; et minui sibi invidiam, adempta salutantum turba; sublatisque inanibus, vera potentia augere. Igitur paulatim negotia urbis, populi accursus, multitudinem affluentium increpat, extollens laudibus quietem et solitudinem, quis abesse tædia et offensiones, ac præcipua rerum maxime agitari.

XLII. Ac forte habita per illos dies de Votieno Montano, celebris ingenii viro, cognitio cunctantem jam Tiberium perpulit ut vitandos crederet patrum cœtus, vocesque quæ, plerumque veræ et graves, coram ingerebantur. Nam, postulato Votieno ob contumelias in Cæsarem dictas,

était accusé, sur le témoignage d'Émilius, un légionnaire, de s'être permis des invectives contre l'empereur. Comme Émilius, par zèle, ne voulait omettre aucune preuve, et que, malgré tout le bruit et les murmures qu'on fit pour l'interrompre, il insistait sur chaque détail, Tibère entendit toutes les malédictions dont on l'accablait en secret. Il y fut si sensible, qu'il s'écria qu'il voulait se justifier sur l'heure, ou dans une instruction expresse; les prières de ses proches et les adulations de tous purent à peine le calmer. Montanus subit le châtiment des criminels de lèse-majesté; et Tibère, endurci par le reproche même, affecta de sévir avec plus de rigueur que jamais. Aquilie, accusée d'adultère avec Varius Ligur, n'était condamnée par Lentulus, consul désigné, qu'aux peines de la loi Julia : Tibère ordonna l'exil. Apidius Mérula n'ayant point juré sur les actes d'Auguste, il le fit rayer du tableau des sénateurs.

XLIII. On donna ensuite audience aux députés de Lacédémone et de Messène. Ces deux villes se disputaient la propriété du temple de Diane Limnatide que les Lacédémoniens prétendaient avoir été consacré par leurs ancêtres, et sur leur territoire. Ils citaient en leur faveur des historiens et des poëtes : Philippe, roi de Macédoine, avec qui ils avaient été en guerre, le leur avait à la vérité enlevé par la force des armes; mais ce temple leur avait été restitué depuis par un jugement de Jules César et de Marc Antoine. Messène produisait, de son côté, un ancien partage du Péloponèse entre les descendants d'Hercule, par lequel le champ de Denthélie, où se trouve le temple, était échu à son roi. Cet acte était gravé sur d'anciens monuments de pierre et d'airain encore subsistants; et, s'il fallait invoquer le témoignage des historiens et des poëtes, elle en présenterait un plus grand nombre et de plus authentiques; le jugement de Philippe avait été un acte de justice, et non d'autorité; le roi Antigonus, le général Mummius en avaient rendu un pareil; les Milésiens, choisis publiquement pour arbitres, et enfin Atidius Géminus, préteur d'Achaïe, l'avaient confirmé. On décida en faveur de Messène. Les Ségestains demandèrent la reconstruction du temple de Vénus sur le mont Éryx : ce temple était tombé de vétusté. Ils n'oublièrent pas, sur sa fondation, les traditions qui pouvaient flatter Tibère. Aussi, comme parent de la déesse, il se chargea volontiers de la dépense. On s'occupa ensuite d'une requête des Marseillais. Vulcatius Moschus, exilé de Rome, était devenu citoyen de leur ville, et, la regardant comme sa patrie, il lui avait laissé tous ses biens; comme autrefois Publius Rutilius, à Smyrne, qui l'avait adopté depuis son exil. L'exemple de Rutilius fut une autorité.

XLIV. Cette année moururent deux personnages distingués, Cnéus Lentulus et Lucius Domitius. Lentulus, au consulat et aux ornements du triomphe qu'il obtint dans la guerre contre les Gétules, joignit l'honneur d'avoir soutenu dignement la pauvreté, et ensuite d'avoir acquis sans crime de grands biens, dont il jouit sans faste. Domitius tirait un grand éclat de son père, qui, maître de la mer pendant la guerre civile, était entré depuis dans le parti d'Antoine, et enfin dans celui de César. Son aïeul avait péri à Pharsale, en combattant pour le sénat. Lui-même il fut choisi pour l'époux de la jeune Antonie, fille d'Octavie. Depuis, il passa l'Elbe avec une armée,

testis Æmilius, e militaribus viris, dum studio probandi cuncta refert, et, quanquam inter obstrepentes, magna asseveratione nititur, audivit Tiberius probra quis per occultum lacerabatur : adeoque perculsus est, ut se vel statim, vel in cognitione, purgaturum clamitaret; precibusque proximorum, adulatione omnium, ægre componeret animum. Et Votienus quidem majestatis pœnis affectus est. Cæsar objectam sibi adversus reos inclementiam eo pervicacius amplexus, Aquiliam adulterii delatam cum Vario Ligure, quanquam Lentulus Gætulicus, consul designatus, lege Julia damnasset, exsilio punivit; Apidiumque Merulam, quod in acta divi Augusti non juraverat, albo senatorio erasit.

XLIII. Auditæ dehinc Lacedæmoniorum et Messeniorum legationes, de jure templi Dianæ Limnatidis, quod suis a majoribus suaque in terra dicatum Lacedæmonii firmabant, annalium memoria vatumque carminibus : sed macedonis Philippi, cum quo bellassent, armis ademptum, ac post C. Cæsaris et M. Antonii sententia redditum. Contra Messenii, veterem inter Herculis posteros divisionem Peloponnesi protulere, « suoque regi Dentheliatem agrum, in quo id delubrum, cessisse; monimentaque ejus rei sculpta saxis et ære prisco manere : quod si vatum, annalium, ad testimonia vocentur, plures sibi ac locupletiores esse : neque Philippum potentia, sed ex vero, statuisse : idem regis Antigoni, idem imperatoris Mummii judicium; sic Milesios, permisso publice arbitrio, postremo Atidium Geminum, prætorem Achaiæ, decrevisse ». Ita secundum Messenios datum. Et Segestani ædem Veneris, montem apud Erycum, vetustate dilapsam, restaurari postulavere, nota memorantes de origine ejus, et læta Tiberio : suscepit curam libens, ut consanguineus. Tunc tractatæ Massiliensium preces, probatumque P. Rutilii exemplum : namque eum, legibus pulsum, civem sibi Smyrnæi addiderant; quo jure Vulcatius Moschus exsul, in Massilienses receptus, bona sua reipublicæ eorum, ut patriæ, reliquerat.

XLIV. Obiere eo anno viri nobiles Cn. Lentulus et L. Domitius. Lentulo, super consulatum et triumphalia de Gætulis, gloriæ fuerat bene tolerata paupertas, dein magnæ opes innocenter paratæ et modeste habitæ. Domitium decoravit pater, civili bello maris potens, donec Antonii partibus, mox Cæsaris, misceretur. Avus Pharsalica acie pro optimatibus ceciderat; ipse delectus cui minor Antonia, Octavia genita, in matrimonium daretur. Post, exercitu flumen Albim transcendit, longius pene-

pénétra dans la Germanie plus loin qu'aucun Romain avant lui, et mérita, pour cet exploit, les ornements du triomphe. Un Romain d'un nom célèbre, mais malheureux, mourut aussi dans le même temps. C'était L. Antonius, fils de ce J. Antonius puni de mort pour ses amours avec Julie. Lucius, dès sa tendre jeunesse, fut relégué, par son grand-oncle Auguste, à Marseille, où le prétexte de son éducation couvrit un véritable exil. Cependant sa cendre ne resta point sans honneur; elle fut déposée dans le tombeau des Octaves par un décret du sénat.

XLV. Sous les mêmes consuls, il se commit un crime affreux dans l'Espagne citérieure. Pison, préteur de la province, voyageait avec la sécurité que donne la paix. Un paysan, Termestin de nation, l'attaque brusquement dans le chemin, le tue d'un seul coup, et s'enfuit à toute bride. Arrivé dans un pays couvert et montagneux, il quitte son cheval, et, grimpant sur des hauteurs inaccessibles, il échappe aux poursuites. Ce ne fut pas pour longtemps. Son cheval fut trouvé; on le mena dans les bourgs voisins; on en reconnut le maître, qu'on saisit. Comme on l'appliquait à la question pour lui faire avouer ses complices, il se mit à crier à haute voix, dans la langue de son pays, qu'on l'interrogeait en vain, que ses complices pouvaient venir et regarder, qu'il n'y avait point de douleur assez forte pour lui arracher la vérité. Le lendemain on allait recommencer la torture, lorsque, par un effort violent, il se dégagea des gardes, courut se briser la tête contre une pierre, et tomba mort. On crut que les Termestins étaient d'intelligence dans l'assassinat de Pison, lequel pressait la restitution de quelques deniers publics avec une rigueur insupportable à des barbares.

XLVI. Sous le consulat de Lentulus Gétulicus et de Calvisius, Poppéus obtint les ornements du triomphe, pour avoir réduit les montagnards de la Thrace, d'autant plus féroces qu'ils étaient moins policés. On leur avait demandé leur jeunesse la plus robuste pour recruter nos armées. La contrainte de ce tribut révolta des hommes qui, n'obéissant même à leurs rois que par caprice, voulaient, lorsqu'ils servaient, nommer eux-mêmes leurs chefs, ne faire la guerre que sur leurs frontières. Le bruit avait couru qu'on allait les disperser dans des terres éloignées, et les incorporer avec d'autres nations. Toutefois, avant d'éclater, ils envoyèrent des députés pour assurer que leur obéissance et leur amitié seraient les mêmes, si on ne les provoquait point par de nouvelles charges; mais que, si on leur imposait l'esclavage comme à des vaincus, ils avaient du fer et de jeunes guerriers qui ne connaissaient que la liberté ou la mort. En même temps ils montraient leurs forteresses, où étaient réunis leurs pères, leurs mères, leurs femmes, et, de là, ils nous promettaient, au milieu de leurs précipices et de leurs rocs, une guerre terrible et sanglante.

XLVII. Poppéus, n'ayant point rassemblé ses forces, répondit favorablement. Mais, dès que Labéon lui eut amené une légion de la Mésie, et Rhémétalcès un détachement des Thraces qui étaient restés fidèles, joignant ces deux corps au sien, il marche vers l'ennemi, déjà posté dans des défilés entre des bois. Quelques-uns, plus hardis, se montrant sur des collines découvertes,

---

trata Germania quam quisquam priorum; easque ob res insignia triumphi adeptus est. Obiit et L. Antonius, multa claritudine generis sed improspera : nam patre ejus, Julo Antonio, ob adulterium Juliæ morte punito, hunc admodum adolescentulum, sororis nepotem, seposuit Augustus in civitatem Massiliensem, ubi specie studiorum nomen exsilii tegeretur : habitus tamen supremis honor; ossaque tumulo Octaviorum illata, per decretum senatus.

XLV. Iisdem consulibus, facinus atrox, in citeriore Hispania, admissum a quodam agresti, nationis Termestinæ. Is prætorem provinciæ, L. Pisonem, pace incuriosum, ex improviso in itinere adortus, uno vulnere in mortem afficit; ac, pernicitate equi profugus, postquam saltuosos locos attigerat, dimisso equo, per derupta et avia sequentes frustratus est. Neque diu fefellit ; nam, prehenso ductoque per proximos pagos equo, cujus foret cognitum : et repertus, quum tormentis edere conscios adigeretur, voce magna, sermone patrio, frustra se interrogari clamitavit : assisterent socii ac spectarent ; nullam vim tantam doloris fore ut veritatem eliceret. Idemque, quum postero ad quæstionem retraheretur, eo nisu proripuit se custodibus, saxoque caput afflixit, ut statim exanimaretur. Sed Piso Termestinorum dolo cæsus habetur; qui pecunias e publico interceptas, acrius quam ut tolerarent barbari, cogebat.

XLVI. Lentulo Gætulico, C. Calvisio consulibus, decreta triumphi insignia Poppæo Sabino, contusis Thracum gentibus, qui montium editis inculti, atque eo ferocius, agitabant. Causa motus, super hominum ingenium, quod pati detectus, et validissimam quemque militiæ nostræ dare adspernabantur; ne regibus quidem parere nisi ex libidine soliti, aut, si mitterent auxilia, suos ductores præficere, nec nisi adversum accolas belligerare. Ac tum rumor incesserat fore ut disjecti, aliisque nationibus permixti, diversas in terras traherentur. Sed, antequam arma inciperent, misere legatos amicitiam obsequiumque memoraturos; et mansura hæc, si nullo novo onere tentarentur : sin ut victis servitium indiceretur, esse sibi ferrum et juventutem, et promptum libertati aut ad mortem animum. Simul castella rupibus indita, collatosque illuc parentes et conjuges ostentabant, bellumque impeditum, arduum, cruentum, minitabantur.

XLVII. At Sabinus, donec exercitus in unum conduceret, datis mitibus responsis, dum Pomponius Labeo e Mœsia cum legione, rex Rhœmetalces cum auxiliis popularium, qui fidem non mutaverant, veniret, addita præ-

Poppéus les attaque les premiers : on les délogea sans peine, mais ils perdirent peu de monde, ayant leur refuge tout près. Le proconsul, s'étant retranché dans cet endroit, fit occuper par un fort détachement une montagne dont le sommet, par une langue étroite, mais unie, s'étendait jusqu'à un premier fort où les ennemis étaient rassemblés en grand nombre, guerriers et autres. Les plus braves s'agitaient devant le rempart, en chantant et en frappant sur leurs armes a la manière des barbares. Poppéus envoya contre eux l'élite de ses archers. Ceux-ci, tant qu'ils combattirent de loin, firent beaucoup de mal impunément. Dès qu'ils s'approchèrent, une sortie brusque les mit en désordre ; mais ils furent soutenus par une cohorte de Sicambres que le général avait disposée près de la, et qui, aussi intrépide que les Thraces, faisait entendre un bruit de guerre non moins terrible.

XLVIII. Poppéus rapprocha ensuite son camp de l'ennemi ; il laissa dans les premiers retranchements ces Thraces auxiliaires dont j'ai deja parlé. On leur avait permis de ravager, de brûler, de piller, pourvu que leurs courses finissent avec le jour, et que, la nuit, ils observassent dans le camp la surveillance et les précautions ordinaires. L'ordre fut suivi d'abord ; bientôt, enrichis, corrompus par le pillage, ils se livrèrent à la débauche, au sommeil, et se relâchèrent sur la garde des postes. L'ennemi, instruit de leur negligence, forme deux détachements ; l'un devait assaillir ces pillards, l'autre le camp des Romains, non dans l'espoir de le forcer, mais afin que, distraits par les cris, par les traits, par leur propre danger, nos soldats n'entendissent point le bruit de l'autre combat. On choisit encore la nuit pour augmenter la frayeur. L'attaque du camp des légions fut repoussée facilement, mais l'autre reussit. Les auxiliaires furent épouvantés d'une irruption aussi subite ; les uns dormaient auprès des retranchements, les autres erraient dans la campagne ; ils furent taillés en pièces, et avec d'autant plus d'acharnement qu'on les regardait comme des transfuges et des traîtres, qui conspiraient contre leur propre liberté et celle de leur patrie.

XLIX. Le lendemain, Sabinus fit sortir son armée de ses retranchements, dans l'idée que les barbares, animés par les succès de la nuit, pourraient hasarder une bataille ; mais, comme ils ne quittaient point leur forteresse, ou les hauteurs voisines, il se mit à les assiéger. Il avait déjà élevé des redoutes de distance en distance ; il les unit par une tranchée et une palissade dont le circuit embrassait quatre mille pas. Insensiblement l'enceinte se resserre pour couper à l'ennemi l'eau et le fourrage ; on l'enferme plus etroitement ; quand on en fut plus près, on éleva une terrasse, d'où on lançait des feux, des pierres, des javelines. Mais rien ne l'incommodait autant que la soif. Ce grand nombre de combattants n'avaient plus qu'une fontaine pour eux et pour leurs familles. Leurs chevaux, leurs troupeaux, renfermés avec eux, suivant l'usage des barbares, mouraient faute de pâturage ; les hommes périssaient de soif ou de leurs blessures. L'entassement, l'ordure, l'infection souillaient tout autour d'eux. Pour comble de maux, la discorde s'y joignit. Les uns parlaient de se rendre, les autres de s'entre-tuer tous ; un troisieme parti, non moins

---

senti copia, ad hostem pergit, composito jam per angustias saltuum : quidam audentius apertis in collibus visebantur ; quos dux romanus, acie suggressus, haud ægre pepulit, sanguine barbarorum modico, ob propinqua suffugia. Mox, castris in loco communiti, valida manu montem occupat, angustum et æquali dorso continuum usque ad proximum castellum ; quod magna vis armata aut incondita tuebatur ; simul in ferocissimos, qui ante vallum, more gentis, cum carminibus et tripudiis persultabant, mittit delectos sagittariorum. Ii, dum eminus grassabantur, crebra et inulta vulnera fecere ; propius incedentes, eruptione subita turbati sunt, receptique subsidio Sugambrae cohortis, quam Romanus, promptam ad pericula, nec minus cantuum et armorum tumultu trucem, haud procul instruxerat.

XLVIII. Translata dehinc castra hostem propter, relictis apud priora munimenta Thracibus, quos nobis affuisse memoravi : iisque permissum vastare, urere, trahere praedas, dum populatio lucem intra sisteretur, noctemque in castris tutam et vigilem capescerent. Id primo servatum ; mox, versi in luxum et raptis opulenti, omittere stationes, lascivia epularum aut somno et vino procumbere. Igitur hostes, incuria eorum comperta, duo agmina parant, quorum altero populatores invaderentur, alii castra romana appugnarent, non spe capiendi, sed ut clamore, telis, suo quisque periculo intentus, sonorem alterius praelii non acciperet : tenebrae insuper delectae, augendam ad formidinem. Sed qui vallum legionum tentabant facile pelluntur. Thracum auxilia, repentino incursu territa, quum pars munitionibus adjacerent, plures extra palarentur, tanto infensius caesi, quanto, perfugae et proditores, ferre arma ad suam patriaeque servitium incusabantur.

XLIX. Postera die Sabinus exercitum aequo loco ostendit, si barbari, successu noctis alacres, praelium auderent : et, postquam castello aut conjunctis tumulis non degrediebantur, obsidium coepit per praesidia, quae opportune jam muniebat ; dein fossam loricamque contexens, quatuor millia passuum ambitu amplexus est. Tum paullatim, ut aquam pabulumque eriperet, contrahere claustra artaque circumdare : et struebatur agger, unde saxa, hastae, ignes, propinquum jam in hostem jacerentur. Sed nihil aeque quam sitis fatigabat, quum ingens multitudo bellatorum imbellium, uno reliquo fonte uterentur. Simul equi, armenta, ut mos barbariae, juxta clausa, egestate pabuli exanimari : adjacere corpora hominum, quos vulnera, quos sitis peremerat ; pollui cuncta sanie, odore, contactu. Rebusque turbatis, malum extremum discordia accessit, his deditionem, aliis mortem et mutuos inter se ictus, parantibus. Et erant, qui non inultum exitium sed

courageux, quoique d'une manière différente, voulait bien périr, mais non sans vengeance, et en risquant une sortie.

L. Dinis, un des chefs, vieillard instruit, par une longue expérience, de la valeur et de la clémence romaines, conseillait de mettre bas les armes, comme le seul remède dans ces extrémités; et, le premier, il vint se livrer au vainqueur avec sa femme et ses enfants. Tous ceux qui étaient d'un âge ou d'un sexe faible, ou qui préféraient la vie à la gloire, le suivirent. La jeunesse se partagea entre les opinions de Turésis et de Tarsa, qui, tous deux, s'accordaient à ne point survivre à la liberté; mais Tarsa voulait qu'une mort prompte terminât à la fois leurs espérances et leurs craintes. Lui-même il donna l'exemple en se plongeant un fer dans le sein, et il ne manqua point d'imitateurs. Turésis, avec sa troupe, attend la nuit. Poppéus, bien informé, garnit tous les postes de nombreux détachements. Un orage, qui survint, rendait la nuit plus effrayante. L'ennemi, tantôt poussant des cris épouvantables, tantôt restant dans le plus profond silence, tenait les Romains dans l'incertitude. Leur chef visite les rangs, recommande à chacun de ne point s'alarmer de ces clameurs trompeuses, de ne point se fier à ce calme apparent, de garder constamment leur poste et de ne lancer leurs traits qu'à coup sûr.

LI. Cependant les barbares descendent avec toute leur infanterie. Ils jettent contre les retranchements des pierres, des pieux durcis au feu, des tronçons d'arbres. Les claies, les fascines, les corps morts remplissent les fossés. Quelques-uns, munis de ponts et d'échelles, montent aux palissades, les saisissent, les arrachent, ils s'attachent aux défenseurs; ils luttent corps à corps. De leur côté, nos soldats les inquiètent avec leurs traits, les repoussent avec leurs boucliers, lancent de grosses javelines, roulent d'énormes quartiers de roches. Chez les Romains, le désir de conserver leur victoire, la crainte d'un affront plus sanglant s'ils fléchissent; chez les barbares, la nécessité, le désespoir, leurs mères, leurs femmes se lamentant à côté d'eux, animent les combattants; la nuit accroît l'audace des uns, favorise la lâcheté des autres; les coups sont incertains, les blessures imprévues; on méconnaît et les siens et l'ennemi; les voix, répercutées par l'écho des montagnes et qui semblaient venir par derrière, répandent une telle confusion que, dans quelques endroits, les Romains abandonnent leurs retranchement les croyant forcés. Cependant les ennemis ne pénétrèrent qu'en petit nombre; les plus braves furent tués ou blessés, et, au point du jour, on rechassa le reste jusqu'au sommet du roc, où enfin ils furent contraints de se rendre. Les bourgades voisines se soumirent volontairement, les autres l'eussent été par la force ou par la famine, sans l'hiver rigoureux et prématuré du mont Hémus, qui les sauva.

LII. Cependant le trouble augmentait à Rome dans la famille impériale, et, pour préparer de loin la perte d'Agrippine, on résolut celle de sa cousine Claudia. Domitius Afer fut le délateur. Cet homme, récemment sorti de la préture, et médiocrement considéré, cherchait, par toutes sortes de voies, une célébrité prompte; il accusa Claudia de déréglements, d'adultère avec Furnius, de maléfices et d'enchantements contre le

---

eruptionem, suaderent; neque ignobiles, quamvis diversi sententiis.

L. Verum e ducibus, Dinis, provectus senecta, et longo usu vim atque clementiam romanam edoctus, ponenda arma, unum afflictis id remedium, disserebat. Primusque se cum conjuge et liberis victori permisit : secuti ætate aut sexu imbecilli, et quibus major vitæ quam gloriæ cupido. At juventus Tarsam inter et Turesim distrahebatur. Utrique destinatum cum libertate occidere : sed Tarsa properum finem, abrumpendas pariter spes ac metus, clamitans, dedit exemplum, demisso in pectus ferro; nec defuere qui eodem modo oppeterent. Turesis sua cum manu noctem opperitur, haud nescio duce nostro. Igitur firmatæ stationes densioribus globis : et ingruebat nox nimbo atrox, hostisque, clamore turbido, modo per vastum silentium, incertos obsessores effecerat : quum Sabinus circumire, hortari ne, ad ambigua sonitusj aut simulationem quietis, casum insidiantibus aperirent, sed sua quisque munia servarent; immoti, telisque non in falsum jactis.

LI. Interea barbari, catervis decurrentes, nunc in vallum manualia saxa, præustas sudes, decisa robora, jacere; nunc virgultis et cratibus et corporibus exanimis complere fossas; quidam, pontes et scalas ante fabricati, inferre propugnaculis, eaque prensare, detrahere, et adversus resistentes cominus niti : miles contra deturbare telis, pellere umbonibus, muralia pila, congestas lapidum moles, provolvere. His partæ victoriæ spes, et, si cedant, insignitius flagitium; illis extrema jam salus, et adsistente plerisque matres et conjuges, earumque lamenta, addunt animos : nox aliis in audaciam, aliis ad formidinem, opportuna; incerti ictus, vulnera improvisa; suorum atque hostium ignorati; et montis anfractu repercussæ, velut a tergo, voces adeo cuncta miscuerant, ut quædam munimenta Romani, quasi perrupta, omiserint. Neque tamen pervasere hostes nisi admodum pauci : ceteros, deleto promptissimo quoque aut saucio, appetente jam luce, trusere in summa castelli, ubi tandem coacta deditio. Et proxima sponte incolarum recepta : reliquis, quominus vi aut obsidio subigerentur, præmatura montis Hæmi et sæva hiems subvenit.

LII. At Romæ, commota principis domo, ut series futuri in Agrippinam exitii inciperet, Claudia Pulchra sobrina ejus postulatur, accusante Domitio Afro. Is, recens prætura, modicus dignationis, et quoquo facinore properus clarescere, crimen impudicitiæ, adulterum Furnium, veneficia in principem et devotiones, objectabat. Agrippina, semper atrox, tum et periculo propinquæ accensa, pergit ad Tiberium, ac forte sacrificantem patri reperit : quo initio invidiæ, « Non ejusdem, ait, mactare divo Augusto victi-

prince. Agrippine, toujours violente, et alors irritée du danger de sa parente, court chez Tibère, et le trouve sacrifiant à Auguste. Cette circonstance enflammant sa colère, elle s'écrie qu'il n'est point du même homme d'immoler des victimes à Auguste et de poursuivre sa famille; que ce n'est point dans des marbres inanimés que réside cet esprit immortel, que c'est en elle qu'il est passé, elle qui est son pur sang et sa vive image; qu'elle voit les coups qu'on lui porte, et qu'elle a revêtu les habits de deuil; qu'elle ne prend point le change sur Claudia, dont tout le crime est d'avoir trop aimé la malheureuse Agrippine, sans penser que le même délit avait causé la perte de Sosia. La dissimulation de Tibère eut peine à tenir contre cet emportement. Un mot lui échappa, ce qui était rare, et il lui répondit par un vers grec, que ses droits n'étaient pas lésés de ce qu'elle ne régnait pas. Furnius et Claudia furent condamnés. Ce procès, qui révéla les grands talents de Domitius, le rangea dès lors parmi nos premiers orateurs. Tibère dit de lui que l'éloquence était son domaine. Depuis, Domitius, continuant de se porter accusateur, ou défenseur des accusés, donna de son talent une idée plus avantageuse que de son caractère; cependant sa réputation déchut beaucoup sur la fin de sa vie, où son esprit affaibli ne conserva plus que l'ambition de se montrer.

LIII. Cependant Agrippine, implacable dans son ressentiment, tomba malade. Tibère vint la voir. Agrippine, dans les larmes, garde longtemps le silence. Enfin, s'échappant en reproches et en prières, elle lui demande d'avoir pitié de son abandon, de lui donner un époux. Son âge ne lui interdisait point encore ces liens. C'était l'unique consolation d'une femme vertueuse. Il y avait dans Rome des citoyens qui s'honoreraient de recevoir la veuve de Germanicus avec ses enfants. Tibère sentit toute l'importance de cette demande; mais, ne voulant point laisser paraître ses haines ou ses craintes, il sortit sans rien répondre, quelque instance que lui fît Agrippine. Ce fait, qui n'est rapporté par aucun historien, se trouve dans les mémoires qu'Agrippine sa fille, mère de l'empereur Néron, nous a laissés de sa vie et des malheurs de sa famille.

LIV. Cependant Séjan acheva d'exaspérer la douleur imprudente d'Agrippine. Ses émissaires, feignant de s'intéresser à son sort, l'avertirent de se défier des festins de son beau-père, qui voulait l'empoisonner. Cette femme, incapable de dissimulation, se trouvant à la table de Tibère, demeura sans rien dire, les yeux baissés, et ne touchant à aucun mets. Tibère le remarqua, soit par hasard, soit qu'il fût prévenu, et, voulant s'en convaincre, il affecta de louer des fruits qui étaient devant lui, et les offrit à sa bru. Les soupçons d'Agrippine en furent augmentés; elle rendit les fruits à ses esclaves, sans y goûter. Tibère ne lui dit rien, mais, se tournant vers sa mère : « On pourrait, dit-il, me pardonner « quelque sévérité contre une femme qui me croit « un empoisonneur. » De là courut le bruit qu'on méditait la perte d'Agrippine, et que Tibère, n'osant la consommer en public, cherchait la solitude pour accomplir ses desseins.

LV. Le prince, pour détourner ces rumeurs, redoubla ses assiduités au sénat, et entendit pendant plusieurs jours les députés de l'Asie. Onze villes de cette province se disputaient l'honneur de construire le temple de Tibère. Avec des richesses inégales, toutes avaient la même

---

« mas, et posteros ejus insectari : non in effigies mutas « divinum spiritum transfusum; sed imaginem veram cœ-« lesti sanguine ortam, intelligere discrimen, suscipere « sordes : frustra Pulchram præscribi, cui sola exitii causa « sit, quod Agrippinam stulte prorsus ad cultum delegerit, « oblita Sosiæ ob eadem afflictæ. » Audita hæc raram occulti pectoris vocem elicuere, correptamque græco versu admonuit « non ideo lædi, quia non regnaret. » Pulchra et Furnius damnantur. Afer primoribus oratorum additus, divulgato ingenio, et secuta asseveratione Cæsaris, qua suo jure disertum eum appellavit; mox, capessendis accusationibus aut reos tutando, prosperiore eloquentiæ quam morum fama fuit : nisi quod ætas extrema multum etiam eloquentiæ dempsit, dum fessa mente retinet silentii impatientiam.

LIII. At Agrippina, pervicax iræ et morbo corporis implicata, quum viseret eam Cæsar, profusis diu ac per silentium lacrymis, mox invidiam et preces orditur « subve-« niret solitudini, daret maritum : habilem adhuc juventam « sibi, neque aliud probis quam ex matrimonio solatium : « esse in civitate qui Germanici conjugem ac liberos ejus « recipere dignarentur. » Sed Cæsar, non ignarus quantum ex republica peteretur, ne tamen offensionis aut metus manifestus foret, sine responso, quanquam instantem, reliquit. Id ego, a scriptoribus annalium non traditum, reperi in Commentariis Agrippinæ filiæ; quæ, Neronis principis mater, vitam suam et casus suorum posteris memoravit.

LIV. Ceterum Sejanus mœrentem et improvidam altius perculit, immissis qui per speciem amicitiæ monerent paratum ei venenum, vitandas soceri epulas. Atque illa, simulationum nescia, quum propter discumberet, non vultu aut sermone flecti, nullos attingere cibos; donec advertit Tiberius, forte, an quia audiverat : idque quo acrius experiretur, poma ut erant apposita laudans, nurui sua manu tradidit : aucta ex eo suspicio Agrippinæ, et intacta ore servis tramisit. Nec tamen Tiberii vox coram secuta; sed obversus ad matrem, « non mirum, ait, si quid severius « in eam statuisset, a qua veneficii insimularetur. » Inde rumor, parari exitium; neque id imperatorem palam audere, secretum ad perpetrandum quæri.

LV. Sed Cæsar, quo famam averteret, adesse frequens senatui, legatosque Asiæ, ambigentes quanam in civitate templum statueretur, plures per dies audivit. Undecim urbes certabant, pari ambitione, viribus diversæ : neque multum distantia inter se memorabant, de vetustate generis, studio in populum romanum, per bella Persi et Aristonici

ambition et presque les mêmes titres; chacune vantait l'ancienneté de son origine, et son attachement pour les Romains dans les guerres de Persée, d'Aristonicus et des autres rois. Mais d'abord on exclut Tralles, Hypèpes, Laodicée, Magnésie, comme des villes subalternes. Ilion même, quoique représentant l'ancienne Troie, mère de Rome, n'avait de mérite que son antiquité. On pencha un peu pour Halicarnasse, qui assurait n'avoir point ressenti de tremblements de terre depuis douze cents ans, et qui promettait d'élever sur le roc même les fondements du temple. Celui d'Auguste, qui fondait les prétentions de Pergame, fut son titre d'exclusion. On crut cet honneur suffisant pour cette ville, ainsi que, pour Milet, le culte d'Apollon, et celui de Diane pour Éphèse. Ce fut donc entre Sardes et Smyrne qu'on balança. Sardes produisit un décret des Étrusques qui attestait leur consanguinité. Tyrrhénus et Lydus, fils du roi Atys, s'étant partagé leurs sujets, devenus trop nombreux, Lydus resta dans sa patrie; Tyrrhénus alla former un nouvel établissement; et les deux chefs, celui-ci en Italie, l'autre dans l'Asie, donnèrent leur nom au pays qu'ils occupèrent. Dans la suite, les Lydiens accrurent encore leur puissance; ils envoyèrent des colonies dans la partie de la Grèce à qui, depuis, Pélops donna son nom. Sardes se prévalait encore des lettres de nos généraux, des traités conclus avec nous pendant la guerre de Macédoine, des rivières qui fertilisaient son sol, de la beauté de son climat, et de la richesse des pays dont elle était entourée.

LVI. Smyrne rappela aussi ses antiquités, soit qu'elle eût pour fondateur Tantale, fils de Jupiter, ou Thesée, issu également des dieux, ou bien une des Amazones; mais le titre dans lequel elle avait le plus de confiance était son attachement pour nous. Elle prouva que, dans les guerres étrangères, et même dans celles d'Italie, elle avait fourni aux Romains des forces navales, qu'elle avait, la première, érigé un temple à la ville de Rome, sous le consulat de Marcus Porcius, et dans un temps où le peuple romain, quoique déjà puissant, n'était point encore parvenu au faîte de la grandeur, et avait, dans Carthage et dans les rois de l'Asie, des rivaux redoutables. Elle citait encore le témoignage de Sylla. Ce général s'était trouvé dans la plus grande détresse, tous ses soldats manquant d'habits au fort de l'hiver. La nouvelle en vint à Smyrne dans un moment où le peuple était assemblé. Tous les assistants se dépouillèrent de leurs vêtements, et les firent passer à nos légions. Aussi ce fut à Smyrne que les sénateurs donnèrent leurs voix. Vibius Marsus proposa d'envoyer à Lépide, proconsul de cette province, un lieutenant surnuméraire, pour veiller à la construction du temple; et comme Lépide refusait modestement de le choisir lui-même, on recourut au sort, qui nomma Valérius Naso, un ancien préteur.

LVII. Enfin s'exécuta ce projet médité depuis longtemps, et souvent différé. Tibère partit pour la Campanie, prétextant de dédier à Capoue un temple de Jupiter, et un d'Auguste à Nole, mais intérieurement résolu de ne jamais rentrer dans Rome. J'ai, d'après le plus grand nombre des historiens, attribué sa retraite à la politique de Séjan. Mais comme, après le supplice de son favori, ce prince vécut encore six ans dans une semblable retraite, je pencherais plutôt à n'attribuer ce dessein qu'à Tibère lui-même, qui,

---

aliorumque regum. Verum Hypæpeni Trallianique, Laodicenis ac Magnetibus simul, tramissi, ut parum validi. Ne Ilienses quidem, quum parentem urbis Romæ Trojam referrent, nisi antiquitatis gloria, pollebant : paullum addubitatum, quod Halicarnassii mille et ducentos per annos nullo motu terræ nutavisse sedes suas, vivoque in saxo fundamenta templi, asseveraverant. Pergamenis, (eo ipso nitebantur) æde Augusto ibi sita satis adeptos creditum. Ephesii Milesiique, hi Apollinis, illi Dianæ cærimonia, occupavisse civitates visi. Ita Sardianos inter Smyrnæosque deliberatum. Sardiani decretum Etruriæ recitavere, ut consanguinei : nam « Tyrrhenum Lydumque, Atye, rege genitos, ob multitudinem divisisse gentem : Lydum patriis in terris resedisse : Tyrrheno datum novas ut conderet sedes : et ducum e nominibus indita vocabula, illis per Asiam, his in Italia : auctamque adhuc Lydorum opulentiam, missis in Græciam populis, cui mox a Pelope nomen. » Simul literas imperatorum, et icta nobiscum fœdera bello Macedonum, ubertatemque fluminum suorum, temperiem cœli, ac dites circum terras, memorabant.

LVI. At Smyrnæi, repetita vetustate, seu Tantalus Jove ortus illos, sive Theseus divina et ipse stirpe, sive una Amazonum condidisset, transcendere ad ea, quis maxime fidebant in populum romanum officiis, missa navali copia, non modo externa ad bella, sed quæ in Italia tolerabantur; « seque primos templum urbis Romæ statuisse, M. Porcio consule, magnis quidem jam populi romani rebus, nondum tamen ad summum elatis, stante adhuc punica urbe, et validis per Asiam regibus. » Simul L. Sullam testem afferebant, « gravissimo in discrimine exercitus, ob asperitatem hiemis et penuriam vestis, quum id Smyrnam in concionem nunciatum foret, omnes qui adstabant, detraxisse corpori tegmina, nostrisque legionibus misisse. » Ita, rogati sententiam, patres Smyrnæos prætulere. Censuitque Vibius Marsus, ut M. Lepido, cui ea provincia obveneat, super numerum legaretur, qui templi curam susciperet : et quia Lepidus ipse deligere per modestiam abnuebat, Valerius Naso, e prætoriis, sorte missus est.

LVII. Inter quæ, diu meditato prolatoque sæpius consilio, tandem Cæsar in Campaniam, specie dedicandi templa, apud Capuam Jovi, apud Nolam Augusto, sed certus procul urbe degere. Causam abscessus, quanquam, secutus plurimorum auctorum, ad Sejani artes retuli, quia tamen, cæde ejus patrata, sex postea annos pari secreto conjunxit, plerumque permoveor num ad ipsum referri verius

a.

manifestant sa dissolution et sa cruauté par les actions, voulait la cacher par les lieux. Quelques-uns ont prétendu aussi que les difformités de sa vieillesse, son grand corps grêle et voûté, sa tête chauve, son visage couvert d'ulcères et souvent d'emplâtres, firent honte au prince, à qui la solitude de Rhodes avait inspiré de l'éloignement pour les hommes, et le goût des débauches secrètes. On dit encore que le caractère impérieux de sa mère causa son départ. Il souffrait de partager l'autorité avec une femme, à qui toutefois il ne pouvait refuser cette communauté d'un bien qu'il tenait d'elle, car Auguste voulait choisir, pour son successeur à l'empire, Germanicus, petit-fils de sa sœur, et environné de l'estime publique. Obsédé par les prières de sa femme, il adopta Tibère, en lui faisant adopter Germanicus; et ce bienfait, Augusta le rappelait, le reprochait sans cesse.

LVIII. Le cortége de Tibère ne fut pas nombreux. Nerva, sénateur consulaire et habile jurisconsulte, Atticus, chevalier romain distingué, et Séjan, composaient toute sa suite, avec des littérateurs, Grecs la plupart, dont l'entretien l'amusait. Les astrologues prétendaient que la position des astres, au moment de son départ, annonçait que Tibère ne reviendrait plus à Rome; ce qui causa la perte de plusieurs, qui, supposant sa fin prochaine, publièrent leur conjecture : car ils ne prévoyaient point que, par une bizarrerie inconcevable, ce prince, pendant onze ans, s'exilerait volontairement de sa patrie. La suite fit bien voir clairement combien l'erreur est près de cette science, et quels nuages y enveloppent la vérité; on prédit bien en effet avec certitude que Tibère ne retournerait plus à Rome, mais on se trompa sur tout le reste, puisque ce prince, qui vint dans la campagne, sur les rivages voisins, et souvent même sous les murs de Rome, atteignit une extrême vieillesse.

LIX. Vers ce temps-là, un grand péril que courut Tibère accrédita ces vaines prédictions, et lui donna, de l'attachement, de l'intrépidité de Séjan, une opinion qui redoubla sa confiance. Ils dînaient, dans une grotte sauvage, à Spélunca, lieu situé entre la mer d'Amycle et les montagnes de Fondi. Tout à coup des pierres, se détachant de la voûte, écrasèrent quelques esclaves. La peur gagna tout le monde, et les convives prirent la fuite. Séjan, couvrant Tibère de ses genoux, de sa tête, de ses mains, soutint l'effort de la chute, et fut trouvé dans cette attitude par les soldats qui vinrent au secours. Son pouvoir s'en accrut; et, quoiqu'il donnât les conseils les plus dangereux, comme on les croyait désintéressés, on s'y livrait sans défiance. D'ailleurs il ne jouait plus que le rôle de juge entre le prince et les enfants de Germanicus. Des traîtres apostés faisaient l'office d'accusateurs; ils s'acharnaient principalement contre Néron, le plus proche héritier, et qui, malgré sa jeunesse et sa modestie, oubliait trop souvent les ménagements que les circonstances demandaient. Ses affranchis et ses clients, impatients d'acquérir du pouvoir, l'excitaient à montrer de la résolution et de la fermeté; ils représentaient que c'était le vœu du peuple romain, celui de l'armée, et l'unique moyen de contenir Séjan, qui abusait également des faiblesses d'un vieillard et de la timidité d'un jeune homme.

LX. Il était loin sans doute de former des projets de révolte; mais il se permettait quelquefois

---

sit, sævitiam ac libidinem, quum factis promeret, locis occultantem. Erant qui crederent in senectute corporis quoque habitum pudori fuisse : quippe illi præcracilis et incurva proceritas, nudus capillo vertex, ulcerosa facies et plerumque medicaminibus interstincta : et Rhodi secreto, vitare cœtus, recondere voluptates, insuerat. Traditur etiam matris impotentia extrusum, quam dominationis sociam adspernabatur, neque depellere poterat, quum dominationem ipsam donum ejus accepisset. Nam dubitaverat Augustus Germanicum, sororis nepotem et cunctis laudatum, rei romanæ imponere; sed, precibus uxoris evictus, Tiberio Germanicum, sibi Tiberium adscivit : idque Augusta exprobrabat, reposcebat.

LVIII. Profectio arto comitatu fuit : unus senator consulatu functus, Cocceius Nerva, cui legum peritia; eques romanus, præter Sejanum, ex illustribus Curtius Atticus; ceteri liberalibus studiis præditi, ferme Græci, quorum sermonibus cœlestium iis motibus siderum excessisse Roma Tiberium, ut reditus illi negaretur : unde exitii causa multis fuit, properum finem vitæ conjectantibus vulgantibusque; neque enim tam incredibilem casum providebant, ut undecim per annos libens patria careret. Mox patuit breve confinium artis et falsi, veraque quam obscuris tegeruntur : nam in urbem non regressurum haud forte dictum; ceterorum nescii egere, quum propinquo rure aut littore, et sæpe mœnia urbis assidens, extremam senectam compleverit.

LIX. Ac forte illis diebus oblatum Cæsari anceps periculum auxit vana rumoris, præbuitque ipsi materiem cur amicitiæ constantiæque Sejani magis fideret. Vescebantur in villa cui vocabulum Speluncæ, mare Amuclanum inter Fundanosque montes, nativo in specu : ejus os, lapsis repente saxis, obruit quosdam ministros; hinc metus in omnes, et fuga eorum qui convivium celebrabant. Sejanus, genu vultuque et manibus super Cæsarem suspensus, opposuit sese incidentibus; atque habitu tali repertus est a militibus qui subsidio venerant. Major ex eo; et, quanquam exitiosa suaderet, ut non sui anxius, cum fide audiebatur. Assimulabatque judicis partes adversus Germanici stirpem, subditis qui accusatorum nomina sustinerent, maximeque insectarentur Neronem, proximum successioni, et, quanquam modesta juventa, plerumque tamen quid in præsentiarum conduceret oblitum; dum a libertis et clientibus, apiscendæ potentiæ properis, exstimulatur ut erectum et fidentem animi ostenderet : « velle id populum romanum, cupere exercitus; neque ausurum contra Sejanum, qui nunc patientiam senis et segnitiam juvenis juxta insultet. »

des discours hautains et inconsidérés, qui étaient recueillis, rapportés, envenimés par les espions qui l'entouraient. Et on ne lui laissait pas la liberté de se défendre. Au contraire, des mortifications multipliées l'alarmaient sur son sort; l'un évitait sa rencontre; l'autre, après l'avoir salué, se détournait aussitôt; la plupart, au milieu d'une conversation, le quittaient brusquement, tandis que les partisans de Séjan restaient pour insulter à son embarras. Tibère le recevait toujours d'un air sévère, ou avec un sourire faux. Que Néron parlât, qu'il se tût, ses discours, son silence étaient un crime. La nuit même n'était point sûre pour lui; ses insomnies, ses rêves, ses soupirs étaient épiés par sa femme, qui les rapportait à Livie, et celle-ci à Séjan. Enfin le frère de Néron, Drusus, conspirait contre lui. Son caractère fougueux et violent ne pardonnait point la prédilection de leur mère Agrippine pour Néron; et la jalousie qui l'enflammait, jointe à l'ambition et à l'inimitié si commune entre frères, le rangea du parti de Séjan, qui le flattait de l'empire, s'il achevait la perte de son aîné. Toutefois Séjan ne favorisait point tellement Drusus, qu'il ne se ménageât aussi, dans l'avenir des moyens de le perdre lui-même, et il savait trop que ses emportements le livreraient facilement aux coups qu'il lui réservait.

LXI. Sur la fin de l'année on perdit deux hommes distingués, Asinius Agrippa et Quintus Hatérius. Asinius, d'une maison plus illustre qu'ancienne, en soutint dignement l'éclat. Hatérius était d'une famille sénatoriale. Orateur vanté pendant sa vie, son éloquence, que l'action vivifiait, que refroidissait la composition, perdit beaucoup en passant de sa bouche dans ses écrits; et tandis que le travail et la méditation soutiennent dans la postérité les autres orateurs, toute cette facilité harmonieuse d'Hatérius finit avec lui.

LXII. Le consulat de Licinius et de Calpurnius fut marqué par un désastre tel, qu'une guerre sanglante n'eût pas été plus funeste. Ce fut l'ouvrage d'un moment. Un certain Atilius, affranchi d'origine, donnait à Fidènes un spectacle de gladiateurs. Comme cet homme n'était conduit ni par l'esprit de magnificence, ni par l'ambition de plaire à ses citoyens, qu'il n'envisageait dans cette entreprise qu'un intérêt sordide, il avait négligé, en construisant son amphithéâtre, d'assurer les fondements, et d'assujettir par des liens assez solides le vaste échafaud qu'il avait fait dresser. Cette fête attira un concours prodigieux de Romains de tout sexe et de tout âge. L'avidité du peuple pour ces spectacles, leur rareté sous Tibère, la proximité du lieu, tout augmenta l'affluence. Le mal en fut plus grand. L'édifice surchargé croula, partie en dedans, partie en dehors, et une foule immense qui était occupée à regarder le spectacle, ou se promenait à l'entour, fut ensevelie sous les ruines. Un grand nombre périt au moment même de la chute, et ceux-là, du moins eurent le bonheur qu'on pouvait avoir dans un tel accident, celui d'échapper aux souffrances. Les plus malheureux furent ceux qui, ayant une partie du corps fracassée, n'avaient point encore perdu la vie, et qui, le jour, voyaient, et, la nuit, entendaient gémir, hurler leurs femmes et leurs enfants emprisonnés sous ces décombres. Au bruit du désastre, on accourut sur le lieu. L'un regrettait

---

LX. Hæc atque talia audienti, nihil quidem pravæ cogitationis, sed interdum voces procedebant contumaces et insonsultæ; quas appositi custodes exceptas auctasque quum deferrent, neque Neroni defendere daretur, diversæ insuper sollicitudinum formæ oriebantur: nam alius occursum ejus vitare; quidam salutatione reddita statim averti; plerique inceptum sermonem abrumpere; insistentibus contra irridentibusque qui Sejano fautores aderant. Enimvero Tiberius torvus aut falsum renidens vultu. Seu loqueretur, seu taceret juvenis, crimen ex silentio, ex voce: ne nox quidem secura, quum uxor vigilias, somnos, suspiria matri Liviæ, atque illa Sejano, patefaceret: qui fratrem quoque Neronis Drusum traxit in partes, spe objecta principis loci, si priorem ætate et jam labefactum demovisset. Atrox Drusi ingenium, super cupidinem potentiæ et solita fratribus odia, accendebatur invidia, quod mater Agrippina promptior Neroni erat. Neque tamen Sejanus ita Drusum fovebat, ut non in eum quoque semina futuri exitii meditaretur, gnarus præferocem et insidiis magis opportunum.

LXI. Fine anni excessere insignes viri, Asinius Agrippa, claris majoribus quam vetustis, vitaque non degener; et Q. Haterius, familia senatoria, eloquentiæ, quoad vixit, celebratæ: monumenta ingenii ejus haud perinde retinentur. Scilicet impetu magis quam cura vigebat; utque aliorum meditatio et labor in posterum valescit, sic Haterii canorum illud et profluens cum ipso simul exstinctum est.

LXII. M. Licinio, L. Calpurnio consulibus, ingentium bellorum cladem æquavit malum improvisum: ejus initium simul et finis exstitit. Nam, cœpto apud Fidenam amphitheatro, Atilius quidam libertini generis, quo spectaculum gladiatorum celebraret, neque fundamenta per solidum subdidit, neque firmis nexibus ligneam compagem superstruxit; ut qui non abundantia pecuniæ, nec municipali ambitione, sed in sordida mercede, id negotium quæsivisset. Affluxere avidi talium, imperitante Tiberio procul voluptatibus habiti, virile ac muliebre secus, omnis ætas, ob propinquitatem loci effusius: unde gravior pestis fuit, conferta mole dein convulsa, dum ruit intus aut in exteriora effunditur; immensamque vim mortalium, spectaculo intentos aut qui circum adstabant, præceps trahit atque operit. Et illi quidem quos principium stragis in mortem afflixerat, ut tali sorte, cruciatum effugere. Miserandi magis quos, abrupta parte corporis, nondum vita deseruerat; qui per diem visu, per noctem ululatibus et genitu, conjuges aut liberos noscebant. Jam ceteri fama exciti, hic fratrem, propinquum ille, alius parentes, lamentari: etiam quorum diversa de causa amici aut ne-

un père; l'autre un frère, un parent. On tremblait même pour des amis, pour des proches, dont l'absence avait une autre cause ; et comme on ne savait point encore quelles étaient les victimes, l'incertitude multipliait les craintes.

LXIII. Lorsqu'on commença à découvrir les ruines, ce fut un concours général autour des morts; on les embrasse, on les pleure, souvent même on se les dispute, lorsque les meurtrissures qui les défiguraient et les ressemblances d'âge et de traits occasionnaient des méprises. Cinquante mille personnes furent tuées ou blessées par cet accident. On défendit, par un sénatus-consulte, de donner dorénavant des spectacles de gladiateurs, à moins qu'on n'eût quatre cent mille sesterces de revenu, et d'élever un amphithéâtre sans que la solidité du terrain eût été constatée. Atilius fut exilé. Pendant les premiers jours qui suivirent cette calamité, les maisons des grands furent ouvertes; on fournit partout des secours, des médecins; et Rome, au milieu de la désolation générale, retraça du moins une image de ces beaux temps de la république, lorsque, après de grandes batailles, les citoyens prodiguaient, à l'envi, aux blessés des soins et des largesses.

LXIV. On respirait à peine de ce désastre, lorsqu'un incendie causa des ravages extraordinaires dans Rome. Tout le mont Célius fut brûlé. Le peuple, disposé à regarder les malheurs comme des fautes, murmurait de l'absence du prince; il supposait que c'était ce départ, exécuté sous de mauvais auspices, qui rendait l'année sinistre. Tibère prévint ses mécontentements en dédommageant les incendiés à proportion de leur perte. Des patriciens distingués le remercièrent pour le sénat; la renommée acquitta la reconnaissance du peuple. Elle vanta le mérite de ses bienfaits, qui, sans être sollicités par l'intrigue ni par les prières de ceux qui l'approchaient, étaient venus d'eux-mêmes chercher des inconnus. On proposa d'appeler le mont Célius le mont Auguste, parce qu'au milieu de l'embrasement général, la statue seule de Tibère, placée dans la maison du sénateur Junius, avait été respectée par le feu. On allégua que ce même prodige s'était renouvelé autrefois pour une Claudia, dont la statue, échappée deux fois aux flammes, avait été consacrée par leurs ancêtres dans le temple de la mère des dieux; que les Claudes étaient une race sainte et chérie du ciel; qu'il convenait d'augmenter la dignité d'un lieu où les dieux avaient marqué tant d'égards pour le prince.

LXV. Il n'est point hors de propos de rappeler que ce mont s'appelait autrefois Querquetulanus, parce qu'il était couvert de chênes. On le nomma Célius du nom de Célès Vibenna, chef de la nation étrusque, qui, étant venu au secours de Rome, fut établi avec sa troupe dans ce quartier par Tarquin l'ancien ou par un autre de nos rois ; car les historiens, d'accord sur tout le reste, diffèrent sur ce point. Les Toscans trop nombreux, s'étendirent même au bas de la montagne et jusque dans le voisinage du forum, et ce sont eux qui ont donné leur nom à la rue Toscane.

LXVI. Mais, si le zèle des grands et les largesses du prince apportèrent quelque adoucissement à ces calamités, il n'en était aucun contre la rage des délateurs, chaque jour plus cruelle et plus implacable. Quintilius Varus, riche et parent de César, avait été assailli par Domitius Afer, qui, ayant fait condamner Claudia, mère de Varus, s'acharnait sur le fils. On ne fut point

cessarii aberant, pavere tamen; neque dum comperto quos illa vis perculisset, latior ex incerto metus.

LXIII. Ut cœpere dimoveri obruta, concursus ad exanimos complectentium, osculantium : et sæpe certamen, si confusior facies et par forma aut ætas errorem agnoscentibus fecerat. Quinquaginta hominum millia eo casu debilitata vel obtrita sunt. Cautumque in posterum senatusconsulto ne quis gladiatorium munus ederet, cui minor quadringentorum millium res; neve amphitheatrum imponeretur, nisi solo firmitatis spectatæ. Atilius in exsilium actus est. Ceterum, sub recentem cladem, patuere procerum domus, fomenta et medici passim præbiti; fuitque urbs per illos dies, quanquam mœsta facie, veterum institutis similis, qui magna post prælia saucios largitione et cura sustentabant.

LXIV. Nondum ea clades exoleverat, quum ignis violentia urbem ultra solitum afferit, deusto monte Cœlio : feralemque annum ferebant, et ominibus adversis susceptum principi consilium absentiæ, ut mos vulgo, fortuita ad culpam trahentes; ni Cæsar obviam isset, tribuendo pecunias ex modo detrimenti. Actæque ei grates, apud senatum ab illustribus, famaque apud populum, quia sine ambitione aut proximorum precibus, ignotos etiam et ultro accitos munificentia juveret. Adduntur sententiæ, ut mons Cœlius in posterum Augustus appellaretur; quando, cunctis circum flagrantibus, sola Tiberii effigies, sita in domo Junii senatoris, inviolata mansisset : « evenisse id olim Claudiæ Quintæ, ejusque statuam, vim ignium bis elapsam, majores apud ædem Matris deum consecravisse : sanctos acceptosque numinibus Claudios; et augendam cærimoniam loco, in quo tantum in principem honorem dii ostenderint ».

LXV. Haud fuerit absurdum tradere montem eum antiquitus Querquetulanum cognomento fuisse, quod tali silvæ frequens fecundusque erat; mox Cœlium appellitatum a Cœle Vibenna, qui dux gentis etruscæ, quum auxilium appellatum ductavisset, sedem eam acceperat a Tarquinio Prisco, seu quis alius regum dedit : nam scriptores in eo dissentiunt; cetera non ambigua sunt, magnas eas copias per plana etiam ac foro propinqua habitasse, unde Tuscum vicum e vocabulo advenarum dictum.

LXVI. Sed, ut studia procerum et largitio principis adversum casus solatium tulerant, ita accusatorum major in dies et infestior vis sine levamento grassabatur : corri-

surpris que Domitius, longtemps pauvre, après avoir dissipé follement le salaire de son infamie, se jetât dans de nouveaux crimes. Ce qui étonna, ce fut de voir Publius Dolabella, d'une haute naissance, et allié de Varus, dégrader sa noblesse, en se rendant le complice de la délation et le bourreau de son propre sang. Le sénat résista pourtant : il déclara qu'on attendrait l'empereur; seule ressource qu'on eût alors contre les calamités pressantes.

LXVII. Cependant Tibère venait de dédier les temples de la Campanie. Il avait défendu, par un édit, qu'on vînt troubler son repos, et ses soldats avaient ordre de repousser l'affluence des habitants. Non content de ces précautions, prenant en haine les villes, les colonies, tous les lieux situés sur le continent, il alla se cacher dans l'île de Caprée, séparée de la pointe la plus avancée du promontoire de Surrentum par un bras de mer de trois mille pas. Cette île n'a point de port. A peine de légers bâtiments y trouveraient quelques mouillages, et personne ne pouvait y aborder qu'à la vue des gardes du rivage. J'imagine que cette raison influa beaucoup sur le choix de Tibère. D'ailleurs la température de l'île est douce; l'hiver, une montagne la défend des vents du nord; et, l'été, l'aspect du couchant, la vue d'une mer immense et de cette côte si belle avant que l'éruption du Vésuve en eût changé la face, faisaient de Caprée un séjour délicieux. On dit que les Grecs l'occupèrent, et qu'elle fut habitée par les Téléboens. Tibère y fit construire douze palais, de noms et de structure différents; et, autant, jusqu'alors, il s'était livré aux affaires avec une activité infatigable, autant il s'abandonna tout entier, dans sa retraite, à une oisiveté dissolue et malfaisante. Car il conserva son caractère crédule et soupçonneux, que Sejan avait toujours excité dans Rome, et qu'il tourmentait plus vivement à Caprée. Déjà même on ne cachait plus les piéges qu'on tendait à Néron et à sa mère. On leur donna des gardes; on tint un journal exact des messages, des visites, de toutes leurs démarches ou publiques ou secrètes. On aposta des traîtres qui leur conseillaient de se réfugier dans l'armée de Germanie, de courir au milieu du forum embrasser la statue d'Auguste, d'implorer la protection du peuple et du sénat; et, quoiqu'ils rejetassent bien loin ces conseils, on leur en imputait la pensée.

LXVIII. Sous le consulat de Silanus et de Nerva, l'année s'ouvrit par un crime On traîna en prison Titius Sabinus, chevalier romain du premier rang. Ce digne ami de Germanicus n'avait point cessé d'entourer de soins sa veuve et ses enfants; il les voyait assidûment en particulier; il les accompagnait en public; de tant de clients, c'était le seul qui leur restât; et ce courage, qui lui attirait l'estime des bons et la haine des méchants, fit sa perte. Quatre anciens préteurs, Latiaris, Pétilius, Opsius, Caton se liguent contre lui. Ils ambitionnaient le consulat; et l'on ne pouvait gagner le consulat que par Sejan, ni se concilier Séjan que par le crime. Ils convinrent entre eux que Latiaris, qui avait quelques liaisons avec Sabinus, tendrait le piége, que les autres seraient témoins, qu'ensuite ils commenceraient l'accusation. D'abord Latiaris ne tenait que des propos indifférents; bientôt il loua la constance de l'amitié de Sabinus, qui, attaché dans la prospérité à une maison puissante, ne l'avait point, comme tant d'autres, abandonnée dans la disgrâce; en

pueratque Varum Quinctilium, divitem et Cæsari propinquum, Domitius Afer, Claudiæ Pulchræ, matris ejus, condemnator : nullo mirante quod, diu egens et parto nuper præmio male usus, plura ad flagitia accingeretur. Publium Dolabellam socium delationis exstitisse miraculo erat, quia, claris majoribus, et Varo connexus, suam ipse nobilitatem, suum sanguinem perditum ibat. Restitit tamen senatus, et opperiendum imperatorem censuit, quod unum urgentium malorum suffugium in tempus erat.

LXVII. At Cæsar, dedicatis per Campaniam templis, quanquam edicto monuisset ne quis quietem ejus irrumperet, concursusque oppidanorum disposito milite prohiberentur, perosus tamen municipia et colonias omniaque in continenti sita, Capreas se in insulam abdidit, trium millium freto ab extremis Surrentini promontorii dijunctam. Solitudinem ejus placuisse maxime crediderim, quoniam importuosum circa mare, et vix modicis navigiis pauca subsidia; neque appulerit quisquam nisi gnaro custode. Cœli temperies hieme mitis, objecta montis quo sæva ventorum arcentur; æstas in Favonium obversa, et aperto circum pelago peramœna; prospectabatque pulcherrimum sinum, antequam Vesuvius mons ardescens faciem loci verteret. Græcos ea tenuisse, Capreasque Teleboïs habitatas, fama tradit. Sed tum Tiberius duodecim villarum nominibus et molibus insederat; quanto intentus olim publicas ad curas, tanto occultos in luxus et malum otium resolutus. Manebat quippe suspicionum et credendi temeritas, quam Sejanus, augere etiam in urbe suetus, acrius turbabat : non jam occultis adversum Agrippinam et Neronem insidiis; quis additus miles, nuncios, introitus, aperta, secreta, velut in annales referebat : ultroque struebantur, qui monerent perfugere ad Germaniæ exercitus, vel celeberrimo fori effigiem divi Augusti amplecti, populumque ac senatum auxilio vocare. Eaque spreta ab illis, velut pararent, objiciebantur.

LXVIII. Junio Silano et Silio Nerva consulibus, fœdum anni principium incessit, tracto in carcerem illustri equite romano, Titio Sabino, ob amicitiam Germanici : neque enim omiserat conjugem liberosque ejus percolere, sectator domi, comes in publico, post tot clientes unus; eoque apud bonos laudatus et gravis iniquis. Hunc Latinius Latiaris, Porcius Cato, Petilius Rufus, M. Opsius, prætura functi, aggrediuntur, cupidine consulatus; ad quem non nisi per Sejanum aditus; neque Sejani voluntas nisi scelere quærebatur. Compositum inter ipsos ut Latiaris, qui modico usu Sabinum contingebat, strueret dolum, ceteri testes adessent; deinde accusationem inciperent.

même temps il s'étendait sur la gloire de Germanicus, sur les infortunes d'Agrippine. Le cœur des malheureux a besoin de s'épancher. Sabinus versa des larmes, Sabinus confia ses plaintes. Alors Latiaris attaque plus ouvertement Séjan, sa cruauté, son orgueil, son ambition. Tibère même n'est point épargné. Ces confidences, comme si c'eût été le secret d'une conspiration, formèrent entre eux l'apparence d'une liaison étroite. Déjà Sabinus venait chercher de lui-même Latiaris; il ne quittait point sa maison; il lui portait ses douleurs comme à son plus fidèle ami.

LXIX. Ce n'était point assez : il fallait que les témoins pussent l'entendre, et, en même temps, qu'entouré d'espions, Sabinus pût se croire seul. En se cachant derrière une porte, le moindre coup d'œil, le moindre bruit, le seul soupçon pouvait les faire découvrir. Enfin, ayant rêvé quelque temps, ils imaginent un expédient, aussi honteux que leur fourbe était exécrable. Les trois sénateurs se glissent entre la voûte et le plafond; ils écoutent à travers les fentes. Latiaris, qui avait trouvé Sabinus dans la rue, l'entraîna chez lui pour lui confier ce qu'il venait, disait-il, d'apprendre à l'instant. A peine dans la chambre, il lui parle de cette foule de maux passés et présents, auxquels il ajoute ses nouvelles terreurs. Les douleurs concentrées, qui s'exhalent une fois, ont plus de peine à se retenir. Sabinus insiste, s'appesantit sur ces mêmes plaintes. Les autres dressent sur-le-champ leur accusation, et l'envoient à Tibère, avec une lettre où ils détaillaient tout le complot, publiant ainsi eux-mêmes leur propre infamie. Jamais on ne vit dans Rome plus de défiances et de craintes : les parents se redoutaient; on ne s'abordait plus; on ne se parlait plus : inconnus ou non, tout était suspect; jusqu'aux murs, jusqu'aux voûtes muettes et inanimées inspiraient une morne circonspection.

LXX. Cependant Tibère écrivit au sénat pour les calendes de janvier. Sa lettre contenait d'abord les vœux ordinaires dans le renouvellement de l'année. Bientôt il en vint à Sabinus : il l'accusait d'avoir voulu corrompre quelques-uns de ses affranchis pour attenter à ses jours, et il demandait vengeance en termes qui n'étaient point obscurs. On la lui décerna sur-le-champ. Sabinus, traîné au supplice, la tête enveloppée et la gorge serrée étroitement, ne cessait de crier, autant du moins qu'il le pouvait : « Voilà comme l'on commence l'année, voilà les victimes immolées par Séjan ! » Partout où s'adressent ses cris et ses regards, on s'épouvante, on fuit; les rues, les places sont désertes. Quelques-uns pourtant revenaient sur leurs pas et se montraient avec affectation, craignant même d'avoir craint. Quel jour s'abstiendrait-on de supplices, si, dans un temps où l'usage interdit jusqu'aux paroles profanes; si, au milieu des vœux et des sacrifices on étalait publiquement les chaînes et les gibets? On ne croyait pas que Tibère eût donné sans dessein un exemple si odieux. On vit bien que sa cruauté, soigneuse et réfléchie, voulait se réserver tous les jours pour ses vengeances, et accoutumer les Romains à voir les nouveaux magistrats ouvrir indistinctement, ou les temples ou les prisons. Tibère ne tarda point à répondre ; il remercia le sénat d'avoir puni un ennemi de la république; il ajouta qu'il tremblait pour ses jours, qu'il re-

---

Igitur Latiaris jacere fortuitos primum sermones : mox laudare constantiam, quod non, ut ceteri, florentis domus amicos, afflictam deseruisset : simul honora de Germanico, Agrippinam miserans, disserebat. Et postquam Sabinus, ut sunt molles in calamitate mortalium animi, effudit lacrymas, junxit questus; audentius jam onerat Sejanum, sævitiam, superbiam, spes ejus : ne in Tiberium quidem convicio abstinet. Itque sermones, tanquam vetita miscuissent, speciem artæ amicitiæ facere. Ac jam ultro Sabinus quærere Latiarem, ventitare domum, dolores suos, quasi ad fidissimum, deferre.

LXIX. Consultant quos memoravi, quonam modo ea plurium auditu acciperentur : nam loco in quem coibatur servanda solitudinis facies; et, si pone fores adsisterent, metus visus, sonitus aut forte ortæ suspicionis, erat. Tectum inter et laquearia, tres senatores, haud minus turpi latebra quam detestanda fraude, sese abstrudunt; foraminibus et rimis aurem admovent. Interea Latiaris repertum in publico Sabinum, velut recens cognita narraturus, domum et in cubiculum trahit; præteritaque et instantia, quorum affatim copia, ac novos terrores cumulat. Eadem ille, et diutius, quanto mœsta, ubi semel proruperé, difficilius reticentur. Properata inde accusatio, missisque ad Cæsarem literis, ordinem fraudis suumque ipsi dedecus narravere. Non alias magis anxia et pavens civitas, egens adversum proximos : congressus, colloquia, notæ ignotæque aures, vitari; etiam muta atque inanima, tectum et parietes, circumspectabantur.

LXX. Sed Cæsar, solemnia incipientis anni, kalendis januariis, epistola precatus, vertit in Sabinum, corruptos quosdam libertorum et petitum se arguens, ultionemque haud obscure poscebat : nec mora, quin decerneretur; et trahebatur damnatus, quantum, obducta veste et adstrictis faucibus, niti poterat, clamitans « sic inchoari « annum, has Sejano victimas cadere. » Quo intendisset oculos, quo verba accidderent, fuga, vastitas : deseri itinera, fora : et quidam regrediebantur ostentabantque se rursum, id ipsum paventes quod timuissent. « Quem enim diem vacuum pœna, ubi inter sacra et vota, quo tempore verbis etiam profanis abstineri mos esset, vincla et laqueus inducantur? Non imprudentem Tiberium tantam invidiam adiisse : quæsitum meditatumque, ne quid impedire credatur quominus novi magistrats, quomodo delubra et altaria, sic carcerem recludant. » Secutæ insuper literæ, grates agentis quod hominem infensum reipublicæ punivissent, adjecto, trepidam sibi

doutait d'autres complots; il ne nommait personne, mais on ne douta point qu'il n'eût en vue Agrippine et Néron.

LXXI. J'ai regret que mon plan m'assujettisse à suivre l'ordre des années. J'aurais voulu devancer le temps, et rapporter tout de suite le traitement que Latiaris, Opsius et leurs infâmes complices essuyèrent, non-seulement lorsque Caïus fut parvenu à l'empire, mais du vivant même de Tibère. Quoique ce prince protégeât, contre la haine publique, les ministres de sa tyrannie, souvent il s'en dégoûtait lui-même; et comme il en trouvait de nouveaux pour les remplacer, il sacrifiait les anciens qui lui étaient à charge. Mais je rapporterai, dans le temps, leur supplice et celui des autres coupables. Asinius Gallus, dont les enfants étaient neveux d'Agrippine, proposa de demander au prince l'aveu de ses craintes, et la permission de les dissiper. De toutes les vertus que Tibère se croyait, la dissimulation était sa vertu favorite. Il souffrit impatiemment qu'on eût pénétré ce qu'il s'efforçait de cacher; mais Séjan l'adoucit. Ce n'est point qu'il aimât Gallus, mais il voulait faire déclarer le prince, sachant trop bien que, lent à méditer ses vengeances, des qu'il éclatait une fois, l'effet suivait à l'instant la menace. Dans le même temps mourut Julie, petite-fille d'Auguste. Son aïeul l'avait reléguée, pour ses déréglements, dans l'île de Trimère, non loin des côtes d'Apulie. Elle y passa vingt ans dans un exil rigoureux; elle ne subsistait que des libéralités d'Augusta, qui, après avoir miné en secret la fortune de ses beaux-fils, étalait en public de la commisération pour leurs malheurs.

LXXII. Cette même année les Frisons, peuple d'au delà du Rhin, se soulevèrent pour échapper à notre avarice plus que par indocilité. Drusus n'avait imposé à cette nation pauvre qu'un léger tribut. Ils devaient fournir des cuirs de bœuf pour les besoins de la guerre. Personne ne songea pour lors à déterminer la longueur et l'épaisseur de ces cuirs. Olennius, un primipilaire, nommé commandant de la Frise, assigna les peaux d'aurochs pour modèles de celles qu'on recevrait. Cette loi, dure en tout pays, était surtout impraticable pour les Germains, dont le bétail est très-petit, tandis que les animaux qui peuplent leurs forêts sont énormes. On saisit d'abord leurs bœufs, puis leurs terres, enfin leurs femmes et leurs enfants, qu'on réduisait en esclavage. La nation, courroucée, se plaignit; on n'écouta point ses plaintes; elle se fit justice par les armes : les soldats qui levaient l'impôt furent arrêtés et attachés aux gibets. Olennius n'échappa que par la fuite; il se sauva dans le château de Flévum, où l'on tenait un corps assez considérable de légionnaires et d'alliés pour défendre cette côte de l'Océan.

LXXIII. Lorsque Apronius, propréteur de la basse Germanie, fut instruit de ce mouvement, il fit venir, de l'armée du haut Rhin, les vexillaires des légions, avec l'élite de l'infanterie et de la cavalerie auxiliaires. Il joignit ces troupes aux siennes, et, les embarquant toutes sur le Rhin, il entra dans la Frise. Les rebelles avaient déjà levé le siège du château pour couvrir leur propre pays : des lagunes en défendaient l'entrée. Apronius fait construire des ponts et des chaussées pour le passage du gros de l'armée; et, pendant ce

---

vitam, suspectas inimicorum insidias, nullo nominatim compellato; neque tamen dubitabatur in Neronem et Agrippinam intendi.

LXXI. Ni mihi destinatum foret suum quæque in annum referre, avebat animus anteire, statimque memorare exitus quos Latinius atque Opsius ceterique flagitii ejus repertores habuere, non modo postquam C. Cæsar rerum potitus est, sed incolumi Tiberio, qui scelerum ministros, ut perverti ab aliis nolebat, ita plerumque satiatus, et oblatis in eamdem operam recentibus, veteres et prægraves afflixit : verum has atque alias sontium pœnas in tempore trademus. Tum censuit Asinius Gallus, cujus liberorum Agrippina matertera erat, petendum a principe ut metus suos senatui fateretur amoverique sineret. Nullam æque Tiberius, ut rebatur, ex virtutibus suis quam dissimulationem diligebat : eo ægrius accepit recludi quæ premeret. Sed mitigavit Sejanus, non Galli amore, verum ut cunctationes principis opperiretur; gnarus lentum in meditando, ubi prorupisset, tristibus dictis atrocia facta conjungere. Per idem tempus Julia mortem obiit, quam neptem Augustus, convictam adulterii, damnaverat projeceratque in insulam Trimerum, haud procul Apulis littoribus. Illic viginti annis exsilium toleravit, Augustæ ope sustentata; quæ, florentes privignos quum per occultum subvertisset, misericordiam erga afflictos palam ostentabat.

LXXII. Eodem anno Frisii, transrhenanus populus, pacem exuere, nostra magis avaritia, quam obsequii impatientes. Tributum iis Drusus jusserat modicum, pro angustia rerum, ut in usus militares coria boum penderent : non intenta cujusquam cura, quæ firmitudo, quæ mensura ; donec Olennius, e primipilaribus, regendis Frisiis impositus, terga urorum delegit, quorum ad formam acciperentur. Id, aliis quoque nationibus arduum, apud Germanos difficilius tolerabatur, quis ingentium belluarum feraces saltus, modica domi armenta sunt. Ac primo boves ipsos, mox agros, postremo corpora conjugum aut liberorum servitio trahebant. Hinc ira et questus, et, postquam non subveniebatur, remedium ex bello : rapti qui tributo aderant milites, et patibulo affixi. Olennius infensos fuga prævenit, receptus castello cui nomen Flevum; et haud spernenda illic civium sociorumque manus littora Oceani præsidebat.

LXXIII. Quod ubi L. Apronio, inferioris Germaniæ propraetori, cognitum, vexilla legionum e superiore provincia, peditumque et equitum auxiliarium delectos, accivit : ac simul utrumque exercitum, Rheno devectum, Frisiis intulit, soluto jam castelli obsidio, et ad sua tutanda digressis rebellibus. Igitur proxima æstuaria aggeribus et pontibus, traducendo graviori agmini, firmat : atque interim, repertis vadis, alam Canninefatem, et quod peditum Germanorum inter nostros merebat, circumgredi terga hostium

temps, ayant trouvé un gué, il détache une division de cavalerie Canninéfate, et ce qu'il avait dans son armée d'infanterie germaine, avec ordre de tourner l'ennemi. Celui-ci était déjà en bataille; il repoussa les alliés, malgré la cavalerie des légions qui vint les soutenir. On envoya pour lors trois cohortes légères, puis deux encore, et ensuite, après un intervalle, la cavalerie auxiliaire. Toutes ces troupes étaient suffisantes, si elles eussent donné à la fois; mais, n'arrivant que successivement, loin de rendre le courage aux premiers détachements, la frayeur et la fuite des autres les entraînaient elles-mêmes. Enfin Céthégus, lieutenant de la cinquième légion, marche avec le reste des alliés; il n'eut pas plus de succès : sa troupe plia, et, se voyant en danger, il dépêcha courriers sur courriers pour implorer le secours des légions. La cinquième s'avance la première, et toutes ensemble, après un combat opiniâtre, repoussèrent l'ennemi, et ramenèrent les cohortes auxiliaires et la cavalerie couvertes de blessures. Le général romain borna là sa vengeance; il n'ensevelit pas même ses morts, quoiqu'on eût perdu beaucoup de tribuns, de préfets et des centurions de marque. On apprit depuis, par les transfuges, que neuf cents Romains avaient été taillés en pièces, auprès du bois de Baduhenne, après s'être battus pendant deux jours, et qu'une autre troupe de quatre cents, qui s'était jetée dans une maison de Cruptorix, autrefois notre auxiliaire, avait péri entièrement: dans la crainte d'une trahison, ils s'étaient tous entre-tués.

LXXIV. Depuis ce temps, le nom des Frisons fut célèbre parmi les Germains. Tibère dissimula ces pertes, pour ne point donner un chef à une armée; et le sénat, peu touché que l'empire fût déshonoré sur les frontières, ne voyait que les maux prochains d'une administration terrible, et redoublait d'adulations pour la calmer. Au milieu d'une délibération sur des objets tout différents, il décerna un autel à la Clémence, et un autre à l'Amitié, entouré des statues de Tibère et de Séjan; il ne cessait, par de fréquentes prières, d'implorer la faveur de les voir. Toutefois ils ne vinrent ni à Rome, ni dans le voisinage; ils crurent faire assez de quitter leur île et de se laisser apercevoir sur les bords de la Campanie. Les sénateurs, les chevaliers, une grande partie du peuple s'y rendirent; on redoutait surtout Séjan, dont l'accès, bien plus difficile, ne s'obtenait que par la brigue ou par la complicité de crimes. Il parut prouvé que le spectacle de l'avilissement des Romains, étalé si visiblement à ses regards, accrut beaucoup son arrogance. A Rome, l'affluence est constante; la grandeur de la ville ne permet pas de distinguer les différents intérêts qui mènent les citoyens; mais, là on ne pouvait s'y méprendre, à les voir tous sans distinction, attendre le favori les jours et les nuits entières, dans la campagne et sur le rivage, subissant et les dédains et la protection de ses esclaves; enfin cette faveur même leur fut interdite : on les renvoya. Tous ceux que le ministre n'avait honorés ni d'un mot, ni d'un regard, revinrent consternés. Quelques-uns triomphaient, insensés à qui la sinistre amitié de Séjan préparait de cruels revers.

LXXV. Cependant Tibère maria Agrippine, fille de Germanicus, à Cnéus Domitius; après les avoir fiancés lui-même, il leur ordonna de célébrer leurs noces à Rome. Domitius, d'une ancienne maison, était, de plus, parent des Césars; il avait pour aïeule Octavie, et Auguste pour oncle : cette raison avait décidé Tibère.

---

jubet; qui, jam acie compositi, pellunt turmas sociales equitesque legionum subsidio missos. Tum tres leves cohortes, ac rursum duæ; dein, tempore interjecto, alarius eques inmissus : satis validi, si simul incubuissent; per intervallum adventantes, neque constantiam addiderant turbatis, et pavore fugientium auferebantur. Cethego Labeoni, legato quintæ legionis, quod reliquum auxiliorum tradit : atque ille, dubia suorum re, in anceps tractus, missis nunciis, vim legionum implorabat. Prorumpunt quintani ante alios, et, acri pugna hoste pulso, recipiunt cohortes alasque, fessas vulneribus. Neque dux romanus ultum iit aut corpora humavit; quanquam multi tribunorum præfectorumque et insignes centuriones cecidissent. Mox compertum a transfugis nongentos Romanorum, apud lucum quem Baduhennæ vocant, pugna in posterum extracta, confectos; et aliam quadringentorum manum, occupata Cruptoricis quondam stipendiarii villa, postquam proditio metuebatur, mutuis ictibus procubuisse.

LXXIV. Clarum inde inter Germanos Frisium nomen; dissimulante Tiberio damna, ne cui bellum permitteret. Neque senatus in eo cura an imperii extrema dehonestarentur; pavor internus occupaverat animos, cui remedium adulatione quærebatur. Ita, quanquam diversis super rebus consulerentur, aram Clementiæ, aram Amicitiæ, effigiesque circum Cæsaris ac Sejani, censuere; crebrisque precibus efflagitabant, visendi sui copiam facerent. Non illi tamen in urbem aut propinqua urbi degressi sunt; satis visum omittere insulam et in proximo Campaniæ adspici. Eo venire patres, eques, magna pars plebis, anxii erga Sejanum, cujus durior congressus, atque eo per ambitum et societate consiliorum parabatur. Satis constabat auctam ei arrogantiam, fœdum illud in propatulo servitium spectanti. Quippe Romæ sueti discursus, et magnitudine urbis incertum quod quisque ad negotium pergat : ibi campo aut littore jacentes, nullo discrimine, noctem ac diem, juxta gratiam aut fastus janitorum perpetiebantur; donec id quoque vetitum, et revenere in urbem trepidi quos non sermone, non visu, dignatus erat; quidam male alacres, quibus infaustæ amicitiæ gravis exitus imminebat.

LXXV. Ceterum Tiberius neptem Agrippinam, Germanico ortam, quum coram Cn. Domitio tradidisset, in urbe celebrari nuptias jussit. In Domitio, super vetustatem generis, propinquum Cæsaribus sanguinem delegerat; nam is aviam Octaviam, et per eam Augustum avunculum, præferebat.

LIVRE CINQUIÈME.

I. Sous le consulat de Rubellius et de Fufius, surnommés tous deux Géminus, mourut, dans un âge très-avancé, Julia Augusta, femme de la noblesse la plus illustre, et par les Claudes, dont elle était issue, et par l'adoption des Livius et des Jules. Elle épousa en premières noces Tibère Néron, qui, contraint de s'enfuir dans la guerre de Pérouse, revint ensuite à Rome lorsque la paix eut été signée entre les triumvirs et le jeune Pompée. Elle en eut plusieurs fils. Depuis, Octave, épris de sa beauté, l'enleva à son mari. On ignore si elle était d'intelligence : l'impatience d'Octave ne lui laissa pas seulement le temps de faire ses couches, il la fit entrer dans son lit, enceinte d'un autre. Depuis, elle n'eut plus d'enfants ; mais, par le mariage de Germanicus et d'Agrippine, elle confondit sa famille avec celle des Césars, et eut des arrière-petits-fils communs avec Auguste. Elle avait une vertu digne des premiers temps, avec plus d'enjouement qu'alors on n'en permettait aux femmes, mère impérieuse, épouse complaisante, ayant un peu de la dissimulation de son fils, combinée avec toute l'adresse de son mari. Son convoi fut sans éclat, son testament longtemps sans effet; son éloge fut prononcé, dans la tribune, par Caïus, son arrière-petit-fils, qui, depuis, parvint à l'empire.

II. Cependant Tibère, qui, loin de rendre à sa mere les derniers devoirs, n'avait point interrompu les délices de sa retraite, allégua, dans sa lettre, l'importance de ses affaires. Le sénat avait décerné les plus grands honneurs à Augusta; la modestie de son fils y trouva de l'excès, il en supprima le plus grand nombre, et s'opposa formellement à l'apothéose sous prétexte que c'était l'intention de sa mere. Il y avait même un endroit de sa lettre où il censurait durement tous ces adulateurs de femmes, trait de satire indirect contre le consul Fufius. En effet, celui-ci n'avait dû son avancement qu'à la faveur d'Augusta ; il était plein de ces agréments qui séduisent les femmes, d'ailleurs caustique, et se permettant souvent sur Tibère de ces plaisanteries mordantes dont les grands conservent un long souvenir.

III. Depuis ce moment le joug de l'oppression s'appesantit sur les Romains. Du vivant d'Augusta, on avait encore une ressource dans le respect invétéré d'un fils pour une mère ; Séjan même n'osait s'élever au-dessus de l'autorité de Livie. Ce frein ne les retenant plus, ils se dechaînèrent en liberté. Et d'abord on fit partir la lettre contre Agrippine et Néron. Comme elle fut lue peu de temps après la mort d'Augusta, on crut généralement qu'elle était envoyée depuis longtemps, et qu'Augusta l'avait arrêtée. Les expressions de cette lettre étaient d'une dureté étudiée ; toutefois Tibère n'imputait point à son petit-fils des projets de révolte, il lui reprochait seulement l'amour des jeunes gens et des femmes ; n'osant pas même calomnier Agrippine sur ce point, il accusa l'arrogance de ses manières et l'inflexibilité de son humeur. Le sénat, consterné, gardait le silence. Enfin quelques-uns de ces hommes qui, n'ayant aucun espoir de parvenir par les moyens honnêtes, font servir les malheurs publics à leur avancement particulier, proposèrent de délibérer. Messalinus, le plus empressé de tous, avait déjà ouvert un avis atroce ; mais comme Tibère, malgré l'animosité de ses invectives, ne s'était point expliqué sur le reste, les autres

LIBER QUINTUS.

I. Rubellio et Fufio consulibus, quorum utrique Geminus cognomentum erat, Julia Augusta mortem obiit ætate extrema, nobilitatis, per Claudiam familiam et adoptione Liviorum Juliorumque, clarissimæ. Primum ei matrimonium et liberi fuere cum Tiberio Nerone, qui, bello Perusino profugus, pace inter Sext. Pompeium ac triumviros pacta, in urbem rediit. Exin Cæsar, cupidine formæ, aufert marito, incertum an invitam, adeo properus, ut, ne spatio quidem ad enitendum dato, penatibus suis gravidam induxerit. Nullam posthac sobolem edidit ; sed, sanguini Augusti per conjunctionem Agrippinæ et Germanici annexa, communes pronepotes habuit. Sanctitate domus priscum ad morem, comis ultra quam antiquis feminis probatum, mater impotens, uxor facilis, et cum artibus mariti, simulatione filii, bene composita. Funus ejus modicum, testamentum diu irritum fuit : laudata est pro rostris a C. Cæsare pronepote, qui mox rerum potitus est.

II. At Tiberius, quod supremis in matrem officiis defuisset, nihil mutata amœnitate vitæ, magnitudinem negotiorum per literas excusavit : honoresque memoriæ ejus ab senatu large decretos, quasi per modestiam, imminuit, paucis admodum receptis, et addito ne cœlestis religio decerneretur ; sic ipsam maluisse. Quin et parte ejusdem epistolæ increpuit amicitias muliebres, Fufium consulem oblique perstringens : is gratia Augustæ floruerat, aptus alliciendis feminarum animis ; dicax idem, et Tiberium acerbis facetiis irridere solitus, quarum apud præpotentes in longum memoria est.

III. Ceterum ex eo prærupta jam et urgens dominatio. Nam, incolumi Augusta, erat adhuc perfugium ; quia Tiberio inveteratum erga matrem obsequium, neque Sejanus audebat auctoritati parentis anteire. Tunc velut frenis exsoluti proruperunt : missæque in Agrippinam ac Neronem literæ, quas pridem allatas et cohibitas ab Augusta credidit vulgus ; haud enim multum post mortem ejus recitatæ sunt. Verba inerant quæsita asperitate ; sed non arma, non rerum novarum studium, amores juvenum et impudicitiam nepoti objectabat. In nurum ne id quidem confingere ausus, arrogantiam oris et contumacem nimum incusavit, magno senatus pavore ac silentio, donec pauci quis nulla ex honesto spes et publica mala singulis in occasionem gratiæ trahuntur) ut referretur postulavere, promptissimo Cotta Messallino cum atroci sententia : sed aliis a primoribus, maximeque a magistratibus, trepidabatur; quippe Tiberius, etsi infense invectus, cetera ambigua reliquerat.

chefs du sénat, et surtout les consuls tremblaient.

IV. Il y avait un sénateur, nommé Junius Rusticus, chargé par Tibère de tenir les registres du sénat; ce qui faisait croire qu'il n'ignorait pas les intentions du prince. Cet homme, par je ne sais quelle détermination fortuite (car jusqu'alors il n'avait point donné de preuve de courage), ou par une politique maladroite, qui, oubliant le présent, allait chercher des périls dans l'avenir, se rangea du parti qui balançait. Il avertit les consuls de ne point commencer le rapport ; qu'un moment quelquefois changeait la face des affaires; que la famille de Germanicus pouvait se relever, si on laissait au vieux prince le temps de se repentir. D'un autre côté, le peuple, portant les images d'Agrippine et de Néron, entoure la salle du sénat, et, au milieu de ses acclamations pour Tibère, il ne cesse de crier que les lettres étaient fausses, que c'était à l'insu du prince qu'on tramait la perte de sa famille. Ce jour-là, donc, on ne prit aucune conclusion fâcheuse. Il courut aussi des plaisanteries contre Séjan, dans lesquelles on supposait quelques consulaires opinant contre ce ministre. Beaucoup d'esprits, à Rome, exerçaient ainsi leur malignité dans des écrits anonymes, toujours plus favorables à la licence. Tout cela irrita Séjan, et fournit matière à ses inculpations. Il débitait que le sénat méprisait les ressentiments du prince; que le peuple s'était révolté; qu'on répandait, qu'on lisait publiquement de nouvelles harangues, de nouveaux sénatus-consultes; qu'il ne leur restait plus qu'à prendre les armes, et à choisir, pour généraux et pour empereurs, ceux dont les images leur servaient d'étendards.

V. Tibère revint donc à la charge contre son petit-fils et sa bru. Il réprimanda le peuple par un édit ; il se plaignit au sénat de ce que les suggestions perfides d'un seul membre avaient dû faire oublier à tout un corps ce qu'il devait à la majesté impériale, et, toutefois, il demandant qu'on ne décidât rien sans lui. On ne balança plus; le sénat ne prononça point la condamnation, ce qu'on lui défendait; mais il témoigna que, prêt à venger le prince, il n'était retenu que par ses ordres........

VI. Il y eut à ce sujet quarante-quatre harangues, dont quelques-unes dictées par la crainte, la plupart par l'habitude....... « J'ai pensé que « j'attirerais sur moi la honte, ou l'envie sur Sé- « jan...... La fortune est changée, et celui même « qui l'avait choisi pour collègue et pour gendre, « se pardonne son erreur; les autres, après l'a- « voir encensé bassement, le poursuivent avec « lâcheté..... Je ne déciderai pas s'il est plus mal- « heureux d'être la victime de l'amitié que l'ac- « cusateur de son ami ; j'en éprouverai ni la cruauté, « ni la clémence de personne; libre et justifié à « mes propres regards, je préviendrai le péril. « Je vous conjure de ne répandre sur mon tom- « beau que des larmes de joie, en me mettant « au nombre de ceux qui, par une fin glorieuse, « se sont dérobés aux malheurs publics. »

VII. Ensuite il s'entretint une partie du jour avec ses amis, laissant à chacun d'eux la liberté de se retirer ou de rester avec lui. La compagnie était encore nombreuse, et l'on jugeait, à l'intrépidité de son visage, que sa mort n'était pas si prochaine, lorsqu'il se perça d'une épée qu'il avait cachée sous sa robe. Tibère, qui avait outragé cruellement la mémoire de Blésus, sembla respecter celle de ce vertueux citoyen.

IV. Fuit in senatu Junius Rusticus, componendis patrum actis delectus a Cæsare, eoque meditationes ejus introspicere creditus. Is fatali quodam motu (neque enim ante specimen constantiæ dederat) seu prava sollertia, dum, imminentium oblitus, incerta pavet, inserere se dubitantibus, ac monere consules ne relationem inciperent : disserebatque brevibus momentis summa verti posse, dandumque in Germanicis spatium pœnitentiæ senis. Simul populus, effigies Agrippinæ ac Neronis gerens, circumsistit curiam, festusque in Cæsarem ominibus, falsas literas, et principe invito exitium domui ejus intendi, clamitat : ita nihil triste illo die patratum. Ferebantur etiam sub nominibus consularium fictæ in Sejanum sententiæ, exercentibus plerisque per occultum, atque os procacius, libidinem ingeniorum ; unde illi ira violentior, et materies criminandi « spretum dolorem principis ab senatu ; desci- « visse populum; audiri jam et legi novas conciones, nova « patrum consulta : quid reliquum, nisi ut caperent fer- « rum, et, quorum imagines pro vexillis secuti forent, « duces imperatoresque deligerent? »

V. Igitur Cæsar, repetitis adversum nepotem et nurum probris, increpitaque per edictum plebe, questus apud patres quod fraude unius senatoris imperatoria majestas elusa publice foret, integra tamen sibi cuncta postulavit : nec ultra deliberatum, quominus non quidem extrema decernerent, id enim vetitum, sed paratos ad ultionem vi principis impediri testarentur. * * * *

VI. Quatuor et quadraginta orationes super ea re habitæ, ex quis ob metum paucæ, plures assuetudine. ... « Mihi pudorem aut Sejano invidiam allaturum censui.... « versa est fortuna; et ille quidem, qui collegam et gene- « rum adsciverat, sibi ignoscit; ceteri, quem per dedecora « fovere, cum scelere insectantur. ... Miserius sit ob ami- « citiam accusari, an amicum accusare, haud discreve- « rim. .. Non crudelitatem, non clementiam cujusquam « experiar; sed, liber et mihi ipsi probatus, antibo peri- « culum. Vos obtestor ne memoriam nostri per mœrorem, « quam læti, retineatis, adjiciendo me quoque iis qui « fine egregio publica mala effugerunt. »

VII. Tunc singulos, ut cuique assistere, alloqui, animus erat, retinens aut dimittens, partem diei absumpsit, multoque adhuc cœtu, et cunctis intrepidum vultum ejus

VIII. On instruisit ensuite l'affaire de Publius Vitellius et de Pomponius Secundus. Le premier était accusé d'avoir offert aux conjurés les clefs de l'épargne, dont il était préfet, ainsi que la caisse militaire. L'autre eut pour délateur Considius, ancien préteur, qui lui reprochait son amitié pour Élius Gallus, lequel, après le supplice de Séjan, s'était sauvé dans les jardins de Pomponius, comme dans son plus sûr asile. Tous deux allaient succomber, sans leurs frères qui s'offrirent courageusement pour leurs cautions : depuis, l'affaire traîna. Toutes ces fluctuations d'espérance et de crainte fatiguant Vitellius, il demanda, sous prétexte de travailler, un canif, dont il s'effleura les veines, et le chagrin l'acheva. Pomponius, qui, à des grâces singulières, joignait un génie distingué, supporta tranquillement sa mauvaise fortune, tant qu'enfin il survécut à Tibère.

IX. On résolut après, quoique l'indignation du peuple fût déjà ralentie, et que le supplice des autres enfants de Séjan eût adouci le plus grand nombre, de sévir contre les deux qui restaient encore. On les porte dans la prison; le fils sentait son malheur; la fille, encore enfant, demandait souvent quelle était sa faute, où on la menait, disant qu'elle ne le ferait plus, et qu'on pouvait lui donner le fouet. Comme il était inouï qu'une vierge fût punie d'une peine capitale, les auteurs du temps rapportent que le bourreau la viola avant de l'étrangler; ensuite les corps de ces enfants furent jetés aux Gémonies.

X. Dans le même temps, l'Asie et l'Achaïe eurent une alarme plus vive que durable. Le bruit courut que Drusus, fils de Germanicus, avait paru d'abord aux îles Cyclades, et ensuite dans le continent. En effet, il y eut un jeune homme, à peu près du même âge, que des affranchis de Tibère avaient feint de reconnaître sous ce nom, et qu'ils escortaient pour s'assurer de sa personne. L'ignorance, l'éclat de ce nom, le penchant des Grecs pour les nouveautés et le merveilleux, accréditèrent l'imposture. Ils publiaient qu'échappé à ses gardes, Drusus allait rejoindre les légions de son père, s'emparer de l'Égypte ou de la Syrie; et ce conte, qu'ils forgeaient eux-mêmes, ils le croyaient. Déjà les peuples accouraient sur son passage; déjà les villes lui décernaient des honneurs, et ce succès momentané encourageait ses espérances chimériques. Sabinus en fut instruit; quoique très-occupé alors en Macédoine, il ne négligeait point l'Achaïe : vrai ou faux, il voulut prévenir ce bruit. Traversant donc en diligence par les golfes de Toronée et de Thermes, il côtoie l'île d'Eubée dans la mer Égée, le port de Pirée dans l'Attique, et, franchissant le rivage de l'isthme de Corinthe, il entre dans une autre mer, et arrive à Nicopolis, colonie romaine. Là, il apprit que l'imposteur, pressé par des questions adroites, s'était dit fils de Marcus Silanus, et qu'abandonné de presque tous ses partisans, il s'était embarqué, comme pour gagner l'Italie. Sabinus manda ce détail au prince. Voilà tout ce que je sais de cette affaire, dont je n'ai pu découvrir ni l'origine, ni le dénoûment.

XI. Sur la fin de l'année, les consuls, aigris depuis longtemps, firent éclater leur mésintelligence. Trion, qui, fier de son éloquence, se faisait sans

---

spectantibus, quum superesse tempus novissimis crederent, gladio, quem sinu abdiderat, incubuit. Neque Cæsar ullis criminibus aut probris defunctum insectatus est, quum in Blæsum multa fœdaque incusavisset.

VIII. Relatum inde de P. Vitellio et Pomponio Secundo : illum indices arguebant claustra ærarii, cui præfectus erat, et militarem pecuniam rebus novis obtulisse; huic a Considio, prætura functo, objectabatur Ælii Galli amicitia, qui, punito Sejano, in hortos Pomponii, quasi fidissimum ad subsidium, perfugisset : neque aliud periclitantibus auxilii quam in fratrum constantia fuit, qui vades exstitere. Mox, crebris prolationibus, æque ac metum juxta gravatus Vitellius, petito per speciem studiorum scalpro, levem ictum venis intulit, vitamque ægritudine animi finivit. At Pomponius, multa morum elegantia, et ingenio illustri, dum adversam fortunam æquus tolerat, Tiberio superstes fuit.

IX. Placitum posthac ut in reliquos Sejani liberos adverteretur; vanescente quanquam plebis ira, ac plerisque per priora supplicia lenitis. Igitur portantur in carcerem, filius imminentium intelligens, puella adeo nescia, ut crebro interrogaret quod ob delictum et quo traheretur; neque facturam ultra, et posse puerili verbere moneri. Tradunt temporis ejus auctores, quia triumvirali supplicio affici virginem inauditum habebatur, a carnifice, laqueum juxta compressam ; exin, oblisis faucibus, id ætatis corpora in Gemonias abjecta.

X. Per idem tempus, Asia atque Achaia exterritæ sunt, acri magis quam diuturno rumore, Drusum Germanici filium apud Cycladas insulas, mox in continenti, visum. Et erat juvenis haud dispari ætate, quibusdam Cæsaris libertis velut agnitus, per dolumque comitantibus. Alliciebantur ignari fama nominis, et promptis Græcorum animis ad nova et mira : quippe elapsum custodiæ pergere ad paternos exercitus, Ægyptum aut Syriam invasurum, fingebant simul credebantque. Jam juventutis concursu, jam publicis studiis, frequentabatur, lætus præsentibus et inanium spe; quum auditum id Poppæo Sabino, Macedoniæ tum intentus, Achaiam quoque curabat. Igitur, quo vera seu falsa anteiret, Toronæum Thermæumque sinum præfestinans, mox Eubœam Ægæi maris insulam, et Piræeum Atticæ oræ, dein Corinthiense littus, angustiasque Isthmi evadit : marique alio Nicopolim, romanam coloniam, ingressus, ibi demum cognoscit, sollertius interrogatum quisnam foret, dixisse M. Silano genitum; et, multis sectatorum dilapsis ascendisse navem, tanquam Italiam peteret : scripsitque hæc Tiberio. Neque nos originem finemve ejus rei ultra comperimus.

XI. Exitu anni, diu aucta discordia consulum erupit : nam Trio, facilis capessendis inimicitiis et foro exercitus, ut segnem Regulum ad opprimendos Sejani ministros obli-

peine de nouveaux ennemis, avait taxé indirectement Régulus de négligence dans la poursuite des complices de Séjan. Régulus était modéré, mais quand on ne l'attaquait pas. Il ne se borna point à repousser son collègue; il l'accusa lui-même d'avoir trempé dans la conspiration, et il voulait le soumettre à une information rigoureuse. La plupart des sénateurs eurent beau les conjurer de renoncer à des haines qui les perdraient tous deux, ils n'en restèrent pas moins ulcérés et ils ne cessèrent de se menacer jusqu'à l'expiration de leur magistrature.

LIVRE SIXIÈME.

I. Domitius et Camille venaient de commencer leur consulat. Tibère, traversant le détroit qui sépare Caprée de Surrentum s'avança le long de la Campanie vers Rome, soit qu'il fût tenté d'y rentrer, soit qu'il voulût le feindre, ayant un dessein contraire. Il vint souvent dans les environs; il visita même ses jardins auprès du Tibre, et puis il retourna de nouveau ensevelir, au fond de ses rochers et dans la solitude de la mer, la honte de ses forfaits et de ses dissolutions. Là, il se livrait à toutes les débauches des rois et souillait de ses caresses les enfants des citoyens libres. Ce n'était pas seulement la beauté qui irritait ses désirs; il semblait que, la modestie de l'enfance, dans les autres, l'éclat de leur nom, fussent un charme de plus pour les monstrueuses passions qui l'enflammaient. Ce fut alors qu'on inventa les mots nouveaux de *sellarii*, de *spintriæ*, pour exprimer des réduits infâmes et des recherches de plaisirs abominables. Il avait des esclaves préposés pour lui chercher, lui amener ses victimes : on récompensait les complaisances, on menaçait en cas de refus; et si un père, si des parents, résistaient, on employait la violence, le rapt, et toutes les barbaries d'un vainqueur contre des captifs.

II. A Rome, au commencement de cette année, comme si l'on n'eût découvert qu'à l'instant les crimes de Livie, qu'ils n'eussent pas été déjà punis depuis longtemps, on proposait encore de sévir contre ses statues et sa mémoire; on proposait aussi d'ôter à l'épargne les biens de Séjan pour les adjuger au fisc, comme si le fisc et l'épargne eussent signifié deux choses; et c'étaient les Silanus, les Cassius, les Scipions, qui, ne faisant guère que se répéter les uns les autres, ouvraient de tels avis et les appuyaient avec force. Togonius Gallus, avec un nom obscur, voulant figurer au milieu de ces grands noms, s'attira quelque risée : il conjurait le prince de choisir un certain nombre de sénateurs, sur lesquels il y en aurait vingt, tirés au sort, qui s'armeraient pour sa défense toutes les fois qu'il entrerait au sénat. Togonius apparemment croyait à une lettre de Tibère, qui avait demandé l'escorte d'un des consuls pour sa sûreté dans le trajet de Caprée à Rome. Tibère mit dans sa réponse ce mélange de sérieux et d'ironie qui lui était familier; il remerciait les pères de leur bienveillance; mais comment pouvoir exclure les uns en choisissant les autres? Et puis, qui prendrait-on? les mêmes, ou de nouveaux successivement? des sénateurs qui eussent passé par les charges ou des jeunes gens, des magistrats ou des hommes privés? D'ailleurs, à quoi ressemblerait ce travestissement militaire à la porte du sénat? Il estimait trop peu la vie, pour vouloir la conserver par de telles précautions.

que perstrinxerat : ille, nisi lacesseretur, modestiæ retinens, non modo retudit collegam, sed ut noxium conjurationis ad disquisitionem trahebat. Multisque patrum orantibus ponerent odia in perniciem itura, mansere infensi ac minitantes, donec magistratu abirent.

LIBER SEXTUS.

I. Cn. Domitius et Camillus Scribonianus consulatum inierant, quum Cæsar, tramisso quod Capreas et Surrentum interluit freto, Campaniam prælegebat, ambiguus an urbem intraret, seu, quia contra destinaverat, speciem venturi simulans : et sæpe in propinqua degressus, aditis juxta Tiberim hortis, saxa rursum et solitudinem maris repetiit, pudore scelerum et libidinum; quibus adeo indomitis exarserat, ut more regio, puberum ingenuam stupris pollueret. Nec formam tantum et decora corpora, sed in his modestam pueritiam, in aliis imagines majorum, incitamentum cupidinis habebat : tuncque primum ignota ante vocabula reperta sunt, sellariorum et spintriarum, ex fœditate loci ac multiplici patientia. Præpositique servi qui quærerent, pertraherent : dona in promptos, minas adversum abnuentes; et, si retinerent propinquum aut parens, vim, raptus, suaque ipsi libita, velut in captos, exercebant.

II. At Romæ principio anni, quasi recens cognitis Liviæ flagitiis ac non pridem etiam punitis, atroces sententiæ dicebantur in effigies quoque ac memoriam ejus; et bona Sejani ablata ærario ut in fiscum cogerentur, tanquam referret. Scipiones hæc et Silani et Cassii, iisdem ferme aut paullum immutatis verbis, asseveratione multa censebant; quum repente Togonius Gallus, dum ignobilitatem suam magnis nominibus inserit, per deridiculum auditur. Nam principem orabat deligere senatores, ex quis viginti sorte ducti et ferro accincti, quoties curiam inisset, salutem ejus defenderent. Crediderat nimirum epistolæ subsidio sibi alterum ex consulibus poscentis, ut tutus a Capreis urbem peteret. Tiberius tamen, ludibria seriis permiscere solitus, egit grates benevolentiæ patrum : « sed quos omitti « posse? quos deligi? semperne eosdem, an subinde alios? « et honoribus perfunctos, an juvenes? privatos, an e « magistratibus? Quam deinde speciem fore, armentium in « limine curiæ gladios ! Neque sibi vitam tanti, si armis « tegenda foret. » Hæc adversus Togonium, verbis moderans; neque ultra abolitionem sententiæ suadere.

Ce fut ainsi qu'il réfuta Togonius, du ton le plus mesuré, conseillant seulement de laisser tomber sa proposition.

III. Il n'en fut pas ainsi de Gallion. Celui-ci avait proposé que les prétoriens vétérans eussent le droit de prendre place sur les quatorze bancs des chevaliers. Tibère le réprimanda durement; l'attaquant, pour ainsi dire en face, il lui demanda ce qu'il y avait de commun entre lui et les soldats, qui ne devaient recevoir leurs ordres et leurs récompenses que de l'empereur même. Apparemment le génie de Gallion allait plus loin que la sagesse d'Auguste, ou plutôt, n'était-ce point un projet de discorde et de sédition, digne d'un satellite de Séjan, de vouloir bouleverser ces esprits grossiers par des honneurs frivoles, qui ne tendaient qu'à corrompre la discipline militaire? Voilà le fruit que Gallion retira d'une adulation soigneusement méditée. Chassé du sénat sur-le-champ, puis de l'Italie, il s'était retiré à Lesbos, île agréable et renommée; mais, comme on dénonça la douceur de son exil, on alla l'y reprendre pour le traîner à Rome, où il fut emprisonné dans les maisons des magistrats. Dans la même lettre, Tibère, au grand contentement du sénat, foudroya Sextius Paconianus, un ancien préteur; il le peignit comme un homme qui ne respirait que le crime, qui ne se plaisait qu'à nuire, qui allait fouillant dans le secret de toutes les familles, et que Séjan, voulant perdre Caïus, avait employé de préférence à tout autre. Les haines qu'on lui portait depuis longtemps n'attendaient que cette ouverture pour éclater; on allait le condamner au dernier supplice : il se sauva par une dénonciation.

IV. Le dénoncé fut Latiaris ; et ce fut un spectacle bien doux de voir aux prises ensemble deux scélérats également odieux. Latiaris, comme je l'ai dit, avait été autrefois le principal auteur de la perte de Sabinus, et en fut alors le premier puni. Dans les intervalles de cette instruction, Hatérius attaqua les consuls de l'année précédente sur leur silence après tant de menaces réciproques. Apparemment leur union venait des alarmes de leur conscience; mais le sénat ne devait point taire ce qu'il avait entendu. Régulus répondit qu'il lui restait du temps pour sa vengeance, qu'il attendait le prince; et Trion, qu'il valait mieux oublier des emportements échappés à des collègues rivaux et désunis. Hatérius insistant, Sanquinius Maximus, un consulaire, supplia le sénat de ne point s'étudier à aigrir, par de nouvelles amertumes, les chagrins du prince; qu'il suffirait lui-même à prescrire les remèdes. Par là, il sauva Régulus, et différa la perte de Trion. Quant à Hatérius, il en devint plus odieux. On s'indignait de voir un homme sans cesse croupissant ou dans le sommeil ou dans la débauche, protégé par sa lâcheté contre la tyrannie la plus ombrageuse, qui, au sortir de la taverne et des bras de ses prostituées, venait tramer la perte des Romains les plus distingués.

V. Messallinus Cotta, depuis longtemps, n'était pas moins haï ; il s'était toujours signalé par les avis les plus barbares. Aussi, dès que l'occasion s'offrit, on l'accusa lui-même. Il avait appelé Caïus César, *Caia*, comme pour lui reprocher de dénaturer son sexe. Les pontifes ayant donné, le jour de la naissance d'Augusta, un banquet solennel, il avait appelé ce banquet un banquet funéraire. Depuis, se plaignant du crédit d'Arruntius et de Lépide, avec lesquels il discutait quelque intérêt pécuniaire, il ajouta : « S'ils ont « pour eux le sénat, j'ai pour moi mon cher *Ti-* « *bériole.* » Et, sur tous ces faits, les premiers de

---

III. At Junium Gallionem, qui censuerat ut prætoriani, actis stipendiis, jus apiscerentur in quatuordecim ordinibus sedendi, violenter increpuit, velut coram rogitans « quid illi cum militibus, quos neque dicta imperatoris, « neque præmia nisi ab imperatore accipere par esset? « Reperisse prorsus quod divus Augustus non providerit; « an potius discordiam et seditionem a satellite Sejani quæ- « sitam, qua rudes animos, nomine honoris, ad corrum- « pendum militiæ morem propelleret! » Hoc pretium Gallio meditatæ adulationis tulit, statim curia, deinde Italia, exactus; et, quia incusabatur facile toleraturus exsilium, delecta Lesbo, insula nobili et amœna, retrahitur in urbem, custoditurque domibus magistratuum. Iisdem literis Cæsar Sextium Paconianum, prætorium perculit, magno patrum gaudio, audacem, maleficum, omnium secreta rimantem, delectumque a Sejano, cujus ope dolus C. Cæsari pararetur; quod postquam patefactum, prorupere concepta pridem odia, et summum supplicium decernebatur, ni professus indicium foret.

IV. Ut vero Latinium Latiarem ingressus est, accusator ac reus juxta invisi, gratissimum spectaculum præbebatur. Latiaris, ut retuli, præcipuus olim circumveniendi Titii Sabini, et tunc luendæ pœnæ primus fuit. Inter quæ, Haterius Agrippa consules anni prioris invasit, « cur mutua accusatione intenta, nunc silerent? metum prorsus et noxiam conscientiæ pro fœderi haberi : at non patribus reticenda quæ audivissent. » Regulus manere tempus ultionis, seque coram principe exsecuturum; Trio æmulationem inter collegas, et si qua discordes Sejani quæ, melius obliterari respondit. Urgente Agrippa, Sanquinius Maximus, e consularibus, oravit senatum ne curas imperatoris, conquisitis insuper acerbitatibus, augerent; sufficere ipsum statuendis remediis. Sic Regulo salus, et Trioni dilatio exitii quæsita. Haterius invisior fuit, quia, somno aut libidinosis vigiliis marcidus, et ob segnitiam, quamvis crudelem principem non metuens, illustribus viris perniciem, inter ganeam ac stupra, meditabatur.

V. Exin Cotta Messallinus, sævissimæ cujusque sententiæ auctor, eoque inveterata invidia, ubi primum facultas data, arguitur pleraque : Caiam, Cæsarem, quasi incestæ virilitatis, et, quum die natali Augustæ inter sacerdotes epularetur, novendialem eam cœnam dixisse; querensque de potentia M. Lepidi ac L. Arruntii, cum quibus ob rem pecuniariam disceptabat, addidisse : « illos quidem sena-

Rome fournissaient des preuves convaincantes. Pressé par leurs dépositions, il en appela au prince, et bientôt il parut une lettre de Tibère. Celui-ci, se faisant en quelque sorte l'avocat de Messallinus, rappelait les commencements de leur liaison, les témoignages multipliés qu'il avait reçus de son attachement, et il demandait qu'on ne lui fit point un crime de quelques plaisanteries innocentes, échappées dans la chaleur du repas, et malignement interprétées.

VI. Le commencement de cette lettre parut remarquable. Le voici : « Que vous écrire, pères « conscrits, ou comment vous écrire, ou plutôt « devrais-je songer à vous écrire maintenant? Si « je le sais, que les dieux et les déesses me fassent « périr plus cruellement que je ne me sens périr « tous les jours. » Tant ses forfaits et ses infamies étaient devenus pour lui un cruel supplice! Le plus sage des hommes avait donc bien raison d'affirmer que si l'on ouvrait l'âme des tyrans, on y verrait mille traits aigus qui la déchirent; que la cruauté, la débauche, l'injustice', lacèrent l'âme comme les fouets lacèrent le corps. En effet, Tibère, au comble de la grandeur, dans la tranquillité de la retraite, éprouvait des tortures si horribles, que l'aveu lui en échappait à lui-même.

VII. Le prince, dans cette même lettre, avait laissé le sénat libre de prononcer contre le sénateur Cécilianus, qui avait le plus chargé Cotta; on se décida à lui infliger la même peine qu'à Aruséius et à Sanquinius, accusateurs d'Arruntius. Ainsi ce Cotta, noble, il est vrai, mais ruiné par ses dissolutions et flétri par ses bassesses, eut l'honneur d'être comparé au plus irréprochable des Romains, et ses vices obtinrent une répara-

tion aussi éclatante que les vertus d'Arruntius. Servéus et Minucius comparurent après. Servéus, ancien préteur, avait été autrefois de la suite de Germanicus ; Minucius était d'une famille équestre; ils avaient usé avec modération de l'amitié de Séjan, ce qui les rendait plus intéressants. Mais Tibère, les notant comme les principaux chefs de la conspiration, somma Cestius le pere de déclarer au senat ce qu'il avait écrit au prince, et Cestius se chargea de l'accusation. Ce qu'il y eut de plus déplorable dans ces temps malheureux, c'est que les premiers même du sénat se livraient aux plus basses délations; quelques-uns ouvertement, beaucoup en secret, et l'on était poursuivi également par les siens ou par les étrangers, par des amis ou par des inconnus, pour des faits vieillis ou récents. Sur quelque sujet, en quelque lieu qu'on parlât, au forum, dans un festin, on était dénoncé, tous se hâtant de se prévenir, et se ménageant une accusation, les uns pour leur sûreté, la plupart comme infectés d'une rage épidémique. Ainsi Minucius et Servéus, condamnés, se joignirent aux délateurs. Ils accusèrent à leur tour Jules Africain, né en Saintonge, pays des Gaules, et Séius Quadratus, dont je n'ai pu savoir l'origine. Je n'ignore point que la plupart des historiens ont omis beaucoup de ces accusations et de ces supplices, soit qu'ils ne pussent suffire à les rapporter tous, soit qu'affligés et rebutés de tant d'infortunes, ils voulussent épargner à leurs lecteurs le dégoût et l'ennui qu'ils éprouvaient eux-mêmes. Pour moi, j'ai trouvé beaucoup de faits dignes d'être connus, quoique omis par les autres annalistes.

VIII. Dans le temps où ceux qui avaient été

« tus, me autem tuebitur Tiberiolus meus. » Eaque cuncta a primoribus civitatis revincebatur; iisque instantibus, ad imperatorem provocavit. Nec multo post literæ afferuntur, quibus, in modum defensionis, repetito inter se atque Cottam amicitiæ principio, crebrisque ejus officiis commemoraliis, ne verba prave detorta, non convivialium fabularum simplicitas in crimen duceretur, postulavit.

VI. Insigne visum est earum Cæsaris literarum initium; nam his verbis exorsus est : « Quid scribam vobis, patres « conscripti, aut quomodo scribam, aut quid omnino non « scribam hoc tempore, dii me deæque pejus perdant quam « perire me quotidie sentio, si scio. » Adeo facinora atque flagitia sua ipsi quoque in supplicium verterant. Neque frustra præstantissimus sapientiæ firmare solitus est, si recludantur tyrannorum mentes, posse adspici laniatus et ictus; quando, ut corpora verberibus, ita sævitia, libidine, malis consultis, animus dilaceretur. Quippe Tiberium non fortuna, non solitudines protegebant, quin tormenta pectoris suasque ipse pœnas fateretur.

VII. Tum facta patribus potestate statuendi de Cæciliano senatore, qui plurima adversum Cottam prompserat, placitum eamdem pœnam irrogari, quam in Aruseium et Sanquinium, accusatores L. Arruntii. Quo non aliud honorificentius Cottæ evenit, qui, nobilis quidem, sed egens ob

luxum, per flagitia infamis, sanctissimis Arruntii artibus, dignitate ultionis, æquabatur. Quintus Servæus posthac et Minucius Thermus inducti : Servæus, prætura functus et quondam Germanici comes, Minucius equestri loco, modeste habita Sejani amicitia, unde illis major miseratio. Contra Tiberius, præcipuos ad scelera increpans, admonuit C. Cestium patrem dicere senatui quæ sibi scripsisset; suscepitque Cestius accusationem. Quod maxime exitiabile tulere illa tempora, quum primores senatus infimas etiam delationes exercerent, alii propalam, multi per occultum. Neque discerneres alienos a conjunctis, amicos ab ignotis, quid repens aut vetustate obscurum : perinde in foro, in convivio, quaqua de re locuti, incusabantur, ut quis prævenire et reum destinare properat; pars ad subsidium sui, plures infecti quasi valetudine et contactu. Sed Minucius et Servæus damnati indicibus accessere. Tractique sunt in casum eumdem Julius Africanus, e Santonis, gallica civitate, Seius Quadratus (originem non reperi.) Neque sum ignarus, a plerisque scriptoribus omissa multorum pericula et pœnas, dum copia fatiscunt, aut, quæ ipsis nimia et mœsta fuerant ne pari tædo lectures afficcerent, verentur. Nobis pleraque digna cognitu et venere, quanquam ab aliis incelebrata.

VIII. Nam ea tempestate, qua Sejani amicitiam ceteri

réellement les amis de Séjan abjuraient ce titre, un chevalier romain, nommé Marcus Térentius, bravant ses délateurs, osa s'en prevaloir; il parla ainsi dans le sénat : « Pères conscrits, il serait « peut-être plus avantageux pour ma cause de « combattre l'accusation que de la reconnaître ; « mais, quoi qu'il arrive, j'avouerai que j'avais « l'amitié de Séjan, que j'avais travaillé à l'ac- « quérir, et que je m'étais félicité de l'avoir ob- « tenue. Je l'avais vu associé à son père dans le « commandement des cohortes pretoriennes, et, « depuis, réunissant à la fois et les fonctions ci- « viles et les fonctions militaires; ses alliés, ses « parents étaient comblés d'honneurs; son amitié « menait à la faveur du prince, tandis que son « ressentiment plongeait dans la terreur et dans « l'humiliation. Je ne cite personne ; mais beau- « coup de Romains, sans tremper dans ses der- « niers projets, ont participé à sa faveur. J'ose « ici, à mes périls, les défendre tous. Non, ce « n'était point l'habitant de Vulsinies qui s'att- « rait nos hommages, c'était l'allié des Claudes « et des Jules, c'était ton gendre, ô César, ton « collègue dans le consulat, le dépositaire de tes « fonctions dans la république. Ce n'est point à « nous à examiner ni les objets, ni les motifs de « tes prédilections. Les dieux t'ont donné le droit « suprême de juger; ils ne nous ont laissé que « la gloire d'obéir. Nous voyons seulement ce « qu'on nous montre, ceux qui tiennent de toi « les richesses, les honneurs, le pouvoir de nuire « ou de servir ; et certes, Séjan eut tout cela. Les « sentiments cachés du prince, les révolutions « secrètes qui se préparent nous sont inconnus, « et nos recherches même, illégitimes et dange- « reuses, seraient souvent inutiles. Pères cons-

« crits, ne songez point au dernier jour de Séjan ; « rappelez-vous les seize années de sa gloire, lors « que nous vénérions jusqu'à Satrius, jusqu'a « Pomponius, lorsqu'on briguait l'honneur d'être « connu de ses affranchis même et de ses esclaves. « Mais quoi! appliquerons-nous indistinctement « à tous ce moyen de defense? Non, il est juste de « le restreindre. Que les complices de Séjan dans « ses projets contre la république et la vie du « prince soient punis ; que ceux qui, comme Ti- « bère, n'ont été que ses amis, soient absous « comme lui. »

IX. La fermeté de ce discours, et le contentement qu'on eut d'avoir trouvé un homme qui osât dire hautement ce que chacun pensait, fit que ses accusateurs, déjà coupables d'autres crimes, furent condamnés à l'exil ou à la mort. De nouvelles lettres du prince chargèrent Sextus Vestilius, ancien préteur, fort aimé de Drusus frère de Tibère, et que Tibère lui-même avait admis dans sa société intime. Son ressentiment venait d'une satire sur les débauches de Caïus, dont Vestilius était ou fut cru l'auteur. Ce vieillard, banni de la table du prince, ayant porté sur lui-même une main tremblante, se referma les veines, écrivit une lettre suppliante, reçut une réponse dure, et les rouvrit. Après lui, quatre accusés tout à la fois, Pollion, Silanus, Scaurus, Calvisius, sont dénoncés pour crime de lèse-majesté; on impliquait dans l'affaire de Pollion son fils Vinicianus ; tous avaient un nom illustre, et quelques-uns les plus grands honneurs. Les sénateurs étaient consternés. En effet, qui d'eux n'était point l'ami ou l'allié de tant de patriciens si distingués? Heureusement, Celsus, tribun d'une cohorte de la ville, un des témoins, sauva Calvisius et Silanus. Tibère, se reservant

falso exuerant, ausus est eques romanus M. Terentius, ob id reus, amplecti, ad hunc modum apud senatum ordiendo : « Fortunæ quidem meæ fortasse minus expediat agnoscere crimen, quam abnuere; sed utcunque casura res est, fatebor et fuisse me Sejano amicum, et ut essem expetisse, et, postquam adeptus eram, lætatum. Videram collegam patris regendis prætoriis cohortibus, mox urbis et militiæ munia simul obeuntem; illius propinqui et affines honoribus augebantur; ut quisque Sejano intimus, ita ad Cæsaris amicitiam validus; contra quibus infensus esset, metu ac sordibus conflictabantur : nec quemquam exemplo assumo ; cunctos qui novissimi consilii experies fuimus meo unius discrimine defendam. Non enim Sejanum Vulsiniensem, sed Claudiæ et Juliæ domus partem, quas affinitate occupaverat, tuum, Cæsar, generum, tui consulatus socium, tua officia in republica capessentem, colebamus. Non est nostrum æstimare quem supra ceteros, et quibus de causis extollas. Tibi summum rerum judicium dii dedere; nobis obsequii gloria relicta est. Spectamus porro quæ coram habentur, cui ex te opes, honores, quis plurima juvandi nocendive potentia ; quæ Sejano fuisse nemo negaverit : abditos principis sensus, et si quid occultius paret, exquirere, illicitum, anceps; nec ideo assequare. Ne, patres

« conscripti, ultimum Sejani diem, sed sedecim annos co« gitaveritis : etiam Satrium atque Pomponium veneraba« mur; libertis quoque ac janitoribus ejus notescere pro « magnifico accipiebatur. Quid ergo? indistincta hæc de« fensio et promiscua dabitur? imo justis terminis divi« datur : insidiæ in rempublicam, consilia cædis adversum « imperatorem, puniantur; de amicitia et officiis idem « finis et te, Cæsar, et nos absolverit. »

IX. Constantia orationis, et quia repertus erat qui efferret quæ omnes animo agitabant, eo usque potuere ut accusatores ejus, additis quæ ante deliquerant, exsilio aut morte multarentur. Secutæ dehinc Tiberii literæ in Sext. Vestilium, prætorium, quem, Druso fratri percarum, in cohortem suam transtulerat. Causa offensionis Vestilio fuit, seu composuerat quædam in C. Cæsarem, ut impudicum, sive ficto habita fides; atque ob id convictu principis prohibitus, quum senili manu ferrum tentavisset, obligavit venas, precatusque per codicillos, immiti rescripto venas resolvit. Acervatim ex eo Annius Pollio, Appius Silanus, Scauro Mamerco simul ac Sabino Calvisio, majestatis postulantur, et Vinicianus Pollioni patri adjiciebatur, clari genus, et quidem summis honoribus. Contremuerantque patres : nam quotusquisque affinitatis sui amicitiæ tot illustrium virorum expers erat? ni Celsus

d'examiner lui-même avec le sénat l'affaire de Pollion, de Vinicianus et de Scaurus, différa leur instruction ; seulement il donna contre Scaurus des indications sinistres.

X. Les femmes même n'échappèrent point au danger. On ne pouvait leur imputer le dessein d'usurper l'empire ; on accusait leurs larmes. Vitia, mère de Fufius, déjà décrépite, fut mise à mort pour avoir pleuré son fils. Ceci se passa au sénat. De son côté, le prince fit périr Vescularius et Marinus, deux de ses plus anciens amis, qui, l'ayant suivi à Rhodes, ne l'avaient point quitté à Caprée. Vescularius avait été un agent de l'intrigue contre Libon, et Marinus avait participé au complot de Séjan contre Atticus ; aussi ce fut une consolation de voir leur exemple suivi contre eux-mêmes. Dans le même temps, mourut Pison, préfet de Rome ; sa mort fut naturelle, chose rare alors dans un si haut rang. Jamais il ne donna de lâches conseils, et, quand il recevait des ordres, il en tempérait sagement la sévérité. J'ai dit que son père avait été censeur ; pour lui, il poussa sa carrière jusqu'à quatre-vingts ans ; il avait mérité les honneurs du triomphe dans la Thrace ; mais ce qui lui acquit le plus de gloire, c'est qu'ayant été préfet de Rome dans la nouveauté de cette institution, il garda des tempéraments vraiment admirables dans l'exercice d'une magistrature perpétuelle, qui effarouchait davantage les esprits, à une époque où l'on n'avait point encore l'habitude de la subordination.

XI. Originairement les rois, lorsqu'ils s'absentaient de Rome, pour que la ville ne restât point sans chef, nommaient un magistrat qui, dans l'intervalle, rendait la justice et remédiait aux accidents imprévus. Ainsi Denter, dit-on, fut choisi par Romulus, Marcius par Tullus, et Lucrétius par Tarquin le Superbe. Dans la suite, les consuls se firent pareillement suppléer, et l'on voit un reste de cette institution dans ce préfet qui, pendant les féries latines, exerce les fonctions consulaires. Auguste, dans les guerres civiles, donna à Mécène, simple chevalier, l'inspection générale sur Rome et sur l'Italie. Depuis, étant devenu maître de l'empire, et voyant la difficulté de contenir un peuple immense, il établit un consulaire, pour réprimer arbitrairement et sans délai les esclaves, les citoyens audacieux et turbulents, à qui une justice lente, embarrassée de formalités, n'eût point imprimé assez de terreur. Messala fut le premier revêtu de cette charge, qu'il abdiqua au bout de quelques jours, sous prétexte d'incapacité. Après lui, Statilius, malgré son grand âge, l'exerça dignement, ainsi que Pison, qui, pendant vingt années, ne se démentit pas un seul instant : le sénat lui décerna des funérailles publiques.

XII. Les pères s'occupèrent ensuite d'un rapport de Quintilianus, tribun du peuple. Il s'agissait d'un nouveau livre sibyllin, que Caninius Gallus, un des quindécemvirs, voulait faire recevoir ; et celui-ci avait demandé à ce sujet un sénatus-consulte, qui fut rendu sans discussion. Une lettre de Tibère condamna cette précipitation. Il reprit légèrement le tribun, dont la jeunesse excusait l'ignorance ; mais il reprochait plus durement à Caninius, qu'une longue étude avait dû instruire des rites religieux, d'avoir fait consacrer, dans une assemblée peu nombreuse, un livre dont l'auteur était incertain, sans avoir pris

---

urbanæ cohortis tribunus, tum inter indices, Appium et Calvisium discrimini exemisset. Cæsar Pollionis ac Viniciani Scauriique causam, ut ipse cum senatu nosceret, distulit, datis quibusdam in Scaurum tristibus notis.

X. Ne feminæ quidem exsortes periculi : qua occupandæ reipublicæ argui non poterant, ob lacrymas incusabantur; necataque est anus Vitia, Fufii Gemini mater, quod filii necem flevisset. Hæc apud senatum : nec secus apud principem Vescularius Atticus ac Julius Marinus ad mortem aguntur, e vetustissimis familiarium Rhodum secuti, et apud Capreas individui. Vescularius insidiarum in Libonem internuncius : Marino participe, Sejanus Curtium Atticum oppresserat ; quo lætius acceptum sua exempla in consultores recidisse. Per idem tempus, L. Piso præfectus urbis, rarum in tanta claritudine, fato obiit, nullius servilis sententiæ sponte auctor, et, quoties necessitas ingrueret, sapienter moderans. Patrem ei censorium fuisse memoravi ; ætas ad octogesimum annum processit ; decus triumphale in Thracia meruerat : sed præcipua ex eo gloria, quod, præfectus urbi, recens continuatam potestatem, et insolentia parendi graviorem, mire temperavit.

XI. Namque antea, profectis domo regibus, ac mox magistratibus, ne urbs sine imperio foret, in tempus deligebatur qui jus redderet ac subitis mederetur : feruntque ab Romulo Denterem Romulium, post ab Tullo Hostilio Numam Marcium, et ab Tarquinio Superbo Spurium Lucretium, impositos. Dein consules mandabant ; duratque simulacrum, quoties ob ferias latinas præficitur qui consulare munus usurpet. Ceterum Augustus bellis civilibus Cilnium Mæcenatem, equestris ordinis, cunctis apud Romam atque Italiam præposuit. Mox, rerum potitus, ob magnitudinem populi ac tarda legum auxilia, sumpsit e consularibus qui coerceret servitia, et quod civium audacia turbidum nisi vim metuat : primusque Messalla Corvinus eam potestatem, et paucos intra dies finem, accepit, quasi nescius exercendi. Tum Taurus Statilius, quanquam provecta ætate, egregie toleravit. Dein Piso viginti per annos pariter probatus, publico funere, ex decreto senatus, celebratus est.

XII. Relatum inde ad patres a Quintiliano, tribuno plebei, de libro Sibyllæ, quem Caninius Gallus, quindecimvir, recipi inter ceteros ejusdem vatis, et ea de re senatusconsultum, postulaverat : quo per discessionem facto, misit literas Cæsar, modice tribunum increpans, « ignarum antiqui moris ob juventam. » Gallo exprobrabat « quod, scientiæ cærimoniarumque vetus, incerto auctore, ante sententiam collegii, non, ut assolet, lecto per magistros æstimatoque carmine, apud infrequentem senatum egisset. » Simul commonefecit, « quia multa vana sub nomine celebri vulgabantur, sanxisse Augustum quem intra

ni l'avis du collége, ni la précaution ordinaire de faire lire et examiner l'ouvrage par les chefs de la religion. A ce sujet, il rappela un règlement d'Auguste, qui, voyant beaucoup de livres apocryphes s'introduire à la faveur d'un nom respectable, avait ordonné que tous les livres sibyllins fussent remis au préteur de la ville, dans un temps fixe, après lequel aucun particulier ne pourrait les garder. Anciennement encore, on avait pris les mêmes précautions ; après l'incendie du Capitole, dans la guerre sociale, on avait fait recueillir à Samos, à Ilium, à Érythrée, dans l'Afrique même, dans la Sicile et dans les villes d'Italie, tous les vers de la Sibylle, soit qu'il y en ait une seule ou plusieurs, et on avait chargé les prêtres d'examiner avec le plus grand soin leur authenticité. Ainsi ce nouveau livre fut également soumis à l'examen des quindécemvirs.

XIII. Sous ces mêmes consuls, la cherté des grains excita presque une sédition. Pendant plusieurs jours, au théâtre, le peuple s'emporta contre le prince à des murmures qui ne lui étaient point ordinaires. Tibère en fut irrité. Il reprocha au sénat et aux consuls de n'avoir point employé l'autorité publique pour réprimer cette licence ; il nommait les provinces dont il tirait des blés, et prouva que l'importation était beaucoup plus considérable que du temps d'Auguste. Le sénat fit donc, pour châtier le peuple, un règlement où il s'armait de toute l'autorité qu'il avait jadis; et les consuls y joignirent un édit non moins rigoureux. Le prince ne dit rien, croyant se faire un mérite de son silence : on le prit plutôt pour de l'orgueil.

XIV. Sur la fin de l'année, Géminius, Celsus, Pompéius, chevaliers romains, furent condamnés pour avoir trempé dans la conjuration. Géminius avait été fort aimé de Séjan, comme un prodigue et un voluptueux aimable ; les affaires n'étaient pour rien dans leur liaison. Celsus, tribun, qu'on avait mis aux fers, se passa autour du cou sa chaîne, qui était lâche, et, tirant de toute sa force, il s'étrangla lui-même. Rubrius Fabatus, sans espoir du côté des Romains, s'était mis en route pour aller chercher de l'humanité chez les Parthes. Il fut arrêté auprès du détroit de Sicile, et ramené par un centurion à Rome, où on lui donna des gardes. Ce qu'il y a de sûr, c'est qu'il s'éloignait de l'Italie, sans pouvoir en fournir aucunes raisons valables. On l'épargna toutefois, par oubli plutôt que par clémence.

XV. Sous le consulat de Galba et de Sylla, Tibère, pressé par l'âge de ses petites-filles, après leur avoir cherché longtemps des époux qui lui convinssent, choisit enfin Cassius et Vinicius. Vinicius, orateur élégant, d'un esprit doux, avait une origine municipale ; il venait de Calès ; son père et son aïeul avaient été consuls ; du reste c'étaient de simples chevaliers. Cassius sortait d'une famille plébéienne de Rome, mais ancienne et illustrée par les honneurs. Quoique élevé dans les principes rigides de son père, ce qui le distingua, ce fut plutôt une certaine facilité de mœurs que tout autre mérite. Il épousa Drusille ; Vinicius, Julie ; toutes deux filles de Germanicus. Tibère manda ce choix au sénat. Il inséra quelques éloges pour les jeunes gens ; puis, après avoir donné des raisons très-vagues de son absence, il passa à des objets plus importants. Il parla des ennemis qu'il s'attirait pour la république, et demanda que, toutes les fois qu'il irait au sénat, Macron, son préfet, l'accompagnât avec un petit nombre de centurions et de tribuns. On en dressa sur-le-champ un sénatus-consulte très-étendu ; on ne fixa ni le nombre, ni la qualité des gardes ; mais Tibère, loin de reparaître au sénat, ne mit pas même le pied dans les murs de la

diem ad prætorem urbanum deferrentur, neque habere privatim liceret. » Quod a majoribus quoque decretum erat, post exustum sociali bello Capitolium, quæsitis Samo, Ilio, Erythris, per Africam etiam ac Siciliam et italicas colonias, carminibus Sibyllæ (una seu plures fuere), datoque sacerdotibus negotio, quantum humana ope potuissent, vera discernere. Igitur tunc quoque notioni quindecimvirum is liber subjicitur.

XIII. Iisdem consulibus, gravitate annonæ juxta seditionem ventum; multaque, et plures per dies, in theatro licentius efflagitata quam solitum adversum imperatorem. Quis commotus, incusavit magistratus patresque quod non publica auctoritate populum coercuissent ; addiditque quibus e provinciis, et quanto majorem quam Augustus rei frumentariæ copiam advectaret. Ita castigandæ plebi compositum senatusconsultum prisca severitate ; neque segnius consules edixere : silentium ipsius non civile, ut crediderat, sed in superbiam accipiebatur.

XIV. Fine anni Geminius, Celsus, Pompeius, equites romani, cecidere conjurationis crimine. Ex quis Geminius, prodigentia opum ac mollitia vitæ, amicus Sejano, nihil ad serium. Et Julius Celsus, tribunus, in vinclis laxatam catenam et circumdatam in diversum tendens, suam ipse cervicem perfregit. At Rubrio Fabato, tanquam, desperatis rebus romanis, Parthorum ad misericordiam fugeret, custodes additi. Sane is repertus apud fretum Siciliæ, retractusque per centurionem, nullas probabiles causas longinquæ peregrinationis afferebat. Mansit tamen incolumis, oblivione magis quam clementia.

XV. Servio Galba, L. Sulla consulibus, diu quæsito quos neptibus suis maritos destinaret Cæsar, postquam instabat virginum ætas, L. Cassium, M. Vinicium, legit. Vinicio oppidanum genus, Caliibus ortus, patre atque avo consularibus, cetera equestri familia erat ; mitis ingenio, et comptæ facundiæ. Cassius plebei Romæ generis, verum antiqui honoratique, et severa patris disciplina eductus, facilitate sæpius quam industria commendabatur. Huic Drusillam, Vinicio Juliam, Germanico genitas, conjungit: superque ea re senatui scripsit, levi cum honore juvenum; dein, redditis absentiæ causis admodum vagis, flexit ad graviora et offensiones ob rempublicam cœptas; utque Macro præfectus tribunorumque et centurionum pauci se-

9.

capitale, se rapprochant quelquefois de sa patrie par des routes détournées, et s'en éloignant aussitôt.

XVI. Cependant une nouvelle irruption de délateurs alarma les citoyens. Une loi du dictateur César avait fixé ce qu'on pouvait prêter d'argent, et ce qu'on devait posséder de biens-fonds en Italie. Cette loi avait été négligée presque aussitôt, parce que le bien public est toujours sacrifié à l'intérêt particulier. En général, l'usure a été un vice ancien parmi nous, et la cause la plus commune de nos discordes et de nos séditions. Dès les premiers temps même, où les mœurs étaient moins corrompues, nos lois furent occupées à le combattre. Et d'abord celle des Douze Tables réduisit à un pour cent l'intérêt, qui, auparavant, n'avait de bornes que la cupidité des riches. Depuis, une loi tribunitienne le restreignit encore de moitié; une autre enfin l'abolit tout à fait, et l'on tâcha, par différents plébiscites, de prévenir les fraudes, qui, souvent réprimées, reparaissaient toujours sous divers déguisements. Mais alors le préteur Gracchus, à qui le sort avait attribué ces jugements, effrayé de la multitude des coupables, fit son rapport au sénat; et les pères, consternés (car aucun n'était exempt de pareilles prévarications), demandèrent grâce au prince, qui leur accorda un an et demi pour se conformer à la loi.

XVII. Ces opérations rendirent l'argent très-rare, les créanciers s'empressant tous à la fois de retirer leurs fonds, sans compter que tant de condamnations et de confiscations multipliées avaient porté au fisc et à l'épargne beaucoup d'espèces qui n'en sortaient plus. Pour rétablir la circulation, un sénatus-consulte ordonna aux créanciers de placer en biens-fonds dans l'Italie les deux tiers de leurs créances. Mais ils les exigèrent en entier, et les débiteurs assignés ne pouvaient avec honneur manquer à leurs engagements. D'abord ce sont des courses sans fin, des pourparlers; bientôt le tribunal du préteur est assailli de demandes. Cette obligation de vendre et d'acheter produisit un effet contraire au bien qu'on espérait. Les riches avaient caché tout leur argent afin d'acheter eux-mêmes; la multiplicité des ventes en fit tomber le prix; plus on était obéré, moins on trouvait d'acquéreurs. Beaucoup de fortunes étaient renversées, et la perte des biens entraînait celle des dignités et de la réputation. Enfin Tibère vint au secours des citoyens. Il établit un fonds de cent millions de sesterces, sur lequel on prêtait sans intérêt pendant trois ans, à condition qu'on engagerait des biens-fonds pour le double de la somme empruntée. Par là le crédit se rétablit; insensiblement les particuliers même ouvrirent leur bourse, et l'on cessa, pour l'achat des terres, d'observer le sénatus-consulte; enfin cette réforme fut, comme toutes les autres, sévère au commencement, négligée sur la fin.

XVIII. Bientôt se renouvellent les anciennes craintes. Proculus célébrait tranquillement dans sa maison le jour de sa naissance. Tout à coup s'élève une accusation de lèse-majesté. Il est traîné au sénat, condamné, exécuté dans le même instant. On interdit l'eau et le feu à sa sœur

---

cum introirent, quoties curiam ingrederetur, petivit : factoque large, et sine præscriptione generis aut numeri, senatusconsulto, ne tecta quidem urbis, adeo publicum consilium nunquam adiit, deviis plerumque itineribus ambigens patriam et declinans.

XVI. Interea magna vis accusatorum in eos irrupit, qui pecunias fœnore auctitabant, adversum legem dictatoris Cæsaris, qua de modo credendi possidendique intra Italiam cavetur; omissam olim, quia privato usui bonum publicum postponitur. Sane vetus urbi fœnebre malum, et seditionum discordiarumque creberrima causa ; eoque cohibebatur, antiquis quoque et minus corruptis moribus. Nam primo Duodecim Tabulis sanctum ne quis unciario fœnore amplius exerceret, quum antea ex libidine locupletium agitaretur; dein, rogatione tribunicia, ad semuncias redacta, postremo vetita versura : multisque plebis scitis obviam itum fraudibus, quæ, toties repressæ, miras per artes rursum oriebantur. Sed tum Gracchus prætor, cui ea quæstio evenerat, multitudine periclitantium subactus, retulit ad senatum : trepidatique patres (neque enim quisquam tali culpa vacuus) veniam a principe petivere; et, concedente, annus in posterum sexque menses dati, quis, secundum jussa legis, rationes familiares quisque componeret.

XVII. Hinc inopia rei nummariæ, commoto simul omnium ære alieno, et quia, tot damnatis bonisque eorum ivenditis, signatum argentum fisco vel ærario attincha- tur. Ad hoc senatus præscripserat, duas quisque fœnoris partes in agris per Italiam collocaret; sed creditores in solidum appellabant, nec decorum appellatis minuere fidem. Ita primo concursatio et preces; dein strepere prætoris tribunal : eaque quæ remedio quæsita, venditio et emptio, in contrarium mutari, quia fœneratores omnem pecuniam mercandis agris condiderant. Copiam vendendi secuta vilitate, quanto quis obæratior, ægrius distrahebant, multaque fortunis provolvebantur; eversio rei familiaris dignitatem ac famam præceps dabat : donec tulit opem Cæsar, disposito per mensas millies sestertio, factaque mutuandi copia sine usuris per triennium, si debitor populo in duplum prædiis cavisset. Sic refecta fides, et paullatim privati quoque creditores reperti : neque emptio agrorum exercita ad formam senatusconsulti, acribus, ut ferme talia, initiis, incurioso fine.

XVIII. Dein redeunt priores metus, postulato majestatis Considio Proculo; qui, nullo pavore diem natalem celebrans, raptus in curiam, pariterque damnatus interfectusque. Et sorori ejus Sanciæ aqua atque igni interdictum, accusante Q. Pomponio : is, moribus inquies, hæc et hujuscemodi a se factitari prætendebat, ut, parta apud principem gratia, periculis Pomponii Secundi fratris mederetur. Etiam in Pompeiam Macrinam exsilium statuitur, cujus maritum Argolicum, socerum Laconem, e primoribus Achæorum, Cæsar afflixerat. Pater quoque, illustris eques romanus, ac frater, prætorius, quum damnatio instaret,

Saucia. Leur accusateur était Quintus Pomponius, esprit turbulent, qui voulut en vain couvrir la honte de cette bassesse et de beaucoup d'autres semblables par la nécessité de se concilier le prince, afin d'en obtenir la grâce de son frère. On exile aussi Pompéia Macrina, dont le mari, Argolicus, et le beau-père, Lacon, les premiers citoyens de l'Achaïe, avaient été victimes de Tibère. Son père, chevalier de la première distinction, et son frère, ancien préteur, se voyant aussi sur le point d'être condamnés, se tuèrent eux-mêmes. On leur avait fait un crime de ce que Théophane de Mitylène, leur bisaïeul, avait été un des intimes amis de Pompée, et de ce qu'après la mort de ce Théophane, l'adulation des Grecs lui avait décerné les honneurs divins.

XIX. Sextus Marius suivit de près : c'était le plus riche des Espagnols. Il fut accusé d'un inceste avec sa fille, et précipité de la roche Tarpéienne ; et, pour qu'il ne fût point douteux que ses richesses et ses mines d'or eussent causé sa perte, Tibère les confisca à son profit, quoiqu'elles appartinssent de droit au trésor public. Enfin, ces supplices irritant sa cruauté, il enveloppa dans le même arrêt tous les prisonniers detenus pour l'affaire de Séjan, et les fit tous égorger. Rien n'égala l'horreur de cette accumulation de victimes de tout sexe, de tout âge, patriciens, plébéiens, dispersés, entassés. On repoussait les approches des amis, des parents ; on défendait les larmes, les regards même trop curieux ; des gardes investissaient ce champ de carnage ; ils espionnaient la douleur de chaque citoyen ; ils ne quittèrent ces cadavres infects qu'au moment où on les traîna dans le Tibre. Là, flottant sur l'eau, ou poussés vers le bord, personne encore n'osa ni les brûler, ni les toucher même. La violence de la crainte étouffait tous les sentiments humains ; et, plus la barbarie était révoltante, plus on se défendait la compassion.

XX. Environ dans ce temps, Caïus, qui avait accompagné Tibère à Caprée, épousa Claudia, fille de Marcus Silanus. Il cachait son caractère féroce sous une douceur artificieuse ; jamais il ne dit un seul mot, ni de la condamnation de sa mère, ni de l'exil de ses frères ; chaque jour il se composait sur son aïeul ; c'était le même extérieur, et presque les mêmes paroles ; ce qui fit dire à l'orateur Passiénus, ce mot si heureux, et si connu, « qu'il n'y avait jamais eu de meilleur es« clave ni de plus mauvais maître. » Je ne puis omettre une prédiction de Tibère au sujet de Galba, alors consul, qu'il avait fait venir à Caprée. L'ayant sondé sur différents sujets, il finit par lui dire en grec, : « Toi aussi, Galba, tu goûteras « quelque jour à l'empire, » désignant ce pouvoir d'un moment qu'il obtint si tard. Tibère, pendant son loisir à Rhodes, s'était instruit dans la science des Chaldéens, sous Thrasylle, dont il avait éprouvé l'habileté de la façon suivante.

XXI. Toutes les fois qu'il voulait consulter un astrologue, il montait sur la partie la plus élevée de sa maison, qui domine sur des rochers. Un affranchi vigoureux, qui ne savait point lire, et qui était seul dans sa confidence, lui amenait, par des détours escarpés, l'homme dont Tibère se proposait d'éprouver la science ; et, au retour, si l'on soupçonnait de l'ignorance ou de la supercherie, l'affranchi précipitait l'astrologue dans la mer, afin d'ensevelir avec lui le secret de son maître. On amena Thrasylle par le même chemin. Il promit l'empire à Tibère, lui dévoila très-habilement l'avenir. Ses réponses ayant frappé le prince, il lui demanda si lui-même avait tiré son horoscope, et ce qu'il pensait de l'année, du jour où il était. Celui-ci observe de nouveau la position des astres, hésite, pâlit ; et, ses observations ne fai-

---

se ipsi interfecere : datum erat criminí, quod Theophanen Mitylenæum, proavum eorum, Cn. Magnus inter intimos habuisset, quodque defuncto Theophani coelestes honores græca adulatio tribuerat.

XIX. Post quos Sext. Marius, Hispaniarum ditissimus, defertur incestasse filiam, et saxo Tarpeio dejicitur ; ac, ne dubium haberetur magnitudinem pecuniæ malo vertisse, aurarias ejus, quanquam publicarentur, sibimet Tiberius seposuit : irritatusque suppliciis, cunctos qui carcere attinebantur, accusati societatis cum Sejano, necari jubet. Jacuit immensa strages : omnis sexus, omnis ætas, illustres, ignobiles, dispersi aut aggerati. Neque [propinquis aut amicis assistere, illacrymare, ne visere quidem diutius, dabatur ; sed circumjecti custodes, et in mœrorem cujusque intenti, corpora putrefacta assectabantur, dum in Tiberim traherentur ; ubi fluitantia aut ripis appulsa non cremare quisquam, non contingere : interciderat sortis humanæ commercium vi metus ; quantumque sævitia gliisceret, miseratio arcebatur.

XX. Sub idem tempus, C. Cæsar, discedenti Capreas avo comes, Claudiam, M. Silani filiam, conjugio accepit : immanem animum subdola modestia tegens, non damnatione matris, non exsilio fratrum rupta voce ; qualem diem Tiberius induisset, pari habitu, haud multum distantibus verbis. Unde mox scitum Passieni oratoris dictum percrebuit, « neque meliorem unquam servum, neque deteriorem dominum fuisse. » Non omiserim præsagium Tiberii de Serv. Galba, tum consule ; quem accitum, et diversis sermonibus pertentatum, postremo græcis verbis in hanc sententiam allocutus : « Et tu, Galba, quandoque « degustabis imperium, » seram ac brevem potentiam significans, scientia Chaldæorum artis, cujus apiscendæ otium apud Rhodum, magistrum Thrasyllum, habuit, peritiam ejus hoc modo expertus.

XXI. Quoties super negotio consultaret, edita domus parte ac liberti unius conscientia utebatur : is, literarum ignarus, corpore valido, per avia ac derupta (nam saxis domus imminet) præibat eum cujus artem experiri Tibe-

sant qu'augmenter de plus en plus sa surprise et sa frayeur, il s'écrie enfin que le moment est critique, qu'il touche presque à sa dernière heure. Tibère, l'embrassant, le rassure sur le péril qu'il avait deviné, et, dès lors, regardant ses prédictions comme un oracle, il l'admit dans sa plus intime confiance.

XXII. Pour moi, ces faits et d'autres semblables me font douter si les événements de cette vie sont asservis aux lois d'une destinée immuable, ou s'ils roulent au gré du hasard. Je vois même de la contrariété dans les plus anciens philosophes et dans leurs disciples. Les uns pensent que notre commencement, que notre fin, que l'homme, en un mot, est indifférent aux dieux, et ils citent en preuve les fréquentes calamités des bons et la prospérité des méchants. D'autres, au contraire, nous soumettent à une destinée, mais indépendante du cours des étoiles, et qui n'est que l'enchaînement éternel des causes premières. Toutefois ils nous accordent la liberté dans le choix de nos actions; mais ils prétendent qu'un premier choix entraîne une suite de conséquences inévitables; que les biens et les maux ne sont point ce que le peuple pense; qu'on est heureux malgré des disgrâces apparentes, et misérable au sein des richesses, si l'on supporte avec constance la mauvaise fortune, ou si l'on abuse de la bonne. Au reste, la plupart des hommes ne renonceront point à l'idée que l'avenir de chaque mortel ne soit fixé dès le premier moment de sa naissance, et que, si les prédictions sont démenties par les faits, ce ne soit la faute des ignorants et des imposteurs, plutôt que celle de l'art, dont la certitude s'est démontrée clairement, et dans les temps anciens et dans le nôtre. Car le fils de ce même Thrasylle prédit l'empire à Néron, et c'est ce que je rapporterai dans le temps, pour ne pas m'éloigner trop maintenant de mon sujet.

XXIII. Asinius Gallus mourut cette même année. On sut bien qu'il avait péri de faim; mais on ignora si sa mort avait été volontaire ou forcée. On demanda à Tibère la permission de l'ensevelir; il n'eut point honte de l'accorder, et de se plaindre du sort qui enlevait un coupable avant qu'il fût hautement convaincu. En effet, le temps avait manqué pendant les trois années de prison où l'on fit languir un vieillard consulaire, et père de tant de consulaires. On apprit ensuite la mort de Drusus. De misérables aliments, la bourre qu'il arracha de son lit, prolongèrent sa vie jusqu'au neuvième jour. Quelques-uns ont rapporté que Macron, lorsqu'il arrêta Séjan, avait eu l'ordre, au cas que celui-ci prît les armes, de tirer Drusus du palais où on le retenait prisonnier, et de le mettre à la tête du peuple. Le bruit même courut que Tibère se réconcilierait avec son petit-fils et avec sa bru : c'en fut assez pour qu'il préférât la cruauté au repentir.

XXIV. Sa haine poursuivit encore Drusus après sa mort. Il lui reprocha des prostitutions infâmes, de l'acharnement contre les siens, et une haine implacable contre la république. Le détail de ses actions, et de ses paroles, rédigé jour par jour, fut

rius statuisset; et regrediente, si vanitatis aut fraudum suspicio incesserat, in subjectum mare præcipitabat, ne index arcani exsisteret. Igitur Thrasyllus, iisdem rupibus inductus, postquam percunctantem commoverat imperium ipsi et futura sollerter patefaciens, interrogatur « an suam quoque genitalem horam comperisset; quem tum annum, qualem diem haberet. » Ille, positus siderum ac spatia dimensus, hærere primo, dein pavescere, et, quantum introspiceret, magis ac magis trepidus admirationis et metus, postremo exclamat « ambiguum sibi ac prope ul- « timum discrimen instare. » Tum complexus eum Tiberius præscium periculorum et incolumem fore gratatur; quæque dixerat oraculi vice accipiens, inter intimos amicorum tenet.

XXII. Sed mihi, hæc ac talia audienti, in incerto judicium est fatone res mortalium et necessitate immutabili, an forte, volvantur : quippe sapientissimos veterum, quique sectam eorum æmulantur, diversos reperies, ac multis insitam opinionem « non initia nostri, non finem, non denique homines diis curæ : ideo creberrima et tristia in bonos, et læta apud deteriores esse. » Contra alii, fatum quidem congruere rebus, putant; sed non e vagis stellis, verum apud principia et nexus naturalium causarum : ac tamen electionem vitæ nobis relinquunt; « quam ubi elegeris, certum imminentium ordinem; neque mala vel bona, quæ vulgus putet : multos qui conflictari adversis videntur beatos, ac plerosque, quanquam magnas per opes, miserrimos; si illi gravem fortunam constanter to- lerent, hi prospera inconsulte utantur. » Ceterum plerisque mortalium non eximitur, quin primo cujusque ortu ventura destinentur; sed quædam secus quam dicta sint cadere, fallaciis ignara dicentium : ita corrumpi fidem artis, cujus clara documenta et antiqua ætas et nostra tulerit. Quippe a filio ejusdem Thrasylli prædictum Neronis imperium in tempore memorabitur, ne nunc incepto longius abierim.

XXIII. Iisdem consulibus, Asinii Galli mors vulgatur, quem egestate cibi peremptum haud dubium; sponte, vel necessitate, incertum habebatur. Consultusque Cæsar an sepeliri sineret, non erubuit permittere, ultroque incusare casus qui reum abstulissent, antequam coram convinceretur : scilicet medio triennio defuerat tempus subeundi judicium consulari seni, tot consularium parenti. Drusus deinde exstinguitur, quum se miserandis alimentis, mandendo e cubili tomento, nonum ad diem detinuisset. Tradidere quidam præscriptum fuisse Macroni, si arma ab Sejano tentarentur, extractum custodia juvenem (nam in palatio attinebatur) ducem populo imponere : mox, quia rumor incedebat fore ut nurui ac nepoti conciliaretur Cæsar, sævitiam cum pœnitentiam maluit.

XXIV. Quin et invectus in defunctum, probra corporis, exitiabilem in suos, infensum reipublicæ animum objecit, recitarique factorum dictorumque ejus descripta per dies jussit; quo non aliud atrocius visum : adstitisse tot per annos, qui vultum, gemitus, occultum etiam murmur exciperent, et potuisse avum audire, legere, in publicum

lu publiquement. On y vit, ce qui parut le comble de l'atrocité, Drusus, pendant des années entières, entouré de traîtres chargés d'épier son visage, ses gémissements, ses soupirs, ses pensées même. A peine croyait-on qu'un aïeul eût pu entendre, lire, faire lire tant d'horreurs ; mais les lettres du centurion Actius et de l'affranchi Didyme étaient positives ; elles marquaient jusqu'au nom des esclaves qui, lorsque Drusus voulait sortir de son appartement, l'y repoussaient par des menaces ou par des violences. Le centurion rapportait même, avec un air de triomphe, ses insultes barbares, et toutes les circonstances de l'agonie de Drusus, qui, d'abord dans un délire simulé, hasarda quelques emportements contre Tibère, et qui enfin, quand il vit sa mort inévitable, médita, étudia, exhala les imprécations les plus terribles contre un monstre, l'assassin de sa bru, de son neveu, de ses petits-fils, qui avait rempli de meurtres toute sa maison, lui souhaitant des tourments en proportion de ses crimes, capables de satisfaire et son nom et sa famille, et toutes les générations de ses aïeux et de ses descendants. Les sénateurs interrompirent plusieurs fois, comme pour écarter ces idées sinistres : mais leurs vrais sentiments étaient la crainte et une horreur profonde ; ils ne concevaient même pas que Tibère, autrefois si attentif à couvrir ses crimes d'artificieuses obscurités, en fût venu à cet excès de confiance, qu'ouvrant, pour ainsi dire, les portes de son palais, il osât montrer à Rome entière son petit-fils, frappé par un centurion, battu par des esclaves, implorant pour sa subsistance les plus vils aliments, et les implorant en vain.

XXV. L'impression de cette mort n'était point encore effacée, lorsqu'on apprit celle d'Agrippine. Je présume qu'après le supplice de Séjan, l'espérance lui fit prolonger sa vie, mais qu'ensuite, ne voyant point d'adoucissement à son sort, elle se laissa périr de faim ; à moins que Tibère ne lui eût lui-même choisi cette mort, qui pouvait paraître volontaire. Ce qu'il y a de sûr, c'est qu'il accabla sa mémoire des plus odieuses imputations ; il l'accusa d'impudicité, d'adultère avec Gallus, et débita que c'était la mort de ce Romain qui l'avait jetée dans le dégoût de la vie. Agrippine avait un besoin de dominer, qui lui rendait l'égalité insupportable ; mais sa virile ambition la préservait des faiblesses des femmes. Tibère observa que la mort d'Agrippine était arrivée deux ans après le supplice de Séjan, à pareil jour, et que le souvenir en devait être consigné. Il se vanta de ce que sa bru n'avait été ni étranglée, ni exposée aux Gémonies. On le remercia publiquement de cette clémence, et l'on ordonna que, tous les ans, le quinze des calendes de novembre, époque des deux morts, on consacrerait un don à Jupiter.

XXVI. Ce fut peu de temps après que Nerva, l'ami inséparable de Tibère, célèbre par ses profondes connaissances du droit civil et du droit religieux, jouissant de toute sa faveur, exempt de toute infirmité, prit la résolution de mourir. Tibère, instruit de ce dessein, ne quitte point Nerva ; il le questionne, il le supplie, il lui avoue enfin combien il est injurieux pour son cœur et pour sa réputation que le meilleur de ses amis cherche la mort sans aucun sujet de haïr la vie. Nerva, sourd à ces représentations, refusa obstinément toute nourriture. Les confidents de ses pensées rapportent que, frappé des maux de la république qu'il voyait de plus près, il voulut, moitié indignation, moitié crainte, se ménager une fin honorable, tandis que sa fortune et sa renommée n'avaient point encore reçu d'atteinte. La perte d'Agrippine, ce qui est à peine croyable, entraîna celle de Plancine. Cette veuve de Pison, qui avait triomphé si publiquement de la mort de Germanicus, avait échappé à la disgrâce de son époux, protégée par l'inimitié d'Agrippine,

promere, vix fides ; nisi quod Actii centurionis et Didymi liberti epistolæ servorum nomina præferebant, ut quis egredientem cubiculo Drusum pulsaverat, exterruerat : etiam sua verba centurio, sævitiæ plena, tanquam egregium, vocesque deficientis adjecerat, quis primo alienationem mentis simulans, quasi per dementiam, funesta Tiberio, mox, ubi exspes vitæ fuit, meditatas compositasque diras imprecabatur : « ut quemadmodum nurum filiumque fratris et nepotes domumque omnem cædibus complevisset, ita pœnas nomini genericque majorum et posteris exsolveret. » Obturbabant quidem patres, specie detestandi : sed penetrabat pavor et admiratio, callidum olim et tegendis sceleribus obscurum huc confidentiæ venisse, ut, tanquam demotis parietibus, ostenderet nepotem sub verbere centurionis, inter servorum ictus, extrema vitæ alimenta frustra orantem.

XXV. Nondum is dolor exoleverat, quum de Agrippina auditum, quam interfecto Sejano, spe sustentatam provixisse reor, et, postquam nihil de sævitia remittebatur, voluntate exstinctam : nisi si, negatis alimentis, assimulatus est finis qui videretur sponte sumptus. Enimvero Tiberius fœdissimis criminationibus exarsit, impudicitiam arguens, et Asinium Gallum adulterum, ejusque morte ad tædium vitæ compulsam. Sed Agrippina, æqui impatiens, dominandi avida, virilibus curis, feminarum vitia exuerat. Eodem die defunctam, quo biennio ante Sejanus pœnas luisset, memoriæque id prodendum, addidit Cæsar, jactavitque quod non laqueo strangulata neque in Gemonias projecta foret. Actæ ob id grates, decretumque ut quintodecimo kalendas novembris, utriusque necis die, per omnes annos donum Jovi sacraretur.

XXVI. Haud multo post Cocceius Nerva, continuus principis, omnis divini humanique juris sciens, integro statu, corpore illæso, moriendi consilium cepit. Quod ut Tiberio cognitum, assidere, causas requirere, addere preces, fateri postremo grave conscientiæ, grave famæ suæ, si proximus amicorum, nullis moriendi rationibus, vitam fugeret. Aversatus sermonem, Nerva abstinentiam cibi con-

non moins que par les sollicitations d'Augusta. Sitôt qu'elle ne fut plus soutenue par la haine et par la faveur, la justice prévalut. Accusée de crimes trop notoires, elle se tua elle-même : punition plus tardive qu'injuste.

XXVII. Au milieu de tant d'événements sinistres, ce fut encore un chagrin de voir Julie, fille de Drusus, veuve de Néron, se mésallier avec Rubellius, dont plusieurs Romains avaient vu l'aïeul, citoyen de Tibur, et simple chevalier. Sur la fin de l'année, on décerna les funérailles de censeur à Ælius Lamia, qui, délivré enfin de ce vain gouvernement de Syrie, où jamais on ne lui permit de se rendre, avait été nommé préfet de Rome. Sa naissance était distinguée, sa vieillesse fut active, et l'injustice qu'il avait éprouvée augmenta sa gloire. La mort de Flaccus Pomponius, alors propréteur de Syrie, donna lieu à une lettre de Tibère. Il se plaignit de ce que les Romains les plus distingués, les plus propres au commandement des armées, refusaient cet emploi, ce qui le réduisait à prier le sénat de contraindre les consulaires à se charger des gouvernements. Tibère oubliait sans doute que, depuis dix ans, il empêchait Arruntius de se rendre en Espagne. Lépide mourut aussi cette année. J'ai assez parlé, dans les livres précédents, de sa prudence et de sa modération; et il est inutile de s'étendre sur sa naissance. On connaît tous les grands citoyens qu'a produits la famille des Émiles ; et ceux de ce nom dont la vertu dégénéra jouirent encore d'une destinée brillante.

XXVIII. Sous le consulat de Fabius et de Vitellius, le phénix, après un long période de siècles, reparut en Égypte. Son retour donna lieu à beaucoup de dissertations des plus savants hommes de ce pays et de la Grèce. Je vais rapporter les faits les plus généralement avoués, et quelques autres moins sûrs, mais qu'il n'est pourtant pas inutile de connaître. Le phénix est consacré au soleil, et tous ceux qui l'ont décrit s'accordent à lui donner une figure et un plumage différent des autres oiseaux. On a varié sur la durée de sa vie. La plupart la fixent à cinq cents ans, et quelques-uns à quatorze cent soixante-un. Ils assurent que le premier phénix parut sous Sésostris, le second sous Amasis, un autre sous Ptolémée, le troisième Macédonien qui régna en Égypte; que tous trois prirent leur vol vers la ville d'Héliopolis, au milieu d'un nombreux cortége d'autres oiseaux qu'attirait la singularité de leur forme. Il faut cependant convenir qu'on se perd dans cette antiquité. Entre Ptolémée et Tibère, il n'y a pas eu tout à fait deux cent cinquante ans ; ce qui fait croire à quelques-uns que le dernier n'était point le vrai phénix d'Arabie, n'ayant aucun des caractères que l'ancienne tradition donne à l'autre. En effet, celui-ci, dit-on, quand le nombre de ses années est révolu, et que sa fin approche, construit dans son pays un nid qu'il féconde. Bientôt sort un jeune phénix, dont le premier soin, quand il est adulte, est d'aller ensevelir son père ; et il n'exécute point ce projet témérairement. Ce n'est qu'après s'être chargé de myrrhe, qu'après s'être essayé dans de longs trajets, et lorsqu'enfin sa vigueur peut suffire à son fardeau et à son voyage, qu'il prend le corps de son père, et va le porter sur l'autel du soleil, où il le

---

junxit. Ferebant gnari cogitationum ejus, quanto propius mala reipublicæ viseret, ira et metu, dum integer, dum intentatus, honestum finem voluisse. Ceterum Agrippinæ pernicies, quod vix credibile, Plancinam traxit. Nupta olim Cn. Pisoni, et palam læta morte Germanici, quum Piso caderet, precibus Augustæ, nec minus inimicitiis Agrippinæ, defensa erat : ut odium et gratia desiere, jus valuit ; petitaque criminibus haud ignotis, sua manu, sera magis quam immerita supplicia persolvit.

XXVII. Tot luctibus funesta civitate, pars mœroris fuit, quod Julia, Drusi filia, quondam Neronis uxor, denupsit in domum Rubellii Blandi, cujus avum, Tiburtem, equitem romanum, plerique meminerant. Extremo anni, mors Ælii Lamiæ funere censorio celebrata, qui, administrandæ Syriæ imagine tandem exsolutus, urbi præfuerat. Genus illi decorum, vivida senectus, et non permissa provincia dignationem addiderat. Exin, Flacco Pomponio Syriæ proprætore defuncto, recitantur Cæsaris literæ, quis incusabat « egregium quemque, et regendis exercitibus idoneum, abnuere id munus; seque ea necessitudine ad preces cogi, per quas consularium aliqui capessere provincias adigerentur, » oblitus Arruntium, ne in Hispaniam pergeret, decimum jam annum attineri. Obiit eodem anno et M. Lepidus, de cujus moderatione atque sapientia in prioribus libris satis collocavi. Neque nobilitas diutius demonstranda est : quippe Æmilium genus fecundum bonorum civium, et qui eadem familia corruptis moribus, illustri tamen fortuna egere.

XXVIII. Paulo Fabio, L. Vitellio consulibus, post longum seculorum ambitum, avis phœnix in Ægyptum venit, præbuitque materiem doctissimis indigenarum et Græcorum multa super eo miraculo disserendi. De quibus congruunt, et plura ambigua, sed cognitu non absurda, promere libet. Sacrum soli id animal, et ore ac distinctu pinnarum a ceteris avibus diversum, consentiunt qui formam ejus definiere. De numero annorum varia traduntur : maxime vulgatum, quingentorum spatium ; sunt qui asseverent mille quadringentos sexaginta unum interjici; prioresque alites Sesostride primum, post Amaside, dominantibus, dein Ptolemæo, qui ex Macedonibus tertius regnavit, in civitatem cui Heliopolis nomen advolavisse, multo ceterarum volucrum comitatu, novam faciem mirantium. Sed antiquitas quidem obscura : inter Ptolemæum ac Tiberium minus ducenti quinquaginta anni fuerunt; unde nonnulli falsum hunc phœnicem, neque Arabum e terris, credidere, nihilque usurpavisse ex his quæ vetus memoria firmavit : confecto quippe annorum numero, ubi mors propinquet, suis in terris struere nidum, eique vim genitalem affundere, ex qua fœtum oriri ; et primam adulto curam sepeliendi patris; neque id temere, sed, sublato murrhæ pondere, tentatoque per longum iter, ubi par oneri, par meatui sit, subire patrium corpus, inque solis aram

brûle. Ceci est incertain et mêlé de fables. Néanmoins il n'est point douteux que cet oiseau ne paraisse quelquefois en Égypte.

XXIX. Cependant le sang coulait à Rome sans interruption. Labéon, qui avait gouverné la Mésie, se fit ouvrir les veines, et fut imité par sa femme, Paxéa. La crainte des bourreaux multipliait ainsi les morts volontaires. D'ailleurs on dépouillait de leurs biens, on privait de sépulture ceux qui se laissaient condamner; tandis que ceux qui s'exécutaient eux-mêmes assuraient leurs testaments et leurs funérailles : c'était la récompense de leur prompte détermination. Tibère dit, dans sa lettre au sénat, que l'usage de nos ancêtres, lorsqu'ils voulaient rompre avec un ami, était de lui interdire leur maison, ce qui consommait la rupture; qu'il avait suivi leur exemple à l'égard de Labéon; mais que lui, se voyant pressé sur ses malversations dans sa province, et sur d'autres chefs d'accusation, avait voulu rendre le prince odieux, pour paraître innocent; que sa femme avait pris faussement l'alarme; qu'elle n'eût point été inquiétée, quoique coupable. On intenta ensuite une nouvelle accusation à Scaurus, illustre par son nom et par son éloquence, décrié par ses mœurs. Ce ne fut point l'amitié de Séjan qui le perdit; ce fut la haine de Macron, qui, ennemi non moins terrible, mettait plus d'art et de secret dans ses vengeances. Scaurus avait fait une tragédie : Macron, sous main, en dénonça le sujet et quelques vers qui pouvaient s'appliquer au prince; mais, en public, les délateurs Cornélius et Servilius lui reprochèrent seulement un adultère avec Livie, et des sacrifices magiques. Scaurus, en digne descendant des anciens Émiles, prévint son jugement, à l'instigation de sa femme Sextia, qui conseilla tout ensemble et partagea sa mort.

XXX. Toutefois les délateurs eux-mêmes étaient punis quand l'occasion se présentait. Servilius et Cornélius, qu'avait décriés la perte de Scaurus, ayant reçu de l'argent de Ligur pour se désister de leur accusation, furent confinés dans une île avec l'interdiction de l'eau et du feu; et un ancien édile, Abudius Ruso, qui avait commandé une légion sous Getulicus, voulant inquiéter son général sur ce que celui-ci avait donné son fils à la fille de Séjan, se fit condamner lui-même et chasser de Rome. Gétulicus commandait alors les légions de la haute Germanie; il est incroyable à quel point il s'était concilié l'amour de ses soldats, prodiguant la clémence, avare de châtiments et, par son beau-père Apronius, pouvant compter encore sur l'autre armée. C'est un bruit constant qu'il osa écrire à Tibère que, s'il avait recherché l'alliance de Séjan, c'était par le conseil du prince; qu'il avait pu se tromper ainsi que l'empereur, et que Tibère ne devait point rendre funeste aux autres une erreur qu'il se pardonnait à lui-même; qu'il était, qu'il resterait inviolablement fidèle, tant qu'on ne l'attaquerait point; qu'il expliquerait son rappel comme un arrêt de mort; et, enfin, il proposait un traité par lequel, en cédant à Tibère le reste de l'empire, il se réservait sa province. Ce fait paraît étrange; mais, ce qui le ferait croire, c'est que, de tous les alliés de Séjan, Gétulicus fut le seul épargné, et conserva même une grande faveur. Tibère comprit qu'au déclin de son âge, chargé de la haine publique, l'opinion plus que la force soutenait son pouvoir.

XXXI. Sous le consulat de Caïus Cestius et de

---

perferre atque adolere. Hæc incerta et fabulosis aucta. Ceterum adspici aliquando in Ægypto eam volucrem non ambigitur.

XXIX. At Romæ, cæde continua, Pomponius Labeo, quem præfuisse Mœsiæ retuli, per abruptas venas sanguinem effudit; æmulataque est conjux Paxæa. Nam promptas ejusmodi mortes metus carnificis faciebat, et quia damnati, publicatis bonis, sepultura prohibebantur, eorum qui de se statuebant humabantur corpora, manebant testamenta, pretium festinandi. Sed Cæsar, missis ad senatum literis, disseruit « morem fuisse majoribus, quoties dirimerent amicitias, interdicere domo, eumque finem gratiæ ponere : id se repetivisse in Labeone; atque illum, quia male administratæ provinciæ aliorumque criminum urgebatur, culpam invidia velavisse; frustra conterrita uxore, quam, etsi nocentem, periculi tamen expertem fuisse. » Mamercus dein Scaurus rursum postulatur, insignis nobilitate et orandis causis, vita probrosus. Nihil hunc amicitia Sejani, sed labefecit haud minus validum ad exitia Macronis odium, qui easdem artes occultius exercebat; detuleratque argumentum tragœdiæ a Scauro scriptæ, additis versibus qui in Tiberium flecterentur. Verum, ab Servilio et Cornelio accusatoribus, adulterium Liviæ, magorum sacra objectabantur. Scaurus, ut dignum veteribus Æmi- liis, damnationem anteit; hortante Sextia uxore, quæ incitamentum mortis et particeps fuit.

XXX. Ac tamen accusatores, si facultas incideret, pœnis afficiebantur : ut Servilius Cornelliusque, perdito Scauro famosi, quia pecuniam a Vario Ligure', omittendæ delationis, ceperant, in insulas, interdicto igni atque aqua, demoti sunt; et Abudius Ruso, functus ædilitate, dum Lentulo Gætulico, sub quo legioni præfuerat, periculum facessit, quod is Sejani filium generum destinasset, ultro damnatur atque urbe exigitur. Gætulicus ea tempestate superioris Germaniæ legiones curabat, mirumque amorem assecutus erat; effusæ clementiæ, modicus severitate, et proximo quoque exercitui, per L. Apronium socerum, non ingratus : unde fama constans ausum mittere ad Cæsarem literas, « affinitatem sibi cum Sejano haud sponte, sed consilio Tiberii, cœptam; perinde se, quam Tiberium, falli potuisse; neque errorem eumdem illi sine fraude, aliis exitio, habendum : sibi fidem integram, et, si nullis insidiis peteretur, mansuram; successorem non aliter, quam indicium mortis, acceptarum : firmarent velut fœdus, quo princeps ceterarum rerum potiretur, ipse provinciam retineret. » Hæc, mira quanquam, fidem ex eo trahebant, quod unus omnium Sejani affinium incolumis multaque gratia mansit; reputante Tiberio publicum sibi

Marcus Servilius, quelques grands de la nation des Parthes vinrent à Rome, à l'insu de leur roi Artaban. Celui-ci, fidèle aux Romains, et juste envers ses sujets tant qu'il fut contenu par Germanicus, manifesta bientôt et son orgueil contre nous, et sa cruauté contre ses peuples. Ses victoires sur des nations voisines avaient enflé son courage, tandis que la vieillesse pusillanime de Tibère ne lui inspirait que du mépris. A la mort d'Artaxias, il se saisit de l'Arménie, lui donna pour roi Arsace, l'aîné de ses fils, et, joignant l'insulte à l'usurpation, il envoya réclamer les trésors que Vonon avait laissés en Syrie et en Cilicie; il fit demander en même temps qu'on rétablît les anciennes limites des Perses et des Macédoniens; il menaçait, dans ses bravades insolentes, de reprendre tout ce qu'avait possédé Cyrus, et, depuis, Alexandre. Sinnacès, également distingué par ses richesses et par sa naissance, était celui qui avait le plus de part à cette députation secrète des Parthes, et, après lui, l'eunuque Abdus : cet état n'ôte point la considération chez les barbares, et même ordinairement conduit au pouvoir. Ces deux hommes s'associèrent d'autres grands de leur nation; mais, comme ils n'avaient point d'Arsacide pour mettre sur le trône, la plupart ayant été tués par Artaban, et les autres étant encore trop jeunes, ils demandaient à Rome Phraate, fils du roi Phraate; ils n'avaient besoin que d'un chef et d'un nom, que de l'agrément de César, qu'un Arsacide qui se fît voir sur la rive de l'Euphrate.

XXXII. C'est aussi tout ce que voulait Tibère. Il combla Phraate de présents, et le destina au trône de son père, persistant à employer toujours contre les étrangers ses moyens ordinaires, la politique et la ruse, sans compromettre ses armes. Pendant ce temps, Artaban avait découvert la conspiration; tantôt la crainte l'arrêtait; tantôt il était emporté par une ardeur de vengeance; car, pour les barbares, différer est une bassesse; ils trouvent de la grandeur à exécuter sur-le-champ. Toutefois la politique prévalut; il sut, par des apparences d'amitié, tromper Abdus, et, l'ayant invité à un festin, il s'en assura par un poison lent; il captiva Sinnacès par la dissimulation, par des présents, par des emplois; et, dans l'intervalle, Phraate, qui avait quitté la vie des Romains, dont il avait une longue habitude, pour reprendre celle des Parthes, n'ayant pas la force de soutenir leurs excès, fut emporté en Syrie par une maladie. Ce contre-temps ne changea rien aux projets de Tibère; il oppose à Artaban un autre compétiteur, Tiridate, prince du même sang; il choisit l'Ibérien Mithridate pour reconquérir l'Arménie; il le réconcilie avec son frère Pharasmane qui régnait dans l'Ibérie même, et nomme Vitellius pour diriger dans l'Orient ces grandes opérations. Je n'ignore point la renommée sinistre qu'a maintenant ce Romain, et ce qu'on impute de honteux à sa mémoire; mais il n'est pas moins vrai que, dans l'administration des provinces, il montra une vertu antique. A son retour, la crainte de Caïus et la familiarité de Claude le transformèrent en un vil esclave, tellement que son nom rappelle aujourd'hui l'idée de l'adulation la plus abjecte; sa fin fit oublier ses commencements, et les vertus de sa jeunesse furent effacées par l'opprobre de ses vieux jours.

XXXIII. Cependant Mithridate porte les premiers coups, il détermine Pharasmane à seconder

---

odium, extremam aetatem, magisque fama quam vi stare res suas.

XXXI. C. Cestio, M. Servilio consulibus, nobiles Parthi in urbem venere, ignaro rege Artabano. Is metu Germanici fidus Romanis, aequabilis in suos, mox superbiam in nos, saevitiam in populares, sumpsit; fretus bellis quae secunda adversum circumjectas nationes exercuerat, et senectutem Tiberii, ut inermem, despiciens, avidusque Armeniae, cui, defuncto rege Artaxia, Arsacen liberorum suorum veterrimum imposuit, addita contumelia, et missis qui gazam a Vonone relictam in Syria Ciliciaque reposcerent; simul veteres Persarum ac Macedonum terminos, seque invasurum possessa Cyro et post Alexandro, per vaniloquentiam ac minas, jaciebat. Sed Parthis mittendi secretos nuncios validissimus auctor fuit Sinnaces, insigni familia, ac perinde opibus, et proximus huic Abdus, ademptae virilitatis : non despectum id apud barbaros, ultroque potentiam habet. Ii, adscitis et aliis primoribus, quia neminem gentis Arsacidarum summae vi imponere poterant, interfectis ab Artabano plerisque aut nondum adultis, Phraaten, regis Phraatis filium, Roma poscebant: « nomine tantum et auctore opus, ut sponte Caesaris, ut genus Arsacis ripam apud Euphratis cerneretur. »

XXXII. Cupitum id Tiberio : ornat Phraaten, accingitque paternum ad fastigium, destinata retinens, consiliis et astu res externas moliri, arma procul habere. Interea, cognitis insidiis; Artabanus tardari metu, modo cupidine vindictae inardescere : et barbaris cunctatio servilis, statim exsequi regium videtur. Valuit tamen utilitas, ut Abdum, specie amicitiae vocatum ad epulas, lento veneno illigaret, Sinnacen dissimulatione ac donis, simul per negotia, moraretur. Et Phraates apud Syriam, dum, omisso cultu romano, cui per tot annos insueverat, instituta Parthorum insumit, patriis moribus impar, morbo absumptus est. Sed non Tiberius omisit incepta. Tiridaten, sanguinis ejusdem, aemulum Artabano, reciperandaeque Armeniae Iberum Mithridaten deligit, conciliatque fratri Pharasmani, qui gentile imperium obtinebat; et cunctis quae apud Orientem parabantur L. Vitellium praefecit. Eo de homine haud sum ignarus sinistram in urbe famam, pleraque foeda memorari : ceterum regendis provinciis prisca virtute egit; unde regressus, et formidine C. Caesaris, familiaritate Claudii, turpe in servitium mutatus, exemplar apud posteros adulatorii dedecoris habetur; cesseruntque prima postremis, et bona juventae senectus flagitiosa obliteravit.

XXXIII. At, ex regulis, prior Mithridates Pharasmanen perpulit dolo et vi conatus suos juvare ; repertique corruptores ministros Arsacis multo auro ad scelus cogunt. Simul Iberi magnis copiis Armeniam irrumpunt, et urbe

ses efforts par la ruse et par la force ; on trouva des corrupteurs qui, avec de l'or, achetèrent', des esclaves d'Arsace, la mort de leur maître; des troupes nombreuses d'Ibériens inondent l'Arménie, et s'emparent d'Artaxate. A la première nouvelle de ces événements, Artaban charge son fils Orode de sa vengeance ; il lui donne une armée de Parthes ; il envoie soudoyer des mercenaires. De son côté, Pharasmane se ligue avec les Albaniens, fait venir les Sarmates, dont les princes se vendent à quiconque les paye, et qui, alors, ayant reçu de l'argent des deux partis, leur promirent à chacun des troupes. Mais, les Ibériens étant maîtres du pays, leurs auxiliaires se répandirent promptement dans l'Arménie par la porte Caspienne; ceux des Parthes, au contraire, ne purent y pénétrer, parce que l'ennemi occupait les autres passages, et que le seul qui restait, entre la mer et les dernières montagnes d'Albanie, était impraticable l'été où les vents étésiens submergent cette côte ; ce n'est qu'en hiver, lorsqu'un vent de sud-ouest refoule les eaux et replie la mer sur elle-même, que es rivages sont découverts.

XXXIV. Pharasmane, renforcé par ses alliés, offrit la bataille à Orode, qui n'était point appuyé de ses auxiliaires, et, sur son refus, il se mit à le harceler. Il venait le braver jusque sous ses retranchements; il inquiétait ses fourrageurs; souvent même le camp des Parthes était tout entouré de détachements, et comme assiégé. Enfin ceux-ci, peu accoutumés aux affronts, s'attroupent autour de leur roi, et demandent le combat. La seule force des Parthes consiste dans leur cavalerie, et Pharasmane avait de plus une infanterie excellente. Les Albaniens et les Ibériens, habitant un pays montueux, en étaient plus endurcis à la fatigue et au travail. Ils se prétendent issus des Thessaliens qui accompagnèrent Jason, lorsque, après l'enlèvement de Médée, dont il eut des enfants, ce Grec revint monter sur le trône de Colchos, vacant par la mort de son beau-père Eétès. Plusieurs de leurs monuments portent même le nom de Jason, qu'ils révèrent, ainsi que l'oracle de Phrixus ; et jamais ils ne sacrifieraient un bélier, croyant que Phrixus monta cet animal ; soit que ce fût effectivement un bélier, ou simplement le nom de son vaisseau. Tandis que les deux armées s'avançaient en bataille, les deux chefs exhortèrent leurs troupes; le Parthe opposait à la gloire des Arsacides, maîtres de l'Orient, l'obscurité de ce ramas d'Ibériens et de mercenaires ; Pharasmane représentait aux siens qu'ils n'avaient jamais subi le joug des Parthes ; que, plus ils osaient maintenant, plus il y aurait d'honneur à vaincre, ou de honte et de péril à fuir. Il leur faisait comparer leurs bataillons hérissés de fer, à l'or dont brillaient les Mèdes ; il leur faisait envisager d'un côté des hommes, de l'autre du butin.

XXXV. Pour les Sarmates, ils ne s'en tenaient point à la voix de leur chef ; ils s'excitent l'un l'autre à laisser leurs flèches, à se porter brusquement sur l'ennemi, à le serrer de près. La bataille offrit alors un spectacle varié. Les Parthes, qui ont l'art de fuir pour assaillir ensuite, se dispersaient de côté et d'autre, cherchaient de l'espace pour leurs coups ; les Sarmates, laissant leur arc, dont ils font moins d'usage, couraient droit en avant, l'épée et la pique à la main. Là, les évolutions ordinaires de la cavalerie, une alternative de charges et de retraites; ici, toutes les manœuvres de l'infanterie, des bataillons serrés se heurtant avec les corps et les armes, poussant et repoussés. D'une autre part, les Albaniens et les Ibériens cherchent à saisir l'ennemi, à le précipiter de cheval, et alors la bataille devint critique

---

Artaxata potiuntur. Quæ postquam Artabano cognita, filium Oroden ultorem parat, datque Parthorum copias, mittit qui auxilia mercede facerent. Contra Pharasmanes adjungere Albanos, accire Sarmatas ; quorum sceptuchi, utrinque donis acceptis, more gentico diversa induere. Sed Iberi, locorum potentes, Caspia via Sarmatam in Armenios raptim effundunt : at qui Parthis adventabant facile arcebantur, quum alios incessus hostis clausisset, unum reliquum, mare inter et extremos Albanorum montes, æstas impediret ; quia flatibus etesiarum implentur vada ; hibernus auster revolvit fluctus, pulsoque introrsus freto brevia littorum nudantur.

XXXIV. Interim Oroden, sociorum inopem, auctus auxilio Pharasmanes vocare ad pugnam, et detrectantem incessere, adequitare castris, infensare pabula; ac sæpe, in modum obsidii, stationibus cingebat : donec Parthi, contumeliarum insolentes, circumsisterent regem, poscerent prælium. Atque illis sola in equite vis ; Pharasmanes et pedite valebat. Nam Iberi Albanique, saltuosos locos incolentes, duritiæ patientiæque magis insuevere. Feruntque se Thessalis ortos, qua tempestate Jason, post avectam Medeam genitosque ex ea liberos, inanem mox regiam Æetæ vacuosque Colchos repetivit. Multaque de nomine ejus, et oraculum Phrixi celebrant : nec quisquam ariete sacrificaverit, credito vexisse Phrixum ; sive id animal, seu navis insigne fuit. Ceterum, directa utrinque acie, Parthus « imperium Orientis, claritudinem Arsacidarum, contraque ignobilem Iberum mercenario milite, » disserebat. Pharasmanes, « integros semet a parthico dominatu ; quanto majora peterent, plus decoris victores, aut, si terga darent, flagitii atque periculi laturos ; » simul horridam suorum aciem, picta auro Medorum agmina, hinc viros, inde prædam ostendere.

XXXV. Enimvero apud Sarmatas non una vox ducis : se quisque stimulant « ne pugnam per sagittas inirent; impetu et cominus prævenendum. » Variæ hinc bellantium species ; quum Parthus, sequi vel fugere, pari arte suetus, distraheret turmas, spatium ictibus quæreret ; Sarmatæ, omisso arcu quo brevius valent, contis gladiisque ruerent : modo, equestris prælii more, frontis et tergi vices; aliquando, ut conserta acies, corporibus et pulsu armorum pellerent, pellerentur. Jamque et Albani Iberi-

pour les Parthes, pressés de deux côtés à la fois, d'en haut par les cavaliers, et de plus près par les fantassins, qui les criblaient de blessures. Au milieu de la mêlée, Orode et Pharasmane accourent pour seconder les braves, pour soutenir les lâches, se reconnaissent aux marques qui les distinguent. Aussitôt leurs cris, leurs traits, leurs chevaux se croisent; Pharasmane, plus impétueux, perça le casque de son ennemi, qui, heureusement, fut couvert par un peloton de ses gardes, tandis que Pharasmane, emporté par son cheval, ne put redoubler. Cependant on crut Orode tué, et ce faux bruit découragea les Parthes, qui cédèrent la victoire.

XXXVI. Artaban, pour venger cette injure, accourt avec toutes les forces de son empire. Les Ibériens, connaissant mieux le pays, eurent encore l'avantage; et, toutefois, Artaban ne se serait point retiré, si Vitellius, rassemblant ses légions, et répandant le bruit d'une invasion dans la Mésopotamie, ne lui eût fait craindre une guerre avec les Romains. Pour lors, il abandonna l'Arménie, et ses affaires furent ruinées. Vitellius animait sous main les Parthes contre un roi, barbare dans la paix, malheureux dans la guerre, et fléau de son pays. Sinnacès, implacable ennemi du monarque, comme je l'ai dit, profitant de la conjoncture, entraîne à la révolte son père Abdagèse, tous les grands qui avaient trempé en secret dans le complot, et qui alors étaient enhardis par ces désastres continuels. Insensiblement leur parti se grossit de tous ceux qui, plus soumis par crainte que par affection, avaient repris courage en se voyant des chefs. Enfin, il ne restait plus à Artaban que ses gardes, tous étrangers, bannis de leur pays, espèce d'hommes sans idée de vertus, incapables de remords, instruments toujours prêts pour le crime, ne connaissant que la main qui les paye. Artaban, suivi de ces misérables, se sauva précipitamment au fond des provinces frontières de la Scythie. Il comptait sur le secours des Hyrcaniens et des Carmaniens, avec lesquels il avait des alliances, et aussi sur le repentir des Parthes, qui regrettent leurs princes absents, et se dégoûtent de ceux qu'ils possèdent.

XXXVII. Cependant Vitellius, voyant la fuite d'Artaban et les Parthes disposés à reconnaître un nouveau roi, exhorte Tiridate à saisir l'occasion, et le mène vers l'Euphrate avec l'élite des légions et des alliés. Là, comme il sacrifiait un suovétaurile, suivant l'usage des Romains, et Tiridate un cheval, en l'honneur du fleuve, on apprit que, de lui-même, et sans qu'il fût tombé de pluie, l'Euphrate grossissait prodigieusement, et que ses eaux écumantes formaient, en tournoyant, des cercles qui ressemblaient à un diadème. On en conclut le succès de l'expédition. Cependant de plus fins interprètes soupçonnaient que le bonheur ne serait point durable, parce qu'on devait compter sur les pronostics qui se tirent du ciel et de la terre, plus que sur ceux des rivières, dont le mouvement continuel emporte le présage aussitôt qu'il se forme. Dès que l'armée eut passé le fleuve sur un pont de bateaux, on vit d'abord arriver au camp Ornospade, avec un gros corps de cavalerie. Ce Parthe, autrefois exilé, avait, dans le temps que Tibère achevait la réduction des Dalmates, servi sous lui comme auxiliaire, et avec assez de distinction pour mériter le titre de citoyen romain. Depuis, étant rentré en grâce avec Arta-

que prensare, detrudere, ancipitem pugnam hostibus facere; quos super eques, et propioribus vulneribus pedites, afflictabant. Inter quæ Pharasmanes Orodesque, dum strenuis adsunt aut dubitantibus subveniunt, conspicui, eoque gnari, clamore, telis, equis concurrunt : instantius Pharasmanes; nam vulnus per galeam adegit; nec iterare valuit, prælatus equo, et fortissimis satellitum protegentibus saucium. Fama tamen occisi falso credita exterruit Parthos, victoriamque concessere.

XXXVI. Mox Artabanus tota mole regni iit. Peritia locorum ab Iberis melius pugnatum; nec ideo abscedebat, ni contractis legionibus Vitellius, et subdito rumore tanquam Mesopotamiam invasurus, metum romani belli fecisset. Tum omissa Armenia, versæque Artabani res; illiciente Vitellio desererent regem, sævum in pace, et adversis præliorum exitiosum. Igitur Sinnaces, quem antea infensum memoravi, patrem Abdagesen, aliosque occultos consilii, et tunc continuis cladibus promptiores, ad defectionem trahit : affluentibus paullatim qui, metu magis quam benevolentia subjecti, repertis auctoribus sustulerant animum. Nec jam aliud Artabano reliquum, quam si qui externorum corpori custodes aderant, suis quisque sedibus extorres, quis neque boni intellectus, neque mali cura, sed mercede aluntur, ministri sceleribus. His assumptis, in longinqua et contermina Scythiæ fugam maturavit, spe auxilii, quia Hyrcanis Carmaniisque per affinitatem innexus erat; atque interim posse Parthos, absentium æquos, præsentibus mobiles, ad pœnitentiam mutari.

XXXVII. At Vitellius, profugo Artabano, et flexis ad novum regem popularium animis, hortatus Tiridaten parata capessere, robur legionum sociorumque ripam ad Euphratis ducit. Sacrificantibus, quum hic more romano suovetaurilia daret, ille equum placando amni adornasset, nunciavere accolæ « Euphraten, nulla imbrium vi, sponte et immensum attolli : simul albentibus spumis, in modum diadematis, sinuare orbes, auspicium prosperi transgressus. » Quidam callidius interpretabantur « initia conatus secunda, neque diuturna; quia eorum quæ terra cœlove portenderentur certior fides, fluminum in stabilis natura simul ostenderet omina raperetque. » Sed, ponte navibus effecto, tramissoque exercitu, primus Ornospades multis equitum millibus in castra venit : exsul quondam, et Tiberio, quum dalmaticum bellum conficeret, haud inglorius auxiliator, eoque civitate romana donatus; mox, repetita amicitia regis, multo apud eum honore, præfectus campis qui, Euphrate et Tigre, inclytis amnibus, circumflui, Mesopotamiæ nomen acceperunt. Neque multo post Sinnaces auget copias; et, columen partium, Abdageses gazam et paratus regios adjicit. Vitellius, ostentasse romana arma satis ratus, monet Tiridaten

ban, il en avait obtenu de grands honneurs, et le gouvernement de ces vastes plaines, qui, enfermées de tous côtés par les deux grands fleuves, le Tigre et l'Euphrate, ont reçu le nom de Mésopotamie. Peu de temps après, Sinnacès amène de nouvelles troupes, et enfin Abdagèse, le soutien du parti, vint livrer les trésors et tous les ornements de la couronne. Vitellius, content d'avoir étalé l'appareil des armes romaines, rappelle à Tiridate les exemples de son aïeul Phraate, et les leçons de César, double encouragement à la gloire ; il recommande aux grands la déférence pour leur roi, les égards pour Rome, à tous l'honneur et la fidélité. Ensuite il ramena ses légions en Syrie.

XXXVIII. Ces événements occupèrent deux années ; je les ai réunis pour me distraire plus longtemps de nos maux domestiques. Trois ans s'étaient écoulés depuis le supplice de Séjan, et toutefois ni le temps, ni les prières, ni la satiété, rien de ce qui adoucit les autres hommes n'amollissait le cœur de Tibère, aussi implacable pour des fautes incertaines et oubliées que pour des forfaits récents. C'est ce qui détermina Trion à se donner la mort ; ne voulant pas essuyer les accusations prêtes à l'assaillir, il écrivit son testament, qu'il remplit de traits sanglants contre Macron et les principaux affranchis du prince, sans épargner le prince lui-même, auquel il reprochait une imbécile vieillesse, et sa continuelle absence, qui n'était qu'un véritable exil. Les héritiers de Trion voulaient tenir ce testament secret. Tibère le fit lire publiquement, soit pour montrer qu'il savait souffrir la liberté, soit qu'il bravât l'infamie, ou soit qu'ayant ignoré longtemps les crimes de Séjan, il voulût s'en instruire à quelque prix que ce fût, et apprendre au moins, par les injures, la vérité masquée par l'adulation.

Un ou deux jours après, le sénateur Martianus, accusé par Gracchus de lèse-majesté, se donna la mort ; et Tatius, ancien préteur, sur une accusation pareille, fut condamné au dernier supplice.

XXXIX. Il y eut la même conformité dans la mort de Trébelliénus et de Paconianus ; Trébelliénus se tua lui-même, et Paconianus fut étranglé en prison pour des vers qu'il y avait faits contre le prince. Ces nouvelles arrivaient alors promptement à Tibère. Il avait quitté son île pour se rapprocher de la capitale. Dès le même jour, ou au plus dès le second, il répondait aux lettres des consuls. Il semblait qu'il fût venu exprès pour voir le sang ruisseler dans Rome, et pour contempler les exécutions. Sur la fin de l'année mourut Poppéus Sabinus. L'amitié des princes lui avait tenu lieu de naissance. Il obtint le consulat, les ornements du triomphe, et régit pendant vingt-quatre ans les provinces les plus importantes, non qu'il eût des talents distingués, mais parce que, au niveau de ses emplois, il n'était point au-dessus.

XL. Les consuls suivants furent Plautius et Papinius. Cette année les supplices de Lucius Aruséius..... furent à peine remarqués. Ces cruautés, devenues si communes, ne paraissaient plus atroces. Ce qui effraya, ce fut le désespoir de Vibulénus Agrippa, chevalier romain, qui, après le discours de ses accusateurs, dans le sénat même, avala du poison qu'il tenait caché sous sa robe, et ensuite l'empressement barbare des licteurs, qui entraînèrent précipitamment dans la prison ce mourant qui leur échappait, et se tourmentèrent pour étrangler un cadavre. Tigrane même, autrefois souverain de l'Arménie, et alors accusé, ne put, malgré son titre de roi, échapper aux supplices des citoyens. Caïus Galba, consulaire,

---

primoresque, hunc, « Phraatis avi et altoris Cæsaris, quæ utrobique pulchra, meminerit ; » illos, « obsequium in regem, reverentiam in nos, decus quisque suum et fidem, retinerent » : exin cum legionibus in Syriam remeavit.

XXXVIII. Quæ, duabus æstatibus gesta, conjunxi, quo requiesceret animus a domesticis malis. Non enim Tiberium, quanquam triennio post cædem Sejani, quæ ceteros mollire solent, tempus, preces, satias, mitigabant, quin incerta vel abolita, pro gravissimis et recentibus, puniret. Eo metu Fulcinius Trio, ingruentes accusatores haud perpessus, supremis tabulis multa et atrocia in Macronem ac præcipuos libertorum Cæsaris composuit, ipsi fluxam senio mentem, et continuo abscessu velut exsilium, objectando. Quæ, ab heredibus occultata, recitari Tiberius jussit, patientiam libertatis alienæ ostentans, et contemptor suæ infamiæ, an scelerum Sejani diu nescius, mox quoquo modo dicta vulgari malebat, veritatisque, cui adulatio officit, per probra saltem gnarus fieri. Iisdem diebus Granius Martianus senator, a C. Graccho majestatis postulatus, vim vitæ suæ attulit ; Tatiusque Gratianus,

prætura functus, lege eadem extremum ad supplicium damnatus.

XXXIX. Nec dispares Trebellieni Rufi et Sextii Paconiani exitus. Nam Trebellienus sua manu cecidit ; Paconianus in carcere, ob carmina illic in principem factitata, strangulatus est. Hæc Tiberius, non mari, ut olim, divisus, neque per longinquos nuncios accipiebat, sed urbem juxta ; eodem ut die, vel noctis interjectu, literis consuluin rescriberet, quasi aspiciens undantem per domos sanguinem, aut manus carnificum. Fine anni Poppæus Sabinus concessit vita, modicus originis, principum amicitia consulatum ac triumphale decus adeptus, maximisque provinciis per quatuor et viginti annos impositus ; nullam ob eximiam artem, sed quod par negotiis, neque supra, erat.

XL. Q. Plautius, Sext. Papinius consules sequuntur Eo anno, neque quod L. Aruseius.... morte affecti forent, assuetudine malorum, ut atrox, advertebatur ; sed exterruit, quod Vibulenus Agrippa, eques romanus, quum perorassent accusatores, in ipsa curia depromptum siuu venenum hausit ; prolapsusque ac moribundus, festinatis

et les deux Blésus s'y dérobèrent en se donnant la mort. Une lettre où Tibère défendait à Galba de tirer les provinces au sort, lui annonçait son malheur. Les deux Blésus, pendant la prospérité de leur maison, avaient eu la promesse de deux sacerdoces, que, depuis ses désastres, on différa de leur donner ; et ensuite on en disposa comme de places vacantes. C'était un arrêt de mort, ils le comprirent et l'exécutèrent. Émilia Lépida, qui avait épousé, comme je l'ai dit, le jeune Drusus, et qui avait été pour lui une accusatrice acharnée, malgré l'horreur qu'elle inspirait, n'avait point été punie tant que vécut son père Lépide. Elle fut alors la proie des délateurs, qui lui reprochaient un adultère avec un esclave. Comme le crime n'était point douteux, elle renonça à se défendre, et termina elle-même sa vie.

XLI. Il y eut, dans ce temps-là, un soulèvement des Clites, nation comprise dans les États d'Archélaüs, roi de Cappadoce. Ce monarque ayant voulu les assujettir à un cadastre et aux mêmes impôts que les peuples tributaires de Rome, ils s'étaient réfugiés sur le mont Taurus, où l'avantage de leur position les soutint contre les troupes peu aguerries du roi. Vitellius, gouverneur de Syrie, fut obligé d'envoyer son lieutenant Marcus Trébellius, avec quatre mille légionnaires et l'élite des alliés. Les rebelles occupaient deux collines ; la plus escarpée se nommait Davara, et l'autre Cadra. Trébellius les entoura d'une circonvallation. Ceux qui osèrent l'attaquer périrent par le fer ; la soif obligea le reste à se rendre. Cependant les Parthes se déclarent pour Tiridate. Nicéphorium, Anthémusiade, et les autres villes qui, dans leurs noms grecs, laissent voir leur origine macédonienne, lui ouvrirent leurs portes, ainsi qu'Artémite et Halus, villes parthiques. C'était un enthousiasme général ; on n'avait éprouvé que des cruautés d'Artaban, élevé parmi les Scythes ; on espérait un gouvernement doux de Tiridate, civilisé par les arts des Romains.

XLII. Séleucie, entre autres, se distingua par ses adulations. C'est une ville puissante, environnée de fortes murailles, et qui, fondée par Séleucus, n'a point altéré, au milieu des barbares, la pureté de son origine. Trois cents citoyens, choisis pour leurs richesses ou leur capacité, forment une espèce de sénat, qui gouverne conjointement avec le peuple. Quand ces deux ordres sont unis, l'État ne craint rien des Parthes ; sitôt qu'ils se divisent, l'étranger, qu'ils appellent pour se fortifier contre leurs rivaux, sous prétexte de servir l'un, les asservit tous. C'est ce qu'on venait de voir sous Artaban, dont la politique sacrifia le peuple aux grands. En effet, le gouvernement populaire ressemble trop à la liberté ; celui des grands tient plus de la domination d'un seul. Tiridate arrivant alors, on lui prodigue, et les honneurs usités pour les anciens rois, et ceux que la flatterie invente toujours pour les nouveaux. En même temps, on se répandait en invectives contre Artaban, qui n'avait, disait-on, que le nom d'un Arsacide, et tout le reste d'un barbare. Tiridate rendit l'autorité au peuple. Pendant qu'il s'occupait du jour de son couronnement, il reçut des lettres de Phraate et d'Hiéron, qui le priaient de différer quelque temps. Il crut devoir cet égard à des hommes puissants, qui avaient les commandements les plus importants ; et, dans l'intervalle, il se retira à Ctésiphon, siége de l'empire. Mais comme ils différaient de jour en jour, Suréna enfin, suivant l'usage du pays, lui ceignit

---

lictorum manibus, in carcerem raptus est, faucesque jam exanimis laqueo vexatæ. Ne Tigranes quidem, Armenia quondam potitus, ac tunc reus, nomine regio supplicia civium effugit. At C. Galba, consularis, et duo Blæsi, voluntario exitu cecidere : Galba, tristibus Cæsaris literis provinciam sortiri prohibitus ; Blæsis sacerdotia, integra eorum domo destinata, convulsa, distulerat ; tunc, ut vacua, contulit in alios : quod ipsum mortis intellexere, et exsecuti sunt. Et Æmilia Lepida, quam juveni Druso nuptam retuli, crebris criminibus maritum insecuta, quanquam intestabilis, tamen impunita agebat, dum superfuit pater Lepidus, post a delatoribus corripitur, ob servum adulterum. Nec dubitabatur de flagitio ; ergo, omissa defensione, finem vitæ sibi posuit.

XLI. Per idem tempus Clitarum natio, Cappadoci Archelao subjecta, quia nostrum in modum deferre censns, pati tributa, adigebatur, in juga Tauri montis abscessit ; locorumque ingenio sese contra imbelles regis copias tutabatur ; donec M. Trebellius legatus, a Vitellio præside Syriæ, cum quatuor millibus legionariorum et delectis auxiliis, missus, duos colles, quos barbari insederant (minori Cadra, alteri Davara nomen est) operibus circumdedit, et erumpere ausos ferro, ceteros siti, ad deditionem coegit. At Tiridates, volentibus Parthis, Nicephorium et Anthemusiada, ceterasque urbes quæ, Macedonibus sitæ, græca vocabula usurpant, Halumque et Artemitam, parthica oppida, recepit, certantibus gaudio qui Artabanum, Scythas inter eductum, ob sævitiam exsecrati, come Tiridatis ingenium, romanas per artes, sperabant.

XLII. Plurimum adulationis Seleucenses induere, civitas potens, septa muris, neque in barbarum corrupta, sed conditoris Seleuci retinens. Trecenti opibus aut sapientia delecti, ut senatus ; sua populo vis : et, quoties concordes agunt, spernitur Parthus ; ubi dissensere, dum sibi quisque contra æmulos subsidium vocant, accitus in partem, adversum omnes valescit. Id nuper acciderat, Artabano regnante, qui plebem primoribus tradidit ex suo usu : nam populi imperium juxta libertatem ; paucorum dominatio regiæ libidini propior est. Tum adventantem Tiridaten extollunt veterum regum honoribus, et quos recens ætas largius invenit ; simul probra in Artabanum fundebant, materna origine Arsaciden, cetera degenerem. Tiridates rem Seleucensem populo permittit. Mox consultans quonam die solemnia regni capesseret, literas Phraatis et Hieronis, qui validissimas præfecturas obtinebant, accipit, brevem moram precantium. Placitumque opperiri viros

le bandeau royal, aux acclamations d'un peuple immense.

XLIII. Dans ce moment, il n'avait qu'à se montrer dans l'intérieur de l'empire, et aux autres nations, il fixait toutes les incertitudes, et s'assurait tous les partis. En assiégeant un château où Artaban avait retiré ses trésors et ses concubines, il laissa le temps aux Parthes de se détacher. Hiéron, Phraate, et quelques autres, dont le concours avait manqué à la solennité de son couronnement, les uns craignant son ressentiment, les autres jaloux d'Abdagèse, qui alors gouvernait la cour et le nouveau roi, se retournèrent vers Artaban. Ils le trouvèrent dans l'Hyrcanie, couvert de sales lambeaux, et n'ayant pour vivre que son arc. D'abord leur vue lui causa quelque crainte; il se crut trahi. Reprenant courage sur l'assurance qu'ils n'étaient venus que pour lui rendre la couronne, il leur demande la cause d'un changement si brusque. Hiéron alors lui marqua son mépris pour Tiridate; il le traitait d'enfant, de lâche, énervé par la mollesse des étrangers. Ce n'était point un Arsacide qui les gouvernait. Tiridate n'avait que le vain titre de roi; Abdagèse en avait toute la puissance.

XLIV. Le vieux et rusé monarque comprit que leur haine était sincère, si leur amitié ne l'était pas. Aussi, sans plus attendre que l'arrivée d'un renfort de Scythes, il marche en diligence, prévenant les mesures de ses ennemis, et le repentir de ses amis. Il avait conservé ses haillons, pour émouvoir la pitié du peuple; il n'omettait ni artifices ni prières pour retenir ses partisans, pour s'en faire de nouveaux. Il était déjà, avec un corps de troupes considérable, aux portes de Séleucie, quand Tiridate, qui avait appris à la fois et la marche et l'arrivée d'Artaban, délibérait encore s'il irait à sa rencontre, ou s'il traînerait la guerre en longueur. Ceux qui aimaient les combats, les décisions promptes, voulaient qu'on attaquât des troupes éparses, fatiguées d'une longue marche, et qui n'avaient point encore eu le temps de s'affectionner à un chef qu'elles-mêmes venaient de trahir. Mais Abdagèse conseillait de repasser en Mésopotamie, d'y attendre, derrière le fleuve, le secours des Arméniens, des Élyméens, des autres peuples, et ensuite, avec les troupes que fourniraient les Romains, de revenir tenter la fortune. Cet avis prévalut, et par le crédit d'Abdagèse, et parce qu'il flattait la lâcheté de Tiridate. Mais la retraite eut l'air d'une fuite. Les Arabes se dispersent les premiers; les autres se retirent chez eux, ou dans le camp d'Artaban, et enfin Tiridate ayant lui-même, avec peu de suite, regagné la Syrie, leur sauva à tous la honte d'une trahison.

XLV. Cette même année, Rome essuya un incendie horrible. La partie du cirque voisine de l'Aventin, et l'Aventin même, furent consumés. Ce désastre tourna à la gloire de Tibère, qui paya tout le prix des maisons brûlées. Cette largesse lui coûta cent millions de sesterces; elle fut d'autant plus agréable au peuple, qu'il n'était nullement fastueux dans ses bâtiments; il n'avait même jamais élevé que deux monuments publics, le temple d'Auguste et la scène du théâtre de Pompée; encore, après qu'ils furent achevés, soit par mépris pour ce genre de vanité, soit à cause de son grand âge, il n'en fit point la dédicace. On choisit, pour évaluer les pertes de chaque citoyen, les quatre gendres de César, Domitius, Vinicius, Cassius et Rubellius, auxquels on joignit Pétrone,

---

præpollentes; atque interim Ctesiphon, sedes imperii, petita. Sed, ubi diem ex die prolatabant, multis coram et approbantibus, Surena, patrio more, Tiridaten insigni regio evinxit.

XLIII. Ac, si statim interiora ceterasque nationes petivisset, oppressa cunctantium dubitatio, et omnes in unum cedebant: assidendo castellum, in quod pecuniam et pellices Artabanus contulerat, dedit spatium exuendi pacta. Nam Phraates et Hiero, et si qui alii delectum capiendo diademati diem haud concelebraverant, pars metu, quidam invidia in Abdagesen, qui tum aula et novo rege potiebatur, ad Artabanum vertere. Isque in Hyrcanis repertus est, illuvie obsitus, et alimenta arcu expediens. Ac primo, tanquam dolus pararetur, territus; ubi data fides reddendæ dominationi venisse, allevatur animum, et, quæ repentina mutatio, exquirit. Tum Hiero pueritiam Tiridatis increpat; « neque penes Arsaciden imperium, sed inane nomen apud imbellem externa mollitia, vim in Abdagesis domo. »

XLIV. Sensit vetus regnandi, falsos in amore, odia non fingere; nec ultra moratus quam dum Scytharum auxilia conciret, pergit properus, et præveniens inimicorum astus, amicorum pœnitentiam. Necue exuerat pædorem, ut vulgum miseratione adverteret: non fraus, non preces, nihil omissum, quo ambiguos illiceret, prompti firmarentur. Jamque, multa manu, propinqua Seleuciæ adventabat; quum Tiridates, simul fama atque ipso Artabano perculsus, distrahi consiliis, iret contra, an bellum cunctatione tractaret. Quibus prælium et festinati casus placebant, disjectos et incondite itineris fessos, ne animo quidem satis ad obsequium coaluisse disserunt, proditores nuper hostesque ejus quem rursum foveant. Verum Abdageses regrediendum in Mesopotamiam censebat, ut, amne objecto, Armeniis interim Elymæisque et ceteris a tergo excitis, aucti copiis socialibus, et quas dux romanus misisset, fortunam tentarent. Ea sententia valuit, quia plurima auctoritas penes Abdagesen, et Tiridates ignavus ad pericula erat. Sed fugæ specie discessum; ac principio a gente Arabum facto, ceteri domos abeunt, vel in castra Artabani: donec Tiridates, cum paucis in Syriam revectus, pudore proditionis omnes exsolvit.

XLV. Idem annus gravi igne urbem afficit, deusta parte circi quæ Aventino contigua, ipsoque Aventino; quod damnum Cæsar ad gloriam vertit, exsolutis domuum et insularum pretiis. Millies sestertium ea munificentia collocatum; tanto acceptius in vulgum, quanto modicus

nommé par les consuls. Le génie des sénateurs ne manqua pas de s'exercer sur les honneurs qu'on décernerait à Tibère. On ignore ceux qu'il eût agréés, sa mort ayant suivi de trop près. En effet, il ne vit pas longtemps les nouveaux consuls Marcus Acerronius et Caïus Pontius. Le pouvoir de Macron était devenu excessif. Il n'avait jamais négligé la faveur de Caïus, et, de jour en jour, il la cultivait plus ambitieusement. Depuis la mort de Claudia, dont j'ai rapporté le mariage avec Caïus, Macron avait envoyé sa femme Ennia dans les bras du jeune César; il voulait qu'elle s'en fît aimer, qu'elle l'enchaînât par une promesse de mariage; et, pour arriver au pouvoir suprême, Caïus eût consenti à tout; car, malgré l'emportement de son caractère, il s'était formé, dans le sein de son aïeul, à la dissimulation la plus profonde.

XLVI. Tibère ne s'y méprit point; aussi balançait-il sur le choix de son successeur. Et d'abord il flotta entre ses deux petits-fils. La tendresse et le sang lui parlaient pour le fils de Drusus; mais il n'avait point encore atteint la puberté. Celui de Germanicus, dans la force de la jeunesse, avait la faveur du peuple; mais c'était, pour son aïeul, une raison de le haïr. Il songea aussi à Claude, homme d'un âge mûr, et qui avait le désir du bien; mais son imbécillité le fit exclure. D'un autre côté, il craignait, en choisissant un successeur dans une famille étrangère, d'outrager la mémoire d'Auguste, et d'avilir le nom des Césars; car il était bien moins jaloux de mériter les suffrages des contemporains, que de satisfaire sa vanité dans ses descendants. Enfin, ses incertitudes augmentant avec ses maux, il abandonna au sort ce qu'il n'avait plus la force de résoudre. Cependant il parut, par quelques mots qui lui échappèrent, qu'il lisait dans l'avenir. Il reprocha sans détour à Macron de tourner le dos au couchant pour regarder le levant; et, comme un jour, dans la conversation, Caïus plaisantait sur Sylla, Tibère lui prédit qu'il en aurait tous les vices, sans aucune de ses vertus. Une autre fois, pendant qu'il tenait dans ses bras le plus jeune de ses petits-fils, qu'il arrosait de ses larmes, il surprit à Caïus un regard féroce : « Tu le tueras, dit-il, et un autre te tuera. » Au reste, sa santé dépérissant, Tibère ne suspendit aucune de ses débauches, voulant prouver de la force par des excès, d'ailleurs croyant peu à l'art des médecins, et se moquant souvent de ceux qui, passé trente ans, avaient besoin que d'autres leur apprissent ce qui était nuisible ou convenable à leur tempérament.

XLVII. Cependant on apprêtait à Rome de nouvelles victimes, et Tibère devait encore verser du sang après sa mort. Balbus avait dénoncé, pour crime de lèse-majesté, Acutia, jadis mariée à Publius Vitellius. Acutia condamnée, comme on décernait une récompense au delateur, Othon, tribun du peuple, s'y opposa; et de là leurs haines, qui se terminèrent par l'exil d'Othon. Albucilla, décriée par ses galanteries, qui avait épousé Satrius, le dénonciateur de la conspiration, fut accusée d'adultère et d'impiété envers le prince. On impliquait, dans cette double accusation, Domitius, Vibius et Arruntius. J'ai parlé plus haut de la naissance de Domitius. Vibius avait aussi une illustration ancienne, et de plus des talents distingués. Comme les mémoires remis

privatis ædificationibus. Ne publice quidem nisi duo opera struxit, templum Augusto et scenam Pompeiani theatri; eaque perfecta, contemptu ambitionis, an per senectutem, haud dedicavit. Sed æstimando cujusque detrimento quatuor progeneri Cæsaris, Cn. Domitius, Cassius Longinus, M. Vinicius, Rubellius Blandus delecti, additusque, nominatione consulum, P. Petronius. Et, pro ingenio cujusque, quæsiti decretique in principem honores. Quos omiserit recepiverit in incerto fuit, ob propinquum vitæ finem. Neque enim multo post supremi Tiberio consules, Cn. Acerronius, C. Pontius, magistratum occepere, nimia jam potentia Macronis, qui gratiam C. Cæsaris, nunquam sibi neglectam, acrius in dies fovebat, impuleratque, post mortem Claudiæ, quam nuptam ei retuli, uxorem suam Enniam immittendo, amore juvenem illicere pactoque matrimonii vincire, nihil abnuentem, dum dominationis apisceretur : nam, etsi commotus ingenio, simulationum tamen falsa in sinu avi perdidicerat.

XLVI. Gnarum hoc principi, eoque dubitavit de tradenda republica, primum inter nepotes; quorum Druso genitus sanguine et caritate propior, sed nondum pubertatem ingressus; Germanici filio robur juventæ, vulgi studia, eaque apud avum odii causa. Etiam de Claudio agitanti, quod is composita ætate, bonarum artium cupiens erat, imminuta mens ejus obstitit. Sin extra domum successor quæreretur, ne memoria Augusti, ne nomen Cæsarum, in ludibria et contumelias verterent, metuebat : quippe illi non perinde curæ gratia præsentium, quam in posteros ambitio. Mox incertus animi, fesso corpore, consilium cui impar erat fato permisit; jactis tamen vocibus, per quas intelligeretur providus futurorum. Namque Macroni, non abdita ambage, occidentem ab eo deseri, orientem spectari exprobravit. Et C. Cæsari, forte orto sermone, L. Sullam irridenti, omnia Sullæ vitia, et nullam ejusdem virtutem habiturum prædixit; simul, crebris cum lacrymis, minorem ex nepotibus complexus, truci alterius vultu, « Occides hunc tu, inquit, et te alius. » Sed, gravescente valetudine, nihil e libidinibus omittebat, in patientia firmitudinem simulans, solitusque eludere medicorum artes, atque eos qui, post tricesimum ætatis annum, ad internoscenda corpori suo utilia vel noxia, alieni consilii indigerent.

XLVII. Interim Romæ futuris etiam post Tiberium cædibus semina jaciebantur. Lælius Balbus Acutiam, P. Vitellii quondam uxorem, majestatis postulaverat; qua damnata, quum præmium accusatori decerneretur, Junius Otho, tribunus plebei, intercessit : unde illis odia, mox Othoni exsilium. Dein multorum amoribus famosa Albucilla, cui matrimonium cum Satrio Secundo, conjurationis indice, fuerat, defertur impietatis in principem. Conne-

au sénat portaient que Macron avait présidé à l'interrogatoire des témoins, et à la torture des esclaves, et qu'il n'y eut point contre eux de lettres du prince, on soupçonna que Macron, profitant de la maladie de Tibère, avait ourdi cette trame, peut-être à son insu, et la haine bien connue de Macron pour Arruntius fortifiait encore les soupçons.

XLVIII. Domitius prépara sa défense. Vibius feignit de vouloir se laisser mourir de faim, et tous deux ainsi prolongèrent leur vie. Les amis d'Arruntius lui conseillaient aussi de temporiser. Il répondit que le même parti ne convenait point à tous, qu'il avait assez vécu; que tout son regret était d'avoir traîné, au milieu des affronts et des dangers, une vieillesse inquiète, haï longtemps de Séjan, puis de Macron, et toujours de quelque favori, sans autre tort que de ne pouvoir supporter l'infamie; qu'il lui était facile sans doute d'échapper aux derniers coups d'un prince mourant; mais comment se déroberait-il au jeune tyran qui le menaçait? Si, malgré sa longue expérience, l'ivresse du pouvoir avait corrompu Tibère, que pouvait-on attendre de Caïus, à peine sorti de l'enfance, nourri dans l'ignorance ou dans le vice, et conduit par Macron, qui, pire que Séjan, et par là même choisi pour le perdre, avait cent fois plus aggravé les désastres de l'État? Qu'il prévoyait un esclavage encore plus terrible; qu'il voulait fuir à la fois et le passé et l'avenir. Après ces mots prononcés d'un ton prophétique, il s'ouvrit les veines. La suite prouvera qu'il fit bien de mourir. Albucilla, s'étant porté un coup trop mal

assuré, n'avait fait que se blesser; elle fut conduite en prison par ordre du sénat. On sévit contre les complices de ses débauches; Carsidius, ancien préteur, fut déporté dans une île; Frégellanus fut chassé du sénat, et l'on infligea les mêmes peines à Balbus, au grand contentement des Romains, qu'indignait l'éloquence farouche d'un orateur toujours armé contre l'innocence.

XLIX. Dans le même temps, Sextus Papinius, jeune homme d'une famille consulaire, se fit périr d'une mort prompte et affreuse : il se jeta dans un précipice. On attribua son désespoir à sa mère, qui, repoussée longtemps par son fils, l'avait enfin, à force de caresses et de profusions, entraîné à des crimes qui ne lui laissaient de ressource que la mort. On accusa la mère dans le sénat. Elle eut beau se jeter aux genoux des sénateurs, déplorer le malheur d'une perte toujours plus sensible pour le cœur des femmes, enfin épuiser tous les moyens de commisération, on l'exila de Rome pour dix ans, jusqu'à ce que son autre fils eût passé l'âge de la séduction.

L. Déjà les forces, déjà la vie abandonnaient Tibère, et sa dissimulation ne le quittait pas. Ses discours étaient aussi soutenus; son esprit et ses regards aussi attentifs. Quelquefois même il cherchait l'enjouement, pour cacher un dépérissement qui frappait tous les yeux. Enfin, après avoir souvent changé de séjour, il s'arrêta au cap de Misène, dans une terre qui avait autrefois appartenu à Lucullus. Là on découvrit que sa fin approchait, et voici comment : il y avait un médecin habile, nommé Chariclès, qui, sans être

---

etchantur, ut conscii et adulteri ejus, Cn. Domitius Vibius Marsus, L. Arruntius. De claritudine Domitii supra memoravi; Marsus quoque vetustis honoribus et illustris studiis erat. Sed testium interrogationi, tormentis servorum, Macronem præsedisse commentarii ad senatum missi ferebant; nullæque in eos imperatoris literæ suspicionem dabant, invalido ac fortasse ignaro, ficta pleraque, ob inimicitias Macronis notas in Arruntium.

XLVIII. Igitur Domitius defensionem meditans, Marsus tanquam inediam destinavisset, produxere vitam. Arruntius, cunctationem et moras suadentibus amicis, « Non « eadem omnibus decora, respondit : sibi satis ætatis; « neque aliud pœnitendum quam quod, inter ludibria et « pericula, anxiam senectam toleravisset, diu Sejano, « nunc Macroni, semper alicui potentium, invisus, non « culpa, sed ut flagitiorum impatiens. Sane paucos et su- « premos principis dies posse vitari; quemadmodum eva- « surum imminentis juventam? An, quum Tiberius, post « tantam rerum experientiam, vi dominationis convulsus « et mutatus sit, C. Cæsarem, vix finita pueritia', ignarum « omnium aut pessimis innutritum, meliora capessiturum, « Macrone duce? qui, ut deterior, ad opprimendum Seja- « num delectus, plura per scelera rempublicam conflicta- « visset : prospectare jam se acrius servitium, eoque fu- « gere simul acta et instantia. » Hæc vatis in modum dictitans, venas resolvit. Documento sequentia erunt bene Arruntium morte usum. Albucilla, irrito ictu a semet vul-

nerata, jussu senatus in carcerem fertur. Stuprorum ejus ministri, Carsidius Sacerdos, prætorius, ut in insulam deportaretur; Pontius Fregellanus amitteret ordinem senatorium; et eædem pœnæ in Lælium Balbum decernuntur : id quidem a lætantibus, quia Balbus truci eloquentia habebatur, promptus adversum insontes.

XLIX. Iisdem diebus Sext. Papinius, consulari familia, repentinum et informem exitum delegit, jacto in præceps corpore. Causa ad matrem referebatur, quæ, pridem repudiata, assentationibus atque luxu perpulisset juvenem ad ea quorum effugium non nisi morte inveniret. Igitur accusata in senatu, quanquam genua patrum advolveretur, luctumque communem, et magis imbecillum tali super casu feminarum animum, aliaque in eumdem dolorem mœsta et miseranda diu ferret, urbe tamen in decem annos prohibita est, donec minor filius lubricum juventæ exiret.

L. Jam Tiberium corpus, jam vires, nondum dissimulatio, deserebat : idem animi rigor; sermone ac vultu intentus, quærsita interdum comitate, quamvis manifestam defectionem tegebat : mutatisque sæpius locis, tandem apud promontorium Miseni consedit, in villa cui L. Lucullus quondam dominus. Illic, eum appropinquare supremis tali modo compertum. Erat medicus arte insignis, nomine Charicles, non quidem regere valetudines principis solitus, consilii tamen copiam præbere. Is, velut propria ad negotia digrediens, et per speciem officii manum

en possession de gouverner le prince dans ses maladies, lui donnait souvent des conseils. Chariclès, alléguant des affaires, se leva pour sortir, et, prenant la main de l'empereur, sous prétexte de la baiser, il lui tâta le pouls adroitement. Son intention n'échappa point à Tibère; car, sur-le-champ, et soit qu'étant offensé, il voulût mieux cacher son mécontentement, il ordonna un nouveau festin, et resta à table plus longtemps que de coutume, comme par honneur pour un ami qui allait le quitter. Cependant Chariclès assura Macron que les forces s'éteignaient, que le prince n'avait pas plus de deux jours à vivre; dès ce moment on précipita les conférences à la cour, et les dépêches pour les généraux et les armées. Le 17 des calendes d'avril, il tomba dans un évanouissement profond : on le crut mort. Déjà Caïus, au milieu des félicitations d'une cour nombreuse, sortait pour prendre possession de l'empire, lorsque tout à coup on vint dire que la connaissance, que la voix revenait à Tibère, et qu'il demandait de la nourriture pour réparer son épuisement. A cette nouvelle, tous s'épouvantent; on se disperse de tous côtés; chacun revient prendre devant Tibère l'air de l'affliction ou de l'ignorance. Caïus, dans un silence morne, n'attendait plus, au lieu de l'empire, que le supplice; Macron, plus hardi, fait étouffer le vieillard sous un amas de couvertures, et commande qu'on se retire. Ainsi finit Tibère dans la soixante-dix-huitième année de son âge.

LI. Il était fils de Tibérius Néro, et issu des Claudes, par les deux côtés, quoique l'adoption eût fait passer sa mère dans la famille des Livius, et ensuite dans celle des Jules. Sa fortune éprouva des vicissitudes; dès le berceau, il partagea l'exil d'un père proscrit; depuis, lorsqu'il entra dans la maison d'Auguste, son orgueil fut humilié par une foule de concurrents, par le pouvoir de Marcellus et d'Agrippa; puis de Lucius et de Caïus, et même par les prédilections des citoyens pour son frère Drusus. Mais, l'époque de sa vie la plus critique, fut celle de son mariage avec Julie, lorsqu'il fut contraint d'endurer ou de fuir les prostitutions de sa femme. Ensuite, étant revenu de Rhodes, il vécut douze ans dans la solitude du palais d'Auguste, et en régna près de vingt-trois sur les Romains. On vit, dans ses mœurs, des vicissitudes pareilles, une vie et une réputation irréprochables, tant qu'il fut homme privé, ou qu'il gouverna sous Auguste; des vices adroits et secrets, des vertus apparentes pendant la vie de Germanicus et de Drusus; un mélange de bien et de mal jusqu'à la mort de sa mère; de l'atrocité dans ses barbaries, mais du mystère dans ses débauches, tant qu'il aima ou craignit Séjan; et enfin, un débordement général de crimes et d'infamies, lorsque, libre de la honte et de la crainte, il ne montra plus que son caractère.

LIVRE ONZIÈME.

1. Messaline était persuadée que Valérius Asiaticus, qu'on a vu deux fois consul, avait été autrefois l'amant de cette femme; d'ailleurs elle convoitait ses jardins, qui avaient été commencés par Lucullus, et qu'Asiaticus embellissait encore avec une magnificence extraordinaire. Elle déchaîna Suillius pour les perdre l'un et l'autre. En même temps, Sosibius, gouverneur de Britannicus, insinuait à Claude, avec l'air de l'affection, qu'il fallait se défier d'une énergie et d'une opulence menaçantes pour les princes; qu'Asiaticus

---

complexus, pulsum venarum attigit. Neque fefellit; nam Tiberius, incertum an offensus tantoque magis iram premens, instaurari epulas jubet, discumbitque ultra solitum, quasi honori abeuntis amici tribueret. Charicles tamen labi spiritum, nec ultra biduum duraturum Macroni firmavit. Inde cuncta colloquiis inter præsentes, nunciis apud legatos et exercitus festinabantur. Decimo septimo calendas aprilis, interclusa anima, creditus est mortalitatem explevisse. Et, multo gratantum concursu, ad capienda imperii primordia C. Cæsar egrediebatur; quum repente affertur redire Tiberio vocem ac visus, vocarique qui recreandæ defectioni cibum afferrent. Pavor hinc in omnes; et ceteri passim dispergi, se quisque mœstum aut nescium fingere. Cæsar in silentium fixus, a summa spe, novissima expectabat; Macro intrepidus opprimi senem injecta multæ vestis jubet, discedique ab limine. Sic Tiberius finivit octavo et septuagesimo ætatis anno.

LI. Pater ei Nero, et utrinque origo gentis Claudiæ, quanquam mater in Liviam, et mox Juliam familiam, adoptionibus transierit. Casus prima ab infantia ancipites : nam, proscriptum patrem exsul secutus, ubi domum Augusti privignus introiit, multis æmulis conflictatus est, dum Marcellus et Agrippa, mox Caius Luciusque Cæsares viguere; etiam frater ejus Drusus prosperiore civium amore erat. Sed maxime in lubrico egit, accepta in matrimonium Julia, impudicitiam uxoris tolerans aut declinans. Dein, Rhodo regressus, vacuos principis penates duodecim annis, mox rei romanæ arbitrium tribus ferme et viginti, obtinuit. Morum quoque tempora illi diversa : egregium vita famaque, quoad privatus vel in imperiis sub Augusto fuit; occultum ac subdolum fingendis virtutibus, donec Germanicus ac Drusus superfuere. Idem inter bona malaque mixtus, incolumi matre; intestabilis sævitia, sed obtectis libidinibus, dum Sejanum dilexit timuitve; postremo in scelera simul ac dedecora prorupit, postquam, remoto pudore et metu, suo tantum ingenio utebatur.

LIBER UNDECIMUS.

I. Nam Valerium Asiaticum, bis consulem, fuisse quondam adulterum ejus crediderit; pariterque hortis inhians, quos ille a Lucullo cœptos insigni magnificentia extollebat, Suillium accusandis utrisque immittit. Adjungitur Sosibius, Britannici educator, qui, per speciem benevolentiæ, mo-

avait été le principal auteur du meurtre de Caïus; qu'il n'avait pas craint de faire l'aveu public de ses sentiments au peuple romain assemblé, et d'ambitionner, pour son nom, la gloire d'un pareil attentat; ce qui lui avait donné un grand éclat dans Rome, et de la célébrité dans les provinces; qu'il se disposait à partir pour l'armée de Germanie; que, né à Vienne, soutenu par une famille nombreuse et puissante, il lui serait facile de soulever des nations avec lesquelles il avait une origine commune. Claude, sans plus d'examen, se figurant déjà une révolte qu'il était important d'étouffer, envoie en diligence, avec un détachement de soldats, Crispinus, préfet du pretoire, qui trouve Asiaticus à Baïes, et le traîne à Rome chargé de fers.

II. On ne daigna pas consulter le sénat : Asiaticus fut entendu dans l'appartement de Claude, en présence de Messaline. Suilius lui reprocha la corruption des soldats, qu'il avait, disait-il, enchaînés à tous ses forfaits par les largesses et par la prostitution; il lui reprocha l'adultère avec Poppéa, et enfin des débauches efféminées. A ce dernier trait, l'accusé ne put s'empêcher de rompre le silence et d'éclater : « Interroge tes fils, « Suilius; ils te diront si je suis une femme. » Sa défense attendrit singulièrement Claude; Messaline même sentit couler quelques larmes. En sortant pour aller les essuyer, elle n'en recommanda pas moins à Vitellius de ne pas laisser échapper leur ennemi, et, de son côté, elle court hâter la perte de Poppéa. On aposta des traîtres, qui la poussèrent à se donner la mort par la peur de la prison; et Claude ignorait tout, au point que Scipion, mari de Poppéa, se trouvant, quelques jours après, à la table du prince, celui-ci demanda pourquoi il n'avait point amené sa femme; à quoi Scipion répondit que le sort en avait disposé.

III. Claude songeait à absoudre Asiaticus. Vitellius, les yeux en pleurs, s'étendit sur leur ancienne amitié, sur ce qu'ils avaient été tous deux assidus à la cour d'Antonie, mère du prince; il rappela les services qu'Asiaticus avait rendu à l'État, ses exploits tout récents contre les Bretons, et d'autres traits dont le but semblait être de lui concilier la pitié. Il conclut par lui laisser la liberté de choisir son genre de mort, et aussitôt Claude opina pour la même grâce. Quelques-uns pressèrent Asiaticus de se laisser mourir de faim, ce qu'ils regardaient comme une mort douce. Asiaticus leur dit qu'il les dispensait de tant de sollicitude. Il continua de vaquer à ses fonctions ordinaires; il se baigna, donna un grand repas, où il fut très-gai : seulement il regrettait qu'un homme, qui avait échappé à la politique artificieuse de Tibère, et à toutes les fureurs de Caïus, pérît victime des intrigues d'une femme et des calomnies de cet impur Vitellius. Il finit par se couper les veines, ayant été auparavant visiter son bûcher, qu'il fit transporter ailleurs, dans la crainte que la flamme n'endommageât l'ombrage de ses arbres; tant il voyait tranquillement sa dernière heure!

IV. On convoque alors le sénat. Suilius impliqua dans l'accusation deux chevaliers romains de la première classe, surnommés Pétra, qui avaient prêté leur maison pour les entrevues d'Asiaticus et de Poppéa. Ce fut la vraie cause de leur mort. Le prétexte était un songe, où l'un d'eux avait vu, en dormant, Claude couronné d'épis, dont la

---

neret Claudium cavere vim atque opes principibus infensas : « præcipuum auctorem Asiaticum interficiendi Cæsaris, non extimuisse in concione populi romani fateri, gloriamque facinoris ultro petere; clarum ex eo in urbe, didita per provincias fama, parare iter ad germanicos exercitus; quando genitus Viennæ, multisque et validis propinquitatibus subnixus, turbare gentiles nationes promptum haberet. » At Claudius, nihil ultra scrutatus, citis cum militibus, tanquam opprimendo bello, Crispinum prætorii præfectum misit; a quo repertus est apud Baias, vinclisque inditis, in urbem raptus.

II. Neque data senatus copia : intra cubiculum auditur, Messallina coram, et Suilio corruptionem militum, quos pecunia et stupro in omni flagitio obstrictos arguebat, exin adulterium Poppææ, ac postremum mollitiam corporis objectante : ad quod victo silentio, prorupit reus, et, « In- « terroga, inquit, Suili, filios tuos : virum me esse fate- « buntur; » ingressusque defensionem, commoto majorem in modum Claudio, Messallinæ quoque lacrymas excivit; quibus abluendis cubiculo egrediens, monet Vitellium ne clabi reum sineret. Ipsa ad perniciem Poppææ festinat, subditis qui, terrore carceris, ad voluntariam mortem propellerent; adeo ignaro Cæsare, ut, paucos post dies, epulantem apud se maritum ejus Scipionem percunctare-tur, cur sine uxore discubuisset, atque ille functam fato responderet.

III. Sed consultante super absolutione Asiatici, flens Vitellius, commemorata vetustate amicitiæ, utque Antoniam principis matrem pariter observavissent, dein percursis Asiatici in rempublicam officiis, recentique adversus Britanniam militiæ, quæque alia conciliandæ misericordiæ videbantur, liberum ei mortis arbitrium permisit; et secuta sunt Claudii verba in eamdem clementiam. Hortantibus deinde quibusdam inediam et lenem exitum, remittere beneficium Asiaticus ait : et, usurpatis quibus insueverat exercitationibus, lauto corpore, hilare epulatus, quum se honestius callidiate Tiberii vel impetu C. Cæsaris periturum dixisset, quam quod fraude muliebri et impudico Vitellii ore caderet, venas exsolvit; viso tamen ante rogo, jussoque transferri partem in aliam, ne opacitas arborum vapore ignis minueretur : tantum illi securitatis novissimæ fuit.

IV. Vocantur post hæc patres, pergitque Suilius addere reos equites romanos illustres, quibus Petra cognomentum. Et causa necis, quod domum suam Valerii et Poppææ congressibus præbuissent : verum nocturnæ quietis species alteri objecta, tanquam vidisset Claudium, spicea corona evinctum, spicis retro conversis, eaque imagine

10.

tête était tournée en bas; ce qu'il avait interprété comme l'annonce d'une famine. Quelques-uns ont rapporté que la couronne était de pampres flétris, et qu'il avait pronostiqué la mort de Claude au déclin de l'automne. Ce qui n'est point douteux, c'est que les deux frères furent condamnés pour un songe, quel qu'il fût. On décerna à Crispinus quinze cent mille sesterces et les ornements de la préture. Vitellius fit ajouter un million de sesterces pour Sosibius, en récompense de ce qu'il aidait Britannicus de ses lumières, et Claude de ses conseils. On demanda aussi l'avis de Scipion, le mari de Poppéa : « Comme je pense, ainsi que « vous tous, sur sa conduite, croyez, dit-il, que « ma décision est la même. » Et c'est ainsi qu'il prétendit concilier la tendresse d'un époux avec les ménagements d'un sénateur.

V. Depuis ce moment, Suilius se livra au métier d'accusateur, sans relâche et sans pitié, et son audacieuse perversité eut beaucoup d'imitateurs. Le prince, en attirant à lui tous les pouvoirs des lois et des magistrats, avait ouvert la porte au brigandage; et, dans ce trafic général, rien ne se mettait à si haut prix que la perfidie des avocats, au point que Samius, chevalier romain du premier rang, donna quatre cent mille sesterces à Suilius, qui le trahit pour une somme plus forte, et Samius, de désespoir, se perça de son épée dans la maison même de ce traître. Ces excès, pourtant, réveillèrent l'attention des sénateurs. Ils sollicitèrent l'exécution de l'ancienne loi Cincia, qui défend aux orateurs de recevoir ni argent, ni présent. Silius, consul désigné, dont je rapporterai plus bas l'élévation et la chute, avait ouvert la délibération.

VI. Tous les coupables que cette loi menaçait éclataient en murmures. Silius, qu'aiguillonnait sa haine contre Suilius, insista plus fortement encore; il citait les anciens orateurs qui avaient regardé les suffrages de la postérité comme le plus digne prix de l'éloquence : autrement, c'était souiller le plus noble des arts par un trafic sordide; la probité même ne manquait point de s'altérer, du moment que l'on calculait la grandeur des profits. Il y aurait moins de procès, si les procès n'enrichissaient personne; au lieu que les discordes, les accusations, les haines, les injustices, faisant alors la fortune des orateurs, comme les maladies celle des médecins, leur avidité entretenait soigneusement ces plaies honteuses des familles. Qu'on se rappelât Asinius et Messala, et tout récemment Eserninus et Arruntius; ils étaient parvenus aux plus grands honneurs par des mœurs et une éloquence incorruptibles. Ce discours du consul désigné entraînant les suffrages, on préparait un décret pour soumettre les coupables à la loi sur les concussions, lorsque Suilius, Cossutianus et d'autres, qui se voyaient poursuivis d'avance, ou plutôt condamnés (car leurs prévarications étaient manifestes, environnent le prince, et lui demandent une amnistie pour le passé; l'ayant obtenue, ils s'enhardissent à faire la réponse suivante :

VII. Quel était l'homme assez orgueilleux pour présumer l'immortalité de son nom? C'était pour l'utilité et pour un bien réel qu'on cultivait l'éloquence; pour que, faute de défenseurs, le faible ne fût pas la proie du plus fort. Ce talent, toutefois, coûtait des sacrifices à l'orateur; en se livrant aux affaires d'autrui, on négligeait les siennes. Les uns vivaient du service militaire, d'autres de la culture de leurs champs; on n'embrassait

---

gravitatem annonæ dixisset. Quidam pampineam coronam albentibus foliis visam, atque ita interpretatum tradidere, vergente autumno mortem principis ostendi. Illud haud ambigitur, qualicunque insomnio ipsi fratrique perniciem allatam. Sestertium quindecies et insignia præturæ Crispino decreta. Adjecit Vitellius sestertium decies Sosibio, quod Britannicum præceptis, Claudium consiliis juvaret. Rogatus sententiam et Scipio : « Quum idem, inquit, de admissis « Poppææ sentiam quod omnes, putate me idem dicere « quod omnes, » eleganti temperamento inter conjugalem amorem et senatoriam necessitatem.

V. Continuus inde et sævus accusandis reis Suilius multique audaciæ ejus æmuli. Nam cuncta legum et magistratuum munia in se trahens princeps materiam prædandi patefecerat : nec quidquam publicæ mercis tam venale fuit quam advocatorum perfidia; adeo ut Samius, insignis eques romanus, quadringentis nummorum millibus Suilio datis, et cognita prævaricatione, ferro in domo ejus incubuerit. Igitur, incipiente C. Silio, consule designato, cujus de potentia et exitio in tempore memorabo, consurgunt patres, legemque Cinciam flagitant, qua cavetur antiquitus, ne quis, ob causam orandam, pecuniam donumve accipiat.

VI. Deinde, obstrepentibus his quibus ea contumelia parabatur, discors Suilio Silius acriter incubuit, veterum oratorum exempla referens, « qui famam in posteros præmia eloquentiæ cogitavissent pulcherrima : alioquin et bonarum artium principem sordidis ministeriis fœdari; ne fidem quidem integram manere, ubi magnitudo quæstuum spectetur; quod si in nullius mercedem negotia tueantur, pauciora fore; nunc inimicitias, accusationes, odia et injurias foveri, ut, quomodo vis morborum pretia medentibus, sic foti tabes pecuniam advocatis ferat : meminissent C. Asinii et Messalæ, ac recentiorum Arruntii et Æsernini; ad summa provectos incorrupta vita et facundia. » Talia dicente consule designato, consentientibus aliis, parabatur sententia qua lege repetundarum tenerentur; quum Suilius et Cossutianus et ceteri, qui non judicium (quippe in manifestos) sed pœnam statui videbant, circumsistunt Cæsarem, ante acta deprecantes. Et, postquam annuit, agere incipiunt :

VII. « Quem illum tanta superbia esse, ut æternitatem « famæ spe præsumat? usui et rebus subsidium præpara« ri, ne quis inopia advocatorum potentioribus obnoxius « sit. Neque tamen eloquentiam gratuito contingere; omitti « curas familiares, ut quis se alienis negotiis intendat : « multos militia, quosdam exercendo agros tolerare vitam ;

pas de profession, si l'on ne s'en promettait quelque fruit. Asinius et Messala, partageant avec Antoine et Auguste les dépouilles de la guerre, Eserninus et Arruntius, héritiers de familles opulentes, avaient pu se parer d'un noble désintéressement; mais les exemples contraires s'offraient en foule : on savait le prix qu'exigeaient de leurs plaidoyers Clodius et Curion; au sein de la paix, des sénateurs peu riches ne pouvaient espérer de fortune que par ces occupations paisibles; le plébéien n'avait que cette voie pour s'illustrer : en supprimant les récompenses des talents, on anéantirait les talents eux-mêmes. Ces considérations, moins nobles sans doute, ne parurent point à Claude sans fondement. Il se contenta de borner les rétributions des orateurs, et leur permit de prendre jusqu'à dix mille sesterces, prix au delà duquel la concussion aurait lieu.

VIII. Dans le même temps, à peu près, Mithridate, ce souverain de l'Arménie que Caïus, ainsi que je l'ai dit, avait fait amener devant lui, retourna dans ses États, par le conseil de Claude, comptant sur l'appui de Pharasmane son frère, roi d'Ibérie. Celui-ci lui mandait que les Parthes étaient divisés; qu'occupés des débats de leurs princes, qui se disputaient la couronne, ils négligeaient tout le reste. Gotarzès, entre autres cruautés, avait fait périr son propre frère Artaban, ainsi que la femme et le fils de ce prince; et les Parthes, révoltés de cette barbarie, qui les alarmait pour eux-mêmes, avaient appelé Bardanem. Ce barbare, dont l'activité secondait la hardiesse de ses entreprises, fait trois mille stades, surprend Gotarzès, l'épouvante, et le réduit à s'enfuir. Bardane ne perd pas un instant; il s'empare des préfectures voisines. Les Séleuciens seuls refusaient de le reconnaître. Indigné de leur résistance et de leur ancienne révolte contre son père, consultant plus sa colère que la politique, il s'engage dans les longueurs d'un siége contre une place très-forte, bien approvisionnée, défendue par son fleuve et par ses murs. Pendant ce temps, Gotarzès, fortifié du secours des Dahas et des Hyrcaniens, reparaît avec une armée. Bardane, obligé d'abandonner Séleucie, va camper dans les plaines de la Bactriane.

IX. Dans ce moment d'incertitude, où toutes les forces de l'Orient s'employaient à la décision de cette grande querelle, Mithridate trouva jour à reconquérir l'Arménie, secondé à la fois, et par la valeur romaine, qui emporta tous les forts sur les hauteurs, et par les troupes d'Ibérie, qui se répandirent dans les plaines. Les Arméniens ne résistèrent plus, depuis la défaite du préfet Démonax, qui avait osé risquer une bataille. Cotys, roi de l'Arménie mineure, pour lequel s'étaient déclarés quelques grands, retarda un peu nos succès; il fut bientôt contenu par une lettre de Claude, et tout se soumit à Mithridate, qui se montra plus sévère qu'il ne convenait dans un commencement de règne. Cependant les empereurs parthes, au moment de livrer bataille, concluent tout à coup un traité; ils avaient découvert une conspiration de leurs sujets, dont Gotarzès fit part à son neveu. Quelques difficultés d'abord arrêtèrent leurs négociations; enfin, s'étant pris la main mutuellement, ils convinrent, sur les autels des dieux, de punir la perfidie de leurs ennemis et de s'accorder sur leurs prétentions. On jugea le sceptre plus en sûreté dans les mains de Bardane, et Gotarzès, pour ne donner aucun ombrage, se retira au fond de l'Hyrcanie.

« nihil a quoquam expeti, nisi cujus fructus ante provide-
« rit. Facile Asinium et Messallam, inter Antonium et Au-
« gustum bellorum praemiis refertos, aut ditium familiarum
« heredes Æserninos et Arruntios, magnum animum in-
« duisse; prompta sibi exempla, quantis mercedibus P.
« Clodius aut C. Curio concionari soliti sint : se modicos
« senatores, quieta republica, nulla nisi pacis emolumenta
« petere. Cogitaret plebem, quae toga enitesceret; sublatis
« studiorum pretiis, etiam studia peritura. » Ut minus decora haec, ita haud frustra dicta princeps ratus, capiendis pecuniis posuit modum usque ad dena sestertia, quem egressi repetundarum tenerentur.

VIII. Sub idem tempus Mithridates, quem imperitasse Armeniis, et ad praesentiam Caesaris vertum memoravi, monente Claudio, in regnum remeavit, fisus Pharasmanis opibus. Is, rex Iberis idemque Mithridatis frater, nunciabat discordare Parthos, summaque imperii ambigua, minora sine cura haberi. Nam inter Gotarzis pleraque saeva (qui necem fratri Artabano conjugique ac filio ejus praeparaverat, unde metus ejus in ceteros) accivere Bardanem. Ille, ut erat magnis ausis promptus, biduo tria millia stadiorum invadit, ignarumque et exterritum Gotarzen proturbat. Neque cunctatur quin proximas praefecturas corripiat solis Seleucensibus dominationem ejus abnuentibus; in quos, ut patris sui quoque defectores, ira, magis quam ex usu praesenti, accensus, implicatur obsidione urbis validae, et munimentis objecti amnis muroque et commeatibus firmatae. Interim Gotarzes, Daharum Hyrcanorumque opibus auctus, bellum renovat; coactusque Bardanes omittere Seleuciam Bactrianos apud campos castra contulit.

IX. Tunc, distractis Orientis viribus et quonam inclinarent incertis, casus Mithridati datus est occupandi Armeniam, vi militis romani ad excidenda castellorum ardua, simul Ibero exercitu campos persultante. Nec enim restitere Armenii, fuso, qui praelium ausus erat, Demonacte praefecto. Paululum cunctationis attulit rex minoris Armeniae Colys, versis illuc quibusdam procerum; dein literis Caesaris coercitus; et cuncta in Mithridaten fluxere, atrociorem quam novo regno conduceret. At Parthi imperatores, congressuri acie, foedus repente faciunt, cognitis popularium insidiis, quas Gotarzes fratris filio patefecerat; congressique primo cunctanter, deinde complexi dextras, apud altaria deum pepigere fraudem inimicorum ulcisci, atque ipsi inter se concedere. Potiorque Bardanes visus retinendo regno. At Gotarzes, ne quid aemulationis exsisteret, penitus in Hyrcaniam abiit; regressoque Bar-

Au retour de Bardane, Séleucie se soumit, après s'être maintenue sept ans dans la révolte, non sans honte pour les Parthes, qu'une seule ville avait bravés si longtemps.

X. Bardane courut ensuite se saisir des provinces les plus importantes : il se disposait à reprendre l'Arménie; mais Vibius Marsus, lieutenant de Syrie, le contint, en le menaçant de porter la guerre dans ses États; et, dans l'intervalle, Gotarzès, se repentant d'avoir cédé un royaume, rappelé d'ailleurs par la noblesse, toujours plus opprimée pendant la paix, leva des troupes. Bardane marcha à sa rencontre vers le fleuve Érinde. Après un long combat, au passage de la rivière, il resta pleinement victorieux, gagna depuis d'autres batailles, et soumit toutes les nations depuis ce fleuve jusqu'au Sinde, qui fait la limite des Ariens et des Dahas. Là il fut obligé de borner ses conquêtes; car les Parthes, quoique vainqueurs, se dégoûtaient de servir si loin de leur pays. Bardane ayant fait élever des monuments pour attester ses victoires sur des peuples qu'aucun Arsacide, avant lui, n'avait rendus tributaires, s'en revint couvert de gloire; mais son orgueil, qui s'en accrut, le rendit insupportable à ses sujets; ils tramèrent une conspiration, et le surprirent dans une partie de chasse, où il périt, à la fleur de son âge, avec un nom qui eût égalé celui des plus grands rois vieillis sur le trône, s'il eût autant cherché à se faire aimer de ses peuples qu'à se faire craindre de ses ennemis. A sa mort, l'empire, partagé sur le choix de son successeur, retomba dans l'anarchie. La plupart inclinaient pour Gotarzès, et quelques-uns pour un descendant de Phraate, nommé Méherdate, qui nous avait été donné en otage. Le parti de Gotarzès prévalut; mais, une fois sur le trône, ses cruautés et ses dissolutions réduisirent les Parthes à députer secrètement vers Claude, pour le prier de vouloir bien laisser remonter Méherdate sur le trône de ses pères.

XI. Sous les mêmes consuls, Claude célébra les jeux séculaires, huit cents ans après la fondation de Rome, soixante-quatre ans depuis ceux d'Auguste. Je ne répèterai point ici, sur le calcul de ces deux princes, ce que j'ai suffisamment expliqué dans l'histoire de Domitien; car celui-ci donna aussi des jeux séculaires, auxquels j'assistai régulièrement, étant alors décoré du sacerdoce des quindécemvirs, et de plus preteur : ce que je ne rapporte point ici par vanité, mais parce que, de tout temps, les quindécemvirs ont eu l'inspection de ces jeux, et que le soin de régler les cérémonies regardait surtout les préteurs. Aux jeux du cirque, où les enfants des nobles exécutèrent à cheval les courses troyennes, ayant parmi eux Britannicus, fils de l'empereur, et Domitius, à qui, depuis, l'adoption donna l'empire et le surnom de Néron, le peuple fit éclater, en présence même de Claude, sa prédilection pour Domitius : ce qu'on interpréta comme un présage de sa grandeur future. On débitait encore que des dragons avaient paru autour de son berceau, comme pour le garder : prodige calqué sur des fables anciennes; car Néron lui-même, qui n'était nullement porté à dissimuler ses avantages, a souvent raconté qu'on n'avait vu dans sa chambre qu'un seul serpent.

XII. Cette inclination du peuple était un reste de son ancienne idolâtrie pour Germanicus, de qui Néron se trouvait le seul descendant mâle; et sa mère inspirait un intérêt plus vif, à cause de

---

dani deditur Seleucia, septimo post defectionem anno, non sine dedecore Parthorum, quos una civitas tamdiu eluserat.

X. Exin validissimas præfecturas invasit; et reciperare Armeniam avebat, ni a Vibio Marso, Syriæ legato, bellum minitante, cohibitus foret. Atque interim Gotarzes, pœnitentia concessi regni, et revocante nobilitate, cui in pace durius servitium est, contrahit copias : et huic ceciderat itum ad amnem Erinden; in cujus transgressu multum certato, pervicit Bardanes, prosperisque prœliis medias nationes subegit ad flumen Sinden, quod Dahas Ariosque disterminat. Ibi modus rebus secundis positus, nam Parthi, quanquam victores, longinquam militiam adspernabantur. Igitur, exstructis monumentis, quibus opes suas testabatur, nec cuiquam ante Arsacidarum tributa illis de gentibus parta, regreditur, ingens gloria, atque eo ferocior et subjectis intolerantior; qui, dolo ante composito, incautum venationique intentum interfecere, primam intra juventam, sed claritudine paucos inter senum regum, si perinde amorem inter populares, quam metum apud hostes, quæsivisset. Nece Bardanis turbatæ Parthorum res, inter ambiguos quis in regnum acciperetur. Multi ad Gotarzen inclinabant; quidam ad Meherdaten, prolem Phraatis, obsidio nobis datum. Dein prævaluit Gotarzes; potitusque regiam, per sævitiem ac luxum adegit Parthos mittere ad principem romanum occultas preces, quis per mitti Meherdaten patrium ad fastigium orabant.

XI. Iisdem consulibus ludi seculares, octingentesimo post Romam conditam, quarto et sexagesimo quam Augustus ediderat, spectati sunt. Utriusque principis rationes præterimitto, satis narratas libris quibus res imperatoris Domitiani composui. Nam is quoque edidit ludos seculares; iisque intentius adfui, sacerdotio quindecimvirali præditus ac tum prætor : quod non jactantia refero, sed quia collegio quindecimvirum antiquitus ea cura, et magistratus potissimum exsequebantur officia cærimoniarum. Sedente Claudio, circensibus ludis, quum pueri nobiles equis ludicrum Trojæ inirent, interque eos Britannicus, imperatore genitus, et L. Domitius, adoptione mox in imperium et cognomentum Neronis adscitus, favor plebis acrior in Domitium loco præsagii acceptus est. Vulgabaturque affluisse infantiæ ejus dracones, in modum custodum : fabulosa et externis miraculis assimulata; nam ipse, haudquaquam sui detractor, unam omnino anguem in cubiculo visam narrare solitus est.

XII. Verum inclinatio populi supererat ex memoria Germanici, cujus illa reliqua soboles virilis. Et matri

la cruauté de Messaline, qui, toujours son ennemie dans le cœur, et alors plus animée que jamais, n'eût pas manqué de lui susciter des accusations, si un nouvel amour, qui tenait de la fureur, ne l'eût entièrement occupée. Elle avait conçu pour le jeune Silius, le plus beau des Romains, une passion si violente, qu'elle le força de chasser à l'instant de son lit Silana, malgré tout l'éclat du nom de cette femme, afin que son amant lui fût abandonné tout entier. Silius ne se déguisait ni le crime, ni le péril ; mais sa perte eût été certaine en refusant Messaline, et il avait quelque espoir de tromper Claude. D'ailleurs les grandes récompenses l'éblouissaient ; les dangers n'étaient que dans l'avenir, et les jouissances, présentes; ce qui était un dédommagement. Pour Messaline, elle bravait tous les regards ; elle ne quittait point la maison de son amant ; elle y traînait tout son cortége ; elle s'attachait à tous ses pas; elle accumulait sur lui les richesses, les honneurs : à voir enfin les esclaves, les affranchis de l'empereur, et toute la pompe des Césars qui entourait Silius, on l'eût cru déjà investi de la puissance impériale.

XIII. Cependant Claude, qui ignorait les désordres de sa propre maison, et qui exerçait les fonctions de censeur, réprima, par des édits sévères, la licence du peuple : on avait insulté au théâtre des femmes de distinction et le consulaire Pomponius, auteur d'une pièce qui s'y jouait. Une loi, qui défendit de prêter à intérêt aux enfants pendant la vie de leurs pères, arrêta les brigandages des usuriers. Il construisit un aqueduc, pour amener dans Rome l'eau des monts Simbruins, et il augmenta l'alphabet de trois lettres nouvelles qu'il fit adopter, ayant reconnu,

disait-il, que celui des Grecs ne s'était complété aussi qu'avec le temps.

XIV. Ce fut d'abord avec des figures d'animaux que les Égyptiens exprimèrent la pensée : tels sont leurs plus anciens monuments historiques, et ils existent encore gravés sur des pierres. Ils se prétendent aussi les inventeurs des lettres. Ils disent que c'est de leur pays qu'elles furent portées dans la Grèce par les Phéniciens, qui, navigateurs plus habiles, obtinrent la gloire d'avoir découvert ce qu'on leur avait enseigné. En effet, la tradition générale est que Cadmus, arrivé sur une flotte de Phéniciens, enseigna, le premier, cet art aux peuples de la Grèce, encore barbares. Ce fut, selon quelques-uns, l'Athénien Cécrops, ou le Thébain Linus, ou, au siége de Troie, l'Argien Palamède, qui inventèrent les formes de seize lettres ; d'autres, principalement Simonide, ne tardèrent pas à créer le reste de l'alphabet. En Italie, les Étrusques les reçurent du Corinthien Démarate, les Aborigènes de l'Arcadien Évandre ; et l'on voit que la forme des lettres latines est la même que les Grecs avaient d'abord adoptée. Au reste, nous n'eûmes d'abord aussi que quelques lettres ; les autres sont venues ensuite. D'après tous ces exemples, Claude en ajouta trois, qui furent en usage sous son règne, et abandonnées aussitôt après. On les voit encore dans les sénatus-consultes de ce temps sur les tables d'airain qu'on suspend, pour le peuple, dans les places publiques et dans les temples.

XV. Claude fit ensuite un rapport au sénat sur le collège des aruspices, sur ce qu'on laissait perdre, par négligence, un art aussi ancien dans l'Italie. Il représenta qu'on les avait mandés souvent dans les temps malheureux de la république ; et que,

---

Agrippinæ miseratio augebatur, ob sævitiam Messallinæ quæ, semper infesta et tunc commotior, quominus strueret crimina et accusatores novo et furori proximo amore detinebatur. Nam in C. Silium, juventutis romanæ pulcherrimum, ita exarserat, ut Juniam Silanam, nobilem feminam, matrimonio ejus exturbaret, vacuoque adultero potiretur. Neque Silius flagitii aut periculi nescius erat ; sed, certo si abnueret exitio, et nonnulla fallendi spe, simul magnis præmiis, opperiri futura et præsentibus frui pro solatio habebat. Illa non furtim, sed multo comitatu ventitare domum, egressibus adhærescere, largiri opes, honores; postremo, velut translata jam fortuna, servi, liberti, paratus principis, apud adulterum visebantur.

XIII. At Claudius, matrimonii sui ignarus, et munia censoria usurpans, theatralem populi lasciviam severis edictis increpuit, quod in P. Pomponium consularem (is carmina scenæ dabat) inque feminas illustres probra jecerat. Et lege lata sævitiam creditorum coercuit, ne in mortem parentum pecunias filiis familiarum fœnori darent. Fontesque aquarum, ab Simbruinis collibus deductos, urbi intulit. Ac novas literarum formas addidit vulgavitque, comperto græcam quoque literaturam non simul cœptam absolutamque.

XIV. Primi per figuras animalium Ægyptii sensus mentis effingebant ; et antiquissima monumenta memoriæ humanæ impressa saxis cernuntur : et literarum semel inventores perhibent ; inde Phœnicas, quia mari præpollebant, intulisse Græciæ, gloriamque adeptos tanquam reperierint quæ acceperant. Quippe fama est Cadmum, classe Phœnicum vectum, rudibus adhuc Græcorum populis artis ejus auctorem fuisse. Quidam Cecropem atheniensem, vel Linum thebanum, et temporibus trojanis Palamedem argivum memorant, sexdecim literarum formas, mox alios, ac præcipuum Simonidem, ceteras reperisse. At in Italia Etrusci ab corinthio Damarato, Aborigines arcade ab Evandro, didicerunt ; et forma literis latinis quæ veterrimis Græcorum. Sed nobis quoque paucæ primum fuere ; deinde additæ sunt. Quo exemplo Claudius tres literas adjecit, quæ usui, imperitante eo, post obliteratæ, adspiciuntur etiam nunc in ære publicandis plebiscitis per fora ac templa fixo.

XV. Retulit deinde ad senatum super collegio aruspicum, « ne vetustissima Italiæ disciplina per desidiam exolesceret : sæpe adversis reipublicæ temporibus accitos, quorum monitu redintegratas cærimonias et in posterum rectius habitas; primoresque Etruriæ, sponte

d'après leur avis, on avait reformé le culte, qui, depuis, avait été mieux réglé; que les premiers de l'Etrurie, volontairement, ou à la sollicitation du sénat, cultivaient autrefois cette science et la propageaient dans leurs familles; qu'on la négligeait maintenant, depuis que l'indifférence pour les arts louables devenait générale, et que les superstitions étrangères prévalaient; que la situation de l'empire était heureuse sans doute, mais qu'on devait cette reconnaissance à la bonté des dieux, de ne point abandonner, dans la prosperité, des rites qu'on avait soigneusement pratiqués dans les temps difficiles. Un sénatus-consulte chargea les pontifes d'examiner ce qu'il faudrait maintenir et remettre en vigueur de cet art des aruspices.

XVI. Cette même année, les Chérusques vinrent nous demander un roi. Leurs guerres civiles avaient detruit leur noblesse, et il ne restait plus, du sang royal, qu'Italicus, alors vivant à Rome. Italicus avait pour père Flavius, frère d'Arminius; sa mère était fille de Cattumer, chef des Cattes; et lui-même était recommandable par sa bonne mine et par son habileté dans tous les genres d'exercices militaires, n'ayant pas plus négligé ceux de son pays que les nôtres. Claude, sans balancer, lui donne des secours d'argent, une garde pour sa personne, et l'exhorte à aller se ressaisir des grandeurs de ses pères : il serait le premier souverain qui, né à Rome, n'étant point en otage, mais citoyen de Rome, eût été régner sur des étrangers. Italicus fut d'abord reçu avec transport par les Germains, d'autant plus que, n'ayant pris aucune part à toutes leurs discordes, il leur montrait à tous une égale affection, employant tantôt la modération et l'affabilité, vertus qu'on ne hait nulle part; le plus souvent se livrant à tous les excès de la table et du vin, vices chéris des barbares : il était exalté, adoré. Déjà sa réputation commençait à gagner les nations voisines, les nations eloignées; mais il avait pour ennemis tous ceux qui avaient joue un rôle dans les factions. Cette foule de mécontents se retire chez les peuples voisins; et, là, ils animent les esprits par leurs discours : on detruisait, disent-ils, l'antique liberté de la Germanie. On etablissait, sur ses ruines, la puissance romaine. N'y avait-il personne qui, né dans leur pays, fût digne de les commander, sans aller prendre le fils d'un espion, d'un Flavius, pour l'élever au-dessus d'eux? En vain on leur opposait la gloire d'Arminius : le fils même de ce grand homme, élevé sur un sol ennemi, corrompu par la servitude, par la mollesse, par le faste, par tous le vices des etrangers, leur inspirerait encore de trop justes alarmes : combien plus ne devaient-ils pas trembler, en voyant régner sur eux le fils du plus implacable ennemi de leurs dieux et de leur patrie?

XVII. Ils parvinrent ainsi à rassembler de grandes forces. De son côté, Italicus n'avait pas moins de partisans : car enfin, disaient-ils, il n'était point entré à force ouverte; c'etaient eux-mêmes qui l'avaient appelé; et, puisqu'il l'emportait par la naissance, pourquoi ne pas faire l'essai de sa valeur, ne pas attendre s'il se montrerait digne de son oncle Arminius, de son aïeul Cattumer? Ce n'était point une raison de rougir de son père, parce que ce père n'avait jamais voulu rompre des engagements contractés avec Rome, de l'aveu des Germains. La liberté n'etait qu'un vain prétexte allégué par les factieux, la honte de leur famille, le fleau de leur nation, qui n'avaient d'espoir qu'en eternisant les troubles. Un frémissement d'allégresse annonçait toute l'ardeur de la multitude; il se livra, entre les barbares, une grande bataille, où le roi demeura victorieux. Depuis, il se laissa enorgueillir par

aut patrum romanorum impulsu, retinuisse scientiam et in familias propagasse : quod nunc segnius fieri, publica circa bonas artes socordia, et quia externae superstitiones valescant; et laeta quidem in praesens omnia; sed benignitati deum gratiam referendam, ne ritus sacrorum, inter ambigua culti, per prospera obliterarentur. — Factum ex eo senatusconsultum, viderent pontifices quae retinenda firmandaque auspicium.

XVI. Eodem anno Cheruscorum gens regem Roma petivit, amissis per interna bella nobilibus, et uno reliquo stirpis regiae, qui apud urbem habebatur, nomine Italicus. Paternum huic genus e Flavio, fratre Arminii; mater ex Cattumero, principe Cattorum, erat; ipse forma decorus, et armis equisque, in patrium nostrunque morem, exercitus. Igitur Caesar auctum pecunia, additis stipatoribus, hortatur « gentile decus magno animo capessere : illum primum, Romae ortum, nec obsidem sed civem, ire externum ad imperium. » Ac primo laetus Germanis adventus, atque eo magis quod, nullis discordiis imbutus, pari in omnes studio ageret : celebrari, coli, modo comitatem et temperantiam, nulli invisam, saepius vinolentiam ac libidines, grata barbaris, usurpans. Jamque apud proximos, jam longius, clarescere; quum potentiam ejus suspectantes qui factionibus floruerant, discedunt ad conterminos populos, ac testificantur « adimi veterem Germaniae libertatem, et romanas opes insurgere : adeo neminem iisdem in terris ortum, qui principem locum impleat, nisi explorātoris Flavii progenies supra cunctos attollatur? Frustra Arminium praescribi : cujus si filius, hostili in solo adultus, in regnum venisset, posse extimesci, infectum alimonio, servitio, cultu, omnibus externis. At si paternā Italico mens esset, non alium infensius arma contra patriam ac deos penates, quam parentem ejus, exercuisse. »

XVII. His atque talibus magnas copias cogere. Nec pauciores Italicum sequebantur. Non enim irrupisse ad invitos, sed accitum memorabant : « quando nobilitate ceteros anteiret, virtutem experirentur, an dignum se patruo Arminio, avo Cattumero praeberet. Nec patrem rubori, quod fidem adversus Romanos volentibus Germanis sumptam, nunquam omisisset. Falso libertatis vocabulum obtendi ab iis qui privatim degeneres, in publicum exitiosi nihil spei nisi per discordias habeant. » Adstrepebat

la prospérité : il fut chassé, puis rétabli par le secours des Lombards; mais ses victoires, ainsi que ses défaites, affaiblissaient également la puissance des Chérusques.

XVIII. Dans le même temps, les Chauques, libres de toutes dissensions domestiques, et enhardis par la mort de Sanquinius, avant que Corbulon fût venu le remplacer, désolèrent, par leurs incursions, la basse Germanie. Ils avaient pour chef Gannasque, un Canninéfate, longtemps auxiliaire parmi nous, depuis transfuge, qui exerçait ses pirateries avec de petits bâtiments, et infestait surtout les côtes des Gaulois, dont il n'ignorait ni les richesses, ni la lâcheté. Corbulon, dès son entrée dans la province, déployant une grande activité, et jetant dès lors les fondements de sa haute réputation, fit venir des trirèmes par le Rhin, d'autres bâtiments plus légers par les lagunes et par les canaux; et, après avoir coulé bas les vaisseaux ennemis, et repoussé Gannasque, jugeant alors la tranquillité suffisamment rétablie, il s'occupa de ramener à l'ancienne discipline les légions, qui ne connaissaient plus l'occupation et le travail, qui ne respiraient que le pillage. Il fut défendu de s'écarter dans les marches, d'aller au combat sans un ordre. A chaque poste, en faction, dans tous les exercices du jour et de la nuit, il fallait être continuellement sous les armes. On rapporte qu'il fit condamner à mort deux soldats, parce qu'ils travaillaient aux retranchements, l'un sans épée, l'autre avec un poignard seulement. Ces traits d'une sévérité excessive, et qui peut-être ont été imaginés, prouvent du moins l'opinion qu'on du avoir de ce général, qui, bien certainement, dut se montrer ferme et inexorable pour les grandes fautes, puisqu'on lui supposait tant de rigueur pour les plus légères.

XIX. Cette sévérité produisit un effet contraire sur nos soldats et sur l'ennemi; elle releva notre courage, elle abaissa l'orgueil des barbares. Les Frisons, toujours nos ennemis déclarés ou secrets, depuis cette révolte qui avait commencé par la défaite d'Apronius, vinrent donner des otages, et se renfermer dans le terrain que leur assigna Corbulon. Corbulon établit chez eux un sénat, des magistrats, des lois; et, de peur qu'ils n'osassent s'écarter des règlements qu'il leur prescrivait, il éleva une forteresse pour les contenir. Il avait envoyé chez les grands Chauques des émissaires pour ménager adroitement leur soumission, et, en même temps, pour tramer sous main la perte de Gannasque. Ce barbare fut en effet victime de cette trahison, digne fin d'un transfuge et d'un traître. Mais sa mort souleva tous les esprits chez les Chauques, parmi lesquels Corbulon jetait à dessein des semences de révolte; et, à Rome même, son audace, qui charmait le plus grand nombre, trouvait aussi des censeurs. Pourquoi, disait-on, provoquer l'ennemi? S'il échoue, il compromet l'État; en réussissant, il se compromet lui-même. Les réputations éclatantes excitent les défiances du gouvernement, et importunent la lâcheté des princes. Ainsi Claude défendit si bien toute entreprise nouvelle contre la Germanie, qu'il ordonna même que toutes les garnisons fussent reportées en deçà du Rhin.

XX. Corbulon avait déjà établi son camp sur les terres ennemies, lorsqu'il reçoit cet ordre. A ce coup imprévu, quoiqu'il se vît en butte aux soupçons de l'empereur, au mépris des barbares, aux railleries des alliés, que toutes ces idées vinssent l'assaillir à la fois, il ne dit que ce seul mot : « Heureux jadis les généraux romains! » et il fit sonner la retraite. Cependant, pour faire perdre

---

huic alacre vulgus; et magno inter barbaros prœlio victor rex, dein secunda fortuna ad superbiam prolapsus pulsusque, ac rursus Langobardorum opibus refectus, per læta, per adversa, res Cheruscas afflictabat.

XVIII. Per idem tempus Chauci, nulla dissensione domi, et morte Sanquinii alacres, dum Corbulo adventat, inferiorem Germaniam incursavere, duce Gannasco : qui natione Canninefas, auxiliaris et diu meritus, post transfuga, levibus navigiis prædabundus, Gallorum maxime oram vastabat, non ignarus dites et imbelles esse. At Corbulo provinciam ingressus, magna cum cura, et mox gloria, cui principium illa militia fuit, triremes alveo Rheni, ceteras navium, ut quæque habiles, per æstuaria et fossas adegit : lintribusque hostium depressis, et exturbato Gannasco, ubi præsentia satis composita sunt, legiones operum et laboris ignaras, populationibus lætantes, veterem ad morem reduxit; ne quis agmine decederet, nec pugnam nisi jussus iniret : stationes, vigiliæ, diurna nocturnaque munia in armis agitabantur. Feruntque militem, quia vallum non accinctus, atque alium, quia pogione tantum accinctus foderet, morte punitos. Quæ nimia, et incertum an falso jacta, originem tamen e severitate ducis traxere;

intentumque et magnis delictis inexorabilem scias, cui tantum asperitatis etiam adversus levia credebatur.

XIX. Ceterum is terror milites hostesque in diversum affecit : nos virtutem auximus ; barbari ferociam infregere. Et natio Frisiorum, post rebellionem clade L. Apronii cœptam, infensa aut male fida, datis obsidibus, consedit apud agros a Corbulone descriptos. Idem senatum, magistratus, leges imposuit : ac, ne jussa exuerent, præsidium immunivit; missis qui majores Chaucos ad deditionem pellicerent, simul Gannascum dolo aggrederentur. Nec irritæ aut degeneres insidiæ fuere adversus transfugam et violatorem fidei. Sed cæde ejus motæ Chaucorum mentes, et Corbulo semina rebellionis præbebat; ut læta apud plerosque, ita apud quosdam sinistra fama : « cur hostem conciret? adversa in rempublicam casura; sin prospere egisset, formidolosum pacis viro insignem, et ignavo principi prægravem. » Igitur Claudius adeo novam in Germanias vim prohibuit, ut referri præsidia eis Rhenum juberet.

XX. Jam castra in hostili solo molienti Corbuloni hæ literæ redduntur. Ille, re subita, quamquam multa simul offunderentur, metus ex imperatore, contemptio ex barbaris, ludibrium apud socios, nihil aliud prolocutus quam,

au soldat cette habitude d'oisiveté, il fit creuser, entre la Meuse et le Rhin, un canal de vingt-trois mille pas, destiné à recevoir les débordements de l'Océan. Claude lui accorda les honneurs du triomphe, après lui avoir défendu la guerre; et peu de temps après, Curtius Rufus obtint le même honneur pour avoir ouvert, dans le territoire de Mattium, une mine d'argent, dont le produit fut médiocre et dura peu. Du reste, elle coûta des fatigues et des pertes énormes aux légions obligées d'ouvrir des galeries, et d'endurer, sous terre, des travaux insupportables même à sa surface. Comme on en exigeait de pareils dans la plupart des provinces, le soldat, rebuté enfin, écrivit des lettres anonymes, par lesquelles on suppliait l'empereur, au nom de ses armées, d'accorder d'avance à leurs commandants les honneurs du triomphe.

XXI. La fortune de ce Rufus, que quelques-uns font naître d'un gladiateur, est singulière : je n'en dirai rien de fabuleux; et le vrai, même, j'ai honte de le rapporter. Dans sa première jeunesse, étant de la suite du questeur qui avait le département de l'Afrique, un jour qu'il se promenait seul, à midi, dans la ville d'Adrumète, sous des portiques solitaires, une figure de femme, au-dessus de la taille humaine, lui apparut, et lui dit : « Rufus, cette province verra un jour en toi son « proconsul. » Cette prédiction enfle ses espérances. De retour à Rome, il obtient la questure par les intrigues de ses amis, par sa propre activité; puis la préture, qu'il emporte, par les suffrages du prince, sur les candidats de la plus haute naissance. Tibère même, pour voiler la bassesse de son extraction, se servit de ce mot : « Rufus est fils de ses œuvres. » Il parvint depuis à une longue vieillesse. Lâche adulateur des grands, hautain pour ses inférieurs, difficile avec ses égaux, il obtint le consulat, les ornements du triomphe, et enfin le gouvernement de l'Afrique, où il mourut, accomplissant ainsi la prédiction touchant sa mort.

XXII. Dans ce temps, il arriva à Rome un fait singulier. Sans qu'il y eût de cause apparente, ni qu'on ait pu en découvrir depuis, Cneus Novius, chevalier romain, fut trouvé avec un poignard, dans la foule de ceux qui venaient saluer le prince. On eut beau déchirer son corps à la question, il s'avoua coupable, mais n'impliqua personne, soit qu'il n'eût point de complices, soit qu'il n'eût pas voulu les déceler. Sous les mêmes consuls, Publius Dolabella proposa de donner, tous les ans, un spectacle de gladiateurs, aux frais de ceux qui obtiendraient la questure. Anciennement, cette dignité n'était que la récompense du mérite, et, en général, tout citoyen, avec du talent, pouvait prétendre aux honneurs. On ne considérait pas même l'âge; et une grande jeunesse n'excluait ni du consulat, ni des dictatures. Les questeurs furent établis dès le temps même des rois; ce que montre la loi curiate qui fut ensuite renouvelée par Brutus; et les consuls restèrent en possession de les élire, jusqu'au temps où le peuple vint à conférer aussi cette dignité. Les premiers qu'il nomma furent Valérius Potitus et Émilius Mamercus, soixante-trois ans après l'expulsion des Tarquins. Les questeurs accompagnaient les généraux à la guerre. Depuis, les affaires se multipliant, on en créa deux nouveaux pour l'intérieur de Rome. Ce nombre ne tarda pas à être doublé, lorsqu'aux tributs que payait déjà l'Italie, se joignirent

---

« Beatos quondam duces romanos! » signum receptui dedit. Ut tamen miles otium exueret, inter Mosam Rhenumque trium et viginti millium spatio fossam perduxit, qua incerta Oceani vetarentur. Insignia tamen triumphi induisit Cæsar, quamvis bellum negavisset. Nec multo post Curtius Rufus eumdem honorem adipiscitur, qui in agro Mattiaco recluserat specus quærendis venis argenti : unde tenuis fructus, nec in longum, fuit; at legionibus cum damno labor, effodere rivos, quæque in aperto gravia, humum infra, moliri. Quis subactus miles, et quia plures per provincias similia tolerabantur, componit occultas literas, nomine exercituum, precantium imperatorem ut, quibus permissurus esset exercitus, triumphalia ante tribueret.

XXI. De origine Curtii Rufi, quem gladiatore genitum quidam prodidere, neque falsa prompserim, et vera exsequi pudet. Postquam adolevit, sector quæstoris cui Africa obtigerat, dum in oppido Adrumeto, vacuis per medium diei porticibus, secretus agitat, oblata ei species muliebris ultra modum humanum, et audita est vox : « Tu es, Rufe, « qui in hanc provinciam pro consule venies. » Tali omine in spem sublatus, digressusque in urbem, et largitione amicorum, simul acri ingenio, quæsturam, et mox, nobiles inter candidatos, præturam principis suffragio assequitur; quum hisce verbis Tiberius dedecus natalium ejus velavisset, « Curtius Rufus videtur mihi ex se natus. » Longa post hæc senecta, et adversus superiores tristi adulatione, arrogans minoribus, inter pares difficilis, consulare imperium, triumphi insignia, ac postremo Africam, obtinuit; atque, ibi defunctus, fatale præsagium implevit.

XXII. Interea Romæ, nullis palam neque cognitis mox causis, Cn. Novius, eques romanus, ferro accinctus reperitur in cœtu salutantium principem; nam postquam tormentis dilaniabatur, de se Novius, conscios non edidit, incertum an occultans. Iisdem consulibus, P. Dolabella censuit spectaculum gladiatorum per omnes annos celebrandum pecunia eorum qui quæsturam adipiscerentur. Apud majores virtutis id præmium fuerat, cunctisque civium, si bonis artibus fiderent, licitum petere magistratus; ac ne ætas quidem distinguebatur, quin prima juventa consulatum ac dictaturas inirent. Sed quæstores regibus etiam tum imperantibus instituti sunt; quod lex curiata ostendit, ab L. Bruto repetita. Mansitque consulibus potestas deligendi, donec eum quoque honorem populus mandaret : creatique primum Valerius Potitus et Æmilius Mamercus, sexagesimo tertio anno post Tarquinios exactos, ut rem militarem comitarentur. Dein, gliscentibus negotiis, duo additi, qui Romæ curarent. Mox duplicatus

ceux des provinces. Sylla le porta jusqu'à vingt, afin qu'ils servissent à recruter le sénat, auquel il avait attribué les jugements; et ce nombre subsista, lors même que les jugements eurent été rendus aux chevaliers. Au reste, soit qu'elle fût donnée au mérite des candidats, ou à la faveur, la questure l'était gratuitement, jusqu'au moment où, d'après l'avis de Dolabella, on la rendit en quelque sorte vénale.

XXIII. Sous le consulat d'Aulus Vitellius et de Lucius Vipsanius, comme il était question de compléter le sénat, et que les principaux habitants de la Gaule appelée *Chevelue*, depuis longtemps alliés et citoyens de Rome, sollicitaient le droit de pouvoir posséder aussi les dignités, il s'éleva à ce sujet de vives contestations. Plusieurs, devant le prince même, s'y opposèrent avec force. Ils disaient que l'Italie n'était pas épuisée au point de ne pouvoir fournir assez de sujets au sénat de sa capitale; que Rome y suffisait bien jadis, avec les seuls citoyens nés dans ses murs, avec les seuls peuples de son sang, et qu'on n'avait point à se repentir de son ancienne administration; qu'on ne parlait encore que des prodiges de gloire et de vertu qui avaient signalé ses mœurs antiques. N'était-ce point assez que les Vénètes et les Insubriens eussent envahi le sénat, sans y introduire encore un ramas d'étrangers, comme dans une ville captive? Quelles prérogatives auraient donc désormais le peu de patriciens qui restaient, et les sénateurs pauvres du Latium? Ces nouveaux venus, avec leurs richesses, engloutiraient toutes les places, eux, dont l'aïeul ou le bisaïeul avec été général des nations ennemies, avait taillé en pièces des armées romaines, avait tenu Jules César assiégé dans Alise : que serait-ce si l'on rappelait le souvenir de leurs anciennes barbaries, l'incendie du Capitole, de la citadelle de Rome, et le renversement de ses murailles? Qu'il fallait sans doute les laisser jouir du titre de citoyens; mais que les décorations sénatoriales, que les honneurs de la magistrature ne devaient point être ainsi prostitués.

XXIV. Ces raisons, et d'autres semblables, ne firent aucune impression sur le prince, et, ayant convoqué le sénat, il y répliqua sur-le-champ en ces termes : « Clausus, le premier de mes ancê-
« tres, était Sabin d'origine; et, le même jour, il
« fut admis et parmi les citoyens, et parmi les pa-
« triciens de Rome. Cet exemple domestique me dit
« qu'il faut m'attacher au même plan, et transporter
« dans le sénat ce que chaque pays aura produit
« de plus illustre : car je n'ignore point qu'Albe
« nous a donné les Jules, Camérium les Corun-
« canius, Tusculum les Porcius; et, sans fouiller
« dans ces antiquités, que l'Étrurie et la Lucanie,
« que l'Italie entière nous ont fourni des séna-
« teurs; qu'enfin, peu contents d'adopter quel-
« ques citoyens isolés, nous avons prolongé l'Ita-
« lie même jusqu'aux Alpes, afin d'associer les
« nations et les contrées à la dénomination ro-
« maine. Ce fut une époque de tranquillité pro-
« fonde au dedans et de gloire au dehors, quand
« nous allâmes chercher des citoyens au delà du
« Pô; quand, pour réparer l'épuisement que cau-
« sait à l'empire le transport de nos légions sur
« toute la terre, nous y incorporâmes les plus bra-
« ves guerriers des provinces. Regrettons-nous
« d'avoir pris à l'Espagne ses Balbus, et à la Gaule
« Narbonnaise tant d'hommes non moins illus-
« tres? Leur postérité subsiste encore, et leur
« amour pour cette patrie ne le cède point au nôtre.

---

numerus, stipendiaria jam Italia, et accedentibus provinciarum vectigalibus. Post, lege Sullæ, viginti creati supplendo senatui, cui judicia tradiderat. Et, quanquam equites judicia recuperavissent, quæstura tamen, ex dignitate candidatorum aut facilitate tribuentium, gratuito concedebatur, donec sententia Dolabellæ velut venundaretur.

XXIII. A. Vitellio, L. Vipsano consulibus, quum de supplendo senatu agitaretur, primoresque Galliæ quæ Comata appellatur, fœdera et civitatem romanam pridem assecuti, jus adipiscendorum in urbe honorum expeterent; multus ea super re variusque rumor, et studiis diversis apud principem certabatur, asseverantium « non adeo
« ægram Italiam, ut senatum suppeditare urbi suæ nequi-
« ret : suffecisse olim indigenas, consanguineis populis;
« nec pœnitere veteris reipublicæ. Quin adhuc memorari
« exempla quæ priscis moribus ad virtutem et gloriam
« romana indoles prodiderit. An parum quod Veneti et
« Insubres curiam irruperint, nisi cœtus alienigenarum,
« velut captivitas, inferatur? Quem ultra honorem residuis
« nobilium, aut si quis pauper e Latio senator, fore? Op-
« pleturos omnia divites illos quorum avi proavique, ho-
« stilium nationum duces, exercitus nostros ferro vique
« ceciderint, divum Julium apud Alesiam obsederint. At
« Recentia hæc : quid si memoria eorum inopinetur, qui,
« Capitolio et arce romana manibus eorumdem prostratis,
« fruerentur sane vocabulo civitatis; at insignia patrum,
« decora magistratuum, ne vulgarent. »

XXIV. His atque talibus haud permotus princeps, et statim contra disseruit, et, vocato senatu, ita exorsus est : « Majores mei (quorum antiquissimus Clausus, origine sabina,
« simul in civitatem romanam et in familias patriciorum ad-
« scitus est) hortantur uti paribus consiliis rempublicam
« capessam, transferendo huc quod usquam egregium fue-
« rit. Neque enim ignoro Julios Alba, Coruncanios Came-
« rio, Porcios Tusculo, et, ne vetera scrutemur, Etruria
« Lucaniaque et omni Italia in senatum accitos. Postremo
« ipsam ad Alpes promotam, ut non modo singuli viritim,
« sed terræ gentesque in nomen nostrum coalescerent. Tunc
« solida domi quies, et adversus externa florulmus, quum
« Transpadani in civitatem recepti, quum, specie deducta-
« rum per orbem terræ legionum, additis provincialium
« validissimis, fesso imperio subventum est. Num pœnitet
« Balbos ex Hispania, nec minus insignes viros e Gallia nar-
« bonensi transivisse? Manent posteri eorum, nec amore in
« hanc patriam nobis concedunt. Quid aliud exitio Lace-
« dæmoniis et Atheniensibus fuit, quanquam armis pol-
« lerent, nisi quod victos pro alienigenis arcebant? At

« Pourquoi Lacédémone et Athènes sont-elles
« tombées, malgré la gloire de leurs armes, si ce
« n'est pour avoir toujours exclu de leur sein les
« vaincus, tandis que notre fondateur Romulus,
« bien plus sage, vit la plupart de ses voisins, le
« matin ses ennemis, le soir ses concitoyens? Des
« étrangers ont régné sur nous; des fils d'affran-
« chis ont été magistrats; et ceci ne fut point une
« innovation, comme on le croit faussement : ce
« fut un usage fréquent des premiers siècles. Mais
« les Sénonais nous ont fait la guerre! Apparem-
« ment que les Volsques et les Éques ne nous ont
« jamais livré de batailles? Les Gaulois ont pris
« Rome; mais nous avons livré des otages aux
« Toscans, et nous avons subi le joug des Samni-
« tes. Encore, si nous parcourons l'histoire de
« nos guerres, verrons-nous que nulle autre n'a été
« aussi promptement terminée que la guerre con-
« tre les Gaulois. Depuis ce temps, la paix a été
« solide et constante. Croyez-moi donc, pères
« conscrits, consommons cette union de deux
« peuples qui ont des mœurs, des arts, des allian-
« ces communes; qu'ils nous apportent leur or
« plutôt que d'en jouir seule dans leurs provinces.
« Ce qu'on croit le plus ancien a été nouveau :
« Rome prit d'abord ses magistrats parmi les patri-
« ciens, puis indistinctement dans le peuple, puis
« chez les Latins, puis enfin parmi les autres peu-
« ples d'Italie. Ceci deviendra ancien à son tour, et
« ce que nous défendons par des exemples, en
« aura quelque jour l'autorité. »

XXV. Le discours du prince fut suivi d'un sénatus-consulte, par lequel le droit de pouvoir entrer dans le sénat de Rome fut conféré d'abord
aux Éduens. On accorda cette distinction à l'ancienneté de leur alliance, et à ce qu'ils sont les
seuls des Gaulois qui se qualifient de frères du
peuple romain. Dans cette même session, Claude
admit au nombre des patriciens les senateurs des
familles les plus anciennes dans le sénat, ou les
plus illustrées. A peine restait-il quelques-unes de
celles que Romulus avait appelees *majorum*, et
Brutus *minorum gentium*. Les nouvelles même
que Jules César créa dans sa dictature, par la loi
Cassia, et Auguste dans son principat, par la loi
Sénia, se trouvaient déjà éteintes. Ces mesures
étaient populaires, et, en sa quantité de censeur,
Claude les employait avec joie. Plus inquiet sur les
moyens de purger le sénat des infâmes qui le dés-
honoraient, il préféra d'employer un tempérament
doux, imaginé dans les derniers temps, plutôt que
d'user de l'ancienne rigueur. Il conseille aux coupables de se juger eux-mêmes, et de demander
leur retraite : on se prêterait sans peine à cet arrangement; il ferait passer leur expulsion comme
une démission qu'ils auraient sollicitée; et, la
condamnation se trouvant ainsi couverte par les
apparences d'une retraite volontaire, la honte
en serait adoucie. Le consul Vipsanius proposa,
à ce sujet, de donner à Claude le titre de père du
sénat, prétendant que celui de père de la patrie
était trop prodigué; que des services extraordinaires demandaient de nouvelles distinctions.
Claude trouva lui-même de l'excès dans cette flatterie : il la réprima. Il fit la clôture du lustre, où
l'on compta six millions neuf cent quarante-quatre
mille citoyens. Ce fut alors enfin qu'il cessa
d'ignorer ce qui se passait chez lui : on lui fit
connaître, et on le força de punir les débordements de sa femme, suivis bientôt d'un mariage
incestueux.

XXVI. Messaline, qui trouvait l'adultère usé
et insipide, n'avait déjà eu que trop de pente
aux dissolutions extraordinaires, lorsque Silius,

« conditor noster Romulus tantum sapientia valuit, ut
« plerosque populos eodem die hostes, dein cives, habue-
« rit. Advenæ in nos regnaverunt. Libertinorum filiis
« magistratus mandari, non, ut plerique falluntur, repens,
« sed priori populo factitatum est. At cum Senonibus pu-
« gnavimus : scilicet Volsci et Æqui nunquam adversam
« nobis aciem instruxere! Capti a Gallis sumus; sed et
« Tuscis obsides dedimus, et Samnitium jugum subivi-
« mus. Attamen si cuncta bella recenseas, nullum bre-
« viore spatio quam adversus Gallos confectum. Continua
« inde ac fida pax. Jam moribus, artibus, affinitatibus no-
« stris mixti, aurum et opes suas inferant potius quam
« separati habeant. Omnia, patres conscripti, quæ nunc
« vetustissima credentur, nova fuere : plebei magistratus
« post patricios; Latini post plebeios; ceterarum Italiæ
« gentium post Latinos. Inveterascet hoc quoque, et quod
« hodie exemplis tuemur inter exempla erit. »

XXV. Orationem principis secuto patrum consulto,
primi Ædui senatorum in urbe jus adepti sunt. Datum id
fœderi antiquo, et quia soli Gallorum fraternitatis nomen
cum populo romano usurpant. Iisdem diebus in numerum
patriciorum adscivit Cæsar vetustissimum quemque e
senatu, aut quibus clari parentes fuerant : paucis jam reliquis familiarum quas Romulus majorum, et L. Brutus
minorum gentium, appellaverant; exhaustis etiam quas
dictator Cæsar lege Cassia, et princeps Augustus lege
Sænia, sublegere. Lætaque hæc in rempublicam munia,
multo gaudio censoris, inibantur. Famosos probris quonam modo senatu depelleret anxius, mitem et recens repertam, quam ex severitate prisca, rationem adhibuit,
monendo « secum quisque de se consultaret, peteretque
jus exuendi ordinis : facilem ejus rei veniam; et motos
senatu et excusatos simul propositurum, ut judicium cen-
sorum ac pudor sponte cedentium permixti ignominiam
mollirent. » Ob ea Vipsanus consul retulit « patrem senatus appellandum esse Claudium : quippe promiscuum
patris patriæ cognomentum; nova in rempublicam merita
non usitatis vocabulis honoranda. » Sed ipse cohibuit consulem, ut nimium assentantem. Condidique lustrum,
quo censa sunt civium LXIX centena et XLIV millia. Isque
illi finis inscitiæ erga domum suam fuit; haud multo post
flagitia uxoris noscere ac punire adactus, ut deinde ardesceret in nuptias incestas.

XXVI. Jam Messallina, facilitate adulteriorum in fasti-

soit par je ne sais quel aveuglement qui le poussait à sa perte, soit qu'à des périls si menaçants il ne vît de remède que le péril même, fut le premier à la presser de ne plus garder de ménagements. Il lui représentait qu'ils ne s'étaient pas avancés si loin pour laisser tranquillement vieillir Claude; que la prudence était sans inconvénient pour l'innocent, mais que des coupables avérés n'avaient de ressource que l'audace; que des craintes communes leur donnaient des complices sûrs; qu'il était sans femme, sans enfants, prêt à adopter Britannicus en épousant ia mère; que Messaline ne perdrait rien de sa puissance, et gagnerait de la tranquillité, s'ils prévenaient Claude, aussi facile à surprendre que prompt à s'irriter. Ce discours fut reçu froidement. Ce n'est point qu'elle aimât son mari; mais elle craignait les mépris de son amant devenu son souverain, et qu'il n'estimât à son juste prix un crime que ses périls n'exuseraient plus. Toutefois l'idée du mariage la transporta, par l'excès de l'infamie, qui, à ce degré de corruption', est un plaisir de plus. Elle n'attendit que le départ de Claude, qui devait aller pour un sacrifice à Ostie, et elle célebra son mariage avec la pompe la plus solennelle.

XXVII. Ce fait, je ne me le dissimule point, paraîtra fabuleux. On aura peine à croire que, dans une ville où l'on sait tout, et où rien ne se tait, un citoyen, et surtout un consul désigné, ait eu le front de s'unir publiquement à la femme de son empereur, que leur union ait été annoncée d'avance, consignée dans des actes authentiques, comme pour assurer la légitimité des enfants, consacrée par les prières des augures, par les cérémonies religieuses, par l'appareil d'un sacrifice, d'un banquet solennel, au milieu de convives témoins de leurs baisers, de leurs embrassements, et d'une nuit passée dans toutes les libertés conjugales. Mais il n'y a rien là d'inventé pour exciter la surprise; je ne fais que rapporter ce que nos vieillards ont su et ont écrit.

XXVIII. Cet événement avait révolté tous les gens du palais, surtout ceux qui avaient le pouvoir, et qui couraient le plus de dangers dans le cas d'une révolution. Leur indignation ne se bornait plus à des murmures secrets; elle éclatait ouvertement. On avait vu, disaient-ils, un histrion insulter la couche de l'empereur : c'était un déshonneur sans doute, mais du moins ne le menaçait-il pas de sa ruine. Au lieu que, dans un homme tel que Silius, en qui la beauté, la naissance, l'énergie du caractère allaient être soutenues par tout le pouvoir du consulat, cet attentat, certes, annonçait de plus hautes espérances. Il n'était pas difficile de voir ce qui lui restait à faire après un pareil mariage. Ce n'est pas qu'ils ne sentissent aussi quelque crainte en songeant à l'imbécillité de Claude, à l'empire de sa femme sur lui, et à tous ces meurtres ordonnés par Messaline. D'un autre côté, cette même stupidité du prince leur donnait l'espoir que, si, par l'énormité des charges, ils pouvaient frapper son esprit, ils la feraient condamner sans qu'il y eût d'instruction. Mais le point capital était d'empêcher que ses défenses ne fussent entendues, et de faire qu'elle trouvât les oreilles de son époux fermées, même à ses aveux.

XXIX. D'abord Calliste, celui dont j'ai fait mention au sujet du meurtre de Caïus, Narcisse, l'instrument de celui d'Appius, et Pallas, qui avait dans ce temps-là un crédit énorme, songèrent si, en menaçant Messaline en particulier, et lui pro-

---

dium versa, ad incognitas libidines, profluebat, quum abrumpi dissimulationem etiam Silius, sive fatali vecordia, an imminentium periculorum remedium ipsa pericula ratus, urgebat. « Quippe non eo ventum, ut senectam principis opperirentur : insontibus innoxia consilia; flagitiis manifestis subsidium ab audacia petendum. Adesse conscios, paria metuentes; se caelibem, orbum, nuptiis et adoptando Britannico paratum : mansuram eamdem Messallinae potentiam, addita securitate, si praevenirent Claudium, ut insidiis incautum, ita irae properum. » Segniter hae voces acceptae, non amore in maritum, sed ne Silius, summa adeptus, sperneret adulteram, scelusque, inter ancipitia probatum, veris mox pretiis aestimaret. Nomen tamen matrimonii concupivit, ob magnitudinem infamiae, cujus apud prodigos novissima voluptas est. Nec ultra exspectato quam dum sacrificii gratia Claudius Ostiam proficisceretur, cuncta nuptiarum solemnia celebrat.

XXVII. Haud sum ignarus fabulosum visum iri tantum ullis mortalium securitatis fuisse, in civitate omnium gnara et nihil reticente, nedum consulem designatum, cum uxore principis, praedicta die, adhibitis qui obsignarent, velut suscipiendorum liberorum causa, convenisse; atque illam audisse auspicum verba, subisse, sacrificasse apud deos, discubitum inter convivas, oscula, complexus; noctem denique actam licentia conjugali. Sed nihil compositum miraculi causa, verum audita scriptaque senioribus tradam.

XXVIII. Igitur domus principis inhorruerat; maximeque, quos penes potentia, et, si res verterent, formido, non jam secretis colloquiis, sed aperte fremere, « dum histrio cubiculum principis insultaverit, dedecus quidem illatum; sed excidium procul abfuisse : nunc juvenem nobilem, dignitate formae, vi mentis, ac propinquo consulatu, majorem ad spem accingi : nec enim occultum quid post tale matrimonium superesset. » Subibat sine dubio metus reputantes hebetem Claudium et uxori devinctum, multasque mortes jussu Messallinae patratas. Rursus ipsa facilitas imperatoris fiduciam dabat, si atrocitate criminis praevaluissent, posse opprimi damnatam antequam ream. Sed in eo discrimen verti, si defensio audiretur, utque clausae aures etiam confitenti forent.

XXIX. Ac primo Callistus, jam mihi circa necem C. Caesaris narratus, et Appianae caedis molitor Narcissus, flagrantissimaque eo in tempore gratia Pallas, agitavere num Messallinam secretis minis depellerent amore Silii, cuncta alia dissimulantes. Deinde, metu ne ad perniciem

mettant le secret surtout le reste, ils ne pourraient pas l'arracher à son amour pour Silius; puis, craignant de se perdre eux-mêmes, ils abandonnent tout, Pallas par lâcheté, Calliste ayant de plus l'expérience de l'autre cour, et que, pour se maintenir, dans le pouvoir, la mesure est plus utile que la hardiesse. Narcisse persista, avec la seule précaution de ne pas dire un mot qui pût faire pressentir à Messaline l'accusation ainsi que l'accusateur ; et, attentif à saisir les occasions, comme le prince séjournait trop longtemps à Ostie, il choisit deux courtisanes qui servaient le plus habituellement aux plaisirs de l'empereur ; et, avec de l'argent, des promesses, en leur faisant envisager plus de puissance quand il n'y aurait plus d'épouse, il les détermine à se charger de la délation.

XXX. Lorsque Calpurnie (c'était le nom d'une de ces femmes) eut été introduite dans le cabinet de l'empereur, elle se jette à ses genoux, et lui annonce le mariage de Messaline avec Silius. En même temps elle interroge sur la vérité du fait Cléopâtre, qui était là pour le même dessein; et, celle-ci confirmant le rapport, elle demande qu'on fasse venir Narcisse. Narcisse s'excusa sur le passé, sur ce qu'il n'avait point parlé à l'empereur des Titius, des Vectius, des Plautius : maintenant même encore il ne parlerait point de l'adultère de Silius; il ne réclamerait point le palais, les esclaves, tous les trésors du prince dont Silius disposait ; mais prendre à l'empereur sa femme! avoir dressé des actes authentiques de son mariage! « Sais-tu, poursuivit-il, que tu es « répudié? Silius a eu pour témoins le peuple, le « sénat et l'armée : si tu tardes un moment, Rome « est au pouvoir de ton nouvel époux. »

XXXI. Aussitôt il fait appeler les principaux amis de Claude; et d'abord il interroge Turranius, préfet des vivres, ensuite Géta, commandant du prétoire. Comme ils confirmaient ces faits, tous ceux qui étaient autour du prince lui crient à l'envi de marcher au camp, de s'assurer des cohortes pretoriennes, de pourvoir à sa sûreté d'abord, avant de songer à sa vengeance. Une chose certaine, c'est que Claude fut saisi d'une telle frayeur, qu'il demandait de temps en temps s'il était maître de l'empire, si l'on n'avait point proclamé Silius. Dans l'intervalle, Messaline, plus abandonnée que jamais dans ses dissolutions, représentait dans son palais une vendange. On était au milieu de l'automne. Les pressoirs foulaient les raisins, le vin coulait dans les cuves : tout autour sautaient des femmes vêtues de peaux, imitant les sacrifices, ou plutôt la démence des bacchantes. Messaline courait les cheveux épars, le thyrse à la main; et, à ses côtés, Silius couronné de lierre, chaussé du cothurne, faisait tous les gestes d'un homme ivre, tandis qu'un chœur bruyant répétait les chansons les plus lascives. On rapporte que Vectius Valens, dans les folies de cette orgie, étant monté sur un arbre très haut, quelqu'un lui demanda ce qu'il voyait : « Je vois, répondit-il, un orage furieux du côté d'Ostie; » soit qu'en effet les apparences s'en montrassent déjà, soit que ce mot, échappé au hasard, fût une prédiction de l'événement.

XXXII. Cependant les bruits se répandent, où plutôt les courriers arrivent de toutes parts, qui annoncent Claude instruit de tout, et accourant pour se venger. Aussitôt Messaline se retire dans les jardins de Lucullus : Silius, pour déguiser sa frayeur, va au forum remplir ses fonctions. Les autres se dispersent de tous côtés, et en même temps paraissent les centurions, qui les arrêtent à mesure qu'ils les trouvent dans les rues ou dans

---

ultro traherentur, desistunt, Pallas per ignaviam, Callistus prioris quoque regiæ peritus, et potentiam cautis quam acribus consiliis tutius haberi. Perstitit Narcissus; et, solum id immutans, ne quo sermone præsciam criminis et accusatoris faceret, ipse ad occasiones intentus, longa apud Ostiam Cæsaris mora, duas pellices, quarum is corporibus maxime insueverat, largitione ac promissis et, uxore dejecta, plus potentiæ ostentando, perpulit delationem subire.

XXX. Exin Calpurnia (id pellici nomen,) ubi datum secretum, Cæsaris genibus provoluta, nupsisse Messallinam Silio exclamat; simul Cleopatram, quæ idem opperiens adstabat, an comperisset interrogat; atque, illa annuente, cieri Narcissum postulat. Is, veniam in præteritum petens, quod ei Titios, Vectios, Plautios dissimulavisset, nec nunc adulteria objecturum ait : « ne domum, servitia, et ceteras fortunæ paratus reposceret; frueretur immo iis, sed redderet uxorem, rumperetque tabulas nuptiales. « An discidium, inquit, tuum nosti? nam matrimo« nium Silii vidit populus et senatus et miles, ac, ni pro« pere agis, tenet urbem maritus. »

XXXI. Tum potissimum quemque amicorum vocat; primumque rei frumentariæ præfectum Turranium, post Lusium Getam, prætorianis impositum, percunctatur. Quibus fatentibus, certatim ceteri circumstrepunt, « iret in castra, firmaret prætorias cohortes, securitati ante quam vindictæ consuleret. » Satis constat eo pavore effusum Claudium, ut identidem interrogaret an ipse imperii potens, an Silius privatus esset. At Messallina, non alias solutior luxu, adulto autumno, simulacrum vindemiæ per domum celebrat. Urgeri præla, fluere lacus, et feminæ pellibus accinctæ assultabant, ut sacrificantes vel insanientes Bacchæ; ipsa, crine fluxo, thyrsum quatiens, juxtaque Silius hedera vinctus, gerere cothurnos, jacere caput, strepente circum procaci choro. Ferunt Vectium Valentem, lascivia in præaltam arborem connisum, interrogantibus quid adspiceret respondisse, « tempestatem ab Ostia atrocem; » sive ceperat ea species, seu forte lapsa vox in præsagium vertit.

XXXII. Non rumor interea, sed undique nuncii incedunt, qui gnara Claudio cuncta, et venire promptum ultioni afferrent. Igitur Messallina Lucullianos in hortos, Silius, dissimulando metu, ad munia fori, digrediuntur. Ceteris passim dilabentibus affuere centuriones, inditaque

leurs retraites. Messaline, malgré le trouble inséparable dans de pareils moments, ne manqua point de fermeté. Elle resolut d'aller au-devant de son mari, et de s'en faire voir; ce qui lui avait souvent reussi. Elle ordonne à Britannicus et à Octavie de courir se jeter dans les bras de leur père; elle conjure Vibidie, la plus ancienne des vestales, d'aller trouver le souverain pontife, de solliciter sa clémence; et, cependant, ayant traversé toute la ville à pied, suivie en tout de trois personnes auxquelles sa cour se trouva tout à coup réduite, elle prend le chemin d'Ostie, montée sur un de ces tombereaux dans lesquels on emporte les immondices des jardins; et personne ne la plaignait : l'horreur de ses infamies étouffait toute compassion.

XXXIII. De son côté, Claude ne tremblait pas moins : il se fiait médiocrement à Géta, son préfet du prétoire, qui l'eût servi ou trahi avec la même légèreté. D'autres aussi avaient les mêmes craintes. Narcisse se fait appuyer par eux; il soutient que l'empereur est perdu si, du moins pour ce jour-là, il ne transporte le commandement des soldats à quelqu'un de ses affranchis; il offre, en même temps, de s'en charger; et, de peur que sur la route Vitellius et Cécina ne changeassent les dispositions de Claude, il demande une place dans la même voiture, et la prend.

XXXIV. C'est une anecdote assez répandue aujourd'hui, qu'au milieu des mouvements contradictoires du prince, qui tantôt s'emportait contre les déréglements de sa femme, tantôt s'attendrissait au souvenir de leur union et de leurs enfants en bas âge, Vitellius ne dit que ces mots : *ô crime! ô forfait!* Narcisse eut beau le presser de s'expliquer sans détour, d'accuser hautement la vérité; il n'en put jamais arracher que des réponses ambiguës, qui, au besoin, se prêtassent à tous les sens; et Cécina se conduisit de même. Enfin on vit paraître Messaline : à ses cris redoublés sur ce qu'elle était la mère de Britannicus et d'Octavie, sur ce qu'on devait écouter ses défenses, Narcisse opposait de plus fortes clameurs; il parlait de Silius et du mariage. En même temps, pour distraire les yeux de Claude, il lui donna à lire le mémoire sur les debauches de sa femme. Quelques moments après, comme on entrait dans Rome, leurs enfants vinrent se presenter. Narcisse ordonna qu'on les renvoyât; mais Vibidie penetra malgré lui; et comme elle représentait vivement combien il serait odieux de livrer une épouse à la mort, sans daigner l'entendre, Narcisse repondit que le prince l'entendrait, que Messaline aurait la liberté de se disculper; qu'en attendant, la vestale se retirât et reprît les fonctions de son ministere.

XXXV. Ce qu'il y avait de surprenant au milieu de tous ces mouvements, c'était le silence de Claude : Vitellius semblait ne rien savoir; tout obéissait à un affranchi. Il fait ouvrir le palais de Silius; il y conduit l'empereur; et d'abord, dès le vestibule, il lui montre la statue du père, conservée au mépris du sénatus-consulte qui l'abolissait, puis toutes les richesses des Nérons et des Drusus, devenues le prix des attentats du fils, et voyant le prince enflammé de colere, qui éclatait en menaces, il le mène au camp, où l'on avait pris soin de tenir les soldats assembles. Claude, suivant l'avis de Narcisse, leur fit une harangue courte. En effet, quoique son ressentiment fût juste, la bienséance ne permittait pas d'insister. Les cohortes y répondent par un cri de fureur continu; elles demandent avec instance le

---

sunt vincula, ut quis reperiebatur in publico aut per latebras. Messallina tamen, quanquam res adversæ consilium eximerent, ire obviam et adspici a marito, quod sæpe subsidium habuerat, haud segniter intendit; jussitque ut Britannicus et Octavia in complexum patris pergerent; et Vibidiam, virginum vestalium vetustissimam, oravit pontificis maximi aures adire, clementiam expetere. Atque interim, tribus omnino comitantibus (id repente solitudinis erat) spatium urbis pedibus emensa, vehiculo quo purgamenta hortorum eripiuntur, Ostiensem viam intrat; nulla cujusquam misericordia, quia flagitiorum deformitas prævalebat.

XXXIII. Trepidabatur nihilominus a Cæsare : quippe Getæ, prætorii præfecto, haud satis fidebat, ad honesta seu prava juxta levi. Ergo Narcissus, assumptis quibus idem metus, non aliam spem incolumitatis Cæsaris affirmat, quam si jus militum, uno illo die, in aliquem libertorum transferret; seque offert susceptorum. Ac ne, dum in urbem vehitur, ad pœnitentiam a L. Vitellio, P. Largo Cæcina mutaretur, in eodem gestamine sedem poscit sumitque.

XXXIV. Crebra post hæc fama fuit, inter diversas principis voces, quum modo incusaret flagitia uxoris, aliquando ad memoriam conjugii et infantiam liberorum revolveretur, non aliud prolocutum Vitellium, quam « O facinus! o scelus! » Instabat quidem Narcissus aperire ambages, et veri copiam facere; sed non ideo pervicit, quin suspensa, et quo ducerentur inclinatura, responderet, exemploque ejus Largus Cæcina uteretur. Et jam erat in adspectu Messallina, clamitabatque audiret Octaviæ et Britannici matrem; quum obstreperet accusator, Silium et nuptias referens : simul codicillos, libidinum indices, tradidit, quibus visus Cæsaris averteret. Nec multo post urbem ingredienti offerebantur communes liberi, nisi Narcissus amoveri eos jussisset. Vibidiam depellere nequivit, quin multa cum invidia flagitaret ne indefensa conjux exitio dederetur. Igitur auditurum principem, et fore diluendi criminis facultatem respondit; iret interim virgo, et sacra capesseret.

XXXV. Mirum inter hæc silentium Claudii : Vitellius ignaro propior; omnia liberto obediebant. Patefieri domum adulteri, atque illuc deduci imperatorem jubet. Ac primum in vestibulo effigiem patris Silii, consulto senatus abolitam, demonstrat; tum quidquid habitum Neronibus et Drusis in pretium probri cessisse : incensumque et ad minas erumpentem castris infert, parata concione militum; apud quos, præmonente Narcisso, pauca verba fecit :

nom des coupables et leur supplice. Silius, conduit au tribunal, n'essaya ni de se défendre, ni de reculer sa mort; il pria même qu'on l'accélérât. Quelques chevaliers romains du premier rang, montrant une fermeté pareille, sollicitèrent aussi une mort prompte. Titius Proculus, que Silius avait donné pour gardien à Messaline, et Vectius Valens, quoiqu'il offrit de dénoncer les autres, et qu'il eût avoué lui-même, sont traînés au supplice par l'ordre de Claude, avec Pompéius Urbicus, et Saufellus Trogus. Décius Calpurnianus, préfet du guet, Sulpicius Rufus, intendant des jeux, et le sénateur Juncus Virgilianus, subirent aussi la même peine.

XXXVI. On n'hésita que pour Mnester. Ce malheureux, déchirant sa robe, fit voir à Claude sur tout son corps les meurtrissures des verges; il lui criait, d'une voix touchante, que c'étaient ses ordres qui l'avaient livré à Messaline et l'avaient assujetti à ses commandements; que, si les autres avaient été séduits par l'intérêt ou par l'ambition, lui n'avait failli que par nécessité; qu'il eût été la première victime que Silius, empereur, se fût immolée. Claude, fortement ému, penchait vers la pitié; mais ses affranchis décidèrent qu'après le sacrifice de tant de personnes distinguées, on n'épargnerait pas un histrion; qu'il importait peu qu'un si grand crime eût été volontaire ou forcé. On ne voulut pas même admettre les défenses de Traulus Montanus, chevalier romain : c'était un jeune homme de mœurs sages, mais d'une figure trop remarquable. Messaline l'avait elle-même fait venir; et, dès la première nuit, elle l'avait renvoyé, aussi prompte dans ses dégoûts qu'effrénée dans ses désirs. On fit grâce de la vie à Plautius Latéranus et à Suilius Césoninus. Le premier la dut aux services signalés de son oncle, l'autre à son infamie même, ayant joué le rôle de femme dans cette abominable fête.

XXXVII. Pendant ce temps, Messaline était dans les jardins de Lucullus, ne renonçant point à la vie, dressant des supplications, ayant de l'espoir encore, et de temps en temps de la colère : tant elle conservait d'orgueil au comble du malheur même. Si Narcisse ne se fût hâté de la faire périr, le coup retombait sur l'accusateur. Claude, rentré dans son palais, avait fait avancer l'heure de son repas. Le plaisir de la table l'ayant adouci, et le vin commençant à échauffer ses sens, il donne ordre qu'on aille dire *à la pauvre Messaline* (ce fut l'expression dont on prétend qu'il se servit) de venir le lendemain se justifier. A ces mots, comme on vit que la colère commençait à s'amortir, que l'amour revenait, et que, si l'on tardait davantage, la nuit qui devait suivre et les ressouvenirs du lit conjugal étaient à craindre, Narcisse sort brusquement, et court signifier aux centurions et au tribun qui étaient de garde, d'aller tuer Messaline, que c'était l'ordre de l'empereur. Evode, un des affranchis, partit avec eux pour les surveiller et les animer. Celui-ci s'étant rendu aux jardins en diligence, trouve Messaline étendue à terre à côté de sa mère Lépida qui, quoique cruellement outragée dans le temps des prospérités de sa fille, n'avait pu, en la voyant si malheureuse, lui refuser de la pitié. Cette mère lui disait de ne point attendre les bourreaux, que la vie avait passé pour elle, qu'il ne lui restait plus que la gloire de la mort. Mais cette âme, flétrie par le vice, n'avait aucune énergie; elle se consumait en larmes et en plaintes frivo-

---

nam, etsi justum, dolorem pudor impediebat. Cohortium clamor dehinc continuus, nomina reorum et pœnas flagitantium : admotusque Silius tribunali, non defensionem, non moras tentavit, precatus ut mors acceleraretur. Eadem constantia et illustres equites romanos cupidos maturae necis fecit. Titium Proculum, custodem a Silio Messalinae datum, et indicium offerentem Vectium Valentem et confessum, et Pompeium Urbicum ac Saufellum Trogum ex consciis trahi ad supplicium jubet. Decius quoque Calpurnianus, vigilum praefectus, Sulpicius Rufus, ludi procurator, Juncus Virgilianus, senator, eadem pœna affecti.

XXXVI. Solus Mnester cunctationem attulit, dilaniata veste clamitans, « adspiceret verberum notas, reminisceretur vocis qua se obnoxius jussis Messallinae dedisset. Aliis largitione aut spei magnitudine, sibi ex necessitate culpam; nec cuiquam aliis pereundum fuisse, si Silius rerum potiretur. » Commotum his et pronum ad misericordiam Caesarem perpulere liberti, ne, tot illustribus viris interfectis, histrioni consuleretur; sponte an coactus tam magna peccavisset, nihil referre. Ne Trauli quidem Montani, equitis romani, defensio recepta est : is, modesta juventa, sed corpore insigni, accitus ultro, noctemque intra unam a Messalina proturbatus erat, paribus lasciviis ad cupidinem et fastidia. Suilio Caesonino et Plautio Laterano mors remittitur : huic, ob patrui egregium meritum; Caesonino vitiis protectus est, tanquam in illo foedissimo coetu passus muliebria.

XXXVII. Interim Messallina Lucullianis in hortis prolatare vitam, componere preces, nonnulla spe, et aliquando ira : tanta inter extrema superbia agebat. Ac, ni caedem ejus Narcissus properavisset, verteret pernicies in accusatorem. Nam Claudius, domum regressus et tempestivis epulis delinitus, ubi vino incaluit, iri jubet, nunciarique miserae (hoc enim verbo usum ferunt) dicendam ad causam postera die adesset. Quod ubi auditum, et languescere ira, redire amor, ac, si cunctarentur, propinqua nox et uxorii cubiculi memoria timebantur; prorumpit Narcissus, denunciatque centurionibus et tribuno qui aderant exsequi caedem; ita imperatorem jubere : custos et exactor e libertis Evodus datus. Isque, raptim in hortos praegressus, reperit fusam humi, assidente matre Lepida; quae, florenti filiae haud concors, supremis ejus necessitatibus ad miserationem evicta erat; suadebatque ne percussorem opperiretur : transisse vitam, neque aliud quam morti decus quaerendum. Sed animo per libidines corrupto nihil honestum inerat lacrymaeque et questus irriti ducebantur,

les, quand tout à coup les portes s'ouvrent avec violence, et les satellites paraissent, le tribun gardant le silence, l'affranchi se répandant en injures serviles.

XXXVIII. Alors, pour la première fois, elle entrevit son sort; elle prit le fer, qu'elle approcha vainement de son cou et de son sein. Sa main tremblante n'osant frapper, le tribun la perce de son épée : on laissa le corps à sa mère. Claude était à table lorsqu'on vint lui annoncer la mort de Messaline, sans dire si elle avait péri de sa main ou de celle d'un autre; il ne s'en informe point, demande à boire, et achève son repas à l'ordinaire. Les jours suivants il ne donna non plus aucun signe de haine, de joie, de ressentiment, de tristesse, d'aucune affection enfin, ni en voyant l'allégresse des accusateurs, ni en voyant la douleur de ses enfants; et le sénat seconda la facilité qu'avait Claude d'oublier sa femme, en faisant ôter de tous les lieux publics et privés le nom et les statues de Messaline. On décerna les ornements de la questure à Narcisse, et ce fut le moindre degré de sa faveur, qui éclipsa celle de Pallas et de Calliste. Au reste, cette catastrophe, quoique juste, fut la source de très-grands forfaits et de beaucoup de calamités.

LIVRE DOUZIÈME.

I. Après la mort de Messaline, le palais fut bouleversé par les intrigues des affranchis, qui se disputaient à qui choisirait une épouse à Claude, impatient du célibat, et toujours gouverné par ses femmes. De leur côté, les femmes n'intriguaient pas moins vivement; toutes étalaient à l'envi leurs titres à cette alliance, leur beauté, leur naissance, leurs richesses. Mais, au milieu de ce conflit de rivalités, l'attention se fixait principalement sur Lollia, fille du consulaire Lollius, et sur Agrippine, fille de Germanicus. Celle-ci avait l'appui de Pallas, l'autre celui de Calliste : Narcisse en protégeait une troisième, Élia Pétina, de la famille des Tubérons. Claude, toujours docile aux dernières impulsions, avait penché successivement pour chacune d'elles. Enfin, ses favoris ne pouvant s'accorder, il les rassemble tous, et, dans un conseil privé, il leur demande leur avis et leurs raisons.

II. Narcisse alléguait, en faveur de Pétina, que c'était une ancienne épouse, que Claude en avait déjà une fille (car Pétina était mère d'Antonie); qu'on ne s'apercevrait d'aucun changement dans le palais du prince, en y revoyant une femme qu'on était accoutumé d'y voir, qui ne pouvait jamais avoir les haines d'une marâtre contre Britannicus et Octavie, dont le sang se confondait avec celui de son propre enfant. Calliste objectait contre elle la proscription d'un long divorce, et l'orgueil que lui donnerait son rappel; qu'il valait mieux prendre une nouvelle femme; que Lollia, n'ayant aucun motif de jalousie, puisqu'elle n'avait jamais eu d'enfants, servirait de mère à ceux du prince. Mais Pallas insistait principalement sur ce que l'hymen d'Agrippine associerait à la famille impériale un petit-fils de Germanicus, digne assurément de cet honneur, une maison illustre, qui réunirait tous les descendants des Claudes, et sur ce qu'une femme d'une fécondité éprouvée, jeune encore,

---

quum impetu venientium pulsæ fores, adstititque tribunus per silentium, at libertus increpans multis ac servilibus probris.

XXXVIII. Tunc primum fortunam suam introspexit, ferrumque accepit, quod frustra jugulo ac pectori per trepidationem admovens, ictu tribuni transfigitur : corpus matri concessum. Nunciatumque Claudio epulanti perisse Messallinam, non distincto sua an aliena manu : nec ille quæsivit; poposcitque poculum, et solita convivio celebravit. Ne secutis quidem diebus odii, gaudii, iræ, tristitiæ, ullius denique humani affectus signa dedit, non quum lætantes accusatores adspiceret, non quum filios mœrentes. Juvitque oblivionem ejus senatus, censendo nomen et effigies privatis ac publicis locis demovendas. Decreta Narcisso quæstoria insignia, levissimum fastigii ejus, quum supra Pallantem et Callistum ageret. Honesta quidem, sed ex quibus deterrima orirentur, tristitiis mutatis.

LIBER DUODECIMUS.

I. Cæde Messallinæ convulsa principis domus, orto apud libertos certamine, quis deligeret uxorem Claudio, cælibis vitæ intoleranti et conjugum imperiis obnoxio. Nec minore ambitu feminæ exarserant : suam quæque nobilitatem, formam, opes contendere, ac digna tanto matrimonio ostentare. Sed maxime ambigebatur inter Lolliam Paulinam, M. Lollii consularis filiam, et Juliam Agrippinam, Germanico genitam. Huic Pallas, illi Callistus, fautores aderant; at Ælia Petina, e familia Tuberonum, Narcisso fovebatur. Ipse modo huc, modo illuc, ut quemque suadentium audierat, promptus, discordantes in consilium vocat, ac promere sententiam et adjicere rationes jubet.

II. Narcissus vetus matrimonium, familiam communem (nam Antonia ex Petina erat), nihil in penatibus ejus novum, disserebat, si sueta conjux rediret, haudquaquam novercalibus odiis usura in Britannicum et Octaviam, proxima suis pignora : Callistus improbatam longo discidio, ac, si rursus assumeretur, eo ipso superbam; longeque rectius Lolliam induci, quando nullos liberos genuisset, vacuam æmulatione, et privignis parentis loco futuram. At Pallas id maxime in Agrippina laudare, quod Germanici nepotem secum traheret, dignum prorsus imperatoria fortuna; stirpem nobilem, et familiæ Claudiæ que posita

ne porterait point dans une autre maison les titres des Césars.

III. Cette raison l'emporta, soutenue des séductions d'Agrippine, qui, ne cessant de se trouver avec Claude, sous prétexte qu'elle était sa nièce, l'eut bientôt captivé au point que, préférée seulement à ses rivales, et n'étant point encore épouse, elle exerçait déjà toute la puissance d'une impératrice. En effet, elle n'eut pas plutôt l'assurance de son mariage, que, portant ses vues plus loin, elle songe à marier Domitius, le fils qu'elle avait eu d'Ahenobarbus, avec Octavie, fille de Claude : ce qui ne pouvait s'exécuter sans un crime, puisque Claude avait fiancé Octavie à Lucius Silanus, et que, non content de ce qu'une haute naissance donnait de lustre à ce jeune homme, il avait cherché encore, par l'éclat des décorations triomphales, et par la magnificence d'un combat de gladiateurs, à fixer sur lui les regards de la multitude. Mais rien ne paraissait difficile avec un prince à qui l'on suggérait toutes ses affections, à qui l'on commandait toutes ses haines.

IV. Cependant Vitellius, habile à se ménager les puissances naissantes, et voulant gagner la faveur d'Agrippine, entra dans ses projets. Il couvrit des sévérités d'un censeur ses basses intrigues; il jeta des inculpations sur Silanus, dont la sœur, Junia Calvina, peu auparavant bru de Vitellii, avait une grande beauté, il est vrai, mais trop peu de réserve. Ce fut le fondement de son accusation. Vitellius peignit sous des couleurs odieuses l'inclination du frère, qui, sans être criminelle, était indiscrète; et Claude se laissa persuader, sa tendresse pour sa fille lui faisant recevoir plus facilement les soupçons contre un gendre. Silanus, cette année-là même, était préteur. Il ignorait entièrement ce complot, lorsqu'il se voit tout d'un coup, par un édit de Vitellius, chassé du sénat, quoique depuis longtemps la réforme du sénat et la clôture du lustre fussent achevées. Claude, en même temps, lui signifie la rupture de leurs engagements. Silanus fut contraint d'abdiquer la préture, et, pour quelques heures qui restaient encore, on nomma Eprius à sa place.

V. Sous le consulat de Pompée et de Véranius, le mariage arrêté entre Claude et Agrippine était déjà connu par la rumeur publique, confirmé par la licence de leurs amours, et toutefois ils n'osaient encore le célébrer solennellement, cette union d'une nièce avec un oncle étant sans exemple. Claude allait même jusqu'à s'effrayer de l'inceste; il craignait, en le bravant, d'attirer des désastres sur l'État; et il fallut que Vitellius, avec sa complaisance ordinaire, se chargeât de lever ses scrupules. Il demanda à Claude s'il ne se rendrait point aux ordres du peuple, à l'autorité du sénat. Celui-ci ayant répondu qu'un citoyen ne pouvait résister au vœu général, Vitellius lui prescrit de se tenir dans son palais, tandis que, de son côté, il se rendrait au sénat. Il annonce, en entrant, qu'il venait pour une affaire qui intéressait vivement la chose publique, demande à parler le premier, et commence ainsi : « Les immenses travaux du prince embrassant le « monde entier, exigent une aide, qui, en l'af- « franchissant des soins domestiques, lui permette « de veiller au bien général; or, quel délasse- « ment plus convenable à l'austérité d'un censeur « qu'une épouse, compagne de son bonheur et de « ses peines, dépositaire de ses secrets, gardienne « de ses enfants en bas âge; ressource d'autant « plus nécessaire pour lui, qu'il n'avait jamais « connu la débauche, ou même les plaisirs, et

---

ros conjungeret; nec femina expertæ fecunditatis, integra juventa, claritudinem Cæsarum aliam in domum ferret.

III. Prævaluere hæc, adjuta Agrippinæ illecebris, quæ ad eum, per speciem necessitudinis, crebro ventitando, pellicit patruum ut, prælata ceteris, et nondum uxor, potentia uxoria jam uteretur. Nam ubi sui matrimonii certa fuit, struere majora, nuptiasque Domitii, quem ex Cn. Ahenobarbo genuerat, et Octaviæ, Cæsaris filiæ, moliri; quod sine scelere perpetrari non poterat, quia L. Silano desponderat Octaviam Cæsar, juvenemque et alia clarum, insigni triumphalium et gladiatorii muneris magnificentia, protulerat ad studia vulgi. Sed nihil arduum videbatur in animo principis, cui non judicium, non odium erat, nisi indita et jussa.

IV. Igitur Vitellius, nomine censoris serviles fallacias obtegens, ingruentiumque dominationum provisor, quo gratiam Agrippinæ pararet, consiliis ejus implicari, serere crimina in Silanum, cui sane decora et procax soror, Junia Calvina, haud multum ante Vitellii nurus fuerat. Hinc initium accusationis, fratrumque, non incestum sed incustoditum, amorem ad infamiam traxit. Et præbebat Cæsar aures, accipiendis adversum generum suspicionibus cari- tate filiæ promptior. At Silanus, insidiarum nescius, ac forte eo anno prætor, repente per edictum Vitellii ordine senatorio movetur, quanquam lecto pridem senatu lustroque condito. Simul affinitatem Claudius diremit, adactusque Silanus ejurare magistratum, et reliquus præturæ dies in Eprium Marcellum collatus est.

V. C. Pompeio, Q. Veranio consulibus, pactum inter Claudium et Agrippinam matrimonium jam fama, jam amore illicito firmabatur; necdum celebrare solennia nuptiarum audebant, nullo exemplo deductæ in domum patrui fratris filiæ. Quin et incestum, ac, si sperneretur, ne in malum publicum erumperet, metuebatur. Nec omissa cunctatio quam Vitellius suis artibus id perpetrandum sumpsit. Percunctatusque Cæsarem an jussis populi, an auctoritati senatus cederet, ubi ille unum se civium et consensui imparem respondit, opperiri intra palatium jubet. Ipse curiam ingreditur, summamque rempublicam agi obtestans, veniam dicendi ante alios exposcit, orditurque : « Gravissimos principis labores, quis orbem terræ capes- « sat, egere adminiculis, ut, domestica cura vacuus, in « commune consulat. Quod porro honestius consoriæ men- « tis levamen, quam assumere conjugem prosperis dubiis-

« que, dès sa première jeunesse, il s'était imposé
« l'obéissance aux lois. »

VI. Après ce début, qui disposa favorablement les esprits, et auquel les sénateurs donnèrent une pleine approbation, il ajouta que, puisqu'ils conseillaient tous au prince de se marier, il fallait choisir à Claude une femme distinguée par sa naissance, par sa fécondité, par sa vertu; que, d'abord, on accorderait sans peine à Agrippine la prééminence du nom; qu'elle avait donné des preuves de sa fécondité; que ses vertus y répondaient; que, de plus, elle était veuve, ce qui semblait une attention particulière des dieux pour un prince qui n'avait jamais attenté aux droits d'un autre époux; que leurs peres, qu'eux-mêmes avaient vu des Cesar enlever, au gré de leur caprice, les femmes à leurs maris; que de pareilles violences étaient bien éloignées du système de modération actuel; qu'on voulait même laisser un modele des formes qui pourraient désormais régler les mariages des empereurs; que l'union des oncles et des nièces, nouvelle, il est vrai, parmi eux, mais consacrée dans d'autres pays, n'était défendue par aucune loi; que les mariages entre cousins, longtemps ignorés, s'étaient multipliés avec le temps; que les convenances modifiaient les coutumes, et que bientôt cette nouveauté deviendrait un usage.

VII. Il ne manqua pas de se trouver des sénateurs qui à l'envi se précipitèrent hors de la salle, en protestant que, si Claude résistait, ils emploieraient la violence. Un ramas de populace s'attroupe, en criant que c'étaient les vœux du peuple romain; et Claude, sans plus différer, vient au forum recevoir des félicitations qui l'attendaient; puis, entrant au sénat, il demande un décret qui, à l'avenir, autorise les mariages des nièces avec leurs oncles paternels. Cependant personne, depuis, ne se pressa de suivre cet exemple, si l'on excepte Titus Alledius, chevalier romain; et encore croit-on que ce fut à l'instigation d'Agrippine. Dès ce moment, toute l'administration changea : Rome eut, dans Agrippine, un maître qui ne se jouait point des affaires avec la legèreté de Messaline. L'autorité fut grave, et, pour ainsi dire, virile. En public de la sévérité, et assez souvent de la hauteur; dans l'intérieur point de dissolutions, à moins qu'elles ne fussent utiles au pouvoir. Une passion désordonnée pour l'argent se couvrait du prétexte d'augmenter les ressources de l'État.

VIII. Le jour du mariage, Silanus se donna la mort, soit qu'il eût conservé jusque-là des espérances, soit qu'il eût choisi ce jour pour rendre ses ennemis plus odieux. Calvina, sa sœur, fut chassée de l'Italie. Claude ajouta que les pontifes feraient des sacrifices et des expiations dans le bois de Diane, conformément aux rites du roi Tullus. La punition et l'expiation d'un inceste, dans un moment pareil, furent un sujet général de plaisanterie. Cependant Agrippine, ne voulant pas s'annoncer seulement par des actes sinistres, obtient le rappel de Sénèque, et, de plus, le fait nommer préteur, sûre, par là, de plaire au public, qui s'intéressait à un talent célèbre; charmée d'ailleurs qu'un tel maître pût élever l'enfance de Domitius, et se promettant de le faire servir aux projets de son ambition, dans la persuasion que le souvenir du bienfait en ferait une créature d'Agrippine, comme le ressentiment de l'injure un ennemi de Claude.

IX. Elle était décidée à ne plus différer; on

« que sociam, cui cogitationes intimas, cui parvos liberos
« tradat, non luxui aut voluptatibus assuefactus, sed qui
« prima ab juventa legibus obtemperavisset ? »

VI. Postquam hæc favorabili oratione præmisit, multaque patrum assentatio sequebatur, capto rursus initio,
« quando maritandum principem cuncti suaderent, deligi
oportere feminam nobilitate, puerperiis, sanctimonia insignem. Nec diu anquirendum quin Agrippina claritudine generis antciret; datum ab ea fecunditatis experimentum, et congruere artes honestas. Id vero egregium, quod, proviso deum vidua jungeretur principi, sua tantum matrimonia experto. Audivisse a parentibus, vidisse ipsos, arripi conjuges ad libita Cæsarum : procul id a præsenti modestia. Statueretur imo documentum, quo uxorem imperator acciperet. At enim nova nobis in fratrum filiis conjugia : sed aliis gentibus solemnia, neque lege ulla prohibita; et sobrinarum diu ignorata, tempore addito, percrebuisse. Morem accommodari prout conducat, et fore hoc quoque in his quæ mox usurpentur. »

VII. Haud defuere qui certatim, si cunctaretur Cæsar, vi arturos testificantes, erumperent curia. Conglobatur promiscua multitudo, populumque romanum eadem orare clamitat. Nec Claudius ultra expectato obvium apud forum præbet se gratantibus, senatumque ingressus decretum postulat quo justæ inter patruos fratrumque filias nuptiæ etiam in posterum statuerentur. Neque tamen repertus est nisi unus talis matrimonii cupitor, T. Alledius Severus, eques romanus, quem plerique Agrippinæ gratia impulsum ferebant. Versa ex eo civitas, et cuncta feminæ obediebant, non per lasciviam, ut Messalina, rebus romanis illudenti : adductum et quasi virile servitium; palam severitas ac sæpius superbia, nihil domi impudicum, nisi dominationi expediret; cupido auri immensa obtentum habebat, quasi subsidium regno pararetur.

VIII. Die nuptiarum Silanus sibi mortem conscivit; sive eo usque spem vitæ produxerat, seu delecto die augendam invidiam. Calvina, soror ejus, Italia pulsa est. Addidit Claudius sacra ex legibus Tulli regis, piaculaque apud lucum Dianæ per pontifices danda; irridentibus cunctis quod pœnæ procurationesque incesti id temporis requirerentur. At Agrippina, ne malis tantum facinoribus notesceret, veniam exsilii pro Annæo Seneca, simul præturam impetrat, lætum in publicum rata ob claritudinem studiorum ejus, utque Domitii pueritia tali magistro adolesceret, et consiliis ejusdem ad spem dominationis uterentur, quia Seneca fidus in Agrippinam memoria beneficii, et infensus Claudio dolore injuriæ, credebatur.

IX. Placitum dehinc non ultra cunctari; sed designa-

engage, par des promesses magnifiques, le consul désigné, Memmius Pollio, à proposer que Claude serait supplié de fiancer Octavie à Domitius : arrangement qui ne choquait pas trop les convenances de l'âge, et ouvrait la route pour aller plus loin. Memmius, employant à peu près les mêmes tournures que Vitellius, ouvre donc cet avis : Octavie est fiancée; et déjà Domitius, joignant à ses premiers titres celui d'époux et celui de gendre, marche l'égal de Britannicus, grâce aux soins d'une mère, et aux intrigues de ceux qui, ayant accusé Messaline, craignaient le ressentiment de son fils.

X. Dans ce temps, les ambassadeurs parthes, qui étaient venus, comme je l'ai dit, pour redemander Méherdate, eurent leur audience du sénat. Ils dirent qu'ils n'ignoraient pas nos traités, et qu'ils n'étaient pas conduits par un esprit de rébellion contre la famille des Arsacides, puisqu'ils venaient se joindre à un fils de Vonon, à un petit-fils de Phraate; que la domination de Gotarzès était également intolérable à la noblesse et au peuple; que ce monarque, par ses assassinats, avait ravagé sa famille, sa cour, ses provinces; que les femmes enceintes, que les enfants au berceau n'étaient point épargnés par un tyran qui, abruti dans son palais, malheureux dans ses guerres, voulait déguiser sa lâcheté par la barbarie; qu'ils avaient avec nous une alliance ancienne, contractée au nom de la nation, et que notre devoir était de secourir des alliés, nos rivaux de gloire, qui nous cédaient par déférence; que s'ils nous donnaient en otages les enfants de leurs souverains, c'était afin de pouvoir, lorsque leurs maîtres les opprimeraient, recourir au prince et au sénat, et retrouver parmi nous un roi que l'exemple de nos mœurs eût formé aux vertus.

XI. Lorsqu'ils eurent développé ces raisons et d'autres semblables, Claude prit la parole. Il débuta par quelques traits sur la grandeur de Rome et sur les hommages des Parthes, et il s'égalait à Auguste, qui leur avait donné un roi, sans faire mention de Tibère, qui pourtant avait eu aussi cet honneur. Puis, s'adressant à Méherdate (car il était présent), il lui donna quelques conseils, celui de se bien persuader qu'il n'allait pas commander des esclaves, mais gouverner des citoyens, et celui d'embrasser la justice et la clémence, vertus qui, pour être inconnues aux barbares, ne leur en seraient que plus agréables. Ensuite, se tournant vers les députés, il leur vanta l'élève des Romains, sa modération, qui ne s'était pas démentie jusqu'à ce jour; il leur insinua que, pourtant, il fallait supporter les défauts des rois, et qu'il y avait de l'inconvénient dans ces mutations si fréquentes; que Rome, désormais rassasiée de gloire, en était venue au point de désirer la tranquillité même des nations étrangères. On donna ordre à Cassius, commandant en Syrie, de conduire le jeune roi jusqu'au bord de l'Euphrate.

XII. Cassius éclipsait tous les Romains de son temps par sa profonde connaissance des lois; car les talents militaires restent inconnus dans l'oisiveté de la paix, où l'homme actif et le lâche sont au même rang. Toutefois, autant qu'on le pouvait sans guerre, il s'attachait à rétablir l'ancienne discipline, à exercer les légions; il y mettait autant de soins et de prévoyance que s'il eût été en présence de l'ennemi; enfin il soutenait dignement l'honneur de ses ancêtres, et du nom de Cassius, célèbre aussi dans ces contrées. Ayant mandé les partisans du jeune roi, il alla camper à Zeugma, lieu le plus propre pour le passage

---

tum consulem, Memmium Pollionem, ingentibus promissis inducunt sententiam expromere qua oraretur Claudius despondere Octaviam Domitio; quod ætati utriusque non absurdum, et majora patefacturum erat. Pollio, haud disparibus verbis ac nuper Vitellius, censet : desponderturque Octavia; ac, super priorem necessitudinem, sponsus jam et gener Domitius æquari Britannico, studiis matris, arte eorum quis, ob accusatam Messallinam, ultio ex filio timebatur.

X. Per idem tempus legati Parthorum ad expetendum, ut retuli, Meherdaten missi, senatum ingrediuntur mandataque in hunc modum incipiunt : « Non se fœderis ignaros, nec defectione a familia Arsacidarum venire; sed filium Vononis, nepotem Phraatis accedere, adversus dominationem Gotarzis, nobilitati plebique juxta intolerandam. Jam fratres, jam propinquos, jam longius sitos, cædibus exhaustos; adjici conjuges gravidas, liberos parvos, dum socors domi, bellis infaustus, ignaviam sævitia tegat. Veterem sibi ac publice cœptam nobiscum amicitiam; et subveniendum sociis virium æmulis cedentibusque per reverentiam. Ideo regum obsides liberos dari ut, si domestici imperii tædeat, sit regressus ad principem patresque, quorum moribus assuefactus rex melior adscisceretur. »

XI. Ubi hæc atque talia dissertavere, incipit orationem Cæsar de fastigio romano Parthorumque obsequiis; seque divo Augusto adæquabat, petitum ab eo regem referens, omissa Tiberii memoria, quanquam is quoque miserat. Addiditque præcepta (etenim aderat Meherdates) ut non dominationem et servos, sed rectorem et cives cogitaret; clementiamque ac justitiam, quanto ignara barbaris, tanto toleratiora, capesseret. Hinc versus ad legatos, extollit laudibus « alumnum urbis, spectatæ ad id modestiæ; ac tamen ferenda regum ingenia, neque usui crebras mutationes : rem romanam huc satietate gloriæ provectam, ut externis quoque gentibus quietem velit. » Datum post hæc C. Cassio, qui Syriæ præerat, deducere juvenem ripam ad Euphratis.

XII. Ea tempestate Cassius ceteros præminebat peritia legum; nam militares artes per otium ignotæ, industriosque aut ignavos pax in æquo tenet. Attamen, quantum sine bello dabatur, revocare priscum morem, exercitare legiones, cura, provisu perinde agere ac si hostis ingrueret, ita dignum majoribus suis et familia Cassia ratus, per illas

du fleuve. Lorsque les grands seigneurs parthes, lorsque Acbare, roi des Arabes, furent arrivés, il quitta Méherdate, en le prévenant que les barbares n'avaient qu'une première chaleur d'affection, qui se refroidissait par les délais, ou se changeait en perfidie; qu'il fallait pousser l'entreprise avec vigueur. On négligea cet avis. Le traître Acbare, abusant de l'inexpérience d'un jeune homme, qui regardait les plaisirs comme l'attribut du rang suprême, le retint longtemps à Édesse; et, malgré les instances de Carrhène, qui faisait envisager le succès comme infaillible, si l'on arrivait promptement, au lieu de marcher tout droit en Mésopotamie, ils font un détour pour gagner l'Arménie, peu praticable dans ce moment, où l'hiver approchait.

XIII. Après s'être fatigués au milieu des neiges et des montagnes, ils joignent, près des plaines, les troupes de Carrhène; puis, ayant passé le Tigre, ils traversent l'Adiabénie, dont le roi Izates avait embrassé le parti de Méherdate, en apparence, et penchait pour Gotarzès, qu'il servait en secret. On prit, chemin faisant, Ninive, ancienne capitale de l'Assyrie, et le château d'Arbele, fameux par la dernière bataille qu'Alexandre livra à Darius, et qui décida la chute de l'empire persan. Gotarzès était sur le mont Sambulos à offrir des vœux aux divinités du lieu, parmi lesquelles Hercule est singulièrement vénéré. Ce dieu, à des temps réglés, apparaît en songe aux prêtres, et leur prescrit de tenir près du temple des chevaux équipés pour la chasse. Les chevaux, sitôt qu'on les a chargés de carquois remplis de flèches, partent et courent les bois jusqu'à la nuit, qu'ils rentrent hors d'haleine et les carquois vides. Le dieu, dans une autre apparition nocturne, indique les forêts qu'il a parcourues, et l'on y retrouve les animaux étendus de côté et d'autre.

XIV. Gotarzès, ne jugeant point encore son armée assez nombreuse, se tenait derrière le fleuve Corma, qui lui servait de rempart; et, quoiqu'on ne cessât, par des escarmouches et des défis, de le provoquer au combat, il persista dans son plan de traîner la guerre en longueur, de changer souvent de position, et de tâcher, par ses émissaires, d'acheter la trahison des partisans de son ennemi. Bientôt le roi de l'Adiabénie, Izatès, et Acbare, roi des Arabes, se retirent avec leurs troupes, par cette légèreté naturelle à leur nation, qui vient toujours demander aux Romains des rois que jamais elle ne garde. Méherdate, abandonné par des alliés aussi puissants, et craignant une défection générale, ne vit d'autre ressource que de tenter le sort et de risquer une bataille. Gotarzès ne la refusa point, enhardi par l'affaiblissement de l'ennemi. Le choc fut très-sanglant, et l'événement douteux ; enfin Carrhène, s'étant engagé trop loin à la poursuite d'un corps qu'il avait mis en déroute, fut enveloppé par des troupes fraîches. Tout fut alors désespéré. Méherdate, se fiant à la parole d'un ancien vassal de son père, nommé Parrhax, fut trompé indignement par ce traître, qui le livra au vainqueur, chargé de fers. Gotarzès, refusant de reconnaître Méherdate pour un parent et pour un Arsacide, ne voyant en lui qu'un vil étranger, qu'un Romain, lui fit couper les oreilles, et le laissa vivre ainsi mutilé, pour être une preuve subsistante de sa clémence et de notre humiliation. Gotarzès mourut de maladie peu de temps après; il fut remplacé par Vonon, alors gouverneur de Médie. Celui-ci n'eut ni succès ni revers

---

quoque gentes celebrata. Igitur, excitis quorum de sententia petitus rex, positisque castris apud Zeugma, unde maxime pervius amnis, postquam illustres Parthi, rexque Arabum Acbarus advenerat, monet Meherdaten barbarorum impetus acres cunctatione languescere, aut in perfidiam mutari; itaque urgeret cœpta. Quod spretum fraude Acbari, qui juvenem, ignarum, et summam fortunam in luxu ratum, multos per dies attinuit apud oppidum Edessam. Et vocante Carrhene, promptasque res ostentante si citi advenirent, non cominus Mesopotamiam, sed flexu Armeniam petunt, id temporis importunam, quia hiems occipiebat.

XIII. Exin nivibus et montibus fessi, postquam campos propinquabant, copiis Carrhenis adjunguntur. Transmissoque amne Tigri, permeant Adiabenos, quorum rex Izates societatem Meherdatis palam induerat, in Gotarzen per occulta et magis fida inclinabat. Sed capta in transitu urbs Ninos, vetustissima sedes Assyriæ, et Arbela, castellum insigne fama, quod, postremo inter Darium atque Alexandrum prœlio, Persarum illic opes conciderant. Interea Gotarzes, apud montem cui nomen Sambulos, vota diis loci suscipiebat, præcipua religione Herculis; qui, tempore stato, per quietem monet sacerdotes ut, templum juxta, equos venatui adornatos sistant. Equi, ubi pharetras telis onustas accepere, per saltus vagi, nocte demum, vacuis pharetris, multo cum anhelitu redeunt. Rursus deus, qua silvas pererraverit, nocturno visu demonstrat, repertum torque fusæ passim feræ.

XIV. Ceterum Gotarzes, nondum satis aucto exercitu, flumine Corma pro munimento uti; et, quanquam per insectationes et nuncios ad prœlium vocaretur, nectere moras, locos mutare, et missis corruptoribus, exuendam ad fidem hostes emercari. Ex quis Izates Adiabenus, mox Acbarus Arabum cum exercitu, abscedunt, levitate gentili, et quia experimentis cognitum est barbaros malle Roma petere reges quam habere. At Meherdates, validis auxiliis nudatus, ceterorum proditione suspecta, quod unum erat reliquum, rem in casum dare prœlioque experiri statuit. Nec detrectavit pugnam Gotarzes, deminutis hostibus ferox. Concursumque magna cæde et ambiguo eventu; donec Carrhenen, profligatis obversis longius evectum, integer a tergo globus circumveniret. Tum, omni spe perdita, Meherdates, promissa Parrhacis paterni clientis secutus, dolo ejus vincitur traditurque victori. Atque ille non propinquum neque Arsacis de gente, sed alienigenam et romanum increpans, auribus decisis vivere jubet, ostentui clementiæ suæ et in nos dehonestamento. Dein Gotarzes morbo obiit, accitusque in regnum Vonones, Medos tum præsidens.

qui méritent qu'on en parle. Il régna peu de temps et sans gloire; la couronne passa à son fils Vologèse.

XV. Cependant Mithridate, ce souverain du Bosphore, toujours errant depuis la perte de son royaume, apprend que le général romain, Didius, était parti avec l'élite de l'armée, et que, dans une conquête toute nouvelle, on avait laissé Cotys, jeune homme sans expérience, et seulement quelques cohortes, sous un simple chevalier romain, Julius Aquila. Plein de mépris pour tous deux, il rassemble autour de lui quelques peuplades, il attire des transfuges; enfin, parvenu à former une armée, il chasse le roi des Dandarides de ses États, et s'en empare. Sur cette nouvelle, comme on s'attendait sans cesse à voir le Bosphore attaqué, Aquila et Cotys, se défiant de leurs propres forces, depuis que Zorsine, roi des Siraques, avait recommencé les hostilités, cherchèrent aussi à s'appuyer d'un secours étranger; ils députèrent vers Eunone, chef de la nation des Aorses. On lui persuada facilement de s'associer à la puissance romaine, plutôt qu'à la révolte d'un fugitif, et le traité fut bientôt conclu. Eunone devait tenir la campagne avec sa cavalerie : les Romains se chargèrent des siéges.

XVI. L'armée en bon ordre, on se met en marche. La tête et l'arrière-garde étaient occupées par les Aorses, le centre par nos cohortes et par les troupes du Bosphore, armées à la romaine. On parvint ainsi à chasser l'ennemi, et l'on entra dans Soza, ville de la Dandarique, qui avait été abandonnée par Mithridate. Les dispositions équivoques des habitants décidèrent à y laisser une garnison. De là, on marcha contre les Siraques, et, après avoir passé la rivière de Panda, on investit Uspé, place située sur une hauteur, et défendue par des murs et des fossés. Mais les murs, construits sans pierre, seulement avec des claies entrelacées et remplies de terre, étaient incapables de résister à une attaque. Nos tours, plus élevées, faisaient pleuvoir une grêle de torches et de javelines, qui désolaient les assiégés; et, sans la nuit qui vint suspendre le combat, le même jour eût vu commencer et finir le siége.

XVII. Le lendemain ils envoyèrent demander grâce pour les personnes libres; ils offraient dix mille esclaves; ce qui fut refusé. Comme il eût été barbare de les massacrer, après une capitulation, et difficile de garder cette foule de prisonniers, on préféra de les tuer les armes à la main, et l'on donna le signal du carnage aux soldats, qui avaient déjà escaladé les murs. Le sac d'Uspé intimida les autres villes; elles ne voyaient plus de barrière capable de les défendre : les armes, les retranchements, les bois ou les montagnes, les rivières et les murs, rien n'arrêtant les vainqueurs. Zorsine, après avoir longtemps réfléchi sur l'alternative de sacrifier, ou Mithridate, dont les affaires étaient désespérées, ou ses propres États, décidé enfin par l'intérêt de son pays, donna des otages, et vint se prosterner au pied de la statue de César. Cette expédition fit beaucoup d'honneur aux Romains, qui, toujours triomphants, et sans perdre un seul homme, ne se trouvaient plus qu'à trois journées de marche du Tanaïs; mais le retour fut moins heureux. Quelques-uns de nos vaisseaux furent jetés sur la côte de la Tauride, et investis par les barbares, qui tuèrent un préfet de cohorte et plusieurs centurions.

XVIII. Mithridate, n'espérant plus rien par

Nulla huic prospera aut adversa quis memoraretur : brevi et inglorio imperio perfunctus est; resque Parthorum in filium ejus Vologesen translatæ.

XV. At Mithridates Bosporanus, amissis opibus vagus, postquam Didium, ducem romanum, roburque exercitus abisse cognoverat, relictos in novo regno Cotyn, juventa rudem, et paucas cohortium cum Julio Aquila, equite romano, spretis utrisque, concire nationes, illicere perfugas; postremo, exercitu coacto, regem Dandaridarum exturbat, imperioque ejus potitur. Quæ ubi cognita, et jam jamque Bosporum invasurus habebatur, diffisi propriis viribus Aquila et Cotys, quia Zorsines, Siracorum rex, hostilia resumpserat, externas et ipsi gratias quæsivere, missis legatis ad Eunonen, qui Aorsorum genti præcellebat. Nec fuit in arduo societas, potentiam romanam adversus rebellem Mithridaten ostentantibus. Igitur pepigere, equestribus præliis Eunones certaret, obsidia urbium Romani capesserent.

XVI. Tum composito agmine incedunt; cujus frontem et terga Aorsi, media cohortes et Bosporani tutabantur, nostris in armis. Sic pulsus hostis ventumque Sozam, oppidum Dandaricæ, quod, desertum a Mithridate ob ambiguos popularium animos obtineri relicto ibi præsidio visum. Exin in Siracos pergunt; et, transgressi amnem Pandam, circumveniunt urbem Uspen, editam loco et mœnibus ac fossis munitam; nisi quod mœnia non saxo, sed cratibus et vimentis ac media humo, adversum irrumpente invalida erant. Eductæque altius turres facibus atque hastis turbabant obsessos; ac, ni prælium nox diremisset, cœpta patrataque expugnatio eumdem intra diem foret.

XVII. Postero misere legatos, veniam liberis corporibus orantes; servitii decem millia offerebant. Quod adspernati sunt victores, quia trucidare deditos sævum, tantam multitudinem custodia cingere arduum : ut belli potius jure caderent. Datumque militibus, qui scalis evaserant, signum cædis. Exscidio Uspensium metus ceteris injectus, nihil tutum ratis, quum arma, munimenta, impediti vel eminentes loci, amnesque et urbes juxta perrumperentur. Igitur Zorsines, diu pensitato Mithridatisne rebus extremis an patrio regno consuleret, postquam prævaluit gentilis utilitas, datis obsidibus, apud effigiem Cæsaris procubuit, magna gloria exercitus romani, quem incruentum et victorem tridui itinere abfuisse ab amne Tanai constitit. Sed in regressu dispar fortuna fuit, quia navium quasdam, quæ mari remeabant, in littora Taurorum delatas circumvenere barbari, præfecto cohortis et plerisque centurionum interfectis.

XVIII. Interea Mithridates, nullo in armis subsidio

les armes, n'hésitait que sur le choix de celui dont il implorerait la pitié. Il redoutait son frere Cotys autrefois ami perfide, depuis ennemi déclaré. Parmi les Romains, personne n'avait assez de poids pour qu'on pût prendre en ses promesses une grande confiance. Il jette les yeux sur Eunone, qui n'était point animé par des ressentiments personnels, et qui avait auprès de nous toute la faveur d'un nouvel allié. Prenant donc et l'habit et l'air le plus conforme à sa fortune, il entre dans le palais d'Eunone, et tombant à ses genoux : « Ce Mithridate, dit-il, que les « Romains, depuis tant d'années, cherchent par « terre et par mer, se remet lui-même en tes mains ; « dispose à ton gré d'un descendant du grand « Achemène : ce titre est le seul bien que mes « ennemis ne m'aient point ôté. »

XIX. L'éclat de cette naissance, l'idée des vicissitudes humaines et la dignité de cette prière, frappèrent Eunone. Il relève le monarque suppliant, et le felicite d'avoir choisi la nation des Aorses, et leur roi pour son intercesseur. Il députe aussitôt vers Claude, et lui écrit : « Que des rap- « ports de puissance avaient commencé les liaisons « des empereurs romains avec les souverains des « grandes nations; qu'il y avait de plus, entre « Claude et lui, une communauté de victoires ; « que c'était finir glorieusement une guerre, que « de terminer en pardonnant ; qu'ainsi, après « avoir vaincu Zorsine, on ne lui avait rien ôté ; « que, Mithridate étant plus coupable, il ne de- « mandait pour lui ni puissance ni trône, mais « qu'on lui fit grâce du triomphe et du supplice. »

XX. Claude, quoique doux envers les noms illustres des nations étrangères, délibéra pourtant s'il lui convenait d'accepter un captif, en s'obligeant à l'épargner, plutôt que de le reprendre par les armes. Le ressentiment de l'injure et l'attrait de la vengeance le poussaient à ce dernier parti ; mais on lui objectait les inconvénients d'une guerre dans un pays sans routes, sur une mer sans ports ; que, d'ailleurs, les rois étaient belliqueux, les peuples errants, le sol stérile ; que la lenteur rebuterait les troupes, ou la précipitation les exposerait ; qu'il y aurait peu de gloire à vaincre, et beaucoup d'infamie à être repoussé. Pourquoi ne pas saisir l'offre, et consentir à épargner un banni, dont le supplice se prolongerait par le cours entier d'une vie indigente ? Frappé de ces raisons, il répondit à Eunone que Mthridate avait mérité les dernières rigueurs, et que la force ne manquait point aux Romains pour les lui faire subir ; mais que, fidèles aux principes de leurs aïeux, autant ils mettaient d'inflexibilité contre un ennemi, autant ils usaient de clémence envers des suppliants ; qu'à l'égard du triomphe, on ne le gagnait que sur des peuples et des rois dans toute leur puissance.

XXI. Sur cette assurance, on livra Mithridate ; il fut conduit à Rome par Junius Cilo, procurateur du Pont. On trouva son discours à Claude plus fier qu'on ne l'eût attendu de sa fortune présente. Le voici, tel qu'il courut dans le public : « On « ne m'a point amené ; je suis venu. Si tu en « doutes, laisse-moi partir, et fais-moi chercher. » Cette intrépidité ne se démentit point lorsqu'il se vit près des rostres, environné de gardes et livré aux regards du peuple. On décerna les ornements consulaires à Cilo, ceux de la préture à Julius Aquila.

XXII. Cependant Agrippine, implacable dans ses haines, ne pardonnait point à Lollia de lui

---

consultat cujus misericordiam experiretur. Frater Cotys, proditor olim, deinde hostis, metuebatur. Romanorum nemo id auctoritatis aderat, ut promissa ejus magni penderentur. Ad Eunonen convertit, propriis odiis non infensum, et recens conjuncta nobiscum amicitia validum. Igitur, cultu vultuque quam maxime ad præsentem fortunam comparato, regiam ingreditur, genibusque ejus provolutus, « Mithridates, inquit, terra marique Romanis « per tot annos quæsitus, sponte adsum. Utere, ut voles, « prole magni Achæmenis, quod mihi solum hostes non « abstulerunt. »

XIX. At Eunones, claritudine viri, mutatione rerum et prece haud degenere permotus, allevat supplicem, laudatque quod gentem Aorsorum, quod suam dexteram, petendæ veniæ delegerit. Simul legatos literasque ad Cæsarem in hunc modum mittit : « Populi romani imperatoribus « magnarumque nationum regibus primam ex similitudine « fortunæ amicitiam, sibi et Claudio etiam communionem « victoriæ esse. Bellorum egregios fines, quoties igno- « scendo transigatur. Sic Zorsini victo nihil ereptum. Pro « Mithridate, quando gravius mereretur, non potentiam, « non regnum precari, sed ne triumpharetur, ne ve pœnas « capite expenderet. »

XX. At Claudius, quanquam nobilitatibus externis mitis, dubitavit tamen accipere captivum pacto salutis an repetere armis rectius foret. Huc dolor injuriarum et libido vindictæ adigebat. Sed disserebatur contra « suscipi bellum avio itinere, importuoso mari ; ad hoc reges feroces, vagos populos, solum frugum egens ; tum tædium ex mora, pericula ex properantia, modicam victoribus laudem, ac multum infamiæ si pellerentur : quin arriperet oblata, et servaret exsulem, cui inopi quanto longiorem vitam, tanto supplicii fore. » His permotus, scripsit Eunoni « meritum quidem novissima exempla Mithridaten, nec sibi vim ad exsequendum deesse ; verum ita majoribus placitum, quanta pervicacia in hostem, tanta beneficentia adversus supplices utendum ; nam triumphos de populis regnisque integris acquiri. »

XXI. Traditus post hæc Mithridates, vectusque Romam per Junium Cilonem, procuratorem Ponti, ferocius quam pro fortuna disseruisse apud Cæsarem ferebatur. Elataque vox ejus in vulgum hisce verbis : « Non sum « remissus ad te, sed reversus ; vel, si non credis, di- « mitte et quære. » Vultu quoque interrito permansit, quum rostra juxta, custodibus circumdatus, visui populo præberetur. Consularia insignia Ciloni, Aquilæ prætoria decernuntur.

XXII. Iisdem consulibus, atrox odii Agrippina ac Lol-

avoir disputé la main de Claude. Dès cette année même elle lui suscite un délateur. On l'accusa d'avoir payé des astrologues et des magiciens, d'avoir fait consulter l'oracle d'Apollon de Claros sur le mariage de l'empereur ; et, aussitôt, sans que l'accusée eût été entendue, après avoir débuté par entretenir longtemps le sénat sur l'illustre naissance de Lollia, sur ce qu'elle était fille d'une sœur de Volusius, sur ce que Cotta Messalinus etait son grand-oncle paternel, sur ce que Memmius Régulus avait été son époux (car il taisait à dessein son mariage avec Caïus), Claude décida qu'elle avait des projets funestes contre la république, qu'il fallait ôter les moyens à son ambition, confisquer ses biens et la bannir l'Italie. Ainsi, de son immense fortune, on ne lui laissa en l'exilant que cinq millions de sesterces. La perte de Calpurnie, femme d'une haute distinction, fut pareillement résolue, parce que le prince avait loué sa beauté, non du ton d'un homme épris, mais indifféremment et comme par hasard ; ce qui fit que la violence d'Agrippine ne se porta point aux dernières extrémités. Quant à Lollia, on lui envoya un tribun pour la contraindre à se tuer. Cadius, sur la poursuite des Bithyniens, fut condamné pour crime de concussion.

XXIII. Comme la Gaule narbonnaise s'était signalée par sa déférence pour le sénat, on accorda aux sénateurs qui avaient des biens dans cette province, le privilège de pouvoir les visiter sans une permission particulière du prince ; exception qui n'avait lieu auparavant que pour la Sicile. Les rois Sohême et Agrippa étant morts, on réunit l'Iturée et la Judée au gouvernement de Syrie. L'augure du salut, interrompu depuis vingt-cinq ans, fut repris alors, et a été continué depuis. Claude étendit le pomérium, d'après l'ancien usage qui donne le droit d'agrandir l'enceinte de la ville à ceux qui ont agrandi l'empire. Toutefois aucun des généraux romains qui avaient subjugué de grandes nations, n'avait exercé ce droit, si l'on excepte Sylla et Auguste.

XXIV. Les rois y mirent de la politique ou de la vanité. On est peu d'accord sur ces différents accroissements de Rome ; mais ce que je ne crois point inutile de connaître, c'est le terrain où l'on commença d'abord à bâtir, et le pomérium, tel qu'il fut marqué par Romulus. Le sillon tracé pour désigner l'emplacement de la ville, commençait donc au Marché aux Bœufs, où l'on voit un taureau d'airain (parce que c'est l'animal qu'on attelle à la charrue), et allait embrasser le grand autel d'Hercule. De là il y avait des bornes placées de distance en distance le long et au pied du mont Palatin jusqu'à l'autel de Consus, jusqu'aux anciennes Curies, et enfin jusqu'à la chapelle des Lares et au forum. Pour le Capitole, on le croit l'ouvrage de Tatius et non de Romulus. Depuis, l'enceinte de Rome s'est accrue avec sa puissance. Les limites que Claude fixa pour lors sont faciles à distinguer : elles sont marquées dans des actes publics.

XXV. Sous le consulat de Caïus Antistius et de Marcus Suilius, le crédit de Pallas fit hâter l'adoption de Domitius. Cet affranchi, qui était tout dévoué à Agrippine, dont il avait négocié le mariage, et que depuis elle s'était attachée encore plus étroitement par l'adultère, pressa Claude de pourvoir aux besoins de l'empire et de donner un soutien à l'enfance de Britannicus. Il représentait qu'Auguste, malgré tous les petits-fils qui étayaient sa maison, n'avait point négligé les fils

---

liæ infensa, quod secum de matrimonio principis certavisset, molitur crimina et accusatorem qui objiceret Chaldæos, magos, interrogatumque Apollinis Clarii simulacrum super nuptiis imperatoris. Exin Claudius, inaudita rea, multa de claritudine ejus apud senatum præfatus, sorore L. Volusii genitam, majorem ei patruum Cottam Messallinum esse, Memmio quondam Regulo nuptam = (nam de C. Cæsaris nuptiis consulto reticebat), addidit perniciosa in rempublicam consilia, et materiem sceleri detrahendam : proin, publicatis bonis, cederet Italia. » Ita quinquagiē sestertium ex opibus immensis exsuli relictum. Et Calpurnia, illustris femina, pervertitur, quia formam ejus laudaverat princeps, nulla libidine, sed fortuito sermone; unde vis Agrippinæ citra ultima stetit. In Lolliam mittitur tribunus a quo ad mortem adigeretur. Damnatus et lege repetundarum Cadius Rufus, accusantibus Bithynis.

XXIII. Galliæ narbonensi, ob egregiam in patres reve-entiam, datum ut senatoribus ejus provinciæ, non exquisita principis sententia, jure quo Sicilia haberetur, res suas invisere liceret. Iturælque et Judæi, defunctis regibus Sohemo atque Agrippa, provinciæ Syriæ additi. Salutis augurium, quinque et viginti annis omissum, repeti ac deinde continuari placitum. Et pomerium auxit Cæsar, more prisco, quo iis qui protulere imperium etiam terminos urbis propagare datur. Nec tamen duces romani, quanquam magnis nationibus subactis, usurpaverant, nisi L. Sulla et divus Augustus.

XXIV. Regum in eo ambitio vel gloria varie vulgata. Sed initium condendi, et quod pomerium Romulus posuerit, noscere haud absurdum reor. Igitur a foro Boario, ubi æreum tauri simulacrum adspicimus, quia id genus animalium aratro subditur, sulcus designandi oppidi cœptus, ut magnam Herculis aram amplecteretur. Inde certis spatiis interjecti lapides, per ima montis Palatini ad aram Consi, mox ad Curias veteres, tum ad sacellum Larium forumque romanum; et Capitolium non a Romulo, sed v T. Tatio additum urbi credidere. Mox pro fortuna pomerium auctum. Et quos tum Claudius terminos posuerit, facile cognitu et publicis actis perscriptum.

XXV. C. Antistio, M. Suilio consulibus, adoptio in Domitium, auctoritate Pallantis, festinatur; qui obstrictus Agrippinæ, ut conciliator nuptiarum et mox stupro ejus illigatus, stimulabat Claudium « consuleret reipublicæ, Britannici pueritiam robore circumdaret. Sic apud divum Augustum, quanquam nepotibus subnixum, vi-

de sa femme; que Tibère, ayant un héritier de son sang, avait adopté Germanicus; qu'il fallait, à leur exemple, s'appuyer d'un César, qui, déjà sorti de l'adolescence, commencerait à partager les soins du gouvernement. Convaincu par ces raisons, Claude préféra Domitius, qui n'avait que deux ans de plus, à son propre fils; il répéta au sénat une harangue dont les termes avaient été dictés par son affranchi. Les gens instruits remarquaient que c'était la première adoption dans la famille patricienne des Claudes, qui, depuis Attus Clausus, s'étaient perpétués sans mélange.

XXVI. On rendit au prince des actions de grâces, par un raffinement d'adulation pour Domitius et l'on fit une loi pour le faire entrer dans la famille des Claudes, et lui donner le surnom de Néron. Agrippine fut décorée du surnom d'Augusta. Tous ces arrangements consommés, il n'y eut point de cœurs impitoyables que n'attendrît le sort de Britannicus. Ce malheureux enfant fut insensiblement réduit à n'avoir pas même un esclave pour le servir. Sa marâtre ne pouvait, disait-elle, se fier de ces soins qu'à elle-même : tendresse hypocrite, dont le jeune enfant n'était point la dupe, et qu'il savait bien tourner en dérision; car on prétend qu'il ne manquait point d'esprit et de courage, soit qu'il en eût réellement, soit que ses malheurs seuls aient accrédité cette opinion avant qu'il pût la justifier.

XXVII. Agrippine voulut étaler aussi son pouvoir aux yeux des nations alliées; elle obtint l'établissement d'une colonie de vétérans dans la ville des Ubiens, où elle était née, et qui depuis a porté son nom. Le hasard avait fait que, lorsque cette nation vint s'établir au delà du Rhin, ce fut son aïeul Agrippa qui la reçut dans notre alliance. Vers ce temps-là, une incursion des Cattes, qui exerçaient des brigandages, causa quelque alarme dans la haute Germanie. Le lieutenant Pomponius, sans perdre un instant, détacha les cohortes des Vangions et des Némètes, avec la cavalerie auxiliaire. Il leur prescrivit, ou de prévenir le pillage, ou de l'arrêter en tombant brusquement sur l'ennemi dispersé. Les soldats secondèrent habilement les vues du général. Ils se partagent en deux corps; les uns prennent à gauche, trouvent les barbares déjà revenus de leur expédition, qui avaient consumé leur butin en débauches, et étaient appesantis par le sommeil; ils les enveloppent. Ce qui ajouta au bonheur de cette journée, c'est qu'on délivra des soldats de l'armée de Varus, captifs depuis quarante ans.

XXVIII. L'autre corps, qui avait coupé à droite par des chemins plus courts, tua plus de monde à l'ennemi, parce que l'ennemi osa venir à eux, et risquer le combat. Ils s'en revinrent tous, chargés de gloire et de butin, vers le mont Taunus, où Pomponius, avec les légions, s'attendait que les barbares, dans l'ardeur de se venger, lui fourniraient une occasion de combattre. Les Cattes, craignant d'être enfermés d'un côté par les Romains, de l'autre par les Chérusques, leurs ennemis éternels, envoyèrent à Rome des députés et des otages. On décerna les honneurs du triomphe à Pomponius, moins connu pourtant dans la postérité par cet honneur que par la gloire de ses beaux vers.

XXIX. Dans le même temps, Vannius fut chassé du trône des Suèves, où Drusus l'avait placé. La première époque de son règne avait été glorieuse

---

guisse privignos; a Tiberio, super propriam stirpem, Germanicum assumptum. Se quoque accingeret juvene, partem curarum capessituro. » His evictus, biennio majorem natu Domitium filio anteponit, habita apud senatum oratione in eumdem quem a liberto acceperat modum. Adnotabant periti nullam antehac adoptionem inter patricios Claudios reperiri, eosque ab Atto Clauso continuos duravisse.

XXVI. Ceterum actæ principi grates, quæsitiore in Domitium adulatione; rogataque lex qua in familiam Claudiam et nomen Neronis transiret; augetur et Agrippina cognomento Augustæ : quibus patratis, nemo adeo expers misericordiæ fuit, quem non Britannici fortunæ mœror afficeret. Desolatus paullatim etiam servilibus ministeriis, intempestiva novercæ officia in ludibria vertebat, intelligens falsi : neque enim segnem ei fuisse indolem ferunt; sive verum, seu, periculis commendatus, retinuit famam sine experimento.

XXVII. Sed Agrippina, quo vim suam sociis quoque nationibus ostentaret, in oppidum Ubiorum, in quo genita erat, veteranos coloniamque deduci impetrat, cui nomen inditum ex vocabulo ipsius. Ac forte acciderat ut eam gentem, Rheno transgressam, avus Agrippa in fidem acciperet. Iisdem temporibus in superiore Germania trepidatum, adventu Cattorum latrocinia agitantium. Inde L. Pomponius legatus auxiliares Vangionas ac Nemetas, addito equite alario, monuit ut anteirent populatores, vel dilapsis improvisi circumfunderentur. Et secuta consilium ducis industria militum; divisique in duo agmina : qui lævum iter petiverant, recens reversos, prædaque per luxum usos et somno graves, circumvenere. Aucta lætitia quod quosdam e clade Variana, quadragesimum post annum, servitio exemerant.

XXVIII. At qui dextris et propioribus compendiis ierant, obvio hosti et aciem auso, plus cladis faciunt; et præda famaque onusti ad montem Taunum revertuntur, ubi Pomponius cum legionibus opperiebatur, si Catti, cupidine ulciscendi, casum pugnæ præberent. Illi metu, ne hinc Romanus, inde Cherusci, cum quis æternum discordant, circumgrederentur, legatos in urbem et obsides misere. Decretusque Pomponio triumphalis honos; modica pars famæ ejus apud posteros, in quis carminum gloria præcellit.

XXIX. Per idem tempus Vannius, Suevis a Druso Cæsare impositus, pellitur regno : prima imperii ætate clarus acceptusque popularibus; mox, diuturnitate in superbiam

pour lui, et chère à ses peuples; depuis, le long usage de l'autorité l'avait enorgueilli, et il fut assailli à la fois par les haines de ses voisins et par des dissensions domestiques. Vibillius, roi des Hermundures, Vangion et Sidon, fils d'une propre sœur de Vannius, furent les auteurs de sa perte. Claude, quoique souvent sollicité, n'interposa point ses armes dans cette querelle des barbares; seulement il promit un asile sûr à Vannius, au cas qu'il fût chassé, et il écrivit à Hister, qui commandait dans la Pannonie, de tenir une légion prête le long du Danube, avec l'élite des auxiliaires de la province, pour protéger les vaincus et contenir les vainqueurs, qui dans l'ivresse de leurs succès, auraient pu troubler la paix de l'empire; car il ne cessait d'arriver des troupes innombrables de Lygiens et d'autres nations, sur la réputation des richesses que Vannius avait, depuis trente ans, accumulées dans ce royaume par le pillage et par les tributs. Vannius n'avait d'infanterie que ses Suèves, et de cavalerie que les Sarmates Iazyges : forces insuffisantes contre cette multitude d'ennemis. Aussi avait-il résolu de se renfermer dans ses places, et de traîner la guerre en longueur.

XXX. Mais les Sarmates, qui ne pouvaient supporter l'ennui d'un siége, et qui se répandaient dans les campagnes voisines, lui firent une nécessité de combattre, parce que toutes les forces de l'ennemi étaient tombées sur eux. Vannius, quittant donc ses forteresses, livra bataille et la perdit. Dans son malheur, toutefois, il conserva sa réputation, ayant combattu vaillamment de sa personne, et s'étant retiré couvert de blessures honorables. Il trouva une retraite dans la flotte qui l'attendait sur le Danube. Ses vassaux ne tardèrent point à le suivre, et on leur donna des terres dans la Pannonie, où ils se fixèrent. Van-

gion et Sidon partagèrent entre eux le royaume, et nous vouèrent un attachement inviolable; leurs sujets, soit qu'il faille en accuser leur inconstance ou la royauté même, après les avoir beaucoup aimés jusqu'à ce qu'ils devinssent leurs maîtres, les haïrent encore plus sitôt qu'ils le furent.

XXXI. En Bretagne, le propréteur Publius Ostorius trouva en arrivant la province pleine d'agitation. Les ennemis s'étaient jetés en foule sur les terres de nos alliés, avec d'autant plus de fureur qu'ils ne supposaient point que, l'hiver commencé, un nouveau général, avec des troupes qu'il ne connaissait pas, pût marcher à eux. Mais lui, sachant combien les premiers événements influent sur la confiance, accourt précipitamment avec les cohortes; et, après avoir taillé en pièces ce qui résista, poursuivi le reste sans relâche, dans la crainte qu'ils ne se ralliassent, et qu'une paix toujours troublée, toujours incertaine, n'ôtât le repos et au général et au soldat, il songe à désarmer les cantons suspects, et à former une chaîne de postes autour des rivières d'Auvone et de Sabrine. Ce projet les effaroucha, mais surtout les Icéniens, nation puissante, et qui n'avait point été affaiblie par des défaites, parce que d'abord elle était entrée volontairement dans notre alliance. A leur instigation, toutes les nations voisines choisirent un champ de bataille, entouré d'un rempart irrégulier, dont l'entrée étroite était inaccessible à la cavalerie. Le général romain, sans légions, avec les seules troupes des alliés, entreprend de forcer ces retranchements. Ayant disposé ses cohortes, il fait mettre pied à terre à sa cavalerie. Le signal donné, ils enfoncent les retranchements, et mettent en desordre les barbares, embarrassés dans leurs propres barricades. Toutefois la cons-

mutans, et odio accolarum, simul domesticis discordiis, circumventus. Auctores fuere Vibillius, Hermundurorum rex, et Vangio ac Sido, sorore Vannii geniti. Nec Claudius, quanquam sæpe oratus, arma certantibus barbaris interposuit, tutum Vannio perfugium promittens si pelleretur. Scripsitque P. Atellio Histro, qui Pannoniam præsidebat, legionem ipsaque in provincia lecta auxilia pro ripa componeret, subsidio victis, et terrorem adversus victores, ne, fortuna elati, nostram quoque pacem turbarent : nam vis innumera Lygii, aliæque gentes adventabant, fama ditis regni, quod Vannius triginta per annos prædationibus et vectigalibus auxerat. Ipsi manus propria pedites, eques e Sarmatis Iazygibus erat, impar multitudini hostium; eoque castellis sese defensare bellumque ducere statuerat.

XXX. Sed Iazyges, obsidionis impatientes et proximos per campos vagi, necessitudinem pugnae attulere, quia Lygius Hermundurusque illic ingruerant. Igitur degressus castellis Vannius funditur prœlio; quanquam rebus adversis, laudatus quod et pugnam manu capessiit, et corpore adverso vulnera excepit. Ceterum ad classem, in Danubio opperientem, perfugit. Secuti mox clientes, et, acceptis

agris, in Pannonia locati sunt. Regnum Vangio ac Sido inter se partivere, egregia adversus nos fide; subjectis, suone an servitii ingenio, dum adipiscerentur dominationem, multa caritate, et majore odio postquam adepti sunt.

XXXI. At in Britannia P. Ostorium, pro prætore, turbidae res excepere, effusis in agrum sociorum hostibus, eo violentius quod novum ducem, exercitu ignoto et cœpta hieme, iturum obviam non rebantur. Ille, gnarus primis eventibus metum aut fiduciam gigni, citas cohortes rapit; et, caesis qui restiterant, disjectos consectatus, ne rursus conglobarentur, infensaque et infida pax non duci, non militi requiem permitteret, detrahere arma suspectis, cinctosque castris, ad Auvonam et Sabrinam fluvios, cohibere parat. Quod primi Iceni abnuere, valida gens, nec præliis contusi, quia societatem nostram volentes accesserant; hisque auctoribus, circumjectae nationes locum pugnae delegere, septum agresti aggere, et aditu angusto, ne pervius equiti foret. Ea munimenta dux romanus, quanquam sine robore legionum sociales copias ducebat, perrumpere aggreditur, et, distributis cohortibus, turmas quoque peditum ad munia accingit. Tunc, dato signo, perfringunt agge-

cience de leur révolte, jointe à l'impossibilité de fuir, fit faire aux Bretons des prodiges de valeur. Dans ce combat, le fils du lieutenant, Marcus Ostorius, mérita l'honneur de la couronne civique.

XXXII. La défaite des Icéniens contint ceux qui balançaient entre la guerre et la paix, et l'armée avança contre les Canges. On ravagea leurs champs; on fit beaucoup de butin; l'ennemi n'osa point paraître en bataille; il tenta seulement d'inquiéter la marche par des escarmouches furtives, et fut toujours repoussé. Déjà on touchait à la mer située en face de l'Hibernie, lorsque des dissensions qui s'étaient élevées parmi les Brigantes rappelèrent le général, décidé à ne point tenter de nouvelles conquêtes qu'il n'eût assuré les anciennes. En punissant de mort quelques séditieux, et en pardonnant aux autres, on eut bientôt pacifié les Brigantes. Il n'en était pas ainsi des Silures : ni terreur, ni clémence n'obtenaient rien d'eux; toujours les armes à la main, il n'y avait que des légions toujours campées qui pussent les tenir assujettis. Pour y parvenir plus tôt, Ostorius établit à Camalodunum, une colonie nombreuse de vétérans, destinés en même temps et à contenir les rebelles et à civiliser les alliés.

XXXIII. On marcha ensuite contre les Silures, dont l'intrépidité naturelle était encore soutenue par leur confiance en Caractacus, lequel, par beaucoup de revers et par beaucoup de succès, s'était élevé à une réputation qui éclipsaient tous les autres généraux de la Bretagne. Plus rusé capitaine, employant mieux les ressources du terrain, mais commandant des troupes bien inférieures, il transporte la guerre chez les Or-

doviques. Là, renforcé de tous ceux qui craignaient la paix des Romains, il hazarde enfin une affaire générale. Il avait choisi son champ de bataille de manière que l'entrée, la sortie, tout enfin était contraire à notre armée et favorable à la sienne. Tout autour régnaient des monts escarpés : là, où la pente plus douce permettait un accès plus libre, des pierres entassées formaient une sorte de rempart, au-devant coulait une rivière, dont les gués étaient dangereux ; une infanterie nombreuse bordait les retranchements.

XXXIV. De plus, les chefs des différentes nations allaient, exhortaient, rassuraient les esprits en affaiblissant le péril, en exagérant les espérances, en employant tous les moyens qui excitent à la guerre. Caractacus volait dans tous les rangs; il leur annonçait ce jour et cette bataille comme une époque de liberté ou de servitude éternelle; il leur nommait tous ces braves Bretons qui avaient chassé le dictateur César, qui, par leur valeur, les avaient préservés des tributs et des haches, et avaient conservé pur l'honneur de leurs femmes et de leurs enfants. C'était à chaque mot un frémissement universel; chacun jurait par les dieux de son pays, que ni traits, ni blessures ne les feraient reculer d'un pas.

XXXV. Ces transports tinrent en suspens le général romain; d'ailleurs cette rivière, ce rempart ajouté, ces monts menaçants, toute l'horreur de ce lieu et de cette multitude sauvage l'épouvantaient. Mais le soldat demandait la bataille; il criait que rien n'était insurmontable à la valeur, et les préfets, les tribuns, tenant les mêmes discours, enflammaient encore l'enthousiasme de

---

rem, suisque claustris impeditos turbant. Atque illi, conscientia rebellionis et obseptis effugiis, multa et clara facinora fecere. Qua pugna filius legati, M. Ostorius, servati civis decus meruit.

XXXII. Ceterum clade Icenorum compositi qui bellum inter et pacem dubitabant; et ductus inde in Cangos exercitus. Vastati agri, prædæ passim actæ; non ausis aciem hostibus, vel, si ex occulto carpere agmen tentarent, punito dolo. Jamque ventum haud procul mari quod Hiberniam insulam adspectat; quum ortæ apud Brigantas discordiæ retraxere ducem, destinationis certum, ne nova moliretur nisi prioribus firmatis. Et Brigantes quidem, paucis qui arma ceptabant interfectis, in reliquos data venia, resedere. Silurum gens, non atrocitate, non clementia mutabatur, quin bellum exerceret, castrisque legionum premenda foret. Id quo promptius veniret, colonia Camulodunum, valida veteranorum manu, deducitur in agros captivos, subsidium adversus rebelles, et imbuendis sociis ad officia legum.

XXXIII. Itum inde in Siluras, super propriam ferociam, Caractaci viribus confisos; quem multa ambigua, multa prospera extulerant, ut ceteros Britannorum imperatores præmineret. Sed tum astu, locorum fraude prior, vi militum inferior, transfert bellum in Ordovicas additisque

qui pacem nostram metuebant, novissimum casum experitur; sumpto ad prælium loco, ut aditus, abscessus, cuncta nobis importuna et suis in melius essent. Tunc montibus arduis, et si qua clementer accedi poterant, in modum valli saxa præstruit; et præfluebat amnis vado incerto, catervæque armatorum pro munimentis constiterant.

XXXIV. Ad hoc gentium ductores circumire, hortari, firmare animos minuendo metu, accendenda spe, aliisque belli incitamentis. Enimvero Caractacus, huc illuc volitans, illum diem, illam aciem testabatur, aut reciperandæ libertatis, aut servitutis æternæ initium fore : vocabatque nomina majorum qui dictatorem Cæsarem pepulissent, quorum virtute, vacui a securibus et tributis, intemerata conjugum et liberorum corpora retinerent. Hæc atque talia dicenti adstrepere vulgus; gentili quisque religione obstringi, non telis, non vulneribus cessuros.

XXXV. Obstupefecit ea alacritas ducem romanum; simul objectus amnis, additum vallum, imminentia juga, nihil nisi atrox et propugnatoribus frequens terrebat. Sed miles prælium poscere, cuncta virtute expugnabilia clamitare; præfectique ac tribuni, paria disserentes, ardorem exercitus incendebant. Tum Ostorius, circumspectis quæ impenetrabilia quæque pervia, ducit infensos, amnemque haud difficulter evadit. Ubi ventum ad aggerem, dum

l'armée. Ostorius, après avoir observé les endroits accessibles et les passages praticables, les mène au combat ainsi animés, et il franchit la rivière sans difficulté. Arrivés au rempart, tant qu'on se battit avec les armes de trait, les blessés et les morts furent presque tous de notre côté. Mais, sitôt qu'à l'abri de la tortue on eut renversé cet amas informe de pierres amoncelées sans art, et que le combat se fut engagé de près sur un même niveau, les barbares furent obligés de se replier sur le sommet des montagnes. Nos soldats les y suivent, non-seulement les troupes légères, mais jusqu'aux légionnaires même, malgré le poids de leurs armes; les uns pressaient l'ennemi par leurs traits, par l'agilité de leurs bonds, les autres par leur marche serrée; tandis qu'au contraire la confusion s'était mise dans les rangs des Bretons, qui ne portent ni casque ni cuirasse. S'ils faisaient face aux auxiliaires, ils tombaient sous l'épée, sous le javelot des légionnaires; s'ils tenaient tête à ceux-ci, le sabre et les javelines des auxiliaires les harcelaient. Cette victoire fut signalée; on prit la femme et la fille de Caractacus; ses frères aussi se rendirent à discrétion.

XXXVI. Pour lui (mais il n'est point d'asile sûr pour le malheur), il avait cru trouver une retraite chez Cartismandua, reine des Brigantes; il est trahi et remis enchaîné aux vainqueurs. C'était la neuvième année, depuis qu'on avait commencé la guerre en Bretagne. Sa renommée avait franchi les îles, parcouru les provinces voisines et, et pénétré même en Italie. On était impatient de voir le guerrier qui depuis tant d'années bravait notre puissance. A Rome même, le nom de Caractacus n'était point sans célébrité; et Claude, en voulant rehausser sa gloire augmenta celle de son captif.

Le peuple fut invité, comme à un spectacle extraordinaire. Les prétoriens se rangèrent en armes dans la plaine qui borde leur camp. Les vassaux du roi, les caparaçons, les colliers et tous les trophées de ses victoires sur les étrangers, puis ses frères, sa femme et sa fille, furent montrés en pompe à la multitude; enfin il parut lui-même. La crainte dicta aux autres des prières pusillanimes; Caractacus, sans humilier ses regards, sans dire un mot qui mendiât la pitié, arrivé près du tribunal, parla ainsi :

XXXVII. « Si ma modération dans la prospérité eût égalé ma naissance et ma fortune, je « serais venu ici l'ami des Romains, non leur « captif, et vous n'eussiez point dédaigné l'alliance « d'un monarque issu d'aïeux illustres et souve- « rain de plusieurs nations. Maintenant le sort « m'avilit autant qu'il vous élève. J'avais des « chevaux, des armes, des soldats, des richesses; « est-il étonnant que je voulusse conserver ces « biens? Si votre ambition veut donner des fers à « tous, est-ce une raison pour que tous les accep- « tent? Au reste, une soumission prompte n'eût « illustré ni mon nom, ni votre victoire. Si vous « ordonnez mon supplice, on m'oubliera bientôt; « si vous me laissez vivre, ma vie immortali- « sera votre clémence. » Claude lui répondit en lui accordant sa grâce, ainsi qu'à sa femme et à ses frères. Ils allèrent, après qu'on eût détaché leurs chaînes, rendre à Agrippine, qui était assise non loin de la sur une estrade élevée, les mêmes respects et les mêmes actions de grâces qu'au prince. C'était, certes, une étrange nouveauté dans nos mœurs, de voir une femme présider les enseignes romaines. Mais elle-même se disait appelée au partage d'un empire qu'avaient fondé ses aïeux.

missilibus certabatur, plus vulnerum in nos et pleræque cædes oriebantur. Posteaquam, facta testudine, rudes et informes saxorum compages distractæ, parque cominus acies, decedere barbari in juga montium. Sed eo quoque irrupere ferentarius gravisque miles : illi telis assultantes, hi conserto gradu; turbatis contra Britannorum ordinibus, apud quos nulla loricarum galearumve tegmina; et, si auxiliaribus resisterent, gladiis ac pilis legionariorum, si huc verterent, spathis et hastis auxiliarium sternebantur. Clara ea victoria fuit, captaque uxore et filia Caractaci, fratres quoque in deditionem accepti.

XXXVI. Ipse (ut ferme intuta sunt adversa), quum fidem Cartismanduæ, reginæ Brigantum, petivisset, vinctus ac victoribus traditus est, nono post anno quam bellum in Britannia cœptum. Unde fama ejus evecta insulas, et proximas provincias pervagata, per Italiam quoque celebrabatur; avebantque visere, quis ille tot per annos opes nostras sprevisset. Ne Romæ quidem ignobile Caractaci nomen erat; et Cæsar, dum suum decus extollit, addidit gloriam victo. Vocatus quippe, ut ad insigne spectaculum, populus. Stetere in armis prætoriæ cohortes, campo qui castra præjacet. Tum, incedentibus regiis clientelis, phaleræ tor-

quesque, quæque externis bellis quæsierat, traducta, mox fratres et conjux et filia; postremo ipse ostentatus. Ceterorum preces degeneres fuere, ex metu. At non Caractacus, aut vultu demisso aut verbis, misericordiam requirens, ubi tribunali adstitit, in hunc modum locutus est :

XXXVII. « Si, quanta nobilitas et fortuna mihi fuit, « tanta rerum prosperarum moderatio fuisset, amicus potius in hanc urbem quam captus venissem; neque dedignatus esses claris majoribus ortum, pluribus gentibus « imperitantem, fœdere pacis accipere. Præsens sors mea, « ut mihi informis, sic tibi magnifica est : habui equos, « viros, arma, opes; quid mirum, si hæc invitus amisi? « Non, si vos omnibus imperitare vultis, sequitur ut « omnes servitutem accipiant. Si statim deditus traderer, « neque mea fortuna, neque tua gloria inclaruisset : et « supplicium mei oblivio sequeretur; at si incolumem ser- « vaveris, æternum exemplar clementiæ ero. » Ad ea Cæsar veniam ipsique et conjugi et fratribus tribuit. Atque illi, vinclis exsoluti, Agrippinam quoque, haud procul alio suggestu conspicuam, iisdem quibus principem laudibus gratibusque venerati sunt; novum sane ac moribus veterum insolitum, feminam signis romanis præsidere :

XXXVIII. Les sénateurs que l'on assembla ensuite s'étendirent en termes magnifiques sur la prise de Caractacus, et ils l'exaltèrent comme un exploit non moins glorieux que la prise de Siphax par Scipion, de Persée par Paul-Émile, et des autres rois que nos généraux avaient fait voir enchaînés au peuple romain. On décerna à Ostorius les ornements du triomphe. Sa fortune, constante jusqu'à ce jour, éprouva, depuis, des variations, soit que, délivré de Caractacus, et supposant la guerre finie, il se relâchât sur la sévérité de la discipline, soit que la pitié pour un si grand monarque eût allumé dans tous les cœurs une vive ardeur de vengeance. Des cohortes légionnaires qu'on avait laissées avec un préfet de camp, chez les Silures, pour y construire des forts, furent enveloppées. Si des postes les plus voisins on n'eût accouru en diligence, c'était fait de la troupe entière; et, malgré ce secours, on perdit encore le préfet, huit centurions, et les plus braves soldats. A quelques jours de là, ils attaquent nos fourrageurs. Un détachement de cavalerie vient les soutenir; il est mis en fuite.

XXXIX. Ostorius envoie des troupes légères; elles sont encore repoussées. Il ne fallut rien moins que la masse imposante des légions pour arrêter le désordre et remettre de l'égalité dans le combat. Nous finîmes cependant par avoir l'avantage; mais, comme le jour tombait, les ennemis se sauvèrent avec peu de perte. Depuis, dans les marais, dans les bois, les partis se rencontrant ou se cherchant par animosité, par cupidité, tumultuairement, de concert, par l'ordre et quelquefois à l'insu des chefs, il se livra nombre de petits combats, qui, la plupart, ressemblaient à des surprises de brigands. Les Silures y mettaient un acharnement inconcevable, se rappelant avec fureur ce mot du général romain, « Qu'il fallait les traiter comme autrefois « les Sicambres, qu'on avait détruits et trans- « portés dans les Gaules; qu'il fallait de même « anéantir jusqu'au nom des Silures. » Ils enlèvent deux cohortes auxiliaires, que l'avarice de leur préfet menait au pillage sans précaution. Avec les dépouilles et avec les prisonniers, ils font des largesses aux autres nations, et les entraînent à la révolte. Enfin Ostorius, accablé de dégoûts et de chagrins, mourut au grand contentement des barbares, qui, délivrés d'un général redoutable, attribuaient sa mort, du moins à la guerre, si ce n'était à leur épée.

XL. Claude, ayant appris la mort de son lieutenant, et ne voulant point laisser la province sans chef, nomma Aulus Didius. Celui-ci fit la plus grande diligence, et toutefois il trouva les Romains déjà entamés; dans l'intervalle, une légion, sous les ordres de Manlius Valens, avait été battue. L'importance de cet échec fut enflée sur les lieux par les ennemis, afin d'effrayer le nouveau général; et à Rome par le général lui-même, afin de se ménager plus de gloire, s'il rétablissait les affaires, ou, s'il n'y réussissait pas, une excuse plus légitime. C'étaient encore les Silures qui nous avaient causé cette perte; leurs courses s'étendaient au loin, lorsque Didius, à son arrivée, les repoussa. Depuis la prise de Caractacus, le meilleur général des barbares était Vénusius, de la nation des Brigantes, comme je l'ai dit plus haut, et longtemps attaché aux Romains, qui l'avaient protégé de leurs armes, tant qu'il était resté l'époux de la reine Cartismandua. Depuis leur divorce, qui fut aussitôt suivi d'une guerre, il nous avait enveloppés dans son inimitié. Toutefois nous

---

ipsa semet parti a majoribus suis imperii sociam ferebat.
XXXVIII. Vocati posthac patres multa et magnifica super captivitate Caractaci disseruere; neque minus id clarum quam quum Siphacem P. Scipio, Persen L. Paulus, et si qui alii vinctos reges populo romano ostendere. Censeri Ostorio triumphi insignia; prosperis ad id rebus ejus, mox ambiguis : sive quod, amoto Caractaco, quasi debellatum foret, minus intenta apud nos militia fuit, sive hostes miseratione tanti regis, acrius ad ultionem exarsere. Præfectum castrorum et legionarias cohortes, extruendis apud Siluras præsidiis relictas, circumfundunt. Ac, ni cito e vicis et castellis proximis subventum foret, copia tum occidione occubuissent : præfectus tamen et octo centuriones, ac promptissimus quisque manipulus, cecidere. Nec multo post pabulantes nostros missasque ad subsidium turmas profligant.
XXXIX. Tum Ostorius cohortes expeditas exposuit; nec ideo fugam sistebat, ni legiones prælium excepissent. Earum robore æquata pugna, dein nobis pro meliore fuit : effugere hostes, tenui damno, quia inclinabat dies. Crebra hinc prælia et sæpius in modum latrocinii : per saltus, per paludes, ut cuique fors aut virtus; temere, proviso; ob iram, ob prædam; jussu, et aliquando ignaris ducibus : ac præcipua Silurum pervicacia, quos accendebat vulgata imperatoris romani vox, « ut quondam Sugambri excisi et in Gallias trajecti forent, ita Silurum nomen penitus exstinguendum. » Igitur duas auxiliares cohortes, avaritia præfectorum incautius populantes, intercepere; spoliaque et captivos largiendo, ceteras quoque nationes ad defectionem trahebant : quum tædio curarum fessus Ostorius concessit vita; lætis hostibus, tanquam ducerem haud spernendum, etsi non prælium, at certe bellum absumpsisset.

XL. At Cæsar, cognita morte legati, ne provincia sine rectore foret, A. Didium suffecit. Is, prospere vectus, non tamen integras res invenit, adversa interim legionis pugna, cui Manlius Valens præerat : auctaque et apud hostes ejus rei fama, quo venientem ducem exterrerent; atque illo augente audita, ut major laus compositis, vel, si duravissent, venia justior tribueretur. Silures id quoque damnum intolerant, lateque persultabant, donec accursu Didii pellerentur. Sed, post captum Caractacum, præcipuus scientia rei militaris Venusius, e Brigantum civitate, ut supra memoravi, fidusque diu et romanis armis defensus, quum Cartismanduam reginam matrimonio teneret,

n'étions pas d'abord mêlés dans leurs combats. Bientôt Cartismandua surprit par artifice le frère et les parents de Vénusius; ce qui ulcéra les Bretons, dont la fierté d'ailleurs s'indignait d'obéir à une femme. Une troupe nombreuse de leurs plus braves guerriers fond sur ses États. Ce fut au moment de cette irruption que nos auxiliaires marchèrent au secours de la reine; ils eurent à soutenir un rude combat, qui finit plus heureusement qu'il n'avait commencé. Il en fut de même d'un autre que Césius Nasica livra avec sa légion; car Didius, appesanti par l'âge et rassasié d'honneurs, se contentait d'agir par autrui, comme il se borna à repousser l'ennemi. Ces exploits des deux propréteurs, Ostorius et Didius, ont occupé plusieurs années; je les ai réunis, afin que le rapprochement des faits les gravât plus facilement dans la mémoire. Je reprends maintenant l'ordre des temps.

XLI. Sous le cinquième consulat de Claude et celui d'Orphitus, on revêtit Néron, encore enfant, de la robe virile, afin qu'il parût déjà capable de gouverner. Le sénat, dans ses adulations, demandait que Néron prît possession du consulat à vingt ans, qu'en attendant il fût désigné consul, qu'il eût hors de Rome le pouvoir proconsulaire, et qu'il fût nommé prince de la jeunesse; Claude condescendit à tout. On distribua, au nom de Néron, le *donativum* aux soldats, le *congiarium* au peuple; et, dans les jeux du cirque, qui se donnaient pour lui concilier la faveur publique, Britannicus parut en prétexte, et Néron en robe triomphale, afin que les Romains, voyant l'un avec les habits de l'enfance, et l'autre avec les décorations impériales, entrevissent d'avance leurs destinées. Bientôt tous les tribuns et les centurions qui s'intéressaient au sort de Britannicus sont écartés sur des motifs supposés, les autres sous des prétextes honorables; le peu même qui restait d'affranchis fidèles et incorruptibles est chassé à l'occasion que voici. Néron et Britannicus s'étant rencontrés, le premier salua Britannicus par son nom; celui-ci appela Néron, Domitius. Ce mot, Agrippine le dénonce avec beaucoup d'emportement à son époux, comme un signal de discorde. C'était, disait-elle, se jouer de l'adoption; on annulait dans l'intérieur du palais un acte autorisé par le sénat et ordonné par le peuple. Si l'on ne punissait les indignes maîtres qui nourrissaient cet esprit de haine, il en résulterait la ruine de l'État. Claude, frappé de ces graves inculpations, condamne à l'exil et à la mort les gouverneurs de son fils les plus vertueux, et il le fait surveiller par d'autres du choix de sa marâtre.

XLII. Agrippine pourtant n'osait couronner encore son entreprise, avant d'avoir ôté le commandement des prétoriens à Crispinus et à Geta, qu'elle imaginait attachés à la mémoire et aux enfants de Messaline. Elle représente donc que cette double autorité divise le corps, que, sous un seul chef, la discipline sera mieux maintenue, et Claude en croit sa femme. La préfecture du prétoire est donnée à Burrus Afranius, guerrier d'une haute réputation, qui seulement savait trop à qui il devait sa place. Agrippine travaillait aussi à l'accroissement de sa propre grandeur; elle obtient de monter au Capitole sur un char suspendu honneur réservé de tout temps aux pontifes et aux statues des dieux, et qui ajoutait aux respects pour une femme la seule jusqu'à nos jours qu'on

---

mox, orto discidio et statim bello, etiam adversus nos hostilia induerat. Sed primo tantum inter ipsos certabatur, callidisque Cartismandua artibus fratrem ac propinquos Venusii intercepit. Inde accensi hostes, stimulante ignominia ne feminæ imperio subderentur, valida et lecta armis juventus, regnum ejus invadunt : quod nobis prævisum; et missæ auxilio cohortes acre prælium fecere, cujus, initio ambiguo, finis lætior fuit. Neque dispari eventu pugnatum a legione cui Cæsius Nasica præerat. Nam Didius, senectute gravis, et multa copia honorum, per ministros agere ut arcere hostem satis habebat. Hæc, quanquam a duobus, Ostorio Didioque, propræetoribus plures per annos gesta, conjunxi, ne divisa haud perinde ad memoriam sui valerent. Ad temporum ordinem redeo.

XLI. Ti. Claudio quintum, Ser. Cornelio Orphito consulibus, virilis toga Neroni maturata, quo capessendæ reipublicæ habilis videretur. Et Cæsar adulationibus senatus libens cessit ut vicesimo ætatis anno consulatum Nero iniret, atque interim designatus proconsulare imperium extra urbem haberet, ac princeps juventutis appellaretur. Additum nomine ejus donativum militi, congiarium plebi. Et ludicro Circensium, quod acquirendis vulgi studiis edebatur, Britannicus in prætexta, Nero triumphalium veste, transvecti sunt. Spectaret populus hunc decore imperatorio, illum puerili habitu, ac perinde fortunam utriusque præsumeret. Simul qui centurionum tribunorumque sortem Britannici miserabantur remoti fictis causis, et alii per speciem honoris : etiam libertorum si quis incorrupta fide, depellitur, tali occasione. Obvii inter se, Nero Britannicum nomine, ille Domitium, salutavere. Quod, ut discordiæ initium, Agrippina multo questu ad maritum defert : « sperni quippe adoptionem, quæque censuerint patres, jusserit populus, intra penates abrogari; ac, nisi pravitas tam infensa docentium arceatur, eruptura in publicam perniciem. » Commotus his quasi criminibus, Claudius optimum quemque educatorem filii exsilio ac morte afficit, datosque a noverca custodiæ ejus imponit.

XLII. Nondum tamen summa moliri Agrippina audebat, ni prætoriarum cohortium cura exsolverentur Lusius Geta et Rufius Crispinus, quos Messallinæ memores et liberis ejus devinctos credebat. Igitur distrahi cohortes ambitu duorum, et, si ab uno regerentur, intentiorem fore disciplinam asseverante uxore, transfertur regimen cohortium ad Burrum Afranium egregiæ militaris famæ, gnarum tamen cujus sponte præficeretur. Suum quoque fastigium Agrippina extollere altius : carpento Capitolium ingredi, qui mos, sacerdotibus et sacris antiquitus concessus, ve-

ait vue fille d'un César, sœur, femme et mère d'empereurs. On vit alors un exemple du peu de stabilité de la fortune des grands. Vitellius, le plus zélé serviteur d'Agrippine, dans tout l'éclat de sa faveur, aux extrémités de sa vie, fut en butte à une accusation de lèse-majesté. Le sénateur Junius Lupus lui reprochait de convoiter l'empire, et Claude se laissait persuader, si Agrippine, par menaces, plutôt que par prières, ne l'eût décidé au contraire à bannir l'accusateur ; seule punition qu'avait exigée Vitellius.

XLIII. Il y eut cette année beaucoup de prodiges. Des oiseaux sinistres vinrent se percher sur le Capitole. De fréquentes secousses de tremblements de terre renversèrent des maisons ; et comme, dans la crainte d'un plus grand désastre, le peuple se pressait en foule, il y eut beaucoup de personnes écrasées. La disette des grains, et la famine qui en fut la suite, s'expliquaient aussi comme une menace du ciel ; et l'on ne se borna point à des plaintes secrètes. Claude, occupé à rendre la justice, se vit assailli par des clameurs séditieuses, et poussé jusqu'à l'extrémité du forum, où on le pressait vivement, lorsqu'un gros de soldats parvint à l'arracher des mains d'une populace furieuse. Il est certain qu'il ne restait pas de vivres à Rome pour plus de quinze jours, et il n'y eut qu'une faveur particulière des dieux et la douceur de la saison qui nous garantirent des plus déplorables extrémités. L'Italie jadis fournissait-elle-même des blés aux provinces éloignées, et son sol n'est pas plus stérile aujourd'hui ; mais on préfère de labourer l'Afrique et l'Égypte, et l'on abandonne aux hasards de la mer la vie du peuple romain.

XLIV. Cette même année il s'éleva entre les Ibères et les Arméniens une guerre qui occasionna un choc violent entre les Parthes et les Romains. Vologèse, fils d'une courtisane grecque, régnait sur les Parthes, en vertu d'un accord fait avec ses frères ; l'Ibérie appartenait à Pharasmane par une longue possession de ses aïeux ; son frère Mithridate devait l'Arménie à la puissance romaine. Pharasmane avait un fils nommé Rhadamiste, d'une taille majestueuse, d'une force de corps singulière, d'une adresse admirable dans tous les exercices de son pays, et dont la réputation avait de l'éclat chez les peuples voisins. Celui-ci se plaignait de la médiocrité où la vieillesse de son père retenait le royaume d'Ibérie, et ses plaintes étaient trop emportées et trop fréquentes pour qu'on ne comprît pas ce qu'il désirait. Pharasmane, redoutant pour ses vieux jours un jeune homme qui avait tous les moyens de la puissance, et qu'il voyait entouré de l'affection des peuples, chercha à le distraire par d'autres espérances ; il lui fait envisager l'Arménie comme une conquête facile, puisque c'était lui-même qui, après en avoir chassé les Parthes, l'avait donnée à son frère ; mais il lui conseillait de différer les moyens violents, de préférer la ruse ; en surprenant Mithridate, il l'accablerait plus aisément. Rhadamiste, feignant donc d'avoir quelques démêlés avec son père, de ne pouvoir plus supporter les haines d'une marâtre, se rend chez son oncle, qui l'accueille avec une bonté extrême, et le traite comme un de ses enfants. Pendant que cet oncle, loin de rien soupçonner, le comblait chaque jour de nouveaux bienfaits, son neveu excitait à la révolte les grands de son royaume.

XLV. Ayant prétexté une réconciliation pour retourner vers son père, il lui apprend que ses intrigues ont préparé l'entreprise autant qu'elle pouvait l'être ; il demande des troupes pour ache-

---

nerationem augebat feminæ, quam imperatore genitam, sororem ejus qui rerum potius sit et conjugem et matrem fuisse, unicum ad hunc diem exemplum est. Inter quæ præcipuus propugnator ejus Vitellius, validissima gratia, ætate extrema (adeo incertæ sunt potentium res,) accusatione corripitur, deferente Junio Lupo senatore. Is crimina majestatis et cupidinem imperii objectabat. Præbuissetque aures Cæsar, nisi Agrippinæ minis magis quam precibus mutatus esset, ut accusatori aqua atque igne interdiceret : hactenus Vitellius voluerat.

XLIII. Multa eo anno prodigia evenere. Insessum diris avibus Capitolium, crebris terræ motibus prorutæ domus, ac, dum latius metuitur, trepidatione vulgi invalidus quisque obtriti. Frugum quoque egestas, et orta ex eo fames, in prodigium arcipiebatur. Nec occulti tantum questus ; sed jura reddentem Claudium circumvasere clamoribus turbidis, pulsumque in extremam fori partem vi urgebant, donec militum globo infensos perrupit. Quindecim dierum alimenta urbi, non amplius, superfuisse constitit ; magnaque deum benignitate et modestia hiemis rebus extremis subventum. At hercule olim ex Italiæ regionibus longinquas in provincias commeatus portabant ; nec nunc infecunditate laboratur, sed Africam potius et Ægyptum exercemus, navibusque et casibus vita populi romani permissa est.

XLIV. Eodem anno bellum, inter Armenios Iberosque exortum, Parthis quoque ac Romanis gravissimorum inter se motuum causa fuit. Genti Parthorum Vologeses imperitabat, materna origine ex pellice græca, concessu fratrum regnum adeptus. Iberos Pharasmanes vetusta possessione, Armenios frater ejus Mithridates obtinebat, opibus nostris. Erat Pharasmani filius nomine Rhadamistus, decora proceritate, vi corporis insignis, et patrias artes edoctus, claraque inter accolas fama. Is modicum Iberiæ regnum senecta patris detineri ferocius crebriusque jactabat quam ut cupidinem occultaret. Igitur Pharasmanes juvenem potentiæ promptæ, et studio popularium accinctum, vergentibus jam annis suis metuens, aliam ad spem trahere, et Armeniam ostentare, pulsis Parthis datam Mithridati a semet memorando ; sed vim differendam et potiorem dolum, quo incautum opprimerent. Ita Rhadamistus, simulata adversus patruum discordia, tanquam novercæ odiis impar, pergit ad patruum ; multaque ab eo comitate in speciem liberum cultus, primores Armeniorum ad res novas illicit, ignaro et ornante insuper Mithridate.

XLV. Reconciliationis specie assumpta, regressus ad

ver le reste. Alors Pharasmane invente un sujet de guerre : il suppose que, dans une négociation où il demandait du secours aux Romains contre le roi d'Albanie, il a été traversé par son frère ; il veut, dit-il, aller venger cette injure par la ruine de Mithridate, et il fait partir son fils avec une grande armée. Mithridate, effrayé d'une attaque imprévue, et ne pouvant tenir la campagne, fut réduit à se renfermer dans le château de Gornéas, place défendue par sa position et par une garnison romaine, que commandaient le préfet Pollion et le centurion Caspérius. Rien d'aussi peu connu des barbares que l'art des machines et les procédés d'un siége, tandis que c'est la partie de la guerre où nous excellons. Rhadamiste, après avoir tenté quelques attaques sans fruit ou avec perte, se borne à un blocus ; comptant peu sur la force, il attendait tout de la corruption : l'avare préfet fut gagné, malgré toutes les représentations du centurion, qui se récriait contre l'indignité de sacrifier à un vil intérêt un monarque allié, et de le dépouiller, par un crime, d'un royaume qu'il tenait de la munificence du peuple romain. Enfin, comme le préfet objectait toujours la grande supériorité de l'ennemi, et Rhadamiste les ordres de son père, Caspérius, ayant obtenu une suspension d'armes, partit pour aller détourner Pharasmane de la guerre, résolu, s'il échouait dans sa négociation, d'aller instruire Quadratus, commandant en Syrie, de l'état où se trouvait l'Arménie.

XLVI. Le préfet, délivré, par le départ du centurion, d'un surveillant qui le gênait, sollicite Mithridate de conclure le traité. Il insiste sur l'union fraternelle et sur les autres liens qui les unissaient, sur ce que Mithridate avait pour femme une fille de Pharasmane, et qu'il était lui-même beau-père de Rhadamiste ; il fait valoir d'un côté la perfidie trop connue des Arméniens, et, de l'autre, la modération des Ibères, qui ne se refusaient point à la paix, quoique plus forts dans le moment ; il ajoute enfin qu'ils n'avaient de ressources qu'un château dépourvu de vivres ; qu'il n'y avait point à hésiter entre la guerre et un accommodement qui épargnait le sang. Ces raisons ne persuadèrent point Mithridate ; il se défiait des conseils du préfet, qui l'avait outragé dans une de ses concubines, et qu'il croyait capable de tous les crimes qu'on lui payerait. Cependant Caspérius arrive à la cour de Pharasmane ; il demande la levée du siége. Le roi, l'amusant en public par des réponses équivoques, quelquefois même favorables, fait avertir Rhadamiste d'accélérer de manière ou d'autre la reddition de la forteresse. On augmente le prix de la trahison, et Pollion, corrompant sous main les soldats, les détermine à demander la paix, et à menacer de quitter la place. Mithridate, cédant à la nécessité, prit le jour et le lieu qu'on lui fixa pour le traité, et sortit du château.

XLVII. D'abord Rhadamiste, se précipitant dans ses bras, le reçoit avec tous les dehors de l'affection ; il lui prodigue les noms les plus tendres ; il s'engage par les serments les plus terribles à ne jamais attenter à ses jours par le fer ou par le poison, et il l'entraîne près de là dans un bois sacré, où il avait, disait-il, ordonné les apprêts d'un sacrifice, afin de sceller leur paix en présence des dieux. Quand ces rois font un traité, leur usage est de s'entrelacer les mains et de se faire attacher ensemble les pouces par un nœud très-serré ; lorsque le sang s'est porté aux extré-

patrem, quæ fraude confici potuerint prompta nunciat, cetera armis exsequenda. Interim Pharasmanes belli causas confingit : « prælianti sibi adversus regem Albanorum, et Romanos auxilio vocanti, fratrem adversatum ; eamque injuriam excidio ipsius ultum iturum. » Simul magnas copias filio tradidit : ille, irruptione subita territum exutumque campis, Mithridaten compulit in castellum Gorneas, tutum loco ac præsidio militum quis Cælius Pollio præfectus, centurio Casperius præerat. Nihil tam ignarum barbaris quam machinamenta et astus oppugnationum ; at nobis ea pars militiæ maxime gnara est. Ita Rhadamistus, frustra vel cum damno tentatis munitionibus, obsidium incipit ; et quum vis negligeretur, avaritiam præfecti emercatur, obtestante Casperio ne socius rex, ne Armenia, donum populi romani, scelere et pecunia verterentur. Postremo, quia multitudinem hostium Pollio, jussa patris Rhadamistus, obtendebant, pactus inducias abscedit ui, nisi Pharasmanen bello abstermisset, T. Ummidium Quadratum, præsidem Syriæ, doceret quo in statu Armeniæ forent.

XLVI. Digressu centurionis velut custode exsolutus, præfectus hortari Mithridaten ad sanciendum fœdus, « conjunctionem fratrum, ac priorem ætate Pharasmanen et cetera necessitudinum nomina » referens, « quod filiam ejus in matrimonio haberet, quod ipse Rhadamisto socer esset. Non abnuere pacem Iberos, quanquam in tempore validiores ; et satis cognitam Armeniorum perfidiam ; nec aliud subsidii quam castellum commeatu egenum : ne dubitaret armis incruentas conditiones malle. » Cunctante ad ea Mithridate, et suspectis præfecti consiliis, quod pellicem regiam polluerat, inque omnem libidinem venalis habebatur, Casperius interim ad Pharasmanen pervadit, utque Iberi obsidio decedant expostulat. Ille, propalam incerta et sæpius molliora respondens, secretis nunciis monet Rhadamistum oppugnationem quoquo modo celerare. Augetur flagitii merces, et Pollio, occulta corruptione, impellit milites ut pacem flagitarent seque præsidio abituros minitarentur. Qua necessitate Mithridates diem locumque fœderi accepit castelloque egreditur.

XLVII. Ac primo Rhadamistus, in amplexus ejus effusus, simulare obsequium, socerum ac parentem appellare. Adjicit jusjurandum non ferro, non veneno, vim allaturum : simul in lucum propinquum trahit, provisum illic sacrificium imperatum dictitans, ut diis testibus pax firmaretur. Mos est regibus, quoties in societatem coeant, implicare dextras, pollicesque inter se vincire nodoque

mités, une légère piqûre le fait jaillir, et ils en sucent mutuellement quelques gouttes. Cette sorte de traité passe pour inviolable, étant, pour ainsi dire, cimenté du sang des deux partis. Mais celui qu'on avait chargé des apprêts s'étant laissé tomber, comme par mégarde, saisit Mithridate aux genoux et le renverse par terre; d'autres en même temps se jettent sur lui et le chargent de chaînes; on le traîna les fers aux pieds, ce qui est le comble de l'ignominie chez les barbares; le peuple, traité durement sous son règne, l'accabla d'injures et de coups. Il y en avait pourtant qu'un aussi prodigieux changement de fortune attendrissait; sa femme, qui le suivait avec ses jeunes enfants, remplissait l'air de lamentations. On les renferma séparément dans des chariots couverts, en attendant les ordres de Pharasmane. L'appât d'un trône l'emportait sur un frère et sur une fille, dans ce cœur habitué au crime. Toutefois il voulut s'épargner le spectacle de leur mort; il ne les fit pas tuer devant lui. De son côté, Rhadamiste, fidèle à son serment, n'employa en effet ni le fer ni le poison contre sa sœur et son oncle. On les étend par terre, on les charge d'un amas d'étoffes pesantes, et on les étouffe. Les enfants même de Mithridate furent égorgés, pour avoir pleuré en voyant ce massacre d'un père et d'une mère.

XLVIII. Cependant Quadratus, instruit du malheur de Mithridate, et de l'usurpation de ses États par ses meurtriers, tient conseil, expose les faits, et demande s'il tirera vengeance. Peu s'intéressaient à l'honneur de la nation; la plupart se décident pour le parti le plus sûr. Il fallait se réjouir de tous ces crimes des étrangers, jeter même des semences de haine, à l'exemple de leurs empereurs, qui souvent, avaient donné cette même Arménie, à titre de largesse, mais en réalité pour exciter les troubles chez les barbares; on devait laisser jouir Rhadamiste, précisément parce qu'il avait mal acquis, parce qu'il était décrié, abhorré, ce qui valait mieux que s'il eût conquis avec gloire. Cet avis l'emporta. Cependant, pour ne point paraître avoir approuvé un crime, et dans la crainte d'un ordre contraire de Claude, on envoya sommer Pharasmane d'évacuer l'Arménie et de rappeler son fils.

XLIX. La Cappadoce avait pour procurateur Julius Péligrus, homme également méprisable, et par la bassesse de son âme, et par les difformités de son corps, mais qui avait vécu dans la plus intime familiarité avec Claude, lorsque ce prince était simple particulier, et que des bouffons amusaient son imbécile oisiveté. Ce Pélignus lève un corps d'auxiliaires dans la province, à dessein, disait-il, de reprendre l'Arménie; mais, faisant plus de mal aux alliés qu'à l'ennemi, abandonné des siens, harcelé par les barbares, dénué de ressources, il vient enfin trouver Rhadamiste. Gagné par ses présents, il est le premier à lui conseiller de prendre la couronne; il autorise son couronnement de sa présence, et lui sert même de satellite. Lorsque cette lâcheté fut divulguée avec ses circonstances honteuses, de peur qu'on ne jugeât des autres Romains par Pelignus, on fit partir le lieutenant Helvidius Priscus à la tête d'une légion, pour remédier aux troubles comme il le pourrait. Helvidius traversa en diligence le mont Taurus, et, par la douceur plus que par la force, il avait déjà commencé à

---

præstringere; mox, ubi sanguis in artus se extremos suffuderit, levi ictu cruorem eliciunt atque invicem lambunt: id fœdus arcanum habetur, quasi mutuo cruore sacratum. Sed tunc, qui ea vincula admovebat, decidisse simulans, genua Mithridatis invadit ipsumque prosternit; simulque concursu plurium injiciuntur catenæ, ac compede (quod dedecorum barbaris) trahebatur. Moxque vulgus, duro imperio habitum, probra ac verbera intentans. Et erant contra qui tantam fortunæ commutationem miserarentur. Secutaque cum parvis liberis conjux contia lamentatione complebat. Diversis et contectis vehiculis abduntur, dum Pharasmanis jussa exquirerentur. Illi cupido regni fratre et filia potior, animusque sceleribus paratus: visui tamen consuluit, ne coram interficerentur. Et Rhadamistus, quasi jurisjurandi memor, non ferrum, non venenum in sororem et patruum expromit; sed projectos in humum, et veste multa gravique opertos, necat. Filii quoque Mithridatis, quod cædibus parentum illacrymaverant, trucidati sunt.

XLVIII. At Quadratus, cognoscens proditum Mithridaten, et regnum ab interfectoribus obtineri, vocat consilium, docet acta, et an ulcisceretur consultat. Paucis decus publicum curæ; plures tuta disserunt: « omne scelus externum cum lætitia habendum; semina etiam odiorum jacienda, ut sæpe principes romani eamdem Armeniam, specie largitionis, turbandis barbarorum animis, præbuerint. Potiretur Rhadamistus male partis, dum invisus, infamis; quando id magis ex usu quam si cum gloria adeptus foret. » In hanc sententiam itum. Ne tamen annuisse facinori viderentur, et diversa Cæsar præciperet, missi ad Pharasmanen nuncii, ut absceredet a finibus Armeniis, filiumque abstraheret.

XLIX. Erat Cappadociæ procurator Julius Pelignus, ignavi animi, et deridiculo corporis juxta despiciendus, sed Claudio perquam familiaris, quum privatus olim conversatione scurrarum iners otium oblectaret. Is [Pelignus], auxiliis provincialium contractis, tanquam recuperaturus Armeniam, dum socios magis quam hostes prædatur, abscessu suorum et incursantibus barbaris, præsidii egens, ad Rhadamistum venit; donisque ejus evictus, ultro regium insigne sumere cohortatur, sumentique adest auctor et satelles. Quod ubi turpi fama divulgatum, ne ceteri quoque ex Peligno conjectarentur, Helvidius Priscus legatus cum legione mittitur, rebus turbidis pro tempore ut consuleret. Igitur propere montem Taurum transgressus, moderatione plura quam vi composuerat, quum redire in Syriam jubetur, ne initium belli adversus Parthos exsisteret.

ramener les esprits, lorsqu'il reçut l'ordre de rentrer en Syrie, afin de ne pas donner lieu à une guerre contre les Parthes.

L. Vologèse, jugeant le moment favorable pour se ressaisir de l'Arménie, ancienne possession de ses ancêtres, dont un étranger jouissait par un crime infâme, lève des troupes, et veut placer son frère Tiridate sur ce trône, afin qu'aucune branche de sa maison ne fût sans souveraineté. Au seul bruit de la marche des Parthes, les Ibères se retirèrent sans combattre; Artaxate et Tigranocerte, villes d'Arménie, ouvrirent leurs portes. Mais bientôt la rigueur de la saison, le défaut de précaution pour les subsistances, et la contagion qui naquit de cette double cause, forcent Vologèse d'évacuer pour le moment l'Arménie, et Rhadamiste y rentre aussitôt, plus terrible que jamais, ne croyant devoir aucun ménagement à des rebelles, qui, à la première occasion, le seraient encore. Quoique façonnés à l'esclavage, cet excès de dureté les révolte enfin, et ils courent en armes investir le palais.

LI. Rhadamiste ne dut son salut qu'à la vitesse des chevaux sur lesquels il se sauva lui et sa femme. Elle était enceinte. La crainte de l'ennemi et la tendresse pour son époux lui firent d'abord supporter les premières fatigues. Mais bientôt, ne pouvant tenir à des secousses continuelles qui déchiraient ses flancs et ses entrailles, elle conjura son époux de la dérober, par une mort honorable, aux outrages de la captivité. Rhadamiste, d'abord embrassa sa femme; il la relève, il l'encourage, tantôt frappé d'admiration pour sa vertu, tantôt tourmenté de la crainte que, s'il la laisse, un autre ne s'en empare. Enfin les fureurs de la jalousie l'emportent dans ce cœur déjà fait au crime; il tire son cimeterre, il la frappe; puis, la traînant vers l'Araxe, il la plonge dans le fleuve, ne voulant pas même que le corps pût être enlevé. De là il regagne à toute bride les États de son père. Zénobie (c'était le nom de cette femme) fut portée doucement vers le bord par le courant. Des bergers l'aperçurent qui respirait, qui donnait des signes de vie sensibles; et, d'après la noblesse de sa figure, lui supposant un rang élevé, ils pansent sa plaie, ils y appliquent les remèdes en usage aux champs. Quand ils eurent appris son nom et son aventure, ils la menèrent à Artaxate, d'où elle fut conduite, aux frais de la ville, vers Tiridate, qui l'accueillit avec bonté et la traita en reine.

LII. Sous le consulat de Faustus Sylla et de Salvius Otho, Furius Scribonianus fut exilé, parce que, disait-on, il questionnait les astrologues sur la durée de la vie du prince. On lui faisait encore un crime de sa mère Junia, et de l'impatience avec laquelle cette femme, qui était bannie, supportait sa situation. Le père de Furius était ce Camille qui avait pris les armes en Dalmatie; et Claude trouvait beaucoup de clémence à épargner pour la seconde fois une race ennemie. Furius ne jouit pas longtemps de cette faveur; il mourut peu de temps après, ou naturellement, ou empoisonné; car les historiens sont partagés sur ce point. On fit, pour chasser les astrologues d'Italie, un sénatus-consulte très-rigoureux et très-inutile. Il y eut une harangue du prince, où l'on donnait de grands éloges à ceux qui, à cause de la médiocrité de leur fortune, se retiraient volontairement du sénat, et il en exclut ceux qui, en restant ajoutaient l'impudence à la pauvreté.

LIII. On fit un règlement pour punir les femmes

L. Nam Vologeses casum invadendæ Armeniæ obvenisse ratus, quam, a majoribus suis possessam, externus rex flagitio obtineret, contrahit copias, fratremque Tiridaten deducere in regnum parat, ne qua pars domus sine imperio ageret. Incessu Parthorum, sine acie pulsi Iberi; urbesque Armeniorum Artaxata et Tigranocerta jugum accepere. Deinde atrox hiems, seu parum provisi commeatus, et orta ex utroque tabes, percellunt Vologesen omittere præsentia; vacuamque rursus Armeniam Rhadamistus invasit, truculentior quam antea, tanquam adversus defectores et in tempore rebellaturos. Atque illi, quamvis servitio sueti, patientiam abrumpunt, armisque regiam circumveniunt.

LI. Nec aliud Rhadamisto subsidium fuit quam pernicitas equorum, quis seque et conjugem abstulit. Sed conjux gravida, primam utcunque fugam, ob metum hostilem et mariti caritatem, toleravit; post, festinatione continua, ubi quati uterus, et viscera vibrantur, orare ut morte honesta contumeliis captivitatis eximeretur. Ille primo amplecti, allevare, adhortari, modo virtutem admirans, modo timore æger, ne quis relicta potiretur. Postremo, violentia amoris, et facinorum non rudis, destringit acinacem, vulneratamque ripam ad Araxis trahit, flumini tradit, ne corpus etiam auferretur : ipse præceps Iberos ad patrium regnum pervadit. Interim Zenobiam (id mulieri nomen) placida illuvie, spirantem ac vitæ manifestam, advertere pastores; et, dignitate formæ haud degenerem reputantes, obligant vulnus, agrestia medicamina adhibent; cognitoque nomine et casu, in urbem Artaxata ferunt, unde publica cura deducta ad Tiridaten, comiterque excepta, cultu regio habita est.

LII. Fausto Sulla, Salvio Othone consulibus, Furius Scribonianus in exsilium agitur, quasi finem principis per Chaldæos scrutaretur. Adnectebatur crimini Junia mater ejus, ut casus prioris (nam relegata erat) impatiens. Pater Scriboniani Camillus arma per Dalmatiam moverat; idque ad clementiam trahebat Cæsar, quod stirpem hostilem iterum conservaret. Neque tamen exsuli longa posthac vita fuit : morte fortuita, an per venenum exstinctus esset, ut quisque credidit, vulgavere. De mathematicis Italia pellendis factum senatusconsultum, atrox et irritum. Laudati dehinc oratione principis qui ob angustias familiares ordine senatorio sponte cederent, motique qui remanendo impudentiam paupertati adjicerent.

LIII. Inter quæ refertur ad patres de pœna feminarum quæ servis conjungerentur, statuiturque ut, ignaro domino

qui auraient des liaisons avec des esclaves, et l'on statua qu'elles seraient réputées esclaves, si c'était à l'insu du maître, et affranchies, si c'était de son consentement. Claude, ayant déclaré Pallas auteur de ce règlement, le consul désigné, Baréa Soranus, opina pour qu'on lui donnât les ornements de la preture et quinze millions de sesterces. Un Scipion ajouta qu'on le remercierait, au nom de l'empire, de ce qu'étant issu des rois d'Arcadie, il sacrifiait une très-ancienne noblesse à l'utilité publique, et souffrait d'être compté parmi les domestiques du prince. Claude répondit que Pallas, se bornant à l'honneur, voulait rester pauvre comme il l'était; et l'on grava publiquement sur l'airain un sénatus-consulte, où l'on exaltait, dans un affranchi, possesseur de trois cents millions de sesterces, le mérite d'un désintéressement antique.

LIV. Il s'en fallait que son frère, surnommé Félix, montrât encore cette modération, il était depuis longtemps intendant de la Judée; et il se croyait tout permis à l'ombre du pouvoir énorme de Pallas. Il est vrai que les Juifs avaient donné des signes de rébellion en se soulevant contre l'ordre de placer dans leur temple la statue de Caïus. Quoique la mort de ce prince eût arrêté l'exécution de cet ordre, la crainte restait de voir un autre empereur le renouveler. Et cependant Félix aigrissait le mal par des remèdes inconsidérés. Cumanus et lui se portaient à l'envi aux plus grands excès; car une partie de la province était sous les ordres de Cumanus. Dans ce partage, les Galiléens étaient échus à celui-ci, et à Félix les Samaritains, nations ennemies de tout temps, et qui, alors, par le mépris qu'elles avaient pour ces gouverneurs, contraignaient moins leur inimitié. C'était entre eux un pillage continuel; on ne voyait que brigands courir par troupes; ils dressaient des embuscades; ils en vinrent même à des combats en règle. Comme ils reportaient les dépouilles et le butin aux procurateurs, ceux-ci d'abord furent enchantés de ces troubles; bientôt le désordre devint alarmant ; ils voulurent interposer les armes des soldats ; les soldats furent taillés en pièces. Enfin, la province eût été en proie à toutes les horreurs de la guerre, si Quadratus, gouverneur de Syrie, ne fût venu au secours des habitants. Son parti fut bientôt pris pour les Juifs, qui s'étaient emportés jusqu'à massacrer les soldats : il leur fit payer cet attentat de leur tête. Cumanus et Félix l'embarrassaient davantage; car le prince, instruit des causes de la révolte, lui avait donné pouvoir aussi de statuer sur les procurateurs. Mais Quadratus affecta de faire voir Félix au nombre des juges, afin que la vue du coupable, siégant sur son tribunal, intimidât le zèle des accusateurs. Cumanus seul fut puni des délits communs à tous deux, et le calme se rétablit dans la province.

LV. A quelque temps de là, des tribus de ces Ciliciens sauvages, nommés Clites, se révoltèrent, comme elles avaient fait plus d'une fois à différentes époques. Leur chef était Trosobore. Elles s'étaient postées sur des montagnes escarpées, où elles avaient établi un camp. De là elles faisaient des incursions sur la côte et dans les villes ; elles enlevaient les cultivateurs et les habitants, souvent même les commerçants et les matelots. Elles osèrent même assiéger la ville d'Anémur. On envoya, de Syrie, au secours de la place, un détachement de cavalerie sous les

---

ad id prolapsæ, in servitute, sin consensisset, pro libertis haberentur. Pallanti, quem repertorem ejus relationis ediderat Cæsar, prætoria insignia et centies quinquagies sestertium censuit consul designatus, Barea Soranus. Additum a Scipione Cornelio « grates publice agendas, quod, regibus Arcadiæ ortus, veterrimam nobilitatem usui publico postponeret, seque inter ministros principis haberi sineret. » Asseveravit Claudius contentum honore Pallantem intra priorem paupertatem subsistere. Et fixum est ære publico senatusconsultum quo libertinus, sestertii ter millies possessor, antiquæ parcimoniæ laudibus cumulabatur.

LIV. At non frater ejus, cognomento Felix, pari moderatione agebat, jam pridem Judææ impositus, et cuncta malefacta sibi impune ratus, tanta potentia subnixo. Sane præbuerant Judæi speciem motus, orta seditione, postquam, cognita cæde Caii, haud obtemperatum esset; manebat metus ne quis principum eadem imperitaret. Atque interim Felix intempestivis remediis delicta accendebat, æmulo ad deterrima Ventidio Cumano, cui pars provinciæ habebatur; ita divisis ut huic Galilæorum natio, Felici Samaritæ parerent, discordes olim, et tum, contemptu regentium, minus coercitis odiis. Igitur raptare inter se, immittere latronum globos, componere insidias, et aliquando præliis congredi, spoliaque et prædas ad procuratores referre. Hique primo lætari; mox, gliscente pernicie, quum arma militum interjecissent, cæsi milites. Arsissetque bello provincia, ni Quadratus, Syriæ rector, subvenisset. Nec diu adversus Judæos qui in necem militum prorupera dubitatum quin capite pœnas luerent. Cumanus et Felix cunctationem afferebant, quia Claudius, causis rebellionis auditis, jus statuendi etiam de procuratoribus dederat. Sed Quadratus Felicem inter judices ostentavit, receptum in tribunal, quo studia accusantium deterrerentur; damnatusque flagitiorum quæ duo deliquerant Cumanus, et quies provinciæ reddita.

LV. Nec multo post agrestium Cilicum nationes, quibus Clitarum cognomentum, sæpe et alias commotæ, tunc, Trosobore duce, montes asperos castris cepere; atque inde, decursu in littora aut urbes, vim cultoribus et oppidanis, ac plerumque in mercatores et navicularios, audebant. Obsessaque civitas Anemuriensis, et missi e Syria in subsidium equites, cum præfecto Curtio Severo, turbantur, quod duri circum loci, peditibusque ad pugnam idonei, equestre prælium haud patiebantur. Dein rex ejus oræ Antiochus blandimentis adversus plebem, fraude in

ordres du préfet Curtius Sévérus. Le détachement fut battu, parce que le terrain, fort montueux, favorable pour des troupes de pied, ne l'etait nullement pour un combat de cavalerie. Antiochus, roi de cette contrée, en caressant la multitude, en trompant le chef et semant la division chez les barbares, eut bientôt dissipé ce mouvement. Il fit mourir Trosobore et un petit nombre des principaux rebelles; il s'assura du reste par la clémence.

LVI. Vers le même temps, on acheva de couper la montagne qui sépare le lac Fucin du Liris; et, afin d'avoir plus de témoins de la magnificence de l'ouvrage, on prépara sur le lac même, un combat naval, à l'exemple d'Auguste, qui, ayant fait creuser un étang en deçà du Tibre, avait donné un spectacle pareil, mais avec de petits bâtiments et en moindre nombre. Claude arma des galères à trois et quatre rangs de rames; elles étaient montées par dix-neuf mille hommes. Des esquifs bordaient tous les contours du lac, afin d'empêcher la fuite et les écarts; on laissa toutefois un espace suffisant pour déployer la vigueur de la chiourme, l'art des pilotes, la vitesse des vaisseaux, et toutes les manœuvres de ces sortes de combats. Les compagnies et les escadrons des troupes prétoriennes étaient rangés sur des esquifs, au-devant desquels on avait dressé un rempart d'où l'on pût faire jouer, au besoin, les catapultes et les ballistes. Les combattants, sur des vaisseaux pontés, occupaient le reste du lac. Depuis la rive jusqu'au penchant des collines et au sommet des montagnes, était rangée en amphithéâtre une multitude immense accourue des villes voisines, quelques-uns même de Rome, par curiosité, ou pour faire leur cour au prince. Claude, revêtu d'un magnifique habit de guerre, et non loin de lui Agrippine, en Chlamyde tissue d'or, présidèrent au spectacle.

Les combattants n'étaient que des malfaiteurs, et ils montrèrent l'intrépidité des plus braves guerriers. Quand il y eut beaucoup de sang répandu, on fit grâce au reste.

LVII. Le spectacle achevé, on ouvrit le canal pour l'écoulement des eaux; et alors parut visiblement l'imperfection de l'ouvrage : le canal n'était pas assez profond pour recevoir toutes les eaux du lac ou même la moitié. On recommença donc, au bout de quelque temps, à creuser plus avant; et, pour attirer de nouveau la multitude, on donna un spectacle de gladiateurs sur des ponts construits exprès pour ce combat. Un grand festin fut servi près du lieu où le lac devait se décharger; mais quand on vit toutes ces eaux, en se précipitant, entraîner les bords du canal, et ébranler par leur fracas ou épouvanter par leur bruit le sol qu'elles n'avaient pas envahi, il y eut parmi les convives une consternation générale. Agrippine profita de la frayeur de Claude pour l'exciter contre Narcisse, l'entrepreneur de ces travaux; elle accusait sa cupidité et ses brigandages. Narcisse, de son côté, ne se taisait point sur cette domination impérieuse d'une femme et sur son ambition démesurée.

LVIII. Sous le consulat de Décimus Junius et de Quintus Hatérius, Néron, âgé de seize ans épousa Octavie, fille de Claude. Et, afin que des occupations honorables, que les succès de l'éloquence commençassent à lui donner quelque éclat, on le chargea de la cause des Troyens; et après qu'il eut développé, avec assez de grâce, notre descendance de Troie, l'extraction des Jules qui remontent à Énée, et toutes ces traditions anciennes qui se perdent dans les temps fabuleux, on lui accorda l'exemption, pour les Troyens, de toutes les charges publiques. Le même Néron porta la parole pour Bologne, pour

ducem, quum barbarorum copias dissociasset, Trosobore paucisque primoribus interfectis, ceteros clementia composuit.

LVI. Sub idem tempus, inter lacum Fucinum amnemque Lirin perrupto monte, quo magnificentia operis a pluribus viseretur, lacu in ipso navale prœlium adornarat, ut quondam Augustus, structo cis Tiberim stagno, sed levibus navigiis et minore copia, ediderat. Claudius triremes quadriremesque et undeviginti hominum millia armavit, cincto ratibus ambitu ne vaga effugia forent, ac tamen spatium amplexus ad vim remigii, gubernantium artes, impetus navium, et prælio solita. In ratibus prætoriarum cohortium manipuli turmæque adstiterant, antepositis propugnaculis, ex quis catapultæ balistæque tenderentur. Reliqua lacus classiarii tectis navibus obtinebant. Ripas et colles a montium edita, in modum theatri, multitudo innumera complevit, proximis e municipiis, et alii urbe ex ipsa, visendi cupidine aut officio in principem. Ipse insigni paludamento, neque procul Agrippina chlamyde aurata, præsedere Pugnatum, quanquam inter sontes, fortium virorum animo; ac, post multum vulnerum, occidioni exempti sunt.

LVII. Sed, perfecto spectaculo, apertum aquarum iter. Incuria operis manifesta fuit, haud satis depressi ad lacus ima vel media. Eoque, tempore interjecto, altius effossi specus; et, contrahendæ rursus multitudini, gladiatorum spectaculum editur, inditis pontibus pedestrem ad pugnam. Quin et convivium effluvio lacus appositum magna formidine cunctos affecit, quia vis aquarum prorumpens proxima trahebat, convulsis ulterioribus, aut fragore et sonitu exterritis. Simul Agrippina, trepidatione principis usa, ministrum operis Narcissum incusat cupidinis ac prædarum; nec ille reticet, impotentiam muliebrem nimiasque spes ejus arguens.

LVIII. D. Junio, Q. Haterio consulibus, sedecim annos natus Nero Octaviam, Cæsaris filiam, in matrimonium accepit. Utque studiis honestis et eloquentiæ gloria nitesceret, causa Iliensium suscepta, Romanum Troja demissum et Juliæ stirpis auctorem Æneam, aliaque haud procul fabulis vetera facunde exsecutus, perpetrat ut Ilienses

Rhodes et pour Apamée. Bologne, ruinée par un incendie, reçut un secours de dix millions de sesterces. On rendit aux Rhodiens la liberté qu'ils avaient souvent perdue ou recouvrée, selon qu'ils avaient rendu des services à Rome dans ses guerres, ou qu'ils l'avaient offensée par leurs dissensions domestiques. Apamée, détruite par un tremblement de terre, fut déchargée de tout tribut pendant cinq ans.

LIX. Cependant l'artificieuse Agrippine poussait la faiblesse de Claude aux plus grandes cruautés. Des richesses immenses donnaient un grand éclat à Statilius Taurus, et ses jardins irritaient la cupidité d'Agrippine. Elle le fait accuser, à leur retour du proconsulat d'Afrique, par Tarquitius Priscus, son propre lieutenant. On lui imputait bien quelques concussions; mais le fond de l'accusation roulait sur des superstitions magiques. Taurus ne put supporter l'indignité de ces calomnies et l'humiliation du rôle d'accusé; il se tua avant le jugement. Tarquitius n'en fut pas moins chassé du sénat; les sénateurs, indignés de sa délation, emportèrent ce décret malgré toutes les sollicitations d'Agrippine.

LX. On avait cette année entendu dire souvent au prince que les jugements des procurateurs devaient avoir la même force que les siens même; et, pour qu'on ne crût pas ce mot échappé au hasard, un sénatus-consulte leur confirma ce privilége, d'une manière plus formelle et plus étendue qu'ils ne l'avaient auparavant. Auguste avait d'abord décidé que les chevaliers qui commandaient en Égypte auraient l'administration de la justice, et leurs décrets la même sanction que ceux des magistrats romains. On ne tarda point à attribuer depuis aux chevaliers, dans d'autres provinces, et à Rome, beaucoup d'affaires qui jadis étaient portées devant les préteurs. Claude leur en abandonna les jugements en entier, objet pour lequel il y eut tant de séditions et de combats, lorsque les lois semproniennes mirent l'ordre équestre en possession de ce droit, et qu'ensuite les lois serviliennes le rendirent au sénat, ce qui fut encore la principale cause des guerres de Sylla et de Marius. Mais alors c'étaient les différents ordres de l'État qui se choquaient, et l'ordre à qui était restée la victoire avait toute la puissance publique. Caïus Oppius et Cornélius Balbus, furent les premiers que la volonté de César institua arbitres souverains de la paix et de la guerre. Depuis, on a vu les Matius, les Védius, et d'autres simples chevaliers romains revêtus d'un pouvoir énorme; mais à quoi bon les citer, lorsque des affranchis, lorsque de simples régisseurs de ses domaines venaient d'être égalés par Claude à lui-même et aux lois?

LXI. Il proposa ensuite d'affranchir de tout tribut les insulaires de Cos; et il entra dans de grands détails sur leur antiquité. Il dit que les Argiens, suivant les uns, que, selon d'autres, Céus, père de Latone, avaient été les premiers habitants du pays; que, depuis, Esculape leur avait apporté l'art de la médecine, et que la gloire de cet art s'était maintenue avec le plus grand éclat parmi ses descendants. Il cita tous leurs noms les uns après les autres, et le siècle où chacun florissait. Il ajouta même que Xénophon, le médecin qu'il employait, était de cette famille, et qu'il fallait, à sa prière, décharger à l'avenir de tout impôt ses concitoyens, afin que cette île sacrée pût s'adonner uniquement

---

omni publico munere solverentur. Eodem oratore, Bononiensi coloniæ, igni haustæ, subventum centies sestertii largitione. Redditur Rhodiis libertas, adempta sæpe aut firmata, prout bellis externis meruerant aut domi seditione deliquerant. Tributumque Apamensibus, terræ motu convulsis, in quinquennium remissum.

LIX. At Claudius sævissima quæque promere adigebatur, ejusdem Agrippinæ artibus; quæ Statilium Taurum opibus illustrem, hortis ejus inhians, pervertit, accusante Tarquitio Prisco. Legatus is Tauri, Africam imperio proconsulari regentis, postquam revenerant, pauca repetundarum crimina, ceterum magicas superstitiones objectabat. Nec ille diutius falsum accusatorem indignasque sordes perpessus, vim vitæ suæ attulit, ante sententiam senatus. Tarquitius tamen curia exactus est, quod patres odio delatoris, contra ambitum Agrippinæ, pervicere.

LX. Eodem anno sæpius audita vox principis, parem vim rerum habendam a procuratoribus suis judicatarum ac si ipse statuisset; ac, ne fortuito prolapsus videretur, senatus quoque consulto cautum plenius quam antea et uberius. Nam divus Augustus, apud equestres qui Ægypto præsiderant, lege agi, decretaque eorum perinde haberi jusserat ac si magistratus romani constituissent; mox alias per provincias et in urbe pleraque concessa sunt quæ olim a prætoribus noscebantur. Claudius omne jus tradidit de quo toties seditione aut armis certatum, quum Semproniis rogationibus equester ordo in possessione judiciorum locaretur, aut rursum Serviliæ leges senatui judicia redderent, Mariusque et Sulla olim de eo vel præcipue bellarent. Sed tunc ordinum diversa studia; et, quæ vicerant publice valebant. C. Oppius et Cornelius Balbus primi Cæsaris opibus potuere conditiones pacis et arbitria belli tractare. Matios posthac, et Vedios, et cetera equitum romanorum prævalida nomina referre nihil attinuerit, quum Claudius libertos quos rei familiari præfecerat sibique et legibus adæquaverit.

LXI. Retulit dein de immunitate Cois tribuenda, multaque super antiquitate eorum memoravit : « Argivos, vel Cœum Latonæ parentem, vetustissimos insulæ cultores; mox, adventu Æsculapii, artem medendi illatam maximeque inter posteros ejus celebrem fuisse, » nomina singulorum referens, et quibus quisque ætatibus viguissent. Quin etiam dixit « Xenophontem, cujus scientia ipse uteretur, eadem familia ortum, precibusque ejus dandum ut omni tributo vacui in posterum Coi sacram et tantum dei ministram insulam colerent. » Neque dubium habetur multa eorumdem in populum romanum merita sociasque victorias potuisse tradi. Sed Claudius, facili-

au service de son dieu. Il n'est pas douteux que ces insulaires n'eussent rendu beaucoup de services aux Romains, et l'on pouvait citer des victoires auxquelles ils avaient contribué; mais Claude, avec son irréflexion ordinaire, accordant une grâce purement personnelle, négligea de la voiler par des considérations publiques.

LXII. Lorsque les Byzantins vinrent dans le sénat réclamer contre l'énormité de leurs taxes, ils n'oublièrent pas de représenter tous leurs titres, en commençant par le traité qu'ils avaient conclu avec nous dans le temps que nous fîmes la guerre à un roi de Macédoine, à cet imposteur connu sous le nom de Pseudo-Philippe. Ils rappelèrent les troupes fournies contre Antiochus, Persée, Aristonicus, les secours donnés à Antoine contre les pirates, et ceux qu'ils avaient offerts à Sylla, à Lucullus et à Pompée; puis les services rendus récemment aux Césars, leur ville étant, par terre ou par mer, le passage continuel de nos armées, de nos généraux, et de tous le approvisionnements.

LXIII. C'est sur ce bras de mer si étroit, qui sépare l'Europe de l'Asie, que Byzance a été bâtie à l'extrémité de l'Europe. Les Grecs, ses fondateurs, avaient consulté l'oracle de Delphes sur l'emplacement de la ville; l'oracle leur répondit de l'asseoir vis-à-vis la terre des aveugles. Ce mot mystérieux désignait les Chalcédoniens qui, arrivés les premiers dans ce lieu, où ils avaient le choix de toutes les positions, avaient préféré la moins avantageuse. En effet, le sol autour de Byzance est fertile et la mer abondante; les poissons, accourant de l'Euxin par grandes troupes, et rencontrant dans les sinuosités de la côte opposée des rochers inclinés sous l'eau qui les effraient, refluent en foule vers le port de cette ville. Aussi fut-elle dès les premiers temps commerçante et riche. Depuis, des impôts excessifs l'avaient écrasée; elle en sollicitait la suppression ou la réduction. Sa demande fut appuyée par le prince, qui insista sur l'épuisement où venaient de la jeter la guerre de Thrace, et tout récemment celle du Bosphore. On l'exempta de tribut pour cinq ans.

LXIV. Sous le consulat de Marcus Asinius et de Manius Acilius, des prodiges fréquents annoncèrent un changement funeste dans l'empire. Il y eut des tentes et des drapeaux consumés par le feu du ciel. Un essaim d'abeilles s'établit au faîte du Capitole. On débita qu'il était né des enfants moitié hommes, moitié bêtes, et un porc avec des serres d'épervier. On comptait encore, parmi les présages alarmants, la diminution qui survint dans le nombre des magistrats, par la mort d'un questeur, d'un édile, d'un tribun, d'un préteur et d'un consul, emportés dans l'espace de quelques mois. Mais Agrippine avait bien d'autres sujets d'alarmes. Claude, dans l'ivresse, s'était échappé à dire que son destin était de supporter les déréglements de ses femmes, et ensuite de les punir; ce mot, qui la faisait trembler, fut pour elle un avertissement d'agir et de se hâter. Elle avait fait périr, auparavant, Domitia Lépida, par des motifs de femme, parce que, Domitia, fille d'Antonia, la jeune nièce d'Auguste, cousine d'Agrippine, ayant un degré sur elle, et sœur de son premier mari, Domitius, se prétendait d'une naissance égale. Il n'y avait pas non plus une grande différence de beauté, d'âge, de richesses. Toutes deux sans pudeur, décriées pour leurs infamies, pleines d'emportements, semblaient rivaliser de vices non moins que de fortune. Domitia aspirait

---

late solita, quod uni concesserat nullis extrinsecus adjumentis velavit.

LXII. At Byzantii, data dicendi copia, quum magnitudinem onerum apud senatum deprecarentur, cuncta repetivere, orsi a fœdere quod nobiscum icerant, qua tempestate bellavimus adversus regem Macedonum cui, ut degeneri, Pseudophilippi vocabulum impositum. Missas posthac copias in Antiochum, Persen, Aristonicum, et piratico bello adjutum Antonium, memorabant; quæque Sullæ, aut Lucullo, aut Pompeio obtulissent; mox recentia in Cæsares merita, quando ea loca insiderent quæ transmeantibus terra marique ducibus exercitibusque, simul vehendo commeatui, opportuna forent.

LXIII. Namque artissimo inter Europam Asiamque divortio, Byzantium in extrema Europa posuere Græci, quibus, Pythium Apollinem consulentibus ubi conderent urbem, redditum oraculum est : « quærerent sedem cæcorum terris adversam. » Ea ambage Chalcedonii monstrabantur, quod priores illuc advecti, prævisa locorum utilitate, pejora legissent. Quippe Byzantium fertili solo, fecundoque mari, quia vis piscium innumera Ponto erumpens, et obliquis subter undas saxis exterrita, omisso alterius littoris flexu, hos ad portus defertur. Unde primo quæstuosi et opulenti; post, magnitudine onerum urgente, finem aut modum orabant, adnitente principe, qui Thracio Bosporanoque bello recens fessos juvandosque retulit. Ita tributa in quinquennium remissa.

LXIV. M. Asinio, Manio Acilio consulibus, mutationem rerum in deterius portendi cognitum est crebris prodigiis. Signa ac tentoria militum igne cœlesti arsere, fastigio Capitolii examen apium insedit, biformes hominum partus, et suis fœtum editum cui accipitrum ungues inessent. Numerabatur inter ostenta deminutus omnium magistratuum numerus, quæstore, ædili, tribuno, ac prætore et consule, paucos intra menses, defunctis. Sed in præcipuo pavore Agrippina, vocem Claudii, quam temulentus jecerat, « fatale sibi ut conjugum flagitia ferret, dein puniret, » metuens, agere et celerare statuit, perdita prius Domitia Lepida, muliebribus causis; quia Lepida, minore Antonia genita, avunculo Augusto, Agrippinæ sobrina prior, ac Cnei mariti ejus soror, parem sibi claritudinem credebat : nec forma, ætas, opes multum distabant; et utraque impudica, infamis, violenta, haud minus vitiis æmulabantur quam si qua ex fortuna prospera acceperant.

mais la plus grande querelle était à qui, de la tante ou de la mère, regnerait sur Néron. La tante, par des caresses et par des présents, avait l'art d'enchaîner ce jeune cœur, que repoussait une mère toujours sévère et menaçante, laquelle voulait bien donner à son fils l'autorité, mais ne pouvait souffrir qu'il l'exerçât.

LXV. On accusa Domitia d'avoir voulu jeter un sort sur le mariage du prince, et de troubler la paix de l'Italie par les armées d'esclaves indisciplinés qu'elle entretenait dans la Calabre. Pour cela on prononça la peine de mort, malgré toute la résistance de Narcisse, qui redoutait de plus en plus Agrippine. Narcisse déclara, dit-on, à ses amis, qu'il voyait sa perte infaillible, soit que Néron, soit que Britannicus régnassent; mais qu'il devait aux bienfaits de Claude de s'immoler pour lui; qu'il avait denoncé Messaline et Silius; que les raisons d'accuser Agrippine étaient aussi fortes; qu'assurément Britannicus ne lui saurait pas plus de gré de l'empire que Néron; mais que laisser une marâtre bouleverser tout le palais par ses intrigues, lui paraîtrait cent fois plus honteux que s'il eût caché les débordements de la première femme; qu'Agrippine, après tout, n'était guère moins impudique que Messaline; ses amours avec Pallas laissaient-ils le moindre doute qu'elle ne sacrifiât bienséance, vertu, pudeur, tout, en un mot, au maintien de sa domination? En tenant ces discours, et de semblables, il embrassait Britannicus, il demandait aux dieux d'abréger son adolescence; il tendait les mains tantôt vers le ciel, tantôt vers cet enfant, le pressant de croître, de chasser les ennemis de son père, dût-il punir même les meurtriers de sa mère.

LXVI. Au milieu de tous les chagrins qui l'accablaient, Narcisse tomba malade. Il alla, pour se rétablir, respirer l'air tempéré et prendre les eaux salubres de Sinuesse. Agrippine, des longtemps décidée au crime, et ne manquant point de coopérateurs, s'empressa de saisir l'occasion qui s'offrait. Elle n'hésitait que sur le choix du poison; elle craignait que, violent et prompt, il ne décelât le forfait, et que, s'il était trop lent, s'il dégénérait en langueur, Claude, à sa dernière heure, venant à ouvrir les yeux, ne reprît sa tendresse pour son fils. Elle aurait voulu quelque composition nouvelle qui troublât la raison, sans trop précipiter la mort. On choisit une femme habile dans cet art, nommée Locuste, qu'on venait de condamner pour empoisonnement, et qu'on ménagea longtemps comme un instrument nécessaire aux tyrans. Cette femme mit tout son talent dans la préparation du poison, qui fut donné par l'eunuque Halotus, chargé de servir les mets et de les goûter.

LXVII. Les historiens de ce temps ont rapporté, tant les détails de ce crime furent promptement connus, que le poison fut mis dans des morilles, mets fort goûté du prince, et qu'on n'en vit pas l'effet, sur-le-champ, soit stupidité de Claude, soit parce qu'il était ivre. D'ailleurs, une évacuation qui survint semblait l'avoir sauvé. Agrippine, saisie d'effroi, et, dans ce péril extrême, bravant l'odieux des imputations, recourut au médecin Xénophon, qu'elle avait pris soin d'avance de mettre dans ses intérêts. Celui-ci, sous prétexte d'aider le vomissement, enfonça, à ce qu'on croit, dans le gosier de Claude, une plume imprégnée d'un poison subtil, n'ignorant pas que s'il y a des risques à ébaucher les grands crimes, y a du profit à les consommer.

LXVIII. Pendant ce temps, le sénat s'assem-

Enimvero certamen acerrimum, amita potius an mater apud Neronem praevaleret. Nam Lepida blandimentis et largitionibus juvenilem animum devinciebat; truci contra ac minaci Agrippina, quæ filio dare imperium, tolerare imperitantem nequibat.

LXV. Ceterum objecta sunt « quod conjugium principis devotionibus petivisset, quodque, parum coercitis per Calabriam servorum agminibus, pacem Italiæ turbaret. » Ob hæc mors indicta, multum adversante Narcisso, qui, Agrippinam magis magisque suspectans, prompsisse inter proximos ferebatur « certam sibi perniciem, seu Britannicus rerum, seu Nero potiretur; verum ita de se meritum Cæsarem, ut vitam usui ejus impenderet. Convictam Messalinam et Silium: pares iterum accusandi causas esse; si Nero imperitaret, Britannico successore, nullum principi meritum; at novercæ insidiis domum omnem convelli, majore flagitio quam si impudicitiam prioris conjugis reticuisset: quanquam ne impudicitiam quidem nunc abesse, Pallante adultero; ne quis ambigat decus, pudorem, corpus, cuncta regno viliora habere. » Hæc atque talia dictitans, amplecti Britannicum, robur ætatis quam maturrimum precari, modo ad deos, modo ad ipsum tendere manus, « adolesceret, patris inimicos depelleret, matris etiam interfectores ulcisceretur. »

LXVI. In tanta mole curarum, valetudine adversa corripitur, refovendisque viribus mollitie cœli et salubritate aquarum, Sinuessam pergit. Tum Agrippina, sceleris olim certa et oblatæ occasionis propera, nec ministrorum egens, de genere veneni consultavit: ne repentino et præcipiti facinus proderetur; si lentum et tabidum delegisset, ne admotus supremis Claudius, et dolo intellecto, ad amorem filii rediret: exquisitum aliquid placebat, quod turbaret mentem et mortem differret. Deligitur artifex talium, vocabulo Locusta, nuper veneficii damnata, et diu inter instrumenta regni habita. Ejus mulieris ingenio paratum virus, cujus minister e spadonibus fuit Halotus, inferre epulas et explorare gustu solitus.

LXVII. Adeoque cuncta mox pernotuere, ut temporum illorum scriptores prodiderint infusum delectabili cibo boletorum venenum; nec vim medicaminis statim intellectam, socordiane Claudii an violentia: simul soluta alvus subvenisse videbatur. Igitur exterrita Agrippina, et quando ultima timebantur, spreta præsentium invidia, provisam jam sibi Xenophontis medici conscientiam adhi-

blait; les consuls et les pontifes faisaient des vœux pour la santé du prince, qui déjà n'était plus, et, au palais, on affectait de lui prodiguer les mêmes soins; on tenait caché sous un amas de vêtements son corps inanimé, pour donner le temps d'assurer l'empire à Néron. Le premier soin d'Agrippine fut de retenir Britannicus. Feignant d'être accablée de sa douleur, et comme si elle eût cherché de tous côtés des consolations, elle le garde dans ses bras, elle l'appelle la vive image de son père; enfin, par différents artifices, elle sut l'empêcher de sortir. Elle retint aussi Antonia et Octavie ses sœurs; des gardes fermaient avec soin toutes les issues. On publiait souvent que le prince allait mieux, pour contenir le soldat par l'espérance, et on attendait le moment heureux fixé par les astrologues.

LXIX. Enfin, le trois des ides d'octobre à midi, les portes du palais s'ouvrent tout à coup; Néron sort avec Burrus, et s'avance vers la cohorte qui était de garde suivant l'usage. La troupe, sur un signe du préfet, l'ayant reçu avec acclamation, il monte en litière. On dit qu'il y eut des soldats qui hésitèrent, qui regardèrent souvent derrière eux, et qui demandèrent à plusieurs reprises où était Britannicus; mais, comme ils ne se virent point appuyés, ils suivirent bientôt l'impulsion générale. Néron, arrivé au camp, après un discours conforme aux circonstances, ayant promis une gratification pareille à celle de son père, est proclamé empereur. Le sénat se conforma à la décision des soldats; les provinces l'adoptèrent sans balancer. On décerna à Claude les honneurs divins, et des obsèques aussi solennelles qu'à Auguste; car Agrippine fut jalouse d'égaler la magnificence de sa bisaïeule Livie. On ne lut point le testament, pour ne pas trop arrêter les esprits sur ce que cette préférence d'un beau-fils sur un fils avait d'injuste et de révoltant.

LIVRE TREIZIÈME.

I. Dès les premiers jours du nouveau règne, Agrippine, à l'insu de Néron, trame la perte de Junius Silanus, proconsul d'Asie. Il s'en fallait que Silanus eût provoqué son malheur par la fierté de son caractère. C'était un homme sans énergie, et tellement méprisé sous les autres princes, que Caïus l'appelait toujours la bête d'or. Mais, comme Agrippine avait fait périr Marcus Silanus, elle craignait la vengeance de son frère; d'ailleurs la voix publique ne cessait de répéter qu'il fallait préférer à Néron, à peine sorti de l'enfance, parvenu à l'empire par un crime, un Romain irréprochable, d'un âge mûr, d'un nom illustre, et, ce qu'alors on considérait, un descendant des Césars. En effet, Silanus était arrière-petit-fils d'Auguste. Telle fut la cause de sa mort. Publius Céler, chevalier romain, et l'affranchi Hélius, tous deux préposés aux domaines du prince en Asie, furent les instruments du crime. Ils donnèrent le poison au proconsul, dans un festin, trop ouvertement pour que personne y fût trompé. On ne mit pas moins de précipitation pour Narcisse, cet affranchi de Claude, de qui j'ai rapporté les querelles avec Agrippine. Une captivité rigoureuse, puis un ordre de mort le contra-

bet. Ille, tanquam nisus evomentis adjuvaret, pinnam, rapido veneno illitam, faucibus ejus demissre creditur, haud ignarus summa scelera incipi cum periculo, peragi cum præmio.

LXVIII. Vocabatur interim senatus; votaque pro incolumitate principis consules et sacerdotes nuncupabant, quum jam exanimis vestibus et fomentis obtegeretur, dum res firmando Neronis imperio componuntur. Jam primum Agrippina, velut dolore victa et solatia conquirens, tenere amplexu Britannicum, veram paterni oris effigiem appellare, ac variis artibus demorari, ne cubiculo egrederetur. Antoniam quoque et Octaviam, sorores ejus, attinuit; et cunctos aditus custodiis clauserat, crebroque vulgabat ire in melius valetudinem principis, quo miles bona in spe ageret, tempusque prosperum ex monitis Chaldæorum adventaret.

LXIX. Tunc medio diei, tertium ante idus octobris, foribus palatii repente diductis, comitante Burro, Nero egreditur ad cohortem quæ more militiæ excubiis adest. Ibi, monente præfecto, festis vocibus exceptus, inditur lecticæ. Dubitavisse quosdam ferunt, respectantes rogitantesque ubi Britannicus esset; mox, nullo in diversum auctore, quæ offerebantur secuti sunt. Illatusque castris Nero, et congruentia tempori præfatus, promisso donativo ad exemplum paternæ largitionis, imperator consalutatur. Sententiam militum secuta patrum consulta; nec dubitatum est apud provincias. Cœlestesque honores Claudio decernuntur, et funeris solemne, perinde ac divo Augusto, celebratur, æmulante Agrippina proaviæ Liviæ magnificentiam. Testamentum tamen haud recitatum, ne antepositus filio privignus injuria et invidia animos vulgi turbaret.

LIBER TERTIUSDECIMUS.

I. Prima novo principatu mors Junii Silani, proconsulis Asiæ, ignaro Nerone, per dolum Agrippinæ paratur : non quia ingenii violentia exitium irritaverat, segnis et dominationibus aliis fastiditus adeo, ut C. Cæsar pecudem auream eum appellare solitus sit; verum Agrippina, fratri ejus L. Silano necem molita, ultorem metuebat, crebra vulgi fama anteponendum esse vix dum pueritiam egresso Neroni, et imperium per scelus adepto, virum ætate composita, insontem, nobilem, et, quod tunc spectaretur, e Cæsarum posteris. Quippe et Silanus divi Augusti abnepos erat : hæc causa necis; ministri fuere P. Celer eques romanus, et Helius libertus rei familiari principis in Asia impositi : ab his proconsuli venenum inter epulas datum est, apertius quam ut fallerent. Nec minus properato Narcissus Claudii libertus, de cujus jurgiis adversus Agrippinam retuli, aspera custodia et necessitate extrema ad

gnirent de se tuer, au grand regret du prince, dont les vices, encore cachés, avaient avec cet affranchi, avare et prodigue, un merveilleux rapport.

II. On allait poursuivre ce plan d'assassinats, si Burrus et Sénèque ne s'y fussent opposés. Ces deux hommes, qui gouvernaient la jeunesse de l'empereur, avec une concorde qu'admet rarement le partage du pouvoir, jouissaient d'un crédit égal, avec des titres bien différents. Burrus était recommandable par ses connaissances militaires et par l'austérité de ses mœurs; Sénèque, par l'art d'enseigner l'éloquence, et par les grâces qu'il mêlait à la vertu. Tous deux, sachant combien la première jeunesse d'un prince est orageuse, et craignant que la vertu seule ne l'effarouchât, se concertèrent pour lui accorder quelques plaisirs permis, afin de le retenir plus facilement. Tous deux étaient occupés sans relâche à combattre l'altière Agrippine, absolue dans tous ses caprices et insatiable de domination. Celle-ci avait bien dans son parti Pallas, l'auteur de ce mariage incestueux et de cette adoption fatale qui avaient causé la perte de Claude. Mais Néron n'était point d'un caractère à se soumettre à des esclaves; et Pallas, sortant des bornes de sa condition, s'était rendu insupportable par son humeur et par son arrogance. En public, toutefois, on accumulait les honneurs sur Agrippine; lorsque le tribun vint, suivant l'usage, demander le mot d'ordre, Néron donna pour mot, *la meilleure des mères.* Le sénat, de son côté, lui décerna deux licteurs avec le titre de prêtresse de Claude, et, à Claude, des funérailles solennelles, puis l'apothéose.

III. Le jour des obsèques, ce fut le prince qui prononça l'éloge funèbre. Tant qu'il eut à s'étendre sur l'ancienneté du nom de Claude, sur les consulats et les triomphes de ses aïeux, le ton de l'orateur et l'attention de l'assemblée se soutinrent. Quand il parla même des connaissances littéraires de Claude, du bonheur qu'eut l'empire de n'avoir point sous son règne essuyé d'échec au dehors, on l'écouta encore favorablement. Mais, quand il en vint au discernement et à la pénétration de ce prince, personne ne put s'empêcher de rire, quoique le discours étincelât d'ornements, étant composé par Sénèque, qui avait un esprit plein d'agréments et assorti au goût de ce siècle. Les vieillards, qui se plaisent à comparer le présent et le passé, remarquaient que, de tous ceux qui avaient possédé la suprême puissance, Néron était le premier qui eût besoin de recourir à l'éloquence d'autrui. En effet, le dictateur César était l'émule des plus grands orateurs. Auguste avait une élocution facile et abondante, celle qui convient à un prince; et, Tibère, un art singulier pour peser ses expressions, soit qu'il en fortifiât le sens, soit qu'il l'enveloppât à dessein. Dans Caïus même, le désordre de l'esprit ne nuisit point à la vigueur de l'éloquence; et, jusque dans les discours de Claude, toutes les fois qu'il les avait préparés, on trouvait encore quelque élégance. Néron, dès ses premières années, tourna la vivacité de son esprit vers d'autres objets. Il s'exerçait à graver, à peindre, a chanter, et à conduire des chars; quelquefois pourtant il fit des vers, qui montraient que les lettres ne lui étaient pas absolument étrangères.

IV. Quand toutes ces formes de tristesse eurent été remplies, Néron entra au sénat. Après quelques mots sur son élection, consacrée par les pères et reconnue par l'armée, il ajouta qu'il ne manquait ni de conseils, ni d'exemples pour bien

---

mortem agitur; invito principe, cujus abditis adhuc vitiis per avaritiam ac prodigentiam mire congruebat.

II. Ibaturque in cædes, nisi Afranius Burrus et Annæus Seneca obviam issent. Hi rectores imperatoriæ juventæ, et, rarum in societate potentiæ, concordes, diversa arte ex æquo pollebant : Burrus militaribus curis et severitate morum, Seneca præceptis eloquentiæ et comitate honesta, juvantes invicem, quo facilius lubricam principis ætatem, si virtutem adspernaretur, voluptatibus concessis retinerent. Certamen utrique unum erat contra ferociam Agrippinæ; quæ, cunctis malæ dominationis cupidinibus flagrans, habebat in partibus Pallantem; quo auctore Claudius nuptias incestis et adoptione exitiosa semet perverterat. Sed neque Neroni infra servos ingenium; et Pallas, tristi arrogantia modum liberti egressus, tædium sui moverat. Propalam tamen omnes in eam honores cumulabantur, signumque more militiæ petenti tribuno dedit, « optimæ matris. » Decreti et a senatu duo lictores, flaminium Claudiale, simul Claudio censorium funus et mox consecratio.

III. Die funeris laudationem ejus princeps exorsus est. Dum antiquitatem generis, consulatus ac triumphos majorum enumerabat, intentus ipse et ceteri : liberalium quoque artium commemoratio, et nihil regente eo reipublicæ triste ab externis accidisse, pronis animis audita; postquam ad providentiam sapientiamque flexit, nemo risui temperare, quanquam oratio, a Seneca composita, multum cultus præferret : ut fuit illi viro ingenium amœnum et temporis ejus auribus accommodatum. Adnotabant seniores, quibus otiosum est vetera et præsentia contendere, primum ex iis qui rerum potiti essent Neronem alienæ facundiæ eguisse. Nam dictator Cæsar summis oratoribus æmulus; et Augusto prompta ac profluens, quæ deceret principem, eloquentia fuit. Tiberius artem quoque callebat qua verba expenderet, tum validus sensibus, aut consulto ambiguus. Etiam C. Cæsaris turbata mens vim dicendi non corrupit. Nec in Claudio, quoties meditata dissereret, elegantiam requireres. Nero, puerilibus statim annis, vividum animum in alia detorsit : cælare, pingere, cantus aut regimen equorum exercere; et aliquando, carminibus pangendis, inesse sibi elementa doctrinæ ostendebat.

IV. Ceterum, peractis tristitiæ imitamentis, curiam ingressus, et de auctoritate patrum et consensu militum

gouverner; que des guerres civiles et des dissensions domestiques n'avait point aigri sa jeunesse; qu'il n'apportait ni haine, ni ressentiment, ni désir de vengeance. Ensuite, il traça le plan qu'il voulait suivre dans son administration, évitant surtout les abus qui soulevaient les esprits contre le dernier règne. Il ne s'établirait point juge de toutes les affaires, et ne renfermerait point dans le secret du palais les accusateurs et les accusés, pour augmenter la puissance de quelques favoris; il ne donnerait rien, dans sa cour, ni à l'or, ni à la brigue; il séparerait sa maison de l'État, rendrait le sénat à ses anciennes fonctions, l'Italie, et les provinces du peuple romain, au tribunal des consuls : par ceux-ci, on aurait accès au sénat; lui, seulement, se réservait ses armées.

V. Il tint parole. Le sénat, de sa propre autorité, porta plusieurs règlements, entre autres celui qui défendait aux orateurs d'accepter des présents ou de l'argent, et celui qui dispensait les questeurs désignés de donner des combats de gladiateurs. Agrippine s'y opposait, sous prétexte que c'était renverser les actes de Claude; mais le sénat l'emporta. C'était pourtant dans le palais qu'il tenait ses assemblées, afin qu'Agrippine pût y assister. Elle entrait par une porte secrète, et n'était séparée que par un voile, qui l'empêchait d'être vue, sans l'empêcher d'entendre. Elle fit plus; un jour que les ambassadeurs Arméniens plaidaient devant Néron la cause de leur nation, elle se disposa à monter sur l'estrade de l'empereur, et elle allait siéger avec lui, si, tandis que tous les autres restaient interdits de frayeur, Sénèque n'eût averti Néron d'aller au-devant de sa mère. C'est ainsi qu'avec l'air du respect on prévint un affront.

VI. Sur la fin de l'année, on reçut des nouvelles alarmantes. On apprit que les Parthes avaient fait une nouvelle irruption, et qu'ils avaient envahi l'Arménie, depuis l'expulsion de Rhadamiste, qui, après avoir plusieurs fois recouvré et perdu ce royaume, avait enfin renoncé même à le disputer. Ce fut un sujet d'entretien général, dans une ville où l'inquiétude des esprits s'exerce sur tous les événements. Comment, se disait-on, un prince, à peine âgé de dix-sept ans, pourra-t-il soutenir un tel fardeau, ou sur qui le rejeter? Qu'attendre d'un enfant gouverné par une femme? Les sièges, les combats et les autres opérations de la guerre seront-ils encore conduits par ses maîtres? D'autres, au contraire, trouvaient l'événement plus heureux que si c'eût été Claude, énervé de vieillesse et de lâcheté, qui se trouvât engagé dans les embarras d'une guerre où il eût obéi aux ordres de ses esclaves. On ne pouvait du moins refuser à Burrus et à Sénèque de l'expérience sur beaucoup d'objets; et, à l'égard de l'empereur, comment pouvait-on se récrier sur son âge, lorsque Pompée, à dix-huit ans, Octavien, à dix-neuf, avaient soutenu la guerre civile? Dans le rang suprême, les auspices du prince, les conseils de ceux qui l'entourent, font plus que son épée et sa personne. Certes, on jugera bien qu'il a pour amis des hommes vertueux, s'il choisit un grand capitaine, sans écouter l'envie, plutôt qu'un courtisan riche et accrédité, en cédant à la brigue.

VII. Tandis que ces discours et d'autres semblables se tiennent publiquement, Néron fait avancer les troupes qu'on avait levées dans les provinces les plus voisines pour compléter les légions de l'Orient, et les légions elles-mêmes so

præfatus, consilia sibi et exempla capessendi egregie imperii memoravit; « nec juventam armis civilibus aut domesticis discordiis imbutam; nulla odia, nullas injurias, nec cupidinem ultionis afferre. » Tum formam futuri principatus præscripsit, ea maxime declinans quorum recens flagrabat invidia : « non enim se negotiorum omnium judicem fore, ut, clausis unam intra domum accusatoribus et reis, paucorum potentia grassaretur; nihil in penatibus suis venale aut ambitioni pervium; discretam domum et rempublicam. Teneret antiqua munia senatus; consulum tribunalibus Italia et publicæ provinciæ adsisterent. Illi patrum aditum præberent; se mandatis exercitibus consulturum. »

V. Nec defuit fides. Multaque arbitrio senatus constituta sunt : ne quis ad causam orandam mercede aut donis emeretur; ne designatis quæstoribus edendi gladiatores necessitas esset. Quod quidem adversante Agrippina, tanquam acta Claudii subverterentur, obtinuere patres; qui in palatium ob id vocabantur, ut adstaret abditis a tergo foribus velo discreta, quod visum arceret, auditum non adimeret. Quin et legatis Armeniorum, causam gentis apud Neronem orantibus, escendere suggestum imperatoris et præsidere simul parabat; nisi, ceteris pavore defixis, Seneca admo-

nuisset venienti matri occurreret. Ita, specie pietatis, obviam itum dedecori.

VI. Fine anni, turbidis rumoribus, prorupisse rursum Parthos et rapi Armeniam allatum est, pulso Rhadamisto, qui, sæpe regni ejus potitus, dein profugus, tum quoque bellum deseruerat. Igitur in urbe sermonum avida, « quemadmodum princeps vix septemdecim annos egressus suscipere eam molem aut propulsare posset; quod subsidium in eo qui a femina regeretur; num prælia quoque et oppugnationes urbium et cetera belli per magistros administrari possent, » anquirebant. Contra alii « melius evenisse disserunt, quam si, invalidus senecta et ignavia, Claudius militiæ ad labores vocaretur, servilibus jussis obtemperaturus. Burrum tamen et Senecam multarum rerum experientia cognitos : et imperatori quantum ad robur deesse, quum octavodecimo ætatis anno Cn. Pompeius, nonodecimo Cæsar Octavianus, civilia bella sustinuerint? Pleraque in summa fortuna auspiciis et consiliis, quam telis et manibus, geri. Daturum plane documentum honestis an secus amicis uteretur, si ducem amota invidia egregium, quam si pecuniosum et gratia subnixum per ambitum deligeret. »

VII. Hæc atque talia vulgantibus, Nero et juventutem

rapprochent de l'Arménie. Antiochus et Agrippa, deux anciens rois, ont ordre de tenir leurs troupes prêtes à entrer au premier moment sur les frontières des Parthes. Il fait jeter des ponts sur l'Euphrate, donne l'Arménie mineure à Aristobule, et a Sohémus le pays de Sophène, avec le titre de rois. D'un autre côté, la fortune suscita à Vologèse un concurrent dans son propre fils Vardane, et les Parthes se retirèrent de l'Arménie, comme ne faisant que suspendre l'exécution de leurs projets.

VIII. Mais tous ces événements acquièrent une bien autre importance dans les délibérations du sénat, où il fut proposé qu'on ordonnât des prières solennelles pour les dieux, que, durant ces solennités, le prince fût décoré de la robe triomphale, qu'il fît son entrée dans Rome avec les honneurs de l'ovation, et qu'on lui élevât dans le temple de Mars Vengeur des statues de la grandeur de celles du dieu. Outre la flatterie habituelle, ils voyaient avec joie Domitius Corbulon nommé pour la guerre d'Arménie, et la carrière rouverte au mérite. Les troupes de l'Orient furent partagées; une partie des auxiliaires et deux légions restèrent en Syrie sous le commandement de Quadratus. Un nombre égal de citoyens et d'alliés marcha sous Corbulon, avec les cohortes et la cavalerie qui hivernaient en Cappadoce. Les rois alliés eurent ordre d'obéir à l'un ou à l'autre, suivant les besoins de la guerre. Mais leur zèle était plus empressé pour Corbulon, qui, afin de lui préparer la renommée, toujours si importante dans les commencements d'une entreprise, s'était rendu en toute diligence à Égée, ville de Cilicie. Il y trouva Quadratus, qui s'était avancé jusque-là, dans la crainte que, si Corbulon fût entré en Syrie pour y prendre son armée, il n'eût tourné sur lui tous les regards, ayant une haute stature, un langage imposant, et joignant aux talents et à l'expérience l'art de se faire valoir, même par les petites choses.

IX. Quadratus et Corbulon avaient ouvert une négociation avec Vologèse; ils lui conseillaient tous deux de préférer la paix à la guerre, et de continuer au peuple romain, en lui envoyant des otages, une déférence dont ses ancêtres lui avaient donné l'exemple. Vologèse, soit pour avoir le temps de faire ses préparatifs, soit pour écarter des rivaux suspects, livra en effet ce qu'il y avait de plus distingué parmi les Arsacides. Ils furent remis entre les mains du centurion Histéius, dépêché à ce sujet vers le roi par Quadratus, et qui, par hasard, arriva le premier. Corbulon l'ayant appris, fit partir un préfet de cohorte, Arrius Varus, avec ordre de se ressaisir des otages : ce qui produisit une querelle entre le centurion et le préfet. Enfin, pour ne pas se donner plus longtemps en spectacle aux barbares, ils choisirent pour arbitres les otages eux-mêmes, et les ambassadeurs qui les conduisaient. Ceux-ci, par égard pour la gloire de Corbulon, qui était récente, et par je ne sais quel penchant qu'il inspirait, même à ses ennemis, le préférèrent à son collègue. Cet incident brouilla les généraux. Quadratus se plaignit qu'on lui enlevait le fruit de ses négociations; Corbulon, de son côté, soutenait que les Parthes ne s'étaient déterminés à offrir des otages que depuis sa nomination, laquelle avait converti en craintes leurs espérances. Néron, pour accorder leur différend,

proximas per provincias quæsitam supplendis Orientis legionibus admoveri, legionesque ipsas propius Armeniam collocari, jubet. Duosque veteres reges, Agrippam et Antiochum, expedire copias, quis Parthorum fines ultro intrarent; simul pontes per amnem Euphraten jungi. Et minorem Armeniam Aristobulo, regionem Sophenem Sohemo, cum insignibus regiis, mandat. Exortusque in tempore æmulus Vologeso, filius Vardanes; et abscessere Armenia Parthi, tanquam differrent bellum.

VIII. Sed apud senatum omnia in majus celebrata sunt, sententiis eorum qui supplicationes, et diebus supplicationum vestem principi triumphalem, utque ovans urbem iniret, effigiesque ejus pari magnitudine ac Martis Ultoris, eodem in templo, censuere : præter suetam adulationem læti, quod Domitium Corbulonem retinendæ Armeniæ præposuerat, videbaturque locus virtutibus patefactus. Copiæ Orientis ita dividuntur ut pars auxiliarium, cum duabus legionibus, apud provinciam Syriam et legatum ejus Quadratum Umnmidium remaneret; par civium sociorumque numerus Corbuloni esset, additis cohortibus alisque quæ apud Cappadociam hiemabant; socii reges, prout bello conduceret, parere jussi. Sed studia eorum in Corbulonem promptiora erant : qui, ut famæ inserviret, quæ in novis cœptis validissima est, itinere propere confecto, apud Ægeas, civitatem Ciliciæ, obvium Quadratum habuit, illuc progressus ne, si ad accipiendas copias Syriam intravisset Corbulo, omnium ora in se verteret, corpore ingens, verbis magnificus, et, super experientiam sapientiamque, etiam specie inanium validus.

IX. Ceterum uterque Vologesen regem nunciis monebant pacem quam bellum mallet, datisque obsidibus solitam prioribus reverentiam in populum romanum continuaret. Et Vologeses, quo bellum ex commodo pararet, an ut æmulationis suspectos per nomen obsidum amoveret, tradit nobilissimos ex familia Arsacidarum. Acceptique eos centurio Histeius, ab Ummidio missus forte prior, ea de causa adito rege. Quod postquam Corbuloni cognitum est, ire præfectum cohortis Arrium Varum et reciperare obsides jubet. Hinc ortum inter præfectum et centurionem jurgium ne diutius externis spectaculo esset, arbitrium rei obsidibus legatisque qui eos ducebant permissum. Atque illi, ob recentem gloriam, et inclinatione quadam etiam hostium, Corbulonem prætulere. Unde discordia inter duces : querente Ummidio « præpepta quæ suis consiliis patravisset »; testante contra Corbulone « non prius conversum regem ad offerendos obsides, quam ipse, dux bello delectus, spes ejus ad metum mutaret. » Nero, quo componeret diversos, sic evulgari jussit, « ob res a Qua-

fit publier, qu'en faveur des heureux exploits de Quadratus et de Corbulon, on joindrait une branche de laurier aux faisceaux de l'empereur. Ces faits tiennent au consulat suivant : je les ai réunis.

X. Cette même année, Néron demanda au sénat une statue pour son père Cnéus Domitius; les ornements consulaires pour Asconius Labéo, qui avait été son tuteur, et il refusa, pour lui-même, des statues d'or et d'argent massif qu'on lui offrait. Les sénateurs voulaient aussi que l'année commençât au mois de décembre, époque de la naissance de Néron; mais il conserva aux calendes de janvier leur antique et religieux privilége d'ouvrir l'année. Il défendit toute procédure contre un sénateur nommé Carinas Céler, accusé par un esclave, et contre Julius Densus, chevalier romain, à qui l'on faisait un crime de son attachement pour Britannicus.

XI. Sous le consulat de Néron et d'Antistius Vétus, comme les magistrats juraient sur les actes des princes, Néron defendit à son collègue Antistius de jurer sur les siens. Le sénat combla d'éloges le prince, afin d'élever ce jeune cœur, et de l'exciter aux grandes actions par les louanges qu'ils donnaient à celles de moindre importance. Ce trait fut suivi d'un acte de bonté. Plautius Latéranus avait été chassé du sénat pour ses amours avec Messaline; Néron le rendit à son ordre, s'imposant la clémence dans des discours fréquents, que Sénèque, afin de prouver la sagesse de ses instructions, ou pour faire admirer son esprit, publiait par la bouche de son élève.

XII. Cependant le pouvoir d'Agrippine tomba insensiblement, depuis que Néron eut pris de l'amour pour une affranchie nommée Acté, et qu'il eut mis dans sa confidence Othon et Sénécion. Othon était d'un famille consulaire, et Sénécion, fils d'un affranchi de Claude, tous deux dans la fleur de la jeunesse et de la beauté. Ce fut d'abord à l'insu de la mère qu'ils s'étaient insinués dans la confiance du fils, par la communauté des plaisirs et par des complaisances équivoques ; et, depuis, ils s'y maintinrent en dépit de tous les efforts d'Agrippine, d'autant plus que ceux des amis de l'empereur qui avaient le plus de sévérité, ne cherchaient pas trop à combattre ce goût pour une maîtresse obscure, qui, sans nuire à personne, satisfaisait les désirs du prince. Car sa femme Octavie, quoique d'une naissance illustre et d'une vertu sans tache, soit par une sorte de fatalité, soit par cet attrait si puissant des plaisirs illicites, lui inspirait une aversion insurmontable, et qu'il était à craindre qu'il ne cherchât à corrompre des femmes illustres, si cet amusement lui était interdit.

XIII. Mais Agrippine se récria sur ce qu'on lui donnait une affranchie pour rivale, une esclave pour bru; dans ses emportements de femme, elle tint mille autres discours semblables. Au lieu d'attendre les regrets, ou la satiété de son fils, elle irrite sa passion par la dureté des reproches, tant qu'enfin Néron, poussé par la violence de son amour, se dépouille de la condescendance pour sa mère, et s'abandonne à Sénèque. Un des parents de ce dernier, Annéus Sérénus, avait feint d'aimer lui-même l'affranchie, pour voiler la passion naissante du jeune prince, et ce que Néron donnait à sa maîtresse furtivement, passait en public sous le nom de Sérénus. Agrippine, changeant pour lors de plan, attaque son fils par les caresses; elle lui offre son appartement, son

---

drato et Corbulone prospere gestas laurum fascibus imperatoriis addi. » Quæ, in alios consules egressa, conjunxi.

X. Eodem anno Cæsar effigiem Cn. Domitio patri, et consularia insignia Asconio Labeoni, quo tutore usus erat, petivit a senatu, sibique statuas argento vel auro solidas, adversus offerentes, prohibuit. Et, quanquam censuissent patres ut principium anni inciperet mense decembre, quo ortus erat Nero, veterem religionem kalendarum januariarum inchoando anno retinuit. Neque recepti sunt inter reos Carinas Celer, senator, servo accusante, aut Julius Densus, equester, cui favor in Britannicum criminl dabatur.

XI. Claudio Nerone, L. Antistio consulibus, quum in acta principum jurarent magistratus, in sua acta collegam Antistium jurare prohibuit : magnis patrum laudibus, ut juvenilis animus, levium quoque rerum gloria sublatus, majores continuaret. Secutaque lenitas in Plautium Lateranum, quem, ob adulterium Messallinæ ordine remotum, reddidit senatui; clementiam suam obstringens crebris orationibus, quas Seneca, testificando quam honesta præciperet, vel jactandi ingenii, voce principis vulgabat.

XII. Ceterum infracta paullatim potentia matris, delapso Nerone in amorem libertæ cui vocabulum Acte fuit, simul assumptis in conscientiam Othone et Claudio Senecione, adolescentulis decoris; quorum Otho familia consulari, Senecio liberto Cæsaris patre genitus, ignara matre, dein frustra obnitente, penitus irrepserant per luxum et ambigua secreta : ne severioribus quidem principis amicis adversantibus, muliercula, nulla cujusquam injuria, cupidines principis explente; quando uxore ab Octavia, nobili quidem et probitatis spectatæ, fato quodam, an quia prævalent illicita, abhorrebat; metuebaturque ne in stupra feminarum illustrium prorumperet, si illa libidine prohiberetur.

XIII. Sed Agrippina libertam æmulam, nurum ancillam, aliaque eumdem in modum muliebriter fremere. Neque pœnitentiam filii aut satietatem opperiri; quantoque fœdiora exprobrabat, acrius accendere : donec, vi amoris subactus, exueret obsequium in matrem, seque Senecæ permitteret. Ex cujus familiaribus Annæus Serenus, simulatione amoris adversus eamdem libertam, primas adolescentis cupidines velaverat, præbueratque nomen, ut quæ princeps furtim mulierculæ tribuebat, ille palam largiretur. Tum Agrippina, versis artibus, per blandimenta juvenem aggredi, suum potius cubiculum ac sinum offerre, contegendis quæ prima ætas et summa fortuna expeterent. Quin et fatebatur intem-

sein même, s'il le fallait, pour cacher des plaisirs qu'une première jeunesse et le rang suprême rendaient indispensables. Elle allait même jusqu'à s'accuser d'une sévérité déplacée, et elle lui fournissait abondamment de son propre trésor, qui ne le cédait guère à celui du prince, non moins outrée alors dans ses basses complaisances, qu'auparavant dans ses rigueurs. Ce changement ne trompa point Néron, éclairé d'ailleurs par les craintes de ceux qui l'approchaient, et qui tous le conjuraient de se tenir en garde contre les piéges d'une femme, toujours redoutable par sa violence, et maintenant par sa fausseté. Il arriva que, vers ce temps, Néron ayant fait la revue des riches parures qu'avaient portées les femmes et les mères d'empereurs, choisit une robe et des pierreries pour en faire don à sa mère. Il n'avait rien ménagé dans ce présent ; il offrait ce qu'il y avait de plus beau, ce que d'autres femmes avaient ambitionné, et il avait le mérite de la prévenir. Mais Agrippine se plaignit que c'était moins l'enrichir, que la priver de tout le reste; que son fils lui faisait sa part, tandis qu'il tenait tout d'elle-même. On ne manqua pas de lui répéter ce mot, et de l'envenimer.

XIV. Néron, outré contre ceux dont le pouvoir entretenait l'orgueil de cette femme, ôte à Pallas la charge dont il avait été revêtu par Claude, et qu'il exerçait comme une sorte de pouvoir absolu. On rapporte que Néron, voyant la foule énorme qui se trouvait autour de l'affranchi, au moment où on vint lui signifier sa retraite, dit assez plaisamment que Pallas allait abdiquer. Ce qu'il y a de sûr, c'est que Pallas avait stipulé qu'on ne le rechercherait en rien sur le passé, et qu'on accepterait tous ses comptes sans examen. A ce moment, Agrippine ne se contient plus ; elle éclate en menaces terribles ; elle crie, aux oreilles même du prince, que Britannicus n'est plus un enfant ; que c'est le vrai, le digne héritier d'un empire paternel, qu'un étranger, qu'un adoptif retient pour insulter sa mère; qu'elle ne s'oppose point à ce qu'on découvre au grand jour les malheurs de cette maison infortunée, même l'inceste et le poison ; que, heureusement, elle et les dieux ont conservé les jours de Britannicus ; qu'ils iront ensemble au camp ; qu'on entendra d'un côté la fille de Germanicus, et, de l'autre, le vieux Burrus et le déclamateur Sénèque, venant, l'un avec sa main mutilée, l'autre du fond de l'exil ou de l'école, réclamer l'empire de l'univers. Elle joignait à ces discours les gestes les plus violents ; elle entassait les invectives ; elle appelait du haut des cieux et du fond des enfers les vengeances de Claude, celles des Silanus, et la juste punition de tant de forfaits dont elle ne recueillait que la honte.

XV. Ces menaces, au moment où Britannicus entrait dans sa quinzième année, effrayèrent Néron. Sa mère et son frère occupaient incessamment son esprit : car, s'il était alarmé des emportements d'Agrippine, il l'était aussi du caractère même de Britannicus, lequel venait de se déceler par un indice léger, il est vrai, mais qui, toutefois, lui avait concilié l'affection publique. Pendant les Saturnales, entre autres jeux de leur âge, ils avaient tiré au sort la royauté ; elle était échue à Néron. Celui-ci donna aux autres enfants des ordres qui n'avaient rien d'embarrassant pour leur timidité. Quand il fut à Britannicus, il lui commanda de se lever, de s'avancer au milieu de l'assemblée, et de chanter, espérant faire rire aux dépens d'un enfant qui n'avait pas même l'usage des réunions sobres, encore moins de ces orgies; mais lui, avec beaucoup d'assurance, récita des vers qu'on pouvait appliquer à son exclusion du trône et au rang de son père ; ce qui produisit un attendrissement assez marqué, la nuit et la gaieté de la fête ayant banni la dissimulation. Néron, comprit qu'on ne l'aimait

pestivam severitatem, et suarum opum, quæ haud procul imperatoriis aberant, copias tradebat ; ut nimia nuper coercendo filio, ita rursum intemperanter demissa. Quæ mutatio neque Neronem fefellit, et proximi amicorum metuebant, orabantque cavere insidias mulieris, semper atrocis, tum et falsæ. Forte illis diebus Cæsar, inspecto ornatu quo principum conjuges ac parentes effulserant, deligit vestem et gemmas, misitque donum matri ; nulla parcimonia, quum præcipua et cupita aliis prior deferret. Sed Agrippina « non his instrui cultus suos, sed ceteris arceri » proclamat, « et dividere filium quæ cuncta ex ipsa haberet ». Nec defuere qui in deterius referrent.

XIV. Et Nero, infensus iis quibus superbia muliebris innitebatur, demovet Pallantem cura rerum quis a Claudio impositus velut arbitrium regni agebat. Ferebaturque, degrediente eo magna prosequentium multitudine, non absurde dixisse « ire Pallantem et ejuraret. » Sane pepigerat Pallas ne cujus facti in præteritum interrogaretur, paresque rationes cum republica haberet. Præceps post hæc Agrippina ruere ad terrorem et minas, neque principis auribus abstinere quominus testaretur « adultum jam esse Britannicum, veram dignamque stirpem suscipiendo patris imperio, quod insitus et adoptivus, per injurias matris, exerceret. Non abnuere se quin cuncta infelicis domus mala patefierent, suæ in primis nuptiæ, suum veneficium. Id solum diis et sibi provisum quod viveret privignus : ituram cum illo in castra ; audiretur hinc Germanici filia, debilis rursus Burrus et exsul Seneca, trunca scilicet manu et professoria lingua, generis humani regimen expostulantes. » Simul intendere manus, aggerere probra, consecratum Claudium, infernos Silanorum manes invocare, et tot irrita facinora.

XV. Turbatus his Nero, et propinquo die quo quartumdecimum ætatis annum Britannicus explebat, volutare secum modo matris violentiam, modo ipsius indolem, levi quidem experimento nuper cognitam, quo tamen favorem lato quæsivisset. Festis Saturno diebus, inter alia æqualium ludicra, regnum lusu sortientium, evenerat ea sors Neroni.

point, et n'en hait que plus ; et, les menaces d'Agrippine redoublant, comme on ne pouvait inculper Britannicus, et qu'il n'osait ordonner publiquement sa mort, il prit des mesures secrètes. Il fit préparer du poison par l'entremise de Pollio Julius, tribun d'une cohorte prétorienne, qui était chargé de la garde de Locuste, condamnée pour empoisonnement, et célèbre par ses crimes. Quant à ce qui approchait Britannicus, dès longtemps on avait pris soin de ne l'entourer que de gens qu'aucun scrupule n'arrêtât. Le premier poison lui fut donné par ses instituteurs mêmes ; mais une évacuation qui survint en détruisit toute la force, ou, peut-être, l'avait-on mitigé exprès, pour qu'il n'agît point sur-le-champ. Néron, irrité de ces lenteurs, s'emportait en menaces contre le tribun et voulait presser le supplice de l'empoisonneuse, se plaignant que tous deux, pour se précautionner contre la rumeur publique, et pour se ménager un moyen de défense, retardassent sa tranquillité. Ils lui promirent alors une mort aussi subite que si elle était donnée par le fer. Néron fit composer le poison sous ses yeux ; chaque drogue fut éprouvée auparavant ; l'effet en était terrible.

XVI. C'était l'usage que les fils des princes mangeassent assis avec les autres nobles de leur âge, en présence de leurs parents, à une table séparée et plus frugale. Britannicus était à l'une de ces tables. Comme tous ses mets et sa boisson étaient goûtés par un esclave de confiance, et qu'on ne voulait ni omettre cet usage, ni déceler le crime par la mort de l'un et de l'autre, on trouva cet expédient. On présenta à Britannicus, après l'essai, un breuvage non encore empoisonné, mais si chaud, qu'il fallut le renvoyer. Alors on versa dans l'eau froide le poison, qui attaqua tous ses membres si violemment, qu'il lui ravit à la fois la parole et la vie. Les plus voisins de Britannicus se précipitent autour de lui, les imprudents s'enfuient ; mais ceux qui avaient plus de pénétration restent à leur place, les yeux fixés sur Néron, qu'ils observaient attentivement. Lui, se tenant, comme il était, penché sur son lit, et avec l'air de ne rien savoir, dit que c'était un accès d'épilepsie, mal qui, dès sa première enfance, avait affligé Britannicus, et qu'insensiblement la vue et le sentiment lui reviendraient. Pour Agrippine, l'effroi, la consternation de son âme éclatèrent si visiblement sur son visage, malgré tous ses efforts pour se contenir, qu'on la jugea aussi étrangère à ce crime qu'Octavie, sœur de Britannicus. En effet, elle voyait son fils lui enlever par là sa dernière ressource, et s'essayer au parricide. Octavie aussi, malgré l'inexpérience de son âge, avait appris à voiler sa douleur, sa tendresse, toutes ses affections. Ainsi, après un moment de silence, la joie du festin recommença.

XVII. La même nuit vit la mort de Britannicus et son bûcher ; on avait pourvu d'avance aux apprêts funéraires, qui ne furent point magnifiques ; on l'ensevelit pourtant dans le Champ de Mars, par une pluie si violente que le peuple l'attribuait au ressentiment des dieux contre un crime que plusieurs excusaient encore, en songeant que les frères se sont haïs de tout temps, et que la souveraineté ne souffre point de partage.

Igitur ceteris diversa nec ruborem allatura ; ubi Britannico jussit exsurgeret, progressusque in medium cantum aliquem inciperet, irrisum ex eo sperans pueri sobrios quoque convictus, nedum temulentos, ignorantis : ille constanter exorsus est carmen quo evolutum eum sede patria rebusque summis significabatur. Unde orta miseratio manifestior, quia dissimulationem nox et lascivia exemerat. Nero, intellecta invidia, odium intendit. Urgentibusque Agrippinæ minis, quia nullum crimen, neque jubere cædem fratris palam audebat, occulta molitur ; pararique venenum jubet, ministro Pollione Julio, prætoriæ cohortis tribuno, cujus cura attinebatur damnata veneficii nomine Locusta, multa scelerum fama. Nam, ut proximus quisque Britannico neque fas neque fidem pensi haberet, olim provisum erat. Primum venenum ab ipsis educatoribus accepit transmisitque, exsoluta alvo, parum validum, sive temperamentum inerat, ne statim sæviret. Sed Nero, lenti sceleris impatiens, minitari tribuno, jubere supplicium veneficæ, quod, dum rumorem respiciunt, dum parant defensiones, securitatem morarentur. Promittentibus dein tam præcipitem necem, quam si ferro urgeretur, cubiculum Cæsaris juxta decoquitur virus, cognitis antea venenis rapidum.

XVI. Mos habebatur principum liberos, cum ceteris idem ætatis nobilibus, sedentes vesci, in aspectu propinquorum, propria et parciore mensa. Illic epulante Britannico, quia cibos potusque ejus delectus ex ministris gustu explorabat, ne omitteretur institutum, aut utriusque morte proderetur scelus, talis dolus repertus est. Innoxia adhuc ac præcalida, et libata gustu, potio traditur Britannico ; dein, postquam fervore adspernabatur, frigida in aqua effunditur venenum, quod ita cunctos ejus artus pervasit, ut vox pariter et spiritus raperentur. Trepidatur a circumsedentibus : diffugiunt imprudentes ; at quibus altior intellectus, resistunt defixi et Neronem intuentes. Ille, ut erat reclinis, et nescio similis, solitum, ita ait, per comitialem morbum, quo primum ab infantia afflictaretur Britannicus, et rediturus paullatim visus sensusque. At Agrippinæ is pavor, ea consternatio mentis, quamvis vultu premeretur, emicuit, ut perinde ignaram fuisse, ac sororem Britannici Octaviam, constiterit : quippe sibi supremum auxilium ereptum, et parricidii exemplum intelligebat. Octavia quoque, quamvis rudibus annis, dolorem, caritatem, omnes affectus abscondere didicerat. Ita, post breve silentium, repetita convivii lætitia.

XVII. Nox eadem necem Britannici et rogum conjunxit, proviso ante funebri paratu, qui modicus fuit. In campo tamen Martis sepultus est, adeo turbidis imbribus ut vulgus iram deum portendi crediderit adversus facinus, cui plerique etiam hominum ignoscebant, antiquas fratrum discordias et insociabile regnum æstimantes. Tradunt plerique

Plusieurs écrivains de ce temps rapportent que, les jours qui précédèrent l'empoisonnement, Néron abusa fréquemment de l'enfance de Britannicus; ainsi, quoique expirant au milieu des solennités d'un banquet, sous les yeux d'un ennemi, sans pouvoir même recueillir les embrassements d'une sœur, on ne doit plus trouver ni si cruelle, ni si prématurée la mort de ce tendre et dernier rejeton des Claudes, « qu'avant le poison avait souillé la prostitution. Néron s'excusa, dans un édit, sur la précipitation des funérailles; il allégua l'usage ancien de soustraire aux yeux les morts trop douloureuses, dont les éloges et les pompes funèbres prolongeaient encore l'amertume; il ajouta, qu'après la perte de son frère, il mettait tout son espoir dans la république; que le peuple et le sénat n'avaient que plus de raison de chérir un prince, seul reste d'une maison destinée à l'empire de l'univers. Il combla ensuite de largesses les principaux de sa cour.

XVIII. On ne manqua point de faire un crime à ceux de ces hommes qui annonçaient de l'austérité, d'avoir accepté des terres, des palais, dans une circonstance où ils semblaient partager des dépouilles. D'autres croyaient qu'ils y avaient été contraints par Néron, qui, ne se dissimulant point son crime, espérait se le faire pardonner, si, par ses largesses, il liait à sa cause ce qu'il y avait de plus accrédité dans l'empire. Mais toutes ses libéralités échouèrent contre le ressentiment implacable de sa mère; elle ne quittait plus Octavie; elle tenait fréquemment avec ses amis des conférences secrètes; elle ramassait de tous côtés de l'argent, comme par une prévoyance qui s'ajoutait à son avarice naturelle; elle accueillait avec bonté les tribuns et les centurions, traitait avec distinction ce qui restait alors de noms et de talents illustres, comme si elle eût cherché un chef et un parti. Néron en fut instruit; il ôta à sa mère, avec la garde prétorienne qu'elle était accoutumée d'avoir, comme femme d'empereur, et qu'elle avait conservée comme mère du prince, la garde germaine, qu'on avait ajoutée pour surcroît d'honneur. Et, pour écarter d'elle la foule des courtisans, il sépara sa maison de la maison impériale, et relégua sa mère dans l'ancien palais d'Antonia, n'y paraissant jamais qu'au milieu d'une haie de centurions, et la quittant aussitôt, après un froid embrassement.

XIX. De toutes les choses humaines il n'en est point d'aussi frêle et d'aussi fugitive qu'un crédit qui n'est pas fondé sur notre propre puissance. Dès ce moment, le palais d'Agrippine fut désert; personne ne la consolait, personne n'allait la voir, hors un petit nombre de femmes, par attachement, ou par haine peut-être. Parmi ces femmes, se trouvait Junia Silana, chassée autrefois par Messaline du lit de Silius, comme je l'ai dit, célèbre par sa beauté, sa naissance, ses galanteries, et longtemps chérie d'Agrippine. Depuis, il y avait entre elles un levain secret d'inimitié, parce qu'Agrippine, à force de répéter que Silana était vieille et débauchée, avait dégoûté de sa main Sextius Africanus, jeune homme d'un nom illustre; non qu'Agrippine voulût se réserver Sextius pour elle-même, mais afin que les grandes richesses d'une veuve sans enfants ne passassent point au pouvoir d'un mari. Celle-ci, voyant une occasion de se venger, lui suscite parmi ses clients deux délateurs, Iturius et Calvisius. On ne lui reprochait point de pleurer la mort de Britanni-

---

eorum temporum scriptores, crebris ante exitium diebus, illusum isse pueritiæ Britannici Neronem: ut jam non præmatura neque sæva mors videri queat, quamvis inter sacra mensæ, ne tempore quidem ad complexum sorori dato, ante oculos inimici properata sit, in illum supremum Claudiorum sanguinem, stupro priusquam veneno pollutum. Festinationem exsequiarum edicto Cæsar defendit, id a majoribus institutum referens, « subtrahere oculis acerba funera, neque laudationibus aut pompa detinere. Ceterum et sibi, amisso fratris auxilio, reliquas spes in republica sitas; et tanto magis fovendum patribus populoque principem, qui unus superesset e familia summum ad fastigium genita. » Exin largitione potissimos amicorum auxit.

XVIII. Nec defuere qui arguerent viros gravitatem asseverantes, quod domos, villas, id temporis, quasi prædam divisissent. Alii necessitatem adhibitam credebant a principe, sceleris sibi conscio, et veniam sperante si largitionibus validissimum quemque obstrinxisset. At matris ira nulla munificentia leniri : sed amplecti Octaviam; crebra cum amicis secreta habere; super ingenitam avaritiam, undique pecunias, quasi in subsidium, corripiens, tribunos et centuriones comiter excipere; nomina et virtutes nobilium qui etiam tum superarent in honore habere; quasi quæreret ducem et partes. Cognitum id Neroni, excubiasque militares, quæ, ut conjugi imperatoris solitum, et matri servabantur, et Germanos, super eumdem honorem custodes additos, degredi jubet. Ac, ne cœtu salutantium frequentaretur, separat domum, matremque transfert in eam quæ Antoniæ fuerat; quoties ipse illuc ventitaret, septus turba centurionum, et post breve osculum digrediens.

XIX. Nihil rerum mortalium tam instabile ac fluxum est, quam fama potentiæ non sua vi nixa. Statim relictum Agrippinæ limen: Nemo solari, nemo adire, præter paucas feminas, amore an odio incertum. Ex quibus erat Junia Silana, quam matrimonio C. Silii a Messalina depulsam supra retuli, insignis genere, forma, lascivia, et Agrippinæ diu percara; mox occultis inter eas offensionibus, quia Sextium Africanum', nobilem juvenem, a nuptiis Silanæ deterruerat Agrippina, impudicam et vergentem annis dictitans; non ut Africanum sibi seponeret, sed ne opibus et orbitate Silanæ maritus potiretur. Illa, spe ultionis oblata, parat accusatores ex clientibus suis, Iturium et Calvisium, non vetera et sæpius jam audita deferens, quod Britannici mortem lugeret, aut Octaviæ injurias

cus, de divulguer les chagrins d'Octavie, imputations renouvelées cent fois et trop usées; on l'accusa de vouloir élever à l'empire Rubellius Plautus, parent d'Auguste par les femmes, au même degré que Néron, afin de pouvoir, en l'épousant, envahir encore la suprême puissance. Iturius et Calvisius s'en ouvrent à Atimétus, affranchi de Domitia, tante de Néron. Atimétus, enchanté de l'ouverture (car il régnait entre Agrippine et Domitia une rivalité implacable), pressa l'histrion Páris, autre affranchi de Domitia, d'aller promptement dénoncer le crime, en le peignant sous les couleurs les plus noires.

XX. La nuit était avancée, et Néron prolongeait encore les débauches de la table, quand Páris s'y présente; il venait ordinairement à cette heure ranimer les amusements du prince. Mais alors, se composant un visage sombre, par la manière dont il exposa tous les détails de l'accusation, il effraya tellement Néron, que le prince voulait, non-seulement faire périr Plautus et sa mère, mais encore ôter la préfecture à Burrus, qu'il supposait, du parti d'Agrippine, en reconnaissance de l'avancement qu'il lui devait. Fabius Rusticus assure que le brevet fut expédié pour donner à Cécina Tuscus le commandement des prétoriens; mais que Sénèque empêcha la disgrâce de son ami. Pline et Cluvius disent qu'on n'eut pas le moindre nuage sur la fidélité de Burrus. Il est certain que Fabius incline à louer Sénèque, dont l'amitié lui fut utile. Pour moi, ce n'est que l'unanimité des auteurs qui me décide; quand ils varient sur les faits, je les rapporte sous leur nom. Néron, impatient et ne respirant que le meurtre de sa mère, ne voulait pas même différer, si Burrus ne lui avait promis la mort d'Agrippine, au cas qu'elle fût

convaincue; mais, au moins, fallait-il laisser, surtout à une mère, les moyens de se défendre. Les accusateurs ne se montraient pas; il n'y avait qu'une seule déposition, qui partait d'une maison ennemie. Ira-t-il la condamner, sur un indice aussi incertain, au milieu des ténèbres, des veilles, des excès de la nuit, toutes choses qui favorisaient la surprise et l'imposture?

XXI. Ces remontrances ayant calmé les frayeurs de Néron, au point du jour on va chez Agrippine, pour lui faire part des imputations, pour qu'elle eût à s'en justifier ou à être punie. Burrus exécutait cette commission, Sénèque présent. Il y avait aussi des affranchis témoins de l'entrevue. Burrus, après avoir exposé les charges et le nom des accusateurs, parla d'un ton menaçant. Agrippine, conservant toute sa fierté : « Je ne « m'étonne pas, dit-elle, que Silana, n'ayant « jamais eu d'enfants, méconnaisse les affections « maternelles, et croie qu'une mère peut abandon- « ner son fils avec la même facilité qu'une femme « impudique ses amants. Eh quoi! parce qu'Itu- « rius et Calvisius, après avoir dévoré toute leur « fortune, se prostituent, pour dernière res- « source, à la décrépitude de Silana, en se char- « geant de ses haines, faut-il que nous restions « accablés, moi, du soupçon, mon fils, des re- « mords d'un parricide? Domitia m'accuse, dites- « vous; certes, je rendrais grâces à son inimi- « tié, si elle disputait avec moi de tendresse pour « mon cher Néron. La voilà maintenant qui, de « concert avec son vil amant, Atimète, et l'his- « trion Páris, bâtit une fable tragique. Cependant « elle s'occupait à Baies de l'embellissement de « ses canaux, tandis que, par mes soins, Néron, « adopté, nommé proconsul, désigné consul, « voyait lever par moi seule toutes les barrières

evulgaret; sed destinavisse eam Rubellium Plautum, per maternam originem pari ac Nero gradu a divo Augusto, ad res novas extollere, conjugioque ejus et jam imperio rempublicam rursus invadere. Hæc Iturius et Calvisius Atimeto, Domitiæ; Neronis amitæ, liberto, aperiunt. Qui, lætus oblatis (quippe inter Agrippinam et Domitiam infensa æmulatio exercebatur), Paridem histrionem, libertum et ipsum Domitiæ, impulit ire propere crimen atrociter deferre.

XX. Provecta nox erat et Neroni per vinolentiam trahebatur, quum ingrediter Paris, solitus alioquin id temporis luxus principis intendere. Sed tunc compositus ad mœstitiam, expositoque indicii ordine, ita audientem exterret, ut non tantum matrem Plautumque interficere, sed Burrum etiam demovere præfectura destinaret, tanquam Agrippinæ gratia provectum et vicem reddentem. Fabius Rusticus auctor est scriptos esse ad Cæcinam Tuscum codicillos, mandata ei prætoriarum cohortium cura; sed ope Senecæ dignationem Burro retentam. Plinius et Cluvius nihil dubitatum de fide præfecti referunt. Sane Fabius inclinat ad laudes Senecæ, cujus amicitia floruit. Nos, consensum auctorum secuti, quæ diversa prodiderint sub

nominibus ipsorum trademus. Nero, trepidus et interficiendæ matris avidus, non prius differri potuit quam Burrus necem ejus promitteret, si facinoris coargueretur: sed cuicunque, nedum parenti, defensionem tribuendam; nec accusatores adesse, sed vocem unius ex inimica domo afferri. Refutaret tenebras, et vigilatam convivio noctem, omniaque temeritate et inscitiæ propiora. »

XXI. Sic lenito principis metu, et luce orta, itur ad Agrippinam, ut nosceret objecta, dissolveretque vel pœna lueret. Burrus iis mandatis, Seneca coram, fungebatur; aderant et ex libertis, arbitri sermonis. Deinde a Burro, postquam crimina et auctores exposuit, minaciter actum. Et Agrippina ferociæ memor, « Non miror, inquit, Silanam, « nunquam edito partu, matrum affectus ignotos habere. « Neque enim perinde a parentibus liberi, quam ab impu- « dica adulteri, mutantur. Nec, si Iturius et Calvisius, « adesis omnibus fortunis, novissimam suscipiendæ accusa- « tionis operam anui rependunt, ideo aut mihi infamia « parricidii, aut Cæsari conscientia subeunda est. Nam « Domitiæ inimicitiis gratias agerem, si benevolentia me- « cum in Neronem meum certaret. Nunc, per concubinum « Atimetum et histrionem Paridem, quasi scenæ fabulas

« qui lui fermaient l'empire. Qu'on me cite une
« cohorte, une province, un affranchi, un es-
« clave enfin, dont j'aie tenté seulement d'ébran-
« ler la foi. Hélas! pouvais-je me flatter d'un ins-
« tant de vie sous l'empire de Britannicus? Le
« pourrais-je encore si Plautus, ou tout autre,
« devenait mon prince et mon juge? Manque-
« rais-je alors d'accusateurs qui me reproche-
« raient, non des cris imprudents, que m'arra-
« chent quelquefois le dépit et la tendresse, mais
« des crimes, dont mon fils seul peut absoudre sa
« mère?» Ce discours fit, sur tous ceux qui étaient
présents, la plus vive impression, et ils cherchaient à calmer ses transports. Elle demande
une entrevue avec son fils. Elle n'y dit rien de son
innocence, comme si elle eût été douteuse; de ses
bienfaits, ce qui eût été un reproche; elle exigea
le châtiment de ses délateurs, l'avancement de
ses amis, et l'obtint.

XXII. La préfecture des vivres est donnée à
Fénius; la direction des jeux que Néron préparait, à Stella; l'Égypte, à Balbillus. On destina la
Syrie à Publius Antéius; mais, après avoir éludé
son départ sous différents prétextes, on finit par
le retenir à Rome. D'un autre côté, Silana fut
exilée, Iturius et Calvisius relégués, Atimète, condamné à mort. Pâris, trop nécessaire aux débauches de Néron, resta impuni; on oublia Plautus
pour le moment.

XXIII. Quelque temps après, on dénonça un
prétendu complot de Pallas et de Burrus pour
donner l'empire à Sylla, Romain d'une haute
naissance, et gendre de Claude, par l'hymen
de sa fille Antonia. Un certain Pétus, qui faisait
métier de faire vendre les biens confisqués, était
l'auteur de cette grossière et visible imposture.
Toutefois on fut moins satisfait de la justification
de Pallas, que choqué de son orgueil. Comme on
lui nommait de ses affranchis pour mi ses complices,
il répondit qu'il n'avait jamais donné d'ordres
chez lui que par un signe de tête, ou par un geste
de la main; et que, quand il fallait plus d'explication, il écrivait, pour ne point prostituer ses
paroles. Burrus, quoique accusé, opina parmi les
juges. On infligea l'exil à l'accusateur, et on brûla
des registres où il faisait reparaître des créances
du fisc oubliées depuis longtemps.

XXIV. Sur la fin de l'année, la cohorte qu'on
laissait toujours de garde aux jeux du cirque fut
retirée, afin qu'il y eût un plus grand air de liberté, que le soldat, n'étant plus mêlé dans toutes
ces dissolutions du théâtre, en fût moins corrompu, et pour essayer si le peuple, sans gardes,
saurait se contenir. Le prince, d'après la decision des aruspices, purifia la ville, parce que
le tonnerre était tombé sur le temple de Jupiter et
Minerve.

XXV. Le consulat de Volusius et de Scipion,
tranquille au dehors, vit au dedans d'infâmes désordres. Néron, déguisé en esclave, parcourait
toutes les rues, tous les cabarets, tous les mauvais lieux de Rome, accompagné de jeunes gens
qui pillaient les marchandises qu'on exposait en
vente, qui frappaient les passants; et d'abord on
le méconnut au point qu'il reçut des coups lui-
même, dont il porta les marques sur le visage.
Lorsque ensuite il fut public que c'était l'empereur qui se permettait ces excès, on en vint à insulter

« componit. Baiarum suarum piscinas extollebat, quum
« meis consiliis adoptio, et proconsulare jus, et designatio
« consulatus, et cetera apiscendo imperio præparantur.
« Aut exsistat qui cohortes in urbe tentatas, aut provin-
« ciarum fidem labefactatam, denique servos vel libertos
« ad scelus corruptos arguat. Vivere ego, Britannico po-
« tiente rerum, poteram? at si Plautus, aut quis alius,
« rempublicam judicaturus obtinuerit, desunt scilicet
« mihi accusatores, qui non verba, impatientia caritatis ali-
« quando incauta, sed ea crimina objiciant, quibus, nisi
« a filio, absolvi non possim. » Commotis quo aderant,
ultroque spiritus ejus mitigantibus, colloquium filii exposcit: ubi nihil pro innocentia, quasi diffideret, nec beneficiis, quasi exprobraret, disseruit; sed ultionem in delatores et præmia amicis obtinuit.

XXII. Præfectura annonæ Fenio Rufo, cura ludorum
qui a Cæsare parabantur Arruntio Stellæ, Ægyptus C.
Balbillo, permittuntur. Syria P. Anteio destinata; et, variis
mox artibus ejusus, ad postremum in urbe retentus est.
At Silana in exsilium acta. Calvisius quoque et Iturius
relegantur. De Atimeto supplicium sumptum, validiore
apud libidines principis Paride quam ut pœna afficeretur.
Plautus ad præsens silentio transmissus est.

XXIII. Deferuntur dehinc consensisse Pallas ac Burrus
ut Cornelius Sulla, claritudine generis et affinitate Claudii
cui per nuptias Antoniæ gener erat, ad imperium vocaretur. Ejus accusationis auctor exstitit Pætus quidam,
exercendis apud ærarium sectionibus famosus, et tum
vanitatis manifestus. Nec tam grata Pallantis innocentia,
quam gravis superbia fuit: quippe, nominatis libertis
ejus, quos conscios haberet, respondit nihil unquam se
domi, nisi nutu aut manu, significasse, vel, si plura demonstranda essent, scripto usum, ne vocem consociaret.
Burrus, quamvis reus, inter judices sententiam dixit.
Exsiliumque accusatori irrogatum, et tabulæ exustæ sunt,
quibus obliterata ærarii nomina retrahebat.

XXIV. Fine anni, statio cohortis assidere ludis solita
demovetur, quo major species libertatis esset; utque miles,
theatrali licentiæ non permixtus, incorruptior ageret, et
plebes daret experimentum an amotis custodibus modestiam retineret. Urbem princeps lustravit, e responso aruspicum, quod Jovis ac Minervæ ædes de cœlo tactæ erant.

XXV. Q. Volusio, P. Scipione consulibus, otium foris,
fœda domi lascivia, qua Nero itinera urbis et lupanaria et
diverticula, veste servili in dissimulationem sui compositus, pererrabat, comitantibus qui raperent ad venditionem
exposita, et obviis vulnera inferrent; adversus ignaros
adeo ut ipse quoque exciperet ictus et ore præferret.
Deinde, ubi Cæsarem esse qui grassaretur pernotuit,
augebanturque injuriæ adversus viros feminasque insignes,
et quidam, permissa semel licentia sub nomine Neronis,

TACITE.

des hommes et des femmes du premier rang. Quelques-uns même, voyant la licence autorisée par le nom du prince, exerçaient impunément, avec leur propre bande, les mêmes violences, et les nuits de Rome retraçaient les horreurs d'une ville prise d'assaut. Montanus, Romain de l'ordre sénatorial, mais non encore parvenu aux honneurs, en était venu aux mains avec Néron dans l'obscurité. Comme d'abord il avait repoussé vivement ses attaques, et qu'ensuite, après l'avoir reconnu, il fit des excuses, Néron les prit pour des reproches; on le força de se donner la mort. Depuis ce moment, le prince s'exposa moins, et ne marcha qu'entouré de soldats et de gladiateurs. Quand la dispute ne faisait que commencer, qu'elle était légère, ils la traitaient comme une affaire privée, ils ne s'en mêlaient point. Pour peu que l'offensé y mît de chaleur, ils interposaient les armes. Ce fut aussi Néron qui, par l'impunité et par les récompenses, fit dégénérer presque en combats la licence du cirque, et les rivalités pour les différents histrions. Il se mêlait lui-même, en secret, dans les querelles, et souvent il les encourageait publiquement de ses regards. Enfin, la fermentation générale faisant craindre un soulèvement, on ne trouva d'autre remède que de chasser les histrions d'Italie, et de rappeler les soldats sur le théâtre.

XXVI. Dans le même temps, on porta les plaintes au sénat contre la perfidie des affranchis, et l'on sollicita fortement un édit qui permît aux patrons de révoquer la liberté de ceux qui en abuseraient. On ne manquait point de sénateurs prêts à opiner; mais les consuls n'osèrent pas entamer une délibération dont le prince n'était point prévenu; toutefois ils lui transmirent par écrit le vœu du sénat. Néron délibéra dans son conseil s'il autoriserait ce règlement. Les opinions y étaient partagées. Quelques-uns allaient jusqu'à s'élever avec indignation contre cette insolence des affranchis, qui, enhardis par leur liberté, traitaient à peine en égaux leurs patrons, et levaient impunément la main sur eux, ou riaient de la peine que leur attirait cette violence. En effet, tous les priviléges du patron ne se réduisaient-ils pas à pouvoir reléguer son affranchi à vingt milles de Rome, sur la côte de la Campanie? Les autres actions, communes entre eux, les mettaient au même niveau. Il était donc indispensable de donner au patron une arme qui le fît respecter. Les affranchis ne seraient point malheureux d'avoir à conserver leur liberté, par les mêmes moyens qui la leur avaient acquise; et, à l'égard de ceux qui seraient manifestement coupables, il était juste de les rendre à l'esclavage, afin de retenir, par la crainte, des misérables insensibles aux bienfaits.

XXVII. On alléguait, d'un autre côté, qu'il fallait punir les fautes des particuliers, sans attaquer les droits d'un corps très-étendu; que ce corps servait à recruter les tribus, les décuries, les cohortes même de la ville; qu'on en tirait les officiers des magistrats et des pontifes; que beaucoup de chevaliers, que plusieurs sénateurs n'avaient pas une autre origine; qu'en faisant des affranchis une classe à part, on manifesterait la disette des citoyens libres de naissance; que ce n'était point sans dessein que leurs pères, en admettant des distinctions dans le rang des citoyens, n'en avaient mis aucune dans leur liberté; qu'au reste, on avait établi deux sortes d'affranchissements, pour laisser lieu au repentir, ou à un nouveau bienfait; que les esclaves, affranchis sans les formalités régulières, restaient, pour ainsi dire, sous le lien de la servitude; qu'il fallait chacun pesât le mérite, et n'accordât point légère-

inulti propriis cum globis eadem exercebant, et in modum captivitatis nox agebatur; Julius quidem Montanus, senatorii ordinis, sed ubi nondum honorem capessisset, congressus forte per tenebras cum principe, quia vi attentantem acriter repulerat, deinde agnitum oraverat, quasi exprobrasset, mori adactus est. Nero autem, metuentior in posterum, milites sibi et plerosque gladiatores circumdodit, qui rixarum initia modica et quasi privata sinerent; si a læsia validius agoretur, arma inferrent. Ludicram quoque licentiam et fautores histrionum velut in prælia convertit impunitate et præmiis, atque ipse occultus et plerumque coram prospectans : donec, discordi populo, et gravioris motus terrore, non aliud remedium repertum est, quam ut histriones Italia pellerentur, milesque theatro rursum assideret.

XXVI. Per idem tempus actum in senatu de fraudibus libertorum, efflagitatumque ut adversus male meritos revocandæ libertatis jus patronis daretur. Nec deerant qui censerent; sed consules, relationem incipere non ausi ignaro principe, perscripsere tamen consensum senatus. Ille, an auctor constitutionis fieret, inter paucos et sententiæ diversos consultare : quibusdam coalitam libertate irreverentiam eo proruppisse frementibus, « ut jam æquo cum patronis jure agerent, ac verberibus manus ultro intenderent, impune vel pœnam suam deridentes. Quid enim aliud læso patrono concessum, quam ut vicesimum ultra lapidem, in oram Campaniæ, libertum releget? Ceteras actiones promiscuas et pares esse. Tribuendum aliquod telum quod sperni nequeat. Nec grave manumissis per idem obsequium retinendi libertatem, per quod assecuti sint. At criminum manifestos merito ad servitutem retrahi, ut metu coerceantur quos beneficia non mutavissent. »

XXVII. Disserebatur contra « paucorum culpam ipsis exitiosam esse debere, nihil universorum juri derogandum : quippe late fusum id corpus; hinc plerumque tribus, decurias, ministeria magistratibus et sacerdotibus, cohortes etiam in urbe conscriptas; et plurimis equitum, plerisque senatoribus, non aliunde originem trahi. Si separarentur libertini, manifestam fore penuriam ingenuorum. Non frustra majores, quum dignitatem ordinum dividerent, libertatem in communi posuisse.

ment un don irrévocable. Cet avis prévalut. Néron écrivit au sénat d'examiner séparément les plaintes des patrons contre chaque affranchi, sans toucher aux droits du corps. Peu de temps après, Pâris, affranchi de Domitia, déclaré faussement citoyen, fut enlevé à sa maîtresse, non sans honte pour le prince, qui fit prononcer par jugement que Pâris était né de parents libres.

XXVIII. Néanmoins il subsistait encore un fantôme de république. Le préteur Vibullius avait fait mettre en prison quelques séditieux, qu'échauffait leur zèle pour des histrions, et Antistius, tribun du peuple, les avait fait relâcher; ce qui produisit entre les deux magistrats une vive contestation. Le sénat la jugea unanimement en faveur du préteur, et fit de grands reproches au tribun de sa témérité. A cette occasion, on défendit aux tribuns d'usurper la juridiction des préteurs et des consuls, ou de citer devant eux, d'aucune partie de l'Italie, quiconque pouvait être poursuivi par les voies légales. Pison, consul désigné, ajouta que les jugements qu'ils rendraient dans leurs maisons seraient nuls, et que les amendes qu'ils infligeraient ne seraient portées sur les registres publics, par les questeurs de l'épargne, qu'au bout de quatre mois; que, dans l'intervalle, on pourrait en appeler, et que les consuls prononceraient sur l'appel. On restreignit encore davantage le pouvoir des édiles, et l'on fixa ce que les édiles curules, ce que les édiles plébéiens pourraient prendre de gages ou infliger de peines. Helvidius, tribun du peuple, profita de ce moment de réforme pour satisfaire des ressentiments particuliers contre Obultronius Sabinus,

questeur de l'épargne, sous prétexte que celui-ci aggravait inhumainement les droits de saisie sur les pauvres. Le prince ne tarda point à ôter l'inspection du trésor public aux questeurs, pour la confier à des préfets.

XXIX. La forme de cette administration a subi de fréquents changements. D'abord Auguste permit au sénat d'élire ces préfets; ensuite, comme on craignit que les suffrages ne fussent brigués, on tira ces magistrats au sort parmi les préteurs ; ce qui ne subsista pas longtemps, parce que le sort favorisait souvent l'incapacité. Alors Claude rendit l'épargne aux questeurs; et, de peur que la crainte de déplaire ne ralentît leur courage, il leur promit d'avance les grandes dignités. Mais, comme c'est la première magistrature qu'on exerce, la maturité de l'âge manquait aux questeurs. C'est pourquoi Néron prefera d'anciens preteurs, qui avaient fait preuve de capacité.

XXX. Sous ce consulat, Vipsanius Lénas fut condamné pour les exactions commises dans son gouvernement de Sardaigne. Cestius Proculus fut absous du crime de concussion, les accusateurs s'étant désistés. Clodius Quirinalis, préfet des rameurs à Ravenne, avait traité les Romains comme la dernière des nations ; il avait désolé l'Italie par ses dissolutions et par ses cruautés ; il prévint sa condamnation en s'empoisonnant. Aminius Rébilus, un des Romains les plus distingués, et par sa profonde connaissance de nos lois, et par ses immenses richesses, se délivra des douleurs d'une vieillesse infirme en se coupant les veines, avec un courage qu'on n'eût point attendu d'un homme décrié par d'infâmes prostitutions. Lucius Volu-

---

Quin et manumittendi duas species institutas, ut relinqueretur pœnitentiæ aut novo beneficio locus : quos vindicta patronus non liberaverit, velut vinculo servitutis attineri. Dispiceret quisque merita, tardeque concederet quod datum non adimeretur. » Hæc sententia valuit. Scripsitque Cæsar senatui, privatim expenderent causas libertorum, quoties a patronis arguerentur ; in commune nihil derogarent. Nec multo post, ereptus amitæ libertus Paris, quasi jure civili ; non sine infamia principis, cujus jussu perpetratum ingenuitatis judicium erat.

XXVIII. Manebat nihilominus quædam imago reipublicæ. Nam inter Vibullium prætorem et plebei tribunum Antistium ortum certamen, quod immodestos fautores histrionum, et a prætore in vincula ductos, tribunus omitti jussisset : comprobavere patres, incusata Antistii licentia. Simul prohibiti tribuni jus prætorum et consulum præripere, aut vocare ex Italia cum quibus lege agi posset. Addidit L. Piso, designatus consul, ne quid intra domum pro potestate animadverterent, neve multam ab iis dictam quæstores ærarii in publicas tabulas, ante quatuor menses, referrent; medio temporis contradicere liceret, deque eo consules statuerent. Cohibita artius et ædilium potestas, statutumque quantum curules quantum plebei pignoris caperent vel pœnæ irrogarent. Eo Helvidius Priscus, tribunus plebis, adversus Obultronium Sabinum, ærarii quæstorem, contentiones proprias exercuit, tanquam

jus hastæ adversus inopes inclementer augeret. Dein princeps curam tabularum publicarum a quæstoribus ad præfectos transtulit.

XXIX. Varie habita ac sæpe immutata ejus rei forma : nam Augustus permisit senatui deligere præfectos : dein, ambitu suffragiorum suspecto, sorte ducebantur ex numero prætorum, qui præessent ; neque id diu mansit, quia sors deerrabat ad parum idoneos. Tunc Claudius quæstores rursum imposuit, iisque, ne metu offensionum segnius consulerent, extra ordinem honores promisit. Sed deerat robur ætatis eum primum magistratum capessentibus : igitur Nero prætura perfunctos et experientia probatos delegit.

XXX. Damnatus iisdem consulibus Vipsanius Lænas, ob Sardiniam provinciam avare habitam. Absolutus Cestius Proculus repetundarum, cedentibus accusatoribus. Clodius Quirinalis, quod, præfectus remigum qui Ravennæ haberentur, velut infimam nationum, Italiam luxuria sævitiaque afflictavisset, veneno damnationem antevertit. Caninius Rebilus, ex primoribus peritia legum et pecuniæ magnitudine, cruciatus ægræ senectæ, misso per venas sanguine, effugit ; haud creditus sufficere ad constantiam sumendæ mortis, ob libidines muliebriter infamis. At L. Volusius egregia fama concessit ; cui tres et nonaginta anni spatium vivendi, præcipuæque opes bonis artibus, inoffensa tot imperatorum malitia fuit.

13.

sius acheva sans violence une vie irréprochable : il avait fourni une carrière de quatre-vingt-treize ans, et acquis sans injustice de grandes richesses que respecta la tyrannie de tant de princes.

XXXI. Le second consulat de Néron avec Pison offre peu de matière à l'histoire, à moins qu'on ne voulût s'amuser à décrire les fondements et la charpente du vaste amphithéâtre que Néron avait fait construire dans le Champ de Mars, et remplir des volumes de ces minuties, bonnes pour les journaux de la ville, indignes des annales du peuple romain. Les colonies de Capoue et de Nucérie furent renforcées par un corps de vétérans. On distribua au peuple une gratification de quatre cents sesterces par tête, et l'on porta, dans le trésor de la nation, quarante millions de sesterces pour soutenir le crédit. On supprima le vingt-cinquième qu'on levait sur les esclaves qui s'achetaient : suppression plus apparente que réelle, la même somme restant imposée sur les vendeurs, qui augmentaient d'autant le prix de la vente. Néron, par un édit, défendit à tout magistrat ou procurateur, commandant dans les provinces, de donner des combats de gladiateurs ou d'animaux, ou tout autre divertissement. En effet, toutes ces largesses ambitieuses n'étaient pas un moindre fléau pour les peuples que les concussions mêmes, en ce que toutes les prévarications de la cupidité, on les couvrait du prétexte de fournir aux dépenses de ces fêtes.

XXXII. On fit aussi, pour la vengeance et pour la sûreté des maîtres, un sénatus-consulte par lequel, dans le cas où un citoyen était assassiné par un de ses esclaves, tous les autres, et jusqu'aux affranchis par testament qui habitaient le même toit, étaient enveloppés dans le supplice du meurtrier. On fit entrer dans le sénat Lusius Varius, consulaire qui avait succombé autrefois à une accusation de péculat. Pomponia Grécina, femme de la première distinction, épouse de Plautius, qui, par ses exploits en Bretagne, avait mérité les honneurs de l'ovation, était accusée de se livrer à des superstitions étrangères Le jugement de cette affaire fut remis au mari même, qui, après avoir, suivant l'usage ancien, instruit en présence des parents ce procès, d'où dépendaient la vie et l'honneur de sa femme, la déclara innocente. Pomponia vécut longtemps, et toujours dans la tristesse. Depuis la mort de Julie, fille de Drusus, laquelle avait été victime des intrigues de Messaline, elle n'avait porté, pendant quarante ans, que des habits de deuil ; elle ne connut que l'affliction ; sa douleur ne lui fut point, sous Claude, un sujet de proscription, et devint ensuite, pour elle, un titre de gloire.

XXXIII. Cette même année vit plusieurs grands procès, entre autres celui de Céler, poursuivi par la province d'Asie. Comme il était impossible de l'absoudre, Néron fit traîner l'affaire jusqu'à ce que l'accusé mourût de vieillesse. Celer, ayant fait périr, comme je l'ai dit, le proconsul Silanus, couvrait, par un crime de cette importance, tous les autres délits. Les Ciliciens avaient dénoncé Cossutianus Capito, homme chargé d'opprobre et d'infamie, et qui avait cru pouvoir se permettre, dans sa province, ce qui lui avait réussi dans Rome. Écrasé par la force irrésistible des preuves, il renonça enfin à se défendre, et fut condamné pour crime de concussion. Éprius Marcellus fut plus heureux contre les Lyciens, qui le poursuivaient pour des prévarications toutes pareilles ; la brigue prévalut au point qu'on exila quelques-uns de ses accusateurs, comme s'ils eussent inquiété un innocent.

XXXIV. Néron, dans son troisième consulat, eut pour collègue Valérius Messala, dont le bisaïeul, l'orateur Corvinus, avait été le collègue

---

XXXI. Nerone secundum, L. Pisone consulibus, pauca memoria digna evenere ; nisi cui libeat, laudandis fundamentis et trabibus, quis molem amphitheatri apud campum Martis Cæsar exstruxerat, volumina implere ; quum ex dignitate populi romani repertum sit res illustres annalibus, talia diurnis urbis actis, mandare. Ceterum coloniæ Capua atque Nuceria, additis veteranis, firmatæ sunt ; plebeique congiarium quadringeni nummi viritim dati, et sestertium quadringenties ærario illatum est, ad retinendam populi fidem. Vectigal quoque quintæ et vicesimæ venalium mancipiorum remissum, specie magis quam vi : quia, quum venditor pendere juberetur, in partem pretii emptoribus accrescebat. Edixit Cæsar ne quis magistratus aut procurator, qui provinciam obtineret, spectaculum gladiatorum aut ferarum, aut quod aliud ludicrum ederet. Nam ante non minus tali largitione, quam corripiendis pecuniis, subjectos affligebant ; dum, quæ libidine deliquerant, ambitu propugnant.

XXXII. Factum et senatusconsultum ultioni juxta et securitati, ut, si quis a suis servis interfectus esset, ii quoque qui, testamento manumissi, sub eodem tecto mansissent, inter servos supplicia penderent. Redditur ordini L. Varius, consularis, avaritiæ criminibus olim perculsus. Et Pomponia Græcina, insignis femina, Plautio, qui ovans se de Britanniis retulit, nupta, ac superstitionis externæ rea, mariti judicio permissa. Isque prisco instituto, propinquis coram, de capite famaque conjugis cognovit, et insontem nunciavit. Longa huic Pomponiæ ætas et continua tristitia fuit. Nam, post Juliam, Drusi filiam, dolo Messalinæ interfectam, per quadraginta annos, non cultu nisi lugubri, non animo nisi mœsto egit. Idque illi, imperitante Claudio impune, mox ad gloriam vertit.

XXXIII. Idem annus plures reos habuit : quorum P. Celerem, accusante Asia, quia absolvere nequibat Cæsar, traxit, senecta donec mortem obiret ; nam Celer, interfecto, ut memoravi, Silano proconsule, magnitudine sceleris cetera flagitia obtegebat. Cossutianum Capitonem Cilices detulerant maculosum fœdumque, et idem jus audaciæ in provincia ratum, quod in urbe exercuerat. Sed, pervicaci accusatione conflictatus, postremo defensionem

d'Auguste, trisaïeul de Néron ; quelques vieillards encore s'en ressouvenaient. Cette maison illustre reçut un nouvel éclat par le don d'une pension de cinq cent mille sesterces qu'on offrit à Messala, pour l'aider à soutenir sa pauvreté vertueuse. Aurélius Cotta et Hatérius Antoninus reçurent aussi du prince une pension annuelle, quoique ce fût par la débauche qu'ils eussent dissipé les richesses de leurs pères. On avait vu, jusque-là, les Parthes et les Romains, avec de la mollesse encore dans leurs résolutions, chercher à reculer la guerre pour la possession de l'Arménie ; au commencement de cette année, elle éclata vivement. D'un côté, Vologèse ne voulait point que son frère Tiridate perdît un sceptre qu'il lui avait donné, ni qu'il le tînt d'une puissance étrangère ; de l'autre, Corbulon jugeait digne de la grandeur romaine de recouvrer les anciennes conquêtes de Lucullus et de Pompée. D'ailleurs, les Arméniens, avec leur fausseté ordinaire, invitaient les deux puissances à la fois, quoique pourtant la situation de leur pays et la conformité de leurs mœurs les rapprochassent plus naturellement des Parthes ; confondus avec eux par de fréquents mariages, et ne connaissant point la liberté, ils inclinaient davantage à prendre leurs maîtres dans cette nation.

XXXV. Mais la lâcheté des soldats opposait plus d'obstacles à Corbulon que la perfidie des ennemis. Toutes ces légions de Syrie, amollies par une longue paix, enduraient impatiemment les travaux du soldat romain. Il est certain qu'il existait, dans cette armée, des vétérans qui n'avaient jamais monté une garde, pour qui des fossés et des retranchements étaient un spectacle étrange et absolument nouveau ; sans casques, sans cuirasses, brillants de parure et avides de gains, ils avaient vieilli dans les villes. Corbulon renvoya tous ceux que leur âge ou leur santé empêchait de servir, et demanda une recrue. On fit des levées dans la Galatie et dans la Cappadoce. On y ajouta une des légions de Germanie, avec la division de cavalerie et le corps d'infanterie auxiliaire qui y étaient attachés. Toute l'armée resta campée, quoique l'hiver fût si rigoureux que, la terre étant couverte de glaces, on était obligé de creuser pour faire entrer les piquets des tentes. Plusieurs eurent des membres gelés, et l'on trouva des sentinelles mortes de froid. On remarqua surtout un soldat qui portait des fascines, et dont les mains pénétrées par la glace, restèrent collées au bois, s'étant détachées des bras qu'elles laissèrent mutilés. Corbulon, vêtu légèrement, la tête nue, partageait toutes les marches, tous les travaux ; il donnait des éloges aux braves, des consolations aux faibles, l'exemple à tous. Ensuite, comme la dureté du service et, du climat en rebuta beaucoup qui désertèrent, on y remédia par la sévérité. Et ce ne fut pas, comme dans les autres armées, où l'on excusait la première et la seconde faute ; sous Corbulon, quiconque avait quitté le drapeau était sur-le-champ puni de mort, et l'expérience montra que cette rigueur était plus utile que la pitié. Il y eut moins de désertion dans son camp que dans tous ceux où l'on pardonnait.

XXXVI. Corbulon retint ainsi dans le camp les légions jusqu'aux premiers beaux jours du printemps ; il avait distribué dans des postes avantageux l'infanterie auxiliaire, sous les ordres de Pactius Orphitus, ancien primipilaire, avec le

---

omisit, ac lege repetundarum damnatus est. Pro Eprio Marcello, a quo Lycii res repetebant, eo usque ambitus prævaluit, ut quidam accusatorum ejus exsilio multarentur, tanquam insonti periculum fecissent.

XXXIV. Nerone tertium consule, simul iniit consulatum Valerius Messalla, cujus proavum, oratorem Corvinum, divo Augusto, abavo Neronis, collegam in eo magistratu fuisse pauci jam senum meminerant : sed nobili familiæ honor auctus est, oblatis in singulos annos quingenis sestertiis, quibus Messalla paupertatem innoxiam sustentaret. Aurelio quoque Cottæ et Haterio Antonino annuam pecuniam statuit princeps, quamvis per luxum avitas opes dissipassent. Ejus anni principio, mollibus adhuc initiis prolatatum, inter Parthos Romanosque de obtinenda Armenia bellum acriter sumitur : quia nec Vologeses sinebat fratrem Tiridaten dati a se regni expertem esse, aut alienæ id potentiæ donum habere ; et Corbulo dignum magnitudine populi romani rebatur, parta olim a Lucullo Pompeioque recipere. Ad hæc Armenii ambigua fide utraque arma invitabant, situ terrarum, similitudine morum Parthis propiores, connubiisque permixti, ac, libertate ignota, illuc magis ad servitium inclinantes.

XXXV. Sed Corbuloni plus molis adversus ignaviam militum quam contra perfidiam hostium erat. Quippe Syriæ transmotæ legiones, pace longa segnes, munia Romanorum ægerrime tolerabant. Satis constitit fuisse in eo exercitu veteranos qui non stationem, non vigilias iniissent ; vallum fossamque, quasi nova et mira, viserent, sine galeis, sine loricis, nitidi et quæstuosi, militia per oppida expleta. Igitur dimissis quibus senecta aut valetudo adversa erat, supplementum petivit. Et habiti per Galatiam ac Cappadociam delectus. Adjectaque ex Germania legio, cum equitibus alariis et peditatu cohortium ; retentusque omnis exercitus sub pellibus, quamvis hieme sæva adeo ut, obducta glacie, nisi effossa humus tentoriis locum non præberet. Ambusti multorum artus vi frigoris, et quidam inter excubias exanimati sunt. Annotatusque miles, qui fascem lignorum gestabat, ita præriguisse manus, ut, oneri adhærentes, truncis brachiis deciderent. Ipse cultu levi, capite intecto, in agmine, in laboribus, frequens adesse ; laudem strenuis, solatium invalidis, exemplum omnibus ostendere. Dehinc, quia duritiam cœli militiæque multi abnuebant deserebantque, remedium severitate quæsitum est. Nec enim, ut in aliis exercitibus, primum alterumque delictum venia prosequebatur, sed qui signa reliquerat statim capite pœnas luebat. Idque usu salubre et misericordia melius apparuit ; quippe pauciores illa castra deseruere, quam ea in quibus ignoscebatur.

XXXVI. Interim Corbulo, legionibus intra castra habitis donec ver adolesceret, dispositisque per idoneos lo-

commandement exprès de ne point chercher à engager le combat. Pactius exposa en vain la négligence des barbares, et l'occasion favorable pour les battre, le général persista à lui enjoindre de rester dans ses retranchements et d'attendre de plus grandes forces. Mais, au mépris de cet ordre, sitôt qu'il eut reçu des châteaux voisins quelques troupes, qui, étourdiment, demandaient la bataille, Pactius attaqua l'ennemi et fut repoussé. Sa déroute jetant l'effroi parmi ceux qui auraient dû le soutenir, chacun regagna son camp d'une fuite précipitée. Corbulon fut indigné ; il réprimanda durement Pactius, ainsi que les préfets et les soldats. Il les fit tous camper en dehors des retranchements, et ne les releva de cette ignominie que longtemps après, sur les instances de toute l'armée.

XXXVII. Cependant Tiridate, qui, indépendamment de ses propres forces, pouvait compter encore sur les secours de son frère Vologèse, désolait l'Arménie, non plus par des menées sourdes, mais par une guerre ouverte. Il dévastait les terres de ceux qu'il croyait du parti des Romains, et, toutes les fois qu'on faisait marcher des troupes contre lui, il éludait leur rencontre. Ne cessant de courir de côté et d'autre, il alarmait encore plus par le bruit de ses courses que par ses attaques. Corbulon, après avoir longtemps cherché une bataille, frustré dans son attente, et forcé, à l'exemple de l'ennemi, de porter la guerre en vingt endroits, divise ses forces, et envoie ses lieutenants et ses préfets attaquer à la fois sur différents points. Il prescrit au roi Antiochus de se jeter sur les provinces voisines de ses États. De son côté Pharasmane, qui venait de tuer son fils Rhadamiste, sous prétexte que ce fils le trahissait,

et qui voulait nous prouver de l'attachement, se livrait avec plus de fureur que jamais à ses anciennes haines contre les Armeniens. D'un autre côté, les Isiques, nouveaux alliés de Rome, et qui ne le furent que cette fois, infestaient les parties les moins accessibles de l'Arménie. Ainsi partout échouaient les projets de Tiridate. Ses ambassadeurs vinrent se plaindre, en son nom, et au nom des Parthes, de ce que, malgré les otages qu'il venait de livrer, et malgré le renouvellement d'une alliance qui semblait lui promettre encore de nouveaux bienfaits, on le chassait d'une ancienne possession. Ils représentèrent que, si Vologèse n'avait point encore agi en personne, c'était qu'il préférait les moyens de conciliation aux moyens violents ; mais que, si l'on s'obstinait à la guerre, les Arsacides sauraient bien retrouver cette valeur et cette fortune dont les Romains, par leurs désastres, avaient eu tant de fois la preuve. Pour toute réponse, Corbulon, qui savait Vologèse occupé par la révolte de l'Hyrcanie, conseilla à Tiridate d'attaquer César par la soumission. Il lui fit entendre qu'il pourrait, sans effusion de sang, se procurer un établissement solide, si, renonçant à des espérances lointaines et tardives, il en poursuivait de plus sûres, qui se feraient moins attendre.

XXXVIII. Comme les voyages des différents courriers traînaient la négociation en longueur, on préféra de choisir un jour et un lieu pour conférer. Tiridate proposait de s'y rendre, escorté seulement de mille chevaux ; il ne fixait à Corbulon, ni le nombre, ni l'espèce de ses soldats, pourvu qu'ils vinssent sans casques, sans cuirasses, dans un appareil pacifique. Cette ruse des barbares n'eût trompé personne, encore moins

---

cos cohortibus auxiliariis, ne pugnam priores auderent prædicit. Curam præsidiorum Pactio Orphito, primipili honore perfuncto, mandat. Is, quanquam incautos barbaros, et bene gerendæ rei casum offerri, scripserat, tenere se munimentis et majores copias opperiri jubetur. Sed rupto imperio, postquam paucæ e proximis castellis turmæ advenerant pugnamque imperitia poscebant, congressus cum hoste funditur. Et, damno ejus exterriti, qui subsidium ferre debuerant ad suos quisque in castra trepida fuga rediere. Quod graviter Corbulo accepit ; increpitumque Pactium et præfectos militesque, tendere omnes extra vallum jussit ; inque ea contumelia detenti, nec nisi precibus universi exercitus exsoluti sunt.

XXXVII. At Tiridates, super proprias clientelas, ope Vologesi fratris adjutus, non furtim jam, sed palam bello infensare Armeniam, quosque fidos nobis rebatur depopulari ; et, si copiæ contra ducerentur, eludere ; huc quoque et illuc volitans, plura fama quam pugna exterrere. Igitur Corbulo, quæsito diu prælio, frustra habitus, et exemplo hostium circumferre bellum coactus, dispartit vires, ut legati præfectique diversos locos pariter invaderent. Simul regem Antiochum monet proximas sibi præfecturas petere. Nam Pharasmanes, interfecto filio Rhadamisto,

quasi proditore sui, quo fidem in nos testaretur, vetus adversus Armenios odium promptius exercebat. Tuncque primum illecti Isichi, gens ante alias socia Romanis, avia Armeniæ incursavit. Ita consilia Tiridati in contrarium vertebant. Mittebatque oratores, qui suo Parthorumque nomine expostularent « cur, datis nuper obsidibus, redintegrataque amicitia, quæ novis quoque beneficiis locum aperiret, vetere Armeniæ possessione depelleretur ? Ideo nondum ipsum Vologesen commotum, quia causa quam vi agere mallent. Sin perstaretur in bello, non defore Arsacidis virtutem fortunamque, sæpius jam clade romana expertam. » Ad ea Corbulo, satis comperto Vologesen defectione Hyrcaniæ attineri, suadet Tiridati « precibus Cæsarem aggredi : posse illi regnum stabile et res incruentas contingere, si, omissa spe longinqua et sera, præsentem potioremque sequeretur. »

XXXVIII. Placitum dehinc, quia, commeantibus invicem nunciis, nihil in summam pacis proficiebatur, colloquio ipsorum tempus locumque destinari. Mille equitum præsidium Tiridates affore sibi dicebat ; quantum Corbuloni cujusque generis militum assisteret, non statuere, dum positis loricis et galeis, in faciem pacis, veniretur. Cuicumque mortalium, nedum veteri et provido duci,

un vieux et prévoyant capitaine. Il était visible que ce nombre, restreint d'un côté, et illimité de l'autre, cachait un piége. En effet, de quoi eût servi le nombre, si l'on nous eût exposés, sans armure, à des cavaliers et à des archers si redoutables? Corbulon, feignant toutefois de ne rien pénétrer, répondit que des objets aussi importants pour tous se discuteraient mieux en présence de toute l'armée; et il choisit un lieu, dont une partie, propre à recevoir l'infanterie en bataille, s'élevait en pente douce, tandis que l'autre, se prolongeant dans une plaine unie, favorisait les évolutions de la cavalerie. Le jour convenu, il arrive le premier. Il place, sur les ailes, l'infanterie auxiliaire et les troupes des rois alliés; au centre, la sixième légion, renforcée de trois mille soldats de la troisième, qu'il avait tirés d'un autre camp pendant la nuit, en ne leur laissant qu'une aigle, afin de ne figurer qu'une légion. Tiridate, au déclin du jour, se montra, mais de loin, à la portée des yeux plus que de la voix. Ainsi la conférence n'eût pas lieu, et le général romain fit rentrer ses soldats chacun dans son camp.

XXXIX. Le roi se retira précipitamment, soit que tous ces mouvements de troupes vers plusieurs lieux à la fois lui fissent craindre une surprise, soit qu'il eût dessein d'intercepter nos convois qui arrivaient par l'Euxin et par Trébisonde. Mais, comme ils passaient par les montagnes qui étaient garnies de nos détachements, il ne put les entamer; et Corbulon, voulant abréger une guerre qui se prolongeait sans fruit, et réduire les Arméniens à la défensive, se disposa à attaquer leurs places. La plus forte de cette préfecture était Volande : il se la réserve. Pour les moindres, il s'en remet à son lieutenant Flaccus et à un préfet de camp, Capiton. Lorsqu'il eut bien reconnu toute l'enceinte des fortifications, et qu'il se fut pourvu de tout ce qui facilite la prise d'une ville, il exhorta ses soldats. Il leur dit qu'avec un ennemi qu'on ne pouvait joindre, qui n'était décidé à faire ni la paix, ni la guerre, et qui, par sa fuite, prouvait sa perfidie non moins que sa lâcheté, il n'y avait point d'autre parti que de le dépouiller de ses places; qu'ils y trouveraient à la fois de la gloire et du butin. Il avait fait quatre corps de son armée. Les uns, à couvert sous la voûte de leurs boucliers, sapent le pied des murs; d'autres escaladent les remparts. Un grand nombre font pleuvoir, à l'aide des machines, les dards et les torches. Les arbalétriers et les frondeurs eurent aussi leur poste, d'où ils lançaient au loin des balles de plomb, en sorte que l'ennemi ne pouvait respirer nulle part, était également pressé partout. Il résulta de cette disposition une telle ardeur et une telle émulation dans l'armée, qu'avant le tiers du jour les remparts furent balayés, les portes enfoncées, et les murs emportés par escalade, les Romains n'ayant pas un mort, et très-peu de blessés. Tous les adultes furent massacrés, les autres vendus à l'encan, et le reste du butin abandonné aux soldats. Le lieutenant et le préfet eurent un succès pareil ; et ces trois forts, emportés le même jour, ayant entraîné la reddition des autres places, que la terreur ou l'inclination des habitants nous soumirent, Corbulon entreprit avec confiance le siège d'Artaxate, capitale du pays. Toutefois il n'y mena point les légions par le plus court chemin, pour ne point traverser l'Araxe, qui baigne les murs de la ville, sur un pont qui les eût exposées aux traits de l'ennemi : on passa

---

barbaræ astutiæ patuissent. « Ideo artum inde numerum finiri, et hinc majorem offerri, ut dolus pararetur : nam equiti, sagittarum usu exercito, si detecta corpora objicerentur, nihil profuturam multitudinem. » Dissimulato tamen intellectu, rectius de his quæ in publicum consulerentur, totis exercitibus coram, dissertaturos respondit. Locumque delegit cujus pars altera colles erant clementer assurgentes, accipiendis peditum ordinibus ; pars in planitiem porrigebatur, ad explicandas equitum turmas. Dieque pacto, prior Corbulo socias cohortes et auxilia regum pro cornibus, medio sextam legionem constituit ; cui accita per noctem aliis ex castris tria millia tertianorum permiscuerat, una cum aquila, quasi eadem legio spectaretur. Tiridates, vergente jam die, procul adstitit, unde videri magis quam audiri posset. Ita sine congressu dux romanus abscedere militem sua quemque in castra jubet.

XXXIX. Rex, sive fraudem suspectans, quia plura simul in loca ibatur, sive ut commeatus nostros, Pontico mari et Trapezunte oppido adventantes, interciperet, propere discedit. Sed neque commeatibus vim facere potuit, quia per montes ducebantur præsidiis nostris insessos ; et Corbulo, ne irritum bellum traheretur, utque Armenios ad sua defendenda cogeret, excindere parat castella : sibique quod validissimum in ea præfectura, cognomento Volandum, sumit ; minora Cornelio Flacco legato et Insteio Capitoni, castrorum præfecto, mandat. Tum, circumspectis munimentis, et quæ expugnationi idonea provisis, hortatur milites « ut hostem vagum, neque paci aut prælio paratum, sed perfidiam et ignaviam fuga confitentem, exuerent sedibus, gloriæque pariter et prædæ consulerent. » Tum, quadripartito exercitu, hos in testudinem conglobatos subruendo vallo inducit, alios scalas mœnibus admovere, multos tormentis faces et hastas incutere jubet ; libratoribus funditoribusque attributus locus unde eminus glandes torquerent ; ne qua pars subsidium laborantibus ferret, pari undique metu. Tantus inde ardor certantis exercitus fuit, ut, intra tertiam diei partem, nudati propugnatoribus muri, obices portarum subversi, capta escensu munimenta, omnesque puberes trucidati sint, nullo milite amisso, paucis admodum vulneratis : et imbelle vulgus sub corona venundatum ; reliqua præda victoribus cessit. Pari fortuna legatus ac præfectus usi sunt ; tribusque una die castellis expugnatis, cetera terrore, et alia sponte incolarum, in deditionem veniebant : unde orta fiducia caput gentis Artaxata

plus loin, à gué, dans un endroit assez large.

XL. Tiridate, combattu par la crainte et par la honte d'avouer son impuissance en laissant faire le siége, ou, en s'y opposant, de s'embarrasser avec sa cavalerie dans les lieux difficiles, résolut enfin de se présenter en bataille, et, au point du jour, d'engager le combat, ou, du moins, par une fuite simulée, de ménager une embuscade. Dans ce dessein, on vit tout à coup les Parthes se déborder autour de l'armée romaine; mais notre général ne fut point surpris : il avait tout disposé à la fois, et pour la marche, et pour le combat. La troisième légion s'avançait à la droite, la sixième à la gauche, au centre l'élite de la dixième, les bagages entre les lignes. Mille chevaux protégeaient l'arrière-garde, avec ordre de repousser si l'on attaquait de près, sans poursuivre si l'on fuyait. On avait posté, sur les ailes, l'infanterie auxiliaire et les archers avec le reste de la cavalerie, qui, à l'aile gauche, se prolongeait un peu le long d'un vallon, de manière que l'ennemi, s'il eût osé pénétrer, eût été pris en flanc dans le même temps qu'on l'eût attaqué de front. De son côté, Tiridate ne cessait de nous harceler, sans toutefois s'avancer jusqu'à la portée du trait, tantôt multipliant les bravades, tantôt affectant un air de trouble, dans l'espérance de désunir notre ligne et de tomber sur ceux qui s'écarteraient. Mais comme personne ne sortit de son rang, excepté un décurion de cavalerie, qui, s'emportant témérairement, fut percé de mille flèches, et que cet exemple raffermit encore la subordination, les Parthes se retirèrent aux approches de la nuit.

XLI. Corbulon campa sur le lieu. Il avait eu d'abord l'idée de laisser ses bagages, et d'aller, la nuit même, avec ses légions, investir Artaxate, dans la persuasion que Tiridate s'y était retiré; mais comme ses coureurs lui rapportèrent que le roi prenait une route fort éloignée, sans qu'on sût pourtant si c'était celle de la Médie ou de l'Albanie, il résolut d'attendre le jour. Seulement il détacha d'avance ses troupes légères, pour entourer la place et commencer de loin l'attaque. Mais les habitants ouvrirent leurs portes volontairement, et se livrèrent aux Romains avec tous leurs biens : ce qui sauva leurs personnes; car Artaxate même fut détruite. Comme elle eût exigé, vu la grandeur de son enceinte, une forte garnison qu'on ne pouvait détacher de l'armée sans se mettre hors d'état de tenir la campagne, et qu'en outre, en conservant les fortifications sans troupes pour les garder, on eût perdu tout le fruit et tout l'honneur de cette conquête, on mit le feu à la ville et on rasa tous les murs. On rapporte ici un phénomène où l'on crut voir l'intervention du ciel. Tous les dehors de la place restèrent éclairés par le soleil, tandis que l'enceinte même des murs se couvrit subitement de nuages si noirs et si entrecoupés d'éclairs, que l'on se persuada que les dieux, irrités, autorisaient, en quelque sorte, sa destruction. Néron, pour tous ces succès, fut proclamé *imperator;* le sénat décerna des prières publiques aux dieux, et, au prince, des statues, des arcs de triomphe, plusieurs consulats consécutifs. On voulait encore mettre au nombre des fêtes le jour où l'on avait remporté la victoire, le jour qu'on en avait reçu la nouvelle, le jour qu'on en avait fait le rapport, et autres adulations de cette nature, si ridicule-

---

aggrediendi. Nec tamen proximo itinere ductæ legiones, quæ, si amnem Araxen, qui mœnia alluit, ponte transgrederentur, sub ictum dabantur : procul, et latioribus vadis, transiere.

XL. At Tiridates, pudore et metu, ne, si concessisset obsidioni, nihil opis in ipso videretur, si prohiberet, impeditis locis seque et equestres copias illigaret, statuit postremo ostendere aciem, et dato die prælium incipere, vel simulatione fugæ locum fraudi parare. Igitur repente agmen romanum circumfundit, non ignaro duce nostro, qui viæ pariter et pugnæ composuerat exercitum. Latere dextro tertia legio, sinistro sexta incedebat, mediis decumanorum delectis : recepta inter ordines impedimenta, et tergum mille equites tuebantur; quibus jusserat ut instantibus cominus resisterent, refugos non sequerentur. In cornibus pedes, sagittarius, et cetera manus equitum ibat; productiore cornu sinistro per ima collium, ut, si hostis intravisset, fronte simul et sinu exciperetur. Assultare ex diverso Tiridates, non usque ad jactum teli, sed tum minitans, tum specie trepidantis, si laxare ordines et diversos consectari posset. Ubi nihil temeritate solutum, nec amplius quam decurio equitum, audentius progressus et sagittis confixus, ceteros ad obsequium exemplo firmaverat, propinquis jam tenebris abscessit.

XLI. Et Corbulo, castra in loco metatus, an expeditis legionibus nocte Artaxata pergeret obsidioque circumdaret, agitavit, concessisse illuc Tiridaten ratus. Dein, postquam exploratores attulere longinquam regis iter, et Medi an Albani peterentur incertum, lucem opperitur; præmissaque levis armatura, jam muros interim ambiret oppugnationemque eminus inciperet. Sed oppidani, portis sponte patefactis, se suaque Romanis permisere; quod salutem ipsis tulit. Artaxatis ignis immissus, deletaque et solo adæquata sunt : quia nec teneri sine valido præsidio, ob magnitudinem mœnium; nec id nobis virium erat, quod firmando præsidio et capessendo bello divideretur; vel, si integra et incustodita relinquerentur, nulla in eo utilitas aut gloria, quod capta essent. Adjicitur miraculum, velut numine oblatum : nam cuncta extra, tectis tenus, sole illustria fuere; quod mœnibus cingebatur, ita repente atra nube coopertum fulguribusque discretum est, ut, quasi infensantibus diis, exitio tradi crederetur. Ob hæc consalutatus imperator Nero; ex senatusconsulto supplicationes habitæ; statuæque et arcus et continui consulatus principi, utque inter festos referretur dies quo patrata victoria, quo nunciata, quo relatum de ea esset, aliaque in eamdem formam decernuntur, adeo modum egressa, ut C. Cassius, de ceteris honoribus assensus, « si pro benignitate fortunæ diis grates agerentur, ne totum quidem annum supplicationibus sufficere » disseruerit,

ment outrées, que Cassius, après avoir marqué son approbation sur les autres objets, représenta que, s'ils voulaient régler leur reconnaissance sur les faveurs du ciel, l'année entière ne suffirait point à leurs actions de grâces; mais qu'il fallait des travaux ainsi que des fêtes, et honorer les dieux sans négliger les affaires.

XLII. On jugea, dans ce temps, un homme dont la fortune avait éprouvé de grandes révolutions, qui s'était attiré justement une foule d'ennemis, et dont la condamnation, toutefois, ne laissa pas de jeter de l'odieux sur Sénèque. C'était Suilius, cet orateur vénal, si terrible sous Claude, humilié depuis le changement de prince, mais non pas autant que l'eussent désiré ses ennemis, et qui aimait encore mieux paraître coupable que suppliant. On croit que c'était à dessein de le perdre qu'on avait rédigé ce sénatus-consulte qui renouvelait les peines de la loi Cincia contre ceux qui avaient accepté de l'argent pour leurs plaidoyers. Et, à ce sujet, Suilius n'épargnait point les plaintes et les invectives, hardi dans ses discours par son courage naturel, et par son extrême vieillesse. Il se déchaînait contre Sénèque : c'était, disait-il, l'implacable ennemi de tous les amis de Claude, qui lui avait si justement infligé l'exil. Longtemps borné à des déclamations oiseuses, et à un auditoire de jeunes ignorants, Sénèque voyait d'un œil jaloux ceux dont l'éloquence saine et vigoureuse s'exerçait à défendre les citoyens. Suilius avait été le questeur de Germanicus; Sénèque, le corrupteur de la fille de ce grand homme : lequel valait-il mieux, ou de recevoir, de la reconnaissance d'un plaideur, le salaire d'un travail honorable, ou de souiller la couche des premières femmes de l'empire? Par quelle philosophie, par quelle morale, en quatre ans de faveur, Sénèque avait-il amassé trois cents millions de sesterces? On le voyait épier, dans Rome, les testaments, investir les vieillards sans enfants, dévorer l'Italie et les provinces par des usures énormes; tandis que lui, Suilius, ne devait qu'à son travail, uniquement, une fortune médiocre. Il était donc résolu de braver accusations, jugements, tout enfin, plutôt que d'abaisser, devant la fortune d'un parvenu, sa longue et ancienne considération.

XLIII. Ces discours ne manquèrent pas d'être rapportés à Sénèque dans les mêmes termes, ou d'une manière encore plus offensante. On trouva des accusateurs qui dénoncèrent d'abord Suilius pour des concussions exercées contre les alliés dans son gouvernement d'Asie, et pour crime de péculat; mais, comme les informations eussent exigé un an de délai, il parut plus court de le rechercher sur des crimes tout proches, dont les témoins étaient sous leurs yeux. On lui reprochait l'atrocité de ses accusations, qui avaient poussé Pomponius à la guerre civile; Julie, fille de Drusus, et Sabina Poppéa à se donner la mort; la condamnation d'Asiaticus, de Saturninus, de Lupus et d'une foule de chevaliers romains, enfin toutes les cruautés de Claude. Suilius alléguait qu'il n'avait rien fait de son propre mouvement, qu'il avait obéi au prince. Mais Néron lui ferma la bouche, en déclarant qu'il avait la preuve, par les tablettes de son père, que Claude n'avait jamais contraint personne à se porter pour accusateur. Alors il se couvrit des ordres de Messaline; ce qui le défendait mal : car pourquoi l'avait-on choisi seul, entre tous, pour servir les vengeances d'une prostituée? Ne fallait-il pas sévir contre les ministres de la bar-

eoque oporiere dividi sacros et negotiosos dies, quis divina colerent et humana non impedirent. »

XLII. Variis deinde casibus jactatus et multorum odia meritus reus, haud tamen sine invidia Senecæ, damnatur. Is fuit P. Suilius, imperitante Claudio terribilis ac venalis, et mutatione temporum, non quantum inimici cuperent, demissus, quique se nocentem videri quam supplicem mallet. Ejus opprimendi gratia repetitum credebatur senatusconsultum pœnaque Cinciæ legis, adversus eos qui pretio causas oravissent : nec Suilius questu aut exprobratione abstinebat, præter ferociam animi, extrema senecta liber, et Senecam increpans « infensum amicis Claudii, sub quo justissimum exsilium pertulisset. Simul studiis inertibus et juvenum imperitiæ suetum, livere his qui vividam et incorruptam eloquentiam tuendis civibus exercerent. Se quæstorem Germanici, illum domus ejus adulterum fuisse. An gravius existimandum sponte litigatoris præmium honestæ operæ assequi, quam corrumpere cubicula principum feminarum? Qua sapientia, quibus philosophorum præceptis, intra quadriennium regiæ amicitiæ, ter millies sestertium paravisset? Romæ testamenta et orbos velut indagine ejus capi; Italiam et provincias immenso fenore hauriri. At sibi labore quæsitam et modicam pecuniam esse. Crimen, periculum, omnia potius toleraturum quam veterem ac diu partam dignationem subitæ felicitati submitteret. »

XLIII. Nec deerant qui hæc, iisdem verbis aut versa in deterius, Senecæ deferrent. Repertique accusatores, direptos socios, quum Suilius provinciam Asiam regeret, ac publicæ pecuniæ peculatum detulere. Mox, quia inquisitionem annuam impetraverant, brevius visum suburbana crimina incipi, quorum obvii testes erant. Ii, acerbitate accusationis Q. Pomponium ad necessitatem belli civilis detrusum, Juliam Drusi filiam Sabinamque Poppæam ad mortem actas, et Valerium Asiaticum, Lusium Saturninum, Cornelium Lupum circumventos; jam equitum romanorum agmina damnata, omnemque Claudii sævitiam Suilio objectabant. Ille nihil ex his sponte susceptum, sed principi paruisse defendebat; donec eam orationem Cæsar cohibuit, compertum sibi referens, ex commentariis patris sui, nullam cujusquam accusationem ab eo coactam. Tum jussa Messallinæ prætendi, et labare defensio : « cur enim neminem alium delectum qui sæ-

barie, qui, s'appropriant les fruits du crime, rejettent le crime même sur autrui? Il fut dépouillé d'une partie de ses biens; on en laissa une portion à son fils et à sa petite-fille, sans compter la succession de leur mère et de leur aïeule, et on le confina aux îles Baléares. Sa fierté ne se démentit, ni dans le cours du procès, ni après sa condamnation. On prétend qu'il porta, dans cette profonde solitude, toutes les superfluités et les raffinements de la mollesse. Les accusateurs voulaient poursuivre aussi son fils Nérulinus, en haine du père, et pour crime de concussion. Néron s'y opposa, trouvant qu'on avait poussé assez loin la vengeance.

XLIV. Dans le même temps, il arriva un événement étrange. Octavius Sagitta, tribun du peuple, éperdu d'amour pour une femme mariée, nommée Pontia, était parvenu, à force de présents, d'abord à l'entraîner dans l'adultère, puis à lui faire quitter son mari. Le tribun avait promis de l'épouser; la femme, de son côté, avait engagé sa foi. Mais, à peine fut-elle libre, qu'elle fit naître mille obstacles, prétexta l'opposition de son père; enfin, séduite par l'appât d'un mariage plus riche, elle abjura sa promesse. Octavius pleure, menace, crie que sa réputation est perdue, sa fortune anéantie, qu'elle n'a donc qu'à prendre aussi sa vie, le seul bien qui lui reste. Rebuté encore, il demande au moins une nuit pour adoucir ses chagrins et se calmer sur l'avenir. On la lui accorde. Pontia charge une suivante, qui était dans sa confidence, d'ouvrir l'appartement. Le tribun, suivi d'un affranchi, entre avec un poignard caché sous sa robe. D'abord, comme il arrive entre amants courroucés, ce sont des querelles, des prières, des reproches, des raccommodements; une partie de la nuit fut occupée par les plaisirs. Enfin, dans un moment où l'aigreur de ses plaintes enflamma sa colère, il se jette sur sa maîtresse, qui était loin de s'attendre à un pareil emportement, et lui plonge le fer dans le cœur. L'esclave accourt; il l'écarte d'un coup qu'il lui porte, et se sauve aussitôt. Le lendemain le meurtre fut constaté : on n'avait aucun doute sur le meurtrier; on savait qu'il avait passé la nuit avec Pontia. Mais l'affranchi prit le crime sur lui; il déclara qu'il avait vengé l'outrage fait à son maître, et la beauté du trait le persuadait à quelques-uns. La suivante, guérie de sa blessure, découvrit la vérité. Le tribun, au sortir de sa magistrature, fut poursuivi devant les consuls par le père de Pontia, et condamné, par le sénat, d'après la loi sur les assassins.

XLV. Un autre adultère, qui ne fit pas moins d'éclat, fut la source des plus grands malheurs pour l'empire. Il y avait dans Rome une femme nommée Sabina Poppéa; elle était fille de Titus Ollius; mais comme son père, enveloppé dans la disgrâce de Séjan, périt avant d'être parvenu aux honneurs, elle avait pris un nom plus brillant, celui de Poppéus, son aïeul maternel, dont le consulat et les décorations triomphales illustraient la mémoire. Hors un cœur honnête, Poppée avait tout. Sa mère, la plus belle femme de son siècle, lui avait transmis sa beauté avec son nom. Ses richesses suffisaient à l'éclat de sa naissance; sa conversation avait de la grâce; son esprit ne manquait point d'agrément; à l'habitude de la galanterie, elle alliait un extérieur modeste. Elle paraissait rarement en public, et toujours le visage à demi voilé, soit pour irriter la curiosité, soit qu'elle en fût plus belle. Elle n'eut jamais de ménagements pour sa réputation, ne distinguant ni amant, ni époux, ne dépendant ni des affections d'autrui, ni des siennes : ses faveurs se portaient là où elle espérait plus d'avantages. Ainsi, mariée à Crispinus, chevalier romain, dont elle avait un fils, elle céda promptement aux séductions d'Othon, parce qu'Othon était jeune et fastueux, surtout parce qu'on lui croyait tout pouvoir sur le cœur de Néron; et l'hymen suivit de très-près leur adultère.

XLVI. Othon ne cessait de vanter à Néron la beauté et la grâce de Poppée, soit indiscrétion de l'amour, soit qu'il eût le dessein d'enflammer le prince et qu'il crût qu'en possédant tous deux la même femme, ce nouveau lien ajouterait encore à sa faveur. On l'entendit souvent s'applaudir, en quittant la table de César, d'aller revoir sa Poppée, dans laquelle il trouvait beauté, naissance, tout ce qu'on peut demander aux dieux, tous les bonheurs ensemble. Ces discours, et d'autres pareils, ne tardèrent point à exciter la curiosité de l'empereur. Il vit Poppée, et d'abord elle commença son empire par la séduction et par la coquetterie; elle feignait de ne pouvoir resister à son amour, d'être éprise de la figure de Néron; puis, assurée une fois de la passion du prince, elle lui opposa de la rigueur, ne souffrant point que Néron la retint plus d'une nuit ou deux, alléguant son époux, la crainte de perdre la main d'Othon, qui l'enchaînait par les délices d'une vie sans égale. C'est lui qui a de la grandeur dans l'âme, et qui en met dans sa manière de vivre ; c'est chez lui qu'elle retrouve la dignité qui conviendrait à un souverain ; au lieu que Néron, captivé par son Acté, a pris, dans le commerce ignoble d'une affranchie et d'une esclave, un peu de l'abjection de sa maîtresse. Néron repoussa Othon de sa familiarité, puis de sa société et de sa cour. Enfin, s'alarmant même du séjour de son rival à Rome, il l'envoya gouverner la Lusitanie, ou Othon resta jusqu'aux guerres civiles. Fort décrié dans sa première jeunesse, il montra alors de la décence et des mœurs, particulier licencieux, homme public plus réservé.

XLVII. De ce moment, Néron ne chercha plus à voiler ses déréglements et ses crimes. Il redoutait surtout Sylla, malgré l'indolence stupide de ce Romain, qu'il prenait pour de la finesse et de la dissimulation. Ses alarmes se fortifièrent par une calomnie de Graptus, affranchi de l'empereur, vieilli, depuis Tibère, dans la maison des princes, et fort exercé aux intrigues du palais. Le pont Milvius était alors un rendez-vous fameux pour les débauches nocturnes, et Néron le fréquentait, parce que ce lieu, hors de Rome, lui permettait de se livrer, avec plus de licence, à ses débauches. Graptus feignit qu'au retour de ce lieu on avait dressé au prince, sur la voie Flaminienne, une embuscade, que Néron n'avait évitée que par hasard, ayant pris un chemin différent par les jardins de Salluste; et Graptus imputait à Sylla ce prétendu complot, sans autre fondement que des plaisanteries de quelques jeunes gens, qui, se livrant à la licence générale de ce temps, s'étaient amusés à effrayer des esclaves de l'empereur qui s'en revenaient. Parmi ces jeunes gens, on ne reconnut aucun esclave, ni aucun client de Sylla; d'ailleurs, son caractère rampant, incapable de la moindre hardiesse, réfutait l'accusation. Toutefois, comme si elle eût

dum ingenium : modestiam praeferre, et lascivia uti : rarus in publicum egressus, idque velata parte oris, ne satiaret adspectum, vel quia sic decebat. Famae nunquam pepercit, maritos et adulteros non distinguens; neque affectui suo aut alieno obnoxia, unde utilitas ostenderetur, illuc libidinem transferebat. Igitur agentem eam in matrimonio Rufii Crispini, equitis romani, ex quo filium genuerat, Otho pellexit juventa ac luxu, et quia flagrantissimus in amicitia Neronis habebatur; nec mora, quin adulterio matrimonium jungeretur.

XLVI. Otho, sive amore incautus, laudare formam elegantiamque uxoris apud principem; sive ut accenderet, ac, si eadem femina potirentur, id quoque vinculum potentiam ei adjiceret. Saepe auditus est, consurgens e convivio Caesaris, « se ire ad illam sibi concessam » dictitans, « nobilitatem, pulchritudinem, vota omnium et gaudia felicium. » His atque talibus irritamentis, non longa cunctatio interponitur. Sed, accepto aditu, Poppaea primum per blandimenta et artes valescere, imparem cupidini se et forma Neronis captam simulans; mox acri jam principis amore, ad superbiam vertens, si ultra unam alteramque noctem attineretur, nuptam esse se dictitans, « nec posse matrimonium amittere, devinctam Othoni per genus vitae quod nemo adaequaret. » Illum animo et cultu magnificum ; ibi se summa fortuna digna visere at Neronem, pellice ancilla, et assuetudine Actes devinctum, nihil e contubernio servili nisi abjectum et sordidum traxisse. » Dejicitur familiaritate sueta, post congressu et comitatu, Otho et ad postremum, ne in urbe aemulatus ageret, provinciae Lusitaniae praeficitur; ubi usque ad civilia arma, non ex priore infamia, sed integre sancteque egit, procax otii et potestatis temperantior.

XLVII. Hactenus Nero flagitiis et sceleribus velamenta quaesivit. Suspectabat maxime Cornelium Sullam, sonis ingenium ejus in contrarium trahens, callidumque et simulatorem interpretando. Quem metum Graptus, ex libertis Caesaris, usu et senecta Tiberio abusque domum principum edoctus, tali mendacio intendit. Pons Mulvius in eo tempore celebris nocturnis illecebris erat; ventitabatque illuc Nero, quo solutius, urbem extra, lasciviret. Igitur, regredienti per viam Flaminiam compositas insidias fatoque evitatas, quoniam diverso itinere Sallustianos in hortos remeaverit, auctoremque ejus doli Sullam, ementitur : quia forte redeuntibus ministris principis quidam, per juvenilem licentiam, quae tunc passim exercebatur, inanem metum fecerant. Neque servorum quisquam, neque clientium Sullae agnitus; maximeque despecta et nullius

été prouvée, on lui signifia de quitter sa patrie, et de se confiner dans les murs de Marseille.

XLVIII. Sous les mêmes consuls, on donna audience aux députés que le peuple et les sénateurs de Pouzzoles envoyaient, chacun de leur côté, au sénat de Rome. Les sénateurs se plaignaient des violences du peuple, qui accusait, à son tour, la cupidité de ses magistrats et de ses premiers citoyens. Comme il y avait eu des pierres lancées, des menaces de brûler les maisons, et que la sédition, poussée à cet excès, faisait craindre un massacre et une guerre, on choisit Caïus Cassius pour y porter remède. Sa sévérité révoltant les esprits, à sa prière même, on remit ce soin aux deux frères Scribonius, et on leur donna une cohorte prétorienne. La terreur qu'imprima cette troupe, et le supplice de quelques mutins, rendirent la paix aux habitants.

XLIX. Je ne parlerais point d'un sénatus-consulte très-indifférent, qui permettait à Syracuse d'excéder, dans les combats de gladiateurs, le nombre prescrit, si Thraséas, en votant contre ce décret, n'eût fourni à ses détracteurs l'occasion de censurer sa conduite. Eh! s'il croyait la république si fort compromise par la mollesse des délibérations du sénat, pourquoi donc s'attacher à des objets si frivoles? Que n'employait-il son courage à s'expliquer librement sur la guerre ou la paix, sur les impôts et les lois, sur tout ce qui fonde enfin la prospérité d'un État? Tout sénateur, dès que son tour d'opiner est venu, a le droit de proposer ce qu'il veut, et d'exiger qu'on en délibère. N'y a-t-il abus à réformer qu'un peu de profusion dans les spectacles de Syracuse? Les autres parties de l'administration sont-elles aussi irréprochables que si c'était Thraséas, au lieu de Néron, qui les surveillât? Que si l'on gardait le silence sur les objets importants, combien plus devait-on se taire sur des choses insignifiantes? Comme les amis de Thraséas lui demandaient la raison de cette conduite, il répondit que, s'il s'élevait contre cet abus, ce n'était point qu'il ignorât les autres, mais qu'il importait à l'honneur du sénat de convaincre la nation que ceux-là, certes, ne se refuseraient pas aux soins des grandes choses, qui fixaient leur attention même sur les petites.

L. Cette même année, sur les instances réitérées du peuple, qui se plaignait de la tyrannie des traitants, Néron eut l'idée de supprimer tous les droits d'entrée, et de faire au genre humain ce magnifique présent. Mais le sénat, après avoir commencé par donner de grands éloges à la générosité du prince, arrêta ce zèle, en lui faisant envisager la dissolution de l'empire, si l'on diminuait les revenus qui servent au maintien de sa puissance; que la suppression des douanes autoriserait à demander celles de tributs; que la plupart des droits d'entrée avaient été imposés par les tribuns et par les consuls, dans le temps même que le peuple romain était le plus jaloux de sa liberté; que, depuis, le reste avait été établi de manière que les revenus de l'État pussent se balancer avec ses dépenses; qu'à la bonne heure il fallait réprimer la cupidité des traitants, et empêcher que ce qu'on avait supporté si long-temps sans murmure, ils le rendissent odieux par les vexations qu'ils y ajoutaient.

LI. Le prince se borna donc à ordonner que le tarif de chaque impôt, qu'on avait tenu secret

---

ausi capax natura ejus a crimine abhorrebat; perinde tamen quasi convictus esset, cedere patria et Massiliensium mœnibus coerceri jubetur.

XLVIII. Iisdem consulibus auditæ Puteolanorum legationes, quas diversas ordo plebesque ad senatum miserant; illi vim multitudinis, hi magistratuum et primi cujusque avaritiam increpantes. Quumque seditio, ad saxa et minas ignium progressa necem et arma pelliceret, C. Cassius adhibendo remedio delectus : quia severitatem ejus non tolerabant, precante ipso, ad Scribonios fratres ea cura transfertur, data cohorte prætoria; cujus terrore, et paucorum supplicio, rediit oppidanis concordia.

XLIX. Non referrem vulgatissimum senatusconsultum, quo civitati Syracusanorum egredi numerum edendis gladiatoribus finitum permittebatur, nisi Pætus Thrasea contra divisset, præbuissetque materiem obtrectatoribus arguendæ sententiæ : « cur enim, si rempublicam egere libertate senatoria crederet, tam levia consectaretur? Quin de bello aut pace, de vectigalibus et legibus, quibusque aliis romana continentur, suaderet dissuaderetve? Licere patribus, quoties jus dicendæ sententiæ accepissent, quæ vellent expromere, relationemque in ea postulare. An solum emendatione dignum, ne Syracusis spectacula largius ederentur? cetera per omnes imperii partes perinde egregia quam si non Nero, sed Thrasea, regimen eorum teneret? Quod si summa dissimulatione transmitterentur, quanto magis inanibus abstinendum! » Thrasea contra, rationem poscentibus amicis, non præsentium ignarum, respondebat, « ejusmodi consulta corrigere; sed patrum honori dare, ut manifestum fieret magnarum rerum curam non dissimulaturos, qui animum etiam levissimis adverterent. »

L. Eodem anno, crebris populi flagitationibus, immodestiam publicanorum arguentis, dubitavit Nero an cuncta vectigalia omitti juberet, idque pulcherrimum donum generi mortalium daret. Sed impetum ejus, multum prius laudata magnitudine animi, attinuere senatores, dissolutionem imperii docendo, « si fructus quibus respublica sustineretur, deminuerentur : quippe, sublatis portoriis, sequens ut tributorum abolitio expostularetur. Plerasque vectigalium societates a consulibus et tribunis plebis constitutas, acri etiam populi romani tum libertate : reliqua mox ita provisa, ut ratio quæstuum et necessitas erogationum inter se congruerent. Temperandas plane publicanorum cupidines, ne per tot annos sine querela tolerata novis acerbitatibus ad invidiam verterent. »

LI. Ergo edixit princeps « ut leges cujusque publici, occultæ ad id tempus, proscriberentur; omissas peti

jusqu'alors, fût public; que les demandes qui n'auraient point été faites dans l'année, fussent prescrites; qu'à Rome, le préteur, et, dans les provinces, ceux qui représentaient le préteur et les consuls, connussent extrajudiciairement de toutes les plaintes portées contre les traitants; que les soldats continuassent à jouir de l'exemption, excepté pour les objets sur lesquels ils commerceraient. On fit plusieurs autres règlements très-sages, qu'on observa un moment, et qui restèrent ensuite sans exécution. Cependant la suppression du quarantième subsista, ainsi que celle du cinquantième, et autres droits introduits par les exactions illicites des traitants. Les provinces d'au delà des mers, chargées du transport des grains, reçurent, sur ce point, quelques adoucissements, et l'on établit que les navires des négociants ne seraient point compris dans le cens de leurs biens, et assujettis au tribut.

LII. Deux anciens proconsuls d'Afrique, Sulpicius Camérinus et Pomponius Silvanus, étaient accusés; ils furent absous par Néron. Camérinus n'était poursuivi que par des particuliers, et en petit nombre, pour violences plus que pour concussions. Silvanus avait contre lui une nuée d'accusateurs; ceux-ci demandaient le temps de rassembler les témoins; l'accusé, au contraire, insistait pour être jugé sur l'heure. L'accusé l'emporta, parce qu'il était riche, sans enfants, et qu'il était vieux; ce qui ne l'empêcha point de survivre à ceux qui l'avaient sauvé dans l'espoir de sa mort prochaine.

LIII. Depuis longtemps on était tranquille en Germanie, grâce à nos généraux, qui, depuis l'avilissement du triomphe, espéraient plus d'honneur en maintenant la paix. Paulinus Pompéius et Lucius Vétus commandaient alors l'armée. Ces deux chefs ne voulant pas laisser le soldat oisif, Paulinus fit achever la digue commencée soixante-trois ans auparavant par Drusus, pour contenir le Rhin, et Vétus se proposait de faire un canal pour joindre la Saône et la Moselle. Nos troupes embarquées sur la Méditerranée, puis sur le Rhône et sur la Saône, auraient été, par ce canal, portées de la Moselle dans le Rhin, et de là, dans l'Océan; on eût évité l'embarras des marches, et on aurait réuni, par la navigation, les côtes du Nord et celles de l'Occident. Elius Gracilis, lieutenant de la Belgique, fit avorter ce projet, à force d'alarmer Vetus sur le danger de porter des légions dans une province qui n'était pas la sienne, et de paraître briguer l'affection des Gaules, ce dont l'empereur prendrait de l'ombrage : considération qui arrête souvent des entreprises louables.

LIV. Au reste, l'inaction continuelle de nos armées fit croire que nos lieutenants avaient perdu le droit de les mener à l'ennemi; et, cette opinion se fortifiant, les Frisons s'approchèrent du Rhin, à l'instigation de Verritus et de Malorix, qui régnaient sur eux autant qu'on peut régner sur les Germains. Leurs guerriers arrivèrent par les bois et les marais, le reste par les lacs, et ils s'établirent sur un terrain vacant, qu'on tenait en réserve pour nos soldats. Ils avaient déjà construit des maisons, ensemencé les champs, et ils cultivaient cette terre, comme si c'eût été une possession de leurs aïeux, lorsque Vibius Avitus, successeur de Paulinus, vint les menacer du ressentiment des Romains, s'ils ne rentraient dans leurs anciennes limites, ou s'ils n'obtenaient de Néron ce nouvel établissement. Verritus et Malorix préférèrent

---

tiones non ultra annum resumerent; Romæ prætor, per provincias qui pro prætore aut consule essent, jura adversus publicanos extra ordinem redderent; « militibus immunitas servaretur, nisi in iis quæ veno exercerent; » aliaque admodum æqua, quæ brevi servata, dein frustra habita sunt. Manet tamen abolitio quadragesimæ quinquagesimæque, et quæ alia exactionibus illicitis nomina publicani invenerant. Temperata apud transmarinas provincias frumenti subvectio. Et ne censibus negotiatorum naves adscriberentur, tributumque pro illis penderent, constitutum.

LII. Reos ex provincia Africa, qui proconsulare imperium illic habuerant, Sulpicium Camerinum et Pomponium Silvanum absolvit Cæsar : Camerinum adversus privatos et paucos, sævitiæ magis quam captarum pecuniarum crimina obicientes. Silvanum magna vis accusatorum circumsteterat, poscebatque tempus evocandorum testium; reus ilico defendi postulabat. Valuitque pecuniosa orbitate et senecta, quam ultra vitam eorum produxit quorum ambitu evaserat.

LIII. Quietæ ad id tempus res in Germania fuerant, ingenio ducum, qui, pervulgatis triumphi insignibus, majus ex eo decus sperabant, si pacem continuavissent. Paulinus Pompeius et L. Vetus ea tempestate exercitui præerant. Ne tamen segnem militem attinerent, ille inchoatum ante tres et sexaginta annos a Druso aggerem coercendo Rheno absolvit : Vetus Mosellam atque Ararim, facta inter utrumque fossa, connectere parabat, ut copiæ per mare, dein Rhodano et Arare subvectæ, per eam fossam, mox fluvio Mosella in Rhenum, exin Oceanum decurrerent; sublatisque itinerum difficultatibus, navigabilia inter se occidentis septentrionisque littora fierent. Invidit operi Ælius Gracilis, Belgicæ legatus, deterrendo Veterem, ne legiones alienæ provinciæ inferret, studiaque Galliarum affectaret, formidolosum id imperatori dictitans; quo plerumque prohibentur conatus honesti.

LIV. Ceterum, continuo exercituum otio, fama incessit ereptum jus legatis ducendi in hostem. Eaque Frisii juventutem saltibus aut paludibus, imbellem ætatem per lacus, admovere ripæ, agrosque vacuos et militum usui sepositos insedere, auctore Verrito et Malorige, qui nationem eam regebant, in quantum Germani regnantur. Jamque fixerant domos, semina arvis intulerant, utque patrium solum exercebant; quum Dubius Avitus, accepta a Paulino provincia, minitando vim romanam, nisi absce-

de s'adresser à l'empereur. Arrivés à Rome, pendant que Néron, distrait par d'autres soins, leur fait attendre son audience, entre autres curiosités qu'on s'empresse de montrer aux barbares, on les mena au théâtre de Pompée, pour leur faire admirer l'immense foule qu'il contenait. Là, tandis que, par désœuvrement (car la pièce, où ils ne comprenaient rien, n'avait aucun intérêt pour eux), ils s'informent de ce qui composait l'assemblée, des distinctions de chaque ordre, de la place des chevaliers, de celle du sénat, ils aperçoivent, sur les bancs des sénateurs, quelques habillements étrangers ; ils demandent ce que c'est : on leur dit que ce sont des députés de quelques nations, et qu'on accorde cet honneur à celles qui se sont distinguées par leur bravoure et par leur fidélité pour les Romains. « Eh bien ! s'écrient-ils, il n'y en a « point de plus brave ni de plus fidèle que les « Germains, » et ils partent pour aller s'asseoir parmi les sénateurs : ce qui fut applaudi comme la saillie d'une franchise antique, et l'effet d'une louable émulation. Néron leur accorda à tous deux le titre de citoyen ; mais il exigea la retraite des Frisons. Sur leur refus, on envoya sur-le-champ de la cavalerie auxiliaire, qui les y contraignit, après avoir fait prisonniers ou taillé en pièces ceux qui opposèrent de la résistance.

LV. Les Ansibariens vinrent, depuis, occuper le même terrain, nation plus redoutable, et par elle-même, et parce que les nations voisines s'intéressèrent pour elle. Chassés de leur pays par les Chauques, et n'ayant plus de retraite, ils demandaient, pour toute grâce, un exil tranquille. Ils avaient à leur tête Boïocale, guerrier célèbre parmi ces barbares, et connu aussi de nous par sa fidélité pour Rome. Boïocale représenta qu'au moment de la révolte des Chérusques, Arminius lui avait donné des fers ; que, depuis, il avait servi sous Tibère et sous Germanicus, et qu'il venait couronner un attachement de cinquante années, en mettant sa nation sous notre puissance. Quel terrain immense restait inutile, destiné seulement à recevoir quelquefois les troupeaux de nos soldats ! Qu'on leur réservât l'espace qu'ils est convenu entre les hommes de consacrer à cet usage ; mais pourquoi ne pas préférer le voisinage d'un désert à celui d'un peuple ami. Ce canton avait autrefois appartenu aux Chamaves, puis aux Tubantes, et ensuite aux Usipiens. La terre était pour l'homme, comme le ciel pour les dieux, et les places vacantes appartenaient à tous. Regardant ensuite le soleil, et s'adressant aux autres astres, il leur demandait s'ils consentiraient à éclairer un sol inhabité ; si, plutôt, ils ne renverseraient pas tous les flots de la mer sur les ravisseurs de la terre.

LVI. Avitus, offensé de ce discours, répondit qu'il fallait subir la loi du plus brave ; que ces mêmes dieux, qu'ils imploraient, avaient laissé les Romains maîtres de donner ou d'ôter, sans avoir de juges qu'eux-mêmes. Voilà ce qu'il répondit aux Ansibariens en général : il dit à Boïocale qu'en mémoire de son attachement, on lui donnerait des terres. Boïocale rejeta cette faveur, comme la récompense d'une trahison. Il ajouta : « Si la terre « nous manque pour vivre, elle ne peut nous « manquer pour mourir ; » et des deux côtés on se quitta également irrité. Les Ansibariens avaient appelé à leur secours les Bructères, les Tenctères, d'autres nations même plus éloignées. Avitus écrivit à Curtilius Mancia, lieutenant de l'armée du haut Rhin, de passer le fleuve, afin de leur mon-

---

derent Frisii veteres in locos, aut novam sedem a Cæsare impetrarent, perpulit Verritum et Malorigen preces suscipere. Profectique Romam, dum aliis curis intentum Neronem opperiuntur, inter ea quæ barbaris ostentantur, intravere Pompei theatrum, quo magnitudinem populi viserent. Illic per otium (neque enim ludicris ignari oblectabantur) dum consessum caveæ, discrimina ordinum, quis eques, ubi senatus, percunctantur, advertere quosdam cultu externo in sedibus senatorum : et quinam forent rogitantes, postquam audiverant earum gentium legatis id honoris datum, quæ virtute et amicitia romana præcellerent, « nullos mortalium armis aut fide ante Germanos esse » exclamant, degrediunturque et inter patres considunt ; quod comiter a visentibus exceptum, quasi impetus antiqui, et bona æmulatione. Nero civitate romana ambos donavit : Frisios decedere agris jussit ; atque, illis adspernantibus, auxiliaris eques repente immissus necessitatem attulit, captis cæsisve qui pervicacius restiterant.

LV. Eosdem agros Ansibarii occupavere, validior gens non modo sua copia, sed adjacentium populorum miseratione : quia pulsi a Chaucis et sedis inopes tutum exsilium orabant. Aderatque iis clarus per illas gentes, et nobis quoque fidus, nomine Boiocalus, « vinctum se rebellione Cherusca, jussu Arminii, » referens, « mox Tiberio et Germanico ducibus stipendia meruisse. Quinquaginta annorum obsequio id quoque adjungere, quod gentem suam ditioni nostræ subjiceret. Quotam partem campi jacere, in quam pecora et armenta militum aliquando transmitterentur ? Servarent sane receptos gregibus inter hominum famam ; modo ne vastitatem et solitudinem mallent quam amicos populos. Chamavorum quondam ea arva, mox Tubantum, et post Usipiorum fuisse. Sicut cœlum diis, ita terras generi mortalium datas : quæque vacuæ, eas publicas esse. » Solem deinde respiciens, et cetera sidera vocans, quasi coram interrogabat « vellentne contueri inane solum. Potius mare superfunderent adversus terrarum ereptores. »

LVI. Et commotus his Avitus, « patienda meliorum imperia : id diis, quos implorarent, placitum ut arbitrium penes Romanos maneret, quid darent, quid adimerent, neque alios judices quam se ipsos paterentur. » Hæc in publicum Ansibariis respondit ; ipsi Boiocalo, ob memoriam amicitiæ daturum agros : quod ille, ut proditionis pretium, adspernatus, addidit : « Deesse nobis terra in qua vivamus ; in qua moriamur non potest » : atque ita, infensis utrinque animis, discessum. Illi Bructeros,

trer une armée derrière eux. De son côté, il mena ses légions sur le territoire des Tenctères, en menaçant de le saccager s'ils ne rompaient l'association. Ceux-ci se désistant, la même crainte gagna les Bructères, et les autres se dégoûtant aussi d'une querelle étrangère, les Ansibariens, restés seuls, reculèrent vers les Usipiens et vers les Tubantes, qui les chassèrent de leur pays. Ils allèrent errer chez les Cattes, puis chez les Chérusques : ne pouvant s'établir nulle part, manquant de tout, poursuivis partout, ce qu'ils avaient de guerriers finit par périr entièrement dans ces longues courses à travers tant de terres ennemies ; le reste fut une proie qu'on se partagea.

LVII. Ce même été, les Hermundures et les Cattes se livrèrent une grande bataille ; ils se disputaient un fleuve limitrophe, dont les eaux fournissent du sel abondamment ; et, à leur fureur habituelle de décider tout par les armes, se joignait la religion. Ils croient que ces lieux sont près du ciel, et que nulle part les dieux n'entendent si bien les prières des mortels ; que de là naît, par une prédilection de la divinité, le sel de cette rivière et de ces forêts. Il ne vient point, comme ailleurs, par l'évaporation des eaux de la mer. On allume un grand bûcher ; on l'arrose de l'eau du fleuve, et du combat des deux éléments, du mélange de l'eau et du feu, se forme le sel. Cette guerre, heureuse pour les Hermundures, fut meurtrière pour les Cattes. Le parti vainqueur avait dévoué l'autre à Mars et à Mercure : selon ce vœu, hommes, chevaux, tout ce qui était aux vaincus fut exterminé. Cette fois du moins les menaces de nos ennemis tournaient contre eux-mêmes. Mais tout à coup un mal imprévu affligea les Ubiens, nos alliés. Des feux, sortis de terre, dévoraient les moissons, les fermes, les bourgs. Déjà même ils se portaient sur les murs de la colonie nouvellement bâtie, et rien ne pouvait les éteindre, ni la pluie, ni l'eau des rivières, ni aucune autre. Enfin, n'imaginant plus de remèdes, et s'indignant contre le mal, des paysans jetèrent de loin des pierres, et aussitôt la flamme s'affaissa. Alors, s'approchant de plus près, ils la chassent à coups de bâton et de fouet, comme une bête sauvage ; enfin, se dépouillant de leurs vêtements, ils les jettent dans le feu ; et, plus ces vêtements étaient vieux et sales, plus ils l'éteignaient facilement.

LVIII. Cette même annnée, le figuier Ruminal qu'on voit au comice, celui qui, huit cent quarante ans auparavant, avait couvert l'enfance de Romulus et de Rémus, perdit toutes ses branches, et son tronc se dessécha ; ce qu'on regardait comme sinistre : mais il poussa de nouveaux rejetons.

LIVRE QUATORZIÈME.

I. Sous le consulat de Vipstanus et de Fontéius, Néron ne différa plus le crime qu'il méditait depuis longtemps, enhardi par un long exercice du pouvoir, et, de jour en jour, plus violemment épris de Poppée. Celle-ci, n'espérant ni la main de César, ni le divorce d'Octavie, tant que vivrait Agrippine, employait souvent les reproches, quelquefois la plaisanterie, appelait Néron un pupille, qui, toujours asservi à la volonté des autres, bien loin d'être leur empereur,

---

Tencteros, ulteriores etiam nationes socias bello vocabant. Avitus, scripto ad Curtilium Manciam, superioris exercitus legatum, ut, Rhenum transgressus, arma a tergo ostenderet, ipse legiones in agrum Tencterum induxit, excidium minitans nisi causam suam dissocirent. Igitur, abstentibus his, pari metu exterriti Bructeri ; et ceteris quoque aliena pericula deserentibus, sola Ansibariorum gens retro ad Usipios et Tubantes concessit : quorum terris exacti, quum Cattos, dein Cheruscos petissent, errore longo, hospites, egeni, hostes, in alieno, quod juventutis erat, cæduntur ; imbellis ætas in prædam divisa est.

LVII. Eadem æstate, inter Hermunduros Cattosque certatum magno prœlio, dum flumen, gignendo sale fecundum et conterminum, vi trahunt ; super libidinem cuncta armis agendi, religione insita, « eos maxime locos propinquare cœlo, precesque mortalium a deis nusquam propius audiri : inde, indulgentia numinum, illo in amne illisque silvis salem provenire, non, ut alias apud gentes, eluvie maris arescente unda, sed super ardentem arborum struem fusa, ex contrariis inter se elementis, igne atque aquis, concretum. » Sed bellum Hermunduris prosperum, Cattis exitiosius fuit, quia victores diversam aciem Marti ac Mercurio sacravere, quo voto equi, viri, cuncta victa occidioni dantur. Et minæ quidem hostiles in ipsos vertebant. Sed civitas Ubiorum, socia nobis, malo improviso afflicta est : nam ignes terra editi villas, arva, vicos passim corripiebant, ferebanturque in ipsa conditæ nuper coloniæ mœnia : neque exstingui poterant, non si imbres caderent, non fluvialibus aquis, aut quo alio humore ; donec, inopia remedii et ira cladis, agrestes quidam eminus saxa jacere, dein, residentibus flammis, propius suggressi, ictu fustium aliisque verberibus, ut feras, absterrebant : postremo tegmina corpori derepta injiciunt, quanto magis profana et usu polluta, tanto magis oppressura ignes.

LVIII. Eodem anno Ruminalem arborem in comitio, quæ octingentos et quadraginta ante annos Remi Romulique infantiam texerat, mortuis ramalibus et arescente trunco deminutam, prodigii loco habitum est, donec in novos fœtus revirescert.

LIBER QUARTUSDECIMUS.

I. C. Vipstano, Fonteio consulibus, diu meditatum scelus non ultra Nero distulit, vetustate imperii coalita audacia, et flagrantior in dies amore Poppææ, quæ sibi matrimonium et discidium Octaviæ, incolumi Agrippina, haud sperans, crebris criminationibus, aliquando per facetias, incusaret principem, et pupillum vocaret, « qui, jussis alienis obnoxius, non modo imperii, sed libertatis etiam

n'était pas même son maître : « Car, pourquoi différer leur hymen? Manquait-elle de beauté, ses aïeux d'illustration? Se défiait-on de sa fécondité et de sa tendresse? ou plutôt ne craignait-on pas que, femme de Néron, elle n'instruisît du moins son mari des plaintes du sénat et de l'indignation du peuple contre l'orgueil et l'avarice d'une mère? Si Agrippine ne veut souffrir pour bru qu'une ennemie de son fils, qu'on rende donc Poppée à son époux; elle ira volontiers aux extrémités du monde ; là, du moins, elle apprendra par la renommée seule, elle ne verra point de ses propres regards l'avilissement de son empereur, elle ne sera plus mêlée à ses périls. » Ces traits, et d'autres pareils, soutenus des larmes et des artifices d'une maîtresse, s'enfonçaient dans le cœur de Néron, et personne ne s'y opposait, tous souhaitant l'humiliation d'Agrippine, et nul ne croyant qu'un fils pousserait la haine jusqu'à assassiner sa mère.

II. Cluvius rapporte qu'Agrippine, dans l'ardeur de retenir un pouvoir qui lui échappait, songea à l'inceste; qu'au milieu du jour, à l'heure où les excès de la table allumaient le plus les sens de Néron, elle vint souvent, lorsque son fils était ivre, s'offrir voluptueusement parée; et que les courtisans remarquant déjà les baisers lascifs et les caresses, avant-coureurs du crime, Sénèque vint opposer aux séductions d'une femme des armes pareilles; qu'il fit paraître l'affranchie Acté, qui, alarmée pour elle-même, autant que pour l'honneur de Néron, l'avertit qu'on parlait publiquement de l'inceste, que sa mère s'en glorifiait, et que, les soldats ne voudraient plus d'un empereur souillé à ce point. Fabius Rusticus dit que ce fut Néron, et non point Agrippine, qui conçut cette idée infâme; mais que cette même affranchie eut l'adresse de l'en détourner. Mais Cluvius se trouve ici d'accord avec les autres historiens, et c'est l'opinion la plus générale, soit qu'Agrippine eût formé en effet un dessein si monstrueux, soit que ce raffinement de débauche ait paru plus vraisemblable chez une femme, qui, enfant, se livra, par ambition à Lépide, que cette même ambition prostitua à tous les caprices de Pallas, et que l'hymen d'un oncle avait familiarisée avec toutes ces horreurs.

III. Néron évite donc de se trouver seul avec sa mère ; quand elle partait pour ses jardins de Tusculum ou d'Antium, il la félicitait de songer à la retraite. Enfin, quelque part qu'elle fût, s'en trouvant fatigué, il prit la ferme résolution de la faire périr, n'hésitant que sur les moyens, le poison, le fer, ou tout autre. Le poison lui plut d'abord, mais on ne pouvait pas le donner à la table du prince sans déceler le mystère, par une ressemblance trop marquée avec la mort de Britannicus; et il paraissait dangereux de chercher à corrompre les esclaves d'une femme à qui l'habitude du crime avait appris à s'en défier; d'ailleurs, elle-même, par l'usage des antidotes, s'était munie d'avance contre les poisons. Le fer présentait aussi des inconvénients ; on ne trouvait point de moyens pour cacher un assassinat, et l'on craignait la désobéissance du satellite qu'on chargerait d'un tel attentat. L'affranchi Anicétus offrit ses talents; il commandait la flotte de Misène; il avait élevé l'enfance de Néron, et haïssait Agrippine autant qu'il en était haï. Il propose donc de construire un vaisseau, dont une partie, artistement disposée pour se démonter en pleine mer, submergerait Agrippine tout à coup. Point de champ plus fécond en événements que la mer : dans un naufrage, qui serait assez injuste pour imputer au crime le tort des vents et des flots?

---

indigeret. Cur enim differri nuptias suas? formam scilicet displicere, et triumphales avos? an fecunditatem verumque animum? Timeri ne uxor saltem injurias patrum, iram populi adversus superbiam avaritiamque matris, aperiat. Quod si nurum Agrippina non nisi filio infestam ferre posset, redderetur ipsa Othonis conjugio : ituram quoquo terrarum, ubi audiret potius contumelias imperatoris quam viseret, periculis ejus immixta. » Hæc atque talia, lacrymis et arte adulteræ penetrantia, nemo prohibebat; cupientibus cunctis infringi matris potentiam, et credente nullo usque ad cædem ejus duratura filii odia.

II. Tradit Cluvius « Agrippinam ardore retinendæ potentiæ eo usque provectam, ut medio diei, quum id temporis Nero per vinum et epulas incalesceret, offerret se sæpius temulento comptam et incesto paratam. Jamque lasciva oscula et prænuncias flagitii blanditias adnotantibus proximis, Senecam contra muliebres illecebras subsidium a femina petivisse ; immissamque Acten libertam, quæ, simul suo periculo et infamia Neronis anxia, deferret pervulgatum esse incestum, gloriante matre, nec toleraturos milites profani principis imperium. » Fabius Rusticus non Agrippinæ, sed Neroni, cupitum id memorat, ejusdemque libertæ astu disjectum. Sed quæ Cluvius, eadem ceteri quoque auctores prodidere, et fama huc inclinat; seu conceperit animo tantum immanitatis Agrippina, seu credibilior novæ libidinis meditatio in ea visa est, quæ puellaribus annis stuprum cum Lepido, spe dominationis, admiserat, pari cupidine usque ad libita Pallantis provoluta, et exercita ad omne flagitium patrui nuptiis.

III. Igitur Nero vitare secretos ejus congressus ; abscedentem in hortos, aut Tusculanum vel Antiatem in agrum, laudare quod otium lacesseret. Postremo, ubicunque haberetur, prægravem ratus, interficere constituit; hactenus consultans, veneno an ferro, vel qua alia vi. Placuitque primo venenum : sed inter epulas principis si daretur, referri ad casum non poterat, tali jam Britannici exitio; et ministros tentare arduum videbatur mulieris usu scelerum adversus insidias intentæ; atque ipsa præsumendo remedia munierat corpus. Ferrum et cædes quonam modo occultaretur, nemo reperiebat; et, ne quis illi tanto facinori delectus jussa sperneret, metuebat. Obtulit ingenium Anicetus libertus, classi apud Misenum præfectus, et pueritiæ Ne-

Le prince prodiguerait, après la mort, les temples, les autels, tous les témoignages de tendresse les plus éclatants.

IV. On goûta l'invention, que d'ailleurs les circonstances favorisaient; l'empereur était alors à Baïes, où il célébrait les fêtes de Minerve. Il y attire Agrippine, à force de répéter qu'il fallait bien oublier ses ressentiments, et souffrir quelque chose d'une mère, voulant autoriser par là le bruit d'une réconciliation qui ne manquerait pas de séduire Agrippine, les femmes croyant facilement ce qui les flatte. A son arrivée d'Antium, il va au-devant d'elle le long du rivage; il la prend par la main, la serre dans ses bras, et la conduit à Baule; c'est le nom d'un château situé au pied de la mer, au milieu des sinuosités qu'elle forme entre le promontoire de Misène et le lac de Baïes. Le vaisseau fatal se faisait remarquer entre tous les autres par sa magnificence; ce qui avait l'air encore d'une distinction qu'il réservait pour sa mère; car elle était dans l'usage de se promener en trirème, et de se faire conduire par les rameurs de la flotte; de plus, on l'avait invitée à un grand souper, afin d'avoir la nuit pour mieux cacher le crime. On assure que le secret fut trahi, et qu'Agrippine, avertie du complot, ne sachant encore si elle devait y croire, s'était rendue en litière à Baïes. Là, ses craintes furent dissipées par toutes les caresses de son fils, qui l'accabla de prévenances, et la fit asseoir au-dessus de lui. Divers entretiens prolongèrent le festin bien avant dans la nuit; Néron parlait à sa mère, tantôt avec l'effusion d'un jeune cœur, tantôt avec cette réserve qu'on met a des confidences importantes. Il la reconduisit encore à son départ, pressant des plus tendres baisers et les yeux et le sein d'Agrippine, soit qu'il voulût pousser jusqu'au bout la dissimulation, soit que les derniers regards d'une mère, qui allait périr, attendrissent ce cœur, tout féroce qu'il était.

V. Il sembla que les dieux, pour que le forfait fût manifeste, eussent ménagé à cette nuit tout l'éclat des feux célestes et tout le calme d'une mer paisible. Le vaisseau n'était pas fort avancé en mer; Agrippine avait avec elle deux personnes de sa cour, Crépéréius Gallus, et Acerronie. Crépéréius se tenait debout, non loin du gouvernail; Acerronie, appuyée sur les pieds du lit d'Agrippine, qui était couchée, parlait avec transport du repentir de Néron, et du retour de la faveur d'Agrippine; tout à coup, au signal donné, le plancher de la chambre croule sous des masses de plomb énormes dont on le charge. Crépéréius fut écrasé, et mourut sur-le-champ. Agrippine et Acerronie furent garanties par les saillies du dais, qui se trouva assez fort pour résister à la chute; et le vaisseau ne s'entr'ouvrait pas, comme il le devait, à cause du trouble général, et parce que la plupart, n'étant point instruits, gênaient ceux qui l'étaient. On ordonna aux rameurs de peser tous du même côté, pour submerger le navire. Mais un ordre aussi subit fut exécuté sans concert; et d'autres, faisant le contre-poids, ménagèrent aux naufragées une chute plus douce. Cependant Acerronie, assez mal habile pour crier qu'elle était Agrippine, et qu'on vînt sauver la mère du prince, est assommée à coups de crocs, de rames, et des premiers instruments que l'on trouve. Agrippine, gardant le silence, ce qui l'empêcha

---

ronis educator, ac mutuis odiis Agrippinæ invisus. Ergo navem posse componi » docet, « cujus pars, ipso in mari per artem soluta, effunderet ignaram : nihil tam capax fortuitorum quam mare, et, si naufragio intercepta sit, quem adeo iniquum ut sceleri assignet quod venti et fluctus deliquerint? Additurum principem defunctæ templum et aras et cetera ostentandæ pietati. »

IV. Placuit sollertia, tempore etiam juta, quando Quinquatruum festos dies apud Baias frequentabat. Illuc matrem elicit, ferendas parentum iracundias, et placandum animum dictitans, quo rumorem reconciliationis efficeret, acciperetque Agrippina, facili feminarum credulitate ad gaudia. Venientem dehinc, obvius in littora (nam Antio adventabat), excipit manu et complexu, ducitque Baulos: id villæ nomen est, quæ, promontorium Misenum inter et Baianum lacum, flexo mari alluitur. Stabat inter alias navis ornatior, tanquam id quoque honori matris daretur; quippe sueverat triremi et classiariorum remigio vehi; ac tum invitata ad epulas erat, ut occultando facinori nox adhiberetur. Satis constitit exstitisse proditorem, et Agrippinam, auditis insidiis, an crederet ambiguam, gestamine sellæ Baias pervectam. Ibi blandimentum sublevavit metum, comiter excepta superque ipsum collocata. Nam pluribus sermonibus, modo familiaritate juvenili Nero, et rursus adductus, quasi seria consociaret, tracto in longum convictu, prosequitur abeuntem, artius oculis et pectori hærens; sive explenda simulatione, seu periturae matris supremus adspectus quamvis ferum animum retinebat.

V. Noctem sideribus illustrem et placido mari quietam, quasi convincendum ad scelus, dii præbuere. Nec multum erat progressa navis, duobus e numero familiarium Agrippinam comitantibus : ex quis Crepereius Gallus haud procul gubernaculis adstabat, Acerronia, super pedes cubitantis reclinis, pœnitentiam filii et reciperatam matris gratiam per gaudium memorabat; quum, dato signo, ruere tectum loci, multo plumbo grave; pressusque Crepereius et statim exanimatus est. Agrippina et Acerronia eminentibus lecti parietibus, ac forte validioribus quam ut oneri cederent, protectæ sunt : nec dissolutio navigii sequebatur, turbatis omnibus, et quod plerique ignari etiam conscios impediebant. Visum dehinc remigibus unum in latus inclinare, atque ita navem submergere. Sed neque ipsis promptus in rem subitam consensus, et alii, contra nitentes, dedere facultatem lenioris in mare jactus. Verum Acerronia imprudens, dum se Agrippinam esse, utque subveniretur matri principis, clamitat, contis et remis, et quæ fors obtulerat, navalibus telis conficitur. Agrippina silens, eoque minus agnita, unum tamen vulnus humero excepit. Nando,

d'être reconnue, reçut pourtant une blessure à l'épaule. Ayant gagné à la nage, puis sur des barques qu'elle rencontra, le lac Lucrin, elle se fait porter à sa maison de campagne.

VI. Là, songeant pour quelle fin on lui avait écrit ces lettres perfides et prodigué tant d'honneurs; que le vaisseau avait péri tout près du rivage, sans qu'il y eût le moindre vent, le moindre écueil, en croulant par le haut, comme une machine arrangée exprès; puis, considérant le meurtre d'Acerronie, sa propre blessure, et jugeant que le seul moyen de se garantir était de paraître n'avoir rien pénétré, elle envoya l'affranchi Agérinus dire à Néron que la bonté des dieux et la fortune de l'empereur l'avaient sauvée d'un grand péril; que, malgré tout l'effroi que pouvait causer à un fils le danger d'une mère, elle le conjurait de différer sa visite; qu'elle avait besoin de repos pour le moment. Et cependant, affectant de la sécurité, elle applique un appareil sur sa blessure, et des fomentations sur tout son corps. Elle fait rechercher le testament, et mettre le scellé sur les biens d'Acerronie; en cela, seulement, il n'y avait point de dissimulation.

VII. Au moment où Néron se flattait d'apprendre le succès du complot, on lui annonce qu'Agrippine, blessée légèrement, s'était échappée, après avoir couru assez de risques pour qu'il ne lui restât pas le moindre doute sur l'auteur du crime. A cette nouvelle, frappé de consternation, il croit à chaque instant la voir accourir, avide de vengeance, armant les esclaves, ou soulevant l'armée, ou bien invoquant le peuple et le sénat, leur demandant justice de son naufrage, de sa blessure, de ses amis assassinés; et, dans ce danger, quelle ressource pour lui, à moins que Sénèque et Burrus n'imaginassent quelque expédient? Il les avait mandés sur l'heure; on ignore si auparavant ils étaient instruits. Tous deux restèrent longtemps dans le silence, sentant l'inutilité des représentations, ou, peut-être, croyant les choses arrivées à ce point que, si l'on ne prévenait Agrippine, la perte de Néron était inévitable. Enfin, Sénèque se décide le premier à regarder Burrus, et lui demande s'il fallait commander le meurtre aux soldats. Burrus répond que les prétoriens sont trop attachés à toute la famille des Césars et à la mémoire de Germanicus, pour se permettre aucun attentat contre sa fille; que c'était à Anicétus à achever son ouvrage. Celui-ci accepte sans balancer. A ce mot, Néron s'écrie qu'il ne règne que de ce moment, qu'il doit l'empire à un affranchi. Il lui commande d'aller au plus vite, et de prendre avec lui ce qu'il y avait de plus déterminé. Lui-même, ayant appris qu'Agérinus était venu de la part d'Agrippine, forme là-dessus un plan d'accusation. Tandis qu'Agérinus expose son message, il lui jette une épée entre les jambes, puis, comme si on l'eût surpris avec cette arme, il le fait arrêter, afin de pouvoir feindre ensuite qu'Agrippine avait projeté d'assassiner son fils, et que, dans le dépit de voir le crime découvert, elle s'était donné elle-même la mort.

VIII. Cependant, au premier bruit du péril qu'avait couru Agrippine, chacun, l'attribuant au hasard, se précipite au rivage. Ceux-ci montent sur la digue, ceux-là dans des barques; les uns s'avancent dans la mer aussi loin qu'ils le peuvent; d'autres tendent les mains. Tout le rivage retentit de regrets, de vœux, du bruit de mille demandes contraires, ou de mille réponses ha-

---

deinde occursu lenunculorum, Lucrinum in lacum vecta, villæ suæ infertur.

VI. Illic reputans ideo se fallacibus literis accitam et honore præcipuo habitam; quodque littus juxta, non ventis acta, non saxis impulsa navis, summa sui parte, veluti terrestre machinamentum concidisset; observans etiam Acerroniæ necem; simul suum vulnus adspiciens; solum insidiarum remedium esse, si non intelligeretur; misit libertum Agerinum, qui nunciaret filio « benignitate deum, et fortuna ejus, evasisse gravem casum : orare ut, quamvis periculo matris exterritus, visendi curam differret; sibi ad præsens quiete opus. » Atque interim, securitate simulata, medicamina vulneri et fomenta corpori adhibet. Testamentum Acerroniæ requiri bonaque obsignari jubet, id tantum non per simulationem.

VII. At Neroni, nuncios patrati facinoris opperienti, affertur evasisse ictu levi sauciam, et hactenus adito discrimine ne auctor dubitaretur. Tum pavore exanimis, et « jam jamque affore » obtestans, « vindictæ properam, sive servitia armaret, vel militem accenderet, sive ad senatum et populum pervaderet, naufragium et vulnus et interfectos amicos objiciendo : quod contra subsidium sibi? nisi quid Burrus et Seneca expergiscerentur : » quos statim acciverat, incertum an et ante ignaros. Igitur longum utriusque silentium, ne irriti dissuaderent, an eo descensum credebant, ut, nisi præveniretur Agrippina, pereundum Neroni esset? Post Seneca, hactenus promptior, respicere Burrum, ac sciscitari an militi imperanda cædes esset. Ille « prætorianos, toti Cæsarum domui obstrictos, memoresque Germanici, nihil adversus progeniem ejus atrox ausuros » respondit; « perpetraret Anicetus promissa. » Qui, nihil cunctatus, poscit summam sceleris. Ad eam vocem Nero, « illo sibi die dari imperium, auctoremque tanti muneris libertum » profitetur; « iret propere, duceretque promptissimos ad jussa. » Ipse, audito venisse missu Agrippinæ nuncium Agerinum, scenam ultro criminis parat; gladiumque, dum mandata perfert, abjicit inter pedes ejus; tum, quasi deprehenso, vincla injici jubet, ut exitium principis molitam matrem, et, pudore deprehensi sceleris, sponte mortem sumpsisse contingeret.

VIII. Interim vulgato Agrippinæ periculo, quasi casu evenisset, ut quisque acceperat, decurrere ad littus. Hi molium objectus, hi proximas scaphas scandere, alii, quantum corpus sinebat, vadere in mare, quidam manus protendere : questibus, votis, clamore diversa rogitantium aut incerta respondentium, omnis ora compleri : affluere ingens multitudo cum luminibus, atque, ubi incolumem

gardées; une foule immense était accourue avec des lumières; enfin, quand on sut Agrippine sauvée, tous se disposaient à la féliciter, lorsque la vue d'une troupe armée, qui marchait d'un air menaçant, les dispersa. Anicétus fait investir la maison; puis, ayant enfoncé la porte, il arrête tous les esclaves qu'il rencontre, jusqu'à ce qu'il soit près de l'entrée de l'appartement. Il y était resté peu de monde : la peur les avait presque tous dispersés, et, dans l'appartement même, il n'y avait qu'une faible lumière et une seule esclave. Agrippine s'alarmait de plus en plus de ne voir personne de la part de son fils, pas même Agérinus. La face de ces lieux, qui venait de changer presque entièrement, sa solitude, ce bruit soudain, tout semblait lui annoncer les plus grands malheurs. Enfin, sa dernière esclave la quittant, « Et quoi! tu m'abandonnes aussi, « lui dit-elle; » et, en même temps, elle aperçoit Anicétus. suivi du triérarque Herculéus, et d'Oloaritus, centurion de marine. « Si tu viens « pour me voir, annonce à Néron mon rétablisse- « ment; si c'est pour le crime, j'en crois mon « fils incapable; non, mon fils n'a point ordonné « un parricide. » Les meurtriers entourent son lit; et le triérarque le premier lui décharge un coup de bâton sur la tête. Le centurion tirant l'épée pour l'en percer, elle découvre son ventre; « frappe ici, » s'écria-t-elle, et elle expira percée de plusieurs coups.

IX. On s'accorde sur ces faits. Que Néron ait considéré sa mère morte, et qu'il ait loué la beauté de son corps; les uns l'assurent, les autres le nient. Ce corps fut brûlé dans la nuit même, sur un lit de festin, sans aucune pompe funèbre; et, à l'endroit où les cendres furent déposées, on ne prit pas même la peine, tant que Néron vécut, de rassembler un peu de terre, et de les garantir par une enceinte. Depuis, les gens de sa maison lui élevèrent un petit tombeau le long du chemin de Misène, près de cette maison du dictateur César, qui, de la hauteur où elle est située, domine sur tout le golfe. Un affranchi d'Agrippine, nommé Mnester, se poignarda sur le bûcher de sa maîtresse, soit par attachement pour elle, soit par crainte pour lui-même. Agrippine avait, longtemps auparavant, connu et bravé son sort. Consultant des Chaldéens sur Néron, on lui répondit qu'il régnerait pour tuer sa mère. « Soit, « dit-elle, pourvu qu'il règne. »

X. Mais, le crime enfin consommé, Neron en sentit toute l'horreur. Le reste de la nuit, tantôt immobile, silencieux, morne, le plus souvent se relevant avec effroi, il attendait le jour comme devant éclairer sa destruction. Les centurions et les tribuns, excités par Burrus, furent les premiers à le rassurer par leurs flatteries; ils vinrent lui prendre la main, et le féliciter d'être échappé à un péril si imprévu, à l'attentat d'une mère; ensuite ses amis se répandent dans les temples, et, l'exemple une fois donné, les villes voisines témoignent leur joie par des sacrifices et des députations. Lui, par une dissimulation contraire, paraissait triste, ayant l'air de détester le jour qu'il avait conservé, et pleurant la mort d'une mère. Mais, comme la face des lieux ne change point ainsi que le visage des courtisans, et que l'aspect sinistre de cette mer et de ces rivages importunait ses regards, qu'on avait cru même entendre, sur le sommet des coteaux voi-

---

esse pernotuit, ut ad gratandum sese expedire, donec aspectu armati et minitantis agminis disjecti sunt. Anicetus villam statione circumdat, refractaque janua obvios servorum arripit, donec ad fores cubiculi veniret; cui pauci adstabant, ceteris terrore irrumpentium exterritis. Cubiculo modicum lumen inerat, et ancillarum una : magis ac magis anxia Agrippina, quod nemo a filio, ac ne Agerinus quidem : aliam fere littore faciem nunc, solitudinem ac repentinos strepitus, et extremi mali indicia. Abeunte dehinc ancilla, « Tu quoque me deseris, » prolocuta, respicit Anicetum, trierarcho Herculeo et Oloarito, centurione classiario, comitatum : ac, « si ad visendum venisset, refotam nunciaret : sin facinus patraturus, nihil se de filio credere; non imperatum parricidium. » Circumsistunt lectum percussores, et prior trierarchus fusti caput ejus afflixit. Nam in mortem centurioni ferrum destringenti protendens uterum, « Ventrem feri, » exclamavit, multisque vulneribus confecta est.

IX. Hæc consensu produntur. Adspexeritne matrem exanimem Nero, et formam corporis ejus laudaverit, sunt qui tradiderint, sunt qui abnuant. Cremata est nocte eadem, conviviali lecto et exsequiis vilibus : neque, dum Nero rerum potiebatur, congesta aut clausa humus; mox, domesticorum cura, levem tumulum accepit, viam Miseni propter et villam Cæsaris dictatoris, quæ subjectos sinus editissima prospectat. Accenso rogo libertus ejus, cognomento Mnester, ipse ferro se transegit; incertum caritate in patronam an metu exitii. Hunc sui finem multos ante annos crediderat Agrippina contempseratque : nam consulenti super Nerone responderunt Chaldæi fore ut imperaret, matremque occideret; atque illa, « Occidat, inquit, dum imperet. »

X. Sed a Cæsare, perfecto demum scelere, magnitudo ejus intellecta est : reliquo noctis, modo per silentium defixus, sæpius pavore exsurgens et mentis inops, lucem opperiebatur, tanquam exitium allaturam. Atque eum, auctore Burro, prima centurionum tribunorumque adulatio ad spem firmavit, prensantium manu, gratantiumque quod discrimen improvisum et matris facinus evasisset. Amici dehinc adire templa : et, cœpto exemplo, proxima Campaniæ municipia victimis et legationibus lætitiam testari; ipse, diversa simulatione, mæstus, et quasi incolumitati suæ infensus, ac morti parentis illacrymans. Quia tamen non, ut hominum vultus, ita locorum facies mutantur, obversabaturque maris illius et littorum gravis aspectus (et erant qui crederent sonitum tubæ collibus circum editis, planctusque tumulo matris audiri), Neapolim concessit, literasque ad senatum misit, quarum summa erat:

14.

sins, le retentissement d'une trompette, et autour du tombeau de sa mère, des cris lamentables, il se retira à Naples.

XI. De là il écrivit au sénat qu'on avait surpris, armé d'un poignard, pour l'assassiner, Agérinus, affranchi d'Agrippine, l'un de ses plus intimes confidents, et qu'elle s'était punie, elle-même, du crime qu'elle méditait. Ensuite il reprenait, de plus loin, les accusations; qu'elle s'était flattée de partager l'empire, de faire jurer aux cohortes prétoriennes obéissance à une femme, et de soumettre, à la même ignominie, le peuple et le sénat; que, frustrée dans son attente, elle avait pris en haine et le sénat, et le peuple, et l'armée; qu'elle s'était opposée à toutes les largesses publiques, et avait tramé la perte des Romains les plus distingués. Que de peine n'avait pas eue son fils à l'empêcher de forcer les portes du sénat, de venir elle-même dicter sa réponse aux nations étrangères? S'étant permis encore quelques traits indirects sur l'administration de Claude, il en rejeta tous les vices sur sa mère, dont il attribuait la mort au génie tutélaire de l'empire; car il parlait aussi du naufrage. Mais quel homme assez stupide pour le croire fortuit; ou qu'au sortir d'un tel péril, une femme eût envoyé un homme seul égorger un empereur au milieu de ses cohortes et de ses flottes? Aussi la rumeur publique accusait, non plus Néron, dont l'atrocité surpassait tout ce qu'on en pouvait dire, mais Sénèque, dont la plume avait ainsi consacré l'aveu d'un parricide.

XII. Toutefois, par une bassesse inconcevable des grands, on décerne, à l'envi, des prières publiques dans tous les temples, des jeux annuels aux fêtes de Minerve, temps où l'on avait découvert la conspiration, une statue d'or dans le sénat pour la déesse, une autre à côté pour le prince, et le jour de la naissance d'Agrippine est mis au rang des jours néfastes. Thraséas, qui s'était contenté de marquer son mépris pour d'autres adulations, par le silence ou par la froideur avec laquelle il y consentait, sortit alors du sénat; ce qui exposa ses jours, et ne corrigea personne. Les prodiges se multiplièrent, et aussi inutilement. Une femme accoucha d'un serpent, une autre fut tuée par le tonnerre dans les bras de son mari; le soleil s'éclipsa tout à coup, et la foudre tomba dans les quatorze quartiers de Rome; mais tout cela prouvait si peu les desseins du ciel, qu'on vit encore durer longtemps le règne et les crimes de Néron. Pour achever de décrier la mémoire d'Agrippine, et prouver que la mort de sa mère laissait un cours plus libre à sa clémence, il affecta de rendre à leur patrie Junia et Calpurnia, femmes du premier rang, Valérius Capito et Licinius Gabolus, anciens préteurs, tous bannis, autrefois, par Agrippine. Il permit encore de rapporter les cendres de Lollia, et de lui élever un tombeau. Iturius et Calvisius, qu'il venait de reléguer lui-même, obtinrent leur grâce. Pour Silana, elle avait fini ses jours à Tarente, où elle était revenue d'un exil plus éloigné, le crédit ou l'inimitié d'Agrippine, qui l'avait perdue, s'affaiblissant déjà.

XIII. Néron séjournait dans les villes de la Campanie; il ne savait comment rentrer dans Rome, ni s'il retrouverait en core de la condescendance dans le sénat, et de l'affection dans le peuple; mais tous les hommes pervers de sa cour, et jamais nulle autre n'en réunit un si grand nombre, l'assurent qu'on abhorrait le nom d'Agrippine, et que sa mort avait ranimé pour lui la faveur publique; qu'il pouvait aller sans rien craindre, qu'il se convaincrait par ses propres regards de la vénération des Romains pour sa personne. Ils demandent tous à précéder sa marche, et trouvent encore plus d'empressement qu'ils n'en avaient promis, les tribus venant à sa rencontre, le sénat, en habits de fêtes, des troupes de femmes et d'enfants, rangées suivant leur âge et leur sexe, et partout, sur son passage, des amphithéâtres dressés comme dans les triomphes. Néron, fier et insultant à la bassesse publique, monte au Capitole, remercie les dieux, puis s'abandonne à toutes ses passions, mal réprimées jusqu'alors, mais dont l'ascendant d'une mère, quelle qu'elle fût, avait suspendu le débordement.

XIV. Depuis longtemps il avait la passion de conduire des chars dans la carrière, et une autre, non moins honteuse, celle de monter sur le théâtre, et d'y chanter, en s'accompagnant de la lyre, avec toute l'indécence des musiciens de profession. Il disait que ç'avait été l'amusement des rois et des généraux de l'antiquité; que les poëtes exaltaient dans leurs vers ce talent, et qu'il faisait partie du culte qu'on rendait à la divinité. Apollon n'était-il pas le dieu du chant, et ne représentait-on pas une lyre à la main, non-seulement dans la Grèce, mais dans les temples même des Romains? C'était pourtant un dieu puissant, le dieu des oracles. Déjà on ne pouvait l'arrêter, lorsque Sénèque et Burrus résolurent de se relâcher sur un point, de peur qu'il ne l'emportât sur les deux. on fit enclore, dans la vallée du Vatican, un espace où il menait des chevaux, sans avoir de spectateurs que ses courtisans; ensuite, on y admit le peuple romain, amoureux de plaisirs, et enchanté de retrouver ses goûts dans ses princes, prodigua les applaudissements, à Néron. On avait cru qu'il se dégoûterait d'un plaisir ainsi prostitué; il ne fit s'y que attacher davantage. Ce prince, croyant diminuer son infamie s'il multipliait les infâmes, entraîna sur la scène les descendants des familles nobles que leur indigence réduisait à se vendre; quoique morts, je crois devoir supprimer leurs noms, par respect pour leurs aïeux. D'ailleurs, l'opprobre est surtout pour celui qui aima mieux donner de l'argent pour corrompre, que pour prévenir la corruption. Des chevaliers, même distingués, furent contraints de descendre dans l'arène. Il n'employait que les dons, il est vrai; mais, dans quiconque peut commander, les dons sont une violence.

XV. Toutefois, n'osant encore se déshonorer sur un théâtre public, il institua des jeux sous le nom de *Juvénales*, dans lesquels s'enrôlèrent tous les citoyens indistinctement. Ni la naissance, ni l'âge, ni d'anciennes dignités ne dispensaient d'exercer le métier d'un histrion grec ou latin, d'imiter leurs gestes et leurs chants les plus dissolus. Jusqu'à des femmes du premier rang faisaient leur étude de ces infamies; on construisit, près du bois qu'Auguste avait planté autour de sa naumachie, des salles et des boutiques, où l'on étalait tout ce qui pouvait irriter les passions; et l'on y distribuait de l'argent, que les gens de bien, par nécessité, les pervers, par vaine gloire, consumaient en débauches. Ce fut une source de déréglements et d'infamies; le dernier coup fut porté aux mœurs, et, de ce réceptacle impur, se débordèrent tous les crimes. A peine une administration sage maintient la décence; comment la pudeur, la modestie, la moindre ombre de

---

plebis repereiret, anxio, contra deterrimus quisque, quorum non alia regia ferundior exstitit, invisum Agrippinæ nomen, et morte ejus accensum populi favorem, disserunt: iret intrepidus, et venerationem sui coram experiretur. Simul prægredi exposcunt, et promptiora, quam promiserant, inveniunt : obvias tribus, festo cultu senatum; conjugum ac liberorum agmina, per sexum et ætatem disposita; exstructos, qua incederet, spectaculorum gradus, quo modo triumphi visuntur. Hinc superbus, ac publici servitii victor, Capitolium adiit, grates exsolvit; seque in omnes libidines effudit, quas male coercitas qualiscunque matris reverentia tardaverat.

XIV. Vetus illi cura erat curricule quadrigarum insistere; nec minus fœdum studium cithara ludicrum in modum canere, quum cœnaret; quod regibus et antiquis ducibus factitatum memorabat, « idque vatum laudibus celebre, et deorum honori datum. Enimvero cantus Apollini sacros, talique ornatu adstare, non modo græcis in urbibus, sed romana apud templa, nomen præcipuum et præscium. » Nec jam sisti poterat, quum Senecæ ac Burro visum, ne utraque pervinceret, alterum concedere : clausumque valle Vaticana spatium, in quo equos regeret, haud promiscuo spectaculo, mox ultro vocari populus romanus, laudibusque extollere, ut est vulgus cupiens voluptatum, et, si eodem princeps trahat lætum. Ceterum evulgatus pudor non satietatem, ut rebantur, sed incitamentum attulit. Ratusque dedecus molliri, si plures fœdasset, nobilium familiarum posteros, egestate venales, in scenam deduxit : quos, fato perfunctos, ne nominatim tradam, majoribus eorum tribuendum puto; nam et ejus flagitium est, qui pecuniam ob delicta potius dedit, quam ne delinquerent. Notos quoque equites romanos operas arenæ promittere subegit, donis ingentibus : nisi quod merces ab eo qui jubere potest vim necessitatis affert.

XV. Ne tamen adhuc publico theatro dehonestaretur, instituit ludos, Juvenalium vocabulo, in quos passim nomina data : non nobilitas cuiquam, non ætas, aut acti honores impedimento, quominus græci latinive histrionis artem exercerent, usque ad gestus modosque haud viriles. Quin et feminæ illustres deformia meditari : exstructaque, apud nemus quod navali stagno circumposuit Augustus, conventicula et cauponæ, et posita veno irritamenta luxus; dabanturque stipes, quas boni necessitate, intemperantes gloria, consumerent. Inde gliscere flagitia et infamia; nec ulla moribus olim corruptis plus libidinum circumdedit, quam illa colluvies. Vix artibus honestis pudor retinetur;

vertu eussent-elles subsisté au milieu de cet encouragement public donné à tous les vices? Enfin Néron monta lui-même sur le théâtre, exécutant sur sa lyre des morceaux travaillés longtemps avec soin; il avait autour de lui, outre sa cour, une cohorte de prétoriens, leurs centurions, leurs tribuns, et Burrus, qui était affligé et qui louait. Alors fut créé ce corps de chevaliers romains, surnommés les Augustans, tous d'une jeunesse et d'une vigueur remarquables; les uns entraînés par leur goût pour la licence, les autres par l'ambition. Leur fonction était d'applaudir; ils y passaient les jours et les nuits; idolâtrant, déifiant la voix et la beauté du prince, ce qui les menait à l'illustration et aux honneurs, comme eût pu faire la vertu.

XVI. L'empereur, toutefois, ne se bornant point à la gloire de comédien, ambitionna aussi celle de poëte. Il rassemblait, dans son palais, les jeunes gens qui, sans être encore connus, avaient quelque talent pour la poésie. Là, chacun s'occupait à coudre ensemble les vers que Néron avait apportés, ou qu'il composait sur le lieu, et l'on y faisait entrer tous les mots que le prince fournissait, quels qu'ils fussent; ce qu'indique assez la nature des vers, leur défaut de verve et de mouvement, et la bigarrure des styles. Il donnait aussi aux philosophes quelques moments après ses repas, et il cherchait les disputes que faisait naître la contrariété des opinions; parmi ces philosophes, on ne manqua pas d'en voir qui, avec leur morale et leur visage austères, étaient enchantés de figurer dans les amusements de la cour.

XVII. A peu près dans ce temps, il y eut, pour une légère contestation, un massacre horrible entre les habitants de Nucérie et ceux de Pompéi : c'était à un spectacle de gladiateurs que donnait Livinéius Régulus, celui que j'ai dit avoir été chassé du sénat. La querelle avait commencé par ces plaisanteries ordinaires entre les habitants de deux petites villes voisines; ils en vinrent ensuite à se lancer des injures et des pierres; ils finirent par prendre des armes. Les habitants de Pompéi, chez qui se donnait la fête, eurent l'avantage, et l'on rapporta à Rome beaucoup de Nocériens tout mutilés de leurs blessures; la plupart avaient à pleurer la mort ou d'un père ou d'un fils. Cette affaire, renvoyée par le prince au sénat, et par le sénat aux consuls, étant revenue au sénat de nouveau, l'on interdit, pour dix ans, de pareilles fêtes aux Pompéiens, et l'on rompit toutes les associations illégales qu'ils avaient formées. Livinéius et les autres auteurs de la sédition furent punis par l'exil.

XVIII. On chassa du sénat Pédius Blésus, accusé par les Cyrénéens d'avoir pillé le tresor d'Esculape, et de s'être laissé corrompre dans les enrôlements des soldats par l'argent ou par la faveur. Ces mêmes Cyrénéens poursuivaient Acilius Strabo, qui avait été revêtu du pouvoir de préteur, et envoyé par Claude pour réclamer d'anciens domaines du roi Apion que ce monarque avait légués au peuple romain avec ses États. Ces domaines avaient été envahis par tous les propriétaires voisins, et ils se prévalaient d'une usurpation, devenue ancienne, comme d'un titre légitime, Strabon, ayant prononcé contre eux, souleva contre lui la province. Le sénat, ignorant les ordres de Claude, renvoya les Cyrénéens à l'empereur, qui approuva les décisions de Stra-

---

nedum, inter certamina vitiorum, pudicitia aut modestia aut quidquam probi moris reservaretur. Postremo ipse scenam incedit, multa cura tentans citharam et præmeditans, assistentibus familiaribus : accessorat cohors militum, centuriones tribunique, et mœrens Burrus ac laudans. Tuncque primum conscripti sunt equites romani, cognomento Augustanorum, ætate ac robore conspicui, et pars ingenio procaces, alii in spe potentiæ. Hi dies ac noctes plausibus personare, formam principis vocemque deum vocabulis appellantes; quasi per virtutem clari honoratique agere.

XVI. Ne tamen ludicræ tantum imperatoris artes notescerent, carminum quoque studium affectavit, contractis quibus aliqua pangendi facultas. Nec dum insignis ætatis nati considere simul, et allatos, vel ibidem repertos, versus connectere, atque ipsius verba, quoquomodo prolata, supplere : quod species ipsa carminum docet, non impetu et instinctu, nec ore uno fluens. Etiam sapientiæ doctoribus tempus impertiebat post epulas, utque contraria asseverantium, discordia eruebantur : nec deerant qui, ore vultuque tristi, inter oblectamenta regia spectari cuperent.

XVII. Sub idem tempus, levi contentione atrox cædes orta inter colonos Nucerinos Pompeianosque, gladiatorio spectaculo, quod Livineius Regulus, quem motum senatu retuli, edebat : quippe, oppidana lascivia invicem incessentes, probra, deinde saxa, postremo ferrum sumpsere, validiore Pompeianorum plebe, apud quos spectaculum edebatur. Ergo reportati sunt in urbem multi e Nucerinis, trunco per vulnera corpore, ac plerique liberorum aut parentum mortes deflebant. Cujus rei judicium princeps senatui, senatus consulibus, permisit. Et, rursus re ad patres relata, prohibiti publice in decem annos ejusmodi cœtu Pompeiani, collegiaque, quæ contra leges instituerant, dissoluta. Livineius, et qui alii seditionem conciverant, exsilio multati sunt.

XVIII. Motus senatu et Pedius Blæsus; accusantibus Cyrenensibus violatum ab eo thesaurum Æsculapii, delectumque militarem pretio et ambitione corruptum. Iidem Cyrenenses reum agebant Acilium Strabonem, prætoria potestate usum, et missum disceptatorem a Claudio agrorum quos, regi Apioni quondam habitos, et populo romano cum regno relictos, proximus quisque possessor invaserant, diutinaque licentia et injuria, quasi jure et æquo, nitebantur. Igitur, abjudicatis agris, orta adversus judicem invidia; et senatus ignota sibi esse mandata Claudii, et

bon, mais, par égard pour des alliés, leur céda ce qu'ils avaient usurpé.

XIX. On perdit alors deux hommes fameux, Domitius Afer, et Marcus Servilius, à qui les premières dignités et une grande éloquence avaient donné beaucoup d'éclat. Domitius s'était borné au talent de l'orateur. Servilius, après s'être longtemps signalé au barreau, écrivit nos annales, et il a laissé la réputation d'un historien, ainsi que d'un homme très-aimable, bien supérieur à son rival, dont il eut tout le génie, avec un caractère bien différent.

XX. Sous le quatrième consulat de Néron qui eut pour collègue Cossus Cornélius, les quinquennales furent instituées à Rome, à l'imitation des jeux de la Grèce; on en parla diversement, comme de presque toutes les nouveautés. Quelques-uns disaient que leurs pères avaient été jusqu'à faire un crime à Pompée même d'avoir substitué un théâtre permanent à ces constructions passagères, qu'on n'élevait que pour le moment des jeux, et où, dans les temps plus reculés, le peuple n'assistait que debout, de peur qu'une position plus commode ne le retint des jours entiers au théâtre dans l'oisiveté. Pourquoi du moins ne pas s'en tenir à ce qui s'était pratiqué, de tout temps, dans les spectacles donnés par les préteurs, où l'on n'imposait à aucun citoyen la nécessité de venir disputer les prix? Que les mœurs nationales avaient commencé à se perdre insensiblement; qu'on allait maintenant les anéantir sans retour par cette folle innovation. A quoi bon rassembler, dans une seule ville, les spectacles du monde entier? Que ces institutions, en se corrompant, corrompaient à leur tour; qu'on allait dégrader la jeunesse romaine par des exercices étrangers à son courage, en la livrant à une gymnastique, à une oisiveté,

à des amours infâmes, sous l'autorité du prince et du sénat, qui, non contents de tolérer les vices, les commandaient à la nation; que sous le nom de poëtes et d'orateurs, les grands de Rome se verraient traînés sur la scène : que restait-il, sinon de descendre nus sur l'arène, de s'armer du ceste, et d'abandonner, pour ces vils combats, la guerre et les armes? Les décuries des chevaliers rempliraient-elles dignement le saint ministère des augures et la noble fonction des juges, après avoir écouté savamment des voix mélodieuses et des chants efféminés? Que, pour ne point laisser un seul instant à la pudeur, on ajoutait encore les nuits à la dépravation, afin que dans la confusion de ces assemblées, les impurs désirs, allumés pendant le jour, s'assouvissent librement dans les ténèbres.

XXI. C'était cette licence même qui plaisait au plus grand nombre; du reste, ils alléguaient des prétextes honnêtes, disant : que leurs pères même ne s'étaient point refusé l'amusement des spectacles que comportait alors leur fortune; qu'ils avaient emprunté à l'Étrurie ses histrions, à Thurium, ses combats de chevaux; que, possesseurs de la Grèce et de l'Asie, ils avaient mis plus d'appareil dans leurs jeux; et que, pendant les deux siècles écoulés depuis le triomphe de Mummius, qui, le premier, nous avait apporté les spectacles de la Grèce, aucun Romain d'une naissance honnête ne s'était dégradé sur la scène; qu'on avait élevé un théâtre permanent, pour éviter les frais énormes qu'entraînaient ces reconstructions annuelles; que les magistrats, contraints, jusqu'alors, d'accorder ces spectacles grecs à l'importunité du peuple, ne verraient plus leur fortune absorbée par ces dépenses, supportées désormais par l'État; que les victoires des poëtes et des

---

consulendum principem, respondit. Nero, probata Strabonis sententia, se nihilominus subvenire sociis, et usurpata concedere, scripsit.

XIX. Sequuntur virorum illustrium mortes, Domitii Afri et M. Servilii, qui summis honoribus et multa eloquentia viguerant. Ille orando causas, Servilius diu foro, mox tradendis rebus romanis, celebris, et elegantia vitæ, quam clariorem effecit, ut par ingenio, ita morum diversus.

XX. Nerone quartum, Cornelio Cosso consulibus, quinquennale ludicrum Romæ institutum est, ad morem græci certaminis, varia fama, ut cuncta ferme nova. Quippe erant qui Cn. quoque Pompeium incusatum a senioribus ferrent, « quod mansuram theatri sedem posuisset : nam antea subitariis gradibus et scena in tempus structa ludos edi solites; vel, si vetustiora repetas, stantem populum spectavisse, ne, si consideret, theatro dies totos ignavia continuaret. Spectaculorum quidem antiquitas servaretur, quoties prætores ederent, nulla cuiquam civium necessitate certandi. Ceterum abolitos paulatim patrios mores funditus everti per accitam lasciviam, ut quod usquam corrumpi et corrumpere queat in urbe visatur;

degeneret que studiis externis juventus, gymnasia et otia et turpes amores exercendo; principe et senatu auctoribus, qui non modo licentiam vitiis permiserint, sed vim adhibeant. Proceres romani, specie orationum et carminum, scena polluantur. Quid superesse, nisi ut corpora quoque nudent, et cæstus assumant, easque pugnas pro militia et armis meditentur? An justitiam augurii, et decurias equitum egregium judicandi munus expleturos, si fractos sonos et dulcedinem vocum perite audissent? Noctes quoque dedecori adjectas, ne quod tempus pudori relinquatur, sed, cœtu promiscuo, quod perditissimus quisque per diem concupiverit, per tenebras audeat. »

XXI. Pluribus ipsa licentia placebat, ac tamen honesta nomina prætendebant : « majores quoque non abhorruisse spectaculorum oblectamentis, pro fortuna quæ tum erat; eoque a Tuscis accitos histriones, a Thuriis equorum certamina; et, possessa Achaia Asiaque, ludos curatius editos; nec quemquam Romæ, honesto loco ortum, ad theatrales artes degeneravisse, ducentis jam annis a L. Mummii triumpho, qui primus id genus spectaculi in urbe præbuerit. Sed et consultum parcimoniæ, quod

orateurs seraient un aiguillon pour les talents; que ces nobles exercices, que ces plaisirs honnêtes ne blesseraient aucunement la dignité des juges, et qu'on ne pouvait s'alarmer de quelques nuits données, tous les cinq ans, à la joie plutôt qu'à la licence, et où la multitude des feux allumés préviendraient tous les désordres. En effet, ces jeux se passèrent sans aucun scandale remarquable, et jamais le peuple ne montra plus de modération. Il est vrai que les pantomimes, quoique rappelés sur la scène, furent exclus de ces combats religieux. Aucun citoyen ne remporta le prix de l'éloquence, qui fut décerné à Néron, et l'on se dégoûta aussitôt de l'habillement grec, que la plupart avaient pris plaisir à porter pendant ces fêtes.

XXII. Il parut, dans ce temps, une comète, phénomène que le peuple regarde comme le signe d'un changement de prince. Déjà, comme si Néron eût été dépossédé, on parlait de son successeur, et toutes les voix nommaient Rubellius Plautus. Ce Romain, issu des Jules par sa mère, avait adopté les mœurs antiques : son extérieur était austère, sa maison chaste, sa vie retirée, et l'obscurité où le retenait la crainte, ne lui donnait que plus de renommée. Une explication, non moins frivole, d'un autre prodige, accéléra ces rumeurs. Néron soupant à Sublaqueum près des lacs Simbruins, le tonnerre tomba sur les mets, brisa la table, et, comme ce lieu se trouve aux confins de Tivoli, d'où sortaient les aïeux paternels de Plautus, on en conclut que les dieux le destinaient à l'empire, et il se vit bientôt une cour de ces hommes qu'une ambition ardente, et trompeuse, le plus souvent, précipite toujours des premiers au-devant des nouveautés hasardeuses. Néron, alarmé, écrit à Plautus de pourvoir à la tranquillité de Rome, et de se dérober aux inculpations malignes de ses ennemis ; qu'il avait, en Asie, des terres de ses aïeux, où il coulerait sa jeunesse loin des dangers et des troubles. Plautus s'y rendit donc avec sa femme Antistia et un petit nombre d'amis. Ces jours-là, Néron, par un raffinement de débauche extraordinaire, se décria et mit ses jours en danger. Il avait été se baigner dans la fontaine Martia, dont on a conduit les eaux à Rome ; ce qui fut regardé comme une insulte à une source sacrée, comme une profanation d'un lieu saint. Une maladie qu'il eut, à la suite, ne laissa aucun doute sur l'indignation des dieux.

XXIII. Cependant Corbulon, ayant rasé Artaxate, voulut profiter d'un premier mouvement de terreur pour s'emparer de Tigranocerte ; et, en la saccageant, augmenter l'effroi de l'ennemi, ou, en l'épargnant, s'acquérir une réputation de clémence. Il y marche donc, mais sans commettre d'hostilités, pour ne point ôter l'espoir du pardon, et sans toutefois se ralentir sur sa vigilance, connaissant cette nation changeante, aussi perfide quand elle peut surprendre, que lâche quand on lui résiste. Les barbares, chacun suivant leur caractère, se mettent, les uns à supplier le vainqueur, les autres à déserter leurs bourgades, pour s'enfoncer dans leurs déserts ; plusieurs allèrent se cacher dans des cavernes, avec leurs effets les plus précieux. Le général romain usa aussi de moyens différents, de bonté envers les suppliants, de célérité contre les fugitifs ; et, impitoyable pour ceux qui s'étaient cachés, il fait garnir de bois et de sarments les bouches et les issues des antres qui les recélaient, et les brûle dans leurs repaires.

---

perpetua sedes neutro locata sit, potius quam, immenso sumptu, singulos per annos consurgeret ac strueretur. Nec perinde magistratus rem familiarem exhausturos, aut populo efflagitandi græca certamina a magistratibus causam fore, quum de sumptu respublica fungatur ; oratorum ac vatum victorias incitamentum ingeniis allaturas ; nec cuiquam judici grave aures studiis honestis et voluptatibus concessis impartire, « Sane nullo insigni dehonestamento id spectaculum transiit. Ac ne modica quidem studia plebis exarsere, quia, redditi quanquam scenæ, pantomimi certaminibus sacris prohibebantur. Eloquentiæ primas nemo tulit, sed victorem esse Cæsarem pronunciatum. Græci amictus, quis per eos dies plerique incesserant, tum exoleverant.

XXII. Inter quæ et sidus cometes effulsit, de quo vulgi opinio est, tanquam mutationem regnis portendat. Igitur, quasi jam depulso Nerone, quisnam deligeretur anquirebant ; et omnium ore Rubellius Plautus celebrabatur, cui nobilitas per matrem ex Julia familia. Ipse placita majorum colebat, habitu severo, casta et secreta domo, quantoque metu occultior, tanto plus famæ adeptus. Auxit rumorem pari vanitate orta interpretatio fulguris. Nam, quia discumbentis Neronis apud Simbruina stagna, cui Sublaqueum nomen est, ictæ dapes, mensaque disjecta erat, idque finibus Tiburtum acciderat, unde paterna Plauto origo, hunc illum numine deum destinari credebant ; fovebantque multi, quibus nova et ancipitia præcolere avida et plerumque fallax ambitio est. Ergo permotus iis Nero, componit ad Plautum literas, « consuleret quieti urbis, seque prave diffamantibus subtraheret ; esse illi per Asiam avitos agros, in quibus tuta et inturbida juventa frueretur. » Ita illuc, cum conjuge Antistia et paucis familiarium, concessit. Iisdem diebus nimia luxus cupido infamiam et periculum Neroni tulit, quia fontem aquæ Marciæ, ad urbem deductæ, nando incesserat : videbaturque potus sacros et cærimoniam loci, corpore loto, polluisse ; secutaque anceps valetudo iram deum affirmavit.

XXIII. At Corbulo, post deleta Artaxata, utendum recenti terrore ratus ad occupanda Tigranocerta, quibus excisis metum hostium intenderet, vel, si pepercisset, clementiæ famam adipisceretur, illuc pergit, non infenso exercitu, ne spem veniæ auferret, neque tamen remissa cura, gnarus facilem mutatu gentem, ut segnem ad pericula, ita infidam ad occasiones. Barbari pro ingenio

A son passage sur les frontières des Mardes, il fut harcelé par ce peuple de brigands, que leurs montagnes mettaient à couvert de ses attaques; il envoya les Ibériens dévaster leurs terres, et nous vengea de leur audace aux dépens d'un sang étranger.

XXIV. Mais, au défaut des combats, la misère et les travaux consumaient l'armée de Corbulon. Réduits, pour toute nourriture, à la chair des animaux, manquant d'eau, épuisés par un soleil dévorant, par de longues marches, ils n'étaient soutenus que par le courage de leur chef, qui endurait lui-même plus de fatigues que le moindre de ses soldats. On gagna ensuite des lieux cultivés, où l'on fit la moisson. De deux châteaux où les Arméniens s'étaient réfugiés, l'un fut pris d'emblée; l'autre, ayant résisté à une première attaque, fut forcé après un siège régulier. De là, on passa dans le pays des Taurannites, où Corbulon, au moment qu'il y pensait le moins, courut un grand péril. Non loin de sa tente, on surprit, avec des armes, un barbare qui n'était pas sans naissance. Appliqué à la torture, il s'avoua l'auteur d'une conspiration, dont il découvrit le plan et les complices. Tous ces traîtres qui, sous le masque de l'amitié, préparaient un assassinat, ayant été convaincus, furent punis. Peu de temps après, arrivèrent des députés de Tigranocerte, avec la nouvelle que la ville allait ouvrir ses portes; que les habitants n'attendaient que les ordres du vainqueur : ils apportaient, en signe d'hospitalité, une couronne d'or. Corbulon les reçut avec distinction, et n'ôta rien aux habitants, afin que la générosité du vainqueur leur rendît l'obéissance plus facile.

XXV. Mais la citadelle, défendue par une jeunesse belliqueuse, ne fut point réduite sans combat. Ils risquèrent même une bataille au pied de leurs murs; et, repoussés jusque dans leurs remparts, ils ne cédèrent qu'à l'extrémité, au moment où l'on forçait la place. La guerre d'Hyrcanie, qui occupait les Parthes, facilitait ces opérations. Les Hyrcaniens même avaient député vers Néron, pour demander notre alliance. Ils faisaient valoir, comme un gage de leur amitié, l'occupation qu'ils donnaient à Vologèse. A leur retour, Corbulon, de peur que les détachements ennemis n'enlevassent ces députés après qu'ils auraient passé l'Euphrate, les fit escorter jusqu'à la mer Rouge, d'où ils regagnèrent leur patrie, en évitant les frontières des Parthes.

XXVI. Tiridate fit encore un effort : il rentra, par le pays des Mèdes, sur les frontières de l'Arménie; mais Corbulon, ayant détaché promptement le lieutenant Vérulanus, avec les auxiliaires, qu'il suivit de près lui-même avec les légions, contraignit Tiridate de fuir au loin, et d'abandonner tous ses projets de guerre. Puis il marcha contre les partisans du roi, qui avaient signalé leurs mauvaises dispositions pour nous, et les désola par le fer et le feu. Il disposait en maître de l'Arménie, lorsqu'il vit arriver Tigrane, choisi par Néron pour régner sur cette contrée, d'un sang illustre en Cappadoce, et petit-fils du roi Archélaüs; mais qui, longtemps retenu à Rome en otage, en avait rapporté toute la bassesse et l'abjection d'un esclave. On ne le reconnut point unanimement; quelques-uns penchaient encore pour les Arsacides; mais le plus grand nombre,

---

quisque, alii preces offerre, quidam deserere vicos, et in avia digredi; ac fuere qui se speluncis, et carissima secum, abderent. Igitur, dux romanus diversis artibus, misericordia adversus supplices, celeritate adversus profugos, immitis iis qui latebras insederant, ora et exitus specuum, sarmentis virgultisque completos, igni exurit. Atque illum, fines suos prægredientem, incursavere Mardi, latrociniis exerciti, contraque irrumpentem montibus defensi : quos Corbulo imnissis Iberis vastavit, hostilemque audaciam externo sanguine ultus est.

XXIV. Ipse exercitusque, ut nullis ex prælio damnis, ita per inopiam et labores fatiscebant, carne pecudum propulsare famem adacti. Ad hæc penuria aquæ, fervida æstas, longinqua itinera, sola ducis patientia mitigabantur, eodem plura, quam gregario milite, tolerante. Ventum dehinc in locos cultos : demessæque segetes, et ex duobus castellis, in quæ confugerant Armenii, alterum impetu captum; qui primam vim depulerant obsidione coguntur. Unde in regionem Taurannitium trangressus improvisum periculum vitavit. Nam, haud procul tentorio ejus, non ignobilis barbarus cum telo repertus ordinem insidiarum, seque auctorem, et socios per tormenta edidit : convictique et puniti sunt qui, specie amicitiæ, dolum parabant. Nec multo post legati Tigranocerta missi patere mœnia afferunt, intentos populares ad jussa : simul hospitale donum coronam auream, tradebant. Accepitque cum honore, nec quidquam urbi detractum, quo promptius obsequium integri retinerent.

XXV. At præsidium regium, quod ferox juventus clauserat, non sine certamine expugnatum est : nam et prælium pro muris ausi erant, et, pulsi intra munimenta aggeris, demum et irrumpentium armis cessere; quæ facilius proveniebant, quia Parthi hyrcano bello distinebantur. Miserantque Hyrcani ad principem romanum, societatem oratum, attineri a se Vologesen pro pignore amicitiæ ostentantes : eos regredientes Corbulo, ne, Euphraten transgressi, hostium custodiis circumvenirentur, dato præsidio, ad littora maris Rubri deduxit; unde, vitatis Parthorum finibus, patrias in sedes remeavere.

XXVI. Quin et Tiridaten, per Medos extrema Armeniæ intrantem, præmisso cum auxiliis Verulano legato, atque ipse legionibus citis, abire procul ac spem belli amittere subegit : quosque nobis, ob regem, aversos animis cognoverat, cædibus et incendiis perpopulatus, possessionem Armeniæ usurpabat; quum advenit Tigranes, a Nerone ad capessendum imperium delectus, Cappadocum ex nobilitate, regis Archelai nepos, sed, quod diu obses apud urbem fuerat, usque ad servilem patientiam demissus. Nec consensu acceptus, durante apud quosdam favore Arsacidarum; at plerique superbiam Parthorum perosi, datum a Romanis regem malebant. Additum et præsidium, mille legionarii, tres sociorum cohortes, duæque equi-

qui détestait l'orgueil des Parthes, préférait un monarque donné par les Romains. On lui laissa, pour sa défense, mille légionnaires, trois cohortes des alliés, deux divisions de cavalerie, et, afin qu'il eût moins de peine à contenir des sujets tout nouveaux, on soumit aux ordres de Pharasmane, d'Aristobule, de Polémon et d'Antiochus, la portion de l'Arménie qui confinait à leurs États. Corbulon se retira en Syrie, dont le gouvernement lui avait été donné depuis la mort de Quadratus.

XXVII. Cette même année, un tremblement de terre renversa Laodicée, ville florissante de l'Asie. Elle se releva par ses propres moyens, sans le moindre secours de Rome. En Italie, Néron donna à l'ancienne ville de Pouzzoles le nom et les droits de colonie romaine. On avait inscrit des vétérans pour aller repeupler Tarente et Antium; mais ces deux villes n'en restèrent pas moins désertes. La plupart des soldats se dispersaient dans les provinces où ils avaient achevé leur service. D'ailleurs, peu accoutumés à vivre dans des liens légitimes et à élever des enfants, ils mouraient sans postérité. En effet, ce n'était plus comme autrefois où l'on envoyait des légions entières avec leurs tribuns et leurs centurions, des soldats du même corps, qui, unis d'esprit et de cœur, formaient bientôt une cité. Alors, c'étaient des inconnus, de différentes compagnies, sans chef, sans affection mutuelle, qui, d'un autre monde, pour ainsi dire, tombant tout à coup dans le même lieu, formaient un attroupement plutôt qu'une colonie.

XXVIII. Les comices pour l'élection des préteurs, que le sénat était en possession de régler seul, avaient été troublés par la violence des brigues : le prince y mit ordre, en nommant au commandement d'une légion trois des candidats qui se présentaient par delà le nombre des charges. Il ajouta à la considération dont jouissaient les sénateurs, en statuant que tous ceux qui, des juges particuliers, appelleraient au sénat, consigneraient la même somme que s'ils avaient appelé à l'empereur : ces sortes d'appels étaient libres auparavant, et n'entraînaient aucune amende. Sur la fin de l'année, Vibius Sérénus, chevalier romain, accusé par les Maures, fut condamné pour crime de concussion et relégué hors de l'Italie; il fallut tout le crédit de son frère Crispus, pour qu'on ne lui fît pas subir un châtiment plus rigoureux.

XXIX. Sous le consulat de Césonius Pétus et de Pétronius Turpilianus on essuya un sanglant désastre en Bretagne. Didius, comme je l'ai dit, s'était contenté d'y conserver nos conquêtes; et son successeur, Véranius, n'avait fait encore que de légères excursions contre les Silures, lorsque la mort vint l'arrêter dans ses projets. On lui attribua, tant qu'il vécut, un caractère plein de dignité et de modestie; il décéla dans son testament, où, après beaucoup de flatteries pour Néron, il ajoutait qu'il lui aurait soumis toute la Bretagne, s'il avait vécu deux ans de plus. C'était Suétonius Paulinus qui y commandait alors. Ce général, que ses talents militaires et la voix publique, qui ne laisse personne sans rival, opposaient à Corbulon, brûlait d'égaler la gloire des triomphes de l'Arménie par la réduction de ces rebelles opiniâtres. Il se prépare donc à attaquer l'île de Mona, peuplée d'habitants courageux, et le réceptacle de tous les transfuges. Il fait construire des bateaux plats, propres à aborder sur une plage basse et sans rives certaines. Il y met son infanterie : ses cavaliers passèrent à gué, ou

---

tum alæ : et, quo facimus novum regnum tueretur, pars Armeniæ, ut cuique finitima, Pharasmani Polemonique et Aristobulo atque Antiocho parere jussæ sunt. Corbulo in Syriam abscessit, morte Ummidii legati vacuam, ac sibi permissam.

XXVII. Eodem anno, ex illustribus Asiæ urbibus, Laodicea tremore terræ prolapsa, nullo a nobis remedio, propriis opibus revaluit. At in Italia, vetus oppidum, Puteoli jus coloniæ et cognomentum a Nerone adipiscuntur. Veterani, Tarentum et Antium adscripti, non tamen infrequentiæ locorum subvenere, dilapsis pluribus in provincias, in quibus stipendia expleverant. Neque conjugiis suscipiendis, neque alendis liberis sueti, orbas sine posteris domos relinquebant. Non enim, ut olim, universæ legiones deducebantur, cum tribunis et centurionibus et sui cujusque ordinis militibus, ut consensu et caritate rempublicam efficerent; sed ignoti inter se, diversis manipulis, sine rectore, sine affectibus mutuis, quasi ex alio genere mortalium, repente in unum collecti, numerus magis quam colonia.

XXVIII. Comitia prætorum, arbitrio senatus haberi solita, quod acriore ambitu exarserant, princeps composuit, tres, qui supra numerum petebant, legioni præficiendo. Auxitque patrum honorem, statuendo ut, qui a privatis judicibus ad senatum provocavissent, ejusdem pecuniæ periculum facerent, cujus ii qui imperatorem appellavere; nam antea vacuum id solutumque pœna fuerat. Fine anni Vibius Secundus, eques romanus, accusantibus Mauris, repetundarum damnatur atque Italia exigitur, ne graviore pœna afficeretur Vibii Crispi fratris opibus enisus.

XXIX. Cæsonio Pæto, Petronio Turpiliano consulibus, gravis clades in Britannia accepta. In qua neque A. Didius, legatus, ut memoravi, nisi parta retinuerat; et successor Veranius, modicis excursibus Siluras populatus, quin ultra bellum proferret morte prohibitus est : magna, dum vixit, severitatis fama, supremis testamenti verbis ambitionis manifestus; quippe, multa in Neronem adulatione, addidit « subjecturum ei provinciam fuisse, si biennio proximo vixisset. » Sed tum Paulinus Suetonius obtinebat Britannos, scientia militiæ et rumore populi, qui neminem sine æmulo sinit, Corbulonis concertator, receptæque Armeniæ decus æquare domitis perduellibus cupiens. Igitur Monam insulam, incolis validam et rece-

à la nage sur leurs chevaux, aux endroits plus profonds.

XXX. Le rivage était bordé par l'armée ennemie, qui présentait une forêt d'armes et de soldats, au milieu desquels ne cessaient de courir des femmes, telles qu'on peint les Furies, dans un appareil funèbre, les cheveux épars, des torches dans les mains. Tout autour, des druides, les mains levées vers le ciel, vomissaient des imprécations barbares. La nouveauté du spectacle saisit d'effroi nos soldats : on eût dit que leur corps était attaché à la terre, à les voir immobiles, se livrer aux coups sans défense. Mais bientôt, se ranimant à la voix de leur chef, s'aiguillonnant eux-mêmes, et honteux de trembler devant une troupe de femmes et de prêtres, ils marchent en avant, enfoncent les barbares, et les enveloppent dans leurs propres feux. On éleva une forteresse pour contenir les vaincus, et l'on détruisit tous les bois consacrés à leurs horribles superstitions; car ils se faisaient un devoir d'arroser les autels du sang des captifs, et de consulter les dieux dans les entrailles humaines. Dans ce moment, Suétone apprend tout à coup le soulèvement de la Bretagne.

XXXI. Le roi des Icéniens, Prasutagus, depuis longtemps célèbre par son opulence, avait institué Néron son héritier, conjointement avec ses deux filles, dans la persuasion que cette démarche mettrait son royaume et son palais hors d'insulte : en quoi il se trompa. Son royaume fut saccagé par des centurions, son palais par des esclaves, comme s'il eût été pris d'assaut. On commença par battre de verges sa femme, Boadicée, et par violer ses filles; puis, comme si la contrée entière eût été comprise dans l'héritage, on dépouilla tous les principaux Icéniers de leurs plus anciennes possessions; jusqu'aux parents du roi étaient mis sur la liste des esclaves. Indignés de ces outrages, et en craignant de plus grands encore, puisqu'ils étaient réduits en province romaine, les Icéniens courent aux armes; ils avaient entraîné à la révolte les Trinobantes et d'autres nations qui, non encore façonnées à l'esclavage, s'étaient engagées, par une conjuration secrète, à recouvrer leur liberté. Tous ces peuples étaient surtout ulcérés contre les vétérans. Ceux-ci, nouvellement établis dans la colonie de Camulodunum, chassaient les Bretons de leurs maisons, les dépouillaient de leurs terres, en les traitant de captifs et d'esclaves, de concert avec les jeunes soldats, qui soutenaient les violences des vétérans par une conformité de mœurs, et dans l'espoir d'une licence pareille. Le temple qu'on avait élevé à Claude était regardé encore par les Bretons comme un boulevard fait pour éterniser leur oppression; et les prêtres chargés de le desservir épuisaient leur fortune pour les prétendues nécessités de ce culte. D'ailleurs, il ne paraissait pas difficile de détruire une colonie qu'aucune fortification ne défendait; objet dont nos généraux s'étaient peu mis en peine, ayant cherché l'agrément avant l'utilité.

XXXII. Dans ces conjonctures, une statue de la Victoire tomba dans le temple, sans cause apparente, et se renversa en arrière, comme si elle fuyait devant l'ennemi. Des femmes, dans des accès de fureur prophétique, annonçaient une destruction prochaine; et, ce qu'on disait de ces cris barbares qu'on avait entendus dans le sénat de Camulodunum, du théâtre qui avait retenti de hurlements, de l'Océan qui avait paru

---

ptaculum perfugarum, aggredi parat, navesque fabricatur plano alveo, adversus breve littus et incertum. Sic pedes; equites vado secuti, aut, altiores inter undas, adnantes equis transmisere.

XXX. Stabat pro littore diversa acies, densa armis virisque, intercursantibus feminis, in modum Furiarum, quæ, veste ferali, crinibus dejectis, faces præferebant. Druidæque circum, preces diras, sublatis ad cœlum manibus, fundentes, novitate adspectus perculere milites, ut, quasi hærentibus membris, immobile corpus vulneribus præberent. Dein, cohortationibus ducis, et se ipsi stimulantes ne muliebre et fanaticum agmen pavescerent, inferunt signa, sternuntque obvios et igni suo involvunt. Præsidium posthac impositum victis, excisique luci sævis superstitionibus sacri; nam cruore captivo adolere aras, et hominum fibris consulere deos, fas habebant. Hæc agenti Suetonio repentina defectio provinciæ nunciatur.

XXXI. Rex Icenorum Prasutagus, longa opulentia clarus, Cæsarem heredem duasque filias scripserat, tali obsequio ratus regnumque et domum suam procul injuria fore : quod contra vertit; adeo ut regnum per centuriones, domus per servos, velut capta vastarentur. Jam primum uxor ejus Boadicea verberibus affecta, et filiæ stupro violatæ sunt. Præcipui quique Icenorum, quasi cunctam regionem muneri accepissent, avitis bonis exuuntur; et propinqui regis inter mancipia habebantur. Qua contumelia, et metu graviorum (quando in formam provinciæ cesserant), rapiunt arma, commotis ad rebellationem Trinobantibus, et qui alii, nondum servitio fracti, resumere libertatem occultis conjurationibus pepigerant : acerrimo in veteranos odio; quippe, in coloniam Camulodunum recens deducti, pellebant domibus, exturbabant agris, captivos, servos appellando; foventibus impotentiam veteranorum militibus, similitudine vitæ et spe ejusdem licentiæ. Ad hæc templum divo Claudio constitutum quasi arx æternæ dominationis adspiciebatur; delectique sacerdotes, specie religionis, omnes fortunas effundebant. Nec arduum videbatur exscindere coloniam, nullis munimentis septam; quod ducibus nostris parum provisum erat, dum amœnitati priusquam usui consulitur.

XXXII. Inter quæ, nulla palam causa, delapsum Camuloduni simulacrum Victoriæ, ac retro conversum, quasi cederet hostibus. Et feminæ, in furore turbatæ, adesse exitium canebant. Externosque fremitus in curia eorum auditos; consonuisse ululatibus theatrum, visamque speciem in æstuario Tamesæ subversæ coloniæ; jam oceanum

ensanglanté, de ces simulacres d'une ville renversée dans les flots de la Tamise, et de cadavres humains que le reflux avait laissés sur le rivage, tous ces prodiges étaient autant de motifs d'espérance pour les Bretons, de crainte pour les vétérans. Comme Suétonius était absent et éloigné, les vétérans firent demander du secours au procurateur Décianus. Celui-ci n'envoya que deux cents hommes mal armés; et les vétérans étaient en petit nombre. Se fiant sur les fortifications du temple, et.traversés par ceux qui, en secret, complices de la rébellion, mettaient du trouble dans les conseils, ils ne s'entourèrent ni de fossés, ni de palissades; ils ne renvoyèrent point les vieillards et les femmes, pour ne garder que les hommes en état de combattre; aussi imprudents que, s'ils eussent été en pleine paix, ils sont enveloppés par la multitude des barbares. Tout fut pillé d'emblée, ou réduit en cendres; il n'y eut que le temple, où les soldats s'étaient entassés, qui tint un jour, et fût emporté le second. De là, le Breton victorieux marche au-devant de Pétilius Cérialis, lieutenant de la neuvième légion, qui accourait au secours; la légion est battue, et ce qu'il y avait d'infanterie taillé en pièces. Cérialis, avec la cavalerie, s'enfuit dans le camp, dont les fortifications le sauvèrent. Dans la frayeur de ce désastre et des ressentiments de la province, qu'il avait poussée à la guerre par son avarice, Décianus repassa précipitamment dans les Gaules.

XXXIII. Cependant Suétonius, par un effort de valeur incroyable, perce au travers des ennemis jusqu'à Londinium : cette ville, sans être décorée du titre de colonie, était l'entrepôt d'un très-grand commerce. Suétonius voulait d'abord y établir le siége de la guerre; mais, considérant la faiblesse de son armée, et trop instruit par le mauvais succès qu'avait eu la témérité de Cérialis, il se résolut à sacrifier une ville pour sauver la province. La ville eut beau l'implorer; insensible aux gémissements et aux larmes, il donne le signal du départ; seulement il emmène tous les habitants qui veulent le suivre. Les autres, que retinrent la faiblesse du sexe ou de l'âge, ou l'attrait de séjour, furent la proie de l'ennemi. Vérulam, ville municipale, eut aussi le même sort; car les barbares, avides de butin, indifférents sur le reste, laissaient les places fortes et les positions gardées, pour s'attacher aux lieux opulents et ouverts, qui offraient plus de dépouilles et moins d'obstacles. Il est prouvé qu'il périt, dans tous les endroits dont je viens de parler, environ soixante-dix mille hommes, tant citoyens qu'alliés ; les barbares ne voulaient ni faire ni vendre de prisonniers, ni entendre parler d'aucun échange; ils ne faisaient que tuer, pendre, brûler, crucifier ; et, dans l'idée que nous leur rendrions bientôt ces supplices, ils se hâtaient de prendre les devants, et ils précipitaient leurs vengeances.

XXXIV. Déjà Suétonius, avec la quatorzième légion, les vexillaires de la vingtième, et les auxiliaires des environs, avait formé un corps d'à peu près dix mille hommes, lorsque, sans plus différer, il se dispose à livrer bataille. Il se poste à l'entrée d'une gorge étroite, dont les derrières étaient fermés par un bois, bien sûr de n'avoir d'ennemis qu'en face, sur une plaine découverte où il n'y avait point de surprise à craindre. Le légionnaire, ses rangs pressés, se tint au centre; tout autour, les troupes légères; la cavalerie se resserra sur les ailes. Les Bretons, au contraire, couraient tumultuairement, les bataillons se confondant au hasard avec les escadrons : jamais ils n'avaient rassemblé d'aussi grandes for-

---

cruento adspectu; dilabente æstu, humanorum corporum effigies relictas, ut Britanni ad spem, ita veterani ad metum trahebant. Sed quia procul Suetonius aberat, petivere a Cato Deciano, procuratore, auxilium. Ille haud amplius quam ducentos, sine justis armis, misit; et inerat modica militum manus. Tutela templi freti, et impedientibus qui, occulti rebellionis conscii, consilia turbabant, neque fossam aut vallum præduxerunt, neque, motis senibus et feminis, juventus sola restitit : quasi media pace incauti, multitudine barbarorum circumveniuntur. Et cetera quidem impetu direpta aut incensa sunt : templum, in quo se miles conglobaverat, biduo obsessum expugnatumque. Et victor Britannus, Petilio Ceriali, legato legionis nonæ, in subsidium adventanti obvius, fudit legionem, et, quod peditum, interfecit. Cerialis cum equitibus evasit in castra, et munimentis defensus est. Qua clade, et odiis provinciæ, quam avaritia in bellum egerat, trepidus procurator Catus in Galliam transiit.

XXXIII. At Suetonius mira constantia, medios inter hostes, Londinium perrexit, cognomento quidem coloniæ non insigne, sed copia negotiatorum et commeatuum maxime celebre. Ibi ambiguus an illam sedem bello deligeret, circumspecta infrequentia militis, satisque magnis documentis temeritatem Petilii coercitam, unius oppidi damno servare universa statuit. Neque fletu et lacrymis auxilium ejus orantium flexus est quin daret profectionis signum, et comitantes in partem agminis acciperet. Si quos imbellis sexus, aut fessa ætas, vel loci dulcedo attinuerat, ab hoste oppressi sunt. Eadem clades municipio Verulamio fuit, quia barbari, omissis castellis præsidiisque militarium, quod uberrimum spolianti, et defendentibus segnes, petebant. Ad septuaginta millia civium et sociorum, iis quæ memoravi locis, cecidisse constitit : neque enim capere, aut venundare, aliudve quod belli commercium, sed cædes, patibula, ignes, cruces, tanquam reddituri supplicium, ac prærepta interim ultione, festinabant.

XXXIV. Jam Suetonio quartadecima legio cum vexillariis vicesimanis, et e proximis auxiliares, decem ferme millia armatorum erant; quum omittere cunctationem et congredi acie parat : deligitque locum artis faucibus, et a tergo silva clausum, satis cognito nihil hostium nisi in fronte, et apertam planitiem esse, sine metu insidiarum. Igitur legionarius frequens ordinibus, levis circum arma-

ces; et tel fut l'excès de leur présomption, que, voulant avoir leurs femmes pour témoins de leur victoire, ils les traînèrent aussi avec eux, et les placèrent sur les chariots dont ils avaient bordé les extrémités de la plaine.

XXXV. Boadicée tenait ses deux filles devant elle sur son char; à mesure qu'elle passait devant les différentes nations, elle s'écriait : « que ce n'était point sans doute une nouveauté pour les Bretons de marcher au combat sous les ordres de leurs reines; mais que, dans ce moment-ci, oubliant tous les droits de ses aïeux, elle ne venait point réclamer son royaume et sa puissance; qu'elle venait, comme la moindre des citoyennes, venger sa liberté ravie, son corps déchiré de verges, ses filles déshonorées; que l'insolence romaine en était venue au point d'attenter à leurs personnes, de ne pas même respecter l'enfance et la vieillesse; que les dieux enfin secondaient une juste vengeance; qu'ils avaient détruit la légion qui avait osé combattre; que les autres restaient cachées dans leur camp, ou ne songeaient qu'à fuir; qu'elles ne soutiendraient pas même la voix et les cris, encore moins le choc et les coups de tant de milliers de combattants; qu'avec une cause et une armée pareilles, il s'agissait de vaincre ou de périr : que, femme, telle était sa résolution inébranlable; que les hommes pouvaient accepter la vie et l'esclavage. »

XXXVI. Suétonius, dans un moment si hasardeux, ne gardait pas non plus le silence. Quoique plein de confiance dans la valeur de ses troupes, il entremêlait aussi les exhortations et les prières. Il disait à ses soldats de mépriser le vain fracas de tous ces barbares, et des menaces sans effet; qu'on apercevait chez l'ennemi plus de femmes que de soldats; que, mal armés, n'ayant jamais fait la guerre, ils s'enfuiraient aussitôt qu'ils auraient reconnu la valeur et le fer du vainqueur qui les avait battus tant de fois; que là même où beaucoup de légions étaient réunies, c'était le petit nombre qui gagnait les batailles, et que ce serait pour eux un surcroît d'honneur qu'une petite troupe méritât la gloire de toute une armée; qu'il fallait seulement se tenir bien serrés, et, leurs javelots une fois lancés, frapper avec leurs boucliers, avec le pommeau de leurs épées; massacrer sans relâche, et ne pas s'occuper du butin; qu'après la victoire, tout serait à eux. Ce discours fut reçu avec un tel enthousiasme, et l'air dont ces vieux soldats, consommés dans les batailles, s'apprêtaient à lancer leurs javelots était si terrible que Suétonius, ne doutant plus du succès, donna le signal du combat.

XXXVII. D'abord la légion, se tenant immobile à sa place, et se resserrant dans cette gorge étroite qui lui servait de rempart, laissa l'ennemi s'approcher de très-près; alors, épuisant tous ses traits à coup sûr, elle s'élance, et, comme un coin, enfonce les barbares. Les auxiliaires ne mettent pas moins de vigueur dans leur attaque; et la cavalerie, avec de longues lances, achève de briser les bataillons qui tenaient encore. Les autres tournèrent le dos, embarrassés dans leur fuite par cette enceinte de chariots qui fermaient toutes les issues. Le soldat n'épargna pas même le sang des femmes; on tua jusqu'aux chevaux, dont on grossit les monceaux de morts. La gloire de cette journée fut éclatante, et comparable à nos anciennes victoires. Quelques-uns font mon-

---

tura, conglobatus pro cornibus eques, adstitit. At Britannorum copiæ passim per catervas et turmas exsultabant, quanta non alias multitudo, et animo adeo fero, ut conjuges quoque testes victoriæ secum traherent, plaustrisque imponerent, quæ super extremum ambitum campi posuerant.

XXXV. Boadicea, curru filias præ se vehens, ut quamque nationem accesserat, « solitum quidem Britannis feminarum ductu bellare » testabatur; « sed tunc non, ut tantis majoribus ortam, regnum et opes, verum, ut unam e vulgo, libertatem amissam, confectum verberibus corpus, contrectatam filiarum pudicitiam, ulcisci. Eo provectas Romanorum cupidines, ut non corpora, ne senectam quidem aut virginitatem impollutam relinquant. Adesse tamen deos justæ vindictæ : cecidisse legionem quæ prælium ausa sit; et ceteros castris occultari aut fugam circumspicere; ne strepitum quidem et clamorem tot millium, nedum impetus et manus, perlaturos. Si copias armatorum, si causas belli secum expenderent, vincendum illa acie, vel cadendum esse. Id mulieri destinatum : viverent viri et servirent. »

XXXVI. Ne Suetonius quidem in tanto discrimine silebat; qui, quanquam confideret virtuti, tamen exhortationes et preces miscebat : « ut spernerent sonores barbarorum et inanes minas : plus illic feminarum quam juventutis adspici; imbelles, inermes, cessuros statim, ubi ferrum virtutemque vincentium, toties fusi, agnovissent. Etiam in multis legionibus paucos esse qui prælia profligarent; gloriæque eorum accessurum, quod modica manus universi exercitus famam adipiscerentur. Conferti tantum, et pilis emissis, post umbonibus et gladiis, stragem cædemque continuarent, prædæ immemores : parta victoria, cuncta ipsis cessura. » Is ardor verba ducis sequebatur, ita ac ad intorquenda pila expedierat vetus miles et multa præliorum experientia, ut, certus eventus, Suetonius daret pugnæ signum.

XXXVII. Ac primum legio gradu immota, et angustias loci pro munimento retinens, postquam propius suggressus hostis certo jactu tela exhauserat, velut cuneo erupit. Idem auxiliarium impetus et eques, protentis hastis, perfringit quod obvium et validum erat. Ceteri terga præbuere, difficili effugio, quia circumjecta vehicula sepserant abitus. Et miles ne mulierum quidem neci temperabat; confixaque telis etiam jumenta corporum cumulum auxerant. Clara et antiquis victoriis par, ea die, laus parta; quippe sunt qui paulo minus quam octoginta millia Britannorum cecidisse tradant, militum quadringentis ferme interfectis, nec multo amplius vulneratis. Boadicea vitam veneno fini-

ter le nombre des Bretons tués à près de quatre-vingt mille : nous n'eûmes qu'environ quatre cents morts, et guère plus de blessés. Boadicée s'empoisonna. Lorsque Pénius Postumus, préfet de camp de la seconde légion, eut appris ce succès de la quatorzième et de la vingtième, désespéré d'avoir frustré sa légion d'une gloire pareille, et enfreint les lois du service, en désobéissant à son général, il se perça de son épée.

XXXVIII. Toute l'armée ensuite ayant été rassemblée, on la tint sous la tente, afin d'extirper jusqu'aux derniers restes de la révolte. Néron envoya des renforts de la Germanie : deux mille légionnaires, huit cohortes d'auxiliaires et mille chevaux ; avec les légionnaires, on recruta la neuvième légion ; on plaça les cohortes et la cavalerie dans des quartiers nouveaux, et tous les cantons ennemis ou suspects furent mis à feu et à sang. Mais rien ne désolait les Bretons comme la famine : tous les esprits s'étant tournés vers la guerre, ils avaient négligé d'ensemencer les champs, comptant sur nos provisions ; et, néanmoins ces nations indomptables tardaient à se soumettre, parce que Julius Classicianus, successeur de Catus et ennemi de Suétonius, s'opposait au bien public par des animosités personnelles. Il avait répandu de tous côtés qu'il fallait attendre le nouveau commandant, qui, n'ayant ni les ressentiments d'un ennemi, ni la fierté d'un vainqueur, traiterait les peuples soumis avec plus de clémence. En même temps, il écrivait à Rome qu'on ne verrait point la fin de la guerre, si l'on ne donnait un successeur à Suétonius, dont il imputait les malheurs à sa mauvaise conduite, les succès à la fortune publique.

XXXIX. On envoya l'affranchi Polyclète pour reconnaître l'état de la Bretagne. Néron ne doutait point que l'autorité d'un tel homme ne rétablît la concorde entre le procurateur et le lieutenant, et même ne ramenât à la paix les esprits intraitables des rebelles. Polyclète ne manqua pas de traîner après lui un cortège immense, qui écrasa l'Italie et la Gaule ; puis il vint, au delà de l'Océan, se montrer dans un appareil qui fit trembler jusqu'à nos soldats. Mais il fut la risée des barbares, qui, ayant toute l'énergie de la liberté, ne concevaient pas ce pouvoir des affranchis ; ils admiraient, dans un général, et dans une armée victorieuse de tant d'ennemis, ce respect pour des esclaves. Polyclète, toutefois, fut assez modéré dans ses rapports, et l'on continua le commandement à Suétonius ; mais, depuis, ayant perdu sur la côte quelques navires avec leurs équipages, on lui ordonna de remettre la conduite de cette guerre, comme si elle eût duré encore, à Pétronius Turpilianus, qui venait de sortir du consulat. Celui-ci, sans provoquer les Bretons, ni en être inquiété, se tint dans une lâche inaction, qu'il décora du nom de paix.

XL. Cette même année, il se commit, à Rome, deux crimes qui firent le plus grand éclat : l'un des coupables fut un sénateur, l'autre un esclave. Il y avait un ancien préteur, nommé Domitius Balbus, que sa longue vieillesse, ses grands biens et le défaut d'enfants livraient à tous les pièges de la cupidité. Un de ses parents, Valérius Fabianus, destiné à entrer dans les grandes magistratures, supposa un testament de Balbus, de concert avec Vinicius Rufinus et Térentius Lentinus, chevaliers romains. Ceux-ci s'étaient associé Antonius Primus et Asinius Marcellus. Antonius

vit. Et Pœnius Postumus, præfectus castrorum secundæ legionis, cognitis quartadecimanorum vicesimanorumque prosperis rebus, quia pari gloria legionem suam fraudaverat, abnueratque, contra ritum militiæ, jussa ducis, se ipsum gladio transegit.

XXXVIII. Contractus deinde omnis exercitus sub pellibus habitus est, ad reliqua belli perpetranda. Auxitque copias Cæsar, missis e Germania duobus legionariorum millibus, octo auxiliarium cohortibus, ac mille equitibus : quorum adventu, nonani legionario milite suppleti sunt ; cohortes alæque novis hibernaculis locatæ ; quodque nationum ambiguum aut adversum fuerat igni atque ferro vastatur. Sed nihil æque quam fames affligebat serendis frugibus incuriosos, et omni ætate ad bellum versa, dum nostros commeatus sibi destinant : gentesque præferoces tardius ad pacem inclinant ; quia Julius Classicianus, successor Cato missus, et Suetonio discors, bonum publicum privatis simultatibus impediebat : disperseratque novum legatum opperiendum esse, sine hostili ira et superbia victoriæ, clementer deditis consulturum. Simul in urbem mandabat, nullum prælio finem exspectarent, nisi succederetur Suetonio ; cujus adversa pravitati ipsius, prospera ad fortunam reipublicæ referebat.

XXXIX. Igitur ad spectandum Britanniæ statum missus est ex libertis Polycletus, magna Neronis spe posse auctoritate ejus, non modo inter legatum procuratoremque concordiam gigni, sed et rebelles barbarorum animos pace componi. Nec defuit Polycletus quominus, ingenti agmine Italiæ Galliæque gravis, postquam oceanum transmiserat, militibus quoque nostris terribilis incederet. Sed hostibus irrisui fuit, apud quos, flagrante etiam tum libertate, nondum cognita libertorum potentia erat ; mirabanturque quod dux et exercitus tanti belli confector servitiis obedirent. Cuncta tamen ad imperatorem in mollius relata. Detentusque rebus gerendis Suetonius, quod post paucas naves in littore remigiumque in iis amiserat, tanquam durante bello, tradere exercitum Petronio Turpiliano, qui jam consulatu abierat, jubetur. Is, non irritato hoste, neque lacessitus, honestum pacis nomen segni otio imposuit.

XL. Eodem anno Romæ insignia scelera, alterum senatoris, servili alterum audacia, admissa sunt. Domitius Balbus erat prætorius, simul longa senecta, simul orbitate et pecunia, insidiis obnoxius : ei propinquus Valerius Fabianus, capessendis honoribus destinatus, subdidit testamentum, adscitis Vinicio Rufino et Terentio Lentino, equitibus romanis. Illi Antonium Primum et Asinium Marcellum sociaverant. Antonius audacia promptus · Marcel-

était un homme à tout se permettre; Asinius, arrière-petit-fils du fameux Pollio, ne passait pas pour un caractère méprisable; seulement il croyait la pauvreté le premier des maux. Fabianus fit signer le testament aux quatre que je viens de nommer, et à d'autres d'un nom moins illustre, ce qui fut prouvé au sénat. Fabianus ainsi qu'Antonius furent condamnés, avec Rufinus et Lentinus, aux peines de la loi Cornélia. Asinius, grâce à ses aïeux et aux prières de l'empereur, échappa à la punition, mais non à l'infamie.

XLI. Cette affaire entraîna aussi la perte d'Élianus, jeune homme qui sortait de la questure, et qu'on jugea instruit des manœuvres de Fabianus. On le bannit de l'Italie et de l'Espagne, sa patrie. Valérius Ponticus fut également flétri, pour avoir porté l'accusation devant le préteur, à dessein d'en dérober la connaissance au préfet de Rome, et de soustraire ensuite les coupables à la punition, par un désistement qui aurait suivi bientôt cette apparence de rigueur. On ajouta au sénatus-consulte que quiconque recevrait ou donnerait de l'argent pour de pareils désistements, serait puni des mêmes peines qu'un accusateur calomnieux.

XLII. Peu de temps après, le préfet de Rome, Pédanius Secundus, fut assassiné par son propre esclave, outré qu'on lui refusât sa liberté, après être convenu du prix; ou, suivant d'autres, amoureux d'un esclave, ne pouvant souffrir son maître pour rival. Comme il fallait, d'après une loi ancienne, traîner au supplice tous les esclaves qui avaient habité sous le même toit, il y eut, en faveur de ces innocents, un concours de peuple qui alla jusqu'à la sédition; et, dans le sénat même, plusieurs blâmaient hautement cette rigueur excessive : la plupart opinaient toutefois pour le maintien de la sévérité. Parmi ces derniers, Caïus Cassius, au lieu de dire simplement son avis, prononça le discours suivant :

XLIII. « Souvent, pères conscrits, j'ai assisté « à vos délibérations, lorsqu'on demandait au sé- « nat de nouveaux décrets, contraires aux lois et « aux institutions anciennes. Vous ne m'avez point « vu les combattre : non que je ne crusse tous les « anciens règlements plus sagement combinés, et « bien préférables aux innovations qu'on leur sub- « stituait; mais j'ai craint que cet amour excessif « pour les maximes antiques ne fût imputé au « désir secret de relever la science dont j'ai fait « mon étude. D'ailleurs, je voulais ne point af- « faiblir, par des contradictions fréquentes, le « peu d'autorité que peuvent avoir mes avis, et « la conserver tout entière pour le moment où la « république aurait besoin de conseils. Ce mo- « ment est venu. Un consulaire vient d'être as- « sassiné, dans sa propre maison, par un esclave, « sans qu'aucun autre ait prévenu ou décelé le « complot, tandis que le sénatus-consulte qui les « menaçait tous du supplice, subsistait dans toute « sa rigueur. Maintenant, décernez l'impunité. « Qui de nous se rassurera sur sa dignité, lorsque « la préfecture de Rome n'a point sauvé Péda- « nius? sur une maison nombreuse, lorsque Pé- « danius s'est vu égorger au milieu de quatre cents « esclaves? Et quel esclave, désormais, donnera « du secours à son maître, lorsque la crainte même « de la mort ne peut les intéresser à nos périls ? « Dira-t-on, comme on ne rougit point de le sup- « poser, que l'injustice a provoqué la vengeance « du meurtrier, comme si l'argent qu'il avait of- « fert, comme si l'esclave qu'on lui enlevait eût

---

Ins Asinio Pollione proavo clarus, neque morum spernendus habebatur, nisi quod paupertatem præcipuum malorum credebat. Igitur Fabianus tabulas iis quos memoravi, et aliis minus illustribus, obsignat : quod apud patres convictum; et Fabianus Antoniusque, cum Rufino et Terentio, lege Cornelia damnantur. Marcellum memoria majorum et preces Cæsaris pœnæ magis quam infamiæ exemere.

XLI. Perculit is dies Pompeium quoque Ælianum, juvenem quæstorium, tanquam flagitiorum Fabiani gnarum; eique Italia et Hispania, in qua ortus erat, interdictum est. Pari ignominia Valerius Ponticus afficitur, quod reos, ne apud præfectum urbis arguerentur, ad prætorem detulisset, interim, specie legum, mox prævaricando, ultionem elusurus. Additur senatusconsulto, qui talem operam emptitasset vendidissetve, perinde pœna teneretur, ac publico judicio calumniæ condemnatus.

XLII. Haud multo post, præfectum urbis, Pedanium Secundum, servus ipsius interfecit : seu negata libertate, cui pretium pepigerat; sive amore exoleti infensus, et dominum æmulum non tolerans. Ceterum, quum, vetere ex more, familiam omnem quæ sub eodem tecto mansitaverat ad supplicium agi oporteret, concursu plebis, quæ tot innoxios protegebat, usque ad seditionem ventum est; senatuque in ipso erant studia nimiam severitatem adspernantium, pluribus nihil mutandum censentibus. Ex quis C. Cassius, sententiæ loco, in hunc modum disseruit :

XLIII. « Sæpenumero, patres conscripti, in hoc ordine « interfui, quum contra instituta et leges majorum nova « senatus decreta postularentur; neque sum adversatus : « non quia dubitarem super omnibus negotiis melius at- « que rectius olim provisum, et quæ converterentur in « deterius mutari; sed ne, nimio amore antiqui moris, « studium meum extollere viderer. Simul, quidquid hoc « in nobis auctoritatis est, crebris contradictionibus de- « struendum non existimabam, ut maneret integrum, si « quando respublica consiliis eguisset; quod hodie evenit, « consulari viro domi suæ interfecto per insidias serviles, « quas nemo prohibuit aut prodidit, quamvis nondum « concusso senatusconsulto quod supplicium toti familiæ « minitabatur. Decernite hercule impunitatem : at quem « dignitas sua defendet, quum præfectura urbis non pro- « fuerit? quem numerus servorum tuebitur, quum Peda- « nium Secundum quadringenti non protexerint? cui fa- « milia opem feret, quæ ne in metu quidem pericula nostra « avertit? An, ut quidam fingere non erubescunt, injurias « suas ultus est interfector? quia de paterna pecunia trans-

« été un patrimoine de ses aïeux? Faisons plus :
« prononçons qu'il nous paraît qu'il a eu le droit
« tuer son maître.

XLIV. « Me demande-t-on d'appuyer par des
« arguments ce qui a été établi par les plus sages
« des hommes? Mais s'il nous fallait statuer sur ces
« objets pour la première fois, croit-on qu'un es-
« clave forme le projet de tuer son maître sans
« que la moindre menace lui échappe, sans que
« la moindre indiscrétion le trahisse? Je veux que
« son dessein soit impénétrable; je veux qu'il
« prépare ses armes sans qu'on le sache; mais
« franchira-t-il la garde, portera-t-il une lumière,
« enfoncera-t-il les portes, consommera-t-il le
« meurtre sans que personne le sache encore?
« Non, mille indices annoncent toujours le crime.
« Si l'on force à le révéler, nous pourrons vivre
« seuls au milieu d'esclaves nombreux, tranquil-
« les au milieu d'esclaves inquiets; enfin, s'il faut
« périr, nous périrons vengés d'esclaves criminels.
« Nos ancêtres redoutaient le caractère des escla-
« ves, au temps même où ceux-ci, naissant dans
« les mêmes champs, sous les mêmes toits,
« puisaient avec le jour, l'attachement pour leurs
« maîtres. Mais, depuis que nous avons, dans nos
« foyers, toutes les nations ensemble, de mœurs si
« opposées, de religions si bizarres, souvent même
« n'en ayant point, ce vil ramas de barbares ne
« peut plus se contenir que par la crainte. Quel-
« ques innocents périront, je le sais; mais, quand
« une armée a fui, et qu'on la décime, les braves
« tirent au sort ainsi que les lâches. Point de
« grands exemples sans des injustices particuliè-
« res, qui disparaissent devant les grandes con-
« sidérations de l'utilité publique. »

XLV. Personne n'osa combattre seul cet avis de Cassius; on n'y répondait que par des clameurs confuses en faveur du nombre, du sexe, ou de l'âge de ces victimes, la plupart visiblement innocentes. Toutefois, le parti qui décernait le supplice prévalut : mais on ne pouvait exécuter l'arrêt; la multitude s'était attroupée : elle s'armait de pierres et de flambeaux. Néron réprimanda le peuple par un édit, et fit border de nombreux détachements le chemin par où ces infortunés furent conduits au supplice. Cingonius avait proposé de punir aussi les affranchis qui étaient sous le même toit, en les bannissant de l'Italie; mais le prince s'y opposa; il ne voulut point, dans une loi ancienne, dont la pitié avait en vain sollicité l'adoucissement, permettre des innovations de rigueur.

XLVI. Sous ce consulat, Tarquitius Priscus, accusé de concussion par les Bithyniens, fut condamné, au grand contentement des sénateurs, qui se rappelaient sa délation contre Statilius, son proconsul. On fit un nouveau cadastre des Gaules; Quintus Volusius, Sextius Africanus, et Trébellius Maximus, en furent chargés. Volusius et Africanus, tous deux d'une grande naissance, n'avaient que du mépris pour Trébellius; leur commun dédain l'éleva au-dessus d'eux.

XLVII. Cette même année mourut Memmius Régulus, qui, par sa grande considération, son courage, sa renommée, avait jeté autant d'éclat que le peut un citoyen éclipsé par la grandeur impériale. Dans une maladie grave de Néron, ou les flatteurs qui l'entouraient disaient que l'empire serait détruit si l'on venait à perdre César celui-ci répondit qu'il restait un appui à la république; et, comme on lui demanda lequel? il avait ajouté : Memmius Régulus. Régulus, pour,

« egerat, aut avitum mancipium detrahebatur? Pronun-
« ciemus ultro dominum jure cæsum videri.

XLIV. « Libet argumenta conquirere in eo quod sapien-
« tioribus deliberatum est? Sed, et si nunc primum sta-
« tuendum haberemus, creditisne servum interficiendi
« domini animum insumpsisse, ut non vox minax excide-
« ret? nihil per temeritatem proloqueretur? Sane consilium
« occuluit, telum inter ignaros paravit; num excubias
« transiret, cubiculi fores recluderet, lumen inferret,
« cædem patraret, omnibus nesciis? Multa sceleris indicia
« præveniunt. Servi si prodant, possumus singuli inter
« plures, tuti inter anxios, postremo, si pereundum sit,
« non inulti inter nocentes, agere. Suspecta majoribus
« nostris fuere ingenia servorum, etiam quum in agris aut
« domibus iisdem nascerentur, caritatemque dominorum
« statim acciperent. Postquam vero nationes in familiis
« habemus, quibus diversi ritus, externa sacra aut nulla
« sunt, colluviem istam non nisi metu coerceris. At
« quidam insontes peribunt. Nam et ex fuso exercitu,
« quum decimus quisque fusti feritur, etiam strenui sor-
« tiuntur. Habet aliquid ex iniquo omne magnum exem-
« plum, quod contra singulos utilitate publica rependi-
« tur. »

XLV. Sententiæ Cassii, ut nemo unus contra ire ausus est, ita dissonæ voces respondebant, numerum, aut ætatem, aut sexum, ac plurimorum indubiam innocentiam miserantium. Prævaluit tamen pars quæ supplicium decernebat; sed obtemperari non poterat, conglobata multitudine, et saxa ac faces minitante. Tum Cæsar populum edicto increpuit, atque omne iter quo damnati ad pœnam ducebantur militaribus præsidiis sepsit. Censuerat Cingonius Varro, ut liberti quoque qui sub eodem tecto fuissent Italia deportarentur. Id a principe prohibitum est, ne mos antiquus, quem misericordia non minuerat, per sævitiam intenderetur.

XLVI. Damnatus, iisdem consulibus, Tarquitius Priscus repetundarum, Bithynis interrogantibus, magno patrum gaudio, qui accusatum ab eo Statilium Taurum, proconsulem ipsius, meminerant. Census per Gallias a Q. Volusio et Sextio Africano Trebellioque Maximo acti sunt, æmulis inter se, per nobilitatem, Volusio atque Africano : Trebellium, dum uterque dedignatur, supra tulere.

XLVII. Eo post mortem obiit Memmius Regulus, auctoritate, constantia, fama, in quantum præumbrante imperatoris fastigio datur, clarus; adeo ut Nero, æger valetudine, et adulantibus circum, qui finem imperio adesse dicebant si quid fato pateretur, responderit « habere subsidium rempublicam. » Rogantibus dehinc « in quo potissi-

tant, vécut depuis, grâce à l'inaction qu'il s'imposa, au peu d'illustration de sa naissance et à la médiocrité de sa fortune. Néron fit, cette année, la dédicace d'un gymnase, et fournit l'huile aux sénateurs et aux chevaliers, extravagance qu'il prit des Grecs.

XLVIII. Sous le consulat de Publius Marius et de Lucius Asinius, Antistius, préteur, le même qui, dans son tribunat, s'était conduit avec si peu de ménagement, comme je l'ai rapporté, fit un poëme satirique contre Néron, et il le lut à un grand souper chez Ostorius Scapula, devant une compagnie nombreuse. Aussitôt Cossutianus Capito, qui, par les sollicitations de son beau-père Tigellinus, venait de reprendre sa place au sénat, intenta au préteur une accusation de lèse-majesté. Ce fut la première sous Néron; et l'on croyait qu'on avait moins cherché à perdre Antistius, qu'à ménager au prince, lorsque le coupable aurait été condamné par le sénat, la gloire de l'arracher à la mort, en vertu de sa puissance tribunitienne. Ostorius, appelé en témoignage, déclara n'avoir rien entendu; mais d'autres témoins chargèrent l'accusé : leurs dépositions prévalurent, et Junius Marullus, consul désigné, opina pour qu'on ôtât la préture à Antistius, et qu'on le mît à mort, suivant l'usage des premiers temps. Les autres se déclarant pour cet avis, Thraséas, après un éloge très-respectueux de Néron, après une censure très-sévère d'Antistius, représenta que, sous un bon prince, et lorsque l'autorité n'enchaînait pas les délibérations du sénat, il ne fallait point déployer contre les coupables toute la sévérité que méritaient leurs crimes; que les gibets et les bourreaux étaient abolis depuis longtemps; que les lois avaient établi des châtiments qu'on pouvait décerner, sans faire accuser la barbarie des juges et le malheur des temps; pourquoi ne pas confisquer les biens d'Antistius, et le reléguer dans une île? que, plus il y traînerait longtemps une existence coupable, plus il serait malheureux personnellement, sans cesser d'être, pour l'État, un exemple éclatant de clémence.

XLIX. Le courage de Thraséas donna du cœur à cette troupe d'esclaves; et lorsque les consuls eurent permis d'aller aux voix, ils se rangèrent tous de son avis, hors un petit nombre, dans lequel se trouvait Vitellius, ardent flatteur, toujours prêt à attaquer les gens de bien, et, à la moindre réponse, restant interdit : ce qui est le caractère de tous les lâches. Les consuls, toutefois, n'osant pas rédiger le décret du sénat, mandèrent à Néron le vœu général. Lui, combattu longtemps par la honte et par la colère, répondit enfin que sans avoir provoqué Antistius par aucune injure, il venait d'en recevoir l'outrage le plus sanglant; qu'on en avait demandé justice au sénat; qu'il eût été convenable de proportionner la peine au délit; qu'après tout, résolu, comme il l'était, d'arrêter l'effet de la rigueur, il ne s'opposait point à l'indulgence; qu'ils pouvaient statuer comme ils le voudraient; qu'ils étaient même les maîtres d'absoudre. Ces traits et d'autres pareils décelaient tout le ressentiment de Néron; cependant les consuls ne changèrent rien à la délibération, et, ni Thraséas n'abandonna son avis, ni les sénateurs celui de Thraséas; les uns, dans la crainte de paraître jeter de l'odieux sur le prince; la plupart, à cause de leur nombre qui les rassurait; Thraséas, soutenant sa fermeté ordinaire et sa gloire.

L. Ce fut une affaire à peu près semblable qui

---

mum », addiderat, « in Memmio Regulo. » Vixit tamen post hæc Regulus, quiete defensus; et quia, nova generis claritudine, neque invidiosis opibus erat. Gymnasium eo anno dedicatum a Nerone, præbitumque oleum equiti ac senatui, græca facilitate.

XLVIII. P. Mario, L. Asinio consulibus, Antistius prætor, quem in tribunatu plebis licenter agere memoravi, probrosa adversus principem carmina factitavit, vulgavitque celebri convivio, dum apud Ostorium Scapulam epulatur. Exin a Cossutiano Capitone, qui nuper senatorium ordinem, precibus Tigellini, soceri sui, receperat, majestatis delatus est. Tum primum revocata ea lex; credebaturque haud perinde exitium Antistio, quam imperatori gloriam, quæri; ut, condemnatus a senatu, intercessione tribunitia morti eximeretur. Et, quum Ostorius nihil audivisse pro testimonio dixisset, adversis testibus creditum. Censuitque Junius Marullus, consul designatus, adimendam reo prætura, necandumque more majorum. Ceteris inde assentientibus, Pætus Thrasea, multo cum honore Cæsaris, et acerrime increpito Antistio, « non, quidquid nocens reus pati mereretur, id, egregio sub principe, et nulla necessitate obstricto senatu, statuendum » disseruit : « carnificem et laqueum pridem abolita; et esse pœnas legibus constitutas, quibus, sine judicium sævitia et temporum infamia, supplicia decernerentur. Quin in insula, publicatis bonis, quo longius sontem vitam traxisset, eo privatim miseriorem, et publicæ clementiæ maximum exemplum futurum. »

XLIX. Libertas Thraseæ servitium aliorum rupit : et, postquam discessionem consul permiserat, pedibus in sententiam ejus iere, paucis exemptis; in quibus adulatione promptissimus fuit A. Vitellius, optimum quemque jurgio lacessens, et respondenti reticens, ut pavida ingenia solent. At consules, perficere senatus decretum non ausi, de consensu scripsere Cæsari. Ille, inter pudorem et iram cunctatus, postremo rescripsit, « nulla injuria provocatum Antistium gravissimas in principem contumelias dixisse; earum ultionem a patribus postulatam. Et, pro magnitudine delicti, pœnam statui par fuisse : ceterum se, qui severitatem decernentium impediturus fuerit, moderationem non prohibere; statuerent ut vellent : datam etiam absolvendi licentiam. » His atque talibus recitatis, et offensione manifesta, non ideo aut consules mutavere relationem, aut Thrasea decessit sententia, ceterive quæ probaverant deseruere : pars, ne principem objecisse invidiæ viderentur; plures numero tuti; Thrasea sueta firmitudine animi, et ne gloria intercideret.

L. Haud dispari crimine Fabricius Veiento conflictatus

perdit Fabricius Véiento; il avait composé sous le titre de Codicile une longue satire, et très-mordante, contre les sénateurs et les pontifes, Talius Géminus, son accusateur, ajoutait qu'il n'avait cessé de vendre les grâces du prince, et le droit de pouvoir parvenir aux honneurs; ce qui décida Néron à évoquer l'affaire. Les imputations prouvées, il bannit Fabricius de l'Italie, et fit brûler son ouvrage, qu'on rechercha et qu'on lut avidement tant qu'il y eut du risque à se le procurer; sitôt qu'on eut levé la défense, l'ouvrage fut oublié.

LI. Cependant l'État, dont les maux s'appesantissaient de jour en jour, perdait insensiblement ses appuis. Burrus lui fut enlevé. On n'est pas sûr s'il mourut naturellement, ou bien empoisonné. Ce qui faisait supposer sa mort naturelle, c'est qu'il périssait d'une enflure au dedans de la gorge, qui avait gagné peu à peu, et avait fini par l'étouffer. La plupart affirmaient que, sous prétexte de le soulager, on lui avait, par l'ordre de Néron, frotté le palais d'une drogue empoisonnée; que Burrus s'en aperçut; que, lorsque Néron vint le visiter, Burrus, ayant détourné les yeux pour ne point voir le prince, lui répondit : Je me porte bien. Ce grand homme laissa de longs regrets à l'empire, et par le souvenir de ses vertus, et par le contraste de ses deux successeurs, l'un d'une probité sans énergie, l'autre le plus effréné des hommes dans sa dépravation et dans ses débordements : car Néron avait nommé deux préfets du prétoire, Fénius et Tigellinus; Fénius, d'après la voix publique, pour son désintéressement dans l'administration des grains; Tigellinus, à cause de ses anciennes débauches et de son infamie. Leur caractère, connu, on devine leur sort. Tigellinus, associé aux plus secrètes dissolutions, fut tout-puissant sur l'esprit de Néron; Fénius, estimé du peuple et des soldats, par là même déplut au prince.

LII. La mort de Burrus porta un grand coup au crédit de Sénèque; le parti de la vertu n'était plus aussi puissant, ayant perdu l'un de ses chefs, et Néron inclinait pour les hommes corrompus. Ceux-ci, cherchant différents crimes à Sénèque, l'attaquent sur ses richesses énormes, si excessives pour un particulier, et qu'il travaillait encore à accroître; sur ce qu'il attirait sur lui l'attention publique, et que, par l'élégance de ses jardins et la magnificence de ses maisons, il effaçait presque le prince. Ils lui reprochaient encore de s'attribuer exclusivement le mérite de l'éloquence, et de faire beaucoup plus de vers depuis que le goût en était venu à Néron. Ennemi déclaré des amusements du prince, Sénèque, disaient-ils, rabaissait l'adresse de Néron à conduire des chars, plaisantait sur sa voix toutes les fois qu'il chantait. Ne se fera-t-il donc plus rien de grand dans Rome, que Sénèque n'en soit cru l'auteur? certes, Néron n'est plus enfant; dans toute la force de la jeunesse, que ne renvoie-t-il son maître? Il lui en restera d'assez grands, ses aïeux.

LIII. Sénèque, éclairé sur ces imputations, par les rapports de ceux qui prenaient quelque intérêt au bien, et, d'ailleurs, remarquant, de jour en jour, le refroidissement de l'empereur, sollicite un moment d'entretien; l'ayant obtenu, il parle ainsi : « César, il y a quatorze ans que j'ap-« proche de ta personne; il y en a huit que tu

---

est, quod multa et probrosa in patres et sacerdotes composuisset, iis libris quibus nomen Codicillorum dederat. Adjiciebat Talius Geminus, accusator, venditata ab eo munera principis et adipiscendorum honorum jus : quæ causa Neroni fuit suscipiendi judicii ; convictumque Veientonem Italia depulit, et libros exuri jussit, conquisitos lectitatosque donec cum periculo parabantur; mox licentia habendi oblivionem attulit.

LI. Sed, gravescentibus in dies publicis malis, subsidia minuebantur : concessitque vita Burrus, incertum valetudine an veneno. Valetudo ex eo conjectabatur, quod in se tumescentibus paullatim faucibus, et impedito meatu, spiritum finiebat : plures jussu Neronis, quasi remedium adhiberetur, illitum palatum ejus noxio medicamine asseverabant; et Burrum, intellecto scelere, quum ad visendum eum princeps venisset, adspectum ejus aversatum, sciscitanti hactenus respondisse, « Ego me bene habeo. » Civitati grande desiderium ejus mansit, per memoriam virtutis, et successorum alterius segnem innocentiam, alterius flagrantissima flagitia et adulteria. Quippe Cæsar duos prætoriis cohortibus imposuerat : Fenium Rufum, ex vulgi favore, quia rem frumentariam sine quæstu tractabat; Sophonium Tigellinum, veterem impudicitiam atque infamiam in eo secutus. Atque illi pro cognitis moribus fuere : validior Tigellinus in animo principis, et intimis libidinibus assumptus; prospera populi et militum fama Rufus, quod apud Neronem adversum experiebatur.

LII. Mors Burri infregit Senecæ potentiam, quia nec bonis artibus idem virium erat, altero velut duce amoto, et Nero ad deteriores inclinabat. Hi variis criminationibus Senecam adoriuntur, « tanquam ingentes, et privatum supra modum evectas, opes adhuc augeret; quodque studia civium in se verteret; hortorum quoque amœnitate et villarum magnificentia quasi principem supergrederetur. » Objiciebant etiam « eloquentiæ laudem uni sibi adsciscere, et carmina crebrius factitare, postquam Neroni amor eorum venisset. Nam, oblectamentis principis palam iniquum, detrectare vim ejus equos regentis; illudere voces, quoties caneret. Quem ad finem nihil in republica clarum fore, quod non ab illo reperiri creditur? Certe finitam Neronis pueritiam, et robur juventæ adesse : exueret magistrum, satis amplis doctoribus instructus, majoribus suis. »

LIII. At Seneca, criminantium non ignarus, prodentibus iis quibus aliqua honesti cura, et familiaritatem ejus magis adspernante Cæsare, tempus sermoni orat; et, accepto, ita incipit : « Quartusdecimus annus est, Cæsar, ex « quo spei tuæ admotus sum; octavus, ut imperium obti-

« règnes. Depuis ce temps, tu m'as comblé de
« tant d'honneurs et de richesses, qu'il ne man-
« que à mon bonheur que d'y voir des bornes.
« Je vais citer de grands exemples et les prendrai
« non dans mon rang mais dans le tien. Ton tri-
« saïeul Auguste permit à Agrippa d'aller chercher
« dans Lesbos une retraite, et à Mécène de s'en
« faire une au sein même de Rome; l'un avait été le
« compagnon de ses guerres, l'autre, sans quit-
« ter Rome, avait essuyé plus de fatigues encore;
« et tous deux avaient justifié de grandes récom-
« penses par de grands services. Et moi, qu'ai-
« je apporté en échange de tes dons? Quelques
« talents obscurs, nourris dans l'ombre de l'école,
« auxquels je dois la gloire de paraître avoir di-
« rigé les essais de ta jeunesse; ce qui déjà me
« paye avec usure. Mais toi, tu m'as entouré d'un
« crédit immense, de richesses incalculables, au
« point que je me dis souvent à moi même : Com-
« ment un simple chevalier, d'une origine étran-
« gère est-il compté parmi les grands de l'empire?
« Comment un nom si nouveau s'est-il fait re-
« marquer, au milieu de tant de noms décorés
« d'une longue illustration? Où est cette philo-
« sophie si bornée dans ses désirs? C'est elle qui
« orne tous ces jardins, qui habite tous ces pa-
« lais, qui regorge de terres, de revenus im-
« menses! Je n'ai qu'une excuse : je n'ai pas dû
« me roidir contre tes bienfaits.

LIV. « Mais nous avons tous deux comblé la
« mesure; tu m'as donné tout ce qu'un prince
« peut donner à un ami; j'ai reçu tout ce qu'un
« ami peut recevoir d'un prince. Le reste irri-
« terait l'envie, qui, sans doute, comme tout ce
« qui vient des mortels, ne peut atteindre à ta
« hauteur; mais moi, elle m'accable; il faut son-
« ger à moi. De même qu'épuisé par les travaux
« de la guerre, ou par les fatigues d'un voyage,
« je demanderais du repos, ainsi, dans ce voyage
« de la vie, lorsque, les soins même les plus le-
« gers effrayant mon âge, le fardeau de mon
« opulence devient accablant pour ma vieillesse,
« je demande qu'on m'en soulage. César, fais ré-
« gir mes biens par tes procurateurs; daigne les
« confondre avec ta fortune. Sans me réduire à
« l'indigence, je ne sacrifierai qu'un vain éclat
« qui me fatigue; et, tout le temps qu'emporte
« le soin de mes terres, ou de mes jardins, je le
« restituerai à mon esprit. Tu es dans la première
« vigueur de l'âge, et huit ans d'expérience t'af-
« fermissent dans l'art de régner; nous, tes vieux
« amis, nous pouvons te payer notre dette en ren-
« trant dans le repos. Ce sera même une partie de
« ta gloire, d'avoir élevé aux grandeurs des
« hommes capables de supporter la médiocrité. »

LV. Néron fit à peu près cette réponse : « Je
« réplique sur-le-champ à un discours préparé ;
« voilà déjà un de tes bienfaits. C'est toi qui m'as
« formé à discuter facilement et les questions pré-
« vues et celles qui ne le sont pas. Mon trisaïeul
« Auguste consentit à la retraite d'Agrippa et de
« Mécène après de longs travaux; mais, quels
« que fussent les motifs de ce consentement, Au-
« guste était d'un âge qui donnait du poids à ses
« démarches, et, toutefois, il ne dépouilla de ses
« dons ni Mécène ni Agrippa. C'est au sein de
« la guerre et des périls qu'ils avaient servi tous
« deux : car les premières années d'Auguste fu-
« rent orageuses; mais ni ton bras, ni ton épée
« ne m'eussent manqué non plus, si j'avais eu les

« nes : medio temporis tantum honorum atque opum in me
« cumulasti, ut nihil felicitati meæ desit, nisi moderatio
« ejus. Utar magnis exemplis, nec meæ fortunæ, sed tuæ.
« Abavus tuus Augustus M. Agrippæ Mitylenense secre-
« tum, Cilnio Mæcenati, urbe in ipsa, velut peregrinum
« otium permisit : quorum alter bellorum socius, alter
« Romæ pluribus laboribus jactatus, ampla quidem, sed
« pro ingentibus meritis, præmia acceperant. Ego quid
« aliud munificentiæ tuæ adhibere potui, quam studia, ut
« sic dixerim, in umbra educata, et quibus claritudo venit,
« quod juventæ tuæ rudimentis adfuisse videor, grande
« hujus rei pretium? At tu gratiam immensam, innume-
« ram pecuniam circumdedisti; adeo ut plerumque intra
« me ipse volvam : Egone, equestri et provinciali loco or-
« tus, proceribus civitatis annumeror? inter nobiles et longa
« decora præferentes novitas mea enituit? Ubi est animus
« ille modicis contentus? Tales hortos instruit, et per hæc
« suburbana incedit, et tantis agrorum spatiis, tam lato
« fœnore exuberat? Una defensio occurrit, quod muneri-
« bus tuis obniti non debui.

LIV. « Sed uterque mensuram implevimus, et tu,
« quantum princeps tribuere amico posset, et ego, quan-
« tum amicus a principe accipere. Cetera invidiam augent :
« quæ quidem, ut omnia mortalia, infra tuam magnitu-
« dinem jacent; sed mihi incumbunt : mihi subveniendum
« est. Quomodo, in militia aut via fessus, adminiculum
« orarem; ita in hoc itinere vitæ, senex, et levissimis
« quoque curis impar, quum opes meas ultra sustinere
« non possim, præsidium peto. Jube eas per procuratores
« tuos administrari, in tuam fortunam recipi. Nec mo in
« paupertatem ipse detrudam, sed, traditis quorum ful-
« gore perstringor, quod tempus hortorum aut villarum
« curæ seponitur, in animum revocabo. Superest tibi
« robur, et tot per annos nixum fastigii regimen; possumus
« seniores amici quiete respondere. Hoc quoque in tuam
« gloriam cedet, eos ad summa vexisse qui et modica to-
« lerarent. »

LV. Ad quæ Nero sic ferme respondit : « Quod meditatæ
« orationi tuæ statim occurram, id primum tui muneris
« habeo, qui me non tantum prævisa, sed subita expedire
« docuisti. Abavus meus Augustus Agrippæ et Mæcenati
« usurpare otium post labores concessit; sed in ea ipsa
« ætate cujus auctoritas tueretur quidquid illud et quale-
« cunque tribuisset; atfamen neutrum datis a se præmiis
« exuit. Bello et periculis meruerant. In his enim juventa
« Augusti versata est; nec mihi tela et manus tuæ defuis-
« sent, in armis agenti. Sed quod præsens conditio posce-
« bat, ratione, consilio, præceptis pueritiam, dein juven-

« armes à la main ; et tout ce que demandait la « situation de mes affaires, tu l'as fait : ton ex-« périence, tes conseils, tes préceptes ont éclairé « mon enfance, ensuite ma jeunesse. Tes bien-« faits subsisteront pendant ma vie entière. Ceux « que tu tiens de moi, trésors, jardins, palais, « sont périssables ; et quoi que tu puisses dire de « tes richesses, beaucoup, bien moins de « mérite, en ont eu qui les surpassaient. J'ai honte « de citer des affranchis plus opulents que toi, « et je rougis que, le premier dans mon cœur, tu « ne le sois pas encore en fortune.

LVI. Mais attendons : ton âge, encore ro-« buste, te permet et les travaux et l'espérance « d'en jouir ; et moi, je ne fais que d'entrer dans « mon règne, à moins, peut-être, que tu ne te « rebaisses au-dessous de Vitellius, qui fut trois « fois consul, et moi au-dessous de Claude, ou « que mes libéralités ne puissent faire pour toi « ce qu'a fait pour Volusius sa longue écono-« mie. Pourquoi me quitter ? Si cette pente si « glissante du premier âge m'a emporté dans « quelques erreurs, tu les redresseras, et ma jeu-« nesse, plus instruite, va suivre plus constam-« ment tes avis. On ne dira point que c'est mo-« dération dans Sénèque, si tu rends tes richesses ; « que c'est amour du repos, si tu abandonnes « ton prince ; Rome, Rome entière s'écriera que « Néron est avare, que l'on redoute sa cruauté. « Et quand ton désintéressement t'attirerait le « plus grands éloges, conviendrait-il à un sage « de chercher sa gloire dans une démarche qui « décrierait son ami ? » A ces raisons, Néron ajouta les embrassements les plus tendres, instruit par la nature et consommé par l'habitude dans l'art de voiler sa haine sous d'insidieuses caresses. Sénèque finit, comme on finit toujours avec les princes, par des remercîments ; mais il changea la vie qu'il menait depuis sa grande faveur ; il renvoya cette cour qui remplissait sa maison ; il ne souffrit plus de cortége, sortant peu, et prétextant toujours des maladies, ou des études, pour se renfermer chez lui.

LVII. Le crédit de Sénèque renversé, il ne fut pas difficile d'ebranler celui de Fénius, en rappelant son attachement pour Agrippine ; et Tigellinus prenait chaque jour plus d'ascendant. Persuadé que ses vices, unique fondement de sa faveur, réussiraient encore mieux s'il se mettait, avec le prince, en société de crimes ; il épie les soupçons de l'empereur, et, voyant qu'ils tombaient principalement sur Plautus et sur Sylla, lesquels venaient d'être relégués, Plautus en Asie, Sylla dans la Gaule Narbonnaise, il montre des alarmes sur leur haute naissance, sur ce qu'ils étaient tout près, l'un, des armées d'Orient, l'autre, de celles de Germanie ; bien différent de Burrus, qui ménageait mille intérêts divers, il n'envisageait, lui, que la sûreté du prince ; la présence de Néron pouvait encore le rassurer contre les complots de la capitale ; mais comment réprimer les mouvements à de si grandes distances ? Il y avait tout à craindre de l'influence d'un descendant du dictateur, sur les Gaules, d'un petit-fils de Drusus, sur les peuples d'Asie. La pauvreté de Sylla n'était qu'un aiguillon pour son audace, et son indolence, que le masque de son ambition ; Plautus, avec de grandes richesses, ne daignait pas même feindre du goût pour la vie tranquille ; au contraire, il s'annonçait hautement pour un imitateur des vieux Romains ; il avait même pris toute l'arrogance stoïque et tous les principes d'une secte qui fait des intrigants et des séditieux. On n'hésita plus.

« tam meam fovisti. Et tua quidem erga me munera, dum « vita suppetet, æterna erunt : quæ a me habes, horti et « fœnus et villæ, casibus obnoxia sunt ; ac, licet multa « videantur, plerique, haudquaquam artibus tuis pares, « plura tenuerunt. Pudet referre libertinos qui ditiores « spectantur. Unde etiam rubori mihi est, quod, præci-« puus caritate, nondum omnes fortuna antecellis.

LVI. « Verum et tibi valida ætas, rebusque et fructui « rerum sufficiens ; et nos prima imperii spatia ingre-« dimur : nisi forte aut te Vitellio ter consuli, aut me « Claudio, postponis. Sed quantum Volusio longa par-« cimonia quæsivit, tantum in te mea liberalitas explere « non potest. Quin, si qua in parte lubricum adolescentiæ « nostræ declinat, revocas, ornatumque robur subsidio « impensius regis. Non tua moderatio, si reddideris pecu-« niam, nec quies, si reliqueris principem, sed mea avari-« tia, meæ crudelitatis metus in ore omnium versabitur. « Quod si maxime continentia tua laudetur, non tamen « sapienti viro decorum fuerit, unde amico infamiam pa-« ret, inde gloriam sibi recipere. » His adjicit complexum et oscula, factus natura et consuetudine exercitus velare odium fallacibus blanditiis. Seneca, qui finis omnium cum dominante sermonum, grates agit ; sed instituta prioris potentiæ commutat : prohibet cœtus salutantium ; vitat comitantes ; rarus per urbem, quasi valetudine infensa aut sapientiæ studiis domi attineretur.

LVII. Perculso Seneca, promptum fuit Rufum Fenium imminuere, Agrippinæ amicitiam in eo criminantibus. Validiorque in dies Tigellinus ; et malas artes, quibus solis pollebat, gratiores ratus, si principem societate scelerum obstringeret, metus ejus rimatur, compertoque Plautum et Sullam maxime timeri, Plautum in Asiam, Sullam in Galliam narbonensem nuper amotos, nobilitatem eorum, et propinquos huic Orientis, illi Germaniæ exercitus, commemorat. « Non se, ut Burrum, diversas spes, sed solam incolumitatem Neronis, spectare ; cui caveri utcunque ab urbanis insidiis præsentia, longinquos motus quonam modo comprimi posse ? Erectas Gallias ad nomen dictatorium, nec minus suspectos Asiæ populos claritudine avi Drusi. Sullam inopem, unde præcipuam audaciam ; et simulatorem segnitiæ, dum temeritati locum reperiret. Plautum, magnis opibus, ne fingere quidem cupidinem otii ; sed veterum Romanorum imitamenta præferre, assumpta etiam stoicorum arrogantia sectaque, quæ tur-

Des meurtriers étant débarqués le sixième jour, avant qu'on eût la moindre défiance, avant qu'il courût le moindre bruit, Sylla est égorgé au moment où il se mettait à table. On rapporta sa tête à Néron, qui en fit un sujet de raillerie, trouvant que des cheveux blancs, de si bonne heure, étaient une difformité.

LVIII. Le projet de l'assassinat de Plautus fut moins secret; plus de personnes veillaient à sa conservation; d'ailleurs, la longueur du trajet, par terre et par mer, et le temps qui s'écoula jusqu'à l'exécution, avaient éveillé les rumeurs. On supposait généralement qu'il avait été trouver Corbulon, qui était alors à la tête d'une grande armée, et qui, du moment où la gloire et l'innocence menait à la mort, était le premier menacé. On allait même jusqu'à débiter que l'Asie avait pris les armes en faveur de Plautus; que les soldats chargés du crime ne s'étaient point trouvés en force, ou avaient manqué de résolution ; et que, dans l'impossibilité d'exécuter leurs ordres, ils s'étaient déclarés pour la nouvelle puissance. Ces mensonges, comme tous les bruits, grossissaient par la crédulité des oisifs. Au reste, il est très-vrai qu'un affranchi de Plautus, favorisé par les vents, avait devancé les meurtriers, et lui avait apporté, de la part d'Antistius, son beau-père, le conseil de ne point attendre stupidement la mort; qu'il lui restait un secours dans la haine qu'inspirait Néron, et dans l'intérêt qui s'attache à un nom illustre; qu'il pouvait se promettre les gens de bien; que les audacieux s'y joindraient; qu'en attendant, il ne fallait négliger aucune ressource; que, s'il avait une fois repoussé les soixante soldats (car c'était le nombre qu'on envoyait), avant que Néron le sût, avant qu'il en revînt d'autres, il arriverait des événements qui, en grossissant ses forces, pourraient, à la fin, lui composer une armée; qu'enfin ce parti courageux, ou le sauverait, ou ne l'exposerait pas plus qu'une lâche inaction.

LIX. Mais ces raisons ne touchèrent point Plautus, soit que seul, au fond de son exil, il désespérât de ses ressources, soit que ce mélange de crainte et d'espérance lui fût à charge, soit qu'enfin, aimant sa femme et ses enfants, il crût leur rendre le prince plus favorable en ne l'aigrissant par aucune résistance. On a dit que de nouvelles lettres de son beau-père l'avaient rassuré sur ses périls, et que les philosophes Céranus et Musonius, l'un Grec, l'autre Toscan, lui avaient persuadé d'attendre tranquillement la mort, plutôt que de se rejeter dans les embarras d'une vie incertaine. Ce qui est sûr, c'est qu'on le trouva, à l'heure de midi, en simple tunique, occupé à faire de l'exercice. Il fut tué, dans cet état, par le centurion, sous les yeux de Pélagon, eunuque à qui les soldats et le centurion étaient tenus d'obéir, comme des satellites au ministre d'un roi. On rapporta la tête à Néron : « Et! bien, dit-il, en la voyant (ce sont ses propres paroles), « maintenant qu'il est mort, qui t'empêche, « Néron, de solenniser, avec Poppée, un hymen « différé par toutes ces craintes de cet, et de « renvoyer cette Octavie, qu'en dépit de sa vertu, « le nom de son père et la faveur publique te « rendent insupportable? » Dans sa lettre au sénat, il n'avoua point les meurtres de Sylla et de Plautus; il dit seulement que c'étaient deux esprits séditieux, et qu'il veillait, avec un soin extrême, au salut de l'empire. D'après cela, il fut arrêté que l'on remercierait les dieux, et

bidos et negotiorum appetentes faciat. » Nec ultra mora. Sulla, sexto die pervectis Massiliam percussoribus, ante metum et rumorem interficitur, quum epulandi causa discumberet. Relatum caput ejus illusit Nero, tanquam præmatura canitie deforme.

LVIII. Plauto parari necem non perinde occultum fuit, quia pluribus salus ejus curabatur, et spatium itineris ac maris tempusque interjectum moverat famam. Vulgoque fingebant petitum ab eo Corbulonem, magnis tum exercitibus præsidentem, si clari atque insontes interficerentur, præcipuum ad pericula : quin et Asiam favore juvenis arma cepisse; nec milites ad scelus missos, aut numero validos, aut animo promptos; postquam jussa efficere nequiverint, ad spes novas transisse. Vana hæc, more famæ, credentium otio augebantur. Ceterum libertus Plauti celeritate ventorum prævenit centurionem, et mandata L. Antistii soceri attulit : « effugeret segnem mortem; odium suffugium, et magni nominis miserationem : repertorum bonos, consociaturum audaces; nullum interim subsidium adspernandum : si sexaginta milites (tot enim adveniebant) propulisset; dum refertur nuncius Neroni, dum manus alia permeat, multa secutura, quæ ad usque bellum evalescerent : denique aut salutem tali consilio quæri, aut nihil gravius audenti, quam ignavo, patiendum esse. »

LIX. Sed Plautum ea non movere : sive nullam opem providebat inermis atque exsul, seu tædio ambiguæ spei, an amore conjugis et liberorum, quibus placabiliorem fore principem rebatur, nulla sollicitudine turbatum. Sunt qui alios a socero nuncios venisse ferant, tanquam nihil atrox immineret ; doctoresque sapientiæ, Cœranum Græci, Musonium Tusci generis, constantiam opperiendæ mortis, pro incerta et trepida vita, suasisse. Repertus est certe, per medium diei, nudus exercitando corpori. Talem eum centurio trucidavit, coram Pelagone, spadone, quem Nero centurioni et manipulo, quasi satellitibus ministrum regium, præposuerat. Caput interfecti relatum : cujus adspectu (ipsa principis verba referam), « Quin, inquit, Nero, « deposito metu, nuptias Poppææ, ob ejusmodi terrores « dilatas, maturare parat, Octaviamque conjugem amoliri, « quamvis modeste agat, et nomine patris, et studiis po- « puli gravem? » Sed ad senatum literas misit, de cæde Sullæ Plautique haud confessus, verum utriusque turbidum ingenium esse, et sibi incolumitatem reipublicæ magna cura haberi. Decretæ eo nomine supplicationes, utque Sulla et Plautus senatu moverentur, gravioribus tamen ludibriis quam malis.

qu'on chasserait du sénat Sylla et Plautus : dérision toutefois plus insultante que funeste.

LX. Ayant donc reçu le décret du sénat, et voyant tous ses crimes érigés en vertus, Néron chasse de son lit Octavie, dont il accusait sans cesse la stérilité; et, sur-le-champ, il épouse Poppée. Cette femme, qui avait fait longtemps le métier de concubine, et qui, après un long adultère, n'était épouse que depuis un moment, fit accuser Octavie d'avoir aimé un esclave. Elle poussa à cette délation un homme de la maison d'Octavie, et l'amant qu'on lui donnait était un nommé Eucérus, Égyptien de naissance, joueur de flûte de profession. On mit à la question toutes ses femmes; et, quoique la violence des tourments eût arraché quelques dépositions en faveur de l'imposture, la plupart persistèrent à soutenir l'irréprochable vertu de leur maîtresse. L'une d'elles, pressée par Tigellinus, lui répondit en face qu'il n'y avait aucune partie du corps d'Octavie qui ne fût plus pure que la bouche de Tigellinus. Elle fut répudiée, toutefois; et d'abord ce fut un simple divorce, comme entre particuliers; elle reçut en don le palais de Burrus et les terres de Plautus, présents d'un sinistre augure; bientôt elle fut reléguée au fond de la Campanie, sous la garde de quelques soldats. Ce traitement révolta le peuple, qui moins politique, et, par la médiocrité de sa fortune, moins exposé, fit éclater souvent et publiquement ses murmures. Dans la crainte d'un soulèvement, et nullement par repentir, Néron rappela Octavie.

LXI. Aussitôt, transportés de joie, ils montent au Capitole, ils croient enfin à la justice des dieux ; ils abattent les statues de Poppée; ils portent sur leurs épaules les images d'Octavie, les couvrent de fleurs, et les placent au forum et dans les temples. On se répand même en éloges du prince; on demande à le voir pour le combler de félicitations. Et déjà ils étaient jusque dans les cours du palais, qu'ils remplissaient de leur foule et de leurs cris, lorsqu'un gros de soldats, détaché contre eux, vint, armé de fouets et les menaçant du fer, intimider cette troupe et la disperser. On défit tout ce qu'on avait fait dans la sédition, et les statues de Poppée furent replacées. Cette femme, toujours implacable par sa haine, et de plus, alors, par ses frayeurs, craignant, ou que la fureur du peuple ne se portât à de plus grands excès, ou que ses dispositions ne changeassent celles de Néron, court se précipiter aux genoux du prince; elle s'écrie qu'elle n'en était pas au point de venir l'implorer seulement pour son hymen, quoiqu'il lui fût plus cher que la vie; qu'elle avait à craindre pour sa vie même, que menaçaient les créatures et les esclaves d'Octavie, lesquels usurpant le nom de peuple, avaient osé, en pleine paix, ce qu'à peine on se permettrait dans les horreurs de la guerre; que c'était au prince même qu'on en voulait; qu'il n'avait manqué qu'un chef, et que, l'impulsion donnée, ce chef se trouverait bientôt; qu'Octavie n'avait qu'à quitter seulement la Campanie, et marcher droit à Rome, où, absente, d'un seul signe de sa volonté elle excitait, à son gré, les séditions. Eh! quel était donc le crime de Poppée? Avait-elle jamais offensé personne? Était-ce parce que sa fidélité donnerait à la famille des Césars de vrais descendants de leur race, que le peuple romain préférait d'élever aux grandeurs impériales le fils d'un esclave égyptien? Enfin, si le bien de l'empire l'exigeait, il fallait que Néron reprît un maître dans Octavie, mais du moins librement, et non par force, ou bien qu'il pourvût à sa sûreté par une juste vengeance? On était parvenu, sans beaucoup de peine, à cal-

---

LX. Igitur accepto patrum consulto, postquam cuncta scelerum suorum pro egregiis accipi videt, exturbat Octaviam, sterilem dictitans. Exin Poppææ conjungitur. Ea diu pellex, et adulteri Neronis, mox mariti, potens quemdam ex ministris Octaviæ impulit servilem ei amorem objicere; destinaturque reus cognomento Eucerus, natione Alexandrinus, canere tibiis doctus. Actæ ob id de ancillis quæstiones, et vi tormentorum victis quibusdam ut falsa annuerent, plures perstitere sanctitatem dominæ tueri. Ex quibus una, instanti Tigellino, castiora esse muliebria Octaviæ respondit, quam os ejus. Movetur tamen primo, civilis discidii specie, domumque Burri et prædia Plauti, infausta dona, accipit; mox in Campaniam pulsa est,'addita militari custodia. Inde crebri questus, nec occulti per vulgum, cui minor sapientia, et, ex mediocritate fortunæ, pauciora pericula sunt. His Nero, haudquaquam pœnitentia flagitii, conjugem revocavit Octaviam.

LXI. Exin læti Capitolium scandunt, deosque tandem venerantur. Effigies Poppææ proruunt; Octaviæ imagines gestant humeris, spargunt floribus, foroque ac templis statuunt. Itur etiam in principis laudes; expetitur venerantibus. Jamque et palatium multitudine et clamoribus complebant, quum emissi militum globi verberibus et intento ferro turbatos disjecere. Mutataque quæ per seditionem verterant, et Poppææ honos repositus est. Quæ semper odio, tum et metu atrox, ne aut vulgi acrior vis ingrueret, aut Nero inclinatione populi mutaretur, provoluta genibus ejus; « non eo loci res suas agi, ut de matrimonio certet (quanquam id sibi vita potius), sed vitam ipsam in extremum adductam a clientelis et servitiis Octaviæ, quæ plebis sibi nomen indiderint, ea in pace ausi, quæ vix bello evenirent. Arma illa adversus principem sumpta : ducem tantum defuisse; qui, motis rebus, facile reperiretur. Omitteret modo Campaniam, et in urbem ipsam pergeret, ad cujus nutum absentis tumultus cierentur. Quod alioquin suum delictum? quam cujusquam offensionem? An, quia veram progeniem penatibus Cæsarum datura sit, malle populum romanum tibicinis ægyptii subolem imperatorio fastigio induci? Denique, si id rebus conducat, libens, quam coactus, acciret dominam, vel consu-

mer un premier mouvement; mais, s'ils désespéraient une fois de revoir Octavie femme de Néron, ils sauraient bien lui trouver un mari.

LXII. Ce discours artificieux, et fait pour réveiller la crainte et la colère, épouvanta tout à la fois et enflamma Néron. Mais les soupçons sur un esclave obtenaient peu de créance, et ils avaient été détruits par les dépositions des femmes. On cherche donc à se procurer l'aveu d'un homme auquel on pût aussi prêter un projet de révolution dans l'empire; et l'on jeta les yeux sur Anicétus, l'assassin d'Agrippine, qui commandait la flotte de Misène, comme je l'ai dit. Cet homme avait joui de quelque faveur après son crime; mais, ensuite, il était devenu odieux, comme tous les complices des forfaits, dont la présence semble un reproche continuel. Néron le fait donc venir; il lui rappelle ses premiers services; qu'il était venu, lui seul, au secours du prince, dans un moment où sa vie était menacée par une mère; qu'il s'agissait de lui rendre un service non moins important, en le délivrant d'une épouse ennemie; qu'on n'avait besoin ni de son bras, ni de son épée; qu'il n'y avait qu'à faire l'aveu d'un adultère avec Octavie. En même temps il lui promet pour le moment, des récompenses secrètes, mais considérables, et une retraite délicieuse; ou bien, s'il refusait, la mort. Ce malheureux, par sa perversité naturelle, et par la dépendance où jette un premier crime, renchérit encore sur les impostures qu'on lui avait commandées, et fait ses aveux en présence de quelques favoris, dont Néron avait formé une sorte de conseil. Il est ensuite relégué en Sardaigne, où quelques richesses adoucirent son exil, et où il mourut tranquillement.

LXIII. Néron, dans un édit, déclare qu'Octavie, à dessein de se faire livrer la flotte, en avait séduit le commandant; puis, oubliant cette stérilité, naguère tant reprochée, il l'accuse de s'être fait avorter pour couvrir ses dérèglements, et il assurait avoir la preuve de tous ces crimes; ensuite il la fait enfermer dans l'île de Pandataria. Jamais exilée n'offrit à la pitié des Romains un spectacle plus attendrissant. Quelques-uns se rappelaient encore Agrippine persécutée par Tibere. La mémoire de Julie, exilée par Claude, était plus récente; mais ces deux femmes, du moins, parvenues à la maturité de l'âge, avaient eu quelques beaux jours; elles pouvaient adoucir les rigueurs de leur situation présente par des souvenirs plus heureux. Pour Octavie, le premier jour de son hymen fut un jour de deuil; elle entra dans une maison où lui offrit que des sujets d'affliction, un père empoisonné, et un frère aussitôt après; puis une esclave plus puissante que sa maîtresse; puis Poppée, qui lui succéda pour la perdre; enfin des calomnies plus horribles que tous les supplices.

LXIV. Et encore cette jeune infortunée, entourée de centurions et de soldats, restait, à vingt ans, déjà séparée de la vie par le pressentiment de ses maux, sans pouvoir jouir du repos de la mort. A quelque temps de là, elle reçoit l'ordre de terminer ses jours. Elle eut beau se réduire aux titres de veuve et de sœur, invoquer le nom des Germanicus, leurs communs aïeux, et, enfin, celui d'Agrippine, qui, tant qu'elle avait vécu, avait empêché, sinon qu'elle ne fût malheureuse, du moins qu'on n'attentât à ses jours : rien ne lui servit. Elle se voit lier impitoyablement; on lui ouvre les quatre veines; et,

---

leret securitati justa ultione. Et modicis remediis primos motus consedisse; at, si desperent uxorem Neronis fore Octaviam, illi maritum daturos. »

LXII. Varius sermo, et ad metum atque iram accommodatus, terruit simul audientem et accendit. Sed parum valebat suspicio in servo, et quæstionibus ancillarum elusa erat. Ergo confessionem alicujus quæri placet, cui rerum quoque novarum crimen affingeretur. Et visus idoneus maternæ necis patrator, Anicetus, classi apud Misenum, ut memoravi, præfectus, levi post admissum scelus gratia, dein graviore odio : quia malorum facinorum ministri quasi exprobrantes adspiciuntur. Igitur accitum eum Cæsar operæ prioris admonet; « solum incolumitati principis adversus insidiantem matrem subvenisse : locum haud minoris gratiæ instare, si conjugem Octaviæ depelleret; nec manu aut telo opus : fateretur Octaviæ adulterium. » Occulta quidem ad præsens, sed magna ei præmia, et secessus amœnos promittit; vel, si negavisset, necem intentat. Ille, insita vecordia, et facilitate priorum flagitiorum, plura etiam quam jussum erat fingit, fateturque apud amicos, quos velut consilio adhibuerat princeps. Tum in Sardiniam pellitur, ubi non inops exsilium toleravit, et fato obiit.

LXIII. At Nero, præfectum in spem sociandæ classis corruptum, et incusata paulo ante sterilitatis oblitus, abactos partus conscientia libidinum, eaque sibi comperta, edicto memorat; insulaque Pandataria Octaviam claudit. Non alia exsul visentium oculos majore misericordia affecit. Meminerant adhuc quidam Agrippinæ a Tiberio, recentior Juliæ memoria obversabatur a Claudio pulsæ. Sed illis robur ætatis adfuerat; læta aliqua viderant, et præsentem sævitiam melioris olim fortunæ recordatione allevabant. Huic primum nuptiarum dies loco funeris fuit, deductæ in domum in qua nihil nisi luctuosum haberet, erepto per venenum patre et statim fratre; tum ancilla domina validior, et Poppæa non nisi in perniciem uxoris nupta; postremo crimen omni exitio gravius.

LXIV. Ac puella, vicesimo ætatis anno, inter centuriones et milites, præsagio malorum jam vita exempta, nondum tamen morte acquiescebat. Paucis dehinc interjectis diebus, mori jubetur : quum jam viduam se, et tantum sororem testaretur, communesque Germanicos, et postremo Agrippinæ nomen cieret, qua incolumi, infelix quidem matrimonium, sed sine exitio pertulisset. Restringitur vinculis, venæque ejus per omnes artus exsolvuntur : et, quia pressus pavore sanguis tardius labebatur, præfervidi

comme son sang, glacé par la peur, tardait à couler, on la fait expirer dans la vapeur d'un bain bouillant. Ensuite, pour comble d'atrocité, sa tête ayant été coupée et portée à Rome, Poppée l'examina. On décerna, à cette occasion, des offrandes pour tous les temples; ce que je rapporte exprès, afin qu'en lisant l'histoire de ces temps, dans mon ouvrage, ou dans d'autres écrits, on sache d'avance que tous les exils, que tous les assassinats commandés par le prince furent suivis d'autant d'actions de grâces rendue aux dieux, et qu'alors, ce qui jadis annonçait nos prospérités, devint la marque infaillible des calamités publiques. Cependant je ne tairai point quelques autres sénatus-consultes piquants par l'adulation, et où l'avilissement fut porté au comble.

LXV. Ce fut dans cette même année que Néron fit empoisonner, dit-on, ses principaux affranchis, Doryphore, pour avoir traversé l'hymen de Poppée; Pallas, parce que sa longue vieillesse retenait trop longtemps des richesses immenses. Romanus avait manœuvré sourdement contre Sénèque, dont il accusait les liaisons avec Pisons Sénèque, avec plus de fondement, fit retomber l'accusation sur Romanus : ce qui alarma Pison, et prépara contre Néron une conspiration terrible, mais dont l'issue fut malheureuse.

LIVRE QUINZIÈME.

I. Cependant Vologèse, roi des Parthes, ayant appris les succès de Corbulon, et qu'on avait placé Tigrane, un étranger, sur le trône de l'Arménie, voulait aller venger l'injure faite à la majesté des Arsacides par l'expulsion de son frère Tiridate; puis, dans le même moment, la considération de la grandeur romaine et d'une ancienne alliance non interrompue ramenait à des mouvements contraires ce monarque, naturellement irrésolu, entravé, d'ailleurs, par la révolte des Hyrcaniens, nation puissante, et par toutes les guerres que cette révolte avait entraînées à sa suite. Au milieu de ces incertitudes, la nouvelle d'un second outrage vient aiguillonner son orgueil. Tigrane, ne se renfermant point dans l'Arménie, avait été ravager l'Adiabène, province limitrophe; et, pour une incursion furtive, le ravage avait duré longtemps et embrassé un grand terrain. C'est ce qui indignait surtout les grands du royaume. Ils se voyaient tombés dans un tel mépris que Rome ne daignait pas même envoyer contre eux un de ses généraux, et qu'elle les livrait aux insultes d'un vil otage, confondu longtemps parmi ses esclaves. Le gouverneur de l'Adiabénie, Monobaze, enflammait encore le dépit de la nation. Dans toutes ses lettres il demandait qui prendrait donc leur défense, à qui donc s'adresseraient-ils? On avait déjà fait le sacrifice de l'Arménie; il faudrait en faire bien d'autres, puisque les Parthes renonçaient à les soutenir; leur chaîne serait plus légère en se soumettant aux Romains, qu'en étant leurs captifs. Mais Tiridate, par sa présence seule, accusait encore plus Vologèse; la vue de ce prince, fugitif et détrôné, disait assez haut que les grands empires ne se maintenaient point avec de la pusillanimité; que c'était avec des soldats et des armes qu'il aurait fallu combattre; qu'entre souverains, c'était la force qui réglait les droits; que des citoyens pouvaient se borner à conserver leur héritage; que la gloire des rois était de travailler à l'agrandir.

II. Entraîné par tous ces motifs, Vologèse assemble un conseil, où il place Tiridate immédiatement à côté de lui, et il parle ainsi : « Mon

---

balnei vapore enecatur; additurque atrocior sævitia, quod caput amputatum lacumque in urbem Poppæa vidit. Dona ob hæc templis decreta : quod ad eum finem memoravimus, ut, quicunque casus temporum illorum nobis vel aliis auctoribus noscent, præsumptum habeant, quoties fugas et cædes jussit princeps, toties grates deis actas, quæque rerum secundarum olim, tum publicæ cladis insignia fuisse. Neque tamen silebimus, si quod senatusconsultum adulatione novum, aut patientia postremum fuit.

LXV. Eodem anno libertorum potissimos veneno interfecisse creditus est : Doryphorum, quasi adversatum nuptiis Poppææ; Pallantem, quod immensam pecuniam longa senecta detineret. Romanus secretis criminationibus incusaverat Senecam, ut C. Pisonis socium ; sed validius a Seneca eodem crimine perculsus est. Unde Pisoni timor, et orta insidiarum in Neronem magna moles, sed improspera.

LIBER DECIMUS QUINTUS.

I. Interea rex Parthorum Vologeses, cognitis Corbulonis rebus, regemque alienigenam Tigranen Armeniæ impositum; simul fratre Tiridate pulso, spretum Arsacidarum fastigium ire ultum volens; magnitudine rursus romana, et continui fœderis reverentia, diversas ad curas trahebatur : cunctator ingenio, et defectione Hyrcanorum, gentis validæ, multisque ex eo bellis illigatus. Atque illum ambiguum novus insuper nuncius contumeliæ exstimulat : quippe egressus Armenia Tigranes, Adiabenos, conterminam nationem, latius ac diutius quam per latrocinia, vastaverat ; idque primores gentium ægre tolerabant : « eo contemptionis descensum, ut ne duce quidem romano incursarentur, sed temeritate obsidis, tot per annos inter mancipia habiti. » Accendebat dolorem eorum Monobazus, quem penes Adiabenum regimen, « quod præsidium, aut unde peteret, » rogitans. « Jam de Armenia concessum; et proxima trahi, nisi defendant Parthi : levius servitium apud Romanos deditis quam captis esse. » Tiridates quoque regni profugus, per silentium aut modice querendo, gravior erat. « Non enim ignavia magna imperia contineri : virorum armorumque faciendum certamen. Id in summa fortuna æquius, quod validius. Et sua retinere, privatæ domus; de alienis certare, regiam laudem esse. »

« frère Tiridate m'avait cédé, en faveur de mon
« âge, cette couronne, la première de toutes, et
« je l'avais dédommagé par la possession de l'Ar-
« ménie, qui passe pour le troisième établisse-
« ment de notre maison ; car les Mèdes étaient
« échus d'avance à Pacorus. Par là, je me flat-
« tais d'avoir étouffé ces haines et ces rivalités
« qui désunissent les frères, et assuré la tranquil-
« lité de ma famille. Les Romains s'y opposent.
« Oubliant combien il leur en a coûté jadis pour
« avoir provoqué les Parthes, ils nous provoquent
« encore pour se préparer de nouvelles humilia-
« tions. Je ne le nierai point ; j'avais préféré les
« négociations à la guerre, et je voulais mainte-
« nir les conquêtes de nos ancêtres par la justice,
« plutôt que par la force. Si j'ai failli, mon cou-
« rage réparera les erreurs de ma politique. Votre
« puissance est entière ainsi que votre honneur,
« et vous avez, de plus, le mérite de la modé-
« ration, vertu que ne dédaignent point les plus
« grands des mortels, et dont les dieux nous tien-
« nent compte. » En même temps, il ceignit du
diadème le front de Tiridate ; il donna à Monèse,
guerrier d'une naissance illustre, cette brave cavalerie qui accompagne toujours les rois ; il y
joignit les troupes des Adiabéniens, et lui ordonna
d'aller chasser Tigrane de l'Arménie, tandis que,
lui-même, renonçant à ses démêlés avec l'Hyrcanie, s'environnait de toutes ses forces et d'un
appareil de guerre formidable, prêt à fondre à
chaque instant sur les provinces romaines.

III. Corbulon, exactement informé de ces
mouvements, envoya sur-le-champ au secours de
Tigrane deux légions, sous la conduite de Vérulanus Sévérus et de Vettius Bolanus, avec un
ordre secret de mettre en tout plus de prudence
que de précipitation ; car il ne voulait point engager la guerre ; il préférait la repousser. Il avait
écrit à Néron que l'Arménie avait besoin d'un
général particulier ; que la Syrie, menacée par
Vologèse, était dans un danger plus pressant. En
attendant, il place ce qui lui restait de légions
le long de l'Euphrate ; il lève, à la hâte, un
corps de troupes dans la province ; fortifie tous
les passages par où l'ennemi pouvait pénétrer :
des redoutes, construites sur les sources, lui assurèrent le peu d'eau que fournit la contrée ; quelques ruisseaux furent ensevelis sous des monceaux de sable.

IV. Tandis que Corbulon pourvoyait ainsi à la
défense de la Syrie, Monèse précipitait sa marche,
afin de prévenir jusqu'au bruit de son arrivée ; il
n'en trouva pas moins Tigrane instruit et précautionné. Celui-ci avait occupé Tigranocerte, ville
très-forte, et par le nombre de ses défenseurs, et
par la hauteur de ses murailles. De plus, le Nicéphore, rivière assez large, entoure une partie
des murs ; et, dans les endroits où l'on se défiait
du fleuve, on y avait suppléé par un fossé profond. La place, depuis longtemps, était munie
de soldats et de vivres ; et le malheur d'un petit
détachement, que l'ardeur avait emporté trop
loin au-devant d'un convoi, et qui fut enveloppé
brusquement par l'ennemi, avait donné plus de
colère que de crainte. D'ailleurs, les Parthes
n'entendent point les sièges ; et les rares flèches
qu'ils lancent, trompent leurs efforts et n'effrayent
pas un ennui retranché. Les Adiabéniens voulurent tenter une escalade et employer des machines :
on les repoussa sans peine, et, dans ce moment,
une sortie brusque des nôtres leur tua beaucoup
de monde.

II. Igitur commotus his Vologeses concilium vocat, et proximum sibi Tiridaten constituit, atque ita orditur : « Hunc ego, eodem mecum patre genitum, quum mihi, « per ætatem, summo nomine concessisset, in possessio- « nem Armeniæ deduxi, qui tertius potentiæ gradus ha- « betur ; nam Medos Pacorus ante ceperat ; videbarque, « contra vetera fratrum odia et certamina, familiæ nostræ « penates rite composuisse : prohibent Romani, et pa- « cem, ipsis nunquam prospere lacessitam, nunc quoque « in exitium suum abrumpunt. Non ibo inficias : æquitate « quam sanguine, causa quam armis retinere parta ma- « joribus malueram ; si cunctatione deliqui, virtute cor- « rigam. Vestra quidem vis et gloria in integro est, ad- « dita modestiæ fama ; quæ neque summis mortalium « spernenda est, et a diis æstimatur. » Simul diademate caput Tiridatis evinxit ; promptam equitum manum, quæ regem ex more sectatur, Monesi, nobili viro, tradi- dit, adjectis Adiabenorum auxiliis ; mandavitque Tigra- nen Armenia exturbari, dum ipse, positis adversus Hyrcanos discordiis, vires intimas molemque belli ciet, provinciis romanis minitans.

III. Quæ ubi Corbuloni certis nunciis audita sunt, le- giones duas cum Verulano Severo et Vettio Bolano, sub-
sidium Tigrani, mittit, occulto præcepto compositius cuncta quam festinantius agerent ; quippe bellum habere quam gerere malebat. Scripseratque Cæsari proprio duce opus esse, qui Armeniam defenderet : Syriam, ingruente Vologese, acriore in discrimine esse. Atque interim reli- quas legiones pro ripa Euphratis locat, tumultuariam pro- vincialium manum armat, hostiles ingressus præsidiis intercipit. Et, quia egena aquarum regio est, castella fontibus imposita ; quosdam rivos congesta arenæ abdidit.

IV. Ea dum a Corbulone tuendæ Syriæ parantur, acto raptim agmine Moneses, ut famam sui præiret, non ideo nescium aut incautum Tigranen offendit. Occupaverat Tigranocerta, urbem copia defensorum et magnitudine mœnium validam. Ad hæc Nicephorius amnis, haud spernenda latitudine, partem murorum ambit ; et ducta ingens fossa, qua fluvio diffidebatur. Inerantque milites, et provisi ante commeatus ; quorum subvecta pauci avi- dius progressi, et repentinis hostibus circumventi, ira magis quam metu ceteros accenderant. Sed Partho ad ex- sequendas obsidiones imperitia : non cominus audacia : raris sagit- tis, neque clausos exterret, et semet frustratur. Adiabeni, quum promovere scalas et machinamenta inciperent, facile detrusi, mox, erumpentibus nostris, cæduntur.

V. Corbulon, malgré le succès de ses armes, persuadé qu'il fallait de la modération dans la prospérité, députa vers Vologèse, pour se plaindre qu'on eût envahi la province; qu'un roi, leur allié et leur ami, que des cohortes romaines fussent ainsi resserrées. Il demandait la levée du siége, sinon il irait lui-même camper sur les terres ennemies. Le centurion Caspérius, chargé de la députation, trouva le roi à Nisibe, à trente-sept mille pas de Tigranocerte, et il énonça ses ordres avec hauteur. De tout temps, Vologèse avait tenu fortement à l'idée de ne point se compromettre avec les armes romaines. Aujourd'hui, les affaires ne prenaient pas un cours heureux; le siége n'avançait point, on avait été repoussé dans l'assaut; Tigrane était pourvu d'hommes et de vivres ; des légions protégeaient l'Arménie; d'autres, le long de la Syrie, menaçaient ses propres États; la disette de fourrage épuisait sa cavalerie ; des armées dévorantes de sauterelles n'avaient laissé ni herbe, ni feuille. Vologèse, renfermant ses craintes, et feignant de se radoucir, répondit qu'il allait députer vers l'empereur de Rome, pour demander l'Arménie et consolider la paix. Il ordonna à Monèse d'abandonner Tigranocerte, et revint lui-même sur ses pas.

VI. La plupart, attribuant cette retraite aux craintes du monarque et aux menaces de Corbulon, l'exaltait comme un exploit magnifique. D'autres soupçonnaient un traité secret, par lequel la guerre devait cesser des deux côtés, et Tigrane évacuer l'Arménie en même temps que Vologèse. Car, autrement, pourquoi retirer l'armée romaine de Tigranocerte? Pourquoi abandonner, dans la paix, ce qu'on avait défendu dans la guerre? Hivernerait-on plus commodément à l'extrémité de la Cappadoce, dans des baraques construites à la hâte, que dans la capitale d'un royaume où l'on venait de se maintenir? Certes, on n'avait voulu que reculer la guerre : Vologèse, pour éviter d'avoir en tête Corbulon ; Corbulon, pour ne plus compromettre une gloire, ouvrage de tant d'années. En effet, il avait demandé, comme je l'ai dit, un chef particulier pour la défense de l'Arménie, et en attendait Pétus incessamment. A son arrivée, les troupes furent partagées : la quatrième et la douzième légion, avec la cinquième qu'on venait de tirer de la Mésie, et les auxiliaires du Pont, de Galatie et de Cappadoce, obéirent à Pétus; la troisième, la sixième, la dixième, et les anciens soldats de Syrie furent conservés à Corbulon. Du reste, ils devaient, selon que le bien du service l'exigerait, agir de concert, ou séparément. Mais Corbulon ne pouvait souffrir même qu'on s'égalât à lui ; et Pétus, qui eût dû se trouver très-honoré d'être mis à quelque distance de ce grand homme, ne parlait qu'avec mépris de ses exploits; il disait sans cesse qu'on n'avait point gagné de bataille, qu'on n'avait point enlevé de butin; que ces conquêtes de places, dont on se prévalait, n'étaient qu'imaginaires; qu'il saurait bien, lui, imposer aux vaincus, des lois et des tributs, et substituer, à ce fantôme de roi, la domination romaine.

VII. Vers le même temps, les députés que Vologèse avait envoyés à Rome, comme on l'a vu plus haut, revinrent sans avoir rien terminé ; les Parthes entreprirent ouvertement la guerre, et Pétus ne s'y refusa point. Il prend deux légions, la quatrième et la douzième, commandées, l'une par Vettonianus, l'autre par Calavius, et il entre

---

V. Corbulo tamen, quamvis secundis rebus suis, moderandum fortunæ ratus, misit ad Vologesen qui expostularent « vim provinciæ illatam; socium amicumque regem, cohortes romanas circumsideri : omitteret potius obsidionem, aut se quoque in agro hostili castra positurum. » Casperius centurio, in eam legationem delectus, apud oppidum Nisibin, septem et triginta millibus passuum a Tigranocerta distantem, adiit regem, et mandata ferociter edidit. Vologesi vetus et penitus infixum erat, arma romana vitandi; nec præsentia prospere fluebant : irritum obsidium ; tutus manu et copiis Tigranes; fugati qui expugnationem sumpserant; missæ in Armeniam legiones; et aliæ pro Syria, paratæ ultro irrumpere : sibi imbecillum equitem pabuli inopia; nam exorta vis locustarum ambederat quidquid herbidum aut frondosum. Igitur, metu abstruso, mitiora obtendens, missurum ad imperatorem romanum legatos, super petenda Armenia et firmanda pace, respondet. Monesen omittere Tigranocerta jubet ; ipse retro concedit.

VI. Hæc plures, ut formidine regis et Corbulonis minis patrata, magnifice extollebant. Alii occulte pepigisse interpretabantur, ut, omisso utrinque bello, et abeunte Vologese, Tigranes quoque Armenia abscederet. « Cur enim exercitum romanum a Tigranocertis deductum? cur deserta per otium, quæ bello defenderant? An melius hibernavisse in extrema Cappadocia, raptim erectis tuguriis, quam in sede regni modo retenti? Dilata prorsus arma, ut Vologeses cum alio quam cum Corbulone certaret, Corbulo meritæ tot per annos gloriæ non ultra periculum faceret. » Nam, ut retuli, proprium ducem tuendæ Armeniæ poposcerat, et adventare Cæsennius Pætus audiebatur : jamque aderat, copiis ita divisis ut quarta et duodecima legiones, addita quinta, quæ recens e Mœsis excita erat, simul Pontica, et Galatarum Cappadocumque auxilia Pæto obedirent ; tertia et sexta et decima legiones, priorque Syriæ miles, apud Corbulonem manerent : cetera ex rerum usu sociarent partirenturve. Sed neque Corbulo æmuli patiens; et Pætus, cui satis ad gloriam erat si proximus haberetur, despiciebat gesta, « nihil cædis aut prædæ, usurpatas nomine tenus urbium expugnationes » dictitans « se tributa ac leges, et, pro umbra regis, romanum jus victis impositurum. »

VII. Sub idem tempus, legati Vologesis, quos ad principem missos memoravi, revertere irriti : bellumque pro palam sumptum a Parthis; nec Pætus detrectavit, sed duabus legionibus, quarum quartam Funisulanus Vetto-

dans l'Arménie sous les auspices les plus sinistres. Comme il passait l'Euphrate sur un pont, le cheval qui portait les ornements consulaires, saisi d'effroi, sans cause apparente, revint sur ses pas ; une victime qu'on tenait attachée auprès de quelques fortifications commencées, franchit les ouvrages à demi construits, et s'enfuit hors des retranchements. Le feu prit à des javelots de légionnaires : prodige qui frappa d'autant plus, que les Parthes ne combattent qu'avec des armes de trait.

VIII. Pétus, bravant les présages, et n'ayant ni assez fortifié ses camps, ni aucunement pourvu à ses subsistances, franchit précipitamment le mont Taurus, pour aller, comme il s'en vantait, reprendre Tigranocerte, et ravager des contrées qu'il disait n'avoir point été entamées par Corbulon. En effet, il prit quelques forts, et il eût remporté un peu de butin et de gloire, s'il eût su borner l'une et veiller sur l'autre. Il s'épuisa à parcourir de vastes pays, qu'il ne pouvait garder ; il laissa gâter les provisions qu'il avait prises ; enfin, se voyant pressé par l'hiver, il ramena son armée ; et il écrivit à Néron comme s'il eût terminé la guerre, couvrant, sous le faste des expressions, la nullité de ses exploits.

IX. Pendant ce temps, Corbulon, qui n'avait jamais négligé la rive de l'Euphrate, la garnissait encore de nouvelles fortifications ; et, de peur que la cavalerie ennemie qu'on voyait déjà se déployer dans les plaines voisines avec un appareil imposant, ne vînt troubler la construction d'un pont qu'il faisait jeter sur le fleuve, il fit avancer, le long de la rivière, de très-grands navires, qu'il lia par des poutres, et qu'il hérissa de tours ; il contint les barbares avec les catapultes et les balistes, qui lançaient des pierres et des javelines à des distances que leurs flèches ne pouvaient franchir. Le pont fut achevé sans interruption ; et, aussitôt, il fit occuper les collines opposées par les cohortes alliées, puis, par un camp de légions, avec une telle promptitude et une telle apparence de forces, que les Parthes, renonçant à leurs projets d'invasion en Syrie, tournèrent vers l'Arménie toutes leurs espérances.

X. Là, Petus s'abandonnait à une sécurité profonde ; il tenait la cinquième légion au loin dans le Pont ; il avait affaibli toutes les autres par une foule de congés indiscrets, lorsqu'il apprit que Vologèse allait fondre sur lui avec une armée formidable. Aussitôt il mande la douzième légion ; mais ce corps, très-incomplet, au lieu d'augmenter, comme il le croyait, la réputation de ses forces, en décela la faiblesse. Toutefois, il eût pu encore se maintenir dans son camp, et, en traînant la guerre, faire échouer les Parthes, s'il eût su former un projet, ou suivre celui des autres. Mais, quand de sages conseils l'avaient tiré d'un péril pressant, dans la crainte de paraître dépendre des lumières d'autrui, il reprenait aussitôt une résolution contraire, et toujours plus mauvaise. D'abord, abandonnant son camp, et ne cessant de crier qu'avec des bras et des armes on n'avait besoin ni de remparts, ni de retranchements, il marche, comme s'il eût voulu combattre ; puis, ayant perdu un centurion et quelques soldats, qu'il avait envoyés reconnaître l'ennemi, il revient précipitamment sur ses pas. Ensuite, comme Vologèse avait mis peu d'ardeur

---

nianus eo in tempore, duodecimam Calavius Sabinus, regebant, Armeniam intrat, tristi omine. Nam in transgressu Euphratis, quem ponte transmittebat, nulla palam causa, turbatus equus qui consularia insignia gestabat retro evasit. Hostiaque, quæ muniebantur hibernaculis assistens, semifacta opera fuga perrupit, seque vallo extulit : et pila militum arsere, magis insigni prodigio quia Parthus hostis missilibus telis decertat.

VIII. Ceterum Pætus, spretis ominibus, necdum satis firmatis hibernaculis, nullo rei frumentariæ proviso, rapit exercitum trans montem Taurum, reciperaudis, ut ferebat, Tigranocertis, vastandisque regionibus quas Corbulo integras omisisset. Et capta quædam castella, gloriæque et prædæ nonnihil partum, si aut gloriam cum modo, aut prædam cum cura, habuisset. Longinquis itineribus percursando quæ obtineri nequibant, corrupto qui captus erat commeatu, et instante jam hieme, reduxit exercitum compositumque ad Cæsarem literas, quasi confecto bello, verbis magnificis, rerum vacuas.

IX. Interim Corbulo nunquam neglectam Euphratis ripam crebrioribus præsidiis insedit : et, ne ponti injiciendo impedimentum hostiles turmæ afferrent (jam enim subjectis campis magna specie volitabant), naves magnitudine præstantes, et connexas trabibus ac turribus auctas, agit per amnem, catapultisque et balistis proturbat barbaros, in quos saxa et hastæ longius permeabant quam ut contrario sagittarum jactu adæquarentur. Dein pons continuatus ; collesque adversi per socias cohortes, post legionum castris, occupantur, tanta celeritate et ostentatione virium, ut Parthi, omisso paratu invadendæ Syriæ, spem omnem in Armeniam verterent.

X. Ibi Pætus, imminentium nescius, quintam legionem procul in Ponto habebat, reliquas promiscuis militum commeatibus infirmaverat ; donec adventare Vologesen magno et infenso agmine auditum. Accitur legio duodecima, et unde famam aucti exercitus speraverat, prodita infrequentia ; quo tamen retineri castra, et eludi Parthus tractu belli poterat, si Pæto aut in suis aut in alienis consiliis constantia fuisset. Verum ubi a viris militaribus adversus urgentes casus firmatus erat, rursus, ne alienæ sententiæ indigens videretur, in diversa ac deteriora transibat. Et tunc, relictis hibernis, « non fossam neque vallum sibi, sed corpora et arma in hostem data » clamitans, duxit legiones, quasi prælio certaturus. Deinde, amisso centurione et paucis militibus, quos visendis hostium copiis præmiserat, trepidus remeavit. Et, quia minus acriter Vologeses institerat, vana rursus fiducia, tria millia delecti peditis proximo Tauri jugo imposuit, quo transitum

dans sa poursuite, reprenant sa vaine présomption, il posta trois mille hommes, l'élite de son infanterie, sur une montagne du Taurus, la plus proche, afin de fermer le passage au roi; il jeta aussi l'élite de sa cavalerie, la division de Pannonie, dans un coin de la plaine. Sa femme et son fils furent envoyés au fond d'un château, nommé Arsamosate, et il leur donna une cohorte pour les garder. Il dispersa ainsi toutes ses troupes, qui, réunies, auraient eu plus de courage contre un ennemi mal discipliné; et ce ne fut, dit-on, qu'à la dernière extrémité qu'il se détermina à avouer sa détresse à Corbulon, qui dit-on aussi, ne se pressa point, laissant croître le péril pour donner plus d'éclat au secours. Corbulon, pourtant, tira de chacune de ses trois légions mille hommes, qui, avec huit cents chevaux et un nombre égal de fantassins auxiliaires, reçurent l'ordre de se disposer à partir.

XI. Cependant Vologèse, sans s'effrayer un instant de cette cavalerie et de cette infanterie, dont il savait que Pétus avait embarrassé sa marche, persiste dans son plan. Ses attaques, ses dispositions seules épouvantèrent la cavalerie Pannonienne; les légionnaires furent écrasés. Il n'y eut qu'un seul centurion, Tarquitius Crescens, qui osa défendre une tour, dont il commandait la garnison. Après avoir fait de fréquentes sorties, et taillé en pièces tous les barbares qui approchaient, il ne succomba qu'au moment où il fut enveloppé par les flammes. Quelques fantassins, que le fer épargna, se sauvèrent au loin dans les déserts, les blessés, dans le camp, débitant, sur la valeur du roi, sur la cruauté et sur les forces des vainqueurs, toutes les exagérations de la crainte, facilement recueillies par ceux qui la partageaient. Le général, lui-même, n'avait plus la force de combattre ces terreurs, et il avait abandonné toutes fonctions militaires; seulement il envoya de nouveau presser Corbulon de venir au plus tôt sauver leurs enseignes, leurs aigles, et les restes malheureux d'une armée presque détruite; il promettait de se défendre, en attendant, jusqu'au dernier soupir.

XII. Corbulon, sans s'effrayer, ayant laissé en Syrie une partie de ses troupes pour garder ses fortifications sur l'Euphrate, prit le chemin le plus court et le plus commode pour les subsistances; il gagna la Commagène, ensuite la Cappadoce, de là l'Arménie. Avec l'armée, outre l'attirail ordinaire, marchaient des troupes nombreuses de chameaux chargés de blé, afin de repousser à la fois et la famine et l'ennemi. Le premier objet qui vint s'offrir à sa vue, fut le primipilaire Pactius, un des fuyards; ensuite, plusieurs soldats. Comme ils donnaient à leur fuite différents prétextes, il leur conseilla de retourner à leurs drapeaux, et d'essayer leurs supplications sur Pétus : quant à lui, il était impitoyable pour ceux qui se laissaient vaincre. En même temps, il passait au travers de ses propres légions; il les excitait; il leur rappelait leur ancienne gloire, il leur en promettait une nouvelle. Ce n'étaient plus de simples villes, ou des bourgades d'Arménie; c'était un camp romain, et, dans ce camp, douze mille légionnaires qui allaient devenir le prix de leurs travaux; chacun d'eux pouvait se flatter de recevoir, de la main de son général, cette couronne si glorieuse qu'obtiennent les libérateurs des citoyens; et, alors, quel honneur signalé pour une armée entière, où il y aurait autant de couronnes distribuées que de citoyens sauvés? Ces motifs, et d'autres pareils, les animant tous d'une ardeur commune, outre ceux que le péril d'un proche ou d'un frère aiguillonnait et enflammait plus

regis arcerent. Alares quoque Pannonios, robur equitatus, in parte campi locat. Conjux ac filius castello, cui Arsamosata nomen est, abditi, data in praesidium cohorte, ac disperso milite, qui, in uno habitus, vagum hostem promptius sustentavisset : et aegre compulsum ferunt, ut instantem Corbuloni fateretur; nec a Corbulone properatum, quo, gliscentibus periculis, etiam subsidii laus augeretur. Expediri tamen itineri singula millia ex tribus legionibus, et alarios octingentos, parem numerum e cohortibus, jussit.

XI. At Vologeses, quamvis obsessa a Praeto itinera hinc peditata, inde equite, accepisset, nihil mutato consilio, sed vi ac minis alares exterruit, legionarios obtrivit, uno tantum centurione Tarquitio Crescente turrim, in qua praesidium agitabat, defendere auso, facta saepius eruptione, et caesis qui barbarorum propius suggrediebantur, donec ignium jactu circumveniretur : peditum si quis interger, longinqua et avia, vulnerati castra, repetivere; virtutem regis, saevitiam et copias gentium, cuncta metu extollentes, facili credulitate eorum qui eadem pavebant. Ne dux quidem obniti adversis; sed cuncta militiae munia deseruerat, missis iterum ad Corbulonem precibus, « veniret propere, signa et aquilas et nomen reliquum infelicis exercitus tueretur : se fidem interim, donec vita suppeditet, retenturos. »

XII. Ille interritus, et parte copiarum apud Syriam relicta, ut munimenta Euphrati imposita retinerentur, qua proximum et commeatibus non egenum, regionem Commagenam, exin Cappadociam, inde Armenios petivit. Comitabantur exercitum, praeter alia sueta bello, magna vis camelorum, onusta frumento, ut simul hostem famemque depellerent. Primum e perculsis Pactium, primipili centurionem obvium habuit, dein plerosque militum : quos, diversas fugae causas obtendentes, redire ad signa et clementiam Paeti experiri monebat; se nisi victoribus immitem esse. Simul suas legiones adire, hortari, priorum admonere, novam gloriam ostendere; non vicos aut oppida Armeniorum, sed castra romana duasque in iis legiones, pretium laboris peti. Si singulis manipularibus praecipua servati civis corona, imperatoria manu, tribueretur; quod illud et quantum decus, ubi par eorum numerus adipisceretur, qui attulissent salutem

particulièrement, ils pressent leur marche, jour et nuit, sans interruption.

XIII. Vologèse redoublait d'autant plus ses efforts contre les assiégés : tantôt il insultait le retranchement des légions, tantôt le château, qui recélait les enfants et les femmes ; il s'avançait même plus près qu'il n'est ordinaire aux Parthes, dans l'espoir que cette témérité pourrait attirer les Romains au combat. Mais à peine pouvaient-ils s'arracher de leurs tentes, et ils se bornaient à défendre leurs palissades, suivant l'ordre du général ; la plupart aussi, par lâcheté, voulant attendre Corbulon, et, au cas qu'ils fussent trop pressés, s'autorisant d'avance des journées de Numance et des Fourches Caudines. On se disait que ni les Samnites, ni aucun peuple d'Italie, ni les Carthaginois, rivaux de notre empire, n'avaient été aussi redoutables ; que des anciens Romains, si braves et si vantés, toutes les fois qu'ils avaient désespéré de vaincre, avaient songé à vivre. Le général, ne résistant plus à ce découragement de l'armée, écrivit à Vologèse, sans, toutefois, dans sa première lettre, s'abaisser à un ton suppliant ; il prenait au contraire celui du reproche : Que les Arméniens, objets de ses hostilités, avaient toujours été soumis, ou à Rome, ou à des souverains du choix de l'empereur ; que la paix était avantageuse aux deux partis, et qu'il ne fallait pas s'arrêter seulement au présent ; que le monarque était venu, avec toutes les forces de son empire, contre deux légions ; mais qu'il restait aux Romains l'univers pour soutenir leur querelle.

XIV. Vologèse, sans entrer dans aucune discussion, répondit qu'il attendait ses frères, Pacorus et Tiridate ; qu'il leur avait fixé ce temps et ce lieu pour décider, dans un conseil, du sort de l'Arménie ; que, puisque les dieux y joignaient cette faveur, digne des Arsacides, ils prononceraient en même temps sur les légions romaines. Pétus députa de nouveau, pour demander une entrevue au roi, qui envoya à sa place Vasacès, préfet de cavalerie. Dans cette conférence, Pétus cita les Lucullus, les Pompées, et tous les actes des Césars qui avaient ou possédé ou donné l'Arménie. Vasacès répondit que les Romains avaient la prétention, que les Parthes avaient la force. Enfin, après bien des débats, l'Adiabène Monobaze assista le lendemain, comme témoin, au traité qui se conclut ; et l'on régla qu'on lèverait le siège ; que les Romains évacueraient entièrement l'Arménie ; qu'on livrerait aux Parthes les châteaux et les magasins ; que, tous ces arrangements consommés, on laisserait à Vologèse le temps d'envoyer à Néron des ambassadeurs.

XV. Dans l'intervalle, Pétus construisit un pont sur le fleuve Arsanias qui coulait au pied du camp, sous prétexte que ce pont lui faciliterait sa route ; mais les Parthes avaient exigé ce monument de leur victoire. En effet, il ne servit qu'à eux : les Romains prirent un chemin tout opposé. La renommée ajouta que les légions avaient passé sous le joug, parce que les légions étaient malheureuses, qu'elles essuyèrent aussi, de la part des Arméniens, le simulacre de cette ignominie. En effet, ceux-ci entrèrent jusque dans les retranchements, avant que les Romains en fussent sortis ; et ils bordèrent tous les chemins, prétendant reconnaître des esclaves et des chevaux pris depuis un temps infini, et les em-

et qui accipessent? » His atque talibus in commune alacres (et erant quos pericula fratrum aut propinquorum propriis stimulis incenderent), continuum diu noctuque iter properabant.

XIII. Eoque intentius Vologeses premere obsessos, modo vallum legionum, modo castellum quo imbellis ætas defendebatur, adpugnare, propius incedens quam mos Parthis, si ea temeritate hostem in prælium eliceret. At illi vix contuberniis extracti, nec aliud quam munimenta propugnabant ; pars jussu ducis, et alii propria ignavia, ut Corbulonem opperientes, ac, si vis ingrueret, provisis exemplis Caudinæ ac Numantinæ cladis : « neque eamdem vim Samnitibus, italico populo, aut Pœnis romani imperii æmulis. Validam quoque et laudatam antiquitatem, quoties fortuna contra daret, saluti consuluisse. » Qua desperatione exercitus dux subactus, primas tamen literas ad Vologesen non supplices, sed in modum querentis composuit, « quod pro Armeniis semper romanæ ditionis, aut subjectis regi quem imperator delegisset, hostilia faceret, pacem ex æquo utilem : nec præsentia tantum spectaret ; ipsum, adversus duas legiones, totis regni viribus advenisse ; at Romanis orbem terrarum reliquum, quo bellum juvarent. »

XIV. Ad ea Vologeses, nihil pro causa, sed « opperien- dos sibi fratres, Pacorum ac Tiridaten, » rescripsit ; « illum locum tempusque consilio destinatum quo de Armenia cerneret, (adjecisse deos dignum Arsacidarum) simul et de legionibus romanis statuerent. » Missi post a Pæto nuncii, et regis colloquium petitum, qui Vasacen, præfectum equitatus, ire jussit. Tum Pætus, Lucullos, Pompeios, et si qua Cæsares obtinendæ donandæve Armeniæ egerant ; Vasaces imaginem retinendi largiendive penes nos, vim penes Parthos, memorat. Et, multum invicem disceptato, Monobazus Adiabenus in diem posterum, testis iis quæ pepigissent, adhibetur. Placuitque liberari obsidio legiones, et decedere omnem militem finibus Armeniorum, castellaque et commeatus Parthis tradi ; quibus perpetratis, copia Vologesi fieret mittendi ad Neronem legatos.

XV. Interim flumini Arsaniæ (is castra præfluebat) pontem imposuit, specie sibi illud iter expedientis ; sed Parthi, quasi documentum victoriæ, jusserant, namque iis usui fuit, nostri per diversum iere. Addidit rumor sub jugum missas legiones, et alia ex rebus infaustis, quorum simulacrum ab Armeniis usurpatum est. Namque et munimenta ingressi sunt, antequam agmen romanum excederet, et circumstetere vias, captiva olim mancipia aut jumenta agnoscentes abstrahentesque. Raptæ etiam ve-

menant. Il y eut aussi des habits enlevés, des armes retenues : le soldat, tout tremblant, n'osait disputer, de peur de donner lieu à un combat. Vologèse, ayant élevé un trophée de nos armes et de nos morts, afin d'attester notre désastre, fit grâce aux légions d'être témoin de leur fuite. Il cherchait la gloire de la modération, après avoir satisfait pleinement son orgueil ; il traversa l'Arsanias à la nage sur un éléphant, et tous les grands de sa cour, après lui, sur des chevaux, d'après le bruit qui avait couru que le pont croulerait, par la perfidie des architectes. Mais tous ceux qui osèrent y passer en reconnurent la solidité.

XVI. Au reste, il est constant que les assiégés étaient si abondamment pourvus de vivres, qu'ils en brûlèrent des magasins entiers ; et Corbulon rapporte que les Parthes, au contraire, manquaient de tout ; que l'épuisement de leurs fourrages les allait contraindre de lever le siége ; et que, lui, n'était plus éloigné que de trois jours de marche. Il ajoute que Pétus jura au pied des enseignes, en présence des témoins nommés par le roi, qu'aucun Romain ne mettrait le pied dans l'Arménie, avant qu'on eût rapporté la réponse de Néron touchant l'acceptation de la paix. Il se peut qu'on ait supposé ces faits pour aggraver l'infamie ; mais, du moins, le reste n'est point équivoque ; il ne l'est point que Pétus, dans un seul jour, fit plus de quarante milles, laissant ses blessés épars de tous côtés, et qu'on n'eût pas fui, d'un champ de bataille, avec plus de précipitation, ni dans une confusion plus horrible. Corbulon, ayant été à leur rencontre sur les bords de l'Euphrate, ne voulut point que son armée se montrât dans tout l'éclat de ses armes et de ses décorations, pour ne point les humilier par le contraste. Les soldats, accablés du sort de leurs camarades, ne pouvaient retenir leurs larmes : à peine, dans leur douleur, ils se ressouvinrent des acclamations ordinaires : toutes ces rivalités de valeur et de gloire, affections des âmes heureuses, s'étaient éloignées de leurs cœurs ; il n'y restait que la seule pitié, dans les subalternes surtout.

XVII. Les généraux eurent une entrevue très-froide ; Corbulon se plaignit amèrement de l'inutilité d'une marche si pénible, tandis qu'on aurait pu terminer la guerre par la défaite des Parthes. Pétus répondit que rien encore n'était perdu ; qu'ils n'avaient qu'à tourner leurs aigles, et fondre ensemble sur l'Arménie, affaiblie par la retraite de Vologèse. Corbulon répliqua qu'il n'avait point d'ordre ; qu'alarmé du péril des légions, il avait quitté sa province ; que, dans l'incertitude des nouveaux projets des Parthes, il allait regagner la Syrie ; qu'à son tour, il avait besoin d'invoquer la Fortune, pour qu'une infanterie, épuisée par une longue route, pût atteindre une cavalerie fraîche, et dont les plaines facilitaient la marche. Pétus alla hiverner dans la Cappadoce : Vologèse fit sommer Corbulon de détruire les forts qu'il avait construits au delà de l'Euphrate, et de laisser le fleuve, comme autrefois, frontière des deux empires. Corbulon, de son côté, insistait pour que les Parthes évacuassent entièrement l'Arménie. Vologèse y ayant consenti, toutes les fortifications au delà de l'Euphrate furent rasées, et l'Arménie resta sans maître.

XVIII. Cependant on dressait à Rome, sur le penchant du mont Capitolin, des trophées et des

stes, retenta arma, pavido milite et concedente, ne qua prælii causa existeret. Vologeses, armis et corporibus cæsorum aggregatis, quo cladem nostram testaretur, visu fugientium legionum abstinuit. Fama moderationis quærebatur, postquam superbiam expleverat. Flumen Arsaniam elephanto insidens, et proximus quisque regem vi equorum, perrupere, quia rumor incesserat pontem cessurum oneri, dolo fabricantium ; sed qui ingredi ausi sunt validum et fidum intellexere.

XVI. Ceterum obsessis adeo suppeditavisse rem frumentariam constitit, ut horreis ignem injicerent ; contraque prodiderit Corbulo « Parthos, inopes copiarum, et pabulo attrito, relicturos oppugnationem, neque se plus tridui itinere abfuisse. » Adjecit « jurejurando Pœti cautum apud signa, adstantibus iis quos testificando rex misisset, neminem romanum Armeniam ingressurum, donec referrentur literæ Neronis, an paci annueret. » Quæ ut augendæ infamiæ composita, sic reliqua non in obscuro habentur : una die quadraginta millium spatium emensum esse Pætum, desertis passim sauciis ; neque minus deformem illam fugientium trepidationem, quam si terga in acie vertissent. Corbulo, cum suis copiis apud ripam Euphratis obvius, non eam speciem insignium et armorum prætulit, ut diversitatem exprobraret : mœsti manipuli, ac vicem commilitonum miserantes, ne lacrymis quidem temperare ; vix præ fletu usurpata consalutatio. Decesserat certamen virtutis et ambitio gloriæ, felicium hominum affectus : sola misericordia valebat, et apud minores magis.

XVII. Ducum inter se brevis sermo secutus est, hoc conquerente « irritum laborem ; potuisse bellum fuga Parthorum finiri. » Ille « integra utrique cuncta » respondit ; « converterent aquilas, et juncti invaderent Armeniam, abscessu Vologesis infirmatam. » « Non ea imperatoris habere mandata », Corbulo ; « periculo legionum commotum, e provincia egressum ; quando in incerto habeantur Parthorum conatus, Syriam repetiturum. Sic quoque optimam fortunam orandam, ut pedes, confectus spatiis itinerum, alacrem et facilitate camporum prævenientem equitem assequeretur. » Exin Pætus per Cappadociam hibernavit. At Vologesis ad Corbulonem missi nuncii, detraheret castella trans Euphraten, amnemque, ut olim, medium faceret ; ille Armeniam quoque diversis præsidiis vacuam fieri expostulabat. Et postremo concessit rex ; dirutaque quæ Euphraten ultra communierat Corbulo, et Armenii sine arbitro relicti sunt.

XVIII. At Romæ tropæa de Parthis, arcusque medio

arcs de triomphe, décernés par le sénat quand les chances de la guerre étaient entières, et non interrompues malgré nos désastres : on voulait flatter les regards en dépit de la conviction. Néron, pour faire encore diversion aux inquiétudes du dehors, fit prendre tout le blé du peuple qui était gâté, et il le fit jeter dans le Tibre, afin d'affecter la sécurité sur l'abondance des grains. Le prix n'en haussa point, quoiqu'une tempête violente en eût submergé, dans le port même, près de deux cents navires, et qu'un incendie en eût consumé cent autres sur le Tibre. Trois consulaires, L. Piso, Ducennius Geminus, Pompéius Paulinus, furent préposés au recouvrement des revenus de la république. Dans son édit, Néron censura les princes, ses prédécesseurs, qui avaient porté les dépenses de l'État beaucoup au delà de ses revenus; en sorte qu'il était obligé de prendre, tous les ans, soixante millions de sesterces sur son propre trésor, pour les donner à la république.

XIX. Il régnait, dans ce temps-là, un usage très-condamnable. Aux approches des comices, ou lorsqu'on était près de tirer au sort les provinces, les sénateurs sans enfants se hâtaient, la plupart d'en acquérir par des adoptions fictives, qu'ils annulaient aussitôt qu'ils avaient concouru, avec les pères de famille, pour les magistratures ou les gouvernements. Ceux-ci se plaignirent amèrement au sénat; ils firent valoir les droits de la nature, les soins de l'éducation, contre la fraude et les artifices d'une adoption momentanée. Ne devait-il point suffire, aux citoyens sans enfants, de vivre dans une sécurité profonde, sans aucunes charges, et de voir le zèle de leurs amis leur aplanir la route des honneurs, sans qu'ils eussent besoin de les solliciter eux-mêmes? Fallait-il qu'après une longue attente, les promesses de la loi devinssent illusoires, depuis qu'à l'aide de ces enfants, obtenus sans sollicitude, perdus sans affliction, on égalait tout à coup les avantages d'une ancienne paternité? Un sénatus-consulte déclara que les adoptions simulées ne donneraient plus de priviléges, ni pour les emplois publics, ni même pour les héritages.

XX. On instruisit ensuite le procès du Crétois Timarchus. Outre ces vexations communes à tous les hommes riches et puissants des provinces, qui abusent de leurs avantages pour écraser les faibles, on lui reprochait encore un mot qui renfermait une insulte pour le sénat. Il avait dit cent fois qu'il dépendait de lui de faire décerner ou non des remerciements publics aux proconsuls qui avaient gouverné la Crète. Thraséas, ramenant au bien public cette discussion particulière, après avoir opiné à ce que l'accusé fût banni de Crète, ajouta : « L'expérience nous apprend, « pères conscrits, que ce sont les fautes des mé-« chants qui ont fait naître, dans l'esprit des « gens de bien, les bonnes lois et les sages rè-« glements. Ainsi, la loi Cincia dut son origine « à la licence des orateurs; la loi Julia, aux bri-« gues des candidats; les plébiscites de Calpur-« nius, à la cupidité des proconsuls. Le crime « précède toujours l'institution de la peine, la ré-« forme est toujours postérieure à l'abus. Que ce « nouvel orgueil des provinces nous inspire donc « une résolution digne à la fois et de la généro-« sité et de la fermeté romaines : sans affaiblir « la protection due aux alliés, gardons-nous de « l'opinion qui fonde la réputation d'un Romain

---

Capitolini montis sistebantur, decreta ab senatu integro adhuc bello, neque tum omissa, dum adspectui consulitur, spreta conscientia. Quin et, dissimulandis rerum externarum curis, Nero frumentum plebis, vetustate corruptum, in Tiberim jecit, quo securitatem annonæ ostentaret; cujus pretio nihil additum est, quamvis ducentas ferme naves, portu in ipso, violentia tempestatis, et centum alias, Tiberi subvectas, fortuitos ignis absumpsisset. Tres dein consulares, L. Pisonem, Ducennium Geminum, Pompeium Paulinum vectigalibus publicis præposuit, cum insectatione priorum principum, « qui gravitate sumptuum justos reditus anteissent; se annuum sexcenties sestertium reipublicæ largiri. »

XIX. Percrebuerat ea tempestate pravissimus mos, quum, propinquis comitiis aut sorte provinciarum, plerique orbi fictis adoptionibus adsciscerent filios, præturasque et provincias inter patres sortiti, statim emitterent manu quos adoptaverant. Magna cum invidia senatum adeunt, « jus naturæ, labores educandi, adversus fraudem et artes et brevitatem adoptionis, » enumerant : « satis pretii esse orbis, quod multa secu tate, nullis oneribus, gratiam, honores, cuncta prompta et obvia haberent. Sibi promissa legum, diu exspectata, in ludibrium verti, quando quis sine sollicitudine parens, sine luctu orbus, longa patrum vota repente adæquaret. » Factum ex eo senatusconsultum, ne simulata adoptio in ulla parte muneris publici juvaret, ac ne usurpandis quidem hereditatibus prodesset.

XX. Exin Claudius Timarchus, Cretensis, reus agitur, ceteris criminibus, ut solent prævalidi provincialium et opibus nimiis ad injurias minorum elati; una vox ejus usque ad contumeliam senatus penetraverat, quod dictitasset « in sua potestate situm, an proconsulibus qui Cretam obtinuissent grates agerentur ». Quam occasionem Pætus Thrasea ad bonum publicum vertens, postquam de reo censuerat provincia Creta depellendum, hæc addidit : « Usu probatum est, patres conscripti, leges egregias, « exempla honesta, apud bonos ex delictis aliorum gigni. « Sic oratorum licentia Cinciam rogationem, candidato-« rum ambitus Julias leges, magistratuum avaritia Cal-« purnia scita, pepererunt. Nam culpa, quam pœna, « tempore prior; emendari, quam peccare, posterius est. « Ergo adversus novam provincialium superbiam dignum « fide constantiaque romana capiamus consilium, quo tu-

« sur d'autres titres que l'estime des citoyens de
« Rome.
XXI. « Jadis, indépendamment du préteur et
« du consul, nous envoyions des particuliers même
« pour visiter les provinces, pour rendre compte
« de la subordination de chacun, et les nations
« tremblaient dans l'attente du jugement d'un
« seul homme. Maintenant, c'est nous qui por-
« tons nos hommages et nos adulations à l'étran-
« ger; et le moindre d'entre eux, au seul signe
« de sa volonté, nous fait décerner des remer-
« cîments, et, bien plus souvent, des accusations.
« Que les accusations soient maintenues; qu'on
« laisse aux alliés ce moyen de déployer leur
« puissance : mais ces louanges fausses, extor-
« quées par des sollicitations, qu'on les réprime
« autant que l'injustice, autant que la cruauté.
« L'envie de nuire fait commettre moins de pré-
« varications que le désir de plaire. Quelques
« vertus même se font haïr, l'inflexible sévérité,
« la justice qui se roidit contre la faveur : et c'est
« pour cela que le commencement de presque
« toutes les administrations est toujours plus
« vigoureux, et que la fin dégénère; parce que
« le besoin de suffrages transforme nos procon-
« suls en candidats. Qu'on supprime cet abus,
« le gouvernement des provinces deviendra plus
« égal et plus ferme; et, comme la crainte des
« restitutions a contenu la cupidité, la suppres-
« sion des remercîments publics préviendra les
« lâches condescendances. »
XXII. Cet avis entraîna toutes les voix : cependant, le sénatus-consulte ne put être rédigé,
les consuls prétendant que ce n'était point l'objet
de la délibération. Depuis, le prince proposa lui-
même le décret, et il fut arrêté que, désormais,
on n'agiterait plus, dans le conseil des alliés, de
faire rendre, dans le sénat, des actions de grâces
aux proconsuls ou aux préteurs, et qu'on n'enverrait aucune députation pour cet objet. Sous
les mêmes consuls, le tonnerre consuma le gymnase, et une statue en bronze de Néron s'y
liquéfia, au point de perdre sa forme. Un tremblement de terre détruisit, en grande partie,
Pompéi, ville considérable de la Campanie; la
vestale Lélia mourut, et l'on choisit, à sa place,
une Cornélia, de la branche des Cossus.

XXIII. Sous le consulat de Memmius Régulus
et de Verginius Rufus, Poppée donna à Néron une
fille, qu'il reçut avec des transports extraordinaires, et il la surnomma Augusta, ainsi que sa
mère. Les couches se firent à Antium, colonie où
lui-même était né. Dès les premiers temps, le sénat avait fait des vœux solennels pour la grossesse
de Poppée; on en fit alors de nouveaux, et on les
acquitta tous; on y ajouta des prières publiques.
On décerna un temple à la Fécondité, des combats religieux pareils à ceux d'Actium : il fut
ordonné qu'on élèverait aux deux Fortunes des
statues d'or, qui seraient placées sur le trône de
Jupiter-Capitolin, qu'on célébrerait, à Antium,
pour les Claudes et pour les Domitius, des jeux
du cirque, comme on en célébrait à Boville pour
les Jules : toutes choses qui restèrent sans exécution, l'enfant étant mort à quatre mois. Sa
mort donna lieu à de nouvelles adulations; on
lui décerna les honneurs d'une déesse, le pulvinar, un temple avec un prêtre; et Néron se montra
aussi immodéré dans son affliction qu'il l'avait
été dans sa joie. Lorsqu'immédiatement après
les couches, tout le sénat courut en foule à Antium,
on défendit à Thraséas de paraître; et cet affront,

« telæ sociorum nihil derogetur, nobis opinio decedat,
« qualis quisque habeatur, alibi quam in civium judicio
« esse.
XXI. « Olim quidem non modo prætor aut consul, sed
« privati etiam mittebantur, qui provincias viserent, et
« quid de cujusque obsequio videretur, referrent; trepida-
« bantque gentes de existimatione singulorum. At nunc
« colimus externos et adulamur; et quomodo ad nutum
« alicujus grates, ita promptius accusatio decernitur : de-
« cernaturque, et maneat provincialibus potentiam suam
« tali modo ostentandi : sed laus falsa et precibus expressa
« perinde cohibeantur, quam malitia, quam crudelitas.
« Plura sæpe peccantur dum demeremur, quam dum of-
« fendimus. Quædam imo virtutes odio sunt, severitas
« obstinata, invictus adversum gratiam animus. Inde initia
« magistratuum nostrorum meliora ferme, et finis incli-
« nat, dum, in modum candidatorum, suffragia conqui-
« rimus : quæ si arceantur, æquabilius atque constantius
« provinciæ regentur; nam ut metu repetundarum infracta
« avaritia est, ita, vetita gratiarum actione, ambitio co-
« hibebitur. »
XXII. Magno assensu celebrata sententia, non tamen
senatusconsultum perfici potuit, abnuentibus consulibus
ea de re relatum. Mox, auctore principe, sanxere ne quis
ad concilium sociorum referret, agendas apud senatum
pro prætoribus prove consulibus grates, neu quis ea legatione fungeretur. Iisdem consulibus, Gymnasium ictu ful-
minis conflagravit, effigiesque in eo Neronis ad informe æs
liquefacta. Et motu terræ, celebre Campaniæ oppidum,
Pompeii, magna ex parte proruit. Defunctaque virgo ve-
stalis Lælia, in cujus locum Cornelia ex familia Cossorum
capta est.
XXIII. Memmio Regulo et Verginio Rufo consulibus,
natam sibi ex Poppæa filiam Nero ultra mortale gaudium
accepit, appellavitque Augustam, dato et Poppææ eodem
cognomento. Locus puerperio colonia Antium fuit, ubi
ipse generatus erat. Jam senatus uterum Poppææ com-
mendaverat diis, votaque publice susceperat; quæ multiplicata exsolutaque. Et additæ supplicationes templumque
Fecunditati, et certamen ad exemplar Actiacæ religionis
decretum; utque Fortunarum effigies aureæ in solio Capitolini Jovis collocarentur; ludicrum circense; ut Juliæ
genti apud Bovillas, ita Claudiæ Domitiæque apud Antium ederetur : quæ fluxa fuere, quartum intra mensem
defuncta infante. Rursusque exortæ adulationes, censen-
tium honorem divæ et pulvinar ædemque et sacerdotem.

l'infaillible avant-coureur de sa perte, Thraséas l'essuya avec une fermeté inébranlable. Quelques jours après, Néron se vanta, dit-on, chez Sénèque, de s'être réconcilié avec Thraséas; et Sénèque dit à Néron qu'il l'en félicitait. Ce mot, qui faisait tant d'honneur aux deux grands hommes, faisait craindre encore plus pour leurs jours.

XXIV. Au commencement du printemps, les ambassadeurs parthes arrivèrent avec des instructions et une lettre de Vologèse. Ce monarque écrivait que, renonçant à discuter ses droits sur l'Arménie, tant de fois débattus, il lui suffisait que les dieux, au jugement desquels les nations les plus puissantes devaient se soumettre, eussent livré aux Parthes la possession de ce royaume, non sans quelque ignominie pour les Romains; que, dernièrement, les Parthes avaient tenu Tigrane investi; que, depuis, maîtres de la vie de Pétus et de celle des légions, ils avaient consenti à les laisser partir; qu'ils avaient donné assez de preuves de valeur; qu'ils en avaient donné aussi de modération; que Tiridate n'aurait point refusé de venir à Rome recevoir le diadème, s'il n'eût été retenu par les devoirs du sacerdoce; qu'il se rendrait au camp; que, là, au pied des enseignes et des images du prince, en présence des légions, il recevrait l'investiture de son nouveau royaume.

XXV. Une pareille lettre surprit d'autant plus que Pétus mandait tout le contraire, et qu'à l'entendre rien n'était décidé. Un de nos centurions avait accompagné les ambassadeurs; on le questionna sur l'état où se trouvait l'Arménie : sa réponse fut que les Romains l'avaient entièrement évacuée. Néron sentit alors toute la dérision des barbares, qui demandaient ce qu'ils avaient pris, et il tint conseil, avec les grands de l'empire, sur le parti qu'on prendrait, ou d'une guerre hasardeuse ou d'une paix déshonorante. Il n'y eut qu'une voix pour la guerre. La conduite en fut confiée à Corbulon, qui, depuis tant d'années, avait une si grande connaissance de ses soldats et de ses ennemis. On avait éprouvé trop de chagrins de Pétus pour s'exposer à l'incapacité de quelque autre. Les ambassadeurs furent congédiés avec un refus, adouci toutefois par des présents, pour leur laisser l'espoir que Tiridate n'eût pas échoué, comme eux, s'il fût venu faire sa demande en personne. On chargea Cincius de l'administration civile en Syrie, en conservant à Corbulon tout le département militaire; et l'on ajouta à ses troupes la quinzième légion, que Marius Celsus lui amena de la Pannonie. On écrivit aux tétrarques et aux rois, ainsi qu'aux préfets et aux procurateurs, et à ceux des préteurs qui commandaient dans les provinces voisines, d'obéir aux ordres de Corbulon; il reçut un pouvoir presque égal à celui que le peuple romain avait donné à Pompée dans la guerre des pirates. Pétus s'inquiétait sur le sort qui l'attendait à son retour. Néron se contenta de l'assaillir de quelques plaisanteries, et lui dit à peu près, qu'il lui pardonnait sur-le-champ, de peur qu'étant aussi prompt à s'alarmer, il ne tombât malade d'inquiétude.

XXVI. Cependant Corbulon fait passer en Syrie la quatrième et la douzième légion, qui, après la perte de leurs meilleurs soldats, et l'extrême abattement des autres, paraissaient peu capables de servir; et, les ayant remplacées par

---

Atque ipse, ut lætitiæ, ita mœroris immodicus egit. Annotatum est, omni senatu Antium sub recentem partum effuso, Thraseam prohibitum immoto animo prænunciam imminentis cædis contumeliam excepisse. Secutam dehinc vocem Cæsaris ferunt, qua reconciliatum se Thraseæ, apud Senecam, jactaverit, ac Senecam Cæsari gratulatum : unde gloria egregiis viris et pericula gliscebant.

XXIV. Inter quæ, veris principio, legati Parthorum mandata regis Vologesis, literasque attulere : « se priora et toties jactata super obtinenda Armenia nunc omittere, quoniam dii, quamvis potentium populorum arbitri, possessionem Parthis, non sine ignominia romana, tradidissent. Nuper clausum Tigranem; post Pætum legionesque, quum opprimere posset, incolumes dimisisse. Satis approbatam vim; datum et lenitatis experimentum. Nec recusaturum Tiridaten accipiendo diademati in urbem venire, nisi sacerdotii religione attineretur. Iturum ad signa et effigies principis, ubi, legionibus coram, regnum auspicaretur. »

XXV. Talibus Vologesis literis, quia Pætus diversas, tanquam rebus integris, scribebat, interrogatus centurio qui cum legatis advenerat « quo in statu Armenia esset, » omnes inde Romanos excessisse respondit. Tum intellecto barbarorum irrisu, qui peterent quod aripuerant, consultit inter primores civitatis Nero, bellum anceps an pax inhonesta placeret : nec dubitatum de bello. Et Corbulo, tot per annos militum atque hostium gnarus, gerendæ rei præficitur, ne cujus alterius inscitia rursum peccaretur, quia Pæti piguerat. Igitur irriti remittuntur, cum donis tamen, unde spes fieret non frustra eadem oraturum Tiridaten, si preces ipse attulisset. Syriæque executio Cincio, copiæ militares Corbuloni, permissæ; et quintadecima legio, ducente Mario Celso, e Pannonia adjecta est. Scribitur tetrarchis ac regibus præfectisque et procuratoribus, et qui prætorum finitimas provincias regebant, jussis Corbulonis obsequi; in tantum ferme modum aucta potestate, quem populus romanus Cn. Pompeio, bellum piraticum gesturo, dederat. Regressum Pætum, quum graviora metueret, facetiis insectari satis habuit Cæsar his ferme verbis : « ignoscere se statim, ne tam promptus in pavorem longiore sollicitudine ægresceret. »

XXVI. At Corbulo, quarta et duodecima legionibus, quæ, fortissimo quoque amisso et ceteris exterritis, parum habiles prælio videbantur, in Syriam translatis, sextam inde ac tertiam legiones, integrum militem et crebris ac prosperis laboribus exercitum, in Armeniam ducit. Addique legionem quintam, quæ per Pontum, agens, expers cladis fuerat, simul quintadecimis, recens adductos, et vexilla delectorum ex Illyrico et Ægypto, quoque alarum cohortiumque, et auxilia regum in unum conducta

la sixième et la troisième légions, vieux corps tout complets, et aguerris par beaucoup de campagnes et de succès, il se met en marche vers l'Arménie. Il joint à ces deux légions la cinquième, qui, restée dans le Pont, n'avait point eu part au désastre; la quinzième, qu'on venait de lui amener, l'élite des vexillaires de l'Illyrie et de l'Égypte, tout ce qu'il y avait de cavalerie et d'infanterie alliées, avec les auxiliaires des rois. Toutes ces troupes eurent l'ordre de se réunir à Mélitène, où il se proposait de passer l'Euphrate. Là, dans une assemblée générale, après des lustrations solennelles, il harangue son armée; il leur parle en termes magnifiques de la puissance de l'empereur, et de tout ce qu'il avait exécuté sous ses auspices, rejetant tous les malheurs sur l'inexpérience de Pétus, et les entraînant tous par sa grande réputation, qui, dans un guerrier, tenait lieu d'éloquence.

XXVII. Il prit la route par où Lucullus avait pénétré jadis, et fit rouvrir tous les passages que le temps avait refermés. On ne fut pas longtemps sans voir arriver des députés de Tiridate et de Vologèse, qui venaient traiter de la paix. Loin de rejeter leurs propositions, il fait partir avec eux des centurions chargés d'instructions conciliantes. On n'en était pas venu, disaient-ils, au point qu'il fallût se faire une guerre implacable : la fortune avait été souvent pour les Romains, quelquefois pour les Parthes; ce qui était pour tous une leçon contre l'orgueil : il valait donc bien mieux pour Tiridate, recevoir en présent un royaume que le fer n'eût pas ravagé, et, pour Vologèse, chercher le bien de sa nation dans une alliance avec Rome, plutôt que dans des dévastations qu'on saurait bien lui rendre. Le général n'ignorait pas leurs dissensions intestines, et combien étaient féroces et indomptables les nations qu'ils avaient à gouverner. L'empereur, au contraire, jouissait partout d'une paix inaltérable, et n'avait qu'eux pour ennemis. Aux négociations, Corbulon joint la terreur; il chasse de leurs demeures les mégistanes arméniens, qui avaient donné l'exemple de la révolte; il détruit leurs châteaux de fond en comble : dans la plaine, sur la montagne, chez les puissants et les faibles, il porte également l'effroi.

XXVIII. Tout barbares qu'ils étaient, les Parthes n'avaient pas même d'animosité contre Corbulon, bien loin de sentir pour lui la haine qu'on ressent pour un ennemi; et ils ne doutaient pas de sa bonne foi dans le conseil qu'il leur donnait. D'ailleurs, Vologèse n'était point pour les partis extrêmes; il demande une cessation d'hostilités pour une certaine étendue de pays; Tiridate demande un jour et un lieu pour conférer. Les barbares ayant choisi, pour le jour, le plus prochain, et pour le lieu, celui où ils avaient tenu, tout récemment, Pétus assiégé avec ses légions, parce qu'il leur retraçait des événements heureux, Corbulon ne s'y refusa point, dans l'idée que le contraste rehausserait sa gloire. Car il ne se faisait point une peine de l'humiliation de Pétus, comme il le fit bien voir lorsqu'il choisit le fils même de ce Pétus, tribun de soldats, pour commander le détachement qui alla ensevelir les restes de cette malheureuse journée. Le jour convenu, Tibère Alexandre, chevalier romain de la première classe, qu'on avait donné à Corbulon pour l'aider dans cette guerre, et Vivianus Annius, son propre gendre, qui n'avait pas encore l'âge sénatorial, mais qui faisait les fonctions de lieutenant de la cinquième légion, se rendirent au camp de Tiridate, par honneur pour ce prince, et afin qu'il ne craignît plus rien pour sa personne avec de pareils otages. Les deux chefs prirent chacun vingt cavaliers. Le roi, apercevant Corbulon, descendit le premier de cheval;

apud Melitenem, qua transmittere Euphraten parabat. Tum lustratum rite exercitum ad concionem vocat, orditurque magnifica de auspiciis imperatoriis rebusque a se gestis, adversa in inscitiam Pæti declinans; multa auctoritate, quæ viro militari pro facundia erat.

XXVII. Mox iter L. Lucullo quondam penetratum, apertis quæ vetustas obsepserat, pergit. Et, venientes Tiridatis Vologesisque de pace legatos haud adspernatus, adjungit iis centuriones, cum mandatis non immitibus : « non enim adhuc eo ventum, ut certamine extremo opus esset. Multa Romanis secunda, quædam Parthis evenisse, documento adversus superbiam : proinde et Tiridati conducere intactum vastationibus regnum dono accipere; et Vologesen melius societate romana, quam damnis mutuis, genti Parthorum consulturum. Scire, quantum intus discordiarum, quamque indomitas et præferoces nationes regeret. Contra imperatori suo immotam ubique pacem, et unum id bellum esse. » Simul consilio terrorem adjicere, et megistanas armenios, qui primi a nobis defecerant, pellit sedibus, castella eorum exscindit : plana, edita, validos invalidosque, pari metu complet.

XXVIII. Non infensum, nedum hostili odio, Corbulonis nomen etiam barbaris habebatur, eoque consilium ejus fidum credebant : ergo Vologeses neque atrox in summam, et quibusdam præfecturis inducias petit. Tiridates locum diemque colloquio poscit. Tempus propinquum, locus in quo nuper obsessæ cum Pæto legiones erant, quum a barbaris delectus esset ob memoriam lætioris sibi rei, non est a Corbulone vitatus, ut dissimilitudo fortunæ gloriam augeret. Neque infamia Pæti angebatur : quod eo maxime patuit, quia filio ejus, tribuno, ducere manipulos atque operire reliquias malæ pugnæ imperavit. Die pacta, Tiberius Alexander, illustris eques romanus, minister bello datus, et Vivianus Annius, gener Corbulonis, nondum senatoria ætate, sed pro legato quintæ legioni impositus, in castra Tiridatis venere, honore ejus, ac ne metueret insidias, tali pignore. Viceni dehinc equites assumpti. Et, viso Corbulone, rex prior equo desiluit; nec cunctatus Corbulo; sed pedes uterque dextras miscuere.

et Corbulon ne tarda point à en faire autant. Ayant mis tous deux pied à terre, ils se donnèrent la main.

XXIX. Le Romain félicita le jeune Parthe d'avoir renoncé aux moyens hasardeux, pour prendre un parti plus avantageux et plus sûr. Tiridate, après un long préambule sur la noblesse de sa maison, ajouta, d'un ton moins fastueux, qu'il irait donc à Rome, pour y donner à leur César une gloire nouvelle, celle de voir un Arsacide suppliant, sans avoir été vaincu. On convint que Tiridate déposerait au pied de la statue de Néron toutes les decorations royales, pour ne les reprendre que de la main de Néron même; et ils terminèrent l'entrevue en s'embrassant. A quelques jours de distance, les deux armées parurent dans un appareil superbe; d'un côté, les Parthes rangés par escadrons et avec toutes les décorations de leur pays; de l'autre, les légions romaines avec leurs aigles brillantes, leurs enseignes déployées et les statues de leurs dieux au milieu d'elles, comme dans un temple. Au centre, s'élevait sur le tribunal une chaire curule, qui soutenait la statue de Néron. Tiridate, après avoir suivant l'usage, immolé des victimes, s'avance, détache de son front le diadême, et va le poser au pied de la statue : spectacle qui excita dans tous les esprits des émotions profondes, que redoublait l'image, encore présente à leurs yeux, de tant de Romains massacrés ou assiégés dans leur propre camp. Quel changement se disait-on, de voir Tiridate, allant se montrer en spectacle aux nations, suppliant, et, peu s'en fallait, captif!

XXX. La gloire satisfaite, Corbulon se piqua de courtoisie; il donna des festins splendides. Il se faisait un plaisir de répondre à toutes les questions du roi sur les objets nouveaux qui l'avaient frappé, sur les centurions qui venaient annoncer les gardes qu'on relevait, sur la conque qui sonnait au moment de finir le repas, sur l'autel élevé devant l'augural, et sur les feux qu'on y tenait toujours allumés. Parlant de tout avec cet enthousiasme qui exagère, il laissa le monarque rempli d'admiration pour nos usages antiques. Tiridate, à la veille d'un si grand voyage, demanda quelque temps pour aller voir ses frères et sa mère; en attendant il laissa sa fille en otage, et il écrivit à l'empereur pour l'assurer de sa soumission.

XXXI. Du fond de la Médie, où il avait été chercher Pacorus, il revint trouver Vologèse à Ecbatane. Celui-ci n'avait point négligé les intérêts de son frère. Il avait envoyé un exprès à Corbulon, pour demander, en son propre nom, qu'on n'exigeât de Tiridate rien qui pût avoir l'air de l'asservissement, qu'il ne remît point son épée; que les gouverneurs des provinces ne lui refusassent point de l'embrasser, ne le fissent point attendre à leurs portes, et qu'à Rome, il eût les mêmes honneurs que les consuls. Assurément Vologèse, accoutumé à l'orgueil asiatique, connaissait bien peu les Romains, qui, n'estimant du pouvoir que la réalité, en dédaignent les petitesses.

XXXII. Néron, cette année, étendit aux nations des Alpes maritimes les priviléges du Latium. Il assigna aux chevaliers romains des places au-devant du peuple, dans le cirque, où, auparavant, ils restaient confondus; car la loi Roscia ne leur accordait les quatorze bancs qu'au théâtre. Il donna de nouveaux spectacles de gladiateurs, aussi magnifiques que les premiers; mais on vit, à regret, des sénateurs et des femmes du premier rang se dégrader sur l'arène.

XXIX. Exin Romanus laudat juvenem, omissis præcipitibus, tuta et salutaria capessentem. Ille, de nobilitate generis multum præfatus, cetera temperanter adjungit : « iturum quippe Romam, laturumque novum Cæsari decus, non adversis Parthorum rebus, supplicem Arsaciden. » Tum placuit Tiridaten ponere, apud effigiem Cæsaris, insigne regium, nec nisi manu Neronis resumere : et colloquium osculo finitum. Dein, paucis diebus interjectis, magna utrinque specie, inde eques compositus per turmas et insignibus patriis, hinc agmina legionum stetere fulgentibus aquilis signisque et simulacris deum, in modum templi. Medio tribunal sedem curulem, et sedes effigiem Neronis, sustinebat. Ad quam progressus Tiridates cæsis ex more victimis, sublatum capite diadema imagini subjecit : magnis apud cunctos animorum motibus, quos augebat insita adhuc oculis exercituum romanorum cædes aut obsidio : « at nunc verso casus; iturum Tiridaten ostentui gentibus, quanto minus quam captivum? »

XXX. Addidit gloriæ Corbulo comitatem epulasque : et, rogitante rege causas, quoties novum aliquid adverterat, ut, initia vigiliarum per centurionem nunciari, convivium buccina dimitti, et structam ante auguralem aram subdita face accendi; cuncta in majus attollens, admiratione prisci moris affecit. Postero die spatium oravit, quo, tantum itineris aditurus, fratres ante matremque viseret; obsidem interea filiam tradit; literasque supplices ad Neronem.

XXXI. Et digressus Pacorum apud Medos, Vologesen Ecbatanis, reperit, non incuriosum fratris : quippe et propriis nunciis a Corbulone petierat, « ne quam imaginem servitii Tiridates perferret ; neu ferrum traderet, aut complexu provincias obtinentium arceretur, foribusve eorum adsisteret; tantusque ei Romæ, quantus consulibus, honor esset. » Scilicet externæ superbiæ sueto non inerat notitia nostri; apud quos vis imperii valet, inania transmittuntur.

XXXII. Eodem anno, Cæsar nationes Alpium maritimarum in jus Latii transtulit. Equitum romanorum locos sedilibus plebis anteposuit apud Circum; namque ad eam diem indiscreti iribant, quia lex Roscia nihil, nisi de quatuordecim ordinibus, sanxit. Spectacula gladiatorum

XXXIII. Sous le consulat de Caïus Lécanius et de Marcus Licinius, la passion de monter sur les théâtres publics entraînait chaque jour plus violemment Néron; car il n'avait encore chanté qu'à ses juvénales, dans ses appartements ou dans ses jardins, devant des spectateurs trop peu nombreux, et sur un théâtre beaucoup trop étroit, selon lui, pour une aussi belle voix. N'osant toutefois débuter à Rome, il choisit Naples, ville qu'on peut regarder comme grecque, et il se flattait qu'après cet essai, passant dans la Grèce même, et remportant ces brillantes couronnes consacrées par l'antiquité, une plus grande renommée éveillerait enfin l'enthousiasme des citoyens. On rassembla la populace de Naples, et, avec les habitants des villes voisines, qu'avait attirés le bruit de cette nouveauté, avec tous ceux qui composent le cortège ou la maison du prince, auxquels on joignit des compagnies entières de soldats, on parvint à remplir la vaste étendue du théâtre.

XXXIV. Il y arriva un événement que la plupart jugeaient sinistre, et que Néron regardait plutôt comme une faveur du ciel et une marque de la sollicitude des dieux. Après le spectacle, tout le peuple étant déjà sorti, l'édifice s'écroula, en sorte qu'il n'y eut personne de blessé. Néron remercia les dieux par des hymnes dont il composa la musique, et dans lesquels il célébrait jusqu'au bonheur même de ce dernier événement. Avant de traverser l'Adriatique, il s'arrêta à Bénévent, où Vatinius donnait un spectacle de gladiateurs, qui attirait un grand concours. Ce Vatinius fut une des plus grandes monstruosités de ce temps. Apprenti cordonnier, ses hideuses difformités et ses basses bouffonneries en firent d'abord le jouet de la cour; depuis, ses délations contre les plus vertueux citoyens lui donnèrent un crédit, des richesses énormes, et un pouvoir de nuire, dont il abusa plus qu'aucun des pervers de ce siècle.

XXXV. Tout en contemplant ces fêtes assidûment, au milieu même des voluptés, Néron ne se ralentissait point sur les crimes. Ce fut, en effet, dans ce moment que Torquatus Silanus fut réduit à se tuer, parce qu'à l'illustration des Junius, il joignait le tort d'être l'arrière-petit-fils d'Auguste. On ordonna aux accusateurs de lui reprocher de la prodigalité dans ses largesses, ce qui ne lui laissait d'autre ressource qu'une révolution. On lui fit un crime d'avoir chez lui des hommes qu'il qualifiait de secrétaires, d'intendants, de trésoriers-généraux, titres réservés au rang suprême, et qui en décelaient la prétention. On arrêta tous ses affranchis de confiance, qu'on jeta dans les prisons. Au moment d'être condamné, Torquatus se coupa les veines des bras; et Néron ne manqua pas de dire, suivant l'usage, que Silanus, quoique coupable, et désespérant, avec raison, de pouvoir se justifier, aurait eu sa grâce, s'il eût attendu la clémence de son juge.

XXXVI. Peu de temps après, renonçant, pour le moment, au voyage de Grèce (on n'a pas su pourquoi), Néron revint à Rome; les provinces d'Orient, surtout l'Égypte, occupaient, en secret, les imaginations. Il annonça, dans un édit, que son absence ne serait pas longue, que le repos et la prospérité de la république n'en souffriraient pas; et, à l'occasion de ce départ, il monta au Capitole. Là, après avoir rendu ses hommages aux dieux, étant entré aussi dans le

---

idem annus habuit, pari magnificentia ac priora. Sed feminarum illustrium senatorumque plures per arenam foedati sunt.

XXXIII. C. Lecanio, M. Licinio consulibus, acriore in dies cupidine adigebatur Nero promiscuas scenas frequentandi : nam adhuc per domum aut hortos cecinerat, Juvenalibus ludis, quos, ut parum celebres et tantæ voci angustos, spernebat. Non tamen Romæ incipere ausus, Neapolim, quasi græcam urbem, delegit : « inde initium fore, ut transgressus in Achaiam, insignesque et antiquitus sacras coronas adeptus, majore fama studia civium eliceret. » Ergo contractum oppidanorum vulgus, et quos e proximis coloniis et municipiis ejus rei fama civerat, quique Cæsarem per honorem aut varios usus sectantur, etiam militum manipuli, theatrum Neapolitanorum complent.

XXXIV. Illic, plerique ut arbitrabantur, triste, ut ipse, providum potius et secundis numinibus, evenit : nam, egresso qui adfuerat populo, vacuum et sine ullius noxa theatrum collapsum est. Ergo, per compositos cantus, grates diis, atque ipsam recentis casus fortunam celebrans, petiturusque maris Adriæ trajectus, apud Beneventum interim consedit, ubi gladiatorium munus a Vatinio celebre edebatur. Vatinius inter fœdissima ejus aulæ ostenta fuit, sutrinæ tabernæ alumnus, corpore detorto, faceliis scurrilibus; primo in contumellas assumptus, dehinc optimi cujusque criminatione eo usque valuit, ut gratia, pecunia, vi nocendi, etiam malos præmineret.

XXXV. Ejus munus frequentanti Neroni, ne inter voluptates quidem a sceleribus cessabatur. Iisdem quippe illis diebus, Torquatus Silanus mori adigitur, quia, super Juniæ familiæ claritudinem, divum Augustum atavum ferebat. Jussi accusatores objicere, « prodigum largitionibus, neque aliam spem quam in novis rebus esse; quin eum homines habere, quos ab epistolis et libellis et rationibus appellet, nomina summæ curæ et meditamenta. » Tum intimus quisque libertorum vincti abreptique. Et, quum damnatio instaret, brachiorum venas Torquatus interscidit, secutaque Neronis oratio ex more, quamvis sontem et defensioni merito diffisum, victurum tamen fuisse, si clementiam judicis exspectasset. »

XXXVI. Nec multo post, omissa in præsens Achaia (causæ in incerto fuere), urbem revisit, provincias Orientis, maxime Ægyptum, secretis imaginationibus agitans. Dehinc edicto testificatus « non longam sui absentiam, et cuncta in republica perinde immota ac prospera fore », super ea profectione adiit Capitolium. Illic veneratus deos, quum Vestæ quoque templum inisset, repente cunctos per artus tremens, seu numine ex-

temple de Vesta, il fut saisi tout à coup d'un tremblement universel, soit que cet effroi lui fût inspiré par la deesse, ou par ses forfaits, dont le ressouvenir ne le laissait jamais sans crainte, et il abandonna son dessein. Il dit que l'amour de la patrie était plus fort que toutes ses résolutions; qu'il avait lu l'abattement des citoyens sur leur visage; qu'il entendait leurs plaintes secrètes sur une si longue séparation; qu'ils n'avaient eu que trop de peine à supporter ses moindres absences, s'étant fait un besoin de la vue de leur prince, qui, seule, les rassurait contre les malheurs imprévus; de même que, dans les affections de famille, les plus proches par le sang sont préférés, de même le peuple romain avait le plus de droit sur lui; et qu'il ne pouvait résister à leurs efforts pour le retenir. Ces cajoleries, et d'autres semblables, charmèrent le peuple amoureux de plaisirs, et, ce qui fut pour lui la première des considérations, craignant pour sa subsistance si le prince s'éloignait. Pour le sénat et les grands, ils ne savaient si Néron ne serait pas encore plus terrible de loin que de près. Quand il fut resté, par cette inconséquence naturelle aux grandes frayeurs, ils regardèrent le malheur arrivé comme le pire de tous.

XXXVII. Néron, pour achever de convaincre que rien ne le flattait autant que son séjour à Rome, couvrait de ses festins les places publiques, et il semblait que Rome entière fût son palais. Entre tous ces repas, célèbres par leur somptuosité, on remarqua celui qu'ordonna Tigellinus : je le cite pour ne plus revenir sur ces prodigalités énormes. On équippa, sur l'étang d'Agrippa, un radeau, que d'autres bâtiments faisaient mouvoir, et sur lequel on servit le festin. Les navires, couverts d'or et d'ivoire, avaient pour rameurs tous les mignons de la cour, rangés suivant leur âge et leurs talents pour la débauche. On avait rassemblé le gibier de tous les pays, et jusqu'aux poissons même de l'Océan. Les bords de l'étang étaient garnis de maisons infâmes, remplies des plus illustres Romaines; vis-à-vis, se faisaient voir des courtisanes toutes nues. On donna d'abord des danses et des pantomimes obscènes; ensuite, à mesure que l'obscurité gagna, tout le bois qui était auprès, et les maisons d'alentour, étincelèrent d'illuminations, et retentirent de chants. Néron s'y souilla par toutes sortes d'abominations; et l'on eût cru qu'il avait épuisé tous les genres de dépravation, si, quelques jours après, il n'eût choisi, dans ce vil troupeau d'infâmes débauchés, un nommé Pythagore, qu'il prit pour époux, avec toute la pompe d'un mariage solennel. L'empereur reçut le *flammeum;* on n'oublia ni les aruspices et la dot, ni le lit et les torches nuptiales; enfin, on étala publiquement tout ce qu'avec les femmes même on couvre des voiles de la nuit.

XXXVIII. On essuya, cette année, un désastre qu'on ne sut au quel atribuer, du hasard ou bien de Néron (car l'un et l'autre a été dit par les historiens). Ce fut le plus cruel et le plus terrible que le feu eût jamais causé à Rome. L'incendie commença dans la partie du cirque contiguë au mont Palatin et au mont Célius. Là, les boutiques se trouvant remplies de toutes les matières qui sont l'aliment de la flamme, le feu, violent dès sa naissance, et poussé par le vent, eut, en un moment, enveloppé toute la longueur du cirque; où il n'y avait aucun de ces palais protégés par leur enclos, aucun de ces

terrente, seu facinorum recordatione nunquam timore vacuus, deseruit inceptum, « cunctas sibi curas amore patriæ leviores » dictitans : « vidisse civium mœstos vultus, audire secretas querimonias, quod tantum aditurus esset iter, cujus ne modicos quidem egressus tolerarent, sueti adversum fortuita adspectu principis refoveri. Ergo, ut ih privatis necessitudinibus proxima pignora prævalerent, ita populum romanum vim plurimam habere, parendumque retinens. » Hæc atque talia plebi volentia fuere, voluptatum cupidine, et, quæ præcipua cura est, rei frumentariæ angustias, si abesset, metuenti. Senatus et primores in incerto erant procul an coram atrocior haberetur; dehinc, quæ natura magnis timoribus, deterius credebant quod evenerat.

XXXVII. Ipse, quo fidem acquireret nihil usquam perinde lætum sibi, publicis locis struere convivia, totaque urbe quasi domo uti. Et celeberrimæ luxu famaque epulæ fuere quas a Tigellino paratas, ut exemplum, referam, ne sæpius eadem prodigentia narranda sit. Igitur in stagno Agrippæ fabricatus est ratem, cui superpositum convivium aliarum tractu navium moveretur : naves auro et ebore distinctæ; remigesque exoleti, per ætates et scientiam libidinum, componebantur; volucres et feras diversi s e terris, et animalia maris, oceano abusque, petiverat. Crepidinibus stagni lupanaria adstabant, illustribus feminis completa; et contra scorta visebantur, nudis corporibus. Jam gestus motusque obsceni; et, postquam tenebræ incedebant, quantum juxta nemoris, et circumjecta tecta, consonare cantu et luminibus clarescere. Ipse, per licita atque illicita fœdatus, nihil flagitii reliquerat quo corruptior ageret, nisi paucos post dies uni ex illo contaminatorum grege, cui nomen Pythagoræ fuit, in modum solemnium conjugiorum denupsisset. Inditum imperatori flammeum; visi auspices, dos et genialis torus et faces nuptiales : cuncta denique spectata, quæ etiam in femina nox operit.

XXXVIII. Sequitur clades, forte an dolo principis incertum (nam utrumque auctores prodidere), sed omnibus quæ huic urbi per violentiam ignium acciderunt gravior atque atrocior. Initium in ea parte Circi ortum quæ Palatino Cœlioque montibus contigua est. Ubi per tabernas, quibus id mercimonium inerat quo flamma alitur, simul cœptus ignis et statim validus, ac vento citus, longitudinem Circi corripuit : neque enim domus munimentis septæ, vel templa muris cincta, aut quid aliud moræ interjacebat. Impetu pervagatum incendium plana primum,

temples isolés par des murs, rien enfin qui pût retarder sa marche. Courant donc avec impétuosité, ravageant d'abord tout ce qui était de niveau, puis, s'élançant sur les hauteurs, et, de là, redescendant encore, l'incendie prévint tous les remèdes par la rapidité du mal, et par toutes les facilités qu'y donnaient des massifs énormes de maisons, des rues étroites, irrégulières et tortueuses, comme celles de l'ancienne Rome. D'ailleurs, les lamentations et les frayeurs des femmes, la faiblesse des vieillards et celle des enfants; puis les habitants qui se pressaient, ceux-ci, pour eux-mêmes, ceux-là, pour d'autres, traînant des malades ou les attendant, les uns s'arrêtant, les autres se hâtant; tout ce trouble empêchait les secours; et, souvent, tandis qu'ils regardaient derrière eux, ils se retrouvaient investis par devant ou par les côtés; ou bien, s'ils tentaient de se réfugier dans les quartiers voisins, les trouvant déjà la proie des flammes, ils se voyaient encore, à des distances qu'ils avaient jugées considérables, poursuivis par le même fléau. Enfin, ne sachant plus où était le péril, où était le refuge, ils restent entassés dans les rues, étendus dans les champs; quelques-uns ayant perdu toute leur fortune, et n'ayant pas même de quoi subsister; d'autres, par amour pour des proches qu'ils n'avaient pu arracher à la mort, avec tous les moyens d'échapper, s'ensevelirent dans les flammes. Et personne n'osait résister au fléau; on entendait autour de soi mille cris menaçants qui défendaient d'éteindre; on vit même des gens qui lançaient ouvertement des flambeaux, en criant, à haute voix, qu'ils en avaient l'ordre, soit afin d'exercer plus librement leur brigandage, soit que l'ordre eût été donné.

XXXIX. Pendant ce temps, Néron était resté à Antium; il ne revint à Rome qu'au moment où l'édifice qu'il avait construit pour joindre le palais d'Auguste et les jardins de Mécène fut menacé; et encore ne put-on empêcher que le palais, l'édifice, et tout ce qui les entourait, ne fussent la proie des flammes. Néron, pour consoler le peuple, errant et sans asile, fit ouvrir le Champ de Mars, les monuments d'Agrippa, et jusqu'à ses propres jardins; on construisit, à la hâte, des hangars, pour recevoir la partie la plus indigente; on fit venir des meubles d'Ostie et des villes voisines, et le blé fut réduit au plus bas prix; mais tous ces traits de popularité étaient en pure perte, parce qu'il y avait un bruit, universellement répandu, qu'à l'instant même de l'embrasement de sa capitale, il était monté sur son théâtre, et y avait chanté la destruction de Troie, par une allusion de cet ancien désastre à la calamité présente.

XL. Le sixième jour enfin l'incendie s'arrêta au pied des Esquilies, après qu'on eut abattu une immensité d'édifices, afin que cette mer de feu ne rencontrât plus qu'un champ nu, et, s'il se pouvait, que le vide de l'air. Mais à peine respirait-on de ces alarmes, que le feu se ranima, quoique avec moins de violence; les quartiers qu'il ravageait étant plus découverts, ce qui fit périr moins de monde. Les temples, les portiques consacrés à l'agrément, laissèrent une plus vaste ruine. Ce nouvel incendie excita encore plus de soupçons, parce qu'il partit des possessions Émiliennes, qu'occupait Tigellinus. Il paraissait que Néron cherchait la gloire de bâtir une ville nouvelle, et de lui donner son nom. En effet, des quatorze quartiers de Rome, quatre seulement restaient entiers,

deinde in edita assurgens, et rursum inferiora populando, antelit remedia velocitate mali, et obnoxia urbe artis itineribus hueque et illuc flexis, atque enormibus vicis, qualis vetus Roma fuit. Ad hoc lamenta paventium feminarum, fessa senum ac rudis pueritiæ ætas, quique sibi, quique aliis consulebant, dum trahunt invalidos aut opperiuntur, pars morans, pars festinans, cuncta impediebant : et sæpe, dum in tergum respectant, lateribus aut fronte circumveniebantur ; vel, si in proxima evaserant, illis quoque igni correptis, etiam quæ longinqua crediderant in eodem casu reperiebantur. Postremo, quid vitarent, quid peterent ambigui, complere vias, sterni per agros : quidam, amissis omnibus fortunis, diurni quoque victus, alii caritate suorum, quos eripere nequiverant, quamvis patente effugio, interiere. Nec quisquam defendere audebat, crebris multorum minis restinguere prohibentium, et quia alii palam faces jaciebant, atque esse sibi auctorem vociferabantur; sive ut raptus licentius exercerent, seu jussu.

XXXIX. Eo in tempore Nero, Antii agens, non ante in urbem regressus est quam domui ejus, qua palatium et Mæcenatis hortos continuaverat, ignis propinquaret. Neque tamen sisti potuit, quin et palatium et domus et cuncta circum haurirentur. Sed, solatium populo exturbato et profugo, Campum Martis ac monumenta Agrippæ, hortos quin etiam suos, patefecit : et subitaria ædificia exstruxit, quæ multitudinem inopem acciperent ; subvectaque utensilia ab Ostia et propinquis municipiis, pretiumque frumenti minutum, usque ad ternos nummos. Quæ, quanquam popularia, in irritum cadebant, quia pervaserat rumor, ipso tempore flagrantis urbis, inisse eum domesticam scenam, et cecinisse Trojanum excidium, præsentia mala vetustis cladibus assimulantem.

XL. Sexto demum die, apud imas Esquilias, finis incendio factus, prorutis per immensum ædificiis, ut continuæ violentiæ campus et velut vacuum cœlum occurreret. Necdum posito metu, redibat levius rursum grassatus ignis, patulis magis urbis locis, eoque strages hominum minor : delubra deum et porticus amœnitati dicatæ latius procidere. Plusque infamiæ id incendium habuit, quia prædiis Tigellini Æmilianis proruperat. Videbaturque Nero condendæ urbis novæ et cognomento suo appellandæ gloriam quærere. Quippe in regiones quatuordecim Roma dividitur : quarum quatuor integræ manebant, tres solo tenus dejectæ; septem reliquis pauca tectorum vestigia supererant, lacera et semiusta.

trois étaient rasés jusqu'au sol; les sept autres offraient à peine quelques vestiges de bâtiments en ruine et à demi brûlés.

XLI. Il serait difficile de compter ce qu'il y eut de maisons particulières, de palais et de temples détruits. Les plus anciens monuments religieux, celui que Servius Tullius avait érigé à la Lune; le grand autel et le temple consacrés par l'Arcadien Évandre, à Hercule, alors en Italie; celui de Jupiter Stator, voué par Romulus; le palais de Numa, et le temple de Vesta, avec les pénates du peuple romain, furent entièrement consumés : sans parler de cet amas de richesses, acquises par tant de victoires, et de tous ces chefs-d'œuvre de la Grèce, et d'une foule de manuscrits authentiques, anciens monuments du génie, que nos vieillards se ressouvenaient d'avoir vus, et dont toute la magnificence de la nouvelle Rome n'est pas capable de faire oublier la perte. Quelques-uns observèrent que l'incendie avait commencé le 14 des calendes d'août, jour où les Gaulois avaient pris et brûlé Rome : d'autres poussèrent même leurs recherches au point de supputer autant d'années, de mois et de jours entre les deux incendies, que du premier à la fondation de Rome.

XLII. Néron s'établit sur les ruines de sa patrie, et il y construisit un palais, moins étonnant encore par l'or et les pierreries, embellissements ordinaires, et depuis longtemps prodigués par le luxe, que parce qu'on y voyait des champs de blé et des lacs, des espèces de solitudes avec des bois d'un côté, de l'autre, des espaces découverts et des perspectives; le tout exécuté d'après les plans de Sévérus et de Céler, qui mettaient leur génie et leur ambition à vouloir obtenir, par l'art, ce que la nature s'obstinait à refuser, et qui se jouaient des trésors du prince. En effet, ils avaient promis de creuser un canal navigable depuis le lac Averne jusqu'à l'embouchure du Tibre, à travers un terrain aride, ou des montagnes élevées, quoique, pour fournir l'eau, les environs n'offrissent d'autres ressources que les marais Pontins, que le reste fût desséché, escarpé, et qu'on ne pût rompre cette chaîne de montagnes qu'avec d'inconcevables travaux et bien peu d'utilité. Néron, toutefois, qui aimait l'extraordinaire, s'efforça d'ouvrir les hauteurs voisines de l'Averne, et l'on voit encore les traces de ses essais infructueux.

XLIII. Ce qu'une seule maison laissa de terrain à la ville ne fut point rebâti, comme après l'incendie des Gaulois, au hasard et confusément : on aligna, on élargit les rues; on réduisit la hauteur des édifices; on ouvrit des cours, et l'on ajouta des portiques qui ombrageaient la façade des bâtiments. Néron promit de construire ces portiques à ses frais, de livrer aux propriétaires l'emplacement purgé de tout décombre, et de récompenser, en proportion de leur rang et de leur fortune, ceux qui auraient achevé leurs maisons avant un terme qu'il assigna. Il destinait les marais d'Ostie pour recevoir les déblais, dont les navires, qui avaient transporté les blés sur le Tibre, se chargeaient à leur retour. On régla que les édifices, dans de certaines parties, seraient construits sans bois, et seulement en pierres d'Albe et de Gabie, qui sont à l'épreuve du feu : de plus, qu'il y aurait, pour l'eau, des inspecteurs qui veilleraient à ce qu'elle ne fût plus interceptée par les particuliers, à ce qu'elle circulât plus abondamment, et en plus de lieux, pour le service

---

XLI. Domuum et insularum et templorum quæ amissa sunt numerum inire haud promptum fuerit; sed vetustissima religione, quod Servius Tullius Lunæ, et Magna ara fanumque, quæ præsenti Herculi Arcas Evander sacraverat, ædesque Statoris Jovis, vota Romulo, Numæque regia et delubrum Vestæ cum Penatibus populi romani, exusta. Jam opes tot victoriis quæsitæ; et græcarum artium decora, exin monumenta ingeniorum antiqua et incorrupta, quamvis in tanta resurgentis urbis pulchritudine, multa seniores meminerant, quæ reparari nequibant. Fuere qui adnotarent quartodecimo kalendas sextiles principium incendii hujus ortum, quo et Senones captam urbem inflammaverant; alii eo usque cura progressi sunt, ut totidem annos mensesque et dies inter utraque incendia numerent.

XLII. Ceterum Nero usus est patriæ ruinis, exstruxitque domum, in qua haud perinde gemmæ et aurum miraculo essent, solita pridem et luxu vulgata, quam arva et stagna, et in modum solitudinum hinc silvæ, inde aperta spatia et prospectus; magistris et machinatoribus Severo et Celere, quibus ingenium et audacia erat, etiam quæ natura denegavisset, per artem tentare, et viribus principis illudere. Namque ab lacu Averno navigabilem fossam usque ad ostia Tiberina depressuros promiserant, squalenti littore, aut per montes adversos; neque enim aliud humidum gignendis aquis occurrit, quam Pomptinæ paludes : cetera abrupta, aut arentia; ac, si perrumpi possent, intolerandus labor, nec satis causæ. Nero tamen, ut erat incredibilium cupitor, effodere proxima Averno juga connixus est, manentque vestigia irritæ spei.

XLIII. Ceterum, urbis quæ domui supererant, non, ut post gallica incendia, nulla distinctione, nec passim erecta; sed dimensis vicorum ordinibus et latis viarum spatiis, cohibitaque ædificiorum altitudine ac patefactis areis, additisque porticibus, quæ frontem insularum protegerent. Eas porticus Nero sua pecunia exstructurum, purgatasque areas dominis traditurum, pollicitus est. Addidit præmia, pro cujusque ordine et rei familiaris copiis; finivitque tempus intra quod effectis domibus aut insulis adipiscerentur. Ruderi accipiendo Ostienses paludes destinabat, utique naves, quæ frumentum Tiberi subvectassent, onustæ rudere decurrerent. Ædificiaque ipsa, certa sui parte, sine trabibus, saxo Gabino Albanove solidarentur, quod is lapis ignibus impervius est. Jam aqua, privatorum licentia intercepta, quo largior et pluribus locis in publicum flueret, custodes; et subsidia reprimendis ignibus

public; que chacun pût trouver, sous sa main, des secours contre le feu. On arrêta aussi qu'il n'y aurait plus de murs mitoyens, et que chaque maison aurait une enceinte séparée. Ces règlements, adoptés pour leur utilité, contribuèrent aussi à l'embellissement de la nouvelle ville. Quelques-uns cependant croyaient l'ancienne forme plus convenable pour la salubrité. Ces rues étroites, et ces toits élevés, ne laissaient pas, à beaucoup près, un passage aussi libre aux rayons du soleil; au lieu que, maintenant, toute cette largeur qui reste à découvert, sans aucune ombre qui la défende, est en butte à tous les traits d'une chaleur brûlante.

XLIV. Telles étaient les mesures que suggérait la prudence humaine : on recourut encore aux expiations pour apaiser les dieux; on consulta les livres de la Sybille, et, d'après leur réponse, on fit des prières publiques à Vulcain, à Cérès et à Proserpine. Des dames romaines allèrent invoquer Junon, d'abord au Capitole, ensuite sur le rivage de la mer le plus prochain, où l'on puisa de l'eau pour arroser le temple et la statue de la déesse. Les femmes qui avaient des maris, célébrèrent des sellisternes, et veillèrent auprès des dieux. Mais, ni les secours humains, ni les largesses du prince, ni les expiations religieuses, ne pouvaient rien contre les bruits infamants qui attribuaient l'incendie aux ordres de Néron. Pour détruire ces bruits, il chercha des coupables, et fit souffrir les plus cruelles tortures à des malheureux abhorrés pour leurs infamies, qu'on appelait vulgairement chrétiens. Le Christ, qui leur donna son nom, avait été condamné au supplice sous Tibère, par le procurateur Ponce Pilate : ce qui réprima, pour le moment, cette exécrable superstition; mais, bientôt, le torrent se déborda de nouveau, non-seulement dans la Judée, où il avait pris sa source, mais jusque dans Rome même, où viennent enfin se rendre et se grossir tous les déréglements et tous les crimes. On commença par se saisir de ceux qui s'avouaient chrétiens, et, ensuite, sur leur déposition, d'une multitude immense, qui fut moins convaincue d'avoir incendié Rome que de haïr le genre humain. A leur supplice on ajoutait la dérision; on les enveloppait de peaux de bête, pour les faire dévorer par des chiens; on les attachait en croix, ou l'on enduisait leurs corps de résine, et l'on s'en servait la nuit comme de flambeaux pour s'éclairer. Néron avait cédé ses propres jardins pour ce spectacle, et, dans le même temps, il donnait des jeux au Cirque, se mêlant parmi le peuple, en habit de cocher, ou conduisant des chars. Aussi, quoique coupables et dignes des derniers supplices, on se sentit ému de compassion pour ces victimes, qui semblaient immolées moins au bien public qu'au passe-temps d'un barbare.

XLV. Cependant, des contributions énormes dévastaient l'Italie, ruinaient les provinces, les peuples alliés, et jusqu'aux Etats qu'on appelle libres. Les dieux même furent enveloppés dans ce pillage général ; on dépouilla les temples de Rome; on prit tout l'or que la reconnaissance et la piété du peuple romain avaient, depuis la fondation de l'empire, consacré aux dieux dans ses prospérités et dans ses revers. L'Asie et la Grèce furent encore moins épargnées; on ne se borna point aux offrandes des temples, on y enleva jusqu'aux statues des dieux; rien n'échappait à la rapacité d'Acratus et de Carinas, qu'on avait envoyés dans ces provinces. Acratus était un affranchi

in propatulo quisque haberet; nec communione parietum, sed propriis quæque muris ambirentur. Ea, ex utilitate accepta, decorem quoque novæ urbi attulere. Erant tamen qui crederent veterem illam formam salubritati magis conduxisse, quoniam angustiæ itinerum et altitudo tectorum non perinde solis vapore perrumperentur; at nunc patulam latitudinem, et nulla umbra defensam, graviore æstu ardescere.

XLIV. Et hæc quidem humanis consiliis providebantur. Mox petita diis piacula, aditique Sibyllæ libri, ex quibus supplicatum Vulcano et Cereri Proserpinæque, ac propitiata Juno per matronas, primum in Capitolio, deinde apud proximum mare : unde hausta aqua, templum et simulacrum deæ prospersum est; et sellisternia ac pervigilia celebravere feminæ quibus mariti erant. Sed non ope humana, non largitionibus principis aut deum placamentis, decedebat infamia, quin jussum incendium crederetur. Ergo, abolendo rumori Nero subdidit reos, et quæsitissimis pœnis affecit quos, per flagitia invisos, vulgus Christianos appellabat. Auctor nominis ejus Christus, Tiberio imperitante, per procuratorem Pontium Pilatum, supplicio affectus erat. Repressaque in præsens exitiabilis superstitio rursus erumpebat, non modo per Judæam, originem ejus mali, sed per urbem etiam, quo cuncta undique atrocia aut pudenda confluunt celebranturque. Igitur primum correpti qui fatebantur, deinde indicio eorum multitudo ingens, haud perinde in crimine incendii, quam odio humani generis convicti sunt. Et pereuntibus addita ludibria, ut, ferarum tergis contecti, laniatu canum interirent, aut crucibus affixi, aut flammandi, atque ubi defecisset dies, in usum nocturni luminis urerentur. Hortos suos ei spectaculo Nero obtulerat, et circense ludicrum edebat, habitu aurigæ permixtus plebi, vel curriculo insistens. Unde, quanquam adversus sontes et novissima exempla meritos, miseratio oriebatur, tanquam non utilitate publica, sed in sævitiam unius, absumerentur.

XLV. Interea conferendis pecuniis pervastata Italia, provinciæ eversæ sociique populi et quæ civitatum liberæ vocantur. Inque eam prædam etiam dii cessere, spoliatis in urbe templis, egestoque auro quod triumphis, quod votis, omnis populi romani ætas, prospere aut in metu, sacraverat. Enimvero per Asiam atque Achaiam non dona tantum, sed simulacra numinum, abripiebantur, missis in eas provincias Acrato ac Secundo Carinate. Ille libertus, cuicunque flagitio promptus; hic, græca doctrina ore tenus exercitus, animum bonis artibus non induerat.

qu'aucun crime n'effrayait; l'autre, un philosophe grec, qui avait fait une grande étude de la morale, pour en parler, non pour se rendre meilleur. Sénèque, dans la crainte de voir retomber sur lui l'odieux de ces sacriléges, avait demandé à se retirer dans une terre éloignée, et, sur le refus du prince, il avait prétexté une maladie, la goutte, pour ne point sortir de chez lui; voilà, du moins, ce qui a été dit. Quelques-uns ont rapporté que Néron voulut alors le faire empoisonner par son propre affranchi nommé Cléonicus, et que Sénèque fut préservé, soit par l'avis que lui donna l'affranchi, lui-même, soit par sa propre défiance, s'étant borné, pour toute nourriture, à quelques fruits sauvages, et, pour toute boisson, à de l'eau courante.

XLVI. Dans le même temps, les gladiateurs qui étaient à Préneste, tentèrent de se soulever, et, quoiqu'un détachement de soldats, chargés de les garder, eût réprimé aussitôt ce mouvement, le peuple, dans ses frayeurs, aussi avide de révolutions que prompt à s'en alarmer, se figurait déjà Spartacus et tous les malheurs anciens. A quelques jours de distance, on apprit la perte de la flotte. Ce malheur n'était pas le fruit d'un combat; car il n'y eut jamais une paix si profonde. Mais Néron avait fixé un jour précis pour le retour de la flotte en Campanie, et n'avait point excepté les hasards de la mer; aussi, quoiqu'elle fût très-menaçante, les pilotes partirent de Formies. Comme ils s'efforçaient de doubler le promontoire de Misène, un vent de sud violent les poussa contre le rivage de Cumes, où l'on perdit beaucoup de trirèmes et une foule de petits bâtiments.

XLVII. Sur la fin de l'année, on ne parla que de prodiges, avant-coureurs de calamités prochaines; jamais on n'avait vu plus d'éclairs ni de plus terribles. Il parut aussi une comète, présage que Néron expiait toujours par un sang illustre. On citait des embryons d'hommes et d'animaux à deux têtes jetés dans les chemins; d'autres, trouvés dans les sacrifices où c'est l'usage d'immoler des bêtes pleines; on citait un veau né sur le territoire de Plaisance, près de la grande route, lequel avait une tête à la cuisse; et, à ce sujet, une interprétation des aruspices, que cette tête en annonçait une autre prête à gouverner le monde, mais qui serait découverte avant son accroissement, parce que le veau était né avant terme, et sur le bord du chemin.

XLVIII. Silius Nerva et Atticus Vestinus ouvrirent leur consulat au moment d'une conjuration, puissante aussitôt que formée, où s'étaient jetés, à l'envi, sénateurs, chevaliers, soldats, des femmes même, et par haine contre le prince, et par intérêt pour Pison. Celui-ci, du sang des Calpurnius, qui embrassaient dans leurs alliances les plus illustres maisons de Rome, jouissait, parmi la multitude, d'une grande réputation, qu'il devait à la vertu, ou plutôt à ces dehors qui y ressemblent. Il employait son éloquence à défendre les citoyens; libéral envers ses amis, avec les inconnus même, son entretien était aimable et son abord prévenant. Il avait encore des dons du hasard, une belle figure, une taille majestueuse; mais nulle dignité dans ses mœurs, nulle retenue dans ses plaisirs; il aimait la mollesse, et le faste; quelquefois il allait jusqu'à la débauche, et cela même lui faisait des partisans de tous ceux qui, trouvant au vice des charmes si doux, ne veulent point, au rang suprême, tant de contrainte et de rigidité.

XLIX. Son ambition ne fut pas la première

Ferebatur Seneca, quo invidiam sacrilegii a semet averteret, longinqui ruris secessum oravisse, et, postquam non concedebatur ficta valetudine, quasi æger nervis, cubiculum non egressum. Tradidere quidam venenum ei per libertum ipsius, cui nomen Cleonicus, paratum, jussu Neronis; vitatumque a Seneca, proditione liberti, seu propria formidine, dum simplici victu et agrestibus pomis, ac, si sitis admoneret, profluente aqua, vitam tolerat.

XLVI. Per idem tempus gladiatores, apud oppidum Præneste, tentata eruptione, præsidio militis qui custos aderat coerciti sunt; jam Spartacum et vetera mala rumoribus ferente populo, ut est novarum rerum cupiens pavidusque. Nec multo post clades rei navalis accipitur, non bello (quippe haud alias tam immota pax); sed certum ad diem in Campaniam redire classem Nero jusserat, non exceptis maris casibus. Ergo gubernatores, quamvis sæviente pelago, a Formiis movere, et gravi Africo, dum promontorium Miseni superare contendunt, Cumanis littoribus impacti, triremium plerasque et minora navigia passim amiserunt.

XLVII. Fine anni vulgantur prodigia, imminentium malorum nuncia. Vis fulgurum non alias crebrior, et sidus cometes, sanguine illustri semper Neroni expiatum. Bicipites hominum aliorumve animalium partus abjecti in publicum, aut in sacrificiis quibus gravidas hostias immolare mos est reperti. Et in agro Placentino, viam propter, natus vitulus cui caput in crure esset. Secutaque haruspicum interpretatio, parari rerum humanarum aliud caput; sed non fore validum, neque occultum, quia in utero repressum aut iter juxta editum sit.

XLVIII. Ineunt deinde consulatum Silius Nerva et Atticus Vestinus, cœpta simul et aucta conjuratione, in quam certatim nomina dederant senatores, eques, miles, feminæ etiam, cum odio Neronis, tum favore in C. Pisonem. Is, Calpurnio genere ortus ac multas insignesque familias paterna nobilitate complexus, claro apud vulgum rumore erat per virtutem aut species virtutibus similes. Namque facundiam tuendis civibus exercebat, largitionem adversus amicos, et ignotis quoque comi sermone et congressu. Aderant etiam fortuita, corpus procerum, decora facies. Sed procul gravitas morum, aut voluptatum parcimonia: lenitati ac magnificentiæ, et aliquando luxui, indulgebat. Idque pluribus probabatur, qui, in tanta vitiorum dulcedine, summum imperium non restrictum nec perseverum volunt.

XLIX. Initium conjurationi non a cupidine ipsius fuit;

cause de la conjuration; et même, aurais peine à dire quel fut l'instigateur d'un projet qui eut tant de complices. Ceux qui y mirent le plus de chaleur furent Subrius, tribun d'une cohorte prétorienne, et le centurion Sulpicius, comme il parut par l'intrépidité de leur mort. Lucain, et Latéranus, consul désigné, y portèrent aussi des haines violentes. Lucain poursuivait, dans Néron, un rival qui cherchait à étouffer la gloire de ses vers, et, par une jalouse vanité, lui avait défendu de les montrer; Latéranus n'avait aucun ressentiment personnel : il conspira par amour pour la patrie. Mais on s'étonna, d'après leur réputation, de voir Scévinus et Quinctianus se jeter dans tous les commencements d'une entreprise aussi hasardeuse; car la débauche avait énervé l'âme de Scévinus, et sa vie n'était qu'un assoupissement continuel. Quinctianus, décrié pour d'infâmes prostitutions, et diffamé par Néron dans une satire, voulait venger cet outrage.

L. Ces conjurés ne parlant donc que des crimes du prince, de l'empire qui touchait à sa fin, et du besoin d'élire un chef qui sauvât l'État de sa ruine, tous ces discours, jetés entre eux, entre leurs amis, entraînèrent Sénécion, Proculus, Araricus, Tugurinus, Munatius, Natalis, Festus, tous chevaliers romains. Sénécion, jadis un des principaux favoris de Néron, et qui conservait encore alors l'apparence de la faveur, n'en était que plus assailli de terreurs et de dangers; Natalis était le confident de tous les secrets de Pison; les autres envisageaient leur avancement dans la révolution. Outre les deux guerriers dont j'ai parlé, Subrius et Sulpicius, ils s'assurèrent encore quelques bras éprouvés, Silvanus et Statius, tribuns de cohortes prétoriennes, Scaurus et Vénétus, centurions. Mais c'était dans Fénius, préfet du prétoire, qu'ils mettaient leur principale confiance. Fénius, avec sa vertu et sa réputation, se voyait éclipsé dans l'esprit du prince, par la barbarie et l'impudicité de Tigellinus, qui le fatiguait d'accusations, et souvent avait pensé le perdre, en le peignant comme l'amant d'Agrippine, et comme n'aspirant qu'à venger sa mort. Sitôt donc que les conjures surent le préfet du prétoire engagé dans leur parti, et ils n'en pouvaient douter d'après les assurances multipliées qu'il en avait données lui-même; plus hardis déjà, ils parlèrent de fixer l'heure et le lieu de l'assassinat. On dit même que Subrius avait été tenté d'attaquer Néron tandis qu'il chantait sur le théâtre, ou lorsque, pendant l'incendie du palais, il courut toute la nuit, sans gardes. Dans ce dernier cas, il surprenait Néron seul; et, dans l'autre, la présence même de cette foule de témoins eût été un aiguillon pour cette âme héroïque; mais il fut retenu par le désir de l'impunité, obstacle ordinaire des grandes entreprises.

LI. Au milieu de ces irrésolutions, qui reculaient leurs espérances, et prolongeaient leurs craintes, Épicharis, une femme qui était du complot, et on ne sait comment (car jusqu'alors sa conduite avait été assez méprisable), n'épargnait aux conjurés ni exhortations, ni reproches; enfin, dégoûtée de leur lenteur, et se trouvant en Campanie, où était la flotte de Misène, elle travailla à ébranler les principaux commandants et à les lier à la conjuration. Elle s'y prit de cette manière : il y avait un chiliarque sur la flotte, nommé Volusius Proculus, l'un de ceux qui étaient entrés

nec tamen facile memoraverim quis primus auctor, cujus instinctu concitum sit, quod tam multi sumpserunt. Promptissimos Subrium Flavium, tribunum prætoriæ cohortis, et Sulpicium Asprum, centurionem, exstitisse constantia exitus docuit. Et Lucanus Annæus Plautiusque Lateranus, consul designatus, vivida odia intulere. Lucanum propriæ causæ accendebant, quod famam carminum ejus premebat Nero, prohibueratque ostentare, vanus adsimulatione. Lateranum, consulem designatum, nulla injuria, sed amor reipublicæ sociavit. At Flavius Scevinus et Afranius Quinctianus, uterque senatorii ordinis, contra famam sui, principium tanti facinoris capessivere : nam Scevino dissoluta luxu mens, et proinde vita somno languida; Quinctianus, mollitia corporis infamis, et a Nerone probroso carmine diflamatus, contumelias ultum ibat.

L. Ergo, dum scelera principis, et finem adesse imperii, deligendumque qui fessis rebus succurreret, inter se aut inter amicos jaciunt, aggregavere Tullium Senecionem, Cervarium Proculum, Vulcatium Araricum, Julium Tugurinum, Munatium Gratum, Antonium Natalem, Martium Festum, equites romanos; ex quibus Senecio, e præcipua familiaritate Neronis, speciem amicitiæ etiam tum retinens, eo pluribus periculis conflictabatur. Natalis particeps ad omne secretum Pisoni erat; ceteris spes ex novis rebus petebatur. Adscitæ sunt, super Subrium et Sulpicium, de quibus retuli, militares manus, Granius Silvanus et Statius Proximus, tribuni cohortium prætoriarum, Maximus Scaurus et Venetus Paulus, centuriones. Sed summum robur in Fenio Rufo, præfecto, videbatur; quem, vita famaque laudatum, per sævitiam impudicitiamque Tigellinus in animo principis anteibat, fatigabatque criminationibus, ac sæpe in metum adduxerat, quasi adulterum Agrippinæ et desiderio ejus ultioni intentum. Igitur, ubi conjuratis præfectum quoque prætorii in partes descendisse, crebro ipsius sermone, facta fides, promptius jam de tempore ac loco cædis agitabant. Et cepisse impetum Subrius Flavius ferebatur in scena canentem Neronem aggrediendi, aut quum ardente domo per noctem huc illuc cursaret incustoditus. Hic occasio solitudinis, ibi ipsa frequentia tanti decoris testis, pulcherrimum animum exstimulaverant; nisi impunitatis cupido retinuisset, magnis semper conatibus adversa.

LI. Interim cunctantibus prolatantibusque spem ac metum, Epicharis quædam, incertum quonam modo sciscitata (neque illi ante ulla rerum honestarum cura fuerat), accendere et arguere conjuratos; ac postremo, lentitudinis eorum pertæsa, et in Campania agens, primores classiariorum Misenensium labefacere et conscientia illi-

dans le projet de faire périr la mère de Néron, et qui n'avait point été récompensé selon l'importance du crime, à ce qu'il croyait. Soit qu'il eût connu anciennement Épicharis, ou que leur amitié fût récente, il s'ouvre à elle; et, comme il parlait des services qu'il avait rendus à Néron et de son ingratitude, qu'il s'en plaignait, qu'il annonçait même la résolution de s'en venger, si l'occasion se présentait, elle conçut l'espoir de le gagner, et, par lui, une partie des gens de la flotte; ce qui n'eût pas été d'un faible secours, et eût fourni des occasions fréquentes, Néron allant souvent à Pouzzoles et à Misène se promener sur la mer. Épicharis se déclare donc; et d'abord elle retrace tous les crimes du prince; elle montre le sénat anéanti, ayant pourvu aux moyens de punir le destructeur de la république, elle presse Proculus de seconder seulement l'entreprise, et d'engager dans leur parti ses plus braves soldats; elle lui promet qu'il en sera dignement récompensé. Cependant elle tut le nom des conjurés. Aussi, quoique Proculus eût rapporté sur-le-champ à Néron ce qu'il venait d'entendre, sa déposition ne servit de rien. Épicharis, confrontée, nia tout, et confondit, sans peine, un dénonciateur que n'appuyait aucun témoin. Toutefois, elle fut retenue en prison, Néron soupçonnant que tout n'était point faux, quoique rien ne fût prouvé.

LII. Les conjurés, cependant, que troublait la crainte d'une trahison, voulaient presser le meurtre, et tuer le prince à Baïes, dans la maison de Pison. Neron, enchanté de la beauté du lieu, s'y rendait souvent; et, à l'heure du bain et du repas, il renvoyait toujours sa garde, attirail incommode de la grandeur. Mais Pison refusa, trouvant odieux d'ensanglanter sa table et ses dieux hospitaliers par le meurtre d'un prince, quel qu'il fût; soutenant qu'il valait mieux l'immoler à Rome, dans cet exécrable palais, bâti des dépouilles des citoyens, enfin exécuter publiquement ce qu'on entreprenait pour le bien public. Voilà ce qu'il dit tout haut. Mais, dans le fond, il craignait que Lucius Silanus, ce jeune homme que sa haute naissance et les lumières qu'il avait puisées dans les leçons de Cassius, portaient naturellement à toutes les grandeurs, n'envahît l'empire, sûr d'être secondé puissamment par ceux qui n'auraient point trempé dans la conjuration, et qui n'eussent envisagé, dans le meurtre de Néron, que l'horreur d'un complot sacrilége. Plusieurs ont cru que Pison avait redouté aussi le génie entreprenant du consul Vestinus, qui aurait pu remuer, ou en faveur de la liberté, ou pour élire un prince qui lui fût redevable de l'empire. En effet, Vestinus n'entra point dans la conjuration, quoique Néron le chargeât de ce crime, pour assouvir, sur un innocent, sa vieille inimitié.

LIII. Enfin ils fixèrent l'exécution au jour des jeux du cirque, où l'on célèbre la fête de Cérès. Néron, qui, d'ailleurs, sortait peu, et se tenait renfermé dans son palais ou dans ses jardins, venait fréquemment au cirque, et les plaisirs du spectacle laissaient un accès plus libre auprès de lui. On avait réglé ainsi l'ordre de l'attaque. Latéranus, sous prétexte de demander quelque secours dans sa détresse, devait, d'un air suppliant, tomber aux genoux du prince, et, de là, le renverser brusquement et le terrasser; ce qui lui était facile à cause de son grand courage et de sa haute stature. Alors, les tribuns et les centurions, avec les autres conjurés, à proportion de leur audace,

---

gare connixa est, tali initio. Erat chiliarchus in ea classe Volusius Proculus, occidendæ matris Neronis inter ministros, non ex magnitudine sceleris provectus, ut rebatur. Is mulieri olim cognitus, seu recens orta amicitia, dum merita erga Neronem sua, et quam in irritum cecidissent, aperit, adjicitque questus et destinationem vindictæ, si facultas oriretur, spem dedit posse impelli et plures conciliare: nec leve auxilium in classe, crebras occasiones; quia Nero multo apud Puteolos et Misenum maris usu lætabatur. Ergo Epicharis plura; et omnia scelera principis orditur: « neque senatui quid manere: sed provisum quonam modo pœnas eversæ reipublicæ daret; accingeretur modo navare operam et militum acerrimos in cœre in partes, ac digna pretia exspectaret. » Nomina tamen conjuratorum reticuit: unde Proculi indicium irritum fuit, quamvis ea quæ audierat ad Neronem detulisset. Accita quippe Epicharis, et cum indice composita, nullis testibus innixum facile confutavit. Sed ipsa in custodia retenta est, suspectante Nerone haud falsa esse, etiam quæ vera non probabantur.

LII. Conjuratis tamen, metu proditionis permotis placitum maturare cædem apud Baias, in villa Pisonis; cujus amœnitate captus Cæsar crebro ventitabat, balneasque et epulas inibat, omissis excubiis et fortunæ suæ mole. Sed abnuit Piso, invidiam prætendens, « si sacra mensæ diique hospitales cæde qualiscunque principis cruentarentur; melius apud urbem, in illa invisa et spoliis civium exstructa domo, in publico patraturos, quod pro republica suscepissent. » Hæc in commune; ceterum timore occulto ne L Silanus, eximia nobilitate disciplinaque C. Cassii, apud quem educatus erat, ad omnem claritudinem sublatus, imperium invaderet; prompte daturis operam qui a conjuratione integri essent, quique miserarentur Neronem, tanquam per scelus interfectum. Plerique Vestini quoque consulis acre ingenium vitavisse Pisonem crediderunt, ne ab libertatem moveretur, vel, delecto imperatore alio, sui muneris rempublicam faceret. Etenim expers conjurationis erat, quamvis super eo crimine Nero vetus adversus insontem odium expleverit.

LIII. Tandem statuere circensium ludorum die qui Cereri celebratur exsequi destinata; quia Cæsar, rarus egressu, domoque aut hortis clausus, ad ludicra Circi ventitabat, promptioresque aditus erant lætitia spectaculi. Ordinem insidiis composuerant, ut Lateranus, quasi subsidium rei familiaris oraret, deprecabundus et genibus principis accidens, prosterneret incautum premeretque,

devaient fondre sur lui et le massacrer. Scévinus sollicitait l'honneur du premier coup ; il avait sur lui un poignard qu'il avait pris en Étrurie, dans le temple de la déesse Salus, ou, selon d'autres, dans celui de la Fortune, à Férente, et il le portait toujours comme une arme consacrée aux grandes entreprises. Pendant ce temps, Pison devait rester au temple de Cérès, d'où, ensuite, Fénius et les autres l'eussent mené au camp. Antonia, fille de l'empereur Claude, devait l'accompagner pour lui ménager la faveur du peuple, à ce que Pline rapporte. Quel qu'eût été le garant de ce fait, mon dessein n'était point de le taire, quoiqu'il paraisse peu croyable, ou qu'Antonia, pour un intérêt frivole, eût prêté son nom et compromis ses jours ; ou que Pison, connu par sa tendresse pour sa femme, eût pris des engagements pour un autre mariage : à moins que la passion de régner n'étouffe toutes les autres affections.

LIV. Ce qui étonne, c'est qu'au milieu de tant de personnes riches, pauvres, de naissance, de rang, de sexe et d'âge différents, un secret impénétrable eût voilé tous leurs projets ; enfin il se trouva un traître dans la maison de Scévinus. La veille de l'exécution, ce sénateur, après un long entretien avec Natalis, rentra chez lui, et fit son testament ; puis, ayant tiré de sa gaîne le poignard dont j'ai parlé plus haut, et voyant avec peine que le temps l'avait émoussé, il recommanda qu'on l'aiguisât sur la pierre, et qu'on en fît étinceler la pointe, et il chargea de ce soin un affranchi, Milicus. Ensuite, il donna un repas plus somptueux qu'à l'ordinaire, la liberté aux esclaves qu'il aimait le mieux, de l'argent à d'autres, et, cependant, il paraissait sombre et préoccupé fortement d'une grande pensée, quoique, dans son entretien, qui était sans suite, il affectât de la gaieté. Enfin, il commande tout l'appareil propre pour bander des plaies, pour étancher le sang, et toujours à ce même Milicus. On ne sait s'il était du secret, et l'avait gardé jusqu'alors, ou bien si, l'ignorant, ses soupçons, comme plusieurs l'ont rapporté, furent éveillés, pour la première fois, par toutes ces circonstances ; mais cette âme servile n'eut pas sitôt supputé le prix d'une perfidie, que son devoir, que la vie de son maître, que la mémoire de la liberté qu'il avait reçue, que tous ces motifs disparurent devant la perspective d'un argent et d'un pouvoir immenses. D'ailleurs, il avait consulté sa femme, dont les conseils se sentirent de la lâcheté de son sexe. Elle était la première à remplir sa tête de frayeurs, sur ce que nombre d'esclaves et d'affranchis avaient vu les mêmes choses, sur ce que le silence d'un seul ne servirait de rien, au lieu que les récompenses seraient toutes pour celui-là seul qui dénoncerait le premier.

LV. Au point du jour, Milicus va donc aux jardins de Servilius. D'abord, on lui refusa l'entrée ; mais, à force de répéter qu'il apportait un avis de la dernière importance, il se fait introduire chez Épaphrodite, affranchi de Néron, qui le mène chez Néron même ; et, là, il parle d'un péril urgent, d'un complot affreux, de tout ce qu'il avait entendu et conjecturé. Il montre aussi l'arme qu'on avait préparée pour assassiner le prince, et il demande qu'on fasse venir Scévinus. Des soldats allèrent le prendre sur-le-champ. Scévinus allégua, pour sa justification, que ce poignard, qu'on lui objectait, avait été de tout temps révéré d'un culte particulier dans sa famille, et

---

animi validus et corpore ingens. Tum jacentem et impeditum tribuni et centuriones, et ceterorum ut quisque audentiæ habuisset, accurrerent trucidarentque ; primas sibi partes expostulante Scevino, qui pugionem templo Salutis in Etruria, sive, ut alii tradidere, Fortunæ Ferentano in oppido, detraxerat, gestabatque velut magno operi sacrum. Interim Piso apud ædem Cereris opperiretur, unde eum præfectus Fenius et ceteri accitum ferrent in castra, comitante Antonia, Claudii Cæsaris filia, ad eliciendum vulgi favorem : quod C. Plinius memorat. Nobis quoquo modo traditum non occultare in animo fuit ; quamvis absurdum videretur, aut inanem ad spem Antoniam nomen et periculum commodavisse ; aut Pisonem, notum amore uxoris, alii matrimonio se obstrinxisse ; nisi si cupido dominandi cunctis affectibus flagrantior est.

LIV. Sed mirum quam inter diversi generis, ordinis, ætatis, sexus, dites, pauperes, taciturnitate omnia cohibita sint ; donec proditio cœpit e domo Scevini : qui pridie insidiarum, multo sermone cum Antonio Natale, dein regressus domum, testamentum obsignavit, promptum vagina pugionem, de quo supra retuli, vetustate obtusum increpans, asperari saxo et in mucronem ardescere jussit ; eamque curam liberto Milichoni mandavit. Simul affluentius solito convivium initum ; servorum carissimi libertate, et alii pecunia, donati ; atque ipse mœstus et magnæ cogitationis manifestus erat, quamvis lætitiam vagis sermonibus simularet. Postremo vulneribus ligamenta, quibusque sistitur sanguis, parare eumdem Milichum monet ; sive gnarum conjurationis et illuc usque fidum, seu nescium et tunc primum arreptis suspicionibus, ut plerique tradidere de consequentibus. Nam quum secum servilis animus præmia perfidiæ reputavit, simulque immensa pecunia et potentia obversabantur, cessit fas et salus patroni et acceptæ libertatis memoria. Etenim uxoris quoque consilium assumpserat, muliebre ac deterius : quippe ultro metum intentabat, « multosque adstitisse libertos ac servos, qui eadem viderint ; nihil profuturum unius silentium ; at præmia penes unum fore, qui judicio prævenisset. »

LV. Igitur, cœpta luce, Milichus in hortos Servilianos pergit, et, quum foribus arceretur, magna et atrocia afferre dictitans, deductusque ab janitoribus ad libertum Neronis Epaphroditum, mox ab eo ad Neronem, urgens periculum, graves conjurationes, et cetera quæ audierat conjectaveratque, docet. Telum quoque in necem ejus paratum ostendit, accirique reum jussit : is, raptus per milites et

qu'il le gardait dans son appartement, d'où son perfide affranchi l'avait dérobé; qu'il avait fait son testament plus d'une fois et à différentes époques indistinctement; qu'il lui était arrivé déjà de donner de l'argent et la liberté à des esclaves; et que, s'il y avait mis dans ce moment plus de libéralité, c'est que, dans l'épuisement de sa fortune, et avec les créanciers qui le pressaient, il craignait pour son testament; que toute sa vie il avait donné des repas splendides, et que ses dépenses lui avaient même attiré les reproches de juges austères; que tout cet apprêt pour des blessures s'était fait sans son ordre, et que ce malheureux avait voulu étayer la frivolité de ses autres imputations par une calomnie dont il se faisait à la fois le dénonciateur et le témoin. Il soutint ses discours par de la fermeté; accusant son esclave, et le traitant de scélérat exécrable, avec tant d'assurance dans l'air et dans le ton, que la délation tombait, si la femme de Milicus ne l'eût averti que Natalis avait eu une conférence longue et secrète avec Scévinus, et qu'ils étaient tous deux les amis de Pison.

LVI. On fait donc venir Natalis, et on les interroge séparément sur le sujet, sur les détails de leur entretien. La diversité de leurs réponses fit naître des soupçons, et on les chargea de fers : ils ne soutinrent pas l'aspect et la menace des tortures. Natalis, toutefois, fut le premier qui avoua. Mieux instruit des détails de la conjuration, et, sachant mieux ce qu'il fallait révéler, il nomma d'abord Pison, ensuite Sénèque, soit qu'en effet il eût négocié entre Sénèque et Pison, soit qu'il voulût par là se concilier Néron, qu'il savait implacable ennemi de Sénèque et cherchant ardemment tous les moyens de le perdre. Lorsque

Scévinus eut appris l'aveu de Natalis, par une faiblesse pareille, ou dans l'idée peut-être que tout était déjà découvert, et qu'il ne gagnerait rien à se taire, il déclara les autres complices. Dans ce nombre, Sénécion, Lucain, Quinctianus, nièrent longtemps. Enfin, se laissant corrompre par la promesse de l'impunité, afin de se faire pardonner leur lenteur, Lucain dénonça Atilla, sa propre mère; Quinctianus et Sénécion dénoncèrent Gallus et Pollion, leurs meilleurs amis.

LVII. Cependant Néron, se rappelant qu'on détenait Épicharis sur la déposition de Proculus, et n'imaginant pas qu'une femme pût résister à la douleur, donne ordre qu'on déchire son corps à la question. Mais ni les fouets, ni les feux, ni la rage industrieuse des bourreaux, qu'irritaient les bravades d'une femme, ne purent vaincre l'opiniâtreté de ses dénégations. Ce fut ainsi qu'elle triompha de la question le premier jour. Le lendemain, comme on la ramenait aux mêmes tortures, portée sur une chaise (car ses membres disloqués ne lui permettaient pas de se soutenir), elle détacha son lacet, qu'elle noua au haut de la chaise; ensuite passant son cou dans le nœud, et s'appesantissant de tout le poids de son corps, elle s'arracha les faibles restes de sa vie : exemple mémorable dans une femme, dans une affranchie, qui, au milieu des plus cruelles douleurs, sut garder à des étrangers, et presque à des inconnus, une fidélité inébranlable; tandis que des citoyens, des hommes, des chevaliers et des sénateurs, avant la moindre épreuve, trahissaient à l'envi les plus chers objets de leur attachement. Car Lucain même, et Sénécion, et Quinctianus, ne cessaient de révéler indistinctement leurs complices, et Néron s'alarmait de plus en plus,

defensionem orsus, « ferrum, cujus argueretur, olim religione patria cultum et in cubiculo habitum, ac fraude liberti subreptum », respondit : « tabulas testamenti sæpius a se, et incustodita dierum observatione, signatas. Pecunias et libertates servis et ante dono datas; sed ideo tunc largius, quia, tenui jam re familiari et instantibus creditoribus, testamento diffideret. Enimvero liberales semper epulas struxisse, et vitam amœnam et duris judicibus parum probatam. Fomenta vulneribus nulla jussu suo; sed, quia cetera palam vana objecisset, adjungere crimen, ut sese pariter indicem et testem faceret. » Adjicit dictis constantiam : incusat ultro intestabilem et consceleratum, tanta vocis ac vultus securitate ut labaret indicium, nisi Milichum uxor admonuisset Antonium Natalem multa cum Scævino ac secreto collocutum, et esse utrosque C. Pisonis intimos.

LVI. Ergo accitur Natalis : et diversi interrogantur, quisnam is sermo, qua de re fuisset; quum exorta suspicio, quia non congruentia responderant, inditaque vincla. Et tormentorum adspectum ac minas non tulere. Prior tamen Natalis, totius conjurationis magis gnarus, simul arguendi peritior, de Pisone primum fatetur; deinde adjicit Annæum Senecam, sive internuncius inter eum Pisonemque fuit, sive ut Neronis gratiam pararet, qui,

infensus Senecæ, omnes ad eum opprimendum artes conquirebat. Tum, cognito Natalis indicio, Scevinus quoque, pari imbecillitate, an cuncta jam patefacta credens nec ullum silentii emolumentum, edidit ceteros; ex quibus Lucanus Quinctianusque et Senecio diu abnuere. Post, promissa impunitate corrupti, quo tarditatem excusarent, Lucanus Atillam matrem suam, Quinctianus Glitium Gallum, Senecio Annium Pollionem, amicorum præcipuos, nominavere.

LVII. Atque interim Nero, recordatus Volusii Proculi indicio Epicharin attineri, ratusque muliebre corpus impar dolori, tormentis dilacerari jubet. At illam non verbera, non ignes, non ira eo acrius torquentium ne a femina spernerentur, pervicere quin objecta denegaret. Sic primus quæstionis dies contemptus. Postero, quum ad eosdem cruciatus retraheretur gestamine sellæ (nam dissolutis membris insistere nequibat), vinclo fasciæ, quam pectori detraxerat, in modum laquei ad arcum sellæ restricto, indidit cervicem, et, corporis pondere connisa, tenuem jam spiritum expressit : clariore exemplo libertina mulier, in tanta necessitate, alienos ac prope ignotos protegendo, quum ingenui, et viri, et equites romani senatoresque, intacti tormentis, carissima suorum quisque pignorum proderent. Non enim omittebant Luca-

malgré la triple garde dont il s'était environné.

LVIII. Il alla jusqu'à garnir de soldats tous les murs, jusqu'à faire investir et la mer et le Tibre. Il semblait vouloir tenir Rome prisonnière. Incessamment couraient dans les places, dans les maisons, et jusque dans les champs et dans les villes voisines, fantassins et cavaliers, mêlés avec un grand nombre de Germains, qui avaient la confiance du prince, comme étrangers. On voyait traîner continuellement des troupes entières d'accusés, qu'on entassait aux portes des jardins ; et, quand ils étaient entrés pour subir l'interrogatoire, s'ils avaient marqué de la joie à la vue de quelques conjurés, si, par hasard, ils s'étaient parlé, s'ils s'étaient rencontrés ensemble au spectacle ou dans un festin, on les jugeait coupables. Fénius, Fénius lui-même se joignait aux barbares perquisitions de Tigellinus et de Néron ; et, comme on ne l'avait point encore nommé, il poursuivait ses complices impitoyablement, pour ne point le paraître. Subrius, présent à l'interrogatoire, voulait, sur l'heure même, assassiner le prince, et il fit signe à ce même Fénius ; mais celui-ci s'y opposa, et arrêta le mouvement du tribun, qui portait déjà la main sur la garde de son épée.

LIX. La conjuration découverte, pendant qu'on entendait Milicus, que Scévinus chancelait, quelques amis de Pison le pressèrent de marcher au camp, ou de monter aux rostres, et de faire une tentative sur les soldats ou sur le peuple. Leurs complices, en secondant ses efforts, entraîneraient ceux même qui ne l'étaient pas ; c'était beaucoup qu'une première impulsion, dont le bruit seul avait, dans les nouvelles entreprises, une grande influence. Néron n'était point préparé à cet événement ; si les braves même s'intimident quand ils sont surpris, pouvait-on croire que ce vil chanteur trouvât dans Tigellinus, et dans les courtisanes qui l'accompagnaient, le courage de résister ? Beaucoup de projets, au moment de l'exécution, devenaient faciles, qui, auparavant, semblaient impraticables : c'était en vain qu'il se flattait du silence et de la fidélité de tant de complices ; il fallait se défier des corps et des âmes ; il n'était point de secret que n'arrachassent les tortures ou les récompenses, et on viendrait bientôt l'arrêter lui-même, pour le traîner ensuite à une mort ignominieuse : combien ne valait-il pas mieux périr en embrassant la cause publique, en invoquant le nom de la liberté ! Si les soldats lui manquaient, et si le peuple l'abandonnait, il lui resterait du moins l'honneur d'une mort digne de ses ancêtres, digne de ses descendants. Ces motifs ne touchèrent point Pison ; il se montra en public quelques instants, puis alla se renfermer chez lui pour se préparer à son dernier moment. Bientôt il vit arriver les satellites de Néron, tous choisis parmi les soldats nouvellement enrôlés, ou qui, du moins, n'étaient pas encore vétérans ; car Néron craignait que ceux-ci n'eussent été gagnés. Pison se fit couper les veines des bras. Son testament fut infecté d'adulation pour Néron ; ce qu'il fit par amour pour sa femme. Cette femme, nommée Arria, indigne de sa race, n'était recommandable que par sa beauté. Il l'avait enlevée à Domitius Silius, son ami, dont elle était l'épouse. Le choix d'un prostitué, pour son ami, et d'une impudique, pour sa femme, suffit pour faire juger des mœurs de Pison.

LX. La mort de Latéranus, consul désigné, suivit immédiatement et avec tant de prompti-

---

nus quoque et Senecio et Quinctianus passim conscios edere ; magis magisque pavido Nerone, quanquam multiplicatis excubiis semet sepsisset.

LVIII. Quin et urbem, per manipulos occupatis mœnibus, insesso etiam mari et amne, velut in custodiam dedit. Volitabantque per fora, per domos, rura quoque et proxima municipiorum, pedites equitesque, permixti Germanis, quibus fidebat princeps, quasi externis. Continua hinc et juncta agmina trahi, ac foribus hortorum adjacere. Atque, ubi dicendam ad causam introissent, lætatum erga conjuratos, si fortuitus sermo et subiti occursus, si convivium, si spectaculum simul inissent, pro crimine accipi ; quum, super Neronis ac Tigellini sævas percunctationes, Fenius quoque Rufus violenter urgeret ; nondum ab indicibus nominatus, sed, quo fidem inscitiæ pararet, atrox adversus socios. Idem Subrio Flavio assistenti, innuentique an inter ipsam cognitionem destringeret gladium cædemque patraret, renuit, infregitque impetum jam manum ad capulum referentis.

LIX. Fuere qui, prodita conjuratione, dum auditur Milichus, dum dubitat Scevinus, hortarentur Pisonem « pergere in castra, aut rostra ascendere studiaque militum et populi tentare : si conatibus ejus conscii aggregarentur secuturos etiam integros, magnamque motæ rei famam, quæ plurimum in novis consiliis valeret. Nihil adversum hoc Neroni provisum, etiam fortes viros subitis terreri ; nedum ille scenicus, Tigellino scilicet cum pellicibus suis comitante, arma contra cieret. Multa experiendo conferi, quæ segnibus ardua videantur. Frustra silentium et fidem in tot consciorum animis et corporibus sperari : cruciatu aut præmio cuncta pervia esse. Venturos qui ipsum quoque vincirent, postremo indigna nece afficerent. Quanto laudabilius periturum, dum amplectitur rempublicam, dum auxilia libertati invocat ? Miles potius deesset, et plebes desereret, dum ipse majoribus, dum posteris, si vita præriperetur, mortem approbaret. » Immotus his, et paullulum in publico versatus, post domi secretus animum adversum suprema firmabat ; donec manus militum advenirent, quos Nero tirones aut stipendiis recentes delegerat : nam vetus miles timebatur, tanquam favore imbutus. Obiit, abruptis brachiorum venis. Testamentum fœdis adversus Neronem adulationibus amori uxoris dedit ; quam degenerem, et sola corporis forma commendatam, amici matrimonio abstulerat. Nomen mulieris Arria Galla, priori marito Domitius Silius ; hic patientia, illa impudicitia, Pisonis infamiam propagavere.

LX. Proximam necem Plautii Laterani, consulis desi-

tude, que Néron ne lui laissa pas même le temps d'embrasser ses enfants, ni cet instant si court qu'on avait ordinairement pour disposer de sa mort. Traîné précipitamment au lieu réservé pour le supplice des esclaves, il est égorgé de la propre main du tribun Statius, gardant jusqu'au bout un généreux silence, et ne reprochant rien à son complice, qui était son bourreau. A cette mort succéda celle de Sénèque que Néron désirait plus impatiemment que toutes les autres, non qu'il eût la preuve que Sénèque eût conspiré : mais il voulait achever par le fer ce qu'il avait tenté en vain par le poison. Natalis, qui l'impliqua seul, se borna à dire qu'il avait été voir Sénèque malade, et lui demander pourquoi il refusait de recevoir Pison; qu'il serait mieux de cultiver leur amitié en se voyant souvent : à quoi Sénèque avait répondu que ces visites mutuelles et ces fréquents entretiens ne convenaient ni à l'un ni à l'autre; qu'au reste il serait toujours prêt à sacrifier sa vie à Pison. On chargea Silvanus, tribun d'une cohorte prétorienne, de porter cette déposition, et de demander à Sénèque s'il convenait du discours de Natalis et de sa réponse. Soit par hasard, soit à dessein, Sénèque était revenu de Campanie ce jour même : il s'était arrêté à quatre milles de Rome, dans une de ses maisons de plaisance. Le tribun y arriva le soir, et la fit investir par un gros de soldats. Sénèque soupait avec sa femme Pauline et deux amis, lorsqu'on lui remit l'ordre de l'empereur.

LXI. Il répondit que Natalis était venu de la part de Pison se plaindre de ce qu'il refusait de le voir; qu'il avait allégué sa santé et son amour pour le repos; que rien au monde n'avait pu lui faire dire d'un homme, qui n'était pas son souverain, qu'il fût prêt à lui sacrifier sa vie; que son caractère ne le portait point à l'adulation, et que personne ne le savait mieux que Néron, qui avait éprouvé plus souvent le courage de Sénèque que ses complaisances. Lorsque le tribun vint rapporter cette réponse, Néron était avec Poppée et Tigellinus, son conseil de confiance, avec lequel il réglait toutes ses cruautés : il demande si Sénèque songait à se donner la mort. Le tribun répondit qu'il ne le croyait pas, à l'air d'assurance et de sérénité qu'il avait remarqué dans ses discours et sur son visage. On le renvoie donc porter à Sénèque l'ordre de mourir. Fabius rapporte qu'à son retour il prit un autre chemin, et se détourna pour voir Fénius; qu'ayant exposé l'ordre de César, il lui demanda s'il obéirait; et que le préfet le lui conseilla, par cette lâcheté fatale qui les engourdissait tous; car Silvanus était du nombre des conjurés, et il multipliait les crimes dont il avait conspiré la vengeance. Toutefois il ne voulut souiller ni sa bouche, ni ses yeux : ce fut un des centurions qui entra pour signifier à Sénèque son arrêt de mort.

LXII. Lui, sans s'émouvoir, demande son testament; et, sur le refus du centurion, se tournant vers ses amis, et les prenant à témoin de l'impossibilité où on le réduisait de reconnaître leurs services, il leur lègue l'image de sa vie, le seul bien alors qu'il possédait, et le plus précieux; il leur dit de se ressouvenir de lui, qu'une amitié aussi constante leur ferait honneur; et, comme ils fondaient en larmes, il ranima leur courage, tantôt avec douceur, tantôt avec une sorte d'empire et de sévérité; leur demandant où était donc la philosophie, ou était cette raison qui, depuis tant d'années, se prémunissait contre

---

gnati, Nero adjungit, adeo propere ut non complecti liberos, non illud breve mortis arbitrium permitteret. Raptus in locum servilibus pœnis sepositum, manu Statii tribuni trucidatur, plenus constantis silentii, nec tribuno objiciens eamdem conscientiam. Sequitur cædes Annæi Senecæ lætissima principi, non quia conjurationis manifestum compererat, sed ut ferro grassaretur, quando venenum non processerat. Solus quippe Natalis, et hactenus prompsit, « missum se ad ægrotum Senecam, uti viseret conquererentque cur Pisonem aditu arceret; melius fore si amicitiam familiari congressu exercuissent. Et respondisse Senecam, sermones mutuos et crebra colloquia neutri conducere; ceterum salutem suam incolumitate Pisonis inniti. » Hæc ferre Granius Silvanus, tribunus prætoriæ cohortis, et, an dicta Natalis suaque responsa nosceret, percunctari Senecam jubetur. Is, forte an prudens, ad eum diem ex Campania remeaverat, quartumque apud lapidem, suburbano rure, substiterat. Illo, propinqua vespera, tribunus venit et villam globis militum sepsit. Tum ipsi, cum Pompeia Paulina uxore et amicis duobus epulanti, mandata imperatoris edidit.

LXI. Seneca, « missum ad se Natalem conquestumque nomine Pisonis quod a visendo eo prohiberetur, seque rationem valetudinis et amorem quietis excusavisse » respondit : « cur salutem privati hominis incolumitati suæ anteferret, causam non habuisse; nec sibi promptum in adulationes ingenium; idque nulli magis gnarum quam Neroni, qui sæpius libertatem Senecæ quam servitium expertus esset. » Ubi hæc a tribuno relata sunt, Poppæa et Tigellino coram, quod erat sævienti principi intimum consiliorum, interrogat an Seneca voluntariam mortem pararet. Tum tribunus nulla pavoris signa, nihil triste in verbis ejus aut vultu deprehensum confirmavit. Ergo regredi et indicere mortem jubetur. Tradit Fabius Rusticus, non eo qua venerat itinere reditum, sed flexisse ad Fenium præfectum, et, expositis Cæsaris jussis, an obtemperaret interrogavisse; monitumque ab eo ut exsequeretur : fatali omnium ignavia; nam et Silvanus inter conjuratos erat, augebatque scelera in quorum ultionem consenserat. Voci tamen et adspectui pepercit; intromisitque ad Senecam unum ex centurionibus, qui necessitatem ultimam denuntiaret.

LXII. Ille interritus poscit testamenti tabulas; ac, denegante centurione, conversus ad amicos « quando meritis eorum referre gratiam prohiberetur, quod unum jam et tamen pulcherrimum habeat, imaginem vitæ suæ re

les événements; si l'on ignorait la cruauté de Néron; et s'il était possible que le meurtrier de sa mère et de son frère épargnât l'homme qui l'avait élevé.

LXIII. Voilà ce qu'il dit à peu près en s'adressant à tous : ensuite il embrasse sa femme; et, faisant quelque effort pour repousser les craintes que lui donnait la situation de cette épouse chérie, il la prie, il la conjure de modérer sa douleur, d'en abréger le cours, et de chercher, dans la contemplation d'une vie vertueuse, un adoucissement honorable à la perte de son mari. Pauline protesta qu'elle était décidée à mourir, et elle sollicitait le ministère de l'exécuteur. Sénèque ne voulut point s'opposer à la gloire de sa femme; d'ailleurs sa tendresse s'alarmait de laisser en proie aux outrages ce qu'il aimait uniquement : « Je t'avais indiqué, dit-il, ce qui pouvait « t'engager à vivre; tu préfères l'honneur de mou- « rir; je ne serai point jaloux de tant de vertu. « Quand le courage serait égal dans nos deux « morts, le mérite sera toujours plus grand « dans la tienne. » Après ces mots, le même fer leur ouvre le bras à tous deux. Sénèque, dont le corps exténué par la vieillesse et par un régime austère, ne laissait échapper son sang qu'avec lenteur, se fait aussi couper les veines des jambes et des jarrets. Comme il souffrait des tortures affreuses, craignant que ses douleurs n'abattissent le courage de Pauline, et redoutant aussi pour lui-même le spectacle des tourments de sa femme, il lui conseille de passer dans une autre chambre. Alors il appelle ses secrétaires; et, son éloquence ne l'abandonnant pas même à son dernier moment, il leur fit écrire un discours que je ne veux point défigurer, et qui est entre les mains de tout le monde, tel qu'il le dicta.

LXIV. Cependant Néron, qui n'avait contre Pauline aucun ressentiment personnel, et qui craignait que sa cruauté ne devînt aussi trop odieuse, donne ordre qu'on prévienne cette mort. Sur les instances des soldats, les affranchis et les esclaves étanchent le sang, lui lient les veines des bras. On ignore si ce fut à l'insu de Pauline; car dans le public, ardent à saisir les imputations malignes, il ne manqua point de gens persuadés que, tant qu'elle crut Néron implacable, elle avait cherché l'honneur de partager le sort de son mari; mais qu'ayant une fois envisagé un espoir meilleur, elle succomba à la douceur de vivre. Elle vécut encore quelques années, fidèle à la mémoire de son époux; elle avait conservé une pâleur extrême, qui montrait visiblement combien elle avait perdu d'esprits et de vie. De son côté, Sénèque, voyant le sang couler avec tant de peine, et la mort si lente à venir, pria Statius Annæus, qui lui avait rendu longtemps les services d'un ami et ceux d'un médecin, de lui apporter un poison dont il s'était pourvu anciennement : c'est celui qu'on fait prendre aux criminels à Athènes. Sénèque l'avala, mais en vain : ses membres déjà froids ne pouvaient développer l'activité du poison. Enfin il entra dans un bain chaud, dont il arrosa les esclaves qui étaient le plus près, en disant qu'il offrirait cette libation à Jupiter libérateur. Puis il se plongea dans l'étuve, dont la vapeur le suffoqua. Son corps fut brûlé sans aucune pompe; il l'avait recommandé lui-

linquere, » testatur; « cujus si memores essent bonarum artium, famam tam constantis amicitiæ laturos. » Simul lacrymas eorum, modo sermone, modo intentior in modum coercentis, ad firmitudinem revocat, rogitans « ubi præcepta sapientiæ, ubi tot per annos meditata ratio adversum imminentia : cui enim ignaram fuisse sævitiam Neronis? neque aliud superesse, post matrem fratremque interfectos, quam ut educatoris præceptorisque necem adjiceret. »

LXIII. Ubi hæc atque talia in commune disseruit, complectitur uxorem, et paullulum adversus præsentem formidinem mollitus, rogat oratque « temperare dolori, ne æternum susciperet, sed, in contemplatione vitæ per virtutem actæ, desiderium mariti solatiis honestis toleraret. » Illa contra sibi quoque destinatam mortem asseverat, manumque percussoris exposcit. Tum Seneca, gloriæ ejus non adversus, simul amore, ne sibi unice dilectam ad injurias relinqueret, « Vitæ, inquit, delini- « menta monstraveram tibi, tu mortis decus mavis; non « invidebo exemplo : sit hujus tam fortis exitus constan- « tia penes utrosque par, claritudinis plus in tuo fine. » Post quæ, eodem ictu brachia ferro exsolvunt. Seneca, quoniam senile corpus et parco victu tenuatum lenta effugia sanguini præbebat, crurum quoque et poplitum venas abrumpit. Sævisque cruciatibus defessus, ne dolore suo animum uxoris infringeret, atque, ipse, visendo ejus tormenta, ad impatientiam delaberetur, suadet in aliud cubiculum absederet. Et, novissimo quoque momento suppeditante eloquentia, advocatis scriptoribus, pleraque tradidit, quæ, in vulgus edita ejus verbis, invertere supersedeo.

LXIV. At Nero, nullo in Paulinam proprio odio, ac ne gliscerent invidia crudelitatis, inhiberi mortem imperat. Hortantibus militibus, servi libertique obligant brachia, premunt sanguinem, incertum an ignaræ : ut est vulgus ad deteriora promptum, non defuere qui crederent, donec implacabilem Neronem timuerit, famam sociatæ cum marito mortis petivisse; deinde, oblata mitiore spe, blandimentis vitæ evictam : cui addidit paucos postea annos, laudabili in maritum memoria, et ore ac membris in eum pallorem albentibus, ut ostentui esset multum vitalis spiritus egestum. Seneca mterim, durante tractu et lentitudine mortis, Statium Annæum, diu sibi amicitiæ fide et arte medicinæ probatum, orat provisum pridem venenum, quo damnati publico Atheniensium judicio exstinguerentur, promeret; allatumque hausit frustra, frigidus jam artus, et cluso corpore adversum vim veneni. Postremo stagnum calidæ aquæ introiit, respergens proximos servorum, addita voce « libare se liquorem illum Jovi Liberatori. » Exin balneo illatus, et

même par son testament, dans le temps qu'il avait encore toutes ses richesses et toute sa faveur, s'occupant dès lors de sa fin.

LXV. Le bruit courut que Subrius, ainsi que les centurions, par une résolution secrète, qui pourtant ne fut point ignorée de Sénèque, avaient décidé qu'après s'être défaits de Néron par la main de Pison, ils se deferaient de Pison même, pour donner l'empire à Sénèque, qui semblait n'avoir été désigné pour ce choix que par la réputation bien innocente de ses vertus. On allait même jusqu'à débiter les propres mots de Subrius : qu'on ne gagnerait rien à remplacer un joueur de lyre par un comédien ; car Pison jouait la tragédie publiquement, comme Néron jouait de la lyre.

LXVI. Au reste, la part que les gens de guerre avaient eue à la conspiration cessa d'être ignorée, les conjurés s'étant déchaînés, à la fin, contre Fénius, qu'ils ne supportaient point d'avoir, à la fois, pour complice et pour juge. Comme il les pressait de questions et de menaces, Scévinus, avec un sourire amer, lui dit que personne n'en savait plus que lui, et il l'exhorta à dévoiler tout lui-même, à ne rien cacher à un si bon prince. A ce mot, Fénius ne peut ni parler, ni se taire ; des sons mal articulés et mille signes visibles de frayeur le trahissent. Tous les autres en même temps, et particulièrement Cervarius, chevalier romain, accumulent, à l'envi, les preuves : l'empereur le fait saisir et garrotter par Cassius, soldat d'une force prodigieuse, qu'il tenait près de sa personne.

LXVII. Ces mêmes dépositions eurent bientôt perdu aussi le tribun Subrius, qui, d'abord, pour sa justification, s'était rejeté sur la différence de ses mœurs, sur l'impossibilité qu'un guerrier, tel que lui, se fût associé, pour une pareille entreprise, avec des hommes lâches et efféminés. Puis, se voyant pressé, il envisage, dans l'aveu, une gloire nouvelle qu'il embrasse. Interrogé par Néron sur les motifs qui l'avaient poussé à trahir son serment : « Je te haïssais, dit-il ; parmi tes « soldats, nul ne te fut plus fidèle, tant que tu « méritas d'être aimé ; j'ai commencé à te haïr, « depuis que je t'ai vu assassin de ta mère et de « ta femme, cocher, histrion et incendiaire. » J'ai rapporté ses propres mots, parce qu'ils n'ont pas été aussi répandus que ceux de Sénèque, et qu'il y a, dans cette réponse de soldat, une simplicité brute et énergique, qui ne méritait pas moins d'être connue. Ce qu'il y a de certain, c'est que, dans toute cette conjuration, rien ne blessa plus cruellement les oreilles de Néron, pour qui ces vérités étaient aussi nouvelles que les crimes lui étaient familiers. On charge le tribun Niger du supplice de Subrius. Niger fit creuser une fosse dans un champ tout près de là. Subrius, ne la trouvant ni assez large, ni assez profonde, en présence des soldats qui l'entouraient : « Cela même, dit-il, ils ne savent pas le faire ; » et, le tribun lui recommandant de bien présenter la gorge : « Puisses-tu frapper aussi bien ! » Mais lui, tout tremblant, put à peine, en deux coups, détacher la tête ; du reste, il s'en félicita, se vantant à Néron d'avoir tué Subrius deux fois pour une.

LXVIII. Après Subrius, le centurion Sulpicius fut celui qui marqua le plus d'intrépidité. Néron lui demandant pourquoi il avait conspiré, il répondit froidement qu'on ne pouvait rendre un au-

---

vapore ejus exanimatus, sine ullo funeris solemni crematur. Ita codicillis praescripserat, quum, etiam tum praedives et praepotens, supremis suis consuleret.

LXV. Fama fuit Subrium Flavium, cum centurionibus, occulto consilio, neque tamen ignorante Seneca, destinavisse ut, post occisum opera Pisonis Neronem, Piso quoque interficeretur, tradereturque imperium Senecae, quasi insonti, claritudine virtutum ad summum fastigium delecto. Quin et verba Flavii vulgabantur, « non referre dedecori, si citharœdus demoveretur et tragœdus succederet; » quia, ut Nero cithara, ita Piso tragico ornatu, canebat.

LXVI. Ceterum militari quoque conspiratio non ultra fefellit, accensis indiciis ad prodendum Fenium Rufum, quem eumdem conscium et inquisitorem non tolerabant. Ergo instanti minitantique renidens Scevinus, « neminem, ait, plura scire quam ipsum. » Hortaturque ultro reddere tam bono principi vicem. Non vox adversum ea Fenio, non silentium; sed, verba sua præpediens et pavoris manifestus, ceterisque ac maxime Cervario Proculo, equite, ad convincendum eum conniis, jussu imperatoris, a Cassio milite, qui ob insigne corporis robur adstabat, corripitur vinciturque.

LXVII. Mox, eorumdem indicio, Subrius Flavius tribunus pervertitur, primo dissimilitudinem morum ad defensionem trahens, « neque se armatum cum inermibus et effeminatis, tantum facinus consociaturum'; » dein, postquam urgebatur, confessionis gloriam amplexus, interrogatusque a Nerone quibus causis ad oblivionem sacramenti processisset, « Oderam, te, inquit : nec quisquam tibi fidelior militum fuit, dum amari meruisti; « odisse cœpi, postquam parricida matris et uxoris, auriga « et histrio et incendiarius exstitisti. » Ipsa retuli verba, quia non, ut Senecae, vulgata erant; nec minus nosci decebat militaris viri sensus incomptos et validos. Nihil in illa conjuratione gravius auribus Neronis accidisse constitit, qui, ut faciendis sceleribus promptus, ita audiendi quae faceret insolens erat. Pœna Flavii Veiano Nigro, tribuno, mandatur. Is proximo in agro scrobem effodi jussit, quam Flavius, ut humilem et angustam increpans, circumstantibus, « ne hoc quidem, inquit, ex disciplina; » admonitusque fortiter protendere cervicem, « Utinam « ait, tu tam fortiter ferias. » Et ille multum tremens, quum vix duobus ictibus caput amputavisset, sævitiam apud Neronem jactavit, sesquiplaga interfectum a se dicendo.

LXVIII. Proximum constantiae exemplum Sulpicius Asper, centurio, præbuit, percunctanti Neroni cur is cædem suam conspiravisset, breviter responderat « non aliter tot flagitiis ejus subveniri potuisse, » tum jussam pœnam

tre service à un homme chargé de tant de crimes, et il marcha au supplice. Les autres centurions souffrirent aussi la mort sans faiblesse ; mais Fénius n'eut pas le même courage, et il porta ses lamentations jusque dans son testament. Néron s'attendait qu'on impliquerait aussi dans la conspiration le consul Vestinus, qu'il connaissait violent et son ennemi mortel ; mais les conjurés ne l'avaient point associé à leurs projets : quelques-uns, parce qu'ils le haïssaient depuis longtemps ; beaucoup, parce qu'ils lui croyaient un caractère fougueux et intraitable. La haine de Néron contre Vestinus avait commencé dans le temps de leur plus intime liaison, où Vestinus connut pleinement la bassesse de Néron, qu'il méprisa, et Néron, l'audace de Vestinus, qu'il craignit, ayant essuyé souvent de ces plaisanteries mordantes qui, lorsqu'elles ont un grand fonds de vérité, laissent un vif ressouvenir. Il s'y était joint un grief tout récent. Vestinus venait d'épouser Statilia, quoiqu'il n'ignorât pas que l'empereur fût un de ses amants.

LXIX. Comme il ne voyait donc ni délit, ni accusateur, qu'il ne pouvait se couvrir de formes judiciaires, Néron, recourant aux moyens tyranniques, détache le tribun Gérélanus avec une cohorte de soldats, et lui ordonne d'aller prévenir les desseins du consul, occuper sa forteresse, surprendre sa milice. Il désignait ainsi la maison de Vestinus, qui dominait sur le forum, et cette troupe de beaux esclaves, tous du même âge, qu'il entretenait. Vestinus avait, ce jour-là, rempli toutes les fonctions de consul, et il donnait un grand repas, soit qu'il ne craignît rien, soit pour cacher sa crainte. Tout à coup les soldats viennent lui annoncer que le tribun le demande. Sur-le-champ il se lève, et tout s'expédie à la fois :

on l'enferme dans une chambre, le médecin s'y trouve, on lui coupe les veines ; il est porté encore plein de vie au bain, plongé dans l'eau chaude, sans avoir proféré un mot de plainte sur son sort. On avait, pendant ce temps-là, donné des gardes à tous les convives, et on ne les relâcha que bien avant dans la nuit, après que Néron, qui s'était figuré la frayeur de ces malheureux attendant la mort au sortir de table, et qui s'en était beaucoup amusé, eut dit qu'ils avaient acheté assez cher l'honneur de dîner avec un consul.

LXX. Il ordonna ensuite la mort de Lucain. Celui-ci, observant qu'en perdant son sang, les pieds et les mains se refroidissaient les premiers, et que les esprits quittaient insensiblement les extrémités, tandis que le cœur continuait de battre et de penser, se rappela un passage où il avait décrit, dans un soldat blessé, une mort semblable, et se mit à en réciter, les vers : ce furent ses dernières paroles. Sénécion, Quinctianus et Scévinus moururent après, mieux qu'on ne l'eût attendu de la mollesse de leur vie ; puis le reste des conjurés périt, sans faire ni dire rien de mémorable.

LXXI. Tandis que les funérailles s'accumulaient dans Rome, le Capitole regorgeait de victimes. L'un avait perdu un fils, l'autre un frère, un parent, un ami ; et tous remerciaient les dieux, ornaient de lauriers leurs maisons, tombaient aux genoux du prince, fatiguaient sa main de baisers ; et, lui, prenait cela pour de la joie. Il récompense, par l'impunité, l'empressement de Natalis et de Cervarius à révéler leurs complices : Milicus, comblé de biens, se décora d'un nom grec, qui signifie *Sauveur*. Parmi les tribuns, Silvanus, quoique absous, se tua de sa

subiit. Nec ceteri centuriones in perpetiendis suppliciis degeneravere. At non Fenio Rufo par animus, sed lamentationes suas etiam in testamentum contulit. Opperiebatur Nero ut Vestinus quoque consul in crimen traheretur, violentum et infensum ratus ; sed ex conjuratis consilia cum Vestino non miscuerant, quidam vetustis in eum simultatibus, plures quia præcipitem et insociabilem credebant. Ceterum Neronis odium adversus Vestinum ex intima sodalitate cœperat, dum hic ignaviam principis penitus cognitam despicit, ille ferociam amici metuit, sæpe asperis facetiis illusus ; quæ, ubi multum ex vero traxere, acrem sui memoriam relinquunt. Accesserat repens causa, quod Vestinus Statiliam Messallinam matrimonio sibi junxerat, haud nescius inter adulteros ejus et Cæsarem esse.

LXIX. Igitur non crimine, non accusatore existente, quia speciem judicis induere non poterat, ad vim dominationis conversus, Gerelanum tribunum cum cohorte militum immittit, jubetque « prævenire conatus consulis, occupare velut arcem ejus, opprimere delectam juventutem » : quia Vestinus imminentes foro ædes, decoraque servitia et pari ætate, habebat. Cuncta eo die munia consulis impleverat, conviviumque celebrabat,

nihil metuens, an dissimulando metu ; quum ingressi milites vocari eum a tribuno dixere. Ille, nihil demoratus, exsurgit ; et omnia simul properantur : clauditur cubiculo ; præsto est medicus, absciduntur venæ ; vigens adhuc balneo infertur, calida aqua mersatur ; nulla edita voce qua semet miseraretur. Circumdati interim custodia qui simul discubuerant, nec, nisi provecta nocte, omissi sunt, postquam pavorem eorum, a mensa exitium opperientium, et imaginatus et irridens Nero satis supplicii luisse ait pro epulis consularibus.

LXX. Exin M. Annæi Lucani cædem imperat. Is, profluente sanguine, ubi frigescere pedes manusque, et paullatim ab extremis cedere spiritum, fervido adhuc et compote mentis pectore, intelligit, recordatus carmen a se compositum, quo vulneratum militem, per ejusmodi mortis imaginem, obiisse tradiderat, versus ipsos retulit ; eaque illi suprema vox fuit. Senecio posthac et Quinctianus et Scevinus, non ex priore vitæ mollitia, mox reliqui conjuratorum periere, nullo facto dictove memorando.

LXXI. Sed compleri interim urbs funeribus, Capitolium victimis : alius filio, fratre alius, aut propinquo, aut amico interfectis, agere grates deis, ornare lauru domum, genua ipsius advolvi, et dextram osculis fatigare. Atque

propre main; Statius avait reçu aussi de l'empereur son pardon, qu'une mort présomptueuse rendit inutile. Pompéius, Martialis, Flavius Nepos, Statius, tribuns de soldats, furent cassés: on allegua, non pas, il est vrai, qu'ils haïssaient le prince, mais qu'on le croyait. Priscus, comme ami de Sénèque ; Gallus et Pollion, inculpés plutôt que convaincus, furent exilés. Antonia partagea l'exil de Priscus, son époux; Maximilla, celui de Gallus. Celle-ci avait conservé d'abord tous ses biens, qui étaient immenses ; on ne tarda point à les lui ôter : l'une et l'autre circonstances ajouterent à sa gloire. On bannit aussi Crispinus, sous le prétexte de la conjuration; mais, en effet, parce que Néron ne lui pardonnait pas d'avoir été jadis le mari de Poppée. Pour Verginius et Musonius, ils durent leur expulsion à leur célébrité. Verginius, par son éloquence, Musonius, en enseignant la philosophie, excitaient trop d'enthousiasme dans la jeunesse romaine. On envoya, dans les îles de la mer Égée, une colonie d'exilés, Quietus, Agrippa, Catulinus, Pétronius, Altinus. Cadicia, femme de Scévinus, et Césonius, chassés de l'Italie, n'apprirent que par la punition qu'on les avait accusés. Atilla, mère de Lucain, ne fut ni déchargée, ni condamnée ; on n'en parla point.

LXXII. Toutes ces vengeances consommées, Néron fit assembler les soldats; il leur distribua à chacun deux mille sesterces, et il ordonna qu'on leur livrerait gratuitement le blé, qu'auparavant ils payaient au prix du commerce. Puis, comme s'il avait eu des victoires et des conquêtes à notifier, il convoque le sénat; il accorde les ornements du triomphe à Pétronius Turpilianus, consulaire ; à Nerva, préteur désigné ; à Tigellinus, prefet du prétoire, avec cette distinction, pour Nerva et pour Tigellinus, qu'outre des statues triomphales au forum, il leur en fit ériger dans le palais même. Nymphidius obtint les ornements consulaires. Comme il paraît ici pour la première fois, et qu'il fera aussi lui-même partie de nos proscrits, j'en dirai un mot. Né d'une affranchie, qui avait prostitué sa beauté à tous les esclaves et à tous les affranchis des Césars, il se prétendait fils de Caïus, parce qu'il avait sa haute stature et l'air féroce de ce prince, soit par hasard, soit qu'en effet Caïus, qui se rabaissait jusqu'à des courtisanes, eût abusé aussi de la mère de Nymphidius.

LXXIII. Non content d'avoir assemblé le sénat et harangué les pères, Néron fit publier un édit pour le peuple, avec un mémoire qui contenait les aveux des conjurés et toutes les dépositions; car le peuple ne cessait de le déchirer, dans l'idée que Néron avait sacrifié des innocents à ses jalousies ou à ses craintes. Mais ceux qui prenaient la peine de chercher la vérité, ne doutèrent point, dès ce temps-là même, qu'on n'eût formé une conjuration, laquelle fut étouffée au moment d'éclore; et les aveux de ceux qui revinrent à Rome, après la mort de Néron, rendent le fait incontestable. Dans le sénat, plus on avait le cœur oppressé de douleur, plus on se confondait en adulations. Gallion, entre autres, que la mort de son frère Sénèque faisait trembler, employait pour lui-même les supplications les plus humbles. Ce fut dans ce moment que Saliénus Clémens se déchaîna contre lui, le traitant d'ennemi, de par-

---

ille, gaudium id credens, Antonii Natalis et Cervarii Proculi festinata indicia impunitate remuneratur : Milichus, præmiis ditatus, Conservatoris sibi nomen, græco ejus rei vocabulo, assumpsit. E tribunis Granius Silvanus, quamvis absolutus, sua manu cecidit; Statius Proximus veniam, quam ab imperatore acceperat, vanitate exitus corrupit. Exuti dehinc tribunatu Pompeius, Cornelius Martialis, Flavius Nepos, Statius Domitius, quasi principem non quidem odissent, sed tamen existimarentur. Novio Prisco, per amicitiam Senecæ, et Glitio Gallo atque Annio Pollioni, infamatis magis quam convictis, data exsilia. Priscum Antonia Flaccilla conjux comitata est; Gallum Egnatia Maximilla, magnis primum et integris opibus, post adomptis : quæ utraque gloriam ejus auxere. Pellitur et Rufius Crispinus occasione conjurationis, sed Neroni invisus, quod Poppæam quondam matrimonio tenuerat. Verginium et Rufum claritudo nominis expulit. Nam Verginius studia juvenum eloquentia, Musonius præceptis sapientiæ, fovebat. Cluvidieno Quieto, Julio Agrippæ, Blitio Catulliuo, Petronio Prisco, Julio Altino, velut in agmen et numerum, Ægæi maris insulæ permittuntur. At Cadicia, uxor Scevini, et Cæsonius Maximus Italia prohibentur, reos fuisse se tantum pœna experti. Atilia, mater Annæi Lucani, sine absolutione, sine supplicio dissimulata.

LXXII. Quibus perpetratis Nero, et concione militum habita, bina nummum millia viritim manipularibus divisit, addiditque sine pretio frumentum; quo ante ex modo annonæ utebantur. Tum, quasi gesta bello expositurus, vocat senatum, et triumphale decus Petronio Turpiliano, consulari, Cocceio Nervæ, prætori designato, Tigellino, præfecto prætorii, tribuit ; Tigellinum et Nervam ita extollens, ut, super triumphales in foro imagines, apud palatium quoque effigies eorum sisteret : consularia insignia Nymphidio, de quo, quia nunc primum oblatus est, pauca repetam; nam et ipse pars romanarum cladium erit. Igitur matre libertina ortus, quæ corpus decorum inter servos libertosque principum vulgaverat, ex C. Cæsare se genitum ferebat, quoniam, forte quadam, habitu procerus et torvo vultu erat; sive C. Cæsar, scortorum quoque cupiens, etiam matri ejus illusit.

LXXIII. Sed Nero, vocato senatu, oratione inter patres habita, edictum apud populum, et collata in libros indicia confessionesque damnatorum adjunxit. Etenim crebro vulgi rumore lacerabatur, tanquam viros insontes, ob invidiam aut metum, exstinxisset. Ceterum cœptam adultamque et revictam conjurationem neque tunc dubitavere quibus verum noscendi cura erat, et fatentur qui post interitum Neronis in urbem regressi sunt. At in senatu cunctis, ut cuique plurimum mœroris, in adulationem demissis, Junium Gallionem, Senecæ fratris morte pavidum et pro sua incolumitate supplicem, increpuit Salienus

17.

ricide; et il fallut l'intervention entière du sénat pour apaiser Saliénus. On lui fit sentir enfin qu'il ne fallait point, pour satisfaire un ressentiment personnel, abuser des malheurs publics, et chercher à provoquer de nouvelles rigueurs, lorsque la clémence du prince avait tout pacifié ou bien tout oublié.

LXXIV. On décerna des offrandes et des actions de grâces aux dieux; on en ordonna de particulières pour le Soleil, parce qu'il y a dans le Cirque, où devait se commettre l'assassinat, un ancien temple de ce dieu, et qu'on lui faisait honneur de ce qu'une conjuration si secrète avait été dévoilée. Il fut arrêté que, le jour de la fête de Cérès, on augmenterait le nombre des courses de chevaux; que le mois d'avril prendrait le surnom de Néron; qu'on élèverait un temple à la déesse Salus, dans le lieu où Scévinus avait pris son poignard; et ce poignard, Néron le consacra lui-même au Capitole, avec cette inscription : à Jupiter Vindex. On n'y fit alors nulle attention. Après le soulèvement de Vindex, on y vit le présage du châtiment réservé à ce prince. Je trouve, dans les Mémoires du sénat, que Cérialis Anicius, consul désigné, ouvrit un avis pour qu'on érigeât incessamment, aux frais de l'État, un temple au dieu Néron. Anicius entendait, sans doute, que Néron s'était élevé au-dessus de l'humanité, et qu'il méritait la vénération des mortels; mais on pouvait l'interpréter comme un pronostic de sa fin : car on n'accorde les honneurs des dieux aux princes, qu'après qu'ils ont cessé d'habiter parmi les hommes.

LIVRE SEIZIÈME.

I. Dans ce temps-là, Néron fut le jouet de la fortune, ou plutôt de sa propre légèreté, s'étant follement confié aux promesses d'un certain Césellius Bassus, Carthaginois d'origine, esprit fantastique, qui fonda, sur un rêve, des espérances infaillibles. Cet homme était venu à Rome exprès. Introduit devant le prince, à prix d'argent, il lui annonce qu'il a trouvé, dans son champ, une caverne d'une profondeur immense, qui contenait une grande quantité d'or non monnayé, en vieux lingots bruts, d'un poids énorme. Il assurait qu'outre ces lingots, entassés dans ce lieu, il s'y trouvait des colonnes d'or, enfouies depuis des siècles, pour enrichir, disait-il, la génération présente. Et il appuyait ces rêveries de conjectures : il prétendait que la Phénicienne Didon, après sa fuite de Tyr et la fondation de Carthage, avait caché ces trésors de peur qu'une opulence excessive n'amollît un peuple naissant, ou que l'appât de l'or ne fournît un nouvel aliment à l'inimitié des rois numides.

II. Néron, sans examiner la créance que méritait l'auteur du rapport, ni le rapport lui-même, sans avoir envoyé sur les lieux reconnaître la vérité, est le premier à accréditer ce bruit; et, comptant déjà sur le trésor, il l'envoie chercher. Il donne ses meilleurs vaisseaux, ses meilleurs rameurs, pour accélérer le transport, et on ne parla plus d'autre chose pendant tout ce temps; la multitude, par crédulité : les gens éclairés, par une disposition contraire. On célébrait alors les quinquennales pour la seconde fois. Les orateurs tirèrent de cet événement le principal

---

Clemens, hostem et parricidam vocans : donec consensu patrum deterritus est « ne publicis malis abuti ad occasionem privati odii videretur, neu composita aut obliterata mansuetudine principis novam ad sævitiam retraheret. »

LXXIV. Tum dona et grates deis decernuntur, propriusque honos Soli, cui est vetus ædes apud Circum, in quo facinus parabatur, qui occulta conjurationis numine retexisset : utque circensium Cerealium ludicrum pluribus equorum cursibus celebraretur; mensisque aprilis Neronis cognomentum acciperet; templumque Saluti exstrueretur, eo loci ex quo Scevinus ferrum prompserat. Ipse eum pugionem apud Capitolium sacravit, inscripsitque JOVI VINDICI. In præsens haud animadversum; post arma Julii Vindicis, ad auspicium et præsagium futuræ ultionis trahebatur. Reperio in commentariis senatus Cerialem Anicium, consulem designatum, pro sententia dixisse, ut templum divo Neroni quam maturrime publica pecunia poneretur. Quod quidem ille decernebat tanquam mortale fastigium egresso et venerationem hominum merito : quod ad omina olim sui, exitus verteretur; nam deum honor principi non ante habetur, quam agere inter homines desierit.

LIBER SEXTUSDECIMUS.

I. Illusit dehinc Neroni fortuna, per vanitatem ipsius et promissa Cesellii Bassi; qui, origine Pœnus, mente turbida, nocturnæ quietis imaginem ad spem haud dubiam retraxit. Vectusque Romam, principis aditum emercatus, expromit « repertum in agro suo specum altitudine immensa, quo magna vis auri contineretur, non in formam pecuniæ, sed rudi et antiquo pondere : lateres quippe prægraves jacere, adstantibus parte alia columnis; quæ per tantum ævi occulta augendis præsentibus bonis. Ceterum, ut conjectura demonstraret, Didonem Phœnissam, Tyro profugam, condita Carthagine, illas opes abdidisse, ne novus populus nimia pecunia lasciviret, aut reges Numidarum, et alias infensi, cupidine auri ad bellum accenderentur. »

II. Igitur Nero, non auctoris, non ipsius negotii fide satis spectata, nec missis per quos nosceret an vera afferrentur, auget ultro rumorem, mittitque qui velut partam prædam aveherent. Dantur triremes et delectum navigium, juvandæ festinationi : nec aliud per illos dies populus credulitate, prudentes diversa fama, tulere. Ac forte quinquennale ludicrum secundo lustro celebrabatur; ab oratoribusque præcipua materia in laudem principis assumpta est : « non enim tantum solitas fruges, nec me-

sujet de leurs panégyriques. Ils débitaient que, non contente de fournir ses moissons accoutumées, et de produire l'or au sein de la mine, où il restait confondu avec les autres métaux, la terre déployait, en faveur du prince, une fécondité nouvelle ; que les dieux lui apportaient d'eux-mêmes des richesses non sollicitées, et autres adulations serviles, qu'avec beaucoup d'esprit, et non moins de penchant à flatter, ils imaginaient à l'envi, bien sûrs de la crédulité du héros qu'ils célébraient.

III. Cependant les prodigalités se multipliaient sur ce frivole espoir, et l'on dissipait les anciens fonds, dans l'idée qu'il s'en offrait un nouveau qu'on n'épuiserait pas de longtemps. On fit même, sur ce trésor, des largesses, et l'opulence dont on se flattait fut une des causes de l'appauvrissement de l'État. Bassus, après avoir bouleversé son champ et un terrain immense aux environs, annonçant toujours, dans un lieu, puis dans un autre, la caverne promise, et traînant à sa suite une troupe de soldats et tout un peuple de paysans qu'on lui avait donnés pour achever les travaux, revint enfin de sa folie ; et, ne concevant pas comment, tous ses songes s'étant vérifiés jusqu'alors, celui-là seul l'avait abusé, il se délivra de la honte et de la crainte par une mort volontaire. Quelques-uns ont rapporté qu'il avait été mis en prison, puis relâché, ses biens confisqués seulement pour tenir lieu du trésor.

IV. Cependant le sénat, aux approches des quinquennales, avait, pour sauver l'honneur, offert d'avance à l'empereur le prix du chant. Il y ajouta celui de l'éloquence, afin que l'orateur couvrît l'opprobre de l'histrion. Mais Néron, ne cessant de répéter qu'il n'avait besoin ni de brigue, ni de l'autorité du sénat, qu'il voulait l'égalité avec ses rivaux, et ne devoir qu'à l'équité des juges les couronnes qu'il se flattait d'obtenir, commence d'abord à déclamer des vers sur la scène : puis, sur les instances du peuple, qui le pressait de mettre tous ses talents au grand jour (car ce furent les propres termes dont ils se servirent), il monte sur le théâtre, s'assujettissant à toutes les lois prescrites aux musiciens, à ne point s'asseoir pour se reposer, à n'essuyer sa sueur qu'avec la robe qu'il portait, à ne cracher, à ne se moucher jamais. Quand il eut fini, mettant un genou en terre, et tendant respectueusement la main vers l'assemblée, il attendit l'arrêt des juges avec l'air de la crainte. La populace de Rome, accoutumée à seconder aussi le jeu des histrions, accompagnait Néron avec des acclamations notées et des applaudissements en mesure. On les eût crus transportés de joie, et, peut-être l'étaient-ils dans leur indifférence pour la honte de l'État.

V. Mais les habitants des villes éloignées, où l'on retrouve encore l'ancienne Italie avec toute la sévérité de ses premières mœurs, et tous ceux des provinces reculées, qui, avec l'inexpérience de ces dissolutions, se trouvaient à Rome par députations, ou pour leurs affaires particulières, ne pouvaient endurer ce spectacle, ni suffire à cette tâche ignominieuse : leurs mains inhabiles retombaient de lassitude, troublaient l'harmonie des autres ; et souvent ils se voyaient frappés par les soldats, qui veillaient, par tout le spectacle, à ce qu'aucun intervalle de silence, ou moins de vivacité dans les acclamations, ne refroidit le succès. C'est un fait certain que plusieurs chevaliers, en voulant se faire jour à travers la foule qui les pressait dans les passages étroits, furent écrasés ; et que d'autres, à force de rester jour et

---

tails confusum aurum gignit, sed nova ubertate provenire terram, et obvias opes deferre deos ; » quæque alia, summa facundia, nec minore adulatione, servilia fingebant, securi de facilitate credentis.

III. Gliscebat interim luxuria spe inani, consumebanturque veteres opes, quasi oblatis quas multos per annos prodigeret. Quin et inde jam largiebatur ; et divitiarum exspectatio inter causas paupertatis publicæ erat. Nam Bassus, effosso agro suo latisque circum arvis, dum hunc vel illum locum promissi specus asseveret, sequunturque non modo milites, sed populus agrestium efficiendo operi assumptus, tandem, posita vecordia, non falsa ante somnia sua, seque tunc primum elusum admirans, pudorem et metum morte voluntaria eifugit. Quidam vinctum ac mox dimissum tradidere, ademptis bonis in locum regiæ gazæ.

IV. Interea senatus, propinquo jam lustrali certamine, ut dedecus averteret, offert imperatori victoriam cantus, adjicitque facundiæ coronam, qua ludicra deformitas velaretur. Sed Nero, nihil ambitu nec potestate senatus opus esse dictitans, se æquum adversus æmulos, et religione judicum meritam laudem assecuturum primo carmen in scena recitat : mox, flagitante vulgo « ut omnia studia sua publicaret » (hæc enim verba dixere), ingreditur theatrum, cunctis citharæ legibus obtemperans : ne fessus resideret, ne sudorem, nisi ea quam indutui gerebat veste, detergeret ; ut nulla oris aut narium excrementa viserentur. Postremo flexus genu, et cœtum illum manu veneratus, sententias judicum opperiebatur ficto pavore. Et plebs quidem urbis, histrionum quoque gestus juvare solita, personabat certis modis plausuque composito. Crederes lætari ; ac fortasse lætabantur, per incuriam publici flagitii.

V. Sed qui remotis e municipiis, severamque adhuc et antiqui moris retinentes Italiam, quique, per longas provincias lasciviæ inexperti, officio legationum aut privata utilitate advenerant, neque adspectum illum tolerare, neque labori inhonesto sufficere ; quum manibus nesciis fatiscerent, turbarent gnaros, ac sæpe a militibus verberarentur, qui per cuneos stabant, ne quod temporis momentum impari clamore aut silentio segni præteriret. Constitit plerosque equitum, dum per angustias aditus et ingruentem multitudinem enituntur, obtritos, et alios, dum diem noctemque sedilibus continuant, morbo exitia-

nuit sur leurs bancs, tombèrent dangereusement malades; mais ils craignaient encore plus de s'absenter, à cause des délateurs, qui, plusieurs ouvertement, et beaucoup en secret, s'informaient des noms, épiaient sur les visages la joie et la tristesse des spectateurs. On sévit sur-le-champ contre les plus obscurs, et quant aux grands, la haine de Néron, un moment dissimulée ne tarda point à éclater. Vespasien, qui avait paru vouloir un moment s'assoupir, fut, dit-on, réprimandé durement par l'affranchi Phebus, et il fallut beaucoup de sollicitations pour le sauver. Depuis, il fut encore au moment de périr; il n'échappa que par l'ascendant de sa destinée.

VI. Après la fin des jeux, Poppée mourut victime de l'emportement de son mari, qui, sans pitié pour sa grossesse, l'avait étendue par terre d'un coup de pied; car je ne crois point au poison, quoi qu'en disent quelques historiens, qui ont plus consulté leur haine que la vérité. Néron désirait d'avoir des enfants, et il était idolâtre de sa femme. Le corps de Poppée ne fut point brûlé, comme c'est l'usage des Romains; on suivit ce qui se pratique pour les rois étrangers; et, après avoir prodigué les parfums pour l'embaumer, on le porta au tombeau des Jules. On lui fit des funérailles publiques, et Néron prononça lui-même son éloge à la tribune; il la loua sur sa beauté, sur ce qu'elle avait donné le jour à une déesse, et sur d'autres faveurs de la fortune, au défaut de vertus.

VII. Quoique la mort de Poppée, malgré l'extérieur de tristesse qu'on prit en public, eût comblé de joie tous les Romains, qui se rappelaient sa barbarie et son impudicité, cette mort ne laissa pas que d'envenimer la haine contre Néron. Il y mit le comble, en défendant à Cassius d'assister aux obsèques: ce fut le premier signal de sa perte. On ne la différa un moment que pour lui associer Silanus. Leur crime, était, pour Cassius, le grand éclat que lui donnaient une opulence héréditaire, des mœurs respectables; pour Silanus, un nom illustre et une jeunesse vertueuse. Néron envoya au sénat une harangue, où il développa ses raisons pour les écarter l'un et l'autre des affaires publiques. Il reprochait à Cassius d'avoir, parmi les images de ses ancêtres, celle du conjuré Cassius, avec cette inscription: *le chef de parti*. Il disait que c'était là un germe de guerre civile, un dessein marqué de soulever les esprits contre la famille des Césars; et que, non content de réveiller la mémoire d'un nom ennemi, pour exciter les dissensions, il s'était ménagé, dans Lucius Silanus, jeune homme d'une haute naissance et d'une ambition effrénée, un chef qu'il pût présenter aux mécontents.

VIII. Puis, attaquant Silanus même, il lui fit les mêmes reproches qu'à son oncle Torquatus, de prendre déjà des arrangements pour l'empire, et de donner à des affranchis le titre de contrôleurs, d'intendants et de trésoriers-généraux; imputation fausse autant que frivole: car le malheur de son oncle avait averti Silanus, et la crainte redoublait sa circonspection. Néron produisit ensuite ce qu'il appelait des témoins, qui accusèrent Lépida, femme de Cassius, d'inceste avec son neveu Silanus, et de sacrifices magiques. On impliquait, à titre de complices, Vulcatius Tullinus et Marcellus Cornélius, sénateurs, ainsi que Calpurnius Fabatus, chevalier romain. Ceux-ci, par un appel au prince, éludèrent la

---

bili correptos: quippe gravior inerat metus, si spectaculo defuissent, multis palam, et pluribus occultis, ut nomina ac vultus, alacritatem tristitiamque coeuntium scrutarentur. Unde tenuioribus statim irrogata supplicia, adversus illustres dissimulatum ad præsens et mox redditum odium. Ferebantque Vespasianum, tanquam somno coniveret, a Phœbo liberto increpitum, ægreque meliorum precibus obtectum, mox imminentem perniciem majore fato effugisse.

VI. Post finem ludicri, Poppæa mortem obiit, fortuita mariti iracundia, a quo gravida ictu calcis afflicta est: neque enim venenum crediderim, quamvis quidam scriptores tradant, odio magis quam ex fide; quippe liberorum cupiens et amori uxoris obnoxius erat. Corpus non igni abolitum, ut romanus mos; sed, regum externorum consuetudine, differtum odoribus conditur, tumuloque Juliorum infertur. Ductæ tamen publicæ exsequiæ, laudavitque ipse apud rostra formam ejus, et quod divinæ infantis parens fuisset, aliaque fortunæ munera, pro virtutibus.

VII. Mortem Poppææ, ut palam tristem, ita recordantibus lætam ob impudicitiam ejus sævitiamque, nova insuper invidia Nero complevit, prohibendo C. Cassium officio exsequiarum: quod primum indicium mali, neque in longum dilatum est. Sed Silanus additur; nullo crimine, nisi quod Cassius opibus vetustis et gravitate morum, Silanus claritudine generis et modesta juventa, præcellebant. Igitur, missa ad senatum oratione, removendos a republica utrosque disseruit: objectavitque Cassio « quod, inter imagines majorum, etiam C. Cassii effigiem coluisset, ita inscriptam, DUX PARTIUM. Quippe semina belli civilis, et defectionem a domo Cæsarum quæsitam. Ac, ne memoria tantum infensi nominis ad discordias uteretur, assumpsisse L. Silanum, juvenem genere nobilem, animo præruptum, quem novis rebus ostentaret. »

VIII. Ipsum dehinc Silanum increpuit iisdem quibus patruum ejus Torquatum, tanquam disponeret jam imperii curas, præficeretque rationibus et libellis et epistolis libertos: inania simul et falsa; nam Silanus intentior metu, et exitio patrui ad præcavendum exterritus erat. Inducit posthac vocabulo indicum, qui in Lepidam, Cassii uxorem, Silani amitam, incestum cum fratris filio et diros sacrorum ritus confingerent. Trahebantur, ut conscii, Vulcatius Tullinus ac Marcellus Cornelius, senatores, et Calpurnius Fabatus, eques romanus; qui, appellato

condamnation pour le moment; depuis, Néron, distrait par des crimes plus importants, les oublia.

IX. Un senatus-consulte infligea l'exil à Cassius et à Silanus, en réservant au prince de statuer sur Lépida. Cassius en fut quitte pour être relégué en Sardaigne; on comptait sur sa vieillesse. Silanus, conduit à Ostie, d'où il devait, dit-on, passer à Naxos, resta enfermé dans une ville de la Pouille, nommée Barium, et, là, il supportait, en sage, l'indignité de son sort, lorsqu'il voit arriver un centurion chargé de le tuer. Celui-ci lui conseillait de se laisser ouvrir les veines; Silanus répondit que la mort ne l'effrayait nullement, mais que jamais un bourreau n'aurait l'honneur de contribuer à la sienne. Et, quoique sans armes, sa force singulière intimida le centurion, qui, le voyant plus près de la colère que de la crainte, le fit attaquer par ses soldats; mais lui ne cessa de se défendre et de frapper lui-même, autant qu'il le pouvait par ses seules mains, jusqu'au moment où le centurion le fit tomber, comme dans une bataille, percé de coups qu'il reçut tous en face.

X. Ce ne fut pas avec moins de courage qu'Antistius ainsi que sa belle-mère Sextia, et Pollutia, sa fille, subirent la mort, tous haïs du prince, parce que leur présence semblait lui reprocher l'assassinat de Plautus, gendre d'Antistius. Sa haine attendait une occasion que lui fournit l'affranchi Fortunatus. Ce misérable, après avoir ruiné son maître, finit par l'accuser, de concert avec un Démianus qu'Antistius, proconsul d'Asie, avait emprisonné pour ses crimes, et que Néron relâcha pour prix de l'accusation. Antistius, instruit de ces dispositions, et voyant qu'on le mettait aux prises avec un affranchi, se retire à sa terre de Formies. Là, des soldats viennent secrètement l'investir. Il avait auprès de lui sa fille, dont le cœur, outre le danger qui menaçait son père, était déjà ulcéré par une longue douleur. Elle avait vu son mari Plautus assassiné sous ses yeux; elle avait reçu dans ses bras la tête sanglante de son époux; elle conservait ce sang et les robes qui en avaient été trempées : toujours inconsolable, toujours enveloppée de deuil, elle ne prenait d'aliment que pour ne point mourir. Alors, sur les instances de son père, elle se rendit à Naples; et, comme on lui interdisait l'accès du prince, assiégeant tous les lieux où il passait, elle lui criait d'écouter l'innocent, de ne point livrer un consul, son ancien collègue, à un affranchi, se bornant quelquefois aux gémissements d'une femme, quelquefois sortant de son sexe, par des imprécations terribles; mais ses prières et ses emportements trouvèrent Néron également inébranlable.

XI. Elle vient donc annoncer à son père qu'il fallait rejeter toute espérance et se soumettre à la nécessité. En même temps, on leur écrivait que le sénat préparait l'instruction du procès et un arrêt terrible. Quelques amis conseillèrent à Antistius de léguer une partie de ses biens à Néron, pour assurer le reste à ses petits-fils; mais il rejeta ce conseil; et, ne voulant point, après avoir vécu toujours à peu près libre, souiller son dernier moment par un acte de servitude, il distribue à ses esclaves tout l'argent qu'il avait, et il leur ordonne de prendre tout ce qui pouvait s'emporter, à l'exception de trois lits qu'il se réserve pour

---

principe, instantem damnationem frustrati, mox Neronem, circa summa scelera distentum, quasi minores evasere.

IX. Tunc, consulto senatus, Cassio et Silano exsilia decernuntur; de Lepida Cæsar statueret. Deportatusque in insulam Sardiniam Cassius, et senectus ejus exspectabatur. Silanus, tanquam Naxum deveheretur, Ostiam amotus; post, municipio Apuliæ cui nomen est Barium, clauditur. Illic indignissimum casum sapienter tolerans, a centurione ad cædem misso corripitur; suadentique venas abrumpere, « animum quidem morti destinatum » ait, « sed non permittere percussori gloriam ministerii. » At centurio, quamvis inermem, prævalidum tamen et iræ quam timori propiorem cernens, premi a militibus jubet. Nec omisit Silanus obniti et intendere ictus, quantum manibus nudis valebat, donec a centurione vulneribus adversis, tanquam in pugna, caderet.

X. Haud minus prompte L. Vetus socrusque ejus Sextia et Pollutia filia necem subiere : invisi principi, tanquam vivendo exprobrarent interfectum esse Rubellium Plautum, generum Lucii Veteris. Sed initium detegendæ sævitiæ præbuit, interversis patroni rebus, ad accusandum transgrediens Fortunatus libertus, adscito Claudio Demiano, quem, ob flagitia vinctum a Vetere, Asiæ proconsule, exsolvit Nero, in præmium accusationis. Quod ubi cognitum reo, seque et libertum pari sorte componi, Formianos in agros digreditur. Illic eum milites occulta custodia circumdant. Aderat filia, super ingruens periculum, longo dolore atrox, ex quo percussores Plauti mariti sui viderat : cruentamque cervicem ejus amplexa, servabat sanguinem et vestes respersas; vidua, implexa luctu continuo, nec ullis alimentis, nisi quæ mortem arcerent. Tum, hortante patre, Neapolim pergit. Et, quia aditu Neronis prohibebatur, egressus obsidens, « audiret insontem, neve consulatus sui quondam collegam dederet liberto, » modo muliebri ejulatu, aliquando, sexum egressa, voce infensa clamitabat; donec princeps immobilem se precibus et invidiæ juxta ostendit.

XI. Ergo nunciat patri « abjicere spem et uti necessitate. » Simul affertur parari cognitionem senatus et trucem sententiam. Nec defuere qui monerent magna ex parte heredem Cæsarem nuncupare, atque ita nepotibus de reliquo consulere : quod adspernatus, ne vitam proxime libertatem actam novissimo servitio fœdaret, largitur in servos quantum aderat pecuniæ; et, si qua asportari possent, sibi quemque deducere, tres modo lectulos ad suprema retineri jubet. Tunc, eodem in cubiculo, eodem ferro abscindunt venas, properique et singulis vestibus

les funérailles. Alors tous trois, dans la même chambre, avec le même fer, s'ouvrent les veines; et, aussitôt, sans garder qu'un seul vêtement pour la pudeur, ils se font porter au bain, fixant les yeux, le père sur sa fille, l'aïeule sur sa petite-fille, celle-ci sur tous deux, tous, à l'envi, souhaitant d'expirer les premiers, et imaginant encore de la douceur à laisser après eux des parents qui devaient les suivre de si près. Le sort conserva l'ordre de la nature : les plus âgés s'éteignirent les premiers, la plus jeune ensuite. On les accusa après leur sépulture, et ils furent condamnés au supplice usité dans l'ancienne république. Mais Néron s'y opposa, leur permettant, disait-il, de choisir le genre de leur mort : les meurtres déjà consommés, on y ajoutait cette dérision.

XII. Publius Gallus, chevalier romain, ami intime de Fénius, n'avait point été sans quelques liaisons avec Antistius; on lui interdit l'eau et le feu. L'affranchi et Démianus, pour prix de leur service, obtinrent une place au théâtre parmi les viateurs des tribuns. On avait donné au mois d'avril le nom de Néron; on donna le nom de Claude au mois de mai, et au mois de juin celui de Germanicus. Orphitus, qui avait proposé ce changement, déclara qu'il n'était plus possible de conserver au mois de juin son ancien nom, depuis que deux Junius, condamnés pour leurs crimes, avaient attaché à ce nom les idées les plus sinistres.

XIII. Après tant d'horreurs qui souillaient cette année, les dieux la signalèrent encore par des épidémies et des tempêtes. La Campanie fut dévastée par un ouragan, qui emporta, de tous côtés, les maisons, les arbres, les moissons. Ce fléau s'étendit jusqu'aux portes de Rome, où, dans le même temps, toutes les classes d'habitants étaient la proie d'une contagion affreuse, sans qu'on remarquât dans les saisons aucun désordre apparent. Les maisons étaient remplies de morts, les rues de convois; aucun sexe, aucun âge n'echappait au péril. Esclaves et citoyens étaient emportés, en un instant, au milieu des lamentations de leurs femmes et de leurs enfants, qui, pendant qu'ils soignaient ou qu'ils pleuraient leurs époux ou leurs pères, atteints du même mal, étaient portés au même bûcher. Les morts des chevaliers et des sénateurs, quoique aussi communes, causaient moins de larmes, comme si la mortalité générale n'eût fait que prévenir la barbarie du prince. Cette même année, on fit des levées dans la Gaule narbonnaise, dans l'Afrique et dans l'Asie, pour recruter les légions d'Illyrie, dont les soldats, vieux ou malades, furent réformés. Un incendie avait causé à Lyon des pertes immenses; cette ville reçut du prince, pour tout secours, quatre millions de sesterces, somme que les Lyonnais étaient venus, auparavant, nous offrir eux-mêmes dans un moment de détresse.

XIV. Le consulat de Caïus Suétonius et de Lucius Télésinus amena de nouvelles calamités. J'ai parlé d'un Antistius Sosianus, exilé pour des vers injurieux contre Néron. Cet homme ayant appris toutes les récompenses qu'on prodiguait aux délateurs, et toute l'ardeur du prince à verser le sang, il n'en fallut pas davantage pour réveiller son caractère inquiet, prompt à saisir les occasions. Il y avait en exil, dans le même lieu, Pammène, fameux astrologue, que son art avait mêlé dans beaucoup d'intrigues. La conformité de leur sort les eut bientôt liés. Persuadé que ce n'était point sans objet qu'il venait

---

ad verecundiam velati, balneis inferuntur; pater filiam, avia neptem, illa utrosque intuens, et certatim precantes labenti animæ celerem exitum, ut relinquerent suos superstites ei morituros. Servavitque ordinem fortuna; ac senior prius, tum cui prima ætas, exstinguuntur. Accusati post sepulturam, decreumque ut more majorum punirentur. Et Nero intercessit, mortem sine arbitro permittens : ea cædibus peractis ludibria adjiciebantur.

XII. P. Gallus, eques romanus, quod Fenio Rufo intimus et Veteri non alienus fuerat, aqua atque igni prohibitus est. Liberto et accusatori, præmium operæ, locus in theatro inter viatores tribunitios datur. Et mensis qui aprilem, eumdemque Neroneum, sequebatur, maius Claudii, junius Germanici vocabulis mutantur : testificante Cornelio Orfito, qui id censuerat, ideo junium mensem transmissum, quia duo jam Torquati, ob scelera interfecti, infaustum nomen Junium fecissent.

XIII. Tot facinoribus foedum annum etiam dii tempestatibus et morbis insignivere. Vastata Campania turbine ventorum, qui villas, arbusta, fruges passim disjecit, pertulitque violentiam ad vicina urbi; in qua omne mortalium genus vis pestilentiæ depopulabatur, nulla cœli intempere quæ occurreret oculis. Sed domus corporibus exanimis, itinera funeribus complebantur : non sexus, non ætas periculo vacua, servitia perinde et ingenua plebes raptim exstingui inter conjugum et liberorum lamenta; qui, dum assident, dum deflent, sæpe eodem rogo cremabantur. Equitum senatorumque interitus, quamvis promiscui, minus flebiles erant, tanquam communi mortalitate sævitiam principis prævenirent. Eodem anno delectus per Galliam narbonensem Africamque et Asiam habiti sunt, supplendis Illyrici legionibus, ex quibus ætate aut valetudine fessi sacramento solvebantur. Cladem lugdunensem quadragies sestertio solatus est princeps, ut amissa urbi reponerent : quam pecuniam Lugdunenses ante obtulerant, turbidis casibus.

XIV. C. Suetonio, L. Telesino consulibus, Antistius Sosianus, factitatis in Neronem carminibus probrosis, exsilio, ut dixi, multatus, postquam id honori indicibus, tamque promptum ad cædes principem accepit, inquies animo et occasionum haud segnis, Pammenem, ejusdem loci exsulem et Chaldæorum arte famosum, eoque multorum amicitiis innexum, similitudine fortunæ sibi conciliat. Ventitare ad cum nuncios et consultationes non

sans cesse des courriers à Pammène, pour le consulter sur son art, il découvre que Publius Antéius lui fournissait une pension annuelle, et il n'ignorait pas que l'amitié d'Antéius pour Agrippine l'avait rendu odieux à Néron; que ses richesses étaient bien propres à exciter la cupidité; que cela seul avait causé la perte de beaucoup d'autres. Il intercepte les lettres d'Antéius; il dérobe encore des papiers que Pammène tenait soigneusement cachés au fond de son cabinet, lesquels contenaient l'horoscope d'Antéius et celui d'Ostorius. Alors, il écrit au prince, que, si l'on voulait suspendre un moment son exil, il irait révéler des secrets importants qui intéressaient la sûreté de l'empereur; qu'Antéius et Ostorius n'attendaient que l'occasion; qu'ils cherchaient à pénétrer leurs destins et ceux de César. Sur-le-champ on expédie des galères, et on ramène en diligence Sosianus. Dès qu'on eut connaissance de la délation, on jugea Ostorius et Antéius condamnés d'avance, et personne n'eût osé sceller le testament d'Antéius, si l'on n'eût été autorisé par Tigellinus même. Il avait prévenu Antéius de ne point différer ses dernières dispositions. Celui-ci, après avoir pris du poison, dont la lenteur lui parut insupportable, s'ouvrit les veines pour précipiter sa fin.

XV. Ostorius était alors dans une terre éloignée, sur les confins de la Ligurie : un centurion alla l'y chercher, pour que la mort ne se fît point attendre. Tant de précipitation venait des craintes qu'Ostorius, personnellement, inspirait à Néron. Comme, indépendamment de sa grande réputation militaire, et de l'éclat d'une couronne civique, méritée en Bretagne, Ostorius avait une force de corps prodigieuse et beaucoup d'habileté dans les armes, Néron, de tout temps craintif, mais bien plus encore, depuis la dernière conjuration, croyait toujours voir en lui son assassin. Le centurion, sitôt qu'il eut fermé toutes les issues de la maison, vint signifier à Ostorius les ordres de l'empereur. Réduit à tourner contre lui-même une valeur qu'il avait signalée souvent contre l'ennemi, Ostorius se coupa les veines ; mais, comme il perdait peu de sang par ce moyen, il prit un poignard, et, demandant seulement à un esclave de le tenir ferme, il poussa lui-même la main de l'esclave, et se perça la gorge.

XVI. Je sens que, même dans l'histoire d'une guerre étrangère, en ne racontant que des morts utiles à la patrie, cette uniformité d'événements me dégoûterait moi-même et rebuterait mes lecteurs, qui, malgré la gloire de ces dévouements, n'en pardonneraient pas la tristesse et la continuité. Combien donc cette résignation stupide et cette suite de massacres, au milieu de la paix, doivent fatiguer l'âme et l'oppresser de douleur! Qu'on me permette toutefois, et c'est la seule grâce que je demande à ceux qui liront cet ouvrage, de ne point haïr des hommes qui se laissaient si lâchement égorger. Sans doute, il fallait que les dieux fussent courroucés contre la gloire romaine; et les effets de ce courroux ne peuvent pas être, comme dans la défaite d'une armée, ou dans la prise d'une ville, décrits d'un seul trait. Accordons à la postérité des hommes illustres quelques distinctions; et, puisque dans leurs obsèques ils reçoivent une sépulture qui les sépare de la foule, souffrons aussi que, dans l'histoire de leurs derniers moments, ils jouissent d'une mention particulière.

XVII. En peu de jours périrent, coup sur coup,

---

frustra ratus, simul annuam pecuniam a P. Anteio ministrari cognoscit. Neque nescium habebat Anteium caritate Agrippinæ invisum Neroni, opesque ejus præcipuas ad eliciendam cupidinem, eamque causam multis exitio esse. Igitur, interceptis Anteii literis, furatus etiam libellos quibus dies genitalis ejus et eventura secretis Pammenis occultabantur, simul repertis quæ de ortu vitaque Ostorii Scapulæ composita erant, scribit ad principem « magna se et quæ incolumitati ejus conducerent allaturum, si brevem exsilii veniam impetravisset; quippe Anteium et Ostorium imminere rebus et sua Cæsarisque fata scrutari. » Exin missæ liburnicæ, advehiturque propere Sosianus. Ac, vulgato ejus indicio, inter damnatos magis quam inter reos Anteius Ostoriusque habebantur; adeo ut testamentum Anteii nemo obsignaret, nisi Tigellinus auctor exstitisset. Monitus prius Anteius « ne supremas tabulas moraretur. » Atque ille, hausto veneno, tarditatem ejus perosus, intercisis venis mortem appropraravit.

XV. Ostorius longinquis in agris, apud finem Ligurum, id temporis erat : eo missus centurio qui cædem ejus maturaret. Causa festinandi ex eo oriebatur quod Ostorius, multa militari fama et civicam coronam apud Britanniam meritus, ingenti corporis robore armorumque scientia metum Neroni fecerat, ne invaderet, pavidum semper et reperta nuper conjuratione magis exterritum. Igitur centurio, ubi effugia villæ clausit, jussa imperatoris Ostorio aperit. Is fortitudinem adversus hostes sæpe spectatam in se vertit. Et quia venæ, quanquam interruptæ, parum sanguinis effundebant, hactenus manu servi usus ut immotum pugionem extolleret, appressit dextram ejus juguloque occurrit.

XVI. Etiam si bella externa et obitas pro republica mortes tanta casuum similitudine memorarem, meque ipsum satias cepisset, aliorumque tædium exspectarem, quamvis honestos civium exitus, tristes tamen et continuos adspernantium; at nunc patientia serviilis tantumque sanguinis domi perditum fatigant animum et mæstitia restringunt. Neque aliam defensionem, ab iis quibus ista noscentur, exegerim, quam ne oderim tam segniter pereuntes. Ira illa numinum in res romanas fuit, quam non, ut in cladibus exercitum aut captivitate urbium, semel editam transire licet. Detur hoc illustrium virorum posteritati, ut, quomodo exsequiis a promiscua sepultura separantur, ita, in traditione supremorum, accipiant habeantque propriam memoriam.

XVII. Paucos quippe intra dies, eodem agmine Annæus

Mella, Cérialis, Crispinus et Pétrone. Mella et Crispinus étaient des chevaliers qui jouissaient d'autant de considération que des sénateurs. Crispinus, autrefois préfet du prétoire, décoré des ornements consulaires, depuis impliqué dans la conjuration, venait d'être relégué en Sardaigne : il y reçut l'ordre de mourir, et se tua lui-même. Mella, frère de Sénèque et de Gallion, s'était abstenu de briguer les honneurs, par une ambition bizarre, aspirant au pouvoir des consulaires en restant simple chevalier : d'ailleurs, l'administration des biens du prince lui paraissait un chemin plus court pour s'enrichir. Il était encore le père de Lucain, ce qui ajoutait beaucoup à son illustration. Son ardeur à recouvrer les biens de ce fils, après sa mort, lui suscita un accusateur, Fabius Romanus, intime ami de Lucain. On supposa une lettre où le fils mettait le père dans le secret de la conjuration. Néron, après l'avoir lue, la fit remettre à Mella dont il convoitait les richesses ; et Mella se coupa les veines, le genre de mort le plus commun alors. Il laissa, par son testament, de grandes sommes à Tigellinus et à Capiton, gendre de Tigellinus, afin de sauver le reste. Au bas du testament, comme si c'eût été Mella, qui, outré de l'injustice de sa condamnation, l'eût ajouté lui-même, on trouva cet : « Qu'il périssait le plus innocent des hommes, « tandis qu'on laissait vivre Crispinus et Cérialis, « ennemis mortels du prince. » Ce trait parut forgé contre Crispinus, qui était mort, et contre Cérialis, qu'on voulait faire mourir. En effet, peu de jours après, Cérialis se donna la mort ; il fut moins regretté que les autres : on se rappelait qu'il avait trahi le secret d'une conjuration contre Caïus.

XVIII. Pétrone mérite qu'on rappelle quelques détails de sa vie. Il donnait le jour au sommeil, la nuit aux devoirs de la société et aux plaisirs. Il se fit une réputation par la paresse, comme d'autres à force de travail. A la différence de tous les dissipateurs qui se font un renom de désordre et de débauche, Pétrone ne passait que pour un habile voluptueux. Il n'y avait pas jusqu'à cette négligence dans ses discours et dans ses actions, qui, annonçant je ne sais quel abandon de lui-même, l'aidait à plaire davantage par un air de franchise. Cependant, lorsqu'il fut proconsul de Bithynie, et ensuite consul, il montra de l'énergie et de la capacité pour les affaires. Puis, se laissant retomber dans le vice, ou par penchant ou par politique, il fut admis dans l'intimité de Néron. Il était l'arbitre du bon goût ; rien n'était élégant, délicat ou magnifique, s'il n'avait l'approbation de Pétrone ; ce qui excita la jalousie de Tigellinus. Un homme qui le surpassait dans l'art des voluptés lui parut un rival dangereux. Trop instruit que les capricieuses affections de Néron ne tenaient jamais contre ses barbares défiances, il éveilla sa cruauté par les soupçons qu'il jetait sur les liaisons de Pétrone avec Scévinus. Il avait gagné, à prix d'argent, un de ses esclaves pour être son délateur, et il avait précipité dans les prisons presque tous les autres, afin de lui ôter ses moyens de défense.

XIX. Dans ce moment, Néron était allé en Campanie ; Pétrone, qui s'était avancé jusqu'à Cumes, eut défense de passer outre. Il ne voulut

---

Mella, Cerialis Anicius, Rufius Crispinus ac C. Petronius cecidere. Mella et Crispinus, equites romani, dignitate senatoria : nam hic, quondam præfectus prætorii et consularibus insignibus donatus, ac nuper crimine conjurationis in Sardiniam exactus, accepto jussæ mortis nuncio semet interfecit. Mella, quibus Gallio et Seneca parentibus natus, petitione honorum abstinuerat, per ambitionem præposteram, ut eques romanus consularibus potentia æquaretur : simul acquirendæ pecuniæ brevius iter credebat per procurationes administrandis principis negotiis. Idem Annæum Lucanum genuerat, grande adjumentum claritudinis ; quo interfecto, dum rem familiarem ejus acriter requirit, accusatorem concivit Fabium Romanum, ex intimis Lucani amicis. Mixta inter patrem filiumque conjurationis scientia fingitur, assimulatis Lucani literis ; quas inspectas Nero ferri ad eum jussit, opibus ejus inhians. At Mella, quæ tum promptissima mortis via, exsolvit venas ; scriptis codicillis, quibus grandem pecuniam in Tigellinum generumque ejus, Cossutianum Capitonem, erogabat, quo cetera manerent. Additur codicillis, tanquam, de iniquitate exitii querens, ita scripsisset, « se quidem mori nullis supplicii causis, Rufium autem Crispinum et Anicium Cerialem vita frui, infensos principi : » quæ composita credebantur, de Crispino quia interfectus erat, de Ceriale ut interficeretur, neque enim multo post vim sibi attulit, minore quam ceteri miseratione, quia proditam C. Cæsari conjurationem ab eo meminerant.

XVIII. De C. Petronio pauca supra repetenda sunt. Nam illi dies per somnum, nox officiis et oblectamentis vitæ transigebatur, utque alios industria, ita hunc ignavia ad famam protulerat ; habebaturque non ganeo et profligator, ut plerique sua haurientium, sed erudito luxu. Ac dicta factaque ejus, quanto solutiora et quamdam sui negligentiam præferentia, tanto gratius, in speciem simplicitatis, accipiebantur. Proconsul tamen Bithyniæ, et mox consul, vigentem se ac parem negotiis ostendit : dein, revolutus ad vitia seu vitiorum imitationem, inter paucos familiarium Neroni assumptus est, elegantiæ arbiter, dum nihil amœnum et molle affluentia putat, nisi quod ei Petronius approbavisset. Unde invidia Tigellini, quasi adversus æmulum et scientia voluptatum potiorem. Ergo crudelitatem principis, cui ceteræ libidines cedebant, aggreditur, amicitiam Scevini Petronio objectans, corrupto ad indicium servo, ademptaque defensione, et majore parte familiæ in vincla rapta.

XIX. Forte illis diebus Campaniam petiverat Cæsar ; et, Cumas usque progressus, Petronius illic attinebatur. Nec tulit ultra timoris aut spei moras ; neque tamen præceps vitam expulit, sed incisas venas, ut libitum, obligatas, aperire rursum, et alloqui amicos, non per seria aut

pas porter plus loin ce poids de crainte et d'espérance, ni, toutefois, trancher brusquement sa vie. Il se coupa les veines, les referma, les rouvrit à volonté; il entretenait ses amis, non sur l'immortalité de l'âme, non sur les opinions des philosophes, ne voulant rien de sérieux, rien qui annonçât des prétentions de courage; il se faisait réciter des chansons agréables, des poésies légères. Il récompensa quelques esclaves, en fit châtier d'autres; il se promena, il dormit, afin que sa mort, quoique violente, eût l'air d'une mort naturelle; et, dans son testament même, il ne mit point, comme tant d'autres, des adulations pour Néron, pour Tigellinus, ni pour aucune des puissances du temps. Il écrivit l'histoire des débauches du prince, en en détaillant les plus monstrueuses recherches, sous les noms d'hommes débauchés et de femmes perdues. Il l'envoya cachetée à Néron, et brisa le cachet de peur qu'on ne s'en servît ensuite pour perdre des innocents.

XX. Néron, ne sachant comment le secret de ses nuits avait pu être pénétré, laissa tomber ses soupçons sur Silia, qui, par son mariage avec un sénateur, n'était pas sans quelque considération. Il s'était livré aux dernières débauches avec cette femme, l'amie intime de Pétrone. Il l'exila, dans la persuasion que c'était elle qui avait divulgué des excès dont elle avait été le témoin et la victime. Silia fut donc sacrifiée à ses haines personnelles; Minucius Thermus, ancien préteur, le fut uniquement au ressentiment de Tigellinus; un affranchi de Thermus avait hasardé contre Tigellinus quelques charges, que l'affranchi expia par des tortures horribles, et son maître, quoique innocent, par la mort.

XXI. Après ce massacre de tant de personnages distingués, Néron voulut à la fin exterminer la vertu elle-même dans la personne de Thraséas et de Soranus. Dès longtemps ulcéré contre tous deux, des ressentiments particuliers l'aigrissaient contre Thraséas, lequel était sorti du sénat, comme je l'ai rapporté, pendant qu'on délibérait sur le meurtre d'Agrippine, et s'était prêté de mauvaise grâce à faire un rôle dans les Juvénales. Cette offense, surtout, blessait profondément Néron, d'autant plus que Thraséas, se trouvant à Padoue, sa patrie, aux jeux du ceste institués par Anténor, prince troyen, n'avait pas refusé d'y chanter un rôle dans une tragédie. Le jour encore où l'on allait condamner à mort le préteur Sosianus, pour ses satires contre Néron, Thraséas ouvrit un avis plus doux qui prévalut; et lorsqu'on décerna les honneurs divins à Poppée, il s'absenta volontairement, et ne parut point aux funérailles. C'étaient des griefs dont Capito Cossutianus ne laissait point effacer le souvenir; et outre que de semblables bassesses lui étaient naturelles, il satisfaisait encore sa haine contre Thraséas, qui, par l'autorité de son opinion, avait secondé si puissamment la députation des Ciciliens, lorsqu'elle poursuivait la punition des malversations de Cossutianus.

XXII. Il se permettait encore bien d'autres reproches contre lui : « Thraséas, au commencement « de l'année, éludait le serment solennel ; Thra- « séas n'assistait point aux prières pour l'empe- « reur, quoique revêtu du sacerdoce des quinde- « cemvirs ; il n'avait jamais fait de sacrifices pour « la conservation du prince et pour sa voix cé- « leste ; lui, qu'on voyait jadis, assidu et infatiga- « ble, se mêler aux moindres sénatus-consultes, « pour les approuver ou les combattre, depuis « trois ans n'avait pas mis le pied dans le sénat ;

---

quibus constantiæ gloriam peteret. Audiebatque referentes, nihil de immortalitate animæ et sapientium placitis, sed levia carmina et faciles versus : servorum alios largitione, quosdam verberibus affecit; iniit et vias, somno indulsit, ut, quanquam coacta, mors fortuitæ similis esset. Ne codicillis quidem (quod plerique pereuntium) Neronem aut Tigellinum aut quem alium potentium adulatus est; sed flagitia principis, sub nominibus exoletorum feminarumque, et novitate cujusque stupri, perscripsit, atque obsignata misit Neroni; fregitque annulum, ne mox usui esset ad facienda pericula.

XX. Ambigenti Neroni quonam modo noctium suarum ingenia notescerent, offertur Silia, matrimonio senatoris haud ignota, et ipsi ad omnem libidinem adscita, ac Petronio perquam familiaris : agitur in exsilium, tanquam non siluisset quæ viderat pertuleratque, proprio odio. At Minucium Thermum, prætura functum, Tigellini simultatibus dedidit, quia libertus Thermi quædam de Tigellino criminose detulerat, quæ cruciatibus tormentorum ipse, patronus ejus nece immerita lueret.

XXI. Trucidatis tot insignibus viris, ad postremum Nero virtutem ipsam exscindere concupivit, interfecto Thrasea Pæto et Barea Sorano, olim utrisque infensus, et accedentibus causis in Thraseam : quod senatu egressus est, quum de Agrippina referretur, ut memoravi ; quodque Juvenalium ludicro parum exspectabilem operam præbuerat ; eaque offensio altius penetrabat, quia idem Thrasea Patavii, unde ortus erat, ludis Cæsticis, a Trojano Antenore institutis, habitu tragico cecinerat; die quoque quo prætor Antistius, ob probra in Neronem composita, ad mortem damnabatur, mitiora censuit obtinuitque ; et, quum deum honores Poppææ decernerentur, sponte absens, funeri non interfuit. Quæ obliterari non sinebat Capito Cossutianus, præter animum ad flagitia præcipitem, inimicus Thraseæ, quod auctoritate ejus concidisset, juvantis Cilicum legatos, dum Capitonem repetundarum interrogant.

XXII. Quin et illa objectabat, « principio anni vitare « Thraseam solemne jusjurandum ; nuncupationibus voto- « rum non adesse, quamvis quindecimvirali sacerdotio « præditum; nunquam pro salute principis aut cœlesti « voce immolavisse ; assiduum olim et indefessum, qui

« tout récemment, lorsque le juste châtiment de
« Silanus et d'Antistius attira un concours univer-
« sel, il avait mieux aimé vaquer aux affaires pri-
« vées de ses clients; c'était là une scission, un
« parti formé, et, pour peu qu'il eût d'imitateurs,
« une guerre ouverte. Oui, prince, ajouta Capito,
« Rome, avide de discordes, parle de Thraséas
« et de toi comme autrefois de César et de Caton.
« Thraséas a des sectateurs ou plutôt des satelli-
« tes, qui, sans se permettre encore la hardiesse
« insolente de ses discours, copient son air et son
« extérieur, affectent l'humeur et l'austérité pour
« accuser tes plaisirs. Lui seul est sans sollicitude
« sur tes jours, sans estime pour tes talents. In-
« sensible aux prospérités de son prince, faut-il
« encore que tes afflictions et tes larmes ne puissent
« assouvir sa haine ? Certes, je ne m'étonne plus
« qu'il nie la divinité de Poppée, lorsqu'il ne jure
« point sur les actes des demi-dieux, de Jules et
« d'Auguste. Il dédaigne nos sacrifices, il abroge
« nos lois. Les provinces, les armées ne recher-
« chent les journaux du peuple romain que pour
« y lire le silence et l'inaction de Thraséas. Qu'on
« adopte donc ses maximes, si on les juge préféra-
« bles; ou qu'on enlève enfin à des novateurs sé-
« ditieux leur chef et leur modèle. Cette secte a
« produit les Tubérons et les Favonius, noms
« odieux même à l'ancienne république. Ils mettent
« en avant la liberté, afin d'anéantir le pouvoir
« impérial; s'ils le détruisent, ils attaqueront la
« liberté même. En vain tu as banni un Cassius, si
« tu laisses les émules des Brutus se propager et
« s'accroître. Au reste, n'écris pas un mot contre
« Thraséas ; que le sénat juge entre lui et moi. »
Néron encourage Cossutianus, à qui ses ressentiments ne donnaient que trop d'audace; il lui associe Marcellus, orateur remarquable par son
éloquence véhémente.

XXIII. Cependant, Ostorius Sabinus, chevalier
romain, avait déjà retenu l'accusation de Soranus, aussitôt après l'expiration du proconsulat
d'Asie, où ce Romain acheva d'indisposer le
prince par son intégrité, par ses talents, parce
qu'il s'était appliqué à ouvrir le port d'Éphèse,
et parce qu'il avait laissé impunie la violence des
citoyens de Pergame, qui empêchèrent Acratus,
affranchi de l'empereur, d'enlever leurs statues
et leurs tableaux. Mais le grief qu'on énonça, ce
fut son amitié pour Plautus, et le dessein formé
de gagner la province pour qu'elle secondât ses
projets ambitieux. On choisit, pour la condamnation, le temps où Tiridate allait arriver pour
recevoir la couronne d'Arménie, soit que Néron
espérât cacher, dans l'appareil de cette pompe
étrangère, l'horreur de ses cruautés domestiques,
soit qu'envisageant le meurtre de citoyens si distingués comme un acte royal, il crût par là
déployer la grandeur d'un souverain.

XXIV. Toute la ville avait couru en foule pour
recevoir son prince et pour voir le monarque
étranger ; on fit défense à Thraséas de se montrer.
Loin de se laisser abattre, il écrivit à Néron pour
demander son crime; il garantissait sa justification, s'il obtenait la communication des griefs et
la liberté de répondre. Néron ouvrit la lettre avec
empressement, dans l'espoir que la crainte aurait dicté des expressions qui, en rehaussant la
dignité du prince, eussent avili Thraséas ; mais,
voyant le contraire, et redoutant lui-même la
présence, la fierté et le courage d'un innocent, il

« vulgaribus quoque patrum consultis semet fautorem
« aut adversarium ostenderet, triennio non introiisse cu-
« riam; nuperrimeque, quum ad coercendos Silanum et
« Veterem certatim concurreretur, privatis potius clien-
« tium negotiis vacavisse : secessionem jam id, et partes,
« et, si idem multi audeant, bellum esse. Ut quondam
« C. Cæsarem, » inquit, « et M. Catonem, ita nunc te,
« Nero, et Thraseam avida discordiarum civitas loquitur.
« Et habet sectatores, vel potius satellites, qui nondum
« contumaciam sententiarum, sed habitum vultumque
« ejus sectantur, rigidi et tristes, quo tibi lasciviam ex-
« probrent. Huic uni incolumitas tua, tuæ artes, sine
« honore. Prosperas principis res spernit : etiamne lucti-
« bus et doloribus non satiatur ? Ejusdem animi est Pop-
« pæam divam non credere, cujus in acta divi Augusti
« et divi Julii non jurare. Spernit religiones, abrogat le-
« ges. Diurna populi romani, per provincias, per exerci-
« tus, curatius leguntur, ut noscatur quid Thrasea non
« fecerit. Aut transeamus ad illa instituta, si potiora sunt;
« aut nova cupientibus auferatur dux et auctor. Ista secta
« Tuberones et Favonios, veteri quoque reipublicæ in-
« grata nomina, genuit. Ut imperium evertant, libertatem
« præferunt; si perverterint, libertatem ipsam aggredien-
« tur. Frustra Cassium amovisti, si gliscere et vigere
« Brutorum æmulos passurus es. Denique nihil ipse de
« Thrasea scripseris, disceptatorem senatum nobis re-
« liquae. » Extollit ira promptum Cossutiani animum
Nero, adjicitque Marcellum Eprium, acri eloquentia.

XXIII. At Baream Soranum jam sibi Ostorius Sabinus,
eques romanus, poposcerat reum, ex proconsulatu Asiæ,
in qua offensiones principis auxit justitia atque industria,
et quia portui Ephesiorum aperiendo curam insumpserat,
vimque civitatis Pergamenæ, prohibentis Acratum, Cæsaris libertum, statuas et picturas avehere, inultam omiserat. Sed crimini dabatur amicitia Plauti et ambitio conciliandæ provinciæ ad spes novas. Tempus damnationi
delectum, quo Tiridates accipiendo Armeniæ regno adventabat : ut ad externa rumoribus intestinum scelus
obscuraretur; an, ut magnitudinem imperatoriam cæde
insignium virorum, quasi regio facinore, ostentaret.

XXIV. Igitur, omni civitate ad excipiendum principem
spectandumque regem effusa, Thrasea, occursu prohibitus, non demissi animum; sed codicillos ad Neronem
composuit, requirens objecta et expurgaturum asseve-
rans, si notitiam criminum et copiam diluendi habuisset.
Eos codicillos Nero properanter accepit, spe exterritum
Thraseam scripsisse per quæ claritudinem principis extolleret suamque famam dehonestaret. Quod ubi non eve-

ordonne une assemblée du sénat. Thraséas délibéra avec ses amis s'il tenterait ou s'il dédaignerait de se justifier. Les avis se partagèrent.

XXV. Ceux qui lui conseillaient de se présenter au sénat, dirent qu'ils étaient sûrs de sa fermeté, qu'il ne proférerait pas un mot qui n'augmentât sa gloire; que les faibles seuls et les lâches enveloppaient dans l'obscurité leurs derniers moments; qu'il fallait faire voir au peuple un homme de cœur allant à la mort, faire entendre au sénat cette voix surnaturelle, foudroyante comme celle d'un dieu; que le prodige pouvait ébranler Néron lui-même; et que s'il persistait dans sa barbarie, la postérité, du moins, saurait distinguer le brave périssant noblement, de tant de lâches qui se laissaient égorger en silence.

XXVI. D'autres, au contraire, s'efforçaient de le retenir, ne doutant pas de son courage, mais prévoyant des insultes, des affronts, voulant le soustraire aux invectives et aux emportements. Ils craignaient la fureur de Capito, de Marcellus, et de vingt autres scélérats effrontés, qui, peut-être se porteraient aux dernières violences. Ils alléguèrent que les bons, même par crainte, se laissaient entraîner; qu'il fallait épargner au sénat, dont il avait fait la gloire, la honte d'une telle bassesse, et laisser incertain ce qu'auraient fait les pères, si Thraséas eût comparu devant eux; qu'en comptant sur la pudeur et sur les remords de Néron, on se flattait d'un frivole espoir; qu'on devait craindre bien plutôt qu'il ne sévît contre la femme, contre les enfants de Thraséas, et les autres objets de son attachement; qu'il ne restait donc, après avoir guidé sa vie irréprochable et pure sur les traces et les maximes de grands hommes, qu'à chercher, comme eux, une fin glorieuse. Rusticus Arulénus assistait à la délibération. Ce jeune homme bouillant offrait par amour de la gloire, de s'opposer au sénatus-consulte; car il était tribun du peuple. Thraséas réprima cet excès de zèle inutile pour lui-même, dangereux pour son protecteur. Il représenta que lui, sur la fin de ses jours, ne pouvait abandonner le système de toute sa vie; mais qu'Arulénus, nouveau magistrat, avait tout un avenir à ménager; qu'il devait se consulter longtemps sur la route qu'il se tracerait en se livrant, sous un tel prince, aux fonctions publiques. Du reste, pour décider s'il lui convenait de se rendre au sénat, il s'en remit à ses propres réflexions.

XXVII. Le lendemain, à la pointe du jour, deux cohortes prétoriennes, avec toutes leurs armes, investirent le temple de Vénus Génitrix. Un gros de citoyens avait assiégé l'entrée du sénat, laissant voir des épées sous leurs robes; des détachements de soldats étaient dispersés sur les places et dans les basiliques. Ce fut à la vue de tous ces satellites, et à travers leurs menaces, que les sénateurs entrèrent. Le discours du prince fut lu par son questeur. Sans nommer personne expressément, il accusait les sénateurs d'abandonner les fonctions publiques, et, par leur exemple, d'autoriser l'inaction des chevaliers romains. Fallait-il s'étonner ensuite qu'on ne vînt point des provinces éloignées, lorsque, après avoir obtenu des consulats et des sacerdoces, on faisait son unique occupation d'embellir des jardins? Ce trait fut l'arme dont se saisirent les accusateurs.

XXVIII. Capito commença d'abord; Marcel-

nit, vultumque et spiritus et libertatem insontis ultro extimuit, vocari patres jubet. Tum Thrasea inter proximos consultavit tentaretne defensionem, an sperneret. Diversa consilia afferebantur.

XXV. Quibus intrari curiam placebat, « securos esse de constantia ejus » dixerunt; « nihil dicturum, nisi quo gloriam augeret. Segnes et pavidos supremis suis secretum circumdare. Adspiceret populus virum morti obvium; audiret senatus voces, quasi ex aliquo numine, supra humanas; posse ipso miraculo etiam Neronem permoveri : sin crudelitati insisteret, distingui certe apud posteros memoriam honesti exitus ab ignavia per silentium pereuntium. »

XXVI. Contra, qui opperiendum domi censebant, de ipso Thrasea eadem : « sed ludibria et contumelias imminere; subtraheret aures conviciis et probris. Non solum Cossutianum aut Eprium ad scelus promptos; superesse qui forsitan manus ictusque per immanitatem ausuri : etiam bonos metu sequi. Detraheret potius senatui, quem perornavisset, infamiam tanti flagitii; et relinqueret incertum quid, viso Thrasea reo, decreturi patres fuerint. Ut Neronem flagitiorum pudor caperet, irrita spe agitari; multoque magis timendum ne in conjugem, in familiam, in cetera pignora ejus sæviret. Proinde intemeratus, impollutus, quorum vestigiis et studiis vi- tam duxerit, eorum gloria peteret finem. » Aderat consilio Rusticus Arulenus, flagrans juvenis, et cupidine laudis offerebat se intercessurum senatusconsulto; nam plebis tribunus erat. Cohibuit spiritus ejus Thrasea, « ne vana et reo non profutura, intercessori exitiosa, inciperet. Sibi actam ætatem, et toi per annos continuum vitæ ordinem non deserendum : illi initium magistratuum, et integra quæ supersint. Multum ante secum expenderet, quod, tali in tempore, capessendæ reipublicæ iter ingrederetur. » Ceterum ipse, an venire in senatum deceret, meditationi suæ reliquit.

XXVII. At postera luce, duæ prætoriæ cohortes armatæ templum Genitricis Veneris insedere. Aditum senatus globus togatorum obsederat, non occultis gladiis; dispersique per fora ac basilicas cunei militares, inter quorum adspectus et minas ingressi curiam senatores. Et oratio principis per quæstorem ejus audita est : nemine nominatim compellato, patres arguebat « quod publica munia desererent, eorumque exemplo equites romani ac segnitiam verterentur. Etenim, quid mirum e longinquis provinciis haud veniri, quum plerique, adepti consultatum et sacerdotia, hortorum potius amœnitati inservirent? » quod velut telum arripuere accusatores.

XXVIII. Et, initium faciente Cossutiano, majore vi Marcellus « summam rempublicam agi » clamitabat :

lus, reprenant avec plus de véhémence, criait qu'il s'agissait du plus grand intérêt de la république; que ces révoltes des subalternes faisaient mépriser la bonté de l'empereur; qu'il y avait eu trop de douceur dans le sénat à laisser un Thraséas, qui faisait schisme dans l'empire; un Helvidius, qui partageait toutes les fureurs de son beau-père; un Agrippinus, héritier de la haine de son père contre les princes; un Montanus, auteur de chansons infâmes, éluder jusqu'à ce jour la sévérité des lois; qu'il sommât Thraséas de se trouver au sénat comme consulaire, aux prières comme pontife, au serment comme citoyen; à moins que, bravant leurs institutions et leurs fêtes antiques, il ne se déclarât hautement pour un traître et un ennemi de l'État; qu'il vînt enfin reprendre son ancien rôle de sénateur, de protecteur des ennemis du prince, de censeur, de réformateur des abus; qu'il valait mieux encore essuyer en détail ses censures, que ce silence d'improbation générale. Était-ce la tranquillité dont jouissait le monde qui le choquait? étaient-ce des victoires qui ne coûtaient pas un soldat aux armées? Qu'on cessât donc de fomenter l'ambition détestable d'un envieux qu'affligeait le bien public, qui s'isolait de leur forum, de leurs théâtres, de leurs temples, et qui avait toujours à la bouche la menace de son exil. Qu'à l'en croire, il n'y avait plus de sénat, plus de magistrats, que Rome n'était plus; qu'il rompît donc toute existence avec une patrie, que de tout temps, il avait repoussée de son cœur et maintenant bannie de ses yeux.

XXIX. Pendant ce discours de Marcellus, qui, naturellement farouche et menaçant, avait alors la voix, les yeux, le visage enflammés, il régnait, dans le sénat, non cette tristesse ordinaire que l'habitude de l'oppression avait rendue si familière, mais une consternation nouvelle et profonde, à la vue de ces soldats et de ces glaives. En même temps, la figure vénérable de Thraséas se présentait à leurs yeux; et plusieurs étendaient aussi leur compassion sur Helvidius, qu'allait perdre son alliance avec une famille vertueuse. Que pouvait-on encore reprocher à Agrippinus, sinon les malheurs d'un père, victime également innocente des barbaries de Tibère? Et ce Montanus, jeune homme plein de vertus, dont les vers n'attaquaient personne, on le menaçait donc de l'exil, pour avoir fait preuve de talent!

XXX. Cependant, Sabinus, accusateur de Soranus, entre à son tour; et, d'abord, il s'étend sur les liaisons de ce dernier avec Plautus, sur le proconsulat d'Asie, pendant lequel il accusait Soranus d'avoir, au préjudice de l'État, fomenté les séditions des peuples, pour se donner un renom de popularité. C'étaient là les anciens griefs; il en joignit un nouveau: il impliquait la fille de Soranus, pour avoir prodigué de l'argent à des devins. Et, en effet, cette erreur était échappée à la piété filiale. Servilie (c'était son nom), moitié par tendresse pour son père, moitié par l'imprudence de son âge, les avait consultés, mais uniquement pour savoir le sort de sa famille, si Néron se laisserait fléchir, si l'instruction du procès n'aurait rien de funeste. Elle comparut donc au sénat; le père et la fille étaient debout devant le tribunal des consuls, aux deux extrémités; le père, avancé en âge, la fille, ayant à peine vingt ans, déjà condamnée au veuvage et à la solitude,

---

contumacia inferiorum lenitatem imperitantis deminui. Nimium mites ad eam diem patres, qui Thraseam desciscentem, qui generum ejus, Helvidium Priscum, in iisdem furoribus, simul Paconium Agrippinum, paterni in principes odii heredem, et Curtium Montanum, detestanda carmina factitantem, eludere impune sinerent. Requirere se in senatu consularem, in votis sacerdotem, in jurejurando civem, nisi, contra instituta et cærimonias majorum, proditorem palam et hostem Thrasea induisset. Denique, agere senatorem et principis obtrectatores protegere solitus, veniret, censeret quid corrigi aut mutari vellet; facilius perlaturos singula increpantem, quam nunc silentium perferrent omnia damnantis. Pacem illi per orbem terræ, an victorias sine damno exercituum, displicere? Ne hominum bonis publicis mœstum, et qui fora, theatra, templa pro solitudine haberet, qui minitaretur exsilium suum, ambitionis pravæ compotem faceret. Non illi consulta hæc, non magistratus, aut romanam urbem videri. Abrumperet vitam ab ea civitate, cujus caritatem olim, nunc et adspectum exuisset. »

XXIX. Quum per hæc atque talia Marcellus, ut erat torvus et minax, voce, vultu, oculis ardesceret; non illa nota et celebritate periculorum sueta jam senatus mœstitia, sed novus et altior pavor, manus et tela militum cernentibus: simul ipsius Thraseæ venerabilis species obversabatur; et erant qui Helvidium quoque miserarentur, innoxiæ affinitatis pœnas daturum. « Quid Agrippino objectum, nisi tristem patris fortunam? quando et ille, perinde innocens, Tiberii sævitia concidisset. Enimvero Montanum probæ juventæ, neque famosi carminis, quia protulerit ingenium, extorrem agi. »

XXX. Atque interim Ostorius Sabinus, Sorani accusator, ingreditur, orditurque « de amicitia Rubelli Plauti, quodque proconsulatum Asiæ Soranus, pro claritate sibi potius accommodatum, quam ex utilitate communi egisset, alendo seditiones civitatum. » Vetera hæc: sed recens, discrimini patris filiam connectebat, « quod pecuniam Magis dilargita esset. » Acciderat sane pietate Serviliæ (id enim nomen puellæ fuit); quæ, caritate erga parentem, simul imprudentia ætatis, non tamen aliud consultaverat quam de incolumitate domus, et an placabilis Nero, an cognitio senatus nihil atrox afferret. Igitur accita est in senatum, steteruntque diversi, ante tribunal consulum, grandis ævo parens, contra filia, intra vicesimum ætatis

par l'exil tout récent de son mari Pollion, et n'osant pas même regarder son père, dont elle semblait avoir aggravé les périls.

XXXI. L'accusateur lui demandant si elle n'avait pas vendu son collier et ses présents de noces pour en employer l'argent à des opérations magiques, elle se jeta d'abord par terre, pleura longtemps, et garda le silence; enfin, embrassant les autels : « Non, je n'invoquai, dit-elle, aucune divinité sinistre; je ne me permis aucune imprécation; ces malheureuses prières n'eurent d'autre objet que d'obtenir de toi, César, et de vous, sénateurs, la conservation du meilleur des pères. J'ai donné mes pierreries, mes robes, les décorations de mon rang; j'aurais donné mon sang et ma vie, s'ils l'eussent demandé; je ne réponds pas d'eux; je ne les connaissais point auparavant, j'ignore ce qu'ils sont, quel art ils exercent; pour moi, je ne parlai jamais du prince que comme on parle des dieux. Mais, si je suis coupable, au moins je le suis seule, et mon malheureux père ignorait ma faute. »

XXXII. Soranus ne la laisse point achever; il s'écrie que sa fille ne l'a pas suivi en Asie; qu'elle est trop jeune pour avoir connu Plautus, qu'on ne l'a point impliquée dans l'accusation de son mari, qu'elle n'est coupable que d'un excès de tendresse; qu'on sépare donc leur sort, et le sien, quel qu'il soit, lui semblera doux. En même temps, ils couraient se précipiter dans les bras l'un de l'autre; les licteurs, se jetant entre eux deux, les retinrent. On entendit ensuite les témoins; et, à tous les mouvements de pitié qu'avait excités la dureté de l'accusation, il se joignit un soulèvement d'horreur contre la déposition d'Egnatius. Ce client de Soranus, qui vendit alors le sang de son ami, se parait de la rigidité de la secte stoïque; il s'étudiait à exprimer sur son visage et dans son extérieur l'image de la vertu, et il recélait dans son cœur la perfidie, la fourberie, l'avarice et la débauche. Ce misérable, dont l'argent mit à nu tous les vices, apprit que ce ne sont pas seulement les hommes enveloppés d'artifices et souillés d'opprobre dont il faut se défier, qu'il est aussi, sous le masque de la vertu, des hypocrites, et, sous celui de l'amitié, des traîtres.

XXXIII. Néanmoins, ce même jour offrit aussi un trait de vertu dans Cassius Asclépiodotus. Distingué entre les Bithyniens par son opulence, il avait cultivé Soranus dans sa gloire; il ne l'abandonna point dans la disgrâce, perdit tous ses biens, et se fit exiler, les dieux compensant ainsi les bons et les mauvais exemples. Thraséas, Soranus et Servilie eurent le choix de leur mort. Helvidius et Paconius furent chassés d'Italie. On accorda au père de Montanus la grâce du fils, toutefois, en excluant celui-ci des honneurs. Les accusateurs, Marcellus et Capito, obtinrent chacun cinq millions de sesterces et Sabinus douze cent mille avec les ornements de la questure.

XXXIV. On envoya le questeur du consul à Thraséas, qui était resté dans ses jardins : le jour tombait. Au milieu d'un cercle nombreux d'hommes et de femmes distingués, il s'entretenait séparément avec Démétrius, philosophe cynique, et, autant qu'on put en juger à l'expression de sa figure, et à quelques mots prononcés plus fortement, qui furent entendus, il le questionnait sur la nature de l'âme et sur sa séparation d'avec le corps. Domitius Cécilianus, un des intimes amis de Thraséas, vient lui apprendre le

---

annum, nuper marito, Annio Pollione, in exsilium pulso viduata desolataque, ac ne patrem quidem intuens, cujus onerasse pericula videbatur.

XXXI. Tum, interrogante accusatore « an cultus dotales, an detractum cervici monile venum dedisset, quo pecuniam faciendis magicis sacris contraheret, » primum strata humi, longoque fletu et silentio, post, altaria et aram complexa: « Nullos, inquit, impios deos, nullas devotiones, nec aliud infelicibus precibus invocavi, quam ut hunc optimum patrem tu, Cæsar, et vos, patres, servaretis incolumen. Sic gemmas et vestes et dignitatis insignia dedi, quomodo si sanguinem et vitam poposcissent. Viderint isti, antehac mihi ignoti, quo nomine sint, quas artes exerceant : nulla mihi principis mentio, nisi inter numina, fuit. Nescit tamen miserrimus pater; et, si crimen est, sola deliqui. »

XXXII. Loquentis adhuc verba excipit Soranus, proclamatque « non illam in provinciam secum profectam, non Plauto per ætatem nosci potuisse; non criminibus mariti connexam; nimiæ tantum pietatis ream separarent, atque ipse quamcunque sortem subiret. » Simul in amplexus occurrentis filiæ ruebat, nisi interjecti lictores utrisque obstitissent. Mox datus testibus locus; et, quantum misericordiæ sævitia accusationis permoverat, tantum iræ P. Egnatius testis concivit. Cliens hic Sorani, et tunc emptus ad opprimendum amicum, auctoritatem stoicæ sectæ præferebat, habitu et ore ad exprimendam imaginem honesti exercitus, ceterum animo perfidiosus, subdolus, avaritiam ac libidinem occultans. Quæ postquam pecunia reclusa sunt, dedit exemplum præcavendi, quomodo fraudibus involutos aut flagitiis commaculatos, sic specie bonarum artium falsos et amicitiæ fallaces.

XXXIII. Idem tamen dies et honestum exemplum tulit Cassii Asclepiodoti, qui magnitudine opum præcipuus inter Bithynos, quo obsequio florentem Soranum celebraverat, labentem non deseruit; exutusque omnibus fortunis et in exsilium actus : æquitate deum erga bona malaque documenta. Thraseæ Soranoque et Serviliæ datur mortis arbitrium. Helvidius et Paconius Italia depelluntur. Montanus patri concessus est, prædicto ne in republica haberetur. Accusatoribus, Eprio et Cossutiano, quinquagies sestertium singulis, Ostorio duodecies et quæstoria insignia tribuuntur.

XXXIV. Tum ad Thraseam, in hortis agentem, quæstor consulis missus, vesperascente jam die. Illustrium virorum feminarumque cœtus frequentes egerat, maxime intentus Demetrio, cynicæ institutionis doctori : cum quo, ut conjectare erat intentione vultus, et audita, si

décret du sénat. On se répandit en pleurs, en murmures. Thraséas les fit retirer tous promptement, de peur qu'une pitié imprudente ne les enveloppât dans sa condamnation. Sa femme Arria voulait suivre le sort de son époux et l'exemple de sa mère; il la retint à la vie, pour ne point enlever à leur fille le seul appui qui allait lui rester.

XXXV. Il gagne ensuite son portique, où le questeur le trouve avec un air de joie, parce qu'il avait appris que son gendre Helvidius n'était qu'exilé d'Italie. Ayant reçu le sénatus-consulte, il fait entrer dans sa chambre Helvidius et Démétrius, et présente les veines de ses deux bras. Aussitôt que le sang coula il en répandit sur la terre, et priant le questeur d'approcher : « Offrons, dit-il, « cette libation à Jupiter Libérateur; regarde, « jeune homme; puissent les dieux détourner ce « présage! mais tu es né dans un temps où il est « bon de fortifier son âme par des exemples de « courage. » Puis, son agonie se prolongeant avec d'horribles douleurs, il tourna vers Démétrius...

qua clarius proloquebantur, de natura animæ et dissociatione spiritus corporisque inquirebat : donec advenit Domitius Cæcilianus ex intimis amicis, et ei quid senatus censuisset exposuit. Igitur flentes queritantesque qui aderant facessere propere Thrasea, neu pericula sua miscere cum sorte damnati hortatur. Arriamque, tentantem mariti suprema et exemplum Arriæ matris sequi, monet retinere vitam, filiæque communi subsidium unicum non adimere.

XXXV. Tum progressus in porticum, illic a quæstore reperitur, lætitiæ propior, quia Helvidium, generum suum, Italia tantum arceri cognoverat. Accepto dehinc senatusconsulto, Helvidium et Demetrium in cubiculum inducit; porrectisque utriusque brachii venis, postquam cruorem effudit, humum super spargens, propius vocato quæstore : « Libemus, inquit, Jovi Liberatori. Specta, « juvenis : et omen quidem dii prohibeant; ceterum in « ea tempora natus es, quibus firmare animum expediat « constantibus exemplis. » Post, lentitudine exitus gravis cruciatus afferente, obversis in Demetrium...

HISTOIRES.

LIVRE PREMIER.

I. Je commence mon ouvrage au second consulat de Galba avec Vinius; les huit cent vingt années précédentes, depuis la fondation de Rome, ont trouvé assez d'historiens. Quand le pouvoir appartenait au peuple romain, son histoire s'écrivait avec non moins d'éloquence que de liberté. Depuis la bataille d'Actium, depuis que le bien de la paix exigea que l'autorité fût remise à un seul, les grands talents disparurent, et l'on porta mille atteintes à la vérité, d'abord par l'ignorance d'une administration devenue presque étrangère, ensuite par la fureur de flatter ou de déchirer ses maîtres. Ainsi, de ces écrivains livrés à la haine ou à l'adulation, nul n'a pensé à la postérité. Mais on se tient aisément en garde contre la flatterie d'un auteur, tandis que les détractions et la calomnie sont avidement reçues; c'est que l'adulation porte le caractère honteux de la servitude, et que la malignité a un faux air de liberté. Pour moi, je ne connais Galba, Othon, Vitellius, ni par des bienfaits, ni par des outrages. Vespasien, je l'avouerai, commença ma fortune, Titus l'augmenta, Domitien y mit le comble; mais l'écrivain qui fait vœu d'une fidélité incorruptible, ne doit écouter ni l'amour, ni la haine. Que si le ciel m'accorde de longs jours, j'ai réservé, pour ma vieillesse, les règnes de Nerva et de Trajan, sujet plus riche et moins dangereux pour l'historien, grâce à ces temps d'une rare félicité, où l'on peut penser comme on veut, parler comme on pense.

II. J'entreprends l'histoire d'une époque féconde en événements, signalée par des combats, troublée par des séditions, cruelle même pendant la paix; quatre princes égorgés, trois guerres civiles, des guerres étrangères, et, souvent, les unes et les autres tout à la fois; des succès dans l'Orient, dans l'Occident des revers : l'Illyrie soulevée, les Gaules chancelantes, la Bretagne entièrement conquise, et aussitôt délaissée; toutes les nations des Sarmates et des Suèves se liguant contre nous; le Dace ennobli par nos défaites et par les siennes; les Parthes même tout prêts à prendre les armes, abusés par un faux Néron; puis l'Italie désolée par des désastres nouveaux, ou qui, depuis une longue suite de siècles, ne s'étaient point renouvelés; des villes englouties ou renversées dans la plus riche contrée de la Campanie; Rome dévastée par des incendies, nos plus anciens temples consumés, le Capitole même em brasé par la main des citoyens; nos plus saints mystères profanés, des adultères fameux, les mers se couvrant d'exilés, les rochers inondés de sang; des barbaries plus révoltantes dans Rome; la naissance, les richesses, l'acceptation ou le refus des honneurs, devenus des crimes, et la

LIBER PRIMUS.

I. Initium mihi operis Ser. Galba iterum, T. Vinius consules erunt. Nam, post conditam urbem, octingentos et viginti prioris ævi annos multi auctores retulerunt : dum res populi romani memorabantur, pari eloquentia ac libertate; postquam bellatum apud Actium, atque omnem potestatem ad unum conferri pacis interfuit, magna illa ingenia cessere. Simul veritas pluribus modis infracta : primum inscitia reipublicæ, ut alienæ; mox libidine assentandi, aut rursus odio adversus dominantes : ita neutris cura posteritatis, inter infensos vel obnoxios. Sed ambitionem scriptoris facile averseris; obtrectatio et livor pronis auribus accipiuntur : quippe adulationi fœdum crimen servitutis, malignitati falsa species libertatis inest. Mihi Galba, Otho, Vitellius, nec beneficio nec injuria cogniti. Dignitatem nostram a Vespasiano inchoatam, a Tito auctam, a Domitiano longius provectam non abnuerim; sed incorruptam fidem professis, nec amore quisquam, et sine odio dicendus est. Quod si vita suppeditet, principatum divi Nervæ et imperium Trajani, uberiorem securioremque materiam, senectuti seposui : rara temporum felicitate, ubi sentire quæ velis et quæ sentias dicere licet.

II. Opus aggredior opimum casibus, atrox præliis, discors seditionibus, ipsa etiam pace sævum. Quatuor principes ferro interempti. Trina bella civilia, plura externa, ac plerumque permixta. Prosperæ in Oriente, adversæ in Occidente res. Turbatum Illyricum; Galliæ nutantes; perdomita Britannia, et statim missa; coortæ in nos Sarmatarum ac Suevorum gentes; nobilitatus cladibus mutuis Dacus; mota etiam prope Parthorum arma falsi Neronis ludibrio. Jam vero Italia novis cladibus, vel post longam seculorum seriem repetitis, afflicta : haustæ aut obrutæ urbes fecundissima Campaniæ ora; et urbs incendiis vastata, consumptis antiquissimis delubris, ipso Capitolio civium manibus incenso; pollutæ cærimoniæ; magna adulteria, plenum exsiliis mare; infecti cædibus scopuli. Atrocius in urbe sævitum : nobilitas, opes, omissi gestique honores pro crimine, et ob virtutes certissimum exitium. Nec minus præmia delatorum invisa, quam

mort, l'infaillible partage des vertus; les délateurs, non moins odieux par leurs récompenses que par leurs crimes, se partageaient, comme des dépouilles, les uns, les sacerdoces et les consulats, d'autres, les commandements au dehors, la puissance au dedans; menant, bouleversant tout, armant la haine ou la faiblesse des esclaves contre les maîtres, des affranchis contre les patrons, et, au défaut d'ennemis, les amis mêmes.

III. Ce siècle, toutefois, ne fut pas si stérile en vertus, qu'il n'offre aussi des actions louables. Des mères accompagnèrent leurs enfants dans leur fuite; des femmes partagèrent l'exil de leurs époux; des proscrits trouvèrent du courage dans leurs proches, de la fermeté dans leurs gendres. On vit des esclaves conserver, au milieu même des tortures, une fidélité inébranlable: des grands hommes, condamnés à mourir, subirent avec intrépidité leur arrêt, et s'illustrèrent par une mort comparable aux plus belles de l'antiquité. Outre cette foule d'événements naturels, il y eut des prodiges sur la terre et dans le ciel : les destins s'annoncèrent par la voix du tonnerre et par mille présages heureux, terribles, équivoques, manifestes; car les dieux, qui, après avoir laissé gémir le peuple romain sous la plus cruelle des oppressions, le vengèrent d'une manière si éclatante, n'ont jamais mieux prouvé que, s'ils ne préviennent point le crime, du moins ils le punissent.

IV. Mais, avant d'exécuter mon projet, il est à propos de rappeler quelle était la situation de Rome, la disposition des armées, des provinces, du monde entier; ce qu'il y avait, dans ce vaste corps, de parties saines, de parties malades. C'est peu de connaître, dans l'histoire, le dénouement et le succès des affaires, le plus souvent subordonnés au hasard, il faut en découvrir l'enchaînement et les causes. La mort de Néron, après les premiers transports de joie, avait excité différents mouvements dans les esprits non-seulement à Rome, parmi le sénat, le peuple et les troupes de la capitale, mais encore dans les provinces, parmi les légions et les généraux, pour qui se dévoilait le secret de l'empire, la possibilité de faire un prince ailleurs qu'à Rome. Le sénat triomphait; il s'était ressaisi sur-le-champ de sa liberté, plus entreprenant sous un prince nouveau et absent : les principaux de l'ordre équestre n'étaient guère moins satisfaits. La partie du peuple qui avait des mœurs et des liaisons avec les grandes familles, les affranchis et les clients des proscrits et des exilés, se livraient à l'espérance. La vile populace, qui ne connaît que le cirque et les théâtres, tous les esclaves pervers, et ceux qui, ayant dissipé leur fortune, ne subsistaient que de l'opprobre de Néron, étaient tristes, et recueillaient avidement tous les bruits.

V. Les soldats de Rome, nourris dans un long respect pour les Césars, avaient abandonné Néron contre leur penchant, séduits par des artifices, entraînés par une impulsion étrangère. Depuis, ne recevant point les gratifications promises au nom de Galba, jugeant bien que la paix n'offrirait point matière à de grands services et à de grandes récompenses, comme la guerre, et, se voyant prévenus dans la faveur du prince par les légions dont il était l'ouvrage, ils n'aspiraient qu'à un changement, lorsque l'attentat de leur préfet, Nymphidius, qui ambitionna l'empire, vint encore échauffer leurs esprits. Nymphidius, il est vrai, succomba dans son projet; mais, quoique la révolte eût perdu son chef, beaucoup de soldats se souvenaient d'en avoir été compli-

---

scelera : quum alii sacerdotia et consulatus ut spolia adepti, procurationes alii et interiorem potentiam, agerent, ferrent cuncta. Odio et terrore corrupti in dominos servi, in patronos liberti; et quibus deerat inimicus, per amicos oppressi.

III. Non tamen adeo virtutum sterile seculum ut non et bona exempla prodiderit. Comitatæ profugos liberos matres; secutæ maritos in exsilia conjuges: propinqui audentes; constantes generi; contumax, etiam adversus tormenta, servorum fides; supremæ clarorum virorum necessitates; ipsa necessitas fortiter tolerata, et laudatis antiquorum mortibus pares exitus. Præter multiplices rerum humanarum casus, cœlo terraque prodigia, et fulminum monitus, et futurorum præsagia, læta, tristia, ambigua, manifesta. Nec enim unquam atrocioribus populi romani cladibus magisve justis judiciis approbatum est non esse curæ deis securitatem nostram, esse ultionem.

IV. Ceterum, antequam destinata componam, repetendum videtur, qualis status urbis, quæ mens exercituum, quis habitus provinciarum, quid in toto terrarum orbe validum, quid ægrum fuerit : ut non modo casus eventusque rerum, qui plerumque fortuiti sunt, sed ratio etiam causæque noscantur. Finis Neronis ut lætus, primo gaudentium impetu, fuerat, ita varios motus animorum, non modo in urbe, apud patres, aut populum, aut urbanam militem, sed omnes legiones ducesque conciverat, evulgato imperii arcano, posse principem alibi quam Romæ fieri. Sed patres læti, usurpata statim libertate, licentius, ut erga principem novum et absentem; primores equitum proximi gaudio patrum; pars populi integra et magnis domibus annexa, clientes libertique damnatorum et exsulum, in spem erecti; plebs sordida et circo ac theatris sueta, simul deterrimi servorum, aut qui, adesis bonis, per dedecus Neronis alebantur, mœsti et rumorum avidi.

V. Miles urbanus, longo Cæsarum sacramento imbutus, et ad destituendum Neronem arte magis et impulsu quam suo ingenio traductus, postquam neque dari donativum sub nomine Galbæ promissum, neque magnis meritis ac præmiis eumdem in pace, quem in bello, locum, præventamque gratiam intelligit apud principem a legionibus factum; pronus ad novas res, scelere insuper Nymphidii Sabini præfecti imperium sibi molientis, agitatur. Et Nymphidius quidem in ipso conatu oppressus; sed, quamvis capite defectionis ablato, manebat plerisque militum con-

ces, et ils ne manquaient pas de murmurer contre l'âge et l'avarice de Galba. Sa sévérité même, autrefois vantée dans les camps, gênait des hommes dégoûtés de l'ancienne discipline, et accoutumés, sous Néron, pendant quatorze ans, à une telle corruption qu'ils aimaient les vices de leurs chefs non moins qu'autrefois ils en respectaient les vertus. Ils n'oubliaient pas non plus ce mot de Galba : qu'il choisissait les soldats et ne les achetait pas ; mot honorable pour la république, dangereux pour lui-même : car il s'en fallait que le reste de sa conduite répondît à cette fermeté.

VI. Le débile vieillard était à la merci de Vinius et de Lacon, l'un, le plus méchant, l'autre, le plus vil des hommes, qui accumulaient sur lui toute la haine qu'excitent les forfaits, tout le mépris qu'inspire la lâcheté. La marche de Galba avait été lente et ensanglantée ; il avait fait tuer Varron consul désigné, et Turpilianus consulaire, l'un, comme le complice de Nymphidius, l'autre, comme le chef des troupes de Néron ; et, tous deux, condamnés sans avoir été entendus, sans avoir pu se défendre, semblaient être morts innocents. Son entrée dans Rome, marquée par le meurtre de tant de milliers de soldats désarmés, était d'un présage sinistre, et avait alarmé jusqu'aux meurtriers eux-mêmes. Rome n'avait jamais vu autant de soldats dans ses murs : Galba avait amené une légion d'Espagne ; celle que Néron avait formée des troupes de la marine y était restée, avec des corps nombreux choisis par lui dans les légions de Germanie, de Bretagne, d'Illyrie, qu'il avait d'abord envoyés aux portes caspiennes, pour la guerre projetée contre l'Albanie, et rappelés ensuite pour étouffer la révolte de Vindex : c'étaient de grands moyens pour une révolution, qui, sans s'être donnés encore à personne, étaient à la disposition du premier ambitieux.

VII. Le hasard avait fait que, dans le même moment, on avait appris le meurtre de Macer et celui de Capito. Macer, dont le soulèvement en Afrique n'était point équivoque, avait été tué par le procurateur Garucianus, sur un ordre de Galba ; Capito qui méditait, en Germanie, un soulèvement pareil, l'avait été par Aquinus et par Valens, lieutenants de légions, sans qu'ils eussent reçu aucun ordre. Quelques-uns, en convenant de l'avarice et des débauches infâmes qui flétrissent la mémoire de Capito, le justifient sur ses projets de révolte, et prétendent que ce furent les lieutenants qui, lui ayant conseillé la guerre, et n'ayant pu l'y résoudre, lui supposèrent eux-mêmes ce dessein pour le perdre, et que Galba crut tout, soit par légèreté, soit qu'il ne voulût rien approfondir, dans l'impossibilité de remédier au mal, quel qu'il fût. Cependant, ces deux meurtres laissèrent une impression sinistre ; car, le prince une fois odieux, ses actes bons ou mauvais, tournent également contre lui. Les affranchis, tout-puissants, mettaient tout en vente ; des troupes d'esclaves pillaient avec toute l'avidité des nouveaux parvenus, et, voyant leur maître vieux, ils se hâtaient : enfin tous les abus de l'ancienne cour subsistaient, non moins criants, bien moins excusés. Il n'y avait pas jusqu'à l'âge de Galba qui ne fût un sujet de raillerie et de dédain pour des hommes accoutumés à la jeunesse de Néron, et qui, selon l'habitude du peuple, s'arrêtaient à la figure et aux grâces extérieures pour juger des souverains.

VIII. Telle était à Rome, dans une multitude aussi immense, la disposition des esprits. Quant aux provinces, l'Espagne était gouvernée par

---

scientia : nec deerant sermones, senium atque avaritiam Galbæ increpantium. Laudata olim et militari fama celebrata, severitas ejus angebat adspernantes veterem disciplinam, atque ita quatuordecim annis a Nerone assuefactos, ut haud minus vitia principum amarent, quam olim virtutes verebantur. Accessit Galbæ vox pro republica honesta, ipsi anceps, « legi se a se militem, non emi. » Nec enim ad hanc formam cetera erant.

VI. Invalidum senem T. Vinius et Cornelius Laco, alter deterrimus mortalium, alter ignavissimus, odio flagitiorum oneratum, contemptu inertiæ destruebant. Tardum Galbæ iter et cruentum, interfectis Cingonio Varrone consule designato, et Petronio Turpiliano consulari : ille ut Nymphidii socius, hic ut dux Neronis, inauditi atque indefensi, tanquam innocentes perierant. Introitus in urbem, trucidatis tot millibus inermium militum, infaustus omine, atque ipsis etiam qui occiderant formidolosus. Inducta legione Hispana, remanente ea quam e classe Nero conscripserat, plena urbs exercitu insolito : multi ad hoc numeri e Germania, ac Britannia, et Illyrico, quos idem Nero electos præmissosque ad claustra Caspiarum, et bellum, quod in Albanos parabat, opprimendis Vindicis cœptis revocaverat : ingens novis rebus materia, ut non in unum aliquem prono favore, ita audenti parata.

VII. Forte congruerat, ut Clodii Macri et Fonteii Capitonis cædes nunciarentur. Macrum, in Africa haud dubie turbantem, Trebonius Garucianus procurator, jussu Galbæ ; Capitonem in Germania, quum similia cœptaret, Cornelius Aquinus et Fabius Valens, legati legionum, interfecerant, antequam juberentur. Fuere qui crederent Capitonem, ut avaritia et libidine fœdum ac maculosum, ita cogitatione rerum novarum abstinuisse ; sed a legatis bellum suadentibus, postquam impellere nequiverint, crimen ac dolum compositum ultro ; et Galbam mobilitate ingenii, an, ne altius scrutaretur, quoquo modo acta, quia mutari non poterant, comprobasse. Ceterum utraque cædes sinistre accepta : et inviso semel principe, seu bene, seu male facta premunt. Jam afferebant venalia cuncta præpotentes liberti ; servorum manus subitis avidæ, et tanquam apud senem festinantes ; eademque novæ aulæ mala, æque gravia, non æque excusata. Ipsa ætas Galbæ et irrisui ac fastidio erat, assuetis juventæ Neronis, et imperatores forma ac decore corporis (ut est mos vulgi) comparantibus.

VIII. Et hic quidem Romæ, tanquam in tanta multitu-

Cluvius Rufus, homme éloquent, habile dans les arts de la paix, mais sans expérience de la guerre. Les Gaules, sans compter leur attachement pour la mémoire de Vindex, étaient dévouées à Galba, qui venait d'accorder aux Gaulois le titre de citoyens romains, et l'exemption, à l'avenir, de tout tribut. Il faut pourtant en excepter les cités les plus voisines des armées de Germanie et qui, moins bien traitées, quelques-unes même dépouillées de leur territoire, envisageaient avec une égale douleur les privilèges d'autrui et leurs propres injures. Les légions de Germanie, avaient de l'inquiétude et de la colère, dispositions dangereuses avec de si grandes forces : elles étaient enorgueillies de leur victoire récente, et alarmées d'avoir paru favoriser un autre parti. Elles avaient tardé à se détacher de Néron, et Verginius à reconnaître Galba : il était douteux s'il n'avait pas désiré l'empire, que le soldat lui avait offert. Le meurtre de Capito, dont elles ne pouvaient même se plaindre, les indignait encore. Elles étaient sans chef depuis le départ de Verginius, qu'on avait attiré à la cour par des apparences d'amitié : elles jugeaient que, ne pas le rendre à ses légions, ou le regarder comme coupable, c'était les accuser elles-mêmes.

IX. L'armée du haut Rhin n'avait que du mépris pour son lieutenant Hordéonius, à qui l'âge et la goutte ôtaient l'usage de ses jambes, général sans fermeté, sans réputation, incapable de contenir des soldats même tranquilles, et encore moins dans leurs emportements, qu'irritait sa faible résistance. Les légions du bas Rhin restèrent assez longtemps sans consulaire : enfin Galba leur avait envoyé Aulus Vitellius, dont le père avait été censeur et trois fois consul : ce qu'on jugeait un titre suffisant pour le fils. Dans l'armée de Bretagne nuls mouvements. Ce furent sans contredit les légions qui, pendant toute cette fermentation des guerres civiles, se conservèrent le plus irréprochables, soit à cause de leur éloignement et de l'Océan qui les séparait, soit à cause des fréquentes expéditions qui leur apprenaient à ne haïr que l'ennemi. L'Illyrie était paisible aussi, quoique pourtant les légions qu'en avait tirées Néron eussent, pendant leur séjour en Italie, envoyé une députation à Verginius. Mais ces troupes, se trouvant isolées et à de grandes distances, politique très-sage pour maintenir la fidélité du soldat, ne pouvaient ni mêler leurs vices ni réunir leurs forces.

X. L'Orient ne remuait point encore. Mucien commandait la Syrie et quatre légions, homme également fameux par ses disgrâces et par sa faveur. Jeune, il avait cultivé ambitieusement les grandes liaisons; depuis, ayant dissipé toute sa fortune, sa situation devint critique, et menacé de la colère de Claude, il resta oublié dans un coin de l'Asie, tout aussi près de l'exil que depuis, il le fut de l'empire; associant les qualités bonnes et mauvaises, l'extrême mollesse et de l'activité, la politesse la plus aimable et de l'arrogance, de grands excès dans le loisir, au besoin de grandes vertus; décent au dehors, décrié dans sa vie secrète; du reste, tout-puissant par une foule d'agréments sur ses inférieurs, ses amis, ses collègues, et qui aima mieux faire un empereur que de l'être. Vespasien (c'était Néron qui l'avait nommé) faisait la guerre aux Juifs avec trois légions; et il ne formait ni projet,

---

dine, habitus animorum fuit. E provinciis, Hispaniæ præerat Cluvius Rufus, vir facundus, et pacis artibus, bellis inexpertus. Galliæ, super memoriam Vindicis, obligatæ recenti dono romanæ civitatis, et in posterum tributi levamento. Proximæ tamen germanicis exercitibus Galliarum civitates, non eodem honore habitæ, quædam etiam finibus ademptis, pari dolore commoda aliena ac suas injurias metiebantur. Germanici exercitus, quod periculosissimum in tantis viribus, solliciti et irati, superbia recentis victoriæ, et metu, tanquam alias partes fovissent. Tarde a Nerone desciverant; nec statim pro Galba Verginius : an imperare voluisset, dubium; delatum ei a milite imperium conveniebat. Fonteium Capitonem occisum, etiam qui queri non poterant, tamen indignabantur. Dux deerat, abducto Verginio per simulationem amicitiæ; quem non remitti, atque etiam reum esse, tanquam suum crimen accipiebant.

IX. Superior exercitus legatum Hordeonium Flaccum spernebat, senecta ac debilitate pedum invalidum, sine constantia, sine auctoritate : ne quieto quidem milite regimen; adeo furentes infirmitate retinentis ultro accendebantur. Inferioris Germaniæ legiones diutius sine consulari fuere; donec, missu Galbæ, A. Vitellius aderat, censoris Vitellii ac ter consulis filius : id satis videbatur. In britannico exercitu nihil irarum. Non sane aliæ legiones, per omnes civilium bellorum motus, innocentius egerunt : seu quia procul, et oceano divisæ; seu crebris expeditionibus doctæ hostem potius odisse. Quies et Illyrico : quamquam excitæ a Nerone legiones, dum in Italia cunctantur, Verginium legationibus adissent. Sed longis spatiis discreti exercitus, quod saluberrimum est ad continendam militarem fidem, nec vitiis, nec viribus miscebantur.

X. Oriens adhuc immotus. Syriam et quatuor legiones obtinebat Licinius Mucianus, vir secundis adversisque juxta famosus. Insignes amicitias juvenis ambitiose coluerat; mox attritis opibus, lubrico statu, suspecta etiam Claudii iracundia, in secretum Asiæ repositus, tam prope ab exsule fuit, quam postea a principe. Luxuria, industria, comitate, arrogantia, malis bonisque artibus mixtus : nimiæ voluptates, quum vacaret; quoties expedierat, magnæ virtutes : palam laudares, secreta male audiebant. Sed apud subjectos, apud proximos, apud collegas, variis illecebris potens; et cui expeditius fuerit tradere imperium quam obtinere. Bellum judaicum Flavius Vespasianus (ducem eum Nero delegerat) tribus legionibus administrabat. Nec Vespasiano adversus Galbam votum, aut animus. Quippe Titum filium ad venerationem cultumque ejus miserat, ut suo loco memorabimus. Occulta lege fati,

ni vœux contre Galba; car il avait envoyé son fils Titus pour lui offrir ses hommages et se ménager ses bonnes grâces, comme nous le dirons par la suite. C'est à ce Vespasien, ainsi qu'à ses enfants, que les arrêts secrets du destin, que les prodiges, que les oracles destinaient l'empire; ou, du moins, c'est ce que nous avons cru depuis son élévation.

XI. L'Égypte, avec les troupes qui la contiennent, est, depuis longtemps, par un règlement d'Auguste, confiée à de simples chevaliers romains, qui tiennent la place de ses rois. On a cru sage de prendre dans cette classe le chef d'une province dont l'accès est difficile, l'un des greniers de Rome, une province où la superstition et la licence entretiennent un esprit d'inconstance et de discorde, et qui ne connait ni lois, ni magistrats. Elle était alors gouvernée par Tibère Alexandre de la même nation. L'Afrique et les troupes qui la gardaient, depuis la mort de Macer, après cette épreuve d'un maître subalterne, s'en tenaient au maître de l'empire, quel qu'il fût. Les deux Mauritanies, la Rhétie, le Norique, la Thrace, enfin toutes les provinces régies par des procurateurs, avaient, selon l'armée dont elles étaient voisines, de l'affection ou de la haine, d'après une impulsion plus puissante qui les déterminait. Les autres provinces, et l'Italie la première qu'on laissait sans défense, destinées au premier occupant, n'étaient qu'une proie pour le vainqueur. Telle était la situation des affaires, lorsque Galba, consul pour la seconde fois, ouvrit avec Vinius cette année la dernière de leur vie, et peu s'en fallut de la république.

XII. Peu de jours après les calendes de janvier, une lettre de Propinquus, procurateur de la Belgique, apprit que les légions du haut Rhin, au mépris d'un serment sacré, demandaient hautement un autre empereur : seulement elles en laissaient le choix au sénat et au peuple, afin de donner à la sédition une couleur plus favorable. Cet événement précipita les résolutions de Galba, qui, depuis longtemps, songeait à adopter un fils, et en conférait avec ses amis. C'était même, depuis quelques mois, l'entretien le plus ordinaire de toute la ville. Outre la fermentation des esprits, outre qu'on aime à donner aux princes des successeurs, l'affaissement de Galba autorisait ces discours. Peu avaient des vues saines ou l'amour de l'État : la plupart, menés par des espérances secrètes, dans leurs conjectures ambitieuses, nommaient ou leur patron ou leur ami; ils consultaient aussi leur haine contre Vinius, d'autant plus odieux chaque jour, que chaque jour il devenait plus puissant. L'insatiable cupidité, trop ordinaire aux favoris des souverains, se trouvait encore excitée dans Vinius par la facilité même de Galba, prince crédule et faible, avec qui l'on pouvait se permettre plus de malversations et plus impunément.

XIII. Le pouvoir était partagé entre le consul Vinius, Lacon, préfet du prétoire, et même Icélus, affranchi de Galba, qui, décoré de l'anneau des chevaliers, ne se faisait plus appeler que Martianus, d'un nom conforme à sa nouvelle dignité. Ces trois hommes désunis, et, jusque dans les moindres choses, se traversant par des intérêts opposés, étaient, pour le choix d'un successeur, divisés en deux factions. Vinius favorisait Othon; Lacon et Icélus, sans être d'accord pour un autre choix, l'étaient pour s'opposer à son élection. Galba d'ailleurs n'ignorait pas l'amitié de Vinius et d'Othon, averti par les rumeurs des courtisans, qui ne taisent rien, et qui, voyant

---

et ostentis ac responsis, destinatum Vespasiano liberisque ejus imperium post fortunam credidimus.

XI. Ægyptum copiasque quibus coerceretur, jam inde a divo Augusto, equites romani obtinent, loco regum. Ita visum expedire, provinciam aditu difficilem, annonæ fecundam, superstitione ac lascivia discordem ac mobilem, insciam legum, ignaram magistratuum, domi retinere. Regebat tum Tiberius Alexander, ejusdem nationis. Africa ac legiones in ea, interfecto Clodio Macro, contentæ qualicunque principe, post experimentum domini minoris. Duæ Mauretaniæ, Rhætia, Noricum, Thracia, et quæ aliæ procuratoribus cohibentur, ut cuique exercitui viciniæ, ita in favorem aut odium contactu valentiorum agebantur. Inermes provinciæ, atque ipsa in primis Italia, cuicunque servitio exposita, in pretium belli cessuræ erant. Hic fuit rerum romanarum status, quum Ser. Galba iterum, Titus Vinius consules inchoavere annum sibi ultimum, reipublicæ prope supremum.

XII. Paucis post kalendas januarias diebus, Pompeii Propinqui, procuratoris, e Belgica literæ afferuntur : superioris Germaniæ legiones, rupta sacramenti reverentia, imperatorem alium flagitare, et senatui ac populo romano arbitrium eligendi permittere, quo seditio mollius acciperetur. Maturavit ea res consilium Galbæ, jam pridem de adoptione secum et cum proximis agitantis. Non sane crebrior tota civitate sermo per illos menses fuerat; primum licentia ac libidine talia loquendi, dein fessa jam ætate Galbæ. Paucis judicium aut reipublicæ amor; multi occulta spe, prout quis amicus vel cliens, hunc vel illum ambitiosis rumoribus destinabant, etiam in T. Vinii odium, qui in dies quanto potentior, eodem actu invisior erat. Quippe hiantes, in magna fortuna, amicorum cupiditates ipsa Galbæ facilitas intendebat; quum apud infirmum et credulum, minore metu et majore præmio, peccaretur.

XIII. Potentia principatus divisa in T. Vinium consulem, et Cornelium Laconem, prætorii præfectum. Nec minor gratia Icelo, Galbæ liberto, quem annulis donatum, equestri nomine Martianum vocitabant. Hi discordes, et rebus minoribus sibi quisque tendentes, circa consilium eligendi successoris in duas factiones scindebantur. Vinius pro M.

la fille de Vinius veuve, et Othon libre, annonçaient leur alliance. Je crois qu'il entra aussi quelque idée du bien de l'État, qui n'eût pas beaucoup gagné à passer des mains de Néron dans celles d'Othon; car Othon avait eu une enfance négligée, une jeunesse licencieuse : cher à Néron, parce qu'il partageait tous ses déréglements, et à titre de confident de ses plaisirs, c'était chez lui, que ce prince avait déposé Poppée, cette courtisane impériale, en attendant qu'il pût renvoyer sa femme Octavie. Depuis, jaloux de ce même dépositaire, il l'avait relégué au fond de la Lusitanie, où les honneurs du commandement couvrirent une disgrâce. Othon se fit aimer dans sa province : le premier déclaré pour Galba, ne manquant point d'activité, et, pendant toute la guerre, s'étant distingué par la plus grande dépense, il avait, dès le premier instant, conçu le projet de s'en faire adopter; et ce projet, il le poussait avec plus d'ardeur de jour en jour, ayant pour lui presque tous les soldats, et, par sa conformité avec Néron, toute sa cour.

XIV. Cependant Galba, depuis la nouvelle de la sédition de Germanie, quoiqu'il n'y eût rien encore de certain sur Vitellius, ne sachant où s'emporterait la licence des légions, et même se fiant peu aux soldats de Rome, n'imagina pas d'autre remède que de terminer les comices de l'empire. Vinius et Lacon, Celsus consul désigné, et Géminus, préfet de Rome, sont mandés. Après quelques mots sur son grand âge, Galba envoya chercher Pison, soit de son propre mouvement, soit, comme l'ont cru quelques-uns, sur les instances de Lacon, qui, chez Rubellius Plautus, avait formé avec Pison une liaison étroite. Au reste, il eut l'adresse de n'en parler que comme d'un inconnu, et la réputation avantageuse de ce Romain avait accrédité le conseil de Lacon. Pison, fils de Marcus Crassus et de Scribonie, avait des deux côtés une naissance illustre : il retraçait dans son air et dans son extérieur les mœurs antiques. A le bien apprécier, son humeur n'était qu'austère; les malveillants la jugeaient un peu farouche; mais cette partie de son caractère, qui leur donnait de l'inquiétude, en plaisait davantage au prince qui l'adoptait.

XV. Galba, ayant pris la main de Pison, lui parla ainsi, à ce qu'on rapporte : « Si c'était dans « une condition privée, devant les pontifes et « avec la sanction des curies, que Pison fût « adopté par Galba, ce serait encore et un hon- « neur pour Galba, d'introduire dans sa famille « le descendant de Crassus et de Pompée, et « une distinction pour Pison, de joindre les dé- « corations des Sulpicius et des Catullus à l'il- « lustration de ses aïeux. Aujourd'hui c'est ton « empereur même, proclamé solennellement par « les hommes et les dieux, qui, poussé par tes « vertus et par l'amour de la patrie, t'appelle, du « sein du repos, à un empire que nos ancêtres « se disputaient par les armes, que lui-même ne « doit qu'à la guerre, et qui vient te l'offrir, à « l'exemple d'Auguste, lequel adopta son neveu « Marcellus, puis son gendre Agrippa, ses pe- « tits-fils ensuite, enfin Tibère son beau-fils, et « les plaça près de lui au faîte suprême. Mais « Auguste chercha un successeur dans sa famille; « moi, dans la république : non que je mécon-

---

Othone, Laco atque Icelus consensu non tam unum aliquem fovebant, quam alium. Neque erat Galbæ ignota Othonis ac T. Vinii amicitia; et rumoribus nihil silentio transmittentium (quia Vinio vidua filia, cœlebs Otho) gener ac socer destinabantur. Credo et reipublicæ curam subisse, frustra a Nerone translatæ, si apud Othonem relinqueretur. Namque Otho pueritiam incuriose, adolescentiam petulanter egerat; gratus Neroni, æmulatione luxus; eoque jam Poppæam Sabinam, principale scortum, ut apud conscium libidinum deposuerat, donec Octaviam uxorem amoliretur; mox suspectum in eadem Poppæa, in provinciam Lusitaniam, specie legationis, seposuit. Otho, comiter administrata provincia, primus in partes transgressus, nec segnis, et, donec bellum fuit, inter præsentes splendidissimus, spem adoptionis statim conceptam acrius in dies rapiebat : faventibus plerisque militum; prona in eum aula Neronis, ut similem.

XIV. Sed Galba, post nuncios germanicæ seditionis, quanquam nihil adhuc de Vitellio certum, anxius quonam exercituum vis erumperet, ne urbano quidem militi confisus, quod remedium unicum rebatur, comitia imperii transigit; adhibitoque, super Vinium ac Laconem, Mario Celso consule designato, ac Ducennio Gemino præfecto urbis, pauca præfatus de sua senectute, Pisonem Licinianum arcessi jubet : seu propria electione, sive, ut quidam crediderunt, Lacone instante, cui, apud Rubellium Plautum, exercita cum Pisone amicitia; sed callide ut ignotum fovebat, et prospera de Pisone fama consilio ejus fidem addiderat. Piso, M. Crasso et Scribonia genitus, nobilis utrinque, vultu habituque moris antiqui, et æstimatione recta severus, deterius interpretantibus tristior habebatur : ea pars morum ejus, quo suspectior sollicitis, adoptanti placebat.

XV. Igitur Galba, apprehensa Pisonis manu, in hunc modum locutus fertur : « Si te privatus, lege curiata, apud « pontifices, ut moris est, adoptarem; et mihi egregium « erat Cn. Pompeii et M. Crassi sobolem in penates meos « adscivere; et tibi insigne, Sulpiciæ ac Lutatiæ decora « nobilitati tuæ adjecisse. Nunc me, deorum hominumque « consensu ad imperium vocatum, præclara indoles tua « et amor patriæ impulit, ut principatum, de quo majores « nostri armis certabant, bello adeptus, quiescenti offe- « ram, exemplo divi Augusti, qui sororis filium Marcellum, « dein generum Agrippam, mox nepotes suos, postremo « Tiberium Neronem privignum, in proximo sibi fastigio « collocavit. Sed Augustus in domo successorem quæsivit; « ego, in republica. Non quia propinquos, aut socios belli « non habeam; sed neque ipse imperium ambitione accepi; « et judicii mei documentum sint non meæ tantum neces- « situdines, quas tibi postposui, sed et tuæ. Est tibi fra-

« naisse ni mes proches, ni les compagnons de
« mes dangers ; mais, moi-même, je n'ai point
« accepté l'empire par des considérations per-
« sonnelles, et la preuve que je n'envisage que
« le bien de Rome, c'est la préférence que tu
« obtiens, non-seulement sur ma famille, mais
« encore sur la tienne, sur ton frère enfin, qui,
« d'un sang aussi noble, d'un âge plus mûr,
« serait digne de l'empire, si tu ne l'étais da-
« vantage. A ton âge, on a déjà échappé aux
« passions de la jeunesse, et nul moment de
« ta vie n'a besoin d'indulgence : mais tu n'as
« connu encore que l'adversité ; la prospérité est,
« pour le cœur humain, une épreuve bien plus
« rigoureuse. On supporte le malheur, le bonheur
« nous corrompt. La bonne foi, la sincérité cou-
« rageuse, l'amitié, trésors les plus précieux de
« l'homme, se conserveront sans doute intacts
« dans ton cœur ; mais d'autres les corrompront
« par le désir de te complaire. L'adulation, les
« soins insidieux, l'intérêt personnel, ce poison
« destructeur de toute affection véritable, t'as-
« sailliront de toutes parts. Toi et moi, nous
« nous parlons aujourd'hui avec la plus grande
« franchise : les autres parleront à notre forme
« bien plus qu'à nous-mêmes. Car ce qui coûte,
« c'est de conseiller aux princes leur devoir : les
« approuver dans tout ce qu'ils font, ce n'est
« pas les aimer. »

XVI. « Si le colosse immense de l'État pouvait
« se soutenir sans un chef qui tînt en équilibre
« toutes ses parties, j'étais digne sans doute que la
« république me dût sa renaissance. Mais depuis
« longtemps nos destins en ordonnent autrement,
« et tout ce que nous pouvons faire pour le peuple
« romain, c'est d'employer, moi, ce reste de vie
« à faire un bon choix, et toi, toute la tienne à
« le justifier. Sous Tibère, sous Caïus et sous
« Claude, Rome était, pour ainsi dire, l'héritage
« d'une seule famille : sa liberté sera d'avoir com
« mencé par nous à élire ses maîtres ; et, mainte-
« nant que les Jules et les Claudes sont éteints,
« l'adoption ira chercher les plus vertueux ci-
« toyens. Car, dans cette succession de princes
« qui s'engendrent, on dépend du hasard de la
« naissance ; dans l'adoption, l'on examine tout,
« et la voix publique vous désigne votre choix.
« Ayons toujours Néron devant les yeux. Malgré
« cette longue suite de Césars qui l'enorgueillis-
« saient, ce n'est ni Vindex, avec une province
« désarmée, ni moi, avec une seule légion, qui
« sont ses barbaries, ce sont ses débordements qui
« l'ont précipité de l'empire, et toutefois il n'y
« avait point encore d'exemple d'un prince con-
« damné. Pour nous, qui n'avons de titre que la
« guerre et l'estime de ceux qui nous ont appelés,
« avec des vertus même extraordinaires, nous
« n'échapperons point à l'envie. Cependant ne
« t'alarme point, si, dans cet ébranlement de l'uni-
« vers, deux légions conservent encore un reste
« d'agitation. Moi-même je n'arrivai point à l'em-
« pire sans péril, et ma vieillesse, le seul reproche
« qu'on me fasse, va disparaître par ton adoption.
« Néron sera toujours regretté des méchants : tâ-
« chons qu'il ne le soit pas aussi des bons. De plus
« longs avis seraient déplacés et même inutiles,
« si j'ai fait un bon choix. Ta règle de conduite,
« la plus sûre à la fois et la plus simple, c'est de te
« rappeler ce que tu aimais, ce que tu blâmais dans
« un autre prince. Car ce n'est point ici comme
« dans les contrées asservies à des rois, où une
« famille de maîtres commande à un nation d'es-
« claves. Tu vas gouverner des hommes qui ne
« peuvent souffrir ni une entière liberté ni une
« entière servitude. » Galba parla ainsi ou à peu
près, et les autres après lui ; mais on voyait,

« ter, pari nobilitate, natu major, dignus hac fortuna, nisi
« tu potior esses. Ea ætas tua, quæ cupiditates adolescen-
« tiæ jam effugerit ; ea vita, in qua nihil præteritum excu-
« sandum habeas. Fortunam adhuc tantum adversam tu-
« listi. Secundæ res acrioribus stimulis animos explorant ;
« quia miseriæ tolerantur, felicitate corrumpimur. Fidem,
« libertatem, amicitiam, præcipua humani animi bona, tu
« quidem eadem constantia retinebis ; sed alii per obse-
« quium imminuent. Irrumpet adulatio, blanditiæ, pessi-
« mum veri affectus venenum, sua cuique utilitas. Etiam
« ego ac tu simplicissime inter nos hodie loquimur ; ceteri
« libentius cum fortuna nostra quam nobiscum. Nam sua-
« dere principi quod oportet, multi laboris ; assentatio
« erga principem quemcunque sine affectu peragitur. »

XVI. « Si immensum imperii corpus stare ac librari
« sine rectore posset, dignus eram a quo respublica inci-
« peret. Nunc eo necessitatis jampridem ventum est, ut
« nec mea senectus conferre plus populo romano possit
« quam bonum successorem, nec tua plus juventa, quam
« bonum principem. Sub Tiberio, et Caio, et Claudio,
« unius familiæ quasi hereditas fuimus : loco libertatis

« erit, quod eligi cœpimus. Et finita Juliorum Claudio-
« rumque domo, optimum quemque adoptio inveniet.
« Nam generari et nasci a principibus fortuitum, nec ultra
« æstimatur ; adoptandi judicium integrum ; et si velis eli-
« gere, consensu monstratur. Sit ante oculos Nero, quem
« longa Cæsarum serie tumentem, non Vindex cum inermi
« provincia, aut ego cum una legione, sed sua immanitas,
« sua luxuria cervicibus publicis depulere : neque erat ad-
« huc damnati principis exemplum. Nos bello et ab æsti-
« mantibus adsciti, cum invidia, quamvis egregii, erimus.
« Ne tamen territus fueris, si duæ legiones, in hoc concussi
« orbis motu, nondum quiescunt. Ne ipse quidem ad
« securas res accessi : et audita adoptione, desinam vi-
« deri senex, quod nunc mihi unum objicitur. Nero a
« pessimo quoque semper desiderabitur ; mihi ac tibi pro-
« videndum est, ne etiam a bonis desideretur. Monere
« diutius neque tempus hujus ; et impletum est omne
« consilium, si te bene elegi. Utilissimus quidem ac bre-
« vissimus bonarum malarumque rerum delectus est, co-
« gitare quid aut volueris sub alio principe, aut nolueris.
« Neque enim hic, ut in ceteris gentibus quæ regnantur,

dans le discours de Galba, que Pison allait être son ouvrage; dans celui des autres, qu'il était déjà leur maître.

XVII. On rapporte que Pison soutint les premiers regards du conseil, et ensuite ceux de la multitude qui se portèrent avidement sur lui, sans donner le moindre signe de trouble ou de joie. Dans sa réponse, il parla de son père et de son empereur avec respect, de lui-même avec modestie : rien de changé dans son air et dans son extérieur; il semblait mériter l'empire plus que le désirer. On agita ensuite si ce serait devant le peuple, ou au sénat, ou dans le camp qu'on déclarerait l'adoption. On préféra d'aller au camp : cette distinction flatterait les soldats, dont il ne fallait point sans doute acheter la faveur par l'argent ou par la brigue, mais avec lesquels pourtant il ne fallait point négliger les voies honorables. Pendant ce temps, la curiosité publique assiégeait le palais, impatiente de ce grand secret; et les bruits s'échappaient de toutes parts, par le soin même qu'on mettait à les comprimer.

XVIII. Le dix de janvier fut singulièrement marqué par des pluies, des éclairs et un tonnerre affreux. Ces menaces du ciel, qui autrefois ne manquaient jamais de rompre les comices, n'alarmèrent point Galba, lequel se rendit également au camp, en homme qui les méprisait comme l'œuvre du hasard : ou peut-être la destinée est-elle inévitable, même pour ceux qu'elle avertit. L'assemblée des soldats était nombreuse. Galba, affectant le laconisme d'un commandant, leur annonce qu'il adoptait Pison, à l'exemple d'Auguste, et comme, à la guerre, un brave s'en associait un autre. Et, de peur qu'en cachant la révolte on ne la jugeât plus sérieuse, il leur déclare, le premier, que la quatrième et la dix-huitième légions s'étaient soulevées; mais que les auteurs de la sédition n'étaient qu'en petit nombre; qu'on s'était borné à des murmures et à des menaces, et que tout serait bientôt pacifié. Il n'accompagna son discours d'aucune caresse, d'aucune libéralité. Les tribuns, cependant, les centurions et les soldats les plus proches répondent par des félicitations; le reste garde un silence morne : ils envisageaient le donativum comme un droit qui leur était dû même dans la paix, et c'était dans la guerre qu'ils s'en voyaient dépouillés! Il est constant que la moindre largesse du vieil et avare empereur eût pu concilier les esprits; il se perdit par cette sévérité antique, et par cet excès de rigueur trop fort pour nos mœurs.

XIX. De là, passant au sénat, il harangua les pères aussi sèchement, aussi brièvement que les soldats. Pison mit de la grâce dans son discours, et les sénateurs, de l'affection dans leurs réponses; elle était sincère dans plusieurs, plus expressive dans les mécontents : jusqu'aux indifférents, qui étaient le plus grand nombre, poursuivant sous leur empressement des espérances, personnelle, sans se soucier de l'État. Depuis, pendant les quatre jours qui s'écoulèrent entre son adoption et sa mort, Pison ne dit ou ne fit plus rien en public. Les nouvelles de la révolte de Germanie se confirmant de jour en jour, et la capitale, qui se plaît à croire tous les bruits sinistres, les accueillant avec avidité, les pères avaient proposé d'envoyer des députés à l'armée de Germanie. On agita, dans un conseil secret, si Pison ne les accompagnerait pas, pour en imposer davantage par la réunion de l'autorité du sénat et de la ma-

« certa dominorum domus, et ceteri servi : sed imperaturus es hominibus, qui nec totam servitutem pati possunt, nec totam libertatem. » Et Galba quidem hæc ac talia, tanquam principem faceret; ceteri tanquam cum facto loquebantur.

XVII. Pisonem ferunt statim intuentibus, et mox conjectis in eum omnium oculis, nullum turbati aut exsultantis animi motum prodidisse. Sermo erga patrem imperatoremque reverens, de se moderatus; nihil in vultu habituque mutatum : quasi imperare posset magis, quam vellet. Consultatum inde pro rostris, an in senatu, an in castris adoptio nuncuparetur. Iri in castra placuit : « honorificum id militibus fore, quorum favorem, ut largitione et ambitu male acquiri, ita per bonas artes haud spernendum. » Circumsteterat interim palatium publica exspectatio, magni secreti impatiens; et male coercitam famam supprimentes augebant.

XVIII. Quartum idus januarias, fœdum imbribus diem, tonitrua, et fulgura, et cœlestes minæ ultra solitum turbaverant. Observatum id antiquitus comitiis dirimendis non terruit Galbam quominus in castra pergeret, contemptorem talium ut fortuitorum; seu quæ fato manent, quamvis significata, non vitantur. Apud frequentem militum concionem, imperatoria brevitate, adoptari a se Pisonem, more divi Augusti, et exemplo militari, quo vir virum legeret, pronunciat; ac, ne dissimulata seditio in majus crederetur, ultro asseverat « quartam et duodevicesimam legiones, paucis seditionis auctoribus, non ultra verba ac voces errasse, et brevi in officio fore. » Nec ullum orationi aut lenocinium addit, aut pretium. Tribuni tamen, centurionesque, et proximi militum, grata auditu respondent; per ceteros mœstitia ac silentium, tanquam usurpatam etiam in pace donativum necessitatem bello perdidissent. Constat, potuisse conciliari animos quantulacunque parci senis liberalitate; nocuit antiquus rigor et nimia severitas, cui jam pares non sumus.

XIX. Inde apud senatum non comptior Galbæ, non longior, quam apud militem sermo. Pisonis comis oratio; et patrum favor aderat : multi voluntate; effusius, qui noluerant; medii, ac plurimi, obvio obsequio privatas spes agitantes, sine publica cura. Nec aliud sequenti quatriduo (quod medium inter adoptionem et cædem fuit) dictum a Pisone in publico factumve. Crebrioribus in dies germanicæ defectionis nunciis, et facili civitate ad accipienda credendaque omnia nova, quum tristia sunt,

jesté d'un César. On voulait aussi envoyer avec eux Lacon, préfet du prétoire : celui-ci empêcha l'exécution de ce projet. Les députés même, dont le sénat avait remis le choix à Galba, se firent, par une lâche inconstance, nommer, dégager, remplacer, selon leurs craintes ou leurs espérances.

XX. Les finances occupèrent ensuite; et, tout bien considéré, on trouva plus juste de chercher les ressources dans la cause de l'épuisement. Néron avait dissipé en dons vingt-deux milliards de sesterces. Galba les fit réclamer tous, à l'exception du dixième qu'on laissait à chacun; mais ce dixième leur restait à peine : ils avaient été prodigues du bien d'autrui comme du leur; et les plus débauchés, qui avaient été les plus avides, n'avaient plus ni terres, ni revenus : ils conservaient, pour tout bien, les instruments de leurs vices. On préposa à cette exaction trente chevaliers romains : nouvelle espèce de juridiction fort onéreuse, par le nombre et par l'émulation. Ce n'étaient que ventes, saisies, confiscations : toute la ville était en alarme ; et, toutefois, on était ravi de voir ceux que Néron avait enrichis aussi pauvres que ceux qu'il avait dépouillés. Dans ce même temps, on cassa plusieurs tribuns; parmi les prétoriens, Antonius Taurus et Antonius Naso, Émilius Pacensis dans les cohortes de la ville, Julius Fronto dans les compagnies du guet : ce qui servit moins à corriger le reste, qu'à éveiller leurs craintes; ils comprirent que, par politique et par timidité, on ne les renvoyait que l'un après l'autre, mais qu'on les haïssait tous.

XXI. Othon, cependant, à qui la paix ne laissait aucune ressource, qui avait mis, dans le trouble seul, toutes ses espérances, était aiguillonné, à la fois, par une foule de motifs : son faste, onéreux même pour un empereur, sa pauvreté, à peine supportable pour un particulier, sa colère contre Galba, sa jalousie contre Pison. Il se forgeait aussi des craintes, afin d'enflammer son ambition. Néron n'avait pu le supporter : irait-il encore dans sa Lusitanie avec les honneurs d'un second exil? Les souverains soupçonnaient et haïssaient toujours le successeur qu'on leur nommait; cette idée lui avait nui auprès d'un vieux prince, elle lui nuirait encore plus auprès d'un jeune homme naturellement cruel, et, de plus, aigri par un long exil. Il était possible qu'on en voulût à la vie même d'Othon; il fallait donc agir et entreprendre, tandis que l'autorité de Galba chancelait et avant que celle de Pison fût affermie. Les époques de transition étaient favorables pour frapper les grands coups; et il n'y avait plus lieu de balancer, quand l'inaction était plus funeste que la témérité : les hommes, destinés tous également à la mort, n'étaient distingués que par l'oubli ou la durée de leur nom dans la postérité ; et, puisque, innocent ou coupable, il lui fallait toujours périr, il y aurait plus de courage à provoquer sa perte.

XXII. Othon n'avait point l'âme efféminée comme le corps. D'ailleurs ses affranchis et ses esclaves de confiance, accoutumés à plus de dissolutions que n'en permettent les conditions privées, lui parlaient sans cesse de la cour de Néron, de la magnificence, du choix des maîtres-

censuerant patres mittendos ad germanicum exercitum legatos : agitatum secreto num et Piso proficisceretur; majore prætextu, illi auctoritatem senatus, hic dignationem Cæsaris laturus. Placebat et Laconem, prætorii præfectum, simul mitti. Is consilio intercessit. Legati quoque (nam senatus electionem Galbæ permiserat) fœda inconstantia nominati, excusati, substituti, ambitu remanendi aut eundi, ut quemque metus vel spes impulerat.

XX. Proxima pecuniæ cura : et cuncta scrutantibus justissimum visum est inde repeti, unde inopiæ causa erat. Bis et vicies millies sestertium donationibus Nero effuderat. Appellari singulos jussit, decuma parte liberalitatis apud quemque eorum relicta. At illis vix decumæ super portiones erant, iisdem erga aliena sumptibus, quibus sua prodegerant; quum rapacissimo cuique ac perditissimo non agri aut fœnus, sed sola instrumenta vitiorum manerent. Exactioni triginta equites romani præpositi, novum officii genus, et ambitu ac numero onerosum ; ubique hasta, et sector, et inquieta urbs auctionibus. Attamen grande gaudium, quod tam pauperes fierent quibus donasset Nero, quam quibus abstulisset. Exauctorati per eos dies tribuni, e prætorio Antonius Taurus et Antonius Naso; ex urbanis cohortibus Æmilius Pacensis, e vigiliis Julius Fronto. Nec remedium in ceteros fuit, sed metus initum, tanquam per artem et formidinem singuli pellerentur, omnibus suspectis.

XXI. Interea Othonem, cui compositis rebus nulla spes, omne in turbido consilium, multa simul exstimulabant : luxuria etiam principi onerosa, inopia vix privato toleranda, in Galbam ira, in Pisonem invidia. Fingebat et metum, quo magis concupisceret : « Prægravem se Neroni fuisse; nec Lusitaniam rursus et alterius exsilii honorem exspectandum ; suspectam semper invisumque dominantibus qui proximus destinaretur; nocuisse id sibi apud senem Galbam, magis nociturum apud juvenem, ingenio trucem, et longo exsilio efferatum. Occidi Othonem posse; proinde agendum audendumque, dum Galbæ auctoritas fluxa, Pisonis nondum coaluisset. Opportunos magnis conatibus transitus rerum; nec cunctatione opus, ubi perniciosior sit quies quam temeritas. Mortem omnibus ex natura æqualem, oblivione apud posteros vel gloria distingui. Ac si nocentem innocentemque idem exitus maneat, acrioris viri esse merito perire. »

XXII. Non erat Othonis mollis et corpori similis animus. Et intimi libertorum servorumque, corruptius quam in privata domo habiti, aulam Neronis, et luxus, adulteria, matrimonia, ceterasque regnorum libidines, avido talium, si auderet, ut sua ostentantes, quiescenti ut aliena exprobrabant; urgentibus etiam mathematicis, dum novos motus, et clarum Othoni annum, observatione siderum, affirmant: genus hominum potentibus infidum, sperantibus fallax, quod in civitate nostra et vetabitur semper, et retr

ses et des femmes, enfin de toutes ces jouissances de la souveraineté, qui avaient tant d'appas pour Othon ; et, ce qu'ils lui faisaient envisager comme un droit de son rang, s'il se faisait empereur, ils le lui reprochaient comme un travers, s'il restait simple citoyen. Il était poussé aussi par les astrologues, qui annonçaient, d'après l'observation des astres, une révolution nouvelle et une année glorieuse pour Othon : espèce d'hommes funeste aux princes qu'ils trahissent, aux ambitieux qu'ils trompent, et qui, toujours proscrite, se maintiendra toujours dans Rome. La chambre secrète de Poppée avait été hantée par beaucoup d'astrologues, la pire espèce d'hôtes dans la maison conjugale d'un empereur. L'un d'eux, nommé Ptolémée, qui suivit Othon en Espagne, lui avait prédit d'abord qu'il survivrait à Néron ; se prévalant de l'accomplissement de la prédiction, il lui avait persuadé ensuite qu'il serait appelé à l'empire. Il se fondait sur les bruits qui couraient dès lors, et sur les conjectures des politiques, qui supputaient la vieillesse de Galba et la jeunesse d'Othon ; mais celui-ci faisait honneur de la prédiction à l'habileté de l'astrologue, et la prenait pour un avertissement du ciel, par cette manie de l'esprit humain qui croit plus volontiers ce qu'il comprend le moins. Ptolémée ne manquait pas aussi de l'exciter au crime, et, en de pareils desseins, du vœu au crime le passage est facile.

XXIII. On ne sait point si l'idée de ce crime lui vint dans ce moment. Il avait, depuis longtemps, dans l'espoir de l'adoption, ou bien pour préparer ce qu'il exécuta, brigué l'affection des soldats sur la route, au milieu des marches, dans les campements ; il nommait tous les vieux soldats par leur nom, et les appelait ses camarades, en mémoire de ce qu'ils avaient escorté ensemble Néron. Il reconnaissait les uns, il s'informait des autres, il les aidait de son argent et de son crédit, entremêlant assez souvent des plaintes et des mots équivoques sur Galba, enfin tout ce qui peut soulever la multitude. Les fatigues des marches, la disette des vivres, la dureté du commandement, n'excitaient déjà que trop de murmures. Auparavant, leurs voyages se bornaient aux lacs de la Campanie et aux villes de la Grèce, où on les transportait sur la flotte ; et, alors, on leur faisait gravir les Pyrénées, les Alpes, et achever des trajets immenses, où ils marchaient accablés de tout le poids de leurs armes.

XXIV. Les esprits déjà en fermentation, Mévius Pudens, ami de Tigellinus, y avait, pour ainsi dire, porté l'embrasement. Cet homme gagna les soldats, inconstants par caractère, et ceux que le besoin d'argent précipite dans les nouvelles entreprises : insensiblement il en vint au point que toutes les fois que Galba soupait chez Othon, il faisait distribuer à la cohorte qui était de garde cent sesterces par tête, pour leur servir, disait-il, de ration ; et ces largesses, en quelque sorte publiques, Othon les soutenait par d'autres plus secrètes, qu'il faisait à chaque soldat en particulier : corrupteur si infatigable, qu'ayant, un jour, appris qu'un soldat de la garde appelé Coccéius Proculus, avait des contestations avec son voisin pour les limites d'un champ, Othon acheta de son argent le champ tout entier, et le donna au soldat ; tout cela à l'insu d'un préfet stupide, à qui les choses connues de tous échappaient non moins que les plus secrètes.

XXV. Mais alors ce fut un de ses affranchis, nommé Onomaste, qu'Othon chargea du crime qui allait s'exécuter. Celui-ci lui amène Barbius Proculus et Véturius, l'un tesséraire des gardes, l'autre officier subalterne. Othon, qui, dans différents entretiens, eut lieu de reconnaître leur adresse et leur audace, les accable de présents et de promesses, et leur donne de l'argent pour en gagner d'autres. Deux soldats entreprirent de

---

nebitur. Multos secreta Poppææ mathematicos, pessimum principalis matrimonii instrumentum, habuerant ; e quibus Ptolemæus, Othoni in Hispania comes, quum superfuturum eum Neroni promisisset, postquam ex eventu fides, conjectura jam et rumore senium Galbæ et juventam Othonis computantium, persuaserat fore ut in imperium adscisceretur. Sed Otho, tanquam peritia et monitu fatorum prædicta, accipiebat, cupidine ingenii humani libentius obscura credendi. Nec deerat Ptolemæus, jam et sceleris instinctor, ad quod facillime ab ejusmodi voto transitur.

XXIII. Sed sceleris cogitatio incertum an repens : studia militum jam pridem, spe successionis aut paratu facinoris, affectaverat ; in itinere, in agmine, in stationibus, vetustissimum quemque militum nomine vocans, ac, memoria Neroniani comitatus, contubernales appellando, alios agnoscere, quosdam requirere, et pecunia aut gratia juvare ; inserendo sæpius querelas, et ambiguos de Galba sermones, quæque alia turbamenta vulgi. Labores itinerum, inopia commeatuum, duritia imperii, atrocius accipiebantur ; quum, Campaniæ lacus et Achaiæ urbes classibus adire soliti, Pirenæum et Alpes, et immensa viarum spatia, ægre sub armis eniterentur.

XXIV. Flagrantibus jam militum animis, velut faces addiderat Mævius Pudens, e proximis Tigellini. Is mobilissimum quemque ingenio, aut pecuniæ indigum et in novas cupiditates præcipitem alliciendo, eo paullatim progressus est ut, per speciem convivii, quoties Galba apud Othonem epularetur, cohorti excubias agenti viritim cenenos nummos divideret : quam velut publicam largitionem Otho, secretioribus apud singulos præmiis, intendebat ; adeo animosus corruptor ut Cocceio Proculo, speculatori, de parte finium cum vicino ambigenti, universum vicini agrum, sua pecunia emptum, dono dederit : per socordiam præfecti, quem nota pariter et occulta fallebant.

XXV. Sed tum e libertis Onomastum futuro sceleri præfecit ; a quo Barbium Proculum, tesserarium speculatorum, et Veturium, optionem eorumdem, perductos, postquam vario sermone callidos audacesque cognovit

donner l'empire romain, et le donnèrent. Ils ne s'ouvrirent qu'à un petit nombre sur le forfait projeté : tenant le reste en suspens, ils les excitent par différents moyens; les principaux soldats, en les alarmant sur les bienfaits de Nymphidius, qui les rendaient suspects; les autres, par le dépit et le désespoir de ne point obtenir les gratifications tant de fois promises. La mémoire de Néron et le regret de leur ancienne licence étaient, pour quelques-uns, un puissant aiguillon : tous tremblaient d'être changés de corps.

XXVI. La contagion gagna aussi les légions et les auxiliaires, déjà ébranlés par la nouvelle de la défection de l'armée de Germanie. Enfin il y avait un tel esprit de révolte parmi les pervers, et de connivence parmi les bons même, que, le quatorze janvier, Othon, en revenant de souper, eût été proclamé, sans la crainte des méprises nocturnes, et de toutes ces troupes dispersées par toute la ville, jointe à celle de se mal concerter pendant l'ivresse, et de voir proclamer dans les ténèbres, au lieu d'Othon, que la plupart ne connaissaient point, le premier homme de l'armée de Pannonie ou de Germanie qui se serait offert aux soldats : car l'amour de la république n'y eut point de part, puisqu'ils se disposaient à la souiller, de sang-froid, par le meurtre de son chef. La conjuration transpira; mais les conjurés eurent l'adresse d'intercepter presque tous les avis qu'on recevait, et le peu qui parvint aux oreilles de Galba fut décrié par Lacon, qui, méconnaissant l'esprit du soldat, et ennemi des meilleurs conseils quand il ne les donnait point, opposait à l'expérience d'autrui une obstination invincible.

XXVII. Le dix-huit des calendes de février, Galba sacrifiant devant le temple d'Apollon, l'aruspice Umbricius déclare que les entrailles étaient sinistres, qu'il y avait un danger prochain, un ennemi domestique, et Othon l'entendait, qui était tout près, et qui, au contraire, trouvait le pronostic heureux, et en présageait le succès de ses desseins. L'instant d'après, l'affranchi Onomaste vint lui dire que l'architecte l'attendait avec les entrepreneurs : c'était le signal qui devait annoncer que les soldats étaient rassemblés et la conjuration prête. Othon, à qui on demanda la cause de son départ, prétexta l'achat d'une vieille maison, qu'il voulait auparavant faire examiner; et, donnant le bras à son affranchi, il se rend, par le palais de Tibère, au Vélabre, et de là, au Mille d'or, vis-à-vis le temple de Saturne. Là, vingt-trois soldats seulement le proclament empereur; et, ce petit nombre l'alarmant déjà, on le met précipitamment dans une litière, et l'on marche l'épée à la main. Chemin faisant, il se rassemble encore presque autant de soldats, quelques-uns complices, la plupart étourdis par ce mouvement; les uns, criant et transportés; les autres, en silence, attendant, pour s'enhardir, l'événement.

XXVIII. Le tribun Martialis était de garde dans le camp. Soit que l'énormité d'un crime si imprévu l'eût interdit, soit qu'il crût la corruption générale, et craignît de se perdre s'il résistait, il ne s'opposa à rien; ce qui a laissé, à la plupart, le soupçon qu'il était complice. Le reste des tribuns et des centurions sacrifièrent aussi leur devoir à l'impulsion du moment et à leur sûreté. Telle fut enfin la disposition des esprits,

pretio et promissis onerat, data pecunia ad pertentandos plurium animos. Suscepere duo manipulares imperium populi romani transferendum, et transtulerunt. In conscientiam facinoris pauci adsciti, suspensos ceterorum animos diversis artibus stimulant : primores militum, per beneficia Nymphidii ut suspectos; vulgus et ceteros, ira et desperatione dilati toties donativi; erant quos memoria Neronis ac desiderium prioris licentiæ accenderent; in commune omnes metu mutandæ militiæ terrebantur.

XXVI. Infecit ea tabes legionum quoque et auxiliorum motas jam mentes, postquam vulgatum erat labare germanici exercitus fidem. Adeoque parata apud malos seditio, etiam apud integros dissimulatio fuit, ut postero iduum die, redeuntem a cœna Othonem rapturi fuerint, nisi incerta noctis, et tota urbe sparsa militum castra, nec facilem inter temulentos consensum, timuissent : non reipublicæ cura, quam fœdare principis sui sanguine sobrii parabant, sed ne per tenebras, ut quisque pannonici, vel germanici exercitus militibus oblatus esset, ignorantibus plerisque, pro Othone destinaretur. Multa erumpentis seditionis indicia per conscios oppressa; quædam apud Galbæ aures præfectus Laco elusit ignarus militarium animorum, consiliique quamvis egregii, quod non ipse afferret, inimicus, et adversus peritos pervicax.

XXVII. Octavo decimo kalend. febr. sacrificanti pro æde Apollinis Galbæ aruspex Umbricius tristia exta, et instantes insidias, ac domesticum hostem prædicit; audiente Othone (nam proximus adstiterat) idque, ut lætum e contrario et suis cogitationibus prosperum, interpretante. Nec multo post libertus Onomastus nunciat expectari eum ab architecto et redemptoribus; quæ significatio coeuntium jam militum, et paratæ conjurationis convenerat. Otho, causam digressus requirentibus, quum sibi prædia, vetustate suspecta eoque prius exploranda, finxisset, innixus liberto, per Tiberianam domum, in Velabrum, inde ad Milliarium aureum, sub ædem Saturni, pergit. Ibi tres et viginti speculatores consalutatum imperatorem, ac paucitate salutantium trepidum, et sellæ festinanter impositum, strictis mucronibus rapiunt. Totidem ferme milites in itinere aggregantur, alii conscientia, plerique miraculo; pars clamore et gladiis, pars silentio, animum ex eventu sumpturi.

XXVIII. Stationem in castris agebat Julius Martialis tribunus. Is, magnitudine subiti sceleris, an corrupta latius castra, ac, si contra tenderet, exitium metuens, præbuit plerisque suspicionem conscientiæ. Anteposuere ceteri quoque tribuni centurionesque præsentia dubiis et honestis. Isque habitus animorum fuit, ut pessimum fa-

que le plus horrible des forfaits ne trouva point d'obstacles. Peu le conçurent, la plupart le voulaient, tous le souffrirent.

XXIX. Cependant Galba, qui ne soupçonnait rien, tout occupé de ses sacrifices, fatiguait de prières les dieux d'un empire qui avait déjà passé à un autre. Tout à coup le bruit se répand qu'on entrainait au camp un sénateur; on ne savait lequel; puis on apprend que c'est Othon. En même temps, accourent de tous les quartiers de la ville tous ceux qui l'avaient rencontré, les uns grossissant le péril, les autres le faisant moindre qu'il n'était, et, dans un moment pareil, ne renonçant point encore à flatter. Là-dessus on tint conseil. Une des cohortes montait la garde dans le palais. On résolut de faire sonder ses dispositions, et par un autre que Galba, dont on réservait l'autorité pour de plus grands besoins. Pison, les ayant assemblés devant les degrés du palais, leur parla ainsi : « Soldats, voici le sixième jour que « Pison, ignorant l'avenir, et s'il devait souhai-« ter ou redouter ce titre, s'est vu nommer Cé-« sar : il dépend de vous de fixer pour sa famille « et pour l'État le sort de cette élection. Ce n'est « pas qu'un surcroît de disgrâces m'alarme per-« sonnellement, moi qui, éprouvé par le malheur, « apprends dans ce moment que le bonheur n'a « pas de moindres dangers. C'est mon père, c'est « le sénat, c'est l'empire même que je plains, « s'il nous faut, ou périr aujourd'hui, ou, ce qui « n'est pas moins affligeant pour des cœurs ver-« tueux, égorger nos concitoyens. La dernière « révolution avait du moins cet avantage de n'a-« voir point coûté de sang à Rome, de s'être con-« sommée sans trouble ; et Galba, par mon adop-« tion, semblait avoir levé tous les prétextes de « guerre après sa mort.

cinus auderent pauci, plures vellent, omnes paterentur.

XXIX. Ignarus interim Galba et sacris intentus fatigabat alieni jam imperii deos; quum affertur rumor rapi in castra, incertum quem senatorem; mox, Othonem esse, qui raperetur : simul ex tota urbe, ut quisque obvius fuerat, alii formidinem augentes, quidam minora vero, ne tum quidem obliti adulationis. Igitur consultantibus placuit pertentari animum cohortis, quæ in palatio stationem agebat; nec per ipsum Galbam, cujus integra auctoritas majoribus remediis servabatur. Piso pro gradibus domus vocatos in hunc modum allocutus est : « Sextus dies agi-« tur, commilitones, ex quo, ignarus futuri, et sive « optandum hoc nomen, sive timendum erat, Cæsar adsci-« tus sum : quo domus nostræ aut reipublicæ fato, in « vestra manu positum est. Non quia meo nomine tristio-« rem casum paveam, ut qui, adversas res expertus, « quum maxime discam ne secundas quidem minus discri-« minis habere; patris, et senatus et ipsius imperii vicem « doleo, si nobis aut perire hodie necesse est, aut, quod « æque apud bonos miserum est, occidere. Solatium « proximi motus habebamus incruentam urbem, et res « sine discordia translatas. Provisum adoptione videbatur « ut ne post Galbam quidem bello locus esset.

XXX. Je ne .era. va.o.r ni ma naissance, ni « mes mœurs. Il n'est pas question de vertu dans « un parallèle avec Othon. Ses vices, dont il se « glorifie uniquement, ont ruiné l'empire, lors « même qu'il n'était que l'ami d'un empereur. « Serait-ce son extérieur, sa démarche et sa pa-« rure efféminée, qui lui mériteraient ma place ? « Ils se trompent ceux qui prennent son faste « pour de la libéralité. Lui ! il ne saura que dis-« siper; jamais il ne saura donner. Des dissolu-« tions infâmes, des prodigalités ruineuses, voilà « ce qu'il roule dans sa pensée; voilà ce qu'il « croit les priviléges du rang suprême, ces hon-« teux excès dont le plaisir est pour un seul, dont « l'opprobre est pour tous. Car ne croyez pas qu'un « empire indignement acquis puisse être glorieu-« sement occupé. Galba le doit aux suffrages du « genre humain, moi à ceux de Galba et aux « vôtres. Que si la république, le sénat et le peu-« ple ne sont plus que de vains noms, du moins, « soldats, il vous importe que ce ne soient pas des « scélérats qui vous nomment vos empereurs. On « a vu quelquefois les légions se révolter contre « leurs chefs; mais vous, votre réputation et votre « fidélité sont restées jusqu'à ce jour irréprocha-« bles, et vous n'avez pas même abandonné Né-« ron, qui vous abandonna. Eh quoi ! moins d'une « trentaine de transfuges et de déserteurs, lesquels, « s'il se choisissaient eux-mêmes leur centurion « ou leur tribun, nous indigneraient tous, dispo-« seront de l'empire? Vous autoriserez cet exem-« ple, et, en le souffrant, vous vous rendrez com-« plices de leur attentat ? Eh bien ! cette licence va « gagner les provinces, et si nous sommes les « victimes de vos forfaits, vous, le serez, vous de « vos guerres. Au reste, on ne vous paye pas plus « d'un meurtre d'un prince qu'on ne récompensera

XXX. « Nihil arrogabo mihi nobilitatis, aut modestiæ ; « neque enim relatu virtutum in comparatione Othonis « opus est. Vitia, quibus solis gloriatur, evertere impe-« rium, etiam quum amicum imperatoris ageret. Habitune « et incessu, an illo muliebri ornatu, mereretur imperium ? « Falluntur, quibus luxuria specie liberalitatis imponit. « Perdere iste sciet, donare nesciet. Stupra nunc, et co-« missationes, et feminarum cœtus volvit animo; hæc « principatus præmia putat; quorum libido ac voluptas « penes ipsum sit, rubor ac dedecus penes omnes. Nemo « enim unquam imperium flagitio quæsitum bonis artibus « exercuit. Galbam consensus generis humani, me Galba « consentientibus vobis, Cæsarem dixit. Si respublica, et « senatus, et populus, vana nomina sunt ; vestra, commi-« litones, interest, ne imperatorem pessimi faciant. Legio-« num seditio adversum duces suos audita est aliquando ; « vestra fides famaque illæsa ad hunc diem mansit : et « Nero quoque vos destituit, non vos Neronem. Minus « triginta transfugæ et desertores, quos centurionem aut « tribunum sibi eligentes nemo ferret, imperium assigna-« bunt? Admittitis exemplum? et quiescendo commune « crimen facitis? Transcendet hæc licentia in provincias ; « et ad nos scelerum exitus, bellorum ad vos pertinebunt.

« votre innocence, et nous garantissons à votre
« fidélité des largesses égales à celles qu'on vous
« assignerait pour le crime. »

XXXI. A l'exception des *spéculateurs* qui se sauvèrent, le reste de la cohorte ne refusa point de l'entendre; et comme il n'est que trop ordinaire dans les alarmes subites, par un mouvement machinal, où il n'entrait aucun dessein, plutôt que par feinte ou par trahison, comme on l'a cru depuis, elle prend ses drapeaux. Marius Celsus se rendit au portique de Vipsanius, où campait un corps d'élite de l'armée d'Illyrie. Les primipilaires Amulius Serenus et Domitius Sabinus eurent ordre d'amener, du temple de la Liberté, les soldats de Germanie. On se défiait des soldats de la légion de la marine, outrés de ce massacre de leurs camarades qui avait signalé l'entrée de Galba dans Rome. On envoya même au camp des prétoriens trois tribuns, Cétrius Sévèrus, Subrius Dexter, et Pompéius Longinus, pour voir si, la sédition ne faisant que commencer, avant qu'elle prît des forces, on ne pourrait point l'adoucir par de sages réprésentations. Les soldats, se bornant aux menaces contre Cétrius et Dexter, arrêtent et désarment Longinus, parce que l'amitié de Galba l'avait élevé, avant son rang, au grade de tribun, et que son attachement pour le prince le rendait suspect aux rebelles. La légion de la marine court, sans hésiter, se joindre aux prétoriens. Le détachement d'Illyrie repoussa Celsus à coups de javelots. Il n'y eut que les troupes de Germanie qui balancèrent longtemps. Envoyées par Néron à Alexandrie, de là rappelées brusquement, leurs corps se ressentaient des fatigues d'une longue navigation, et les soins particuliers que Galba prenait de leur rétablissement avaient calmé leurs esprits.

XXXII. Déjà tout le peuple remplissait le palais. Les esclaves grossissaient la foule, et tous ensemble, avec des cris confus, demandaient la mort d'Othon et le supplice des conjurés, comme s'ils eussent demandé quelque divertissement au cirque ou au théâtre; et ce n'était en eux ni estime, ni affection, puisqu'on les vit ce jour-là même demander le contraire avec une égale fureur; mais c'était l'usage de flatter le prince, quel qu'il fût, par de vains transports et par des acclamations insensées. Galba cependant flottait entre deux partis. L'avis de Vinius était de rester dans le palais, d'en fortifier l'entrée, d'armer les esclaves, de ne point s'offrir à un premier emportement, de laisser le temps aux méchants de se repentir, aux bons de se concerter. Il disait que le crime a besoin de tout brusquer, mais que le temps fait triompher les bons desseins; que, s'il le fallait enfin, on serait toujours le maître d'aller; qu'on ne le serait plus de revenir.

XXXIII. D'autres voulaient qu'on se hâtât, qu'on ne laissât point se fortifier une conspiration encore naissante de quelques misérables. C'était le vrai moyen de déconcerter Othon, qui venait de s'échapper furtivement, qui s'était glissé dans un camp où personne ne le connaissait, et qui enfin, grâce à tous ces délais et à cette lâche circonspection, aurait le temps d'apprendre son rôle d'empereur. Fallait-il attendre qu'il fût paisible de ce camp, il vînt s'emparer du forum, et monter au Capitole sous les yeux même de Galba; tandis qu'on réduirait ce grand capitaine

---

« Nec est plus quod pro cæde principis, quam quod inno-
« centibus datur; sed perinde a nobis donativum ob fidem,
« quam ab aliis pro facinore, accipietis. »

XXXI. Dilapsis speculatoribus, cetera cohors non adspernata concionantem, ut turbidis rebus evenit, forte magis et nullo adhuc consilio parat signa quam, quod postea creditum est, insidiis et simulatione. Missus et Celsus Marius ad electos illyrici exercitus, Vipsania in porticu tendentes. Præceptum Amulio Sereno et Domitio Sabino, primipilaribus, ut germanicos milites e Libertatis atrio arcesserent. Legioni classicæ diffidebatur, infestæ ob cædem commilitonum, quos primo statim introitu trucidaverat Galba. Pergunt etiam in castra prætorianorum tribuni Cetrius Severus, Subrius Dexter, Pompeius Longinus, si incipiens adhuc, et necdum adulta, seditio melioribus consiliis flecteretur. Tribunorum Subrium et Cetrium milites adorti minis, Longinum manibus coercent exarmantque; quia, non ordine militiæ, sed e Galbæ amicis, fidus principi suo, et desciscentibus suspectior erat. Legio classica nihil cunctata prætorianis adjungitur. Illyrici exercitus electi Celsum ingestis pilis proturbant. Germanica vexilla diu nutavere, invalidis adhuc corporibus et placatis animis, quod eos a Nerone Alexandriam præmissos, atque inde rursus longa navigatione ægros, impensiore cura Galba refovebat.

XXXII. Universa jam plebs palatium implebat, mixtis servitiis, et dissono clamore cædem Othonis et conjuratorum exitium poscentium, ut si in circo ac theatro ludicrum aliquod postularent : neque illis judicium aut veritas, quippe eodem die diversa pari certamine postulaturis; sed tradito more quemcunque principem adulandi licentia acclamationum et studiis inanibus. Interim Galbam duæ sententiæ distinebant : Titus Vinius « manendum intra domum, opponenda servitia, firmandos aditus, non eundum ad iratos » censebat ; « daret malorum pœnitentiæ, daret bonorum consensui spatium; scelera impetu, bona consilia mora valescere. Denique eundi ultro, si ratio sit, eamdem mox facultatem; regressus, si pœniteat, in aliena potestate. »

XXXIII. « Festinandum » ceteris videbatur, « antequam cresceret invalida adhuc conjuratio paucorum. Trepidaturum etiam Othonem, qui furtim digressus, ad ignaros illatus, cunctatione nunc et segnitia terentium tempus, imitari principem discat. Non expectandum ut, compositis castris, forum invadat, et prospectante Galba Capitolium adeat; dum egregius imperator, cum fortibus amicis, janua ac limine tenus domum cludit, obsidionem nimirum toleraturus. Et præclarum in servis auxilium, si consensus tantæ multitudinis, et, quæ plurimum valet, prima indignatio elanguescat. Proinde intuta, quæ indecora;

à se renfermer, avec ses braves amis, derrière les portes de son palais, qu'on jugeait apparemment capable de soutenir un siége? Ne tirerait-on pas un grand secours des esclaves, si on laissait refroidir l'ardeur de la multitude, et cette première indignation toujours si puissante? Le parti le moins honorable était aussi le moins sûr : après tout, si leur perte était inévitable, il fallait du moins affronter le péril; il en rejaillirait plus de haine contre Othon, plus de gloire sur eux. Vinius se révolta contre cet avis : Lacon menaça Vinius, et Icélus aiguillonnait Lacon; lutte acharnée entre des haines personnelles qui perdaient l'État.

XXXIV. Enfin Galba, n'hésitant plus, suivit le conseil le plus honorable. Toutefois il envoya Pison d'avance au camp : il comptait sur le grand nom du jeune homme, sur sa faveur récente, et aussi sur ce qu'il passait pour l'ennemi de Vinius, soit qu'il le fût, soit parce que les mécontents le désiraient, et qu'on suppose assez facilement la haine. Pison à peine sorti, l'on débite qu'Othon vient d'être tué. D'abord, c'est un bruit vague et incertain; bientôt, comme dans toutes les fausses nouvelles, il se trouva des gens qui affirmaient avoir été présents, avoir vu; et on les croyait, par cette disposition naturelle à la joie, qui adopte tout sans examen. Plusieurs ont pensé que la nouvelle avait été semée et accréditée par les Othoniens, déjà mêlés dans la foule, et qui, pour attirer Galba hors du palais, lui avaient donné cette fausse joie.

XXXV. Alors vous eussiez vu, non-seulement les citoyens et cette populace imbécile se confondre en applaudissements et en transports immodérés, mais encore la plupart des chevaliers et des sénateurs, quittant les précautions avec la crainte, forcer les portes du palais, se précipiter dans les appartements, et, à l'envi, se montrer à Galba, en se plaignant qu'on leur eût dérobé leur vengeance. Les plus lâches, ceux qui ne devaient rien oser devant le péril, comme la suite le prouva, étaient ceux qui mettaient dans leurs discours le plus d'assurance, et d'intrépidité; personne ne savait, tous affirmaient; enfin, entraîné par l'erreur générale, et la vérité lui manquant de toutes parts, Galba sortit, après avoir pris sa cuirasse; mais, comme il ne pouvait résister, à cause de son âge et de ses infirmités, à la foule qui le pressait, il monta en litière. Il rencontra dans le palais Julius Atticus, un des gardes, tenant une épée sanglante qu'il faisait voir, et criant qu'il avait tué Othon de sa main. Galba lui dit : « Soldat, qui t'en a donné l'ordre? » mettant un courage extraordinaire à réprimer la licence des troupes, inébranlable aux menaces, inaccessible aux flatteries.

XXXVI. Personne ne balançait plus dans le camp; et telle était leur ardeur, que, non contents de couvrir Othon de leurs rangs et de leurs corps, ils l'élevèrent sur une estrade, où, peu auparavant, était placée la statue d'or de Galba, et là ils l'entourèrent d'enseignes et de drapeaux. Ni tribuns, ni centurions ne pouvaient approcher : le soldat commandait même qu'on se défiât de tous les chefs. Tout retentissait de cris tumultueux, d'exhortations mutuelles; et ils ne se bornaient pas, comme cette vile populace, au bruit confus d'une adulation oisive. A mesure qu'ils voyaient des soldats accourir à eux, ils les saisissaient par la main, ils les embrassaient avec leurs armes, ils les plaçaient auprès d'Othon, leur dictaient le serment, tantôt recommandaient l'empereur aux soldats, tantôt les soldats à l'empereur. Lui, de son côté, leur tendait les mains, leur envoyait des baisers, se prosternait devant

vel, si cadere necesse sit, occurrendum discrimini. Id Othoni invidiosius, et ipsis honestum. » Repugnantem huic sententiæ Vinium Laco minaciter invasit, stimulante Icelo, privati odii pertinacia, in publicum exitium.

XXXIV. Nec diutius Galba cunctatus speciosiora suadentibus accessit. Præmissus tamen in castra Piso, ut juvenis magno nomine, recenti favore, et infensus T. Vinio; seu quia erat, seu quia irati ita volebant : et facilius de odio creditur. Vix dum egresso Pisone, occisum in castris Othonem, vagus primum et incertus rumor, mox, ut in magnis mendaciis, interfuisse se quidam, et vidisse affirmabant, credula fama inter gaudentes et incuriosos. Multi arbitrabantur compositum auctumque rumorem, mixtis jam Othonianis, qui, ad evocandum Galbam, læta falso vulgaverint.

XXXV. Tum vero non populus tantum et imperita plebs in plausus et immodica studia, sed equitum plerique ac senatorum, posito metu incauti, refractis palatii foribus, ruere intus, ac se Galbæ ostentare, præreptam sibi ultionem querentes. Ignavissimus quisque, et, ut res docuit, in periculo non ausurus, nimii verbis, linguæ feroces : nemo scire, et omnes affirmare; donec inopia veri, et consensu errantium victus, sumpto thorace Galba irruenti turbæ, neque ætate neque corpore, sistens sella levaretur. Obvius in palatio Julius Atticus speculator, cruentum gladium ostentans, occisum a se Othonem exclamavit : et Galba, « Commilito, inquit, quis jussit? » insigni animo ad coercendam militarem licentiam, minantibus intrepidus, adversus blandientes incorruptus.

XXXVI. Haud dubiæ jam in castris omnium mentes; tantusque ardor, ut non contenti agmine et corporibus, in suggestu, in quo paullo ante aurea Galbæ statua fuerat, medium inter signa Othonem vexillis circumdarent. Nec tribunis aut centurionibus adeundi locus; gregarius miles caveri insuper præpositos jubebat. Strepere cuncta clamoribus et tumultu et exhortatione mutua, non tanquam in populo ac plebe, variis segni adulatione vocibus; sed, ut quemque affluentium militum adspexerant, prensare manibus, complecti armis, collocare juxta, præire sacramentum, modo imperatorem militibus, modo imperatori milites commendare. Nec deerat Otho, protendens manus,

cette multitude; enfin, pour s'élever à l'empire, il descendait jusqu'à l'esclavage Aussitôt que la légion entière de la marine lui eût prêté serment, plein de confiance en ses forces, et non content de les avoir excités chacun en particulier, mais voulant les enflammer encore par une exhortation générale, il les harangue ainsi en avant du camp :

XXXVII. « Soldats, je ne sais sous quel titre « je parais devant vous, ne pouvant plus me « croire ni un simple citoyen, depuis que vous « m'avez nommé prince, ni prince, tant qu'un « autre règnera. Et votre nom aussi restera in- « certain, tant qu'il sera douteux si c'est le chef « de l'empire, ou bien son ennemi, que vous avez « dans votre camp. Les entendez-vous, comme « ils demandent à la fois et mon supplice et le « vôtre : tant il est vrai que notre perte et notre « salut sont désormais inséparables. Et peut-être « ce Galba si clément a déjà promis votre sup- « plice, lui qui, de son propre mouvement, égor- « gea tant de milliers de soldats innocents. Mon « âme frémit d'horreur au seul souvenir de cet « avénement funeste, et de cette exécrable vic- « toire, la seule de Galba, lorsque, sous les yeux « de Rome, il décima les suppliants qui implo- « raient sa clémence, et se fiaient à sa parole. « Voilà sous quels auspices il est entré dans Rome. « Eh! quels exploits l'ont conduit à l'empire, si « ce n'est le meurtre de Sabinus et de Marcellus « en Espagne, de Bétuus dans la Gaule, de Fon- « téius en Germanie, de Macer en Afrique, de « Cingonius dans sa route, de Turpilianus dans « Rome, de Nymphidius dans ce camp? Y a-t-il « une seule province, y a-t-il un seul camp qu'il « n'ait souillé, qu'il n'ait ensanglanté? C'est ce « qu'il appelle épurer, réformer : car ce qui, « pour les autres, serait un crime, est, à ses « yeux, un remède nécessaire : renversant tous « les noms, il appelle la barbarie, sévérité; l'a- « varice, économie; et vous accabler de châ- « timents et d'outrages, c'est vous diciptiner. « Sept mois sont écoulés depuis la mort de Né- « ron, et déjà Icélus a plus envahi de trésors « que les Polyclètes, les Vatinius et les Hélius « n'en amassèrent jamais. Nous eussions moins « gémi de l'avarice et des brigandages de Vinius, « s'il eût régné lui-même; au lieu qu'il nous a « opprimés comme si nous étions ses sujets, et « sans ménagement, comme étant ceux d'un au- « tre. Sa fortune seule suffirait à ces gratifications « qu'on ne vous donne jamais, et qu'on vous « reproche toujours.

XXXVIII. « Et, de peur qu'il ne vous restât « du moins quelque espoir dans son successeur, « voilà que Galba appelle du fond de l'exil « l'homme dont la dureté et l'avarice se rappro- « chaient le plus de la sienne. Vous l'avez vu, « soldats, cet orage mémorable, par où s'an- « nonçait l'horreur des dieux même pour une « adoption sinistre. Le sénat, le peuple partagent « votre indignation. Ils comptent tous sur vous, « braves amis; vous qui, seuls, pouvez donner « aux desseins glorieux tout leur effet, et sans « l'appui desquels ce qu'il y a de plus grand n'a « plus de force. Ce n'est ni au combat, ni au pé- « ril que je vous mène. Tout ce qu'il y a de sol- « dats armés est ici avec nous, car je ne parle

adorare vulgum, jacere oscula, et omnia serviliter pro dominatione. Postquam universa classicorum legio sacramentum ejus accepit, fidens viribus, et quos adhuc singulos exstimulaverat, accendendos in commune ratus, pro vallo castrorum ita cœpit.

XXXVII. « Quis ad vos processerim, commilitones, « dicere non possum; quia nec privatum me vocare su- « stineo, princeps a vobis nominatus; nec principem, « alio imperante. Vestrum quoque nomen in incerto erit, « donec dubitabitur imperatorem populi romani in castris « an hostem habeatis. Auditisne ut pœna mea et suppli- « cium vestrum simul postulentur? adeo manifestum est « neque perire nos, neque salvos esse, nisi una posse. Et « cujus lenitatis est Galba, jam fortasse promisit; ut qui, « nullo exposcente, tot millia innocentissimorum militum « trucidaverit. Horror animum subit, quoties recordor « feralem introitum, et hanc solam Galbæ victoriam, « quum in oculis urbis decumari deditos juberet, quos « deprecantes in fidem acceperat. His auspiciis urbem « ingressus, quam gloriam ad principatum attulit, nisi « occisi Obultronii Sabini et Cornelii Marcelli in Hispania, « Betui Chilonis in Gallia, Fonteii Capitonis in Germania, « Clodii Macri in Africa, Cingonii in via, Turpiliani in « urbe, Nymphidii in castris? Quæ usquam provincia, « quæ castra sunt, nisi cruenta et maculata, aut, ut ipse « prædicat, emendata et correcta? Nam quæ alii scelera, « hic remedia vocat : dum falsis nominibus severitatem « pro sævitia, parcimoniam pro avaritia, supplicia et « contumelias vestras disciplinam appellat. Septem a « Neronis fine menses sunt, et jam plus rapuit Icelus « quam quod Polycleti, et Vatinii, et Helii, paraverunt. « Minore avaritia ac licentia grassatus esset T. Vinius, « si ipse imperasset; nunc et subjectos nos habuit tan- « quam suos, et viles ut alienos. Una illa domus sufficit « donativo, quod vobis nunquam datur et quotidie ex- « probratur.

XXXVIII. « Ac ne qua saltem in successore Galbæ « spes esset, accersit ab exsilio quem tristitia et avaritia « sui simillimum judicabat. Vidistis, commilitones, nota- « bili tempestate etiam deos infaustam adoptionem aver- « santes. Idem senatus, idem populi romani animus est. « Vestra virtus exspectatur, apud quos omne honestis « consiliis robur, et sine quibus, quamvis egregia, inva- « lida sunt. Non ad bellum vos nec ad periculum voco; « omnium militum arma nobiscum sunt. Nec una cohors « togata defendit nunc Galbam, sed detinet. Quum vos « adspexerit, quum signum meum acceperit, hoc solum « erit certamen, quis mihi plurimum imputet. Nullus « cunctationi locus est in eo consilio quod non potest lau- « dari, nisi peractum. » Aperire deinde armamentarium

« point d'une seule cohorte en toge, qui retient
« Galba plus qu'elle ne le défend. Sitôt qu'elle
« vous apercevra, sitôt qu'elle recevra mes ordres,
« vous la verrez ne combattre que de zèle pour me
« servir. Allons, soldats, marchons : il n'y a pas
« d'instant à perdre dans une entreprise qui, pour
« être louée, veut être achevée. » Il fait ensuite ouvrir l'arsenal. On se jette aussitôt sur les armes, sans observer aucun ordre, sans que prétorien ou légionnaires s'assujettissent à prendre l'armure qui les distingue. Ils se confondent avec des auxiliaires par le casque et le bouclier : ni les tribuns, ni les centurions ne dirigeaient rien : chaque soldat se conduisait, s'excitait lui-même ; outre cet aiguillon bien puissant sur les méchants, qui est l'idée que les gens de bien étaient consternés.

XXXIX. Déjà Pison, épouvanté des clameurs séditieuses qui, se renforçant de moments en moments, retentissaient jusque dans Rome, était venu rejoindre Galba, sorti dans l'intervalle, et s'approchant du forum : les nouvelles apportées par Celsus n'étaient rien moins que satisfaisantes ; les uns parlaient de retourner au palais, d'autres de gagner le Capitole, la plupart d'occuper les rostres ; plusieurs se bornaient à contredire l'avis des autres ; et, comme il arrive dans les entreprises malheureuses, on regrettait tous les partis qu'il n'était plus temps de prendre. On prétend que Lacon, à l'insu de Galba, forma le projet de tuer Vinius, soit qu'il crût cette mort propre à calmer les soldats, ou Vinius complice d'Othon, soit enfin pour satisfaire sa haine. Le temps et le lieu le retinrent : car, le carnage une fois commencé, il eût été difficile de l'arrêter ; puis toutes les mesures furent troublées par les nouvelles alarmantes : les plus proches s'étaient dispersés ; on ne voyait plus que froideur dans tous ceux qui, d'abord pleins de zèle, avaient vanté si hautement leur courage et leur fidélité.

XL. Galba était poussé çà et là par les flots de la multitude qui le pressait ; les basiliques et les temples étaient remplis ; on n'apercevait que des objets lugubres : les visages étaient interdits, les oreilles attentives et inquietes, le peuple ne proférant pas un seul mot, dans un état ni tumultueux, ni calme, tel qu'est ce silence des grandes colères et des grandes terreurs. Pourtant on disait à Othon que le peuple prenait les armes. Il ordonne de hâter la marche, et de prévenir le danger. Avec la même joie que s'ils eussent marché contre Vologèse ou Pacorus, pour les renverser du trône des Arsacides, des soldats romains vont égorger un vieillard sans armes, leur propre empereur. Écartant le peuple, foulant aux pieds le sénat, menaçant de leurs armes, précipitant leurs chevaux, ils s'élancent dans le forum ; et, ni l'aspect du Capitole, ni tous ces monuments religieux suspendus sur leurs têtes, ni le souvenir de leurs anciens empereurs, ni la crainte des nouveaux, ne purent les effrayer un instant sur l'exécution d'un forfait toujours vengé par le successeur, quel qu'il soit.

XLI. A peine eut-on vu de près la marche de cette troupe armée, le porte-étendard de la cohorte qui accompagnait l'empereur (c'était, dit-on, Atilius Vergilio), arracha l'image de Galba, et la jeta contre terre. A ce signal, tous les soldats se déclarèrent hautement pour Othon ; le peuple laissa, par sa fuite, le forum désert : on lança quelques javelots sur ceux qui hésitaient. Ce fut auprès du lac de Curtius que les porteurs de Galba, dans leur précipitation, le renversèrent de sa litière, d'où il roula par terre. On l'a fait parler bien diversement à sa mort, selon les sentiments de haine ou d'admiration dont chacun était animé. Quelques-uns prétendent qu'il demanda humblement quel était son crime, et quelques jours pour payer le donativum ; le plus

---

jussit. Rapta statim arma sine more et ordine militiæ, ut prætorianus aut legionarius insignibus suis distingueretur ; miscentur auxiliaribus, galea scutisque. Nullo tribunorum centurionumve adhortante, sibi quisque dux et instigator ; et præcipuum pessimorum incitamentum, quod boni mœrebant.

XXXIX. Jam exterritus Piso fremitu crebrescentis seditionis, et vocibus in urbem usque resonantibus egressum interim Galbam et foro appropinquantem assecutus erat ; jam Marius Celsus haud læta retulerat : quum alii, in palatum redire, alii Capitolium petere, plerique rostra occupanda censerent, plures tantum sententiis aliorum contradicerent, utque evenit in consiliis infelicibus, optima viderentur quorum tempus effugerat. Agitasse Laco, ignaro Galba, de occidendo T. Vinio dicitur : sive ut pœna ejus animos militum mulceret ; seu conscium Othonis credebat ; ad postremum, vel odio. Hæsitationem attulit tempus ac locus, quia initio cædis orto difficilis modus ; et turbavere consilium trepidi nuncii ac proximorum diffugia, lan-

gnentibus omnium studiis, qui primo alacres fidem atque animum ostentaverant.

XL. Agebatur huc illuc Galba, vario turbæ fluctuantis impulsu ; completis undique basilicis ac templis, lugubri prospectu : neque populi aut plebis ulla vox ; sed attoniti vultus, et conversæ ad omnia aures ; non tumultus, non quies ; quale magni metus et magnæ iræ silentium est. Othoni tamen armari plebem nunciabatur. Ire præcipites et occupare pericula jubet. Igitur milites romani, quasi Vologesen aut Pacorum avito Arsacidarum solio depulsuri, ac non imperatorem suum, inermem et senem, trucidare pergerent, disjecta plebe, proculcato senatu, truces armis, rapidis equis, forum irrumpunt : nec illos Capitolii adspectus, et imminentium templorum religio, et priores et futuri principes terruere, quominus facerent scelus cujus ultor est quisquis successit.

XLI. Viso cominus armatorum agmine, vexillarius comitatæ Galbam cohortis (Atilium Vergilionem fuisse tradunt) dereptam Galbæ imaginem solo afflixit. Eo signo

grand nombre, qu'il fut le premier à présenter sa tête aux meurtriers, en les excitant à frapper, s'ils croyaient que ce fût pour le bien de l'État. Peu importait aux meurtriers ce qu'il pouvait dire. On n'est pas bien d'accord sur celui qui le tua. Les uns nomment Térentius, un évocat, d'autres Lécanius. Le bruit le plus général est que ce fut Camurius, soldat de la quinzième légion, qui lui plongea son épée dans la gorge. Les autres, se jetant sur ses jambes et sur ses bras (car le corps était défendu par son armure), les mirent indignement en pièces. La plupart des coups furent portés, par férocité et par barbarie, lorsque la tête était déjà séparée du tronc.

XLII. Ils coururent ensuite à Vinius, dont on ne saurait assurer pareillement si la frayeur lui avait étouffé la voix, ou s'il s'écria qu'Othon n'avait pas donné l'ordre de le tuer, soit que ce fût un mensonge dicté par la peur, ou bien un aveu qu'il était dans le secret de la conjuration. Toute sa vie et son caractère connu portent plutôt à croire qu'il était en effet complice d'un crime dont il fut la cause. Il expira devant le temple de Jules César, blessé au jarret d'un premier coup, puis achevé par Julius Carus, légionnaire, qui le perça de part en part.

XLIII. Notre siècle vit ce jour-là un bel exemple de vertu dans Sempronius Densus, centurion d'une cohorte prétorienne, que Galba avait donnée à Pison pour l'escorter. Cet homme, se présentant aux meurtriers avec un simple poignard, leur reprocha leur crime ; et, tantôt par les coups qu'il portait, tantôt par ses cris, détournant sur lui toute leur rage, donna à Pison, quoi-que blessé, le temps de s'enfuir. Pison se sauva dans le temple de Vesta, où il trouva de la pitié dans un esclave public, qui le cacha dans sa chambre. L'obscurité de cette retraite, plutôt que la sainteté de l'asile, recula sa perte ; mais bientôt arrivèrent, par l'ordre d'Othon, deux assassins dont la fureur en voulait surtout à sa vie, Sulpicius Florus, soldat des cohortes britanniques, nouvellement fait citoyen par Galba, et Statius Murcus, spéculateur. Ceux-ci, ayant arraché Pison du temple, le massacrèrent à la porte.

XLIV. Cette mort fut celle qu'Othon apprit avec le plus de plaisir ; nulle autre tête ne fixa, dit-on, plus longtemps ses insatiables regards ; soit que ce fût alors le premier moment où son âme, libre de toute inquiétude, pût se livrer à la joie, ou soit que les idées de majesté, dans Galba, d'amitié, dans Vinius, eussent troublé d'un sentiment douloureux son cœur, tout impitoyable qu'il était. Ne voyant au contraire, dans Pison, qu'un rival et un ennemi, il croyait pouvoir légitimement se réjouir de sa mort. Les têtes, attachées à des piques, étaient portées en triomphe au milieu des enseignes des cohortes, tout près de l'aigle de la légion ; on ne voyait que soldats montrant à l'envi leurs mains sanglantes, tant ceux qui avaient tué que ceux qui avaient assisté au meurtre, qui tous, à droit ou à tort, s'en glorifiaient comme d'un grand et mémorable exploit. Vitellius trouva, par la suite, plus de cent vingt placets de gens qui demandaient une récompense, pour quelque service notable rendu ce jour-là. Il fit chercher et mettre à mort tous ces misérables ; non par honneur pour Galba, mais par

---

manifesta in Othonem omnium militum studia, desertum foro populi forum, destricta adversus dubitantes tela. Juxta Curtii lacum, trepidatione ferentium Galba projectus e sella ac provolutus est. Extremam ejus vocem, ut cuique odium aut admiratio fuit, varie prodidere. Alii, suppliciter interrogasse quid mali meruisset, paucos dies exsolvendo donativo deprecatum ; plures, obtulisse ultro percussoribus jugulum, agerent ac ferirent si ita e republica videretur. Non interfuit occidentium quid diceret. De percussore non satis constat : quidam Terentium evocatum, alii Lecanium ; crebrior fama tradidit Camurium quintædecimæ legionis militem, impresso gladio, jugulum ejus hausisse. Ceteri crura brachiaque (nam pectus tegebatur) fœde laniavere ; pleraque vulnera, feritate et sævitia, trunco jam corpori adjecta.

XLII. Titum inde Vinium invasere ; de quo et ipso ambigitur consumpseritne vocem ejus instans metus, an proclamaverit non esse ab Othone mandatum ut occideretur. Quod seu finxit formidine, seu conscientia conjurationis confessus est ; huc potius ejus vita famaque inclinat, ut conscius sceleris fuerit cujus causa erat. Ante ædem divi Julii jacuit, primo ictu in poplitem, mox ab Julio Caro, legionario milite, in utrumque latus transverberatus.

XLIII. Insignem illa die virum Sempronium Densum ætas nostra vidit. Centurio is prætoriæ cohortis, a Galba custodiæ Pisonis additus, stricto pugione occurrens armatis et scelus exprobrans, ac modo manu, modo voce, vertendo in se percussores, quanquam vulnerato Pisoni effugium dedit. Piso in ædem Vestæ pervasit, exceptusque misericordia publici servi et contubernio ejus abditus, non religione nec cærimoniis, sed latebra imminens exitium differebat, quum advenere missu Othonis, nominatim in cædem ejus ardentes, Sulpicius Florus e britannicis cohortibus, nuper a Galba civitate donatus, et Statius Murcus speculator ; a quibus protractus Piso in foribus templi trucidatur.

XLIV. Nullam cædem Otho majore lætitia excepisse, nullum caput tam insatiabilibus oculis perlustrasse dicitur : seu, tum primum levata omni sollicitudine, mens vacare gaudio cœperat ; seu recordatio majestatis in Galba, amicitiæ in T. Vinio, quamvis immitem animum imagine tristi confuderat ; Pisonis, ut inimici et æmuli, cæde lætari jus fasque credebat. Præfixa contis capita gestabantur, inter signa cohortium, juxta aquilam legionis ; certatim ostentantibus cruentas manus qui occiderant, qui interfuerant, qui vere, qui falso ut pulchrum et memorabile facinus jactabant. Plures quam centum et viginti libellos præmia exposcentium ob aliquam notabilem illa die operam Vitellius postea invenit ; omnesque conquiri et interfici jussit : non honore Galbæ, sed tradito principibus more, munimentum ad præsens, in posterum ultionem.

cette politique, commune aux princes, ae poursuivre les anciens crimes pour se garantir des nouveaux.

XLV. On eût cru voir un autre sénat, un autre peuple : tous couraient au camp ; on voulait laisser derrière les plus proches, atteindre les plus avancés ; on s'emportait contre Galba ; on exaltait le choix de l'armée ; on couvrait de baisers la main d'Othon, et, moins le zèle était sincère, plus il avait d'exagération. Othon, de son côté, ne rebutait personne, retenant de la voix et des yeux le soldat avide et menaçant. Ils demandaient avec fureur le supplice de Celsus, ce consul désigné qui, jusqu'au dernier moment, resta le fidèle ami de Galba. Ils détestaient ses talents et ses vertus, comme s'ils eussent été des crimes. Il était visible qu'ils ne cherchaient qu'une occasion de commencer le massacre et le pillage, et qu'ils en voulaient à tous les bons citoyens. Othon n'avait pas encore assez d'autorité pour empêcher le mal ; il pouvait seulement l'ordonner. Il feignit de la colère, et fit enchaîner Celsus, en assurant qu'il lui réservait un châtiment plus rigoureux : par là, il le déroba à la mort qui le menaçait. Tout se fit ensuite au gré des soldats.

XLVI. Ils choisirent eux-mêmes pour préfets du prétoire Plotius Firmus et Licinius Proculus. Plotius autrefois simple soldat, depuis commandant du guet, s'était déclaré pour Othon avant que Galba fût encore abandonné. Proculus, ami intime d'Othon, était soupçonné d'avoir fomenté ses projets. Ils donnèrent la préfecture de Rome à Flavius Sabinus, se conformant au choix de Néron, sous qui Sabinus avait occupé la même place : plusieurs aussi considéraient, dans Sabinus, le frère de Vespasien. On demanda avec instance la suppression des droits qu'on était dans l'usage de payer aux centurions pour les congés : c'était une sorte de tribut annuel auquel ils assujettissaient le soldat. Le quart d'une compagnie pouvait s'absenter ou errer librement dans le camp même, pourvu qu'on payât la taxe au centurion ; et personne ne songeait à proportionner cet impôt, ni à choisir les moyens d'y satisfaire. Les vols, les brigandages, les travaux mercenaires dédommageaient ensuite le soldat du prix que lui coûtait cette exemption de service. De plus, quand les centurions voyaient un soldat opulent, ils l'accablaient de travaux et de châtiments, pour qu'il achetât son congé. Lorsque, épuisé par cet achat, il s'était ensuite amolli par le repos, il rentrait dans la compagnie, pauvre et fainéant, de riche et de laborieux qu'il était. Tous les soldats, ainsi corrompus successivement par la licence et par la pauvreté, ne respiraient plus que trouble et faction, et finissaient par se jeter dans la guerre civile. Othon, ne voulant point déplaire aux centurions en gratifiant les soldats, promit que le fisc payerait tous les ans le prix de ces congés. Ce règlement, véritablement utile, a été maintenu depuis par les bons princes et par une pratique constante. Le préfet Lacon, qui, en apparence, n'était que relégué dans une île, fut tué par un évocat qu'Othon avait envoyé d'avance sur le chemin. Martianus Icélus n'étant qu'un affranchi, on l'exécuta publiquement.

XLVII. Après une journée entière de crimes, il restait, pour dernier malheur, de finir par des réjouissances. Le préteur de la ville convoque le sénat ; les autres magistrats se signalent, à l'envi, par des adulations ; les sénateurs accourent ; on

---

XLV. Alium crederes senatum, alium populum : ruere cuncti in castra, anteire proximos, certare cum præcurrentibus, increpare Galbam, laudare militum judicium, exosculari Othonis manum ; quantoque magis falsa erant quæ fiebant, tanto plura facere. Nec adspernabatur singulos Otho, avidum et minacem militum animum voce vultuque temperans. Marium Celsum, consulem designatum, et Galbæ usque in extremas res amicum fidumque, ad supplicium expostulabant, industriæ ejus innocentiæque quasi malis artibus infensi. Cædis et prædarum initium et optimo cuique perniciem quæri apparebat ; sed Othoni nondum auctoritas inerat ad prohibendum scelus ; jubere jam poterat. Ita simulatione iræ vinciri jussum, et majores pœnas daturum affirmans, præsenti exitio subtraxit. Omnia deinde arbitrio militum acta.

XLVI. Prætorii præfectos sibi ipsi legere : Plotium Firmum e manipularibus quondam, tum vigilibus præpositum, et incolumi adhuc Galba partes Othonis secutum ; adjungitur Licinius Proculus, intima familiaritate Othonis, suspectus consilia ejus fovisse. Urbi Flavium Sabinum præfecere, judicium Neronis secuti sub quo eamdem curam obtinuerat ; plerisque Vespasianum fratrem in eo respicientibus. Flagitatum ut vacationes præstari centurionibus solitæ remitterentur. Namque gregarius miles, ut tributum annuum, pendebat. Quarta pars manipuli sparsa per commeatus aut in ipsis castris vaga, dum mercedem centurioni exsolveret ; neque modum oneris quisquam, neque genus quæstus pensi habebat : per latrocinia et raptus, aut servilibus ministeriis, militare otium redimebant. Tum locupletissimus quisque miles labore ac sævitia fatigari, donec vacationem emeret ; ubi sumptibus exhaustus socordia insuper elanguerat, inops pro locuplete, et iners pro strenuo, in manipulum redibat ; ac rursus alius atque alius, eadem egestate ac licentia corrupti, ad seditiones et discordias, et, ad extremum, bella civilia ruebant. Sed Otho, ne vulgi largitione centurionum animos averteret, fiscum suum vacationes annuas exsoluturum promisit : rem haud dubie utilem, et a bonis postea principibus perpetuitate disciplinæ firmatam. Laco præfectus, tanquam in insulam seponeretur, ab evocato quem ad cædem jussu Otho præmiserat, confossus. In Martianum Icelum, ut in libertum, palam animadversum.

XLVII. Exacto per scelera die, novissimum malorum fuit lætitia. Vocat senatum prætor urbanus ; certant adulationibus ceteri magistratus. Accurrunt patres ; decernitur Othoni tribunitia potestas, et nomen Augusti, et omnes principum honores, annitentibus cunctis abolere convicia ac probra, quæ promiscue jacta hæsisse animo ejus nemo

décerne à Othon la puissance tribunitienne, le nom d'Auguste, et les autres honneurs du principat. Ils s'efforçaient tous de faire oublier leurs invectives et leurs insultes ; mais, comme tous ces traits avaient été jetés confusément, personne ne s'aperçut qu'ils fussent restés dans le cœur d'Othon, soit qu'il eût dédaigné ou différé seulement de se venger, ce que la brièveté de son règne a laissé incertain. Après qu'Othon, pour se rendre au Capitole, et de là au palais, eut fait passer son char au milieu du forum encore sanglant, à travers tous les morts qui y restaient étendus, il permit de leur rendre les derniers devoirs. Pison fut enseveli par sa femme Vérania et par son frère Scribonianus ; Vinius par Crispina, sa fille : ils firent chercher et racheter les têtes que les meurtriers avaient gardées pour les vendre.

XLVIII. Pison achevait la trente-unième année d'une vie plus honorable que fortunée. Ses frères, Magnus et Crassus, avaient péri victimes, le premier, de Claude, l'autre, de Néron. Lui, exilé longtemps, et quatre jours César, n'obtint, dans cette adoption précipitée, la préférence sur son aîné que pour être égorgé avant lui. Vinius vécut cinquante-sept ans : il y eut dans ses mœurs de grandes variations. Son père était d'une famille prétorienne, son aïeul maternel du nombre des proscrits. Sa première campagne le décria : il servait sous les ordres de Calvisius Sabinus. La femme de ce lieutenant, poussée d'un désir insensé de voir l'intérieur du camp, s'y était glissée la nuit déguisée en soldat. Après avoir vu monter la garde, et assisté, avec la même effronterie, aux autres exercices militaires, elle ne rougit pas de se prostituer dans l'enceinte même des aigles, et Vinius fut accusé d'avoir été son complice. Chargé de fers par ordre de Caïus, puis élargi à la faveur de la révolution qui survint, il parcourut paisiblement la carrière des honneurs, commanda une légion après sa préture, et avec distinction ; ensuite il se vit entaché d'une infamie digne d'un vil esclave, et soupçonné d'avoir volé une coupe d'or à la table de Claude, qui, le lendemain, fit servir, devant Vinius, seul, de la vaisselle de terre. Toutefois, dans son proconsulat, il gouverna la Gaule narbonnaise avec fermeté et désintéressement ; puis il fut précipité dans le mal par la faveur de Galba : audacieux, rusé, actif, et toujours, suivant la trempe de son caractère, bon ou méchant avec la même énergie. Les grandes richesses de Vinius firent casser son testament : Pison était pauvre, on respecta ses dernières volontés.

XLIX. Le corps de Galba, longtemps abandonné, après avoir été en proie à mille outrages dans le désordre de la nuit, fut recueilli par Argius, intendant de ce prince, un de ses anciens esclaves, qui lui donna une humble sépulture dans un jardin que possédait Galba avant d'être empereur. Sa tête, percée de coups, et attachée à une pique par des goujats et des vivandiers, fut retrouvée enfin le lendemain devant le tombeau de Patrobe, affranchi de Néron, que Galba avait fait exécuter. On la réunit aux cendres de son corps, déjà brûlé. Ainsi finit Servius Sulpicius Galba, à l'âge de soixante-treize ans, ayant passé au travers de cinq règnes une fortune brillante, et bien plus heureux sujet qu'empereur. Il y avait dans sa famille une illustration ancienne, de grandes richesses ; lui, n'était qu'un esprit médiocre, plutôt sans vices que vertueux, ni indifférent pour la gloire, ni très-passionné pour elle, ne desirant pas le bien d'autrui, économe du sien, avare de celui de l'État. Si ses amis et ses affranchis se rencontraient gens de bien, il le

---

sensit : omisisset offensas an distulisset, brevitate imperii in incerto fuit. Otho, cruento adhuc foro, per stragem jacentium in Capitolium atque inde in palatium vectus, concedi corpora sepulturæ crematique permisit. Pisonem Verania uxor ac frater Scribonianus, T. Vinium Crispina filia composuere, quæsitis redemptisque capitibus, quæ venalia interfectores servaverant.

XLVIII. Piso unum et tricesimum ætatis annum explebat, fama meliore quam fortuna. Fratres ejus Magnum Claudius, Crassum Nero interfecerant. Ipse diu exsul, quatriduo Cæsar, properata adoptione ad hoc tantum majori fratri prælatus est, ut prior occideretur. T. Vinius quinquaginta septem annos variis moribus egit. Pater illi e prætoria familia, maternus avus e proscriptis. Prima militia infamis, legatum Calvisium Sabinum habuerat ; cujus uxor, mala cupidine visendi situm castrorum, per noctem militari habitu ingressa, quum vigilias et cetera militiæ munia eadem lascivia temerasset, in ipsis principiis stuprum ausa, et criminis hujus reus T. Vinius arguebatur. Igitur jussu C. Cæsaris oneratus catenis, mox mutatione temporum dimissus, cursu honorum inoffenso, legioni post præturam præpositus probatusque ; servili deinceps probro respersus est, tanquam scyphum aureum in convivio Claudii furatus ; et Claudius postera die soli omnium Vinio fictilibus ministrari jussit. Sed Vinius proconsulatu Galliam narbonensem severe integreque rexit ; mox Galbæ amicitia in abruptum tractus, audax, callidus, promptus, et, prout animum intendisset, pravus aut industrius eadem vi. Testamentum T. Vinii, magnitudine opum, irritum. Pisonis supremam voluntatem paupertas firmavit.

XLIX. Galbæ corpus diu neglectum, et licentia tenebrarum plurimis ludibriis vexatum, dispensator Argius, e prioribus servis, humili sepultura in privatis ejus hortis contexit. Caput, per lixas calonesque suffixum laceratumque, ante Patrobii tumulum (libertus is Neronis punitus a Galba fuerat) postera demum die repertum et cremato jam corpori admixtum est. Hunc exitum habuit Servius Galba, tribus et septuaginta annis, quinque principes prospera fortuna emensus, et alieno imperio felicior quam suo. Vetus in familia nobilitas, magnæ opes ; ipsi medium ingenium, magis extra vitia quam cum virtutibus. Famæ nec incuriosus nec venditator. Pecuniæ alienæ non appe-

supportait sans peine; s'ils étaient méchants, il l'ignorait jusqu'à se rendre coupable. Mais l'éclat de sa naissance et le malheur des temps firent donner, à ce qui n'était qu'indolence, un renom de sagesse. Dans la vigueur de l'âge, il se distingua en Germanie par des talents militaires. Proconsul en Afrique, il la gouverna avec modération; et, déjà vieux, il se conduisit avec non moins d'équité dans l'Espagne citérieure, paraissant supérieur à la condition privée, tant qu'il y resta; et, au jugement de tous, digne de l'empire, s'il n'eût été empereur.

L. Au milieu des alarmes de Rome, qu'épouvantaient à la fois et l'atrocité de ce forfait récent et les anciens déréglements d'Othon, la nouvelle qu'on reçut touchant Vitellius acheva de consterner les esprits. On l'avait cachée avant le meurtre de Galba, pour laisser croire qu'il n'y avait de révoltée que l'armée du haut Rhin. Mais quand on vit ces deux hommes, les plus prodigues, les plus efféminés, les plus dissolus des mortels, élus en même temps à l'empire, comme si l'on eût conspiré sa ruine, alors, non-seulement le sénat et les chevaliers qui, ayant quelque part aux affaires, y portaient de l'intérêt, mais le peuple même, laissèrent éclater publiquement leur douleur. On ne parlait plus des barbaries qui avaient ensanglanté la paix des derniers règnes. Les guerres civiles, Rome tant de fois prise par ses propres soldats, les dévastations de l'Italie, le saccagement des provinces, revinrent à tous dans la mémoire. On ne s'entretenait que de Pharsale et de Philippes, de Pérouse et de Modène, noms fameux par les calamités publiques. Tous ces débats, même entre de grands hommes, avaient failli déjà bouleverser l'univers, quoique pourtant l'empire pût se flatter de subsister après la victoire de Jules et d'Auguste, ainsi que la république après celle de Pompée et de Brutus. Mais qu'attendre de Vitellius et d'Othon? Ira-t-on dans les temples, par des prières sinistres, par des vœux impies, solliciter des triomphes pour l'un ou l'autre de ces pervers, dont on saurait seulement que la guerre le pire est resté victorieux. Quelques-uns présageaient les mouvements de l'Orient et l'élévation de Vespasien; mais, en le préférant aux deux autres, ils redoutaient un surcroît de guerre et de désastres. D'ailleurs, Vespasien avait une réputation équivoque, et, de tous les princes qui l'ont précédé, c'est le seul que l'empire ait rendu meilleur.

LI. Je vais maintenant rapporter les causes et le commencement de la révolte de Vitellius. Julius Vindex avait péri avec toutes ses troupes. Cette victoire avait livré une contrée opulente au vainqueur, sans lui avoir coûté ni sang ni fatigues; l'armée, enorgueillie de sa gloire et de ses richesses, préférait les combats à l'inaction, le butin à une solde. Elle avait supporté longtemps un service infructueux et pénible, par la nature des lieux et du climat, et par la sévérité de la discipline, qui, inexorable dans la paix, se relâche pendant les guerres civiles, où, dans les deux partis, les corrupteurs sont tout prêts, et les perfides impunis. Elle était pourvue d'hommes, d'armes, de chevaux, et pour le besoin et pour le faste. Avant la guerre, le soldat ne connaissait que sa compagnie; chaque armée restait dans les limites de sa province. Mais, depuis qu'ils s'étaient réunis en corps contre Vindex, et qu'ils s'étaient essayés avec les peuples des Gaules, ils cherchaient de nouveaux troubles et une autre guerre. Les Gaulois n'étaient plus à leurs

---

tens, suæ parcus, publicæ avarus. Amicorum libertorumque, ubi in bonos incidisset, sine reprehensione patiens; si mali forent, usque ad culpam ignarus. Sed claritas natalium et metus temporum obtentui, ut quod segnitia erat sapientia vocaretur. Dum vigebat ætas, militari laude apud Germanias floruit. Proconsul, Africam moderate, jam senior citeriorem Hispaniam pari justitia continuit; major privato visus, dum privatus fuit; et, omnium consensu, capax imperii nisi imperasset.

L. Trepidam urbem, ac simul atrocitatem recentis sceleris, simul veteres Othonis mores paventem, novus insuper de Vitellio nuncius exterruit, ante cædem Galbæ suppressus, ut tantum superioris Germaniæ exercitum descivisse crederetur. Tum duos omnium mortalium impudicitia, ignavia, luxuria deterrimos, velut ad perdendum imperium fataliter electos, non senatus modo et eques, quis aliqua pars et cura reipublicæ, sed vulgus quoque palam mœrere. Nec jam recentia sævæ pacis exempla, sed repetita bellorum civilium memoria, captam toties suis exercitibus urbem, vastitatem Italiæ, direptiones provinciarum, Pharsaliam, Philippos, et Perusiam ac Mutinam, nota publicarum cladium nomina, loquebantur : « Prope eversum orbem, etiam quum de principatu inter bonos certaretur; sed mansisse C. Julio, mansisse Cæsare Augusto victore, imperium; mansuram fuisse sub Pompeio Brutoque rempublicam. Nunc pro Othone an pro Vitellio in templa ituros? Utrasque impias preces, utraque detestanda vota, inter duos quorum bello solum id scires, deteriorem fore qui vicisset. » Erant qui Vespasianum et arma Orientis augurarentur; et, ut potior utroque Vespasianus, ita bellum aliud atque alias clades horrebant. Et ambigua de Vespasiano fama; solusque omnium ante se principium in melius mutatus est.

LI. Nunc initia causasque motus Vitelliani expediam. Cæso cum omnibus copiis Julio Vindice, ferox præda gloriæ exercitus, ut cui sine labore ac periculo ditissimi belli victoria evenisset, expeditionem et aciem, præmia quam stipendia malebat. Diu infructuosam et asperam militiam toleraverant, ingenio loci cœlique et severitate disciplinæ; quam in pace inexorabilem discordia civium resolvunt, paratis utrinque corruptoribus et perfidia impunita. Viri, arma, equi, ad usum et ad decus, supererant. Sed ante bellum centurias tantum suas turmasque noverant; exercitus finibus provinciarum discernebantur. Tum

yeux, comme autrefois, des alliés : c'étaient des ennemis, c'étaient des vaincus. D'ailleurs, ceux des Gaulois qui bordent le Rhin avaient embrassé la cause des légions; et c'étaient alors les plus ardents instigateurs contre les Galbiens, comme ils appelaient les autres Gaulois, méprisant trop Vindex pour avoir donné son nom à un parti. Ennemis des Séquanes, des Éduens, et de tous ceux qui avaient des richesses, nos soldats dévoraient en espoir leurs villes, leurs terres, leurs maisons, emportés sans doute par l'avarice et l'arrogance, vices ordinaires du plus fort, mais aussi par l'insolence même des Gaulois, qui, fiers de l'accroissement de leur territoire, et de la remise que Galba leur avait faite du quart de leur tribut, étalaient ces récompenses aux yeux des légions pour les insulter. De plus, il courut un bruit, adroitement répandu, accueilli légèrement, qu'on allait décimer les légions et casser les centurions les plus déterminés. De toutes parts, des nouvelles menaçantes : rien que de sinistre de la capitale; l'ardente inimitié des Lyonnais, obstinés dans leur amour pour Néron, enfantait toutes ces calomnies. Mais c'était surtout au camp que le mensonge et la crédulité trouvaient le plus d'aliments dans les haines et dans les craintes, ainsi que dans la confiance que les soldats avaient de leurs forces, lorsqu'ils venaient à les compter.

LII. L'année précédente, dès le commencement de décembre, Vitellius, à peine entré dans la basse Germanie, avait été visiter avec soin les quartiers d'hiver des légions. Il avait rendu à la plupart des centurions leurs compagnies, remis les peines infâmantes, adouci les notes injurieuses, le plus souvent pour se faire des créatures, quelquefois pour être juste. Par exemple, Capito n'ayant fait et défait les centurions que par des vues de cupidité et d'avarice, sur ce point les changements de Vitellius étaient sages. Toutes ces opérations n'étaient que celles d'un simple lieutenant consulaire : mais l'armée en exagérait l'importance. Aux yeux des hommes graves, Vitellius était bas et rampant; ses partisans ne le trouvaient qu'affable. Ils le disaient libéral, parce qu'il prodiguait, sans mesure et sans discernement, son bien et celui d'autrui. Dans l'ardent désir de le voir empereur, ils métamorphosaient ses vices mêmes en vertus. Il y avait, dans les deux armées, des esprits modérés et pacifiques, tout autant de factieux et d'entreprenants; les deux lieutenants, surtout, Fabius Valens et Alliénus Cécina, étaient d'une cupidité effrénée et d'une audace incroyable. Valens était outré contre Galba; il l'avait averti des irrésolutions de Verginius; il avait étouffé les complots de Capito, et se prétendait mal récompensé. Il animait Vitellius; il lui représentait l'ardeur des soldats, son nom qui était dans toutes les bouches, Hordéonius trop faible pour s'opposer à rien : la Bretagne et les auxiliaires de Germanie prêts à le suivre, les provinces mécontentes. Que craindre d'un vieillard dont le pouvoir précaire allait passer dans un instant? La fortune s'offrait à Vitellius : il n'avait qu'à lui ouvrir son sein et la recevoir, Verginius, d'une simple famille équestre, fils d'un père inconnu, avait balancé avec raison, sûr de succomber s'il acceptait l'empire, et pouvant se flatter de vivre après l'avoir refusé. Il n'en était pas ainsi de Vitellius : les trois consulats du père, sa censure, l'honneur d'avoir eu pour collègues les Césars, donnaient depuis longtemps au fils l'éclat d'un empereur, et lui ôtaient la sécurité d'un particulier. Ces raisons ébranlaient son cœur pusillanime, de ma-

adversus Vindicem contractæ legiones, seque et Gallias expertæ, quærere rursus arma novasque discordias; nec socios, ut olim, sed hostes et victos vocabant. Nec deerat pars Galliarum quæ Rhenum accolit, easdem partes secuta ac tum acerrima instigatrix adversus Galbianos. hoc enim nomen, fastidito Vindice, indiderant. Igitur Sequanis Æduisque, ac deinde prout opulentia civitatibus erat, infensi, expugnationes urbium, populationes agrorum, raptus penatium hauserunt animo : super avaritiam et arrogantiam, præcipua validiorum vitia, contumacia Gallorum irritati, qui remissam sibi a Galba quartam tributorum partem, et publice donatos, in ignominiam exercitus jactabant. Accessit callide vulgatum, temere creditum decumari legiones, et promptissimum quemque centurionum dimitti. Undique atroces nuncii, sinistra ex urbe fama; infensa lugdunensis colonia, et, pertinaci pro Nerone fide, fecunda rumoribus. Sed plurima ad fingendum credendumque materies in ipsis castris, odio, metu, et, ubi vires suas respexerant, securitate.

LII. Sub ipsas superioris anni kalendas decembres, Aulus Vitellius, inferiorem Germaniam ingressus, hiberna legionum cum cura adierat. Redditi plerisque ordines, remissa ignominia, allevatæ notæ : plura ambitione, quædam judicio; in quibus sordem et avaritiam Fonteii Capitonis, adimendis assignandisve militiæ ordinibus, integre mutaverat. Nec consularis legati mensura, sed in majus, omnia accipiebantur. Et Vitellius apud severos humilis; ita comitatem bonitatemque faventes vocabant, quod sine modo, sine judicio, donaret sua, largiretur aliena; aviditate imperandi, ipsa vitia pro virtutibus interpretabantur. Multi in utroque exercitu sicut modesti quietique, ita mali et strenui. Sed profusa cupidine et insigni temeritate legati legionum, Allienus Cæcina et Fabius Valens : e quibus Valens, infensus Galbæ, tanquam detectam a se Verginii cunctationem, oppressa Capitonis consilia ingrate tulisset, instigare Vitellium, ardorem militum ostentans. « Ipsum celebri ubique fama; nullam in Flacco Hordeonio moram; affore Britanniam; secutura Germanorum auxilia; male fidas provincias; precarium seni imperium et brevi transiturum; panderet modo sinum, et venienti fortunæ occurreret. Merito dubitasse Verginium, equestri familia, ignoto patre; imparem, si recepisset imperium, tutum, si recusasset. Vitellio tres patris consulatus, censuram, collegium Cæsaris, imponere jampridem imperatoris di-

nière toutefois qu'il désirait plus qu'il n'espérait.

LIII. Dans la haute Germanie, Cécina, qui possédait les grâces de la jeunesse, une taille majestueuse, une valeur bouillante, une grande facilité de parole, une démarche fière, avait gagné tous les cœurs des soldats. Il était questeur dans la Bétique, lorsque, pour récompenser le zèle avec lequel il s'était déclaré, Galba lui donna, malgré sa jeunesse, le commandement d'une légion ; mais, depuis, ayant eu la preuve qu'il avait détourné les deniers publics, il donna ordre qu'il fût recherché rigoureusement sur ce péculat. Cécina, furieux, résolut de tout bouleverser, et de couvrir ses blessures privées des ruines de l'État. Les germes de discorde ne manquaient point déjà dans cette armée : elle avait marché tout entière contre Vindex, et n'avait reconnu Galba qu'après la mort de Néron, en quoi même elle s'était laissé prévenir par les troupes du bas Rhin. D'ailleurs, les Trévires, les Langrois, et tous ces peuples que Galba avait châtiés par des édits rigoureux ou par la perte de leur territoire, ne cessaient, à la faveur du voisinage, de fréquenter le camp de ces légions. De là mille entretiens séditieux, et la corruption du soldat, par le commerce des habitants ; de là cet enthousiasme pour Verginius, et qui pouvait éclater pour tout autre.

LIV. Les Langrois avaient, suivant un ancien usage, envoyé en présent aux légions deux mains entrelacées, symbole de l'hospitalité. Leurs députés, affectant un air d'abattement et de douleur, allaient dans la place d'armes, dans toutes es tentes, et là ils se répandaient en plaintes, tantôt sur leurs propres injures, tantôt sur les récompenses des cités voisines ; puis, se voyant écoutés favorablement du soldat, ils se récriaient sur les périls, sur les humiliations de l'armée même, et ils enflammaient tous les esprits. On n'était pas loin d'une sédition, lorsque Hordéonius ordonna aux députés de quitter le camp ; et, pour cacher mieux leur départ, il les fit partir la nuit. Il en courut mille bruits affreux ; la plupart affirmaient qu'on avait massacré les députés, et qu'on verrait bientôt, s'ils n'y prennient garde, les plus braves soldats, ceux qui s'étaient permis des murmures, périr ainsi dans les ténèbres et à l'insu de leurs camarades. Les légions se lient entre elles par un traité secret. Les auxiliaires y furent admis. D'abord suspects aux légions, que toutes ces cohortes et toute cette cavalerie dont on les avait entourées, semblaient menacer d'une attaque, ils furent bientôt les plus ardents à entrer dans leurs complots : les méchants s'accordent plus facilement pour la guerre, que pour le bon ordre dans la paix.

LV. Toutefois les légions du bas Rhin prêtèrent, aux calendes de janvier, le serment solennel à Galba. Ce fut, il est vrai, en hésitant beaucoup ; à peine quelques voix se firent entendre dans les premières centuries ; le reste garda le silence, s'attendant les uns les autres, par cet instinct naturel à l'homme de suivre avec ardeur, mais de n'oser se déclarer le premier. Il y avait, dans ces légions même, des dispositions différentes. La première et la cinquième étaient si emportées, qu'il y eut des pierres lancées contre les images de Galba : la quinzième et la seizième se bornaient à des murmures et à des menaces ; ils cherchaient autour d'eux un premier signal pour éclater. Mais, dans la haute Germanie, ce même jour des calendes de janvier, la quatrième

---

gnationem, auferre privati securitatem. » Quatiebatur his segne ingenium, ut concupisceret magis quam ut speraret.

LIII. At in superiore Germania, Cæcina, decora juventa, corpore in ens, animi immodicus, scito sermone, erecto incessu, studia militum illexerat. Hunc juvenem Galba, quæstorem in Bætica, impigre in partes suas transgressum, legioni præposuit; mox compertum publicam pecuniam avertisse, ut peculatorem flagitari jussit. Cæcina ægre passus, miscere cuncta, et privata vulnera reipublicæ malis operire statuit. Nec deerant in exercitu semina discordiæ, quod et bello adversus Vindicem universus adfuerat, nec nisi occiso Nerone translatus in Galbam, atque in eo ipso sacramento vexillis inferioris Germaniæ præventus erat. Et Treveri ac Lingones, quasque alias civitates atrocibus edictis aut damno finium Galba perculerat, hibernis legionum propius miscentur. Unde seditiosa colloquia, et inter paganos corruptior miles, et in Verginium favor cuicumque alii profuturus.

LIV. Miserat civitas Lingonum, vetere instituto, dona legionibus, dextras hospitii insigne. Legati eorum, in squalorem mœstitiamque compositi, per principia, per contubernia modo suas injurias, modo civitatum vicinarum præmia, et, ubi pronis militum auribus accipiebantur, ipsius exercitus pericula et contumelias conquerentes, arcendebant animos. Nec procul seditione aberant, quum Hordeonius Flaccus abire legatos, atque occultior digressus esset, nocte castris excedere jubet. Inde atrox rumor, affirmantibus plerisque interfectos, ac nisi ipsi consulerent, fore ut acerrimi militum et præsentia conquesti, per tenebras et inscitiam ceterorum, occiderentur. Obstringuntur inter se tacito fœdere legiones. Adsciscitur auxiliorum miles, primo suspectus, tanquam circumdatis cohortibus alisque impetus in legiones pararetur, mox eadem acrius volvens : faciliore inter malos consensu ad bellum quam in pace ad concordiam.

LV. Inferioris tamen Germaniæ legiones solenni kalendarum januariarum sacramento pro Galba adactæ, multa cunctatione et raris primorum ordinum vocibus; ceteri silentio proximi cujusque audaciam exspectantes : insita mortalibus natura , propere sequi quæ piget inchoare. Sed ipsis legionibus inerat diversitas animorum. Primani quintanique turbidi adeo ut quidam saxa in Galbæ imagines jecerint ; quintad cima ac sextadecima legiones, nihil ultra fremitum et minas ausæ, initium erumpendi

et la dix-huitième légions qui campaient ensemble, mettent en pièces les images de Galba, la quatrième avec plus de résolution, la dix-huitième en hésitant, puis toutes deux enfin de concert. Et, pour ne point paraître dépouiller tout respect pour l'autorité, elles rappelèrent, dans leur serment, les noms presque oubliés du sénat et du peuple romain. Pas un seul des lieutenants ou des tribuns ne fit, en faveur de Galba, le moindre mouvement. Quelques mutins, comme il arrive dans toutes les séditions, se firent remarquer davantage. Personne toutefois ne prit la parole, ou ne monta sur une estrade pour haranguer. Il n'y avait point encore de chef auprès de qui on pût s'en faire un mérite.

LVI. Hordéonius, lieutenant consulaire, restait spectateur tranquille de tous ces attentats; il n'entreprit ni de réprimer les furieux, ni de retenir les faibles, ni d'exhorter les bons; mais il était sans énergie, sans courage, et innocent par incapacité. Quatre centurions de la dix-huitième légion, Nonius Receptus, Donatius Valens, Romilius Marcellus, Calpurnius Repentinus, voulant défendre les images de Galba, furent saisis avec violence par les soldats, et mis aux fers. Personne, dès lors, ne se piqua plus de fidélité et ne songea à ses premiers serments, et, comme il arrive dans les séditions, ce que faisait le plus grand nombre, tous le firent. La nuit qui suivit les calendes de janvier, pendant que Vitellius soupait, l'aquilifère de la quatrième légion vient à Cologne lui annoncer que la quatrième et la dix-huitième légions, après avoir brisé les images de Galba, avaient prêté serment au sénat et au peuple romain : ce serment fut compté pour rien. On résolut de saisir la fortune dans ce moment de crise, et d'offrir un prince aux légions. Vitellius envoya dire aux soldats et aux lieutenants de son armée, que celle du haut Rhin avait abandonné Galba; qu'il fallait donc ou la combattre, ou, s'ils préféraient la paix et la concorde, faire un empereur, et que le risque était moindre de le prendre que de le chercher.

LVII. La première légion campait tout près de là : Valens, qui la commandait, était le plus déterminé des lieutenants. Dès le lendemain, il entre dans Cologne avec la cavalerie de la légion et celle des auxiliaires; il proclame Vitellius empereur : les autres légions de la province suivirent l'exemple avec une émulation incroyable, et l'armée du haut Rhin, laissant là ces noms spécieux de sénat et de peuple romain, dès le troisième jour des nones de janvier, reconnut Vitellius. On peut juger si, deux jours auparavant, elle était l'armée de la république. Cologne, Langres, Trèves, montrèrent autant d'ardeur que les troupes; elles offrirent des hommes, des chevaux, des armes, de l'argent. Chaque habitant voulait contribuer de sa personne, de sa fortune, de ses talents. Et ce n'étaient pas seulement les chefs des colonies ou de l'armée, ceux qui avaient déjà de grands biens, et fondaient sur la victoire de grandes espérances; jusqu'aux moindres soldats, sacrifiant leurs provisions de route, leurs baudriers, leurs phalères, leurs armes, si elles avaient quelques ornements de prix, venaient, au défaut d'argent, les livrer par imitation, par inclination, par cupidité.

LVIII. Vitellius, après avoir loué les troupes de leur zèle, répartit entre des chevaliers romains le service de la maison du prince, qui s'était fait, de tout temps, par des affranchis. Il paya les congés

---

circumspectabant. At in superiori exercitu, quarta ac duodevicesima legiones iisdem hibernis tendentes, ipso kalendarum januariarum die, dirumpunt imagines Galbæ: quarta legio promptius, duodevicesima cunctanter, mox consensu. Ac ne reverentiam imperii exuere viderentur, senatus populique romani obliterata jam nomina sacramento advocabant : nullo legatorum tribunorumve pro Galba nitente, quibusdam, ut in tumultu, notabilius turbantibus. Non tamen quisquam in modum concionis aut e suggestu locutus : neque enim erat adhuc cui imputaretur.

LVI. Spectator flagitii Hordeonius Flaccus, consularis legatus, aderat, non compescere ruentes, non retinere dubios, non cohortari bonos ausus; sed segnis, pavidus, et socordia innocens. Quatuor centuriones duodevicesimæ legionis, Nonius Receptus, Donatius Valens, Romilius Marcellus, Calpurnius Repentinus, quum protegerent Galbæ imagines, impetu militum abrepti vinctique. Nec cuiquam ultra fides aut memoria prioris sacramenti; sed, quod in seditionibus accidit, unde plures erant omnes fuere. Nocte quæ kalendas januarias secuta est, in Coloniam Agrippinensem aquilifer quartæ legionis epulanti Vitellio nunciat quartam et duodevicesimam legiones, projectis Galbæ imaginibus, in senatus et populi romani verba jurasse. Id sacramentum inane visum : occupari nutantem fortunam et offerri principem placuit. Missi a Vitellio ad legiones legatosque, qui « descivisse a Galba superiorem exercitum » nunciarent : « proinde aut bellandum adversus descicentes, aut, si concordia et pax placeat, faciendum imperatorem; et minore discrimine sumi principem quam quæri. »

LVII. Proxima legionis primæ hiberna erant, et promptissimus legatis Fabius Valens. Is die postero Coloniam Agrippinensem cum equitibus legionis auxiliariorumque ingressus, imperatorem Vitellium consalutavit. Secutæ ingenti certamine ejusdem provinciæ legiones; et superior exercitus, speciosis senatus populique romani nominibus relictis, tertio nonas januarias Vitellio accessit : scires illum priore biduo non penes rempublicam fuisse. Ardorem exercituum Agrippinenses, Treveri, Lingones æquabant, auxilia, equos, arma, pecunias offerentes, ut quisque corpore, opibus, ingenio validus. Nec principes modo coloniarum aut castrorum, quibus præsentia ex affluenti, et parta victoria magnæ spes; sed manipuli quoque et gregarius miles viatica sua et balteos phalerasque, insignia armorum argento decora, loco pecuniæ tradebant, instinctu et impetu et avaritia.

LVIII. Igitur laudata militum alacritate, Vitellius mi-

aux centurions avec l'argent du fisc : satisfit la cruauté des soldats sur plusieurs dont ils demandaient le supplice, et l'éluda pour d'autres, sous prétexte de les mettre en prison. Il laissa massacrer, sur-le-champ, Pompéius Propinquus, procurateur de la Belgique; il eut l'adresse de soustraire Julius Burdo, commandant de la flotte de Germanie. L'armée, persuadée que Burdo avait conseillé la révolte à Capiton, pour tramer ensuite sa perte, était enflammée de colère contre lui. La mémoire de Capiton leur était chère, et, avec ces furieux, si l'on pouvait tuer ouvertement, il fallait tromper pour faire grâce. Burdo fut donc tenu en prison; et, après la victoire, lorsque la haine des soldats fut enfin assoupie, on le relâcha. En attendant, Vitellius leur abandonna pour victime le centurion Crispinus, qui avait trempé ses mains dans le sang de Capiton, et qui, trop connu par là de ceux qui demandaient sa mort, coûta moins à sacrifier.

LIX. On fit échapper Julius Civilis, de peur que le supplice de ce guerrier, tout-puissant parmi les Bataves, n'aliénât cette nation belliqueuse. Il y avait, sur le territoire de Langres, huit cohortes de Bataves, qui formaient les auxiliaires de la quatorzième légion, séparées de la légion par cet esprit de discorde qui régnait alors. Ces huit cohortes pouvaient, en se déclarant pour ou contre mettre un grand poids dans la balance. Vitellius fit tuer les centurions dont j'ai parlé plus haut, Nonius, Donatius, Romilius, Calpurnius, coupables de fidélité, le plus grand des crimes pour des rebelles. Asiaticus, lieutenant de la Belgique, depuis gendre de Vitellius, grossit encore leurs forces. Blésus, gouverneur de la Gaule lyonnaise, leur donna la légion d'Italie et la division de cavalerie de Turin qui campaient à Lyon; les troupes de Rhétie entrèrent sur-le-champ dans le parti. En Bretagne même, on n'hésita point.

LX. Cette province avait pour commandant Trébellius Maximus, homme que son avarice et sa cupidité faisaient haïr et mépriser des troupes. Ces haines étaient entretenues par Célius, lieutenant de la vingtième légion, de tout temps ennemi du commandant, mais qui, à l'occasion de la guerre civile, s'était déchaîné avec un surcroît de violence. Trébellius reprochait à Célius son esprit séditieux, destructeur de toute discipline; Célius reprochait à Trébellius la misère des soldats victimes de son brigandage. Au milieu de ces querelles honteuses des chefs, la subordination du soldat se perdait, et le désordre fut poussé au point que Trébellius, assailli d'injures par les auxiliaires même, et se voyant abandonné par les cohortes et par la cavalerie qui avaient pris parti pour Célius, n'eut d'autre ressource que de se réfugier auprès de Vitellius. La province, restée sans consulaire, n'en fut pas moins paisible : elle fut gouvernée par les lieutenants des légions, ou plutôt par Célius, leur égal par le grade, leur chef par l'audace.

LXI. La jonction de l'armée de Bretagne avait donné à Vitellius des forces et une puissance formidables. Il forma deux armées, ayant chacune son général, leur assigna deux routes différentes. Valens eut ordre de passer par la Gaule, de l'attirer dans le parti, ou, sur son refus, de la

nisteria principatus, per libertos agi solita, in equites romanos disponit. Vacationes centurionibus ex fisco numerat. Sævitiam militum, plerosque ad pœnam exposcentium, sæpius approbat, partim simulatione vinculorum frustratur. Pompeius Propinquus, procurator Belgicæ, statim interfectus. Julium Burdonem, germanicæ classis præfectum, astu subtraxit. Exarserat in eum iracundia exercitus, tanquam crimen ac mox insidias Fonteio Capitoni struxisset. Grata erat memoria Capitonis ; et apud sævientes occidere palam, ignoscere non nisi fallendo licebat. Ita in custodia habitus; et post victoriam demum, stratis jam militum odiis, dimissus est. Interim ut piaculum objicitur centurio Crispinus, qui se sanguine Capitonis cruentaverat, eoque et postulantibus manifestior et punienti vilior fuit.

LIX. Julius deinde Civilis periculo exemptus, præpotens inter Batavos, ne supplicio ejus ferox gens alienaretur. Et erant in civitate Lingonum octo Batavorum cohortes, quartædecimæ legionis auxilia, tum discordia temporum a legione digressæ, prout inclinassent, grande momentum sociæ aut adversæ. Nonium, Donatium, Romilium, Calpurnium centuriones, de quibus supra retulimus, occidi jussit, damnatos fidei crimine, gravissimo inter desciscentes. Accessere partibus Valerius Asiaticus, Belgicæ provinciæ legatus, quem mox Vitellius generum adscivit; et Junius Blæsus, lugdunensis Galliæ rector, cum italica legione et ala Taurina, Lugduni tendentibus. Nec in rhæticis copiis mora quominus statim adjungerentur. Ne in Britannia quidem dubitatum.

LX. Præerat Trebellius Maximus, per avaritiam ac sordes contemptus exercitui invisusque. Accendebat odium ejus Roscius Cœlius, legatus vicesimæ legionis, olim discors; sed occasione civilium armorum atrocius proruperat. Trebellius seditionem et confusum ordinem disciplinæ Cœlio, spoliatas et inopes legiones Cœlius Trebellio objectabat : quum interim, fœdis legatorum certaminibus modestia exercitus corrupta, eoque discordiæ ventum ut auxiliarium quoque militum conviciis proturbatus, et, aggregantibus se Cœlio cohortibus alisque desertus Trebellius ad Vitellium perfugerit : quies provinciæ quanquam remoto consulari mansit; rexere legati legionum, pares jure, Cœlius audendo potentior.

LXI. Adjuncto britannico exercitu, ingens viribus opibusque Vitellius, duos duces, duo itinera bello destinavit. Fabius Valens allicere, vel, si abnuerent, vastare Gallias, et Cottianis Alpibus Italiam irrumpere; Cæcina propiore transitu, Peninis jugis degredi jussus. Valenti inferioris exercitus electi, cum aquila quintæ legionis et cohortibus

saccager et ensuite d'entrer en Italie par les Alpes Cottiennes. Cécina, prenant un chemin plus court, devait descendre par les Alpes Pennines. On donna à Valens l'élite de l'armée du bas Rhin, avec l'aigle de la cinquième légion, et un corps de troupes légères et de cavalerie ; ce qui formait environ quarante mille hommes. Cécina en conduisait trente mille de l'armée du haut Rhin : une seule légion, la vingt et unième, rendait cette armée imposante. Les deux généraux emmenèrent de plus des auxiliaires germains avec lesquels Vitellius compléta aussi une troisième armée, qu'il devait conduire en personne, voulant combattre avec la masse entière de ses forces.

LXII. Il y avait un contraste bien étonnant entre le chef et les soldats. Ceux-ci demandaient leurs armes, voulaient marcher malgré l'hiver, et, sans s'arrêter à de lâches négociations, profiter de la terreur des Gaules, des irrésolutions de l'Espagne, envahir l'Italie, prendre Rome, se hâter enfin, parce que rien n'est plus important dans les guerres civiles, et qu'il y faut agir bien plus que délibérer. Vitellius s'endormait, n'usait de sa nouvelle fortune que pour consumer d'avance les revenus de l'empire en lâches dissolutions et en festins ruineux. Dès midi, il était ivre et appesanti de nourriture. Cependant tout marchait par la seule ardeur et par le seul courage des troupes, comme si le chef eût été présent pour animer les braves et châtier les lâches. Rassemblés et tout prêts, ils demandent le signal du départ. Le nom de Germanicus fut donné à Vitellius sur-le-champ ; pour celui de César, il n'en voulut pas même après la victoire. Il y eut, le jour même du départ, un augure qui enchanta Valens et l'armée qu'il conduisait. Un aigle, planant doucement au-dessus des troupes, et réglant son vol sur leur marche, sembla les guider dans leur route ; et tels furent, pendant un long espace, les cris de joie des soldats, le calme et l'intrépidité de cet oiseau, qu'on ne douta point que ce ne fût un présage infaillible de gloire et de prospérité.

LXIII. Ils traversèrent, sans précautions, le pays des Trévires, leurs alliés. Mais, à Divodurum, ville des Médiomatriques, malgré l'accueil favorable qu'ils avaient reçu, saisis d'une terreur panique, ils prirent subitement les armes pour égorger un peuple innocent. Et ce ne fut point la soif du pillage et du butin, mais un accès de fureur et de rage, dont la cause était incertaine, et, par là même, le remède plus difficile. Enfin, adoucis par les prières de leur général, ils s'abstinrent de saccager la ville. Il y périt cependant près de quatre mille hommes : ce qui répandit dans les Gaules un tel effroi, qu'à l'approche de l'armée il n'y eut point de ville qui ne vînt tout entière au-devant avec ses magistrats, pour demander grâce. Les femmes et les enfants se prosternaient dans les chemins, et rien de ce qui peut désarmer un ennemi furieux, n'était épargné par ces peuples, qui n'étaient pas en guerre, pour obtenir la paix.

LXIV. La nouvelle du meurtre de Galba et de l'élection d'Othon parvint à Fabius, dans le pays des Leuques. Elle ne donna aux soldats ni joie, ni crainte : leur cœur ne respirait que la guerre. Elle fixa l'irrésolution des Gaulois, qui, haïssant également Vitellius et Othon, craignaient de plus Vitellius. On marcha ensuite vers Langres, alliée fidèle des légions : généreusement accueillies, elles disputèrent de générosité. Mais la joie fut courte, par l'insolence de ces cohortes qui s'étaient séparées, comme je l'ai dit, de la quatorzième légion, et que Fabius avait jointes à son armée. Quelques injures produisirent une querelle entre les Bataves et les légionnaires. Chaque soldat venant ensuite à prendre parti pour les uns ou pour les autres,

aliisque, ad quadraginta millia armatorum data ; triginta millia Cæcina e superiore Germania ducebat, quorum robur legio una et vicesima fuit : addita utrique Germanorum auxilia, e quibus Vitellius suas quoque copias supplevit, tota mole belli secuturus.

LXII. Mira inter exercitum imperatoremque diversitas. Instare miles, arma poscere, « dum Galliæ trepident, dum Hispaniæ cunctentur; non obstare hiemem neque ignavæ pacis moras; invadendam Italiam, occupandam urbem, nihil in discordiis civilibus festinatione tutius, ubi facto magis quam consulto opus esset » Torpebat Vitellius, et fortunam principatus inerti luxu ac prodigis epulis præsumebat, medio diei temulentus et sagina gravis; quum tamen ardor et vis militum ultro ducis munia implebat, ut si adesset imperator et strenuis vel ignavis spem metumque adderet. Instructi intentique signum profectionis exposcunt. Nomen Germanici Vitellio statim additum; Cæsarem se appellari etiam victor prohibuit. Lætum augurium Fabio Valenti exercituique quem in bellum agebat, ipso profectionis die, aquila leni meatu, prout agmen incederet, velut dux viæ prævolavit; longumque per spatium, is gaudentium militum clamor, ea quies interritæ alitis fuit, ut haud dubium magnæ et prosperæ rei omen acciperetur.

LXIII. Et Treveros quidem ut socios securi adiere; Divoduri (Mediomatricorum id oppidum est) quanquam omni comitate exceptos subitus pavor exterruit, raptis repente armis ad cædem innoxiæ civitatis; non ob prædam aut spoliandi cupidine, sed furore et rabie et causis incertis, eoque difficilioribus remediis; donec precibus ducis mitigati ab excidio civitatis temperavere; cæsa tamen ad quatuor millia hominum. Isque terror Gallias invasit ut venienti mox agmini universæ civitates, cum magistratibus et precibus occurrerent, stratis per vias pueris feminisque ; quæque alia placamenta hostilis iræ, non quidem in bello, sed pro pace tendebantur.

LXIV. Nuncium de cæde Galbæ et imperio Othonis Fabius Valens in civitate Leucorum accepit. Nec militum animus in gaudium aut formidinem permotus : bellum volvebat. Gallis cunctatio exempta ; et in Othonem ac Vitel-

la querelle allait devenir un combat sanglant, si Fabius, par le châtiment de quelques mutins, n'eût rappelé les Bataves à la subordination qu'ils avaient déjà oubliée. On chercha en vain un prétexte de guerre contre les Éduens. Outre l'argent et les armes qu'on les somma de livrer, ils fournirent d'eux-mêmes et gratuitement des vivres. Ce qu'Autun fit par crainte, Lyon le fit par zèle. On emmena la légion d'Italie avec la division de cavalerie de Turin, et l'on se contenta d'y laisser la dix-huitième cohorte, accoutumée à ce cantonnement. Manlius Valens, lieutenant de la légion d'Italie, quoique ayant bien mérité du parti, ne reçut de Vitellius aucunes distinctions. Fabius l'avait décrié, sans qu'il le sût, par des inculpations secrètes; et, pour le tromper mieux, il le louait en public.

LXV. Il régnait entre Vienne et Lyon une ancienne inimitié, que la dernière guerre avait aigrie. Ils s'étaient désolés mutuellement par des combats, trop renouvelés et trop acharnés pour n'avoir de motifs que l'intérêt de Galba et de Néron. Galba avait profité de ses ressentiments contre Lyon, pour en confisquer les revenus. Vienne, au contraire, fut comblée d'honneurs; et, de là, des rivalités, des jalousies et des haines, qui n'avaient qu'une rivière à franchir pour s'entrechoquer. Les Lyonnais donc ne cessent d'aiguillonner chaque soldat en particulier, et de les pousser à la destruction de Vienne; ils représentaient qu'elle avait assiégé leur colonie, secouru Vindex, levé, depuis peu, des légions pour le service de Galba. Après leur avoir suggéré des prétextes de haine, ils étalaient la richesse du butin. Bientôt ils ne se bornent plus à des exhortations secrètes : ils les conjurent publiquement de marcher à la vengeance, d'anéantir ce foyer de la guerre des Gaules où tout était étranger et ennemi. Pour eux, ils étaient une colonie de Rome, une partie de l'armée, les compagnons inséparables de leur bonne et de leur mauvaise fortune. Voudraient-ils, en cas de malheur, les laiser à la merci d'un voisin furieux?

LXVI. Ces discours, et mille autres semblables, avaient tellement échauffé le soldat, que les lieutenants et les chefs de parti ne croyaient plus possible de calmer sa colère. Les Viennois, qui ne se dissimulaient pas leur danger, vinrent sur le chemin de l'armée, avec tout l'appareil religieux des suppliants; et là, se jetant aux genoux des soldats, s'attachant à leurs armes, à tous leurs pas, ils commencèrent à les adoucir. Fabius ajouta trois cents sesterces pour chaque soldat. Alors on sentit toute l'importance d'une colonie aussi ancienne; pour lors, les représentations du général pour qu'on ne détruisît pas la ville, pour qu'on n'égorgeât pas les habitants, furent écoutées favorablement. Toutefois, on leur infligea une peine publique, on les dépouilla de leurs armes, et, en particulier, chaque habitant fournit des provisions de toute espèce au soldat. Il a passé pour constant que Fabius aussi fut gagné par une grosse somme d'argent. Cet homme, longtemps dans la détresse, et tout à coup riche, ne savait point cacher ce changement de fortune; immodéré dans ses désirs, qu'avait irrité une longue indigence, les privations de son premier âge causèrent les prodigalités de sa vieil-

---

lium odium par, ex Vitellio et metus. Proxima Lingonum civitas erat, fida partibus. Benigne excepti, modestia certavere; sed brevis lætitia fuit, cohortium intemperie, quas a legione quartadecima, ut supra memoravimus, digressas exercitui suo Fabius Valens adjunxerat. Jurgia primum; mox rixa inter Batavos et legionarios, dum his aut illis studia militum aggregantur, prope in prœlium exarsere; ni Valens, animadversione paucorum, oblitos jam Batavos imperii admonuisset. Frustra adversus Æduos quæsita belli causa: jussi pecuniam atque arma deferre, gratuitos insuper commeatus præbuere. Quod Ædui formidine, Lugdunenses gaudio fecere. Sed legio italica et ala Taurina abductæ. Cohortem duodevicesimam Lugduni, solitis sibi hibernis, relinqui placuit. Manlius Valens, legatus italicæ legionis, quanquam bene de partibus meritus, nullo apud Vitellium honore fuit : secretis eum criminationibus infamaverat Fabius ignarum, et, quo incautior deciperetur, palam laudatum.

LXV. Veterem inter Lugdunenses Viennensesque discordiam proximum bellum accenderat. Multæ invicem clades, crebrius infestiusque quam ut tantum propter Neronem Galbamque pugnaretur. Et Galba reditus Lugdunensium, occasione iræ, in fiscum verterat. Multus contra in Viennenses honor : unde æmulatio et invidia, et uno amne discretis connexum odium. Igitur Lugdunenses exstimulare singulos nutritum, et in eversionem Viennensium impellere, « obsessam ab illis coloniam suam, adjutos Vindicis conatus, conscriptas nuper legiones in præsidium Galbæ » referendo; et ubi causas odiorum prætenderant, magnitudinem prædæ ostendebant. Nec jam secreta exhortatio, sed publicæ preces : « Irent ultores, exscinderent sedem Gallici belli; cuncta illic externa et hostilia; se coloniam romanam et partem exercitus, et prosperarum adversarumque rerum socios; si fortuna contra daret, iratis ne relinquerentur. »

LXVI. His et pluribus in eumdem modum perpulerant, ut ne legati quidem ac duces partium restingui posse iracundiam exercitus arbitrarentur; quum haud ignari discriminis sui Viennenses, velamenta et infulas præferentes, ubi agmen incesserat, arma, genua, vestigia prensando, flexere militum animos. Addidit Valens trecenos singulis militibus sestertios; tum vetustas dignitasque coloniæ valuit, et verba Fabii, salutem incolumitatemque Viennensium commendantis, æquis auribus accepta : publice tamen armis mulctati, privatis et promiscuis copiis juvere militem. Sed fama constans fuit ipsum Valentem magna pecunia emptum. Is diu sordidus, repente dives, mutationem fortunæ male tegebat, accensis egestate longa cupidinibus immoderatus, et, inopi juventa, senex prodigus. Lento deinde agmine, per fines Allobrogum et Vocontiorum ductus exercitus; ipsa itinerum spatia et stativorum mutationes venditante duce fœdis pactionibus adversus possessores

lesse. Il conduisit l'armée, à petites journées, à travers le pays des Allobroges et celui des Voconces; il réglait la marche et le séjour des troupes sur les sommes qu'il n'avait pas honte de se faire donner; et il les exigeait, des magistrats des villes et des possesseurs des terres, avec la plus grande violence, au point que, dans une ville des Voconces, nommée Luc, il avait déjà disposé les torches pour l'incendier, lorsqu'on l'apaisa avec de l'argent; au défaut d'argent, des adultères et des prostitutions le fléchissaient. C'est ainsi qu'on gagna les Alpes.

LXVII. Cécina fut plus avide encore de sang et de butin. Les Helvétiens avaient irrité ce caractère bouillant. Cette nation des Gaules, célèbre jadis par la valeur et le nombre de ses guerriers, et alors seulement par son ancienne gloire, ignorant la mort de Galba, refusait de reconnaître Vitellius. La cupidité et la précipitation de la vingt et unième légion donnèrent lieu à la guerre. Elle avait enlevé l'argent destiné pour la solde d'une garnison helvétienne, que ce peuple entretenait de tout temps à ses frais. Les Helvétiens, furieux, interceptent les lettres que l'armée de Germanie adressait aux légions de Pannonie, et retiennent en prison un centurion et quelques soldats. Cécina, qui ne respirait que la guerre, dès la première faute, avant qu'on se repentit, se hâtait de punir. Il marche en diligence; il dévaste le pays; il pille une lieu fréquenté par l'agrément et la salubrité de ses eaux, et où, à la faveur d'une longue paix, il s'était formé une sorte de ville; il fait dire aux auxiliaires de Rhétie de venir par derrière attaquer les Helvétiens, tandis que les légions les combattraient en face.

LXVIII. Ceux-ci, intrépides avant le péril, avaient nommé, pour leur général, Cassius Sévérus; mais toute cette bravoure les abandonna au moment du danger. Ils ne savaient ni manier les armes, ni garder les rangs, ni manœuvrer de concert. Se battre contre des vétérans, c'eût été se perdre; se renfermer dans des murs tombant de vétusté, n'était pas plus sûr; d'un côté, Cécina les pressait avec une puissante armée; de l'autre, ils étaient harcelés par la cavalerie et par les cohortes de Rhétie, par la milice même des Rhètes, qui sont aguerris et exercés comme des soldats. De toutes parts on dévastait, en massacrait; quelques pelotons d'Helvétiens erraient au milieu de tant d'ennemis; enfin, jetant leurs armes, la plupart blessés ou dispersés, ils se sauvent sur le mont Vocétius. On envoya aussitôt une cohorte de Thraces qui les en chassa; et les Germains, ainsi que les Rhètes, se mettant à les poursuivre sans relâche, les massacrèrent dans les bois, et jusque dans les retraites où ils s'étaient cachés. Il y en eut plusieurs milliers de tués, autant de vendus à l'encan; on avait rasé toutes les autres places, et on marchait en bon ordre vers Aventicum, capitale du pays, lorsqu'ils vinrent offrir de se rendre à discrétion; ce qu'on accepta. Julius Alpinus, un des chefs, fut le seul que Cécina fit exécuter, comme auteur de la guerre; il abandonna les autres à la clémence ou à la cruauté de Vitellius.

LXIX. On ne saurait dire qui, de l'empereur ou du soldat, se montra le plus implacable envers les députés helvétiens : les soldats demandent la destruction de la nation entière; ils portent au visage des députés leurs mains et la pointe de leurs armes; Vitellius même n'épargnait pas les menaces et les emportements, lorsque Claudius Cossus, un des députés, fameux par son éloquence, mais la cachant alors sous un effroi concerté, ce qui la rendait plus puissante, par-

agrorum et magistratus civitatum, adeo minaciter ut Luco (municipium id Vocontiorum est) faces admoverit, donec pecunia mitigaretur. Quoties pecuniæ materia deesset, stupris et adulteriis exorabatur. Sic ad Alpes perventum.

LXVII. Plus prædæ ac sanguinis Cæcina hausit. Irritaverant turbidum ingenium Helvetii, gallica gens, olim armis virisque, mox memoria nominis clara, de cæde Galbæ ignari et Vitellii imperium abnuentes. Initium bello fuit avaritia ac festinatio unaetvicesimæ legionis : rapuerant pecuniam, missam in stipendium castelli quod olim Helvetii suis militibus ac stipendiis tuebantur. Ægre id passi Helvetii, interceptis epistolis quæ nomine germanici exercitus ad pannonicas legiones ferebantur, centurionem et quosdam militum in custodia retinebant. Cæcina, belli avidus, proximam quamque culpam, antequam pœniteret, ultum ibat. Mota propere castra, vastati agri, direptus longa pace in modum municipii exstructus locus, amœno salubrium aquarum usu frequens; missi ad Rhætica auxilia nuncii, ut versos in legionem Helvetios a tergo aggrederentur.

LXVIII. Illi ante discrimen feroces, in periculo pavidi, quanquam primo tumultu Claudium Severum ducem legerant, non arma noscere, non ordines sequi, non in unum consulere; exitiosum adversus veteranos prælium; intuta obsidio, dilapsis vetustate mœnibus; hinc Cæcina cum valido exercitu, inde Rhæticæ alæ cohortesque, et ipsorum Rhætorum juventus, sueta armis et more militiæ exercita : undique populatio et cædes; ipsi in medio vagi, abjectis armis, magna pars saucii aut palantes, in montem Vocetium perfugere. Ac statim, immissa cohorte Thracum depulsi, et consectantibus Germanis Rhætisque, per silvas atque in ipsis latebris trucidati; multa hominum millia cæsa, multa sub corona venundata. Quumque dirutis omnibus, Aventicum gentis caput justo agmine peteretur, missi qui dederent civitatem, et deditio accepta. In Julium Alpinum e principibus, ut concitorem belli, Cæcina animadvertit, ceteros veniæ vel sævitiæ Vitellii reliquit.

LXIX. Haud facile dictu est, legati Helvetiorum minus placabilem imperatorem an militem invenerint : civitatis excidium poscunt, tela ac manus in ora legatorum intentant. Ne Vitellius quidem minis ac verbis temperabat; quum Claudius Cossus, unus ex legatis, notæ facundiæ

vint à adoucir l'esprit du soldat. Telle est la multitude, changeant tout à coup, et aussi prompte à la compassion qu'immodérée dans ses vengeances. Les soldats, fondant en larmes, et plus persévérans dans une demande plus juste, obtinrent grâce pour cette nation.

LXX. Cécina était resté quelques jours chez les Helvétiens pour attendre la décision de Vitellius, et pour se mettre en état de passer les Alpes; il y reçut des nouvelles favorables de l'Italie. La division de cavalerie de Sylla, qui campait aux environs du Pô, venait de reconnaître Vitellius. Ce corps avait servi sous ses ordres en Afrique, pendant son proconsulat : depuis, détaché par Néron, pour aller l'attendre en Égypte, rappelé ensuite à cause de la guerre de Vindex, il était alors cantonné en Italie. Les décurions, qui ne connaissaient point Othon, et qui étaient attachés à Vitellius, annonçant à leur troupe l'arrivée prochaine des légions de Germanie, dont ils exaltaient la force et la réputation, l'entraînèrent dans le parti de Vitellius, et, pour don d'avénement au nouveau prince, ils lui livrèrent Milan, Novarre, Éporédie et Verceil, les plus fortes places de la contrée. Cécina l'apprit d'eux-mêmes. Comme une seule division de cavalerie ne pouvait suffire à garder la partie de l'Italie qui a le plus de largeur, il détacha en avant les cohortes des Gaulois, des Lusitaniens, des Bretons, et les vexillaires des Germains, avec la division de cavalerie de Petrinus. Pour lui, il songea un moment à se détourner vers la Norique, par les montagnes de Rhétie, pour aller chercher le procurateur Pétronius, qui, par zèle pour Othon, à ce qu'on croyait, avait levé un corps de troupes, et faisait rompre les ponts sur toutes les rivières. Mais, craignant d'exposer le corps qu'il avait envoyé en avant, songeant d'ailleurs qu'il y aurait plus de gloire à conserver l'Italie, et qu'en quelque lieu que l'on combattît, la Norique serait toujours un des fruits de la victoire, il prit la route des Alpes Pennines; et, malgré les neiges qui les couvraient encore, il les franchit avec sa pesante armée légionnaire :

LXXI. Othon cependant, contre l'attente générale, ne s'endormait pas dans les délices et dans l'oisiveté. Il suspendit les plaisirs; il dissimula ses penchants; il mit dans toutes ses actions la dignité d'un empereur. Cette hypocrisie de vertus, et les vices dont on prévoyait le retour, n'en inspirèrent que plus d'effroi. Othon avait emprisonné Marius Celsus, consul désigné, pour le soustraire à la fureur des soldats. Il le mande au Capitole dans le dessein de se faire une réputation de clémence, en sauvant un homme illustre, odieux au parti. Celsus ne se défendit pas d'avoir eu pour Galba un attachement inviolable; il ajouta qu'il ne tenait qu'à Othon d'éprouver Celsus à son tour; et Othon, n'ayant pas même l'air de lui pardonner, voulant ôter jusqu'à ces craintes que laisse la réconciliation d'un ennemi, l'admit sur-le-champ dans sa familiarité intime, et, bientôt après, il le choisit pour un de ses généraux. Celsus resta jusqu'au bout l'ami d'Othon, toujours fidèle, et, par une sorte de fatalité, toujours malheureux. Ce pardon, qui flatta les grands de Rome et enchanta le peuple, ne déplut pas même aux soldats, contraints d'admirer cette même vertu qui les irritait.

LXXII. De pareils transports éclatèrent pour

sed dicendi artem apta trepidatione occultans atque eo validior, militis animum mitigavit : ut est mos mutabile subitis, et tam pronum in misericordiam quam immodicum sævitia fuerat, effusis lacrymis, et meliora constantius postulando, impunitatem salutemque civitati impetravere.

LXX. Cæcina paucos in Helvetiis moratus dies, dum sententiæ Vitellii certior fieret, simul transitum Alpium parans, lætum ex Italia nuncium accipit, alam Syllanam circa Padum agentem sacramento Vitellii accessisse. Proconsulem Vitellium Syllani in Africa habuerant; mox a Nerone, ut in Ægyptum præmitterentur, exciti, et ob bellum Vindicis revocati ac tum in Italia manentes, instinctu decurionum, qui Othonis ignari, Vitellio obstricti, robur adventantium legionum et famam germanici exercitus attollebant, transiere in partes, et, ut donum aliquod novo principi, firmissima transpadanæ regionis municipia, Mediolanum, ac Novariam, et Eporediam, ac Vercellas, adjunxere; id Cæcinæ per ipsos compertum. Et quia præsidio alæ unius latissima pars Italiæ defendi nequibat, præmissis Gallorum, Lusitanorum Britannorumque cohortibus et Germanorum vexillis, cum ala Petrina, ipse paullulum cunctatus, num Rhæticis jugis in Noricum flecteret, adversus Petronium, (urbis) procuratorem, qui concitis auxiliis et interruptis fluminum pontibus, fidus Othoni putabatur. Sed n etu ne arritteret præmissas iam cohortes alasque, simul reputans plus gloriæ retenta Italia, et, ubicunque certatum foret, Noricos in cetera victoriæ præmia cessuros, Penino subsignanum militem itinere, et grave legionum agmen hibernis adhuc Alpibus traduxit.

LXXI. Otho interim, contra spem omnium, non deliciis neque desidia torpescere; dilatæ voluptates, dissimulata luxuria, et cuncta ad decorum imperii composita; eoque plus formidinis afferebant falsæ virtutes et vitia reditura. Marium Celsum, consulem designatum, per speciem vinculorum, sævitiæ militum subtractum, acciri in Capitolium jubet; clementiæ titulus, e viro claro et partibus inviso, petebatur. Celsus, constanter servatæ erga Galbam fidei crimen confessus, exemplum ultro imputavit. Nec Otho, quasi ignosceret, sed ne hostis metum reconciliationis adhiberet, statim inter intimos amicos habuit, et mox bello inter duces delegit; mansitque Celso, velut fataliter, etiam pro Othone fides integra et infelix. Læta primoribus civitatis, celebrata in vulgus, Celsi salus ne militibus quidem ingrata fuit, eamdem virtutem admirantibus cui irascebantur.

LXXII. Par inde exsultatio, disparibus causis consecuta, impetrato Tigellini exitio. Sophonius Tigellinus, ubscuris parentibus, fœda pueritia, impudica senecta, præfecturam vigilum et prætorii, et alia præmia virtutum quia velocius erat, vitiis adeptus, crudelitatem mox,

une cause bien différente, la condamnation de Tigellinus. Sophonius Tigellinus, d'une naissance obscure, prostitué dès l'enfance, impudique jusque dans la vieillesse, obtint par ses vices, ce qui était la voie la plus prompte, la préfecture des gardes de la ville, celle du prétoire, et toutes les récompenses de la vertu. Depuis, s'étant signalé par d'autres crimes plus virils, des barbaries et des brigandages, il entraîna Néron à tous les forfaits, s'en permit à son insu, et finit par l'abandonner et le trahir. Aussi n'y eut-il jamais supplice demandé avec plus d'acharnement que le sien : les partis opposés se réunirent, et ceux qui haïssaient Néron, et ceux qui le regrettaient. Sous Galba, Vinius l'avait soutenu de son pouvoir, sous prétexte qu'il lui devait les jours de sa fille; et en effet, Tigellinus l'avait sauvée, non par clémence, en ayant tué tant d'autres, mais pour avoir une ressource dans l'avenir; car les scélérats, malgré le présent qui leur rit, craignant une révolution, se ménagent toujours, contre l'indignation publique, un appui particulier. Ils songent moins à protéger l'innocence qu'à s'assurer des chances d'impunité. Le peuple n'en était que plus implacable; à l'ancien déchaînement contre Tigellinus se joignait la haine récente contre son protecteur. De tous les quartiers de Rome, il se rassemble au palais et dans toutes les places; de là, se répandant au cirque et au théâtre, où sa licence a moins de freins, il éclate en cris séditieux. Enfin Tigellinus reçut aux eaux de Sinuesse l'ordre de mourir. Entouré de concubines, au milieu de leurs caresses, au sein de la débauche, après mille délais pusillanimes, il se coupa la gorge avec un rasoir, et acheva de souiller sa vie infâme par les lenteurs et l'ignominie de sa mort.

LXXIII. On pressait aussi le supplice de Galvia Crispinilla. Après beaucoup de tergiversations qui décelaient la connivence du prince, et qui excitèrent quelques murmures, elle fut tirée de péril. Cette femme avait été intendante des débauches de Néron; elle avait passé en Afrique pour exciter Clodius Macer à la révolte; elle avait tenté, visiblement, d'affamer le peuple romain, et, toutefois, elle obtint depuis une considération universelle; elle épousa un consulaire, ne fut point inquiétée sous Galba, sous Othon, sous Vitellius; et finit par être toute-puissante, parce qu'elle était riche et sans enfants : ce que l'on prise encore dans les meilleurs temps, comme dans les plus fâcheux.

LXXIV. Othon écrivit coup sur coup à Vitellius des lettres, toutes dégoûtantes de cajoleries basses et puériles. Il lui assurait de l'argent, du crédit, et telle retraite qu'il voudrait choisir lui-même pour y vivre dans les plaisirs. Vitellius lui rendit les mêmes offres, et d'abord avec ce même étalage de sentiments affectueux, dissimulation non moins ridicule que vile de part et d'autre. Ils en vinrent ensuite jusqu'à se quereller, pour ainsi dire; ils se reprochèrent mutuellement leurs dissolutions, leur infamie; et tous deux se rendaient justice. Othon, ayant rappelé les députés de Galba, en nomma d'autres qu'il envoya, comme de la part du sénat, aux deux armées de Germanie, à la légion italique et aux troupes cantonnées dans Lyon. Les députés restèrent auprès de Vitellius avec trop de facilité pour qu'on pût croire à la violence. Les prétoriens dont Othon les avait fait escorter, comme par honneur, furent renvoyés avant qu'ils communiquassent avec les légions. Valens adressa, au nom de l'armée de Germanie, une lettre pour les soldats de Rome, où il relevait fastueusement les forces de son parti et leur offrait de se réunir. Il allait jusqu'à des répri-

---

deinde avaritiam et virilia scelera exercuit, corrupto ad omne facinus Nerone, quædam ignaro ausus, ac postremo ejusdem desertor ac proditor. Unde non alium pertinacius ad pœnam flagitavere, diverso affectu, quibus odium Neronis inerat, et quibus desiderium. Apud Galbam, T. Vinii potentia defensus, prætexentis servatam ab eo filiam; et haud dubie servaverat, non clementia (quippe tot interfectis) sed effugio in futurum : quia pessimus quisque, diffidentia præsentium mutationem pavens, adversus publicum odium privatam gratiam præparat; unde nulla innocentiæ cura, sed vices impunitatis. Eo infensior populus, addita ad vetus Tigellini odium recenti T. Vinii invidia, concurrere e tota urbe in palatium ac fora, et, ubi plurima vulgi licentia, in circum ac theatra effusi, seditiosis vocibus obstrepere, donec Tigellinus, accepto apud Sinuessanas aquas supremæ necessitatis nuncio, inter stupra concubinarum et oscula et deformes moras, sectis novacula faucibus, infamem vitam fœdavit etiam exitu sero et inhonesto.

LXXIII. Per idem tempus expostulata ad supplicium Galvia Crispinilla, variis frustrationibus et adversa dissimulantis principis fama, periculo exempta est; magistra libidinum Neronis, transgressa in Africam ad instigandum in arma Clodium Macrum, famem populo romano haud obscure molita, totius postea civitatis gratiam obtinuit, consulari matrimonio subnixa, et apud Galbam, Othonem, Vitellium illæsa; mox potens pecuniæ et orbitate, quæ bonis malisque temporibus juxta valent.

LXXIV. Crebræ interim, et muliebribus blandimentis infectæ, ab Othone ad Vitellium epistolæ offerebant pecuniam et gratiam, et quemcunque quietis locum prodigæ vitæ legisset. Paria Vitellius ostentabat, primo mollius, stulta utrinque et indecora simulatione; mox, quasi rixantes, stupra et flagitia invicem objectavere; neuter falso. Otho, revocatis quos Galba miserat legatis, rursus alios ad utrumque germanicum exercitum, et ad legionem italicam, easque quæ Lugduni agebant copias, specie senatus misit. Legati apud Vitellium remansere promptius quam ut retenti viderentur. Prætoriani, quos per simulationem officii legatis Otho adjunxerat, remissi antequam legionibus miscerentur. Addit epistolas Fabius Valens, nomine germanici exercitus, ad prætorias et urbanas cohortes, de

mandes sévères, sur ce qu'ils avaient disposé, en faveur d'Othon, d'un empire donné si longtemps auparavant à Vitellius. Il cherchait à les ébranler à la fois par les menaces et les promesses, par l'idée qu'ils ne pourraient soutenir la guerre ; qu'ils ne perdraient rien par la paix : les prétoriens n'en restèrent pas moins fermes dans leur attachement.

LXXV. Othon envoya des assassins en Germanie ; Vitellius en envoya à Rome ; et tous deux inutilement. Ceux de Vitellius se sauvèrent sans peine au milieu de cette multitude immense, où réciproquement on s'ignore : ceux d'Othon, paraissant pour la première fois dans un camp, où tous se connaissent, étaient décelés sur-le-champ. Vitellius fit signifier à Titianus, frère d'Othon, que sa vie et celle de son fils lui répondraient de celle de sa mère et de ses enfants. Les deux familles furent épargnées : on doute si de la part d'Othon ce ne fut pas crainte : Vitellius, vainqueur, eut la gloire de la clémence.

LXXVI. Le premier événement qui rehaussa les espérances d'Othon, fut la nouvelle, arrivée par l'Illyrie, que les légions de Dalmatie, de Mésie et de Pannonie lui avaient prêté serment. On en disait autant de l'Espagne, et il fit un édit où il donnait de grandes louanges à Cluvius Rufus : l'instant d'après, on sut que l'Espagne avait passé dans le parti de Vitellius. L'Aquitaine même, quoique Julius Cordus l'eût, par un serment solennel, lié au parti d'Othon, n'y resta pas longtemps. Il n'y avait de fidélité ni d'affection nulle part : la crainte et la nécessité faisaient et rompaient tous les engagements. Cette même crainte fit tourner la Gaule narbonnaise du côté de Vitellius, le passage étant facile du côté du plus proche et du plus fort. Les provinces éloignées, et toutes les troupes que séparait la Méditerranée, tenaient pour Othon, non par zèle pour sa personne ; mais le nom de Rome et du sénat, dont il se couvrait, était d'un grand poids. D'ailleurs les esprits étaient prévenus ; c'était l'élection qu'on avait sur la première. En Judée, Vespasien ; Mucien, en Syrie, exigèrent pour Othon le serment de leurs légions. L'Égypte et toutes les provinces de l'Orient le reconnaissaient également. L'Afrique aussi lui était soumise, entraînée par l'impulsion de Carthage. Crescens, affranchi de Néron (car dans les temps malheureux cette espèce d'hommes joue aussi un rôle dans l'État), sans attendre les ordres du proconsul Vipstanus Apronianus, avait donné au peuple de cette ville un grand festin, en réjouissance du nouvel empereur, et le peuple, sans garder de mesures, précipita tout le reste. Les autres villes imitèrent Carthage.

LXXVII. Dans ce partage de l'empire, il fallait une guerre à Vitellius pour exercer la souveraine puissance : Othon en faisait tous les actes, comme s'il eût été en pleine paix ; soutenant quelquefois la dignité de l'empire, le plus souvent l'avilissant, selon que l'intérêt du moment l'emportait. Il disposa du consulat, jusqu'aux calendes de mars, pour son frère Titianus et pour lui ; il destina les deux mois suivants à Verginius, pour flatter par quelque condescendance l'armée de Germanie, en lui donnant pour collègue Pompéius Vopiscus. Il alléguait, en faveur de ce dernier choix, une ancienne amitié ; mais on l'attribuait plus généralement au désir de complaire aux Viennois. Pour le reste de l'année, il suivit les arrangements de Néron ou de Galba ; les deux Sabinus, Célius et Flavius furent consuls jusqu'en juillet ; Arrius Antoninus et Marius

---

viribus partium magnificas et concordiam offerentes. Increpabat ultro quod tanto ante traditum Vitellio imperium ad Othonem vertissent. Ita promissis simul ac minis tentabantur, ut bello impares, in pace nihil amissuri ; neque ideo prætorianorum fides mutata.

LXXV. Sed insidiatores ab Othone in Germaniam, a Vitellio in urbem missi. Utrisque frustra fuit ; Vitellianis impune, per tantam hominum multitudinem mutua ignorantia fallentibus. Othoniani novitate vultus, omnibus invicem gnaris, prodebantur. Vitellius literas ad Titianum fratrem Othonis composuit, exitium ipsi filioque ejus minitans, ni incolumes sibi mater ac liberi servarentur ; et stetit domus utraque : sub Othone, incertum an metu ; Vitellius victor clementiæ gloriam tulit.

LXXVI. Primus Othoni fiduciam addidit ex Illyrico nuncius, jurasse in eum Dalmatiæ ac Pannoniæ et Mœsiæ legiones. Idem ex Hispania allatum ; laudatusque per edictum Cluvius Rufus, et statim cognitum est conversam ad Vitellium Hispaniam. Ne Aquitania quidem, quanquam a Julio Cordo in verba Othonis obstricta, diu mansit ; nusquam fides, aut amor ; metu ac necessitate huc illuc mutabantur. Eadem formido provinciam narbonensem ad Vitellium vertit, facili transitu ad proximos et validiores. Longinquæ provinciæ et quidquid armorum mari dirimitur penes Othonem manebant ; non partium studio, sed erat grande momentum in nomine urbis ac prætextu senatus ; et occupaverat animos prior auditus. Judaicum exercitum Vespasianus, Syriæ legiones Mucianus, sacramento Othonis adegere. Simul Ægyptus omnesque versæ in Orientem provinciæ nomine ejus tenebantur. Idem Africæ obsequium, initio a Carthagine orto. Neque exspectata Vipstani Aproniani proconsulis auctoritate, Crescens, Neronis libertus (nam et hi malis temporibus partem se reipublicæ faciunt) epulum plebi ob lætitiam recentis imperii obtulerat ; et populus pleraque sine modo festinavit. Carthaginem ceteræ civitates secutæ.

LXXVII. Sic distractis exercitibus ac provinciis, Vitellio quidem ad capessendam principatus fortunam bello opus erat ; Otho, ut in multa pace, munia imperii obibat ; quædam ex dignitate reipublicæ, pleraque contra decus, ex præsenti usu properando. Consul cum Titiano fratre ipse, proximos menses Verginio destinat, ut aliquod exercitui germanico delinimentum ; jungitur Verginio Pompæus Vopiscus, prætextu veteris amicitiæ ;

Celsus, jusqu'en septembre ; et cet ordre, Vitellius le respecta même après sa victoire. Othon mit le comble aux honneurs des vieillards en les faisant augures ou pontifes ; et de jeunes nobles à peine arrivés de l'exil, furent dédommagés de leur disgrâce en reprenant possession du sacerdoce de leurs pères ou de leurs aïeux. On fit rentrer dans l'ordre des sénateurs Cadius Rufus, Pédius Blésus, Sévinus Pomptinus, condamnés pour leurs concussions sous Claude et sous Néron. On imagina, en accordant la grâce, de changer les noms, de faire passer ce qui était crime de concussion pour crime de lèse-majesté ; et c'est ainsi qu'en haine d'une loi barbare, on en détruisait de sages.

LXXVIII. Briguant avec la même ardeur l'affection des villes et des provinces, il destina de nouvelles familles à repeupler Hipsalis et Émérita ; il accorda à tous les Langrois indistinctement le titre de citoyen romain. Il étendit le ressort de la Bétique sur la Mauritanie ; il donna à la Cappadoce, à l'Afrique de nouveaux priviléges : toutes faveurs qui avaient plus d'éclat que de solidité. Au milieu de ces règlements, auxquels de nombreux embarras pressants et la nécessité de ses affaires pouvaient servir d'excuse, n'oubliant pas ses anciennes amours, il fit rétablir, par un sénatus-consulte, les statues de Poppée. On prétend même qu'il eut l'idée de célébrer la mémoire de Néron, dans l'espoir de s'attacher le peuple ; et l'on vit des gens exposer publiquement les images de ce prince ; il y eut même des jours où les soldats et le peuple, voulant rehausser la naissance et la gloire d'Othon, le nommèrent Othon-Néron dans leurs acclamations. Lui, ne s'expliqua point, soit qu'il vît du danger à s'y refuser ou de la honte à l'accepter.

LXXIX. La guerre civile occupant tous les esprits, on ne prenait contre les ennemis du dehors aucunes précautions. Cette négligence enhardit les Rhoxolans. Cette nation sarmate, fière d'avoir taillé en pièces, l'hiver précédent, deux de nos cohortes, s'était jetée, pleine d'espérances, dans la Mésie au nombre de neuf mille hommes de cavalerie ; le succès avait accru leur témérité naturelle, et ils songeaient plus à piller qu'à combattre. Comme ils couraient de côté et d'autres sans précaution, la troisième légion, soutenue de ses auxiliaires, tomba sur eux brusquement. Chez les Romains tout était disposé pour le combat : les Sarmates, au contraire, étaient dispersés par l'ardeur du pillage, ou appesantis par la charge du butin ; et leurs chevaux, sur un terrain glissant, perdant toute leur vitesse, ils se laissaient égorger, comme s'ils eussent été enchaînés d'avance. Car c'est une chose étrange combien la force des Sarmates semble tout entière hors d'eux-mêmes. S'ils sont à pied, rien de si lâche ; s'ils arrivent en escadrons, rien ne soutiendra leur choc. Mais, alors, combattant sur des glaces détrempées par les pluies, ces longues piques, ces grands sabres qu'ils saisissent à deux mains, leur devenaient inutiles sur des chevaux qui glissaient sans cesse, et sous le poids de leurs cataphractes. C'est le nom d'une armure que portent leurs chefs et leur noblesse : elle est composée de lames de fer, ou d'un cuir très-dur, ajustées l'une sur l'autre comme des écailles. Elle est impénétrable aux coups ; mais aussi, renversés une fois par le choc de l'ennemi, il est difficile qu'ils se relè-

---

plerique Viennensium honori datum interpretabantur. Ceteri consulatus ex destinatione Neronis aut Galbae mansere : Coelio ac Flavio Sabinis in julias ; Arrio Antonino et Mario Celso in septembres ; quorum honori ne Vitellius quidem victor, intercessit. Sed Otho pontificatus auguratusque honoratis jam senibus, cumulum dignitatis, addidit, et recens ab exsilio reversos nobiles adolescentulos avitis ac paternis sacerdotiis in solatium recoluit. Redditus Cadio Rufo, Pedio Blaeso, Saevino Pomlino senatorius locus, qui repetundarum criminibus sub Claudio ac Nerone ciciderant ; placuit ignoscentibus, verso nomine, quod avaritia fuerat videri majestatem, cujus tum odio etiam bonae leges peribant.

LXXVIII. Eadem largitione civitatum quoque ac provinciarum animos aggressus, Hispaliensibus et Emeritensibus familiarum adjectiones, Lingonibus universis civitatem romanam, provinciae Baeticae Maurorum civitates dono dedit ; nova jura Cappadociae, nova Africae, ostentui magis quam mansura. Inter quae, necessitate praesentium rerum et instantibus curis excusata, ne tum quidem immemor amorum, statuas Poppaeae per senatus consultum reposuit. Creditus est etiam de celebranda Neronis memoria agitavisse, spe vulgum alliciendi ; et fuere qui imagines Neronis proponerent ; atque etiam Othoni quibusdam diebus populus et miles, tanquam nobilitatem ac decus adstruerent, Neroni Othoni acclamavit. Ipse in suspenso tenuit, vetandi metu vel agnoscendi pudore.

LXXIX. Conversis ad civile bellum animis, externa sine cura habebantur. Eo audentius Rhoxolani, sarmatica gens, priore hieme caesis duabus cohortibus, magna spe ad Moesiam irruperant ; novem millia equitum, ex ferocia et successu, praedae magis quam pugnae intenta. Igitur vagos et incuriosos tertia legio, adjunctis auxiliis, repente invasit ; apud Romanos omnia praelio apta ; Sarmatae dispersi cupidine praedae, aut graves onere sarcinarum, et lubrico itinerum adempta equorum pernicitate, velut vincti caedebantur. Namque mirum dictu ut sit omnis Sarmatarum virtus velut extra ipsos ; nihil ad pedestrem pugnam tam ignavum ; ubi per turmas advenere, vix ulla acies obstiterit. Sed tum humido die et soluto gelu, neque conti, neque gladii quos praelongos utraque manu regunt, usui, lapsantibus equis et cataphractarum pondere. Id principibus et nobilissimo cuique tegmen, ferreis laminis aut praeduro corio consertum, ut adversus ictus impenetrabile, ita impetu hostium provolutis inhabile ad resurgendum ; simul altitudine et mollitia nivis hauriebantur. Romanus miles

vent. Ils avaient encore contre eux une neige molle et très-épaisse, où ils s'engloutissaient. Le soldat romain, couvert d'une simple cuirasse, les attaquait en voltigeant avec la lance et les javelots, ou, s'armant au besoin de sa courte épée, perçait facilement le Sarmate sans défense, à qui l'usage du bouclier est inconnu. Un petit nombre, échappé au combat, se cacha dans des marais, où la rigueur du froid et l'épuisement de leurs blessures les achevèrent. Quand cet événement fut su à Rome, on décerna à Aponius, gouverneur de Mésie, une statue triomphale; et à Fulvius Julianus et Numisius, lieutenants de légions, les ornements consulaires: Othon s'applaudissait et se glorifiait de cette victoire, comme d'un succès personnel, comme de l'ouvrage de ses généraux et de ses armées.

LXXX. Dans l'intervalle, il s'éleva pour un sujet frivole, et du côté dont on se défiait le moins, une sédition qui mit Rome à deux doigts de sa ruine. Othon avait donné ordre que la dix-septième cohorte se rendît d'Ostie à Rome. Le soin de l'armer fut confié à Varius Crispinus, tribun des prétoriens. Celui-ci, croyant exécuter plus paisiblement sa commission tandis qu'on reposerait dans le camp, fait ouvrir, à l'entrée de la nuit, le dépôt des armes, et charger les voitures de la cohorte. L'heure donna des soupçons; on fit du motif un crime; les précautions contre le tumulte l'excitèrent, et la vue des armes fit naître à des gens ivres l'idée de s'en servir. Les soldats s'emportent: ils accusent leurs centurions et leurs tribuns de trahison, de vouloir armer les esclaves des sénateurs pour assassiner Othon; les uns ne sachant ce qu'ils faisaient, et étourdis par le vin; tous les pervers, ravis d'une occasion de piller; la multitude, emportée par son goût ordinaire pour toute espèce d'agitation et de nouveauté; la nuit d'ailleurs empêchait de suivre les bons exemples. Le tribun veut s'opposer à la sédition; il est massacré, et, avec lui, les centurions les plus rigides. Ils s'emparent des armes, ils mettent l'épée à la main, ils gagnent à cheval la ville et le palais.

LXXXI. Beaucoup d'hommes et de femmes du premier rang étaient rassemblés alors à un grand repas chez Othon. Tout troublés, ne sachant si la fureur des soldats était l'ouvrage du hasard ou de l'empereur, s'il y aurait plus de danger à rester, au risque d'être surpris, ou à se disperser pour fuir, tantôt ils affectaient de la fermeté, tantôt ils se trahissaient par leur frayeur. Leurs yeux restaient fixés sur Othon, et, ce qui n'est point extraordinaire, avec la défiance qui remplissait tous les esprits, Othon était saisi de crainte, et on le craignait. Non moins alarmé pour le sénat que pour lui-même, il avait envoyé sur-le-champ les préfets du prétoire pour apaiser les soldats; et il fit sortir promptement tous les conviés. Alors on eût vu femmes et vieillards courir pêle-mêle au milieu des ténèbres; les magistrats jetant les marques de leur dignité, et congédiant leur cortége; tous se dispersant dans les quartiers les plus opposés, peu regagnant leurs maisons, la plupart se sauvant chez leurs amis, et cherchant le réduit le plus ignoré du plus obscur de leurs clients.

LXXXII. La violence des soldats ne respecta pas même les portes du palais; ils se jettent dans la salle du festin, en criant qu'on leur fasse voir Othon: Vitellius Saturninus, préfet d'une lé-

---

facili lorica, et missili pilo aut lanceis assultans, ubi res posceret, levi gladio inermem Sarmatam (neque enim defendi scuto mos est) cominus fodiebat, donec pauci, qui prælio superfuerant, paludibus abderentur; ibi sævitia hiemis et vi vulnerum absumpti. Postquam id Romæ compertum, M. Aponius, Mœsiam obtinens, triumphali statua, Fulvius Aurelius et Julianus Titius ac Numisius Lupus, legati legionum, consularibus ornamentis donantur; læto Othone et gloriam in se trahente, tanquam et ipse felix bello, et suis ducibus suisque exercitibus rempublicam auxisset.

LXXX. Parvo interim initio, unde nihil timebatur orta seditio prope urbi excidio fuit. Septimamdecimam cohortem e colonia Ostiensi in urbem acciri Otho jusserat; armandæ ejus cura Vario Crispino, tribuno e prætorianis, data is, quo magis vacuus quietis castris jussa exsequeretur, vehicula cohortis incipiente nocte onerari, aperto armamentario, jubet. Tempus in suspicionem, causa in crimen, affectatio quietis in tumultum evaluit; et visa inter temulentos arma cupidinem sui movere. Fremit milites, et tribunos centurionesque proditionis arguit, tanquam familiæ senatorum ad perniciem Othonis arma-

rentur; pars ignari et vino graves, pessimus quisque in occasionem prædarum, vulgus, ut mos est, cujuscunque motus novi cupidum; et obsequia meliorum nox abstulerat. Resistentem seditioni tribunum et severissimos centurionum obtruncant; rapta arma, nudati gladii, insidentes equis urbem ac palatium petunt.

LXXXI. Erat Othoni celebre convivium primoribus feminis virisque; qui trepidi, fortuitusne militum furor an dolus imperatoris, manere ac deprehendi an fugere et dispergi periculosius foret, modo constantiam simulare, modo formidine detegi, simul Othonis vultum intueri; utque evenit inclinatis ad suspicionem mentibus, quum timeret Otho, timebatur. Sed haud secus discrimine senatus quam suo territus, et præfectos prætorii ad mitigandas militum iras statim miserat, et abire propere omnes e convivio jussit. Tum vero passim magistratus, projectis insignibus, vitata comitum et servorum frequentia, senes feminæque per tenebras diversa urbis itinera, rari domos, plurimi amicorum tecta, et, ut cuique humillimus cliens, incertas latebras petivere.

LXXXII. Militum impetus ne foribus quidem palatii coercitus, quominus convivium irrumperent, ostendi sibi

gion, et le tribun Julius Martialis, qui voulaient s'opposer à leur irruption furent blessés. De tous côtés des armes et des menaces, tantôt contre les tribuns et les centurions, tantôt contre tout le sénat. Ces furieux, égarés par une vaine terreur, ne pouvant exhaler leur colère sur personne nommément, voulaient s'en prendre à tous. Enfin Otho, debout sur son lit, et, à la honte de l'empire, s'abaissant aux prières et aux larmes, parvint à les contenir, quoique avec peine; ils rentrèrent au camp, non sans murmurer, le crime dans le cœur. Le lendemain, on eût cru Rome prise d'assaut. Les maisons fermées; à peine quelques hommes dans les rues; la consternation dans le peuple; les soldats marchant les regards baissés, d'un air plus sombre que repentant. Licinius Proculus et Plotius Firmus, préfets du prétoire, parlèrent à toutes les compagnies l'une après l'autre, chacun avec la douceur ou la sécheresse de son caractère. Le résultat fut de compter cinq mille sesterces à chaque soldat. Pour lors, Otho ose se hasarder dans le camp : à peine entré, il se voit entouré par tous les tribuns et les centurions, qui vinrent jeter à ses pieds les marques de leur grade, et implorer le repos et la sûreté. Le soldat sentit le reproche. Disposé à se soumettre, il fut le premier à demander le supplice des auteurs de la sédition.

LXXXIII. Otho voyant cette fermentation des esprits, les soldats partagés de sentiment; que les plus sages désiraient une réforme, mais que le grand nombre, enclin aux séditions, et flatté des condescendances de leur chef, serait entraîné plus puissamment à la guerre civile par la licence et le brigandage; d'un côté, songeant qu'un pouvoir usurpé par le crime ne pouvait opposer une prompte subordination ni s'armer de l'antique rigidité; de l'autre, s'affligeant des périls de Rome et du sénat, parla ainsi : « Soldats, « je ne viens point réchauffer votre zèle pour ma « personne, ni ranimer votre ardeur pour les « combats; l'un et l'autre sont au plus haut « degré; je viens au contraire vous prier et de con- « tenir cette valeur, et de modérer cet attache- « ment. Ce n'est ni la cupidité, ni la haine, « sources trop ordinaires des dissensions des ar- « mées, ni même la crainte du péril et le refus « d'y marcher qui ont produit le dernier tumulte. « Votre affection excessive, plus ardente que « mesurée, a fait tout le mal. Mais souvent les « meilleures intentions, si elles ne sont réglées « par la prudence, ont des effets bien funestes. « Nous allons à l'ennemi. Faudra-t-il que toutes « les nouvelles soient divulguées, toutes les dé- « libérations publiques? La politique, les circon- « stances, l'occasion si prompte à fuir, le permet- « tront-elles? Il est des choses que le soldat doit « savoir; il en est qu'il doit ignorer. Pour que « l'autorité des chefs, pour que la fermeté de la « discipline se maintiennent, il faut souvent que « les centurions et les tribuns même ne reçoivent « que des ordres. Si, au premier qu'on donnera, « chacun se permet d'en chercher les motifs, la « subordination se détruit, et, avec elle, l'autorité « du commandement. Comptez-vous, devant « l'ennemi, courir aux armes la nuit selon votre « caprice? Sur la foi d'un ou deux pervers em- « portés par l'ivresse (car, dans ce dernier accès « de délire, je ne saurais voir plus de deux cou- « pables), tremperez-vous vos mains dans le sang

---

Othonem expostulantes; vulnerato Julio Martiale tribuno, et Vitellio Saturnino, præfecto legionis, dum ruentibus obsistunt. Undique arma et minæ modo in centuriones tribunosque, modo in senatum universum; lymphatis cæco pavore animis, et, quia neminem unum destinare iræ poterant, licentiam in omnes poscentibus; donec Otho, contra decus imperii, thoro insistens, precibus et lacrymis ægre cohibuit; redieruntque in castra inviti, neque innocentes. Postera die, velut capta urbe, clausæ domus, rarus per vias populus, mœsta plebs, dejecti in terram militum vultus, ac plus tristitiæ quam pœnitentiæ. Manipulatim allocuti sunt Licinius Proculus et Plotius Firmus, præfecti; ex suo quisque ingenio, mitius aut horridius. Finis sermonis in eo ut quina millia nummum singulis militibus numerarentur. Tum Otho ingredi castra ausus, atque illum tribuni centurionesque circumsistunt, abjectis militiæ insignibus, otium et salutem flagitantes. Sensit invidiam miles, et compositus in obsequium auctores seditionis ad supplicium ultro postulabat.

LXXXIII. Otho, quanquam turbidis rebus et diversis militum animis, quum optimus quisque remedium præsentis licentiæ posceret; vulgus, et plures, seditionibus et ambitioso imperio læti, per turbas et raptus facilius ad civile bellum impellerentur; simul reputans non posse principatum, scelere quæsitum, subita modestia et prisca gravitate retineri; sed discrimine urbis et periculo senatus anxius, postremo ita disseruit : « Neque ut affectus vestros in amorem mei accenderem, commilitones, neque « ut animum ad virtutem cohortarer (utraque enim egre- « gie supersunt), sed veni postulaturus a vobis tempe- « ramentum vestræ fortitudinis, et erga me modum ca- « ritatis. Tumultus proximi initium non cupiditate vel « odio, quæ multos exercitus in discordiam egere, ac ne « detractatione quidem aut formidine periculorum; nimia « pietas vestra, acrius quam consideratius, excitavit. « Nam sæpe honestas rerum causas, ni judicium adhi- « beas, perniciosi exitus consequuntur. Imus ad bellum: « num omnes nuncios palam audiri, omnia consilia « cunctis præsentibus tractari, ratio rerum aut occasio- « num velocitas patitur? Tam nescire quædam milites « quam scire oportet. Ita se ducum auctoritas, sic rigor « disciplinæ habet, ut multa etiam centuriones tribunos- « que tantum juberi expediat. Si, ubi jubeantur, quærere « singulis liceat; pereunte obsequio, etiam imperium in- « tercidit. An et illic nocte intempesta rapientur arma? « unus alterve perditus ac temulentus (neque enim plures « consternatione proxima insanisse crediderim) centurio-

« d'un centurion et d'un tribun? forcerez-vous la
« tente de votre empereur?

LXXXIV. « Vous l'avez fait pour me servir,
« je le sais; mais, au milieu de toutes ces courses
« nocturnes, dans cette confusion générale, vous
« fournissiez à un traître les moyens de pénétrer
« jusqu'à moi? Eh! si le ciel laissait à Vitellius
« et à ses satellites le choix des imprécations, que
« pourraient-ils nous souhaiter de plus que la dis-
« corde et la sédition, que la révolte du soldat
« contre le centurion, du centurion contre le
« tribun, et cette anarchie universelle qui nous
« précipiterait tous ensemble à notre perte? C'est
« en exécutant, soldats, ce n'est point en dis-
« cutant les ordres de ses chefs qu'on obtient des
« succès militaires; et l'armée la plus paisible
« avant la bataille, dans la bataille même sera la
« plus terrible. Des armes et du cœur, voilà votre
« partage : laissez-moi le conseil et la conduite
« de votre valeur. Peu ont été coupables, deux
« seulement seront punis. Que tout le reste perde
« jusqu'à la mémoire de cette nuit honteuse; et
« puissent les autres armées ignorer à jamais vos
« clameurs contre le sénat! Certes, les Germains
« eux-mêmes, qui font presque toute l'armée de
« Vitellius, n'oseraient demander la punition de
« ce sénat, la tête de l'empire, l'honneur des
« provinces; et vous, les propres enfants de l'I-
« talie, vous, les vrais Romains, vous solliciteriez
« le massacre et la destruction de cet ordre, dont
« la gloire et la splendeur font ressortir la bas-
« sesse et l'obscurité du parti de Vitellius? Vi-
« tellius s'est emparé de quelques pays; Vitellius
« a une sorte d'armée; mais le sénat est avec
« nous, et voilà pourquoi nous sommes, nous,
« la république, et lui, un ennemi. Eh quoi! pen-
« sez-vous que ce soit dans des murs, dans des
« maisons, dans un amas de pierres que reside
« cette Rome superbe? Ces formes muettes et ina-
« nimées peuvent indifféremment être détruites
« et rétablies : l'éternité de Rome, la paix des
« nations, mon salut et le vôtre, tiennent à l'exis-
« tence du sénat, de ce sénat fondé solennellement
« par le père et le fondateur de Rome, qui s'est
« maintenu, depuis les rois jusqu'aux princes,
« toujours indestructible et immortel, et que
« nous devons transmettre à nos descendants tel
« que nous l'avons reçu de nos ancêtres. Car de
« vous, Romains, sortent les sénateurs, et des
« sénateurs les princes. »

LXXXV. Ce discours, qui flattait les soldats
en les réprimandant, et la douceur d'Othon, qui
ne punit que deux coupables, satisfirent tous les
esprits, et continrent, pour le moment, ceux qu'on
ne pouvait corriger. Le calme toutefois n'était
point rétabli dans Rome. On entendait le bruit
des armes, et on voyait l'image de la guerre. Il
n'y eut plus d'attroupements séditieux de soldats;
mais ils se glissaient dans les maisons secrètement
et déguisés, pour observer tous ceux que leur naissance ou leurs richesses, ou quelques distinctions
éclatantes exposaient aux soupçons. On croyait
aussi qu'il était venu à Rome jusqu'à des soldats
de Vitellius, pour sonder les dispositions des esprits : ce qui répandit partout la défiance, et à
peine se rassurait-on dans l'intérieur des familles.
Mais c'est surtout en public que l'alarme était au
comble. A chaque nouvelle qu'on recevait, on
composait ses sentiments et son visage pour ne
point marquer trop d'abattement dans les revers,
trop peu de joie dans les succès. Au sénat, surtout,
les ménagements de ce genre étaient singulière-

« nis ac tribuni sanguine manus imbuet? imperatoris sui
« tentorium irrumpet? »

LXXXIV. « Vos quidem istud pro me; sed in discursu
« ac tenebris, et rerum omnium confusione, patefieri
« occasio etiam adversus me potest. Si Vitellio et satelliti-
« bus ejus eligendi facultas detur quam nobis animum,
« quas mentes imprecentur; quid aliud quam seditionem
« et discordiam optabunt? ne miles centurioni, ne centu-
« rio tribuno obsequatur; hinc confusi pedites equitesque
« in exitium ruamus. Parendo potius, commilitones,
« quam imperia ducum sciscitando, res militares conti-
« nentur; et fortissimus in ipso discrimine exercitus est
« qui ante discrimen quietissimus. Vobis arma et ani-
« mus sit; mihi consilium et virtutis vestræ regimen
« relinquite. Paucorum culpa fuit, quorum pœna erit;
« ceteri abolete memoriam fœdissimæ noctis; nec illas
« adversus senatum voces ullus unquam exercitus audiat.
« Caput imperii et decus omnium provinciarum ad pœnam
« vocare non hercle illi, quos quum maxime Vitellius in
« nos ciet, Germani audeant. Ulline Italiæ alumni, et
« romana vere juventus, ad sanguinem et cædem de-
« poscerent ordinem, cuius splendore et gloria sordes
« et obscuritatem Vitellianarum partium perstringimus?
« Nationes aliquas occupavit Vitellius, imaginem quam-
« dam exercitus habet; senatus nobiscum est. Sic fit ut
« hinc respublica, inde hostes reipublicæ constiterint.
« Quid? vos pulcherrimam hanc urbem domibus et tectis
« et congestu lapidum stare creditis? Muta ista et inania
« intercidere ac reparari promiscua sunt; æternitas rerum,
« et pax gentium, et mea cum vestra salus, incolumi-
« tate senatus firmatur. Hunc auspicato a parente et con-
« ditore urbis nostræ institutum, et a regibus usque ad
« principes continuum et immortalem, sicut a majoribus
« accepimus, sic posteris tradamus. Nam ut ex vobis
« senatores, ita ex senatoribus principes nascuntur. »

LXXXV. Ea oratio ad perstringendos mulcendosque
militum animos, et severitatis modus (neque enim in
plures quam in duos animadverti jusserat) grate accepta,
compositique ad præsens qui coerceri non poterant. Non
tamen quies urbi redierat; strepitus telorum et facies belli
erat; militibus, ut nihil in commune turbantibus, ita
sparsis per domos occulto habitu, et maligna cura in
omnes quos nobilitas aut opes aut aliqua insignis claritudo
rumoribus objecerat. Vitellianos quoque milites venisse
in urbem ad studia partium noscenda plerique credebant.
Unde plena omnia suspicionum, et vix secreta domuum

ment difficiles. Le silence eût paru de l'humeur, la liberté de la révolte, et l'adulation ne pouvait échapper à Othon, qui, tout récemment, avait flatté lui-même. Aussi les voyait-on s'embarrasser en opinant, et tourmenter leurs phrases en tout sens pour donner à Vitellius les noms de parricide et d'ennemi de l'État. Les plus précautionnés ne se permettaient que des imputations vagues, ou, si l'on en risquait de précises, c'était au milieu du bruit, lorsque plusieurs voix s'élevaient ensemble, ou bien en précipitant ses mots tellement qu'on s'étourdissait soi-même tout le premier.

LXXXVI. Les prodiges annoncés de divers endroits venaient ajouter à la terreur. On débitait que, dans le vestibule du Capitole, une Victoire avait laissé échapper les rênes de son char; qu'un spectre, d'une grandeur colossale, s'était élancé d'une chapelle de Junon; qu'une statue de Jules-César, dans une île du Tibre, au milieu d'un jour calme et serein, s'était tournée d'orient en occident; qu'un bœuf avait parlé dans l'Étrurie; qu'il était né beaucoup de monstres; et cent choses pareilles, qui, dans les siècles grossiers, occupaient l'attention même dans la paix, et dont aujourd'hui on ne parle plus que dans les temps d'alarme. Mais, ce qui inquiéta le plus sur l'avenir, d'autant qu'il s'y joignait une calamité présente, ce fut l'inondation subite du Tibre. Ce fleuve, prodigieusement grossi, avait rompu le pont de bois, et, cette masse de débris embarrassant son cours, il avait reflué sur lui-même, submergé les rues basses de Rome et même des quartiers jusqu'alors inaccessibles à ses eaux. Plusieurs furent emportés dans les rues, d'autres surpris dans les boutiques et dans leurs lits; puis la famine se répandit dans le peuple, et par le manque de travail, et par la pénurie des subsistances. Les fondements des maisons, minés par les eaux stagnantes, croulèrent après la retraite du fleuve. Lorsqu'enfin cette alarme fut dissipée, on fit des réflexions sur ce qu'au moment où Othon se disposait à partir, le champ de Mars et la voie Flaminienne, qui étaient sa route, lui avaient été fermés; et, d'un effet naturel et fortuit, on en tirait un présage des malheurs qui le menaçaient.

LXXXVII. Othon ayant achevé la solennité des lustrations, et combiné son plan de guerre, voyant que les Alpes Pennines et Cottiennes, et les autres passages des Gaules étaient fermés par les troupes de Vitellius, résolut d'attaquer, par mer, la Gaule narbonaise. Il avait une flotte considérable, dont il était sûr; elle était montée en partie par ces malheureux échappés au massacre du pont Milvius, tenus impitoyablement en prison par Galba, et dont Othon avait formé quelques cohortes d'une légion. Il avait fait, en outre, espérer aux autres, par la suite, un service plus honorable. Il ajouta, à tous ses soldats de marine, les cohortes de la ville, un corps nombreux de ses prétoriens, la fleur et la force de cette armée, le conseil et les surveillants des généraux même. L'expédition fut confiée à Novellus et à Suédius, primipilaires, et à Pacensis, tribun de soldats, réintégré par Othon après avoir été destitué par Galba. L'affranchi Oscus avait l'inspection sur les vaisseaux; on l'avait chargé d'éclairer la conduite de chefs qui valaient mieux que lui. La grande armée était commandée par Suétone, Marius Celsus et Annius Gallus. Mais Othon mettait toute sa confiance dans Licinius, préfet du prétoire. Cet homme, qui avait des talents pour contenir le soldat dans la paix, mais

---

sine formidine. Sed plurimum trepidationis in publico. Ut quemque nuncium fama attulisset, animum vultumque conversi, ne diffidere dubiis ac parum gaudere prosperis viderentur. Coacto vero in curiam senatu, arduus rerum omnium modus, ne contumax silentium, ne suspecta libertas; et privato Othoni nuper, atque eadem dicenti, nota adulatio. Igitur versare sententias, et huc atque illuc torquere, hostem et parricidam Vitellium vocantes; providentissimus quisque vulgaribus conviciis; quidam vera probra jacere, in clamore tamen et ubi plurimæ voces, aut tumultu verborum sibi ipsi obstrepentes.

LXXXVI. Prodigia insuper terrebant, diversis auctoribus vulgata. « In vestibulo Capitolii omissas habenas bigæ cui Victoria instituerat; erupisse cella Junonis majorem humana speciem; statuam divi Julii in insula Tiberini amnis, sereno et immoto die, ab occidente in orientem conversam; prolocutum in Etruria bovem; insolitos animalium partus; » et plura alia, rudibus seculis etiam in pace observata, quæ nunc tantum in metu audiuntur. Sed præcipuus et, cum præsenti exitio, etiam futuri pavor, subita inundatione Tiberis; qui immenso auctu, proruto ponte sublicio ac strage obstantis molis refusus, non modo jacentia et plana urbis loca, sed secura ejusmodi casuum implevit. Rapti e publico plerique, plures in tabernis et cubilibus intercepti. Fames in vulgus, inopia quæstus et penuria alimentorum; corrupta stagnantibus aquis insularum fundamenta, dein remeante flumine dilapsa. Utque primum vacuus a periculo animus fuit, id ipsum, quod paranti expeditionem Othoni, campus Martius et via Flaminia, iter belli esset obstructum, a fortuitis vel naturalibus causis in prodigium et omen imminentium cladium vertebatur.

LXXXVII. Otho, lustrata urbe et expensis belli consiliis, quando Peninæ Cottiæque Alpes, et ceteri Galliarum aditus Vitellianis exercitibus claudebantur, narbonensem Galliam aggredi statuit; classe valida et partibus fida, quod reliquos cæsorum ad pontem Milvium, et sævitia Galbæ in custodiam habitos, in numeros legionis composuerat; facta ceteris spes honoratioris in posterum militiæ. Addidit classi urbanas cohortes, et plerosque e prætorianis, vires et robur exercitus, atque ipsis ducibus consilium et custodes. Summa expeditionis Antonio Novello, Suedio Clementi, primipilaribus, Æmilio Pacensi, cui ademptum a Galba tribunatum reddiderat, permissa. Curam navium Oscus libertus retinebat, ad observandam honestiorum fidem comitatus. Peditum equitumque copiis Suetonius Paulinus, Marius Celsus, Annius Gallus, rectores destinati. Sed plurima fides Licinio Proculo, prætorii

nulle connaissance de la guerre, à force de rabaisser ce que Suétone avait de réputation, Celsus d'énergie, Gallus d'expérience, obtenait cet ascendant qu'il est si facile à la méchanceté adroite de prendre sur la vertu modeste.

LXXXVIII. On écarta, dans ce moment, Cornélius Dolabella. Il fut confiné dans la ville d'Aquino, sans y être toutefois gardé ni étroitement ni en prison. On ne lui reprochait rien que l'ancienneté de son nom, et sa parenté avec Galba, qui le mettaient trop en vue. Une grande partie des magistrats et des consulaires reçurent l'ordre de se disposer à partir. Othon ne leur assigna d'emploi dans son armée, ni de fonction à la guerre, que celle de l'accompagner. Dans le nombre, se trouvait aussi Lucius Vitellius, qu'il traitait sur le même pied que les autres, et non comme le frère d'un empereur ou d'un ennemi. Cet ordre mit tous les esprits en mouvement. Nulle classe de citoyens ne fut exempte de crainte ou de péril. Les principaux du sénat, affaiblis par les années, s'étaient engourdis dans une longue paix : la noblesse, oisive depuis longtemps, ne songeait plus à la guerre; les chevaliers ne l'avaient jamais apprise : plus ils s'efforçaient de renfermer et de cacher leur frayeur, plus elle éclatait visiblement. D'autres étaient ravis, au contraire, par la petite vanité d'avoir de magnifiques armes, de monter de superbes chevaux. On en vit dont l'équipage militaire contenait les ameublements de table les plus somptueux, et toutes les inventions de la mollesse. Les sages auraient voulu leur repos et celui de l'État ; tous les esprits légers, qui s'aveuglent sur l'avenir, s'enflaient de vaines espérances; un grand nombre, qui s'étaient ruinés dans la paix, étaient enchantés des troubles, et trouvaient, dans les périls, leur sûreté.

LXXXIX. Cependant le peuple, toujours exempt de ces grandes inquiétudes trop relevées pour lui, se ressentait peu à peu des maux de la guerre, par la rareté de l'argent, qui passait tout entier aux besoins des troupes, et par le renchérissement des denrées. Ce malheur ne s'était point fait sentir également dans la guerre de Vindex, guerre, pour ainsi dire, étrangère, qui, décidée entre les Gaulois et les légions, à l'extrémité des provinces, ne troubla point Rome. En effet, depuis qu'Auguste eut affermi la domination des Césars, le peuple romain n'avait fait la guerre qu'au loin, et les craintes ainsi que la gloire étaient pour un seul. Sous Tibère et sous Caïus, on n'avait eu à redouter que les cruautés de la paix. L'entreprise de Scribonianus contre Claude avait été étouffée aussitôt que connue. Ce furent des lettres et des bruits, plutôt que les armes qui renversèrent Néron. Mais, alors, les légions, les flottes, et, ce qu'on n'avait vu que rarement, les prétoriens et les cohortes de la ville marchaient au combat; puis venaient, en seconde ligne, l'Orient, l'Occident, avec toutes leurs forces : c'eût été, sous d'autres généraux, la matière d'une longue guerre. Au moment du départ, quelques-uns voulurent faire naître des retardements et des scrupules, sur ce que les boucliers de Mars n'étaient point encore renfermés. Mais Othon ne voulut rien entendre : c'étaient de pareils délais qui, selon lui, avaient perdu Néron. D'ailleurs Cécina, déjà parvenu au bas des Alpes, le forçait de se hâter.

XC. La veille des ides de mars, après avoir recommandé la république au sénat, il abandonna à ceux qu'on avait rappelés de l'exil tout ce qui ne serait point encore entré dans l'épargne, des confiscations de Néron : présent magnifique en apparence, autant que juste; mais nul en effet,

---

præfecto; is urbanæ militiæ impiger, bellorum insolens, auctoritatem Paulini, vigorem Celsi, maturitatem Galli, ut cuique erat, criminando, quod facillimum factu est, pravus et callidus bonos et modestos anteibat.

LXXXVIII. Sepositus per eos dies Cornelius Dolabella in coloniam Aquinatem, neque arta custodia, neque obscura; nullum ob crimen, sed vetusto nomine et propinquitate Galbæ monstratus. Multos e magistratibus, magnam consularium partem, Otho, non participes aut ministros bello, sed comitum specie, secum expedire jubet, In quis et L. Vitellium, eodem quo ceteros cultu, nec ut imperatoris fratrem, nec ut hostis. Igitur motæ urbis curæ; nullus ordo metu aut periculo vacuus; primores senatus ætate invalidi et longa pace desides; segnis et oblita bellorum nobilitas; ignarus militiæ eques; quanto magis occultare et abdere pavorem nitebantur, manifestius pavidi. Nec deerant e contrario qui, ambitione stolida, conspicua arma, insignes equos, quidam luxuriosos apparatus conviviorum et irritamenta libidinum, ut instrumenta belli, mercarentur. Sapientibus quietis et reipublicæ cura ; levissimus quisque et futuri improvidus spe vana tumens; multi afflicta fide in pace, ac turbatis rebus alacres, et per incerta tutissimi.

LXXXIX. Sed vulgus et magnitudine nimia communium curarum expers populus, sentire paullatim belli mala, conversa in militum usum omni pecunia, intentis alimentorum pretiis; quæ, motu Vindicis, haud perinde plebem attriverant, secura tum urbe, et provinciali bello, quod inter legiones Galliasque velut externum fuit. Nam ex quo divus Augustus res Cæsarum composuit, procul, et in unius sollicitudinem aut decus populus romanus bellaverat. Sub Tiberio et Caio, tantum pacis adversa pertimuere. Scriboniani contra Claudium incepta simul audita, et coercita. Nero nunc iis magis et rumoribus quam armis depulsus. Tum legiones classesque et, quod raro alias, prætorianus urbanusque miles , in aciem deducti; Oriens Occidensque, et quidquid utrinque virium est, a tergo; si ducibus aliis bellatum foret, longo bello materia. Fuere qui proficiscenti Othoni moras religionemque nondum conditorum ancilium afferrent. Adspernatus est omnem cunctationem, ut Neroni quoque exitiosam; et Cæcina, jam Alpes transgressus, exstimulabat.

XC. Pridie idus martias, commendata patribus republica, reliquias Neronianarum sectionum, nondum in fiscum conversas, revocatis ab exsilio concessit; justissimum do-

par la célérité qu'on avait mise à ces exactions. Il convoqua ensuite l'assemblée du peuple. Là, se prévalant, pour sa cause, de la majesté de Rome, et du consentement du peuple et du sénat, il parla avec réserve du parti contraire, accusant les légions d'ignorance plutôt que de révolte, sans faire mention de Vitellius; soit modération de la part d'Othon, soit que l'auteur de la harangue eût voulu ménager Vitellius, par crainte pour lui-même. Car on prétend qu'Othon, qui employait Suétone et Celsus pour ses plans de guerre, se servait de Trachalus pour les affaires civiles. Quelques-uns même croyaient reconnaître la manière de Trachalus, qui s'était fait entendre longtemps au forum, et qui aimait à remplir l'oreille par des périodes nombreuses et retentissantes. Le peuple mit, dans ses acclamations, la fausseté et l'exagération qui caractérisent toujours la flatterie. Le dictateur César et Auguste n'eussent pas excité des transports et des vœux plus ardents. La crainte et l'affection n'y avaient aucune part : c'était une émulation de bassesse, digne de véritables esclaves, obéissant à leurs intérêts particuliers; la gloire de l'État n'était plus rien pour eux. Depuis le départ d'Othon, la tranquillité de Rome et le soin de l'empire furent confiés à son frère Titianus.

LIVRE SECOND.

I. Déjà se préparait, dans une autre partie du monde, l'agrandissement d'une nouvelle famille qui éprouva des vicissitudes dans sa destinée, fut chère et terrible aux Romains, et trouva dans l'empire sa gloire et sa perte. Titus avait quitté la Judée, par ordre de son père, du vivant de Galba; il ne donnait à son départ d'autre motif que celui d'aller faire sa cour au prince, et solliciter les honneurs où son âge lui permettait de prétendre. Mais le public, ardent à conjecturer, avait répandu le bruit qu'on le mandait pour l'adopter : vain bruit fondé sur ce que Galba était vieux et sans enfants, et sur cette précipitation de la capitale à nommer, pour un seul choix à faire, plusieurs candidats. D'ailleurs, les qualités même de Titus, dignes de la plus haute fortune, un heureux accord de grâce et de majesté, les succès de Vespasien, quelques prédictions, des événements tout simples, mais que la crédulité des esprits transformait en présages, tout concourait à fortifier ces bruits. Il était à Corinthe, ville de l'Achaïe, lorsque des nouvelles sûres l'instruisirent de la mort de Galba : en même temps, on lui confirmait les desseins et la marche de Vitellius. Dans cette situation embarrassante, il rassemble quelques amis, et combine avec eux toutes ses démarches. S'il allait à Rome, on ne lui saurait aucun gré d'un voyage entrepris pour un autre, et il ne serait qu'un otage pour Vitellius ou pour Othon; s'il retournait sur ses pas, il choquerait infailliblement le vainqueur; mais son père, en se déclarant pour un parti avant que la victoire fût décidée, lui obtiendrait sa grâce. Que si Vespasien aspirait lui-même à l'empire, peu importait d'offenser, quand on songeait à combattre.

II. Au milieu de ses réflexions et d'autres pareilles, l'ambition et la crainte l'agitant tour à tour, l'ambition l'emporta. Quelques-uns ont attribué

---

num et in speciem magnificum, sed, festinata jam pridem exactione, usu sterile. Mox vocata concione, majestatem urbis et consensum populi ac senatus pro se attollens, adversum Vitellianas partes modeste disseruit, inscitiam potius legionum quam audaciam increpans, nulla Vitellii mentione; sive ipsius ea moderatio, seu scriptor orationis, sibi metuens, contumeliis in Vitellium abstinuit : quando, ut in consiliis militiæ Suetonio Paulino et Mario Celso, ita in rebus urbanis Galerii Trachali ingenio Othonem uti credebatur; et erant qui genus ipsum orandi noscerent, crebro fori usu celebre, et ad implendas aures latum et sonans. Clamor vocesque vulgi, ex more adulandi, nimiæ et falsæ. Quasi dictatorem Cæsarem aut imperatorem Augustum prosequerentur, ita studiis votisque certabant; nec metu aut amore, sed ex libidine servitii, ut in familiis privata cuique stimulatio; et vile jam decus publicum. Profectus Otho quietem urbis curasque imperii Salvio Titiano fratri permisit.

LIBER SECUNDUS.

I. Struebat jam fortuna, in diversa parte terrarum, initia causasque imperio quod, varia sorte, lætum reipublicæ aut atrox, ipsis principibus prosperum aut exitio fuit. Titus Vespasianus e Judæa, incolumi adhuc Galba, missus a patre causam profectionis officium erga principem et maturam petendis honoribus juventam ferebat. Sed vulgus fingendi avidum dispersserat accitum in adoptionem; materia sermonibus senium et orbitas principis, et intemperantia civitatis, donec unus eligatur, multos destinandi. Augebat famam ipsius Titi ingenium quantæcunque fortunæ capax, decor oris cum quadam majestate, prosperæ Vespasiani res, præsaga responsa, et, inclinatis ad credendum animis, loco ominum etiam fortuita. Ubi Corinthi, Achaiæ urbe, certos nuncios accepit de interitu Galbæ, et aderant qui arma Vitellii bellumque affirmarent, anxius animo, paucis amicorum adhibitis, cuncta utrinque perlustrat : « Si pergeret in urbem, nullam officii gratiam, in alterius honorem suscepti; ac se Vitellio, sive Othoni, obsidem fore. Sin rediret, offensam haud dubiam victoris; sed incerta adhuc victoria, et concedente in partes patre, filium excusatum. Sin Vespasianus rempublicam susciperet, obliviscendum offensarum de bello agitantibus. »

II. His ac talibus inter spem metumque jactatum spes vicit. Fuere qui accensum desiderio Berenices reginæ venisse iter crederent. Neque abhorrebat a Berenice juvenis

son retour à une passion ardente pour Bérénice : il est vrai que son jeune cœur n'était point insensible aux charmes de cette reine ; mais sa passion ne nuisait en rien aux affaires. Sa première jeunesse fut livrée à tout l'enchantement des plaisirs ; quand il régna lui-même, il fut plus réservé que sous son père. Laissant donc sur la gauche la Grèce et l'Asie, dont il avait suivi toutes les côtes, il gagne, par des routes plus hardies, l'île de Rhodes, celle de Chypre, enfin la Syrie. Dans ce trajet, il céda au désir de visiter le temple de Vénus, à Paphos, si célèbre par le concours des habitants et des étrangers. Je vais dire un mot sur l'origine de ce culte, sur la situation du temple, et sur la forme de la déesse, qui n'est la même nulle part : ces détails ne me retiendront pas longtemps.

III. D'anciennes traditions donnent, pour fondateur à ce temple, un roi Aérias : quelques-uns prétendent que ce nom est celui de la déesse même. De plus récentes rapportent que le temple fut consacré par Cinyre, dans le lieu où aborda Vénus après que la mer l'eut conçue ; mais qu'on dut l'art des aruspices à des étrangers ; qu'il fut apporté par le Cilicien Thamiras, et qu'on régla que les fonctions du sacerdoce se partageraient entre les descendants de ces deux familles. Par la suite la famille royale reprenant toute prééminence sur une race étrangère, celle-ci abandonna la science qu'elle même avait apportée. Aujourd'hui, le prêtre que l'on consulte est toujours de la famille de Cinyre. On sacrifie les victimes qu'on veut, pourvu qu'elles soient mâles. On a pourtant plus de confiance aux entrailles des chevreaux. Il est défendu d'ensanglanter l'autel. On n'y offre qu'un feu pur et des prières ; et, quoiqu'en plein air, jamais la pluie ne l'a mouillé. La statue de la déesse n'a pas une forme humaine. C'est un bloc arrondi, plus large à la base, et se rétrécissant au sommet comme une pyramide. La raison de cette forme, on l'ignore.

IV. Titus considéra toutes les richesses du temple, offrandes des rois, et ces autres curiosités que les Grecs, amoureux d'antiquités, rapportent toujours aux temps les plus obscurs et les plus reculés ; puis il consulta d'abord sur sa navigation. On lui dit que la route était ouverte, que la navigation serait heureuse. Alors il interroge l'oracle sur lui-même, avec quelques détours et après avoir immolé un grand nombre de victimes. Sostrate (c'était le nom du prêtre), voyant que toutes donnaient constamment les signes les plus heureux, et qu'il y avait une grande entreprise que la déesse favorisait, après la courte réponse d'usage pour les spectateurs, tire à l'écart Titus, et lui dévoile l'avenir. Titus, avec ce surcroît de confiance, ayant rejoint heureusement son père, dans un moment où les provinces et les armées étaient en suspens, porta dans la balance des destinées un poids immense. Vespasien avait terminé la guerre de Judée ; il ne restait qu'à assiéger Jérusalem : entreprise rude et difficile, non que les assiégés eussent de grands moyens de résistance, mais parce que la montagne était escarpée, et que le fanatisme de ce peuple est opiniâtre. Vespasien avait, comme je l'ai dit, trois légions éprouvées par la guerre : les quatre que commandait Mucien étaient restées inactives ; mais l'émulation et la gloire de l'armée voisine en avaient repoussé la mollesse, et ce que les uns avaient gagné en fermeté par les travaux et les périls, les autres l'avaient en vigueur, par ce mâle repos et par l'exemption des fatigues de la guerre. Les deux généraux avaient en outre de l'infanterie et de la cavalerie auxiliaires, une flotte, des rois

animus ; sed gerendis rebus nullum ex eo impedimentum lætam voluptatibus adolescentiam egit, suo quam patris imperio modestior. Igitur oram Achaiæ et Asiæ ac læva maris prævectus, Rhodum et Cyprum insulas, inde Syriam audentioribus spatiis petebat. Atque illum cupido incessit adeundi visendique templum Paphiæ Veneris, inclytum per indigenas advenasque. Haud fuerit longum initia religionis, templi situm, formam deæ, neque enim alibi sic habetur, paucis disserere.

III. Conditorem templi regem Aeriam vetus memoria, quidam ipsius deæ nomen id perhibent. Fama recentior tradit a Cinyra sacratum templum, deamque ipsam conceptam mari huc appulsam ; sed scientiam artemque aruspicum accitam ; et Cilicem Tamiram intulisse, atque ita pactum ut familiæ utriusque posteri cærimoniis præsiderent. Mox ne honore nullo regium genus peregrinam stirpem antecelleret, ipsa quam intulerant scientia hospites cessere ; tantum Cinyrades sacerdos consulitur. Hostiæ, ut quisque vovit ; sed mares deliguntur. Certissima fides hædorum fibris. Sanguinem aræ offundere vetitum ; pre-

cibus et igne puro altaria adolentur, nec ullis imbribus, quanquam in aperto, madescunt. Simulacrum deæ non effigie humana ; continuus orbis latiore initio tenuem in ambitum, metæ modo, exsurgens ; et ratio in obscuro.

IV. Titus, spectata opulentia donisque regum, quæque alia lætum antiquitatibus Græcorum genus incertæ vetustati affingit, de navigatione primum consuluit. Postquam pandi viam et mare prosperum accepit, de se per ambages interrogat, cæsis compluribus hostiis. Sostratus (sacerdotis id nomen erat) ubi læta et congruentia exta, magnisque consultis annuere deam videt, pauca in præsens et solita respondens, petito secreto, futura aperit. Titus aucto animo ad patrem pervectus, suspensis provinciarum et exercituum mentibus, ingens rerum fiducia accessit. Profligaverat bellum judaicum Vespasianus, oppugnatione Hierosolymorum reliqua, duro magis et arduo opere ob ingenium montis et pervicaciam superstitionis, quam quo satis virium obsessis ad tolerandas necessitates superesset. Tres, ut supra memoravimus, ipsi Vespasiano legiones erant, exercitæ bello ; quatuor Mucianus obtinebat in

alliés, et un nom célèbre, mais par des qualités bien différentes.

V. Vespasien était un guerrier infatigable, toujours à la tête des troupes, traçant lui-même son camp, nuit et jour observant l'ennemi; et, dans l'occasion, combattant de sa personne, indifférent sur sa nourriture, se distinguant à peine du moindre soldat par ses vêtements et son extérieur; enfin, à l'avarice près, comparable aux anciens généraux. Mucien, au contraire, en imposait par la magnificence, les richesses, et par un air de grandeur qui semblait l'élever au-dessus de la condition privée. Il parlait mieux, entendait mieux les dispositions, les préparatifs, les affaires civiles. De ces deux hommes on eût composé un empereur parfait, en ôtant leurs vices et réunissant leurs vertus. La proximité de leurs gouvernements (l'un commandait en Syrie, l'autre en Judée) avait mis entre eux la division qui naît de la jalousie. Ils avaient enfin, depuis la mort de Néron, renoncé à leurs haines; et ils se concertèrent d'abord par l'entremise de leurs amis, puis par celle de Titus, le principal lien de leur concorde. C'était lui qui leur avait fait sacrifier ces indignes rivalités à l'intérêt commun; la nature et l'art lui avaient donné un charme qui séduisait jusqu'à Mucien même. Les tribuns, les centurions et les moindres soldats, aimant en lui, selon la diversité des caractères, son application, ses écarts, ses vertus, ses plaisirs, lui étaient tous dévoués.

VI. Avant qu'on sût l'arrivée de Titus si prochaine, les deux armées avaient prêté serment à Othon; les courriers, toujours prompts dans ces occasions, avaient prévenu les apprêts toujours lents d'une guerre civile, d'autant plus que c'était la première que l'Orient méditait au sortir d'une longue tranquillité : car les principales, jusque-là, avaient toujours commencé dans la Gaule et dans l'Italie, avec les forces de l'Occident. Pompée, Brutus, Cassius et Antoine, qui transportèrent la guerre civile au delà des mers, avaient tous été malheureux. La Syrie et la Judée avaient plus connu le nom des Césars que leur personne. Nulle révolte n'avait eu lieu parmi ces légions, seulement quelques menaces de guerre avec les Parthes, où les échecs balancèrent les succès; et, dans les dernières dissensions civiles, elles ne participèrent point au mouvement du reste de l'empire, tranquilles sous Néron, puis fidèles à Galba. Mais enfin, quand on vit qu'Othon et Vitellius, dans une guerre détestable, allaient s'arrachant la puissance romaine, que les distinctions de la victoire seraient pour les autres, pour eux seulement l'humiliation d'obéir, le soldat s'indigna, et se mit à considérer ses forces. Ils se voyaient d'abord sept légions avec une armée d'auxiliaires, la Syrie et la Judée; puis, l'Égypte, qui était contiguë, et avait deux autres légions; puis la Cappadoce, le Pont, et tous ces camps qui bordent l'Arménie; l'Asie et les autres provinces ne manquaient point d'hommes, et abondant en argent; toutes les îles pour eux, et la mer même, qui, en leur laissant le temps de faire leurs préparatifs, était une barrière et une sûreté.

VII. Les chefs n'ignoraient pas cette disposition des soldats; mais, puisqu'il y avait une guerre, ils résolurent d'en attendre l'issue, persuadés que les vainqueurs et les vaincus ne formaient jamais

pace, sed æmulatio et proximi exercitus gloria repulerat segnitiam; quantumque illis roboris discrimina et labor, tantum his vigoris addiderat integra quies et inexpertus belli labor; auxilia utrique cohortium alarumque, et classes regesque, ac nomen dispari fama celebre.

V. Vespasianus, acer militiæ, anteire agmen, locum castris capere, noctu diuque consilio ac, si res posceret, manu hostibus obniti, cibo fortuito, veste habituque vix a gregario milite discrepans; prorsus, si avaritia abesset, antiquis ducibus par. Mucianum e contrario magnificentia et opes et cuncta privatum modum supergressa extollebant; aptior sermone, dispositu provisuque civilium rerum peritus : egregium principatus temperamentum, si demptis utriusque vitiis solæ virtutes miscerentur. Ceterum hic Syriæ, ille Judææ præpositus, vicinis provinciarum administrationibus, invidia discordes, exitu demum Neronis, positis odiis, in medium consuluere : primum per amicos; dein præcipua concordiæ fides Titus prava certamina communi utilitate aboleverat, natura atque arte compositus alliciendis etiam Muciani moribus. Tribuni centurionesque et vulgus militum, industria, licentia, per virtutes, per voluptates, ut cuique ingenium, adsciscebantur.

VI. Antequam Titus adventaret, sacramentum Othonis acceperat uterque exercitus; præcipitibus, ut assolet, nunciis, et tarda mole civilis belli, quod longa concordia quietus Oriens tunc primum parabat. Namque olim validissima inter se civium arma, in Italia Galliave, viribus Occidentis coepta. Et Pompeio, Cassio, Bruto, Antonio, quos omnes trans mare secutum est civile bellum, haud prosperi exitus fuerant. Auditique sæpius in Syria Judææque Cæsares quam inspecti. Nulla seditio legionum; tantum adversus Parthos minæ, vario eventu. Et proximo civili bello, turbatis aliis, inconcussa ibi pax; dein fides erga Galbam. Mox, ut Othonem ac Vitellium scelestis armis res romanas raptum ire vulgatum est, ne penes ceteros imperii præmia, penes ipsos tantum servitii necessitas esset, fremere miles et vires suas circumspicere. Septem legiones statim, et cum ingentibus auxiliis Syria Judææque; inde continua Ægyptus duæque legiones; hinc Cappadocia Pontusque et quidquid castrorum Armeniis prætenditur; Asia et ceteræ provinciæ, nec virorum inopes, et pecuniæ opulentæ; quantum insularum mari cingitur, et parando interim bello secundum tutumque ipsum mare.

VII. Non fallebat duces impetus militum. Sed bellantibus aliis placuit exspectari belli eventum : « victores victosque nunquam solida fide coalescere; nec referre Vitellium an Othonem superstitem fortuna faceret : rebus secundis etiam egregios duces insolescere; discordiam his ignaviam, luxuriem; et suismet vitiis alterum

de liaison solide, et qu'il importait peu qui de Vitellius ou d'Othon survécût à la querelle : les succès avaient corrompu les plus grands capitaines ; combien devait-on plus compter sur les discordes de ceux-ci, sur leur lâcheté, leurs dissolutions, sur leurs vices enfin, qui, seuls, perdraient l'un dans les combats, l'autre après la victoire? Ils remirent donc la guerre à la première occasion favorable. Tous agissaient de concert, Vespasien et Mucien depuis peu, les autres depuis longtemps ; les plus vertueux par l'amour du bien public, un grand nombre par l'attrait du butin; d'autres par le dérangement de leurs affaires. Enfin, bons et méchants, par différents motifs, mais avec la même ardeur, désiraient tous la guerre.

VIII. Vers le même temps, la Grèce et l'Asie eurent une fausse alarme ; on attendait à chaque instant d'y voir arriver Néron. Les bruits sur sa mort s'étaient fort contredits ; et voilà pourquoi il y eut tant de fourbes qui le supposèrent vivant, et tant de dupes qui le crurent. Je rapporterai, dans le cours de cet ouvrage, les tentatives de ces différents aventuriers et leurs catastrophes. Celui d'alors était un esclave du Pont, ou, suivant d'autres, un affranchi italien. Il chantait et jouait très-bien de la lyre, ce qui, joint à la ressemblance des traits, accrédita l'imposture. Il rassembla quelques déserteurs indigents et vagabonds, qu'il avait séduits par de magnifiques promesses, et il s'embarqua avec eux. Poussé par la tempête vers l'île de Cythne, où se trouvaient quelques soldats qui revenaient par congé de l'Orient, il gagne les uns, fait tuer les autres, pille les négociants, et arme leurs esclaves les plus vigoureux. Le centurion Sisenna, qui portait aux prétoriens, de la part de l'armée d'Asie, deux mains entrelacées en signe de concorde, passe par l'île. Le faux Néron attaque par mille moyens sa fidélité ; enfin Sisenna, quittant l'île furtivement, se sauve avec précipitation, dans la crainte d'être assassiné. Bientôt la terreur se répand au loin : la célébrité de ce nom éveillait beaucoup d'esprits, mécontents du présent et avides de changement.

IX. Ces bruits se fortifiaient de jour en jour : le hasard les dissipa. Galba avait nommé Calpurnius Asprénas gouverneur de la Galatie et de la Pamphilie. On lui donna, pour l'escorter, deux trirèmes de la flotte de Misène, avec lesquelles il vint relâcher à Cythne. On ne manqua point de mander les triérarques de la part de Néron. Celui-ci, affectant un air de douleur, et implorant la fidélité de ses anciens soldats, les pria de le débarquer en Syrie ou en Égypte. Les triérarques ébranlés, ou feignant de l'être, répondirent qu'ils allaient en parler aux soldats, et ils donnèrent l'assurance de revenir aussitôt qu'ils auraient disposé les esprits. Mais ils allèrent raconter fidèlement le tout à Asprénas, qui donna l'ordre de se saisir du vaisseau, et de tuer l'aventurier, quel qu'il fût. Le corps de ce misérable, qui avait en effet les yeux, la chevelure de Néron, et la férocité de sa physionomie, fut porté en Syrie, et de là à Rome.

X. Dans un État livré aux dissensions, et qui, par les fréquents changements de maîtres, flottait entre la licence et la liberté, les moindres affaires se menaient par des secousses violentes. Vibius Crispus, qui, par ses richesses, son pouvoir, ses talents, avait été bien plus d'éclat que de considération, avait dénoncé au sénat Annius Faustus, chevalier romain, qui, sous Néron, faisait le métier de délateur. Car un sénatus-consulte, rendu tout récemment sous Galba, autorisait à poursuivre cette espèce d'hommes. Cette loi, sujette à des vicissitudes, faible ou puissante selon que l'était l'accusé, subsistait néanmoins. A la

bello, alterum victoria periturum. » Igitur arma in occasionem distulere, Vespasianus Mucianusque nuper, ceteri olim mixtis consiliis : optimus quisque amore reipublicæ ; multos dulcedo prædarum stimulabat ; alios ambiguæ domi res. Ita boni malique causis diversis, studio pari, bellum omnes cupiebant.

VIII. Sub idem tempus Achaia atque Asia falso exterritæ, velut Nero adventaret ; vario super exitu ejus rumore, eoque pluribus vivere eum fingentibus credentibusque. Ceterorum casus conatusque in contextu operis dicemus : tunc servus e Ponto, sive, ut alii tradidere, libertinus ex Italia, citharæ et cantus peritus (unde illi super similitudinem oris, propior ad fallendum fides), adjunctis desertoribus quos inopia vagos ingentibus promissis corruperat, mare ingreditur; ac vi tempestatum in Cythnum insulam detrusus, et militum quosdam ex Oriente commeantium adscivit vel abnuentes interfici jussit, et spoliatis negotiatoribus mancipiorum valentissimum quemque armavit, centurionemque Sisennam, dextras, concordiæ insignia, syriaci exercitus nomine ad prætorianos ferentem, variis artibus aggressus est ; donec Sisenna, clam relicta insula, trepidus et vim metuens aufugeret : inde late terror, multis ad celebritatem nominis erectis, rerum novarum cupidine et odio præsentium.

IX. Gliscentem in dies famam fors discussit. Galatiam ac Pamphyliam provincias Calpurnio Asprenati regendas Galba permiserat ; datæ e classe Misenensi duæ triremes ad prosequendum, cum quibus Cythnum insulam tenuit. Nec defuere qui trierarchos nomine Neronis accirent : is in mœstitiam compositus, et fidem suorum quondam militum invocans, ut eum in Syria aut Ægypto sisterent orabat. Trierarchi nutantes, seu dolo, alloquendos sibi milites, et paratis omnium animis reversuros firmaverunt. Sed Asprenati cuncta ex fide nunciata ; cujus cohortatione expugnata navis, et interfectus quisquis ille erat. Corpus, insigne oculis comaque et torvitate vultus, in Asiam atque inde Romam pervectum est.

X. In civitate discordi et, ob crebras principum mutationes, inter libertatem ac licentiam incerta, parvæ quoque res magnis motibus agebantur. Vibius Crispus, pecu-

terreur de la loi, Vibius avait ajouté tout le poids de son crédit personnel pour perdre à jamais le délateur de son frère; et il avait amené une grande partie du sénat à demander qu'on prononçât la condamnation de Faustus sans écouter ses défenses. D'autres, au contraire, voyaient, dans ce pouvoir énorme de l'accusateur, le plus grand motif de commisération pour l'accusé. Ils voulaient qu'on lui donnât du temps, qu'on produisît les griefs; qu'en un mot, tout odieux, tout coupable qu'il était, on suivît les formes, qu'on l'entendît; et ils prévalurent d'abord. On accorda quelques jours pour l'instruction du procès; mais Faustus n'en fut pas moins condamné. Son châtiment fut loin de produire ce contentement général que méritaient ses mœurs exécrables. On se rappelait que Vibius s'était enrichi par de semblables moyens. Ce n'était point la vengeance qui déplaisait, c'était le vengeur.

XI. Cependant la guerre avait, pour Othon, d'heureux commencements : les quatre légions de la Dalmatie et de la Pannonie marchèrent à son secours. Deux mille hommes prirent les devants : le reste suivait à peu de distance. A l'exception de la septième, qu'avait levée Galba, c'étaient tous de vieux corps, la onzième, la treizième, surtout cette quatorzième légion, si fameuse par la défaite des Bretons révoltés. Néron en avait encore rehaussé la gloire, en la choisissant, sur toutes les autres, comme la plus brave; de là, sa fidélité constante pour ce prince, et son zèle empressé pour Othon. Mais cette confiance même en ses forces et en sa valeur rendit sa marche plus lente. Les légions se faisaient précéder par leur infanterie auxiliaire et par leur cavalerie. Le corps d'armée parti de Rome n'était point à mépriser : il y avait cinq cohortes pretoriennes, les vexillaires de la cavalerie, et la première légion; en outre deux mille gladiateurs, ressource honteuse, mais que, dans les guerres civiles, des généraux, même sévères, n'avaient point dédaignée. Annius Gallus fut mis à la tête de ces troupes, et détaché avec Vestricius Spurinna pour aller du moins occuper les rives du Pô, puisque Cécina avait déjà passé les Alpes, et que le premier projet de l'arrêter dans les Gaules ne pouvait plus s'exécuter. Othon gardait auprès de sa personne l'élite des spéculateurs, le reste des cohortes prétoriennes, les vétérans du prétoire, un corps nombreux des soldats de marine; et sa marche n'était ni lente, ni déshonorée par le luxe; il portait une cuirasse de fer, toujours à la tête des enseignes, toujours à pied, tout poudreux, sans parure et démentant sa renommée.

XII. La fortune favorisait ses entreprises; sa flotte l'avait rendu maître de la plus grande partie de l'Italie, jusqu'au pied des Alpes maritimes. Voulant les franchir et attaquer la Gaule narbonnaise, il avait chargé de cette expédition Suédius, Novellus et Pacensis. Mais les soldats eurent l'insolence de mettre Pacensis aux fers; Novellus n'avait nulle autorité : Suédius seul les gouvernait à force de condescendances, corrupteur de la discipline, mais ne respirant que les combats. Ils ne croyaient plus être en Italie, ni sur le territoire et au sein de leur patrie. Il semblait que ce rivage fût étranger, ces villes en-

---

nia, potentia, ingenio inter claros magis quam inter bonos, Annium Faustum equestris ordinis, qui temporibus Neronis delationes factitaverat, ad cognitionem senatus vocabat. Nam recens, Galbæ principatu, censuerant patres ut accusatorum causæ noscerentur. Id senatus consultum, varie jactatum, et, prout potens vel inops reus inciderat, infirmum aut validum, retinebatur. Ad hoc terroris, et propria vi Crispus incubuerat delatorem fratris sui pervertere; traxeratque magnam senatus partem ut indefensum et inauditum dedi ad exitium postularent. Contra apud alios nihil æque reo proderat quam nimia potentia accusatoris : « dari tempus, edi crimina, et quamvis invisum ac nocentem, more tamen audiendum » censebant. Et valuere primo, dilatague in paucos dies cognitio; mox damnatus est Faustus, nequaquam eo assensu civitatis quem pessimis moribus meruerat; quippe ipsum Crispum easdem accusationes cum præmio exercuisse meminerant : nec pœna criminis sed ultor displicebat.

XI. Læta interim Othoni principia belli, motis ad imperium ejus e Dalmatia Pannoniaque exercitibus. Fuere quatuor legiones e quibus bina millia præmissa; ipsæ modicis intervallis sequebantur : septima a Galba conscripta; veteranæ undecima ac tertiadecima, et præcipua fama quartadecumani, rebellione Britanniæ compressa. Addiderat gloriam Nero eligendo ut potissimos; unde longa illis erga Neronem fides, et erecta in Othonem studia. Sed quo plus virium ac roboris e fiducia tarditas inerat; agmen legionum alæ cohortesque præveniebant. Et ex ipsa urbe haud spernenda manus, quinque prætoriæ cohortes et equitum vexilla cum legione prima; ac deforme insuper auxilium, duo millia gladiatorum, sed per civilia arma etiam severis ducibus usurpatum. His copiis rector additus Annius Gallus, cum Vestricio Spurinna ad occupandas Padi ripas præmissus; quoniam prima consiliorum frustra ceciderant, transgresso jam Alpes Cæcina quem sisti intra Gallias posse speraverat. Ipsum Othonem comitabantur speculatorum lecta corpora cum ceteris prætoriis cohortibus, veterani e prætorio, classicorum ingens numerus. Nec illi segne aut corruptum luxu iter; sed lorica ferrea usus est, et ante signa pedester, horridus, incomptus, famæque dissimilis.

XII. Blandiebatur cœptis fortuna, possessa per mare et naves majore Italiæ parte penitus usque ad initium maritimarum Alpium; quibus tentandis aggrediendæque provinciæ narbonensi Suedium Clementem, Antonium Novellum, Æmilium Pacensem duces dederat. Sed Pacensis per licentiam militum vinctus; Antonio Novello nulla auctoritas; Suedius Clemens ambitioso imperio regebat, ut adversus modestiam disciplinæ corruptus ita præliorum avidus. Non Italia adiri nec loca sedesque patriæ videbantur; tanquam externa littora et urbes hostium urere, vastare, rapere; eo atrocius quod nihil usquam provisum

nemics ; ils pillaient, brûlaient, saccageaient, d'autant plus que nulle part on ne s'était muni contre le danger. Les champs étaient couverts de moissons, les maisons ouvertes. Les habitants accouraient sur leur passage avec leurs femmes, leurs enfants ; et, dans la confiance de la paix, ils éprouvaient toutes les horreurs de la guerre. Le procurateur Marius Maturus occupait alors les Alpes maritimes. Il avait levé des hommes (le pays n'en manque point), et il résolut de chasser les Othoniens de sa province. Mais, dès le premier choc, ses montagnards furent taillés en pièces et dispersés, comme devaient l'être des hommes rassemblés à la hâte, qui ne connaissaient ni l'art des campements, ni leur chef, ni la gloire de vaincre, ni la honte de fuir.

XIII. La colère des Othoniens, irritée par ce combat, se tourne contre la ville d'Intémélium. Pour tout butin, ils avaient trouvé sur le champ de bataille des paysans pauvres et des armes grossières ; encore ne pouvait-on prendre les hommes, qui étaient d'une agilité extrême, et qui connaissaient parfaitement le pays. En saccageant une ville innocente, ils assouvirent leur avarice. L'horreur de ce pillage s'accrut encore par le beau trait d'une Ligurienne qui avait caché son fils. Les soldats, persuadés qu'elle avait recélé de l'argent dans le même lieu, essayèrent par les tourments de lui faire déclarer où était ce fils. Là, dit-elle, en leur montrant ses flancs. Et, au milieu des plus terribles menaces, et jusqu'à la mort, elle soutint la fermeté de ce mot magnanime.

XIV. La nouvelle que la flotte d'Othon menaçait la Gaule narbonnaise, qui avait reconnu Vitellius, fut portée précipitamment à Valens. Les députés des colonies étaient venus en personne pour solliciter des secours. Il envoie deux cohortes de Tungres, quatre compagnies de leur cavalerie, la division entière de celle des Trévires, sous les ordres du préfet Classicus. Une partie de ces troupes resta dans Fréjus, de peur que, si elles se fussent toutes portées en avant dans l'intérieur, la mer n'étant point gardée, la flotte ne devint plus entreprenante. Douze compagnies de cavalerie et l'élite des cohortes marchèrent à l'ennemi ; on les renforça d'une cohorte de Liguriens, corps d'auxiliaires anciennement attaché à la défense du pays, et de cinq cents Pannoniens qui n'avaient point encore été sous le drapeau. On ne tarda point à en venir aux mains ; et tel fut l'ordre de bataille. Une partie des soldats de marine, auxquels on avait entremêlé les habitants du lieu, se posta sur les collines voisines de la mer : tout l'espace uni qui se trouvait entre la mer et les collines était rempli par les prétoriens ; et, sur la mer même, la flotte semblait s'unir au reste des troupes, disposée pour le combat, tournée contre l'ennemi, et se prolongeant sur un front menaçant. Les Vitelliens, qui avaient moins d'infanterie, et dont la cavalerie faisait la force, placèrent leurs montagnards sur les hauteurs voisines, et tinrent leurs cohortes serrées derrière leur cavalerie. La cavalerie trévire alla à l'ennemi sans précaution : tandis que les prétoriens vétérans les recevaient en face, ils furent accablés sur les flancs par les pierres que lançait cette troupe d'habitants, bons pour ce genre d'attaque : d'ailleurs, braves ou non, mêlés parmi des soldats, et victorieux, ils montraient le même courage. La flotte, se portant sur les derrières des Trévires, acheva d'y mettre la consternation. Ainsi, enfermée de toutes parts, l'armée entière eût été détruite, si les vainqueurs n'eussent été arrêtés par l'obscurité de la nuit qui couvrit aussi les fuyards.

adversum metus : pleni agri, apertæ domus ; occursantes domini juxta conjuges et liberos securitate pacis et belli malo circumveniebantur. Maritimas tum Alpes tenebat procurator Marius Maturus. Is concita gente (nec deest juventus) arcere provinciæ finibus Othonianos intendit. Sed primo impetu cæsi disjectique montani, ut quibus temere collectis, non castra, non ducem noscitantibus, neque in victoria decus esset, neque in fuga flagitium.

XIII. Irritatus eo prælio Othonis miles vertit iras in municipium Albium Intemelium ; quippe in acie nihil prædæ, inopes agrestes et vilia arma ; nec capi poterant, pernix genus et gnari locorum, sed calamitatibus insontium expleta avaritia. Auxit invidiam præclaro exemplo femina Ligus, quæ, filio abdito, quum simul pecuniam occultari milites credidissent, eoque per cruciatus interrogarent ubi filium occuleret ; uterum ostendens, hic, respondit. Nec ullis deinde terroribus aut morte constantiam vocis egregiæ mutavit.

XIV. Imminere provinciæ narbonensi, in verba Vitellii adactæ, classem Othonis trepidi nuncii Fabio Valenti attulere. Aderant legati coloniarum auxilium orantes. Duas Tungrorum cohortes, quatuor equitum turmas, universam Treverorum alam cum Julio Classico præfecto misit, e quibus pars in colonia Forojuliensi retenta, ne, omnibus copiis in terrestre iter versis, vacuo mari classis acceleraret. Duodecim equitum turmæ et lecti e cohortibus adversus hostem iere : quibus adjuncta Ligurum cohors, vetus loci auxilium, et quingenti Pannonii nondum sub signis. Nec mora prælio ; sed acie ita instructa ut pars classicorum, mixtis paganis, in colles mari propinquos exsurgeret, quantum inter colles ac littus æqui loci, prætorianus miles expleret, in ipso mari ut adnexa classis et pugnæ parata, conversa et minaci fronte, prætenderetur. Vitelliani, quibus minor peditum vis, in equite robur, Alpinos proximis jugis, cohortes densis ordinibus post equitem locant. Treverorum turmæ obtulere se hosti incaute, quum exciperet contra veteranus miles, simul a latere saxis urgeret apta ad jaciendum etiam paganorum manus ; qui sparsi inter milites, strenui ignaviæque, in victoria idem audebant. Additus perpulsis terror invecta in terga pugnantium classe. Ita undique clausi ; deletæque omnes copiæ forent, ni victorem exercitum attinuisset obscurum noctis, obtentui fugientibus.

XV. Les Vitelliens vaincus ne restèrent pas dans l'inaction. Ayant reçu des renforts, et voyant la sécurité de l'ennemi, que le succès rendait plus négligent, ils tombent sur lui. Les sentinelles sont égorgées, le camp forcé, la confusion sur la flotte; enfin, la frayeur se calmant peu à peu, on s'empara d'une hauteur voisine, où l'on se défendit; puis on attaqua; et, dans ce dernier choc, le carnage fut terrible. Les préfets des cohortes tungres, après mille efforts pour soutenir leur troupe, furent percés de coups. La victoire même coûta du sang aux Othoniens : ceux d'entre eux qui poursuivirent inconsidérément l'ennemi, furent enveloppés par la cavalerie qui se retourna. Et, depuis ce jour, comme par un traité mutuel, pour éviter les alarmes subites que donnaient d'un côté la flotte, de l'autre la cavalerie, ils se replièrent, les Vitelliens vers Antibes, dans la Gaule narbonnaise, les Othoniens vers Albenga, dans la Ligurie intérieure.

XVI. Le bruit de la victoire navale d'Othon, retint dans son parti la Corse et la Sardaigne, et les autres îles de ces mers. Toutefois, le procurateur Décimus Pacarius pensa faire le malheur de la Corse, par une témérité qui, dans ce grand choc de tout l'empire, n'eût été nullement décisive pour son parti, et qui fut très-fatale à lui-même. Pacarius, qui haïssait Othon, résolut d'aider Vitellius de toutes les forces de son île : vain secours quand même il eût été effectif. Il convoque les principaux insulaires, leur fait part de son projet; et comme Claudius Phirricus, triérarque des galères stationnées dans l'île, et Q. Certus, chevalier romain, osèrent le contredire, il les fait tuer. Le reste de l'assemblée qu'intimide leur mort, et, avec eux, cette multitude imbécile qui partage aveuglément les frayeurs d'autrui, jurent obéissance à Vitellius. Mais, aussitôt que Pacarius eut commencé à faire des levées, et à fatiguer d'exercices militaires des hommes étrangers à la discipline, dans leur aversion pour ces travaux inaccoutumés, ils se mettent à réfléchir sur leur propre impuissance, sur la position de leur pays, qui était une île, sur l'éloignement de la Germanie et de ses légions, sur les ravages de la flotte dans les contrées même que protégait une armée. Tout à coup leurs dispositions changent. Ils n'emploient cependant pas la force ouverte. Choisissent un moment où Pacarius avait renvoyé sa suite, et, le surprenant dans le bain, nu et sans défense, ils le tuent. Ses amis furent aussi massacrés. Toutes ces têtes furent portées à Othon par les meurtriers mêmes, comme les têtes d'autant d'ennemis; et ni Othon ne récompensa, ni Vitellius ne punit une action qui, dans ce long amas d'atrocités, se perdit parmi de plus grands forfaits.

XVII. Déjà l'Italie, tout ouverte, voyait la guerre dans son sein, depuis la défection de la cavalerie Syllana, dont j'ai parlé plus haut. Personne dans le pays n'aimait Othon : ce n'est pas qu'ils préférassent Vitellius; mais une longue paix avait détruit toute énergie; tout maître leur était bon; ils suivaient le plus proche, sans s'inquiéter du meilleur. La plus florissante portion de l'Italie, tout ce qu'il y a de plaines et de villes entre les Alpes et le Pô, était occupé par les armes de Vitellius; car les cohortes détachées d'avance par Cécina étaient aussi arrivées. Une cohorte de Pannoniens avait été faite prisonnière auprès de Crémone; cent cavaliers et mille soldats de marine avaient été interceptés entre Plaisance et Ticinum. Fier de ces succès, le soldat vitellien ne voyait plus dans le fleuve une barrière qui dût

---

XV. Nec Vitelliani, quanquam victi, quievere. Accitis auxiliis securum hostem ac successu rerum socordius agentem invadunt; cæsi vigiles, perrupta castra, trepidatum apud naves; donec, sidente paulatim metu, occupato juxta colle defensi mox irrupere. Atrox ibi cædes, et Tungrorum cohortium præfecti, sustentata diu acie, telis obruuntur. Ne Othonianis quidem incruenta victoria fuit, quorum improvide secutos conversi equites circumvenerunt. Ac velut pactis induciis, ne hinc classis, inde eques subitam formidinem inferrent, Vitelliani retro Antipolim, narbonensis Galliæ municipium, Othoniani Albingaunum, interioris Liguriæ, revertere.

XVI. Corsicam ac Sardiniam ceterasque proximi maris insulas fama victricis classis in partibus Othonis tenuit. Sed Corsicam prope afflixit Decimi Pacarii procuratoris temeritas, tanta mole belli nihil in summam profutura, ipsi exitiosa. Namque Othonis odio, juvare Vitellium Corsorum viribus statuit, inani auxilio etiamsi provenisset. Vocatis principibus insulæ, consilium aperit; et contradicere ausos, Claudium Phirricum trierarchum liburnicarum ibi navium, Quinctium Certum equitem romanum, interfici jubet; quorum morte exterriti qui aderant, simul ignara et alieni metus socia imperitorum turba, in verba Vitellii juravere. Sed ubi delectum agere Pacarius et inconditos homines fatigare militiæ muneribus occœpit, laborem insolitum perosi infirmitatem suam reputabant : « Insulam esse quam incolerent, et longe Germaniam viresque legionum; direptos vastatosque classe etiam quos cohortes alæque protegerent. » Et aversi repente animi : nec tamen aperta vi; aptum tempus insidiis legere. Digressis qui Pacarium frequentabant, nudus et auxilii inops balneis interficitur; trucidati et comites. Capita, ut hostium, ipsi interfectores ad Othonem tulere; neque eos aut Otho præmio affecit aut punivit Vitellius, in multa colluvie rerum majoribus flagitiis permixtos.

XVII. Aperuerat jam Italiam, bellumque transmiserat, ut supra memoravimus, ala Syllana, nullo apud quemquam Othonis favore; nec quia Vitellium mallent; sed longa pax ad omne servitium fregerat, faciles occupantibus et melioribus incuriosos. Florentissimum Italiæ latus, quantum inter Padum Alpesque camporum et urbium, armis Vitellii (namque et præmissæ a Cæcina cohortes advenerant) tenebatur. Capta Pannoniorum cohors apud Cremonam. Intercepti centum equites ac mille classici inter Placentiam

l'arrêter. Il n'y avait pas jusqu'au nom même du Pô qui ne fût un aiguillon pour les Bataves, et pour tous ces peuples d'au delà du Rhin. Ils passent ce fleuve brusquement vis-à-vis de Plaisance, enlèvent quelques coureurs avancés, et inspirent aux autres une telle épouvante, que ceux-ci vont avec précipitation débiter faussement que l'armée entière de Cécina était derrière eux.

XVIII. Spurinna, cantonné dans Plaisance même, était certain que Cécina n'était point encore arrivé et, bien résolu d'ailleurs, quand il approcherait, de rester derrière ses remparts, et de ne point exposer, devant une armée de vétérans, trois cohortes prétoriennes, et mille vexillaires en tout, presque sans cavalerie. Mais le fougueux soldat, sans expérience de la guerre, arrache ses enseignes et ses drapeaux, se jette hors de la ville malgré son général, auquel il présentait la pointe de ses armes, malgré les centurions et les tribuns qui ne cessaient de leur crier qu'ils étaient trahis, qu'on allait les livrer à Cécina. Ne pouvant l'empêcher, Spurinna partage leur témérité, puis feint de l'approuver, afin de ménager plus de crédit à ses représentations, si la sédition venait à s'apaiser.

XIX. A la vue du Pô et aux approches de la nuit, il fallut se retrancher. Ce travail, tout nouveau pour des soldats de ville, abattit leur présomption. Les plus paresseux se reprochaient leur crédulité, montraient des craintes sur le danger qu'ils couraient au milieu d'une plaine tout ouverte, où il était si facile à l'armée de Cécina d'envelopper un si petit nombre de cohortes. Et déjà, dans tout le camp, les discours étaient plus mesurés : les tribuns et les centurions, venant à s'entremêler avec les soldats, louent la prudence du général d'avoir choisi une place-forte et bien approvisionnée pour y établir le siége de la guerre. Enfin Spurinna, survenant lui-même, leur fait sentir leur faute par des raisons plus que par des reproches ; et, laissant seulement quelques gardes avancées, il ramène à Plaisance sa troupe, moins turbulente et écoutant le commandement. On répara les murs, on exhaussa les tours, on ajouta de nouvelles fortifications. On se pourvut d'armes et de machines, surtout d'obéissance et de subordination, seules vertus qui manquèrent à ce parti, où ne manquait pas la bravoure.

XX. Cependant Cécina, comme s'il eût laissé derrière les Alpes la licence et la cruauté, traverse l'Italie sans y commettre de désordres. Sa parure seulement révolta. Il portait, avec un sagum rayé, les braques des Germains, et recevait, ainsi vêtu, les députés des villes. Cet habillement militaire et barbare parut un affront pour la toge. Ils ne pardonnaient pas non plus à sa femme Salonina, quoique ce luxe ne fît tort à personne, de se montrer sur un cheval superbe, couvert d'une housse de pourpre, les hommes envisageant toujours avec des yeux jaloux les fortunes récentes, et n'exigeant jamais plus de modestie dans l'élévation que de ceux qu'ils ont vus leurs égaux. Lorsque les Vitelliens eurent passé le Pô, que les deux partis, dans différents pourparlers, eurent essayé mutuellement de se corrompre, qu'ils se furent joués par toutes ces protestations spécieuses et frivoles de paix et de concorde, Cécina dirigea tous ses plans pour l'attaque de Plaisance ; et il fit des préparatifs for-

---

Ticinumque : quo successu Vitellianus miles non jam flumine aut ripis arcebatur. Irritabat quin etiam Batavos Transrhenanosque Padus ipse ; quem repente contra Placentiam transgressi, raptis quibusdam exploratoribus, ita ceteros terruere ut adesse omnem Cæcinæ exercitum trepidi ac falsi nunciarent.

XVIII. Certum erat Spurinnæ (is enim Placentiam obtinebat) necdum venisse Cæcinam, et, si propinquaret, coercere intra munimenta militem, nec tris prætorias cohortes et mille vexillarios, cum paucis equitibus, veterano exercitui objicere. Sed indomitus miles et belli ignarus, correptis signis vexillisque, ruere et retinenti duci tela intentare, spretis centurionibus tribunisque ; quin proditionem, et accitum Cæcinam clamitabant. Fit temeritatis alienæ comes Spurinna, primo coactus, mox velle simulans, quo plus auctoritatis inesset consiliis, si seditio mitesceret.

XIX. Postquam in conspectu Padus, et nox appetebat, vallari castra placuit. Is labor urbano militi insolitus contudit animos. Tum vetustissimus quisque castigare credulitatem suam, metum ac discrimen ostendere, si cum exercitu Cæcina, patentibus campis, tam paucas cohortes circumfudisset. Jamque totis castris modesti sermones ; et, inserentibus se centurionibus tribunisque, laudari providentia ducis, quod coloniam, virium et opum validam, robur ac sedem bello legisset. Ipse postremo Spurinna, non tam culpam exprobrans quam ratione ostendens, relictis exploratoribus, ceteros Placentiam reduxit, minus turbidos et imperia accipientes. Solidati muri, propugnacula addita, auctæ turres, provisa parataque non arma modo sed obsequium et parendi amor, quod solum illis partibus defuit, quum virtutis haud pœniteret.

XX. At Cæcina, velut relicta post Alpes sævitia ac licentia, modesto agmine per Italiam incessit. Ornatum ipsius municipia et coloniæ in superbiam trahebant ; quod versicolore sagulo, braccas, tegmen barbarum, indutus, togatos alloqueretur. Uxorem quoque ejus Saloninam, quamquam in nullius injuriam insigni equo ostroque veheretur, tanquam læsi gravabantur : insita mortalibus natura recentem aliorum felicitatem ægris oculis introspicere, modumque fortunæ a nullis magis exigere quam quos in æquo videre. Cæcina Padum transgressus, tentata Othonianorum fide per colloquium et promissa, iisdem petitus, postquam pax et concordia speciosis et irritis nominibus jactata sunt, consilia curasque in oppugnationem Placentiæ magno terrore vertit : gnarus, ut initia belli provenissent, famam in cetera fore.

midables, connaissant trop l'importance d'un premier succès pour la réputation de toute une guerre.

XXI. Toutefois la première attaque se fit avec précipitation, nullement avec la prudence de vétérans consommés : ils s'avancèrent au pied des murs, sans précaution, tout découverts, appesantis par la nourriture et le vin. Dans ce combat, un superbe amphithéâtre, situé hors des murs, fut entièrement consumé, soit que les assiégeants eussent mis le feu en lançant des torches, des traits enflammés et des feux volants sur les assiégés, ou bien les assiégés eux-mêmes en y répondant. Le peuple de Plaisance, prompt à soupçonner, crut que des colonies voisines, jalouses de ce monument, le plus vaste de l'Italie, avaient fomenté l'embrasement. Ce désastre, quelle qu'en fût la cause, toucha peu, tant qu'on en craignit de plus grands; après le péril, comme si c'eût été le pire des maux qu'on eût pu éprouver, on se désola. Cécina fut repoussé avec une grande perte des siens, et toute la nuit employée en préparatifs. Les Vitelliens disposent les mantelets, les claies, les galeries, toutes les machines pour saper les murs et protéger les assaillants. Les Othoniens rassemblent des pièces de bois, des masses énormes de pierres, de plomb ou de fer, pour enfoncer les rangs et pour écraser l'ennemi. Des deux côtes la honte, des deux côtés la gloire, et des exhortations qui se combattent : là, on exaltait la force des légions et de toute l'armée de Germanie; ici, la dignité des défenseurs de la capitale et des cohortes prétoriennes; ceux-ci étaient des lâches, énervés par l'inaction et corrompus par la mollesse du cirque et du théâtre; ceux-là des étrangers et des barbares. Ils célébraient aussi ou déchiraient Vitellius et Othon, et ils s'enflammaient encore par ce parallèle, où la satire abondait bien plus que l'éloge.

XXII. Au point du jour, les murs sont remplis de combattants, la campagne couverte d'armes et de soldats; les légions marchaient par bataillons serrés, les auxiliaires par troupes éparses; aux endroits du mur trop élevés, on lança de loin des flèches et des pierres; les parties négligées et dégradées par le temps furent attaquées de près; d'en haut, les Othoniens, balançant mieux et assurant mieux leurs coups, accablent de leurs traits les cohortes des Germains, qui s'avançaient témérairement avec des chants terribles, le corps nu, suivant l'usage de leur pays, et en agitant leurs boucliers sur leurs épaules. Les légionnaires, à l'abri des claies et des galeries, sapent les murs, élèvent des plates-formes, battent les portes. De leur côté, les prétoriens, pourvus de grosses pierres, font rouler ces masses énormes, qui tombent avec un bruit horrible; une partie des assaillants est écrasée; d'autres expirent sous les traits; enfin, le désordre augmentant le carnage, en les livrant à tous les coups de l'ennemi, ils rentrèrent dans leur camp avec beaucoup de morts ou de blessés, et leur réputation ternie. Cécina, honteux de sa témérité, ne voulant plus s'obstiner dans un vain projet qui le livrerait à la risée, repassa le Pô pour gagner Crémone. Dans sa retraite, Turullius Cerialis, avec un grand nombre de soldats de marine, et Julius Briganticus, avec quelques cavaliers, passèrent de son côté. Briganticus, né chez les Bataves, commandait une division de cavalerie; Turullius, primipilaire, avait eu aussi le même grade à l'armée de Germanie, où il avait connu Cécina.

XXIII. Spurinna, instruit de la marche de

XXI. Sed primus dies impetu magis quam veterani exercitus artibus transactus : aperti incautique muros subiere, cibo vinoque praegraves. In eo certamine, pulcherrimum amphitheatri opus, situm extra muros, conflagravit : sive ab oppugnatoribus incensum, dum faces et glandes et missilem ignem in obsessos jaculantur; sive ab obsessis, dum regerunt. Municipale vulgus, pronum ad suspiciones, fraude illata ignis alimenta credidit a quibusdam e vicinis coloniis, invidia et aemulatione quod nulla in Italia moles tam capax foret. Quocumque casu accidit, dum atrociora metuebantur, in levi habitum; reddita securitate, tanquam nihil gravius pati potuissent mœrebant. Ceterum multo suorum cruore pulsus Caecina; et nox parandis operibus absumpta. Vitelliani pluteos crateasque et vineas suffodiendis muris protegendisque oppugnatoribus, Othoniani sudes et immensas lapidum ac plumbi aerisque moles perfringendis obruendisque hostibus, expediunt. Utrinque pudor, utrinque gloria, et diversae exhortationes, hinc legionum et germanici exercitus robur, inde urbanae militiae et praetoriarum cohortium decus attollentium; illi ut segnem ac desidem ac circo ac theatris corruptum militem, hi peregrinum et externum increpabant; simul Othonem ac Vitellium celebrantes culpantesve, uberioribus inter se probris quam laudibus, stimulabantur.

XXII. Vixdum orto die, plena propugnatoribus moenia, fulgentes armis virisque campi : densum legionum agmen, sparsa auxiliorum manus, altiora murorum sagittis aut saxis incessere; neglecta aut aevo fluxa cominus aggredi. Ingerunt desuper Othoniani pila, librato magis ac certa ictu, adversus temere subeuntes cohortes Germanorum, cantu truci, et more patrio nudis corporibus, super humeros scuta quatientium. Legionarius pluteis et cratibus tectus subruit muros, instruit aggerem, molitur portas. Contra praetoriani dispositos ad id ipsum molares, ingenti pondere ac fragore, provolvunt. Pars subcuntium obruti; pars confixi et exsangues aut laceri, quum augeret stragem trepidatio, eoque acrius e moenibus vulnerarentur, rediere, infracta partium fama. Et Caecina, pudore coeptae temere oppugnationis, ne vanus ac vanus iisdem castris assideret, trajecto rursus Pado, Cremonam petere intendit. Tradidere sese abeunti Turullius Cerialis, cum compluribus classicis, et Julius Briganticus, cum paucis equitum; hic praefectus alae, in Batavis genitus; ille primipilaris et Caecinae haud alienus, quod ordines in Germania duxerat.

l'ennemi, mande à Gallus la défense de Plaisance, toutes ses opérations et celles que projetait Cécina. Gallus menait la première légion au secours de la place, dans la crainte qu'une garnison aussi faible ne pût résister à un siége un peu long et aux forces de l'armée de Germanie. Lorsqu'il eut appris l'échec de Cécina et sa retraite à Crémone, après avoir contenu, quoique avec peine, la légion qui, dans l'ardeur de combattre, en était venue presque à une sédition, Gallus vint camper à Bédriac. C'est le nom d'un bourg situé entre Vérone et Crémone, auquel deux sanglantes batailles donnèrent bientôt une célébrité malheureuse. Dans le même temps, Martius Macer remporta un avantage près de Crémone. Cet homme, d'un courage entreprenant, met les gladiateurs dans des barques, passe le Pô, et fond brusquement sur la rive opposée, où il défait un corps d'auxiliaires vitelliens. Ceux qui résistèrent furent taillés en pièces; le reste fuyait vers Crémone; mais Martius, craignant qu'un renfort de troupes fraîches ne changeât la fortune du combat, arrêta ses soldats victorieux. Cette précaution fut suspecte aux Othoniens : quoi qu'on fît, ils le condamnaient. Une foule de misérables qui joignaient, comme c'est l'ordinaire, l'insolence à la lâcheté, harcelaient d'accusations Gallus, Suétone, Celsus, tous les généraux. Les plus ardents instigateurs des séditions et de la discorde étaient les meurtriers de Galba. Égarés par leurs crimes et leurs craintes, ils troublaient toutes les mesures, tantôt ouvertement par des clameurs emportées, tantôt en secret par des lettres à Othon, qui, écoutant tous les subalternes, redouta les gens de bien, s'alarma de tout, inquiet dans la prospérité, et soutenant mieux le malheur. Il fit venir son frère Titianus pour lui confier la conduite de la guerre. Dans l'intervalle, Suétone et Celsus, qui commandaient encore, se signalèrent.

XXIV. Cécina, malheureux dans toutes ses entreprises, voyait avec dépit s'évanouir la réputation de son armée. Repoussé devant Plaisance, ses auxiliaires défaits, ses partis même presque toujours battus dans une multitude de petits combats indignes d'être rapportés, il redoutait encore l'approche de Valens, qui allait lui ravir tout l'honneur de la guerre, et il se hâtait de recouvrer sa gloire avec plus d'ardeur que de prudence. A douze mille de Crémone, dans un lieu qui se nomme le champ des Castors, il cache l'élite de ses auxiliaires dans des bois qui commandaient le chemin. Sa cavalerie eut ordre d'avancer plus loin, d'engager le combat, et, par une fuite simulée, d'attirer l'ennemi sur leurs pas, jusqu'à ce que l'ardeur de la poursuite le précipitât dans l'embuscade. Des traîtres en donnèrent avis aux généraux d'Othon : Suétone se chargea de l'infanterie, et Celsus de la cavalerie. On place à l'aile gauche les vexillaires de la treizième légion, quatre cohortes d'auxiliaires et cinq cents cavaliers. Trois cohortes prétoriennes, formées en colonne, occupèrent la chaussée du chemin; à l'aile droite, marchaient la première légion avec cinq cents cavaliers et deux cohortes d'auxiliaires. On réserva, sur les prétoriens et sur les auxiliaires, mille cavaliers, pour achever la victoire ou rétablir le combat.

XXV. Avant que les armées se mêlassent, les Vitelliens tournèrent le dos; mais Celsus, averti du piége, fit faire halte aux siens. Bientôt les Vitelliens, se levant imprudemment, et pour-

XXIII. Spurinna, comperto itinere hostium, defensam Placentiam, quæque acta et quid Cæcina pararet, Annium Gallum per literas docet. Gallus legionem primam in auxilium Placentiæ ducebat diffisus paucitate cohortium, ne longius obsidium et vim germanici exercitus parum tolerarent. Ubi pulsum Cæcinam pergere Cremonam accepit, ægre coercitam legionem, et pugnandi ardore usque ad seditionem progressam, Bedriaci sistit. Inter Veronam Cremonamque situs est vicus, duabus jam romanis cladibus notus infaustusque. Iisdem diebus a Martio Macro, haud procul Cremona, prospere pugnatum. Namque promptus animi Martius transvectos navibus gladiatores in adversam Padi ripam repente effudit. Turbata ibi Vitellianorum auxilia, et, ceteris Cremonam fugientibus, cæsi qui restiterant; sed repressus vincentium impetus, ne novis subsidiis firmati hostes fortunam prælii mutarent. Suspectum id Othonianis fuit, omnia quæcumque facta prave æstimantibus. Certatim, ut quisque animo ignavus, procax ore, Annium Gallum et Suetonium Paulinum et Marium Celsum (nam eos Otho quoque præfecerat) variis criminibus incessebant. Acerrima seditionum ac discordiæ incitamenta interfectores Galbæ. Scelere et metu vecordes miscere cuncta, modo palam turbidis vocibus, modo occultis ad Othonem literis; qui humillimo cuique credulus, bonos metuens, trepidabat; rebus prosperis incertus et inter adversa melior. Igitur Titianum fratrem accitum bello præposuit. Interea Paulini et Celsi ductu res egregiæ gestæ.

XXIV. Angebant Cæcinam nequidquam omnia cœpta et senescens exercitus sui fama. Pulsus Placentia, cæsis nuper auxiliis, etiam per concursum exploratorum, crebra magis quam digna memoratu prælia, inferior; propinquante Fabio Valente, ne omne belli decus illuc concederet, recuperare gloriam avidius quam consultius properabat. Ad duodecimum a Cremona (locus Castorum vocatur) ferocissimos auxiliarium, imminentibus viæ lucis occultos, componit : equites procedere longius jussi, et irritato prælio sponte refugi festinationem sequentium elicere, donec insidiæ coorirentur. Proditum id Othonianis ducibus; et curam peditum Paulinus, equitum Celsus, sumpsere. Tertiædecimæ legionis vexillum, quatuor auxiliorum cohortes et quingenti equites in sinistro locantur; aggerem viæ tres prætoriæ cohortes altis ordinibus obtinuere; dextra fronte prima legio incessit, cum duabus auxiliaribus cohortibus et quingentis equitibus. Super hos e prætorio auxiliisque mille equites, cumulus prosperis aut subsidium laborantibus, ducebantur.

XXV. Antequam miscerentur acies terga vertentibus Vitellianis, Celsus doli prudens repressit suos. Vitelliani

suivant trop loin Celsus, qui se retirait peu à peu, tombent eux-mêmes dans l'embuscade ; car, en même temps que les cohortes les attaquèrent sur les flancs, et les légions en face, la cavalerie courut promptement les envelopper par derrière. Dans le premier moment, Suétone ne donna pas à l'infanterie le signal du combat. Naturellement temporiseur, et préférant les opérations prudentes et régulières à des succès hasardés, il faisait combler les fossés, découvrir le champ de bataille, déployer son infanterie, persuadé qu'il est assez temps de commencer à vaincre, quand on s'est assuré de n'être pas vaincu. Ces retardements donnèrent aux Vitelliens le temps de se sauver dans les vignes défendues par leurs guirlandes entrelacées, et adossés à un petit bois. De là ils firent une nouvelle attaque, où périrent les plus braves cavaliers prétoriens. Le roi Épiphane y reçut une blessure, en combattant pour Othon avec la plus grande valeur.

XXVI. Ce fut alors que donna l'infanterie othonienne. Elle écrasa l'armée ennemie, et même elle mit en fuite les différents détachements qui arrivaient pour la soutenir. Car Cécina, au lieu d'envoyer tous ces corps à la fois, les fit marcher successivement ; et cette faute augmenta la confusion, les cohortes n'attaquant que par pelotons, jamais en force, et la consternation des fuyards les entraînant elles-mêmes. Il y eut même, à ce sujet, une sédition dans le camp. Ils mirent aux fers Julius Gratus, préfet de camp, qu'ils soupçonnaient de favoriser son frere Julius Fronto, tribun dans l'armée d'Othon : au même instant, les Othoniens arrêtaient celui-ci sur les mêmes soupçons. Au reste, la frayeur fut telle parmi les fuyards et ceux qui venaient les soutenir, sur le champ de bataille et devant le camp, qu'il passa pour constant, dans les deux partis, que l'armée entière de Cécina eût pu être détruite, si Suétone n'eût fait sonner la retraite. Suétone disait qu'il avait craint pour les siens un surcroît de fatigue et de marche, et la supériorité des troupes fraîches, sortant de leur camp, sur les troupes harassées, qui, en cas d'échec, n'auraient point eu d'asile. Ces raisons, approuvées du petit nombre, furent condamnées par la multitude.

XXVII. Cet échec inspira moins de crainte aux Vitelliens que de docilité ; et ce ne fut pas seulement dans le camp de Cécina, qui rejetait la faute sur ses soldats, plus disposés à se révolter qu'à se battre : l'armée même de Valens, arrivée déjà à Ticinum, cessant de mépriser l'ennemi, et brûlant de recouvrer son honneur, obéissait à son chef avec une docilité plus respectueuse et plus égale. Une sédition violente y avait éclaté auparavant. Je vais reprendre la chose de plus haut, n'ayant pas voulu interrompre le fil des opérations de Cécina. Les cohortes des Bataves, détachées de la quatorzième légion pendant la guerre de Vindex, ayant appris la révolte de Vitellius, au moment où elles se rendaient en Bretagne, avaient joint Valens dans la ville de Langres, comme nous l'avons rapporté. Ces barbares étaient d'une insolence extrême. Ils ne passaient jamais devant la tente d'une légionnaire, qu'ils ne se vantassent d'avoir su contenir la quatorzième légion, d'avoir enlevé à Néron l'Italie, et de tenir dans leurs mains tout le sort de la guerre. Ces bravades, outrageantes pour le soldat, importunaient le général : les querelles et les disputes altéraient la discipline ; Valens enfin

temere exsurgentes, cedente sensim Celso, longius secuti ultro in insidias præcipitantur ; nam a lateribus cohortes, legionum adversa frons ; et subito discursu terga cinxerant equites. Signum pugnæ non statim a Suetonio Paullino pediti datum : cunctator natura, et cui cauta potius consilia cum ratione quam prospera ex casu placerent, compleri fossas, aperiri campum, pandi aciem jubebat ; satis cito incipi victoriam, ubi provisum foret ne vincerentur. Ea cunctatione spatium Vitellianis datum in vineas, nexu traducum impeditas, refugiendi ; et modica silva adhærebat, unde rursus ausi promptissimos prætorianorum equitum interfecere ; vulneratur rex Epiphanes impigre pro Othone pugnam ciens.

XXVI. Tum Othonianus pedes erupit ; protrita hostium acie, versis in fugam etiam qui subvenicbant ; nam Cæcina non simul cohortes, sed singulas acciverat : quæ res in prælio trepidationem auxit, quum dispersos nec usquam validos pavor fugientium abriperet. Orta et in castris seditio, quod non universi ducerentur ; vinctus præfectus castrorum Julius Gratus, tanquam fratri apud Othonem militanti proditionem ageret ; quum fratrem ejus, Julium Frontonem tribunum, Othoniani sub eodem crimine vinxissent. Ceterum ea ubique formido fuit apud fugientes, occursantes, in acie, pro vallo, ut deleri cum universo exercitu Cæcinam potuisse, ni Suetonius Paulinus receptui cecinisset, utrisque in partibus percrebuerit. Timuisse se Paulinus ferebat tantum insuper laboris atque itineris, ne vitellianus miles, recens e castris, fessos aggrederetur, et perculsis nullum retro subsidium foret. Apud paucos ea ducis ratio probata, in vulgus adverso rumore fuit.

XXVII. Haud perinde id damnum Vitellianos in metum compulit quam ad modestiam composuit ; nec solum apud Cæcinam qui culpam in militem conferebat, seditioni magis quam prælio paratum ; Fabii quoque Valentis copiæ (jam enim Ticinum venerat) posito hostium contemptu, et recuperandi decoris cupidine, reverentius et æqualius duci parebant. Gravis alioquin seditio exarserat, quam altiore initio (neque enim rerum a Cæcina gestarum ordinem interrumpi oportuerat) repetam. Cohortes Batavorum, quas bello Neronis a quartadecima legione digressas, quum Britanniam peterent, audito Vitellii motu, in civitate Lingonum Fabio Valenti adjunctas retulimus, superbe agebant, ut cujusque legionis tentoria accessissent, « coercitos a se quartadecimanos, ablatam Neroni Italiam, atque omnem belli fortunam in ipsorum manu sitam » jactantes. Contumeliosum id militibus acerbum duci ; corrupta jurgiis aut

craignait que, de l'arrogance, on en vînt à la trahison.

XXVIII. Aussi, dès qu'il eût appris que la flotte d'Othon avait repoussé la cavalerie des Trévires, ainsi que les Tungres, et qu'elle tenait bloquée la Gaule narbonnaise, voulant, à la fois, et protéger les alliés, et, par une ruse militaire, disperser un corps trop puissant, s'il restait rassemblé, il commande une partie des Bataves pour aller au secours de la province. Mais, cet ordre à peine donné et publié, les alliés s'affligent, les légionnaires s'indignent de ce qu'on les prive du secours de guerriers si intrépides, de ce qu'à la vue de l'ennemi, et presque sur le champ de bataille, on emmène ces braves vétérans, signalés par tant de victoires. Si une seule province valait mieux que Rome et tout l'empire, ils y marcheraient tous; si les conquêtes solides, prépondérantes, décisives, étaient celles de l'Italie, pourquoi mutiler l'armée? Qu'attendre d'un corps auquel on coupait ses plus vigoureux membres?

XXIX. Non contents de ces plaintes insolentes, lorsque Valens se mettait en devoir, avec ses licteurs, de réprimer la sédition, ils fondent sur lui, ils lui jettent des pierres, ils le poursuivent dans sa fuite. Mille voix s'écriaient qu'il leur dérobait les dépouilles des Gaules, l'or des Viennois, tout le fruit de leurs travaux; ils pillent ses bagages, ils fouillent avec leurs lances et leurs javelots dans sa tente et jusque dans la terre même. Pendant ce temps, Valens, déguisé en esclave, se tenait caché chez un décurion de cavalerie. Alphénus Varus, préfet de camp, défendit aux centurions de relever les sentinelles, aux trompettes de sonner les différents exercices. Cet artifice, au moment où d'elle-même la sédition se calmait insensiblement, réussit. Les soldats restent frappés d'engourdissement; ils se regardent tous avec des yeux étonnés; l'idée seule que personne ne les commandait les épouvante; on vit, à leur résignation, à leur silence, qu'ils cherchaient leur pardon; bientôt ils supplient, ils pleurent; et lorsque enfin Valens, qu'ils croyaient mort, reparut tout défiguré, les yeux en larmes, cette vue inopinée les saisit de joie, d'attendrissement, d'enthousiasme. La multitude est excessive en tout. Dans cette révolution d'allégresse, ils l'accablent de louanges et de félicitations; ils le portent à son tribunal au milieu des aigles et des drapeaux. Lui, par une modération sage, ne demanda le supplice de personne; et, pour ne pas se rendre trop suspect en dissimulant, il se contenta de se plaindre de quelques-uns sachant trop bien que, dans les guerres civiles, les soldats ont plus de pouvoir que les chefs.

XXX. Ils se retranchaient auprès de Ticinum, lorsqu'ils apprirent le malheureux combat de Cécina. Outrés d'avoir manqué une bataille, ils en accusent les artifices et les lenteurs de Valens : peu s'en fallut que la sédition ne recommençât. Ils ne veulent point de repos, ils n'attendent pas le général; ils pressent, ils devancent les enseignes. Après une marche forcée ils se joignent à Cécina. Les soldats de Cécina pensaient désavantageusement de Valens; ils se plaignaient qu'il eût exposé leur armée, de beaucoup plus faible, à toutes les forces de l'ennemi; et, outre qu'ils se ménageaient par là une excuse, ils mettaient de l'adulation à exalter ainsi la force de l'armée qui venait d'arriver, afin qu'elle ne les méprisât point comme des lâches et des vaincus. Mais, quoique l'armée de Valens fût plus

---

r ixis disciplina; ad postremum Valens et petulantia etiam perfidiam suspectabat.

XXVIII. Igitur nuncio allato pulsam Treverorum alam Tungrosque a classe Othonis, et narbonensem Galliam circumiri; simul cura socios tuendi, et militari astu cohortes turbidas ac, si una forent, praevalidas dispergendi, partem Batavorum ire in subsidium jubet; quod ubi auditum vulgatumque, moerere socii, fremere legiones, « orbari se fortissimorum virorum auxilio; veteres illos et tot bellorum victores, postquam in conspectu sit hostis, velut ex acie abduci; si provincia urbe et salute imperii potior sit, omnes illuc sequerentur : sin victoriae sanitas, sustentaculum, columen in Italia verteretur, non abrumpendos ut corpori validissimos artus. »

XXIX. Haec ferociter jactando, postquam immissis lictoribus Valens coercere seditionem coeptabat, ipsum invadunt, saxa jaciunt, fugientem sequuntur. Spolia Galliarum, et Viennensium aurum, et pretia laborum suorum occultare clamitantes, direptis sarcinis, tabernacula ducis ipsamque humum pilis et lanceis rimabantur; nam Valens, servili veste, apud decurionem equitum tegebatur. Tum Alphenus Varus, praefectus castrorum, deflagrante paulla- tim seditione, addit consilium, vetitis obire vigilias centurionibus, omisso tubae sono quo miles ad belli munia cietur. Igitur torpere cuncti, circumspectare inter se attoniti; et id ipsum, quod nemo regeret, paventes, silentio, patientia, postremo precibus ac lacrymis veniam quaerebant. Ut vero deformis et flens et praeter spem incolumis Valens processit, gaudium, miseratio, favor; versi in laetitiam (ut est vulgus utroque immodicum) laudantes gratantesque, circumdatum aquilis signisque, in tribunal ferunt. Ille utili moderatione non supplicium cujusquam poposcit; ac ne dissimulans suspectior foret, paucos incusavit : gnarus civilibus bellis plus militibus quam ducibus licere.

XXX. Munientibus castra apud Ticinum de adversa Caecinae pugna allatum, et prope renovata seditio tanquam fraude et cunctationibus Valentis praelio defuissent. Nolle requiem, non exspectare ducem, anteire signa, urgere signiferos : rapido agmine Caecinae junguntur. Improspera Valentis fama apud exercitum Caecinae erat : expositos se tanto pauciores integris hostium viribus querebantur, simul in suam excusationem, et adventantium robur per adulationem attollentes, ne ut victi et ignavi despectarentur. Et quanquam plus virium, prope duplicatus legionum

forte, qu'il eût presque le double de légions et d'auxiliaires, les soldats inclinaient davantage pour Cécina. Outre une bienveillance qui le rendait plus facile, il avait pour lui, la vigueur de sa jeunesse, une haute taille, et je ne sais quel caprice de l'opinion. De là les jalousies des deux chefs. Cécina se raillait de l'avarice et des débauches de Valens; Valens, de l'orgueil et de la présomption de Cécina. Toutefois, renfermant leurs haines, ils travaillèrent pour la cause commune, tous deux sans la moindre précaution pour l'avenir, prodiguant dans leurs lettres des injures à Othon. Les généraux d'Othon, au contraire, quoique la matière fût bien riche, s'en abstenaient contre Vitellius.

XXXI. Il est certain qu'avant l'époque de leur mort, si glorieuse pour Othon, si infâme pour Vitellius, on redoutait moins les lâches inclinations de celui-ci que la fougue ardente des passions d'Othon. Le meurtre de Galba avait ajouté à la haine et à l'effroi qu'inspirait ce dernier; au contraire, personne n'imputait le commencement de la guerre à Vitellius : son intempérance ne semblait nuire qu'à lui seul; le faste d'Othon, sa cruauté, son audace, paraissaient plus redoutables pour la république. Depuis la jonction de Valens et de Cécina, les Vitelliens ne demandaient pas mieux que la querelle fût décidée dans un grand combat. Othon, incertain s'il traînerait la guerre en longueur, ou s'il tenterait la fortune, tint conseil. Suétone, qui passait pour le plus grand capitaine de ce siècle, crut devoir à sa réputation de développer alors ses idées sur la conduite générale de la guerre. Il représenta que l'intérêt de l'ennemi était de se hâter, celui d'Othon, de gagner du temps.

XXXII. Il ajouta que toute l'armée de Vitellius était arrivée; qu'elle ne pouvait plus guère espérer de renforts, à cause de la fermentation des Gaules, ét de l'irruption inévitable de tant de nations ennemies, si l'on abandonnait la rive du Rhin; que les soldats de Bretagne étaient retenus par la mer et par l'ennemi; que l'Espagne avait peu de troupes; que la Gaule narbonnaise, ravagée par la flotte et vaincue dans un combat, tremblait pour elle-même; que le pays au delà du Pô, fermé par les Alpes, ne tirant nul secours de la mer, était dévasté par le passage seul des troupes; qu'on n'y trouverait nulle part de blés pour l'armée, et qu'une armée ne pouvait se soutenir sans subsistances; qu'à l'égard des Germains, si l'on prolongeait la guerre jusqu'à l'été, on verrait bientôt fondre tous ces grands corps, qui donnaient à l'armée ennemie une apparence si terrible; qu'ils ne supporteraient point le changement de pays et de climat; que beaucoup d'armées, dont le premier choc eût été redoutable, avaient été détruites par l'ennui seul et par l'inaction; que les Othoniens, au contraire, avaient tout, abondance et sûreté; que la Pannonie, la Mésie, la Dalmatie, l'Orient, avec des armées florissantes, étaient à eux; qu'ils avaient l'Italie et Rome, la tête de l'empire; qu'ils avaient le sénat et le peuple, noms toujours brillants, malgré des éclipses passagères, les richesses publiques, les richesses particulières, l'or, plus puissant que le fer dans les discordes civiles; des soldats accoutumés à l'Italie et à la chaleur; devant eux un grand fleuve, tout autour des places garanties par leurs murs et par leurs défenseurs, et que l'exemple de Plaisance instruisait à braver l'ennemi; qu'il fallait donc prolonger la guerre; que, dans peu de jours, la quatorzième légion arriverait avec sa grande réputation et avec les

---

auxiliorumque numerus erat Valenti, studia tamen militum in Cæcinam inclinabant; super benignitatem animi qua promptior habebatur, etiam vigore ætatis, proceritate corporis, et quodam inani favore. Hinc æmulatio ducibus : Cæcina ut fœdum et maculosum, ille ut vanum ac tumidum, irridebant. Sed condito odio eamdem utilitatem fovere, crebris epistolis, sine respectu veniæ, probra Othoni objectantes, quum duces partium Othonis, quamvis uberrima conviciorum in Vitellium materia, abstinerent.

XXXI. Sane ante utriusque exitum, quo egregiam Otho famam, Vitellius flagitiosissimam meruere, minus Vitellii ignavæ voluptates quam Othonis flagrantissimæ libidines timebantur. Addiderat huic terrorem atque odium cædes Galbæ; contra illi initium belli nemo imputabat. Vitellius ventre et gula sibi ipsi hostis; Otho luxu, sævitia, audacia, reipublicæ exitiosior ducebatur. Conjunctis Cæcinæ ac Valentis copiis, nulla ultra penes Vitellianos mora quin totis viribus certarent. Otho consultavit trahi bellum an fortunam experiri placeret. Tum Suetonius Paulinus dignum fama sua ratus, qua nemo illa tempestate militaris rei callidior habebatur, de toto genere belli censere, festinationem hostibus, moram ipsis utilem disseruit.

XXXII. « Exercitum Vitellii universum advenisse; nec multum virium a tergo, quoniam Galliæ tumeant, et deserere Rheni ripam, irrupturis tam infestis nationibus, non conducat; britannicum militem hoste et mari distineri; Hispanias armis non ita redundare; provinciam narbonensem incursu classis et adverso prælio contremuisse; clausam Alpibus, et nullo maris subsidio, transpadanam Italiam, atque ipso transitu exercitus vastam; nec exercitum sine copiis retineri posse. Jam Germanos, quod genus militum apud hostes atrocissimum sit, tracto in æstatem bello, fluxis corporibus, mutationem soli cœlique haud toleraturos. Multa bella impetu valida per tædia et moras evanuisse. Contra ipsis omnia opulenta et fida : Pannoniam, Mœsiam, Dalmatiam, Orientem, cum integris exercitibus; Italiam et caput rerum urbem; senatumque et populum, nunquam obscura nomina etsi aliquando obumbrentur; publicas privatasque opes et immensam pecuniam, inter civiles discordias ferro validiorem; corpora militum aut Italiæ sueta aut æstibus. Objacere flumen Padum, tutas viris murisque urbes, e quibus nullam hosti cessuram Placentiæ defensione exploratum. Proinde duceret bellum; paucis diebus quartamdecimam legionem, magna ipsam fama, cum mœsiacis copiis affore; tum rursus

troupes de Mésie; qu'alors on délibérerait de nouveau, et que, si l'on voulait combattre, on combattrait avec une augmentation de forces.

XXXIII. Celsus était de l'avis de Suétone. On envoya prendre celui de Gallus, malade depuis quelques jours d'une chute de cheval : sa réponse fut la même. Othon penchait pour la bataille : son frère Titianus, et Proculus, préfet du prétoire décidant avec la précipitation de l'ignorance, soutenaient que la fortune, que les dieux et le génie d'Othon présidant à ses desseins, présideraient à leur exécution ; et, pour qu'on n'osât point combattre leur avis, ils l'avaient tourné en adulation. La bataille résolue, on examina si Othon s'y trouverait, ou s'il se tiendrait à l'écart. Suétone et Celsus ne contestèrent rien, pour n'avoir point l'air de commettre le salut d'Othon, et l'avis le plus funeste prévalut encore. Les deux autres décidèrent qu'Othon se retirerait à Brixellum, d'où, sans exposer sa personne, il se réserverait pour diriger la guerre et l'empire. Dès ce moment, le parti d'Othon fut ruiné. Un gros détachement de cohortes prétoriennes, de spéculateurs et de cavalerie, partit avec lui, et ce qui resta perdit courage; les chefs leur étaient suspects, et Othon lui-même, qui avait seul la confiance des soldats et leur donnait toute la sienne, n'avait laissé aux généraux qu'une autorité précaire.

XXXIV. Rien n'échappait aux Vitelliens; ils savaient tout par les transfuges, si communs dans les guerres civiles : d'ailleurs les espions, en cherchant à découvrir le secret des autres, laissaient pénétrer le leur. Valens et Cécina voyant l'ennemi se perdre par son imprudence, se tinrent tranquilles, et, ce qui est une partie de l'habileté, prêts à profiter des fautes d'autrui. Ils avaient commencé un pont vis-à-vis le bord où campaient les gladiateurs, pour faire croire qu'ils voulaient passer le Pô, et en même temps pour occuper l'oisiveté des soldats. Des bateaux, placés à une égale distance les uns des autres, et la proue opposée au courant, étaient liés par un double rang de grosses poutres, et, de plus, assujettis avec des ancres qui assuraient la solidité de l'ouvrage. Cependant, on avait laissé les câbles de ces ancres flottants, et assez lâches pour que, si le fleuve venait à grossir, tous ces rangs de bateaux pussent s'élever avec l'eau sans être endommagés. Le pont était fermé par une tour construite sur le dernier bateau, et garnie d'instruments et de machines pour écarter l'ennemi.

XXXV. Les Othoniens, sur leur rive, avaient aussi élevé une tour, d'où ils lançaient des pierres et des torches. Il y avait au milieu du fleuve une île, que les gladiateurs voulaient gagner en bateau : les Germains les prévinrent à la nage. Un jour que ces derniers y étaient passés en plus grand nombre, Macer les fait attaquer par ses plus braves gladiateurs, entassés sur des galères. Les gladiateurs n'ont pas, dans une action, la fermeté des soldats; d'ailleurs, placés du haut des vaisseaux et sur ce fond vacillant, ils ne pouvaient assurer leurs coups aussi bien que l'ennemi, de pied ferme sur le rivage. Et comme, au milieu de tant de mouvements précipités, les rameurs et les combattants, tombant les uns sur les autres, se troublaient, les Germains sautent dans l'eau, ils saisissent les poupes, ils grimpent à bord, ou bien, s'attachant aux hommes, ils les noient. L'action se passait à la vue des deux armées; et plus les Vitelliens faisaient éclater leur joie, plus les Othoniens accablaient d'imprécations celui

deliberaturum, et, si prælium placuisset, auctis viribus certaturos. »

XXXIII. Accedebat sententiæ Paullini Marius Celsus; idem placere Annio Gallo, paucos ante dies lapsu equi afflicto, missi qui consilium ejus sciscitarentur retulerant. Otho pronus ad decertandum, frater ejus Titianus et præfectus prætorii Proculus, imperitia properantes, fortunam et deos et numen Othonis adesse consiliis, affore conatibus, testabantur; neu quis obviam ire sententiæ auderet, in adulationem concesserant. Postquam pugnari placitum, interesse pugnæ imperatorem an seponi melius foret dubitavere. Paullino et Celso jam non adversantibus, ne principem objectare periculis viderentur, iidem illi deterioris consilii auctores perpulere ut Brixellum concederet, ac, dubiis præliorum exemptus, summæ rerum et imperii se ipsum reservaret. Is primus dies Othonianas partes afflixit; namque et cum ipso prætoriarum cohortium et speculatorum equitumque valida manus discessit; et remanentium fractus animus; quando suspecti duces, et Otho, cui uni apud militem fides, dum et ipse non nisi militibus credit, imperia ducum in incerto reliquerat.

XXXIV. Nihil eorum Vitellianos fallebat, crebris, ut in civili bello, transfugiis; et exploratores, cura diversa sciscitandi, sua non occultabant. Quieti intentique Cæcina ac Valens, quando hostis imprudentia rueret, quod loco sapientiæ est, alienam stultitiam opperiebantur, inchoato ponte transitum Padi simulantes, adversus oppositam gladiatorum manum, ac ne ipsorum miles segne otium tereret. Naves pari inter se spatio, validis utrinque trabibus connexæ, adversum in flumen dirigebantur, jactis super ancoris quæ firmitatem pontis continerent. Sed ancorarum funes non extenti fluitabant, ut augescente flumine inoffensus ordo navium attolleretur. Claudebat pontem imposita turris et in extremam navem educta, unde tormentis ac machinis hostes propulsarentur.

XXXV. Othoniani in ripa turrim struxerant, saxaque et faces jaculabantur. Et erat insula amne medio, in quam gladiatores navibus molientes, Germani nando, præibebantur. Ac forte plures transgressos, completis liburnicis, per promptissimos gladiatorum Macer aggreditur. Sed neque ea constantia gladiatoribus ad prælia quæ militibus; nec perinde nutantes e navibus, quam stabili gradu e ripa, vulnera dirigebant. Et quum variis trepidantium inclinationibus mixti remiges propugnatoresque turbarentur, desilire in vada ultro Germani, retentare puppes, scandere foros, aut cominus mergere; quæ cuncta in oculis

qu'ils regardaient comme la cause et l'auteur du désastre.

XXXVI. Le combat fut terminé par la fuite prompte des navires qui restaient; mais on voulait la mort de Macer. Non contents de l'avoir blessé de loin avec une lance, ils le chargent l'épée à la main : les tribuns et les centurions, se jetant au milieu, le sauvèrent. Peu de temps après, Spurinna, n'ayant laissé, par l'ordre d'Othon, qu'une garnison faible à Plaisance, arriva avec ses cohortes; et le même Othon envoya Sabinus, consul désigné, pour remplacer Macer. Les soldats se réjouissaient de tous ces changements de généraux; mais les généraux n'acceptaient qu'à regret un commandement que tant de séditions rendaient si dangereux.

XXXVII. On lit, dans quelques auteurs, que les deux armées, soit crainte de la guerre, soit dégoût pour les deux princes, dont l'infamie et l'opprobre se manifestaient plus visiblement de jour en jour, songèrent à mettre bas les armes, et à concerter entre elles le choix d'un empereur, ou à l'abandonner au sénat; et que ce fut la raison pour laquelle les généraux d'Othon avaient conseillé les délais et les lenteurs, surtout Suétone, le plus ancien des consulaires, celui qui en espérait le plus, et le plus estimé pour la gloire qu'il s'était acquise par ses exploits en Bretagne. Pour moi, je ne nierai point qu'épouvanté de leurs dissensions et des vices infâmes de leurs maîtres, quelques citoyens ne soupirassent, au fond du cœur, après les douceurs de la concorde et les vertus d'un bon prince; mais en même temps, je ne puis croire que Suétone, avec autant de lumières, ait pu se flatter jamais de la multitude, dans le plus corrompu des siècles, montrât tant de modération; qu'après avoir troublé la paix par amour de la guerre, on renonçât à la guerre par amour de la paix; qu'au milieu de cette confusion de mœurs et de langages, on eût pu amener de grandes armées à cette uniformité de sentiments; ni qu'enfin des lieutenants et des généraux, presque tous dissolus, chargés de dettes et de crimes, eussent souffert un prince qui n'eût pas été souillé comme eux, et lié à leur ambition par leurs services.

XXXVIII. Cette vieille passion, de tout temps enracinée dans le cœur des mortels, la passion du pouvoir, s'accrut parmi nous avec l'empire, et ses éclats furent terribles. Tant que la république fut bornée, l'égalité se maintint facilement. Mais, après la conquête du monde, après la destruction des monarchies et des républiques rivales, lorsqu'on eut du loisir pour convoiter un pouvoir bien affermi, la guerre commença à s'allumer entre le peuple et les grands. Tantôt des tribuns factieux, tantôt des consuls tyranniques l'emportèrent : on s'essayait dans le forum aux guerres civiles. Bientôt Marius, le plus obscur des plébéiens, et Sylla, le plus cruel des nobles, subjuguant la liberté par les armes, mirent à la place le pouvoir d'un seul. Après eux, Pompée fut plus dissimulé, non moins ambitieux; et, depuis, on ne combattit que pour se donner un maître. Des légions de citoyens ne quittèrent point les armes à Pharsale et à Philippes : comment les satellites d'Othon et de Vitellius eussent-ils consenti à la paix? Le même courroux dans les dieux, la même rage dans les hommes, les mêmes motifs pour le crime, les poussaient à la discorde; et, si chaque guerre se termina, pour ainsi dire, du premier coup, on le doit à la lâcheté des chefs.

---

utriusque exercitus quanto lætiora Vitellianis, tanto acrius Othoniani causam auctoremque cladis detestabantur.

XXXVI. Et prælium quidem, abruptis quæ supererant navibus, fuga diremptum; Macer ad exitium poscebatur. Jamque vulneratum eminus lancea strictis gladiis invaserant, quum intercursu tribunorum centurionumque protegitur. Nec multo post Vestricius Spurinna jussu Othonis, relicto Placentiæ modico præsidio, cum cohortibus subvenit. Dein Flavium Sabinum, consulem designatum, Otho rectorem copiis misit quibus Macer præfuerat : læto milite ad mutationem ducum, et ducibus ob crebras seditiones tam infestam militiam adspernantibus.

XXXVII. Invenio apud quosdam auctores, « pavore belli, seu fastidio utriusque principis, quorum flagitia ac dedecus apertiore in dies fama noscebantur, dubitasse exercitus num, posito certamine, vel ipsi in medium consultarent, vel senatui permitterent legere imperatorem. Atque eo duces Othonianos spatium ac moras suasisse; præcipui Paullina, spe quod vetustissimus consularium et militia clarus gloriam nomenque britannicis expeditionibus meruisset. » Ego ut concesserim apud paucos tacito voto quietem pro discordia, bonum et innocentem principem pro pessimis ac flagitiosissimis expetitum; ita neque Paullinum, qua prudentia fuit, sperasse corruptissimo seculo tantam vulgi moderationem reor, ut, qui pacem belli amore turbaverant, bellum pacis caritate deponerent; neque aut exercitus linguis moribusque dissonos in hunc consensum potuisse coalescere, aut legatos ac duces, magna ex parte luxus, egestatis, scelerum sibi conscios, nisi pollutum obstrictumque meritis suis principem passuros.

XXXVIII. Vetus ac jam pridem insita mortalibus potentiæ cupido cum imperii magnitudine adolevit erupitque. Nam rebus modicis æqualitas facile habebatur; sed ubi, subacto orbe et æmulis urbibus regibusque excisis, securæ opes concupiscere vacuum fuit, prima inter patres plebemque certamina exarsere : modo turbulenti tribuni, modo consules sævissimus L. Sylla, victam armis libertatem in dominationem verterunt. Post quos Cn. Pompeius occultior non melior. Et nunquam postea nisi de principatu quæsitum. Non discessere ab armis in Pharsalia ac Philippis civium legiones; nedum Othonis ac Vitellii exercitus sponte posituri bellum fuerint : eadem illos deum ira, eadem hominum rabies, eædem scelerum causæ in discordiam egere. Quod singulis velut ictibus transacta sunt

21.

Mais ces considérations sur nos mœurs anciennes et nouvelles m'ont emporté trop loin : je reprends la suite des faits.

XXXIX. Depuis le départ d'Othon pour Brixellum, son frère Titianus avait les honneurs du commandement, Proculus, la force et le pouvoir. Suétone et Celsus, qu'on ne consultait plus, restaient avec le vain titre de généraux, pour couvrir les fautes d'autrui; les tribuns et les centurions, voyant l'incapacité prévaloir sur l'expérience, étaient découragés; le soldat était plein d'ardeur, mais toujours interprétant les ordres de ses chefs, au lieu de les suivre. On résolut de se porter en avant, et d'aller camper à quatre milles de Bédriac, dans un lieu si mal choisi, qu'on y souffrit une disette d'eau extrême, quoiqu'on fût au printemps, et dans un pays tout entrecoupé de rivières. Là, on délibéra sur la bataille. Othon, dans ses lettres, insistait pour qu'on se hâtât; les soldats demandaient que l'empereur se trouvât à l'action : la plupart voulaient qu'on fît venir les troupes d'au delà du Pô. Au reste, il n'est pas facile de déterminer ce qu'il y avait de mieux à faire : ce qui est sûr, c'est qu'on fit ce qu'il y avait de pis.

XL. L'armée se mit en marche comme pour un voyage et non pour un combat; elle allait gagner le confluent de l'Adda et du Pô, à seize milles de distance du lieu du départ. En vain Suétone et Celsus se refusaient à livrer ainsi des troupes, harassées de la route et embarrassées de bagages, à un ennemi leste, qui, ayant à peine quatre milles à faire, ne manquerait pas de les attaquer, ou dans le désordre de leur marche, ou lorsque les travaux des retranchements les tiendraient dispersés. Proculus et Titianus, quand les raisons leur manquaient, recouraient toujours à l'autorité. Un fait certain, c'est qu'un cavalier numide était arrivé à toute bride avec des lettres menaçantes d'Othon, qui accusait la lâcheté des généraux, et commandait qu'on attaquât : il était malade d'attendre, et impatient de finir.

XLI. Ce même jour, tandis que Cécina surveillait les travaux du pont, deux tribuns des cohortes prétoriennes demandèrent à lui parler. Il se préparait à les entendre et à leur répondre, lorsque ses coureurs vinrent en hâte lui annoncer que l'ennemi paraissait. La conférence des tribuns fut interrompue; ce qui a laissé ignorer si c'était une ruse ou une trahison, ou quelque dessein louable qu'ils méditaient. Les tribuns congédiés, Cécina, de retour au camp, trouve le signal du combat déjà donné par Valens, et le soldat sous les armes. Tandis que les légions tirent au sort leur rang pour marcher, la cavalerie se porte en avant; et, ce qui est incroyable, elle fut repoussée par une poignée d'Othoniens, et si rudement, qu'elle allait se rejeter dans ses retranchements sans la légion italique. Celle-ci, présentant aux cavaliers la pointe de l'épée, les force de retourner, tout rompus qu'ils étaient, et de recommencer le combat. Les légions vitelliennes se rangèrent en bataille sans confusion; car, malgré la proximité de l'ennemi, l'épaisseur des arbres empêchait qu'elles n'en fussent aperçues. Du côté des Othoniens, les généraux étaient tremblants, les soldats courroucés contre leurs chefs, les rangs embarrassés par les chariots et les valets; enfin la chaussée, bordée de deux fossés profonds, ne laissait qu'un chemin étroit,

---

bella, ignavia principum factum est. Sed me veterum novorumque morum reputatio longius tulit; nunc ad rerum ordinem venio.

XXXIX. Profecto Brixellum Othone, honor imperii penes Titianum fratrem, vis ac potestas penes Proculum præfectum. Celsus et Paullinus, quum prudentia eorum nemo uteretur, inani nomine ducum alienæ culpæ prætendebantur; tribuni centurionesque ambigui, quod spretis melioribus deterrimi valebant; miles alacer, qui tamen jussa ducum interpretari quam exsequi mallet. Promoveri ad quartum a Bedriaco castra placuit; adeo imperite ut, quanquam verno tempore anni et tot circum amnibus, penuria aquæ fatigarentur. Ibi de prælio dubitatum : Othone per literas flagitante ut maturarent, militibus ut imperator pugnæ adesset poscentibus; plerique copias trans Padum agentes acciri postulabant. Nec perinde dijudicari potest quid optimum factu fuerit, quam pessimum fuisse quod factum est.

XL. Non ut ad pugnam sed ad bellandum profecti, confluentes Padi et Adduæ fluminum, sedecim inde millium spatio, distantes petebant. Celso et Paullino abnuentibus, « militem itinere fessum, sarcinis gravem, objicere hosti non admissuro quominus expeditus et vix quatuor millia passuum progressus aut incompositos in agmine, aut dispersos et vallum molientes, aggrederetur. » Titianus et Proculus, ubi consiliis vincerentur, ad jus imperii transibant. Aderat sane citus equo Numida cum atrocibus mandatis quibus Otho, increpita ducum segnitia, rem in discrimen mitti jubebat, æger mora et spei impatiens.

XLI. Eadem die, ad Cæcinam operi pontis intentum duo prætoriarum cohortium tribuni, colloquium ejus postulantes, venerunt. Audire conditiones ac reddere parabat, quum præcipites exploratores adesse hostem nunciavere. Interruptus tribunorum sermo; eoque incertum fuit insidias an proditionem, vel aliquod honestum consilium cœptaverint. Cæcina, dimissis tribunis, revectus in castra datum jussu Fabii Valentis pugnæ signum et militem in armis invenit. Dum legiones de ordine agminis sortiuntur, equites prorupere, et, mirum dictu, a paucioribus Othonianis quominus in vallum impingerentur italicæ legionis virtute deterriti sunt : ea strictis mucronibus redire pulsos et pugnam resumere coegit. Disposita Vitellianarum legionum acies sine trepidatione; etenim, quanquam vicino hoste, adspectus armorum densis arbustis prohibebatur; apud Othonianos pavidi duces, miles ducibus infensus, mixta vehicula et lixæ, et, præruptis utrinque fossis, vi quieto quoque agmini angusta. Circumsistere alii sign

même pour une armée qui eût défilé tranquillement. Les uns se placent autour de leurs drapeaux, d'autres les cherchent; partout des cris confus; on accourt, on s'appelle : les plus braves s'élancent aux premiers rangs; les lâches reculent aux derniers.

XLII. A ce saisissement d'une terreur subite, une fausse joie fit succéder la langueur : quelques voix publièrent que l'armée de Vitellius l'avait abandonné. On ne sait si ce bruit fut répandu par le parti de Vitellius ou par celui d'Othon, à dessein ou par hasard. Les Othoniens, ne songeant plus à combattre, saluèrent l'ennemi; et, comme on leur répondit par un cri menaçant, comme la plupart des leurs ignoraient pourquoi on saluait, ils se crurent trahis. Ce fut dans ce moment que l'armée ennemie fondit sur eux, ses rangs pleins et serrés, ses soldats plus nombreux et plus forts. Les Othoniens, quoique dispersés, fatigués, inférieurs en nombre, soutinrent le choc vigoureusement. La nature du terrain, embarrassé d'arbres et de vignes, dispersa la bataille en plusieurs actions particulières. On s'attaquait de près et de loin, par pelotons et par colonnes. Sur la chaussée du chemin, on se battait corps à corps; on se heurtait avec les boucliers. Renonçant à lancer le pilum, avec la hache et l'épée ils brisaient les casques et les cuirasses; se connaissant entre eux, en vue à toute l'armée, ils combattaient comme s'ils avaient dû décider la guerre.

XLIII. Le hasard mit aux mains deux légions dans une plaine tout ouverte, entre le Pô et le chemin. C'était, du côté de Vitellius, la vingt et unième appelée Rapax, depuis longtemps couverte de gloire; et, du côté d'Othon, la première,

nommée Adjutrix, qui ne s'était trouvée encore à aucune bataille, mais brave et impatiente de commencer sa réputation. Celle-ci renversa les premiers rangs de la vingt et unième, et lui enleva son aigle. L'autre fut si outrée de cet affront, qu'elle repoussa à son tour la première, tua son lieutenant Orphidius Benignus, et lui prit la plupart de ses enseignes et de ses drapeaux. D'un autre côté, la treizième légion fut enfoncée par la cinquième, et les détachements de la quatorzième accablés par le nombre. D'ailleurs, les généraux d'Othon avaient fui depuis longtemps, et Cécina, ainsi que Valens, appuyaient sans cesse leurs soldats par des renforts. Ils reçurent encore un nouveau secours. Alphénus Varus accourut avec ses Bataves, après avoir défait les gladiateurs qui, voulant passer le Pô dans des barques, venaient d'être massacrés sur le fleuve même. Alors les vainqueurs se portèrent sur le flanc de l'ennemi.

XLIV. Les Othoniens, qui virent leur centre entièrement rompu, s'enfuirent de tous côtés, cherchant à regagner Bédriac. Le trajet était immense; les chemins étaient obstrués par l'entassement des corps morts, ce qui augmenta le carnage : car, dans les guerres civiles, les prisonniers ne sont point un objet de butin. Suétone et Proculus prirent une route différente, et se gardèrent de retourner au camp. Védius, lieutenant de la treizième légion, fut moins sage : égaré par la peur, il alla s'offrir à la colère des soldats. Il était grand jour encore quand il entra dans l'enceinte. A l'instant, les cris des séditieux et des fuyards éclatent autour de lui; ils n'épargnent ni les injures ni les coups; ils l'appellent déserteur et traître : non qu'il fût coupable per-

sua, quærere alii; incertus undique clamor accurrentium, vocitantium; et, ut cuique audacia vel formido, in primam postremamve aciem prorumpebant vel revehebantur.

XLII. Attonitas subito terrore mentes falsum gaudium in languorem vertit, repertis qui descivisse a Vitellio exercitum ementirentur. Is rumor ab exploratoribus Vitellii dispersus, an in ipsa Othonis parte seu dolo seu forte aurrexerit, parum compertum. Omisso pugnæ ardore, Othoniani ultro salutavere; et hostili murmure excepti plerisque suorum, ignaris quæ causa salutandi, metum proditionis fecere. Tum incubuit hostium acies, integris ordinibus, robore et numero præstantior. Othoniani, quanquam dispersi, pauciores, fessi, prælium tamen acriter sumpsere; et per locos arboribus ac vineis impeditos non una pugnæ facies : cominus eminusque, catervis et cuneis concurrebant; in aggere viæ collato gradu, corporibus et umbonibus niti; omisso pilorum jactu, gladiis et securibus galeas loricasque perrumpere; noscentes inter se, ceteris conspicui, in eventum totius belli certabant.

XLIII. Forte inter Padum viamque patenti campo duæ legiones congressæ sunt : pro Vitellio unaetvicesima, cui cognomen Rapaci, vetere gloria insignis; e parte Othonis prima Adjutrix, non ante in aciem deducta, sed ferox et novi decoris avida. Primani, stratis una et vicesimanorum principiis, aquilam abstulere; quo dolore accensa legio et impulit rursus primanos interfecto Orphidio Benigno legato, et plurima signa vexillaque ex hostibus rapuit. A parte alia propulsa quintanorum impetu tertiadecima legio; circumventi plurium accursu quartadecimani. Et, ducibus Othonis jam pridem profugis, Cæcina ac Valens subsidiis suos firmabant. Accessit recens auxilium, Varus Alphenus cum Batavis, fusa gladiatorum manu quam navibus transvectam oppositæ cohortes in ipso flumine trucidaverant. Ita victores latus hostium invecti.

XLIV. Et, media acie perrupta, fugere passim Othoniani Bedriacum petentes. Immensum id spatium; obstructæ strage corporum viæ; quo plus cædis fuit : neque enim civilibus bellis capti in prædam vertuntur. Suetonius Paullinus et Licinius Proculus, diversis itineribus, castra vitavere. Vedium Aquilam tertiædecimæ legionis legatum iræ militum inconsultus pavor obtulit; multo adhuc die vallum ingressus, clamore seditiosorum et fugacium circumstrepitur : non probris, non manibus abstinent; desertorem proditoremque increpant : nullo proprio crimine ejus, sed more vulgi suum quisque flagitium aliis

sonnellement, mais, suivant l'esprit de la multitude, ils cherchaient à rejeter chacun leur honte sur un autre. La nuit favorisa Celsus et Titianus. Ils trouvèrent les sentinelles déjà placées, et les soldats adoucis par les soins de Gallus. A force de prières, en employant les raisons et l'autorité, il leur avait persuadé enfin de ne point ajouter, par leurs propres fureurs, au carnage d'une journée si meurtrière; soit qu'on voulût mettre fin à la guerre ou reprendre les armes, l'unique ressource, dans la défaite, était l'union. Tous les autres étaient consternés. Les prétoriens n'avaient que de l'indignation. Ils attribuaient leur désastre à la trahison plutôt qu'à la valeur de l'ennemi. Ils se vantaient encore d'avoir ensanglanté sa victoire, repoussé sa cavalerie, enlevé l'aigle d'une légion. Ne restait-il pas, avec Othon, toutes les troupes d'au delà du Pô? Les légions de Mésie arrivaient; une grande partie de l'armée était demeurée dans Bédriac; ceux-là, du moins, n'étaient pas encore des vaincus; enfin, s'il le fallait, il y aurait plus d'honneur à expirer sur le champ de bataille. Tour à tour exaspérés par ces réflexions ou épouvantés de leur extrême détresse, ils ressentaient plus souvent l'aiguillon de la colère que celui de la crainte.

XLV. L'armée de Vitellius s'arrêta à cinq milles de Bédriac; les généraux n'osèrent point entreprendre le même jour l'attaque du camp; d'ailleurs, on espérait qu'il se rendrait de lui-même. N'étant sortis que pour combattre, ils n'avaient point d'instruments pour se retrancher : mais ils avaient, pour rempart, leurs armes et leur victoire. Le lendemain, on ne balançait plus dans l'armée d'Othon; ceux qui s'étaient montrés les plus hardis inclinaient pour la soumission, et l'on envoya des députés demander la paix. Les généraux de Vitellius n'hésitèrent point à l'accorder.

Les députés ayant été retenus quelque temps, ce retard inquiéta les Othoniens, qui ne savaient comment on avait reçu leurs demandes. Au retour de la députation, ils ne tardèrent point à ouvrir les portes. Alors les vainqueurs et les vaincus fondirent en larmes, déplorant avec une joie mêlée de pitié le sort des guerres civiles. Dans les mêmes tentes, on avait à panser les blessures d'un proche ou d'un frère. L'espoir et la récompense étaient incertains; il n'y avait de sûr que les pertes et l'affliction. Le moins malheureux avait encore quelque mort à pleurer. On rechercha le corps du lieutenant Orphidius, qu'on brûla avec les honneurs accoutumés; quelques autres furent ensevelis par leurs amis; le reste abandonné sur le champ de bataille.

XLVI. Othon attendait la nouvelle du combat sans le moindre trouble : sa résolution était prise. D'abord des bruits fâcheux, puis la présence des fuyards lui annoncent son désastre. Le zèle des soldats n'attendit point les exhortations de leur empereur. Ils lui criaient d'être tranquille; qu'il lui restait encore des forces non entamées : qu'eux-mêmes risqueraient tout, souffriraient tout; et ils ne flattaient point. Ils brûlaient de retourner au combat, et de relever la fortune du parti : il y avait de l'exaltation, une sorte de fureur; les plus éloignés lui tendaient les mains, les plus proches embrassaient ses genoux : Plotius surtout était plein de résolution. Ce préfet du prétoire le conjura, à diverses reprises, de ne point abandonner de si braves soldats, de si fidèles serviteurs; qu'il y avait plus de force à supporter le malheur qu'à s'y dérober; que les âmes courageuses, en dépit même de la fortune, s'obstinaient à espérer; que la peur, dans les lâches, accélérait le désespoir. Selon qu'Othon, pendant ce discours, paraissait s'attendrir ou se roidir, on craint

---

objectantes. Titianum et Celsum nox juvit, dispositis jam excubiis compressisque militibus, quos Annius Gallus precibus, consilio, auctoritate flexerat, « ne, super cladem adversæ pugnæ, suismet ipsi cædibus sævirent; sive finis bello venisset, seu resumere arma mallent, unicum victis in consensu levamentum. » Ceteris fractus animus. Prætorianus miles non virtute se, sed proditione victum fremebat : « ne Vitellianis quidem incruentam fuisse victoriam, pulso equite, rapta legionis aquila; superesse cum ipso Othone militum quod trans Padum fuerit; venire mœsicas legiones; magnam exercitus partem Bedriaci remansisse; hos certe nondum victos; et, si ita ferret, honestius in acie perituros. » His cogitationibus truces, aut pavidi extrema desperatione, ad iram sæpius quam in formidinem stimulabantur.

XLV. At Vitellianus exercitus ad quintum a Bedriaco lapidem consedit, non ausis ducibus eadem die oppugnationem castrorum; simul voluntaria deditio sperabatur. Sed expeditis et tantum ad prælium egressis munimentum fuere arma et victoria. Postera die, haud ambigua Othoniani exercitus voluntate, et qui ferociores fuerant ad pœnitentiam inclinantibus, missa legatio; nec apud duces Vitellianos dubitatum quominus pacem concederent. Legati paulisper retenti; ea res hæsitationem attulit, ignaris adhuc an impetrassent. Mox remissa legatione patuit vallum. Tum victi victoresque in lacrymas effusi, sortem civilium armorum misera lætitia detestantes. Iisdem tentoriis, alii fratrum, alii propinquorum vulnera fovebant. Spes et præmia in ambiguo; certa funera et luctus; nec quisquam adeo mali expers ut non aliquam mortem mœreret. Requisitum Orphidii legati corpus honore solito crematur; paucos necessarii ipsorum sepelivere; ceterum vulgus super humum relictum.

XLVI. Opperiebatur Otho nuncium pugnæ, nequaquam trepidus et consilii certus : mœsta primum fama, dein profugi e prælio perditas res patefaciunt. Non expectavit militum ardor vocem imperatoris; bonum habere animum jubebant; superesse adhuc novas vires, et ipsos extrema passuros ausurosque; neque erat adulatio. Ire in aciem, excitare partium fortunam, furore quodam et instinctu flagrabant; qui procul adstiterant tendere manus, et proximi prensare genua; promptissimo Plotio Firmo. Is

de joie, où l'on pleurait. Et ce n'étaient pas seulement les prétoriens, troupe dévouée spécialement à la personne d'Othon; les détachements de Mésie lui promettaient la même constance dans leurs légions qui allaient arriver, qui étaient déjà dans Aquilée; en sorte qu'on ne doute point que la guerre n'eût pu encore être longue, sanglante, non moins redoutable aux vainqueurs qu'aux vaincus.

XLVII. Lui, rejeta tous ces projets de guerre. « Ma vie, dit-il, ne vaut pas que j'expose encore « tant de courage et de vertu. Plus vous me faites « envisager de ressources, si je voulais vivre, « plus ma mort sera belle. Nous nous sommes « éprouvés mutuellement, la fortune et moi. Et « ne comptez pas le temps; il est plus difficile de « se modérer, quand on jouit d'un bonheur qu'on « sent ne devoir par durer. C'est Vitellius qui a « commencé la guerre civile; et, si l'on a combattu « pour l'empire, on le doit à lui d'abord : on me « devra cet exemple qu'une seule bataille en aura « décidé. Que la postérité, par là, juge entre nous deux. J'aurai conservé, à Vitellius, « son frère, sa femme, ses enfants : je n'ai pas « besoin de vengeance non plus que de consolation. D'autres auront gardé l'empire plus longtemps : nul ne l'aura plus courageusement quitté. « Eh! comment pourrais-je souffrir qu'une aussi « florissante jeunesse, que d'aussi braves armées « fussent égorgées de nouveau et enlevées à la « patrie? Laissez-moi emporter, en mourant, « l'idée que vous fussiez morts pour moi; mais vivez, et ne retardons plus, moi, votre sûreté, « vous, ma résolution. Parler plus longtemps de « mourir serait un reste de faiblesse. Jugez, par

« là même, combien cette résolution est invariable; je ne me plains de personne. Quand on « accuse les dieux ou les hommes, on tient encore « à la vie. »

XLVIII. Après ce discours, il parla à chacun avec bonté, suivant leur âge et leur rang; il ordonnait aux plus jeunes, il conjurait les plus vieux de partir au plus tôt, pour ne point aigrir les ressentiments du vainqueur, reprochant aux siens leurs larmes inconsidérées, ayant le front toujours calme, la voix toujours ferme. Il fait donner à ceux qui partaient des vaisseaux et des voitures; il brûle les lettres et les mémoires qui marquaient trop de zèle pour lui, ou de mépris pour Vitellius; il fait ses largesses sagement, comme un homme qui doit vivre encore. Salvius Coccéianus, fils de son frère, dans la première fleur de la jeunesse, tremblait et se désolait. Il va à lui et le console; il loue son attachement, il blâme ses craintes. Vitellius serait-il assez barbare pour ne point marquer quelque reconnaissance à un homme qui lui avait conservé toute sa famille? La promptitude de sa mort lui donnait des droits à la clémence du vainqueur : car ce n'était point par excès de désespoir, c'était alors même que l'armée demandait le combat, qu'il périssait pour épargner à la république un malheur de plus. Il avait assez fait pour sa propre gloire, assez pour l'illustration de ses descendants : le premier, après les Jules, les Claudes, les Servius, il avait porté l'empire dans une nouvelle famille. Que de raisons, pour Coccéianus, d'avancer dans la vie avec confiance, sans oublier jamais qu'Othon fut son oncle, ni aussi s'en trop souvenir.

prætorii præfectus identidem orabat « ne fidissimum exercitum, ne optime meritos milites descereret; majore animo tolerari adversa quam relinqui; fortes et strenuos etiam contra fortunam insistere spei; timidos et ignavos ad desperationem formidine properare. » Quas inter voces, ut fleverat vultum aut induraverat Otho, clamor et gemitus. Nec prætoriani tantum, proprius Othonis miles, sed præmissi e Mœsia eamdem obstinationem adventantis exercitus, legiones Aquileiam ingressas, nunciabant : ut nemo dubitet potuisse renovari bellum atrox, lugubre, incertum victis et victoribus.

XLVII. Ipse aversus a consiliis belli, « Hunc, inquit, « animum, hanc virtutem vestram ultra periculis objicere « nimis grande vitæ meæ pretium puto. Quanto plus spei « ostenditis si vivere placeret, tanto pulchrior mors erit. « Experti invicem sumus ego ac fortuna; nec tempus « computaveritis : difficilius est temperare felicitati qua te « non putes diu usurum. Civile bellum a Vitellio cœpit; « et, ut de principatu certaremus armis, initium illic fuit; « ne plus quam semel certemus, penes me exemplum erit; « hinc Othonem posteritas æstimet. Fruetur Vitellius fratre, conjuge, liberis; mihi non ultione neque solatiis « opus est. Alii diutius imperium tenuerint; nemo tam « fortiter reliquerit. An ego tantum romanæ pubis, tot « egregios exercitus, sterni rursus et reipublicæ eripi patiar? « Eat hic mecum animus, tanquam perituri pro me fue-

« ritis; sed este superstites; nec diu moremur, ego inco- « lumitatem vestram, vos constantiam meam. Plura de « extremis loqui pars ignaviæ est; præcipuum destinationis meæ documentum habete, quod de nemine queror; nam incusare deos vel homines ejus est qui vivere « velit. »

XLVIII. Talia locutus, ut cuique ætas aut dignitas, comiter appellatos, « irent propere, neu remanendo iram victoris asperarent », juvenes auctoritate, senes precibus movebat : placidus ore, intrepidus verbis, intempestivas suorum lacrymas coercens. Dari naves ac vehicula abeuntibus jubet; libellos epistolasque, studio erga se aut in Vitellium contumeliis insignes, abolet; pecunias distribuit, parce nec ut periturus. Mox Salvium Coccéianum fratris filium, prima juventa, trepidum et mœrentem ultro solatus est, laudando pietatem ejus, castigando formidinem. « An Vitellium tam immitis animi fore ut, pro incolumi tota domo, ne hunc quidem sibi gratiam redderet? mereri se festinato exitu clementiam victoris. Non enim ultima desperatione, sed poscente prælium exercitu, remisisse reipublicæ novissimum casum. Satis sibi nominis, satis posteris suis nobilitatis quæsitum; post Julios, Claudios, Servios, se primum in familiam novam imperium intulisse; proinde erecto animo capesseret vitam, neu patruum sibi Othonem fuisse aut obliviscereturunquam aut nimium meminisset. »

XLIX. Il fait ensuite retirer tout le monde, et prend un peu de repos. Déjà toutes ses pensées ne roulaient plus que sur le moment suprême, lorsqu'un tumulte soudain vint l'en distraire : on lui annonce que les soldats s'emportent jusqu'à l'extrême licence. Ils menaçaient de tuer ceux qui partaient. Leur fureur éclatait surtout contre Verginius, qu'ils tenaient assiégé dans sa maison. Othon, après avoir réprimandé les auteurs de la sédition, rentra pour recevoir les adieux de ses amis, et ne les quitta qu'après les avoir mis tous à l'abri de toute insulte. Sur le soir, il demanda de l'eau glacée, se fit apporter deux poignards, les essaya tous deux, en mit un sous son chevet, et enfin, s'étant bien assuré du départ de ses amis, il se coucha tranquillement. On assure même qu'il dormit. Au point du jour il s'enfonça le fer dans la poitrine. Au gémissement qu'il poussa en mourant, les affranchis et les esclaves entrèrent avec Plotius, préfet du prétoire ; ils ne trouvèrent qu'une seule blessure. On pressa ses obsèques : il l'avait recommandé lui-même instamment, dans la crainte que sa tête ne fût coupée et ne servit de jouet. Les prétoriens portèrent son corps, ne cessant de louer Othon, et couvrant ses mains et sa blessure de baisers et de larmes. Quelques soldats se tuèrent auprès du bûcher, non par crainte ou pour quelque crime, mais par une émulation de gloire, et par attachement pour ce prince. Depuis, à Bédriac, à Plaisance, et dans les autres camps, il y eut beaucoup de morts pareilles. On lui éleva un tombeau simple, et d'autant plus durable.

L. Ainsi périt Othon, à l'âge de trente-sept ans. Il sortait d'une ville municipale, de Férente. Son père fut consul, son aïeul préteur. Son origine maternelle, sans être aussi brillante, n'était rien moins qu'obscure. J'ai parlé de son enfance et de sa jeunesse. Deux actions, l'une affreuse, l'autre héroïque, lui ont mérité de la postérité autant d'éloges que d'exécration. Il serait peu digne sans doute de la sévérité de cet ouvrage de recueillir des fables à plaisir, pour amuser la crédulité des lecteurs ; mais aussi il est des traditions si accréditées que je n'oserais les rejeter. Les habitants du pays rapportent que, le jour de la bataille de Bédriac, un oiseau d'une espèce inconnue parut à Régium Lepidum ; qu'il s'arrêta dans un bois très-fréquenté près de cette ville ; que ni le concours du peuple, ni la foule d'oiseaux qui volaient à l'entour, ne purent l'effrayer et le faire enfuir jusqu'au moment de la mort d'Othon ; qu'alors il disparut, et qu'en rapprochant les temps, on vit que le commencement et la fin de cette apparition se rapportaient avec la catastrophe du prince.

LI. A ses funérailles, les regrets et la douleur des soldats renouvelèrent la sédition, et il n'y avait personne pour la réprimer. Ils jetèrent les yeux sur Verginius ; ils le prièrent, tantôt d'accepter l'empire, tantôt d'être leur médiateur auprès de Valens et de Cécina, et, en priant, ils menaçaient. Verginius se sauva par une porte secrète, au moment où ils forçaient sa maison. Rubrius Gallus porta la soumission de ces troupes qui étaient à Brixellum ; et leur grâce fut accordée, aussitôt que Sabinus eut mené aussi aux vainqueurs le corps qu'il commandait.

LII. La guerre terminée pour tous, une grande partie du sénat courut un extrême péril ; c'était celle qu'Othon avait amenée de Rome, puis lais-

---

XLIX. Post quæ, dimotis omnibus, paulum requievit, atque illum, supremas jam curas animo volutantem, repens tumultus avertit nunciata consternatione ac licentia militum : namque abeuntibus exitium minitabantur, atrocissima in Verginium vi, quem clausa domo obsidebant. Increpitis seditionis auctoribus, regressus vacavit abeuntium alloquiis, donec omnes inviolati digrederentur. Vesperascente die, sitim haustu aquæ sedavit ; tum allatis pugionibus duobus, quum utrumque pertentasset, alterum capiti subdidit ; et explorato jam profectos amicos, noctem quietam, utque affirmatur, non insomnem egit. Luce prima in ferrum pectus incubuit ; ad genitum morientis ingressi liberti serviique et Plotius Firmus prætorii præfectus unum vulnus invenere. Funus maturatum : ambitiosis id precibus petierat, ne amputaretur caput ludibrio futurum. Tulere corpus prætoriæ cohortes cum laudibus et lacrymis, vulnus manusque ejus exosculantes. Quidam militum juxta rogum interfecere se ; non noxa neque ob metum, sed æmulatione decoris et caritate principis : ac postea promiscue Bedriaci, Placentiæ aliisque in castris, celebratum id genus mortis. Othoni sepulcrum exstructum est, modicum et mansurum.

L. Hunc vitæ finem habuit septimo et tricesimo ætatis anno. Origo illi e municipio Ferentino. Pater consularis ; avus prætorius ; maternum genus impar nec tamen indecorum ; pueritia ac juventa qualem monstravimus ; duobus facinoribus, altero flagitiosissimo, altero egregio, tantumdem apud posteros meruit bonæ famæ quantum malæ. Ut conquirere fabulosa et fictis oblectare legentium animos procul gravitate cœpti operis crediderim, ita vulgatis traditisque demere fidem non ausim. Die quo Bedriaci certabatur, avem invisitata specie apud Regium Lepidum celebri luco consedisse incolæ memorant, nec deinde cœtu hominum aut volucrum olitantium altum, territam pulsamve, donec Otho se ipse interficeret ; tum ablatam ex oculis ; et tempora reputantibus, initium finemque miraculi cum Othonis exitu competisse.

LI. In funere ejus, novata luctu ac dolore militum seditio ; nec erat, qui coerceret. Ad Verginium versi, modo ut reciperet imperium, nunc ut legatione apud Cæcinam ac Valentem fungeretur, minitantes orabant. Verginius per aversam domus partem furtim degressus irrumpentes frustratus est. Earum quæ Brixelli egerant cohortium preces Rubrius Gallus tulit. Et venia statim impetrata, concedentibus ad victorem per Flavium Sabinum iis copiis quibus præfuerat.

LII. Posito ubique bello, magna pars senatus extremum discrimen adiit, profecta cum Othone ab urbe, dein Mu-

sée à Modène. La nouvelle de la défaite arriva dans cette ville ; mais les soldats la rejetaient comme fausse, l'attribuant à l'animosité du sénat contre Othon. Ils épiaient les discours, les physionomies, les contenances, pour les interpréter par la trahison ; ils en vinrent enfin aux injures et aux insultes, afin d'avoir un prétexte de commencer le massacre. Outre ce péril, les sénateurs avaient à craindre que le parti de Vitellius, devenu tout-puissant, pût penser qu'ils avaient hésité à reconnaître sa victoire. Dans cette double perplexité, ils s'assemblent précipitamment. Personne n'avait risqué de démarches particulières : ils se croyaient plus en sûreté, mettant en commun leurs fautes. Pour surcroît d'inquiétudes et d'alarmes, le sénat de Modène leur offrait des armes avec de l'argent ; et il les appelait pères conscrits, honneur bien déplacé alors.

LIII. Il s'éleva une discussion digne de remarque entre Marcellus Éprius et Licinius Cécina. Licinius attaqua vivement Marcellus sur l'ambiguïté de ses avis. Ce n'est point que les autres s'expliquassent plus franchement ; mais Marcellus, odieux par des délations qu'on n'avait point oubliées, avait un nom qui avertissait l'envie ; et ce nom avait piqué l'ambition de Licinius, homme obscur, nouvellement admis dans le sénat, qui cherchait dans un adversaire puissant un moyen de célébrité. Les plus sages apaisèrent ce différend ; ils se rendirent tous à Bologne, pour y délibérer de nouveau. Dans l'intervalle, ils se flattaient qu'il leur viendrait beaucoup de nouvelles. On avait disposé, sur tous les chemins, des émissaires pour recueillir les plus récentes. Un affranchi d'Othon, interrogé à Bologne, répondit qu'il était parti chargé des derniers ordres de son maître ; qu'il l'avait laissé encore existant, mais n'ayant plus devant les yeux que la postérité, et détaché de tous les charmes de la vie. Dans leur admiration, ils rougirent de questionner davantage, et ils se déclarèrent tous pour Vitellius.

LIV. Son frère, Lucius Vitellius, était dans l'assemblée, et déjà il se prêtait à leurs adulations, lorsque tout à coup Cénus, affranchi de Néron, vint, par un mensonge impudent, les consterner tous. Il affirma que l'arrivée de la quatorzième légion et la jonction des troupes de Brixellum avaient changé la face des affaires ; que les vainqueurs étaient défaits. Cénus avait un ordre d'Othon pour qu'on lui fournît des chevaux sur la route. Comme on respectait peu cet ordre, il voulut le faire valoir par une nouvelle plus heureuse. Tel fut le motif de son mensonge. Cénus fit en peu de temps, comme il voulait, le voyage de Rome, et, quelques jours après, fut mené au supplice par ordre de Vitellius. Le péril des sénateurs en devint plus menaçant, les soldats ne doutant point de la vérité du rapport. Ce qui augmentait les craintes, c'est qu'on avait donné à ce départ de Modène, et à cet abandon du parti, toute la solennité d'une délibération publique. Depuis ce moment, les sénateurs ne s'assemblèrent plus : chacun agit séparément. Enfin des lettres de Valens dissipèrent leurs craintes ; et la mort d'Othon se répandit d'autant plus vite qu'elle était plus glorieuse.

LV. Pendant ce temps on était fort tranquille à Rome. On y célébrait, comme à l'ordinaire, les jeux de Cérès. Lorsque la nouvelle certaine qu'Othon était mort, et que Sabinus, préfet de Rome, avait fait prêter serment à Vitellius par tout ce

---

tinæ relicta. Illuc adverso de prælio allatum ; sed milites, ut falsum rumorem aspernantes, quod infensum Othoni senatum arbitrabantur, custodire sermones, vultum habitumque trahere in deterius ; conviciis postremo ac probris causam, et initium cædis quærebant ; quum alius insuper metus senatoribus instaret ne, prævalidis jam Vitellii partibus, cunctanter excepisse victoriam crederentur : ita trepidi et utrinque anxii coeunt ; nemo privatim expedito consilio, inter multos societate culpæ tutior. Onerabat paventium curas ordo Mutinensis arma et pecuniam offerendo, appellabatque Patres Conscriptos, intempestivo honore.

LIII. Notabile inde jurgium fuit, quo Licinius Cæcina Marcellum Eprium et ambigua disserentem invasit. Nec ceteri sententias aperiebant ; sed invisum memoria delationum expositumque ad invidiam Marcelli nomen irritaverat Cæcinam, ut novus adhuc et in senatum nuper adscitus magnis inimicitiis claresceret. Moderatione meliorum dirempti. Et rediere omnes Bononiam rursus consiliaturi ; simul, medio temporis, plures nuncii sperabantur. Bononiæ, divisis per itinera qui recentissimum quemque percunctarentur, interrogatus Othonis libertus causam digressus habere se suprema ejus mandata respondit ; ipsum viventem quidem relictum, sed sola posteritatis cura et abruptis vitæ blandimentis. Hinc admiratio et plura interrogandi pudor. Atque omnium animi in Vitellium inclinavere.

LIV. Intererat consiliis frater ejus L. Vitellius, seque jam adulantibus offerebat ; quum repente Cœnus libertus Neronis atroci mendacio universos perculit, affirmans superventu quartædecimæ legionis, junctis a Brixello viribus, cæsos victores, versam partium fortunam. Causa fingendi fuit ut diplomata Othonis, quæ negligebantur, lætiore nuncio revalescerent. Et Cœnus quidem rapide in urbem vectus, paucos post dies, jussu Vitellii pœnas luit. Senatorum periculum auctum, credentibus Othonianis militibus vera esse quæ afferebantur. Intendebat formidinem quod publici consilii facie discessum Mutina desertæque partes forent. Nec ultra in commune congressi, sibi quisque consuluere ; donec missæ a Fabio Valente epistolæ demerent metum. Et mors Othonis quo laudabilior, eo velocius audita.

LV. At Romæ nihil trepidationis. Cereales ludi ex more spectabantur. Ut cessisse vita Othonem, et a Flavio Sabino præfecto urbis quod erat in urbe militum sacramento Vitellii adactum, certi auctores in theatrum attulerunt,

qu'il y avait de troupes dans la ville, eut été portée au théâtre, on applaudit à Vitellius. Le peuple promena autour des temples les images de Galba, ornées de fleurs et de lauriers, et lui fit, d'un amas de couronnes, une espèce de tombeau près du lac Curtius, lieu que Galba, en mourant, avait trempé de son sang. Au sénat, tout ce qu'on avait imaginé d'honneurs successivement, dans tout le cours des plus longs règnes, fut décerné sur-le-champ. On ajouta des éloges et des remercîments pour les armées de Germanie, et l'on envoya une députation pour exprimer la joie publique. On lut une lettre de Valens aux consuls, écrite avec réserve : ou pensa toutefois que Cécina en avait montré d'avantage en n'écrivant pas.

LVI. Cependant l'Italie était plus cruellement dévastée que pendant la guerre. Les Vitelliens, dispersés dans toutes les villes, pillaient et saccageaient : ce n'était que viols et prostitutions ; se vendant pour le crime, ou s'y livrant pour eux-mêmes, ils n'épargnaient ni le sacré, ni le profane. Quelques habitants se couvrirent du nom des soldats pour assassiner leurs ennemis ; et les soldats eux-mêmes, qui connaissaient le pays, marquaient les domaines les plus fertiles, les maisons les plus riches, s'en emparaient, ou, en cas de résistance, détruisaient tout. Les chefs n'osaient rien empêcher ; tous deux étaient esclaves de leurs soldats, Cécina, par ambition plus que par avarice, Valens, par l'infamie de ses rapines et de ses concussions, qui le forçaient à dissimuler celles d'autrui. Dans l'Italie, déjà écrasée par une longue oppression, tant de soldats de toutes armes, leurs injustices, leurs violences, leurs brigandages devenaient intolérables.

LVII. Pendant ce temps, Vitellius, ignorant sa victoire, et croyant avoir besoin de toutes ses forces, traînait avec lui les restes de l'armée de Germanie. Il ne laissa dans les quartiers d'hiver qu'un petit nombre de vieux soldats, et il pressa les levees dans les Gaules, afin de recruter des legions dont il ne restait plus que le nom. La garde du Rhin fut commise à Hordéonius ; pour lui, il ajouta à son armée huit mille hommes des meilleures troupes de Bretagne, et à peine eut-il marché quelques jours, qu'il apprit la victoire de Bédriac, et la mort d'Othon, qui terminait la querelle. Il convoque une assemblée, où il donne les plus grands éloges à la valeur de ses soldats. L'armée voulait qu'il élevât son affranchi Asiaticus au rang de chevalier. Il réprime cette basse adulation ; puis, par une inconséquence de son caractère, ce qu'il avait refusé publiquement, il l'accorde dans l'intimité d'un festin, et il décore de l'anneau un esclave infâme, qui ne briguait la faveur que par des crimes.

LVIII. Dans le même temps, il reçut la nouvelle que les deux Mauritanies l'avaient reconnu, après l'assassinat d'Albinus, leur procurateur. Lucéius Albinus avait été nommé par Néron au gouvernement de la Mauritanie Césarienne, auquel Galba joignit depuis la Tingitane. Ses forces n'étaient point à mépriser : il avait dix-neuf cohortes, cinq divisions de cavalerie, un grand nombre de Maures, troupes que les rapines et le brigandage forment naturellement pour la guerre. Galba mort, il pencha pour Othon, et, non content de l'Afrique, il menaçait l'Espagne, qui n'en est séparée que par un bras de mer étroit. Cluvius, alarmé, fit approcher de la côte la dixième légion, comme s'il eût projeté une descente : des centurions prirent les devants pour aller concilier à Vitellius l'esprit des Maures ; ce qui ne fut

Vitellio plausere; populus, cum lauru ac floribus, Galbæ imagines circum templa tulit, congestis in modum tumuli coronis juxta lacum Curtii, quem locum Galba moriens sanguine infecerat. In senatu cuncta longis aliorum principatibus composita statim decernuntur. Additæ erga germanicos exercitus laudes gratesque; et missa legatio quæ gaudio fungeretur. Recitatæ Fabii Valentis epistolæ ad consules scriptæ haud immoderate; gratior Cæcinæ modestia fuit quod non scripsisset.

LVI. Ceterum Italia gravius atque atrocius quam bello afflictabatur : dispersi per municipia et colonias Vitelliani spoliare, rapere, vi et stupris polluere : in omne fas nefasque avidi aut venales, non sacro non profano abstinebant. Et fuere qui inimicos suos, specie militum interficerent. Ipsique milites, regionum gnari, refertos agros, dites dominos, in prædam, aut, si repugnatum foret, ad excidium destinabant ; obnoxiis ducibus et prohibere non ausis : minus avaritiæ in Cæcina, plus ambitionis ; Valens ob lucra et quæstus infamis, eoque alienæ etiam culpæ dissimulator. Jam pridem attritis Italiæ rebus, tantum peditum equitumque, vis damnaque et injuriæ ægre tolerabantur.

LVII. Interim Vitellius, victoriæ suæ nescius, ut ad integrum bellum reliquas germanici exercitus vires trahebat. Pauci veterum militum in hibernis relicti, festinatis per Gallias delectibus ut remanentium legionum nomina supplerentur. Cura ripæ Hordeonio Flacco permissa. Ipse e britannico delectu octo millia sibi adjunxit; et paucorum dierum iter progressus, prosperas apud Bedriacum res, ac morte Othonis concidisse bellum accepit. Vocata concione, virtutem militum laudibus cumulat. Postulante exercitu ut libertum suum Asiaticum equestri dignitate donaret, inhonestam adulationem compescit. Dein, mobilitate ingenii, quod palam abnuerat inter secreta convivii largitur; honoravitque Asiaticum annulis, fœdum mancipium et malis artibus ambitiosum.

LVIII. Iisdem diebus, accessisse partibus utramque Mauretaniam, interfecto procuratore Albino, nuncii venere. Luceius Albinus, a Nerone Maurctaniæ Cæsariensi præpositus, addita per Galbam Tingitanæ provinciæ administratione, haud spernendis viribus agebat : novemdecim cohortes, quinque alæ, ingens Maurorum numerus aderat, per latrocinia et raptus apta bello manus. Cæso Galba, in Othonem pronus nec Africa contentus, Hispaniæ angusto freto dirempta imminebat. Inde Cluvio Rufo metus; et decimam legionem propinquare littori ut trans-

pas difficile, avec la réputation de l'armée de Germanie, si imposante pour les provinces. D'ailleurs, il se débitait qu'Albinus, dédaignant le titre de procurateur, prenait les marques de la royauté et le nom de Juba.

LIX. Les Maures ainsi gagnés, on massacre Festus et Scipion, préfets de cohorte, et Asinius Pollio, préfet d'une division de cavalerie, l'un des plus zélés partisans d'Albinus. Albinus lui-même, voulant passer de la Tingitane dans la Mauritanie Césarienne, est égorgé au moment où il débarquait. Sa femme se présenta au fer des meurtriers, et se fit tuer avec lui. Au reste, Vitellius ne s'informa d'aucun de ces détails. Les nouvelles les plus importantes, il les écoutait un moment, puis n'y pensait plus : les moindres soins l'accablaient. L'armée continua sa route par terre : lui, s'embarque sur la Saône, n'ayant rien de l'appareil impérial, donnant encore le spectacle de sa première indigence. Enfin, Junius Blésus, gouverneur de la Gaule Lyonnaise, qui soutenait sa haute naissance et sa générosité par d'immenses richesses, entoura Vitellius du cortége convenable à un prince; lui-même il l'escortait avec magnificence, et, par là même il déplut, quoique, pour déguiser sa haine, Vitellius lui prodiguât des caresses ignobles. Il trouva à Lyon les chefs du parti victorieux et ceux du parti vaincu. Il prononça publiquement l'éloge de Valens et de Cécina, et les fit asseoir à ses côtés dans sa chaire curule. Il ordonna à l'armée entière d'aller au-devant de son fils, enfant au berceau. On le lui apporta couvert du paludamentum ; il le prit dans ses bras, le nomma Germanicus, et le décora de tous les attributs du pouvoir suprême : honneur excessif dans la bonne fortune, qui ne servit bien tôt qu'à compenser la mauvaise.

LX. On fit mourir les plus braves centurions du parti d'Othon; et ce fut, là surtout, ce qui aliéna les armées d'Illyrie. La contagion gagna les autres légions qui, d'ailleurs jalouses des soldats de Germanie, nourrissaient des projets de guerre. Vitellius eut la barbarie de traîner longtemps Suétone et Proculus dans l'humiliation et la perplexité. Enfin il daigna entendre leurs défenses, que dicta la nécessité, bien plus que l'honneur. Ils se donnèrent le mérite d'une trahison. Cette longue marche avant la bataille, la fatigue des Othoniens, les bagages qui embarrassaient les lignes, enfin les hasards même, ils les imputaient à leurs desseins contre Othon. Vitellius crut à la perfidie, et les déchargea du crime de fidélité. Titianus, frère d'Othon, ne fut inquiété aucunement : sa tendresse fraternelle et sa lâcheté l'excusèrent. Le consulat fut conservé à Celsus, malgré les intrigues de Cécilius Simplex, qui voulut, à ce qu'on croit généralement, acheter la place de Celsus, et même le perdre : du moins on lui en fit le reproche dans le sénat. Vitellius résista, et il donna depuis à Simplex un consulat qui ne lui coûta ni crime ni argent. Trachalus, assailli d'accusateurs, trouva une protectrice dans Galérie, femme de Vitellius.

LXI. Au milieu des persécutions qu'essuyaient tant d'hommes illustres, j'ai honte de parler d'un misérable Boïen, nommé Mariccus, obscur dans son pays même, qui osa se présenter à la fortune, et provoquer la puissance romaine, en se faisant passer pour un dieu. Il en avait même pris le nom : il se donnait pour le libérateur des Gaules;

missurus jussit; præmissi centuriones qui Maurorum animos Vitellio conciliarent; neque arduum fuit, magna per provincias germanici exercitus fama. Spargebatur insuper, spreto procuratoris vocabulo, Albinum insigne regis et Jubæ nomen usurpare.

LIX. Ita mutatis animis, Asinius Pollio alæ præfectus, e fidissimis Albino, et Festus ac Scipio cohortium præfecti opprimuntur. Ipse Albinus, dum e Tingitana provincia Cæsariensem Mauretaniam petit, appulsus littori trucidatur; uxor ejus, quum se percussoribus obtulisset, simul interfecta est ; nihil eorum quæ fierent Vitellio anquirente : brevi auditu quamvis magna transibat, impar curis gravioribus. Exercitum itinere terrestri pergere jubet; ipse Arare flumine devehitur, nullo principali paratu, sed vetere egestate conspicuus ; donec Junius Blæsus, lugdunensis Galliæ rector, genere illustri, largus animo et par opibus, circumdaret principis ministeria, comitaretur liberaliter, eo ipso ingratus, quamvis odium Vitellius vernilibus blanditiis velaret. Præsto fuere Lugduni victricium victarumque partium duces. Valentem et Cæcinam, pro concione laudatos, curuli suæ circumposuit. Mox universum exercitum occurrere infanti filio jubet; perlatumque et paludamento opertum sinu retinens Germanicum appellavit cinxitque cunctis fortunæ principalis insignibus : nimius honos inter secunda rebus adversis in solatium cessit.

LX. Tum interfecti centuriones promptissimi Othonianorum ; unde præcipua in Vitellium alienatio per illyricos exercitus. Simul ceteræ legiones contactu et adversus germanicos milites invidia bellum meditabantur. Suetonium Paullinum ac Licinium Proculum tristi mora squalidos tenuit; donec auditi necessariis magis defensionibus quam honestis uterentur. Proditionem ultro imputabant, spatium longi ante prælium itineris, fatigationem Othonianorum, permixtum vehiculis agmen, ac pleraque fortuita fraudi adscribi; et Vitellius credidit de perfidia, et fidem absolvit. Salvius Titianus Othonis frater nullum discrimen adiit, pietate et ignavia excusatus. Mario Celso consulatus servatur; sed creditum fama objectumque mox in senatu Cæcilio Simplici, quod eum honorem pecunia mercari, nec sine exitio Celsi, voluisset; restitit Vitellius deditque postea consulatum Simplici, innoxium et inemptum. Trachalum adversus criminantes Galeria uxor Vitellii protexit.

LXI. Inter magnorum virorum discrimina (pudendum dictu) Mariccus quidam, e plebe Boiorum, inserere sese fortunæ et provocare arma romana simulatione numinum ausus est. Jamque assertor Galliarum et deus, (nomen id

déjà il avait rassemblé huit mille hommes; et quelques cantons des Éduens, les plus éloignés d'Autun, s'ébranlaient, lorsque cette cité si sage, avec l'élite de ses guerriers, auxquels Vitellius ajouta quelques cohortes, dissipa cette troupe de fanatiques. Mariccus fut pris dans ce combat, et bientôt après livré aux bêtes. Comme elles ne le dévoraient pas, le peuple imbécile le croyait déjà invulnérable : Vitellius le fit tuer sous ses yeux.

LXII. Sa rigueur contre les rebelles ne s'étendit pas plus loin : il n'y eut pas non plus de confiscations. Les testaments de ceux qui étaient morts en combattant pour Othon, furent maintenus, ou, à défaut de testaments, la loi. Au fond, sans l'excès de ses dissolutions, Vitellius eût été irréprochable sur l'avarice. Mais il avait un amour crapuleux de bonne chère, que rien ne pouvait assouvir. On lui apportait de Rome, du fond de l'Italie, tout ce qui pouvait flatter sa gourmandise, et les routes de l'une à l'autre mer gémissaient sous les chariots de ses pourvoyeurs. Les chefs des villes étaient ruinés par la dépense de ses repas; les villes même étaient affamées ; le soldat perdait sa valeur et l'amour du travail, par l'habitude des plaisirs et le mépris pour son chef. Il se fit devancer à Rome par un édit où il remettait à prendre le titre d'Auguste, refusait celui de César, sans rien abandonner du pouvoir. Les astrologues furent chassés d'Italie. On défendit, sous des peines sévères, aux chevaliers romains de se prostituer sur le théâtre et sur l'arène. Avant lui, les princes avaient plus d'une fois acheté, imposé par force cet avilissement; et beaucoup de villes, à l'envi les unes des autres, y engageaient à prix d'argent les plus corrompus de leur jeunesse.

LXIII. L'arrivée de son frère, et les leçons de despotisme qu'on lui insinua, rendirent Vitellius plus arrogant et plus cruel. Il fit tuer Dolabella, qu'Othon avait, comme je l'ai dit, confiné dans la colonie d'Aquinum. Dolabella, ayant appris la mort d'Othon, était entré dans Rome. Plancius Varus, ancien préteur, un des intimes amis de Dolabella, lui en fit un crime auprès de Sabinus, préfet de Rome, comme si Dolabella eût rompu ses fers, et qu'il fût venu s'offrir pour chef au parti vaincu. Plancius ajouta qu'on avait tenté de séduire la cohorte qui était en garnison à Ostie. N'ayant trouvé aucunes preuves d'une accusation aussi grave, il se rétracta, et il chercha tardivement à se faire pardonner. Quant à Sabinus, Triaria, épouse de Lucius Vitellius, d'une férocité monstrueuse dans une femme, vint l'effrayer sur ce qu'il hésitait dans une affaire importante, et cherchait à se faire, aux dépens de son prince, une réputation de clémence. Le caractère doux de Sabinus se dénaturait facilement, quand la crainte une fois l'avait saisi. Dans le malheur d'autrui, il eut peur pour lui-même; et, pour ne point paraître avoir tendu la main à un malheureux, il le poussa dans le précipice.

LXIV. Vitellius craignait Dolabella, et il le haïssait, parce que Dolabella avait épousé Petronie, première femme de Vitellius, aussitôt après leur divorce. Il l'invita par lettres à se rendre auprès de lui, et, sous main, il donna ordre d'éviter le grand éclat de la voie Flaminienne, de détourner par Interamnium et là de le tuer. Le terme parut long au meurtrier. Sur la route et dans les auberges, Dolabella se reposait étendu à terre : on en profita pour l'égorger. Ce meurtre jeta bien de l'odieux sur un règne qui s'annon-

sibi indiderat) concitis octo millibus hominum, proximos Æduorum pagos trahebat; quum gravissima civitas, electa juventute, adjectis a Vitellio cohortibus, fanaticam multitudinem disjecit. Captus in eo prælio Mariccus; ac mox feris objectus quia non laniabatur, stolidum vulgus inviolabilem credebat, donec spectante Vitellio interfectus est.

LXII. Nec ultra in defectores aut bona cujusquam sævitum. Rata fuere eorum qui acie Othoniana cecidissent testamenta, aut lex intestatis; prorsus, si luxuriæ temperaret, avaritiam non timeres. Epularum fœda et inexplebilis libido : ex urbe atque Italia irritamenta gulæ gestabantur, strepentibus ab utroque mari itineribus; exhausti conviviorum apparatibus principes civitatum; vastabantur ipsæ civitates; degenerabat a labore ac virtute miles, assuetudine voluptatum et contemptu ducis. Præmisit in urbem edictum quo vocabulum Augusti differret, Cæsaris non reciperet, quum de potestate nihil detraheret. Pulsi Italia mathematici. Cautum severe ne equites romani ludo et arena polluerentur : priores id principes pecunia et sæpius vi perpulerant; ac pleraque municipia et coloniæ æmulabantur corruptissimum quemque adolescentium pretio illicere.

LXIII. Sed Vitellius adventu fratris et irrepentibus dominationis magistris superbior et atrocior, occidi Dolabellam jussit, quem in coloniam Aquinatem sepositum ab Othone retulimus. Dolabella, audita morte Othonis, urbem introierat; id ei Plancius Varus, prætura functus, ex intimis Dolabellæ amicis, apud Flavium Sabinum præfectum urbis objecit, tanquam rupta custodia ducem se victis partibus ostentasset; addidit tentatam cohortem quæ Ostiæ ageret : nec ullis tantorum criminum probationibus in pœnitentiam versus, seram veniam post scelus quærebat. Cunctantem super tanta re Flavium Sabinum Triaria, L. Vitellii uxor, ultra feminam ferox, terruit ne periculo principis famam clementiæ affectaret. Sabinus suopte ingenio mitis, ubi formido incessisset facilis mutatu, et in alieno discrimine sibi pavens, ne allevasse videretur, impulit ruentem.

LXIV. Igitur Vitellius, metu, et odio quod Petroniam uxorem ejus mox Dolabella in matrimonium accepisset, vocatum per epistolas, vitata Flaminiæ viæ celebritate, devertere Interamnium atque ibi interfici jussit. Longum interfectori visum; in itinere ac taberna projectum humi jugulavit : magna cum invidia novi principatus, cujus hoc primum specimen noscebatur. Et Triariæ licentiam modestum e proximo exemplum onerabat, Galeria imperatoris

çait par de tels essais; et ce qui faisait ressortir toute l'indignité de Triaria, c'est qu'elle trouvait près d'elle des exemples tout contraires, et dans Galérie, femme de l'empereur, qui n'eut jamais de pouvoir pour nuire, et dans Sextilia, mère de Vitellius, femme également vertueuse, et de mœurs antiques. On dit qu'à la première lettre de son fils, son premier mot fut qu'elle était la mère de Vitellius et non de Germanicus; et depuis, supérieure à toutes les séductions de la fortune, l'empressement de Rome ne put ouvrir son cœur à la joie. Elle ne sentit que les malheurs de sa maison.

LXV. Vitellius, parti de Lyon, voit arriver auprès de lui, du fond de l'Espagne, Cluvius Rufus, qui, sous un air de joie et de félicitation, cachait de vives inquiétudes : il n'ignorait pas qu'on l'avait noirci. Hilaire, affranchi du prince, l'avait accusé d'avoir voulu profiter de la rivalité de Vitellius et d'Othon pour se faire de l'Espagne un domaine indépendant, et de n'avoir, dans cette vue, mis le nom d'aucun prince en tête de ses édits. Il trouvait, dans quelques endroits de ses harangues, l'intention de décrier Vitellius, et de se faire désirer lui-même. Cluvius triompha pleinement, et Vitellius fut le premier à faire punir son affranchi. Il admit Cluvius à sa cour sans lui ôter l'Espagne, qu'il gouverna absent, comme Arruntius sous Tibère; mais la crainte, qui avait été le motif de Tibère, ne fut point celui de Vitellius. Il ne fit pas à Trébellius le même honneur. Trébellius s'était enfui de Bretagne, à cause du soulèvement des soldats; on envoya à sa place Vectius Bolanus, alors auprès du prince.

LXVI. Les légions vaincues inquiétaient Vitellius : il s'en fallait que leur courage fût abattu. Quoique dispersées dans l'Italie, et partout entourées des vainqueurs, elles parlaient en ennemies, surtout la quatorzième, qui niait sa défaite, parce qu'il n'y avait eu que ses vexillaires de battus à Bédriac, et que le corps de la légion n'y était point. On jugea à propos de la renvoyer en Bretagne, d'où Néron l'avait tirée; et, en attendant, on la fit camper avec les cohortes des Bataves, à cause des anciennes dissensions qui divisaient ces deux corps. Avec autant de haine, la paix entre des soldats ne pouvait subsister longtemps. A Turin, un Batave maltraite un artisan qu'il traitait de fripon; un légionnaire, qui était son hôte, prend sa défense. Chaque soldat venant à s'attrouper autour de leur camarade, des injures ils en vinrent aux meurtres; et l'on eût vu s'allumer un combat furieux, si deux cohortes prétoriennes, prenant parti pour la légion, ne lui eussent donné de l'assurance et fait peur aux Bataves. Vitellius retint ceux-ci dans son armée, se croyant sûr de leur affection; et il renvoya la légion par les Alpes grecques. Il la força à ce détour afin de lui faire éviter Vienne, que l'on craignait aussi. La nuit où la légion partit, des feux qu'on laissa allumés de côté et d'autre causèrent l'incendie d'une partie de Turin : désastre que firent oublier, comme la plupart des maux de la guerre, les calamités bien plus grandes de quelques autres villes. Lorsque la légion eut descendu les Alpes, les séditieux voulaient marcher à Vienne. Les plus sages se réunirent pour les arrêter, et la légion repassa en Bretagne.

LXVII. Après cette légion, ce que Vitellius craignait le plus, c'étaient les cohortes prétoriennes. Il les sépara d'abord, puis les licencia, en leur accordant l'adoucissement du congé hono-

uxor, non immixta tristibus; et pari probitate mater Vitelliorum Sextilia, antiqui moris. Dixisse quin etiam ad primas filii sui epistolas ferebatur « non Germanicum a se sed Vitellium genitum. » Nec ullis postea fortunæ illecebris aut ambitu civitatis in gaudium evicta, domus suæ tantum adversa sensit.

LXV. Digressum a Lugduno Vitellium M. Cluvius Rufus assequitur, omissa Hispania; lætitiam et gratulationem vultu ferens, animo anxius et petitum se criminationibus gnarus. Hilarius, Cæsaris libertus, detulerat tanquam, audito Vitellii et Othonis principatu, propriam ipse potentiam et possessionem Hispaniarum tentasset, eoque diplomatibus nullum principem præscripsisset. Interpretabatur quædam ex orationibus ejus contumeliosa in Vitellium et pro se ipso popularia. Auctoritas Cluvii prævaluit ut puniri ultro libertum suum Vitellius juberet; Cluvius comitatui principis adjectus, non adempta Hispania, quam rexit absens exemplo L. Arruntii : eum Tiberius Cæsar ob metum, Vitellius Cluvium nulla formidine retinebat. Non idem Trebellio Maximo honos : profugerat Britannia ob iracundiam militum; missus est in locum ejus Vectius Bolanus e præsentibus.

LXVI. Angebat Vitellium victarum legionum haudquaquam fractus animus : sparsæ per Italiam et victoribus permixtæ hostilia loquebantur; præcipua quartadecimanorum ferocia qui se victos abnuebant; quippe Bedriacensi acie, vexillariis tantum pulsis, vires legionis non adfuisse. Remitti eos in Britanniam unde a Nerone exciti erant, placuit; atque interim Batavorum cohortes una tendere, ob veterem adversus quartadecimanos discordiam; nec diu, in tantis armatorum odiis, quies fuit. Augustæ Taurinorum, dum opificem quemdam Batavus ut fraudatorem insectatur, legionarius ut hospitem tuetur, sui cuique commilitones aggregati a conviciis ad cædem transiere; et prælium atrox exarsisset, ni duæ prætoriæ cohortes, causam quartadecimanorum secutæ, his fiduciam et metum Batavis fecissent : quos Vitellius agmini suo jungi ut fidos, legionem, Graiis Alpibus traductam, eo flexu itineris ire jubet quo Viennam vitarent; namque et Viennenses timebantur. Nocte qua proficiscebatur legio, relictis passim ignibus, pars Taurinæ coloniæ ambusta : quod damnum, ut pleraque belli mala, majoribus aliarum urbium cladibus obliteratum. Quartadecimani postquam Alpibus degressi sunt, seditiosissimus quisque signa Viennam ferebant ; consensu meliorum compressi, et legio in Britanniam transvecta.

LXVII Proximus Vitellio e prætoriis cohortibus metus

rable; et ils remirent leurs armes à leurs tribuns. Lorsque les bruits de la guerre de Vespasien se répandirent, ils se reformèrent de nouveau, et furent le plus ferme soutien de son parti. On envoya en Espagne la première légion de la marine, dans l'idée que la paix et l'inaction pourraient l'adoucir. La onzième et la septième furent rendues à leurs quartiers d'hiver. On occupa la treizième à construire des amphithéâtres; car Cécina préparait à Crémone, et Valens à Bologne, un spectacle de gladiateurs; les affaires n'occupant jamais assez fortement Vitellius pour qu'il oubliât les plaisirs.

LXVIII. Vitellius ayant ainsi dispersé sans éclat le parti vaincu, il s'éleva, parmi les vainqueurs même, une sédition, pour une cause qui n'eût été qu'un jeu si le nombre de ceux qui y périrent n'eût ajouté à l'horreur de cette guerre. Vitellius était à Ticinum, à un grand repas où l'on avait invité Virginius. A l'exemple du général, les lieutenants et les tribuns se piquent de sévérité, ou aiment les longs festins : à leur exemple aussi le soldat se montre ou appliqué ou dissolu. Sous Vitellius, il n'y avait aucune règle, c'était une débauche continuelle; on eût cru voir une orgie et des bacchanales plutôt qu'un camp discipliné. Deux soldats, l'un de la cinquième légion, l'autre des auxiliaires de la Gaule, dans l'ivresse d'une joie folâtre, se défièrent à la lutte. Comme le légionnaire fut terrassé, que le Gaulois insultait au vaincu, et que ceux qui s'étaient rassemblés pour les regarder s'étaient partagés en factions, les légionnaires sortirent brusquement pour massacrer les auxiliaires, et il y eut deux cohortes de taillées en pièces. Le remède à ce tumulte fut un autre tumulte; on apercevait de loin de la poussière et des armes : tout à coup il s'éleva un cri général que c'était la quatorzième légion qui revenait sur ses pas pour livrer bataille. C'étaient les traîneurs de l'armée qu'on ramenait : on ne sortit d'effroi qu'après les avoir reconnus. Dans l'intervalle, un esclave de Virginius, qui vint à passer, est pris pour un assassin envoyé contre Vitellius. Les soldats se précipitent vers la salle du festin, demandant avec fureur la mort de Virginius. Vitellius lui-même, quoique cette âme pusillanime s'ouvrît bien facilement aux soupçons, n'eut pas le moindre doute sur l'innocence de Virginius, et, il eut toutefois peine à calmer cette rage des soldats contre un consulaire, leur ancien général. Personne ne fut plus assailli que Virginius par des séditions de toute espèce. Ils conservaient de l'admiration pour ce grand homme; ils étaient pleins de sa gloire; mais ils le haïssaient, s'étant crus méprisés.

LXIX. Le lendemain, Vitellius, après avoir donné audience aux députés du sénat qui avaient eu ordre de l'attendre à Ticinum, se transporta dans le camp. Il n'y eut point d'éloges qu'il ne fît de l'affection de ses soldats. Une telle approbation, après une telle insolence des légions, fit frémir de rage les auxiliaires. Dans la crainte que les cohortes bataves ne se portassent à quelque extrémité, on les renvoya en Germanie : ce qui fut un acheminement à cette guerre à la fois civile et étrangère, que les destins nous préparaient. Il rendit à leur patrie toute cette multitude immense de Gaulois auxiliaires, vain épouvantail qu'il avait mis autour de lui dès les premiers moments de sa révolte; et, afin de pouvoir, dans l'épuisement des finances, suffire aux largesses, il réforma des

---

erat; separati primum, deinde, addito honestæ missionis lenimento, arma ad tribunos suos deferebant; donec motum a Vespasiano bellum crebresceret; tum resumpta militia robur Flavianarum partium fuere. Prima classicorum legio in Hispaniam missa, ut pace et otio mitesceret; undecima ac septima suis hibernis redditæ; tertiadecimani struere amphitheatra jussi; nam Cæcina Cremonæ, Valens Bononiæ, spectaculum gladiatorum edere parabant : nunquam ita ad curas intento Vitellio ut voluptatum obliviscerètur.

LXVIII. Et quidem partes modeste distraxerat : apud victores orta seditio, ludicro initio nisi numerus cæsorum invidiam bello auxisset. Discubuerat Vitellius Ticini, adhibito ad epulas Verginio. Legati tribunique, ex moribus imperatorum, severitatem æmulantur vel tempestivis conviviis gaudent; perinde miles intentus aut licenter agit. Apud Vitellium omnia indisposita, temulenta, pervigiliis ac bacchanalibus quam disciplinæ et castris propiora. Igitur duobus militibus, altero legionis quintæ, altero e Gallis auxiliaribus, per lasciviam ad certamen luctandi accensis, postquam legionarius prociderat, insultante Gallo, et iis qui ad spectandum convenerant in studia diductis, erupere legionarii in perniciem auxiliorum, ac duæ cohortes interfectæ. Remedium tumultus fuit alius tumultus : pulvis procul et arma adspiciebantur; conclamatum repente quartamdecimam legionem verso itinere ad prælium venire; sed erant agminis coactores : agniti dempsere sollicitudinem. Interim Verginii servus forte obvius ut percussor Vitelli insimulatur; et ruebat ad convivium miles mortem Verginii exposcens. Ne Vitellius quidem, quanquam ad omnes suspiciones pavidus, de innocentia ejus dubitavit; ægre tamen cohibiti qui exitium viri consularis et quondam ducis sui flagitabant. Nec quemquam sæpius quam Verginium omnis seditio infestavit : manebat admiratio viri et fama; sed oderant ut fastiditi.

LXIX. Postero die Vitellius, senatus legatione quam ibi opperiri jusserat audita, transgressus in castra ultro pietatem militum collaudavit : frementibus auxiliis tantum impunitatis atque arrogantiæ legionariis accessisse. Cohortes Batavorum, ne quid truculentius auderent, in Germaniam remissæ, principium interno simul externoque bello parantibus fatis. Reddita civitatibus Gallorum auxilia, ingens numerus et prima statim defectione inter inania belli assumptus. Ceterum, ut largitionibus affectæ jam imperii opes sufficerent, amputari legionum auxiliorumque numeros jubet, vetitis supplementis; et promiscuæ missiones offerebantur : exitiabile id reipublicæ, ingratum militi cui eadem munia inter paucos, periculaque ac labor crebrius

compagnies dans les légions et dans les auxiliaires. Il fut défendu de recruter, et l'on offrait des congés à ceux qui en voulaient : mesures funestes à la république, et désagréables aux soldats, qui voyaient retomber sur un moindre nombre les mêmes charges, et revenir plus souvent les dangers et les travaux. De plus, leurs forces étaient énervées par le luxe et les débauches, contre l'esprit de l'ancienne discipline et de la politique de nos pères, qui, pour le soutien de la puissance romaine, comptaient plus sur le courage que sur l'argent.

LXX. De Ticinum, Vitellius se détourna vers Crémone ; et, après avoir assisté aux jeux de Cécina, il voulut s'arrêter dans les plaines de Bédriac, pour y contempler à loisir les traces de sa victoire : spectacle dégoûtant et affreux. C'était le quarantième jour après la bataille : tous les corps étaient en pièces, les membres tronqués, les hommes et les chevaux défigurés par la putréfaction, la terre humectée d'un sang infect, plus de vestiges d'arbres et de moissons, la destruction dans toute son horreur ; non moins odieuse à voir était la partie du chemin que les Crémonais avaient jonchée de lauriers et de roses, où ils avaient dressé des autels et immolaient des victimes, comme si Vitellius eût été un roi : adulation qui leur réussit alors, et bientôt après causa leur ruine. Cécina et Valens accompagnaient Vitellius ; lui montraient toute la bataille : ici, les légions attaquèrent ; là chargea la cavalerie ; plus loin, se déploya le corps des auxiliaires. Les tribuns et les préfets, exaltant chacun leurs faits d'armes, entremêlaient la vérité, le mensonge et l'exagération. Jusqu'aux moindres soldats se détournaient de la route avec des cris et des transports de joie ; ils allaient reconnaître les endroits où l'on avait combattu, et regardaient avec étonnement ces monceaux d'armes, ces cadavres entassés. Il y en eut que l'idée des vicissitudes humaines attendrit jusqu'aux larmes. Pour Vitellius, il ne détourna pas les yeux ; il vit, sans horreur, tant de milliers de citoyens sans sépulture. Provoquant lui-même la joie, sans prévoir combien il était près d'une destinée toute semblable, il prodiguait les sacrifices aux divinités du lieu.

LXXI. De là il vint voir à Bologne le spectacle de gladiateurs que donnait Valens : on avait tout fait venir de Rome. Plus il approchait de la capitale, plus il mit de dissolution dans sa marche. Il traînait à la suite de l'armée des troupes d'histrions et d'eunuques et tout l'esprit de la cour de Néron. Il était plein d'admiration pour ce prince ; quand Néron chantait, Vitellius ne le quittait point, non par nécessité, comme il arriva aux plus gens de bien, mais par débauche, en esclave vendu à quiconque l'engraissait. Tous les mois de cette année étaient remplis par les consuls déjà nommés ; pour trouver une place à Valens et à Cécina, on resserra les autres consulats ; on oublia Martius Macer, qui avait été un chef du parti bonien ; et l'on recula Valérius Marinus, nommé consul par Galba. On n'avait rien à lui reprocher ; mais on le connaissait d'un caractère doux, et capable d'endurer patiemment un affront. Pédanius Costa fut rayé : Vitellius ne lui pardonnait pas de s'être déclaré contre Néron, et d'avoir excité Virginius ; mais il allégua d'autres motifs ; et on lui décerna des actions de grâces par une vieille routine de servitude.

LXXII. Une imposture, quoique d'abord accréditée fortement, fut dissipée au bout de quelques jours. Un homme s'était donné pour Scri-

---

redibant : et vires luxu corrumpebantur, contra veterem disciplinam et instituta majorum, apud quos virtute quam pecunia res romana melius stetit.

LXX. Inde Vitellius Cremonam flexit, et spectato munere Cæcinæ insistere Bedriacensibus campis ac vestigia recentis victoriæ lustrare oculis concupivit. Fœdum atque atrox spectaculum : intra quadragesimum pugnæ diem lacera corpora, trunci artus, putres virorum equorumque formæ, inferta tabo humus, protritis arboribus ac frugibus dira vastitas, nec minus inhumana pars viæ quam Cremonenses lauro rosisque constraverant, exstructis altaribus cæsisque victimis regium in morem : quæ læta in præsens, mox perniciem ipsis fecere. Aderant Valens et Cæcina monstrabantque pugnæ locos : « hinc erupisse legionum agmen, hinc equites coortos ; inde circumfusas auxiliorum manus. » Jam tribuni præfectique, sua quisque facta extollentes, falsa, vera, aut majora vero miscebant. Vulgus quoque militum, clamore et gaudio, deflectere via, spatia certaminum recognoscere ; aggerem armorum, strues corporum intueri, mirari. Et erant quos varia sors rerum lacrymæque et misericordia subiret, at non Vitellius flexit oculos nec tot millia insepultorum civium exhorruit : lætus ultro et tam propinquæ sortis ignarus instaurabat sacrum diis loci.

LXXI. Exin Bononiæ a Fabio Valente gladiatorum spectaculum editur, advecto ex urbe cultu. Quantoque magis propinquabat, tanto corruptius iter, immixtis histrionibus et spadonum gregibus et cetero Neronianæ aulæ ingenio : namque et Neronem ipsum Vitellius admiratione celebrabat, sectari cantantem solitus, non necessitate, qua honestissimo quisque, sed luxu, et saginæ mancipatus emptusque. Ut Valenti et Cæcinæ vacuos honoris menses aperiret, coartati aliorum consulatus, dissimulatus Martii Macri, tanquam Othonianarum partium ducis, et Valerium Marinum destinatum a Galba consulem distulit, nulla offensa ; sed mitem et injuriam segniter laturum. Pedanius Costa omittitur, ingratus principi, ut adversus Neronem ausus et Verginii exstimulator. Sed alias protulit causas ; actæque insuper Vitellio gratiæ consuetudine servitii.

LXXII. Non ultra paucos dies, quanquam acribus initiis cœptum, mendacium valuit. Exstiterat quidam « Scribonianum se Camerinum ferens, Neronianorum tempo-

bonianus Camérinus, que la peur de Néron avait réduit à se cacher dans l'Istrie, où les Crassus avaient depuis longtemps des possessions, des clients, et un nom respecté. Il s'était associé quelques misérables pour l'aider à jouer cette comédie ; déjà la populace crédule, et quelques soldats, par ignorance de la vérité, ou par l'amour du désordre, s'attroupaient à l'envi, lorsque Vitellius se le fit amener. On le questionna. Le fourbe, s'étant coupé dans ses réponses, fut enfin reconnu par son maître pour un esclave fugitif, nommé Géta : on le punit du supplice des esclaves.

LXXIII. Il est incroyable à quel point s'accrurent l'insolence et les dissolutions de Vitellius, lorsque les soldats, revenus de Syrie et de Judée, lui eurent appris que l'Orient l'avait reconnu. Jusqu'alors, quoique les bruits fussent encore vagues et incertains, la voix publique ne laissait pas de nommer Vespasien ; et ce nom, Vitellius ne l'entendait presque jamais sans trouble. Depuis ce moment, et le chef et l'armée, ne se croyant plus de concurrents, se livrèrent, dans leurs cruautés, dans leurs débauches, dans leurs brigandages, à tout l'emportement des barbares.

LXXIV. Cependant Vespasien combinait en silence la guerre et ses suites, ses ressources prochaines ou éloignées. D'abord ses soldats lui étaient si dévoués, qu'ils se laissèrent dicter le serment et tous les vœux pour Vitellius, sans répéter un seul mot. Mucien n'avait pas d'éloignement pour Vespasien, et il avait beaucoup de penchant pour Titus ; le préfet d'Égypte, Alexandre, était associé à leurs projets. Vespasien regardait comme à lui la troisième légion, qui était passée de Syrie en Mésie ; il espérait que les autres légions d'Illyrie s'y joindraient. Toutes ces troupes étaient outrées de l'arrogance des soldats qui arrivaient de l'armée de Vitellius, et qui, fiers de leur stature menaçante, de leur voix terrible, méprisaient les autres comme des hommes dégénérés. Mais, au moment de si vastes entreprises, on a presque toujours de l'irrésolution, et Vespasien, enhardi quelquefois par l'espérance, songeait aussi quelquefois aux revers. Quel jour que celui où il commettrait aux hasards d'une guerre soixante ans d'une vie paisible, et la jeunesse de deux fils ! Dans les entreprises ordinaires, on peut revenir sur ses pas, et, à son choix, s'abandonner plus ou moins à la fortune ; pour qui aspire au faîte des honneurs, il n'y a point de milieu entre le sommet et les précipices.

LXXV. La valeur de l'armée de Germanie, comme d'un si habile capitaine, se représentait à ses yeux. Il voyait ses légions, non éprouvées par la guerre civile ; celles de Vitellius victorieuses ; dans les vaincus, plus de mécontentement que de forces, non plus de fond à faire dans des dissensions civiles sur la foi des soldats, et, dans chacun d'eux, un ennemi. Eh ! que lui serviraient de grandes armées, si un ou deux traîtres, songeaient à aller dans l'autre camp demander le prix toujours prêt d'un assassinat. C'était ainsi que Scribonianus avait péri sous Claude, et que le meurtrier, Volaginius, s'était élevé du dernier rang aux premiers grades. Il était plus facile de soulever cent mille hommes, que de se garantir d'un seul.

LXXVI. Si ces craintes le tenaient en suspens, d'un autre côté ses lieutenants et ses amis l'encourageaient ; enfin Mucien, après beaucoup de con-

---

rum metu in Istria occultatum, quod illic clientelæ et agri veterum Crassorum, ac nominis favor manebat. » Igitur deterrimo quoque in argumentum fabulæ assumpto, vulgus credulum et quidam militum, errore veri seu turbarum studio, certatim aggregabantur ; quum pertractus ad Vitellium interrogatusque quisnam mortalium esset, postquam nulla dictis fides, et a domino noscebatur conditione fugitivus, nomine Geta, sumptum de eo supplicium servilem in modum.

LXXIII. Vix credibile memoratu est quantum superbiæ socordiæque Vitellio adoleverit, postquam speculatores e Syria Judæaque adactum in verba ejus Orientem nunciavere. Nam, et si vagis adhuc et incertis auctoribus, erat tamen in ore famaque Vespasianus, ac plerumque ad nomen ejus Vitellius excitabatur. Tum ipse exercitusque, ut nullo æmulo, sævitia, libidine, rapto, in externos mores proruperant.

LXXIV. At Vespasianus bellum armaque, et procul vel juxta sitas vires circumspectabat. Miles ipsi adeo paratus ut præeuntem sacramentum, et fausta Vitellio omnia precantem, per silentium audierint. Muciani animus nec Vespasiano alienus, et in Titum pronior. Præfectus Ægypti Alexander consilia sociaverat. Tertiam legionem, quod e Syria in Mœsiam transisset, suam numerabat ; ceteræ Illyrici legiones secuturæ sperabantur. Namque omnes exercitus flammaverat arrogantia venientium a Vitellio militum, quod truces corpore, horridi sermone, ceteros ut impares irridebant. Sed in tanta mole belli plerumque cunctatio ; et Vespasianus, modo in spem erectus, aliquando adversa reputabat. « Quis ille dies foret quo sexaginta ætatis annos et duos filios juvenes bello permitteret ? Esse privatis cogitationibus regressum, et, prout velint, plus minusve sumi ex fortuna ; imperium cupientibus nihil medium inter summa et præcipitia. »

LXXV. Versabatur ante oculos germanici exercitus robur, notum viro militari : « Suas legiones civili bello inexpertas ; Vitellii victrices ; et apud victos plus querimoniarum quam virium. Fluxam per discordias militum fidem, et periculum ex singulis. Quid enim profuturas cohortes alasque, si unus alterque præsenti facinore paratum ex diverso præmium petat ? Sic Scribonianum sub Claudio interfectum ; sic percussorem ejus Volaginium e gregario ad summa militiæ provectum. Facilius universos impelli quam singulos vitari. »

LXXVI. His pavoribus nutantem et alii legati amicique firmabant, et Mucianus, post multos secretosque sermo-

férences secrètes, alla jusqu'à lui parler ainsi devant tout le monde. « Tous ceux qui, veulent « entreprendre de grandes choses, doivent exa- « miner si leur projet est utile à l'État, glorieux « pour eux-mêmes, d'une exécution facile, ou du « moins praticable. On doit aussi considérer si « celui qui le conseille veut en partager le péril ; « et en cas de succès à qui en reviendra l'honneur. « Pour moi, Vespasien, en te proposant l'empire, « je sauve l'État, je sers ta gloire ; je t'offre un « bien qui, après les dieux, dépend de toi-même. « Et ne soupçonne pas dans ce discours la moin- « dre adulation ; c'est presque un affront, plutôt « qu'un honneur, d'être choisi après Vitellius. « Nous n'avons à combattre ni cette intelligence « si pénétrante d'Auguste, ni cette politique si « défiante de Tibère, ni cet ascendant que don- « nait à Caïus même, à Claude, à Néron, la « perpétuité de l'empire dans une même famille. « Tu as respecté encore, dans Galba, ses aïeux. « Attendre plus longtemps, et laisser la républi- « que aux mains qui la souillent et la perdent, « paraîtrait enfin une lâche et honteuse indolence, « quand même la servitude ne serait pas pour toi « aussi dangereuse que déshonorante. Il est passé, « il est déjà loin de nous ce temps où l'ambition « pouvait se montrer impunément. Tu n'as d'a- « sile que l'empire. Songe au meurtre de Corbu- « lon. Son origine, je l'avoue, était plus illustre « que la nôtre ; mais la naissance de Néron sur- « passait aussi celle de Vitellius. D'ailleurs, un « tyran craintif trouve toujours trop d'éclat à « ceux qu'il redoute. Eh ! Vitellius ne sait-il point « par lui-même qu'une armée peut faire un prince, « lui qui, n'ayant ni services ni réputation mili- « taires, doit son élévation à la haine qu'inspirait

« Galba ; lui qui n'a pas même vaincu Othon par « la science du général, ni par la bravoure des « soldats, mais seulement par le désespoir préci- « pité de son rival ; lui qui, de cet Othon même, « a fait un grand et regrettable empereur ? Tandis « qu'il disperse les légions, qu'il désarme les co- « hortes, que chaque jour il prépare les semences « d'une nouvelle guerre, le peu d'ardeur et de « courage qui reste à ses soldats s'éteint dans les « festins, dans les débauches, dans l'imitation de « leur prince. Toi, tu réunis dans la Judée, dans « la Syrie, dans l'Égypte, neuf légions complè- « tes, ni affaiblies par les combats, ni corrompues « par les dissensions. Tes soldats sont endurcis « aux travaux, et vainqueurs des ennemis de « Rome. Tu as des flottes, des auxiliaires, une « cavalerie redoutable, des rois dévoués à ton « parti, et, par-dessus tout, ton expérience.

LXXVII. « Pour moi, je ne réclame rien de « plus que de n'être pas mis au-dessous de Valens « et de Cécina. Toutefois, ne va pas dédaigner « Mucien pour allié, parce que tu ne l'as pas pour « concurrent. Je te préfère à moi, moi à Vitel- « lius. Ta maison est illustrée pour un triomphe, « et soutenue par deux fils jeunes, dont l'un est « déjà digne de l'empire, et, dès ses premières « campagnes, s'est fait, parmi les braves soldats « de Germanie, une réputation de bravoure. « Pourrais-je ne point céder l'empire à celui dont « j'adopterais le fils, si je régnais moi-même ? Au « reste, nous partagerons entre nous la bonne et « la mauvaise fortune, dans une proportion bien « différente. Si nous triomphons, je n'aurai d'hon- « neurs que ce que tu m'en donneras : les disgrâ- « ces et les périls seront les mêmes pour nous deux. « Que dis-je ? borne-toi plutôt à diriger nos mou-

---

nes jam et coram ita locutus : « Omnes qui magnarum « rerum consilia suscipiunt æstimare debent an quod in- « choatur reipublicæ utile, ipsis gloriosum, aut promptum « effectu, aut certe non arduum sit. Simul ipse qui suadet « considerandus est adjiciatne consilio periculum suum ; « et, si fortuna cœptis adfuerit, cui summum decus ac- « quiratur. Ego te, Vespasiane, ad imperium voco, tam « salutare reipublicæ quam tibi magnificum. Juxta deos, « in tua manu positum est. Nec speciem adulantis expa- « veris : a contumelia quam a laude propius fuerit post « Vitellium eligi. Non adversus divi Augusti acerrimam « mentem, nec adversus cautissimam Tiberii senectutem, « ne contra Caii quidem aut Claudii vel Neronis fundatam « longo imperio domum exsurgimus ; cessisti etiam Galbæ « imaginibus : torpere ultra, et polluendam perdendam- « que rempublicam relinquere, sopor et ignavia videretur, « etiam si tibi quam inhonesta tam tuta servitus esset. « Abiit jam et transvectum est tempus quo posses videri « concupisse : confugiendum est ad imperium. An excidit « trucidatus Corbulo ? splendidior origine quam nos su- « mus, fateor ; sed et Nero nobilitate natalium Vitellium « anteibat. Satis clarus est apud timentem quisquis time- « tur. Et posse ab exercitu principem fieri sibi ipse Vitel-

« lius documento, nullis stipendiis, nulla militari fama, « Galbæ odio provectus. Ne Othonem quidem ducis arte « aut exercitus vi, sed præpropera ipsius desperatione « victum, jam desiderabilem et magnum principem fecit. « Quum interim spargit legiones, exarmat cohortes, nova « quotidie belli semina ministrat ; si quid ardoris ac fero- « ciæ miles habuit, popinis et comessationibus et princi- « pis imitatione deteritur. Tibi e Judæa, et Syria, et « Ægypto novem legiones integræ, nulla acie exhaustæ ; « non discordia corruptæ ; sed firmatus usu miles, et belli « domitor externi. Classium, alarum, cohortium robora, « et fidissimi reges ; et tua ante omnes experientia.

LXXVII. « Nobis nihil ultra arrogabo quam ne post « Valentem ac Cæcinam numeremur. Ne tamen Mucia- « num socium spreveris, quia æmulum non experiris : me « Vitellio antepono, te mihi. Tuæ domui triumphale no- « men, duo juvenes, capax jam imperii alter, et primis « militiæ annis apud germanicos quoque exercitus clarus. « Absurdum fuerit non cedere imperio ei cujus filium « adoptaturus essem, si ipse imperarem. Ceterum inter « nos non idem prosperarum adversarumque rerum ordo « erit. Nam, si vincimus, honorem quem dederis habebo ; « discrimen ac pericula ex æquo patiemur ; imo, ut me-

« vements; laisse à moi seul l'exécution et le ris-
« que des combats. Les vaincus, aujourd'hui,
« observent une discipline plus sévère que les
« vainqueurs. La colère, la haine, l'amour de la
« vengeance aiguillonnent, dans les uns, le cou-
« rage; il s'émousse, dans les autres, par la pré-
« somption et l'indocilité. Dans le parti victorieux
« fermentent sourdement des plaies secrètes que va
« rouvrir et envenimer la guerre même. Et, si je
« compte sur ta vigilance, sur ton économie, sur
« ta sagesse, je ne compte pas moins sur l'engour-
« dissement, sur l'ignorance, sur la cruauté de
« Vitellius. Enfin, la guerre même rend notre
« cause meilleure que la paix. Qui délibère, est
« déjà rebelle. »

LXXVIII. Le discours de Mucien enhardit les autres; ils se pressaient autour de Vespasien; ils lui rappelaient les réponses des devins, les observations des astrologues. Sur ce point, Vespasien n'était pas sans faiblesse, comme il le fit bien voir après, lorsqu'il fut maître de l'empire, et qu'il eut publiquement à sa cour l'astrologue Séleucus, dont les prédictions lui servaient à régler ses entreprises. D'anciens présages lui revenaient sans cesse à l'esprit. Dans une de ses terres, un cyprès, d'une hauteur extraordinaire, avait été subitement renversé; le lendemain, on l'avait vu relevé à la même place, aussi haut, et plus vert, plus touffu que jamais. C'était, d'après tous les auspices, un grand et magnifique présage; et l'on promit à Vespasien, fort jeune alors, la plus brillante destinée. D'abord il crut que les ornements du triomphe, son consulat et ses victoires en Judée avaient rempli la prédiction; ces honneurs une fois obtenus, il se persuada que c'était l'empire qui lui était annoncé. Entre la Syrie et la Judée se trouve le Carmel, nom commun à une montagne et à un dieu. Ce dieu n'a ni temple, ni statue (ainsi l'a réglé une tradition ancienne) : un simple autel y attire la vénération des hommes. Vespasien y sacrifiait dans le temps qu'il roulait secrètement dans son esprit ses espérances de grandeur. Le prêtre, nommé Basilide, ayant considéré les entrailles à diverses reprises : « Quels que soient tes des-
« seins, dit-il à Vespasien, soit que tu veuilles
« bâtir, ou étendre tes domaines, ou multiplier
« tes esclaves, les dieux te promettent une grande
« habitation, un vaste territoire, beaucoup
« d'hommes. » Ces ambiguités mystérieuses recueillies aussitôt par la renommée, s'expliquaient alors. C'était l'entretien ordinaire du public; on en parlait souvent à Vespasien lui-même, par cette complaisance qui fait qu'on en dit toujours plus à ceux qui ont des espérances.

LXXIX. Leurs desseins irrévocablement arrêtés, ils se retirèrent, Mucien à Antioche, Vespasien à Césarée : l'une est la capitale de la Syrie, l'autre de la Judée. Le premier lieu où l'on proclama Vespasien empereur fut Alexandrie. Tibère Alexandre se hâta de le faire reconnaître par ses légions, dès les calendes de juillet; et c'est de ce jour qu'on a commencé à dater son principat, quoique l'armée de Judée n'eût prêté serment que le cinq des nones de ce mois. Du reste, elle y mit tant d'ardeur, qu'on n'attendit pas même Titus qui s'en revenait de Syrie, où son père l'avait envoyé pour se concerter avec Mucien. L'enthousiasme des soldats fit tout. On ne les avait point convoqués d'avance; on n'avait point rassemblé les légions.

LXXX. Tandis qu'on cherche le lieu, le temps, et ce qui, en pareille occasion, fait la plus grande difficulté, une première voix qui éclate, tandis

« lius est, tu hos exercitus rege; mihi bellum et præ-
« liorum incerta trade. Acriore hodie disciplina victi quam
« victores agunt : hos ira, odium, ultionis cupiditas ad
« virtutem accendit; illi per fastidium et contumaciam
« hebescunt. Aperiet et recludet contecta et tumescentia
« victricium partium vulnera bellum ipsum. Nec mihi
« major in tua vigilantia, parcimonia, sapientia, fiducia
« est quam in Vitellii torpore, inscitia, sævitia. Sed et
« meliorem in bello causam quam in pace habemus; nam
« qui deliberant desciverunt. »

LXXVIII. Post Muciani orationem ceteri audentius circumsistere, hortari, responsa vatum et siderum motus referre. Nec erat intactus tali superstitione, ut qui mox, rerum dominus, Seleucum quemdam mathematicum rectorem et præscium palam habuerit. Recursabant animo vetera omina : cupressus arbor in agris ejus conspicua altitudine repente prociderat; ac, postera die eodem vestigio resurgens, procera et latior virebat : grande id prosperumque, consensu haruspicum; et summa claritudo juveni admodum Vespasiano promissa. Sed primo triumphalia et consulatus et judaicæ victoriæ decus implesse fidem ominis videbantur; ut hæc adeptus est, portendi sibi imperium credebat. Est Judæam inter Syriamque Carmelus, ita vocant montem deumque : nec simulacrum deo aut templum; sic tradidere majores : ara tantum et reverentia. Illic sacrificanti Vespasiano, quum spes occultas versaret animo, Basilides sacerdos, inspectis identidem extis : « Quidquid est, inquit, Vespa-
« siane, quod paras, seu domum exstruere, seu prolatare
« agros, sive ampliare servitia, datur tibi magna sedes,
« ingentes termini, multum hominum. » Has ambages et statim exceperat fama, et tunc aperiebat : nec quidquam magis in ore vulgi; crebriores apud ipsum sermones, quanto sperantibus plura dicuntur.

LXXIX. Haud dubia destinatione discessere. Mucianus Antiochiam, Vespasianus Cæsaream : illa Syriæ, hæc Judææ caput est. Initium ferendi ad Vespasianum imperii Alexandriæ cœptum, festinante Tiberio Alexandro qui kalendis juliis sacramento ejus legiones adegit. Isque primus principatus dies in posterum celebratus, quamvis judaicus exercitus quinto nonas julias apud ipsum jurasset, eo ardore ut ne Titus quidem filius exspectaretur, Syria remeans et consiliorum inter Mucianum ac patrem nuncius : cuncta impetu militum acta; non parata concione, non conjunctis legionibus.

LXXX. Dum quæritur tempus locusque, quodque in

que les espérances, les craintes, les calculs de la raison, les hasards occupent la pensée, quelques soldats voient sortir Vespasien de son appartement. Ils s'étaient rangés à l'ordinaire, comme pour saluer leur commandant; ils le proclament empereur. Aussitôt les autres accourent; ils le nomment César et Auguste; ils accumulent tous les titres du principat. L'âme de Vespasien, se fortifiant contre la crainte, s'abandonna dès ce moment à la fortune. On ne vit en lui nulle vanité, nulle hauteur, enfin, dans un si grand changement, rien n'était changé. Sitôt que le premier nuage qu'avait jeté sur ses yeux ce grand mouvement, fut dissipé, il les harangue militairement, et tout lui réussit : ce fut un enchaînement de prospérités. Mucien n'attendait que ce moment; il fait prêter le serment à ses soldats, qui obéissent avec transport. Il se rend ensuite au théâtre d'Antioche, lieu ordinaire des délibérations, où il y eut un concours prodigieux d'habitants et une explosion universelle de flatterie. Mucien les harangua, s'exprimant même en grec avec assez de grâce, et possédant l'art de donner à ses actions et à ses paroles cet éclat qui impose à l'imagination. Rien n'enflamma la province et l'armée, comme l'assurance donnée par Mucien du projet de Vitellius de transporter les légions de Germanie dans les garnisons riches et tranquilles de la Syrie; tandis qu'aux soldats de Syrie, il destinait le service et le climat rigoureux de la Germanie. Les habitants des provinces s'étaient affectionnés aux soldats par l'habitude de les voir; la plupart étaient unis par l'amitié et par des alliances; de leur côté, les soldats, naturalisés dans leur camp par un long séjour, l'aimaient comme leurs pénates.

LXXXI. Avant les ides de juillet, toute la Syrie fut sous l'obéissance de Vespasien, ainsi que les États de Sohême et d'Antiochus. Sohême avait des forces qui n'étaient point à mépriser, et les antiques trésors d'Antiochus en faisaient le plus riche des rois sujets de Rome. Bientôt après, Agrippa se joignit à eux. Averti secrètement par les siens, il s'était sauvé de Rome à l'insu de Vitellius, et avait forcé de voiles pour arriver. Le parti avait encore un autre allié non moins ardent, la reine Bérénice, brillante de jeunesse et de beauté, et qui avait charmé jusqu'au vieux Vespasien, mais par la magnificence de ses présents. Toutes les provinces baignées par la mer, depuis l'Asie jusqu'à la Grèce, et toutes celles qui s'étendent dans l'intérieur jusque vers le Pont et les deux Arménies, le reconnurent; mais il n'y avait que des lieutenants et point d'armées : la Cappadoce n'avait point encore de légions. On tint un conseil à Béryte, pour régler les opérations. Mucien s'y rendit avec ses lieutenants, ses tribuns et la portion la plus brillante de ses centurions et de ses soldats : on choisit aussi la fleur de l'armée de Judée. Tant de troupes d'infanterie et de cavalerie rassemblées, et la pompe de tous ces rois qui disputaient à l'envi de magnificence, formaient à Vespasien un cortége digne du rang suprême.

LXXXII. Le premier soin fut de faire des levées, de rappeler les vétérans. On choisit des places fortes pour y fabriquer des armes. On frappe à Antioche de la monnaie d'or et d'argent; et, dans chaque lieu, des inspecteurs intelligents veillaient à l'exécution prompte de ces ordres. Vespasien allait en personne visiter, animer les travaux; il donnait aux uns des louanges, aux

re tali difficillimum est, prima vox; dum animo spes, timor, ratio, casus obversantur; egressum cubiculo Vespasianum pauci milites, solito assistentes ordine ut legatum salutaturi, imperatorem salutavere. Tum celeri accurrere; Caesarem et Augustum, et omnia principatus vocabula cumulare : mens a metu ad fortunam transierat. In ipso nihil tumidum, arrogans, aut in rebus novis novum fuit : ut primum tantae multitudinis offusam oculis caliginem disjecit, militariter locutus, laeta omnia et affluentia excepit; namque id ipsum opperiens Mucianus alacrem militem in verba Vespasiani adegit. Tum Antiochensium theatrum ingressus, ubi illis consultare mos est, concurrentes et in adulationem effusos alloquitur : satis decorus etiam graeca facundia, omniumque quae diceret atque ageret arte quadam ostentator. Nihil aeque provinciam exercitumque accendit quam quod asseverabat Mucianus, statuisse Vitellium ut germanicae legiones in Syriam, ad militiam opulentam quietamque, transferret; contra syriacis legionibus germanica hiberna, coelo ac laboribus dura, mutarentur. Quippe et provinciales sueto militum contubernio gaudebant, plerique necessitudinibus et propinquitatibus mixti ; et militibus, vetustate stipendiorum, nota et familiaria castra in modum penatium diligebantur.

LXXXI. Ante Idus julias Syria omnis in eodem sacramento fuit. Accessere cum regno, Sohemus haud spernendis viribus, Antiochus vetustis opibus ingens et inservientium regum ditissimus : mox per occultos suorum nuncios excitus ab urbe Agrippa, ignaro adhuc Vitellio, celeri navigatione properaverat; nec minore animo regina Berenice partes juvabat, florens aetate formaque, et seni quoque Vespasiano magnificentia munerum grata. Quidquid provinciarum alluitur mari, Asia atque Achaia tenus, quantumque introrsus in Pontum et Armenios patescit, juravere; sed inermes legati regebant, nondum additis Cappadociae legionibus. Consilium de summa rerum Beryti habitum : illuc Mucianus, cum legatis tribunisque et splendidissimo quoque centurionum ac militum, venit : et e judaico exercitu lecta decora. Tantum simul peditum equitumque, et aemulantium inter se regum paratus, speciem fortunae principalis effecerant.

LXXXII. Prima belli cura agere delectus, revocare veteranos; destinantur validae civitates exercendis armorum officinis; apud Antiochenses aurum argentumque signatur; eaque cuncta per idoneos ministros, suis quaeque locis, festinabantur. Ipse Vespasianus adire, hortari, bonos laude, segnes exemplo incitare saepius quam coercere, vitia magis amicorum quam virtutes dissimulans. Multos

22.

autres l'exemple; il encourageait plus qu'il ne réprimandait, dissimulait les vices de ses amis plutôt que leurs vertus. Il s'en attacha plusieurs, en les nommant procurateurs ou préfets, et la plupart en leur conférant le titre de sénateur. Presque tous étaient des hommes distingués, qui parvinrent aux dignités; à quelques-uns, la fortune tint lieu de mérite. Quant au donativum, Mucien, dans sa première harangue, ne l'avait fait entrevoir que légèrement. Vespasien même n'offrit pas plus, pour une guerre civile, qu'on ne donnait en pleine paix : il se roidissait avec courage contre toutes ces largesses militaires, et ses soldats n'en valaient que mieux. On envoya des députés chez les Parthes et chez les Arméniens, et l'on pourvut à ce que les frontières ne fussent pas exposées dans le temps que les légions allaient être détournées par la guerre civile. On arrêta que Titus achèverait de réduire la Judée, que Vespasien occuperait les barrières de l'Égypte. On crut suffisante, contre Vitellius, une partie des troupes, Mucien pour chef, le nom de Vespasien, et l'idée que rien ne résistait à sa destinée. On écrivit à toutes les armées, ainsi qu'aux lieutenants, et l'on recommanda de mettre à profit la haine des prétoriens contre Vitellius, et de les attirer par la promesse de les rétablir.

LXXXIII. Mucien, qui se conduisait en collègue plutôt qu'en ministre de Vespasien, prit les devants avec un corps de troupes légères. Sans ralentir sa marche, pour éviter l'air de l'irrésolution, sans l'accélérer non plus, il laissait croître par l'éloignement même, la réputation de ses forces, connaissant leur faiblesse, et combien l'on exagère ce qu'on ne voit pas. Mais la sixième légion et treize mille vexillaires suivaient, avec un train considérable. Il avait ordonné à la flotte de se rendre du Pont à Byzance, incertain s'il ne quitterait point la route de la Mésie pour aller avec son armée de terre, occuper Dyrrachium, et, en même temps, fermer avec ses longs vaisseaux la mer d'Italie. Par là, il assurait sur ses derrières l'Asie et la Grèce, exposées sans défense à Vitellius, à moins qu'on n'y laissât des forces et il laissait Vitellius, lui-même incertain sur le lieu où il porterait ses forces, la flotte pouvant menacer à la fois Brindes, Tarente, et les rivages de la Calabre et de la Lucanie.

LXXXIV. Tout était en mouvement dans les provinces, pour les vaisseaux, les levées, les armes. Mais rien ne pesait autant que l'inquisition sur les fortunes. Mucien répétait sans cesse que le nerf de la guerre civile était l'argent; et, pour en avoir, on n'examinait plus si les accusations étaient fondées, mais si les accusés étaient riches. La délation s'exerçait de tous côtés, et tout ce qu'il y avait de plus opulent était la proie inévitable du fisc. Ces abus énormes et intolérables, qu'on justifiait alors par les besoins de la guerre, subsistèrent même dans la paix. Pour Vespasien, dans les commencements de son règne, il ne mit pas la même audace à s'enrichir par des injustices; mais, depuis, gâté par la fortune et par des maîtres pervers, il apprit et il osa. Mucien contribua aussi de ses propres richesses aux frais de la guerre, prodigue de ses biens, parce qu'il comptait sur ceux de l'État. D'autres suivirent l'exemple de ces contributions volontaires : très-peu eurent, comme lui, le droit de s'en dédommager.

LXXXV. Le zèle de l'armée d'Illyrie, qui se déclara pour Vespasien, avança ses projets. La

---

præfecturis et procurationibus, plerosque senatorii ordinis honore percoluit, egregios viros et mox summa adeptos : quibusdam fortuna pro virtutibus fuit. Donativum militi neque Mucianus prima concione, nisi modice, ostenderat; ne Vespasianus quidem plus civili bello obtulit quam alii in pace : egregie firmos adversus militarem largitionem, eoque exercitu meliore. Missi ad Parthum Armeniumque legati, provisumque ne, versis ad civile bellum legionibus, terga nudarentur. Titum instare Judææ, Vespasianum obtinere claustra Ægypti placuit : sufficere videbantur adversus Vitellium pars copiarum et dux Mucianus et Vespasiani nomen, ac nihil arduum fatis. Ad omnes exercitus legatosque scriptæ epistolæ, præceptumque ut prætorianos Vitellio infensos recipiendæ militiæ præmio invitarent.

LXXXIII. Mucianus, cum expedita manu socium magis imperii quam ministri agens, non lento itinere, ne cunctari videretur, neque tamen properans, gliscere famam ipso spatio sinebat : gnarus modicas vires sibi, et majora credi de absentibus. Sed legio sexta et tredecim vexillariorum millia ingenti agmine sequebantur. Classem e Ponto Byzantium adigi jusserat; ambiguus consilii num omissa Mœsia, Dyrrhachium pedite atque equite, simul longis navibus versum in Italiam mare clauderet, tuta pone tergum Achaia Asiaque; quas inermes exponi Vitellio, ni præsidiis firmarentur; atque ipsum Vitellium in incerto fore quam partem Italiæ protegeret, si sibi Brundisium Tarentumque et Calabriæ Lucaniæque littora infestis classibus peterentur.

LXXXIV. Igitur navium, militum, armorum paratu strepere provinciæ. Sed nihil æque fatigabat quam pecuniarum conquisitio. Eos esse belli civilis nervos dictitans Mucianus, non jus aut verum in cognitionibus, sed solam magnitudinem opum spectabat; passim delationes, et locupletissimus quisque in prædam correpti : quæ gravia atque intoleranda, sed necessitate armorum excusata, etiam in pace mansere; ipso Vespasiano, inter initia imperii, ad obtinendas iniquitates haud perinde obstinante; donec indulgentia fortunæ et pravis magistris didicit aususque est. Propriis quoque opibus Mucianus bellum juvit, largus privatim quod avidius de republica sumeret. Ceteri conferendarum pecuniarum exemplum secuti; rarissimus quisque eamdem in recipiendo licentiam habuerunt.

LXXXV. Accelerata interim Vespasiani cœpta, illyrici exercitus studio transgressi in partes. Tertia legio exemplum

troisième légion donna l'exemple aux deux autres légions de la Mésie, la huitième et la septième Claudiane, toutes deux affectionnées pour Othon, quoiqu'elles ne se fussent pas trouvées à la bataille. Elles s'étaient avancées jusqu'à Aquilée ; elles avaient maltraité ceux qui vinrent annoncer le désastre d'Othon ; elles avaient déchiré les drapeaux qui portaient le nom de Vitellius ; enfin elles avaient pillé la caisse militaire et se l'étaient partagée : c'étaient autant d'hostilités. Elles en craignirent les suites, et la crainte leur conseilla de se faire un mérite, auprès de Vespasien, de ce qui était un crime aux yeux de Vitellius. Elles écrivirent donc toutes trois à l'armée de Pannonie, pour l'attirer dans leur parti, ou, à son refus, lui déclarer la guerre. Aponius Saturninus, gouverneur de Mésie, voulut, par une lâcheté exécrable, profiter de ces mouvements pour satisfaire des ressentiments particuliers, qu'il couvrait de l'intérêt du parti. Il charge un centurion d'assassiner Tertius Julianus, lieutenant de la septième légion. Julianus, averti du péril, ayant pris des guides sûrs, se sauva par les déserts de la Mésie, au delà du mont Hémus, et, depuis, il ne prit aucune part à la guerre civile. Il s'était mis en route pour aller trouver Vespasien ; mais il traîna sa marche sous différents prétextes, et, selon les événements, il la ralentissait ou l'accélérait.

LXXXVI. Dans la Pannonie, la treizième légion et la septième Galbiane, qui conservaient du ressentiment et de la colère de l'affront de Bédriac, ne balancèrent point à se déclarer pour Vespasien, entraînées surtout par l'impulsion d'Antonius. Ce Romain, déclaré coupable par les lois, et condamné sous Néron, comme faussaire, avait été, entre les autres malheurs de la guerre, replacé dans le sénat. Nommé par Galba commandant de la septième légion, il avait écrit, à ce qu'on croyait, plusieurs lettres à Othon, pour lui offrir ses services comme général. Négligé par Othon, il ne fut point employé dans cette guerre. Lorsque la puissance de Vitellius chancela, il se tourna du côté de Vespasien, et mit un grand poids dans la balance ; intrépide, éloquent, habile à semer la haine, fait pour dominer dans les troubles et les séditions, pillant d'une main, prodiguant de l'autre, détestable citoyen, guerrier recommandable. Les armées de Mésie et de Pannonie, ainsi réunies, entraînèrent celle de Dalmatie, quoique les généraux, personnages consulaires, n'y contribuassent en rien. Flavianus commandait en Pannonie, Silvanus en Dalmatie, tous deux riches et vieux. Mais il y avait un procurateur, Cornélius Fuscus, dans toute la vigueur de l'âge, du nom le plus illustre. Cornélius, dans sa première jeunesse, avait, pour l'amour du repos, renoncé au rang de sénateur. Depuis, ayant fait déclarer sa colonie pour Galba, il reçut en récompense cette procurature, et, se jetant alors dans le parti de Vespasien, il attisa avec plus d'ardeur que nul autre le feu de la guerre, aimant les périls plus pour eux-mêmes que pour le fruit qu'on en retire, préférant, à des biens acquis et assurés, le changement, l'incertitude, les risques et les hasards. Ces deux hommes donc travaillent à remuer, et à mettre en mouvement tout ce qui fermentait de mécontents dans tous les coins de l'empire. On écrivit en Bretagne à la quatorzième légion, en Espagne à la première : toutes deux avaient été pour Othon contre Vitellius. On répandit des lettres dans les Gaules, et, en moins d'un instant, on eut allumé un vaste embrasement : les légions d'Illyrie étaient ouvertement rebelles ; le reste n'attendait qu'un succès.

ceteris Mœsiæ legionibus præbuit. Octava erat ac septima Claudiana, imbutæ favore Othonis, quamvis prælio non interfuissent. Aquileiam progressæ, proturbatis qui de Othone nunciabant, laceratisque vexillis nomen Vitellii præferentibus, rapta postremo pecunia et inter se divisa, hostiliter egerant. Unde metus, et ex metu consilium : posse imputari Vespasiano quæ apud Vitellium excusanda erant. Ita tres mœsicæ legiones per epistolas alliciebant pannonicum exercitum, aut abnuenti vim parabant. In eo motu Aponius Saturninus, Mœsiæ rector, pessimum facinus audet, misso centurione ad interficiendum Tertium Julianum, septimæ legionis legatum, ob simultates quibus causam partium prætendebat. Julianus, comperto discrimine et gnaris locorum adscitis, per avia Mœsiæ ultra montem Hæmum profugit ; nec deinde civili bello interfuit, per varias moras susceptum ad Vespasianum iter trahens, et ex nunciis cunctabundus aut properans.

LXXXVI. At in Pannonia tertiadecima legio ac septima Galbiana, dolorem iramque Bedriacensis pugnæ retinentes, haud cunctanter Vespasiano accessere. vi præcipua Primi Antonii. Is legibus nocens et tempore Neronis falsi damnatus, inter alia belli mala, senatorium ordinem reciperaverat. Præpositus a Galba septimæ legioni scriptitasse Othoni credebatur, ducem se partibus offerens ; a quo neglectus, in nullo Othoniani belli usu fuit ; labantibus Vitellii rebus, Vespasianum secutus grande momentum addidit, strenuus manu, sermone promptus, serendæ in alios invidiæ artifex, discordiis et seditionibus potens, raptor, largitor, pace pessimus, bello non spernendus. Juncti inde mœsici ac pannonici exercitus dalmaticum militem traxere, quanquam consularibus legatis nihil turbantibus. Titus Ampius Flavianus Pannoniam, Poppæus Silvanus Dalmatiam tenebant, divites senes. Sed procurator aderat Cornelius Fuscus, vigens ætate, claris natalibus : prima juventa, quietis cupidine, senatorium ordinem exuerat ; idem pro Galba dux coloniæ suæ, eaque opera procurationem adeptus, susceptis Vespasiani partibus, acerrimam bello facem prætulit : non tam præmiis periculorum quam ipsis periculis lætus, pro certis et olim partis, nova, ambigua, ancipitia malebat. Igitur movere et quatere quidquid usquam ægrum foret aggrediuntur. Scriptæ in Britanniam ad quartadecimanos, in Hispaniam ad primanos epistolæ ; quod utraque legio pro Othone, adversa Vitellio fuerat ; sparguntur per Gallias literæ ; momentoque temporis flagrabat ingens bellum illyricis exercitibus palam desciscentibus ceteris fortunam secuturis.

LXXXVII. Tandis que Vespasien et les chefs de son parti font ces préparatifs dans les provinces, Vitellius, chaque jour plus méprisable, et d'une indolence plus stupide, s'arrêtant dans les moindres villes et dans les moindres campagnes où on l'amusait, se traînait vers Rome avec un immense attirail. Il menait soixante mille soldats perdus de licence, sans compter les valets d'armée, dont le nombre était encore plus grand, et qui, de tous les esclaves, sont l'espèce la plus insolente. Les commandants et les favoris, seuls, composaient une troupe qu'avec la plus exacte discipline il eût été impossible de contenir. A tout l'embarras de cette multitude énorme, se joignaient les sénateurs et les chevaliers qui vinrent de Rome à sa rencontre, quelques-uns par crainte, beaucoup par adulation, la plupart, et insensiblement tous, pour ne point rester quand les autres partaient. Il s'y mêlait encore des gens sortis de la populace, et que d'infâmes complaisances avaient liés avec Vitellius, bouffons, histrions, cochers, dont la société dégoûtante formait un de ses plus doux passe-temps. Et, non-seulement on épuisait les villes pour subvenir à l'amas des approvisionnements, on dépouillait encore les cultivateurs; on enlevait les moissons sur pied, comme en pays ennemi.

LXXXVIII. Depuis la sédition de Ticinum, il y eut entre les soldats des massacres horribles et fréquents, la querelle des légions et des auxiliaires subsistant toujours : ils n'étaient d'accord que pour égorger les habitants. Mais le plus grand carnage se fit à sept milles de Rome. Vitellius y faisait distribuer à chaque soldat une ration énorme de viandes tout apprêtées, telle qu'on la donne aux gladiateurs. Des flots de populace avaient rempli toute l'étendue du camp. Quelques hommes, dans un accès de gaieté qu'ils croyaient plaisant, profitant de la distraction des soldats, les dépouillèrent de leurs ceinturons, qu'ils avaient coupés furtivement; puis leur dirent de ceindre leurs épées. Cette plaisanterie parut un affront à ces esprits intraitables. Ils tombent, l'épée à la main, sur la populace sans armes; on égorgea, entre autres, le père d'un soldat, à côté de son fils qu'il n'avait point quitté. Il fut reconnu, et le bruit qui s'en répandit fit épargner des innocents. A Rome, il n'y eut pas moins de désordre, par cette foule de soldats qui avaient pris les devants, et qui couraient de côté et d'autre. La curiosité les portait surtout au forum, pour y voir le lieu où Galba avait été tué. Mais eux-mêmes n'y donnèrent pas un spectacle moins cruel. Outre l'effroi qu'inspiraient leurs vêtements de peaux de bêtes et leurs piques énormes, toutes les fois que, par maladresse, ils ne pouvaient se démêler de la foule, ou bien qu'un faux pas sur un terrain glissant, ou le moindre choc les faisait tomber, ils s'emportaient, ils frappaient, ils massacraient. Il n'y eut pas jusqu'à des tribuns et des préfets même qui ne courussent ainsi de toutes parts avec un air de menace, et accompagné de bandes armées.

LXXXIX. Pour Vitellius, il était parti du pont Milvius, sur un cheval superbe, revêtu du paludamentum, ayant ceint l'épée, chassant devant lui le sénat et le peuple romain, et prêt à entrer dans Rome, comme dans une ville prise d'assaut, lorsque, sur la représentation de ses amis, il prit la prétexte, mit de l'ordre dans sa

---

LXXXVII. Dum hæc per provincias a Vespasiano ducibusque partium geruntur, Vitellius contemptior in dies segniorque, ad omnes municipiorum villarumque amœnitates resistens, gravi urbem agmine petebat. Sexaginta millia armatorum sequebantur, licentia corrupta; calonum numerus amplior, procacissimis etiam inter servos lixarum ingeniis; tot legatorum amicorumque comitatus, inhabilis ad parendum etiam si summa modestia regeretur. Onerabant multitudinem obvii ex urbe senatores equitesque : quidam metu, multi per adulationem, ceteri ac paulatim omnes, ne aliis proficiscentibus ipsi remanerent. Aggregabantur e plebe, flagitiosa per obsequia Vitellio cogniti, scurræ, histriones, aurigæ, quibus ille amicitiarum dehonestamentis mire gaudebat. Nec coloniæ modo aut municipia congestu copiarum, sed ipsi cultores arvaque, maturis jam frugibus, ut hostile solum vastabantur.

LXXXVIII. Multæ et atroces inter se militum cædes post seditionem Ticini cœptam : manente legionum auxiliorumque discordia; ubi adversus paganos certandum foret, consensu. Sed plurima strages ad septimum ab urbe lapidem. Singulis ibi militibus Vitellius paratos cibos, ut gladiatoriam saginam, dividebat; et effusa plebes totis se castris miscuerat. Incuriosos milites vernacula, ut rebantur, urbanitate quidam spoliavere, abscisis furtim balteis an accincti forent rogitantes. Non tulit ludibrium insolens contumeliæ animus : inermem populum gladiis invasere; cæsus inter alios pater militis, quum filium comitaretur; deinde agnitus, et, vulgata cæde, temperatum ab innoxiis. In urbe tamen trepidatum, præcurrentibus passim militibus. Forum maxime petebant, cupidine visendi locum in quo Galba jacuisset. Nec minus sævum spectaculum erant ipsi, tergis ferarum et ingentibus telis horrentes, quum turbam populi per inscitiam parum vitarent, aut, ubi lubrico viæ vel occursu alicujus procidissent, ad jurgium, mox ad manus et ferrum transirent. Quin et tribuni præfectique cum terrore et armatorum catervis volitabant.

LXXXIX. Ipse Vitellius, a ponte Milvio, insigni equo, paludatus accinctusque, senatum et populum ante se agens, quominus ut captam urbem ingrederetur amicorum consilio deterritus, sumpta prætexta et composito agmine, incessit. Quatuor legionum aquilæ per frontem, totidemque circa e legionibus aliis vexilla, mox duodecim alarum signa, et, post peditum ordines, eques; dein quatuor et triginta cohortes, ut nominum gentium aut species armorum forent, discretæ. Ante aquilam præfecti castrorum tribunique et primi centurionum, candida veste; ceteri juxta suam quisque centuriam, armis donisque fulgentes. Et militum phaleræ torquesque splendebant : decora facies,

marche, et entra à pied. Les aigles de quatre légions étaient en avant, et, autour, un nombre égal de drapeaux des autres légions, puis les enseignes de douze divisions de cavalerie ; après les légionnaires venaient les troupes à cheval ; ensuite trente-quatre cohortes, distinguées par la diversité des nations et par celle des armures. Au-devant de chaque aigle marchaient, vêtus de blanc, les préfets de camp avec les tribuns et les primipilaires : les centurions étaient, chacun à côté de leur centurie, parés de leurs armes et de tous les prix de leur valeur. Les décorations des soldats, leurs phalères et leurs colliers paraissaient aussi dans tout leur éclat : spectacle imposant, magnifique armée, digne d'un autre chef! Ce fut avec cette pompe que Vitellius se rendit au Capitole ; là, il reçut les embrassements de sa mère, qu'il décora du titre d'*Augusta*.

XC. Le lendemain, comme s'il eût harangué un sénat et un peuple étrangers, il se donna à lui-même de magnifiques éloges ; il exalta son activité et sa tempérance ; tandis qu'il avait, pour témoins de ses infamies, ceux-mêmes qui l'entendaient, et l'Italie entière, au travers de laquelle il avait promené l'opprobre de sa nonchalance et de ses dissolutions. Le peuple, étranger aux affaires, et qui, sans s'inquiéter si c'est mensonge ou vérité, répète les formules d'adulation qu'on lui a apprises, faisait tout retentir d'acclamations et d'applaudissements. Il le força, malgré sa résistance, à prendre enfin le titre d'Auguste, sans plus de raison qu'il n'en avait eu de le refuser.

XCI. Dans une ville où tout s'interprète, on tira un fâcheux présage de ce que Vitellius, après avoir pris possession du souverain pontificat, donna un édit pour une fête, le 15 des calendes d'août, jour que les défaites de Crémère et d'Allia avaient rendu depuis longtemps sinistre. Mais telle était sa profonde ignorance des moindres usages civils et religieux. L'incapacité de ses affranchis et de ses amis n'était pas moindre ; il n'avait, pour ainsi dire, autour de lui que des gens ivres. Dans les comices consulaires, il sollicita pour ses candidats comme eût fait un citoyen. Il ambitionna, dans les moindres choses, les suffrages de la plus vile populace ; au théâtre, il se confondait avec elle ; au cirque, il entrait dans leurs factions ; popularité qu'on eût aimée, sans doute, si elle eût eu la vertu pour principe ; mais le souvenir de sa vie passée la faisait imputer à bassesse et à lâcheté. Il allait souvent au sénat, même pour des affaires peu importantes. Un jour, Helvidius, préteur désigné, avait combattu un avis auquel tenait fortement Vitellius. Celui-ci d'abord en fut ému. Toutefois, il se contenta d'appeler les tribuns au secours de son autorité blessée. Au sortir du sénat, ses amis, lui croyant un ressentiment plus profond, cherchaient à l'adoucir. Il répondit qu'il n'y avait rien d'étrange de voir deux sénateurs d'opinion différente ; qu'il avait souvent lui-même contredit Thraséas. La plupart ne sentirent que le ridicule de ce rapprochement de Thraséas et de Vitellius ; d'autres voyaient avec plaisir qu'il eût cité, pour modèle de la vraie gloire, un citoyen opprimé, préférablement à tous ces favoris si puissants.

XCII. Il avait mis à la tête du prétoire Publius Sabinus, préfet d'une cohorte prétorienne, et Julius Priscus, simple centurion : Priscus avait la faveur de Valens, Sabinus celle de Cécina. Au milieu de leurs dissensions, Cécina et Valens laissaient Vitellius sans autorité : ils gouvernaient seuls l'empire. Leur ancienne inimitié, contenue avec peine au milieu de la guerre et des camps, s'était envenimée par les noirceurs de leurs amis, et dans une capitale habile à faire éclore les inimitiés. C'était à qui aurait des protégés, un cor-

---

et non Vitellio principe dignus exercitus. Sic Capitolium ingressus, atque ibi matrem complexus Augustæ nomine honoravit.

XC. Postera die, tanquam apud alterius civitatis senatum populumque, magnificam orationem de semetipso prompsit, industriam temperantiamque suam laudibus attollens : consciis flagitiorum ipsis qui aderant, omnique Italia per quam somno et luxu pudendus incesserat. Vulgus tamen vacuum curis, et sine falsi verique discrimine solitas adulationes edoctum, clamore et vocibus adstrepebat, abnuentique nomen Augusti expressere ut assumeret, tam frustra quam recusaverat.

XCI. Apud civitatem cuncta interpretantem, funesti ominis loco acceptum est, quod maximum pontificatum adeptus Vitellius de cærimoniis publicis quintodecimo kalendas augusti edixisset, antiquitus infausto die Cremerensi Alliensique cladibus : adeo omnis humani divinique juris expers, pari libertorum amicorumque socordia, velut inter temulentos agebat. Sed comitia consulum cum candidatis civiliter celebrans, omnem infimæ plebis rumorem, in theatro ut spectator, in circo ut fautor affectavit : quæ grata sane et popularia si a virtutibus proficiscerentur, memoria vitæ prioris indecora et vilia accipiebantur. Ventitabat in senatum etiam quum parvis de rebus patres consulerentur. Ac forte Priscus Helvidius, prætor designatus, contra plebiscitum ejus censuerat. Commotus primo Vitellius non tamen ultra quam tribunos plebis in auxilium spretæ potestatis advocavit. Mox mitigantibus amicis, qui altiorem iracundiam ejus verebantur, « nihil novi accidisse respondit, quod duo senatores in republica dissentirent ; solitum se etiam Thraseæ contradicere. » Irrisere plerique impudentiam æmulationis ; aliis id ipsum placebat, quod neminem ex præpotentibus, sed Thraseam ad exemplar veræ gloriæ legisset.

XCII. Præposuerat prætorianis P. Sabinum, a præfectura cohortis, Julium Priscum, tum centurionem : Priscus Valentis, Sabinus Cæcinæ gratia pollebant. Inter discordes, Vitellio nihil auctoritatis : munia imperii Cæcina ac Valens obibant ; olim anxii odiis, quæ, bello et castris male dissimulata, pravitas amicorum et fecunda gignendis inimicitiis

tége et une cour nombreuse d'adorateurs; prétentions qui amenaient des comparaisons et des rivalités, outre les caprices de Vitellius qui penchait tantôt pour l'un, tantôt pour l'autre. Un pouvoir extrême est toujours mal assuré. Vitellius, des caresses les plus déplacées, passait souvent à des emportements brusques; ils le méprisaient et ils le craignaient. Ils n'en avaient pas envahi avec moins d'ardeur des palais, des jardins, tous les trésors de l'empire, tandis qu'une foule de nobles, que Galba avait rendus à leur patrie, languissaient eux et leurs enfants dans les larmes et dans la misère, sans que la pitié du prince leur offrit le moindre secours. Il fit pourtant une chose agréable aux grands, et qui eut même l'approbation du peuple; il accorda aux bannis qu'on avait rappelés le droit de patronage. Mais la bassesse des affranchis frustrait leurs patrons par mille artifices; ils cachaient leur argent, ou le déposaient dans des mains puissantes. Quelques-uns passaient dans la maison du prince, et devenaient des hommes plus importants que leurs maîtres même.

XCIII. Cependant les soldats, dont le camp n'avait pu contenir la multitude, jetés au hasard sous les portiques ou dans les temples, erraient par toute la ville. Ils ne connaissaient plus leurs enseignes; ils ne montaient plus de garde; ils n'étaient plus exercés au travail. Livrés à des excès que je n'ose nommer, ils énervaient, au milieu des délices de Rome, leurs corps dans l'oisiveté, leurs âmes dans la débauche. Enfin, on négligea jusqu'à leur conservation : une grande partie campa dans les lieux les plus malsains du Vatican; et, de là, des mortalités fréquentes. Le voisinage du Tibre fut encore une source de maladies pour les Gaulois et pour les Germains, qui, ne pouvant supporter la chaleur, se perdirent par l'usage immodéré de l'eau. De plus, soit pour nuire à un ennemi, soit pour avancer une créature, on confondit tout l'ordre de la milice. On formait seize cohortes du prétoire et quatre de la ville, chacune de mille hommes. Dans la formation de ces cohortes, Valens s'arrogeait le plus de droits, sous prétexte que Cécina même lui devait son salut. Il est certain que le parti ne s'était rétabli que depuis l'arrivée de Valens. Les premières rumeurs qu'avait excitées la lenteur de sa marche s'étaient dissipées par sa victoire, et tous les soldats de la basse Germanie lui étaient dévoués. C'est de ce moment qu'on croit que la fidélité de Cécina commença à chanceler.

XCIV. Au reste, Vitellius n'accorda pas tant aux chefs, qu'il ne permit encore plus aux soldats. Chacun prit le service qui lui convint. Les plus indignes étaient admis dans les cohortes prétoriennes, s'ils le demandaient; d'un autre côté, on laissa aux plus braves soldats la liberté de rester dans les légions et dans la cavalerie auxiliaire ; ce que plusieurs préférèrent, dans la crainte des maladies et de l'intempérie du climat. Ainsi, tandis qu'on ôtait de leur force aux légions et à la cavalerie, on déshonora le camp des prétoriens, par cet attroupement de vingt mille hommes, qui étaient moins un choix qu'un mélange confus de toute l'armée. Pendant que Vitellius haranguait, les soldats demandèrent le supplice d'Asiaticus, de Flavius et de Rufinus, chefs des Gaulois, qui avaient combattu pour Vindex; Vitellius ne réprima point de telles insolences : outre sa lâcheté naturelle, il se sentait pressé par les gratifications qu'il devait aux soldats ; et, dans l'impuissance de les

---

civitas auxerat, dum ambitu, comitatu, et immensis salutantium agminibus contendunt comparanturque; variis in hunc aut illum Vitellii inclinationibus. Nec unquam satis tida potentia, ubi nimia est. Simul ipsum Vitellium, subitis offensis aut intempestivis blanditiis mutabilem, contemnebant metuebantque. Nec eo segnius invaserant domos, hortos, opesque imperii; quum flebilis et egens nobilium turba, quos ipsos liberosque patriae Galba reddiderat, nulla principis misericordia juvarentur. Gratum primoribus civitatis, etiam plebes approbavit, quod reversis ab exsilio jura libertorum concessisset, quanquam id omni modo servilia ingenia corrumpebant, abditis pecuniis per occultos aut ambitiosos sinus; et quidam in domum Caesaris transgressi, atque ipsis dominis potentiores.

XCIII. Sed miles, plenis castris et redundante multitudine, in porticibus aut delubris et urbe tota vagus, non principia noscere, non servare vigilias, neque labore firmari : per illecebras urbis et inhonesta dictu, corpus otio, animum libidinibus imminuebant. Postremo, ne salutis quidem cura: infamibus Vaticani locis magna pars tetendit; unde crebrae in vulgus mortes. Et adjacente Tiberi, Germanorum Gallorumque obnoxia morbis corpora fluminis aviditas et aestus impatientia labefecit. In-super confusus pravitate vel ambitu ordo militiae. Sedecim praetoriae, quatuor urbanae cohortes scribebantur, quis singula millia inessent. Plus in eo delectu Valens audebat, tanquam ipsum Caecinam periculo exemisset : sane adventu ejus partes convaluerant, et sinistrum lenti itineris rumorem prospero praelio verterat; omnisque inferioris Germaniae miles Valentem assectabatur : unde primum creditur Caecinae fides fluitasse.

XCIV. Ceterum non ita ducibus indulsit Vitellius, ut non plus militi liceret. Sibi quisque militiam sumpsere; quamvis indignus, si ita maluerat, urbanae [militiae adscribebatur; rursus bonis remanere inter legionarios aut alares volentibus permissum : nec deerant qui vellent, fessi morbis et intemperiem coeli incusantes. Robora tamen legionibus alisque subtracta; convulsum castrorum decus, viginti millibus e toto exercitu permixtis magis quam electis. Concionante Vitellio, postulantur ad supplicium Asiaticus et Flavius et Rufinus, duces Galliarum, quod pro Vindice bellassent. Nec coercebat ejusmodi voces Vitellius : super insitam animo ignaviam, conscius sibi instare donativum et deesse pecuniam, omnia alia militi largiebatur. Liberti principum conferre pro numero mancipiorum, ut tributum, jussi. Ipse, sola per

satisfaire, il leur abandonnait tout le reste. Les affranchis du palais furent assujettis à une sorte de tribut, en raison du nombre de leurs esclaves. Pour lui, occupé seulement de dissiper, il bâtissait des écuries pour les conducteurs des chars; il couvrait le cirque de bêtes et de gladiateurs : il se jouait de l'argent, comme s'il eût été au sein de l'abondance.

XCV. L'anniversaire de sa naissance fut célébré par Valens et par Cécina avec un appareil extraordinaire et inouï jusqu'à ce jour; il y eut, dans toutes les rues de Rome, des combats de gladiateurs. Les infâmes se réjouirent, et les bons s'indignèrent, en voyant Vitellius élever des autels à Néron dans le champ de Mars, et solenniser ses obsèques. On immola, on brûla publiquement des victimes; le feu fut allumé par les Augustaux, sorte de prêtres fondés par Tibère en l'honneur des Jules, à l'imitation de ceux que Romulus institua pour le roi Tatius. Il ne s'était pas écoulé quatre mois depuis la victoire, et déjà Asiaticus, affranchi de Vitellius, égalait les Polyclètes, les Patrobes, et toutes ces fortunes vouées, de tout temps, à l'exécration. Dans cette cour, personne ne disputait de talents et de vertus : l'unique voie, pour s'élever, était de chercher, par des festins ruineux, à assouvir, dans de crapuleuses orgies, les désirs insatiables de Vitellius. Celui-ci, bornant tous ses soins à jouir du présent, ne voyait rien au delà; on dit qu'en très-peu de mois il avait englouti neuf cents millions de sesterces. Ainsi cette grande et malheureuse ville se vit, dans la même année, prostituée à un Othon, à un Vitellius, tour à tour, le vil jouet des Vinius, des Fabius, des Icélus, des Asiaticus, que remplacèrent ensuite un Mucien, un Marcellus, et d'autres hommes plutôt que d'autres mœurs.

XCVI. La première révolte qu'apprit Vitellius, fut celle de la troisième légion : Aponius Saturninus l'avait mandée, avant qu'il passât lui-même dans le parti de Vespasien. Mais Aponius, dans le trouble d'un événement subit, n'avait pas marqué tout les détails; et les courtisans, cherchant à flatter, déguisaient le mal; ce n'était après tout que la révolte d'une seule légion : le reste était ferme dans son devoir. Ce fut de cette manière que Vitellius en parla lui-même aux soldats; il accusait les prétoriens, qu'on avait licenciés depuis peu, de semer ces faux bruits, protestant qu'il n'avait nulle crainte d'une guerre civile. Il avait supprimé le nom de Vespasien, et-répandu, dans toute la ville, des soldats pour arrêter les discours qui se tenaient. Rien ne fortifia davantage les bruits.

XCVII. Toutefois, il fit venir des renforts de la Gaule, de la Germanie et de la Bretagne, mais avec lenteur, et dissimulant la nécessité. A son exemple, les lieutenants et les provinces traînaient en longueur; Hordéonius Flaccus, parce qu'il soupçonnait déjà les Bataves, et qu'il craignait une guerre pour lui-même; Vettius Bolanus, parce que la Bretagne n'est jamais parfaitement tranquille; tous deux en outre parce qu'ils chancelaient. On ne se hâtait pas plus en Espagne, où il n'y avait point alors de consulaire. Trois lieutenants y commandaient avec une autorité égale : Vitellius heureux, ils eussent tous disputé de zèle; malheureux, ils se défendaient chacun d'entrer dans sa mauvaise fortune. En Afrique, la légion et les cohortes que Clodius Macer avait levées, et Galba licenciées ensuite, n'hésitèrent point à exécuter l'ordre de Vitellius, qui leur prescrivit de se reformer : toute la jeunesse de ce pays s'empressait aussi de s'enrôler. L'intégrité de son proconsulat y avait laissé des im-

dendi cura, stabula aurigis exstruere; circum gladiatorum ferarumque spectaculis opplere; tanquam in summa abundantia, pecuniæ illudere.

XCV. Quin et natalem Vitellii diem Cæcina ac Valens, editis tota urbe vicatim gladiatoribus, celebravere, ingenti paratu et ante illum diem insolito. Lætum fœdissimo cuique, apud bonos invidiæ fuit, quod exstructis in campo Martio aris inferias Neroni fecisset; cæsæ publice victimæ cremataeque; facem Augustales subdidere : quod sacerdotium, ut Romulus Tatio regi, ita Cæsar Tiberius Juliæ genti sacravit. Nondum quartus a victoria mensis, et libertus Vitellii Asiaticus, Polycletos, Patrobios, et vetera odiorum nomina æquabat. Nemo in illa aula probitate aut industria certavit; unum ad potentiam iter, prodigis epulis et sumptu ganeaque satiare inexplebiles Vitellii libidines. Ipse abunde ratus si præsentibus frueretur, nec in longius consultans, novies millies sestertium paucissimis mensibus intervertisse creditur. Magna et misera civitas, eodem anno Othonem Vitelliumque passa, inter Vinios, Fabios, Icelos, Asiaticos, varia et pudenda sorte agebat; donec successere Mucianus et Marcellus et magis alii homines quam alii mores.

XCVI. Prima Vitellio tertiæ legionis defectio nunciatur, missis ab Aponio Saturnino epistolis, antequam is quoque Vespasiani partibus aggregaretur. Sed neque Aponius cuncta, ut trepidans re subita, perscripserat, et amici adulantes mollius interpretabantur : « unius legionis eam seditionem; ceteris exercitibus constare fidem. » In hunc modum etiam Vitellius apud milites disseruit, prætorianos nuper exauctoratos insectatus, a quibus falsos rumores dispergi, nec ullum civilis belli metum asseverabat, suppresso Vespasiani nomine, et vagis per urbem militibus qui sermones populi coercerent : id præcipuum alimentum famæ erat.

XCVII. Auxilia tamen e Germania Britanniaque et Hispaniis excivit, segniter et necessitatem dissimulans. Perinde legati provinciæque cunctabantur : Hordeonius Flaccus, suspectis jam Batavis, anxius proprio bello; Vectius Bolanus, nunquam satis quieta Britannia; et uterque ambigui; neque ex Hispaniis properabatur, nullo tum ibi consulari : trium legionum legati pares jure, et, prosperis Vitellii rebus certaturi ad obsequium, adversam ejus fortunam ex æquo detrectabant. In Africa legio cohortesque delectæ a Clodio Macro, mox a Galba dimissæ,

pressions favorables; celui de Vespasien avait été odieux et décrié. Les alliés en conjecturaient quel serait le gouvernement de l'un et de l'autre; mais l'expérience les démentit.

XCVIII. D'abord, le lieutenant Valérius Festus seconda de bonne foi le zèle de la province : bientôt on le vit flottant. Il soutenait publiquement Vitellius dans ses lettres et dans ses édits; et, sous main, il donnait des avis à Vespasien, se ménageant ainsi, à la fois, pour l'un et l'autre parti. On surprit, dans la Rhétie et dans les Gaules, quelques soldats et quelques centurions avec des lettres et des édits de Vespasien; on les envoya à Vitellius, qui les fit mourir; mais presque tous les autres échappèrent, à la faveur de leurs amis, ou de leurs déguisements. Ainsi l'on savait les dispositions de Vitellius; et, au contraire, les projets de Vespasien étaient la plupart ignorés, d'abord, par l'indolence stupide de Vitellius; de l'autre, parce que les détachements qui occupaient les Alpes Pannoniennes arrêtaient les courriers, et que les vents étésiens, qui favorisaient la navigation en Orient, contrariaient le retour.

XCIX. Enfin, réveillé par l'invasion de l'ennemi et par les nouvelles effrayantes qui arrivaient de toutes parts, Vitellius ordonne à Cécina et à Valens de se préparer à marcher. Cécina prit les devants : Valens était retenu par la faiblesse qui lui restait d'une maladie grave, dont il relevait à peine. L'armée de Germanie, en quittant Rome, était à peine reconnaissable. Nulle vigueur dans les corps, nulle ardeur dans les courages, une marche languissante, les rangs clair-semés, les armes qui tombaient des mains, les chevaux qui se traînaient, le soldat ne pouvant supporter le soleil, la poussière, l'intem-

périe des saisons; et, plus il était faible au travail, plus il était ardent à la révolte. A cela, se joignait un général, corrupteur éternel de ses soldats, perdu lui-même de mollesse, en qui toutes les délicatesses d'une grande fortune avaient détruit le courage : peut-être aussi qu'ayant le projet de trahir, il entrait dans les vues de Cécina d'énerver la vigueur de ses troupes. On a cru généralement que ce fut Flavius Sabinus, qui, par l'entremise de Rubrius Gallus, ébranla la fidélité de Cécina; on lui persuada que Vespasien ratifierait les conditions du traité; en même temps on excitait sa haine et sa jalousie contre Valens, et on le flattait, auprès du nouveau prince, d'une prépondérance de faveur et de crédit que son rival lui enlevait auprès de Vitellius.

C. Cécina, ayant pris congé de l'empereur, qui le combla de distinction, envoya d'avance une partie de la cavalerie pour occuper Crémone. Les vexillaires de la quatorzième et de la seizième légions, suivirent de près; ensuite la cinquième et la dix-huitième, enfin la vingt et unième, surnommée *Rapax*, et la première *Italique* se mirent en marche, avec les vexillaires des trois légions de Bretagne et l'élite des auxiliaires. Après le départ de Cécina, Valens écrivit à l'armée qu'il avait commandée personnellement, de l'attendre sur la route; qu'il en était convenu avec Cécina. Mais celui-ci, profitant de l'avantage que lui donnait sa présence, fit entendre qu'on avait changé de projet, qu'on avait besoin de toutes leurs forces pour combattre l'ennemi qui les menaçait. Ainsi, pressant la marche des légions, il en envoya une partie à Crémone, une autre à Hostilie : lui, se détourna vers Ravenne, sous prétexte de se concerter avec la flotte; et, sans s'y arrêter, ils allèrent, Bassus et lui, chercher à Padoue le mys-

---

rursus jussu Vitellii militiam cepere; simul cetera juventus dabat impigre nomina. Quippe integrum illic ac favorabilem proconsulatum Vitellius, famosum invisumque Vespasianus egerat : perinde socii ab imperio utriusque conjectabant; sed experimentum contra fuit.

XCVIII. Ac primo Valerius Festus, legatus, studia provincialium cum fide juvit; mox nutabat, palam epistolis edictisque Vitellium, occultis nunciis Vespasianum fovens, et hæc illæve defensurus prout invaluissent. Deprehensi cum literis edictisque Vespasiani per Rhætiam et Gallias militum et centurionum quidam, ad Vitellium missi, necantur; plures fefellere, fide amicorum aut suomet astu occultati. Ita Vitellii parata noscebantur, Vespasiani consiliorum pleraque ignota, primum socordia Vitellii; deinde pannonicæ Alpes præsidiis insessæ nuncios retinebant; mare quoque etesiarum flatu in Orientem navigantibus secundum, inde adversum erat.

XCIX. Tandem irruptione hostium, atrocibus undique nunciis exterritus, Cæcinam et Valentem expediri ad bellum jubet. Præmissus Cæcina; Valentem, e gravi corporis morbo tum primum assurgentem, infirmitas tardabat. Longe alia proficiscentis ex urbe germanici exercitus

species : non vigor corporibus, non ardor animis; lentum et rarum agmen, fluxa arma, segnes equi; impatiens solis, pulveris, tempestatum, quantumque hebes ad sustinendum laborem miles, tanto ad discordias promptior. Accedebat huc Cæcinæ ambitio vetus, torpor recens, nimia fortunæ indulgentia soluti in luxum : seu, perfidiam meditato, infringere exercitum virtutem inter artes erat. Credidere plerique Flavii Sabini consiliis concussam Cæcinæ mentem, ministro sermonum Rubrio Gallo, rata apud Vespasianum fore pacta transitionis; simul odiorum invidiæque erga Fabium Valentem admonebatur, ut, impar apud Vitellium, gratiam viresque apud novum principem pararet.

C. Cæcina complexu Vitellii multo cum honore digressus, partem equitum ad occupandam Cremonam præmisit; mox vexillarii quartædecimæ et sextædecimæ legionum; dein quinta et duodevicesima secutæ; postremo agmine unaetvicesima Rapax, et prima Italica incessere, cum vexillariis trium britannicarum legionum et electis auxiliis. Profecto Cæcina, scripsit Fabius Valens exercitui quem ipse ductaverat, « ut in itinere opperiretur; sic sibi cum Cæcina convenisse » : qui præsens, eoque validior, i m-

tère dont ils avaient besoin pour couvrir les apprêts de leur trahison. Bassus était passé, de la préfecture d'une division de cavalerie, au commandement des deux flottes de Ravenne et de Misène. Il devait ce poste à Vitellius ; mais furieux de n'avoir point obtenu sur-le-champ la préfecture du prétoire, il voulait satisfaire un injuste ressentiment par une perfidie infâme. On ne peut savoir si c'est lui qui entraîna Cécina, ou si, comme il arrive entre des méchants qui se ressemblent, ils furent poussés à ce forfait par une égale perversité.

CI. Les contemporains qui ont écrit l'histoire de cette guerre, dans le temps que la famille des Flavius occupait l'empire, ont dénaturé, par adulation, les motifs de Cécina ; ils lui ont supposé le désir de la paix et l'amour de l'État. Pour moi, je ne puis faire cet honneur à un homme qui avait prouvé, en trahissant Galba, tout son manque de foi ; et je pense qu'outre sa légèreté naturelle, ses rivalités et sa jalousie contre ceux que lui préféraient Vitellius, le portèrent à perdre Vitellius lui-même. Lorsque Cécina eut joint les légions, il n'y eut point d'artifices qu'il n'employât pour ruiner sourdement cet attachement invincible des soldats et des centurions pour Vitellius. Bassus en faisait autant sur la flotte, et il y trouvait moins d'obstacles ; on y était tout posé à trahir Vitellius, par le souvenir récent de leur campagne sous Othon.

LIVRE TROISIÈME.

I. Les généraux de Vespasien, plus fidèles, dirigeaient leurs opérations avec plus de bonheur. Ils s'étaient rendus tous à Pettaw, quartier d'hiver de la treizième légion ; là, ils agitèrent s'il ne vaudrait pas mieux fermer l'accès des Alpes Pannoniennes, jusqu'à ce qu'ils eussent rassemblé derrière eux toutes leurs forces, ou bien si, marquant plus de résolution, ils iraient chercher l'ennemi et lui disputer l'Italie. Ceux qui voulaient attendre les renforts et traîner la guerre en longueur, alléguaient la force et la réputation des légions de Germanie ; que Vitellius venait d'amener encore avec lui l'élite de l'armée de Bretagne ; qu'ils n'avaient, de leur côté, qu'un moindre nombre de légions qui venaient d'être défaites ; et que, malgré la fierté de leur langage, il y avait moins à compter sur le courage des vaincus ; qu'au contraire, en occupant les Alpes, on donnerait le temps à Mucien d'arriver avec les troupes de l'Orient ; qu'il restait encore à Vespasien, la mer, ses flottes, l'affection des provinces, d'où, au besoin, il sortirait de nouvelles armées ; qu'ainsi, par un délai salutaire, ils augmenteraient leurs forces dans l'avenir, sans rien compromettre dans le moment.

II. Cet avis fut combattu par Antonius Primus : c'était celui qui avait poussé le plus vivement à la guerre. Il dit : « que la célérité serait « leur salut et la ruine de Vitellius ; que le succès « avait rendu les vainqueurs plus indolens que

---

mutatum id consilium finxit ut ingruenti bello tota mole occurreretur. Ita accelerare legiones Cremonam, pars Hostiliam petere jussæ ; ipse Ravennam devertit, prætextu classem alloquendi ; mox Patavii secretum componendæ proditionis quæsitum. Namque Lucilius Bassus, post præfecturam alæ, Ravennati simul ac Misenensi classibus a Vitellio præpositus, quod non statim præfecturam prætorii adeptus foret, iniquam iracundiam flagitiosa perfidia ulciscebatur. Nec sciri potest traxeritne Cæcinam, an (quod evenit inter malos, ut et similes sint) eadem illos pravitas impulerit.

CI. Scriptores temporum, qui, potiente rerum Flavia domo, monumenta belli hujusce composuerunt, curam pacis et amorem reipublicæ, corruptas in adulationem causas, tradidere. Nobis, super insitam levitatem, et prodito Galba vilem mox fidem, æmulatione etiam invidiaque, ne ab aliis apud Vitellium anteirentur, pervertisse ipsum Vitellium videntur. Cæcina legiones assecutus centurionum militumque animos, obstinatos pro Vitellio, variis artibus subruebat. Basso eadem molienti minor difficultas erat, lubrica ad mutandam fidem classe ob memoriam recentis pro Othone militiæ.

LIBER TERTIUS.

I. Meliore fato fideque partium Flavianarum duces consilia belli tractabant. Petovionem in hiberna tertiædecimæ legionis convenerant ; illic agitavere « placeretne obstrui Pannonicæ Alpes, donec a tergo vires universæ consurgerent ; an ire cominus et certare pro Italia constantius foret. » Quibus opperiri auxilia et trahere bellum videbatur, germanicarum legionum vim famamque extollebant, « et advenisse mox cum Vitellio britannici exercitus robora, ipsis nec numerum parem pulsarum nuper legionum, et, quanquam atrociter loquerentur, minorem esse apud victos animum. Sed, insessis interim Alpibus, venturum esse cum copiis Orientis Mucianum. Superesse Vespasiano mare, classes, studia provinciarum, per quas velut alterius belli molem cieret. Ita salubri mora novas vires affore, et præsentibus nihil periturum. »

II. Ad ea Antonius Primus (is acerrimus belli concitator) « festinationem ipsis utilem, Vitellio exitiosam disseruit : « Plus socordiæ quam fiduciæ accessisse victoribus : ne- « que enim in procinctu et castris habitos ; per omnia « Italiæ municipia desides, tantum hospitibus metuendos, « quanto ferocius ante egerint, tanto cupidius insolitas « voluptates hausisse ; circo quoque ac theatris et amœ- « nitate urbis emollitos, aut valetudinibus fessos. Sed, « addito spatio, rediturum et his robur meditatione belli ; « nec procul Germaniam unde vires ; Britanniam freto

« confiants; qu'en effet, on ne les avait tenus ni
« campés, ni exercés; qu'oisifs au sein des villes,
« redoutables seulement à leurs hôtes, plus leur vie
« avait été auparavant belliqueuse et étrangère
« aux plaisirs, plus ils s'y étaient plongés avide-
« ment; qu'ils étaient énervés par le cirque, par
« les théâtres, par les délices de Rome, ou épuisés
« par les maladies; qu'en leur laissant du temps,
« l'habitude de la guerre leur rendrait leur vi-
« gueur; que la Germanie, d'où ils tiraient leurs
« forces, n'était point éloignée; que la Bretagne
« n'était séparée que par un bras de mer; que
« les Gaules et les Espagnes étaient sous leur
« main; que là, ils trouvaient hommes, chevaux,
« subsides; qu'ils avaient, de plus, l'Italie elle-
« même avec les richesses de Rome; et, s'ils vou-
« laient attaquer, deux flottes, et la mer d'Illyrie
« ouverte à leurs vaisseaux. Que nous servira
« alors de nous entourer de montagnes, de traîner
« la guerre jusqu'à un autre été? et, pendant
« ce temps, où prendre de l'argent et des vivres?
« Pourquoi ne pas profiter de ce que les légions
« de Pannonie, trompées plutôt que vaincues,
« brûlaient de se relever par une victoire et de ce
« que celles de Mésie avaient leurs forces entières?
« Si l'on compte les soldats plutôt que les légions,
« il y a ici plus d'hommes, moins de vices, et
« l'humiliation même de la défaite a raffermi la
« discipline. Que dis-je? notre cavalerie ne fut pas
« même vaincue à Bedriac; au milieu d'une ba-
« taille perdue elle battit encore l'armée de Vitel-
« lius. Les deux seules divisions de Pannonie et
« de Mésie enfoncèrent alors l'ennemi: doutez-
« vous maintenant que seize divisions marchant
« ensemble, que la vue de tous leurs étendards,
« que le bruit, que la poussière seule de leurs pas,
« ne renversent et n'écrasent des cavaliers et des
« chevaux qui ont oublié la guerre? C'est moi
« qui donne le conseil; c'est moi, si l'on veut,
« qui l'exécuterai. Que ceux dont le sort n'est

point encore compromis restent ici avec les lé-
« gions: j'aurai assez des troupes légères. Vous
« ne tarderez point à apprendre que l'Italie est
« ouverte, que la puissance de Vitellius est en-
« tamée. Alors, vous brûlerez de marcher à
« votre tour, et de suivre les traces de mes vic-
« toires. »

III. Ce discours qu'il tint les yeux enflammés,
et d'une voix terrible, pour être entendu de plus
loin (car les centurions et quelques soldats avaient
pénétré dans le conseil), fit une impression si
forte, que les esprits, même circonspects et timides, furent entraînés, et que la multitude,
traitant tous les autres de lâches, le proclama
hautement le seul homme, le seul général de
l'armée. Antonius avait donné cette idée de lui
dès la première assemblée, où on lut les lettres
de Vespasien. On ne le vit point, comme la plupart, s'énoncer en termes ambigus, dont il pût
faire fléchir le sens à son gré, selon l'événement:
il parut s'être jeté ouvertement dans l'entreprise,
et il en était plus cher aux soldats, s'étant ainsi
associé à leur gloire ou à leur faute.

IV. Après lui, le procurateur Cornélius Fuscus
eut le plus d'autorité. Il se permettait aussi mille
invectives violentes contre Vitellius, et il s'était
ôté, en cas de malheur, toute ressource. Flavianus,
lent par son caractère et par l'effet de l'âge, irritait
les soupçons des soldats; il semblait se ressouvenir
que Vitellius était son parent: outre qu'au premier mouvement des légions, s'étant enfui, et
étant revenu ensuite de lui-même, on lui supposait
quelques projets de trahison. En effet, Flavianus,
quittant la Pannonie, était entré d'abord en Italie; et il s'était mis hors des événements, lorsque
l'amour du changement et les conseils de Fuscus
l'avaient poussé à reprendre son titre de lieutenant, et à se mêler dans les guerres civiles. Ce
n'est pas que Fuscus eût le moindre besoin des ta-

« dirimi; juxta Gallias Hispaniasque: utrinque viros,
« equos, tributa, ipsamque Italiam et opes urbis; ac, si
« inferre arma ultro velint, duas classes vacuumque Il-
« lyricum mare. Quid tum claustra montium profutura?
« quid tractum in æstatem aliam bellum? unde interim
« pecuniam et commeatus? Quin potius eo ipso uterentur,
« quod pannonicæ legiones, deceptæ magis quam victæ,
« resurgere in ultionem properent, mœsici exercitus inte-
« gras vires attulerint. Si numerus militum potius quam
« legionum putetur, plus hinc roboris, nihil libidinum; et
« profuisse disciplinæ ipsum pudorem. Equites vero ne
« tum quidem victos; sed, quanquam rebus adversis,
« disjectam Vitellii aciem. Duæ tunc pannonicæ ac mœ-
« sicæ alæ perrupere hostem; nunc sexdecim alarum
« conjuncta signa pulsu sonituque et nube ipsa operient
« ac superfundent oblitos prœliorum equites equosque.
« Nisi quis retinet, idem suasor auctorque consilii ero. Vos,
« quibus fortuna in integro est, legiones continete; mihi
« expeditæ cohortes sufficient. Jam resciatam Italiam,

« impulsas Vitellii res audietis; juvabit sequi et vestigia
« vincentis insistere. »

III. Hæc atque talia flagrans oculis, truci voce, quo
latius audiretur (etenim se centuriones et quidam militum consilio miscuerant) ita effudit, ut cautos quoque
ac providos permoveret, vulgus et ceteri unum virum
ducemque, spreta aliorum segnitia, laudibus ferrent. Hanc
sui famam ea statim concione commoverat qua, recitatis
Vespasiani epistolis, non, ut plerique, incerta disseruit,
huc illuc tracturus interpretationem prout conduxisset;
aperte descendisse in causam videbatur, eoque gratior
militibus erat, culpæ vel gloriæ socius.

IV. Proxima Cornelii Fusci procuratoris auctoritas; is
quoque inclementer in Vitellium invehi solitus nihil spei
sibi inter adversa reliquerat. T. Ampius Flavianus, natura
ac senecta cunctator, suspiciones militum irritabat tanquam
affinitatis cum Vitellio meminisset; idemque, quod cœ-
ptante legionum motu profugus dein sponte remeaverat,
perfidiæ locum quæsisse credebatur. Nam Flavianum,

HISTOIRES, LIV. III.

lents de Flavianus; il ne voulait qu'un nom consulaire, pour donner de la considération à un parti naissant.

V. Au reste, pour que l'entrée en Italie fût utile et sans danger, on écrivit à Aponius Saturninus d'arriver en diligence avec les troupes de Mésie; et, afin que les provinces, ainsi dégarnies, ne restassent point exposées aux barbares, on prit, à la solde de l'armée, tous les chefs des Sarmates Jazyges qui avaient de l'influence sur leur nation. Ils offrirent la nation elle-même, et sa cavalerie, qui fait toute sa force, mais on les remercia, dans la crainte qu'au milieu de nos discordes, ces alliés ne songeassent à devenir des ennemis, ou que des offres plus avantageuses du parti contraire n'en fissent des traîtres. On attira dans le parti Sidon et Italicus, rois Suèves, de tout temps dévoués aux Romains, et chefs d'une nation plus exacte à garder sa foi. On se mit aussi en défense du côté de la Rhétie; Portius Septiminus qui en était procurateur, avait pour Vitellius un attachement à toute épreuve. On envoya Sextilius Félix avec la division de cavalerie, nommée Auriana, huit cohortes et les troupes des Noriques, pour occuper les bords de l'Im, rivière qui sépare la Norique de la Rhétie; mais ni les uns ni les autres ne cherchèrent le combat; il était réservé à d'autres mains de décider la querelle.

VI. Lorsque Antonius, avec une partie de la cavalerie et les vexillaires des cohortes, fondit brusquement sur l'Italie, il était accompagné d'Arrius Varus, guerrier plein d'activité, qui devait sa réputation à l'honneur d'avoir servi sous Corbulon, et à des succès en Arménie. On prétend que ce même Varus, dans des entretiens secrets avec Néron, avait cherché à noircir dans l'esprit de ce prince les vertus de Corbulon; qu'il dut à cette pratique infâme le grade de primipilaire; et que cette bassesse, qui lui avait réussi pour le moment, fut depuis une des causes de sa perte. Antonius et Varus, s'étant emparés d'Aquilée, eurent bientôt toutes les places voisines. Opitergium et Altinum s'empressent d'ouvrir leurs portes. On laissa une garnison à Altinum, dans la crainte de la flotte de Ravenne, dont on ne savait point encore la défection : ils allèrent ensuite ranger dans leur parti Padoue et Ateste. Là, on apprit que trois cohortes vitelliennes, et la division de cavalerie nommée Scriboniana, avaient jeté un pont auprès du Forum Allienus, et s'y tenaient campées disait-on, sans la moindre précaution. L'occasion parut favorable. On tombe sur eux à la pointe du jour; la plupart étaient sans armes : ils furent enveloppés. On avait recommandé d'épargner le sang, dans l'espérance que la crainte seule les obligerait à se donner à Vespasien. Plusieurs, en effet, prirent ce parti; la plupart, ayant rompu le pont, ôtèrent à l'ennemi le moyen de les poursuivre.

VII. Au bruit de cette victoire, qui était pour les Flaviens un présage heureux, deux légions, la septième Galbiana, la treizième Gemina, se rendent avec ardeur à Padoue, sous les ordres du lieutenant Védius. Là, on prit quelques jours pour se reposer; pendant ce temps, Minucius Justus, préfet de camp de la septième légion, qui mettait dans le commandement plus de sévérité que n'en permet la guerre civile, s'attira le courroux des soldats : pour l'y soustraire, on l'envoya à Vespasien. Antonius fit une chose qu'on

omissa Pannonia ingressum Italiam et discrimini exemptum, rerum novarum cupido legati nomen resumere et misceri civilibus armis impulerat, suadente Cornelio Fusco; non quia industria Flaviani egebat, sed ut consulare nomen surgentibus quum maxime partibus honesta specie prætenderetur.

V. Ceterum, ut transmittere in Italiam impune et usui foret, scriptum Aponio Saturnino cum exercitu mœsico celeraret. Ac ne inermes provinciæ barbaris nationibus exponerentur, principes Sarmatarum Jazygum, penes quos civitatis regimen, in commilitium adsciti plebem quoque et vim equitum, qua sola valent, offerebant; remissum id munus, ne inter discordias externa molirentur, aut, majore ex diverso mercede, jus fasque exuerent. Trahuntur in partes Sido atque Italicus, reges Suevorum, quis vetus obsequium erga Romanos; et gens fidei commissæ patientior. Posita in latus auxilia, infesta Rhætia cui Portius Septiminus procurator erat, incorruptæ erga Vitellium fidei. Igitur Sextilius Felix cum ala Auriana et octo cohortibus ac Noricorum juventute, ad occupandam ripam Æni fluminis, quod Rhætos Noricosque interfluit, missus; nec his aut illis prælium tentantibus, fortuna partium alibi transacta.

VI. Antonio, vexillarios e cohortibus et partem equitum ad invadendam Italiam rapienti, comes fuit Arrius Varus, strenuus bello, quam gloriam et dux Corbulo et prosperæ in Armenia res addiderant. Idem secretis apud Neronem sermonibus ferebatur Corbulonis virtutes criminatus; unde infami gratia primum pilum adepto læta ad præsens male parta mox in perniciem vertere. Sed Primus ac Varus, occupata Aquileia, in proxima quæque, et Opitergii et Altini, lætis animis accipiuntur; relictum Altini præsidium adversus classem Ravennatem, nondum defectione ejus audita; inde Patavium et Ateste partibus adjunxere. Illic cognitum tris Vitellianas cohortes, et alam, cui Scribonianæ nomen, ad forum Allieni, ponte juncto, consedisse : placuit occasio invadendi incuriosos, nam id quoque nunciabatur : luce prima inermios plerosque oppressere. Prædictum ut, paucis interfectis, ceteros pavore ad mutandam fidem cogerent; et fuere plures, abrupto ponte, instanti hosti viam abstulerunt.

VII. Vulgata victoria, post principia belli secundum Flavianos, duæ legiones, septima Galbiana, tertiadecima Gemina, cum Vedio Aquila legato, Palavium alacres veniunt. Ibi pauci dies ad requiem sumpti; et Minucius Justus, præfectus castrorum legionis septimæ, quia adductius quam civili bello imperitabat, subtractus militum

désirait depuis longtemps, et qui reçut beaucoup d'éclat des motifs auxquels on en fit honneur. Les statues de Galba avaient été abattues depuis les dissensions. Antonius les fit relever dans toutes les villes, jugeant qu'il était honorable pour sa cause de paraître estimer la mémoire et ressusciter le parti de Galba.

VIII. On examina ensuite où l'on porterait le théâtre de la guerre. On préféra Vérone, à cause de ses vastes plaines, où la cavalerie, qui faisait leur principale force, combattrait avec plus d'avantage; d'ailleurs, en ôtant à Vitellius une colonie opulente, ils trouvaient, à la fois, et de la gloire et du profit. Chemin faisant, on occupa Vicence. Cette prise, peu considérable par elle-même (car la place était faible), parut acquérir beaucoup d'importance par la considération que Cécina y était né, et qu'on enlevait au général ennemi sa patrie. Pour Vérone, il y avait un avantage réel : par son exemple comme par ses richesses, elle fut d'un grand secours au parti; outre que sa position, entre la Rhétie et les Alpes Juliennes, donnait le moyen de fermer, par là, le passage aux armées de Germanie. Tout cela se faisait à l'insu ou contre le gré de Vespasien. Il ordonnait qu'on restât à Aquilée, qu'on attendît Mucien ; et, à l'autorité, il ajoutait des raisons, qu'ayant dans leurs mains tous les revenus des provinces les plus opulentes, et les clefs de l'Égypte, grenier de l'Italie, ils pouvaient, par le seul manque de vivres et d'argent, réduire l'armée de Vitellius à se soumettre. Mucien, dans toutes ses lettres, faisait les mêmes recommandations, prétextant que la victoire ne coûterait ni sang ni larmes, et autres motifs semblables; mais,

au fond, avide de gloire, et voulant se réserver tout l'honneur de cette guerre. Au reste, la grande distance faisait que les ordres n'arrivaient qu'après l'événement.

IX. Rien donc ne gênant Antonius, il attaque brusquement les postes ennemis; après avoir fait l'essai de leur courage dans un léger combat, les deux partis se retirèrent avec une perte égale. Bientôt après, Cécina vint camper entre Hostilie, bourgade du Véronais, et les marais du fleuve Tartare, dans une position très-forte, ayant ses flancs couverts par le marais, ses derrières par le fleuve; et, s'il eût été fidèle, il pouvait, avant la jonction de l'armée de Mésie, ou écraser avec toutes ses forces ces deux légions, ou, les forçant de reculer et d'abandonner l'Italie, les déshonorer par la honte d'une fuite. Mais Cécina, par mille lenteurs, livra aux ennemis ce premier moment si décisif à la guerre; et ceux qu'il lui était si facile de repousser par les armes, il les combattit par des manifestes, pour donner le temps à ses agents de conclure son traité. Dans l'intervalle, Aponius Saturninus arrive avec la septième Claudiane; elle avait pour tribun, Vipstanus Messala, issu de grands hommes, homme distingué lui-même, et le seul qui eût apporté à cette guerre des vertus. Ce fut à cette armée, encore si inférieure à celle de Vitellius (car il y avait seulement trois légions), que Cécina écrivit de nouveau. Il leur reprochait leur témérité d'oser reprendre des armes vaincues, relevait la valeur des légions de Germanie; parlant très-peu de Vitellius, et sans rien de particulier ne laissant échapper aucune injure contre Vespasien : aucun mot qui tendît à corrompre ou à intimider l'ennemi. Les chefs du

---

iræ ad Vespasianum missus est. Desiderata diu res interpretatione gloriæ in majus accipitur, postquam Galbæ imagines, discordia temporum subversas, in omnibus municipiis recoli jussit Antonius; decorum pro causa ratus, si placere Galbæ principatus et partes revirescere crederentur.

VIII. Quæsitum inde quæ sedes bello legeretur. Verona potior visa, patentibus circum campis ad pugnam equestrem, qua prævalebant; simul coloniam copiis validam auferre Vitellio in rem famamque videbatur. Possessa ipso transitu Vicetia; quod per se parum (etenim modicæ municipio vires) magni momenti locum obtinuit, reputantibus illic Cæcinam genitum, et patriam hostium duci ereptam. In Veronensibus pretium fuit; exemplo opibusque partes juvere : et interjectus exercitus per Rhætiam Juliasque Alpes; ac, ne pervium illa germanicis exercitibus foret, obsepserat. Quæ ignara Vespasiano aut vetita : quippe Aquileiæ sisti bellum, exspectarique Mucianum jubebat, adjiciebatque imperio consilium, quando Ægyptus, claustra annonæ, vectigalia opulentissimarum provinciarum obtinerentur, posse Vitellii exercitum egestate stipendii frumentique ad deditionem subigi. Eadem Mucianus crebris epistolis monebat, incruentam et sine luctu victoriam et alia hujuscemodi prætexendo, sed gloriæ avidus atque omne belli decus sibi retinens. Ceterum, ex distantibus terrarum spatiis, consilia post res afferebantur.

IX. Igitur repentino incursu Antonius stationes hostium irrumpit, tentatisque levi prælio animis ex æquo discessum. Mox Cæcina inter Hostiliam, vicum Veronensium, et paludes Tartari fluminis castra permunit; tutus loco, quum terga flumine, latera objectu paludis tegerentur : quod si adfuisset fides, aut opprimi universis Vitellianorum viribus duæ legiones, nondum conjuncto mœsico exercitu, potuere, aut retro actæ, deserta Italia, turpem fugam conscivissent. Sed Cæcina, per varias moras, prima hostibus prodidit tempora belli, dum quos armis pellere promptum erat epistolis increpat, donec per nuncios pacta perfidiæ firmaret Interim Aponius Saturninus cum legione septima Claudiana advenit; legioni tribunus Vipstanus Messalla præerat, claris majoribus, egregius ipse et qui solus ad id bellum artes bonas attulisset. Has ad copias, nequaquam Vitellianis pares (quippe tres adhuc legiones erant) misit epistolas Cæcina, temeritatem victa arma tractantium incusans; simul virtus germanici exercitus laudibus attollebatur, Vitellii modica et vulgari mentione, nulla in Vespasianum contumelia : nihil prorsus quod aut corrumperet hostem aut terreret. Flavianarum partium duces, omissa prioris fortunæ de-

parti Flavien, dans leur réponse, évitant de parler de leur ancienne fortune, montrèrent ouvertement de l'admiration pour Vespasien, de la confiance en leur cause, de la sécurité sur l'événement, de la haine contre Vitellius. Ils firent espérer aux tribuns et aux centurions ennemis de conserver tout ce que Vitellius leur avait donné; et ils exhortaient Cécina lui-même, en termes non équivoques, à changer de parti. La lecture publique de ces deux lettres rehaussa la confiance des Flaviens. Ils virent, au ton mesuré de Cécina, qu'il semblait craindre d'offenser Vespasien, et, au dédain de leurs chefs, qu'ils affectaient de braver Vitellius.

X. Deux nouvelles légions, la troisième et la huitième, étant arrivées (Aponianus commandait l'une, Numisius l'autre), ils déployèrent leurs forces; ils formèrent un camp retranché sous Vérone. La partie de l'ouvrage qui regardait le front de l'ennemi était échue, par hasard, à la légion Galbiane. Cette légion, apercevant de loin la cavalerie de leurs alliés, qu'elle prend pour l'ennemi, en conçoit une fausse alarme. On court aux armes, et, les soldats supposant une trahison, tout leur ressentiment retombe sur Flavianus; non que rien justifiât l'imputation, mais ils le haïssaient depuis longtemps. Ils demandent en tumulte sa mort; crient qu'il est parent de Vitellius, traître à Othon, et qu'il a détourné à son profit les largesses qui leur étaient destinées. Ils ne voulaient point entendre sa justification, quoiqu'il leur tendît des mains suppliantes, qu'il fût resté presque tout le temps prosterné dans la poussière, qu'il eût ses habits en pièces, le visage en pleurs et la poitrine suffoquée de sanglots; cela même

excitait leur fureur, cet excès de crainte leur paraissant le cri de la conscience. Chaque fois qu'Aponius veut parler, les soldats l'interrompent. On repousse les autres chefs par des clameurs et des frémissements. Antonius était le seul qu'ils écoutassent; et, en effet, il avait de l'éloquence, l'art de flatter la multitude, et de lui commander. Quand il vit que la sédition s'échauffait, et que, des injures et des insultes, on allait en venir aux coups et au meurtre, il fait charger de chaînes Flavianus. Le soldat sentit qu'on le jouait; il repousse tous ceux qui gardaient le tribunal; il allait se porter aux dernières extrémités. Antonius se jette au-devant d'eux, le sein nu, l'épée à la main; il proteste qu'il mourra de leurs mains ou de la sienne; il appelle à son secours, et, par leur nom, tous ceux qu'il reconnaît, ou qui portaient des décorations militaires. Puis, s'adressant aux enseignes et aux dieux des légions, il les conjure de répandre plutôt ces fureurs et ces dissensions dans l'armée ennemie. Enfin la sédition se ralentit, et, le jour tombant déjà, les soldats s'écoulèrent chacun dans leur tente. On fit partir dans la nuit même Flavianus; il trouva en son chemin des lettres de Vespasien, qui le rassurèrent pleinement.

XI. On eût dit qu'une rage contagieuse avait saisi les légions. Elles attaquent Aponius Saturninus, commandant de l'armée de Mésie, auquel on attribuait une lettre à Vitellius, qui courait alors; et cette sédition fut d'autant plus violente qu'elle éclata au milieu du jour, et non point, comme l'autre, après les fatigues et les travaux de la journée. Jadis nos armées disputaient de valeur et de subordination; alors, c'était d'insolence et d'emportement. Ils demandaient le

fensione, pro Vespasiano magnifice, pro causa fidenter, de exitu securi, in Vitellium ut inimici, præsumpsere; facta tribunis centurionibusque retinendi quæ Vitellius indulsisset spe; atque ipsum Cæcinam non obscure ad transitionem hortabantur. Recitatæ pro concione epistolæ addidere fiduciam, quod submisse Cæcina, velut offendere Vespasianum timens, ipsorum duces contemptim, tanquam insultantes Vitellio, scripsissent.

X. Adventu deinde duarum legionum, e quibus tertiam Dillius Aponianus, octavam Numisius Lupus ducebant, ostentare vires et militari vallo Veronam circumdare placuit. Forte Galbianæ legioni in adversa fronte valli opus cesserat, et visi procul sociorum equites vanam formidinem, ut hostes, fecere. Rapiuntur arma, et ut proditionis ira militum in T. Ampium Flavianum incubuit : nullo criminis argumento, sed jampridem invisus, turbine quodam ad exitium poscebatur; propinquum Vitellii, proditorem Othonis, interceptorem donativi clamitabant. Nec defensioni locus, quanquam supplices manus tenderet, humi plerumque stratus, lacera veste, pectus atque ora singultu quatiens : id ipsum apud infensos incitamentum erat, tanquam nimius pavor conscientiam argueret. Obturbabatur militum vocibus Aponius, quum loqui cœptaret; fremitu et clamore ceteros adspernantur; uni Antonio apertæ militum aures; namque et facundia aderat, mulcendique vulgum artes et auctoritas. Ubi crudescere seditio, et a conviciis et probris ad tela et manus transibant, injici catenas Flaviano jubet. Sensit ludibrium miles, disjectisque qui tribunal tuebantur, extrema vis parabatur. Opposuit sinum Antonius, stricto ferro, aut militum se manibus aut suis moriturum obtestans; ut quemque notum et aliquo militari decore insignem adspexerat, ad ferendam opem nomine ciens : mox conversus ad signa et bellorum deos, hostium potius exercitibus illum furorem, illam discordiam injicerent orabat, donec fatisceret seditio, et, extremo jam die, sua quisque in tentoria dilaberentur. Profectus eadem nocte Flavianus obviis Vespasiani literis discrimini exemptus est.

XI. Legiones veluti tabe infectæ Aponium Saturninum, mœsici exercitus legatum, eo atrocius aggrediuntur, quod non, ut prius, labore et opere fessæ, sed medio diei exarserant, vulgatis epistolis quas Saturninus ad Vitellium scripsisse credebatur. Ut olim virtutis modestiæque, tunc procacitatis et petulantiæ certamen erat, ne minus violenter Aponium quam Flavianum ad supplicium deposcerent. Quippe mœsicæ legiones, adjutam a se Panno-

supplice d'Aponius, avec la même fureur qu'auparavant celui de Flavianus. Les légions de Mésie rappelaient aux Pannoniens qu'elles avaient servi leur vengeance; ceux-ci croyant trouver, dans la sédition des autres, une justification de leur faute, étaient ravis de recommencer. Ils marchent donc aux jardins où était Aponius ; et, s'il leur échappa , il le dut moins à Antonius, à Aponianus et à Messala, qui firent des efforts incroyables, qu'à l'obscurité de sa retraite. Il s'était caché dans les fourneaux d'une étuve, où, par hasard, il n'y avait plus de feu : peu de temps après, il se retira à Padoue sans licteurs. Le départ de ces consulaires laissa Antonius seul maître des deux armées, ses collègues lui cédant la place, et les soldats n'étant affectionnés qu'à lui. Quelques-uns même croyaient qu'Antonius avait fomenté sous main les deux séditions, afin de profiter seul de la guerre.

XII. Dans le parti de Vitellius, les esprits n'étaient pas moins agités; et la discorde, ayant pour principe, non les soupçons de la multitude, mais la perfidie des chefs, fut encore plus fatale. Lucilius Bassus, préfet de la flotte de Ravenne, avait gagné ses soldats, qui , la plupart de Pannonie ou de Dalmatie, provinces soumises à Vespasien, étaient entrés facilement dans son parti. On choisit la nuit pour l'exécution du complot; les rebelles, seuls, à l'insu des autres, devaient se rassembler sur la place d'armes. Bassus, retenu par la honte ou par la crainte, attendait chez lui l'événement. Les triérarques se jettent tous en tumulte sur les images de Vitellius; le peu d'hommes qui résistent sont massacrés; le reste, par l'amour du changement, inclinait pour Vespasien. Alors Bassus, paraissant, se déclare hautement l'auteur de l'entreprise. La flotte nomma, pour son préfet, Cornélius Fuscus, qui accourut en diligence. Bassus embarqué sur des vaisseaux légers, est conduit, sous une escorte honorable, à Adria, où Mennius Rufinus, préfet d'une division de cavalerie, qui y commandait la garnison, le mit aux fers; mais il fut relâché aussitôt par l'ordre d'Hormus, affranchi de Vespasien. Celui-là aussi comptait parmi les chefs.

XIII. Quand Cécina eut appris la défection de la flotte, saisissant un moment de solitude dans le camp, celui ou l'on était dispersé pour le service, il rassemble les premiers centurions et quelques soldats dans la place d'armes. Là , il représente la valeur de Vespasien et les forces de son parti, la désertion de la flotte, le manque de vivres, les Gaules et les Espagnes contraires, Rome mécontente, enfin tous les désavantages de Vitellius. Aussitôt les complices donnant l'exemple, et le premier moment de la surprise troublant tous les autres, il leur fait prêter serment à Vespasien; on arrache les images de Vitellius et l'on dépêche vers Antonius. Mais sitôt que la trahison fut la nouvelle de tout le camp; que le soldat, accourant à la place d'armes, eut lu sur les enseignes le nom de Vespasien, et contemplé les images de Vitellius renversées, il y eut d'abord un silence de consternation; bientôt, tout éclate a la fois. Voilà donc où était abaissée la gloire de cette armée de Germanie ! à livrer, sans combat et sans blessures, leurs mains liées, leurs armes prisonnières, et à qui? à des vaincus, auxquels il manque même la première et la quatorzième légion, l'unique force de leur armée! Ces légions, ils les avaient battues et mises en fuite dans ces mêmes plaines : était-ce donc pour que tant de milliers d'hommes armés fussent donnés en présent, comme un troupeau d'esclaves, au

---

nicorum ultionem referentes, et Pannonici, velut absolverentur aliorum seditione, iterare culpam gaudebant. In hortos, in quibus devertebatur Saturninus, pergunt; nec tam Primus et Aponianus et Messalla (quanquam omni modo nisi) eripuere Saturninum, quam obscuritas latebrarum quibus occulebatur, vacantium forte balnearum fornacibus abditus; mox, omissis lictoribus, Patavium concessit. Digressu consularium, uni Antonio vis ac potestas in utrumque exercitum fuit, cedentibus collegis, et obversis militum studiis : nec deerant qui crederent utramque seditionem fraude Antonii cœptam, ut solus bello frueretur.

XII. Ne in Vitellii quidem partibus quietæ mentes, exitiosiore discordia, non suspicionibus vulgi sed perfidia ducum, turbabantur. Lucilius Bassus, classis Ravennatis præfectus, ambiguos militum animos, quod magna pars Dalmatæ Pannoniique erant, quæ provinciæ Vespasiano tenebantur, partibus ejus aggregaverat. Nox proditioni electa, ut, ceteris ignaris, soli in principia defectores coirent. Bassus pudore, an metu quisnam exitus foret, intra domum opperiebatur. Trierarchi magno tumultu Vitellii imagines invadunt, et, paucis resistentium obtruncatis, ceterum vulgus rerum novarum studio in Vespasianum inclinabat. Tum progressus Lucilius auctorem se palam præbet; classis Cornelium Fuscum præfectum sibi destinat, qui propere accucurrit. Bassus, honorata custodia liburnicis navibus Hadriam pervectus, a præfecto alæ Mennio Rufino, præsidium illic agitante, vincitur. Sed exsoluta statim vincula interventu Hormi, Cæsaris liberti : is quoque inter duces habebatur.

XIII. At Cæcina, defectione classis vulgata, primores centurionum et paucos militum, ceteris per militiæ munera dispersis, secreta castrorum affectans, in principia vocat. Ibi Vespasiani virtutem viresque partium extollit : transfugisse classem, in arcto commeatum, adversas Gallias Hispaniasque, nihil in urbe fidum, atque omnia de Vitellio in deterius. Mox, incipientibus qui conscii aderant, ceteros re nova attonitos in verba Vespasiani adigit; simul Vitellii imagines dereptæ, et missi qui Antonio nunciarent. Sed ubi totis castris in fama proditio, recurrens in principia miles præscriptum Vespasiani nomen, projectas Vitellii effigies, adspexit; vastum primo silentium, mox cuncta simul erumpunt: « Huc cecidisse germanici exercitus gloriam, ut sine prælio, sine vulnere, vinctas manus et

banni Antonius? Quelques vaisseaux décideront-ils du sort de huit légions? Ce n'était donc point assez pour Bassus, assez pour Cécina d'enlever à leur prince ses palais, ses jardins, ses richesses, s'ils ne l'enlevaient lui-même à ses soldats? En vain ils s'offraient aux Flaviens avec toutes leurs forces et tout leur sang : méprisables, même aux yeux de ce parti, que répondraient-ils à ceux qui leur demanderaient compte ou de leurs victoires ou de leurs défaites?

XIV. Voilà ce qu'ils criaient séparément tous, ensemble, suivant l'impulsion de leur douleur. La cinquième légion commença : ils replacent les images de Vitellius; ils mettent Cécina aux fers; ils nomment, pour leurs généraux, Fabius Fabullus, lieutenant de la cinquième légion, et Cassius Longus, préfet de camp. Le hasard ayant amené à les soldats de trois galères qui n'avaient trempé en rien dans la conspiration, qui l'ignoraient, ils les égorgent; puis ils décampent, après avoir rompu le pont, et ils marchent de nouveau à Hostilie, de là à Crémone, pour se joindre aux deux légions, la première Italique, et la vingt et unième Rapax, que Cécina avait détachées en avant avec une partie de la cavalerie, pour occuper Crémone.

XV. Antonius, instruit de tout, résolut de profiter de leurs discordes, de la séparation de leurs forces, et de les attaquer avant que les chefs eussent repris de l'autorité, le soldat l'habitude d'obéir, et les légions de la confiance en se réunissant; car il conjecturait que Valens, parti de Rome accélérerait sa marche sitôt qu'il apprendrait la trahison de Cécina; et Valens,

fidèle à Vitellius, n'était point sans talents pour la guerre. D'ailleurs, on redoutait une invasion de Germains, du côté de la Rhétie; Vitellius avait demandé des renforts de la Bretagne, de la Gaule et de l'Espagne : débordement qui pouvait tout entraîner, si Antonius, qui le craignait, n'eût pris les devants, en se hâtant de combattre et de vaincre. Il part avec toute son armée, et, en deux jours, se rend de Vérone à Bédriac. Dès le lendemain, ayant gardé les légions pour travailler aux retranchements, il envoie les cohortes auxiliaires dans les champs de Crémone, afin que sous prétexte de se procurer des vivres, le soldat prît goût au butin de la guerre civile. Lui-même il s'avance en personne, avec quatre mille chevaux, jusqu'à huit milles de Bédriac, pour protéger les fourrageurs : des éclaireurs, suivant l'usage, veillaient plus loin.

XVI. Il était environ la cinquième heure du jour, lorsqu'un cavalier vient à toute bride annoncer que l'ennemi arrivait, qu'il y avait quelques hommes en avant, qu'on entendait, dans un grand espace, du mouvement et du bruit. Pendant qu'Antonius délibère sur le parti qu'il prendra, Varus, impatient de se signaler, s'élance avec une troupe des plus hardis cavaliers. D'abord il repoussa les Vitelliens, et leur tua quelques hommes; mais, les renforts leur arrivant, bientôt la fortune change; les plus ardents à poursuivre étaient les premiers à fuir. Antonius n'avait point approuvé cette précipitation; il prévoyait ce qui arriverait. Exhortant les siens à marcher au combat avec intrépidité, il reporte sa cavalerie sur les flancs, et laisse au milieu un

---

« capta traderent arma? Quas enim ex diverso legiones?
« nempe victas; et abesse unicum Othoniani exercitus ro-
« bur, primanos quartadecimanosque; quos tamen iisdem
« illis campis fuderint straverintque, ut tot armatorum
« millia, velut grex venalium, exsuli Antonio donum da-
« rentur. Octo nimirum legiones unius classis accessionem
« fore. Id Basso, id Cæcinæ visum, postquam domos,
« hortos, opes principi abstulerint, etiam militibus prin-
« cipem auferre. Licet integros incruentosque, Flavianis
« quoque partibus viles, quid dicturos reposcentibus aut
« prospera aut adversa? »

XIV. Hæc singuli, hæc universi, ut quemque dolor impulerat, vociferantes, initio a quinta legione orto, repositis Vitellii imaginibus, vincla Cæcinæ injiciunt : Fabium Fabulium, quintæ legionis legatum, et Cassium Longum, præfectum castrorum, duces deligunt; forte oblatos trium liburnicarum milites, ignaros et insontes, trucidant; reliciis castris, abrupto ponte, Hostiliam rursus, inde Cremonam pergunt, ut legionibus primæ Italicæ et unietvicesimæ Rapaci jungerentur, quas Cæcina, ad obtinendam Cremonam, cum parte equitum præmiserat.

XV. Ubi hæc comperta Antonio, discordes animis, discretos viribus hostium exercitus aggredi statuit, antequam ducibus auctoritas, militi obsequium, et junctis

TACITE.

legionibus fiducia rediret; namque Fabium Valentem profectum ab urbe, acceleraturumque cognita Cæcinæ proditione, conjectabat : et fidus Vitellio Fabius, nec militiæ ignarus. Simul ingens Germanorum vis per Rhætiam timebatur; ne Britannia Galliaque et Hispania auxilia Vitellius acciverat, immensam belli luem, ni Antonius id ipsum metuens festinato prælio victoriam præcepisset. Universo cum exercitu, secundis a Verona castris, Bedriacum venit; postero die, legionibus ad muniendum retentis, auxiliares cohortes in Cremonensem agrum missæ, ut, specie parandarum copiarum, civili præda miles imbueretur. Ipse cum quatuor millibus equitum ad octavum a Bedriaco progressus, quo licentius popularentur : exploratores (ut mos est) longius curabant.

XVI. Quinta ferme hora diei erat, quum citus eques adventare hostes, prægredi paucos, motum fremitumque late audiri nunciavit. Dum Antonius quidnam agendum consultat, aviditate navandæ operæ Arrius Varus cum promptissimis equitum proripuit impulitque Vitellianos modica cæde; nam plurium accursu versa fortuna, et acerrimus quisque sequentium fugæ ultimus erat; nec sponte Antonii properatum, et fore quæ acciderant rebatur. Hortatus suos ut magno animo capesserent pugnam, diductis in latera turmis, vacuum medio relinquit iter quo Varum equitesque ejus reciperet; jussa armari

23

espace vide pour recevoir celle de Varus. Il envoie aux légions l'ordre de s'armer; il donne le signal à tous ceux qui couraient dans la campagne d'abandonner le butin, et de se porter au combat par le chemin le plus court. Cependant Varus, tout tremblant, rentre dans la ligne, et y apporte la crainte. Les blessés et ceux qui ne l'étaient pas, embarrassés par leur propre frayeur et par le peu de largeur du chemin, se culbutaient les uns sur les autres.

XVII. Dans ce désordre, Antonius remplit tous les devoirs d'un chef infatigable et d'un soldat intrépide. Il court au-devant de ceux qui fuient, soutient ceux qui s'ébranlent : là où il y a le plus de désordre, là où il reste quelque espérance, on le voit disposant, encourageant, exécutant, se montrant partout, et aux siens et à l'ennemi. Dans la chaleur de son zèle, il alla jusqu'à percer de sa lance un porte-étendard qui fuyait ; puis, saisissant l'étendard même, il le tourne contre l'ennemi; mais, malgré tant d'efforts, à peine cent cavaliers resterent avec lui. Heureusement le chemin se rétrécissait en cet endroit; le pont d'un ruisseau qui le traversait était rompu; et comme on ignorait la profondeur de l'eau, que les bords étaient escarpés, la fuite devenant impossible, la nécessité, ou plutôt la fortune, rétablit les affaires déjà désespérées. Les Flaviens, se raffermissant, reçoivent, leurs rangs bien serrés, les Vitelliens qui se jetaient en désordre : ceux-ci sont renversés à leur tour; Antonius, ne leur laissant point de relâche, presse ceux qui reculent, enfonce ceux qui résistent; en même temps tous les siens, chacun suivant son caractère, font des prisonniers, dépouillent les morts, enlèvent armes et chevaux, et ceux qui, un instant auparavant, fuyaient épars dans la campagne, accourant aux cris de joie, prennent part à la victoire.

XVIII. A quatre milles de Crémone, on vit briller les enseignes de l'Italique et de la Rapax, qui s'étaient avancées jusque là, attirées par le premier succès de leur cavalerie. Mais, voyant la fortune contraire, elles n'ouvrirent point leurs rangs pour recevoir les vaincus, elles ne marchèrent point en avant, elles n'osèrent attaquer un ennemi qui, fatigué d'une course et d'un combat aussi longs, eût peut-être succombé. Indifférents, jusqu'alors, à la perte de leur général, ce fut dans le malheur qu'ils sentirent combien il leur manquait. La cavalerie victorieuse fond sur cette armée chancelante. En même temps arrive le tribun Messala, avec les auxiliaires de Mésie, qu'on estimait, même après une marche forcée, à l'égal des légionnaires. Ces deux corps de cavalerie et d'infanterie réunis enfoncèrent les légions; d'ailleurs, la proximité de Crémone, en promettant plus de facilité pour la retraite, rendit aussi la résistance moins opiniâtre.

XIX. Antonius ne poursuivit pas plus loin l'ennemi; il songeait aux fatigues et aux pertes de cette journée, si longtemps critique, et qui, malgré le succès de la fin, lui avait coûté tant d'hommes et de chevaux. A l'entrée de la nuit, toutes les forces des Flaviens arrivèrent; et, comme ils avaient passé sur des monceaux de morts, et foulé un chemin encore inondé de sang, se persuadant que la victoire était complète, ils demandent à marcher à Crémone, pour recevoir les vaincus à composition, ou les emporter de vive force. Voilà le prétexte spécieux qu'ils alléguaient tout haut; mais à soi-même, chacun se disait qu'une place située dans une plaine se-

legiones; datum per agros signum, ut, qua cuique proximum, omissa præda, prælio occurrerent. Pavidus interim Varus turbæ suorum miscetur intulitque formidinem; pulsi cum sauciis integri, suometipsi metu et angustiis viarum conflictabantur.

XVII. Nullum in illa trepidatione Antonius constantis ducis aut fortissimi militis officium omisit : occursare paventibus; retinere cedentes; ubi plurimus labor, unde aliqua spes, consilio, manu, voce insignis hosti, conspicuus suis : eo postremo ardoris provectus est ut vexillarium fugientem hasta transverberaret; mox raptum vexillum in hostem vertit; quo pudore haud plures quam centum equites restitere. Juvit locus, arctiore illic via et fracto interfluentis rivi ponte, qui incerto alveo et præcipitibus ripis fugam impediebat : ea necessitas, seu fortuna, lapsas jam partes restituit. Firmati inter se densis ordinibus excipiunt Vitellianos temere effusos ; atque illi consternantur. Antonius instare perculsis, sternere obvios. Simul ceteri, ut cuique ingenium, spoliare, capere, arma equosque abripere; et, exciti prospero clamore, qui modo per agros fuga palabantur victoriæ se miscebant.

XVIII. Ad quartum a Cremona lapidem, fulsere legionum signa, Rapacis atque Italicæ, læto inter initia equitum suorum prælio illuc usque provecta. Sed ubi fortuna contra fuit, non laxare ordines, non recipere turbatos, non obviam ire ultroque aggredi hostem, tantum per spatium cursu et pugnando fessum : forte victi, haud perinde rebus prosperis ducem desideraverant, atque in adversis deesse intelligebant. Nutantem aciem victor equitatus incursat; et Vipstanus Messalla, tribunus, cum mœsicis auxiliaribus assequitur, quos militiæ legionariis, quanquam raptim ductos, æquabant. Ita mixtus pedes equesque rupere legionum agmen. Et propinqua Cremonensium mœnia, quanto plus spei ad effugium, tanto minorem ad resistendum animum dabant.

XIX. Nec Antonius ultra instituit, memor laboris ac vulnerum quibus tam anceps prælii fortuna, quamvis prospero fine, equites equosque afflictaverat. Inumbrante vespera, universum Flaviani exercitus robur advenit. Utque cumulos super et recentia cæde vestigia incessere, quasi debellatum foret, pergere Cremonam et victos in deditionem accipere aut expugnare deposcunt. Hæc in medio, pulchra dictu. Illa sibi quisque : « Posse

rait enlevée sur-le-champ ; que, dans une attaque nocturne, ils auraient, avec autant de valeur, bien plus de licence pour piller ; que, si l'on attendait le jour, ils auraient la paix, ils auraient des supplications, et, pour unique fruit de leurs travaux et de leurs blessures, la gloire, la clémence, des chimères, tandis que les richesses des Crémonais tomberaient dans les mains de leurs préfets et de leurs lieutenants ; que l'assaut livrait le butin d'une ville au soldat, la capitulation au chef. Ils ne veulent plus écouter leurs centurions et leurs tribuns ; et, pour ne pas même les entendre, ils frappent sur leurs armes, tout prêts à se révolter si on ne les conduit.

XX. Alors Antonius se mêle parmi les soldats : lorsque sa présence et son autorité lui ont obtenu du silence, il leur proteste qu'il est bien loin de vouloir leur ôter une gloire et des récompenses si bien méritées ; mais que le devoir du chef n'est pas celui des soldats ; qu'il sied aux uns de chercher à combattre, que l'autre doit surtout prévoir, combiner, plus souvent temporiser qu'entreprendre ; qu'après avoir, autant qu'il était en lui, contribué à leur victoire, de sa personne et de son épée, il voulait les servir, comme général, de sa tête et de ses conseils. Eh ! pouvaient-ils ne pas voir tous les obstacles qu'ils auraient à combattre : la nuit, la position de la ville inconnue, l'ennemi au dedans, et mille piéges cachés. Les portes mêmes ouvertes, il faudrait n'entrer qu'avec précaution, et que de jour. Commenceraient-ils une attaque sans avoir pu reconnaître le lieu propre pour la faire, et la hauteur des murs ; sans savoir si les traits, si les machines suffiraient, ou bien s'il faudrait construire des ouvrages ? Puis,

s'adressant à chacun, il leur demandait s'ils avaient leurs haches, leurs dolabres et tous les instruments nécessaires pour un siége. Comme ils dirent que non : « Eh bien ! ajouta-t-il, est-il des « bras humains qui puissent, avec des épées et « des javelots, briser et renverser des murailles ? « Et, s'il nous faut élever une terrasse, s'il nous « faut des claies et des mantelets pour nous cou- « vrir, nous allons donc, avancés stupidement au « pied des remparts, rester à mesurer des yeux « de hautes tours et des fortifications menaçantes ? « Pourquoi ne pas différer plutôt d'une seule nuit ; « et, en faisant venir nos machines, apporter « avec nous la force et la victoire ? » En même temps, il envoie les valets et les vivandiers, avec les cavaliers les plus frais, chercher à Bédriac les munitions et tout l'attirail nécessaire.

XXI. Mais le soldat supportait impatiemment ce retard, et il était prêt d'en venir à la sédition, lorsque des cavaliers, qui s'étaient avancés jusque sous les murs, surprennent quelques Crémonais. On apprend d'eux que les six légions de Vitellius, que toute l'armée campée à Hostilie avaient fait, ce jour-là même, une marche de trente mille pas ; qu'instruite du désastre des siens, elle se disposait à combattre, et qu'elle allait arriver. Pour lors, la frayeur ouvrit ces cœurs obstinés aux avis de leur chef. Il fait placer la troisième légion sur la chaussée même de la voie Posthumia : près d'elle, à gauche, il range la Galbiane dans la plaine rase ; puis, la Claudiane, derrière un fossé qui se trouvait là. A droite, il poste la huitième, dans un espace découvert, le long du chemin ; et, immédiatement après, la treizième, couverte par d'épaisses broussailles. Tel fut l'ordre

coloniam plano sitam impetu capi. Idem audaciæ per tenebras irrumpentibus, et majorem rapiendi licentiam ; quod si lucem opperiantur, jam pacem, jam preces ; et pro labore ac vulneribus clementiam et gloriam, inania, laturos ; sed opes Cremonensium in sinu præfectorum legatorumque fore : expugnatæ urbis prædam ad militem, deditæ ad duces pertinere. » Spernuntur centuriones tribunique, ac, ne vox cujusquam audiatur, quatiunt arma, rupturi imperium ni ducantur.

XX. Tum Antonius, inserens se manipulis, ubi adspectu et auctoritate silentium fecerat : « Non se decus neque pretium eripere tam bene meritis » affirmabat ; « sed divisa inter exercitum ducesque munia : militibus cupidinem pugnandi convenire ; duces providendo, consultando, cunctatione sæpius quam temeritate prodesse. Ut pro virili portione, armis ac manu, victoriam juverit, ratione et consilio, propriis ducis artibus, profuturum. Neque enim ambigua esse quæ occurrant : noctem et ignotæ situm urbis, intus hostes, et cuncta insidiis opportuna ; non, si pateant portæ, nisi explorato, nisi die, intrandum. An oppugnationem inchoaturos, adempto omni prospectu, quis æquus locus, quanta altitudo mœnium, tormentisne et telis, an operibus et vineis aggredienda urbs foret ? » Mox conversus ad singulos, num secures dolabrasque et cetera expugnandis

urbibus secum attulissent, rogitabat. Et quum abnuerent : « Gladiisne, inquit, et pilis perfringere ac sub- « ruere muros ullæ manus possunt ? Si aggerem struere, « si pluteis cratibusve protegi necesse fuerit, ut vulgus « improvidum irriti stabimus, altitudinem turrium et « aliena munimenta mirantes ? Quin potius mora noctis « unius, advectis tormentis machinisque, vim victoriam « que nobiscum ferimus ? » Simul lixas calonesque, cum recentissimis equitum, Bedriacum mittit, copias cetera que usui allaturos.

XXI. Id vero ægre tolerante milite, prope seditionem ventum, quum progressi equites sub ipsa mœnia vagos ex Cremonensibus corripiunt ; quorum indicio noscitur, « sex Vitellianas legiones omnemque exercitum qui Hostiliæ egerat, eo ipso die triginta millia passuum emensum, comperta suorum clade in prælium accingi ac jam affore. » Is terror obstructas mentes consiliis ducis aperuit. Sistere tertiam legionem in ipso viæ Postumiæ aggere jubet, cui juncta a lævo septima Galbiana patenti campo stetit, dein septima Claudiana, agresti fossa (ita locus erat) præmunita ; dextro, octava per apertum limitem, mox tertiadecima, densis arbustis intersepta ; hic aquilarum signorumque ordo ; milites mixti per tenebras, ut fors tulerat ; prætorianum vexillum proximum tertianis ; cohortes auxiliorum in cornibus ; latera ac terga equite

des aigles et des enseignes : quant aux soldats, ils prirent place au hasard, dans les ténèbres, à mesure qu'ils arrivaient. On mit les prétoriens auprès de la troisième légion, les cohortes auxiliaires sur les ailes. On entoura de cavalerie les derrières et les flancs. Les rois Sidon et Italicus, avec l'élite de leurs Suèves, se trouvaient à la première ligne.

XXII. Les Vitelliens auraient dû se reposer à Crémone, réparer leurs forces par la nourriture et le sommeil, et, le lendemain, ils eussent écrasé sans peine un ennemi consumé de faim et de froid; mais ils n'avaient point de général, ils n'avaient point de plan. Vers la troisième heure de la nuit, ils fondent sur les Flaviens, déjà prêts et en bataille. Je n'oserais rien affirmer de leur disposition, dans le désordre où les jetaient la colère et les ténèbres. Cependant on a écrit que leur droite était formée par la quatrième légion, surnommée la Macédonienne, leur centre par la cinquième, la quinzième, et par tous les vexillaires de la neuvième, de la seconde et de la vingtième, toutes trois de l'armée de Bretagne; leur gauche, enfin, par la seizième, la dix-huitième et la première. Les soldats de l'Italique et de la Rapax s'étaient dispersés dans toutes les compagnies. Les cavaliers et les auxiliaires se placèrent où ils voulurent. Toute la nuit le combat fut variable, indécis, acharné, tour à tour fatal aux uns et aux autres. Le courage ou l'adresse ne servaient de rien ; les yeux ne pouvaient juger les coups : des deux côtés les armes pareilles, le mot de ralliement révélé aux deux partis par les questions continuelles; les drapeaux confondus par les différents pelotons, qui, à mesure qu'ils les prenaient à l'ennemi, les emportaient de côté ou d'autre. La septième légion, celle qui avait été levée par Galba tout récemment, souffrit le plus. Elle perdit ses six premiers centurions, quelques enseignes ; elle eût même perdu son aigle sans l'intrépidité de son primipilaire, Atilius Vérus, qui n'expira que sur des monceaux d'ennemis tués de sa main.

XXIII. Pour soutenir ses lignes qui pliaient, Antonius fit avancer les prétoriens. Ceux-ci, à peine entrés au combat, repoussent l'ennemi, puis sont repoussés. Les Vitelliens avaient transporté des machines sur la chaussée même du chemin, où un espace entièrement découvert laissait un jeu plus libre à leurs traits, qui perdus auparavant, allaient se briser contre les arbres sans nuire à l'ennemi. Une baliste de la quinzième légion, d'une grandeur prodigieuse, écrasait la ligne ennemie par les pierres énormes qu'elle lançait, et elle y eût fait un grand carnage, sans l'action héroïque de deux soldats qui, ramassant sur le champ de bataille deux boucliers ennemis pour n'être point reconnus, allèrent couper les courroies et les ressorts de la machine. Comme ils furent percés de coups sur-le-champ, on ignore leurs noms; mais le fait n'est pas douteux. La fortune n'avait encore penché pour aucun parti, lorsque, bien avant dans la nuit, la lune s'étant levée, fit voir les combattants, mais sous des apparences trompeuses, qui tournèrent à l'avantage des Flaviens. Comme sa lumière venait derrière eux, elle agrandissait l'ombre de leurs chevaux et de leurs soldats; et l'ennemi, la prenant pour le corps, lançait à faux tous ses traits, qui restaient en deçà. Cette même lumière, frappant les Vitelliens en face, les livrait, sans défense, à des coups que l'obscurité leur dérobait.

XXIV. Antonius, pouvant donc reconnaître les siens et en être reconnu, va, parle à chacun;

---

circumdata. Sido atque Italicus Suevi, cum delectis popularium, primori in acie versabantur.

XXII. At Vitellianus exercitus, cui acquiescere Cremonæ et, reciperatis cibo somnoque viribus, confectum algore atque inedia hostem postera die profligare ac proruere ratio fuit, indigus rectoris, inops consilii, tertia ferme noctis hora, paratis jam dispositisque Flavianis impingitur. Ordinem agminis, disjecti per iram ac tenebras, asseverare non ausim; quanquam alii tradiderint, quartam Macedonicam, dextro suorum cornu; quintam et quintamdecimam, cum vexillis nonæ secundæque et vicesimæ, britannicarum legionum, mediam aciem ; sextadecimanos duodevicesimanosque et primanos lævum cornu complesse. Rapaces atque Italici omnibus se manipulis miscuerant. Eques auxiliaque sibi ipsi locum legere. Prælium tota nocte varium, anceps, atrox, bis, rursus illis, exitiabile. Nihil animus aut manus, ne oculi quidem provisu juvabant : eadem utraque acie arma; crebris interrogationibus notum pugnæ signum ; permixta vexilla, ut quisque globus capta ex hostibus huc vel illuc raptabat. Urgebatur maxime septima legio, nuper a Galba conscripta. Occisi sex primorum ordinum centuriones ; abrepta quædam signa; ipsam aquilam Atilius Verus, primipili centurio, multa cum hostium strage et ad extremum moriens, servaverat.

XXIII. Sustinuit labantem aciem Antonius, accitis prætorianis; qui ubi excepere pugnam, pellunt hostem, dein pelluntur. Namque Vitelliani tormenta in aggerem viæ contulerant, ut tela vacuo atque aperto excuterentur, dispersa primo et arbustis sine hostium noxa illisa. Magnitudine eximia quintædecimæ legionis balista ingentibus saxis hostilem aciem proruebat; lateque cladem intulisset, ni duo milites præclarum facinus ausi, arreptis e strage scutis ignorati, vincla ac libramenta tormentorum abscidissent : statim confossi sunt eoque intercidere nomina; de facto haud ambigitur. Neutro inclinaverat fortuna, donec adulta nocte luna surgens ostenderet acies falleretque. Sed Flavianis æquior a tergo ; hinc majores equorum virorumque umbræ, et, falso ut in corpora ictu, tela hostium citra cadebant; Vitelliani, adverso lumine collucentes, velut ex occulto jaculantibus incauti offerebantur.

XXIV. Igitur Antonius, ubi noscere suos noscique poterat, alios pudore et probris, multos laude et hortatu, omnes spe promissisque accendens, cur rursum sumpsis

il enflamme les uns par la honte et les reproches, les autres par la louange et les exhortations, tous par l'espérance et les promesses. Il demandait aux légions de Pannonie pourquoi elles avaient repris les armes; que c'étaient là les champs où elles devaient laver l'opprobre de leur ancienne défaite, et recouvrer leur réputation. S'adressant aux soldats de Mésie, il les interpellait comme les chefs et les auteurs de la guerre; combien n'auraient-ils pas à rougir des menaces et des bravades par lesquelles ils avaient provoqué les Vitelliens, s'ils n'en pouvaient soutenir les coups et les regards? Il avait plus à dire de la troisième légion; il lui rappelait ses exploits anciens et nouveaux, comme elle avait repoussé, sous Marc-Antoine, les Parthes; sous Corbulon, les Arméniens; en dernier lieu, les Sarmates. Enfin, apostrophant vivement les prétoriens : « Et vous, « dit-il, qui êtes à peine des soldats, à moins d'une « victoire, où trouverez-vous un autre empereur, « un autre camp? Vous n'aurez d'armes et d'ensei- « gnes que vainqueurs, et, vaincus, que la mort; « car l'ignominie, vous l'avez épuisée. » Un cri général éclate; le soleil s'étant levé alors, la troisième légion le salua, comme c'est l'usage en Syrie.

XXV. Là-dessus il courut un bruit, peut-être jeté à dessein par le général, que Mucien était arrivé, que les deux armées s'étaient saluées réciproquement. L'idée d'un nouveau renfort enhardissant les Flaviens, ils gagnent du terrain; et, déjà, l'on apercevait des vides dans la ligne des Vitelliens, où chacun, faute de chef, s'écartait ou se resserrait, suivant son courage ou ses craintes. Lorsque Antoine les voit ébranlés, il les pousse avec ses bataillons serrés; la ligne, mal unie, fut rompue, et ne put se reformer au milieu de l'embarras des chariots et des machines. Les vainqueurs acharnés dans leur poursuite, se répandirent sur les bords du chemin. Ce qui rendit le carnage plus remarquable, ce fut la mort d'un père tué par son fils. Je rapporterai le fait et les noms, d'après Messala. Un Espagnol, nommé Julius Mansuétus, incorporé dans la légion Rapax, avait laissé chez lui un fils encore enfant. Depuis, ce fils, devenu grand, était entré dans la septième légion levée par Galba; et, alors, le hasard l'ayant mis aux mains avec son père, il l'étendit par terre à demi mort. Tandis qu'il le dépouille, le père reconnaît son fils, en est reconnu et expire. Aussitôt le jeune homme se jette sur le corps inanimé, il le serre dans ses bras, et, d'une voix lamentable, il conjure les mânes paternels de s'apaiser, de ne pas voir en lui un parricide. C'était le crime public, et qu'était-ce que la part d'un seul homme dans une guerre civile? En même temps, il prend le corps, creuse une fosse, rend à son père les derniers devoirs. Ce spectacle arrêta les plus proches; insensiblement la foule augmente; bientôt toute l'armée est instruite; on est saisi d'horreur : ce sont des plaintes, des imprécations contre cette guerre abominable; et, toutefois, ils n'en dépouillent pas moins leurs alliés, leurs proches, leurs frères égorgés : ils avouent le crime, et ils le commettent.

XXVI. Arrivés devant Crémone, il se présenta un travail nouveau et immense. Dans la guerre d'Othon, les légions de Germanie avaient construit, autour des murs, un camp; autour du camp, un rempart; et, à ces fortifications, ils en avaient ajouté d'autres. L'aspect de ces ouvrages fit hésiter les vainqueurs, et les généraux ne savaient qu'ordonner. Livrer un assaut, avec des troupes fatiguées d'un jour et d'une nuit de combat, paraissait difficile, dangereux même, vu leur éloignement de tout secours. Retour-

---

sent arma pannonicas legiones interrogabat : « Illos esse campos in quibus abolere labem prioris ignominiæ, ubi reciperare gloriam possent. » Tum ad Mœsicos conversus, principes auctoresque belli ciebat : « frustra minis et verbis provocatos Vitellianos, si manus eorum oculosque non tolerent. » Hæc ut quosque accesserat; plura ad tertianos, veterum recentiumque admones : ut sub M. Antonio Parthos, sub Corbulone Armenios, nuper Sarmatas pepulissent. Mox infensius prætorianis : « Vos, in- « quit, nisi vincitis pagani, quis alius imperator, quæ « castra alia excipient? Illic signa armaque vestra sunt, et « mors victis; nam ignominiam consumpsistis. » Undique clamor; et orientem solem (ita in Syria mos est) tertiani salutavere.

XXV. Vagus inde, an consilio ducis subditus, rumor advenisse Mucianum; exercitus invicem salutasse : gradum inferunt, quasi recentibus auxiliis aucti; rariore jam Vitellianorum acie, ut quos, nullo rectore, suus quemque impetus vel pavor contraheret diduceretve. Postquam perculsos sensit Antonius, denso agmine obturbabat : laxati ordines abrumpuntur; nec restitui cuivere, impedientibus vehiculis tormentisque. Per limitem viæ sparguntur consectandi festinatione victores. Eo notabilior cædes fuit quia filius patrem interfecit : rem nominaque, auctore Vipstano Messalla, tradam. Julius Mansuetus, ex Hispania, Rapaci legioni additus, impubem filium domi reliquerat; is mox adultus, inter septimanos a Galba conscriptus, oblatum forte patrem et vulnere stratum, dum semianimem scrutatur, agnitus agnoscensque et exsanguem amplexus, voce flebili precabatur placatos patris manes, neve se ut parricidam aversarentur : « publicum id facinus; et unum militem quotam civilium armorum partem? » simul attollere corpus, aperire humum, supremo erga parentem officio fungi. Advertere proximi, deinde plures : hinc per omnem aciem miraculum et questus et sævissimi belli exsecratio; nec eo segnius propinquos, affines, fratres trucidatos spoliant : factum esse scelus loquuntur faciuntque.

XXVI. Ut Cremonam venere, novum immensumque opus occurrit. Othoniano bello, germanicus miles mœnibus Cremonensium castra sua, castris vallum circumjecerat, eaque munimenta rursus auxerat; quorum adspectu

ner à Bédriac, c'était, dans une marche aussi longue, des fatigues intolérables, et ils perdaient tout le fruit de leur victoire. Se retrancher était hasardeux dans le voisinage d'un ennemi, dont les brusques sorties troubleraient des travailleurs dispersés. Mais ce qui effrayait surtout les chefs, c'étaient leurs propres soldats, lesquels supportaient mieux le péril que le retard. Les partis sûrs leur étaient désagréables ; au contraire la témérité leur laissait de l'espérance ; et le carnage, les blessures, le sang, étaient balancés par l'appât du butin.

XXVII. Cette raison décida Antonius, et il fit investir les retranchements. D'abord, on combattait de loin, à coups de flèches et de pierres, au grand désavantage des Flaviens, qui, d'en haut, étaient frappés plus sûrement. Antonius eut bientôt assigné à chaque légion une porte et un côté des retranchements, afin que, leur tâche ainsi séparée, on reconnût les braves et les lâches, et que l'émulation seule exaltât leur courage. La troisième et la septième se chargèrent de la partie voisine du chemin de Bédriac ; la huitième et la Claudiane de la droite du rempart. La treizième se porta avec impétuosité sur la porte de Brescia. Ils attendirent quelques temps les hoyaux et les dolabres, les faux et les échelles, qu'on leur apportait des champs voisins ; puis, élevant leurs boucliers sur leurs têtes, et formant la tortue, ils s'avancèrent au pied des murs. Des deux côtés c'étaient les pratiques romaines : les Vitelliens font rouler d'énormes quartiers de roches ; ils sondent, avec des crocs de fer et avec des lances, les parties faibles où le toit mobile se désunissait ; et, ce tissu de boucliers une fois rompu, ils mutilent, ils renversent, ils écrasent l'ennemi avec un carnage horrible.

XXVIII. Le découragement s'était saisi des Flaviens ; et le soldat, fatigué, repoussait, comme inutiles, les exhortations de ses chefs, lorsque, de la main, ils lui montrèrent Crémone. Je ne déciderai pas si cette idée vint d'Hormus comme le dit Messala, ou s'il faut plutôt en croire Pline, qui l'attribue à Antoine. Ce qu'il y a de sûr, c'est que cette action, tout exécrable qu'elle était, n'avait rien que de conforme au caractère et à la réputation de l'un ou de l'autre. Dès ce moment, le carnage et les blessures n'arrêtent plus les soldats ; ils sapent les murs, ils battent les portes ; montant sur les épaules de leurs camarades, et s'élançant sur la tortue qu'on avait reformée, ils cherchent à saisir les armes et les bras de l'ennemi. Les soldats blessés et non blessés, expirants, demi-morts, roulant pêle-mêle, périssent de mille manières, montrent la mort sous toutes les formes.

XXIX. L'attaque la plus vigoureuse était celle de la troisième et de la septième légions ; le général appuyait leurs efforts avec l'élite des auxiliaires. Les Vitelliens, ne pouvant plus soutenir cette obstination invincible, et voyant les traits glisser sur la tortue sans l'entamer, pour dernière ressource, poussèrent contre l'ennemi la machine elle-même ; mais, en fracassant et en écrasant tout à l'endroit de sa chute, la baliste entraîna avec elle les créneaux et le sommet du retranchement. En même temps, une tour voisine céda au choc redoublé des pierres ; et, tandis que la septième légion, formée en coin, se fait jour par cette brèche, la troisième, à coups de haches et d'épées, achève de briser la porte. Tous les historiens conviennent que ce fut Caïus Volusius, soldat de la troisième légion, qui pénétra le premier. Monté sur le rempart, il fait

hæsere victores, incertis ducibus quid juberent : incipere oppugnationem, fesso per diem noctemque exercitu, arduum et, nullo juxta subsidio, anceps ; sin Bedriacum redirent, intolerandus tam longi itineris labor, et victoria ad irritum revolvebatur ; munire castra, id quoque, propinquis hostibus, formidolosum, ne dispersos et opus molientes subita eruptione turbarent. Quæ super cuncta, terrebat ipsorum miles, periculi quam moræ patientior : quippe ingrata quæ tuta, ex temeritate spes ; omnisque cædes et vulnera et sanguis aviditate prædæ pensabantur.

XXVII. Huc inclinavit Antonius cingique vallum corona jussit. Primo sagittis saxisque eminus certabant, majore Flavianorum pernicie, in quos tela desuper librabantur ; mox vallum portasque legionibus attribuit, ut discretus labor fortes ignavosque distingueret, atque ipsa contentione decoris accenderentur. Proxima Bedriacensi viæ tertiani septimanique sumpsere, dexteriora valli octava ac septima Claudiana ; tertiadecimanos ad Brixianam portam impetus tulit. Paulum inde moræ, dum e proximis agris ligones, dolabras, et alii falces scalasque convectant ; tum, elatis super capita scutis, densa testudine succedunt. Romanæ utrinque artes : pondera saxorum Vitelliani provolvunt, disjectam fluitantemque testudinem lanceis contis-

que scrutantur ; donec, soluta compage scutorum, exsangues aut laceros prosternerent multa cum strage.

XXVIII. Incesserat cunctatio, ni duces fesso militi et velut irritas exhortationes abnuenti Cremonam monstrassent. Hormine id ingenium, ut Messalla tradit, an potior auctor sit C. Plinius qui Antonium incusat, haud facile discreverim ; nisi quod neque Antonius neque Hormus a fama vitaque sua, quamvis pessimo flagitio, degeneravere. Non jam sanguis neque vulnera morabantur quin subruerent vallum quaterentque portas, innixi humeris et super iteratam testudinem scandentes prensarent hostium tela brachiaque. Integri cum sauciis, semineces cum exspirantibus voluntur, varia pereuntium forma et omni imagine mortium.

XXIX. Acerrimum septimæ tertiæque legionum certamen ; et dux Antonius, cum delectis auxiliaribus, eodem incubuerat. Obstinatos inter se quum sustinere Vitelliani nequirent et superjecta tela testudine laberentur, ipsam postremo balistam in subeuntes propulere ; quæ ut ad præsens disjecit obruitque quos inciderat, ita pinnas ac summa valli ruina sua traxit ; simul juncta turris ictibus saxorum cessit ; qua septimani dum nituntur cuneis, tertianus securibus gladiisque portam perfregit. Primum irrupisse C. Vo-

rouler en bas ceux qui résistaient encore : puis, élevant et la main et la voix, il s'écrie : « Le « camp est pris. » Les autres y entrèrent, lorsque les Vitelliens, tout troublés, se précipitaient déjà hors des retranchements. Tout l'espace entre le camp et la ville fut rempli de morts.

XXX. Mais de nouveaux obstacles se présentent encore : de hautes murailles, de fortes tours, des portes barricadées de fer ; sur les murs, des soldats prêts à lancer le javelot ; au dedans, un peuple nombreux tout dévoué au parti Vitellien ; de plus, une grande partie de l'Italie était rassemblée dans Crémone, à l'occasion d'une foire annuelle ; ce qui, toutefois, en donnant à la ville de nouveaux défenseurs, excitait les assiégeants par l'espoir d'un plus grand butin. Antonius, sans perdre un moment, fait mettre le feu aux plus belles maisons situées hors de la ville, dans l'espérance que la perte de leurs biens ébranlerait la fidélité des Crémonais ; reservant les plus voisines des murs, celles qui en excédaient la hauteur, il les garnit de ses meilleurs soldats ; ceux-ci, avec des poutres, des tuiles et des torches, écartent les défenseurs du rempart.

XXXI. Tandis que les légionnaires serraient pour former la tortue, que d'autres lançaient des pierres et des traits, insensiblement le courage des Vitelliens se ralentissait. Ce furent les plus avancés en grade qui, les premiers, cédèrent à la fortune, dans la crainte que, si Crémone était emportée d'assaut, il n'y eût plus de pardon, et que le vainqueur ne fît tomber sa colere, non sur une multitude pauvre, mais sur les tribuns et les centurions, dont le meurtre eût été plus profitable. Le simple soldat, que l'avenir n'inquiète point, et que protège son obscurité, s'obstinait encore. Dispersés dans les rues, cachés dans les maisons, ils ne demandaient pas la paix, même après avoir renoncé à la guerre. Les principaux de l'armée font disparaître le nom et les images de Vitellius, vont détacher les fers de Cécina, qui alors même était enchaîné, et lui demandent son intercession. Rebutés avec insolence, ils le pressent de leurs larmes : dernier des malheurs pour tant de braves guerriers, réduits à implorer la protection d'un traître! Puis ils vont arborer sur les murs les voiles et les bandelettes des suppliants. Lorsque Antonius eut fait suspendre l'attaque, ils apportèrent les enseignes et les aigles : toute cette troupe désarmée marchait d'un œil morne, les regards attachés à la terre. Les vainqueurs s'étaient rangés tout autour ; et, d'abord, s'emportant en invectives, ils présentaient la pointe de leurs armes : mais la résignation avec laquelle ces malheureux s'abandonnèrent aux humiliations et souffrirent tout en vaincus, sans se plaindre, les désarma. Ils se rappelèrent que c'étaient les mêmes qui, naguère à Bédriac, n'avaient point abusé de la victoire. Mais lorsqu'ils virent le consul Cécina s'avancer avec sa prétexte et tous ses licteurs qui écartaient la foule, ils éclatèrent de nouveau, l'accablant de reproches sur sa cruauté, sur son orgueil, sur sa perfidie même : tant le crime est toujours odieux. Antonius les contint ; il donna des gardes à Cécina, et le renvoya à Vespasien.

XXXII. Les habitants de Crémone eurent à essuyer mille violences de cette soldatesque armée, et ils furent au moment d'être massacrés.

lusium, tertiæ legionis militem, inter omnes auctores constat : is in vallum egressus, deturbatis qui restiterant, conspicuus manu ac voce capta castra conclamavit ; ceteri, trepidis jam Vitellianis seque e vallo præcipitantibus, perrupere. Completur cæde quantum inter castra murosque vacui fuit.

XXX. At rursus nova laborum facies : ardua urbis mœnia, saxeæ turres, ferrati portarum obices, vibrans tela miles, frequens obstrictusque Vitellianis partibus Cremonensis populus, magna pars Italiæ stato in eosdem dies mercatu congregata ; quod defensoribus auxilium ob multitudinem, oppugnantibus incitamentum ob prædam erat. Rapi ignes Antonius inferrique amœnissimis extra urbem ædificiis jubet, si damno rerum suarum Cremonenses ad mutandam fidem traherentur : propinqua muris tecta et altitudinem mœnium egressa fortissimis quoque militum complet ; uli trabibus tegulisque et facibus propugnatores deturbant.

XXXI. Jam legiones in testudinem glomerabantur, et alii tela saxaque incutiebant, quum languescere paullatim Vitellianorum animi. Ut quis ordine anteibat, cedere fortunæ ; ne', Cremona quoque excisa, nulla ultra venia, omnisque ira victoris non in vulgus inops, sed in tribunos centurionesque ubi pretium cædis erat reverteretur. Gregarius miles, futuri socors et immobilitate tutior, perstabat : vagi per vias, in domibus abditi, pacem ne tum quidem orabant quum bellum posuissent. Primores castrorum nomen atque imagines Vitellii amoliuntur ; catenas Cæcinæ (nam etiam tum vinctus erat) exsolvunt orantque ut causæ suæ deprecator assistat ; adspernantem tumentemque lacrymis fatigant, extremum malorum, tot fortissimi viri proditoris opem invocantes : mox velamenta et infulas pro muris ostentant. Quum Antonius inhiberi tela jussisset, signa aquilasque extulere : mœstum inermium agmen, dejectis in terram oculis, sequebatur. Circumstiterant victores, et primo ingerebant probra, intentabant ictus ; mox, ut præberi ora contumeliis, et, posita omni ferocia, cuncta victi patiebantur, subit recordatio illos esse qui nuper Bedriaci victoriæ temperassent. Sed ubi Cæcina prætexta lictoribusque insignis, dimota turba, consul incessit, exarsere victores : superbiam sævitiamque, (adeo invisa scelera sunt) etiam perfidiam objectabant. Obstitit Antonius, datisque defensoribus ad Vespasianum dimisit.

XXXII. Plebs interim Cremonensium inter armatos conflictabatur ; nec procul cæde aberant, quum precibus ducum mitigatus est miles. Et vocatos ad concionem Antonius, alloquitur, magnifice victores, victos clementer,

Ce ne fut qu'à force de prières, que les chefs parvinrent à adoucir le soldat. Antonius convoqua une assemblée générale de l'armée; il parla aux vainqueurs en termes magnifiques, aux vaincus avec bonté; il ne s'expliqua point sur Crémone. Outre l'avidité naturelle pour le pillage, il y avait une vieille inimitié, qui fit que l'armée s'acharna à la destruction de cette ville. On était persuadé qu'elle avait, dès le temps même de la guerre d'Othon, aidé le parti de Vitellius; et depuis, lorsqu'on y laissa la treizième légion, pour travailler à l'amphithéâtre de Crémone, cette populace de ville, toujours insolente, avait assailli les soldats de plaisanteries et d'insultes. Cécina venait d'y donner un combat de gladiateurs; c'était la seconde fois qu'on en faisait le théâtre de la guerre; elle avait porté des vivres aux Vitelliens sur le champ de bataille; quelques femmes même s'y étaient fait tuer, poussées jusqu'au milieu de la mêlée par leur zèle pour le parti : tout cela avait ajouté à la haine. Il se joignait encore la conjoncture de la foire, qui donnait à la colonie riche d'ailleurs, un plus grand air d'opulence. Les autres chefs restaient dans l'ombre : le bonheur et la réputation d'Antonius attachaient sur lui seul tous les regards pour laver le sang dont il était souillé. Il était allé d'abord aux bains. En entrant dans l'eau, comme il se plaignit de ce qu'elle était froide : une voix répondit qu'on ne tarderait point à la chauffer. Ce mot d'un esclave fait tomber sur Antonius tout l'odieux de ce qui arriva, comme s'il eût donné par là le signal de brûler Crémone qui déjà était en feu.

XXXIII. Quarante mille soldats fondirent sur la ville, sans compter les valets et les vivandiers plus nombreux, d'une dissolution et d'une barbarie plus brutales. Ni l'âge ni la dignité n'arrêtaient ces furieux; ils mêlaient la débauche au carnage, le carnage à la débauche. Des vieillards cassés, des femmes décrépites, que leur cupidité dédaignait, servaient de jouet à leur insolence. Une jeune fille, un jeune homme d'une beauté remarquable, tombaient-ils sous leurs mains, ils étaient mis en pièces par les ravisseurs qui se les disputaient et qui finissaient par s'entre-égorger. Emportaient-ils de l'argent, de l'or, de riches offrandes des temples; ils en étaient dépouillés par un plus fort qui les massacrait. Quelques-uns, dédaignant ce qui se présentait, employèrent les verges et les tortures pour arracher aux habitants le secret de leurs richesses; ils sondaient les recoins des maisons, ils fouillaient jusque dans la terre. Ils avaient des torches à la main; et quand tout le butin était enlevé, les maisons vides, les temples dépouillés, ils lançaient leurs torches par amusement. Dans cette armée différente de langage, de mœurs, où il y avait des alliés, des citoyens, des étrangers, s'agitaient mille passions diverses; chacun ayant sa morale particulière et personne ne trouvant rien d'illicite. Le saccagement de Crémone occupa quatre jours entiers. Tandis que tous les édifices profanes et sacrés s'abîmaient dans les flammes, un seul temple resta debout, celui de Méphitis, qui était hors de la ville : sa position ou la déesse le sauva.

XXXIV. Tel fut le sort de Crémone, après avoir subsisté deux cent quatre-vingt-six ans. Ce fut dans le temps de l'irruption d'Annibal en Italie, sous le consulat de Sempronius et de Cornélius, qu'on fonda cette colonie, pour servir de boulevard contre les Gaulois d'au delà du Pô, et contre toutes ces masses de barbares qui viendraient se précipiter du sommet des Alpes. Le

---

de Cremona in neutrum. Exercitus, præter insitam prædandi cupidinem, vetere odio ad excidium Cremonensium incubuit : juvisse partes Vitellianas, Othonis quoque bello, credebantur; mox tertiadecimanos ad exstruendum amphitheatrum relictos, ut sunt procacia urbanæ plebis ingenia, petulantibus jurgiis illuserant. Auxit invidiam editum illic a Cæcina gladiatorum spectaculum; eademque rursus belli sedes; et præbiti in acie Vitellianis cibi; cæsæ quædam Teminæ, studio partium ad prælium progressæ; tempus quoque mercatus ditem alioquin coloniam majorum opum specie complebat. Ceteri duces in obscuro; Antonium fortuna famaque omnium oculis exposuerat. Is balneas, abluendo cruori, propere petit; excepta vox est, quum teporem incusaret, statim futurum ut incalescerent. Vernile dictum omnem invidiam in eum vertit, tanquam signum incendendæ Cremonæ dedisset, quæ jam flagrabat.

XXXIII. Quadraginta armatorum millia irrupere, calonum lixarumque amplior numerus et in libidinem ac sævitiam corruptior. Non dignitas, non ætas protegebat quominus stupra cædibus, cædes stupris miscerentur. Grandævos senes, exacta ætate feminas, viles ad prædam, in ludibrium trahebant. Ubi adulta virgo aut quis forma conspicuus incidisset, vi manibusque rapientium divulsus, ipsos postremo direptores in mutuam perniciem agebat. Dum pecuniam vel gravia auro templorum dona sibi quisque trahunt, majore aliorum vi truncabantur. Quidam obvia adspernati verberibus tormentisque dominorum abdita scrutari, defossa eruere. Faces in manibus; quas, ubi prædam egesserant, in vacuas domos et inania templa per lasciviam jaculabantur; utque exercitu vario linguis, moribus, cui cives, socii, externi interessent, diversæ cupidines, et aliud cuique fas, nec quidquam illicitum. Per quatriduum Cremona suffecit. Quum omnia sacra profanaque in igne considerent, solum Mephitis templum stetit ante mœnia, loco, seu numine defensum.

XXXIV. Hic exitus Cremonæ, anno ducentesimo octogesimo sexto a primordio. sui. Condita erat Tib. Sempronio et P. Cornelio consulibus, ingruente in Italiam Annibale, propugnaculum adversus Gallos trans Padum agentes, et si qua alia vis per Alpes rueret. Igitur numero

nombre des citoyens qu'on y transplanta, l'avantage de ses rivières, la fertilité de son sol, le mélange et les alliances des peuples voisins, l'eurent bientôt rendue florissante ; les guerres étrangères ne portèrent aucune atteinte à sa prospérité ; elle succomba dans les guerres civiles. Antonius, honteux de sa barbarie, et voyant le déchaînement augmenter de jour en jour, défendit qu'on retînt les Crémonais captifs ; aussi bien ce butin était nul pour les soldats, par le refus constant que faisait toute l'Italie d'acheter les Crémonais pour esclaves. On commença à les tuer, et alors leurs parents et leurs alliés les rachetèrent secrètement. Bientôt ce qui restait d'habitants retourna à Crémone. Les largesses des habitans de ce municipe hâtèrent la reconstruction de ses places et de ses temples, et Vespasien l'encouragea.

XXXV. Les exhalaisons d'un sang infect ne permettant pas de s'arrêter longtemps sur les ruines d'une ville en cendres, on alla camper à trois mille pas plus loin. Les Vitelliens étaient épars et n'osaient se montrer ; on les rassembla chacun sous leurs enseignes ; et, en même temps, comme on ne pouvait se fier à des vaincus, la guerre durant encore, on tint leurs légions dispersées dans l'Illyrie. Pour notifier la victoire en Bretagne et dans les Espagnes, on se contenta des courriers et de la renommée ; dans les Gaules et dans la Germanie, on l'attesta par la présence même des vaincus ; on y envoya Alpinus Montanus, préfet de cohorte, et Julius Calénus, tribun de soldats, parce que l'un était de Trèves, l'autre d'Autun, et tous deux du parti de Vitellius. En même temps, on fit occuper les passages des Alpes par des détachements, dans la crainte des Germains, qui semblaient se préparer à secourir Vitellius.

XXXVI. Cependant Vitellius, ayant fait l'effort d'ordonner le départ de Valens quelques jours après celui de Cécina, s'étourdissait sur ses affaires par ses débauches. Il ne fit point de préparatifs, il ne parla point aux soldats, ne les exerça point, ne se montra point aux regards du peuple : caché sous les ombrages de ses jardins, et semblable à ces vils animaux, qui, une fois rassasiés, se couchent et s'endorment, il avait également banni de sa pensée le passé, le présent et l'avenir. Au sein de cette lâche indolence, où il croupissait dans ses bosquets d'Aricie, la trahison de Bassus et la défection de la flotte de Ravenne le réveillèrent un instant. Peu de temps après il apprend que Cécina l'avait abandonné, et qu'il avait été mis aux fers par ses soldats ; nouvelle moins triste que satisfaisante. La joie fit ce que n'eût pas fait le soin de ses affaires : ramené à Rome tout triomphant d'allégresse, il convoque une assemblée générale des prétoriens ; il comble d'éloges l'affection de ses soldats. Publius Sabinus, préfet du prétoire, était ami de Cécina ; il le fait arrêter, et met à sa place Alphénus Varus.

XXXVII. De là, il se rend au sénat : il avait préparé la harangue la plus pompeuse ; il y répondit par les adulations les plus recherchées. Lucius Vitellius opina le premier, et ses conclusions contre Cécina furent sanglantes. Les autres, après lui, affectant de l'indignation sur ce qu'un consul avait trahi la république, un général son empereur, un ami, le bienfaiteur qui l'avait comblé d'honneurs et de richesses, dans leurs doléan-

colonorum, opportunitate fluminum, ubere agri, annexu connubiisque gentium, adolevit floruitque, bellis externis intacta, civilibus infelix. Antonius pudore flagitii, crebrescente invidia, edixit ne quis Cremonenses captivos detineret ; irritamque praedam militibus effecerat consensus Italiae, emptionem talium mancipiorum adspernantis. Occidi coepere ; quod ubi enotuit, a propinquis affinibusque occulte redemptabantur. Mox rediit Cremonam reliquus populus ; reposita fora templaque munificentia municipum ; et Vespasianus hortabatur.

XXXV. Ceterum assidere sepultae urbis ruinis noxia tabo humus haud diu permisit ; ad tertium lapidem progressi, vagos paventesque Vitellianos sua quemque apud signa componunt. Et victae legiones, ne manente adhuc civili bello ambigue agerent, per Illyricum dispersae. In Britanniam inde et Hispanias nuncios famamque, in Galliam Julium Calenum, tribunum, in Germaniam Alpinum Montanum, praefectum cohortis, quod hic Trevir, Calenus Aeduus, uterque Vitelliani fuerant, ostentui misere. Simul transitus Alpium praesidiis occupati ; suspecta Germania, tanquam in auxilium Vitelii accingeretur.

XXXVI. At Vitellius, profecto Caecina, quum Fabium Valentem paucis post diebus ad bellum impulisset, curis luxum obtendebat : non parare arma, non alloquio exercitioque militem firmare, non in ore vulgi agere ; sed umbraculis hortorum abditus, ut ignava animalia quibus si cibum suggeras jacent torpentque, praeterita, instantia, futura, pari oblivione dimiserat. Atque illum, in nemore Aricino desidem et marcentem, prodidit Lucilii Bassi ac defectio classis Ravennatis perculit. Nec multo post de Caecina affertur mixtus gaudio dolor, et descivisse et ab exercitu vinctum. Plus apud socordem animum laetitia quam cura valuit ; multa cum exsultatione in urbem revectus, frequenti concione, pietatem militum laudibus cumulat. P. Sabinum, praetorii praefectum, ob amicitiam Caecinae vinciri jubet, substituto in locum ejus Alpheno Varo.

XXXVII. Mox senatum, composita in magnificentiam oratione, allocutus, exquisitis patrum adulationibus attollitur. Initium atrocis in Caecinam sententiae a L Vitellio factum ; dein ceteri, composita indignatione, « quod consul rempublicam, dux imperatorem, tantis opibus, tot honoribus, cumulatus amicum prodidisset, » velut pro Vitellio conquerentes suum dolorem proferebant. Nulla in oratione cujusquam erga Flavianos duces obtrectatio : errorem imprudentiamque exercituum

ces apparentes pour Vitellius, ne faisaient qu'exhaler leurs propres ressentiments. Dans tous ces discours, il n'y eut pas une injure contre les chefs du parti Flavien. Ils accusaient l'erreur et l'imprudence des soldats, laissant voir tout l'embarras et les longs circuits de leurs phrases pour éviter le nom de Vespasien. Il se trouva un flatteur pour offrir d'achever le consulat de Cécina auquel un seul jour restait encore. Vitellius eut le ridicule de disposer de ce consulat éphémère, et Rosius Régulus celui de l'accepter. Rosius prit possession la veille des calendes de novembre; il abdiqua le soir. Les gens instruits remarquaient que c'était le premier exemple de consul subrogé, sans qu'il y eût eu destitution ni loi rendue; car on avait vu auparavant un autre consulat d'un seul jour, celui de Caninius Rébilus, sous la dictature de Jules César, au sortir d'une guerre civile, où l'on hâtait les récompenses.

XXXVIII. Ces jours-là on apprit une mort qui fit beaucoup de bruit, celle de Junius Blésus. Voici ce que j'en ai su. Vitellius, malade assez dangereusement, aperçut la nuit, des jardins de Servilius, à une tour voisine, beaucoup de lumières. Il en demande la cause. On lui répond que c'est Tuscus qui donne un grand souper que Blésus est le principal personnage de la fête. Du reste, on exagéra l'appareil du festin et la joie des conviés. Il ne manqua pas de gens pour accuser Tuscus et les autres, mais plus perfidement Blésus, de se réjouir ainsi pendant que le prince était malade. Lorsque ceux qui épient attentivement les ressentiments des princes, virent clairement que Vitellius était aigri, et qu'il y avait jour à perdre Blésus, on chargea Lucius Vitellius du rôle de délateur.

Celui-ci, mortel ennemi de Blésus, auquel il ne pardonnait point son éclatante réputation, qui faisait ressortir tout l'opprobre dont il était couvert, entre dans l'appartement de l'empereur, tenant le fils du prince dans ses bras; il tombe à ses genoux, et, Vitellius lui demandant le sujet de son trouble, il répond : « Que ce ne sont point « ses propres périls qui l'alarment; que c'est l'in- « térêt de son frère, des enfants de ce frère, qui « lui arrachent ces supplications et ces larmes; « qu'avec toutes les légions de Germanie, qu'a- « vec le zèle et la fidélité de tant de provinces, « qu'enfin, avec cet intervalle immense de terres « et de mers qui les séparent, ils ont tort de tant « redouter Vespasien; qu'ils avaient dans Rome, « et jusque dans leur sein un ennemi cent fois plus « dangereux, qui ne parlait que de ses aïeux les « Junius et les Antoine, qui, outre la prétention « d'une descendance impériale, affectait, envers « les soldats, la popularité et la magnificence. « Que tous les cœurs se tournaient vers Blésus, et « que Vitellius lui-même, en ne faisant nulle « distinction de ses amis et de ses ennemis, était « le premier à seconder un rival qui, au milieu « des plaisirs de la table, insultait aux douleurs « de son prince. Qu'il fallait lui faire expier ces « plaisirs indiscrets par une nuit de deuil et de « larmes, qui lui fit savoir et sentir que Vitellius « était vivant, qu'il était empereur, et que, si le « sort disposait du père, il lui restait un fils. »

XXXIX. Suspendu entre le crime et la crainte, de peur de se perdre en différant la mort de Blésus, ou de se rendre odieux en l'ordonnant publiquement, Vitellius choisit le poison. Ce qui contribua à faire croire le crime, ce fut la joie

culpantes, Vespasiani nomen suspensi et vitabundi circumibant. Nec defuit qui unum consulatus diem (is enim in locum Cæcinæ supererat) magno cum irrisu tribuentis accipientisque, eblandiretur : pridie kalendas novembris Rosius Regulus iniit ejursvitque. Adnotabant periti nunquam antea, non abrogato magistratu neque lege lata, alium suffectum; nam consul uno die et ante fuerat Caninius Rebilus, C. Cæsare dictatore, quum belli civilis præmia festinarentur.

XXXVIII. Nota per eos dies Junii Blæsi mors et famosa fuit; de qua sic accepimus. Gravi corporis morbo æger Vitellius, Servilianis hortis, turrim vicino sitam collucere per noctem crebris luminibus animadvertit. Sciscitanti causam, apud Cæcinam Tuscum epulari multos, præcipuum honore Junium Blæsum, nunciatur; cetera in majus de apparatu et solutis in lasciviam animis; nec defuere qui ipsum Tuscum et alios, sed criminosius Blæsum, incusarent, « quod ægro principe lætos dies ageret. » Ubi asperatum Vitellium, et posse Blæsum perverti satis patuit iis qui principum offensas acriter speculantur, datæ L. Vitellio delationis partes. Ille, infensus Blæso æmulatione prava, quod eum omni dedecore maculosum egregia fama anteibat, cubiculum imperatoris reserat, filium ejus

sinu complexus et genibus accidens. Causam confusionis quærenti, « non se proprio metu nec sui anxium, sed pro « fratre, pro liberis fratris, preces lacrymasque attulisse. « Frustra Vespasianum timeri, quem tot germanicæ legio- « nes, tot provinciæ virtute ac fide, tantum denique terra- « rum ac maris immensis spatiis arceat. In urbe ac sinu « cavendum hostem, Junios Antoniosque avos jactantem, « qui se stirpe imperatoria comem ac magnificum militibus « ostentet. Versas illuc omnium mentes, dum Vitellius, « amicorum inimicorumque negligens, fovet æmulum « principis labores e convivio prospectantem. Reddendam « pro intempestiva lætitia mœstam et funebrem noctem, « qua sciat et sentiat vivere Vitellium et imperare, et, si « quid fato accidat, filium habere. »

XXXIX. Trepidanti inter scelus metumque, ne dilata Blæsi mors maturam perniciem, palam jussa atrocem invidiam ferret, placuit veneno grassari. Addidit facinori fidem, nobili gaudio, Blæsum visendo. Quin et audita est sævissima Vitellii vox, qua se (ipsa enim verba expieram) pavisse oculos spectata inimici morte jactavit. Blæso super claritatem natalium et elegantiam morum, fidei obstinatio fuit. Integris quoque rebus, a Cæcina et primoribus partium, jam Vitellium adspernantibus ambitus, abnuere

HISTOIRES, LIV. III.

qu'il marqua dans sa visite à Blésus. Il sortit même de sa bouche un mot horrible. Il se vanta d'avoir repu ses yeux (ce furent ses propres expressions), du spectacle d'un ennemi mort. Blésus, à l'éclat de la naissance et aux agréments du caractère, joignit une fidélité inébranlable. Avant que Vespasien se fût encore déclaré, Cécina et les chefs du parti, déjà pleins de mépris pour Vitellius, lui avaient fait des propositions; il les refusa constamment. Irréprochable dans ses mœurs, dans son ambition, ne désirant point des honneurs prématurés, encore moins l'empire, il avait eu de la peine à empêcher qu'on ne l'en crût digne.

XL. Valens cependant, qui marchait avec un train nombreux de concubines, d'eunuques, et une lenteur qu'on mettrait à peine à un simple voyage, apprit, par des courriers expédiés en diligence, que Bassus avait livré la flotte de Ravenne. Si, dès ce moment, il eût hâté sa marche, il aurait pu prévenir Cécina qui balançait, ou joindre les legions avant la bataille. Plusieurs même lui conseillaient de ne prendre avec lui que ses plus fidèles amis, et de gagner, par des chemins détournés, Hostilie ou Crémone, en évitant Ravenne. D'autres voulaient qu'il fît venir de Rome les cohortes prétoriennes, et qu'il s'ouvrît de force les passages. Mais lui, par de vains retardements, perdit à délibérer le moment d'agir, et, depuis, rejetant l'un et l'autre conseil, pour prendre les partis mitoyens, qui sont les pires de tous dans les moments de crise, il ne sut être ni assez hardi, ni assez prévoyant.

XLI. Il écrivit à Vitellius pour demander du renfort. On lui envoya trois cohortes, avec la division de cavalerie de Bretagne. C'était trop pour se dérober à l'ennemi, trop peu pour se faire jour.

Du reste, Valens, au milieu même de ce pressant danger, ne put échapper à l'accusation infamante de ravir de force de criminelles voluptés, et de souiller de ses débauches et de ses adultères les maisons de ses hôtes. Il avait le pouvoir, il avait l'argent, et, voyant sa fortune qui croulait, il se hâtait de satisfaire un dernier caprice. L'arrivée du renfort qu'il avait sollicité fit voir clairement combien ses mesures étaient fausses. En effet, il ne pouvait percer au travers des ennemis avec une aussi faible troupe, eût-elle été la plus fidèle du monde, et il s'en fallait qu'elle le fût. La honte toutefois, le respect pour leur général, et sa présence les retenaient; mais ce frein ne retient pas longtemps des hommes avides de hazards et qui ne craignaient pas le déshonneur. Valens, ne se fiant point à eux, envoie les cohortes en avant à Rimini : il fait couvrir leur arrière-garde par la division de cavalerie. Pour lui, suivi de quelques amis seulement, qui n'avaient point changé avec la fortune, il gagna l'Ombrie par des détours, ensuite l'Étrurie, où apprenant la défaite de Crémone, il forma un projet qui ne manquait pas de hardiesse, et qui, exécuté, eût eu des suites terribles. Il voulait prendre des vaisseaux, descendre sur quelque partie que ce fût de la Gaule narbonnaise, et, de là, aller susciter contre Vespasien les Gaules, les armées et les peuples de Germanie ; enfin une guerre toute nouvelle.

XLII. Le départ de Valens intimida encore les troupes qui gardaient Rimini : Cornélius faisant avancer l'armée, et rangeant les galères tout près du rivage, les investit par terre et par mer. On occupa les plaines de l'Ombrie et toute la partie du Picentin que baigne l'Adriatique. Les Apennins faisaient alors le partage de l'Italie entre Vitellius et Vespasien. Valens, au sortir du golfe

perseveravit; sanctus, inturbidus, nullius repentini honoris, adeo non principatus appetens, parum effugerat, ne dignus crederetur.

XL. Fabius interim Valens, multo ac molli concubinarum spadonumque agmine, segnius quam ad bellum incedens, proditam a Lucilio Basso Ravennatem classem pernicibus nunciis accepit. Et, si cœptum iter properasset, nutantem Cæcinam prævenire, aut, ante discrimen pugnæ, assequi legiones potuisset. Nec deerant qui monerent ut cum fidissimis, per occultos tramites, vitata Ravenna, Hostiliam Cremonamve pergeret. Aliis placebat, accitis ex urbe prætoriis cohortibus, valida manu perrumpere. Ipse, inutili cunctatione, agendi tempora consultando consumpsit : mox utrumque consilium aspernatus, quod inter ancipitia deterrimum est, dum media sequitur, nec ausus est satis nec providit.

XLI. Missis ad Vitellium literis, auxilium postulat. Venere tres cohortes cum ala britannica, neque ad fallendum aptus numerus neque ad penetrandum. Sed Valens ne in tanto quidem discrimine infamia caruit, quominus rapere illicitas voluptates adulteriisque ac stupris polluere hospi-

tum domos crederetur : aderant vis et pecunia et ruentis fortunæ novissima libido. Adventu demum peditum equitumque pravitas consilii patuit, quia nec vadere per hostes tam parva manu poterat, etiamsi fidissima foret, nec integram fidem attulerant. Pudor tamen et præsentis ducis reverentia morabatur, haud diuturna vincula apud avidos periculorum et dedecoris securos. Eo metu, et paucis quos adversa non mutaverant comitantibus, cohortes Ariminum præmittit; alam tueri terga jubet : ipse flexit in Umbriam atque inde Etruriam; ubi, cognito pugnæ Cremonensis eventu, non ignavum, et, si provenisset, atrox consilium init, ut arreptis navibus in quamcunque partem narbonensis provinciæ egressus, Gallias et exercitus et Germaniæ gentes novumque bellum cieret.

XLII. Digresso Valente, trepidos qui Ariminum tenebant Cornelius Fuscus, admoto exercitu et missis per proxima littorum liburnicis, terra marique circumvenit. Occupantur plana Umbriæ, et qua Picenus ager Adria alluitur; omnisque Italia inter Vespasianum ac Vitellium Apennini jugis dividebatur. Fabius Valens e sinu Pisano, segnitia maris aut adversante vento, Portum Herculis Mo-

de Pise, contrarié par les calmes et les vents, fut rejeté dans le port de Monaco. Non loin de là se trouvait Marius Maturus, procurateur des Alpes maritimes. Fidèle à Vitellius, il n'avait point encore abjuré son serment à ce prince, quoique de toutes parts entouré de ses ennemis. Maturus fit à Valens un accueil favorable; mais il l'effraya sur son projet d'entrer dans la Gaule narbonnaise. D'ailleurs, la fidélité de ceux qui accompagnaient Valens ne tenait pas contre la crainte; et le procurateur Valérius Paulinus, brave guerrier, et ami de Vespasien avant même son élévation, avait fait déclarer en sa faveur les cités circonvoisines.

XLIII. Il avait appelé auprès de lui les prétoriens cassés par Vitellius, qui, d'eux-mêmes, avaient pris les armes; il s'en servit pour garder Fréjus, la clef de cette mer, d'autant mieux obéi, que Fréjus était sa patrie, qu'il était considéré par les prétoriens dont il avait été tribun autrefois, et que les habitants eux-mêmes, par intérêt pour un concitoyen, et dans l'espoir de sa grandeur future, secondaient le parti de tous leurs efforts. Ces nouvelles, dans la réalité menaçantes et enflées par la renommée, agissant sur l'esprit vacillant des Vitelliens, Valens se rembarque avec quatre spéculateurs, trois amis et autant de centurions. Il laissa Maturus et les autres libres de rester et de se soumettre à Vespasien; pour lui, trouvant plus de sûreté en pleine mer que sur le rivage, ou dans aucun port, du reste n'envisageant dans l'avenir que des incertitudes, et voyant mieux ce qu'il devait éviter, que ceux à qui il pouvait se fier, il est jeté enfin, par la tempête, sur les îles Stéœades près de Marseille. Là, des galères, envoyées par Valérius, vinrent l'arrêter.

XLIV. Valens pris, tout suivit la fortune du vainqueur. La révolution commença par l'Espagne et par la première légion, celle que l'on nommait l'Adjutrix. Animée contre Vitellius, par le seul ressouvenir d'Othon, elle entraîna la dixième et la sixième. Dans les Gaules, on n'hésita point. En Bretagne, quoique Vespasien y eût commandé, sous Claude, la seconde légion, et avec gloire, le zèle empressé de cette légion, qui voulait livrer la province à son ancien lieutenant, trouva de la résistance dans les deux autres, dont la plupart des soldats et des centurions devaient leur avancement à Vitellius, et ne quittaient point, sans inquiétude, un prince dont ils avaient éprouvé les faveurs.

XLV. Ces dissensions, et les bruits fréquents de guerre civile répandus de toutes parts, relevèrent le courage des Bretons, excités par Vénusius, lequel, outre son audace naturelle et sa haine du nom romain, était enflammé par des ressentiments personnels contre la reine Cartismandua. Cartismandua régnait sur les Brigantes par le droit de sa naissance, et elle avait accru ses États de tous les dons de Claude, qui lui devait, par la prise du roi Caractacus, tout l'éclat de son triomphe. De là le grand pouvoir de cette reine et les abus de la prospérité. Elle se dégoûta de son mari Vénusius, et donna sa main, ainsi que ses États, à Vellocate, simple écuyer de son époux. Ce crime ébranla sa maison. L'époux avait pour lui la faveur de la nation; l'amant, la passion de la reine et la crainte qu'elle inspirait. Vénusius, soutenu par des troupes étrangères, et par la défection des Brigantes mêmes, réduisit Cartismandua aux dernières extrémités. Alors elle demanda du secours aux Romains, et

nœci depellitur. Haud procul inde agebat Marius Maturus, Alpium maritimarum procurator, fidus Vitellio, cujus sacramentum, cunctis circa hostilibus, nondum exuerat. Is Valentem comiter exceptum, ne Galliam narbonensem temere ingrederetur, monendo terruit. Simul ceterorum fides metu infracta; namque circumjectas civitates procurator Valerius Paulinus, strenuus militiæ et Vespasiano ante fortunam amicus, in verba ejus adegerat.

XLIII. Concitisque omnibus qui exauctorati a Vitellio bellum sponte sumebant, Forojuliensem coloniam, claustra maris, præsidio tuebatur; eo gravior auctor quod Paulino patria Forum Julii, et honos apud prætorianos quorum quondam tribunus fuerat. Ipsique pagani, favore municipali et futuræ potentiæ spe, juvare partes adnitebantur. Quæ ubi parato firma et aucta rumore apud varios Vitellianorum animos increbuere, Fabius Valens cum quatuor speculatoribus et tribus amicis, totidem centurionibus, ad naves regreditur; Maturo ceterisque remanere et in verba Vespasiani adigi volentibus fuit. Ceterum et mare tutius Valenti quam littora aut urbes, ita futuri ambiguus et magis quid vitaret quam cui fideret certus, adversa tempestate Stœchadas Massiliensium insulas affertur: ibi eum missæ a Paulino liburnicæ oppressere.

XLIV. Capto Valente, cuncta at victoris opes conversa initio per Hispaniam a prima Adjutrice legione orto, quæ, memoria Othonis infensa Vitellio, decimam quoque ac sextam traxit. Nec Galliæ cunctabantur. Et Britanniam inclitus erga Vespasianum favor, quod illic secundæ legioni a Claudio præpositus et bello clarus egerat, non sine motu adjunxit ceterarum, in quibus plerique centuriones ac milites a Vitellio provecti expertum jam principem anxii mutabant.

XLV. Ea discordia et crebris belli civilis rumoribus, Britanni sustulere animos, auctore Venusio; qui, super insitam ferociam et romani nominis odium, propriis in Cartismanduam reginam stimulis accendebatur. Cartismandua Brigantibus imperitabat, pollens nobilitate; et auxerat potentiam, postquam capto per dolum rege Caractaco instruxisse triumphum Claudii Cæsaris videbatur. Inde opes et rerum secundarum luxus: spreto Venusio (is fuit maritus) armigerum ejus Vellocatum in matrimonium regnumque accepit. Concussa statim flagitio domus. Pro marito studia civitatis; pro adultero libido reginæ et sævitia. Igitur Venusius accitis auxiliis, simul ipsorum Brigantum defectione, in extremum discrimen Cartismanduam adducunt. Tum petita a Romanis præsidia; et cohortes alæ

nos troupes, après des alternatives de bons et de mauvais succès parvinrent toutefois à dégager la reine ; mais Vénusius conserva le royaume, en nous laissant, à nous, une guerre.

XLVI. Dans le même temps, éclata le soulèvement de la Germanie, encouragé par la pusillanimité des généraux et par les séditions des soldats. Peu s'en fallut que les ennemis, à force ouverte, les alliés, par la trahison, n'abattissent la puissance romaine. Comme cette guerre fut longue, je me réserve d'en retracer, plus bas, les événements avec les causes. Les Daces s'ébranlèrent aussi, nation toujours peu sûre, et qu'alors la crainte ne contenait plus depuis qu'on avait emmené l'armée de Mésie. D'abord, ils étaient restés spectateurs tranquilles des événements : quand ils virent l'Italie en feu, tout l'empire armé contre lui-même, ils forcèrent le camp des cohortes et celui de la cavalerie ; ce qui les rendait maîtres des deux rives du Danube. Déjà ils se proposaient de raser le camp des légions, lorsque Mucien vint, avec la sixième légion, s'opposer à leurs entreprises, déjà instruit de la victoire de Crémone, et craignant que, s'il laissait les Daces et les Germains se déborder chacun de leur côté, l'empire ne pût résister à ce double choc des barbares. Dans cette occasion, comme dans beaucoup d'autres, se manifesta la fortune du peuple romain. C'est elle qui amena, dans cet endroit, Mucien avec les forces de l'Orient, et qui permit que, dans l'intervalle, nous en eussions fini à Crémone. On fit passer Fontéius Agrippa, de l'Asie, où il avait commandé un an comme proconsul, au gouvernement de la Mésie, et on lui donna un renfort tiré de l'armée de Vitellius : par là, on suivait le plan de la disperser dans les provinces, et, en l'occupant à une guerre, on assurait la paix.

XLVII. Les autres nations n'étaient pas plus tranquilles. Dans le Pont, un esclave d'un barbare avait, tout à coup, excité une révolte : c'était Anicétus, affranchi du roi Polémon, jadis préfet de sa flotte, et qui, tout-puissant avant qu'on eût réduit le royaume en province romaine, voyait avec douleur ce changement. Il avait attiré, au nom de Vitellius, les nations voisines du Pont ; il avait séduit, par l'espoir du pillage, tous les vagabonds ; et, à la tête d'une troupe qui n'était point à mépriser, il se jeta brusquement sur Trébisonde, ville d'Asie très-ancienne, bâtie par les Grecs, à l'extrémité de la côte du Pont. Il y tailla en pièces une cohorte composée d'anciens auxiliaires du roi, faits, depuis, citoyens romains, mais qui n'ayant de nous que les armes et les enseignes, conservaient, des Grecs, la mollesse et la licence. Il alla brûler aussi la flotte, et il nous insultait, avec impunité, sur une mer sans défense, d'où Mucien avait retiré les meilleures galères et tous les soldats pour les porter à Byzance. Il n'y avait pas jusqu'aux barbares qui ne fissent la course effrontément, avec ces petits bâtiments nommés camares, qu'ils ont construits en un instant, dont les côtés sont étroits et le ventre large, sans aucun lien de cuivre ou de fer qui les soutienne. Dans les gros temps, à mesure que la vague s'élève, ils ajoutent de nouvelles planches, jusqu'à ce que les deux bords se rejoignent en haut comme un toit, et se referment. Sans plus de précautions, ils s'abandonnent aux flots. Comme il y a une proue à chaque bout, et que leurs rames se déplacent, ils peuvent indifféremment, et sans risque, aborder d'un ou d'autre côté.

---

que nostræ, variis præliis, exemere tamen periculo reginam : regnum Venusio, bellum nobis relictum.

XLVI. Turbata per eosdem dies Germania, et socordia ducum et seditione legionum. Externa vi, perfidia sociali, prope afflicta romana res. Id bellum cum causis et eventibus (etenim longius provectum est) mox memorabimus. Mota et Dacorum gens, nunquam fida, tunc sine metu, abducto e Mœsia exercitu. Sed prima rerum quieti speculabantur ; ubi flagrare Italiam bello, accensum invicem hostilia accepere, expugnatis cohortium alarumque hibernis, utraque Danubii ripa potiebantur. Jamque castra legionum exscindere parabant, ni Mucianus sextam legionem opposuisset, Cremonensis victoriæ gnarus, ac ne externa moles utrinque ingrueret, si Dacus Germanusque diversi irrupissent. Adfuit, ut sæpe alias, fortuna populi romani, quæ Mucianum viresque Orientis illuc tulit ; et quod Cremonæ interim transegimus. Fonteius Agrippa ex Asia (pro consule eam provinciam annuo imperio tenuerat) Mœsiæ præpositus est ; additis copiis e Vitelliano exercitu, quem spargi per provincias et externo bello illigari pars consilii pacisque erat.

XLVII. Nec ceteræ nationes silebant. Subita per Pontum arma barbarum mancipium, regiæ quondam classis præfectus, moverat : is fuit Anicetus, Polemonis libertus, præpotens olim, et, postquam regnum in formam provinciæ verterat, mutationis impatiens. Igitur Vitellii nomine, adscitis gentibus quæ Pontum accolunt, corrupto in spem rapinarum egentissimo quoque, haud temnendæ manus ductor Trapezuntem, vetusta fama civitatem, a Græcis in extremo Ponticæ oræ conditam, subitus irrupit. Cæsa ibi cohors, regium auxilium olim, mox donati civitate romana, signa armaque in nostrum modum, desidiam licentiamque Græcorum retinebant. Classi quoque faces intulit, vacuo mari eludens, quia lectissimas liburnicarum omnemque militem Mucianus Byzantium adegerat. Quin et barbari contemptim vagabantur, fabricatis repente navibus (camaras vocant) arctis lateribus, lata alvo, sine vinculo æris aut ferri connexa ; et tumido mari, prout fluctus attollitur, summa navium tabulis augent, donec in modum tecti claudantur. Sic inter undas volvuntur, pari utrinque prora et mutabili remigio, quando hinc vel illinc appellere indiscretum et innoxium est.

XLVIII. Les progrès de cette rébellion attirèrent l'attention de Vespasien, qui envoya un détachement de vexillaires, commandé par Virdius Géminus, guerrier de réputation. Celui-ci, ayant attaqué l'ennemi dans un moment de désordre, lorsque l'ardeur du pillage le tenait dispersé, le força à se rembarquer; puis, avec des galères construites en diligence, il atteignit Anicétus à l'embouchure du fleuve Cohibus, où cet aventurier se croyait en sûreté sous la protection du roi des Sédochéziens, dont il avait acheté l'alliance par des présents et de l'or. En effet, ce roi, d'abord, opposa ses armes et ses menaces. Sitôt qu'on lui eut fait voir l'alternative ou d'une récompense ou d'une guerre, sa fidélité, chancelante comme celle de tous les barbares, l'abandonna. On lui paya la mort d'Anicétus; il livra les transfuges, et ainsi se termina cette guerre d'esclaves. Tout prospérait à Vespasien au delà de ses vœux. Tandis qu'il se réjouit de cette victoire, la nouvelle de la bataille de Crémone lui arrive en Égypte. Il n'en presse que plus vivement sa marche vers Alexandrie, parce que, l'armée de Vitellius une fois défaite, il espérait que Rome, qui ne peut se passer d'approvisionnements étrangers, se rendrait par famine. Car il se disposait aussi à attaquer, par terre et par mer, l'Afrique, située du même côté, pour ne laisser à l'ennemi, en lui fermant tous ses greniers que la famine et la discorde.

XLIX. Tandis que dans cette révolution du monde entier, l'empire et sa fortune passaient en d'autres mains, il s'en fallait qu'Antonius se conduisît d'une manière aussi irréprochable depuis la journée de Crémone, soit qu'il crût avoir fait assez pour la victoire, et que le reste irait de lui-même, soit que, dans une âme comme la sienne, la prospérité n'eût fait que mettre au jour l'avarice, l'orgueil et les autres vices qu'il y recélait. Il insultait l'Italie, comme si elle eût été un pays de conquête ; il caressait les soldats comme s'ils eussent été les siens; il ne disait, il ne faisait rien que pour se ménager des moyens de puissance ; let, afin d'accoutumer le soldat à se tout permettre, il chargeait les légions de remplacer elles-mêmes les centurions tués. Leur suffrage tombait toujours sur les plus factieux. Les soldats ne dépendaient plus du jugement des chefs, les chefs étaient porté de force au commandement par le caprice des soldats. Ces pratiques séditieuses, qui allaient à la ruine de la discipline, favorisaient les concussions d'Antonius, lequel ne tenait nul compte de Mucien, qui allait arriver, ce qui était plus dangereux pour lui que s'il eût bravé Vespasien.

L. L'hiver approchant, et les campagnes étant submergées par le Pô, l'armée se mit en marche sans les bagages. On laissa à Vérone les enseignes et les aigles des légions victorieuses, les soldats vieux ou blessés, beaucoup même de ceux qui ne l'étaient pas. Les cohortes seules, avec la cavalerie, et un détachement de quelques légionnaires choisis, paraissaient suffire pour une guerre déjà terminée. Ils avaient été joints par la onzième légion, qui avait hésité dans les commencements, qui, depuis la victoire, s'inquiétait de n'y avoir pas contribué. Cette légion menait avec elle six mille Dalmates, levés tout nouvellement. Elle était commandée par Pompéius Silvanus, consulaire, ou, plutôt par Annius Bassus, lieutenant de la légion. Silvanus, sans la moindre capacité pour la guerre, perdait à parler les occasions d'agir. Annius, avec l'air de la déférence, le gouvernait, se trouvant à tout ce qu'il fallait faire avec une activité toujours calme. A toutes ces troupes, on joignit les meilleurs soldats de la flotte de Ra-

---

XLVIII. Advertit ea res Vespasiani animum, ut vexillarios et legionibus ducemque Virdium Geminum, spectatæ militiæ, deligeret. Ille incompositum et prædæ cupidine vagum hostem adortus coegit in naves; effectisque raptim liburnicis assequitur Anicetum in ostio fluminis Cohibi, tutum sub Sedochezorum regis auxilio, quem pecunia donisque ad societatem perpulerat. Ac primo rex minis armisque supplicem tueri ; postquam merces proditionis aut bellum ostendebatur, fluxa, ut est barbaris, fide, pactus Aniceti exitium perfugas tradidit, belloque servili finis impositus. Lætum ea victoria Vespasianum, cunctis super vota fluentibus, Cremonensis prælii nuncius in Ægypto assequitur. Eo properantius Alexandriam pergit, ut, fracto Vitellii exercitu, urbem quoque, externæ opis indigam, fame urgeret. Namque et Africam, eodem latere sitam, terra marique invadere parabat, clausis annonæ subsidiis inopiam ac discordiam hosti facturus.

XLIX. Dum hac totius orbis mutatione fortuna imperii transit, Primus Antonius nequaquam pari innocentia post Cremonam agebat : satisfactum bello ratus et cetera ex facili; seu felicitas in tali ingenio avaritiam, superbiam ceteraque occulta mala patefecit. Ut captam, Italiam persultare ; ut suas, legiones colere; omnibus dictis factisque viam sibi ad potentiam struere ; utque licentia militem imbueret, interfectorum centurionum ordines legionibus offerebat : eo suffragio turbidissimus quisque delecti; nec miles in arbitrio ducum, sed duces militari violentia trahebantur. Quæ seditiosa et corrumpendæ disciplinæ mox in prædam vertebat, nihil adventantem Mucianum veritus, quod exitiosius erat quam Vespasianum sprevisse.

L. Ceterum, propinqua hieme et humentibus Pado campis, expeditum agmen incedere. Signa aquilæque victricium legionum, milites vulneribus aut ætate graves, plerique etiam integri Veronæ relicti : sufficere cohortes alæque et e legionibus lecti, profligato jam bello, videbantur. Undecima legio sese adjunxerat, initio cunctata; sed, prosperis rebus, anxia quod defuisset. Sex millia Dalmatarum, recens delectus, comitabantur. Ducebat Poppæus Silvanus consularis ; vis consiliorum penes Annium Bassum legionis legatum : is Silvanum, socordem bello et dies rerum verbis terentem, specie obsequii regebat, ad omniaque quæ agenda forent quieta cum industria aderat. Ad

venne, qui demandaient à servir comme légionnaires : les Dalmates les remplacèrent sur la flotte. Lorsque les généraux apprirent que les cohortes prétoriennes étaient parties de Rome, persuadés que les passages de l'Apennin étaient déjà occupés, ils firent arrêter l'armée au temple de la Fortune, afin de s'y concerter sur un nouveau plan de campagne. D'ailleurs, ils craignaient de trop s'avancer dans un pays dévasté par la guerre; et ils étaient encore effrayés par les cris séditieux des soldats, qui demandaient, à haute voix, le clavarium (c'est une sorte de gratification). On ne s'était pourvu ni d'argent, ni de vivres; et l'on se nuisait encore par la précipitation et l'avidité, en pillant ce qu'on eût pu recevoir.

LI. Des mémoires très-accrédités, que j'ai dans les mains, rapportent un fait qui prouve jusqu'où les vainqueurs portèrent l'oubli de toute morale. Un cavalier, déclarant avoir tué son frère dans la dernière bataille, vint demander récompense aux généraux. Or en même temps que les lois humaines ne permettaient pas de récompenser ce meurtre, l'intérêt de la guerre ne permettait pas de le punir. On remit à un autre temps le soldat, sous prétexte qu'il méritait plus qu'on ne pouvait lui donner dans ce moment : on ne dit point ce qui arriva depuis. Au reste, un pareil crime s'était vu dans les guerres civiles qui avaient précédé. Dans le combat qui fut donné au Janicule, contre Cinna, un soldat de Pompée tua également son frère; mais, l'ayant reconnu, il se tua lui-même, au rapport de Sisenna : tant nos ancêtres sentaient plus vivement et l'enthousiasme de la vertu et le remords du crime ! Par la suite, je me ferai un devoir, toutes les fois que les circonstances le demanderont, de recueillir, dans notre ancienne histoire, de ces traits et d'autres pareils, soit à titre de bons exemples, soit à titre de consolations.

LII. Antonius et les autres chefs prirent le parti d'envoyer la cavalerie en avant, pour reconnaître toute l'Ombrie et les passages de l'Apennin les plus praticables; de faire venir, avec les aigles et les enseignes, ce qu'il y avait de soldats à Vérone; de couvrir le Pô et la mer de convois. Ce n'est pas que, parmi ces chefs, quelques-uns ne cherchassent à faire naître des obstacles; ils étaient jaloux d'Antonius, qu'ils trouvaient déjà trop puissant, et ils fondaient plus d'espérances sur Mucien. Celui-ci, inquiet de cette rapidité de victoires, et jugeant bien que, s'il n'était présent, du moins à la prise de Rome, il ne pourrait prétendre la moindre part à la guerre et à la gloire, écrivait lettres sur lettres à Antonius et à Varus, sans énoncer rien de précis, parlant de la nécessité de poursuivre l'entreprise, puis de l'avantage qu'il y aurait à temporiser, et s'arrangeant de manière à pouvoir, selon l'événement, ou se disculper des revers, ou s'attribuer les succès. Plotius Griphus, que Vespasien venait de faire, tout récemment, sénateur et commandant de légion, était attaché à Mucien, ainsi que plusieurs autres. Mucien s'ouvrit à eux plus franchement; et, tous ensemble, ils écrivirent, contre la précipitation d'Antonius et de Varus, d'une manière défavorable et conforme aux passions de Mucien. Ces lettres, envoyées à Vespasien, firent qu'on ne prisa point les opérations et les services d'Antonius, comme celui-ci s'en était flatté.

LIII. Antonius souffrit impatiemment l'injus-

---

has copias e classicis Ravennatibus, legionariam militiam poscentibus, optimus quisque adscili; classem Dalmatæ supplevere. Exercitus ducesque ad Fanum Fortunæ iter sistunt, de summa rerum cunctantes, quod motas ex urbe prætorias cohortes audierant, et teneri præsidiis Apenninum rebantur : et ipsos, in regione bello attrita, inopia et seditiosæ militum voces terrebant, clavarium (donativi nomen est) flagitantium : nec pecuniam aut frumentum providerant; et festinatio atque aviditas præpediebant, dum quæ accipi poterant rapiuntur.

LI. Celeberrimos auctores habeo tantam victoribus adversus fas nefasque irreverentiam fuisse, ut gregarius eques, occisum a se proxima acie fratrem professus, præmium a ducibus petierit. Nec illis aut honorare eam cædem jus hominum, aut ulcisci ratio belli permittebat. Distulerant, tanquam majora meritum quam quæ statim exsolverentur; nec quidquam ultra traditur. Ceterum et prioribus civium bellis par scelus inciderat; nam prælio, quo apud Janiculum adversus Cinnam pugnatum est, Pompeianus miles fratrem suum, dein, cognito facinore seipsum interfecit, ut Sisenna memorat : tanto acrior apud majores, sicut virtutibus gloria, ita flagitiis pœnitentia fuit. Sed hæc aliaque, ex veteri memoria petita, quoties res locusque exempla recti aut solatia mali poscet, haud absurde memorabimus.

LII. Antonio ducibusque partium præmitti equites omnemque Umbriam explorari placuit, si qua Apennini juga clementius adirentur; acciri aquilas signaque et quidquid Veronæ militum foret; Padumque et mare commeatibus compleri. Erant inter duces qui necterent moras; quippe nimius jam Antonius, et certiora ex Muciano sperabantur. Namque Mucianus, tam celeri victoria anxius, et, ni præsens urbe potiretur, expertem se belli gloriæque ratus, ad Primum et Varum media scriptitabat, instandum cœptis, aut rursus cunctandi utilitates edisserens, atque ita compositus ut, ex eventu rerum, adversa abnueret vel prospera agnosceret. Plotium Griphum, nuper ab Vespasiano in senatorium ordinem additum ac legioni præpositum, ceterosque sibi fidos apertius monuit. Iique omnes de festinatione Primi ac Vari sinistre et Muciano volentia rescripsere. Quibus epistolis Vespasiano missis, effecerat ut non pro spe Antonii consilia factaque ejus æstimarentur.

LIII. Ægre id pati Antonius et culpam in Mucianum conferre, cujus criminationibus eviluissent pericula sua. Nec sermonibus temperabat, immodicus lingua et obsequii insolens. Literas ad Vespasianum composuit, jactantius

tice, et il en rejetait la faute sur Mucien. Il n'attribuait le discrédit de ses exploits qu'aux manœuvres de cet homme, et il n'épargnait pas les plaintes, incapable de mesurer ses expressions et de se plier à des déférences. Il écrit à Vespasien avec une jactance qui ne sied guère envers un prince, et mêlée de traits indirects contre Mucien : que c'était lui, Antonius, qui avait poussé à la guerre les légions pannoniennes; que c'était son activité qui avait entraîné les commandants de Mésie; son audace, qui avait ouvert les Alpes, envahi l'Italie, fermé le passage aux Rhètes et aux Germains; que si l'on avait saisi un moment de discorde et de dispersion pour battre les légions de Vitellius, si, à un choc violent de cavalerie, avait succédé, sans relâche, un choc d'infanterie, et à un combat de jour un combat de nuit, ce qui était le comble de la vaillance, on le devait à lui; que le malheur de Crémone n'était que celui de la guerre; que les autres querelles des citoyens avaient coûté à la république plus de villes et de ravages; que ce n'était point avec des courriers et des lettres, mais avec son bras et son épée qu'il servait son empereur; qu'il ne rabaissait point la gloire de ceux qui, pendant ce temps, avaient réglé les affaires d'Asie; que, si la tranquillité de la Mésie avait fixé toute leur attention, il avait songé, lui, au salut et à la sécurité de l'Italie entière; que c'étaient encore ses exhortations qui avaient donné à Vespasien les Gaules et les Espagnes, c'est-à-dire, les plus belliqueuses régions de la terre; mais que tant de travaux seraient bien perdus, si ceux qui s'étaient exemptés des périls allaient seuls en recueillir les fruits. Cette lettre ne fut point ignorée de Mucien; et, de là, des haines violentes, plus franches dans Antonius, plus dissimulées dans Mucien, par là même plus implacables.

LIV. Cependant Vitellius s'efforçait de cacher la ruine de ses affaires et tous les désastres de Crémone, par une dissimulation imbécile, qui reculait le remède plutôt que le mal. En avouant et en consultant, il lui restait de l'espoir et des ressources; au contraire, en déguisant ses disgrâces, il les empirait. Chez lui, on gardait sur la guerre un silence absolu : dans Rome, il fut défendu d'en parler, et l'on n'en parlait que davantage. Si l'on eût été libre, on n'eût dit que le vrai, au lieu que la défense fit tout exagérer. De leur côté, aussi, les généraux ennemis n'omettaient rien de ce qui pouvait enfler la réputation de leurs succès. Ayant pris quelques espions de Vitellius, ils les promenèrent autour de l'armée victorieuse, afin qu'ils en connussent bien toute la force; puis on les renvoya à Vitellius, qui, après les avoir questionnés tous en particulier, les fit tous mourir. On a cité le courage d'un centurion, Julius Agrestis, qui, après plusieurs entretiens, où il s'efforçait vainement d'allumer dans Vitellius une étincelle de courage, le détermina enfin à l'envoyer lui-même sur les lieux, pour voir les forces de l'ennemi et ce qui s'était passé à Crémone. Julius n'essaya point de tromper Antonius par un espionnage furtif; il lui déclare franchement les ordres de son empereur, sa mission, et demande à tout voir. On lui donna des gens qui lui montrèrent le champ de bataille, les cendres de Crémone, les légions prisonnières. De retour, voyant que Vitellius niait encore la vérité du rapport, et l'accusait même de s'être laissé corrompre : « Eh bien! dit-il, puisqu'il « n'est que ce moyen de te rendre ma vie ou ma « mort profitable, et qu'il te faut de grandes « preuves, je t'en donnerai que tu croiras; » et, le quittant de ce pas, il va, par une mort volontaire, confirmer son récit. Quelques-uns rappor-

---

quam ad principem, nec sine occulta in Mucianum insectatione : « Se pannonicas legiones in arma egisse; suis stimulis excitos Mœsiæ duces, sua constantia perruptas Alpes, occupatam Italiam, intersepta Germanorum Rhætorumque auxilia. Quod discordes dispersasque Vitellii legiones equestri procella, mox peditum vi, per diem noctemque fudisset, id pulcherrimum et sui operis. Casum Cremonæ bello imputandum; majore damno, plurium urbium excidiis, veteres civium discordias reipublicæ stetisse. Non se nunciis neque epistolis, sed manu et armis, imperatori suo militare; neque officere gloriæ eorum qui Asiam interim composuerint : illis Mœsiæ pacem, sibi salutem securitatemque Italiæ cordi fuisse; suis exhortationibus Gallias Hispaniasque, validissimam terrarum partem, ad Vespasianum conversas. Sed cecidisse in irritum labores, si præmia periculorum soli assequantur qui periculis non adfuerint. » Nec fefellere ea Mucianum : inde graves simultates; quas Antonius simplicius, Mucianus callide eoque implacabilius nutriebat.

LIV. At Vitellius, fractis apud Cremonam rebus, nuncios cladis occultans, stulta dissimulatione, remedia potius malorum quam mala differebat. Quippe confitenti consultantique supererant spes viresque; quum e contrario læta omnia fingeret, falsis ingravescebat. Mirum apud ipsum de bello silentium; prohibiti per civitatem sermones eoque plures; ac, si liceret, vere narraturi, quia vetabantur, atrociora vulgaverant. Nec duces hostium augendæ famæ deerant, captos Vitellii exploratores circumductosque, ut robora victoris exercitus noscerent, remittendo; quos omnes Vitellius, secreto percunctatus, interfici jussit. Notabili constantia centurio Julius Agrestis, post multos sermones quibus Vitellium ad virtutem frustra accendebat, perpulit ut ad vires hostium spectandas, quæque apud Cremonam acta forent, ipse mitteretur. Nec exploratione occulta fallere Antonium tentavit, sed mandata imperatoris suumque animum professus, ut cuncta viseret postulat. Missi qui locum prælii, Cremonæ vestigia, captas legiones ostenderent. Agrestis ad Vitellium remeavit, abnuentique vera esse quæ afferret atque ultro corruptum arguenti :

tent que ce fut Vitellius qui le fit tuer : du reste, on s'accorde sur sa fidélité et sur son héroïsme.

LV. Vitellius, se réveillant comme d'un profond sommeil, donne ordre à Julius Priscus et a Alphenus Varus de partir avec quatorze cohortes prétoriennes et toutes les divisions de cavalerie, pour aller occuper l'Apennin. La légion de la marine y était jointe. Avec tout autre chef, une aussi belle armée, où tout était de choix, les hommes et les chevaux, eût suffi même pour une guerre offensive. Il laissa les autres cohortes, pour la défense de Rome, à son frère Lucius Vitellius. Pour lui, ne retranchant rien de ses dissolutions accoutumées, et, la défiance de l'avenir lui faisant tout précipiter, il hâte les comices, nomma les consuls pour plusieurs années ; il prodigue aux alliés le droit fédéral ; aux étrangers, celui du Latium ; aux uns, il remettait les tributs ; aux autres il accordait des immunités : sans s'inquiéter de ce qui arriverait après lui, il mutilait tout l'empire. Mais la multitude se laissait séduire par la grandeur du bienfait ; les plus dupes le payaient de leurs trésors ; les sages seuls regardaient comme nul ce qui ne pouvait être donné ni reçu sans ruiner la république. Enfin, sur les instances de l'armée qui avait occupé Mévania, Vitellius se mit en marche avec un cortége nombreux de sénateurs, dont beaucoup, par le désir de faire leur cour, un plus grand nombre, par la crainte, s'attachaient à ses pas. Il se rendit au camp, livré à toutes ses incertitudes et à tous les conseils perfides.

LVI. Pendant qu'il haranguait, chose incroyable, on vit passer sur sa tête, et à diverses reprises, un nuage si épais d'oiseaux sinistres, que le jour en était obscurci. Il y eut un autre augure non moins menaçant. Un taureau s'échappa de l'autel, renversa les apprêts du sacrifice, et ne fut égorgé que loin du lieu où il est d'usage de frapper les victimes. Mais de tous ces prodiges, le plus sinistre était Vitellius lui-même, sans connaissance de la guerre, sans prévoyance, sans plan. Il ne savait dans quel ordre marcher, où placer les postes avancés, comment pousser ou traîner la guerre, questionnant sans cesse, et, à chaque nouvelle, tremblant de tout son corps, puis s'enivrant. Enfin, ne pouvant tenir à l'ennui du camp, et, sur la nouvelle de la défection de la flotte de Misène, il repartit pour Rome, toujours plus effrayé de ce qui était le plus nouveau, sans considérer ce qui était le plus décisif. Il était manifeste qu'en passant l'Apennin avec une armée dans toute sa force, il eût écrasé un ennemi fatigué par l'hiver et par la disette ; mais en divisant ses forces, il exposa à être pris et massacrés, des soldats intrépides qui eussent bravé pour lui les dernières extrémités. Il agissait, en cela, contre le sentiment de ses plus habiles centurions, tous prêts à lui dire la vérité, s'il l'eût demandée. Mais les intimes amis de Vitellius les tinrent éloignés ; et tel était le caractère de ce prince, que les avis utiles lui étaient insupportables ; il n'adoptait que ceux qui étaient agréables et qui devaient lui nuire.

LVII. On vit alors ce que peut, dans les guerres civiles, l'audace d'un seul homme. Claudius Faventinus, centurion, cassé ignominieusement par Galba, fit révolter la flotte de Misène en présentant de fausses lettres de Vespasien, où l'on

« Quandoquidem, inquit, magno documento opus est, « nec alius jam tibi aut vitæ aut mortis meæ usus, dabo « cui credas. » Atque ita digressus voluntaria morte dicta firmavit. Quidam jussu Vitellii interfectum, de fide constantiaque eadem tradidere.

LV. Vitellius, ut e somno excitus, Julium Priscum et Alphenum Varum, cum quatuordecim prætoriis cohortibus et omnibus equitum alis, obsidere Apenninum jubet. Secuta e classicis legio. Tot millia armatorum, lecta equis virisque, si dux alius foret, inferendo quoque bello satis pollebant. Ceteræ cohortes ad tuendam urbem L. Vitellio fratri datæ. Ipse, nihil e solito luxu remittens et diffidentia properus, festinare comitia quibus consules in multos annos destinabat ; fœdera sociis, Latium externis dilargiri ; his tributa dimittere ; alios immunitatibus juvare ; denique nulla in posterum cura lacerare imperium. Sed vulgus ad magnitudinem beneficiorum aderat ; stultissimus quisque pecuniis mercabatur ; apud sapientes cassa habebantur quæ neque dari neque accipi, salva republica, poterant. Tandem flagitante exercitu, qui Mevaniam insederat, magno senatorum agmine, quorum multos ambitione, plures formidine trahebat, in castra venit incertus animi et infidis consiliis obnoxius.

LVI. Concionanti prodigiosum dictu tantum fœdarum volucrum supervolitavit, ut nube atra diem obtenderent. Accessit dirum omen, profugus altaribus taurus, disjecto sacrificii apparatu, longe, nec ubi feriri hostias mos est, confossus. Sed præcipuum ipse Vitellius ostentum erat, ignarus militiæ, improvidus consilii, quis ordo agminis, quæ cura explorandi, quantus urgendo trahendove bello modus, alios rogitans, et ad omnes nuncios vultu quoque et incessu trepidans, dein temulentus. Postremo, tædio castrorum et audita defectione Misenensis classis, Romam revertit, recentissimum quodque vulnus pavens, summi discriminis incuriosus. Nam quum transgredi Apenninum, integro exercitus sui robore, et fessos hieme atque inopia hostes aggredi in aperto foret ; dum dispergit vires, acerrimum militem et usque in extrema obstinatum trucidandum capiendumque tradidit, peritissimis centurionum dissentientibus, et, si consulerentur, vera dicturis. Arcuere eos intimi amicorum Vitellii, ita formatis principis auribus ut aspera quæ utilia, nec quidquam nisi jucundum et læsurum acciperet.

LVII. Sed classem Misenensem (tantum civilibus discordiis etiam singulorum audacia valet) Claudius Faventinus, centurio, per ignominiam a Galba dimissus, ad defectionem traxit, fictis Vespasiani epistolis pretium proditionis ostentans. Præerat classi Claudius Apollinaris,

offrait un grand prix de la trahison. Le commandant de la flotte était Claudius Apollinaris, homme qui ne sut mettre de résolution ni à être fidèle, ni à être perfide ; Apinius Tiro, ancien préteur, et alors par hasard à Minturnes, vint s'offrir pour chef aux rebelles. Ceux-ci entraînèrent les villes voisines : Pouzzoles, surtout, fit éclater son zèle pour Vespasien, tandis que Capoue resta fidèle à Vitellius : les rivalités municipales se mêlaient à la guerre civile. Vitellius, pour ramener les esprits des soldats, fit choix de Claudius Julianus, qui avait, en dernier lieu, commandé mollement la flotte de Misène. On l'envoya avec une cohorte de la ville, et les gladiateurs qu'il commandait. Sitôt que les deux partis furent en présence, Julianus, sans hésiter beaucoup, passa du côté de Vespasien, et tous ensemble ils allèrent s'emparer de Terracine, mieux défendue par sa situation et par ses murailles, que par l'esprit de ceux qui l'occupaient.

LVIII. Dès que Vitellius en fut informé, il laissa à Narnie une partie des troupes avec les préfets du prétoire ; tandis que son frère, avec six cohortes et cinq cents chevaux, alla s'opposer aux nouveaux ennemis qui menaçaient la Campanie. Au milieu de ses perplexités, le zèle des soldats et les cris du peuple, qui demandaient à prendre les armes, ranimaient ses espérances : car il donnait le nom d'armée et de légion à une vile populace qui n'avait de courage qu'en paroles. D'après le conseil de ses affranchis (car c'était aux plus distingués de ses amis qu'il se fiait le moins), il convoque les tribus, il enrôle tous ceux qui se présentent. Comme il s'en présenta beaucoup trop, il charge les deux consuls de faire un choix. Il fixe la contribution des sénateurs en esclaves et en argent ; les chevaliers offrirent leurs services et de l'argent aussi ; jusqu'aux affranchis se signalèrent par des offres pareilles. Ces apparences de zèle, que la crainte seule avait produites, s'étaient tournées en affection. Ce qu'on plaignait, c'était moins encore Vitellius que la dégradation de l'empire dans un de ses chefs ; et lui-même, par son air, par ses discours, par ses larmes, ne manquait pas d'exciter aussi la compassion, prodiguant les promesses, et sans mesure, comme tous ceux qui ont peur. Jusque-là il avait refusé le nom de César ; il le prit alors, et parce qu'il attachait de la superstition à ce nom, et parce que, dans la crainte, on écoute également et les conseils des sages et les rumeurs populaires. Au reste, comme tous ces mouvements d'un enthousiasme aveugle, violents d'abord, se ralentissent avec le temps, peu à peu les sénateurs et les chevaliers se retirèrent avec embarras, et en arrière du prince d'abord, puis hardiment et sans plus observer d'égards : enfin, Vitellius, pour s'épargner la honte d'une tentative infructueuse, les dispensa de ce qu'il n'obtenait point.

LIX. Si la prise de Mévania et la perspective d'une guerre, pour ainsi dire toute nouvelle, avaient répandu la terreur dans l'Italie, cette retraite si pusillanime de Vitellius ne fit qu'ajouter la faveur qui se déclarait pour le parti de Vespasien. Les Samnites, les Marses et les Péligniens, pleins de courage et jaloux que la Campanie les eût prévenus, secondaient toutes les opérations de la guerre avec l'ardeur d'un dévouement récent. Cependant la rigueur de l'hiver fit souffrir prodigieusement l'armée au passage de l'Apennin ; et, par les obstacles qu'opposèrent les neiges dans une marche tranquille, on vit clairement combien cette armée aurait couru de dan-

---

neque fidei constans neque strenuus in perfidia ; et Apinius Tiro, prætura functus ac tum forte Minturnis agens, ducem se defectoribus obtulit ; a quibus municipia coloniæque impulsæ, præcipuo Puteolanorum in Vespasianum studio, contra Capua Vitellio fida, municipalem æmulationem bellis civilibus miscebant. Vitellius Claudium Julianum (is nuper classem Misenensem molli imperio rexerat) permulcendis militum animis delegit ; data in auxilium urbana cohors et gladiatores quibus Julianus præerat. Ut collata utrinque castra, haud magna cunctatione Juliano in partes Vespasiani transgresso, Tarracinam occupavere, mœnibus situque magis quam ipsorum ingenio tutam.

LVIII. Quæ ubi Vitellio cognita, parte copiarum Narniæ cum præfectis prætorii relicta, L. Vitellium fratrem, cum sex cohortibus et quingentis equitibus, ingruenti per Campaniam bello opposuit. Ipse æger animi, studiis militum et clamoribus populi arma poscentis, refovebatur ; dum vulgus ignavum et nihil ultra verba ausurum, falsa specie, exercitum et legiones appellat. Hortantibus libertis (nam amicorum ejus quanto quis clarior, minus fidus) vocari tribus jubet. Dantes nomina sacramento adigit ; superfluente multitudine, curam delectus in consules partitur. Servorum numerum et pondus argenti senatoribus indicit. Equites romani obtulere operam pecuniamque, etiam libertinis idem munus ultro flagitantibus. Ea simulatio officii, a metu profecta, verterat in favorem. Et plerique haud perinde Vitellium quam casum locumque principatus miserabantur. Nec deerat ipse, vultu, voce, lacrymis misericordiam elicere, largus promissis et, quæ natura trepidantium est, immodicus. Quin et Cæsarem se dici voluit, adspernatus antea, sed tunc, superstitione nominis, et quia in metu consilia prudentium et vulgi rumor juxta audiuntur. Ceterum, ut omnia inconsulti impetus cœpta, initiis valida, spatio languescunt, dilabi paulatim senatores equitesque, primo cunctanter et ubi ipse non aderat, mox contemptim et sine discrimine ; donec Vitellius, pudore irriti conatus, quæ non dabantur remisit.

LIX. Ut terrorem Italiæ possessa Mevania ac velut renatum ex integro bellum intulerat ; ita haud dubium erga Flavianas partes studium tam pavidus Vitellii discessus addidit : erectus Samnis Pelignusque et Marsi, æmulatione quod Campania prævenisset, ut in novo obsequio, ad cuncta belli munia acres erant. Sed, fœda hieme, per transitum Apennini conflictatus exercitus ; et vix quieto

gers, si la fortune qui aida les généraux de Vespasien, non moins souvent que leur bonne conduite, n'eût ramené Vitellius sur ses pas. Ils rencontrèrent, dans les montagnes, Pétilius Cérialis, qui, travesti en paysan et connaissant bien le pays, s'était glissé au travers de tous les postes avancés de Vitellius. Il était proche parent de Vespasien, d'ailleurs guerrier de réputation; aussi fût-il admis au nombre des chefs. Plusieurs ont rapporté que Sabinus et Domitien furent aussi les maîtres de s'enfuir. Des émissaires d'Antonius, ayant pénétré à la faveur de différents déguisements, leur avaient indiqué un lieu ou un détachement les attendait. Sabinus prétexta sa santé, qui ne lui permettait plus de fatigues et d'entreprises. Domitien ne manquait pas de résolution ; mais il se défiait des gardes que Vitellius lui avait donnés, et, quoiqu'ils s'offrissent à l'accompagner dans sa fuite, il craignait que ce ne fût un piège. D'ailleurs Vitellius, par égard pour sa propre famille, ne projetait rien de fâcheux contre Domitien.

LX. Les généraux de Vespasien s'arrêtèrent quelques jours à Carsule, afin de laisser reposer les troupes, et d'attendre les aigles et les enseignes des légions. Le campement d'ailleurs y invitait; il permettait de voir au loin; les magasins y étaient en sûreté; on avait derrière soi des villes florissantes; outre que les Vitelliens n'étant qu'à dix mille pas, on comptait sur les pourparlers et sur la trahison. Les soldats s'indignaient de ces lenteurs. Ils aimaient mieux une victoire que la paix; et ils ne voulaient pas même attendre leurs légions, qu'ils regardaient plutôt comme associées au butin qu'au danger. Antonius, ayant convoqué une assemblée, représenta que Vitellius avait encore une armée, chancelante, si on la livrait à ses réflexions, redoutable, si on la poussait au désespoir. Qu'il fallait n'abandonner à la fortune que les commencements de la guerre civile; que c'était à la prudence à couronner les succès; que déjà la flotte de Misène et la plus belle portion de la Campanie s'étaient détachées de Vitellius, et qu'il ne lui restait plus, de l'empire du monde entier, que l'espace entre Terracine et Narnie ; que la bataille de Crémone leur avait rendus assez illustres, et sa destruction trop odieux; qu'ils devaient ambitionner de sauver Rome, plutôt que de la prendre; qu'ils auraient de plus grandes récompenses et infiniment plus de gloire, si, sans effusion de sang, ils procuraient le salut du sénat et du peuple romain.

LXI. Ces raisons et d'autres pareilles adoucirent les esprits, et, peu de temps après, les légions arrivèrent. La terreur qu'inspira la nouvelle de ces renforts, ébranla la fidélité des Vitelliens. Personne ne les excitait à combattre, beaucoup à déserter : c'était à qui débaucherait ses compagnies, pour les donner en présent au vainqueur, et s'en faire à soi-même un mérite. On sut, par les transfuges, que, près de là, Interamna n'était gardé que par quatre cents chevaux. Varus y marcha aussitôt avec des troupes légères. Un petit nombre qui résista fut tué; la plupart, jetant les armes, demandèrent quartier; quelques-uns s'enfuirent dans le camp, qu'ils remplirent de frayeur par les récits exagérés qu'ils faisaient de la valeur et des forces de l'ennemi, pour diminuer la honte de leur défaite. Chez les Vitelliens, la lâcheté ne craignait plus d'être punie, et la désertion comptait sur une récompense dans le parti opposé; ainsi l'on ne combattit plus que de

---

agmine nives eluctantibus, patuit quantum discriminis adeundum foret, ni Vitellium retro fortuna vertisset; quæ Flavianis ducibus non minus sæpe quam ratio adfuit. Obvium illic Petilium Cerialem habuere, agresti cultu et notitia locorum custodias Vitellii elapsum. Propinqua affinitas Ceriali cum Vespasiano, nec ipse inglorius militiæ ; eoque inter duces assumptus est. Flavio quoque Sabino ac Domitiano patuisse effugium multi tradidere. Et missi ab Antonio nuncii per varias fallendi artes penetrabant, locum ac præsidium monstrantes. Sabinus inhabilem labori et audaciæ valetudinem causabatur : Domitiano aderat animus; sed custodes a Vitellio additi, quanquam se socios fugæ promitterent, tanquam insidiantes timebantur. Atque ipse Vitellius, respectu suarum necessitudinum, nihil in Domitianum atrox parabat.

LX. Duces partium ut Carsulas venere, paucos ad requiem dies sumunt, donec aquilæ signaque legionum assequerentur ; et locus ipse castrorum placebat, late prospectans ; tuto copiarum aggestu ; florentissimis pone tergum municipiis : simul colloquia cum Vitellianis, decem millium spatio distantibus, et proditio sperabatur. Ægre id pati miles et victoriam malle quam pacem : ne suas quidem legiones opperiebantur, ut prædæ quam periculorum socias. Vocatos ad concionem Antonius docuit « esse adhuc Vitellio vires, ambiguas si deliberarent, acres si desperassent. Initia bellorum civilium fortunæ permittenda, victoriam consiliis et ratione perfici. Jam Misenensem classem et pulcherrimam Campaniæ oram descivisse ; nec plus e toto terrarum orbe reliquum Vitellio quam quod inter Tarracinam Narniamque jaceat. Satis gloriæ prælio Cremonensi partum, et exitio Cremonæ nimium invidiæ ; majora illis præmia et multo maximum decus, si incolumitatem senatui populoque romano sine sanguine quæsissent. »

LXI. His et talibus mitigati animi. Nec multo post legiones venere. Et terrore famaque aucti exercitus Vitellianæ cohortes nutabant, nullo in bellum adhortante, multis ad transitionem; qui suas centurias turmasque tradere, donum victori et sibi in posterum gratiam, certabant. Per eos cognitum ab Interamnam, proximis campis, præsidio quadringentorum equitum teneri. Missus extemplo Varus cum expedita manu paucos repugnantium interfecit ; plures, abjectis armis, veniam petivere ; quidam in castra refugi cuncta formidine implebant, augendo rumoribus virtutem copiasque hostium, quo amissi præsidii

perfidie. Chaque jour il passait à l'ennemi des tribuns et des centurions : car le simple soldat s'obstinait dans son attachement pour Vitellius. Enfin, Priscus et Alphénus ayant abandonné le camp pour retourner vers le prince, délivrèrent tous les autres de la honte d'une trahison.

LXII. Précisément aux mêmes jours, Valens fut tué à Urbinum, dans la prison où il était retenu. On s'empressa de faire voir sa tête aux Vitelliens, afin qu'ils perdissent désormais tout espoir : car ils le croyaient au fond de la Germanie, occupé à rassembler les anciennes armées et à en former de nouvelles. La preuve de sa mort les jeta dans le désespoir. Quant aux Flaviens, il est prodigieux à quel point elle se réjouit de cette mort, qu'ils regardaient comme terminant la guerre. Valens était né à Anagni, d'une famille équestre : dissolu dans ses mœurs, ne manquant point d'esprit, il cherchait à être plaisant, et n'était que bouffon. Il avait été acteur dans les juvénales, sous Néron, en apparence par nécessité, mais en effet par inclination; et il joua souvent des mimes, avec plus de talent que de pudeur. Lieutenant de légion, il paraissait l'ami et il fut le calomniateur de Verginius. Après avoir poussé Capiton à la révolte, ou peut-être parce qu'il n'avait pu l'y résoudre, il le tua : traître à Galba, fidèle à Vitellius, devant à la perfidie des autres tout son lustre.

LXIII. Leurs espérances ainsi trahies de toutes parts, les soldats vitelliens se résolurent à passer dans le parti ennemi, et ils le firent encore avec une sorte d'honneur; ils descendirent dans la plaine au-dessous de Narnie, avec leurs enseignes et leurs drapeaux. Les Flaviens, disposes et armés comme pour combattre, s'étaient rangés autour du chemin, leurs lignes bien serrées. Ils reçoivent au milieu d'eux les Vitelliens, et les entourent. Antonius leur parla avec bonté ; une partie eut ordre de rester à Narnie, l'autre à Interamna ; on laissa avec eux quelques-unes des légions victorieuses, qui, sans les inquiéter s'ils restaient tranquilles, pussent les contenir s'ils remuaient. Pendant tout ce temps, Antonius et Varus ne cessèrent d'expédier à Vitellius courriers sur courriers, pour lui offrir la vie, des richesses, et une retraite en Campanie, s'il voulait mettre bas les armes, et se livrer, lui et ses enfants, à la discrétion de Vespasien. Mucien, dans ses lettres, lui fit aussi les mêmes offres, et il y avait beaucoup de moments où elles séduisaient Vitellius ; il parlait du nombre des esclaves, du choix de la retraite. Tel était l'abrutissement où il restait plongé, que, si les autres ne lui eussent rappelé qu'il était prince, il l'oublierait.

LXIV. Cependant les grands excitaient sous main Sabinus, préfet de Rome, à prendre sa part de l'honneur et de la victoire. N'avait-il pas des soldats, les cohortes de la ville, qui ne reconnaissaient d'ordres que les siens, sans compter les cohortes du guet, qui ne manqueraient pas de se joindre à eux, avec leurs esclaves, sans compter la fortune du parti, et que tout s'aplanit devant les vainqueurs. Pourquoi le céder en gloire à Antonius et à Varus ? Le peu de troupes qu'avait Vitellius était consterné des nouvelles qui les accablaient de tous côtés ; le peuple était mobile dans ses affections : Sabinus n'avait qu'à s'offrir pour chef, et toutes les adulations éclateraient pour Vespasien. Vitellius eût succombé avec toute sa puissance ; résisterait-il quand elle crou-

dedecus lenirent. Nec ulla apud Vitellianos flagitii pœna; et præmiis defectorum vera fides; ac reliquum perfidiæ certamen : crebra transfugia tribunorum centurionumque; nam gregarius miles induruerat pro Vitellio : donec Priscus et Alphenus, desertis castris ad Vitellium regressi, pudore proditionis cunctos exsolverent.

LXII. Iisdem diebus, Fabius Valens Urbini, in custodia, interficitur. Caput ejus Vitellianis cohortibus ostentatum, ne quam ultra spem foverent; nam pervasisse in Germanias Valentem et veteres illic novosque exercitus ciere credebant. Visa cæde in desperationem versi; et Flavianus exercitus, immane quantum animo, exitium Valentis ut finem belli accepit. Natus erat Valens Anagniæ, equestri familia : procax moribus neque absurdus ingenio, famam urbanitatis per lasciviam petere : ludicro Juvenalium, sub Nerone, velut ex necessitate, mox sponte mimos actitavit, scite magis quam probe. Legatus legionis et fovit Verginium et infamavit. Fonteium Capitonem corruptum, seu quia corrumpere nequiverat, interfecit; Galbæ proditor, Vitellio fidus, et aliorum perfidia illustratus.

LXIII. Abrupta undique spe, Vitellianus miles, transiturus in partes, id quoque non sine decore, sed sub signis vexillisque in subjectos Narniæ campos descendere. Flavianus exercitus, ut ad prælium intentus armatusque, densis circa viam ordinibus adstiterat. Accepti in medium Vitelliani ; et circumdatos Primus Antonius clementer alloquitur. Pars Narniæ, pars Interamnæ subsistere jussi; relictæ simul e victricibus legiones, neque quiescentibus graves et adversus contumaciam validæ. Non omisere per eos dies Primus ac Varus crebris nunciis salutem et pecuniam et secreta Campaniæ offerre Vitellio, si, positis armis, seque ac liberos suos Vespasiano permisisset. In eumdem modum et Mucianus composuit epistolas ; quibus plerumque fidere Vitellius ac de numero servorum, electione littorum loqui. Tanta torpedo invaserat animum, ut, si principem eum fuisse ceteri non meminissent, ipse obliviseeretur.

LXIV. At primores civitatis Flavium Sabinum, præfectum urbis, secretis sermonibus incitabant « victoriæ famæque partem capesseret : esse illi proprium militem cohortium urbanarum; nec defuturas vigilum cohortes, servitia ipsorum, fortunam partium, et omnia prona victoribus. Ne Antonio Varoque de gloria concederet. Paucas Vitellio cohortes et mœstis undique nunciis trepidas; populi mobilem animum; et, si se ducem præbuisset, easdem illas adulationes pro Vespasiano fore.

lait de toutes parts? Le mérite d'avoir terminé la guerre serait à celui qui aurait pris Rome. Il convenait à Sabinus qu'un frère lui dût l'empire; il convenait à Vespasien que personne n'éclipsât son frère.

LXV. Ces exhortations ne relevèrent nullement un courage affaibli par la vieillesse. Quelques-uns le soupçonnaient secrètement de jalousie contre son frère, et de retarder par rivalité les progrès de sa fortune. En effet, Sabinus était l'aîné; du temps qu'ils étaient tous deux simples particuliers, il surpassait Vespasien en crédit et en richesses. On a dit que Vespasien, ruiné, n'avait pu trouver de ressource dans son frère qu'en lui engageant ses terres et sa maison. Aussi, malgré l'air de concorde qui subsistait entre eux, on craignait qu'il n'y eût des ressentiments couverts. Il est plus raisonnable de penser que le sang et le carnage répugnaient à la douceur de Sabinus, et qu'il préféra de traiter de la paix et de terminer la guerre à l'amiable. Vitellius et lui eurent dans leurs maisons de fréquentes conférences; enfin le traité fut signé, à ce qu'on a cru, dans le temple d'Apollon. Ce qu'ils se dirent n'eut que deux témoins, Cluvius Rufus et Silius Italicus. Leur visage fut observé de loin; Vitellius parut rampant et dégradé : Sabinus n'insultait pas; il avait plutôt l'air de plaindre.

LXVI. Que si Vitellius eût eu le pouvoir de faire céder les siens aussi facilement qu'il avait cédé lui-même, l'armée de Vespasien serait entrée dans Rome, sans que Rome fût ensanglantée. Mais tous les amis de Vitellius ne voulaient point entendre parler de paix et de conditions; ils se récriaient contre le péril et la honte d'un traité qui n'aurait pour garant que le caprice du vainqueur : Vespasien aurait-il le front de contempler Vitellius parmi ses sujets? Les vaincus mêmes souffriraient-ils l'humiliation de leur ancien empereur? Ainsi donc la pitié compromettrait Vespasien. Vitellius était vieux, fatigué de la bonne comme de la mauvaise fortune; mais quel nom, quel état laisserait-on à Germanicus son fils? Maintenant on promettait au père des richesses, des esclaves, et le délicieux séjour de la Campanie; une fois maître de l'empire, ni Vespasien, ni ses amis, ni ses armées enfin n'auraient de repos qu'ils n'eussent anéanti toute rivalité. Valens leur avait été à charge, quoique prisonnier, quoique conservé en cas de revers; comment un Antonius, comment un Fuscus, et même Mucien, le personnage le plus marquant du parti, auraient-il le droit de rien accorder à Vitellius que la mort? Ni Pompée n'avait été épargné par César, ni Antoine par Auguste : croyait-on que Vespasien portât un cœur plus haut, lui, client de Vitellius, lorsque Vitellius était collègue de Claude? Que le désespoir ne lui inspirait-il du moins une audace digne d'un père censeur, digne de trois consulats, digne de tous les honneurs accumulés sur une maison illustre? Il lui restait l'attachement invincible du soldat et l'affection du peuple; après tout, il n'arriverait pas de pire malheur que celui où ils se précipitaient d'eux-mêmes : vaincus, ou soumis, il leur faudrait mourir : toute la différence était si leur dernier soupir devait s'exhaler au milieu du mépris et de l'insulte ou dans un dernier effort de courage.

ipsum Vitellium ne prosperis quidem parem; adeo ruentibus debilitatum. Gratiam patrati belli penes eum qui urbem occupasset. Id Sabino convenire ut imperium fratri reservaret; id Vespasiano ut ceteri post Sabinum haberentur. »

LXV. Haud quaquam erecto animo eas voces accipiebat, invalidus senecta. Erant qui occultis suspicionibus incesserent, tanquam invidia et æmulatione fortunam fratris morarentur. Namque Flavius Sabinus ætate prior, privatis utriusque rebus, auctoritate pecuniaque Vespasianum anteibat. Et credebatur affectatam ejus fidem præjuvisse, domo agrisque pignori acceptis. Unde, quanquam manente in speciem concordia, offensarum operta metuebantur. Melior interpretatio, mitem virum abhorrere a sanguine et cædibus; eoque crebris cum Vitellio sermonibus de pace ponendisque per conditionem armis agitare. Sæpe domi congressi, postremo in æde Apollinis, ut fama fuit, pepigere. Verba vocesque duos testes habebant, Cluvium Rufum et Silium Italicum. Vultus procul visentibus notabantur; Vitellii projectus et degener; Sabinus non insultans et miseranti propior.

LXVI. Quod si tam facile suorum mentes flexisset Vitellius quam ipse cesserat, incruentam urbem Vespasiani exercitus intrasset. Ceterum, ut quisque Vitellio fidus, ita pacem et conditiones abnuebant, discrimen ac dedecus ostentantes, et fidem in libidine victoris. « Nec tantam Vespasiano superbiam ut privatum Vitellium pateretur; ne victos quidem laturos. Ita periculum ex misericordia. Ipsum sane senem et prosperis adversisque satiatum. Sed quod nomen, quem statum filio ejus Germanico fore? Nunc pecuniam et familiam et beatos Campaniæ sinus promitti; sed ubi imperium Vespasianus invaserit, non ipsi, non amicis ejus, non denique exercitibus securitatem, nisi exstincto æmulato, redituram. Fabium illis Valentem, captivum et casibus dubiis reservatum, prægravem fuisse; nedum Primus ac Fuscus, et specimen partium Mucianus, ullam in Vitellium nisi occidendi licentiam habeant. Non a Cæsare Pompeium, non ab Augusto Antonium incolumes relictos; nisi forte Vespasianus altiores spiritus gerat, Vitellii cliens quum Vitellius collega Claudio foret. Quin, ut censuram patris, ut tres consulatus, ut tot egregiæ domus honores decet, desperationem saltem in audaciam accingeretur; perstare militem, superesse studia populi. Denique nihil atrocius eventurum quam in quod sponte ruant : moriendum victis, moriendum deditis; id solum referre, novissimum spiritum per ludibrium et contumelias effundant an per virtutem. »

LXVII. L'âme de Vitellius était fermée aux conseils courageux. Il était oppressé de douleur et de crainte pour sa femme, pour ses enfants, et il ne voulait point irriter le vainqueur par une résistance opiniâtre. Il avait aussi une mère accablée de vieillesse. Celle-ci, heureusement, mourut quelques jours avant la destruction de sa famille; elle n'avait rien gagné à l'élévation de son fils, que des chagrins et une bonne réputation. Le quinze des calendes de janvier, ayant appris la défection de la légion et des cohortes qui s'étaient rendues à Narnie, Vitellius, en robe noire, sort du palais; ses esclaves l'entouraient d'un air morne. Son fils, encore enfant, suivait dans une petite litière. C'était l'appareil d'une pompe funèbre; le peuple poussait des cris flatteurs et hors de saison; le soldat gardait un silence menaçant.

LXVIII. Il y avait, pour les cœurs même les moins touchés des vicissitudes humaines, de quoi être attendri, en voyant le chef des Romains, peu auparavant, maître du monde entier, quittant le séjour de sa grandeur, et traversant son peuple, sa capitale, pour aller descendre de l'empire. On n'avait rien vu, rien entendu de pareil; le dictateur César avait péri par un coup subit et violent; Caïus, par des embûches secrètes; la nuit et une campagne ignorée avaient couvert la fuite de Néron; Galba et Pison périrent, pour ainsi dire, sur un champ de bataille : le malheur de Vitellius arrivait dans une assemblée convoquée par lui-même, au milieu de ses propres soldats, avait jusqu'à des femmes pour témoins. Il dit quelques mots conformes à sa situation présente : qu'il se retirait pour le bien de la paix et de la république; il priait seulement qu'on se

souvînt de lui, et qu'on eût de la pitié pour son frère, pour sa femme, pour des enfants d'un âge si innocent. En même temps il leur présente son fils; il le recommande à chacun, à tous; enfin, les pleurs étouffant sa voix, il se tourna vers le consul qui était auprès de lui (c'était Cécilius Simplex), et, tirant son poignard, emblème de ses droits sur la vie des citoyens, il voulait le remettre. Sur le refus du consul, sur les réclamations de tous les assistants, il se retira pour aller, dans le temple de la Concorde, déposer les marques de l'empire, et, de là, gagner la maison de son frère. Là, les clameurs redoublent; on lui interdit une maison privée; on le rappelle au palais. Tous les chemins lui étaient fermés, et il ne restait de libre que celui qui mène à la voie Sacrée : Vitellius ne sachant que faire, retourne au palais.

LXIX. Le bruit de son abdication s'était répandu d'avance, et Sabinus avait écrit aux tribuns des prétoriens de contenir leurs soldats. On crut donc Vespasien possesseur unique de l'empire, et, dans cette idée, les principaux sénateurs, la plupart des chevaliers, toutes les cohortes de la ville, et celle du guet, se portèrent en foule à la maison de Sabinus; là, on vient leur annoncer l'emportement du peuple et les menaces des cohortes germaniques. Sabinus était déjà trop avancé pour revenir sur ses pas; et chacun, pour son propre intérêt, dans la crainte que, dispersés et dès lors moins forts, ils ne devinssent la proie des Vitelliens, le poussait à la guerre, malgré toutes ses incertitudes. Mais, comme il arrive dans ces occasions, le conseil fut donné par tous, peu partagèrent le péril. La troupe armée qui accompagnait Sabinus fut attaquée en descen-

LXVII. Surdæ ad fortia consilia Vitellio aures. Obruebatur animus miseratione curaque, ne, pertinacibus armis, minus placabilem victorem relinqueret conjugi ac liberis. Erat illi et fessa ætate parens, quæ tamen, paucis ante diebus, opportuna morte excidium domus prævenit, nihil principatu filii assecuta nisi luctum et bonam famam. Quintodecimo kalendas januarias, audita defectione legionis cohortiumque quæ se Narniæ dediderant, pullo amictu palatio degreditur, mœsta circum familia. Simul ferebatur lecticula parvulus filius, velut in funebrem pompam. Voces populi blandæ et intempestivæ; miles minaci silentio.

LXVIII. Nec quisquam adeo rerum humanarum immemor quem non commoveret illa facies : romanum principem et generis humani paulo ante dominum, relicta fortunæ suæ sede, per populum, per urbem, exire de imperio. Nihil tale viderant, nihil audierant : repentina vis dictatorem Cæsarem oppresserat, occultæ Caium insidiæ; nox et ignotum rus fugam Neronis absconderant; Piso et Galba tanquam in acie cecidere; in sua concione Vitellius, inter suos milites, prospectantibus etiam fœminis, pauca et præsenti mœstitiæ congruentia locutus : « Cedere se pacis et reipublicæ causa; retinerent tantum memoriam sui; fratremque et conjugem et innoxiam liberorum æta-

tem miserarentur. » Simul filium protendens, modo singulis modo universis commendans, postremo, fletu præpediente, assistenti consuli (Cæcilius Simplex erat) exsolutum a latere pugionem, velut jus necis vitæque civium, reddebat. Adspernante consule, reclamantibus qui in concione adstiterant, ut in æde Concordiæ positurus insignia imperii domumque fratris petiturus, discessit. Major hic clamor obsistentium penatibus privatis, in palatium vocantium. Interclusum aliud iter, idque solum quod in Sacram viam pergeret patebat; tum consilii inops in palatium rediit.

LXIX. Prævenerat rumor ejurari ab eo imperium; scripseratque Flavius Sabinus cohortium tribunis ut militem cohiberent. Igitur, tanquam omnis respublica in Vespasiani sinum cessisset, primores senatus et plerique equestris ordinis omnisque miles urbanus et vigiles domum Flavii Sabini complevere; illuc de studiis vulgi et minis germanicarum cohortium affertur. Longius jam progressus erat quam ut regredi posset; et suo quisque metu, ne disjectos eoque minus validos Vitelliani consectarentur, cunctantem in arma impellebant. Sed quod in ejusmodi rebus accidit, consilium ab omnibus datum est; periculum pauci sumpsere. Circa lacum Fundani descendentibus qui

dant, près de la fontaine de Fundanus, par un corps des plus déterminés Vitelliens. Ce fut une escarmouche légère, la rencontre étant imprévue; mais l'avantage resta aux Vitelliens. Sabinus, dans ce pressant danger, prit le parti le plus sûr qui était de se jeter, avec les soldats, dans la forteresse du Capitole : il y fut suivi de quelques sénateurs et de quelques chevaliers. Il ne serait pas facile de rapporter leurs noms, parce que, depuis la victoire de Vespasien, beaucoup se sont donné faussement ce mérite. Des femmes mêmes soutinrent le siége, entre autres Vérunala Gratilla, femme très-extraordinaire, que ni enfants, ni proches, que la guerre seule y attirait. Les Vitelliens mirent beaucoup de négligence dans l'investissement. Sabinus en profita pour faire entrer, au milieu de la nuit, dans le Capitole, ses enfants avec Domitien, fils de son frère; en même temps, il expédia par une des issues négligées un courrier aux généraux de Vespasien, pour les avertir qu'on l'assiégeait; que, sans un secours prompt, il était perdu. La nuit se passa si tranquillement, qu'il eût pu se retirer sans risque. Les soldats de Vitellius, intrépides dans le danger, se relâchaient pour les travaux et le service. D'ailleurs une pluie d'hiver, qui tombe tout à coup, empêchait de voir et d'entendre.

LXX. Au point du jour, avant que les hostilités commencassent de part et d'autre, Sabinus dépêcha à Vitellius un primipilaire, Cornélius Martialis, pour se plaindre de l'infraction du traité. L'abdication n'était donc qu'une ruse imaginée pour tromper ce que Rome avait de citoyens plus distingués. En effet, pourquoi se rendre des rostres dans la maison de son frère, qui, dominant sur le forum, attirait nécessairement les regards. S'il eût voulu éviter tout ce qui pouvait rappeler un rang auquel il renonçait, ne devait-il pas plutôt se retirer sur l'Aventin, dans la demeure de sa femme, au lieu de retourner au palais, sur le théâtre même de sa grandeur? De là il avait envoyé une troupe armée : le plus beau quartier de Rome était jonché de victimes innocentes; on ne respectait pas même le Capitole. Pour lui, simple sénateur, il avait gardé la toge du citoyen, pendant que les combats des légions, le saccagement des villes, la désertion des cohortes, prononçaient entre Vespasien et Vitellius. Les Espagnes, la Germanie et la Bretagne se révoltant déjà, le frère de Vespasien était resté soumis à Vitellius, jusqu'au moment où Vitellius avait lui-même proposé les conditions. La paix et la concorde étaient utiles aux vaincus : pour les vainqueurs, elles n'étaient que glorieuses. S'il se repentait de la convention, pourquoi s'en prendre à Sabinus, qu'il avait trompé par sa mauvaise foi, et à un fils de Vespasien, à peine adolescent? Que gagnerait-il par le meurtre d'un vieillard et d'un jeune homme? Que n'allait-il au-devant des légions, pour décider ensemble leur querelle? L'issue du combat entraînerait tout le reste. Vitellius, alarmé de ces reproches, répondit quelques mots pour sa justification; il rejetait la faute sur les soldats; sa faible autorité n'avait pu réprimer leur zèle excessif; et il avertit Martialis de se retirer, à leur insu, par une porte secrète, de peur que, voyant le négociateur d'une paix odieuse, ils ne le fissent périr. Ainsi n'ayant le pouvoir ni d'ordonner ni de défendre, Vitellius n'était déjà plus empereur il était seulement le prétexte de la guerre.

LXXI. Martialis était à peine rentré au Capi-

Sabinum comitabantur armatis occurrunt promptissimi Vitellianorum. Modicum ibi prælium, improviso tumultu, sed prosperum Vitellianis fuit. Sabinus, re trepida, quod tutissimum e præsentibus, arcem Capitolii insedit milite et quibusdam senatorum equitumque; quorum nomina tradere haud promptum est, quoniam, victore Vespasiano, multi id meritum erga partes simulavere. Subierunt obsidium etiam feminæ : inter quas maxime insignis Verulana Gratilla, neque liberos, neque propinquos, sed bellum secuta. Vitellianus miles custodia socordi clausos circumdedit, eoque, concubia nocte, suos liberos Sabinus et Domitianum fratris filium in Capitolium accivit, misso per neglecta ad Flavianos duces nuncio, qui circumsideri ipsos, et, ni subveniretur, arctas res nunciaret. Noctem adeo quietam egit, ut degredi sine noxa potuerit; quippe miles Vitellii, adversus pericula ferox, laboribus et vigiliis parum intentus erat; et hibernus imber repente fusus oculos auresque impediebat.

LXX. Luce prima, Sabinus, antequam invicem hostilia exceptarent, Cornelium Martialem, e primipilaribus, ad Vitellium misit cum mandatis et questu « quod pacta turbarentur. Simulationem prorsus et imaginem deponendi imperii fuisse ad decipiendos tot illustres viros. Cur enim e rostris fratris domum, imminentem foro et irritandis hominum oculis, quam Aventinum et penates uxoris petisset? Ita privato et omnem principatus speciem vitanti convenisse; contra Vitellium in palatium, in ipsam imperii arcem, regressum. Inde armatum agmen emissum; stratam innocentium cædibus celeberrimam urbis partem; ne Capitolio quidem abstineri. Togatum nempe se et unum e senatoribus, dum inter Vespasianum ac Vitellium præliis legionum, captivitatibus urbium, deditionibus cohortium judicatur. Jam Hispaniis Germaniisque et Britannia desciscentibus, fratrem Vespasiani mansisse in fide, donec ultro ad conditiones vocaretur. Pacem et concordiam victis utilia, victoribus tantum pulchra esse. Si conventionis pœniteat, non se, quem perfidia deceperit, ferro peteret, non filium Vespasiani vix puberem. Quantum occisis uno sene et uno juvene proficí? iret obviam legionibus et de summa rerum illic certaret; cetera secundum eventum prælii cessura. » Trepidus ad hæc Vitellius pauca purgandi sui causa respondit, culpam in militem conferens, « cujus nimio ardori imparem esse modestiam suam. » Et monuit Martialem, ut per secretam ædium partem occulte abiret, ne a militibus internuncius invisæ pacis interficeretur. Ipse neque jubendi neque vetandi potens, non jam imperator, sed tantum belli causa erat.

tole, que le soldat arrive furieux, sans chef; chacun se conduisait lui-même. Précipitant leur marche, ils laissent derrière eux le forum et les temples qui le dominent, montent en bataille sur la colline opposée, et s'avancent jusqu'à la première porte de la forteresse du Capitole. Sur le penchant de la colline, à droite, se trouvaient de vieux portiques, d'où les assiégés, postés sur les toits, accablaient les Vitelliens de tuiles et de pierres. Ceux-ci, pour toutes armes, n'avaient que leurs épées, et ils trouvaient trop long de faire venir des machines ou leurs armes de trait. Ils lancent des torches sur le portique le plus saillant, et ils suivent la flamme. La porte du Capitole consumée, ils eussent pénétré par là, si Sabinus, faisant arracher de tous côtés les statues, monuments de gloire de nos ancêtres, et les jetant à l'entrée, n'en eût formé une sorte de rempart. Alors les assiégeants attaquent, par deux côtés à la fois, les autres entrées du Capitole; ils cherchent à y pénétrer près du bois de l'Asyle, et à l'endroit où l'escalier de cent marches conduit à la roche Tarpéienne. Ni l'une ni l'autre de ces attaques n'était prévue : la plus vive se fit par le bois qui était plus proche ; et l'on ne pouvait arrêter les Vitelliens, lesquels montaient par une suite de maisons contiguës, qui, dans la sécurité d'une pleine paix, s'étaient élevées jusqu'à être de niveau avec le plateau du Capitole. Ici, on ne sait plus si ce furent les assaillants qui mirent le feu aux maisons, ou, ce qui est l'opinion la plus générale, si ce furent les assiégés eux-mêmes, qui n'imaginèrent que ce moyen d'arrêter les efforts et les progrès de l'ennemi. Des maisons, la flamme s'étend aux portiques du temple ; bientôt elle se communique aux aigles qui soutiennent le toit, et qui, étant de vieux bois, alimentent l'embrasement. Ce fut ainsi que le Capitole, sans qu'on eût forcé les portes, sans qu'on pût ni le sauver, ni le piller, fut consumé entièrement.

LXXII. C'est la chose la plus déplorable et la plus honteuse qui soit jamais arrivée à Rome depuis sa fondation, que, dans un temps où nous n'avions pas un seul ennemi étranger, où nous étions, autant que le permettent nos mœurs, en paix avec les dieux, que, dans ce temps-la même, le temple auguste du plus grand des immortels, fondé solennellement par nos ancêtres, pour être le gage de l'empire du monde, que ni Porsenna, après avoir dicté des lois à Rome, ni les Gaulois après l'avoir prise, n'avaient pu profaner, ait été détruit par les fureurs de nos princes. Il y avait eu auparavant un autre incendie du Capitole dans une guerre civile ; mais ce fut l'ouvrage de quelques particuliers. Alors c'était un peuple entier qui l'assiégeait, qui le livrait aux flammes, et pour qui ? où était le dédommagement d'un si grand désastre ? était-ce pour la patrie que l'on combattait ? Tarquin l'Ancien, dans la guerre des Sabins, avait voué ce temple, et il en avait jeté les fondements, plutôt dans l'espoir de notre grandeur future, que dans la proportion des faibles moyens d'un empire alors naissant. Servius Tullius, avec les contributions des alliés, et ensuite Tarquin le Superbe, avec les dépouilles de Suessa Pométia, ne tardèrent pas à élever l'édifice ; mais la gloire de l'achever était réservée à la liberté. Ce fut après l'expulsion des rois, qu'Horatius Pulvillus, dans son second consulat, dédia ce monument si beau dès lors, que, depuis, l'immense fortune du peuple romain ajouta plutôt à la richesse du Capitole qu'à sa grandeur. On le reconstruisit sur le même emplacement, lorsqu'après avoir

LXXI. Vixdum regresso in Capitolium Martiale, furens miles aderat, nullo duce sibi quisque auctor ; cito agmine forum et imminentia foro templa prætervecti, erigunt aciem per adversum collem, usque ad primas Capitolinæ arcis fores. Erant antiquitus porticus in latere clivi, dextræ subeuntibus ; in quarum tectum egressi saxis tegulisque Vitellianos obruebant. Neque illis manus nisi gladiis armatæ ; et accessere tormenta aut missilia tela longum videbatur. Faces in prominentem porticum jecere ; et sequebantur ignem ambustasque Capitolii fores penetrassent, ni Sabinus revulsas undique statuas, decora majorum, in ipso aditu, vice muri objecisset. Tum diversos Capitolii aditus invadunt, juxta lucum Asyli et qua Tarpeia rupes centum gradibus aditur. Improvisa utraque vis ; propior atque acrior per Asylum ingruebat : nec sisti poterant scandentes per conjuncta ædificia, quæ, ut in multa pace, in altum edita solum Capitolii æquabant. Hic ambigitur ignem tectis oppugnatores injecerint, an obsessi (quæ crebrior fama est) quo nitentes ac progressos depellerent. Inde lapsus ignis in porticus appositas ædibus ; mox sustinentes fastigium aquilæ, vetere ligno, traxerunt flammam alueruntque. Sic Capitolium, clausis foribus, indefensum et indireptum, conflagravit.

LXXII. Id facinus post conditam urbem luctuosissimum fœdissimumque reipublicæ populi romani accidit : nullo externo hoste, propitiis, si per mores nostros liceret, deis, sedem Jovis optimi maximi, auspicato a majoribus, pignus imperii, conditam, quam non Porsena dedita urbe, neque Galli capta temerare potuissent, furore principum exscindi ! Arserat et ante Capitolium civili bello, sed fraude privata ; nunc palam obsessum, palam incensum : quibus armorum causis ? quo tantæ cladis pretio ? pro patria bellavimus ? Voverat Tarquinius Priscus rex, bello Sabino, jeceratque fundamenta spe magis futuræ magnitudinis, quam quo modicæ adhuc populi romani res sufficerent ; mox Servius Tullius, sociorum studio ; deinde Tarquinius Superbus, capta Suessa Pometia, hostium spoliis, exstruxere. Sed gloria operis libertati reservata : pulsis regibus, Horatius Pulvillus, iterum consul, dedicavit ea magnificentia, quam immensæ postea populi romani opes ornarent potius quam augerent. Iisdem rursus vestigiis situm est, postquam inter erto quadringentorum viginti quinque annorum spat

subsisté quatre cent vingt-cinq ans, il fut brûlé sous le consulat de Lucius Scipio et de Caïus Norbanus. Sylla, victorieux, en entreprit la reconstruction; mais il n'en fit point la dédicace, seul bonheur refusé à sa fortune. Le nom de Lutatius Catulus subsista jusqu'à Vitellius, au milieu de tous les embellissements ajoutés par les Césars. Tel était l'édifice que les flammes consumaient alors.

LXXIII. Mais l'incendie causa plus de frayeur aux assiégés qu'aux assiégeants. Les troupes de Vitellius ne manquaient, dans les périls, ni d'habileté ni de courage. C'était le contraire dans l'autre parti : le soldat s'agitait en désordre; le chef était sans énergie, et comme frappé de stupidité, n'ayant ni langue ni oreilles, incapable de suivre les conseils des autres, ni de se tirer d'affaire lui-même. Il tournait çà et là à tous les cris de l'ennemi; défendant ce qu'il avait ordonné, ordonnant ce qu'il avait défendu. Bientôt, ce qui arrive dans les affaires désespérées tous commandent, personne n'exécute : enfin, jetant leurs armes, ils ne songent qu'à la fuite et aux moyens d'échapper. Les Vitelliens percent de tous côtés, et mettent tout à feu et à sang. Un petit nombre de braves guerriers, parmi lesquels on distingua surtout Cornélius Martialis, Émilius Pacensis, Casperius Niger, Didius Scéva, se font massacrer en combattant. Sabinus, qui était sans armes, et ne faisait pas un pas pour se sauver, est entouré, ainsi que le consul Quinctius Atticus, trop désigné par ce fantôme de magistrature, et par sa propre imprudence, ayant jeté parmi le peuple des édits où il prodiguait les honneurs à Vespasien, les injures à Vitellius. Le reste se sauva par différents moyens, quelques-uns déguisés en esclaves, d'autres à l'aide de leurs clients qui les recelèrent, ou en se cachant parmi les bagages. Plusieurs ayant recueilli le mot de guerre par lequel les Vitelliens se reconnaissaient entre eux, surent le demander et le redire si à propos, que leur audace fit leur sûreté.

LXXIV. Domitien, dans le premier moment que les ennemis pénétrèrent, se réfugia chez l'édituen; puis, par l'adresse d'un affranchi, il sortit en habit de lin, confondu avec une troupe de sacrificateurs, et il se rendit, sans être reconnu, près du Vélabre, chez Cornélius Primus, client de Vespasien, où il resta caché. Sous le principat de son père, il fit abattre la maison de l'édituen, et il érigea à Jupiter Conservateur une petite chapelle, avec un autel de marbre, sur lequel il fit graver son aventure. Lorsqu'ensuite il fut parvenu à l'empire, il consacra à Jupiter Gardien un temple superbe, où il se plaça lui-même entre les bras du dieu. Sabinus et Atticus furent menés à Vitellius, chargés de chaînes. Il les reçut d'un air et avec un langage qui n'étaient rien moins que menaçants, au grand mécontentement des soldats, qui réclamaient en murmurant le droit de les massacrer, et le prix du service qu'ils venaient de rendre. Les premiers cris éclatent tout près de Vitellius ; ils sont répétés par la plus vile portion de la populace, qui demande hautement le supplice de Sabinus, et mêle la menace à l'adulation. Debout', sur les degrés du palais, Vitellius se préparait à intercéder; mais leur obstination lui ferma la bouche. Ils percent de coups Sabinus, le mettent en pièces, lui coupent la tête, et ils traînent son corps tout mutilé aux Gémonies.

LXXV. Telle fut la fin d'un homme qui certainement n'était pas sans mérite. Il avait servi trente-cinq ans la république, avec une réputation brillante et à l'armée et dans Rome. Son

---

L. Scipione, C. Norbano consulibus, flagraverat. Curam victor Sulla suscepit neque tamen dedicavit; hoc solum felicitati ejus negatum. Lutatii Catuli nomen, inter tanta Cæsarum opera, usque ad Vitellium mansit. Ea tunc ædes cremabatur.

LXXIII. Sed plus pavoris obsessis quam obsessoribus intulit. Quippe Vitellianus miles neque astu neque constantia inter dubia indigebat. Ex diverso trepidi milites, dux segnis et veluti captus animi non lingua, non auribus competere ; neque alienis consiliis regi, neque sua expedire ; huc illuc clamoribus hostium circumagi ; quæ jusserat vetare, quæ vetuerat jubere. Mox, quod in perditis rebus accidit, omnes præcipere, nemo exsequi ; postremo abjectis armis, fugam et fallendi artes circumspectabant. Irrumpunt Vitelliani et cuncta sanguine, ferro flammisque miscent. Pauci militarium virorum, inter quos maxime insignes Cornelius Martialis, Æmilius Pacensis, Casperius Niger, Didius Scæva, pugnam ausi, obtruncantur. Flavium Sabinum inermem, neque fugam cœptantem, circumsistunt, et Quinctium Atticum, consulem, umbra honoris et sua met vanitate monstratum, quod edicta in populum pro Vespasiano magnifica, probrosa adversus Vitellium, jecerat. Ceteri per varios casus elapsi ; quidam servili habitu alii fide clientium contecti et inter sarcinas abditi. Fuere qui, excepto Vitellianorum signo quo inter se noscebantur, ultro rogitantes respondentesve audaciam pro latebra haberent.

LXXIV. Domitianus, prima irruptione apud æditunm occultatus, sollertia liberti, lineo amictu turbæ sacricularum immixtus ignoratusque, apud Cornelium Primum, paternum clientem, juxta Velabrum, delituit. Ac potiente rerum patre, disjecto æditui contubernio, modicum sacellum Jovi conservatori aramque posuit, casus suos in marmore expressam. Mox imperium adeptus, Jovi custodi templum ingens seque in sinu dei sacravit. Sabinus et Atticus, onerati catenis et ad Vitellium ducti, nequaquam infesto sermone vultuque excipiuntur, frementibus qui jus cædis et præmia navatæ operæ peterbant. Clamore a proximis orto, sordida pars plebis supplicium Sabini exposcit, minas adulationesque miscet. Stantem pro gradibus palatii Vitellium et preces parantem pervicere ut absisteret. Tum confossum collaceratumque et abciso capite truncum corpus Sabini in Gemoniis trahunt.

LXXV. Hic exitus viri haud sane spernendi. Quinque

équité et son désintéressement étaient irréprochables : seulement il parlait trop ; et, dans les sept ans qu'il gouverna la Mésie, et les douze qu'il exerça la préfecture de Rome, c'est le seul défaut que la voix publique lui ait reproché. Sur la fin de sa vie, il parut, aux uns, pusillanime, à beaucoup d'autres, un homme modéré, qui cherchait à épargner le sang des citoyens. Mais, ce qui est avoué généralement, c'est qu'avant le principat de Vespasien, Sabinus faisait toute la gloire de cette famille. Cette mort, dit-on, fut loin d'affliger Mucien. On croit même qu'elle fut un bien pour l'Etat, en ce qu'elle ôta toute rivalité entre deux hommes, dont l'un était le frère, et l'autre se croyait le collègue de l'empereur. Le peuple voulait aussi le supplice du consul, mais Vitellius s'y opposa. Lorsqu'on avait demandé qui avait mis le feu au Capitole, Atticus s'était déclaré le coupable. Par cet aveu, ou par ce mensonge fait à propos, Atticus ayant paru prendre sur lui tout l'odieux de ce malheur, et en décharger le parti de Vitellius, ce service calma le prince, qui l'épargna comme par reconnaissance.

LXXVI. Dans ce temps-là même, Lucius Vitellius, qui campait à Feronia, préparait le saccagement de Terracine. Il n'y avait dans la place que des gladiateurs et des rameurs, qui n'osaient point sortir des murs et se hasarder en pleine campagne. Leurs commandants, comme je l'ai dit plus haut, étaient Apollinaris, pour les soldats de marine, Julianus, pour les gladiateurs : tous deux, par leurs dissolutions et leur apathie, plus semblables à des gladiateurs qu'à des chefs. Ils ne faisaient ni monter de gardes, ni fortifier les endroits faibles ; ils passaient dans les divertissements le jour et la nuit, faisant retentir ces beaux lieux de fêtes continuelles : tous leurs soldats étaient dispersés pour le service de leurs plaisirs. Ils ne parlaient de guerre qu'au milieu des festins. Apinius Tiro qui en était sorti peu de jours auparavant pour faire contribuer quelques villes, y avait mis tant de rigueur, qu'il attirait bien plus de haines qu'il ne procurait de secours à son parti.

LXXVII. Cependant un esclave de Capiton vient trouver Lucius Vitellius; et il s'engage, pourvu qu'on lui donne main forte, à livrer la citadelle, qui était sans défense. Les cohortes partent sans bagages, au milieu de la nuit ; il les amène par le sommet la plus élevé des montagnes, jusque sur la tête de l'ennemi. De là, elles fondent sur la ville; et ce fut un massacre plutôt qu'un combat. Elles trouvent des hommes sans armes, ou occupés à les prendre; quelques-uns à peine réveillés, que les ténèbres, la peur, le bruit des trompettes, les cris de l'ennemi, rendaient éperdus. Quelques gladiateurs résistèrent et vendirent leur vie. Le reste courait aux vaisseaux où régnaient une terreur pareille et une confusion inexprimable augmentées par les habitants qui s'y jetaient pêle-mêle, et qui étaient égorgés indistinctement par les Vitelliens. A la première alarme il se sauva six galères, sur lesquelles était le préfet de la flotte, Apollinaris; le reste fut pris dans le port, ou coula à fond par la surcharge de la foule qui s'y précipitait. Julianus fut mené à Lucius Vitellius, qui, après l'avoir déshonoré par les verges, le fit égorger devant lui. Quelques écrivains ont accusé Triaria, femme de ce Vitellius, de s'être montrée l'épée à la main, au milieu du deuil et des hor-

---

et triginta stipendia in republica fecerat, domi militiæque clarus. Innocentiam justitiamque ejus non arguens ; sermonis nimius erat : id unum septem annis quibus Mœsiam, duodecim quibus præfecturam urbis obtinuit, calumniatus est rumor. In fine vitæ, alii segnem, multi moderatum, et civium sanguinis parcum credidere. Quod inter omnes constiterit, ante principatum Vespasiani, decus domus penes Sabinum erat. Cædem ejus lætam fuisse Muciano accepimus. Ferebant plerique etiam paci consultum, dirempta æmulatione inter duos quorum alter se fratrem imperatoris, alter consortem imperii cogitaret. Sed Vitellius consulis supplicium posccenti populo restitit, placatus ac velut vicem reddens, quod, interrogantibus quis Capitolium incendisset, se reum Atticus obtulerat. Eaque confessione, sive aptum tempori mendacium fuit, invidiam crimenque agnovisse a partibus Vitellii amolitus videbatur.

LXXVI. Iisdem diebus L. Vitellius, positis apud Feroniam castris, excidio Tarracinæ imminebat ; clausis illic gladiatoribus remigibusque, qui non egredi mœnia neque periculum in aperto audebant. Præerat, ut supra memoravimus, Julianus gladiatoribus, Apollinaris remigibus, lascivia socordiaque gladiatorum magis quam ducum similes. Non vigilias agere, non intuta mœnium firmare, noctu dieque fluxi et amœna littorum personantes, in ministerium luxus dispersis militibus, de bello tantum inter convivia loquebantur. Paucos ante dies discesserat Apinius Tiro ; donisque ac pecuniis acerbe per municipia conquirendis, plus invidiæ quam virium partibus addebat.

LXXVII. Interim ad L. Vitellium servus Verginii Capitonis perfugit, pollicitusque, si præsidium acciperet, vacuam arcem tradi futurum, multa nocte cohortes expeditas summis montium jugis, super caput hostium sistit ; inde miles ad cædem magis quam ad pugnam decurrit : sternunt inermes aut arma capientes et quosdam somno excitos, quum tenebris, pavore, sonitu tubarum, clamore hostili turbarentur. Pauci gladiatorum resistentes neque inulti cecidere ; ceteri ad naves ruebant, ubi cuncta pari formidine implicabantur, permixtis paganis quos nullo discrimine Vitelliani trucidabant. Sex liburnicæ inter primum tumultum evasere, in quis præfectus classis Apollinaris; reliquæ in littore captæ, aut nimio ruentium onere pressas mare hausit. Julianus, ad L. Vitellium perductus et verberibus fœdatus, in ore ejus jugulatur. Fuere qui uxorem L. Vitellii Triariam incessererent, tanquam gladio militari cincta, inter luctum cladesque expugnatæ Tarracinæ,

reurs du saccagement de Terracine, et d'y avoir signalé son orgueil et sa cruauté. Lucius envoya à son frère la branche de laurier, gage de sa victoire : il lui fit demander s'il repartirait sur-le-champ, ou s'il poursuivrait l'entière réduction de la Campanie : ce qui fut très-heureux et pour le parti de Vespasien et pour la république; car s'il eût mené droit à Rome des troupes fières d'une victoire récente, et dont l'intrépidité naturelle s'était accrue de l'audace que donnent les succès, le choc n'eût pas laissé d'être violent et fatal à cette ville. Lucius Vitellius, tout infâme qu'il était, ne manquait point de talents; il n'avait pas, comme les gens de bien, l'énergie de la vertu, mais bien celle du vice, comme tous les scélérats déterminés.

LXXVIII. Pendant que ces choses se passaient dans le parti de Vitellius, l'armée de Vespasien, décampée de Narnie, s'amusait à fêter paisiblement les saturnales à Ocriculum. Le motif de ce délai si funeste était d'attendre Mucien; mais il y en eût qui soupçonnèrent Antonius d'avoir temporisé à dessein, depuis certaines lettres secrètes où Vitellius lui offrait, pour prix d'une trahison, le consulat, sa fille en mariage, et une dot immense. D'autres prétendaient que c'était une calomnie inventée pour plaire à Mucien; quelques-uns, que c'était le projet de tous les chefs de menacer Rome de la guerre, sans l'y porter, dans l'idée que Vitellius, abandonné par ses meilleures troupes et privé de tous ses appuis, renoncerait de lui-même à l'empire; mais que tout ce plan avait été dérangé par la précipitation, ensuite, par la lâcheté de Sabinus, qui, après avoir pris inconsidérément les armes, n'avait pu défendre contre trois cohortes cette forteresse du Capitole, imprenable même à de grandes armées. On ne saurait trop qui blâmer nommément dans une occasion où tous faillirent. Mucien, par ses lettres équivoques, arrêtait les vainqueurs; Antonius, par une condescendance hors de saison, ou plutôt pour reporter l'odieux sur Mucien, se fit soupçonner : les autres généraux, croyant trop tôt la guerre terminée, en rendirent la fin mémorable; et Cérialis lui-même, détaché en avant à la tête de mille chevaux, avec ordre de prendre les routes de traverse par le pays des Sabins, et d'entrer dans Rome par la voie Salarienne, ne fit pas assez de diligence; enfin tous s'endormirent jusqu'au moment où le bruit du siége du Capitole les réveilla tous.

LXXIX. Antonius arriva par la voie Flaminienne aux Roches-Rouges, fort avant dans la nuit. Il était trop tard : il n'apprend que des nouvelles affligeantes, Sabinus tué, le Capitole en cendres, Rome dans la consternation. On disait encore que le peuple et les esclaves prenaient les armes pour Vitellius; de plus, le corps de cavalerie que menait Cérialis venait d'être défait. Cérialis était accouru sans précaution, comme n'ayant affaire qu'à des vaincus; il fut reçu par les Vitelliens avec de l'infanterie mêlée parmi leur cavalerie. On se battit, non loin de Rome, entre des maisons et des jardins, dans des détours de rues parfaitement connus des Vitelliens, et inconnus aux autres, ce qui intimida ceux-ci. D'ailleurs toute leur cavalerie ne donna pas. Il s'y trouvait un détachement de celle qui s'était rendue à Narnie, lequel se tint à observer l'événement. Tullius Flavianus, préfet d'une division, fut fait

---

superbe sævequo egisset. Ipse lauream gestæ prospere rei ad fratrem misit; percunctatus statim regredi se, an perdomandæ Campaniæ insistere juberet. Quod salutare non modo partibus Vespasiani, sed reipublicæ fuit : nam si recens victoria miles, et, super insitam pervicaciam, secundis ferox Romam contendisset, haud parva mole certatum nec sine exitio urbis foret; quippe L. Vitellio, quamvis infami, inerat industria: nec virtutibus, ut boni, sed, quomodo pessimus quisque, vitiis valebat.

LXXVIII. Dum hæc in partibus Vitellii geruntur, digressus Narnia Vespasiani exercitus festos Saturni dies Ocriculi per otium agitabat. Causa tam pravæ moræ, ut Mucianum opperirentur. Nec defuere qui Antonium suspicionibus arguerent, tanquam « dolo cunctantem, post secretas Vitellii epistolas, quibus consulatum et nubilem filiam et dotales opes, pretium proditionis, offerebat. » Alii, « ficta hæc et in gratiam Muciani composita. » Quidam, « omnium id ducum consilium fuisse, ostentare potius urbi bellum quam inferre; quando validissimæ cohortes a Vitellio descivissent, et, abscisis omnibus præsidiis, cessurus imperio videbatur. Sed cuncta festinatione, deinde ignavia Sabini corrupta; qui sum tis temere armis, munitissimam Capitolii arcem, et ne magnis quidem exercitibus expugnabilem, adversus tres cohortes tueri nequivisset. » Haud facile quis uni assignaverit culpam quæ omnium fuit; nam et Mucianus ambiguis epistolis victores morabatur, et Antonius præpostero obsequio, vel dum regerit invidiam, crimen meruit; ceterique duces, dum peractum bellum putant, finem ejus insignivere. Ne Petilius quidem Cerialis, cum mille equitibus præmissus ut transversis itineribus per agrum Sabinum Salaria via urbem introiret, satis maturaverat : donec obsessi Capitolii fama cunctos simul excirit.

LXXIX. Antonius per Flaminiam ad Saxa Rubra, multo jam noctis, serum auxilium venit. Illic interfectum Sabinum, conflagrasse Capitolium, tremere urbem, mæsta omnia accipit; plebem quoque et servitia pro Vitellio armari nunciabatur. Et Petilio Ceriali equestre prælium adversum fuerat; namque incautum et tanquam ad victos ruentem Vitelliani, interjecto equiti pedes, excepere; pugnatum haud procul urbe, inter ædificia hortosque et anfractus viarum; quæ gnara Vitellianis, incomperta hostibus, metum fecerant; neque omnis eques concors, adjunctis quibusdam qui, nuper apud Narniam dediti, fortunam par-

prisonnier; le reste s'enfuit lâchement et se dispersa : les vainqueurs ne les poursuivirent pas au delà de Fidène.

LXXX. Ce succès enflamma l'ardeur du peuple. Toute la populace de Rome prit les armes; peu avaient des boucliers en état; la plupart s'étaient fait des armes à la hâte de ce qui était tombé sous leurs mains. Ils demandent à grands cris le signal du combat. Vitellius les remercie, et leur ordonne de sortir pour défendre la ville. Puis, ayant rassemblé le sénat, il fait nommer des députés, qui allèrent, en se couvrant du bien public, conseiller aux légions flaviennes la paix et la concorde. Le sort de ces députés fut différent. Ceux qui étaient allés vers Cérialis coururent un extrême péril. Le soldat se révoltait au seul nom de paix et de conditions. On blessa le préteur Arulénus Rusticus : la considération personnelle de ce Romain ajoutait à l'horreur d'un attentat commis sur un préteur et sur un député. Sa suite fut dispersée; le premier licteur qui avait entrepris d'écarter la foule fut tué; et, sans un détachement que Cérialis leur donna pour les défendre, ce caractère d'ambassadeur, sacré même pour un ennemi, des citoyens, jusque devant les murs de leur patrie, l'eussent souillé dans leur rage, au point de massacrer les ambassadeurs eux-mêmes. Ceux qui s'étaient rendus vers Antonius furent mieux reçus, non que le soldat fût plus modéré; mais le chef était mieux obéi.

LXXXI. Parmi les députés, s'était mêlé un certain Musonius Rufus, de l'ordre équestre, espèce de philosophe qui se piquait de stoïcisme. Cet homme, allant au milieu des soldats, se mit à discourir sur les avantages de la paix, sur l'atrocité de la guerre; et il se faisait le censeur de toute cette multitude armée. Quelques-uns s'en divertirent; la plupart s'en ennuyèrent; et il ne manquait pas de gens qui allaient le chasser et le fouler aux pieds, si, enfin, sur l'avis des plus modérés et sur les menaces redoublées des autres, il n'eût laissé là sa sagesse hors de saison. Les vestales vinrent aussi avec des lettres de Vitellius pour Antoine : Vitellius demandait qu'on retardât la décision d'un seul jour; dans ce court intervalle tout s'arrangerait facilement. On congédia les vestales avec les plus grands égards : on répondit à Vitellius que le meurtre de Sabinus et l'incendie du Capitole avaient rompu toute négociation.

LXXXII. Toutefois, Antonius, dans l'assemblée qu'il convoqua, essaya d'adoucir les légions et de leur persuader de n'aller camper qu'au pont Milvius, et de n'entrer dans Rome que le lendemain. Il voulait différer dans la crainte que le soldat, aigri par la résistance, n'épargnât ni le peuple, ni le sénat, ni les temples même des dieux. Mais le soldat, s'imaginant que l'on conspirait contre sa victoire, s'indignait des moindres retardements. D'ailleurs tous ces drapeaux qu'on voyait flotter sur les hauteurs, quoiqu'ils ne guidassent qu'une multitude sans courage, présentaient aux yeux l'apparence d'une armée ennemie. Ils marchent donc en trois corps, et chacun, comme il se trouvait : l'un, par la voie Flaminienne; l'autre, le long du Tibre; le troisième s'avançait par la voie Salarienne vers la porte Colline. L'arrivée seule de la cavalerie

---

tium speculabantur. Capitur præfectus alæ Tullius Flavianus; ceteri fœda fuga consternantur, non ultra Fidenas secutis victoribus.

LXXX. Eo successu studia populi aucta; vulgus urbanum arma cepit. Paucis scuta militaria, plures raptis quod cuique obvium telis, signum pugnæ exposcunt. Agit grates Vitellius et ad tuendam urbem prorumpere jubet. Mox vocato senatu, deliguntur legati ad exercitus, ut prætexto reipublicæ concordiam pacemque suaderent. Varia legatorum sors fuit. Qui Petilio Ceriali occurrerant extremum discrimen adiere, adspernante milite conditiones pacis; vulneratur prætor Arulenus Rusticus; auxit invidiam, super violatum legati prætorisque nomen, propria dignatio viri; palantur comites; occiditur proximus lictor, dimovere turbam ausus; et, ni dato a duce præsidio defensi forent, sacrum etiam inter exteras gentes legatorum jus, ante ipsa patriæ mœnia, civilis rabies usque in exitium temerasset. Æquioribus animis accepti sunt qui ad Antonium venerant, non quia modestior miles, sed duci plus auctoritatis.

LXXXI. Miscuerat se legatis Musonius Rufus, equestris ordinis, studium philosophiæ et placita stoicorum æmulatus; cœptabatque, permixtus manipulis, bona pacis ac belli discrimina disserens, armatos monere. Id plerisque ludibrio, pluribus tædio; nec deerant qui propellerent proculcarentque, ni, admonitu modestissimi cujusque et aliis minitantibus, omisisset intempestivam sapientiam. Obviæ fuere et virgines Vestales, cum epistolis Vitellii ad Antonium scriptis : eximi supremo certamini unum diem postulabat : « simoram interjecissent, facilius omnia conventura. » Virgines cum honore dimissæ; Vitellio rescriptum « Sabini cæde et incendio Capitolii dirempta bellicommercia. »

LXXXII. Tentavit tamen Antonius vocatas ad concionem legiones mitigare, ut, castris juxta pontem Mulvium positis, postera die urbem ingrederentur. Ratio cunctandi, ne asperatus prælio miles non populo, non senatui, ne templis quidem ac delubris deorum consuleret. Sed omnem prolationem, ut inimicam victoriæ, suspectabant. Simul fulgentia per colles vexilla, quanquam imbellis populus sequeretur, speciem hostilis exercitus fecerant. Tripartito agmine, pars ut adstiterat, Flaminia via; pars juxta ripam Tiberis incessit; tertium agmen, per Salariam, Collinæ portæ propinquabat. Plebs invectis equitibus fusa. Miles Vitellianus trinis et ipse præsidiis occurrit. Prælia ante urbem multa et varia, sed Flavianis, consilio ducum præstantibus, sæpius prospera. Ii tantum conflictati sunt qui in partem sinistram urbis, ad Sallustianos hortos, per

dispersa la populace. Quant aux soldats vitelliens, ils vont au-devant, et en trois corps aussi. Il se livra devant la ville plusieurs combats avec un succès divers; mais les Flaviens, mieux commandés, eurent plus souvent l'avantage. Il n'y eut de maltraités que ceux qui avaient pris à la gauche de Rome, vers les jardins de Salluste, par des chemins étroits et glissants. Les Vitelliens, montés sur les murs des jardins, les accablaient sous eux de pierres et de javelots, et ils les tinrent en échec jusqu'au soir, qu'ils furent enveloppés à leur tour par la cavalerie, qui avait pénétré par la porte Colline. Il y eut aussi, dans le champ de Mars, une bataille sanglante. Les Flaviens avaient pour eux la fortune et toutes leurs victoires; le désespoir seul précipitait les Vitelliens, qui, quoique rompus, allaient de nouveau se rallier dans Rome.

LXXXIII. Le peuple assistait à la bataille comme à un spectacle; et, comme dans les combats du cirque, il encourageait tantôt les uns, tantôt les autres, par ses applaudissements et ses cris. Toutes les fois qu'un des deux partis avait plié, si quelques soldats allaient se cacher dans les boutiques, ou se réfugier dans quelques maisons, il demandait qu'on les en arrachât, qu'on les massacrât, et il s'emparait de la plus grande partie du butin. Tandis que le sang et le carnage occupaient le soldat tout entier, le peuple profitait des dépouilles. Rome offrait un spectacle horrible et monstrueux. Ici, des combats et des blessures; là, des gens qui se baignent, ou s'enivrent, on voit, à la fois, du sang et des monceaux de morts; et, tout près, des courtisanes et des prostitués; d'une part, toutes les débauches d'une paix dissolue; de l'autre, tous les crimes de la plus impitoyable conquête. On eût cru la même ville en fureur et dans les fêtes. On avait vu auparavant des armées aux prises dans la ville, deux fois quand Sylla, et une fois quand Cinna furent vainqueurs, et on n'y avait pas vu moins de cruauté; mais maintenant il y avait de plus une sécurité barbare; pas la moindre interruption dans les plaisirs; il semblait que la joie des saturnales en fût redoublée. On jouissait, on était transporté, sans s'embarrasser d'aucun parti, et les malheurs publics faisaient partie des plaisirs.

LXXXIV. La plus grande résistance fut à l'attaque du camp, que les plus déterminés des Vitelliens défendaient comme leur dernier asile. Les vainqueurs n'en firent que plus d'efforts, surtout les anciens prétoriens. Tout ce que l'art a imaginé pour la destruction des plus fortes places, la tortue, les machines, les terrasses et le feu, ils l'employaient à la fois; ils se disent les uns aux autres que c'est la fin de tant de travaux, de périls et de combats; qu'ils ont rendu au peuple et au sénat, leur Capitole; aux dieux, leurs temples : 'que pour le soldat même l'honneur est dans le camp, que là est la patrie, les pénates du soldat; que, s'ils n'y rentrent sur-le-champ, il faudra passer la nuit sous les armes. De leur côté, les Vitelliens, quoique bien inférieurs en nombre et en fortune, se faisaient, dans leur défaite, une consolation dernière d'inquiéter la victoire, de retarder la paix, de souiller de sang les maisons et les autels. Plusieurs, à demi morts, expirèrent sur les tours et les remparts : les portes arrachées, le reste de la troupe se présenta aux vainqueurs; et ils tombèrent tous blessés par devant, tous en face de l'ennemi : tout en mourant, ils songeaient à l'honneur de leur mort.

LXXXV. Vitellius, voyant Rome prise, s'é-

---

angusta et lubrica viarum, flexerant. Superstantes maceriis hortorum Vitelliani, ad serum usque diem, saxis pilisque subeuntes arcebant; donec ab equitibus, qui porta Collina irruperant, circumvenirentur. Concurrere et in campo Martio infestæ acies. Pro Flavianis fortuna et parta toties victoria; Vitelliani desperatione sola ruebant; et, quanquam pulsi, rursus in urbe congregabantur.

LXXXIII. Aderat pugnantibus spectator populus, utque in ludicro certamine hos, rursus illos clamore et plausu fovebat. Quoties pars altera inclinasset, abditos in tabernis, aut, si quam in domum perfugerent, erui jugularique expostulantes, parte majore prædæ potiebantur; nam milite ad sanguinem et cædes obverso, spolia in vulgus cedebant. Sæva ac deformis urbe tota facies : alibi prælia et vulnera; alibi balineæ popinæque; simul cruor et strues corporum; juxta scorta et scortis similes; quantum in luxurioso otio libidinum; quidquid in acerbissima captivitate scelerum : prorsus ut eamdem civitatem et furere crederes et lascivire. Conflixerant ante armati exercitus in urbe, bis L. Sulla, semel Cinna victoribus; nec tunc minus crudelitatis : nunc inhumana securitas, et ne minimo quidem temporis voluptates intermissæ : velut festis diebus id quoque gaudium accederet, exsultabant, fruebantur, nulla partium cura, malis publicis læti.

LXXXIV. Plurimum molis in oppugnatione castrorum fuit, quæ acerrimus quisque, ut novissimam spem, retinebant. Eo intentius victores, præcipuo veterum cohortium studio, cuncta validissimarum urbium excidiis reperta simul admovent, testudinem, tormenta, aggeres facesque, « quidquid tot præliis laboris ac periculi hausissent, opere illo consummari » clamitantes. « Urbem senatui ac populo romano, morari pacem, domos arasque cruore fœdare, suprema victis solatia amplectebantur. Multi semianimes super turres et propugnacula mœnium exspiravere. Convulsis portis, reliquus globus obtulit se victoribus; et cecidere omnes contrariis vulneribus versi in hostem : ea cura etiam morientibus decori exitus fuit.

LXXXV. Vitellius capta urbe, per aversam palatii

chappe par les derrières du palais, et se fait porter en litière sur l'Aventin, dans la maison de sa femme ; il comptait, s'il se fût dérobé aux recherches du jour, se sauver à Terracine, dans l'armée de son frère. Puis, par incertitude d'esprit, et par l'effet naturel de la peur, qui, craignant tout, s'alarme surtout du présent, il retourne au palais, qu'il trouve désert et abandonné ; jusqu'aux moindres esclaves avaient disparu, ou évitaient sa rencontre. La solitude et le silence des lieux l'épouvantent ; il essaye les appartements fermés, et frissonne de les trouver vides. enfin, las d'errer misérablement, il s'enfonce dans un réduit ignoble, d'où Julius Placidus, tribun de cohorte, vient l'arracher. Il est traîné honteusement en spectacle, les mains liées derrière le dos, ses habits en pièces, recevant mille insultes, sans qu'il y eût une larme de versée : l'ignominie de sa mort étouffait la compassion. Un soldat de Germanie, qui se trouva sur son chemin, tira son épée. Est-ce Vitellius qu'il voulut tuer, dans un accès de fureur, ou pour abréger son opprobre, ou bien le coup s'adressait-il au tribun ? On l'ignore. Il coupa l'oreille du tribun et fut massacré à l'instant. On forçait continuellement Vitellius, avec la pointe des épées ; de relever la tête pour la mieux présenter aux outrages ; on lui faisait regarder, tantôt ses statues qu'on renversait, tantôt les rostres et le lieu où Galba avait été tué ; on voulait qu'il les contemplât. Pour dernier affront, on le poussa vers les Gémonies, où le corps de Sabinus était resté abandonné. Le seul moment où il conserva un peu de dignité fut lorsqu'il répondit au tribun qui l'insultait : qu'il était pourtant son empereur. On finit par le percer de mille coups, et le peuple l'outragea, mort, avec la même lâcheté qu'il l'avait encensé vivant.

LXXXVI. Il était né a Lucérie, et il achevait sa cinquante-septième année. Il avait obtenu le consulat, des sacerdoces, et le renom d'un des principaux personnages dans l'Etat, sans le moindre talent personnel, uniquement par l'illustration de son père ; ceux qui lui donnèrent l'empire ne le connaissaient point. Il est rare que, par des qualités louables, on ait gagné le cœur des soldats au même point que lui avec de la lâcheté. Il avait pourtant une sorte de bonté et de libéralité, vertus qui deviennent très-funestes, si l'on ne garde la mesure. Avec ses amis, il crut trop que des dons magnifiques le dispensaient de la solidité du caractère et il en acheta plus qu'il n'en eut. C'était, sans contredit, le bien de l'État que Vitellius fût vaincu ; mais ceux qui le trahirent pour Vespasien ne peuvent s'en faire un mérite ayant commencé par Galba. Comme le jour baissait, et que la frayeur avait fait sortir de Rome les magistrats et les sénateurs, ou les tenait cachés dans les maisons de leurs clients, on ne put assembler le sénat. Domitien, voyant qu'il n'y avait plus rien à craindre de l'ennemi, s'avança vers les chefs du parti, et fut proclamé César : les soldats en armes, comme ils étaient, le reconduisirent en foule à la maison de son père.

LIVRE QUATRIÈME.

I. Vitellius mort, la guerre était finie, et l'on n'avait point encore la paix. Les vainqueurs, se

---

partem, Aventinum, in domum uxoris, sellula defertur; ut, si diem latebra vitavisset, Tarracinam ad cohortes fratremque perfugeret. Dein, mobilitate ingenii, et, quæ natura pavoris est, quum omnia metuenti præsentia maxime displicerent, in palatium regreditur vastum desertumque, dilapsis etiam infimis, serviliorum aut occursum ejus declinantibus. Terret solitudo et tacentes loci ; tentat clausa ; inhorrescit vacuis ; fessusque misero errore et pudenda latebra semet occultans, ab Julio Placido, tribuno cohortis, protrahitur. Vinctæ pone tergum manus, laniata veste, fœdum spectaculum, ducebatur multis increpantibus, nullo illacrymante : deformitas exitus misericordiam abstulerat. Obvius e Germanicis militibus Vitellium infesto ictu, per iram vel quo maturius ludibriis eximeret, an tribunum appetierit, in incerto fuit : aurem tribuni amputavit, ac statim confossus est. Vitellium, infestis mucronibus coactum modo erigere os et offerre contumeliis, nunc cadentes statuas suas, plerumque Rostra ut Galbæ occisi locum contueri, postremo ad Gemonias, ubi corpus Flavii Sabini jacuerat, propulere. Vox una non degeneris animi excepta, quum tribuno insultanti « se tamen imperatorem ejus fuisse » respondit. Ac deinde ingestis vulneribus concidit. Et vulgus eadem pravitate insectabatur interfectum, qua foverat viventem.

LXXXVI. Patria illi Luceria ; septimum et quinquagesimum ætatis annum explebat ; consulatum, sacerdotia, nomen locumque inter primores, nulla sua industria, sed cuncta patris claritudine, adeptus. Principatum ei detulere qui ipsum non noverant. Studia exercitus raro cuiquam bonis artibus quæsita perinde adfuere, quam huic per ignaviam. Inerat tamen simplicitas ac liberalitas ; quæ, ni adsit modus, in exitium vertuntur. Amicitias, dum magnitudine munerum, non constantia morum, contineri putat, meruit magis quam habuit. Reipublicæ haud dubie intererat Vitellium vinci ; sed imputare perfidiam non possunt qui Vitellium Vespasiano prodidere, quum a Galba descivissent. Præcipiti in occasum die, ob pavorem magistratuum senatorumque, qui dilapsi ex urbe, aut per domos clientium semet occultabant, vocari senatus non potuit. Domitianum, postquam nihil hostile metuebatur, ad duces partium progressum et Cæsarem consalutatum, miles frequens, utque erat in armis, in paternos penates deduxit.

LIBER QUARTUS.

I. Interfecto Vitellio, bellum magis desierat quam pax

tenant dans Rome, toujours armés, s'acharnaient sur les vaincus avec une haine implacable. Ils remplissaient les rues de meurtres; ils ensanglantaient les places publiques et les temples : en quelque lieu que le sort leur offrît une victime, elle était égorgée. Bientôt, par ce progrès naturel à la licence, ils vont fouiller jusque dans les maisons; ils en arrachent ceux qui s'y cachaient. Si quelqu'un, à de la jeunesse, joignait une haute stature, il était massacré sans qu'on s'informât s'il était soldat ou citoyen. Dans la première chaleur de leurs ressentiments, leur cruauté ne voulait que du sang; depuis, elle s'était tournée en cupidité. Ils ne souffraient nulle part qu'il y eût rien de fermé, sous prétexte que c'était une retraite pour des Vitelliens. Ce fut la raison qu'ils donnèrent pour enfoncer les portes des maisons, pour tuer même quand on résistait. Des misérables de la lie du peuple, des esclaves pervers venaient trahir les maîtres opulents; d'autres étaient décelés par leurs amis. Partout des cris, des lamentations, et toutes les horreurs d'une ville prise d'assaut; enfin l'on en vint à regretter l'insolence des soldats d'Othon et de Vitellius, auparavant si odieuse. Les chefs du parti, qui avaient mis tant de courage à allumer la guerre civile, n'avaient pas la force de modérer la victoire. C'est qu'en effet les plus méchants ont le plus de pouvoir pour exciter les troubles et les dissensions au lieu que l'ordre et la paix demandent des vertus.

II. Domitien avait pris le titre et la demeure des Césars, et sans se mêler encore du gouvernement; c'est par des viols et des adultères qu'il se montrait le fils d'un empereur. Varus eut la préfecture du prétoire; toute l'autorité était dans les mains d'Antonius. Celui-ci s'approprie la caisse impériale et toute la maison du prince, comme si c'eût été la dépouille d'un Crémonais. Les autres chefs, soit modération, soit manque de talents, n'avaient point contribué aux succès; ils n'eurent aucune part aux récompenses. Rome, tremblante et façonnée à la servitude, fut la première à désirer que l'on marchât contre Lucius Vitellius, qui revenait de Terracine avec son armée, et qu'on extirpât les restes de la guerre. La cavalerie fut envoyée en avant à Aricie; les légions restèrent en deçà de Boville. Vitellius n'hésita point à se mettre, lui et son armée à la discrétion du vainqueur. Le soldat, indigné du malheureux succès de ses armes, se jeta de colère non moins que de crainte. Cette longue suite de prisonniers fut promenée dans Rome, au milieu d'un rempart de soldats armés. Pas un n'eut la contenance d'un suppliant; ils parurent avec un visage sombre et farouche, sans daigner faire attention aux clameurs et à la joie insultante d'une populace effrénée. Quelques-uns tentèrent de se faire jour à travers les soldats qui les entouraient. Ils furent massacrés. Le reste fut gardé en prison. Il n'y eut pas un seul mot vil de proféré; dans leur humiliation, ils sauvèrent leur réputation de courage. On ne tarda point à se défaire de L. Vitellius. Aussi vicieux que son frère, il s'était montré plus actif; et il fut moins associé à sa grandeur qu'entraîné dans sa chute.

III. On fit partir, dans le même temps, Lucius Bassus avec un détachement de cavalerie, pour aller pacifier la Campanie, dont toutes les villes étaient révoltées, plutôt, il est vrai, par haine les unes contre les autres, que par animosité contre le prince. La seule présence du soldat eut bientôt rétabli le calme. On laissa les petites villes impunies; mais on fit un exemple de Capoue.

cœperat. Armati per urbem victores implacabili odio victos consectabantur; plenæ cædibus viæ, cruenta fora templaque, passim trucidatis, ut quemque fors obtulerat. At mox, augescente licentia, scrutari ac protrahere abditos; si quem procerum habitu et juventa conspexerant, obtruncare, nullo militum aut populi discrimine. Quæ sævitia, recentibus odiis, sanguine explebatur, dein verterat in avaritiam : nihil usquam secretum aut clausum sinebant, Vitellianos occultari simulantes. Initium id perfringendarum domuum; vel, si resisteretur, causa cædis : nec deerat egentissimus quisque ex plebe et pessimi servitiorum prodere ultro dites dominos: alii ab amicis monstrabantur. Ubique lamenta, conclamationes et fortuna captæ urbis; adeo ut Othoniani Vitellianique militis invidiosa antea petulantia desideraretur. Duces partium, accendendo civili bello acres, temperandæ victoriæ impares : quippe in turbas et discordias pessimo cuique plurima vis ; pax et quies bonis artibus indigent.

II. Nomen sedemque Cæsaris Domitianus acceperat; nondum ad curas intentus, sed stupris et adulteriis filium principis agebat. Præfectura prætorii penes Arrium Varum; summa potentiæ in Primo Antonio : is pecuniam familiamque, e principis domo, quasi Cremonensem prædam, rapere; ceteri modestia vel ignobilitate, ut in bello obscuri, ita præmiorum expertes. Civitas pavida et servitio parata occupari redeuntem Tarracina L. Vitellium cum cohortibus, exstingui que reliqua belli, postulabat. Præmissi Ariciam equites; agmen legionum intra Bovillas stetit. Nec cunctatus est Vitellius seque et cohortes arbitrio victoris permittere. Et miles infelicia arma, haud minus ira quam metu, abjecit. Longus deditorum ordo, septus armatis, per urbem incessit, nemo supplici vultu, sed tristes et truces, et adversum plausus ac laciviam insultantis vulgi immobiles : paucos erumpere ausos circumjecti pressere ; ceteri in custodiam conditi. Nihil quisquam locutus indignum, et quanquam inter adversa, salva virtutis fama. Dein L. Vitellius interficitur, par vitiis fratris, in principatu ejus vigilantior, nec perinde prosperis socius quam adversis abstractus.

III. Iisdem diebus Lucilius Bassus, cum expedito equite, ad componendam Campaniam mittitur : discordibus municipiorum animis, magis inter semet quam contumacia adversus principem. Viso milite quies. Et minoribus coloniis impunitas. Capuæ legio tertia hiemandi causa loca-

On y logea, tout l'hiver, la troisième légion; on prit à tâche d'humilier toutes les familles qui marquaient, tandis que d'une autre part, on n'accorda aucun secours à Terracine : tant la pente est plus forte à se venger d'une injure qu'à reconnaître un bienfait; il semble que la reconnaissance soit une charge, et la vengeance un profit. L'unique consolation de Terracine fut de voir ce traître qui l'avait livrée, comme je l'ai dit, cet esclave de Verginius, pendu au gibet, avec ce même anneau qu'il avait reçu de Vitellius, et qu'il portait insolemment. Cependant le sénat décerne à Vespasien tous les honneurs qu'on accordait aux empereurs. On y était joyeux, et l'on savait en qui espérer. La guerre civile, qui avait commencé par les Gaules et les Espagnes, qui s'était communiquée à la Germanie, puis à l'Illyrie; qui, de là, avait parcouru la Judée, la Syrie, toutes les provinces et toutes les armées, semblait, après avoir en quelque sorte purifié l'univers, être enfin arrivée à son terme. L'allégresse publique s'accrut à la lecture d'une lettre de Vespasien, écrite comme si la guerre durait encore; au moins c'est ce que l'on jugeait au premier abord. Du reste, il s'exprimait en prince populaire en parlant de lui-même, élevant son langage au sujet de la république, et n'oubliant point la déférence pour le sénat. On lui décerna le consulat conjointement avec son fils Titus, et, à Domitien, la préture avec le pouvoir consulaire.

IV. Une lettre que Mucien avait aussi écrite au sénat, donna lieu à beaucoup de réflexions. S'il n'était qu'un homme privé, pourquoi, disait-on, cet acte public? Ne pouvait-il attendre quelques jours, et s'expliquer dans le sénat, quand il opinerait à son rang? On blâma jusqu'à son déchaînement contre Vitellius, comme venant trop tard, et n'ayant plus le mérite du courage. Mais ce qui était vraiment insultant pour la république et outrageant pour le prince, c'est qu'il se vantait d'avoir eu l'empire dans sa main, et d'en avoir fait présent à Vespasien. Au reste, le mécontentement se cachait; on ne laissa paraître que l'adulation. On lui décerna, dans les termes les plus honorables, les ornements du triomphe pour une guerre civile, qu'on couvrit toutefois du prétexte de l'expédition contre les Sarmates. Les ornements consulaires furent déférés à Antonius, ceux de la préture à Fuscus et à Varus; après quoi on songea aux dieux. On proposa de reconstruire le Capitole, et ce fut Valérius Asiaticus, consul désigné, par qui tous ces avis furent ouverts. Les autres n'opinaient que par un signe de tête ou de main; un petit nombre, que leur dignité mettait en vue, ou qui avaient l'esprit exercé à l'adulation, prononcèrent des harangues étudiées. Quand ce fut le tour d'Helvidius, préteur désigné, il parla d'une manière qui ne pouvait que flatter un bon prince, mais sans dissimuler aucune vérité; il fut accueilli du sénat avec transport. C'est de ce jour surtout qu'il commença à se faire et de grands ennemis et une grande gloire.

V. Puisque le nom de ce grand homme reparaît encore une fois, et que nous aurons plus d'une occasion de le citer, il semble convenable de retracer en peu de mots ses mœurs, son caractère, et les divers événements de sa vie. Helvidius Priscus naquit à Terracine, ville municipale d'Italie. Son père, Cluvius, avait été primipilaire. Il consacra, dès sa jeunesse, aux plus hautes études, un esprit brillant, non, comme la plupart, pour couvrir du nom fastueux de

---

tur, et domus illustres afflictæ; quum contra Tarracinenses nulla ope juvarentur : tanto proclivius est injuriæ quam beneficio vicem exsolvere; quia gratia oneri, ultio in quæstu habetur. Solatio fuit servus Verginii Capitonis, quem proditorem Tarracinensium diximus, patibulo affixus, in iisdem annulis quos acceptos a Vitellio gestabat. At Romæ senatus cuncta principibus solita Vespasiano decernit, lætus et spei certus : quippe sumpta per Gallias Hispaniasque civilia arma, motis ad bellum Germanis, mox Illyrico, postquam Ægyptum, Judæam, Syriamque et omnes provincias exercitusque lustraverant, velut expiato terrarum orbe, cepisse finem videbantur. Addidere alacritatem Vespasiani literæ, tanquam manente bello scriptæ : ea prima specie forma; ceterum ut princeps loquebatur, civilia de se et reipublicæ egregia; nec senatus obsequium deerat. Ipsi consulatus cum Tito filio, prætura Domitiano et consulare imperium decernuntur.

IV. Miserat et Mucianus epistolas ad senatum, quæ materiam sermonibus præbuere : « si privatus esset, cur publice loqueretur? potuisse eadem, paucos post dies, loco sententiæ dici » : ipsa quoque insectatio in Vitellium sera et sine libertate. Id vero erga rempublicam superbum, erga principem contumeliosum, quod in manu sua fuisse imperium donatumque Vespasiano jactabat. Ceterum invidia in occulto; adulatio in aperto erant : multo cum honore verborum Muciano triumphalia de bello civili data; sed in Sarmatas expeditio fingebatur. Adduntur Primo Antonio consularia, Cornelio Fusco et Arrio Varo prætoria insignia. Mox deos respexere : restitui placuit Capitolium. Eaque omnia Valerius Asiaticus, consul designatus, censuit : ceteri vultu manuque; pauci, quibus conspicua dignitas aut ingenium adulatione exercitum, compositis orationibus assentiebantur. Ubi ad Helvidium Priscum, prætorem designatum, ventum, prompsit sententiam, ut honorificam in bonum principem, ita falsa aberant; et studiis senatus attollebatur. Isque præcipuus illi dies magnæ offensæ initium et magnæ gloriæ fuit.

V. Res poscere videtur, quia iterum in mentionem incidimus viri sæpius memorandi, ut vitam studiaque ejus, et quali fortuna sit usus, paucis repetam. Helvidius Priscus, regione Italiæ, Tarracinæ municipio, Cluvio patre, qui ordinem primipili duxisset, ingenium illustre altioribus studiis juvenis admodum dedit : non, ut plerique, ut nomine magnifico segne otium velaret, sed quo firma

vrir du nom fastueux de sage une lâche inaction, mais afin d'entrer dans les affaires publiques mieux affermi contre le sort. Il s'attacha à cette secte de philosophes qui ne reconnaissent de mal et de bien que ce qui est honnête et honteux, et pour qui le pouvoir, la naissance, et tout ce qui est hors de nous, n'est ni un bien ni un mal. Il n'avait été encore que questeur, lorsque Thraséas le choisit pour son gendre; et, du caractère de son beau-père, ce qu'il saisit le plus avidement fut sa courageuse franchise. Il remplit avec une égale fidélité tous les devoirs de la vie, ceux de citoyen, de sénateur, d'époux, de gendre, d'ami, plein de mépris pour les richesses, de fermeté pour le bien, d'intrépidité contre les menaces.

VI. Quelques-uns trouvaient qu'il cherchait un peu trop la réputation; et, en effet, la passion de la gloire est la dernière dont les sages mêmes se dépouillent. Entraîné dans l'exil par la ruine de son beau-père, à peine fut-il revenu sous Galba, qu'il voulut accuser Marcellus Éprius, le délateur de Thraséas. Cette vengeance, dont on ne peut dire si elle était plus grande que juste, avait partagé le sénat : car la chute de Marcellus eût écrasé une armée de délateurs. D'abord le combat fut menaçant, comme l'attestent les belles harangues de ces deux adversaires. Depuis, sur les irrésolutions qu'il aperçut dans Galba, et sur les instances d'une foule de sénateurs, Helvidius abandonna la poursuite : ce qui ne manqua pas, suivant le naturel des hommes, d'être diversement jugé, les uns louant sa modération, tandis que d'autres eussent désiré plus de fermeté. Dans cette séance, où l'on décerna le pouvoir impérial à Vespasien, on avait arrêté d'envoyer une députation au prince. Ce fut le sujet d'un vif démêlé entre Helvidius et Marcellus. Helvidius voulait que les députés fussent expressément choisis par les magistrats, sous la religion du serment. Marcellus demandait qu'on tirât au sort, ce qui avait été aussi l'avis du consul désigné.

VII. Marcellus y mettait une chaleur toute particulière : il craignait que le choix d'autres députés ne fût regardé comme une exclusion qui le frappait. Insensiblement, de repartie en repartie, ils en vinrent à des harangues en forme, pleines d'animosité. Helvidius demanda pourquoi Marcellus, ayant tant d'avantages par ses richesses et par son éloquence, redoutait à ce point le jugement des magistrats, s'il ne se sentait pressé par le remords de ses infamies? Il dit que l'urne et le sort n'indiquaient point les mœurs; qu'on avait imaginé de recourir aux suffrages et à l'opinion du sénat, afin de pénétrer dans la conduite et dans la réputation de chaque sénateur; qu'il était du bien de la république, qu'il était de l'honneur du prince, qu'on lui envoyât les hommes les plus irréprochables du sénat, des hommes qui ne fissent entendre au prince que le langage de la vertu; que Vespasien avait été l'ami de Thraséas, de Soranus, de Sentius; qu'il ne fallait pas faire montre de leurs accusateurs, quand bien même on ne voudrait pas en faire justice; que ce jugement du sénat semblait désigner au prince ceux qu'il devait estimer, ceux qu'il devait craindre; que de sages amis étaient les plus sûrs garants d'une administration sage; qu'il devait suffire, pour Marcellus, d'avoir excité Néron à la perte de tant d'innocents; qu'on le laissât jouir de ses récompenses et de l'impunité; qu'il laissât du moins Vespasien aux gens de bien.

VIII. Marcellus répondit : que cet avis qu'on

adversus fortuita rempublicam capesseret : doctores sapientiæ secutus est, qui sola bona quæ honesta, mala tantum quæ turpia; potentiam, nobilitatem, ceteraque extra animum, neque bonis neque malis annumerant. Quæstorius adhuc a Pæto Thrasea gener delectus, e moribus soceri nihil æque ac libertatem hausit : civis, senator, maritus, gener, amicus, cunctis vitæ officiis æquabilis, opum contemptor, recti pervicax, constans adversus metus.

VI. Erant, quibus appetentior famæ videretur, quando etiam sapientibus cupido gloriæ novissima exuitur. Ruina soceri in exilium pulsus, ut Galbæ principatu rediit, Marcellum Eprium, delatorem Thraseæ, accusare aggreditur. Ea ultio, incertum major an justior, senatum in studia diduxerat. Nam, si caderet Marcellus, agmen reorum sternebatur. Primo minax certamen, et egregiis utriusque orationibus testatum. Mox, dubia voluntate Galbæ, multis senatorum deprecantibus, omisit Priscus; variis, ut sunt hominum ingenia, sermonibus moderationem laudantium aut constantiam requirentium. Ceterum eo senatus die quo de imperio Vespasiani censebant, placuerat mitti ad principem legatos. Hinc inter Helvidium et Eprium acre jurgium. Priscus eligi nominatim a magistratibus juratis; Marcellus urnam postulabat, quæ consulis designati sententia fuerat.

VII. Sed Marcelli studium proprius rubor excitabat, ne, aliis selectis, posthabitus crederetur. Paullatimque, per altercationem, ad continuas et infestas orationes provecti sunt, quærente Helvidio, « quid ita Marcellus judicium magistratuum pavesceret? Esse illi pecuniam et eloquentiam, quis multos anteiret, ni memoria flagitiorum urgeretur. Sorte et urna mores non discerni; suffragia et existimationem senatus reperta, ut in cujusque vitam famamque penetrarent : pertinere ad utilitatem reipublicæ, pertinere ad Vespasiani honorem, occurrere illi quos innocentissimos senatus habeat, qui honestis sermonibus aures imperatoris imbuant. Fuisse Vespasiano amicitiam cum Thrasea, Sorano, Sentio; quorum accusatores, etiamsi puniri non oporteat, ostentari non debere; hoc senatus judicio velut admoneri principem, quos probet, quos reformidet; nullum majus boni imperii instrumentum quam bonos amicos esse. Satis Marcello, quod Neronem in exitium tot innocentium impulerit. Frueretur præmiis et impunitate; Vespasianum melioribus relinqueret. »

VIII. Marcellus non suam sententiam impugnari, sed

attaquait n'était pas le sien ; que c'était celui du consul désigné, qui, d'après l'usage ancien, remettait au sort le choix des députés, afin de prévenir les brigues ou les inimitiés; qu'il n'y avait point de raison nouvelle pour changer des institutions établies de tout temps, et que l'honneur qu'on voulait rendre au prince ne devait tourner à la honte de personne; que, pour un simple hommage, tous suffisaient; qu'il fallait éviter bien plutôt que, par leur opiniâtreté, certains caractères n'irritassent l'inquiétude naturelle dans un commencement de règne, où les visages même et tous les discours sont observés; qu'il songeait au temps où il était né, à la forme du gouvernement établie par leurs pères et leurs aïeux immédiats; qu'il admirait l'ancienne, qu'il suivait la nouvelle; qu'il demandait aux dieux de bons princes, qu'il les supporterait quels qu'ils fussent; que son discours n'avait pas plus contribué à la perte de Thraséas, que l'arrêt du sénat; que c'était Néron dont la barbarie se jouait de la conscience publique avec ces appareils de jugement, et que la faveur d'un tel homme n'avait pas été moins alarmante pour lui, que pour d'autres l'exil; qu'Helvidius, après tout, serait, comme les Caton, les Brutus, le modèle du courage et de la fermeté; que Marcellus resterait confondu avec le corps entier du sénat, qui, ainsi que lui, avait fléchi sous le joug; qu'il conseillait pourtant à Helvidius de ne point prendre avec un prince cette supériorité; de songer que Vespasien était un vieillard, honoré du triomphe, dont les enfants étaient déjà des hommes, et que les préceptes ne lui convenaient plus; que les mauvais princes voulaient une autorité sans bornes; mais que les meilleurs même désiraient de la mesure dans la liberté. Ces raisons, débattues de part et d'autre avec une grande chaleur, avaient chacune leurs partisans. Ceux qui préféraient la voie du sort l'emportèrent. Les neutres même soutinrent de tous leurs efforts l'ancien usage, vers lequel penchaient aussi les sénateurs les plus distingués, dans la crainte de l'envie si le choix fût tombé sur eux.

IX. Il y eut ensuite un autre débat. Les préteurs de l'épargne (car alors les préteurs étaient préposés à ce service) se plaignaient de l'épuisement du trésor de la nation, et ils avaient demandé qu'on modérât les dépenses. Le consul désigné, envisageant la grandeur du fardeau et la difficulté du remède, renvoyait au prince cet objet. Helvidius fut d'avis que le sénat y pourvût. Comme les consuls recueillaient les voix, Vulcatius Tertullinus, tribun du peuple, fit son opposition, et déclara que, sur un point aussi important, on ne statuerait rien en l'absence du prince. Helvidius avait opiné que la reconstruction du Capitole fût faite au nom de la république, que Vespasien seulement y contribuât. Les plus modérés laissèrent tomber la proposition sans y répondre, et ensuite ils l'oublièrent; il s'en trouva qui s'en étaient souvenus.

X. Ce même jour, Musonius Rufus se porta pour accusateur de Publius Céler, qui avait fait périr Soranus par un faux témoignage. Cette affaire paraissait devoir réveiller les haines contre les délateurs; mais il était impossible de défendre un homme si vil et si coupable. La mémoire de Soranus était révérée; et ce Céler, qui s'annonçait pour un sage, avait eu l'indignité de servir de témoin contre Soranus, par une trahison, par une profanation horrible de l'amitié, dont il faisait profession d'enseigner publiquement les devoirs. L'affaire fut remise au jour le plus prochain; mais c'était moins Musonius et Celer qu'Helvidius Marcellus et quelques autres, qui,

---

consulem designatum censuisse dicebat, secundum vetera exempla, quæ sortem legationibus posuissent, ne ambitioni aut inimicitiis locus foret. Nihil evenisse cur antiquitus instituta exolescerent, aut principis honor in cujusquam contumeliam verteretur : sufficere omnes obsequio; id magis vitandum, ne pervicacia quorumdam irritaretur animus, novo principatu suspensus et vultus quoque ac sermones omnium circumspectans. Se meminisse temporum quibus natus sit, quam civitatis formam patres avique instituerint : ulteriora mirari, præsentia sequi ; bonos imperatores voto expetere, qualescunque tolerare. Non magis sua oratione Thraseam quam judicio senatus afflictum. Sævitiam Neronis per hujusmodi imagines illusisse; nec minus sibi anxiam talem amicitiam quam aliis exsilium. Denique constantia, fortitudine, Catonibus et Brutis æquaretur Helvidius; se unum esse ex illo senatu qui simul servierit. Suadere etiam Prisco ne supra principem scanderet; ne Vespasianum, senem triumphalem, juvenum liberorum patrem, præceptis coerceret. Quomodo pessimis imperatoribus sine fine dominationem, ita quamvis egregiis modum libertatis placere. » Hæ, magnis utrinque contentionibus jactata, diversis studiis accipiebantur. Vicit pars quæ sortiri legatos mallet, etiam mediis patrum adnitentibus retinere morem. Et splendidissimus quisque eodem inclinabat, metu invidiæ si ipsi eligerentur.

IX. Secutum aliud certamen. Prætores ærarii (nam tum a prætoribus tactabatur ærarium) publicam paupertatem questi, modum impensis postulaverant. Eam curam consul designatus, ob magnitudinem oneris et remedii difficultatem, principi reservabat. Helvidius arbitrio senatus agendum censuit. Quum perrogarent sententias consules, Vulcatius Tertullinus, tribunus plebis, intercessit, ne quid super tanta re, principe absente, statueretur. Censuerat Helvidius, ut Capitolium publice restitueretur, adjuvaret Vespasianus. Eam sententiam modestissimus quisque silentio, deinde oblivio transmisit. Fuere qui et meminissent.

X. Tum invectus est Musonius Rufus in Publium Celerem, a quo Baream Soranum falso testimonio circumventum arguebat. Ea cognitione renovari odia accusationum videbantur; sed vilis et nocens reus protegi non poterat.

dans ce mouvement des esprits vers la vengeance, appelaient sur eux toute l'attention publique.

XI. Dans cet état de choses, le sénat étant désuni, les vaincus ulcérés, les vainqueurs sans lois, sans prince, Mucien n'eut qu'à paraître pour attirer tout à lui. Le pouvoir d'Antonius et de Varus tomba sitôt qu'on eut entrevu la haine que Mucien leur portait. Ce n'est point qu'il ne s'efforçât de cacher sur son visage les ressentiments de son cœur; mais Rome, si habile à pénétrer les mécontentements, s'était retournée à l'instant et reportée toute entière vers Mucien. Les empressements et la foule ne sont plus que pour lui. De son côté, il ne marchait qu'entouré de soldats armés; il changeait continuellement de palais et de jardins; des gardes veillaient à sa porte; il avait la démarche, l'appareil d'un prince; il en retenait la réalité, n'en abandonnait que le nom. Le meurtre de Calpurnius Galérianus imprima une grande terreur. Il était fils de C. Pison; il n'avait rien tenté, mais son beau nom et les grâces de sa jeunesse étaient l'entretien journalier du peuple; et, dans une ville encore agitée, que flattaient tous les bruits de changements, quelques-uns déjà l'investissaient d'un empire en idée. Sur l'ordre de Mucien, Galérianus se voit investi par des soldats, et de peur que, dans Rome même, sa mort ne fît trop d'éclat, on le traîne à quarante mille pas de la ville, sur la voie Appienne, où on le fît périr en lui ouvrant les veines. Julius Priscus, préfet du prétoire sous Vitellius, se tua par honneur plutôt que par nécessité. Alphénus Varus survécut à sa lâcheté et à son infamie. Pour l'affranchi Asiaticus, on lui fit expier l'abus de son pouvoir par le supplice des esclaves.

XII. Dans ce temps-là, on apprenait à Rome nos désastres en Germanie, et cette suite de revers n'y affligeait personne. On parlait de la perte de nos armées, de la prise de nos camps, des Gaules révoltées, comme de nouvelles indifférentes. Je vais reprendre de plus haut l'origine de cette guerre, et je dirai combien de nations étrangères et alliées en fomentèrent l'embrasement. Les Bataves, dans le temps qu'ils habitaient au delà du Rhin faisaient partie des Cattes. Chassés par une sédition domestique, ils vinrent occuper l'extrémité de la côte des Gaules, alors inhabitée, et une île située entre des bas-fonds, baignés en face par l'Océan, et de tous les autres côtés par le Rhin. Dans leur alliance avec les Romains ils ne furent point opprimés, comme on l'est dans la société d'un plus fort; ils ne fournirent à l'empire que des armes et des hommes. Longtemps exercés par les guerres de Germanie, ils ajoutèrent à leur réputation en Bretagne, où l'on avait fait passer leurs cohortes, de tout temps commandées par les plus nobles de leur nation. Outre ces cohortes, ils entretenaient, dans leur pays, un corps de cavaliers d'élite, qui excellait surtout à nager. Sans quitter leurs armes et leurs chevaux, sans rompre leurs rangs, ces cavaliers traversent le Rhin dans sa plus grande impétuosité.

XIII. Julius Paulus et Claudius Civilis, d'un sang royal, avaient une grande considération parmi les Bataves. Paulus, sur une fausse accusation de révolte, fut tué par Capiton. Civilis, mis aux fers et envoyé à Néron, puis absous par Galba, courut encore, sous Vitellius, un nouveau péril, lorsque l'armée demanda à grands cris son sup-

---

Quippe Sorani sancta memoria; Celer professus sapientiam, dein testis in Baream, proditor corruptorque amicitiæ cujus se magistrum ferebat. Proximus dies causæ destinatur. Nec tam Musonius aut Publius, quam Priscus et Marcellus ceterique, admotis ad ultionem animis, exspectabantur.

XI. Tali rerum statu, quum discordia inter patres, ira apud victos, nulla in victoribus auctoritas, non leges, non princeps in civitate essent, Mucianus urbem ingressus cuncta simul in se traxit: fracta Primi Antonii Varique Arrii potentia, male dissimulata in eos Muciani iracundia, quamvis vultu tegeretur. Sed civitas, rimandis offensis sagax, verterat se transtuleratque. Ille unus ambiri, coli: nec deerat ipse, stipatus armatis, domos hortosque permutans, apparatu, incessu, excubiis, vim principis amplecti, nomen remittere. Plurimum terroris intulit cædes Calpurnii Galeriani. Is fuit filius C. Pisonis, nihil ausus; sed nomen insigne et decora ipsi juventa rumore vulgi celebrabantur; erantque, in civitate adhuc turbida et novis sermonibus læta, qui principatus inanem ei famam circumdarent. Jussu Muciani custodia militari cinctus, ne in ipsa urbe conspectior mors foret, ad quadragesimum ab urbe lapidem, via Appia, fuso per venas sanguine exstinguitur. Julius Priscus, prætoriarum sub Vitellio cohortium præfectus, se ipse interfecit, pudore magis quam necessitate.

Alphenus Varus ignaviæ infamiæque suæ superfuit. Asiaticus enim libertus malam potentiam servili supplicio expiavit.

XII. Iisdem diebus crebrescentem cladis germanicæ famam nequaquam mœsta civitas excipiebat: cæsos exercitus, capta legionum hiberna, descivisse Gallias non ut mala, loquebantur. Id bellum quibus causis ortum, quanto externarum sociarumque gentium motu flagraverit, altius expediam. Batavi, donec trans Rhenum agebant, pars Cattorum: seditione domestica pulsi, extrema gallicæ oræ vacua cultoribus, simulque insulam inter vada sitam occupavere, quam mare oceanus a fronte, Rhenus amnis tergum ac latera circumluit; nec opibus romanis, societate validiorum, attriti, viros tantum armaque imperio ministrant: diu germanicis bellis exerciti; mox aucta per Britanniam gloria, transmissis illuc cohortibus quas, vetere instituto, nobilissimi popularium regebant. Erat et domi delectus eques, præcipuo nandi studio, arma equosque retinens, integris turmis Rhenum perrumpere.

XIII. Julius Paullus et Claudius Civilis, regia stirpe, multo ceteros anteibant. Paullum Fonteius Capito, falso rebellionis crimine, interfecit. Injectæ Civili catenæ; misusque ad Neronem et a Galba absolutus, sub Vitellio rursus discrimen adiit, flagitante supplicium ejus exercitu. Inde causæ irarum, spesque ex malis nostris. Sed Civilis,

pliée. De là ses ressentiments. Nos malheurs lui donnèrent de l'espoir. Civilis avait de la finesse dans l'esprit plus qu'il n'est ordinaire aux barbares, et il se prétendait un Sertorius ou un Annibal, parce que son visage était marqué de la même cicatrice. De crainte qu'on ne le poursuivît comme un ennemi, s'il se détachait ouvertement du peuple romain, il prétexta de l'attachement pour Vespasien et du zèle pour son parti. En effet, Antonius lui avait écrit d'opérer une diversion, et, en faisant donner quelque alarme par les Germains, de chercher à retenir les auxiliaires et les légions que Vitellius avait mandés. Hordéonius lui avait fait, de vive voix, les mêmes recommandations, autant par inclination pour Vespasien que par intérêt pour la république, que menaçait une destruction prochaine, si la guerre se fût renouvelée, et que toutes ces armées eussent inondé l'Italie.

XIV. Civilis, bien résolu de se révolter, et renfermant dans son cœur de plus vastes desseins, qu'il se réservait de développer selon l'événement, commença de la sorte à préparer la révolution. Vitellius avait ordonné des levées parmi les Bataves. Ces levées, toujours odieuses par elles-mêmes, l'étaient encore plus par l'avarice et les dissolutions des préposés, qui recrutaient des vieillards et des infirmes, afin qu'ils se rachetassent à prix d'argent. D'un autre côté, comme dans ce pays les enfants grandissent de bonne heure, ils enrôlaient des jeunes gens de douze à treize ans, s'ils avaient de la figure, pour les prostituer. De là, un grand mécontentement, dont les chefs, qui avaient concerté d'avance la sédition, profitèrent pour faire refuser l'enrôlement. Civilis, sous le prétexte d'un grand festin, rassemble dans un bois sacré, les premiers de la nation, et, parmi le peuple, les plus audacieux. Quand la nuit et la joie eurent échauffé les imaginations, débutant par l'éloge et par la gloire de la nation batave, il passe à l'énumération de tout ce qu'ils avaient à souffrir, insultes, enlèvements, brigandages. Ils n'étaient plus, comme autrefois, des alliés; on les traitait comme de vils esclaves. Quand le lieutenant venait-il en personne, même avec tout le fardeau de son cortège et toute l'insolence de son pouvoir? C'est à des préfets, à des centurions, qu'on les livrait en proie; et quand leurs oppresseurs s'étaient gorgés de leurs dépouilles et de leur sang, on les changeait; puis c'étaient de nouveaux gouffres qu'il fallait remplir par mille exactions inventées sous cent noms différents; et voilà encore qu'on les écrasait d'un enrôlement, où le fils allait être arraché à son père, le frère à son frère, comme pour la dernière fois. En aucun temps les Romains n'avaient été moins redoutables; il n'y avait dans leur camp que du butin et des vieillards. Les Bataves n'avaient seulement qu'à lever les yeux, et ne pas se faire un épouvantail de quelques vains noms de légions; ils avaient une infanterie et une cavalerie excellentes, les Germains pour frères, les Gaules qui conspiraient pour eux, jusqu'aux Romains même à qui cette guerre ne déplairait pas : vaincus, ils s'en feraient un mérite auprès de Vespasien; pour la victoire, on n'en rend de compte à personne.

XV. Ce discours ayant été reçu avec de grands applaudissements, il les lia tous par les imprécations usitées chez les barbares. On députa vers les Canninéfates, pour leur proposer l'association. Cette nation habite une partie de l'île : semblable

ultra quam barbaris solitum, ingenio sollers, et Sertorium se aut Annibalem ferens, simili oris dehonestamento, ne ut hosti obviam iretur si a populo romano palam descivisset, Vespasiani amicitiam studiumque partium prætendit, missis sane ad eum Primi Antonii literis, quibus avertere accita Vitellio auxilia, et, tumultus germanici specie, retentare legiones jubebatur. Eadem Hordeonius Flaccus præsens monuerat, inclinato in Vespasianum animo, et reipublicæ cura, cui excidium adventabat, si redintegratum bellum, et tot armatorum millia Italiam irrupissent.

XIV. Igitur Civilis, desciscendi certus, occultato interim altiore consilio, cetera ex eventu judicaturus, novare res hoc modo cœpit. Jussu Vitellii, Batavorum juventus ad delectum vocabatur; quem, suapte natura gravem, onerabant ministri avaritia ac luxu, senes aut invalidos conquirendo quos pretio dimitterent; rursus impubes, et forma conspicui (et est plerisque procera pueritia) ad stuprum trahebantur. Hinc invidia; et compositæ seditionis auctores perpulere ut delectum abnuerent. Civilis primores gentis et promptissimos vulgi, specie epularum sacrum in nemus vocatos, ubi nocte ac lætitia incaluisse videt, a laude gloriaque gentis orsus, injurias et raptus et cetera servitii mala enumerat. « Neque enim societatem, ut olim, sed tanquam mancipia haberi; quando legatum, gravi quidem comitatu et superbo cum imperio, venire? tradi se præfectis centurionibusque; quos ubi spoliis et sanguine expleverint, mutari, exquirique novos sinus et varia prædandi vocabula. Instare delectum, quo liberi a parentibus, fratres a fratribus, velut supremum dividantur. Nunquam magis afflictam rem romanam; nec aliud in hibernis quam prædam et senes : attollerent tantum oculos et inania legionum nomina ne pavescerent; esse sibi robur peditum equitumque, consanguineos Germanos, Gallias idem cupientes : ne Romanis quidem ingratum id bellum, cujus ambiguam fortunam Vespasiano imputaturos : victoriæ rationem non reddi. »

XV. Magno cum assensu auditus, barbaro ritu et patriis exsecrationibus universos adigit. Missi ad Canninefates qui consilia sociarent. Ea gens partem insulæ colit, origine, lingua, virtute, par Batavis; numero superantur. Mox occultis nunciis pellexit britannica auxilia, Batavorum cohortes missas in Germaniam, ut supra retulimus, ac tum Magontiaci agentes. Erat in Canninefatibus stolidæ audaciæ Brinno, claritate natalium insigni; pater ejus multa hostilia ausus, Caianarum expeditionum ludibrium

aux Bataves par l'origine, le langage, la valeur, elle ne le cède qu'en nombre. Des émissaires secrets allèrent gagner les auxiliaires de Bretagne, ces cohortes de Bataves, renvoyées en Germanie, comme je l'ai dit plus haut, et alors cantonnées à Mayence. Il y avait, parmi les Canninéfates, un chef, nommé Brinnon, d'une audace insensée, d'une naissance illustre. Son père, qui s'était porté à beaucoup d'hostilités, avait impunément bravé la ridicule expédition de Caïus. Cet esprit de révolte dans la famille fut seul une recommandation pour le fils; on l'élut pour chef, en l'élevant sur un pavois, et le balançant sur les épaules, selon l'usage de ces barbares. A peine élu, Brinnon, de concert avec les Frisons, peuple d'au delà du Rhin, vient par mer attaquer un camp de deux cohortes, bâti tout près du rivage. Nos soldats n'avaient point prévu cette attaque, et, l'eussent-ils prévue, ils n'avaient point assez de force pour la repousser. Le camp fut pris et pillé. Tous les vivandiers, tous les négociants romains, qui, à la faveur de la paix, s'étaient dispersés, furent la proie des barbares. Déjà les forts étaient menacés; les préfets des cohortes y mirent le feu. Les enseignes, les drapeaux, et ce qu'il y avait de soldats se retirèrent dans la partie supérieure de l'île, sous la conduite d'Aquillius, primipilaire : c'était le nom d'une armée plutôt qu'une armée réelle. Car Vitellius avait pris toute la force des cohortes, et n'y avait laissé qu'une foule inutile de Nerviens et de Germains, qu'on avait ramassés dans les bourgades voisines, et chargés de quelques armes.

XVI. Civilis, persuadé qu'il fallait se couvrir de la ruse, fut le premier à blâmer les préfets d'avoir abandonné les forts : il dit qu'avec la cohorte qu'il commandait il réprimerait ce mouvement des Canninéfates, qu'ils eussent à regagner chacun leurs campements. Il était visible que ce conseil cachait un piége; que les cohortes, dispersées, seraient plus facilement battues, et que Civilis, et non Brinnon, était le vrai chef de cette guerre. Les preuves s'en échappaient insensiblement par l'indiscrétion des Germains, à qui une guerre donne trop de joie pour qu'ils puissent longtemps la cacher. Civilis, voyant le peu de succès de la ruse, recourut à la force. Il marche avec les Canninéfates, les Frisons et les Bataves, tous rangés en coin, et chaque nation séparée. Notre armée se mit aussi en bataille non loin du Rhin. Les vaisseaux qu'on avait ramenés dans cet endroit, après avoir mis le feu aux châteaux, étaient tournés contre l'ennemi. Il n'y avait pas longtemps qu'on se battait, lorsqu'une cohorte de Tungres passa du côté de Civilis : nos soldats, consternés de cette trahison imprévue, se laissaient égorger et par les alliés et par les ennemis. On essuya sur la flotte une perfidie du même genre. Une partie des rameurs, qui étaient Bataves, feignant de la maladresse, troublaient les manœuvres des matelots et des soldats. Bientôt ils rament en sens contraire, et vont présenter les poupes à la rive ennemie. Ils finissent par massacrer les pilotes et les centurions qui ne faisaient pas comme eux; enfin la flotte entière, qui était de vingt-quatre vaisseaux ou passa aux ennemis, ou fut prise.

XVII. Cette victoire leur fut aussi glorieuse dans le présent qu'utile pour la suite; elle leur donna des armes et des vaisseaux qui leur manquaient, et une grande réputation dans les Gaules et dans la Germanie, qui les célébraient comme des libérateurs. La Germanie envoya sur-le-champ des députés pour leur offrir des secours. Civilis mettait tout son art à se faire une alliée de la Gaule; il employait la séduction et les pré-

---

impune spreverat. Igitur ipso rebellis familiæ nomine placuit, impositusque scuto, more gentis, et sustinentium humeris vibratus, dux deligitur. Statimque accitis Frisiis (transrhenana gens est) duarum cohortium hiberna, proxima occupatu, oceano irrumpit. Nec præviderant impetum hostium milites; nec, si prævidissent, satis virium ad arcendum erat. Capta igitur et direpta castra; dein vagos et pacis modo effusos lixas negotiatoresque romanos invadunt. Simul excidiis castellorum imminebant; quæ a præfectis cohortium incensa sunt, quia defendi nequibant. Signa vexillaque, et quod militum, in superiorem insulæ partem congregantur, duce Aquillio primipilari, nomen magis exercitus quam robur. Quippe, viribus cohortium abductis, Vitellius, e proximis Nerviorum Germanorumque pagis, segnem numerum armis oneraverat.

XVI. Civilis, dolo grassandum ratus, incusavit ultro præfectos quod castella deseruissent; se cum cohorte, cui præerat, Canninefatem tumultum compressurum; illi sua quisque liberna repeterent. Subesse fraudem consilio, et dispersas cohortes facilius opprimi, nec Brinno-
nem ducem ejus belli sed Civilem esse, patuit : erumpentibus paullatim indiciis, quæ Germani, læta bello gens, non diu occultaverant. Ubi insidiæ parum cessere, ad vim transgressus, Canninefates, Frisios, Batavos, propriis cuneis componit. Directa ex diverso acies, haud procul a flumine Rheno, et obversis in hostem navibus, quas, incensis castellis, illuc appulerant : nec diu certato, Tungrorum cohors signa ad Civilem transtulit; perculsique milites improvisa proditione a sociis hostibusque cædebantur. Eadem etiam navibus perfidia. Pars remigum e Batavis, tanquam imperitia, officia nautarum propugnatorumque impediebant; mox contra tendere et puppes hostili ripæ objicere: ad postremum gubernatores centurionesque, nisi eadem volentes, trucidant, donec universa quatuor et viginti navium classis transfugeret aut caperetur.

XVII. Clara ea victoria in præsens, in posterum usui. armaque et naves, quibus indigebant, adepti, magna per Germanias Galliasque fama, libertatis auctores celebrabantur. Germaniæ statim misere legatos, auxilia offerentes. Galliarum societatem Civilis arte donisque affectabat,

sents. Les préfets des cohortes qui étaient prisonniers furent renvoyés dans leur pays ; on laissa aux soldats la liberté de rester ou de partir : ceux qui restaient, obtenaient un grade honorable, ceux qui s'en allaient, emportaient quelques dépouilles des Romains. En même temps, dans des entretiens secrets, il leur représentait les maux qu'ils avaient soufferts depuis tant d'années dans une malheureuse servitude qu'ils honoraient du faux nom de paix. Les Bataves, quoique exempts de tributs, avaient pris les armes contre leurs communs tyrans, et, dès la première rencontre, ils avaient dispersé et vaincu le soldat romain : que serait-ce si les Gaules secouaient le joug? Et que restait-il de forces en Italie? C'est avec le sang des provinces que les provinces étaient vaincues. Qu'on n'objectât point le combat de Vindex ; c'est par la cavalerie batave qu'avaient été écrasés les Auvergnats et les Éduens ; il y avait eu des Belges parmi les auxiliaires de Verginius, et, à le bien prendre, la Gaule n'avait succombé que sous ses propres forces. Maintenant, ils ne feraient tous qu'un même parti, fortifié de toute la discipline qui eût jamais été en vigueur dans les camps romains. Civilis n'avait-il pas avec lui ces cohortes de vétérans qui venaient de faire mordre la poussière aux légions d'Othon. La Syrie et l'Asie, tout l'Orient, accoutumé à des rois, étaient faits pour l'esclavage ; mais dans la Gaule, il y avait encore beaucoup d'hommes vivants, nés avant les tributs. Naguère du moins, ils avaient vu le massacre de Varus, et la servitude chassée loin de la Germanie ; et ce n'était point un Vitellius, mais César Auguste qu'on avait défié. Il n'y a jusqu'à la brute à qui la liberté ait été donnée par la nature ; la valeur est l'attribut propre de l'homme, et les dieux sont pour le plus brave. Que tardaient-ils donc à tomber avec toutes leurs forces sur un ennemi qui avait dispersé, qui avait épuisé les siennes? Tandis que les uns soutiendraient Vespasien, les autres, Vitellius, il y avait jour à les accabler l'un et l'autre.

XVIII. C'est ainsi que Civilis portait ses regards et sur les Gaules et sur la Germanie ; il était à la veille, s'il eût réussi, de se faire un royaume de ces belles et riches provinces. Hordéonius, dans les commencements, nourrit par sa connivence les succès de Civilis. Ce ne fut que lorsque les courriers lui eurent annoncé, coup sur coup, que le camp était forcé, les cohortes taillées en pièces, le nom romain exterminé dans l'île des Bataves, qu'il ordonna au lieutenant Lupercus de marcher à l'ennemi. Lupercus commandait un camp de deux légions. Il prend les légionnaires qu'il avait avec lui, les Ubiens, qui étaient tout proches, la cavalerie de Trèves, qui était cantonnée non loin de là, et il passe le fleuve en diligence. Il avait renforcé ses troupes d'une division de cavalerie batave, gagnée depuis longtemps, mais qui feignait d'être fidèle, afin qu'en trahissant les Romains sur le champ de bataille même, sa désertion fût d'un plus grand prix. Civilis s'était entouré des enseignes enlevées sur nos cohortes, dans l'idée que le spectacle de leur gloire récente enhardirait ses soldats, que le souvenir de leur défaite intimiderait ses ennemis. De plus, il ordonna à sa mère et à ses sœurs, ainsi qu'aux femmes et aux enfants de chaque soldat, de se tenir derrière eux, pour les encourager à vaincre, ou leur faire une honte de plier. Bientôt le chant des guerriers et les hurlements des femmes eurent donné le signal du combat : il s'en fallut de beaucoup que nos légions et nos cohortes y répondissent par un cri égal. Notre aile gauche avait été dégarnie par la

captos cohortium præfectos suas in civitates remittendo ; cohortibus, abire an manere mallent, data potestate : manentibus honorata militia, digredientibus spolia Romanorum offerebantur. Simul secretis sermonibus admonebat malorum quæ tot annis perpessi miseram servitutem falso pacem vocarent. Batavos, quanquam tributorum expertes, arma contra communes dominos cepisse ; prima acie fusum victumque Romanum ; quid, si Galliæ jugum exuant? quantum in Italia reliquum? provinciarum sanguine provincias vinci : ne Vindicis aciem cogitarent ; Batavo equite protritos Æduos Arvernosque ; fuisse inter Verginii auxilia Belgas, vereque reputantibus, Galliam suismet viribus concidisse. Nunc easdem omnium partes, addito si quid militaris disciplinæ in castris Romanorum viguerit ; esse secum veteranas cohortes, quibus nuper Othonis legiones procubuerint. Servirent Syria Asiaque et suetus regibus Oriens ; multos adhuc in Gallia vivere, ante tributa genitos. Nuper certe, cæsa Quinctilio Varo, pulsam e Germania servitutem. Nec Vitellium principem, sed Cæsarem Augustum, bello provocatum. Libertatem natura etiam mutis animalibus datam. Virtutem proprium hominum bonum. Deos fortioribus adesse. Proinde arriperent vacui occupatos, integri fessos ; dum alii Vespasianum, alii Vitellium foveant, patere locum adversus utrumque.

XVIII. Sic in Gallias Germaniasque intentus, si destinata provenissent, validissimarum ditissimarumque nationum regno imminebat. At Flaccus Hordeonius primos Civilis conatus per dissimulationem aluit. Ubi expugnata castra, deletas cohortes, pulsum Batavorum insula romanum nomen, trepidi nuncii asserebant ; Mummium Lupercum, legatum (is duarum legionum hibernis præerat) egredi adversus hostem jubet. Lupercus legionarios e præsentibus, Ubios e proximis, Treverorum equites haud longe agentes, raptim transmisit, addita Batavorum ala, quæ, jam pridem corrupta, fidem simulabat, ut, proditis in ipsa acie Romanis, majore pretio fugeret. Civilis, captarum cohortium signis circumdatus, ut suo militi recens gloria ante oculos, et hostes memoria cladis terrerentur, matrem suam sororesque, simul omnium conjuges parvoque liberos, consi-

désertion de la cavalerie batave qui s'était tournée aussitôt contre nous. Malgré ce contre-temps, le soldat légionnaire gardait ses armes et son rang. Il n'en fut pas ainsi de ces auxiliaires ubiens et trévires, qui, s'abandonnant à une fuite honteuse, se dispersent dans toute la campagne. Ce fut à eux que s'attachèrent les Germains; ce qui donna le temps aux légions de gagner un de leurs camps, nommé Vetera. Le préfet de la division de cavalerie batave, Claudius Labéo, jaloux de Civilis par cet esprit de rivalité si commun dans les petites villes, inquiétait ce dernier. Civilis, craignant ou de révolter les siens par un assassinat, ou, en gardant Labéo, d'entretenir un germe de discorde, le fait passer chez les Frisons.

XIX. Dans le même temps, des cohortes de Bataves et de Canninéfates étaient en marche pour se rendre à Rome sur les ordres de Vitellius; un courrier, dépêché par Civilis, les atteignit en chemin. Soudain ces barbares, gonflés d'orgueil et d'audace, demandent, pour prix de leur voyage, le donativum, un doublement de paye, une augmentation de nombre de leurs cavaliers; toutes choses, il est vrai, promises par Vitellius, mais sur lesquelles ils insistaient moins pour les obtenir que pour avoir un prétexte de sédition. Hordéonius, en cédant plusieurs points, n'avait fait que les exciter à demander plus vivement ce qu'ils savaient qu'on leur refuserait. Au mépris des ordres de leur général, ils gagnent la basse Germanie, pour s'y joindre à Civilis. Hordéonius assembla les tribuns et les centurions; il eut l'idée un moment de réprimer, par la force, la désobéissance de ces troupes. Puis, cédant à sa pusillanimité naturelle, et aux terreurs de son conseil, que remplissaient de perplexités les dispositions équivoques des alliés, et tous ces nouveaux soldats qui composaient les légions, il résolut de rester dans son camp. Il s'en repentit ensuite; et, sur les reproches de ceux même qui avaient donné le conseil, il sembla vouloir sortir. Il écrivit à Hérennius Gallus, lieutenant de la première légion, qui campait à Bonn, de fermer le passage aux Bataves; qu'il allait, avec son armée, arriver sur leurs derrières. Et, en effet, ils étaient perdus, si Hordéonius et Gallus, faisant marcher leur troupe, chacun de leur côté, eussent enfermé les Bataves entre deux armées. Hordéonius renonça à ce projet, et, dans une autre lettre, il manda à Gallus de ne point inquiéter leur marche. De là, le soupçon que les lieutenants se plaisaient à fomenter la guerre, et que tous les maux qu'on avait éprouvés, ou qu'on craignait, ne devaient être imputés ni à la lâcheté du soldat, ni à la valeur de l'ennemi, mais à la perfidie des généraux.

XX. Lorsque les Bataves approchèrent du camp de Bonn, ils députèrent vers Gallus pour expliquer leurs intentions : qu'ils étaient loin de vouloir la guerre contre les Romains, pour qui ils l'avaient faite si longtemps; que, las d'un service long et infructueux, ils soupiraient après leur patrie et le repos; que, si l'on ne faisait point de résistance, ils passeraient tranquillement; que s'ils rencontraient des armes devant eux, ils avaient du fer pour s'ouvrir un chemin. Le lieutenant balançait : il fut entraîné par ses soldats, qui voulurent à toute force tenter le sort des armes. Il y

---

stere a tergo jubet, hortamenta victoriæ vel pulsis pudorem. Ut virorum cantu, feminarum ululatu, sonuit acies, nequaquam par a legionibus cohortibusque redditur clamor. Nudaverat sinistrum cornu Batavorum ala transfugiens statimque in nos versa; sed legionarius miles, quanquam rebus trepidis, arma ordinesque retinebat. Ubiorum Trevororumque auxilia, fœda fuga dispersa, totis campis palantur. Illuc incubuere Germani. Et fuit interim effugium legionibus in castra, quibus Veterum nomen est. Præfectus alæ Batavorum Claudius Labeo, oppidano certamine æmulus Civili, ne interfectus invidiam apud populares, vel si relineretur, semina discordiæ præberet, in Frisios avehitur.

XIX. Iisdem diebus, Batavorum et Canninefatium cohortes, quum jussu Vitellii in urbem pergerent, missus a Civile nuncius assequitur. Intumuere statim superbia ferociaque, et pretium itineris, donativum, duplex stipendium, augeri equitum numerum, promissa sane a Vitellio, postulabant, non, ut assequerentur, sed causam seditioni. Et Flaccus multa concedendo nihil aliud effecerat, quam ut acrius exposcerent quæ sciebant negaturum. Spreto Flacco, inferiorem Germaniam petivere, ut Civili jungerentur. Hordeonius, adhibitis tribunis centurionibusque, consultavit num obsequium abnuentes vi coerceret. Mox, insita ignavia, et trepidis ministris, quos ambiguus auxiliorum animus et subito delectu suppletæ legionæ angebant, statuit continere intra castra militem. Dein pœnitentia, et arguentibus ipsis qui suaserant, tanquam secuturus, scripsit Herennio Gallo, legionis primæ legato, qui Bonnam obtinebat, ut arceret transitu Batavos; se cum exercitu tergis eorum hæsurum. Et opprimi poterant, si hinc Hordeonius, inde Gallus, motis utrinque copiis, medios clausissent. Flaccus omisit inceptum, aliis que literis Gallum monuit ne terreret abeuntes. Unde suspicio, sponte legatorum excitari bellum, cunctaque quæ acciderant aut metuebantur, non inertia militis neque hostium vi, sed fraude ducum evenire.

XX. Batavi, quum castris Bonnensibus propinquarent, præmisere qui Herennio Gallo mandata cohortium exponerent : « Nullum sibi bellum adversus Romanos, pro quibus toties bellassent. Longa atque irrita militia fessis patriæ atque otii cupidinem esse. Si nemo obsisteret, innoxium iter fore; sin arma occurrant, ferro viam inventuros. » Cunctantem legatum milites perpulerant, fortunam prælii experiretur. Tria millia legionariorum et tumultuariæ Belgarum cohortes, simul paganorum lixarumque ignava, sed procax ante periculum, manus, omnibus portis erumpunt, ut Batavos numero impares circumfundant. Illi, veteres militiæ, in cuneos congregantur, densi undique et frontem tergaque ac latus tuti. Sic tenuem nostrorum aciem perfringunt. Cedentibus Belgis, pellitur legio,

avait trois mille légionnaires, un corps de Belges levés tumultuairement, et un gros d'habitants et de vivandiers, troupe lâche, mais insolente avant le péril. Ils sortent tous à la fois par toutes les portes, afin d'envelopper les Bataves, inférieurs en nombre. Ceux-ci, vieillis dans la guerre, se forment en coin dans un ordre profond sur toutes les faces, qui mettait leur front, leurs derrières et leurs flancs en sûreté. Ainsi resserrés, ils eurent bien vite enfoncé notre ligne qui était mince. Les Belges, lâchant pied, les légionnaires reculent aussi; et tous regagnent, en désordre, les retranchements et les portes. Là, se fit le plus grand carnage; les morts comblèrent le fossé; et il en périt moins par le fer de l'ennemi, que par leur chute et par leurs propres armes. Les vainqueurs, évitant Cologne, ne commirent plus d'hostilités sur le reste de leur route; ils s'excusaient du combat de Bonn sur ce qu'ils avaient demandé la paix, et que, sur le refus, ils avaient pourvu à leur défense.

XXI. Depuis la jonction de ces vieilles cohortes, Civilis se voyait à la tête d'une armée en règle. Toutefois, encore incertain dans ses projets, réfléchissant sur la puissance romaine, il se borne à faire reconnaître Vespasien par toutes ses troupes; il députe vers les deux légions, qui, après leur défaite dans le premier combat, s'étaient retirées à Vetera-Castra, et leur fait demander un serment pareil. On lui répond qu'on ne prenait pas conseil d'un traître ni d'un ennemi; qu'ils avaient pour empereur Vitellius; qu'ils lui conserveraient jusqu'au dernier soupir leur fidélité et leurs armes; qu'il convenait mal à un Batave, déserteur, de s'ériger en arbitre de la puissance romaine; qu'il n'avait à espérer de son crime qu'un juste châtiment. Cette réponse, rapportée à Civilis, l'enflamma de colère; il entraîne à la guerre tous ses Bataves : les Bructères et les Tenctères se joignent à eux; la Germanie, excitée par ses émissaires, s'ébranle pour venir partager le butin et la gloire.

XXII. Pour résister à un concours de guerres si menaçant, les lieutenants des légions, Mummius Lupercus et Numisius Rufus, faisaient fortifier les retranchements et les remparts. Une espèce de ville, qui, à l'abri d'une longue paix, s'était formée non loin du camp, fut démolie, de peur que l'ennemi ne s'y logeât; mais on prit peu de soin des approvisionnements. On laissa les vivres au pillage; par là, ce qui eût pourvu aux besoins un long espace de temps, suffit à peine aux dissipations de quelques jour. Civilis, avec l'élite de ses Bataves, se mit au centre de son armée; et, pour en rendre l'aspect plus effrayant, il couvre les deux rives du Rhin de troupes d'infanterie germaine : la cavalerie ne cessait de battre toute la campagne. En même temps, les vaisseaux remontaient le fleuve. On voyait, d'un côté, les étendards de ces vieilles cohortes de Bataves, et, tout près, les enseignes même des barbares, ces simulacres d'animaux sauvages, que chaque nation, au moment d'aller en guerre, va prendre au fond de ses forêts et dans ses bois religieux. Ce spectacle où étaient mêlées les images d'une guerre civile et d'une guerre étrangère, avait saisi d'étonnement les assiégés. Les assiégeants espéraient beaucoup de la grandeur même du camp, construit pour deux légions, et défendu à peine par cinq mille soldats romains. A la vérité, depuis la rupture de la paix, il s'y était réfugié un grand nombre de vivandiers, dont on tirait pour la guerre même quelque service.

XXIII. Une partie du camp s'élevait sur une colline en pente douce; le reste était dans une

et vallum portasque trepidi petebant. Ibi plurimum cladis : cumulatæ corporibus fossæ; nec cæde tantum et vulneribus, sed ruina et suis plerique telis, interiere. Victores, colonia Agrippinensium vitata, nihil cetero in itinere hostile ausi, Bonnense prælium excusabant, tanquam pace petita, postquam negabatur, sibimet ipsi consuluissent.

XXI. Civilis, adventu veteranarum cohortium justi jam exercitus ductor, sed consilii ambiguus et vim romanam reputans, cunctos qui aderant in verba Vespasiani adigit; mittitque legatos ad duas legiones, quæ priore acie pulsæ in Vetera castra concesserant, ut idem sacramentum acciperent. Redditur responsum, neque proditoris neque hostium se consiliis uti. « Esse sibi Vitellium principem, pro quo fidem et arma usque ad supremum spiritum retenturos; proinde perfuga Batavus arbitrum rerum romanarum ne ageret, sed meritas sceleris pœnas exspectaret. » Quæ ubi relata Civili, incensus ira universam Batavorum gentem in arma rapit. Junguntur Bructeri Tenctericque; et excita nunciis Germania ad prædam famamque.

XXII. Adversus has belli concurrentis minas, legati legionum, Mummius Lupercus et Numisius Rufus, vallum murosque firmabant : subversa longæ pacis opera, haud procul castris in modum municipii exstructa, ne hostibus usui forent. Sed parum provisum ut copiæ in castra conveherentur : rapi permisere. Ita paucis diebus per licentiam absumpta sunt, quæ adversus necessitates in longum suffecissent. Civilis, medium agmen cum robore Batavorum obtinens, utramque Rheni ripam, quo truculentior visu foret, Germanorum catervis complet, assultante per campos equite. Simul naves in adversum amnem agebantur. Hinc veteranorum cohortium signa, inde depromptæ silvis lucisve ferarum imagines, ut cuique genti inire prælium mos est, mixta belli civilis externique facie obstupefecerant obsessos : et spem oppugnantium augebat amplitudo valli, quod, duabus legionibus situm, vix quinque millia armatorum Romanorum tuebantur. Sed lixarum multitudo, turbata pace illuc congregata, et bello ministra aderat.

XXIII. Pars castrorum in collem leniter exsurgens; pars æquo adibatur : quippe illis hibernis obsideri præmique

plaine unie. Avec ce camp, Auguste s'était flatté de resserrer et de bloquer les deux Germanies; et jamais il n'eût imaginé cet excès de malheur, qu'un jour elles fussent les premières à venir nous assiéger nous-mêmes. Voilà pourquoi il ne prit aucune peine pour choisir l'emplacement et pour le fortifier : il croyait que notre puissance et nos armes le rendaient assez fort. Les Bataves et les peuples d'au delà du Rhin prennent chacun un poste séparé, afin que leur valeur, se déployant à part, en soit mieux aperçue. D'abord ils attaquent de loin; puis, voyant que la plupart de leurs traits s'attachaient en pure perte aux tours et aux créneaux des murailles, tandis que, d'en haut, de simples pierres les blessaient, ils montent au rempart à grands cris et avec impétuosité, la plupart sur des échelles qu'ils avaient dressées, d'autres sur la tortue formée par leurs camarades. Déjà quelques-uns atteignaient le faîte, lorsque les Romains, les heurtant avec le glaive et le bouclier, les précipitent en bas, où une grêle de pieux et de javelots achèvent de les écraser. Les barbares ont toujours dans le commencement un excès d'audace, surtout quand la fortune les seconde; mais, alors, l'ardeur du butin leur fit supporter l'adversité. Ils pensèrent même d'employer les machines, chose absolument nouvelle pour eux, car ils n'ont pas la moindre industrie. Ce furent les transfuges et les prisonniers qui leur apprirent à assembler des poutres, à en former une sorte de pont, à adapter des roues pour faire avancer ces tours mobiles, d'où les uns, plus élevés que les murs, combattaient comme du haut d'un rempart, tandis que d'autres, cachés dans l'intérieur, minaient le pied des retranchements. Mais les quartiers de roche que lançaient nos balistes, eurent bientôt renversé cet ouvrage informe; et, comme ils préparaient des claies et des mantelets, nos machines firent pleuvoir des javelines enflammées : les assiégeants étaient eux-mêmes assiégés par les feux. Enfin, renonçant à la force, ils n'attendent plus leur succès que du temps, n'ignorant pas que la place n'avait de vivres que pour peu de jours, et qu'il y avait beaucoup de bouches inutiles. D'ailleurs ils comptaient sur la famine, qui pouvait amener une trahison, sur quelque perfidie des esclaves et sur les hasards de la guerre.

XXIV. Cependant Hordéonius, sur la nouvelle qu'on assiégeait le camp, avait envoyé de toutes parts dans les Gaules rassembler des forces. En attendant, il détacha l'élite de ses légionnaires sous Dillius Vocula, lieutenant de la dix-huitième légion, avec ordre de marcher le long du Rhin et de faire la plus grande diligence. Pour lui, toujours timide, et affaibli par la maladie, il était odieux au soldat. Ils ne dissimulaient plus leur indignation; ils disaient publiquement qu'on avait laissé échapper de Mayence les cohortes bataves, fermé les yeux sur les entreprises de Civilis, sollicité l'invasion des Germains; que Mucien et Antonius n'avaient pas plus contribué que Hordéonius à l'élévation de Vespasien; qu'ils aimaient cent fois mieux des guerres et des haines ouvertes, que l'on repoussait ouvertement; que la fraude et l'artifice, se cachant dans l'ombre, en portaient des coups bien plus sûrs; qu'ils avaient deux ennemis, Civilis sur le champ de bataille, disposant devant eux son armée, et Hordéonius, ordonnant de sa chambre et de son lit tout ce qui convenait à Civilis. Pourquoi souffrir qu'un seul homme, vieux et infirme, disposât des bras et des armes de tant de braves soldats? qu'il fallait bien plutôt, par la mort du traître, soustraire leur fortune et leur valeur à une influence sinistre. Tels étaient les murmures par lesquels ils s'excitaient entre eux, lorsqu'une lettre

---

Germanias Augustus crediderat; neque unquam id malorum, ut oppugnatum ultro legiones nostras venirent. Inde non loco neque munimentis labor additus : vis et arma satis placebant. Batavi Transrhenanique, quo discreta virtus manifestius spectaretur, sibi quæque gens consistunt, eminus lacessentes. Post ubi pleraque telorum turribus pinnisque murorum irrita hærebant, et desuper saxis vulnerabantur; clamore atque impetu invasere vallum, appositis plerique scalis, alii per testudinem suorum : scandebantque jam quidam, quum, gladiis et armorum incussu præcipitati, sudibus et pilis obruuntur, præferoces initio et rebus secundis nimii. Sed tum, prædæ cupidine, adversa quoque tolerabant. Machinas etiam, insolitum sibi, ausi : nec ulla ipsis solertia; perfugæ captivique docebant struere materias in modum pontis, mox subjectis rotis propellere, ut alii superstantes tanquam ex aggere præliarentur, pars intus occulti muros subruerent. Sed excussa balistis saxa stravere informe opus; et crates vineasque parantibus adactæ tormentis ardentes hastæ; ultroque ipsi oppugnatores ignibus petebantur. donec, desperata vi,

verterent consilium ad moras, haud ignari paucorum dierum inesse alimenta, et multum imbellis turbæ. Simul ex inopia proditio et fluxa servitiorum fides ac fortuita belli sperabantur.

XXIV. Flaccus interim, cognito castrorum obsidio, et misisis per Gallias qui auxilia concirent, lectos e legionibus Dillio Voculæ, duodevicesimæ legionis legato, tradit, ut quam maximis per ripam itineribus celeraret. Ipse navibus, invalidus corpore, invisus militibus : neque enim ambigue fremebant, « emissas a Magontiaco Batavorum cohortes, dissimulatos Civilis conatus, adsciri in societatem Germanos; non Primi Antonii, neque Muciani ope Vespasianum magis adolevisse : aperta odia armaque palam depelli; fraudem et dolum obscura eoque inevitabilia. Civilem stare contra, struere aciem; Hordeonium e cubiculo et lectulo jubere quidquid hosti conducat. Tot armatas fortissimorum virorum manus unius senis valetudine regi. Quin potius, interfecto traditore, fortunam virtutemque suam malo omine exsolverent. » His inter se vocibus instinctos flammavere insuper allatæ a Vespa-

de Vespasien acheva de les enflammer. Hordéonius, dans l'impossibilité d'en faire mystère, la lut publiquement aux soldats, et il envoya, pieds et mains liés, à Vitellius, ceux qui l'avaient apportée.

XXV. Par là il calma les esprits, et l'on arriva à Bonn, au camp de la première légion. Là, on trouva les soldats encore plus courroucés. Ils accusaient Hordéonius de leur défaite; c'est par son ordre qu'ils avaient marché contre les Bataves, sur la promesse que les légions partiraient de Mayence; c'est par sa trahison qu'ils avaient été taillés en pièces, les secours n'étant point arrivés. Il laissait ignorer leur situation aux autres armées; il la cachait à leur empereur, tandis que, avec le concours de tant de provinces, il eût été si facile d'étouffer la révolte dès sa naissance. Hordéonius lut devant toute l'armée les copies de toutes les lettres qu'il avait écrites dans les Gaules, en Espagne et en Bretagne, pour demander du secours, et il commit la faute énorme d'établir que les lettres seraient remises aux aquilifères des légions, par qui les soldats en prendraient lecture avant les généraux. Il fit mettre aux fers un des séditieux, non qu'il n'y eût qu'un seul coupable, mais pour faire preuve de quelque autorité. L'armée ensuite marcha de Bonn vers Cologne, où arrivaient de tous côtés les renforts de la Gaule, qui d'abord nous servit avec zèle. Mais bientôt, voyant l'ascendant que prenaient les Germains, la plupart de ses cités armèrent contre nous, dans l'espoir de secouer la servitude, et, une fois libres, de dominer à leur tour. L'esprit de révolte gagnait de jour en jour dans les légions, et l'emprisonnement d'un soldat n'avait point imprimé de terreur. Au contraire, ce soldat était le premier à charger son général, comme son complice; il se disait l'agent de Hordéonius et de Civilis; et qu'on ne voulait le perdre par une fausse accusation que pour se défaire d'un témoin de la vérité. Vocula montra une fermeté admirable. Il monte intrépidement au tribunal; il fait saisir le soldat; malgré la violence de ses cris, il le fait conduire au supplice; et, tandis que les séditieux étaient intimidés, les bons sujets obéirent. Sur les instances de toute l'armée, qui demandait Vocula pour son général, Hordéonius lui remet le commandement.

XXVI. Mais, outre ce levain de discorde, mille causes ulcéraient les esprits, le manque de vivres et l'interruption de la solde, les Gaules qui refusaient le tribut et l'enrôlement, une sécheresse inouïe dans ce climat, qui permettait à peine au Rhin de porter des bateaux, la difficulté des approvisionnements, les postes établis tout le long du fleuve pour défendre les gués contre les Germains; et, par un double effet de la même cause, moins de subsistances et plus de consommateurs. Les esprits ignorants attachaient des idées sinistres à la sécheresse qui tarissait les eaux, comme si les fleuves même, ces anciennes fortifications de l'empire, nous abandonnaient. Ce qui dans la paix n'eût paru qu'un effet du hasard, ou le cours de la nature, leur semblait alors de la fatalité et le courroux du ciel. A Novésium ils joignent la seizième légion. On associa à Vocula, dans le commandement, le lieutenant Hérennius Gallus, et, tous deux, n'osant point marcher à l'ennemi, campèrent dans un lieu nommé Gelduba. Là, exerçant le soldat aux évolutions, à se retrancher, à palissader un camp, enfin à tout l'apprentissage de la guerre, ils le fortifiaient pour les combats. En outre, pour exciter leur courage par l'appât du butin

---

siano literæ, quas Flaccus, quia occultari nequibant, pro concione recitavit, vinctosque qui attulerant ad Vitellium misit.

XXV. Sic mitigatis animis, Bonnam, hiberna primæ legionis, ventum. Infensior illic miles culpam cladis in Hordeonium vertebat : ejus jussu directam adversus Batavos aciem, tanquam a Magontiaco legiones sequerentur; ejusdem proditione cæsos, nullis supervenientibus auxiliis. Ignota hæc ceteris exercitibus, neque imperatori suo nunciari; quum accursu tot provinciarum exstingui repens perfidia potuerit. Hordeonius exemplaria omnium literarum, quibus per Gallias Britanniamque et Hispanias auxilia orabat, exercitui recitavit; instituitque (pessimum facinus) ut epistolæ aquiliferis legionum traderentur, a quis ante militi quam ducibus legebantur. Tum e seditiosis unum vinciri jubet, magis usurpandi juris quam quia unius culpa foret. Motusque Bonna exercitus in Coloniam Agrippinensem, affluentibus auxiliis Gallorum, qui primo rem romanam enixe juvabant : mox, valescentibus Germanis, pleræque civitates adversum nos armatæ; spe libertatis et, si exuissent servitium, cupidine imperitandi. Gliscebat iracundia legionum, nec terrorem unius militis vincula indiderant : quin idem ille arguebat ultro conscientiam ducis, tanquam nuncius inter Civilem Flaccumque, falso crimine, testis veri opprimeretur. Conscendit tribunal Vocula mira constantia, prehensumque militem ac vociferantem duci ad supplicium jussit. Et dum mali pavent, optimus quisque jussis paruere. Exin consensu ducum Voculam poscentibus, Flaccus summam rerum ei permisit.

XXVI. Sed discordes animos multa efferabant : inopia stipendii frumentique, et simul delectum tributaque Galliæ adspernantes; Rhenus, incognita illi cœlo siccitate, vix navium patiens; arcti commeatus; dispositæ per omnem ripam stationes quæ Germanos vado arcerent, eademque de causa minus frugum et plures qui consumerent. Apud imperitos prodigii loco accipiebatur ipsa aquarum penuria, tanquam nos amnes quoque et vetera imperii munimenta desererent : quod in pace fors seu natura, tunc fatum et ira dei vocabatur. Ingressis Novesium sextadecima legio conjungitur. Additus Voculæ in partem curarum Herennius Gallus, legatus : nec ausi ad hostem pergere, loco cui Gelduba nomen est castra fecere. Ibi struenda acie, muniendoque vallandoque et ceteris belli meditamentis

Vocula mena l'armée aux environs sur le territoire des Gugernes qui avaient accepte l'alliance de Civilis. Une partie resta avec Gallus.

XXVII. Par hasard, un navire chargé de blé s'était engravé non loin du camp; les Germains travaillaient à le tirer de leur côté. Gallus ne le voulut pas souffrir, et il détacha une cohorte. Les Germains renforcèrent aussi leur détachement, et, insensiblement, de nouvelles troupes se joignant aux premières, on en vint à une bataille. Les Germains, après un grand carnage des nôtres, enlèvent le navire. Les vaincus, ce qui alors était tourné en usage, accusaient, non leur lâcheté, mais la perfidie du lieutenant. Ils l'arrachent de sa tente, ils mettent ses habits en pieces, ils l'accablent de coups; ils le somment de déclarer ses complices et le prix qu'il a vendu l'armée. Leur fureur contre Hordéonius se réveille. Il est l'auteur du crime, l'autre n'en est que l'instrument; enfin, épouvanté de toutes les menaces qu'on faisait de le tuer, Gallus en vint à accuser lui-même Hordéonius de trahison. Gallus, mis en prison, n'en sort qu'à l'arrivée de Vocula. Celui-ci, dès le lendemain, fit mettre à mort les auteurs de la sédition : tant cette armée offrait un contraste frappant de soumission et de licence. Le simple soldat était dévoué sans réserve à Vitellius; tout ce qui avait un grade penchait pour Vespasien; de là une alternative de crimes et de supplices, un mélange de fureur et d'obéissance, et l'impossibilité de contenir une armée qu'on pouvait châtier.

XXVIII. Cependant les forces de Civilis prenaient un accroissement immense, par la jonction de la Germanie tout entière, qui avait livré sa principale noblesse en otage pour sûreté de la confédération. Il ordonne, suivant la proximité de chaque peuple, aux uns, de tomber sur les Ubiens et sur les Trévires, aux autres, de passer la Meuse et d'aller désoler les Ménapiens, les Moriniens, et toute cette frontière de la Gaule. On fit partout des ravages, mais avec plus d'animosité chez les Ubiens, parce que cette nation, d'origine germanique, ayant abjuré sa patrie, s'appelait, d'un nom romain, la colonie d'Agrippine. Ses cohortes furent taillées en pieces dans le bourg de Marcodurum où elles se fiaient trop à leur éloignement du Rhin. De leur côté, les Ubiens n'eurent point de repos qu'ils n'eussent pille à leur tour la Germanie. Heureux d'abord, ils finirent par être enveloppes : en général, dans toute cette guerre, leur fortune ne répondit pas à leur fidélité. Plus fort par l'affaiblissement des Ubiens, et plus entreprenant par le succès, Civilis pressait le siége des légions; il avait doublé les gardes, pour qu'il ne se glissât aucun avis secret du secours qui allait arriver. Il charge les Bataves de la conduite des machines et des travaux, et les Germains, qui demandaient à se battre, de l'attaque des retranchements; quoique repoussés, il leur fait recommencer le combat, ayant assez de troupes pour en sacrifier. La nuit même ne fit point cesser l'attaque.

XXIX. Ils avaient allumé de grands feux, autour desquels ils mangeaient tous ensemble, et, à mesure que le vin leur échauffait la tête, ils couraient à l'assaut avec une témérité insensée. En effet, leurs traits, lancés dans l'obscurité, étaient perdus, tandis que les Romains decouvraient pleinement les barbares, et ceux que distinguaient

---

militem firmabant. Utque præda ad virtutem accenderetur, in proximos Gugernorum pagos, qui societatem Civilis acceperant, ductus a Vocula exercitus. Pars cum Herennio Gallo permansit.

XXVII. Forte navem, haud procul castris, frumento gravem, quum per vada hæsisset, Germani in suam ripam trahebant. Non tulit Gallus misitque subsidio cohortem. Auctus et Germanorum numerus; paullatimque aggregantibus se auxiliis, acie certatum. Germani, multa cum strage nostrorum, navem abripiunt. Victi (quod tum in morem verterat) non suam ignaviam sed perfidiam legati culpabant. Protractum e tentorio, scissa veste, verberato corpore, quo pretio, quibus consciis, prodidisset exercitum, dicere jubent. Redit in Hordeonium invidia. Illum auctorem sceleris, hunc ministrum vocant; donec, exitium minitantibus exterritus, proditionem et ipse Hordeonio objecit, vinctusque adventu denium Voculæ exsolvitur. Is postera die auctores seditionis morte affecit. Tanta illi exercitui diversitas inerat licentiæ patientiæque. Haud dubie gregarius miles Vitellio fidus, splendidissimus quisque in Vespasianum proni : inde scelerum ac suppliciorum vices et mixtus obsequio furor, ut contineri non possent qui puniri poterant.

XXVIII. At Civilem immensis auctibus universa Germania extollebat, societate nobilissimis obsidum firmata.

Ille, ut cuique proximum, vastari Ubios Treverosque, et alia manu Mosam amnem transire jubet, ut Menapios et Morinos et extrema Galliarum quateret. Actæ utrobique prædæ; infestius in Ubiis, quod gens germanicæ originis, ejurata patria, Romanorum nomen, Agrippinenses vocarentur. Cæsæ cohortes eorum, in vico Marcoduro incuriosius agentes quia procul ripa aberant. Nec quievere Ubii quominus prædas e Germania peterent : primo impune; dein circumventi sunt, per omne id bellum meliore usi fide quam fortuna. Contusis Ubiis, gravior et successu rerum ferocior Civilis obsidium legionum urgebat; intentis custodiis ne quis occultus nuncius venientis auxilii penetraret. Machinas molemque operum Batavis delegat; Transrhenanos prælium poscentes ad sciendendum vallum ire, detrusosque redintegrare certamen jubet; superante multitudine et facili damno : nec finem labori nox attulit.

XXIX. Congestis circum lignis accensisque, simul epulantes, ut quisque vino incaluerat, ad pugnam temeritate inani ferebantur. Quippe ipsorum tela per tenebras vana; Romani conspicuam barbarorum aciem, et si quis audacia aut insignibus effulgens, ad ictum destinabant. Intellectum id Civili; et, restincto igne, miscere cuncta tenebris et armis jubet. Tum vero strepitus dissoni, casus incerti, neque feriendi neque declinandi providentia. Unde clamor accidarat, circumagere corpora, tendere arcus : nihil pro

leur courage ou la richesse de leur costume, ils les choisissaient pour les frapper. Civilis s'en aperçut, et il fit éteindre les feux, afin que tout fût livré à toute la confusion de la nuit et de la guerre. Dès lors ce ne furent que bruits confus, chances inattendues : on ne voit ni à frapper ni à parer. On court du côté d'où part un cri, on y dirige son arc. La valeur est inutile, le sort confond tout, et souvent les plus braves périssent par la main des lâches. Les Germains obéissaient à une fureur aveugle; le soldat romain, mieux informé du péril, jetait des pieux ferrés, de gros quartiers de roche, et jamais au hasard. Lorsque le bruit des sapeurs, ou les échelles qu'on plantait, l'avertissaient de la présence de l'ennemi, il le renversait avec le bouclier, il le suivait avec le javelot : plusieurs, qui étaient parvenus sur la muraille, furent percés à coups de poignard. Ces travaux ayant ainsi rempli toute la nuit, le jour ouvrit une nouvelle scène de combats.

XXX. Les Bataves avaient élevé une tour à deux étages; mais, comme ils l'approchaient de la porte Prétorienne (c'était l'endroit le plus accessible) on fit jouer d'énormes pièces de bois, et on lança des poutres qui la mirent en pièces; tous ceux qui étaient en haut furent écrasés, et, dans ce moment de désordre, une sortie brusque eut un grand succès. Les légionnaires avaient bien plus d'art et d'habileté; ils opposaient aux barbares des machines en bien plus grand nombre. Celle qui causa le plus de terreur, ce fut une bascule légèrement suspendue et très-mouvante, qui, en s'abaissant subitement, saisissait à leur vue un ou plusieurs des leurs, les enlevait en l'air, et, en retombant de l'autre côté, les renversait dans le camp. Civilis, désespérant de forcer la place, se borna encore au blocus, redoublant les négociations et les promesses, pour ébranler la foi des légions.

XXXI. Voilà ce qui se passa en Germanie avant la journée de Crémone. Antonius manda sa victoire dans une lettre, à laquelle était joint un édit de Cécina ; d'ailleurs le préfet de cohorte, Alpinus Montanus, un des vaincus, confirmait, par sa présence, la défaite des Vitelliens. Cet événement fit sur les esprits des impressions différentes. Les auxiliaires de la Gaule, qui n'avaient ni amour ni haine pour le parti, qui servaient sans affection, entraînés par leurs préfets, se détachent aussitôt de Vitellius : les vieux légionnaires balançaient. Toutefois, sur l'ordre d'Hordéonius, sur les instances des tribuns, ils prononcèrent le serment, mais d'un air et d'un cœur contraints. Ils répétaient bien distinctement tous les autres mots; mais, pour le nom de Vespasien, ils hésitaient, ou le murmuraient tout bas; la plupart même l'omirent tout à fait.

XXXII. On lut ensuite en pleine assemblée les lettres d'Antonius à Civilis. Elles irritèrent les soupçons des soldats, parce qu'on semblait y traiter Civilis en allié, et les légions germaniques en ennemis. Ces nouvelles ayant passé aussitôt au camp de Gelduba, on y dit et fit les mêmes choses, et l'on dépêcha Montanus à Civilis, pour lui ordonner de poser les armes, et de ne plus couvrir les desseins d'un ennemi du masque d'un allié : s'il avait eu en vue de servir Vespasien, l'objet était rempli. Civilis recourut d'abord à des détours, puis, observant Montanus, et lui trouvant une résolution extraordinaire et un caractère tout fait pour les entreprises hasardeuses, il s'ouvre à lui. Après avoir commencé par des plaintes et par l'énumération de tout ce qu'il avait couru de périls pendant vingt-cinq années dans le camp des Romains : « J'ai recueilli, dit-il, un digne fruit de mes travaux, la mort pour mon frère, et des fers pour moi ! Penses-tu que le droit des « nations me prescrive d'épargner des barbares « qui, tous avec des cris affreux, sollicitèrent « mon supplice ? Mais vous, Trévires, et tous tant

desse virtus, fors cuncta turbare, et ignavorum sæpe telis fortissimi cadere. Apud Germanos inconsulta ira; romanus miles, periculorum gnarus, ferratas sudes, gravia saxa, non forte jaciebat. Ubi sonus molientium aut appositæ scalæ hostem in manus dederant, propellere umbone, pilo sequi, multos in mœnia egressos pugionibus fodere. Sic exhausta nocte novam aciem dies aperuit.

XXX. Eduxerant Batavi turrim, duplici tabulato, quam prætoriæ portæ (is æquissimus locus) propinquantem, promoti contra validi asseres et incussæ trabes perfregere, multa superstantium pernicie. Pugnatumque in perculsos, subita et prospera eruptione. Simul a legionariis, peritia et arte præstantibus, plura struebantur. Præcipuum pavorem intulit suspensum et nutans machinamentum, quo repente demisso, præter suorum ora, singuli pluresve hostium sublime rapti, verso pondere, intra castra effundebantur. Civilis, omissa oppugnandi spe, rursus per otium assidebat, nunciis et promissis fidem legionum convellens.

XXXI. Hæc in Germania ante Cremonense prælium gesta, cujus eventum literæ Primi Antonii docuere, addito Cæcinæ edicto. Et præfectus cohortis e victis, Alpinus Montanus, fortunam partium præsens fatebatur. Diversi hinc motus animorum. Auxilia e Gallia, quis nec amor nec odium in partes, militia sine affectu, hortantibus præfectis, statim a Vitellio desciscunt; vetus miles cunctabatur. Sed adigente Hordeonio Flacco, instantibus tribunis dixit sacramentum, non vultu neque animo satis affirmans; et, quum cetera jurisjurandi verba conciperent, Vespasiani nomen hæsitantes, aut levi murmure et plerumque silentio transmittebant.

XXXII. Lectæ deinde pro concione epistolæ Antonii ad Civilem, suspiciones militum irritavere, tanquam ad socium partium scriptæ, et de Germanico exercitu hostiliter. Mox, allatis Geldubam in castra nunciis, eadem dicta factaque; et missus cum mandatis Montanus ad Civilem, ut absisteret bello, neve externa armis falsis velaret. Si Vespasianum juvare aggressus foret, satisfactum cœptis. Ad ea Civilis primo callide; post, ubi videt Montanum

« que vous êtes, malheureux esclaves, quel prix
« attendez-vous des flots de sang que vous avez
« versés, sinon un service ingrat, des tributs
« éternels, des verges, des haches, et tout le génie
« de l'oppression? Moi, simple préfet d'une seule
« cohorte, avec les Canninéfates et les Bataves,
« qui ne sont qu'un point dans les Gaules, nous
« avons bravé le vain épouvantail de ces camps
« immenses, et après avoir détruit les uns,
« nous tenons les autres investis et pressés par
« le fer et par la faim. Après tout, en osant, ou
« nous redeviendrons libres, ou, vaincus, nous
« resterons ce que nous sommes. » L'ayant ainsi
enflammé, il le renvoie, mais en lui prescrivant
bien d'adoucir son rapport. Celui-ci, de retour,
ne parla que du peu de fruit de sa députation,
dissimulant tout le reste, qui ne tarda point à
éclater.

XXXIII. Civilis, gardant une partie des troupes, envoie contre Vocula ses vieilles cohortes de Bataves et ce qu'il y avait de plus brave parmi les Germains. Julius Maximus, et Claudius Victor, fils de la sœur de Civilis, commandaient ce détachement. Ils enlèvent, en passant à Asciburgium, les quartiers d'une division de cavalerie. De là ils fondent sur le camp de Vocula si brusquement, que celui-ci n'eut le temps ni de haranguer ses troupes, ni de développer sa ligne. Tout ce qu'il put faire dans une alarme si subite, fut de recommander qu'on fortifiât le centre en y portant les légionnaires; les auxiliaires se jetèrent confusément sur les ailes. La cavalerie fit une charge; mais, reçue par un ennemi serré et en bon ordre, elle tourna le dos et se rejeta sur les nôtres. Ce fut, depuis, une boucherie, non un combat. Pour surcroît, les cohortes des Nerviens, soit frayeur, soit perfidie, laissèrent nos flancs à découvert. Ainsi l'on pénétra jusqu'aux légions, qui, après avoir perdu leurs enseignes, se laissaient culbuter en dedans des retranchements, lorsque, tout à coup, un secours inattendu change la face du combat. Des cohortes de Gascons, enrôlés par Galba, et qui avaient été mandées, ayant entendu, en approchant du camp, le cri des combattants, tombent par derrière sur l'ennemi, occupé devant soi, et causent une terreur plus grande qu'on n'eût dû l'attendre de leur petit nombre, l'ennemi s'imaginant, les uns, que c'était le corps de Novésium, les autres, celui de Mayence qui arrivait tout entier. Cette erreur rend le courage aux Romains, et, en comptant sur les forces d'autrui, ils recouvrent les leurs. Ce qu'il y avait de plus intrépide dans l'infanterie batave est écrasé : la cavalerie se retira avec les enseignes et les prisonniers qu'on avait enlevés au commencement. Dans cette journée, le nombre des morts fut plus grand de notre côté; mais nous perdîmes nos plus mauvaises troupes, les Germains leurs meilleures.

XXXIV. Les deux généraux firent la même faute; ils s'attirèrent leur malheur, et manquèrent à leur fortune. Civilis, s'il eût porté au combat de plus grandes forces, n'eût jamais pu être enveloppé par un si faible détachement, et il eût détruit le camp qu'il avait forcé. De son côté, Vocula ne prit aucun soin pour être informé de l'approche des ennemis; ce qui fit qu'à peine sorti, il fut battu; ensuite, son peu de confiance

---

præferocem ingenio paratumque in res novas, orsus a questu periculisque, quæ per quinque et viginti annos in castris romanis exhausisset : « Egregium, inquit, pretium « laboris recepi, necem fratris et vincula mea et sævissi- « mas hujus exercitus voces, quibus ad supplicium petitus « jure gentium pœnas reposco : vos autem Treveri ceteræ- « que servientium animæ, quod præmium effusi toties « sanguinis expectatis, nisi ingratam militiam, immorta- « lia tributa, virgas, secures, et dominorum ingenia? En « ego præfectus unius cohortis, et Canninefates Batavique, « exigua Galliarum portio, vana illa castrorum spatia ex- « scidimus vel septa ferro fameque premimus : denique au- « sos aut libertas sequetur, aut victi iidem erimus. » Sic accensum, sed molliora referre jussum, dimittit. Ille, ut ir- ritus legationis, rediit, cetera dissimulans quæ mox erupere.

XXXIII Civilis, parte copiarum retenta, veteranas co- hortes, et quod e Germanis maxime promptum, adversus Voculam exercitumque ejus mittit; Julio Maximo et Clau- dio Victore, sororis suæ filio, ducibus. Rapiunt in transitu hiberna alæ, Asciburgii sita; adeoque improvisi castra in- volavere ut non alloqui, non pandere aciem Vocula potue- rit. Id solum, ut in tumultu, monuit, subsignano milite media firmare : auxilia passim circumfusa sunt. Eques prorupit, exceptusque compositis hostium ordinibus terga in suos vertit. Cædes inde, non prælium. Et Nerviorum cohortes, metu seu perfidia, latera nostrorum nudavere. Sic ad legiones perventum; quæ amissis signis intra vallum sternebantur, quum repente novo auxilio fortuna pugnæ mutatur. Vasconum lectæ a Galba cohortes ac tum accitæ, dum castris propinquant, audito præliantium clamore, in- tentos hostes a tergo invadunt latioremque, quam pro numero, terrorem faciunt, aliis a Novesio, aliis a Magon- tiaco universas copias advenisse credentibus. Is error Ro- manis addit animos, et, dum alienis viribus confidunt, suas recepere. Fortissimus quisque e Batavis, quantum peditum erat, funduntur : eques evasit, cum signis capti- visque quos prima acie corripuerant. Cæsorum eo die, in partibus nostris, major numerus et imbellior; Germanis, ipsa robora.

XXXIV. Dux uterque, pari culpa meritus adversa, pro- speris defuere. Nam Civilis, si majoribus copiis instruxis- set aciem, circumiri a tam paucis cohortibus nequisset, castraque perrupta excidisset. Vocula nec adventum ho- stium exploravit, eoque simul egressus victusque; dein victoriæ parum confisus, tritis frustra diebus, castra in hostem movit : quem si statim impellere bursumque re- rum sequi maturasset, solvere obsidium legionum eodem impetu potuit. Tentaverat interim Civilis obsessorum ani- mos, tanquam perditæ apud Romanos res, et suis victoria provenisset. Circumferebantur signa vexillæque; ostentati etiam captivi : ex quibus unus, egregium facinus ausus, clara voce gesta patefecit confossus illico a Germanis : unde

dans sa victoire lui fit perdre plusieurs jours avant de marcher à l'ennemi, au lieu que, s'il l'eût pressé dans le moment, et qu'il eût poursuivi son succès, il pouvait, du même coup, faire lever le siège des légions. Dans l'intervalle, Civilis avait cherché à surprendre les assiégés, en leur faisant croire que les Romains étaient sans ressource, et que les siens avaient eu la victoire. On promenait en triomphe les enseignes et les drapeaux; on étala aussi les prisonniers. L'un deux eut l'âme assez grande pour oser élever la voix et déclarer la vérité, malgré les menaces des Germains, qui le percèrent sur-le-champ de mille coups : ce qui donna plus de créance à son rapport. D'ailleurs, les dévastations et l'embrasement des villages qu'on voyait tout en feu, annonçaient assez l'approche d'une armée victorieuse. Arrivé devant Vétéra, Vocula ordonne qu'on plante les drapeaux, et qu'on s'entoure d'un fossé et d'un rempart : débarrassés de leurs bagages, ils combattraient plus librement. A cet ordre, ils s'élève un cri contre le général; ils demandent le combat en menaçant : c'était leur usage. Sans se donner même le temps de se ranger en bataille, tout en désordre et fatigués, ils commencent l'attaque. Civilis avait marché à eux, ne se fiant pas moins aux fautes de l'ennemi qu'à la valeur des siens. Chez les Romains, le sort de la bataille varia, et tous les séditieux furent lâches. D'autres, tout remplis de leur victoire récente, gardaient leur place, frappaient l'ennemi, s'encourageaient eux et leurs camarades : le combat rétabli, ils firent signe de la main aux assiégés de saisir l'occasion. Ceux-ci, qui voyaient tout du rempart, sortent à la fois par toutes les portes; et par hasard Civilis ayant été renversé de cheval, on crut, dans l'une et dans l'autre armée, qu'il était blessé ou mort; il est incroyable combien ce bruit inspira de frayeur à l'ennemi et d'ardeur aux Romains.

XXXV. Mais Vocula, au lieu de poursuivre un ennemi qui fuyait, augmentait les fortifications de Vétéra, comme si ce camp eût été menacé d'un second siége. Tant de victoires, dont il laissa perdre le fruit, le firent soupçonner, non sans raison, de vouloir éterniser la guerre. Rien ne fatiguait autant nos armées que le manque de vivres. Les bagages des légions et toute cette troupe de vivandiers furent envoyés à Novésium, d'où l'on devait ramener par terre des blés; car l'ennemi était maître du fleuve. Le premier convoi passa tranquillement : Civilis n'était pas encore remis de sa chute. Lorsqu'il sut qu'on en avait fait partir un second pour le même lieu, et que les cohortes chargées de le protéger marchaient, comme en pleine paix, les soldats clairsemés autour des enseignes, les armes dans les chariots, toute la troupe étant débandée, il les attaque en bon ordre; il avait fait occuper d'avance les ponts et les défilés. On se battit sur une longue file, et avec un succès balancé, jusqu'à ce que la nuit mît fin au combat. Les cohortes gagnèrent Gelduba, dont on avait laissé subsister le camp, avec un détachement de soldats pour le garder. Il n'était point douteux que le retour ne dût être infiniment dangereux pour nos troupes, embarrassées de convois et intimidées. Vocula renforce son armée de mille hommes d'élite, de la cinquième et de la quinzième légions, qui avaient soutenu le siège de Vétéra : soldats indomptables, et ulcérés contre leurs généraux. Il en partit plus qu'on n'en avait commandé; et ouvertement, tout le long de la route, ils protestaient avec fureur qu'ils n'endureraient plus désormais la trahison des lieutenants et la famine. D'un autre côté, ceux qui étaient restés dans Vétéra criaient qu'en emmenant une partie des légions on les avait sacrifiés. De là une double sédition, les uns redemandant le retour de Vocula, les autres s'y opposent.

XXXVI. Cependant Civilis remit le siège de-

---

major indici fides. Simul vastatione incendiisque flagrantium villarum, venire victorem exercitum intelligebatur. In conspectu castrorum, constitui signa fossamque et vallum circumdari Vocula jubet : depositis impedimentis sarcinisque, expediti certarent. Hinc in ducem clamor pugnam poscentium : et minari asseverant. Ne tempore quidem ad ordinandam aciem capto, incompositi fessique prælium sumpsere; nam Civilis aderat, non minus vitiis hostium quam virtute suorum fretus. Varia apud Romanos fortuna, et sediosissimus quisque ignavus : quidam, recentis victoriæ memores, retinere locum, ferire hostem, seque et proximos hortari; et, redintegrata acie, manus ad obsessos tendere, ne tempori deessent. Illi, cuncta e muris cernentes, omnibus portis prorumpunt. Ac forte Civilis lapsu equi prostratus, credita per utrumque exercitum fama vulneratum aut interfectum, immane quantum suis pavoris et hostibus alacritatis indidit.

XXXV. Sed Vocula, omissis fugientium tergis, vallum turresque castrorum augebat, tanquam rursus obsidium imminerct; corrupta toties victoria, non falso suspecta bellum malle. Nihil æque exercitus nostros quam egestas copiarum fatigabat. Impedimenta legionum cum imbelli turba Novesium missa, ut inde, terrestri itinere, frumentum adveherent. Nam flumine hostes potiebantur. Primum agmen securum incessit, nondum satis firmo Civile : qui, ubi rursus missos Novesium frumentatores, datasque in præsidium cohortes velut multa pace ingredi accepit, rarum apud signa militem, arma in vehiculis, cunctos licentia vagos, compositus invadit; præmissis qui pontes et viarum angusta insiderent. Pugnatum longo agmine et incerto Marte, donec prælium nox dirimeret. Cohortes Geldubam perrexere, manentibus ut fuerant castris, quæ relictorum illic militum præsidio tenebantur. Non erat dubium quantum in regressu discriminis adeundum foret, frumentatoribus onustis perculsisque. Addit exercitui suo Vocula mille delectos e quinta et quintadecima legionibus, apud Vetera obsessis, indomitum militem et ducibus infensum. Plures quam jussum erat profecti, palam in

vant Vétéra. Vocula se retira à Gelduba, et de là à Novésium. Civilis prend Gelduba. Peu de temps après il donna, non loin de Novésium, un combat de cavalerie, où il eut l'avantage. Mais les succès et les revers animaient également le soldat à la perte des généraux. A peine renforcés par ce détachement de la cinquième et de la quinzième légions, ils demandent le donativum (on savait que Vitellius avait envoyé de l'argent); et Hordeonius, sans se faire long-temps presser, le donna au nom de Vespasien. Ce fut le principal aliment de la sédition. Les soldats, plongés dans la débauche et la bonne chère, s'excitent dans des rassemblements nocturnes, et reprennent leur ancienne fureur contre Hordéonius. Personne, parmi les lieutenants ou les tribuns, n'osant leur résister (car la nuit leur avait ôté toute pudeur), ils l'arrachent de son lit et le tuent. Ils réservaient le même sort à Vocula, si, déguisé en esclave, il n'eût profité de l'obscurité pour se sauver sans être reconnu. Sitôt que l'emportement eut fait place à la peur, ils firent partir des centurions avec des lettres, pour aller dans les Gaules solliciter des secours d'hommes et d'argent.

XXXVII. La précipitation, les terreurs paniques, l'irrésolution, sont le partage de toute multitude sans chef. A l'approche de Civilis, ils courent aux armes tout en désordre, les jettent l'instant d'après, et prennent la fuite. L'adversité enfanta la discorde : les troupes qui appartenaient à l'armée du Haut Rhin se détachèrent pour former un parti séparé. Et, toutefois, elles rétablirent dans leur camp et dans les cantons des Belges les plus voisins les images de Vitellius, quoique Vitellius fût déjà mort. Puis, changeant encore et se repentant, elles vont, ainsi que la première, prendre Vocula pour général ; elles renouvellent entre ses mains le serment à Vespasien, et, de là, marchent au secours de Mayence, assiégée par une armée de Cattes, d'Usipiens et de Mattiaques; mais cette armée s'était déjà retirée, rassasiée de butin, et avec quelque perte. Nos soldats, les ayant trouvés dispersés sur la route, les avaient surpris et battus. De leur côté, les Trévires avaient élevé, le long de leurs frontières, une palissade bordée d'un retranchement; et ils faisaient aux Germains une guerre où beaucoup de sang coula de part et d'autre, jusqu'au jour où tant de services rendus au peuple romain furent souillés par la rébellion.

XXXVIII. Cependant Vespasien et Titus, absents tous deux, prennent possession du consulat : c'était le second de Vespasien. Rome était dans la désolation, et partagée entre mille craintes différentes; outre ses maux réels, elle se faisait des terreurs imaginaires sur l'Afrique, qu'elle croyait soulevée à l'instigation de Pison, commandant de la province. Ce n'est pas que le caractère de Pison ne dût rassurer pleinement; mais comme la rigueur de la saison empêchait les vaisseaux de partir, le peuple, qui chaque jour achète la consommation de la journée, et pour qui le seul intérêt politique est celui de sa subsistance, croyait, à force de le craindre, que les ports étaient fermés, les convois retenus. Les Vitelliens, qui n'avaient point encore quitté l'esprit de parti, fortifiaient ces rumeurs, qui ne déplaisaient pas même au parti victorieux, par cette cupidité que les guerres étrangères n'auraient pas assouvie, et que ne put satisfaire aucune victoire sur des citoyens.

XXXIX. Aux calendes de janvier, dans l'as-

---

agmine fremebant non se ultra famem, insidias legatorum toleraturos. At qui remanserant desertos se, abducta parte legionum, querebantur. Duplex hinc seditio ; aliis revocantibus Voculam, aliis redire in castra abnuentibus.

XXXVI. Interim Civilis Vetera circumsedit. Vocula Geldubam atque inde Novesium concessit. Civilis capit Geldubam. Mox, haud procul Novesio, equestri prœlio prospere certavit. Sed miles secundis adversisque perinde in exitium ducum accendebatur. Et adventu quintanorum quintadecimanorumque auctæ legiones donativum exposcunt, comperto pecuniam a Vitellio missam. Nec diu cunctatus Hordeonius nomine Vespasiani dedit. Idque præcipuum fuit seditionis alimentum. Effusi in luxum et epulas et nocturnos cœtus, veterem in Hordeonium iram renovant ; nec ullo legatorum tribunorumve obsistere auso (quippe omnem pudorem nox ademerat) protractum e cubili interficiunt. Eadem in Voculam parabantur, nisi servili habitu, per tenebras, ignoratus evasisset. Ubi, sedato impetu, metus rediit, centuriones cum epistolis ad civitates Galliarum misere, auxilia ac stipendia oraturos.

XXXVII. Ipsi, ut est vulgus sine rectore præceps, pavidum, socors, adventante Civile, raptis temere armis ac statim omissis, in fugam vertuntur. Res adversæ discordiam peperere, iis qui e superiore exercitu erant causam suam dissociantibus. Vitellii tamen imagines, in castris et per proximas Belgarum civitates, repositæ, quum jam Vitellius occidisset. Dein mutati in pœnitentiam primani quartanique et duodevicesimani Voculam sequuntur ; apud quem resumpto Vespasiani sacramento ad liberandam Magontiaci obsidium ducebantur. Discesserant obsessores, mixtus ex Cattis, Usipiis, Mattiacis exercitus, satietate prædæ, nec incruenti : in via dispersos et nescios miles noster invaserat. Quin et loricam vallumque per fines suos Treveri struxere, magnisque invicem cladibus cum Germanis certabant ; donec egregia erga populum romanum merita, mox rebelles, fœdarent.

XXXVIII. Interea Vespasianus iterum ac Titus consulatum absentes iniere, mœsta et multiplici metu suspensa civitate, quæ, super instantia mala, falsos pavores induerat, descivisse Africam, res novas moliente L. Pisone. Is præerat provinciæ, nequaquam turbidus ingenio : sed quia naves sævitia hiemis prohibebantur, vulgus alimenta in dies mercari solitum, cui una ex republica annonæ cura, clausum littus, retineri commeatus, dum timet, credebat : augentibus famam Vitellianis, qui studium partium nondum posuerant ; ne victoribus quidem ingrato rumore, quorum cupiditates, externis quoque bellis inexplebiles, nulla unquam civilis victoria satiavit.

semblée du sénat que Julius Frontinus, préteur de la ville, avait convoquée, on décerna, pour les lieutenants, les armées et les rois du parti de Vespasien, des éloges et des remercîments. On ôta la préture à Tertius Julianus, qui avait eu l'air d'abandonner sa légion quand elle passa dans le parti de Vespasien, et Plotius Griphus fut mis à sa place. On conféra la dignité équestre à Hormus. Puis, sur l'abdication de Frontinus, Domitien fut investi de la préture. Il mettait son nom aux lettres et aux édits; le pouvoir était aux mains de Mucien, sauf toutefois pour certaines choses que Domitien osa décider, poussé, soit par ses amis, soit par son propre caprice. Mais ce qui alarmait le plus celui-ci, c'étaient Antonius et Varus. Dans tout le premier lustre d'une gloire récente, ils avaient le cœur des soldats, et même la faveur du peuple, parce que, hors du champ de bataille ils n'avaient sévi contre personne. Il se débitait encore que Scribonianus Crassus, sur qui tant d'aïeux illustres et un frère César jetaient un si vif éclat, avait été excité par Antonius à se présenter pour l'empire; et il paraît qu'il n'eût pas manqué de partisans s'il n'eût refusé. Mais des avantages sûrs ne l'eussent pas séduit facilement : comment eût-il cédé à des espérances si incertaines? Mucien, voyant qu'il ne pouvait perdre Antonius ouvertement, le comble d'éloges dans le sénat, l'accable de promesses en secret, fait briller à ses yeux le gouvernement de l'Espagne citérieure, qu'il lui représente vacant par le départ de Cluvius; en même temps il prodigue aux amis d'Antonius les tribunats et les préfectures. Puis, lorsqu'il eut bien rempli cet esprit présomptueux d'espérances et de prétentions, il mine ses forces, en renvoyant dans son camp stationnaire la septième légion, qui portait le plus loin l'amour pour Antonius. La troisième, dont chaque soldat était dévoué à Varus, repartit pour la Syrie, tandis qu'une partie de l'armée défilait vers la Germanie. Ainsi purgée de ce qu'il y avait de plus turbulent, la ville reprend sa forme, les lois leur cours, les magistrats leurs fonctions.

XL. Le jour de son entrée au sénat, Domitien parla sur l'absence de son père et de son frère, ainsi que sur sa jeunesse, en peu de mots et avec décence. Il avait de la grâce dans le maintien, et, comme on ne le connaissait point encore, on prenait la rougeur assez habituelle de son visage pour de la modestie. Domitien proposait de rétablir Galba dans tous ses honneurs. Curtius Montanus opina pour que la mémoire de Pison fût également honorée : ce qui, ordonné pour tous deux par le sénat, n'eut pas d'exécution pour Pison. On nomma ensuite, au sort, une commission pour faire la restitution des biens enlevés pendant la guerre, pour vérifier les tables des lois que le temps avait effacées, et les rétablir, pour décharger les fastes de cette multitude de fêtes dont l'adulation des temps les avait souillés, enfin pour restreindre les dépenses publiques. Comme il fut reconnu que Tertius Julianus s'était réfugié auprès de Vespasien, on lui rendit la préture sans l'ôter à Plotius. On reprit ensuite l'affaire de Musonius Rufus et de Publius Céler. Céler fut condamné, et l'on satisfit ainsi aux mânes de Soranus. Ce jour, marqué par une sévérité publique, fit honneur aussi au particulier qui l'avait sollicitée. On approuva Musonius d'avoir poursuivi avec constance une vengeance si légitime. On n'approuva pas également Démétrius, philosophe

XXXIX. Kalendis januariis, in senatu, quem Julius Frontinus prætor urbanus vocaverat, legatis exercitibusque ac regibus laudes gratesque decretæ. Et Tertio Juliano prætura, tanquam transgredientem in partes Vespasiani legionem deseruisset, ablata, ut in Plotium Griphum transferretur. Hormo dignitas equestris data. Et mox, ejurante Frontino, Cæsar Domitianus præturam cepit. Ejus nomen epistolis edictisque præponebatur : vis penes Mucianum erat; nisi quod pleraque Domitianus, instigantibus amicis aut propria libidine, audebat. Sed præcipuus Muciano metus e Primo Antonio Varoque Arrio; quos, recentes clarosque rerum fama ac militum studiis, etiam populus fovebat, quia in neminem ultra aciem sævierant. Et ferebatur Antonius Scribonianum Crassum, egregiis majoribus et fraterna imagine fulgentem, ad capessendam rempublicam hortatus : haud defutura consciorum manu, ni Scribonianus abnuisset, ne paratis quidem corrumpi facilis, adeo metuens incerta. Igitur Mucianus, quia propalam opprimi Antonius nequibat, multis in senatu laudibus cumulatum secretis promissis onerat, citeriorem Hispaniam ostentans, discessu Cluvii Rufi vacuam; simul amicis ejus tribunatus præfecturasque largitur. Dein postquam inanem animum spe et cupidine impleverat, vires abolet, dimissa in hiberna legione septima, cujus flagrantissimus in Antonium amor. Et tertia legio, familiaris Arrio Varo miles, in Syriam remissa. Pars exercitus in Germanias ducebatur. Sic egesto quidquid turbidum, redit urbi sua forma legesque et munia magistratuum.

XL. Quo die senatum ingressus est Domitianus, de absentia patris fratrisque ac juventa sua, pauca et modica disseruit, decorus habitu; et, ignotis adhuc moribus, crebra oris confusio pro modestia accipiebatur. Referente Cæsare de restituendis Galbæ honoribus, censuit Curtius Montanus ut Pisonis quoque memoria celebraretur. Patres utrumque jussere; de Pisone irritum fuit. Tum sorte ducti per quos redderentur bello rapta, quique æra legum, vetustate dilapsa, noscerent figerentque, et fastos adulatione temporum fœdatos exonerarent, modumque publicis impensis facerent. Redditur Tertio Juliano prætura, postquam cognitus est ad Vespasianum confugisse. Gripho honor mansit. Repeti inde cognitionem inter Musonium Rufum et P. Celerem placuit, damnatusque Publius, et Sorani manibus satisfactum. Insignis publica severitate dies ne privatim quidem laude caruit : justum judicium explesse Musonius videbatur. Diversa fama Demetrio, cynicam sectam professo, quod manifestum reum ambitio-

cynique. On trouva qu'il y avait plus de faste que d'honnêteté à vouloir défendre un homme si manifestement coupable. Pour Céler, il manqua absolument de courage dans le péril : à peine pouvait-il parler. Le signal de la vengeance ainsi donné contre les délateurs, Junius Mauricus demanda à Domitien que les registres du prince fussent communiqués au sénat, afin qu'il prit connaissance de toutes les accusations qu'on avait voulu intenter. Domitien répondit que, sur un objet de cette importance, il fallait consulter le prince.

XLI. Le sénat, sur la proposition de ses principaux membres, rédigea un serment, par lequel tous les magistrats, à l'envi, puis chaque sénateur, à mesure que son tour venait d'opiner, prenaient les dieux à témoin qu'ils n'avaient rien fait pour compromettre le salut de personne, et qu'ils ne s'étaient ni enrichi ni élevé par l'infortune des citoyens. Tous ceux qui se sentaient coupables tremblaient, et recouraient à différents détours pour changer les mots du serment. Les pères, tout en approuvant le scrupule, en concluaient le parjure. Cette sorte de censure s'appesantit principalement sur Sariolénus Vocula, sur Nonius Actianus et sur Cestius Sévérus, qu'une foule de délations avaient décriés sous Néron. Sariolénus était, de plus, chargé d'une infamie toute récente : il avait fait le même métier sous Vitellius. Les sénateurs allèrent jusqu'à lever la main sur lui, et il fut obligé de sortir de la salle. Ils attaquèrent ensuite Pactius Africanus, et ils voulaient le chasser aussi, comme ayant désigné pour victimes, à Néron, les deux frères Scribonius, aussi connus par leur union que par leurs richesses. Africanus n'osait avouer et il ne pouvait nier : enfin, se rejetant sur Vibius Crispinus, qui le fatiguait d'interrogations, il l'impliqua dans ce qu'il ne pouvait justifier, et, en s'associant un coupable, il détourna la haine.

XLII. Ce jour-là, Vipstanus Messala, qui n'avait point encore l'âge sénatorial, se fit une grande réputation, et par sa tendresse fraternelle et par son éloquence. Il avait osé intercéder pour son frère Aquilius Régulus, que la ruine de Crassus et celle d'Orphitus dévouaient à l'exécration publique. C'était par choix, c'était par ambition, et non pour garantir ses jours, que Régulus, très-jeune encore, avait sollicité du sénat le rôle de délateur. La femme de Crassus, Sulpicia Prétextata, et ses quatre enfants, étaient prêts, si le sénat instruisait le procès, à demander vengeance. Aussi Messala ne chercha point à discuter l'affaire et à justifier l'accusé ; il mit ses vertus au-devant de son frère, et quelques-uns se laissaient fléchir. Tout à coup se lève, avec une harangue foudroyante, Curtius Montanus. Il allait jusqu'à charger Régulus d'avoir, après le meurtre de Galba, donné de l'argent à l'assassin de Pison et déchiré la tête de Pison avec ses dents : « Voilà « du moins, dit-il, ce que Néron n'a point exigé ; « et tu n'as été forcé de racheter ni ta dignité ni « tes jours par cette barbarie. Admettons, j'y « consens, la misérable excuse d'avoir mieux aimé « perdre autrui que soi-même ; mais toi, Régulus, « tu étais resté fils d'un exilé ; des créanciers s'é- « taient partagé tous tes biens, ta jeunesse t'inter- « disait les honneurs ; tu n'avais rien que Néron « pût convoiter, rien qu'il pût craindre. C'est « donc par amour du sang, et pour t'assouvir « bassement de récompenses, qu'avant de t'es- « sayer une seule fois à défendre l'opprimé, tu fis

---

sius quam honestius defendisset. Ipsi Publio neque animus in periculis, neque oratio suppeditavit. Signo ultionis in accusatores dato, petit a Cæsare Junius Mauricus ut commentariorum principalium potestatem senatui faceret, per quos nosceret quem quisque accusandum poposcisset. Consulendum tali super re principem respondit.

XLI. Senatus, inchoantibus primoribus, jusjurandum concipit, quo certatim omnes magistratus, ceteri ut sententiam rogabantur, deos testes advocabant « nihil ope « sua factum, quo cujusquam salus læderetur, neque se « præmium aut honorem ex calamitate civium cepisse : » trepidis et verba jurisjurandi per varias artes mutantibus, quis flagitii conscientia inerat. Probabant religionem patres, perjurium arguebant. Eaque velut censura in Sariolenum Voculam et Nonium Actianum et Cestium Severum acerrime incubuit, crebris apud Neronem delationibus famosos. Sariolenum et recens crimen urgebat, quod apud Vitellium molitus eadem foret ; nec destitit senatus manus intentare Voculæ, donec curia excederet. Ad Pactium Africanum transgressi, eum quoque proturbant ; tanquam Neroni Scribonios fratres, concordia opibusque insignes, ad exitium monstravisset. Africanus neque fateri audebat, neque abnuere poterat : in Vibium Crispum, cujus interrogationibus fatigabatur, ultro conversus, miscendo quæ defendere nequibat, societate culpæ invidiam declinavit.

XLII. Magnam eo die pietatis eloquentiæque famam Vipstanus Messalla adeptus est, nondum senatoria ætate, ausus pro fratre Aquillio Regulo deprecari. Regulum subversa Crassorum et Orphiti domus in summum odium extulerat. Sponte ex senatusconsulto accusationem subisse juvenis admodum ; nec depellendi periculi, sed in spem potentiæ videbatur. Et Sulpicia Prætextata, Crassi uxor, quatuorque liberi, si cognosceret senatus, ultores aderant. Igitur Messalla non causam neque reum tueri ; sed periculis fratris semet opponens, flexerat quosdam. Occurrit truci oratione Curtius Montanus, eo usque progressus, ut, post cædem Galbæ, datam interfectori Pisonis pecuniam a Regulo, appetitumque morsu Pisonis caput objectaret. « Hoc certe, inquit, Nero non coegit, nec di- « gnitatem aut salutem illa sævitia redemisti. Sane tolere- « mus istorum defensiones, qui perdere alios quam peri- « clitari ipsi maluerunt. Te securum reliquerat pater, « et divisa inter creditores bona, nondum honorum capax « ætas, nihil quod ex te concupisceret Nero, nihil quod « timeret. Libidine sanguinis et hiatu præmiorum, igno-

« le premier apprentissage d'un talent tout
« nouveau, par un assassinat public; qu'après
« avoir, dans ce saccagement de l'Etat, pillé la
« dépouille d'un consul et englouti sept millions
« de sesterces, on t'a vu, tout rayonnant de l'éclat
« d'un sacerdoce, envelopper dans une même
« ruine, des enfants innocents, des vieillards
« chargés d'honneurs, des femmes illustres; qu'on
« t'a entendu traiter Néron de pusillanime, parce
« qu'ils se fatiguaient, les délateurs et lui, à frapper
« les maisons l'une après l'autre, tandis qu'ils
« auraient pu anéantir d'un seul mot le corps en-
« tier du sénat. Oui, pères conscrits, conser-
« vez, ménagez soigneusement un homme de res-
« sources si promptes et si heureuses, afin que
« chaque âge ait un digne modèle, et que, si
« Marcellus, si Vibius sont l'exemple de nos vieil-
« lards, nos jeunes gens, à leur tour, se forment
« sur Régulus. Le méchant qui échoue trouve
« encore des imitateurs : que sera-ce s'il est heu-
« reux et puissant? Et celui que nous craignons
« d'offenser au sortir de la questure, préteur et
« consulaire, oserons-nous seulement l'envisager?
« Ou bien pensez-vous que Néron soit le dernier
« des tyrans? On l'avait cru de Tibère, on l'avait
« cru de Caïus; et, toutefois, il s'en est élevé
« un plus terrible cent fois et plus barbare. Nous
« ne craignons rien de Vespasien : son âge, sa
« modération nous rassurent; mais l'influence des
« mauvais princes dure plus longtemps qu'eux.
« Nous avons molli, pères conscrits, et nous ne
« sommes déjà plus ce sénat qui, après la mort de
« Néron, sollicitait le renouvellement des peines
« instituées par nos ancêtres contre les délateurs
« et leurs infâmes ministres. On n'a de vigueur
« que le premier jour qui suit un mauvais règne. »

XLIII. Ce discours de Montanus fut reçu avec
une telle approbation par le sénat, qu'Helvidius
en conçut l'espérance de pouvoir aussi accabler
Marcellus. Commençant donc par l'éloge de Cluvius Rufus, qui, non moins riche et non moins
célèbre par son éloquence, n'avait jamais inquiété
personne sous Néron, il pressait à la fois Marcellus et par ses crimes et par les vertus d'autrui :
les sénateurs laissaient percer leur ressentiment.
Sitôt que Marcellus s'en aperçut, il se leva comme
pour sortir du sénat : « Je pars, dit-il, et te laisse,
« Helvidius, un sénat dont tu disposes; règnes-y
« à la face d'un César. » Vibius le suivait, tous
deux pleins d'une haine qu'ils exprimaient diffé-
remment, Marcellus, par des yeux menaçants,
Vibius, par un sourire amer : enfin leurs amis,
qui coururent au-devant d'eux, les ramenèrent
à leur place. Les constestations s'échauffant dans
ce combat de tous les gens de bien contre un petit
nombre de citoyens puissants, et les haines, de
part et d'autre, se choquant avec opiniâtreté, la
séance se consuma en dissensions.

XLIV. Dans la suivante, comme Domitien proposait d'oublier les ressentiments, les animosités
et tout le malheur des temps, Mucien opina longuement en faveur des délateurs; en même temps,
il donna à ceux qui, après avoir intenté, puis interrompu une action, la reprenaient ensuite,
quelques avis insinués avec douceur et en forme
de prières. Les pères, qui avaient fait quelques
pas vers la liberté, voyant l'obstacle, s'arrêtèrent.
Mucien, pour n'avoir pas l'air de mépriser l'opinion du sénat et d'autoriser tous les crimes commis sous Néron, renvoya, dans les lieux de leur
exil, les sénateurs Sagitta et Sosianus, qui en
étaient sortis. Sagitta, furieux contre une Pontia

« tum adhuc ingenium et nullis defensionibus expertum
« caede nobili imbuisti; quum ex funere reipublicae raptis
« consularibus spoliis, septuagies sestertio saginatus et
« sacerdotio fulgens, innoxios pueros, illustres feminas,
« conspicuas feminas eadem ruina prosterneres; quum se-
« gnitiam Neronis incusares, quod per singulas domos se-
« que et delatores fatigaret : posse universum senatum una
« voce subverti. Retinete, patres conscripti, et reservate
« hominem tam expediti consilii, ut omnis aetas instructa
« sit, et quomodo senes nostri Marcellum, Crispum, ju-
« venes Regulum imitentur. Invenit etiam aemulos infelix
« nequitia : quid si floreat vigeatque? Et quem adhuc
« quaestorium offendere non audemus, praetorium et con-
« sularem visuri sumus? An Neronem extremum domino-
« rum putatis? Idem crediderant qui Tiberio, qui Caio
« superstites fuerunt; quum interim intestabilior et saevior
« exortus est. Non timemus Vespasianum; ea principis
« aetas, ea moderatio. Sed diutius durant exempla quam
« mores. Elanguimus, patres conscripti, nec jam ille sena-
« tus sumus qui, occiso Nerone, delatores et ministros
« more majorum puniendos flagitabat. Optimus est post
« malum principem dies primus. »

XLIII. Tanto cum assensu senatus auditus est Montanus, ut spem caperet Helvidius posse etiam Marcellum
prosterni. Igitur a laude Cluvii Rufi orsus, qui, perinde
dives et eloquentia clarus, nulli unquam sub Nerone periculum facessisset, crimine simul exemploque Eprium
urgebat, ardentibus patrum animis. Quod ubi sensit Marcellus, velut excedens curia : « Imus, inquit, Prisce, et
« relinquimus tibi senatum tuum : regna, praesente Cae-
« sare. » Sequebatur Vibius Crispus, ambo infensi, vultu
diverso : Marcellus minacibus oculis, Crispus renidens;
donec accursu amicorum retraherentur. Quum gliceret
certamen, hinc multi bonique, inde pauci et validi, pertinacibus odiis tenderent, consumptus per discordiam
dies.

XLIV. Proximo senatu, inchoante Caesare de abolendo
dolore iraque, et priorum temporum necessitatibus,
censuit Mucianus prolixe pro accusatoribus : simul eos,
qui coeptam, dein omissam actionem repeterent, monuit
sermone molli et tanquam rogaret. Patres coeptatam libertatem, postquam obviam itum, omisere. Mucianus, ne sperni senatus judicium, et cunctis sub Nerone admissis data
impunitas videretur, Octavium Sagittam et Antistium

Postumia, sa maîtresse, qui refusait d'être sa femme, l'avait tuée dans un emportement d'amour : Sosianus était un méchant homme, qui avait été fatal à bien des citoyens. Tous deux avaient été condamnés et chassés de Rome par un sénatus-consulte très-rigoureux. Leur exil fut maintenu, quoiqu'on rappelât tous les autres. Mucien n'en fut pas moins odieux. En effet, Sosianus et Sagitta, de retour, n'eussent pas même été aperçus, au lieu qu'on redoutait des délateurs qui avaient du talent, des richesses et un grand crédit, toujours employé à nuire.

XLV. Une affaire, dont l'instruction fut suivie au sénat avec toutes les formalités anciennes, ramena un peu les esprits des pères. Un sénateur, Manlius Patruitus, se plaignait d'avoir été battu à Sienne, dans un attroupement de la populace, et par ordre des magistrats. On ne s'était pas même borné à cet outrage. On avait joué, lui présent, la farce de ses funérailles, accompagnée de gémissements et de lamentations, avec mille injures et mille invectives contre le corps entier du sénat. On fit comparaître les accusés. Le procès instruit, les coupables convaincus, on en fit justice, et l'on ajouta un sénatus-consulte qui prescrivait à la populace de Sienne plus de retenue. Dans ces mêmes séances, Antonius Flamma, recherché par les Cyrénéens, fut condamné à l'amende pour ses concussions et à l'exil pour ses cruautés.

XLVI. Dans l'intervalle, il faillit éclater une sédition parmi les soldats. Les anciens prétoriens cassés par Vitellius, et qui s'étaient reformés pour servir Vespasien, sollicitaient leur rétablissement. D'un autre côté, des légionnaires à qui l'on avait fait espérer de les admettre dans ce corps, pressaient l'accomplissement des promesses. Il n'y avait pas jusqu'aux prétoriens de Vitellius, qu'on ne pouvait déposséder sans une grande effusion de sang. Mucien se rendit au camp, afin de mieux examiner les services de chacun. Il fait placer les vainqueurs ornés de leurs armes et de leurs décorations, à quelque distance l'un de l'autre. On amène ensuite tous les Vitelliens, ceux qui s'étaient rendus à discrétion près de Boville, comme je l'ai dit, que ceux qu'on avait pu trouver dans Rome et aux environs. A peine avaient-ils un simple vêtement. Mucien ordonne qu'on les sépare, qu'on fasse des corps détachés des soldats de Germanie, de ceux de Bretagne et des autres armées. D'abord, au premier aspect, ils avaient été comme frappés de stupeur, en apercevant, d'un côté, une armée pour ainsi dire en bataille, dans un appareil menaçant, et, de l'autre, se voyant enfermés presque nus et dans une misère hideuse. Mais lorsqu'on se mit à les séparer les uns des autres, la peur les gagna tous, surtout le soldat de Germanie, qui croyait voir, dans cette séparation, le prélude de leur massacre. Ils se pressent contre le sein de leurs camarades, ils s'entrelacent à leur cou ; ils leur demandent un dernier embrassement, de ne point les laisser seuls, de ne point souffrir que, leur cause étant la même, leur sort soit si différent. Tantôt c'est Mucien, tantôt le prince absent, et, pour dernière ressource, le ciel et les dieux qu'ils attestent. Enfin, Mucien, les déclarant tous liés par le même serment, tous soldats du même prince, dissipa leur vaine frayeur. Les vainqueurs même aidaient de leurs cris les pleurs de ces malheureux. Ainsi se ter-

---

Socianum, senatorii ordinis, egressos exsilium in easdem insulas redegit. Octavius Pontiam Postumiam, stupro cognitam et nuptias suas abnuentem, impotens amoris interfecerat; Sosianus pravitate morum multis exitiosus. Ambo gravi senatusconsulto damnati pulsique, quamvis concesso aliis reditu, in eadem pœna retenti sunt. Nec ideo lenita erga Mucianum invidia. Quippe Socianus ac Sagitta viles, etiamsi reverterentur : accusatorum ingenia et opes et exercita malis artibus potentia timebantur.

XLV. Reconciliavit paullisper studia patrum habita in senatu cognitio, secundum veterem morem. Manlius Patruitus, senator, pulsatum se in colonia Senensi, cœtu multitudinis et jussu magistratuum, querebatur; nec finem injuriæ hic stetisse : planctum et lamenta et supremorum imaginem præsenti sibi circumdata, cum contumeliis et probris, quæ in senatum universum jacerentur. Vocati qui arguebantur. Et, cognita causa, in convictos vindicatum. Additumque senatusconsultum, quo Senensium plebes modestiæ admoneretur. Iisdem diebus Antonius Flamma Cyrenensibus damnatur, lege repetundarum, et exilio ob sævitiam.

XLVI. Inter quæ militaris seditio prope exarsit. Prætorianam militiam repetebant a Vitellio dimissi pro Vespasiano congregati; et lectus in eamdem spem e legionibus miles promissa stipendia flagitabat. Ne Vitelliani quidem sine multa cæde pelli poterant. Ingressus castra Mucianum, quo rectius stipendia singulorum spectaret, cum insignibus armisque victores constituit, modicis inter se spatiis discretos. Tum Vitelliani, quos apud Bovillas in deditionem acceptos memoravimus, ceteriique per urbem et urbi vicina conquisiti, producuntur prope intecto corpore. Eos Mucianus diduci, et germanicum britannicumque militem, ac si qui aliorum exercituum, separatim assistere jubet. Illos primus statim adspectus obstupefecerat; quum ex diverso velut aciem telis et armis trucem, semet clausos nudosque et illuvie deformes, adspicerent. Ut vero huc illuc distrahi cœperi, metus per omnes, et præcipua germanici militis formido, tanquam ea separatione ad cædem destinarentur : prensare commanipularium pectora, cervicibus innecti, suprema oscula petere, ne desererentur soli, neu in pari causa disparem fortunam paterentur; modo Mucianum, modo absentem principem, postremum cœlum ac deos obtestari : donec Mucianus, cunctos ejusdem sacramenti, ejusdem imperatoris milites appellans, falso timori obviam iret. Namque et victor exercitus clamore lacrymas eorum juvabat. Isque finis illa die.

26.

mina cette journée. Quelques jours après, quand Domitien vint les haranguer; il les trouva revenus à eux-mêmes. Ils rejettent les terres qu'on leur offrait ; ils demandent le service et la solde prétorienne. C'étaient des prières, mais qui ne souffraient point de résistance : on les admit donc au prétoire. Depuis, on congédia, avec distinction, ceux qui avaient passé l'âge et rempli le temps du service. D'autres furent renvoyés pour des fautes, mais sans éclat et séparément : moyen le plus sûr pour affaiblir le concert de la multitude.

XLVII. Soit que l'argent manquât, ou qu'on voulût le faire croire, le sénat vota un emprunt de soixante millions de sesterces, et Pompéius Silvanus fut chargé de ce soin. Mais l'emprunt n'eut pas lieu, soit que les besoins eussent cessé, soit qu'on eût honte de la supercherie. On abrogea ensuite, par une loi que porta Domitien, les consulats que Vitellius avaient donnés, et l'on fit à Sabinus des funérailles de censeur : exemple frappant de l'instabilité de la fortune, qui se plaît à réunir ainsi les extrêmes.

XLVIII. Environ dans le même temps, on se défit du proconsul L. Pison. Je dirai sur cet assassinat ce que je sais de plus vrai ; mais il ne sera pas inutile d'exposer, en peu de mots, ce qui donnait lieu à de pareils crimes dans cette partie de l'empire. Sous Auguste et sous Tibère, la légion et le corps d'auxiliaires qu'on tenait en Afrique, pour garder les frontières, obéissaient au proconsul. Caïus, esprit désordonné, qui d'ailleurs redoutait Silanus, alors gouverneur de l'Afrique, ôta la légion au proconsul, et la remit à un lieutenant qu'on envoya exprès. On partagea également les nominations entre eux, et, en confondant leur autorité, on jeta entre eux une désunion qu'une rivalité malheureuse ne fit qu'augmenter. Le pouvoir des lieutenants alla en croissant, parce qu'ils gardent longtemps leur place, et que les inférieurs ont toujours plus d'ardeur pour s'élever : les proconsuls, surtout s'ils avaient un grand nom, songeaient à leur sûreté bien plus qu'à leur puissance.

XLIX. C'était Valérius Festus qui commandait alors la légion en Afrique ; il avait eu une jeunesse prodigue ; il était d'une ambition démesurée, et sa parenté avec Vitellius l'alarmait. Si, dans leurs fréquents pourparlers, Festus sollicita Pison de se révolter, ou si ce fut lui qui résista aux sollicitations, c'est ce qu'on ignore, parce que personne n'assista à leur entrevue, et que, Pison mort, on pencha pour le crédit du meurtrier. Ce qui n'est point douteux, c'est que la province et le soldat n'aimaient nullement Vespasien. D'ailleurs, des Vitelliens qui s'étaient enfuis de Rome, faisaient envisager à Pison les Gaules chancelantes, la Germanie déclarée, mille périls qui menaçaient sa vie, et la guerre plus sûre qu'une paix suspecte. Cependant Claudius Sagitta, préfet de la division de cavalerie nommée Pétrina, débarque en Afrique. A l'aide d'un bon vent il avait devancé Papirius, centurion, dépêché par Mucien ; il assure Pison que le centurion avait ordre de le tuer ; que déjà Galérianus, son gendre et son cousin, a succombé ; qu'il n'avait d'espoir de salut que dans l'audace. Mais qu'il y avait deux choses à résoudre, ou de prendre les armes sur-le-champ, ou de s'embarquer pour les Gaules, et d'aller s'offrir pour chef aux armées vitelliennes. Ces raisons ne firent aucune impression sur Pison. Le centurion de Mucien

---

Paucis post diebus, alloquentem Domitianum firmati jam excepere : spernunt oblatos agros ; militiam et stipendia orent. Preces erant, sed quibus contradici non posset : igitur in prætorium accepti. Dein, quibus ætas et justa stipendia, dimissi cum honore, alii ob culpam ; sed carptim ac singuli, quo tutissimo remedio consensus multitudinis extenuatur.

XLVII. Ceterum verane paupertate, an uti videretur, actum in senatu ut sexcenties sestertium a privatis mutuum acciperetur. Præpositusque ei curæ Poppæus Silvanus ; nec multo post necessitas abiit, sive omissa simulatio. Abrogati inde, legem ferente Domitiano, consulatus quos Vitellius dederat ; funusque censorium Flavio Sabino ductum : magna documenta instabilis fortunæ, summæque et imæ muscentis.

XLVIII. Sub idem tempus L. Piso proconsul interficitur : ea de cæde quam verissime expediam, si pauca supra repetiero, ab initio causisque talium facinorum non absurda. Legio in Africa auxiliaque tutandis imperii finibus, sub divo Augusto Tiberioque principibus, proconsuli parebant. Mox C. Cæsar, turbidus animi ac M. Silanum obtinentem Africam metuens, ablatam proconsuli legionem misso in eam rem legato tradidit : æquatus inter duos beneficiorum numerus ; et, mixtis utriusque mandatis, discordia quæsita auctaque pravo certamine. Legatorum jus adolevit, diuturnitate officii, vel quia minoribus major æmulandi cura ; proconsulum splendidissimus quisque securitati magis quam potentiæ consulebant.

XLIX. Sed tum legionem in Africa regebat Valerius Festus, sumptuosæ adolescentiæ, neque modica cupiens, et affinitate Vitellii anxius. Is crebris sermonibus tentaveritne Pisonem ad res novas, an tentanti restiterit, incertum ; quoniam secreto eorum nemo adfuit, et, occiso Pisone, plerique ad gratiam interfectoris inclinavere. Nec ambigitur provinciam et militem alienato erga Vespasianum animo fuisse ; et quidam e Vitellianis, urbe profugi, ostentabant Pisoni nutantes Gallias, paratam Germaniam, pericula ipsius, et in pace suspecta tutius bellum. Inter quæ Claudius Sagitta, præfectus alæ Petrinæ, prospera navigatione prævenit Papirium centurionem, a Muciano missum, asseveravitque mandata interficiendi Pisonis centurioni data. Cecidisse Galerianum, consobrinum ejus generumque. Unam in audacia spem salutis. Sed duo itinera audendi ; seu mallet statim arma, seu, petita na-

arrive. A peine dans le port de Carthage, il proclame à haute voix Pison empereur, faisant retentir les vœux d'usage, comme pour un prince : tous ceux qu'il rencontre, et que la surprise d'une action si extraordinaire tenait interdits, il les exhorte à joindre leur voix à la sienne. La multitude crédule se précipite au forum, demande que Pison se montre. Dans le tumulte de leur joie et de leurs clameurs, ils confondaient tout, par l'insouciance de la vérité, et la fureur de flatter. Pison, d'après les instructions de Sagitta, ou par la modération de son caractère, ne parut point en public, et ne se livra point aux emportements de ce peuple. Il fit interroger le centurion; et, découvrant que ce misérable avait cherché à le rendre criminel pour l'assassiner, il le fit punir, moins dans l'espoir d'échapper au péril, que par indignation contre un scélérat qui avait été un des assassins de Clodius Macer, et qui revenait tremper, dans le sang d'un proconsul, des mains ensanglantées du meurtre d'un lieutenant. Il réprimanda sévèrement les Carthaginois dans un édit; et, depuis ce jour, il ne se permettait pas même les fonctions ordinaires de sa place, se tenant renfermé dans sa maison, afin de ne pas donner à un nouveau mouvement de prétexte même fortuit.

L. Mais Festus n'eut pas plutôt appris cette frénésie du peuple, le supplice du centurion, et le vrai et le faux exagérés, comme c'est l'ordinaire, par la renommée, qu'il envoie des cavaliers pour tuer Pison. Ceux-ci marchent en diligence; ils arrivent le jour commençant à peine, et ils forcent la maison du proconsul, l'épée à la main. Comme c'étaient des Carthaginois auxiliaires et des Maures qu'on avait choisis pour ce meurtre, la plupart ne connaissaient point Pison. Ayant trouvé par hasard, assez près de son appartement, un de ses esclaves, ils lui demandèrent où était Pison. L'esclave, par un mensonge héroïque, répond qu'il est ce Pison qu'on cherche, et sur-le-champ il est massacré. Pison le fut l'instant d'après; car il se trouva là un homme qui le connaissait, Bébius Massa, un des procurateurs de l'Afrique, qui dès lors ne respirait que la perte des gens de bien, et que nous citerons plus d'une fois parmi les auteurs des maux que nous ne tarderons point à souffrir. Festus s'était arrêté à Adrumète, pour attendre l'événement : il se rendit alors vers la légion. Il fit mettre aux fers le préfet de camp, Cétronius Pisanus, sous prétexte que c'était un satellite de Pison; mais, au fond, pour une inimitié personnelle; il punit quelques soldats et quelques centurions, en récompensa d'autres, le tout sans raison, mais afin de paraître avoir étouffé une révolte. Il arrangea ensuite les différents d'Œa et de Leptis, qui, peu importants d'abord, se bornant à des vols de grains et de bestiaux entre paysans, se décidaient alors par les armes et en bataille rangée. Le peuple d'Œa, inférieur en nombre, avait appelé les Garamantes, nation indomptée, qui desole tous ces pays par ses brigandages. Les Leptins étaient dans la détresse et tout leur territoire dévasté; ils n'osaient sortir de leurs murs; enfin l'arrivée de nos cohortes et de notre cavalerie mit en fuite les Garamantes, et l'on reprit sur eux tout le butin, hormis celui que, dans leurs courses à travers d'inaccessibles déserts, ils avaient vendu dans l'intérieur du pays.

LI. Cependant Vespasien, à la suite du combat de Crémone et des heureuses nouvelles qui ve-

vibus Gallia, ducem se Vitellianis exercitibus ostenderet. Nihil ad ea moto Pisone, centurio a Muciano missus, ut portum Carthaginis attigit, magna voce læta Pisoni omina, tanquam principi, continuare; obvios et subitæ rei miraculo attonitos, ut eadem adstreperent, hortari; vulgus credulum ruere in forum, præsentiam Pisonis exposcere. Gaudio clamoribusque cuncta miscebant, indiligentia veri et adulandi libidine. Piso, indicio Sagittæ vel insita modestia, non in publicum egressus est, neque se studiis vulgi permisit. Centurionemque percunctatus, postquam quæsitum sibi crimen cædemque comperit, animadverti in eum jussit, haud perinde spe vitæ quam ira in percussorem, quod idem, ex interfectoribus Clodii Macri, cruentas legati sanguine manus ad cædem proconsulis retulisset. Anxio deinde edicto Carthaginiensibus increpitis, ne solita quidem munia usurpabat, clausus intra domum, ne qua motus novi causa vel forte oriretur.

L. Sed ubi Festo consternatio vulgi, centurionis supplicium, veraque et falsa, more famæ, in majus innotuere, equites in necem Pisonis mittit. Illi raptim vecti, obscuro adhuc cœptæ lucis, domum proconsulis irrumpunt, destrictis gladiis, et magna pars Pisonis ignari, quod Pœnos coxiliares Maurosque in eam cædem delegerat : haud procul cubiculo, obvium forte servum, quisnam et ubi esset Piso, interrogavere. Servus, egregio mendacio, se Pisonem esse respondit, ac statim obtruncatur; nec multo post Piso interficitur. Namque aderat, qui nosceret, Bebius Massa, e procuratoribus Africæ, jam tunc optimo cuique exitiosus, et in causa malorum quæ mox tulimus sæpius rediturus. Festus Adrumeto, ubi speculabundus substiterat, ad legionem contendit, præfectumque castrorum, Cetronium Pisanum, vinciri jussit, proprias ob simultates; sed Pisonis satellitem vocabat : militesque et centuriones quosdam puniit, alios præmiis affecit : neutrum ex merito, sed ut oppressisse bellum crederetur. Mox Œensium Leptitanorumque discordias componit, quæ, raptu frugum et pecorum inter agrestes, modicis principiis, jam per arma atque acies exercebantur. Nam populus Œensis, multitudine inferior, Garamantas exciverat, gentem indomitam et inter accolas latrociniis fecundam. Unde arctæ Leptitanis res, lateque vastatis agris intra mœnia trepidabant; donec interventu cohortium alarumque, fusi Garamantes et recepta omnis præda, nisi quam vagi per inaccessa mapalibus ulterioribus vendiderant.

LI. At Vespasiano, post Cremonensem pugnam et prosperos undique nuncios, cecidisse Vitellium multi cujusque

naient de toutes parts, apprit la mort de Vitellius par une foule de citoyens de toutes les classes, qui tous, avec la même audace et le même bonheur, bravèrent les tempêtes de l'hiver pour courir la lui annoncer. Il avait auprès de lui les ambassadeurs de Vologèse, qui venaient lui offrir quarante mille cavaliers parthes. Il était glorieux, il était doux pour Vespasien de voir s'offrir à lui de si puissants auxiliaires, et de n'en avoir pas besoin. On remercia Vologèse; on lui fit dire qu'il devait adresser l'ambassade au sénat, et savoir qu'on était en paix. Vespasien, qui avait les yeux ouverts sur ce qui se passait en Italie et dans Rome, ne recevait que de fâcheuses nouvelles sur Domitien, comme passant les bornes de son âge et ses privilèges de fils. Il donne aussitôt la plus forte partie de son armée à Titus, et le charge d'achever la guerre de Judée.

LII. On dit que Titus, avant de partir, dans une longue entrevue avec son père, le conjura de ne pas se laisser enflammer si facilement par des imputations et des rapports, et de suspendre, sur un fils, ses jugements et son courroux : il représenta que les légions, que les flottes n'étaient pas un aussi ferme soutien de la puissance qu'une nombreuse famille; que le temps, la fortune, quelquefois les passions, ou une erreur, altéraient, reportaient ailleurs, éteignalent l'amitié; qu'on était inséparable de son propre sang, surtout les princes, dont les prospérités pouvaient, il est vrai, profiter à d'autres, mais dont les malheurs appartenaient entièrement à leurs proches; que la concorde ne subsisterait point entre les frères, si le père n'en donnait l'exemple. Vespasien, moins adouci en faveur de Domitien, que charmé de la tendresse fraternelle de Titus, le rassure, et lui recommande la guerre et la gloire de l'empire au dehors, se réservant de maintenir au dedans la paix, et dans l'État et dans sa famille. Il fait prendre les navires les plus légers; il les charge de grains, et les fait partir, quoique la saison fût encore orageuse. En effet, la détresse à Rome était si urgente, qu'il ne restait pas de blé dans les greniers pour plus de dix jours, quand le convoi de Vespasien arriva.

LIII. Il chargea de la reconstruction du Capitole, Lucius Vestinus, simple chevalier, mais qui, par son crédit et par sa réputation, était compté parmi les plus grands personnages de l'État. Vestinus, ayant rassemblé les aruspices, apprit d'eux qu'il fallait transporter les décombres du temple dans des marais, et le rebâtir sur les mêmes fondements; que les dieux ne voulaient pas qu'on changeât l'ancienne forme. Le 11 des calendes de juillet, par un jour serein, tout l'espace consacré pour le temple fut bordé de bandelettes et de couronnes. Les soldats qui avaient des noms heureux entrèrent dans l'enceinte, chacun avec des rameaux d'un arbre agréable aux dieux; puis les vestales, accompagnées d'enfants de l'un et l'autre sexe, qui avaient leurs pères et mères vivants, arrosèrent toute cette enceinte avec une eau puisée dans des sources vives et dans des rivières. Ensuite le préteur Helvidius, précédé du pontife Élianus, après avoir purifié le terrain avec des suovétauriles, et placé les entrailles sur un autel de gazon, invoqua Jupiter, Junon, Minerve, tous les dieux tutélaires de l'empire, les pria de seconder l'entreprise, et d'élever par leur divine assistance, un monument que la piété des hommes leur consacrait. Il toucha en-

---

ordinis, pari audacia fortunaque hibernum mare aggressi, nunciavere. Aderant legati regis Vologesi, quadraginta Parthorum equitum millia offerentes. Magnificum laetumque, tantis sociorum auxiliis ambiri neque indigere. Gratiae Vologeso actae, mandatumque ut legatos ad senatum mitteret et pacem esse sciret. Vespasianus, in Italiam resque urbis intentus, adversam de Domitiano famam accipit, tanquam terminos aetatis et concessa filio egrederetur. Igitur validissimam exercitus partem Tito tradit, ad reliqua judaici belli perpetranda.

LII. Titum, antequam digrederetur, multo apud patrem sermone orasse dicebatur, ne criminantium nuntiis temere accenderetur, integrumque se ac placabilem filio praestaret. « Non legiones, non classes, perinde firma imperii munimenta quam numerum liberorum. Nam amicos tempore, fortuna, cupidinibus aliquando aut erroribus, imminui, transferri, desinere; suum cuique sanguinem indiscretum, sed maxime principibus, quorum prosperis et alii fruantur, adversa ad junctissimos pertineant; ne fratribus quidem mansuram concordiam, ni parens exemplum praebuisset. » Vespasianus, haud aeque Domitiano mitigatus quam Titi pietate gaudens bono esse animo jubet, belloque et armis rempublicam attolleret; sibi pacem domumque curae fore. Tum celerrimas naves, frumento onustas, saevo adhuc mari committit. Quippe tanto discrimine urbis nutabat, ut decem haud amplius dierum frumentum in horreis fuerit, quum a Vespasiano commeatus subvenere.

LIII. Curam restituendi Capitolii in L. Vestinum confert, equestris ordinis virum, sed auctoritate famaque inter proceres. Ab eo contracti aruspices monuere ut reliquias prioris delubri in paludes aveherentur; templum iisdem vestigiis sisteretur : nolle deos mutari veterem formam. Undecimo kalendas julias, serena luce spatium, omne quod templo dicabatur evinctum vittis coronisque. Ingressi milites quis fausta nomina, felicibus ramis; dein virgines Vestales cum pueris puellisque patrimis matrimisque, aqua vivis e fontibus amnibusque hausta perluere. Tum Helvidius Priscus praetor, praeeunte Plautio Aeliano pontifice, lustrata suovetaurilibus area, et super cespitem redditis extis, Jovem, Junonem, Minervam, praesidesque imperii deos precatus uti coepta prosperarent, sedesque suas, pietate hominum inchoatas, divina ope attollerent; vittas, quis ligatus lapis innexique funes erant, contigit. Simul

suite les bandelettes qui tenaient la première pierre, et auxquelles des cordes étaient attachées. Aussitôt, pontifes, sénateurs, chevaliers, tous les magistrats, une grande partie du peuple, se joignent à lui ; le zèle et la joie redoublant leurs efforts, ils entraînent la pierre, qui était énorme. On jeta çà et là dans les fondements des pièces d'or et d'argent, avec les prémices des métaux que la fournaise n'avait point encore épurés, et tels qu'on les trouve dans la mine. Les aruspices recommandèrent de n'employer ni or, ni pierres qui eussent été profanés par une autre destination. On donna plus d'élévation aux murs. C'est le seul changement que la religion permit, et la seule chose qui parût avoir manqué à la magnificence d'un temple destiné à contenir une multitude immense.

LIV. Cependant la mort de Vitellius, répandue dans les Gaules et dans la Germanie, avait produit deux guerres pour une. D'un côté, Civilis, quittant la feinte, s'acharne sur tous les Romains indistinctement ; d'un autre, les Vitelliens aiment encore mieux reconnaître des étrangers pour maîtres, que Vespasien pour empereur. Les Gaulois avaient repris courage, s'imaginant que le sort de nos armées était partout le même : car le bruit courait que les Sarmates et les Daces tenaient les légions de Pannonie et de Mésie assiégées. On en disait autant de celles de Bretagne. Mais rien n'avait contribué à leur persuader la chute prochaine de l'empire, comme l'incendie du Capitole. Rome, jadis, avait été prise par les Gaulois ; mais le temple de Jupiter ayant subsisté, l'empire s'était maintenu ; au lieu qu'alors cet embrasement fatal était le signe de la colère céleste, et, pour les nations transalpines, le présage de l'empire du monde. Voilà ce que la vaine superstition des druides publiait. On débita aussi que les chefs de la Gaule, avant de marcher au secours d'Othon contre Vitellius, avaient arrêté entre eux qu'ils ne négligeraient pas la liberté de leur pays, s'ils voyaient qu'une suite continue de guerres civiles et que des désastres domestiques eussent affaibli les Romains.

LV. Avant le massacre d'Hordéonius, il ne transpira rien qui pût faire soupçonner la conjuration. Hordéonius mort, il y eut de fréquents messages entre Civilis et Classicus, préfet d'un corps de cavalerie trévire. Classicus l'emportait en naissance et en richesse sur les autres Gaulois. Son extraction était royale, et sa race illustre dans la paix comme dans la guerre. Il se vantait d'être, par ses aïeux, l'ennemi du peuple romain, plutôt que son allié. Julius Tutor et Julius Sabinus entrèrent dans le complot. L'un était de Trèves, l'autre de Langres. Tutor avait été préposé à la garde du Rhin par Vitellius : Sabinus, naturellement vain, se repaissait encore de la chimère d'une descendance glorieuse, parce que sa bisaïeule avait plu à Jules César, dans le temps de la guerre des Gaules, et qu'on avait parlé de leur adultère. Ces trois hommes sondent en secret les esprits. Sitôt qu'ils eurent lié à leurs projets ceux qui pouvaient les servir, ils s'assemblent à Cologne dans une maison particulière ; car le corps même de la nation était bien éloigné de pareils desseins. Cependant il s'y trouva quelques Ubiens et des Tungres. Mais le plus grand nombre étaient des Trèvires et des Langrois. Sans se donner le temps de consulter, ils s'écrient tous à l'envi avec la rage des discordes possédait le peuple romain ; que les légions étaient massacrées, l'Italie dévastée ; qu'en ce moment même, Rome était prise, que chaque armée a sa guerre à sou-

---

ceteri magistratus et sacerdotes et senatus et eques et magna pars populi, studio lætitiaque connixi, saxum ingens traxere ; passimque injectæ fundamentis argenti aurique stipes, et metallorum primitiæ, nullis fornacibus victæ, sed ut gignuntur. Prælixere aruspices ne temeraretur opus saxo aurove in aliud destinato. Altitudo ædibus adjecta. Id solum religio annuere, et prioris templi magnificentiæ defuisse creditum [quo tanta vis hominum retinenda erat].

LIV. Audita interim per Gallias Germaniasque mors Vitellii duplicaverat bellum. Nam Civilis, omissa dissimulatione, in populum romanum ruere. Vitellianæ legiones vel externum servitium quam imperatorem Vespasianum malle. Galli sustulerant animos, eamdem ubique exercitum nostrorum fortunam rati, vulgato rumore a Sarmatis Dacisque mœsica ac pannonica hiberna circumsideri ; paria de Britannia fingebantur. Sed nihil æque quam incendium Capitolii, ut finem imperio adesse crederent, impulerat. Captam olim a Gallis urbem, sed, integra Jovis sede, mansisse imperium. Fatali nunc igne signum cœlestis iræ datum, et possessionem rerum humanarum transalpinis gentibus portendi, superstitione vana Druidæ canebant. Incesseratque fama primores Galliarum, ab Othone adversus Vitellium missos, antequam digrederentur, pepigisse ne deessent libertati, si populum romanum continua bellorum civilium series et interna mala fregissent.

LV. Ante Flacci Hordeonii cædem, nihil prorupit quo conjuratio intelligeretur. Interfecto Hordeonio, commeavere nuncii inter Civilem Classicumque, præfectum alæ Treverorum. Classicus nobilitate opibusque ante alios ; regium illi genus et pace belloque clara origo. Ipse e majoribus suis hostis populi romani, quam socius, jactabat. Miscuere sese Julius Tutor et Sabinus ; hir Trevir, hic Lingon. Tutor ripæ Rheni a Vitellio præfectus ; Sabinus, super insitam vanitatem, falsæ stirpis gloria incendebatur : proaviam suam divo Julio, per Gallias bellanti, corpore atque adulterio placuisse. Hi secretis sermonibus animos ceterorum scrutari : ubi, quos idoneos rebantur, conscientia obstrinxere, in Colonia Agrippinensi, in domum privatam conveniunt ; nam publice civitas talibus inceptis abhorrebat. Attamen interfuere quidam Ubiorum Tungrorumque. Sed plurima vis penes Treveros ac Lingonas. Nec tulere moras consultandi : certatim proclamant furere discordis populum romanum, cæsas legiones, vastatam Italiam,

tenir; qu'il suffisait de garder et de fortifier les Alpes; que, leur liberté une fois consolidée, la puissance des Gaulois pourrait se fixer à telle limite qu'elle voudrait.

LVI. Voilà ce qui fut dit et approuvé sur-le-champ : il n'y eut d'indécision qu'à l'égard de ces restes de l'armée de Vitellius. Plusieurs opinaient pour tuer les soldats séditieux, perfides, souillés du sang de leurs généraux. Mais les raisons pour les épargner prévalurent : en perdant l'espoir du pardon, leur opiniâtreté s'irriterait; il valait mieux les attirer dans le parti; il n'y avait qu'à se défaire des commandants, et la multitude, liée par le crime et par l'espérance de l'impunité, se donnerait à eux sans peine. Tel fut le résultat de cette première assemblée : on envoya dans la Gaule des émissaires qui travaillèrent à la soulever. Pour eux, ils feignirent de rester soumis, afin de mieux surprendre Vocula. Les avis ne manquèrent point à ce général ; mais il manquait de forces pour réprimer, n'ayant que des légions incomplètes et peu sûres. Placé entre des soldats suspects et des ennemis cachés, ce qu'il crut le plus convenable pour le moment, ce fut de se défendre par les mêmes armes qu'on l'attaquait. Dissimulant donc aussi, il se rendit à Cologne. Là, on vit arriver Labéo. On l'avait arrêté, comme je l'ai dit, et mis à l'écart chez les Frisons. Ayant gagné ses gardes, il s'était sauvé. Il se faisait fort, moyennant quelques troupes qu'on lui fournirait, d'aller chez les Bataves, et de ramener la majeure partie de la nation dans l'alliance des Romains. Comme on ne lui donna qu'un très-petit corps d'infanterie et de cavalerie, il ne put rien entreprendre chez les Bataves même; il fit prendre les armes à quelques Nerviens et Bétasiens, avec lesquels il inquiéta les Canninéfates et les Marsaques par des incursions furtives, qui ne méritent pas le nom de guerre. Vocula, séduit par les insinuations des Gaulois, marcha contre Civilis.

LVII. Il n'était pas loin de Vétéra, lorsque Classicus et Tutor prennent les devants, sous prétexte d'aller reconnaître l'ennemi, et vont ratifier leur traité avec les chefs des Germains. Puis, commençant à se détacher des légions, ils campent et se retranchent à part. Vocula eut beau représenter avec force que les guerres civiles n'avaient pas affaibli la puissance romaine au point de la rendre méprisable à des Trévires et à des Langrois; qu'il restait à Rome des provinces fidèles, des armées victorieuses, sa fortune et des dieux vengeurs; que, pour faire tomber jadis Sacrovir et les Éduens, tout récemment Vindex et les Gaules, il n'avait fallu chaque fois qu'un seul combat; que les mêmes dieux, que la même destinée, menaçaient encore les infracteurs des traités; que Jules César et Auguste avaient mieux connu les Gaulois; que c'était Galba, qui, en supprimant leurs tributs, leur avait soufflé cet esprit de rébellion; qu'ils étaient ennemis maintenant, parce qu'on les traitait avec douceur; qu'une fois ruinés et dépouillés, ils redeviendraient amis. Voyant que, malgré ces reproches menaçants, Civilis et Tutor persistaient dans leur perfidie, Vocula rebrousse chemin et se retire à Novésium. Les Gaulois vinrent camper à deux milles des Romains. A cette proximité, les centurions et les soldats ne cessant d'aller et de venir, on les marchanda; et enfin, chose inouïe, une armée romaine s'engagea à prêter serment à des

capi quum maxime urbem, omnes exercitus suis quemque bellis detineri; si Alpes præsidiis firmentur, coalita libertate, dispecturus Gallias quem virium suarum terminum velint.

LVI. Hæc dicta pariter probabuntur. De reliquis Vitelliani exercitus dubitavere : plerique interficiendos censebant, turbidos, infidos, sanguine ducum pollutos. Vicit ratio parcendi, ne, sublata spe veniæ, pertinaciam accenderent. Alliciendos potius in societatem ; legatis tantum legionum interfectis, ceterum vulgus, conscientia scelerum et spe impunitatis, facile accessurum. Ea primi consilii forma; missique per Gallias concitores belli. Simulatum ipsis obsequium, quo incautiorem Voculam opprimerent. Nec defuere qui Voculæ nunciarent. Sed vires ad coercendum deerant, infrequentibus infidisque legionibus. Inter ambiguos milites et occultos hostes, optimum e præsentibus ratus, mutua dissimulatione et iisdem, quibus petebatur, artibus grassari, in Coloniam Agrippinensem descendit. Illuc Claudius Labeo, quem captum et extra conventum amandatum in Frisios diximus, corruptis custodibus perfugit; pollicitusque, si præsidium daretur, iturum in Batavos et potiorem civitatis partem ad societatem romanam retracturum, accepta peditum equitumque modica manu, nihil apud Batavos ausus, quosdam Nerviorum Betasiorumque in arma traxit. Et furtim magis quam bello Canninefates Marsacosque incursabat. Vocula, Gallorum fraude illectus, ad hostem contendit.

LVII. Nec procul Veteribus aberat, quum Classicus ac Tutor, per speciem explorandi progressi, cum ducibus Germanorum pacta firmavere. Tumque primum discreti a legionibus proprio vallo castra sua circumdant, obtestante Vocula « non adeo turbatam civilibus armis rem romanam, ut Treveris etiam Lingonibusque despectui sit. Superesse fidas provincias, victores exercitus, fortunam imperii, et ultores deos. Sic olim Sacrovirum et Æduos, nuper Vindicem Galliasque singulis præliis concidisse. Eadem rursus numina, eadem fata, ruptores fœderum exspectarent. Melius divo Julio divoque Augusto notos eorum animos. Galbam et infracta tributa hostiles spiritus induisse. Nunc hostes, quia molle servitium; quum spoliati exoticæ fuerint, amicos fore. » Hæc ferociter locutus, postquam perstare in perfidia Classicum Tutoremque videt, verso itinere, Novesium concedit. Galli duum millium spatio distantibus campis consedere. Illuc commeantium centurionum militumque emebantur animi, ut (flagitium incognitum) romanus exercitus in externa verba jurarent

étrangers, et, pour gage d'un pareil forfait, elle promit de massacrer ou de mettre aux fers ses généraux. La plupart conseillaient la fuite à Vocula; mais lui, s'armant de résolution, convoqua les soldats et leur tint ce discours :

« LVIII. Jamais, en vous parlant, je ne fus si inquiet sur votre sort, ni si tranquille sur le mien. Pour moi, j'apprends sans regrets que l'on trame ma perte; et, au milieu de tant de maux dont l'ennemi nous menace, j'attends la mort comme la fin de mes misères. C'est vous qui me faites honte et pitié, vous qu'on ne songe pas même à combattre, comme c'est le sort de la guerre et le droit de l'ennemi, mais que Classicus se flatte d'armer contre le peuple romain, et qu'il destine à jurer obéissance et fidélité à des Gaulois. Eh quoi! si la fortune et la valeur nous manquent pour le moment, les anciens exemples nous manquent-ils? et ne savons-nous pas combien de fois les légions romaines ont mieux aimé périr que d'abandonner un poste? Souvent nos alliés ont préféré de s'ensevelir, avec leurs femmes et leurs enfans, sous les ruines et les cendres de leur ville, et leur fidélité, leur réputation étaient leur unique récompense. Au moment où je parle, toutes les horreurs de la famine sont endurées par les légions assiégées dans Vétéra, sans que ni promesses ni menaces puissent les ébranler. Et nous, avec des armes, des hommes et d'inattaquables retranchements, nous avons des vivres et des provisions en abondance pour la guerre même la plus longue. Dernièrement encore, la caisse de l'armée a suffi aux gratifications extraordinaires, et, que ce soit Vespasien, que ce soit Vitellius de qui vous prétendiez les tenir, au moins les teniez-vous d'un empereur et d'un romain. Après tant de guerres et de victoires, après les journées de Gelduba, de Vétéra, si vous craignez d'en venir aux mains avec un ennemi battu tant de fois, ce qui serait indigne, n'avez-vous pas des retranchements, des murs, et des moyens de prolonger la guerre, en attendant les renforts que les provinces voisines nous envoient de toutes parts. Si c'est moi qui déplais, il y a d'autres lieutenants, des tribuns, tout au moins un centurion, tout au moins un soldat. Mais gardez-vous d'aller offrir au monde entier le spectacle monstrueux de Romains transformés en satellites de barbares, et marchant, sous Civilis et sous Classicus, à l'invasion de l'Italie. Dites-moi, si les Gaulois et les Germains vous mènent sous les murs de Rome, ferez-vous la guerre à votre patrie? Mon cœur frémit de l'idée d'un pareil attentat ! Vous serez donc les sentinelles de Tutor, d'un Trévire? Vous recevrez l'ordre d'un Batave? Vous servirez à recruter des cohortes de Germains? Quelle sera enfin l'issue de ce forfait, lorsque les légions romaines marcheront contre vous, lorsqu'il vous faudra entasser désertion sur désertion, trahison sur trahison, haïs des dieux, errants d'un parjure à un autre? O Jupiter! très-bon et très-grand, que depuis huit cent vingt années nous honorons par tant de triomphes; et toi, Quirinus, père de Rome, écoutez ma prière : si votre bonté n'a pas permis que, sous mon commandement, ce camp se conservât pur et irréprochable, ah ! du moins prévenez cet excès d'opprobre dont Classicus et Tutor veulent le souiller. Donnez aux soldats romains, ou l'innocence, ou le repentir avant l'exécution du crime. »

LIX. Ce discours fut reçu diversement au mi-

---

pignusque tanti sceleris nece aut vinculis legatorum daretur. Vocula, quanquam plerique fugam suadebant, audendum ratus, vocata concione, in hunc modum disseruit.

LVIII. « Nunquam apud vos verba feci aut pro vobis sollicitior aut pro me securior. Nam mihi exitium parari libens audio, mortemque in tot malis [hostium] ut finem miseriarum exspecto. Vestri me pudet miseretque, adversus quos non prœlium et acies parantur; id enim fas armorum et jus hostium : bellum cum populo romano vestris se manibus gesturum Classicus sperat, imperiumque et sacramentum Galliarum ostentat. Adeo nos, si fortuna in praesens virtusque deseruit, etiam vetera exempla deficiunt, quoties romanae legiones perire praeoptaverint, ne loco pellerentur. Socii saepe nostri exscindi urbes suas seque cum conjugibus ac liberis cremari pertulerunt; neque aliud pretium exitus quam fides famaque. Tolerant quum maxime inopiam obsidiumque apud Vetera legiones, nec terrore aut promissis demoventur. Nobis, super arma et viros et egregia castrorum munimenta, frumentum et commeatus quamvis longo bello pares. Pecunia nuper etiam donativo suffecit; quod sive a Vespasiano, sive a Vitellio datum interpretari mavultis, ab imperatore certe romano accepistis. Tot bellorum victores, apud Geldubam, apud Vetera fuso toties hoste, si pavetis aciem, indignum id quidem; sed est vallum murique et trahendi artes, donec e proximis provinciis auxilia exercitusque concurrant. Sane ego displiceam; sunt alii legati, tribuni, centurio denique aut miles. Ne hoc prodigium toto terrarum orbe vulgetur, vobis satellitibus, Civilem et Classicum Italiam invasuros. An, si ad mœnia urbis Germani Gallique duxerint, arma patriae inferetis? Horret animus tanti flagitii imagine. Tutori Trevero agentur excubiae? Signum belli Batavus dabit? Germanorum catervas supplebitis? Quis deinde sceleris exitus? quum romanae legiones contra direxerint, transfugae e transfugis et proditores e proditoribus, inter recens et vetus sacramentum invisi deis errabitis? Te, Jupiter optime maxime, quem, per octingentos viginti annos, tot triumphis coluimus, te, Quirine, romanae parens urbis, precor veneorque, ut, si vobis non fuit cordi me duce haec castra incorrupta et intemerata servari, at certe pollui fœdarique a Tutore et Classico ne sinatis. Militibus romanis aut innocentiam detis, aut maturam et sine noxa pœnitentiam. »

lieu de ce conflit d'espérance, de crainte et de honte. Vocula se retira dans sa tente, et il songeait à quitter la vie. Ses affranchis et ses esclaves l'empêchèrent de prévenir volontairement une mort misérable. Classicus ne tarda point à lui envoyer Émilius Longinus, déserteur de la première légion, qui le massacra sur-le-champ. Pour les deux lieutenants, Numisius et Hérennius, on se contenta de les mettre aux fers. Bientôt, Classicus, prenant les marques distinctives d'un général romain, se rendit au camp. Quoique endurci contre toute honte, il ne fut pas en son pouvoir de prononcer d'autres mots que la formule du serment. Ceux qui étaient présents le prêtèrent à l'Empire des Gaules. Il élève aux premiers grades l'assassin de Vocula : d'autres, selon la part qu'ils avaient eue à tant de crimes, sont également récompensés. Tutor et Classicus se partagèrent ensuite les opérations. Tutor, tenant les habitants de Cologne, et tout ce qu'il y avait de soldats sur le haut Rhin, investis par un corps de troupes considérable, les contraignit de se lier par le même serment. Il avait fait tuer à Mayence les tribuns, et chasser le préfet de camp, qui refusaient de le prêter. Classicus, choisissant dans ces transfuges ce qu'il avait de plus corrompu, les fait partir pour Vétéra, avec ordre de promettre aux assiégés leur pardon, s'ils cédaient aux conjonctures; sinon, point d'espérance : on les dévouait au glaive, à la famine, et aux plus horribles extrémités. A ces motifs les députés ajoutèrent leur exemple.

LX. Les assiégés étaient cruellement partagés entre le devoir et la famine, entre l'honneur et l'opprobre. Pendant le temps que dura leur indécision, les aliments de toute espèce achevèrent de leur manquer. Ayant consommé les bêtes de somme et les chevaux, ils se rejetèrent sur les animaux les plus dégoûtants, dont la nécessité leur fit une ressource. Enfin, réduits à manger des branches, des racines d'arbres, et de l'herbe qu'ils arrachaient d'entre les pierres, ils furent un mémorable exemple de malheur et de constance, jusqu'à ce qu'ils ternissent tant d'héroïsme et de gloire en députant vers Civilis pour demander la vie. Avant de les entendre on exigea qu'ils jurassent obéissance à l'empire des Gaules. De plus, on se réserva le pillage du camp, et on leur donna des gardes qui leur retinrent argent, valets, bagages, et qui, après les avoir ainsi dépouillés, les escortèrent à leur sortie. A cinq milles environ, pendant qu'ils marchaient sans précaution, ils sont attaquées brusquement par les Germains. Les plus braves se firent tuer sur la place; beaucoup périrent dans la fuite; les autres regagnèrent le camp. Il est vrai que Civilis se plaignit, et qu'il fit aux Germains de vifs reproches de manquer aussi indignement à leur parole. Y eut-il de la fausseté? y eut-il impuissance de contenir ces furieux? c'est ce qui n'est pas bien éclairci. Le camp pillé, les Germains y mettent le feu, et tous ceux qui avaient survécu au combat furent la proie des flammes.

LXI. Civilis, voyant enfin la ruine des légions consommée, se fit couper cette longue chevelure blonde que, depuis le commencement des hostilités contre les Romains, il avait laissé croître par un de ces vœux ordinaires aux barbares. On disait aussi qu'ayant armé son fils, encore enfant, de flèches et de javelots proportionnés à son âge, il lui avait donné pour but quelques-

---

LIX. Varie excepta oratio, inter spem metumque ac pudorem. Digressum Voculam et de supremis agitantem liberti servique prohibuere fœdissimam mortem sponte prævenire. Et Classicus, misso Æmilio Longino, desertore primæ legionis, cædem ejus maturavit. Herennium et Numisium, legatos, vinciri satis visum. Dein, sumptis romani imperii insignibus, in castra venit. Nec illi, quoquam ad omne facinus durato, verba ultra suppeditavere quam ut sacramentum recitaret. Juravere qui aderant pro imperio Galliarum. Interfectorem Voculæ altis ordinibus, ceteros, ut quisque flagitium navaverat, præmiis attollit. Divisæ inde inter Tutorem et Classicum curæ. Tutor valida manu circumdatos Agrippinenses, quantumque militum apud superiorem Rheni ripam, in eadem verba adigit, occisis Magontiaci tribunis, pulso castrorum præfecto, qui detrectaverant. Classicus corruptissimum quemque e deditis pergere ad obsessos jubet, veniam ostentantes si præsentia sequerentur; aliter nihil spei : famem ferrumque et extrema passuros. Adjecere qui missi erant exemplum suum.

LX. Obsessos hinc fides inde egestas, inter decus ac flagitium distrahebant. Cunctantibus solita insolitaque alimenta deerant, absumptis jumentis equisque et ceteris animalibus, quæ profana fœdaque in usum necessitas vertit. Virgulta postremo et stirpes et internatas saxis herbas vellentes, miseriarum patientiæque documentum fuere: donec egregiam laudem fine turpi macularent, missis ad Civilem legatis vitam orantes. Neque ante preces admissæ quam in verba Galliarum jurarent. Tum, pactus prædam castrorum, dat custodes qui pecuniam, calones, sarcinas retentarent, ac qui ipsos leves abeuntes prosequerentur. Ad quintum fere lapidem coorti Germani incautum agmen aggrediuntur. Pugnacissimus quisque in vestigio, multi palantes occubuere, ceteri retro in castra profugiunt, querente sane Civile et increpante Germanos, tanquam fidem per scelus abrumperent. Simulata ea fuerint, an retinere sævientes nequiverit, parum affirmatur. Direptis castris faces injiciunt; cunctosque qui prælio superfuerant incendium hausit.

LXI. Civilis barbaro voto, post cœpta adversus Romanos arma, propexum rutilatumque crinem, patrata demum cæde legionum, deposuit. Et ferebatur parvulo filio quosdam captivorum, sagittis jaculisque puerilibus figendos, obtulisse. Ceterum neque se neque quemquam Batavum in verba Galliarum adegit, fisus Germanorum opibus; et, si certandum adversus Gallos de possessione rerum fo-

uns de nos prisonniers. Au reste, il ne se soumit, ni lui ni aucun de ses Bataves, au serment pour les Gaules, se croyant assez fort avec les Germains, et s'il fallait un jour disputer l'empire aux Gaulois, comptant assez sur lui pour ne pas les craindre. Mummius Lupercus, lieutenant d'une légion, fut un des présents envoyés à Véléda. Cette femme, née chez les Bructères, avait une domination très-étendue, fondée sur cette ancienne opinion des Germains qui attribuent le don de prophétie à quelques-unes de leurs femmes, et ensuite en font des déesses, par un progrès naturel à la superstition. Le crédit de Véléda s'accrut encore, parce qu'elle avait prédit les succès des Germains et la ruine des légions. Lupercus fut tué en route. On réserva quelques centurions et quelques tribuns, nés dans la Gaule, pour cimenter l'alliance. Le camp des cohortes, celui de la cavalerie, celui des légions furent détruits et brûlés : on ne laissa subsister que ceux de Mayence et de Vindonissa.

LXII. La seizième légion, avec ses auxiliaires, qui s'étaient rendus en même temps, reçut l'ordre de passer de Novésium à Trèves. On avait fixé d'avance le jour où elle quitterait son camp. Tout l'intervalle jusqu'à ce jour fut rempli par différentes pensées. Les lâches tremblaient au ressouvenir du massacre de Vétéra; les plus braves, rougissant de leur infamie, songeaient à ce que serait cette marche, à qui la commanderait, que tout était au pouvoir de ceux qu'ils avaient fait maîtres de leur vie et de leur mort. D'autres, sans nul souci de l'honneur, s'entouraient de leur argent et de leurs effets les plus précieux : quelques-uns préparaient leurs armes et s'en revêtaient, comme au moment d'une bataille. Au milieu de ces agitations, arriva l'heure du départ, plus triste que l'attente. En effet, dans l'intérieur du camp, leur dégradation n'était pas si apparente. La plaine et le grand jour découvrit toute cette ignominie. Les images de leurs empereurs arrachées, leurs enseignes déshonorées, tandis que les drapeaux gaulois resplendissaient de toutes parts ; la marche silencieuse, semblable à de longues funérailles ; pour chef, Claudius Sanctus, borgne, imbécille, d'une physionomie farouche. Ce fut bien pis lorsqu'une autre légion, qui avait abandonné le camp de Bonn, se joignit à eux : leur opprobre parut s'en accroître. D'ailleurs, au premier bruit de la prise des légions, tous ceux à qui peu auparavant le nom romain inspirait de l'effroi, étaient accourus de leurs champs et de leurs maisons; et se répandant de tous côtés, ils jouissaient à l'excès de ce spectacle extraordinaire. La division de cavalerie du Picentin ne put supporter cette joie insultante; et sans égards pour les promesses ou les menaces de Sanctus, elle regagne Mayence. Sur leur route, ils trouvent par hasard le meurtrier de Vocula, Longinus ; ils le percent de mille coups : ce fut par cette victime qu'ils commencèrent l'expiation de leur faute. Les légions, sans changer de route, vinrent camper devant Trèves.

LXIII. Civilis et Classicus, enflés de tant de succès, songèrent à livrer à leurs troupes le pillage de Cologne. Une cruauté naturelle et l'amour du butin les portaient à saccager cette colonie d'Agrippine. Ils furent retenus par des raisons de guerre, et par l'idée qu'une réputation de clémence importe à qui fonde un empire. La reconnaissance agit aussi sur Civilis ; il se rappela que son fils, arrêté prisonnier dans Cologne au com-

ret, inclytus fama et potior. Mummius Lupercus, legatus legionis, inter dona missus Veledæ. Ea virgo nationis Bructerœ late imperitabat, vetere apud Germanos more, quo plerasque feminarum fatidicas et, augescente superstitione, arbitrantur deas. Tuncque Veledæ auctoritas adolevit ; nam prosperas Germanis res et excidium legionum prædixerat. Sed Lupercus in itinere interfectus. Pauci centurionum tribunorumque in Gallia geniti reservantur, pignus societatis. Cohortium, alarum, legionum, hiberna subversa cremataque, iis tantum relictis quæ Magontiaci ac Vindonissæ sita sunt.

LXII. Legio sextadecima, cum auxiliis simul deditis, a Novesio in coloniam Treverorum transgredi jubetur, præfinita die intra quam castris excederet. Medium omne tempus per varias curas egere; ignavissimus quisque cæsorum apud Vetera exemplo paventes; melior pars, rubore et infamia, « quale illud iter, quis dux viæ? et omnia in arbitrio eorum quos vitæ necisque dominos fecissent. » Alii, nulla dedecoris cura, pecuniam aut carissima sibimetipsi circumdare. Quidam expedire arma, telisque tanquam in aciem accingi. Hæc meditantibus, advenit proficiscendi hora, exspectatione tristior. Quippe intra vallum deformitas haud perinde notabilis : detexit ignominiam campus et dies. Revulsæ imperatorum imagines, inhonora signa, fulgentibus hinc inde Gallorum vexillis, silens agmen et velut longæ exequiæ. Dux Claudius Sanctus, effosso oculo, dirus ore, ingenio debilior. Duplicatur flagitium, postquam, desertis Bonnensibus castris, altera se legio miscuerat. Et vulgata captarum legionum fama, cuncti, qui paullo ante Romanorum nomen horrebant, procurrentes ex agris tectisque et undique effusi insolito spectaculo nimium fruebantur. Non tulit ala Picentina gaudium insultantis vulgi; spretisque Sancti promissis aut minis, Magontiacum abeunt : ac forte obvio interfectore Voculæ Longino, conjectis in eum telis, initium exsolvendæ in posterum culpæ fecere. Legiones, nihil mutato itinere, ante mœnia Treverorum consistunt.

LXIII. Civilis et Classicus, rebus secundis sublati, an Coloniam Agrippinensem diripiendam exercitibus suis permitterent, dubitavere. Sævitia ingenii et cupidine prædæ ad excidium civitatis trahebantur : obstabat ratio belli, et novum imperium inchoantibus utilis clementiæ fama. Civilem etiam beneficii memoria flexit, quod filium ejus, primo rerum motu in Colonia Agrippinensi deprehensum, honorate custodierant. Sed transrhenanis gentibus invisa civitas, opulentia auctuque. Neque alium finem belli re-

mencement des troubles, avait été traité avec distinction dans sa captivité. Mais tous les peuples d'au delà du Rhin haïssaient cette colonie, à cause de ses richesses et de sa population. Selon eux, pour mettre fin à tant de guerres, il fallait que la ville, ou restât ouverte à tous les Germains indistinctement, ou fût détruite, et les Ubiens dispersés comme eux.

LXIV. Il s'y rendit une députation des Tenctères, nation qui n'est séparée de Cologne que par le Rhin. Voici comment le plus altier de leurs députés exposa, dans le conseil de la ville, les volontés de sa peuplade : « Vous voilà donc rentrés dans le corps et sous la dénomination des « enfants de la guerre. Nous en remercions nos « dieux, qui sont les vôtres, surtout Mars, le « premier de ces dieux, et nous vous félicitons « de ce qu'enfin vous vivrez libres parmi des peu- « ples libres. Car, jusqu'à ce jour, l'eau, la terre, « et jusqu'au ciel même, avaient été, pour ainsi « dire, emprisonnés par les Romains. Vos frères « ne pouvaient ni vous parler, ni vous voir; ou « bien, ce qui est plus outrageant pour des hom- « mes nés pour les armes, ils ne le pouvaient que « désarmés presque nus, sous l'œil d'un surveillant « et à prix d'argent. Si donc vous voulez que « notre amitié et notre alliance soient à jamais « cimentées, nous exigeons que vous abattiez « ces murs, boulevards de la tyrannie. Il n'y « a pas jusqu'aux animaux sauvages qui, ren- « fermés, ne perdent leur bravoure naturelle. Que « tous les Romains sur tout votre territoire soient « égorgés : la liberté ne souffre point de maîtres « au milieu d'elle. Que leurs biens soient mis en « commun, sans que personne puisse avoir de « butin ni d'intérêt séparés. Qu'il soit libre, et à « nous et à vous, d'habiter indistinctement l'une

« et l'autre rive, comme jadis le pratiquaient nos « pères, comme le veut la nature, qui a départi « le jour et la lumière à tous les hommes, la terre « à tous les braves. Reprenez les mœurs et les usa- « ges du pays, et abjurez ces voluptés par qui « Rome tient asservis ses sujets bien plus que par « ses armes. Alors, vraiment Germains, rentrant « dans tous vos droits, et perdant jusqu'au souve- « nir de l'esclavage, vous redeviendrez un peu- « ple ou l'égal, ou le dominateur des autres. »

LXV. Les Agrippiniens prirent du temps pour délibérer; et, en effet, ni la crainte de l'avenir ne leur permettait d'accepter les conditions, ni leur situation présente de les rejeter ouvertement. Ils firent cette réponse : « Dès l'instant que l'occa- « sion d'être libres s'est présentée, nous l'avons « saisie avec plus d'ardeur que de prudence, et « nous nous sommes réunis à nos frères, vous et « tous les autres Germains. Loin d'abattre nos « murs, dans un moment surtout où les Romains « rassemblent leur armée, il serait plus sage d'en « construire de nouveaux. Le peu d'étrangers de « l'Italie ou des provinces qui se trouvaient sur « notre territoire, ont été détruits par la guerre, « ou ont regagné chacun leur pays; et, quant à « ceux qui ont formé anciennement la colonie, « qui ont contracté des mariages avec nous et ont « laissé des descendants, c'est ici leur patrie; et « nous ne vous croyons point assez injustes pour « exiger que nous massacrions nos pères, nos frè- « res, nos enfants. Les taxes et toutes les entraves « du commerce, nous les supprimons. Vous pas- « serez librement, mais de jour et sans être ar- « més, jusqu'à ce que des liens si nouveaux « soient resserrés par l'habitude et le temps. Nous « prendrons, pour arbitres, Civilis et Véléda : « ce seront eux qui rédigeront le traité. » Les

bantur, quam si promiscua ea sedes omnibus Germanis foret, aut disjecta Ubios quoque dispersisset.

LXIV. Igitur Tencteri, Rheno discreta gens, missis legatis, mandata apud concilium Agrippinensium edi jubent; quæ ferocissimus e legatis in hunc modum protulit : « Redise vos in corpus nomenque Germaniæ communi- « bus deis et præcipuo deorum Marti grates agimus, vo- « bisque gratulamur quod tandem liberi inter liberos « eritis. Nam ad hunc diem flumina ac terras et cœlum « quodammodo ipsum clauserant Romani; ut colloquia « congressusque nostros arcerent, vel, quod contumelio- « sius est viris ad arma natis, inermes ac prope nudi, sub « custode et pretio, coiremus. Sed ut amicitia societasque « nostra in æternum rata sit, postulamus a vobis muros « coloniæ, munimenta servitii, detrahatis. Etiam fera « animalia, si clausa teneas, virtutis obliviscuntur. Ro- « manos omnes, in finibus vestris, trucidetis : haud facile « libertas et domini miscentur. Bona interfectorum in me- « dium cedant, ne quis occulere quidquam aut segregare « causam suam possit. Liceat nobis vobisque utramque « ripam colere, ut olim majoribus nostris : quomodo lu- « cem diemque omnibus hominibus, ita omnes terras for-

« tibus viris natura aperuit. Instituta cultumque patrium « resumite; abruptis voluptatibus, quibus Romani plus « adversus subjectos quam armis valent : sincerus et in- « teger et servitutis oblitus populus, aut ex æquo agetis « aut aliis imperitabitis. »

LXV. Agrippinenses, sumpto consultandi spatio, quando neque subire conditiones metus futuri, neque palam adspernari conditio præsens sinebat, in hunc modum responderunt : « Quæ prima libertatis facultas data est, avidius « quam cautius sumpsimus, ut vobis ceterisque Germa- « nis, consanguineis nostris, jungeremur. Muros civita- « tis, congregantibus se quum maxime Romanorum exer- « citibus, augere nobis quam diruere tutius est. Si qui ex « Italia aut provinciis alienigenæ in finibus nostris fue- « rant, eos bellum absumpsit, vel in suas quisque sedes « refugere. Deductis olim et nobiscum per connubium so- « ciatis, quique mox provenere, hæc patria est. Nec vos « adeo iniquos existimamus, ut interfici a nobis parentes, « fratres, liberos nostros velitis. Vectigal et onera com- « merciorum resolvimus. Sint transitus incustoditi, sed « diurni et inermes; donec nova et recentia jura in vetu- « statem consuetudine vertantur. Arbitrum habebimus

Tenctères ainsi apaisés, ils envoyèrent à Civilis et à Véléda des députés avec des présents, et tout se conclut selon le désir des Agrippiniens. Mais les députés n'eurent pas la permission de voir Véléda, ni de lui parler. Elle se dérobait aux regards pour augmenter la vénération. Elle se tenait au haut d'une tour : c'était un parent de son choix, qui, en qualité d'interprete de la divinité, recevait les consultations et rapportait les réponses.

LXVI. Civilis, fortifié de l'alliance des Agrippiniens, se mit en devoir de soumettre les cités voisines, ou de gré, ou de force. Il avait déjà réduit les Suniques et enrôlé leur jeunesse, lorsque Labéo, avec une troupe de Bétasiens, de Tongres et de Nerviens, levés à la hâte, vint s'opposer à ses progrès. Labéo comptait sur sa position; il s'était assuré d'avance du pont sur la Meuse et il occupait les défilés. Le combat était encore indécis, lorsque les Germains, traversant le fleuve à la nage, vinrent tomber sur ses derrières. En même temps, Civilis, par un coup d'audace, ou bien de concert avec les Tongres, se porta au milieu d'eux, et haussant la voix : « Nous n'avons pas, dit-il, pris les armes pour faire des « Bataves et des Trévires les maîtres des nations; « loin de nous cette arrogance : acceptez l'union, « et je passe de votre côté comme chef ou comme « soldat, à votre gré. » La multitude était ébranlée, et ils remettaient leurs épées dans le fourreau. Deux des principaux Tongres, Campanus et Juvénalis, achevèrent de les décider, et la nation entière se donna à Civilis. Labéo ne sauva avant d'être enveloppé. Les Bétasiens et les Nerviens se rendirent aussi, et Civilis les incorpora à son armée. Ainsi, de tous côtés, s'agrandissait cette puissance, par tous les peuples que lui soumettait la terreur, ou que la sympathie lui donnait.

LXVII. Cependant Sabinus, après avoir détruit tous les monuments qui pouvaient rappeler l'alliance avec les Romains se fait proclamer César ; et, sur-le-champ, avec une multitude de Langrois indisciplinés, il marche contre les Séquanes, nation limitrophe, qui nous était fidèle. Les Séquanes ne refusèrent point le combat. La fortune se déclara pour la bonne cause : les Langrois furent défaits. Sabinus s'enfuit au milieu de la bataille, avec autant de lâcheté qu'il avait mis de précipitation et d'imprudence à la livrer. Afin de répandre le bruit de sa mort, il fit mettre le feu à la maison dans laquelle il s'était réfugié. On crut qu'il avait péri dans les flammes. Mais il échappa par différents moyens, et sut depuis, en se cachant, prolonger sa vie pendant neuf années. J'en parlerai dans la suite, ainsi que de la constance de ses amis, et du magnifique exemple que donna sa femme Epponine. La victoire des Séquanes arrêta cette fureur de rebellion : insensiblement les Gaulois réfléchirent; ils songèrent aux devoirs et aux traités qui les liaient, retenus surtout par les Rémois, qui persuadèrent à chaque canton d'envoyer des députés, afin de délibérer en commun sur ce qu'il fallait préférer de l'indépendance ou de la paix.

LXVIII. Toutes ces nouvelles, qu'à Rome on faisait encore plus fâcheuses, redoublaient les perplexités de Mucien; et, quoiqu'on eût choisi d'habiles généraux (car Annius et Cérialis étaient déjà partis), il craignait qu'ils ne succombassent sous le poids de la guerre. D'un autre côté, il ne fallait pas laisser la capitale sans chef, et l'on redoutait les passions indomptables de Domitien,

« Civilem, et Veledam, apud quos pacta sancientur. » Sic lenitis Tencteris, legati ad Civilem et Veledam missi cum donis cuncta ex voluntate Agrippinensium perpetravere. Sed coram adire alloquique Veledam negatum. Arcebantur adspectu, quo venerationis plus inesset. Ipsa edita in turre ; delectus e propinquis consulta responsaque, ut internuncius numinis, portabat.

LXVI. Civilis societate Agrippinensium auctus, proximas civitates affectare aut adversantibus bellum inferre statuit. Occupatisque Sunicis et juventute eorum per cohortes composita, quominus ultra pergeret, Claudius Labeo, Betasiorum Tungrorumque et Nerviorum tumultuaria manu, restitit, fretus loco quia pontem Mosæ fluminis antecepatat. Pugnabaturque in angustiis ambigue, donec Germani transnatantes terga Labeonis invasere. Simul Civilis, ausus, an ex composito, intulit se agmini Tungrorum et clara voce : « Non ideo, » inquit, « bellum sumpsimus, « ut Batavi et Treveri gentibus imperent. Procul hæc a « nobis arrogantia : accipite societatem; transgredior ad « vos, seu me ducem seu militem mavultis. » Movebatur vulgus, condebantque gladios; quum Campanus ac Juvenalis, ex primoribus Tungrorum, universam ei gentem dedidere. Labeo, antequam circumveniretur, profugit. Civilis Betasios quoque ac Nervios, in fidem acceptos, copiis suis adjunxit, ingens rerum, perculsis civitatum animis vel sponte inclinantibus.

LXVII. Interea Julius Sabinus, projectis fœderis romani monumentis, Cæsarem se salutari jubet, magnamque et inconditam popularium turbam in Sequanos rapit, conterminam civitatem et nobis fidam. Nec Sequani detreclavere certamen. Fortuna melioribus adfuit : fusi Lingones. Sabinus festinatum temere prælium pari formidine deseruit. Utque famam exitii sui faceret, villam in quam perfugerat cremavit, illic voluntaria morte interiisse creditus. Sed quibus artibus latebrisque vitam per novem mox annos traduxerit, simul amicorum ejus constantiam et insigne Epponinæ uxoris exemplum, suo loco reddemus. Sequanorum prospera acie belli impetus stetit. Resipiscere paullatim civitates, fasque et fœdera respicere, principibus Remis; qui per Gallias edixere, ut missis legatis in commune consultarent, libertas an pax placeret.

LXVIII. At Romæ cuncta in deterius audita Mucianum angebant, ne, quanquam egregii duces (jam enim Gallum Annium et Petilium Cerialem delegerat) summam belli parum tolerarent. Nec relinquenda urbs sine rectore. Et Domitiani indomitæ libidines timebantur, suspectis,

outre qu'Antonius et Varus étaient suspects, comme je l'ai dit. Le commandement des prétoriens laissait dans les mains de Varus le pouvoir et les armes. Mucien commença par lui ôter sa place; et, pour qu'il ne restât point sans dédommagement, il lui donna la préfecture de l'annone. En même temps, pour adoucir Domitien, qui avait quelque attachement pour Varus, il mit à la tête du prétoire Arrétinus Clémens, qui tenait à la famille de Vespasien par une alliance, et plaisait fort au jeune César. Il allégua que le père d'Arrétinus avait rempli cette place avec distinction sous Caïus; que les soldats aimaient à retrouver le même nom; que le fils, quoique sénateur, suffirait aux deux emplois. On nomma de l'expédition tout ce qu'il y avait à Rome de plus illustre; d'autres se présentèrent pour faire leur cour. Domitien et Mucien faisaient leurs préparatifs avec une disposition d'âme bien différente : Domitien y mettait toute l'ardeur de l'ambition et de la jeunesse; Mucien, par ses lenteurs, cherchait à ménager des obstacles qui pussent arrêter ce caractère bouillant, de peur que si, emporté par la fougue de son âge et par des conseils dangereux, il s'emparait une fois de l'armée, la paix n'en souffrît ainsi que la guerre. Quatre légions, la sixième et la huitième, du parti victorieux, la vingt et unième, du parti vitellien, et la seconde, levée tout nouvellement, entrent dans les Gaules, partie par les Alpes penninnes et les Alpes cottiennes, partie par le mont Graius. On fit venir, de Bretagne la quatorzième légion, d'Espagne, la sixième et la dixième. En apprenant la marche de cette armée les cités de la Gaule, que leur propre penchant portait déjà vers des résolutions plus douces, s'assemblèrent à Reims. Les députés de Trèves les y attendaient déjà; ils avaient à leur tête Tullius Valentinus, le plus ardent instigateur de la guerre. Valentinus, dans une harangue préparée, accumula tous les reproches qu'on fait ordinairement aux grands empires, et se déborda en invectives odieuses contre le peuple romain . génie séditieux, fait pour attiser les factions, et dont l'éloquence forcenée charmait la multitude.

LXIX. Mais Julius Auspex, l'un des principaux Rémois, représenta, avec force, la puissance des Romains et les avantages de la paix ; que les lâches mêmes entreprenaient souvent des guerres, dont tout le péril était pour les braves; que les légions étaient déjà sur leur tête; et il parvint à les retenir tous; les plus sages, par des considérations de respect et de devoir, les plus jeunes, par l'idée du péril et de la crainte. Ils louaient le courage de Valentinus; ils suivirent le conseil d'Auspex. Une chose, à ce qu'on assure, nuisit aux Langrois et aux Trévires dans l'esprit des Gaulois : ce fut d'être restés dans le parti de Verginius, lors de la révolte de Vindex. Ce qui dégoûta encore la plupart, ce furent les jalousies des provinces. Car, enfin, qui conduirait la guerre? qui donnerait les ordres et les auspices? après la victoire, où placer le siége de l'empire? Ils n'étaient pas encore vainqueurs, ils étaient déjà divisés : tantôt c'étaient leurs alliances, tantôt leurs richesses et leurs forces, quelquefois l'antiquité de leur origine, qu'ils faisaient valoir avec aigreur. Dégoûtés d'avance de l'avenir, ils préférèrent le présent. On écrit aux Trévires, au nom de la Gaule, de quitter les armes; que leur pardon, s'ils se repentaient, pouvait s'obtenir, et que les intercesseurs étaient tout prêts. Mais Valentinus s'obstina, et les empêcha de prêter l'oreille à aucun accommodement :

uti diximus, Primo Antonio Varoque Arrio. Varus prætorianis præpositus vim atque arma retinebat. Eum Muciauus, pulsum loco, ne sine solatio ageret, annonæ præfecit. Utque Domitiani animum, Varo haud alienum, deliniret, Arretinum Clementem, domui Vespasiani per affinitatem innexum et gratissimum Domitiano, prætorianis præposuit, patrem ejus, sub Caio Cæsare, egregie functum ea cura dictitans : lætum militibus idem nomen; atque ipsum, quanquam senatorii ordinis, ad utraque munia sufficere. Assumuntur e civitate clarissimus quisque, et alii per ambitionem. Simul Domitianus Mucianusque accingebantur, dispari animo : ille spe ac juventa properus; hic moras nectens quis flagrantem retineret, ne ferociâ ætatis et pravis impulsoribus, si exercitum invasisset, paci belloque male consuleret. Legiones victrices, sexta et octava, Vitellianarum unaetvicesima, e recens conscriptis secunda, Peniniis, Cottianisque Alpibus, pars monte Graiio, traducuntur. Quartadecima legio e Britannia, sexta ac decima ex Hispania accitæ. Igitur, venientis exercitus fama et suopte ingenio ad mitiora inclinantes, Galliarum civitates in Remos convenere. Treverorum legatio illic opperiebatur, acerrimo instinctore belli Tullio Valentino. Is, meditata oratione, cuncta magnis imperiis objectari solita, contumeliasque et invidiam in populum romanum effudit, turbidus miscendis seditionibus et plerisque gratus vecordi facundia.

LXIX. At Julius Auspex, e primoribus Remorum, vim romanam pacisque bona dissertans, et « sumi bellum etiam ab ignavis, strenuissimi cujusque periculo geri, jamque super caput legiones, » sapientissimum quemque reverentiâ fideque, juniores periculo ac metu continuit. Et Valentini animum laudabant, consilium Auspicis sequebantur. Constat obstitisse Treveris Lingonibusque apud Gallias, quod Vindicis motu cum Verginio steterant. Deterruit plerosque provinciarum æmulatio : « quod bello caput? unde jus auspiciumque peteretur? quam, si cuncta provenissent, sedem imperio legerent? » Nondum victoria, jam discordia erat: aliis fœdera, quibusdam opes viresque aut vetustatem originis per jurgia jactantibus. Tædio futurorum, præsentia placuere. Scribuntur ad Treveros epistolæ, nomine Galliarum, ut abstinerent armis, impetrabili venia et paratis deprecatoribus, si pœniteret. Restitit idem Valentinus obstruxitque civitatis suæ aures, haud perinde instruendo bello intentus quam frequens concionibus.

LXX. Igitur non Treveri neque Lingones ceteræve re-

du reste, mettant peu d'activité dans les préparatifs de la guerre, et ne songeant qu'à haranguer.

LXX. Ni les Trévires, ni les Langrois, ni aucune des autres cités rebelles, ne firent des efforts en proportion de la grandeur de l'entreprise; il n'y avait pas même de concert entre les chefs. Civilis, s'opiniâtrant à vouloir prendre ou chasser Labéo, se perdait dans les déserts de la Belgique. Classicus, le plus souvent, se tenait dans l'inaction, comme s'il eût été en pleine possession, et qu'il n'eût qu'à jouir. Tutor ne se pressa pas non plus de fermer le passage du Rhin, ainsi que celui des Alpes; et, dans l'intervalle, la vingt et unième légion pénétra par Vindonisse, et Sextilius Félix avec des cohortes auxiliaires, par la Rhétie. A ces troupes se joignit un corps de cavalerie, celui des singulaires, que Vitellius avait fait venir à Rome, et qui, depuis, était passé dans le parti de Vespasien. Ce corps était commandé par Julius Briganticus, fils d'une sœur de Civilis, haï de son oncle, et le haïssant avec cette fureur qui signale presque toujours les inimitiés entre proches. Tutor avait augmenté les troupes des Trévires par de nouvelles levées de Vangions, de Caracates, de Triboques: il les renforça d'un corps de vieux légionnaires tant cavaliers que fantassins, qui s'étaient laissés corrompre par les promesses ou subjuguer par la crainte. Ceux-ci, d'abord, massacrent une cohorte détachée en avant par Sextilius; puis, voyant approcher des généraux et une armée romaine, ils nous revinrent par une désertion honorable : ils furent suivis des Triboques, des Vangions et des Caracates. Tutor, réduit aux seuls Trévires, ayant évité Mayence, se retira à Bingium. Il croyait sa position sûre, parce qu'il avait fait couper le pont sur la Nave; mais les cohortes que menait Sextilius ayant trouvé un gué; il fut surpris et battu. Cette defaite découragea les Trévires ; et le peuple, renonçant à la guerre, se dispersa dans la campagne. Quelques chefs, pour faire croire qu'ils avaient été des premiers à quitter les armes, se sauvèrent dans les villes qui n'avaient pas rompu l'alliance avec les Romains. Les légions qu'on avait, comme je l'ai dit, fait passer de Novésium et de Bonn à Trèves, reconnurent d'elles-mêmes Vespasien. Tout cela se passa en l'absence de Valentinus. Comme il arrivait furieux, et prêt à tout replonger dans le trouble et la confusion , les légions se retirèrent chez les Médiomatriques, nation alliée. Valentinus et Tutor entraînent de nouveau les Trévires à la guerre, et, pour les enchaîner plus étroitement au crime en leur ôtant l'espoir du pardon, ils leur font égorger les lieutenants Hérennius et Numisius.

LXXI. Telle était la situation des affaires, quand Cérialis arriva à Mayence : à son arrivée les espérances se relèvent. Ce général, qui aimait les combats , plus fait pour braver l'ennemi que pour s'en garder, enflammait le soldat par l'audace de ses discours, bien résolu, sitôt qu'il pourrait joindre les rebelles, de ne pas différer d'en venir aux mains. On avait fait des levées dans les Gaules ; il les renvoie toutes à leurs cités, en faisant déclarer que l'empire avait assez de ses légions; que les alliés pouvaient reprendre tranquillement les occupations de la paix, et regarder comme finie une guerre dont des Romains s'étaient chargés. Cet acte fortifia les Gaulois dans la soumission : le renvoi de leurs soldats leur fit supporter les tributs plus facilement ; ils furent plus officieux, se voyant méprisés. Cependant Civilis et Classicus, apprenant la

bellium civitates pro magnitudine suscepti discriminis agere. Ne duces quidem in unum consulere. Sed Civilis avia Belgarum circumibat, dum Claudium Labeonem capere aut exturbare nititur. Classicus, segne plerumque otium trahens, velut parto imperio fruebatur. Ne Tutor quidem maturavit superiorem Germaniæ ripam et ardua Alpium præsidiis claudere. Atque interim unaetvicesima legio Vindonissa, Sextilius Felix cum auxiliariis cohortibus, per Rhætiam irrupere. Accessit ala singularium, excita olim a Vitellio, deinde in partes Vespasiani transgressa. Præerat Julius Briganticus, sorore Civilis genitus, ut ferme acerrima proximorum odia sunt, invisus avunculo infensusque. Tutor Treverorum copias, recenti Vangionum, Caracatium, Tribocorum delectu auctas, veterano pedite atque equite firmavit, corruptis spe, aut metu subactis legionariis: qui primo cohortem præmissam a Sextilio Felice interficiunt; mox, ubi duces exercitusque romanus propinquabant, honesto transfugio rediere, secutis Tribocis Vangionibusque et Caracatibus. Tutor Treveris comitantibus, vitato Magontiaco, Bingium concessit; fidens loco, quia pontem Navæ fluminis abruperat; sed, incursu cohortium quas Sextilius ducebat, et reperto vado, proditus fususque. Ea clade perculsi Treveri; et plebes, omissis armis, per agros palatur : quidam principum, ut primi posuisse bellum viderentur, in civitates quæ societatem romanam non exuerant perfugerunt. Legiones a Novesio Bonnaque in Treveros, ut supra memoravimus, traductæ se ipsæ in verba Vespasiani adigunt. Hæc Valentino absente gesta, qui ubi adventabat furens cunctaque rursus in turbas et exitium conversurus, legiones in Mediomatricos, sociam civitatem abscessere. Valentinus ac Tutor in arma Treveros retrahunt; occisis Herennio ac Numisio legatis, quo, minore spe veniæ, cresceret vinculum sceleris.

LXXI. Hic belli status erat, quum Petilius Cerialis Magontiacum venit : ejus adventu erectæ spes. Ipse, pugnæ avidus et contemnendis quam cavendis hostibus melior, ferocia verborum militem incendebat; ubi primum congredi licuisset, nullam prælio moram facturus. Delectus per Galliam habitos in civitates remittit, ac nunciare jubet « sufficere imperio legiones; socii ad munia pacis redirent, « securi velut confecto bello, quod romanæ manus exce- « pissent. » Auxit ea res Gallorum obsequium; nam, recepta juventute, facilius tributa toleravere, proniores ad officia quod spernebantur. At Civilis et Classicus, ubi pul-

fuite de Tutor, la défaite des Trévires, tous les succès de l'ennemi, rassemblent, précipitemment leurs forces qui étaient éparses, et dépêchent courriers sur courriers à Valentinus pour lui recommander de bien se garder d'une action décisive. Cérialis, se pressant d'autant plus, envoie, chez les Médiomatriques, prendre les légions pour les mener à l'ennemi par le plus court chemin ; il rassemble ce qu'il y avait de troupes à Mayence, et tout ce qu'il avait amené avec lui, et, en trois jours, il arrive à Rigodulum. Valentinus, avec un corps considérable de Trévires, avait pris ce poste, fermé par des montagnes et par la Moselle, et il y avait ajouté un fossé double avec des barricades de rochers. Nullement effrayé de ces fortifications, le général romain n'en ordonne pas moins à l'infanterie de forcer les barrières; et à la cavalerie de monter en bataille sur la hauteur, méprisant un ennemi ramassé au hasard, et ne souffrant pas qu'il fût si bien servi par sa position, que les siens ne le fussent encore mieux par leur courage. On eut quelque peine à monter, tant qu'on fut en butte aux armes de trait ; mais, dès qu'on se fut joint, l'ennemi fut culbuté et précipité ainsi qu'une ruine qui fond en bas. Une partie de la cavalerie, ayant tourné par des hauteurs moins escarpées, fit prisonniers les principaux Belges, et avec eux leur chef Valentinus.

LXXII. Cérialis, dès le lendemain, entre dans Trèves ; les soldats brûlaient de saccager la ville : « C'était, disaient-ils, la patrie de Classicus, « celle de Tutor ; c'était le crime de ces deux « hommes qui avait causé l'investissement et le « massacre des légions. Qu'avait fait Crémone, « qu'on fit disparaître du sein de l'Italie, parce « qu'elle avait retardé, d'une seule nuit, la marche « des vainqueurs ? Et on laisserait subsister, sur les « confins de la Germanie, une ville qui faisait tro « phée des dépouilles des légions et du massacre « des généraux ! Le fisc pouvait s'attribuer tout « le butin ; il leur suffisait de l'embrasement et « des ruines d'une colonie rebelle, pour se dé « dommager de la destruction de tous leurs « camps. » Cérialis, craignant pour sa réputation, s'il paraissait nourrir la licence et la cruauté du soldat, contint leur fureur ; et ils obéirent, devenus plus modérés envers les étrangers depuis qu'il n'y avait plus de guerre civile. Bientôt l'aspect déplorable des légions qu'on avait fait venir du pays Médiomatriques attira toute leur attention. Les soldats, accablés de leurs crimes, se tenaient immobiles, les regards fixés contre terre. Au moment où les deux armées se réunirent, on n'entendit point les acclamations accoutumées : on avait beau les consoler ou les exhorter, ils ne répondaient rien, se tenant cachés au fond de leurs tentes, et fuyant jusqu'à la lumière. Et c'était moins le péril et la crainte, que la honte et le sentiment de leur opprobre qui les plongeaient dans ce profond abattement. Les vainqueurs eux-mêmes étaient interdits, et n'osant ni élever la voix, ni employer les prières, ils demandaient grâce par les larmes et le silence. Enfin Cérialis calma les esprits en rejetant sur le mauvais destin tous les maux qu'avait causés la discorde des soldats et des chefs, ou les artifices de l'ennemi. Il leur dit qu'il ne datait leurs services et leurs serments que de ce jour ; que ni l'empereur ni lui ne se ressouvenaient du passé. Alors on les admit à camper avec les autres, et l'on fit publier par toutes les centuries, qu'aucun soldat dans une querelle ou une contestation quelconque avec un camarade, ne lui reprochât sa rébellion ni sa défaite.

sum Tutorem, cæsos Treveros, cuncta hostibus prospera accepere, trepidi ac properantes, dum dispersas suorum copias conducunt, crebris interim nunciis Valentinum monuere ne summæ rei periculum faceret. Eo rapidius Cerialis, missis in Mediomatricos qui breviore itinere legiones in hostem verterent, contracto quod erat militum Magontiaci quantumque secum transvexerat, tertiis castris Rigodulum venit ; quem locum magna Treverorum manu Valentinus insederat, montibus aut Mosella amne septum ; et addiderat fossas obicesque saxorum. Nec deterruere ea munimenta romanum ducem, quominus peditem perrumpere juberet, equitum aciem in colles erigeret, spreto hoste, quem temere collectum haud ita loco juvari, ut non plus suis in virtute foret. Paullum moræ in adscensu, dum missilia hostium prævehuntur. Ut ventum in manus, deturbati ruinæ modo præcipitantur. Et pars equitum, æquioribus jugis circumvecta, nobilissimos Belgarum, in quis ducem Valentinum, cepit.

LXXII. Cerialis postero die coloniam Treverorum ingressus est, avido milite eruendæ civitatis : « Hanc esse Classici, hanc Tutoris patriam ; horum scelere clausas cæsas- « que legiones. Quid tantum Cremonam meruisse, quam « e gremio Italiæ raptam, quia unius noctis, moram victoribus attulerit ? Stare in confinio Germaniæ integram « sedem spoliis exercituum et ducum cædibus ovantem. « Redigeretur præda in fiscum; ipsis sufficere ignes et ruebellis coloniæ ruinas, quibus tot castrorum excidia pen- « sarentur. » Cerialis, metu infamiæ si licentia sævitiamque imbuere militem crederetur, pressit iras ; et paruere, posito civium bello, ad externa modestiores. Convertit inde animos accitarum e Mediomatricis legionum miserabilis adspectus. Stabant conscientia flagitii mœstæ, fixis in terram oculis. Nulla inter coeuntes exercitus consalutatio ; neque solantibus hortantibusve responsa dabant, abditi per tentoria et lucem ipsam vitantes : nec perinde periculum aut metus quam pudor ac dedecus obstupefecerat ; attonitis etiam victoribus, qui vocem precesque adhibere non ausi, lacrymis ac silentio veniam poscebant : donec Cerialis mulceret animos, fato acta dictitans, quæ militum ducumque discordia, vel fraude hostium, evenissent. Primum illum stipendiorum et sacramenti diem] aberent : priorum facinorum neque imperatorem neque se meminisse. Tunc

LXXIII. Certails ne tarda point à convoquer une assemblée des Trévires et des Langrois, et leur parla ainsi : Je n'ai jamais cultivé l'art de l'élo-
« quence, et c'est par les armes que je vous ai
« prouvé la valeur du peuple romain. Mais, puis-
« que les paroles ont sur vous tant d'empire,
« et que vous jugez des choses moins par elles-
« mêmes que par les discours des séditieux, j'ai
« voulu vous faire part de quelques réflexions.
« Maintenant que la guerre est terminée, il vous
« sera plus utile de les entendre qu'à nous de vous
« les dire. Lorsque les généraux de Rome entrèrent
« sur votre territoire et dans les autres contrées
« de la Gaule, ce ne fut par aucun esprit de cupi-
« dité, mais à la prière de vos ancêtres, que fa-
« tiguaient des dissensions meurtrières, et que
« les Germains, appelés à leur secours, avaient
« mis sous le joug, amis comme ennemis. Le
« monde sait nos combats contre les Cimbres et
« les Teutons, les grands exploits de nos armées,
« et le succès de nos guerres avec les Germains.
« Et, si nous avons occupé les rives du Rhin,
« ce n'a point été pour protéger l'Italie, mais
« de peur qu'un nouvel Arioviste ne s'élevât sur
« vos têtes. Croyez-vous que vous serez plus
« chers à Civilis et aux Bataves, et à tous ces peu-
« ples dont le Rhin vous sépare, que vos ancêtres
« ne l'étaient aux ancêtres de ces mêmes nations?
« Les mêmes motifs d'invasion subsisteront tou-
« jours pour les Germains, la luxure, l'avarice
« le désir de changer de lieu; et toujours on les
« verra déserter leurs solitudes et leurs marais
« pour se jeter sur ces Gaules si fertiles, pour as-
« servir vos champs et vos personnes. On vous
« éblouit aujourd'hui des beaux noms de liberté,
« d'affranchissement ; et jamais ambitieux ne
« voulut asservir et dominer, qu'il ne se servît
« de ces mêmes noms.

LXXIV. « Il y eut toujours des tyrans et des
« guerres dans les Gaules, jusqu'au moment où
« vous acceptâtes nos lois; et nous, quoique trop
« fréquemment insultés, nous ne vous avons de-
« mandé, pour prix de nos victoires, que les
« moyens de vous maintenir en paix, car pour
« avoir la paix il faut des soldats, pour des soldats,
« il faut une solde, pour cette solde, des tributs.
« Le reste est commun entre nous. Vous-mêmes,
« le plus souvent, vous commandez nos légions;
« vous-mêmes vous gouvernez ces provinces ou
« d'autres. Nul privilége, nulle exclusion. Si
« nous avons de bons princes, vous en ressentez
« également les avantages, malgré votre éloigne-
« ment; s'ils sont cruels, ce sont les plus pro-
« ches qui en souffrent. Comme on supporte la
« sécheresse, les pluies excessives, ou les autres
« maux de la nature, supportez les prodigalités
« ou l'avarice de vos maîtres. Il y aura des vices
« tant qu'il y aura des hommes, mais ces fléaux
« ne sont pas continuels, et il arrive des temps
« plus heureux qui dédommagent; à moins,
« peut-être, qu'asservis à Tutor et à Classicus,
« vous ne comptiez sur un gouvernement plus
« modéré, ou qu'il fallût moins d'impôts pour
« l'entretien des armées qui vous garantiraient
« des Germains et des Bretons. En effet, si (ce
« dont les dieux nous préservent) les Romains
« venaient à être chassés de la terre, qu'y verrait-
« on, sinon la guerre universelle des nations? Il

---

recepti in eadem castra, et edictum per manipulos ne quis in certamine jurgiove seditionem aut cladem commilitoni objectaret.

LXXIII. Mox Treverus ac Lingonas ad concionem vocatos ita alloquitur. « Neque ego unquam facundiam « exercui; et populi romani virtutem armis affirmavi. Sed « quia apud vos verba plurimum valent, bonaque ac mala « non sua natura sed vocibus seditiosorum æstimantur, sta- « tui pauca disserere, quæ, profligato bello, utilius sit vobis « audisse quam nobis dixisse. Terram vestram ceterorum- « que Gallorum ingressi sunt duces imperatoresque ro- « mani, nulla cupidine, sed majoribus vestris invocanti- « bus, quos discordiæ usque ad exitium fatigabant; et « acciti auxilio Germani sociis pariter atque hostibus servi- « tutem imposuerant. Quot præliis adversus Cimbros Teu- « tonosque, quantis exercituum nostrorum laboribus, quove « eventu germanica bella tractaverimus, satis clarum. Nec « ideo Rhenum insedimus ut Italiam tueremur, sed ne « quis alius Ariovistus regno Galliarum potiretur. An vos « cariores Civili Batavisque et transrhenanis gentibus cre- « ditis, quam majoribus eorum patres avique vestri fue- « runt? Eadem semper causa Germanis transcendendi in « Gallias : libido atque avaritia et mutandæ sedis amor, « ut, relictis paludibus et solitudinibus suis, fecundissimum « hoc solum vosque ipsos possiderent. Ceterum libertas et « speciosa nomina prætexuntur; nec quisquam alienum « servitium et dominationem sibi concupivit, ut non ea- « dem ista vocabula usurparet. »

LXXIV. « Regna bellaque per Gallias semper fuere, « donec in nostrum jus concederetis. Nos, quanquam toties « lacessiti, jure victoriæ id solum vobis addidimus quo pa- « cem tueremur. Nam neque quies gentium sine armis, « neque arma sine stipendiis, neque stipendia sine tributis « haberi queunt. Cetera in communi sita sunt. Ipsi ple- « rumque legionibus nostris præsidetis; ipsi has aliasque « provincias regitis. Nihil separatum clausumve. Et lauda- « torum principum usus ex æquo, quamvis procul agen- « tibus; sævi proximis ingruunt. Quomodo sterilitatem « aut nimios imbres et cetera naturæ mala, ita luxum vel « avaritiam dominantium tolerate. Vitia erunt donec ho- « mines ; sed neque hæc continua, et meliorum interventu « pensantur : nisi forte, Tutore et Classico regnantibus, « moderatius imperium speratis; aut minoribus quam « nunc tributis quinquennale exercitus, quibus Germani « Britanniæ arceantur. Nam pulsis (quod dii prohibeant) « Romanis, quid aliud quam bella omnium inter se gen- « tium existerent? Octingentorum annorum fortuna discipli- « naque compages hæc coaluit, quæ convelli sine exitio

« a fallu huit cents ans d'une fortune et d'une
« discipline constantes pour élever ce colosse im-
« mense, qui ne peut être détruit sans la ruine des
« destructeurs; et alors le plus grand péril sera
« pour vous, qui avez l'or et les richesses, prin-
« cipale cause des guerres. Aimez donc, chérissez
« donc la paix, et cette Rome qui se donne éga-
« lement et aux vainqueurs et aux vaincus. Ins-
« truits par l'une et l'autre fortune, gardez-vous
« de préférer l'indocilité qui vous perdrait, à la
« soumission qui vous sauve. » Ils craignaient
des rigueurs : ce discours leur rendit le calme
et le courage.

LXXV. L'armée victorieuse était en possession de Trèves, lorsque Civilis et Classicus firent tenir une lettre à Cérialis : cette lettre portait que Vespasien était mort, qu'on s'efforçait inutilement de le cacher; que l'Italie et Rome étaient la proie d'une guerre intestine, que Mucien et Domitien n'étaient que de vains noms sans pouvoir; que, si Cérialis voulait l'empire des Gaules, ils se contenteraient des limites de leur territoire; que s'il préférait de combattre, ils ne s'y refusaient pas non plus. Cérialis ne fit aucune réponse à Civilis et à Classicus; il envoya la lettre à Domitien, avec celui qui l'avait apportée. Les ennemis, en corps détachés, arrivèrent de toutes parts; et Cérialis fut assez généralement blâmé d'avoir souffert leur jonction, tandis qu'il aurait pu les intercepter séparément. L'armée romaine entoura son camp d'un fossé et d'une palissade; précaution qu'on avait négligé de prendre en s'y établissant. Chez les Germains les avis étaient partagés et se combattaient.

LXXVI. Civilis soutenait qu'il fallait attendre les nations d'au delà du Rhin; qu'elles écraseraient un ennemi vaincu par la seule terreur qu'elles lui inspiraient : qu'était-ce que les Gaulois, sinon une proie pour le vainqueur? Et encore l'élite de cette nation, les Belges, étaient tous de leur parti, ouvertement ou de cœur. Tutor prétendait qu'en différant on laissait les Romains se fortifier; que leurs armées se rassemblaient de toutes parts; qu'une légion de Bretagne avait repassé la mer; qu'on en faisait venir d'Espagne, qu'il en arrivait d'Italie; que c'étaient de vieilles troupes, sachant la guerre, et non de ces soldats qu'on fait sur l'heure; que les Germains, sur lesquels on comptait, étaient incapables de la moindre soumission, de la moindre discipline, qu'ils n'agissaient qu'au gré de leur caprice; que l'argent et les présents qui pouvaient seuls les gagner étaient en bien plus grande abondance chez les Romains; que, tel amour qu'on eût pour la guerre, il n'était personne qui, au même prix, ne préférât le repos au péril; que, si l'on attaquait dans ce moment, Cérialis n'aurait à leur opposer que les restes de l'armée de Germanie, ces misérables légions qui avaient prêté serment à la confédération des Gaules; que le hasard même qui venait de leur donner la victoire sur la troupe indisciplinée de Valentinus nourrirait la témérité du chef et des soldats; qu'ils tenteraient de nouveau la fortune, et qu'alors ils seraient reçus, non par un enfant inexpérimenté, qui s'occupait de mots et de harangues bien plus que de guerre et de combat, mais par Civilis et par Classicus; que le seul aspect de ces hommes retracerait à leur imagination, la peur, la faim, la fuite, et leur vie tant de fois à la merci du vainqueur; que ni les Trévires ni les Langrois n'étaient retenus par l'attachement; qu'ils reprendraient les armes sitôt que la crainte serait passée. Classicus trancha cette

« convellentium non potest. Sed vobis maximum discri-
« men, penes quos aurum et opes, præcipuæ bellorum
« causæ. Proinde pacem et urbem, quam victi victoresque
« eodem jure obtinemus, amate, colite. Moneant vos
« utriusque fortunæ documenta, ne contumaciam cum
« pernicie, quam obsequium cum securitate, malitis. » Tali
oratione graviora metuentes composuit erexitque.
LXXV. Tenebantur victore exercitu Treveri, quum
Civilis et Classicus misere epistolas ad Cerialem, quarum hæc sententia fuit : « Vespasianum, quamquam nuncios occultarent, excessisse vita. Urbem atque Italiam
interno bello consumptam. Muciani ac Domitiani vana
et sine viribus nomina. Si Cerialis imperium Galliarum
velit, ipsos finibus civitatum suarum contentos; si prælium mallet, ne id quidem abnuere. » Ad ea Cerialis Civili
et Classico nihil; eum qui attulerat, ipsas epistolas, ad
Domitianum misit. Hostes, divisis copiis, advenere undique. Plerique culpabant Cerialem, passum jungi quos
discretos intercipere licuisset. Romanus exercitus castra
fossa valloque circumdedit, quis temere antea intutis consederat. Apud Germanos diversis sententiis certabatur.
LXXVI. Civilis « opperiendas Transrhenanorum gentes, quarum terrore fractæ populi romani vires obtererentur. Gallos quid aliud quam prædam victoribus? et tamen,
quod roboris sit, Belgas secum palam aut voto stare. Tutor, cunctatione crescere rem romanam affirmabat, coeuntibus undique exercitibus. Transvectam e Britannia legionem; accitas ex Hispania; adventare ex Italia; nec
subitum militem, sed veterem expertumque belli. Nam
Germanos, qui ab ipsis sperentur, non juberi, non regi,
sed cuncta ex libidine agere; pecuniamque ac dona,
quis solis corrumpantur, majora apud Romanos: et neminem adeo in arma pronum, ut non idem pretium quietis
quam periculi malit: quod si statim congrediantur, nullas
esse Ceriali, nisi ex reliquiis germanici exercitus, legiones, fœderibus Galliarum obstrictas. Idque ipsum, quod
inconditam nuper Valentini manum contra spem suam fuderint, alimentum illis ducique temeritatis. Ausuros rursus
venturosque in manus, non imperiti adolescentuli, verba et
conciones quam ferrum et arma meditantis, sed Civilis et
Classici : quos ubi adspexerint, rediturum in animos formidinem, fugam, famemque ac toties captis precariam
vitam; neque Treveros aut Lingonas benevolentia contineri : resumturos arma ubi metus abscesserit. » Diremit

diversité d'opinions, en se déclarant pour l'avis de Tutor, qui fut exécuté sur-le-champ.

LXXVII. Les Ubiens et les Langrois furent placés au centre; on donna la droite aux cohortes bataves; aux Bructères et aux Tenctères, la gauche. Prenant, les uns par les montagnes, les autres entre le chemin et la Moselle, ils arrivent tous si brusquement, que Cérialis était dans sa chambre et couché (car il n'avait point passé la nuit dans le camp), lorsqu'on vint lui dire que que les siens étaient attaqués et battus. Il accusa de pusillanimité ceux qui lui apportaient cette nouvelle, jusqu'au moment où il vit de ses propres yeux toute l'étendue du désastre. Le camp des légions était forcé, la cavalerie en fuite, l'ennemi déjà maître du pont sur la Moselle, qui joint les deux parties de la ville. C'était au fort du péril que Cérialis était le plus intrépide. Ramenant les fuyards par la main, et se jetant presque nu tout au travers des traits, au moyen de cette heureuse témérité, et avec l'aide des plus braves qui accoururent, il reprend le pont, où il laissa une troupe d'élite. Puis, de retour au camp, il voit les légions qui s'étaient laissé prendre à Bonn et à Novésium, dont les centuries étaient éparses, à peine quelques soldats autour des enseignes, et les aigles sur le point d'être enveloppées. Enflammé de colère : « Non, dit-il, ce « n'est point un Hordéonius, ce n'est point un « Vocula que vous abandonnez. Il n'y a point ici « de trahison, et mon seul tort est d'avoir cru trop « légèrement que vous aviez oublié l'alliance « gauloise, pour ne vous souvenir que du ser-« ment qui vous lie aux Romains. J'aurai donc le « sort des Numisius et des Hérennius; tous vos « lieutenants auront donc péri, ou par vos mains, « ou par celles de l'ennemi? Allez, courez dire à « Vespasien, ou mieux encore à Civilis et à Clas-« sicus, que vous avez abandonné votre général « sur le champ de bataille : il viendra des légions « qui ne nous laisseront, ni moi, sans vengeance, « ni vous sans châtiment. »

LXXVIII. Ces plaintes étaient fondées : les préfets, les tribuns prodiguaient les mêmes reproches. Ils se rassemblent par cohortes et par pelotons ; car ils ne pouvaient donner un grand front à leur ligne, l'ennemi s'étant débordé de toutes parts, et leurs tentes et leurs bagages les gênant dans l'enceinte du camp ou l'on se battait. Tutor, Classicus et Civilis, chacun à leur poste, animaient la bataille; ils excitaient les Gaulois par les cris de liberté, les Bataves, par l'amour de la gloire, les Germains, par la vue du butin ; et tout favorisait les ennemis, lorsqu'enfin la vingt et unième légion, ayant trouvé un espace plus découvert, et s'étant rassemblée toute en un seul corps, soutint leur choc, puis les repoussa. Ce ne fut pas sans une intervention des dieux que, par un changement des esprits, les vainqueurs tournèrent le dos. Ils attribuaient leur effroi à la vue des cohortes qui avaient été dispersées au commencement de l'attaque, et qui, s'étant ralliées sur les hauteurs, leur avaient paru un renfort tout nouveau qui arrivait. Mais le véritable obstacle à leur victoire fut cette honteuse avidité qui les faisait tous, à l'envi, quitter l'ennemi pour courir après les dépouilles. Cérialis avait été à la veille de ruiner les affaires par sa négligence ; mais aussi il les rétablit par sa fermeté, et, poursuivant sa fortune, il prit, dès le même jour, le camp des ennemis et le rasa.

LXXIX. A peine accorda-t-on au soldat quelques jours de repos. Les Agrippiniens imploraient

---

consiliorum diversitatem, approbata Tutoris sententia, Classicus : statimque exsequuntur.

LXXVII. Media acies Ubiis Lingonibusque data; dextro cornu cohortes Batavorum, sinistro Bructeri Tencterique: pars montibus, alii viam inter Mosellamque flumen tam improvisi adsiluere, ut in cubiculo ac lectulo Cerialis (neque enim noctem in castris egerat) pavorem simul vincique suos audierit, increpans pavorem nunciantium, donec universa clades in oculis fuit. Perrupta legionum castra, fusi equites, medius Mosellæ pons, qui ulteriora coloniæ annectit, ab hostibus insessus. Cerialis, turbidis rebus intrepidus et fugientes manu retrahens, intecto corpore promptus inter tela, felici temeritate et fortissimi cujusque accursu recuperato pontem electa manu firmavit. Mox, in castra reversus, palantes captarum apud Novesium Bonnamque legionum manipulos, et rarum apud signa militem ac prope circumventas aquilas videt. Incensus ira, « non Flaccum, inquit, non Voculam deseritis. « Nulla hic proditio, neque aliud excusandum habeo, « quam quod vos, gallici fœderis oblitos, redisse in « memoriam romani sacramenti temere credidi. Annume-« rabor Numisiis et Herenniis, ut omnes legati vestri aut « militum manibus aut hostium ceciderint. Ite, nunciate « Vespasiano, vel, quod propius est, Civili et Classico, « relictum a vobis in acie ducem : venient legiones, quæ « neque me inultum neque vos impunitos patiantur. »

LXXVIII. Vera erant, et a tribunis præfectisque eadem ingerebantur. Consistunt per cohortes et manipulos : neque enim poterat patescere acies, effuso hoste, impedimentis tentoriis sarcinisque, quum intra vallum pugnaretur. Tutor et Classicus et Civilis, suis quisque locis, pugnam ciebant, Gallos pro libertate, Batavos pro gloria, Germanos ad prædam instigantes. Et cuncta pro hostibus erant; donec legio unaetvicesima, patentiore quam ceteræ spatio conglobata, sustinuit ruentes, mox impulit. Nec sine ope divina, mutatis repente animis, terga victores vertere. Ipsi territos se cohortium adspectu ferebant, quæ primo impetu disjectæ, summis rursus jugis congregabantur ac speciem novi auxilii fecerant. Sed obstitit vincentibus pravum inter ipsos certamen, hoste omisso, spolia consectandi. Cerialis, ut incuria prope rem afflixit, ita constantia restituit; secutusque fortunam, castra hostium eodem die capit exsciditque.

LXXIX. Nec in longum quies militi data. Orabant auxi-

27.

notre appui, et ils offraient de livrer la femme et la sœur de Civilis, ainsi que la fille de Classicus, qu'on leur avait laissées pour gages de l'alliance. En attendant, ils avaient égorgé les Germains dispersés dans Cologne; ce qui ajoutait à leurs craintes, et à la nécessité d'être secourus promptement, avant que l'ennemi, rétabli de ses pertes, pût reprendre ses projets de conquêtes, ou du moins de vengeance. En effet, Civilis avait tourné ses pas de ce côté. Il était assez en force, s'il eût conservé la meilleure de ses cohortes, toute composée de Chauques et de Frisons, cantonnée à Tolbiac, sur les frontières de Cologne. Mais il apprit qu'elle avait été détruite par la trahison des Agrippiniens. Ceux-ci, ayant donné un grand repas aux Germains, les enivrèrent, et, pendant leur sommeil, ils refermèrent les portes et mirent le feu aux maisons, où ils furent tous consumés. Cette triste nouvelle changea la marche de Civilis. D'un autre côté, Cérialis avançait en toute diligence. Civilis, pressé de plus d'un côté, avait eu aussi la crainte que la quatorzième légion, jointe à la flotte de Bretagne, ne désolât les Bataves à l'endroit où l'Océan les borde. Mais la légion prit la route de terre : son lieutenant, Fabius Priscus, la mena contre les Nerviens et les Tongres, qui se soumirent : pour la flotte, elle fut elle-même attaquée par les Canninéfates, et la plupart des bâtiments pris ou coulés bas. Ces mêmes Canninéfates battirent aussi une troupe de Nerviens, qui, d'eux-mêmes, s'étaient mis à faire la guerre pour les Romains. Classicus remporta encore un avantage sur un détachement de cavalerie que Cérialis avait envoyé en avant à Novésium : pertes légères, mais répétées, qui détruisaient par lambeaux la renommée l'honneur de la dernière victoire.

LXXX. Dans ce temps-là, Mucien ordonna la mort du fils de Vitellius, alléguant que les dissensions seraient éternelles, si l'on n'étouffait les semences de guerre. Il ne souffrit pas non plus que Domitien se fit accompagner par Antonius; il redoutait l'affection des soldats pour cet homme, et son orgueil, qui ne voulait pas même souffrir d'égaux, encore moins de supérieur. Antonius se rendit auprès de Vespasien, qui l'accueillit, non pas, il est vrai, comme il s'y était attendu, mais sans aucune marque de mécontentement. Ce prince était combattu, tantôt par les services d'Antonius, qui, visiblement, avait, lui seul, achevé toute cette guerre, tantôt par les lettres de Mucien. D'autres, aussi, s'attachaient à représenter Antonius comme un esprit dangereux et hautain, sans oublier d'y joindre les torts de sa vie passée. Lui-même ne manquait pas de provoquer les ressentiments par son arrogance et par le faste avec lequel il rappelait incessamment ses exploits. Tous les autres, selon lui, n'étaient que des lâches; Cécina, qu'un captif et un déserteur. Tout cela lui fit perdre insensiblement de son crédit et de sa considération, quoiqu'on lui conservât toujours les dehors de la faveur.

LXXXI. Pendant les trois ou quatre mois que Vespasien passa à Alexandrie, pour attendre les vents qui soufflent régulièrement tous les étés et assurent la navigation, il s'opéra plusieurs prodiges, qui annonçaient la faveur du ciel, et je ne sais quelle inclination des dieux pour Vespasien. Un homme d'Alexandrie, de la lie du peuple, connu pour aveugle, vint se jeter à ses genoux pour le supplier de le guérir. Cette démarche lui avait été inspirée, disait-il, par le dieu Sérapis, que ce peuple, livré aux superstitions, honore

lium Agrippinenses, offerebantque uxorem ac sororem Civilis et filiam Classici, relicta sibi pignora societatis. Atque interim dispersos in domibus Germanos trucidaverant. Unde metus et justæ preces invocantium, antequam hostes, reparatis viribus, ad spem vel ad ultionem accingerentur. Namque et Civilis illuc intenderat, non invalidus, flagrantissima cohortium suarum integra, quæ ex Chaucis Frisiisque composita, Tolbiaci, in finibus Agrippinensium, agebat. Sed tristis nuncius avertit, deletam cohortem dolo Agrippinensium; qui largis epulis vinoque sopitos Germanos, clausis foribus, igne injecto, cremavere. Simul Cerialis propero agmine subvenit. Circumstetebat Civilem et alius metus, ne quartadecima legio, adjuncta britannica classe, afflictaret Batavos, qua oceano ambiuntur. Sed legionem terrestri itinere Fabius Priscus, legatus, in Nervios Tungrosque duxit; eæque civitates in deditionem acceptæ : classem ultro Canninefates aggressi sunt, majorque pars navium depressa aut capta. Et Nerviorum multitudinem, sponte commotam ut pro Romanis bellum capesseret, iidem Canninefates fudere. Classicus quoque adversus equites Novesium a Ceriale præmissos secundum prœlium fecit; quæ modica sed crebra damna famam victoriæ nuper partæ lacerabant.

LXXX. Iisdem diebus Mucianus Vitellii filium interfici jubet; mansuram discordiam obtendens, ni semina belli restinxisset. Neque Antonium Primum adsciri inter comites a Domitiano passus est; favore militum anxius et superbia viri, æqualium quoque, adeo superiorum, intolerantis. Profectus ad Vespasianum Antonius, ut non pro spe sua excipitur, ita neque adverso imperatoris animo. Trahebatur in diversa; hinc meritis Antonii, cujus ductu confectum haud dubie bellum erat, inde Muciani epistolis; simul ceteri, ut infestum tumidumque insectabantur, adjunctis prioris vitæ criminibus; neque ipse deerat arrogantia vocare offensas, nimius commemorandis quæ meruisset. Alios, ut imbelles, Cæcinam, ut captivum ac dedititium increpat. Unde paullatim levior viliorque haberi, manente tamen in speciem amicitiæ.

LXXXI. Per eos menses, quibus Vespasianus Alexandriæ statos æstivis flatibus dies et certa maris operiebatur, multa miracula evenere, quis cœli favor et quædam in Vespasianum inclinatio numinum ostenderetur. Ex plebe alexandrina quidam, oculorum tabe notus, genua ejus advolvitur, remedium cæcitatis exposcens gemitu; monitu Serapidis dei, quem dea superstitionibus gens ante alios colit; precabaturque principem, ut genas et

d'un culte particulier ; il conjurait le prince de vouloir bien lui humecter les joues et les yeux avec sa salive. Un autre perclus d'une main, sur la foi du même dieu, priait l'empereur de marcher sur cette main, et de la fouler aux pieds. Vespasien, d'abord, se met à rire ; il rejette bien loin leur demande, puis, comme ils redoublaient leurs instances, il hésite : tantôt il craint de se compromettre ; tantôt l'ardeur de leurs supplications et les flatteries des courtisans lui donnent de la confiance. Enfin il ordonne aux médecins d'examiner s'il y avait des moyens humains de guérir un aveugle et un paralytique de cette espèce. Les médecins, après différentes discussions, répondent que la faculté de voir n'était pas entièrement détruite dans cet homme, et qu'elle pourrait revenir si on levait les obstacles : que, de même, cette main, dont les articulations étaient déplacées, pourrait, par un heureux effort, se rétablir dans son premier état; que, peut-être, les dieux avaient ces guérisons à cœur, et qu'ils avaient destiné Vespasien à être l'instrument de leur puissance ; qu'enfin, s'il réussissait, la gloire en serait pour lui, le ridicule pour ces malheureux, s'il échouait. Vespasien, plein de l'idée que rien n'est impossible à sa fortune et ne voyant plus rien d'incroyable, prend un air de confiance, et, au milieu d'une multitude attentive qui l'observait, il fait ce qu'on lui demande. A l'instant, le paralytique recouvra l'usage de sa main, et l'aveugle revit la lumière. Les témoins de ces deux faits les attestent encore aujourd'hui qu'ils n'ont plus d'intérêt à tromper.

LXXXII. Ces prodiges redoublèrent, dans Vespasien, le désir d'aller visiter la demeure de Sérapis, pour le consulter au sujet de l'empire. Il fait éloigner tout le monde du temple : à peine entré, comme le dieu occupait toutes ses pensées, il aperçoit, derrière lui, un des principaux Égyptiens, nommé Basilide, qu'il savait retenu au lit, malade, à plusieurs journées de chemin d'Alexandrie. Il s'informe aux prêtres si, ce jour-là Basilide n'est point venu dans le temple ; il s'informe aux passants si on ne l'a point vu dans la ville ; enfin, ayant dépêché des cavaliers, il s'assure que, dans ce moment-là même, Basilide en était à quatre-vingts milles. Alors il ne douta plus que cette vision ne fût céleste, et il expliqua le nom de Basilide comme la réponse même de l'oracle.

LXXXIII. Jusqu'ici nos auteurs n'ont rien écrit touchant l'origine de ce dieu. Voici ce que les prêtres égyptiens en rapportent. Pendant que Ptolémée, le premier des rois macédoniens qui rendit l'Égypte florissante, s'occupait des embellissements de la nouvelle ville d'Alexandrie, qu'il lui donnait des remparts, des temples et un culte, il aperçut en songe un jeune homme d'une beauté éclatante, et d'une taille plus qu'humaine, qui lui prescrivit d'envoyer, dans le Pont, des hommes de confiance pour y chercher sa statue, ajoutant qu'elle ferait la prospérité du royaume, qu'elle rendrait grande et célèbre la ville qui la posséderait. En même temps, il vit le jeune homme remonter au ciel dans un tourbillon de feu. Ptolémée, frappé de la promesse et du prodige, envoie chercher les prêtres égyptiens qui sont en possession d'expliquer les songes ; il leur fait part du sien ; mais comme ces prêtres connaissaient peu le Pont, et, en général, les pays étrangers, il s'adresse à Timothée, un Athénien, de la race des Eumolpides qu'il avait fait venir d'Éleusis pour présider aux mystères de Cérès. Timothée, ayant questionné

---

oculorum orbes dignaretur respergere oris excremento. Alius manum æger, eodem deo auctore, ut pede ac vestigio Cæsaris calcaretur orabat. Vespasianus primo irridere, adspernari, atque illis instantibus, modo famam vanitatis metuere, modo obsecratione ipsorum et vocibus adulantium in spem induci : postremo existimari a medicis jubet, an talis cæcitas ac debilitas ope humana superabiles forent. Medici varie disserere : « Huic non exesam vim luminis, et redituram si pellerentur obstantia ; illi elapsos in pravum artus, si salubris vis adhibeatur, posse integrari. Id fortasse cordi deis, et divino ministerio principem electum ; denique patrati remedii gloriam penes Cæsarem ; irriti ludibrium penes miseros fore. » Igitur Vespasianus cuncta fortunæ suæ patere ratus, nec quidquam ultra incredibile, læto ipse vultu, erecta quæ adstabat multitudine, jussa exsequitur. Statim conversa ad usum manus, ac cæco reluxit dies. Utrumque, qui interfuere, nunc quoque memorant, postquam nullum mendacio pretium.

LXXXII. Altior inde Vespasiano cupido adeundi sacram sedem, ut super rebus imperii consuleret. Arceri templo cunctos jubet : atque ingressus intentusque numini, respexit pone tergum e primoribus Ægyptiorum, nomine Basiliden, quem procul Alexandria plurium dierum itinere et ægro corpore detineri haud ignorabat. Percunctatur sacerdotes num illo die Basilides templum inisset ? percunctatur obvios num in urbe visus sit ? denique, missis equitibus, explorat illo temporis momento octoginta millibus passuum abfuisse. Tunc divinam speciem et vim responsi ex nomine Basilidis interpretatus est.

LXXXIII. Origo dei nondum nostris auctoribus celebrata ; Ægyptiorum antistites sic memorant : Ptolemæo regi, qui Macedonum primus Ægypti opes firmavit, quum Alexandriæ recens conditæ mœnia templaque et religiones adderet, oblatum per quietem decore eximio et majore quam humana specie juvenem, qui moneret ut, fidissimis amicorum in Pontum missis, effigiem suam acciret ; lætum id regno, magnamque et inclytam sedem fore quæ excepisset : simul visum eumdem juvenem in cœlum igne plurimo attolli. Ptolemæus, omine et miraculo excitus, sacerdotibus Ægyptiorum, quibus mos talia intelligere, nocturnos visus aperit. Atque illis Ponti et externorum parum gnaris, Timotheum atheniensem, e gente Eumolpidarum, quem, ut antistitem cærimoniarum,

des gens qui avoient voyagé dans le Pont, apprend qu'il y avait, dans cette contrée, une ville nommée Sinope, et, non loin de cette ville un temple que, suivant une ancienne tradition du pays, on croyait consacré à Jupiter-Pluton ; en effet, on voyait, auprès de ce dieu, la figure d'une femme, qu'on jugeait être assez généralement Proserpine. Ptolémée, par cette légèreté naturelle aux princes, non moins prompt à se rassurer qu'à s'alarmer, et bien plus occupé de ses plaisirs que des dieux, perdit peu à peu de vue cet oracle ; et il se livrait à tout autre soin lorsqu'il revit le même jeune homme, mais plus terrible et plus pressant cette fois, qui le menaça de le perdre, lui et son royaume, s'il n'exécutait ses ordres. Alors, il fait partir en diligence des députés, avec des présents pour Scydrothémis (c'était le souverain qui régnait à Sinope). Il recommande aux bâtiments de relâcher à Délos, pour y consulter l'oracle d'Apollon-Pythien. Leur navigation fut heureuse : Apollon, s'expliquant sans ambiguïté, leur dit de poursuivre leur route, de rapporter la statue de son père, de laisser celle de sa sœur.

LXXXIV. Arrivés à Sinope, ils portent à Scydrothémis les présents, les prières, les instructions de leur roi. Scydrothémis fut combattu, tantôt par la peur du dieu, tantôt par les menaces et l'opposition du peuple : souvent, aussi, les présents des députés et leurs promesses le tentaient. Il se passa trois ans dans cette indécision, pendant lesquels Ptolémée ne ralentit point sa poursuite et ses prières. Il augmentait la pompe de l'ambassade, le nombre des vaisseaux, la richesse des présents. Pour lors, le jeune homme apparaît, tout courroucé, à Scydrothémis, et lui commande de ne plus retarder les décrets d'un dieu. Comme il reculait encore, le ciel envoya des fléaux de toute espèce, des maladies, et, de jour en jour, sa colère s'appesantissait plus visiblement. Ayant assemblé le peuple, il lui expose les ordres du dieu, sa vision, celle de Ptolémée, les maux qui allaient fondre sur eux. Le peuple ne voulait rien entendre : il était jaloux de l'Égypte, il craignait pour lui-même, et il ne cessait d'investir le temple. C'est là ce qui a fort accrédité l'opinion que la statue s'était transportée elle-même au rivage pour s'embarquer. Puis, par un autre prodige, quoique le trajet fût immense, la flotte ne mit que trois jours pour se rendre à Alexandrie. Le temple fut digne de la grandeur de la ville ; on le bâtit dans le quartier qui se nomme Rhacotis, où il y avait eu anciennement une chapelle consacrée à Sérapis et à Isis. Telle est, sur l'origine et sur la translation de ce dieu, la tradition la plus accréditée. Je n'ignore pas, cependant, que quelques-uns le font venir, sous le troisième Ptolémée, de Séleucie, ville de Syrie, et d'autres, de Memphis, autrefois si célèbre, boulevard de l'ancienne Égypte. A l'égard du dieu lui-même, on guérit les malades, plusieurs veulent que ce soit Esculape, et quelques-uns, Osiris, la plus ancienne divinité du pays ; d'autres prétendent que c'est Jupiter, à cause de la souveraine puissance qu'on lui attribue ; mais le plus grand nombre conjecture que c'est Pluton, et ils se fondent sur divers attributs qui le désignent plus ou moins clairement.

LXXXV. Cependant Domitien et Mucien reçurent avant qu'approcher des Alpes, la nouvelle de la victoire sur les Trévires. Elle était confirmée par la présence du général ennemi, de Valentinus. Son malheur ne l'avait nullement abattu. Il

Eleusine excierat, quænam illa superstitio, quod numen, interrogat. Timotheus, quæsitis qui in Pontum meassent, cognoscit urbem illic Sinopen, nec procul templum, vetere inter accolas fama, Jovis Ditis. Namque et muliebrem effigiem adsistere, quam plerique Proserpinam vocent. Sed Ptolemæus, ut sunt ingenia regum, pronus ad formidinem, ubi securitas rediit, voluptatum quam religionum appetens, negligere paulatim aliasque ad curas animum vertere ; donec eadem species, terribilior jam et instantior, exitium ipsi regnoque denunciaret, ni jussa patrarentur. Tum legatos et dona Scydrothemidi regi (is tunc Sinopensibus imperitabat) expediri jubet, præcipitque navigaturis ut Pythium Apollinem adeant. Illis mare secundum ; sors oraculi haud ambigua : « Irent, simulacrumque patris sui reveherent, sororis relinquerent. »

LXXXIV. Ut Sinopen venere, munera, preces, mandata regis sui Scydrothemidi allegant. Qui, diversus animi, modo numen pavescere, modo minis adversantis populi terreri ; sæpe donis promissisque legatorum flectebatur. Atque interim triennio exacto, Ptolemæus non studium, non preces omittere. Dignitatem legatorum, numerum navium, auri pondus augebat. Tum minax facies Scydrothemidi offertur, ne destinata deo ultra moraretur. Cunctantem varia pernicies morbique et manifesta cœlestium ira graviorque in dies fatigabat. Advocata concione, jussa numinis, suos Ptolemæique visus, ingruentia mala, exponit. Vulgus adversari regem, invidere Ægypto, sibi metuere, templumque circumsidere. Major hinc fama tradidit deum ipsum appulsas littori naves sponte conscendisse. Mirum inde dictu, tertio die, tantum maris emensi, Alexandriam appelluntur. Templum pro magnitudine urbis exstructum, loco cui nomen Rhacotis ; fuerat illic sacellum, Serapidi atque Isidi antiquitus sacratum. Hæc de origine et advectu dei celeberrima. Nec sum ignarus, esse quosdam, qui Seleucia, urbe Syriæ, accitum, regnante Ptolemæo, quem tertia ætas tulit ; alii auctorem eundem Ptolemæum, sedem, ex qua transierit, Memphim perhibent, inclytam olim et veteris Ægypti columen. Deum ipsum multi Æsculapium, quod medeatur ægris corporibus ; quidam Osirin, antiquissimum illis gentibus numen ; plerique Jovem, ut rerum omnium potentem ; plurimi Ditem patrem, insignibus quæ in ipso manifesta aut per ambages, conjectant.

LXXXV. At Domitianus Mucianusque, antequam Alpibus propinquarent, prosperos rerum in Treveris gestarum nuncios accepere. Præcipua victoriæ fides, dux hostium Valentinus, nequaquam abjecto animo, quos spiritus ges-

portait la fierté de son âme sur son visage. On l'interrogea seulement pour connaître son caractère, et on le condamna à mort. Au milieu de son supplice, comme on lui dit, pour l'insulter, que sa ville était prise, il répondit que cela le consolait de mourir. Alors, Mucien mit au jour, comme une résolution nouvelle, un dessein qu'il renfermait depuis longtemps. Il déclara que, puisque le ciel avait pris soin d'abattre leurs ennemis, il siérait mal à Domitien d'arriver au moment où la guerre était presque terminée, pour recueillir la gloire d'une autre; que, si la dignité de l'empire, si le salut des Gaules étaient en péril, il serait du devoir d'un César de se montrer sur le champ de bataille; que des Canninéfates et des Bataves ne méritaient pas des généraux si importants; qu'il suffisait à Domitien de se tenir à Lyon, d'où la splendeur et la puissance impériales frapperaient les regards de plus près, où il serait tout porté pour les grandes occasions, sans se compromettre dans les petites.

LXXXVI. On pénétrait ses motifs; mais la déférence consistait en partie à paraître ne les pas pénétrer. On alla donc à Lyon. De là, on croit que Domitien fit sonder secretement les dispositions de Cérialis, afin de savoir si, au cas qu'il parût, on lui remettrait l'armée et le commandement. Cette démarche couvrait-elle un dessein de faire la guerre à son père, ou voulait-il seulement se prémunir contre son frère, c'est ce qui n'a point été éclairci. Cérialis, par de sages tempéraments, éluda cette demande, et la traita comme un caprice enfant. Domitien, s'apercevant que ces vieux politiques se jouaient de sa jeunesse, cessa de remplir les fonctions, même de plus d'importance, dont il s'était chargé jusque-là. Il s'enveloppa de tous les dehors de la modestie, de la simplicité, et feignit de n'aimer que les lettres et les vers, afin de voiler ses inclinations et d'échapper à la jalousie de son frère, dont il jugeait mal le naturel doux et si différent du sien.

LIVRE CINQUIÈME.

I. Titus avait été, au commencement de cette année, choisi par son père pour achever la réduction de la Judée. Quand tous deux étaient encore dans la condition privée, il s'était fait à la guerre une grande réputation; mais, alors, il se montrait avec des forces et une renommée plus imposantes. Les armées et les provinces disputaient d'ardeur à le servir; et lui-même mettait son ambition à paraître supérieur à sa fortune, faisant paraître sous les armes beaucoup d'activité et de dignité, engageant tous les cœurs par l'affabilité et la grâce, et souvent, dans les travaux, dans les marches, se mêlant au simple soldat, sans rien perdre de la dignité d'un général. Trois légions l'attendaient en Judée, la cinquième, la dixième et la quinzième, tous vieux soldats de Vespasien. Il y joignit la douzième qu'il tira de Syrie, avec la vingt-deuxième et la troisième qu'il avait amenées d'Égypte. Il était accompagné de vingt cohortes alliées, de huit divisions de cavalerie, des rois Agrippa et Sohème, des auxiliaires du roi Antiochus, et d'un corps considérable d'Arabes, ennemis acharnés des Juifs, comme on l'est d'ordinaire entre peuples voisins; sans compter une foule de Romains qui, du sein de la captivité et de l'Italie, étaient accourus autour d'un nouveau prince, pour s'em-

---

sisset vultu ferebat. Auditus ideo tantum ut nosceretur ingenium ejus, damnatusque, inter ipsum supplicium exprobranti cuidam patriam ejus captam, accipere se solatium mortis respondit. Sed Mucianus, quod diu occultaverat, ut recens exprompsit : « Quoniam, benignitate deum, fractæ vires hostium forent, parum decore Domitianum, confecto prope bello, alienæ gloriæ interventurum. Si status imperii aut salus Galliarum in discrimine verteretur, debuisse Cæsarem in acie stare ; Canninefates Batavosque minoribus ducibus delegandos. Ipse Lugduni vim fortunamque principatus e proximo ostentaret, nec parvis periculis immixtus, et majoribus non defuturus. »

LXXXVI. Intelligebantur artes; sed pars obsequii in eo ne deprehenderentur : ita Lugdunum ventum. Unde creditur Domitianus, occultis ad Cerialem nunciis, fidem ejus tentavisse, an præsenti sibi exercitum imperiumque traditurus foret : qua cogitatione bellum adversus patrem agitaverit, an opes viresque adversus fratrem, in incerto fuit ; nam Cerialis salubri temperamento elusit, ut vana pueriliter cupientem. Domitianus, sperni a senioribus juventam suam cernens, modica quoque et usurpata antea munia imperii omittebat ; simplicitatis ac modestiæ imagine in altitudinem conditus, studiumque litterarum et amorem carminum simulans, quo velaret animum, et fratris æmulationi subduceretur, cujus disparem mitioremque naturam contra interpretabatur.

LIBER QUINTUS.

I. Ejusdem anni principio, Cæsar Titus perdomandæ Judææ delectus a patre, et privatis utriusque rebus militia clarus, majore tum vi famaque agebat, certantibus provinciarum et exercituum studiis : atque ipse, ut super fortunam crederetur, decorum se promptumque in armis ostendebat, comitate et alloquiis officia provocans ; ac plerumque in opere, in agmine, gregario militi mixtus, incorrupto ducis honore. Tres eum in Judæa legiones, quinta et decima et quintadecima, vetus Vespasiani miles, excepere. Addidit e Syria duodecimam et adductos Alexandria duoetvicesimanos tertianosque. Comitabantur, viginti sociæ cohortes, octo equitum alæ ; simul Agrippa Sohemusque reges, et auxilia regis Antiochi, validaque et, solito inter accolas odio, infensa Judæis Arabum manus;

parer de ses premières affections. C'est avec toutes ces forces que Titus était entré sur le territoire ennemi. Marchant toujours en ordre, faisant reconnaître tous les lieux, et se tenant toujours prêt à combattre, il vint camper non loin de Jérusalem.

II. Puisque nous touchons de si près à la dernière journée de cette ville si fameuse, il est à propos, ce me semble, de parler de ses commencements. On fait sortir les Juifs de l'île de Crète, d'où l'on prétend qu'ils s'enfuirent pour aller occuper les extrémités de la Libye, dans le temps que Saturne fut chassé de ses États par Jupiter. On tire une preuve du nom de l'Ida, montagne célèbre dans la Crète, habitée par les *Idæi* d'où s'est formé ensuite le nom de *Judæi*, par corruption, en ajoutant une lettre. Selon quelques auteurs, c'est une colonie d'Égyptiens, qui, du temps d'Isis, allèrent, sous la conduite d'Hiérosolymus et de Juda, rejeter sur les contrées voisines la surcharge de leur populations; ou bien, selon plusieurs autres, une race d'Éthiopiens, que la crainte et la haine forcèrent, sous le règne de Céphée, à quitter leur patrie. Quelques-uns en font une peuplade d'Assyriens qui, manquant de terres, s'établirent dans une partie de l'Égypte, et bientôt se rapprochèrent de la Syrie, où ils possédèrent en propriété les villes et les terres des Hébreux. D'autres leur donnent une origine illustre, les font venir des Solymes, nation célébrée dans les vers d'Homère, qui bâtirent une ville, et l'appelèrent de leur nom Hiérosolyma.

III. Ce qui est plus généralement reconnu, c'est que l'Egypte ayant été infectée d'une espèce de lepre qui couvrait tout le corps, et le roi Bocchoris ayant consulté l'oracle d'Hammon pour en savoir le remède, on lui ordonna de purger son royaume de cette race de lépreux, qui semblait haïe du ciel, et de la reléguer sur une autre terre. On fit une recherche exacte de tous ces malheureux qu'on rassembla, et ils furent abandonnés au milieu des déserts. Tandis que la douleur les tenait tous dans l'abattement, un seul, nommé Moïse, osa les exhorter à ne plus attendre leur salut, ni des dieux ni des hommes, qui les trahissaient également, et à le suivre avec confiance, comme un guide que le ciel leur envoyait, et le premier dont ils eussent éprouvé l'assistance dans leur misère. Ils se livrent donc à lui, et, n'ayant aucune connaissance des lieux, ils prennent leur route au hasard. Mais rien ne les fatiguait autant que le manque d'eau. Déjà tout près de périr, ils étaient étendus de toutes parts dans la campagne, lorsqu'on aperçut un troupeau d'ânes sauvages, qui sortait d'une pâture pour gagner une roche couverte d'un bois touffu. Moïse suivit ces animaux, et, à l'épaisseur de l'herbe, conjecturant que le sol recelait des sources abondantes, il parvint à les découvrir. Ce fut leur salut. Après avoir marché pendant six jours sans interruption, ils arrivèrent le septième dans un canton dont ils chassèrent les habitants; et c'est là que leur ville et leur temple ont été bâtis.

IV. Moïse, pour mieux s'assujettir la nation, lui donna une religion toute nouvelle, et absolument contraire à celle des autres peuples. Là, on a de l'horreur pour tout ce que nous révérons; à leur tour, ils se permettent ce qui nous révolte. La figure de l'animal dont les traces leur avaient indiqué l'eau et le chemin, est consacrée dans leur sanctuaire. Ils sacrifient le bélier, comme

---

multi, quos urbe atque Italia sua quemque spes acciverat occupandi principem adhuc vacuum. His cum copiis fines hostium ingressus, composito agmine, cuncta explorans paratusque decernere, haud procul Hierosolymis castra acit.

II. Sed quia famosæ urbis supremum diem traditurí sumus, congruens videtur primordia ejus aperire. Judæos, Creta insula profugos, novissima Libyæ insedisse memorant, qua tempestate Saturnus, vi Jovis pulsus, cesserit regnis. Argumentum e nomine petitur, inclytum in Creta Idam montem, accolas Idæos, aucto in barbarum cognomento, Judæos vocitari. Quidam, regnante Iside, exundantem per Ægyptum multitudinem, ducibus Hierosolymo ac Juda, proximas in terras exoneratam. Plerique Æthiopum proiem, quos, rege Cepheo, metus atque odium mutare sedes perpulerit. Sunt qui tradant Assyrios convenas, indigum agrorum populum, parte Ægypti potitos, mox proprias urbes Hebræasque terras et propiora Syriæ coluisse. Clara alii Judæorum initia : Solymos, carminibus Homeri celebratam gentem, conditæ urbi Hierosolyma nomen e suo fecisse.

III. Plurimi auctores consentiunt, orta per Ægyptum tabe quæ corpora fœdaret, regem Bocchorim, adito Hammonis oraculo, remedium petentem, purgare regnum et id genus hominum, ut invisum deis, alias in terras avehere jussum. Sic conquisitum collectumque vulgus, postquam vastis locis relictum sit, ceteris per lacrymas torpentibus, Mosen, unum exsulum, monuisse ne quam deorum hominumve opem expectarent, utrinque deserti ; sed sibi, ut duci cœlesti, crederent, primo cujus auxilio præsentes miserias pepulissent. Assensere, atque omnium ignari fortuitum iter incipiunt. Sed nihil æque quam inopia aquæ fatigabat. Jamque, haud procul exitio, totis campis procubuerant, quum grex asinorum agrestium e pastu in rupem nemore opacam concessit. Secutus Moses, conjectura herbidi soli, largas aquarum venas aperit. Id levamen ; et continuum sex dierum iter emensi, septimo, pulsis cultoribus, obtinuere terras in quis urbs et templum dicata.

IV. Moses, quo sibi in posterum gentem firmaret, novos ritus contrariosque ceteris mortalibus indidit. Profana illic omnia quæ apud nos sacra ; rursum concessa apud illos quæ nobis incesta. Effigiem animalis, quo monstrante errorem sitimque depulerant, penetrali sacravere ; caeso ariete, velut in contumeliam Hammonis. Bos quoque immolatur, quem Ægyptii Apin colunt. Sue abstinent, memoria cladis qua ipsos scabies quondam turpaverat, cui

pour insulter Hammon ; et, par la même raison, ils immolent le bœuf, que les Égyptiens adorent sous le nom d'Apis. Ils s'abstiennent du porc, en mémoire de cette maladie honteuse dont eux-mêmes, jadis, avaient été frappés, et à laquelle cet animal est sujet. Les jeûnes fréquents qu'ils s'imposent sont un aveu de la longue famine qu'ils éprouvèrent autrefois ; et comme, alors, ils mangeaient sans préparation le grain qu'ils enlevaient, ils en retiennent une image dans leur pain, qui n'est point fermenté. On dit que le repos leur fut prescrit le septième jour, parce que c'est ce jour qui mit fin à leurs travaux : ensuite, l'attrait de la paresse leur fit donner aussi à l'oisiveté la septième année. D'autres prétendent que c'est en honneur de Saturne ; soit qu'ils tinssent ces principes religieux des Ideens, qui, dit-on, partagèrent l'exil de Saturne, et furent la tige de ce peuple, ou bien parce que, des sept planètes qui règlent la destinée des mortels, la plus élevée et la plus puissante est celle de Saturne, et parce que le nombre de sept est celui dans lequel la plupart des astres achèvent leur révolution.

V. Tous ces rites, quelle qu'en soit l'origine, se justifient par leur antiquité : d'autres institutions sinistres, infâmes, n'ont prévalu que par la dépravation. Car leur temple fut le réceptacle de tous les scélérats qui, abandonnant la religion de leurs pères, venaient y porter en foule leur argent et leurs offrandes : ce qui accrut la puissance des Juifs, outre qu'ils ont, les uns pour les autres, un attachement invincible, une commisération très-active, et, pour le reste des hommes, une haine implacable. Jamais ils ne mangent, jamais ils ne couchent avec des étrangers. Malgré l'extrême dissolution de leurs mœurs, ils s'abstiennent de femmes étrangères : entre eux, rien d'illicite. Ils ont institué la circoncision, afin de se reconnaître par un trait distinctif. Tous ceux qui embrassent leur culte, se font circoncire ; et la première instruction qu'on leur donne, c'est de mépriser les dieux, d'abjurer la patrie, d'oublier pères, mères, enfants. Ils ont pourtant grand soin de l'accroissement de la population ; car il est fort défendu de tuer un seul des enfants qui naissent, et les âmes de ceux qui meurent dans les combats ou dans les supplices, ils les croient éternelles. De là leur ardeur pour la génération, et leur mépris pour la mort. Ils ont pris des Égyptiens l'usage d'ensevelir les morts, au lieu de les brûler : leurs craintes et leurs idées sur un enfer, sont les mêmes ; celles sur la divinité, toutes différentes. Les Égyptiens adorent la plupart des animaux et des images qu'ils ont formées de leurs mains ; les Juifs conçoivent par l'esprit seul l'Être unique qu'ils honorent. Ils regardent comme des impies ceux qui, avec des matières périssables, figurent la Divinité à l'image de l'homme. Leur Dieu est un être suprême et éternel, qui n'a point changé, qui ne finira point. Aussi ne souffrent-ils point de statues dans leurs villes, encore moins dans leurs temples. Ils n'admettent point cette adulation pour les rois, cet honneur pour les Césars. Comme leurs prêtres se faisaient accompagner dans leurs chants par des flûtes et des tambours, comme ils se couronnaient de lierre, et qu'on a trouvé dans leur temple une vigne d'or, quelques-uns ont cru qu'ils adoraient Bacchus, le vainqueur de l'Orient ; mais les deux cultes n'ont pas le moindre rapport. Bacchus institua des fêtes brillantes et gaies ; celles des Juifs sont bizarres et tristes.

VI. Leur pays est borné à l'orient par l'Arabie ; au midi, il s'étend obliquement vers l'Égypte ;

---

id animal obnoxium. Longam olim famem crebris adhuc jejuniis fatentur. Et raptarum frugum argumentum panis judaicus, nullo fermento, retinet. Septimo die otium placuisse ferunt, quia is finem laborum tulerit ; dein, blandiente inertia, septimum quoque annum ignaviæ datum. Alii, honorem eum Saturno haberi ; seu principia religionis tradentibus Idæis, quos cum Saturno pulsos et conditores gentis accepimus ; seu quod, e septem sideribus quis mortales reguntur, altissimo orbe et præcipua potentia stella Saturni feratur, ac pleraque cœlestium vim suam et cursum septimos per numeros conficiant.

V. Illi ritus, quoquo modo inducti, antiquitate defenduntur ; cetera instituta sinistra, fœda, pravitate valuere. Nam pessimus quisque, spretis religionibus patriis, tributa et stipes illuc congerebant. Unde auctæ Judæorum res ; et quia apud ipsos fides obstinata, misericordia in promptu, sed adversus omnes alios hostile odium. Separati epulis, discreti cubilibus, projectissima ad libidinem gens, alienarum concubitu abstinent ; inter se nihil illicitum. Circumcidere genitalia instituere, ut diversitate noscantur. Transgressi in morem eorum idem usurpant : nec quidquam prius imbuuntur quam contemnere deos ; exuere patriam ; parentes, liberos, fratres, vilia habere. Augendæ tamen multitudini consulitur. Nam et necare quemquam ex agnatis nefas, animasque prælio aut suppliciis peremptorum æternas putant. Hinc generandi amor et moriendi contemptus. Corpora condere quam cremare, e more Ægyptio ; eademque cura et de infernis persuasio : cœlestium contra. Ægyptii pleraque animalia effigiesque compositas venerantur ; Judæi mente sola, unumque numen intelligunt. Profanos, qui deum imagines mortalibus materiis in species hominum effingant. Summum illud et æternum, neque mutabile neque interiturum. Igitur nulla simulacra urbibus suis, nedum templis, sinunt. Non regibus hæc adulatio, non Cæsaribus honor. Sed, quia sacerdotes eorum tibia tympanisque concinebant, hedera vinciebantur, vitisque aurea templo reperta, Liberum patrem coli, domitorem Orientis, quidam arbitrati sunt ; nequaquam congruentibus institutis ; quippe Liber festos lætosque ritus posuit, Judæorum mos absurdus sordidusque.

VI. Terra finesque, qua ad orientem vergunt, Arabia terminantur ; a meridie Ægyptus objacet ; ab occasu Phœnices et mare : septentrionem a latere Syriæ longe prospectant. Corpora hominum salubria et ferentia laborum ; rari

au couchant, il regarde dans toute sa largeur la Phénicie et la mer, ainsi qu'au nord un côté de la Syrie. Les hommes y sont sains et robustes, les pluies rares, le sol fertile. Ils ont toutes nos productions en abondance, et, de plus, le baume et les dattes. Les dattiers sont de beaux et de grands arbres : le baumier est petit. A mesure qu'on voit ses rameaux se gonfler par la sève, on y fait une incision avec un fragment de pierre ou une coquille, car ils redoutent le fer : le suc qui en découle est d'usage en médecine. La principale montagne du pays est le Liban : chose étonnante dans un climat aussi brûlant, elle garde constamment des neiges épaisses. C'est là que le Jourdain prend sa source et se nourrit. Ce fleuve ne se rend point à la mer; il traverse dans toute leur longueur un premier lac et un second, d'où il est reçu dans un troisième où il se perd. Ce dernier lac, d'un circuit immense, ressemble à une mer; mais ses eaux ont encore plus mauvais goût. L'odeur qu'il exhale est pestilensielle; il n'est jamais agité par les vents; il ne souffre dans ses eaux, ni poissons, ni aucun oiseau aquatique. On ne sait pas trop même si c'est de l'eau : ce qu'on y jette y est porté comme sur un corps solide; sans savoir nager, on s'y soutient avec la même facilité. Dans un certain temps de l'année, il rejette du bitume. La maniere de le recueillir a été, comme les autres arts, indiquée par l'expérience. C'est une liqueur naturellement noire qui surnage, et qu'on épaissit en y versant du vinaigre. On la prend alors avec la main, et on la tire au haut du bateau, d'où, sans l'aide de personne, elle coule au fond toute seule, et remplit le bateau, jusqu'à ce qu'on en coupe le fil, ce qu'on ne saurait faire ni avec l'airain ni avec le fer. On y parvient avec du sang et des vêtements empreints du flux menstruel des femmes. Voilà ce qu'ont écrit les anciens auteurs : ceux qui ont été sur les lieux assurent que les flots chassent le bitume en grandes masses, qu'on traîne avec la main vers le rivage, où la chaleur de la terre et l'ardeur du soleil ne tardent point à le sécher; et alors, avec des haches et des coins, on le fend comme le bois ou la pierre.

VII. Non loin de là sont des plaines, qu'on dit avoir été fertiles autrefois, et couvertes de grandes villes, qui ont été consumées par le tonnerre. On cite en preuve quelques ruines, et la terre elle-même, qui semble porter l'empreinte du feu, et qui a perdu sa force génératrice. En effet, tous les végétaux, venus d'eux-mêmes, ou semés par la main de l'homme, y avortent en herbe ou en fleur; ou, s'ils parviennent en apparence à leur développement ordinaire, ils ne donnent que des grains noirs et vides, qui s'évanouissent en poussière. Pour moi, tout en accordant qu'il a pu exister autrefois des villes célèbres qui ont été brûlées par le feu du ciel, je suis convaincu qu'il suffit des exhalaisons du lac pour vicier le sol, corrompre l'air, et que la cause qui fait pourrir tous les grains et tous les fruits est cette double contagion de l'air et de la terre. Il y a une autre riviere, le Bélus, qui tombe dans la mer de Judée : c'est à son embouchure qu'on ramasse en quantité ces sables qui, mêlés au nitre et soumis au feu, donnent le verre. Ce rivage a très-peu d'étendue, et on le fouille sans l'épuiser.

VIII. Les Juifs, en grande partie, sont dispersés dans des bourgades; ils ont aussi des villes. La capitale est Jérusalem, dont le temple est d'une richesse immense. Il y a une premiere enceinte de fortifications pour la ville, une autre pour le palais, et une autre encore plus intérieure pour le temple. Les Juifs seuls avaient accès

---

imbres, uber solum. Exuberant fruges nostrum ad morem, præterque eas balsamum et palmæ. Palmetis proceritas et decor. Balsamum modica arbor; ut quisque ramus intumuit, si vim ferri adhibeas, pavent venæ; fragmine lapidis aut testa aperiuntur: humor in usu medentium est. Præcipuum montium Libanum erigit, mirum dictu, tantos inter ardores opacum fidumque nivibus. Idem amnem Jordanem alit funditque. Nec Jordanes pelago accipitur; sed unum atque alterum lacum integer perfluit, tertio retinetur. Lacus immenso ambitu, specie maris, sapore corruptior, gravitate odoris accolis pestifer, neque vento impellitur, neque pisces aut suetas aquis volucres patitur. Incertæ undæ superjacta, ut solido, ferunt; periti imperitique nandi perinde attolluntur. Certo anni bitumen egerit; cujus legendi usum, ut certas artes, experientia docuit. Ater suapte natura liquor, et sparso aceto concretus, innatat : hunc manu captum, quibus ea cura, in summa navis trahunt. Inde, nullo juvante, influit oneratque, donec abscindas; nec abscindere ære ferrove possis : fugit cruorem vestemque infectam sanguine quo feminæ per menses exsolvuntur : sic veteres auctores. Sed gnari locorum tradunt undantes bitumine moles pelli, manuque trahi ad littus; mox, ubi vapore terræ, vi solis, inaruerint, securibus cuneisque, ut trabes aut saxa discindi.

VII. Haud procul inde campi, quos ferunt, olim uberes magnisque urbibus habitatos, fulminum jactu arsisse : et manere vestigia; terramque ipsam, specie torridam, vim frugiferam perdidisse. Nam cuncta sponte edita aut manu sata, sive herba tenus aut flore, seu solitam in speciem adolevere, atra et inania velut in cinerem vanescunt. Ego sicut inclytas quondam urbes igne cœlesti flagrasse concesserim, ita halitu lacus inici terram, corrumpi superfusum spiritum, eoque fœtus segetum et autumni putrescere reor, solo cœloque juxta gravi. Et Belus amnis judaico mari illabitur; circa cujus os collectæ arenæ, admixto nitro, in vitrum excoquuntur : modicum id littus, et egerentibus inexhaustum.

VIII. Magna pars Judææ vicis dispergitur; habent et oppida. Hierosolyma genti caput. Illic immensæ opulentiæ templum; et primis munimentis urbs, dein regia; templum intimis clausum : ad fores tantum Judæo aditus : limine, præter sacerdotes, arcebantur. Dum Assyrios penes Me-

jusqu'à la porte ; l'intérieur était fermé à tous, hors aux prêtres. Tant que l'Orient fut au pouvoir des Assyriens, des Mèdes ou des Perses, les Juifs formèrent la portion la plus abjecte de leurs sujets. Sous la domination des Macédoniens, le roi Antiochus entreprit de réformer cette nation exécrable, en lui ôtant sa superstition et lui donnant les mœurs des Grecs. Il en fut empêché par la guerre des Parthes; car, dans ce temps, Arsace s'était révolté. Depuis, les Macédoniens ayant perdu de leur puissance, les Parthes n'ayant point encore acquis toute la leur, et les Romains étant éloignés, les Juifs se donnèrent des rois. Ceux-ci, chassés par l'inconstance de la nation, après avoir ressaisi l'autorité par les armes, et s'être signalés par des exils sans nombre, par le saccagement des villes, par l'assassinat de leurs frères, de leurs femmes, de leurs parents, enfin partout ce qu'osent les rois, entretinrent la superstition, parce que le respect pour le sacerdoce, qu'ils s'arrogerent, affermissait leur puissance.

IX. Le premier des Romains qui dompta les Juifs fut Pompée, et il entra dans le temple par droit de conquête. C'est par lui qu'on a su qu'il n'y avait en dedans aucune image des dieux, que tout était nu, que le sanctuaire ne renfermait rien. Les murs de Jérusalem furent rasés, le temple subsista. Après que l'Orient, par la guerre civile, fut tombé dans le partage de Marc-Antoine; que Pacorus, roi des Parthes, se fut emparé de la Judée ; qu'il eut été tué par Ventidius, et les Parthes repoussés au delà de l'Euphrate, Sosius soumit les Juifs. Leur royaume fut donné par Antoine à Hérode, dont Auguste, vainqueur, accrut les états. Après la mort d'Hérode, sans attendre l'agrément d'Auguste, un certain Simon avait envahi le titre de roi. Il en fut puni par Quinctilius Varus, alors commandant en Syrie, et la nation, châtiée, fut partagée entre les trois enfants d'Hérode. Sous Tibère, on fut tranquille. Caïus leur ayant ordonné de placer sa statue dans le temple, ils préférèrent de prendre les armes : mouvement que la mort de Caïus apaisa. Claude, voyant leurs rois ou morts ou réduits à de petits domaines, fit de la Judée une province qu'il abandonna à des chevaliers romains, ou à des affranchis : parmi ceux-ci, Félix se distingua par toutes sortes de cruautés et de débauches ; il exerça l'autorité d'un despote avec la bassesse d'un esclave. Il avait épousé Drusilla, petite-fille de Cléopâtre et de Marc-Antoine, en sorte qu'Antoine se trouvait, à la fois, et l'arrière beau-père de ce Félix, et l'aïeul de Claude.

X. Toutefois, les Juifs endurèrent patiemment l'oppression jusqu'à la procurature de Gessius Florus. Sous lui, commença la guerre; et les premières tentatives pour la réprimer ne furent point heureuses. Cestius Gallus, lieutenant de Syrie, livra différents combats, dans lesquels il fut le plus souvent battu. Cestius mort de maladie ou de chagrin, Néron le fit remplacer par Vespasien, qui, avec sa fortune, sa réputation et d'excellents officiers, était parvenu, en deux étés, à occuper, avec son armée victorieuse, toute la campagne et toutes les villes, à l'exception de Jérusalem. L'année suivante, donnée tout entière à la guerre civile, se passa sans aucune entreprise du côté des Juifs. L'Italie pacifiée, l'attention se reporta au dehors. On s'indignait surtout que les Juifs fussent les seuls qui n'eussent point cédé. D'ailleurs il paraissait à propos de conserver Titus à la tête des armées, pour se précautionner pour tous les événements et contre tous les

---

dosque et Persas Oriens fuit, despectissima pars servientium : postquam Macedones præpotuere, rex Antiochus demere superstitionem et mores Græcorum dare adnixus, quominus teterrimam gentem in melius mutaret Parthorum bello prohibitus est; nam ea tempestate Arsaces desciverat. Tum Judæi, Macedonibus invalidis, Parthis nondum adultis (et Romani procul erant) sibi ipsi reges imposuere; qui mobilitate vulgi expulsi, resumpta per arma dominatione, fugas civium, urbium eversiones, fratrum, conjugum, parentum neces, aliaque solita regibus ausi, superstitionem fovebant, quia honor sacerdotii, firmamentum potentiæ, assumebatur.

IX. Romanorum primus Cn. Pompeius Judæos domuit templumque jure victoriæ ingressus est. Inde vulgatum, nulla intus deum effigie, vacuam sedem et inania arcana. Muri Hierosolymorum diruti, delubrum mansit. Mox, civili inter nos bello, postquam in ditionem M. Antonii provinciæ cesserant, rex Parthorum Pacorus Judæa potitus interfectusque a P. Ventidio, et Parthi trans Euphraten redacti; Judæos C. Sosius subegit. Regnum ab Antonio Herodi datum victor Augustus auxit. Post mortem Herodis, nihil exspectato Cæsare, Simo quidam regium nomen invaserat. Is a Quinctilio Varo, obtinente Syriam, punitus; et gentem coercitam liberi Herodis tripartito rexere. Sub Tiberio quies : dein jussi a C. Cæsare effigiem ejus in templo locare, arma potius sumpsere; quem motum Cæsaris mors diremit. Claudius, defunctis regibus aut ad modicum redactis, Judæam provinciam equitibus romanis aut libertis permisit : e quibus Antonius Felix, per omnem sævitiam ac libidinem, jus regium servili ingenio exercuit; Drusilla, Cleopatræ et Antonii nepte, in matrimonium accepta, ut ejusdem Antonii Felix progener, Claudius nepos esset.

X. Duravit tamen patientia Judæis, usque ad Gessium Florum procuratorem. Sub eo bellum ortum; et comprimere coptantem Cestium Gallum, Syriæ legatum, varia prælia ac sæpius adversa excepere. Qui ubi fato aut tædio occidit, missu Neronis, Vespasianus fortuna famaque et egregiis ministris, intra duas æstates, cuncta camporum omnesque, præter Hierosolyma, urbes victor exercitu tenebat. Proximus annus civili bello intentus, quantum ad Judæos, per otium transiit. Pace per Italiam parta, et externæ curæ rediere. Augebat iras, quod soli Judæi non cessissent. Simul manere apud exercitus Titum, ad omnes principatus novi eventus casusve, utilius videbatur. Igitur

hasards d'un nouveau règne. Titus vint donc, comme je l'ai dit, camper en vue de Jérusalem, et il présenta ses légions en bataille.

XI. Les Juifs rangèrent leurs troupes au pied même de leurs murs : position qui ne les eût pas empêchés de pousser leurs avantages, et qui, en cas de malheur, assurait leur retraite. On détacha contre eux la cavalerie avec les cohortes légères : le succès fut balancé. Les Juifs ne tardèrent point à rentrer, et, les jours suivants, il y eut au devant des portes de fréquentes escarmouches, jusqu'à ce qu'enfin des échecs continuels les forcèrent à se renfermer dans leurs murs. Les Romains s'occupèrent des moyens d'attaque ; car il paraissait trop peu honorable d'attendre de la famine la réduction de l'ennemi, et ils voulaient des périls, les uns, par valeur, beaucoup, par amour du sang et du butin. Pour Titus, il ne voyait que Rome, et la puissance et les plaisirs qui l'attendaient, et qui lui semblaient trop différés, si Jérusalem ne tombait d'abord. Mais la place, dans une assiette très-forte, était encore défendue par une masse d'ouvrages qui, même dans une position faible, l'eussent rendue respectable. Il y avait deux coteaux d'une hauteur immense, tout bordés de murs artistement construits, et pleins de saillies, et d'enfoncements, qui mettaient le flanc des assiégeants à découvert de tous côtés. Ces murs portaient sur un roc taillé à pic ; les tours avaient, sur le sommet de la montagne, soixante pieds, et jusqu'à cent vingt là où le terrain s'inclinait ; en sorte que, de loin, l'œil trompé les eût toutes jugées de la même élévation. Il y avait d'autres fortifications en dedans autour du palais, entre lesquelles se distinguait, par sa hauteur, la tour Antonia, ainsi nommée par Hérode en l'honneur de Marc-Antoine.

XII. Le temple lui-même était une espèce de citadelle, qui avait aussi ses murs, construits avec encore plus d'art et de soin. Jusqu'aux portiques qui régnaient autour du temple, étaient une excellente fortification. Il y avait une fontaine qui ne tarissait point, de vastes souterrains sous la montagne, des piscines et des citernes pour conserver l'eau des pluies. Les fondateurs avaient prévu que l'opposition des mœurs serait une source de guerres : de là tant de précautions contre le plus long siége ; et depuis qu'ils avaient échoué contre Pompée, la crainte et l'expérience leur en avaient indiqué beaucoup d'autres. Sous l'empire de Claude, où tout se vendait, ils achetèrent la permission de reconstruire leurs murs, et ils se fortifièrent en pleine paix comme pour la guerre, ramassant tous les misérables qui leur venaient, et s'augmentant ainsi du malheur des autres villes ; car, s'il y avait quelque part un scélérat déterminé, il était sûr de trouver un asile à Jérusalem : aussi étaient-ils en proie aux discordes. D'abord ils avaient eu trois armées sous autant de chefs. La première enceinte, qui était la plus considérable, était défendue par Simon ; la seconde, par Jean, surnommé Bargioras ; le temple, par Éléazar. Jean et Simon avaient l'avantage du nombre et des armes, Éléazar celui du lieu. Ce n'étaient, entre eux, que trahisons, combats, incendies, lesquels consumèrent une grande partie des vivres. Depuis, Bargioras ayant, sous prétexte d'un sacrifice, envoyé massacrer Éléazar et sa troupe, s'empara du temple. Ainsi la ville ne fut plus partagée qu'entre deux factions, jusqu'au moment où les Romains arrivant, la crainte de l'ennemi amena la concorde.

XIII. Il y avait eu plusieurs prodiges ; mais cette nation ne se permet de les expier ni par des vœux ni par des immolations de victimes, ennemie de toute pratique religieuse, quoique supers-

---

castris, uti diximus, ante mœnia Hierosolymorum positis, instructas legiones ostentavit.

XI. Judæi sub ipsos muros struxere aciem, rebus secundis longius ausuri ; et, si pellerentur, parato perfugio. Missus in eos eques cum expeditis cohortibus ambigue certavit. Mox cessere hostes, et sequentibus diebus crebra pro portis prœlia serebant ; donec assiduis damnis intra mœnia pellerentur. Romani ad oppugnandum versi ; neque enim dignum videbatur famem hostium opperiri ; poscebantque pericula, pars virtute, multi ferocia et cupidine præmiorum. Ipsi Tito Roma et opes voluptatesque ante oculos ; ac ni statim Hierosolyma conciderent, morari videbantur. Sed urbem, arduam situ, opera molesque firmaverant, quis vel plana satis munirentur. Nam duos colles immensum editos claudebant muri, per artem obliqui aut introrsus sinuati, ut latera oppugnantium ad ictus patescerent. Extrema rupis abrupta : et turres, ubi mons juvisset in sexaginta pedes, inter devexa in centenos vicenosque, attollebantur ; mira specie, ac procul intuentibus pares. Alia intus mœnia regiæ circumjecta, conspicuoque fastigio turris Antonia, in honorem M. Antonii ab Herode appellata.

XII. Templum in modum arcis, propriique muri, labore et opere ante alios ; ipsæ porticus, quis templum ambiebatur, egregium propugnaculum. Fons perennis aquæ, cavati sub terra montes ; et piscinæ cisternæque servandis imbribus. Præviderant conditores, ex diversitate morum, crebra bella : inde cuncta, quamvis adversus longum obsidium ; et a Pompeio expugnatis metus atque usus pleraque monstravere. Atque, per avaritiam Claudianorum temporum, empto jure muniendi, struxere muros in pace tanquam ad bellum : magna colluvie, et ceterarum urbium clade aucti ; nam pervicacissimus quisque illuc perfugerat, eoque seditiosius agebant. Tres duces, totidem exercitus. Extrema et latissima mœnium Simo ; mediam urbem Joannes, quem et Bargioram vocabant ; templum Eleazarus firmaverat. Multitudine et armis Joannes ac Simo, Eleazarus loco pollebat. Sed prœlia, dolus, incendia inter ipsos ; et magna vis frumenti ambusta. Mox Joannes, missis per speciem sacrificandi, qui Eleazarum manumque ejus obtruncarent, templo potitur : ita in duas factiones civitas discessit, donec, propinquantibus Romanis, bellum externum concordiam pareret.

titieuse à l'excès. On vit, dans l'air, des armées qui s'entrechoquaient, des armes étincelantes. Il y eut un embrasement subit de nuages, qui couvrit de feux tout le temple. Les portes de ce temple s'ouvrirent tout à coup d'elles-mêmes ; on entendit une voix surnaturelle qui criait : « Les « dieux s'en vont, » et en même temps tout le bruit d'un départ. Ces présages alarmaient un petit nombre ; mais la plupart en concevaient de l'espoir, sur la foi d'anciennes prophéties de leurs prêtres, qui annonçaient que, dans ce temps-là même, l'Orient prévaudrait, et que de la Judée sortiraient les maîtres du monde : prédiction par laquelle on avait désigné Vespasien et Titus. Mais la multitude, par cette faiblesse si naturelle à la vanité humaine, expliquait, en sa faveur, toutes ces magnifiques promesses, et la calamité même n'avait pas le pouvoir de les détromper. On dit que le nombre des assiégés, de tout âge et de tout sexe, montait à six cent mille. On avait donné des armes à tous ceux qui pouvaient en porter, et le nombre en excédait les proportions ordinaires. Hommes et femmes montrèrent un acharnement égal ; et, dans le cas où on les eût contraints de quitter leur demeure, ils craignaient plus la vie que la mort. Telle était la ville, telle était la nation que Titus avait à combattre. Comme la nature de la place ne permettait pas de songer à un coup de main, Titus résolut d'employer les terrasses et les galeries. Les travaux furent partagés entre les légions, et il y eut cessation de combats, jusqu'à ce qu'on eût dressé toutes les machines anciennement imaginées pour l'attaque des places, et d'autres qu'on inventa alors.

XIV. Cependant, Civilis ayant, depuis la malheureuse journée de Trèves levé de nouvelles troupes en Germanie, vint camper à Vétéra, poste excellent, où d'ailleurs le ressouvenir de ses succès pouvait ranimer le courage de ses soldats. Cérialis l'y suivit avec une armée accrue du double, par l'arrivée de la seconde, de la sixième et de la quatorzième légion. Il avait mandé aussi depuis longtemps les troupes auxiliaires, ainsi que la cavalerie ; et, depuis sa victoire, elles s'étaient hâtées. Ni l'un ni l'autre général n'était temporiseur ; mais il y avait entre eux une plaine naturellement marécageuse, et de plus, submergée alors par les eaux du Rhin, que Civilis avait fait refluer dans cet endroit, en jetant une digue en travers du fleuve. Ce terrain, dont le fond peu sûr couvrait mille abîmes, était désavantageux au soldat romain, chargé d'armes pesantes, et qui n'a point l'habitude de nager. Les Germains, au contraire, s'y exercent toute leur vie : d'ailleurs la légèreté de leurs armes et la hauteur de leur taille les tiennent naturellement plus elevés au-dessus de l'eau.

XV. Nos plus braves soldats, honteux de se voir provoqués par les Bataves, engagèrent l'action. Mais la confusion ne tarda point à se mettre parmi eux, lorsqu'ils virent, armes et chevaux, disparaître dans les gouffres du marais. Les Germains connaissaient tous les gués ; ils couraient sans cesse d'un lieu à un autre : le plus souvent ils quittaient le front de l'ennemi, pour l'entamer par les flancs et par les derrières. On ne se battait point de près, comme dans un choc d'infanterie ordinaire. C'était plutôt une espèce de combat naval. On flottait au milieu des eaux ; ou bien, s'il se rencontrait quelque espace solide, rassemblant tous leurs efforts pour s'y maintenir, blessés ou non blessés, ceux qui savaient nager comme ceux qui

---

XIII. Evenerant prodigia, quæ neque hostiis neque votis piare fas habet gens superstitioni obnoxia, religionibus adversa. Visæ per cœlum concurrere acies, rutilantia arma, et subito nubium igne collucere templum. Expassæ repente delubri fores, et audita major humana vox, excedere deos ; simul ingens motus excedentium. Quæ pauci in metum trahebant : pluribus persuasio inerat antiquis sacerdotum literis contineri, eo ipso tempore fore ut valesceret Oriens, profectique Judæa rerum potirentur ; quæ ambages Vespasianum ac Titum prædixerat. Sed vulgus, more humanæ cupidinis, sibi tantam fatorum magnitudinem interpretati, ne adversis quidem ad vera mutabantur. Multitudinem obsessorum, omnis ætatis, virile ac muliebre secus, sexcenta millia fuisse accepimus. Arma cunctis qui ferre possent ; et plures quam pro numero audebant. Obstinatio viris feminisque par ; ac, si transferre sedes cogerentur, major vitæ metus quam mortis. Hanc adversus urbem gentemque Cæsar Titus, quando impetus et subita belli locus abnueret, aggeribus vineisque certare statuit. Dividuntur legionibus munia ; et quies præliorum fuit, donec cuncta expugnandis urbibus reperta apud veteres aut novis ingeniis struerentur.

XIV. At Civilis, post malam in Treveris pugnam, reparato per Germaniam exercitu, apud Vetera castra consedit ; tutus loco, et ut memoria prosperarum illic rerum augescerent barbarorum animi. Secutus est eodem Cerialis duplicatis copiis, adventu secundæ et sextæ et decimæquartæ legionum. Cohortesque et alæ, jampridem accitæ, post victoriam properaverant. Neuter ducum cunctator. Sed arcebat latitudo camporum, suopte ingenio humentium. Addiderat Civilis obliquam in Rhenum molem, cujus objectu revolutus amnis adjacentibus superfunderetur. Ea loci forma, incertis vadis subdola et nobis adversa : quippe miles romanus armis gravis, et nandi pavidus ; Germanos, fluminibus suetos, levitas armorum et proceritas corporum attollit.

XV. Igitur, lacessentibus Batavis, ferocissimo cuique nostrorum cœptum certamen ; deinde orta trepidatio, quum præaltis paludibus arma, equi haurirentur. German notis vadis persultabant, omissa plerumque fronte, latera ac terga circumvenientes, neque, ut in pedestri acie, cominus certabatur ; sed, tanquam navali pugna, vagi inter undas, aut, si quid stabile occurrebat, totis illic corporibus nitentes, vulnerati cum integris, periti nandi cum ignaris,

ne le savaient pas, se saisissant au corps, s'entrelaçant l'un dans l'autre, s'entraînaient les uns les autres, et périssaient ensemble. Cependant le carnage fut moindre qu'il n'aurait dû l'être dans un tel désordre, parce que les Germains n'osèrent point sortir du marais, et rentrèrent dans leur camp. L'issue de ce combat fit, par des motifs différents, désirer encore plus ardemment, à l'un et à l'autre général, une action décisive. Civilis voulait poursuivre sa fortune, Cérialis se laver d'un affront. Les Germains étaient enhardis par le succès, les Romains excités par la honte. Les barbares passèrent la nuit dans les cris et dans les chants, les nôtres, dans la rage et dans les menaces.

XVI. Au point du jour, Cérialis garnit tout son front de cavalerie et de cohortes auxiliaires; les légions furent placées en seconde ligne : le général s'était réservé un corps d'élite pour les cas imprévus. Civilis ne donna point d'étendue à sa ligne; il la forma en coin. Il mit les Bataves et les Gugernes à la droite : la gauche, qui était plus près du fleuve, fut occupée par les Germains. Les deux généraux ne firent point de harangues pour toute l'armée; ils exhortèrent chaque corps séparément, à mesure qu'ils passaient auprès. Cérialis rappelait la gloire du nom romain, leurs victoires anciennes et récentes. Il traitait les ennemis de lâches, de perfides, qu'on avait vaincus mille fois, qu'il fallait exterminer à jamais, qu'on aurait à châtier bien plus qu'à combattre. Dernièrement, une poignée de Romains n'avait-elle pas renversé toute cette multitude de Germains, la force de cette armée? Ce qui restait n'était que les fuyards, dont l'esprit était plein de lâches pensées, le corps, de blessures honteuses. Ensuite il aiguillonnait chaque légion par des motifs personnels; il appelait la quatorzième les conquérants de la Bretagne; il faisait honneur à la sixième d'avoir fait seule Galba empereur; il s'agissait, pour la seconde, de consacrer, dans une première bataille, de nouvelles enseignes et une aigle nouvelle. De là, passant aux légions de Germanie, il leur montrait de la main leur ancien rivage, leur ancien camp qu'il fallait aller ressaisir à travers des flots de sang ennemi. Tous répondirent par des cris d'allégresse, et ceux qui, ennuyés d'une longue paix, ne demandaient qu'à se battre, et ceux qui, fatigués de la guerre, soupiraient après la paix, et attendaient des récompenses et du repos pour leur vieillesse.

XVII. Civilis, de son côté, ne garda point le silence; il prenait à témoin de leur valeur ce champ de bataille, où les Germains et les Bataves marchaient sur les traces de leur gloire, où ils foulaient aux pieds les cendres et les ossements des légions, où le romain ne pouvait faire un pas sans que sa captivité, sa défaite, toutes ces images sinistres ne vinssent épouvanter ses regards. Il leur dit de ne point s'alarmer du revers qu'ils avaient essuyé dans les champs de Trèves; que c'était leur propre victoire qui avait nui ce jour-là aux Germains, en leur faisant quitter leurs armes pour se charger de butin; mais que, depuis, tout avait été succès pour eux, et revers pour les ennemis; qu'il avait ménagé aux siens tous les avantages qui pouvaient dépendre de l'habileté du général, une plaine submergée, dont les gués n'étaient connus que d'eux seuls, des marais défavorables à l'ennemi, l'aspect du fleuve et des dieux de leur pays. Manqueraient-ils de valeur ayant leurs dieux pour eux, et devant eux leurs femmes, leurs mères, leur patrie? Ce jour les élèverait au-dessus de la gloire de leurs ancêtres,

---

in mutuam perniciem implicabantur. Minor tamen quam pro tumultu cædes, quia non ausi egredi paludem Germani in castra rediere. Eius prælii eventus utrumque ducem, diversis animi motibus, ad maturandum summæ rei discrimen erexit. Civilis instare fortunæ; Cerialis abolere ignominiam. Germani prosperis feroces; Romanos pudor excitaverat : nox apud barbaros cantu aut clamore, nostris per iram et minas acta.

XVI. Postera luce, Cerialis equite et auxiliariis cohortibus frontem explet; in secunda acie legiones locatæ : dux sibi delectos retinuerat ad improvisa. Civilis haud porrecto agmine, sed cuneis, adstitit. Batavi Gugernique in dextro; læva ac propiora fluminis Transrhenani tenuere. Exhortatio ducum, non more concionis apud universos, sed ut quosque suorum advehebantur. Cerialis « veterem romani nominis gloriam, antiquas recentesque victorias; ut perfidum, ignavum, victum hostem, in æternum exciderent; ultione magis quam prælio opus esse. Pauciores nuper cum pluribus certasse : ac tamen fusos Germanos, quod roboris fuerit; superesse qui fugam animis, qui vulnera tergo ferant. » Proprios inde stimulos legionibus admovebat, domitores Britanniæ quartadecimanos appellans : principem Galbam sextæ legionis auctoritate factum; illa primum acie secundanos nova signa novamque aquilam dicaturos. Hinc prævectus ad germanicum exercitum, manus tendebat, ut suam ripam, sua castra sanguine hostium reciperarent. Alacrior omnium clamor, quis vel e longa pace prælii cupido, vel fessis bello pacis amor, præmiaque et quies in posterum sperabantur.

XVII. Nec Civilis silentem struxit aciem, locum pugnæ testem virtutis ciens : « Stare Germanos Batavosque super vestigia gloriæ, cineres ossaque legionum calcantes; quocumque oculos Romanus intenderet, captivitatem clademque et dira omnia obversari. Ne terrerentur vario Treverici prælii eventu : suam illic victoriam Germanis obstitisse, dum, omissis telis, præda manus impediunt; sed cuncta mox prospera et hosti contraria evenisse. Quæ provideri astu ducis oportuerit, provisa : campos madentes et ipsis gnaros, paludes hostibus noxias. Rhenum et Germaniæ deos in adspectu; quorum numine capesserent pugnam, conjugum, parentum, patriæ memo-

ou les couvrirait d'opprobre parmi leurs descendants. A peine eurent-ils, suivant leur usage, marqué leur approbation par un bruit d'armes et par des trépignements, qu'ils engagent l'action par une décharge de pierres, de balles et d'autres armes de trait : nos soldats évitaient d'entrer dans l'eau, et les Germains les harcelaient pour les y attirer.

XVIII. Les traits épuisés et le combat s'échauffant, l'ennemi se porte en avant d'un air terrible. Avec leur taille gigantesque et des lances très-longues, ils atteignaient de loin nos soldats, chancelant et flottant sur ce marais. En même temps, un corps de Bructères, partant de la digue qu'on avait, comme je l'ai dit, construite sur le Rhin, arrive sur nous à la nage. Il y eut de la confusion dans cet endroit, et notre première ligne, toute composée des cohortes alliées, allait être rompue, lorsque les légions prirent leur place, arrêtèrent l'impétuosité des ennemis et rétablirent le combat. Dans ce moment un transfuge batave vient trouver Cérialis; il lui promet de le rendre maître des derrières de l'ennemi, s'il envoie de la cavalerie à l'autre bout du marais; il assure qu'on trouvera là un terrain solide; que les Gugernes, chargés de ce poste, le gardaient fort négligemment. On expédie, avec le transfuge, deux divisions de cavalerie, qui surprennent les barbares et les enveloppent. Au premier cri qui annonce le succès, les légions redoublent leurs efforts contre la tête de l'ennemi; et les Germains, enfoncés, se sauvent précipitamment vers le Rhin. On eût terminé la guerre ce jour-là, si notre flotte eût fait diligence. La cavalerie même ne poursuivit point, à cause d'une pluie violente qui tomba tout à coup, et de la nuit qui approchait.

XIX. Le lendemain, la quatorzième légion partit pour aller sur le haut Rhin renforcer Annius Gallus. Cérialis la remplaça par la dixième légion, arrivée d'Espagne. Civilis reçut du secours des Chauques : malgré ce renfort il n'osa point défendre par les armes les villes des Bataves. Il prend ce qui pouvait s'emporter, met le feu au reste, et se retire dans l'île; il savait que nous manquions de bateaux pour faire un pont, et qu'il était impossible à des Romains de passer autrement. Il fit plus; il détruisit la digue que Drusus avait fait construire. Le Rhin, que sa pente naturelle précipite vers les Gaules, ne trouvant plus l'obstacle qui l'arrêtait, se renversa de ce côté ; et le fleuve, ainsi chassé de son lit, ne laissa plus entre l'île et la Germanie qu'un si étroit canal que les deux rives semblaient confondues. Tutor passa aussi le Rhin avec Classicus et cent treize sénateurs trévires, parmi lesquels se trouvait Alpinus Montanus, celui qu'Antonius Primus avait dépêché dans les Gaules, comme je l'ai rapporté plus haut. Montanus était accompagné de son frère, Décimus Alpinus. Ceux-ci, et d'autres en même temps, faisant agir la pitié, les présents, n'eurent pas de peine à lever des soldats chez des nations avides de périls.

XX. Et ce reste de guerre fut si menaçant, que nos cohortes, que notre cavalerie, que nos légions, furent attaquées le même jour en quatre endroits par Civilis, la dixième légion à Arénacum, la seconde à Batavodurum, à Grinnès le camp des cohortes, et à Vada celui de la cavalerie. Civilis avait partagé ses troupes de manière que lui, que Vérax, son neveu, que Classicus et Tutor conduisaient chacun un corps séparé; non qu'il comptât réussir partout; mais il se flattait que, sur plusieurs entreprises, le sort en favori-

---

res : illum diem aut gloriosissimum inter majores, aut ignominiosum apud posteros fore. » Ubi sono armorum tripudiisque (ita illis mos) approbata sunt dicta, saxis glandibusque et ceteris missilibus prælium incipitur; neque nostro milite paludem ingrediente, et Germanis, ut elicerent, lacessentibus.

XVIII. Absumptis quæ jaciuntur et ardescente pugna, procursum ab hoste infestius : immensis corporibus et prælongis hastis fluitantem labantemque militem eminus fodiebant; simul e mole, quam eductam in Rhenum retulimus, Bructerorum cuneus tranatavit : turbata ibi res; et pellebatur sociarum cohortium acies, quum legiones pugnam excipiunt, suppressaque hostium ferocia, prælium æquatur. Inter quæ perfuga Batavus adiit Cerialem, terga hostium promittens, si extremo paludis eques mitteretur : « solidum illa, et Gugernos quibus custodia obvenisset parum intentos. » Duæ alæ , cum perfuga missæ, incauto hosti circumfunduntur; quod ubi clamore cognitum, legiones a fronte incubuere, pulsique Germani Rhenum fuga petebant. Debellatum eo die foret, si romana classis sequi maturasset. Ne eques quidem institit, repente fusis imbribus et propinqua nocte.

XIX. Postera die, quartadecima legio in superiorem provinciam Gallo Annio missa : Cerialis exercitum decima ex Hispania legio supplevit. Civili Chaucorum auxilia venere; non tamen ausus oppida Batavorum armis tueri, raptis quæ ferri poterant, ceteris injecto igni, in insulam concessit; gnarus deesse naves efficiendo ponti, neque exercitum romanum aliter transmissurum. Quin et diruit molem a Druso Germanico factam, Rhenumque prono alveo in Galliam ruentem, disjectis quæ morabantur, effudit. Sic, velut abacto amne, tenuis alveus, insulam inter Germanosque, continentium terrarum speciem fecerat. Transiere Rhenum Tutor quoque et Classicus et centum tredecim Treverorum senatores ; in quis fuit Alpinus Montanus, quem a Primo Antonio missum in Gallias superius memoravimus. Comitabatur eum frater D. Alpinus. Simul ceteri miseratione ac donis auxilia concibant, inter gentes periculorum avidas.

XX. Tantumque belli superfuit, ut præsidia cohortium, alarum, legionum, una die Civilis quadripartito invaserit: decimam legionem Arenaci; secundam Batavoduri; et Grinnes Vadamque, cohortium alarumque castra : ita divisis copiis, ut ipse et Verax, sorore ejus genitus, Clas

serait quelqu'une, et aussi que Cérialis, qui n'était jamais assez sur ses gardes, en courant d'un lieu à un autre sur les avis qu'il recevrait de tant d'endroits, pourrait se faire prendre. Ceux qui avaient marché contre la dixième légion, jugeant difficile de forcer une légion dans son camp, se bornèrent à inquiéter les soldats qui étaient sortis, et qui travaillaient à couper du bois : le préfet de camp, les cinq premiers centurions, et quelques soldats furent tués : le reste se défendit à l'abri de ses retranchements. Pendant ce temps, un corps de Germains s'efforçait de rompre le pont qu'on avait commencé à Batavodurum. Le succès était indécis, lorsque la nuit les sépara.

XXI. On courut de plus grands dangers à Grinnès et à Vada. Vada était attaqué par Civilis, Grinnès par Classicus, et il n'était plus possible de leur résister : nos plus braves auxiliaires avaient été tués, entre autres Briganticus, préfet d'une division de cavalerie, celui dont j'ai fait connaître l'attachement pour les Romains et la haine implacable pour son oncle Civilis. Mais Cérialis ne fut pas plutôt survenu avec un détachement de cavalerie d'élite, qu'il fit changer la fortune. Les Germains sont poursuivis jusque dans le fleuve. Civilis, en s'efforçant de retenir les fuyards, fut reconnu; et, tous les traits se portant sur lui, il quitta son cheval et se sauva à la nage. Les Germains échappèrent de même. Tutor et Classicus repassèrent dans des barques. Notre flotte manqua encore de se trouver au combat, quoiqu'elle en eût reçu l'ordre; mais la frayeur et la dispersion des rameurs, occupés à un autre service, l'arrêtèrent. Il est certain que Cérialis donnait trop peu de temps pour exécuter ses ordres, brusque dans ses desseins, dont il sortait d'ailleurs avec gloire. Il était heureux lors même qu'il avait été imprudent; et voilà pourquoi son armée et lui se relâchaient tant sur la discipline. Quelques jours après, il faillit être pris; son bonheur ordinaire le fit échapper à ce danger; mais sa réputation n'en fut pas moins compromise.

XXII. Il était allé à Bonn et à Novésium, visiter le camp qu'on préparait pour faire hiverner les légions, et il s'en revenait par eau, son escorte toute dispersée, la garde se faisant mal. Cette négligence fut remarquée par les Germains, et ils projetèrent une embuscade. Ils choisissent une nuit fort noire, et, s'abandonnant au fil de l'eau, ils entrent dans les retranchements sans le moindre obstacle. Dans le premier moment, ils s'aidèrent d'un stratagème; ils coupèrent les cordes qui soutenaient les tentes, et nos soldats se trouvant enveloppés sous leurs propres pavillons, ils les égorgent sans peine. Pendant ce temps, un autre détachement attaque la flotte, jette le grapin, entraîne les bâtiments. Pour surprendre, ils avaient observé un profond silence : le carnage commencé, afin d'inspirer plus de frayeur, ils poussèrent des cris affreux. Les Romains, éveillés par leurs blessures, cherchent leurs armes, courent dans les rues du camp; peu étaient habillés, la plupart n'avaient que leurs vêtements entortillés autour du bras, et leur épée à la main. Cérialis, à demi-endormi, et presque nu, n'échappe que par une méprise des ennemis, qui, voyant le drapeau du général sur une des galères, l'emmènent, dans la persuasion que le général y était. Cérialis avait passé la nuit ailleurs, dans les bras, à ce qu'on a cru généralement, d'une femme Ubienne, nommée Claudia Sacrata. Les sentinel-

---

sicusque ac Tutor suam quisque manum traherent : nec omnia patrandi fiducia, sed multa ausis aliqua in parte fortunam adfore. Simul Cerialem neque satis cautum, et, pluribus nuntiis, huc illuc cursantem, posse medio intercipi. Quibus obvenerant castra decumanorum, oppugnationem legionis arduam rati, egressum militem et caedendis materiis operatum turbavere, occiso praefecto castrorum et quinque primorum centurionum paucisque militibus. Ceteri se munimentis defendere. Et interim Germanorum manus Batavoduri rumpere inchoatum pontem nitebantur. Ambiguum praelium nox diremit.

XXI. Plus discriminis apud Grinnes Vadamque. Vadam Civilis, Grinnes Classicus oppugnabant : nec sisti poterant, interfecto fortissimo quoque; in quis Briganticus, praefectus alae, ceciderat, quem fidum Romanis et Civili avunculo infensum diximus. Sed ubi Cerialis cum delecta equitum manu subvenit, versa fortuna, praecipites Germani in amnem aguntur. Civilis, dum fugientes retentat, agnitus petitusque telis, relicto equo, transnatavit; idem Veracis effugium. Tutorem Classicumque appulsae lintres vexere. Ne tum quidem romana classis pugnae adfuit, ut jussum erat; sed obstitit formido, et remiges per alia militiae munia dispersi. Sane Cerialis parum temporis ad exse- quenda imperia dabat; subitus consiliis, sed eventu clarus. Aderat fortuna, etiam ubi artes defuissent; hinc ipsi exercituique minor cura disciplinae. Et paucos post dies, quanquam periculum captivitatis evasisset, infamiam non vitavit.

XXII. Profectus Novesium Bonnamque, ad visenda castra quae hiematuris legionibus erigebantur, navibus remeabat; disjecto agmine, incuriosis vigiliis. Animadversum id Germanis, et insidias composuere : electa nox atra nubibus, et prono amne rapti, nullo prohibente, vallum ineunt. Prima caedes astu adjuta : incisis tabernaculum funibus, suismet tentoriis coopertos trucidabant. Aliud agmen turbare classem, injicere vincla, trahere puppes. Utque ad fallendum silentio, ita coepta caede, quo plus terroris adderent, cuncta clamoribus miscebant. Romani, vulneribus exciti quaerunt arma, ruunt per vias, pauci ornatu militari, plerique circum brachia torta veste et strictis mucronibus : dux semisomnus ac prope intectus errore hostium servatur. Namque praetoriam navem vexillo insignem, illic ducem rati, abripiunt. Cerialis alibi noctem egerat, ut plerique credidere, ob stuprum Claudiae Sacratae, mulieris Ubiae : vigiles flagitium suum ducis dedecore excusabant, tanquam jussi silere ne quietem ejus turba-

en rejetaient la faute sur le général, qui leur avait, disaient-ils, défendu de parler, de peur de troubler son repos : en sorte que, les signaux et les appels étant interrompus, le sommeil les avait gagnés. Il était grand jour quand les ennemis s'en retournèrent, traînant, à leur suite, les bâtiments qu'ils avaient pris, entre autres, la galère du général, qu'ils menèrent par la Lippe, pour en faire présent à Véléda.

XXIII. Civilis fut saisi de l'ambition d'étaler une armée navale. Il équipa tout ce qu'il avait de galères à deux et à un rang de rames; il y joignit un grand nombre de barques, dont trente ou quarante étaient armées comme nos liburniques; il menait de plus, avec lui, toutes celles qu'il nous avait prises, et toute cette flotte avait pour voiles des casaques bigarrées, dont l'aspect n'était pas sans beauté. Il choisit, pour les évolutions, une espèce de mer, l'embouchure de la Meuse et du Rhin dans l'Océan. L'objet de cet armement, outre la vanité naturelle aux Bataves, était d'intercepter les convois que les Romains attendaient de la Gaule. Cérialis, plus surpris qu'alarmé, fit avancer sa flotte, qui était inférieure en nombre, mais qui avait des rameurs plus exercés, des pilotes plus habiles, des bâtiments plus grands. Elle avait le courant pour elle ; les autres, le vent. Les deux flottes, après avoir, en se croisant, tenté de s'envoyer quelques traits, se séparèrent. Ce fut la dernière entreprise de Civilis, qui se retira au delà du Rhin. Cérialis, portant dans l'île des Bataves tous les ravages de la guerre, affecta d'épargner, par un artifice ordinaire aux généraux, les terres et les maisons de Civilis. Au milieu de ces opérations, des pluies continuelles, au déclin de l'automne, ayant fait déborder le fleuve, l'île entière, naturellement basse et marécageuse, forma comme un vaste étang : on n'avait, près de là, ni flotte, ni vivres; et sur ce ce terrain plat, le camp était emporté par la violence de l'inondation.

XXIV. Civilis prétendit qu'on eût pu alors détruire les légions ; que les Germains le voulaient; et il se donna le mérite de les en avoir détournés adroitement : je ne répugnerais point à le croire, puisque sa soumission suivit de si près. Cérialis négociait secrètement. En même temps qu'il faisait offrir la paix aux Bataves, à Civilis sa grâce, il exhortait Véléda et ses parents à saisir l'occasion de mériter l'amitié de Rome, au lieu de s'obstiner à une guerre où ils n'éprouvaient que des désastres; il représenta qu'on avait taillé en pièces les Trévires, repris Cologne, enlevé aux Bataves leur patrie: que les Germains n'avaient gagné, à l'alliance de Civilis, que la perte de leurs proches, que le massacre ou la fuite de leurs soldats ; que c'était un fugitif et un banni, à charge à ses protecteurs ; que pour eux, ils étaient déjà bien assez coupables, ayant passé si souvent le Rhin ; que, s'ils entreprenaient davantage, les torts et l'insulte étant d'un côté, de l'autre seraient la vengeance et les dieux.

XXV. On mêlait des promesses aux menaces. Les Germains une fois ébranlés, les Bataves commencèrent aussi à se dire qu'il ne fallait pas consommer leur ruine, et qu'il était impossible à une seule nation de briser les fers du monde entier. Qu'avaient servi le massacre des légions et l'embrasement de leurs camps? qu'à leur en susciter de nouvelles, et plus redoutables, et en plus grand nombre. Si c'était pour Vespasien qu'on avait fait la guerre, Vespasien était empereur; si c'était au peuple romain qu'on en voulait, qu'étaient-ce que les Bataves contre tout le genre humain? Qu'il n'y avait qu'à jeter les yeux sur les Rhètes et les Noriques, et sur les tributs dont

---

rent : ita, intermisso signo et vocibus, se quoque in somnum lapsos. Multa luce revecti hostes captivis navibus, prætoriam triremem, flumine Luppia, donum Veledæ traxere.

XXIII. Civilem cupido incessit navalem aciem ostentandi. Complet quod biremium, quæque simplici ordine agebantur. Adjecta ingens lintrium vis, tricenos quadragenosque ferentium : armamenta liburnicis solita ; et simul captæ lintres sagulis versicoloribus haud indecore pro velis juvabantur. Spatium velut æquoris electum, quo Mosæ fluminis os amnem Rhenum oceano affundit. Causa instruendæ classis, super insitam genti vanitatem, ut eo terrore commeatus Gallia adventantes interciperent. Cerialis, miraculo magis quam metu, direxit classem numero imparem, usu remigum, gubernatorum arte, navium magnitudine potiorem. His flumen secundum; illi vento agebantur. Sic prævecti, tentato telorum jactu, dirimuntur. Civilis, nihil ultra ausus, trans Rhenum concessit. Cerialis, insulam Batavorum hostiliter populatus, agros villasque Civilis intactos, nota arte ducum, sinebat; quum interim, flexu autumni et crebris pluvialibus imbribus, superfusus amnis palustrem humilemque insulam in faciem stagni opplevit; nec classis aut commeatus aderant, castraque in plano sita vi fluminis differebantur.

XXIV. Potuisse tunc opprimi legiones, et voluisse Germanos, sed dolo a se flexos, imputavit Civilis. Neque abhorret vero, quando paucis post diebus deditio insecuta est. Nam Cerialis, per occultos nuncios, Batavis pacem, Civili veniam ostentans, Veledam propinquosque monebat, fortunam belli, tot cladibus adversam, opportuno erga populum romanum merito mutare. « Cæsos Treveros, receptos Ubios, ereptam Batavis patriam : neque aliud Civilis amicitia paratum quam vulnera, fugas, luctus; exsulem eum et extorrem, recipientibus oneri ; et satis peccavisse, quod toties Rhenum transcenderint ; si quid ultra moliuntur, inde injuriam et culpam, hinc ultionem et deos fore. »

XXV. Miscebantur minis promissa. Et concussa Transrhenanorum fide, inter Batavos quoque sermones orti : « Non prorogandam ultra ruinam, nec posse ab una natione totius orbis servitium depelli; quid perfectum cæde et incendiis legionum, nisi ut plures validioresque accirentur

on chargeait les autres alliés; que, pour eux, on ne leur en imposait aucun ; qu'on ne leur demandait que du courage et des hommes; qu'il n'y avait rien qui approchât plus de la liberté ; et, qu'après tout, s'il fallait qu'ils reconnussent des maîtres, il y aurait encore moins de honte à supporter les empereurs de Rome, que les femmes des Germains. Ainsi s'expliquait la multitude. Les grands s'exprimaient avec plus d'amertume : c'était la rage insensée de Civilis qui les avait précipités dans cette guerre; qu'il cherchait, dans la ruine de sa patrie, un abri contre ses propres malheurs; que les dieux étaient irrités contre les Bataves, le jour qu'ils leur laissèrent assiéger les légions, tuer les lieutenants, entreprendre une guerre utile à un seul, fatale à tout le reste: réduits aux plus déplorables extrémités, il était bien temps de revenir à eux-mêmes, et, en sacrifiant une tête coupable, de prouver leur repentir.

XXVI. Civilis n'ignorait pas cette disposition des esprits, et il résolut de prendre les devants. Au dégoût causé par ses malheurs se joignait aussi un peu de cet attachement pour la vie, qui, le plus communément, abat les grands courages. Il demanda une entrevue; on avait coupé par le milieu le pont sur le Nabal. Les deux chefs s'avancèrent aux deux extrémités, et Civilis commença ainsi : « Si j'avais à me justifier devant « un lieutenant de Vitellius, je sens que ni ma « conduite n'obtiendrait de pardon, ni mes dis- « cours de créance. Ce n'a été, entre Vitellius « et moi, qu'inimitié, qu'hostilités : Vitellius « commença, moi j'aggravai les torts. Pour Ves- « pasien, il a eu de tout temps mes hommages ; « et, lorsqu'il était homme privé, nous nous « traitions d'amis. C'est ce que savait Antonius « lorsque, dans ses lettres, il m'exhorta à la « guerre, de peur que les légions de Germanie « et les troupes de la Gaule ne franchissent les « Alpes. Si donc j'ai pris les armes, c'est parce « qu'Antonius, dans ses lettres, et Hordéonius, « de vive voix, m'y excitaient sans cesse : je n'ai « fait en Germanie que ce qu'avaient fait en Syrie « Mucien, Aponius en Mesie, Flavianus en Pan- « nonie........ »

tur? Si Vespasiano bellum navaverint, Vespasianum rerum potiri; sin populum romanum armis provocent, quotam partem generis humani Batavos esse? Respicerent Rhætos Noricosque et ceterorum onera sociorum; sibi non tributa, sed virtutem et viros indici : proximum id libertati, et si dominorum electio sit, honestius principes Romanorum quam Germanorum feminas tolerari : » hæc vulgus. Proceres atrociora : « Civilis rabie semet in arma trusos; illum domesticis malis excidium gentis opposuisse; tunc infensos Batavis deos, quum obsiderentur legiones, interficerentur legati, bellum uni necessarium, ferale ipsis sumeretur. Ventum ad extrema, ni resipiscere incipiant, et noxii capitis poena poenitentiam fateantur. »

XXVI. Non fefellit Civilem ea inclinatio, et prævenire statuit; super tædium malorum, etiam spe vitæ, quæ plerumque magnos animos infringit. Petito colloquio, scinditur Nabaliæ fluminis pons, in cujus abrupta progressi duces. Et Civilis ita coepit : « Si apud Vitellii legatum defenderer, neque facto meo venia, neque dictis fides debatur. Cuncta inter nos inimica, hostilia, ab illo « coepta, a me aucta erant. Erga Vespasianum vetus mihi « observantia; et, quum privatus esset, amici vocabamur. « Hoc Primo Antonio notum, cujus epistolis ad bellum « accitus sum, ne germanicæ legiones et gallica juventus « Alpes transcenderet. Quæ Antonius epistolis, Hordeo- « nius Flaccus præsens monebat arma in Germania movi, « quæ Mucianus in Syria, Aponius in Moesia, Flavianus in « Pannonia..... »

LA GERMANIE.

I. La Germanie est séparée de la Gaule, des Rhétiens et des Pannoniens, par le Rhin et le Danube, des Sarmates et des Daces par une crainte réciproque ou par des montagnes. Elle est fermée par l'Océan, dont les flots embrassent de vastes côtes et des îles immenses; la guerre nous y a fait découvrir récemment quelques nations avec leurs rois. Le Rhin, sorti des sommets escarpés et inaccessibles des Alpes Rhétiennes, après avoir fait un léger détour vers l'Occident, se verse dans l'Océan septentrional; le Danube, qui s'épanche des hauteurs peu élevées et des pentes douces du mont Abnoba, visite un grand nombre de peuples, jusqu'à ce qu'il se jette dans le Pont-Euxin, par six embouchures; une septième s'engloutit dans des marais.

II. Je crois les Germains indigènes et nullement mêlés aux autres peuples, soit en y allant, soit en les recevant parmi eux : car ce n'était point par terre, mais sur des embarcations, que se transportaient les peuplades émigrantes, et l'Océan, sans bornes au delà, permet à peine à quelques navires de notre univers de remonter, pour ainsi parler, ses ondes. Qui donc, bravant les dangers d'une mer menaçante et inconnue, quitterait l'Asie, l'Afrique ou l'Italie, pour venir en Germanie, sur cette terre informe, dont le ciel est dur, et l'aspect triste et sauvage, à moins que ce ne fût sa patrie! Ils chantent dans des vers antiques, qui sont leur seule histoire et toutes leurs annales, le dieu Tuiston, né de la Terre, et son fils Mann, source et fondateur de leur nation. Ils donnent à Mann trois fils d'où ont été nommés les Ingévones, qui sont les plus près de l'Océan, les Herminones, qui sont au centre, et les Istévones, qui forment le reste. Quelques-uns, grâce à l'antiquité qui favorise les suppositions, font naître de ce dieu un plus grand nombre de fils, et donnent leurs noms à plus de nations, aux Marses, aux Gambriviens, aux Suèves, aux Vandales; ils disent que ce sont là les noms véritables et primitifs; que celui des Germains est nouveau et d'adjonction récente; que les premiers qui le prirent furent ceux qui passèrent le Rhin et chassèrent les Gaulois, et sont aujourd'hui les Tongres; que ce nom, propre à une peuplade, et non à toute la nation, prévalut peu à peu, au point que de ce titre, pris d'abord par les vainqueurs pour inspirer de la crainte, puis adopté par tous, ils finirent par s'appeler Germains. On prétend aussi qu'ils ont leur Hercule, et c'est le premier des héros qu'ils chantent en marchant au combat.

III. Ils ont un autre chant, appelé *bardit*, par lequel ils s'animent au combat, et qui leur est un présage de victoire ou de défaite; ils tremblent ou font trembler, selon qu'ils ont entonné le bardit. C'est moins une suite de paroles que le

I. Germania omnis a Gallis Rhætisque et Pannoniis, Rheno et Danubio fluminibus, a Sarmatis Dacisque, mutuo metu aut montibus separatur. Cetera oceanus ambit, latos sinus et insularum immensa spatia complectens, nuper cognitis quibusdam gentibus ac regibus, quos bellum aperuit. Rhenus, Rhæticarum Alpium inaccesso ac præcipiti vertice ortus, modico flexu in occidentem versus, septentrionali oceano miscetur. Danubius, molli et clementer edito montis Abnobæ jugo effusus, plures populos adit, donec in ponticum mare sex meatibus erumpit : septimum enim os paludibus hauritur.

II. Ipsos Germanos indigenas crediderim, minimeque aliarum gentium adventibus et hospitiis mixtos : quia nec terra olim, sed classibus advehebantur qui mutare sedes quærebant; et immensus ultra, utque sic dixerim, adversus oceanus raris ab orbe nostro navibus aditur. Quis porro, præter periculum horridi et ignoti maris, Asia aut Africa aut Italia relicta, Germaniam peteret, informem terris, asperam cœlo, tristem cultu aspectuque, nisi si patria sit? Celebrant carminibus antiquis (quod unum apud illos memoriæ et annalium genus est) Tuistonem deum, Terra editum, et filium Mannum, originem gentis conditoresque. Manno tres filios assignant, e quorum nominibus proximi oceano Ingævones, medii Herminones, ceteri Istævones vocentur. Quidam autem, licentia vetustatis, plures deo ortos, pluresque gentis appellationes, Marsos, Gambrivios, Suevos, Vandalios affirmant, eaque vera et antiqua nomina : ceterum Germaniæ vocabulum recens et nuper additum; quoniam qui primi Rhenum transgressi Gallos expulerint, ac nunc Tungri, tunc Germani vocati sint : ita nationis nomen, non gentis, evaluisse paullatim, ut omnes, primum a victore ob metum, mox a se ipsis invento nomine, Germani vocarentur. Fuisse apud eos et Herculem memorant, primumque omnium virorum fortium ituri in prælia canunt.

III. Sunt illis hæc quoque carmina, quorum relatu, quem *barditum* vocant, accendunt animos, futuræque pugnæ fortunam ipso cantu augurantur : terrent enim trepidantve, prout sonuit acies. Nec tam voces illæ quam virtutis concentus videntur : affectatur præcipue asperitas soni et fractum murmur, objectis ad os scutis, quo plenior et gravior vox repercussu intumescat. Ceterum et Ulixem quidam opinantur, longo illo et fabuloso errore in hunc oceanum delatum, adisse Germaniæ terras, Asciburgium,

cri du courage. Ils cherchent à produire des sons durs et des murmures brisés, en plaçant leurs boucliers devant leurs bouches, afin que la voix, plus pleine et plus grave, s'enfle par la répercussion. On dit aussi qu'Ulysse, dans son long et fabuleux voyage, entraîné jusque dans cette mer, aborda en Germanie, et qu'Asciburgium, ville située sur les bords du Rhin, et encore habitée de notre temps, lui dut sa fondation et son nom. Un autel consacré à Ulysse aurait été trouvé dans ce même lieu, portant le nom de son père Laërte; enfin, ajoute-t-on, il existe encore sur les confins de la Germanie et de la Rhétie des monuments et quelques tombeaux avec des inscriptions Grecques. Je ne veux ni justifier ni réfuter ces assertions; chacun, selon son penchant, est libre d'y croire ou de les nier.

IV. Je me range, quant à moi, à l'opinion de ceux qui pensent que les peuples de la Germanie, n'ont point été altérés par des mariages avec aucun autre peuple, que c'est une race indigène, qui se renouvelle d'elle-même, et ne ressemble qu'à soi. C'est ce que prouve la parfaite analogie de conformation entre tous les individus de cette race, quoique si nombreuse, leurs yeux bleus et farouches, leurs cheveux d'un blond ardent, leurs grands corps, capables seulement d'un premier élan, mais incapables de fatigue et de travail, ne supportant ni la soif ni la chaleur, mais résistant au froid et à la faim, par l'habitude du climat ou du sol.

V. Le pays, quoique çà et là divers d'aspect, est en général ou hérissé de forêts ou noyé de marécages; plus humide du côté des Gaules, plus exposé aux vents du côté où il regarde la Norique et la Pannonie; assez fertile en grains, mais peu propice aux arbres à fruits. Les troupeaux y abondent, mais ils sont petits; le gros bétail y a peu d'apparence, et n'a pas ces cornes, l'honneur du front des taureaux. Ils en aiment le nombre; ce sont leurs seules et leurs plus douces richesses. Les dieux se sont-ils montrés propices ou contraires à ce peuple en lui refusant l'or et l'argent? Je l'ignore. Je n'affirmerais pas toutefois qu'il n'y eût en Germanie aucune veine d'or ou d'argent, car qui a fouillé ce sol? mais il n'attachent pas à la possession et à l'usage de ces métaux les mêmes idés que nous. Des vases d'argent, offerts en dons à leurs députés ou à leurs chefs n'y sont pas plus estimés que des vases d'argile. Les plus près de nos frontières mettent quelque prix à l'or et à l'argent comme moyen de commerce; ils connaissent et distinguent quelques-unes de nos monnaies : ceux de l'intérieur, plus simples et plus fidèles aux vieux usages, s'en tiennent au commerce d'échanges. Parmi les monnaies, ils préfèrent les anciennes et les plus connues, les dentelées et celles où est empreint un char à deux chevaux. Ils recherchent aussi l'argent plus que l'or, non par goût, mais parce que les monnaies d'argent leur sont plus commodes pour acheter des marchandises communes et de bas prix.

VI. Le fer même est peu abondant chez eux, à en juger par leurs armes. Peu se servent de glaives ou de grandes piques. Leurs lances, qu'ils appellent *framées*, sont armées d'un fer étroit, court, mais si acéré et si maniable, que le même trait peut leur servir, selon l'occasion, à combattre de loin ou de près. Le cavalier n'a que le bouclier et la framée. Les gens de pied lancent des traits, et le même en a plusieurs; ils les font voler à d'immenses distances. Ils sont nus ou à peine embarrassés d'une saie; la vanité du costume

que, quod in ripa Rheni situm hodieque incolitur, ab illo constitutum nominatumque. Aram quin etiam Ulixi consecratam, adjecto Laertæ patris nomine, eodem loco olim repertam; monumentaque, et tumulos quosdam Græcis literis inscriptos, in confinio Germaniæ Rhætiæque adhuc exstare: quæ neque confirmare argumentis, neque refellere in animo est; ex ingenio suo quisque demat vel addat fidem.

IV. Ipse eorum opinionibus accedo, qui Germaniæ populos nullis aliis aliarum nationum connubiis infectos, propriam et sinceram et tantum sui similem gentem exstitisse arbitrantur. Unde habitus quoque corporum, quanquam in tanto hominum numero, idem omnibus: truces et cærulei oculi, rutilæ comæ, magna corpora et tantum ad impetum valida; laboris atque operum non eadem patientia; minimeque sitim æstumque tolerare, frigora atque inediam cœlo solove assueverunt.

V. Terra, etsi aliquanto specie differt, in universum tamen aut silvis horrida, aut paludibus fœda : humidior qua Gallias, ventosior qua Noricum ac Pannoniam adspicit: satis ferax, frugiferarum arborum impatiens, pecorum fecunda, sed plerumque improcera; ne armentis quidem suus honor, nec gloria frontis; numero gaudent, eæque solæ et gratissimæ opes sunt. Argentum et aurum propitii an irati dii negaverint, dubito. Nec tamen affirmaverim nullam Germaniæ venam argentum aurumve gignere : quis enim scrutatus est? possessione et usu haud perinde afficiuntur. Est videre apud illos argentea vasa, legatis et principibus eorum muneri data, non in alia vilitate quam quæ humo finguntur : quanquam proximi, ob usum commerciorum, aurum et argentum in pretio habent, formasque quasdam nostræ pecuniæ agnoscunt atque eligunt; interiores simplicius et antiquius permutatione mercium utuntur. Pecuniam probant veterem et diu notam, serratos bigatosque. Argentum quoque magis quam aurum sequuntur, nulla affectione animi, sed quia numerus argenteorum facilior usui est promiscua ac vilia mercantibus.

VI. Ne ferrum quidem superest, sicut ex genere telorum colligitur. Rari gladiis aut majoribus lanceis utuntur : hastas, vel ipsorum vocabulo frameas, gerunt, angusto et brevi ferro, sed ita acri et ad usum habili, ut eodem telo, prout ratio poscit, vel cominus vel eminus pugnent ; et

leur est inconnue; seulement leurs boucliers sont peints de couleurs très-nuancées. Peu portent des cuirasses; à peine un ou deux sont couverts d'un casque de cuir ou de fer. Leurs chevaux ne se font remarquer ni par la beauté ni par la vitesse. Ils ne leur apprennent pas à manœuvrer comme les nôtres, mais les poussent en avant, ou, les détournant à droite d'un même temps, ils forment si bien le cercle qu'il n'y a pas de dernier. A juger en général, leur plus grande force est dans les gens de pied. Ils combattent mêlés; les fantassins, par leur grande agilité, sont très-propres aux combats de cavalerie; ils les choisissent dans toute leur jeunesse et les placent au premier rang. Le contingent en est fixé, cent par chaque bourgade. Ils s'appellent entr'eux centeniers, et ce qui servit d'abord à désigner un nombre, est devenu un titre et un honneur. Leur ordre de bataille se forme par coins. Lâcher pied, sauf à revenir à la charge, leur paraît tactique plutôt que lâcheté. Même dans les combats douteux, ils emportent leurs morts. Abandonner son bouclier est le comble du déshonneur; le coupable est exclu des sacrifices et des assemblées; beaucoup ont mis fin à leur honte en se pendant.

VII. Ils choisissent leurs rois parmi les plus nobles, leurs chefs parmi les plus braves. Le pouvoir de ces rois n'est point illimité ni arbitraire; et quant aux chefs, c'est par l'exemple plutôt que par l'autorité qu'ils commandent. S'ils sont ardents, s'ils se donnent à voir, s'ils marchent les premiers au combat, ils dominent par l'admiration. Les prêtres seuls ont le droit de sévir contre un homme, de l'enchaîner, de le frapper, mais ce n'est point à titre de châtiment ni par ordre d'un chef, c'est comme par le commandement du dieu qui, dans leur croyance, préside aux combats. Ils portent à la guerre des images et quelques étendards qu'ils retirent du fond des bois sacrés. Le principal aiguillon de leur courage, c'est que leurs troupes ou bataillons ne sont pas le résultat du hasard, ni d'un amas fortuit d'hommes; ils sont formés de membres de la même famille et de parents. Tout près d'eux sont les gages de leurs affections; ils peuvent entendre les cris des femmes éplorées et les vagissements des enfans. Ce sont là pour chacun les témoins les plus sacrés; c'est de là qu'ils attendent les plus grandes louanges. Ils viennent montrer leurs blessures à leurs mères, à leurs femmes; et celles-ci ne craignent pas de compter les plaies, de demander à les voir. Elles portent aux combattans des vivres et des exhortations.

VIII. On raconte que des armées qui déjà pliaient et lâchaient pied, avaient été ralliées par les femmes, grâce à l'obstination de leurs prières, à leurs poitrines présentées aux fuyards, à la menace d'une captivité imminente, sort qu'ils redoutent bien plus fortement pour leurs femmes que pour eux-mêmes. Aussi n'y a-t-il pas de moyen plus sûr pour lier la volonté de leurs villes, que d'exiger pour otage des jeunes filles de naissance. Ils supposent aux femmes je ne sais quoi de saint et de prophétique, et ils ne méprisent pas leurs conseils, ni ne négligent leurs réponses. Nous avons vu sous Vespasien, Véléda, honorée chez plusieurs peuplades comme une divinité. Autrefois ils adorèrent Aurinia et plusieurs autres, non par adulation, ni comme des déesses créées de leurs mains.

IX. De tous les dieux, Mercure est celui qu'ils

---

eques quidem scuto frameaque contentus est; pedites et missilia spargunt, plura singuli, atque in immensum vibrant : nudi aut sagulo leves; nulla cultus jactatio; scuta tantum lectissimis coloribus distinguunt; paucis loricæ; vix uni alterive cassis aut galea. Equi non forma, non velocitate conspicui : sed nec variare gyros in morem nostrum docentur; in rectum aut uno flexu dextros agunt, ita conjuncto orbe ut nemo posterior sit. In universum æstimanti, plus penes peditem roboris; eoque mixti præliantur, apta et congruente ad equestrem pugnam velocitate peditum, quos ex omni juventute delectos ante aciem locant. Definitur et numerus : centeni ex singulis pagis sunt; idque ipsum inter suos vocantur, et, quod primo numerus fuit, jam nomen et honor est. Acies per cuneos componitur. Cedere loco, dummodo rursus instes, consilii quam formidinis arbitrantur. Corpora suorum etiam in dubiis prœliis referunt. Scutum reliquisse præcipuum flagitium : nec aut sacris adesse, aut concilium inire, ignominioso fas; multique superstites bellorum infamiam laqueo finierunt.

VII. Reges ex nobilitate, duces ex virtute sumunt. Nec regibus infinita aut libera potestas; et duces exemplo potius quam imperio, si prompti, si conspicui, si ante aciem agant admiratione præsunt. Ceterum neque animadvertere, neque vincire, ne verberare quidem, nisi sacerdotibus permissum; non quasi in pœnam, nec ducis jussu, sed velut deo imperante quem adesse bellantibus credunt. Effigiesque, et signa quædam, detracta lucis, in prælium ferunt. Quodque præcipuum fortitudinis incitamentum est, non casus, nec fortuita conglobatio turmam aut cuneum facit, sed familiæ et propinquitates : et in proximo pignora, unde feminarum ululatus audiri, unde vagitus infantium; hi cuique sanctissimi testes, hi maximi laudatores. Ad matres, ad conjuges vulnera ferunt : nec illæ numerare aut exigere plagas pavent. Cibosque et hortamina pugnantibus gestant.

VIII. Memoriæ proditor quasdam acies, inclinatas jam et labantes, a feminis restitutas, constantia precum et objecto pectorum, et monstrata cominus captivitate, quam longe impatientius feminarum suarum nomine timent; adeo ut efficacius obligentur animi civitatum quibus inter obsides puellæ quoque nobiles imperantur. Inesse quinetiam sanctum aliquid et providum putant, nec aut consilia earum aspernantur, aut responsa negligunt. Vidimus sub divo Vespasiano Veledam diu apud plerosque numinis loco habitam. Sed et olim Auriniam et complures alias venerati sunt, non adulatione, nec tanquam facerent deas.

IX. Deorum maxime Mercurium colunt, cui certis die

honorent le plus; à certains jours, ils croient innocent de lui immoler des victimes humaines. Des offrandes d'animaux apaisent Hercule et Mars. Une partie des Suèves sacrifie à Isis. Quelle est la cause et l'origine de ce culte étranger? je n'ai pu en rien savoir, si ce n'est que l'image même de la déesse, figurée par un vaisseau, semble annoncer une religion apportée par mer. Du reste, ne point tenir les dieux enfermés entre des murs, et ne leur prêter aucun des traits de l'homme, leur paraît plus conforme à la grandeur de ces êtres célestes. Ils ont des bois et des forêts consacrés, et ils donnent des noms de divinités à ce mystère des solitudes qu'ils ne voient que par les yeux du respect.

X. Quant aux auspices et à la divination, aucun peuple n'y a plus de foi. Leur manière de consulter le sort est très simple. Une branche d'arbre fruitier est coupée en morceaux; ces morceaux marqués de certains signes sont jetés, pêle-mêle et au hasard, sur une étoffe blanche; bientôt le prêtre de la peuplade, s'il s'agit d'affaires publiques, ou le père de famille, si d'affaires privées, invoquant les dieux et regardant le ciel, lève trois fois chaque morceau, et, d'après la marque qu'on y a faite, en donne l'interprétation. Est-elle défavorable, toute consultation doit cesser le jour durant sur l'affaire; est-elle propice, il faut encore prendre la foi des augures. Car ils connaissent l'usage d'interroger le chant et le vol des oiseaux. Une pratique propre à cette nation, c'est de tirer des chevaux des présages et des avertissements. Ils en nourrissent aux frais du public, dans ces mêmes forêts et ces mêmes bois sacrés, de blancs, qu'aucun travail humain n'a touchés. Attelés à un char sacré, le prêtre, ou le roi, ou le chef de la cité, les accompagnent et les regardent hennir et frémir. Il n'y a pas d'auspice plus décisif, non-seulement pour le peuple, mais pour les grands et les prêtres, lesquels se regardent eux-mêmes comme les ministres des dieux, et les chevaux comme sachant leurs pensées. Ils ont aussi une autre manière de prendre les auspices, qui leur sert à prévoir l'évènement dans les guerres importantes; c'est de faire battre contre un guerrier choisi dans leur nation un captif de la nation avec laquelle ils sont en guerre, pris d'une manière quelconque, et tous deux chacun avec les armes de son pays; la victoire de l'un ou de l'autre est regardée comme un pronostic.

XI. Les chefs délibèrent sur les affaires de détail; la nation tout entière sur les affaires majeures. Toutefois celles mêmes dont la décision appartient au peuple sont d'abord discutées par les chefs. Ils s'assemblent, à moins d'empêchements fortuits et soudains, à certains jours, au renouvellement ou au plein de la lune, époques qui leur semblent de l'augure le meilleur pour traiter les affaires. Ils ne comptent point comme nous par jours, mais par nuits; ils datent de la nuit toute transaction, toute assignation; la nuit semble amener le jour. Un des vices de la liberté, c'est qu'ils n'arrivent pas tous ensemble ni comme des gens obéissant à un ordre; de là une perte de deux ou trois jours par leur lenteur à se réunir. Quand ils se croient en nombre, ils siégent tout armés. Les prêtres, qui ont alors le droit de coërcition, commandent le silence. Bientôt le roi, ou le chef, selon son âge, sa noblesse, sa gloire militaire, son éloquence, se fait écouter bien plus par le pouvoir de la persuasion que par celui du commandement. Si l'opinion leur déplaît, ils

---

bus humanis quoque hostiis litare fas habent. Herculem ac Martem concessis animalibus placant; pars Suevorum et Isidi sacrificat. Unde causa et origo peregrino sacro, parum comperi : nisi quod signum ipsum, in modum liburnæ figuratum, docet advectam religionem. Ceterum nec cohibere parietibus deos, neque in ullam humani oris speciem assimulare, ex magnitudine cœlestium arbitrantur : lucos ac nemora consecrant, deorumque nominibus appellant secretum illud, quod sola reverentia vident.

X. Auspicia sortesque, ut qui maxime, observant. Sortium consuetudo simplex : virgam, frugiferæ arbori decisam, in surculos amputant, eosque, notis quibusdam discretos, super candidam vestem temere ac fortuito spargunt: mox si publice consulatur, sacerdos civitatis, sin privatim ipse paterfamiliæ, precatus deos cœlumque suspiciens, ter singulos tollit, sublatos secundum impressam ante notam interpretatur. Si prohibuerunt, nulla de eadem re in eumdem diem consulatio; sin permissum, auspiciorum adhuc fides exigitur. Et illud quidem etiam hic notum, avium voces volatusque interrogare. Proprium gentis equorum quoque præsagia ac monitus experiri : publice aluntur, iisdem nemoribus ac lucis candidi et nullo mortali opere contacti; quos pressos sacro curru sacerdos ac rex vel princeps civitatis comitantur, hinnitusque ac fremitus observant. Nec ulli auspicio major fides, non solum apud plebem, sed apud proceres, apud sacerdotes : se enim ministros deorum, illos conscios putant. Est et alia observatio auspiciorum, qua gravium bellorum eventus explorant. Ejus gentis, cum qua bellum est, captivum quoquo modo interceptum, cum electo popularium suorum, patriis quemque armis committunt : victoria hujus vel illius pro præjudicio accipitur.

XI. De minoribus rebus principes consultant, de majoribus omnes; ita tamen ut ea quoque, quorum penes plebem arbitrium est, apud principes pertractentur. Coeunt, nisi quid fortuitum et subitum inciderit, certis diebus, quum aut inchoatur luna aut impletur: nam agendis rebus hoc auspicatissimum initium credunt. Nec dierum numerum, ut nos, sed noctium computant. Sic constituunt, sic condicunt : nox ducere diem videtur. Illud ex libertate vitium, quod, non simul, nec ut jussi, conveniunt, sed et alter et tertius dies cunctatione coeuntium absumitur. Ut turba placuit, considunt armati. Silentium per sacerdotes, quibus tum et coercendi jus est, imperatur. Mox

témoignent leur mépris par des frémissements; s'ils l'agréent, ils agitent leurs framées. La marque d'assentiment la plus honorable, c'est d'applaudir avec les armes.

XII. On peut aussi accuser devant ces assemblées et y déférer les affaires criminelles. La peine est distincte selon le délit. Les traîtres et les transfuges sont pendus à un arbre. Les lâches, les poltrons, les prostitués, sont noyés dans la boue d'un marais, une claie par-dessus. Par cette diversité dans le supplice, ils semblent témoigner qu'il faut que les crimes s'expient au grand jour et que les infamies soient ensevelies. Quant aux délits moindres, tel est le délit telle est la peine : les coupables paient une amende en chevaux ou en troupaux; une partie revient au roi ou à la nation, l'autre au plaignant ou à ses proches. C'est encore dans ces assemblées qu'on choisit les chefs qui doivent rendre la justice dans les cantons et bourgades. On adjoint à chacun d'eux cent assesseurs, tirés du peuple pour former leur conseil et ajouter à leur autorité.

XIII. Ils ne traitent aucune affaire publique ou privée, qu'en armes; mais nul ne peut porter les armes si la cité ne l'en a jugé capable. C'est dans l'assemblée que l'un des chefs, le père ou un parent, décorent le jeune homme du bouclier ou de la framée. C'est chez eux la robe virile; c'est le premier honneur de la jeunesse : jusque-là ils étaient à une famille; désormais ils sont à la république. Une haute naissance, les grands services des ancêtres, confèrent la dignité de chef même à des adolescents; les autres s'attachent à des chefs d'un âge plus robuste, et depuis longtemps éprouvés; et ils ne rougissent pas d'être vus dans leur suite. Cette place même a des grades dont est juge celui qu'ils accompagnent, et il y a une grande émulation, soit parmi les compagnons pour la première place auprès du chef, soit parmi les chefs, pour avoir le plus de compagnons et les plus valeureux. C'est leur dignité, c'est leur force d'être toujours entourés d'un nombreux essaim de jeunes gens d'élite; c'est un honneur dans la paix, c'est une sûreté dans la guerre. Ces chefs se font un nom glorieux, non-seulement dans leur propre nation, mais encore dans les nations voisines, s'ils brillent par le nombre et la valeur des guerriers de leur escorte. On les recherche par des ambassades, on les comble de présents, et souvent leur renommée seule décide de la guerre.

XIV. Quand on en vient aux mains, c'est une honte pour le chef d'être surpassé en courage par ceux de sa suite, c'est une honte pour ceux-ci de ne pas l'égaler. On se déshonore pour toute la vie si l'on revient vivant d'un combat où le chef est mort. Le défendre, le protéger, faire de grandes actions pour les rapporter à sa gloire, est le premier de leurs serments. Les chefs combattent pour la victoire, les compagnons pour les chefs. Si la cité où ils sont nés languit dans l'oisiveté d'une longue paix, la plupart de ces nobles jeunes gens vont s'offrir d'eux-mêmes aux nations qui sont en guerre; car le repos est insupportable à ces peuples, outre qu'il est plus facile de s'illustrer dans les hasards, et qu'un chef ne peut obtenir une grande suite que [par la force et la guerre. Car ce cheval de bataille, cette sanglante et victorieuse framée, sont des dons exigés de la libéra-

---

rex, vel princeps, prout ætas cuique, prout nobilitas, prout decus bellorum, prout facundia est, audiuntur, auctoritate suadendi magis quam jubendi potestate. Si displicuit sententia, fremitu adspernantur; sin placuit, frameas concutiunt. Honoratissimum assensus genus est, armis laudare.

XII. Licet apud concilium accusare quoque et discrimen capitis intendere. Distinctio pœnarum ex delicto : proditores et transfugas arboribus suspendunt; ignavos, et imbelles, et corpore infames, cœno ac palude, injecta insuper crate, mergunt. Diversitas supplicii illuc respicit, tanquam scelera ostendi oporteat dum puniuntur, flagitia abscondi. Sed et levioribus delictis, pro modo, pœna : equorum pecorumve numero convicti multantur; pars multæ regi vel civitati, pars ipsi qui vindicaret vel propinquis ejus, exsolvitur. Eliguntur in iisdem conciliis et principes, qui jura per pagos vicosque reddant. Centeni singulis ex plebe comites, consilium simul et auctoritas, adsunt.

XIII. Nihil autem neque publicæ neque privatæ rei nisi armati agunt. Sed armas sumere non ante cuiquam moris quam civitas suffecturum probaverit. Tum in ipso concilio vel principum aliquis, vel pater, vel propinquus, scuto frameaque juvenem ornant : hæc apud illos toga, hic primus juventæ honos; ante hoc domus pars videntur, mox reipublicæ. Insignis nobilitas aut magna patrum merita principis dignationem etiam adolescentulis assignant : ceteri robustioribus ac jam pridem probatis aggregantur; nec rubor inter comites adspici. Gradus quin etiam et ipse comitatus habet, judicio ejus quem sectantur; magnaque et comitum æmulatio, quibus primus apud principem suum locus, et principum cui plurimi et acerrimi comites. Hæc dignitas, hæ vires, magno semper electorum juvenum globo circumdari, in pace decus, in bello præsidium. Nec solum in sua gente cuique, sed apud finitimas quoque civitates id nomen, ea gloria est, si numero ac virtute comitatus emineat : expetuntur enim legationibus, et muneribus ornantur, et ipsa plerumque fama bella profligant.

XIV. Quum ventum in aciem, turpe principi virtute vinci, turpe comitatui virtutem principis non adæquare. Jam vero infame in omnem vitam ac probrosum superstitem principi suo ex acie recessisse. Illum defendere, tueri, sua quoque fortia facta gloriæ ejus assignare, præcipuum sacramentum est. Principes pro victoria pugnant, comites pro principe. Si civitas in qua orti sunt longa pace et otio torpeat, plerique nobilium adolescentium petunt ultro eas nationes quæ tum bellum aliquod gerunt :

lité du chef. Sa table et des festins abondants, quoique d'un apprêt grossier, tiennent lieu de paye : la guerre et les rapines fournissent à la munificence. On ne leur persuadera pas facilement de mieux aimer labourer la terre, et attendre l'année, que de provoquer les ennemis, et de gagner des blessures; ce leur semble paresse et inertie d'amasser par la sueur ce qu'on peut conquérir par le sang.

XV. Le temps qu'ils ne sont pas en guerre, ils en passent beaucoup à la chasse, mais la plus grande partie dans l'oisiveté, à manger avec excès ou à dormir. Les plus vaillants et les plus belliqueux, inactifs, laissent le soin de la maison, des pénates et des champs aux femmes, aux vieillards, aux plus faibles de la famille, et croupissent dans le désœuvrement; étrange contradiction de la nature, qui fait que les mêmes hommes qui aiment tant l'inertie, haïssent le repos. C'est l'usage des cités d'offrir, volontairement et par tête, à leurs chefs, du bétail ou du blé reçus à titre d'honneur, subviennent à leurs besoins. Ils aiment surtout les présents des nations voisines, soit particuliers, soit publics ; ce sont des chevaux de choix, de grandes armures, des caparaçons, des colliers. Déjà nous leur avons appris à recevoir de l'argent.

XVI. Il est assez connu que les peuples de la Germanie n'habitent point des villes, et qu'ils ne souffrent pas de demeures contiguës : ils vivent séparés et dispersés, selon qu'une fontaine, un champ, un bois leur a plu. Leurs villages ne sont pas comme les nôtres, formés de maisons qui se joignent et se tiennent; chacun entoure la sienne d'un espace libre, soit comme préservatif en cas d'incendie, soit ignorance de l'art de bâtir. L'usage des ciments et de la tuile leur est inconnu ; ils n'emploient pour tout que des matériaux grossiers, et ne donnent rien ni à l'apparence ni à l'agrement. Quelques endroits seulement, plus soignés, sont enduits d'une terre si pure et si brillante, qu'elle imite la peinture et les nuances des couleurs. Ils ont aussi coutume de se creuser des cavernes souterraines sur les quelles ils entassent du fumier : c'est un refuge contre l'hiver et un lieu de dépôt pour les grains. La disposition de ces lieux adoucit l'âpreté du froid, et, si l'ennemi vient, il ne trouve à ravager que les choses qui sont à la surface, mais pour celles qui sont cachées et enfouies, ou il ne les découvre pas, ou elles le déroutent par la nécessité de les chercher.

XVII. Le vêtement national est une saie fixée par une agrafe, ou, à défaut d'agrafe, par une épine : nus du reste, les Germains passent les journées entières autour du foyer et devant le feu. Les plus riches se distinguent par un vêtement qui ne flotte pas comme celui des Sarmates et des Parthes, mais qui serre le corps et en dessine toutes les formes. Ils portent aussi des peaux de bêtes, plus grossières sur les rives du Rhin, plus recherchées dans l'intérieur, où ils ne peuvent se procurer par le commerce d'autres vêtements. Ils choisissent des bêtes, et en parsèment et bigarrent la dépouille de peaux d'animaux, venus des côtes de l'océan extérieur et des mers inconnues. Les femmes sont habillées comme les hommes, si ce n'est qu'elles se couvrent le plus souvent de manteaux de lin mélangés de pourpre, et que la partie supérieure de leurs vêtements, au

---

quia et ingrata genti quies, et facilius inter ancipitia clarescunt, magnumque comitatum non nisi vi belloque tueare; exigunt enim principis sui liberalitate illum bellatorem equum, illam cruentam victricemque frameam. Nam epulæ, et, quanquam incompti, largi tamen apparatus pro stipendio cedunt : materia munificentiæ per bella et raptus. Nec arare terram aut expectare annum tam facile persuaseris, quam vocare hostes et vulnera mereri : pigrum quin immo et iners videtur sudore acquirere quod possis sanguine parare.

XV. Quoties bella non ineunt, non multum venatibus, plus per otium transigunt, dediti somno ciboque. Fortissimus quisque ac bellicosissimus nihil agens, delegata domus et penatium et agrorum cura feminis senibusque et infirmissimo cuique ex familia, ipsi hebent : mira diversitate naturæ, quum iidem homines sic ament inertiam et oderint quietem. Mos est civitatibus ultro ac viritim conferre principibus vel armentorum vel frugum, quod, pro honore acceptum, etiam necessitatibus subvenit. Gaudent præcipue finitimarum gentium donis, quæ non modo a singulis, sed publice mittuntur; electi equi, magna arma, phaleræ, torquesque. Jam et pecuniam accipere docuimus.

XVI. Nullas Germanorum populis urbes habitari, satis notum est; ne pati quidem inter se junctas sedes. Colunt discreti ac diversi, ut fons, ut campus, ut nemus placuit. Vicos locant, non in nostrum morem, connexis et cohærentibus ædificiis : suam quisque domum spatio circumdat, sive adversus casus ignis remedium, sive inscitia ædificandi. Ne cæmentorum quidem apud illos aut tegularum usus : materia ad omnia utuntur informi, et citra speciem aut delectationem. Quædam loca diligentius illinunt terra ita pura ac splendente, ut picturam ac lineamenta colorum imitetur. Solent et subterraneos specus aperire, eosque multo insuper fimo onerant, suffugium hiemi et receptaculum frugibus : quia rigorem frigorum ejusmodi locis molliunt, et si, quando hostis advenit, aperta populatur; abdita autem et defossa aut ignorantur, aut eo ipso fallunt, quod quærenda sunt.

XVII. Tegumen omnibus sagum, fibula aut, si desit, spina consertum; cetera intecti, totos dies juxta focum atque ignem agunt. Locupletissimi veste distinguuntur, non fluitante, sicut Sarmatæ ac Parthi, sed stricta et singulos artus exprimente. Gerunt et ferarum pelles, proximi ripæ negligenter, ulteriores exquisitius, ut quibus nullus per commercia cultus. Eligunt feras, et detracta velamina spargunt maculis pellibusque belluarum, quas exterior oceanus atque ignotum mare gignit. Nec alius feminis quam viris habitus, nisi quod feminæ sæpius lineis amictibus velantur, eosque purpura variant, partemque ve-

lieu de s'allonger en manches, laisse à nu leurs bras et leurs épaules; leur sein même est à découvert.

XVIII. Toutefois les mariages sont chastes, et nulle partie des mœurs germaines ne mérite plus d'éloges. Presque les seuls d'entre les barbares ils se contentent d'une seule femme, sauf un petit nombre qui en prennent plusieurs, non par libertinage, mais parce que leur noblesse fait ambitionner leur alliance. Ce n'est point la femme qui apporte une dot au mari, mais le mari à la femme. Ses parents et ses proches interviennent et approuvent les présents de noces. Ces présents ne sont pas des objets de toilette, si chers aux femmes, ni des parures de nouvelle mariée, mais des bœufs, un cheval avec son frein, et un bouclier avec la framée et le glaive. Les présents agréés, la femme est admise dans la maison du mari; elle-même lui fait don de quelques armes. C'est là leur lien le plus puissant, ce sont leurs rites mystérieux, et leurs dieux d'hyménée. Et, pour que la femme ne se croie pas dispensée de toute idée de courage, et en dehors des chances de la guerre, ces auspices et ces commencements du mariage lui apprennent qu'elle vient prendre sa part du travail et des dangers, et qu'elle doit, dans la paix comme dans la guerre, souffrir et oser autant que son mari. C'est là ce que lui veulent dire ces bœufs accouplés, ce cheval équipé, ces présents d'armes; il faut vivre de la même vie, il faut mourir de la même mort; les dons qu'elle reçoit, elle devra les rendre à ses fils intacts et dignes d'eux, et par ses fils à ses brus qui les transmettront à leurs descendants.

XIX. Elles vivent ainsi, gardées par leur vertu, sans spectacles dont les séductions les corrompent, sans festins dont la sensualité les excite. Hommes et femmes ignorent également les mystérieuses correspondances. Les adultères sont tres-rares dans une nation si nombreuse. La peine est immédiate et c'est au mari qu'il appartient de l'infliger. Les cheveux coupés, nue, en présence des proches, la coupable est chassée de la maison par son mari qui la conduit à coups de fouet à travers la bourgade. Il n'y a point de pardon pour la pudeur qui s'est prostituée. Ni la beauté, ni l'âge, ni les richesses, ne font trouver un autre époux à la femme adultère. Nul ici ne rit des vices, et corrompre et être corrompu ne s'appelle pas vivre selon le siècle. On agit encore mieux dans certaines cités où les vierges seulement peuvent se marier et où l'on ne peut qu'une fois espérer et désirer être épouse. Comme elles n'ont qu'un corps et qu'une vie, de même elles ne doivent avoir qu'un mari. Au delà, nulle pensée, nul désir, et ce n'est pas le mari, c'est le mariage qu'elles doivent aimer dans leur époux. Limiter le nombre de ses enfants, ou faire périr quelqu'un des nouveau-nés, est un crime, et les bonnes mœurs ont ici plus d'empire, qu'ailleurs les bonnes lois.

XX. Dans toutes les maisons, les enfants croissent nus et sales, jusqu'à cette force de membres, jusqu'à ces corps qui nous étonnent. Chacun est nourri du lait de sa mère et n'est livré ni aux servantes ni aux nourrices. Le maître ne se distingue de l'esclave par aucune délicatesse d'éducation; au milieu des mêmes troupeaux, sur la même terre, ils vivent confondus jusqu'à ce que l'âge mette à part l'homme de race libre et que le courage se fasse reconnaître. Les jeunes gens aiment tard; de là une puberté inépuisable. Les filles ne sont point mariées hâtivement; égaux en jeunesse, en

---

stitus superioris in manicas non extendunt, nudæ brachia ac lacertos; sed et proxima pars pectoris patet.

XVIII. Quanquam severa illic matrimonia, nec ullam morum partem magis laudaveris : nam prope soli barbarorum singulis uxoribus contenti sunt, exceptis admodum paucis, qui non libidine, sed ob nobilitatem, plurimis nuptiis ambiuntur. Dotem non uxor marito, sed uxori maritus offert. Intersunt parentes et propinqui ac munera probant : munera non ad delicias muliebres quæsita, nec quibus nova nupta comatur; sed boves et frenatum equum, et scutum cum framea gladioque. In hæc munera uxor accipitur, atque invicem ipsa armorum aliquid viro affert : hoc maximum vinculum, hæc arcana sacra, hos conjugales deos arbitrantur. Ne se mulier extra virtutum cogitationes extraque bellorum casus putet, ipsis incipientis matrimonii auspiciis admonetur venire se laborum periculorumque sociam, idem in pace, idem in prælio passuram ausuramque : hoc juncti boves, hoc paratus equus, hoc data arma denunciant; sic vivendum, sic pereundum; accipere se quæ liberis inviolata ac digna reddat, quæ nurus accipiant rursusque ad nepotes referant.

XIX. Ergo septæ pudicitia agunt, nullis spectaculorum illecebris, nullis conviviorum irritationibus corruptæ. Literarum secreta viri pariter ac feminæ ignorant. Paucissima in tam numerosa gente adulteria, quorum pœna præsens et maritis permissa. Accisis crinibus nudatam coram propinquis expellit domo maritus ac per omnem vicum verbere agit : publicatæ enim pudicitiæ nulla venia; non forma, non ætate, non opibus maritum invenerit. Nemo enim illic vitia ridet; nec corrumpere et corrumpi seculum vocatur. Melius quidem adhuc eæ civitates in quibus tantum virgines nubunt, et cum spe votoque uxoris semel transigitur. Sic unum accipiunt maritum, quo modo unum corpus unamque vitam, ne ulla cogitatio ultra, ne longior cupiditas, ne tanquam maritum, sed matrimonium ament. Numerum liberorum finire aut quemquam ex agnatis necare flagitium habetur; plusque ibi boni mores valent quam alibi bonæ leges.

XX. In omni domo nudi ac sordidi, in hos artus, in hæc corpora quæ miramur, excrescunt. Sua quemque mater uberibus alit, nec ancillis ac nutricibus delegantur. Dominum ac servum nullis educationis deliciis dignoscas. Inter eadem pecora, in eadem humo degunt : donec ætas separet ingenuos, virtus agnoscat. Sera juvenum venus, eoque inexhausta pubertas : nec virgines festinantur; eadem juventa, similis proceritas, pares validæque miscentur;

taille, en vigueur, la famille qui naît de tels époux hérite de leurs forces. Les neveux sont aussi considérés de l'oncle que du père ; quelques-uns mêmes regardent ce lien du sang comme plus étroit, et, dans le choix des otages, exigent de préférence les neveux ; on pense qu'ils lient plus fortement les volontés et qu'ils étendent les engagements à plus de personnes. Chacun toutefois a pour héritiers et successeurs ses propres enfants. Ils ne font pas de testaments. A défauts d'enfants, les plus proches degrés viennent en possession, les freres, les oncles paternels et maternels. Plus il y a de parents et d'alliés, plus la vieillesse est entourée d'égards : on n'y spécule pas sur les vieillards sans enfants.

XXI. Il est de nécessité qu'on épouse les haines et les affections soit d'un père, soit d'un parent. Mais les haines n'y sont ni implacables ni éternelles. L'homicide même se rachète au prix de quelques têtes de petit et de gros bétail ; la famille tout entière reçoit satisfaction, ce qui est d'un bon effet pour le public, car les haines sont dangereuses dans un pays en proportion de la liberté. Aucun peuple n'est plus prodigue pour ses convives et pour ses hôtes ; c'est une impiété de refuser sa maison à qui que ce soit : chacun fait des apprêts pour l'étranger, selon sa fortune. Si les provisions manquent, l'hôte indique à l'étranger la maison voisine et l'y accompagne ; ils entrent sans être invités ; mais peu importe ; on les reçoit tous deux avec la même cordialité. Le droit de l'hospitalité ne distingue pas entre l'ami et l'inconnu. Quand l'étranger s'en va, s'il demande quelque chose, il est d'usage de l'accorder : les mœurs permettent à l'hôte d'en faire autant. Ils aiment les présents ; mais ils ne croient ni

obliger par ceux qu'ils font, ni être obligés par ceux qu'ils reçoivent.

XXII. Sitôt après le sommeil qu'ils prolongent fort avant dans le jour, ils se baignent le plus souvent dans l'eau chaude, l'hiver étant chez eux très-long. Au sortir du bain, ils mangent, chacun sur un siége séparé, et à une table à part ; puis viennent les affaires, et non moins souvent les festins, où ils vont armés. Il n'y a pas de honte à boire tout le jour et toute la nuit. Les rixes qui y sont fréquentes, comme il arrive entre gens pris de vin, s'y terminent rarement par des injures, presque toujours par des meurtres ou des coups. Mais les réconciliations, les alliances, le choix des chefs, la paix, la guerre, se traitent d'ordinaire dans les festins, comme si en aucun moment l'esprit n'était plus ouvert aux pensées franches, ou plus échauffé pour les grandes. Ce peuple, sans ruse ni astuce, épanche ses secrets dans la liberté joyeuse de la table : les âmes qui s'étaient livrées et montrées à nu la veille, le lendemain reviennent à froid sur elles-mêmes ; et dans les deux cas c'est sagement agir ; car ils délibèrent alors qu'ils ne savent pas feindre, et se décident alors qu'ils ne peuvent se tromper.

XXIII. Leur boisson est une liqueur extraite de l'orge ou du blé que la fermentation fait ressembler au vin. Les plus près du fleuve achètent aussi du vin. Leurs mets sont simples : avec des fruits sauvages, de la venaison nouvelle, ou du lait caillé, servis sans apprêts, ils appaisent leur faim. Ils sont moins sobres contre la soif. Si on favorise leur ivrognerie en y fournissant autant qu'ils le désirent, on les vaincra par leurs vices non moins facilement que par les armes.

ac robora parentum liberi referunt. Sororum filiis idem apud avunculum, qui apud patrem, honor. Quidam sanctiorem arctioremque hunc nexum sanguinis arbitrantur, et in accipiendis obsidibus magis exigunt, tanquam ii et animum firmius et domum latius teneant. Heredes tamen successoresque sui cuique liberi ; et nullum testamentum. Si liberi non sunt, proximus gradus in possessione fratres, patrui, avunculi. Quanto plus propinquorum, quo major affinium numerus, tanto gratiosior senectus ; nec ulla orbitatis pretia.

XXI. Suscipere tam inimicitias seu patris seu propinqui quam amicitias necesse est ; nec implacabiles durant. Luitur enim etiam homicidium certo armentorum ac pecorum numero, recipitque satisfactionem universa domus : utiliter in publicum ; quia periculosiores sunt inimicitiæ juxta libertatem. Convictibus et hospitiis non alia gens effusius indulget. Quemcunque mortalium arcere tecto nefas habetur : pro fortuna quisque apparatis epulis excipit. Quum defecere, qui modo hospes fuerat, monstrator hospitii et comes, proximam domum non invitati adeunt, nec interest ; pari humanitate accipiuntur. Notum ignotumque, quantum ad jus hospitii, nemo discernit. Abeunti, si quid poposcerit, concedere moris ; et poscendi invicem eadem facilitas. Gau-

dent muneribus ; sed nec data imputant, nec acceptis obligantur.

XXII. Statim e somno, quem plerumque in diem extrahunt, lavantur, sæpius calida, ut apud quos plurimum hiems occupat. Lauti cibum capiunt ; separatæ singulis sedes et sua cuique mensa. Tum ad negotia, nec minus sæpe ad convivia, procedunt armati. Diem noctemque continuare potando nulli probrum. Crebræ, ut inter vinolentos, rixæ, raro conviciis, sæpius cæde et vulneribus transiguntur. Sed et de reconciliandis invicem inimicis, et jungendis affinitatibus, et adsciscendis principibus, de pace denique ac bello, plerumque in conviviis consultant : tanquam nullo mag s tempore aut ad simplices cogitationes pateat animus, ad magnas incalescat. Gens, non astuta nec callida, aperit adhuc secreta pectoris licentia joci. Ergo detecta et nuda omnium mens postera die retractatur, et salva utriusque temporis ratio est : deliberant dum fingere nesciunt ; constituunt dum errare non possunt.

XXIII. Potui humor ex hordeo aut frumento, in quamdam similitudinem vini corruptus. Proximi ripæ et vinum mercantur. Cibi simplices : agrestia poma, recens fera, aut lac concretum. Sine apparatu, sine blandimentis expellunt famem. Adversus sitim non eadem temperantia. Si indul-

XXIV. Ils n'ont qu'une sorte de spectacles et le même dans toutes les réunions. Des jeunes gens, exercés à ce jeu, sautent nus au milieu de glaives et de framées menaçantes. L'exercice en a fait un art, et l'art y a mis de la grâce Ils n'en attendent ni gain ni récompense, sauf le plaisir des spectateurs, qui est le seul prix de leur audacieuse agilité. Les jeux de hasard, chose étrange ! se jouent à jeun, comme une affaire sérieuse, et avec une si grande témérité dans le gain comme dans la perte, que, quand ils n'ont plus rien, ils mettent leur liberté et leurs corps dans un dernier et suprême enjeu. Le vaincu s'offre de lui-même à cette servitude volontaire, et, quoique plus jeune et plus robuste que le vainqueur, il se laisse attacher et mettre en vente. Telle est leur fermeté dans une mauvaise chose ; ils appellent cela bonne foi. Les vainqueurs se débarrassent par des échanges des esclaves qu'ils ont gagnés au jeu ; ils ont hâte de se délivrer de la honte de leur victoire.

XXV. Les autres esclaves n'ont pas comme chez nous des emplois distincts dans la maison. Chacun régit par lui-même sa demeure, ses pénates. Le maître impose à l'esclave, comme à un fermier, une certaine redevance, en blé, en bétail, en vêtemens, et l'esclave n'obéit que jusque-là. Les autres offices domestiques appartiennent à la femme et aux enfants. Il est rare qu'un esclave soit frappé, enchaîné, ou forcé de travail. Ils le tueront, non par la rigueur et la discipline, mais dans l'emportement de la colère, comme on tue un ennemi ; sauf qu'ils le font impunément. Les affranchis ne sont guère au-dessus des esclaves : leur influence est rare dans la maison ; elle est nulle dans la peuplade ; si ce n'est chez les nations qui ont des rois. Là, on les voit s'élever au-dessus des hommes de race des libre, au-dessus nobles. Ailleurs, l'infériorité des affranchis est un témoignage de liberté.

XXVI. Faire valoir l'argent par des prêts, et l'accroître par l'usure, leur est inconnu ; ignorance plus salutaire que des lois prohibitives. Les terres sont occupées par toutes les tribus successivement, selon le nombre des cultivateurs, et partagées ensuite selon le rang. La vaste étendue de leurs plaines facilite ces partages. Ils changent chaque année de champs, et ils en ont toujours de reste : car ils ne luttent point par le travail avec la fertilité et l'étendue du sol, et on ne les voit ni planter des vignes, ni enclore des prés, ni arroser des jardins ; ils ne demandent à la terre que du blé. Aussi ne divisent-ils pas l'année en autant de saisons que nous ; ils connaissent et nomment l'hiver, le printemps et l'été ; mais ils ignorent le nom et les fruits de l'automne.

XXVII. Nul faste dans leurs funérailles : seulement ils ont soin que les corps des personnes illustres soient brûlés avec des bois particuliers. Ils n'entassent sur le bûcher ni étoffes ni parfums : les armes du mort, quelquefois son cheval, sont brûlés avec lui. Le tombeau est un tertre élevé : ils méprisent l'honneur pénible et coûteux des mausolées, comme lourd aux morts. Ils cessent promptement les lamentations et les larmes, mais ils prolongent la douleur et les regrets ; aux femmes il sied de pleurer, aux hommes de se souvenir. Voilà ce que j'ai appris des mœurs et de l'origine des Germains, pris ensemble ; maintenant je dirai en quoi différent les institutions et les coutumes de chaque nation en particulier, et quels autres peuples ont émigré de la Germanie dans les Gaules.

---

seris ebrietati, suggerendo quantum concupiscunt, haud minus facile vitiis quam armis vincentur.

XXIV. Genus spectaculorum unum atque in omni cœtu idem. Nudi juvenes, quibus id ludicrum est, inter gladios se atque infestas frameas saltu jaciunt. Exercitatio artem paravit, ars decorem : non in quæstum tamen aut mercedem ; quamvis audacis lasciviæ pretium est voluptas spectantium. Aleam (quod mirere) sobrii inter seria exercent, tanta lucrandi perdendive temeritate, ut, quum omnia defecerunt, extremo ac novissimo jactu de libertate ac de corpore contendant. Victus voluntariam servitutem adit, quamvis junior, quamvis robustior, alligari se ac venire patitur : ea est in re prava pervicacia ; ipsi fidem vocant. Servos conditionis hujus per commercia tradunt, ut se quoque pudore victoriæ exsolvant.

XXV. Ceteris servis, non in nostrum morem descriptis per familiam ministeriis, utuntur. Suam quisque sedem, suos penates regit. Frumenti modum dominus, aut pecoris, aut vestis, ut colono injungit ; et servus hactenus paret. Cetera domus officia uxor ac liberi exsequuntur. Verberare servum, ac vinculis et opere coercere, rarum. Occidere solent, non disciplina et severitate, sed impetu et ira, ut inimicum, nisi quod impune. Libertini non multum supra servos sunt, raro aliquod momentum in domo, nunquam in civitate ; exceptis duntaxat iis gentibus quæ regnantur. Ibi enim et super ingenuos et super nobiles adscendunt : apud ceteros impares libertini libertatis argumentum sunt.

XXVI. Fenus agitare et in usuras extendere ignotum ; ideoque magis servatur quam si vetitum esset. Agri, pro numero cultorum, ab universis per vices occupantur, quos mox inter se secundum dignationem partiuntur : facilitatem partiendi camporum spatia præstant. Arva per annos mutant, et superest ager ; nec enim cum ubertate et amplitudine soli labore contendunt, ut pomaria conserant, et prata separent, et hortos rigent : sola terræ seges imperatur. Unde annum quoque ipsum non in totidem digerunt species : hiems et ver et æstas intellectum ac vocabula habent ; autumni perinde nomen ac bona ignorantur.

XXVII. Funerum nulla ambitio : id solum observatur, ut corpora clarorum virorum certis lignis crementur. Struem rogi nec vestibus, nec odoribus cumulant : sua cuique arma, quorumdam igni et equus adjicitur. Sepulcrum cespes erigit : monumentorum arduum et operosum honorem, ut gravem defunctis, adspernantur. Lamenta ac lacrymas cito, dolorem et tristitiam tarde ponunt. Feminis lugere honestum est, viris meminisse. Hæc in commune de omnium Germanorum origine ac moribus accepimus ; nunc singularum gentium instituta ritusque quatenus differant,

XXVIII. Les Gaulois furent jadis plus puissants, selon l'auteur le plus digne de foi, Jules César, et l'on en pourrait conclure qu'il y a eu des émigrations de Gaulois dans la Germanie. Car quel faible obstacle qu'une rivière pour empêcher la nation devenue la plus forte de changer de demeure et de s'emparer de pays sans frontières, et qui n'étaient pas encore partagés en royaumes? Ainsi entre la forêt d'Hercynie, le Rhin et le Mein, s'établirent les Helvètes, et plus bas les Boïens, deux peuples d'origine gauloise. Le nom de Bohémiens, qui subsiste encore, témoigne des vieux souvenirs du lieu, quoique les habitants aient changé. Les Araviques sont-ils une colonie des Oses, nation germanique, émigrés en Pannonie, ou les Oses sont-ils des Araviques venus en Germanie? leur langage, leurs institutions, leurs mœurs qui sont les mêmes, laissent la chose en doute. Égaux par la pauvreté et la liberté, les deux rives du Danube leur offraient les mêmes biens et les mêmes maux. Les Trévires et les Nerviens portent, jusqu'à l'affectation, l'orgueil de sortir des Germains, comme si, par cette gloire du sang, ils voulaient répudier toute ressemblance avec la mollesse des Gaulois. Il n'est pas douteux que des Germains n'habitent la rive même du Rhin, comme les Vangions, les Triboques, les Némètes. Les Ubiens eux-mêmes, quoiqu'ils aient mérité de devenir une colonie romaine, et qu'ils s'appellent plus volontiers Agrippiniens, du nom de leur fondatrice, ne rougissent pas de leur origine germanique. Émigrés autrefois, leur fidélité éprouvée les fit placer par nous sur la rive même du Rhin, pour nous défendre, non pour être nos prisonniers.

XXIX. Les premiers de tous ces peuples par le courage sont les Bataves, lesquels s'étendent peu sur les rives du Rhin, mais en occupent une île; jadis de la nation des Cattes, et poussés par des guerres intestines dans ce pays, où ils devaient faire un jour partie de l'empire romain. Il leur reste une marque honorable de cette antique alliance; car ils ne sont ni avilis par nos tributs ni foulés par nos publicains; mais libres de toute charge et d'impôts, et gardés seulement pour les combats, ils sont comme des armes d'attaque et de défense que nous réservons pour la guerre. La nation des Mattiaques est dans la même obéissance; car la grandeur du peuple romain a étendu au delà du Rhin, au delà de nos anciennes limites, le respect de l'empire. Ils vivent de corps sur cette rive, leur patrie et leur territoire, et de cœur et d'âme avec nous; d'ailleurs semblables aux Bataves, sauf que le sol natal et le climat les rendent encore plus belliqueux. Je ne compterai point parmi les nations Germaniques, quoiqu'ils se soient établis au delà du Rhin et du Danube, ceux qui labourent les champs Décumates. Ce furent les plus éventés des Gaulois, à qui la misère donna de l'audace, et qui s'emparèrent d'un sol dont la possession était douteuse. Nos limites étant poussées en avant, et nos présides reculés, ils sont devenus une enclave de l'empire et une partie de la province.

XXX. Plus loin sont les Cattes, dont le pays commence à la forêt d'Hercynie. Ce ne sont plus des plaines ni des marais, comme en offrent les autres contrées de la Germanie, mais une chaîne

---

quæ nationes e Germania in Gallias commigraverint, expediam.

XXVIII. Validiores olim Gallorum res fuisse summus auctorum divus Julius tradit; eoque credibile est etiam Gallos in Germaniam transgressos. Quantulum enim amnis obstabat, quominus, ut quæque gens evaluerat, occuparet permutaretque sedes, promiscuas adhuc et nulla regnorum potentia divisas? Igitur inter Hercyniam silvam Rhenumque et Mœnum amnes Helvetii, ulteriora Boii, gallica utraque gens, tenuere. Manet adhuc Boiemi nomen, significatque loci veterem memoriam quamvis mutatis cultoribus. Sed utrum Aravisci in Pannoniam ab Osis, Germanorum natione, an Osi ab Araviscis in Germaniam commigraverint, quum eodem adhuc sermone, institutis, moribus utantur, incertum est : quia, pari olim inopia ac libertate, eadem utriusque ripæ bona malaque erant. Treveri et Nervii circa affectationem germanicæ originis ultro ambitiosi sunt, tanquam, per hanc gloriam sanguinis, a similitudine et inertia Gallorum separentur. Ipsam Rheni ripam haud dubie Germanorum populi colunt, Vangiones, Triboci, Nemetes. Ne Ubii quidem, quanquam romana colonia esse meruerint, ac libentius Agrippinenses conditoris sui nomine vocentur, origine erubescunt, transgressi olim, et experimento fidei super ipsam Rheni ripam collocati, ut arcerent, non ut custodirentur.

XXIX. Omnium harum gentium virtute præcipui Batavi, non multum ex ripa, sed insulam Rheni amnis colunt, Cattorum quondam populus, et seditione domestica in eas sedes transgressus, in quibus pars romani imperii fierent. Manet honos et antiquæ societatis insigne; nam nec tributis contemnuntur, nec publicanus atterit : exempti oneribus et collationibus, et tantum in usum præliorum sepositi, velut tela atque arma, bellis reservantur. Est in eodem obsequio et Mattiacorum gens. Protulit enim magnitudo populi romani ultra Rhenum, ultraque veteres terminos, imperii reverentiam. Ita sede finibusque in sua ripa, mente animoque nobiscum agunt, cetera similes Batavis, nisi quod ipso adhuc terræ suæ solo et cœlo acrius animantur. Non numeraverim inter Germaniæ populos, quanquam trans Rhenum Danubiumque consederint, eos qui Decumates agros exercent. Levissimus quisque Gallorum, et inopia audax, dubiæ possessionis solum occupavere. Mox, limite acto promotisque præsidiis, sinus imperii et pars provinciæ habentur.

XXX. Ultra hos Catti initium sedis ab Hercynio saltu inchoant, non ita effusis ac palustribus locis, ut ceteræ civitates in quas Germania patescit : durant siquidem colles paullatimque rarescunt; et Cattos suos saltus Hercynius prosequitur simul atque deponit. Duriora genti corpora, stricti artus, minax vultus, et major animi vigor. Multum, (ut inter Germanos) rationis ac sollertiæ : præponere electos, audire præpositos, nosse ordines, intelligere occa-

de collines qui se prolonge en s'abaissant peu à peu ; la forêt suit ses Cattes et finit avec eux. Ce peuple se distingue par des corps plus durs, des membres ramassés, un visage menaçant, plus de force d'âme. Ils ont, pour des Germains, beaucoup de sens et de conduite ; ils choisissent leurs chefs, ils obéissent à qui les commande ; ils savent garder leurs rangs, comprendre les occasions, différer les attaques, se disposer le jour, se retrancher la nuit, compter la fortune parmi les chances, le courage parmi les certitudes, et chose rare, qui n'est que l'effet de la discipline, ils se fient plus au chef qu'à l'armée. Toute leur force est en hommes de pied, chargés, outre leurs armes, de ferrements et de provisions. Les autres semblent n'aller qu'au combat : les Cattes vont à la guerre. Rares sont les excursions et les combats fortuits. C'est le propre de la cavalerie de décider promptement la victoire ou la retraite. La précipitation touche de près à la crainte, et la lenteur au courage.

XXXI. Une marque d'audace, rare chez les autres Germains, et qui n'y est propre qu'à des individus, est chez les Cattes un usage de la nation ; c'est de laisser pousser leur barbe et leurs cheveux dès l'adolescence, et de ne quitter qu'après le meurtre d'un ennemi, cet aspect farouche, emblème d'un vœu et d'un devoir. Ce n'est que sur le sang et les dépouilles du mort qu'ils se découvrent le front, et alors seulement ils pensent avoir payé le prix de leur existence, et s'être rendus dignes de la patrie et de leurs parens. Les lâches et les faibles gardent cet extérieur hideux. Les plus braves ont en outre au doigt un anneau de fer, signe d'ignominie chez ce peuple, et qu'ils portent comme une chaine jusqu'à ce qu'ils s'en délivrent par la mort d'un ennemi. Un grand nombre de Cattes aiment à se parer ainsi. Ils vieillissent sous ces insignes, qui les signalent à la fois aux ennemis et aux leurs ; à eux l'honneur d'engager tous les combats, à eux de former le premier rang, dont l'aspect est si étrange ; même dans la paix ils n'adoucissent pas leur physionomie. Ce peuple n'a ni maison, ni champ, ni soin de quoi que ce soit ; où ils vont ils se font nourrir ; prodigues du bien d'autrui, sans souci du leur, ils mènent cette âpre vie jusqu'à ce que la vieillesse glacée les rende incapables d'en supporter les rigueurs.

XXXII. Près des Cattes, sur les bords du Rhin, déjà fixé dans son lit, et qui peut tenir lieu de frontière, habitent les Tenctères et les Usipiens. Les Tenctères, outre les autres qualités guerrières, excellent dans les combats de cavalerie, et les fantassins ne sont pas plus renommés chez les Cattes, que chez les Tenctères les cavaliers. Ainsi l'ont établi les ancêtres ; leurs descendants les imitent. C'est le jeu de l'enfance, l'émulation de la jeunesse, le dernier exercice des vieillards. Les chevaux font partie des successions comme les maisons et les esclaves ; ce n'est point l'aîné qui les obtient, comme le reste, par le droit de l'âge, mais le plus intrépide à la guerre et le plus habile.

XXXIII. Près des Tenctères, se trouvaient jadis les Bructères. Aujourd'hui, dit-on, des émigrants Chamaves et Angrivariens occupent le territoire des Bructères, lesquels ont été chassés, et anéantis par une ligue des nations voisines, soit en haine de leur orgueil, soit par l'appât du butin, soit par quelque faveur des Dieux pour nous ; car ils ne nous ont même pas envié le spectacle de ce combat, où plus de soixante mille de ces barbares succombèrent, non sous l'effort des armées romaines, mais, ce qui est bien plus beau, devant nous et pour le plaisir de nos yeux. Puissent demeurer et durer chez ces

---

siones, differre impetus, disponere diem, vallare noctem, fortunam inter dubia, virtutem inter certa numerare ; quodque rarissimum, nec nisi ratione disciplinæ concessum, plus reponere in duce quam in exercitu. Omne robur in pedite, quem, super arma, ferramentis quoque et copiis onerant. Alios ad prælium ire videas, Cattos ad bellum : rari excursus et fortuita pugna. Equestrium sane virium id proprium, cito parare victoriam, cito cedere : velocitas juxta formidinem, cunctatio propior constantiæ est.

XXXI. Et aliis Germanorum populis usurpatum rara et privata cujusque audentia, apud Cattos in consensum vertit, ut primum adoleverint, crinem barbamque submittere, nec, nisi hoste cæso, exuere votivum obligatumque virtuti oris habitum. Super sanguinem et spolia revelant frontem, seque tum demum pretia nascendi retulisse, dignosque patria ac parentibus ferunt. Ignavis et imbellibus manet squalor. Fortissimus quisque ferreum insuper annulum (ignominiosum id genti) velut vinculum gestat, donec se cæde hostis absolvat. Plurimis Cattorum hic placet habitus. Jamque canent insignes, et hostibus simul quisque monstrati : omnium penes hos initia pugnarum ; hæc prima semper acies, visu nova ; nam ne in pace quidem vultu mitiore mansuescunt. Nulli domus, aut ager, aut aliqua cura : prout ad quemque venere, aluntur, prodigi alieni, contemptores sui, donec exsanguis senectus tam duræ virtuti impares faciat.

XXXII. Proximi Cattis certum jam alveo Rhenum, quique terminus esse sufficiat, Usipii ac Tencteri colunt. Tencteri, super solitum bellorum decus, equestris disciplinæ arte præcellunt ; nec major apud Cattos peditum laus, quam Tencteris equitum. Sic instituere majores, posteri imitantur. Hi lusus infantium, hæc juvenum æmulatio, perseverant senes : inter familiam et penates et jura successionis equi traduntur : excipit filius, non, ut cetera, maximus natu, sed prout ferox bello et melior.

XXXIII. Juxta Tencteros Bructeri olim occurrebant : nunc Chamavos et Angrivarios immigrasse narratur, pulsis Bructeris ac penitus excisis, vicinarum consensu nationum, seu superbiæ odio, seu prædæ dulcedine, seu favore quodam erga nos deorum ; nam ne spectaculo quidem prælii invidere : super sexaginta millia non armis telisque romanis sed, quod magnificentius est, oblectationi oculisque

nations, à défaut de l'amour pour Rome, ces haines réciproques; car, à voir comment se pressent les destinées de l'empire, la fortune ne peut pas nous offrir de faveur plus grande que les discordes de nos ennemis !

XXXIV. Les Angrivariens et les Chamaves, sont fermés par derrière par les Dulgibins, les Chasuares, et d'autres nations moins connues. Ils ont en tête les Frisons, distingués d'après leurs forces, en grands et petits Frisons. Ces deux nations bordent le Rhin jusqu'à l'Océan, et embrassent d'immenses lacs, où ont navigué les flottes romaines. Nous avons même tenté par là l'Océan. On a dit qu'il s'y trouvait encore des colonnes d'Hercule, soit qu'Hercule y ait été, soit que, d'un commun accord, nous aimions à grossir sa gloire de tout ce qui se rencontre de merveilleux. L'audace ne manqua pas à Drusus Germanicus; mais l'Océan ne voulut livrer ni ses secrets ni ceux d'Hercule. Depuis lors personne n'y a essayé, et il a paru plus saint et plus respectueux de croire aux actions des Dieux que d'y voir.

XXXV. Jusqu'ici nous connaissons l'Occident de la Germanie. Elle revient vers le Nord par un immense détour; et d'abord se présente la nation des Chauques. Quoique cette nation commence aux Frisons et qu'elle occupe un partie de la côte, on la voit s'étendre sur les flancs de toutes les nations que j'ai décrites, et s'enfoncer jusque dans le pays des Cattes. Cette immensité de pays, non-seulement les Chauques la possèdent, mais ils la remplissent. C'est le plus noble des peuples germaniques, et le seul qui préfère la justice pour soutien de sa grandeur. Sans cupidité, sans ambition effrénée, tranquille et solitaire, il ne provoque aucune guerre, et il s'interdit la rapine et le brigandage. Et, ce qui est la principale marque de sa vertu et de sa force, c'est que, pour être le premier, il n'a pas commis d'injustices. Tous cependant sont prompts à s'armer, et, dans le besoin, ils ont une armée; les guerriers, les chevaux abondent; dans la paix, la renommée leur en reste.

XXXVI. A côté des Chauques et des Cattes, les Chérusques, sans aggresseurs, ont gardé longtemps une paix excessive et énervante qui leur a été plus agréable que sûre; car au milieu des ambitieux et des puissants le repos est illusoire; et quand on en vient aux mains la gloire de la modération et de la justice appartient au plus fort. Ainsi les Chérusques, autrefois bons et justes, sont traités maintenant de lâches et de stupides. Pour les Cattes victorieux, la fortune est devenue sagesse. Les Foses entraînés dans la ruine des Chérusques, dont ils sont limitrophes, ont eu la moitié dans leur malheur, après avoir eu la moindre part dans leur prospérité.

XXXVII. Voisins de l'Océan, les Cimbres occupent le même bassin de la Germanie, petite nation aujourd'hui, grande nation par sa gloire. Il reste d'immenses vestiges de leur vieille renommée, des camps sur deux rives à la fois, des enceintes dont l'étendue peut servir à mesurer la multitude et les forces de ce peuple et rend croyable la grandeur de ses armées. Rome comptait six cents quarante années d'existence, lorsque, pour la première fois, on entendit le bruit des armes cimbres. Cécilius Métellus et Papirius Carbon étaient consuls. De cette époque au second consulat de l'empereur Trajan, on compte près de deux

---

ceciderunt. Maneat, quæso, duretque gentibus, si non amor nostri, at certe odium sui; quando, urgentibus imperii fatis, nihil jam præstare fortuna majus potest quam hostium discordiam.

XXXIV. Angrivarios et Chamavos a tergo Dulgibini et Chasuari cludunt, aliæque gentes haud perinde memoratæ. A fronte Frisii excipiunt. Majoribus minoribusque Frisiis vocabulum est, ex modo virium : utræque nationes usque ad oceanum Rheno prætexuntur, ambiuntque immensos insuper lacus, et romanis classibus navigatos. Ipsum quoque etiam oceanum illa tentavimus; et superesse adhuc Herculis columnas fama vulgavit : sive adiit Hercules, seu quidquid ubique magnificum est in claritatem ejus referre consensimus. Nec defuit audentia Druso Germanico, sed obstitit oceanus in se simul atque in Herculem inquiri. Mox nemo tentavit; sanctiusque ac reverentius visum de actis deorum credere quam scire.

XXXV. Hactenus in occidentem Germaniam novimus. In septentrionem ingenti flexu redit. Ac primo statim Chaucorum gens, quanquam incipiat a Frisiis ac partem littoris occupet, omnium quas exposui gentium lateribus obtenditur, donec in Cattos usque sinuetur : tam immensum terrarum spatium non tenent tantum Chauci, sed et implent; populus inter Germanos nobilissimus, quique magnitudinem suam malit justitia tueri; sine cupiditate, sine impotentia, quieti secretique, nulla provocant bella, nullis raptibus aut latrociniis populantur. Idque præcipuum virtutis ac virium argumentum est, quod, ut superiores agant, non per injurias assequuntur. Prompta tamen omnibus arma, ac, si res poscat, exercitus : plurimum virorum equorumque; et quiescentibus eadem fama.

XXXVI. In latere Chaucorum Cattorumque, Cherusci nimiam ac marcentem diu pacem illacessiti nutrierunt : idque jucundius quam tutius fuit; quia inter impotentes et validos falso quiescas; ubi manu agitur, modestia ac probitas nomina superioris sunt. Ita qui olim boni æquique Cherusci, nunc inertes ac stulti vocantur : Cattis victoribus fortuna in sapientiam cessit. Tracti ruina Cheruscorum et Fosi, contermina gens, adversarum rerum ex æquo socii, quum in secundis minores fuissent.

XXXVII. Eumdem Germaniæ sinum proximi oceano Cimbri tenent, parva nunc civitas, sed gloria ingens : veterisque famæ lata vestigia manent, utraque ripa castra ac spatia, quorum ambitu nunc quoque metiaris molem manusque gentis, et tam magni exercitus fidem. Sexcentesimum et quadragesimum annum urbs nostra agebat, quum primum Cimbrorum audita sunt arma, Cæcilio Metello ac Papirio Carbone consulibus. Ex quo si ad alterum imperatoris Trajani consulatum computemus, ducenti ferme et decem anni colliguntur : tandiu Germania vinci-

cents ans, tant la Germanie a été longue à vaincre. Durant ce grand laps de temps, les pertes furent nombreuses et réciproques. Ni le Samnite, ni les Carthaginois, ni les Espagnes, ni les Gaules, ni même les Parthes, ne nous donnèrent de si fréquents avertissements; car la liberté germanique est plus opiniâtre que la maison des Arsacides. Si j'excepte le massacre de Crassus, que peut nous opposer l'Orient, l'Orient perdant son roi Pacorus, l'Orient abattu sous les pieds de Ventidius? Mais les Germains ont vaincu ou pris Carbon, Cassius, Scaurus, Cépion, Manlius; ils ont enlevé au peuple romain cinq armées consulaires, à Auguste, Varus et trois légions; et ce n'a pas été sans perte que Marius dans l'Italie, César dans la Gaule, Drusus, Tibère et Germanicus dans leur propre pays, leur ont porté de si rudes coups. Plus tard ils se moquèrent des grandes menaces de guerre de Caligula. Nos discordes et nos guerres civiles leur fournirent une occasion de sortir de leur repos; ils forcèrent les campemens d'hiver de nos légions, et aspirèrent à la conquête des Gaules. Mais ils en furent de nouveau chassés, et dans ces derniers temps, on en a plus triomphé qu'on ne les a vaincus.

XXXVIII. Parlons maintenant des Suèves, lesquels ne forment pas, comme les Cattes et les Tenctères, une seule nation; car ils occupent la plus grande partie de la Germanie, sous des noms et en corps de peuple particuliers, quoique tous portant le nom commun de Suèves. Un trait distinctif de ce peuple, c'est de retrousser et dénouer leur chevelure; c'est par là qu'ils se distinguent des Germains, et que, chez eux, les hommes libres se distinguent des esclaves. D'autres peuples ont cet usage, soit qu'ils aient quelque parenté avec les Suèves, soit, comme il arrive souvent, par imitation; mais il y est rare, et propre seulement à la jeunesse; quant aux Suèves, ils gardent jusqu'à la vieillesse cette chevelure hérissée, ramenée par-devant, et souvent fixée par un nœud au sommet de la tête. Leurs chefs y mettent plus d'apprêt; c'est leur coquetterie, mais cette coquetterie est fort innocente : car c'est moins pour aimer ou pour être aimés que pour se grandir et se donner un air terrible quand ils vont au combat; et s'ils peignent et ornent leurs cheveux, c'est pour les yeux de l'ennemi.

XXXIX. Les Semnones se disent les plus anciens et les plus nobles des Suèves. La religion confirme cette antiquité. A de certaines époques, dans une forêt consacrée par le culte des aïeux, et par une antique terreur, s'assemblent par députations tous les peuples du même sang, et là, le sacrifice d'un homme est la première des horribles cérémonies de leur rite barbare. Ce bois est l'objet d'autres pratiques religieuses. Nul n'y entre que les mains liées, en témoignage de la faiblesse de l'homme et de la puissance du Dieu. S'il vient à choeir, il lui est défendu de se soulever et de se relever; il doit se rouler par terre. Le but de cette superstition est de montrer que là fut le berceau de la nation, que là réside le Dieu souverain de toutes choses, et que le reste est fait pour se soumettre et obéir. La fortune des Semnones autorise leurs prétentions; ils occupent cent cantons, et, par cette masse de forces, ils se croient la tête des Suèves.

XL. Au contraire la noblesse des Lombards est dans leur petit nombre. Environnés d'une foule de nations très-puissantes, ce n'est point par la soumission, c'est en combattant et en cherchant

---

tur. Medio tam longi ævi spatio, multa invicem damna : non Samnis, non Pœni, non Hispaniæ Galliæve, ne Parthi quidem sæpius admonuere; quippe regno Arsacis acrior est Germanorum libertas. Quid enim aliud nobis quam cædem Crassi, amisso et ipse Pacoro, infra Ventidium dejectus Oriens objecerit? At Germani Carbone, et Cassio, et Scauro Aurelio, et Servilio Cæpione, Cn. quoque Manlio fusis vel captis, quinque simul consulares exercitus populo romano, Varum tresque cum eo legiones etiam Cæsari abstulerunt; nec impune C. Marius in Italia, divus Julius in Gallia, Drusus ac Nero et Germanicus in suis eos sedibus perculerunt. Mox ingentes C. Cæsaris minæ in ludibrium versæ. Inde otium, donec occasione discordiæ nostræ et civilium armorum, expugnatis legionum hibernis, etiam Gallias affectavere; ac, rursus pulsi inde, proximis temporibus triumphati magis quam victi sunt.

XXXVIII. Nunc de Suevis dicendum est, quorum non una, ut Cattorum Tencterorumve, gens : majorem enim Germaniæ partem obtinent, propriis adhuc nationibus nominibusque discreti, quanquam in commune Suevi vocentur. Insigne gentis obliquare crinem nodoque substringere. Sic Suevi a ceteris Germanis, sic Suevorum ingenui a servis separantur. In aliis gentibus, seu cognatione aliqua Suevorum, seu (quod sæpe accidit) imitatione, rarum et intra juventæ spatium; apud Suevos, usque ad canitiem, horrentem capillum retro sequuntur ac sæpe in ipso solo vertice religant; principes et ornatiorem habent : ea cura formæ, sed innoxiæ, neque enim ut ament amenturve; in altitudinem quamdam et terrorem, adituri bella, compti ut hostium oculis, ornantur.

XXXIX. Vetustissimos se nobilissimosque Suevorum Semnones memorant. Fides antiquitatis religione firmatur. Stato tempore in silvam, *auguriis patrum et prisca formidine sacram*, omnes ejusdem sanguinis populi legationibus coeunt, cæsoque publice homine celebrant barbari ritus horrenda primordia. Est et alia luco reverentia. Nemo nisi vinculo ligatus ingreditur, ut minor et potestatem numinis præ se ferens : si forte prolapsus est, attolli et insurgere haud licitum; per humum evolvuntur : eoque omnis superstitio respicit, tanquam inde initia gentis, ibi regnator omnium deus, cetera subjecta atque parentia. Adjicit auctoritatem fortuna Semnonum : centum pagis habitant, magnoque corpore efficitur ut se Suevorum caput credant.

XL. Contra Langobardos paucitas nobilitat, quod, plurimis ac valentissimis nationibus cincti, non per obsequium, sed præliis ac periclitando tuti sunt. Reudigni deinde et Aviones, et Angli, et Varini, et Eudoses, et Suardones, et Nuithones, fluminibus aut silvis muniuntur : nec quid

les périls, qu'ils pourvoient à leur sûreté. Après eux les Reudignes, les Aviones, les Angles, les Varins, les Eudoses, les Suardones et les Nuithones, sont gardés par des fleuves ou des forêts. Rien de remarquable chez ces peuples, si ce n'est qu'ils honorent en commun Hertha, c'est-à-dire la Terre mère, et qu'ils croient que cette divinité prend part aux choses humaines et descend parmi les peuples. Dans une île de l'Océan est un bois sacré, et dans ce bois sacré est un char recouvert d'une étoffe qui y est dédié à la déesse. La pontife seul a droit d'y toucher. Il sait quand la déesse est présente au sanctuaire, et il suit, dans un profond recueillement, le char où elle est traînée par des génisses. Ce sont alors des jours de réjouissance ; tous les lieux qu'elle daigne visiter sont en fête. Ils ne vont pas en guerre, ils ne prennent pas les armes ; tout fer est caché ; on ne connaît et on n'aime que la paix et le repos, jusqu'à ce que le même pontife ramène au temple la déesse rassasiée de son séjour parmi les mortels. Alors le char et les étoffes, et, si on les en croit, la déesse elle-même, sont lavés dans un lac écarté ; c'est l'office d'esclaves qu'aussitôt le lac engloutit. De là cette terreur mystérieuse et cette sainte ignorance d'une chose qu'on ne peut voir qu'en y laissant la vie.

XLI. Cette partie de la Suévie se prolonge jusqu'au fond de la Germanie. Maintenant, pour suivre le cours du Danube, comme je viens de suivre celui du Rhin, les peuples les plus proches de nous sont les Hermondures, fidèles aux Romains, et pour cette fidélité, les seuls de tous les Germains qui aient le droit de commercer avec nous, non-seulement sur la rive, mais encore dans l'intérieur, et dans la plus florissante colonie de la province Rhétienne. Ils entrent par tous les points et sans gardes : et au lieu que nous ne montrons aux autres nations que nos armes et nos retranchements, nous avons ouvert nos maisons de ville et de campagne à ces peuples qui ne nous les envient pas. L'Elbe prend sa source dans le pays des Hermondures, l'Elbe, fleuve célèbre, et jadis visité par nous, aujourd'hui connu seulement de nom.

XLII. Près des Hermondures sont les Narisques, puis les Marcomans et les Quades. Les Marcomans sont les plus illustres et les plus forts : leur pays même, enlevé aux Boïens expulsés, est le prix de leur courage. Les Narisques, ni les Quades ne leur cèdent guère; ils sont comme le front de la Germanie, du côté où le Danube la couvre. Les Marcomans et les Quades avaient jusqu'à nos jours des rois de leur nation et de la noble famille des Maroboduus et des Tuder. Mais déjà ils en souffrent d'étrangers. La force et le pouvoir de ces rois leur vient de Rome : nous les aidons rarement de nos armes, plus souvent de notre argent ; et ils n'en sont pas moins puissants.

XLIII. Plus loin, les Gothins, les Oses, les Marsignes, les Buriens ; ces deux derniers semblables aux Suèves par la langue et le costume, sont adossés aux Marcomans et aux Quades. Le Gaulois que parlent les Gothins, le Pannonien que parlent les Oses, et les tributs qu'ils souffrent, n'annoncent pas une origine germaine : une partie de ces tributs leur est imposée par les Sarmates, une autre par les Quades, à titre d'étrangers. Les Gothins, pour surcroît de honte, sont employés aux mines. Tous ces peuples habitent peu les plaines ; ils se tiennent dans les forêts, sur les monts et les collines. En effet la Suévie est coupée en deux par une chaîne continue de montagnes, au delà de laquelle vivent plusieurs nations, dont la plus étendue répand dans plusieurs peuplades le nom commun de Lygiens. Il suffira de nommer les plus impor-

---

quam notabile in singulis ; nisi quod in commune Hertham, id est, Terram Matrem colunt, eamque intervenire rebus hominum, invehi populis arbitrantur. Est in insula oceani castum nemus, dicatumque in eo vehiculum veste contectum : attingere uni sacerdoti concessum. Is adesse penetrali deam intelligit, vectamque bubus feminis multa cum veneratione prosequitur. Læti tunc dies, festa loca, quæcunque adventu hospitioque dignatur. Non bella ineunt, non arma sumunt, clausum omne ferrum : pax et quies tunc tantum nota, tunc tantum amata ; donec idem sacerdos satiatam conversatione mortalium deam templo reddat: mox vehiculum et vestes, et, si credere velis, numen ipsum secreto lacu abluitur. Servi ministrant, quos statim idem lacus haurit. Arcanus hinc terror, sanctaque ignorantia, quid sit illud quod tantum perituri vident.

XLI. Et hæc quidem pars Suevorum in secretiora Germaniæ porrigitur. Propior (ut quomodo paullo ante Rhenum, sic nunc Danubium sequar) Hermundurorum civitas, fida Romanis, eoque solis Germanorum non in ripa commercium, sed penitus, atque in splendidissima Rhætiæ provinciæ colonia : passim et sine custode transeunt ; et, quam ceteris gentibus arma modo castraque nostra ostendamus, his domos, villasque patefecimus, non concupiscentibus. In Hermunduris Albis oritur, flumen inclytum et notum olim ; nunc tantum auditur.

XLII. Juxta Hermunduros Narisci, ac deinde Marcomani et Quadi agunt. Præcipua Marcomanorum gloria viresque ; atque ipsa etiam sedes, pulsis olim Boiis, virtute parta. Nec Narisci Quadive degenerant. Eaque Germaniæ velut frons est, quatenus Danubio protegitur. Marcomanis Quadisque usque ad nostram memoriam reges manserunt ex gente ipsorum, nobile Marobodui et Tudri genus : jam et externos patiuntur. Sed vis et potentia regibus ex auctoritate romana : raro armis nostris, sæpius pecunia juvantur, nec minus valent.

XLIII. Retro Marsigni, Gothini, Osi, Burii, terga Marcomanorum Quadorumque claudunt ; e quibus Marsigni et Burii sermone cultuque Suevos referunt. Gothinos gallica, Osos pannonica lingua coarguit non esse Germanos, et quod tributa patiuntur : partem tributorum Sarmatæ, partem Quadi, ut alienigenis, imponunt. Gothini, quo magis pudeat, et ferrum effodiunt : omnesque hi populi

tantes; ce sont les Ariens, les Helvécones, les Manimes, les Elysiens, les Naharvales. Chez ces derniers on montre un bois consacré par une religion antique. Le prêtre qui en a la garde est en habit de femme. Quant aux dieux qu'on y honore, ce seraient, dit-on, le Castor et le Pollux romains : les attributs sont les mêmes. Leur nom est Alci; du reste nulles images, nulles traces de superstitions étrangères : c'est néanmoins comme frères et comme jeunes gens qu'on les adore. Les Ariens, outre qu'ils surpassent en forces les peuples énumérés plus haut, sont farouches, et ajoutent à leur férocité naturelle par un certain art et par le choix des moments. Leurs boucliers et leurs corps sont teints en noir; ils choisissent pour combattre les nuits sombres, et, par l'aspect formidable et la couleur lugubre de leur armée, ils répandent l'épouvante dans les rangs ennemis. Nul ne peut soutenir un spectacle si étrange et pour ainsi dire infernal; car dans tous les combats les yeux sont les premiers vaincus. Au delà des Lygiens, les Gothones, gouvernés par des rois, sont déjà tenus plus court que les autres nations germaines; non toutefois jusqu'à la perte de toute liberté. Puis, le long de l'Océan, les Rhugiens et les Lémoviens : le caractère distinct de toutes ces nations est un bouclier rond, des épées courtes, et l'obéissance à des rois.

XLIV. On trouve ensuite, dans l'Océan même, les Suions, puissants par leurs flottes, outre leurs soldats et leurs armes. Leurs navires diffèrent des nôtres par une double proue qui leur permet d'aborder par les deux bouts. Ils ne manœuvrent pas au moyen de voiles, et n'ont pas de rangs de rames attachés aux flancs du navire; mais comme sur certains fleuves, ils se servent de rames mobiles, qu'ils placent ici ou là selon le besoin. Ils ont les richesses en honneur : aussi sont-ils gouvernés par un maître, dont le pouvoir, étendu sur tous, ne souffre pas d'obéissance précaire. Les armes n'y sont pas dans toutes les mains, comme chez les autres peuples de la Germanie, mais tenues en dépôt par un gardien qui est pris parmi les esclaves. L'Océan les mettant à l'abri des invasions subites, et les désordres étant faciles parmi des gens armés dont les mains sont oisives, il est de l'intérêt du roi de ne préposer à la garde des armes ni un noble, ni un ingénu, ni même un affranchi.

XLV. Au delà des Suions, s'étend une autre mer, dormante et presque immobile, dont on croit l'univers environné, et comme enfermé de toutes parts, parce 'que' les 'dernières clartés du soleil couchant s'y prolongent jusqu'à son lever avec un éclat qui fait pâlir les astres. La crédulité ajoute qu'on entend le bruit du dieu sortant des ondes, et qu'on voit des formes divines, et une tête environnée de rayons : ce qui est vrai, c'est que là finit la nature. Le peuple des Estyens habite la rive droite de la mer suévique; ils ont les usages et le costume des Suèves; leur langue se rapproche plus du Breton. Ils adorent la mère des Dieux. Des figures de sanglier sont l'emblème de cette religion; ils les portent en guise d'armes et pour toute defense. Elles préservent de tout mal l'adorateur de la déesse, jusqu'au milieu des ennemis. Ils se servent peu du fer, mais beaucoup du bâton. Ils cultivent le blé et les autres productions

---

pauca campestrium, ceterum saltus et vertices montium jugumque insederunt. Dirimit enim scinditque Sueviam continuum montium jugum, ultra quod plurimæ gentes agunt : ex quibus latissime patet Lygiorum nomen, in plures civitates diffusum. Valentissimas nominasse sufficiet, Arios, Helveconas, Manimos, Elysios, Naharvalos. Apud Naharvalos antiquæ religionis lucus ostenditur. Præsidet sacerdos muliebri ornatu, sed deos, interpretatione romana, Castorem Pollucemque memorant. Ea vis numini, nomen Alcis : nulla simulacra, nullum peregrinæ superstitionis vestigium; ut fratres tamen, ut juvenes venerantur. Ceterum Arii, super vires, quibus enumeratos paullo ante populos antecedunt, truces, insitæ feritati arte ac tempore lenocinantur : nigra scuta, tincta corpora; atras ad prælia noctes legunt, ipsaque formidine atque umbra feralis exercitus terrorem inferunt, nullo hostium sustinente novum ac velut infernum adspectum : nam primi in omnibus præliis oculi vincuntur. Trans Lygios Gothones regnantur, paullo jam adductius quam ceteræ Germanorum gentes, nondum tamen supra libertatem. Protinus deinde ab oceano Rugii et Lemovii; omniumque harum gentium insigne, rotunda scuta, breves gladii, et erga reges obsequium.

XLIV. Suionum hinc civitates, ipso in oceano, præter viros armaque, classibus valent : forma navium eo differt quod utrinque prora paratam semper appulsi frontem agit; nec velis ministrant, nec remos in ordinem lateribus adjungunt. Solutum, ut in quibusdam fluminum, et mutabile, ut res poscit, hinc vel illinc remigium. Est apud illos et opibus honos; eoque unus imperitat, nullis jam exceptionibus, non precario jure parendi. Nec arma, ut apud ceteros Germanos, in promiscuo, sed clausa sub custode, et quidem servo : quia subitos hostium incursus prohibet oceanus; otiosæ porro armatorum manus facile lasciviunt : enimvero neque nobilem neque ingenuum, ne libertinum quidem, armis præponere regia utilitas est.

XLV. Trans Suionas aliud mare, pigrum ac prope immotum, quo cingi cludique terrarum orbem hinc fides, quod extremus cadentis jam solis fulgor in ortus edurat, adeo clarus ut sidera hebetet. Sonum insuper emergentis audiri, formasque deorum et radios capitis adspici, persuasio adjicit. Illuc usque (et fama vera) tantum natura. Ergo jam dextro Suevici maris littore Æstyorum gentes alluuntur; quibus ritus habitusque Suevorum, lingua britannicæ propior. Matrem deum venerantur; insigne superstitionis, formas aprorum gestant. Id pro armis omnique tutela; securum deæ cultorem etiam inter hostes præstat. Rarus ferri, frequens fustium usus. Frumenta ceterosque fructus, patientius quam pro solita Germanorum inertia, laborant. Sed et mare scrutantur, ac soli omnium succinum, quod ipsi glesum vocant, inter vada atque in ipso littore

de la terre avec plus de patience qu'on n'en attendrait de la paresse habituelle aux Germains. Ils fouillent aussi la mer, et seuls d'entre tous, ils recueillent dans les bas-fonds, et jusque sur le rivage, le succin appelé par eux glese. Ce n'est pas que ces barbares aient cherché et trouvé la nature de ce produit marin, ni quels en sont les germes. Longtemps il resta confondu avec les algues que rejette la mer, jusqu'à ce que notre luxe lui eût donné un nom. Ils n'en font aucun usage; ils le recueillent brut, l'apportent en masse, et en reçoivent le prix avec étonnement. On pourrait croire que c'est un suc des arbres, car on y distingue au travers quelques insectes rampans ou même ailés qui, embarrassés dans cette matière, quand elle était à l'état liquide, y sont restés enfermés quand elle s'est durcie. Je penserais, quant à moi, que comme certaines régions secrètes de l'Orient, qui distillent l'encens et le baume, les îles et les terres de l'Occident sont couvertes de forêts exubérantes, dont les sucs, exprimés par l'action d'un soleil rapproché, s'écoulent dans la mer, et sont versés par les tempêtes sur les rivages opposés. Si vous approchez du feu le succin pour en éprouver les propriétés, vous le voyez s'allumer comme une torche, et nourrir une flamme grasse et odorante : bientôt il se fige comme de la poix et de la résine. Les Sitones continuent les Suions, et leur ressemblent, sauf qu'ils sont gouvernés par une femme, tant ils ont dégénéré non-seulement de la liberté, mais même de la servitude. Là finit la Suévie

XLVI Je ne sais si je dois ranger parmi les Germains ou les Sarmates, les Peucins, les Vénèdes et les Finnois. Si les Peucins, que d'autres appellent Bastarnes, se rapprochent des Germains par la langue, par l'habit, par des demeures fixes, ils sont Sarmates par l'inertie et la saleté de tout le peuple, la fainéantise des chefs, par le mélange de mariages, qui les a marqués de la laideur des Sarmates. Les Vénèdes ont pris beaucoup de leurs mœurs; ils infestent de leurs brigandages tout ce qu'il y a de forêts et de montagnes entre les Peucins et les Finnois. Il faut pourtant les rattacher aux Germains, parce qu'ils se bâtissent des maisons, portent des boucliers, et se plaisent à déployer l'agilité de leurs pieds, habitudes étrangères aux Sarmates qui vivent à cheval et sur des charriots. Les Finnois sont extraordinairement sauvages, et d'une pauvreté hideuse; ils n'ont ni armes, ni chevaux, ni pénates; ils vivent d'herbes, s'habillent de peaux, se couchent sur la terre. Toutes leurs ressources sont dans leurs flèches, dont la pointe, à défaut de fer, est faite d'os. La même chasse nourrit l'homme et la femme, la femme compagne des courses du mari, et qui demande sa part de la proie. Les enfants n'ont d'autre refuge contre la pluie et la dent des bêtes, qu'un berceau de feuillages entrelacés; c'est là que reviennent les jeunes gens, c'est là que se retirent les vieillards. Ils y trouvent plus de bonheur qu'à gémir dans les travaux des champs, à bâtir péniblement des maisons, à se tourmenter sans cesse de la crainte de perdre et de l'espérance d'envahir. Assurés contre les hommes et contre les dieux, ils ont atteint le plus difficile des biens qui est de n'avoir pas même de vœux à faire. Tout ce qu'on ajoute est fabuleux; par exemple, que les Hellusiens et les Oxiones sont monstres à tête et à visage d'homme, au corps et aux membres de bêtes; ce que je laisserai dans le doute comme une chose dont il n'y a pas de preuves.

---

legunt. Nec quæ natura quæve ratio gignat, ut barbaris, quæsitum compertumve. Diu quin etiam inter cetera ejectamenta maris jacebat, donec luxuria nostra dedit nomen; ipsis in nullo usu : rude legitur, informe perferetur, pretiumque mirantes accipiunt. Succum tamen arborum esse intelligas, quia terrena quædam atque etiam volucria animalia plerumque interlucent, quæ implicita humore, mox durescente materia, cluduntur. Fecundiora igitur nemora lucosque, sicut Orientis secretis, ubi thura balsamaque sudantur, ita Occidentis insulis terrisque inesse credideria; quæ, vicini solis radiis expressa atque liquentia, in proximum mare labuntur, ac vi tempestatum in adversa littora exundant. Si naturam succini admoto igne tentes, in modum tædæ accenditur, alitque flammam pinguem et olentem; mox ut in picem resinamve lentescit. Suionibus Sitonum gentes continuantur. Cetera similes, uno differunt, quod femina dominatur : in tantum non modo a libertate, sed etiam a servitute degenerant. Hic Sueviæ finis.

XLVI. Peucinorum Venedorumque et Fennorum nationes Germanis an Sarmatis adscribam, dubito; quanquam Peucini, quos quidam Bastarnas vocant, sermone, cultu, sede ac domiciliis, ut Germani agunt : sordes omnium ac torpor; procerum connubiis mixtis, nonnihil in Sarmatarum habitum fœdantur. Venedi multum ex moribus traxerunt. Nam quidquid inter Peucinos Fennosque silvarum ac montium erigitur, latrociniis pererrant : hi tamen inter Germanos potius referuntur, quia et domos figunt, et scuta gestant, et pedum usu ac pernicitate gaudent, quæ omnia diversa Sarmatis sunt, in plaustro equoque viventibus. Fennis mira feritas, fœda paupertas : non arma, non equi, non penates; victui herba, vestitui pelles, cubile humus; sola in sagittis spes, quas inopia ferri, ossibus asperant. Idem que venatus viros pariter ac feminas alit; passim enim comitantur, partemque prædæ petunt. Nec aliud infantibus ferarum imbriumque suffugium, quam ut in aliquo ramorum nexu contegantur : huc redeunt juvenes, hoc senum receptaculum. Sed beatius arbitrantur quam ingemere agris, illaborare domibus, suas alienasque fortunas spe metuque versare. Securi adversus homines, securi adversus deos, rem difficillimam assecuti sunt, ut illis ne voto quidem opus esset. Cetera jam fabulosa, Hellusios et Oxionas ora hominum vultusque, corpora atque artus ferarum gerere : quod ego, ut incompertum, in medium relinquam.

VIE
DE CN. JULIUS AGRICOLA.

I. Les anciens n'ont pas manqué de nous transmettre les exploits et le caractère de leurs grands hommes, notre siècle même, si dédaigneux des siens, se réveille de son indifférence, quand il voit un génie supérieur, héroïque, dominer la foule et triompher du vice commun aux grands et aux petits états, l'ignorance du bien et l'envie. Mais du temps de nos pères, le sentier de la renommée était plus facile, plus ouvert, et les hommes célèbres consacraient leur propre mémoire sans partialité, sans orgueil, sous la seule inspiration de leur conscience. C'est ainsi que plusieurs ont écrit leur propre histoire, non par un calcul de vanité, mais par la confiance naturelle à la vertu. Ainsi Rutilius et Scaurus ne trouvèrent ni incrédules ni accusateurs. Tant il est vrai que le siècle qui produit le plus de vertus en est aussi le meilleur juge. Pour moi si je n'écris la vie d'un grand homme qu'après sa mort, mon excuse est dans ce régime de sang et ennemi de toute vertu qu'il me fallait traverser.

II. On a vu Arulénus Rusticus et Sénécion payer de leur vie l'éloge de Thraséas et d'Helvidius; la tyrannie étendit même ses fureurs jusque sur leurs ouvrages; et la main des triumvirs brûla les écrits de ces grands hommes dans la même place où s'assemblait jadis un peuple libre. Insensés qui pensaient étouffer à la fois dans les mêmes flammes la voix du peuple romain, la liberté du sénat et la conscience du genre humain! Cette même tyrannie proscrivait la philosophie, exilait tous les arts libéraux, afin de ne plus rien voir d'honnête dans Rome. Nous avons donné au monde un admirable exemple de patience! Nos pères ont vu les derniers excès de la liberté, nous avons vu ceux de la tyrannie : la délation rompant toute société; on craignait de parler, on craignait d'entendre, et nous serions restés sans mémoire comme sans voix, si l'on pouvait se commander l'oubli comme le silence.

III. Notre cœur enfin s'est ranimé; et cependant, bien que Nerva dès l'aurore de son règne fortuné ait su réunir deux éléments contraires, le pouvoir et la liberté, que Trajan rende chaque jour l'autorité plus douce, que la patrie tranquillisée ait repris espoir, et même ne doute plus de l'accomplissement de ses vœux; telle est l'impuissance de l'homme, le mal est prompt et le remède est lent. Le corps qui se fortifie si laborieusement, en un moment est détruit; il est aussi plus facile d'étouffer les talents et l'émulation que de les ranimer. Car la douceur de l'oisiveté

I. Clarorum virorum facta moresque posteris tradere, antiquitus usitatum, ne nostris quidem temporibus, quanquam incuriosa suorum, ætas omisit, quoties magna aliqua ac nobilis virtus vicit ac supergressa est vitium parvis magnisque civitatibus commune, ignorantiam recti et invidiam. Sed apud priores, ut agere memoratu digna pronum magisque in aperto erat, ita celeberrimus quisque ingenio ad prodendam virtutis memoriam, sine gratia aut ambitione, bonæ tantum conscientiæ pretio ducebatur. Ac plerique suam ipsi vitam narrare, fiduciam potius morum quam arrogantiam arbitrati sunt : nec id Rutilio et Scauro citra fidem aut obtrectationi fuit; adeo virtutes iisdem temporibus optime æstimantur, quibus facillime gignuntur. At mihi nunc, narraturo vitam defuncti hominis, venia opus fuit; quam non petissem, ni cursaturus tam sæva et infesta virtutibus tempora.

II. Legimus, quum Aruleno Rustico Pætus Thrasea, Herennio Senecioni Priscus Helvidius laudati essent, capitale fuisse, neque in ipsos modo auctores, sed in libros quoque eorum sævitum, delegato triumviris ministerio ut monumenta clarissimorum ingeniorum in comitio ac foro urerentur. Scilicet illo igne vocem populi romani, et libertatem senatus, et conscientiam generis humani aboleri arbitrabantur, expulsis insuper sapientiæ professoribus, atque omni bona arte in exsilium acta, ne quid usquam honestum occurreret. Dedimus profecto grande patientiæ documentum; et, sicut vetus ætas vidit quid ultimum in libertate esset, ita nos quid in servitute, adempto per inquisitiones et loquendi audiendique commercio. Memoriam quoque ipsam cum voce perdidissemus, si tam in nostra potestate esset oblivisci quam tacere.

III. Nunc demum redit animus : et, quanquam, primo statim beatissimi seculi ortu, Nerva Cæsar res olim dissociabiles miscuerit, principatum ac libertatem, augeatque quotidie facilitatem imperii Nerva Trajanus, nec spem modo ac votum securitas publica, sed ipsius voti fiduciam ac robur assumpserit; natura tamen infirmitatis humanæ, tardiora sunt remedia quam mala; et, ut corpora lente

a déjà pénétré dans les esprits, qui la détestent d'abord et finissent par l'aimer. Que sera-ce si l'on songe que pendant quinze ans, espace si considérable de la vie de l'homme, une foule de citoyens ont péri par les accidents de la fortune et les plus courageux par la cruauté du prince? Nous survivons en petit nombre à ces citoyens; que dis-je? nous survivons comme à nous-mêmes, si nous retranchons de notre existence ces années de léthargie, pendant lesquelles les jeunes gens sont arrivés à la vieillesse, les vieillards aux portes du tombeau. Toutefois j'essayerai de comparer simplement et sans art les souvenirs de la tyrannie avec le spectacle du bonheur présent. En attendant, cet écrit que ma pieuse tendresse consacre à la gloire de mon beau-père Agricola, méritera, à ce titre seul, les suffrages du public ou son indulgence.

IV. Cnéus Julius Agricola naquit à Fréjus, antique et célèbre colonie. Ses aïeux paternel et maternel avaient été intendants des empereurs, ce qui donne le rang de chevalier : son père Julius Grécinus, de l'ordre sénatorial, orateur et philosophe renommé, mérita à ce double titre la colère de Caligula : ayant reçu l'ordre d'accuser Marcus Silanus, il le refusa, et périt. Il eut pour mère Julia Procella, femme d'une rare vertu. Élevé sous ses yeux et par ses soins, il passa son enfance et sa jeunesse dans l'étude des arts libéraux. Si son naturel bon et généreux ne l'avait d'avance garanti des charmes du vice, il en eût été préservé par les sentiments qu'il puisa tout enfant à l'école et dans le sein même des bonnes études à Marseille, cette ville privilégiée où régnait par un heureux accord la politesse de la Grèce et la simplicité des provinces. Je me souviens de l'avoir entendu dire, que dans sa première jeunesse il se serait livré à l'étude de la philosophie avec une vivacité sans exemple chez un Romain et un sénateur, si la sagesse de sa mère n'eût arrêté la fougue de son imagination brûlante. Un génie élevé, vif comme le sien, devait en effet se laisser entraîner même au delà des bornes, par l'éclat séduisant d'une si belle gloire. La raison et l'âge calmèrent ses transports. Il sut recueillir de l'étude de la sagesse un fruit bien rare, la mesure dans la sagesse même.

V. Ce fut en Bretagne, dans le camp de Suétonius Paullinus, général actif et prudent, qu'il essaya sa valeur, et ses premiers essais attirèrent l'attention de Suétonius, qui le prit auprès de lui, avec une amitié particulière. Agricola n'imita point l'indiscipline des jeunes gens qui font de l'art militaire l'apprentissage de tous les désordres; il ne pensa pas que le titre de tribun et son inexpérience lui donnassent le privilége de la débauche et des congés, il voulut étudier à fond la situation du pays, se fit connaître de l'armée; il s'instruisait avec les plus éclairés, se liait avec les meilleurs sujets du camp, ne cherchait par gloriole aucun danger, n'en évitait aucun par crainte; dans toutes ses actions il mettait une attention mêlée d'inquiétude. Il n'agissait qu'avec réflexion et défiance de lui-même.

Assurément, à aucune époque, la Bretagne ne fut plus agitée ni plus près de nous échapper. Nos vétérans avaient été égorgés, nos colonies brûlées, des armées détruites; d'abord nos soldats combattirent pour leur salut, mais bientôt pour la victoire. Et si ces avantages sont dus aux plans et à la conduite d'un autre, si la haute direction des affaires et l'honneur d'avoir reconquis cette province appartiennent au général

---

augescunt, cito exstinguuntur, sic ingenia studiaque oppresseris facilius quam revocaveris. Subit quippe etiam ipsius inertiæ dulcedo; et, invisa primo, desidia postremo amatur. Quid si, per quindecim annos, grande mortalis ævi spatium, multi fortuitis casibus, promptissimus quisque sævitia principis interciderunt? Pauci, et, ut ita dixerim, non modo aliorum, sed etiam nostri superstites sumus, exemptis e media vita tot annis, quibus juvenes ad senectutem, senes prope ad ipsos exactæ ætatis terminos per silentium venimus. Non tamen pigebit, vel incondita ac rudi voce, memoriam prioris servitutis ac testimonium præsentium bonorum composuisse. Hic interim liber, honori Agricolæ soceri mei destinatus, professione pietatis aut laudatus erit aut excusatus.

IV. Cnæus Julius Agricola, vetere et illustri Forojuliensium colonia ortus, utrumque avum procuratorem Cæsarum habuit; quæ equestris nobilitas est : pater Julius Græcinus, senatorii ordinis, studio eloquentiæ sapientiæque notus, iisque virtutibus iram Caii Cæsaris meruit; namque Marcum Silanum accusare jussus, et, quia abnuerat, interfectus est. Mater Julia Procilla fuit, raræ castitatis : in hujus sinu indulgentiaque educatus, per omnem honestarum artium cultum pueritiam adolescentiamque transegit. Arcebat eum ab illecebris peccantium, præter ipsius bonam integramque naturam, quod statim parvulus sedem ac magistram studiorum Massiliam habuerit, locum Græca comitate et provinciali parcimonia mistum ac bene compositum. Memoria teneo solitum ipsum narrare, se in prima juventa studium philosophiæ acrius, ultra quam concessum Romano ac senatori, hausisse, ni prudentia matris incensum ac flagrantem animum coercuisset. Scilicet sublime et erectum ingenium pulchritudinem ac speciem excelsæ magnæque gloriæ vehementius quam caute appetebat : mox mitigavit ratio et ætas; retinuitque, quod est difficillimum, ex sapientia modum.

V. Prima castrorum rudimenta in Britannia Suetonio Paullino, diligenti ac moderato duci, approbavit, electus quem contubernio æstimaret. Nec Agricola licenter, more juvenum qui militiam in lasciviam vertunt, neque segniter, ad voluptates et commeatus titulum tribunatus et inscitiam retulit; sed noscere provinciam, nosci exercitui, discere a peritis, sequi optimos, nihil appetere jactatione, nihil ob formidinem recusare, simulque anxius et intentus agere. Non sane alias exercitatior magisque in ambiguo Britannia fuit : trucidati veterani, incensæ coloniæ, intercepti exercitus; tum de salute, mox de victoria certavere.

VIE DE CN. JULIUS AGRICOLA.

en chef, le spectacle de ce succès donna au jeune Agricola une habileté nouvelle, de l'expérience et de l'émulation. Dès lors il fut épris de la gloire des armes, passion funeste dans un temps où les talents supérieurs sont suspects, flétris, où une grande réputation n'est pas moins dangereuse qu'une mauvaise.

VI. Il vint à Rome pour y occuper les différentes charges de la république : là il unit ses destinées à Domitia Décidiana, femme d'une illustre naissance; et cette alliance lui servit d'appui pour s'élever à de plus grands honneurs. Les deux époux vécurent dans un accord parfait et une tendresse mutuelle, chacun d'eux aimant l'autre plus que lui-même. Touchante union, dont le principal mérite appartient à la femme, puisque c'est à elle qu'on attribue les malheurs d'un mauvais ménage. Nommé questeur, le sort lui donna pour département l'Asie, pour proconsul, Salvius Titianus : ni l'Asie ni le proconsul ne corrompirent sa vertu. Il résista aux richesses, à toutes les séductions de cette province, aux offres de concussion qu'un avide proconsul lui aurait aisément faites sous la garantie d'un mutuel silence. C'est là qu'il vit sa famille s'accroître d'une fille, qui devait être à la fois une joie et une consolation ; car le fils qu'il avait eu avant elle lui fut bientôt ravi. Peu de temps après, dans l'intervalle où de questeur il devint tribun du peuple, et pendant même l'année de son tribunat, il vécut dans la retraite et l'inaction, persuadé que sous le règne de Néron, l'oisiveté était la seule sagesse possible. Pendant sa préture il tint la même conduite, garda le même silence, le sort n'ayant pas mis les fonctions judiciaires dans ses attributions. Réduit au frivole commandement des jeux et des spectacles, il sut être à la fois économe et magnifique, éloigné du faste, mais toujours honorable et digne. Plus tard, chargé par Galba de recueillir les trésors des temples pillés, il mit dans ses recherches un zèle extrême; et la république vit enfin tous les sacriléges réparés, excepté ceux de Néron.

VII. L'année suivante porta un coup affreux au cœur d'Agricola et à toute sa famille. La flotte d'Othon, dans une promenade vers la côte d'Intemelium, pillant et ravageant comme un ennemi, assassina la mère d'Agricola dans sa maison de campagne. Son habitation, sa fortune presque tout entière est la proie des brigands que la cupidité avait seule poussés au meurtre. C'est en allant rendre de pieux devoirs à sa mère qu'Agricola apprit les prétentions de Vespasien à l'empire, et se déclara aussitôt pour lui. Mucien dirigea les commencements de ce règne, et les affaires de Rome : le jeune Domitien n'empruntait au grand nom de son père que le pouvoir d'en abuser. Mucien voulant récompenser la vertu et le zèle d'Agricola qu'il avait chargé de lever des troupes, lui donna le commandement de la vingtième légion dont il n'avait obtenu qu'une soumission tardive et que l'ancien chef paraissait exciter à la révolte. L'esprit factieux de cette légion avait résisté même à la présence d'envoyés consulaires ! et soit trahison, soit faiblesse, le lieutenant du préteur même ne l'avait pas dompté. Ainsi nommé son successeur et son vengeur tout ensemble, Agricola, par une modestie bien rare, au lieu de se faire un mérite de leur soumission, laissa croire qu'il les avait trouvés soumis.

VIII. Vectius Bolanus gouvernait alors la Bre-

Quæ cuncta, etsi consiliis ductuque alterius agebantur, ac summa rerum et reciperatæ provinciæ gloria in ducem cessit, artem et usum et stimulos addidere juveni; intravitque animum militaris gloriæ cupido, ingrata temporibus quibus sinistra erga eminentes interpretatio, nec minus periculum ex magna fama quam ex mala.

VI. Hinc ad capessendos magistratus in urbem digressus, Domitiam Decidianam, splendidis natalibus ortam, sibi junxit; idque matrimonium ad majora nitenti decus ac robur fuit : vixeruntque mira concordia, per mutuam caritatem, et invicem se anteponendo; nisi quod in bona uxore tanto major laus, quanto in mala plus culpæ est. Sors quæsturæ provinciam Asiam, proconsulem Salvium Titianum dedit; quorum neutro corruptus est, quanquam et provincia dives ac parata peccantibus, et proconsul, in omnem aviditatem pronus, quantalibet facilitate redempturus esset mutuam dissimulationem mali. Auctus est ibi filia, in subsidium et solatium simul : nam filium ante sublatum brevi amisit. Mox inter quæsturam ac tribunatum plebis, atque etiam ipsum tribunatus annum quiete et otio transiit, gnarus sub Nerone temporum, quibus inertia pro sapientia fuit. Idem præturæ tenor et silentium; nec enim jurisdictio obvenerat. Ludos et inania honoris modo rationis atque abundantiæ duxit, uti longe a luxuria, ita famæ propior. Tum electus a Galba ad dona templorum recognoscenda, diligentissima conquisitione fecit ne cujus alterius sacrilegium respublica quam Neronis sensisset.

VII. Sequens annus gravi vulnere animum domumque ejus afflixit : nam classis Othoniana, licenter vaga, dum Intemelios (Liguriæ pars est) hostiliter populatur, matrem Agricolæ in prædiis suis interfecit; prædiaque ipsa et magnam patrimonii partem diripuit, quæ causa cædis fuerat. Igitur ad solemnia pietatis profectus, Agricola nuncio affectati a Vespasiano imperii deprehensus, ac statim in partes transgressus est. Initia principatus ac statum urbis Mucianus regebat, admodum juvene Domitiano, et ex paterna fortuna tantum licentiam usurpante. Is missum ad delectus agendos Agricolam, integreque ac strenue versatum, vicesimæ legioni, tarde ad sacramentum transgressæ, præposuit, ubi decessor prætorius ac cohibendum potens, incertum suo an militum ingenio : ita successor simul et ultor electus, rarissima moderatione, maluit videri invenisse bonos quam fecisse.

VIII. Præerat tunc Britanniæ Vectius Bolanus, placidius quam feroci provincia dignum est : temperavit Agricola vim

tagne avec une douceur que la férocité de ces peuples ne mérite pas. Agricola contint sa fermeté naturelle et modéra son ardeur, qui pouvait l'entraîner trop loin ; il montra qu'il savait obéir, être à la fois un utile et brillant officier. Bientôt après, la Bretagne eut pour gouverneur Pétilius Cérialis, personnage consulaire. Alors les talents d'Agricola virent devant eux s'ouvrir une vaste carrière. D'abord Cérialis l'associa à ses fatigues et à ses dangers, bientôt à sa gloire même ; souvent pour essayer sa valeur, il lui confiait une partie de son armée : un commandement plus important était la récompense d'un succès : mais Agricola ne s'appropriait jamais l'honneur de ses exploits, sa modestie en faisait hommage au plan et aux conseils de son général, à qui il avait seulement prêté son bras. C'est ainsi que, habile à obéir, modeste dans ses récits, il évitait l'envie sans nuire à sa gloire.

IX. A son retour, Vespasien l'ayant mis au nombre des patriciens, lui donna le gouvernement de l'Aquitaine, fonction honorable par elle-même et par la perspective du consulat que l'empereur lui destinait. On croit généralement que les hommes de guerre manquent de pénétration pour les affaires, parce que la justice des camps, exempte d'intrigues, simple et expéditive souvent, n'exerce point aux subtilités du barreau. Naturellement jurisconsulte, Agricola, au milieu d'une assemblée de juges civils, remplit ses fonctions avec aisance, et d'un esprit exact. D'abord il savait marquer les heures du travail et celles du repos. Paraissait-il dans une assemblée, au tribunal, il était grave, attentif, sévère, plus souvent encore indulgent. Ses fonctions remplies, l'homme public avait disparu, il avait dépouillé cette figure austère, cet air d'autorité et de rigueur ; et, ce qui est rare, sa

douceur n'ôtait rien à son pouvoir, ni sa sévérité à l'amour public. Parler de la probité, du désintéressement d'un tel homme, ce serait faire injure à sa vertu. La gloire même à qui les plus rigides font tant de concessions, il ne voulut point l'acquérir par une vertu d'ostentation ou par l'intrigue. Point de rivalité avec ses collègues, point de débats avec les intendants de l'empereur ; dans de pareilles luttes, le triomphe lui paraissait sans gloire, et la défaite honteuse. Ces fonctions n'avaient pas trois ans arrêté l'essor d'Agricola, que le consulat semblait l'appeler, et que la voix publique lui décernait le gouvernement de la Bretagne : il n'avait rien demandé, sa capacité seule l'avaient désigné. L'opinion ne se trompe pas toujours ; quelquefois même elle choisit à merveille. Pendant son consulat, Agricola me promit à moi jeune homme sa fille, déjà l'objet de tant d'espérances, et me la donna au sortir de sa charge. Bientôt après il reçut avec le pontificat le gouvernement de la Bretagne.

X. Une foule d'auteurs ont décrit la position de la Bretagne, les mœurs des habitants, et, si je m'y arrête, ce n'est point pour lutter avec eux d'exactitude ou de talent, mais bien parce que cette époque est celle de l'entière soumission de cette province. Aussi les faits, encore incertains, sur lesquels l'éloquence de nos devanciers s'est donné carrière seront ici ramenés à la vérité. De toutes les îles que les Romains connaissent, la Bretagne est la plus grande ; à l'orient son horizon s'étend vers la Germanie ; à l'occident vers l'Espagne ; au midi elle a la Gaule, d'où même on l'aperçoit. Ses côtes septentrionales, qui n'ont aucune terre devant elles, sont battues par les vagues d'une mer vaste et sans fin. Tite Live et Fabius Rusticus, tous deux éloquents écri-

suam, ardoremque compescuit, ne incresceret, peritus obsequi, eruditusque utilia honestis miscere. Brevi deinde Britannia consularem Petilium Cerialem accepit. Habuerunt virtutes spatium exemplorum. Sed primo Cerialis modo labores et discrimina, mox et gloriam communicabat : sæpe parti exercitus in experimentum, aliquando majoribus copiis ex evento præfecit. Nec Agricola unquam in suam famam gestis exsultavit, ad auctorem et ducem, ut minister, fortunam referebat : ita virtute in obsequendo, verecundia in prædicando, extra invidiam nec extra gloriam erat.

IX. Revertentem ab legatione legionis divus Vespasianus inter patricios adscivit, ac deinde provinciæ Aquitaniæ præposuit, splendidæ in primis dignitatis, administratione ac spe consulatus, cui destinarat. Credunt plerique militaribus ingeniis subtilitatem deesse, quia castrensis jurisdictio secura et obtusior, ac plura manu agens, calliditatem fori non exerceat. Agricola naturali prudentia, quamvis inter togatos, facile justeque agebat. Jam vero tempora curarum remissionumque divisa : ubi conventus ac judicia poscerent, gravis, intentus, severus, et sæpius misericors ; ubi officio satisfactum, nulla ultra potestatis persona. Tri-

stitiam et arrogantiam et avaritiam exuerat ; nec illi, quod est rarissimum, aut facilitas auctoritatem, aut severitas amorem deminuit. Integritatem atque abstinentiam in tanto viro referre injuria virtutum fuerit. Ne famam quidem, cui etiam sæpe boni indulgent, ostentanda virtute aut per artem quæsivit : procul ab æmulatione adversus collegas, procul a contentione adversus procuratores ; et vincere inglorium, et atteri sordidum arbitrabatur. Minus triennium in ea legatione detentus, ac statim ad spem consulatus revocatus est, comitante opinione Britanniam ei provinciam dari ; nullis in hoc suis sermonibus, sed quia par videbatur. Haud semper errat fama, aliquando et elegit. Consul egregiæ tum spei filiam juveni mihi despondit, ac post consulatum collocavit, et statim Britanniæ præpositus est, adjecto pontificatus sacerdotio.

X. Britanniæ situm populosque, multis scriptoribus memoratos, non in comparationem curæ ingeniive referam ; sed quia tum primum perdomita est : itaque, quæ priores, nondum comperta, eloquentia percoluere, rerum fide tradentur. Britannia, insularum quas romana notitia complectitur maxima, spatio ac cœlo in orientem Germaniæ in occidentem Hispaniæ obtenditur ; Gallis in meridiem

vains, l'un parmi les anciens, l'autre parmi les modernes, ont comparé la Bretagne à un bouclier ovale ou à une hache à deux tranchants ; et en effet elle présente cette figure en deçà de la Calédonie : de là on étendit la comparaison à l'île tout entière. Cependant l'immense étendue de la Calédonie resserrée à mesure qu'elle s'approche des bords du rivage et qu'elle s'avance vers la mer, semble se retrecir en forme de coin. Pour la première fois alors, une flotte romaine visita sur une mer nouvelle cette partie de terre, s'assura que la Bretagne était une île, et fit en même temps la decouverte et la conquête des Orcades. On aperçut aussi Thulé, que les neiges et les glaces avaient jusqu'alors dérobée à nos regards. Mais, selon tous les rapports, cette mer est immobile et résiste aux efforts des rameurs. Les vents même ne peuvent soulever ses flots, sans doute parce que l'on y voit peu de terres et peu de montagnes où naissent et se forment les tempêtes, et que cette mer sans fond comme sans bornes est plus lente à s'ébranler ; mais ce n'est point ici le lieu d'expliquer les effets de l'Océan et ses divers mouvements dont beaucoup d'écrivains ont d'ailleurs fait le récit : je n'ajouterai qu'un mot : nulle part la mer n'étend plus loin sa puissance. On la voit çà et là se diviser en fleuves, et, sans régler son flux et son reflux sur les limites de ses rivages, pénétrer au milieu des terres, les environner, circuler même dans les rochers et les montagnes, comme dans son propre lit.

XI. La Bretagne ne doit-elle ses premiers habitants qu'à sa fécondité propre, ou en est-elle redevable à une colonie étrangère ? Leur origine comme celle des nations barbares reste incertaine. La diversité de leur nature physique fait naitre diverses conjectures. Les cheveux roux des Calédoniens, la grandeur de leur taille décèlent une origine germanique. Le teint basané des Silures, les cheveux bouclés de la plupart d'entre eux, leur pays qui regarde l'Espagne autorisent cette croyance que jadis les Ibériens ont abordé ces côtes, et s'y sont établis. Les plus proches des Gaules ressemblent aux Gaulois, soit par l'influence permanente d'une même origine, soit que l'île, s'avançant de tous côtés vers le continent, la nature seule ait marqué les Bretons de ces caractères. Cependant tout porte à croire que les Gaulois sont venus s'établir sur une terre si voisine. On y retrouve le même culte fondé sur les mêmes superstitions. Le langage diffère peu : même audace à chercher les dangers, même empressement à le fuir, quand il est devant eux. Toutefois le courage des Bretons qu'un long repos n'a point encore amollis a quelque chose de plus fier ; car on sait que les Gaulois ont aussi brillé dans les combats. Bientôt la paix répandit l'indolence, et ils perdirent le courage en même temps que la liberté. C'est ainsi qu'ont dégénéré parmi les Bretons les peuplades jadis soumises : les autres sont encore ce que furent les Gaulois.

XII. Toute leur force est dans l'infanterie ; quelques peuplades combattent sur des chars : le conducteur est aussi le chef ; le reste marche et combat devant. Jadis les Bretons obéissaient à des rois, aujourd'hui ils sont livrés au déchirement des factions ; et rien ne favorise plus nos desseins sur ces nations indomptées que leurs

---

etiam inspicitur ; septentrionalia ejus, nullis contra terris, vasto atque aperto mari pulsantur. Formam totius Britanniæ Livius veterum, Fabius Rusticus recentium eloquentissimi auctores, oblongæ scutulæ vel bipenni assimulavere : et est ea facies citra Caledoniam, unde et in universum fama est transgressa ; sed immensum et enorme spatium procurrentium extremo jam littore terrarum velut in cuneum tenuatur. Hanc oram novissimi maris tunc primum romana classis circumvecta insulam esse Britanniam affirmavit : ac simul incognitas ad id tempus insulas, quas Orcadas vocant, invenit domuitque : dispecta est et Thule, quam hactenus nix et hiems abdebat. Sed mare pigrum et grave remigantibus perhibent ; ne ventis quidem perinde attolli ; credo quod rariores terræ montesque, causa ac materia tempestatum, et profunda moles continui maris tardius impellitur. Naturam oceani atque æstus neque quærere hujus operis est, ac multi retulere : unum addiderim, nusquam latius dominari mare, multum fluminum huc atque illuc ferre, nec littore tenus accrescere aut resorberi, sed influere penitus atque ambire, et jugis etiam atque montibus inseri velut in suo.

XI. Ceterum Britanniam qui mortales initio coluerint, indigenæ an advecti, ut inter barbaros, parum compertum. Habitus corporum varii ; atque ex eo argumenta. Namque rutilæ Caledoniam habitantium comæ, magni artus, germanicam originem asseverant. Silurum colorati vultus, et torti plerumque crines, et posita contra Hispania, Iberos veteres trajecisse easque sedes occupasse fidem faciunt. Proximi Gallis, et similes sunt ; seu durante originis vi, seu, procurrentibus in diversa terris, positio cœli corporibus habitum dedit : in universum tamen æstimanti, Gallos vicinum solum occupasse credibile est. Eorum sacra deprehendas superstitionum persuasione : sermo haud multum diversus ; in deposcendis periculis eadem audacia, et, ubi advenere, in detrectandis eadem formido : plus tamen ferociæ Britanni præferunt, ut quos nondum longa pax emollierit ; nam Gallos quoque in bellis floruisse accepimus ; mox segnitia cum otio intravit, amissa virtute pariter ac libertate, quod Britannorum olim victis evenit : ceteri manent quales Galli fuerunt.

XII. In pedite robur ; quædam nationes et curru præliantur : honestior auriga, clientes propugnant. Olim regibus parebant, nunc per principes factionibus et studiis trahuntur : nec aliud adversus validissimas gentes pro nobis utilius, quam quod in commune non consulunt. Rarus duabus tribusve civitatibus ad propulsandum commune periculum conventus : ita, dum singuli pugnant, universi vincuntur. Cœlum crebris imbribus ac nebulis fœdum ; asperitas frigo

divisions : à peine deux ou trois cités se réunissent-elles pour repousser le danger commun : aussi chacune combat seule, et toutes sont vaincues. Le ciel de la Bretagne est obscurci par des pluies et des brouillards continuels; le froid n'y est pas rigoureux; la durée des jours est plus longue que dans notre continent; la nuit même y est lumineuse; et, aux extrémités de la Bretagne, elle est si courte, qu'un faible crépuscule sépare le jour qui fuit du jour qui commence. Et si les nuages ne mettaient obstacle à notre vue, les habitants disent qu'on apercevrait pendant la nuit l'éclat du soleil qui ne se couche ni ne se lève jamais, mais qui ne fait que passer sur leurs têtes. En effet les extrémités du pays étant unies, les ombres ne s'élèvent point, et la nuit ne saurait arriver jusqu'au ciel ni jusqu'aux astres. Le terrain, s'il ne se prête point à la culture de l'olivier, de la vigne et des autres productions des pays chauds, produit d'ailleurs du grain et des fruits en abondance; s'ils sont lents à mûrir, ils croissent promptement. Ces deux phénomènes n'ont qu'une cause, la grande humidité qui règne sur la terre et dans l'air. La Bretagne renferme dans son sein de l'or, de l'argent et des métaux, prix de sa conquête; la mer produit même des perles, mais d'une couleur terne et plombée. On prétend qu'il faut attribuer ce défaut à la maladresse de ceux qui les recueillent : dans la mer Rouge, on les détache des rochers toutes vivantes; tandis qu'en Bretagne on les ramasse où le flot les a jetées. Pour moi je pense que la nature est ici en défaut bien plutôt que l'avarice des hommes.

XIII. Les Bretons se soumettent aux enrôlements, payent les tributs, supportent enfin avec patience toutes les charges de la victoire, pourvu que l'on s'abstienne de violence; la violence les révolte; soumis jusqu'à l'obéissance, ils ne le sont pas encore jusqu'à l'esclavage. Au reste Jules César a conduit le premier une armée romaine dans la Bretagne; et, quoique, vainqueur dans un combat, il ait répandu l'effroi parmi les barbares, et se soit emparé de toute la côte, néanmoins on peut dire qu'il indiqua cette conquête plutôt qu'il ne la fît. Bientôt les guerres civiles éclatèrent, les chefs de la république tournèrent leurs armes contre la république même; le calme se rétablit, sans que l'on songeât davantage à la Bretagne. Auguste n'entreprit rien contre eux par politique, Tibère, par tradition. On assure que Caligula avait le projet d'envahir la Bretagne ; mais cet esprit léger, sans cesse en opposition avec lui-même, fit pour la Bretagne comme pour la Germanie et ne forma d'immenses préparatifs que pour les abandonner. Claude enfin commença la conquête, envoya des légions et des auxiliaires et s'associa Vespasien. Ce fut là le commencement d'une grande destinée. Des nations sont soumises, des rois faits prisonniers, et l'avenir de Vespasien se révèle.

XIV. Aulus Plautius est le premier consulaire qui gouverna la Bretagne, ensuite Ostorius Scapula, tous deux grands hommes de guerre; on réduisit peu à peu en province la partie de la Bretagne la plus rapprochée de nous; on y établit une colonie de vétérans; on donna au roi Cogidun quelques villes en partage. Ce prince nous garda jusqu'à nos jours une fidélité inviolable : c'est une politique depuis longtemps adoptée par Rome de faire servir à l'esclavage des peuples le pouvoir même des rois. Bientôt vint Didius Gallus qui conserva les conquêtes de ses devanciers et se borna à construire quelques forteresses avancées dans les terres, pour pouvoir se vanter d'avoir fait plus que son devoir. A Didius succéda Véranius qui mourut dans l'année. Après lui Suétonius Paullinus combattit deux ans avec honneur, soumit des peuplades, et fortifia les garnisons. Mais

---

rum abest. Dierum spatia ultra nostri orbis mensuram; et nox clara, et extrema Britanniæ parte brevis, ut finem atque initium lucis exiguo discrimine internoscas. Quod si nubes non officiant, adspici per noctem solis fulgorem ; nec occidere et exsurgere, sed transire affirmant. Scilicet extrema et plana terrarum, humili umbra, non erigunt tenebras infraque cœlum et sidera nox cadit. Solum, præter oleam vitemque, et cetera calidioribus terris oriri sueta, patiens frugum, fecundum ; tarde mitescunt, cito proveniunt : eademque utriusque rei causa, multus humor terrarum cœlique. Fert Britannia aurum et argentum et alia metalla, pretium victoriæ. Gignit et oceanus margarita, sed subfusca ac liventia. Quidam artem abesse legentibus arbitrantur; nam in Rubro mari viva ac spirantia saxis avelli, in Britannia prout expulsa sint colligi : ego facilius crediderim naturam margaritis deesse quam nobis avaritiam.

XIII. Ipsi Britanni delectum, ac tributa, et injuncta imperii munera impigre obeunt, si injuriæ absint : has ægre tolerant, jam domiti ut pareant, nondum ut serviant.

Igitur primus omnium Romanorum divus Julius cum exercitu Britanniam ingressus, quanquam prospera pugna terruerit incolas ac littore potitus sit, potest videri ostendisse posteris, non tradidisse. Mox bella civilia, et in rempublicam versa principum arma, ac longa oblivio Britanniæ etiam in pace. Consilium id divus Augustus vocabat, Tiberius præceptum. Agitasse C. Cæsarem de intranda Britannia satis constat, ni velox ingenio, mobilis pœnitentia, et ingentes adversus Germaniam conatus frustra fuissent. Divus Claudius auctor operis, transvectis legionibus auxiliisque, et assumpto in partem rerum Vespasiano ; quod initium venturæ mox fortunæ fuit : domitæ gentes, capti reges, et monstratus fatis Vespasianus.

XIV. Consularium primus Aulus Plautius præpositus, ac subinde Ostorius Scapula, uterque bello egregius : redactaque paullatim in formam provinciæ proxima pars Britanniæ; addita insuper veteranorum colonia; quædam civitates Cogiduno regi donatæ (is ad nostram usque memoriam fidissimus mansit) vetere ac jam pridem recepta populi romani consuetudine, ut haberet instrumenta ser-

trop confiant dans cet appui, il voulut attaquer l'île de Mona, qui secondait les efforts des rebelles, et exposa ainsi tout derrière lui aux dangers d'une surprise.

XV. Enhardis par son absence, les Bretons se communiquent leurs souffrances, la honte de leur esclavage, se racontent leurs affronts et s'irritent en les commentant. On n'obtient rien, se disent-ils, par la patience; seulement la tyrannie ajoute des maux plus accablants à ceux qu'on semblait ne pas sentir. Jadis ils n'avaient qu'un seul maître, aujourd'hui ils sont deux pour les opprimer : le général épuise leur sang, et l'intendant leurs richesses : tyrans dont la discorde ou l'union leur est également funeste. L'avidité de l'un, les centurions de l'autre emploient tour à tour contre eux la violence et l'outrage : rien de sacré pour leur avarice, pour leurs passions; dans les combats c'est le plus fort qui pille, ici une poignée de brigands, pour la plupart lâches et efféminés, s'emparent des maisons, ravissent les enfants, lèvent des tributs de soldats, comme s'il n'y avait que pour sa patrie qu'un Breton ne sût pas mourir. Qu'aux soldats que Rome envoie, la Bretagne compare le nombre de ses enfants. C'est ainsi que les peuples de Germanie ont secoué le joug et ils n'avaient qu'un fleuve et non l'Océan pour se défendre; les Bretons ont leur patrie, leurs épouses, leurs pères, leurs mères pour les exciter au combat; les Romains n'ont d'autre mobile que la débauche et l'avarice; qu'ils imitent les vertus de leurs ancêtres, que l'issue d'un seul combat ne les décourage point et ils verront ces conquérants s'enfuir comme jadis Jules César, leur dieu : l'infortune donne à l'âme plus d'audace, plus de persévérance; déjà les dieux mêmes jettent sur la Bretagne des regards de pitié, puisqu'ils leur ont ménagé l'absence du général romain et qu'ils retiennent son armée comme exilée dans une autre île : déjà par un hasard inouï, ils peuvent se parler et conspirer; il est plus dangereux d'être surpris au milieu d'un semblable complot que de l'exécuter.

XVI. Excités par de tels discours, les Bretons prennent tous les armes sous la conduite de Boadicée, princesse du sang royal; car les femmes ne sont point exclues du commandement. Ils poursuivent nos soldats disséminés dans les bourgs, forcent les garnisons, envahissent la colonie elle-même comme le siège de la tyrannie : il n'est point d'horreurs, point de cruauté où la vengeance et la victoire n'entraînent les barbares. Et si Paullinus, instruit de cette révolte, n'était accouru, la Bretagne était perdue pour Rome; mais un seul combat fit tout rentrer dans le devoir, sans toutefois désarmer la plupart des chefs que le sentiment de leur trahison et la crainte d'un châtiment personnel tenaient dans l'inquiétude. En effet, Paullinus, gouverneur estimable d'ailleurs, mais jaloux de punir cette révolte avec la même rigueur qu'on venge une injure personnelle, avait traité impitoyablement ceux qui s'étaient rendus. On envoya Pétronius Turpilianus, d'un caractère plus doux, étranger à tous ces désordres, qui par là même plus porté à accueillir le repentir des barbares, se contenta de la soumission des principaux factieux, et sans rien entreprendre au delà remit le gouvernement à Trébellius Maximus.

---

vitutis et reges. Mox Didius Gallus parta a prioribus continuit, paucis admodum castellis in ulteriora promotis, per quæ fama aucti officii quæreretur. Didium Veranius excepit, isque intra annum exstinctus est. Suetonius hinc Paullinus biennio prosperas res habuit, subactis nationibus firmatisque præsidiis, quorum fiducia Monam insulam, ut vires rebellibus ministrantem, aggressus, terga occasioni patefecit.

XV. Namque absentia legati remoto metu, Britanni agitare inter se mala servitutis, conferre injurias et interpretando accendere : « Nihil profici patientia, nisi ut graviora, tanquam ex facili tolerantibus, imperentur : singulos sibi olim reges fuisse, nunc binos imponi; e quibus legatus in sanguinem, procurator in bona sæviret : æque discordiam præpositorum, æque concordiam subjectis exitiosam : alterius manus, centuriones alterius, vim et contumelias miscere : nihil jam cupiditati, nihil libidini exceptum : in prælio fortiorem esse qui spoliet; nunc ab ignavis plerumque et imbellibus eripi domos, abstrahi liberos, injungi delectus, tanquam mori tantum pro patria nescientibus : quantum enim transisse militum, si sese Britanni numerent? Sic Germanias excussisse jugum; et flumine non oceano defendi · sibi patriam, conjuges, parentes, illis avaritiam et luxuriam causas belli esse : recessuros ut divus Julius recessisset, modo virtutes majorum suorum æmularentur; neve prælii unius aut alterius eventu pavescerent : plus impetus, majorem constantiam penes miseros esse. Jam Britannorum etiam deos misereri, qui romanum ducem absentem, qui relegatum in alia insula exercitum detinerent : jam ipsos, quod difficillimum fuerit, deliberare; porro in ejusmodi consiliis periculosius esse deprehendi quam audere. »

XVI. His atque talibus invicem instincti, Boadicea, generis regii femina, duce (neque enim sexum in imperiis discernunt), sumpsere universi bellum; ac sparsos per castella milites consectati, expugnatis præsidiis, ipsam coloniam invasere, ut sedem servitutis : nec ullum in barbaris sævitiæ genus omisit ira et victoria. Quod nisi Paullinus, eo cognito provinciæ motu, propere subvenisset, amissa Britannia foret; quam unius prælii fortuna veteri patientiæ restituit, tenentibus arma plerisque, quos conscientia defectionis, et propius ex legato timor agitabat. Hic quum, egregius cetera, arroganter in deditos, et ut suæ quoque injuriæ ultor, durius consuleret, missus Petronius Turpilianus, tanquam exorabilior : et delictis hostium novus, eoque pœnitentiæ mitior, compositis prioribus, nihil ultra ausus, Trebellio Maximo provinciam tradidit. Trebellius segnior, et nullis castrorum experi-

Général sans vigueur, sans aucun talent militaire, Trébellius sut néanmoins par la douceur de son administration conserver la province. Dès lors les barbares eux-mêmes commencèrent à n'être plus insensibles aux charmes de nos vices et le commencement des guerres civiles fournit à l'inaction du général une excuse légitime. Mais la discorde tourmenta notre armée qui, habituée au mouvement des expéditions, se corrompit dans l'oisiveté. Trébellius fut obligé de fuir, de se cacher pour se soustraire à la fureur des soldats ; déshonoré, avili, il ne reprit qu'une autorité précaire ; comme si par un marché honteux le général eût acheté la vie, les soldats l'impunité. Cette révolte ne fit point couler de sang. Les discordes civiles régnant toujours, Vectius Bolanus n'osa pas réprimer la licence dans la province : même faiblesse avec l'ennemi, même indiscipline dans le camp ; seulement Bolanus irréprochable, et dont personne ne pouvait se plaindre, était aimé, s'il n'était obéi.

XVII. Mais lorsque Vespasien fut maître de la Bretagne, comme du reste du monde, alors parurent d'illustres généraux, des armées vaillantes ; alors les espérances des ennemis baissèrent. Pétilius Cérialis vint tout à coup jeter l'épouvante, en attaquant la ville des Brigantes, la plus peuplée de la Bretagne : il livra des combats fréquents, sanglants même quelquefois. Il soumit ou ravagea presque toute cette vaste contrée. Cérialis transmettait à un successeur une administration et une gloire dont le poids semblait devoir l'accabler, mais qui ne furent point trop pesantes pour Julius Frontinus. Ce général, aussi grand homme que son prédécesseur lui permettait de l'être, dompta les Silures, nation puissante et belliqueuse, après avoir combattu à la fois et le courage de l'ennemi et les obstacles de la nature elle-même.

XVIII. Tel était l'état de la Bretagne, telle avait été la fortune de nos armes, lorsque Agricola, arrivé dans cette île au milieu de la saison, vit que notre armée, renonçant pour ainsi dire à toute expédition, ne songeait plus qu'au repos, nos ennemis qu'à la vengeance. Peu de temps avant son arrivée, la nation des Ordovices avait écrasé presque tout entier le corps d'armée cantonné sur leur territoire. Ce premier succès relève les espérances de toutes les provinces qui ne demandent qu'à recommencer la guerre : les uns veulent suivre cet exemple, les autres éprouver encore le caractère du nouveau gouverneur. Agricola n'hésite plus ; ni la campagne déjà fermée, ni les troupes répandues par cantonnements dans la province, ni le repos où le soldat était déjà rentré, obstacles graves à une guerre soudaine, ni ses lieutenants qui la plupart l'engageaient à maintenir plutôt des conquêtes incertaines, rien n'empêche Agricola d'aller au-devant du péril. Il réunit à un détachement des légions un petit nombre d'auxiliaires, et voyant que les barbares n'osaient pas descendre dans la plaine, lui-même, à la tête de ses troupes, afin de leur communiquer son courage comme il partageait leurs dangers, leur fit gravir la montagne en ordre de bataille. Après le massacre de cette peuplade presque tout entière, persuadé qu'il fallait presser la victoire et que le premier combat devait décider de tous les autres, il résolut de s'emparer de l'île Mona que Paullinus avait été sur le point d'envahir, lorsque le soulèvement général de la Bretagne interrompit la conquête. Mais dans cette entreprise formée à l'improviste, on manquait de vaisseaux : le génie

mentis, comitate quadam curandi provinciam tenuit. Didicere jam barbari quoque ignoscere vitiis blandientibus : et interventus civilium armorum præbuit justam segnitiæ excusationem, sed discordia laboratum, quum assuetus expeditionibus miles otio lasciviret, Trebellius, fuga ac latebris vitata exercitus ira, indecorus atque humilis, precario mox præfuit, ac velut pacti, exercitus licentiam, dux salutem : hæc seditio sine sanguine stetit. Nec Vectius Bolanus, manentibus adhuc civilibus bellis, agitavit Britanniam disciplina : eadem inertia erga hostes, similis petulantia castrorum ; nisi quod innocens Bolanus, et nullis delictis invisus, caritatem paraverat loco auctoritatis.

XVII. Sed, ubi cum cetero orbe Vespasianus et Britanniam reciperavit, magni duces, egregii exercitus, minuta hostium spes : et terrorem statim intulit Petilius Cerialis, Brigantum civitatem, quæ numerosissima provinciæ totius perhibetur, aggressus : multa prælia, et aliquando non incruenta ; magnamque Brigantum partem aut victoria amplexus aut bello. Et, quum Cerialis quidem alterius successoris curam famamque obruisset, sustinuit quoque molem Julius Frontinus, vir magnus quantum licebat, Va'idamque et pugnacem Silurum gentem armis subegit, super virtutem hostium, locorum quoque difficultates eluctatus.

XVIII. Hunc Britanniæ statum, has bellorum vices, media jam æstate transgressus, Agricola invenit, quum et milites, velut omissa expeditione, ad securitatem, et hostes ad occasionem verterentur. Ordovicum civitas, haud multo ante adventum ejus, alam, in finibus suis agentem, prope universam obtriverat : eoque initio erecta provincia, ut quibus bellum volentibus erat, probare exemplum, aut recentis legati animum opperiri. Tum Agricola, quanquam transacta æstas, sparsi per provinciam numeri, præsumpta apud militem illius anni quies, tarda et contraria bellum inchoaturo, et plerisque custodiri suspecta potius videbatur, ire obviam discrimini statuit : contractisque legionum vexillis et modica auxiliorum manu, quia in æquum degredi Ordovices non audebant, ipse ante agmen, quo ceteris par animus simili periculo esset, erexit aciem ; cæsaque prope universa gente, non ignarus instandum famæ, ac, prout prima cessissent, fore universa, Monam insulam, cujus possessione revocatum Paullinum rebellione totius Britanniæ supra memoravi, redigere in potestatem animo intendit. Sed, ut in dubiis consiliis,

et la persévérance d'Agricola surent en créer : déchargés par son ordre du poids de leurs bagages, des auxiliaires d'élite, accoutumés aux courants des fleuves et qui, suivant l'usage du pays, nagent tout armés et à cheval, s'élancèrent avec tant de vitesse, que l'ennemi, qui attendait des navires et la mer haute, resta stupéfait, et comprit qu'il n'y avait rien d'insurmontable, rien d'invincible pour des hommes qui leur portaient la guerre à la nage. Ils implorent donc la paix et se rendent à Agricola qui s'était déjà fait un grand nom. Dès son arrivée dans la province, au lieu de donner son temps à de vaines cérémonies ou à l'intrigue, il préférait les travaux et les dangers. Heureux sans orgueil, Agricola, ne pensait pas que ce fut une expédition ni un triomphe d'avoir su contenir des vaincus : il ne scella pas même d'un laurier le bulletin de ce beau fait d'armes. Mais l'obscurité même où il retenait sa gloire la rendit plus éclatante aux yeux du public. Quels prodiges ne promettait pas celui qui taisait de tels exploits !

XIX. Habile à connaître l'esprit des Bretons, et sachant par la triste expérience de ses prédécesseurs que les victoires sont presque inutiles si elles sont suivies de violences, Agricola résolut de détruire la cause même des révoltes. Et commençant par lui-même et par les siens, il régla sa maison : cet ordre intérieur est pour d'autres plus difficile que le gouvernement d'une province : plus d'affranchis, plus d'esclaves mêlés aux affaires. Ce ne fut plus par des protections particulières, sur la recommandation et les instances des centurions, que les soldats furent reçus dans l'administration. Leur conduite était à ses yeux le seul gage de leur fidélité. Il voulait tout savoir, ne pouvant tout faire. Indulgent pour des fautes légères, il punissait les graves avec sévérité; plus souvent il se contentait du repentir. Il aimait mieux prévenir les délits ou les malversations que d'avoir à les condamner. Il rendit moins accablant le surcroît de tributs de blé et d'argent par une juste répartition, et en retranchant tous ces raffinements de l'avarice, plus odieux que l'impôt même. Car on se faisait un jeu cruel de forcer les Bretons de mendier pour ainsi dire à la porte de leurs greniers, d'acheter leur propre blé au-dessus de la taxe, et de le vendre au-dessous. On désignait des chemins détournes, des pays éloignés, à travers lesquels les villes devaient transporter des vivres dans des lieux écartés et inaccessibles, quand elles avaient près d'elles des quartiers qu'elles auraient pu approvisionner; vexations imposées comme à plaisir à toute une population dans l'intérêt d'un petit nombre.

XX. En réformant ces abus dès la première année, il environne de respect et de gloire cet état de paix devenu par l'indolence ou la faiblesse de ses devanciers presque aussi dangereux que la guerre même. Mais dès le commencement de l'été, il rassemble son armée. Pendant la marche, il encourage de ses éloges les bons soldats et punit les traînards, choisit lui-même le lieu de son camp, va en personne reconnaître les marais et les bois; cependant il ne laisse point les ennemis respirer et les désole par des incursions soudaines : mais après les avoir suffisamment effrayés, il les attirait en leur montrant tous les avantages de la soumission. Par cette politique, un grand nombre de peuplades qui jusqu'à ce jour avaient traité avec nous d'égal à égal nous livrèrent des otages, abjurè-

naves deerant : ratio et constantia ducis transvexit. Depositis omnibus sarcinis, lectissimos auxiliarium, quibus nota vada et patrius nandi usus, quo simul seque et arma et equos regunt, ita repente immisit, ut obstupefacti hostes, qui classem, qui naves, qui mare exspectabant, nihil arduum aut invictum crediderint sic ad bellum venientibus. Ita, petita pace ac dedita insula, clarus ac magnus haberi Agricola : quippe cui ingredienti provinciam, quod tempus alii per ostentationem aut officiorum ambitum transigunt, labor et periculum placuisset. Nec Agricola, prosperitate rerum in vanitatem usus, expeditionem aut victoriam vocabat victos continuisse : ne laureatis quidem gesta prosecutus est; sed ipsa dissimulatione famæ famam auxit, æstimantibus quanta futuri spe tam magna tacuisset.

XIX. Ceterum animorum provinciæ prudens, simulque doctus per aliena experimenta parum proficI armis, si injuriæ sequerentur, causas bellorum statuit excidere. A se suisque orsus, primam domum suam coercuit, quod plerisque haud minus arduum est quam provinciam regere. Nihil per libertos servosque publicæ rei : non studiis privatis, nec ex commendatione aut precibus centurionum milites adscire, sed optunum quemque fidelissimum putare : omnia scire, non omnia exsequi : parvis peccatis veniam, magnis severitatem commodare : nec pœna semper, sed sæpius pœnitentia contentus esse : officiis et administrationibus potius non peccaturos præponere, quam damnare quum peccassent. Frumenti et tributorum auctionem æqualitate munerum mollire, circumcisis quæ, in quæstum reperta, ipso tributo gravius tolerabantur : namque, per ludibrium, assidere clausis horreis, et emere ultro frumenta ac vendere pretio cogebantur; devortia itinerum et longinquitas regionum indicebatur, ut civitates a proximis hibernis in remota et avia deferrent, donec quod omnibus in promptu erat, paucis lucrosum fieret.

XX. Hæc primo statim anno comprimendo, egregiam famam paci circumdedit, quæ vel incuria, vel tolerantia priorum, haud minus quam bellum timebatur. Sed ubi æstas advenit, contracto exercitu, militum in agmine laudare modestiam, disjectos coercere, loca castris ipse capere, æstuaria ac silvas ipse prætentare; et nihil interim apud hostes quietum pati, quominus subitis excursibus popularetur, atque, ubi satis terruerat, parcendo rursus irritamenta pacis ostentare. Quibus rebus multæ civitates quæ in illum diem ex æquo egerant, datis obsidibus,

rent toute haine, se laissèrent entourer de citadelles et de fortifications d'un plan si ingénieux et si bien exécuté qu'aucune partie de la Bretagne, même les contrées inconnues auparavant à nos armes, ne purent se soustraire à notre domination.

XXI. L'hiver suivant fut consacré aux plus sages projets. Il voulut que ces peuples dispersés, sauvages et par eux-mêmes toujours prêts à la guerre, prissent dans les plaisirs le goût du repos et de la tranquillité. Dans cette pensée, il les excite tantôt par des exhortations particulières, tantôt par des secours publics à construire des temples, des places, des maisons, louant le zèle des uns, réprimandant la résistance des autres. L'émulation produisait les effets d'un ordre. Il cherche à polir l'esprit des fils des principaux Bretons par les arts libéraux. Il vante leurs dispositions naturelles comme préférables même au savoir des Gaulois, de telle sorte que ces peuples qui naguère dédaignaient la langue des Romains, se passionnent pour leur éloquence. Bientôt même on les vit se parer de notre costume et porter la toge. Insensiblement ils adoptèrent toutes les délicatesses d'une vie dissolue, les bains, les portiques, les repas somptueux. Leur ignorance appelait civilisation le complément de leur esclavage.

XXII. La troisième campagne nous découvrit de nouvelles peuplades lorsqu'on eut ravagé tout le pays jusqu'au golfe Taüs. Frappé d'épouvante, l'ennemi n'osa pas attaquer notre armée, quoiqu'elle eut beaucoup souffert du mauvais temps, et nous laissa construire des fortifications. Les habiles remarquaient que personne mieux qu'Agricola n'avait saisi l'avantage des positions, et qu'aucune des forteresses bâties par lui n'était ni enlevée ni rendue, ni abandonnée. On faisait de fréquentes sorties; car on s'était précautionné d'une année de munitions contre les longueurs d'un siége. L'hiver se passe donc sans inquiétude; on était rassuré en voyant les menaces vaines et le désespoir des ennemis qui, accoutumés si longtemps à réparer l'hiver les pertes de l'été, s'apercevaient cette fois que les saisons ne changeaient plus pour nous. Jamais Agricola ne détournait la gloire d'un autre au profit de la sienne. Le centurion, comme le préfet, trouvait en lui un témoin désintéressé de ses actions : quelques-uns l'accusaient de mettre de l'aigreur dans ses réprimandes; affable avec les bons, ne devait-il pas être sévère avec les méchants? d'ailleurs sa colère ne survivait pas à ses reproches; son éloignement, son silence n'avaient rien de sinistre : il trouvait plus généreux d'offenser que de haïr.

XXIII. La quatrième campagne fut consacrée à la conquête des pays qu'il avait parcourus. Si le courage de nos armées, si la gloire du nom romain pouvait trouver où s'arrêter, c'eût été au sein même de la Bretagne. En effet les deux rivières Glota et Bodotria, creusées l'une par le flux, l'autre par le reflux de la mer qui se porte tour à tour de ces côtés opposés, sont séparées par un étroit espace de terre. Là on établit des fortifications. Le golfe le plus voisin était entièrement occupé par nos soldats; et l'ennemi rejeté au delà comme dans une autre île.

XXIV. La cinquième année, Agricola, traversant une mer qui n'avait pas encore porté de vaisseaux, soumit à force de combats et de victoires des nations jusqu'alors inconnues; il répandit ses troupes dans la partie de la Bretagne,

---

iram posuere, præsidiis castellisque circumdatæ, tanta ratione curaque, ut nulla ante Britanniæ nova pars illacessita transierit.

XXI. Sequens hiems saluberrimis consiliis absumpta : namque, ut homines dispersi ac rudes, eoque bello faciles, quieti et otio per voluptates assuescerent, hortari privatim, adjuvare publice, ut templa, fora, domus exstruerent, laudando promptos et castigando segnes : ita honoris æmulatio pro necessitate erat. Jam vero principum filios liberalibus artibus erudire, et ingenia Britannorum studiis Gallorum anteferre, ut, qui modo linguam romanam abnuebant, eloquentiam concupiscerent : inde etiam habitus nostri honor, et frequens toga; paullatimque discessum ad delinimenta vitiorum, porticus, et balnea, et conviviorum elegantiam : idque apud imperitos humanitas vocabantur, quum pars servitutis esset.

XXII. Tertius expeditionum annus novas gentes aperuit, vastatis usque ad Taum (æstuario nomen est) nationibus : qua formidine territi hostes, quanquam conflictatum sævis tempestatibus exercitum lacessere non ausi; ponendisque insuper castellis spatium fuit. Annotabant periti non alium ducem opportunitates locorum sapientius legisse nullum ab Agricola positum castellum aut vi hostium expugnatum, aut pactione ac fuga desertum. Crebræ eruptiones; nam adversus moras obsidionis annuis copiis firmabantur . ita intrepida ibi hiems, et sibi quisque præsidio, irritis hostibus, eoque desperantibus, quia, soliti plerumque damna æstatis hibernis eventibus pensare, tum æstate atque hieme juxta pellebantur. Nec Agricola unquam per alios gesta avidus intercipit : seu centurio, seu præfectus, incorruptum facti testem habebat. Apud quosdam acerbior in conviciis narrabatur, ut bonis comis, ita adversus malos injucundus : ceterum ex iracundia nihil supererat; secretum et silentium ejus non timeres : honestius putabat offendere, quam odisse.

XXIII. Quarta æstas obtinendis quæ percurrerat insumpta; ac, si virtus exercituum et romani nominis gloria pateretur, inventus in ipsa Britannia terminus. Nam Glota et Bodotria, diversi maris æstibus per immensum revectæ, angusto terrarum spatio dirimuntur : quod tum præsidiis firmabatur; atque omnis propior sinus tenebatur, summotis velut in aliam insulam hostibus.

XXIV. Quinto expeditionum anno, nave prima transgressus, ignotas ad id tempus gentes crebris simul ac prosperis præliis domuit; eamque partem Britanniæ quæ Hiberniam adspicit copiis instruxit, in spem magis quam ob

située en face de l'Hibernie, moins par prudence que dans la vue de nouvelles conquêtes. En effet, placée entre la Bretagne et l'Espagne, commode aux navigateurs de la mer des Gaules, l'Irlande aurait uni cette partie si puissante de l'empire par les liens d'un commerce immense. Comparée à la Bretagne cette île est plus petite; mais elle est plus grande que les îles de notre Océan. Le sol, le climat, le caractère, les mœurs des habitants diffèrent peu de la Bretagne. Les relations du commerce nous ont donné sur les points abordables, sur ses ports, des connaissances plus exactes. Agricola avait recueilli un des petits rois de cette nation, chassé par une révolte, et sous le voile de l'amitié le réservait à ses desseins. Agricola me disait souvent qu'une seule légion et quelques auxiliaires suffiraient pour soumettre et pour maintenir l'Irlande; et que l'influence de cette conquête serait puissante sur le reste de la Bretagne, puisque les armes romaines couvrant ainsi toute sa surface lui ôteraient jusqu'à la vue de la liberté.

XXV. Cependant l'été suivant qui commençait la sixième année de son gouvernement, Agricola craignant un soulèvement général des peuplades situées au delà de la Bodotrie, et de peur de surprise sur sa route, visita avec sa flotte les villes les plus considérables de ce pays : cette flotte dont il sut le premier tirer un si habile parti, marchait avec honneur à la suite de l'armée : ainsi l'on poursuivait la guerre à la fois sur terre et sur mer. Souvent réunis dans le même camp, la cavalerie, l'infanterie et les soldats de la flotte ne formaient qu'un seul corps et se racontaient dans les épanchements d'une gaieté commune leurs exploits et leurs aventures. Ils se plaisaient à comparer le passage d'une montagne, d'une forêt inaccessible aux dangers d'une tempête et d'une mer en courroux ; ils opposaient avec orgueil les victoires remportées sur la terre et sur les hommes, aux victoires remportées sur l'Océan lui-même. Aussi les Bretons, d'après les rapports des prisonniers, étaient-ils consternés à la vue de notre flotte, comme si la route de leur mer une fois connue, tout asile était fermé à leur défaite. Décidés au combat, les Calédoniens, après de grands préparatifs, exagérés encore, comme tout ce qu'on ne peut voir, par la voix de la renommée, étaient venus attaquer nos retranchements, et avaient même répandu la crainte, comme tous ceux qui attaquent les premiers. Il n'y avait plus qu'à se replier en deçà de la Bodotrie, et à se retirer pour éviter d'être chassé; si l'on eut écouté les conseils de la prudence ou plutôt de la lâcheté déguisée sous son nom. Cependant Agricola apprend que l'ennemi supérieur en nombre va fondre sur lui : dans la crainte que les Bretons, ayant le double avantage du nombre et de la connaissance du terrain, ne l'enveloppassent, il divise son armée en trois corps et se met en marche.

XXVI. Instruit de ce mouvement, l'ennemi change de plan ; il vient avec toutes ses forces pendant la nuit surprendre la neuvième légion, la plus faible de toutes, égorge les sentinelles, et s'ouvre passage : déjà il avait pénétré dans nos retranchements, lorsqu'Agricola, instruit par ses éclaireurs de la marche des ennemis, et toujours sur leurs traces, ordonne que sa cavalerie et son infanterie légère harcèlent l'ennemi par derrière. Bientôt le cri de guerre éclate dans tous les rangs et le jour naissant voit briller nos enseignes; les Bretons environnés d'un double péril s'épouvantent. La légion attaquée reprend courage, et, rassurée sur elle-même, combat pour la

---

formidinem : siquidem Hibernia, medio inter Britanniam atque Hispaniam sita, et gallico quoque mari opportuna, valentissimam imperii partem magnis invicem usibus miscuerit. Spatium ejus, si Britanniæ comparetur, angustius, nostri maris insulas superat. Solum cœlumque, et ingenia cultusque hominum haud multum a Britannia differunt; melius aditus portusque per commercia et negotiatores cogniti. Agricola expulsum seditione domestica unum ex regulis gentis exceperat, ac specie amicitiæ in occasionem retinebat. Sæpe ex eo audivi legione una et modicis auxiliis debellari obtinerique Hiberniam posse; idque etiam adversus Britanniam profuturum, si romana ubique arma, et velut e conspectu libertas tolleretur.

XXV. Ceterum, æstate qua sextum officii annum inchoabat, amplexus civitates trans Bodotriam sitas, quia motus universarum ultra gentium et infesta hostili exercitu itinera timebantur, portus classe exploravit : quæ, ab Agricola primum assumpta in partem virium, sequebatur egregia specie, quum simul terra, simul mari bellum impelleretur, ac sæpe iisdem castris pedes equesque et nauticus miles, mixti copiis et lætitia, sua quisque facta, suos casus attollerent; ac modo silvarum et montium profunda, modo tempestatum ac fluctuum adversa, hinc terra et hostis, hinc auctus oceanus militari jactantia compararentur. Britannos quoque, ut ex captivis audiebatur, visa classis obstupefaciebat, tanquam, aperto maris sui secreto, ultimum victis perfugium clauderetur. Ad manus et arma conversi Caledoniam incolentes populi, paratu magno, majore fama, uti mos est de ignotis, oppugnasse ultro castella adorti, metum, ut provocantes, addiderant : regrediendumque citra Bodotriam, et excedendum potius quam pellerentur, specie prudentium ignavi admonebant; quum interim cognoscit hostes pluribus agminibus irrupturos. Ac ne superante numero et peritia locorum circumiretur, diviso et ipse in tres partes exercitu incessit.

XXVI. Quod ubi cogitatum hosti, mutato repente consilio, universi novam legionem, ut maxime invalidam, nocte aggressi, inter somnum ac trepidationem cæsis vigilibus, irrupere. Jamque in ipsis castris pugnabant, quum Agricola, iter hostium ab exploratoribus edoctus, et vestigiis insecutus velocissimos equitum peditumque assultare tergis pugnantium jubet, mox ab universis adjici clamorem; et propinqua luce fulsere signa : ita ancipiti malo territi Britanni; et Romanis rediit animus, ac, securi de salute,

gloire. A leur tour nos soldats chargent l'ennemi : un combat sanglant s'engage aux portes du camp, jusqu'à ce que l'ennemi soit enfin chassé par les efforts de nos deux corps d'armée qui luttaient de courage, l'un pour faire valoir ses secours, l'autre pour montrer qu'ils étaient superflus. Et si les marais et les bois n'eussent protégé la fuite des ennemis, cette victoire eût achevé la guerre.

XXVII. Fiers d'un succès aussi complet et aussi glorieux, nos soldats disaient que leur courage ne trouverait plus d'obstacles; qu'il fallait pénétrer dans la Calédonie, et arriver enfin de victoire en victoire aux limites de la Bretagne. Les sages et les prudents de la veille, étaient devenus après l'événement pleins d'audace et de jactance. Telle est l'injustice qui règne dans les camps : tout le monde s'attribue la victoire; un seul est responsable des revers. De leur côté, les barbares attribuant cette victoire non à notre courage, mais au hasard et au génie d'Agricola, ne rabattaient rien de leur audace; ils arment la jeunesse, transportent leurs femmes, leurs enfants dans des asiles assurés, cimentent l'union et la révolte de leurs villes par des assemblées et des sacrifices. Tel est l'état d'irritation des deux partis, lorsque la fin de la campagne les sépare.

XXVIII. Dans cette même campagne, la cohorte des Usipiens, levée en Germanie, commit un attentat qui mérite d'être rapporté. Après avoir égorgé le centurion et les soldats qu'on avait distribués dan leurs rangs pour établir la discipline, et leur servir de maîtres et de modèles, ils montent trois chaloupes dont ils forcent les pilotes de s'embarquer. Mais un d'eux s'étant enfui, ils sa-

crifient les deux autres à leurs soupçons, puis voguent aux yeux des Romains étonnés. Poussés sur différentes côtes, luttant contre les Bretons qui se défendaient contre leur pillage, souvent vainqueurs, chassés quelquefois, ils se virent réduits à manger d'abord les plus faibles de la troupe, et enfin ceux que le sort désignait. Ils firent ainsi le tour de la Bretagne, perdant leurs vaisseaux par ignorance de la manœuvre. Ils furent arrêtés comme des pirates par les Suèves, puis par les Frisons. Quelques-uns vendus et revendus, furent, à force de changer de maîtres, amenés sur notre rive et acquirent une célébrité par la singularité de leurs aventures. Au commencement de l'été, Agricola fut frappé dans sa famille d'un coup affreux; il perdit son fils qu'il avait vu naître un an auparavant. Il ne fit voir dans ce malheur ni l'insensibilité fastueuse de tant de héros, ni les pleurs et l'abattement qui conviennent aux femmes : la guerre servit de remède à son chagrin.

XXIX. Il se fit précéder de l'armée navale avec ordre de piller sur plusieurs points de la côte, afin de répandre partout une terreur vague et salutaire; tandis qu'à la tête d'une armée légère, fortifiée d'une troupe de Bretons courageux et éprouvés par une longue soumission, il s'avança jusqu'au mont Grampius, que les barbares occupaient déjà. Car loin d'être abattus par ce dernier revers, les Bretons attendaient l'heure de la vengeance; et voyant enfin que l'union pouvait seule les délivrer de ce péril commun, ils avaient par des députations, des alliances, fait un appel aux forces de toutes les villes. Déjà ils voient leur armée, composée de plus de trente mille hommes, s'accroître à chaque instant d'une multitude de

---

pro gloria certabant : ultro quinetiam irrupere; et fuit atrox in ipsis portarum angustiis prælium, donec pulsi hostes, utroque exercitu certante, his ut tulisse opem, illis ne eguisse auxilio viderentur : quod nisi paludes et silvæ fugientes texissent, debellatum illa victoria foret.

XXVII. Cujus constantia ac fama ferox exercitus, nihil virtuti suæ invium, penetrandam Caledoniam inveniendumque tandem Britanniæ terminum continuo præliorum cursu, fremebant; atque illi, modo cauti ac sapientes, prompti post eventum ac magniloqui erant. Iniquissima hæc bellorum conditio est : prospera omnes sibi vindicant, adversa uni imputantur. At Britanni non virtute, sed occasione et arte ducis rati, nihil ex arrogantia remittere, quominus juventutem armarent, conjuges ac liberos in loca tuta transferrent, cœtibus ac sacrificiis conspirationem civitatum sancirent : atque ita irritatis utrinque animis discessum.

XXVIII. Eadem æstate cohors Usipiorum per Germanias conscripta, in Britanniam transmissa, magnum ac memorabile facinus ausa est. Occiso centurione ac militibus qui, ad tradendam disciplinam immixti manipulis, exemplum et rectores habebantur, tres liburnicas, adactis per vim gubernatoribus, adscendere; et, uno remigrante, suspectis

duobus eoque interfectis, nondum vulgato rumore, ut miraculum provehebantur : mox hac atque illa rapti, et cum plerisque Britannorum sua defensantium prælio congressi, ac sæpe victores, aliquando pulsi, eo ad extremum inopiæ venere, ut infirmissimos suorum, mox sorte ductos vescerentur : atque ita circumvecti Britanniam amissis per inscitiam regendi navibus, pro prædonibus habiti, primum a Suevis, mox a Frisiis intercepti sunt : ac fuere, quos per commercia venumdatos, et in nostram usque ripam mutatione ementium adductos, indicium tanti casus illustravit. Initio æstatis Agricola, domestico vulnere ictus, anno ante natum filium amisit. Quem casum neque, ut plerique fortium virorum, ambitiose, neque per lamenta rursus ac mœrorem muliebriter tulit : et in luctu bellum inter remedia erat.

XXIX. Igitur præmissa classe, quæ, pluribus locis prædata, magnum et incertum terrorem faceret, expedito exercitu cui ex Britannis fortissimos et longa pace exploratos addiderat, ad montem Grampium pervenit, quem jam hostes insederant. Nam Britanni, nihil fracti pugnæ prioris eventu, et ultionem aut servitium exspectantes, tandemque docti commune periculum concordia propulsandum, legationibus et fœderibus omnium civitatum vi-

jeunes gens, de vieillards pleins d'énergie et de vigueur; tous fameux dans les combats, tous portant sur la poitrine la marque de leurs exploits. C'est alors que Galgacus élevé au-dessus des autres chefs par l'éclat de sa valeur et par sa naissance, harangue cette multitude rassemblée et impatiente de combattre :

XXX. « Plus je considère la cause de cette guerre, et notre extrémité, plus je me persuade que ce jour, grâce à l'unanimité de votre zèle, sera pour toute la Bretagne un jour de délivrance. Nul de nous n'a subi le joug des Romains : et au delà de nous l'œil ne voit que l'espace. La mer même ne serait pas un refuge assuré; les vaisseaux romains nous y poursuivraient. Ici donc le parti des braves, le sort des armes, est aussi la seule ressource des lâches. Quand les premiers combattants luttaient contre les Romains avec des succès divers, notre épée était leur espoir et leur ressource. Nous en effet la plus noble partie de la nation, et, à ce titre, placés ici comme dans le sanctuaire de la patrie, loin des rivages asservis, nous avions préservé notre vue même du contact de la tyrannie. Habitants des dernières terres et dernier peuple libre, nous avions pour nous défendre notre retraite et le prestige d'une renommée lointaine; tout ce qui est inconnu impose. Mais aujourd'hui les bornes de la Bretagne sont découvertes; ici finit le monde; au delà rien, que des flots et des rochers. Le cœur de notre pays est la proie des Romains dont on n'évite les outrages ni par l'obéissance ni par la résignation. Dévastateurs du monde entier, maintenant que la terre entière manque à leur avarice, ils viennent fouiller la mer. Leur ennemi est-il riche, ils le pillent; est-il pauvre, ils l'asservissent : l'Orient ni l'Occident ne peuvent les assouvir, et leur ambition inouïe n'épargne pas plus les richesses que la misère. Piller, égorger, violer, voilà leur gouvernement; et pour eux la paix, c'est la solitude qu'ils ont faite.

XXXI. « Nos enfants, nos parents sont les plus puissantes affections de la nature. Ils les enrôlent pour les traîner en esclavage. Nos femmes, nos sœurs ont-elles échappé à la brutalité de leurs soldats? des corrupteurs les flétrissent sous le nom d'hôtes et d'amis. Ils épuisent vos biens par les contributions, vos blés par les approvisionements; vos bras, vos corps, s'usent à percer des forêts, à combler des marais sous le fouet et l'injure. Le malheureux qui en naissant est condamné à la servitude n'est vendu qu'une fois et est nourri par son maître : la Bretagne paye chaque jour, engraisse chaque jour ses tyrans. Et de même que, dans une maison, le dernier venu des esclaves sert de jouet aux autres; ainsi, nous qui venons au dernier rang dans cette vieille domesticité du genre humain, qu'avons-nous à attendre sinon le mépris et la mort? Nous n'avons pas de champs, de mines ni de ports où ils puissent nous faire travailler; mais nous avons le courage et l'indépendance toujours odieux à un vainqueur. Nos retraites lointaines, moins elles sont accessibles, plus elles nous rendent suspects. Sans espoir de grâce, armez-vous enfin de courage, vous qui aimez la vie, et vous qui lui préférez la gloire. On a vu les Trinobantes, n'ayant pour chef qu'une femme, brûler une colonie romaine, forcer leur camp; et si le succès n'eût amolli

---

res exciverant. Jamque super triginta millia armatorum adspiciebantur et adhuc affluebat omnis juventus, et quibus cruda ac viridis senectus, clari bello ac sua quisque decora gestantes; quum inter plures duces virtute et genere præstans nomine Galgacus, apud contractam multitudinem prælium poscentem, in hunc modum locutus fertur :

XXX. « Quoties causas belli et necessitatem nostram
« intueor, magnus mihi animus est hodiernum diem con-
« sensumque vestrum initium libertatis totius Britanniæ
« fore. Nam et universi servitutis expertes, et nullæ ultra
« terræ, ac ne mare quidem securum, imminente nobis
« classe romana : ita prælium atque arma, quæ fortibus
« honesta, eadem etiam ignavis tutissima sunt. Priores
« pugnæ, quibus adversus Romanos varia fortuna certa-
« tum est, spem ac subsidium in nostris manibus habe-
« bant; quia nobilissimi totius Britanniæ, eoque in ipsis
« penetralibus siti, nec servientium littora adspicientes,
« oculos quoque a contactu dominationis inviolatos habe-
« bamus. Nos, terrarum ac libertatis extremos, recessus
« ipse ac sinus famæ in hunc diem defendit : nunc termi-
« nus Britanniæ patet; atque omne ignotum pro magnifico
« est. Sed nulla jam ultra gens, nihil nisi fluctus et saxa;
« et infestiores Romani, quorum superbiam frustra per
« obsequium et modestiam effugeris : raptores orbis, post-
« quam cuncta vastantibus defuere terræ, et mare scru-
« tantur : si locuples hostis est, avari; si pauper, ambi-
« tiosi : quos non Oriens, non Occidens satiaverit; soli
« omnium opes atque inopiam pari affectu concupiscunt :
« auferre, trucidare, rapere, falsis nominibus, imperium,
« atque, ubi solitudinem faciunt, pacem appellant.

XXXI. « Liberos cuique ac propinquos suos natura ca-
« rissimos esse voluit : hi, per delectus, alibi servituri,
« auferuntur; conjuges sororesque, etsi hostilem libidi-
« nem effugiant, nomine amicorum atque hospitum pol-
« luuntur. Bona fortunasque in tributum egerunt, in
« annonam frumentum; corpora ipsa ac manus, silvis ac
« paludibus emuniendis, verbera inter ac contumelias, con-
« terunt. Nata servituti mancipia semel veneunt, atque
« ultro a dominis aluntur : Britannia servitutem suam
« quotidie emit, quotidie pascit. Ac, sicut in familia, re-
« centissimus quisque servorum etiam conservis ludibrio est,
« sic in hoc orbis terrarum vetere famulatu novi nos et
« viles in excidium petimur. Neque enim arva nobis, aut
« metalla, aut portus sunt, quibus exercendis reservemur.
« Virtus porro ac ferocia subjectorum ingrata imperantibus;
« et longinquitas ac secretum ipsum, quo tutius, eo suspe-
« ctius. Ita, sublata spe veniæ, tandem sumite animum

leur vigueur, ils allaient secouer le joug pour jamais. Nous, dont l'indépendance est intacte et vierge, qui n'avons pas à craindre l'enivrement de la liberté reconquise, ne ferons-nous pas voir dès le premier choc quels hommes la Calédonie avait en réserve pour son salut?

XXXII. « Croyez-vous donc que les Romains soient aussi braves à la guerre qu'ils sont insolents dans la paix? nos dissensions, nos discordes ont seules fait leur fortune; c'est à nos fautes que leur armée doit toute sa gloire : assemblage de nations diverses, que le succès tient unies, qu'un revers va dissoudre, Pensez-vous que ces Gaulois, ces Germains et, j'ai honte de le dire, tous les Bretons qui donnent leur sang pour la domination étrangère dont ils ont été plus longtemps les ennemis que les esclaves, la suivent par dévouement, par affection? La menace, la terreur sont de faibles liens d'amitié : qu'ils soient rompus, et vous verrez que dès que la crainte cesse la haine commence. Tout ce qui fait vaincre est de notre côté; les Romains n'ont point de femmes qui les animent, de pères dont ils craignent le regard dans la fuite. La plupart n'ont pas de patrie ou sont loin d'elle. Quelques soldats jetés avec inquiétude dans un pays inconnu, contemplant d'un œil égaré cette mer, ces forêts, ce ciel même nouveaux pour eux, et où ils sont pour ainsi dire emprisonnés, voilà les ennemis ou plutôt les victimes que les dieux nous livrent. Ne vous effrayez pas d'une vaine apparence, de ces armures éclatantes d'or et d'argent qui ne défendent ni ne blessent. Dans les rangs mêmes des ennemis, nous trouverons des bras qui sont à nous; les Bretons reconnaîtront leur propre cause; les Gaulois se rappelleront leur ancienne indépendance; les Germains déserteront, comme ont fait dernièrement les Usipiens. Que restera-t-il à craindre? serait-ce des forteresses sans garnison, des colonies de vieillards, des municipes chancelants et divisés au milieu de l'obéissance contrainte des peuples et les persécutions des tyrans? Ici vous voyez un général, une armée; ailleurs ce ne sont que des peuples écrasés de tributs, de travaux et de tous les supplices de l'esclavage. Ces maux seront-ils éternels, où vont-ils finir? Ce champ de bataille va le décider. Bretons, en allant au combat songez donc à vos ancêtres et à vos descendants. »

XXXIII. Ce discours fut reçu avec enthousiasme par les Bretons dont l'allégresse éclata, suivant l'usage, par des chants barbares et des cris confus. Déjà les bataillons s'ébranlent; et l'on voit briller les armes des plus audacieux, qui s'élancent hors des rangs. De son côté, notre armée se range en bataille. Agricola, quoique témoin de l'ardeur de ses soldats, qu'on avait peine à retenir dans les retranchements, leur adressa ce discours : « Camarades, voici la huitième année que par la fortune et sous les auspices de Rome, votre fidélité et votre courage ont vaincu la Bretagne. Dans toutes ces expéditions, dans tous ces combats où vous aviez à lutter à la fois contre l'ennemi et contre la nature par la valeur seule, où vous ne pouviez triompher qu'à force de patience et de travail, je ne me suis jamais plaint de mon armée, ni vous de votre chef. Mes devanciers ni les vôtres n'ont jamais pénétré si loin; nous sommes maîtres des extrémités de la

« tam quibus salus, quam quibus gloria carissima est. « Trinobantes, femina duce, exurere coloniam, expu« gnare castra, ac, nisi felicitas in socordiam vertisset, « exuere jugum potuere : nos integri et indomiti, et li« bertatem non in præsentia laturi, primo statim con« gressu non ostendamus quos sibi Caledonia viros seposuerit?

XXXII. « An eamdem Romanis in bello virtutem quam « in pace lasciviam adesse creditis? Nostris illi dissensio« nibus ac discordiis clari, vitia hostium in gloriam exer« citus sui vertunt, quem contractum ex diversissimis « gentibus, ut secundæ res tenent, ita adversæ dissolvent. « Nisi si Gallos, et Germanos, et (pudet dictu) Britanno« rum plerosque, licet dominationi alienæ sanguinem « commodent, diutius tamen hostes quam servos, fide et « affectu teneri putatis : metus et terror est, infirma vin« cula caritatis; quæ ubi removeris, qui timere desierint, « odisse incipient. Omnia victoriæ incitamenta pro nobis « sunt : nullæ Romanos conjuges accendunt; nulli parentes « fugam exprobraturi sunt; aut nulla plerisque patria, aut « alia est; paucos numero, circum trepidos ignorantia, « cœlum ipsum, ac mare et silvas, ignota omnia circum« spectantes, clausos quodammodo ac vinctos dii nobis « tradiderunt. Ne terreat vanus aspectus, et auri fulgor « atque argenti, quod neque tegit, neque vulnerat. In « ipsa hostium acie inveniemus nostras manus : agnoscent

« Britanni suam causam, recordabuntur Galli priorem li« bertatem, deserent illos ceteri Germani, tanquam nuper « Usipii reliquerunt. Nec quidquam ultra formidinis : va« cua castella, senum coloniæ, inter male parentes et « injuste imperantes, ægra municipia et discordantia : hic « dux, hic exercitus : ibi tributa et metalla, et ceteræ ser« vientium pœnæ; quas in æternum proferre aut statim « ulcisci in hoc campo est. Proinde, ituri in aciem, et ma« jores vestros et posteros cogitate. »

XXXIII. Excepere orationem alacres, et barbari moris cantu et fremitu clamoribusque dissonis. Jamque agmina, et armorum fulgores, audentissimi cujusque procursu; simul instruebatur acies : quum Agricola, quanquam lætum et vix munimentis coercitum militem adhortatus, ita disseruit : « Octavus annus est, commilitones, ex quo « virtute et auspiciis imperii romani, fide atque opera « vestra Britanniam vicistis : tot expeditionibus, tot præliis, « seu fortitudine adversus hostes, seu patientia ac labore « pæne adversus ipsam rerum naturam opus fuit, neque « me militum, neque vos ducis pœnituit. Ergo egressi, ego « veterum legatorum, vos priorum exercituum terminos, « finem Britanniæ non fama nec rumore, sed castris et « armis tenemus : inventa Britannia et subacta Equidem « sæpe in agmine, quum vos paludes montesve et flumina « fatigarent, fortissimi cujusque voces audiebam : Quando « dabitur hostis, quando acies? Veniunt e latebris suis

VIE DE CN. JULIUS AGRICOLA.

Bretagne, non sur des bulletins mensongers ou d'après la renommée, mais par nos armes, par nos camps qui y sont établis. La Bretagne est tout entière découverte et conquise. Dans ces marches laborieuses où les marais, les montagnes, les fleuves épuisaient vos forces, j'entendais les plus braves s'écrier : « Quand paraîtra « l'ennemi, quand viendra le jour de la bataille ! » Le voilà cet ennemi, arraché de ses repaires ; le champ est ouvert à votre ambition, à votre valeur. La victoire aplanit tout. Une défaite tourne tout contre vous. En effet, ce long chemin que vous avez traversé, ces forêts que vous avez pénétrées, ces marais que vous avez franchis, sont de beaux titres de gloire ; mais dans une déroute, ces succès mêmes achèveraient notre perte. Nous ne connaissons pas le pays comme eux ; ils ont plus de provisions que nous. Mais nous avons nos bras et nos armes ; et avec cela nous avons tout. Quant à moi, j'ai toujours considéré qu'un général, qu'une armée qui fuyaient étaient perdus. Je ne vous dirai donc pas qu'une mort glorieuse est préférable à une vie déshonorée. Ici la vie est inséparable de l'honneur : et il sera toujours beau de la perdre à la conquête des dernières limites du monde.

XXXIV. « Si vous aviez devant vous des peuples nouveaux, des combattants inconnus, j'exciterais votre valeur par l'exemple des autres armées romaines. Mais ici vous n'avez qu'à vous souvenir de vos propres exploits ; qu'à interroger vos yeux. Ne reconnaissez-vous pas ces mêmes troupes qui, l'an dernier, dans cette attaque de nuit essayée contre une seule légion, ont été vaincues par vos seuls cris ? ce sont les plus agiles fuyards de la Bretagne ; c'est à ce titre qu'ils vous restent à combattre. Quand le chasseur pénètre dans les forêts, les animaux courageux se défendent, les lâches et les faibles fuyent au seul bruit de ses pas. De même les plus intrépides des Bretons sont tombés depuis longtemps, et ce n'est qu'un reste lâche et tremblant que vous voyez ici : et si vous les avez enfin trouvés, ce n'est pas qu'ils se soient arrêtés pour nous attendre : c'est qu'ils sont surpris, et que dans leur extrême frayeur, ils sont demeurés là sur ce dernier coin de la terre, pour que vous donniez au monde le spectacle d'une plus mémorable victoire. Finissez une fois cette guerre. Couronnez par une illustre journée cinquante années de combats ; montrez à la république que cette lutte si longue, ces révoltes si fréquentes, n'étaient pas la faute de son armée. »

XXXV. Agricola parlait encore, et déjà éclatait l'ardeur des soldats ; la fin de son discours fut accueillie avec les plus vifs transports. De tous côtés on vole aux armes ; au milieu de cet enthousiasme, de cet entraînement, Agricola fait ses dispositions, établit au centre l'infanterie auxiliaire forte de huit mille hommes, distribue sur les ailes trois mille cavaliers. Les légions demeurèrent à la tête des retranchements ; c'était rehausser la victoire que de l'obtenir en épargnant le sang romain ou de la faire décider par lui. L'infanterie des Bretons rangée sur les hauteurs présentait un aspect imposant et terrible. La première ligne s'étendait au pied du coteau, les autres groupées sur le penchant s'élevaient en amphithéâtre. Leurs chars répandus dans la plaine et leur cavalerie voltigeaient de toutes parts avec un grand fracas. Agricola craignant que l'ennemi, supérieur en nombre, n'attaquât à la fois le front et les flancs de son armée, fit élargir les rangs, au risque d'affaiblir son infanterie, et malgré l'avis

« extrusi ; et vola virtusque in aperto, omniaque prona « victoribus, atque eadem victis adversa. Nam ut superasse tantum itineris, silvas evasisse, transisse æstuaria, pulchrum ac decorum in frontem ; ita fugientibus periculosissima quæ hodie prosperrima sunt. Neque enim « nobis aut locorum eadem notitia, aut commeatuum « eadem abundantia : sed manus et arma, et in his « omnia. Quod ad me attinet, jam pridem mihi decre« tum est neque exercitus neque ducis terga tuta esse. « Proinde et honesta mors turpi vita potior et incolu« mitas ac decus eodem loco sita sunt ; nec inglorium « fuerit in ipso terrarum ac naturæ fine ceridisse.

XXXIV. « Si novæ gentes atque ignota acies constitu« set, aliorum exercituum exemplis vos hortarer ; nunc « vestra decora recensete, vestros oculos interrogate. Ii « quos proximo anno, unam legionem furto noctis aggres« sos, clamore debellastis ; ii ceterorum Britannorum « fugacissimi, ideoque tam diu superstites. Quomodo « silvas saltusque penetrantibus fortissimum quodque ani« mal robore, pavida et inertia ipso agminis sono pellun« tur ; sicacerrimi Britannorum jam pridem ceciderunt ; re« liquus est numerus ignavorum et metuentium : quos « quod tandem invenistis, non restiterunt ; sed depre« hensi sunt novissimi ; ideo extremo metu corpora de« fixere in his vestigiis, in quibus pulchram et spectabilem « victoriam ederetis. Transigite cum expeditionibus, im« ponite quinquaginta annis magnum diem, approbate « reipublicæ nunquam exercitui imputari potuisse aut mo« ras belli, aut causas rebellandi. »

XXXV. Et alloquente adhuc Agricola militum ardor eminebat, et finem orationis ingens alacritas consecuta est, statimque ad arma discursum. Instinctos ruentesque ita disposuit ut peditum auxilia, quæ octo millia erant, mediam aciem firmarent, equitum tria millia cornibus affunderentur ; legiones pro vallo stetere, ingens victoriæ decus citra romanum sanguinem bellanti, et auxilium si pellerentur. Britannorum acies, in speciem simul ac terrorem, editioribus locis constiterat, ita ut primum agmen æquo, ceteri per acclive jugum connexi velut insurgerent ; media campi covinarius et eques strepitu ac discursu complebat. Tum Agricola, superante hostium multitudine, veritus ne simul in frontem, simul et latera suorum pugnaretur, diductis ordinibus, quanquam porrectior acies futura erat, et accessendas plerique legiones admonebant, promtior in spem et firmus adversis, dimisso equo pedes ante vexilla constitit.

de ses lieutenants, qui le pressaient d'appeler la légion. Mais plein d'espoir et ferme contre les obstacles, il renvoye son cheval et se place à pied devant les enseignes.

XXXVI. D'abord on se battit de loin. Les Bretons unissant l'intrépidité à l'adresse savaient avec leurs longues épées et leurs boucliers parer nos javelots ou les secouer, et nous renvoyaient une grêle de flèches : Agricola donne ordre à trois cohortes de Bataves et à deux de Tongrois de s'avancer l'épée à la main. C'étaient de vieux soldats, très-exercés à cette manœuvre dangereuse pour les barbares, qui portent de petits boucliers et d'énormes épées. Ces glaives sans pointe ne peuvent servir quand on combat le fer croisé et corps à corps. Aussi dès que les Bataves se furent précipités sur eux, qu'ils les eurent frappés du bouclier et meurtris au visage, tout ce qui résistait dans la plaine fut bientôt enfoncé, et ils commencèrent à escalader le coteau en bon ordre. Les autres cohortes entraînées par l'exemple et par l'ardeur du combat tombent sur tout ce qui est devant elles sans se donner le temps de tuer ou de blesser, tant était grande l'impatience de la victoire.

Cependant la cavalerie et les chariots des Bretons s'élancent au secours de l'infanterie et s'engagent dans la mêlée : malgré la frayeur que leur présence répandit quelques instants dans nos rangs, nos bataillons serrés et l'inégalité du terrain les empêchèrent d'avancer. Rien n'avait moins l'air d'une attaque de cavalerie. Devenus immobiles, ils étaient pressés, écrasés par leurs propres chevaux; l'on voyait de toutes parts des chars sans conducteurs, des chevaux abandonnés courant où les emportait la peur, rompre ou renverser leurs escadrons.

XXXVII. D'un autre côté, les Bretons placés sur le haut des collines, et qui jusque-là tranquilles spectateurs de la bataille avaient regardé notre petit nombre avec mépris, descendus insensiblement dans la plaine, commençaient à envelopper par derrière nos troupes victorieuses; mais Agricola qui avait prévu cette manœuvre leur opposa quatre escadrons qu'il tenait en réserve; et l'impétuosité de leur attaque dut céder à la vigueur de nos soldats qui les mirent en déroute. De telle sorte que ce mouvement des Bretons fut imité contre eux-mêmes; les deux ailes de l'armée ramenées par ordre du général tournent l'armée ennemie et l'enfoncent. Alors cette vaste plaine présenta un grand et affreux spectacle : le vainqueur poursuivant, frappant, faisant des prisonniers qu'il massacrait pour en faire d'autres. Les Bretons, chacun suivant son instinct, fuyaient tout armés devant une poignée des nôtres, ou couraient sans armes s'offrir à la mort. Des armures, des cadavres, des membres fracassés couvraient la terre ensanglantée. Parfois les vaincus retrouvaient toute l'énergie de leur courage. Ralliés, à l'entrée de la forêt, ils enveloppaient les plus ardents à la poursuite engagés imprudemment dans des routes inconnues. Et si le général, présent partout, n'avait formé comme une enceinte avec une élite de troupes légères, et n'eut pas fait mettre pied à terre à une partie de sa cavalerie pour reconnaître les sentiers difficiles, tandis que le reste parcourait les endroits les plus clairs de la forêt, une confiance téméraire aurait amené quelque désastre. Mais quand les Bretons virent que nos soldats recommençaient à les poursuivre en bon ordre et les rangs serrés, ils reprirent la fuite non plus en troupes et sans les perdre de vue, mais disper-

XXXVI. Ac primo congressu eminus certabatur : simul constantia, simul arte Britanni, ingentibus gladiis et brevibus cetris, missilia nostrorum vitare vel excutere, atque ipsi magnam vim telorum superfundere; donec Agricola tres Batavorum cohortes ac Tungrorum duas cohortatus est, ut rem ad mucrones ac manus adducerent : quod et ipsis vetustate militiæ exercitatum, et hostibus inhabile, parva scuta et enormes gladios gerentibus; nam Britannorum gladii sine mucrone complexum armorum et in aperto pugnam non tolerabant. Igitur, ut Batavi miscere ictus, ferire umbonibus, ora fœdare, et, stratis qui in æquo obstiterant, erigere in colles aciem cœpere; ceteræ cohortes, æmulatione et impetu commistæ, proximos quosque cædere : ac plerique semineces aut integri, festinatione victoriæ, relinquebantur. Interim equitum turmæ fugere, covinarii peditum se prælio miscuere; et, quanquam recentem terrorem intulerant, densis tamen hostium agminibus et inæqualibus locis hærebant : minimeque equestris ea pugnæ facies erat, quum, in gradu stantes, simul equorum corporibus impellerentur; ac sæpe vagi currus, exterriti sine rectoribus equi, ut quemque formido tulerat, transversos aut obvios incursabant.

XXXVII. Et Britanni qui, adhuc pugnæ expertes, summa collium insederant et paucitatem nostrorum vacui spernebant, degredi paullatim et circumire terga vincentium cœperant; ni id ipsum veritus Agricola, quatuor equitum alas, ad subita belli retentas, venientibus opposuisset, quantoque ferocius accurrerant, tanto acrius pulsos in fugam disjecisset. Ita consilium Britannorum in ipsos versum; transvectæque præcepto ducis a fronte pugnantium alæ aversam hostium aciem invasere. Tum vero patentibus locis grande et atrox spectaculum : sequi, vulnerare, capere, atque eosdem, oblatis aliis, trucidare. Jam hostium, prout cuique ingenium erat, catervæ armatorum paucioribus terga præstare, quidam inermes ultro ruere ac se morti offerre. Passim arma, et corpora, et laceri artus, et cruenta humus. Et aliquando etiam victis ira virtusque : postquam silvis appropinquarunt, collecti, primos sequentium incautos et locorum ignaros circumveniebant. Quod ni frequens ubique Agricola validas et expeditas cohortes, indaginis modo, et, sicubi arctiora erant, partem equitum dimissis equis, simul rariores silvas equitem persultare jussisset, acceptum aliquod vulnus per nimiam fiduciam foret. Ceterum ubi compositos firmis ordinibus sequi rursus

ses, séparés, s'évitant les uns les autres : ils gagnèrent ainsi des lieux écartés ; la nait arrêta les vainqueurs rassasiés de carnage. La perte de l'ennemi s'eleva à dix mille hommes, la nôtre fut de trois cents soixante ; parmi lesquels le commandant d'une légion, Aulus Atticus, que le feu de la jeunesse et la fougue de son cheval emportèrent au milieu des barbares.

XXXVIII. Ce fut une nuit pleine de joie pour notre armée victorieuse et chargée de butin ; tandis que les Bretons errants, mêlant leurs cris à ceux de leurs femmes, entraînaient les blessés, s'appelaient les uns les autres, désertaient leurs maisons, et de rage y mettaient eux-mêmes le feu ; allaient chercher une retraite qu'ils abandonnaient aussitôt, se réunissaient pour se concerter ; puis se séparaient, reprenaient courage à la vue de ce qu'ils avaient de plus cher, et passaient de l'abattement à la fureur. Quelques-uns donnèrent la mort à leurs femmes et à leurs enfants comme un bienfait de leur pitié. Le jour vint découvrir toute l'étendue de notre victoire : partout un silence profond, les collines désertes, dans le lointain la fumée des maisons embrasées ; nul habitant ne se présentait à nos soldats ; on avait envoyé à la découverte dans toutes les directions, mais la trace des fuyards était perdue ; l'ennemi ne formait aucun point de réunion : sur cet avis et la fin de la saison ne permettant pas à Agricola d'étendre la guerre, il ramena son armée sur les limites du pays des Horestes. Après avoir reçu d'eux des otages, il ordonna au commandant de la flotte de faire le tour de la Bretagne. La flotte partit avec des forces imposantes ; la terreur la précédait. Agricola veut lui-même établir dans leurs quartiers d'hiver l'infanterie et la cavalerie, allant à petite journée pour que la lenteur et la durée de cette marche prolongeassent l'effroi parmi les nations nouvellement soumises ; en même temps l'armée navale favorisée par les vents et la victoire entre dans le port de Trutule. Après avoir heureusement côtoyé la pointe de l'île, elle rejoignit l'armée.

XXXIX. Ces événements, bien qu'Agricola ne se permît jamais d'y rien ajouter par l'emphase de ses rapports, produisirent sur l'empereur l'ordinaire effet des succès d'un général, la joie au front, l'inquiétude dans l'âme. Il sentait de quel ridicule l'avait couvert dernièrement son prétendu triomphe de Germanie où des esclaves d'emprunt figuraient coiffés et travestis en prisonniers de guerre ; ici c'était une véritable et grande victoire, c'était la défaite de plusieurs milliers d'ennemis tués réellement, que célébrait l'admiration publique. Quoi de plus dangereux que de voir le nom d'un simple citoyen s'élever au-dessus de l'empereur ? Vainement avait-il étouffé l'éloquence du forum, et la voix des beaux-arts, si quelqu'un s'emparait de la gloire militaire. Toute autre supériorité était même pardonnable, mais le talent de vaincre est un privilège, une vertu d'empereur. Dans l'agitation de ces pensées, seul il méditait sans doute quelque cruauté ; mais fatigué de ces sinistres réflexions, il prit le parti de cacher sa haine, jusqu'à ce que la vivacité de l'opinion publique et l'enthousiasme de l'armée fussent amortis : Agricola commandait encore dans la Bretagne.

XL. Domitien lui fit donc décerner par le sénat dans les termes les plus flatteurs les décorations triomphales, la statue couronnée de lauriers avec tous les autres honneurs qui tiennent lieu du triomphe : il répandit aussi le bruit qu'il lui destinait

---

videre, in fugam versi, non agminibus ut prius, nec alius alium respectantes, rari et vitabundi invicem, longinqua atque avia petiere : finis sequendi nox et satietas fuit. Cæsa hostium ad decem millia : nostrorum trecenti sexaginta cecidere, in quis Aulus Atticus, præfectus cohortis, juvenili ardore et ferocia equi hostibus illatus.

XXXVIII. Et nox quidem gaudio prædaque læta victoribus Britanni palantes, mixtoque virorum mulierumque ploratu, trahere vulneratos, vocare integros, deserere domos ac per iram ultro incendere, eligere latebras et statim relinquere ; miscere invicem consilia aliqua, dein separare, aliquando frangi adspectu pignorum suorum, sæpius concitari ; satisque constabat sævisse quosdam in conjuges ac liberos, tanquam miserentur. Proximus dies faciem victoriæ latius aperuit : vastum ubique silentium, secreti colles, fumantia procul tecta, nemo exploratoribus obvius ; quibus in omnem partem dimissis, ubi incerta fugæ vestigia, neque usquam conglobari hostes compertum, et exacta jam æstate spargi bellum nequibat, in fines Horestorum exercitum deducit. Ibi acceptis obsidibus, præfecto classis circumvehi Britanniam præcepit ; datæ ad id vires, et præcesserat terror : ipse peditem atque equites lento itinere, quo novarum gentium animi ipsa transitus mora terrerentur, in hibernis locavit. Et simul classis secunda tempestate ac fama Trutulensem portum tenuit, unde proximo latere Britanniæ lecto omni redierat.

XXXIX. Hunc rerum cursum quanquam nulla verborum jactantia epistolis Agricolæ auctum, ut Domitiano moris erat, fronte lætus, pectore anxius excepit. Inerat conscientia, derisui fuisse nuper falsum Germaniæ triumphum, emptis per commercia quorum habitus et crines in captivorum speciem formarentur : at nunc veram magnamque victoriam, tot millibus hostium cæsis, ingenti fama celebrari. Id sibi maxime formidolosum, privati hominis nomen supra principis attolli : frustra studia fori et civilium artium decus in silentium acta, si militarem gloriam alius occuparet et cetera utcunque facilius dissimulari, ducis boni imperatoriam virtutem esse. Talibus curis exercitus, quodque sævæ cogitationis indicium erat, secreto suo satiatus, optimum in præsentia statuit reponere odium, donec impetus famæ et favor exercitus langueseret : nam etiam tum Agricola Britanniam obtinebat.

XL. Igitur triumphalia ornamenta, et illustris statuæ honorem, et quidquid pro triumpho datur, multo verborum honore cumulata, decerni in senatu jubet ; addit que insuper opinionem Syriam provinciam Agricolæ destinari,

le gouvernement de la Syrie, poste alors vacant par la mort d'Atilius Rufus et réservé d'ordinaire aux plus illustres personnages. On crut généralement qu'un affranchi de confiance avait été dépêché pour remettre à Agricola le décret de nomination dans le cas où il serait encore dans la Bretagne; mais que cet affranchi l'ayant rencontré dans le détroit, revint sans même lui avoir parlé. Quoiqu'il en soit de cette anecdote vraie ou bien inventée d'après le caractère de Domitien, Agricola remit à son successeur la Bretagne paisible et soumise ; et, de peur qu'un cortége nombreux ne donnât trop d'éclat à son arrivée, il se déroba à l'empressement de ses amis, il entra la nuit dans Rome, se présenta la nuit au palais de l'empereur, ainsi qu'il en avait reçu l'ordre. Domitien l'embrassa sèchement, sans lui dire un mot, et le rejetta ensuite dans la cohue des esclaves de cour. Mais sa gloire militaire devait être importune à l'oisiveté jalouse; il eut besoin d'en voiler l'éclat par d'obscures vertus. Il se concentra entièrement dans une vie tranquille et retirée, vêtu modestement, affable à tous, n'ayant pour cortége qu'un ou deux amis; telle était sa simplicité, que le vulgaire qui ne reconnaît les grands hommes qu'à l'éclat extérieur, voyait Agricola et cherchait le héros; peu de gens le devinaient.

XLI. Dans les premiers temps de son retour, il fut accusé à son insu auprès de Domitien, et absous également à son insu ; irréprochable envers tous, ce qu'il avait à redouter ce n'était ni des dénonciations, ni des plaintes, mais la haine du prince pour toute vertu, sa propre gloire, et la plus dangereuse des perfidies, l'éloge. Les événements politiques forcèrent bientôt de parler d'Agricola; son nom ne devait-il pas être prononcé, lorsque tant d'armées périssaient dans la Mésie ; dans la Dacie, dans la Germanie, dans la Pannonie par l'imprudence ou la lâcheté des généraux, lorsque tant de forteresses, tant de garnisons tombaient au pouvoir de l'ennemi : au point qu'il ne s'agissait plus de conserver nos frontières, mais les quartiers de nos légions et nos provinces? Au milieu de ces pertes qui se succédaient, des massacres et des désastres qui marquaient chaque année, la voix du peuple demandait Agricola pour général. On comparait son énergie, sa fermeté, son expérience avec l'incapacité et la faiblesse des autres. Ces discours venaient de tous côtés frapper les oreilles de l'empereur : ses plus fidèles affranchis les répétaient par affection et par zèle, et les plus pervers par une maligne noirceur pour irriter la jalousie d'un prince trop enclin au crime. C'est ainsi qu'Agricola autant par ses vertus que par les vices d'autrui était comme poussé à l'écueil de la gloire.

XLII. Voici l'année où le proconsulat d'Asie et d'Afrique devait lui échoir ; le meurtre récent de Civica était pour Agricola un avertissement, pour Domitien une épreuve de sa politique. Quelques confidents des intentions du prince vinrent comme d'eux-mêmes demander à Agricola s'il accepterait un gouvernement; et d'abord sans se découvrir, ils vantent les douceurs du repos et de la vie privée; puis lui offrent leurs bons offices pour faire agréer ses refus : enfin ces émissaires ne se déguisant plus, et mêlant la menace à la persuasion l'entraînent chez Domitien. Celui-ci, préparé à son rôle, écoute d'un air superbe les prières d'Agricola, daigne les exaucer, et ne rougit pas de

---

vacuam tum morte Atilii Rufi consularis, et majoribus reservatam. Credidere plerique libertum ex secretioribus ministeriis, missum ad Agricolam, oodicillos quibus ei Syria dabatur tulisse, cum præcepto ut, si in Britannia foret, traderentur; eumque libertum in ipso freto oceani obvium Agricolæ, ne appellato quidem eo ad Domitianum remeasse : sive verum istud, sive ex ingenio principis fictum ac compositum est. Tradiderat interim Agricola successori suo provinciam quietam tutamque. Ac, ne notabilis celebritate et frequentia occurrentium introitus esset, vitato amicorum officio, noctu in urbem, noctu in palatium, ita ut præceptum erat, venit; exceptusque brevi osculo et nullo sermone, turbæ servientium immixtus est. Ceterum, ut militare nomen, grave inter otiosos; aliis virtutibus temperaret, tranquillitatem atque otium penitus auxit, cultu modicus, sermone facilis, uno aut altero amicorum comitatus : adeo ut plerique, quibus magnos viros per ambitionem æstimare mos est, viso adspectoque Agricola, quærerent famam, pauci interpretarentur.

XLI. Crebro per eos dies apud Domitianum absens accusatus, absens absolutus est : causa periculi non crimen ullum, aut querela læsi cujusquam, sed infensus virtutibus princeps, et gloria viri ac, pessimum inimicorum genus, laudantes. Et ea insecuta sunt reipublicæ tempora, quæ sileri Agricolam non sinerent : tot exercitus in Mœsia Daciaque, et Germania Pannoniaque, temeritate aut per ignaviam ducum amissi ; tot militares viri cum tot cohortibus expugnati et capti ; nec jam de limite imperii et ripa, sed de hibernis legionum et possessione dubitatum. Ita, quum damna damnis continuarentur, atque omnis annus funeribus et cladibus insigniretur, poscebatur ore vulgi dux Agricola; comparantibus cunctis vigorem, constantiam, et expertum bellis animum, cum inertia et formidine eorum. Quibus sermonibus satis constat Domitiani quoque aures verberatas, dum optimus quisque libertorum amore et fide, pessimi malignitate et livore, pronum deterioribus principem exstimulabant. Sic Agricola simul suis virtutibus, simul vitiis aliorum, in ipsam gloriam præceps agebatur.

XLII. Aderat jam annus quo proconsulatum Asiæ et Africæ sortiretur, et, occiso Civica nuper, nec Agricolæ consilium deerat, nec Domitiano exemplum. Accessere quidam cogitationum principis periti, qui iturusne esset in provinciam ultro Agricolam interrogarent : ac primo occultius quietem et otium laudare, mox operam suam in approbanda excusatione offerre ; postremo non jam obscuri, suadentes simul terrentesque, pertraxere ad Domitianum ; qui paratus simulatione, in arrogantiam compositus, et audiit preces excusantis, et, quum annuisset, agi sibi gratias passus est, nec erubuit beneficii invidia : salarium ta-

recevoir ses remercîments pour une faveur accordée par haine. L'usage était d'offrir le traitement pour le titre de proconsul; Domitien qui l'avait accordé lui-même à plusieurs ne le donna pas à Agricola; soit qu'il fut offensé qu'il ne l'ait pas demandé, soit que dans sa conscience, il ne voulut pas paraître avoir acheté ce que ses ordres avaient exigé. Il est dans le cœur humain de haïr celui qu'on a offensé; cependant cette nature de Domitien si haineuse et d'autant plus implacable qu'elle était dissimulée, se laissait adoucir par la modération et la prudence d'Agricola; en effet, on ne le voyait point par des airs d'opposition ou un vain étalage d'indépendance chercher la renommée et la mort. Que ceux qui n'admirent que l'héroïsme de la révolte, sachent qu'il peut y avoir de grands hommes sous un mauvais prince : que l'obéissance et la modération si elles sont unies au talent et à la fermeté arrivent au même degré de gloire, que d'autres ont obtenus en cherchant par des coups hardis une mort brillante, mais inutile à l'État.

XLIII. Sa fin déchirante pour nous, douloureuse pour ses amis, excita l'intérêt même des étrangers et des inconnus. Le peuple et cette portion du public d'ordinaire préoccupé d'autres soins, assiégeaient sa maison, et l'on ne s'entretenait que de lui dans les rues et dans les maisons. Personne n'apprit la mort d'Agricola avec joie ou comme une nouvelle qu'on oublie aussitôt. Ce qui augmentait la douleur, c'est l'opinion qu'il mourait empoisonné. Nous n'avons eu à cet égard aucune preuve qui m'autorise à l'affirmer. Quoiqu'il en soit pendant toute la maladie, Domitien l'envoya visiter par ses principaux affranchis et ses médecins particuliers plus fréquemment qu'il n'est d'usage. Était-ce intérêt? Était-ce curiosité?

Des courriers qui se succédaient informaient l'empereur des progrès de l'agonie; et personne ne supposait qu'il eût été si empressé d'apprendre une nouvelle qui l'aurait affligé. Cependant il montra dans ses sentiments et sur son visage l'apparence de la douleur; l'objet de sa haine n'existait plus : et il savait mieux dissimuler la joie que la crainte : un fait certain, c'est qu'à la lecture du testament d'Agricola qui instituait Domitien héritier conjointement avec une épouse accomplie et la plus tendre des filles, il s'en réjouit comme d'un hommage et d'une marque d'estime; étrange aveuglement d'un esprit corrompu par de continuelles adulations! Il ignorait qu'un bon père ne prend jamais pour héritier qu'un mauvais prince.

XLIV. Agricola était né le jour des ides de juin sous le troisième consulat de l'empereur Caïus; il mourut à cinquante-six ans le dix des calendes de septembre sous les consuls Colléga et Priscus. Si la postérité veut aussi connaître son extérieur : sa taille était convenable sans être élevée : sa physionomie, loin d'intimider, respirait la grâce et l'affabilité. Ses traits annonçaient l'homme de bien; on se plaisait à y voir aussi un grand homme. Agricola quoique mort au milieu de sa carrière, a longtemps vécu si l'on considère sa gloire. Comblé des vrais biens que donne la vertu, revêtu du consulat et des decorations triomphales, que pouvait-il demander encore à la fortune? Ses richesses sans être immenses suffisaient à son rang. Heureux de voir sa fille et sa femme lui survivre, heureux aussi d'avoir conservé sa dignité, l'éclat de sa renommée, ses amis et ses proches, il avait encore le bonheur d'échapper à l'avenir. Car s'il eût été bien doux pour lui de prolonger sa vie jusqu'à l'aurore d'un siècle fortuné, de voir Trajan empereur, d'être

men, proconsulari solitum offerri, et quibusdam a seipso concessum, Agricolae non dedit; sive offensus non petitum, sive ex conscientia, ne quod vetuerat videretur emisse. Proprium humani ingenii est odisse quem laeseris; Domitiani vero natura, praeceps in iram, et quo obscurior, eo irrevocabilior, moderatione tamen prudentiaque Agricolae leniebatur : quia non contumacia, neque inani jactatione libertatis, famam fatumque provocabat. Sciant quibus moris est illicita mirari, posse etiam sub malis principibus magnos viros esse; obsequiumque ac modestiam, si industria ac vigor adsint, eo laudis excedere, quo plerique par abrupta, sed in nullum reipublicae usum, ambitiosa morte inclaruerunt.

XLIII. Finis vitae ejus nobis luctuosus, amicis tristis, extraneis etiam ignotisque non sine cura fuit. Vulgus quoque et hic aliud agens populus et ventitavere ad domum, et per fora et circulos locuti sunt; nec quisquam, audita morte Agricolae, aut laetatus est, aut statim oblitus est. Augebat miserationem constans rumor veneno interceptum. Nobis nihil comperti affirmare ausim : ceterum per omnem valetudinem ejus, crebrius quam ex more principatus per nuncios visentis, et libertorum primi, et medicorum intimi venere; sive cura illud, sive inquisitio erat. Supremo quidem die momenta deficientis per dispositos cursores nunciata constabat, nullo credente sic accelerari quae tristis audiret. Speciem tamen doloris animo vultuque prae se tulit, securus eo odii, et qui facilius dissimularet gaudium quam metum. Satis constabat, lecto testamento Agricolae, quo coheredem optimae uxori et piissimae filiae Domitianum scripsit, laetatum eum velut honore judicioque : tam caeca et corrupta mens assiduis adulationibus erat, ut nesciret a bono patre non scribi heredem, nisi malum principem.

XLIV. Natus erat Agricola, Caio Caesare tertium consule, idibus juniis : excessit sexto et quinquagesimo anno, decimo kalendas septembris, Collega Priscoque consulibus. Quod si habitum quoque ejus posteri noscere velint, decentior quam sublimior fuit; nihil metus in vultu; gratia oris supererat : bonum virum facile crederes, magnum libenter. Et ipse quidem, quanquam medio in spatio integrae aetatis ereptus, quantum ad gloriam longissimum aevum peregit. Quippe et vera bona, quae in virtutibus sita sunt, impleverat, consularibus ac triumphalibus ornamentis praedito quid aliud adstruere fortuna poterat? Opibus nimiis

témoin d'un bonheur dont ses pressentiments et ses vœux nous flattèrent en secret tant de fois, n'est-ce pas un grand dédommagement de cette mort prématurée, que d'avoir échappé à ces derniers temps où Domitien ne donnant plus ni trêve ni relâche à sa rage, voulait dans un seul et long accès, épuiser tout le sang de la république.

XLV. Agricola n'a point vu le palais du sénat assiégé, cette auguste assemblée investie de soldats, l'horrible massacre de tant de consulaires égorgés à la fois, l'exil et la fuite de tant de femmes illustres. Les délations de Métius Carus n'avaient remporté qu'une victoire : Messallinus ne faisait encore retentir de ses arrêts sanguinaires que le seul château d'Albe, et Massa Bébius était lui-même alors accusé. Bientôt nos propres mains traînèrent Helvidius en prison : bientôt le spectacle du supplice de Mauricus et de Rusticus, et le sang innocent de Sénécion nous couvrirent de honte. Néron du moins détournait les yeux ; il ordonnait des assassinats, mais ne les regardait pas. Le comble de l'horreur sous Domitien c'était de le voir et d'en être vu, lorsqu'il comptait nos soupirs, lorsque avec ce visage féroce dont la rougeur le préservait de la honte, il observait curieusement la pâleur de tant de victimes. Pour vous, ô Agricola, votre bonheur n'est pas seulement dans la gloire de votre vie, mais dans cette heureuse fatalité de votre mort : les témoins de vos dernières paroles disent avec quelle fermeté, avec quelle satisfaction vous avez reçu l'arrêt du destin, comme pour léguer à Domitien sa justification en même temps que sa part héréditaire. Mais ce qui ajoute à ma douleur, à celle de votre fille, au désespoir de la perte d'un père, c'est le regret de n'avoir pu veiller auprès de votre lit de souffrance, ranimer vos forces défaillantes, nous rassasier de votre vue, de vos embrassements ; du moins nous eusions recueilli vos ordres, vos paroles pour les graver au fond de notre âme. C'est là notre douleur, et la pensée qui nous tue ! séparés hélas ! par une trop longue absence nous vous avons perdu quatre ans d'avance ; je le sais, ô le meilleur des pères, les soins d'une tendre épouse ont tout prodigué pour honorer vos cendres ; mais trop peu de larmes les ont arrosées ; et vos yeux s'ouvrant pour la dernière fois ont eu quelque chose à désirer.

XLVI. S'il est un lieu réservé aux hommes vertueux ; si, comme le pensent les sages, les grandes âmes ne s'éteignent pas avec le corps, reposez en paix, ô Agricola, et nous élevant, nous, votre famille, au-dessus des vains regrets, des pusillanimes lamentations, appelez-nous à la contemplation de vos vertus, qu'il n'est permis ni de pleurer ni de plaindre. C'est en les admirant, en les louant sans cesse, et si nous en avons la force, en les imitant, que nous devons les honorer. Voilà le véritable hommage, voilà le pieux devoir des parents. Oui, j'ai voulu que votre fille, que votre femme, témoignassent leur respect pour la mémoire d'un père, d'un époux, en méditant ses actions et ses paroles, en attachant leur pensée à sa renommée et à l'image de son âme, bien plus que de son corps. Non que je veuille interdire les images que nous offre le marbre ou le bronze ; mais ces portraits de l'homme sont comme lui fragiles et périssables. La physionomie de l'âme est éternelle ; la matière ne peut en saisir l'empreinte, l'art ne peut la reproduire : nous

---

non gaudebat, speciosæ contigerant ; filia atque uxore superstitibus, potest videri etiam beatus, incolumi dignitate, florente fama, salvis affinitatibus et amicitiis, futura effugisse. Nam, sicuti durare in hac beatissimi seculi luce, ac principem Trajanum videre, quod augurio votisque apud nostras aures ominabatur ; ita festinatæ mortis grande solatium tulit, evasisse postremum illud tempus quo Domitianus non jam per intervalla ac spiramenta temporum, sed continuo et velut uno ictu, rempublicam exhausit.

XLV. Non vidit Agricola obsessam curiam, et clausum armis senatum, et eadem strage tot consularium cædes, tot nobilissimarum feminarum exsilia et fugas. Una adhuc victoria Carus Metius censebatur, et intra Albanam arcem sententia Messallini strepebat, et Massa Bebius jam tum reus erat. Mox nostræ duxere Helvidium in carcerem manus : nos Maurici Rusticique visus, nos innocenti sanguine Senecio perfudit. Nero tamen subtraxit oculos, jussitque scelera, non spectavit : præcipua sub Domitiano miseriarum pars erat, videre et adspici ; quum suspiria nostra subscriberentur, quum denotandis tot hominum palloribus sufficeret sævus ille vultus et rubor, quo se contra pudorem muniebat. Tu vero felix, Agricola, non vitæ tantum claritate, sed etiam opportunitate mortis, ut perhibent qui interfuerunt novissimis sermonibus tuis constans et libens fatum excepisti, tanquam pro virili portione innocentiam principi donares. Sed mihi filiæque, præter acerbitatem parentis erepti, auget mœstitiam, quod assidere valetudini, fovere deficientem, satiari vultu, complexu, non contigit : excepissemus certe mandata vocesque, quas penitus animo figeremus. Noster hic dolor, nostrum vulnus ; nobis tam longæ absentiæ conditione ante quadriennium amissus es. Omnia sine dubio, optime parentum, assidente amantissima uxore, superfuere honori tuo ; paucioribus tamen lacrymis compositus es, et novissima in luce desideravere aliquid oculi tui.

XLVI. Si quis piorum manibus locus ; si, ut sapientibus placet, non cum corpore extinguuntur magnæ animæ ; placide quiescas, nosque, domum tuam, ab infirmo desiderio et muliebribus lamentis ad contemplationem virtutum tuarum voces, quas neque lugeri neque plangi fas est : admiratione te potius, te immortalibus laudibus, et, si natura suppeditet, similitudine decoremus. Is verus honos, ea conjunctissimi cujusque pietas. Id filiæ quoque uxorique praeceperim, sic patris, sic mariti memoriam venerari, ut omnia facta dictaque ejus secum revolvant, famamque ac figuram animi magis quam corporis complectantur : non quia intercedendum putem imaginibus quæ marmore aut ære finguntur ; sed, ut vultus hominum, ita simulacra

VIE DE CN. JULIUS AGRICOLA.

seuls pouvons la retracer par nos mœurs. Tout ce que nous avons aimé d'Agricola, tout ce que nous avons admiré en lui subsiste et subsistera éternellement dans le cœur des hommes avec le souvenir de ses exploits. Beaucoup d'anciens héros tomberont obscurs et sans honneur dans l'abîme de l'oubli, Agricola, transmis, rappelé tout entier à la postérité, ne mourra point.

vultus imbecilla ac mortalia sunt ; forma mentis æterna, quam tenere et exprimere non per alienam materiam et artem, sed tuis ipse moribus possis. Quidquid ex Agricola amavimus, quidquid mirati sumus, manet mansurumque est in animis hominum, in æternitate temporum, fama rerum. Nam multos veterum, velut inglorios et ignobiles, oblivio obruet; Agricola, posteritati narratus et traditus superstes erit.

DIALOGUE

SUR LES ORATEURS.

I. Mon cher Fabius, vous me demandez souvent la cause de cette multitude prodigieuse d'orateurs du premier ordre qui ont jeté tant d'éclat sur les âges précédents, tandis que notre âge semble comme délaissé et déshérité de la gloire de l'éloquence, et que le nom même d'orateur est en quelque sorte perdu pour nous. En effet, ce nom n'est réservé que pour les anciens : on dit de nous que nous sommes diserts, que nous défendons bien une cause; on nous désigne par les noms de patron, d'avocat; par celui d'orateur, jamais. Mon ami, je n'aurais jamais osé vous répondre moi-même, et me charger du fardeau d'une question aussi délicate, qui ne peut manquer de compromettre, ou la réputation de notre esprit, si c'est impuissance de notre part, ou celle de notre goût, si cette impuissance est volontaire. Mais, heureusement, je puis substituer à mes propres idées une conversation que j'ai entendue dans ma première jeunesse entre des hommes très-éloquents, du moins pour notre siècle, et qui discutèrent parfaitement ce sujet. Ce sera donc un travail de ma mémoire et non de mon esprit, de vous répéter cet entretien, où des hommes du plus rare mérite réunissaient à la finesse des vues l'énergie de l'expression, où des opinions soit diverses, soit analogues, furent soutenues par des raisons toutes fort plausibles ; et comme chacun peignit dans son langage son caractère et son esprit, je m'attacherai à reproduire fidèlement leur méthode et leurs développemens, en conservant l'ordre dans lequel les interlocuteurs parlèrent. Car il ne manqua pas de se trouver un contradicteur, qui défendit aussi l'opinion contraire, et qui sans respect pour la vieille antiquité, qu'il harcela de plaisanteries, préférait hautement nos talents modernes à toute l'ancienne éloquence.

II. C'était le lendemain que Curatius Maternus avait fait une lecture publique de son Caton. Tout entier à son héros, il s'était oublié lui-même; il lui était échappé dans sa pièce plusieurs traits qui avaient, disait-on, choqué les puissances, et c'était la nouvelle de toute la ville. Marcus Aper et Julius Secundus vinrent le voir : j'étais avec eux. C'étaient les talents les plus célèbres de notre barreau. Non-seulement je ne manquais pas une seule des causes qu'ils plaidaient ; mais je ne cessais de les voir dans leur maison, de les accompagner en public. J'avais un désir extraordinaire de m'instruire et une certaine ardeur de jeunesse; j'étais jaloux de les entendre converser, disputer, de recueillir jusqu'aux plus petits traits de leurs plus familiers entretiens; quoiqu'en général la malignité prétendit que Secundus avait peu de facilité de conversation, et qu'en accordant à Aper de l'esprit et un naturel heureux, elle lui

I. Sæpe ex me requiris, Juste Fabi, cur, quum priora secula tot eminentium oratorum ingeniis gloriaque effloruerint, nostra potissimum ætas deserta, et laude eloquentiæ orbata, vix nomen ipsum oratoris retineat : neque enim ita appellamus nisi antiquos; horum autem temporum diserti, causidici, et advocati, et patroni, et quidvis potius quam oratores vocantur. Cui percontationi tuæ respondere, et tam magnæ quæstionis pondus excipere, ut aut de ingeniis nostris male existimandum sit, si idem assequi non possumus, aut de judiciis, si nolumus, vix hercule auderem, si mea sententia proferenda, ac non disertissimorum, ut nostris temporibus, hominum sermo repetendus esset, quos eamdem hanc quæstionem pertractantes juvenis admodum audivi. Ita non ingenio, sed memoria ac recordatione opus est, ut quæ a præstantissimis viris et excogitata subtiliter et dicta graviter accepi, quum singuli diversas vel easdem, sed probabiles causas afferrent, dum formam sui quisque et animi et ingenii redderet, iisdem nunc numeris iisdemque rationibus persequar, servato ordine disputationis : neque enim defuit qui diversam quoque partem susciperet, ac, multum vexata et irrisa vetustate, nostrorum temporum eloquentiam antiquorum ingeniis anteferret.

II. Nam postero die quam Curiatius Maternus Catonem recitaverat, quum offendisse potentium animos diceretur, tanquam in eo tragœdiæ argumento, sui oblitus, tantum Catonem cogitasset, eaque de re per urbem frequens sermo haberetur, venerunt ad eum M. Aper et Julius Secundus, celeberrima tum ingenia fori nostri : quos ego in judiciis non utrosque modo studiose audiebam, sed domi quoque et in publico assectabar, mira studiorum cupiditate, et quodam ardore juvenili, ut fabulas quoque eorum, et disputationes, et arcana semotæ dictionis penitus exciperem; quamvis maligne plerique opinarentur, nec Secundo promptum esse sermonem, et Aprum ingenio potius et vi naturæ quam institutione et literis famam eloquentiæ con-

refusât les connaissances et l'instruction. Mais la vérité était que Secundus, toujours correct et précis, avait aussi, dans la conversation, de l'abondance et de la facilité, autant qu'il en fallait; et de son côté, Aper était aussi instruit qu'on peut l'être généralement. Il méprisait les lettres plus qu'il ne les ignorait, s'imaginant qu'il donnerait plus de relief à son talent et de prix à son travail, si la vigueur de son génie semblait se soutenir seule sans tous ces appuis étrangers. Nous trouvâmes Maternus dans son cabinet, assis, et tenant à la main l'ouvrage qu'il avait lu la veille.

III. Eh quoi ! dit Secundus, êtes-vous si peu effrayé des propos des méchants que vous aimiez encore votre Caton, aux prix des inimitiés qu'il vous suscite? Ou bien n'avez-vous repris votre ouvrage qu'afin de le retoucher soigneusement, et en supprimant ce qui a pu donner lieu aux interprétations fâcheuses de la malveillance, livrer au public votre Caton, non pas meilleur, mais moins dangereux pour vous? Vous le lirez, répondit Maternus; vous verrez ce que Maternus se devait à lui-même, et vous saurez apprécier ce qu'on a dit. Que si mon Caton a omis quelque chose, j'espère, qu'à la prochaine lecture, mon Thyeste y suppléera. Car j'ai déjà le plan de cette tragédie tout disposé, tout figuré dans ma tête. Je vais me hâter de faire paraître l'autre au plus tôt, afin que, libre de ce premier travail, je puisse me livrer entièrement à ma nouvelle conception. Quoi! dit Aper, ne vous lasserez-vous donc pas de ces tragédies et vous verrai-je toujours, laissant là affaires et plaidoyers, perdre tout votre temps, tantôt avec votre Médée, et dans ce moment ci encore, avec votre Thyeste, vous que tant d'amis, tant de colonies et de municipes appellent au forum, et qui auriez peine à y suffire lors même que vous ne vous seriez pas embarrassé gratuitement de Domitius, de Caton, associant notre propre histoire et des noms romains à toutes les rêveries de la Grèce?

IV. Cette brusque sortie me déconcerterait, reprit Maternus, si nos fréquents et perpétuels démêlés ne me tenaient avec vous dans un état de guerre habituel; car vous ne cessez, vous, de vous déchaîner contre les poëtes; et moi, à qui vous reprochez de me tant ralentir sur les plaidoyers, tous les jours je suis à plaider contre vous pour la défense de la poésie. Aussi suis-je enchanté que vous m'ayez amené un juge : ou il m'interdira les vers à jamais, ou sa décision m'affermira dans la résolution que j'ai prise depuis longtemps de ne plus me laisser resserrer dans cette carrière étroite de la plaidoirie, où je n'ai que trop consumé de forces, et de me consacrer à cette autre éloquence plus sainte et plus auguste.

V. Et moi, dit Secundus, sans attendre qu'Aper me récuse, je ferai ce que font les juges délicats et honnêtes, qui se défendent de connaître d'une affaire, lorsque leur attachement pour l'une des parties est manifeste. Qui ne connaît mes prédilections pour Saléius Bassus, combien une amitié si ancienne, et la douceur d'habiter sous le même toit ont resserré notre union? Or, mon vertueux ami est encore un très-grand poëte; si l'on fait le procès à la poésie, je ne vois personne plus coupable que lui. Non, reprit Aper, qu'il se rassure, ainsi que tous ceux qui, comme lui, s'attachent à la poésie et recherchent la gloire des vers, au défaut de celle de l'éloquence, où ils ne peuvent prétendre. Je n'en veux qu'à Maternus

---

secutum. Nam et Secundo purus, et pressus, et, in quantum satis erat, profluens sermo non defuit : et Aper, communi eruditione imbutus, contemnebat potius literas quam nesciebat; tanquam majorem industriæ et laboris gloriam habiturus, si ingenium ejus nullis alienarum artium adminiculis inniti videretur. Igitur, ut intravimus cubiculum Materni, sedentem ipsum, et quem pridie recitaverat librum intra manus habentem, deprehendimus.

III. Tum Secundus : Nihil te, inquit, Materne, fabulæ malignorum terrent, quominus offensas Catonis tui ames? An ideo librum istum apprehendisti, ut diligentius retractares, et sublatis, si quæ pravam interpretandi materiam dederunt, emitteres Catonem, non quidem meliorem, sed tamen securiorem? Tum ille : Leges tu quidem si volueris, et agnosces quæ audisti; quod si qua omisit Cato, sequenti recitatione Thyestes dicet. Hanc enim tragœdiam disposui jam, et intra me ipse formavi. Atque ideo maturare libri hujus editionem festino, ut, dimissa priore cura, novæ cogitationi toto pectore incumbam. Adeo te tragœdiæ istæ non satiant, inquit Aper, quominus, omissis orationum et causarum studiis, omne tempus modo circa Medeam, ecce nunc circa Thyesten consumas? quum tot amicorum causæ, tot coloniarum et municipiorum clientelæ in forum vocent, quibus vix sufficeres, etiam si non novum tibi ipse negotium importasses, Domitium, et Catonem, id est, nostras quoque historias et romana nomina Græcorum fabulis aggregares.

IV. Et Maternus : Perturbaret hac tua severitate, nisi frequens et assidua nobis contentio jam prope in consuetudinem vertisset. Nam nec tu agitare et insequi poetas intermittis; et ego, cui defendam advocationum objicis, quotidianum hoc patrocinium defendendæ adversus te poeticæ exerceo. Quo lætor magis oblatum nobis judicem, qui me vel in futurum vetet versus facere, vel, quod jampridem opto, sua quoque auctoritate compellat, ut, omissis forensium causarum angustiis, in quibus satis mihi superque sudatum est, sanctiorem istam et augustiorem eloquentiam colam.

V. Ego vero, inquit Secundus, antequam me judicem Aper recuset, faciam quod probi et modesti judices solent, ut in his cognitionibus se excusent, in quibus manifestum est alteram apud eos partem gratia prævalere. Quis enim nescit neminem mihi conjunctiorem esse, et usu amicitiæ, et assiduitate contubernii, quam Saleium Bassum, quum

seul ; et, puisque nous avons ici un arbitre de nos différends, sans m'arrêter à la justification qu'on voudrait lui ménager en lui associant des complices, je l'accuse devant vous, Secundus, de ce que, appelé par la nature à cette mâle éloquence de l'orateur qui pouvait lui acquérir tout à la fois et lui conserver des amis, lui gagner des nations, lui conquérir des provinces, il néglige la profession qui chez nous procure le plus d'avantage et de considération, celle qui donne dans Rome la plus belle renommée, celle qui a le plus d'éclat dans tout l'empire, et qui fait le mieux connaître un homme chez toutes les nations. En effet, si l'utilité doit être le mobile principal de nos affections et de nos entreprises, quoi de plus utile que d'avoir, dans l'exercice de cet art, une arme toujours puissante qui rassure vos amis, va au secours des étrangers, des malheureux en péril, et qui, portant la crainte et l'effroi au cœur de vos envieux et de vos ennemis, vous place vous-même hors de toute insulte, et vous revêt d'une sorte de puissance et de magistrature perpétuelles? Dans la prospérité, vous ne sentez le pouvoir et l'utilité de cet art que par le repos et l'appui qu'il donne aux autres. Mais si le péril vient à gronder sur vous, alors, certes, la cuirasse et l'épée ne sont pas, sur le champ de bataille, une défense plus sûre que l'éloquence dans les accusations qui menacent votre tête, l'éloquence qui, soit dans le sénat, soit devant les juges ou devant le prince, sert, à la fois, de glaive et de bouclier pour se défendre, ou pour attaquer soi-même. Comment Marcellus Éprius résista-t-il dernièrement à tout cet acharnement du sénat, sinon par son éloquence seule? Couvert de cette menaçante armure, il sut se jouer de tous les efforts du vertueux Helvidius, qui, avec du talent pour la parole, était si loin de l'expérience et de l'habileté de son terrible adversaire. Je n'en dis pas davantage sur l'utilité, persuadé qu'elle ne peut être aucunement contestée par notre cher Maternus.

VI. Je passe au plaisir que l'éloquence donne à l'orateur ; et ce plaisir n'est point une jouissance d'un moment, il se fait sentir tous les jours et à toutes les heures. Quoi de plus flatteur en effet pour une âme grande, généreuse et née pour les nobles voluptés, que de voir sa maison incessamment remplie d'un concours nombreux de citoyens du premier rang, et de savoir que ce n'est point à ses emplois, à ses richesses, à l'espoir d'une opulente succession, mais à sa personne seule que l'on rend cet honneur? que, bien plus, les riches, les puissants, tous ceux de qui l'on espère, viennent eux-mêmes, souvent chez un jeune homme sans fortune, pour mettre, sous la protection de son talent, leurs biens, leurs jours, ou ceux de leurs amis? Les plus grandes richesses et la plus haute puissance donnent-elles un plaisir comparable à celui de voir des hommes soutenus de la considération que donnent l'âge, d'anciens honneurs et la faveur de toute une ville; des hommes dans l'abondance suprême de tous les biens, confesser eux-mêmes, en venant chez l'homme éloquent, que ce premier des biens leur manque? Et quand il sort de chez lui, quel cortége de clients! quelle représentation en pu-

optimum virum, tum absolutissimum poetam? porro, si poetica accusatur, non alium video reum locupletiorem. Securus sit, inquit Aper, et Saleius Bassus, et quisquis alius studium poeticæ et carminum gloriam fovet, quum causas agere non possit : ego enim, quatenus arbitrum litis hujus inveni, non patiar Maternum societate plurium defendi; sed ipsum solum apud vos arguam, quod, natus ad eloquentiam virilem et oratoriam, qua parare simul et tueri amicitias, adsciscere nationes, complecti provincias possit, amittit studium quo non aliud in civitate nostra vel ad utilitatem fructuosius, vel ad dignitatem amplius, vel ad urbis famam pulchrius, vel ad totius imperii atque omnium gentium notitiam illustrius excogitari potest. Nam, si ad utilitatem vitæ omnia consilia factaque nostra dirigenda sunt, quid erit tutius quam eam exercere artem qua semper armatus præsidium amicis, opem alienis, salutem periclitantibus, invidis vero et inimicis metum et terrorem ultro feras, ipse securus, et velut quadam perpetua potentia ac potestate munitus? cujus vis et utilitas, rebus prospere fluentibus, aliorum præsidio et tutela intelligitur : sin proprium periculum increpuit, non hercule lorica aut gladius in acie firmius munimentum quam reo et periclitanti eloquentia, præsidium simul et telum, quo propugnare pariter et incessere, vel in judicio, sive in senatu, sive apud principem, possis. Quid aliud infestis patribus nuper Eprius Marcellus quam eloquentiam suam opposuit? qua accinctus et minax, disertam quidem, sed inexercitam et ejusmodi certamini rudem Helvidii sapientiam elusit. Plura de utilitate non dico, cui parti minime contradicturum Maternum meum arbitror.

VI. Ad voluptatem oratoriæ eloquentiæ transeo, cujus jucunditas non uno aliquo momento, sed omnibus prope diebus, et prope omnibus horis contingit. Quid enim dulcius libero et ingenuo animo, et ad voluptates honestas nato, quam videre plenam semper et frequentem domum suam concursu splendidissimorum hominum, idque scire non pecuniæ, non orbitati, neque officii alicujus administrationi, sed sibi ipsi dari? illos quin immo orbos, et locupletes, et potentes venire plerumque ad juvenem et pauperem, ut aut sua, et velut quædam perpetua vel amicorum discrimina commendent? Ullane tanta ingenium opum ac magnæ potentiæ voluptas, quam spectare homines veteres et senes, et totius urbis gratia subnixos, in summa omnium rerum abundantia, confitentes id quod optimum sit se non habere? Jam vero qui togatorum comitatus et egressus! quæ in publico species! quæ in judiciis veneratio! quod gaudium consurgendi assistendique inter tacentes, in unum conversos! coire populum, et circumfundi coronam, et accipere affectum

blic ! quels respects dans tous les tribunaux ! quel triomphe alors qu'il se lève et qu'il parle au milieu du silence de tout un peuple attaché sur lui seul, qu'il voit se presser autour de lui, l'environner de toutes parts, et prendre de son âme toutes les affections qu'elle leur commande! Ce sont là les jouissances publiques de l'orateur, et qui frappent les yeux les moins clairvoyants. Il en est de plus secrètes, qui ne sont connues que de lui seul, et qui sont encore plus vives. S'il apporte un ouvrage perfectionné par le travail et la méditation, sa joie, comme son discours, a je ne sais quel poids et quelle assurance. Si des compositions, toutes récentes et à peine achevées, lui laissent un peu d'incertitude et de trouble, cette incertitude elle-même ajoute au succès et rend le plaisir plus flatteur. Mais c'est lorsque, dans les occasions imprévues, son audace et sa témérité le servent heureusement, qu'il goûte des délices suprêmes. Car il en est des productions du génie comme de celles de la terre : les unes demandent de longues préparations de culture et de semence; les autres, qui viennent d'elles-mêmes, sont les plus agréables.

VII. Pour moi, s'il faut l'avouer, ni le jour où je fus décoré du laticlave, ni ceux où, malgré toute la défaveur d'un nom obscur et du pays où je suis né, j'obtins la questure, le tribunat et la préture, mon cœur ne ressentit une joie plus vive que le jour où la faiblesse d'un talent que je confesse infiniment médiocre, me permit de défendre avec succès un accusé, de plaider heureusement une cause devant les centumvirs, et où des affranchis, des procurateurs du prince, traduits devant le prince lui-même, ont pu me devoir de recouvrer son estime et sa confiance.

Il me semble, dans ces moments, que je m'élève au-dessus des tribunats, des prétures et des consulats. Je suis fier de posséder en moi ce qu'on tient de soi et non d'un autre, ce qu'on n'a point avec des diplômes, ce qu'on n'a point avec de la faveur. Est-il un seul art qui donne une gloire et une renommée pareilles à celles dont jouit l'orateur, non-seulement dans Rome, parmi les hommes occupés des affaires, mais encore parmi nos jeunes gens, pour peu qu'ils aient d'élévation dans l'âme, et qu'il osent compter sur eux-mêmes? Qui sont ceux dont les pères inculquent avec le plus de soin le nom à leurs enfants? Qui sont ceux que la multitude ignorante, que la populace même, en les voyant passer, montre le plus souvent du doigt, appelle par leur nom? Les étrangers, qui en ont déjà entendu parler dans leurs villes et dans leurs provinces, à peine arrivés dans Rome, s'empressent de les rechercher, et ambitionnent de connaître au moins leur figure.

VIII. Oui, j'oserais affirmer que Marcellus Éprius, de qui je viens de parler, et que Vibius Crispus (car je cite des réputations modernes préférablement à des noms anciens et déjà presque oubliés); j'oserais, dis-je, affirmer que ces deux orateurs ne sont pas moins connus aux extrémités de l'empire que dans Capoue et Verceil, leur patrie; et cet avantage, ils ne le doivent point à leurs trois cent millions de sesterces, qu'il faut après tout considérer comme un des fruits de leur éloquence, mais à l'éloquence même, à cette force divine, à ce don du ciel, qui dans tous les siècles, a laissé des exemples éclatants de la haute fortune où les hommes peuvent s'élever par le génie. Mais les deux exemples que je viens de rap-

---

quemcunque orator induerit! Vulgata dicentium gaudia, et imperitorum quoque oculis exposita, percenseo. Illa secretiora, et tantum ipsis orantibus nota, majora sunt. Sive accuratam meditatamque affert orationem, est quoddam sicut ipsius dictionis, ita gaudii pondus et constantia : sive novam et recentem curam non sine aliqua trepidatione animi attulerit, ipsa sollicitudo commendat eventum, et lenocinatur voluptati. Sed extemporalis audaciæ atque ipsius temeritatis vel præcipua jucunditas est. Nam in ingenio quoque, sicut in agro, quanquam alia diu serantur atque elaborentur, gratiora tamen quæ sua sponte nascuntur.

VII. Equidem, ut de me ipse fatear, non eum diem lætiorem egi, quo mihi latus clavus oblatus est, vel quo, homo novus et in civitate minime favorabili natus, quæsturam, aut tribunatum, aut præturam accepi, quam eos quibus mihi, pro mediocritate hujus quantulacunque in dicendo facultatis, aut reum prospere defendere, aut apud centumviros causam aliquam feliciter orare, aut apud principem ipsos libertos et procuratores principum tueri et defendere datur. Tum mihi supra tribunatus, et præturas, et consulatus adscendere videor · tum habere quod in se, non in alio, oritur, nec codicillis datur, nec cum gratia venit. Quid? fama et laus cujus artis cum oratorum gloria comparanda est, qui non illustres in urbe solum apud negotiosos et rebus intentos, sed etiam apud juvenes et adolescentes, quibus modo recta et indoles est et bona spes sui? Quorum nomina prius parentes liberis suis ingerunt? quos sæpius vulgus imperitum et tunicatus hic populus transeuntes nomine vocat et digito demonstrat? Advenæ quoque et peregrini, jam in municipiis et coloniis suis auditos, quum primum urbem attigerunt, requirunt, ac vultus agnoscere concupiscunt.

VIII. Ausim contendere, Marcellum hunc Eprium, de quo modo locutus sum, et Crispum Vibium (libentius enim novis et recentibus quam remotis et obliteratis exemplis utor) non minus notos esse in extremis partibus terrarum, quam Capuæ aut Vercellis, ubi nati dicuntur : nec hoc illi alterive ter millies sestertium præstat (quanquam ad has ipsas opes possunt videri eloquentiæ beneficio venisse), sed ipsa eloquentia, cujus numen et cœlestis vis multa quidem omnibus seculis exempla edidit, ad quantam usque fortunam homines ingenii viribus pervenerint. Sed hæc, ut supra dixi, proxima, et quæ non auditu cogno-

porter sont tout près de nous; il n'est pas besoin qu'un récit nous les fasse connaître; ils sont incessamment sous nos yeux. Et ce sont des preuves d'autant plus frappantes de l'utilité de l'éloquence oratoire, que ces deux hommes étaient nés dans une condition basse et abjecte, que la misère et l'indigence entourèrent leur berceau; qu'ainsi dénués de la recommandation de la naissance et de celle de la richesse, n'étant ni l'un ni l'autre bien estimables par leur caractère, et l'un d'eux ayant un extérieur repoussant, ils sont pourtant, depuis nombre d'années, tout-puissants dans l'État, et, après avoir tenu tant qu'ils l'ont voulu le sceptre du barreau, ils tiennent maintenant le premier rang dans la faveur du prince, mènent tout, décident tout, et inspirent à l'empereur même une sorte de respect mêlé de tendresse. Car Vespasien, ce vieillard si vénérable et si digne d'entendre la vérité, sent trop que, si ses autres amis ont, pour titre à la considération publique, ce qu'ils tiennent de lui, ce qu'il lui est si facile d'accumuler pour lui-même et de prodiguer aux autres, Marcellus et Vibius ont contribué à leur faveur par des choses qu'ils n'ont point reçues et qu'ils ne peuvent recevoir du prince. Après tant d'avantages signalés, c'en est un bien faible que des inscriptions, des portraits et des statues : c'en est un pourtant qu'on ne néglige point, pas plus que les grandes richesses, dont il est plus commun d'entendre faire la satire que de les voir rejeter. Or, ces honneurs, ces décorations, ces grandes richesses sont le partage de ceux qui, dès leur plus tendre jeunesse, se sont voués aux exercices du barreau et à l'étude de l'art oratoire.

IX. C'est le contraire de la poésie et des vers, auxquels Maternus veut pourtant sacrifier sa vie entière; car c'est là ce qui a donné lieu à toute cette discussion. Les vers ne conduisent point aux honneurs; ils ne mènent point à la fortune : tout leur fruit se borne à un plaisir court, à des louanges frivoles et stériles. Je vous le demande, dût ce que je viens de dire et ce que j'ajouterai encore effaroucher vos oreilles, Maternus, que nous revient-il de ce qu'Agamemnon ou bien Jason parlent si bien par votre bouche? Ces beaux discours font-ils qu'on rentre chez soi avec une cause gagnée et le sentiment d'un bienfait qu'on vous doive? Notre Saléius est un très-grand poète, ou, pour employer des expressions plus magnifiques, c'est un digne interprète des Muses. Eh bien! qui voit-on aller lui faire sa cour, le reconduire quand il rentre, ou l'accompagner quand il sort? Si son ami, si son parent, si lui-même enfin se trouve engagé dans quelque affaire, n'aura-t-il pas recours à Secundus, ou bien à vous, Maternus, non pas en ta qualité de poète, ni afin que vous fassiez des vers pour lui, car ils naissent sous sa plume; mais quel est le fruit de ces vers, dont je reconnais d'ailleurs tout le charme et tout l'agrément? c'est qu'après s'être bien fatigué tout le long d'une année pendant des journées entières et une partie des nuits à polir et repolir un ouvrage, il faut qu'il aille quêter et mendier des gens qui daignent l'entendre; il faut qu'il emprunte une maison, qu'il fasse préparer une salle, qu'il loue des banquettes, qu'il distribue des affiches. Et, sa lecture fût-elle couronnée du plus brillant succès, cette gloire ne dure qu'un jour, deux à peine, pareille à ces moissons qu'on se hâte de couper en herbe ou en fleur, sans laisser au grain le temps de se former et de mûrir; elle ne laisse

---

scenda, sed oculis spectanda haberemus. Nam quo sordidius et abjectius nati sunt, quoque notabilior paupertas et angustia rerum nascentes eos circumsteterunt, eo clariora, et ad demonstrandam oratoriæ eloquentiæ utilitatem illustriora exempla sunt; quod sine commendatione natalium, sine substantia facultatum, neuter moribus egregius, alter habitu quoque corporis contemptus, per multos jam annos potentissimi sunt civitatis, ac, donec libuit, principes fori, nunc principes in Cæsaris amicitia, agunt feruntque cuncta, atque ab ipso principe cum quadam reverentia diliguntur : quia Vespasianus, venerabilis senex, et patientissimus veri, bene intelligit, ceteros quidem amicos suos niti iis quæ ab ipso acceperint, quæque ipsi accumulare et in alios congerere promptum est; Marcellum autem et Crispum attulisse ad amicitiam suam quod non a principe acceperint, nec accipi possit. Minimum inter tot ac tanta locum obtinent imagines ac tituli et statuæ, quæ neque ipsa tamen negliguntur, tam hercule quam divitiæ et opes, quas facilius invenies qui vituperet quam qui fastidiat. His igitur et honoribus, et ornamentis, et facultatibus, refertas domos eorum videmus, qui se ab ineunte adolescentia causis forensibus et oratorio studio dederunt.

IX. Nam carmina et versus, quibus totam vitam Maternus insumere optat (inde enim omnis fluxit oratio), neque dignitatem ullam auctoribus suis conciliant, neque utilitates alunt : voluptatem autem brevem, laudem inanem et infructuosam consequuntur. Licet hæc ipsa, et quæ deinde dicturus sum, aures tuæ, o Materne, respuant, cui bono est, si apud te Agamemnon aut Jason diserte loquitur? quis ideo domum defensus, tibi obligatus redit? Quis Saleium nostrum, egregium poetam, vel, si hoc honorificentius est, præclarissimum vatem deducit, aut salutat, aut prosequitur? Nempe si amicus ejus, si propinquus, si denique ipse in aliquod negotium inciderit, ad hunc Secundum recurret, aut ad te, Materne, non quia poeta es, neque ut pro eo versus facias : hi enim Basso domi nascuntur, pulchri quidem et jucundi; quorum tamen hic exitus est, ut, quum toto anno, per omnes dies, magna noctium parte, unum librum extudit et elucubravit, rogare ultro et ambire cogatur, ut sint qui dignentur audire; et ne id quidem gratis; nam et domum mutuatur, et auditorium exstruit, et subsellia conducit, et libellos dispergit; et, ut beatissimus recitationem ejus eventus prosequatur, omnis illa laus intra unum aut alterum diem, velut in herba vel flore præcepta, ad nullam certam et solidam pervenit frugem : nec aut amicitiam inde refert, aut clientelam, aut

après elle ni amis, ni clients, ni bienfaits dont le cœur garde chèrement la mémoire. Elle se réduit à des applaudissements, à des cris, à un vain bruit qui se perd, à une vaine joie qui s'envole. Nous avons tous exalté dernièrement la magnificence et la générosité de Vespasien, qui a récompensé Saléius par un don de cinq cent mille sesterces. Il est beau sans doute de mériter, par ses talents, les libéralités du prince; mais combien n'est-il pas plus beau encore, si notre fortune nous impose des besoins, de ne recourir qu'à soi, de n'implorer que son génie, de n'avoir que soi pour bienfaiteur? Ajoutez que les poëtes, pour peu qu'ils veuillent faire quelque ouvrage qui mérite nos regards et le perfectionner, sont obligés de renoncer à la société de leurs amis et aux agréments de Rome, d'abandonner tout autre soin, et comme ils le disent eux-mêmes, d'habiter le silence religieux des bois, c'est-à-dire de vivre seuls.

X. L'opinion même, la renommée à laquelle ils sacrifient tout, et qu'ils avouent être le seul prix de leurs travaux, n'est pas autant le partage des poëtes que des orateurs. Les poëtes médiocres ne sont nullement connus, les bons le sont peu. Jamais lecture eut-elle un succès assez rare pour occuper toute la ville, à plus forte raison pour être connue dans les provinces? Voit-on beaucoup d'Espagnols et d'Asiatiques, pour ne point parler de nos Gaulois, arrivés à Rome, demander Saléius? ou bien, si on le demande et qu'on l'ait vu une fois, on passe outre, et la curiosité est satisfaite, comme si l'on avait vu un tableau ou une statue. Toutefois, qu'on ne s'imagine point que je veuille détourner tous ceux à qui la nature a refusé les talents de l'orateur de se livrer à la poésie, si cette étude peut charmer leur loisir, et jeter sur leur nom quelque celebrité. Non, non, toutes les sortes d'éloquence sont pour moi respectables et sacrées; et, non-seulement j'admire la dignité du cothurne et la majesté de l'épopée, j'aime encore et la grâce de ces vers qu'accompagne la lyre, et la mollesse voluptueuse de l'élégie, et la verve mordante de la satire, et le badinage fin de l'épigramme. Sous quelque forme enfin que l'éloquence se montre, elle est pour moi le premier des arts; mais je n'en regrette pas moins qu'un homme, comme Maternus, que la nature elle-même porte à l'art sublime dans lequel réside proprement l'éloquence, méconnaisse ses inspirations, et que, de la hauteur de l'art oratoire où il est parvenu, il veuille descendre à une gloire subalterne. Si vous étiez né dans la Grèce, où les arts du gymnase peuvent être exercés avec honneur, et que les dieux vous eussent donné la force et la vigueur de Nicostrate, je ne souffrirais point que ces bras énormes, formés pour la lutte et le pugilat, se perdissent à lancer le disque ou un javelot léger. De même, Maternus, je prétends aujourd'hui vous retirer de ces lectures et de votre théâtre, pour vous ramener aux affaires, aux joûtes du barreau, à de vrais combats, d'autant plus que vous ne pouvez vous couvrir du prétexte ordinaire, que les poëtes risquent moins de se compromettre que les orateurs. Car vous ne pouvez réprimer l'ardeur de cette imagination si bouillante, et vous vous faites des ennemis, non pas pour un ami, mais, ce qui est plus dangereux, pour un personnage imaginaire. Vos hardiesses ne peuvent point ici s'excuser par un attachement qui vous lie, par les besoins de la cause qui vous commandent, par l'inconsidération inévitable, quand on parle sur l'heure et sans être préparé. C'est avec intention que vous parais-

mansurum in animo cujusquam beneficium, sed clamorem vagum, et voces inanes, et gaudium volucre. Laudavimus nuper, ut miram et eximiam, Vespasiani liberalitatem, quod quingenta sestertia Basso donasset. Pulchrum id quidem, indulgentiam principis ingenio mereri : quanto tamen pulchrius, si ita res familiaris exigat, se ipsum colere, suum ingenium propitiare, suam experiri liberalitatem! Adjice quod poetis, si modo dignum aliquid elaborare et efficere velint, relinquenda conversatio amicorum et jucunditas urbis, deserenda cetera officia, utque ipsi dicunt, in nemora et lucos, id est, in solitudinem recendendum est.

X. Ne opinio quidem et fama, cui soli serviunt, et quod unum esse pretium omnis sui laboris fatentur, æque poetas quam oratores sequitur; quoniam mediocres poetas nemo novit, bonos pauci. Quando enim rarissimarum recitationum fama in totam urbem penetrat, nedum ut per tot provincias innotescat? Quotus quisque, quum ex Hispania, vel Asia, ne quid de Gallis nostris loquamur, in urbem venit, Saleium Bassum requirit? atque adeo si quis requirit et semel vidit, transit et contentus est, ut si picturam aliquam vel statuam vidisset. Neque hunc meum sermonem sic accipi volo, tanquam eos, quibus natura sua oratorium ingenium denegavit, deterream a carminibus, si modo in hac studiorum parte oblectare otium, et nomen inserere possunt famæ : ego vero omnem eloquentiam omnesque ejus partes sacras et venerabiles puto; nec solum cothurnum vestrum, aut heroici carminis sonum, sed lyricorum quoque jucunditatem, et elegorum lascivias, et iamborum amaritudinem, et epigrammatum lusus, et quamcunque aliam speciem eloquentia habeat, anteponendam ceteris aliarum artium studiis credo : sed tecum mihi, Materne, res est, quod, quum natura tua in ipsam arcem eloquentiæ ferat, errare mavis, et, summa adeptus, in levioribus subsistis. Ut si in Græcia natus esses, ubi ludicras quoque artes exercere honestum est, ac tibi Nicostrati robur ac vires dii dedissent, non paterer immanes illos et ad pugnam natos lacertos levitate jaculi aut jactu disci vanescere; sic nunc te ab auditoriis et theatris, in forum, et ad causas, et ad vera prælia voco; quum præsertim ne ad id quidem confugere possis, quod plerisque patrocinatur, tanquam minus obnoxium sit offendere poetarum quam oratorum studium. Effervescit enim vis pulcherrimæ naturæ tuæ, nec pro amico aliquo, sed, quod

sez avoir choisi votre Caton, pour donner à ce que vous dites l'autorité d'un grand nom. Je sais ce qu'on peut répondre : que c'est de là que viennent les grands succès; que c'est par ces hardiesses qu'on enlève les applaudissements de toute une assemblée; que c'est là ce que répètent toutes les bouches. Ne nous parlez donc plus de repos et de tranquillité, puisque vous vous attaquez à un adversaire plus fort que vous. Pour nous, qu'il nous suffise de défendre des intérêts privés et contemporains : là du moins, si la justification d'un ami en péril nous expose quelquefois à choquer les puissances, nous aurons du moins l'avantage qu'on louera notre attachement et qu'on excusera nos hardiesses.

XI. Ce fut ainsi que parla Aper avec sa chaleur accoutumée et en élevant la voix avec force. Maternus, d'un ton plus calme et en souriant : Je me suis préparé, dit-il, à rabaisser les orateurs autant qu'Aper les a exaltés. Je m'étais bien douté que leur panégyriste serait le détracteur des poëtes, et qu'il voudrait anéantir le goût des vers. Toutefois il a mis de l'adresse et quelque adoucissement en les permettant à ceux qui sont inhabiles aux exercices du barreau. Pour moi, si je puis me flatter de voir au barreau mes efforts payés de quelques succès, ce furent néanmoins mes tragédies qui m'ouvrirent le chemin de la renommée, lorsque, dans mon Néron, j'humiliai ce tyran, profanateur d'un art sacré; et aujourd'hui, si mon nom n'est point inconnu, je crois le devoir à mes vers plus qu'à mes plaidoyers. Aussi je suis bien résolu de me retirer des combats du forum : ce cortège de clients, cette cour, toutes ces visites empressées n'ont rien qui me flatte, pas plus que ces statues en bronze et ces portraits en cire qui, malgré moi, ont envahi ma maison. Je pense que, pour la tranquillité et la sûreté de la vie, l'innocence vaut mieux que l'éloquence; je ne crains point d'avoir jamais à implorer la clémence du sénat, si ce n'est pour conjurer le péril d'autrui.

XII. Et loin de redouter, comme Aper, les bois, les forêts, cette solitude profonde, je m'en fais une si douce volupté, que je compte même parmi les plus grands avantages des vers, qu'on ne les compose point au milieu du bruit, à la vue d'un plaideur assis à votre porte, ni parmi les larmes et le deuil de malheureux accusés, et que l'âme se retire au séjour de la paix, de l'innocence, et va jouir des demeures sacrées. La poésie fut le berceau de l'éloquence; elle en est le sanctuaire. L'éloquence emprunta d'abord la parure des vers pour se recommander aux mortels, pour s'insinuer dans ces cœurs purs que le vice n'avait point souillés : c'était en vers que parlaient les oracles. Ce n'est que de nos jours, que la perversité de nos mœurs a fait de l'éloquence un art lucratif et sanguinaire, une arme enfin, comme vous le disiez, Aper. Mais ce siècle fortuné, ou, pour parler comme nous, l'âge d'or, qui ne connaissait ni les orateurs ni les accusations, abondait en poëtes inspirés par les Muses, occupés à chanter les bonnes actions et non pas à justifier les mauvaises. Eh! qui jamais obtint plus d'honneurs et de gloire que les poëtes, d'abord auprès des dieux, dont on croyait qu'il prononçaient les oracles et qu'ils parta-

periculosius est, pro Catone offendis ; nec excusatur offensa necessitudine officii, aut fide advocationis , aut fortuitæ et subitæ dictionis impetu, at tu meditatus videris elegisse personam notabilem et cum auctoritate dicturam. Sentio quid responderi possit : hinc ingentes existere assensus , hæc in ipsis auditoriis præcipue laudari, et mox omnium sermonibus ferri. Tolle igitur quietis et securitatis excusationem, quum tibi sumas adversarium superiorem : nobis satis sit privatas et nostri seculi controversias tueri, in quibus expressis, si quando necesse sit pro periclitante amico potentiorum aures offendere, et probata sit fides et libertas excusata.

XI. Quæ quum dixisset Aper acrius, ut solebat, et intento ore, remissus et subridens Maternus : Paravi, inquit, me, non minus diu accusare oratores, quam Aper laudavit. Fore enim arbitrabar ut, a laudatione eorum digressus, detrectaret poetas atque carminum studium prosterneret : arte quadam mitigavit, concedendo his ut causas agere non possent ut versus facerent. Ego autem, sicut in causis agendis efficere aliquid et eniti fortasse possum , ita recitatione tragœdiarum ingredi famam auspicatus sum, tum quidem quum, in Nerone, improbam et studiorum quoque sacra profanantem [vaticinii] potentiam fregi ; et hodie, si quid in nobis notitiæ ac nominis est, magis arbitror carminum quam orationum gloria partum : ac jam me sejungere a forensi labore constitui ; nec comitatus istos , et egressus, aut frequentiam salutationum concupisco ; non magis quam æra et imagines, quæ, etiam me nolente , in domum meam irruperunt. Nam statum cujusque ac securitatem melius innocentia tuetur quam eloquentia ; nec vereor ne mihi unquam verba in senatu, nisi pro alterius discrimine, facienda sint.

XII. Nemora vero, et luci, et secretum ipsum, quod Aper increpabat, tantam mihi afferunt voluptatem , ut inter præcipuos carminum fructus numerem , quod nec in strepitu, nec sedente ante ostium litigatore, nec inter sordes ac lacrymas reorum componuntur ; sed secedit animus in loca pura atque innocentia, fruiturque sedibus sacris. Hæc eloquentiæ primordia, hæc penetralia ; hoc primum habitu cultuque commendata mortalibus, in illa casta et nullis contacta vitiis pectora influxit ; sic oracula loquebantur. Nam lucrosæ hujus et sanguinantis eloquentiæ usus, recens, et malis moribus natus, atque, ut tu dicebas, Aper, in locum teli repertus. Ceterum felix illud , ut more nostro loquar, aureum seculum, et oratorum et criminum inops, poetis et vatibus abundabat, qui benefacta canerent , non qui male admissa defenderent. Nec ullis aut gloria major aut augustior honor : primum apud deos, quorum proferre responsa et interesse epulis ferebantur ; deinde apud illos diis genitos sacrosque reges, in

tageaient les festins; ensuite, auprès des fils des dieux, de ces rois révérés, à la cour desquels vous ne trouverez pas un seul de vos faiseurs de plaidoyers, mais Orphée, Linus, et, si vous voulez remonter plus haut, Apollon lui-même; ou, si vous rejetez ces faits comme fabuleux et imaginaires, vous conviendrez du moins, Aper, que la postérité n'honore pas moins Homère que Démosthène, et que la gloire de Sophocle et d'Euripide n'est pas renfermée dans de plus étroites limites que celle de Lysias ou d'Hypéride. Vous trouverez aujourd'hui plus de détracteurs de Cicéron que de Virgile, et nulle harangue d'Asinius ou de Messala n'a eu l'éclat de la Médée d'Ovide ou du Thyeste de Varius.

XIII. Il n'y a pas jusqu'à la vie même des poètes, ce bonheur d'habiter avec soi, que je ne préfère à la vie toujours inquiète, toujours agitée de vos orateurs. Vous avez beau me vanter les consulats où ils se sont élevés au milieu des luttes et des dangers, j'aime bien mieux la solitaire et paisible retraite où se recueillait Virgile, et d'où toutefois il sut attirer sur lui et la faveur d'Auguste et les regards du peuple romain. Témoins les lettres d'Auguste, témoin ce peuple lui-même, qui, apercevant un jour, au spectacle, le grand poète, dont il avait entendu réciter des vers, se leva d'un mouvement unanime, et lui rendit les mêmes respects qu'il eût rendus à Auguste lui-même. De nos jours, Pomponius Secundus ne l'a point cédé à Domitius Afer, ni pour la considération pendant la vie, ni pour la réputation après la mort. Vous nous citez sans cesse, pour modèles, Crispus et Marcellus; mais qu'a donc leur fortune de si désirable? Est-ce de craindre et d'être craint? de se voir importunés chaque jour de sollicitations, et maudits de ceux qu'ils obligent? d'être condamnés à l'adulation, et tandis qu'ils nous paraissent toujours beaucoup trop rampants, de ne l'être jamais assez pour ceux qui gouvernent? Qu'a donc leur pouvoir de si extraordinaire? des affranchis en ont autant. Ah! plutôt, que les douces Muses, comme disait Virgile, me dérobant aux soins, aux embarras, à la nécessité de contrarier chaque jour mes désirs, me portent dans leur vallons sacrés, au bord de leurs fontaines! Là, n'entendant plus les clameurs insensées d'un forum orageux, ne courant plus après ce pâle fantôme de renommée, puisse-je couler mes jours en paix, sans que des clients tumultueux, sans qu'un affranchi importun, me réveillent en sursaut; sans être obligé, pour me précautionner contre l'avenir, d'appeler les puissances a l'heritage de mes enfants, voulant ne rien posséder dont je ne puisse disposer librement, lorsque arrivera l'heure de la nature, mon heure suprême, et ne pas descendre dans la tombe au milieu des terreurs et des perplexités, mais gaîment, couronné de fleurs, sans qu'il faille après moi délibérer et intercéder pour ma mémoire!

XIV. En prononçant ces derniers mots, Maternus avait l'accent de l'enthousiasme et de l'inspiration. Il finissait à peine, que Vipstanius Messala entra dans son cabinet. A l'émotion seule qui paraissait sur les visages, il soupçonna qu'on était occupé d'une discussion sérieuse. Ne serais-je point venu, dit-il, troubler mal à propos une délibération secrète, quelque plan de défense que vous concertez entre vous? Nullement, nullement, reprit Secundus. Je voudrais même que

---

ter quos neminem causidicorum, sed Orphea ac Linum, ac, si introspicere altius velis, ipsum Apollinem accepimus: vel, si hæc fabulosa nimis et composita videntur, illud certe mihi concedis, Aper, non minorem honorem Homero quam Demostheni apud posteros, nec angustioribus terminis famam Euripidis aut Sophoclis quam Lysiæ aut Hyperidis includi. Plures hodie reperies qui Ciceronis gloriam, quam qui Virgilii detrectent. Nec ullus Asinii aut Messallæ liber tam illustris est, quam Medea Ovidii aut Varii Thyestes.

XIII. Ac ne fortunam quidem vatum, et illud felix contubernium, comparare timuerim cum inquieta et anxia oratorum vita. Licet illos certamina et pericula sua ad consulatus evexerint, malo securum et secretum Virgilii secessum, in quo tamen neque apud divum Augustum gratia caruit, neque apud populum romanum notitia: testes Augusti epistolæ; testis ipse populus, qui, auditis in theatro versibus Virgilii, surrexit universus, et forte præsentem spectantemque Virgilium veneratus est sic quasi Augustum. Ne nostris quidem temporibus Secundus Pomponius Afro Domitio, vel dignitate vitæ, vel perpetuitate famæ, cesserit. Nam Crispus et Marcellus, ad quorum exempla me vocas, quid habent in hac sua fortuna concupiscendum? quod timent? an quod timentur? quod, quum quotidie aliquid rogentur, hi quibus præstant indignantur? quod, alligati cum adulatione, nec imperantibus unquam satis servi videntur, nec nobis satis liberi? Quæ hæc summa eorum potentia est? tantum posse liberti solent. Me vero dulces, ut Virgilius ait, Musæ remotum a sollicitudinibus et curis, et necessitate quotidie aliquid contra animum faciendi, in illa sacra illosque fontes ferant: nec insanum ultra et lubricum forum famamque pallentem trepidus experiar; non me fremitus salutantium nec anhelans libertus excitet; nec, incertus futuri, testamentum pro pignore scribam; nec plus habeam quam quod possim, cui velim, relinquere, quandocunque fatalis et meus dies veniet, statuarque tumulo non mœstus et atrox, sed hilaris et coronatus, et pro memoria mei nec consulat quisquam, nec roget.

XIV. Vixdum finierat Maternus, concitatus et velut instinctus, quum Vipstanus Messalla cubiculum ejus ingressus est, suspicatusque, ex ipsa intentione singulorum, altiorem inter eos esse sermonem: Num parum tempestivus, inquit, interveni, secretum consilium et causæ alicujus meditationem tractantibus? Minime, minime, inquit Secundus; atque adeo vellem maturius intervenisses: de-

vous fussiez arrivé plus tôt; vous auriez été enchanté d'une conversation de notre cher Aper, qu'on prendrait pour un ouvrage composé à loisir, et dans laquelle il exhortait Maternus à tourner tout son génie et tout son talent vers l'éloquence du barreau. Vous n'auriez été guère moins satisfait de Maternus, qui a défendu les vers, son art favori, comme il convenait de les défendre, dans un langage plus hardi, et qui semblait appartenir au poëte plus qu'à l'orateur. Ne doutez pas, dit Messala, du plaisir infini que m'eût fait cette conversation; mais, ce qui me charme encore, c'est de voir des hommes de ce mérite, les deux orateurs de notre siècle, non contents d'exercer leurs talents au barreau dans des causes réelles, et dans leur cabinet, sur des sujets imaginaires, y joindre encore des discussions de ce genre, qui nourrissent l'esprit, et qui offrent un savant et agréable délassement à vous qui vous y livrez et à tous ceux qui sont admis à vous entendre. Aussi je vois, Secundus, qu'on ne vous sait pas moins de gré de votre Vie de Julius Asiaticus, qui nous fait espérer d'autres ouvrages du même genre, qu'à Aper de n'avoir point encore renoncé aux controverses de l'école, et d'aimer mieux employer ses loisirs à la manière des rhéteurs modernes qu'à celle des anciens orateurs.

XV. Vous ne cesserez donc point, Messala, reprit Aper, d'admirer exclusivement vos anciens, tandis que notre siècle est l'objet éternel de vos dédains et de vos railleries? Car je vous ai entendu vingt fois répéter le même propos, ne vouloir tenir aucun compte de votre éloquence et de celle de votre frère, prétendre que, de nos jours,

il n'existe pas un seul orateur, et le soutenir avec la plus grande assurance, je m'imagine, parce que vous ne craignez pas qu'on vous reproche le manque de bienveillance, si vous vous obstinez à vous refuser à vous-même une gloire que les autres vous déferent. Non, répondit Messala, je ne désavoue point ce que j'ai dit; je crois même que ni Secundus, ni Maternus, ni vous-même, Aper, quoique vous souteniez quelquefois l'opinion contraire, n'avez un autre sentiment. Et je voudrais obtenir de quelqu'un de vous qu'il voulût bien rechercher et me dire les causes de cette différence infinie, que je travaille souvent à m'expliquer à moi-même. Une observation qui met les autres plus à l'aise augmente pour moi la difficulté : c'est que je vois que la même chose est arrivée aux Grecs. Ce Sacerdos Nicétès et tous ces rhéteurs qui font trembler les écoles d'Éphèse et de Mitylène par leurs déclamations tendues et criardes, sont encore plus loin d'Éschine et de Démosthène, qu'Afer, qu'Africanus, et vous-même ne l'êtes d'Asinius et de Cicéron.

XVI. Vous venez, dit Secundus, de soulever une question importante, et qui mérite d'être traitée. Mais qui peut s'en acquitter mieux que vous, qui avez un esprit si distingué, de si vastes connaissances, et qui, de plus, avez médité à loisir sur ce sujet? Oui, répondit Messala, je consens à exposer mes idées, mais à la condition que vous me promettiez de m'aider des vôtres. Je le promets pour Secundus et moi, répliqua Maternus; nous nous chargerons tous deux des points que vous n'aurez omis, je le sens bien, que pour nous laisser le mérite de dire quelque chose après vous. Car pour Aper, il a sou-

---

lectasset enim te et Apri nostri accuratissimus sermo, quum Maternum, ut omne ingenium se studium suum ad causas agendas converteret, exhortatus est, et Materni pro carminibus suis læta, utque poetas defendi decebat, audentior et poetarum quam oratorum similior oratio. Me vero, inquit, et sermo ipse infinita voluptate affecisset, atque id ipsum delectat, quod vos, viri optimi et temporum nostrorum oratores, non forensibus tantum negotiis et declamatorio studio ingenia vestra exercetis, sed ejusmodi etiam disputationes adjungitis, quæ et ingenium alunt, et eruditionis et literarum jucundissimum oblectamentum, quum vobis qui illa disputatis, afferunt, tum etiam his ad quorum aures pervenerint. Itaque, hercule, non minus probari video in te, Secunde, quod Julii Asiatici vitam componendo spem hominibus fecisti plurium ejusmodi librorum, quam in Apro, quod nondum a scholasticis controversiis recessit, et otium suum mavult novorum rhetorum more, quam veterum oratorum, consumere.

XV. Tum Aper : Non desinis, Messalla, vetera tantum et antiqua mirari, nostrorum autem temporum studia irridere atque contemnere. Nam hunc tuum sermonem sæpe excepi, quum oblitus et tuæ et fratris tui eloquentiæ, neminem hoc tempore oratorem esse contenderis; atque id

eo, credo, audacius, quod maligni in iis opinionem non verebaris, quum eam gloriam quam tibi alii concedunt ipse tibi denegares. Neque illius, inquit, sermonis mei pœnitentiam ago, neque aut Secundum, aut Maternum, aut te ipsum, Aper, (quanquam interdum in contrarium disputes) aliter sentire credo. Ac velim impetratum ab aliquo vestrum, ut causas hujus infinitæ differentiæ scrutetur ac reddat; quas mecum ipse plerumque conquiro : et quod quibusdam solatio est, mihi auget quæstionem, quia video etiam Graiis accidisse, ut longius absit Æschine et Demosthene Sacerdos iste Nicetes, et si quis alius Ephesum vel Mitylenas contentis scholasticorum clamoribus quatit, quam Afer, aut Africanus, aut vos ipsi a Cicerone aut Asinio recessistis.

XVI. Magnam, inquit Secundus, et dignam tractatu quæstionem movistis : sed quis eam justius explicaverit quam tu, ad cujus summam eruditionem et præstantissimum ingenium cura quoque et meditatio accessit? Et Messalla : Aperiam, inquit, cogitationes meas, si illud a vobis ante impetravero, ut vos quoque sermonem hunc nostrum adjuvetis. Pro duobus, inquit Maternus, promitto : nam et ego et Secundus exsequemur partes quas intellexerimus a te non tam omisisse quam nobis reliquisse. Aprum enim solere dissentire, et tu paullo ante dixisti, et ipse sa-

vent marqué, comme vous l'avez dit vous-même, l'opposition de ses sentiments; et à son air seul on voit clairement qu'il est, depuis longtemps, préparé à nous combattre, et qu'il souffre avec peine de nous voir ainsi ligués pour la gloire des anciens. Assurément, dit Aper, je m'opposerai à cette conspiration contre notre siècle, et je ne le laisserai point condamner sans qu'il soit entendu et défendu. D'abord, je demanderai ce que vous entendez par anciens, quelle est l'époque où il faut qu'un orateur ait vécu pour être ainsi désigné. Quant à moi, ce mot me représente des hommes d'un temps très-reculé ; je me figure aussitôt Ulysse et Nestor, antérieurs à notre siècle d'environ treize cents ans. Vous autres, vous nommez Démosthène et Hypéride, contemporains de Philippe et d'Alexandre, et qui même ont survécu à ces deux princes : de maniere qu'entre le siècle de Démosthène et le nôtre, il n'y a guère plus de quatre cents ans. Mesurez cet intervalle par la durée de notre vie, il pourra paraître long ; mais comparé à la durée des siècles et à la vie de l'univers, il est fort court et tout près de nous. Car si, comme Cicéron l'écrit dans son Hortensius, la grande et véritable année est celle où la position du ciel et des astres qui existe aujourd'hui se retrouvera une seconde fois précisément la même, et que cette année en embrasse 12954 des nôtres, il se trouve que votre Démosthène, que vous supposez un ancien, a vécu non-seulement la même année que nous, mais, pour ainsi dire, le même mois.

XVII. Mais je passe aux orateurs latins, et je me flatte que ce n'est point Ménénius Agrippa, que pourtant l'on peut regarder comme un ancien, que vous preferez aux diserts de notre temps. C'est donc Cicéron, César, Célius, Calvus, Brutus, Asinius et Messala. Mais je ne vois point pourquoi vous les rapportez aux temps anciens plutôt qu'au nôtre. Car, pour ne parler que de Cicéron, il fut tué, à ce que rapporte Tiron son affranchi, le 7 des ides de décembre, sous le consulat d'Hirtius et de Pansa, l'année qu'Auguste se subrogea avec Pédius à ces deux consuls. Or, comptez les cinquante-six ans qu'Auguste a gouverné la république ; ajoutez les vingt-trois de Tibère, environ quatre ans pour Caïus, les quatorze de Claude, autant de Néron, une année pour Galba, Othon et Vitellius, et six depuis que l'heureuse administration de Vespasien a relevé cet empire, vous trouverez, de la mort de Cicéron à ce jour, cent vingt ans, ce qui n'est que la vie d'un seul homme. Moi-même j'ai vu en Bretagne un vieillard qui disait avoir été au combat que les Bretons livrèrent à Jules-César, lorsqu'ils voulurent s'opposer à son débarquement. Si cet homme fût venu à Rome, prisonnier, ou volontairement, ou par une circonstance quelconque, il aurait pu entendre plaider César et Cicéron, et nous entendre aussi nous-mêmes. Au dernier *congiarium*, vous avez vu plusieurs vieillards qui assuraient avoir reçu une ou deux fois, des mains d'Auguste, la même libéralité. Ils avaient donc pu entendre et Messala qui a vécu jusqu'au milieu du règne d'Auguste, et Asinius qui a vécu presque jusqu'à la fin. Ne venez donc plus nous parler de deux siècles, et appeler anciens des orateurs qui ont pu être con-

---

tis manifestus est jamdudum in contrarium accingi, nec æquo animo perferre hanc nostram pro antiquorum laude concordiam. Non enim, inquit Aper, inauditum et indefensum seculum nostrum patiar hac vestra conspiratione damnari. Sed hoc primum interrogabo, quos vocetis antiquos, quam oratorum ætatem significatione ista determinetis. Ego enim, quum audio antiquos, quosdam veteres et olim natos intelligo ; ac mihi versantur ante oculos Ulysses et Nestor, quorum ætas mille fere et trecentis annis seculum nostrum antecedit : vos autem Demosthenem et Hyperidem profertis, quos satis constat Philippi et Alexandri temporibus floruisse, ita tamen ut utrique superstites essent. Ex quo apparet non multo plures quam cccc annos interesse inter nostram et Demosthenis ætatem : quod spatium temporis, si ad infirmitatem corporum nostrorum referas, fortasse longum videatur ; si ad naturam seculorum et respectum immensi hujus ævi, perquam breve et in proximo est. Nam si, ut Cicero in Hortensio scribit, is est magnus et verus annus, quo eadem positio cœli siderumque, quæ quum maxime est, rursum exsistet, isque annus horum quos nos vocamus annorum XII M. DCCCCLIV complectitur ; incipit Demosthenes vester, quem vos veterem et antiquum fingitis, non solum eodem anno quo nos, sed fere eodem mense exstitisse.

XVII. Sed transeo ad latinos oratores, in quibus non Menenium, ut puto, Agrippam, qui potest videri antiquis, nostrorum temporum disertis anteponere soletis, sed Ciceronem, et Cæsarem, et Cœlium, et Calvum, et Brutum, et Asinium, et Messallam : quos quidem cur antiquis temporibus potius adscribatis, quam nostris, non video. Nam, ut de Cicerone ipso loquar, Hirtio nempe et Pansa consulibus, ut Tiro libertus ejus scripsit, septimo idus decembris occisus est, quo anno divus Augustus in locum Pansæ et Hirtii se et Q. Pedium consules suffecit ; statue sex et quinquaginta annos, quibus mox divus Augustus rempublicam rexit ; adjice Tiberii tres et viginti, et prope quadriennium Caii, ac bis quaternos denos Claudii et Neronis annos atque ipsum Galbæ et Othonis et Vitellii unum annum, ac sextam jam felicis hujus principatus stationem qua Vespasianus rempublicam fovet : centum et viginti anni ab interitu Ciceronis in hunc diem colliguntur unius hominis ætas. Nam ipse ego in Britannia vidi senem qui se fateretur ei pugnæ interfuisse, qua Cæsarem, inferentem arma Britanniæ, arcere littoribus et pellere agressi sunt. Ita si eum, qui armatus C. Cæsari restitit, vel captivitas, vel voluntas, vel fatum aliquod in urbem pertraxisset, idem Cæsarem ipsum et Ciceronem audire potuit, et nostris quoque actionibus interesse. Proximo quidem congiario ipsi vidistis plerosque senes, qui se a divo quoque Augusto semel atque iterum accepisse congiarium narrabant : ex quo colligi potest et Corvinum ab illis et Asinium audiri potuisse. Nam Corvinus in medium usque Augusti principa-

nus et en quelque sorte rapprochés par les mêmes hommes.

XVIII. Je suis entré dans ce détail, afin de faire voir que, si, de la gloire et de la réputation de ces orateurs, il revient quelque honneur à leur siècle, cet honneur doit être mis en commun, et que nous y avons plus de droit, nous, que Galba, Carbon et autres, à qui le nom d'anciens conviendrait beaucoup mieux. Car leur éloquence est hérissée, informe, pleine d'aspérités, de rudesse; et j'ai grand regret que votre Calvus, que Célius et Cicéron lui-même les aient imités. Je vais bientôt m'expliquer avec plus de hardiesse et de force; mais il est à propos d'observer auparavant que le temps amène des formes et des genres différents d'éloquence. Caïus Gracchus était plus fécond, plus riche que le vieux Caton; Crassus plus correct, plus orné que Gracchus; depuis, Cicéron eut plus d'éclat, il mit plus de finesse dans la plaisanterie, il eut plus d'élévation; et Messala fut plus doux que Cicéron, plus agréable, plus soigné dans l'expression. Je ne cherche point ici quel était le plus éloquent. Il me suffit de prouver que l'éloquence a plus d'une physionomie, et que cette différence se fait remarquer dans ceux même que nous appelons anciens; qu'il ne faut pas se hâter de juger pire ce qui est différent, que c'est le défaut de la malignité humaine de louer ce qui est ancien, de dédaigner qui est moderne. Doutons-nous que Caton n'ait trouvé, de son temps, des hommes qui avaient plus d'admiration pour Appius Cæcus? On sait que Cicéron lui-même n'a point manqué de détracteurs; qu'on lui trouvait de l'enflure, de la bouffissure, point assez de précision, une exubérance, une profusion excessive, et l'éloquence trop peu attique. Vous avez pu voir, par des lettres de Calvus et de Brutus à Cicéron, ce que celui-ci pensait de leur talent : Cicéron trouvait Calvus épuisé de sang, décharné; Brutus négligé et décousu et, à leur tour, tous blâmaient Cicéron, Calvus d'être lâche, énervé; et Brutus, pour me servir de ses propres expressions, *de n'avoir ni reins, ni jarrets*. Si vous me demandez mon avis, je trouve qu'ils ont tous raison. Mais je les prendrai, tout à l'heure, chacun en particulier : je les considère à présent tous ensemble.

XIX. Et puisque la ligne de séparation qu'il a plu aux admirateurs de l'antiquité d'établir entre les anciens et nous, est marquée par Cassius Sévérus, que c'est lui qu'ils prétendent s'être écarté le premier de l'ancienne et vraie éloquence, je soutiens, moi, que ce n'est ni par l'impuissance de son talent, ni par ignorance de l'art, mais par choix et par système qu'il a suivi une route nouvelle. Il a vu, ce que je disais tout à l'heure, que, les circonstances et la tournure des esprits changent, il fallait changer la tournure et les formes de l'éloquence. Cet ancien peuple, ignorant et grossier, s'accommodait sans peine de ces harangues interminables qui choquaient toutes les règles. On tirait même à honneur de faire durer un discours toute une journée. Ainsi, ce long échafaudage d'exordes et de préparations, cette suite de narrations ou les faits étaient repris depuis la fondation de Rome, tout cet étalage de divisions multipliées à l'infini, cette longue échelle d'arguments dressés les uns sur les

---

tum, Asinius pæne ad extremum duravit. Nec dividatis seculum, et antiquos ac veteres vocetis oratores, quos eorumdem hominum aures agnoscere ac velut conjungere et copulare potuerunt.

XVIII. Hæc ideo prædixi, ut si qua, ex horum oratorum fama gloriaque, laus temporibus acquiritur, eamdem docerem in medio sitam, et propiorem nobis quam Ser. Galbæ, C. Carboni, quosque alios antiquos merito vocaremus. Sunt enim horridi, et impoliti, et rudes, et informes, et quos utinam nulla parte imitatus esset Calvus vester, aut Cœlius, aut ipse Cicero! Agere enim fortius jam et audentius volo, si illud ante prædixero, mutari cum temporibus formas quoque et genera dicendi. Sic, Catoni seni comparatus, C. Gracchus plenior et uberior; sic Graccho politior et ornatior Crassus; sic utroque distinctior, et urbanior, et altior Cicero; Cicerone mitior Corvinus, et dulcior, et in verbis magis elaboratus. Nec quæro quis disertissimus : hoc interim probasse contentus sum, non esse unum eloquentiæ vultum, sed in illis quoque quos vocatis antiquos plures species deprehendi; nec statim deterius esse quod diversum est; vitio autem malignitatis humanæ vetera semper in laude, præsentia in fastidio esse. Num dubitamus inventos qui pro Catone Appium Cæcum magis mirarentur? Satis constat ne Ciceroni quidem obtrectatores defuisse, quibus inflatus, et tumens, nec satis pressus, sed supra modum exsultans, et superfluens, et parum atticus videretur. Legistis utique et Calvi et Bruti ad Ciceronem missas epistolas; ex quibus facile est deprehendere Calvum quidem Ciceroni visum exsanguem et attritum, Brutum autem otiosum atque disjunctum; rursumque Ciceronem a Calvo quidem male audivisse, tanquam solutum et enervem; a Bruto autem, ut ipsius verbis utar, tanquam fractum atque elumbem. Si me interroges, omnes mihi videntur verum dixisse : sed mox ad singulos veniam; nunc mihi cum universis negotium est.

XIX. Nam, quatenus antiquorum admiratores hunc velut terminum antiquitatis constituere solent, quem usque ad Cassium Severum faciunt, quem primum affirmant flexisse ab illa vetere atque directa dicendi via; non infirmitate ingenii nec inscitia literarum transtulisse se ad illud dicendi genus contendo, sed judicio et intellectu. Vidit namque, ut paullo ante dicebam, cum conditione temporum ac diversitate aurium formam quoque ac speciem orationis esse mutandam. Facile perferebat prior iste populus ut imperitus et rudis, impeditissimarum orationum spatia, atque id ipsum laudi dabatur, si dicendo quis diem eximeret. Jam vero longa principiorum præparatio, et narratio

autres, enfin tout ce qu'on trouve dans les ennuyeuses rhétoriques d'Hermagoras et d'Apollodore étaient en grande considération. Que si, par hasard, on avait ouvert un livre de philosophie, et qu'on en eût inséré quelque trait dans un discours, c'était un effort de l'art que l'on exaltait jusqu'aux cieux. Et il ne faut point s'en étonner. Tout cela était nouveau et inconnu. Parmi les orateurs même, il n'y en avait qu'un très-petit nombre qui connussent les préceptes des rhéteurs et les maximes des philosophes. Mais, aujourd'hui que ces écrits sont entre les mains de tout le monde, et que, dans tout un auditoire, vous trouverez à peine un homme qui n'apporte, sinon une connaissance approfondie, du moins quelque teinture de l'art, il faut que l'orateur s'ouvre des routes nouvelles et extraordinaires pour échapper au dégoût de ses auditeurs, surtout ayant affaire à des juges qui, dans l'instruction d'un procès, ne consultent plus les formes et les lois, mais les caprices d'une autorité arbitraire; qui, au lieu de donner du temps à l'orateur, le lui fixent; qui ne veulent point attendre qu'il lui plaise de parler de l'affaire même; qui souvent sont les premiers à l'en faire souvenir; qui le rappellent quand il s'écarte, et qui déclarent tout haut qu'ils sont pressés.

XX. Qui pourrait supporter maintenant un orateur dont les exordes seraient de continuelles excuses sur la faiblesse de sa santé, comme sont presque tous les exordes de Messala? Qui aurait la patience d'attendre cinq gros ouvrages contre le seul Verrès; d'essuyer, pour une simple fin de non recevoir et pour une misérable forme de procédure, d'énormes volumes, comme les harangues pour Tullius et pour Cécina? Maintenant la pensée du juge devance l'avocat qui parle, et, si la rapidité des preuves ne l'entraîne, si l'éclat des pensées, si l'élégance et le charme des descriptions ne l'invitent, ne le corrompent, pour ainsi dire, il se détache de l'orateur. Le public même qui assiste à nos plaidoyers, cette foule d'auditeurs qui vont et qui viennent, sont accoutumés depuis longtemps à des formes riantes et à un éclat de parure dont ils nous font aujourd'hui une nécessité; et ils ne s'accommoderaient pas plus de cette antiquité triste et rechignée, que de voir sur la scène un acteur qui ne ferait que copier Roscius ou Turpion. Nos jeunes gens même, dont le talent est encore sur l'enclume, et qui, pour leur instruction, s'attachent à suivre les orateurs, ne seraient pas contents si ceux-ci n'avaient fait entendre qu'un plaidoyer; ils veulent rapporter chez eux quelques traits brillants et qui méritent d'être retenus. Ils se les redisent les uns aux autres; ils envoient dans leurs villes et dans leurs provinces les morceaux qui les ont frappés, soit par un éclair de pensées ingénieuses et vives, soit par des ornements exquis et une parure poétique. Car on veut dans l'éloquence même de la poésie, non cette poésie ternie de la rouille d'Accius et de Pacuvius, mais une poésie brillante et fraîche, sortant du sanctuaire d'Horace, de Virgile ou de Lucain. Il a donc fallu, pour flatter l'oreille et le goût des hommes d'à-présent, que, dans notre siècle, l'orateur se montrât avec plus d'ornements et de recherche. Mais nos plaidoyers n'en agissent pas moins sur l'esprit des juges, parce qu'ils portent à leur oreille une douceur plus flatteuse. Eh! pensez-vous que nos temples aujourd'hui soient moins solides, parce qu'au lieu d'être construits simple-

---

nis alte repetita series, et multarum divisionum ostentatio, et mille argumentorum gradus, et quidquid aliud aridissimis Hermagoræ et Apollodori libris præcipitur, in honore erat : quod si quis, odoratus philosophiam, ex ea locum aliquem orationi suæ inseruerit, in cœlum laudibus ferebatur. Nec mirum : erant enim hæc nova et incognita; et ipsorum quoque oratorum paucissimi præcepta rhetorum aut philosophorum placita cognoverant. At hercule pervulgatis jam omnibus, quum vix in cortina quisquam assistat, qui elementis studiorum etsi non instructus, at certe imbutus sit, novis et exquisitis eloquentiæ itineribus opus est, per quæ orator fastidium aurium effugiat, utique apud eos judices, qui vi aut potestate, non jure et legibus cognoscunt, et nec accipiunt tempora, sed constituunt, nec exspectandum habent oratorem, dum illi libeat de ipso negotio dicere, sed sæpe ultro admonent, atque alio transgredientem revocant, et festinare se testantur.

XX. Quis nunc ferat oratorem de infirmitate valetudinis suæ præfantem? qualia sunt fere principia Corvini. Quis quinque in Verrem libros exspectaverit? Quis de exceptione et formula perpetietur illa immensa volumina quæ pro M. Tullio aut A. Cæcina legimus? Præcurrit hoc tempore judex dicentem, et, nisi aut cursu argumentorum, aut colore sententiarum, aut nitore et cultu descriptionum invitatus et corruptus est, aversatur dicentem. Vulgus quoque assistentium, et affluens et vagus auditor, assuevit jam exigere lætitiam et pulchritudinem orationis; nec magis perfert in judiciis tristem et impexam antiquitatem, quam si quis in scena Roscii aut Turpionis Ambivii exprimere gestus velit. Jam vero juvenes in ipsa studiorum incude positi, qui profectus sui causa oratores sectantur, non solum audire, sed etiam referre domum aliquid illustre et dignum memoria volunt, traduntque invicem, ac sæpe in colonias ac provincias suas scribunt, sive sensus aliquis arguta et brevi sententia effulsit, sive locus exquisito et poetico cultu enituit. Exigitur enim jam ab oratore etiam poeticus decor, non Accii aut Pacuvii veterno inquinatus, sed ex Horatii, et Virgilii, et Lucani sacrario prolatus. Horum igitur auribus et judiciis obtemperans, nostrorum oratorum ætas pulchrior et ornatior exstitit. Neque ideo minus efficaces sunt orationes nostræ, quia ad aures judicantium cum voluptate perveniunt : quid enim si infirmiora horum temporum templa credas, quia

ment avec un assemblage informe de briques et de ciment, l'or et le marbre y resplendissent, y rayonnent de toutes parts?

XXI. Je vous avouerai, moi, franchement, que j'ai peine à lire quelques-uns de vos anciens sans éclater de rire, et d'autres sans tomber de sommeil. Je sais qu'ils y a un peuple parmi les orateurs, qu'il y a des Canutius, des Arrius, des Furnius. Je ne parle pas de ceux-là et de vingt autres écrivains aussi secs, que je comparerais à des malades d'une même infirmerie, qui tous font voir la même maigreur et des squelettes également décharnés. Je parle de Calvus lui-même. Sur vingt et un ouvrages qu'il a, je crois, laissés, à peine en est-il un ou deux qui me satisfassent. Et je vois que les autres ne s'éloignent pas trop de mon sentiment. Qui lit en effet son oraison contre Asitius, son oraison contre Drusus? Il faut pourtant convenir que ses harangues contre Vatinius sont entre les mains de tous les hommes de l'art, surtout la seconde. Aussi voit-on qu'il a cherché à flatter l'oreille des juges par l'éclat des expressions et par celui des pensées; ce qui prouve que Calvus lui-même a eu le sentiment du mieux, et que, s'il n'a pas mis habituellement dans ses compositions plus d'ornements et d'élévation, ce n'est point la volonté, mais les forces et le talent qui lui ont manqué. Pour les harangues de Célius, j'avoue qu'elles plaisent, sinon en totalité, du moins par parties; et ce sont les endroits où l'on retrouve le brillant du style et cette hauteur de pensées qui caractérisent notre siècle. Car, d'ailleurs, un certain nombre d'expressions basses, un style heurté, les aspérités de sa phrase lui donnent un air suranné; et, quelque partisan qu'on soit du vieux temps, je ne crois pas que personne loue Célius de s'être ainsi vieilli d'avance. Pardonnons à Jules César en faveur de ses grandes occupations et de ses vastes projets, de n'avoir point porté l'éloquence aussi loin qu'on pouvait l'attendre de son divin génie. Ayons la même indulgence pour Brutus en faveur de sa philosophie; car, dans ses harangues, ses admirateurs même conviennent qu'il est au-dessous de sa réputation. En effet, qui peut lire l'oraison de César pour le samnite Décius, celle de Brutus pour le roi Déjotarus, et autres ouvrages non moins flasques, non moins glacés, à moins que de tout admirer dans eux, jusqu'à leurs vers? car il en ont fait aussi, qu'ils ont étalés dans nos bibliothèques; mais s'ils ne les ont pas faits meilleurs que Cicéron, ils ont du moins sur lui cet avantage, que moins de gens leur connaissent ce ridicule. Asinius est né dans un temps qui se rapproche davantage du nôtre, et il semble qu'il ait vécu parmi les Ménénius et les Appius. Ce qu'il y a de certain, c'est qu'on croit lire Accius et Pacuvius quand on lit ses tragédies et même ses harangues, tant il est dur et sec. Or, il en est du discours, comme du corps humain, qui perd de sa beauté si l'on y voit les veines en saillies, les os à découvert, si un sang pur et tempéré, ne donne à chaque membre l'embonpoint et la rondeur, et, recouvrant les nerfs eux-mêmes, ne les cache et ne les colore sous des contours agréables. Je ne veux rien dire contre Messala; il n'a pas tenu à lui qu'il n'ait pris cette éloquence fleurie et brillante de notre siècle. Je verrai si c'est la faiblesse de son caractère ou celle de son génie qui l'a fait échouer dans l'exécution.

XXII. Je viens à Cicéron, qui eut à livrer contre ses contemporains les mêmes combats qu'il

---

non rudi cæmento et informibus tegulis exstruuntur, sed marmore nitent et auro radiantur?

XXI. Equidem fatebor vobis simpliciter me in quibusdam antiquorum vix risum, in quibusdam autem vix somnum tenere : nec unum de populo, Canutium aut Arrium Furniumve, nominabo, quique alii in eodem valetudinario hæc ossa et hanc maciem probant; ipse mihi Calvus, quum unum et viginti, ut puto, libros reliquerit, vix una aut altera oratiuncula satisfacit. Nec dissentire ceteros ab hoc meo judicio video; quotus enim quisque Calvi in Asitium aut in Drusum legit? at hercule in hominum studiosorum manibus versantur accusationes quæ in Vatinium inscribuntur, ac præcipue secunda ex his oratio : est enim verbis ornata et sententiis, auribusque judicum accommodata; ut scias ipsum quoque Calvum intellexisse quid melius esset, nec voluntatem ei quin sublimius et cultius diceret, sed ingenium ac vires defuisse. Quid ex Cœlianis orationibus? nempe hæ placent, si non universæ, at partes earum, in quibus nitorem et altitudinem horum temporum agnoscimus : sordes autem illæ verborum, et hians compositio, et inconditi sensus redolent antiquitatem; nec quemquam adeo antiquarium puto, ut Cœlium ex ea parte laudet qua antiquus est. Concedamus sane C. Cæsari, ut, propter magnitudinem cogitationum et occupationes rerum, minus in eloquentia effecerit quam divinum ejus ingenium postulabat; tam hercule quam Brutum philosophiæ suæ relinquamus. Nam in orationibus minorem esse fama sua etiam admiratores ejus fatentur : nec forte quisquam aut Cæsaris pro Decio Samnite, aut Bruti pro Dejotaro rege, ceterosque ejusdem lentitudinis ac teporis libros legit, nisi qui et carmina eorumdem miratur; fecerunt enim et carmina, et in bibliothecas retulerunt non melius quam Cicero, at felicius, quia illos fecisse pauciores sciunt. Asinius quoque, quanquam propioribus temporibus natus sit, videtur mihi inter Menenios et Appios studuisse. Pacuvium certe et Accium, non solum tragœdiis, sed etiam orationibus suis expressit : adeo durus et siccus est. Oratio autem, sicut corpus hominis, ea demum pulchra est, in qua non eminent venæ, nec ossa numerantur, sed temperatus ac bonus sanguis implet membra, et exsurgit toris, ipsosque nervos rubor tegit et decor commendat. Nolo Corvinum insequi, quia non per ipsum stetit quominus lætitiam nitoremque nostrorum temporum exprimeret : viderimus in quantum judicio ejus vis aut animi aut ingenii suffecerit.

XXII. Ad Ciceronem venio, cui eadem pugna cum æqua-

me faut essuyer contre vous. Car ils n'admiraient que les anciens, tandis que lui préférait l'éloquence de son siècle; et même rien n'a plus contribué à sa supériorité sur les orateurs de son temps que ce coup-d'œil sûr, qui l'avertit promptement de la vraie route. Il sentit le premier la nécessité de parer le discours, de mettre du choix dans l'expression et de l'art dans les combinaisons de la phrase. Il hasarda, le premier, de ces morceaux d'éclat et de ces traits frappants, surtout dans les discours qu'il fit à un âge plus avancé et sur la fin de sa carrière, c'est-à-dire à l'époque où il avait perfectionné son talent, et où l'expérience et l'usage l'avaient instruit du genre d'éloquence qu'on devait préférer. Car ses premiers discours se ressentent des défauts du vieux temps; il est lent dans ses exordes, diffus dans ses narrations; ses digressions ne finissent point; il a de la peine à se mettre en mouvement, il ne s'échauffe que rarement. Peu de ses phrases sont terminées d'un manière piquante et par un trait de lumière. Il n'y a rien qu'on puisse détacher, qu'on puisse citer. C'est un édifice non encore achevé, dont tous les murs sont bien solides et faits pour durer, mais dont les pierres n'ont point encore reçu leur brillant et leur poli. Pour moi, je veux que l'orateur, comme un père de famille opulent et honorable, ne se contente pas d'avoir une maison bien défendue contre les intempéries de l'air, mais qu'il fasse quelque chose pour le plaisir des yeux et le charme de la vue; que, pourvu abondamment de tous les meubles nécessaires pour les commodités de la vie, il se permette encore des somptuosités, de l'or, des pierreries, de ces choses qu'on se plaît à remanier, à considérer plus d'une fois; qu'il écarte loin des regards tout ce qui a perdu de son lustre et de sa fraîcheur. Je veux qu'il n'emploie aucune de ces expressions entachées de la rouille du temps, de ces phrases d'une structure pesante et embarrassée, telles qu'en offrent nos vieilles chroniques. Je veux qu'il évite la basse et insipide bouffonnerie, qu'il varie ses périodes, et qu'il ne les termine pas toutes par une seule et monotone cadence.

XXIII. Je ne relèverai pas dans Cicéron *sa roue de fortune*, son *jus Verrinum* et ses *esse videatur*, qui, dans tous ses discours, viennent régulièrement, de trois phrases en trois phrases, tenir la place d'une pensée. Je n'ai cité qu'à regret ces traits-là, et j'en ai omis beaucoup d'autres, quoique ce soient précisément ces défauts qu'admirent et copient ceux qui se qualifient d'orateurs antiques. Je ne nommerai personne, je me renferme dans des généralités; mais vous avez tous les jours devant les yeux, des gens qui lisent Lucile et Lucrèce, préférablement à Horace et à Virgile, pour qui toute l'éloquence de votre Aufidius et de Servilius Nonianus n'est rien auprès de celle de Varron et de Sisenna; qui dédaignent et proscrivent les traités de nos rhéteurs, et qui sont dans l'admiration de celui de Calvus; qui, avec ce vieux système de plaidoirie, ne faisant que converser platement avec leur juge, n'ont jamais d'auditeurs qui les suivent, ne sont point écoutés du peuple et le sont à peine du plaideur qu'ils défendent; parleurs ennuyeux, qui prennent la tristesse et la nudité pour un style sain, pareils à ces corps cacochymes qui doivent la santé à la diète, et non à la vigueur du tempérament; comme si les medecins eux-mêmes faisaient cas d'une santé qu'on

libus suis fuit, quæ mihi vobiscum est. Illi enim antiquos mirabantur, ipse suorum temporum eloquentiam anteponebat : nec nulla re magis ejusdem ætatis oratores præcurrit quam judicio. Primus enim excoluit orationem, primus et verbis delectum adhibuit et compositioni artem : locos quoque lætiores attentavit, et quasdam sententias invenit; utique in his orationibus quas senior jam et juxta finem vitæ composuit, id est postquam magis profecerat, ususque et experimentis didicerat quod optimum dicendi genus esset. Nam priores ejus orationes non carent vitiis antiquitatis : lentus est in principiis, longus in narrationibus, otiosus circa excessus, tarde commovetur, raro incalescit : pauci sensus apte et cum quodam lumine terminantur : nihil excerpere, nihil referre possis; et, velut in rudi ædificio, firmus sanus paries et duraturus, sed non satis expolitus et splendens. Ego autem oratorem, sicut locupletem ac laudatum patrem familiæ, non eo tantum volo tecto tegi quod imbrem ac ventum arceat, sed etiam quod visum et oculos delectet; non ea solum instrui supellectile quæ necessariis usibus sufficiat, sed etiam sit in apparatu ejus et aurum, et gemmæ, ut sumere in manus et aspicere sæpius liceat : quædam vero procul arceantur ut jam obliterata et olentia : nullum sit verbum velut ru-

bigine infectum; nulli sensus tarda et inerti structura, in morem annalium, componantur : fugiat fœdam et insulsam scurrilitatem, variet compositionem, nec omnes clausulas uno et eodem modo terminet.

XXIII. Nolo irridere *rotam fortunæ*, et *jus Verrinum*, et illud tertio quoque sensu in omnibus orationibus pro sententia positum *esse videatur*. Nam et hoc invitus retuli, et plura omisi, quæ tamen sola mirantur atque exprimunt hi qui se antiquos oratores vocant. Neminem nominabo, genus hominum signasse contentus : sed vobis utique versantur ante oculos qui Lucilium pro Horatio et Lucretium pro Virgilio legunt; quibus eloquentia tui Aufidii Bassi aut Servilii Noniani, ex comparatione Sisennæ aut Varronis, sordet; qui rhetorum nostrorum commentarios, fastidiunt, oderunt, Calvi mirantur; quos, more prisco apud judicem fabulantes, non auditores sequuntur, non populus audit, vix denique litigator perpetitur : adeo mœsti et inculti illam ipsam quam jactant sanitatem non firmitate sed jejunio consequuntur. Porro ne in corpore quidem valetudinem medici probant quæ animi anxietate contingat : parum est ægrum non esse; fortem, et lætum, et alacrem volo : prope abest ab infirmitate, in quo sola sanitas laudatur. Vos vero, diser-

n'obtient que par de perpétuelles sollicitudes. Il ne suffit pas de n'être point malade; je veux qu'on soit robuste, gai, dispos : celui-là n'est pas loin de la maladie, qu'on ne félicite que de n'être pas mal portant. O vous donc, à qui la nature a prodigué le talent de la parole, continuez d'illustrer notre siècle comme vous le pouvez, comme vous le faites, en vous livrant à ce beau genre d'éloquence. Car, je le vois, Messala, vous n'imitez les anciens que par ce qu'ils ont de plus éclatant; et vous, Maternus et Secundus, vous savez si bien allier à la gravité du style l'expression brillante et fleurie, vous mettez un tel choix dans l'invention, un tel ordre dans la disposition, tant de fécondité lorsque la le cause demande, tant de précision lorsqu'elle le permet; les mots chez vous s'arrangent dans un ordre si heureux, et les idées piquantes viennent s'offrir d'un air si naturel, vous avez si bien l'art d'émouvoir les passions et d'adoucir les vérités courageuses, que si l'envie et la malveillance ont empêché jusqu'ici qu'on vous mît à votre vraie place, la postérité ne manquera pas de réparer solennellement cette injustice.

XXIV. Lorsque Aper eut fini : Eh bien, dit Maternus, reconnaissez-vous la véhémence et la chaleur de notre Aper? Quel feu, quelle vigueur il a mis à défendre notre siècle! que de fécondité, quelle variété de ton dans sa satire des anciens, et, outre son esprit, sa verve, avez-vous remarqué cette érudition, et cet art avec lequel il a su leur emprunter les armes dont il s'est servi pour les combattre? Toutefois, Messala, vous ne devez rien changer à ce que vous vous étiez proposé. Nous n'exigeons pas que vous preniez la défense des anciens; car, malgré les éloges dont on vient de nous combler, il n'est aucun de nous qui se compare aux grands hommes sur lesquels Aper a exercé sa critique. Lui-même ne pense pas tout ce qu'il a dit; mais, selon une méthode ancienne, souvent employée par vos philosophes, il a pris pour lui le rôle de contradicteur. Dispensez-vous donc de louer les anciens, que leur réputation loue suffisamment, et dites-nous pourquoi nous nous sommes si écartés de leur éloquence, et en si peu de temps, puisqu'enfin le calcul ne donne que cent vingt ans depuis la mort de Cicéron jusqu'à ce jour.

XXV. Je suivrai, dit Messala, la marche que vous me prescrivez, Maternus, et je ne m'arrêterai pas longtemps à réfuter Aper, qui a débuté, je pense, par élever une dispute de mots, en refusant le nom d'anciens à des orateurs nés il y a plus de cent ans. Je ne contesterai pas sur la qualification; qu'on les appelle anciens, ou nos ancêtres, ou comme on voudra, pourvu qu'il soit bien reconnu que leur éloquence l'emporte de beaucoup sur la nôtre. Je ne contredirai pas davantage cette partie de sa discussion où il avance que, jusque dans le même siècle, et à plus forte raison dans des siècles différents, les formes de l'éloquence ont varié. Mais comme, parmi les orateurs attiques, en mettant au premier rang Démosthène, au second Eschine, Hypéride, Lycurgue et Lysias, on ne laisse pas de préférer généralement ce siècle d'orateurs à tous les autres; ainsi, parmi nous, quoique Cicéron ait surpassé tous ses contemporains, Calvus, Asinius, César, Célius et Brutus, n'en conservent pas moins, et sur les orateurs qui précèdent, et sur ceux qui suivent, leur droit de prééminence. Et il importe peu qu'il y ait

---

tissimi, ut potestis, ut facitis, illustrate seculum nostrum pulcherrimo genere dicendi. Nam et te, Messalla, video lætissima quæque antiquorum imitantem ; et vos, Materne ac Secunde, ita gravitati sensuum nitorem et cultum verborum miscetis; ea electio inventionis, is ordo rerum, et, quoties causa poscit, ubertas; ea, quoties permittitur, brevitas, is compositionis decor; ea sententiarum planitas est; sic exprimitis affectus, sic libertatem temperatis, ut, etiamsi nostra judicia malignitas et invidia tardaverit, verum de vobis dicturi sint posteri nostri.

XXIV. Quæ quum Aper dixisset : Agnoscitisne, inquit Maternus, vim et ardorem Apri nostri? quo torrente, quo impetu seculum nostrum defendit! quam copiose ac varie vexavit antiquos! quanto non solum ingenio ac spiritu, sed etiam eruditione et arte, ab ipsis mutuatus est per quæ mox ipsos incesseret! Tuum tamen, Messalla, promissum immutasse non debes : neque enim defensores antiquorum exigimus, nec quemquam nostrum, quanquam modo laudati sumus, his quos insectatus est Aper comparamus; ac ne ipse quidem ita sentit, sed, more veteri et a vestris philosophis sæpe celebrato, sumpsit sibi contradicendi partes. Exprome nobis non laudationem antiquorum, satis enim illos fama sua laudat, sed causas cur in tantum ab eloquentia eorum recesserimus; quum præsertim centum et viginti annos ab interitu Ciceronis in hunc diem effici ratio temporum collegerit.

XXV. Tum Messalla : Sequar a te præscriptam formam, Materne; neque enim diu contradicendum est Apro, qui primum, ut opinor, nominis controversiam movit, tanquam parum proprie antiqui vocarentur quos satis constat ante centum annos fuisse. Mihi autem de vocabulo pugna non est, sive illos antiquos, sive majores, sive quo alio mavult nomine, appellet ; dummodo in confesso sit eminentiorem illorum temporum eloquentiam fuisse. Ne illi quidem parti sermonis ejus repugno, si quatenus fatetur plures formas dicendi etiam iisdem seculis, nedum diversis, exstitisse. Sed, quomodo inter atticos oratores primæ Demostheni tribuuntur, proximum autem locum Æschines, et Hyperides, et Lysias, et Lycurgus btinent, omnium autem consensu hæc oratorum ætas maxime probatur; sic apud nos Cicero quidem ceteros eorumdem temporum di-

quelques différences dans l'espèce, pourvu que le genre soit semblable. Calvus est plus serré, Asinius plus nombreux, César a plus d'éclat, Célius plus de sarcasme, Brutus plus de gravité, Cicéron plus de véhémence, de fécondité, de vigueur; mais dans tous vous trouverez le même caractère, une éloquence vraie et saine; en sorte que, si vous prenez, à la fois, les discours de tous, vous apercevrez, au milieu des différences de leur talent, une certaine conformité dans la manière, dans les principes, et comme un air de famille. s'ils se sont déprimés les uns les autres, et si l'on rencontre dans leurs lettres quelques phrases qui décèlent une malignité réciproque, ce sont là les défauts de l'homme et non de l'orateur. Je pense en effet que Calvus, Asinius et Cicéron lui-même, se livraient à des mouvements de rivalité, de jalousie, et qu'ils n'étaient point exempts des faiblesses humaines. J'en excepte le seul Brutus, qui, j'en suis sûr, ne fut animé ni par la haine, ni par l'envie, qui ne fit qu'exprimer dans toute la franchise et l'ingénuité de son âme ce qu'il sentait. Eh! comment supposer qu'il ait connu l'envie pour Cicéron, lui qui ne paraît pas même l'avoir connue pour César! A l'égard de Galba, de Lélius, et de tous ces vieux orateurs contre lesquels Aper ne cesse de se déchaîner, je ne me charge point de leur apologie. J'avouerai moi-même que ce premier âge de l'éloquence à peine naissante a laissé quelque chose à désirer.

XXVI. Mais si, au défaut de ce genre d'éloquence, le meilleur et le plus parfait de tous, dont j'ai marqué le règne, il fallait en choisir un autre, j'aimerais cent fois mieux la verve inégale de Caïus Gracchus, ou la sagesse un peu compassée de Crassus, que les colifichets de Mécène et les cliquetis de Gallion. Oui, certes, j'aimerais mieux revêtir l'orateur de la bure la plus grossière, que de lui donner ainsi le fard et les atours d'une courtisane. Et rien assurément n'est plus indigne de l'orateur et même d'un homme que de chercher, comme font aujourd'hui la plupart de nos avocats, ce faux éclat d'ornements frivoles, l'afféterie dans le langage, des bluettes de pensées qui s'évaporent, que de vouloir copier la cadence molle des histrions. Plusieurs même, ce que l'oreille devrait refuser d'entendre, citent comme un titre de gloire, comme une preuve de talent, qu'on puisse chanter et danser leurs plaidoyers; et de là vient que, par un renversement d'idées bien ridicule, vous entendez dire si fréquemment de nos orateurs qu'ils plaident voluptueusement, et de nos histrions, qu'ils ont une danse éloquente. Je ne nierai point que Cassius Sévérus, le seul moderne qu'Aper ait osé citer, comparé à ceux qui l'ont suivi, ne mérite le nom d'orateur, quoiqu'en général, dans ses ouvrages, il y ait plus de véhémence que de vigueur. Du reste, il a commencé à bannir le premier toute méthode dans le plan, toute réserve, toute décence dans l'expression, et, en lui passant même les armes qu'il emploie, il ne s'en sert point avec art. Dans l'ardeur de frapper son adversaire, il se découvre souvent lui-même, et querelle plus qu'il ne combat. Mais comparé, comme je l'ai dit, à ceux qui l'ont suivi, ce même Cassius l'emporte de beaucoup sur eux, soit par la variété de l'érudition, soit par l'agrément de la plaisanterie, soit même par la force et la vigueur. Aussi n'en est-il pas un seul parmi

---

sertos antecessit: Calvus autem, et Asinius, et Cæsar, et Cœlius, et Brutus, suo jure et prioribus et sequentibus anteponuntur; nec refert quod inter se specie differant, quum genere consentiant. Adstrictior Calvus, numerosior Asinius, splendidior Cæsar, amarior Cœlius, gravior Brutus, vehementior, et plenior, et valentior Cicero: omnes tamen eamdem sanitatem eloquentiæ ferunt; ut, si omnium pariter libros in manum sumpseris, scias, quamvis in diversis ingeniis, esse quamdam judicii ac voluntatis similitudinem et cognationem. Nam, quod invicem se obtrectaverunt, et sunt aliqua epistolis eorum inserta ex quibus mutua malignitas detegitur, non est oratorum vitium, sed hominum. Nam et Calvum, et Asinium, et ipsum Ciceronem credo solitos et invidere, et livere, et ceteris humanæ infirmitatis vitiis affici: solum inter hos arbitror Brutum non malignitate nec invidia, sed simpliciter et ingenue, judicium animi sui detexisse: an ille Ciceroni invideret, qui mihi videtur ne Cæsari quidem invidisse? Quod ad Ser. Galbam et C. Lælium attinet, et si quos alios antiquorum agitare non desistit, non exigit defensorem, quum fatear quædam eloquentiæ eorum, ut nascenti adhuc nec satis adultæ, defuisse.

XXVI. Ceterum si, omisso optimo illo et perfectissimo genere eloquentiæ, eligenda sit forma dicendi, malim hercule C. Gracchi impetum, aut L. Crassi maturitatem, quam calamistros Mæcenatis aut tinnitum Gallionis; adeo melius est oratorem vel hirta toga induere, quam fucatis et meretriciis vestibus insignire. Neque enim oratorius iste, immo hercule ne virilis quidem cultus est, quo plerique temporum nostrorum actores ita utuntur, ut lascivia verborum, et levitate sententiarum, et licentia compositionis, histrionales modos exprimant; quodque vix auditu fas esse debeat, laudis, et gloriæ, et ingenii loco plerique jactant, cantari saltarique commentarios suos. Unde oritur illa fœda et præpostera, sed tamen frequens quibusdam, exclamatio, ut oratores nostri tenere dicere, histriones diserte saltare dicantur. Equidem non negaverim Cassium Severum, quem solum Aper noster nominare ausus est, si his comparetur qui postea fuerunt, posse oratorem vocari, quanquam in magna parte librorum suorum plus vis habeat quam sanguinis. Primus enim, contempto ordine rerum, omissa modestia ac pudore verborum, ipsis etiam quibus utitur armis incompositus, et studio feriendi plerumque detectus, non pugnat, sed rixatur. Ceterum, ut dixi, sequentibus comparatus, et varietate eruditionis, et lepore urbanitatis, et ipsarum virium robore, multum ceteros superat: quorum neminem Aper nominare et velut in aciem educere sustinuit. Ego autem

eux qu'Aper ait osé nommer et amener sur le champ de bataille. Pour moi, je m'étais attendu qu'après cette vigoureuse sortie contre Asinius, Célius et Calvus, il ferait paraître en ligne une nouvelle armée de modernes champions, supérieure ou du moins égale en nombre aux anciens, et qu'il les opposerait l'un à Cicéron, l'autre à César, enfin, à chaque ancien son moderne. Mais il s'est attaché à rabaisser individuellement les anciens orateurs, et il n'a osé louer les modernes qu'en général et en masse, dans la crainte, je m'imagine, d'en offenser beaucoup s'il en mettait à part un petit nombre. Car est-il un seul de nos rhéteurs qui, en se mettant, il est vrai, après Gabinianus, ne nourrisse dans son cœur la persuasion intime qu'il doit être compté bien avant Cicéron?

XXVII. Moi, je ne craindrai pas de citer les noms propres, et les exemples que je mettrai sous vos yeux vous feront appercevoir plus facilement toutes les gradations de l'affaiblissement et de la corruption de l'éloquence parmi nous. Hâtez-vous plutôt, interrompit Maternus, de remplir votre promesse. Nous n'avons pas besoin qu'on nous démontre la supériorité des anciens orateurs, ce qui, pour moi, je le déclare, ne fait pas une question : nous recherchons seulement les causes de cette supériorité. Vous nous avez dit tout à l'heure que vous aviez médité ce sujet; et alors, il faut l'avouer, vous étiez plus doux, moins courroucé contre l'éloquence moderne, avant qu'Aper eût provoqué votre sévérité en attaquant vos ancêtres. Non, reprit Messala, je ne suis nullement offensé des critiques d'Aper, et, à votre tour, il est juste que vous ne vous offensiez pas non plus, s'il m'échappait des choses faites pour blesser vos oreilles. Vous savez que la première loi de ces sortes d'entretiens est de déclarer franchement son opinion, au risque de tout ce qu'il en peut coûter à son cœur. Continuez donc, ajouta Maternus, et, en parlant des anciens, usez de cette antique liberté dont nous avons encore plus dégénéré que de leur éloquence.

XXVIII. Les causes que vous cherchez, Maternus, ne sont point un mystère, dit Messala; elles n'ont échappé ni à votre pénétration, ni à celle d'Aper et de Secundus, quoique vous m'ayez laissé la tâche d'exprimer ce que nous sentons tous. Qui ne voit que, si l'éloquence et les autres arts sont déchus de leur ancienne gloire, ce n'est point faute d'hommes qui les cultivent; qu'il faut l'imputer à la paresse des jeunes gens, à la négligence des pères, à l'ignorance des maîtres, à l'oubli des mœurs antiques? Et ce mal, né d'abord dans Rome, de là répandu dans toute l'Italie, commence à gagner déjà les provinces. Quoique vous connaissiez mieux ce qui est plus près de nous, je parlerai de Rome et de ces germes de corruption que nous recélons dans nos propres foyers, qui attaquent nos enfants dès leur naissance, et, se développant avec leur âge, portent la dépravation à son comble. Mais il ne sera pas inutile de dire auparavant quelques mots sur la sévère discipline que nos pères observaient dans l'éducation et dans l'enseignement. D'abord, tous les enfants, nés de mères vertueuses, n'étaient point relégués dans l'obscur réduit d'une nourrice mercenaire. Ils étaient nourris dans les bras et du lait de leurs mères, lesquelles faisaient leur principale gloire de régler leur maison, et de se dévouer à leurs enfants. On choisissait toujours quelque parente d'un âge mûr et de mœurs éprouvées, à qui l'on confiait toute la jeune famille, et devant qui l'on n'eût jamais osé rien dire ni rien faire qui blessât l'honnêteté. Cette sage gardienne surveillait non-seulement les exercices et les travaux,

exspectabam ut, incusato Asinio, et Cœlio, et Calvo, aliud nobis agmen produceret, pluresque vel certe totidem nominaret, ex quibus alium Ciceroni, alium Cæsari, singulis demum singulos opponeremus. Nunc, detrectasse nominatim antiquos oratores contentus, neminem sequentium laudare ausus est nisi in publicum et in commune; veritus, credo, ne multos offenderet, si paucos excerpsisset : quotus enim quisque scholasticorum non hac sua persuasione fruitur, ut se ante Ciceronem numeret, sed plane post Gabinianum?

XXVII. At ego non verebor nominare singulos, quo facilius propositis exemplis, appareat quibus gradibus fracta sit et deminuta eloquentia. Appropera, inquit Maternus, et potius exsolve promissum : neque enim hoc colligi desideramus, disertiores esse antiquos, quod apud me equidem in confesso est; sed causas exquirimus, quas te solitum tractare paullo ante dixisti, plane mitior et eloquentiæ temporum nostrorum non iratus, antequam te Aper offenderet majores tuos lacessendo. Non sum, inquit, offensus Apri nostri disputatione : nec vos offendi decebit, si quid forte auros vestras perstringet, quum sciatis hanc esse ejusmodi sermonum legem, judicium animi, citra damnum affectus, proferre. Perge, inquit Maternus; et, quum de antiquis loquaris, utere antiqua libertate, a qua vel magis degeneravimus quam ab eloquentia.

XXVIII. Et Messala : Non reconditas, Materne, causas requiris, nec aut tibi ipsi, aut huic Secundo vel huic Apro ignotas, etiamsi mihi partes assignatis proferendi in medium quæ omnes sentimus. Quis enim ignorat et eloquentiam et ceteras artes descivisse ab ista vetere gloria non inopia hominum, sed desidia juventutis, et negligentia parentum, et inscientia præcipientium, et oblivione moris antiqui? quæ mala, primum in urbe nata, mox per Italiam fusa, jam in provincias manant. Quanquam nostra vobis notiora sunt, ego de urbe et his propriis ac vernaculis vitiis loquar, quæ natos statim excipiunt, et per singulos ætatis gradus cumulantur; si prius de severitate ac disciplina majorum circa educandos formandosque liberos pauca prædixero. Jam primum, suus cuique filius, ex casta parente natus, non in cella emptæ nutricis, sed gremio ac sinu matris educabatur, cujus præcipua laus erat tueri domum et inservire liberis. Eligebatur autem aliqua

mais les délassements même et les jeux, qu'elle tempérait par je ne sais quelle modeste et religieuse décence. C'est ainsi que Cornélie, mère des Gracques; qu'Aurélie, mère de César; qu'Atia, mère d'Auguste, présidèrent à l'éducation de leurs enfants, et en firent les premiers hommes de leur siècle. Par l'effet de cette sage discipline, la nature, se maintenant dans sa pureté, dans son intégrité, ne prenant aucune impression vicieuse, saisissait pleinement toutes les belles connaissances, et, vers quelque science qu'elle se tournât ensuite, guerre, jurisprudence, art de la parole, elle s'y livrait uniquement, elle la dévorait tout entière.

XXIX. Maintenant, sitôt qu'un enfant est né, on l'abandonne aux servantes, à quelque grecque, à qui l'on associe un ou deux esclaves, souvent les plus vils de toute la troupe, incapables de la moindre fonction sérieuse. Leurs sottises et leurs erreurs sont la première chose qui germe dans ces têtes neuves et molles, et personne, dans toute la maison, ne s'observe ni sur ce qu'il dit, ni sur ce qu'il fait devant son jeune maître. Que dis-je ! les pères eux-mêmes, au lieu d'accoutumer leurs enfants dès le bas âge aux bonnes mœurs et à la modestie, sont les premiers à autoriser leurs libertés, leurs dissipations, lesquelles insensiblement amènent l'effronterie, et enfin le mépris de soi et des autres. Un autre défaut particulier à cette ville, et qu'il semble que nos enfants prennent en quelque sorte avant de naître, c'est l'amour des histrions et la passion pour les gladiateurs et les chevaux : or, quelle place peut-il rester pour les belles connaissances dans un esprit qu'occupent et assiégent de pareilles futilités? Dans nos maisons, les enfants parlent-ils d'autre chose? Dans les écoles, n'est-ce pas l'unique entretien des jeunes gens? Les maîtres même n'ont point, avec leurs disciples, de sujet de conversation plus familier; car ils s'attirent des auditeurs, non par la sévérité de la discipline, non par le talent qu'ils prouvent, mais par les manéges de l'intrigue et par les cajoleries de l'adulation. Je passe sur les premiers éléments de l'instruction que l'on néglige beaucoup trop, et sur le peu qu'on donne de temps à connaître les auteurs, à se rendre l'antiquité familière, à acquérir des notions justes et sur les choses et sur les hommes et sur les temps. On est pressé de courir à ce qu'on appelle les rhéteurs. Je dirai tout à l'heure quand cette profession s'introduisit pour la première fois dans Rome, et le peu de cas qu'en faisaient nos pères.

XXX. Que l'on se rappelle le vaste plan d'études auquel s'assujettissaient les grands orateurs, leurs travaux infinis, leurs méditations journalières, et leur ardeur infatigable à s'exercer dans toutes les parties des sciences : leurs écrits même en font foi. Nous connaissons surtout un ouvrage de Cicéron, le Brutus, dans la dernière partie duquel (la première traite des anciens orateurs) il rapporte les commencements, les progrès, et, pour ainsi dire, toute l'éducation de son éloquence. Il avait été chez Mucius Scévola apprendre le droit civil, chez l'académicien Philon, et chez Diodote le Stoïcien, s'instruire à fond de toutes les parties de la philosophie : non content des maîtres que Rome lui avait fournis, il avait parcouru toute la Grèce et toute l'Asie. Aussi s'aperçoit-on bien,

---

major natu propinqua, cujus probatis spectatisque moribus omnis ejusdem familiæ soboles committeretur, coram qua neque dicere fas erat quod turpe dictu, neque facere quod inhonestum factu videretur. Ac non studia modo curasque, sed remissiones etiam lususque puerorum sanctitate quadam ac verecundia temperabat. Sic Corneliam Gracchorum, sic Aureliam Cæsaris, sic Atiam Augusti matrem præfuisse educationibus ac produxisse principes liberos accepimus : quæ disciplina ac severitas eo pertinebat, ut sincera, et integra, et nullis pravitatibus detorta, uniuscujusque natura toto statim pectore arriperet artes honestas; et, sive ad rem militarem, sive ad juris scientiam, sive ad eloquentiæ studium inclinasset, id solum ageret, id universum hauriret.

XXIX. At nunc natus infans delegatur græculæ alicui ancillæ, cui adjungitur unus aut alter ex omnibus servis, plerumque vilissimus, nec cuiquam serio ministerio accommodatus. Horum fabulis et erroribus teneri statim et rudes animi imbuuntur. Nec quisquam in tota domo pensi habet, quid coram infante domino aut dicat aut faciat : quando etiam ipsi parentes nec probitati neque modestiæ parvulos assuefaciunt, sed lasciviæ et libertati; per quæ paullatim impudentia irrepit, et sui alienique contemptus. Jam vero propria et peculiaria hujus urbis vitia pene in utero matris concipi mihi videntur, histrionalis favor, et gladiatorum equorumque studia : quibus occupatus et obsessus animus quantulum loci bonis artibus relinquit! Quotumquemque inveneris, qui domi quidquam aliud loquatur? quos alios adolescentulorum sermones excipimus, si quando auditoria intravimus? Ne præceptores quidem ullas crebriores cum auditoribus suis fabulas habent : colligunt enim discipulos non severitate disciplinæ nec ingenii experimento, sed ambitione salutationum et illecebris adulationis. Transeo prima discentium elementa, in quibus et ipsis parum elaboratur : nec in auctoribus cognoscendis, nec in evolvenda antiquitate, nec in notitia vel rerum, vel hominum, vel temporum, satis operæ insumitur; sed expetuntur quos rhetoras vocant; quorum professio quando primum in hanc urbem introducta sit, quamque nullam apud majores nostros auctoritatem habuerit, statim docuero.

XXX. Referam necesse est animum ad eam disciplinam qua usos esse oratores accepimus, quorum infinitus labor, et quotidiana meditatio, et in omni genere studiorum exercitationes, ipsorum etiam continentur libris. Notus est nobis utique Ciceronis liber qui Brutus inscribitur, in cujus extrema parte (nam prior commemorationem veterum oratorum habet) sua initia, suos gradus, suæ eloquentiæ velut quandam educationem refert : se apud Q. Mucium jus

en lisant ses écrits, que ni la géométrie, ni la musique, ni la grammaire, ni aucune des sciences utiles ne lui étaient étrangères. Il étudia les finesses de la dialectique, les leçons de la morale, les lois du cours des astres, les principes de la physique; et c'est ainsi, dignes amis, oui, c'est de ces vastes études, de cette érudition si variée, de cette universalité de connaissances, que se forma, que se grossit ce fleuve inépuisable d'éloquence; car l'éloquence n'est pas, comme les autres arts, circonscrite dans des bornes étroites et resserrées. Le véritable orateur est celui qui, sur toute matière, peut parler avec une élocution pure, ornée, persuasive, en ayant égard à la dignité du sujet, à la convenance des temps, au plaisir des auditeurs.

XXXI. Voilà ce dont les anciens étaient bien persuadés : ils sentaient qu'on n'atteindrait point à ce but avec les déclamations oiseuses des rhéteurs; que ces sujets imaginaires, qui n'avaient pas le moindre rapport avec la réalité, n'étaient bons qu'à exercer la langue et la voix; que c'était l'esprit qu'il fallait nourrir, et que rien n'y était plus propre que ces sciences qui traitent du bien et du mal, du juste et de l'injuste, de ce qui est honnête et de ce qui ne l'est pas. Car telle est la matière des discours de l'orateur : devant les tribunaux, il s'agit le plus souvent d'équité, dans les délibérations, d'honnêteté; la plupart du temps de l'une et de l'autre à la fois. Or, est impossible d'en parler avec la fécondité, la variété, l'éclat qu'elles demandent, sans avoir des notions précises sur la nature de l'homme, sur le pouvoir de la vertu, sur la difformité du vice, afin de ne pas les confondre sans cesse avec ces actions indifférentes, qui n'appartiennent ni à l'une ni à l'autre. Un autre avantage de ces études, c'est qu'on a bien plus de facilité pour exciter ou calmer la colère d'un juge, pour émouvoir sa pitié, lorsqu'on sait ce que c'est que la pitié, ce que c'est que la colère, et quels sont les ressorts qui mettent en jeu ces passions. L'orateur, pourvu de ces connaissances et exercé a ces discussions, ne sera plus embarrassé : soit qu'il ait à combattre l'animosité ou la cupidité, l'envie, l'humeur, ou la crainte, il tient d'avance les rênes avec lesquelles il est sûr de gouverner les esprits; il saura les manier suivant le caractère de chacun, et il ordonnera son discours à son gré, ayant toujours des matériaux disposés en réserve pour tous les cas. Quelques-uns sont plus entraînés par une éloquence serrée, ramassée, et où chaque preuve est enfermée dans des conclusions vives et pressantes; avec ceux-là, l'étude de la dialectique sera très-profitable. D'autres préfèrent une éloquence abondante, égale, et qui s'enrichisse de ces idées générales, communes à un grand nombre de causes : nous les toucherons avec le secours que nous fourniront les péripatéticiens, dans cette foule de questions qu'ils ont debattues sous toutes les faces. L'école académique lui donnera l'habitude de la discussion, Platon de l'élévation, Xénophon de la grâce. Il n'y a pas jusqu'à Épicure et Métrodore dont il ne puisse faire son profit, en prenant ce qu'il y a de plus honnête dans leurs ouvrages, et s'en servant dans l'occasion. Car ce n'est point point ici le sage des stoïciens, ni leur république. L'orateur que nous formons ne doit pas se borner aux sciences vraiment utiles; il doit les

civile didicisse; apud Philonem academicum, apud Diodotum stoicum, omnes philosophiæ partes penitus hausisse; neque his doctoribus contentum, quorum ei copia in urbe contigerat, Achaiam quoque ac Asiam peragrasse, ut omnem omnium artium varietatem complecteretur. Itaque hercule in libris Ciceronis deprehendere licet non geometriæ, non musicæ, non grammaticæ, non denique ullius ingenuæ artis scientiam ei defuisse. Ille dialecticæ subtilitatem, ille moralis partis utilitatem, ille rerum motus causasque cognovit. Ita enim est, optimi viri; ita ex multa eruditione, ex pluribus artibus, et omnium rerum scientia, exundat et exuberat illa admirabilis eloquentia : neque oratoris vis et facultas, sicut ceterarum rerum, angustis et brevibus terminis cluditur; sed is est orator, qui de omni quæstione pulchre, et ornate, et ad persuadendum apte dicere, pro dignitate rerum, ad utilitatem temporum, cum voluptate audientium possit.

XXXI. Hæc sibi illi veteres persuadebant : ad hoc efficiendum intelligebant opus esse, non ut in rhetorum scholis declamarent, nec ut fictis nec ullo modo ad veritatem accedentibus controversiis linguam modo et vocem exercerent, sed ut his artibus pectus implerent, in quibus de bonis ac malis, de honesto ac turpi, de justo et injusto disputatur. Hæc enim est oratori subjecta ad dicendum materia : nam in judiciis fere de æquitate, in deliberationibus de honestate disserimus, ita ut plerumque hæc ipsa invicem misceantur; de quibus copiose, et varie, ornate nemo dicere potest, nisi qui cognovit naturam humanam, et vim virtutum pravitatemque vitiorum, et intellectum eorum quæ nec in virtutibus neque in vitiis numerantur. Ex his fontibus etiam illa profluunt, ut facilius iram judicis vel instiget, vel leniat, qui scit quid ira; promptius ad misericordiam impellat, qui scit quid sit misericordia, et quibus animi motibus concietur. In his artibus exercitationibusque versatus orator, sive apud infestos, sive apud cupidos, sive apud invidentes, sive apud tristes, sive apud timentes dicendum habuerit, tenebit habenas animorum; et, prout cujusque natura postulabit, adhibebit manum et temperabit orationem, parato omni instrumento et ad omnem usum reposito. Sunt apud quos adstrictum, et collectum, et singula statim argumenta concludens dicendi genus fidei meretur : apud hos dedisse operam dialecticæ proficiet. Alios fusa, et æqualis, et ex communibus ducta sensibus oratio magis delectat : ad hos permovendos mutuabimur aliquid a peripateticis. Hi aptos et in omnem putationem paratos jam locos dabunt, academici pugnacitatem, Plato altitudinem, Xenophon jucunditatem; ne Epicuri quidem et Metrodori honestas quasdam exclama-

cultiver toutes, avec discrétion pourtant. Et voilà pourquoi les anciens orateurs, non contents d'embrasser dans leurs études la jurisprudence, prenaient quelque teinture de géométrie, de musique et de grammaire; car beaucoup de causes, presque toutes même, exigent la connaissance du droit, et, dans quelques-unes, le besoin de ces autres sciences se fait sentir.

XXXII. Et qu'on ne dise point qu'il suffit de se faire donner pour le besoin du moment des notions spéciales. Car d'abord on n'use pas du bien d'autrui avec la même confiance que du sien propre, et il est fort différent d'avoir des richesses qui nous soient personnelles, ou de n'en employer que d'empruntées. Ensuite, cette variété de connaissances féconde le style sans qu'on y songe; et, lorsqu'on s'y attend le moins, elle perce, elle éclate. Et non-seulement le public instruit et éclairé, mais le peuple lui-même s'en aperçoit; alors il vous comble d'éloges; il applaudit à des études aussi approfondies; il vous sait gré d'avoir subi toutes les épreuves de l'éloquence; il vous reconnaît enfin pour orateur; et, dans le fond, je soutiens qu'il ne peut en exister ni en avoir jamais existé d'autre, et qu'il faut se présenter au barreau armé de toutes les sciences, comme on se présente sur un champ de bataille, pourvu de tout l'équipage de guerre. Mais ces principes sont bien loin d'être adoptés par nos parleurs d'à-présent, qui déposent, dans leurs plaidoyers, la lie des plus familières conversations; qui tombent dans des méprises grossières et choquantes; qui ne connaissent point les lois, les sénatus-consultes, tournent en dérision l'étude du droit, s'effarouchent encore plus de celle de la morale et de la philosophie; qui, tronquant, mutilant ainsi l'éloquence, la relèguent dans un petit cercle d'idées étroites et mesquines; qui détrônent, pour ainsi dire, cette souveraine puissance, laquelle jadis remplissait les âmes de la grandeur de son cortége; qui la laissent sans appareil, sans honneurs, la dégradent de sa noblesse, et la traitent comme un de ces vils métiers, pour lesquels on se contente de quelques mois d'apprentissage. Voilà, je pense, la première et la principale raison pour laquelle nous sommes si fort déchus de l'éloquence des anciens orateurs. S'il fallait citer des autorités, ne pourrais-je pas rappeler, chez les Grecs, Démosthène, qui fut, comme on sait, un des plus assidus disciples de Platon, et, parmi nous, Cicéron, qui dit en propres termes, à ce qu'il me semble, que le peu de talent qu'on lui reconnaissait pour l'éloquence, il ne l'avait point trouvé dans l'atelier des rhéteurs, qu'il l'avait acquis en se promenant avec les philosophes de l'académie. D'autres causes ont eu aussi une grande influence; mais c'est à vous qu'il appartient de les exposer, puisque j'ai déjà rempli ma tâche, au hasard de me faire des ennemis, comme cela m'est arrivé souvent : je suis même sûr que s'ils m'entendaient, ils regarderaient ce que j'ai dit de la nécessité pour l'orateur d'étudier la jurisprudence et la philosophie, comme une envie secrète de me dissimuler à moi-même la futilité de mes propres études.

XXXIII. Non, reprit Maternus, bien loin d'avoir achevé votre tâche, vous l'avez à peine commen-

---

tiones assumere, hisque, prout res poscet, uti alienum erit oratori : neque enim sapientem informamus, neque stoicorum civitatem, sed eum qui non quasdam artes haurire, sed omnes liberaliter, debet. Ideoque et juris civilis scientiam veteres oratores comprehendebant, et grammatica, musica, et geometria imbuebantur. Incidunt enim causæ plurimæ quidem, ac pæne omnes, quibus juris notitia desideratur; pleræque autem, in quibus hæ quoque scientiæ equirantur.

XXXII. Nec quisquam respondeat sufficere ut ad tempus simplex quiddam et uniforme doceamur. Primum enim aliter utimur propriis, aliter commodatis; longeque interesse manifestum est, possideat quis quæ profert, an mutuetur. Deinde ipsa multarum artium scientia etiam aliud agentes nos ornat, atque, ubi minime credas, eminet et excellit. Idque non doctus modo et prudens auditor, sed etiam populus intelligit, ac statim ita laude prosequitur, ut legitime studuisse, ut per omnes eloquentiæ numeros isse, ut denique oratorem etiam fateatur : quem non posse aliter existere, nec exstitisse unquam confirmo, nisi eum qui, tanquam in aciem omnibus armis instructus, sic in forum omnibus artibus armatus exierit : quod adeo negligitur ab horum temporum disertis, ut in actionibus eorum fæx quoque quotidiani sermonis, fœda ac pudenda vitia deprehendantur, ut ignorent leges, non teneant senatusconsulta, jus civitatis ultro derideant, sapientiæ vero studium et præcepta prudentium penitus reformident, in paucissimos sensus et angustas sententias detrudant eloquentiam, velut expulsam regno suo; ut quæ olim omnium artium domina pulcherrimo comitatu pectora implebat, nunc circumcisa et amputata, sine apparatu, sine honore, pæne dixerim sine ingenuitate, quasi una ex sordidissimis artificiis, discatur. Ego hanc primam et præcipuam causam arbitror, cur tantum ab eloquentia antiquorum oratorum recesserimus. Si testes desiderantur, quos potiores nominabo quam apud Græcos Demosthenem? quem studiosissimum Platonis auditorem fuisse memoriæ proditum est. Et Cicero his, ut opinor, refert verbis, quidquid in eloquentia effecerit, id se non rhetorum, sed Academiæ spatiis consecutum. Sunt aliæ causæ magnæ et graves, quas a vobis aperiri æquum est, quoniam quidem ego jam meum munus explevi, et, quod mihi in consuetudine est, satis multos offendi; qui si forte hoc audirent, certum habeo dicturos me, dum juris et philosophiæ scientiam, tanquam oratori necessariam, laudo, ineptiis meis plausisse.

XXXIII. Et Maternus : Mihi quidem, inquit, susceptum a te munus adeo peregisse nondum videris, ut inchoasse tantum, et velut vestigia ac lineamenta quædam ostendisse

cée, Messala; vous n'avez fait encore que tracer l'esquisse, que jeter, pour ainsi dire, les premiers traits vous nous avez parlé du fonds d'instruction que se ménageaient les anciens orateurs, et vous avez opposé à notre paresse et à notre ignorance ces études infatigables dont ils enrichissaient leur génie. J'attends maintenant qu'après nous avoir appris combien ils savaient de choses que nous ignorons, vous nous fassiez connaître par quelles méthodes, par quelles pratiques les jeunes gens et ceux qui avaient déjà fait leur entrée au barreau, nourrissaient et fortifiaient leur talent; car c'est bien moins la science et la théorie, que l'habitude de parler, qui donnent le talent de la parole; vous n'en disconviendrez pas, je pense, et l'air de ceux qui nous écoutent semble me répondre de leur aveu. Aper et Secundus marquèrent leur approbation. Alors Messala, reprenant en quelque sorte par un nouvel exorde : Je crois, dit-il, avoir suffisamment montré le principe et la cause de la supériorité des anciens orateurs, en détaillant tous les genres d'étude et d'instruction par lesquels ils se préparaient à l'éloquence. Je vais maintenant les suivre dans la pratique même de l'art, quoiqu'à vrai dire ces études préparatoires fussent déjà une pratique anticipée, et qu'il soit impossible de recevoir dans son entendement tant de choses si variées et si profondes, sans les méditer, et, en les méditant, sans acquérir la faculté d'en parler, laquelle mène à la haute éloquence; d'où il faut conclure que c'est une opération toute semblable de concevoir ce qu'on a à dire, ou de dire ce qu'on a conçu. Que, si ces idées paraissent trop obscures, et qu'on veuille absolument faire deux choses distinctes de la théorie et de la pratique, on conviendra du moins qu'enrichi de ce fonds de science et d'instruction, l'orateur arrive mieux préparé aux exercices qui semblent être plus particulièrement ceux de l'éloquence.

XXXIV. Anciennement donc, le jeune homme qui se destinait au forum et à l'art oratoire, ainsi formé par l'éducation domestique, ainsi nourri d'études et de connaissances, était présenté par son père, ou par un proche parent, à l'orateur qui avait alors le plus de réputation. Il fréquentait sa maison, il accompagnait sa personne; il se faisait une loi de ne pas manquer un seul des discours qu'il prononçait soit devant les juges, soit devant le peuple; et il n'assistait pas seulement aux harangues en forme, mais aux moindres répliques, aux altercations, en sorte que c'était, pour ainsi dire, sur le champ de bataille même qu'il apprenait à combattre. Par là, les jeunes gens acquéraient, en très-peu de temps, un grand usage, beaucoup d'assurance et un tact très-sûr, étudiant ainsi au grand jour et sur un théâtre orageux, où l'on ne peut laisser échapper la moindre sottise, la moindre contradiction, sans que le juge ne secoue la tête, sans que l'adversaire ne les releve, sans que votre parti même n'en soit choqué. Aussi se formaient-ils tout naturellement à une saine et véritable éloquence, et, quoiqu'il y eût un orateur qu'ils suivissent de préférence, ils allaient entendre tous les autres dans une foule de causes et devant des tribunaux divers, outre l'avantage d'entendre le public lui-même, et cette diversité de jugements qui les avertissait de ce que chaque orateur avait de louable ou de répréhensible. Ainsi d'abord ils suivaient un maître, et un maître excellent, un maître d'élite qui leur donnait

videaris. Nam quibus instrui veteres oratores soliti sint dixisti, differentiamque nostræ desidiæ et inscientiæ adversus acerrima et fecundissima eorum studia demonstrasti. Cetera exspecto, ut, quemadmodum ex te didici quid aut illi scirent, aut nos nesciamus, ita hoc quoque cognoscam, quibus exercitationibus, juvenes jam et forum ingressi, confirmare et alere ingenia sua soliti sint : neque enim arte et scientia, sed longe magis facultate eloquentiæ contineri nec tu, puto, abnues, et hi significare vultu videntur. Deinde, quum Aper quoque et Secundus idem annuissent, Messalla, quasi rursus incipiens : Quoniam initia et semina veteris eloquentiæ satis demonstrasse videor, docendo quibus artibus antiqui oratores institui erudirique soliti sint, persequar nunc exercitationes eorum : quanquam ipsis artibus inest exercitatio, nec quisquam percipere tot reconditas aut tam varias res potest, nisi ut scientiæ meditatio, meditationi facultas, facultati vis eloquentiæ accedat; per quæ colligitur eamdem esse rationem, et percipiendi quæ proferas, et proferendi quæ perceperis. Sed, si cui obscuriora hæc videntur, isque scientiam ab exercitatione separat, id certe concedet, instructum et plenum his artibus animum longe paratiorem ad eas exercitationes venturum quæ propriæ curæ oratorum videntur.

XXXIV. Ergo apud majores nostros juvenis ille qui foro et eloquentiæ parabatur, imbutus jam domestica disciplina, refertus honestis studiis, deducebatur a patre vel a propinquis ad eum oratorem qui principem in civitate locum obtinebat : hunc sectari, hunc prosequi, hujus omnibus dictionibus interesse, sive in judiciis, sive in concionibus assuescebat, ita ut altercationes quoque excipere, et jurgiis interesse, utque sic dixerim, pugnare in prælio disceret. Magnus ex hoc usus, multum constantiæ, plurimum judicii juvenibus statim contingebat, in media luce studentibus, atque inter ipsa discrimina, ubi nemo impune stulte aliquid aut contrarie dicit, quominus et judex respuat, et adversarius exprobret, ipsi denique advocati adspernantur. Igitur vera statim et incorrupta eloquentia imbuebantur : et, quanquam unum sequerentur, tamen omnes ejusdem ætatis patronos in plurimis et causis et judiciis cognoscebant; habebant que ipsius populi diversissimarum aurium copiam, ex qua facile deprehenderent quid in quoque vel probaretur, vel displiceret. Ita nec præceptor deerat, opti-

à imiter, non le simulacre de l'éloquence, mais l'éloquence elle-même; ils voyaient des rivaux et des adversaires aux prises, non dans une vaine escrime, mais dans de véritables combats ; enfin ils fréquentaient une école toujours pleine, toujours renouvelée, où les envieux et les partisans ne dissimulaient ni les beautés ni les fautes. Car vous le savez, les réputations oratoires, celles du moins qui sont légitimes et durables, s'établissent sur les bancs ennemis non moins que sur les vôtres : c'est même de là qu'elles s'élèvent plus fortes et plus assurées, c'est là qu'elles se fondent le plus solidement. Et certes un pareil jeune homme, élevé par de tels précepteurs, ayant de grands orateurs pour maîtres, et, pour école, le forum, ne quittant jamais les tribunaux, instruit et aguerri par les épreuves qu'il voyait subir aux autres, familiarisé avec des lois qu'il entendait citer chaque jour, avec le visage des juges, avec les formes des assemblées populaires, avec tous les jugements du public, un pareil jeune homme, soit qu'il entreprît d'accuser ou de défendre, sans conseil, abandonné à lui seul, se trouvait, dès le premier instant, à la hauteur des causes les plus difficiles. Crassus avait dix-neuf ans, César vingt-un, Asinius vingt-deux, et Calvus guère davantage, lorsqu'ils composèrent, Crassus contre Carbon, César contre Dolabella, Asinius contre Caton, et Calvus contre Vatinius, ces belles harangues qui font encore l'admiration de notre siècle.

XXXV. Maintenant nos enfants, presque au sortir du premier âge, sont menés aux tréteaux de ces comédiens appelés rhéteurs, lesquels existaient un peu avant Cicéron, et déplurent tellement à nos pères, que, sous la censure de Lucius Crassus et de Domitius, on leur signifia l'ordre de fermer cette école d'effronterie : ce sont les expressions de Cicéron que je rapporte. Nos enfants donc, pour en revenir à notre propos, sont menés à ces écoles, où je ne saurais dire ce qui, du lieu, des condisciples, ou de la nature des études, est le plus propre à leur gâter l'esprit. D'abord le lieu n'a rien qui impose ; il n'y entre que des sujets tous également ignorants. Du côté des condisciples, pas plus d'avantages. Ce sont des enfants, des adolescens, qui parlent les uns devant les autres, ou qui écoutent tous avec la même indifférence. Enfin, la nature même des études va le plus souvent contre son objet. Il y a deux sortes de matières qui se traitent chez les rhéteurs, ce qu'ils appellent *suasoriæ*, et ce qu'ils appellent *controversiæ*. Les premières, comme étant moins difficiles, et exigeant moins de connaissances, sont abandonnées aux enfants ; les autres sont réservées pour les plus forts : mais quelles controverses, bons dieux ! et que d'incroyables suppositions ! Il suit de là, que les sujets ne se rapprochant en rien de la réalité, on y porte le ton de la déclamation. Tantôt l'on examine si les meurtriers d'un tyran méritent récompense ou non, si une fille enlevée doit désirer la mort ou la main de son ravisseur. Tantôt il s'agit de l'inceste d'une mère avec son fils, de vierges qu'il faut immoler d'après un oracle pour faire cesser une peste, et d'autres questions aussi bizarres qu'on agite journellement dans l'école, qui ne se rencontrent jamais ou que très-rarement au barreau, et que l'on discute bien longuement en style emphatique. Quand ils se voient en présence de véritables juges......

(*On a perdu la fin du discours de Messala : ce qui suit appartient au discours de Maternus.*)

---

mus quidem et electissimus, qui faciem eloquentiæ, non imaginem præstaret; nec adversarii et æmuli, ferro, non rudibus dimicantes : sed auditorium semper plenum, semper novum, ex invidis et faventibus, ut nec bene dicta dissimularentur. Scitis enim magnam illam et duraturam eloquentiæ famam non minus in diversis subselliis parari quam suis, quin immo constantius surgere ibi, fidelius corroborari. Atque hercule, sub ejusmodi præceptoribus, juvenis ille de quo loquimur, oratorum discipulus, fori auditor, sectator judiciorum, eruditus et assuefactus alienis experimentis, cui, quotidie audienti notæ leges, non novi judicum vultus, frequens in oculis consuetudo concionum, sæpe cognitæ populi aures, sive accusationem susceperat, sive defensionem, solus statim et unus cuicunque causæ par erat. Nonodecimo ætatis anno L. Crassus C. Carbonem, uno et vicesimo Cæsar Dolabellam, altero et vicesimo Asinius Pollio C. Catonem, non multo ætate antecedens Calvus Vatinium, iis orationibus insecuti sunt quas hodieque cum admiratione legimus.

XXXV. At nunc adolescentuli nostri deducuntur in scenas scholasticorum, qui rhetores vocantur : quos paullo ante Ciceronis tempora exstitisse, nec placuisse majoribus nostris, ex eo manifestum est, quod, L. Crasso et Domitio censoribus, cludere, ut Cicero, ludum impudentiæ jussi sunt. Sed, ut dicere institueram, deducuntur in scholas, in quibus non facile dixerim utrumne locus ipse, an condiscipuli, an genus studiorum, plus mali ingeniis afferant. Nam in loco nihil reverentiæ, sed in quem nemo nisi æque imperitus intrat, in condiscipulis nihil profectus, quum pueri inter pueros, et adolescentuli inter adolescentulos, pari securitate et dicant et audiantur. Ipsæ vero exercitationes magna ex parte contrariæ. Nempe enim duo genera materiarum apud rhetores tractantur, suasoriæ et controversiæ. Ex iis suasoriæ quidem, [etsi] tanquam plane leviores et minus prudentiæ exigentes, pueris delegantur ; controversiæ robustioribus assignantur, quales, per fidem, et quam incredibiliter compositæ ! Sequitur autem ut materiæ abhorrenti a veritate declamatio quoque adhibeatur. Sic fit ut tyrannicidarum præmia, aut vitatarum electiones, aut pestilentiæ remedia, aut incesta matrum, aut quidquid in schola quotidie agitur, in foro vel raro vel nunquam, ingentibus verbis persequantur.

...... Il s'occupait de la chose, il ne pouvait dire rien de bas, rien de rampant.

XXXVI. Il en est de la grande éloquence comme de la flamme ; il faut des aliments pour l'entretenir, il faut du mouvement pour l'exciter ; c'est en brûlant qu'elle jette de l'éclat. Les mêmes causes ont favorisé aussi parmi nous l'éloquence de nos anciens orateurs. Quoique les modernes aient obtenu aussi les avantages auxquels une constitution bien ordonnée, un gouvernement heureux et paisible, leur permettait de prétendre, il faut convenir qu'on pouvait s'en promettre de bien p us grands dans cette ancienne licence dans cette fermentation générale, lorsque tout était en désordre, qu'il n'y avait pas cette unité de pouvoir pour tout contenir, et que chaque orateur était goûté en proportion des erreurs qu'il savait persuader à un peuple sans guide. De là cette multitude de lois et ce renom de popularité qu'on cherchait à se donner ; de là toutes ces harangues de magistrats qui passaient, pour ainsi dire, les nuits à la tribune ; de là toutes ces accusations intentées aux hommes puissants, et ces inimitiés qui s'attachaient même aux familles ; de là les factions des grands et les combats perpétuels du sénat contre le peuple. Tout cela, en déchirant la république, exerçait l'éloquence, et lui procurait les récompenses les plus brillantes. Plus on avait de talent pour la parole, plus on obtenait facilement les magistratures, et plus, dans l'exercice de ces magistratures, on avait d'avantages sur ses collègues, plus on se ménageait de crédit auprès des grands, de considération dans le sénat, de réputation et de célébrité parmi le peuple. C'étaient les hommes éloquents que les nations étrangères s'empressaient de choisir pour patrons. Les magistrats qui partaient pour leurs provinces, ceux qui en revenaient, redoutaient leurs talents, recherchaient leur amitié. Les prétures et les consulats semblaient venir au-devant d'eux. Rentrés dans la condition privée, il semblait qu'ils conservassent encore leur magistrature, puisque c'étaient leurs avis, leurs décisions qui gouvernaient le sénat et le peuple. On était persuadé généralement que, sans éloquence, on ne pouvait occuper dans l'Etat une place éminente, ou s'y maintenir. En effet, au moment où l'on y pensait le moins, il fallait paraître dans l'assemblée du peuple pour le haranguer. Au sénat, on ne se contentait pas de dire sèchement son avis ; il fallait le motiver et le soutenir avec du talent et de l'éloquence. Si on avait encouru quelque mécontentement, si l'on vous suscitait quelque accusation, il fallait se défendre soi-même. Jusqu'aux simples dépositions devant les tribunaux, on ne les donnait point absent, ni par écrit, mais en personne et de vive voix. Ainsi à tout l'appât des récompenses se joignait une impérieuse nécessité. Et s'il y avait de la gloire à passer pour éloquent, être muet et incapable de parler déshonorait. La honte ne les aiguillonnait pas moins puissamment que l'intérêt. Ils eussent rougi de descendre dans la classe des clients et de n'être plus comptés dans celle des patrons, de laisser passer à d'autres des relations transmises par héritage, de se donner un renom d'inertie et d'incapacité, soit en n'obtenant point les grandes places soit en remplissant mal celles qu'ils auraient obtenues.

XXXVII. Je ne sais s'il vous est tombé entre

---

quum ad veros judices ventum est........ rem cogitare, nihil humile, nihil abjectum eloqui poterat.

XXXVI. Magna eloquentia, sicut flamma, materia alitur, et motibus excitatur, et urendo clarescit. Eadem ratio in nostra quoque civitate antiquorum eloquentiam provexit. Nam, etsi horum quoque temporum oratores ea consecuti sunt quæ, composita, et quieta, et beata republica, tribui fas erat ; tamen ista perturbatione ac licentia plura sibi assequi videbantur, quum, mixtis omnibus et moderatore uno carentibus, tantum quisque orator saperet, quantum erranti populo persuaderi poterat. Hinc leges assiduæ et populare nomen, hinc conciones magistratuum pæne pernoctantium in rostris, hinc accusationes potentium reorum et assignatæ etiam domibus inimicitiæ, hinc procerum factiones et assidua senatus adversus plebem certamina : quæ singula, etsi distrahebant rempublicam, exercebant tamen illorum temporum eloquentiam et magnis cumulare præmiis videbantur ; quia, quanto quisque plus dicendo poterat, tanto facilius honores assequebatur, tanto magis in ipsis honoribus, collegas suos anteibat, tanto plus apud principes gratiæ, plus auctoritatis apud patres, plus notitiæ ac nominis apud plebem parabat. Hi clientelis etiam exterarum nationum redundabant ; hos ituri in provincias magistratus reverebantur, hos reversi colebant ; hos præturæ et consulatus vocare ultro videbantur ; hi ne privati quidem sine potestate erant, quum et populum et senatum consilio et auctoritate regerent ; quin imo sibi ipsi persuaserant neminem sine eloquentia aut assequi posse, in civitate, aut tueri conspicuum et eminentem locum. Nec mirum, quum etiam inviti ad populum producerentur ; quum parum esset in senatu breviter censere, nisi qui ingenio et eloquentia sententiam suam tueretur ; quum in aliquam invidiam aut crimen vocati sua voce respondendum haberent ; quum testimonia quoque in publicis causis non absentes nec per tabellam dare, sed coram et præsentes dicere cogerentur. Ita ad summa eloquentiæ præmia magna etiam necessitas accedebat. Et quomodo disertum haberi pulchrum et gloriosum, sic contra mutum et elinguem videri deforme habebatur. Ergo non minus rubore quam præmiis stimulabantur : ne clientelarum loco potius quam patronorum numerarentur ; ne traditæ a majoribus necessitudines ad alios transirent ; ne, tanquam inertes et non suffecturi honoribus, aut non impetrarent, aut impetratos male tuerentur.

XXXVII. Nescio an venerint in manus vestras hæc vetera, quæ et in antiquorum bibliothecis adhuc manent, et

les mains d'anciens manuscrits, que l'on voit encore épars dans les bibliothèques de quelques curieux, et que Mucien s'attache à rassembler de toutes parts. Il y a déjà, je pense, onze volumes de discours et trois de lettres qui ont été recueillis et publiés. On voit, par ce recueil, que Pompée et Crassus, à la force du corps et à la science des armes, joignaient les dons de l'esprit et le talent de parler; que les Lentulus, les Métellus, les Lucullus, les Curions, et en général tous les grands, donnaient à l'éloquence beaucoup de temps et de soins, et que, sans ce talent, personne alors n'arrivait à une grande puissance. Ajoutez à cela la beauté des sujets et l'importance des causes, qui sont aussi des sources fécondes d'éloquence. Quelle différence, en effet, d'avoir à parler sur un larcin, sur une formule de droit, sur un interdit, ou bien sur les brigues des comices, sur les déprédations des provinces, sur le massacre des citoyens? Sans doute il est à désirer que ces désordres ne se renouvellent point, et il faut se louer d'une constitution qui nous met à l'abri de pareils attentats; mais enfin, quand ils avaient lieu, ils fournissaient au talent une riche matière. Car l'imagination s'agrandit avec les objets, et il est impossible à l'éloquence de paraître dans toute sa pompe et dans tout son éclat, si le sujet ne la seconde. Ce qui fait la gloire de Démosthène, ce ne sont pas, je pense, ses discours contre ses tuteurs; et ce qui fait celle de Cicéron, n'est pas non plus le plaidoyer pour Quintius ou pour Archias. C'est Catilina, c'est Verrès, Milon, Antoine, qui l'ont environné de cet éclat. Non que l'avantage des beaux sujets de discours pût jamais compenser le malheur que causaient à l'État de mauvais citoyens; mais n'oublions pas la question, et qu'il s'agit d'un art qui prospère surtout au milieu des troubles et des orages. Qui doute qu'il ne vaille mieux jouir de la paix, que d'essuyer les horreurs de la guerre? Il est vrai de dire, pourtant, que la guerre forme plus de grands capitaines que la paix. Il en est de même de l'orateur. Plus il aura vu de combats, plus il aura reçu et porté de coups, plus ses adversaires auront été redoutables et ses luttes opiniâtres, plus il s'élèvera dans l'admiration des hommes, plus son nom, ennobli par tant de périls, sera répété par la foule dont le penchant est de n'estimer pas ce qui a peu coûté.

XXXVIII. Je passe aux formes et à la pratique qui s'observaient anciennement dans les tribunaux. En convenant que la pratique actuelle est plus propre à faire reconnaître la vérité, il faut avouer aussi que l'éloquence avait un bien plus vaste champ pour se déployer dans cet ancien forum, où les discours n'étaient point resserrés dans un très-court espace de temps, où l'on était libre de les reprendre les jours suivants, où chacun leur donnait l'étendue qu'il jugeait à propos, et où ni le nombre des jours, ni celui des avocats n'était fixé. Pompée, dans son troisième consulat, fut le premier qui rétrécit cette carrière, et mit pour ainsi dire, un frein à l'éloquence, de manière pourtant que toutes les affaires se traitaient dans le forum, toutes suivant les lois, toutes devant les préteurs. Et ce qui prouve le mieux combien les causes qui étaient portées devant ces magistrats avaient plus d'importance, c'est que les centumvirs qui, aujourd'hui, connaissent des causes les plus brillantes, étaient alors tellement obscurcis par l'éclat des autres juridictions, que, dans tous les discours de Cicéron, de César, de Brutus, de Calvus, de Célius,

---

quum maxime a Muciano contrahuntur; ac jam undecim, ut opinor, Actorum libris et tribus Epistolarum composita et edita sunt. Ex his intelligi potest Cn. Pompeium et Marcum Crassum non viribus modo et armis, sed ingenio quoque et oratione valuisse; Lentulos, et Metellos, et Lucullos, et Curiones, et ceteram procerum manum, multum in his studiis operæ curæque posuisse; nec quemquam illis temporibus magnam potentiam sine eloquentia consecutum. His accedebat splendor rerum et magnitudo causarum, quæ et ipsa plurimum eloquentiæ præstant. Nam multum interest utrumne de furto aut formula et interdicto dicendum habeas, an de ambitu comitiorum, expilatis sociis, et civibus trucidatis: quæ mala sicut non accidere melius est, isque optimus civitatis status habendus est in quo nihil tale patimur; ita, quum acciderent, ingentem eloquentiæ materiam subministrabant. Crescit enim cum amplitudine rerum vis ingenii; nec quisquam claram et illustrem orationem efficere potest, nisi qui causam parem invenit. Non, opinor, Demosthenem orationes illustrant quas adversus tutores suos composuit; nec Ciceronem magnum oratorem P. Quintius defensus aut Licinius Archias faciunt : Catilina, et Milo, et Verres, et Antonius, hanc illi famam circumdederunt. Non quia tanti fuit reipublicæ malos ferre cives, ut uberem ad dicendum materiam oratores haberent; sed, ut subinde admoneo, quæstionis meminerimus, sciamusque nos de ea re loqui quæ facilius turbidis et inquietis temporibus exstitit. Quis ignorat utilius ac melius esse frui pace, quam bello vexari? plures tamen bonos præliatores bella quam pax ferunt. Similis eloquentiæ conditio : nam, quo sæpius steterit tanquam in acie, quoque plures et intulerit ictus et exceperit, quo major adversarius et acrior quicum pugnas sibi asperas desumpserit, tanto altior et excelsior, et illis nobilitatus discriminibus, in ore hominum agit, quorum ea natura est ut secura nolint.

XXXVIII. Transeo ad formam et consuetudinem veterum judiciorum; quæ etsi nunc aptior est veritati, eloquentiam tamen illud forum magis exercebat, in quo nemo intra paucissimas horas perorare cogebatur, et liberæ comperendinationes erant, et modum dicendi sibi quisque sumebat, et numerus neque dierum neque patronorum finiebatur. Primus, tertio consulatu, Cn. Pompeius adstrinxit, imposuitque veluti frenos eloquentiæ, ita tamen ut omnia in foro, omnia legibus, omnia apud

enfin de tous les grands orateurs, vous n'en trouvez pas un seul qui ait été prononcé devant les centumvirs, si vous en exceptez les plaidoyers d'Asinius pour les héritiers d'Urbinia. Encore ont-ils été composés au milieu du siècle d'Auguste, après un long période de tranquillité, lorsque, depuis un temps infini, la moindre agitation n'avait point troublé les assemblées populaires et les séances sénatoriales, lorsqu'enfin l'administration d'un très-grand prince avait, comme tout le reste, pacifié l'éloquence.

XXXIX. Ce que je vais dire semblera peut-être minutieux et ridicule; n'importe, je le dirai toujours, ne fut-ce que pour en faire rire. Quel air ignoble n'ont point, croyez-vous, donné à l'éloquence ces lourds manteaux qui nous tiennent emprisonnés, emmaillotés, pour ainsi dire, tout le temps que nous discourons devant les juges? Quel nerf n'ont point ôté au discours ces salles étroites et ces greffes obscurs où maintenant se discutent la plupart des affaires? Il faut, à de nobles coursiers, une lice et de l'espace pour prouver leur vigueur; de même, il faut à l'orateur un champ où il puisse se développer et s'étendre en liberté, sans quoi il languit, et perd tout ressort. Il y a plus, ce soin même, cette sollicitude que nous mettons à travailler notre composition se tournent contre nous. Souvent, au moment de commencer, le juge nous interroge, et il faut entrer en matière sur le point qu'il a indiqué. Souvent l'avocat lui-même s'interrompt pour faire entendre les dépositions et les témoins : pendant ce temps, il lui reste à peine un auditeur ou deux; il semble qu'il parle dans le désert.

Or il faut à l'orateur des cris et des applaudissements; il lui faut un théâtre, avantage qu'avaient journellement les orateurs anciens, dans un temps où le forum suffisait à peine à contenir tant de citoyens illustres; où, pour surcroît, une multitude de clients, les tribus, les députations des villes et une partie de l'Italie venaient soutenir les accusés de leur présence ; où le peuple romain croyait sa dignité personnelle intéressée dans tous les jugements. On sait que, dans l'affaire de Cornélius, de Scaurus, de Milon, de Bestia, de Vatinius, ce fut un concours universel pour venir entendre et leurs accusateurs et leurs défenseurs. Eût-on été l'orateur le plus froid, il eût suffi de l'enthousiasme seul d'un peuple passionne pour exciter, pour enflammer le génie. Aussi avons-nous encore les harangues composées dans ces occasions, et, certes, leurs auteurs n'en ont jamais fait de plus belles.

XL. Et tout ce peuple perpétuellement assemblé, le droit qu'on avait d'attaquer impunément ce qu'il y avait de plus puissant, la gloire même de ces inimitiés, laquelle était si recherchée, que la plupart des harangueurs n'épargnaient pas même un Scipion, un Sylla, un Pompée; que jusqu'à des histrions, flattant ainsi la malignité publique, profitaient de leur ascendant sur des spectateurs qui les écoutaient, pour insulter les premiers hommes de l'État : combien tout cela ne devait-il pas échauffer, enflammer le génie des orateurs? Car ne croyez pas que l'art dont nous nous occupons soit ami du repos et de la paix, que les vertus et la modération soient son triomphe. La grande éloquence, celle qui se fait remar-

prætores gererentur : apud quos quanto majora negotia olim exerceri solita sint, quod majus argumentum est quam quod causæ centumvirales, quæ nunc primum obtinent locum, adeo splendore aliorum judiciorum obruebantur, ut neque Ciceronis, neque Cæsaris, neque Bruti, neque Cœlii, neque Calvi, non denique ullius magni oratoris liber apud centumviros dictus legatur, exceptis orationibus Asinii, quæ pro heredibus Urbiniæ inscribuntur, ab ipso tamen Pollione mediis divi Augusti temporibus habitæ, postquam longa temporum quies, et continuum populi otium, et assidua senatus tranquillitas, et maximi principis disciplina, ipsam quoque eloquentiam, sicut omnia, alia, pacaverat?

XXXIX. Parvum et ridiculum fortasse videbitur quod dicturus sum; dicam tamen, vel ideo ut rideatur. Quantum humilitatis putamus eloquentiæ attulisse pænulas istas, quibus adstricti et velut inclusi cum judicibus fabulamur? quantum virium detraxisse orationi auditoria et tabularia credimus, in quibus jam fere plurimæ causæ explicantur? Nam, quomodo nobiles equos cursus et spatia probant, sic est aliquis oratorum campus, per quem nisi liberi et soluti ferantur, debilitatur ac frangitur eloquentia. Ipsam quin immo curam et diligentis styli anxietatem contrariam experimur : quia sæpe interrogat judex, quando incipias; et ex interrogatione ejus incipiendum est. Frequenter probationibus et testibus silentium patronus

indicit : unus inter hæc dicenti ac alter assistit, et res velut in solitudine agitur. Oratori autem clamore plausuque opus est, et velut quodam theatro : qualia quotidie antiquis oratoribus contingebant, quum tot pariter ac tam nobiles forum coarctarent, quum clientelæ quoque, et tribus, municipiorum etiam legationes ac pars Italiæ periclitantibus assisterent, quum in plerisque judiciis crederet populus romanus sua interesse quid judicaretur. Satis constat. C. Cornelium, et M. Scaurum, et T. Milonem, et L. Bestiam, et P. Vatinium concursu totius civitatis et accusatos et defensos; ut frigidissimos quoque oratores ipsa certantis populi studia excitare et incendere potuerint. Itaque hercule ejusmodi libri exstant, ut ipsi quoque qui egerunt non aliis magis orationibus censeantur.

XL. Jam vero conciones assiduæ, et datum jus potentissimum quemque vexandi, atque ipsa inimicitiarum gloria, quum se plurimi disertorum ne a P. quidem Scipione, aut Sulla, aut Cn. Pompeio abstinerent, et ad incessendos principes viros, ut est natura invidiæ, populi etiam histriones auribus uterentur, quantum ardorem ingeniis, quas oratoribus faces admovebant! Non de otiosa et quieta re loquimur, et quæ probitate et modestia gaudeat : sed est magna illa et notabilis eloquentia alumna licentiæ, quam stulti libertatem vocabant, comes seditionum, effrenati populi incitamentum, sine obsequio, sine servitute, contumax temeraria, arrogans, quæ in bene constitutis civitati-

quer, est fille de la licence, de cette licence qu'on appelait follement liberté ; elle est compagne de la sédition, elle aiguillonne les fureurs populaires, elle est incapable de condescendre, encore moins de servir; rebelle, téméraire, arrogante, elle est toujours incompatible avec les constitutions bien ordonnées. Avons-nous jamais entendu parler d'un orateur à Lacédémone ou dans la Crète, si vantées pour la sagesse de leurs lois et la sévérité de leurs institutions ? Nous ne connaissons pas non plus d'éloquence chez les Macédoniens, chez les Perses, chez tous les peuples qui sont contenus par le frein d'une autorité fixe. Il y a eu quelques orateurs à Rhodes; il y en a eu beaucoup à Athènes, où c'était le peuple, les ignorants, où c'était tout le monde, pour ainsi dire, qui pouvait tout. Il en fut de même de notre république. Tant qu'elle s'égara, tant qu'elle se laissa consumer par des factions, par des dissensions, par la discorde; tant qu'il n'y, eut ni paix dans le forum, ni concorde dans le sénat, ni règle dans les jugements, ni respect pour les supérieurs, ni retenue dans les magistrats, elle produisit une éloquence incontestablement plus puissante et plus forte, comme les terres qui n'ont jamais été domptées par la culture produisent une végétation plus vigoureuse. Mais l'éloquence des Gracques ne valait pas la peine d'être achetée par leurs lois, et la perfection de l'art au temps de Cicéron n'a point été un dédommagement de sa mort.

XLI. Le barreau est la seule partie qui nous reste du domaine des anciens orateurs. Eh bien! ce barreau annonce encore des désordres et un état qui n'est point parfaitement réglé. En effet, irait-on nous chercher, si l'on n'était ou malheureux ou coupable? Quelle ville viendrait plaider à Rome, si elle n'était tourmentée ou par un peuple voisin, ou par des discordes domestiques ? De quelles provinces prenons-nous la défense, si ce n'est de celles qui ont été pillées et opprimées ? Or, il eût mieux valu ne point essuyer d'injustices que d'en obtenir la réparation. Que si l'on pouvait trouver un État où l'on ne prévariquât jamais, l'orateur, au milieu de cette innocence générale, serait aussi inutile qu'un médecin parmi des gens bien portants. Et comme l'art de guérir n'est jamais moins pratiqué, ne fait jamais moins de progrès que parmi les peuples qui jouissent de la force et de la santé, de même la gloire de l'orateur s'affaiblit et s'obscurcit au milieu des bonnes mœurs et d'une sage subordination. Qu'est-il besoin de longues discussions dans le sénat, lorsque les bons esprits sont si vite d'accord ? Que deviennent toutes ces harangues au peuple, lorsque l'administration publique n'est plus confiée à l'ignorance de la multitude, mais à la sagesse d'un seul? Que deviennent ces accusations où l'on se portait avec ardeur, lorsque les prévarications sont si rares et si légères? Que deviennent enfin ces longues défenses, où l'on employait tant d'art à émouvoir la commisération, lorsque la clémence du prince vient elle-même au-devant du malheur et de la faiblesse? Oui, dignes amis, vous avez toute l'éloquence que nos mœurs comportent, et croyez que, si les grands hommes que vous admirez fussent nés dans votre siècle, ou vous dans le leur, et qu'un dieu tout à coup eût changé respectivement vos positions, croyez que vous n'eussiez pas manqué d'atteindre, comme eux, le dernier terme de l'éloquence, ni eux de rester dans la mesure qui vous est marquée. Mais, puisqu'il est impossible de réunir à la fois, et une grande réputation et une grande tranquillité, que chacun jouisse des avantages du siècle où il vit, sans décrier celui où il ne vit pas.

---

bus non oritur. Quem enim oratorem lacedæmonium, quem cretensem accepimus? quarum civitatum severissima disciplina et severissimæ leges traduntur. Ne Macedonum quidem, ac Persarum, aut ullius gentis quæ certo imperio contenta fuerit, eloquentiam novimus. Rhodii quidam, plurimi athenienses oratores exstiterunt, apud quos omnia populus, omnia imperiti, omnia ut sic dixerim, omnes poterant. Nostra quoque civitas, donec erravit, donec se partibus, et dissensionibus, et discordiis confecit, donec nulla fuit in foro pax, nulla in senatu concordia, nulla in judiciis moderatio, nulla superiorum reverentia, nullus magistratuum modus, tulit sine dubio valentiorem eloquentiam, sicuti indomitus ager habet quasdam herbas lætiores. Sed nec tanti reipublicæ Gracchorum eloquentia fuit, ut pateretur et leges; nec bonæ formam eloquentiæ Cicero tali exitu pensavit.

XLI. Sic quoque, quod superest antiqui oratoribus, forum non emendatæ nec usque ad votum compositæ civitatis argumentum est. Quis enim nos advocat, nisi aut nocens aut miser? quod municipium in civitatem nostram venit, nisi quod aut vicinus populus, aut domestica discordia agitat? quam provinciam tuemur, nisi spoliatam vexatamque? atqui melius fuisset non queri quam vindicari. Quod si inveniretur aliqua civitas in qua nemo peccaret, supervacuus esset inter innocentes orator, sicut inter sanos medicus. Quomodo tamen minimum usus minimumque profectus ars medentis habet in his gentibus quæ firmissima valetudine ac saluberrimis corporibus utuntur; sic minor oratorum obscuriorque gloria est inter bonos mores et in obsequium regentis paratos. Quid enim opus est longis in senatu sententiis, quum optimi cito consentiant? quid multis apud populum concionibus, quum de republica non imperiti et multi deliberent, sed sapientissimus et unus? quid voluntariis accusationibus, quum tam raro et tam parce peccetur? quid invidiosis et excedentibus modum defensionibus, quum clementia cognoscentis obviam periclitantibus eat? Credite, optimi, et, in quantum opus est, disertissimi viri, si aut vos prioribus seculis, aut, isti quos miramur his nati essent, ac deus aliquis vitas vestras, vestra tempora repente mutasset; nec vobis summa illa laus et gloria in eloquentia, neque illis modus et temperamentum defuisset. Nunc, quoniam

XLII. Maternus cessa de parler. Il y aurait des choses sur lesquelles je serais d'un avis contraire, dit Messala; il en est d'autres que je voudrais voir plus développées; mais voici la journée finie. Une autre fois, reprit Maternus, vous pourrez disposer de moi, et les points sur lesquels mon discours a pu laisser quelque obscurité, nous les discuterons encore. Alors Maternus et Messala se levèrent, et, embrassant Aper : Je vous dénoncerai aux poëtes, dit Maternus; moi, aux partisans de l'antiquité, dit Messala; et moi, dit Aper, aux maîtres de nos écoles et à nos rhéteurs. On se mit à rire, et nous nous séparâmes.

nemo eodem tempore assequi potest magnam famam et magnam quietem, bono seculi sui quisque, citra obtrectationem alterius, utatur.

XLII. Finierat Maternus. Tum Messalla : Erant quibus contradicerem, erant de quibus plura dici vellem, nisi jam dies esset exactus. Fiet, inquit Maternus, postea arbitratu tuo; et, si qua tibi obscura in hoc meo sermone visa sunt, de his rursus conferemus. Ac simul assurgens et Aprum complexus : Ego, inquit, te poetis, Messalla antiquariis criminabimur. At ego vos rhetoribus et scholasticis, inquit. Quum arrisissent, dicessimus.

NOTES

SUR LES ANNALES.

LIVRE I.

I. *Nomine principis.* Le titre de prince se donnait primitivement au citoyen inscrit le premier sur le tableau des Sénateurs. Depuis Auguste, qui l'avait pris comme le plus modeste et le moins propre à effaroucher, il devint le titre distinctif du chef de l'empire.

II. *Pompeius apud Siciliam oppressus.* Il s'agit de Sextus Pompée vaincu par Agrippa.

Tribunitio jure contentum. On conçoit qu'Auguste s'en contentât; car ce titre lui donnait le droit de *veto*, dans toutes les grandes circonstances, et rendait sa personne inviolable.

III. *Claudium Marcellum.* C'est le *Tu Marcellus eris* de Virgile.

Generum sumpsit. En lui donnant sa fille Julie, veuve de Marcellus.

Tiberium Neronem (l'empereur Tibère) *et Claudium Drusum.* Ils étaient tous deux fils de Tiberius Drusus et de Livia Drusilla, que son mari céda à Auguste, étant enceinte de Drusus.

Principes juventutis. Les princes de la jeunesse marchaient à la tête des fils de sénateurs et de patriciens dans les cérémonies publiques.

Filius... assumitur. Avant d'être le fils adoptif d'Auguste, Tibère était son gendre, par Julie, femme de Marcellus et d'Agrippa.

In insulam planasiam. Aujourd'hui *Pianosa*, petite île voisine de l'île d'Elbe.

VI. *Sallustius Crispus.* Neveu et fils adoptif de l'historien Salluste.

VII. *Seius Strabo.* C'est le père de Séjan.

VIII. *Per virgines Vestœ.* C'était l'usage de déposer les testaments dans le temple de Vesta.

Livia in familiam Juliam... assumebatur. Un mari pouvait adopter sa femme, dans un pays où la femme était considérée légalement comme la fille de son époux et la sœur de ses enfants.

Nepotes Pronepotesque. Ce sont Drusus, fils de Tibère, Germanicus et ses trois fils.

Quadringenties. D'après les calculs de M. Letronne, quarante millions de sesterces valaient sept millions, neuf cent cinquante et un mille, neuf cent dix francs de notre monnaie.

Sede destinata. C'était entre la voie Flaminienne et le Tibre, au milieu d'un bois et d'une promenade publique.

Cœsis Hirtio et Pansa. Dans la première des deux batailles qui se livrèrent près de Modène, en avril 711.

Brutorum exitus. Les deux Brutus, Décimus et Marcus, dont le premier fut livré par un chef gaulois, et dont le second se tua après la seconde bataille de Philippes.

Lollianas Varianasque clades. Lollius avait été battu par les Sicambres 24 ans avant le désastre de Varus.

Varrones, Egnatios, Iulos. Varro Muréna, accusé d'avoir conspiré contre Auguste, fut condamné par contumace, arrêté dans sa fuite, et tué. Egnatius Rufus périt en prison, accusé du même crime. Julius Antonius, fils de Marc Antoine, fut puni de mort comme complice des débordements de Julie.

Q. Tedii et Vedii Pollionis. Tédius est un personnage incertain. Quant à Védius Pollion, c'est lui qui, dans un repas donné à Auguste, fit jeter aux murènes un esclave qui avait cassé un vase de cristal.

Pollionisque Asinii. Il était du parti d'Antoine, qu'il quitta, sans toutefois passer du côté d'Octavien.

XIII. *M. Lepidum.* Tacite le loue, Ann., IV, 20, et raconte sa mort, Ann. VI, 27.

XIV. *Germanico Cœsari proconsulare imperium.* Comme Germanicus avait déjà été proconsul, il s'agit ici d'un proconsulat à perpétuité, qui était une attribution impériale.

XX. *Nauportum.* Oberlaybach, selon Cellarius. C'est une ville dans la Carniole, à quelques lieues de Laybach.

XXII. *Per gladiatores suos.* Les généraux d'armée et les gouverneurs de province entretenaient des gladiateurs pour donner des spectacles dans les camps et dans les villes.

XXIII. *Sirpicum.* De scirpus ou scirpas, jonc (?)

XXXI. *Vernacula multitudo.* Il s'agit de ces levées forcées que fit Auguste, à Rome, après la défaite de Varus.

XXXVI. *Oppidum Ubiorum.* Cologne.

XXXVIII. *Vexillarii.* Parmi toutes les opinions qui ont été émises sur cette espèce de soldats, M. Burnouf opte, et nous sommes de son avis, pour celle qui donne le nom de vexillaires à la fois aux cohortes détachées et aux vétérans.

XXXIX. *Ara Ubiorum.* Bonn, ou un lieu voisin.

XLIX. *Duodecim millia e legionibus.* Germanicus avait quatre légions qui formaient 24,000 hommes. Il ne prit donc que la moitié de chaque légion.

Silvam Cœsiam. Serait-ce la forêt d'Hoserwald, dans le duché de Clèves?

LI. *Templum, quod Tanfanœ vocabant.* « Je remarquerai, dit M. Burnouf, dans une note sur l'étymologie de *Tantana*, que la première syllabe de ce mot ressemble à *tanne*, sapin, ou à *tenar* (mot tudesque latinisé), baguette divinatoire. Et comme il paraît que *fan* en gothique signifiait seigneur, Tanfana pourrait être le dieu ou la déesse des sapins, ou bien de la divination.

LIII. On varie sur l'orthographe de cette île, appelée par les Latins *Pandataria* et par les Grecs *Pandateria*. Pline la place dans le golfe de Pouzzoles. Dion, dans le voisinage de la Campanie.

Longinquitate exsilii. Il y avait quinze ans que Julie était reléguée.

LIV. *Ex certamine histrionum.* Voir ce récit dans Dion où il est plus précis, LVI, 47.

LVI. *In monte Tauno.* Selon Maltebrun, c'est le *die Hœche* (la hauteur), au nord de Francfort.

Incenso Mattio. Vraisemblablement le chef lieu des Mattiaques.

LX. *Per lacus vexit.* Ce sont les lacs dont la réunion a formé le Zuiderzée.

LXII. *Pontes longos.* Selon Juste Lipse, c'est une chaussée encore existante entre les villes de Lingen sur l'Ems et de Cœwerden. Selon Clostermeyer, les Longs Ponts sont sur le chemin d'Aliso, nom d'une rivière qui se jette dans la Lippe, à Herford.

Domitio. Lucius Domitius, aïeul de Néron.

LXIX. *Tradit C. Plinius.* Pline l'ancien, XV, 53 ; et Hist. III, 28.

LXXII. *Carmina.... vulgata.* Suétone les a conservés, Tib. 59.

LXXVI. *Levari in præsens proconsulari imperio.* Auguste avait partagé les provinces entre le sénat et lui. Il avait abandonné au sénat et au peuple les plus riches et les plus paisibles, et s'était réservé toutes les provinces frontières, que la guerre pouvait menacer. Les gouverneurs des unes s'appelaient proconsuls ; ceux des autres s'appelaient propréteurs. Les premiers avaient plus d'honneurs apparents ; les seconds, plus de pouvoir. Le sort désignait les uns : l'empereur choisissait les autres. Voici la liste des provinces sénatoriales et impériales.

PROVINCES SÉNATORIALES :

L'Afrique et la Numidie ; l'Asie ; l'Achaïe ou la Grèce ; la Bétique ; la Gaule Narbonnaise ; la Sardaigne avec la Corse ; la Sicile ; la Dalmatie ; la Macédoine ; la Crète et la Cyrénaïque ; l'île de Chypre ; la Bithynie avec la Propontide et une partie du Pont.

PROVINCES IMPÉRIALES :

L'Espagne Tarragonaise ; la Lusitanie ; toutes les Gaules autres que la Narbonnaise ; les deux Germanies ; la Célésyrie ; la Phénicie ; la Cilicie ; l'Égypte ; la Mésie ; la Pannonie, et tout ce qui n'était point compris dans le partage du sénat.

LXXVII. *De modo lucaris.* Selon Festus, c'est le revenu des bois sacrés.

LXXIX. *Clanis.* Le Clain ou la Chiana, rivière de Toscane, qui se jette dans le Tibre.

Arnum. L'Arno qui se jette dans la mer.

LIVRE II.

I. *Quanquam pepulisset exercitus ducesque romanos.* Allusion à la fuite d'Antoine devant les armées de Phraate, et au massacre de son lieutenant Oppius Statianus et de deux légions, l'an de Rome 718.

Cuncta venerantium officia. Phraate rendit à Auguste en 734 les enseignes prises sur Crassus et sur Antoine.

II. *Sequentium regum.* Ce sont Phraataces et Orodes, ce dernier de la famille des Arsacides, qui tous deux furent massacrés, l'un avec sa mère, l'autre à cause de son caractère cruel, par les Parthes révoltés.

Vilissima utensilium annulo clausa. Les Romains étaient dans l'usage de sceller de leur cachet, non-seulement leurs effets les plus précieux, mais jusqu'aux choses les plus communes, le pain, le vin, la viande.

III. *Arsacidarum e sanguine.* Par les femmes, comme on le voit au livre VI, 42.

Dahas. Peuple scythe, d'où le nom est resté au Daghistan.

Ob scelus Antonii. Antoine attribuait sa déroute et le massacre de son lieutenant Oppius à l'inaction volontaire d'Artavasde, roi d'Arménie, auprès duquel il s'était réfugié. Il résolut de s'en venger. Sous prétexte de recommencer la guerre avec les Parthes, il marcha vers les frontières de l'Arménie, attira Artavasde, dans son camp de Nicopolis, le fit charger de chaînes d'argent, et l'emmena à Rome pour servir d'ornement à son triomphe.

Artaxias. Appelé à remplacer sur le trône d'Arménie son père prisonnier d'Antoine, il fut chassé et dépossédé par le triumvir, qui partagea son royaume entre Polémon, roi de Pont, et Artabaze, roi des Mèdes. Artaxias profita de la guerre d'Antoine et d'Octavien pour reconquérir ses États. Il vainquit Artabaze, et remonta sur le trône d'Arménie.

VII. *Castellum Luppiæ flumini appositum.* Ce fort avait été construit par Drusus, père de Germanicus, à l'endroit où la rivière d'Aliso se jette dans la Lippe.

VIII. *Fossam cui Drusianæ nomen.* Selon d'Anville, c'est le canal appelé aujourd'hui le Nouvel-Yssel.

Amisiæ. Probablement quelque bourgade située sur la rive occidentale de l'Ems.

IX. *Cognomento Flavius.* Parce qu'il avait reçu le droit de cité romaine.

XI. *E numero primipilarium.* Le primipilaire était le centurion de la première centurie de la première cohorte de la légion : c'était un grade fort distingué. L'aigle de la légion était confiée à la garde du primipilaire.

XIV. *Pila.* On appelait ainsi une arme de trait fort pesante qu'on ne lançait que de près. Suivant Polybe, le *pilum* avait quatre coudées et demie de longueur, c'est-à-dire, six pieds neuf pouces. Le fer, terminé par une pointe triangulaire, avait environ trois pieds.

Gladios. L'épée romaine n'avait guère que vingt pouces de long, mais elle était fort pesante, tranchante des deux côtés, et assez bien trempée pour déchirer un bouclier et entamer des portes.

XVI. *Idistaviso.* On varie sur la situation de ce champ de bataille, qu'il ne faut pas du reste chercher ailleurs que sur la rive droite du Véser. Brotier le place près de Hameln, non loin du lieu où le maréchal d'Estrées remporta en 1757 la victoire d'Hastembeck.

XXIII. *Insulas saxis abruptis.* Probablement les petites îles qui bordent la côte entre l'embouchure de l'Ems et celle du Véser.

Vocantur patres. Du temps de la république il n'y avait rien d'irrévocablement fixé pour les assemblées du sénat. Ce fut Auguste qui ordonna qu'elles auraient lieu aux calendes et aux ides de chaque mois. Chaque sénateur était obligé de s'y trouver ; et, pour leur ôter tout prétexte de s'absenter, Auguste eut soin que les jours d'assemblée, il n'y eût aucune autre affaire, aucun jugement qui pût les distraire. Il y avait depuis longtemps une amende établie contre ceux qui s'absentaient sans cause légitime. Auguste l'augmenta, et comme le grand nombre des coupables empêche ordinairement, en pareil cas, la punition, Auguste établit que, lorsqu'il y en aurait un certain nombre, on les ferait tirer au sort : un sur cinq était condamné à l'amende.

Indépendamment de ces assemblées fixes et régulières, qui se nommaient *senatus legitimus*, il y en avait d'extraordinaires, comme dans cette affaire de Libon : cela s'appelait *senatus indictus*.

Il fallait le concours de quatre cents sénateurs pour que les sénatus-consultes eussent force de loi : Auguste établit qu'au-dessous de ce nombre ils n'auraient encore, et il fit un règlement, une espèce de tarif sur le nombre des sénateurs nécessaire pour chaque genre d'affaires. On sent qu'un plus grand concours était exigé pour les affaires plus importantes.

Lorsqu'il ne se trouvait pas le nombre de sénateurs nécessaire, on n'en prenait pas moins des conclusions ; mais cela s'appelait *senatus auctoritas* (*délibéré du sénat*), et non plus *senatus-consultum*. La même chose se pratiquait encore lorsqu'il y avait une opposition de quelque tribun qui empêchait la rédaction du sénatus-consulte, ou bien lorsque le sénat s'était assemblé précipitamment, sans convocation régulière.

Depuis la réforme faite par Auguste, le nombre des sénateurs était de six cents : leurs noms étaient inscrits sur un tableau qui était public. (Note de Dureau de la Malle.)

XXIV. *Insulas longius sitas*. Selon Walther, les Orcades, les îles de Shetland et celles qui bordent la Norwège. Selon M. Burnouf, les îles qui se trouvent au delà de l'Elbe, le long des côtes du Holstein et du Jutland.

XXVI. *Sugambros in deditionem acceptos*. Suétone, Tib. 9, porte à 40 mille le nombre des Sicambres que Tibère établit en deçà du Rhin.

XXVIII. *Flaccum Vescularium*. Il est nommé, Ann. VI, 10, Vescularius Atticus. C'était un des plus fidèles amis de Tibère, qu'il avait suivi à Rhodes et à Caprée.

XXIX. *Simulato morbo*. Selon Dion, LVII, 15, Libon venait réellement d'être malade, et Tibère ne l'avait pas mis en jugement tant qu'il s'était bien porté. Voir dans notre édition de Sénèque, au livre de la Clémence, un portrait de ce Libon.

XXX. *C. Vibius*. C'est le Vibius Sérénus des Annales IV, 13, 28 et suiv.

Novi juris repertor Tiberius. Selon Dion, LV, 5, ce fut Auguste qui, en 746, inventa cette manière d'éluder la loi.

XXXII. *Cotta Messalinus*. Cet homme odieux était fils de l'orateur M. Valérius Messala Corvinus.

Facta et mathematicis. Ce sont les mêmes que l'auteur a nommés plus haut Chaldéens.

XXXIII. *Vestis serica*. On varie beaucoup sur le sens du mot Serica. Les uns veulent que ce soit du coton, les autres de la laine, dont on fait le cachemire. L'opinion la plus fondée est qu'il s'agit d'une étoffe de soie.

Distinctos senatus et equitum census. Le cens des chevaliers était de quatre cent mille sesterces, celui des sénateurs de douze cent mille.

XXXVI. *Utque legionum legati*. Un général d'armée, lors même qu'il n'avait été que préteur, se nommait *legatus consularis* ; un commandant de légion, quand même il n'aurait pas été préteur, s'appelait *legatus prætorius*. Son grade était donc assimilé en quelque sorte à la préture, et, à son retour à Rome, il avait droit d'aspirer à cette dignité. Or, si les magistrats sont nommés d'avance pour cinq ans, comme le demande Gallus, l'espérance des lieutenants de légion se trouve ajournée d'autant ; et c'est pour ne pas leur causer ce préjudice, que Gallus demande en même temps qu'ils soient désignés préteurs, par le droit même de leur lieutenance. (Note empruntée à M. Burnouf.)

XXXVII. *Decies sestertii*. Cent quatre-vingt-quatorze mille, huit cent trente-cinq francs, soixante et un centimes.

XXXIX. *Cosam, Etruriæ promontorium*. Aujourd'hui Monte-Argentaro, près d'Orbitello, en Toscane.

XLI. *Bovillas*. Petite ville à onze milles de Rome.

XLII. *Cappadocia*. Contrée de l'Asie Mineure, située entre la Cilicie, l'Arménie, et le Pont-Euxin.

XLV. *Hercyniæ latebris*. Comparez Velleius Paterculus, II, 108 et 109, pages 600 et 601 de notre édition.

XLVI. *Pro antiquo decore, et plus loin aut recenti libertate*. Allusion 1° aux Chérusques vainqueurs de Varus, 2° aux Lombards récemment échappés à la domination de Maroboduus.

XLVII. *Nocturno terræ motu*. Voyez Pline, II, 86 (84).

Sardianos. Sardes, capitale de la Lydie. *Magnetes a Sipylo*. Magnésie, au pied du mont Sipyle, à la gauche de l'Hermus ; aujourd'hui Magnisa. *Temnios, Philadelphenos, Ægeatas*, Egès, Temnos, cités éoliques de l'Asie ; Philadelphie, ville à l'orient de Sardes, auprès du Tmolus. *Apollonidenses*, Apollonia, ville à moitié chemin de Sardes et de Pergame. *Mosteni*, Mostène, ville de Lydie. *Hierocæsaream*, ville de Lydie. *Myrinam, Cymen, Tmolum*, Myrine ou Sébastopolis, ville maritime de l'Éolide ; Cymé, sur la même côte, à neuf milles de Myrine ; Tmolus, ville au pied de la montagne du même nom, d'où sort le Pactole.

XLVIII. *Q. Vitellium*. L'oncle de celui qui fut empereur.

L. *Sororis Augusti neptem*. Octavie, sœur d'Auguste avait eu du jeune Marcellus deux filles, Marcella major, et Marcella minor.

LIII. *Nicopolim*. Colonie romaine fondée par Auguste, en mémoire de la bataille d'Actium.

LIV. *Perinthum*. Ville de Thrace, sur le bord de la mer de Marmara, depuis Héraclée, d'où le nom actuel d'Erekli.

Samothracum. Ile de la mer Égée, à la hauteur de la Chersonèse de Thrace, célèbre par ses mystères, plus anciens que ceux d'Éleusis, qui passaient pour être venus de là.

LVII. *Cyrri*. Ville de Syrie, dans la Cyrrhétique, à deux journées d'Antioche.

LIX. *Equitibus romanis illustribus*. C'était une classe particulière de chevaliers romains, composée de ceux qui avaient le cens nécessaire pour devenir sénateurs.

LX. *Septingenta millia ætate militari*. Ce qui rend ce nombre vraisemblable, c'est le fait établi d'une manière incontestable par M. Letronne, que Thèbes a été d'abord le nom de la haute Égypte, puis de l'Égypte entière.

Regem Rhamsen. Rhamsès, le même que Sésostris, chef de la 19ᵉ dynastie égyptienne, d'après Manéthon, commença de régner 1473 ans avant J. C.

LXI. *Quod nunc Rubrum ad mare patescit*. Allusion aux conquêtes de Trajan en Arabie, en Mésopotamie et en Afrique. Les anciens étendaient la dénomination de mer Rouge jusqu'à l'océan Indien.

LXIII. *Marum et Cusum*. La Morava ou March, en Moravie, et le Waag, en Hongrie.

LXIV. *Templi Martis Ultoris*. Ce temple fut bâti par Auguste, qui en avait fait le vœu dans la guerre contre Brutus et Cassius.

LXV. *Bastarnas*. Les Bastarnes habitaient au nord du Danube, jusqu'à l'embouchure de ce fleuve.

LXVIII. *Albanos Heniochosque*. Les Albaniens habitaient la partie orientale du Caucase, le long de la mer Caspienne. Les Hénioques étaient plus voisins du Pont-Euxin.

Amnem Pyramum. Fleuve de Cilicie qui se jette dans le golfe d'Issus.

LXIX. *Seleuciam digreditur*. On trouve dans la géographie ancienne treize villes nommées Séleucie. Celle où Pison s'embarqua était à quelques milles d'Antioche, près de l'embouchure de l'Oronte, et portait le nom de Pieria, parce qu'elle était voisine d'une montagne à laquelle les

Macédoniens avaient donné le nom de Piérus. Ext. de la Bletterie et d'Anville.

LXXI. *Parentibus.* Sa mère Antonia, et Tibère, son père adoptif.

Fratri. Drusus, frère adoptif de Germanicus.

LXXII. *Ingenti luctu provinciæ.* Voyez-en le détail dans Suétone, Cal. 5.

LXXIII. *Prætuleritne veneficii signa.* Suétone, Cal. I, et Pline, XI, 71, (37) rapportent qu'en recueillant les cendres de Germanicus, on trouva son cœur intact, ce qui, suivant la physique du temps, était une preuve incontestable de poison. Les accusateurs de Pison se servirent contre lui de cet argument ; et on leur répondit par une assertion non moins futile, savoir, que le feu n'entamait pas non plus le cœur des personnes mortes de consomption, *cordiaco morbo.* (Note empruntée à M. Burnouf.)

LXXIX. *Laodiceam.* Laodicée, vers la mer, distincte de Laodicée au pied du Liban.

LXXXIII. *Saliari carmine.* C'était élever Germanicus au rang des dieux, à qui seuls s'adressaient les chants des prêtres Saliens.

Sedes curules. Cet insigne honneur avait été accordé à César pendant sa vie, à Marcellus après sa mort.

Querceæ coronæ. C'était la couronne civique autrefois décernée à Auguste.

Eburna effigies. La statue de Germanicus devait figurer parmi celles des héros et des dieux qu'on portait en pompe dans les grandes solemnités.

Epidaphne. Village à quelque distance d'Antioche, auprès d'un bois d'oliviers et de cyprès consacré à Apollon.

Clypeus. Écusson de métal, en forme de bouclier, sur lequel étaient sculptés les bustes des personnages illustres, et que l'on suspendait dans la salle du sénat.

Inter auctores eloquentiæ. Germanicus excellait dans l'art oratoire et même dans la poésie. On peut en juger par ce qui nous reste de sa traduction des Phénomènes d'Aratus, fragment recueilli dans les *Poetæ latini minores*, publiés par Wernsdorf.

Idibus juliis. Le 15 juillet, époque d'une fête toute en l'honneur de l'ordre équestre, où les chevaliers romains, couronnés d'oliviers, revêtus de la trabée, et parés de leurs décorations militaires, se rendaient en cavalcade au Capitole.

LXXXV. *Ultionem legis.* Il s'agit de la loi Julia.

Seriphon, aujourd'hui Serfo ou Serfanto, petite île de l'Archipel, une des Cyclades.

LIVRE III.

I. *Littora Calabriæ contra sitam.* M. Burnouf fait remarquer avec raison que l'île de Corfou n'est placée vis-à-vis de la Calabre, que parce que la Calabre ancienne était beaucoup plus étendue que la Calabre actuelle, et qu'elle comprenait la pointe de l'Italie qui s'avance dans la mer Ionienne au sud-est de l'Apulie.

IV. *Solum Augusti sanguinem.* C'est la douleur publique qui se le figurait ; car Auguste avait d'autres descendants par sa petite-fille Julie, laquelle avait épousé Lucius Émilius Paulus.

V. *Ticinum.* Aujourd'hui Pavie.

VI. *Ludorum Megalesium.* Les fêtes de la grande Déesse.

XI. *L. Arruntium.* Probablement le même qu'aux liv. I, 13, et VI, 7.

Sex. Pompeium. Le même qui était consul à l'avénement de Tibère.

M. Lepidus. Selon Walther, celui du liv. I, c. 13.

L. Piso. Selon Ernesti, le Pison du liv. II, c. 4 ; et selon Muret, le frère même de l'accusé.

XIV. *Scripsisset expostulantes.* Passage demeuré inexplicable, malgré tous les efforts des commentateurs. Nous l'avons, à l'exemple de M. Burnouf, enfermé entre deux crochets.

XVI. *Per collegium consulatus.* Sans doute son dernier consulat avec Tibère en 747. Il avait été une première fois consul avec Auguste, en 731.

XVII. *Nam, referente Cæsare.* Les magistrats qui, dans l'ancien gouvernement, n'avaient pas le droit d'opiner au sénat, sous le nouveau, donnaient leur avis, mais seulement quand l'empereur avait mis l'affaire en délibération.

Isque prænomen mutaret. Il prit celui de Lucius.

XIX. *Urbe egressus repetendis auspiciis.* Les généraux romains, étant obligés de déposer le commandement en entrant dans Rome, il fallait pour que Drusus pût célébrer son ovation, qu'il sortît de Rome où l'avaient rappelé les funérailles de son frère, et qu'il reprît le commandement et les auspices.

XX. *Pagida flumine.* Selon Brotier, la rivière d'Abéadh dans la province de Constantine.

XXI. *Cui Thala nomen.* Ville de Numidie, voisine du désert, et dont on ignore la vraie position. Elle fut ruinée dans la guerre de César contre Juba.

XXIV. *Gravi nomine Cæsarum religionum.* Voyez les réflexions de Montesquieu sur les noms de sacrilège et de lèse-majesté donnés par Auguste aux déréglements de sa famille ; Esprit des Lois, VII, 13.

Simul cætera illius ætatis memorando. On voit par là que Tacite avait formé le projet d'écrire l'histoire d'Auguste.

XXV. *Papia Poppæa.* Cette loi fut portée, l'an 762, sous les consuls subrogés M. Papius Mutilus et Q. Poppéus Secundus. Voyez sur cette loi Montesquieu, Esp. des Lois, XXIII, 21.

Post Julias rogationes. La loi Julia *de Maritandis ordinibus*, fut portée par Auguste en 736, pour encourager les mariages et punir le célibat. Voir sur ces diverses lois, les excellentes remarques de M. Burnouf, tom. I, pag. 516.

XXVII. *Turbidis Lepidi rogationibus.* Ce Lépidus était le père du triumvir. Partisan de Marius, il voulut après la mort de Sylla, abolir les lois de ce dictateur. Le sénat lui opposa Catulus, qui n'eut pas de peine à le battre, car il n'avait ni résolution ni talents militaires.

Tribunis reddita licentia. Ce sont les priviléges dont les tribuns avaient été dépouillés par Sylla. Pompée, consul avec Crassus, rétablit le tribunat en 683.

Latæ quæstiones. Il s'agit là de lois spécialement rendues contre les personnes, en opposition aux lois des Douze Tables qui constituaient le droit commun.

XXVIII. *Cn. Pompeius, tertium consul.* Il avait été nommé consul l'an de Rome 702, avec mission de réformer l'État. Entre autres lois, il remit en vigueur celle qui obligeait les candidats à solliciter les suffrages en personne aux comices ; il fit confirmer par le peuple le sénatus-consulte qui ne donnait les provinces aux consuls et aux préteurs que cinq ans après leur sortie de charge ; enfin, il fit une loi sur la brigue qui s'étendait aux délits commis depuis vingt ans. Or, il viola la première en autorisant César à demander le consulat quoique absent ; la seconde en se faisant proroger pour cinq ans le gouvernement de l'Espagne ; la troisième en arrachant à la justice son beau-père Scipion Métellus, contre lequel s'élevaient les charges les plus manifestes. C'est à ces violations que Tacite fait allusion dans cette phrase du même chapitre, *suarumque legum auctor idem ac subversor*.

Per viginti annos. Du troisième consulat de Pompée à la bataille d'Actium, en 723.

XXIX. *Capessendi vigintiviratus.* Dénomination collective qui comprenait quatre sortes de magistrats : les *triumviri capitales*; les *triumviri monetales*, ou surveillants des monnaies; les *quatuorviri viales*, ou préposés à la voirie, et les *decemviri litibus judicandis*, ou présidents des différentes sections du tribunal des centumvirs.

XXXI. *Domitius Corbulo.* Le même qui soutint sous Claude et Néron l'honneur des armes romaines.

Loco non decessisset. Les places des différents ordres, d'abord marquées au théâtre, ne le furent au Cirque que sous Claude, qui assigna le premier des places fixes aux sénateurs, et sous Néron, qui régla ensuite celles des chevaliers.

XXXIII. *Præsedisse nuper feminam.* Plancine, femme de Pison.

Oppiis... legibus. La loi Oppia fut portée en 541, durant la seconde guerre punique, par le tribun C. Oppius. Voir Tite Live, XXXIV, 1, tome 1ᵉʳ de notre édition.

XXXVI. *Arrepta imagine Cæsaris.* Non-seulement l'impunité était assurée à qui se réfugiait auprès de la statue de l'empereur régnant, mais même à qui en tenait une image dans les mains. L'usage en était venu d'un temple avec droit d'asile, élevé par les triumvirs à Jules César.

XXXVIII. *Cotye fratre.* Cotys étant, selon Tacite, le neveu de Rhescuporis, le mot *fratre* s'entend ici d'une très-proche parenté.

Cœletæ Odrusæque. Les Célètes habitaient, les grands, au pied du mont Hemus; les petits, au pied du Rhodope. Les Odryses habitaient, plus proche des sources de l'Hèbre, le pays appelé aujourd'hui la Maritza.

Montem Hæmum. L'Hémus, aujourd'hui la chaîne des Balkans.

Philippopolim. Aujourd'hui Philippopoli, sur l'Hèbre, à environ trente lieues O. N. O. d'Andrinople.

XXXIX. *P. Velleio.* Vraisemblablement l'historien Velléius, lequel avait fait plusieurs campagnes sous Tibère.

XLI. *Andecavi ac Turonii.* L'Anjou et la Touraine.

XLIII. *Augustodunum.* Aujourd'hui Autun.

XLVIII. *Homonadensium.* Peuple de la Cilicie Trachée, dont la capitale était Homonada, aujourd'hui Ermeneck.

LI. *Ad ærarium deferrentur.* Les senatus-consultes, déposés d'abord dans le temple de Cérès, sous la garde des édiles plébéiens, furent portés dans la suite au trésor public. Ils n'étaient exécutoires qu'après cette formalité. Voir Tite Live, III, 55, et XXXIX, 4.

LVIII. *Sæpe pontifices.* Les pontifes avaient dans leurs attributions le culte de tous les dieux, à la différence des flamines qui étaient attachés à tel ou tel dieu.

Post Cornelii Merulæ cædem. Après le retour de Marius, en 667, Cornélius Mérula, flamine de Jupiter, se tua au pied de l'autel de ce dieu, en le priant de faire retomber son sang sur Cinna et tout son parti.

LXII. *Magnetes.* Magnésie sur le Méandre.

L. Scipionis. Scipion l'Asiatique, le vainqueur d'Antiochus. Tite Live, XXXVII, 39-45.

Dianæ Leucophrynæ. De Lycophrys, ville située dans les plaines du Méandre, où Diane avait un temple.

Aphrodisienses. Aphrodisias, ville de Carie.

Stratonicenses. Autre ville de Carie, qui tirait son nom de Stratonice, femme d'Antiochus Soter.

Parthorum irruptionem. Ils étaient commandés par Labiénus, lors du partage de l'empire entre les triumvirs, et avaient soumis toutes les villes de Carie, à l'exception de Stratonice. Ils furent battus par Ventidius, lieutenant d'Antoine. Voir sur Ventidius, la note sur le chapitre XXXV de la Germanie. *Infra Ventidium.*

Perpennæ, Isaurici. Perpenna ou Perperna, vainquit Aristonicus, qui se prétendait héritier d'Attale, et le fit prisonnier dans Stratonice, l'an de Rome 624. P. Servilius Isauricus tira ce surnom des Isauriens qu'il subjugua en 676, dans la guerre qu'il fit aux pirates de Cilicie.

LXIII. *Tenios.* Ténos, île de la mer Égée, l'une des Cyclades, appelée aussi Hydrussa et Ophiassa.

Pedarii Senatores. Dénomination donnée aux sénateurs qui ne relevaient leur titre par aucune illustration personnelle, et tirée probablement de ce que, dans le vote, ceux qui n'avaient exercé aucune magistrature curule, ne pouvaient parler qu'à la fin, et le plus souvent ne votaient qu'en passant, *pedibus eundo*, du côté de celui dont ils approuvaient l'avis.

LXVI. *L. Cottam a Scipione Africano.* On ne sait pas l'objet de ce procès, d'où Cotta sortit absous, quoiqu'il fût manifestement coupable, les juges ayant craint de paraître céder à l'ascendant de l'accusateur.

Ser. Galbam a Catone Censorio. Serv. Sulpicius Galba, accusé par Scribonius Libo, tribun du peuple, et par Caton le Censeur, d'avoir massacré les Lusitaniens dans un guet-apens, fut absous, quoique son crime fût avéré, et malgré l'autorité et l'éloquence du vieux Caton.

P. Rutilium a M. Scauro. Tous deux étaient candidats pour le consulat. Scaurus l'ayant emporté fut accusé de brigue par Rutilius, qui peu après le lui rendit.

Junio Othoni. Déclamateur qui n'était pas sans mérite.

Brutidium. Brutidius Niger, rhéteur du même temps, qui avait quelque réputation.

LXVII. *M. Paconius.* Il fut à son tour accusé de lèse-majesté et condamné à mort.

LXVIII. *De Voleso Messalla.* Il était accusé et coupable des plus atroces barbaries. Voir l'anecdote racontée par Sénèque, *de Ira*, II, 5.

L. Pisonem. Probablement le même dont il est question Ann. VI, 10.

LXX. *Post auditi Cyrenenses.* Ils accusaient Césius Cordus, proconsul de Crète, de concussion.

LXXI. *Equestri fortunæ.* Probablement parce que le temple avait été voué par l'ordre des chevaliers. L'impossibilité de concilier l'assertion de Tacite, qu'il n'y avait aucun temple de ce nom à Rome, avec le passage de Tite Live, XL, 40, qui nous apprend que Fulvius en avait voué un en 573, a fait croire que le mot est altéré. M. Burnouf conjecture que le temple voué par Fulvius avait changé de nom, ou qu'il avait été brûlé et rétabli.

Qui Aulum Postumium. Le consul Aulus Postumius se préparait à partir pour la Sicile, pendant la deuxième guerre punique, quand il en fut empêché par le pontife Métellus, par le motif qu'étant flamine de Mars, il lui était interdit, ainsi qu'aux flamines de Jupiter et de Quirinus, de s'absenter de Rome.

LXXII. *Basilicam Paulli.* Cette basilique, commencée en 704, par L. Emilius Paulus, consul, fut achevée en 720 par Paulus Emilius Lepidus, consul, et relevée, après un incendie, par un autre Emilius : ce qui justifie le titre que lui donne Lépidus de monument des Émiles.

Taurum. Statilius Taurus, préfet de Rome sous Auguste, construisit à ses frais un amphithéâtre dans le champ de Mars.

Philippum. Marcius Philippus eleva un temple à Hercule Musagète.

Balbum. Il bâtit un théâtre et le dédia en 741.

LXXIV. *Leptitanos ... Garamantum.* La petite Leptis, à l'ouest du pays de Tripoli. Les Garamantes, peuple de l'intérieur de l'Afrique.

LXXV. *Asinius Saloninus.* Fils d'Asinius Gallus et de Vipsania Agrippina, première femme de Tibère et mère de Drusus.

LXXVI. *Post Philippensem aciem.* Cette bataille eut lieu l'an de Rome 712, sous le consulat de L. Munatius Plancus, et de M. Æmilius Lepidus.

M. Bruti soror. Servilie, sœur de Caton d'Utique, fut mariée d'abord à D. Junius Silanus, qui fut consul après Cicéron : de ce mariage naquit Junie. Servilie épousa ensuite M. Brutus, et eut de lui Brutus, le meurtrier de César. On voit par là comment Junie était sœur de Brutus et nièce de Caton.

LIVRE IV.

I. *Vulsinis.* Vulsinie ou Volsinii, ville d'Étrurie, dont les habitants adoraient, sous le nom de Nursia, une déesse que l'on croit être la Fortune. Aujourd'hui Bolsena, bourg des États de l'Église.

II. *C. Cæsarem.* Fils d'Agrippa et de Julie, fille d'Auguste.

Apicio. C'était le second Apicius. Le premier vivait vers l'an 662, et fut le principal auteur de l'exil de Rutilius. Le troisième vécut sous Trajan, auquel il fit parvenir jusque chez les Parthes des huîtres fraîches, par un secret de son invention. Pour le second, il se tua, estimant qu'il n'avait plus de quoi vivre, puisqu'il ne lui restait que dix millions de sesterces, ou, selon l'évaluation de M. Letronne, un million, neuf cent quarante-huit mille, huit cent cinquante-six francs de notre monnaie.

III. *Os verberaverat.* Selon Dion, ce fut Séjan qui frappa Drusus. La version de Tacite, outre l'autorité habituelle de son témoignage, est plus vraisemblable.

Liviam. Sœur de Germanicus, et par conséquent cousine germaine de Drusus.

Eudemus. Selon Pline, Eudémus était plus que l'ami de Livie.

V. *Misenum apud et Ravennam.* Misène, sur la mer Tyrrhénienne, près de Naples. — Ravenne, sur l'Adriatique.

Oppidum Forojuliense. Le port de Fréjus. Ce port, commencé sous Jules César et achevé sous Auguste, « s'ou-« vrait, dit d'Anville, au fond d'une anse, aujourd'hui « moins profonde qu'elle n'était autrefois, parce que l'entrée « du port, resserrée entre deux môles dont il subsiste des « vestiges, se trouve actuellement écartée de la mer de « cinq cents toises ; par des atterrissements que les sables « charriés par la rivière d'Argens, voisine de Fréjus, ont « formés, et qui ont paru s'accroître encore dans le courant « de ce siècle. »

Juba rex. C'était le fils de Juba qui avait combattu en Afrique contre César, et s'était donné la mort après la défaite de Thapsus.

Ibero Albanoque. L'Albanie, sur les rives de la mer Caspienne, aujourd'hui le Daghistan ou pays de montagnes. — L'Ibérie est aujourd'hui la Géorgie.

Sociæ triremes. Les flottes du Danube, du Rhin, du Pont-Euxin, ainsi appelées, parce qu'elles avaient leur station chez les alliés.

Alorque et auxilia cohortium. Toute la cavalerie auxiliaire était divisée en ailes, et toute l'infanterie en cohortes. Voici quelques réflexions de Montesquieu relatives à cette revue des forces militaires de l'empire (Grand. et déc. des Rom. c. 13) : « Sous prétexte de quelques tumultes arri-« vés dans les élections, Auguste mit dans la ville un gou-« verneur et une garnison ; il rendit les corps des légions « éternels, les plaça sur les frontières, et établit des fonds « particuliers pour les payer..... Auguste fit des établisse-« ments fixes pour la marine. Comme avant lui les Romains « n'avaient point eu des corps perpétuels de troupes de « terre, ils n'en avaient point non plus de troupes de mer. « Les flottes d'Auguste eurent pour objet principal la sûreté « des convois et la communication des diverses parties de « l'empire : car d'ailleurs les Romains étaient les maîtres « de toute la Méditerranée ; on ne naviguait dans ce « temps-là que dans cette mer, et ils n'avaient aucun en-« nemi à craindre. »

IX. *Sabina nobilitas.* A cause du Sabin Attus Clausus, auteur de la maison des Claudes, à laquelle appartenait Drusus.

XIII. *Civitati Cibyraticæ.* Cibyre, ville considérable de Phrygie, qui paraît, dit d'Anville, sous le nom de Buruz dans les annales turques.

Ægiensi apud Achaiam. « Il y avait dans le Péloponèse « trois villes dont les noms se ressemblent, toutes trois « voisines du golfe de Corinthe : *Ægion, Ægæ, Ægira*. « Faut-il lire dans Tacite *Ægiensi, Ægensi*, ou *Ægirensi* ? « La chose est peu importante ; mais, comme il faut choi-« sir, je lis *Ægiensi*, d'après Ernesti et Gronovius. Je « suppose donc qu'il s'agit d'*Ægium*, ville très-célèbre, « où la ligue des Achéens tenait autrefois ses états géné-« raux, et où, du temps des empereurs, s'assemblaient « encore les députés des villes d'Achaïe, comme on le voit « dans Pausanias. » LA BLETTERIE. D'Anville croit qu'*Ægium* est remplacé par la ville moderne de Vostitza.

De vi publica. C'est le titre d'une loi qui punissait les attentats où la république était intéressée d'une manière quelconque. La première loi *de vi* fut établie l'an de Rome 664 par le tribun Plautius (ou Plotius) Silvanus ; c'est pourquoi elle porte le nom de loi Plotia. Cicéron en parle dans son plaidoyer pour Milon, ch. 13. Avant d'être convaincu de conspiration par Cicéron, Catilina avait été accusé en vertu de cette loi, et c'est d'après cette même loi que l'on poursuivit dans la suite ceux des conjurés qui n'avaient pas subi le dernier supplice. Vers l'an 746, Auguste porta, sous le nom de *leges Juliæ*, de nouvelles lois *de vi publica* et *de vi privata*. La loi sur la violence publique punissait de la déportation tout homme revêtu du pouvoir, qui aurait mis ou fait mettre à mort, torturé, battu de verges, condamné, ou envoyé en prison un citoyen qui en appelait à l'empereur. C'est sans doute pour des délits de ce genre (car la loi en désignait beaucoup d'autres) que fut condamné Vibius Sévénus. (Note empruntée à M. Burnouf.)

Amorgum. Amorgos, île de l'Archipel grec, connue encore aujourd'hui sous le même nom.

Pater Sempronius. Il avait été déporté dans l'île de Cercine, sur la côte d'Afrique, pour son commerce criminel avec Julie, fille d'Auguste.

XIV. *Oscum ludicrum.* Ces scènes s'appelaient *Atellanes*, d'Atella, ville des Osques, où ces jeux avaient pris naissance.

XV. *Censorium funus.* Selon la Bletterie, c'étaient des funérailles dont les censeurs réglaient la dépense. Elles étaient donc publiques et faites au nom de l'État.

XVI. *Confarreatis parentibus.* Le mariage se contractait, chez les Romains, de trois manières différentes : *usu, coemptione, confarreatione*.

Si une femme, du consentement de ses tuteurs, habitait avec un homme pendant un an, sans s'absenter plus de deux nuits, elle en devenait l'épouse par une sorte de prescription (*usu*), sans qu'il fût besoin de nouvelles formalités.

La seconde manière se nommait *coemptio* (achat mutuel). C'était une vente simulée, par laquelle les deux époux s'achetaient réciproquement. La femme apportait trois as; elle en avait un à la main, qui était pour son mari; un autre dans un soulier, qu'elle offrait aux dieux Lares; et un troisième qu'elle mettait en dépôt dans une espèce de hangar fait à la hâte, qui s'appelait le *compitum vicinale*. Par le premier as, la femme achetait son mari, par le second ses dieux Pénates, par le troisième l'entrée de la maison.

Le mariage *par confarréation* tirait son nom d'une espèce de pain fait avec le *far* (froment), que les deux époux mangeaient pendant le sacrifice. Ce mariage était le plus auguste, et fut toujours réservé aux seuls patriciens, depuis même que les plébéiens eurent participé aux prérogatives des nobles. Il exigeait, outre la présence de dix témoins, celle du grand prêtre et du flamine de Jupiter. Les cérémonies étaient fort longues et pouvaient durer plusieurs jours. Le moindre coup de tonnerre, le moindre présage sinistre suffisait pour troubler la fête, qu'il fallait ensuite recommencer entièrement. D'ailleurs, ces sortes de mariages étaient indissolubles, et, pour les rompre, il fallait subir une autre cérémonie, qu'on appelait *diffarreatio*, plus désagréable peut-être que la première.

Et quando exiret e jure patrio qui id flaminium apisceretur, quæque in manum flaminis conveniret. La puissance paternelle sur les enfants des deux sexes était perpétuelle, et ne se dissolvait que par la mort, la servitude ou la déportation du père, l'émancipation ou l'adoption de l'enfant. Toutefois les vestales et le flamine de Jupiter en étaient affranchis. Elle cessait aussi pour les femmes mariées lorsque, suivant l'un des trois modes qui viennent d'être exposés, elles entraient dans la famille de leur mari et tombaient sous sa puissance ou, plus exactement, sous sa main, *in manum*. Or, c'est ce qui arrivait toujours à la femme du flamine, parce qu'il était forcé de consacrer son mariage par la confarréation. Et voilà pourquoi Tacite a dit *quæque in manum flaminis conveniret*, et non pas simplement *quæque uxor flaminis fieret*. La loi dont il va être question plus bas (*sed lata lex qua flaminica dialis, etc.*) régla qu'il n'y aurait nécessité pour elle d'être sous la puissance de son mari qu'en ce qui regardait le culte; et que, pour le reste, elle demeurerait dans le droit commun, c'est-à-dire, qu'elle continuerait d'être ou indépendante, *sui juris*, si elle l'était déjà, ou sous la puissance de son père. En d'autres termes, la confarréation étant d'obligation rigoureuse pour les flamines, on en restreignit les effets, quant à la puissance maritale, aux affaires dépendantes de leur sacerdoce. (Note empruntée à M. Burnouf.)

Scantiæ. Vraisemblablement une vestale qui venait de mourir.

XXI *De Cassio Severo.* Il avait été relégué en Crète, sous Auguste, comme auteur de libelles diffamatoires, et ses écrits supprimés par décret du sénat.

XXII. *Tres laureatæ in urbe statuæ.* Celles de Furius Camillus, de Janius Blésus, et, selon Juste Lipse, de L. Apronius, qui avait aussi vaincu Tacfarinas.

Ptolemæo Jubæ filio. Fils de Juba dont il a été question dans la note sur le chapitre 5, et de Cléopâtre Sélène, fille de Marc Antoine, et de la reine d'Égypte.

XXIV. *Thubuscum.* Ville de la Mauritanie Césarienne que d'Anville place dans un lieu nommé aujourd'hui Burg, dans le canton de Kuko, à peu de distance de la mer.

XXV. *Auzea.* D'Anville le place fort avant dans les terres.

XXVII *Provincia vetere ex more Calles.* Le département des forêts, et des pâturages. Cette branche de l'administration romaine existait dès le temps de l'ancienne république. M. de la Malle avait substitué à *Calles*, que donnent les manuscrits, *Calès*, ville près de Capoue, aujourd'hui-Calvi, comme s'il était vraisemblable que le questeur chargé de surveiller la côte orientale de l'Italie, eût son séjour sur la côte occidentale? Nous empruntons cette judicieuse et décisive remarque à M. Burnouf.

Minore in dies plebe ingenua. Voir sur la diminution de la population libre, une note très-développée et très-intéressante du même traducteur, tome II, pages 412 et 413.

XXXIV. *Scipionem.* Scipion Métellus, qui, après la bataille de Pharsale, continua la guerre en Afrique contre César avec les autres chefs du parti Pompéien. Après la bataille de Thapsus, il se tua pour ne pas tomber dans les mains de César.

Messalla Corvinus. D'abord du parti de la république contre le triumvir, il s'attacha ensuite à Auguste, et fut consul avec lui, l'année de la bataille d'Actium.

XXXVI. *Feriarum latinarum diebus.* Il y avait, entre les peuples du Latium, une confraternité religieuse. Ces peuples, au nombre de quarante-sept, les Romains à leur tête, s'assemblaient tous les ans sur le mont Albain, aujourd'hui *Monte Cavi*, pour y offrir, au nom de tous les Latins, un sacrifice à Jupiter. C'est là ce qu'on appelait les *féries latines*. Tous les magistrats de Rome, depuis l'empereur jusqu'au dernier des tribuns, ne manquaient pas de s'y rendre. Pendant leur absence, on laissait dans la ville un fantôme de magistrat, qu'on nommait *préfet de Rome à cause des féries latines*, et dont l'autorité finissait avec la fête, qui, bornée d'abord à un seul jour, fut ensuite prolongée jusqu'à trois.

Auspicandi gratia tribunal ingressum. Tous les magistrats, le premier jour qu'ils entraient en charge, s'essayaient pendant quelques moments sur des affaires peu importantes. Ils appelaient cela *auspicari*. Cet essai était une sorte d'auspices qu'on prenait. Or, des affaires graves et criminelles auraient pu troubler ces auspices. Cette raison, jointe à l'incompétence de cette magistrature éphémère, et aux idées religieuses qui consacraient les féries latines à la Paix et à la Concorde, devait révolter les Romains contre cet empressement barbare de Salvianus.

Cyzicenis Cyzique, colonie des Milésiens, l'une des plus belles villes de l'Asie Mineure.

XXXVII. *Pergamum.* Ancienne et célèbre ville d'Asie, où fut inventé le parchemin; aujourd'hui Bergamo dans l'Anatolie.

XL. *C. Cæsari*, fils d'Agrippa et de Julie, fille d'Auguste, mort l'an de Rome 757.

C. Proculeium. C'est celui dont parle Horace, dans l'ode 2 du livre II :

Vivet extento Proculeius ævo....

XLII, *Lege Julia.* Loi contre l'adultère, portée par Auguste l'an de Rome 737.

XLIII. *Dianæ Limnatidis.* Du nom du bourg de *Limnæ* sur les confins de la Laconie et de la Messénie, qui y entretenaient un temple en commun.

Dentheliatem agrum. Lieu inconnu.

Ut consanguineus. Par l'adoption qui donnait tous les droits de consanguinité.

Namque eum, legibus pulsum. De ce que Tacite dit que Rutilius fut banni par les lois, il ne faut pas conclure qu'il approuve son exil : on invoque toujours les lois pour condamner même un innocent. Le procès de Rutilius eut lieu l'an de Rome 662. Il s'était attiré la haine des chevaliers en aidant Scévola l'augure, proconsul d'Asie, à réprimer les brigandages des publicains. Or, ces publicains étaient chevaliers, et l'ordre équestre était en possession exclusive des jugements publics, d'après une loi de C. Gracchus, restée en vigueur malgré la chute de ce tribun. Accusé des crimes qu'il avait poursuivis, et jugé par ses accusateurs, Rutilius ne pouvait éviter la condamnation. Il se retira en Asie, où il fut accueilli comme un bienfaiteur. Il était à Smyrne quand Mithridate fit massacrer tous les citoyens romains établis dans ces contrées : il échappa à la faveur d'un déguisement, ou peut-être dut-il son salut au respect qu'inspiraient ses vertus. V. Cicéron, *de Orat.* I, 53 et 54 ; *Brut.* 30. Voyez aussi Montesquieu, Esp. des Lois, XI, 18. L'exil de Rutilius est une des preuves les plus remarquables de ce que dit ce grand publiciste : « Lorsqu'à Rome les jugements furent transportés aux « traitants, il n'y eut plus de vertu, plus de police, plus « de lois, plus de magistrature, plus de magistrats. » (Note empruntée à M. Burnouf.)

XLIX. *Dein fossam loricamque contexens, quatuor millia passuum ambitu amplexus est.* Ce terme militaire, *lorica*, a une signification très-étendue. Il dérive ou de l'accusatif ionien *thorica*, cuirasse, ou de *lorum*, courroie, parce que certaines cuirasses étaient formées de bandes de cuir ; de là, par métaphore, on l'a appliqué à tout ce qui protége, enduit des murs, planchers, etc. Quelquefois il indique toute la circonvallation qui assure une armée contre les entreprises des assiégés, comme dans un passage de Végèce (liv. IV, chap. 28). Plus souvent il désigne, en restreignant sa signification, un ouvrage particulier, non pas *une tranchée, trinciera*, comme Forcellini (t. 2, p. 734, v. *lorica*) veut l'induire du passage cité de Tacite et d'un autre du même auteur (Hist. liv. IV, ch. 37), *loricam vallumque per fines suos Treveri struxere* ; mais, bien certainement, *le parapet*, qui faisait l'office d'une cuirasse pour les défenseurs d'un retranchement. Ce parapet était formé tantôt de terre et de gazon, de pierres ou de bois, comme ceux des murs de ville, celui des Trévires, et celui que décrit Quinte-Curce (liv. IX, chap. 4). *ad fin. Angusta muricorona erat : non pinna, sicut alibi, fastigium ejus distinxerant, sed perpetua lorica obducta transitum sepserat*. Tantôt on le fabriquait avec des claies, comme nous le faisons dans nos tranchées, avec des gabions ou des sacs à terre, les épaulements de nos batteries, et un parapet artificiel pour couvrir les travailleurs. Dans ce genre, il faut classer celui dont parle César, *Bell. Gallic.* (lib. V, cap. 39) *turres contabulantur, pinna loricaque ex cratibus annexuntur* ; et celui qu'élève ici Sabinus, contre les Thraces, *fossam loricamque contexens*. Ce n'est donc pas, comme le prétend Brotier, *une ligne de circonvallation, un petit retranchement, exiguum vallum*, comme le veulent aussi Juste Lipse, Ernesti (not. ad. H. L. et Scheleris ad. Hygin. pag. 126). Cette *lorica*, construite par les Trévires, n'est point une *tranchée*, n'en déplaise à Brotier ; mais une ligne composée d'un fossé et d'un parapet, *loricam vallumque*. (Note de M. Dureau de la Malle le fils.)

XLI. *Aristonici*. Aristonicus, fils naturel d'Eumène, protesta les armes à la main contre le testament d'Attale, qui léguait au peuple romain le royaume de Pergame. Il fut battu et pris par le consul Perpenna, l'an de Rome 624, mené en triomphe, et étranglé en prison.

Hypæpeni Trallianique, Laodiceniset ac Magnetibus simul. Hypèpe, petite ville de Lydie, sur le penchant du Tmolus, en descendant vers la plaine du Caystre, du côté opposé à Sardes. Elle n'existe plus. — Tralles, ville considérable du même pays, dont on voit les ruines sur une hauteur, non loin du Méandre. — Laodicée, ville de Phrygie, dont les restes sont encore appelés Ladik. — Magnésie, au pied du mont Sipyle, à la gauche de l'Hermus, au jourd'hui Magnisa. Il y avait une autre Magnésie, près du Méandre, non loin d'Éphèse et de Tralles.

Ne Ilienses quidem. Les habitants d'Ilium prétendaient que leur ville occupait l'emplacement de l'ancienne Troie, quoiqu'elle en fût à 30 stades de distance. Ilium ne fut longtemps qu'un misérable bourg ; agrandi par Alexandre et Lysimaque, complétement rasée, l'an de Rome 668, par Fimbria, elle fut rebâtie par les soins de Sylla et ensuite de César.

Halicarnasii. Halicarnasse, capitale de la Carie, célèbre par son port, ses fortifications, ses richesses, non moins que par le fameux tombeau de Mausole, l'une des sept merveilles du monde. C'est la patrie d'Hérodote et de Denys, historien des antiquités romaines. D'Anville croit qu'elle était au lieu où se trouve aujourd'hui un château nommé Bodroun.

LVII. *Sex postea annos pari secreto conjunxit.* Tibère quitta Rome l'an 779 : il mourut l'an 790. (36 de notre ère.) Il fut donc absent onze ans.

Quippe illi præraciti. Voir le portrait qu'en a laissé Suétone, Tibère, 68.

LVIII. *Cocceius Nerva.* L'aïeul de l'empereur Nerva.

LIX. *Speluncæ... Amuclanum....* Aujourd'hui Sperlonga au royaume de Naples près de Fondi, sur le bord de la mer. — Amycle, ville du Latium, entre Gaete et Terracine.

LXI. *Asinius Agrippa, claris majoribus quam vetustis*. La noblesse de cette famille n'avait commencé qu'à Auguste.

LXII. *Ob propinquitatem loci.* Fidène était à cinq milles environ de Rome, un peu moins de deux lieues de poste, selon le calcul de d'Anville.

Quinquaginta hominum millia, y compris les blessés. Du reste, ce nombre n'a rien de surprenant, quand on songe à l'étendue des amphithéâtres, et que celui de Vespasien, entre autres, pouvait contenir neuf mille spectateurs.

Quadringentorum millium. D'après les calculs de M. Letronne, soixante-dix-sept mille neuf cent trente-quatre francs, vingt-quatre centimes.

LXIV. *Claudiæ Quintæ.* Celle dont Tite Live raconte qu'elle tira avec sa ceinture le vaisseau qui portait la mère des dieux, et qui arrivait de Pessinunte.

LXVII. *Telebois.* Les Téléboens, suivant Strabon, étaient un peuple d'Acarnanie.

LXXI. *Agrippina matertera.* Agrippine était la tante des enfants d'Asinius Gallus ; car Vipsana, femme d'Asinius, était sœur consanguine d'Agrippine.

LXXIII. *Alam Canninefatem.* Les Canninéfates habitaient la partie occidentale de l'île des Bataves.

LIVRE V.

I. *Julia Augusta.* Nom de Livie, depuis que, par le testament d'Auguste, elle avait été adoptée dans la famille des Jules.

Adoptione Liviorum. C'est le père de Livie, de la famille Claudia, qui avait été adopté par un Livius. Il se tua après la bataille de Philippes, où il avait combattu dans les rangs du parti républicain.

Bello Perusino. La guerre de Pérouse entre Octavien et L. Antonius, frère du triumvir. Pérouse fut prise, et Antonius forcé de se rendre, l'an de Rome 714.

Per conjunctionem Agrippinæ et Germanici Germa-

nicus était petit-fils de Livie, par Drusus, son père, et Agrippine, petite-fille d'Auguste, par Agrippa, son père, et Julie, sa mère.

IV. *Componendis patrum actis.* L'usage de rédiger et de publier les actes du sénat fut introduit pour la première fois par Jules César. Auguste le continua quant à la rédaction; mais il défendit que ces actes fussent publiés. Tibère alla plus loin : il en interdit la publication, et en confia la rédaction à un sénateur de son choix.

V. *Vi principis impediri testarentur.* Voici le sommaire des faits les plus importants, qui remplissent la lacune signalée ici, laquelle comprend le reste de l'année courante, la suivante tout entière et les trois quarts de la troisième. Ces faits sont tirés de Suétone, Josèphe et Dion Cassius.

D'abord, pour le reste de l'année 782. — Mariage de Drusus, fils de Germanicus, avec Emilia Lépida. — Tous les amis d'Augusta sont condamnés. — Agrippine est enlevée par ordre de Tibère, et conduite dans l'île de Pandataria. (Aujourd'hui Sainte-Marie, dans le golfe de Gaète.) Le tribun chargé de la conduire lui crève un œil. — Néron, fils aîné de Germanicus, est relégué dans l'île de Pontia. (Aujourd'hui Ponza, vers les côtes de Campanie.)

Année 783. — Consuls, M. Vinicius Quartinus, et C. Cassius Longus. — Drusus est renvoyé de Caprée à Rome, dénoncé par le consul Cassius Longinus, et enfermé dans le palais. — Les honneurs sont prodigués à Séjan par le sénat. — Pendant qu'Asinius Gallus, député vers Tibère, soupe avec ce prince, un préteur envoyé par le sénat, en conséquence d'une lettre où Tibère le dénonçait, vient le saisir jusqu'à la table de l'empereur. Asinius veut se tuer. Tibère l'en empêche, et le fait ramener à Rome, où il est tenu au secret le plus rigoureux.

Année 784. — Consulat de Tibère et de Séjan. — Le sénat le leur décerne pour cinq ans. Tibère le refuse, pour que Séjan ne l'accepte pas. — Défiance de l'empereur contre Séjan, qui ne peut obtenir la permission de retourner à Caprée. — Tibère fait prendre la robe virile à Caius, et laisse percer l'intention d'en faire son héritier. — Tibère ordonne la mort de Néron. — Séjan, se voyant disgracié, conspire contre Tibère, qui en est averti, et qui, après avoir dissimulé quelque temps, le fait arrêter en plein sénat par Macron. — Séjan est traîné en prison, étranglé et jeté aux Gémonies. — Son fils aîné, son oncle Blésus, sont tués par ordre du sénat. — Apicata, sa femme répudiée, se donne la mort, après avoir révélé à Tibère les auteurs de l'empoisonnement de Drusus. Tibère fait grâce à Livie, selon les uns; selon d'autres, la fait tuer secrètement. — Les poursuites continuent contre les amis de Séjan.

VI. *Quatuor et quadraginta orationes.* Probablement sur la conjuration de Séjan. Le fragment qu'on lit ici est sans doute de quelque ami de Blésus.

VIII. *P. Vitellio et Pomponio Secundo.* P. Vitellius, oncle de celui qui fut empereur, avait été lieutenant de Germanicus, et l'un de ses vengeurs. Tibère, après l'en avoir récompensé par un sacerdoce, l'en punit, quand il put se dévoiler. — Pomponius Secundus, poete estimé par ses contemporains, survécut à Tibère.

XI. *Consulum discordia.* Les consuls subrogés, L. Fulcinius Trio, et P. Mummius Régulus.

LIVRE VI.

III. *Junium Gallionem.* Le frère de Sénèque.

Custoditurque domibus magistratuum. On emprisonnait quelquefois les personnes de distinction dans les maisons des magistrats, quelquefois même chez des particuliers, et sous leur responsabilité.

V. *Novemdialem eam cœnam.* C'était le festin qu'on célébrait neuf jours après la mort d'un parent ou d'un ami.

VIII. *Satrium.* Satrius, accusateur de Crémutius Cordus, et plus tard, de Séjan, son ami.

Fufii Gemini. Il avait été consul l'année où mourut Augusta.

L. Piso. Fils de L. Pison qui, en 704, avait été censeur avec Appius Pulcher. Ce furent les deux derniers que nomma le peuple.

XII. *De libro Sibyllæ.* Une femme inconnue, que le peuple crut être la Sibylle de Cumes, vendit fort chèrement à Tarquin le Superbe trois livres de prétendus oracles. Le roi, qui probablement avait lui-même suscité la prophétesse et fait fabriquer les livres, en confia la garde à deux citoyens du plus haut rang. L'an de Rome 387, le nombre des gardiens fut porté à dix; enfin Sylla voulut qu'il y en eût quinze. Ces livres étaient enfermés dans un coffre de pierre placé sous une voûte du Capitole. On ne les ouvrait que dans les grandes calamités publiques, ou lorsqu'il éclatait quelque sédition dangereuse : on pense bien qu'alors les chefs de l'État n'y lisaient que des prédictions utiles à leur politique. « On ne pouvait lire les livres sibyllins, dit Mon-
« tesquieu, sans la permission du sénat, qui ne la don-
« nait même que dans les grandes occasions, et lorsqu'il
« s'agissait de consoler les peuples. Toutes les interpréta-
« tions étaient défendues; ces livres même étaient toujours
« renfermés; et, par une précaution si sage, on ôtait les
« armes des mains des fanatiques et des séditieux. » Il est probable que, si l'on augmenta le nombre des gardiens de ces livres si commodes pour les fraudes pieuses du sénat, c'était afin de rendre la corruption plus difficile; ce qui n'empêcha pas que César, voulant se faire donner le titre de roi, ne trouvât un collège de quindécemvirs prêt à déclarer que les Parthes ne pouvaient être vaincus que par un roi. (Note empruntée à M. Burnouf.)

Magistros. Magister était le chef ou le président d'un collège de prêtres.

Sociali bello. Le Capitole ayant été brûlé dans la guerre civile entre Marius et Sylla, est-ce par une erreur de copiste ou par l'intention de Tacite, que le mot *socialis* a été substitué au mot *civilis* ?

Erythris. Ville d'Ionie, aujourd'hui Éréthri.

XV. *Vinicio.* M. Vinicius Quartinus, le même à qui Velléius Paterculus adresse son histoire, (voir au premier volume de notre Collection, *Salluste, César, Velléius Paterculus* et *Florus*, la préface qui précède le Velléius), avait été consul en 783. Messaline l'empoisonna, pour avoir résisté à ses impudiques désirs.

XVI. *Legem dictatoris Cæsaris.* Voir sur cette loi, dont nous n'avons pas le texte, Dion, XLI, 37 et 38.

Unciario fœnore. Voir, sur la manière dont l'intérêt se comptait chez les Romains et sur tous les détails financiers contenus dans ce chapitre, les savantes notes de M. Burnouf, tome 2, pages 473-477.

Millies sestertio. Mille fois mille sesterces, équivalant, selon les calculs de M. Letronne, à dix-neuf millions quatre cent quatre-vingt trois mille cinq cent soixante et un francs de notre monnaie.

XVIII. *Theophanen Mitylenæum.* L'ami et l'historiographe de Pompée qui, à sa prière, rendit aux Lesbiens la liberté qu'ils avaient perdue en embrassant le parti de Mithridate. En reconnaissance, ils lui décernèrent les honneurs divins.

XIX. *Sextus Marius.* La cause du meurtre de Sextus Marius était ses mines d'or; le prétexte, l'éloignement de sa fille, qui était d'une grande beauté, et qu'il avait voulu soustraire aux violences de Tibère.

XXIII. *Asinii Galli mors.* Il était mort empoisonné. *Drusus.* Fils de Germanicus.
XXVII. *Qui eadem familia.* Le triumvir Lépidus et son père M. Émilius Lépidus.
XXIX. *Tragœdiæ a Scauro scriptæ.* Dion raconte, XVIII, 24, que Scaurus avait composé une tragédie d'Atrée où Tibère crut se reconnaître : « Puisqu'il a fait de moi un « Atrée, dit-il, je feral de lui un Ajax, » par allusion à ce qu'Ajax s'était tué de sa propre main.
XXXIII. *Caspia via.* L'espèce d'isthme qui sépare la mer Caspienne du Pont-Euxin.
XXXVI. *Suovetaurilia.* Sacrifice où l'on immolait un porc, *sus*; un bélier, *ovis* (dans l'origine *ovis* était des deux genres) ; un taureau, *taurus*.
XXXIX. *Trebellienus.* C'est le même qui avait été donné pour tuteur aux enfants de Cotys, roi de Thrace. *Poppeus Sabinus.* C'était l'aïeul maternel de la fameuse Poppée.
XL. *Faucesque jam exanimis laqueo vexatæ.* M. Burnouf remarque avec justesse et émotion que ce n'était point une cruauté de luxe, une barbarie gratuite : « Il im« portait, dit-il, que Vibulénus n'échappât point aux bour« reaux, pour que ses biens n'échappassent point à la con« fiscation. »
Tigranes. Petit-fils d'Hérode et de Mariamne.
C. Galba, consularis. Le frère de celui qui fut empereur.
XLI. *Nicephorium et Anthemusiada.* Nicéphorium, ville de Mésopotamie, sur le bord de l'Euphrate, aujourd'hui Racca. Anthémusiade, ville de l'Osroène, entre l'Euphrate et le Tigre.
Halumque et Artemitam. Halus, ville d'Assyrie, aujourd'hui Galoula, selon d'Anville. On ignore la position d'Artémite.
XLII. *Seleucenses... civitas potens... Ctesiphon, sedes imperii.* Séleucie, bâtie sur la rive droite du Tigre, par Séleucus Nicator, le premier successeur d'Alexandre en Orient. — Ctésiphon, fondée par les Parthes, sur la rive gauche, pour contre-balancer la puissance de Séleucie.
XLV. *Millies sestertium.* Dix-neuf millions quatre cent quatre-vingt-trois mille cinq cent vingt et un francs.
XLVI. *Occides hunc tu, inquit.* Caïus fit mourir en effet le jeune Tibère, dans la première année de son règne.
XLVII. *Cn. Domitius.* C'était le gendre de Tibère, le mari d'Agrippine, mère de Néron.
Vibius Marsus. Il en a été question au livre II des Annales, 74, 79 ; et au livre IV, 56.
L. Arruntius. C'est lui qu'Auguste, près de mourir, avait déclaré digne du rang suprême.

LIVRE XI.

Liber undecimus. « Après Tibère[1], un fou et un imbé« cile, Caligula et Claude, furent suscités pour gouverner « l'empire, qui allait alors tout seul et de lui-même, comme « Tibère l'avait monté, avec la bassesse et la tyrannie. Il « faut rendre justice à Claude : la couronne l'atteignit mal« gré lui. Caché derrière une porte pendant le tumulte qui « suivit l'assassinat de Caïus, un soldat le découvrit et le « salua empereur. Claude, consterné, ne demandait que la « vie ; on y ajoutait l'empire, et il pleurait du présent. »
Les livres VII, VIII, IX et X des Annales, où ces événements étaient racontés, nous manquent tout entiers avec le commencement du onzième. Tibère était mort l'an de Rome 790 ; Caïus avait régné quatre ans moins quelques jours ; Claude avait reçu l'empire en 794. La partie qui nous reste

[1] M. de Chateaubriand, *Discours servant d'introduction à l'histoire de France.*

du onzième livre commence à l'an 800 (après J. C. 47), Claude étant consul pour la quatrième fois, et censeur avec Vitellius, père de celui qui fut empereur.
Messaline régnait sous le nom de son imbécile époux ; c'était le temps du crédit le plus effronté des affranchis : Pallas, trésorier de l'empereur ; Narcisse, son secrétaire ; et Caliste, son maître des requêtes. Messaline avait déjà fait exiler et mettre à mort Julie, fille de Germanicus, nièce du prince, sous prétexte d'adultère : c'est à cette occasion que Sénèque fut relégué dans l'île de Corse, comme complice de ce crime. Une autre Julie, fille de Drusus, fils de Tibère, avait également péri, ainsi qu'Appius Silanus, qui avait pour femme la mère de Messaline, et dont le fils devait épouser Octavie, fille de Claude. L'autre gendre du prince, Pompéius Magnus, n'avait pas échappé, non plus que son père Crassus et Scribonia sa mère ; enfin, parmi tant de victimes, la pitié publique avait distingué avec admiration Pétus et Arria, ces époux si célèbres par leur tendresse mutuelle et leur fin courageuse.
Dans Messaline, c'étaient principalement la jalousie et l'avarice qui armaient la cruauté. Éperdument amoureuse de l'histrion Moester, et avide de posséder les jardins de Lucullus, elle voulait perdre Poppée, sa rivale, et Asiaticus, propriétaire de ces jardins. Pour accomplir d'un seul coup ce double dessein, elle suppose, entre Asiaticus et Poppée, un commerce criminel. C'est par là que s'ouvrent de nouveau les récits de Tacite.
IV. *Sestertium quindecies.* Deux cent quatre-vingt-douze mille deux cent cinquante-trois francs de notre monnaie.
V. *Legemque Cinciam.* Elle fut proposée en l'an de Rome 549 par le tribun M. Cincius Alimentus. Remise en vigueur par un sénatus-consulte d'Auguste, elle tomba de nouveau en désuétude.
VI. *Æserninus.* Marcellus Éserninus, petit-fils d'Asinius Pollio.
Cossutianus. Il fut un des accusateurs de Thraséas, Ann. XVI, 21, 28.
VII. *Usque ad dena sestertia.* Dix-neuf cent quarante-huit francs de notre monnaie.
VIII. *Tria millia stadiorum.* Probablement le petit stade d'Aristote ; ce qui ferait soixante et quinze de nos lieues.
Ad amnem Erinden. C'est le même, selon Rickius, que Ptolémée place entre l'Hyrcanie et la Médie, sous le nom de Charondas.
XI. *Ludos seculares.* Ils furent institués, selon les uns, l'an de Rome 245, après l'expulsion des rois ; selon d'autres, en l'an 353. On les célébrait tous les cent-dix ans.
XIII. *Fontesque aquarum ab Simbruinis collibus deductos, etc.* Pline, XXXVI, 24 (15), donne à cet ouvrage une si grande idée de ce travail : « Tous les aqueducs antérieurs le « cèdent, pour la dépense, au dernier ouvrage en ce genre « commencé par Caligula et terminé par Claude. Les sour« ces Curtius, Céruleus, Anio Novus, ont été amenées de « la distance de quarante milles, et portées à une telle « hauteur qu'elles se répandent sur toutes les collines de « Rome. Cinquante-cinq millions cinq cent mille sesterces « furent passés en compte pour cette entreprise. Si l'on « considère avec attention la quantité incroyable d'eau « qu'on a fait venir pour l'usage du public, pour les bains, « les réservoirs, les canaux, les jardins, les faubourgs, « les maisons de campagne, si l'on se représente les arca« des construites pour les amener de si loin, les montagnes « percées, les vallées comblées, on avouera que nulle « merveille, dans tout l'univers, n'a plus de droits à notre « admiration. » (Traduction de Gueroult, Extr. de Pline, tom. II, p. 399, Paris, 1809.)

XIV. *Claudius tres literas adjecit.* Il avait composé, étant simple particulier, un livre sur la nécessité de compléter l'alphabet. Selon les conjectures, les deux premières auraient été V consonne, deux C adossés ; on ne sait quelle était la troisième.

XX. *In agro Mattiaco.* Contrée de la Germanie, au delà du Rhin.

XXII. *Lex curiata.* On appelait de ce nom l'acte par lequel le peuple assemblé en curies, confirmait un testament ou une adoption, et celui par lequel il investissait les magistrats du commandement militaire.

XXIII. *Galliæ quæ comata appellatur.* On appelait ainsi la Gaule transalpine, à cause de l'usage des habitants de porter les cheveux longs.

Divum Julium apud Alesiam obsederint. Ville de l'Auxois. Voir les commentaires sur la guerre des Gaules, VII, 168.

Quid si memoria eorum inoriretur. Ce passage est corrompu dans tous les manuscrits. Celui que nous donnons est une restitution qui d'ailleurs offre un sens très-clair.

XXIV. *Princeps...... ita exorsus est.* Le discours même de Claude existe presque entier, gravé sur des tables de bronze découvertes à Lyon en 1528, et que l'on conserve dans cette ville. Nous le donnons ici d'après l'édition très-exacte de Brotier. On verra, par la comparaison de cette pièce originale avec le texte de Tacite, combien, dans ses harangues, ce grand historien est fidèle à la vérité historique, tout en prêtant aux personnages qu'il fait parler, son style et son éloquence.

ORATIO CLAUDII PRINCIPIS.

Ut Galli jus senatorum in urbe adipiscerentur. Simul de Galliarum censu agitur.

Orationis initia desunt. Manent tantum laceræ voces : « mæ rerum nostr..... sii....

Mox :

« Equidem primam omnium illam cogitationem homi-
« num, quam maxime primam, occursuram mihi provi-
« deo. Deprecor ne, quasi novam, istam rem introduci
« exhorrescatis ; sed illa potius cogitetis, quam multa in
« hac civitate nova sint, et quidem statim ab origine urbis
« nostræ, in quod (*lege* quot) formas statusque respublica
« nostra diducta sit.

« Quondam reges hanc tenuere urbem ; nec tamen do-
« mesticis successoribus eam tradere contigit. Supervenere
« alieni, et quidam externi, ut Numa Romulo successe-
« rit, ex Sabinis veniens, vicinus quidem, sed tum ex-
« ternus ; ut Anco Marcio Priscus Tarquinius. Propter te-
« meratum sanguinem (quod patre Demarato Corinthio
« natus erat, et Tarquiniensi matre generosa, sed inopi,
« ut quæ tali marito necesse habuerit succumbere) quum
« domi repelleretur a gerendis honoribus ; postquam Ro-
« mam migravit, regnum adeptus est. Huic quoque et
« filio, nepotive ejus (nam et hoc inter auctores discrepat),
« insertus Servius Tullius : si nostros sequimur, captiva
« natus Ocresia ; si Tuscos, Cœlii quondam Vivennæ so-
« dalis fidelissimus, omnisque ejus casus comes. Postquam
« varia fortuna exactus, cum omnibus reliquiis Cœliani
« exercitus, Etruria excessit, montem Cœlium occupavit ;
« et a duce suo Cœlio ita appellitatus ; mutatoque nomine
« (nam tusce Mastarna ei nomen erat), ita appellatus est
« ut dixi ; et regnum summa reip. utilitate obtinuit. Deinde,
« postquam Tarquinii Superbi mores invisi civitati nostræ
« esse cœperunt, qua ipsius, qua filiorum ejus, nempe
« pertæsum est mentes regni ; et ad consules, annuos ma-
« gistratus, administratio reip. translata est. Quid nunc
« commemorem dictaturæ hoc ipso consulari imperium
« valentius, repertum apud majores nostros, quo in aspe-
« rioribus bellis aut in civili motu difficiliore uterentur ?
« aut in auxilium plebis creatos tribunos plebei ? Quid a
« consulibus ad decemviros translatum imperium, soluto-
« que postea decemvirali regno, ad consules rusus (*lege*
« rursus) reditum ? Quid in pluris (*id est* plures) distribu-
« tum consulare imperium, tribunosque militum consulari
« imperio appellatos, qui seni et sæpe octoni crearentur ?
« Quid communicatos postremo cum plebe honores, non
« imperii solum, sed sacerdotiorum quoque ? Jam si nar-
« rem bella a quibus cœperint majores nostri, et quo pro-
« cesserimus, vereor ne nimio insolentior esse videar, et
« quæsisse jactationem gloriæ prolati imperii ultra Ocea-
« num. Sed illoc potius revertar.

« Civitatem.................. sane...... novo........ divus
« Aug....... no... lus et patruus Tib. Cæsar, omnem florem
« ubique coloniarum ac municipiorum, bonorum scilicet
« virorum et locupletium, in hac curia esse voluit. Quid
« ergo, non italicus senator provinciali potior est ? Jam vo-
« bis, quum hanc partem censuræ meæ approbare cœpero,
« quid de ea re sentiam rebus ostendam ; sed ne provincia-
« les quidem, si modo ornare curiam poterint, reiciendos
« (*id est* rejiciendos) puto.

« Ornatissima ecce colonia valentissimaque Viennensium
« quam longo jam tempore senatores huic curiæ confert !
« ex qua colonia, inter paucos, equestris ordinis ornamen-
« tum, L. Vestinum familiarissime diligo, et hodieque in
« rebus meis detineo ; cujus liberi fruantur, quæso, primo
« sacerdotiorum gradu, postmodo cum annis promoturi
« dignitatis suæ incrementa. Ut dirum nomen latronis ta-
« ceam, et odi illud palæstricum prodigium, quod ante in
« domum consulatum intulit, quam colonia sua solidum
« civitatis romanæ beneficium consecuta est [1] : idem de
« fratre ejus possum dicere, miserabili quidem indignissi-
« moque hoc casu, ut vobis utilis senator esse non possit.

« Tempus est jam, Tib. Cæsar Germanice, detegere te
« patribus conscriptis quo tendat oratio tua : jam enim ad
« extremos fines Galliæ narbonensis venisti.

« Tot ecce insignes juvenes, quot intueor, non magis
« sunt pœnitendi senatores, quam pœnitet Persicum, no-
« bilissimum virum, amicum meum, inter imagines ma-
« jorum suorum Allobrogici nomen legere. Quod si hæc ita
« esse consentitis, quid ultra desideratis, quam ut vobis
« digito demonstrem solum ipsum ultra fines provinciæ
« narbonensis jam vobis senatores mittere, quando ex Lu-
« gduno habere nos nostri ordinis viros non pœnitet. Timide
« quidem, P. C., egressus assuetos familiaresque vobis
« provinciarum terminos sum. Sed destricte jam Comatæ
« Galliæ causa agenda est ; in qua, si quis hoc intuetur
« quod bello per decem annos exercuerunt divum Julium,
« idem opponat centum annorum immobilem fidem, obse-
« quiumque, multis trepidis rebus nostris plus quam ex-
« pertum. Illi, patri meo Druso, Germaniam subigenti,
« tutam quiete sua securamque a tergo pacem præstite-
« runt ; et quidem, quum ad census (*certo certius emen-
« dandum* ab censu), novo tum opere, et inassueto Gallis,
« ad bellum avocatus esset. Quod opus quam arduum sit
« nobis, nunc quum maxime, quamvis nihil ultra quam
« ut publicæ notæ sint facultates nostræ exquiratur, nimis
« magno experimento cognoscimus. »

XXV. *Majorum et minorum gentium.* Selon un passage de Cicéron, *de Rep.* II, 20, Tarquin l'Ancien ayant doublé le nombre des pères, appela ceux qui avaient déjà ce titre, pères des anciennes familles, *majorum*, et ceux de sa création, pères des familles nouvelles, *minorum*. Les pères de création antérieure opinaient les premiers.

Condiditque lustrum. Le chiffre que donne le cens, et sur lequel d'ailleurs les manuscrits diffèrent, comprenait les citoyens répandus dans les provinces.

---

[1] C'est un trait lancé contre la mémoire du malheureux Asiaticus ; *voyez sup.* 1.

XXVIII. *Dum histrio.* Le pantomime Mnester.

XXIX. *Callistus Appianæ cœdis molitor.* Il s'agit du meurtre d'Appius Silanus, mari de la mère de Messaline, et sur lequel celle-ci avait eu des vues incestueuses. Appius l'ayant repoussée, elle imagina qu'il lui était survenu, ainsi qu'à Narcisse, un songe où ils avaient vu Appius poignardant Claude. Celui-ci voyant paraître Appius, au moment même où ce songe lui était raconté, et croyant qu'il s'accomplissait, le fit mettre à mort.

LIVRE XII.

VI. *Vidua jungeretur.* Agrippine était veuve de l'orateur Crispinus Passiénus; elle l'empoisonna, dit-on, pour jouir plutôt de ses biens qu'il lui avait légués par testament.

XII. *Cassius*, l'un des meurtriers de César, avait défendu la Syrie contre les Parthes, après la défaite de Crassus, dont il avait été questeur.

Zeugma. Ce mot en grec signifie pont. Le nom de cette ville venait sans doute du pont qu'Alexandre avait construit en cet endroit pour passer l'Euphrate.

XV. *Mithridate.* C'est la première fois qu'il est question de ce Mithridate dans ce qui nous reste de Tacite. Il descendait du fameux Mithridate.

Dandarides, peuples qui habitaient sur la côte orientale de la mer d'Azof.

XXII. *Quinquagies sestertium.* Neuf cent soixante-quatorze mille cent soixante-dix-huit francs de notre monnaie. Pline raconte qu'à un souper de fiançailles très-ordinaire, Lollia se fit voir aux flambeaux avec une parure d'émeraudes et de perles de quarante millions de sesterces. C'était le fruit des rapines de son aïeul Lollius.

XXIII. *Datum ut senatoribus ejus provinciæ.* Même au temps de la république, un sénateur n'obtenait le droit de voyager qu'à titre de congé ou de délégation libre. Ce droit fut encore restreint sous les empereurs. Claude se réserva de l'accorder seul, sans le concours du sénat, qui avait eu lieu jusqu'à lui.

Salutis augurium. Espèce de divination qu'on employait dans la paix, pour savoir si les dieux en approuvaient la continuation.

XXIV. *Ad aram Consi.* C'est ce dieu qu'on adorait aussi sous le nom de Neptune équestre, et dont la fête servit de prétexte à l'enlèvement des Sabines. Comme dieu du conseil, il avait, dans le grand Cirque, un autel à moitié enfoncé dans la terre, pour montrer que les desseins doivent être secrets.

Curias veteres. On appelait ainsi les Curies bâties par Romulus. Les Curies étaient des édifices où se réunissaient, à certains jours réglés, soit pour des sacrifices, soit pour des repas en commun, les membres composant une curie. Il y avait en outre la Curie où s'assemblait le sénat.

XXVII. *In oppidum Ubiorum.* La ville des Ubiens, fondée par Agrippine; aujourd'hui Cologne.

Vangionas ac Nemetas. Nations qui occupaient le pays de Worms et de Spire.

XXIX. *Suevis.... Lygii....* Voyez sur ces peuples la Germanie de Tacite et les notes.

XXXI. *P. Ostorium.* Il est question de cet Ostorius dans la vie d'Agricola, chap. XIV.

Auvonam et Sabrinam. Sabrina, la Saverne. *Auvona*, l'Avon, qui se jette dans la Saverne, ou, selon Cambden et Cellarius, le Nen ou Nyne, qui passe à Northampton, et se jette dans la mer du Nord.

XXXII. *Cangos.* Ce peuple habitait le nord du pays de Galles.

Brigantas. Ils habitaient les comtés de Lancastre, de Cumberland, de Durham et d'York.

Silurum. Ils habitaient le midi du pays de Galles.

Colonia Camulodunum. Colchester, selon quelques-uns; selon Cambden et Cellarius, Maldon, au-dessous de Colchester, vers le midi, dans le pays qu'habitaient les Trinobantes.

XLI. *Virilis toga Neroni maturata.* Néron entrait dans sa quatorzième année. Or, on ne prenait la robe virile qu'après quatorze ans accomplis.

LIII. *Centies quinquagies sestertium.* Deux millions, neuf cent vingt-deux mille cinq cent trente-quatre francs de notre monnaie.

LVI. *Lacum Fucinum.* Aujourd'hui le lac Célano dans l'Abruzze ultérieure.

Lirim. Le Garigliano.

LVIII. *Redditur Rhodiis libertas.* Ils l'avaient perdue neuf ans auparavant pour avoir mis en croix des citoyens romains.

Semproniis rogationibus, etc. « Les juges [1], dit Montesquieu, Espr. des Lois, XI, 18, furent pris dans l'ordre des sénateurs jusqu'au temps des Gracques. Tibérius (lisez Caïus) Gracchus fit ordonner qu'on les prendrait dans celui des chevaliers : changement si considérable que le tribun se vanta d'avoir, par une seule rogation, coupé les nerfs de l'ordre des sénateurs. » Cette loi, appelée Sempronienne, du nom de famille de son auteur, était une véritable révolution au profit du peuple : car les chevaliers ne formaient point encore un ordre distinct dans la république; ils n'étaient que l'élite et, pour ainsi dire, la tête du parti populaire. Aussi balança-t-elle longtemps, même après Gracchus, le pouvoir excessif que la chute de ce tribun avait donné à la noblesse.

Serviliæ leges. En 648, quinze ans après la mort de C. Gracchus, le consul C. Servilius Cépio partagea les fonctions de juges entre les sénateurs et les chevaliers. Cette loi lui attira la haine du peuple et lui valut le titre de patron du sénat, *patronus senatus.* Six ans après, un autre Servilius, le fameux C. Servilius Glaucia, attribua de nouveau les jugements aux seuls chevaliers. En 663, le tribun Livius Drusus essaya de les rendre, au moins en partie, au sénat; mais sa loi fut abolie, la même année, avec tous les actes de son tribunat. Une autre loi, qui avait le même but, fut portée, deux ans plus tard, par le tribun Plautius Silvanus. Enfin Sylla, pendant sa dictature, rendit le droit de juger aux sénateurs seuls. En 684, le préteur L. Aurélius Cotta, secondé par Pompée, alors consul, le partagea entre les sénateurs, les chevaliers et les tribuns du trésor, qui étaient les plus considérables des plébéiens. Telles sont les principales révolutions du pouvoir judiciaire pendant le septième siècle de la république. Les partis ne cessèrent de se disputer ce pouvoir, le plus important de tous, puisque de lui dépendent l'honneur, la fortune et la vie des citoyens, jusqu'au moment où il tomba, avec tous les autres, aux mains d'un seul homme. (Note empruntée à M. Burnouf).

Cornelius Balbus. Voir la défense de Balbus par Cicéron, contre un de ses compatriotes qui lui contestait le titre de citoyen que lui avait donné Pompée. Il était de Cadix. Il s'attacha à César, et fut consul en 714. Il légua en mourant vingt-cinq deniers (dix-neuf francs quatre-vingt-sept centimes) par tête au peuple romain. On peut apprécier par là l'immensité de ses richesses.

---

[1] Par *juges* il faut entendre les citoyens qui étaient appelés à prononcer comme jurés dans les causes publiques, sous la présidence d'un préteur ou d'un juge de la question (*judex quæstionis*) qui remplaçait le préteur.

LXII. *Antonium.* Le père du triumvir.

LXVI. *Locusta.* Après l'empoisonnement de Britannicus, Néron fit grâce à Locuste, l'enrichit, et lui donna des élèves à former. Il essaya de son art contre Agrippine, et voulut s'en servir pour lui-même, au moment de sa chute. Mais la boîte qui renfermait le poison avait été dérobée. Locuste reçut enfin, sous Galba, le châtiment de ses crimes.

LIVRE XIII.

I. *Junii Silani, proconsulis Asiæ.* Plusieurs Silanus étant mentionnés dans Tacite, pour éviter la confusion nous en donnons la liste d'après M. Burnouf.

1. C. Junius Silanus, fils de Caïus, consul sous Auguste l'an de Rome 763, proconsul d'Asie sous Tibère, condamné pour concussion, et relégué dans l'île de Cythère, Ann. III, 66 *et seqq.*

2. M. Junius Silanus, fils de Marcus, consul sous Tibère l'an 772, proconsul d'Afrique sous Caligula (Hist. IV, 48), fut forcé par ce tyran, dont il était le beau-père, de se couper la gorge.

3. Décimus Junius Silanus, frère du précédent, exilé comme complice des désordres de Julie, petite-fille d'Auguste, rappelé en 773 par le crédit de son frère Marcus, Ann. III, 24.

4. Appius Junius Silanus, consul sous Tibère l'an 781, proconsul d'Espagne, et mari d'abord d'Émilia Lépida, ensuite de Domitia Lépida, mère de Messaline, tué par ordre de Claude.

5. L. Junius Silanus, fils du précédent, fiancé à Octavie, fille de Claude, contraint par Agrippine à se donner la mort, Ann. XII, 4, 8.

6. M. Junius Silanus (celui même dont il est ici question), frère de Lucius, consul l'an 799, et proconsul d'Asie. « Parmi quelques exemples infiniment rares, dit Pline, « on cite celui d'Auguste. Ce prince, l'année même où il « mourut, vit naître la petite-fille de sa petite-fille, M. Si- « lanus, qui, proconsul en Asie, fut empoisonné par Né- « ron, lorsqu'il parvint à l'empire. »

7. D. Junius Silanus Torquatus, consul l'an 806, Ann. XII, 58. Il fut aussi victime de Néron, Ann. XV, 35. Quelques-uns le croient frère des deux précédents.

8. L. Junius Silanus, neveu de Torquatus, tué par ordre de Néron, Ann. XVI, 9.

Silanus divi Augusti abnepos erat. Abnepos veut dire le fils de l'arrière-petit-fils ou de l'arrière-petite-fille, le quatrième descendant. On verra, par le tableau suivant, que nous empruntons à Juste Lipse, comment Silanus descendait d'Auguste à ce degré.

JULIE, fille d'Auguste, mariée à M. AGRIPPA.

JULIE, mariée à L. ÉMILIUS PAULUS.

ÉMILIA LÉPIDA, mariée à APPIUS JUNIUS SILANUS.

L. SILANUS et M. SILANUS, *de quo hic.*

IV. *Publicæ provinciæ.* Les provinces qui, dans le partage qu'en fit Auguste entre l'empereur et le sénat, avaient été abandonnées au sénat et étaient gouvernées par des proconsuls.

Auspicus. Le droit de prendre les auspices appartenait exclusivement à l'empereur, en qualité de chef suprême des armées.

VII. *Duosque veteres reges, Agrippam et Antiochum.* Anciens rois, par opposition à Sohème et Aristobule, créés rois par Néron.

VIII. *Apud Ægeas.* Ville maritime de Cilicie, non loin d'Issus, qu'on croit retrouver dans le fort d'Aias, sur le golfe d'Alexandrette.

XI. *In sua acta collegam Antistium jurare prohibuit.* « Du temps de la liberté, dit Juste Lipse, je ne sache « pas qu'on ait juré sur les actes de personne : on jurait « sur les lois; quant aux actes des magistrats, lorsque leur « auteur était sorti de charge, ils tombaient sous le con- « trôle du sénat, qui les confirmait ou les abrogeait. Les « triumvirs imaginèrent les premiers de jurer eux-mêmes, « et de faire jurer les autres, qu'ils regarderaient comme « inviolables et sacrés les actes de Jules César. Ce serment « eut lieu le 1ᵉʳ janvier de l'an 712. »

XIII. *Annæus Serenus.* Préfet des gardes nocturnes. On a conclu de son nom Annæus qu'il pouvait être parent de Sénèque.

XV. *Exorsus est carmen*, etc. On croit que Britannicus chanta les vers suivants de l'*Andromaque* d'Ennius, cités par Cicéron, *Tusculan.* III, 19 :

> O pater, o patria, o Priami domus,
> Septum altisono cardine templum !
> Vidi ego te, adstante olim barbarica,
> Tectis cælatis, laqueatis,
> Auro, ebore instructam regifice :
> Hæc omnia vidi inflammari,
> Priamo vi vitam evitari,
> Jovis aram sanguine turpari.

XIX. *Junia Silana.* Cette femme appartenait à la famille des Silanus, dont il est question dans la première note de ce livre.

Rubellium Plautum, etc. Rubellius Plautus était fils de Rubellius Blandus, lequel avait épousé Julie, fille de Drusus et petite-fille de Tibère. Il descendait donc d'Auguste au quatrième degré, mais seulement par adoption, et comme il suit : AUGUSTE; 1, TIBÈRE, fils adoptif; 2, DRUSUS, fils de Tibère et de Vipsania Agrippina ; 3, JULIE, fille de Drusus et de Livie, femme de Rubellius Blandus ; 4, RUBELLIUS PLAUTUS. C'est de ce dernier que parle Juvénal, dans les vers suivants Sat. VIII, 39 (voir le volume de notre collection, Horace, Juvénal, Perse, etc., page 244), où, par une erreur, soit du poète, soit des copistes, il est appelé Blandus, comme son père :

> His ego quem monui ? tecum est mihi sermo, Rubelli
> Blande; tumes alto Drusorum stemmate tanquam
> Feceris ipse aliquid, propter quod nobilis esses,
> Ut te conciperet qua sanguine fulget Iuli,
> Non quæ ventoso conducta sub aggere texit.

Rubellius, dénoncé avec Agrippine, échappa cette fois; mais ce ne fut que pour un temps. Tacite, *inf.* XIV, 22 et 58, raconte son exil, puis sa mort.

Domitiæ Neronis amitæ. Probablement une seconde sœur de Domitius, père de Néron. C'est une conjecture de Juste Lipse.

XXII. *C. Balbillo.* Sénèque l'appelle, *Quæst. natur.* IV, 2, le meilleur des hommes et le plus extraordinaire en tout genre de connaissances.

XXVI. *Vicesimum ultra lapidem, in oram Campaniæ.* Selon Juste Lipse, il faudrait lire *centesimum,* la Campanie étant éloignée d'environ cent milles de Rome.

XXVII. *Hinc plerumque tribus.* Le peuple romain était divisé en trente-cinq tribus, dont trente et une de la campagne, *tribus rusticæ,* et quatre de la ville, *urbanæ.*

Ces dernières étant composées des prolétaires, du menu peuple, on y faisait entrer les affranchis.

Decurias. Les décuries des scribes ou greffiers des magistrats.

Si separarentur libertini, manifestam fore penuriam ingenuorum. Montesquieu, Espr. des Lois, XV, 18, commente ainsi l'idée de Tacite. « On sent bien, dit-il, « que quand, dans le gouvernement républicain, on a « beaucoup d'esclaves, il faut en affranchir beaucoup. Le « mal est que, si l'on a trop d'esclaves, ils ne peuvent « être contenus; si l'on a trop d'affranchis, ils ne peuvent « pas vivre, et ils deviennent à charge à la république; « outre que celle-ci peut être également en danger de la « part d'un trop grand nombre d'affranchis, et de la part « d'un trop grand nombre d'esclaves. Il faut donc que les « lois aient l'œil sur ces deux inconvénients. Les diverses « lois et les sénatus-consultes qu'on fit à Rome pour et « contre les esclaves, tantôt pour gêner, tantôt pour faci- « liter les affranchissements, font bien voir l'embarras où « l'on se trouva à cet égard. Il y eut même des temps où « l'on n'osa pas faire des lois. Lorsque, sous Néron, on « demanda au sénat qu'il fût permis aux patrons de re- « mettre en servitude les affranchis ingrats, l'empereur « écrivit qu'il fallait juger les affaires particulières, et ne « rien statuer de général. »

Ædilium potestas. C'était proprement une magistrature dont toutes les attributions étaient de police.

XXIX. *Extra ordinem.* Parce qu'on leur faisait franchir l'édilité, qui était exigée de ceux qui se présentaient pour la préture.

XXXI. *Quadringeni nummi viritim dati.* Quatre cents sesterces, ou soixante-treize francs cinquante-deux centimes de notre monnaie.

Sestertium quadringenties, sept million trois cent cinquante-deux mille trois cent quatre-vingt-douze francs, selon les calculs de M. Letronne.

XXXIV. *Oratorem Corvinum.* Il est beaucoup parlé dans le dialogue sur les orateurs de ce Corvinus, orateur célèbre du temps d'Auguste.

Quingenis sestertiis. Quatre-vingt-onze mille neuf cent quatre francs quatre-vingt-dix centimes de notre monnaie.

XLIV. *Et lege de sicariis condemnatur.* La loi Cornélia, rendue par Sylla, dictateur, l'an de Rome 673. La peine était la déportation dans une île et la confiscation des biens. Les coupables d'une condition inférieure étaient punis de mort.

XLVII. *Cornelium Sullam.* Mari d'Antonia, fille de Claude, auquel Pallas et Burrus avaient été accusés de vouloir donner l'empire.

L. *Dubitavit Nero an cuncta vectigalia omitti juberet.* Voir le savant et intéressant exposé que fait M. Burnouf des différents impôts qui formaient à Rome le trésor public, tome III, pages 434, 438.

LI. *Quadragesimæ quinquagesimæque.* Voir au même tome, pages 440-441, les conjectures de M. Burnouf sur ces deux sortes d'impôts.

LIV. *Consessum caveæ. Cavea* est l'enceinte où sont placés les spectateurs; *consessus,* la réunion elle-même des spectateurs.

LVII. *Flumen gignendo Sale fecundum.* Probablement la Saale ou Sala.

LVIII. *Ruminalem arborem. Ruminalem* de Ruma, nom primitif de Rome, en vieux latin mamelle. C'est l'arbre de Rome, qui plus tard changea l'u du mot étrusque en ω, l'orgueil national ayant trouvé son compte à faire ressembler le nom de Rome avec un mot qui, dans la langue grecque, veut dire force. Voir à ce sujet la substantielle dissertation de M. Burnouf, tome III, pages 450 à 455.

LIVRE XIV.

II. *Stuprum cum Lepido.* M. Émilius Lépidus, favori de Caligula, et mari de Drusille, sœur de ce prince, avait eu des relations criminelles avec les deux autres sœurs, Julia Livilla et Agrippine.

IV. *Quinquatruum festos.* Voir Ovide, Fastes, liv. III.

XV. *Instituit ludos, Juvenalium vocabulo.* Suivant Dion, LXI, 19, Néron institua ces jeux à l'occasion de sa première barbe, dont il consacra les poils à Jupiter Capitolin, après les avoir fait enchâsser dans une boîte d'or.

Augustanorum. Cette troupe, qui fut portée jusqu'à cinq mille, était prise parmi le peuple. Le meilleur titre pour y entrer était la force des poumons et de la voix. Les chefs avaient quarante mille sesterces de traitement.

XVIII. *Regi Apioni.* Le roi Apion, descendant des Lagides, dernier souverain de cette partie de la Libye, dont les principales villes étaient Bérénice, Ptolémaïs et Cyrène, avait légué ses États au peuple romain, l'an de Rome 660.

XXI. *A Thuriis equorum certamina.* Thurium, bâtie après la destruction de Sybaris et non loin de ses ruines, était située entre les rivières de Crathis et de Sybaris, près du golfe de Tarente. Auguste y conduisit une colonie et l'appela *Copiæ,* ce qui n'empêcha pas le nom de Thurium, ou Thurii, de subsister.

XXII. *Apud Simbruina stagna, cui Sublaqueum nomen est.* Tacite, *sup.* XI, 13, a fait mention des monts Simbruins. Pline, III, 17 (12), parle de trois lacs fort agréables, formés par l'Anio, ou Téveron, qui ont donné le nom au lieu appelé *Sublaqueum,* ce qui a fait conjecturer que la véritable orthographe de ce mot serait *Sublacum.*

Fontem aquæ Marciæ. C'est un des plus célèbres aqueducs de l'ancienne Rome. Selon Pline, XXXI, 3, il fut construit par le roi Ancus Marcius, restauré par le préteur Q. Marcius Rex, et plus tard par Agrippa. Mais il est beaucoup plus vraisemblable que le préteur Q. Marcius, l'an de Rome 608, fut le premier et véritable auteur de ce grand ouvrage, et que son surnom de *Rex,* joint à la vanité romaine, aura suffi pour accréditer la supposition contraire. La source était dans les montagnes des Pélignens. On voit encore, près de Rome, des ruines imposantes de cet aqueduc.

XXIII. *Incursavere Mardi.* Selon Anquetil Duperron, c'était un peuple pasteur, qui habitait primitivement à l'est de la mer Caspienne, qui, par une suite de migrations totales ou partielles, volontaires ou forcées, transporta successivement sa demeure dans la Carmanie déserte, aux portes Caspiennes, dans la Médie Atropatène, au nord de l'Euxin, et qui, à travers les bouleversements des empires, sous les dominations des Perses, des Grecs, des Parthes et des Romains, sut, à la faveur de sa vie nomade et de ses mœurs sauvages, conserver sa nationalité et son indépendance.

XXV. *Maris Rubri.* Les anciens comprenaient sous ce nom non-seulement le golfe d'Arabie, mais encore le golfe Persique, et même une partie de la mer des Indes.

XXVII. *Laodicea.* Laodicée de Phrygie, dont le nom subsiste encore dans celui de Ladik.

XXIX. *Monam insulam.* Il existe deux îles qui portaient ce nom. L'une, dont parle César, est aujourd'hui l'île de Man; l'autre, dont parle Tacite, est l'île d'Anglesey.

XXXI. *Trinobantibus.* Peuple qui habitait les comtés de Middlesex et d'Essex.

XXXIII. *Verulamio.* Ville dont le nom ancien avait été conservé pour Bacon, lequel porta le titre de baron de Vérulam; aujourd'hui Saint-Albans, dans le comté d'Hertford.

XXXV. *Tot millium.* Selon Dion, ce nombre était de cent vingt mille.

L. *Fabricius Veiento.* Cet homme fut un des instruments de la tyrannie de Domitius.

LI. *Sophonium Tigellinum.* Sophonius Tigellinus, fils d'un Agrigentin, avait été relégué, sous Caligula, pour crime d'adultère avec Agrippine, sœur du prince. (Dion, LIX, 23.) On lit dans le scoliaste de Juvénal, sur le vers 155 de la Sat. 1, que cet homme passa une partie de sa jeunesse dans l'exil et l'indigence à Scyllacium, chez les Brutiens (Squillace, dans la Calabre ultérieure), où il subsistait du métier de pêcheur. Il lui échut une succession, au moyen de laquelle il acheta des pâturages dans l'Apulie et la Calabre (la Pouille et les Abruzzes). Il y élevait de très-beaux chevaux pour les courses du Cirque, et ce commerce fut l'origine de ses liaisons avec Néron. Tacite, Hist. 1, 72, trace le portrait et raconte la mort de Tigellin.

LXIII. *Agrippinæ a Tiberio... Juliæ... a Claudio pulsæ.* L'an de Rome 782, Agrippine, veuve de Germanicus, fut confinée par Tibère dans l'île de Pandataria (aujourd'hui Sainte-Marie); Suétone, Tib. 53. — Julie, fille d'Agrippine et de Germanicus, nommée aussi par Suétone Livilla, avait été reléguée, en 792, par Caius, son frère, dans l'île de Pontia (Ponza). Elle fut exilée de nouveau en 796, puis mise à mort par ordre de Messaline, femme de Claude; Suet. Cal. 7 et 24; Claud. 29; Dion, LX, 8, 18 et 27.

LIVRE XV.

IV. *Nicephorius amnis.* Selon d'Anville, c'est le Khabour, et il passe près d'une ville nommée Séred, qui, dit ce géographe, pourrait tenir la place de l'ancienne Tigranocerte. Il faut remarquer qu'il y a deux Khabour: le Nicéphorius est celui du nord, qui prend sa source dans le pachalick de Van, et se jette dans le Tigre par la rive gauche. L'autre se jette dans l'Euphrate, et s'appelait anciennement Chaboras.

V. *Oppidum Nisibin.* Ville forte de l'ancienne Mygdonie, partie de la Mésopotamie: il n'en reste que de faibles traces dans le bourg de Nesbin.

X. *Arsamosata.* Place considérable, dont, selon d'Anville, on retrouve le nom sous la forme de Simsat ou Shimshat. On croit que cette ville avait été fondée par Arsamès, qui régnait en Arménie vers 245 av. J. C.

XII. *Regionem Commagenam.* Partie la plus septentrionale de la Syrie, ayant à l'ouest et au nord le mont Amanus et le mont Taurus; à l'est, l'Euphrate. La ville principale était Samosate, aujourd'hui Sémisat.

XIII. *Caudinæ ac Numantinæ cladis.* Le désastre de Caudium eut lieu l'an 433 de Rome; celui de Numance, l'an 617. Le consul Mancinus, enveloppé avec vingt mille hommes par les Numantins, avait conclu une capitulation dont il s'était rendu garant, lui et tous ses officiers. On le rappela à Rome, et le sénat voulut qu'il fût livré à l'ennemi avec tous ceux qui avaient engagé leur foi. Tib. Gracchus, questeur de Mancinus et négociateur du traité, s'y opposa: toutefois il ne put empêcher qu'on ne livrât au moins Mancinus, que les Numantins ne voulurent pas plus recevoir que les Samnites n'avaient reçu Spurius Postumius.

XIX. *Plerique orbi fictis adoptionibus adciscerent filios.* La loi Papia Poppæa, rendue sous Auguste, l'an de Rome 762, qui renouvelait et complétait la loi Julia, portée vingt-cinq ans plus tôt, accordait ou confirmait certains privilèges aux citoyens mariés et qui avaient des enfants. Ainsi ils étaient préférés pour les magistratures et le gouvernement des provinces, et, entre plusieurs candidats, celui qui avait le plus d'enfants devait l'emporter; ils pouvaient aspirer aux dignités avant l'âge légal; ils jouissaient pleinement des droits d'hérédité testamentaire, tandis que les hommes mariés sans enfants ne pouvaient recevoir que la moitié de ce qui leur était légué, et que les célibataires n'en recevaient rien du tout, à moins que le legs ne vînt de leurs plus proches parents, ou qu'ils ne se mariassent dans les cent jours de la mort du testateur.

XX. *Calpurnia scita.* L'an de Rome 605, le tribun L. Calpurnius Piso fit rendre la première loi contre les concussionnaires: elle donnait aux habitants des provinces le droit de poursuivre à Rome la restitution des sommes extorquées par les magistrats, et un tribunal permanent (*quæstio perpetua*) fut établi pour en connaître.

XXIII. *Ad exemplar Actiacæ religionis.* Tacite fait allusion à la ville de Nicopolis, bâtie par Auguste, en mémoire de la bataille d'Actium, et aux jeux quinquennaux institués en l'honneur d'Apollon.

XXVI. *Melitenen.* Ville considérable de la Cappadoce sous Trajan. Aujourd'hui Malatié.

XXXI. *Ecbatanis.* Ecbatane, capitale de la Grande-Médie, fondée par le roi Déjocès, rebâtie ou agrandie par Séleucus; maintenant Hamadan, ville considérable de l'Irak-Adjemi.

XLI. *Ædesque Statoris Jovis.* Le temple de Jupiter Stator fut voué par Romulus à l'occasion du mémorable combat auquel mit fin le dévouement des Sabines. Tite-Live, 1, 12.

Quartodecimo kalendas sextiles. Le 19 juillet de l'an de Rome 817, de J. C. 74.

XLIV. *Sellisternia.* Siéges rangés autour des autels, sur lesquels on plaçait les statues des déesses, dans les festins sacrés. Celles des dieux étaient placées sur des lits, d'où *lectisternia.*

LI. *Chiliarchus.* Un commandant de mille hommes.

LIII. *Circensium ludorum die qui Cereri celebratur.* Les fêtes de Cérès duraient depuis le 12 jusqu'au 19 avril.

LXVIII. *Statiliam Messallinam.* Elle descendait de Statilius Taurus, consul sous Auguste, et elle fut la troisième femme de Néron.

LXXII. *Bina nummum millia.* Trois cent soixante-sept francs soixante-deux centimes, selon les calculs de M. Letronne.

Cocceio Nervæ. Le même qui depuis fut empereur.

LIVRE XVI.

VI. *Differtum odoribus conditur.* « Des personnes « instruites, dit Pline, XII, 41 (18), assurent que l'Arabie « ne produit pas, dans une année entière, autant de parfums « que Néron en brûla aux funérailles de sa femme Poppée. »

VIII. *Lepidam.... Silani amitam.* Lepida était fille d'Appius Junius Silanus et d'Émilia Lépida.

Vulcatius Tullinus. Le même, selon Juste Lipse, qui est nommé au livre IV, 9, des Histoires.

Marcellus Cornelius. Celui qui fut tué par Galba en Espagne, Hist. I, 7

Calpurnius Fabatus. Aïeul de la femme de Pline le jeune.

IX. *Barium.* Aujourd'hui Bari.

XIII. *Quadragies sestertio.* Sept cent trente-cinq mille

deux cent trente-neuf francs vingt centimes de notre monnaie.

XVIII. *Proditam C. Cæsari conspirationem.* L'auteur de cette conjuration, dont Suétone et Dion ne disent que quelques mots, était cet Émilius Lépidus, beau-frère de Caligula, et amant des deux sœurs de ce prince. Selon Brotier, mais sans raisons suffisantes, le chef du complot était Sext. Papinius, fils d'un consulaire, qui toutefois y fut enveloppé et cruellement torturé avec d'autres sénateurs.

XVIII. *De C. Petronio.* On ne sait si ce Pétronius fut le même dont Pline raconte, XXXVII, 7, qu'il brisa avant de mourir un vase murrhin de trois cents talents, qui faisait le plus bel ornement de la table de Néron, ou si ce fut l'auteur même du Satyricon, Titus Pétronius Arbiter.

XIX. *Non per seria aut quibus constantiæ gloriam peteret.* Selon Saint-Évremond, qui montre là son tour d'esprit paradoxal, c'est la plus belle mort de l'antiquité. C'est du moins la plus épicurienne. « Dans celle de Caton, « dit-il, se trouve du chagrin et même de la colère. Le dé-« sespoir des affaires de la république, la perte de la liberté, « la haine de César, aidèrent beaucoup sa résolution; et je « ne sais si son naturel farouche n'alla point jusqu'à la « fureur, quand il déchira ses entrailles. Socrate est mort « véritablement en homme sage et avec assez d'indifférence : « cependant il cherchait à s'assurer de sa condition en « l'autre vie, et ne s'en assurait pas; il en raisonnait sans « cesse dans la prison avec ses amis assez faiblement, et, « pour tout dire, la mort lui fut un objet considérable. « Pétrone seul a fait venir la mollesse et la nonchalance « dans la sienne....... Pétrone, à sa mort, ne nous laisse « qu'une image de la vie : nulle action, nulle parole, nulle « circonstance ne marque l'embarras d'un mourant; c'est « pour lui proprement que mourir est cesser de vivre, et « le *vixit* des Romains justement lui appartient. »

XXII. *Quindecemvirali sacerdotio.* Les quindécemvirs étaient chargés de la garde des livres sibyllins et des sacrifices prescrits par ces livres.

Ista secta Tuberones et Favonios... genuit.... « Q. Élius « Tubéro, dit Cicéron, Brut. 31, pratiquait dans toute « leur sévérité les principes stoïques; il les poussait même « à l'excès. Son langage ressemblait à ses mœurs : il était « dur, austère, négligé; aussi ne put-il atteindre à l'illus-« tration de ses ancêtres. Ce fut du reste un citoyen ferme « et courageux, et l'un des plus constants adversaires de « C. Gracchus. » Le même Cicéron, *pro Murena*, 36, raconte que Tubéron, chargé de faire les apprêts d'un repas funéraire que Q. Maximus donnait au peuple en l'honneur de Scipion l'Africain, fit dresser des lits d'une forme commune, couverts de peaux de boucs, et se servit qu'en vaisselle de terre. L'économie intempestive de Tubéron déplut au peuple romain, et cet homme intègre, excellent citoyen, petit-fils de Paul-Émile, neveu de grand Africain, fut repoussé de la préture à cause de ses peaux de boucs, *hædinis pelliculis prætura dejectus est.* — Favonius, ami de Caton, se piquait d'imiter en tout ce Romain d'une vertu déjà si rigide, et ne faisait souvent qu'exagérer ses principes d'une manière plus choquante qu'utile à la cause de la liberté. (Note empruntée à M. Burnouf.)

XXVI. *Rusticus Arulenus.* Il était préteur lors des combats qui se livrèrent dans Rome même entre les Vitelliens et les Flaviens. Une vie de Thraséas, qu'il écrivit sous Domitien, lui valut la mort.

XXVIII. *Paconium Agrippinum.* Son père, après avoir accusé Silanus, proconsul d'Asie, dont il avait été questeur, fut accusé à son tour de lèse-majesté, et sacrifié à la cruauté de Tibère.

XXXIII. *Cassii Asclepiodoti.* Il fut rappelé de l'exil sous Galba.

Quinquagies sestertium. Neuf cent dix-neuf mille quarante-neuf francs de notre monnaie.

Duodecies. Deux cent vingt mille cinq cent soixante et onze francs soixante et seize centimes.

Exemplum Arriæ matris sequi. Arria, belle-mère de Thraséas, était femme de Pétus Cécina, lequel prit part à la révolte de Scribonianus contre Claude. Forcé de se donner la mort, comme il s'y préparait, Arria se perça la première, et lui présentant le poignard qu'elle venait de retirer de son sein, « Pétus, lui dit-elle, cela ne fait pas « de mal. » M. Burnouf reproche avec raison à Martial d'avoir gâté ce mot sublime

. . . *vulnus quod feci non dolet*, inquit,
Sed tu quod facies, hoc mihi, Pæte, dolet.

Malheureusement, plus de personnes connaissent l'anecdote par l'enjolivement du poète que par le simple récit de Pline et de Dion. On n'a pas trouvé apparemment assez d'esprit dans le mot authentique.

XXXV. *Obversis in Demetrium.* Brotier, dans ses Suppléments, traduits par M. Noël, achève ainsi la phrase : « Il tourna vers Démétrius ses yeux mourants, et, ranimé par son aspect et par ses paroles, disant le dernier adieu à ses amis, il expira enfin; personnage aussi distingué par la conduite de toute sa vie que par le courage de sa mort, et affermi contre les maux présents, au point de dire : « J'aime mieux être tué aujourd'hui que relegué demain. »

Nota. M. Burnouf lie les Annales aux Histoires par un sommaire chronologique très-bien fait, qui rend d'autant plus regrettable la perte que nous avons faite des couleurs que Tacite aurait dû répandre sur un si riche canevas. Nous empruntons ce sommaire au savant traducteur,

An de Rome 819, de J. C. 66.

Exil du stoïcien Cornutus, maître de Perse et de Lucain.
Tiridate reçoit de Néron la couronne d'Arménie. Fêtes magnifiques à cette occasion, dans lesquelles Néron joue de la lyre et court dans le Cirque en présence du prince étranger. Tiridate emmène de Rome des ouvriers pour rebâtir Artaxate.

Néron est salué *imperator* et ferme le temple de Janus.
Passion de ce prince pour la magie : il se fait donner des leçons de cet art par les mages venus avec Tiridate, et ne peut réussir à l'apprendre.

Il presse Vologèse de faire aussi le voyage de Rome; et, sur son refus, il songe à lui déclarer la guerre. Il projette en même temps une expédition en Éthiopie.

Néron fait tuer Antonia, fille de Claude, qui refusait de l'épouser, et prend pour femme Statilia Messallina.

Révolte des Juifs : Vespasien est chargé de la réprimer.

Vers la fin de l'année, le prince part pour la Grèce et y demeure presque toute l'année suivante.

Rome est gouvernée, pendant son absence, par l'affranchi Hélius.

An de Rome 820, de J. C. 67.

Consuls L. Fontéius Capito et C. Julius Rufus.
Néron figure successivement dans tous les jeux de la Grèce, où il obtient dix-huit cents couronnes.
Il déclare la Grèce libre et la ravage par ses rapines et ses cruautés.
Il entreprend de percer l'isthme de Corinthe, et, après avoir creusé une longueur de quatre stades, il y renonce tout à coup.
Hélius massacre dans Rome, et Polyclète y pille.
Néron attire Corbulon en Grèce par une lettre où il l'ap-

portait son bienfaiteur et son père ; et Corbulon, arrivé à Cenchrées, reçoit l'ordre de mourir.

Les deux frères Scribonius sont également réduits à s'ouvrir les veines.

Néron fait tuer le pantomime Pâris, qui n'avait pu réussir à lui apprendre son art.

Cécina Tuscus, préfet d'Égypte, est exilé pour s'être servi de bains construits pour le prince à Alexandrie.

Néron revient à Rome monté sur le char triomphal d'Auguste. Une conjuration tramée par Vinicius est découverte à Bénévent.

An de Rome 821, de J. C. 68.

Consuls C. Silius Italicus et M. Galérius Trachalus.

Néron, étant retourné à Naples pour y jouer la comédie, apprend la révolte de Vindex dans les Gaules.

Vindex écrit plusieurs fois à Galba, gouverneur de la province tarraconaise en Espagne ; et, après quelques hésitations, celui-ci se déclare lieutenant du sénat et du peuple romain. Cet événement eut lieu au commencement d'avril.

Néron revient à Rome. Son effroi en apprenant le titre que venait de prendre Galba. Il met à prix la tête de Vindex, et fait déclarer Galba ennemi public. Pendant qu'il extorque de l'argent et rassemble des troupes, tous ceux qui avaient quelque commandement dans les provinces abandonnent sa cause.

Virginius, resté fidèle non à Néron, mais à la république, marche contre Vindex. Les légions romaines et l'armée gauloise en viennent aux mains sans l'aveu de leurs généraux ; et Vindex, complétement battu, se donne la mort.

Virginius ne veut ni accepter l'empire pour lui-même, ni soutenir Galba.

Perplexité de Galba, qui renonce un moment à son entreprise.

Néron songe à fuir en Égypte ou chez les Parthes, ou même à se jeter entre les bras de Galba, ou encore à monter à la tribune et à demander grâce au peuple romain.

Sur ces entrefaites, Nymphidius Sabinus, un des préfets du prétoire, persuade aux prétoriens d'abandonner Néron et de proclamer Galba.

Néron s'enfuit, au milieu de la nuit et presque nu, dans une maison de son affranchi Phaon, à quatre milles de Rome.

Le sénat le déclare ennemi public, le condamne au dernier supplice, et reconnaît Galba empereur.

Néron se décide enfin à mourir, et fait faire les apprêts de ses funérailles, en répétant de temps en temps : « Quel sort pour un tel artiste ! *Qualis artifex pereo!* »

Au moment d'être pris par les cavaliers envoyés à sa poursuite, il se perce la gorge d'un poignard que son affranchi Épaphrodite l'aide à enfoncer. Ainsi mourut Néron, le 11 juin, et en lui s'éteignit la race d'Auguste.

Icélus court en Espagne annoncer à Galba la mort de Néron et le décret du sénat en sa faveur.

Virginius refuse encore une fois l'empire, et fait reconnaître Galba par ses légions.

Vespasien envoie son fils Titus porter son hommage au nouvel empereur.

Nymphidius, abusant de l'absence de Galba, essaye d'usurper l'empire : il est massacré par les prétoriens.

Galba arrive à Rome.

NOTES
SUR LES HISTOIRES.

LIVRE PREMIER.

I. *Octingentos et viginti prioris ævi annos.* C'est huit cent vingt et une années qu'il faut lire, Néron étant mort le 11 juin, l'an de Rome 821, et Galba et Vinius étant consuls le premier janvier 822.

A Domitiano longius provectam. Tacite rapporte, au livre XI des Annales, chap. 11, qu'il assistait comme préteur et l'un des quindécemvirs aux jeux séculaires, qui furent donnés sous Domitien.

II. *Quatuor principes.* Galba, Othon, Vitellius et Domitien. *Tria bella civilia.* La première entre Othon et Vitellius ; la seconde entre Vitellius et Vespasien ; la troisième entre Domitien et L. Antonius. *Permixta* ; celle de Civilis, par exemple.

Illyricum. Dans Tacite, ce sont la Pannonie, la Mésie et la Dalmatie. Les Romains étendaient ce nom par degrés, depuis les Alpes jusqu'au Pont-Euxin.

Perdomita Britannia. Par Agricola.

Haustæ urbes. Pompeia et Herculanum, englouties par l'éruption du Vésuve qui eut lieu sous Titus, l'an de J. C. 79.

Incendiis. L'incendie du Capitole sous Vitellius : d'une partie considérable de Rome sous Titus : outre d'autres.

Pollutæ cærimoniæ. Allusion à plusieurs vestales condamnées et punies sous Domitien.

IV. *Urbanum militem.* Sous ce nom commun sont comprises les différentes milices qui résidaient habituellement à Rome : *Prætorii, Urbani, Vigiles.* Ce fut Auguste qui institua successivement ces trois corps.

V. *Arte magis et impetu.* L'impulsion de Nymphidius, l'un des préfets du prétoire.

Donativum. Le don militaire, différent du *congiarium*, don fait au peuple.

In ipso conatu. Nymphidius reçut la mort au moment où il s'apprêtait à remercier l'armée, se croyant sûr d'être proclamé empereur.

VI. *Cingonio Varrone.* Selon Plutarque, c'était l'auteur de la harangue que devait prononcer Nymphidius.

Trucidatis tot millibus. Il s'agit des soldats de marine que Néron avait rassemblés pour les former en légion, et qui vinrent à la rencontre de Galba jusqu'au pont Milvius, pour implorer de lui la confirmation de ce bienfait ; car le service légionnaire était plus honorable que celui de la flotte. Comme ils demandaient avec trop d'opiniâtreté une aigle et des étendards, Galba les fit charger et massacrer par sa cavalerie. (Suét. Galb. 12.)

Dion, LXIV, 3, dit qu'il en périt d'abord sept mille, et qu'ensuite on décima le reste. Tillemont croit le nombre de sept mille fautif ou exagéré.

Legione hispana. Celle qui avait fait Galba empereur.

VII. *Clodii Macri.* Il était gouverneur d'Afrique ; et Fontéius Capito commandait l'armée de la basse Germanie.

VIII. *Super memoriam Vindicis.* En combattant sous

Vindex, les Gaulois s'étaient en quelque sorte engagés dans la cause de Galba.

Recentis victoriæ. La victoire remportée sur Vindex, sous le commandement de Virginius.

IX. *Diutius sine consulari fuere.* Depuis l'assassinat de Fontéius Capito, lieutenant consulaire.

XV. *Sulpiciæ ac Lutatiæ.* Galba descendait de Servius Sulpicius Galba dont Cicéron a dit, Brut. 21, qu'il fut le premier Romain qui connut toutes les ressources de l'art oratoire. Il avait pour mère Mummia Achaica, petite-fille de Q. Lutatius Catulus, consul en 675.

XVII. *In castris.* Le camp des prétoriens, placé aux portes de Rome.

XVIII. *Quartum idus januar.* Le 4 avant les ides de janvier, c'est-à-dire le 10 janvier. Les ides étaient le treizième jour des mois de janvier, février, avril, juin, août, septembre, novembre; et le quinzième des mois de mars, mai, juillet, octobre.

XIX. *Consilio intercessit.* Laco empêcha qu'on envoyât Pison, afin de ne pas l'accompagner.

XX. *Bis et vicies millies.* Selon les calculs de M. Letronne, trois cent quatre-vingt-onze millions, trois cent quatre-vingt mille francs de notre monnaie.

XXIII. *In itinere.* Il s'agit du voyage de Galba d'Espagne à Rome.

Speculatori. Corps de soldats qui servaient d'éclaireurs en campagne, d'espions dans le camp ennemi; quelquefois de courriers, quelquefois de bourreaux.

Per socordiam præfecti. Le préfet du prétoire Cornélius Laco.

XXV. *Tesserarium.* On appelait *tessera* (du grec τέσσαρες) une planchette carrée sur laquelle on écrivait le mot d'ordre, et qui, du tribun ou du commandant d'un corps, passait successivement à tous les centurions, jusqu'à ce qu'elle revînt à celui qui l'avait donnée. Les soldats chargés de la faire circuler étaient nommés *tesserarii*. On se servait quelquefois de la *tessère* pour donner, non pas un simple mot, mais un ordre ou un avis pour lequel on ne voulait pas employer la voix. (Note empruntée à M. Burnouf.)

XXVII. *Per Tiberianam domum* : « Othon, pour « qu'on ne s'aperçoive pas qu'il va au camp des prétoriens, « prend une route opposée, gagnant la maison de Tibère, « placée sur les derrières du palais, et descendant ensuite « au Vélabre, près du Tibre. Mais bientôt il remonte vers « le temple de Saturne en traversant le forum, et vers la « colonne milliaire pour se rendre par la Voie Haute (*Alta* « *semita*) au camp des prétoriens, placé hors de Rome « entre les portes Colline et Nomentane. » (Note de Ferlet.)

Velabrum. C'était dans l'origine une eau stagnante et que l'on passait en bateau entre le forum et le mont Aventin. Quand ce marais fut desséché, la place conserva l'ancien nom.

Milliarium aureum. Colonne dorée que l'empereur Auguste fit élever à l'entrée du forum, et d'où l'on commença à compter les distances.

XXXI. *Vipsania in porticu.* Ce portique était situé au Champ de Mars, dans la neuvième région de Rome.

Libertatis atrio. Sur le mont Aventin.

XXXVII. *Polycleti et Vatinii, et Helii.* Trois affranchis de Néron.

Cohors togata. Pour conserver une image de l'ancienne coutume, qui ne permettait à personne d'être en armes ou en habit militaire dans Rome, la cohorte qui faisait la garde au palais était vêtue de la toge et non du *sagum*. Marc-Aurèle, arrivant en Italie, prit même la toge et la fit prendre à ses soldats dès le port de Brindes, sans doute afin de témoigner hautement son respect pour une liberté que ce grand prince était digne de rendre aux Romains, si le temps et les événements pouvaient rétrograder.

XL. *Basilicis.* On appelait basiliques de grands bâtiments élevés autour du forum, où se tenaient certains tribunaux, et où les négociants se rendaient pour traiter de leurs affaires. Les basiliques formaient des salles longues et couvertes, divisées en plusieurs nefs, dont le toit était soutenu par des colonnes.

XLI. *Curtii lacum.* Endroit de la place publique ainsi nommé soit du marécage où s'enfonça Métius Curtius, général des Sabins, dans un combat contre les Romains, Tite-Live, I, 12 et 13; soit du gouffre où M. Curtius se précipita à cheval et tout armé, VII, 6.

Evocatum. On appelait *evocati* les soldats qui, ayant fini leur temps de service, consentaient à s'enrôler de nouveau.

XLVI. *Vacationes.* Proprement congés ou exemptions de service : ici, c'est l'argent dont on les achetait.

XLVII. *Vocat senatum prætor.* N'y ayant plus de consul depuis la mort de Galba et de Vinius, c'était au préteur de la ville à convoquer le sénat.

LI. *Sine labore ac periculo.* La guerre de Vindex fut terminée par un seul combat sous les murs de *Vesuntio*, (Besançon). Pendant que Vindex parlementait avec Virginius, les légions, trompées par un mouvement des Gaulois, se crurent attaquées, et attaquèrent elles-mêmes. Les Gaulois pris au dépourvu furent taillés en pièces.

LII. *Collegium Cæsaris.* Vitellius le père avait été deux fois consul et censeur avec l'empereur Claude.

LIII. *Lingones.* Les peuples du pays de Langres.

LIX. *Julius deinde Civilis.* C'est celui qui, sous le nom de Claudius Civilis, devait bientôt faire aux Romains une guerre si terrible.

Valerius Asiaticus. Serait-ce le fils du Valérius Asiaticus que fit périr Messaline?

Ala Taurina. Aile de cavalerie qui avait été levée chez les Taurins, dont le chef-lieu était *Augusta Taurinorum*, aujourd'hui Turin.

LXI. *Cottianis Alpibus.* Toute la chaîne des Alpes qui comprend le mont Viso, le mont Genèvre et le mont Cenis; et quelquefois l'un ou l'autre seulement de ces deux derniers.

Penninis jugis. Le grand Saint-Bernard.

LXIII. *Divodurum.* Aujourd'hui Metz.

LXIV. *In civitate Leucorum.* Peuple dont le chef-lieu était *Tullum*, aujourd'hui Toul.

Æduos. Les Éduens. (Le pays d'Autun.)

LXV. *Proximum bellum.* La guerre de Vindex.

Se coloniam romanam. Lyon fut fondé en 710 par Munatius Plancus.

LXVI. *Trecenos sestertios.* Près de cinquante-quatre francs par tête.

Allobrogum. Le Dauphiné et une partie de la Savoie.

Vocontiorum. Au midi des Allobroges, dans le pays de Vasio ou Vaison. (Département de Vaucluse.)

LXVII. *In modum municipii exstructus locus.* Baden, sur la Limmat, dans le canton d'Argovie, à cinq lieues environ de Zurich.

In montem Vocetium. Selon d'Anville, le Boetz-Berg, montagne du Jura.

Aventicum. Aujourd'hui Avenches, à deux lieues et demie de Fribourg.

LXXII. *Sinuessanas aquas.* Eaux minérales à Sinuesse en Campanie.

LXXVII. *Consul cum Titiano fratre*, etc. Pour l'intelligence de tout ce passage, il faut se souvenir que les empereurs, afin d'affaiblir l'autorité des consuls et de multiplier leurs propres créatures, avaient fait, pour ainsi dire, du consulat plusieurs parts, et nommaient par an jusqu'à douze titulaires de cette dignité dont ils se réservaient le pouvoir à eux seuls. Sous Commode on vit même vingt-cinq consuls en une seule année. On datait par le nom de ceux qui entraient en charge le 1er janvier, et ils se nommaient *consules ordinarii*; les autres étaient appelés *suffecti*.

LXXVIII. *Hispaliensibus et Emeritensibus*. Séville dans l'Andalousie, et Mérida dans l'Estramadure.

LXXIX. *Rhoxolani*. Nation sarmate que d'Anville, d'après Ptolémée, place avec les Iazyges au nord des Palus-Méotides, entre le Tanaïs et le Borysthène.

LXXXII. *Julio Martiale*. Il était tribun d'une cohorte prétorienne.

Saturnino præfecto legionis. Probablement de la légion première de marine, restée seule à Rome.

LXXXVI. *Cella Junonis*. La nef consacrée à Junon. Il y en avait deux autres, l'une consacrée à Jupiter, l'autre à Minerve.

LXXXVIII. *In coloniam Aquinatem*. Aquino dans la terre de Labour, au royaume de Naples.

LXXXIX. *Scriboniani contra Claudium incœpta*. Furius Camillus Scribonianus, commandant en Dalmatie, se révolta contre Claude, l'an de Rome 793. Au bout de cinq jours, ses soldats se repentirent, et il fut tué dans la petite île d'Issa, où il s'était enfui.

LIVRE II.

VIII. *Cythnum insulam*. Cythnos, une des Cyclades, entre Sériphe et Céos; aujourd'hui Thermia.

X. *Vibius Crispus*. Orateur célèbre qui avait fait le métier d'accusateur sous Néron.

Delatorem fratris sui. Vibius Secundus, frère de Crispus, avait été accusé de concussion par la province de Mauritanie.

XI. *Rebellione Britannicæ compressa*. Par Suétonius Paullinus.

XIII. *Albium Intemelium*. Aujourd'hui Vintimille.

XV. *Albingaunum*. Aujourd'hui Albenga.

XVII. *Ticinum*. Pavie, sur le Tésin, non loin de son embouchure dans le Pô.

XXIII. *Bedriaci sistit*. Nous empruntons à Ferlet la note suivante, qui peut jeter quelque jour sur ces détails stratégiques. « Gallus menait la première légion au secours « de Plaisance, et il s'arrêta à Bédriac. Il venait donc de plus « loin sur la route de Vérone. Mais pourquoi s'arrête-t-il « dès qu'il apprend la levée du siège? pour trois raisons : « 1° ce siège étant levé, son objet était rempli; 2° restant « à Bédriac, il était à même d'être joint plus promptement « par les légions de l'Illyricum et par Othon, qui était resté « plus loin pour les attendre; 3° il y aurait eu de la folie « à aller se battre en rase campagne, et avec une légion qui « n'avait pas encore vu l'ennemi, contre une armée de « soldats vétérans. Ces raisons étaient solides et dignes de « la maturité de jugement qui le caractérisait : *maturita-« tem Galli*, a dit Tacite, I, 87. »

Duabus jam romanis cladibus. Vitellius gagna et perdit l'empire sur le même champ de bataille. Ce sont là les deux désastres de Bédriac.

Quant à la position de Bédriac, elle est très-incertaine. Le plus grand nombre veut que ce soit Canneto; d'autres, que ce soit Cividale, entre le Pô et la Delmone, à l'est de Crémone. Selon Ferlet, vers l'opinion duquel M. Burnouf paraît pencher, Bédriac aurait été sur la rive gauche de l'Oglio, un peu au delà de Bina, à peu près à l'endroit où est aujourd'hui Ustiano, très à l'ouest de Canneto. Cette supposition paraît la plus conforme aux données de l'historien.

XXVI. *Pro vallo*. Le camp de Cécina.

XXXIII. *Brixellum*. Aujourd'hui Bresello ou Bersello, sur la rive droite du Pô, à onze lieues environ au-dessous de Crémone.

XXXV. *Et erat insula*. « A un mille au-dessous de « l'embouchure de l'Adda, vis-à-vis de Spinadesco. L'on « voit encore l'île dont il s'agit ici, au-dessous d'une autre « plus petite qui est vis-à-vis de l'embouchure. C'est près « de là qu'était le pont de Cécina et que se livra le premier « combat de Bédriac, sur la rive gauche du Pô. » (Note de Ferlet.)

L. *Maternum genus impar*. La mère d'Othon s'appelait Albia Térentia. Elle était d'une famille équestre.

Regium Lepidum. Aujourd'hui Reggio, dans l'État de Modène.

LIV. *Diplomata Othonis*. Les empereurs avaient établi sur toutes les routes ou postes publiques, afin que les dépêches leur fussent apportées avec célérité. Les particuliers ne pouvaient se servir des chevaux qu'on y entretenait, sans un ordre du gouverneur de la province ou de l'empereur lui-même. Cet ordre ou patente s'appelait *diploma*. (Note empruntée à M. Burnouf.)

LXI. *E plebe Boïorum*. Les Boïens occupaient la partie de la Gaule appelée aujourd'hui le Bourbonnais.

LXII. *Ab utroque mari*. La mer supérieure ou Adriatique, et la mer inférieure ou Tyrrhénienne.

LXVI. *Graiis Alpibus*. Aujourd'hui le petit Saint-Bernard.

LXXII. *Scribonianum*. On ignore quel était ce Scribonianus.

LXXXI. *Sohemus*. Il avait été nommé par Néron roi de Sophène.

Antiochus. Roi de Commagène, issu des Séleucides.

Agrippa. Frère de Bérénice, et roi d'une partie de la Judée.

Beryti. Béryte, ville maritime de Phénicie, près du mont Liban, nommée aussi Béroé.

LXXXIII. *Classem e Ponto Byzantium adigi jusserat*. « Il (Mucien) prit son chemin par la Cappadoce et la « Phrygie, pour passer à Byzance, où les vaisseaux du Pont « avaient ordre de se rendre pour cela. Il avait encore le « dessein de s'en servir tant pour passer de Duras (Dyrra-« chium) à Brindes, s'il ne voulait pas traverser toute l'Il-« lyrie, que pour tenir la mer au-dessus et au-dessous de « l'Italie, menacer Vitellius des deux côtés, et mettre la « Grèce à couvert. » (Tillemont, tome I, page 446.)

XCIII. *Infamibus Vaticani locis*. Le Vatican, séparé du Tibre par une vallée basse et malsaine, était alors peu habité. C'est aujourd'hui le plus beau quartier de Rome.

XCV. *Patrobios*. Autre affranchi de Néron.

Marcellus. Éprius Marcellus.

XCVII. *Nullo tum ibi consulari*. A cause du départ de Cluvius Rufus.

Nota. A l'exemple de M. Burnouf, nous terminons les notes du second livre des Histoires par un tableau du mouvement des légions, pendant la guerre civile, suivi d'une liste de ces légions, par ordre numérique, et avec leurs surnoms. Ferlet et Brotier ont les premiers rédigé ce tableau et cette liste. M. Burnouf en a scrupuleusement vérifié les indications sur les textes, et y a corrigé quelques erreurs.

TABLEAU DU MOUVEMENT DES LÉGIONS ROMAINES,
POUR SERVIR A L'INTELLIGENCE DES HISTOIRES DE TACITE.

LÉGIONS.	QUARTIERS.	COMMANDANTS DE LÉGIONS.	PROVINCES.	GOUVERNEURS.
PREMIÈRE (*prima Adjutrix classicorum*) (1).	ROME...	Orph. Benignus, II, 43.	ITALIE...	
PREMIÈRE (Italique) (2).	LYON...	Manlius Valens, I, 64.	GAULE LYONN.	Jun. Blésus, II, 50.
PREMIÈRE (3).	BONN.	F. Valens, puis Hfr. Gallus, I, 57; IV, 19.		Font. Capito, I, 7; puis Aul. Vitellius, I, 9; puis Flacc. Hordéonius, IV, 24.
SEIZIÈME.	NUYSS.	(Le commandant de la seizième n'est pas nommé.)	BAS RHIN.	
CINQUIÈME.	VÉTÉRA.	Mumm. Lupercus et Numis. Rufus, IV, 18 et 22.		
QUATRIÈME.		(On ne sait lequel commandait l'une ou l'autre des lég. de Vétéra)		
QUINZIÈME (Macédon.) (4).	MAYENCE.	Dillius Vocula, IV, 24.	HAUT RHIN..	Virginius, I, 8; puis Hordéonius, I, 56.
DIX-HUITIÈME.				
VINGT ET UNIÈME, I, 6; IV, 70.	VINDONISSA?			
GALBIENNE (Septième), II, 86.		Anton. Primus, II, 86.	PANNONIE.	Tit. Amp. Flavianus, II, 86.
TREIZIÈME (Gemina), ibid.	PETTAU	Vedius Aquila, III, 7.		
ONZIÈME, II, 11; III, 50.		Ann. Bassus, III, 50.	DALMATIE.	Popp. Silvanus, III, 50.
QUATORZIÈME (5).				
CLAUDIENNE (Septième).		Tertius Julianus, II, 85; puis Vip. Messala, II, 9		
HUITIÈME.		Numis. Lupus, III, 10.	MÉSIE.	Apon. Saturninus, III, 11.
TROISIÈME, II, 85 (6)		Dillius Aponianus, III, 10.		
DEUXIÈME, III, 22 (7)				
NEUVIÈME, III, 22.			BRETAGNE.	Trébell. Maximus, I, 60; puis Vect. Bolanus, II, 65.
VINGTIÈME, III, 22.		Rosc. Célius, I, 60.		
SIXIÈME (8).			ESPAGNE.	Cluv. Rufus, I, 6 et alibi.
DIXIÈME, II, 68; III, 44				
TROISIÈME (9).				
VINGT-DEUXIÈME.	ALEXANDRIE.		ÉGYPTE.	Tib. Alexander, I, 11.
QUATRIÈME, Ann. XV, 26.				
SIXIÈME (10).			SYRIE.	Licin. Mucianus, I, 10.
DOUZIÈME (11).				
CINQUIÈME (12).				
DIXIÈME			JUDÉE.	Flav. Vespasianus, I, 10.
QUINZIÈME.				

REMARQUES ET OBSERVATIONS.

(1) D'abord à Rome, I, 6, 36 *et alibi*. Elle se trouva ensuite au combat des Castors, II, 24; au premier de Bédriac, II, 43; et fut envoyée en Espagne, *ibid.* 67.
N. B. Il ne faut pas la confondre avec les *classici* destinés par Néron à former une légion, mais qui ne purent obtenir une aigle de Galba, lequel, au contraire, ût faire main basse sur eux, I, 6, en décima, et mit le reste en prison, d'où ils ne sortirent qu'après sa mort, par les ordres d'Othon, qui en composa une légion incomplète et n'ayant que ses cadres, I, 87.

(2) La première Italique quitta Lyon pour suivre Valens, I, 64; se trouva au premier combat de Bédriac, II, 41; au second, III, 22; et fut envoyée dans l'Illyricum avec les autres légions vaincues, III, 36.

(3) Les première, seizième, cinquième, quinzième se révoltent contre Galba, I, 55. L'élite de ces légions, dont la cinquième seulement avait son aigle, et leurs auxiliaires, le tout au nombre de quarante mille hommes, suivent Valens en Italie, I, 61; livrent les deux combats de Bédriac, et sont dispersés dans différents endroits de l'Illyricum.

(4) La quatrième et la dix-huitième se révoltent contre Galba, I, 55. On ne sait pas où ni comment la vingt et unième se révolta. L'élite de ces deux premières et la vingt et unième tout entière, avec leurs auxiliaires, le tout au nombre de trente mille hommes, suivent Cecina en Italie, I, 61, etc., *comme celles du bas Rhin*. Mais la vingt et unième fut rappelée de l'Illyricum, où elle avait été envoyée avec les autres, IV, 68, et reparaît au combat de Trèves, IV, 78.

N. B. Il faut bien observer que ces légions conduites par Valens et Cécina n'étaient pas, excepté la vingt et unième, sorties tout entières des deux Germanies; qu'une partie gardant les aigles, (excepté la cinquième légion) et conservant le même nom, y était restée, et avait été recrutée avec les gens du pays ou des environs; ce qui explique pourquoi l'on voit dans le même temps et dans des endroits très-éloignés les uns des autres des légions qui paraissent les mêmes.

(5) La quatorzième était de Bretagne; il paraît qu'elle passa en Italie avant la mort de Néron, II, 27, et que Galba l'envoya en Dalmatie, II, 11. Elle prit parti pour Othon, *ibid.*; revint en Italie, où une partie se trouva au premier combat de Bédriac, II, 43; retourna dans la Bretagne, II, 66; fut rappelée, IV, 68, et passa dans les Gaules, IV, 79.

(6) La troisième était venue de Syrie, et avait défait les Sarmates, I, 79.

(7) Les deuxième, neuvième et vingtième restèrent en Bretagne, mais envoyèrent des détachements à Vitellius.

(8) La sixième fit Galba empereur, V, 16; le mena à Rome, I, 6; s'en retourna aussitôt après en Espagne, et y resta, III, 44. Jusqu'à ce qu'on la mandât pour la guerre de Civilis, IV, 68 *et alibi*.

(9) La troisième et vingt-deuxième fournissent des détachements à Titus, V, 1.

(10) La sixième (de Syrie) accompagne Mucien, *Hist.*, II, 82, et repousse les Daces, III, 46.

(11) La douzième renforce l'armée de Titus, V, 1.

(12) Les cinquième, dixième, quinzième assiégent Jérusalem sous les ordres de Titus, V, 1.

LISTE DES LÉGIONS,

PAR ORDRE NUMÉRIQUE, AVEC LEURS SURNOMS.

PREMIÈRE. Bas Rhin ou Germanie inférieure
PREMIÈRE Italique. Lyon.
PREMIÈRE (*Adjutrix classicorum*). Rome; Espagne.
DEUXIÈME (*Augusta*; Dion, LV, 23). Bretagne.
DEUXIÈME (*Adjutrix*; Spartien, Ad., II), formée par Vespasien, Tac. Hist. IV, 68; V, 16.
TROISIÈME (*Gallica*; Dion, *l. c.*). Syrie, Mésie.
TROISIÈME (*Cyrenaica*; Dion, *l. c.*). Égypte.
TROISIÈME (*Augusta*; Dion, *l. c.*). Tac. Hist. II, 97; IV, 48 et 49, parle d'une légion d'Afrique sans la nommer. Brotier conjecture qu'il a en vue la troisième *Augusta*. Du temps de Dion elle était en Numidie.
QUATRIÈME (*Macedonica*). Germanie supérieure ou haut Rhin.
QUATRIÈME (*Scythica*; Dion, *l. c.*). Syrie.
CINQUIÈME. Germanie inférieure.
CINQUIÈME (*Macedonica*; Dion, *l. c.*). Judée.
SIXIÈME (*Victrix*; Dion, *l. c.*). Espagne. Du temps de Dion, elle était en Bretagne.
SIXIÈME (*Ferrata*; Dion, *l. c.*). Syrie.
SEPTIÈME (*Claudiana*). Mésie.
SEPTIÈME (*Galbiana*). Pannonie.
HUITIÈME. Mésie.
NEUVIÈME. Bretagne.
DIXIÈME (*Gemina?* Dion, *l. c.*). Espagne. La dixième *Gemina* était en Pannonie du temps de Dion.
DIXIÈME. Judée. Dion ne donne pas de surnoms à celle-ci.
ONZIÈME (*Claudiana*; Dion, *l. c.*). Dalmatie.
DOUZIÈME (*Fulminifera*; Dion, *l. c.*; *Fulminea*) la Foudroyante). Syrie.
TREIZIÈME (*Gemina*; Dion, *l. c.*). Pannonie. On appelait *gemina* une légion formée de deux réunies; Dion, *l. c.* César, *Bell. civ.* III, 4, nomme une pareille légion *gemella*.
QUATORZIÈME. Bretagne, Dalmatie, etc. Du temps de Dion, elle était en Pannonie et portait le surnom de *Gemina*.
QUINZIÈME. Germanie inférieure.
QUINZIÈME. Judée. Dion, *l. c.*, nomme une quinzième *Apollinaris*, qu'il place en Cappadoce.
SEIZIÈME. Germanie inférieure.
DIX-SEPTIÈME. Elle n'est nommée ni dans Tacite ni dans Dion. Brotier pense qu'elle avait péri tout entière avec Varus.
DIX-HUITIÈME. Germanie supérieure.
DIX-NEUVIÈME. Il n'en est parlé ni dans l'endroit cité de Dion, ni dans les Histoires de Tacite, sans doute parce qu'elle avait péri avec Varus.

VINGTIÈME. Bretagne. Dion, *l. c.* la surnomme *Valeria Victrix*.
VINGT ET UNIÈME (*Rapax*, la Ravissante). Germanie supérieure.
LÉGION DE MARINE (*Legio e classicis*) formée par Vitellius, III, 50 et 55.
CLASSICI *in numeros legionis compositi*. Cadres d'une légion, formés par Othon avec des soldats de marine, I, 87.

LIVRE III.

V. *Italicus*. Ou le fils de Sidon lui-même, ou le successeur de Vangion, autre prince allié du peuple romain.

VI. *Primum pilum adepto*. Avant Marius, la légion romaine était divisée en trente manipules; savoir, dix de *Hastati*, dix de *Principes*, dix de *Triarii*. Quand la légion était rangée en bataille, les Hastats formaient la première ligne; les Princes, la seconde, les Triaires, la troisième ou la réserve. Ces derniers s'appelaient aussi *Pilani*, parce qu'ils étaient armés de la javeline ou *pilum*. C'était l'élite et le premier corps de la légion. Chaque manipule était divisé en deux centuries, l'une de droite, l'autre de gauche, ayant chacune un centurion. Le centurion de droite s'appelait *prior*, celui de gauche, *posterior*. Par une expression abrégée, on nommait le premier centurion du premier manipule des Hastats, *primus hastatus*; des Princes, *primus princeps*; des Triaires, *primus pilus* ou *primipilus*. Celui-ci, que nous nommons primipilaire, était le premier centurion de toute la légion. Par analogie, la centurie même commandée par le primipilaire s'appelait *primus pilus*, et c'est dans ce sens que nous devons entendre ici *primum pilum adepto*.

Depuis Marius, la division par cohortes prévalut sur la division par manipules, laquelle subsista cependant, au moins comme nominale. La légion comprenait dix cohortes, la cohorte, six centuries. Alors les centurions des deux premières centuries s'appelaient *prior et posterior triarius*; ceux de la troisième et de la quatrième, *prior et posterior princeps*; ceux de la cinquième et de la sixième, *prior et posterior hastatus*. Le centurion de la première centurie de la première cohorte continua de se nommer primipilaire.

La dernière subdivision légionnaire était la décurie ou chambrée, composée de dix hommes, *decuria* ou *contubernium*. Quand le manipule cessa d'être la division immédiate et effective de la légion, le mot *manipulus* s'employa souvent pour désigner d'une manière vague un petit nombre de soldats, comme nous disons une *poignée* d'hommes. Végèce, II, 13, donne ce nom à la chambrée. Voyez le Beau, VIIIe Mém. sur la lég. rom. Academie des Inscript. t. XXXII, p. 279.

Aquileiæ.... Opitergii... Altini. Aquilée, Oderzo, Altino dans le ci-devant État de Venise.

Patavium et Ateste. Padoue et Este, dans le même pays. Toutes ces villes formaient la Gaule cisalpine.

Forum Allieni. Selon d'Anville, c'est Ferrare. Mais d'Este à Ferrare il y a quarante-cinq milles romains, et pour s'y rendre, l'Adige, le Tartaro, un bras du Pô, et des marais à traverser. Comment expliquer alors cette *occasio invadendi* dont parle Tacite? Ferlet pense, au contraire, d'après Muret, que *Forum Allieni* était Legnano, petite ville de l'État de Venise sur l'Adige, ce qui est plus vraisemblable, Legnano n'étant qu'à vingt milles romains d'Este, et le chemin en étant facile à la cavalerie.

VII. *Tertiadecima Gemina.* Lorsqu'une légion avait été affaiblie par des pertes trop considérables pour qu'elle pût être facilement recrutée, on l'incorporait quelquefois dans une autre; et de là vient, à ce que rapporte Dion, ce surnom de *gemina* (double) qu'avaient certaines légions.

VIII. *Rhætiam Juliasque Alpes.* La Rhétie, beaucoup plus étendue que le pays actuel des Grisons, touchait à la Vénétie et aux plaines de la Gaule cisalpine. Le Tésin, l'Adda et l'Adige y prenaient leur source. Elle renfermait la plus grande partie du lac Majeur, et, plus au levant, les cantons de Trente, de Brixen et de Feltre. Les Alpes Juliennes partaient presque du golfe Adriatique et se prolongeaient d'orient en occident, à travers ce qui est aujourd'hui la Carinthie, la Carniole, le Tyrol.

IX. *Vipstanus Messalla.* M. Burnouf pense que l'éloge que Tacite fait ici de Vipstanus Messalla pourrait être cité à l'appui de l'opinion qui attribue à ce grand historien le Dialogue sur les orateurs. Nous croyons, quant à nous, qu'il suffit de lire ce Dialogue avec le souvenir récent des Annales et des Histoires pour n'avoir aucun doute à cet égard.

XI. *Utrumque exercitum.* L'armée de Mésie et celle de Pannonie.

XII. *Hadriam.* Aujourd'hui Adria dans la Polésine de Rovigo, au pays de Venise. La mer Adriatique a pris son nom de cette ville, dont elle baignait autrefois les murs.

XIII. *Præscriptum Vespasiani nomen, projectas Vitellii effigies.* L'enseigne de la légion était une aigle d'or ou d'argent portée au haut d'une pique et sans drapeau. L'enseigne de la cohorte, au moins depuis Marius jusqu'à Trajan, était un drapeau carré attaché à une traverse comme la voile d'un navire à son antenne; ce drapeau s'appelait *vexillum*, d'où par contraction *velum*. Sur le *vexillum* était inscrit en lettres très-apparentes le nom de l'empereur régnant, *præscriptum Vespasiani nomen*, avec celui de la légion, et le numéro de la cohorte. L'enseigne de la centurie s'appelait du nom générique *signum*. C'était une pique de six à sept pieds de hauteur, surmontée tantôt d'une main droite, seule ou enfermée dans une couronne, tantôt d'une figure représentant la Victoire, Hercule ou une autre divinité, quelquefois d'un panache ou d'un fer à cheval. Le bois de la pique, depuis le haut jusqu'à la moitié au moins de sa longueur, était garni d'ornements divers, mais surtout de médaillons portant l'image en buste de l'empereur. Ces sortes d'enseignes avaient quelquefois des drapeaux, mais attachés au-dessous des autres ornements de la pique, ce qui les rendait tout à fait différents du *vexillum*. Au reste, la pique du *vexillum* eut aussi, jusqu'après Trajan, des ornements et des médaillons; aussi lisons-nous, sup. I, 41 : *Vexillarius comitantis Galbam cohortis dereptam Galbæ imaginem solo afflixit.* Voyez le Beau, XIV° Mém. sur la leg. rom. Acad. des Inscript. t. XXXV, p. 277 et suiv.

XVI. *Quinta ferme hora dici.* Une heure avant midi.

XX. *Dolabras.* Instrument qui servait à la fois de hache pour couper et fendre le bois, et de pic pour ouvrir la terre ou saper une muraille.

Aggerem. Terrasse en glacis ou pente douce que les assiégeants élevaient devant une place, et qu'ils approchaient le plus près possible des murs, dont elle égalait quelquefois la hauteur. Sur cette terrasse, ils faisaient avancer des tours mobiles en bois et toutes les machines propres à battre les murailles, à en écarter les défenseurs, et à couvrir les assaillants.

XXI. *Hostiliæ.* Hostilie est à l'est de Crémone, à une distance d'environ soixante-dix milles romains.

XXII. *Tertia ferme noctis hora.* Les Romains divisaient la nuit en douze heures, dont la première commençait au coucher du soleil, et la douzième finissait au lever de cet astre. La troisième heure de la nuit répond à neuf heures du soir au temps des équinoxes, à huit au solstice d'hiver, à dix au solstice d'été, au moins dans nos climats.

XXIV. *Sub M. Antonio Parthos.* Cent quatre ans s'étaient écoulés depuis la guerre d'Antoine contre les Parthes.

Sub Corbulone Armenios. Annales, XV, 26.

XXVI. *Testudine succedunt.* Quand les Romains voulaient attaquer une place, et s'avancer au pied de la muraille, ils formaient ce qu'ils appelaient la tortue. Les soldats, bien serrés, mettaient leurs grands boucliers, qui avaient la forme d'une tuile à canal, les uns contre les autres, par-dessus leurs têtes. Bien dressés à ces sortes d'attaques, ils formaient un toit si bien composé et si ferme, que, quelque effort que les assiégés pussent faire, ils ne pouvaient ni le rompre, ni l'ébranler; et comme, tous les boucliers étant ainsi sur les têtes des soldats, ceux qui étaient aux extrémités et aux côtés auraient eu les flancs tout découverts, les soldats des extrémités, qui étaient pourtant sous le couvert du toit, couvraient de leurs écus leur flanc et celui de leurs voisins.

La colonne Trajane représente une de ces tortues. Celle de la colonne Antonine est encore plus remarquable : les Germains jettent, sur ce toit, de gros quartiers de pierre, des roues de charrette; tout cela y reste, sans que la tortue en soit ébranlée.

Les Romains avaient une autre sorte de tortue, qui était double. Ils faisaient monter, sur la première tortue, des soldats qui en faisaient une seconde; ils égalaient quelquefois, par là, la hauteur des murs des villes qu'ils assiégeaient. (*Antiquités expliquées par Montfaucon*, t. IV, pag. 144 et 145.)

XXVIII. *Plinius.* Outre son Histoire naturelle, Pline l'ancien avait écrit l'histoire de toute la guerre de Germanie en vingt livres, et celle de Rome depuis l'époque où s'était arrêté Aufidius Bassus, qui vivait sous Auguste et Tibère.

XXIX. *Tertianus securibus gladiisque portam perfregit.* Le Beau (XX° Mém. sur la lég. rom. Acad. des Inscript. t. XXXIX, p. 478 et suiv.) remarque avec raison que l'épée romaine était une hache dans la main d'un soldat vigoureux, et il cite en preuve ce passage de Tacite. Cette épée était courte (vingt pouces environ), solide, pesante, large d'au moins deux grands doigts, tranchante des deux côtés, et très-renforcée dans l'arête, aussi propre enfin à tailler qu'à percer.

XXXIII. *Solum Mephitis templum stetit. Mephitis* signifie mauvaise odeur, *méphitisme.* Comme les environs de Crémone étaient un marais fort malsain, et que ses exhalaisons méphitiques étaient fort meurtrières, la superstition païenne avait cru remédier au mal, en faisant du méphitisme un dieu, qu'on cherchait à apaiser par des sacrifices.

C'est ainsi qu'elle avait fait un dieu, *Rubigo*, de cette maladie connue sous le nom de *rouille* ou de *nielle.*

Il y a un beau passage de Pline sur la superstition qui faisait de pareils dieux. « L'humanité fragile et souffrante, « dit-il (Hist. nat., II, 7, traduction de Gueroult), sans « cesse ramenée au sentiment de sa faiblesse, a fait de Dieu « plusieurs parts, afin que chacun adorât séparément celle « dont il avait le plus besoin. De là cette différence de noms « chez les différentes nations, et pour chacune cette foule « innombrable de dieux. On a aussi divisé par classes ceux « des enfers, les maladies et même beaucoup d'autres fléaux

« à qui la peur érige des autels pour les apaiser. Ainsi l'au-
« torité publique elle-même a consacré le temple de la Fièvre
« sur le mont Palatin, le temple d'Orbonne près de celui
« des Lares, et l'autel de la mauvaise Fortune dans le quar-
« tier des Esquilies. »

XXXIV. *Condita erat, etc....* L'an de Rome 536 ; l'année même de la prise de Sagonte par Annibal, et de son
passage en Italie.

XXXVI. *In nemore Aricino.* Aricia était une petite
ville du Latium, fondée, suivant une tradition mythologi-
que, par Hippolyte, et ainsi nommée de sa femme Aricie.
Elle était consacrée à Diane Scythique, et c'est là qu'Oreste
avait apporté la statue de cette déesse enlevée de la Tauride.
Le prêtre était un esclave fugitif, obligé de combattre à
l'épée contre tout esclave qui venait l'attaquer. Si l'assail-
lant était vainqueur, il tuait le vaincu et prenait sa place.
Ces fables et cet usage bizarre sont sans doute un reste et
un indice de l'origine pélasgique des cultes d'Italie. Virg.
Enéid. VII, 761, et Ovid. Métam. XV, 497, racontent comment Hippolyte ressuscita et fut transporté en ce lieu.
Voyez le VIIIe excursus de Heyne sur le liv. VII de l'É-
néide. (Note empruntée à M. Burnouf.)

XXXVII. *Non abrogato magistratu.* Cette formalité
de l'abdication était jugée nécessaire. Lorsqu'il fut question de faire le procès à Lentulus, l'un des complices de
Catilina, et qui était préteur, on commença par le faire abdiquer, encore que le crime de trahison dont il s'était rendu
coupable lui eût fait perdre du même coup les prérogatives
du magistrat et du citoyen.

Nam consul uno die et ante fuerat Caninius Rebilus.
Rébilus succédait à un consul de trois mois, créé par le
même caprice. Il resta en charge depuis deux heures après
midi jusqu'au lendemain.

XLI. *Ariminum.* Aujourd'hui Rimini, près de la mer
Adriatique.

XLII. *Picenus ager.* Aujourd'hui la Marche d'Ancône.
Portum Herculis Monœci. Port en Ligurie où les Grecs
de Marseille bâtirent un temple à Hercule, avec une forteresse pour se défendre contre les Liguriens ; aujourd'hui
Monaco.

XLIII. *Stœchadas Massiliensium insulas.* Aujour-
d'hui les îles d'Hières. On les appelait Stéchades, du grec
στοῖχος, *ordo*, à cause de l'espèce d'ordre dans lequel
elles sont rangées.

XLVII. *Polemonis.* Polémon, roi de Pont, avait cédé
volontairement son royaume à l'empire sous Néron.

Trapezuntem. Ville célèbre, sur le Pont-Euxin, ainsi
nommée de sa ressemblance avec un trapèze. Aujourd'hui
Trébizonde.

In extremo Ponticæ oræ. L'extrémité par où le royaume
de Pont touche à la Colchide.

XLVIII. *Fluminis Cohibi.* Probablement le fleuve mentionné par Arrien et Pline, par l'un sous le nom de Χῶβος,
par l'autre sous celui de Cobus, et qui se jette dans le
Pont-Euxin, au delà du Phase.

Jedochezorum regis. Il faut lire *Sedochi, Lazorum
regis*, leçon universellement reçue, n'y ayant aucun peuple du nom de Sédochéziens, et au contraire le récit de
Tacite s'accommodant très-bien de la supposition d'un Sé-
dochus, roi des Lazes, peuples qui habitaient ces contrées,
et dont le territoire était traversé par le Cobus.

L. *Fanum Fortunæ.* Aujourd'hui Fano, près de la mer,
entre Rimini et Ancône.

LV. *Fœdera sociis... dilargiri.* La politique des Romains
avait classé habilement les différents peuples qui concou-
raient à former leur puissance. Ils avaient ce qu'ils appelaient *amici, civitates liberæ, fœderati, socii. Amici*
étaient les peuples ou les rois qui, avant d'avoir éprouvé la
force des armes romaines, avaient recherché l'alliance
de la république. Ils restaient toujours à peu près indépen-
dants ; ils se gouvernaient par leurs propres lois, et n'étaient
liés que par un traité qui les obligeait à secourir les Romains quand ceux-ci étaient attaqués. Les Romains se chargeaient de les défendre à leur tour.

Civitates liberæ, les peuples libres, étaient ceux qui,
après avoir été subjugués, avaient obtenu l'exemption de
tout tribut, et la liberté de se gouverner par leurs lois.
Fœderati, les villes fédérales se gouvernaient bien
également par leurs propres lois ; mais elles n'avaient pas
également l'exemption des tributs.

Quant à ce qu'ils appelaient *socii*, l'acception de ce mot
variait. Le plus souvent *socii*, *alliés*, signifiait, suivant
Grævius, les peuples conquis et tributaires, réduits en
provinces romaines, gouvernés par des magistrats de Rome.
Ce nom de *socii*, d'*alliés*, n'était qu'un nom honorable,
par lequel ils déguisaient la véritable servitude de ces
peuples : on les appelait aussi *provinciales, tributarii,
vectigales, stipendiarii. Socii* est pris dans cette acception.

Quelquefois *socii* désignait, suivant Turnèbe, les peuples ou monarques qui ne faisaient point partie de l'empire
romain, *qui extra imperium romanum erant*, et qui
n'étaient liés aux Romains que par des traités purement
volontaires. Voyez, dans le premier discours de Cicéron
sur la loi agraire, *provincias, civitates liberas, socios,
amicos, reges denique exhauriunt* ; et, dans le discours
contre Pison, *quem socii, quem fœderati, quem liberi
populi, quem stipendiarii.*

Voilà *socii* bien distinct de *stipendiarii* ou *provinciæ.*

Mevaniam. Mévania, dans l'Ombrie, sur la voie Flaminienne ; aujourd'hui Bevagna, bourg des États de l'É-
glise, dans le duché de Spolette.

LVIII. *Narniæ.* Narnia ; aujourd'hui Narni sur le Nar
ou la Néra, rivière qui se jette dans le Tibre.

LX. *Carsulas.* Carsule était dans l'Ombrie entre Mévania et Narnia.

LXI. *Interamnam.* Ailleurs nommée *Interamnium*,
ville d'Ombrie ; aujourd'hui Terni.

LXII. *Urbini.* Urbinum dans l'Ombrie ; aujourd'hui
Urbino, patrie de Raphael.

Mimos actitavit. Le mot mime désigne également l'acteur et la pièce qu'il représente.

LXV. *In æde Apollinis.* Sur le mont Palatin.

Cluvium Rufum et Silium Italicum. Cluvius Rufus
est ce gouverneur d'Espagne qui rejoignit Vitellius dans
les Gaules. Silius Italicus est l'auteur même des *Puniques*,
qui avait été consul avec Galérius Trachalus, la dernière
année du règne de Néron.

LXXI. *Juxta lucum Asyli.* La montagne du Capitole
avait deux sommets. Sur l'un était situé le temple de Jupiter ; l'autre formait la citadelle. C'est dans l'espèce de
vallée qui séparait les deux cimes que Romulus avait ouvert son asile.

LXXII. *Arserat et ante Capitolium civili bello.* L'an
de Rome 671, pendant la guerre de Sylla contre le parti de
Marius, et sous les consuls Scipion et Norbanus, le Capitole fut consumé par un incendie dont on ne put découvrir
la cause.

Capta Suessa Pometia. Voyez Tite-Live, I, 53.

Neque tamen dedicavit. Ce fut Catulus qui, l'an 68, ,
neuf ans après la mort de Sylla, dédia le nouveau temple.

LXXVIII. *Ocriculi.* Ocriculum était à sept milles en

avant de Narni, sur la voie Flaminienne, en venant de Rome.

Saxa Rubra. Le lieu ainsi appelé a conservé son nom.
Fidenas. Au lieu appelé aujourd'hui Castel-Giubileo.

LXXXIII. *Bis L. Sulla semel Cinna.* Voir Florus, III, 21.

LXXXVI. *Luceria.* Ville de l'Apulie Daunienne.

LIVRE IV.

II. *Tarracina.* Terracine, sur la voie Appienne, à l'extrémité des marais Pontins, était à cinquante-neuf milles de Rome.

Ariciam, Aricie, également sur la voie Appienne, à seize milles de Rome; aujourd'hui la Riccia.

III. *At Romæ senatus cuncta principibus solita Vespasiano decernuntur.* Une table de bronze trouvée à Rome sous Clément VI, vers le milieu du quatorzième siècle, et conservée dans le Musée du Capitole, contient un fragment important du décret rendu par le sénat en faveur de Vespasien. Le commencement de ce décret a péri. Probablement il y était donné à Vespasien, comme à Auguste, à Tibère et à Claude, droit de vie et de mort, de paix et de guerre. Voici la traduction de ce qui reste. On peut en voir le texte dans le Tacite de la collection Lemaire, tome v. Excurs. ad Histor. lib. IV, p. 40 et suiv.

« Qu'il lui soit permis (à Vespasien) de conclure des
« traités avec qui il voudra, comme cela fut permis à Au-
« guste, à Tibère, à Claude.

« Qu'il lui soit permis d'assembler le sénat, d'y faire ou
« faire faire des propositions ; de faire rendre des sénatus-
« consultes par votes individuels, ou en ordonnant le par-
« tage.

« Toutes les fois que le sénat sera assemblé en vertu de
« sa volonté, de son autorisation, de son ordre, de son
« mandat, ou en sa présence, que tous ses actes aient leur
« force et soient observés, aussi bien que s'il était convo-
« qué ou tenu d'après une loi.

« Toutes les fois que les aspirants à une magistrature,
« pouvoir, commandement ou charge quelconque, seront
« recommandés par lui au sénat et au peuple romain, et
« qu'il leur aura donné ou promis son appui, que dans tous
« les comices leur candidature soit comptée extraordinai-
« rement.

« Qu'il lui soit permis, toutes les fois qu'il le trouvera
« utile à la république, d'étendre et reculer les limites du
« pomérium (l'enceinte de la ville), comme cela fut permis
« à l'empereur Claude.

« Qu'il ait le droit et le plein pouvoir de faire tout ce
« qu'il croira convenable à l'intérêt de la république, à la
« majesté des choses divines et humaines, et au bien pu-
« blic et particulier; ainsi que l'eurent Auguste, Tibère et
« Claude.

« Que de toutes les lois, de tous les plébiscites, dont il
« a été écrit que seraient dispensés Auguste, Tibère et
« Claude, l'empereur César Vespasien soit dispensé comme
« eux; que tout ce qu'ont dû faire Auguste, Tibère et
« Claude, d'après quelque loi que ce puisse être, il soit
« permis à l'empereur César Vespasien Auguste de le faire
« également.

« Que tout ce qui, avant la présente loi, a été fait,
« exécuté, décrété, commandé par l'empereur César Ves-
« pasien Auguste, ou par toute autre personne sur son or-
« dre ou son mandat, soit réputé légal et demeure ratifié,
« comme si ces actes avaient été faits par l'ordre même du
« peuple.

« SANCTION. Si quelqu'un, en vertu de la présente loi,
« a contrevenu ou contrevient par la suite aux lois, plé-
« biscites ou sénatus-consultes, en faisant ce qu'ils défen-
« dent ou en ne faisant pas ce qu'ils ordonnent, qu'il ne
« soit point pour cela réputé coupable, ni tenu à aucune
« réparation envers le peuple romain; qu'aucune action ne
« soit intentée, aucun jugement rendu à ce sujet, et que
« personne ne souffre qu'il soit cité devant lui pour cette
« raison. » (Traduction de M. Burnouf.)

IV. *Valerius Asiaticus.* Gouverneur de Belgique et gendre de Vitellius.

X. *Publium Celerem.* Le même qui est appelé P. Egnatius, Ann. XVI, 32.

XI. *Servili supplicio.* Le supplice de la croix.

XIII. *Simili oris dehonestamento.* Civilis était borgne comme Annibal et Sertorius.

XXVI. *Novesium.* Aujourd'hui Nuyss ou Neuss, près de Dusseldorf.

Gelduba. Aujourd'hui Gelb sur le Rhin.

Gugernorum. Selon d'Anville, ce peuple était un reste de la grande nation des Sicambres qu'Auguste avait établis en deçà du Rhin. Ils étaient entre les Bataves et les Ubiens.

XXVIII. *Menapios et Morinos.* Ils habitaient le pays de Saint-Omer, Boulogne et Ypres.

In vico Marcoduro. Selon d'Anville, Duren sur la Roer, au-dessus de Juliers.

XXXIII. *Vasconum... cohortes.* Les Gascons habitaient en Espagne, avant de passer en Gaule, où ils donnèrent leur nom au pays situé entre les Pyrénées, la Garonne, et l'Océan.

XXXIX. *Julius Frontinus.* L'auteur des Stratagèmes et des Aqueducs. Il fut le prédécesseur d'Agricola dans le commandement de la Bretagne, et de Pline le jeune dans les fonctions d'augure.

Ac regibus. Les rois Sohémus, Antiochus, Agrippa.

XL. *Diversa fama Demetrio.* Il avait eu l'honneur du dernier entretien avec Thraséas, Ann. XVI, 34.

Junius Mauricus. Il était ami de Pline le jeune, qui loue sa gravité, sa prudence, son expérience, et d'être l'homme le plus ferme et le plus sincère qu'il eût connu.

Sariolenum Voculam et Nonium Actianum et Cestium Severum. Il était sans doute question de ces trois personnages dans les livres perdus des Annales. Il faut en dire autant de Pactius Africanus, mentionné un peu plus bas.

Scribonios fratres. Les deux Scribonius, surnommés l'un Rufus, l'autre Proculus, présentent un de ces exemples d'union fraternelle qui forment, dans l'histoire de l'humanité, de rares et touchants épisodes. Il y eut entre eux une parfaite conformité de mœurs, d'inclination et de destinée. Ils suivaient le même genre de vie, possédaient en commun leur patrimoine, exerçaient ensemble les charges publiques. Tous deux furent envoyés à Pouzzoles, avec une cohorte prétorienne, pour réprimer une sédition; tous deux gouvernèrent en même temps l'un la haute, l'autre la basse Germanie; tous deux furent mandés en Grèce par Néron, accusés et réduits à se faire ouvrir les veines. Pour qu'on puisse dire qu'ils naquirent, vécurent et moururent ensemble, il ne leur manque que d'avoir été jumeaux. Au moins ne suivaient-ils de fort près, puisque Dion remarque qu'ils étaient en quelque sorte de même âge, ἡλικιώ- ται τρόπον τινὰ ὄντες. Voyez Dion, LXIII, 17; Tac. Ann. XIII, 48. (Note empruntée à M. Burnouf.)

L. *Œnsium Leptitanorumque.* Œa et Leptis étaient deux des trois villes qui faisaient appeler Tripoli une portion de la côte d'Afrique. Le nom de la contrée est restée à Œa, aujourd'hui Tripoli de Barbarie

LV. *Classicus... ante alios.* Il commandait les Trévires sous Valens, pour Vitellius, au combat de Vintimille.

LVI. *Betasiorum.* Ce peuple occupait une partie de ce qu'on nomme aujourd'hui le Brabant.

Marsacos. Peuple qui habitait ce qu'on appelle aujourd'hui la Nord-Hollande.

LXI. *Vindonissa.* Quartier de la vingt et unième légion, en Helvétie, aujourd'hui Windisch, sur la Reuss, près de sa jonction avec l'Aar.

Ala Picentina. Elle était ainsi nommée, non du Picenum, aujourd'hui la Marche d'Ancône, mais d'un pays du même nom, au sud de la Campanie, sur la mer Tyrrhénienne.

LXVI. *Pontem Mosœ fluminis.* On pense que ce lieu est Maestricht.

LXVII. *Sequanos.* Ils habitaient le pays appelé depuis la Franche-Comté.

Suo loco reddemus. L'endroit où Tacite racontait les aventures de Sabinus et le devouement si connu de sa femme est perdu.

LXVIII. *Arretinum Clementem.* Il y avait deux Clémens, tous deux parents, l'un par les femmes, l'autre de père, de Domitien, et tous deux mis à mort par ce prince, Arrétinus, celui dont parle Tacite, après avoir été et probablement pour avoir été complice de ses crimes, l'autre pour sa foi. C'est ce dernier que l'Église honore sous le nom de saint Clément, martyr.

Legiones victrices sexta et octava. La sixième avait vaincu les Daces sous Mucien, la huitième avait pris part à la bataille de Crémone.

Vitellianarum una et vicesima. La Rapax.

LXX. *Navæ fluminis.* Aujourd'hui la Nahe, sur la rive gauche de laquelle était Bingen, aujourd'hui sur la rive droite.

LXXI. *Rigodulum.* A deux lieues environ de Trèves.

LXXIX. *Tolbiaci.* Tolbiac, sur la route de Trèves à Cologne. Ce lieu, que la victoire de Clovis a rendu si célèbre, est aujourd'hui Zulch.

LIVRE V.

II. Voir, sur les invraisemblances historiques, et sur la partialité de ce passage sur les Juifs, les notes de M. Burnouf, tome V, pages 498 à 521.

VI. *Septentrionem.* Par le mot septentrion, les Romains entendaient spécialement la grande Ourse.

Balsamum modica arbor. Le balsamier ou baumier, (*Amyris opobalsamum*) est un arbrisseau à peu près de la hauteur de notre troène. « Le baume, dit Pline (lib. XII, 54 (25), traduction de Gueroult), est préféré à toutes « les odeurs; la Judée est le seul pays qui le produise. Autrefois on le cultivait dans deux jardins seulement, l'un « de vingt *jugerum*, l'autre de moins encore; tous deux « appartenaient au roi. Les empereurs Vespasiens l'ont « fait voir aux Romains. Chose merveilleuse! Depuis le « grand Pompée, les arbres aussi ont été menés en triomphe. A présent le balsamier est esclave; l'arbre la « nation payent tribut. Les Juifs, dans leur fureur, voulurent le détruire, comme ils cherchèrent à se détruire « eux-mêmes : les Romains le défendirent, et l'on combattit pour un arbrisseau. Aujourd'hui le balsamier est « une propriété impériale.... Les branches sont plus grosses que celles du myrte. On fait l'incision avec du verre, « avec une pierre ou un os tranchant. Il faut bien se garder d'entamer le vif avec le fer; l'arbre mourrait bientôt; cependant il souffre qu'on retranche les parties superflues. L'homme qui fait l'incision mesure avec soin « les mouvements de sa main, pour ne pas aller plus loin « que l'écorce. » Pline expose ensuite la manière dont on recueille le baume, la forme et la couleur de ce suc précieux, la quantité qu'on en obtient et le prix qu'on le vend. Il ajoute que les ébranchages sont aussi un objet de commerce; on les fait bouillir et on en compose une huile que l'on substitue au suc de l'arbre. Le baumier est originaire de l'Arabie Heureuse.

Periti imperitique nandi perinde attolluntur. L'eau de la mer Morte est très-pesante à cause de la grande quantité de substances étrangères qu'elle tient en dissolution, et qui, à l'état de dessication parfaite, forment à peu près le quart de son poids. M. Gordon, qui a apporté à Londres l'eau dont l'analyse a donné ce résultat, a lui-même constaté que les hommes y flottent sans avoir appris à nager. « Les autres merveilles racontées de la mer « Morte, dit M. de Chateaubriand, à qui sont empruntés ces « détails (*Itinéraire de Paris à Jérusalem*), ont disparu « devant un examen plus sévère. On sait aujourd'hui que « les corps y plongent ou y surnagent suivant les lois de la « pesanteur de ces corps et de la pesanteur de l'eau du « lac. Les vapeurs empestées qui devaient sortir de son « sein se réduisent à une forte odeur de marine, à des fumées qui annoncent et suivent l'émersion de l'asphalte, « et à des brouillards à la vérité malsains comme tous les « brouillards. »

Certo anni bitumen egerit. Ce bitume est l'asphalte. « On trouve l'asphalte plus particulièrement à la surface « du lac de Judée, qui s'appelle Lac Asphalite, et dont « l'eau est salée. L'asphalte, produit par des sources, « s'accumule à la surface du lac, y prend de la consistance; les vents le dirigent sur les bords; les habitants « viennent le ramasser pour le mettre dans le commerce. « Il répand dans l'air une odeur désagréable, et que l'on « croyait assez active pour faire mourir les oiseaux qui « passaient au-dessus de ce lac. » « Les Arabes et les « Égyptiens, dit Buffon, ont su tirer beaucoup d'utilité de « l'asphalte, tant pour goudronner leurs bateaux que « pour embaumer leurs parents et leurs oiseaux sacrés; « ils recueillent sur la surface de l'eau cette huile liquide, « qui, par sa légèreté, la surmonte comme nos huiles végétales. »

VII. *Haud procul inde campi*, etc. D'après la Genèse, XIV, 3, ces campagnes, autrefois couvertes de grandes villes, occupaient l'emplacement même du Lac Asphaltite. « Strabon (dit M. de Chateaubriand, *Itin.*, t. II.) parle de « treize villes englouties dans ce lac; Étienne de Byzance « en compte huit, la Genèse en place cinq *in valle silvestri*, Sodome, Gomorrhe, Adam, Séboïm, et Bala ou « Ségor : mais elle ne marque que les deux premières « comme détruites par la colère de Dieu. Le Deutéronome « en cite quatre, Sodome, Gomorrhe, Adam et Séboïm. « La Sagesse en compte cinq, sans les désigner : *descendente igne in Pentapolim*. » Les champs qui environnent la mer Morte se ressentent, malgré le cours des siècles, de la catastrophe qui enveloppa tant de cités « La « vallée comprise entre ces deux chaines de montagnes, « dit le même auteur.(*Itinér.*, l. c. et *Martyrs*, liv. XIX), présente un sol semblable au fond d'une mer depuis longtemps retirée. (*Itinér.*, l. c. et *Martyrs*, liv. XIX), présente un sol semblable au fond d'une mer depuis longtemps retirée : des plages de sel, une vase desséchée, « des sables mouvants et comme sillonnés par les flots. Ça « et là des arbustes chétifs croissent péniblement sur cette « terre privée de vie; leurs feuilles sont couvertes du sel « qui les a nourries, et leur écorce a le goût et l'odeur de « la fumée. »

Atra et inania velut in cinerem evanescunt. L'illustre auteur de l'Itinéraire croit avoir trouvé, vers l'embouchure du Jourdain, le fruit tant cherché. « Il est tout « à fait semblable en couleur et en forme au petit limon

« d'Égypte. Lorsque ce fruit n'est pas encore mûr, il est
« enflé d'une séve corrosive et salée; quand il est desséché
« il donne une semence noirâtre, qu'on peut comparer à des
« cendres, et dont le goût ressemble à un poivre amer. »

Belus amnis. Petite rivière qui prend sa source au pied du mont Carmel, et se jette dans la Méditerranée non loin de Saint-Jean d'Acre ou Ptolémaïs; aujourd'hui Nuhr Halou.

VIII. *Nam ea tempestate Arsaces desciverat.* Par une erreur qu'il faut attribuer aux copistes ou à Tacite lui-même, Arsace est ici pour Artaxias, roi d'Arménie, qu'Antiochus battit, environ 70 ans après la fondation du royaume des Parthes par Arsace. C'est après avoir défait Artaxias, qu'Antiochus entra en Perse, d'où il fut chassé, et où il apprit, dans sa retraite, que ses lieutenants avaient été défaits par Judas Machabée.

Tum Judæi sibi reges imposuere. Ils choisirent pour prince et grand prêtre Simon Machabée, le second des cinq fils de Mathathias, et déclarèrent la puissance civile et religieuse héréditaire dans sa famille. An de Rome 611.

IX. *Romanorum primus Cn. Pompeius.* L'an de Rome 691, 63 avant J. C.

Judæos C. Sosius subegit. Vingt-six ans après l'expédition de Pompée.

Herodi. Hérode, Iduméen, après avoir aidé Sosius contre Antigonus, que les Parthes avaient mis sur le trône des Juifs, fut roi lui-même, à la place d'Antigonus, et après un règne de trente-sept ans, mourut l'année même où naquit J. C.

Simo quidam. Ce fut Quintilius Varus, si célèbre par le désastre des trois légions en Germanie, qui châtia la révolte de ce Simon.

Antonius Felix, frère de Pallas, affranchi de Claude.

Sed prœlia, dolus, incendia inter ipsos. Voici dans quels termes Bossuet parle de ces discussions, Hist. univ. sec. part. § 8 : « Dans la première ruine de Jérusalem,
« les Juifs s'entendaient du moins entre eux; dans la der-
« nière, Jérusalem, assiégée par les Romains, était déchi-
« rée par trois factions ennemies. Si la haine qu'elles avaient
« toutes pour les Romains allait jusqu'à la fureur, elles
« n'étaient pas moins acharnées les unes contre les autres :
« les combats du dehors coûtaient moins de sang aux Juifs
« que ceux du dedans. Un moment après les assauts sou-
« tenus contre l'étranger, les citoyens recommençaient
« la guerre intestine; la violence et le brigandage régnaient
« partout dans la ville. Elle périssait, elle n'était plus qu'un
« grand champ couvert de corps morts; et les chefs des
« factions y combattaient pour l'empire. N'était-ce pas une
« image de l'enfer, où les damnés ne se haïssent pas moins
« les uns les autres qu'ils haïssent les démons qui sont
« leurs ennemis communs, et où tout est plein d'orgueil,
« de confusion et de rage? »

XIII. *Quæ ambages Vespasianum ac Titum prædixe-
rant.* « Ainsi, dit plus loin Bossuet, selon eux-mêmes (les
« Juifs), il était temps que le Christ parût. Comme ils
« voyaient ce signe certain de la prochaine arrivée de ce
« nouveau roi, dont l'empire devait s'étendre sur tous les
« peuples, ils crurent qu'en effet il allait paraître. Le bruit
« s'en répandit aux environs, et on fut persuadé dans tout
« l'Orient qu'on ne serait pas longtemps sans voir sortir de
« Judée ceux qui régneraient sur toute la terre. Tacite et Sué-
« tone rapportent ce bruit comme établi par une opinion
« constante et « par un ancien oracle qu'on trouvait dans les
« livres sacrés du peuple juif. Josèphe récite cette prophétie
« dans les mêmes termes, et dit comme eux qu'elle se trou-
« vait dans les saints livres. » .... « C'est pourquoi les
« flatteurs du premier Hérode, éblouis de la grandeur et de
« la magnificence de ce prince, qui, tout tyran qu'il était,
« ne laissa pas d'enrichir la Judée, dirent qu'il était lui même
« ce roi tant promis ...... Josèphe tomba dans la même er-
« reur ...... Mais il poussa un peu plus avant le temps de
« la prophétie, et, l'appliquant à Vespasien, il assura que
« cet oracle de l'Écriture signifiait ce prince déclaré empe-
« reur dans la Judée ... La conjoncture des temps le favo-
« risait. Mais pendant qu'il attribuait à Vespasien ce que
« Jacob avait dit du Christ, les zélés qui défendaient Jé-
« rusalem se l'attribuaient à eux-mêmes C'est sur ce seul
« fondement qu'ils se promettaient l'empire du monde,
« comme Josèphe le raconte; plus raisonnables que lui, en
« ce que du moins ils ne sortaient pas de la nation pour
« chercher l'accomplissement des promesses faites à leurs
« pères. »

Multitudinem obsessorum... sexcenta millia fuisse accepimus. Ce nombre est incertain et sans doute beaucoup trop faible s'il est vrai, comme l'assure Josèphe, que, pendant le siège, il périt onze cent mille hommes par le fer, la peste ou la famine. Pour expliquer comment une si grande quantité de peuple était entassée dans une ville dont l'étendue n'était pas immense et dont les faubourgs avaient été rasés, Josèphe ajoute que les Juifs s'y étaient rassemblés de tous les pays pour célébrer la pâque, lorsque la guerre vint tout à coup les surprendre et les envelopper. (Note empruntée à M. Burnouf.)

XXIII. *Mosæ fluminis os amnem Rhenum Oceano af-
fundit.* Ce n'est pas le Rhin, mais un de ses bras, le Vahal, qui se jette dans la Meuse, dont l'embouchure forme comme une mer.

XXVI. *Nabaliæ fluminis.* Rivière inconnue, où les commentateurs ont cru voir 1° le Vahal, dont les deux rives étaient au pouvoir des Romains, ce qui rendait inutile qu'on en coupât le pont par le milieu; 2° le cana. de Drusus, quoique Tacite ne le nomme jamais Nabalia; 3° l'Issel, par la puérile raison que, dans une carte de Ptolémée, on voit sur cette rivière une ville nommée Navalia.

Fluvianus in Pannonia. Ici finit pour nous, dit M. Burnouf, dont nous avons imité l'exemple en ce qui regarde les lacunes de Tacite, cet ouvrage qui comprenait encore l'histoire, à jamais regrettable, de vingt-six années et plus. Gardons-nous, par respect pour Tacite, de vouloir, d'après des narrations incomplètes et sans autorité, suppléer à ce qui nous manque. Disons seulement que, Civilis s'étant soumis, la guerre cessa au nord vers la fin de l'automne, temps où Jérusalem avait déjà succombé en Orient. Le temple fut pris et brûlé au mois d'août; et, environ un mois plus tard, la chute de Sion accomplit les destins de la Judée ou plutôt les vues éternelles de la Providence. L'année suivante, la paix régnant par tout l'empire, Vespasien ferma, pour la sixième fois depuis la fondation de Rome, le temple de Janus.

NOTES
SUR LES GERMAINS.

1. *Rhætisque et Pannoniis*. La Rhétie s'étendait depuis les sources du Danube jusqu'à l'Inn. La Pannonie, sur la rive droite du Danube, comprenait une partie de l'Autriche et de la Hongrie.

Insularum immensa spatia. Probablement les îles du Danemark, et la Scandinavie qui passait pour une île.

Quos bellum aperuit. Allusion aux expéditions de Drusus et de Tibère, beaux-fils d'Auguste.

Montes Abnobæ. Aujourd'hui *Abenauer Gebirge*, dans a Forêt Noire.

II. *Tuistonem deum*. Selon M. Burnouf, qui l'établit dans une savante note, ce mot est le plus exact, comme se rapprochant le plus de *Teut*, d'où Teutons, comme s'appellent aujourd'hui les Allemands.

Istævones. Malte-Brun pense que les Istévons furent plus tard les Francs.

III. *Asciburgium*. Asburg, près de Mœrs, sur le Rhin, selon Cellarius et d'Anville : Essemberg, aussi près de Mœrs, selon Ernesti.

VIII. *Veledam*. Voyez le livre IV des Histoires, chap. 61.

XII. *Pagos vicosque*. Les cantons, et les villages qui les formaient.

Ceteri robustioribus aggregantur. Voir sur ces compagnons dont parle Tacite, la traduction et le commentaire de Montesquieu, Esprit des Lois, XXX, 3.

XVII. *Suam quisque domum spatio circumdat*. Montesquieu appelle cet espace la terre salique. Esprit des Lois, XVIII, 22.

XVII. Voir, au sujet des mariages germains, Montesquieu, Esprit des Lois, XVIII, 24 et 25.

XX. Voir, au sujet de l'affection pour les neveux, chez les Germains, Montesquieu, Esprit des Lois, XVIII, 22.

XXI. Sur les haines de famille, même ouvrage, XXX, 19 et suiv.

Sur l'hospitalité germanique, même livre, IX et XX, 2.

Nota. Ce paragraphe se termine dans quelques éditions par cette phrase : *Victus inter hospites comis*. C'est évidemment une glose, que quelque copiste aura transportée de la marge d'un manuscrit dans le texte. Nous l'avons supprimé, comme n'ayant aucun sens à cet endroit. M. Burnouf lui-même qui l'a conservé et l'a traduit par ces mots : *C'est un échange désintéressé de politesse*, n'affirme rien à cet égard.

XXV. *Non in morem descriptis per familiam ministeriis*. — Voir sur cette servitude particulière, Montesquieu, Esprit des Lois, XV, 10.

XXVI. *Agri pro numero cultorum, etc*. Cette coutume est expliquée par César, Bell. G., VI, 22. Voir le *César* de notre collection.

XXVIII. *Summus auctorum divus Julius*. Commentaires de *Bello Gallico*, VI, 24 et 25.

Boiemi nomen. Ce nom signifie habitation des Boïens ; il est dérivé de *Boii* et de l'allemand *Heim*, qui n'est plus employé que comme adverbe, et veut dire, à la maison, au logis. (Note de M. Burnouf.)

Vangiones, Triboci, Nemetes. Ces trois peuplades combattirent sous Arioviste contre les Romains. César, *Bello Gall*., I, 51.

Agrippinenses. D'Agrippine, fille de Germanicus et femme de Claude, qui établit une colonie romaine dans la ville des Ubiens, aujourd'hui Cologne.

XXIX. *Mattiacorum gens*. Ce peuple habitait sur la rive droite du Rhin, sur les bords de la Lahn, du Mein, et de l'Éder.

Qui Decumates agros exercent. Il s'agit des terres qui payaient une dîme aux Romains, pour être protégées contre les incursions des Germains. On varie sur la position de ces terres. Selon Malte-Brun, les ruines, qui se voient encore aux environs de Wisbaden, de Francfort, et d'Aschaffenbourg, auraient fait partie du rempart qui entourait les *Terres Décumates*.

XXXIII. *Chamavos et Angrivarios*. On croit retrouver le nom des premiers dans celui de Hamm, ville de Westphalie sur la Lippe ; et le nom des Angriváriens, dans celui de l'Angrie, ou duché d'Engern.

XXXIV. *Ipsum quin etiam Oceanum illa tentavimus*. Avant Germanicus, Drusus et Tibère avaient navigué sur la mer du Nord.

Herculis columnas. Les anciens plaçaient des colonnes d'Hercule partout où ils croyaient trouver les limites de la terre.

XXXV. *Chaucorum gens*. Ces peuples bordaient l'Océan depuis l'embouchure de l'Ems jusqu'à celle de l'Elbe.

XXXVI. *Cherusci*. Ils habitaient entre le Véser, l'Aller et la Leine. C'est dans leur pays qu'était le bois de Teutoburg, où périrent Varus et les trois légions.

Fosi. Probablement la principauté d'Hildesheim, où coule la rivière de Fuse.

XXXVII. *Utraque ripa castra*. Il s'agit des deux rives du Rhin.

Arsacis. Le fondateur de la monarchie des Parthes, qu'il avait arrachés à la domination des rois macédoniens.

Cædem Crassi. Crassus fut battu et tué par les Parthes en Mésopotamie, l'an de Rome 701.

Amisso Pacoro, Hist., V, 9.

Infra Ventidium. Ventidius, pris dans la guerre sociale, avec sa mère, et mené en triomphe par le père du grand Pompée, devint d'abord fermier des mulets et des voitures que l'État fournissait aux magistrats allant dans leurs provinces ; puis, par la faveur de César, qu'il suivit en Gaule, et celle d'Antoine, il s'éleva aux plus hautes dignités, et arriva au consulat. Il gagna contre les Parthes trois batailles, dans la dernière desquelles périt Pacorus. Il triompha des Parthes. Ce fut le premier qui eut cet honneur. Il était né dans le Picentin.

Carbone. Papirius Carbon, consul, qui fut défait par les Cimbres, l'an de Rome 641.

Cassio. Consul vaincu et tué par les Tiguriens, qui s'étaient joints aux Cimbres, l'an de Rome 647.

Scauro Aurelio. Lieutenant consulaire vaincu et tué par les Cimbres en 649, dans la Gaule méridionale.

Servilio Cæpione, Cn. quoque Manlio. Le premier proconsul, le second consul, battus et taillés en pièces par les Cimbres, la même année et dans le même pays.
Nero. Tibère.
Ingentes Cæsaris minæ. Voyez Tacite, Hist., IV, 15.
Etiam Gallias affectavere. Allusion à la guerre de Civilis.
Triumphati magis quam victi sunt. Autre allusion au ridicule triomphe de Domitien, flétri par Tacite, Vie d'Agricola, 39.

XL. *Langobardos.* Tibère, sous le règne d'Auguste, força les Lombards de se retirer au delà de l'Elbe : le pays qu'ils occupèrent successivement sur l'une et l'autre rive devait comprendre au moins en partie le duché de Magdebourg et la Moyenne Marche. De 568 à 572, leur roi Albion, après avoir quitté la Pannonie, où cette nation avait régné 42 ans, conquit toute l'Italie supérieure, et y fonda le royaume des Lombards, qui fut détruit par Charlemagne, mais qui a laissé son nom à la contrée. (Note de M. Burnouf.)

XLII. *Nobile Marobodui.... genus.* Voyez sur Marobo duus, Ann., II, 44 et suiv., 62, 63.

XLIII. *Retro Marsigni, Gothini, Osi, Burii.* Les Marsigniens habitaient probablement une partie de la Silésie actuelle; les Gothins, à droite des Marsigniens; les Oses, une partie de la Gallicie et peut-être de la haute Silésie; les Buriens, vers les frontières de la Moravie actuelle.

Lygiorum nomen. Il a été question des Lygiens, Ann. XII, 29.

Trans Lygios Gothones regnantur. Les Gothons habitaient près de la Vistule. Ce sont les Goths, si célèbres parmi les destructeurs de l'empire romain.

Rugii et Lemovii. Les Rugiens ont donné leur nom à la ville de Rugenwalde, en Poméranie, et à l'île de Rugen. Les Lémoviens sont inconnus.

XLIV. *Suionum.* Vraisemblablement les ancêtres des Suédois.

XLV. *Aliud mare, pigrum ac prope immotum.* Probablement le canal de Jutland, et la partie de la mer du Nord qui baigne la Norwége à l'ouest.

Succinum. C'est ce que nous appelons l'ambre jaune.

Nota. Il faut lire, sur tous les autres peuples qui sont nommés dans cet opuscule de Tacite, ainsi que sur certains détails de mythologie, de géographie et d'organisation sociale, qui se rapportent à ces peuples, les savantes notes de M. Burnouf. Il y a résumé et exposé avec la plus grande clarté toutes les opinions auxquelles ont donné lieu ces questions si diverses et si compliquées, confirmant par ses propres considérations celles qu'il a cru devoir adopter.

NOTES

SUR LA VIE D'AGRICOLA.

I. *Nec id Rutilio et Scauro.* Priscus Rutilius Rufus, lieutenant en Asie, avait été un modèle de désintéressement et d'équité : à son retour, il fut accusé de concussion et de rapines. C'était l'effet de la vengeance des chevaliers romains, dont il avait eu le courage de réprimer les vexations, et qui, dans ce temps-là, par un arrangement très-vicieux, se trouvaient, à la fois, dans les provinces, les fermiers de la république, et dans Rome, les juges des citoyens. Rutilius, chassé de sa patrie, choisit pour retraite cette même province qu'on l'accusait d'avoir opprimée. Il y recueillit le prix de ses vertus. Toutes les villes d'Asie se disputèrent l'honneur de lui donner un asile; on le combla de distinctions; et, comme l'injustice de ses juges l'avait dépouillé de ses biens, les peuples et les rois alliés fournirent à sa subsistance, noblement, volontairement et malgré lui.

Marcus Émilius Scaurus vivait, ainsi que Rutilius, dans le septième siècle de la république. Tous deux écrivirent les mémoires de leur vie. Scaurus fut, vingt-cinq ans de suite, prince du sénat. Salluste est le seul écrivain qui ait affecté de jeter quelques nuages sur les vertus de ce grand homme, dont Cicéron et Tacite ne parlent qu'avec le sentiment de l'admiration.

I. *Rutilio.* Publius Rutilius Rufus, un des meilleurs citoyens de Rome, après avoir servi avec éclat dans la guerre de Numidie, fut consul l'an de Rome 649. Il avait composé l'histoire de la guerre de Numance et les mémoires de sa vie.

Scauro. Marcus Émilius Scaurus, consul l'an de Rome 639 fut 25 ans prince du sénat. Ses mémoires en 3 livres, quoique peu lus de son temps, sont mis par Cicéron à côté de la Cyropédie.

II. *Aruleno Rustico.* Lucius Junius Arulénus Rusticus, tribun du peuple sous Néron, voulut en cette qualité s'opposer à l'arrêt que le sénat allait prononcer contre Thraséas. Mais l'accusé refusa ce secours qui ne l'aurait point sauvé, et pouvait perdre son ami. Plus tard Rusticus, ayant écrit l'éloge de Thraséas, périt sous Domitien, qui s'était aussi chargé des vengeances de Néron.

Herennio Senecioni. Il fut questeur en Espagne sous Domitien. Il avait écrit la vie d'Helvidius Priscus à la prière de Fannia, sa veuve; cet ouvrage hardi et surtout une courageuse dénonciation des brigandages d'un proconsul en crédit causèrent sa perte.

Delegato triumviris ministerio. Ces triumvirs au nombre de trois étaient chargés de la garde des prisonniers et des exécutions. Le supplice du feu infligé aux écrits date du gouvernement d'Auguste. Il fut appliqué pour la première fois à un mauvais ouvrage de quelque obscur factieux.

Expulsis sapientiæ professoribus. Un décret de Domitien bannit tous les philosophes.

IV. *Procuratorem Cæsarum.* Ces fonctions, réduites d'abord à l'administration des revenus du prince, s'étendirent avec son pouvoir.

Julius Græcinus. Caligula, dit Sénèque, le tua, par la seule raison que dans son édilité il avait été trop honnête homme. Grécinus avait écrit un traité *sur la vigne*, et les savants attribuent le surnom d'Agricola que porte le fils, au goût du père pour l'agriculture.

Marcum Silanum. Illustre et vertueux citoyen. Il avait eu le malheur d'avoir pour gendre Caligula, qui par ses persécutions le réduisit à se couper la gorge avec un rasoir.

V. *Suetonio Paullino.* Contemporain et rival de Corbulon. Il remporta de grandes victoires en Mauritanie, sous l'empereur Claude. Ses mémoires sont cités avec éloge par Pline l'ancien.

Titulum tribunatus. Le grade de tribun était le premier que le général donnait aux jeunes nobles qu'il voulait s'attacher.

VI. *Salvium Titianum.* Le frère d'Othon, qui perdit la bataille de Bédriac.

VII. *Intemelios.* Vintimille, dans les États Sardes.

VIII. *Vectius Bolanus.* C'est Vitellius qui lui avait donné le gouvernement de la Bretagne. Il mourut proconsul d'Asie.

Petilium Cerialem. Cérialis avait glorieusement fait la guerre contre Civilis et les Gaulois révoltés.

X. *Fabius Rusticus.* Écrivain, ami de Sénèque.

Dispecta est et Thule. Thulé, selon un savant géographe, est aujourd'hui l'île Mainland.

XI. *Britanniam qui mortales initio coluerunt.* Tous les faits relatifs à l'origine des Bretons sont rassemblés dans la belle histoire de M. Augustin Thierry.

Silurum. Les Silures habitaient le midi de la principauté de Galles.

XIV. *Aulus Plautius.* Il fit la guerre dans la Bretagne, de 796 à 800, et revint avec les honneurs de l'ovation.

Didius Gallus. Il commanda sept ans.

Monam insulam. L'île d'Anglesey, que les Gallois appellent encore *Mon.* C'était le principal siége de la religion druidique.

XVI. *Trebellio Maximo.* Il commanda jusqu'en 822 ; chassé par son armée, il se réfugia auprès de Vitellius.

XVII. *Julius Frontinus.* C'est l'auteur des *Stratagèmes.* Général aussi savant dans la théorie que sur le champ de bataille, grand jurisconsulte, philosophe vertueux, il fut un des hommes les plus éminents du règne de Trajan.

XVIII. *Ordovicum civitas.* Les Ordoviques habitaient le nord du pays de Galles.

XIX. *Namque per ludibrium assidere.* Voici une note de la Bletterie, qui jettera beaucoup de jour sur ce passage :

Chaque province payait à l'État un tribut de grains en nature : dans celles que l'on ménageait, parce qu'elles s'étaient données volontairement à l'empire, les laboureurs ne devaient que le dixième de leurs récoltes. C'est ce qu'on appelait *frumentum decumanum*.

Quant aux pays de conquête, tels que la Bretagne, chaque propriétaire était obligé de fournir une quantité fixe de blé, à raison de tant par arpent, *frumentum stipendiarium*.

Outre le blé de dixième et d'impôt, les propriétaires étaient obligés de fournir, pour de l'argent, les grains que leur demandait le gouvernement, soit pour la subsistance des troupes, soit pour d'autres besoins, et de les conduire sur les lieux. On nommait ce blé, *frumentum emptum*.

La province était encore chargée de fournir au gouverneur, pour l'entretien de sa maison, un nombre fixe de muids de blé, dont il avait droit de régler le prix arbitrairement. On composait avec lui, pour l'ordinaire ; et, suivant l'estimation convenue, on lui donnait ce blé en argent, *frumentum œstimatum*.

Il se commettait sur ces trois articles, et principalement sur les deux premiers, des abus énormes, dont Tacite indique les plus criants. Aussitôt après la récolte, ceux qui avaient commission de lever le blé de tribut faisaient fermer les greniers du laboureur, et ne lui permettaient pas d'en tirer un grain qu'il n'eût payé ce qu'il devait à l'État. Le laboureur ne demandait pas mieux que de s'acquitter ; mais on n'avait pas le temps de venir compter avec lui : on le laissait languir à la porte de son grenier jusqu'à ce qu'il se fût engagé de donner aux exacteurs, soit une somme d'argent, soit une quantité de blé plus forte que le tribut même. Les misérables laboureurs sollicitaient à titre de grâce, une mainlevée qu'on leur vendait chèrement....

Les laboureurs étaient obligés, comme je l'ai dit, de fournir du blé pour les légions. On payait celui-là, mais toujours au-dessous de sa valeur. Enfin, pour comble d'injustice, ce n'étaient pas les habitants les plus voisins des quartiers d'une légion qui recevaient ordre d'y voiturer des grains ; c'étaient au contraire les plus éloignés. Ceux-ci, pour se rédimer d'un transport si ruineux, comptaient une somme d'argent sur laquelle les entrepreneurs faisaient des profits considérables....

Au reste, toutes ces infâmes manœuvres sont encore mieux développées dans le beau discours contre Verrès, *de Re frumentaria*.

XXII. *Ad Taum.* La Twerde qui coule entre le Northumberland et l'Écosse.

XXIII. *Glota et Bodotria.* Aujourd'hui la Clyde et la Forth. Les ruines romaines que l'on voit encore dans les environs appartiennent, dit-on, à un rempart construit sous l'empereur Sévère.

XXVIII. *Cohors Usipiorum.* Aujourd'hui les Westphaliens.

Primum a Suevis mox a Frisiis. Les Suèves habitaient les côtes méridionales de la Baltique...... les Frisons....

XXIX. *Ad montem Grampium.* Le Grampian qui traverse l'Écosse.

Galgacus. Son nom national, changé par les Romains selon l'usage grec, était Gallawg.

XXXVI. *Interim equitum turmæ fugere.* On remarquera ici une contradiction entre le texte et la traduction. En effet, tout en n'osant pas corriger le texte qui est généralement conservé, même par ceux des traducteurs de Tacite qui n'ont pas cru devoir s'y conformer dans l'interprétation, nous avons substitué au sens de *fugere* celui d'*erupere* ou d'*effusæ*, proposé par Juste Lipse et Ernesti. Les raisons données par Brotier et M. Burnouf pour maintenir la leçon de *fugere* nous paraissent plus ingénieuses que satisfaisantes. Rien de plus clair au contraire et de plus logique que le sens que nous adoptons. Le combat s'est engagé d'abord entre l'infanterie des Bretons d'une part, et les Bataves, auxquels se joignent nos cohortes, de l'autre. Bientôt la cavalerie des Bretons se mêle au combat ; leurs chariots viennent soutenir leur infanterie : il en résulte d'abord quelque trouble parmi les Romains, qu'il faut bien voir dans le mot *hostium*, auquel Muret propose de substituer *nostrorum*. Mais l'épaisseur de leurs bataillons et l'inégalité des lieux empêchent les mouvements des cavaliers et des chariots bretons. De là cette déroute ; ces cavaliers écrasés par leurs propres chevaux ; ces chars sans conducteurs, etc.

XXXVII. *Horestorum.* Les Horestes habitaient selon quelques-uns la province d'Angus au delà du Tay.

Trutulensem portum. Aujourd'hui Trenthull.

XL. *Successori suo.* Ce successeur fut Sallustius Lucullus, dont le mérite ne put échapper à la fatale jalousie de Domitien.

XLII. *Occiso Civica.* Civica Cérialis, proconsul d'Asie, fut tué par ordre de Domitien.

XLV. *Carus Metius.* Fameux délateur du temps de Domitien.

Intra Aldanam Arcem. Maison de plaisance au pied du mont Albain, où Domitien tenait conseil avec les suppôts de sa tyrannie.

Sententia Messallini. Catulus Messallinus se distinguait dans ses conciliabules par la férocité de ses avis. Juvénal l'a caractérisé par l'épithète de *Mortifer.* Il était aveugle, et cette infirmité favorisait son insensibilité naturelle.

Bebius Massa, était un digne collègue de ces scélérats.

Helvidium. Helvidius, fils de celui qui périt sous Vespasien, fut accusé d'avoir mis en scène dans une tragédie, *Paris* et *OEnone,* le divorce de Domitien. Au moment de sa condamnation, le sénateur Publicius Certus, faisant l'office de bourreau, le saisit en pleine assemblée et le traîna au cachot, où il fut étranglé.

Maurici. Junius Maricus fut rappelé sous Nerva.

Quum suspiria nostra subscriberentur. Tacite rapporte, dans ses Annales, que des hommes apostés notaient les moindres émotions, le moindre signe d'intérêt qui pouvaient échapper aux spectateurs.

NOTES

DU DIALOGUE SUR LES ORATEURS.

I. *Fabi.* Fabius était ami de Pline le jeune.

II. *Curiatius Maternus.* Il paya de sa vie, sous Domitien, la hardiesse républicaine du langage de ses personnages tragiques.

Marcus Aper.... Julius Secundus. Le premier est inconnu; Quintilien vante le second comme un des plus beaux génies de son temps.

V. *Saleium Bassum.* Quintilien, X, 1, n° 90, lui attribue une imagination véhémente et poétique, que la vieillesse même ne put tempérer.

Eprius Marcellus. Voir cette lutte dans Tacite, Hist., IV, 6 et 43. Devenu l'ami de Vespasien, il conspira contre lui avec Cécina, fut surpris, condamné et se coupa la gorge avec un rasoir.

VIII. *Crispum Vibium.* Voyez Hist., II, 10. Vanté par Quintilien pour l'agrément de son éloquence. Dion le met au nombre des compagnons de débauche de Vitellius.

Ter millies sestertium. Cinquante-trois millions, soixante-dix-neuf mille six cent soixante-dix-neuf francs.

IX. *Rogare ultro et ambire cogatur.* Voir, sur l'usage et l'influence funeste des lectures publiques, Nisard, *Etudes de mœurs et de critique sur les poètes latins de la décadence.* Tome Ier, article Stace.

Quingenta sestertia. Quatre-vingt-huit mille quatre cent soixante-six francs.

X. *Nicostrati.* Quintilien parle de cet athlète, II, 8, n° 14.

XII. *Asinii.* Asinius Pollio, ami d'Auguste, sous lequel il ne voulut prendre aucune part aux affaires, loué par Horace, comme avocat, sénateur, poète tragique, historien et guerrier, fut le premier qui fonda une bibliothèque publique à Rome. Quintilien le met fort au-dessous de Cicéron, dont il eut le tort d'attaquer le premier la renommée.

Messallæ. Quintilien vante l'éloquence nette et brillante de ce Messalla. (M. Valerius Corvinus.)

Medea Ovidii... Varii Thyestes. Pièces dont la perte est d'autant plus regrettable qu'il paraît, d'après Quintilien, que dans la première Ovide avait déployé tout son génie facile et heureux, modéré par le goût, et que la seconde était comparable aux plus beaux ouvrages de la tragédie grecque.

XIII. *Secundus Pomponius.* Voyez Tacite, Ann., V, 8; XII, 28.

Afro Domitio, Ann., IV, 52.

XIV. *Vipstanus Messalla.* Tacite fait mention de lui avec honneur dans plusieurs endroits de ses Histoires.

XV. *Fratris tui.* Le fameux délateur, Aquilius Régulus; probablement frère utérin, puisqu'il ne portait pas le nom de Messalla.

Sacerdos Nicetes. Rhéteur grec contemporain, dont Pline le jeune suivit les leçons en même temps que celles de Quintilien.

XVII. *Cælium.* Voyez Cicéron, *Brutus,* 79. — *Calvum,* ibid., 82. — *Brutum,* M. Junius Brutus, auquel est adressé le Dialogue sur les orateurs illustres.

XVIII. *Ser. Galbæ.* Cicéron, *Brut.,* 21. — *C. Carboni,* Cic. ibid. 27.

Calvus vester. Voyez Cicéron, *Brut.,* 82, et Quintilien, X, 1, n° 115.

Catoni seni, Caius Gracchus.... Crassus.... Appius Cæcus.... Voyez dans le *Brutus* les jugements de Cicéron sur ces orateurs.

XIX. *Cassium Severum.* Voyez Ann., IV, 21.

Hermagoræ et Apollodori. Hermagoras, rhéteur grec, qui professait à Rome du temps d'Auguste, et qu'il ne faut pas confondre avec un autre rhéteur dont parle Cicéron, *Brut.,* 78, et Quintilien en divers endroits. Apollodore de Pergame enseigna l'éloquence à Auguste à Apollonie.

Roscii. Le fameux Roscius, si célébré par Cicéron. — *Turpionis Ambivii,* acteur non moins célèbre au temps de Térence, dont il joua les pièces.

Accii aut Pacuvii. Accius, ou mieux Attius, poète tragique, né à Rome l'an 584, mort en 667. Pacuvius, né à Brindes, mort à Tarente en 624. Ces deux poètes sont jugés par Quintilien, X, 1, n° 97.

XXI. *Canutium aut Arrium Furniumve.* Trois personnages nommés par Cicéron en différents endroits.

Vatinium. Contre lequel Cicéron fit sa fameuse harangue, et qu'il défendit deux ans après contre Calvus, qui l'accusait de brigue.

XXIII. *Rotam fortunæ.* Voir le sens de ce jeu de mots dans le passage de Cicéron, *in Pisonem,* 10.

Jus Verrinum. L'équivoque roule ici sur le double sens de *jus verrinum,* jus de porc et justice de Verrès.

Aufidii Bassi aut Servilii Noniani. Quintilien en parle, XI, 1, n° 102.

Sisennœ aut Varronis. Voyez sur le premier, Cicéron, *Brut.*, 64 ; sur le second, Quintilien, X, 1, n° 95.

XXVI. *Calamistros Mecenatis.* Calamister ou calamistrum est proprement le fer à friser les cheveux. Voir sur l'affectation reprochée à Mécènes, en particulier Sénèque, épître 114.

Gallionis. On ne sait si ce Gallion est celui dont parle Tacite, Ann., XV, 73, ou celui dont parle Quintilien, III, 1, n° 21.

XXXI. *Gabinianum.* Rhéteur du temps de Vespasien.

Metrodori. Métrodore, d'Athènes, fut l'ami et le principal disciple d'Épicure, qui l'honore du nom de sage. Voy. Cic. *de Finibus*, III, 2.

Grammatica. Ce titre comprenait les belles-lettres en général.

XXXIV. *L. Crassus C. Carbonem.* Voyez Cicéron, *Brut.*, 43. Le succès de Crassus fut si décisif, que Carbon prévint sa condamnation en s'empoisonnant.

XXXV. *Ut ait Cicero. De Orat.*, III, 24.

XXXVI. *Ad populum producerentur.* Les tribuns avaient droit de produire à la tribune aux harangues les consuls eux-mêmes, afin qu'ils donnassent au peuple les explications qu'il désirait : on peut en voir un exemple dans Cicéron, *Brut.*, 50. Quand cet illustre consulaire prononça sa sixième philippique, lui aussi avait été requis par le tribun Apuléius de venir justifier dans le forum les délibérations du sénat. (Note empruntée à M. Burnouf.)

TABLE GÉNÉRALE,

ALPHABÉTIQUE,

ANALYTIQUE, RAISONNÉE ET CHRONOGRAPHIQUE DES MATIÈRES CONTENUES DANS LES DIVERS OUVRAGES DE TACITE.

La lettre A désigne les Annales; H, les Histoires; G, les Mœurs des Germains; Ac, la Vie d'Agricola; O, le Dialogue sur les orateurs.

Les chiffres romains indiquent les livres; les chiffres arabes, les chapitres.

Nota. Les années indiquées sont celles de la fondation de Rome, et suivant la chronologie adoptée dans ce livre; l'an premier de l'ère vulgaire répond à l'an de Rome 753.

A

ABDAGÈSE, prince parthe, père de Sinnacès en 788, A, vi, 36, 37, 43, 44.
ABDUS, eunuque parthe, A, vi, 31; périt par un poison lent en 788, 32.
ABGARE, roi des Arabes en 802, A, xii, 12, 14. Son vrai nom est Maanubar Abgar.
ABNOBA, montagne de la Forêt Noire, G, 1.
ABORIGÈNES, peuple originaire d'Arcadie; reçoit d'Évandre les lettres de l'alphabet, A, xi, 14.
ABUDIUS Ruso, ancien édile, accusateur de Lentulus Gétulicus, est exilé de Rome en 787, A, vi, 30.
ACADÉMIE, O, 32.
ACADÉMICIENS, vifs dans la discussion, O, 31.
ACBARE. Voyez Abgare; dit aussi Ebare, ou Abbare.
ACCIUS, poète, rempli de négligences, O, 20, 21.
ACERRONIE, favorite d'Agrippine, est tuée à coups de rames en 812, A, xiv, 5.
ACERRONIUS PROCULUS (Cnéus), consul en 790, A, vi, 45.
ACHAÏE (l'), mise au nombre des provinces impériales, A, i, 76; jointe au gouvernement de la Mésie, 80; éprouve un tremblement de terre en 776, A, iv, 13; est troublée par l'apparition d'un faux Drusus en 784, v, 10; rendue au sénat, A, x, 7; alarmée par le bruit de l'apparition de Néron (822), H, ii, 8; célèbre par ses écoles, O, 30.
ACHÉMÈNES, ancêtre de Mithridate, A, xii, 18.
ACILIA, mère de Lucain, accusée par son fils en 818, A, xv, 56; est épargnée, 71.
ACILIUS AVIOLA, lieutenant des Romains, défait les Angevins et les Tourangeaux en 774, A, iii, 41.
ACILIUS AVIOLA (Manius), consul en 807, A, xii, 64.
ACILIUS STRABON, préteur accusé par les Cyrénéens en 812, A, xiv, 18.
ACRATUS, affranchi de Néron, envoyé pour piller la Grèce et l'Asie en 817, A, xv, 45; ne peut enlever les statues de Pergame, xvi, 23.
ACTÉ, affranchie, aimée de Néron, en 808, A, xiii, 12, 46; détourne ce prince de l'inceste avec sa mère, xiv, 2.
ACTES du sénat, A, v, 4; actes du prince (jurer sur les), A, i, 72; iv, 42; xiii, 11.
ACTIUM (fêtes religieuses d'), A, xv, 23; (légions d'), A, i, 42. La bataille d'Actium eut lieu le 2 septembre 723.
ACTIUS, centurion en 788, maltraite Drusus, A, vi, 24.
ACUTIA, femme de P. Vitellius, accusée de lèse-majesté en 789, A, vi, 47.
ADGANDESTRIUS, prince des Cattes, offre d'empoisonner Arminius en 772, A, ii, 88.
ADIABÉNIENS, peuple du Kurdistan, A, xii, 13; ravagés par Tigrane, xv, 1, 2.
Adjutrix, nom d'une légion, H, ii, 43; iii, 44.
ADOPTION par la loi des curies, H, i, 15; déclarée dans le camp, 17; simulée, privée de ses privilèges, A, xv, 19; (autel de l'), A, i, 14.
ADRANA. Voyez Éder (l').

ADRIA, ville, H, iii, 12, 42.
ADRIATIQUE (mer), A, ii, 53; xv, 34.
ADRUMÈTE, ville d'Afrique, A, xi, 21; H, iv, 50.
ADULTÈRE, puni par la loi Julia, A, ii, 50; iv, 42; peine de ce crime chez les Germains, G, 19.
AFFRANCHIS; leurs richesses, A, xii, 53; leur puissance, H, iii, 47; accusateurs de leurs patrons, A, xv, 55; xvi, 10, admis au rang des chevaliers, H, i, 13; ii, 57; pas au-dessus des esclaves chez les Germains, G, 25; leur pouvoir inconnu aux Bretons, A, xiv, 39; Claude leur confie des provinces, H, v, 9; magistratures données à leurs fils, A, xi, 24.
AFRANIUS, loué par Tite-Live, A, iv, 34.
AFRANIUS (Quinctianus), conspire contre Néron, A, xv, 49.
AFRANIUS (Julius), orateur, O, 15.
AFRICANUS (Julius), Gaulois, est condamné en 787, A, vi, 7.
AFRICANUS (Pactius), sénateur, accusé par ses collègues en 823, H, iv, 41.
AFRICANUS (Sextius) se dégoûte de Silana, qu'il voulait épouser en 808, A, xiii, 10; fait le cadastre des Gaules, xiv, 46.
AFRIQUE; alimente Rome, A, xii, 43; obtient d'Othon de nouveaux privilèges, H, i, 78; avait deux légions, A, iv, 5; (vent d'), xv, 46.
AGAMEMNON, tragédie, O, 9.
AGERINUS, affranchi d'Agrippine, envoyé par elle à Néron en 812, A, xiv, 6; on lui jette une épée entre les jambes, 7.
AGRAIRES (lois), A, iv, 32.
AGRESTIS (Julius), centurion, se tue (822), H, iii, 54.
AGRICOLA (Cnéus Julius), beau-père de Tacite, né à Fréjus, de Julius Grécinus et de Julia Procilla, le 13 juin 793, Ac, 3; son origine et sa famille, 4; son ardeur pour l'étude, ibid.; ses premières armes en Angleterre, 5; questeur en Asie, 6; commande une légion en Angleterre, 7; est admis parmi les patriciens, 9; commande la province d'Aquitaine, ibid.; est fait consul, ibid.; retourne en Angleterre, ibid., défait les Ordovices, 18; prend l'île de Mona, ibid.; détruit la cause des soulèvements, 21; découvre de nouveaux peuples et les soumet, 22; porte des troupes en Hibernie, 24; va par delà le golfe de Bodotrie, 25; perd son fils, 28; remporte la victoire sur les Bretons, 37; fait faire le tour de la Bretagne par sa flotte, 38; reçoit les ornements triomphaux, 40; retourne à Rome ibid.; suspect à Domitien, 41; sa mort, le 23 août 846, 43; son éloge, 44 et suiv.
AGRIPPA (Marcus Asinius), consul en 778, A, iv, 34; sa mort en 779, 61.
AGRIPPA (Fontéius), accusateur de Libon en 769, A, ii, 30; offre sa fille pour vestale, elle est rejetée, mais reçoit une dot, ibid.
AGRIPPA (Fontéius), proconsul d'Asie, est nommé gouverneur de la Mésie en 822, H, iii, 46.
AGRIPPA (Décimus Hatérius), parent de Germanicus, tribun du peuple, s'oppose à la punition des histrions en 768, A,

TABLE GÉNÉRALE

I, 77; est nommé préteur, A, II, 51; attaque les anciens consuls, VI, 4.

AGRIPPA (Julius), exilé dans les îles d'Égée en 818, A, XV, 71.

AGRIPPA (Lanatus Ménénius), consul en 251, orateur médiocre, O, 17.

AGRIPPA (Vibulénus), chevalier romain, s'empoisonne au milieu du sénat en 789, A, VI, 40.

AGRIPPA (Marcus Vipsanius), fils de Lucius, d'une famille obscure, né en 691, épouse d'abord la jeune Marcella, puis Julie, fille d'Auguste, A, I, 3; est adopté par ce prince, H, I, 15; compagnon des victoires d'Auguste, est nommé par lui deux fois consul, A, I, 3; associé par lui à la puissance tribunitienne, III, 56; aïeul de Saloninus, A, III, 75; émule de Tibère, VI, 51; se fait une retraite à Mitylène, A, XIV, 53, 55; avait reçu le serment de fidélité des Ubiens, XII, 27; mort violente de ses enfants, III, 19; sa femme adultère, I, 53; sa mémoire, A, I, 41; ses monuments, XV, 39; étang d'Agrippa, XV, 37; il meurt en 742; son portique, H, I, 31.

AGRIPPA POSTUMUS (Marcus), ainsi nommé, parce qu'il naît après la mort de son père en 742; fils du précédent et de Julie, et petit-fils d'Auguste, d'abord adopté par ce prince, puis, par les intrigues de Livie, relégué dans l'île de Planasie, A, I, 3; d'une force prodigieuse, ignorant, mais non coupable, *ibid.*; d'un naturel féroce 6; tué par ordre de Tibère le 20 août 767, dispute longtemps sa vie, 6; son assassinat dirigé par Salluste, III, 30; un de ses esclaves prend son nom, II, 39; il est tué par ordre de Tibère, 40; A, I, 53.

AGRIPPA Ier, dit le Grand, fils d'Aristobule, roi des Juifs, reçoit sa couronne et les tétrarchies de Philippe et de Lysanias, de l'empereur Caïus en 790. Sa mort en 797, A, XII, 23.

AGRIPPA II, fils du précédent, est envoyé par Néron contre les Parthes, A, XIII, 7; embrasse le parti de Vespasien, H, II, 81; auxiliaire de Titus, H, V, 1.

AGRIPPINE, fille de M. V. Agrippa et de Julie, femme de Germanicus, petite-fille d'Auguste, A, I, 33; suit son mari dans la guerre des Gaules, mais, par la sédition des soldats, est obligée de se retirer, 41, 42; son amour pour son mari, 33; sa chasteté, *ibid.*; sa fécondité, 41; s'oppose seule à la rupture d'un pont sur le Rhin, 69; fait les fonctions de général, complimente les légions, *ibid.*; accouche à Lesbos de Julie, A, II, 54; reçoit les derniers soupirs de Germanicus, 72; transporte ses cendres à Rome, 75; son vaisseau rencontre celui de Pison, 79; aborde à Brindes, III, 1; enthousiasme des Romains pour elle, 4; cache mal ses espérances, IV, 12; est exaspérée par des conseillers perfides, *ibid.*; ses querelles avec Tibère, 52; lui demande un nouvel poux, 53; craint d'être empoisonnée par lui, 54; envoyée en exil par Tibère, XIV, 63; accusée par lui devant le sénat, A, V, 2; sa mort, le 18 octobre 786, 4.

AGRIPPINE (Julie), fille de Germanicus et d'Agrippine, petite-fille de Tibère, sœur de Caïus et mère de Néron, en 769, épouse d'abord Cnéus Domitius, puis Passiénus Crispus, puis enfin l'empereur Claude, A, IV, 75; haine de Messaline contre elle, A, XI, 12; son mariage avec Claude malgré la parenté, XII, 1, 2, 5, 7; fait condamner sa rivale Lollia, 22; ses liaisons avec Pallas, 25, 65; XIV, 2; et dans son enfance, avec Lépide, *ibid.*; reçoit le surnom d'Augusta, XII, 26; établit une colonie chez les Ubiens, 27; reçoit de l'armée les mêmes honneurs que l'empereur, 37; entre au Capitole dans un carpentum, 42; préside à un combat naval, vêtue d'un chlamyde, 56; accuse Narcisse 57; impudique, infâme, 64, 65; empoisonne Claude, 67; assiste aux délibérations du sénat, XIII, 5; son crédit décline, 12; s'indigne contre l'affranchie Acté qu'on lui donne pour rivale, 13; attaque Néron par ses caresses, *ibid.*; accusée de conspiration, 19; sa réponse à Burrus, 21; fait punir ses délateurs, *ibid.*; fait à Néron des propositions incestueuses, XIV, 2; sa mort est résolue, 3; est embarquée sur un bateau à soupape, 4; se sauve à la nage, 5; est tuée par ordre de Néron en 812, 8; mot sublime qu'elle dit au bourreau, *ibid.*; avait écrit des mémoires, IV, 53.

AGRIPPINE (colonie d'), Cologne, H, I, 56; IV, 20, 25; se rend à Vitellius, I, 57; adhère au serment des Gaules, IV, 59; sa réponse aux Teuctères, 65; égorge les Germains, 79; d'origine germanique, G, 28.

AGRIPPINUS PACONIUS, ennemi de la famille impériale, A, VI, 28; triste fortune de son père, 29; chassé d'Italie en 19, 32.

A HÉNOBARBUS. Voyez Domitius.

AIGLE, est un augure favorable, A, II, 17; H, I, 62.

ALBANI, maison de plaisance de Domitien, AG, 45.

ALBANIENS, peuple d'Asie, refusent d'accueillir Vonon dans sa fuite, A, II, 68; gardés par quatre légions, IV, 5; se liguent avec Pharasmane, VI, 33; contre les Parthes, 35; leur pays est montueux, 34; se prétendent issus des Thessaliens, VI, 34; font la guerre à Pharasmane, XII, 45; menaces de la guerre par Néron, H, I, 6.

ALBE, ville d'Italie, A, XI, 24; les portraits de ses rois aux funérailles de Drusus, IV, 9; pierres d'Albe sont à l'épreuve du feu, XV, 43.

ALBINGAUNUM (Albenga), ville municipale de Ligurie, H, II, 15.

ALBINUS (Lucéius), gouverneur de Mauritanie, se déclare pour Othon, H, II, 58; est tué en 822, 59.

ALBIUM INTÉMÉLIUM (Ventimiglia), ville d'Italie, est livrée au pillage, H, II, 13.

ALBUCILLA, femme de Satrius, accusée d'adultère, A, VI, 47; veut se tuer et se manque en 789, 48.

ALCIDES (les deux), noms de Castor et Pollux chez les Naharvales, G, 43.

ALÉTUS (Marcus), préteur, envoyé pour soulager les villes ruinées par un tremblement de terre en 777, A, II, 47.

ALEXANDRE TIBÈRE. Voyez Tibère.

ALEXANDRE LE GRAND, mort en 430; son don après une victoire, A, III, 63; comparé à Germanicus, II, 73; VI, 31; vainqueur de Darius, XII, 13; contemporain de Démosthène, O, 16.

ALEXANDRIE, ville d'Égypte; un chevalier romain n'y pouvait entrer sans la permission de l'empereur, A, II, 59; Néron y envoie les troupes de Germanie, H, I, 31; Vespasien y est proclamé empereur, II, 79; il marche vers cette ville, III, 48; il y opère des guérisons miraculeuses, IV, 81; la statue de Sérapis y est apportée, 84.

ALIÉNUS CECINA, commandant des légions de Germanie en 822, H, I, 52, 53.

ALISON (Eisen), fort près du Rhin, A, II, 7.

ALLEDIUS SEVERUS, chevalier romain, appuie seul le mariage de Claude en 802, A, XII, 7.

ALLIA (défaite d'), le 18 juillet 367, H, II, 91.

ALLIARIA, femme de Sempronius, eu 762, A, I, 53.

ALLOBROGES, peuple, H, I, 66.

ALPES, montagnes, H, I, 23, 66; traversées par Cécina, 89; ouvertes par Antonius, III, 53; Alpes, H, I, 23; Alpes pennines et cottiennes, 61, 87; IV, 68; traversées par les troupes de Vitellius, IV, 68; Alpes grecques, II, 66; juliennes, III, 8; maritimes, jouissent des privilèges du Latium, A, XV, 32; pannoniennes, H, II, 98; III, 1; pennines, I, 61, 70, 87; IV, 68; rhetiques, G, 1.

ALPHENUS VARUS, préfet de camp en 822; son artifice pour apaiser la sédition contre Valens, H, II, 29; soutient le parti de Vitellius, 43; nommé préfet du prétoire, III, 36; envoyé pour occuper l'Apennin, 55; abandonne le camp, 61; abandonné, survit à son infamie, IV, 11.

ALPINUS, soldats des Alpes, H, II, 14.

ALPINUS (Julius), chef des Helvétiens, est mis à mort comme auteur de la guerre en 822, H, I, 68.

ALPINUS (Decimus), frère de Montanus, H, V, 19.

ALPINUS (Montanus), préfet de cohorte sous Vitellius, envoyé dans les Gaules en 823, H, III, 35; IV, 31, 32; passe sous les drapeaux de Civilis, V, 19.

ALTINUM (Altino), ville d'Italie, ouvre ses portes à Antonius H, III, 6.

ALTINUS (Julius), exilé dans les îles d'Égée, en 818, A, XV, 71.

AMANUS (le Bullan), montagne de Syrie; on y érige un arc de triomphe en l'honneur de Germanicus, A, II, 83.

AMASIS, roi d'Égypte; le phénix paraît sous son règne, A, VI, 28.

AMATHUS, fils d'Erias, bâtit un temple à Vénus, A, III, 62.

AMATHUSIE (Vénus), son temple a un asile, A, III, 62.

AMAZONES vaincues par Bacchus, A, III, 61; fondatrices de Smyrne, IV, 56.

AMBIVIUS TURPIO, acteur, O, 20.

AMINIUS REBIUS (Caïus), jurisconsulte célèbre en 809; se fait ouvrir les veines, A, XIII, 30.

AMISIA, fleuve. Voyez Ems.

AMORGUS (Amorgo), île, lieu d'exil, A, IV, 13, 30.

ALPHABÉTIQUE. 533

AMPHICTYONS (decrets des), A, IV, 14.
AMPHITHÉATRE construit par les soldats de Vitellius, H, II, 67; de Cremone, construit par la treizième légion, III, 32; des Fidenates, s'ecroule, A, IV, 62; de Néron, construit au Champ de Mars, A, XIII, 31; de Plaisance, brûle, H, II, 21.
AMPLIUS FLAVIANUS (Titus) commande en Pannonie, H, II, 86; suspect aux Flaviens, III, 4; est dérobé à la fureur des soldats, 10.
AMULIUS SÉRÉNUS, primipilaire en 822, H, I, 31.
AMYCLÉE (mer d'), A, IV, 59.
AVAGNI, ville de la campagne de Rome, patrie de Valens, H, III, 62.
ANCHARIUS PRISCUS accuse Césius Cordus en 774, A, III, 38, 70.
ANCÔNE, ville d'Italie, A, III, 9.
ANCUS MARCIUS, quatrième roi de Rome, vers l'an 115; ses lois, A, III, 26.
ANE; cet animal cru adoré par les Juifs; raison de ce culte, H, V, 3 et 4.
ANEMURIUM (Anémur), ville maritime de la Cilicie, assiégée, A, XII, 55.
ANGEVINS (Andegavi), peuple de la Gaule, révoltés et soumis, A, III, 41.
ANGLES, peuple de la Germanie, G, 40.
ANGRIVARIENS, peuple de la Germanie, trahissent Germanicus, A, II, 8; se battent contre les Romains, 19; se soumettent, 22; rachetent des soldats romains et les rendent, 24; Germanicus triomphe d'eux, 41; ont pris la place des Bructères, G, 33.
ANICÈTUS, affranchi de Néron, commandant la flotte de Misene, propose le vaisseau qui doit faire périr Agrippine, A, XIV, 3; jette une epée dans les jambes d'Agérinus, 7; commande le meurtre d'Agrippine, 8; s'accuse faussement d'adultere avec Octavie, 62; est relegué en Sardaigne, *ibid*.
ANICETUS, affranchi de Polémon, excite une révolte dans le Pont, H, III, 47; est tué en 822, 48.
ANNALES, comparees avec les écrits des anciens historiens romains, A, IV, 32, 33; O, 22.
ANNEAU de fer, signe de l'ignominie chez les Germains, G, 31; les anciens Romains scellaient de leur anneau leurs ustensiles, A, II, aux notes (2); anneau des chevaliers, H, I, 13; II, 57; IV, 3.
ANNÉE; la septième est consacrée, par les Juifs, au repos, H, V, 4; grande annee composée de 12954 communes, O, 16; division de l'année chez les Germains, G, 76.
ANNEUS (Statius), medecin de Sénèque, lui donna le poison, A, XV, 64.
ANNIA RUFFILLA, A, III, 36.
ANNIBAL, H, III, 34; borgne, H, IV, 13.
ANNIUS POLLION, accusé et absous, A, VI, 9; conspire contre Neron, XV, 56; est exilé, 71; XVI, 30.
ANSIBARIENS, peuple de Germanie, vient s'établir sur la rive du Rhin, A, XIII, 55; en est chassé, 56.
ANTÉIUS veille à la construction de la flotte en 769, A, II, 6.
ANTÉIUS (Publius); la prefecture de Syrie lui est promise et non donnée, A, XIII, 22; son amitié pour Agrippine le rend odieux à Néron, XVI, 14; accusé, il s'empoisonne et s'ouvre les veines en 819, *ibid*.
ANTÉNOR, prince troyen, avait institué les jeux du ceste, A, XVI, 21.
ANTHEMUSIADE, ville d'origine macédonienne, ouvre ses portes à Tiridate, A, VI, 41.
ANTIBES, ville de la Gaule narbonnaise, H, II, 15.
ANTIGONE, roi de Macedoine, dit Doson, reconnaît les pretentions des Messeniens sur le temple de Diane, A, IV, 43.
ANTIOCHE (Antakia), ville de Syrie, A, II, 69; on y érige un tombeau à Germanicus, 83; lieu des deliberations de Mucien, H, II, 80; capitale de la Syrie, 79; on y frappe de la monnaie de Vespasien, 82.
ANTIOCHUS III, roi de Commagène; sa mort, vers 770, laisse le pays plein de troubles, et la Commagène est mise en province romaine, A, II, 42.
ANTIOCHUS IV, fils du précédent, roi de Commagène et aussi de Cilicie, A, XII, 55; retabli sur son trône par Claude en 794, A, IX, 20; apaise la révolte des Clites, XII, 55; marche par ordre de Neron contre les Parthes, A, XIII, 7; contre Tiridate, 37; commande une partie de l'Arménie, XIV,

20; soumis à Vespasien, H, II, 81, vient au siège de Jérusalem, V, 1.
ANTIOCHUS ÉPIPHANES, roi de Syrie, veut réformer les mœurs de la nation juive en 823, H, V, 8.
ANTIOCHUS VII, dit le *Grand*, roi de Syrie, redoutable aux Romains, A, II, 63; vaincu par Scipion, III, 62; XII, 62.
ANTIPOLIS. Voyez Antibes.
ANTISTIA POLLUTIA, femme de Rubellius Plautus, A, XIV, 22. Voyez Pollutia.
ANTISTIUS LABEO, jurisconsulte distingué, rival de Capito Atéius, A, III, 75.
ANTISTIUS SOSIANUS, tribun du peuple; son démêlé avec Vibullius en 800, A, XIII, 28; fait des vers satiriques contre Neron, XIV, 48; accusé de lèse-majesté, il est banni, 49; dénonce Antéius, XVI, 14; se fait rappeler de son exil, *ibid*.; réexilé dans la même île par Vespasien, H, IV, 44.
ANTISTIUS VETUS, un des premiers de la Macédoine; absous du crime d'adultère; accusé, par Tibère, de lèse-majesté; relegué dans une île en 774, A, III, 38.
ANTISTIUS VETUS (Caius), consul en 778, A, IV, 1.
ANTISTIUS VETUS (Caius), consul en 803, A, XII, 25.
ANTISTIUS VETUS (Lucius), consul en 808, A, XIII, 11; commande l'armée de Germanie, 53; beau-pere de Rubellius Plautus, l'excite à la révolte, XIV, 58; proconsul d'Asie, sa mort en 818, XVI, 10.
ANTIUM, ville du Latium, avait un temple de la Fortune Équestre, A, III, 71; Poppée y accouche de Claudia, XV, 23; Néron y séjourne, 39.
ANTOINE, père du triumvir, A, XII, 62.
ANTOINE (Marc), mari d'Octavie, sœur d'Auguste, triumvir; son pouvoir passe à Auguste, A, I, 1; sa mort en 724, 2; complaisance d'Auguste pour lui, 9; combat contre la republique, 10; III, 18; est trompé par Auguste, *ibid*.; mis en fuite par les Parthes, II, 2; fait périr Artavasde, roi d'Arménie, 3; aieul de Germanicus, 43; sa guerre contre Auguste, 53, 55; XI, 7; H, II, 61 n'est pas épargné par Auguste, H, III, 86; repousse les Parthes, 24; l'Orient est son partage, V, 9; donne à Hérode la Judée, *ibid*.; sa petite-fille Drusilla en mariage à Félix, *ibid*.; arrière-beau-père de Félix et aieul de Claude, *ibid*.; contribue à la gloire de Cicéron, O, 37; tour d'Antoine, construite par Hyrcanus et embellie par Hérode, en l'honneur de M. Antoine, H, V, 11.
ANTOINE (Marcus Julius), fils du précédent et de Fulvie, mari de la jeune Marcella, consul en 744, père de Lucius, puni de mort pour son adultere avec Julie, A, III, 18; IV, 44.
ANTOINE (Lucius), fils du précédent, relegué à Marseille pour le crime de son pere; sa mort en 778, A, IV, 44.
ANTOINE FÉLIX, frere de Pallas, affranchi de Claude, mari de Drusilla et de trois reines, est nommé un des préfets de la Judée en 823, H, V, 9; A, XII, 54.
ANTOINE FLAMMA, puni d'une amende pour ses concussions sur les Cyrénéens, et ensuite de l'exil en 823, H, IV, 45.
ANTOINE NASON, tribun, cassé en 822, H, I, 20.
ANTONA (l'Avon), rivière, A, XII, 31.
ANTONIA, fille du triumvir Marc Antoine, et d'Octavie, sœur d'Auguste, mariée à Néron Drusus, et mère de Germanicus et de Claude, ne paraît point aux funerailles de Germanicus, A, III, 3, 18.
ANTONIA, fille de Marc Antoine et d'Octavie, femme de Domitius Ahénobarbus, dite *minor* par Tacite, et appelée, par d'autres, *major*, mere de Cneus Domitius et de Domitia Lépida, A, IV, 44; XII, 64.
ANTONIA, fille de Claude et d'Ælia Pétina, mariée à Cneus Pompéius, puis à Cornélius Sylla, A, XII, 2, 68; XIII, 23; XV, 53.
ANTONIA FLACCILLA, femme de Novius Priscus en 818, A, XV, 71.
ANTONIA (Arrius), aieul maternel d'Antonin le Pieux, consul en 822, H, I, 77.
ANTONIN (Hatérius), reçoit de l'argent de Néron en 811, A, XIII, 34.
ANTONIUS NATALIS, chevalier romain, conspire contre Néron, A, XV, 50, 54, 55; révèle le nom des complices, 56; achète ainsi sa grâce, 71.
ANTONIUS NOVELLUS, primipilaire en 822, H, I, 87; sans autorité auprès des soldats, II, 12.
ANTONIUS PRIMUS, célébré par Martial, un des chefs les plus zêlés des Flaviens; condamné pour faux en 814, A, XIV, 40; embrasse le parti de Vespasien, H, III, 86; conseille la

célérité, H, III, 2; envahit l'Italie, 6; apaise une sédition, 10; son courage, 17; ses vices, 28; son orgueil autorise l'indiscipline, 49; accueille avec bonté les Vitelliens, 63; son crédit sur les soldats, 80; tout-puissant sous Domitien, IV, 2; reçoit les ornements consulaires, 4; haï de Mucien, 11, qui lui enlève son pouvoir, 39; devient suspect, 68; son arrogance lui fait perdre son crédit, 80; se rend auprès de Vespasien, *ibid.*; avait exhorté Civilis à la guerre, V, 26.
ANTONIUS PRISCUS abandonne le parti de Vitellius, H, III, 61, 64.
ANTONIUS TAURUS, tribun, chassé en 822, H, I, 20.
AORSES, peuple d'Asie, voisin des Palus Méotides, commandé par Eunone, A, XII, 15, 16, 19.
APAMÉE (sur le Méandre), ville de Phrygie, éprouve un tremblement de terre, A, XII, 58.
APENNINS, chaîne de montagnes, partagent l'Italie entre Vitellius et Vespasien, H, III, 42, 50, 52; occupés par Alphénus Varus, 55, 56.
APER (Marcus), orateur célèbre, O, 2; un des interlocuteurs du Dialogue; sa dispute avec Maternus, 5, 11, 27.
APHRODISÉE (Geyra), ville de Carie, défend son asile, A, III, 62.
APICATA, femme de Séjan, répudiée par lui en 776, A, IV, 3; sa déposition sur l'empoisonnement de Drusus, 11.
APICIUS, homme riche (778), A, IV, 1.
APIDIUS MERULA, rayé du tableau des sénateurs en 778, A, IV, 42.
APINIUS TIRO, ancien préteur, commande les révoltés de la flotte de Misène en 822, H, III, 57, 76.
APION (Ptolémée), roi de Cyrène, fait son héritier le peuple romain en 658, A, XIV, 18.
APIS, dieu des Égyptiens, H, V, 4.
APOLLINARIS (Claude), commandant de la flotte de Misène en 822, H, III, 57; des rameurs, 78; prend la fuite, 77.
APOLLODORE, rhéteur célèbre sous Auguste, dont il fut le précepteur; ses ouvrages sont arides, O, 19.
APOLLON n'est point né à Délos, A, III, 61; adoré à Milet, 63; à Smyrne, *ibid.*; à Éphèse, 4, 55; son oracle de Claros servi par un prêtre, II, 54; consulté par Germanicus, *ibid.*; par Lollia, XII, 22; Apollon Pythien, 63; consulté par Ptolémée, H, IV, 83; son temple sur le mont Palatin, H, I, 27; Vitellius et Sabinus y signent un traité de paix, III, 65; dieu des poètes, O, 12.
APOLLONIDE, ville détruite par un tremblement de terre en 777, A, II, 47.
APONIANUS (Dillius) commande la troisième légion en 822 H, III, 10, 11.
APONIUS SATURNINUS (Marcus), gouverneur de Mésie, obtient une statue triomphale (822), H, I, 79; veut faire assassiner Tertius Julianus, II, 85; instruit Vitellius de la révolte de la troisième légion, 96; III, 5, 9, est attaqué par les légions mêmes, 11; V, 26.
APPIANUS (Appius), chassé du sénat en 770, II, 48.
APPIENNE (voie), couverte d'or (en souhait), par Libon, A, II, 30; H, IV, 11.
APPIUS CÆCUS, orateur distingué et censeur en 442, O, 18, 21.
APRONIA, femme de Plautius Silvanus, qui la jette par la fenêtre en 777, A, IV, 22.
APRONIANUS (Vipsianus), consul en 812, A, XIV, 1; proconsul d'Afrique en 822, H, I, 76.
APRONIUS (Lucius), ami de Drusus, envoyé par lui à Tibère en 767, A, I, 29; combat sous Germanicus, 56; reçoit les ornements triomphaux, 72; adulateur de Tibère, II, 32; proconsul d'Afrique, fait décimer une cohorte, III, 21; veut faire présider les jeux publics par les féciaux, 64; défend Caius Gracchus, IV, 13; accuse du meurtre de sa fille son gendre Silvanus, 22; beau-père de Lentulus Gétulicus, A, VI, 30; propréteur de la Basse-Germanie en 781, A, IV, 73; défait par les Frisons, XI, 19.
APRONIUS CÆSIANUS, fils de Lucius, tient en fuite les Numides, A, III, 21.
APULÉIA VARILIA, petite-fille d'Octavie, sœur d'Auguste, fille d'Apuleius et de Marcella Major, punie pour adultère en 770, A, II, 50.
APULEIUS NEPOS (Sextus), consul en 767, A, I, 7.
APULIE (la Pouille), contrée d'Italie, A, III, 2; IV, 71; XVI, 9.
AQUILA (Julius), chevalier romain en 802, A, XII, 15; reçoit les ornements pretoriaux, 21.
AQUILA (Vedius), lieutenant de la treizième légion, poursuivi par ses soldats (822), H, III, 44; se rend à Padoue, III, 7.

AQUILÉE, ville d'Italie, H, II, 46, 85; occupée par les Flaviens, III, 6; devient le siege de la guerre, 8.
AQUILIA, dame romaine, condamnée à l'exil pour adultère avec Varius Ligur en 778, A, IV, 42.
AQUILIUS, primipilaire, conduit les enseignes romaines dans la guerre de Germanie en 822, H, IV, 15.
AQUILIUS REGULUS, accusé de délation, défendu par son frère Messala en 823, H, IV, 42.
AQUINAS colonia (Aquinoi), dans la Terre de Labour, H, I, 88.
AQUINUS (Cornelius), commandant de légion, tue Capito en 822, H, I, 7.
AQUITAINE, province des Gaules, se range du parti de Vitellius en 822, H, I, 76; commandée par Agricola, AG, 9.
ARABIE, patrie du phénix, A, VI, 28; H, V, 6; ses habitants ennemis des Juifs, H, V, 1.
ARAR (la Saône), rivière des Gaules, jadis jointe à la Moselle par un canal, A, XIII, 53, H, II, 59.
ARARICUS (Vulcatius) conjure contre Néron en 818, A, XV, 50.
ARAVISQUES, peuple de Pannonie, G, 28.
ARAXE, fleuve d'Arménie (aujourd'hui l'Aras), A, XII, 51, arrose Artaxate, XIII, 39.
ARBELLE, château de l'Adiabénie, A, XII, 13.
ARBRE ruminal (le figuier), ainsi nommé du mot latin *rumen*; un arbre de cette espèce, âgé de huit cent quarante ans, était dans les comices en 811, A, XIII, 58.
Arc de triomphe pour la reprise des enseignes perdues par Varus, A, II, 41; pour les victoires de Germanicus et de Drusus, 64; en l'honneur de Germanicus, 83; en l'honneur de Drusus, III, 57; pour la victoire de Corbulon, XV, 18.
ARCADIE; ses rois ancêtres de Pallas, A, XII, 53.
ARCHELAUS, roi de Cappadoce depuis cinquante ans, accusé devant le sénat, meurt en 770, A, II, 42; grand-père de Tigranes, XIV, 26.
ARCHÉLAÜS, roi de Cappadoce, A, VI, 41.
ARCHIAS (Licinius), poète, O, 37.
ARDENNES (forêt des), A, III, 42.
ARENACUM (Aert), ville des Bataves, H, V, 20.
AREOPAGE, A, II, 55.
ARGENT refusé par les dieux aux Germains, G, 5; (mine d'argent trouvée à Marpurg par Curtius Rufus, A, XI, 20; il en existe chez les Bretons, AG, 12.
ARGIENS, adoraient Cée, père de Latone, A, XII, 61.
ARGIUS, esclave de Galba, lui donne la sépulture, H, I, 49.
ARGOLICUS, une des victimes de Tibère, A, VI, 18.
ARICIE (Riccia), ville d'Italie, H, IV, 2; (bois d'), III, 36.
ARIES, peuple d'Asie, A, XI, 10.
ARIMINUM (Rimini), ville de la Romagne, H, III, 41; assiégée, 42.
ARIOBARZANES, nommé roi d'Arménie par Tibère; sa mort en 769, A, II, 4.
ARIOVISTE, roi des Germains, H, IV, 73.
ARISTOBULE, fils d'Hérode, nommé roi de l'Arménie mineure par Néron en 807, A, XIII, 7; XIV, 26.
ARISTONICUS, fils adultérin d'Eumenes, régnait en Asie en 622, A, IV, 55; sa guerre contre les Romains, XII, 62.
ARMÉNIE, A, I, 3; sans maître et flottant entre les Parthes et les Romains en 769, II, 3, 43; sa situation équivoque, 56; gouvernée par Caius, III, 48; envahie par Artaban, VI, 31, 33; mineure, donnée à Cotys, A, X, 22; séjour désagréable en hiver, XII, 12; don du peuple romain, 45; souvent sujet de troubles, 48; envahie par les Parthes, XIII, 6; envahie par Vologèse, XV, 1, 2; Tiridate reçoit la couronne d'Arménie, XVI, 23.
ARMÉNIENS, alliés des certains, A, III, 56; H, II, 6; III, 6; autrefois soumis aux Égyptiens, A, II, 60; reçoivent des rois des Césars, O, 3; mais ne les conservent pas, 4; reçoivent Artaxias de Germanicus, 64; font la guerre aux Ibériens, XII, 44; sont soumis par Mithridate, XI, 9; odieux à Pharasmane, XIII, 37; leur pays dévasté par Corbulon, XIV, 23; vaincus par lui, H, III, 24.
ARMINIUS, époux de Thusnelda, fille de Ségeste, illustre chez les Germains, en 768; perfide pour les Romains, A, I, 55; vaincu par Ségeste, 58; excite les Chérusques à se joindre à lui, 60; combat Germanicus et Cécina, 63; son entretien avec son frère, II, 9; défend la liberté de son pays, 44; combat Maroboduus, 46; sa mort en 772, 88; son éloge, *ibid.*; A, XI, 16; XIII, 55.
ARNUS (l'Arno), rivière d'Étrurie, A, I, 79.

ALPHABÉTIQUE.

ARPUS, prince des Celtes en 769, A, II, 7.
ARRÉTINUS CLÉMENS, homme consulaire, de l'ordre des sénateurs, allié à la maison de Vespasien, est mis à la tête des gardes prétoriennes en 823, H, IV, 68.
ARRIA GALLA, femme de Domitius Silius, puis de Cnéus Pison en 818, A, XV, 59.
ARRIA, femme de Cécina Pétus, se frappe pour encourager son mari à suivre son exemple, en 795, A, XVI, 34.
ARRIA, fille de la précédente, femme de Thraséas, veut imiter la conduite de sa mère, A, XVI, 34.
ARRIUS ANTONIUS, consul en 822, H, I, 77.
ARRIUS VARUS, préfet de cohorte en 807, A, XIII, 9; sert avec distinction en Arménie et sous Corbulon, H, III, 6; primipilaire, inculpe Corbulon, *ibid.*; battu par les Vitelliens, 16; prend Interamna, 61; nommé préfet du prétoire, IV, 2; reçoit les ornements de la préture, 4; redoutable à Mucien, 39; préfet de l'Annone, 68.
ARRUNTIUS (Lucius), sénateur, consul en 759; son vote sur Tibère, A, I, 8; suspect à ce prince, 13; ce qu'Auguste avait dit de lui, *ibid.*; commandé pour remédier aux inondations du Tibre, 76, 79; défend le jeune Sylla contre Corbulon, III, 31; sa puissance, VI, 2; empêché de se rendre en Espagne, 27; H, II, 65; accusé, s'ouvre les veines en 789, 48; son éloge, XI, 6.
ARRUNTIUS STELLA, commis au soin des jeux publics en 808, A, XIII, 22.
ARRUNTIUS (Titus), nommé défenseur de Pison, se récuse en 773, A, III, 11.
ARSACE, fils d'Artaban, nommé roi d'Arménie en 788, A, VI, 31; est tué, 33.
A RSACE, Parthe; sa défection, H, V, 8; mal placée en 823, car elle eut lieu en 804.
ARSACIDES, nom des rois parthes, A, II, 1, 2, 3; VI, 34; XI, 10; XII, 10, 14; XIV, 26; XV, 1, 29; H, I, 40.
ARSAMOSATA (Simsat), ville de l'Arménie majeure, A, XV, 10.
ARSANIAS (l'Arsa), fleuve de l'Arménie majeure, qui se jette dans l'Euphrate, A, XV, 15.
ARTABAN II, prince arsacide, roi des Parthes vers 769, élevé chez les Dahes, A, II, 3; envoie des ambassadeurs à Germanicus, 58; orgueilleux envers les Romains, VI, 31; fait périr Abdus et beaucoup d'autres, 32; vaincu par les Ibériens, 36; fuit de son royaume, *ibid.*; est rappelé, 43; corrompt les habitants de Séleucie; périt par les embûches de son frère, XI, 8.
ARTAVASDE II, roi de l'Arménie majeure en 752, A, II, 3.
ARTAXATE, ville de l'Arménie, A, II, 56; et XIII, 39; prise par les Ibériens en 788, A, VI, 33; par les Parthes en 804, XII, 50; ruinée par Corbulon en 811, XIII, 41; XIV, 23.
ARTAXIAS II, fils d'Artavasde I, roi de l'Arménie majeure, tué par sa famille vers 769, A, II, 3.
ARTAXIAS III, Zénon, fils de Polémon, roi de Pont, nommé roi d'Arménie par Germanicus en 771, A, II, 56; sa mort en 785, VI, 31.
ARTÉMITE, ville des Parthes, A, VI, 41.
ARULÉNUS (Rusticus), tribun du peuple, est blessé par les soldats de Cérialis, 80; condamné pour avoir défendu Thraséas, AG, 2, 45.
ARUSÉIUS, accusateur de L. Arruntius, A, VI, 7.
ARUSÉIUS (Lucius); sa mort en 789, A, VI, 40.
ARUSPICES, A, XI, 15.
ASBURG (Asciburgium), ville de Germanie, H, IV, 33; située sur la rive du Rhin, G, 2.
ASCLÉPIODOTE (Cassius), riche Bithynien, n'abandonne point Soranus, en 819, A, XVI, 33.
ASCONIUS LABÉO, reçoit les honneurs consulaires en 808, A, XIII, 10.
ASIATICUS, chef des Gaulois; son supplice demandé par Vitellius en 822, H, II, 94.
ASIATICUS (Julius), probablement le même que le précédent; sa vie par Sécundus, O, 14.
ASIATICUS, affranchi de Vitellius, qui lui donne l'anneau de chevalier, H, II, 57; ses immenses richesses, 95; périt du supplice des esclaves en 822, IV, 11.
ASIATICUS (Valerius), consulaire; périt par les artifices de Messaline, A, XI, 1, 2, 3; XIII, 43.
ASIATICUS (Valérius), préfet de la Belgique, gendre de Vitellius, H, I, 59; consul désigné, IV, 4.
ASIE, A, III, 32; érige un temple à Tibère, IV, 15, 55; effrayée de l'apparition d'un faux Drusus, V, 10; sa fécondité, G, 2; A, IV, 13; XIV, 21; H, II, 6, 81; accoutumée à des rois, H, IV, 17; ses villes et ses îles, A, IV, 14.
ASILE (droit d'), A, IV, 14; (bois d'), H, III, 71; asiles de la Grèce, A, III, 60 et suiv.
ASINIUS AGRIPPA (Marcus), fils de Marcus Asinius, consul en 778, A, IV, 34; sa mort à la fin de 799, *ibid.*, 61.
ASINIUS MARCELLUS (Marcus), consul en 807, A, XII, 64.
ASINIUS POLLION, préfet de cavalerie, partisan d'Albinus, en 822, H, II, 59.
ASINIUS POLLION (Caius), orateur, ami d'Auguste, et le premier qui eut à Rome une bibliothèque publique; son caractère ferme, A, I, 12; aïeul de Saloninus, III, 75; a loué Cassius et Brutus, IV, 34; son désintéressement, A, XI, 6, 7; sa harangue contre Caton, à vingt et un ans, O, 16, 34; dur et sec, 21; supérieur aux orateurs anciens et modernes, 25; ses plaidoyers pour les héritiers d'Urbinia, 38.
ASINIUS GALLUS (Caius), sénateur, fils du précédent, et mari de Vipsanie; son vote sur les funérailles d'Auguste, A, I, 8; choque Tibère, 12; gendre d'Agrippa, *ibid.*; jugement d'Auguste sur lui, 13; veut faire consulter les livres sibyllins, 76; inculpe Hatérius Agrippa, 77; son adulation envers Tibère, II, 32; il défend le luxe, 33; combat Pison, 36; et César, 36; refuse de défendre Pison, III, 11; opine pour l'exil de Sosia, IV, 20; pour l'emprisonnement de Sérénus, 30; sa demande à Tibère, 71; se laisse mourir de faim en 786, VI, 23; inculpé d'adultère avec Agrippine par Tibère, 25.
ASINIUS POLLION (Caius), fils du précédent, consul en 776, A, IV, 1.
ASINIUS GALLUS (Lucius), neveu du précédent, consul en 815, A, XIV, 48.
ASINIUS MARCELLUS (Quintus), petit-fils de Pollion l'Ancien; son crime en 814, A, XIV, 40.
ASINIUS (Lucius), consul en 815.
ASINIUS SALONINUS, petit-fils de Pollion et frère du précédent; sa mort en 773, A, III, 75.
ASITIUS, orateur médiocre, O, 21.
ASPER (Sulpitius), centurion, conjuré contre Néron en 818, A, XV, 49; sa constance, sa réponse à Néron, sa mort, 68.
ASPRÉNAS (Lucius), proconsul d'Afrique en 767, envoie des soldats tuer Sempronius, A, I, 53; interpelle Valérius, III, 18.
ASPRÉNAS (Calpurnius), nommé par Galba, gouverneur de la Galatie et de la Pamphilie en 822, H, 9.
ASSYRIENS, A, XII, 13; accueillent les Juifs, H, V, 2; sont les maîtres de l'Orient, 8.
ASTURA, fleuve et île d'Italie, A, VIII, 67.
ATÉIUS CAPITO, homme savant, petit-fils de Sullanus, est préposé pour remédier aux inondations du Tibre en 768, A, I, 76, 79; s'oppose à l'absolution d'Ennius, III, 70; sa mort en 775, 75; avait été nommé consul par Auguste en 759, *ibid.*; rival de Labéon Antistius, *ibid.*
ATESTE (Este), ville de l'État de Venise, H, III, 6.
ATHÉNIENS, A, II, 53; Philippe leur fut redoutable, 63; célèbres par les lois de Solon, III, 26; agités par des troubles, II, 55; traitaient les vaincus comme des étrangers, XI, 24; font périr les coupables par la ciguë, XV, 64; ont eu de grands orateurs, O, 40.
ATIA, fille d'Atius Balbus et de Julie, femme de Caius Octavius et mère d'Auguste, O, 28.
ATIDIUS GÉMINUS, préteur d'Achaïe; son décret en faveur des Messeniens, A, IV, 43.
ATILIUS voue un temple à l'Espérance pendant la guerre Punique, A, II, 49.
ATILIUS, affranchi, donne un spectacle de gladiateurs dont le théâtre s'écroule en 780, A, IV, 62; est envoyé en exil, 63.
ATILIUS RUFUS, homme consulaire, préfet de Syrie; sa mort, AG, 40.
ATILIUS VERGILIO, vexillaire de la cohorte de Galba, arrache l'image de ce prince en 822, H, I, 41.
ATILIUS VERUS, centurion primipilaire de la septième légion, en conserve l'aigle en 822, H, III, 22.
ATIMÉTUS affranchi de Domitia, A, XIII, 19; son amant, 21, supplice de cet affranchi en 808, 22.
ATELLIUS HISTER (Publius), préfet de Pannonie en 803, A, XII, 29.
ATTICUS (Aulus), préfet de cohorte, périt dans un combat contre les Calédoniens, AG, 37.
ATTICUS (Curtius), chevalier romain, homme savant chanté

par Ovide, accompagne Tibère en 779, A, IV, 58, opprimé par Séjan, VI, 10.

ATTICUS (Julius), *spéculateur*, dit avoir tué Othon de ses propres mains en 822, H, I, 35.

ATTICUS (Pomponius), bisaïeul de Drusus, A, II, 43.

ATTICUS (Quintius), consul en décembre 822, entouré par les Vitelliens, H, III, 73, 74; s'avoue coupable de l'incendie du Capitole, 75.

ATTICUS (Vescularius) dresse des embûches à Libon en 785, A, VI, 10.

ATTICUS (Marcus Vestinus), consul en 818, A, XV, 48; d'un esprit mordant, 52; périt par ordre de Néron, 38.

ATTIQUES (rivages), A, V, 10; (orateurs), O, 25.

ATTUS CLAUSUS, depuis nommé Appius Claudius, Sabin, s'était réfugié à Rome avec une troupe nombreuse en 250, et fut la tige de la maison des Claudes, A, IV, 9; XII, 25.

ATYS, roi, fils d'Hercule et d'Omphale, père des Tyrrheniens et des Lydiens, A, IV, 55.

AUFIDIENUS RUFUS, préfet de camp en 767, A, I, 20.

AUFIDIUS BASSUS, historien des guerres de Germanie, O, 23.

AUFONA (le Nen), rivière; lisez ce mot au lieu d'Antona, A, XII, 31.

AUGURAL, partie du camp où l'on prenait les auspices, A, II, 13; XV, 30.

AUGURE du salut, A, XII, 23; heureux, H, I, 62; très-beau, A, II, 17.

AUGURES de Germanicus; ne peuvent être tirés que de la maison Julia, A, II, 83; III, 64.

AUGUSTA, surnom des impératrices, A, I, 8; pris par Livie, *ibid.*; donné à Agrippine, XII, 26; à la femme et à la fille de Néron, XV, 23; à la mère de Vitellius, H, II, 89; l'Augusta a droit de siéger au théâtre sur les bancs des vestales, IV, 16.

AUGUSTA JULIA, AUGUSTA LIVIA. Voyez Livie.

AUGUSTA TAURINORUM. Voyez Turin.

AUGUSTANS (Augustani), chevaliers, créés en 812, A, XIV, 15; leur office était de célébrer perpétuellement la voix et la beauté de Néron, *ibid.*

AUGUSTAUX (jeux) en l'honneur d'Auguste, qui se célébraient le 4 des ides d'octobre; les tribuns du peuple veulent en faire les frais en 767, A, I, 16; ils sont troubles par les cabales des histrions, 54; des 735 on avait créé les Augustalia.

AUGUSTAUX (prêtres), A, I, 54; II, 83; Germanicus fut membre de leur collège, I, 54; H, II, 95.

AUGUSTAUX (confrères, *sodales*), A, I, 54; III, 64.

AUGUSTE, surnom donné à l'empereur Othon, H, I, 47; Vitellius diffère de le prendre, II, 62; donné à Vespasien, 80; à Vitellius, 90.

AUGUSTE (Caius Octavius César), deuxième empereur romain, fils de Caius Octavius et d'Atia, né en 691, le 23 septembre, mort en 767, le 19 août; marie d'abord à Servilia, puis à Claudia, fille de Publius Claudius, et belle-fille de Marc Antoine, ensuite à Scribonia, enfin à Livia Drusilla, qu'il enleve à son mari, A, I, 1; parvient à l'empire, 2; avec le titre de prince, 9; avance en dignités Claudius Marcellus, I, 3; puis M. Agrippa, *ibid.;* le prend pour gendre, *ibid.;* donne le titre d'imperator à ses beaux-fils, *ibid.;* s'associe Tibère, *ibid.;* fait adopter à celui-ci Germanicus, *ibid.;* sa maladie attribuée au crime de Livie, 5; son testament déposé dans le temple de Vesta, 8; il institue, pour héritiers, Tibère et Livie, *ibid.;* sommes qu'il legue au peuple et aux soldats, *ibid.;* honneurs qui lui sont décernés, *ibid ;* ses funerailles au forum, *ibid.;* meurt à pareil jour ou il parvint à l'empire, 9; dans la maison de Nole ou mourut son père, *ibid.;* treize fois consul, *ibid;* éloge de sa modération, *ibid.;* son ambition, ses crimes, 10; avait écrit de sa main un tableau des forces de l'empire, 11; d'un seul regard fit rentrer dans le devoir les legions d'Actium, 42; vieux, avait été souvent en Germanie, 46; exile sa fille Julie, 53; son faible pour les histrions, 54; fut le premier répresseur des libelles, 72; révéré avec Jupiter et Mars, II, 22; avait, dans le fort de l'hiver, été au-devant du corps de Drusus, III, 5; supporta courageusement la perte de ses petits-fils, 6; ses lois, 28; voyagea souvent avec Livie, 34; crée la dénomination de puissance tribunitienne, 56; traite avec sévérité les amants de ses filles, III, 24; rappelle quelques anciens usages, IV, 16; ambitionne les honneurs divins, 38; veut marier sa fille à un simple chevalier, IV, 39; sa loi Senia, XI, 25; agrandit le Pomerium, XII, 23; son combat naval, 56; donne plein pouvoir aux préfets de l'Egypte, 60; entreprend la guerre civile à dix-neuf ans, XIII, 6; permet au sénat d'élire les préfets de l'épargne, A, XIII, 29; établit en Egypte des chevaliers romains au lieu de rois, H, I, II, 50; gouverna cinquante-six ans, O, 17; son éloquence, A, XIII, 3; ses lettres, O, 13; ses images, A, I, 11; II, 37; à Boville, 41; auprès du temple de Marcellus, III, 64; sa statue vendue, I, 73; ses temples à Pergame, IV, 37, 55; auprès de Nole, 57; élevé par Tibère, VI, 45; son génie pénétrant, H, II, 76

AUGUSTE, nom donné au mont Celius, A, IV, 64.

AUGUSTODUNUM. Voyez Autun.

AURELIA, femme de Caius Julius César et mère du dictateur, O, 28.

AURELIUS COTTA (Caius), consul en 773, A, III, 2; son opinion sur Pison, 17.

AURELIUS COTTA, ruiné par le luxe; Néron lui accorde une somme annuelle en 811, A, XIII, 34.

AURELIUS (Fulvius), préfet de la troisième légion en 821, reçoit les ornements consulaires, H, I, 79.

AURELIUS (Pius), sénateur en 768, A, I, 75.

AURELIUS (Scaurus), consul en 646, pris par les Cimbres, G, 37.

AURIENNE (aile) de l'armée, ainsi nommée ou de son préfet, ou de la ville d'Auria en Espagne, H, III,

AURINIA, prophétesse des Germains, G, 8.

AUROCHS, bœufs sauvages, A, IV, 72.

AUSPEX (Julius), un des premiers Remois (823), H, IV, 69.

AUSPICES, pris au nom de Néron et de Pythagore, XV, 37; tires du hennissement des chevaux, G, 10; du résultat d'un duel, *ibid.*

AUSTER, vent d'hiver, A, VI, 33; ses effets terribles, II, 23.

AUTEL, place devant l'augural, A, XV, 30; d'adoption, I, 14; de l'Amitie, IV, 74; de la Clemence, *ibid.;* du dieu Consus, XII, 24; de Drusus, II, 7; d'Hercule, XII, 24; romain, XI, 23; du Soleil, VI, 28; des Ubiens, I, 39, 57; de Vénus à Paphos, H, II, 2 et 3; d'Ulysse, G, III; de la Vengeance, A, III, 18; autels des Barbares, I, 61; décernés pour la puissance tribunitienne, III, 57; consacrés aux fleuves, A, I, 70; aux dieux Manes, III, 2.

AUTOMNE, saison ignorée des Germains, G, 26.

AUTUN (Augustodunum), ville principale des Éduens, A, III, 43, 45, 46; H, I, 64.

AUZEA, château de la Numidie, A, IV, 25.

AVENTICUM (Avenches), ville principale des Helvétiens, H, I, 68.

AVENTIN, montagne de Rome, A, VI, 45; H, III, 70, 85.

AVERNE, lac près de Baies, A, XV, 42.

AVIONES, peuple de la Germanie, G, 40.

AVITUS. Voyez Didius et Vibius.

AVOCATS; leur perfidie, A, XI, 5; leur cupidité, 6; leurs honoraires, 7; XIII, 5, 42; nom donné aux orateurs, O, I, 34.

AVON, rivière. Voyez Antona.

AVRIL; ce mois reçoit le nom de Neronius, A, XV, 74; XVI, 12.

B

BACCHUS. Voyez Liber.

BACTRIANE (le Khorasan), A, II, 60; XI, 8.

BADEN (en Suisse), son territoire ravagé par Cecina, H, I, 67.

BADUHENNA, forêt de la Frise, A, IV, 73.

BAIES, ville de la Campanie, A, VIII, 9; XV, 52; ses piscines, XIII, 21; son lac, XIV, 4; maison de Pison, XV, 52.

BAIN. Dans un bain se font mourir Octavie, A, XIV, 64; Seneque, XV, 64; Vestinus, 69; Vetus, sa belle-mère et sa fille, XVI, 11.

BALBILLUS (Caius), nommé préfet d'Egypte en 800, A, XIII, 22.

BALBUS Cornelius, chevalier romain, A, III, 72; d'origine espagnole, XI, 24; enrichi par Jules César, XII, 60.

BALBUS (Domitius), prétorien, meurt âgé. On lui suppose un testament en 814, A, XIV, 40.

BALBUS (Lælius) accuse Acutia en 789, et est exilé, A, VI, 47, 48.

BALÉARES, îles (Majorque et Minorque), lieu d'exil, A, XIII, 43.

BALISTE, machine de guerre, H, III, 23, 29; IV, 23; A, XV, 9

BARBARES, aiment mieux demander des rois à Rome que d'en choisir, A, XII, 14; ne connaissent point les machines de guerre, 45; alliés peu sûrs, H, III, 48; leur esprit grossier, IV, 13.
BARBIUS PROCULUS, tessèraire des spéculateurs en 822, H, I, 25.
BARDANE, appelé par les Parthes, A, XI, 8; est tué en 800, 10.
BARDITUS, espèce de chant ou de cri des Bardes, G, 3.
BAREA SORANUS, consul désigné; récompense qu'il assigne à Pallas en 805, A, XII, 53; poursuivi par Néron, XVI, 21; accusé par Ostorius Sabinus, 23; on lui laisse le choix du genre de mort, 33; implique par un faux témoignage de Publius Celer, H, IV, 10.
BARGIORAS, surnom de Simon, et non de Jean, comme il le semblerait par le texte de Tacite (823), H, v, 12.
BARIUM (Bari), ville de la Pouille, A, XVI, 9.
BASILIDE, prêtre aruspice; sa prédiction à Vespasien, H, II, 78.
BASILIDE, noble égyptien, apparaît à Vespasien en 823, H, IV, 82.
BASILIQUE, ou portique de Paul Émile, construite dans la huitième région de Rome par Paul Émile; Lepide veut la réparer en 775, A, III, 72.
BASILIQUES, lieux où l'on s'assemblait pour différentes sortes d'affaires, H, I, 40.
BASSUS (Annius), lieutenant de légion en 822, H, III, 50.
BASSUS (Césellius), Carthaginois d'origine, annonce un trésor à Néron en 818, A, XVI, 1; ne l'ayant pu trouver, se tue, 3.
BASSUS (Lucilius), préfet de la flotte de Ravenne en 822; son ressentiment contre Vitellius, H, II, 100; livre la flotte à Vespasien, III, 12, 36, 40; envoyé dans la Campanie, IV, 3.
BASSUS (Saléius), poète latin, O, 5; récompensé par Vespasien, 9.
BASTARNES, peuple riverain du Danube, A, II, 65; nom donné aux Peucins, G, 46.
BATAVES, habiles à nager, A, II, 8; nation féroce, H, I, 59, 64; II, 17; ennemis des Gaulois, 22; IV, 12, 73; massacrent les gladiateurs d'Othon, II, 43; exempts des tributs, IV, 12, 17; V, 25; G, 29; leurs cohortes, H, II, 27; leur courage, G, 29; combattent les Bretons, AG, 36; H, IV, 12; leur île, A, II, 6; H, IV, 12, 18; ravagée par Cérialis, V, 23, 26; leurs villes, V, 19.
BATAVODURUM, ville des Bataves, H, V, 20.
BATHYLLE, pantomime, aimé de Mécène, A, I, 54.
BAUDRIER (balteus); soldats qui le portent, H, I, 57; II, 88.
BAULI, maison de plaisance d'Hortensius, puis d'Antonia, près de Baies, A, XIV, 4.
BAUME, arbre médiocre de la Judée; les incisions ne s'y font point avec du fer, H, V, 6.
BEBIUS MASSA, procurateur d'Afrique, insigne délateur, en 823, H, IV, 50; AG, 45.
BEDRIAC, bourg voisin de Crémone, célèbre par deux défaites des Romains; combat qui s'y livre en 823, H, II, 23, 39, 44, 49, 66, 86; III, 15, 20, 27, 31.
BELGES, A, I, 34; III, 40; la force des Gaulois, H, IV, 76 amis des Romains, A, I, 43; auxiliaires de Verginius, H, IV, 17; leurs villes, A, I, 34; H, IV, 37; leur pays, A, XIII, 53.
BÉLIER, d'Hammon, H, V, 4; de Phryxus, A, VI, 34.
BELUS (Nahar Halou), rivière de Judée, H, V, 7.
BENEVENT, ville d'Italie, A, XV, 34.
BENIGNUS ORPHIDIUS, lieutenant, tué en 822, H, II, 43; on brûle son corps, 45.
BÉRÉNICE, sœur d'Agrippa, II; mariée à Hérode et à Polémon célèbre par ses amours avec Titus; embrasse le parti de Vespasien, H, II, 81.
BÉRYTE (Barut), en Phénicie, H, II, 81.
BESTIA (Lucius), pour lequel Cicéron fit une harangue, O, 39.
BÉTASIENS, peuple du Brabant, H, IV, 56, 66.
BÊTES féroces; leurs images pour enseignes militaires, H, IV, 22; les Germains se revêtent de leur peau, G, 17; Mariccus leur est livré, H, II, 61; chrétiens enveloppés de peaux de bêtes, A, XV, 44.
BÉTIQUE, province d'Espagne, H, I, 53; reçoit en don d'Othon des villes maures, 78.
BÉTUUS CILON, tué dans les Gaules par ordre de Galba, H, I, 37.

BIRACULUS, poète latin; ses vers pleins d'invectives contre César, A, IV, 34.
BIBLIOTHÈQUES, O, 21; des anciens et de Mucien, O, 37.
BIBULUS (Caius), édile, s'élève contre le luxe en 774, A, III. 52.
BIGATI, monnaie d'excellent argent, recherchée des Germains, et ainsi nommée de ce qu'on y voyait représenté un bige, G, 5.
BINGIUM (Bingen), ville de la Belgique, H, IV, 70.
BITHYNIE, A, I, 34; XVI, 18; (mer de), II, 60.
BITHYNIENS (les), font condamner Cadius pour crime de concussion, A, XII, 22; accusent Tarquitius Priscus, A, XIV, 46.
BITUME; comme on le recueille en Judée, H, V, 6.
BLÉSUS (Junius), commandant de légion, oncle de Séjan, interrompt les exercices militaires (en 767), A, I, 16; réprime les perturbateurs, 18; en punit quelques-uns, 21; proconsul en Afrique, III, 35; sou gouvernement prolongé, 58; reçoit les ornements triomphaux, 72; est salué Imperator, 74.
BLÉSUS (Junius), fils du précédent, tribun, A, I, 19; envoyé vers Tibère, 29; recteur de la Gaule lyonnaise, H, I, 59; II, 59; sa mort, empoisonné par Vitellius en 822, III, 38, 39.
BLÉSUS (deux), morts de mort volontaire en 788, A, VI, 40.
BLITIUS CATULINUS, exilé en 818, A, XV, 71.
BOARIUM forum (Campo Vaccino), dans la onzième région de Rome, A, XII, 34.
BOCCHORIS, roi d'Égypte, H, V, 3.
BODOTRIE, ville et golfe des Bretons (Forth), AG, 23, 25.
BŒUF immolé par les Juifs, H, V, 4; adoré par les Égyptiens, ibid. Bœuf qui parle en Étrurie, H, I, 86.
BOHÈME (Boiemum), première patrie des Boiens, G, 28.
BOIENS, nation gauloise, originaire de la Bohème, puis limitrophe de l'Helvétie, ensuite vaincue par César et établie dans le Bourbonnais, G, 28, 42.
BOIOCALE, un des chefs Ansibariens en 811, A, XIII, 55, 56
BOIS sacrés, H, III, 71; de Baduhenne, A, IV, 73; de Diane, XII, 8; d'Ortygie, III, 61; des Naharvales, G, 43.
BOLANUS (Vectius), gouverneur de la Bretagne en 822, H, II, 65.
BOLOGNE (Bononia), ville d'Italie, H, II, 53; spectacle de gladiateurs dans cette ville en 822, 67, 71; ruinée par un incendie, A, XII, 58.
BONN, ville de Germanie, H, IV, 19, 20, 25, 62, 70, 77; V, 22. (guerre du), 63.
BOSPHORE, royaume occupé par Mithridate, A, XII, 15, 16; (guerre du), 63.
BOUCLIERS de Mars (Ancilia), H, I, 89.
BOUDICCA, femme de Prasutagus, chef des Icéniens, battue de verges en 814, A, XIV, 31, 35; AG, 16.
BOVILLES (Fratocchi), sur la voie Appienne, A, II, 41; les jeux du cirque y sont célèbres, XV, 23; H, IV, 2, 46.
BRETAGNE, Bretons, séparée du continent par l'Océan, H, I, 9; se déclare pour Vitellius, 59, 60; la plus grande des îles des Romains, AG, 10; sa position, ibid.; aussitôt perdue que conquise, H, I, 2; troublée, A, XII, 31, 39; sa défection, XIV, 30; ses premiers habitants inconnus, AG, 11; les Gaulois peuvent en avoir occupé une partie, ibid.; leur langue se ressemble, ibid.; Bretons plus valeureux, ibid.; ont des chefs qui rendent la justice, 12; ils immolent des hommes, A, XIV, 30; tout sexe peut y régner, 35; massacrent les Romains, 29, 32; vaincus par Agricola, AG, 37 et suiv.; O, 17.
BRIGANTES, peuple de Bretagne, A, XII, 32, 36; abandonnent Cartismandua, H, III, 45; sont soumis par Cérialis, AG, 17.
BRIGANTICUS (Julius), lieutenant de l'aile, H, II, 22; IV, 70; tué en 823, V, 21.
BRINDES (Brundisium), port fameux de la Grèce, A, II, 30; III, I, 7; IV, 27; H, II, 83; traité de Brindes (en 714) A, I, 10.
BRINNO, chef des Cannineates, H, IV, 15, 16.
BRITANNICUS (Tibérius Claudius Germanicus), fils de Claude et de Messaline, né la veille des ides de février 794, le vingtième jour du règne de son père; reçoit les leçons de Sosibius, A, XI, 4; reçoit de Tibère l'offre d'un second consulat, II, 26; XII, 2, 9, 65; est retenu par Agrippine dans le palais après la mort de Claudius, 68; salue Néron du nom de Domitius, 41; son adolescence, XIII, 14, 15; est empoisonné par Néron en 809, peu de jours après l'anniversaire de sa quatorzième année, 16; XIV, 3.

BRIXELLUM (Bresello), ville du duché de Reggio, H, II, 33, 51, 54.
BRIXIENNE (porte), par où l'on allait à Brixium (Brescia), H, III, 27.
BROCHUS, tribun du peuple en 794, A, IX, 9.
BRUCTÈRES, peuple de la Germanie, A, I, 51, 60; vaincus par Stertinius, *ibid.*; abandonnent les Ansibariens, XIII, 56; s'allient à Civilis, H, IV, 21, 50, 77; passent le Rhin à la nage, H, V, 18; leur pays fut envahi depuis par les Angrivariens, G, 33.
BRUNDISIUM. Voyez Brindes.
BRUTIDIUS NIGER, édile, accusateur de C. Silanus en 775, A, III, 66.
BRUTUS (Lucius Junius), fils d'une fille de Tarquin l'Ancien, fondateur de la liberté en 247, et premier consul, A, I, 1; réclame la loi Curiata, XI, 22; institue les patriciens *minorum gentium*, 25.
BRUTUS (Marcus Junius), meurtrier de César; sa défaite anéantit le parti républicain, A, I, 2; loué par Crémuntius Cordus et par Livius, IV, 34; XVI, 22; orateur, O, 38; supérieur à tous les autres, 25; ses discours sur Auguste, A, IV, 34; H, I, 50; sa fermeté, IV, 8; son effigie non portée aux funérailles de sa sœur Junie, A, III, 76; jugement sur ses écrits, 21; le Brutus de Cicéron, 30.
BUCCINE (Buccina), conque, annonçait la fin des repas, A, XV, 30.
BURDO (Julius), préfet de la flotte de Germanie, tué en 822, H, I, 58.
BURIENS, peuple de la Germanie, près la source de la Vistule, G, 43.
BURRUS (Afranius), préfet du prétoire en 804, A, XII, 42, 69; gouverneur de Néron, s'oppose aux cruautés d'Agrippine, XIII, 2; connu pour son expérience, 6, 14, 20, 23; XIV, 7, 15; sa mort en 815, 51.
BYSANCE, aujourd'hui Constantinople, A, II, 54; XII, 63; H, II, 83; III, 47; A, XII, 62.

C

CADICIA, femme de Flavius Scévinus, exilée d'Italie en 818, A, XV, 71.
CADIUS RUFUS (Caius), proconsul, condamné pour concussion en 802, A, XII, 22; réintégré au sénat en 822, H, I, 77.
CADMUS, apporte en Grèce les lettres de l'alphabet, A, XI, 14.
CADRA, colline de la Cilicie, aujourd'hui Caramanie, A, VI, 41.
CAIUS. Voyez César (C.) Caligula.
CALABRE, troublée par la révolte des esclaves en 807, XII, 65; son rivage, A, III, 1, 2; H, II, 83.
CALAVIUS SABINUS, commandant de la douzième légion en 815, A, XV, 7.
CALÉDONIE, province de la Bretagne, AG, 10; habitée par des hommes roux, 11; se révolte, 25, 31.
CALÈNUS (Julius), tribun des Gaules en 822, H, III, 35.
CALÈS (Calvi), ville de la Campanie, A, VI, 15; IV, 27.
CALCAGUS. Voyez Galgacus.
CALIGA, chaussure militaire d'où Caius prit son surnom, A, I, 41.
CALIGULA. Voyez César (Caius.)
CALLISTES, affranchi de Caius en 793, entre dans le complot contre Messaline, A, XI, 29; puissant auprès de Claude, 38; protège Loillia, XII, 1.
CALPURNIA (loi), contre les concussions, rendue en 605 par L. Calpurnius Pison Frugi, A, XV, 20.
CALPURNIANUS (Décius), préfet des Vigiles; son supplice en 801, A, XI, 35.
CALPURNIE, femme illustre et belle, exilée par Agrippine en 802, A, XII, 22; rappelée, XIV, 12.
CALPURNIE, concubine de Claude, XI, 30.
CALPURNIUS, aquillifère en 767, sauve Munatius de la fureur des soldats, A, I, 39.
CALPURNIUS ASPRÉNAS, nommé par Galba pour gouverner la Galatie et la Pamphylie en 822, H, II, 9.
CALPURNIUS FABATUS, chevalier romain, père du beau-père de Pline, mort sous Trajan, A, XVI, 8.
CALPURNIUS GALÉRIANUS, fils de Cnéus Calpurnius Pison; sa mort en 822, H, IV, 11.
CALPURNIUS PISON (Lucius), annonce qu'il va quitter Rome en 769, A, II, 34, appelle en cause Urgulanie, *ibid.*; défend

Cnéus Pison; son avis sur Séjan; est accusé de lèse-majesté, A, IV, 21; sa mort en 777, *ibid.*
CALPURNIUS PISON (Lucius), consul en 780, A, IV, 62.
CALPURNIUS PISON (Cneus). Voyez Pison.
CALPURNIUS REPENTINUS, centurion de la vingt-deuxième légion, vaincu, H, I, 56; est tué en 822, 59.
CALPURNIUS SALVIANUS, accusateur de S. Marius en 778, A, IV, 36; est condamné à l'exil, *ibid.*
CALUSIDIUS, soldat en 767, offre son épée à Germanicus, A, I, 35.
CALVIA CRISPINILLA, concubine de Néron, H, I, 73.
CALVINA (Junia), fille de Junius Silanus et d'Émilia Lépida, sœur de L. Silanus, vécut jusqu'au temps de Vespasien, A, XII, 4; chassée d'Italie en 802, 8; rappelée par Néron, A, XIV, 12.
CALVISIUS SABINUS (Caius), consul en 779, A, IV, 46.
CALVISIUS SABINUS, accusé de lèse-majesté en 785, A, VI, 9; H, I, 48.
CALVISIUS, A, XIII, 19; exilé en 808, 22; rappelé, XIV, 12.
CALVUS (Caius Licinius Macer), orateur, O, 17; imite les anciens, 18; supérieur aux autres, 25, accuse Vatinius, 34; jugement sur ses écrits, 18, 21.
CAMÉRINUS SCRIBONIANUS, H, II, 72.
CAMÉRINUS SULPICIUS, est accusé, A, XIII, 52.
CAMERIUM, ville des Sabins, A, XI, 24.
CAMILLE, général romain en Afrique, bat Tacfarinas, A, II, 52; III, 20, 21.
CAMPANIE, A, III, 2, 47; IV, 57; dévastée par les vents en 818, XVI, 13; ses lacs, III, 59; H, I, 2, 23; ses rivages, A, XIII, 50; I, 2; III, 57, 58, 59, 60, 66; guerre de Campanie, H, IV, 3.
CAMPANUS, prince des Tungres en 823, H, IV, 66.
CAMULODUNUM (Colchester), ville de Bretagne, A, XII, 32; XIV, 31, 32.
CAMURIUS, soldat de la quinzième légion, meurtrier de Galba, H, I, 41.
CANAL, creusé entre la Meuse et le Rhin, A, XI, 20.
CANDIDATS du consulat, A, I, 81; de la preture au nombre de onze, 14; leurs artifices, XV, 20; le nombre de leurs enfants les fait préférer, II, 51.
CANGI, les Cangues, peuple de la Bretagne, A, XII, 32.
CANINIUS GALLUS, quindécimvir en 786, A, VI, 12.
CANINIUS RÉBILUS (Caius), consul pour le dernier jour de l'année 709, H, III, 37.
CANNINÉFATES, peuple batave, où est aujourd'hui Utrecht, A, IV, 73; XI, 18; H, IV, 15, 16, 19, 32, 56, 79, 85; V, 26.
CANOPE (Aboukir), ville de l'Égypte inférieure, A, II, 60.
CANUTIUS, orateur médiocre, O, 21.
CAPITO (Instéius), préfet des camps en 811, A, XIII, 39.
CAPITO (Lucilius), procurateur d'Asie en 776, accusé, condamné, A, IV, 15.
CAPITO (Valérius), ancien préteur, rappelé d'exil en 812, A, XIV, 12.
CAPITO VERGINIUS, H, III, 77; IV, 3.
CAPITOLE joint à la ville par Tatius, A, XII, 24; incendié, A, VI, 12; H, I, 2; III, 71, 72; assiégé par les Gaulois, A, XI, 23; par les Vitelliens, H, *II*, 69; pris par eux, 73, 78, restauré par Vespasien, H, IV, 53; sa citadelle, III, 71; mont du Capitole, A, XV, 18, 36, 44.
CAPITOLIN (Jupiter), A, XV, 23.
CAPITON. Voyez Atéius, Cossutianus, Fontéius.
CAPOUE, colonie d'Italie, A, XIII, 31; fidèle à Vitellius, H, III, 57; punie pour cette fidélité, IV, 3; a un temple de Jupiter, H, IV, 57; O, 8.
CAPPADOCE : Archélaüs, roi de Cappadoce, A, II, 42; VI, 41; la cavalerie y prend ses quartiers d'hiver, XIII, 8, 35; sa position, XV, 12; est réduite en province romaine en 770 II, 42; obtient de nouveaux privilèges, H, I, 78; II, 6, 81; autrefois soumise aux Égyptiens, A, II, 60; ses troupes, auxiliaires des Romains, XV, 6; noblesse des Cappadociens, XIV, 26.
CAPRÉE (Capri), île d'Italie; lieu de délices et de la retraite de Tibère, A, IV, 67; VI, 1, 2, 10; jadis habitée par les Téléboens, IV, 67.
CARACATES, peuplade de Germanie, H, IV, 70.
CARACTACUS, illustre chef des Bretons en 803, A, XII, 33, 34, est pris par trahison, 36, 37; H, III, 45; conduit captif à Rome, A, XII, 36.
CARBON (Caius), orateur, O, 18, 34.
CARINAS CÉLER, sénateur en 808, A, XIII, 10.

CARINAS (Secundus), rhéteur, jadis exilé par Caïus; envoyé en 817 par Néron, pour dépouiller les provinces, A, xv, 45.
CARIOVALDE, chef des Bataves en 769, A, II, 11.
CARMANIE (le Kerman), contrée voisine du golfe Persique, A, vi, 36.
CARMEL (Carmelus), montagne et divinité des Syriens, H, II, 78.
CARPENTUM, sorte de char à l'usage des femmes, A, XII, 42.
CARRHÈNE, chef des Parthes en 802, A, XII, 12, 13; vaincu, 14.
CARSIDIUS SACERDOS, prétorien, accusé d'avoir fourni du blé à Tacfarinas en 776, A, IV, 13; son exil demandé, VI, 48.
CARSULE (Carsulæ), ville d'Ombrie, H, III, 60.
CARTHAGE, H, I, 70; A, IV, 55; XVI, I; son port, H, IV, 49.
CARTHAGE (la nouvelle), Carthagène, ville d'Espagne, A, XVI, 70.
CARTHAGINOIS, G, 37.
CARTISMANDUA, reine des Brigantes en 803, combat avec son mari, A, XII, 36, 40; H, III, 45.
CARUS (Julius), soldat légionnaire, meurtrier de Vinius en 802, H, I, 42.
CARUS MÉTIUS, meurtrier de Sénécio, AG, 43.
CASPÉRIUS, centurion en 804, A, XII, 45; va trouver Pharasmane, 46; envoyé par Corbulon à Vologèse, xv, 5.
CASPÉRIUS NIGER, tué par les Vitelliens en 822, H, III, 73.
CASPIENNE (voie), autrement portes du Caucase ou de l'Ibérie, A, VI, 33.
CASSIA, famille, A, XII, 12; loi, XI, 25.
CASSIUS, soldat, saisit Fénius Rufus en 818, A, XV, 66.
CASSIUS, mime, admis parmi les prêtres d'Auguste en 768, A, I, 73.
CASSIUS (Lucius), consul en 647; vaincu par les Germains, G, 37.
CASSIUS ASCLEPIODOTE, un des principaux Bithyniens en 819, A, XVI, 33.
CASSIUS (Caïus), meurtrier de César, A, I, 2, 10, 11, 43; H, II, 6; le dernier des Romains, A, IV, 34; loué par Tite-Live, ibid., XV, 52.
CASSIUS CHÆREA, tribun prétorien, se fait jour au milieu des soldats révoltés, A, I, 32.
CASSIUS LONGINUS (Caïus), préfet de Syrie en 802, A, XII, 11.
CASSIUS LONGINUS (Caïus), arrière-petit-fils de Sulpice Sévère; consul sous Tibère (il est fort incertain que ce soit le même que le précédent); ses lumières en jurisprudence, A, XII, 12; son discours contre les esclaves, XIV, 43; Néron lui défend d'assister aux funérailles de Poppée, XVI, 7; est exilé en Sardaigne, 9, 22 (il fut rappelé par Vespasien); sa sévérité, ses bonnes mœurs, XII, 12 et suiv.; XIII, 41, 48; xv, 52.
CASSIUS LONGINUS (Lucius), plébéien, épouse Drusilla, petite-fille de Tibère, en 786, A, VI, 15; choisi pour évaluer les dommages de l'incendie, 45.
CASSIUS LONGUS, préfet des camps en 822, H, III, 14.
CASSIUS SEVERUS, orateur, A, I, 72; exilé en 777, IV, 21; ses écrits, O, 19; jugement sur cet orateur, 26.
CASSIUS SÉVÉRUS, général des Helvétiens, H, I, 68.
CASTOR et POLLUX, adorés chez les Naharvales, sous le nom d'Alcis, G, 43.
CASTORS, lieu qu'ils habitent, H, II, 24.
CATAPHRACTES, armure des Sarmates, H, I, 79.
CATAPULTE, machine de guerre, A, XII, 56; XV, 9.
CATILINA, O, 37.
CATON, tragédie, O, 2, 3.
CATON (Caïus), oncle de Junie, A, III, 76.
CATON (Marcus), loué par Cicéron, A, IV, 34; O, 34.
CATON (Marcus), le Censeur, accuse Galba, A, III, 66; O, 18.
CATON (Porcius), préteur en 781, A, IV, 68; XVI, 22.
CATONIUS (Justus), centurion du premier ordre en 767, A, I, 29; préfet du prétoire en 796.
CATTES, peuple de la Germanie, A, I, 55; inquiétés par Germanicus, 56; par Silius, II, 7; ancêtres des Bataves, H, IV, 12; G, 29; éternels ennemis des Chérusques, A, XII, 28; G, 36; vaincus par les Némètes, A, XII, 27; par les Hermundures, XIII, 57; assiègent Mayence, H, IV, 37; leurs mœurs, G, 30, 31; Germanicus triomphe d'eux en 770, A, II, 41.

CATUAIDE, noble Gothon en 772 A, II, 62; se réfugie auprès de Tibère, 63.
CATULINUS (Bitius), exilé en 818, A, XV, 71.
CATULLE; ses poésies pleines d'invectives contre les Césars, A, IV, 34.
CATULUS (Quintus Lutatius), consul en 676, un de ceux qui embellirent le Capitole, H, III, 72.
CATUMER, chef des Cattes en 800, A, XI, 16, 17.
CATUS DECIANUS, A, XIV, 32, 38.
CATWILLAUNIENS, Catwillauni, peuple de la Bretagne, A, IX, 53.
CAUDINES (Fourches); défaite des Romains en 433, A, XV, 13.
CAVALERIE, A, I, 60; III, 21; XII, 29; XIV, 34, 37; XV, 11; H, II, 89; III, 18; V, 18; AG, 25, 35; auxiliaire, A, XIII, 54; des ailes, IV, 73; XI, 27; prétorienne, I, 24; vétérane, H, IV, 70; des Tenctères, G, 32; des Sarmates, 46; H, I, 79.
CÆCILIANUS, sénateur, accusateur de Cotta en 785, est condamné, A, VI, 7.
CÆCILIANUS (Domitius), ami de Thraséas, lui annonce son jugement en 819, A, XVI, 34.
CÆCILIANUS (Magius), préteur, accusé de lèse-majesté en 774, A, III, 37.
CÆCILIUS (Cornutus), préteur, accusé de conspiration, se tue en 777, A, IV, 28.
CÆCILIUS MÉTELLUS, consul en 640; sous son consulat, les Cimbres sont connus pour la premiere fois, G, 37.
CÆCILIUS RUFUS (Caïus), consul en 770, A, II, 41.
CÆCILIUS SIMPLEX (Cneus), consul en 822, H, II, 60; III, 68.
CÉCINA ALIÉNUS, un des deux chefs des armées de Vitellius en 822, H, I, 61; repousse les Helvétiens, 67, 68; franchit les Alpes, 89; entre en Italie et prend Plaisance, II, 11, 20; perd cette place, 22; donne un combat de gladiateurs, 67; accompagne Vitellius à Bedriac, 70; se joint à Valens, II, 31; ses lenteurs affectées, III, 9; enchaîné par ses propres soldats, 13, 14; trahit Vitellius, II, 100, 101; envoyé à Vespasien, III, 31; son portrait, I, 53.
CÉCINA (Catus Largus), consul en 795.
CÉCINA (Publius Largus), probablement frère du précédent, A, XI, 33, 34.
CÉCINA (Licinius), attaque Marcellus Éprinus en 822, H, II, 53.
CÉCINA (A. Sévérus), préfet de la Germanie inférieure, commande une armée sur le Rhin en 767, A, I, 31; ramène les légions à Cologne, 37; les engage à punir les séditieux, I, 48; défait les Marses, 56; combat avec Arminius, 64 et suiv.; à quarante ans de service, ibid.; reçoit les ornements triomphaux, 72; vote pour un autel à la Vengeance, en mémoire de Germanicus, III, 18; pour que les femmes n'accompagnent point leurs époux magistrats dans les provinces, 33.
CÉCINA TUSCUS, préfet d'Égypte, A, XIII, 20.
CÉCROPS, porte à Athènes les lettres de l'alphabet, A, XI, 14.
CÉE, père de Latone, A, XII, 61.
CÉLENDRIS, château de la Cilicie (Kelnar), A, II, 80.
CÉLER, architecte de la maison d'or de Néron en 817, A, XV, 42.
CÉLER (Domitius); son opinion, A, II, 77, 78.
CÉLER (Propertius), prétorien, reçoit un secours pécuniaire en 768, A, I, 75.
CÉLER (Publius), chevalier romain, meurtrier de Silanus, A, XIII, 1, 33; est condamné en 823, H, IV, 40.
CÉLÈS VIBENNA, Toscan, contemporain de Romulus, donne son nom au mont Célius, A, IV, 65.
CÉLÈTES, peuple de la Thrace, A, III, 38.
CÉLIUS CURSOR, chevalier romain, accusateur de Magius Céllanus en 774, A, III, 37.
CÉLIUS POLLION, préfet en 804, A, XII, 45.
CÉLIUS ROSCIUS, préfet de la vingtième légion en 822, H, I, 60.
CÉLIUS RUFUS (Marcus), orateur, O, 17; supérieur aux anciens et aux modernes, 25; amer, ibid.; jugement sur cet orateur, 21, 38.
CÉLIUS SABINUS, consul en 822, H, I, 77.
CÉLIUS, montagne de Rome, d'où elle tire son nom, A, IV 65; brûlé en 780, XV, 38; IV, 64; nommé Augustus, ibid
CELSUS (Julius), tribun de cohorte, A, VI, 9; périt comme conspirateur en 785, 14.
CENCHRÉES (Karchi), ville de Grèce, A, XVI, 61.
CENCHRIUS, fleuve des Éphésiens, A, III, 61.
CENDRES de Germanicus rapportées dans sa patrie, A, II 75, 77; portées sur les épaules des tribuns et des centurions III, 2.

CENS des Gaules, A, I, 31, 33; II, 6; XIV, 46.
CENSEUR (funérailles de), accordées à Lucilius Longus, A, IV, 15; à Ælius Lamia, VI, 27; à Claudius, XIII, 2; à Flavius Sabinus, H, IV, 47.
CENTENI, soldats d'infanterie des Germains, G, 6, 12.
CENTIÈME (impôt du), A, I, 78; II, 42.
CENTUMVIRS, O, 7.
CENTURIONS battus de verges par les soldats, A, I, 32; tués H, I, 80; II, 60; centurions de la flotte, A, XIV, 8.
CENUS, affranchi de Néron en 822, H, II, 54.
CEPIO CRISPINUS, questeur, accuse son préteur en 168, A, I, 74.
CEPION (Servilius), vaincu en Germanie, G, 37.
CERANUS, philosophe grec, A, XIV, 59.
CERCINA (île), aujourd'hui Kerkeni, lieu d'exil, A, I, 53; IV, 13.
CÉRÉALES (jeux), H, II, 55; A, XV, 74.
CÉRÉS, A, II, 49; XV, 44; son temple, 53.
CERIALIS (Anicius), découvre une conspiration contre Galus, A, VIII, 43; consul désigné en 818; son opinion sur Néron, A, XV, 74; périt en 819, XVI, 17.
CIVILIS (Pétilius), préfet de la neuvième légion en 814, A, XIV, 32; sa témérité, 33; un des chefs de Vespasien, H, III, 59, 78; envoyé en Germanie, IV, 68, 71; sauve la ville de Trèves, 72; son discours aux Trévires, 73; faute qu'il commet, 75; surprend le camp ennemi, 78; se joue de Domitien, 86; marche contre Civilis, V, 14, 21; ravage l'île des Bataves, 23; commande en Angleterre, AG, 8; soumet les Brigantes, 17.
CESTUS (Quinctius), chevalier romain; sa mort ordonnée par Pacarius en 822, H, I, 14, 16.
CERVARIUS PROCULUS, chevalier romain en 818, A, XV, 50; accuse de conspiration Fénius Rufus, 66; obtient l'impunité pour prix de ses délations, 71.
CÉSAR (Caïus Julius), dictateur perpétuel et premier empereur, né le 12 de juillet 654, assassiné le 15 mars 710, A, I, 1; ses funérailles troublées, 8; apaise une sédition d'un seul mot, 42; lègue ses jardins au peuple romain, II, 41; répond par écrit au Caton de Cicéron, IV, 34; adjuge aux Lacédémoniens le temple de Diane Limnatide, 43; sa loi sur les possessions, VI, 16; crée des patriciens, XI, 25; émule des plus grands orateurs, XIII, 3; opposé à Caton, XVI, 22; ce qu'il a écrit sur les Gaulois, G, 28; bat les Germains dans la Gaule, 37; le premier des Romains transporte une armée en Bretagne, AG, 13; accuse Dolabella, 34; jugement sur ses écrits, 21; son éducation, 28; son temple au Forum, H, I, 42, 50; sa statue dans une île du Tibre, 86; sa dictature, III, 37.
CÉSAR (Caïus), fils d'Agrippa et de Julie, adopté par Auguste, prince de la jeunesse et consul, né en 734, A, I, 3; IV, 1; envoyé en Arménie, A, III, 48; épouse Livie, IV, 40; meurt prématurément en Lycie, le 9 des calendes de mars (21 février) 757, IV, 1, 3.
CÉSAR (Lucius), frère du précédent, né en 737, prince de la jeunesse, consul désigné; mort à Marseille en août 756, A, I, 3; épouse Lepida, III, 23; émule de Tibère, VI, 51.
CÉSAR (Caïus), dit Caligula, quatrième empereur, fils de Germanicus et d'Agrippine, né à Antium le 31 août 765, périt le 24 janvier 794, A, I, 1; d'où lui vient son surnom, 41; nourrisson des légions, 44; en simple habit de soldat, 42, 69; prononce l'éloge funèbre de Livie, V, 1; son impudicité, VI, 9; épouse Claudia, VI, 20; puis Lollia, XII, 22; ses vices, XV, 72; XI, 3; H, IV, 48; veut placer sa statue dans le temple de Jérusalem, XII, 9, GG, 37; ses efforts impuissants contre les Germains, AG, 13; G, 37; son caractère, H, IV, 15.
CÉSAR, titre du principat, H, I, 19, 29, 48; II, 65, 80; refusé par Vitellius, II, 62; puis accepté, III, 58; pris par Domitien, 86; par Vespasien, II, 80; par Titus, V, 13.
CÉSARÉE, ville de Judée (Kaisarié), H, II, 79.
CÉSARS (leur tombeau), placé dans le Champ de Mars, A, III, 9; XIII, 17.
CESSELLIUS BASSUS, sa prétendue découverte d'un trésor, A, XVI, 1.
CÉSENNIUS PÆTUS, consul en 814, sous le nom de Césonius, A, XIV, 29; choisi pour défendre l'Arménie, 25; son entrevue avec Corbulon, 17; sa lâcheté; César le punit par un bon mot, 25, 28.
CESIA, forêt de la Germanie (Hoserwaldt), A, I, 50.
CÉSIUS CORDUS, proconsul de Crète en 774, accusé de concussions, A, III, 38; condamné, 70.

CÉSIUS NASICA, préfet de légion en 804, A, XII, 40.
CESONINUS (Suillius), A, XI, 36.
CÉSONIUS. Voyez Césennius.
CÉSONIUS MAXIMUS, chassé d'Italie en 818, A, XV, 71.
CESTE (jeux du), A, XVI, 21.
CESTIUS GALLUS (Caïus), sénateur, consul en 788; son opinion, A, III, 36; accuse Q. Servéus, VI, 7; consul en 788, 31.
CESTIUS GALLUS (Caïus), préfet de Syrie en 816, A, XV, 25; combat en Judée en 819, H, V, 10.
CESTIUS PROCULUS, absous du crime de concussion en 80º, A, XIII, 30.
CESTIUS SÉVÉRUS, délateur en 823, H, IV, 41.
CETHECUS (Sergius Cornélius), consul en 777, A, IV, 17.
CETHEGUS LABEO, préfet de la cinquième légion en 781, A, IV, 73.
CÉTRÉS, boucliers légers, AG, 36.
CETRONIUS (Caïus), préfet de la première légion, en 767, A, I, 44.
CÉTRONIUS PISANUS, préfet des camps en 823, H, IV, 50.
CÉUS, fils de la Terre et de Titan, père de Latone, A, XII, 61.
CHALCÉDONIENS, peuple, A, XII, 63.
CHALDÉENS, A, II, 27; XII, 22, 52; leur art, VI, 20; XVI, 14; XII, 68; leur prédiction sur Néron, XIV, 9; III, 22.
CHAMAVES, peuple de la Germanie, A, XIII, 55; G, 33, 34.
CHAMP DE MARS, A, I, 15; inondé, H, I, 86; amphithéâtre qu'il renferme, A, XIII, 31; H, II, 96; III, 82; A, XV, 39; sépulture d'Auguste, A, I, 8; de Germanicus, III, 4; de Britannicus, XIII, 17.
CHAPELLE d'Esculape, A, IV, 14; de Junon, ibid.; de Vesta, XV, 41; de la Fortune, III, 71; de Diane, de Vénus, ibid., IV, 43; XV, 41; H, I, 2; IV, 53; V, 9.
CHARICLÈS, médecin de Tibère, A, VI, 50.
CHASUARES (Chasuari), peuple de la Germanie, G, 34.
CHAUQUES, peuple de la Germanie, A, I, 38, 60; II, 17, 24; XIII, 55; H, IV, 79; V, 19; G, 35.
CHÉRUSQUES, peuple de la Germanie, A, I, 56, 59, 60; II, 9; vaincu par Germanicus, 17; ennemi des Suèves, 44; demande un roi aux Romains, XI, 16; ennemi des Cattes, ibid.; XIII, 56; II, 41; XI, 17; G, 36.
CHEVALIERS romains; portent la trabée dans le deuil, A, III, 2; l'arène et les jeux leur sont interdits, H, II, 62; leur place au cirque, A, XV, 32; leur manière de combattre, VI, 35; chargés de gouverner l'Égypte, XII, 60.
CHEVAUX, immolés sur les rives de l'Euphrate, A, VI, 37; portant les ornements consulaires, XV, 7; de combat, G, 14; nourris par les Germains pour servir de présages, G, 10; combat de chevaux, A, IV, 21.
CHEVELURES rouges, G, 4; AG, II; tressées, ibid.; Gaule chevelue, H, IV, 61.
CHILIARQUE, chef de mille soldats, A, XV, 51.
CHRÉTIENS, suppliciés par ordre de Néron, A, XV, 44.
CHRIST, chef des chrétiens, A, XV, 44.
CIBYRE, ville de Phrygie, A, IV, 13.
CICÉRON (Marcus Tullius), tué le 7 décembre 711, loue Caton, A, IV, 34; orateur célèbre, O, 12, 15, 18, 22, 25, 30, 32, 37, 40; jugement sur cet auteur, 22.
CILICIE, contrée, A, II, 58, 68, 78, 80; XIII, 8, 33; V, 31; III, 48; XII, 55; XVI, 21.
CILO JUNIUS, procurateur du Pont en 802, A, XII, 21.
CIMBRES, peuple de la Germanie, H, IV, 73; G, 37.
CINCIA (loi), rendue par Marcus Cincius Alimentus, tribun du peuple en 550, A, IX, 5; XIII, 42; XV, 20.
CINGONIUS VARRON, consul désigné en 822, A, XIV, 45; H, I, 6; tué par ordre de Galba, 37.
CINITHIENS, peuple d'Afrique (Tripoli), A, II, 52.
CINNA, A, I, 1; H, III, 51, 83.
CINYRE (grand), A, I, 49; brûlé en partie, VI, 45; XV, 38; H, I, 72; II, 21; (jeux du), A, II, 83; A, XI, II; XV, 41; XV, 23, 44, 53, 74.
CIRTA (pays d') (Alger), A, III, 74.
CITHARE (lois de la), A, XVI, 4; cithare de Néron, XV, 65.
CIVICA CÉRÉALIS, proconsul d'Asie; sa mort, AG, 42.
CIVILIS (Claudius ou Julius), de race royale, chef des Bataves en 822, H, I, 59; IV, 13; les excite contre les Romains, 14, 17, 21; augmente ses forces, 28; assiège le camp des Romains, 32; puis Vétéra, 36; bat les légions romaines,

H, IV, 37; se rend maître de leur camp, 60; coupe sa chevelure, 61; poursuit Labéon, 70; est vaincu par Cérialis, H, V, 18; attaque les Romains, H, V, 20; son discours à Cerialis, 26; passe le Rhin à la nage, 21; se rend, 26.
CLAIN, rivière qui se jette dans le Tibre, A, I, 79.
CLARIUS, surnom d'Apollon, A, II, 54; XII, 22.
CLASSICIANUS (Julius), procurateur en 814, A, XIV, 38.
CLASSICUM, son des trompettes, employé au supplice d'un citoyen, A, II, 32.
CLASSICUS (Civilis), préfet des troupes trévires en 823, H, II, 14; IV, 55; abandonne les Romains, 57; leur prend leurs enseignes, 59; son inaction, 70, 76; traverse le Rhin, V, 19.
CLAUDIA; sa statue échappée aux flammes, est consacrée dans le temple de Cybèle, A, IV, 64.
CLAUDIA PULCHRA, cousine d'Agrippine, mère de Varus Quinctilius, accusée d'adultère en 779, est condamnée, A, IV, 52.
CLAUDIA SACRATA, femme ubienne, maîtresse de Cérialis en 823, H, V, 22.
CLAUDIA (Junia Claudilla), fille de M. Silanus, femme de l'empereur Caïus, qui la ravit à C. Calpurnius Pison, et la répudia bientôt, A, VI, 20; sa mort vers 789, 46.
CLAUDIENNE (famille); son orgueil, A, I, 4; IV, 64; XI, 24, 25; éteinte, A, XIII, 17; H, I, 18; flamine claudien, A, XIII, 2.
CLAUDIUS APOLLINARIS, commandant la flotte de Misène en 822, H, III, 57, 76, 77.
CLAUDIUS COSSUS, envoyé des Helvétiens en 822, H, I, 69.
CLAUDIUS DEMIANUS, accusateur (818), A, XVI, 10.
CLAUDIUS DRUSUS (Nero), fils de Tibère Claude Néron et de Livie, frère de l'empereur Tibère et père de Claude, né en 714, mort en 745; beau-fils d'Auguste, admis aux honneurs impériaux, A, I, 3.
CLAUDIUS FAVENTINUS, centurion congédié par Galba en 822, H, III, 57.
CLAUDIUS JULIANUS, commandant la flotte de Misène en 822, H, III, 57.
CLAUDIUS LABÉO, préfet des troupes bataves en 822, H, IV, 18; s'enfuit, 56; résiste à Civilis, 66.
CLAUDIUS MARCELLUS (Marcus), fils de Caïus Claudius Marcellus et d'Octavie, jeune homme de grande espérance, immortalisé par Virgile, enlevé à la fleur de l'âge en 731, pontife et édile curule, A, I, 3.
CLAUDIUS PHIRRICUS (822), triérarque des vaisseaux liburniens, H, II, 16.
CLAUDIUS SAGITTA (822), préfet des troupes romaine (823), H, IV, 49.
CLAUDIUS SANCTUS, chef des troupes romaines (823), H, IV, 62.
CLAUDIUS SÉNÉCIO, favori de Néron en 808, A, XIII, 12.
CLAUDIUS SEVERUS (822), H, I, 68.
CLAUDIUS TIMARCHUS, Crétois (815), A, XV, 20.
CLAUDIUS VICTOR, neveu de Civilis (822), H, IV, 23.
CLAUDIUS DRUSUS GERMANICUS (Tibérius), cinquième empereur, fils de Neron Claude Drusus et d'Antonia minor, frère de Germanicus, né à Lyon aux calendes d'août 744; empoisonne par Agrippine le 13 d'octobre 807; adjoint à la confrérie d'Auguste, A, I, 54; va au-devant des cendres de son frère, III, 2; méprisé, III, 18; a le désir du bien, VI, 46; imbécile et dominé par sa femme, XI, 28; enclin à la pitié, 36; fait conduire à Rome des sources d'eaux, 13; ajoute des lettres à l'alphabet, ibid., 14; fait la clôture du lustre, 25; impatient du célibat et dominé par les femmes, XII, 1; fait périr sa femme Messaline, XI, 38; épouse Agrippine, XII, 5; agrandit le Pomérium, 23; adopte Néron, 25; son infamie, ses débauches, 67; sa mort, ibid.; mis au rang des dieux, A, XII, 69; met aux questeurs l'intendance de l'épargne, XIII, 29; XIV, 56; réduit la Judée en province romaine, H, V, 9; II, 76.
CLAUSUS, Sabin, admis dans le sénat, A, XI, 24.
CLAVARIUM, don fait aux soldats pour acheter les clous des caliga, H, III, 50.
CLEMENS, esclave de Post. Agrippa (769), A, II, 39.
CLEMENS (Arretinus), de la famille de Vespasien (823), H, IV, 68.
CLEMENS (Julius), centurion (767), A, I, 23, 26.
CLEMENS (Salienus) (818), A, XV, 73.
CLEMENS (Suédius), primipilaire (822), H, I, 87; II, 12.
CLEONICUS, affranchi de Sénèque, lui prépare le poison en 817, A, XV, 45.

CLÉOPATRE, reine d'Égypte, H, V, 9.
CLÉOPATRE, concubine de Claude en 801, A, XI, 30.
CLIENTELLE des Crassus, H, II, 72; d'Octavie, A, XIV, 61.
CLITES, peuple de la Cilicie, A, VI, 41; se révoltent, XII, 55.
CLODIUS MACER, préfet d'Afrique en 822; sa mort, H, I, 7, 11, 37, 73; II, 97; ses meurtriers, IV, 49.
CLODIUS (Publius), A, XI, 7.
CLODIUS QUIRINALIS s'empoisonne (809), A, XIII, 30.
CLOTA (le Clyd), rivière de Bretagne, AG, 23.
CLUVIDÉNUS QUIETUS, exile en 818, A, XV, 71.
CLUVIUS, consulaire, poète et historien, A, XIII, 20; XIV, 2.
CLUVIUS RUFUS, préfet d'Espagne en 822, H, I, 8, 76; combat contre Albinus, II, 58; se joint à Vitellius, 65; quitte l'Espagne, IV, 39; son éloge par Helvidius, 43.
CLYPEUS, portrait d'orateurs célèbres; décerné à Germanicus; A, II, 83.
COCCÉIANUS (Salvius) (822), neveu d'Othon, H, II, 48.
COCCÉIUS NERVA, consul en 775, accompagne Tibère en 779, A, IV, 58; se donne la mort en 786, VI, 26. Voyez Nerva.
COCCÉIUS NERVA, empereur, A, XV, 72. Voyez Nerva.
COCCÉIUS PROCULUS, spéculateur en 822, H, I, 24.
COCHER (Auriga), A, XV, 44, 67; H, II, 87; AG, 12. Voyez Néron.
CODICILE; différentes acceptions de ce mot (pour lettre), A, I, 6; III, 16; IV, 39; VI, 9; XIII, 20; AG, 40; (pour lettres de prince), O, 7; (pour tablettes nuptiales), A, XI, 34; codicile de Pison, A, III, 16; de Séjan, IV, 39; de Fabricius Veiento, XIV, 50; de Sénèque, XV, 64.
COGIDUNUS, roi d'une partie de la Bretagne, AG, 14.
COHIBUS ou plutôt Cobus (Cobidz Kali), rivière du Pont, H, III, 48.
COHORTES légères, A, I, 51; II, 52; III, 39; IV, 73; légionnaires, XII, 38; auxiliaires, H, I, 59; II, 89; IV, 70; pretoriennes, A, I, 7, 17, 24; H, I, 6, 20; III, 2; VI, 8; XI, 31; XIII, 36, 55; H, I, 74; subsidiaires, A, I, 63; urbaines, A, IV, 5, H, I, 29, 87; III, 64; millenaires, H, II, 93; en habit de paix, H, I, 38.
COIN, forme les bataillons des Bructères, H, V, 18; H, III, 29; V, 16.
COLCHIDE, A, VI, 34.
COLLINA, porte de la voie Salaria, H, III, 82.
COLOGNE (Colonia Agrippinensis), A, I, 56, 57; H, I, 57; IV, 20, 25, 28, 59, 79; fidèle aux Romains, 20, 55, 56, 63; H, V, 24; d'origine germaine, G, 28.
COLONIE (droit de), A, XIV, 27.
COLOPHON (Belvederee), ville d'Ionie, A, II, 54.
COMBAT naval livré sur le lac Fucin, A, XII, 56.
COMÈTE, A, XIV, 22; XV, 47.
COMICES, transportés aux sénateurs, A, I, 15; célèbres en 822, H, II, 91; consulaires par Tibère, II, 81; de l'empire, H, I, 14; tous les cinq ans, A, II, 36; sous Vitellius, H, II, 91; rompus à cause de la foudre, H, I, 18; brigues des comices, O, 37.
COMINIUS (Caïus), chevalier romain en 777; Tibère lui pardonne ses satires, A, IV, 31.
COMITIALIS MORBUS (épilepsie). Voyez ce mot.
COMAGÈNE (Azar), partie de la Syrie, A, II, 42, 56.
COMMENTAIRES d'Agrippine, A, IV, 53; de Claude, XIII, 43; du sénat, XV, 74; pris pour registre des princes, H, IV, 40; pour actes, A, VI, 47.
COMMERCE des Suèves et des Romains, A, II, 62.
CONFARREATION (mariage par), A, IV, 16.
CONGIARIUM, don fait au peuple, A, III, 29; XV, 41; XIII, 31; O, 17.
CONJURATION contre Caïus, A, XVI, 17; contre Néron, XV, 48.
CONSERVATOR (Sauveur), surnom donné à Milichus, A, XV, 71.
CONSIDIUS, chevalier romain, délateur en 774, A, II, 37.
CONSIDIUS PROCULUS, accusé de lèse-majesté par Pomponius en 786, A, VI, 18.
CONSUL, désigné, donne le premier son avis, A, III 22, 49; IV, 42; XI, 5; XII, 9; XIV, 48; XV, 74; H, IV, 4, 6, 8, 9.
CONSULS pour un an, A, VI, 45; leurs noms servent à indiquer l'époque des faits publics, III, 57, etc.
CONSULAIRES (ornements), accordés à Antonius Primus, H, IV, 4; à Asconius Labeo, A, XIV, 10; à Crispus Rufus, XIV, 17; à Fulvius Aurélius, H, I, 79; à Julianus Titius, ibid; à Junius Cilo, A, XII, 28; à Numisius Lupus, H, I, 79; à Nymphidius, A, XV, 72.
CONSULAT, A, XI, 22; à vingt ans, XII, 21; continué, XIII, 41, d'un jour, H, III, 37; son origine, A, I, I

Consus, dieu du conseil, A, xii, 24.
Contagion qui desole l'Italie en 819, A, xvi, 13.
Contubernium, logement commun des légions, A, i, 41; des esclaves, H, iii, 74; A, i, 17, 48; H, i, 54; AG, 5.
Corbulon (Domitius), préteur en 774, A, iii, 31; préfet de la Germanie sous Claude en 800; son entrée dans la province, A, xi, 18 et suiv.; envoyé en Arménie en 807, xiii, 8 et suiv.; xiv, 24, 58; xv, 3, 4, 5, 6, 9, 12, 17, 25.
Corcyre, île (Corfou), A, iii, I.
Cordus (Julius) (822), H, i, 76.
Corinthe, ville d'Achaïe, H, ii, I.
Corma, rivière, A, xii, 14.
Cornelia Cossa, vierge vestale en 815, A, xv, 22.
Cornélia, vierge flamine de Jupiter en 776, A, iv, 16.
Cornélia, femme de Calvisius Sabinus, accusée, se tue en 792, A, viii, 16.
Cornélia (loi), sur les faux, rendue par Cornélius Sylla, dictateur, A, xiv, 40.
Cornélie, mère des Gracques, O, 28.
Cornélius, accusateur de Scaurus en 787, A, vi, 29; exilé dans une île, 30.
Cornélius (Caius), accusé, défendu, O, 39.
Cornélius Balbus, chevalier romain, A, xii, 60.
Cornélius Céthégus (Sergius), consul en 777, A, iv, 17.
Cornélius Dolabella, courtisan de Tibère; son adulation, A, iii, 47, 68.
Cornélius Dolabella, différent du précédent, gardé à vue dans Aquino, 88; tué par ordre de Vitellius en 822, H, ii, 53.
Cornélius Flaccus, préfet en 811, A, xiii, 39.
Cornélius Fuscus, procurateur de la Pannonie en 822, H, ii, 86; son autorité dans le parti de Vespasien, iii, 4; préfet de la flotte de Ravenne, iii, 12; assiège Rimini, 42; reçoit les ornements prétoriens, iv, 4.
Cornélius Laco, préfet du prétoire en 822; sa lâcheté, H, i, 6, 13, 19, 26, 33; tué par un évocat, 46.
Cornélius Lentulus (Cossus), consul en 778, A, iv, 34.
Cornélius Lentulus (Cossus), probablement fils du précédent, consul en 813, A, xiv, 20.
Cornélius Lupus (811), A, xiii, 43.
Cornélius (Marcellus), sénateur, A, xvi, 8; H, i, 37.
Cornélius Martialis, tribun, cassé en 819, A, xv, 71.
Cornélius Martialis, primipilaire, H, iii, 70; tué en 822, 73.
Cornélius Mérula se tue en 667, A, ii, 68.
Cornélius Orphitus (Servius), consul en 804, A, xii, 41; son opinion, xvi, 12.
Cornélius Primus (822), donne un asile à Domitien, H, iii, 74.
Cornélius Scipion (Publius), consul en 536, H, iii, 34.
Cornélius Scipion, préfet en 775, A, xii, 53.
Cornélius Sylla (Faustus), mari d'Antonia et gendre de Claude, accusé et exilé à Marseille, xiii, 47; xiv, 57.
Cornélius Sylla, chassé du sénat en 770, A, ii, 48.
Cornutus (Cécilius), préteur en 777, A, iv, 28.
Corse (île de), H, ii, 16.
Coruncanius, originaire de Camérium, A, xi, 24.
Corvinus (Marcus Messala), préfet de Rome, a loué Cassius, A, iv, 34; vi, 11; son desintéressement, A, xi, 6, 7; consul en 723, xiii, 34; orateur, O, 17, 18, 20; jugement sur ses écrits, 21.
Corvinus (Valérius), six fois consul, A, i, 9.
Cos, île de la mer Égée, A, ii, 75; iv, 14; xii, 61.
Cosa, promontoire d'Étrurie (monte Argentaro), A, ii, 39.
Cossutianus Capito, condamné pour concussion en 811, A, xi, 6; xiii, 33; sénateur, xiv, 48; accuse Antistius, ibid.; gendre de Tigellinus, xvi, 17, 21; accuse Thraséas, 28; récompensé de sa délation, 33.
Cothurne, A, xi, 31.
Cotta (Caïus Aurélius), consul en 773, A, iii, 17.
Cotta (Aurélius) reçoit un don du prince en 811, A, xiii, 34.
Cotta (Lucius), accusé devant le préteur par Scipion l'Africain en 622, A, iii, 66.
Cotta Messalinus, sénateur en 769; son avis sur Libon, A, ii, 32; iv, 20; son opinion sur Agrippine et sur Néron, v, 3; accusateur et accusé, défendu par Tibère, vi, 5; bisaïeul de Lollia, xii, 22.
Cottiennes. Voyez Alpes.
Cottius (Julius), roi, A, x, 10.
Cotys, roi de Thrace, A, ii, 64; tué par Rhescuporis en 772, 66; A, iii, 38; ses enfants sous la tutelle des Romains, iii, 38; iv, 5; A, ii, 67.
Cotys, roi de l'Arménie mineure, A, xi, 9; poursuivi par Mithridate, xii, 15; trahit son frère, xii, 15, 18.
Covinaire, soldat (Covinarius eques), AG, 35, 36.
Crassus (Lucius Licinius), censeur en 662; né, suivant Cicéron, en 614; orateur à dix-neuf ans (il y a faute dans cette date, il faut lire vingt et un ans), O, 18, 26, 34, 35, 37.
Crassus (Marcus Licinius), le plus riche des Romains, tué par les Parthes en 701, H, i, 15; G, 37; orateur, O, 37.
Crassus Frugi (Marcus Licinius), descendant au quatrième degré du précédent, père de Pison Frugi Licinianus; consul en 780; reçoit les ornements triomphaux en 797, H, i, 14.
Crassus (Marcus Licinius), fils du précédent, frère de Pison, consul en 817, tué par ordre de Néron, H, i, 48.
Crassus Scribonianus (Licinius), frère du précédent et de Pison, H, iv, 39; tué par ordre d'Othon, iv, 42.
Crémère (défaite de), le 18 juillet 280, H, ii, 91.
Crémone, ville d'Italie et colonie, H, ii, 17, 22; iii, 19; son embrasement, 32; son origine et sa fondation, 34; occupée par Vitellius en 822, H, ii, 22, 100; assiégée par les Flaviens, iii, 26, 27, 29, 30; détruite, 33; iv, 72, etc.
Crémutius Cordus, accusé en 778, A, iv, 34.
Crépéréius Gallus accompagne Agrippine en 812, A, xiv, 5
Crescens, affranchi de Néron (822), H, i, 76.
Crescens Tarquitius, centurion (815), A, xv, II.
Crète, île, A, iv, 21; patrie supposée des Juifs, H, v, 2; ses lois, A, iii, 26; envoie des députes aux Romains, A, iii, 63; n'a produit aucun orateur, O, 40.
Creticus Silanus, préfet de Syrie en 769, A, ii, 4; en est rappelé, 43.
Crispina, fille de Vinius, rend les derniers devoirs à son père, H, i, 47.
Crispinilla (Calvia), concubine de Néron, échappe à la mort, H, i, 73.
Crispinus, centurion (822), meurtrier de Capiton, tué, H, i, 58.
Crispinus (Cépio), questeur de Bithynie, accuse Marcellus en 768, A, i, 74.
Crispinus (Rufius), préfet du prétoire, A, xi, I; reçoit les ornements de la preture, 4; congédié, xii, 42; mari de Poppée, xiii, 45; xv, 71; exilé, ibid.; se tue en 819, xvi, 17.
Crispinus (Varius), tribun du prétoire (822), H, i, 80.
Croix, supplice des chrétiens, A, xv, 44.
Crupellaires, sorte de gladiateurs, A, iii, 43.
Cruptorix, Frison, auxiliaire des Romains, A, iv, 73.
Ctésiphon, ville sur la rive gauche du Tigre, A, vi, 42.
Cumanus (Ventidius), commandant en Judée (805), A, xii, 54.
Cumes, ville de la Campanie, A, xvi, 19; xv, 46.
Curiatius Maternus, poète, O, 2; un des interlocuteurs du Dialogue.
Curies, A, xii, 24.
Curion (Caïus), A, xi, 7; O, 37, 41.
Curtilius Mancia, préfet de l'armée de Germanie (811), A, xiii, 56.
Curtisius (T.), soldat prétorien (777), soulève les esclaves, A, iv, 27.
Curtius Atticus, un des plus savants de son temps, accompagne Tibère en Campanie (779), A, iv, 58; opprimé par Séjan, vi, 10.
Curtius Lupus, questeur (777), dissipe les esclaves révoltés, A, iv, 27.
Curtius Montanus, sénateur en 819, A, xvi, 28, 29; exclu des honneurs, H, iv, 40; son opinion sur Pison, H, iv, 40; son discours contre Régulus, 42.
Curtius Rufus, consul en Afrique; son histoire singulière, A, xi, 20, 21.
Curtius Sévérus, préfet en 805, A, xii, 55.
Curtius (lac de), situé dans le Forum devant les Rostres; lieu du meurtre de Galba, H, i, 41; ii, 55.
Curule (chaise), A, i, 75; ii, 83; xv, 29; H, ii, 59.
Curule (édilité), A, i, 3.
Cuse (le) (Cusus). Voyez Vag.
Custos (Gardien), surnom de Jupiter, H, iii, 74.
Cyclades, îles, A, ii, 55; v, 10.
Cyclopes, tués, A, iii, 61.

ALPHABÉTIQUE. 543

Cymé, ville d'Éolide (Namourt), A, II, 47.
Cynique (secte), H, IV, 40; A, XVI, 34.
Cypre (Chypre), île, H, II, 2; réclamant son droit d'asile, A, III, 62.
Cyrénéens (le désert de Barca), accusent Cordus, A, III, 70; Blesus, XIV, 18; Flamma, H, IV, 45.
Cyrus (Quars), ville de Syrie, A, II, 57.
Cyrus, roi de Perse en 195, A, III, 62; VI, 31.
Cythère (Cérigo), île, A, III, 69.
Cythnus, île de la mer Égée (Thermia), H, II, 8.
Cyzicéniens, peuple de la Mysie mineure; privés de leur liberté en 778, A, IV, 36.

D

Dacie, contrée d'Allemagne (Transylvanie, Valachie, etc.), H, I, 2; III, 46; G, I; H, IV, 54.
Dahas, peuple de la Scythie (le Dahistan), A, II, 3; XI, 8, 10.
Dalmatie, A, II, 53; du parti d'Othon, H, I, 76; II,11, 32; de celui de Vespasien, H, II, 86; ses légions, A, IV, 5; Sylvanus l'occupe, H, II, 86; III, 12, 50; guerre de Dalmatie, terminée par Tibère, A, VI, 37; mer de Dalmatie, A, III, 9; XII, 62.
Dandarides, peuple de la Méotie, A, XII, 15, 16.
Danube, fleuve, A, II, 63; sa source, G, I; ses rives, A, IV, 5; sépare les Germains de la Pannonie, G, I; occupé par les Daces, H, III, 46; limite de la Germanie, G, 29, 41, 42.
Darius, roi de Perse, A, III, 63.
Davara, colline de la Cilicie, A, VI, 41.
Décemvirs, A, III, 27; puissance décemvirale, I, I.
Decinius Pacarius, procurateur de la Corse en 822, H, II, 16.
Décius, Samnite; oraison de César pour lui, O, 21.
Décrius, commandant romain en 773, est tué en combattant avec bravoure, A, III, 20.
Décumane (porte), une des quatre d'un camp, A, I, 66.
Décumates, peuplade de la Germanie, G, 29.
Décuries, A, III, 30; XIV, 20.
Décurions, A, I, 70; de cavalerie, A, XIII, 40; H, II, 29.
Défaite d'Allia en 367, H, II, 91; de Crémère en 288, ibid.; des Fourches Caudines et de Numance en 435; en Germanie (822), H, IV, 12; de Loilius en 738; de Varus en 762, A, I, 10; de Lyon en 711.
Déjotarus; oraison de Brutus pour ce roi, O, 21.
Délos, A, III, 61.
Delphes, A, II, 54; XII, 63.
Démarate, Corinthien, porte les lettres en Étrurie, A, XI, 14.
Démétrius, philosophe cynique en 819, assiste Thraseas à sa mort, A, XVI, 34, 35; défend l'accusateur de Soranus, H, IV, 40.
Démianus (Claudius), accusateur d'Antistius, A, XVI, 10.
Démonax, préfet en 800, A, XI, 9.
Démosthènes, le premier des orateurs, O, 12, 15, 25; auditeur de Platon, 32; son âge, 16; ses harangues, 37.
Densus Julius, chevalier romain en 808, A, XIII, 10.
Densus (Sempronius), centurion en 822, fidèle à Pison, H, I, 43.
Denter Romulius, magistrat de Rome, nommé par Romulus, A, VI, 11.
Denthélie, ville de Grèce, A, IV, 43.
Deux centièmes (impôt des), A, II, 42.
Dévotion de Servilie, A, XVI, 31.
Dexter (Sabrius), tribun des prétoriens en 822, H, I, 31.
Diadème, A, XV, 29.
Diales (de Jupiter), flamines, A, IV, 16; ne peuvent sortir de l'Italie, III, 58; un décret de Tibère leur défendait de s'absenter de Rome plus de deux jours, 71.
Diane, A, III, 63; sa patrie, 61; Éphesienne, IV, 55; Lucophryenne, III, 62; Limnatide, IV, 43; Persique, III, 62; bois de Diane, XII, 8.
Dictature, A, I, 1, 9; XI, 22.
Didius Gallus (Avitus), général des Romains contre Mithridate, roi du Bosphore en 802, A, XII, 15; propréteur en Bretagne, 40; XIV, 29; est remplacé par Veranius, Ag, 14.
Didius Scæva, tué à la prise du Capitole (822), H, III, 73.
Didon, Phénicienne, fondatrice de Carthage, A, XVI, 1.
Didyme, affranchi en 786, espion de Drusus, A, VI, 24.
Diens, peuple de la Thrace, A, III, 38.
Dieux conjugaux, G, 18; hospitaliers, A, XV, 44; mânes, A, III, 2; de la patrie, I, 39; pénates, A, XV, 41; pénétrales, II, 10; de l'empire, H, IV, 53; vengeurs, A, IV, 28; H, IV, 57; des Germains, G, 9; de Rome, A, III, 59.
Dieux du Rhin, H, V, 14.

Dilius. Voyez Aponianus.
Dilius Vocula, préfet de la dix-huitième légion en 822, H, IV, 24, 25, 26, 27; combat avec Civilis, 33 34; suspect, 35, 36, 37; séduit par les insinuations des Gaulois, marche contre Civilis, 55, 56; est tué, 59, 77.
Dinis, chef des Thraces en 776, se rend aux Romains, A, IV, 50.
Diodote, philosophe stoïcien, O, 30.
Diplômes, H, II, 54, 65.
Dispater, H, IV, 84.
Divin (Divus), titre donné à Auguste, A, I, 42, 58; Ag, 13; A, 13; à Claude, Ag, 13; à Jules-César, A, I, 42; XI, 23; H, I, 42; G, 28; à Nerva, H, I, 1; à Vespasien, G, 8; Ag, 9; pris par Maricus, H, IV, 61.
Divodurum (Metz), ville des Médiomatriciens, H, I, 63.
Dolabella. Voyez Cornélius.
Dolabella (Publius), proconsul d'Afrique en 777, A, IV, 23; marche contre Tacfarinas, 24; le défait, 25; on lui refuse les ornements du triomphe, 26; accuse Varus, 66; son opinion sur les gladiateurs, XI, 22.
Domitia, fille de Lucius Domitius Ahénobarbus et d'Antonia major, femme de Passiénus Crispus, tante de Néron, qui la fit empoisonner en 812, A, XIII, 19, 21.
Domitia Lépida, sœur de la précédente, et aussi tante de Néron, femme de Messala Barbatus et mère de Messaline, périt en 807, A, XI, 37; XII, 64.
Domitia Décidiana, femme d'Agricola, Ag, 6.
Domitien (Flavius), second fils de Vespasien et de Flavia Domitilla, mari de Domitia Longina, frère de Titus, empereur en 835, tué le 18 septembre 849, H, III, 59; est introduit dans le Capitole en 822, 96; se sauve chez l'Édituen, 74; est salué César, 86; reçoit la préture, IV, 3, 39; entre au sénat, 40; fait abolir les consulats donnés par Vitellius, 47; sa mauvaise réputation, ses débauches, 41, 68; veut corrompre Cerialis, 86; protecteur de Tacite, I, 1; part pour la guerre, IV, 85; vient à Lyon, 86; son faux triomphe en Germanie, Ag, 39; son caractère, sa dissimulation, sa cruauté, 42, 45; sa jalousie contre Agricola, Ag, 36, 41, 42; Tacite avait écrit l'histoire de son règne, A, XI, II.
Domitius Afer (Cneus, natif de Nîmes, homme éloquent et dépravé, accusateur de Claudia Pulchra en 779, A, IV, 52; de Domitius, sujet de tragédie, O, 3; de Quinctilius, A, IV, 66; sa mort en 812, A, XIV, 19; sa réputation comme orateur, O, 13, 16.
Domitius Ahénobarbus (Cneus), censeur en 662, O, 35.
Domitius Ahénobarbus (Lucius), trisaïeul de Néron, tué à la bataille de Pharsale, A, IV, 44.
Domitius Ahénobarbus (Cneus), fils du précédent, bisaïeul de Néron, maître de la mer sous Antoine, A, IV, 44.
Domitius Ahénobarbus (Lucius), fils du précédent, aïeul de Néron, mari d'Antonia major, dite minor par Tacite, pénètre en Germanie plus loin qu'aucun autre avant lui, A, IV, 44; sa mort en 778, ibid.
Domitius Ahénobarbus (Cnéus), fils du précédent et d'Antonia major, père de Néron, mari d'Agrippine en 781, A, IV, 75; consul en 785, VI, 1; est chargé d'évaluer les dommages d'un incendie, 45; est accusé, 47; digne père d'un tel fils. Néron lui élève une statue, A, XIII, 10.
Domitius Néron Claudius (Lucius), empereur, fils du précédent. Voyez Néron.
Domitius. Voyez Balbus, Cécilianus, Céler, Corbulon.
Domitius Pollion offre sa fille pour vestale en 779, A, II, 89.
Domitius Sabinus, primipilaire en 822, H, I, 31.
Domitius Silius, premier mari d'Arria Galla en 818, A, XV, 52.
Domitius Statius, chasse du tribunat en 818, A, XV, 71.
Donatus Valens, centurion en 822, H, I, 56; est tué, 59.
Donativum, largesse pécuniaire faite au peuple et aux soldats, A, XII, 41; H, I, 5, 18, 25, 37; II, 82, 94; III, 50.
Dons militaires, A, I, 44; de Néron, H, I, 20, 70.
Donuse, île de la mer Égée (Stenosa), A, IV, 30.
Doryphore, affranchi de Néron, empoisonne en 815, A, XIV, 65.
Dot, A, XV, 37; offerte par le mari, G, 18.
Douze Tables (les), A, VI, 16.
Dragons au berceau de Domitien, A, XI, II.
Droites (mains), signe d'hospitalité, H, I, 54; de concorde, II, 8; les amis de Germanicus lui jurent, en serrant sa main mourante, de le venger, A, II, 71, la main donnée en signe d'amitié, A, XV, 28; jointes dans les traités, A, XII, 47.

DROITS supprimés, A, XIII, 51.
DRUIDES, prêtres des Gaulois; leurs rits sanguinaires, A, XIV, 30; leur superstition, H, XIV, 54.
DRUSIENNE (fosse), dans la Gueldre, A, II, 8.
DRUSILLA, petite-fille de Cleopatre et de Marc Antoine, femme de Félix, H, V, 9; périt dans une éruption du Vésuve.
DRUSILLA, fille de Germanicus et d'Agrippine, sœur de Caïus, née en 770, morte en 791, mariée à L. Cassius Longin, puis à M. Lépide; adultère, A, VI 15.
DRUSILLA. Voyez Livie.
DRUSUS (Nero Claudius), mari d'Antonia *minor* et beau-fils d'Auguste, fils de Tibère Claude Néron et de Livie, frere de Tibère, pere de Germanicus, né en 716, mort en 745, est salué *imperator*, A, I, 3; César, XII, 29; sa mémoire chère aux Romains, II, 82; beau-pere d'Agrippine, I, 41; la faveur du peuple lui est fatale, II, 41; VI, 51; impose un tribut aux Frisons, IV, 72; donne un roi aux Suèves, XII, 29; fait commencer une digue pour continuer le Rhin, XIII, 53; H, V, 19; veut aborder la mer de Germanie, G, 34; vainqueur des Germains, 37; pense à rendre la liberté au peuple romain, A, I, 33; ses funérailles célébrées avec pompe par Auguste, III, 5.
DRUSUS CÉSAR, neveu du précédent, fils de Tibere et de Vipsania, mari de Livie, sœur de Germanicus, né en 739; empoisonné par Séjan en 779, A, III, 75; arriere-petit-fils de Pomponius Atticus, II, 43; consul désigné en 767, I, 14; consul en 768, 55; envoyé auprès des legions de Pannonie, I, 24; punit de mort les séditieux, 29; est adjoint au collège des prêtres d'Auguste, 54; va en Illyrie, III, 7; voit répandre avec plaisir le sang des gladiateurs, I, 76; excite la discorde parmi les Germains, II, 62; va au-devant des cendres de Germanicus, III, 2, 5; sa dissimulation à l'égard de Pison, 8; revient de l'Illyrie, 7; reçoit les honneurs de l'ovation, 19; consul pour la deuxième fois en 774, 31; sa lettre au sénat, blâmée, 59; ses plaintes contre Séjan, IV, 7; tombe malade, 49; sa mort, 8; ses obsèques, 9; bruit répandu sur sa mort, 10; réfuté, 11.
DRUSUS CÉSAR, fils de Germanicus et d'Agrippine, frère de Néron César, que Tibere fit périr par la faim en 786, prend la toge virile, A, IV; sénateur, 36; préfet de Rome, 36; conspire contre son frere, 60; sa mort, VI, 23.
DRUSUS (faux), dans les Cyclades, A, V, 10.
DRUSUS, cousin du précédent, fils de Claude et de Plautia Urgulanilla, mort jeune, par accident, à Pompei, A, III, 29.
DRUSUS, accusé par Calvus, O, 21.
DRUSUS (Libo), de la famille des Scribonius, conspire en 769, A, II, 27; accusé, 28; se tue, 31; IV, 29, 51; ses biens sont partagés entre ses accusateurs, etc., II, 32.
DRUSUS (Marcus Livius), mort en 563; ses largesses, A, III, 27.
DUCENNIUS GÉMINUS, consul (815), A, XV, 18; préfet de Rome, H, I, 14.
DUEL, présage de la défaite ou de la victoire, G, 10.
DUILLIUS (Caïus), premier triomphateur maritime en 494, avait fait bâtir un temple de Janus, A, IV, 49.
DULGIBINS, peuple de la Germanie, G, 34.
DYRRACHIUM (Durazzo), ville maritime, H, II, 83.

E

EAU chaude, facilite l'écoulement du sang, A, XIV, 64; XV, 64, 69; eau Marcia, fontaine, XIV, 22; eaux salubres, H, I, 67; eaux de Sinuesse, jadis Sinope, ville du Latium, 72.
ECBATANE, capitale de la Médie (Hamedan), A, XV, 31.
EDER (fleuve), A, I, 56.
EDESSE, ville de Mésopotamie (Orfa), A, XII, 12.
ÉDILES, tiennent un rôle des femmes prostituées, A, II, 85; brûlent les livres défendus, IV, 35; repriment le luxe, III 52, 55; connaissent des incestes, II, 85. Édiles plébéiens, Édiles curules, XIII, 28; Marcellus reçoit l'édilité, II, 37.
ÉDITUEN, H, XI, 74.
EDUENS, leur révolte, A, III, 40; sont battus, 46; sont admis dans le sénat, XI, 25; H, I, 51, 64; II, 61; IV, 57.
ÉETÈS, roi de Colchide, A, VI, 34.
EFFIGIE, de César dans l'armée, A, XII, 17; de Néron dans le temple de Mars Vengeur, XIII, 8; fondue par la foudre, XV,

22; de Germanicus, A, II, 83; d'Octavie, XIV, 61; de Poppée, XII, 17; XV, 24; de Séjan, IV, 74; de Tibère, IV, 64; sur la chaise curule, XV, 29; des condamnés sont enlevées, XI, 38; traînées aux Gémonies, III, 14.
ÉGÉE, ville de Cilicie, A, XIII, 8.
ÉGÉE (îles de la mer), A, XV, 17.
EGES, ville d'Asie, A, II, 47.
EGIUM, ville d'Achaie, ruinée par un tremblement de terre, A, IV, 13.
EGNATIA MAXIMILLA, suit son mari en exil (818), A, XV, 71.
EGNATIUS (Publius), client de Soranus, temoin contre son patron, A, XVI, 32.
EGNATIUS (Marcus), avait conspiré contre Auguste, A, I, 10.
ÉGYPTE, occupée par deux légions, A, IV, 5; alimente Rome. A, XII, 43; occupe l'imagination de Neron, A, XV, 36; se déclarant pour Vindex, H, IV, 84; V, 26.
ELBE, fleuve (Albis). On voit sur ses bords les enseignes romaines, A, I, 59; plus près des Romains que le Rhin, II, 14, 19; les nations entre le Rhin et l'Elbe subjuguees par les Romains, 22, 41; Domitien le traverse avec son armee, IV, 44; prend sa source chez les Hermundures, G, 41.
ELEAZAR, fils de Simon, chef des Juifs, H, V, 12.
Éléphantine, île d'Égypte, A, II, 61.
ÉLEUSIS, fidèle à Othon, H, I, 78; Timothée, Athénien, venu d'Eleusis pour présider aux mystères de Ceres, H, IV, 83.
ÉLIA PÉTINA, de la famille des Tuberons, épouse repudiée de Claude, protégée par Narcisse en 801, A, XII, 1, 2.
ÉLIUS GRACILIS, lieutenant de la Belgique, s'oppose à l'embarquement des troupes en 811, A, XIII, 53.
ÉLIUS LAMIA protégé Gracchus, A, IV, 13; est honoré des funérailles de censeur, A, VI, 27.
ÉLIUS SÉJAN. Voyez Séjan.
ÉLOQUENCE, principe des beaux-arts, A, XI, 6; O, 25; corrompue par l'âge, IV, 52; ses divers caracteres, IV, 61; ses avantages, O, 5, 12; de Marcellus Eprius, H, IV, 7; de Vipsanius Messala, 42; son utilite, O, 5; plaisir et gloire qu'elle procure, O, 6, 7; la peur la paralyse, A, II, 67.
ELYMEENS, peuple riverain du golfe Persique, A, VI, 44.
ÉLYSIENS, peuple de la Germanie, G, 43.
ÉMERITA (Merida), ville de l'Estramadoure, H, I, 78.
ÉMILIA LÉPIDA, fille de Cornélia, petite-fille de Faustus Sylla et de Pompeia, fille de Pompée, accusée, A, III, 22; est condamnée, 23.
ÉMILIA LÉPIDA, fille de Lépidus, accusée d'adultère, termine elle-même sa vie, A, VI, 40.
ÉMILIA MUSA. Voyez Musa.
ÉMILIENNE (famille), A, III, 22, 24; VI, 27, 29.
ÉMILIENS (monument des), A, III, 72; maison des champs d'Émilius, A, XV, 40.
ÉMILIUS, primipilaire en 769, A, II, 11.
ÉMILIUS, temoin contre Montanus en 778, A, IV, 42.
ÉMILIUS LÉPIDUS (Marcus), fils de Lucius Émilius et de Julie, mari de Drusilla, désigné héritier de l'empire, compagnon des débauches de Caius, amant d'Agrippine, A, XIV, 2; hérite de Musa, II, 48.
ÉMILIUS LONGINUS, déserteur, tue Vocula, H, IV, 59; est tue en 823, 62.
ÉMILIUS MAMERCUS, un des questeurs nommés par le peuple, A, XI, 22.
ÉMILIUS PACENSIS est chassé des cohortes de la ville, H, I, 20; rétabli tribun par Othon, 87; mis aux fers par ses soldats, II, 12; tué à l'incendie du Capitole en 822, III, 73.
EMS (Amisia), rivière, A, I, 60.
ÉNÉE, tige de la famille Julia, A, IV, 9; XII, 58.
ENFANTS à deux têtes, A, XV, 47.
ENNIA NÆVIA, femme de Macron (789), A, VI, 45.
ENNIUS (Lucius), chevalier romain, accusé en 775, A, III, 70.
ENUS (l'Inn), rivière, H, III, 5.
EPAPHRODITE, affranchi de Néron, A, XV, 55.
EPHÉSIENS (les), A, III, 61; adorent Diane, IV, 55; leur port, XVI, 23; leurs rhéteurs, O, 15.
ÉPICHARIS, femme célèbre par son courage, complice de la conspiration contre Néron en 818, A, XV, 51; résiste aux douleurs de la torture et s'étrangle, 57.
ÉPICURE, H, IV, 58.
ÉPIDAPHNE, faubourg d'Antium, lieu de la mort de Germanicus, ou l'on erige un tribunal en son honneur, A, II, 83,

ÉPILEPSIE (*comitialis morbus*); Britannicus y était sujet, A, XIII, 16.
ÉPIPHANE, fils d'Antiochus IV, roi de Commagène (822), H, II, 25.
ÉPONINE, femme de Sabinus, H, IV, 67.
ÉPORÉDIA, ville de Transpadane (Ivrée), H, I, 70.
ÉPRIUS MARCELLUS, préteur pour un jour, le dernier de l'an 801, A, XII, 4; accusé, xIII, 33; H, IV, 6; accusateur de Thraséas, A, XVI, 22, 28; son opinion sur les préfets, H, IV, 6 et 7; accusé par Helvidius, 43; sa mémoire odieuse, H, II, 53; excite les cruautés de Néron, H, IV, 7; son pouvoir, son éloquence, ses richesses, H, II, 95; O, 5, 8.
ÉQUES, peuple d'Italie, A, XI, 24.
ÉQUESTRE (ordre), A, II, 83; III, 30; VI, 7; XIV, 53; cette dignité accordée à des affranchis, H, IV, 39; équestre (Fortune), A, III, 71.
ÉQUINOXE (grandes marées de l'), A, I, 70.
ÉRARIUM. Voyez Trésor.
ÉRATO, reine d'Arménie (769), A, II, 4.
ÉRIAS, fonde un asile en l'honneur de Vénus, A, III, 62; un temple de cette déesse à Paphos, H, II, 3.
ÉRINDES, rivière d'Hyrcanie, A, XI, 10.
ÉRYTHRÉE, séjour d'une sibylle, ville d'Ionie, A, VI, 12.
ÉRYX, montagne de Sicile (Monte san Giuliano), A, IV, 43.
ESCHINE, orateur, O, 15; placé au second rang, 26.
ESCLAVES publics des Germains, G, 25; révolte des esclaves, A, IV, 27; ne peuvent être interrogés contre leurs maîtres, II, 10; sont solidairement responsables de la vie de leurs maîtres, XIII, 33.
ESCULAPE, nom de Sérapis, H, IV, 84; porte à Cos la science de la médecine, A, XII, 61; asile d'Esculape à Pergame, III, 63; le temple d'Esculape sert d'asile aux citoyens romains, IV, 14; pillé par Blesus, XIV, 18.
ESERNINUS MARCELLUS, avocat en 773, A, III, 11.
ESPAGNE, s'empresse de réparer les pertes de l'armée romaine, A, I, 71; obtient la permission d'élever un temple à Auguste, 78; séparée de l'Afrique par le détroit de Gibraltar, H, II, 58; trois lieutenants y commandent, 97; III, 2, 70; IV, 3; G, 37; citérieure, A, IV, 45; H, I, 49; ultérieure, A, IV, 13; érige un temple à Tibère, IV, 37; occupée par trois légions, *ibid.*, 5; opposée à Vitellius, H, III, 13; pays puissant, 53; légion d'Espagne, I, 6.
ESQUILIES, colline de Rome (Monte di san Maria), A, XV, 40.
ESQUILINE (porte), A, II, 32.
ESTIENS, peuple de la Germanie, G, 45.
ÉTÉSIENS (vents), A, VI, 33; H, I, 70, 90.
ÉTHIOPIENS. On fait descendre d'eux les Juifs, H, V, 2.
ÉTRURIE, A, IV, 5; XI, 24; H, I, 86; III, 41.
ÉTRUSQUES, leurs aruspices, A, XI, 15; consanguins des Lydiens, IV, 55; fournissent des secours à Tarquin l'Ancien, 65; reçoivent de Démarate les lettres de l'alphabet, XI, 14.
EUBÉE, île de la mer Egée (Négrepont), A, II, 54; V, 10.
EUCER, d'Alexandrie, célèbre joueur de flûte (815), A, XIV, 60.
EUDÈME, médecin de Livie, A, IV, 3.
EUDOSES, peuple de la Germanie, G, 40.
EUMOLPIDES, prêtres de Cérès, H, IV, 83.
EUNONE, chef des Aorses (802), A, XII, 15; intercède pour Mithridate, 18, 19.
EUPHRATE, fleuve, A, XIV, 25; Parthes repoussés au delà de l'Euphrate, H, V, 9; A, IV, 5; VI, 37; XIII, 7; limites entre les Parthes et les Romains, XV, 3, 17; son pont, XV, 7; ses rives, II, 58; VI, 31; XII, 11; XV, 3.
EURIPIDE, O, 12.
EUXIN, A, XII, 63.
ÉVANDRE, Arcadien, donne aux Aborigènes les lettres de l'alphabet, A, XI, 14; consacre une chapelle à Hercule, XV, 41.
ÉVOCAT, vétéran, rappelé sous les armes, A, II, 68; H, I, 41, 46, etc.
ÉVODE, affranchi de Claude (801), A, XI, 37.

F

FABIANUS (Valérius), parent de Balbus, suppose un testament de lui (814), A, XIV, 40.
FABIENS (les), H, II, 95.
FABIUS (Lucius Justus), consul en 854, auquel est adressé le *Dialogue des Orateurs*, O, I.

FABIUS MAXIMUS, favori d'Auguste, A, I, 5.
FABIUS PERSICUS (Paulus), consul en 787, A, VI, 28.
FABIUS PRISCUS, envoyé chez les Tongres en 823, H, IV, 79.
FABIUS ROMANUS, ami de Lucain (819), A, XVI, 17.
FABIUS RUSTICUS, ami de Sénèque, A, XIII, 20; XIV, 2; accompagne Vitellius à Bebriac, XV, 61; historien, AC, 10.
FABIUS VALENS, lieutenant, H, I, 7, 52; reconnaît Vitellius, 57; est choisi par lui pour chef, 61; ses mœurs, 66; écrit aux cohortes prétoriennes, 74; envoie des secours dans la Gaule Narbonnaise, 87; va en Italie, 24; est rejoint par les cohortes des Bataves, 27; lapidé par ses soldats, 29; combat contre les Othoniens, 41; sa lettre aux consuls, 55; donne un spectacle de gladiateurs, 67, 74; partage le pouvoir avec Cécina, 92; célèbre l'anniversaire de la naissance de Vitellius, 95; ses concussions, 56; fidèle à Vitellius, III, 15; marche contre les Flaviens, 36, 40; est pris, 43; tué à Urbino en 822, 62; son origine et sa vie, *ibid.*
FABRICIUS VEJENTO, préteur (815), est banni, A, XIV, 50.
FABRICIUS (les), A, II, 33.
FACTIONS, A, XI, 15; d'Arminius, I, 58; des pères conscrits, III, 27.
FALANIUS, pauvre chevalier romain, accusé en 768, A, I, 73.
FAMILLES DES CÉSARS, A, IV, 3; Claudienne, VI, 8; H, I, 16; Flavienne, II, 101; de Germanicus, A, IV, 3; Julienne, VI, 8; H, I, 16; de Lépide, A, II, 48; de Vespasien, H, IV, 68; de Blésus, A, I, 23; Émillienne, A, VI, 27; Cassienne, XII, 12; Cossienne, XV, 22; Serviénne, H, I, 49; des Tubérons, A, XII, 1.
FAMINE en 804, A, XII, 43; dans le camp de Vétéra, H, IV, 60.
FANO, ville du duché d'Urbin, H, III, 50.
FASTES, corrompus par l'adulation, H, IV, 40; noms rayés des fastes, A, III, 17, 18.
FAUSTUS (Annius), chevalier romain (822), condamné comme délateur, H, II, 10.
FAUSTUS (Publius Cornelius Sylla), consul en 805, A, XII, 52.
FAVENTINUS (Claudius), centurion (822), H, III, 57.
FAVONIUS, vent, le zéphir, A, IV, 67.
FAVONIUS (Marcus), ami de Brutus, tué par Antoine, A, XVI, 22.
FÉCIAUX; Apronius demande qu'ils président aux jeux (775), A, II, 64.
FÉLIX (Sextilius), général romain (822), H, III, 5; IV, 70.
FÉLIX, gouverneur de Judée, H, VI, 9.
FEMMES; rendent des oracles, A, II, 54; commandent les armées chez les Bretons, XIV, 35; une femme conduit les Trinobantes, Ac, 31; beau trait d'une Ligurienne, H, II, 13; femmes sont prophétesses chez les Germains, G, 8; assistent aux combats, G, 7; ont soin de la maison des champs, 15; leurs modes, 17; obstination des femmes julives, H, V, 13.
FÉNIUS RUFUS, préfet de l'annone en 808, A, XIII, 22; du prétoire, XIV, 51; ami d'Agrippine, 57; conspire contre Néron, XV, 50, 53, 58; est trahi, 66; tué en 818, 68.
FÉRENTAIRE (Ferentarius), soldat armé à la légère, A, XII, 35.
FÉRENTE (Frenti); ville d'Étrurie, A, XV, 52, H, II, 50.
FÉRIES latines, A, IV, 36; VI, 11.
FÉRONIA, ville du Latium, H, III, 76.
FERRARE (Forum Allieni), H, III, 6.
FESTINS des Germains, A, I, 50; de Tigellinus, XV, 37; de Vitellius, H, II, 62.
FESTUS, préfet de cohorte (822), H, II, 59.
FESTUS (Martius), chevalier romain, conspire contre Néron (818), A, XV, 50.
FESTUS (Valérius), lieutenant de légion, fait tuer Pison, H, IV, 49.
FÊTES, A, II, 32; H, III, 78; A, XIII, 41; H, V, 5.
FEUX célestes, A, XII, 64; fortuits, III, 72; XV, 18; volants (missiles), H, II, 21; sortis de la terre, A, XIII, 57.
FIDÈNES, bourg des Sabins (Castello Giubileo), A, IV, 62; H, III, 79.
FILS accuse son père, A, IV, 28; tue son père, H, III, 25; tué par son père, A, XIII, 37.
FINNOIS (Fenni), peuple de la Germanie, G, 46.
FIRMIUS CATUS, sénateur, ami de Libon (769), A, II, 27; condamné à l'exil, IV, 31.

FLACCUS (Pomponius), sénateur, A, II, 32; préfet de Mésie, 66; propreteur de Syrie; sa mort en 786, VI, 27.
FLAMINE DIALE, A, III, 58, 71; d'Auguste, I, 10; de Mars et de Quirinus, III, 58; de Jupiter, IV, 16; de Claude, XIII, 2.
FLAMINIENNE (voie), A, III, 9; XIII, 47; H, I, 86; II, 64; III, 79, 82.
FLAMMA (Antonius), condamné pour concussions (823), M, IV, 45.
FLAMMEUM, voile de pourpre des mariées, A, XV, 37.
FLAVIANUS (823), H, V, 26.
FLAVIANUS. Voyez Ampius.
FLAVIANUS (Tullius), préfet militaire (822), H, III, 79.
FLAVIENNE (maison), H, II, 101.
FLAVIUS, frère d'Arminius (769), A, II, 9; XI, 16.
FLAVIUS, chef dans les Gaules (822), H, II, 94.
FLAVIUS NÉRON, chassé du tribunat (818), A, XV, 71.
FLAVIUS SABINUS (Titus), frère de Vespasien, préfet de Rome, H, I, 46; consul jusqu'en juillet 822, 77; désigné, II, 36; commande un corps, 61; fait prêter serment à Vitellius, 55; son caractère, 63; ébranle la fidélité de Cécina, 99; III, 59, 64; l'aîné de Vespasien, 63; engage Vitellius à abdiquer, 65; poursuivi par les Vitelliens, se réfugie au Capitole, 69; on lui fait les funérailles de censeur (823), IV, 47.
FLAVIUS SCÉVINUS, sénateur, A, XV, 49; fait aiguiser un poignard pour frapper Néron, 53; trahi par un affranchi, 54; se défend constamment, 55; périt courageusement (818), 70.
FLAVIUS. Voyez Subrius et Vespasien.
FLÉVUM, château des Bataves, A, IV, 72.
FLEUVES; leur culte, A, I, 79; apaisés, VI, 37.
FLORE, son temple, A, II, 49.
FLORENTINS; envoient des députés à Rome (768), A, I, 79.
FLORUS (Julius), excite les habitants de Trèves à la révolte (774), A, III, 40; vaincu, se tue lui-même, 42.
FLORUS (Gessius), procurateur de la Judée (823), H, V, 10.
FLORUS (Sulpitius), soldat des cohortes britanniques (822), tue Pison, H, I, 43.
FLOTTE (centurion de la), A, XIV, 8; soldats, IV, 27; XII, 56; rameurs de la flotte, XIV, 4; flotte de Misène, XV, 51.
FONTÉIUS CAPITO, proconsul d'Asie (778), accusé par Vibius Sérénus, A, IV, 36.
FONTÉIUS CAPITO (Lucius), consul en 812, A, XIV, 1; en 820 lieutenant de la Germanie inférieure, est tué, H, I, 7, 8; ce meurtre est reproché à Galba, 37; pourquoi, III, 62; avait fait tuer Jules Paulus, IV, 13; son avarice, I, 52; sa mémoire chère aux soldats, 58.
FORMIES, ville des Aurunques (Mola, dans la terre de Labour), A, XV, 46.
FOROJULIENSIS COLONIA. Voyez Fréjus.
FORS-FORTUNA; son temple, A, II, 41.
FORTUNATUS, affranchi, A, XVI, 10.
FORTUNE, déesse, A, III, 71; équestre, ibid.; son temple, XV, 53; invoquée par Corbulon, XV, 17; statues d'or élevées aux deux Fortunes, 23.
FORUM ALLIENI. Voyez Ferrare.
FORUM JULIUM. Voyez Fréjus.
FORUM OLITORIUM, marché aux herbes, A, II, 49.
FORUM de Rome, A, XII, 24.
FOSES, peuples de la Germanie, G, 36.
Fossé de Corbulon entre la Meuse et le Rhin, A, XI, 20; entre la Saône et la Moselle, XIII, 53; de Drusus, II, 8.
FRAMÉE, sorte de lance, G, 6, 14, 18.
FRÉCELLANUS (Pontius), chassé du sénat (789), A, VI, 48.
FRÉJUS (Forojuliensis et Forum Julium), H, II, 14; III, 43; patrie d'Agricola, AG, 4; Auguste y envoie les galères prises à la bataille d'Actium, A, IV, 5; Cataulde est envoyé à Fréjus, A, II, 63.
FRISONS (les), peuple, H, IV, 79; AG, 28; grands et petits, G, 34; voisins des Chauques, 35; rompent la paix, A, IV, 72; sont soumis par Corbulon, XI, 19; leurs limites, I, 60; célèbres parmi les Germains, IV, 74; franchissent leurs limites, XIII, 54.
FRONTINUS (Julius), préteur et proconsul de Bretagne (822), H, IV, 39; AG, 17.
FRONTO (Julius), tribun, chassé des cohortes des vigiles en 822, H, I, 20; tribun dans l'armée d'Othon, II, 26.
FRONTO. Voyez Octavius et Vibius.
FUFIUS GÉMINUS (Caius), consul en 782, A, V, 1 attaqué par Tibère, 2; est tué en 785, VI, 10.

FULCINIUS TRIO (Lucius), accusateur de Libon, A, II, 28, ses querelles avec son collègue, A, V, 11; se tue en 788, VI, 38; son testament, ibid.
FULVIUS AURELIUS, lieutenant de légion, obtient les ornements consulaires en 822, H, I, 79.
FUNDANUM, fontaine de Rome, H, III, 69; montagne, A, IV, 59.
FUNÉRAILLES d'AUGUSTE, A, I, 8; de Germanicus, III, 4; de censeurs, IV, 15.
FUNISULANUS VETTONIANUS, lieutenant de légion (815), A, XV, 7.
FURIES, A, XIV, 30.
FURIUS CAMILLUS, proconsul d'Afrique (770), A, II, 52; chasse Tacfarinas, III, 20.
FURIUS CAMILLUS SCRIBONIANUS (Marcus), consul en 785, A, VI, 1; son fils est banni en 805, XII, 52; H, II, 75.
FURNIUS, adultère de Claudia Pulchra, est condamné (779), A, IV, 52.
FURNIUS (Caius), orateur médiocre, O, 21.

G

GABIE (pierre de), à l'épreuve du feu, A, XV, 43.
GABINIANUS, orateur, O, 26.
GABOLUS (Licinius), préfet (812), rappelé d'exil, A, XIV, 12.
GALATIE, contrée (la Gallo-Grèce), A, XIII, 35; XV, 6; H, II, 9.
GALBA (Servius Sulpicius), consul en 810, accusé par Caton le Censeur, A, III, 66; orateur, O, 18 et 25.
GALBA (Caius Sulpicius), frère de l'empereur, consul en 775, A, III, 52; se donne la mort, VI, 40.
GALBA (Servius Sulpicius), septième empereur, A, III, 55; d'abord consul en 786, VI, 15; prédiction de Tibère à son sujet, 20; consul pour la seconde fois en 822, H, I, 11; avare, cruel, sévère, I, 5, 6; son bon mot, 5; son esprit mobile, 7; envoie Vitellius en Germanie, 9; adopte Pison, 14, 15; ne se fie point aux soldats, 14; méprise les présages célestes, 18; fait rendre gorge aux favoris de Néron, 20; sa statue d'or, 36; jeté en bas de sa litière, 41; est percé de coups, le 15 janvier 822, ibid.; ses vie et mœurs, 49; ses funérailles, ibid.; ses images enlevées, II, 55; relablies, III, 7; honneurs rendus, IV, 40.
GALBIENNE (légion), H, II, 86; III, 7, 21.
GALMIENS, nom injurieux donné aux Gaulois, H, I, 51.
GALÈRES, prises à la bataille d'Actium, A, IV, 5.
GALÉRIA FUNDANA, seconde femme de Vitellius, H, II, 60, 64.
GALERIANUS. Voyez Calpurnius.
GALÉRIUS TRACHALUS (Marcus), consul en 821, H, I, 90; protégé par la femme de Vitellius, II, 60.
GALGACUS, chef illustre des Bretons, AG, 29; sa harangue 30, 31, 32.
GALILÉENS, peuple de la Judée, A, XII, 54.
GALLA (Sosia), femme de Silius (777), A, IV, 19.
GALLION, orateur, O, 26.
GALLUS, refuse de défendre Pison, A, III, 11.
GALLUS (Annius), général d'Othon (822), H, I, 87; occupe les rives du Pô, II, 11; soutient Plaisance, 23; est d'avis d'éviter le combat, 33; calme les Othoniens furieux de leur défaite, 44; chef dans la guerre de Germanie, IV, 68; V, 19.
GALLUS (Publius), chevalier romain (818), A, XVI, 12.
GAMBRIVES, peuple de la Germanie, G, 2.
GANNASQUE, chef des Chauques, est tué (800), A, XI, 18.
GARAMANTES, peuples de la Libye, A, III, 74; nation indomptée, H, IV, 50; A, IV, 23, 26.
GARUCINUS (Tribonius), procurateur (822), H, I, 7.
GAULES, A, I, 31, 69, 71; III, 40; H, II, 11, 57, 98; III, 2; IV, 3, 14; G, 1; leur abord, H, I, 87; cens, A, I, 33; limites, 28; richesses, I, 47; mer, AG, 24; Gaule chevelue, A, XI, 23; lyonnaise, H, I, 59; II, 59; narbonnaise, A, II, 63; XII, 23; XIV, 57; XVI, 13; H, I, 48, 76, 87; II, 15, 28; III, 42; A, XI, 24.
GAULOIS, ennemis de Vitellius, H, III, 13, se révoltent contre les Romains, IV, 12; leur puissance, H, III, 53; leurs chefs, II, 94; leur fidélité, A, I, 34; leur munificence envers les légions, 71; leur langue, G, 28, 43; leurs cohortes, A, II, 17; H, I, 70; chassés par les Germains, G, 2; prirent Rome autrefois, H, III, 72; auxiliaires, A, II, 16; H, II, 68; AG, 32; leurs richesses, A, XI, 18; leurs mœurs, leurs études, AG, 21.

GILDUBA (Gelb), lieu de campement, H, IV, 26, 32, 35 pris par Civilis, 36; combats près de ce lieu, 58.
GÉMINA, légion, H, III, 7.
GÉMINUS. Voyez Atidius, Ducennius, Fufius.
GÉMINUS (Lucius Rubellius), consul en 782, A, V, I.
GÉMINUS (Tatius), accusateur de Vejento (815), A, XV, 50.
GÉMINUS (Virdius), un des chefs de Vespasien (822), H, III, 48.
GÉMONIES (les), lieu où l'on exposait les corps des suppliciés, A, III, 14; V, 9; VI, 25; H, III, 74, 85.
GERELANUS, tribun, fait ouvrir les veines à Vestinus, A, XV, 69.
GERMAINS. Pour cet article et le suivant, tout le livre *de moribus Germanorum*; Germains sont indigènes, G, 2; sujets aux maladies, H, II, 93; leurs armes, G, 6; A, II, 14; H, V, 14; éducation de leurs enfants, G, 20; distribution de leur année, 26; leur maniere de délibérer, II; leurs femmes, 7, 8; habillement de leurs femmes, 17; leur dot, 18; peine infligée a l'adultere, 19; H, v, 25; leurs prophetesses, G, 8; H, IV, 61; leurs fêtes nocturnes, A, I, 50; leurs funérailles et tombeaux, G, 27; leur hospitalité, 21; leur libéralité, 15; élection de leurs magistrats, 12; leurs repas, 22; leurs dieux, 9; leur amour pour la guerre, 14; leur tactique, H, II, 22; leurs émigrations, G, 28; leurs peines afflictives, 12; leur haute stature, 20; H, v, 14; leurs enseignes militaires, G, 7; H, IV, 22; leurs spectacles, G, 24; leur intempérance, 23; ignorent l'usure, 26; leurs mariages, G, 18; leurs vêtements, 17; leur sol, A, II, 23; leur habileté a nager, H, II, 35; IV, 66; auxiliaires des Romains, A, II, 16; IV, 73; H, I, 70; la puissance de leurs rois limitée, G, 7; comment ils choisissent leurs rois et leurs généraux, *ibid.*; chantent leurs héros, A, II, 88; adonnés au sommeil et à la boisson, G, 15; supportent difficilement la chaleur, H, II, 32; nés pour la guerre, H, IV, 64; avides des dangers, H, V, 19; vains, 23; font grand cas des femmes, G, 8; paresseux et haïssant le repos, 14 et 15; leurs testaments, 20; leur agriculture, 26; leur cheveleure rouge, AG, II, etc.
GERMANIE; ses limites, G, 1; d'où vient son nom, 2; son ciel, 2; ses productions, 23; manque de métaux, 5; inférieure, A, IV, 73; XI, 18; XIII, 35; H, I, 52, 55, 261; II, 3; IV, 19; ses légions, H, I, 9, 53; supérieure, A, IV, 73; XII, 27; H, I, 12, 53, 61; ses légions, A, VI, 30; H, I, 9, 50; sa flotte, H, I, 58, etc.; troubles dans ce pays, H, III, 46; V, 26; pacifiée en 823, V, 26.
GERMANICUS CÆSAR, fils de Néron Claudius Drusus et d'Antonia *minor*, neveu de Tibère, qui l'adopta en 757; frère de Claude, mari d'Agrippine, commande les légions du Rhin, A, I, 3; suspect à Tibère, 7; affermit le pouvoir de Tibère, 31; reçoit le pouvoir proconsulaire, 14; amour du peuple pour lui, 33; les soldats lui offrent l'empire, 35; sa mort tentée, *ibid.*; apaise une sédition de l'armée, 49; surprend les Germains, 50; ravage la Germanie, 51; de la confrérie d'Auguste, 54; mérite le triomphe, 55; reçoit le titre d'*imperator*, 58; fait enterrer les ossements des soldats de Varus, 62; se joint à Arminius, 63; érige un trophée, II, 22; jouit de sa renommée, 13; attaque les Marses, 25; vainqueur des Germains, G, 37; rappelé par Tibère, A, II, 26; envoyé en Orient, 43; consacre un temple à l'Espérance, 49; consul pour la seconde fois en 771, 53; ses démêlés avec Pison et Plancine, 55; donne un roi à l'Arménie, 56; son entrevue avec Pison, 57; va en Égypte, 59; obtient l'ovation, 64; frappé de maladie, 69; sa mort en 772, 72; comparé à Alexandre, 73; ses dernieres paroles, 71; Agrippine s'embarque, emportant les cendres de Germanicus, A, II, 75; ses restes déposés dans le tombeau d'Auguste, III, 4; son éloge, I, 33; II, 13, 43, 73.
GERMANICUS, surnom donné à Vitellius, H, II, 64; et à son fils, 59; III, 66.
GESSIUS FLORUS, procurateur de la Judée, est cause de la guerre, H, V, 10.
GÉTA, esclave (812), H, II, 72.
GÉTULES, peuple voisin de la Mauritanie, A, IV, 44.
Getulicus. Voyez Lentulus
GLADIATEURS; leur soulèvement réprimé par les soldats, A, XV, 46; font partie de l'armée, H, II, 11; campés sur les rives du Pó, 34; vaincus par les Bataves, 43; III, 57, 76; (spectacle des), A, XI, 22; XII, 57; XV, 32; III, 45; IV, 62; XIII, 31, 49; XV, 34; I, 76, etc.
GLESS (*glesum*), nom du succin chez les Germains, G, 45.

GLICUS GALLUS, accusé par Quintianus (818), A, XV, 56; exilé, 71.
GORNÉAS, château d'Arménie, A, VII, 45.
GOTARZE, frère d'Artaban II, roi des Parthes, s'empare du trône, A, XI, 8, 10; ses cruautés, XII, 10; sa mort en 802, 14.
GOTHINS, peuple de la Germanie, G, 43.
GOTHONS, peuple de la Germanie, A, II, 62; G, 43.
GRACCHUS. Voyez Sempronius.
GRACES rendues aux dieux pour des meurtres, A, XIV, 64; XV, 71.
GRACILIA (Verulana), femme guerrière (822), H, III, 69.
GRAIUS (le mont), le petit Saint-Bernard, H, IV, 68.
GRAMPIUS (Grantzbain), montagne de la Scotie, AG, 29.
GRANIUS MARCELLUS, préteur de Bithynie (768), A, I, 74.
GRANIUS MARTIANUS, sénateur accusé, se tue en 788, A, VI, 38.
GRANIUS (Quintus), accusateur de Pison, A, IV, 21.
GRANIUS SILVANUS, tribun des cohortes prétoriennes, A, XV, 50; envoyé par Néron à Senèque, 60; se tue (818), 71.
GRAPTUS, affranchi de Néron, A, XIII, 47.
GRATIANUS (Tatius), préteur, condamné à mort (788), A, VI, 38.
GRATUS (Julius), prefet du camp (822), H, II, 26.
GRATUS (Munatius), chevalier romain, conspire contre Néron (818), A, XV, 50.
GRÈCE, A, II, 60; dite Péloponèse, IV, 55.
GRECINA (Pomponia), femme de Plautius (810), A, XIII, 32.
GRECINUS (Julius), pere d'Agricola, AG, 4.
GRECS; leur adulation, A, VI, 18; leur politesse, AG, 4; leur doctrine, A, XV, 45; leur littérature, 71, 13; n'admirent que leurs faits, II, 88; leur amour pour le merveilleux, V, 10; leur habillement, XIV, 21; leurs villes, III, 60; IV, 14; ont reçu des Pheniciens les lettres de l'alphabet, XI, 14; décadence de l'éloquence chez les Grecs, O, 15; Alpes grecques, H, II, 66.
GRINNES, fort chez les Bataves, H, V, 20, 21.
GRIPHUS (Plotius), sénateur, lieutenant de légion (822), H, III, 52; IV, 39, 40.
GUERRE de Germanie (822), H, IV, 12; de Pérouse (782), A, V, 1; des Sabins (822), H, III, 72; sociale (785), A, VI, 12.
GUGERNES (*Gugerni*), peuple de la Germanie, H, IV, 26; V, 16, 18.
GYARE (Joura), île de la mer Egée, A, III, 68, 69; IV, 30.
GYMNASE, consacré par Neron, A, XIV, 47; brûlé par la foudre, XV, 22.

H

HALICARNASSE, ville de la Doride (Bodrun), A, IV, 55.
HALOTUS, eunuque de Claude, l'empoisonne, A, XII, 66.
HALUS, ville des Parthes, A, VI, 41.
HAMMON (Jupiter); son oracle, H, V, 3, 4.
HATERIUS (Quintus), consulaire, A, I, 13; protégé par Auguste, *ibidem*; déclame contre le luxe, II, 33; son opinion contre Lutorius Priscus, III, 49; adule Tibère, III, 57; meurt nonagénaire en 779, IV, 61; son éloquence, *ibid.*
HATERIUS ANTONINUS (Quintus), consul en 806, A, XII, 58; reçoit des secours de Néron, XIII, 34.
HATERIUS (Décimus), consul l'an de Rome 775, III, 52.
HÉBREUX (terres des), H, V, 2.
HÉLIOPOLIS (Mataree), ville de la Basse-Égypte, A, VI, 28.
HELIUS, affranchi de Néron, empoisonne J. Silanus, A, XIII, 1; amasse de grandes richesses, H, I, 37.
HELLUSIENS, peuple de la Germanie, G, 46.
HELVÉCONES, peuple de la Germanie, G, 43.
HELVÉTIENS, nation gauloise, H, I, 67; défaits par Cécina, 68; G, 28; envoient des députés à Vitellius, H, I, 69.
HELVIDIUS PRISCUS, lieutenant de légion en 804, H, XII, 49; tribun du peuple, XIII, 28; gendre de Thraséas, XVI, 35; chassé d'Italie, 33, 35; combat un avis de Vitellius, H, II, 91; liberté de ses opinions, H, IV, 4; son caractère, 5; sea débats avec Eprius, 6 et 7; accuse Eprius, H, IV, 43; préteur, purifie l'autel du Capitole, 53; loué par Sénécion, AG, 2, 45; O, 5.
HELVIDIUS, fils du précédent, ami de Pline le Jeune, mis en prison sous Domitien, AG, 45.
HELVIUS RUFUS, soldat (773), obtient la couronne civique, A, III, 21.
HÉMUS, montagne entre la Bulgarie et la Roumanie (Argentaro), A, III, 38; H, II, 85; son hiver prématuré, A, IV, 51.
HÉNIOQUES, peuple du Pont-Euxin, A, II, 68.
HERCULE, Égyptien, A, II, 60; dieu des Germains, G, II, 9;

35.

maître de la Libye, A, III, 61; s'élève au rang des dieux IV, 38; XII, 13; forêt qui lui est consacrée, II, 12; grand autel d'Hercule, XII, 24; XV, 41; ses colonnes, G, 34.
HERCULEUS, triérarque (812), A, XIV, 3.
HERCYNIE, A, II, 45; forêt, G, 28, 30.
HERENNIUS GALLUS, lieutenant de légion (822), H, IV, 19, 26; battu par les soldats, 27; vaincu, 59; tué, 70, 77.
HERENNIUS SÉNÉCION, AG, 2; est tué, 45.
HERMAGORAS, rhéteur du siècle d'Auguste, O, 19.
HERMIONES, peuple de la Germanie, G, 2.
HERMUNDURES, peuple de la Germanie, A, XII, 29; chassent Catualde, II, 63; défont les Cattes, XII, 29; XIII, 57; leur ville, G, 41.
HÉRODE, dit le Grand, fils d'Antipater et de Cyprus, fait roi des Juifs par sénatus-consulte, en 714, H, V, 9.
HÉROÏQUE, poëme, O, 10.
HERTHUS, la Terre, mère, déesse des Germains, G, 40.
HIBERNIE (l'Irlande), A, XII, 32; sa position, AG, 24.
HIÉROCÉSARÉE, ville de Lydie, ruinée par un tremblement de terre en 777, A, II, 47; défend son droit d'asile, III, 62.
HIÉRON (789), noble parthe, écrit à Tiridate, A, VI, 42; l'abandonne, 43.
HIÉROSOLYMUS, chef des Juifs, H, V, 2.
HILAIRE, affranchi de Vitellius, puni comme calomniateur, H, II, 95.
HIPSALIS (Séville), ville d'Espagne, H, I, 78.
HIRTIUS, consul en 711, A, I, 10; O, 17.
HISPON (Romanus), A, I, 74; accuse Sénèque, XIV, 65.
HISTILIUS, centurion, A, XIII, 9.
HISTRIONS, exemptes de verges, A, I, 77; chassés d'Italie, IV, 14; XIII, 25; leur licence, IV, 14; leurs partisans, I, 77; XIII, 25.
HOMÈRE, H, V, 2; O, 12.
HOMONADES, peuple de la Cilicie, A, III, 48.
HORACE, O, 20; placé par quelques-uns après Lucilius, O, 23.
HORATIUS PULVILLUS (Marcus), consul en 247, H, III, 72.
HORDÉONIUS FLACCUS, lieutenant de l'armée de Germanie (822), H, I, 9, 54, 56; II, 57; IV, 13; recteur de la Germanie, II, 97; sa connivence avec Civilis, IV, 18; sa pusillanimité, 19; désagréable aux soldats, 24, 36; fait prêter serment aux soldats pour Vespasien, 31; est tué, 36; son ignorance, 19; sa mauvaise institution, 25, 77; engage Civilis à prendre les armes, V, 26.
HORESTES, peuple de la Bretagne, AG, 38.
HORMUS, affranchi de Vespasien (822), H, III, 12, 28; reçoit la dignité équestre, IV, 39; sa vie honteuse, III, 28.
HORTALUS (Marcus), jeune homme noble (769), A, II, 37.
HORTENSIUS (Quintus), orateur, A, II, 37; O, 16.
HOSPITALITÉ des Germains, G, 21; dieux hospitaliers, A, XV, 52; don hospitalier, XIV, 24; tables hospitalières, 85.
HOSTILIA, dans le duché de Mantoue, H, II, 100; III, 40.
HOSTILIE, bourg de Véronne, H, III, 9, 14, 21.
HYPÈPES, petite ville de la Lydie sur l'Hermus, A, IV, 65.
HYPÉRIDE, orateur grec, O, 12, 16, 25.
HYRCANIE, contrée d'Asie, A, XI, 9; voisine de la Scythie, VI, 36; ses habitants originaires des Macédoniens, II, 47; guerre d'Hyrcanie, XI, 8; XIII, 37; XV, 1.

I

IAMBES (vers), O, 10.
IBÈRES, Espagnols; une colonie passe en Bretagne, AG, II.
IBÉRIE (Géorgie), A, IV, 5.
IBÉRIENS, inondent l'Arménie, A, VI, 33; issus des Thessaliens, 34; battent les Parthes, 35, 36; entrent en guerre avec les Arméniens, A, XII, 44.
ICÉLUS, affranchi de Galba, s'oppose à l'élection d'Othon, H, I, 13, 33; sa cupidité, 37; sa mort, 46; II, 95.
ICENIENS, peuple de la Bretagne, A, XII, 31, 32; XIV, 31.
IDA, montagne de Crète, H, V, 2.
IDÆENS (Idæi), premier nom prétendu des Juifs, H, II, 2.
IDISTAVISE, camp en Germanie, A, II, 16.
ÎLE du Tibre (Saint-Barthélemi), H, I, 86.
ILION (Troie), A, II, 54; IV, 55; VI, 12; XII, 58.
ILLYRIE, A, I, 5, 46; II, 44; III, 7; II, 34; XV, 26; H, II, 85, III, 2; IV, 3.
IMAGES de César, A, III, 36; de Drusus, 43; de Galba, H, I, 41; d'Hortensius, A, II, 37; de Libon, II, 32; des Claudiens, II, 43; triomphales, XV, 12.

IMPERATOR, titre donné à Néron et à Drusus, A, I, 3; à Auguste, 9, etc. Blesus fut le dernier à qui Tibère le conféra, III, 74.
INCENDIE de Rome sous Tibère, en 780, A, IV, 64; en 789, VI, 45; le 19 juillet 817, sous Néron, XV, 38, 40, 47; sous Titus en 833; du Capitole en 822, H, I, 2; III, 71, 72.
INGÉVONES, peuple de la Germanie, G, 2.
INGUIOMER, oncle d'Arminius (768), A, I, 60; est blessé, 68; mis en fuite par Germanicus, II, 17; se réfugie chez Maroboduus, 45.
INSECHI, ou Isichi (les Isiques), peuple voisin de l'Arménie, A, XIII, 37.
INSUBRIENS, peuple (le Milanais), A, XI, 23.
INTEMÉLIUM (Vintimille), ville d'Italie dans la Ligurie, H, II, 13; AG, 7.
INTERAMNIUM (Terni), dans l'Ombrie, A, I, 79; H, II, 64, III, 61.
INTÉRÊT de l'argent fixé par différentes lois, A, VI, 16.
IONIENNE (mer), A, II, 53.
ISAURICUS (Publius Servilius), vainqueur des Pirates en 679; détruisit la citadelle d'Isauron, d'où lui vint son surnom, A, III, 62.
ISICHI. Voyez Insechi.
ISIS, H, IV, 84; V, 2; G, 9.
ISTVONES, peuple de la Germanie, G, 2.
ISTRIE, H, II, 72.
ITALICUS, fils de Flavius et neveu d'Arminius, A, XI, 16.
ITALICUS, roi des Suèves (822), H, III, 5; embrasse le parti de Vespasien, 21.
ITALIE, A, I, 71; II, 50; IV, 55; G, 2, 37; O, 28; transpadane, H, II, 32; sa fertilité, A, I, 79; XII, 43; a cependant besoin de secours étrangers, III, 54; légion Italique, H, I, 69, 64; II, 41, 100; III, 14, 22; guerre d'Italie, 27.
ITURÉE (l'), A, XII, 23.
ITURÉENS, Arabes à l'est du Jourdain, A, XII, 23.
ITURIUS (806), A, XIII, 19; exilé, 22; rappelé, XIV, 12.

J

JANICULE, colline de Rome (il Montorio), H, III, 51.
JANUS; temple de Janus construit par Duillius, A, II, 49.
JARDINS de Lucullus, A, XI, 37; de Salluste, H, III, 82; Émiliens, 40; de Servilius, A, XV, 55; de César, légués au peuple, A, II, 41.
JASON, A, VI, 34; tragédie, O, 9.
JAZYGES, peuple sarmate, A, XII, 29; H, III, 5.
JEAN, commandant de l'intérieur de Jérusalem en 823, surnommé Bargiora par Tacite, H, V, 12.
JÉRUSALEM, A, II, 4; V, 1, 2, 6, 10, 11; siège de Jérusalem par Titus, H, V, II, 12, 13.
JEUX annuels, A, XIV, 12; augustaux, I, 15, 54; céréaux, H, II, 55; du ceste, A, XVI, 21; du cirque, II, 83; XI, 11; XV, 53; juvénales, XIV, 15; XV, 33; grands jeux, III, 64; mégalésiens, III, 6; séculaires, XI, 11; quinquennaux, XIV, 20.
JOURDAIN, fleuve de Judée, H, V, 6.
JOURS malheureux, O, 13; de fête pour la mort de Libon, A, II, 32; les jours plus longs chez les Bretons, AG, 12.
JUBA le Jeune, fait roi de Mauritanie par Auguste en 724, A, IV, 5.
JUDA, prétendu chef des Juifs, H, V, 2.
JUDÉE, demande une diminution de tribut, A, II, 42; H, I, 70; réduite en province romaine en 833, H, V, 9; fidèle à Vitellius, H, II, 73; berceau de la religion du Christ, A, XV, 44; sa capitale Césarée, H, II, 79; réduite par Titus, H, V, I.
JUGANTES, lisez Brigantes, A, XII, 40.
JUNONS. Voyez Ubiens.
JUIFS d'Alexandrie; leurs plaintes, A, VII, 38; réunis à la province de Syrie, A, XII, 23; fugitifs de Crète, H, V, 2; s'abstiennent de manger du porc, 4; leur origine et leurs mœurs, 2, 4; leurs superstitions, 13; leur religion, 4, 5; ne donnent à leur dieu aucune forme matérielle, ibid.; adorent un âne, 4; se reposent le septième jour, ibid.; leurs institutions honteuses, 5; ennemis des autres nations, ibid.; leur circoncision, 5; très-libidineux, ibid.; n'habitent point avec des femmes étrangères, ibid.; favorisent la population, etc. 5; leurs superstitions, 13; leur religion, 4, 5; ne cèdent point à Vespasien, H, V, 10; Cnéus Pompéius les soumit le premier en 691, 9; mer de Judée, 7; H, I, 10.

JUIN (mois de), A, XVI, 12.
JULES (les), A, V, 1 ; H, II, 48 ; leurs images, A, III, 5 ; IV, 9 ; originaires d'Albe, XI, 24 ; on jurait sur leurs actes, XVI, 22 ; leur tombeau, XVI, 6 ; leur maison éteinte, H, I, 16.
JULIA AUGUSTA, femme d'Auguste. Voyez Livie.
JULIA PROCILLA, mère d'Agricola, AG, 4, 7.
JULIA, loi, A, II, 60 ; IV, 43.
JULIANUS (Claudius), commande les gladiateurs, H, II, 76 ; est tué, 77.
JULIANUS (Tertius), lieutenant de légion (822), H, II, 85 ; la préture lui est ôtée, puis rendue, IV, 39, 40.
JULIANUS (Titius), lieutenant de légion, H, I, 79.
JULIE, fille de Jules-César et de Cornélia, mariée d'abord à Servilius Cépion, puis, en 695, à Pompée ; morte en 700, A, III, 6.
JULIE, fille d'Auguste et de Scribonia, née en 715, femme, d'abord de Marcus Marcellus, en second lieu de M. Vipsanius Agrippa, enfin de Tibère ; exilée pour ses débauches, dans l'île de Pandataria, vers 752 ; morte de faim et de misère en 767, A, I, 53 ; III, 24 ; IV, 44 ; VI, 51.
JULIE, fille de M. V. Agrippa et de la précédente Julie, petite-fille d'Auguste, mariée à Lucius Æmilius Paulus ; exilée par Auguste pour ses débauches, dans l'île de Trimède en 761 ; morte en ce lieu en 781, A, III, 24 ; IV, 71.
JULIE. Voyez Agrippine.
JULIE, ou Livilla, fille de Germanicus et d'Agrippine, sœur de Caligula, née en 771, mariée à Varus et à Vinicius ; exilée par Caïus dans les îles du Pont en 792 ; tuée par ordre de Messaline en 796, A, II, 54 ; VI, 15.
JULIE, fille de Drusus César, fille de Tibère et de Livie, sœur de Germanicus, femme de Néron César, puis de Rubellius Blandus ; tuée par ordre de Messaline en 796, A, III, 29 ; IV, 60 ; VI, 27 ; XIII, 32, 43 ; XIV, 63.
JULIENNE (famille), A, I, 6 ; II, 41, 83 ; VI, 51 ; XV, 23 ; son sacerdoce, H, II, 95 ; tire son origine d'Énée, A, IV, 9.
JULIENNES (Alpes), H, II, 8.
JULIUS. Voyez Africanus, Agrestis, Agricola, Alpinus, Altinus, Aquila, Asiaticus, Atticus, Auspex, Briganticus, Burdo, César, Caïenus, Carus, Celsus, Civilis, Classicianus, Cottius, Clemens, Cordus, Densus, Florus, Frontinus, Grecinus, Gratus.
JULIUS INDUS, de Trèves (774), bat les Trévirois révoltés, A, III, 42.
JULIUS MARINUS (785), mis à mort, A, VI, 10.
JULIUS MARTIALIS, tribun (822), blessé par les prétoriens, H, I, 28.
JULIUS MAXIMUS, envoyé contre Vocula (822), H, IV, 33.
JULIUS MONTANUS, sénateur (800), forcé de se tuer, A, XIII, 25.
JULIUS PAULUS, frère de Civilis (822), H, IV, 13.
JULIUS PÉLIGNUS, procurateur de la Cappadoce (804), A, XII, 49.
JULIUS PLACIDUS, tribun de cohortes (822), H, III, 85.
JULIUS POLLIO, tribun de la cohorte prétorienne (808), A, XIII, 15.
JULIUS POSTHUMUS, intime d'Augusta (776), A, IV, 12.
JULIUS PRISCUS, centurion (822), H, II, 92 ; envoyé aux Apennins, III, 55 ; revient vers Vitellius, 61 ; se tue, IV, 11.
JULIUS SABINUS, de Langres, entre dans la conspiration contre les Romains, H, IV, 55 ; se fait proclamer César, 67 ; est battu, et prend la fuite, ibid.
JULIUS SACROVIR, excite les Éduens à la révolte (774), A, III, 40, 44 ; s'enfuit et se tue, 46 ; vaincu par Caïus Silius, IV, 18.
JULIUS SECUNDUS, orateur, un des interlocuteurs du Dialogue, O, 2, 23.
JULIUS TUGURINUS, chevalier romain, conspire contre Néron (818), A, XV, 50.
JULIUS TUTOR, de Trèves, préposé à la garde du Rhin par Vitellius (823), H, IV, 55 ; abandonne les Romains, 67, 59 ; vaincu par Sextilius, 70 ; propose de livrer bataille ; 76 ; passe le Rhin, V, 19 ; attaque les Romains, 20 ; fuit lez les Griunes, 21.
JULIUS VINDEX, d'Aquitaine, préteur des Gaules, excite une révolte contre Néron (821), A, XVI, 66 ; sa lettre à Galba, 67 ; son discours aux Gaulois, 68 ; A, XV, 74 ; sa révolte, H, I, 7 ; vaincu, H, 51. 65, 69 ; IV, 57.
JUNCUS VIRGILIANUS, sénateur, condamné en 802, A, XI, 35.

JUNIA CALVINA, fille de Junius Silanus et d'Æmilia Lépida, bis-arrière-petite-fille d'Auguste, sœur de Marcus Junius Silanus, mariée à Vitellius, vecut jusqu'au règne de Vespasien, A, XII, 4 ; chassée d'Italie par Agrippine, 8 ; rappelée par Néron en 812, XIV, 12.
JUNIA SILANA, femme de Caïus Silius, et crue par Juste-Lipse sœur de Marcus Junius Silanus, A, XI, 12 ; accuse Agrippine, XIII, 19 ; sa stérilité, 21 ; exilée, 22 ; sa mort, XIV, 12.
JUNIA, mère de Furius Scribonianus (805), A, XII, 52.
JUNIA TORQUATA, sœur de Caïus Junius Silanus, A, III, 69.
JUNIE, fille de Décius Junius Silanus et de Servilia, sœur de Caton d'Utique, par conséquent sœur de mère de Marcus Brutus ; elle avait épousé Caïus Cassius ; meurt à soixante-quatre ans en 775 ; omet César dans son testament, A, III, 76.
JUNIENNE (famille), A, III, 24, 69 ; XV, 35.
JUNIUS, sénateur (760), A, IV, 64.
JUNIUS, magicien, A, II, 28.
JUNIUS BLÉSUS, lieutenant de la Pannonie, oncle de Séjan (767), A, I, 16 ; III, 35 ; proconsul d'Afrique, ibid., est continué, 58 ; obtient les ornements triomphaux, 72 ; salue imperator par ses legions, 74.
JUNIUS BLÉSUS, fils du précedent, tribun, A, I, 19 ; envoyé vers Tibère, 29 ; commande un corps sous son père, III, 74 ; recteur de la Gaule Lyonnaise, H, I, 59 ; sa magnificence envers Vitellius, H, II, 59 ; ce dernier le prend en haine, ibid. ; le fait empoisonner en 822, H, III, 38 et 39.
JUNIUS CILO, procurateur du Pont (802), A, XII, 21.
JUNIUS GALLION, frère de Sénèque, chassé du sénat, puis de l'Italie (785), A, VI, 3 ; a recours aux plus humbles supplications, XV, 73 ; frere de Melia, XVI, 17.
JUNIUS LUPUS, sénateur, accuse Vitellius et est banni (804), A, XII, 42.
JUNIUS MARCELLUS, consul désigné (814), A, XIV, 48.
JUNIUS MAURICUS demande que les registres du prince soient communiques au sénat (823), H, IV, 40.
JUNIUS OTHON, préteur (776), A, III, 66 ; est exilé, VI, 47.
JUNIUS RUSTICUS, sénateur, choisi par Tibère pour rédiger les actes du sénat (782), A, V, 4.
JUNIUS SILANUS (Marcus), fils de Junius Silanus et d'Æmilia Lépida, petit-fils de la petite-fille d'Auguste, qui le vit naitre l'année de sa mort (767), proconsul d'Asie, empoisonné par Agrippine en 807, A, XIII, 1, 33.
JUNIUS SILANUS (Lucius), frère du précedent, marié, en 794, à Octavie, fille de Claude, préteur, obligé d'abdiquer et de se donner la mort en 802, A, XII, 3, 4, 8 ; son caractère XIII, 1 ; XV, 52 ; XVI, 7 ; résiste à ses assassins et tombe percé de coups, 9.
JUNIUS SILANUS TORQUATUS, frère des deux précédents, mis à mort par ordre de Neron, en juin 817, A, XV, 35 ; XXI, 8, 12.
JUNIUS SILANUS (Appius), consul en 781, A, IV, 68.
JUNIUS SILANUS (Décimus), consul en 806, A, XII, 58.
JUNIUS SILANUS (Décimus), adultère de Julie, petite-fille d'Auguste ; exilé par ce prince ; rappelé par Tibere en 773, A, III, 24.
JUNIUS SILANUS (Marcus), frère du précédent, beau-pere de Caïus, consul en 772, A, II, 59 ; V, 10 ; III, 24, 57 ; envoyé en Afrique par Caïus, H, IV, 48 ; A, VI, 2 ; AG, 4.
JUNIUS SILANUS (Caius), fils du précedent, proconsul d'Asie (775), A, III, 66 ; exilé à Cythère, 68 ; 69.
JUNIUS SILANUS CRÉTICUS, recteur de Syrie (790), A, II, 4 ; rappelé de cette province par Tibère, 43.
JUNIUS (les), H, III, 38.
JUNON, A, XV, 44 ; son temple à Samos, IV, 14 ; sa chapelle, H, I, 86.
JUPITER, A, II, 22, 32 ; III, 62 ; Capitolin, XV, 23 ; Conservateur, H, III, 74 ; Gardien, ibid. ; Dis ou Pluton, IV, 83 ; Libérateur, A, XV, 64 ; XVI, 35 ; Optimus Maximus, II, II, 72 ; IV, 84 ; Salaminien, A, III, 62 ; Stator, XV, 41 Vengeur, 74 ; son temple, IV, 57 ; XIII, 24.
JUSTUS MINUCIUS, préfet de camp (822), H, III, 7.
JUVÉNALES (jeux), instituée par Néron, A, XIV, 15 ; XV, 33.
JUVENALIS, prince des Tongres (823), H, IV, 66.

L

LABÉON POMPÉIUS, préfet de la Mésie (779), A, IV, 47 ; VI, 29.
LABÉON TITIDIUS, mari de Vestilia (772), A, II, 85.
LACÉDÉMONE, A, XI, 24.

LACÉDÉMONIENS réclament le temple de Diane Limnatide, A, IV, 43.
LACON empêche d'envoyer des députés à l'armée de Virginie, H, I, 19; combat l'avis de Vinius, 33; veut tuer Vinius, 39; sa mort en 822, 46.
LACS de Judée, H, V, 6.
LAERTE, père d'Ulysse, G, 3.
LAIT CAILLÉ, fait partie de la nourriture des Germains, G, 23.
LANGOBARDS (Langobardi), peuple de la Germanie (le Brandebourg), A, II, 46; XI, 17; G, 40.
LANGRES, Langrois (Lingones), peuple de la Gaule, H, IV, 67; vaincus par Galba, I, 33; se donnent à Vitellius, 53, 54, 57, 59, 64, 78; se révoltent, 55; vaincus par les Séquaniens, 67; sont pour Verginius contre Vindex, 69; leur cité, I, 59, 64; II, 27; IV, 55, 76, 77.
LANUVIUM (civita Lavinia), auprès de Rome, A, III, 48.
LAODICÉE (Ladik), ville de Syrie, A, II, 79; détruite par un tremblement de terre en 813, XIV, 27.
LARES; leur chapelle, A, XII, 24.
LATIARIS (Latinus), préteur (781), accusateur de Sabinus, A, IV, 68, 71; VI, 4.
LATICLAVE, O, 7.
LATINUS PANDUS, propréteur de Mésie (772), A, II, 66.
LATIUM, A, XI, 23; ancien, IV, 5; (priviléges du), XV, 32; H, III, 55.
LATONE, A, III, 61; Cée, père de Latone, XII, 61.
LAURÉATES (lettres), AG, 18; (statues), A, IV, 23.
LAURIER, ajouté aux faisceaux impériaux, A, XIII, 9; orne les maisons, XV, 71, etc.
LAZIENS, peuple du Pont, H, III, 48.
LECANIUS, meurtrier de Galba (822), H, I, 41.
LECANIUS BASSUS (Cutus), consul en 817, A, XV, 33.
LÉGIONS, Claudienne, H, II, 85; III, 9, 21; Gauloise, II, 85; III, 7, 10, 21; double, 7; Espagnole, I, 6; Italique, I, 59, 64; G, II, 41, 100; III, 14, 18; Macédonienne, III, 22; Actiaques, A, I, 42; Britanniques, H, II, 100; Cappadociennes, II, 81; Dalmatiennes, Mésiennes, Pannoniennes, I, 76; Germaniques, A, VI, 30; H, I, 9, 12, 55; d'Orient, A, XIII, 7; de Syrie, H, II, 80; I, 76; Illyriennes, A, XVI, 13; H, II, 74; Vitelliennes, III, 35.
LÉGIONS dans la Germanie, H, I, 55.
LÉGION première Italique, H, I, 64; II, 100.
LÉGION première des classiques, dite *Adjutrix*, à Rome, puis en Espagne, H, II, 43, 67; III, 44.
LÉGION seconde, dite *Augusta*, en Bretagne, H, III, 22; IV, 68; V, 16.
LÉGION troisième, dite *Gallica*, A, II, 74; IV, 39.
LÉGION troisième en Égypte, H, IV, 3.
LÉGION quatrième, dite *Tertia Augusta*, H, IV, 48.
LÉGION quatrième, dite *Macedonique*, dans la Germanie supérieure, H, I, 18.
LÉGION quatrième, dite *Scythique*, en Syrie, A, XV, 6, 7, 26.
LÉGION cinquième, dite *Macedonique*, dans la Judée, puis dans la Mesie, H, V, 1.
LÉGION cinquième, dans la Germanie inférieure, ayant pour enseignes des éléphants, A, I, 56.
LÉGION sixième, dite *Ferrata*, en Syrie, A, XV, 6, 26.
LÉGION sixième, en Espagne, dite *Victrix*, H, II, 44.
LÉGION septième, *Claudienne*, H, II, 85; III, 9.
LÉGION septième, *Galbienne*, en Pannonie, H, II, 86.
LÉGION huitième, dite *Augusta*, en Mesie, H, II, 85.
LÉGION neuvième, dite *Augusta et Gemina*, en Bretagne, H, III, 22.
LÉGION dixième, *Gemina*, en Pannonie et en Espagne, H, II, 58; III, 44.
LÉGION dixième en Judée, H, V, 1.
LÉGION onzième, en Dalmatie, H, II, II, 85; III, 50.
LÉGION douzième, *Fulminatrix*, en Syrie, H, V, 1.
LÉGION treizième, *Gemina*, en Pannonie, H, II, 86; III, 7.
LÉGION quatorzième, *Gemina*, en Dalmatie, en Bretagne, dans la Germanie supérieure; se bat avec les Bataves; est envoyée en Bretagne, H, II, 66.
LÉGION quinzième, *Apollinaire*, en Judée et en Pannonie, H, V, 1; dans la Germanie inférieure, H, I, 55.
LÉGION seizième, dans la Germanie inférieure, H, I, 55.
LÉGION dix-septième, paraît avoir été ruinée dans la défaite de Varus, A, III, 61.
LÉGION dix-huitième, ruinée au même lieu.
LÉGION dix-neuvième, ruinée de même.

LÉGION vingtième, bat les Germains, A, II, 52, *Valeria Victrix*, en Bretagne, H, III, 22.
LÉGION vingt et unieme, *Rapax*, dans la Germanie supérieure, H, I, 61, 67; II, 43, 100; III, 14.
LÉGION vingt-deuxième, *Primigenia, Pia, Fidelis*, dans la Germanie supérieure, H, I, 18, 55; III, 18.
LÉGION vingt-deuxième, en Égypte, H, V, 1.
LÉGIONS de Syrie, amollies par le luxe, A, XIII, 35.
LELIA, vestale, morte en 815, A, XV, 22.
LELIUS (Caius) consul en 614, orateur, O, 25.
LÉMOVIENS, peuple de la Germanie, G, 43.
LÉNAS (Vipsanius), préfet de Sardaigne (809), A, XIII, 30.
LENTINUS (Térentius), chevalier romain (814), A, XIV, 40.
LENTULUS GÉTULICUS (Cnéus), sénateur, accompagne Drusus en Germanie; danger qu'il court, A, I, 27; son opinion sur Libon, II, 32; augure, III, 59; accusé de lèse-majesté, IV, 29; son opinion sur Aquilia, IV, 42; meurt en 778, IV, 44.
LENTULUS (Cnéus Cornélius), consul en 779, A, IV, 46; lieutenant de la Germanie supérieure, VI, 30.
LENTULUS (les), O, 37.
LÉPIDA. Voyez Emilia et Domitia.
LÉPIDA, fille de Junius Silanus et d'Émilia Lépida, femme de Caius Cassius, préfet de Syrie; accusée, remise au jugement de Néron en 818, A, XVI, 8.
LÉPIDUS. Voyez Émilius.
LÉPIDUS (Manius), frère d'Émilia Lépida, prend sa défense, A, III, 22; et celle de Pison, 11; proconsul d'Asie, III, 32; ouvre un avis plus doux dans l'affaire de Lutorius, 50, 51.
LÉPIDUS (Marcus), triumvir, A, I, 1, 2, 9, 10.
LÉPIDUS (Marcus Émilius), grand pontife et deux fois consul, nommé tuteur des enfants de Ptolomée Philopator, meurt en 550, A, II, 67.
LÉPIDUS; ses lois séditieuses, III, 27.
LÉPIDUS (Marcus), père d'Emilia Lépida, femme de Drusus, proconsul d'Afrique en 774, A, III, 35; digne de l'empire, I, 13; demande à réparer à ses frais la basilique de Paul-Émile, III, 72; son éloge, IV, 20; proconsul d'Asie, 56; son pouvoir, VI, 5; sa mort en 786, 27, 40.
LEPTIS, peuple d'Afrique, A, III, 74; H, IV, 50.
LESBOS, île (Metelin), A, II, 54; VI, 3; XIV, 53.
LETTRES de l'alphabet; par qui inventées, A, XI, 14 et suiv.; égyptiennes, II, 60; grecques en Germanie, G, 3; des prêtres juifs, H, V, 13; Claude en introduit de nouvelles, A, XI, 13.
LEUCOPHRYENNE, surnom de Diane, A, III, 62.
LEUQUES (ville de), (Toul), H, I, 64.
LIBAN, montagne de Judée, H, V, 6.
LIBER (Bacchus), A, II, 49; III, 61; IV, 38; n'est point adoré par les Juifs, H, V, 5; vainqueur de l'Orient, *ibid.*; son temple detruit par le feu, et reconstruit par Auguste, A, II, 49.
LIBON. Voyez Drusus.
LIBON (Lucius Scribonius), consul en 769; A, II, 1.
LIBYE, A, II, 60; H, V, 2.
LICINIANUS. Voyez Pison Frugi Licinianus.
LICINIUS. Voyez Archias, Cecina, Crassus, Gabolus, Mucianus.
LICINIUS PROCULUS, ami d'Othon, préfet du prétoire (822), H, I, 46, 82, 87; persuade la guerre à Othon, II, 38; ses vices, son ignorance, I, 87; II, 33; son pouvoir, 39; sa fuite apres le combat, II, 44; trahit Othon, 60.
LICTEURS, licteur tué, H, III, 80; Germanicus accompagné d'un seul licteur, A, II, 53; on en donne deux à Agrippine, A, XIII, 2; Tibère en refuse à Livie, I, 14.
LIGIENS, peuple de la Germanie, A, XII, 29; G, 43.
LIGUR (Varius), adultere d'Aquilia (778), A, IV, 42; VI, 30;
LICURIE (Gênes), A, XVI, 15; H, II, 15; AG, 7; sa cohorte, H, II, 14.
LIMNATIDE, surnom de Diane, A, IV, 43.
LIN (vêtements de), G, 17.
LINGONES, peuple de la Gaule. Voyez Langres.
LINUS de Thèbes, A, XI, 14; O, 12.
LIPPE (*Luppia*), rivière de Westphalie, A, I, 60; II, 7; H, V, 22.
LIRIS, rivière d'Italie (le Garigliano), A, XII, 56.
LIVIE, dite aussi *Livia Drusilla*, et, après la mort d'Auguste, *Julia Augusta*, fille de Livius Drusus Claudianus, mariée d'abord à Tibère Claude Néron, puis, en 716, à Auguste, morte à quatre-vingt-six ans en 782, A, I, 3, 14;

cache la mort d'Auguste, qu'on lui attribue, A, I, 5; prend les noms de Julie et d'Augusta, 8, 10; adulation du sénat envers elle, 14; ennemie d'Agrippine, 33; éclipsée par Agrippine, II, 43; Lucius Pison brave son pouvoir, IV, 21; protège Urgulanie et Plancine, II, 34; III, 15; IV, 22; tombe dangereusement malade, 64; son caractère, ses funérailles, son testament, V, 1; accompagne Auguste dans les provinces, III, 34; consacre une image d'Auguste, III, 64; vœux pour son rétablissement, 71; fait exiler sa petite-fille Julie, IV, 71; son extrême vieillesse, 8; sa place au théâtre parmi les vestales, IV, 16; chapelles qui lui sont consacrées en Espagne et en Asie, 37; sa mort, V, 1; ses vie et mœurs, *ibid.*

LIVIE ou LIVILLA, fille de Néron Claude Drusus et d'Antonia minor, sœur de Germanicus et de Claude; mariée d'abord à Caius César, puis à Drusus César, A, II, 43; IV, 40; adultère de Séjan, IV, 3.

LIVILLA. Voyez Julie et Livie.

LIVINÉIUS RÉGULUS, nommé défenseur de Pison (773), A, III, 11; donne un spectacle de gladiateurs, et est exilé, XIV, 17.

LIVIUS (Titus). Voyez Tite-Live.

LIVIUS (famille des), A, VI, 51.

LOCUSTE, matrone gauloise, célèbre empoisonneuse (807), A, XII, 66; prépare le poison qui met fin aux jours de Germanicus, XIII, 15.

LOIS des Athéniens, A, III, 26; sur les flamines, IV, 16; agraires, 32; Julia, XV, 20; Oppia, III, 33, 34; Servilia, XII, 60; de Tullus, XI, 8; de la cythare, XVI, 4; de César sur l'usure, VI, 16; Cassia, XI, 25, 5; XII, 42; XV, 20; Cornélia, XIV, 40; Curiata, XI, 12; H, I, 15; Julia, A, II, 50; III, 25; IV, 42; XV, 20; sur le crime de lèse-majesté, I, 72; II, 50; III, 23; IV, 34; XIV, 48; Papia Poppéa, III, 25, 28.

LOLLIUS (Marcus), personnage consulaire (774), A, III, 48.

LONDRES (Londinium), ville de Bretagne, A, XIV, 33.

LONGINUS (Pompeius), tribun du prétoire (822), H, I, 31; meurtrier de Vocula, H, IV, 62.

LONGS-PONTS (les), A, I, 63.

LUC (Lucus), ville des Voconces, H, I, 66.

LUCAIN (Marcus Annéus), fils de Mella, poète latin, né à Cordoue, consul désigné, A, XV, 49; O, 20; XV, 17; un des conjurés contre Néron, XV, 56; révèle ses complices, 57; sa mort en 818, 70.

LUCANIE, contrée d'Italie (la Basilicate), A, XI, 24; H, II, 83.

LUCAR, salaire des acteurs, ainsi nommé de ce qu'il se prenait sur le produit des bois sacrés, A, I, 77.

LUCILIUS (Caius), poète latin, O, 23.

LUCILIUS, centurion (767), sobriquet qui lui est donné, A, I, 23.

LUCILIUS LONGUS, sénateur (776), ami de Tibère, A, IV, 15.

LUCRÈCE, poète latin, O, 23.

LUCRÉTIUS CARUS (Titus). Voyez Lucrèce.

LUCRÉTIUS (Spurius), préfet de Rome, A, VI, 11.

LUCRIN, lac d'Italie, A, XIV, 5

LUCULLUS (Lucius), si célèbre par sa magnificence (776), A, IV, 36; XI, 1; XII, 62; XIII, 34; XV, 14, 27; son éloquence, O, 37; ses jardins, A, XI, 32, 37.

LUNE, éclipsée, A, I, 28; son temple, XV, 41.

LUPANARIA, lieux de débauche, A, XIII, 25; XV, 37.

LUPUS (Numisius), lieutenant de légion (822), H, I, 79; III, 10.

LUPUS. Voyez Cornélius, Curtius et Junius.

LUSITANIE (le Portugal), A, XIII, 46; H, I, 13, 21; ses cohortes, H, I, 70.

LUSIUS VARUS, consulaire (810), A, XIII, 32.

LUSIUS GÉTA, chef des gardes prétoriennes (801), A, XI, 31, 33; XII, 42.

LUSIUS SATURNINUS, sénateur (811), A, XIII, 43.

LUSTRATION de la ville, A, XIII, 24; de l'armée, XV, 26; H, IV, 3; du Capitole, H, IV, 53; combat lustral, A, XII, 4.

LUSTRE fermé par Claude, A, XI, 25; XII, 4; XVI, 2.

LUTATIA, famille, H, I, 15.

LUTORIUS PRISCUS (Caius), chevalier romain (774), poète accusé et condamné, A, III, 39, 50.

LYCIE, contrée de l'Asie mineure, A, II, 79; XIII, 33; mer de Lycie, A, II, 60.

LYCURGUE, A, III, 26; O, 25.

LYDIE, conquise par Hercule, A, III, 61.

LYDUS, fils du roi Atys, A, IV, 55.

LYGDUS, eunuque (776), empoisonne Drusus, A, IV, 8, 10, 11.

LYGIENS, peuple de la Pologne, A, XII, 29; G, 43.

LYON, A, III, 44; III, 65; IV, 86; H, I, 51, 64, 65.

LYRIQUES, poèmes, O, 10.

LYSIAS, orateur, O, 12, 25.

M

MACÉDOINE (guerre avec la), A, XII, 62.

MACÉDONIENS, A, II, 55; III, 61; VI, 28, 31; n'ont point d'orateurs, O, 40; guerre macédonique, A, IV, 55; Macédoine réduite en province romaine et jointe à la Mésie, A, I, 80; H, V, 8.

MACER. Voyez Clodius et Martius.

MACER (Pompéius), préteur (768), A, I, 72.

MACHINES de guerre inconnues aux Germains, H, IV, 23.

MACRINA POMPÉIA (786), exilée, A, VI, 18.

MACRON, préfet du prétoire (786), escorte Tibère, A, VI, 15; arrête Séjan, 23; exerce en secret ses vengeances, 29; dénoncé par Fulcinius, 38; son pouvoir excessif, 45; sa haine contre Arruntius, 47; plus dangereux que Séjan, 48; fait étouffer Tibère, 50.

MAGICIENS, chassés d'Italie, A, II, 32; condamnés, XII, 22; XVI, 30; leurs rites, II, 27; leurs sacrifices, VI, 29; leurs superstitions, XII, 59.

MAGNÉSIENS de Sipyle, peuple de la Lydie, A, II, 47; demandent la permission d'élever un temple à Tibère, IV, 55.

MAGNÉSIENS du Méandre, peuple de la Carie, envoient à Rome des députés, A, III, 62.

MAGNUS, frère de Pison (822), H, I, 48.

MAJESTÉ (lèse-) (crime de), A, I, 72; II, 50; III, 22.

MAI (mois de), A, XVI, 12.

MAISON d'or de Néron, A, XV, 39, 42; de Tibère, H, I, 27.

MALÉFICES, A, II, 69.

MALORIX, chef des Frisons (811), A, XIII, 54.

MALOVENDE, chef des Marses (769), A, II, 25.

MAMERCUS. Voyez Émilius.

MAMERCUS SCAURUS (767), orateur célèbre, A, III, 31; accuse Silanus, 66; opprobre de la noblesse, *ibid.*; accusé de lèse-majesté, VI, 9; se donne la mort, 29.

MANIMES, peuple de la Germanie, G, 43.

MANIPULAIRES, A, I, 20, 21; II, 55; XII, 38; XV, 12, 72; H, I, 25, 46.

MANIPULES (*manipuli*), petites troupes, A, I, 20, 34, 69; IV, 25; XII, 38; H, I, 46, 57; AC, 28; A, XII, 56; XV, 32.

MANIUS ACILIUS, consul en 807, A, XII, 64.

MANLIUS (les), images de cette famille portées aux funérailles de Junie, A, III, 76.

MANLIUS (Cnéus), vaincu par les Germains, G, 37.

MANLIUS, adultère de Varilie (770), A, II, 50.

MANLIUS PATRUITUS, sénateur (823), H, IV, 45.

MANLIUS VALENS, lieutenant de la légion Italique (803), A, XII, 40; décrié par Fabius, H, I, 64.

MANNUS, dieu des Germains, G, 2.

MANSUÉTUS (Julius), tué par son fils, H, III, 25.

MARC (le) (Marus), aujourd'hui Morava, rivière qui se jette dans le Danube, près de Presbourg, A, II, 63.

MARCELLUS (Marcus), fils d'Octavie et de Claudius Marcellus, neveu d'Auguste, jeune prince de la plus grande espérance, immortalisé par Virgile, enlevé à l'amour des Romains l'an 732, A, I, 3; émule de Tibère, VI, 51; adopté par Auguste, H, I, 15; sa statue, A, I, 74; son théâtre, III, 64.

MARCELLUS (Quintus Asinius), de la famille des Pollions, fils de Marcus Asinius Agrippa (814), A, XIV, 40. Voyez Asinius.

MARCELLUS. Voyez Éserninus, Conséius, Éprius, Granius.

MARCELLUS (Romilius), centurion (822), H, I, 56.

MARCIA, femme de Fabius Maximus, A, I, 5.

MARCIA, fontaine consacrée à Rome par Ancus Martius, A, XIV, 22.

MARCODURUM, bourg de Germanie (Duren), dans le duché de Juliers, H, IV, 28.

MARCOMANS, peuple de la Germanie, A, II, 46, 62; G, 42, 43.

MARDES, peuple entre le Pont-Euxin et la mer Caspienne, A, XIV, 23.

MARIAGE, ses solennités, A, XI, 27; des Germains, G, 18;

entre oncles et nièces, permis par l'exemple de Claude, A, XII, 7.

MARICCUS soulève les Gaules, est pris et livré aux bêtes féroces, H, II, 61.

MARINUS. Voyez Julius.

MARINUS (Valérius), consul désigné (822), H, II, 71.

MARIUS (Caius), sept fois consul, A, I, 9; d'une naissance obscure, H, II, 38; sa victoire sur les Cimbres, G, 37.

MARIUS CELSUS, lieutenant de la quinzième légion (816), A, XV, 25; consul désigné, H, I, 14; envoyé par Galba à l'armée d'Illyrie, 31; son retour, 39; fidèle à Galba, 45; est sauvé par Othon, ibid.; employé par Othon, 71, 87; l'aide de ses conseils, 90; commande la cavalerie, II, 24; ses exploits, 23; conseille la guerre à Othon, 33; consul en septembre 822, H, I, 77; continué par Vitellius, II, 60.

MARIUS MATURUS, procurateur des Alpes maritimes (822), H, II, 12; fidèle à Vitellius, III, 42; embrasse le parti de Vespasien, III, 43.

MARIUS NÉPOS, expulsé du sénat (770), A, II, 48.

MARIUS CELSUS (Publius), consul en 815, A, XIV, 60.

MARIUS (Sextus), riche Espagnol, précipite de la roche Tarpéienne pour inceste avec sa fille (786), A, VI, 19.

MAROBODUUS, roi des Marcomans (769), A, II, 26; désagréable aux républicains, 44; vaincu par Arminius, 46, 62; se réfugie auprès de Tibère, 63; gardé à Ravennes, ibid.; ses descendants ont régné sur les Marcomans, G, 42.

MARS, dieu des Cattes, A, XIII, 57; principale divinité des Germains, H, IV, 64; G, 9; Vengeur, A, XIII, 8; son temple, II, 64; III, 18; ses flamines, III, 58; Champ de Mars; voyez Champ; ses boucliers, H, I, 89.

MARSAQUES, peuple voisin des Canninéfates, dans l'île des Bataves, H, IV, 56.

MARSEILLE (Massilia), A, IV, 43, 44; XIII, 47; lieu renommé pour ses études, AG, 4.

MARSES, peuple de la Germanie, A, I, 50; vaincus par Cécina, 56; par Germanicus, II, 25; H, III, 59; d'où nommés, G, 2.

MARSIGNES, peuple de la Germanie, dans la Silésie, G, 43.

MARTINE, célèbre empoisonneuse, amie de Plancine (772), A, II, 74; III, 7.

MARTIUS (Publius), mathématicien, son supplice (789), A, II, 32.

MARTIUS. Voyez Festus.

MARTIUS MACER, lieutenant de légion (822), H, II, 23; maltraité par les siens, 36; est oublié dans la nomination des consuls, 71.

MARUS. Voyez Marc (le).

MATERNUS (Curiatius), poète, O, 2, 11.

MATHÉMATICIENS, ou, pour mieux dire, astrologues, chassés d'Italie, A, II, 32; XII, 52; H, I, 22; II, 62.

MATIUS (Caius), ami d'Auguste, A, XII, 60.

MATRONES, ou dames romaines, A, XV, 44.

MATIAQUES, peuple de la Germanie, A, XII, 20; H, IV, 37; G, 29.

MATTIUM, capitale des Cattes (Marpurg), A, I, 56; XI, 20.

MAURES, A, II, 52; IV, 5; se révoltent, 23; accusent Vibius Sérénus, XIV, 28; leurs villes, données à la Bétique, H, I, 78; dans le parti de Vitellius, II, 58, 59.

MAURICUS, sa prédiction, AG, 45.

MAURITANIE, H, I, 11; Césarienne, ibid., 59.

MAXIMUS. Voyez Césonius, Fabius, Julius, Trébellius.

MAXIMUS SANQUINIUS, préfet de Rome, consul en 792, A, VI 4; mort en 800, A, XI, 18.

MAXIMUS SCAURUS, centurion (819), conspire contre Néron, A, XV, 50.

MAYENCE (Moguntiacum). Cohortes de Bataves cantonnées à Mayence, H, IV, 15, 24, 26, 33; Mayence assiégée, 37; occupée par Tutor, 59; le camp de Mayence conservé, 61; Tutor évite de passer par cette ville, 70; Cérialis arrive à Mayence, 71.

MAZIPPA, chez les Maures (770), A, II, 52.

MÉCÈNE, favori d'Auguste, mort en 746, A, III, 30; son amour pour Bathylle, I, 54; Auguste lui confie le gouvernement de Rome et de l'Italie, VI, 11; son style, O, 26; ses jardins, A, XV, 39.

MÉDÉE, A, VI, 34; O, 3, 12.

MÈDES, autrefois soumis aux Égyptiens, A, II, 60; maîtres de l'Orient, H, V, 8; leurs soldats brillants d'or, A, VI, 34; XIII, 41.

MÉDIOMATRIQUES, peuple de la Gaule (les habitants de Metz), H, I, 63; alliés des Romains, reçoivent leurs légions, IV. 70; ces légions sont rappelées par Cérialis, 71, 72.

MÉGALÉSIENS, jeux en l'honneur de la grande déesse, A, III, 6.

MEGISTANES, grands d'Arménie ou premiers ministres du roi d'Arménie, A, XV, 27.

MÉHERDATE, fils de Vonon Ier, et petit-fils de Phrahate IV (800), roi des Parthes, A, XI, 10; XII, 10, 11; est pris par Gotarze, 14, qui lui fait couper les oreilles, ibid.

MÉLITÈNE, ville de Cappadoce (Malatié, dans l'Arménie mineure), A, XV, 26.

MELLA (Annéus), chevalier romain, sa mort (819), A, XVI, 17.

MEMMIUS POLLIO (Lucius), consul désigné (802), A, XII, 9.

MEMMIUS RÉGULUS, appelé par Néron le soutien de la république; sa mort en 814, A, XIV, 47.

MEMMIUS RÉGULUS (Caius), consul en 816, A, XV, 23.

MEMNON, sa statue, A, II, 61.

MEMPHIS, ville d'Égypte, H, IV, 84.

MÉNAPIENS, peuple de la Gaule, H, IV, 28.

MÉNÉLAS, A, II, 60.

MÉNÉNIUS AGRIPPA LANATUS, consul en 251, O, 17, 21.

MENNIUS, préfet du camp (767), impose aux révoltés par son intrépidité, A, I, 38.

MENNIUS RUFINUS, commandant de cavalerie (822), H, III, 12.

MÉPHITIS, déesse des exhalaisons pernicieuses; son temple à Crémone, sauvé de l'incendie, H, III, 33.

MERCURE, un des principaux dieux des Germains, A, XIII, 57; G, 9.

MÈRE DES DIEUX, G, 45; son temple, A, IV, 64.

MER ROUGE, A, XIV, 25.

MÉSIE (la Servie et la Bulgarie), A, I, 80; II, 66; IV, 5, 47; VI, 29; XV, 6; H, I, 76, 79; II, 32, 44, 46, 74, 83; III, 2, 18; V, 26; AG, 41.

MÉSOPOTAMIE, contrée d'Asie, A, VI, 37, 41; XII, 12; d'où tire son nom, VI, 37.

MESSALA. Voyez Corvinus.

MESSALA (Marcus Valérius), consul en 775, A, III, 2.

MESSALA (Valérius), sénateur (767), A, I, 8.

MESSALA (Valérius), consul en 811, A, XIII, 34.

MESSALA (Vipstanius), tribun (807), H, III, 18; défend son frère Régulus, IV, 42; historien célèbre, III, 25, 28; un des interlocuteurs du Dialogue des Orateurs, préfère les anciens orateurs aux modernes, O, 14; son éloquence, O, 15, 23.

MESSALA (Volésus), proconsul d'Asie (75), A, III, 68.

MESSALINA (Statilia), descendant au quatrième degré de T. Statilius Taurus, mariée d'abord au consul Atticus Vestinus, puis troisième femme de Néron, qui fit tuer son mari pour l'épouser (818), A, XV, 68.

MESSALINE (Valéria), fille de Messala Barbatus et de Domitia Lépida, femme de Claude, tuée en 801; ennemie d'Agrippine, A, XI, 12; du vivant de son mari, épouse publiquement Silius, 26; sa légèreté dans les affaires, XII, 7; 26; dénoncée par Narcisse, 65; son palais est désert, XIII, 19; sa mort, XI, 38.

MESSALINUS (Catullus), aveugle, favori de Domitien, AG, 45.

MESSALINUS (Valérius), fils de Messala Corvinus, sénateur (773), A, II, 18; combat l'avis de Cécina, 34.

MESSÈNE (Moscenico), ville de la Morée, A, IV, 43.

MÉTELLUS (Lucius), grand pontife, A, III, 71.

MÉTELLUS. Voyez Cécilius.

MÉTELLUS (les); leur éloquence, O, 37.

MÉTRODORE, disciple d'Épicure, O, 31.

METZ. Voyez Divodurum.

MEUSE (Mosa), rivière des Gaules, A, II, ; canal creusé entre la Meuse et le Rhin, XI, 20; Civilis fait passer la Meuse à une partie de ses troupes, H, IV, 28; pont sur la Meuse, 66; V, 23.

MÉVANIA (Bévagnia), dans le duché de Spolette, H, III, 55, 59.

MÉVIUS PUDENS, ami de Tigellinus, intrigue pour Othon (822), H, I, 24.

MILAN (Mediolanum), ville et place forte livrée à Vitellius, H, I, 70.

ALPHABÉTIQUE.

MILÉSIENS, arbitres entre les Messéniens et les Lacédémoniens, IV, 43; adorent Apollon, 55.
MILET, ville de Carie (Milaxo), A, II, 54; III, 63.
MILICHUS, affranchi de Scévinus (818), A, xv, 54; découvre la conspiration contre Néron, 55, 59; est récompensé, 71.
MILLE D'OR (*milliarium aureum*), H, I, 27.
MILON (T.), contribue à la gloire de Cicéron, O, 37, 39.
MILVIUS (le pont), pres de Torréta, A, xIII, 47; H, I, 87; III, 82.
MINERVE, H, IV, 53; sa statue, A, xIV, 12; son temple, XIII, 24.
MINOS, législateur de la Crète, A, III, 26.
MINTURNES, à l'embouchure du Liris (Carigliano), H, III, 57.
MINUTIUS. Voyez Justus.
MINUTIUS TERMUS, chevalier romain, ami de Séjan, condamné (785), A, VI, 7.
MIRACLE DE VESPASIEN, A, IV, 81.
MISÈNE, port de la flotte romaine dans la mer de Tyrrhène, A, IV, 5; son promontoire, VI, 50; H, II, 9, 100; A, XIV, 9; XV, 51; H, III, 56.
MITHRIDATE, roi de Pont florissant en 660, A, II, 55; chassé par Sylla, III, 62; guerre de ce prince, 73; IV, 36; fait tuer en Asie, dans un seul jour, tous les citoyens romains, au nombre de cent cinquante mille, en 686, XIV, 36.
MITHRIDATE, nommé roi du Bosphore par Claude en 794, A, XII, 15; trahi et conduit à Rome, 21.
MITHRIDATE, Ibérien, roi d'Arménie en 788, A, VI, 32, 33; XI, 8, 9; chassé par Rhadamiste, XII, 44; tué par Rhadamiste, XII, 47.
MITYLÈNE (Métélin), ville de l'île de Lesbos, A, VI, 18; O, 15; A, XIV, 53.
MNESTER, histrion, compagnon de débauches de Messaline; son supplice en 801, A, XI, 36.
MNESTER, affranchi d'Agrippine, se tue sur son tombeau, A, XIV, 9.
MODÈNE, ville d'Italie, H, I, 50; II, 52, 54.
MOGUNTIACUM. Voyez Mayence.
MOÏSE, H, V, 3, 4.
MONA ou MONE, île de Bretagne (Anglesey), A, xIV, 29; AG, 14, 18.
MONACO (*Monoecus Hercules*), H, III, 42.
MONÈSE, noble parthe (815), A, xv, 2, 4.
MONOBAZE, gouverneur d'Adiabène, A, xv, I, 14.
MONTANUS. Voyez Alpinus, Curtius, Julius.
MONTANUS (Trulus), chevalier romain (801), A, xI, 36.
MONTANUS (Votiénus) (778), A, IV, 42.
MORINIENS, peuple de la Gaule (la Terouane), H, IV, 28.
MOSELLE, rivière des Gaules, H, IV, 71, 77; V, 14; XIII, 53.
MOSTÈNE, ville, A, II, 47.
MUCIEN (Lucinius), son portrait, H, I, 10; se déclare pour Othon, 76; son caractère, II, 5; décide Vespasien à se déclarer empereur, 76, 77; harangue les troupes, 80; se rend à Béryte, 81; marche contre Vitellius, 83; contribue aux frais de guerre, 84; Rome prostituée à Mucien, 95; amène des troupes de l'Orient, III, 1; veut se reserver l'honneur du succès, 8; apaise les troubles de Germanie, 40; ses lettres ambiguës à Antonius, 52; sa haine contre ce général, 53; ses lettres à Vitellius, 63; n'est point affligé de la mort de Sabinus, 75; sa lettre au sénat, blâmée, IV, 4; on lui décerne les ornements du triomphe, *ibid.*; opine en faveur des delateurs, 44; apaise une sedition, 46; ôte à Varus le commandement des gardes prétoriennes, 68; fait tuer le fils de Vitellius, 80; empêche Domitien de joindre l'armée, 85; V, 26; donne à Agricola le commandement de la vingtième légion, AG, 7; s'attache à recueillir les anciens manuscrits, O, 37.
MUCIUS SCEVOLA (Quintus), précepteur de Cicéron, O, 30.
MUMMIUS (Lucius), surnommé Achaicus, qui triompha des Corinthiens en 608, A, IV, 43; introduit le premier les spectacles de Grecs, XIV, 24.
MUMMIUS LUPERCUS, lieutenant de légion (822), tué en 823, H, IV, 18, 22, 61.
MUNACIUS. Voyez Gratus.
MUNATIUS PLANCUS, consul en 766, est sur le point d'être égorgé par les soldats, A, I, 39.
MURCUS (Statius), spéculateur (822), tue Pison, H, I, 43.
MUSA (Emilia), affranchie; sa riche succession adjugée à Lépide en 770, A, II, 48.
MUSES O, 12, 13.

MUSONIUS RUFUS, philosophe (815), A, xIV, 59; donne à la jeunesse des préceptes de sagesse, est exilé, xv, 71; H, III, 81; se porte accusateur de Publius Céler, IV, 10, 40.
MUSULANS, peuple d'Afrique (le Bildulgérid), A, II, 52; IV, 24.
MUTILIA PRISCA, intime d'Augusta (778), A, IV, 12.
MUTILUS (Papius), sénateur (769), A, II, 32.
MYRINE, ville détruite par un tremblement de terre en 777, A, II, 47.
MYRRHE, sert au phénix pour faire son nid, A, VI, 28.

N

NABATHÉENS, peuple de l'Arabie pétrée, A, II, 57.
NAHARVALES, peuple de la Germanie, G, 43.
NAPLES (Neapolis), A, XIV, 10; XVI, 10; ville grecque, xv, 33.
NAR (la Néra), rivière d'Ombrie, A, I, 79; III, 9.
NARBONNAISE (Gaule), H, I, 66; II, 12, 14, 32; III, 41.
NARCISSE, affranchi de Claude (801), fait périr Messaline, A, XI, 37; ses alarmes, 29, 30, 33, 34, 35; assis dans le même siège que César, 33; reçoit les ornements de la questure, 38; favorise Elia Pétina, XII, 1, 2; sa mort en 807, XIII, 1.
NARISQUES, peuple de la Germanie, G, 42.
NARNIE (Narnia), dans l'Ombrie, A, III, 9; H, III, 58, 60, 63, 67, 78, 79.
NASICA (Césius), lieutenant de légion (804), A, xII, 40.
NASO (Antonius), prétorien, cassé en 822, H, I, 20.
NASO (Valérius), prétorien (779), A, IV, 56.
NATA (Pinarius), client de Séjan (778), A, IV, 34.
NAUPORT, ville, A, : 1, 20.
NAVE (la) (Nahu), rivière qui se jette dans le Rhin, H, IV, 70
NAXOS, île de la mer Egée, XVI, 9.
NÉMÈTES, peuple de la Germanie, A, xII, 27; G, 28.
NEPTUNE; son asile, A, III, 63.
NÉRON. Voyez Claudius Drusus Néro.
NÉRON. Voyez Tibérius Néro.
NÉRON (Tiberius Claudius), premier mari de Livie, père de Tibère, mort en 719; cède sa femme à Auguste, A, I, 10; VI, 51.
NÉRON CÉSAR, fils de Germanicus et d'Agrippine, périt en 784, A, II, 43; III, 29; épouse Julie, fille de Drusus César et de Livie, *ibid.*; recommande au sénat, IV, 8; lui rend grâces, 15; est accusé par les artifices de Séjan, 59, 60, 67; Séjan le dénonce par lettre, v, 3; son effigie, 4.
NÉRON CLAUDIUS (Lucius Domitius), sixième empereur en 807, né le 18 des calendes de janvier 790, de Cneus Domitius Ahénobarbus et d'Agrippina, fille de Germanicus, dernier rejeton de la famille des Césars, mari d'Octavie, fille de Claude et de Messaline, de Poppea Sabina et de Statilia Messalina, mort le 9 juin 821, A, xII, 9; adopté par Claude, 25; prend la toge virile, 41, 58; épouse Octavie, 58; salué *imperator*, 69; son règne commence bien, XIII, 3; prend en haine Octavie, 12; dernier des Césars, 17; consul en 808, 810, 811, 813; incestueux, XIV, 2; se livre à la poésie, 16; remporte le prix d'éloquence, XIV, 21; sa réponse à Sénèque, 55, 56; XV, 37, 42; poursuit les chrétiens, 44, 74; fait la guerre aux Albaniens, H, I, 6; oblige les chevaliers à être faire histrions, III, 62; AG, 45; regne quatorze ans, O, 17; A, XV, 22; ses dons, H, I, 20; A, XIV, II, 13; XV, 23; sa fuite de Rome, H, III, 68; son portrait, II, 9; ses images, I, 78; son regne, AG, 6; prononce l'éloge de Claude, A, XIII, 3; ses heureux commencements, 4, 5; aime l'affranchie Acté, 12; fait empoisonner Britannicus, 16; fait périr sa mère, XIV, 7; se retire à Naples, 10; revient à Rome, 13; institue les Juvénales, 15; épouse l'affranchi Pythagore, xv, 37; conjuration contre lui, 48, plaide la cause des Rhodiens, A, XII, 58; Vitellius lui élève des autels dans le Champ de Mars, H, II, 95; tragédie, O, 11.
NÉRON (faux), H, I, 2; II, 8.
NÉRON OTHON, H, I, 78.
NÉRON (mois de), avril, A, XVI, 12.
NERULINUS, fils de Suilius (811), A, xIII, 43.
NERVA (Cocceius), consul en 775, accompagne Tibère en 779, A, IV, 58; se donne la mort en 786, VI, 26.
NERVA (Marcus Cocceius), proclamé treizième empereur en 849, mort le 27 janvier 851, A, xv, 72; AG, 3; Tacite se

proposait d'écrire dans sa vieillesse l'histoire de son règne, H, I, I.
NERVA (Publius Silius), consul en 781, A, IV, 68; en 818, XV, 47.
NERVA. Voyez Trajan.
NERVIENS, peuple de la Gaule (le Hainault), H, IV, 15, 56, 66, 79; G, 28.
NESTOR, O, 16.
NICÉPHORE, ville de la Mésopotamie, sur l'Euphrate, A, VI, 41.
NICÉPHORE, rivière d'Arménie qui se jette dans le Tigre, A, XV, 4.
NICETÈS, rhéteur de Smyrne, O, 15.
NICOPOLIS, ville d'Achaïe (Preveza Vecchia), A, II, 53; V, 10.
NICOPOLIS. Voyez Emmaüs.
NICOSTRATE, athlète, O, 10.
NIGER. Voyez Brutidius et Caspérius.
NIGER VEJANUS, tribun (818), A, XV, 67.
NIL, fleuve d'Égypte, ou s'écoulent les eaux superflues, A, II, 60, 61.
NINIVE (Nino), ville d'Assyrie, A, XII, 13.
NISIBE (Nésibin), ville des Adiabènes dans la Mésopotamie, A, XV, 5.
NÔLE, ville de la Campanie, A, I, 5, 9; IV, 57.
NONIANUS (Servilius), orateur, O, 23.
NONIUS ACTIANUS (823), H, IV, 41.
NONIUS RÉCEPTUS, centurion (822), H, I, 56; est tué, 59.
NORBANUS FLACCUS (Caius), consul en 768, A, I, 55.
NORBANUS (Caïus Junius), consul en 671, H, III, 72.
NORBANUS FLACCUS (Lucius), consul en 772, A, II, 59.
NORIQUE, province de la Germanie, A, II, 63; H, I, II, 70; III, 5; V, 25; G, 5.
NOVARE (Novaria), ville d'Italie, H, I, 70.
NOVEMDIALE, repas funéraire, A, VI, 5.
NOVIUS (Cnéus), chevalier romain, mis à mort (800), A, XI, 22.
NOVIUS PRISCUS, exilé, A, XV, 71.
NUCÉRIE (Nocera), ville d'Italie, A, XIII, 31; XIV, 17.
NUIT. Les Germains comptent par nuits et non par jours, G, 11.
NUITHONES, peuple de la Germanie (la Poméranie), G, 40.
NUMA POMPILIUS, second roi de Rome, ses lois, A, III, 26; son palais brûlé, XV, 41.
NUMA MARCIUS, père d'Ancus Marcius, A, VI, 11.
NUMANCE (défaite de), en 433, A, XV, 13.
NUMANTINA, femme de Plautius Silvanus (777), accusée et absoute, A, IV, 22.
NUBICIUS THERMUS, préteur, périt en 819, A, XVI, 20.
NUMIDES, peuple d'Afrique, A, II, 52; III, 21; IV, 24, 25; XVI, 1.
NUMISIUS LUPUS, lieutenant de légion (812), H, I, 79; III, 10.
NUMISIUS RUFUS, lieutenant de légion (812), H, IV, 22; est vaincu et mis aux fers, 59; tué, 70, 77.
NUPTIAUX (flambeaux), A, XV, 37; solennités nuptiales, XI, 26, 27; XII, 5; XV, 37; tables, XI, 30.
NUYS (Novesium), ville de la Germanie, H, IV, 26, 33, 35, 36, 62, 70, 77, 79; V, 22.
NYMPHIDIUS SABINUS, préfet du prétoire, obtient les ornements consulaires en 818, A, XV, 72; son origine et sa vie, *ibid.*; aspire à l'empire, H, I, 5; échoue, 25, 37.

O

OBULTRONIUS SABINUS, questeur de l'épargne (809), A, XIII, 28; est tué en 822, H, I, 37.
OCCIA, supérieure des vestales pendant cinquante-sept ans, remplacée en 772, A, II, 86.
OCÉAN, A, I, 9; parait ensanglanté, XIV, 32; H, IV, 12; septentrional, G, I, 34; britannique, AG, 10; en quel temps il est le plus élevé; A, I, 70.
OCRICULUM (Otricoli), dans le duché de Spolette, H, III, 78.
OCTAVE (Caius), d'une famille équestre de Vélétri, mari d'Atia Balba et père d'Auguste, mort en 694, A, I, 9.
OCTAVE. Voyez Auguste.
OCTAVES; leur tombeau, A, IV, 44.
OCTAVIE, fille de Caius Octavius et d'Atia, sœur d'Auguste, destinée d'abord à Faustus Sylla, puis mariée à Claudius Marcellus, ensuite à Marc-Antoine, morte en 744, A, IV, 44, 75; son petit-fils Jules-Antoine, 44.

OCTAVIE, fille de Claude et de Messaline, sœur de Britannicus, née en 795, mariée d'abord à Lucius Junius Silanus, puis à Néron en 806, répudiée, rappelée, exilée, tuée en 815, A, XI, 32; XII, 2, 3, 58, 68; XIII, 16; son innocence, XIV, 60; ses images, 61; accusée d'adultère par Anicetus, 62; accusée de s'être fait avorter, et enfermée dans l'île de Pandatarie, 63.
OCTAVIUS FRONTON, préteur (769), A, II, 33.
OCTAVIUS SAGITTA, tribun du peuple (811), A, XIII, 44; tue Pontia Postumia, sa maîtresse, H, IV, 44.
ODRUSES, peuple de la Thrace, A, III, 38.
ŒA, ville d'Afrique entre les deux Syrtes (Tripoli), H, IV, 50.
OFFICIER public (*actor publicus*), A, II, 30; III, 67.
OISEAUX d'une espèce inconnue, H, II, 50; présage par leur vol et leurs cris, G, 10.
OLENNIUS, primipilaire (781); sa dureté soulève les Frisons, A, IV, 727.
OLITORIUM FORUM, le marché aux herbes, A, II, 49.
OLLIUS (T.), père de Sabina Poppéa (811), A, XIII, 45.
OLOARITUS, centurion (812), A, XIV, 8.
OMBRIE, contrée d'Italie, A, IV, 6; H, III, 41, 42, 52.
ONOMASTE, affranchi d'Othon (822), H, I, 25, 27.
OPITERGIUM (Oderzo), ville de la Marche Trévisane, H, III, 6.
OPPIA (loi), rendue par le tribun du peuple Caius Oppius, en 541, A, XII, 60.
OPPIUS (Caïus), chevalier romain, ami de Jules César, A, XII, 60.
OPPIUS (Marcus), préteur (781), accusateur de Sabinus, A, IV, 68; est tué, 71.
OR; il n'y en a point en Germanie, G, 5; statues d'or, A, XIII, 10; vases d'or, A, II, 33; mines d'or, VI, 19.
ORACLE d'Apollon, A, III, 63; à Claros, II, 54; d'Hammon, H, V, 3; de Phryxus, A, VI, 34.
ORATEUR; ses qualités, O, 25, 30; les Lacédémoniens, les Perses, les Cretois, les Macedoniens n'en ont point, O, 40; comparaison de l'orateur et du père de famille, 22; orateurs anciens, 18; latins, 17; comparaison de l'orateur et du poète, 4; puissance et crédit dont jouit l'orateur, 5; définition du parfait orateur, 22, 30.
ORCADES (îles), AG, 10.
ORDOVIQUES, peuple de la Bretagne, A, XII, 33; AG, 18.
ORIENT (l'empire d'), tenu par les Parthes, A, VI, 34.
ORNOSPADE, chef des Parthes (788), A, VI, 37.
ORODE, fils d'Artaban, roi des Parthes (788), A, VI, 33, 34, 35.
ORPHÉE, O, 12.
ORPHITUS. Voyez Cornélius.
ORPHITUS PACTIUS, primipilaire (811), A, XIII, 36.
ORTYGIE (bois d'), consacré à Latone, chez les Éphésiens, A, III, 61.
OSCUS, affranchi d'Othon (822), H, I, 87.
OSIENS ou OSES, peuple de la Germanie, G, 28, 43.
OSIRIS, dieu des Égyptiens, H, IV, 84.
OSQUES, peuple de la Campanie, A, IV, 14.
OSTIE, ville d'Italie, A, II, 40; XVI, 9; H, I, 80; II, 63.
OSTORIUS SABINUS, chevalier romain (819), A, XVI, 23; accuse Baréas Soranus, 30; obtient les ornements de la questure, 33.
OSTORIUS SCAPULA (Publius), propréteur de Bretagne (800), A, XII, 31; reçoit les ornements triomphaux, 38; sa mort en 803, 39; son éloge, AG, 14; réduit en province une partie de la Bretagne, *ibid.*
OSTORIUS SCAPULA (Marcus), fils du précédent, obtient la couronne civique (803), A, XII, 31; temoin dans la cause d'Antistius, XIV, 48; est accusé auprès de Néron, XVI, 14; mis à mort en 819, 15.
OTHON. Voyez Junius.
OTHON TITIANUS (Lucius Salvius), père de l'empereur, consul en 805, A, XII, 52; H, II, 60.
OTHON (Marcus Salvius), fils du précédent, huitième empereur, intime de Néron, A, XIII, 12; épouse Poppée Sabina, 45; préfet de Lusitanie, 46; H, I, 1; espère l'adoption de Galba, 13; aspire à l'empire; 21; ses largesses aux soldats, 23, 24; prédiction des astrologues, 22; est salué *imperator*, 27; harangue les soldats, 37, 83; se réjouit du meurtre de Pison, 44; ne peut empêcher les crimes, 45; paye les congés de l'argent du fisc, 46; honneurs qui lui sont décernés par le sénat, 47; consul aux calendes de mars, 77

ALPHABÉTIQUE. 555

apaise le tumulte de l'armée, 82 ; part de Rome, 90 ; dissimule ses vices, H, I, 71 ; ses lettres a Vitellius, 74 ; envoie des députés à l'armée de Germanie, *ibid.* ; veut rétablir la mémoire de Neron, 78 ; son discours aux prétoriens, 83, 84 ; veut envahir la Gaule narbonnaise, 87 ; est repoussé, II, 14 ; parallele de lui et de Vitellius, 31 ; Galba, Vitellius et lui ne regnent qu'un an a eux trois, O, 17 ; sa derniere défaite, H, II, 43, 44 ; 'l se voue a la mort, 46 ; ses dernieres paroles, 47, 48 ; il se tue (avril 822), 49 ; ses vie et mœurs, 50 ; recommandable par sa mort, 77 ; les Othoniens, I, 34 ; II, 12, 21, 24, 33, 44.

OVIDE, O, 12.

OXIONES, peuple de la Germanie (la Laponie), G, 46.

P

PACARIUS (Décimus), procurateur de Corse (822), tué par les insulaires, H, II, 16.

PACONIANUS (Sextius), prétorien (785), A, VI, 3 ; accuse Latiaris, 4 ; est étranglé en prison (788), 39.

PACONIUS (Marcus), lieutenant de Silanus (775), accusateur, A, III, 67 ; perit par ordre de Tibère.

PACONIUS AGRIPPINUS, fils du precedent, A, XVI, 28 ; exilé d'Italie (819), 33.

PACORUS, roi des Medes, frere de Vologèse (815), A, XV, 2, 14 ; 31 ; H, I, 40.

PACORUS, mal à propos qualifié par Tacite de roi des Parthes en 823, H, V, 9 ; G, 37.

PACTIUS AFRICANUS, délateur (823), H, IV, 41.

PACTIUS ORPHITUS, centurion primipilaire (815), A, XV, 12 ; vaincu par les Parthes, XIII, 36.

PACUVIUS, poète latin, dur et sec, O, 20, 21.

PACUVIUS, lieutenant de légion (772), A, II, 79.

PADOUE (*Patavium*), ville d'Italie, A, XVI, 21 ; H, II, 100 ; tient pour les Flaviens, H, III, 12.

PAGANI, surnom injurieux donné à ceux qui n'étaient pas soldats, H, I, 53 ; II, 14 ; III, 43, 77 ; IV, 20.

PAGIS, fleuve d'Afrique dans la Numidie, A, III, 20.

PAIN des Juifs, sans levain, H, V, 4.

PALAMEDE, Argien, inventeur de la forme de seize lettres, A, XI, 14.

PALATIN, montagne de Rome, A, XII, 24 ; XV, 38.

PALLAS, affranchi de Claude (801), A, XI, 29 ; son pouvoir immense, 38 ; soutien d'Agrippine, XII, 1 ; ses debauches, 25, 65 ; prend part au complot contre Messaline, XIV, 2 ; obtient les ornements prétoriaux, XII, 53 ; ses richesses, *ibid.* ; perd son credit, XIII, 14 ; est accusé, 23 ; tué en 819, XIV, 65 ; son arrogance, XIII, 2, 23.

PALUDAMENTUM, habit impérial, H, II, 59, 89 ; A, XII, 56.

PAMMÈNE, astrologue (819), A, XVI, 14.

PAMPHYLIE, contrée de l'Asie mineure, A, II, 79 ; la Galatie réunie à la Pamphylie sous un seul gouverneur, H, II, 9.

PAMPRE (couronne de), A, XI, 6.

PANDA, riviere, XII, 16.

PANDATARIE, île (de Sainte-Marie), lieu ordinaire d'exil ; Octavie y est renfermée, XIV, 63.

PANDUS (Latinius), propréteur de Mésie (772), A, II, 66.

PANNONIE, contrée limitrophe de la Germanie (la Hongrie), A, I, 16, 47 ; III, 9 ; IV, 5 ; XII, 29 ; XV, 25 ; H, I, 76 ; II, 11, G. 5, 28 ; occupée par deux légions, A, IV, 5 ; ses cohortes, H, II, 14, 17 ; A, XV, 10, 25 ; est pour Othon, H, II, 32 ; III, 2 ; puis pour Vespasien, 80 ; langue de ses habitants, G, 43 ; Alpes pannoniennes, H, II, 98.

PANSA, consul en 711, A, I, 10 ; le jour du meurtre de Cicéron, O, 17.

PANTOMIMES, A, I, 77 ; leur jeu défendu dans les représentations sacrées, XIV, 21.

PAPHIA, surnom de Vénus, A, III, 62 ; son temple, H, II, 2.

PAPIA POPPÆA (loi) contre les celibataires, rendue en 772, sous le consulat de M. Papius Mutilus et de Q. Poppeus Secundinus, A, III, 25, 28.

PAPINIUS ALLÉNIUS (Sextus), consul en 789, A, VI, 40.

PAPINIUS (Sextus), se jette dans un précipice, A, VI, 49.

PAPIRIUS, centurion (823), H, IV, 49.

PAPIRIUS CARBO (Caius), consul en 634 ; orateur, O, 18 ; accusé par Crassus, 34.

PAPIRIUS CARBON, consul, vaincu par les Germains en 640, G, 37.

PAPIUS MUTILUS, sénateur (769), A, II, 32.

PAPIS, histrion, affranchi de Domitia, accuse Agrippine (808), A, XIII, 19, 20 ; reste impuni, 22 ; faussement declaré citoyen, est remis en servitude, 27.

PARRHAX, vassal du père de Meherdate, le livre à Gotarze (802), A, XII, 14.

PARRICIDE ; supplice des parricides, A, IV, 29 ; on nomme ainsi celui qui attente aux jours du prince, 34 ; XV, 73 ; H, I, 85.

PARTHES ; leur mouvement, A, II, 1 ; leur irruption, III, 62 ; chassés de l'Arménie, XII, 44 ; leurs discordes intestines, XI, 8 ; demandent un roi à Tibere, 11, 31 ; a Claude, XII, 10 ; portent la guerre en Armenie, 44 ; envahissent de nouveau l'Arménie, XIII. 6 ; leur guerre avec les Romains, 34 ; en Hyrcanie, XIV, 25 ; derechef en Arménie, XV, 1, 14 ; envoient des députés à Corbulon, 27 ; prêts à prendre les armes, H, I, 2 ; vaincus par Marc-Antoine, III, 24 ; vaincus par Ventidius, v, 9 ; Arméniens jaloux des Parthes, A, II, 56 ; VI, 34, 42 ; XV, 4 ; H, II, 82 ; habilement des Parthes, G, 17 ; ont obtenu des avantages sur les Romains, 37 ; leur guerre avec Antiochus, H, V, 8 et suiv.

PASSIÉNUS, orateur, fils de Passiénus Crispus ; son mot sur Caligula, A, VI, 20.

PATER PATRIÆ (pere de la patrie), nom donné au prince, A, I, 72 ; *pater familiæ* (pere de famille), G, 10 ; O, 22.

PATRES CONSCRIPTI, nom des senateurs, A, II, 37 ; III, 53, 54 ; IV, 8, 34 ; H, II, 52, etc.

PATRICIENS tirés du sénat, A, XI, 25 ; AG, 9.

PATROBIUS, affranchi de Neron. C'est devant son tombeau que Galba est tué, H, I, 49 ; sa mort, *ibid.* ; sa fortune scandaleuse, II, 95.

PATRONS, O, 1.

PATRUITUS (Manlius), sénateur (823), maltraité par les habitants de Sienne, H, IV, 45.

PATULFIUS, riche chevalier romain (770), A, II, 48.

PAUL-EMILE ; son monument, A, III, 72 ; prend Persée, A, XII, 38.

PAULLINA. Voyez Lollia et Pompéia.

PAULLINUS. Voyez Pompéius, Suetonius, Valerius.

PAULLUS. Voyez Fabius et Julius.

PAULUS (Lucius) (803), A, XII, 38.

PAULUS (Vénétus), centurion (818), A, XV, 50.

PAXÆA, femme de Pomponius Labéon (787), A, VI, 29.

PEDANIUS COSTA (822), H, II, 71.

PEDANIUS SECUNDUS, préfet de Rome, tué par son esclave en 814, A, XIV, 42.

PÉDIUS BLESUS, expulsé du sénat en 812, A, XIV, 18 ; reintégré en 822, H, I, 77.

PÉDIUS (Quintus), consul, O, 17.

PÉDON, préfet de cavalerie (768), A, I, 60.

PEINES de l'adultère chez les Romains, A, II, 50 ; chez les Germains, G, 19 ; des femmes qui s'unissent à des esclaves, A, XII, 53 ; de l'homicide, G, 21 ; des affranchis ingrats, A, XIII, 26 ; des esclaves pour le meurtre de leur maître, 32 ; XIV, 42 ; peines diverses chez les Germains, G, 12.

PÉLAGON, eunuque de Néron (815), A, XIV, 59.

PÉLIGNIENS, peuple, H, III, 59.

PÉLIGNUS (Julius), procurateur de Cappadoce en 804, A, XII, 49.

PÉLOPONÈSE, partagé entre les descendants d'Hercule, A, IV, 43 ; habité par les Lydiens, 55.

PÉLOPS, A, IV, 55.

PÉNATES, H, II, 80 ; G, 25, 32, 46 ; de César, A, XIV, 61 ; des époux, III, 34 ; du peuple romain, XV, 41 ; du prince, VI, 51 ; de l'aïeul, I, 6 ; privés, H, III, 68.

PÉNÉTRAILES (dieux), les dieux particuliers au pays, A, II, 10.

PENIUS POSTHUMUS, préfet de camp, se tue (814), A, XIV, 37.

PENNINES (Alpes), H, I, 61, 70, 87 ; IV, 68.

PERCENNIUS, soldat, histrion (767), A, I, 16, 28 ; est tué, 29.

PERE de la patrie. Voyez *Pater patria*.

PÉRE de famille. Voyez *Pater familiæ*.

PÈRES CONSCRITS. Voyez *Patres conscripti*.

PERGAME, ville, A, III, 63 ; IV, 37, 55 ; XVI, 23.

PÉRINTHE, ville de Thrace, depuis nommée Héraclée (*Heraclea*), A, II, 54.
PÉRIPATÉTICIENS, O, 31.
PERLES, AG, 12.
PÉROUSE, ville d'Italie, H, I, 50; guerre de Pérouse, A, V, 1.
PERPENNA (Marcus), vainqueur d'Aristonicus en 624, A, III, 62.
PERSÉE, dernier roi de Macédoine, vaincu en 586 par Paul-Émile, A, XII, 38, 62; IV, 55.
PERSES, A, VI, 31; H, V, 5; autrefois sous la domination des Égyptiens, A, II, 60, respectent le droit d'asile du temple d'Éphèse, II, 61; n'ont point d'orateurs, O, 40.
PÉTILIUS. Voyez Cérialis.
PÉTILIUS RUFUS, préteur (871), accusateur de Sabinus, A, IV, 68; A, XII, 13.
PÉTRA, surnom de deux chevaliers romains condamnés à mort en 800, A, XI, 4.
PÉTRINA, nom d'une division de cavalerie, H, IV, 49.
PÉTRONIE, première femme d'Aulus Vitellius, empereur, H, II, 64.
PÉTRONIUS, procurateur de Norique (822), H, I, 70.
PÉTRONIUS ARBITER; mort en 819; proconsul de Bithynie et consul désigné, favori de Néron, dont il a, dit-on, décrit les débauches dans une satire, A, XVI, 17, 18, 19.
PÉTRONIUS PRISCUS, exilé en 818, A, XV, 71.
PÉTRONIUS (Publius), A, III, 49; nommé pour estimer les dégâts de l'incendie en 789, VI, 45.
PÉTRONIUS TURPILIANUS, consul en 814, A, XIV, 29; lieutenant en Bretagne, 39; AG, 16; obtient les ornements triomphaux, A, XV, 72; est tué par ordre de Galba en 821, H, I, 6.
PÉTUS, accusateur, exilé (806), A, XIII, 23.
PÉTUS. Voyez Cæsennius et Thraséas.
PEUCINS, peuple de la Germanie, G, 46
PHARASMANE, roi d'Ibérie, frère de Mithridate (788), A, VI, 32; se ligue avec les Albaniens, 33, 34; XI, 8; XII, 44; blesse Orode, VI, 35; fait la guerre à son frère, XII, 45; tue Rhadamiste, XIII, 37; reçoit une partie de l'Arménie, XIV, 26.
PHARSALE (bataille de), en 706, H, I, 50; II, 38; A, IV, 44.
PHÉNIUS, affranchi de Néron, A, XVI, 5.
PHÉNICIE, H, V, 6.
PHÉNICIENS, apportent en Grèce les lettres de l'alphabet, A, XI, 14; navigateurs habiles, *ibid.*
PHÉNIX, oiseau fabuleux, paraît en Égypte sous Sésostris, sous Amasis, sous Ptolémée Évergète et sous Tibère en 787; histoire de cet oiseau, A, VI, 28.
PHILADELPHIE, ville d'Asie, détruite par un tremblement de terre en 777, A, II, 47.
PHILIPPE, roi de Macédoine, A, III, 38; redoutable aux Athéniens, II, 63; fait la guerre aux Lacédémoniens, IV, 43.
PHILIPPE (faux), A, XII, 62.
PHILIPPE (Marcius), construisit le temple d'Hercule, A, III, 72.
PHILIPPES (champ de), A, IV, 35; (bataille de), III, 76; les Philippes, H, I, 50; II, 38.
PHILIPPOPOLIS, ville de la Romanie, bâtie par Philippe, père d'Alexandre, A, III, 38.
PHILON, académicien, O, 30.
PHILOPATOR, roi de Cilicie, A, II, 68.
PHILOSOPHES, diversité de leurs opinions, A, VI, 22.
PHIRRICUS (Claudius), triérarque de la flotte (822), H, II, 16.
PHRAHATE IV, fils d'Orode Ier, roi des Parthes, A, II, 1.
PHRAHATE V, fils de Phrahate IV, et frère de Vonon, meurt en 788, A, VI, 31, 32; XII, 10.
PHRAHATE (789), écrit à Tiridate, A, VI, 42; embrasse le parti d'Artaban, 43.
PHRIXUS; son oracle, A, VI, 34.
PICENTIN (le), *Picenum* (la marche d'Ancône), contrées d'Italie, A, III, 9; H, III, 42; ses troupes, IV, 62.
PILATE (Ponce), procurateur de la Judée, A, XV, 44.
PINARIUS NATTA, client de Séjan (778), A, IV, 34.
PIRATES (guerre des) en 687, A, XII, 62; XV, 25.
PIRÉE, port d'Athènes (porto di Leone), A, V, 10.
PISANUS CÉTRONIUS, préfet de camp (823), H, IV, 50
PISE (golfe de), H, III, 42.
PISCINE, A, XIII, 21; H, V, 12.

PISON, consul avec Auguste en 734, A, II, 43.
PISON (Cnéus Calpurnius), fils du précédent, mari de Plancine, préfet de Syrie en 770, A, I, 13; parle librement à Tibère, 74; son opinion sur le cours du Tibre, 79; sur l'absence de Tibère, II, 35; est envoyé en Syrie, 43; ennemi naturel de Germanicus, *ibid.*, 55; méprise ses ordres, 57; généralement soupçonné de l'avoir fait empoisonner, 69; se réjouit publiquement de sa mort, 75; se fait appeler le père des légions, 55, 80; revient à Rome, III, 9; accusé, 10; discours ambigu de Tibère sur son procès, 12; perdant tout espoir, se tue en 773, 15; son image traînée aux Gémonies, 14; est trouvé mort dans sa chambre, 15; sa lettre à Tibère, 16; opinion des sénateurs sur son procès, 17.
PISON (Cnéus), depuis nommé Lucius, fils du précédent, prend la défense de son père, A, III, 9, 16; on lui accorda une partie des biens de son père, à condition qu'il changera de prénom, 17; son opinion contre Silanus, 68.
PISON (Marcus), frère du précédent et fils de Cnéus Calpurnius, A, II, 76; absous par Tibère, III, 17; obtient sa part des biens de son père, 18.
PISON (Caïus Calpurnius) conspire contre Néron en 815, A, XIV, 65; XV, 48, 52; périt en 818, 59; son fils Calpurnius Galérianus, H, IV, 11.
PISON (Lucius Calpurnius). Voyez Calpurnius Pison (Lucius) Ier.
PISON (Lucius Calpurnius), consul en 780, A, IV, 62.
PISON (Lucius), consul en 606, censeur en 704, A, VI, 10.
PISON (Lucius,) fils du précédent, pontife, sénateur, triomphateur des Thraces, préfet de Rome, sa mort en 785, A, VI, 10; on lui fait des funérailles publiques, 11.
PISON (Lucius), préteur, tué en Espagne en 778, A, IV, 45.
PISON (Lucius Calpurnius), consul en 810, A, XIII, 28, 31; directeur des impôts publics, XV, 18; proconsul d'Afrique, H, IV, 38; est tué en 823, 48, 50.
PISON FRUGI LICINIANUS, fils de Marcus Licinius Crassus Frugi et de Scribonia, adopté par Pison, puis par Galba, H, I, 14; sa modestie, 17; sa harangue aux soldats, 29, 30; tué par ordre d'Othon en 822, 43, 48.
PISONS (noblesse des), A, III, 17; nom célèbre, H, IV, 51.
PITUANIUS, magicien, précipité de la roche Tarpeïenne en 769, A, II, 32.
PIUS AURÉLIUS, sénateur (768), A, I, 75.
PLAISANCE, ville d'Italie, A, XV, 47; H, II, 18; assiégée par Cecina, 20.
PLANASIE (Pianosa), auprès de l'île de Corse; lieu d'exil, A, I, 3, 5; II, 39.
PLANCINE, femme de Pison, A, II, 43; déhontée, 55; courtisée par Vonon, II, 58; contribue à la mort de Germanicus, 71; ses liaisons avec l'empoisonneuse Martine, 74; sa joie de la mort de Germanicus, 75; vient à Rome, III, 9; sépare sa cause de celle de son mari, 15; est innocentée, 17, 18; accusée, se tue en 786, VI, 26.
PLANCIUS VARUS, préteur, ami de Dolabella (822), l'accuse auprès de Vitellius, H, II, 63.
PLANCUS MUNATIUS (Lucius), consul en 766, A, I, 39.
PLATON, O, 31, 32.
PLAUTIUS (Quintus), consul en 789, A, VI, 40.
PLAUTIUS (Aulus), consulaire, commandant en Bretagne en 796, AG, 14; obtient l'ovation, A, XIII, 32; juge et absout sa femme, *ibid.*
PLAUTIUS LATÉRANUS, neveu du précédent, adultère de Messaline (801), A, XI, 30; évite le supplice par égard pour son oncle, 36; réintégré dans le sénat, XIII, 11; consul désigné, conspire contre Néron, XV, 49; sa mort en 818, 60.
PLAUTIUS ÉLIANUS, pontife (823), H, IV, 53.
PLAUTIUS FIRMUS, préfet du prétoire (822), H, I, 46, 82; II, 46, 49.
PLAUTIUS RUBELLIUS. Voyez Rubellius.
PLAUTIUS SILVANUS, préteur (777), A, IV, 22.
PLINE SECOND (Caïus), contemporain de Vespasien, A, I, 69; XIII, 20; XV, 53; H, III, 28.
PLOTIUS GRYPHUS, lieutenant de légion (823), H, III, 52; préteur, IV, 39.
Pô (Padus), rivière d'Italie, A, XI, 24; H, I, 70; II, 17, 22, 32, 34, 40; III, 34,

ALPHABETIQUE.

POETE, *poeta* et *vates*, ces deux mots different de sens, O, 9; comparaison du poète et de l'orateur, 9, 10; différents genres de poètes, 10.
POLÉMON, nommé roi du Pont et du Bosphore par Caius en 791, A, II, 56; reçoit une partie de l'Arménie, XIV, 26; Anicétus, affranchi de Polémon, excite une révolte, H, III, 47.
POLION (Anius), conspire contre Néron, A, XV, 56; est exilé, 71.
POLLION (Asinius). Voyez Asinius.
POLLION (Célius). Voyez Célius.
POLLION (Domitius). Voyez Domitius.
POLLION (Julius). Voyez Julius.
POLLION (Memmius). Voyez Memmius.
POLLION (Védius), ami d'Auguste; son luxe, A, I, 10; son pouvoir, XII, 60.
POLLUTIA, fille de L. Antistius Vétus, se donne la mort en 818, A, XVI, 10, 11.
POLLUX, G, 43.
POLYCLÈTE, affranchi de Néron, envoyé en Bretagne (814), A, XIV, 39; H, II, 95, ses richesses, I, 37.
POMERIUM, espace vide en dedans et en dehors des murs de Rome, A, XII, 23, 24.
POMÉTIA (Suessa), prise par Tarquin le Superbe, H, III, 72.
POMPÉE MAGNUS (Cnéus), né de Pompéius Strabon et de Lucilia, la veille des calendes d'octobre 648; tué en 706, A, I, 1; IV 34; XII, 62; XIII, 8, 34; XIV, 20; XV, 14; H, I, 50; II, 6, 38; III, 66; V, 9, O, 37, 38, 40; infracteur de ses lois, A., III, 28; agent de Lépida, III, 22; son théâtre, 72; VI, 45; XIII, 54; XIV, 20; XV, 14.
POMPÉIA MACRINA, femme d'Argolicus (786), A, VI, 18.
POMPEIA PAULLINA, femme de Senèque, meurt avec son mari (818), A, XV, 60, 63, 64.
POMPÉIA, ville de la Campanie, A, XIV, 17; XV, 22.
POMPEIOPOLIS, ville de la Cilicie, A, II, 58.
POMPÉIUS, chevalier romain, puni de mort comme conspirateur (785), A, VI, 14.
POMPÉIUS, chassé du tribunat (818), A, XV, 71.
POMPÉIUS. Voyez Labéo, Longinus, Macer.
POMPÉIUS ÉLIANUS, questeur, banni (814), A, XIV, 41.
POMPÉIUS LONGINUS GALLUS (Caius), consul en 802, A, XII, 5.
POMPÉIUS NÉPOS (Sextus), consul en 767, A, I, 7; refuse de défendre Pison, III, 11; accuse Lépide, 32.
POMPÉIUS (Paullinus), commandant de l'armée de Germanie (811), A, XIII, 53; préposé au recouvrement des impôts publics, XV, 18.
POMPEIUS PROPINQUUS, procurateur de la Belgique (822), H, I, 12, est tué, 58.
POMPEIUS SEXTUS, fils de Pompéius Magnus, gendre de l'empereur Claude, mort en 719, A, I, 10; V, I.
POMPEIUS SILVANUS, consulaire, commandant en Dalmatie (822), H, II, 86; III, 50; IV, 47.
POMPÉIUS VOPISCUS, consul en 822, H, I, 77.
POMPÉIUS URRICUS; son supplice (801), A, XI, 35.
POMPONIA GRÆCINA, femme de Plautius (810), A, XIII, 32.
POMPONIUS, client de Séjan (785), A, VI, 8.
POMPONIUS. Voyez Atticus et Flaccus.
POMPONIUS FLACCUS GRÆCINUS (Lucius), consul en 770, A, II, 41; lieutenant de la Germanie supérieure, combat les Cattes, XII, 27; obtient les ornements triomphaux, 28.
POMPONIUS (Quintus) accusateur de Sancia (786), A, VI, 18; veut exciter une guerre civile, XIII, 43.
POMPONIUS (Secundus), frère du précédent, accusé (784), A, V, 8; VI, 18; O, 13.
POMPONIUS SILVANUS, absous par Néron (811), A, XIII, 52.
POMPONIUS, consulaire, auteur d'une pièce de théâtre, A, XI, 13.
POMPTINUS (Sévinus), condamné pour concussion sous Claude, rappelé au sénat en 822, H, I, 77.
PONCE PILATE, gouverneur de la Judée, A, XV, 44.
PONT (le), royaume, A, XII, 63; XV, 6, 26, H, II, 6, 83; III, 47; IV, 83.
PONT-EUXIN (le), A, II, 54; XIII, 39; G, I.
PONT-MULVIUS (Ponte-Molle), sur le Tibre, H, III, 82.
PONTIA POSTUMIA, tuée par son amant Octavius Sagitta (811), A, XIII, 44; H, IV, 44.
PONTICUS (Valerius), puni par le sénat (814), A, XIV, 41.
PONTIFES, A, I, 3; blâmés pour avoir recommandé aux dieux Néron et Drusus, A, IV, 17.
PONTINS (Marais), A, XV, 42.
PONTIUS (Caius), consul en 790, A, VI, 45.
PONTIUS NIGRINUS, adultère, A, X, 2, 4; sa mort, XIII, 43; la plus belle des femmes de son temps, 45.
POPPÉA SABINA, fille de la précédente et de T. Ollius; mariée d'abord à Rufius Crispinus, puis à M. Salvius Othon, A, XIII, 45; son adultère avec Néron, 46; ses artifices, XIV, 1; ses discours contre Octavie, 61; le peuple brise ses images, *ibid*.; temple qui lui est dédié, 76; ses intrigues secondées par les astrologues, H, I, 22; devient sa femme en 816; lui donne une fille, A, XV, 23; périt en 818, XVI, 6; honneurs divins qui lui sont décernés, *ibid*., et 22; Néron le met en dépôt chez Othon, H, I, 13; Othon relève ses statues, 78.
POPPÉUS SABINUS, consul en 762, gouverneur de Mésie, d'Achaïe et de Macédoine (761), A, I, 80; reçoit les ornements triomphaux, IV, 46; réduit les Thraces, 47; poursuit le faux Drusus, A, V, 10; sa mort en 778, VI, 39.
PORCIUS. Voyez Caton, famille originaire de Tusculum, A, XI, 24.
PORSENNA, roi d'Étrurie, H, III, 72.
PORTE AUGURALE, A, II, 13.
PORTE DÉCUMANE, A, I, 68; Colline, H, III, 82; Esquiline, A, II, 32; Prétorienne, H, IV, 30; de l'Épargne, A, III, 8; du Trésor, V, 8; porte Caspienne, VI, 33.
PORTIQUE incendié, A, XV, 40; sur le mont Capitolin, H, III, 71; du temple de Jérusalem, V, 12.
PORTIUS SEPTIMINUS, procurateur de Rhétie (822), H, III, 5.
POSTHUMIUS (Aulus), dictateur en 261, A, II, 49.
POSTHUMIUS (Aulus), flamine, A, III, 71.
POSTUMIA (Pontia). Voyez Pontia.
POSTUMIA (voie), H, III, 21.
POSTUMICUS. Voyez Agrippa, Julius et Pénius.
POTITUS (Valerius), questeur, A, XI, 22.
PRASUTAGUS, roi des Icéniens (814), A, XIV, 31.
PRÉFECTURE du trésor, A, XIII, 28, 29; de l'annone, I, 7; H, II, 68.
PRÉFET du prétoire, H, II, 39; de l'aile, 22, 59; III, 22, 79; IV, 18, 49; V, 21; du camp, A, I, 20, 23, 39, 38; XII, 38; XIII, 30; XIV, 37; H, II, 90, 29, 39; III, 7, 14; IV, 36, 59; V, 20; de Rome, A, VI, 11; XIV, 43; de légion, H, I, 82; des rameurs, A, XIII, 30; des vigiles, H, I, 72.
PRÉNESTE (Palestrine) dans la Campagne romaine, A, XV, 46.
PRÉSAGES, A, XI, 31; mauvais, XIV, 64; favorables à Vespasien, H, II, 78; tirés des chevaux, G, 10.
PRÉSIDES (*præsidia*), A, II, 67.
PRÉTEXTE, vêtement des enfants, A, I, 3; XII, 41; des consuls, H, III, 31.
PRÉTEURS de l'épargne (*ærarii prætores*), A, I, 75; H, IV, 9; comices des préteurs, A, I, 15; II, 36; XIV, 28.
PRÉTORIENS, leur sédition, H, I, 80; A. VI, 3; porte prétorienne, H, IV, 30; cohortes, III, 55; vaisseaux prétoriens, H, V, 22; ornements prétoriaux, A, XII, 21, 53; cavalerie prétorienne, I, 24.
PRÊTRES des naharvales, G, 43; augustaux, A, II, 83; des Germains, G, 7, 11; des Juifs, H, V, 5; des Romains sont portés au Capitole, dans le Carpentum, A, II, 42.
PRIMIPILAIRES, A, II, II; IV, 72; H, I, 31, 87; II, 22; III, 70; IV, 15; centurions, A, XV, 12; H, III, 22.
PRIMUS. Voyez Antonius.
PRIMUS (Cornelius), client de Vespasien (822), H, III, 74.
PRINCE de la jeunesse, A, I, 3; XII, 41.
PRISCUS (Cornelius), consul en 846, AG, 44.
PRISCUS. Voyez Ancharius, Fabius, Helvidius, Julius, Lutorius, Novius, Pétronius, Tarquin.
PRISCUS TARQUITIUS, accusateur de Statilius Taurus (806), A, XII, 59.
PROCILLA (Julia), mère d'Agricola, AG, 4.
PROCONSULAIRE (pouvoir), A, I, 14; province, 76; III, 58; pouvoir proconsulaire déféré à Néron, XII, 41; Statilius Faurus revêtu du pouvoir proconsulaire en Afrique, 59; le même pouvoir est confié à Sulpicius et à Pomponius Silvanus, XIII, 52.
PROCULÉIUS (Caius) (778) A, IV, 40.
PROCULUS (Barbus), spéculateur (822), H, I, 25
PROCULUS. Voyez Cervarius.

PROCULUS CERTIUS, absous de l'accusation de concussion (809), A, XIII, 30.
PROCULUS (Coccéius), spéculateur (822), H, I, 24.
PROCULUS (Considius), accusé de lèse-majesté (786), A, VI, 18.
PROCULUS. Voyez Licinius.
PROCULUS (Titius), gardien de Messaline (801), A, XI, 35.
PROCULUS (Volusius), chiliarque de la flotte de Misène (818), A, XV, 51, 57.
PROCURATEURS, A, XIII, 31; XIV, 32; de César, 54; Propinquus, procurateur de la Belgique, H, I, 12; II, 12, 86; d'Afrique, IV, 50; des Alpes, III, 42; d'Asie, A, IV, 15; de la Belgique, H, I, 58; de Cappadoce, A, XII, 49; de la Judée, 54; XV, 44; H, V, 10; des jeux, A, XI, 35; de la Mauritanie, H, I, 11; du Norique, 70; du Pont, A, XII, 21; de la Rhétie, H, I, 11; de la Thrace, ibid.; leur pouvoir augmenté par Claude, A, XII, 60; c'est une dignité équestre, AG, 4.
PRODIGES, A, XIII, 43, 64; XIV, 12; H, I, 86; III, 56; V, 13.
PROPERTIUS CÉLER, préteur (788), A, I, 75.
PROPONTIDE, A, II, 54.
PROSERPINE, déesse, A, XV, 44; H, IV, 83.
PROVINCE, contrée acquise par les armes et tributaire, A, IV, 23; Égypte, H, I, 11; Afrique, A, III, 58; XIII, 52; Aquitaine, AG, 9; Asie, A, XIII, 43; AG, 9; Bétique, H, I, 78; Bretagne, AG, 9; Galles, A, IV, 27; Crète, XV, 20; Germanie, IV, 73; Judée, H, V, 9; Lusitanie, A, XIII, 46; Mésie, I, 80; Norique, II, 63; H, I, 76; II, 12; Rhétie, G, 41; Sardaigne, A, XII, 30; Syrie, XII, 23; XIII, 8; AG, 40; Tingitane, H, II, 58.
PROXIMUS (Statius) conspire contre Néron, A, XV, 50; se tue, 71.
PSEUDO-PHILIPPE, A, XII, 62.
PTOLÉMÉE, fils de Juba le Jeune et de Cléopâtre, roi de Mauritanie, A, IV, 23, 24, 26.
PTOLÉMÉE, roi d'Égypte, dit Soter, H, IV, 83.
PTOLÉMÉE ÉVERGÈTE, roi d'Égypte en 507, A, VI, 28; H, IV, 84.
PTOLÉMÉE, mathématicien (822), H, I, 22.
PUBLICIUS (Lucius et Marcus), édiles, A, II, 49.
PULVILLUS (Marcus Horatius), consul en 260, H, III, 72.
PUNIQUES (guerres); la première en 490, A, II, 49; la seconde en 536, H, III, 34.
PYRAME (Gihon), rivière de la Cilicie, A, II, 68.
PYRAMIDES, A, II, 61.
PIRÉE, port d'Athènes, A, V, 10.
PYRÉNÉES, montagnes qui séparent la France de l'Espagne, H, I, 23.
PYTHAGORE, mari de Néron (817), A, XV, 37.
PYTHIEN, Apollon, A, XII, 63; H, IV, 83.

Q

QUADES, peuple de la Germanie, A, II, 63; G, 42, 43.
QUADRATUS SÉIUS (785), accusé et condamné, A, VI, 7.
QUADRATUS. Voyez Ummidius.
QUADRIGES, A, XIV, 14.
QUARTADÉCUMANE. Voyez légion.
QUERQUÉTULANUS, premier nom du mont Célius, A, IV, 65.
QUESTEURS du trésor (Ærarii quæstores), A, XIII, 28; font à leurs frais des combats de gladiateurs, XI, 22; les questeurs désignés en sont exempts, XIII, 5; tirent des provinces au sort, XI, 21; établissement des questeurs, 22; leurs fonctions, ibid.; questeurs pour l'intérieur de Rome, ibid.; leur nombre porté jusqu'à vingt par Sylla, ibid.; questeur du prince, XVI, 27; ornements de la questure, XI, 38; XVI, 33.
QUESTURE; Tibère demande pour Néron, fils de Germanicus, la permission de la solliciter avant l'âge, A, III, 29; questure devenue vénale, XI, 22.
QUIÉTUS (Cluvidiénus), exilé (818), A, XV, 71.
QUINCTA CLAUDIA, A, IV, 64.
QUINCTIANUS AFRANIUS, A, XV, 49; nomme ses complices, 56; reçoit courageusement la mort (818), 70.
QUINCTILIANUS, tribun du peuple (785), A, VI, 12.
QUINCTILIUS VARUS, accusé par Domitius Afer, A, IV, 66; gouverneur de Syrie, H, V, 9.

QUINCTIUS (Publius), O, 37; les Quinctius, A, III, 78.
QUINCTIUS ATTICUS, consul, H, III, 73.
QUINCTIUS CERTUS, chevalier romain, tué (822), H, II, 16.
QUINDÉCEMVIRS, A, III, 64; VI, 12; sacerdoce des quindécemvirs, A, XI, 11; XVI, 23.
QUINQUATRIES, fêtes de Minerve, ainsi appelées parce qu'elles duraient cinq jours, A, XIV, 4, 12.
QUINQUENNALES, A, XVI, 2, 4.
QUINTADÉCUMANE. Voyez légion.
QUINTANE. Voyez légion.
QUIRINALIS CLODIUS (809), A, XIII, 36.
QUIRINAUX, flamines, A, III, 58.
QUIRINUS SULPICIUS (Publius), A, II, 30; riche et aveugle, III, 22; empoisonné par sa femme Lépida (773), 23; son éloge, 48.
QUIRINUS, surnom de Romulus, A, IV, 38; H, IV, 58.
QUIRITES, A, I, 42.

R

RAPAX, nom d'une légion, H, II, 43.
RAVENNE, A, I, 58; II, 63; IV, 5, 29; H, II, 100; flotte de Ravenne, A, XII, 30; H, III, 6, 36, 40, 50.
RÉATE (Réati), ville de l'Ombrie, A, I, 79.
RÉBILLUS (Caninius), consul pour un jour en 709, H, III, 37.
RÉNIUS (Caius Aminius) s'ouvre les veines en 809, A, XIII, 30.
RÉCEPTUS (Nonius), centurion (822), H, I, 56.
RÉGIUM LÉPIDUM, ville d'Italie (Reggio), H, II, 50.
RÉGULUS, consul substitué (784); sa dispute avec Trion, A, V, 11; sa réplique à Hatérius, VI, 4.
RÉGULUS (Aquilius), frère de Vipstanus Messala (823), H, IV, 42.
RÉGULUS (Livinéius), défenseur nommé à Pison en 773, A, III, 11.
RÉGULUS (Memmius), premier mari de Lollia, A, XII, 22; sa mort en 814, XIV, 47.
RÉGULUS (Caius Memmius), consul en 816, A, XV, 23.
RÉGULUS ROSIUS, consul pour un jour en 822, H, III, 37.
REMMIUS, avocat (770), A, II, 68.
RÉMOIS, peuple de la Gaule, H, IV, 67, 68.
RÉMUS, A, XIII, 58.
REPENTINUS (Caiperolus), centurion (822), H, I, 56, 59.
REUDIGNES, peuple de la Germanie, G, 40.
RHACOTIS, ville d'Égypte, H, IV, 84.
RHADAMISTE, fils de Pharasmane, roi d'Ibérie (804), A, XII, 44; occupe l'Arménie, 45; la perd, 47, 50, 51; XIV, 6; est tué, 37.
RDAMSÈS, roi d'Égypte, etc., A, II, 60.
RUÈGES, ville sur les bords du détroit de Sicile, A, I, 53.
RHESCUPORIS, roi de Thrace, fait la guerre aux Romains, A, II, 64; III, 39; est tué, 67.
RHÉTEURS, O, 29, 42.
RHÉTIE, A, I, 44; H, II, 98; III, 5, 8, 15; IV, 70; V, 25; G, 3, 41; cohortes de Rhétie, H, I, 68; Alpes rhétiques, G, I.
RHIN, A, I, 3, 59, 69; IV, 5; G, 41; sa source, 1; sépare les Gaules de la Germanie, A, II, 6; I, 31; H, II, 32; Rhin (Haut-), V, 19; A, XIII, 53; G, I, 28, 29, 32.
RHODES, île, A, I, 4; II, 55; VI, 20; H, II, 2; Rhodiens, A, XII, 58; IV, 15; orateurs, O, 8.
RHÉMÉTALCÈS Ier, roi de Thrace, A, II, 64.
RHÉMÉTALCÈS LE JEUNE, fils de Rhescuporis, roi de Thrace, A, II, 67; III, 38; IV, 5, 47.
RHÔNE, fleuve, A, XIII, 53.
RHOXOLANS, peuple situé entre le Borysthène et le Tanaïs, attaquent la Mésie et sont repoussés, H, I, 79.
RICHESSES de Polyctète, de Vatinius, d'Hélius et de Haloitus, affranchis de Néron, H, I, 37; d'Icélus, ibid.; des affranchis, A, XIV, 55; de Pallas, XII, 53; XIV, 65; de Sénèque, XIII, 42; XIV, 52; de Volusius, III, 30; XIV, 56; de Marcellus Éprius, O, 8.
RIGOLS (Rigodulum), ville de la Gaule-Belgique, H, IV, 71.
RIMINI. Voyez Ariminum.
ROMAIN (peuple); sa majesté, A, I, 72; sa grandeur, G, 29; sa clémence, A, I, 57; murmure contre l'inaction de Tibère, à la révolte de Sacrovir, III, 44.
ROMANUS (Fabius), A, XVI, 17.
ROMANUS HISPON accuse Granius Marcellus, A, I, 74; accuse Sénèque, XIV, 65.
ROME, fille de Troie, A, IV, 55; a, dans le principe, des rois.

ALPHABÉTIQUE.

A. 1, 1; est appelée ville (oppidum), XII, 24; incendiée en 780, IV, 84, en 789, VI, 45; le 19 juillet 817, par Néron, XV, 38, 39, 41; et sous Titus en 833; purifiée par Claude, XIII, 24; prise par les Gaulois, H, III, 72; a quatorze quartiers ou regions, A, XIV, 12; XV, 40; désolée par la peste en 817, XVI, 13.

ROMILIUS MARCELLUS, centurion (822), H, I, 56; est tué, 69.

ROMULIUS (Denter), institué par Romulus pour rendre la justice, A, VI, 11.

ROMULUS, premier roi de Rome, ses lois, A, III, 26; ses images, IV, 9; VI, 11; enceinte de Rome tracée par Romulus, XII, 24; unit aux Romains les peuples vaincus, XI, 24; institue les patriciens *majorum gentium*, XI, 25; figuier ruminal sous lequel Romulus fut allaité, XIII, 58; voue un temple a Jupiter Stator, XV, 41; établit le Pomérium, XII, 24; institue des prêtres pour le roi Tatius, H, II, 95.

ROSCIA (loi), établie en 685 sur la place que devaient occuper au théâtre les chevaliers romains, A, XV, 32.

ROSCIUS, comédien célèbre, O, 20.

ROSCIUS CÉLIUS, lieutenant de légion (822), soulève l'armée de Bretagne, H, I, 60.

ROSIUS. Voyez Regulus.

ROSTRES (les); la tribune aux harangues, A, IV, 12; H, III, 70, 85.

RUBELLIUS BLANDUS, sénateur, A, III, 23; son avis dans l'affaire de Lutorius, 51; épouse Julie, fille de Drusus et petite-fille de Tibère, VI, 27, 45.

RUBELLIUS GEMINUS (Lucius), consul en 782, A, V, 1.

RUBELLIUS PLAUTUS, fils de Rubellius Blandus et de Julie, arrière-petit-fils de Tibère, appelé à l'empire par les vœux du peuple, et pour ce à même suspect a Néron, A, XIII, 19; XIV, 22; gendre d'An Istius, XVI, 10; accusé par Tigellinus, XIV, 57; ami de Pison, H, I, 14; accusé s'enfuit et est repris, et mis à mort en 816, A, XIV, 59.

RUBRIUS, chevalier romain, accusé de lèse-majesté (768) A, I, 73.

RUBRIUS FABATUS (786), accusé s'enfuit et est repris, A, VI, 14.

RUBRIUS GALLUS (822), H, II, 51; s'entremet entre Sabinus et Cécina, 99.

RUFILLA (Annia), condamnée pour fraude (774), A, III, 36.

RUFINUS, chef des Gaulois (822), H, IV, 94.

RUFINUS (Vincius), complice du crime de Valérius Fabianus (814), A, XIV, 40.

RUFUS CRISPINUS, préfet des gardes prétoriennes (804), A, XII, 42; époux de Poppée, XIII, 45; est exilé, XV, 71.

RUFUS. Voyez Abudius, Atilius, Aufidius, Cadius, Cluvius, Curtius, Fenius, Helvius, Mennius, Musonius, Numisius, Pétilius.

RUFUS (Sulpicius), procurateur des jeux (801), condamné, A, XI, 35.

RUFUS (Trébelliénus), préteur (772), A, II, 67; III, 38; se tue, VI, 39.

RUFUS. Voyez Verginius.

RUGIENS, peuple de la Germanie, G, 43.

RUMINAL (Arbre), A, XIII, 58.

RUSTICUS. Voyez Arulénus, Fabius, Junius.

RUTILIUS (Publius), consul en 645, accusé par Scaurus, A, III, 66; exilé, IV, 43; écrivit sa vie, AG, 1.

S

SABINA Voyez Poppée.

SABINS; leur origine, A, XI, 24; leur religion, I, 54; leur noblesse, IV, 9; guerre des Sabins, H, III, 72.

SABINUS. Voyez Celius, Calavius, Calvisius, Domitius, Flavius, Julius, Nimphidius, Obultronius, Ostorius, Poppéus.

SABINUS (Publius), préfet du pretoire (822), H, II, 92; III, 36.

SABINUS (Titius), accusé (777), A, IV, 18; incarcéré, 68; puni de mort, 70; VI, 4.

SAURINA (Severn), rivière de la Bretagne, A, XII, 31.

SACRARIUM (chapelle), de la famille Julia, A, II, 41.

SACRATA (Claudia) (823), H, V, 22.

SACRIFICES, A, II, 69; XV, 47; des Parthes, VI, 37.

SACROVIR. Voyez Julius.

SÉNIA, loi rendue par Auguste pour réduire le nombre des sénateurs; elle paraît tirer son nom de L. Sénius, consul en 724, A, XI, 25.

SAGITTA. Voyez Claudius et Octavius.

SAINTONGE (pays de la Gaule), A, VI, 7.

SALA, fleuve d'Allemagne, A, XIII, 57.

SALAMINIUS, surnom de Jupiter, A, III, 62.

SALARIA OU SALARIENNE, voie romaine, H, III, 78, 82.

SALEIUS BASSUS, poète, gratifié par Vespasien, O, 5, 9.

SALIENS (chant des), A, II, 83.

SALIÉNUS CLÉMENS invective contre Junius Gallion (818), A, XV, 73.

SALLUSTE (jardins de), A, XIII, 47; H, III, 82.

SALLUSTE (Crispus), mort en 719, un des plus parfaits historiens romains, A, III, 30.

SALLUSTIUS CRISPUS, petit-fils du précédent par les femmes (767), A, I, 6; arrête le faux Agrippa, II, 40; sa mort en 773, III, 30.

SALONINA, femme de Cécina (822), H, I, 20.

SALONINUS. Voyez Asinius.

SALVIANUS. Voyez Calpurnius.

SALVIUS. Voyez Cocceianus et Othon.

SALVIUS TITIANUS, frère d'Othon (822), H, I, 75; consul aux calendes de mars, 77; commis par son frère au soin de l'empire, 90; reçoit de son frère le commandement de l'armée, II, 23, 39; combat les Vitelliens, 33; est épargné, 60; proconsul en Asie, AG, 6.

SAMARITAINS, peuple de la Judée, A, XII, 54.

SAMBULON (le mont), A, XII, 13.

SAMIENS (les), peuple de l'Asie, défendent leur droit d'asile, A, IV, 14; VI, 12.

SAMIUS, riche chevalier romain, se tue, A, XI, 5.

SAMNITES, H, III, 59; G, 37; A, XI, 24; XV, 13.

SAMOS, île, A, IV, 14; VI, 12.

SAMOTHRACES; leurs mystères, A, II, 54.

SANCIA, sœur de Considius (786); on lui interdit le feu et l'eau, A, VI, 18.

SANCTUS. Voyez Claudius.

SANG, sucé dans les traités d'alliance, A, XII, 47.

SANGLIERS, arme superstitieuse des Suéves, G, 45.

SANQUINIUS. Voyez Maximus.

SAÔNE, rivière. Voyez Arar.

SARDAIGNE, A, XIV, 62; XVI, 9, 17; XIII, 30; H, II, 16; A, II, 85.

SARDES, peuple; A, II, 47; envoient des députés à Rome, III, 63; alliés des Étrusques, IV, 55.

SARIOLENUS VOCULA, fameux délateur (823), H, IV, 41.

SARMATES, peuple, H, I, 2; III, 24; IV, 54; G, 17, 43, 46; A, VI, 33; ne sont bons que pour la cavalerie, H, III, 5, 24; ne portent point de boucliers, H, I, 79; IV, 4; V, 27.

SATRIUS SECUNDUS, client de Séjan (785), A, IV, 34.

SATURNE, H, V, 2, 4; ses jours de fête appelés Saturnales, A, XIII, 15; H, III, 78; son temple, I, 27; planete de Saturne, V, 6.

SATURNINUS (Apuléius), perturbateur, tué en 653, A, III, 27.

SATURNINUS. Voyez Aponius et Lusius.

SATURNINUS (Vitellius), lieutenant de légion (822), H, I, 82.

SAUFFELLUS TROGUS, puni de mort (801), A, XI, 35.

SAXA RUBRA, à trois milles de Rome, H, III, 79.

SCANTIA, flamine diale, A, IV, 16.

SCAPULA. Voyez Ostorius.

SCAURUS (Mamercus), mari de Lépida, accusateur de Rutilius, A, III, 66; écrit sa propre vie, AG, 1; ses accusateurs et ses défenseurs, O, 39.

SCAURUS. Voyez Aurélius et Maximus.

SCEPTUQUES, peuple de la Sarmatie d'Asie, A, VI, 33.

SCÉVA (Didius), tué dans un combat (822), H, III, 73.

SCEVINUS. Voyez Flavius.

SCIPION, loué par Tite-Live, A, IV, 34.

SCIPION (Cornélius) (822), H, II, 59.

SCIPION (C.), dit l'Asiatique, vainqueur d'Antiochus en 564, A, III, 62; censeur en 565, A, X, 13.

SCIPION (Cornélius), lieutenant (775), A, III, 74; mari de Poppéa, A, XI, 2; XII, 53.

SCIPION l'Africain, *minor*, accusateur de L. Cotta, A, III, 66.

SCIPION (L. Cornélius), consul en 671, H, II, 72.

SCIPION (P.), dit l'Africain, *major*, A, II, 59; XII, 38; O, 46

SCIPION (P. Corn.), consul en 809, A, XI, 25.

SCRIBONIA, sœur de Lucius Scribonius Libon, et femme d'Auguste, répudiée en 715, A, II, 27.

SCRIBONIA, mère de Piso Frugi Licianus, H, I, 14.

SCRIBONIANA (ala), division de cavalerie, H, III, 6.

SCRIBONIANUS CAMÉRINUS (faux), H, II, 72.

SCRIBONIANUS CAMILLUS. Voyez Furius Camillus.
SCRIBONIANUS. Voyez Crassus.
SCRIBONIANUS (Furius), exilé en 805, A, XII, 52.
SCRIBONIUS, A, II, 27, 32; XIII, 48; H, IV, 41.
SCYDROTHÉMIS, roi de Sinope (823), H, IV, 84.
SCYTHES, A, II, 60, 65; VI, 36, 41.
SÉCULAIRES (jeux), célébrés par Auguste, par Claude et par Domitien, A, XI, 11.
SECUNDUS. Voyez Carinas, Julius, Pédanius, Pomponius, Sabrius.
SECUNDUS (Vibius), chevalier romain, condamné pour concussion en 814, A, XIV, 28.
SÉDOCUS, roi des Laziens, H, III, 48. Il faut lire ainsi, au lieu de *Sedochezorum rex*.
SÉGESTAINS, peuple de la Sicile, leur requête, A, IV, 43.
SÉGESTES, chef des Chérusques (768), A, 55; envoie des députés, 57; son discours, 58; beau-père d'Arminius, 59.
SEGIMER, frère de Ségestes, A, I, 71.
SÉGISMUND, fils de Ségestes, A, I, 57.
SÉIUS, Quadratus (785), A, VI, 7.
SÉIUS STRABON, père de Séjan, chevalier romain, A, I, 7, 24; IV, 1.
SÉIUS TUBÉRON, lieutenant de Germanicus, A, II, 20; accusé et absous, IV, 29.
SÉJAN (Élius), préfet du prétoire, favori de Tibère (767), A, I, 24; envoyé en Pannonie avec Drusus, *ibid.*; excite Tibère contre Agrippine, 69; destiné pour beau-père au fils de Claude, III, 29; protége J. Othon, 66; loué par Tibère, 72; son origine, son caractère, IV, 1; ses manœuvres, 2; adultère de Livie, 3; la demande en mariage, 39; tend des embûches à Néron et à Agrippine, 17, 54, 67; fait périr Drusus par le poison, 8; le sénat lui décerne une statue, III, 72; IV, 74; persuade à Tibère de se retirer à la campagne, IV, 41, 57; sauve ce prince d'un grand danger, 59; oppose Drusus à Néron, 60; ses fils sont tués, A, V, 9; ses biens confisqués, VI, 2.
SÉLEUCIE, ville de Syrie, H, IV, 84; A, II, 69; VI, 42, 44.
SÉLEUCIENS, A, VI, 42; XI, 8.
SÉLEUCUS NICATOR, fondateur de Séleucie, A, VI, 42.
SÉLEUCUS, mathématicien (822), A, II, 78.
SELLARII, A, VI, 1.
SELLISTERNES, cérémonie religieuse, A, XV, 44.
SEMNONES, peuple suève, A, II, 45; G, 39.
SEMPRONIUS DENSUS, centurion d'une cohorte prétorienne (822), H, I, 43.
SEMPRONIUS GRACCHUS (Caius), tribun du peuple, tué en 633, orateur, O, 18, 40.
SEMPRONIUS GRACCHUS, adultère de Julie, A, I, 53; auteur de sa lettre à Auguste, IV, 13.
SEMPRONIUS GRACCHUS (Caius), fils du précédent, préteur A, IV, 13; VI, 16; accusateur de Granius Marcianus, 38.
SEMPRONIUS LONGUS (Tibérius), consul en 536, H, III, 34.
SÉNATEURS; les maisons des pantomimes leur sont interdites, A, I, 77; les sénateurs ne peuvent sortir d'Italie sans permission, XII, 23.
SÉNATORIAL (âge), A, XV, 28; H, IV, 42; ordre des sénateurs, A, II, 32; XII, 4; H, II, 86.
SÉNATUS-CONSULTE sur les combats des gladiateurs, A, IV, 63; sur les livres sibyllins, VI, 12; sur la licence du peuple, VI, 13; sur les auspices, A, II, 15; sur les astrologues, XII, 52; sur les procurateurs de César, 60; sur la responsabilité des esclaves, XIII, 32; XIV, 43; sur les avocats qui se faisaient payer, XIII, 42; sur les prévaricateurs, XIV, 41; sur les adoptions fictives, XV, 19; sur les statues de Poppée, H, I, 78; sur les accusateurs, II, 10.
SENÉCIO (Tullius), chevalier romain, un des favoris de Néron (818), A, XV, 50; un des conjurés, nomme ses complices, 55; sa mort, 70.
SENÉCION (Claudius), fils d'un affranchi (808), XIII, 12.
SENÉCION (Hérennius), AG, 2; sa mort, 45.
SÉNÈQUE (Lucius Annéus), philosophe stoïcien, né à Cordoue vers l'an 770, préteur, A, XII, 8; précepteur de Néron, XIII, 2; exilé, XIII, 14; empêche Agrippine de siéger auprès de Néron, 5; ses vices, 42; accusé, XIV, 52; accusé d'avoir des liaisons avec Pison, 65; empêche la disgrâce de Burrhus, 20; ses précautions contre le poison, AG, 15; un des conjurés, XV, 56; demande sa retraite, 53; ses immenses richesses, XIII, 42; se fait ouvrir les veines en 818, XV, 73.
SÉNONOIS (les), peuple de la Gaule, A, XI, 24.

SENTIUS, ami de Vespasien (822), H, IV, 7.
SENTIUS (Cnéus), préfet de Syrie (722), A', II, 74, 79, 81; III, 7.
SEPTEMVIRS, A, III, 64.
SEPTENTRION ou le nord, A, XIII, 53; H, V, 6; G, 35.
SEPTIÈME jour chômé chez les Juifs, H, V, 4.
SEPTIMIUS (Porcius), procurateur de la Rhétie (822), H, III, 5.
SEPTIMIUS (767), mis à mort par les légions de Germanie, A, I, 32.
SEPTUQUES, peuplade sarmate, A, VI, 33.
SÉPULTURE des Juifs, H, V, 5; des Romains, A, XVI, 6; refusée aux condamnés, A, VI, 29.
SÉQUANES, peuple de la Gaule lyonnaise, A, I, 34; se révoltent, III, 45; s'associent à Vindex, H, I, 51; défont Julius Sabinus, H, IV, 67.
SÉRAPIS, H, IV, 81, 84.
SÉRÉNUS (Amulius), primipilaire (822), H, I, 31.
SÉRÉNUS (Annéus), A, XIII, 13.
SERGIUS. Voyez Galba.
SÉRIPHE, île de la mer Égée (Serpho), A, II, 85; IV, 21.
SERPENT né d'une femme, A, XIV, 12; vu dans le berceau de Néron, XI, 11.
SERRATUS, sorte de monnaie, G, 5.
SERTORIUS, A, III, 73; borgne, H, IV, 13.
SERVÉUS (Q.), préfet de Commagène (771), A', II, 56; accuse Pison, III, 13; obtient le sacerdoce, 19; est accusé, VI, 3.
SERVILIA (loi), rendue en 648, par Q. Servilius Cépion, A, XII, 6.
SERVILIE, fille de Soranus; sa piété filiale, A, XVI, 30; a le choix de sa mort, 33.
SERVILIENS ou de Servilius (jardins), A, XV, 55; H, III, 38.
SERVILIUS, accusateur de Mamercus Scaurus (787), A, VI, 29; exilé, 30.
SERVILIUS CÉPION (Q.), G, 37.
SERVILIUS NONIANUS (M.), consulaire, A, II, 48; accuse Lépida, III, 22; consul en 788, VI, 31; meurt en 812, XIV, 19; O, 23.
SERVIUS CORNÉLIUS ORPHITUS consul en 804, A, XII, 41.
SERVIUS. Voyez Galba.
SERVIUS MALUGINENSIS, flamine diale ou prêtre de Jupiter (775), A, III, 58, 71; sa mort en 770, IV, 16; son fils lui succède, *ibid.*
SERVIUS TULLIUS, sixième roi de Rome, vers 177, A, III, 26; consacre un temple à la Lune, XV, 41; construit le Capitole, XII, 24
SÉSOSTRIS, roi d'Égypte, A, IV, 28.
SÉVÈRUS, architecte, A, XV, 42.
SÉVÈRUS. Voyez Allédius, Cécina, Cassius, Gestius, Claudius, Curtius.
SÉVÈRUS VÉRULANUS, commandant de légion (815), A, XV, 3.
SEXITIA, femme de Mamercus Scaurus, exhorte son mari à la mort et le partage avec lui, A, VI, 29.
SEXTIA, belle-mère de L. Antistius Vétus, reçoit la mort en 818, A, XVI, 10, 11.
SEXTILIA, femme de Lucius Vitellius, censeur et trois fois consul; mère de Lucius et d'Aulus Vitellius, empereur, H, II, 64; reçoit le titre d'Augusta, 89; sa mort peu de jours avant celle de Vitellius en 822, III, 67.
SEXTILIUS FÉLIX, chef des auxiliaires (822), H, III, 5; IV, 70.
SEXTIUS AFRICANUS (808), A, XIII, 19; est chargé de faire un nouveau cadastre des Gaules, XIV, 46.
SEXTIUS PACONIANUS, prétorien (785), A, VI, 3; accusateur de Latiaris, 4; est étranglé en prison, 39.
SYBILLINS (livres), A, VI, 12; XV, 44.
SICAMBRES (*Sugambri*), peuple de la Germanie, A, II, 26; IV, 47; XII, 39.
SICILE, A, I, 53; IV, 13; VI, 12; XII, 23.
SIDON, roi des Suèves (803), A, XII, 30; H, III, 5; embrasse le parti de Vespasien, 21.
SIENNE, ville d'Italie, H, IV, 45.
SIGNIFER, porte-enseigne, A, I, 48; II, 81; III, 20, 45.
SILANA. Voyez Junia.
SILANUS. Voyez Appius, Créticus, Junius.
SILANUS (Lucius), XV, 52.
SILANUS (Marcus), obtient la grâce de son frère Décimus A, III, 24.

ALPHABÉTIQUE.

SILANUS (Caius), proconsul d'Asie, accusé, A, III, 66; condamné et relégué à Cythère, 69; A, IV, 15.
SILANUS (M. Junius), consul en 789, 26.
SILANUS (Torquatus) s'ouvre les veines en 817, A, XV, 35.
SILANUS TORQUATUS (Lucius Junius), périt sous Néron, A, XVI, 9.
SILIA, compagne des débauches de Néron, exilée pour son indiscretion, A, XVI, 20.
SILIUS. Voyez Domitius, Italicus.
SILIUS (A. Licinius Nerva), proconsul en 818, A, XV, 48.
SILIUS (C.), lieutenant (767), A, I, 31; reçoit les ornements triomphaux, 72; motifs de sa perte, IV, 18; chargé d'appareiller la flotte, II, 8; fait une irruption chez les Cattes, 7, 25; dévaste le pays des Sequanes, III, 45; accusé et condamné en 777, IV, 19.
SILIUS (C.), le plus beau des jeunes hommes de son temps, que Messaline épousa publiquement du vivant de son époux, A, XI, 12, 31; sa haine contre Suilius, 6; sa mort, 35; XIII, 19.
SILIUS NERVA (Publius), consul en 781, A, IV, 68.
SILURES, peuple de la Bretagne, A, XII, 32, 33, 38, 40; XIV, 29; leur extérieur, AG, II; vaincus par Julius Frontinus, 17.
SILVANUS. Voyez Granius, Plautius, Pompéius, Pomponius.
SIMBRUINS (monts), dans la Campagne de Rome, A, XI, 13; leurs lacs, XIV, 22; leur aqueduc, XI, 13.
SIMON, chef des Juifs (823), H, V, 9, 12.
SIMONIDE, A, XI, 14.
SIMPLEX. Voyez Cécilius.
SINDE (le), rivière des Dahas, A, XI, 10.
SINGULAIRES, corps de cavalerie romaine, H, IV, 70.
SINNACÈS, chef des Parthes, A, VI, 31, 32, 36, 37
SINOPE, ville du Pont, H, IV, 83.
SINUESSE, ville du Latium, A, XII, 66.
SIPHAX, conduit au triomphe de Scipion en 553, A, XII, 38.
SIRAQUES, peuple, A, XII, 15.
SIRPICUS, centurion (767), A, I, 23.
SISENNA, historien, H, III, 51; O, 23.
SISENNA, centurion, H, II, 8.
SISENNA STATILIUS TAURUS, consul en 769, A, II, I.
SITONS, peuple de la Germanie, G, 45.
SMYRNE, A, III, 63; IV, 55; élève la première un temple à Rome, 56.
SOCIALE (guerre), A, VI, 12.
SOHÈME II ou SOHÉMUS, roi des Ituréens, nommé par Caligula en 791, mort en 802, A, XII, 23; XIII, 7; allié de Vespasien, H, II, 81; V, I.
SOLDAT (miles), gregarius, A, I, 16, 22; III, 21, 45; XIV, 24; H, I, 36; II, 5; III, 31; IV, 27; V, I; légionnaire, A, III, 41; XIV, 38; H, IV, 18; nautique, AG, 25; subsignanus, dénomination sous laquelle on designait un soldat légionnaire qui servait sous une autre enseigne que son aigle, H, I, 70; IV, 33.
SOLEIL, son temple, XV, 74; son autel, VI, 28; vu de nuit, AG, 12; soleil d'Orient salué par les Syriens, H, III, 24.
SOLON, ses lois, A, III, 26.
SOLYMES, peuple de l'Ethiopie, H, V, 2.
SOMMEIL; les Germains y sont très-adonnés, G, 15.
SONGE de Cécina, A, I, 65; de Germanicus, II, 14.
SOPHÈNE, région de l'Arménie, A, XIII, 7.
SOPHOCLE, O, 12.
SOPHONIUS TIGELLINUS, H, I, 72.
SORANUS, accusé (819), A, XVI, 30; ami de Vespasien, H, IV, 7, 40. Voyez Baréas.
SOSIA GALLA, femme de Silius (777), A, IV, 19; exilée, 20, 52.
SOSIANUS. Voyez Antistius.
SOSIBIUS, précepteur de Britannicus, A, XI, I, 4.
SOSIUS (C.), triomphe des Juifs (823), H, V, 9.
SOSTRATE, prêtre (822), H, II, 4.
SOZA, ville de la Dandarique, A, XII, 16.
SPARTACUS, A, III, 73; XV, 46.
SPARTIATES, bâtissent la ville de Canope, A, II, 60; reçoivent les lois de Lycurgue, III, 26.
SPECULATOR, espèce de soldats, H, I, 24.
SPELUNCA, maison de plaisance, A, IV, 59.
SPINTRIÉ, A, VI, I.
SPURINNA. Voyez Vestricius.
SPURIUS LUCRÉTIUS, préfet de Rome, A, VI, 11.
STAIUS, tribun (777), prend le chef des esclaves révoltés, A, IV, 27.

STATILIA. Voyez Messalina.
STATILIUS TAURUS. Voyez Sisenna, préfet de Rome, A, II, 5 VI, 11; consul l'an de Rome 797, XII, 50; XIV, 46.
STATIUS, tribun, tue Latéranus, A, XV, 60.
STATIUS. Voyez Annéus, Domitius, Marcus, Proximus.
STATOR (Jupiter), son temple, A, XV, 41.
STATUES d'Auguste, A, I, 73; de Marcellus, A, I, 74; de Claudia, IV, 64; de Jules César, H, I, 86; d'Agricola, AG, 40; de la Victoire, A, XIV, 32.
STOECHADES, îles (d'Hières), H, III, 43.
STERTINIUS (L.) combat les Bructères et les Angrivariens (709), A, I, 60; II, 8, 17, 22.
STOÏCIENS, A, XVI, 32; XIV, 57; H, III, 81; IV, 5.
STRABON. Voyez Acilius et Séius.
STRATONICE, ville, A, III, 62.
STRATONICIDE, surnom de Vénus, A, III, 63.
SUARDONES, peuple de la Germanie, G, 40.
SUBLAQUEUM (Badia di subjaco), A, XIV, 22.
SUCCIN, G, 45.
SUEDIUS. Voyez Clémens.
SUESSA POMÉTIA, prise par Tarquin le Superbe, H, III, 72.
SUÉTONIUS PAULLINUS (C.), général en Bretagne (813), A, XIV, 29; va à Londres, 33; défait les Bretons, 37; consul en 819, XVI, 14; général d'Othon, H, I, 87; II, 23, 26, 31, 33, 60; proconsul de Bretagne, AG, 12.
SUÈVES, peuple de la Germanie, A, I, 44; XII, 29; G, 38, 43, 45, 63; AG, 28; H, I, 2, 44; G, 2, 9, 41.
SUGAMBRES. Voyez Sicambres.
SUILIUS CESONINUS (801), A, XI, 36.
SUILIUS NERVILIANUS (Marcus), consul en 803, A, XII, 25.
SUILIUS (Publius), questeur de Germanicus, accusateur d'Asiaticus, A, IV, 31; XI, I, 4, 5; son invective contre Sénèque, XIII, 42; exilé aux îles Baléares, XIII, 43.
SUIONES, peuple de la Germanie, G, 44.
SULPICIA (famille); sa noblesse, H, I, 15.
SULPICIA PRÉTEXTATA, femme de Crassus, H, IV, 42.
SULPICIUS (famille des), A, III, 48.
SULPICIUS. Voyez Asper, Camérinus, Florus, Sallus, Épurinus, Rufus.
SULPICIUS GALBA (Caius), consul en 775, A, III, 52.
SOMPTUAIRE (loi), A, III, 52.
SUNIQUES, peuple de la Belgique (Limbourg), H, IV, 66.
SUOVÉTAURILE (Suovetorilia), sorte de sacrifice usité chez les Romains, A, VI, 37; H, IV, 53.
SUPPLICATIONS (actions de grâces ou prières publiques) pour le supplice des citoyens, A, II, 32; pour le meurtre d'Agrippine, XIV, 12.
SUPPLICE des esclaves, H, IV, 11; triumviral, A, V, 9.
SURÉNA, nom de dignité, le premier chef de la guerre après le roi (de Perse), A, VI, 42.
SURRENTUM, ville et promontoire, A, IV, 67; VI, 1.
SYÈNE (Assouan), ville d'Egypte, A, II, 61.
SYLLA ou SULLA (Lucius Cornélius), bisaïeul de Lépida, dictateur de 673 à 675, A, II, II, 55; III, 22, 27; vainqueur de Mithridate, 62; les habitants de Smyrne portent secours a l'armée de Sylla, IV, 56; Sylla secouru par les Byzantins, XII, 62; agrandit le Pomérium, XII, 23; fait la guerre a Marius, H, II, 38; restaure le Capitole, III, 72; son armée se bat dans Rome, 83; Sylla n'est point épargné dans les harangues publiques, O, 40.
SYLLA (Lucius Cornelius), consul en 786, A, VI, 15; refuse de céder sa place à Corbulon, III, 31.
SYLLA. Voyez Cornélius et Faustus.
SYPILE, ville d'Asie, détruite par un tremblement de terre en 777, A, II, 47.
SYRACUSE, A, XIII, 49.
SYRIE, A, II, 60; les Syriens saluent le soleil levant, H, III, 24; A, I, 42; II, I, 43, 55, 58, 81, 82; V, 10; VI, 31, 37; XIII, 8, 22; H, I, 10, 76; II, 2, 6, 73, 80, 87; IV, 3, 17, 81, V, 1; 26, etc

T

TABLES (loi des Douze), A, III, 27; VI, 16, nuptiales, XI, 30; obsignatæ tabulæ (testament), XV, 55; plumbeæ, II, 69

publiques, ou registres où l'on inscrivait les créances du fisc, A, XIII, 23 ; les amendes portées sur des tables ou registres publics, 28.

TACFARINAS, Numide, chef des Musulans (770), A, II, 52 ; rallume la guerre en Afrique, III, 20 ; est vaincu, 21 ; reprend les armes, 32 ; envoie des députés à Tibère, 73 ; vaincu, par Dolabella, et tué, IV, 24, 25.

TACITE (Caïus Cornélius), sur ses Annales, A, IV, 32, 33 ; écrivit l'histoire du règne de Domitien, XI, 11 ; sa fortune est due à Vespasien, à Titus et surtout à Domitien, H, I, 1 ; fut quindécemvir, A, XI, 11 ; préteur, *ibid.*; épouse la fille d'Agricola, AG, 9.

TALIUS GÉMINUS, accusateur de Fabricius Véiento (815), A, XIV, 50.

TAMISE, rivière, A, XIV, 22.

TANAÏS (le Don), fleuve, A, XII, 17.

TANFANA, temple des Marses, A, I, 51.

TANTALE, A, IV, 56.

TARENTE, ville d'Italie, A, I, 10 ; XIV, 12, 27 ; H, II, 83.

TARPÉIENNE (roche), H, III, 71 ; A, VI, 19.

TARQUIN l'ANCIEN, gendre d'Ancus Macius, cinquième roi de Rome, A, IV, 65 ; pose les fondements du Capitole, H, III, 72.

TARQUIN LE SUPERBE, petit-fils du précédent, gendre de Servius Tullius, dernier roi de Rome, A, VI, 11 ; construit le Capitole, H, III, 72 ; chassé en 247, A, XI, 22.

TARQUITIUS CRESCENS, centurion, A, XV, 11.

TARQUITIUS PRISCUS, accusateur de Statilius Taurus (806), A, XII, 59 ; condamné pour concussion, XIV, 46.

TARRACONE, ville d'Espagne, A, I, 78.

TARSA, chef des Thraces (779), se tue, A, IV, 50.

TARTARE (Tartaro), fleuve, H, III, 9.

TATIUS (T.), roi des Sabins, A, I, 54 ; agrandit Rome, XII, 24 ; Romulus lui confère le sacerdoce, H, II, 95.

TATIUS. Voyez Gratianus.

TAUNUS (Heyrich), petite montagne près de Mayence, A, I, 56 ; XI, 28.

TAURANITES (les), peuple voisin du mont Taurus, A, XIV, 24.

TAURIDE, contrée voisine de la Méotie, A, XII, 17.

TAURUS, sa munificence, A, III, 72.

TAURUS. Voyez Antonius et Statilius.

TAURUS, montagne, A, VI, 41 ; XII, 49 ; XV, 8, 10.

TAUS, détroit dans la Bretagne, AG, 22.

TÉDIUS (Quintus), ami d'Auguste, A, II, 10.

TÉLAMON, père de Teucer, A, III, 62.

TÉLÉBOENS, peuple de l'Acarnanie, A, IV, 67.

TÉLÉSINUS (Caïus Lucius), consul en 819, A, XVI, 14.

TEMNOS, ville d'Asie, détruite par un tremblement de terre en 777, A, II, 47.

TEMPLE d'Esculape, A, IV, 14 ; d'Auguste, I, 11 ; IV, 55 ; à Tarracone, I, 78 ; à Rome, IV, 37 ; à Nole, 57 ; construit par Tibère, VI, 45 ; d'Apollon, H, III, 65 ; de César, I, 42 ; de Cérès, A, XV, 53 ; de Claude, XIII, 31 ; de la Concorde, H, III, 68 ; de Diane, A, IV, 43 ; de la Fécondité, XV, 23 ; de Flore, II, 49 ; de la Fortis-Fortuna, H, 41 ; de la Fortune, XV, 35 ; de la Fortune équestre, III, 71 ; d'Hercule, XV, 41 ; de Jérusalem, H, V, 8, 9, 12, 13 ; XIV, 31 ; 32, de Janus, A, II, 49 ; de Jupiter Dis, H, IV, 63 ; de Jules, I, 42 ; de la Lune, A, XV, 41 ; de Mars Vengeur, H, 64 ; III, 18 ; XIII, 8 ; de la Mère des dieux, IV, 64 ; de Mephitis, H, III, 33 ; de Minerve, A, XIII, 24 ; de Néron, XV, 74 ; de la fille de Néron XV, 23 ; de Saturne, II, 41 ; H, I, 27 ; du Soleil, A, XV, 74 ; de l'Espérance, II, 49 ; de Tanfana, I, 51 ; de Tibère, IV, 16, 37, 55 ; de Vénus, IV, 43 ; de Vénus Génitrix, XVI, 27 ; de Vénus Paphienne, H, II, 2 ; de Vénus Stratonicide, A, III, 63 ; de Vesta, XV, 36, 41 ; H, I, 43 ; de la Liberté, 31.

TENCTÈRES, peuple de la Germanie, H, IV, 21, 64, 77 ; G, 32, 38 ; A, XIII, 56.

TENIENS, peuple de l'île de Ténos, une des Cyclades, A, III, 63.

TÉRENTIUS, évocat (822), meurtrier de Galba, H, I, 41.

TÉRENTIUS (M.), chevalier romain (785), accusé comme ami de Séjan ; son discours, A, VI, 8.

TÉRENTIUS LENTINUS, chevalier romain (801), A, XIV, 40.

TERMESTINS, peuple d'Espagne, A, IV, 45.

TERRACINE, ville de la Campagne de Rome, A, III, 2 ; H, III, 57, 60, 76 ; est prise d'assaut, 77, 85 ; IV, 2, 3.

TERTIUS. Voyez Julianus.

TERTULLINUS VULCATIUS, tribun du peuple (822), H, IV, 9.

TESSAIRE, soldat chargé d'aller prendre le mot d'ordre, et de le faire passer à la légion, H, I, 25.

TESTAMENTS d'Acerronie, A, XIV, 6 ; d'Agricola, AG, 43 ; d'Antéius, A, XVI, 14 ; d'Auguste, I, 8 ; de Claude, XII, 69 ; de Junie, III, 76 ; de Livie, V, 1 ; de T. Vinius, H, I, 48 ; de Pison, *ibid.* Les Germains n'en font point, G, 20.

TÉTRARQUES, A, XV, 25.

TEUCER, fils de Télamon, A, III, 62.

TEUTBERG (Teutoburgum), bois, A, I, 60.

TEUTONS, peuple, H, IV, 73.

THALA, forteresse d'Afrique, A, III, 21.

THAMIRAS, Cilicien (822), H, II, 3.

THÉATRE de Marcellus, A, III, 64 ; de Naples, XV, 33 ; de Pompée, III, 72 ; XIII, 54 ; VI, 45 ; XIV, 20.

THÈBES en Égypte, A, II, 60.

THÉOPHANE de Mitylène, ami de Pompée et déifié, A, VI, 18.

THÉPHILE, A, II, 55.

THERMES (golfe de Thessalonique), A, V, 10.

THERMUS. Voyez Minutius et Numicius.

THESÉE, Thessalien, A, IV, 56.

THESSALIENS, accompagnent Jason, A, VI, 34.

THRACE, A, II, 54, 64, 66, 67 ; III, 38 ; IV, 5 ; se soulève en 779, 46, 47, 48, 49 ; VI, 10 ; H, I, 68.

THRASÉAS (Petus), A, XVI, 34 ; XIII, 49 ; sort du sénat, XIV, 12 ; son opinion sur Antistius, 48 ; son amour pour le bien public, XV, 20 ; accusé, XVI, 21, 22 ; s'ouvre les veines (819), XVI, 35 ; contredit par Vitellius, H, II, 91 ; exilé ; loué par Aruléius Rusticus, AG, 2.

THRASYLLE, astrologue, A, VI, 20.

THUBUSQUE, ville d'Afrique, A, IV, 24.

THULÉ, île, AG, 10.

THURIUM ; ses combats de chevaux, A, XIV, 21.

THYESTE, A, XVI, 68 ; O, 3.

TIBÈRE CLAUDE NÉRON, mari de Livie, père de l'empereur Tibère, prétorien et pontife, mort en 719, A, I, 10 ; V, 1 ; VI, 51.

TIBÈRE NÉRON, fils de Tibère Claude Néron et de Livie, troisième empereur, né le 16 novembre 712, adopté par Auguste en 757, prince en 767, mort le 16 mars 790, A, I, 1, 3, 5 ; H, I, 16 ; ses mœurs, I, 4 ; craint et hait Germanicus, A, II, 26, 52 ; hérite d'Auguste, I, 8 ; sa dissimulation, 11 ; tient bon contre les rumeurs, 47 ; loue Germanicus et Drusus, 52 ; ses soupçons et sa haine contre Agrippine, 69 ; fait périr sa femme Julie, 53 ; défend de jurer par ses actes, 72 ; se fait prêtre d'Auguste, 54 ; refuse le nom de père de la patrie, 72 ; rétablit la loi contre le crime de lèse-majesté, *ibid.* ; donne des secours à un sénateur pauvre, 75 ; est salué *imperator* par l'armée, II, 18 ; comparaît avec Urgulanie devant le préteur, 34 ; refuse les héritages des étrangers, 48 ; envoyé neuf fois en Germanie par Auguste, 56 ; refuse le titre de *Dominus (seigneur et maître)*, 87 ; sa joie de la mort de Germanicus, III, 2 ; reproche au peuple la douleur qu'elle lui cause, 6 ; son langage équivoque dans le procès de Pison, 12 ; arrête les poursuites faites en vertu de la loi Papia Poppée, 28 ; sa lettre au sénat au sujet de la révolte de Sacrovir, 47 ; reproche aux sénateurs de lui laisser tout le poids des affaires, 35 ; se plaint au sénat de la précipitation du supplice infligé à Lutorius, 51 ; ses lettres sur le luxe de Rome, 53 ; sa parcimonie, 52 ; fait des changements funestes dans l'administration, IV, 6 ; souverain pontife, III, 59 ; repousse la flatterie, 59 ; demande le tribunal pour Drusus, 56 ; renvoie au sénat les requêtes des provinces, 60 ; son mot sur l'adulation du sénat, 65 ; est omis dans le testament de Junie, 76 ; sa conduite louable, IV, 6 ; sa fermeté à la mort de Drusus, 8 ; présente Drusus et Néron au sénat, *ibid.* ; prononce l'éloge de son fils, 12 ; méprise les honneurs, 37 ; donne force de loi à tous les faits et dits d'Auguste, *ibid.* ; sa réponse à Séjan, 40 ; son mot sur Domitius Afer, 52 ; avoue les tourments de son âme, A, VI, 6 ; sa retraite à Caprée, IV, 67 ; dénonce Sabinus, 70 ; sa lettre contre Agrippine et Néron, V, 3 ; au sénat contre Néron, 5 ; contre Asinius, 14 ; sa défiance de Séjan, 16 ; prédit l'empire à Galba, VI, 20 ; vient au secours des débiteurs, 17 ; consulte les astrologues, 20 ; on lui consacre des temples, IV, 15, 37, 55 ; sauvé d'un grand danger par Séjan, 59 ; engagé par Séjan à sortir de Rome, 51 ;

ALPHABETIQUE. 563

comment il traitait les astrologues, A, iv, 21; ses débauches, vi, 1; ses crimes, 6; sa maladie; est étouffé sous un monceau de vêtements, vi, 50; sa vie, ses mœurs, 51; gouverna vingt-trois ans, O, 17; vieillard défiant, H, ii, 76.

TIBÈRE, fils de Drusus et de Livie, petit-fils de l'empereur Tibère, né jumeau en 772; tué par ordre de Caligula en 790, A, vi, 46.

TIBÈRE ALEXANDRE, fils de l'alabarque d'Alexandrie, préfet d'Égypte (819); A, xv, 28; H, *, i; ii, 74; prête serment à Vespasien, H, ii, 79; v, 26.

TIBRE, rivière d'Italie, A, i, 76; son débordement, *ibid.* et 79; iii, 9; H, i, 86.

TIBUR. Voyez Tivoli.

TICINUM (Pavie), ville d'Italie, A, iii, 5; H, ii, 17, 27, 30; 68, 69, 70, 88.

TIGELLINUS (Sophonius), préfet du prétoire, A, xiv, 48, 51; cher à Néron, *ibid.*; accuse Plautus et Sylla, 57; repas somptueux qu'il donne, xv, 37; accuse Fénius Rufus, 50; interroge les conjurés, 58; sa mort en 822, H, i, 72.

TIGRANE III, roi d'Arménie, fils d'Ariavasde, A, ii, 3; périt du supplice des simples citoyens en 788, vi, 40.

TIGRANE, petit-fils d'Archélaüs (813), A, xiv, 26; xv, 1.

TIGRANOCERTE, ville d'Arménie, A, xii, 50; xiv, 23, 24; xv, 4, 5, 8.

TIGRE, fleuve d'Arménie, A, iv, 37; xii, 13.

TIMARQUE, Crétois (815), A, xv, 20.

TIMOTHÉE, Athénien, H, iv, 83.

TINGITANE, contrée, H, i, 58, 59.

TIRIDATE, petit-fils de Phrahate IV et fils de Vonon Ier, roi Parthes (788), A, vi, 32, 37, 41, 42, 44.

TIRIDATE, frère de Vologèse, roi d'Arménie, A, xii, 50; xiii, 34, 37, 38, 39, 40; xiv, 26; xv, i, 2, 14, 24, 28, 29; xvi, 23.

TIRON, affranchi de Cicéron, O, 17.

TIRON (Apinius), préteur (822), H, iii, 76.

TITE-LIVE, le plus éloquent et le plus véridique des historiens, A, iv, 34; AG, 10.

TITIANUS. Voyez Salvius.

TITIDIUS LABÉO, mari de Vestilia (772), A, ii, 85.

TITIUS PROCULUS, gardien de Messaline (801), A, xi, 35.

TITIUS SABINUS, chevalier romain (777), A, iv, 18; emprisonné, 68; condamné, 70.

TITUS. Voyez Ampius.

TITUS, fils de Vespasien et de Flavia Domitilla, né le 30 décembre 794, même année que Britannicus, et qui fut depuis le onzième empereur, H, i, 1; envoyé auprès de Galba, 10; réconcilie Mucien avec Vespasien, ii, 5; est leur intermédiaire, 79; commande la guerre de la Judée, 82; iv, 51; consul en 823, 38; intercède pour son frère auprès de Vespasien, 52; v, i, 10, 11; sa douceur, vi, 86.

TIVOLI, ville de la Campagne de Rome, A, vi, 27; xiv, 22.

TMOLE (Tmolus), ville d'Asie, détruite par un tremblement de terre, A, ii, 47.

TOGE, A, iv, 26; xii, 14; xvi, 27; H, i, 38; iii, 70; AG, 9, 21; O, 26.

TOGONIUS GALLUS (785), se distingue par l'excès de son adulation, A, vi, 2.

TOLBIAC (Zulpik), ville de la Germanie, H, iv, 79.

TOMBEAUX des Césars, A, iii, 9; des Jules, xvi, 6; des Octaves, iv, 44; des légions de Varus, i, 62.

TONGRES, peuple de la Germanie, H, ii, 14, 15; iv, 79; G, 2; H, ii, 14, 15, 28; iv, 16, 55, 66; AG, 36.

TORANIUS, orateur médiocre, O, 21.

TORONÉE, golfe, A, v, 10.

TORQUATA, sœur de Silanus, A, iii, 69.

TORQUATUS. Voyez Junius.

TORTUE (*testudo*), manœuvre militaire, H, iv, 23; A, xii, 35; H, iii, 27, 28.

TOSCANE, nom d'une rue de Rome, A, iv, 65.

TOSCANS, A, xi, 24; iv, 55.

TOURANGEAUX (Turones), peuples des Gaules, révoltés et battus, A, iii, 41, 46.

TRABÉE, ornement, A, iii, 2.

TRACHALUS (Marcus Galérius), consul en 821, H, i, 90; ii, 60.

TRADUCTA JULIA. Voyez Tingi.

TRAITANTS, leurs exactions réprimées (811), A, xiii, 50, 51.

TRAJAN (Marcus Ulpius), adopté par Nerva, quatorzième empereur, mort en août 870, AG, 3, 44; G, 37; H, i, 1.

TRALLE, ville de Carie, A, iv, 55.

TRANSPADANE, région, H, i, 70; ii, 32; A, xi, 24.

TRAULUS MONTANUS, chevalier romain (801), A, xi, 36.

TRÉBELLIÉNUS RUFUS, préteur, A, ii, 67; iii, 38; sa mort en 788, vi, 39.

TRÉBELLIUS (M.), lieutenant de Vitellius (789), réduit les Clites révoltés, se réfugie auprès de Vitellius, A, vi, 41.

TRÉBELLIUS MAXIMUS (814), chargé de faire un nouveau cadastre des Gaules, A, xiv, 46; préfet de Bretagne, tue Clodius Macer, H, ii, 65; AG, 16.

TRÉBISONDE, ville, A, xiii, 39; H, iii, 47.

TRÉBONIUS GARUCIANUS, procurateur de Galba (822), H, i, 7.

TRÉSOR du peuple, ou l'épargne (*Ærarium*), différent du trésor du prince (*Fiscus*), A, ii, 47; vi, 2; préteurs de l'épargne, i, 75; H, iv, 9; questeurs de l'épargne, A, xiii, 28; loi rendue pour l'augmenter, iii, 25; règlement portant que les décrets du sénat ne seraient inscrits qu'après dix jours sur les registres du trésor, 51; trésor militaire (*Ærarium militare*), i, 78; Césellius Bassus annonce à Neron l'existence d'un prétendu trésor, xvi, i.

TRÈVES et TRÉVIRES, A, i, 41; iii, 42; H, i, 53; iv, 18, 28, 37, 62, 69, 70; G, 28; H, iii, 35; v, 14.

TRÉVIRES, leur cavalerie repoussée, H, ii, 28; iv, 66, 68, 69.

TRIARIA, femme de Vitellius, H, ii, 63, 64; parait en public ceinte d'une épée, iii, 77.

TRIBOQUES, peuple de la Germanie, H, iv, 70; G, 28.

TRIBUNAL, siége d'apparat, A, xv, 29; i, 32; des consuls, xvi, 30; du préteur, ii, 34.

TRIBUNS des soldats, A, i, 23; AG, 5; de cohortes prétoriennes et urbaines, i, 77; iii, 14; xiii, 15; vi, 9; H, iii, 69, 85; ii, 41.

TRIBUNS du peuple, A, i, 15; H, ii, 91; puissance tribunitienne, A, i, 3, 7, 9, 10; H, i, 47; A, iii, 56; droit des tribuns, A, i, 2.

TRIÉRARQUE, A, xiv, 8; H, i, 9, 10; iii, 12.

TRIMÈTE, ile de la mer Adriatique, A, iv, 71.

TRINOBANTES, peuple de la Bretagne, A, xiv, 31; AG, 31.

TRIO. Voyez Fulcinius.

TRIOMPHAUX (ornements), A, i, 72; iii, 48, 72; iv, 18; AG, 40; robe triomphale, A, i, 15; xii, 41; xiii, 8; statues, A, xv, 72.

TRIPOLI. Voyez Oëa.

TRIUMVIRAL, supplice, A, v, 9.

TRIUMVIRS. A, i, 2; iii, 28; v, i.

TRIVIA, surnom de Diane, iii, 62.

TROGUS (Saufellus), 801, A, xi, 35.

TROIE, mère de Rome, A, iv, 55; xii, 58; sa ruine, xv, 39; jeu de Troie, xi, 11.

TROPHÉES, xv, 18.

TROSOBORE, chef des Clites, sa mort (805), xii, 55.

TRUTULE, port de Bretagne (Sandwich), AG, 38.

TUBANTES, peuple de la Germanie, A, xiii, 55, 56; i, 51.

TUBÉRON. Voyez Sélus.

TUBÉRON, nom jadis désagréable aux Romains, A, xvi, 22.

TUDER, G, 42.

TUGURINUS. Voyez Julius.

TUISTON, dieu des Germains, G, 2.

TULLINUS (Vulcatius) (818), A, xvi, 8.

TULLIUS. Voyez Flavianus, Sénécion, Servius.

TULLIUS VALENTINUS (823), H, iv, 68, 69, 70, 71; sa condamnation, 85.

TULLUS HOSTILIUS, troisième roi de Rome, vers 185, ses règlements, A, iii, 26; vi, 11; rites établis par ce roi, xii, 8.

TURÉSIS, chef des Thraces (779), A, iv, 50.

TURIN (Augusta Taurinorum), H, ii, 66.

TURPILIANUS (Pétronius), consul en 814, A, xiv, 29; reçoit les ornements triomphaux, xv, 72; tué par ordre de Galba en 822, H, i, 37.

TURPIO AMBIVIUS, O, 20.

TURANIUS (Caius), préfet de l'annone (767), A, i, 7; xi, 31.

TURULLIUS CÉRIALIS, primipilaire, H, ii, 22.

TUSCULUM, ville d'Italie (Frascati), A, xiv, 3.

TUSCUS. Voyez Cécina.

TUTOR. Voyez Julius.

TYR, ville, A, xvi, i.

TYRANS, leurs tortures intérieures, A, vi, 6.

TYRRHÉNUS, fils du roi Atys, A, iv, 55.

U

USIPES, peuple de la Germanie, A, I, 31, 36, 37, 71; XII, 27; XIII, 57; H, IV, 18, 28, 55, 63, 77; G, 28.
ULYSSE, G, 3; O, 16.
UMBRICIUS, aruspice (822), H, I, 27.
UMBRIE, contrée d'Italie. Voyez Ombrie.
UMMIDIUS QUADRATUS (Caius), préfet de Syrie, A, XII, 45, 48, 54; XIII, 8, 9; sa mort (813), XIV, 26.
UNSINGIS (Hunsing), rivière de Germanie, A, I, 70.
URBICUS (Pompeius); sa mort en 801, A, XI, 35.
URBINIA, O, 38.
URBINUM (Orbino), ville d'Italie, H, III, 62.
URGULANIE, favorite de Livie (769), appelée en justice, A, II, 34; envoie un poignard à son petit-fils, IV, 21, 22.
USIPÈTES ou USIPIENS, peuple de la Germanie, A, I, 51; XIII, 55, 56; H, IV, 37; G, 32; AG, 28, 32.
USPÉ, ville détruite, A, XII, 16, 17.
USURE, cause des séditions à Rome, A, VI, 16; réprimée chez les Romains, *ibid.*

V

VADA, ville des Bataves, H, V, 20, 21.
VAG (le), rivière qui se jette dans le Danube, en Hongrie, A, II, 63.
VAHAL, nom de la Meuse, A, II, 6; H, V, 26.
VAISSEAUX; prétorien, H, V, 22; frumentaire, A, XIII, 51; de Liburnie, H, II, 16; de Ravenne, III, 12; des Suiones, G, 44.
VALENS. Voyez Donatius, Manlius.
VALENS (Vectius), medecin, adultère de Messaline (801), A, XI, 31; mis à mort, 35.
VALENTINUS. Voyez Tullius.
VALERIUS. Voyez Asiaticus, Capito, Corvus, Fabianus, Festus Marinus, Messala, Messalinus, Naso, Ponticus, Potitus.
VALÉRIUS PAULINUS, ami de Vespasien, H, III, 42, 43.
VANDALES, peuple de la Germanie, G, 2.
VANGIONS, peuple de la Germanie, A, XII, 27; H, IV, 70; G, 28.
VANNIUS, roi des Suèves, A, II, 63; XII, 29, 30.
VARDANE, fils de Vologèse, A, XIII, 7.
VARILIA. Voyez Apuleia.
VARINS, peuple de la Germanie, G, 40.
VARIUS, poète, O, 12.
VARIUS. Voyez Crispinus, Ligur, Lusius.
VARRON. Voyez Gingonius.
VARRON (Licinius), A, I, 10.
VARRON (Lucius Visellius), consul en 777, A, III, 41; accuse Silius, IV, 17, 19.
VARRON (Marcus Térentius), né en 638, O, 23.
VARRON (Vibidius), chassé du sénat en 770, A, II, 48.
VARUS (Quinctillius), sa défaite, A, I, 10; IV, 60; XII, 27.
VARUS. Voyez Alphénus, Arrius Plancius.
VASACÈS, préfet de cavalerie des Parthes (818), A, XV, 14.
VASCONS ou mieux GASCONS, leur cohorte, H, IV, 33.
VATICAN, une des sept collines de Rome, H, II, 93 ; vallée du Vatican, A, XIV, 14.
VATINIUS, bouffon (817), A, XV, 34; ses rapines, H, I, 37.
VATINIUS (P.), O, 34, 39.
VEAU extraordinaire, A, XV, 47.
VECTIUS. Voyez Valens.
VEDIUS. Voyez Aquila, Pollion.
VEIANUS NIGER, tribun (818), A, XV, 67.
VEJENTO. Voyez Fabricius.
VÉLABRE (Velabrum), halle, H, I, 27; III, 74.
VELÉDA, prophétesse des Germains, H, IV, 61, 65; V, 22, 24; G, 8.
VÉLIN, lac, dans l'Ombrie, A, I, 79.
VELLEIUS (Publius) (774), bat les Thraces révoltés, A, III, 39.
VELLOCATE, adultère de Cartismandua (822), H, III, 45.
VÉNÈDES, peuple sarmate, G, 46.
VÉNÉTUS PAULUS, centurion (818), conspire contre Néron, A, XV, 50.
VENGEANCE (autel de la), A, III, 18.
VENTIDIUS CUMANUS (805), ses querelles avec Félix, A, XII, 54.
VESTIDIUS (Publius), H, V, 9; G, 37.

VÉNUS, H, II, 2, 3; d'Amathonte, A, III; 62; Erycine, IV, 43; Génitrix, XVI, 27; Paphienne, III, 62; Stratonicide, III, 63; ses temples, H, II, 2; A, IV, 43.
VÉNUSIUS, chef des Bretons, A, XII, 40; les excite à la révolte, H, III, 45.
VÉRANIA, femme de Pison Licinianus (822), lui donne la sépulture, H, I, 47.
VÉRANIUS (Quinctus), lieutenant en Cappadoce (771), accusateur de Pison, A, III, 10, 13, 17; honoré du sacerdoce, 19; consul en 802, XII, 5; lieutenant en Bretagne, XIV, 29; sa mort, AG, 14.
VÉRAX, neveu de Civilis, H, V, 20.
VERCEIL, ville de la Transpadane, H, I, 70; O, 8.
VERGILIO. Voyez Atilius.
VERGINIUS. Voyez Capito.
VERGINIUS RUFUS, rhéteur, chassé de Rome en 818, A, XV, 71.
VERGINIUS RUFUS (Lucius), consul en 816, A, XV, 23; défait Vindex, H, IV, 17; lieutenant de la Germanie inférieure, 1, 8, 9; d'une famille équestre, 52; consul désigné pour deux mois, 77; les soldats révoltés assiègent sa maison, II, 49; se sauve par une porte secrète, 51; exposé de nouveau à la fureur des soldats, 68; calomnié par Fabius Valens, H, III, 62.
VÉRONE, ville, H, II, 23; III, 8, 10, 50, 52.
VERRES, O, 20, 23, 37.
VERRITUS, chef des Frisons, A, XIII, 54.
VERULAM (Verulamium), ville de Bretagne, A, XIV, 33.
VERULANA GRACILIA (822), H, III, 69.
VERULANUS SEVERUS, lieutenant de Corbulon (813), A, XIV, 26; XV, 3.
VÉRUS (Atilius), centurion de légion, primipilaire (822), H, III, 22.
VESCULARIUS (Flaccus), chevalier romain, A, II, 28; sa mort en 785, VI, 10.
VÉSER (*Visurgis*), fleuve, A, II, 9; 16, 17.
VESPASIEN (Flavius), dixième empereur proclamé en 822, mort le 9 des calendes de juillet (23 juin) 822, âgé de soixante et neuf ans un mois et sept jours, prince de mœurs sévères, H, II, 80; son caractère, *ibid.*; court beaucoup de dangers sous Néron, A, XVI, 5; fait la guerre en Judée, H, I, 10; les destins lui promettent l'empire II, 1, 78; se range du parti d'Othon, I, 76; appelle auprès de lui Mucien, II, 7; prend toute la Judée, excepté Jérusalem, V, 10; ses vertus, II, 5, 77; fait la guerre à Vitellius, 74; salué *imperator* par ses troupes, le 1er juillet 822, 80; va à Alexandrie, III, 48; honneurs qui lui sont décernés par le sénat, IV, 3; consul en 823, 38; guérit des malades, 81; visite le temple de Sérapis, 82; donne une gratification à un poète, O, 9.
VESPASIEN. Voyez Titus.
VESTA; son temple visité par Néron, A, XV, 36; détruit par un incendie, 41; Pison se réfugie dans le temple de Vesta, H, I, 43.
VESTALES, H, III, 31; rendent témoignage au Forum, A, II, 34; leur place au théâtre, IV, 16; présidées pendant cinquante ans par Occie, II, 86.
VESTILIUS (Sextus), prétorien, s'ouvre les veines (785), A, VI, 9.
VESTINUS (Lucius), chevalier romain, est chargé de la reconstruction du Capitole (823), H, IV, 53.
VESTRICIUS SPURINNA (820), H, II, 11, 18, 19, 36.
VÉSUVE, montagne d'Italie, A, IV, 67.
VÉTÉRA, camp des Romains, A, I, 45; H, IV, 18, 57, 58, 59, 60, 62; V, 14.
VETTIUS BOLANUS, lieutenant de légion (815), A, XV, 3; H, II, 65, 97; AG, 8, 16.
VETTONIANUS. Voyez Funisulanus.
VÉTURIUS, option des gardes, agent d'Othon, en 822, H, I, 25.
VÉTUS. Voyez Antistius.
VEXILLAIRE (Vexillarius), H, I, 41; II, 18, 83, 100; A, I, 38.
VIATEUR (viator), messager des tribuns, A, XVI, 12.
VIBENNA (Céles), chef des Étrusques, donne son nom au mont Célius, A, IV, 65.
VIBIDIE, vestale, A, XI, 32, 34.
VIBIDIUS. Voyez Varro.
VIBILIUS, chef des Hermundures, A, II, 63; XII, 29.

ALPHABÉTIQUE. 565

VIBIUS AVITUS (811), A, XIII, 54, 56.
VIBIUS (Caius), A, II, 60.
VIBIUS CRISPUS, frère de Secundus (814); ses richesses, A, XIV, 28; H, II, 10; IV, 41, 43; O, 1.
VIBIUS MARSUS (772), A, II, 74, 79; IV, 56; accusé, VI, 47; préfet de Syrie, XI, 10.
VIBIUS SECUNDUS, chevalier romain, frère du précédent, condamné pour concussion, A, XIV, 28.
VIBIUS SÉRÉNUS, proconsul de l'Espagne ultérieure (778), est exilé, A, IV, 13; accusé par son fils, 28, 30.
VIBULÉNUS, soldat (767), A, I, 22, 28, 29.
VIBULÉNUS. Voyez Agrippa.
VIBULLIUS, préteur (809), A, XIII, 28.
VICENCE, H, III, 8.
VICTIMES; pleines, A, XV, 47; humaines, G, 9; sacrifiées à Vénus Paphienne, H, II, 3; aux dieux Mânes, A, III, 2; aux images de Néron, XV, 29.
VICTOIRE; sa statue, A, XIV, 32.
VICTOR (Claudius) (822), H, IV, 33.
VIENNE, ville des Gaules, A, XI, 1; H, I, 65, 66, 77; II, 66.
VIGINTIVIRAT, A, III, 29.
VIGNE d'or trouvée dans le temple des Juifs, H, V, 5.
VINAIGRE, sert à durcir le bitume, H, V, 6.
VINCIUS RUFINUS, chevalier romain (814), A, XIV, 40.
VINDÉLICIENS, peuple de la Germanie, A, II, 17.
VINDEX. Voyez Julius.
VINDONISSA (Windisch), ville des Helvétiens, H, IV, 61, 70.
VINICIANUS (785), A, VI, 9.
VINICIUS (Marcus), mari de Julie, fille de Germanicus en 786; empoisonné par Messaline en 799; refuse de défendre Pison, A, VI, 15, 45.
VINIUS RUFINUS (Titus), consul en 822, H, I, 1; le plus méchant des hommes, 6; consul en 822, 11; sa puissance, 13; son avarice, 37; vole une coupe d'or; son avis, 32; sa mort, 42; son testament sans exécution, 48.
VINTIMILLE. Voyez Intémélium.
VIPSANIA (Agrippina), fille de Pomponia et de M. Vipsanius Agrippa, femme de Tibère, mère de Drusus, morte en 773, A, I, 12; III, 19.
VIPSANIUS. Voyez Agrippa.
VIPSANIUS GALLUS, préteur, A, II, 51.
VIPSANIUS LÉNAS, condamné (800), A, XIII. 30
VIPSANIUS PUBLICOLA (Lucius), consul en 801, A, XI, 23, 25.
VIPSTANIUS. Voyez Messala.
VIPSTANUS APRONIANUS (Caius), consul en 812, A, XIV, 1; proconsul d'Afrique, H, I, 76.
VIRDIUS GÉMINUS, général de Vespasien (822), H, III, 48
VIRGILE, O, 12, 20, 23.
VIRGILIANUS JUNCUS, sénateur (801), A, XI, 35.
VISELLIUS. Voyez Varro.
VISTILIA (772), A, II, 85.
VITELLIE, belle-mère de Pétrone, A, III, 49.
VITELLIENS, vaincus par les Othoniens, H, II, 14, 15; leurs excès, 56.
VITELLIUS (Publius), oncle paternel de l'empereur, mari d'Acutia, chevalier romain, envoyé dans les Gaules, A, I, 70; II, 6; accusateur de Pison, II, 74; III, 10, 13, 17; nommé pontife, 19; accusé comme complice de Séjan, se donne la mort en 784, V, 8; VI, 47.
VITELLIUS (Quinctus), frère du précédent, chassé du sénat, A, II, 48.
VITELLIUS (Lucius), frère des précédents, mari de Sextilie, père de l'empereur, censeur et trois fois consul, A, VI, 28; envoyé en Orient, 32, 36; gouverneur de Syrie, 41; complice de Messaline, XI, 2, 3, 9, 14; ami de Claude, XI, 33; XII, 4; XIV, 56; I, 9, 52; XII, 66, 86; est accusé, XII, 42.
VITELLIUS (Aulus), fils du précédent, neuvième empereur le 1er janvier 822, mort, le 26 décembre de la même année; consul en 821, A, XI, 23; envoyé en Germanie, H, I, 70; salué *imperator*, 57; son luxe, 62; épargne la famille d'Othon, 75; son intempérance, 62; II, 31; licencie les prétoriens, 67; visite le champ de bataille de Bébriac, 70 ; sort de l'indolence à laquelle il se livrait dans ses bosquets d'Aricie, H, III, 36; comparé à Othon, II, 31; se dispose à la guerre, 57; vient à Lyon, 59; entre dans Rome, 88; prend le nom d'*Auguste*, 90; et celui de César, III, 58; dissimule vainement les revers de son parti, 54; conditions qui lui sont offertes, 63; sort de son palais, puis y rentre, 68; prend possession du souverain pontificat, 91; est tué, III; ses images sont renversées, 12, 13.
VITELLIUS GERMANICUS, fils du précédent et de Galéria Fondansa, H, II, 59; tué en 823, IV, 80.
VITELLIUS (Lucius), frère de l'empereur et mari de Triaria, H, I, 88; II, 54; accusateur de Blésus, III, 38; préposé à la défense de Rome, 55; prend Terracine, H, III, 77; est tué, IV, 2.
VITELLIUS SATURNINUS, préfet de légion (822), blessé par les prétoriens, H, I, 82.
VITIA, mère de Fusius Géminus (785), punie de mort pour avoir pleuré son fils, A, VI, 10.
VIVIANUS (Annius), gendre de Corbulon (815), A, XV, 28.
VOADICA. Voyez Boudicée.
VOCÉTIUS, montagne d'Helvétie (Boetzberg), H, I, 68.
VOCONCES, peuple de la Gaule en Dauphiné, H, I, 66.
VOCULA. Voyez Dillius Sarioiénus.
VOIE Appienne, A, II, 30; H, IV, 11; de Bébriac, III, 27; Caspienne, A, VI, 33; Flaminienne, III, 9; XIII, 47; H, II 64; III, 79, 82; d'Ostie, A, XI, 32; de Misène, XIV, 9; Posthumia, H, III, 21; sacrée, 66; Salarienne, III, 78.
VOLACINIUS, H, II, 75.
VOLANDE, château d'Arménie, A, XIII, 39.
VOLÉSUS. Voyez Messala.
VOLOGÈSE Ier, roi des Parthes, fils de Vonon II (802), A, XII, 14, 44; H, I, 40; monte sur le trône, A, XII, 14; envahit l'Arménie, 50; XIII, 34, 37; XIV, 25; XV, 5, 6; combat Pétus, 10, 12, 13, 14; envoie des députés à Néron, 24; sa lettre à Corbulon, 31; livre aux Romains les plus distingués des Arsacides, XIII, 9; offre des secours à Vespasien, H, IV, 51.
VOLSQUES, peuple d'Italie, A, XI, 24.
VOLUSIUS. Voyez Proculus.
VOLUSIUS (C.), soldat (822), H, III, 29.
VOLUSIUS (Lucius), consul, censeur, sa mort en 773, A, III, 30.
VOLUSIUS SATURNINUS (Quinctus), consul en 800, A, XIII, 25; sa mort, 30; méprise Trébellius, XIV, 46; son économie, 56.
VONON Ier, fils de Phrahate VI, roi des Parthes, A, II, 1, 2; est chassé de son royaume, 3; roi d'Arménie, 4; est destitué, 58; relégué à Pompéiopolis, 58; est tué en 772, 68; ses trésors réclamés par Artaban, VI, 31.
VONON II, chef des Medes, parvient au trône des Parthes après la mort de Gotarzes en 802, A, XII, 14.
VOPISCUS. Voyez Pompéius.
VOTIÉNUS. Voyez Montanus.
VULCAIN, A, XV, 44.
VULCATIUS. Voyez Araricus, Tertullinus et Tullinus.
VULCATIUS MOSCHUS (774), lègue ses biens à Marseille, A, IV, 43.
VULSINIE, ville de Toscane (Bolsena), A, IV, I.

X

XÉNOPHON, O, 31.
XÉNOPHON, médecin de Claude, A, XII, 61; l'empoisonne avec une plume, 67.

Z

ZÉNOBIE, femme de Rhadamiste, jetée par son mari dans l'Araxe, et sauvée par des bergers, A, XII, 51.
ZÉNON ou ARTAXIAS III, roi d'Arménie, fils de Polémon, roi de Pont, et de Pythodorida (77), A, II, 56.
ZEUGMA, ville de Syrie, sur les bords de l'Euphrate, A, XII, 12.
ZORSINE, roi des Siraques, A, XII, 17, 19.

FIN DE LA TABLE ALPHABÉTIQUE.

TABLE DES MATIÈRES.

Avertissement des Éditeurs	j	Annales. — Livre XIV	207
Vie de Tacite	v	Livre XV	232
Tableau généalogique de la famille des Césars	xvij	Livre XVI	260
Sommaires des Annales	xxiij	Histoires. — Livre I	273
Sommaires des Histoires	xxvij	Livre II	309
Sommaire des Mœurs des Germains	xxxj	Livre III	347
Sommaire de la Vie d'Agricola	ibid.	Livre IV	369
Sommaire du Dialogue sur les Orateurs	xxxij	Livre V	423
Annales. — Livre I	1	La Germanie	435
Livre II	34	Vie de Cn. Julius Agricola	451
Livre III	65	Dialogue sur les Orateurs	472
Livre IV	93	Notes sur les Annales	499
Livre V	123	Notes sur les Histoires	515
Livre VI	126	Notes sur les Germains	525
Livre XI	146	Notes sur la Vie d'Agricola	526
Livre XII	161	Notes sur les Orateurs	528
Livre XIII	184	Table générale alphabétique	531

FIN DE LA TABLE DES MATIÈRES.

www.ingramcontent.com/pod-product-compliance
Lightning Source LLC
Chambersburg PA
CBHW070312240426
43663CB00038BA/1610